KOMPENDIUM OpenOffice.org 3.0

Kompendium

Kompetent aufbereitetes PC-Know-how für alle

Die KOMPENDIEN aus dem Markt + Technik Verlag stehen seit mehr als 20 Jahren für anerkanntes Expertenwissen und bieten wertvolle Praxistipps in allen Fragen rund um den PC. Das Portfolio der Handbücher reicht von der übersichtlichen Vorstellung diverser Programmiersprachen bis hin zur umfangreichen Beschreibung kompletter Betriebssysteme: Mit mehr als 500 Titeln seit Bestehen der Reihe wurde nahezu jede Fragestellung der Computerpraxis abgedeckt.

Ob als Lehrbuch für den ambitionierten Einsteiger oder Nachschlagewerk für den erfahrenen Anwender: Die übersichtlichen, klar strukturierten KOMPENDIEN helfen jedem schnell weiter und auch komplexe Sachverhalte werden mit praxisnahen Beispielen übersichtlich illustriert und verständlich gemacht. Ein detailliertes Inhaltsverzeichnis und ein umfangreicher Index ermöglichen dem Leser außerdem schnellen Zugriff auf die gesuchten Informationen.

Technisch anspruchsvoll und präzise, dabei jedoch immer praxisbezogen und klar verständlich: Das sind die KOMPENDIEN, die mit mehr als 6 Millionen Lesern zu den erfolgreichsten Computerfachbüchern auf dem deutschsprachigen Markt gehören.

OpenOffice.org 3.0

Einführung, Referenz, Makroprogrammierung

GÜNTER BORN

Markt+Technik

KOMPENDIUM

Einführung | Arbeitsbuch | Nachschlagewerk

Bibliografische Information der Deutschen Nationalbibliothek

Die Deutsche Nationalbibliothek verzeichnet diese Publikation in der Deutschen Nationalbibliografie; detaillierte bibliografische Daten sind im Internet über http://dnb.d-nb.de abrufbar.

Umwelthinweis:
Dieses Buch wurde auf chlorfrei gebleichtem Papier gedruckt.
Um Rohstoffe zu sparen, haben wir auf Folienverpackung verzichtet.

10 9 8 7 6 5 4 3 2 1

11 10 09

ISBN 978-3-8272-4412-3

Coverkonzept: independent Medien-Design,
Widenmayerstraße 16, 80538 München
Coverlayout: Thomas Arlt, tarlt@adesso21.net
Titelfoto: Gettyimages München, »Traffic at intersection,
elevated view (long exposure), New York City USA«
Fotograf: Lynn Saville
Lektorat: Jürgen Bergmoser, jbergmoser@pearson.de
Korrektorat: Marita Böhm, München
Herstellung: Elisabeth Prümm, epruemm@pearson.de
Satz: Michael und Silke Maier, Ingolstadt (www.magus-publishing.de)
Druck und Verarbeitung: Kösel, Krugzell (www.KoeselBuch.de)
Printed in Germany

Überblick

Inhalt

Vorwort

Seit OpenOffice.org 1.0 im Mai 2002 erschienen ist, hat das Produkt eine Menge Anhänger gefunden. Speziell die Nachfolgeversionen von OpenOffice.org (oder dem Pendant) StarOffice konnten mit Funktionen punkten, die bei Microsoft Office lange nicht zu finden waren. Mit OpenOffice.org 3.0 (bzw. dem StarOffice-Pendant) stehen Ihnen leistungsfähige Anwendungen für das Büroumfeld zur Verfügung. Und das Beste: OpenOffice.org ist kostenlos, während StarOffice (bedingt durch lizenzpflichtige Beigaben) recht preiswert abgegeben wird. Was ich an dieser Software besonders schätze, ist die leichte Bedienbarkeit sowie die Möglichkeit zum Einsatz auf verschiedenen Plattformen wie Windows, Linux oder Mac OS X. Seit Microsoft mit Office 2007 dem Benutzer einen radikalen Systemwechsel in der Bedienung zumutete, kommen auch immer mehr Windows-Anwender auf den Geschmack und verwenden die kostenlose, aber trotzdem leistungsfähige OpenOffice.org-Variante.

Das vorliegende Buch entstand aus einer Fassung, die ursprünglich für StarOffice 7/OpenOffice.org 1.x geschrieben und später für StarOffice 8/OpenOffice.org 2.0 aktualisiert wurde. Mit der Verfügbarkeit von StarOffice 9/OpenOffice.org 3.0 wurde das Manuskript grundlegend überarbeitet und auf die aktuelle Office-Version abgestimmt. Allen Lesern wünsche ich viel Spaß und Erfolg beim Lesen dieses Buches sowie beim Lernen, Ausprobieren und Arbeiten mit StarOffice bzw. OpenOffice.org.

Günter Born
www.borncity.de

Grußwort André Schnabel

2008 ist für OpenOffice.org nicht nur »das Jahr der Drei« – das Jahr, in dem eine neue Version erscheint, es ist auch ein Jahr, in welchem die Dynamik und wachsende globale Verbreitung des Projekts deutlich zu spüren ist.

OpenOffice.org 3.0 ist ein wichtiger Meilenstein in der Geschichte der freien Bürosuite. Für viele Anwender mögen die Neuerungen der Version 3 den Versionssprung nicht rechtfertigen – sind sie doch in der Regel moderat ausgefallen. Nur an wenigen Stellen gibt es auffällige Unterschiede zur Vorversion, fast überall kann man die gewohnte Arbeitsweise beibehalten. Aber genau das ist eines unserer Ziele – dem Anwender Kontinuität in seiner Arbeit bieten – obwohl hinter den Kulissen viel geändert wurde. Die Dynamik der Entwicklung, die sich bereits mit OpenOffice.org 2 gezeigt hat, wird sich in Zukunft noch erhöhen. So werden auch weiterhin in Abständen von sechs Monaten neue Versionen mit verbesserten Funktionen erscheinen, zusätzlich wird aber das Konzept der Extensions gefördert, durch welches Spezialfunktionen einfach nachgerüstet und auch für kleinere Zielgruppen effizient bereitgestellt werden können.

OpenOffice.org bietet als freies Softwareprojekt jedem die Möglichkeit, selbst mitzuarbeiten und die Entwicklung der Software voranzutreiben. Dabei sind neben Softwareentwicklern auch Anwender gefragt, die eigene Erfahrungen und Ideen einbringen, um die Zukunft von OpenOffice.org direkt nach ihren Anforderungen zu gestalten. Dieses Team – die Community – ist in den vergangenen Jahren stark gewachsen und umfasst inzwischen mehrere tausend Helfer aus allen Ländern der Welt. Zusätzlich garantiert die Beteiligung einiger der größten Firmen der IT-Branche das stetige Fortschreiten des Projekts.

All dies trägt dazu bei, dass sich die freie Software immer neuen Anwenderschichten erschließt. Migrationsprojekte in Behörden und Großfirmen finden große Beachtung, sind aber inzwischen nicht mehr nur Einzelfälle.

OpenOffice.org hat sich zu einem mächtigen Werkzeug entwickelt, das zwar einfach zu bedienen ist, sein volles Potenzial aber nur entfalten kann, wenn der Anwender um die Möglichkeiten der Software weiß. Im vorliegenden Buch finden Sie sowohl ein solides Grundlagenwissen zu allen Modulen des Softwarepakets als auch weiterführende Informationen zu verschiedenen Spezialthemen. Praxisnahe Beispiele helfen, auch komplexe Problemstellungen zu meistern, und oftmals werden Sie sehen, dass verschiedene Wege zum gewünschten Ziel führen. Mit dem entsprechenden Wissen ausgerüstet, wird Ihnen die Arbeit schnell und locker von der Hand gehen.

In diesem Sinne wünsche ich Ihnen Erfolg bei der Lektüre des Buches und viel Spaß bei der Arbeit mit OpenOffice.org.

André Schnabel
Mitglied des OpenOffice.org Community Councils

Einleitung

Mit StarOffice bzw. OpenOffice.org steht interessierten Anwendern eine extrem preiswerte und vor allem leistungsfähige Office-Lösung zur Verfügung. Dieses Buch befasst sich mit den Funktionen dieses Office-Pakets in der Version 3.0.

An wen richtet sich dieses Buch?

Der vorliegende Titel versucht, die Lücke zwischen der Office-Hilfe, den Anleitungen im Internet und dem Wunsch nach einem »single source«-Nachschlagewerk zu schließen. Das Buch richtet sich daher an jeden Anwender von OpenOffice.org bzw. StarOffice, der in dem Paket mehr als einen billigen Schreibmaschinenersatz sieht und daher mehr wissen möchte.

- Es eignet sich für Leserinnen und Leser, die einen leichten Einstieg suchen oder sich einen Überblick über die verfügbaren Funktionen des Office-Pakets verschaffen möchten. Dies gilt auch für Umsteiger von Microsoft Office, die den schnellen Zugang zu StarOffice/OpenOffice.org suchen.
- Das Buch wendet sich an Nutzer, die mit dem Erstellen von Textdokumenten im Büro (Firmenumfeld, Behörden), in der Schule oder im universitären Bereich befasst sind. Wer häufig Daten in Tabellenkalkulationsprogrammen bearbeitet, findet in diesem Buch eine umfassende Einführung in Calc und lernt, das Programm für eigene Zwecke einzusetzen.
- Leserinnen und Leser, die den Computer zum Anfertigen von Zeichnungen oder zum Erstellen von Präsentationen nutzen, finden nicht nur eine Beschreibung der betreffenden Office-Funktionen. Es lässt sich auch nachlesen, was man ggf. zur Gestaltung von Präsentationen wissen sollte.
- Und nicht zuletzt richtet sich das Buch an professionelle Anwender sowie Berater, die StarOffice oder OpenOffice.org kundenspezifisch durch Makros oder Datenbankanbindung erweitern möchten. Mit den Erläuterungen zur Makroprogrammierung, zum Arbeiten mit Base und der verfügbaren Datenbankfunktionen eröffnen sich in Office gänzlich neue Möglichkeiten.

Durch den Umfang dürfte das Buch ein unentbehrliches Nachschlagewerk für jeden ernsthaften Office-Anwender sein. Auch die Hinweise zu praxisrelevanten Fragestellungen leisten wertvolle Hilfestellung.

Wie lässt sich mit dem Buch arbeiten?

Das Buch ist in mehrere Teile gegliedert, die einzelne Office-Module oder Funktionsgruppen umfassen. Innerhalb dieser Teile führen getrennte Kapitel den Leser von den ersten Schritten bis hin zum Insiderwissen oder geben Antworten auf spezielle Fragestellungen. Die Entscheidung, wie dieses Buch genutzt wird, bleibt weitgehend Ihnen überlassen.

Sie können dieses Buch als Anleitung zum Einstieg in Office verwenden. Dann sollten Sie sich die Anfangskapitel der Sie interessierenden Teile ansehen, um die Grundlagen zu erarbeiten. Beispiele ermöglichen Ihnen, die einzelnen Funktionen direkt nachzuvollziehen. Kennen Sie sich bereits mit den Office-Funktionen aus? Dann verwenden Sie dieses Buch als Begleiter, um die umfangreichen Funktionen kennenzulernen. Stehen Sie vor einem Problem und wissen nicht, wie dies mit Office zu lösen ist? Dann greifen Sie zu diesem Buch als Nachschlagewerk und Ratgeber. Möchten Sie Ihre Arbeit effizienter gestalten oder Office einfach besser nutzen? Auch hier unterstützt Sie das vorliegende Buch durch viele Hinweise, Tipps und Beispiele.

Beim Schreiben des Manuskripts standen die Betriebssystemplattformen Linux (Ubuntu und SuSE Linux), Windows XP und Windows Vista sowie Mac OS X 10.5 zur Verfügung. Aus Vereinfachungsgründen beziehen sich jedoch die meisten Abbildungen im Buch auf Windows Vista. Soweit Unterschiede in der Funktionalität zwischen den Implementierungen der verschiedenen Plattformen vorhanden sind, wird im Text darauf hingewiesen. Daher gelten die Erläuterungen auch für Windows XP-, Macintosh- oder Linux-Anwender. Selbst wenn unter Linux kein KDE, sondern Gnome oder ein anderer Fenster-Manager mit abweichender Fensterdarstellung eingesetzt wird, dürften keine Schwierigkeiten bei der Nutzung der im Buch gegebenen Erläuterungen auftreten. Auch Benutzer des älteren OpenOffice.org 2.0 sollten ohne größere Einschränkungen mit dem vorliegenden Titel arbeiten können.

Natürlich können und dürfen Sie das Buch vom Anfang bis zum Ende durchlesen. Häufiger wird man aber gezielt über das Inhaltsverzeichnis oder das Stichwortverzeichnis gezielt die gerade interessierenden Themen nachschlagen. Die Gliederung in Teile und Kapitel ermöglicht das schnelle Auffinden der benötigten Informationen. Die Beispieldateien auf dem Begleitmedium können direkt in den Office-Anwendungen geladen und ausprobiert werden. Beachten Sie aber, dass für manche Beispiele bestimmte Einstellungen oder Anpassungen erforderlich sind, die in den betreffenden Kapiteln beschrieben werden.

Die einzelnen Kapitel enthalten zusätzliche Tipps, Hintergrundinformationen und Warnungen, die optisch hervorgehoben wurden.

TIPP

*Mit **Tipp** ausgezeichnete Abschnitte enthalten Anleitungen zur besseren Nutzung der betreffenden Office-Funktionen.*

HALT

*Der Begriff **Achtung** vor einem Absatz weist auf Funktionen hin, die Risiken beinhalten.*

INFO

*Als **Hinweis** ausgezeichnete Textstellen enthalten zusätzliche Erläuterungen und Hintergrundinformationen.*

Teil 1
Allgemeines

1 Einführung in OpenOffice.org

Mit OpenOffice.org bzw. StarOffice steht ein Office-Programmpaket für verschiedene Betriebssysteme wie Linux, Windows, Mac OS X oder Solaris bereit. In diesem Kapitel erhalten Sie einen Überblick über das Paket und erfahren, welche Module enthalten sind.

1.1 OpenOffice.org/StarOffice im Überblick

Als Benutzer haben Sie die Wahl zwischen OpenOffice.org und StarOffice. Der folgende Abschnitt befasst sich mit dem Funktionsumfang von OpenOffice.org/StarOffice und geht auf Unterschiede sowie Besonderheiten ein.

1.1.1 Unterschiede zwischen StarOffice und OpenOffice.org

Benutzer können zwischen StarOffice und OpenOffice.org wählen. Beide Produktlinien setzen auf dem gleichen Quellcode auf. Unterschiede gibt es lediglich in der Ausstattung und in der Lizenzierung.

- **OpenOffice.org:** Ist die Zusammenstellung der Programmfunktionen des OpenOffice.org-Projekts. Die unter `http://de.openoffice.org` bereitgestellten Versionen der Software lassen sich kostenlos nutzen. Das Paket weist geringfügige Einschränkungen gegenüber StarOffice auf. So fehlen Vorlagen für Dokumente oder lizenzpflichtige Softwarefunktionen wie z.B. Rechtschreibwörterbücher. Diese Funktionen lassen sich aber manuell (z.B. aus der ProOOo-Box) nachrüsten.
- **StarOffice:** Unter diesem Namen wird von der Firma Sun die Zusammenstellung der OpenOffice.org-Programmmodule als Komplettpaket verkauft. Sun ergänzt die Programmmodule um Vorlagen und weitere lizenzpflichtige Softwarefunktionen wie Rechtschreibwörterbücher sowie durch ein gedrucktes Handbuch und einen Datenträger. Diese kostenpflichtige Büro-Suite lässt sich über den Handel (Einzelbenutzerlizenzen und Firmenlizenzen) beziehen.

Mittlerweile gibt es verschiedene Versionen von OpenOffice.org (1.x, 2.x, 3.x) und StarOffice. Aus Anwendersicht ist aber die Bedienung dieser Varianten ähnlich. Wer mit OpenOffice.org arbeitet, kann nahtlos auf StarOffice umsteigen und umgekehrt. Auch der Wechsel von OpenOffice 2.x auf die Nachfolgeversion erfordert keine größere Umgewöhnung.

1.1.2 Der Office-Funktionsumfang

StarOffice und OpenOffice.org stellen in der aktuellen Version folgende Programmmodule und -funktionen bereit:

- **Writer:** Der Writer ist das Textverarbeitungsmodul, welches zum Erstellen von Briefen und anderen Textdokumenten genutzt wird. Das Programm ist das Pendant zu Microsoft Word und kann dessen Dokumente lesen und schreiben.
- **Calc:** Hierbei handelt es sich um das Tabellenkalkulationsmodul des Office-Pakets. Calc besitzt eine ähnliche Funktionalität wie Microsoft Excel und unterstützt auch die Excel-Dokumentformate.
- **Impress:** Dieses Modul ist zum Erstellen von Präsentationen vorgesehen. Impress stellt ähnliche Funktionen wie Microsoft PowerPoint bereit und unterstützt auch dessen Dokumentformate.
- **Draw:** Hierbei handelt es sich um das in OpenOffice.org/StarOffice enthaltene Zeichenprogramm, mit dem sich sogenannte Vektorgrafiken (mit Linien bzw. anderen Objekten) entwerfen und speichern lassen.
- **Base:** Es handelt sich um das (neu in OpenOffice.org 2.0 aufgenommene) Datenbankmodul, mit dem sich Datenbanken anlegen und Tabellen mit Daten füllen lassen. Zusätzlich bietet Base Funktionen, um Abfragen, Formulare oder Berichte anzulegen und Daten auszuwerten.

Neben diesen Hauptmodulen gibt es in StarOffice/OpenOffice.org noch das Modul **Math**, ein Formeleditor, mit dem Sie eigene Formeldokumente erstellen und Formeln in anderen Dokumenten speichern können. Ein Editor zur Gestaltung von HTML-Seiten, eine Funktion, um Globaldokumente zu verwalten, sowie einige Assistenten zum Erstellen von Visitenkarten, Etiketten und Vorlagen runden die Funktionen ab. Auf diese Details wird in den folgenden Kapiteln dieses Buches eingegangen.

In der Version 3.0 sind von den OpenOffice.org-Entwicklern sogenannte Extensions und Zusatztools vorgesehen. Hierzu wird es eine Datenbank (Repository) geben, in der die betreffenden Anwendungen zum Download aufgeführt werden. Neben Kalenderfunktionen wie Mozilla Lightning oder dem PDF-Import sind auch E-Mail-Clients wie der Mozilla Thunderbird vorgesehen. Diese Funktionen werden in diesem Buch (bis auf den im Anhang besprochenen Extension-Manager und den Sun Report Builder) aber nicht behandelt.

1.2 OpenOffice.org starten

Je nach Betriebssystem gibt es unterschiedliche Möglichkeiten, um OpenOffice.org (bzw. StarOffice) oder dessen Module aufzurufen. Nachfolgend sollen die Möglichkeiten kurz skizziert werden.

1.2.1 Clevere Neuerung: das Start Center

Ein clevere Neuerung stellt das in OpenOffice.org eingeführte Start Center dar. Über einen Menüeintrag oder ein Desktopsymbol lässt sich das in Abbildung 1.1 gezeigte Fenster öffnen.

Abbildung 1.1: Desktopsymbol und Start Center unter Windows

Im Fenster finden Sie die Symbole, um neue Text-, Tabellen-, Zeichnungs-, Datenbank- oder Präsentationsdokumente anzulegen, auf Vorlagen zuzugreifen oder das Dialogfeld zum Öffnen von Dokumenten aufzurufen. Die Symbolgruppe am unteren Rand ermöglicht den Zugriff auf die Webseiten, um sich zu registrieren, Informationen abzurufen oder neue Funktionen hinzuzufügen. Über die Befehle der Menüleiste lässt sich auf verschiedene Funktionen (z.B. die Liste der zuletzt verwendeten Dokumente) zugreifen.

INFO

Bei der Mac OS X-Variante entspricht das Start Center der in Abbildung 1.1 gezeigten Darstellung, enthält allerdings keine Menüleiste. Diese findet sich bei OS X am oberen Desktoprand.

1.2.2 Start unter Windows

Neben dem Start Center haben Sie unter Windows mehrere Möglichkeiten, um direkt eines der Office-Einzelmodule aufzurufen.

- Eine Möglichkeit besteht darin, im Startmenü den Eintrag *Alle Programme* zu wählen, zur Programmgruppe für OpenOffice.org bzw. StarOffice zu wechseln und im Untermenü den gewünschten Eintrag für das Programmmodul (Textverarbeitung, Tabellenkalkulation etc.) anzuklicken (Abbildung 1.2).
- Ist bereits ein Modul von OpenOffice.org gestartet und möchten Sie zu einer anderen Anwendung wechseln? Dann öffnen Sie im Anwendungsfenster das Menü der Schaltfläche *Neu* und wählen danach den Befehl für das gewünschte Dokumentformat (Abbildung 1.3). Die betreffende Anwendung wird anschließend in einem separaten Fenster mit einem neuen Dokument geladen.

Abbildung 1.2: OpenOffice.org-Module im Windows Vista-Startmenü

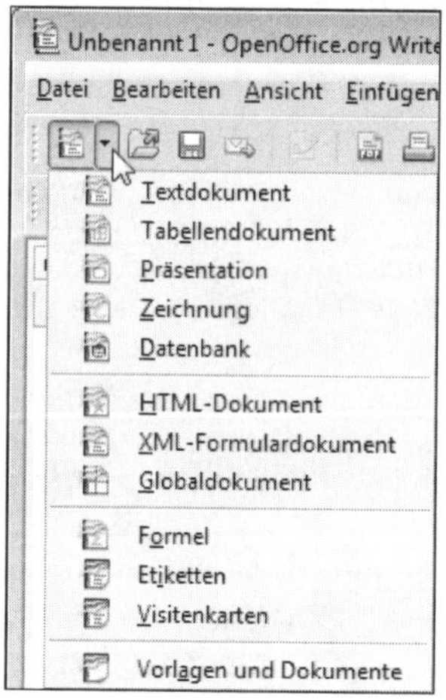

Abbildung 1.3: Wechsel zu einem neuen Dokumenttyp

Weiterhin besteht die Möglichkeit, dass Sie sich Verknüpfungen der häufig benötigten Anwendungen (z.B. Writer, Calc) auf dem Desktop anlegen (z.B. einfach die Startmenüeinträge für die Office-Module mit der rechten Maustaste zum Desktop ziehen und eine Verknüpfung über das Kontextmenü anlegen lassen). Ein Doppelklick auf das Symbol einer Dokumentdatei öffnet diese ebenfalls in der zugehörigen Anwendung.

1.2.3 Verwenden des Schnellstarters

Unter Windows wird bei der Installation des Office-Pakets der Schnellstarter eingerichtet. Dann erscheint direkt nach dem Systemstart das Symbol des Schnellstarters im Infobereich der Taskleiste. Ein Doppelklick auf das Symbol öffnet ein Dialogfeld *Vorlagen und Dokumente* zur Auswahl der gewünschten Option (siehe folgende Abschnitte, Seite 46).

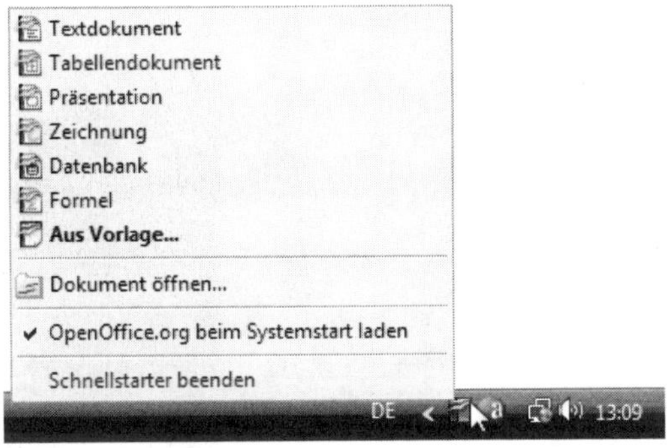

Abbildung 1.4: Aufruf der Office-Module über den Schnellstarter

Klicken Sie das *Schnellstarter*-Symbol mit der rechten Maustaste an, erscheint ein Kontextmenü (Abbildung 1.4). Über dessen Befehle lassen sich einzelne Module (z.B. Writer zur Textbearbeitung etc.) oder das Dialogfeld zur Auswahl der Vorlagen wählen.

TIPP

Falls Sie den Schnellstarter nicht benötigen oder falls es Probleme damit unter Windows gibt, löschen Sie im Kontextmenü die Markierung des Befehls OpenOffice.org beim Systemstart laden *(einfach den Befehl anklicken, um das Häkchen zu entfernen). Anschließend öffnen Sie erneut das Kontextmenü und wählen noch den Befehl* Schnellstarter beenden. *Dann wird das Symbol zukünftig nicht mehr angezeigt. Um den Schnellstarter später wieder zuzulassen, wählen Sie im Fenster einer Office-Anwendung im Menü* Extras *den Befehl* Optionen. *Anschließend wählen Sie im Dialogfeld* Optionen *den Zweig* Arbeitsspeicher *der Rubrik* OpenOffice.org *und markieren das Kontrollkästchen* OpenOffice.org beim Systemstart laden. *Bei StarOffice gilt sinngemäß die gleiche Vorgehensweise – lediglich die Befehle enthalten den Namen* StarOffice *statt* OpenOffice.org. *Die Option fehlt unter Linux, da der Schnellstarter in der betreffenden Version nicht unterstützt wird.*

1.2.4 OpenOffice.org unter Mac OS X starten

Unter Max OS X gehen Sie im Finder zum Ordner *Programme* und wählen dort das Symbol *OpenOffice.org* per Doppelklick an (Abbildung 1.5).

OpenOffice.org meldet sich dann mit einem Willkommen-Dialog (Abbildung 1.6), über dessen Symbole Sie neue Dokumente in den betreffenden Office-Anwendungen öffnen können. Gleichzeitig wird im Dock-Bereich des Desktops ein OpenOffice.org-Symbol verankert. Klicken Sie auf dieses Symbol, wird die OpenOffice.org-Menüleiste am oberen Desktoprand eingeblendet. Über das Menü *Datei* können Sie dann auf die Funktionen zum Anlegen neuer oder Öffnen bestehender Dokumente zugreifen.

Abbildung 1.5: OpenOffice.org in Mac OS X aufrufen

INFO

Klicken Sie das Dock-Symbol mit der rechten Maustaste an, lässt sich über den Kontextmenübefehl Bei der Anmeldung öffnen *markieren. Dann werden das Dock-Symbol sowie das Willkommen-Fenster bei jeder Anmeldung automatisch angezeigt.*

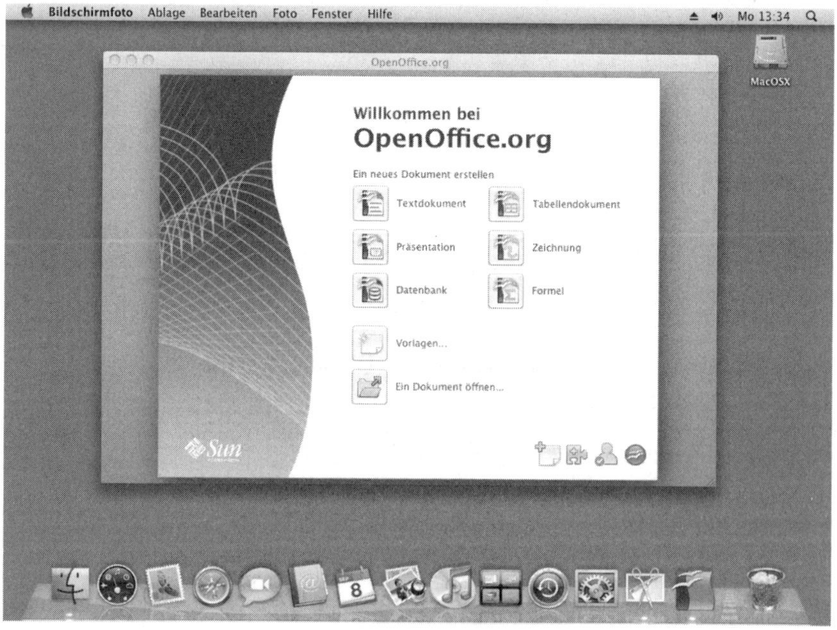

Abbildung 1.6: OpenOffice.org-Symbol im Dock und Willkommen-Fenster

1.2.5 Starten unter Linux

Bei Linux gibt es verschiedene Distributionen. Daher kommt es beim Starten etwas darauf an, welcher Fenstermanager (KDE, Gnome) benutzt wird und ob der Anbieter der Distribution OpenOffice.org 3.0 in die Menüs der Fenstermanager eingepflegt hat.

- Bei Standarddistributionen (z.B. von SuSE Linux) ist eine Fassung von OpenOffice.org enthalten und es sind Einträge im KDE-K-Menü vorhanden. Bei Gnome als Fenstermanager finden sich bei den betreffenden Distributionen ebenfalls Einträge im Menü mit den Anwendungen. Wählen Sie einen Eintrag im K- oder im Gnome-Menü an, um die gewünschte Anwendung aufzurufen.
- Bei Bedarf können Sie auch eine Verknüpfung auf das OpenOffice.org-Start Center auf dem Desktop ablegen (Abbildung 1.7). Wählen Sie das betreffende Symbol mit einem Mausklick an, öffnet sich das Willkommen-Center, über dessen Schaltflächen Sie neue Dokumente anlegen oder bestehende Dokumente in den betreffenden Office-Anwendungen laden können.

Abbildung 1.7: SuSE Linux mit Desktopsymbol und Start Center

Office lässt sich unter Linux auch direkt von der Konsole aufrufen, indem Sie den entsprechenden Befehl eingeben. Der Befehl setzt sich aus dem Namen des Installationsverzeichnisses und dem aufzurufenden Modul zusammen:

```
<installationsordner>/<modul>
```

Der Platzhalter *modul* steht für den Namen des Benutzerverzeichnisses, während *installationsordner* den Ordner angibt, in dem Office installiert wurde. Ist keine ältere Version von OpenOffice.org installiert, können Sie in das Fenster der Konsole den Befehl *soffice* eingeben und die [↵]-Taste drücken, um das Start Center aufzurufen. Mit *swriter* wird dagegen das Textverarbeitungsprogramm Writer gestartet.

INFO

Als Modulnamen können Sie swriter, scalc, sdraw, sbase *und* simpress *verwenden, um die betreffenden Office-Anwendungen aufzurufen. Die Installation erfolgt meist im Verzeichnis* /opt/OpenOffice.org..., *wobei sich die oben erwähnten Module im Unterordner* program *finden lassen.*

Wie Sie die Office-Module unter Linux aufrufen, bleibt Ihnen überlassen. Ist Office aktiv, lässt sich über den Befehl *Datei/Neu* einer Anwendung zwischen verschiedenen Dokumenttypen (Textverarbeitung, Tabellenkalkulation etc.) wechseln (siehe folgende *Abschnitte*).

INFO

Wie Sie StarOffice 9 bzw. OpenOffice.org 3.0 unter Linux installieren oder Verknüpfungen auf dem Desktop des Fenstermanagers einrichten, ist in Anhang A skizziert.

1.3 Bedienung gemeinsamer Funktionen

Dieser Abschnitt befasst sich mit Funktionen im Umgang mit Menüs etc., die in allen Office-Modulen gleich gehandhabt werden.

1.3.1 Arbeiten mit Menüs, Symbolleisten und Kontextmenüs

Die einzelnen Anwendungsfunktionen lassen sich durch Anklicken der Schaltflächen der Symbolleisten sowie über die Befehle der Menüs per Menüleiste abrufen. Zur Vereinfachung der Bedienung unterstützen OpenOffice.org und StarOffice zudem die sogenannten Kontextmenüs. Sobald Sie mit der rechten Maustaste auf einen Teil des Fensters klicken, wird ein Menü mit einer kontextabhängigen Zusammenstellung von Befehlen eingeblendet.

Abbildung 1.8: Kontextmenü zur Textbearbeitung

Klicken Sie auf Teile des Fensters wie z.B. auf die Symbolleisten, finden Sie im Kontextmenü Befehle zum Anpassen des betreffenden Elements. Erfolgt der Klick mit der rechten Maustaste im Dokumentbereich, stellt die Anwendung im Kontextmenü die momentan möglichen bzw. sinnvollen Befehle zur Dokumentbearbeitung zusammen (Abbildung 1.8). Kontextmenüs erlauben also ein sehr komfortables Arbeiten.

1.3.2 Gemeinsame Anzeigeoptionen der Office-Module

Als Benutzer können Sie in den einzelnen Office-Modulen Anzeigeoptionen wie Symbolleisten, die Zoomdarstellung, eine Vollbilddarstellung etc. einstellen. Hierzu öffnen Sie in der jeweiligen Anwendung das Menü *Ansicht* und wählen dann den gewünschten Befehl für die betreffende Anzeigeoption aus (Abbildung 1.9).

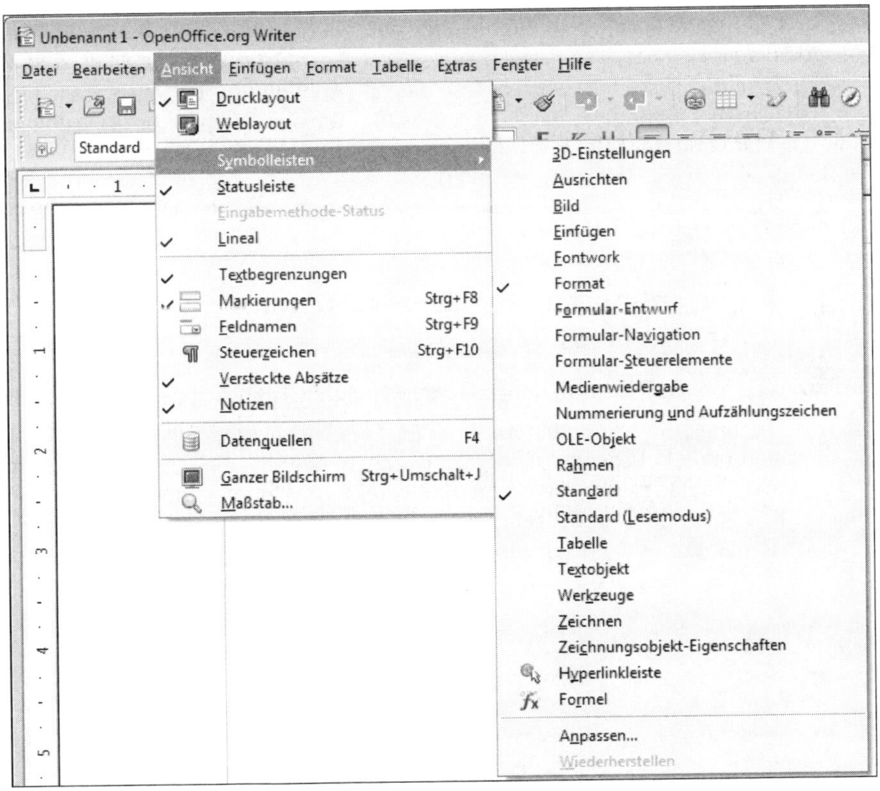

Abbildung 1.9: Menü *Ansicht* mit Befehlen für Anzeigeoptionen (Windows)

INFO

Die Menüs weisen dabei unter den verschiedenen Betriebssystemvarianten wie Linux oder Windows identische Befehle auf. Selbst die Tastenkombinationen zum Aufruf der Funktionen wurden dabei nach Möglichkeit übernommen. Bei Mac OS X müssen Sie allerdings statt der [Strg] *Taste die* [MacBef]*-Taste verwenden.*

Bei den Schaltflächensymbolen der Symbolleisten verwendet Office allerdings drei verschiedene Symbolstile. Für Windows und Mac OS X wird der Symbolstil Galaxy benutzt, während auf Linux-Systemen mit KDE als Fenstermanager der Stil Crystal zum Einsatz kommt. Bei Linux-Systemen mit einem Gnome- oder XFCE-Fenstermanager verwendet Office den Symbolstil Tango. Die Symbole unterscheiden sich nur geringfügig.

Der Befehl *Symbolleisten* innerhalb des Menüs *Ansicht* ermöglicht Ihnen, Symbolleisten (Standard, Format, Zeichnen etc.) innerhalb des Anwendungsfensters ein- oder auszublenden. Ist der Befehl mit dem Namen der Symbolleiste mit einem Häkchen markiert, wird die Leiste angezeigt.

Der Befehl *Weblayout* simuliert die Anzeige des Dokuments in einem Webbrowser. Dieser Modus ist lediglich beim Entwurf von Webdokumenten hilfreich. Über den Befehl *Drucklayout* des gleichen Menüs schalten Sie zur vorherigen Darstellung zurück.

1.3.3 Einstellen des Zoomfaktors

Neu, und an Microsoft Office 2007 angelehnt, ist die Möglichkeit, den Zoomfaktor für den Inhalt des anzuzeigenden Dokuments über den Schieberegler in der rechten unteren Ecke des Dokumentfensters festzulegen (Abbildung 1.10). Ziehen Sie einfach den Schieber per Maus nach rechts oder links, um den Zoomfaktor einzustellen. Über das Plus- und das Minuszeichen links und rechts vom Schieberegler lässt sich der Zoomfaktor in 5%-Schritten verändern.

Abbildung 1.10: Einstellen des Zoomfaktors

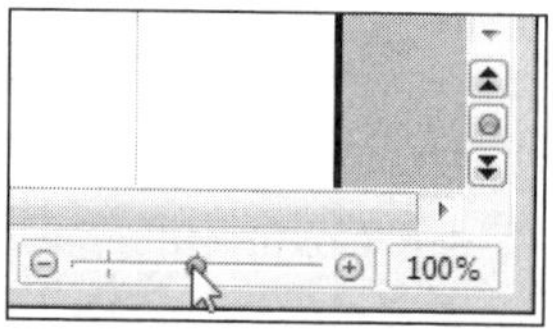

Alternativ können Sie den Befehl *Maßstab* im Menü *Ansicht* wählen. Dieser öffnet das in Abbildung 1.11 gezeigte Dialogfeld. Durch Markieren eines Optionsfelds können Sie die Darstellung vergrößern oder verkleinern. Die Option *Stufenlos* ermöglicht Ihnen, einen Zoomfaktor in Prozentschritten im zugehörigen Drehfeld vorzugeben. Diese Option ist zur Beurteilung eines Seitenlayouts oder zur Begutachtung kleiner Objekte innerhalb des Dokuments recht hilfreich.

Abbildung 1.11: Auswahl des Maßstabs und des Ansichtslayouts

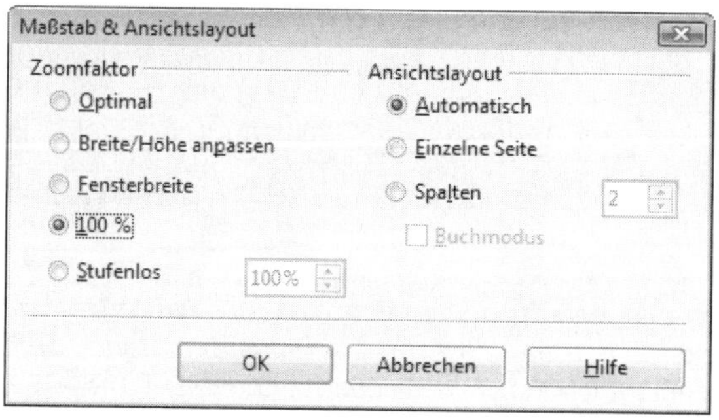

Möchten Sie den gesamten Bildschirm zur Dokumentanzeige verwenden, wählen Sie im Menü *Ansicht* den Befehl *Ganzer Bildschirm*. Dann blendet Office die Menü- und Symbolleisten aus. Um zur normalen Darstellung zurückzukehren, klicken Sie auf die eingeblendete Schaltfläche *Gesamtbild ein/aus*. Alternativ haben Sie die Möglichkeit, über die [Esc]-Taste zum Normalbildmodus zurückzukehren.

TIPP

Sie können auch die Tastenkombination [Strg] + [⇧] + [J] verwenden, um zwischen der normalen und der Darstellung des gesamten Bildschirms zu wechseln. Auf dem Macintosh müssen Sie statt der [Strg]-Taste die [MacBef]-Taste verwenden.

1.3.4 Fenster andocken oder schwebend anordnen

Office stellt in den einzelnen Modulen Fenster wie den Navigator oder die Gallery bereit. Diese lassen sich über Schaltflächen der *Standard*-Symbolleiste ein- oder ausblenden. Standardmäßig werden diese Fenster schwebend über dem Dokumentbereich eingeblendet (Abbildung 1.12, links). Verdeckt ein solches Fenster den Dokumentbereich, können Sie es über die Titelleiste beiseiteschieben. Alternativ ermöglicht Office Ihnen, diese Fenster am Rand des Dokumentfensters anzudocken (Abbildung 1.12, rechts).

Sie brauchen lediglich ein schwebendes Fenster per Maus zum Rand des Dokumentfensters zu ziehen. Das Fenster wird dann angedockt. Zum Abdocken ziehen Sie das am Rand verankerte Fenster an seinem oberen Rand in den Dokumentbereich zurück.

Ein schwebendes freies Fenster lässt sich über die Schaltfläche in der rechten oberen Ecke schließen bzw. über die zugehörige Schaltfläche der Symbolleiste ausblenden.

INFO

Das (bei schwebend angeordneten Symbolleisten mögliche) Andocken per Doppelklick auf die Titelleiste des Fensters klappt aber in der mir vorliegenden Office-Version nicht mehr. Beim Ziehen signalisiert ein grauer Rahmen, wenn das Fenster vom Dockbereich erfasst und zur Verankerung vorgesehen ist bzw. wenn die Abkopplung vom Dockbereich durch Office erkannt wurde. Das bei früheren OpenOffice.org-Versionen erforderliche gleichzeitige Drücken der [Strg]-Taste ist dagegen entfallen (halten Sie diese Taste gedrückt, klappt das Docken bzw. Abdocken nicht mehr). Auf dem Macintosh steht die Möglichkeit zum Andocken von Fenstern an den Rand des Anwendungsfensters nicht zur Verfügung.

TIPP

Das in Abbildung 1.12 am rechten Rand sichtbare Navigator-Fenster lässt sich übrigens direkt über die Funktionstaste [F5] ein- oder ausblenden.

Abbildung 1.12: Dokumentfenster mit einem freien (schwebenden) und einem angedockten Fenster

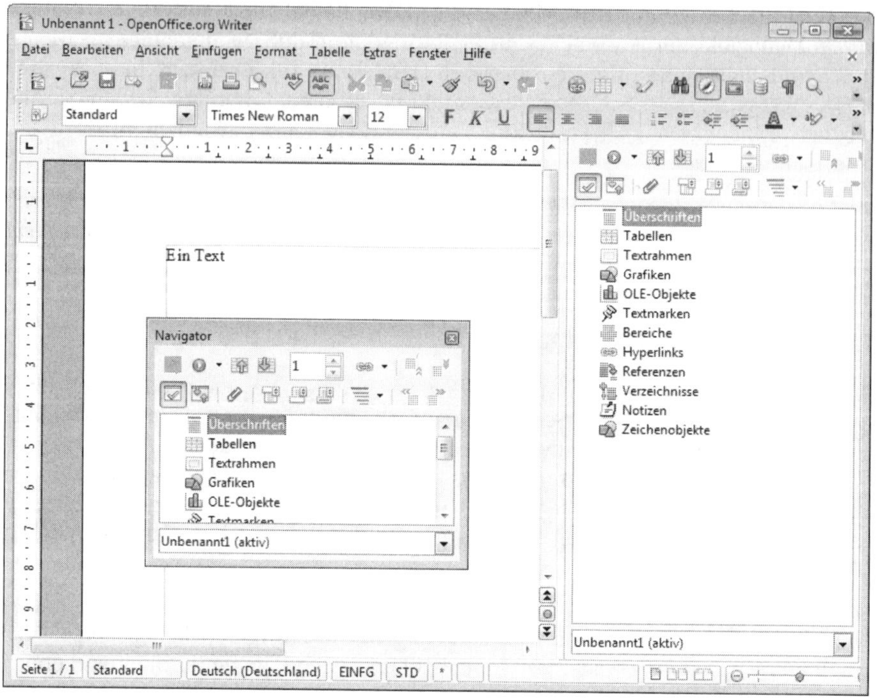

1.4 Funktionen zum Zugriff auf Dokumente

Die Funktionen zum Zugriff auf Dokumente oder zum Drucken sind in allen Office-Anwendungen gleich. Die Dialoge unterscheiden sich aber geringfügig zwischen den verschiedenen Betriebssystemvarianten. Nachfolgend wird erklärt, wie Sie die Funktionen zum Öffnen und Speichern von Dokumenten, zum Ableiten neuer Dokumente aus Vorlagen oder zum Drucken verwenden.

1.4.1 Laden und Speichern von Dokumenten

Über die Schaltflächen der *Standard*-Symbolleiste sowie über die Befehle des Menüs *Datei* lassen sich bestehende Dokumente öffnen und modifizierte Dokumente sichern. Auf die Feinheiten gehe ich im Rahmen der jeweiligen Anwendungen noch näher ein.

INFO

Nach Aufruf des Menübefehls Extras/Optionen *können Sie die Kategorie* OpenOffice.org/Pfade *wählen. Dort sind die Pfade für das Arbeitsverzeichnis, Grafiken, die Grafikgalerie etc. definiert. Passen Sie bei Bedarf die Pfadangaben für die Einträge* Arbeitsverzeichnis *und* Grafiken *an. Diese Angaben benutzen die Office-Anwendungen beim Laden und Speichern sowie beim Einbinden von Grafiken aus Dateien.*

Die Schaltfläche *Öffnen* bzw. der gleichnamige Befehl im Menü *Datei* ruft das *Öffnen*-Dialogfeld zur Auswahl des Quellordners und der Dokumentdatei auf. Die *Speichern*-Schaltfläche öffnet bei neuen Dokumenten den *Speichern unter*-Dialog. Dieser Dialog lässt sich auch gezielt über den Menübefehl *Datei/Speichern unter* öffnen. Der Dialog ermöglicht die Auswahl des Zielordners sowie die Vorgabe des Dokumentnamens.

Die angezeigten Dialoge hängen von der verwendeten Betriebssystemplattform ab (Abbildung 1.13). Unter Linux verwenden die Office-Anwendungen den Dialogfeldstil des jeweiligen Fenstermanagers. Bei Windows XP bzw. Windows Vista oder Mac OS X werden ebenfalls die Dialoge des Betriebssystems genutzt.

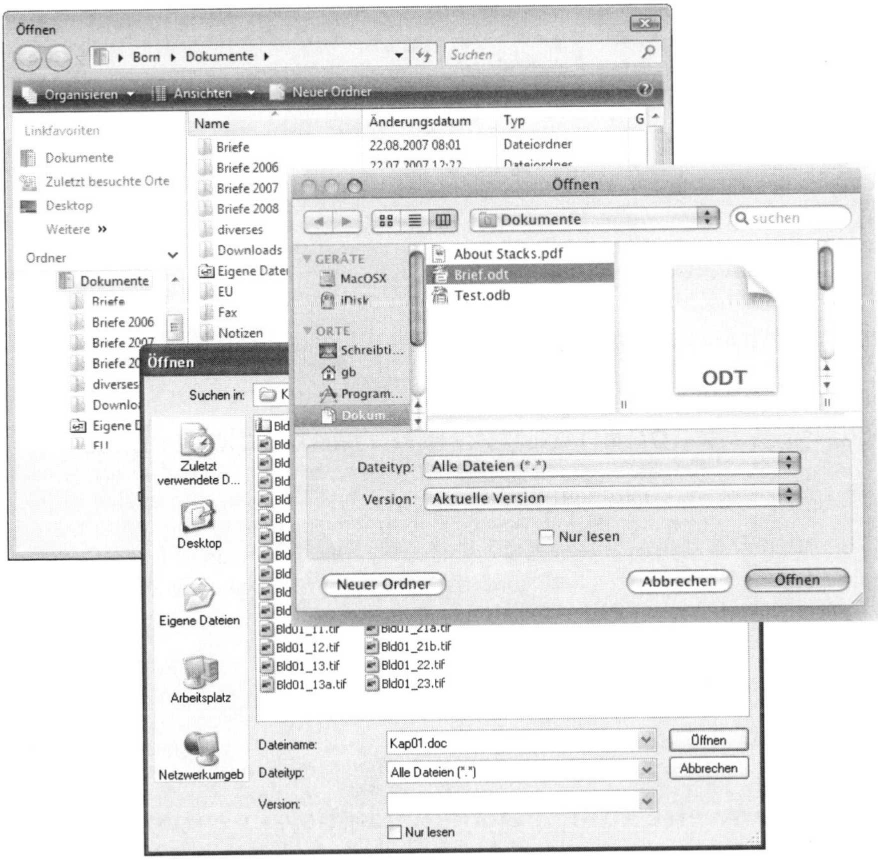

Abbildung 1.13: *Öffnen*-Dialoge unter Windows XP/Vista und Mac OS X

Ist es aus administrativen Gründen erwünscht, dass Benutzer, die auf verschiedenen Betriebssystemplattformen arbeiten, die gleiche Dialogvariante (Abbildung 1.14) zu sehen bekommen? Dies lässt sich über die Office-Optionen anpassen. Rufen Sie den Menübefehl *Extras/Optionen* auf und wählen Sie im *Optionen*-Dialog die Kategorie *OpenOffice.org/Allgemein* aus. Markieren Sie im rechten Teil des Dialogfelds innerhalb der Gruppe *Öffnen/Speichern-Dialoge* das Kontrollkästchen *OpenOffice.org-Dialoge verwenden* (siehe auch *Anhang A*, Abschnitt »Dialoge *Öffnen* und *Speichern unter* anpassen«).

INFO

Die OpenOffice.org-Dialogfeldvariante besitzt drei Navigationsschaltflächen in der rechten oberen Ecke. Die linke Schaltfläche ermöglicht Ihnen, eine Verzeichnisebene höher zu gehen. Über ein Menü dieser Schaltfläche lässt sich ggf. auch zu parallelen Ordnern navigieren. Die mittlere Schaltfläche legt dagegen ein neues Verzeichnis an. Die rechte Schaltfläche wechselt zum eingestellten Standardverzeichnis (unter Linux ist dies meist das Home-Verzeichnis des Benutzers).

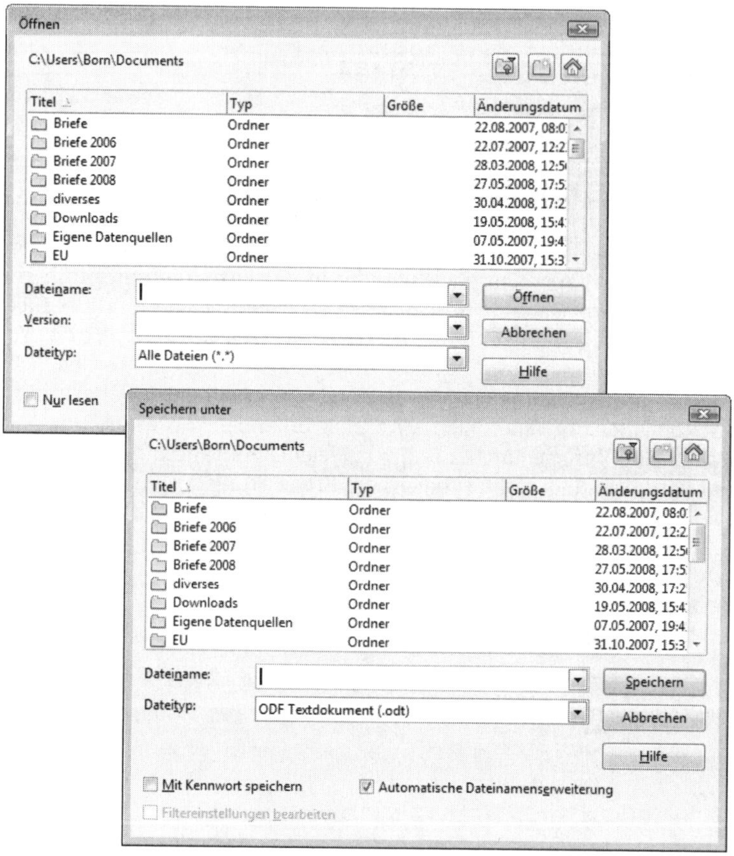

Abbildung 1.14: Dialoge *Öffnen* und *Speichern unter* im OpenOffice.org-Format

1.4.2 Hinweise zum Speichern von Dokumenten

Um Dokumente gezielt speichern und später wiederfinden zu können, sollten Sie sich eine geeignete Verzeichnisstruktur überlegen, in der Sie die jeweiligen Office-Dokumente ablegen können. In Firmen wird diese Struktur ggf. im Rahmen einer Richtlinie vorgegeben (z.B. Verzeichnisse auf einem Server). Falls Sie lokal arbeiten, können Sie folgende Einstellungen übernehmen:

- Bei Linux legen Sie ein entsprechendes Verzeichnis unter Ihrem *home*-Verzeichnis an.
- Unter Windows empfiehlt es sich, den benutzerspezifischen Ordner *Eigene Dateien* (Windows XP) bzw. *Dokumente* (Windows Vista) vorzusehen.

- Arbeiten Sie mit Mac OS X, verwenden Sie ebenfalls den Ordner *Dokumente* Ihres Benutzerkontos.

Legen Sie ggf. Unterordner an diesen Orten an, um die gespeicherten Dokumente weiter zu strukturieren, und benennen Sie die Ordner ggf. nach der Art der darin enthaltenen Dokumente (z.B. *Texte, Kalkulation* etc.). Zudem können Sie weitere Organisationsschemata entwickeln. Korrespondenz ließe sich nach privat und geschäftlich und dann ggf. nach Jahreszahlen unterteilen. Oder Sie legen eine projektbezogene Verzeichnisstruktur an, in der dann die Dokumente gespeichert werden.

1.4.3 Bemerkungen zu den Office-Dateinamenerweiterungen

OpenOffice.org bzw. StarOffice setzen seit der Version 2.0 (bzw. 8.0 bei StarOffice) auf dem OpenDocument-Format auf (OpenOffice.org 3.0 unterstützt ODF 1.2), wodurch sich die Dateinamenerweiterungen der einzelnen Office-Module gegenüber den früheren Versionen geändert haben. Allerdings sind die neueren OpenOffice.org- und StarOffice-Versionen nach wie vor in der Lage, die unter früheren Office-Versionen erzeugten Dokumente zu lesen und zu speichern. Die Office-Module benutzen unterschiedliche Dateinamenerweiterungen wie *.odt*, *.ods* etc. zur Unterscheidung der Dokumenttypen. Diese Dateinamenerweiterungen werden automatisch über den gewählten Dateityp festgelegt. An den Buchstaben der Erweiterung der StarOffice/OpenOffice.org-Dateitypen lässt sich erkennen, ob es sich um ein Dokument oder um eine Vorlage handelt und von welcher Anwendung dieser Dokumenttyp erzeugt wird. Die Buchstaben »od« in der Erweiterung stehen als Initial für OpenDocument-Format, während »ot« auf Vorlagendateien hinweist. Der letzte Buchstabe spezifiziert die Anwendung (t = text, s = spreadsheet, p = presentation, g = graphics etc.). Die folgende Tabelle enthält eine Auflistung der von StarOffice/OpenOffice.org benutzten Dateitypen.

Tabelle 1.1: StarOffice-/OpenOffice.org-Dokumenttypen

Typ	Bemerkung
.odt	Writer-Dokument (*.sxw* altes Format der 1.x-Versionen)
.ott	Writer-Vorlage (*.stw* altes Format der 1.x-Versionen)
.ods	Calc-Tabelle (*.sxc* altes Format der 1.x-Versionen)
.ots	Calc-Vorlagen (*.sxc* altes Format der 1.x-Versionen)
.odp	Impress (*.sxi* altes Format der 1.x-Versionen)
.otp	Impress-Vorlagen (*.sti* altes Format der 1.x-Versionen)
.odg	Draw (*.sxd* altes Format der 1.x-Versionen)
.otg	Draw-Vorlagen (*.std* altes Format der 1.x-Versionen)
.odf	Formeln (*.sxm* altes Format der 1.x-Versionen)
.odb	Datenbank
.odm	Globaldokumente

INFO

OpenOffice.org bzw. StarOffice unterstützen auch die Formate aus Microsoft Office bis zur Version 2007. Allerdings lassen sich keine Dokumente im Format von Microsoft Office 2007 speichern. Zudem gibt es häufig das Problem, dass die Absatzformatierungen der Microsoft Office-Dokumente nicht korrekt umgesetzt werden. Hier müssen Sie ggf. probieren.

1.4.4 Arbeiten mit unterschiedlichen Dokumentversionen

Office unterstützt eine interne Versionsverwaltung der verschiedenen Dokumente. Das Dialogfeld *Öffnen* (Abbildung 1.13) bietet Ihnen ein Listenfeld *Version*, über welches Sie gezielt auf unterschiedliche Dokumentversionen zugreifen können. Dies funktioniert jedoch nur, falls Sie unterschiedliche Versionen des betreffenden Dokuments angelegt haben.

1. Um eine neue Version anzulegen, rufen Sie den Menübefehl *Datei/Versionen* auf.
2. Im Dialogfeld *Versionen in xxxx* (Abbildung 1.15, Hintergrund) sehen Sie die bereits angelegten Versionen des Dokuments. Sofern Sie das Kontrollkästchen *Beim Schließen immer Version speichern* markieren, legt der Writer bei jedem Speichervorgang einen Zeitstempel mit den Versionsinformationen ab. Zum gezielten Anlegen einer Version klicken Sie auf die Schaltfläche *Neue Version speichern*.
3. Geben Sie in den Folgedialog (Abbildung 1.15, Vordergrund) einen Kommentar zur Kennzeichnung der Version ein.
4. Schließen Sie die Dialogfelder über die Schaltflächen *OK* bzw. *Schließen*.

Abbildung 1.15: Versionsverwaltung im Writer

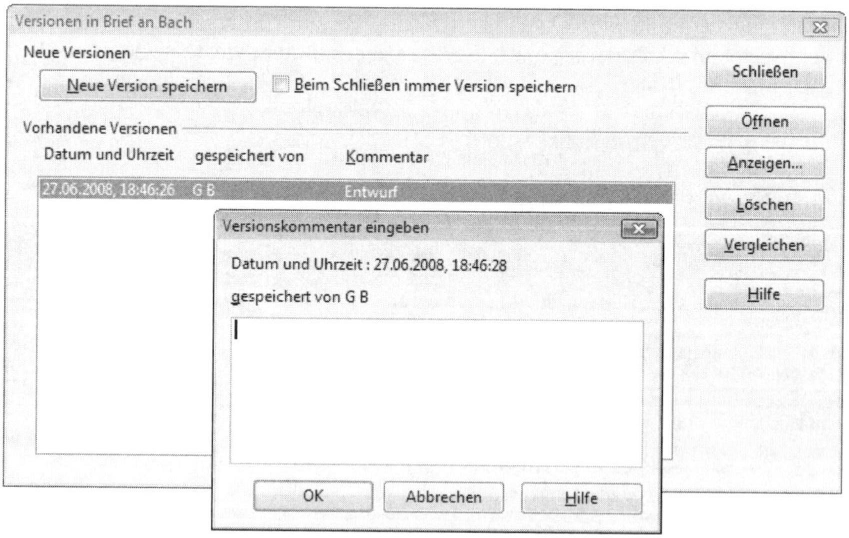

Jetzt wird Office beim Sichern des Dokuments die betreffenden Versionsinformationen mit in der Dokumentdatei hinterlegen. Beim nächsten Öffnen lässt sich dann gezielt auf die betreffende Version zugreifen (Office stellt dann die am Dokument für diese Version vorgenommenen Änderungen bereit).

INFO

Der Befehl Versionen *wird nur freigegeben, wenn das Dokument bereits einmal in einer Datei gespeichert wurde. Zudem müssen Veränderungen vorliegen, damit sich eine neue Version erzeugen lässt.*

Sie können einen Versionseintrag im Dialogfeld *Versionen in xxxx* markieren und mittels der Schaltfläche *Anzeigen* in einem Vorschaufenster abrufen. Dann sind allerdings keine Änderungen am Dokument möglich. Zur Bearbeitung einer Version verwenden Sie die Schaltfläche *Öffnen*. Eine nicht mehr benötigte Version entfernen Sie, indem Sie deren Eintrag im Dialogfeld *Versionen in xxx* markieren und dann auf die Schaltfläche *Löschen* klicken.

Möchten Sie Änderungen zwischen den Versionen oder den Änderungsverlauf innerhalb einer Version nachvollziehen? Dies geht nur, wenn der Verlauf der Änderungen aufgezeichnet wurde. Hierzu können Sie die Änderungen im Menü *Bearbeiten* über die Befehle *Änderungen/Aufzeichnen* vom Office-Modul aufzeichnen lassen.

1. War die Aufzeichnung der Änderungen eingeschaltet und möchten Sie die durchgeführten Änderungen ermitteln, laden Sie das Dokument oder die Version im Office-Modul.
2. Wählen Sie anschließend im Menü *Bearbeiten* die Befehle *Änderungen/Akzeptieren oder verwerfen.*
3. Im Writer werden dann z.B. alle Änderungen zwischen den Versionen im Korrekturmodus (farbig) hervorgehoben. Über das im Vordergrund eingeblendete Dialogfeld (Abbildung 1.16) können Sie Versionsunterschiede mittels der Schaltflächen *Akzeptieren* bzw. *Ablehnen* übernehmen oder zurückweisen.

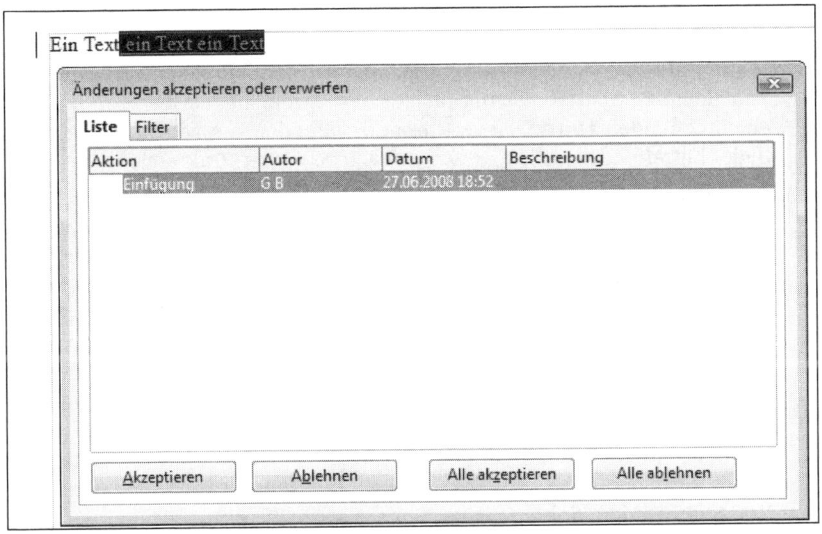

Abbildung 1.16: Abgleichen der Versionen im Writer

Auf der Registerkarte *Filter* des Dialogfelds lassen sich Filterbedingungen zur Suche nach Änderungen nutzen.

INFO

Beachten Sie aber, dass solche Versionsvergleiche sich nur auf eingefügte oder gelöschte Textpassagen oder Werte, nicht jedoch auf Formatierungen beziehen. Der Überarbeitungsmodus wird in Kapitel 6, Abschnitt »Anmerkungen, Überarbeitungen und Versionskontrolle«, noch detaillierter besprochen.

1.4.5 Neue Dokumente in Office anlegen

Um ein neues Textdokument im Writer, eine neue Kalkulationstabelle in Calc etc. anzulegen, brauchen Sie lediglich die Schaltfläche *Neu* in der *Standard*-Symbolleiste anzuklicken.

Halten Sie dagegen die Maustaste beim Klicken auf die Schaltfläche *Neu* etwas länger gedrückt oder wählen Sie den rechten Teil der Schaltfläche, erscheint ein Menü zur Auswahl des Dokumenttyps. Das in Abbildung 1.17 gezeigte Menü mit den Dokumentvarianten lässt sich auch im Menü *Datei* über den Befehl *Neu* abrufen.

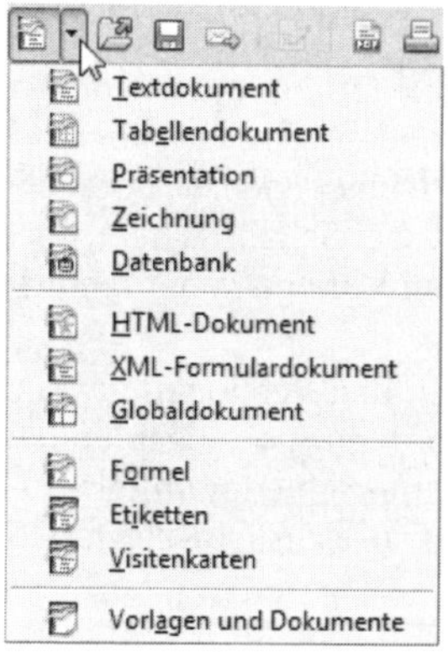

Abbildung 1.17: Auswahl des Dokumenttyps

- Wählen Sie einen der Einträge im oberen Menübereich (z.B. *Textdokument*, *Tabellendokument*, *Präsentation* etc.), wird ein neues leeres Dokument vom entsprechenden Typ angelegt. Dies entspricht der Auswahl der Schaltfläche *Neu* in der betreffenden Office-Anwendung (z.B. Writer, Calc etc.).
- Der Eintrag *Vorlagen und Dokumente* in den beiden Menüs ermöglicht Ihnen, neue Dokumente auf Basis existierender sogenannter Vorlagen anzulegen oder bestehende Dokumente zu öffnen. Bei Anwahl dieses Eintrags erscheint ein Dialogfeld zur Auswahl der Vorlage (Abbildung 1.18). Über das Symbol *Neues Dokument* in der linken Spalte lässt sich ein leeres Office-Dokument erzeugen. Den Dokumenttyp (Text, Tabelle) etc. wählen Sie in der mittleren Spalte. Die beiden Ordnersymbole *Eigene Dateien* und *Beispiele* blenden in der mittleren Spalte den Inhalt des Beispielordners bzw. des Ordners *Eigene Dateien* (unter Linux ist dies das Home-Verzeichnis des Benutzers) zur Dateiauswahl ein. Klicken Sie in der linken Spalte auf das Symbol *Vorlagen*, erscheinen die verfügbaren Vorlagen in der mittleren Spalte. Sie können dann eine der angebotenen Vorlagen wählen. Sobald Sie die Schaltfläche *Öffnen* anklicken, wird ein neues Dokument auf Basis dieser Vorlage angezeigt.

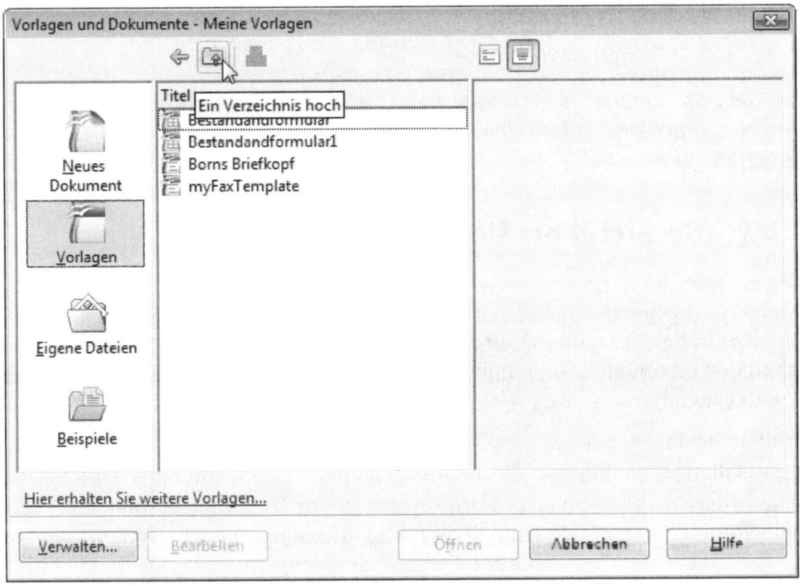

Abbildung 1.18: Dialogfeld *Vorlagen und Dokumente*

Die Vorlagen werden über Verzeichnisse in Bereiche (Kategorien) unterteilt. Ein Doppelklick auf ein Ordnersymbol wechselt zum betreffenden Bereich. Über die Schaltfläche *Ein Verzeichnis hoch* lässt sich zur Bereichsübersicht gehen. In der rechten oberen Ecke des Dialogfelds finden sich zudem noch zwei Schaltflächen, über die sich die Eigenschaften oder eine Vorschau der gewählten Vorlage in der rechten Spalte des Dialogfelds abrufen lassen.

INFO

Das Dialogfeld lässt sich zudem über die Tastenkombination `Strg` + `⇧` + `N` *öffnen (wobei beim Mac die* `MacBef`*-Taste anstelle von* `Strg` *zu verwenden ist).*

TIPP

Klicken Sie im Dialogfeld Vorlagen und Dokumente *(Abbildung 1.18) auf den in der linken unteren Ecke sichtbaren Hyperlink.* Hier erhalten Sie weitere Vorlagen, *öffnet sich ein Browserfenster mit der OpenOffice.org-Vorlagenseite. Dort können Sie von der Firma Sun bzw. der OpenOffice.org-Community erstellte Dokumentvorlagen herunterladen.*

Benötigen Sie häufiger Zugriff auf das Dialogfeld Vorlagen und Dokumente*? Dann können Sie sich die Schaltfläche* Neues Dokument aus Vorlage *in der* Standard-*Symbolleiste einblenden (siehe Anhang A).*

1.4.6 Wie Office Vorlagen verwaltet

Office benutzt zwei Ordnerstrukturen, in denen Vorlagendateien abgelegt werden. Die genaue Lage der Vorlagenordner wird bei den Office-Optionen (Aufruf über den Menübefehl *Extras/Optionen*) in der Kategorie *Pfade* des Zweigs *OpenOffice.org* bzw. *StarOffice* über den Wert *Dokumentvorlagen* angegeben. Sowohl Windows als auch Linux speichern die Vorlagen in den Ordnern des Benutzerprofils.

INFO

Sun liefert StarOffice mit einer Reihe Vorlagen aus. Bei OpenOffice.org sind standardmäßig nur einige Präsentationsvorlagen, jedoch keine Textdokumentvorlagen vorhanden. Sie können aber Vorlagen aus dem Internet von der OpenOffice.org-Seite (de.openoffice.org) *nachladen oder selbst entwerfen und speichern (siehe folgender Abschnitt).*

1.4.7 So erstellen Sie eigene Vorlagendateien

Oft besteht der Wunsch, neben den mit StarOffice ausgelieferten Vorlagendateien eigene Vorlagen zu erstellen. Dann lassen sich neue Dokumente von diesen Vorlagen ableiten. Wie sich beispielsweise eigene Briefköpfe erstellen lassen, können Sie in *Kapitel 9* nachlesen. Sollen diese selbst entworfenen Dokumente als Vorlagen unter Office verfügbar sein, müssen Sie diese als Vorlagendatei im Vorlagenordner hinterlegen.

Eine Möglichkeit besteht darin, im Dialogfeld *Speichern unter* das Dokument in einem der oben erwähnten Vorlagenordner im Dokumentformat für Vorlagen zu speichern. Eleganter ist es aber, wenn Sie Office das Ablegen der Vorlagendatei überlassen. Um eine selbst gestaltete Vorlage zu erzeugen, gehen Sie in folgenden Schritten vor.

Abbildung 1.19: Speichern einer Dokumentvorlage

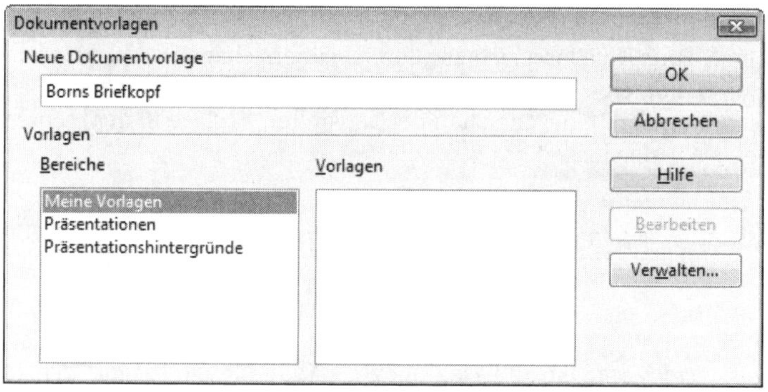

1. Erstellen Sie das für die Vorlage benötigte Dokument (siehe *Kapitel 9*) oder laden Sie dieses in Office und nehmen Sie die erwünschten Anpassungen vor.
2. Rufen Sie den Menübefehl *Datei/Eigenschaften* auf und tragen Sie in das Feld *Titel* der Registerkarte *Beschreibung* einen Text ein. Dieser Text taucht später als Titel in der Vorlagenliste auf.
3. Wählen Sie im Menü *Datei* den Befehl *Dokumentvorlage* und im Untermenü den Befehl *Speichern*. Dadurch wird das Dialogfeld zum Speichern der Vorlage (Abbildung 1.19) geöffnet.
4. Tippen Sie in das Textfeld *Neue Dokumentvorlage* einen Titel für die Vorlage ein, wählen Sie anschließend den Bereich aus (z.B. *Meine Vorlagen, Geschäftlich*), in den die Vorlage einzuordnen ist, und schließen Sie das Dialogfeld über die *OK*-Schaltfläche.

Mit diesen Schritten legt Office die neue Datei automatisch als Vorlage in den richtigen Ordnern für benutzerspezifische Vorlagen ab. Wenn Sie anschließend den Befehl *Vorlagen und Dokumente* im Menü *Datei/Neu* wählen, wird die neue Vorlage angezeigt.

1.4.8 Dokumentvorlagen pflegen

Die Pflege der Office-Dokumentvorlagen erfolgt über verschiedene Ansätze, je nachdem, ob Sie Vorlagen löschen, neue Kategorien anlegen oder Einträge bearbeiten möchten.

- Um eine bestehende Vorlage anzupassen, können Sie im Menü *Datei* die Befehle *Dokumentvorlage/Bearbeiten* wählen. Im Dialogfeld *Öffnen* ermöglicht Office Ihnen, alle angebotenen Vorlagen zur Bearbeitung zu öffnen.
- Zur Bearbeitung der Dokumentvorlagen ist es aber besser, wenn Sie das Dialogfeld *Vorlagen und Dokumente* öffnen (z.B. über Strg + ⇧ + N), auf das Symbol *Vorlagen* klicken, dann die gewünschte Vorlage in der mittleren Spalte auswählen und diese mittels der Schaltfläche *Bearbeiten* des Dialogfelds öffnen. Office berücksichtigt dann automatisch die Pfade zu den betreffenden Vorlagenordnern.

Um Bereiche für Dokumentvorlagen anzulegen, zu löschen oder bestehende Dokumentvorlagen zu entfernen, klicken Sie im Dialogfeld *Vorlagen und Dokumente* (Abbildung 1.18) auf die Schaltfläche *Verwalten*. Oder Sie wählen im Menü *Datei* den Untermenübefehl *Dokumentvorlage/Verwalten*. Office öffnet das in Abbildung 1.20 gezeigte Dialogfeld.

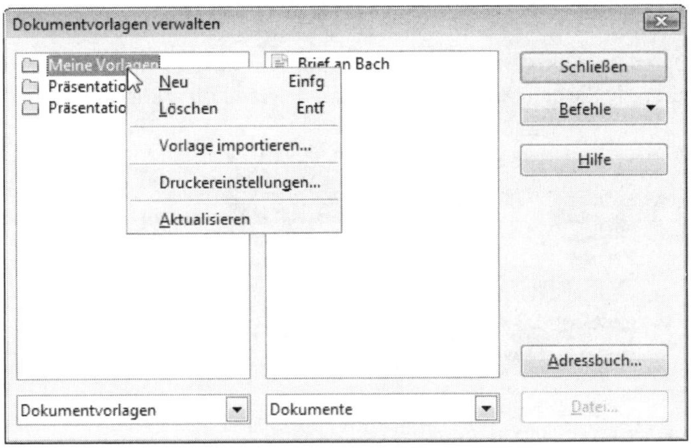

Abbildung 1.20: Verwalten der Dokumentvorlagen (Windows)

- Über die Listenfelder am unteren Rand des Dialogfelds lässt sich die Ansicht der beiden Spalten zwischen den Modi »Dokumentvorlagen« und »Dokumente« umschalten. Im Modus »Dokumentvorlagen« sehen Sie die Ordnersymbole der Bereiche, während der Modus »Dokumente« die Namen der in Office geladenen Dokumentdateien auflistet. Klicken Sie auf das Ordnersymbol eines Bereichs, werden die im Bereich hinterlegten Vorlagen eingeblendet.

Die angezeigten Bezeichnungen für die Vorlagen werden dabei aus der Eigenschaft Titel *der betreffenden Vorlagendatei entnommen. Ist diese Eigenschaft nicht gesetzt, verwendet Office den Dateinamen der Vorlage.*

- Ein neuer Bereich lässt sich anlegen, indem Sie mit der rechten Maustaste auf ein Ordnersymbol eines Bereichs klicken. Wählen Sie im Kontextmenü den Befehl *Neu* und geben Sie anschließend den Namen für den neuen Bereich ein.
- Möchten Sie einen Bereich oder eine Vorlage löschen, klicken Sie diese mit der rechten Maustaste an. Anschließend wählen Sie im Kontextmenü den Befehl *Löschen* und bestätigen die Sicherheitsabfrage zum Entfernen der Vorlage.

Über weitere Kontextmenübefehle können Sie Vorlagen zum Bearbeiten öffnen oder importieren bzw. exportieren.

Leider lassen sich Bereiche im Dialogfeld der Verwaltung nachträglich nicht mehr umbenennen. Sie können auch keine Vorlagendateien zwischen den Bereichen verschieben. Um dies zu erreichen, müssten Sie die betreffenden Ordner mit den Vorlagendateien im Dateimanager des Betriebssystems öffnen. Dann stehen Ihnen die Befehle des Betriebssystems zum Kopieren/Verschieben bzw. Umbenennen zur Verfügung. Seien Sie aber vorsichtig mit dem Umbenennen der durch Office angelegten Verzeichnisstrukturen. Die Lokalisierung (Anpassung des Office-Pakets an die deutsche Sprache) der vordefinierten Bereichsnamen setzt u.U. bestimmte Ordnernamen voraus.

1.5 Hier gibt's Hilfe zu Office

OpenOffice.org und StarOffice sind mit umfangreichen Hilfefunktionen ausgestattet, über die Sie sich zusätzliche Informationen holen können.

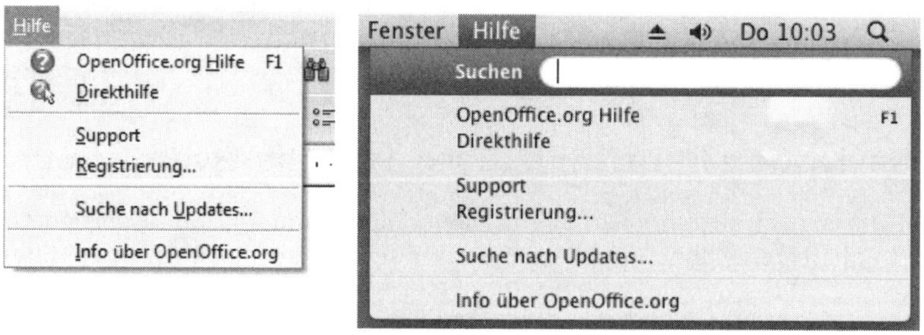

Abbildung 1.21: Übersicht über das Office-*Hilfe*-Menü (links Windows, rechts Mac)

- Zum Aufrufen der Office-Hilfe öffnen Sie das Menü *Hilfe* und wählen den Befehl *OpenOffice.org Hilfe* an.
- Die Office-Hilfe lässt sich auch direkt aus dem Fenster einer Office-Anwendung durch Drücken der Funktionstaste [F1] abrufen.
- Zudem bieten viele Dialogfelder eine Schaltfläche *Hilfe*, über die sich Zusatzinformationen zu den Dialogfeldoptionen abrufen lassen.

Das Fenster der Office-Hilfe ist zweigeteilt (Abbildung 1.22). Im linken oberen Bereich finden Sie die Registerkarten *Inhalte*, *Index*, *Suchen* und *Lesezeichen*. Klicken

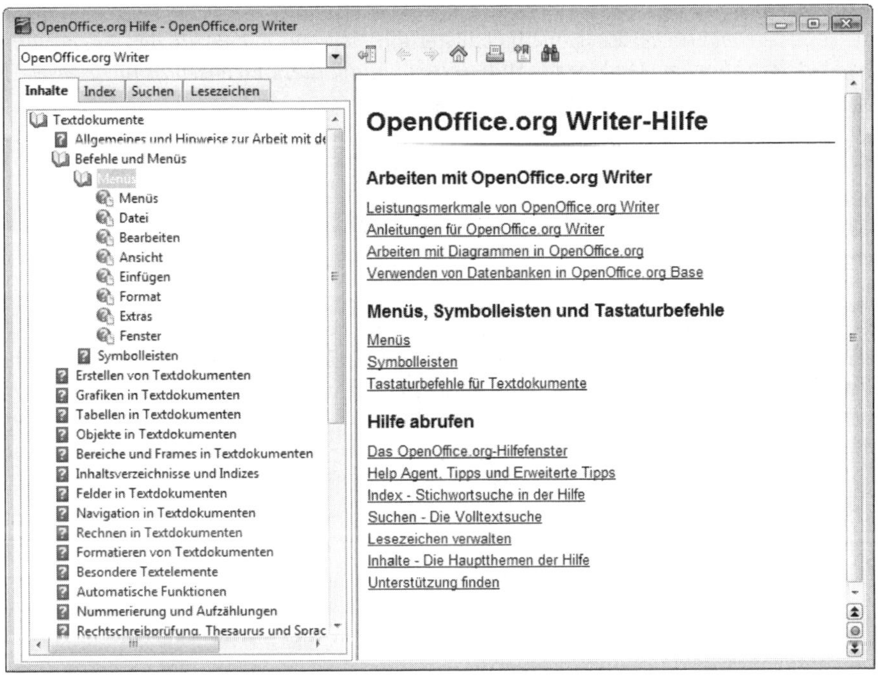

Abbildung 1.22: Fenster der Office-Hilfe

Sie auf einen Registerreiter, wird der Inhalt der betreffenden Registerkarte in den Vordergrund geholt. Je nach Auswahl können Sie im Inhaltsverzeichnis, im Stichwortverzeichnis, im Suchformular oder über gesetzte Lesezeichen recherchieren.

HALT

Die Darstellung der Hilfeseiten lässt sich anpassen (Menübefehl Extras/Optionen, *Zweig* OpenOffice.org *bzw.* StarOffice, *Kategorie* Allgemein, *dann das Stylesheet in der Gruppe* Formatierung der Office-Hilfe *wählen). Zudem bietet das Hilfefenster in der Symbolleiste eine Schaltfläche, mit der sich die linke Spalte ein- bzw. ausblenden lässt (Abbildung 1.22).*

1.5.1 Navigation in der Hilfe über das Inhaltsverzeichnis

Die Office-Hilfe ist nach einzelnen Kapiteln in Unterkapitel und Abschnitte gegliedert. Über dieses Inhaltsverzeichnis gelangen Sie sehr schnell zu den einzelnen Hilfethemen.

1. Klicken Sie auf den Registerreiter *Inhalte*, um die betreffende Registerkarte des linken Frames in den Vordergrund zu holen. Die Kapitelüberschriften werden dann als Hyperlinks mit dem Symbol eines stilisierten Buches im Inhaltsverzeichnis angezeigt.
2. Ein Doppelklick auf das Symbol eines geschlossenen Buches blendet die nächste Ebene mit Überschriften oder, falls die unterste Ebene erreicht ist, die Einträge mit den Hilfethemen ein. Doppelklicken Sie auf das Symbol eines geöffneten Buches, wird die Ebene der Unterüberschriften ausgeblendet (das Symbol eines geschlossenen Buches erscheint).

3. Haben Sie die unterste Überschriftenebene erreicht, zeigt das Hilfefenster die Einträge mit den Hilfeseiten als stilisierte Blätter an. Doppelklicken Sie auf den betreffenden Eintrag, um die Hilfeseite im rechten Frame abzurufen.

Sie können nun den Inhalt des rechten Frames lesen. Verweise auf weitere Hilfethemen sind dort als Hyperlinks im Text eingebettet. Sobald Sie per Maus auf einen Hyperlink zeigen, erscheint der Mauszeiger als stilisierte Hand. Ein Mausklick auf den Hyperlink bringt Sie zur Folgeseite. Die Navigation entspricht dem Surfen im World Wide Web. In der Symbolleiste des Hilfefensters finden Sie sogar Schaltflächen, um zwischen bereits besuchten Hilfeseiten zu blättern oder um die Startseite abzurufen.

Rufen Sie die Office-Hilfe über eines der Module auf, erscheinen immer die zu diesem Modul (z.B. Writer, Calc etc.) passenden Hilfethemen im rechten Frame. Möchten Sie sich über Funktionen eines anderen Moduls informieren, können Sie im Inhaltsverzeichnis die betreffenden Kapitelüberschriften wählen. Oder Sie öffnen das oberhalb des linken Frames angezeigte Listenfeld und wählen die gewünschte Office-Anwendung (Abbildung 1.23). Dann erscheint die Startseite der betreffenden Hilfekategorie im rechten Frame des Hilfefensters.

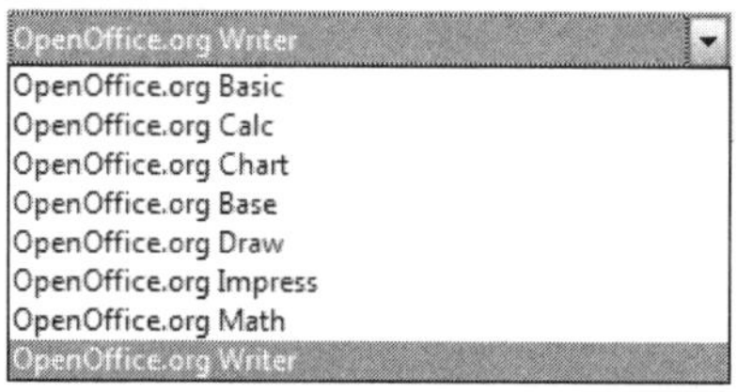

Abbildung 1.23: Auswahl der Hilfekategorie

1.5.2 Arbeiten mit dem Stichwortverzeichnis

Sofern Sie Informationen zu einer Office-Funktion benötigen und den betreffenden Begriff kennen, ist ein Zugriff auf das Hilfethema mittels eines Stichworteintrags schneller als das Navigieren über das Inhaltsverzeichnis.

1. Öffnen Sie die Office-Hilfe und klicken Sie auf den Registerreiter *Index*, um das betreffende Formular im linken Frame abzurufen (Abbildung 1.24).
2. Klicken Sie auf der Registerkarte *Index* auf das Feld *Suchbegriff* und tippen Sie das gewünschte Stichwort ein. Bereits während der Eingabe blättert die Hilfe in der Stichwortliste zum Abschnitt, dessen Einträge mit dem bereits eingegebenen Text übereinstimmen.
3. Wird das gewünschte Stichwort in der Liste angezeigt, markieren Sie dieses mit einem Mausklick und wählen dann die Schaltfläche *Anzeigen*. Alternativ können Sie einen Eintrag in der Stichwortliste per Doppelklick anwählen.

Die Hilfe zeigt dann das Hilfethema im rechten Frame an. Sie können nun wie gewohnt in dieser Seite recherchieren.

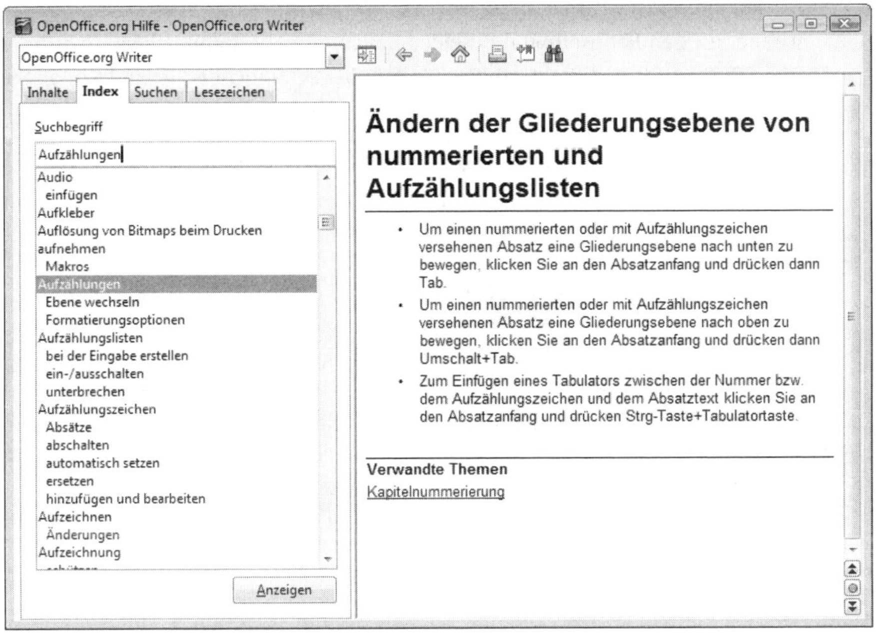

Abbildung 1.24: Zugriff auf Hilfethemen über Stichwörter

1.5.3 Suchen in der Hilfe

Neben dem Stichwortkatalog können Sie alle Hilfeseiten auch nach einem bestimmten Suchbegriff analysieren lassen.

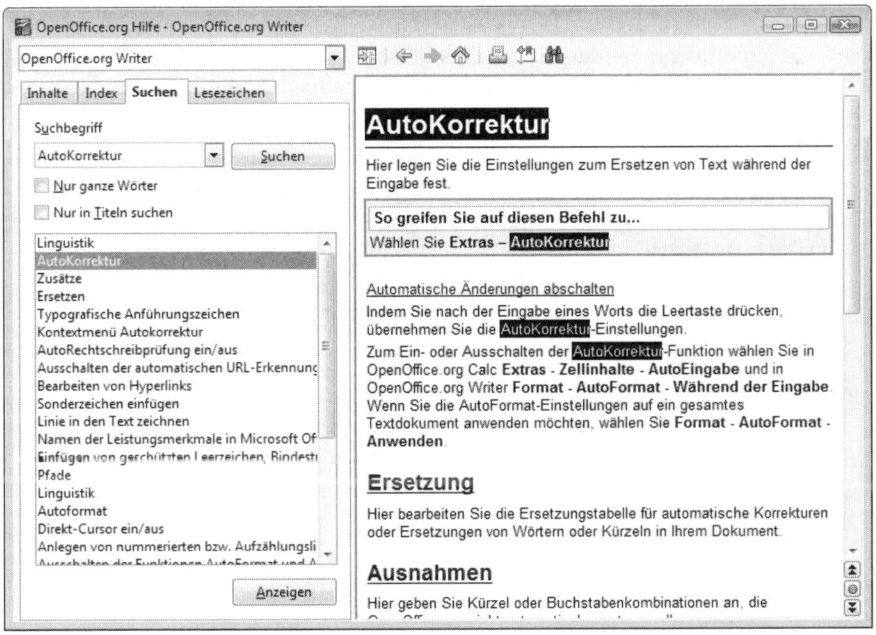

Abbildung 1.25: Suchen in der Office-Hilfe

1. Öffnen Sie die Office-Hilfe und klicken Sie auf den Registerreiter *Suchen*, um das betreffende Formular im linken Bereich abzurufen (Abbildung 1.25).
2. Klicken Sie auf der Registerkarte *Suchen* auf das Feld *Suchbegriff* und tippen Sie den gewünschten Begriff ein. Über die Schaltfläche am rechten Rand des Listenfelds können Sie übrigens bereits einmal eingetippte Suchbegriffe erneut abrufen – die Hilfe merkt sich die zuletzt eingegebenen Begriffe.
3. Markieren Sie ggf. die Kontrollkästchen, um die Suche auf ganze Wörter oder auf Treffer in den Titeln zu begrenzen, und starten Sie die Suche über die Schaltfläche *Suchen*.
4. Kommt der Suchbegriff in den Hilfeseiten vor, erscheinen die Treffer in einer Liste. Markieren Sie einen solchen Eintrag und wählen Sie dann die Schaltfläche *Anzeigen*. Alternativ können Sie einen Eintrag in der Trefferliste per Doppelklick anwählen.

Die Hilfe zeigt dann das Hilfethema im rechten Frame an. Die gefundenen Suchbegriffe werden im Text markiert und lassen sich leicht erkennen.

1.5.4 Arbeiten mit Lesezeichen in der Hilfe

Benötigen Sie eine Hilfeseite häufiger, empfiehlt sich das Setzen eines Lesezeichens.

1. Rufen Sie die Office-Hilfe auf und suchen Sie die betreffende Hilfeseite (z.B. über Stichworteintrag oder Inhaltsverzeichnis). Die Seite mit dem Hilfethema muss im rechten Frame zu sehen sein.
2. Klicken Sie in der Symbolleiste der Office-Hilfe auf die Schaltfläche *Lesezeichen hinzufügen*.
3. Im dann angezeigten gleichnamigen Dialogfeld (Abbildung 1.26) können Sie den Text des Lesezeichens bei Bedarf anpassen. Dann bestätigen Sie dies durch Anklicken der *OK*-Schaltfläche.

Die Hilfe trägt das Lesezeichen unter dem gewählten Titel in eine Liste ein. Um später über das Lesezeichen auf die Hilfeseite zuzugreifen, gehen Sie folgendermaßen vor:

1. Rufen Sie die Office-Hilfe auf und klicken Sie auf den Registerreiter *Lesezeichen*.
2. Markieren Sie in der Liste der Lesezeichen den gewünschten Eintrag und bestätigen Sie dies über die Schaltfläche *Anzeigen*. Oder Sie wählen das Lesezeichen in der Liste per Doppelklick an.

Die Hilfe ruft die durch das Lesezeichen markierte Seite mit dem Hilfethema im rechten Frame ab.

TIPP

Möchten Sie eingetragene Lesezeichen umbenennen oder löschen? Dann wählen Sie den Eintrag des Lesezeichens auf der Registerkarte mit der rechten Maustaste an. In einem Kontextmenü finden Sie Befehle zum Umbenennen und Entfernen des Eintrags.

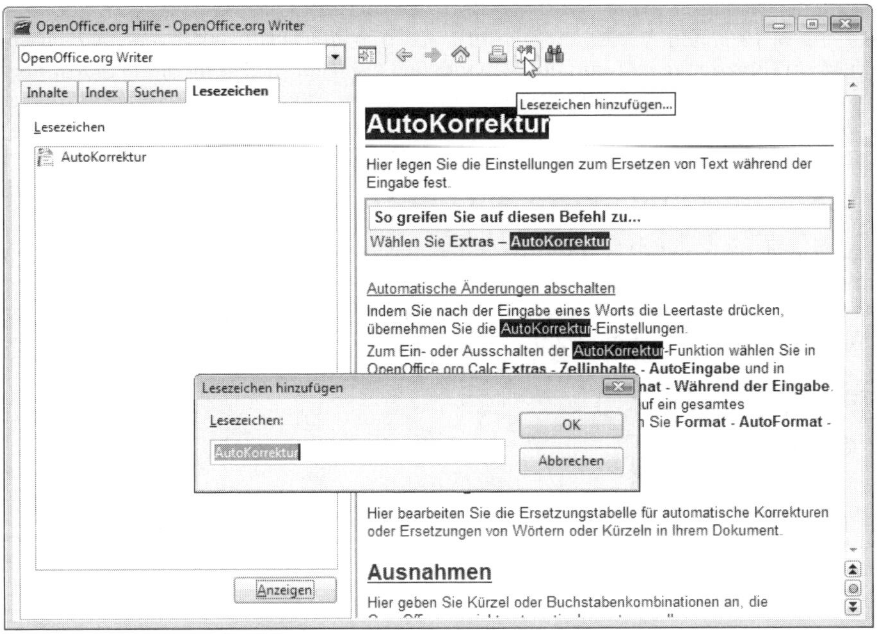

Abbildung 1.26: Nutzen von Lesezeichen in der Office-Hilfe

1.5.5 Weitere Optionen der Hilfe

Die Schaltflächen innerhalb der Symbolleiste (Abbildung 1.27) des Hilfefensters ermöglichen Ihnen, zwischen Hilfethemen zu blättern, die Seiten auszudrucken oder den linken Bereich mit den Navigationsfunktionen auszublenden.

Abbildung 1.27: Schaltflächen der Symbolleiste der Office-Hilfe

- Die linke Schaltfläche *Navigationsbereich ausschalten* ermöglicht Ihnen, den linken Bereich mit den Registerkarten auszublenden. Die Beschriftung wechselt dann zu *Navigationsbereich einschalten*, d.h., Sie können durch erneutes Anklicken der Schaltfläche den Navigationsbereich mit den Registerkarten einblenden.
- Die beiden nächsten Schaltflächen ermöglichen, in der Liste der in der aktuellen Sitzung abgerufenen Hilfeseiten zu blättern. Sie können (wie beim Webbrowser) jeweils eine Seite vor- und zurückblättern.
- Die Schaltfläche *Startseite* ruft die Einstiegsseite des im Listenfeld eingestellten Themas ab.
- Klicken Sie auf die Schaltfläche *Drucken* und bestätigen das *Drucken*-Dialogfeld, gibt die Hilfe den Inhalt der aktuell im rechten Bereich hinterlegten Seite aus.

Die rechte Schaltfläche dient zur Definition von Lesezeichen (siehe vorherige Seite).

TIPP

Benötigen Sie genaue Informationen über die installierte Office-Version, wählen Sie im Menü Hilfe *den Befehl* Info über OpenOffice.org. *Das Programm öffnet ein Dialogfeld, in dem die Versionsnummer und ggf. weitere Zusatzinformationen hinterlegt sind.*

1.5.6 Tipps und aktive Hilfe nutzen

Falls Sie sich einmal über die Bedeutung einer Schaltfläche in Office im Unklaren sind, hilft Ihnen die QuickInfo weiter. Sie brauchen nur mit der Maus kurzzeitig auf das betreffende Element zu zeigen. Office blendet dann eine QuickInfo mit dem Funktionsnamen ein (Abbildung 1.28).

Abbildung 1.28: QuickInfo mit Funktionsbeschreibung

Office stellt eine zusätzliche Funktion unter dem Begriff »Direkthilfe« bereit, die anstelle des kurzen Tipps mit dem Funktionsnamen eine kurze Funktionsbeschreibung in einer QuickInfo anzeigt (Abbildung 1.29). Um die aktive Hilfe zu verwenden, müssen Sie im betreffenden Office-Modul das *Hilfe*-Menü öffnen und den Befehl *Direkthilfe* anwählen. Sobald Sie dann auf eine Schaltfläche oder auf einen Menübefehl zeigen, wird die Funktionsbeschreibung sichtbar (Abbildung 1.29).

Abbildung 1.29: QuickInfo der Direkthilfe

TIPP

Benötigen Sie die Direkthilfe nur kurzzeitig für ein Bedienelement? Drücken Sie die Tastenkombination [⇧] + [F1]. *Sobald der Mauszeiger die Form eines Fragezeichens annimmt (Abbildung 1.29), können Sie auf Steuerelemente oder Schaltflächen der Symbolleiste zeigen und erhalten eine Funktionsbeschreibung. Ein Mausklick deaktiviert die Direkthilfe wieder.*

1.5.7 Hilfe vom Office-Assistenten

Office beobachtet Ihre Aktivitäten innerhalb des Anwendungsfensters. Kommt das Programm zum Schluss, dass Sie nicht genau wissen, was gerade zu tun ist, wird das in Abbildung 1.30 gezeigte Symbol des Office-Assistenten in der rechten unteren Ecke des Dokumentfensters eingeblendet.

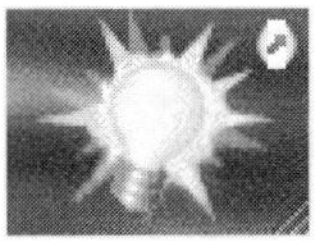

Abbildung 1.30: Symbol des Office-Assistenten

Klicken Sie auf das Symbol, öffnet Office das Hilfefenster und stellt automatisch das betreffende Thema ein. Falls Sie den Office-Assistenten nicht anklicken, wird das Symbol nach einiger Zeit automatisch ausgeblendet.

Leider kann das Symbol des Agenten (im Gegensatz zu den Assistenten in Microsoft Office) nicht permanent eingeblendet werden. Falls der Agent dreimal von Office in einer bestimmten Situation aktiviert wurde, der Benutzer das Symbol aber nicht angeklickt hat, bleibt der Agent zukünftig ausgeschaltet. Das Gleiche gilt, falls Sie das Fenster des Agenten manuell schließen.

Der Assistent lässt sich auch komplett abschalten. Rufen Sie den Menübefehl Extras/Optionen *auf. Im Dialogfeld* Optionen *ist die Kategorie* StarOffice *bzw.* OpenOffice.org/Allgemein *zu wählen. Dort finden Sie ein Kontrollkästchen zum Abschalten. Die Schaltfläche* Zurücksetzen *ermöglicht Ihnen, diese Sperre für die betreffende Situation in der internen Liste aufzuheben.*

Teil 2
Writer

2 Writer – Einstieg und Grundfunktionen

Der Writer ist das Modul aus OpenOffice.org/StarOffice zum Erstellen und Bearbeiten von Texten. In diesem Kapitel erhalten Sie eine Einführung in das Programm und eignen sich das Wissen an, um einfache Texte erstellen und bearbeiten zu können.

2.1 Der Writer im Überblick

Nach dem Starten (siehe *Kapitel 1*) erscheint das Programmfenster des Writers, in dem Sie ein leeres Dokument sowie diverse Symbol- und Menüleisten vorfinden (Abbildung 2.1).

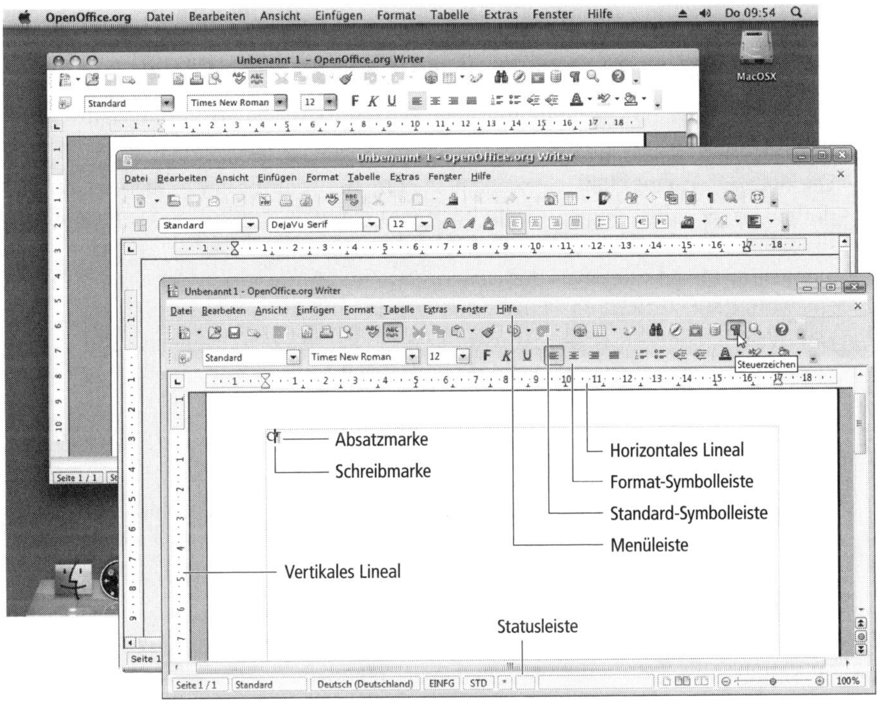

Abbildung 2.1: Fenster des Writers (Mac OS X, Linux und Windows)

Im Dokumentbereich werden die Ränder des Dokuments durch graue Linien angezeigt (ein-/ausblendbar über den Menübefehl *Ansicht/Textbegrenzungen*). Sie können nur innerhalb dieser Ränder schreiben. Der einzugebende Dokumenttext wird ab der linken oberen Ecke des Dokuments eingefügt.

INFO

Abbildung 2.1 zeigt, dass der Writer in den verschiedenen Betriebssystemen eine identische Bedienoberfläche aufweist. Lediglich unter Mac OS X ist zu beachten, dass die Menüleiste immer am oberen Desktoprand erscheint und nicht im Fenster der Anwendung verankert ist.

In Abbildung 2.1 sehen Sie in der ersten Zeile eine sogenannte Absatzmarke. Diese signalisiert das Ende einer Zeile und ist der Bereich, in den der Benutzer Text eingeben kann. Die Absatzmarke lässt sich über die Schaltfläche Steuerzeichen *(siehe Abbildung 2.2, bzw. den gleichnamigen Befehl im Menü* Ansicht*) jederzeit ein- oder ausblenden. Zudem können Sie die Tastenkombination* [Strg] + [F10] *für diesen Zweck verwenden, wobei in Linux die Tastenkombination u.U. aber durch KDE oder andere grafische Oberflächen zum Umschalten auf die Arbeitsfläche belegt ist. Beim Macintosh ist die Tastenkombination* [MacBef] + [F10] *für diesen Zweck zu verwenden. Zur besseren Orientierung bei der Texteingabe empfehle ich, die Anzeige der Absatzmarken und Steuerzeichen einzuschalten.*

Klicken Sie auf eine Textstelle, erscheint ein senkrecht blinkender Strich. Dies ist die sogenannte Einfügemarke (auch als Schreibmarke bezeichnet), an der sich Text einfügen oder bestehender Text bearbeiten lässt. Befindet sich der Mauszeiger im Textbereich, nimmt dieser die Form eines Textcursors (ein senkrechter Strich mit zwei Querstrichen) an. Dies signalisiert, dass Sie Text bearbeiten können. Zeigen Sie dagegen auf Menüleisten oder andere Elemente des Writer-Fensters, erscheint der normale Mauszeiger – Sie können also Programmfunktionen bedienen.

Um häufig benötigte Funktionen direkt per Maus aufzurufen, stellt der Writer mehrere Symbolleisten im Arbeitsbereich zur Verfügung.

- Die *Standard*-Symbolleiste wird am oberen Bildschirmrand eingeblendet und enthält die Schaltflächen zur Dateibearbeitung und zum Abrufen weiterer Funktionen.
- Direkt darunter findet sich die *Format*-Symbolleiste mit den Schaltflächen zur Auswahl der Schriftart und zur Formatierung (fett, kursiv etc.).
- Der Writer blendet bei der Anwahl von Objekten (z.B. Tabellen, Bilder etc.) zusätzliche Symbolleisten im Dokumentbereich ein.
- Optional lässt sich noch ein horizontales/vertikales Lineal zur Anzeige der Tabulatoren und zur Textausrichtung (über den Menübefehl *Ansicht/Lineal*) einblenden.

Das Fenster wird am unteren Bildrand durch die Statusleiste abgeschlossen. In dieser Leiste blendet der Writer verschiedene Informationen ein. Einige Felder der Statusleiste sind anklickbar, um Einstellungen umzuschalten oder Menüs zu öffnen.

INFO

Die Anzeige der Symbolleisten lässt sich über die Befehle des Untermenüs Ansicht/ Symbolleisten *beeinflussen. Öffnen Sie das betreffende Untermenü, werden die Einträge für eingeblendete Symbolleisten mit einem Häkchen angezeigt. Das Menü* Ansicht *enthält darüber hinaus noch Befehle, mit denen sich Lineal und Statusleiste ein-/ausblenden lassen.*

2.2 Texteingabe und -bearbeitung

Nachfolgend erhalten Sie Hinweise, wie sich Texte im Dokumentbereich eingeben und bearbeiten lassen.

2.2.1 Hinweise zur Texteingabe

Sobald der Textcursor im Dokumentbereich sichtbar wird, können Sie auf eine Zeile (im Bereich vor den Absatzmarken) klicken und dann beliebige Texte eingeben (Abbildung 2.2). Dabei stehen Ihnen alle Buchstaben, Ziffern und Sonderzeichen der Tastatur zur Verfügung.

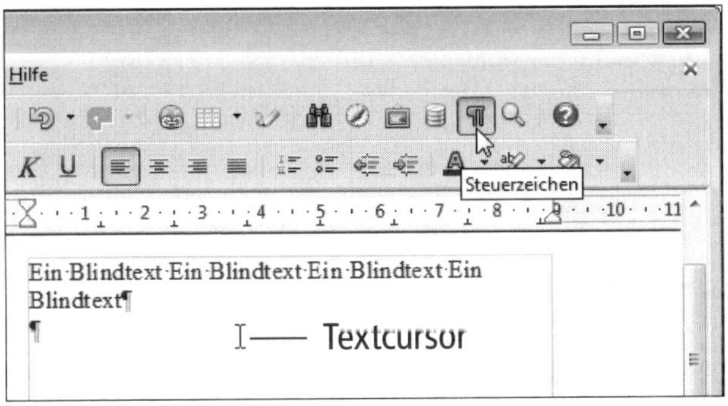

Abbildung 2.2: Dokumentfenster mit Absatzmarken

Über die [⇧]-Taste schalten Sie zwischen Groß- und Kleinbuchstaben um oder rufen Sonderzeichen (!, », § etc.) über die oberste Tastenreihe des Schreibmaschinen-Blocks ab. Die Wortzwischenräume erzeugen Sie über die [Leertaste]-Taste. Die [↵]-Taste drücken Sie nur, um einen Absatzwechsel einzuleiten (der Writer schreibt beim Erreichen des rechten Randes automatisch in der nächsten Zeile weiter). Ist eine Taste mit einem dritten Zeichen belegt, können Sie dieses durch gleichzeitiges Drücken der [AltGr]-Taste bzw. der Tastenkombination [Strg] + [Alt] abrufen (z.B. [AltGr] + [E] oder [Strg] + [Alt] + [E] erzeugen das Eurozeichen).

INFO

Beachten Sie bei Mac OS X bzw. bei Macintosh-Rechnern, dass dort eigene Tasten wie [MacOpt] und [MacBef] zu verwenden sind, um Tastenkürzel oder Sonderzeichen einzugeben [MacOpt] + [E] erzeugt z.B. das Eurozeichen).

2.2.2 Zeichen einfügen und korrigieren

Ist Ihnen ein Fehler bei der Texteingabe unterlaufen, lässt sich dieser sehr leicht korrigieren. Klicken Sie auf die betreffende Textstelle, um die Einfügemarke dort zu positionieren (Abbildung 2.3).

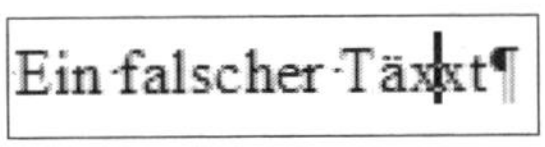

Abbildung 2.3: Text mit Tippfehlern

- Das Zeichen rechts von der Einfügemarke lässt sich durch Drücken der [Entf]-Taste löschen. Um das Zeichen links von der Einfügemarke zu entfernen, drücken Sie die [Rück]-Taste.
- Um Zeichen einzufügen, klicken Sie auf die betreffende Textstelle. Anschließend tippen Sie die neuen Zeichen ein. Standardmäßig wird der neue Text an die aktuelle Position eingefügt, der rechts davon befindliche Text wird zum Zeilenende verschoben.
- Über die Taste [Einfg] können Sie aber zwischen Einfügemodus und Überschreibmodus umschalten. Im Überschreibmodus wechselt die Schreibmarke vom senkrecht blinkenden Strich zu einem blinkenden Kästchen, welches das aktuelle Zeichen markiert. Beim Eintippen wird das von der Einfügemarke markierte Zeichen ersetzt.

Abbildung 2.4: Anzeigen in der Statusleiste

Drücken Sie die Taste [Einfg], wechselt der Writer jeweils zwischen dem Einfüge- und Überschreibmodus. Der aktuelle Modus wird in der Statusleiste durch den Schriftzug EINFG bzw. ÜBER angezeigt (Abbildung 2.4). Zudem erkennen Sie am Symbol der Schreibmarke (blinkender, senkrechter Strich oder blinkendes Quadrat) den Einfüge-/Überschreibmodus.

TIPP

Ein einfacher Mausklick auf das Feld EINFG der Statusleiste schaltet den Writer zwischen Einfügen und Überschreiben um.

Um mehrere Zeichen oder komplette Textbereiche zu löschen oder zu ersetzen, müssen Sie diese vorher markieren (siehe folgende Seiten). Zudem können Sie im Writer ganze Wörter oder Textbereiche durch Tastenkombinationen löschen. Die folgende Tabelle enthält einen Überblick über die betreffenden Tastenkombinationen.

Tabelle 2.1: Tastenkürzel zum Löschen von Text

Tasten	Bemerkung
[Entf]	Zeichen rechts von der Einfügemarke löschen
[Strg]+[Entf] [MacOpt]+[Entf]	Löscht den Text bis zum Wortende
[Strg]+[⇧]+[Entf] [MacOpt]+[⇧]+[Entf]	Löscht den Text bis zum Zeilenende
[Rück]	Zeichen links von der Einfügemarke löschen
[Strg]+[Rück] [MacOpt]+[Rück]	Löscht den Text bis zum Wortanfang
[Strg]+[⇧]+[Rück] [MacOpt]+[⇧]+[Rück]	Löscht den Text bis zum Zeilenanfang

Abbildung 2.5: Schaltflächen *Rückgängig* und *Wiederherstellen*

TIPP

Haben Sie versehentlich Textteile gelöscht, lässt sich dies über die Tastenkombination [Strg] + [Z] *(bzw.* [MacBef] + [Z] *auf dem Macintosh) oder über den Menübefehl* Bearbeiten/Rückgängig *bzw. über die Schaltfläche* Rückgängig *der* Standard-*Symbolleiste (Abbildung 2.5) aufheben. Die Schaltfläche* Wiederherstellen *ermöglichst Ihnen dagegen, die über* Rückgängig *aufgehobene Korrektur wieder zurückzusetzen.*

2.2.3 Positionieren im Text

Die Einfügemarke lässt sich durch einfache Mausklicks an jeder beliebigen Stelle im Text positionieren. Parallel können Sie aber die Tastatur benutzen, um die Einfügemarke im Text zu verschieben. Die folgende Tabelle enthält eine Aufstellung der verfügbaren Tastenkombinationen.

Tabelle 2.2: Tastenkürzel zum Positionieren im Text

Tasten	Bemerkung
[↑]	Einfügemarke eine Zeile hochschieben
[↓]	Einfügemarke eine Zeile tiefer schieben
[←]	Einfügemarke ein Zeichen nach links schieben
[Strg]+[←]	Einfügemarke nach links zum Wortanfang schieben
[→]	Einfügemarke ein Zeichen nach rechts verschieben
[Strg]+[→]	Einfügemarke nach rechts zum Wortende verschieben
[Pos1]	Einfügemarke an Zeilenanfang
[Ende]	Einfügemarke an Zeilenende
[Strg]+[Pos1]	Einfügemarke an Dokumentanfang
[Strg]+[Ende]	Einfügemarke an Dokumentende
[Bild↑]	Eine Bildschirmseite nach oben positionieren
[Bild↓]	Eine Bildschirmseite nach unten positionieren

INFO

Bei Mac OS X und einer Macintosh-Tastatur müssen Sie die [MacBef] *Taste anstelle der* [Strg]*-Taste verwenden.*

2.2.4 Markieren im Text

Zum Bearbeiten von Texten lassen sich diese vorher markieren. Alle Änderungen (z.B. Einfügen, Löschen, Formatieren, Kopieren, Verschieben etc.) beziehen sich dabei auf den markierten Textbereich. Haben Sie einen Textbereich markiert und tippen dann ein Zeichen ein, wird der markierte Bereich durch das neue Zeichen ersetzt.

1. Zum Markieren eines Textbereichs klicken Sie mit der Maus (linke Maustaste) auf den Anfang.
2. Anschließend halten Sie die linke Maustaste gedrückt und ziehen die Maus zum Ende des zu markierenden Bereichs.

Abbildung 2.6: Markierter Textbereich im Writer

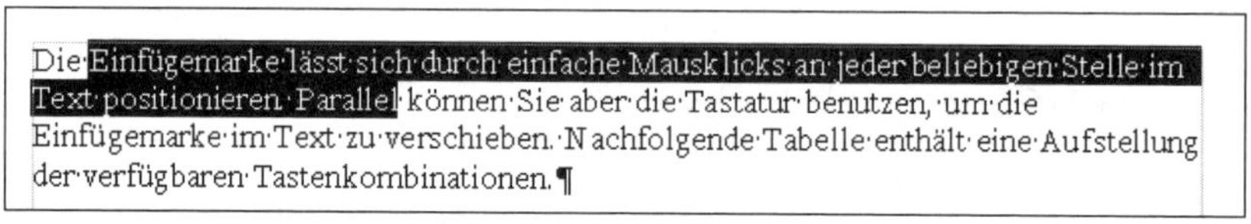

Der Writer versieht den markierten Textbereich mit einem dunklen Hintergrund (Abbildung 2.6). Sie können mit der obigen Technik ein Wort, ein Teilwort, ganze Zeilen oder komplette Dokumentausschnitte markieren.

HALT

Haben Sie irrtümlich einen zu großen Textbereich markiert? Wenn Sie im markierten Bereich auf eine Textstelle zeigen und dann diesen bei gedrückter linker Maustaste erneut markieren möchten, klappt dies nicht. Vielmehr wird der markierte Textbereich beim Ziehen per Maus verschoben. Zum Markieren einer neuen Textstelle müssen Sie erst die bestehende Markierung aufheben (einfach auf eine Stelle im Text klicken und warten, bis die Markierung verschwindet).

Falls Sie häufiger markieren müssen, sollten Sie auch die folgenden Techniken kennen:

- Ein Doppelklick auf ein Wort markiert dieses.
- Durch dreifaches Klicken auf eine Textzeile wird diese komplett markiert.
- Klicken Sie auf den Anfang eines Textbereichs, halten die [⇧]-Taste gedrückt und klicken dann auf eine zweite Stelle, wird der dazwischen liegende Textbereich markiert.

Wer mit dem Zehnfingersystem schreibt, wird zudem die Tastatur zum Markieren von Textausschnitte verwenden (dies spart den ständigen Wechsel zwischen Tastatur und Maus).

1. Positionieren Sie die Einfügemarke an den Anfang des zu markierenden Textabschnitts.
2. Halten Sie die [⇧]-Taste gedrückt und positionieren Sie die Einfügemarke zum Ende des zu markierenden Bereichs.

Solange die [⇧]-Taste gedrückt ist, markiert der Writer beim Positionieren der Einfügemarke den dazwischen liegenden Bereich. Die folgende Tabelle enthält einige Tastenkombinationen, mit denen sich bestimmte Textbereiche markieren lassen.

Tabelle 2.3: Tastenkürzel zum Markieren im Text

Tasten	Bemerkung
⇧+↑	Schreibmarke nach oben positionieren und gleichzeitig markieren
⇧+↓	Schreibmarke nach unten positionieren und gleichzeitig markieren
⇧+←	Schreibmarke nach links positionieren und gleichzeitig markieren
⇧+Strg+←	Wortweise nach links markieren
⇧+→	Schreibmarke nach rechts positionieren und gleichzeitig markieren
⇧+Strg+→	Wortweise nach rechts markieren
⇧+Pos1	Markiere bis Zeilenanfang
⇧+Ende	Markiere bis Zeilenende
⇧+Strg+Pos1	Markiere bis Dokumentanfang
⇧+Strg+Ende	Markiere bis Dokumentende
⇧+Bild↑	Markiere eine Seite nach oben
⇧+Bild↓	Markiere eine Seite nach unten
Strg+A	Markiere gesamtes Dokument

Um die Markierung aufzuheben, klicken Sie entweder auf eine Stelle im Dokument oder verschieben die Schreibmarke mittels der Pfeiltaste (ohne die ⇧-Taste gedrückt zu halten).

INFO

Denken Sie beim Mac OS X daran, die MacBef-Taste anstelle der Strg-Taste zu verwenden.

Spezielle Auswahlmodi

In der Statusleiste des Writers finden Sie das Feld mit dem gewählten Auswahlmodus. Meist erscheint dort der Eintrag STD für den Standardselektionsmodus. Durch Anklicken des Felds können Sie die Selektionsmodi zwischen STD (Standard), ER (Erweitern), ERG (Ergänzen) und BLK (Blockauswahl) umstellen. Für die Modi gilt folgendes Selektionsverhalten.

- *STD:* Im Standardmodus setzt ein Mausklick auf den Text die Schreibmarke an die betreffende Position. Eine bestehende Auswahl wird aufgehoben.
- *ER:* Der Erweiterungsmodus lässt sich auch mittels der Funktionstaste F8 einschalten. Durch Klicken in den Text wird die aktuelle Auswahl entweder erweitert oder abgeschnitten.
- *ERG:* Der Ergänzungsmodus lässt sich auch durch die Tastenkombination ⇧ + F8 einschalten. Zu einer vorhandenen Auswahl wird eine neue hinzugefügt. Das Ergebnis ist eine Mehrfachauswahl.
- *BLK:* Der Blockauswahlmodus wird auch mittels der Tastenkombination Strg + ⇧ + F8 eingeschaltet. Alternativ können Sie unter Windows die Alt-Taste beim Markieren (durch Ziehen mit der Maus) gedrückt halten. Dann wird ein rechteckiger Textausschnitt markiert.

Die erweiterten Selektionsmodi ermöglichen Ihnen also, mehrere oder rechteckige Textbereiche zu markieren.

2.2.5 Ausschneiden, Kopieren und Einfügen

Der Writer bietet wie die anderen Office-Anwendungen mehrere Möglichkeiten, um komplette Textbereiche auszuschneiden, zu kopieren oder zu verschieben. Dies kann dabei per Maus oder Tastatur erfolgen. Um einen Textbereich an eine andere Stelle zu verschieben oder zu kopieren, sind nur wenige Schritte notwendig.

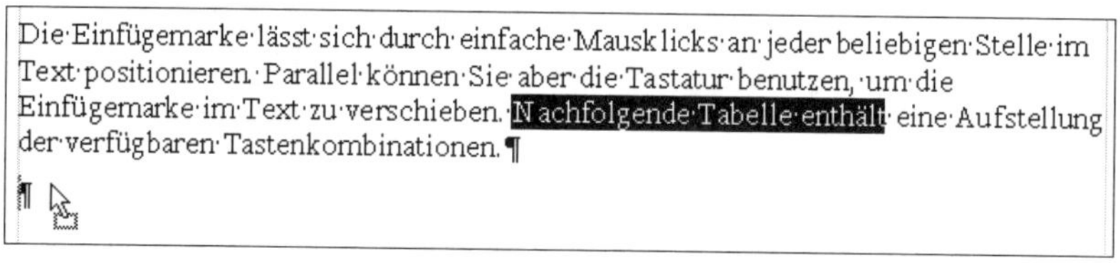

Abbildung 2.7: Verschieben eines Textbereichs

1. Markieren Sie den zu bearbeitenden Text- bzw. Dokumentbereich.
2. Ziehen Sie den markierten Textbereich per Maus zur gewünschten Stelle.

Sobald Sie die linke Maustaste loslassen, wird der Writer den markierten Textbereich zur neuen Position verschieben. Falls Sie beim Ziehen die [Strg]-Taste gedrückt halten, wird der markierte Textausschnitt dagegen zur neuen Stelle kopiert. Diese als Drag&Drop bezeichnete Technik funktioniert dabei innerhalb eines Fensters sowie zwischen geöffneten Dokumentfenstern.

Sie können übrigens am Symbol des Mauszeigers erkennen, ob der Writer den Text kopiert oder verschiebt.

	Beim einfachen Ziehen eines markierten Bereichs signalisiert dieser Mauszeiger, dass der Writer den markierten Bereich an die neue Position verschiebt.
	Wird die [Strg]-Taste beim Ziehen gedrückt gehalten, signalisiert das kleine Pluszeichen, dass der Writer den markierten Bereich an die neue Position kopiert. Bei Max OS X müssen Sie während des Ziehens dagegen die [MacOpt]-Taste drücken.

INFO

Sie können eine solche Drag&Drop-Aktion durch Drücken der [Esc]-Taste abbrechen.

	Halten Sie die [Strg]- und [⇧]-Taste beim Ziehen gedrückt, erscheint dieser Mauszeiger. Das eingeblendete Symbol signalisiert, dass eine Verknüpfung angelegt wird. Der Writer wird aber den per Maus gezogenen Text (wie bei gedrückter [Strg]-Taste) ans Ziel kopieren.

Der Nachteil beim Kopieren oder Verschieben per Drag&Drop besteht darin, dass Sie sehr genau arbeiten müssen. Lassen Sie die Maustaste während des Ziehens los, wird der markierte Bereich kopiert oder verschoben. Effizienter ist es daher, markierte Textbereiche gezielt über die Zwischenablage zu kopieren oder zu verschieben.

	Die nebenstehende Schaltfläche der *Standard*-Symbolleiste, die Tastenkombination Strg+X sowie der Menübefehl *Bearbeiten/Ausschneiden* schneiden einen markierten Textbereich aus und legen diesen in der Zwischenablage ab.
	Die nebenstehende Schaltfläche der *Standard*-Symbolleiste, die Tastenkombination Strg+C sowie der Befehl *Kopieren* im Menü *Bearbeiten* kopieren einen markierten Textbereich in die Zwischenablage. Der markierte Textbereich bleibt unverändert bestehen.
	Klicken Sie auf die nebenstehende Schaltfläche der *Standard*-Symbolleiste oder wählen die Tastenkombination Strg+V bzw. den Befehl *Einfügen* im Menü *Bearbeiten*, fügt der Writer den Inhalt der Zwischenablage an die aktuelle Position der Schreibmarke im Textdokument ein.

TIPP

Office stellt die Befehle zum Ausschneiden, Kopieren und Einfügen über die Zwischenablage zusätzlich im Kontextmenü bereit. Sie brauchen daher nur einen markierten Bereich mit der rechten Maustaste anzuwählen, um die Befehle im Menü abzurufen.

Beim Macintosh verwenden Sie statt der oben angegebenen Tastenkombinationen die Tastenkürzel MacBef + X *(Ausschneiden),* MacBef + C *(Kopieren) und* MacBef + V *(Einfügen).*

Um also einen Textausschnitt per Zwischenablage an eine andere Stelle zu kopieren, gehen Sie in folgenden Schritten vor:

1. Markieren Sie den zu kopierenden Textausschnitt.
2. Wählen Sie den Befehl zum Kopieren (z.B. die Tastenkombination Strg + C drücken). Der markierte Dokumentbereich wird in die Zwischenablage kopiert.
3. Klicken Sie per Maus auf die Dokumentstelle, an die der Inhalt der Zwischenablage einzufügen ist.
4. Wählen Sie den Befehl zum Einfügen des Inhalts der Zwischenablage (z.B. die Tastenkombination Strg + V drücken).

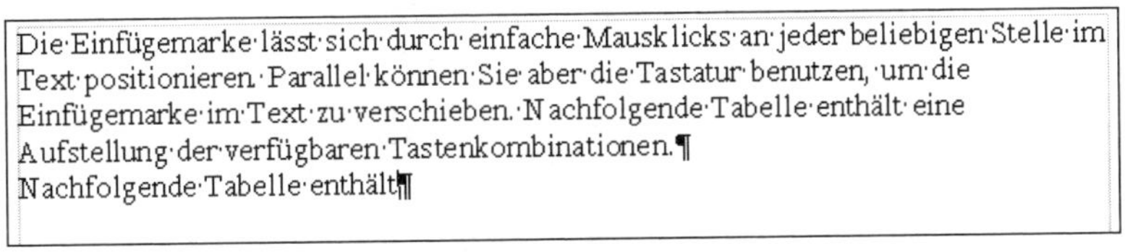
Die·Einfügemarke·lässt·sich·durch·einfache·Mausklicks·an·jeder·beliebigen·Stelle·im Text·positionieren.·Parallel·können·Sie·aber·die·Tastatur·benutzen,·um·die Einfügemarke·im·Text·zu·verschieben.·Nachfolgende·Tabelle·enthält·eine Aufstellung·der·verfügbaren·Tastenkombinationen.¶
Nachfolgende·Tabelle·enthält¶

Abbildung 2.8: Beispieltext mit kopiertem Ausschnitt am Dokumentende

Jetzt wird der Inhalt der Zwischenablage im Dokumentbereich an der aktuellen Einfügeposition sichtbar (Abbildung 2.8).

2.2.6 Optionen beim Einfügen per Zwischenablage

Sie können die Zwischenablage verwenden, um markierte Dokumentbereiche im aktuellen Dokument zu kopieren oder zu verschieben. Ist mehr als ein Dokumentfenster geöffnet, können Sie einen Dokumentbereich in einem Fenster markieren, in die Zwischenablage übernehmen, zum zweiten Dokumentfenster wechseln und dort den Inhalt der Zwischenablage wieder einfügen.

Wird der Befehl zum Einfügen gewählt, verändert dies den Inhalt der Zwischenablage nicht. Das Einfügen (z.B. mittels der Tastenkombination [Strg] + [V]) kann daher durchaus mehrfach erfolgen.

Neben Texten lassen sich auch formatierte Dokumentteile, Grafiken, Tabellen etc. über die Zwischenablage zwischen Dokumenten übertragen. Verwenden Sie die obige Technik zum Einfügen aus der Zwischenablage, wird deren Inhalt in der dort abgelegten Form in das aktuelle Dokument eingefügt. Sie haben aber die Möglichkeit, das Einfügeformat gezielt zu wählen.

Abbildung 2.9: Auswahl des einzufügenden Inhalts der Zwischenablage

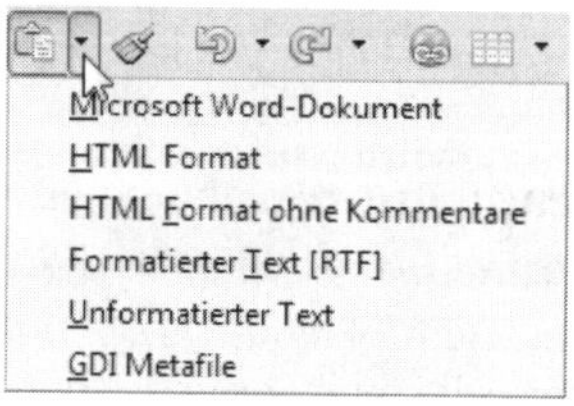

Existieren mehrere Varianten, in denen der Inhalt der Zwischenablage eingefügt werden kann, klicken Sie auf das kleine Dreieck im rechten Teil der (Menü-)Schaltfläche *Einfügen* (oder halten Sie die Maustaste kurzzeitig gedrückt). Dann öffnet sich ein Menü (Abbildung 2.9), welches Ihnen die verfügbaren Übernahmeformate anzeigt. Sie können anschließend einen der Menübefehle wählen. Abbildung 2.9 zeigt, dass sich auch ein aus Microsoft Word in die Zwischenablage übertragener und formatierter Text in den Writer einfügen lässt.

Alternativ können Sie den Menübefehl *Bearbeiten/Inhalte einfügen* aufrufen. Office öffnet das Dialogfeld *Inhalt einfügen* (Abbildung 2.10). Dort lässt sich dann eines der Auswahlformate per Mausklick markieren. Beim Schließen über die *OK*-Schaltfläche übernimmt die Office-Anwendung die Daten gemäß Ihrer Auswahl.

Abbildung 2.10: Dialogfeld *Inhalt einfügen*

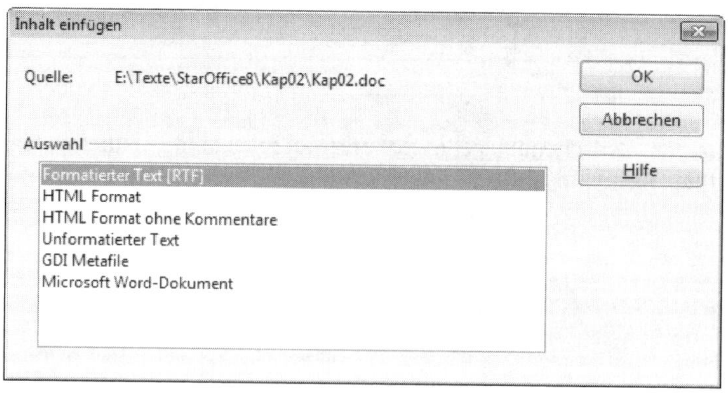

INFO

Zur Übernahme reiner Texte sollten Sie den Eintrag »Unformatierter Text« verwenden. Einträge der Art »OpenOffice.org Writer« bzw. »Formatierter Text [RTF]« ermöglichen die Übernahme von Texten aus der Zwischenablage im Format des Programms Writer bzw. Microsoft Word (RTF-Format). Die angezeigte Auswahl variiert dabei je nach Inhalt der Zwischenablage. Sie können also auch Bitmap-Formate, Tabellen etc. in der Auswahl vorfinden.

HALT

Es gibt jedoch Probleme, wenn Sie den Writer aus OpenOffice.org 1.1 bzw. StarOffice 7 verwenden, um Textdokumente in die Zwischenablage zu übertragen und diese formatierten Inhalte dann im Writer aus OpenOffice.org 3.0 bzw. StarOffice übernehmen möchten. Rufen Sie in diesem Fall den Menübefehl Bearbeiten/Inhalte einfügen *auf und wählen Sie den Eintrag »Unformatierter Text« aus. Die Formatierungen gehen dann allerdings verloren.*

2.3 Textformatierung kurz und bündig

Der Writer bietet Ihnen die Möglichkeit, einzelne Zeichen, Wörter und komplette Textabschnitte mit eigenen Formaten zu versehen. Hierunter sind sowohl Auszeichnungen wie Fett, Kursiv, Unterstrichen als auch die Variation der Schriftgröße oder die Verwendung verschiedener Schriften zu verstehen. Der folgende Abschnitt befasst sich mit Funktionen zur Zeichenformatierung (einzelne Zeichen oder Abschnitte im Text) und Absatzformatierung (bezieht sich auf einen Absatz, z.B. die Ausrichtung).

2.3.1 So formatieren Sie Texte fett, kursiv und unterstrichen

Das Formatieren von Texten mit Schriftstilen wie Fett, Kursiv oder Unterstrichen ist mit wenigen Mausklicks möglich.

1. Tippen Sie einen beliebigen Text im Writer ein und markieren Sie dann die zu formatierenden Textstellen.
2. Klicken Sie in der *Format*-Symbolleiste auf eine der Schaltflächen zum Zuweisen des neuen Formats.

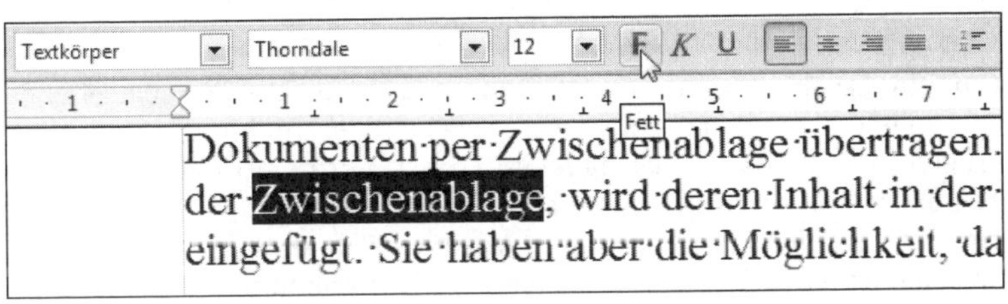

Abbildung 2.11: Zuweisen einer Zeichenformatierung zu markiertem Text

In Abbildung 2.11 wurde bereits ein Textabschnitt markiert. Beim Klicken auf die Schaltfläche *Fett* wird der markierte Text mit Fettschrift versehen.

TIPP

Sie haben zwei Möglichkeiten, Textstellen mit Zeichenformaten auszuzeichnen. Markieren Sie den Textbereich, setzt der Writer die angegebenen Zeichenformate für den markierten Bereich um. Alternativ können Sie eine Formatierung wählen und dann Text eingeben. Der neu eingetippte Text wird so lange in der zuletzt eingestellten Formatierung ausgegeben, bis Sie ein neues Format wählen.

Die wichtigsten Zeichenformate lassen sich direkt über Schaltflächen der *Format*-Symbolleiste oder über Tastenkürzel zuweisen.

F	Über die nebenstehende Schaltfläche lässt sich ein markierter Text fett formatieren. Alternativ können Sie die Tastenkombination [Strg]+[⇧]+[F] (bzw. [MacBef]+[⇧]+[F] beim Mac) verwenden.
K	Verwenden Sie die nebenstehende Schaltfläche oder die Tastenkombination [Strg]+[⇧]+[K] (bzw. [MacBef]+[⇧]+[K] beim Mac), um einen markierten Text kursiv zu formatieren.
U	Mit dieser Schaltfläche bzw. der Tastenkombination [Strg]+[⇧]+[U] (bzw. [MacBef]+[⇧]+[U] beim Mac) wird ein markierter Textbereich unterstrichen dargestellt.

INFO

Die Schaltflächensymbole in den Symbolleisten weichen auf Linux-Systemen etwas von der Darstellung unter Windows bzw. Mac OS X ab. Es sollte aber kein wirkliches Problem sein, die betreffenden Schaltflächen anhand der Beschreibung in diesem Buch zu identifizieren.

Sie können die Formate (d.h. fett, kursiv und unterstrichen) beliebig kombinieren. Solange der formatierte Textbereich angewählt oder markiert ist, sehen Sie an den Schaltflächen, welche Zeichenformate aktiv sind. Die betreffenden Schaltflächen werden »eingedrückt« (d.h. optisch hervorgehoben) dargestellt (Abbildung 2.12).

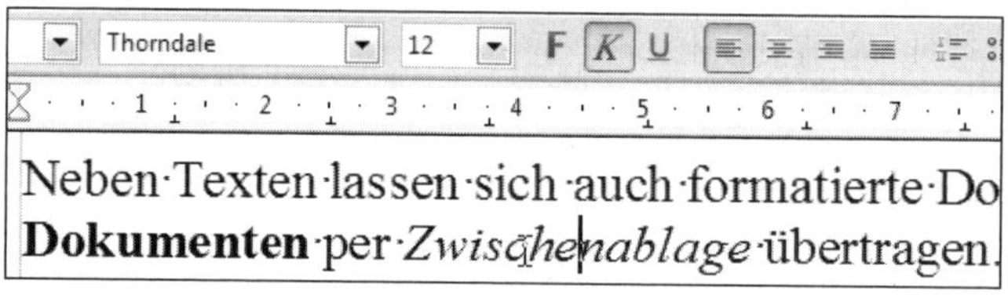

Abbildung 2.12: Anzeige der Formate über die Schaltflächen

Um ein Zeichenformat aufzuheben, markieren Sie die betreffende Textstelle. Anschließend können Sie die jeweilige Schaltfläche anklicken bzw. das Tastenkürzel erneut abrufen. Bei eingeschaltetem Format wird dieses gelöscht. Das klappt auch beim Formatieren von Texten während der Eingabe. Schalten Sie beispielsweise den Fettdruck mit [Strg] + [⇧] + [F] ein und tippen dann den Text, lässt sich das Format anschließend durch erneutes Drücken der Tastenkombination [Strg] + [⇧] + [F] wieder abschalten.

Bei Wörtern reicht es, die Einfügemarke im Wort zu positionieren, um die Formatierung anzuzeigen bzw. anzupassen.

Falls Sie einen Textbereich markieren, der unterschiedliche Formate beinhaltet, klappt die Anzeige dieser Formate über die Schaltflächen nicht mehr. Der Writer blendet dann die betreffenden Schaltflächen ab. Um das Format anzugleichen, können Sie per Maus auf die gewünschten Formatschaltflächen klicken. Oder Sie setzen die Zeichenformatierung gezielt über den Befehl *Standardformatierung* im Menü *Format* zurück.

Umsteiger von Microsoft Word werden die Tastenkombination [Strg] + [Leer] *zum Zurücksetzen des Zeichenformats vermissen. Möchten Sie das Zeichenformat eines markierten Textbereichs aufheben, können Sie den markierten Textbereich mit der rechten Maustaste anklicken und dann im Kontextmenü den Befehl* Standardformatierung *wählen (Abbildung 2.13). Alternativ lässt sich die Tastenkombination* [Strg] + [M] *(bzw.* [MacBef] + [M] *beim Mac) wählen.*

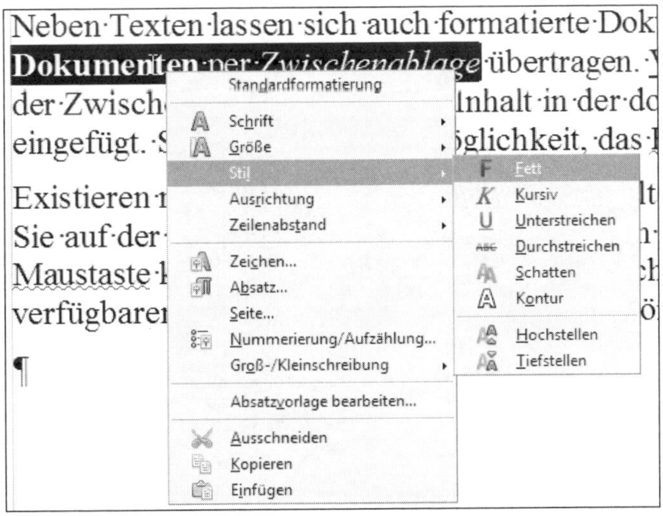

Abbildung 2.13: Kontextmenübefehl *Stil* mit Untermenü

Wenn Sie einen markierten Bereich mit der rechten Maustaste anklicken und dann im Kontextmenü den Befehl *Stil* wählen, erscheint ein Untermenü mit den wichtigsten Formaten. Gesetzte Formate werden durch ein Häkchen vor dem betreffenden Befehl markiert (Abbildung 2.13). Dann reicht ein Mausklick, um dem markierten Abschnitt das betreffende Format zuzuweisen (bzw. das Format aufzuheben).

2.3.2 Schriftart und Schriftgröße anpassen

Die zur Darstellung der Texte verwendeten Zeichen werden über sogenannte Schriftfamilien (engl.: Fonts) definiert. Durch unterschiedliche Schriftarten lässt sich das Dokument optisch gestalten. Als Schriftgrad bezeichnet man die Größe der einzelnen Buchstaben im Text. Um die Schriftgröße oder die Schriftart anzupassen, gehen Sie folgendermaßen vor.

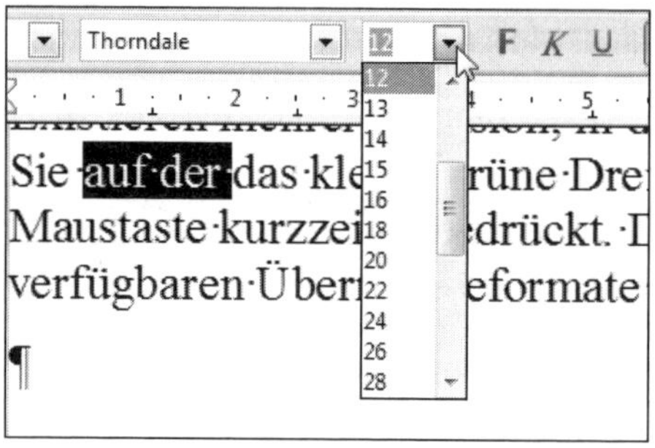

Abbildung 2.14: Anpassen der Schriftgröße

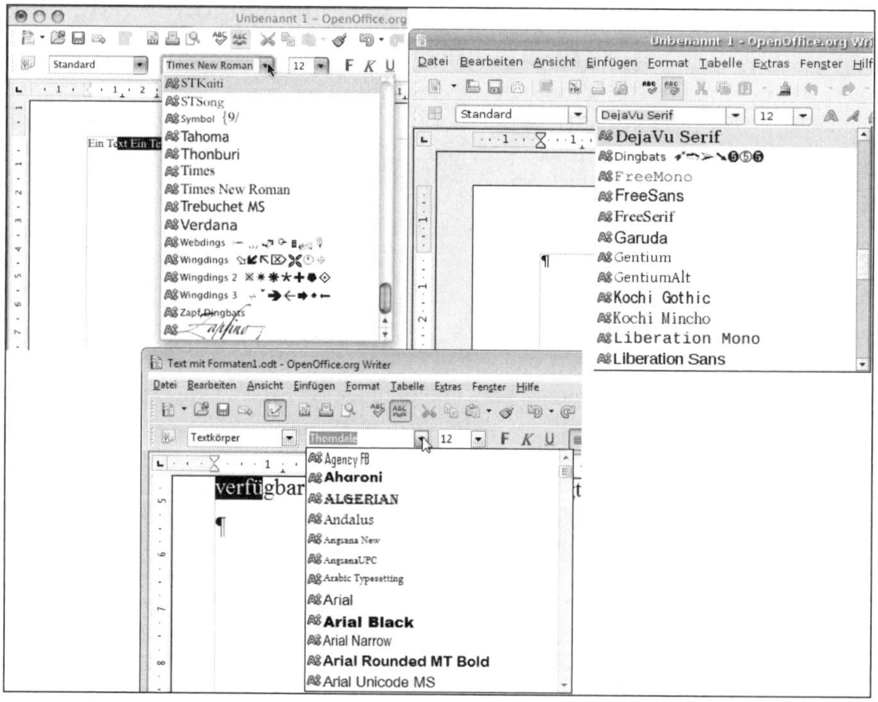

Abbildung 2.15: Auswahl einer Schriftart (Mac OS X, Linux und Windows)

1. Markieren Sie den zu formatierenden Textbereich.
2. Anschließend geben Sie den Wert für den Schriftgrad in das Kombinationsfeld *Schriftgröße* ein. Alternativ lässt sich die Liste der verfügbaren Schriftgrade über die zugehörige Schaltfläche des Kombinationsfelds öffnen und ein Eintrag wählen (Abbildung 2.14).

3. Die Schriftart wählen Sie über das Listenfeld *Schriftname* (Abbildung 2.15, auf die Schaltfläche des Listenfelds klicken und dann einen Eintrag wählen).

Die Liste mit den Schriftgrößen zeigt nur einen Teil der möglichen Schriftgrade an. Möchten Sie nicht verfügbare Schriftgrößen oder Zwischengrößen (z.B. 8,5 Punkt) nutzen, müssen Sie den betreffenden Wert direkt in das Kombinationsfeld eintippen.

TIPP

Alternativ können Sie einen markierten Textbereich mit der rechten Maustaste anklicken. Die Befehle Schrift *und* Größe *im Kontextmenü (siehe Abbildung 2.13) öffnen Untermenüs, in denen Sie direkt den Schriftnamen und die Schriftgröße wählen können. Der Vorteil dieses Ansatzes: Sie erkennen im Untermenü sofort die verfügbaren Optionen. Die Auswahl geht unter Umständen schneller als über die Kombinations-/Listenfelder der* Format-*Symbolleiste, in denen Sie mühselig blättern müssen.*

Auch wenn die vielen installierten Schriftarten verlockend wirken, seien Sie sparsam bei deren Anwendung in Textdokumenten. Auch zu viele Abstufungen in der Schriftgröße können den Lesefluss hemmen. Um Dokumente lesefreundlich zu halten, lautet eine der typografischen Grundregeln, nur ganz wenige Schriften in einem Dokument zu kombinieren. Wenn Sie für Überschriften eine Helvetica und für den Grundtext eine Times verwenden, kann nur wenig schiefgehen. Zur Gestaltung von Grußkarten, Urkunden oder anderen Dokumenten können Sie auf Schriftarten mit Schreibstil (z.B. Zapf Cancery, Brush Script etc. ausweichen). Die serifenlose Verdana wird gerne zur Gestaltung von Webdokumenten benutzt. Es führt an dieser Stelle aber zu weit, auf die Grundlagen der Typografie im Hinblick auf die Dokumentgestaltung einzugehen. Konsultieren Sie ggf. entsprechende Zusatzliteratur, falls Sie sich mit dem Entwurf von Dokumenten aus typografischer Sicht befassen wollen.

2.3.3 Hinweise zu Schriftarten

An dieser Stelle möchte ich Ihnen noch einige Informationen rund um das Thema Schriften geben. Die Schriftgröße wird in der Maßeinheit *typgrafischer Punkt* (pt) angegeben. Ein typografischer Punkt entspricht etwa 0,3527 Millimeter (`http://de.wikipedia.org/wiki/Schriftsatzmaße#Die_Einheiten_des_Maßsystems`). Für normale Texte wird üblicherweise eine Schriftgröße von 10 oder 11 Punkt verwendet. Überschriften lassen sich in einer Größe von 14, 16 Punkt oder mehr hervorheben. Die verkleinerten Absenderangaben für Fensterkuverts werden häufig mit 8 Punkt oder kleiner formatiert.

Eine Schriftart beinhaltet eine Gruppe von Zeichen (Buchstaben, Ziffern, Sonderzeichen etc.) mit dem gleichen Design. Bei Schriften unterscheidet man bestimmte Schriftfamilien, die über Namen wie Helvetica, Courier oder Times identifiziert werden. Zusätzlich besteht eine Schriftart noch aus verschiedenen Schriftschnitten (Standard, kursiv, fett, halbfett etc.). Die Bezeichnung Schriftschnitt rührt aus der Zeit, als die einzelnen Buchstaben als Lettern aus einem Grundmaterial herausgeschnitten wurden. Damals musste der Setzer verschiedene Schriftschnitte einer Schriftart vorrätig haben, um beispielsweise fette Textstellen zu realisieren.

Schriften werden von Schriftendesignern entworfen und unterliegen dem Urheberrecht. Daher findet man häufig ähnliche Schriften in einer Schriftfamilie, die aber mit unterschiedlichen Namen benannt sind (aus Helvetica wurde in Windows z.B. Arial und Times Roman heißt unter Windows Times New Roman).

Zusätzlich werden noch Serifenschriften (Times) und serifenlose Schriften (z.B. Helvetica) unterschieden. Als Serifen bezeichnet man dabei die an den Buchstabenenden auftretenden Querstriche (in Abbildung 2.15 in der Schrift Times New Roman zu erkennen, während die Helvetica diese Serifen nicht aufweist). Helvetica-Schriften (bei Windows sind dies Arial-Schriften) werden gerne für Überschriften verwendet, während der restliche Text (vom Setzer auch als Brottext bezeichnet) üblicherweise in einer Serifenschrift wie Times gesetzt wird.

Beim Einsatz von Schriften muss zusätzlich noch zwischen Proportionalschriften und nicht proportionalen Schriften unterschieden werden. Bei Proportionalschriften variiert die Breite der Buchstaben (ein i ist beispielsweise schmäler als ein o). Proportionalschriften bereiten bei der Erstellung von Listen Probleme, da beim Einrücken mit Leerzeichen keine sauberen Spalten auftreten (die unterschiedlichen Buchstabenbreiten führen zu Verschiebungen im Text). Daher werden gelegentlich die von älteren Schreibmaschinen bekannten nicht proportionalen Schriften wie Courier zur Gestaltung von Listen benutzt. In den folgenden Kapiteln lernen Sie aber andere Techniken kennen, um Listen auch mit proportionalen Schriften sauber zu erstellen.

INFO

Office benutzt die im Betriebssystem vorhandenen Schriften. Ein gewisses Problem stellt dabei der Dokumentaustausch zwischen Windows, Linux und Mac OS X dar. Der Writer kann zwar die .odt-Dateien der jeweils anderen Plattformen problemlos lesen. Allerdings sind die auf den Systemen installierten Schriftarten in der Regel nicht identisch. Selbst die Namensgebung ist aus den oben erwähnten lizenzrechtlichen Gründen nicht identisch. Beim Formatieren eines Textdokuments bestimmt die Laufweite der verwendeten Schriftarten den Seitenumbruch. Wird das Dokument auf einer anderen Betriebssystemplattform geladen, auf dem die angegebene Schriftart nicht verfügbar ist oder bei der die Schriftart eine andere Laufweite benutzt, kommt es zu einem veränderten Seitenumbruch. Dann stimmt die Formatierung u.U. nicht mehr mit dem Originaldokument überein. Sie müssen daher in solchen Fällen versuchen, nur solche Schriftarten einzusetzen, die auf den jeweiligen Betriebssystemen vorhanden sind.

Office bietet zudem die Möglichkeit einer automatischen Schriftartersetzung. Wählen Sie im Menü Extras *den Befehl* Optionen *und dann im Zweig* OpenOffice.org *bzw.* StarOffice *die Kategorie* Schriftarten. *Anschließend können Sie im Dialogfeld eine Liste der zu ersetzenden Schriftarten festlegen (Abbildung 2.16). Markieren Sie das Kontrollkästchen* Ersetzungstabelle anwenden. *Dann können Sie die Schriftarten in die Kombinationsfelder* Schriftart *und* Ersetzen durch *eintragen und durch Anklicken der Schaltfläche mit dem Häkchen in die Ersetzungsliste übernehmen. Zwei Kontrollkästchen in der Ersetzungsliste ermöglichen Ihnen festzulegen, ob eine Schriftart immer oder nur zur Bildschirmdarstellung auszutauschen ist.*

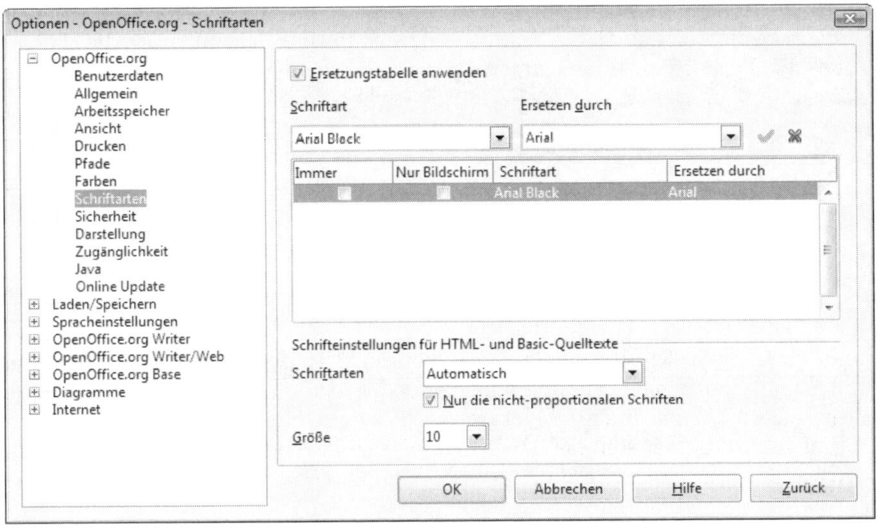

Abbildung 2.16: Ersetzungstabelle für Schriftarten

2.3.4 Text in Groß-/Kleinbuchstaben umsetzen

Müssen Sie bestimmte Wörter in Großbuchstaben oder in Kleinschreibweise umsetzen? Dann markieren Sie die betreffende Textstelle und wählen im Menü *Format* den Befehl *Groß-/Kleinschreibung*. Im Untermenü können Sie dann die Befehle *Großbuchstaben* bzw. *Kleinbuchstaben* wählen, um den markierten Text entsprechend zu ändern.

2.3.5 Gestalten von Textfarbe und Hintergrund

Da viele Dokumente auf Schwarzweißdruckern ausgegeben werden, braucht man sich wenig Gedanken über Textfarbe und Hintergrundfarbe zu machen. Andererseits lassen sich Einladungen, Visitenkarten, Grußkarten etc. im Writer gestalten und auf Farbdruckern ausgeben. Dann stellt sich die Frage, wie sich Texte farbig hervorheben lassen. Hierbei ist zwischen der Anpassung der Textfarbe und der Gestaltung der Farbe für den Texthintergrund zu unterscheiden.

1. Rufen Sie den Writer auf und geben Sie einen einfachen Text mit mehreren Zeilen im Writer ein. Gestalten Sie diesen Text ggf. wie in Abbildung 2.17 gezeigt (die Schriftgröße wurde angepasst und als Schriftart eine Handschrift benutzt).
2. Markieren Sie die Zeile, deren Text-, Hintergrund- oder Absatzfarbe Sie anpassen möchten.
3. Verwenden Sie die Schaltflächen *Zeichenfarbe*, *Zeichenhintergrund* oder *Hintergrundfarbe* der *Format*-Symbolleiste, um die gewünschte Farbe zuzuweisen.

In Abbildung 2.17 sind die drei nebeneinander angeordneten Schaltflächen *Zeichenfarbe*, *Zeichenhintergrund* oder *Hintergrundfarbe* eindeutig zu erkennen.

Abbildung 2.17: Zuweisen der Zeichenfarbe

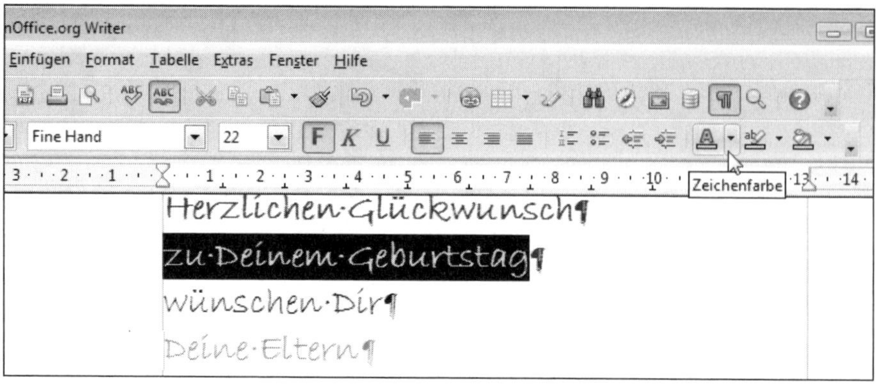

	Die Schaltfläche *Zeichenfarbe* setzt die Farbe des auszugebenden Textes. Dies entspricht dem Schreiben mit einem farbigen Stift.
	Wählen Sie die Schaltfläche *Zeichenhintergrund*, wenn nur der Hintergrund eines markierten Textbereichs farbig hervorgehoben werden soll. Dies entspricht dem Auszeichnen eines Textes mit einem Farbmarker.
	Über die Schaltfläche *Hintergrundfarbe* wird der komplette Absatz vom linken Rand bis zum rechten Rand in der betreffenden Farbe hervorgehoben.

Klicken Sie die betreffende Schaltfläche lediglich kurzzeitig per Maus an, wird die zuletzt eingestellte Farbe benutzt. Das kleine grüne Dreieck am oberen Rand der Schaltflächen weist auf ein zugehöriges Menü hin.

Abbildung 2.18: Auswahl einer Farbe aus der Farbpalette

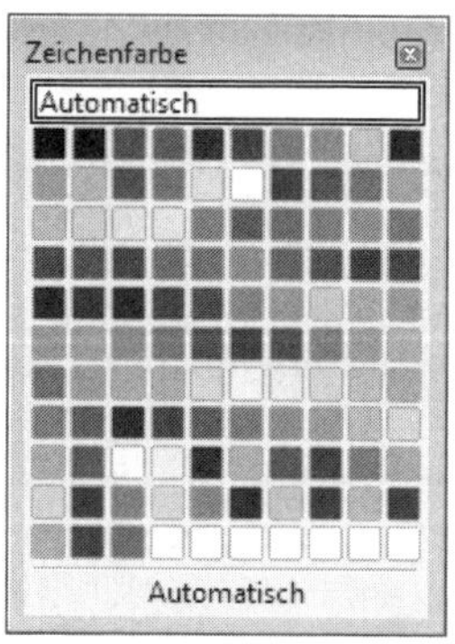

Halten Sie die Maustaste beim Klicken etwas länger gedrückt, öffnet sich eine frei schwebende Palette (Abbildung 2.18). Sobald Sie dann auf ein Farbfeld klicken, wird die Palette geschlossen und die Farbe übernommen. Die zuletzt benutzte Farbe wird zudem in der Schaltfläche eingeblendet und lässt sich in weiteren Schritten per Mausklick abrufen.

INFO

Das Feld »Automatisch« innerhalb der Farbpalette setzt die standardmäßig im Betriebssystem benutzte Farbe. Dies ist in den meisten Fällen die Farbe Schwarz für Textausgaben und Weiß für Dokumenthintergründe.

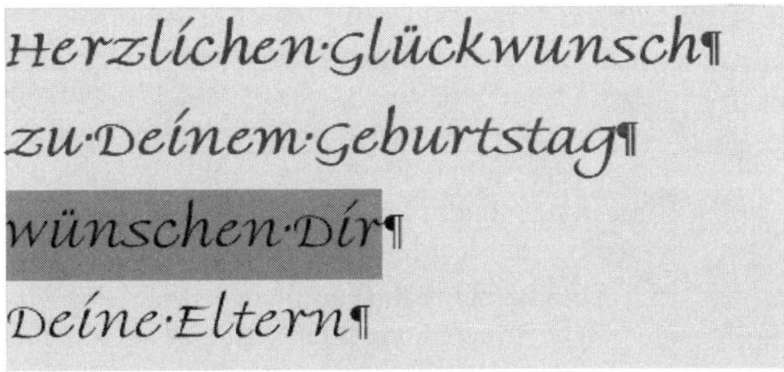

Abbildung 2.19: Dokument mit eingefärbten Texten

Die Texte aus Abbildung 2.19 sind mit verschiedenen Zeichenfarben versehen, in der dritten Zeile wurde zudem der Zeichenhintergrund angepasst. Das gesamte Dokument wurde zusätzlich mit einer Hintergrundfarbe ausgestattet.

Abbildung 2.19 verdeutlicht die Probleme bei Farbabstufungen – in der Graustufendarstellung des gedruckten Buches verschwinden (genau wie beim Ausdruck mittels Laserdruckern) die Farbabstufungen. Im ungünstigsten Fall lässt sich die Schrift nicht mehr lesen. Achten Sie daher bei der Farbwahl auf genügend Kontrast zwischen Vorder- und Hintergrundfarbe. Sie sollten helle Hintergründe mit dunklen Schriftfarben bevorzugen. Dunkle Hintergründe mit hellen Schriftfarben lassen sich meist schlechter lesen. Vermeiden Sie vor allem »schreiende« Farbkombinationen wie Rot auf Gelb. Gehen Sie sparsam mit Farben für den Texthintergrund um, da diese Funktion dem Markieren eines Textes mit einem Farbmarker entspricht und den Lesefluss stört. Bedenken Sie auch, dass die Lesbarkeit farbiger Textstellen bei der Ausgabe auf Schwarzweißdruckern leiden kann.

TIPP

Bei der Gestaltung von Grußkarten, Einladungen etc. lässt sich aber die Farbe für den Absatzhintergrund gewinnbringend einsetzen. Fügen Sie einfach eine entsprechende Anzahl an Leerzeilen in das Dokument ein und weisen Sie diesen Absätzen dann eine helle Hintergrundfarbe zu. Anschließend lässt sich der Text mit einer dunklen Farbe ausgeben. Wenn Sie später das Ganze auf Fotokarton ausdrucken und entsprechend beschneiden, gelangen Sie zu sehr hübschen individuellen Karten. Zudem lässt sich die Hintergrundfarbe einer Seite über den Befehl Seiteneinstellungen *des Menüs* Format *einstellen (wählen Sie im dann angezeigten Eigenschaftenfenster die Registerkarte* Hintergrund*). Alternativ können Sie die Farbe für den Absatzhintergrund auf »Keine Füllung« belassen und farbigen Karton zum Drucken der Dokumente verwenden. Weitere Details zum Umgang mit Zeichenformaten finden Sie im folgenden Kapitel.*

2.3.6 Ausrichten der Absätze

Standardmäßig wird ein neu eingegebener Text im Writer linksbündig ausgerichtet und mit Flattersatz am rechten Rand dargestellt. Über verschiedene Schaltflächen der *Format*-Symbolleiste oder über Tastenabkürzungen lässt sich die Absatzausrichtung ändern (Abbildung 2.20).

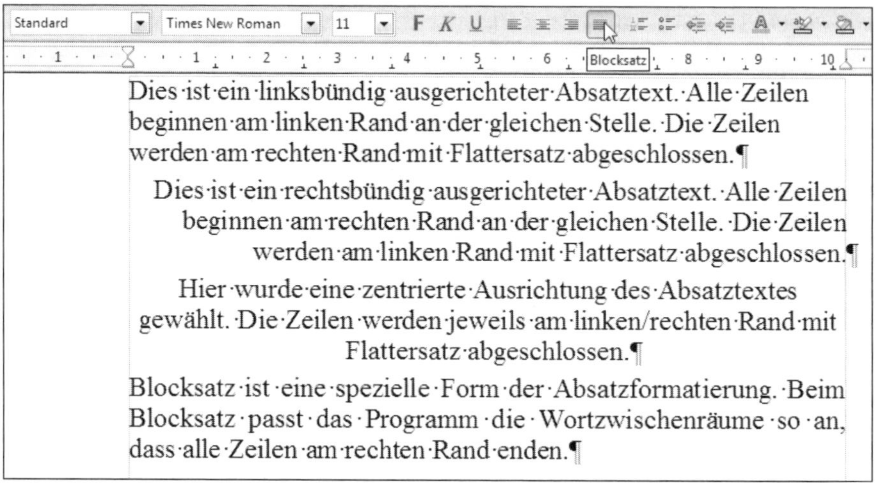

Abbildung 2.20: Unterschiedliche Absatzausrichtungen im Writer

1. Klicken Sie auf den betreffenden Absatz oder markieren Sie einen Textbereich mit mehreren Absätzen.
2. Wählen Sie anschließend eine der vier Schaltflächen, mit denen sich die Absätze ausrichten lassen.

Nachfolgend finden Sie eine Aufstellung der verfügbaren Absatzformate zur Zeilenausrichtung.

	Die nebenstehende Schaltfläche weist dem markierten Text eine linksbündige Absatz_ausrichtung mit Flattersatz am rechten Rand zu. Alternativ können Sie die Tastenkombination Strg + L (bzw. MacBef + L beim Macintosh) verwenden.
	Mit dieser Schaltfläche lassen sich die Zeilen eines Absatzes zentriert ausrichten. Die Tastenkombination Strg + E (bzw. MacBef + E beim Macintosh) besitzt die gleiche Wirkung.
	Mit dieser Schaltfläche bzw. der Tastenkombination Strg + R (bzw. MacBef + R beim Macintosh) wird ein markierter Textbereich rechtsbündig ausgerichtet.
	Verwenden Sie diese Schaltfläche oder die Tastenkombination Strg + B (bzw. MacBef + B beim Macintosh), um markierte Absätze mit Blocksatz zu versehen.

Haben Sie ein Absatzformat zugewiesen und positionieren Sie die Schreibmarke in diesem Bereich, wird die betreffende Schaltfläche optisch (als »eingedrückt«) hervorgehoben. Um ein Absatzformat zur Zeilenausrichtung aufzuheben, müssen Sie eines der jeweils anderen Absatzformate zuweisen.

INFO

Die Absatzformate lassen sich zusätzlich über den Befehl Absatz *des Kontextmenüs oder des Menüs* Format *verändern (siehe Kapitel 3, Abschnitt »Arbeiten mit Absatzformatierungen«). Vielen Dokumenten verleiht der Blocksatz ein besseres Aussehen. Dabei wird der Text sowohl am linken als auch am rechten Seitenrand ausgerichtet. Der Writer vergrößert hierzu den Wortzwischenraum, um die Lauflänge der Zeilen anzupassen. Bei sehr kurzen Zeilenlängen (z.B. beim Spaltensatz) führt dies aber zu unschönen Wortzwischenräumen, mit denen der Writer die unterschiedlichen Lauflängen ausgleicht. Versuchen Sie dann, die Zeile durch Trennen der Wörter in der Folgezeile aufzufüllen (siehe Kapitel 6, Abschnitt »Die Silbentrennung«) oder weichen Sie auf ein linksbündiges Absatzformat aus. Die rechtsbündige Ausrichtung eines Textes kann bei der Darstellung von Zahlen mit festen Nachkommastellen in Tabellen hilfreich sein. Dann stehen die Dezimalkommas der Werte immer in der gleichen Spalte. Eine zentrierte Ausrichtung empfiehlt sich für Überschriften in Dokumenten (z.B. Einladungen) oder für kurze Textpassagen (z.B. Verse etc.).*

2.3.7 Dokumenteigenschaften pflegen

Der Writer führt intern eine Statistik darüber, wann ein Dokument erstellt, gedruckt oder geändert wurde. Zudem lassen sich weitere benutzerdefinierte Dokumenteigenschaften wie Titel, Stichwörter oder Hinweise für die Bearbeiter in den sogenannten Dokumenteigenschaften hinterlegen.

1. Rufen Sie den Menübefehl *Datei/Eigenschaften* auf.
2. Klicken Sie auf die gewünschte Registerkarte und geben Sie ggf. die benutzerdefinierbaren Dokumenteigenschaften ein (Abbildung 2.21).

Sobald Sie das Dialogfeld über die *OK*-Schaltfläche schließen, werden die Eigenschaften übernommen. Der Writer sichert diese mit dem Dokument in der Dokumentdatei.

- Auf der Registerkarte *Allgemein* finden Sie die vom Writer zusammengestellten Dokumenteigenschaften. Markieren Sie das Kontrollkästchen *Benutzerdaten verwenden*, speichert der Writer die Daten des Benutzers mit in der Textdatei.
- Die Daten der Registerkarte *Beschreibung* ermöglichen Ihnen, Begriffe (Titel, Thema, Stichwörter, Kommentar) in den Eigenschaften abzulegen, die ggf. bei der Kategorisierung der Dokumente helfen.
- Auf der Registerkarte *Benutzer* finden Sie vier mit *Info1* bis *Info4* beschriftete Textfelder, in denen Sie benutzerspezifische Informationen eintragen können.

TIPP

Bearbeiten Sie Dokumente in einer größeren Projektgruppe, können Sie die Felder der Registerkarte Benutzer *verwenden, um die Stationen zur Dokumentbearbeitung (Ersteller, Korrektur etc.) vorzugeben. Bei Bedarf lässt sich über die Schaltfläche* Infofelder *ein Zusatzdialog öffnen, in dem die Bezeichnung der Textfelder* Info 1 *bis* Info 4 *anpassbar ist. Tragen Sie ggf. den Namen des Bearbeiters ein. Dann kann jeder Bearbeiter den Bearbeitungszustand (Begonnen, in Bearbeitung, Fertig, Überarbeitung etc.) in das betreffende Feld eintragen.*

Abbildung 2.21: Dokumenteigenschaften

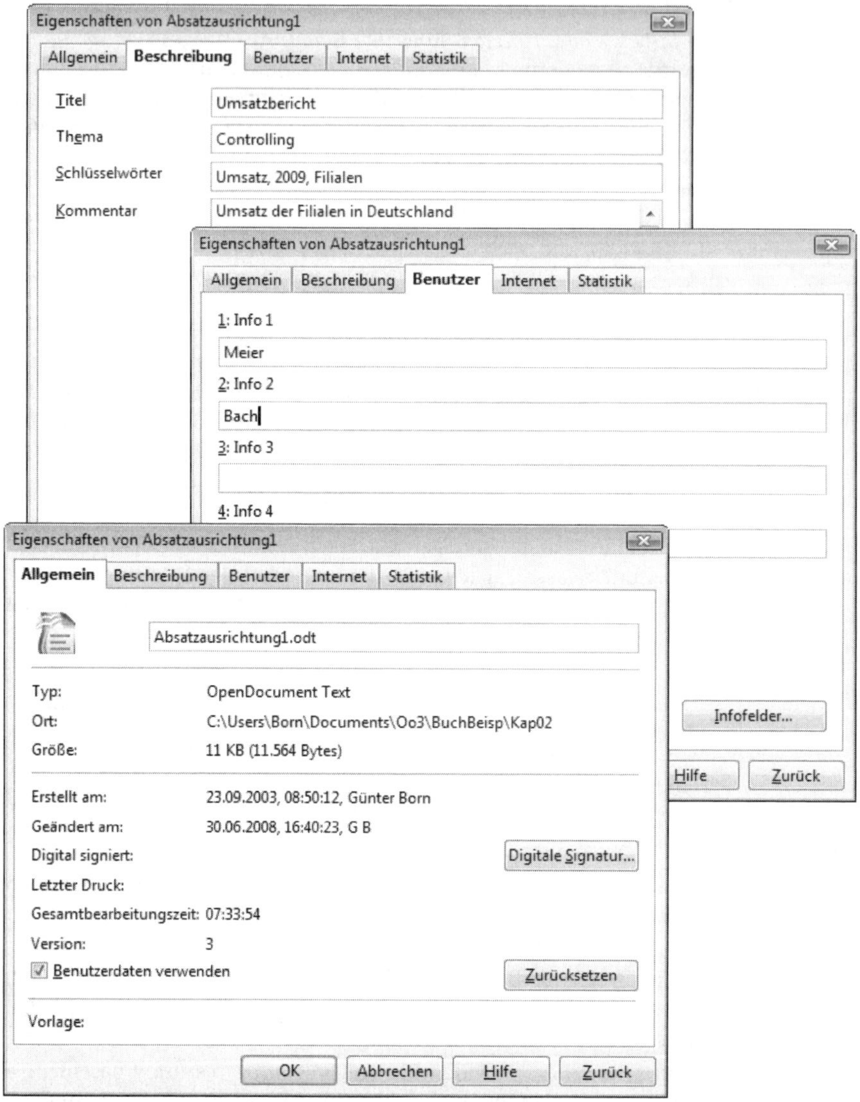

Die Registerkarte *Internet* bietet Optionen, um die Aktualisierung von im Writer geladener Internetseiten zu steuern (ist weniger interessant bei reiner Textverarbeitung). Die Registerkarte *Statistik* zeigt Ihnen Informationen über das aktuelle Dokument (z.B. die Zahl der Zeilen, Wörter oder Zeichen) an.

INFO

Standardmäßig zeigt der Writer den Eigenschaftendialog nicht an. Sie können aber im Menü Extras *den Befehl* Optionen *wählen. Wenn Sie dann im Zweig* Laden/Speichern *die Kategorie* Allgemein *wählen, lässt sich im Dialogfeld das Kontrollkästchen* Eigenschaften vorher bearbeiten *markieren. Dann erscheint der Eigenschaftendialog, sobald der Benutzer das Dokument speichert.*

2.4 Digitale Signatur

OpenOffice unterstützt bereits seit der Version 2.0 die digitale Signatur gespeicherter Dokumente. Voraussetzung ist aber, dass ein digitales Zertifikat im Rechner bzw. im Betriebssystem installiert ist. Solche Zertifikate können bei Trust-Centern (z.B. `www.trustcenter.de`) beantragt oder mit geeigneter Software (z.B. über die Internetinformationsdienste 7, IIS) selbst erstellt werden.

- Um ein bereits installiertes digitales Zertifikat in Office auszuwählen, öffnen Sie das Menü *Datei* und klicken auf den Befehl *Digitale Signaturen*.
- Sobald das Dialogfeld *Digitale Signaturen* erscheint (Abbildung 2.22), können Sie auf die Schaltfläche *Hinzufügen* klicken und im angezeigten Zusatzdialog eines der installierten Zertifikate per Doppelklick auswählen.

Das Dialogfeld wird geschlossen und das Zertifikat in die Liste *Digitale Signaturen* aufgenommen. Sie können dann das Dialogfeld über die *OK*-Schaltfläche schließen.

Abbildung 2.22: Auswahl des digitalen Zertifikats

1. Um dem Office-Dokument eine digitale Signatur zuzuweisen, wählen Sie im Menü *Datei* den Befehl *Eigenschaften*.
2. Klicken Sie auf der Registerkarte *Allgemein* des Eigenschaftenfensters auf die Schaltfläche *Digitale Signatur*.
3. Anschließend wählen Sie im Dialogfeld *Digitale Signaturen* (Abbildung 2.22) das gewünschte Zertifikat aus und schließen den Dialog über die *OK*-Schaltfläche.

Die im Zertifikat enthaltene digitale Signatur wird in den Eigenschaften des Dokuments gespeichert. Über die Registerkarte *Allgemein* kann anschließend jeder Benutzer sehen, wer das Dokument digital signiert hat.

Entfernen lässt sich eine digitale Signatur, indem Sie das Dialogfeld *Digitale Signaturen* über die Schaltfläche *Digitale Signatur* erneut aufrufen, das Zertifikat per Mausklick markieren und dann die Schaltfläche *Entfernen* betätigen. Anschließend können Sie das Dialogfeld und das Eigenschaftenfenster über die *OK*-Schaltfläche schließen.

INFO

Die digitale Signatur lässt sich auf die gleiche Weise allen OpenOffice.org-Dokumenten zu weisen. Office bietet die Möglichkeit, solche digital signierten Dokumente als sicher zur Makroausführung zu klassifizieren.

Zurzeit besteht aber noch das Problem, dass digitale Signaturen (aus Gründen der Handhabbarkeit und der jährlich anfallenden Kosten) kaum verbreitet sind. Aus diesem Grund gehe ich in diesem Buch nicht weiter auf die digitale Signatur ein.

2.5 Dokumentverwaltung

Der nachfolgende Abschnitt befasst sich mit den Funktionen, die der Writer zum Speichern und Laden von Textdokumenten bereitstellt. Dabei werden auch Fragen zum Export in und zum Import von Fremdformaten behandelt.

2.5.1 So lassen sich Dokumente speichern

Im Writer erstellte oder veränderte Dokumente lassen sich als *.odt*-Dateien sichern. Bei einem unveränderten Dokument sind die Schaltflächen und Menübefehle zum Speichern in der Regel deaktiviert. Um das neu erstellte oder geänderte Dokument zu speichern, gehen Sie in folgenden Schritten vor.

Abbildung 2.23: Dokument speichern

1. Klicken Sie in der *Standard*-Symbolleiste auf die Schaltfläche *Speichern* (Abbildung 2.23), rufen Sie den Menübefehl *Datei/Speichern* auf oder drücken Sie die Tastenkombination Strg + S (bzw. MacBef + S beim Macintosh). Bei einem aus einer Datei geladenen Dokument werden die Änderungen einfach in die zugehörige Datei geschrieben.
2. Bei einem neuen Dokument öffnet sich das Dialogfeld *Speichern unter* (Abbildung 2.24). Möchten Sie ein bereits existierendes Dokument unter neuem Namen speichern, können Sie das Dialogfeld über den Befehl *Speichern unter* im Menü *Datei* öffnen.
3. Geben Sie nun die gewünschten Speicheroptionen in das Dialogfeld ein und schließen Sie dieses über die Schaltfläche *Speichern*.

Gemäß den Ausführungen aus *Kapitel 1*) können Sie zwischen den OpenOffice.org-Dialogen (Abbildung 2.24) und den Dialogen des jeweiligen Betriebssystems wählen (Kontrollkästchen *OpenOffice.org-Dialoge verwenden* in den Optionen). Verwenden Sie die Dialoge, die das Betriebssystem bereitstellt, unterscheidet sich der Aufbau des Dialogfelds *Speichern unter* geringfügig zwischen Mac OS X, Linux und Windows XP/Vista sowie von der in Abbildung 2.24 gezeigten OpenOffice.org-Variante. Die relevanten Optionen finden sich aber in allen Ausgaben des Dialogfelds.

- Den Dateinamen geben Sie im mit *Dateiname* oder ähnlich beschrifteten Feld vor. Sie dürfen hier beliebige im jeweiligen Betriebssystem gültige Dateinamen wählen. Beachten Sie, dass bei Linux (im Gegensatz zu Windows) Groß-/Kleinschreibung im Dateinamen unterschieden wird. Verzichten Sie nach Möglichkeit auf Umlaute im Dateinamen, um eventuelle Probleme mit Anwendungen zu vermeiden.
- Solange das Kontrollkästchen *Automatische Dateinamenerweiterung* (ggf. auch als *Auto Extensions* beschriftet) markiert ist, brauchen Sie die Dateinamenerweiterung *.odt* nicht im Namen einzugeben. Der Writer ergänzt diese beim Speichern neuer Dokumente. Ist das Kontrollkästchen dagegen nicht markiert und geben Sie eine Dateinamenerweiterung ein, wird diese beim Erzeugen des Dateinamens benutzt. Sie sollten aber auf abweichende Dateinamenerweiterungen verzichten, da das Betriebssystem diese Erweiterung zur Zuordnung der Standardanwendung für den Dokumenttyp benutzt. Öffnet ein Benutzer die betreffende Dokumentdatei per Mausklick, wird u.U. die falsche Anwendung (die das Office-Format nicht lesen kann) gestartet.
- Das Dialogfeld im OpenOffice.org-Stil stellt die Schaltfläche *Neuen Ordner erstellen* in der rechten oberen Ecke bereit. Über diese Schaltfläche können Sie neue Verzeichnisse anlegen. Bei den vom Betriebssystem bereitgestellten Dialogen finden Sie ähnliche Schaltflächen.

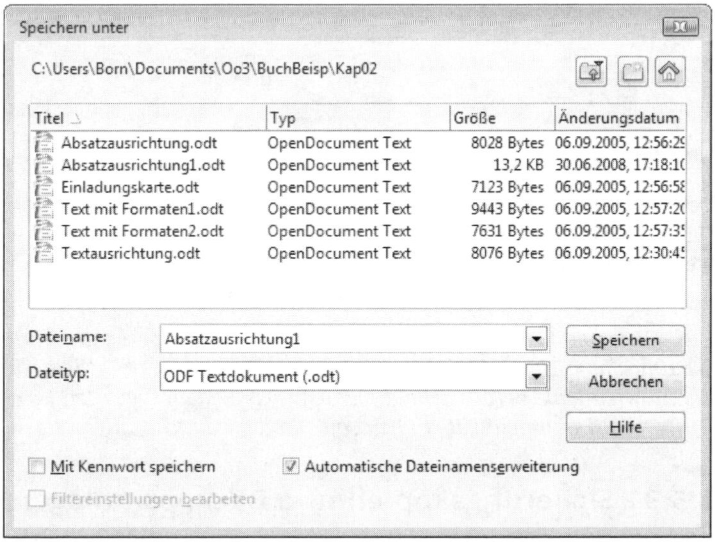

Abbildung 2.24: Dialogfeld zum Speichern einer Datei (OpenOffice.org-Variante)

Ein Doppelklick auf das Symbol eines Ordners öffnet diesen im Dialogfeld. Benötigen Sie Informationen zu einer bestimmten Option, wählen Sie die Schaltfläche *Hilfe* des OpenOffice.org-Dialogfelds. Das Hilfefenster öffnet sich mit dem zur jeweiligen Option passenden Hilfethema. Werden die Dialogfelder des Betriebssystems verwendet, müssen Sie die Hilfe eventuell über andere Elemente aufrufen. In Windows XP bzw. Windows Vista klicken Sie z.B. die in der rechten oberen Ecke des Dialogfelds angezeigte Schaltfläche mit dem Fragezeichen (Direkthilfe) an. Sobald der Mauszeiger die Form eines Fragezeichens annimmt, klicken Sie auf das gewünschte Steuerelement. Dann blendet Windows eine QuickInfo mit Zusatzinformationen ein.

INFO

Über den Befehl Alles speichern *des Menüs* Datei *können Sie alle im Writer geladenen Dokumente sichern. Beim ersten Aufruf des Dialogfelds während einer Sitzung wird der Ordner angezeigt, dessen Pfad zuletzt verwendet wurde.*

2.5.2 Speichern mit Kennwortschutz

Um das unbefugte Öffnen gespeicherter Dokumente zu verhindern, lassen sich diese mit einem Kennwortschutz versehen. Beachten Sie aber, dass diese Option nur bei dem von OpenOffice.org bereitgestellten Dialog verfügbar ist.

1. Markieren Sie im Dialogfeld *Speichern unter* das Kontrollkästchen *Mit Kennwort speichern*.
2. Geben Sie den Dateinamen, den Zielordner und das Dateiformat *.odt* zum Speichern vor (bei anderen Dateiformaten wird der Kennwortschutz nicht unbedingt unterstützt). Klicken Sie dann auf die Schaltfläche *Speichern*.
3. Geben Sie im dann erscheinenden Dialogfeld (Abbildung 2.25) das gewünschte Kennwort jeweils in die Felder *Kennwort* und *Bestätigen* ein und bestätigen Sie die *OK*-Schaltfläche.

Abbildung 2.25: Dialog zur Kennworteingabe

Der Writer sichert das Dokument in verschlüsselter Form in einer *.sxw-* oder *.odt*-Datei. Wird diese Datei geöffnet, erfolgt automatisch eine Kennwortabfrage. Nur wenn der Benutzer das gültige Kennwort eintippt, kann er das Dokument laden.

HALT

Das Kennwort muss aus mindestens sechs Zeichen bestehen, vorher wird die OK-*Schaltfläche nicht freigegeben. Beachten Sie, dass Groß-/Kleinschreibung bei der Kennworteingabe berücksichtigt werden. Das Laden/Speichern kennwortgeschützter OpenOffice-Dokumente über Microsoft Word wird nicht unterstützt.*

2.5.3 Sicherungskopien und Backups anlegen

Sie können im Writer verschiedene Einstellungen verwenden, um automatische Sicherungskopien der Textdateien zu hinterlegen oder um Backup-Dateien zu erzeugen.

1. Rufen Sie den Menübefehl *Extras/Optionen* auf. Im Dialogfeld markieren Sie dann den Zweig *Laden/Speichern* und die Kategorie *Allgemein*.
2. Setzen Sie im Dialogfeld die Optionen zum Speichern (Abbildung 2.26) in der gleichnamigen Gruppe und schließen Sie dieses über die *OK*-Schaltfläche.

- Markieren Sie die Option *Sicherungskopie immer erstellen*, legt der Writer eine Sicherungskopie mit der Dateinamenerweiterung *.bak* im Sicherungsordner an.

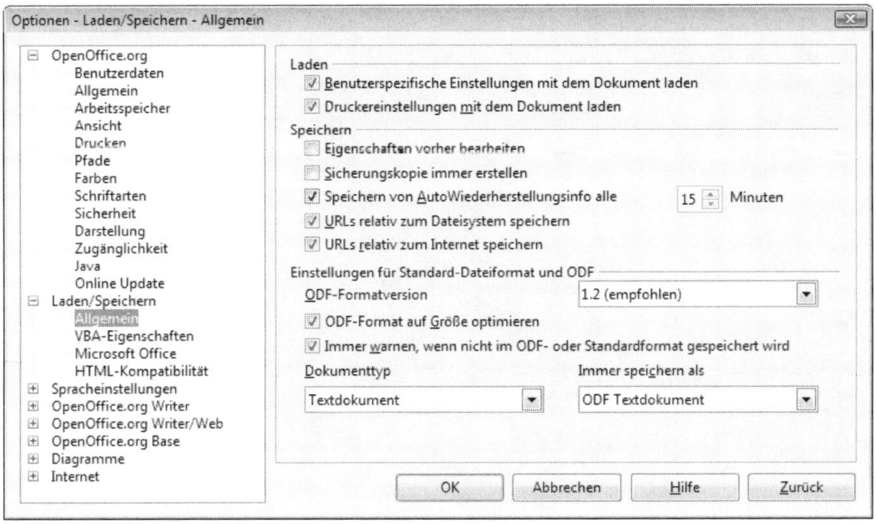

Abbildung 2.26: Optionen zum Speichern

- Ist das Kontrollkästchen *Speichern von AutoWiederherstellungsinfo alle xx Minuten* markiert, lässt sich das Speicherintervall in Minuten über das zugehörige Drehfeld festlegen.

Über das Listenfeld *Dokumenttyp* der Gruppe *Einstellungen für das Standard-Dateiformat und ODF* können Sie übrigens festlegen, welches Speicherformat einem bestimmten Dokumenttyp zugeordnet ist. Beim Writer sollte der *Dokumenttyp* auf »Textdokument« und das Listenfeld *Immer speichern als* auf »ODF-Dokument« gesetzt sein. Falls Sie aber Dokumente zusammen mit anderen Anwendern bearbeiten, die Microsoft Word oder ältere StarOffice- bzw. OpenOffice.org-Versionen verwenden, können Sie den Wert des Felds *Immer speichern als* auf eines der von diesen Office-Versionen benutzten Formate setzen.

INFO

OpenOffice.org 3.0 unterstützt das Open Document Format (ODF) in der Version 1.2. Sie können im Dialogfeld jedoch über ein weiteres Listenfeld die Version des ODF-Formats wählen.

Das Arbeiten mit Sicherungskopien verlangsamt das Speichern zwar etwas, ist aber hilfreich, falls Sie eine Dokumentdatei irrtümlich überschrieben haben. Dann lässt sich die vorherige Fassung aus der .bak-*Datei der Sicherungskopie restaurieren. Laden Sie einfach die betreffende* .bak-*Datei im Writer und sichern Sie diese als* .odt-*Datei unter neuem Namen.*

Den Pfad zu den Sicherungsdateien können Sie in den Optionen anpassen (Menübefehl Extras/Optionen, *Zweig* OpenOffice.org/Pfade, *Eintrag* Sicherungskopien*).*

2.5.4 Textdokumente vor Veränderungen schützen

Sie können Dokumente beim Speichern mit einem Kennwort versehen und diese so vor unautorisierter Einsichtnahme schützen. Einen Schritt weiter geht die Möglichkeit, ein Dokument vor Veränderungen durch den Benutzer zu schützen.

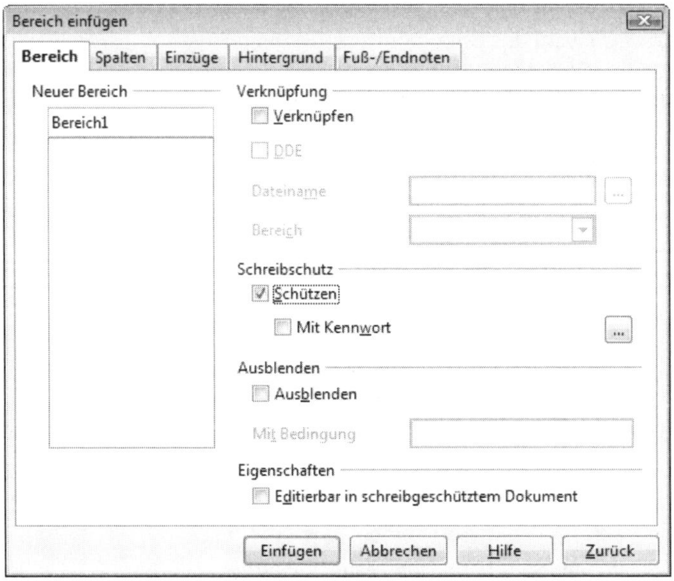

Abbildung 2.27: Schützen eines Bereichs im Textdokument

Sofern Sie im *Öffnen*-Dialog das mit *Nur lesen*, *Readonly* oder ähnlich beschriftete Kontrollkästchen (Abbildung 2.28) markieren, lässt sich das Dokument zwar anzeigen, ist aber vor Veränderungen geschützt. Die Schaltflächen der *Format*-Symbolleiste sowie die Befehle zum Ändern innerhalb der Menüleiste werden komplett gesperrt bzw. ausgeblendet. Zudem können Sie Teile eines Textdokuments vor Veränderungen schützen.

1. Markieren Sie einen Bereich im Dokument, den Sie vor Veränderungen schützen möchten.
2. Rufen Sie den Menübefehl *Einfügen/Bereich* auf. Der Writer öffnet nun das Dialogfeld *Bereich einfügen*.
3. Markieren Sie auf der Registerkarte *Bereich* das Kontrollkästchen *Schützen* der Gruppe *Schreibschutz* (Abbildung 2.27). Optional können Sie noch das Kontrollkästchen *Mit Kennwort* markieren und ein Kennwort eingeben.

Sobald Sie das Dialogfeld über die *OK*-Schaltfläche schließen, wird der betreffende Textbereich vor jeglicher Veränderung geschützt.

INFO

Möchten Sie einen solchen geschützten Bereich für Veränderungen wieder zulassen? Rufen Sie den Menübefehl Format/Bereiche *auf. Im daraufhin angezeigten Dialogfeld* Bereiche bearbeiten *können Sie den Bereichsnamen wählen und anschließend die Optionen für den Schreibschutz aufheben.*

2.5.5 Anlegen neuer Dokumente

Zum Anlegen eines neuen leeren Textdokuments reicht ein Mausklick auf die Menüschaltfläche *Neu*.

Halten Sie die Maustaste etwas länger beim Anklicken der Schaltfläche gedrückt, erscheint ein Menü zur Auswahl des Dokumenttyps. Wählen Sie im Menü *Datei* den Befehl *Neu*, erscheint ein Untermenü mit den gleichen Befehlen zur Auswahl des Dokumenttyps. Mittels des Menüeintrags *Vorlagen und Dokumente* oder über die Tastenkombination ⇧ + Strg + N (bzw. ⇧ + MacBef + N beim Macintosh) lässt sich ein Dialogfeld zur Auswahl einer Dokumentvorlage öffnen (siehe *Kapitel 1*, Abschnitt »Neue Dokumente in Office anlegen«). Dann wird das neue Dokument auf Basis der angegebenen Vorlage angelegt.

2.5.6 Laden von Dokumenten

Zum Laden von Textdokumenten bietet der Writer verschiedene Möglichkeiten. Wählen Sie in einem Ordnerfenster eine *.sxw-* oder *.odt*-Datei per Doppelklick (Windows) bzw. per Mausklick (Linux), wird das Dokument im Writer geladen. Möchten Sie dagegen ein Dokument gezielt aus dem Writer heraus öffnen, gehen Sie folgendermaßen vor.

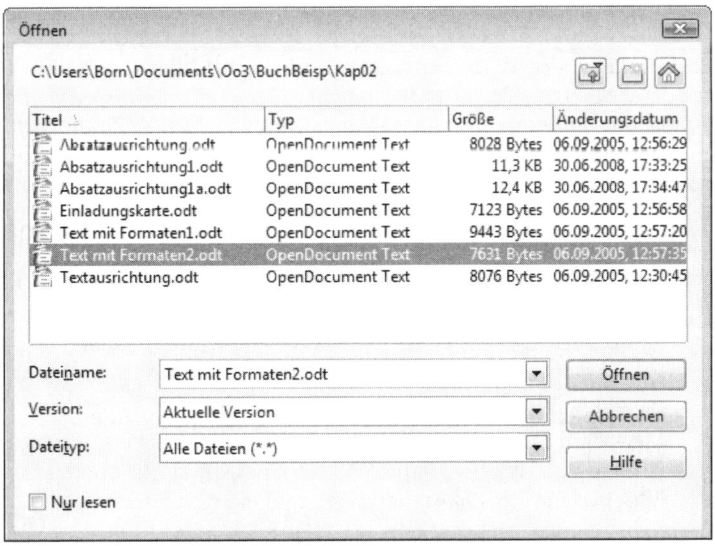

Abbildung 2.28: Dialogfeld *Öffnen* (OpenOffice.org-Stil)

1. Klicken Sie in der *Standard*-Symbolleiste auf die Schaltfläche *Datei öffnen*. Alternativ können Sie den Menübefehl *Datei/Öffnen* aufrufen oder die Tastenkombination Strg + O (bzw. MacBef + O beim Macintosh) wählen.
2. Im dann geöffneten Dialogfeld *Öffnen* wählen Sie den Ordner, ggf. das Dokumentformat und dann die zu öffnende Dokumentdatei aus (Abbildung 2.28). Beim Dateinamen müssen Sie keinen Pfad mit angeben, da der Writer diesen automatisch ergänzt.
3. Setzen Sie ggf. noch die Optionen zum Öffnen und betätigen Sie die Schaltfläche *Öffnen*.

Anschließend wird das Dokument im Writer geladen und angezeigt.

INFO

Beachten Sie auch hier, dass das Aussehen des Öffnen-*Dialogfelds davon abhängt, ob die OpenOffice.org-Variante oder der Dialogfeldstil des verwendeten Betriebssystems verwendet wird.*

OpenOffice.org 3.0 besitzt Importfilter, mit denen sich nicht nur die Microsoft Office 97-2003-Dokumente lesen und schreiben lassen. In der Version 3.0 können die OpenOffice.org-Anwendungen auch das Format der Microsoft Office 2007-Anwendungen lesen. Allerdings gibt es noch »gewisse« Probleme, die von Microsoft Word gespeicherten Formatierungen korrekt in den Writer zu importieren.

TIPP

Das Feld Dateiname *im Dialogfeld* Öffnen *ist als Kombinationsfeld ausgeführt. Klicken Sie auf die Schaltfläche am rechten Rand des Felds, erscheint eine Liste mit den Namen der zuletzt bearbeiteten Dateien. Besitzt das Feld den Fokus (z.B. nach dem Anklicken per Maus), können Sie über die Cursortasten* [↑] *und* [↓] *in der Liste der Dateinamen blättern. Jedes Mal, wenn Sie die Cursortasten betätigen, wird ein neuer Name samt Pfad mit angegeben.*

Zudem führt der Writer im Untermenü Datei/Zuletzt benutzte Dokumente *eine Liste der zuletzt geöffneten Dokumente. Sie brauchen also nur das Untermenü zu öffnen und können eine dieser Dateien durch einen Klick auf den entsprechenden Menübefehl laden.*

2.5.7 Import von Dokumenten im Fremdformat

Der Writer kann die Formate von mit anderen Anwendungen (z.B. Microsoft Word, älteren StarOffice-Versionen) erstellten Textdokumenten lesen.

1. Wählen Sie die Funktion zum Öffnen (z.B. über die betreffende Schaltfläche oder über das Tastenkürzel [Strg] + [O]).
2. Sie können den Wert des Listenfelds *Dateityp* auf *Alle Dateien (*.*)* belassen. Sofern Sie jedoch das Dateiformat kennen, stellen Sie als Dateityp eines der angebotenen Formate ein (dies erleichtert u.U. die Auswahl der betreffenden Datei).
3. Wählen Sie dann den Dateinamen und klicken Sie auf die Schaltfläche *Öffnen*.

Der Writer erkennt das Format der Textdatei automatisch und importiert über einen Filter die betreffenden Daten.

INFO

Beim Import einer Fremddatei werden die meisten Textinhalte übernommen. Dies gilt auch für den Import von mit Microsoft Word (97 bis 2003 bzw. 2007) erstellten Dokumenten. Zu Problemen beim Import kommt es an den Stellen, an denen es zwischen dem Fremdprogramm und dem Writer keine gemeinsamen Funktionen gibt. Beim Import von Microsoft Word-Dokumenten ist dies beispielsweise bei Feldern (Feldfunktionen) der Fall. Auch die Laufweiten von Schriften oder die Abstände von Textelementen können bei der Dokumentübernahme zu Problemen führen. Um zu verhindern, dass die Importdatei irrtümlich beim Sichern überschrieben wird, sollten Sie diese grundsätzlich schreibgeschützt öffnen. Dann können Sie die importierte Datei unter neuem Namen sichern.

2.5.8 Export von Textdokumenten

Um Textdokumente in einem Fremdformat zu speichern, können Sie den Befehl *Speichern unter* im Menü *Datei* wählen und anschließend das Fremdformat im Listenfeld *Dateityp* vorgeben. Über diese Variante lassen sich ältere StarOffice-Formate, die Microsoft Word-Formate sowie HTML- und Textdateien als Ausgabeformat wählen.

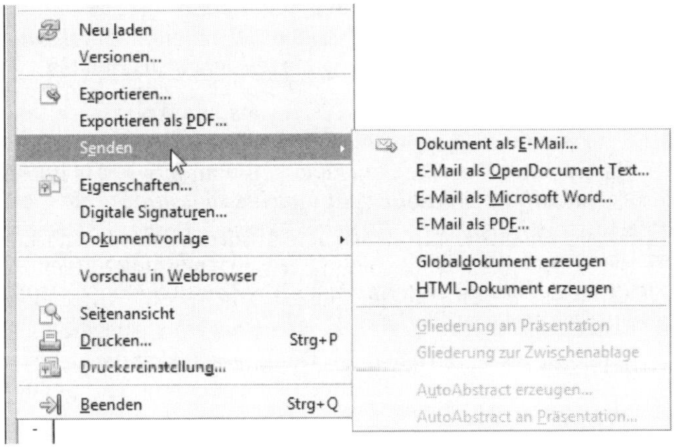

Abbildung 2.29: Menü Senden und Exportfunktionen

Über den Befehl *Exportieren* im Menü *Datei* können Sie ein Textdokument im Writer in das Adobe Acrobat-PDF-Format oder in XHTML (Format einer Webseite) überführen. Der Befehl *Datei/Exportieren als PDF* sowie die Schaltfläche *Direktes Exportieren als PDF* öffnen das gleiche Dialogfeld zum Export. Hier ist lediglich das Ausgabeformat PDF voreingestellt.

INFO

Im Untermenü Datei/Senden *(Abbildung 2.29) finden Sie zudem die Befehle* Dokument als E-Mail *und* E-Mail als ..., *mit denen sich ein Dokument in verschiedenen Formaten als E-Mail verschicken lässt.*

2.6 Drucken und Dokumentlayout anzeigen

Der nachfolgende Abschnitt befasst sich mit der Frage, wie sich Dokumente im Writer drucken lassen und wie Sie die Druckvorschau auf dem Bildschirm abrufen können.

2.6.1 Drucken im Writer

Zum Drucken eines Dokuments können Sie die Schaltfläche *Datei direkt drucken* in der *Standard*-Symbolleiste benutzen (Abbildung 2.30). Der Writer beginnt mit der Ausgabe des gesamten Dokuments an den Standarddrucker. War allerdings vor Aufruf der Druckfunktion ein Teil des Dokuments markiert, erscheint vor der Druckausgabe ein Dialogfeld mit der Abfrage, ob der markierte Bereich oder das gesamte Textdokument gedruckt werden soll.

Abbildung 2.30: Schaltfläche zum Drucken im Writer

Möchten Sie dagegen den Ausgabedrucker wählen oder Optionen zum Ausdruck festlegen, drücken Sie die Tastenkombination Strg + P (bzw. MacBef + P auf dem Macintosh). Oder Sie rufen den Menübefehl *Datei/Drucken* auf. Der Writer öffnet daraufhin das in Abbildung 2.31 gezeigte Dialogfeld *Drucken*.

- Sind mehrere Drucker im System installiert, lässt sich das Ausgabegerät über das Listenfeld *Name* wählen. Die Schaltfläche *Eigenschaften* öffnet ein Zusatzdialogfeld, in dem Sie Druckereigenschaften wie das Papierformat, die Orientierung (Porträt, Landschaft) etc. anpassen können.
- Sobald Sie das Kontrollkästchen *Ausdruck in Datei* markieren, öffnet sich beim Drucken ein Auswahldialog für eine Datei. Sie können dann den Pfad und den Namen einer Druckdatei angeben, in die die Ausgaben umgeleitet werden. Druckdateien sind hilfreich, wenn das Ausgabegerät nicht am Rechner oder temporär nicht verfügbar ist. Dann lassen sich die Druckdateien ggf. später auf Betriebssystemebene (z.B. mit einem Kopierbefehl) auf dem Drucker ausgeben.

Abbildung 2.31: Dialogfeld *Drucken*

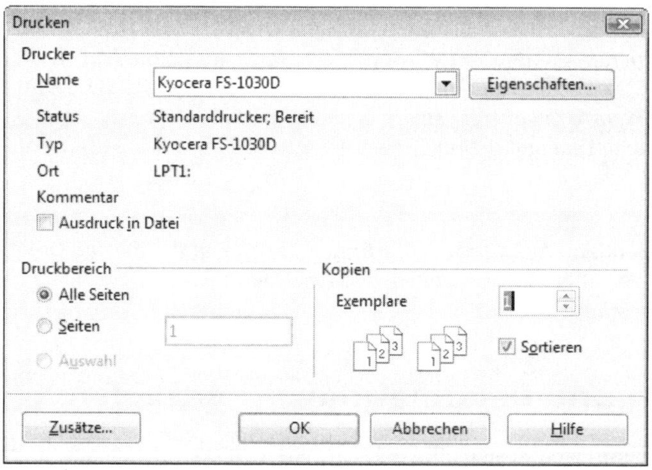

- Die Gruppe *Druckbereich* ermöglicht Ihnen über mehrere Optionsfelder die Auswahl, ob das gesamte Dokument (Option *Alle Seiten*) oder Dokumentteile auszugeben sind. Die Option *Auswahl* wird nur freigegeben, wenn Sie vor Aufruf des *Drucken*-Dialogs einen Textbereich markiert hatten. Um bestimmte Seiten zu drucken, markieren Sie die Option *Seiten* und geben die Seitenzahlen im zugehörigen Textfeld an. Die Vorgabe 1-5 druckt die ersten fünf Seiten. Mit der Angabe »3;5« werden dagegen die Seiten 3 und 5 ausgegeben.
- Falls Sie mehrere Kopien benötigen, geben Sie deren Zahl im Drehfeld *Exemplare* vor. Dann wird auch das Kontrollkästchen *Sortieren* freigegeben. Eine Markierung dieses Kontrollkästchens bewirkt, dass der Writer erst alle Seiten eines Dokuments druckt, bevor die nächste Kopie erzeugt wird. Bei umfangreichen Dokumenten sollten Sie allerdings auf diese Option verzichten, da das Doku-

ment mehrfach an das Ausgabegerät ausgegeben wird. In diesem Fall ist es effizienter, die Kopien unsortiert zu drucken und die Blätter manuell zusammenzutragen.

Wenn Sie die Schaltfläche *Zusätze* im *Drucken*-Dialog anwählen, öffnet sich das in Abbildung 2.32 gezeigte Dialogfeld.

- Über die Kontrollkästchen der Gruppe *Inhalt* können Sie die auszudruckenden Dokumentelemente (Grafiken, Tabellen, Zeichnungen, Formularelemente etc.) festlegen. Löschen Sie die Markierung der betreffenden Kontrollkästchen, um die jeweiligen Elemente vom Ausdruck auszunehmen.
- Mit der Option *Hintergrund* lässt sich der Druck von Hintergrundobjekten (Hintergrundbild bei HTML-Seiten) steuern.

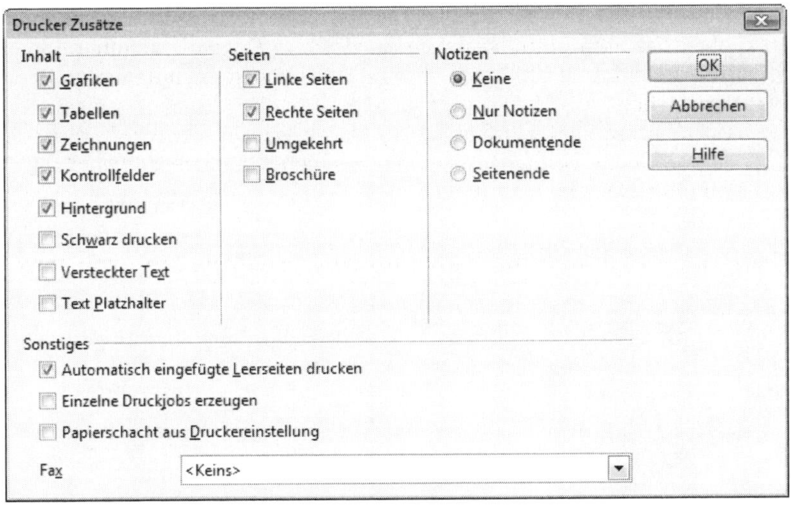

Abbildung 2.32: Dialogfeld *Drucker Zusätze*

- Markieren Sie das Kontrollkästchen *Schwarz drucken*, um auch farbige Dokumente in schwarzer Farbe zu drucken.
- In der Gruppe *Seiten* lässt sich der Druck von geraden (Option *Linke Seiten*) und ungeraden (Option *Rechte Seiten*) Seiten steuern. Dies ist z.B. hilfreich, wenn Sie eine doppelseitige Ausgabe auf normalen Druckern anstreben. Drucken Sie zuerst alle rechten Seiten. Dann legen Sie die bedruckten Blätter erneut ein und drucken die linken (Rück-)Seiten. Die Option *Umgekehrt* bewirkt, dass die letzten Seiten zuerst mit ausgegeben werden. Dies erspart Ihnen das Umsortieren der teilbedruckten Blätter.
- Ist die Option *Broschüre* markiert, wird das Dokument als Broschüre gedruckt (d.h., der Writer berücksichtigt beim Ausdruck der Blätter die besondere Seitenaufteilung). Zudem kann der Writer im Querformat zwei Druckseiten auf einem Blatt platzieren.

Über die Gruppe *Notizen* können Sie festlegen, dass Notizen (siehe *Kapitel 6*, Abschnitt »Notizen einfügen und ansehen«) im Dokument allein oder mit dem Text auszugeben sind. Bei der Ausgabe mit Text lässt sich noch angeben, ob die Notizen am Dokument- oder am Seitenende auszugeben sind. Verwenden Sie Duplexdrucker (die auch die Rückseite eines Blatts bedrucken), sollten Sie die Option *Einzelne*

Druckjobs erzeugen markieren. Andernfalls wird die erste Seite eines Folgedokuments auf die Rückseite des letzten Blatts des Vorgängerdokuments gedruckt.

2.6.2 Seitenansicht/Seitendruck verwenden

Zur Beurteilung des Dokumentlayouts müssen Sie nicht jedes Mal einen neuen Ausdruck erzeugen. Wesentlich effizienter ist es, die Seitenansicht über den Befehl *Seitenansicht* des Menüs *Datei* aufzurufen. Der Writer zeigt das Dokument in der Seitenansicht an (Abbildung 2.33). Diese Ansicht entspricht dem Layout, wie es auch auf dem Drucker erscheint.

Abbildung 2.33: Anzeige des Dokuments in der Seitenansicht

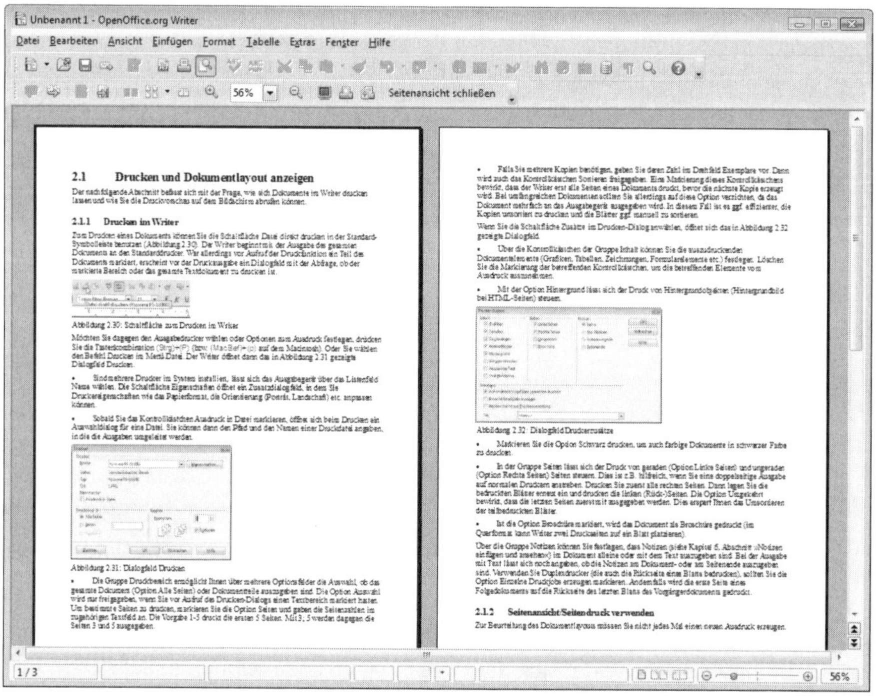

Über die Schaltflächen der *Seitenvorschau*-Symbolleiste lässt sich zwischen den einzelnen Dokumentseiten blättern. Besonders komfortabel ist die Möglichkeit, mehrere Seiten in der Layoutansicht darzustellen. Hierzu können Sie den Zoomfaktor für die Anzeige über das Listenfeld *Maßstab Seitenansicht* mit der Skalierung in Prozent sowie über die Schaltflächen mit den Lupensymbolen anpassen. Oder Sie klicken auf die Schaltfläche *Seitenansicht: mehrere Seiten*, halten die Maustaste kurz gedrückt und wählen dann durch Ziehen per Maus die gewünschte Seitenzahl in der angezeigten Palette (Abbildung 2.34).

Gerade bei längeren Dokumenten lässt sich so sehr schnell beurteilen, ob alle Seiten gefüllt sind und wie das Dokument im Ausdruck wirkt. Bei Bedarf können Sie die Darstellung in einen Vollbildmodus umschalten sowie die Druckausgabe aus der Seitenansicht starten. Der Ausdruck erfolgt dann wie in der Seitenansicht gezeigt. Über die Schaltfläche *Seitenansicht schließen* gelangen Sie zur normalen Dokumentansicht zurück.

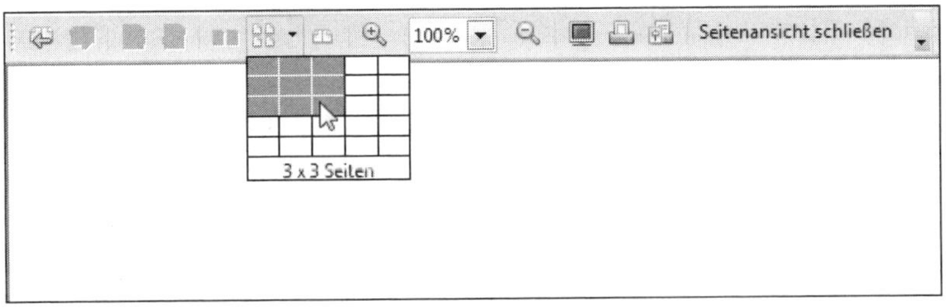

Abbildung 2.34: Auswahl der anzuzeigenden Seitenzahl

Zusätzlich finden Sie im Menü Ansicht *noch den Befehl* Weblayout, *der die Seitenränder in der Anzeige unterdrückt. Über den Befehl* Ganzer Bildschirm *lassen sich Menü- und Symbolleisten ausblenden. Durch Drücken der* [Esc]*-Taste gelangen Sie dann in die normale Darstellung zurück.*

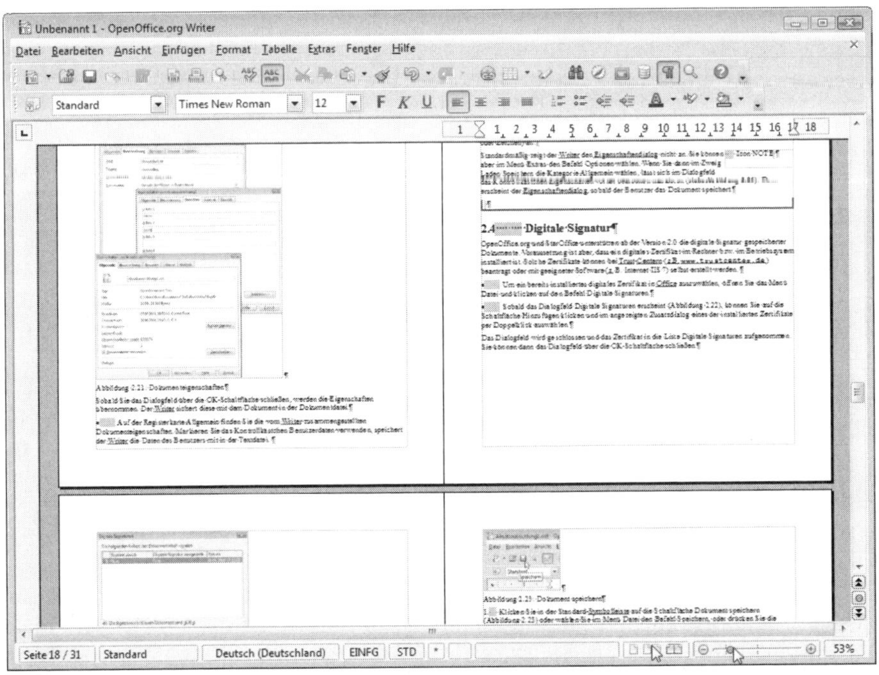

Abbildung 2.35: Mehrseitige Dokumente anzeigen/bearbeiten

Um das Layout eines mehrseitigen Dokuments besser beurteilen und ggf. direkt bearbeiten zu können, können Sie zu einem Trick greifen. Reduzieren Sie einfach den Zoomfaktor über den Schieberegler in der rechten unteren Ecke des Writer-Fensters, um mehrere Seiten anzuzeigen (Abbildung 2.35). Klicken Sie auf eine Seite und setzen Sie die Anzeige auf 100 Prozent zurück, ist die direkte Bearbeitung des Dokuments möglich. Die Auswahl, ob die Seiten untereinander oder nebeneinander angezeigt werden sollen, erfolgt über die drei stilisierten Seitenfelder, die links neben dem Schieberegler in der Statusleiste angezeigt werden.

3 Dokumentformatierung im Writer

Dieses Kapitel befasst sich mit der Frage, wie sich Textdokumente im Writer mit verschiedenen Formaten gestalten lassen.

3.1 Formatkategorien im Writer

Der Writer ermöglicht Ihnen, Textdokumente mit bestimmten Formaten zu versehen. Im vorherigen Kapitel sind die Möglichkeiten zum Formatieren von Textstellen mit fetter oder kursiver Schrift oder das Ausrichten von Absätzen beschrieben. Der Writer kennt weitere Formate und unterteilt diese in folgende Kategorien:

- *Zeichenformate:* Diese Kategorie umfasst alle Formateigenschaften, die sich einzelnen Zeichen innerhalb eines Dokuments zuweisen lassen.
- *Absatzformate:* In dieser Kategorie werden alle Eigenschaften zusammengefasst, die sich auf die Gestaltung des Absatzes beziehen.
- *Seitenformate:* Diese Formatkategorie bestimmt das Layout bzw. das Format einer Dokumentseite.
- *Nummerierungsformate:* Über diese Formatkategorie lassen sich die Eigenschaften für Nummerierungen und Aufzählungen festlegen.
- *Rahmenformate:* Im Writer lassen sich Absätzen Rahmen und Linien zuzuweisen. Die betreffenden Eigenschaften werden in dieser Kategorie verwaltet.

Sie können alle Formate direkt (z.B. über Schaltflächen, Tastenkürzel oder Registerkarten) oder über sogenannte Vorlagen zuweisen.

3.2 Alles zu Zeichenformaten

In diesem Abschnitt erhalten Sie einen Überblick, was es allgemein zum Arbeiten mit Zeichenformaten zu wissen gibt und was sich mit Zeichenformaten realisieren lässt.

3.2.1 Zeichenformate zuweisen und anpassen

Neben den im vorherigen Abschnitt erwähnten populären Zeichenformaten Fett, Kursiv und Unterstrichen sowie farbigen Auszeichnung der Texte, die sich über Schaltflächen in der *Format*-Symbolleiste abrufen lassen, unterstützt der Writer eine Reihe weiterer Optionen zur Textgestaltung. Sie können Wörter beispielsweise durchstreichen oder mit einem doppelten Unterstrich versehen. Um Zeichenformate gezielt anzuwenden oder anzupassen, können Sie folgende Schritte durchführen.

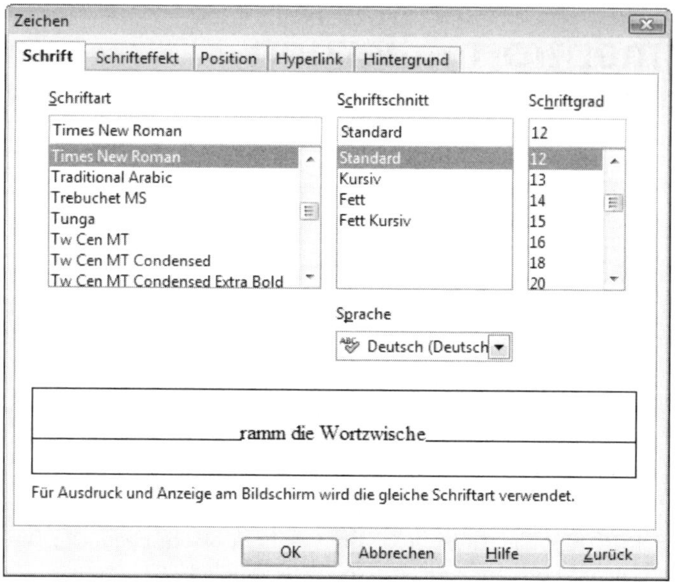

Abbildung 3.1: Registerkarte *Schrift* im Dialogfeld *Zeichen*

1. Markieren Sie den zu formatierenden Text und rufen Sie dann den Menübefehl *Format/Zeichen* auf. Der Befehl steht auch im Kontextmenü bereit.
2. Jetzt öffnet der Writer das Eigenschaftenfenster *Zeichen*, in dem verschiedene Registerkarten mit den verfügbaren Zeichenformatoptionen enthalten sind (Abbildung 3.1). Holen Sie die gewünschte Registerkarte in den Vordergrund und legen Sie die Formateigenschaften fest.

Sobald Sie die Registerkarte über die *OK*-Schaltfläche schließen, wird das Format übernommen.

Die Registerkarte *Schrift* ermöglicht Ihnen die Auswahl der Schriftart, das Einstellen der Schriftgröße und des Schriftschnitts. Über die Schriftschnitte (siehe *Kapitel 2*, Abschnitt »Hinweise zu Schriftarten«) können Sie wählen, ob die Zeichen fett, kursiv, als Kombination oder normal anzuzeigen sind. Interessant ist das Listenfeld *Sprache*, über das Sie dem Text ein Sprachattribut zuweisen können. Die eingestellte Sprache ist zur Bestimmung der für die Rechtschreibprüfung benutzten Wörterbücher relevant. Die anderen Registerkarten enthalten weitere Zeichenformateigenschaften (siehe folgende Seiten).

3.2.2 Unterstreichen und weitere Schrifteffekte

Die Registerkarte *Schrifteffekt* (Abbildung 3.2) enthält die Optionen, um den Text mit bestimmten Effekten (Unterstreichungen, Outline-Schriften, Farben etc.) zu versehen. Die Optionen besitzen folgende Bedeutung:

- *Unterstreichen:* Der Writer unterstützt verschiedene Varianten zum Unterstreichen (einfach, doppelt, punktiert etc.). Sie müssen die gewünschte Variante über das Listenfeld *Unterstreichung* auf der Registerkarte *Schrifteffekt* abrufen. Um eine markierte Textstelle doppelt zu unterstreichen, können Sie alternativ die Tastenkombination [Strg] + [D] ([MacBef] + [D] beim Mac) verwenden.

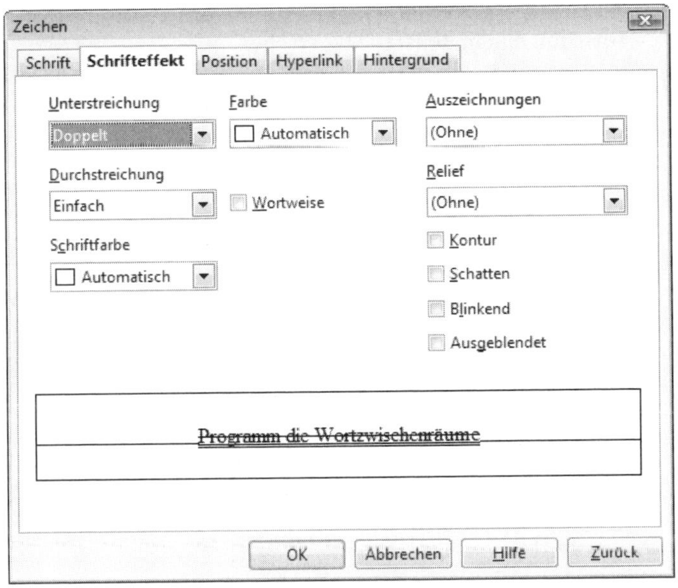

Abbildung 3.2: Registerkarte *Schrifteffekt* im Dialogfeld *Zeichen*

- *Durchstreichen:* Über das Listenfeld *Durchstreichung* lassen sich markierte Textstellen mit unterschiedlichen Stilen durchstreichen.

Markieren Sie das Kontrollkästchen Wortweise, *beziehen sich die Formate für Unterstreichen und Durchstreichen auf einzelne Wörter, während die Leerzeichen dazwischen nicht formatiert werden. Leider gibt es in allen Office-Versionen bisher ein Anzeigeproblem: Ist die Darstellung der Steuerzeichen aktiviert, werden auch die Wortzwischenräume unterstrichen bzw. durchgestrichen. Drucken Sie ein solches Dokument, bleiben die Wortzwischenräume allerdings von der Formatierung ausgespart.*

- *Farbe:* Das Listenfeld *Farbe* definiert die Farbe beim Unterstreichen. Die Farbe des markierten Textes legen Sie dagegen über das Listenfeld *Schriftfarbe* fest. Um den Hintergrund des Textbereichs zu verändern, wechseln Sie zur Registerkarte *Hintergrund* und stellen dort die Farbe ein. Alternativ können Sie die im vorherigen Kapitel (Abschnitt »Gestalten von Textfarbe und Hintergrund«) beschriebenen Schaltflächen *Zeichenfarbe* und *Zeichenhintergrund* zur Farbwahl verwenden. Die Absatzfarbe wird dagegen über Absatzformate eingestellt.
- *Auszeichnungen:* Über dieses Listenfeld können Sie Texte mit verschiedenen Auszeichnungen versehen. Solche Auszeichnungen werden im typografischen Bereich für Hervorhebungen im Text benutzt. Eine Auszeichnung als Versalbuchstabe bewirkt, dass der betreffende Text mit Großbuchstaben ausgegeben wird. Die Auszeichnung »Gemeine« erzwingt Kleinbuchstaben für den Text. Bei Titelschrift werden die Anfangsbuchstaben aller markierten Wörter mit Großbuchstaben versehen. Die Auszeichnung mit Kapitälchen zeigt den Text in Großbuchstaben an, wobei aber der erste Buchstabe eines Worts etwas größer dargestellt wird. Abbildung 3.3 zeigt, wie sich die verschiedenen Auszeichnungsformate auf den Text auswirken.

- *Relief:* Mit den Werten »erhaben« und »vertieft« des Listenfelds *Relief* können Sie Texte mit einem Reliefeffekt versehen.
- *Kontur, Schatten, Blinkend:* Diese drei Kontrollkästchen ermöglichen Ihnen, Textstellen als Konturschrift und/oder mit einem Schatten versehen sowie blinkend auszuzeichnen. Diese Optionen stehen bei Reliefschriften nicht zur Verfügung.

Titelschrift bedeutet, dass der erste Buchstabe aller Wörter mit Großbuchstaben angezeigt wird. Die Wirkung einer Option können Sie sofort im Vorschaufeld der Registerkarte beurteilen. Möchten Sie eine Option nicht nutzen, löschen Sie die Markierung des betreffenden Kontrollkästchens bzw. setzen den Wert des Listenfelds auf »(Ohne)«. Die Auszeichnungen wie Relief, Kontur oder Versalien/Kapitälchen sollten Sie nur sehr zurückhaltend in Ihren Dokumenten verwenden, da diese die Lesbarkeit eines Dokuments stark beeinflussen. Lediglich bei der Gestaltung von Urkunden macht sich eine Relief- oder Konturschrift recht gut.

Abbildung 3.3: Verschiedene Auszeichnungsvarianten

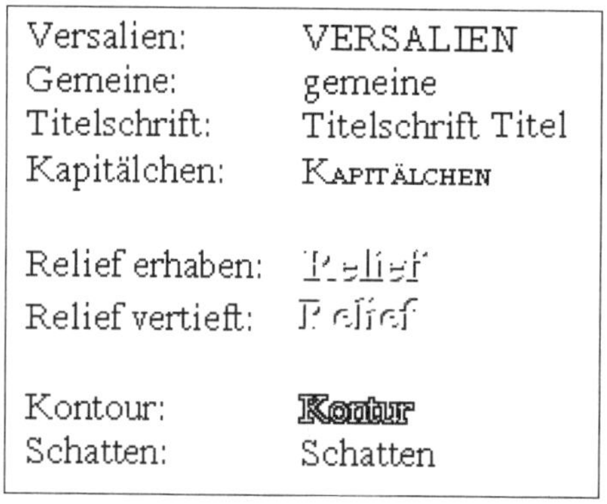

3.2.3 Arbeiten mit hoch- und tiefgestellten Zeichen

Bei der Texteingabe sind öfter einzelne Buchstaben oder komplette Wörter hoch- oder tiefgestellt zu schreiben (Abbildung 3.4). Sie brauchen nicht direkt zum Formeleditor zu greifen, sondern können diese Formate auch direkt im Writer eingeben.

Abbildung 3.4: Beispiel für Text mit hoch- und tiefgestellten Zeichen

$30 \cdot m^3 \cdot H_2SO_4 \cdot \text{geliefert}$

Sie können den gewünschten Text im Writer eintippen. Dann markieren Sie die gewünschten Textstellen und weisen das gewünschte Format zu.

- *Höherstellen* schalten Sie über die Tastenkombination [Strg] + [H] ein.
- *Tieferstellen* aktivieren Sie über die Tastenkombination [Strg] + [T].

Möchten Sie den Text bereits während der Eingabe entsprechend formatieren, drücken Sie einfach eine der obigen Tastenkombinationen und tippen die Zeichen ein. Wenn Sie die Tastenkombination nochmals betätigen, wird die betreffende Option wieder abgeschaltet.

INFO

Beim Macintosh verwenden Sie die Tastenkombinationen `MacBef` + `H` *und* `MacBef` + `T`. *Beachten Sie aber, dass die Tastenkombination* `MacBef` + `H` *bei Mac OS X zum schnellen Minimieren des aktuell geöffneten Fensters dient. Drücken Sie die Tastenkombination* `MacBef` + `MacOpt` + `H`, *um den Fokus umzustellen. Danach lässt sich die Tastenkombination* `MacBef` + `H` *im Text anwenden.*

Bei bestimmten Texteingaben wie »m3« übernimmt die Autokorrektur des Writers bereits automatisch das Höherstellen. Eine unerwünschte Autokorrektur lässt sich übrigens durch sofortiges Drücken der Tastenkombination `Strg` + `Z` *(bzw.* `MacBef` + `Z` *beim Mac) zurücknehmen. Zudem können Sie die Optionen für Hoch- und Tiefstellen auf der Registerkarte* Position *des Dialogfelds* Zeichen *individuell setzen. Die Registerkarte lässt sich über den Menübefehl* Format/Zeichen *(bzw. im Kontextmenü) aufrufen.*

TIPP

Benötigen Sie die Funktionen häufiger, sollten Sie sich die entsprechenden Schaltflächen in der Symbolleiste einrichten. Öffnen Sie das Menü der Format-Symbolleiste *und wählen Sie den Befehl* Sichtbare Schaltflächen. *Im dann erscheinenden Untermenü finden Sie zwei Einträge für die Schaltflächen zum Hoch-/Tiefstellen. Markieren Sie diese per Mausklick, um sie der Leiste hinzuzufügen.*

3.2.4 Laufweiten, Kerning, vertikaler Zeichenabstand

Zusätzlich zu den in den vorherigen Abschnitten besprochenen Zeichenformaten (z.B. zum Hoch-/Tiefstellen) können Sie im Writer noch in die Darstellung der einzelnen Zeichen eingreifen. Dies ist zwar im Alltagsgebrauch selten erforderlich, kann aber bei der Gestaltung von Dokumentvorlagen recht hilfreich sein. So können Sie beispielsweise festlegen, wie hoch oder tief die entsprechend formatierten Zeichen von der Grundlinie entfernt sein sollen. Der Writer ermöglicht Ihnen sogar anzugeben, wie groß hoch- und tiefgestellte Zeichen im Vergleich mit der Grundschrift sein dürfen.

Die betreffenden Optionen finden Sie im Eigenschaftenfenster (im Menü *Format* bzw. im Kontextmenü den Befehl *Zeichen* wählen). Im Eigenschaftenfenster *Zeichen* wählen Sie die Registerkarte *Position* (Abbildung 3.5). Diese enthält alle Optionen, um die Zeichengröße und den Abstand beim Hoch-/Tiefstellen zu beeinflussen. Zusätzlich lässt sich eine Schrift rotieren/skalieren und Sie können mit Sperrschrift oder Schmalschrift experimentieren.

1. Um die Optionen für hoch-/tiefgestellte Zeichen anzupassen, muss eines der Optionsfelder *Hoch* oder *Tief* markiert sein.
2. Dann löschen Sie die Markierung des Kontrollkästchens *Automatisch*. Jetzt gibt der Writer die Optionen für die Größe und den Abstand frei und Sie können die gewünschten Werte selbst festlegen.

Die Einstellung wird übernommen, sobald Sie die Registerkarte über die *OK*-Schaltfläche schließen. Die Schriftgröße für hoch-/tiefgestellte Zeichen wird dabei in Prozent der Größe der Grundschrift angegeben. Auch der Faktor zum Hoch-/Tiefstellen ist in Prozent vom Schriftgrad der Grundschrift anzugeben (hier unterscheidet sich der Writer von Microsoft Word, welches mit absoluten Angaben in Punkt arbeitet).

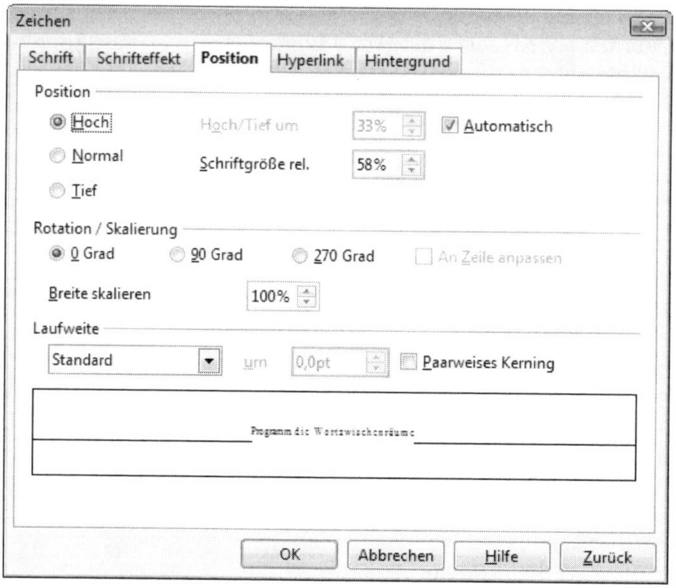

Abbildung 3.5: Registerkarte *Position* mit Optionen für Laufweite, Position und Rotation

Über das Listenfeld *Laufweite* können Sie markierte Textbereiche mit einer gesperrten Schrift oder mit Schmalschrift versehen (Abbildung 3.6). Bei einer gesperrten Schrift werden die einzelnen Buchstaben eines Worts durch Vergrößern der sogenannten Laufweite (die Breite eines Buchstabens) um den eingestellten Wert (z.B. 2 Punkt) auseinandergezogen. Über der Wert »Schmalschrift« der Option *Laufweite* können Sie alternativ einen markierten Textabschnitt stauchen (d.h., die Zeichenabstände innerhalb eines Wortes werden reduziert). Diese Reduzierung wird auch als Unterschneiden bezeichnet, weil die Zeichen den in der Schrift vorgesehenen Abstand unterschreiten.

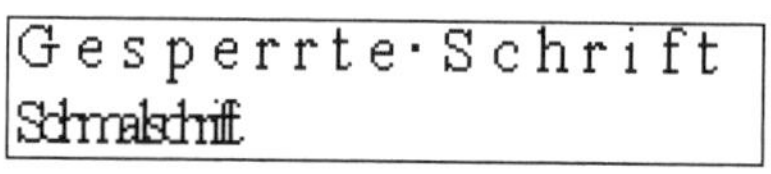

Abbildung 3.6: Beispiel für Sperrschrift und Schmalschrift

In der Regel werden Sie selten mit der Laufweite experimentieren. Diese Option kann aber bei der Gestaltung von Prospekten oder Drucksachen hilfreich sein. Falls Sie eine Dokumentseite in Spalten aufteilen, wird die Laufweite einer Zeile sehr kurz. Verwenden Sie den sogenannten Blocksatz (alle Zeilen enden an der gleichen Stelle), kommt es häufiger zu unschönen Lücken im Text. Das Textverarbeitungsprogramm muss dann die Wortzwischenräume zum Ausgleich der Laufweite verwenden. Dieser Effekt ist in Abbildung 3.7 insbesondere in der vierten Zeile zu sehen. Abhilfe schafft dann das Trennen einzelner Wörter. Ist dies nicht möglich und möchten Sie nicht auf Blocksatz verzichten, empfiehlt es sich ggf., die Laufweite einzelner Wörter durch Sperr- oder Schmalschrift zu korrigieren. Mit etwas Glück erreicht man dann ein normales Schriftbild ohne die störenden weißen Wortzwischenräume. Dies wurde beispielsweise in der fünften Zeile genutzt, da sich das

Wort »und« in der Folgezeile nicht trennen lässt. Die Wörter »Sonnenstrahlen« und »Altweibersommer« wurden jeweils mit einer Sperrschrift (Laufweite um 0,5 Punkt erhöht) versehen. Die Sperrschrift fällt dem normalen Leser nicht auf, bewirkt aber die Unterdrückung der Wortzwischenräume.

Herbststimmung

Auch dieses Jahr wollen wir einen unserer berühmten Ausflüge während der Wandersaison durchführen. Wir genießen in kleinen Gruppen die letzten Sonnenstrahlen des Altweibersommers und durchwandern Weinberge sowie von Kastanien gesäumte Hänge des Tessins. Genießen Sie die klare Atmosphäre mit stahlend blauen Himmel, kehren Sie zur Vesper in urige Wanderhütten ein und probieren Sie die Weine der Region.

Impressionen vom Vorjahr

Abbildung 3.7: Beispiel für einen Spaltensatz mit vergrößerten Wortzwischenräumen

INFO

Auf der Registerkarte Position *finden Sie noch die Option* Paarweises Kerning. *Als Kerning (oder Unterschneidung) wird eine Technik bezeichnet, bei der die Abstände zwischen bestimmten Buchstaben in Abhängigkeit von diesen Buchstaben verändert werden. Ziel ist dabei, die Texte optisch aufzuwerten, sodass zum Beispiel der Buchstabe i näher an seinen Vorgänger herangerückt wird. Dadurch erhält man ein ästhetischeres Schriftbild. Kerning lässt sich nur auf Proportionalschriften anwenden. Voraussetzung ist zudem, dass die betreffende Schriftart die Funktion durch interne Kerningtabellen unterstützt. Die oben beschriebene Laufweiteneinstellung definiert dagegen den Abstand für alle Buchstaben gleich und lässt sich daher für alle Schriftarten nutzen.*

Über die Gruppe *Rotation/Skalierung* haben Sie zudem die Möglichkeit, Texte um 90 Grad (nach links) oder um 270 Grad (entspricht 90 Grad nach rechts) zu drehen. Der neben dem Foto positionierte Text aus Abbildung 3.7 demonstriert den Effekt der Drehung um 270 Grad. Markieren Sie das Kontrollkästchen *An Zeile anpassen*, staucht oder streckt der Writer den Text entsprechend der Zeilenhöhe. Bei Bedarf können Sie dann die Breite in Prozent über das betreffende Drehfeld korrigieren.

3.3 Arbeiten mit Absatzformatierungen

Neben den in den vorherigen Abschnitten vorgestellten Zeichenformaten kennt der Writer noch Absatzformate, mit denen sich z.B. die Zeilenausrichtung, der Zeilen- oder Absatzabstand etc. einstellen lässt. Diese Absatzformate sind in *Kapitel 2* im Abschnitt zum Ausrichten der Absätze zwischen rechtem und linkem Rand beschrieben. Neben diesen, direkt über Schaltflächen erreichbaren Absatzformaten unterstützt der Writer weitere Absatzformate, deren Anwendung nachfolgend skizziert wird.

INFO

Ein Text wird im Writer in Absätzen zusammengefasst. Ein Absatz kann dabei aus einer oder mehreren Textzeilen bestehen. Das Absatzende wird dabei durch eine Absatzmarke begrenzt (wird beim Drücken der ↵*-Taste erzeugt). Diese Absatzmarken lassen sich über die Schaltfläche* Steuerzeichen ein/aus *der Werkzeugleiste anzeigen oder ausblenden.*

Die Absatzformate werden in den Absatzmarken gespeichert. Wenn Sie die Einfügemarke an den Anfang eines Absatzes setzen und die vorhergehende Absatzmarke durch Drücken der Rück*-Taste löschen, werden nicht nur die beiden Absätze zusammengezogen. Der Writer übernimmt zugleich das Absatzformat des zweiten Absatzes.*

3.3.1 So arbeiten Sie mit Absatzeinzügen

Normalerweise richtet der Writer einen Text zwischen dem linken und rechten Seitenrand gemäß dem gewählten Seitenformat aus. Sie können den Textbereich innerhalb eines Absatzes aber beliebig einrücken (einziehen).

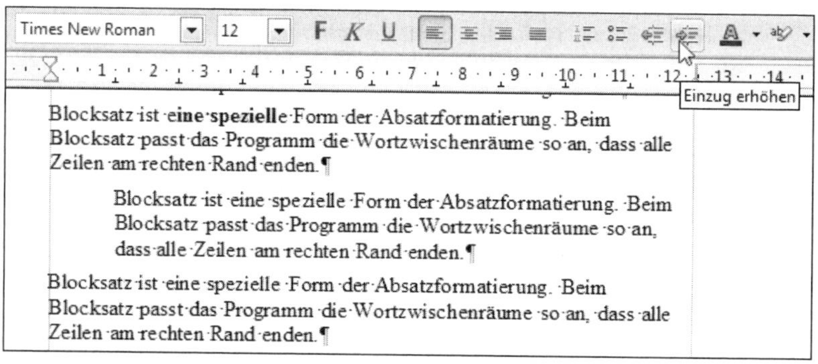

Abbildung 3.8: Einzug eines Absatzes

1. Geben Sie ein paar Zeilen Text ein und teilen Sie diesen in drei Absätze auf.
2. Klicken Sie auf den mittleren Absatz, um dessen Einzug anzupassen.
3. Klicken Sie dann mehrfach auf die Schaltfläche *Einzug erhöhen* und beobachten Sie, was passiert.
4. Klicken Sie anschließend auf die Schaltfläche *Einzug vermindern*.

	Der Writer zieht bei jedem Klick auf die Schaltfläche *Einzug erhöhen* den Absatzanfang etwas nach rechts ein (Abbildung 3.8).
	Verwenden Sie die Schaltfläche *Einzug vermindern*, um den Einzug eines Absatzes wieder zu reduzieren. Erreicht der Absatz den linken Rand, wird diese Schaltfläche gesperrt.

Einzüge dieser Art lassen sich verwenden, um bestimmte Absätze im Dokument optisch herauszuheben (z.B. Zitatblöcke). Bei der Gestaltung von Dokumenten werden jedoch häufig zusätzliche Einzugsvarianten (wie Einrücken der ersten Zeile oder die Begrenzung der Zeilenlänge am rechten Rand) benötigt. Diese Einzüge können

Sie im Writer zwar über das Dialogfeld *Absatz* (Menübefehl *Format/Absatz*, Registerkarte *Einzüge und Absätze*) festlegen. Einfacher geht es aber über die Randsteller des horizontalen Lineals (Abbildung 3.9).

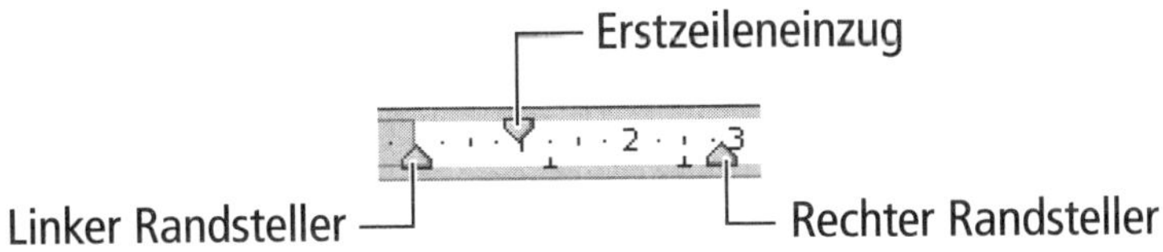

Abbildung 3.9: Randsteller des horizontalen Lineals

- Um den linken oder rechten Rand, an dem die Zeilen beginnen oder enden, anzupassen, markieren Sie einfach die betreffenden Absätze. Dann reicht es, den linken oder rechten Randsteller horizontal zu verschieben. Der Writer passt anschließend den betreffenden Rand an.
- Der Steller für den Erstzeileneinzug lässt sich verwenden, um bei markierten Textabschnitten die Erstzeilen nach links (hängende Einzüge) oder nach rechts (Erstzeileneinzug) zu verschieben.

Der Erstzeileneinzug wird im angelsächsischen Bereich gerne zur optischen Trennung der Absätze benutzt (oberste Absätze in Abbildung 3.10). Im deutschen Sprachraum arbeitet man dagegen lieber mit einem vergrößerten Absatzabstand (untere Absätze in Abbildung 3.10). Theoretisch ließe sich am jeweiligen Absatzanfang jeweils ein Tabulatorzeichen einfügen, um den Text etwas einzurücken. Um einen solchen Erstzeileneinzug in einem Dokument zu realisieren, sollten Sie aber in folgenden Schritten vorgehen.

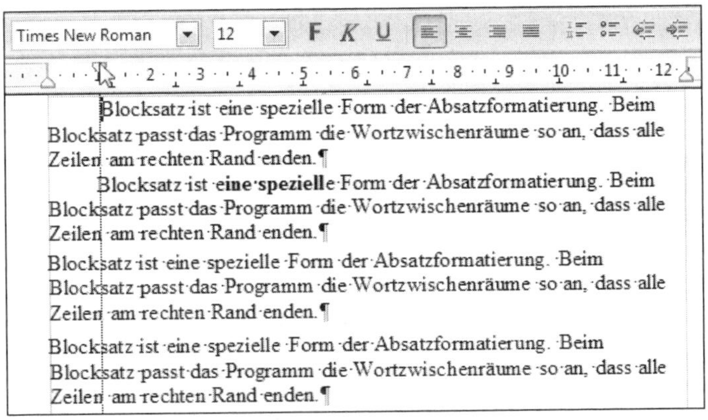

Abbildung 3.10: Beispiele für Absatzgestaltung mit und ohne Erstzeileneinzug

1. Markieren Sie die Absätze, deren erste Zeile etwas nach rechts einzuziehen ist. Bei Bedarf können Sie das gesamte Dokument mittels der Tastenkombination [Strg] + [A] (bzw. [MacBef] + [A] beim Mac) markieren.
2. Verschieben Sie den Steller für den Erstzeileneinzug auf dem horizontalen Lineal etwas nach rechts.

Bereits beim Ziehen markiert eine vertikale gestrichelte Linie die Position des Erstzeileneinzugs. Lassen Sie die Maus los, verschiebt der Writer die Textanfänge der jeweils ersten Zeile eines Absatzes an die gewünschte Position. Die obige Vorgehensweise hat den Vorteil, dass Sie den Wert für den Erstzeileneinzug jederzeit korrigieren können (Textbereich markieren und den Steller erneut verschieben).

Mit der gleichen Schrittfolge lässt sich der linke/rechte Rand verstellen – Sie müssen lediglich die betreffenden Randsteller benutzen. Eine weitere Variante stellen sogenannte hängende Einzüge dar. Hierbei beginnt die erste Zeile wie gewohnt am linken Rand, während die Folgezeilen des Absatzes etwas nach rechts eingezogen werden. Diese Technik kommt automatisch bei Aufzählungen und Nummerierungen zum Einsatz. Hängende Einzüge lassen sich aber auch manuell realisieren. Dies ist beispielsweise bei Definitionslisten hilfreich, die mit einem Begriff beginnen und von einem Erläuterungstext gefolgt werden. Umfasst der Erläuterungstext mehrere Zeilen, können diese etwas eingezogen werden. Um so etwas zu realisieren (siehe Abbildung 3.11), gehen Sie in folgenden Schritten vor.

1. Geben Sie als Erstes die Definition ein, drücken Sie dann die Tabulatortaste [⭾] und tippen Sie wie gewohnt den Text mit der Erläuterung ein.
2. Bei Bedarf können Sie auf diese Art mehrere Definitionen als getrennte Absätze formulieren.
3. Anschließend markieren Sie die betreffenden Absätze und ziehen den linken Randsteller so weit nach rechts, bis alle Folgezeilen genügend eingerückt sind.
4. Ziehen Sie den Steller für den Erstzeileneinzug so weit nach links, dass die Zeile am linken Rand beginnt.

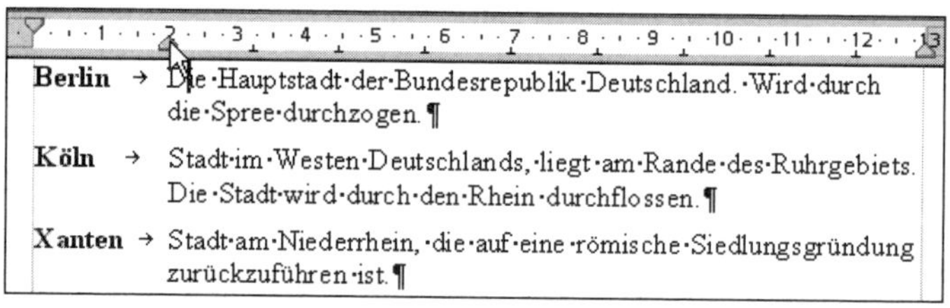

Abbildung 3.11: Beispiel für einen hängenden Einzug zur Gestaltung einer Definitionsliste

In Abbildung 3.11 wurden die betreffenden Definitionen fett hervorgehoben. Da der erste Absatz markiert wurde, sehen Sie auch die Stellung des linken Randstellers und der Marke für den Erstzeileneinzug (diese befindet sich links vom linken Randsteller).

INFO

Sie können die Technik der negativen Erstzeileneinzüge auch verwenden, um Überschriften über den linken Textrand in die Marginalie zu ziehen. Dies hebt die Überschriften optisch noch mehr vom Text ab. Möchten Sie grafische Symbole für Aufzählungen und Nummerierungen nutzen, lässt sich die obige Technik ebenfalls verwenden. Anstelle der Definitionstexte binden Sie einfach das betreffende Grafiksymbol in das Dokument ein (siehe Kapitel 7, Abschnitt »Grafiken und Bilder aus Dateien einfügen«).

TIPP

Die Gestaltung der Einzüge über das horizontale Lineal geht mit der Maus sehr schnell, ermöglicht aber keine genaue Positionierung der Einzugsmarken. Um gleich bleibende Einzüge zu erhalten, können Sie diese über die Registerkarte Einzüge und Abstände *gestalten (Abbildung 3.12). Die Registerkarte erreichen Sie über den Menübefehl* Format/Absatz *bzw. im Kontextmenü. Markieren Sie das Kontrollkästchen* Automatisch, *ignoriert der Writer den Erstzeileneinzug und zieht den Absatz abhän-*

gig vom Schriftgrad etwas nach rechts ein. Die Felder Vor Text *und* Hinter Text *legen die Einzüge am linken bzw. rechten Rand fest und mit* Erste Zeile *definieren Sie den Erstzeileneinzug.*

3.3.2 Absatzabstände anpassen

Wenn Sie ein neues Dokument im Writer anlegen, werden die Absätze vertikal im normalen Zeilenabstand abgesetzt. Häufig geben Benutzer bei Briefen etc. jeweils eine Leerzeile ein, um die Absatzabstände zu vergrößern. Ich habe dies in Abbildung 3.13 im oberen Bereich benutzt. Durch die eingeblendeten Steuerzeichen sind die betreffenden Absatzmarken deutlich zu erkennen. Das Einfügen von Leerzeilen zum optischen Absetzen der einzelnen Absätze mag zwar für einen Brief noch angehen. Bei längeren Textdokumenten führt dies aber zu Problemen. Bei automatischen Seitenumbrüchen fallen solche Leerzeilen z.B. gerne an den Seitenanfang, was zu sehr unschönen Effekten führt. Wer Dokumente professionell erstellt, sollte auf Leerzeilen verzichten und die Absatzabstände des Dokuments entsprechend anpassen.

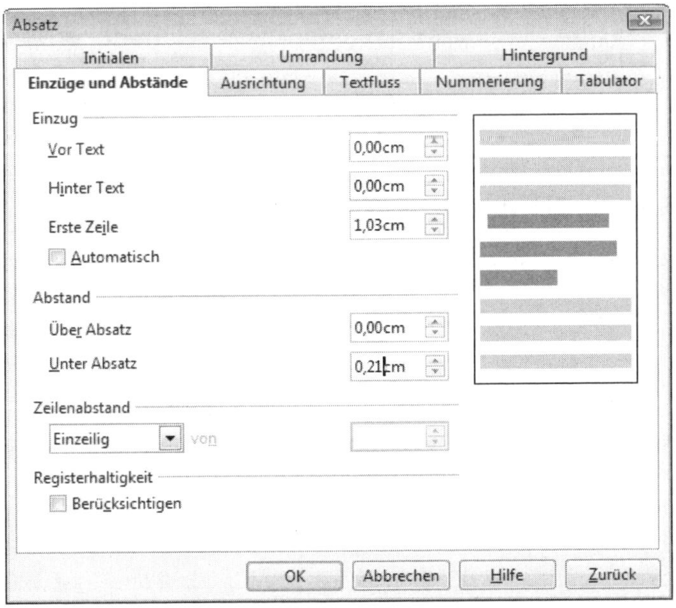

Abbildung 3.12: Registerkarte *Einzüge und Abstände*

1. Markieren Sie das gewünschte Dokument (z.B. indem Sie die Tastenkombination [Strg] + [A] bzw. [MacBef] + [A] beim Mac drücken).
2. Wählen Sie im Menü *Format* oder im Kontextmenü den Befehl *Absatz*.
3. Wechseln Sie zur Registerkarte *Einzüge und Abstände* und stellen Sie die gewünschten Werte für die Absatzabstände in den Feldern *Über Absatz* und *Unter Absatz* ein (Abbildung 3.12).

Sobald Sie die Registerkarte über die *OK*-Schaltfläche schließen, wird der Writer die Absätze entsprechend trennen. Im unteren Teil von Abbildung 3.13 wurde beispielsweise mit Absatzabständen von jeweils 0,21 cm gearbeitet.

Abbildung 3.13: Textbeispiel mit Leerzeilen (oben) und vergrößertem Absatzabstand (unten)

Sehr·geehrte·Damen·und·Herrren,¶

¶

vielen·Dank·für·Ihr·Schreiben·vom·19.4.,·in·dem·Sie·den·Eingang·der·Bestellung bestätigen.·Leider·sind·Ihnen·bei·der·Übernahme·der·Daten·einige·Fehler·unterlaufen.·¶

¶

Die·von·Ihnen·aufgeführte·Position·3·war·in·unserer·Bestellung·nicht·gelistet.·Dafür fehlt·der·von·uns·bestellte·Teppichboden·(Best.Nr.·4711).·Zudem·sind·die·Mengen·für die·Position·5·falsch·wiedergegeben.·Statt·30·m·Rollen·Fixierband·haben·wir·nur·3 Rollen·geordert.¶

¶

Bitte·korrigieren·Sie·diese·Fehler·in·Ihren·Bestellunterlagen.·¶

¶

Sehr·geehrte·Damen·und·Herrren,¶

vielen·Dank·für·Ihr·Schreiben·vom·19.4.,·in·dem·Sie·den·Eingang·der·Bestellung bestätigen.·Leider·sind·Ihnen·bei·der·Übernahme·der·Daten·einige·Fehler·unterlaufen.·¶

Die·von·Ihnen·aufgeführte·Position·3·war·in·unserer·Bestellung·nicht·gelistet.·Dafür fehlt·der·von·uns·bestellte·Teppichboden·(Best.Nr.·4711).·Zudem·sind·die·Mengen·für die·Position·5·falsch·wiedergegeben.·Statt·30·m·Rollen·Fixierband·haben·wir·nur·3 Rollen·geordert.¶

Bitte·korrigieren·Sie·diese·Fehler·in·Ihren·Bestellunterlagen.·¶

3.3.3 Zeilenabstände variieren

Zur handschriftlichen Korrektur eines Textdokuments ist es hilfreich, wenn der Ausdruck mit vergrößertem Zeilenabstand erfolgt. Dann lassen sich die Korrekturanweisungen zwischen die Zeilen einfügen. Dies ist im Writer kein Problem.

Abbildung 3.14: Text mit doppeltem Zeilenabstand

Die·von·Ihnen·aufgeführte·Position·3·war·in·unserer·Bestellung·nicht·gelistet.·Dafür

fehlt·der·von·uns·bestellte·Teppichboden·(Best.Nr.·4711).·Zudem·sind·die·Mengen·für

die·Position·5·falsch·wiedergegeben.·Statt·30·m·Rollen·Fixierband·haben·wir·nur·3

Rollen·geordert.¶

- Standardmäßig werden Texte mit einzeiligem Zeilenabstand ausgegeben. Dieses Format schalten Sie über den Wert »Einzeilig« im Feld *Zeilenabstand* der Registerkarte *Einzüge und Abstände* (Abbildung 3.12) ein.
- Den in Abbildung 3.14 gezeigten doppelten Zeilenabstand erreichen Sie, indem Sie den Wert »Zweizeilig« in Feld *Zeilenabstand* der Registerkarte *Einzüge und Abstände* setzen (Abbildung 3.12).
- Mit dem Wert »1,5zeilig« im Feld *Zeilenabstand* der Registerkarte *Einzüge und Abstände* wird der Zeilenabstand auf das Eineinhalbfache vergrößert.

Gelegentlich wird ein eineinhalbfacher Zeilenabstand bei längeren Dokumenten benutzt, um die Lesbarkeit zu heben. Einen doppelten Zeilenabstand sollten Sie jedoch nur zum Korrekturlesen von Texten verwenden.

TIPP

Benötigen Sie häufiger unterschiedliche Zeilenabstände, öffnen Sie das Menü der Format-*Symbolleiste und wählen darin den Befehl* Sichtbare Schaltflächen *aus. Im Untermenü finden Sie Schaltflächen, mit denen sich der Zeilenabstand anpassen lässt. Markieren Sie die Schaltflächen per Mausklick, um diese in die* Format-*Symbolleiste aufzunehmen.*

3.3.4 Absatzkontrolle im Detail

Die wichtigsten Funktionen zur Gestaltung von Absatzformaten (Einzüge, Zeilenabstände und Ausrichtung) haben Sie in den vorherigen Abschnitten kennengelernt. Der Writer ermöglicht aber eine weitergehende Kontrolle der Absatzeigenschaften. So lässt sich z.B. festlegen, dass ein Absatz nicht auf zwei Seiten fallen darf. Dies ist bei zweizeiligen Überschriften oder Legenden hilfreich. Zudem gibt es Fälle, wo der Folgeabsatz immer auf die gleiche Seite gehört (wichtig bei Überschriften oder Bildern mit Unterschriften). Um diese Optionen anzusehen oder anzupassen, gehen Sie folgendermaßen vor:

1. Markieren Sie die gewünschten Absätze und wählen Sie im Menü *Format* bzw. im Kontextmenü den Befehl *Absatz*.
2. Wählen Sie die Registerkarte *Textfluss* (Abbildung 3.15), setzen Sie die gewünschten Optionen und schließen Sie die Registerkarte über die *OK*-Schaltfläche.

Die Registerkarte *Textfluss* fasst verschiedene Absatzeigenschaften zu Gruppen zusammen. Die Gruppe *Zusätze* weist eine Reihe von Kontrollkästchen auf, über die Sie die Absatzeigenschaften steuern können.

- Bei langen Überschriften oder bei Tabellen hilft die Option *Absatz nicht trennen*. Dann werden alle Zeilen eines Absatzes zwangsweise auf einer Seite platziert.
- Die Option *Absätze zusammenhalten* erzwingt, dass der auf einen Absatz folgende Absatz beim automatischen Seitenwechsel zusammen mit dem aktuellen Absatz auf die Folgeseite kommt. Dies ist z.B. bei Überschriften hilfreich, die mit dem Folgeabsatz auf einer Seite erscheinen sollen.
- »Schusterjungen« nennt man Absätze, bei denen die erste Zeile einsam am Seitenende stehen bleibt, während »Hurenkinder« Absätze sind, bei denen die letzte Zeile auf die Folgeseite rutscht. Um diese im Satz unerwünschten Effekte zu verhindern, können Sie die Optionen *Schusterjungenregelung* und *Hurenkinderregelung* markieren. Dann lässt sich angeben, wie viele Zeilen des Absatzes mindestens auf der Seite stehen müssen.

Die Optionen der Gruppe *Umbrüche* werden im nächsten Abschnitt behandelt. Der Benutzer kann eine Silbentrennung manuell durch Einfügen von bedingten Trennstrichen (Tastenkombination [Strg] + [-] bzw. [MacOpt] + [-] beim Mac) vornehmen. Markieren Sie auf der Registerkarte *Textfluss* das Kontrollkästchen *Automatisch* der Gruppe *Silbentrennung*, lassen sich die Bedingungen zum Trennen einstellen. Der Writer wird dann automatisch Trennstellen in die betreffenden Wörter am rechten Rand einfügen.

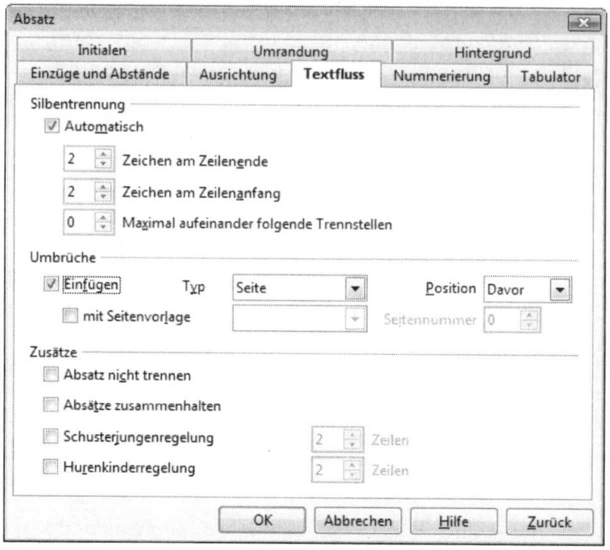

Abbildung 3.15: Optionen zur Kontrolle des Textflusses

Die Optionen speziell zur Silben- und Absatztrennung sind vor allem bei der Definition von Dokumentvorlagen (z.B. für Berichte, Bücher etc.) hilfreich. Sie können dann den betreffenden Absatzformaten die gewünschten Eigenschaften zuweisen, ohne sich später beim Schreiben der Dokumente um solche Feinheiten kümmern zu müssen. Der Writer übernimmt dann die Kontrolle der betreffenden Eigenschaften im Dokumentlayout. Hinweise zum Erstellen von Dokumentvorlagen finden Sie in den *Kapitel 1* und *9*.

3.3.5 Seiten-, Spalten- und Zeilenumbrüche im Text

Der Writer bietet vielfältige Möglichkeiten, wie Sie Zeilen- oder Seitenumbrüche im Text realisieren können. Eine Möglichkeit besteht darin, die betreffenden Umbrüche direkt in den Text einzufügen:

- Durch Drücken der [↵]-Taste wird normalerweise ein Absatzwechsel eingeleitet, den der Writer bei eingeschalteter Anzeige von Steuerzeichen auch darstellt. Verwenden Sie dagegen die Tastenkombination [⇧] + [↵], fügt der Writer nur einen Zeilenumbruch (auch als weicher Zeilenumbruch bezeichnet) ein. Es wird lediglich ein Zeilenvorschub ausgelöst, der Folgetext gehört aber weiterhin zum aktuellen Absatz. Solche weichen Zeilenumbrüche sind bei eingerückten Absätzen oder Aufzählungen hilfreich, wenn Sie noch Text unterbringen möchten, ohne einen neuen Aufzählungspunkt einzuleiten (siehe Abbildung 3.16 im ersten Absatz).

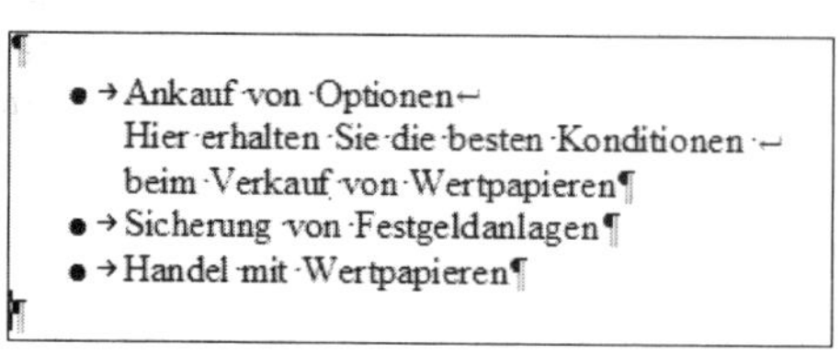

Abbildung 3.16: Beispiel für eingefügte weiche Zeilenumbrüche

- Möchten Sie einen Seitenumbruch in den Text einfügen, um so eine neue Seite zu beginnen, drücken Sie die Tastenkombination [Strg] + [↵] (bzw. [MacBef] + [↵] beim Mac). Der Writer fügt dann eine Absatzmarke ein und wechselt zum nächsten Absatz der Folgeseite. Mit diesem Ansatz können Sie nur Seitenwechsel auf fortlaufende Folgeseiten erzeugen. Eine weitergehende Kontrolle des Seitenumbruchs erreichen Sie über den Befehl *Umbruch einfügen* (siehe folgende Abschnitte).

TIPP

Solche Zeilen- und Seitenwechsel entfernen Sie, indem Sie die Einfügemarke auf den Anfang des Folgeabsatzes setzen und dann die [Rück]*-Taste drücken. Sobald das Steuerzeichen für diesen Wechsel gelöscht wurde, zieht der Writer die Textteile zu einem Absatz zusammen.*

Die Alternative besteht darin, die gewünschten Umbrüche direkt über die Absatz- und Seitenformate oder über Menübefehle einzufügen. Wenn Sie im Menü *Einfügen* den Befehl *Umbruch einfügen* wählen, öffnet sich das Dialogfeld aus Abbildung 3.17. Über die einzelnen Optionsfelder der Gruppe *Art* bestimmen Sie den Typ des einzufügenden Umbruchs.

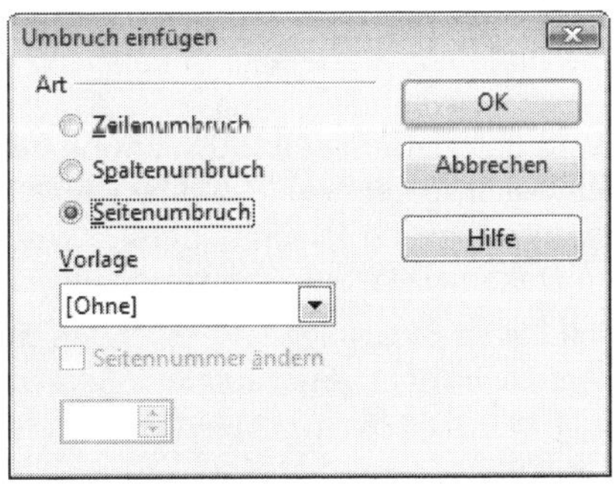

Abbildung 3.17: Dialogfeld *Umbruch einfügen*

Neben einem Zeilenumbruch lässt sich dort auch ein Spaltenumbruch oder ein Seitenwechsel ausführen. Interessant ist dabei die Möglichkeit, die zu verwendende Vorlage für den Folgeabschnitt festzulegen (Abbildung 3.17). Die Optionen zur Eingabe einer Seitennummer werden jedoch nur freigegeben, wenn Sie einen Seitenumbruch samt einer Vorlage für die Folgeseite wählen. Über die Vorlage können Sie beispielsweise festlegen, dass die Folgeseite mit einer geraden/ungeraden Seitennummer beginnt.

INFO

Der Writer kennt die in Microsoft Word vorhandenen Abschnitte nicht. Stattdessen ist ein Seitenumbruch mit einer Seitenvorlage wie Erste Seite, Linke Seite *etc. zu wählen. Diese Varianten sind beim Erstellen längerer Dokumente für einen beidseitigen Druck (z.B. Bücher) hilfreich, falls Abschnitte (z.B. Kapitel) immer auf einer ungeraden Seite beginnen. Endet ein Kapitel auf einer ungeraden Seite, muss beim beidseitigen Druck eine sogenannte Vakatseite (leere Seite) eingebaut werden, damit die erste Seite des nächsten Kapitels ebenfalls auf einer ungeraden Seite beginnt.*

Parallel zu den obigen Optionen ermöglicht der Writer, über die Gruppe *Umbrüche* der Registerkarte *Textfluss* (siehe vorhergehende Abschnitte) eines Absatzformats Spalten- oder Seitenumbrüche in das Dokument einzufügen. Markieren Sie das Kontrollkästchen *Einfügen*, lässt sich über das zugehörige Listenfeld *Typ* der Typ des Umbruchs (Seite oder Spalte) sowie die Position der Umbruchmarke (vor oder nach dem Absatz) festlegen. Um einen Umbruch wirklich einzufügen, müssen Sie dann noch das Kontrollkästchen *mit Seitenvorlage* markieren. Dann können Sie das Format des folgenden Abschnitts (z.B. Umschlag oder Verzeichnis) sowie die Seitennummer angeben.

3.3.6 Arbeiten mit Initialen

Zur Gestaltung besonders schmucker Dokumente (z.B. Urkunden oder Festschriften) lassen sich Initialen verwenden. Bei Initialschriften wird der erste Buchstabe eines Absatzes vergrößert hervorgehoben (Abbildung 3.18). Initialen beziehen sich auf den Anfang eines Absatzes und werden daher über das Absatzformat mit folgenden Schritten zugewiesen.

1. Klicken Sie auf den Absatz, der mit einem Initialbuchstaben beginnen soll. Die Einfügemarke muss auf diesem Absatz stehen.
2. Rufen Sie das Eigenschaftenfenster für die Absatzformatierung auf (z.B. über den Befehl *Absatz* im Kontextmenü oder im Menü *Format*).
3. Wechseln Sie zur Registerkarte *Initialen* und setzen Sie auf dieser Registerkarte die gewünschten Optionen (Abbildung 3.18).

Sobald Sie das Kontrollkästchen *Initialen anzeigen* markieren und die Registerkarte schließen, wird das Initial angezeigt. Standardmäßig verwendet die Funktion nur den ersten Buchstaben des Absatzes für das Initial. Im Drehfeld *Anzahl der Zeichen* können Sie dem Initial aber mehr als einen Buchstaben zuordnen. Über das Kontrollkästchen *Ganzes Wort* wird das erste Wort des Absatzes als Initial dargestellt. Zudem besteht die Möglichkeit, einen eigenen Text im Feld *Initialentext* einzutragen, der als Initial erscheinen soll. Dies ist z.B. hilfreich, falls Sie Absätze mit vergrößerten Schmuckpunkten oder Nummerierungen in Form von *Initialen* ausstatten möchten. Über weitere Optionen lassen sich die Höhe des Initials in Zeilen sowie der Abstand vom Text festlegen. Um *Initialen* auszublenden, heben Sie einfach die Markierung des Kontrollkästchens *Initialen anzeigen* für den betreffenden Absatz auf.

3.4 Seitenformatierung

Das Layout einer Dokumentseite lässt sich im Writer über das Seitenformat beeinflussen. Über verschiedene Seitenformate können Sie Hoch- und Querdruck etc. realisieren. Der nachfolgende Abschnitt befasst sich mit Fragen zur Seitenformatierung.

3.4.1 Festlegen der Seiteneigenschaften

Jedes Textdokument besitzt bestimmte Seiteneigenschaften (Seitenränder, Ausrichtung etc.). Sie können diese Eigenschaften kontrollieren oder anpassen.

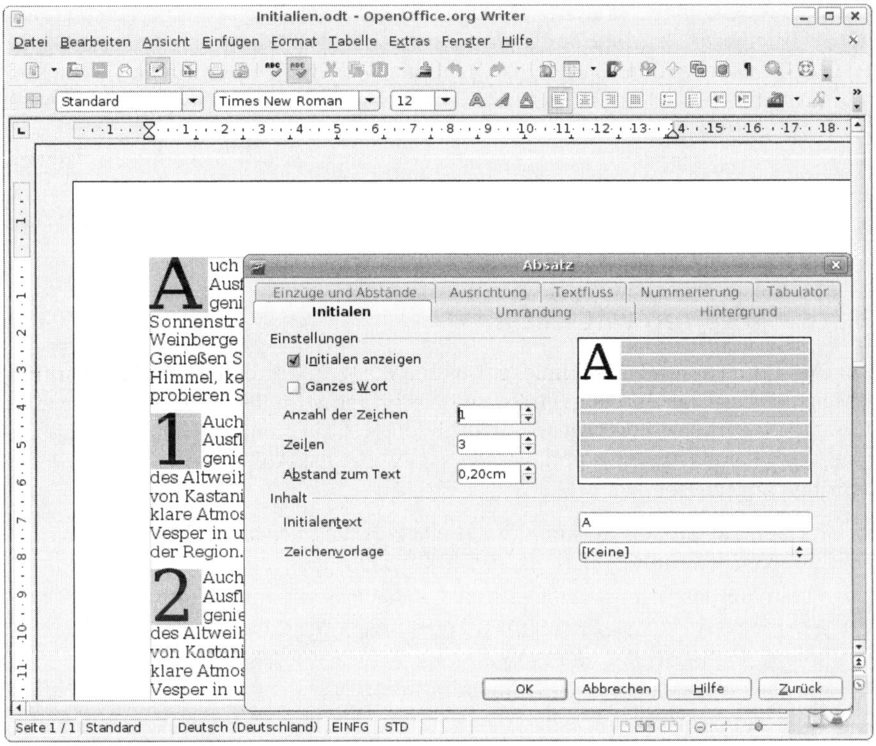

Abbildung 3.18: Verwendung von *Initialen* (in Ubuntu)

3

1. Wählen Sie im Menü *Format* den Befehl *Seiteneinstellungen* (oder im Kontextmenü den Befehl *Seite*) und klicken Sie auf die Registerkarte *Seite* (Abbildung 3.19).
2. Stellen Sie die gewünschten Seiteneigenschaften ein und schließen Sie die Registerkarte über die *OK*-Schaltfläche.

Die Registerkarte *Seite* bietet Ihnen alle Optionen, um das Seitenlayout Ihres Dokuments nach individuellen Wünschen anzupassen.

- Die Optionen der Gruppe *Papierformat* ermöglichen Ihnen, über das Listenfeld *Format* ein Standardformat (A4) oder individuelle Benutzerformate für die Seitenabmessungen abzurufen. Benutzerdefinierte Papierformate legen Sie über die beiden Drehfelder *Breite* und *Höhe* fest.
- Standardmäßig werden Textdokumente im Hochformat ausgegeben. Benötigen Sie die Seite im Querformat, ist auch das kein Problem. Die Ausrichtung, in der das Blatt bedruckt wird, lässt sich durch Markieren der beiden Optionsfelder *Hochformat* oder *Querformat* wählen.
- Möchten Sie die Seitenränder für ein Dokument einstellen, können Sie dies über die Drehfelder der Gruppe *Seitenränder* erledigen.

Die Auswirkungen der von Ihnen gewählten Einstellungen werden in stilisierter Form in der Vorschau angezeigt.

Abbildung 3.19:
Registerkarte *Seite*

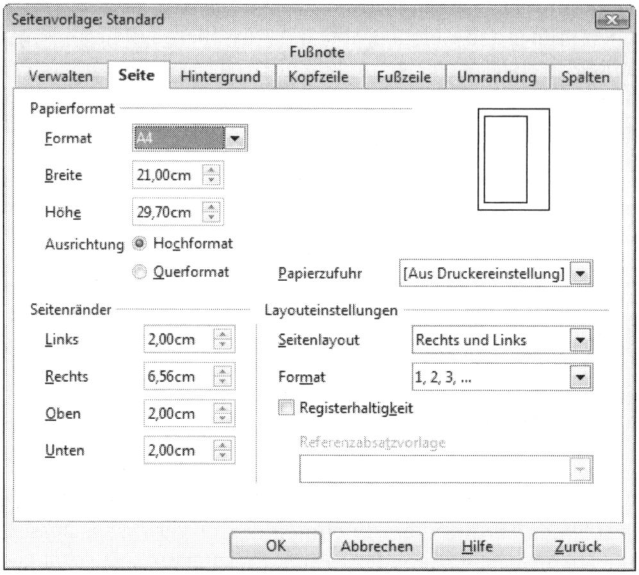

Die Einstellungen für den linken bzw. rechten Rand können Sie auch über das horizontale Lineal vornehmen. Hierzu ziehen Sie, wie hier gezeigt, den Trenner (Übergang von Weiß zum eingefärbten Rand) im Lineal mit der Maus zur gewünschten Position.

Die Optionen der Gruppe *Layouteinstellungen* bieten Ihnen die Möglichkeit, je nach Art des Dokuments das Seitenlayout festzulegen. Über den Wert des Listenfelds *Format* geben Sie z.B. vor, wie die Anzeige der Seitennummern zu erfolgen hat (z.B. arabische oder römische Nummerierung). Wie Seitennummern im Dokument angezeigt werden, ist in *Kapitel 8* (siehe Abschnitt »Seitennummern und weitere Inhalte in Kopf-/Fußzeilen«) beschrieben.

Sie können Blätter einseitig oder doppelseitig bedrucken. Dies hat aber Einfluss auf die Anordnung der Seitenränder. Das Listenfeld *Seitenlayout* bestimmt, wie eine Folge von Seiten durch den Writer behandelt werden soll.

- Beim Typ »Rechts und Links« werden die Seiteneinstellungen sowohl auf Seiten mit ungerader als auch gerader Seitennummer angewandt. Dies ist die übliche Einstellung für normale Dokumente, die nur einseitig zu Papier gebracht werden.
- Falls Sie das Dokument doppelseitig wie ein Buch drucken und binden möchten, empfiehlt sich der Wert »Gespiegelt« für das Seitenlayout. Die Bezeichnung für die Seitenränder wechselt dann in *Innen* bzw. *Außen* statt *Rechts* und *Links*. Dies ermöglicht Ihnen, später ggf. die Seitennummern abwechselnd rechts und links zu platzieren.
- Wählen Sie die Einträge »Nur Rechts« bzw. »Nur Links«, beziehen sich die Vorgaben nur für gerade bzw. ungerade Seiten. Drucken Sie ein solches Dokument doppelseitig, werden automatisch leere Seiten (Vakat-Seiten) erzeugt. Über das Listenfeld *Format* lässt sich die Art der Nummerierung für die betreffende Seitenvorlage vorgeben.

Drucken Sie mehrere Seiten mit dem gleichen Absatzformat, sollten die Zeilen der übereinandergelegten Seiten immer den gleichen Abstand zum oberen Blattrand aufweisen. Man spricht von Registerhaltigkeit, wenn die Zeilen der Seiten genau übereinanderliegen. Ist die Option *Registerhaltigkeit* markiert, sorgt der Writer für die Registerhaltigkeit der Textzeilen für das Standardabsatzformat. Das Format für den betreffenden Absatz wird über das Listenfeld *Referenzabsatzvorlage* eingestellt. Diese Option bezieht sich nicht auf Textrahmen mit mehreren Spalten.

Am Kapitelende wird die Verwendung von Formatvorlagen behandelt. Benötigen Sie unterschiedliche Seitenlayouts innerhalb eines Dokuments, legen Sie die betreffenden Varianten als Formatvorlagen an. Dann genügt es, diese Vorlagen den jeweiligen Seiten zuzuweisen, um das gewünschte Seitenlayout zu erhalten.

TIPP

3.4.2 Seitennummer zuweisen

Der Writer besitzt (anders als beispielsweise Microsoft Word) keinen Befehl zum Einfügen von Seitennummern. Alle Dokumente beginnen mit der Seitennummer 1. Das schafft beispielsweise Probleme, wenn Sie ein Buchmanuskript verfassen, dessen Kapitel in getrennten Dateien gespeichert werden. Auch Dokumente mit vorangestellten Inhaltsverzeichnissen bringen Probleme, falls Sie mit wechselnden Paginierungen (Inhaltsverzeichnis mit römischer, Text mit arabischer Seitennummerierung) arbeiten.

Sie haben aber mehrere Möglichkeiten, den Startwert für die Seitennummerierung vorzugeben, wobei aber keine dieser Möglichkeiten mit dem Seitenformat zusammenhängt. Sofern Sie einen Seitenwechsel über einen Umbruch erzwingen, empfiehlt es sich, die Seitennummer im Dialogfeld *Umbruch einfügen* (Abbildung 3.17) vorzugeben. Sie müssen dann eine Folgevorlage für den betreffenden Absatz wählen, um die Seitennummer in das betreffende Feld eingeben zu können (siehe Abschnitt »Seiten-, Spalten- und Zeilenumbrüche im Text«). Möchten Sie dagegen bereits zu Beginn des Dokuments die Seitennummer vorgeben, müssen Sie die betreffenden Eigenschaften des Absatzformats anpassen.

1. Positionieren Sie die Einfügemarke auf dem ersten Absatz des Dokuments.
2. Öffnen Sie das Eigenschaftenfenster für die Absatzformatierung (z.B. über den Befehl *Absatz* im Kontextmenü bzw. im Menü *Format*).
3. Markieren Sie auf der Registerkarte *Textfluss* die Kontrollkästchen *Einfügen* und *mit Seitenvorlage* in der Gruppe *Umbrüche*. Die restlichen Einstellungen können, wie in Abbildung 3.20 gezeigt, bleiben.
4. Anschließend stellen Sie den gewünschten Startwert für die Seitennummer im Drehfeld ein.

Wenn Sie die Registerkarte über die *OK*-Schaltfläche schließen, wird diese Seitennummer übernommen. Diese lässt sich z.B. über den Befehl *Einfügen/Feldbefehl/Seitennummer* (siehe *Kapitel 8*, Abschnitt »Felder in das Dokument einfügen«) einblenden.

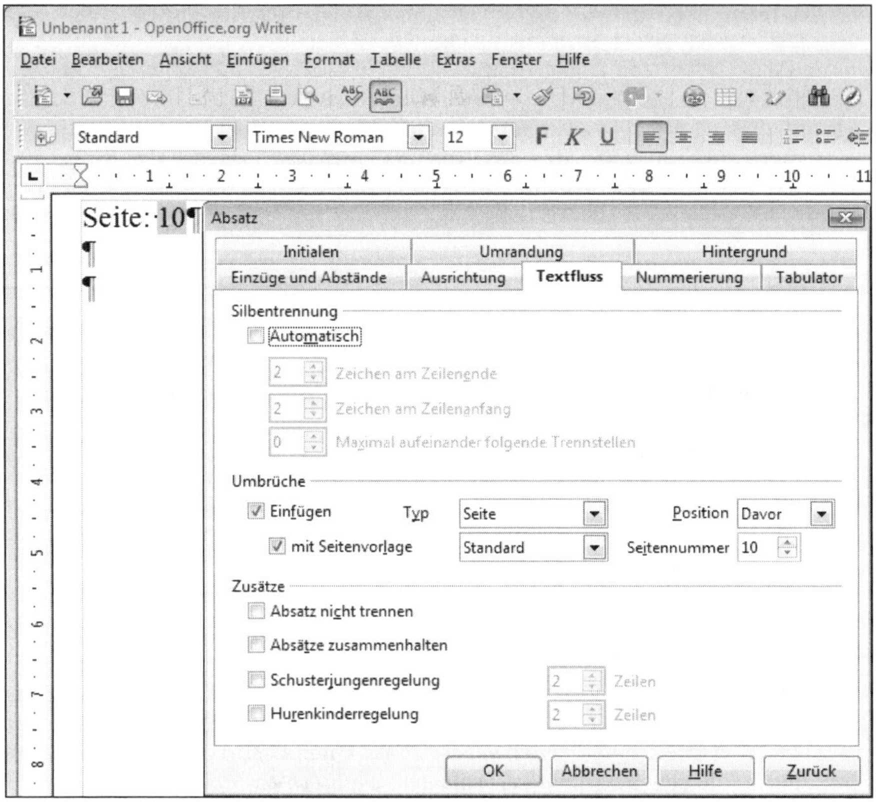

Abbildung 3.20: Festlegen der Seitennummer

3.5 Umgang mit Rahmen, Linien und Schattierungen

Über die Zeichen- und Absatzformate lassen sich Texte mit Rahmen, Linien und Schattierungen versehen. Zudem gibt es die Möglichkeit, die Hintergrundfarbe für Absätze anzupassen. Der folgende Abschnitt greift diese Thematik nochmals auf und zeigt, wie Sie Textbereiche mit Rahmen, Linien oder Schattierungen versehen können. Als Beispiel soll der in Abbildung 3.21 gezeigte Dokumentausschnitt dienen. Dort wurde eine der Überschriften über die gesamte Seitenbreite grau unterlegt. Als Kontrast habe ich ein Wort im eingerückten Hinweiskasten mit einem grauen Hintergrund formatiert. Der eingerückte Hinweiskasten wurde zudem mit einem Rahmen sowie einer Schattierung versehen. Weiterhin ist ein normaler Absatztext mit einer vertikalen Doppellinie am linken Rand ausgestattet und das Dokument weist eine horizontale Linie auf.

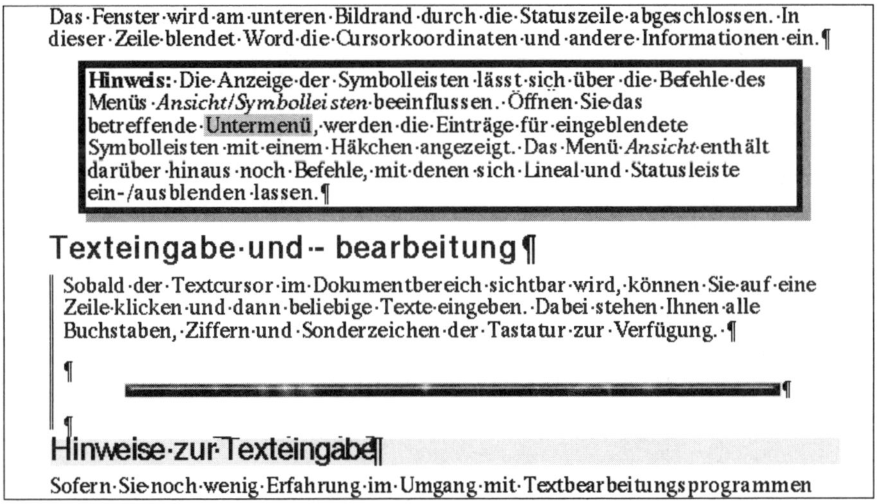

Das Fenster wird am unteren Bildrand durch die Statuszeile abgeschlossen. In dieser Zeile blendet Word die Cursorkoordinaten und andere Informationen ein.

Hinweis: Die Anzeige der Symbolleisten lässt sich über die Befehle des Menüs *Ansicht/Symbolleisten* beeinflussen. Öffnen Sie das betreffende Untermenü, werden die Einträge für eingeblendete Symbolleisten mit einem Häkchen angezeigt. Das Menü *Ansicht* enthält darüber hinaus noch Befehle, mit denen sich Lineal und Statusleiste ein-/ausblenden lassen.

Texteingabe und -- bearbeitung

Sobald der Textcursor im Dokumentbereich sichtbar wird, können Sie auf eine Zeile klicken und dann beliebige Texte eingeben. Dabei stehen Ihnen alle Buchstaben, Ziffern und Sonderzeichen der Tastatur zur Verfügung.

Hinweise zur Texteingabe

Sofern Sie noch wenig Erfahrung im Umgang mit Textbearbeitungsprogrammen

Abbildung 3.21: Beispieltext mit Überschriften und eingerückten Absätzen

3.5.1 Zuweisen des farbigen Hintergrunds

Das Hervorheben von Textstellen mit entsprechenden Hintergrundfarben ist in *Kapitel 2* (Abschnitt »Gestalten von Textfarbe und Hintergrund«) beschrieben. Sie müssen lediglich die betreffenden Zeichen- oder Absatzformate setzen.

	Um lediglich einige Wörter im Text farbig zu unterlegen, markieren Sie den betreffenden Text und wählen dann die Farbe über die Schaltfläche *Zeichenhintergrund* der *Format*-Symbolleiste. Halten Sie die linke Maustaste beim Anklicken der Schaltfläche etwas länger gedrückt, öffnet sich eine Abreißleiste mit der Palette zur Auswahl der Farbe. Da es sich um ein Zeichenformat handelt, lässt sich die Farbe auch über die Registerkarte *Hintergrund* des Eigenschaftenfensters *Zeichen* setzen (Befehl *Zeichen* im Menü *Format* bzw. im Kontextmenü).
	Soll die gesamte Überschriftzeile mit einem Balken unterlegt werden, klicken Sie auf den betreffenden Absatz und wählen dann die Farbe über die Schaltfläche *Hintergrundfarbe* der *Format*-Symbolleiste. Wenn Sie etwas länger auf die Schaltfläche klicken, lässt sich die Farbe über eine Palette der Abreißleiste wählen.

Weiterhin können Sie die Farbe auf der Registerkarte *Hintergrund* (Abbildung 3.22) des Eigenschaftenfensters *Absatz* setzen (Befehl *Absatz* im Menü *Format* bzw. im Kontextmenü). Auf diese Weise wurden in Abbildung 3.21 das Wort »Untermenü« im Hinweiskasten sowie eine Überschrift farbig unterlegt. Die Registerkarte ermöglicht Ihnen, über das Feld *Als* neben einer Farbe sogar eine Grafik als Hintergrund auszuwählen.

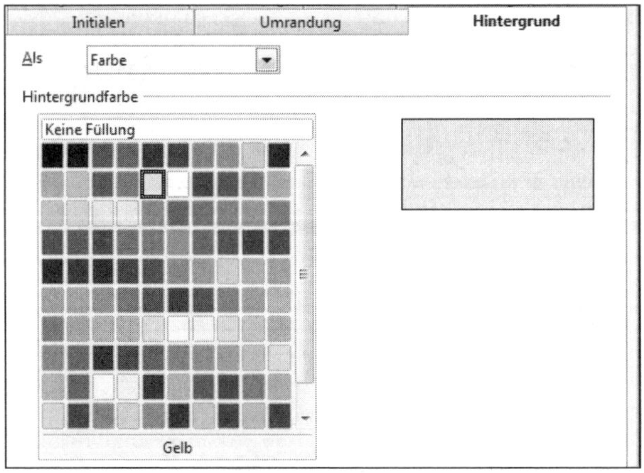

Abbildung 3.22: Farboptionen der Registerkarte *Hintergrund*

3.5.2 Linien und Rahmen zuweisen

Rahmen und Linien sind nichts anderes als Absatzformate. Wenn Sie einen Absatz mit einem Rahmen umgeben möchten, führen Sie einfach folgende Schritte aus:

1. Klicken Sie auf den betreffenden Absatz, um die Einfügemarke dort zu positionieren.
2. Wählen Sie im Menü *Format* (bzw. im Kontextmenü) den Befehl *Absatz* und wechseln Sie zur Registerkarte *Umrandung*.
3. Legen Sie auf dieser Registerkarte die gewünschten Optionen fest (Abbildung 3.23) und schließen Sie das Dialogfeld mittels der *OK*-Schaltfläche.

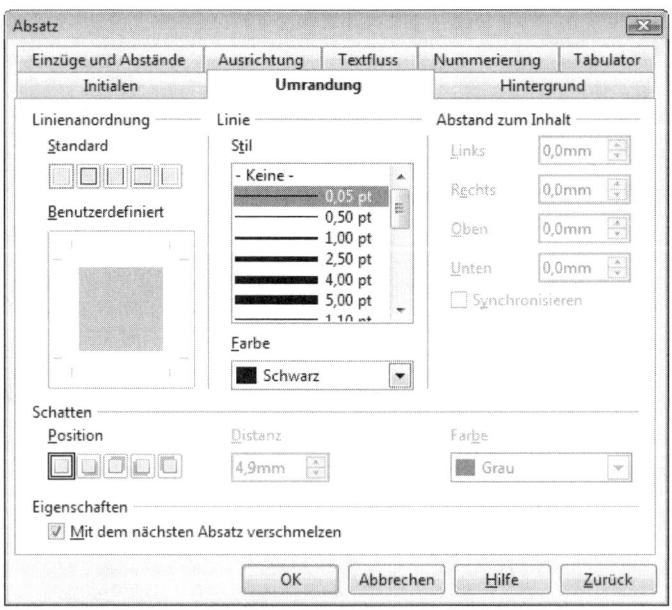

Abbildung 3.23: Registerkarte *Umrandung* mit Optionen für Linien und Schatten

Der Writer versieht den aktuellen Absatz bzw. die Absätze eines markierten Textbereichs mit den betreffenden Auszeichnungen.

Um einen Rahmen zuzuweisen, brauchen Sie nur auf das betreffende Feld *Komplette Umrandung zeichnen* der Gruppe *Linienanordnung* zu klicken. Über die restlichen Felder der Kategorie *Standard* können Sie den Rahmen aufheben oder horizontale bzw. vertikale Linien zuweisen.

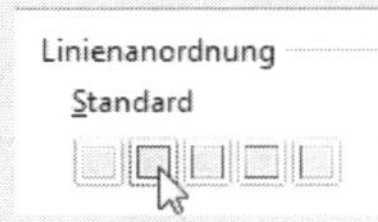

Soll ein Absatz mit Linien am rechten Rand oder am unteren Rand ausgestattet werden? Dann bringen Sie die Felder *Standard* der Kategorie *Linienanordnung* nicht weiter. Sie können aber beliebige Kombinationen aus horizontalen oder vertikalen Linien über das Feld *Benutzerdefiniert* zuweisen. Klicken Sie einfach rechts oder links bzw. oberhalb/unterhalb des grauen Rechtecks, um eine Linie zu setzen. Ein Mausklick auf eine bereits gesetzte Linie entfernt diese.

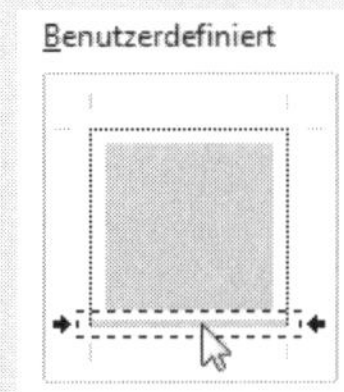

Den Linienstil bzw. deren Dicke für Einzellinien und Rahmen bestimmen Sie über das mehrzeilige Listenfeld *Stil*. Blättern Sie über die Bildlaufleiste, bis Sie den gewünschten Stil gefunden haben. Dann reicht ein Mausklick auf den betreffenden Eintrag, um den Stil zu setzen. Über die Felder *Standard* der Gruppe *Linienanordnung* zugewiesene Linien und Rahmen werden komplett mit dem neuen Stil versehen. Wurde dagegen eine Linie über das Feld *Benutzerdefiniert* erzeugt, wirkt sich der Stil nur auf die jeweils aktuell markierte Linie aus. Dies ermöglicht Ihnen, unterschiedliche Linienstile innerhalb eines Rahmens zuzuweisen. Die Linienfarbe weisen Sie über das gleichnamige Listenfeld zu.

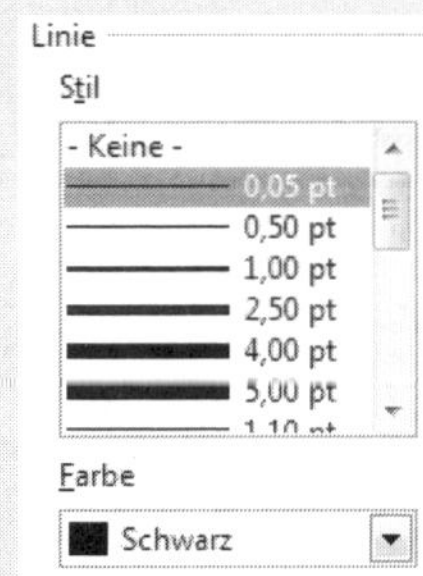

Auf diese Weise wurden in Abbildung 3.21 die Linien am linken Rand sowie der Rahmen zugewiesen.

3.5.3 Schattierung von Textabschnitten, so geht's

Die in Abbildung 3.21 gezeigte Schattierung eines Absatzes ist mit wenigen Mausklicks realisiert.

Abbildung 3.24: Festlegen der Optionen zur Absatzschattierung

1. Klicken Sie auf den betreffenden Absatz und wählen Sie im Menü *Format* (bzw. im Kontextmenü) den Befehl *Absatz*.
2. Wählen Sie auf der Registerkarte *Umrandung* die Position für die Schattierung und legen Sie ggf. die Distanz des Schattens zum Text sowie die gewünschte Schattierungsfarbe fest (Abbildung 3.24).

Sobald Sie das Dialogfeld mittels der *OK*-Schaltfläche schließen, wird die Schattierung dem markierten Absatz zugewiesen. Um Schattierungsoptionen anzupassen, führen Sie die obigen Schritte erneut aus, wählen dann aber andere Optionen in der Gruppe *Schattierung*.

3.5.4 Abstände bei Linien und Rahmen anpassen

Linien und Rahmen eignen sich sehr gut zur optischen Gestaltung von Dokumenten. Bei Bedarf können Sie den Abstand der Linien bzw. des gesamten Rahmens zum Text sogar variieren.

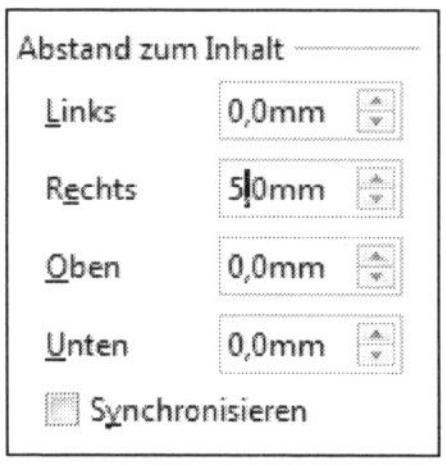

Abbildung 3.25: Festlegen der Abstände von Linien zum Inhalt

Hierzu öffnen Sie das Eigenschaftenfenster für das Absatzformat (Menü *Format*, Befehl *Absatz*) und stellen auf der Registerkarte *Umrandung* die Werte für *Links, Rechts, Oben* und *Unten* der Gruppe *Abstand zum Inhalt* ein. Bei Rahmen sollten Sie das Kontrollkästchen *Synchronisieren* markieren. Ändern Sie anschließend einen der Werte, passt der Writer die restlichen Einstellungen automatisch an.

3.5.5 Horizontale Linien und Liniengrafiken

Um ein Textdokument mit horizontalen Linien zu versehen, können Sie die obige Technik benutzen und einen Absatz oben oder unten mit einer entsprechenden Linie versehen. Dies ist die Variante, die ich zur Textgestaltung empfehle. Früher oder später werden Sie aber im Menü *Einfügen* auf die beiden Befehle *Horizontale Linie* und *Rahmen* stoßen. An dieser Stelle sollen die Besonderheiten dieser beiden Funktionen kurz erläutert werden.

Der Writer unterstützt (u. a. zur Gestaltung von HTML-Seiten) zusätzlich das Einfügen horizontaler Linien als Objekte. Dies wurde bei der in Abbildung 3.21 enthaltenen horizontalen Linie genutzt, die über den Befehl *Horizontale Linie* des Menüs *Einfügen* zugewiesen wurde. Der Writer öffnet dann ein Dialogfeld zur Auswahl des Linienstils (Abbildung 3.26). Der Eintrag »Einfach« erzeugt eine doppelte horizontale Linie, während die restlichen Einträge Grafiken als horizontale Linien einfügen.

Der Vorteil dieses Ansatzes besteht darin, dass sich die eingefügten Liniengrafiken in der Breite anpassen lassen (einfach auf die Grafik klicken und die Breite über die Ziehmarken per Maus korrigieren). Allerdings gibt es auch einige Nachteile. So blähen die Grafiken das Textdokument unnötig auf. Zudem werden die Linien als Objekt an einen eigenen Absatz gekoppelt. Hinweise zur Verankerung der Grafikobjekte finden Sie in *Kapitel 7* (siehe »Einstellen der Grafikeigenschaften«).

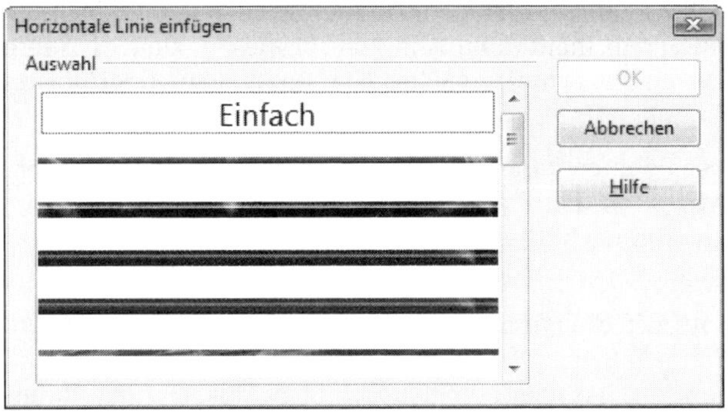

Abbildung 3.26: Dialogfeld zur Auswahl horizontaler Linien

TIPP

Um eine solche horizontale Linie samt dem Absatzformat zu löschen, klicken Sie diese an. Dann lässt sich die Grafik durch Drücken der Entf*-Taste löschen.*

3.5.6 Rahmen über das Menü Einfügen setzen

Sobald Sie den Menübefehl *Einfügen/Rahmen* wählen, erscheint ein Eigenschaftenfenster (Abbildung 3.27), in dem Sie über verschiedene Registerkarten die Eigenschaften des Rahmens festlegen können.

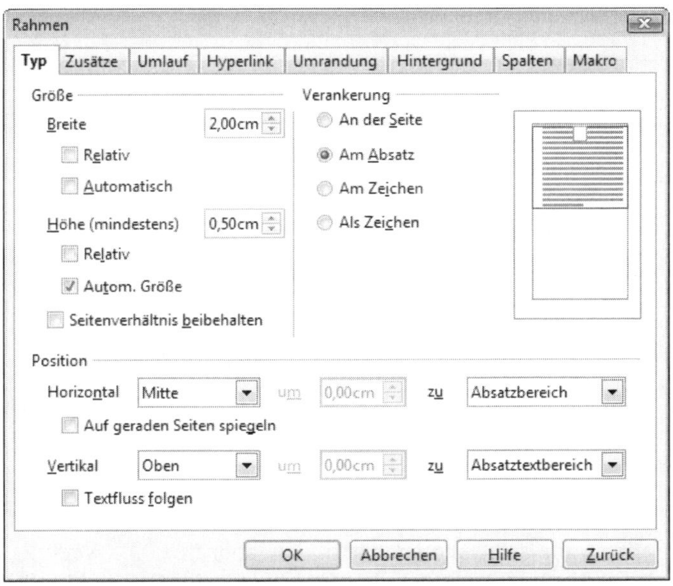

Abbildung 3.27: Eigenschaftenfenster *Rahmen* zur Festlegung der Rahmenoptionen

Standardmäßig ist die Registerkarte *Typ* im Vordergrund sichtbar. Über die Felder der Gruppe *Größe* und *Position* lassen sich die Höhe und Breite des Rahmens sowie dessen Position innerhalb der Seite angeben. Über die Optionsfelder der Gruppe *Verankerung* legen Sie die Anbindung des Rahmens am Dokument fest. Soll der Rahmen mit einem Absatz verbunden werden, markieren Sie *Am Absatz*. Verschieben Sie später den Absatz im Dokument, wandert der Rahmen mit. Alternativ lässt sich der

Rahmen an eine Seite oder an ein Zeichen binden. Falls Sie den Rahmen als eigenen Absatz in einem Dokument unterbringen wollen, markieren Sie auf der Registerkarte *Typ* das Optionsfeld *Als Zeichen*. Dann erzeugt der Writer eine Absatzmarke für den Rahmen.

Der Rahmen kann direkt in einem Text platziert werden. Dann läuft der Text entweder um den Rahmen herum (Abbildung 3.28) oder er wird durch den Rahmen unterbrochen. Dieses Verhalten lässt sich auf der Registerkarte *Umlauf* über entsprechende Optionen festlegen.

Sobald Sie das Eigenschaftenfenster über die *OK*-Schaltfläche schließen, wird der Rahmen in das Dokument eingefügt (Abbildung 3.28). Hier wurde die Einstellung so gewählt, dass der bereits vorhandene Text um den Rahmen herumläuft. Zudem ist die Umrandung mit den Ziehmarken zu sehen (diese erscheinen, sobald Sie per Maus auf den Rand des Rahmens klicken).

Abbildung 3.28: Textabschnitt mit eingefügtem Rahmen

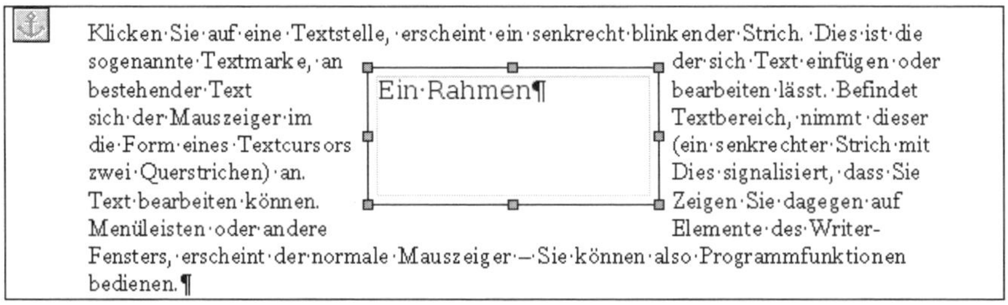

Beim Arbeiten mit diesem Rahmen können Sie diesen in der Größe verändern oder im Dokument verschieben. Zudem lässt sich das Rahmeninnere füllen. Hierzu müssen Sie die entsprechenden Komponenten markieren.

- Klicken Sie auf die äußere Umrandung des Rahmens, wird dieser als Element markiert. Sie erkennen dies daran, dass die Umrandung an den Ecken mit grünen sogenannten Ziehmarken versehen wird. Sind die Ziehmarken zu sehen, lässt sich die Rahmengröße durch Ziehen dieser Marken mit der Maus verändern. Zudem können Sie dann den kompletten Rahmen ebenfalls mit der Maus im Dokument verschieben.
- Möchten Sie etwas im Rahmen ablegen (Text, Bilder etc.), muss dessen Innenbereich angeklickt werden. Sobald die Einfügemarke im Innenbereich auftaucht, können Sie Text eintippen oder eine Grafik einfügen. Dies funktioniert genauso wie das Einfügen dieser Elemente in die Dokumentseite. Dieser Rahmen unterscheidet sich grundlegend von Rahmen, die Sie als Umrandung über das Absatzformat definieren (siehe Abschnitt »Linien und Rahmen zuweisen« in diesem Kapitel). Der eingefügte Rahmen stellt einen eigenständigen Behälter dar, der sich auf der Dokumentseite platzieren und mit weiteren Inhalten wie Text, Grafik, Tabellen etc. füllen lässt. Umsteiger von Microsoft Word kennen dieses Element eventuell unter dem Begriff »Positionsrahmen« bzw. »Textrahmen«.

TIPP

Sind die Ziehmarken der Umrandung zu sehen, finden Sie im Kontextmenü die Befehle Ausrichtung, Verankerung *und* Umlauf. *Über die Befehle der zugehörigen Untermenüs lassen sich die betreffenden Eigenschaften direkt umsetzen (Sie sparen den Umweg über das Eigenschaftenfenster). Der Rahmen verhält sich wie ein Grafik-*

objekt. Details zum Verankern des Rahmens und zum Setzen der Umlaufeigenschaften finden Sie in Kapitel 7 im Abschnitt zu Grafikobjekten. Klappt das Positionieren der Einfügemarke im Innenbereich per Mausklick nicht? Dann ist der Rahmen vermutlich markiert und die Ziehmarken sind noch sichtbar. Heben Sie die Markierung auf, indem Sie auf einen Bereich im Dokument klicken. Bei einem zweiten Mausklick auf den Innenbereich des Rahmens sollte die Einfügemarke erscheinen.

Das in Abbildung 3.28 in der linken oberen Ecke gezeigte Symbol eines Ankers erscheint bei markiertem Rahmen neben dem Element (z.B. Absatz), mit dem der Rahmen verankert ist.

3.6 Spaltensatz für Textdokumente

Zur Gestaltung bestimmter Dokumente (z.B. Zeitschriften, Broschüren, Flugblätter etc.) können Sie Spaltensatz verwenden. Der Vorteil besteht darin, dass verschiedene Themen im Stil eines Zeitungsdrucks kompakt auf einer Seite abgelegt werden können. Der Nachteil des Spaltensatzes liegt im höheren Aufwand bei der Gestaltung des Dokumentlayouts.

3.6.1 Spaltensatz für ein Dokument einschalten

Sie können den Spaltensatz für neue oder für bestehende Textdokumente verwenden. Um das Dokumentlayout auf Spaltensatz umzustellen, sind nur wenige Schritte erforderlich.

1. Rufen Sie nach dem Öffnen des gewünschten (neuen oder bestehenden) Dokuments im Writer den Menübefehl *Format/Spalten* auf.
2. Sobald das Dialogfeld *Spalten* erscheint, setzen Sie die Vorgaben für den Spaltensatz (Abbildung 3.29).

Bezüglich der Gestaltung des Spaltenlayouts gibt es verschiedene Optionen. Die Zahl der Spalten lässt sich über die Steuerelemente der Gruppe *Vorgaben* einstellen.

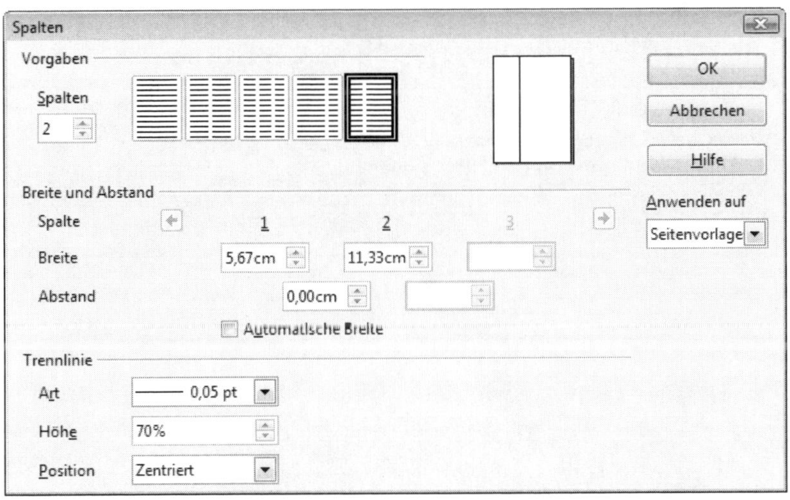

Abbildung 3.29: Dialogfeld *Spalten* zur Anpassung der Spaltenoptionen

- Über den Wert des Drehfelds *Spalten* können Sie die Spaltenzahl direkt vorgeben. Standardmäßig erzeugt der Writer dann Spalten gleicher Breite. Löschen Sie die Markierung des Kontrollkästchens *Automatische Breite*, so werden alle Steuerelemente der Gruppe *Breite und Abstand* freigegeben. Sie können dann in der Zeile *Breite* auf eines der Drehfelder klicken und die Spaltenbreite anpassen. Die Summe der Spaltenbreiten darf aber die Seitenbreite nicht überschreiten.
- Häufig wird es aber einfacher sein, wenn Sie auf eine der vorgegebenen stilisierten Spaltenlayouts klicken. Über die betreffenden Felder können Sie den Spaltensatz aufheben, zwei- bzw. dreispaltige Layouts verwenden oder sogar auf Spaltensatz mit unterschiedlich breiten Spaltenbreiten zurückgreifen.
- Um zu vermeiden, dass der Writer die Spalten direkt nebeneinanderlegt (reduziert die Lesbarkeit bei Texten), sollten Sie den Abstand zwischen den Spalten auf 0,3 bis 0,5 cm setzen. Dies lässt sich über die in der Zeile *Abstand* angezeigten Drehfelder erreichen.
- Möchten Sie die Spalten durch eine vertikale Linie optisch abtrennen, legen Sie im Feld *Art* die Linienstärke fest (der Wert »Keine« unterdrückt die Linie). Das Feld *Höhe* ermöglicht, die vertikale Linie über die gesamte Seite (100%) oder etwas verkleinert darzustellen (Abbildung 3.29). Ist der Wert kleiner 100%, können Sie die vertikale Ausrichtung über das Listenfeld *Position* vorgeben (z.B. oben, zentriert oder unten).

Die Auswirkungen werden direkt in der Vorschau angezeigt. Über das Listenfeld *Anwenden auf* lässt sich der Spaltensatz auf eine bestimmte Seitenvorlage beziehen (falls mehrere Vorlagen benutzt wurden). Sobald Sie auf die *OK*-Schaltfläche klicken, wird das Dialogfeld geschlossen und das Spaltenlayout übernommen.

Abbildung 3.30: Mit Spaltensatz gestaltetes Dokument

Google:·Tipps·und·Tricks¶

Mit·dem·richtigen·Know·how·und·der Google-API·lassen·sich·Suchanfragen·an Google·effizienter·abwickeln.·Auch·wer keinen·eigenen·Webserver·betreibt,·kann·von der·Google-API·profitieren.·PCpro·zeigt verschiedene·Tipps·und·Tricks·zur Optimierung·der·Suchanfragen·und·erklärt, wie·sich·das·Google-API·nutzen·lässt.¶

Günter·Born¶

Mit·über·2,4·Mrd.·indizierten·Webseiten·und einem·einfachen·Benutzerinface·ist·Google·der meistbesuchte·Suchdienst·im·Internet.·Allerdings·schöpfen·viele·Benutzer·nur·einen Bruchteil·der·Möglichkeiten·von·Google·aus. Bereits·mit·wenig·Know·How·lassen·sich·die Effizienz·der·Google-Suche·steigern·oder·gar eigene·Suchformulare·erstellen.¶

Wie·sag·ich's·meinem·Google¶

Gibt·der·Benutzer·die·relevanten·Suchbegriffe·in das·Google-Suchformular·ein,·werden·diese über·UND·verknüpft·–·d.h.,·nur·Webseiten,·in denen·alle·Begriffe·vorkommen,·erscheinen·im Ergebnis.·Die·Suche·nach·dem·Begriff·„Google API"·liefert·also·die·relevanten·Webseiten.¶

Was·logisch·klingt,·muss·aber·nicht·immer·auf schnellstem·Wege·zum·Ziel·führen.·Ob·die relevanten·Seiten·aber·am·Anfang·der Trefferliste·stehen,·hängt·von·der·Reihenfolge der·Suchbegriffe·ab.·Denn·bei·der·Abfrage·mit den·Suchbegriffen·API·Google·sortiert·Google die·Trefferliste·nach·gänzlich·anderen·Kriterien.¶

Dies·liegt·daran,·dass·Google·einen·in·einer Seite·vorkommenden·Begriff·wie·"Google·API" in·der·Trefferliste·höher·bewertet·als·eine Kombination·von·Einzelworten,·die·über·eine Seite·verstreut·sind.·Eine·Variation·der Reihenfolge·der·Suchbegriffe·kann·also·die

3.6.2 Hinweise zum Spaltensatz

In Abbildung 3.30 sehen Sie einen Ausschnitt aus einem mit Spaltensatz gestalteten Dokument. Die Spalten besitzen eine gleichmäßige Breite, sind aber mit etwas Abstand voneinander versehen. Dadurch lässt sich der Text der Spalten besser lesen. Die vertikale Trennlinie ist überflüssig und stört vom optischen Eindruck eher. Die Linie dient hier zu Demonstrationszwecken und wurde in der Seitenmitte vertikal zentriert.

Spaltensatz bietet sehr umfassende Möglichkeiten zur Gestaltung von Dokumenten (siehe Abbildung 3.30 und Abbildung 3.32). Innerhalb der Spalten können Sie die gleichen Zeichen- und Absatzformate wie bei normalen Dokumenten verwenden. Eine rechtsbündig ausgerichtete Zeile wird am rechten Spaltenrand statt am rechten Seitenrand ausgerichtet (siehe Abbildung 3.30, dritter Absatz). Damit Spaltensatz auch optisch ansprechend wirkt, sollten Sie aber einiges beachten.

- Verwenden Sie innerhalb der Spalten möglichst ein einheitliches Format zur Absatzausrichtung. Sie können Blocksatz für den Fließtext verwenden, um den Flattersatz am rechten Zeilenrand zu unterdrücken. Überschriften oder Listen werden dagegen linksbündig ausgerichtet.
- Durch die beim Spaltensatz verminderte Lauflänge der Zeilen kommt es aber zu unschönen Wortzwischenräumen (sofern Sie Blocksatz gewählt haben) oder zu Lücken am rechten Zeilenrand. In Abbildung 3.30 ist dies sehr gut zu erkennen, da die Steuerzeichen mit angezeigt werden und der mittlere Abschnitt mit dem Fließtext in der rechten Spalte linksbündig ausgerichtet wurde. Benutzen Sie in diesem Fall die Silbentrennung, um die Zeilen mit möglichst viel Text zu füllen (die Tastenkombination [Strg] + [-] bzw. [MacBef] + [-] beim Mac fügt bedingte Trennstellen in den Text ein). Reicht dies nicht, kann ggf. die Laufweite einzelner Wörter über das Zeichenformat angepasst werden (siehe Abschnitt »Laufweiten, Kerning, vertikaler Zeichenabstand«).
- Grafiken, Rahmen oder Zeichnungen können Sie in einer Spalte oder zwischen den Spalten anordnen. Durch Einstellen der Optionen für den Textumlauf lässt sich festlegen, wie der Spaltentext das betreffende Element umfließen soll (siehe auch *Kapitel 7*, Abschnitt »Textumlauf festlegen«. Da zwischen zwei Spalten positionierte Grafiken die Spaltenbreite weiter reduzieren, empfiehlt es sich, Abbildungen in einer Spalte einzufügen. Wie dies geht und was dabei zu beachten ist, wird ebenfalls in *Kapitel 7* erläutert.

Mittels der Tastenkombination [Strg] + [↵] (bzw. [MacBef] + [↵] beim Mac) lässt sich ein fester Seitenumbruch in Textdokumente einfügen. Beim Spaltensatz ist es aber häufiger so, dass ein Umbruch auf den Anfang der nächsten Spalte und nicht auf die Folgeseite erwünscht ist. Sie müssen also einen Spaltenumbruch einfügen.

1. Rufen Sie den Menübefehl *Einfügen/Manueller Umbruch* auf.
2. Sobald das Dialogfeld *Umbruch einfügen* erscheint (Abbildung 3.31), markieren Sie das Optionsfeld *Spaltenumbruch* und schließen das Dialogfeld über die *OK*-Schaltfläche.

Der Folgetext wird dann auf den Anfang der nächsten Spalte umbrochen. Leider zeigt der Writer keine Marken für Spalten und Zeilenwechsel im Text an. Zum Aufheben eines solchen Zeilen- oder Spaltenumbruchs klicken Sie auf das Ende des vorhergehenden Absatzes und löschen dann die Absatzmarke (durch Drücken der [Entf]-Taste). Anschließend müssen Sie ggf. die Formatierung des Folgeabsatzes erneuern, da diese beim Zusammenziehen der Absätze verloren geht.

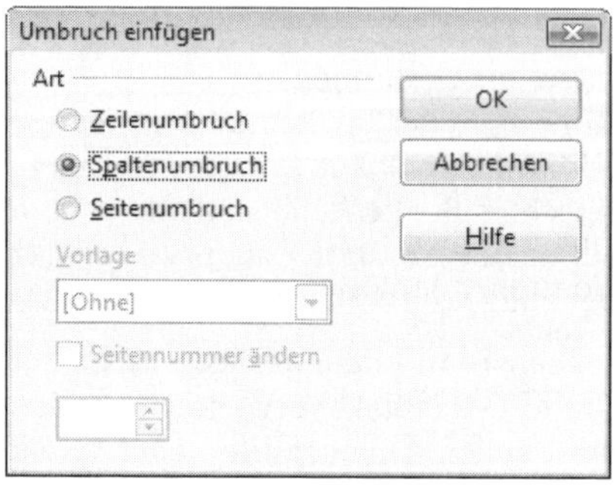

Abbildung 3.31: Einfügen eines Spaltenumbruchs

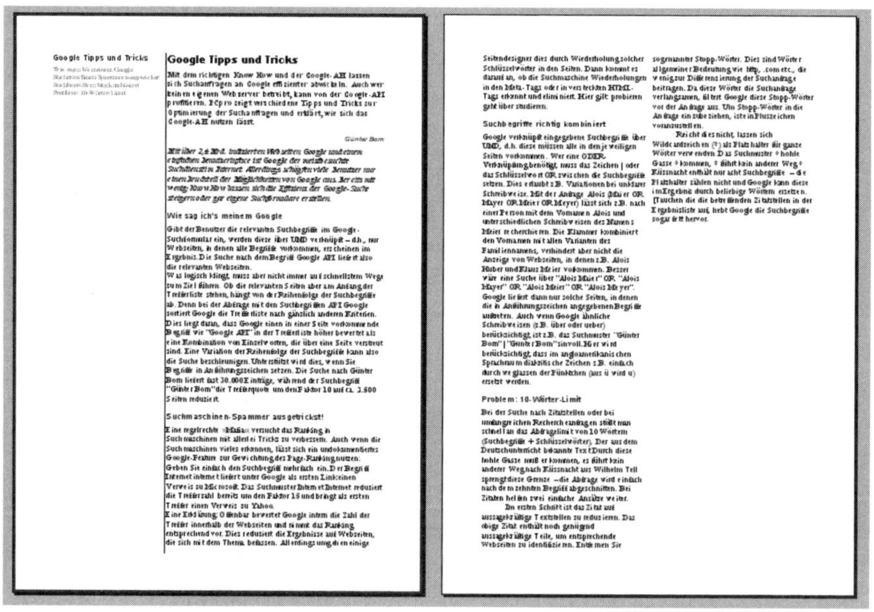

Abbildung 3.32: Beispiel für variablen Spaltensatz auf verschiedenen Seiten

In Abbildung 3.32 sehen Sie die stilisierte Vorschau auf ein Beispieldokument, welches zeigt, was mit Spaltensatz alles möglich ist. Auf der ersten Seite wurden variable Spaltenbreiten benutzt. Die linke Spalte enthält eine Art Inhaltsverzeichnis, welches aus den Überschriften erzeugt wurde. Dabei ist das Format für das Verzeichnis so eingestellt, dass nur Überschriften der Gliederungsebene 2, aber ohne Seitennummern, angezeigt werden. Wie ein Inhaltsverzeichnis erstellt wird, ist in *Kapitel 8* (siehe Abschnitt »Einfügen von Inhaltsverzeichniseinträgen«) nachzulesen.

Ein an das Inhaltsverzeichnis angefügter Spaltenwechsel bewirkt, dass der eigentliche Text in der rechten oberen Spalte beginnt. Auf den Folgeseiten wird dagegen eine gleichmäßige Spaltenbreite verwendet. Dies lässt sich über das Seitenformat erreichen. Für die erste Seite wurde über das Fenster *Formatvorlagen* ein Seitenformat »SpaltensatzSeite1« vereinbart, während die restlichen Seiten das Seitenformat »SpaltensatzFolgeseiten« aufweisen. Auf der Registerkarte *Verwalten* (Aufruf über den Menübefehl *Format/Seite*) des Seitenformats »SpaltensatzSeite1« wurde im Listenfeld *Folgevorlage* der Wert »SpaltensatzFolgeseiten« eingetragen. Dadurch benutzt das Dokument zwei verschiedene Seitenformate für die erste Seite und die Folgeseiten.

3.7 Arbeiten mit Formatvorlagen

In diesem Abschnitt wird das Arbeiten mit Formatvorlagen behandelt. Sie lernen Formatvorlagen zuzuweisen, neu anzulegen und bestehende Vorlagen anzupassen.

3.7.1 Warum braucht man Formatvorlagen?

In *Kapitel 2* sowie in den vorherigen Abschnitten wurden die Optionen beschrieben, mit denen sich Textdokumenten direkt Formate zuweisen lassen. Diese gelegentlich auch als direkte oder harte Formatierung bezeichnete Vorgehensweise eignet sich aber nur für kurze Dokumente. Stellen Sie sich vor, es wird ein Buchmanuskript verfasst, bei dem bestimmte Passagen im Text kursiv und andere fett ausgezeichnet sind. Zudem hat der Autor die Überschriften lediglich fett und in einer größeren Schriftart ausgezeichnet. Vor der Veröffentlichung entscheidet sich der Lektor, alle fett hervorgehobenen Passagen doch kursiv zu setzen. Zudem müssen die Überschriften mit einem eigenen Überschriftformat versehen werden, damit ein Inhaltsverzeichnis erzeugt werden kann. Bei einer harten Formatierung kommt nun ein Stück Arbeit auf den Autor bzw. den Überarbeiter des Manuskripts zu.

Profis verwenden daher einen anderen Ansatz zur Formatierung längerer Dokumente, sie arbeiten mit sogenannten Formatvorlagen. Eine Formatvorlage enthält alle Angaben zur Formatierung des Textes. Wird einem Textbereich eine Formatvorlage zugewiesen, zeigt der Writer diesen mit den Formatattributen der betreffenden Vorlage an. Müssen Sie später bestimmte Formatattribute anpassen (z.B. fett soll nun kursiv werden), brauchen Sie nur die betreffenden Werte der Formatvorlage zu ändern. Der Writer wird dann alle Textstellen, denen die Formatvorlage zugewiesen wurde, mit der neuen Formatierung anzeigen. Hätte der Autor in obigem Beispiel beispielsweise eine Formatvorlage »Fett« zur Auszeichnung aller fetten Textstellen benutzt, müsste der Bearbeiter die Einstellung dieser Vorlage lediglich von fett auf kursiv korrigieren, um das gewünschte Ergebnis zu erhalten.

Formatvorlagen besitzen daher sehr große Vorteile und lassen sich hervorragend zur Gestaltung von Dokumenten verwenden. Dies gilt insbesondere, wenn Dokumente immer mit dem gleichen Layout versehen werden sollen. Zudem eröffnen Formatvorlagen gänzlich neue Möglichkeiten, wenn Sie innerhalb des Dokuments mit unterschiedlichen Seitenlayouts experimentieren möchten.

Sie können sogar noch einen Schritt weitergehen. Entwerfen Sie ein Dokument auf Basis solcher Formatvorlagen. Anschließend speichern Sie das Ganze als Dokumentvorlage (siehe *Kapitel 1*, Abschnitt »So erstellen Sie eigene Vorlagendateien«). Wenn Sie später ein neues Dokument auf Basis dieser Vorlage anlegen, stehen Ihnen die Formatvorlagen automatisch auch in diesem Dokument zur Verfügung.

3.7.2 So werden Formatvorlagen zugewiesen

Das Zuweisen von Formatvorlagen lässt sich im Writer über das Listenfeld *Vorlage anwenden* der *Format*-Symbolleiste oder über das Fenster *Formatvorlagen* (früher als Stylist bezeichnet) vornehmen.

Abbildung 3.33: Zuweisen einer Formatvorlage

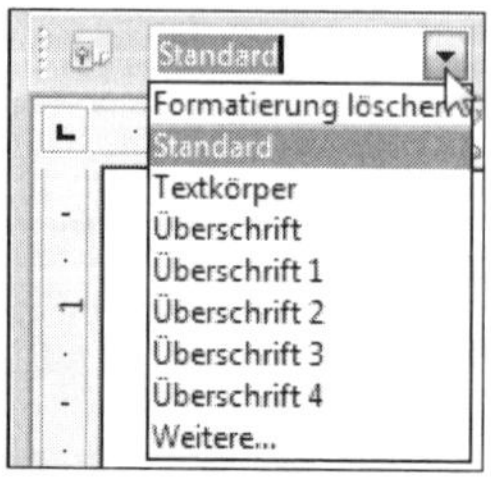

Steht die Einfügemarke auf einem Absatz, können Sie das Listenfeld *Vorlage anwenden* der *Format*-Symbolleiste öffnen und dann auf einen der angezeigten Einträge klicken. Der Writer weist dem Absatz anschließend die betreffende Formatvorlage zu. Der Nachteil dieses Ansatzes besteht lediglich darin, dass das Listenfeld *Vorlage anwenden* nur diejenigen Formatvorlagen anzeigt, die bereits im Dokument zugewiesen wurden.

Abbildung 3.34: Aufruf des Fensters *Formatvorlagen*

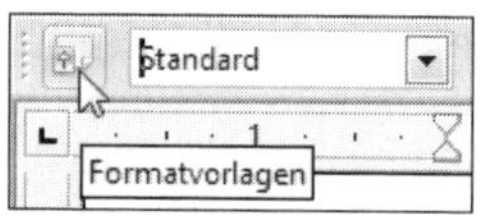

Wesentlich flexibler lassen sich die Formatvorlagen über das Fenster *Formatvorlagen* zuweisen. Dieses Fenster können Sie über eine Schaltfläche der *Format*-Symbolleiste ein- oder ausblenden (Abbildung 3.34). Ist das Fenster sichtbar, wählen Sie einfach die gewünschte Formatvorlage per Doppelklick an, um diese dem betreffenden Textabschnitt zuzuweisen. Allerdings sind noch einige Besonderheiten zu beachten. Bei Zeichenformaten sollten Sie vor dem Zuweisen der Formatvorlage den betreffenden Textabschnitt markieren.

Zudem werden die Formatvorlagen im Fenster gemäß Abbildung 3.35 in verschiedene Kategorien (Zeichenvorlagen, Absatzvorlagen etc.) gruppiert. Sie müssen daher zuerst die gewünschte Kategorie über die Schaltflächen in der Kopfzeile des *Formatvorlagen*-Fensters auswählen, bevor Sie die Vorlage per Doppelklick zuweisen können. Ähnliches gilt, falls Sie später eine Vorlage anpassen oder neu definieren möchten. Dies ist zwar unkomfortabel, lässt sich aber leider nicht ändern.

TIPP

Über das Listenfeld am unteren Rand des Fensters können Sie zudem die Anzeige nach verschiedenen Kriterien sortieren und filtern. Stellen Sie ggf. den Wert »Alle« ein, um die verfügbaren Vorlagen zu sehen.

Formatvorlagen auf Tastenkürzel legen

Um schneller eine Formatvorlage im Writer zuzuweisen, können Sie dieser eine Tastaturabkürzung zuweisen.

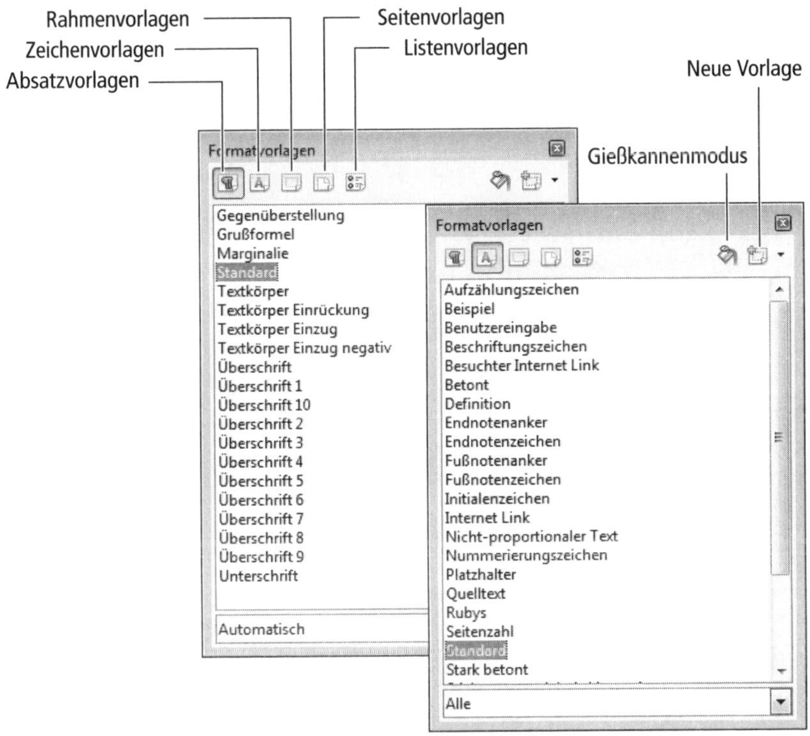

Abbildung 3.35: Fenster *Formatvorlagen* mit verschiedenen Ansichten

1. Rufen Sie den Menübefehl *Extras/Anpassen* auf und holen Sie im Eigenschaftenfenster die Registerkarte *Tastatur* in den Vordergrund.
2. Wählen Sie in der Liste *Bereich* den Eintrag »Formatvorlagen« und dann eine der Formatvorlagenkategorien aus (Abbildung 3.36).
3. Wählen Sie in der Liste *Funktionen* die gewünschte Formatvorlage und suchen Sie danach in der Liste *Tastenkombinationen* eine freie bzw. die gewünschte Tastenkombination.

Sobald Sie die Auswahl über die *Ändern*-Schaltfläche bestätigen, wird die Tastenkombination der Vorlage zugewiesen. Sie können dann das Eigenschaftenfenster über die *OK*-Schaltfläche schließen.

3.7.3 Vorlagen neu anlegen, ändern oder löschen

Das Anlegen einer neuen Formatvorlage ist mit wenigen Schritten möglich.

1. Weisen Sie im Dokument einer Seite, einem Absatz oder einem Text die gewünschte Formatierung zu.
2. Wechseln Sie zum Fenster *Formatvorlagen* (z.B. durch Drücken der Funktionstaste [F11]) und wählen Sie dort als Erstes die Schaltfläche zur Anzeige der gewünschten Vorlagenkategorie (z.B. *Zeichenvorlagen*).
3. Öffnen Sie anschließend das Menü der Schaltfläche *Neue Vorlage* (siehe Abbildung 3.35) und wählen Sie den Befehl *Neue Vorlage aus Selektion*.
4. Geben Sie in das dann angezeigte Dialogfeld *Vorlage erzeugen* einen Namen für die Vorlage ein (Abbildung 3.37).

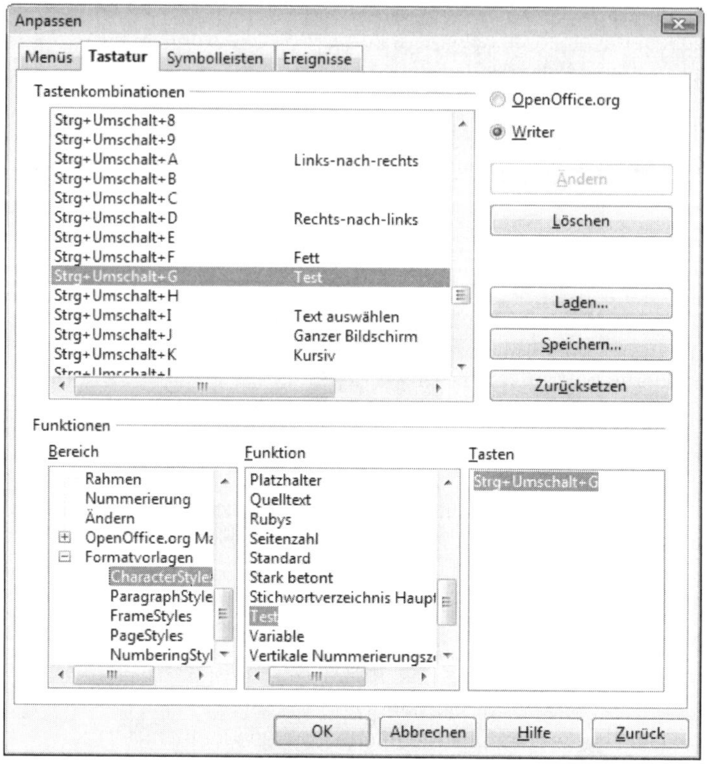

Abbildung 3.36: Tastenkürzel zur Formatvorlage zuweisen

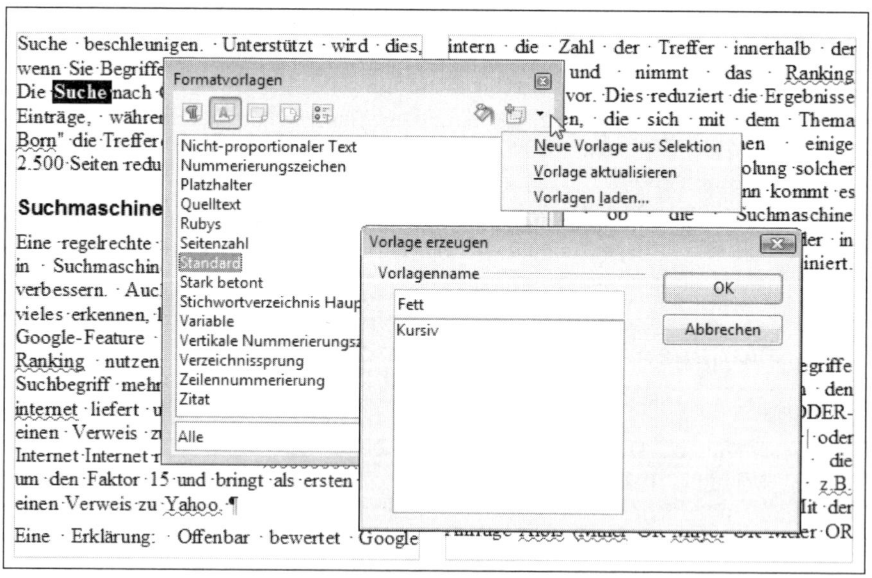

Abbildung 3.37: Erzeugen einer neuen Vorlage

Sobald Sie das Dialogfeld über die *OK*-Schaltfläche schließen, wird die neue Vorlage unter dem angegebenen Namen abgelegt. Sie können diese anschließend wie oben beschrieben dem Dokument zuweisen.

TIPP

Sie können die obigen Schritte abkürzen, indem Sie einen formatierten Dokumentbereich mit der Maus in das Fenster Formatvorlagen *ziehen. Beim Loslassen der Maustaste erscheint automatisch das Dialogfeld* Vorlage erzeugen *zur Eingabe des Vorlagennamens.*

Soll eine bestehende Vorlage angepasst werden, markieren Sie einen Textbereich mit dem geänderten Format (notfalls diesen Textbereich vorher mit der alten Vorlage formatieren). Dann brauchen Sie im Fenster *Formatvorlagen* nur den Eintrag der Formatvorlage zu markieren und auf den Befehl *Vorlage aktualisieren* (Abbildung 3.37) der Menüschaltfläche des *Formatvorlagen*-Fensters zu klicken. Der Writer tauscht die bestehende Vorlage gegen die Inhalte des markierten Textbereichs, des Absatzes oder der Seite aus.

Der Writer bietet Ihnen zudem die Möglichkeit, Formatvorlagen gezielt per Kontextmenü im Fenster *Formatvorlagen* neu anzulegen sowie bestehende Vorlagen zu löschen oder anzupassen.

1. Klicken Sie einen Eintrag in der Vorlagenliste im Fenster *Formatvorlagen* mit der rechten Maustaste an.
2. Wählen Sie im Kontextmenü einen der Befehle *Neu, Ändern* oder *Löschen*.
3. Beim Befehl *Löschen* bestätigen Sie die Sicherheitsabfrage über die *Ja*-Schaltfläche. Sie können aber nur benutzerdefinierte Vorlagen löschen.
4. Bei den Befehlen *Neu* oder *Ändern* erscheint nun ein Eigenschaftenfenster, auf dessen Registerkarten Sie die gewünschten Formatoptionen festlegen können.

Der Aufbau des Eigenschaftenfensters hängt von der Kategorie der gewählten Formatvorlage ab. Bei Zeichenformaten werden andere Registerkarten als beim Absatz- oder Seitenformat gezeigt (Abbildung 3.38). Über die betreffenden Registerkarten können Sie Schriftarten, Schrifteffekte, Absatzabstände, Hintergründe, Schattierung, Seitenformate etc. beeinflussen. Hinweise zu diesen Registerkarten finden Sie auf den vorhergehenden Seiten.

Die Registerkarte *Verwalten* enthält sowohl den Namen der Vorlage als auch Optionen, mit denen übergeordnete und folgende Vorlagen angegeben werden können. Die in Abbildung 3.38 gezeigte Absatzvorlage *Überschrift1* basiert beispielsweise auf der Hauptvorlage *Überschrift*. Als Folgevorlage wird hier *Textkörper* benutzt, d.h., weist der Benutzer einem Absatz die Formatvorlage zu und drückt dann die [↵]-Taste für einen Absatzwechsel, erhält der Folgeabsatz das Format »Textkörper«.

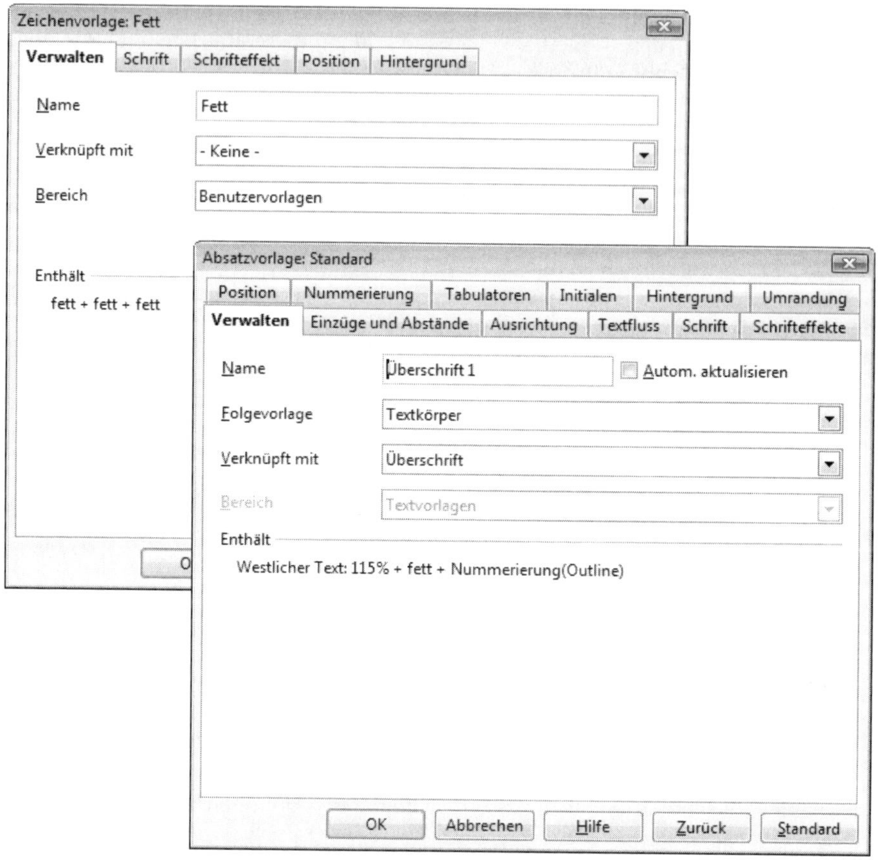

Abbildung 3.38: Eigenschaftenfenster für Absatz- und Zeichenformatvorlagen

Dieser Ansatz eignet sich z.B. auch, um Dokumente mit unterschiedlichen Seitenlayouts (Hoch- und Querdruck, verschiedene Seitennummern) zu erstellen. Legen Sie im ersten Schritt verschiedene Seitenformate (z.B. »Seite 1«, »Folgeseiten«) an. Bestimmen Sie die Optionen für die Seitenvorlagen. Anschließend wählen Sie das Seitenformat für die erste Dokumentseite aus und weisen auf der Registerkarte *Verwaltung* die Folgevorlage zu. Wiederholen Sie diesen Schritt ggf. für die Folgevorlagen. Anschließend brauchen Sie nur noch der ersten Dokumentseite die Seitenvorlage mit dem gewünschten Format zuzuweisen. Wurden Seitenvorlagen mit Querformat definiert, lassen sich diese ebenfalls einzelnen Seiten zuweisen. Auf diese Weise können Sie mit Hoch- und Querformaten arbeiten.

INFO

Details zu den einzelnen Optionen der Registerkarten liefert Ihnen die Hilfe-*Schaltfläche. Alternativ zum* Formatvorlagen-*Fenster lassen sich die Vorlagen auch per Vorlagenkatalog bearbeiten (siehe Kapitelende).*

3.7.4 Wie lassen sich Formate kopieren?

Haben Sie einen Textabschnitt mit Zeichenformaten ausgezeichnet und möchten Sie diese Formatierung auf weitere Textabschnitte übertragen? Soll eine Absatzformatierung für andere Absätze des Dokuments übernommen werden?

1. Markieren Sie im Writer den Textabschnitt (Zeichen oder kompletter Absatz), dessen Format Sie übertragen möchten.
2. Klicken Sie in der *Format*-Symbolleiste auf die Schaltfläche *Format übertragen*.
3. Markieren Sie nun den zu formatierenden Text, um das vorherige Format zu übertragen.

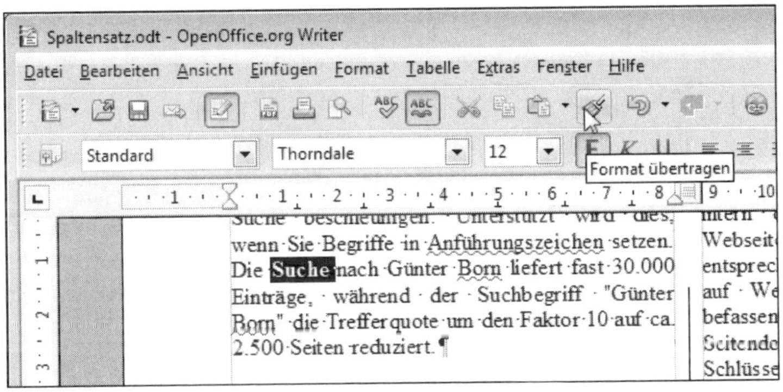

Abbildung 3.39: Format übertragen

Der Mauszeiger nimmt die Form eines Farbtopfes an und die markierten Textstellen erhalten das vorher gewählte Format zugewiesen. Der Writer hebt anschließend den Modus *Format übertragen* auf. Sofern Sie ein Format auf mehrere Textstellen übertragen möchten, wählen Sie nach dem Markieren des Ausgangsformats die Schaltfläche *Format übertragen* per Doppelklick an. Dann lassen sich die Textstellen nacheinander markieren und das Format zuweisen. Abschließend müssen Sie die Schaltfläche *Format übertragen* erneut anklicken oder die Esc-Taste drücken, um den Modus zu beenden.

Um eine Formatvorlage über das Fenster *Formatvorlagen* auf mehrere Textstellen im Dokument zu übertragen, können Sie die Schaltfläche *Gießkannenmodus* verwenden.

1. Öffnen Sie das *Formatvorlagen*-Fenster (z.B. indem Sie die Funktionstaste F11 drücken).
2. Wählen Sie die gewünschte Vorlagengruppe (Zeichenformat, Absatzformat, Seitenformat etc.), indem Sie auf die betreffende Schaltfläche im Fenster *Formatvorlagen* klicken. In Abbildung 3.40 wurde eine Zeichenvorlage gewählt, das Fenster *Formatvorlagen* hebt die betreffende Schaltfläche hervor.
3. Klicken Sie auf die Schaltfläche *Gießkannenmodus* und wechseln Sie zum Dokumentfenster.

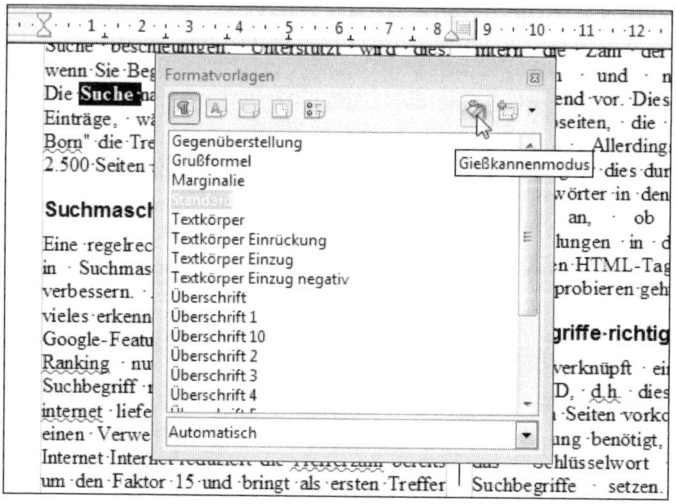

Abbildung 3.40: Übertragung einer Formatvorlage per Gießkannenmodus

Anschließend können Sie im Dokument die betreffenden Textstellen markieren. Solange der Mauszeiger den Stil eines Farbtopfes besitzt, wird das Format der Vorlage automatisch auf die markierten Textstellen übertragen. Das Kopieren des Formats beenden Sie, indem Sie erneut auf die Schaltfläche *Gießkannenmodus* klicken oder die [Esc]-Taste drücken.

INFO

Im Menü Format *finden Sie den Befehl* AutoFormat *mit mehreren Untermenüeinträgen. Wählen Sie den Befehl* Anwenden, *formatiert der Writer das Textdokument automatisch anhand der unter* AutoKorrektur *im Menü* Extras *festgelegten Optionen.*

3.7.5 Arbeiten mit dem Vorlagenkatalog

Formatvorlagen werden beim Anlegen eines neuen Dokuments aus der Vorlagendatei übernommen und mit der Dokumentdatei gespeichert. Im Writer aus OpenOffice.org stand in den 1.x-Versionen im Menü *Format* der Befehl *Vorlagen/Katalog* zur Verfügung, um den Vorlagenkatalog zu öffnen. Dieser Vorlagenkatalog zeigte alle für das Dokument verfügbaren Formatvorlagen an und ermöglichte es, diese Vorlagen zu pflegen. Ab OpenOffice.org 2.0 ist der Menübefehl entfallen, da das Fenster *Formatvorlagen* (Funktionstaste [F11] zum Aufruf) die Aufgabe des Vorlagenkatalogs übernommen hat. Sie können aber weiterhin auf den Vorlagenkatalog zugreifen, indem Sie die Tastenkombination [Strg] + [F11] drücken. Im Fenster des Vorlagenkatalogs sind die Namen aller im aktuellen Dokument gespeicherten Formatvorlagen aufgelistet (Abbildung 3.41).

- Über die Schaltfläche *Neu* haben Sie die Möglichkeit, eine neue Formatvorlage anzulegen. Wählen Sie vor dem Anklicken der Schaltfläche den Vorlagentyp (Absatzvorlage, Zeichenvorlage etc.) im Listenfeld des Vorlagenkatalogs. Anschließend können Sie über die im Eigenschaftenfenster angezeigten Registerkarten die Formatoptionen definieren sowie den Vorlagennamen auf der Registerkarte *Verwalten* festlegen (Abbildung 3.38).

- Mittels der Schaltfläche *Löschen* können Sie eine markierte benutzerdefinierte Vorlage aus dem aktuell geladenen Dokument entfernen. Bereits mit dem Format ausgezeichnete Textstellen werden auf das Standardformat zurückgesetzt. Die Schaltfläche *Löschen* wird aber bei den vom System vordefinierten Vorlagen gesperrt.
- Über die Schaltfläche *Ändern* öffnet der Writer das Eigenschaftenfenster mit den Registerkarten zur Formatierung. Über diese Registerkarten können Sie die Einstellungen für eine markierte Formatvorlage anpassen.

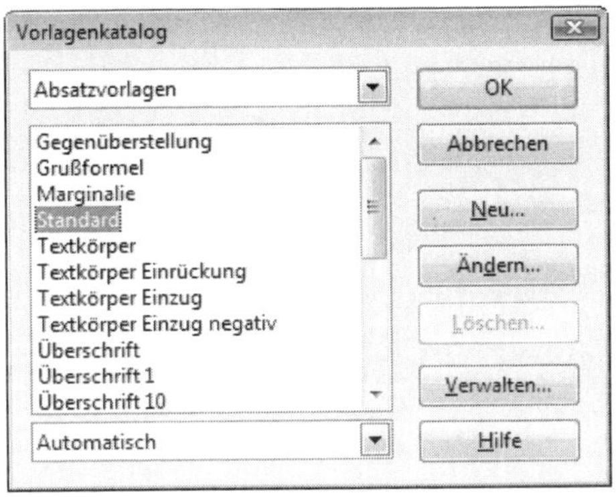

Abbildung 3.41: Verwalten des Vorlagenkatalogs

Die Schaltfläche *Verwalten* öffnet das Dialogfeld zum Verwalten der Dokumentvorlagen. Dort können Sie Vorlagendateien löschen, neue Kategorien für Dokumentvorlagen anlegen etc. (siehe auch *Kapitel 1*).

4 Nummerierungen im Dokument

In diesem Kapitel erhalten Sie Informationen zu den Funktionen des Writers, mit denen sich Textdokumente mit Aufzählungen oder Nummerierungen versehen lassen. Hierzu gehören auch das Nummerieren von Überschriften, das Arbeiten mit Gliederungen oder das Einblenden von Zeilennummern.

4.1 Der Umgang mit Aufzählungen

Mit Aufzählungen lassen sich Absätze in Dokumenten gezielt hervorheben. Der folgende Abschnitt befasst sich mit den Funktionen, die StarOffice/OpenOffice.org hierzu bieten.

4.1.1 Aufzählungen mit Schmuckpunkt

Absätze lassen sich durch Einrückung und einen vorangestellten Schmuckpunkt (auch als Bullet bezeichnet) im Textdokument hervorheben. Am effizientesten können Sie Aufzählungen mit den folgenden Schritten zuweisen.

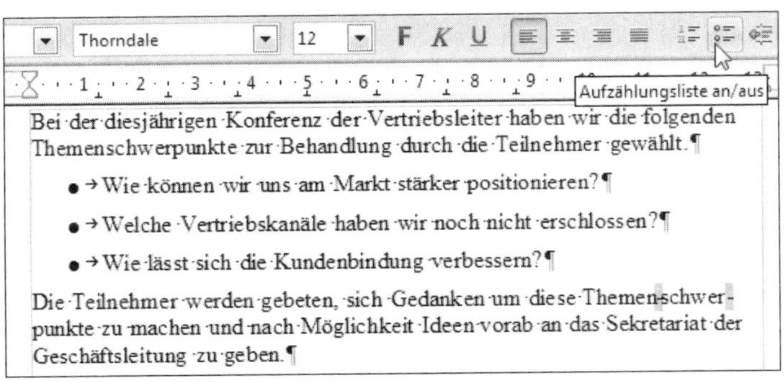

Abbildung 4.1: Formatierung eines Textabschnitts mit einer Aufzählung

1. Schreiben Sie den Text zunächst absatzweise ohne weitere Formatierung.
2. Markieren Sie die Absätze, die in die Aufzählung einbezogen werden sollen.
3. Klicken Sie in der *Format*-Symbolleiste auf die Schaltfläche *Aufzählungsliste an/aus*.

Der Writer zieht die markierten Absätze etwas ein und versieht diese mit einem kleinen vorangestellten Punkt in der Erstzeile (Abbildung 4.1).

Eine Aufzählung heben Sie auf, indem Sie den betreffenden Textabschnitt erneut markieren und dann auf die Schaltfläche *Aufzählungsliste an/aus* klicken.

INFO

Natürlich können Sie auch beim Schreiben des Textes die Funktion Aufzählungsliste an/aus *einschalten, indem Sie auf die betreffende Schaltfläche klicken. Beim ersten Klick auf die Schaltfläche wird der aktuelle Absatz mit einem Aufzählungssymbol versehen. Sobald Sie einen neuen Absatz über die* [↵]*-Taste einleiten, wird dieser ebenfalls mit einem Schmuckpunkt versehen. Drücken Sie dagegen zweimal hintereinander die* [↵]*-Taste, schaltet sich die Funktion* Aufzählungsliste an/aus *aus und Sie können den Text mit einem normalen Absatz fortsetzen.*

Ist ein Text mit einer Aufzählung (oder Nummerierung) markiert, blendet der Writer die Symbolleiste Nummerierung und Aufzählungszeichen *vor dem Text ein (Abbildung 4.2). Sie können dann auf die Schaltflächen dieser Symbolleiste klicken, um Formate anzupassen.*

4.1.2 Eigenheiten bei Aufzählungen

Falls Sie einen Absatztext mit den Zeichen * oder - beginnen, wandelt der Writer diese Zeichen beim Wechsel zum nächsten Absatz automatisch in einen Schmuckpunkte bzw. einen Aufzählungsstrich um und schaltet die Funktion *Aufzählungsliste an/aus* ein (Abbildung 4.2). Wenn Sie sofort die Tastenkombination [Strg] + [Z] (bzw. [MacBef] + [Z] beim Mac) verwenden, lässt sich diese Umwandlung wieder aufheben.

Abbildung 4.2: Symbolleiste *Nummerierung und Aufzählungszeichen*

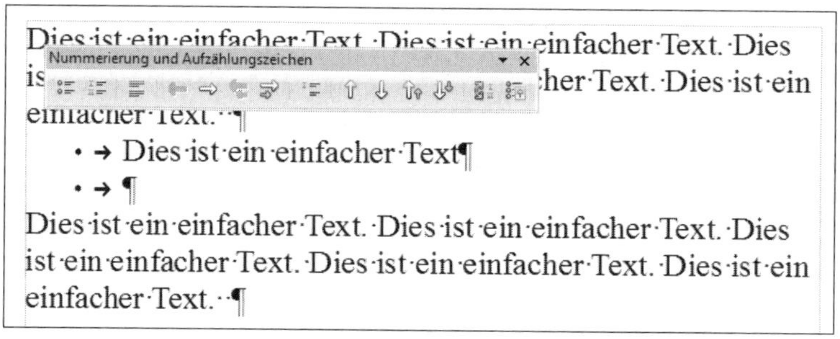

Verantwortlich für dieses Verhalten ist die Funktion *AutoKorrektur*. Sie haben daher die Möglichkeit, die betreffende AutoKorrektur abzuschalten. Rufen Sie den Menübefehl *Extras/AutoKorrektur* auf und löschen Sie auf der Registerkarte *Optionen* die Markierung des Kontrollkästchens *Nummerierung anwenden – Symbol:* *. Dann unterbleibt zukünftig die automatische Auszeichnung mit Aufzählungen.

INFO

Die in diesem Abschnitt besprochenen Besonderheiten lassen sich sinngemäß auch bei Nummerierungen anwenden.

4.1.3 Anpassen des Schmuckpunkts

Standardmäßig wird ein Punkt als Aufzählungssymbol benutzt. Der Writer ermöglicht aber, verschiedene Symbole (Punkt, Häkchen, Pfeil etc.) als Schmuckpunkte in einer Aufzählung zu verwenden. Alternativ können Sie sogar Grafiken als Schmuckpunkte einsetzen. Um diese Varianten einzustellen, gehen Sie folgendermaßen vor.

Abbildung 4.3: Registerkarten *Bullets* und *Grafiken* zur Auswahl von Schmuckpunkten

1. Erstellen Sie den Text und weisen Sie das Aufzählungsformat gemäß den Ausführungen im obigen Abschnitt zu.
2. Markieren Sie die betreffenden Aufzählungsabsätze, klicken Sie den markierten Bereich mit der rechten Maustaste an und wählen Sie im Kontextmenü den Befehl *Nummerierung/Aufzählung*.
3. Wählen Sie im Dialogfeld *Nummerierung und Aufzählungszeichen* die Registerkarte *Bullets* für einfache Schmuckpunkte oder klicken Sie auf die Registerkarte *Grafiken*, um grafische Symbole als Schmuckpunkte zu verwenden.
4. Auf der betreffenden Registerkarte können Sie dann eines der vorgegebenen Schmuckpunktsymbole anklicken (Abbildung 4.3).

Sobald Sie das Dialogfeld über die *OK*-Schaltfläche schließen, wird das neue Symbol zugewiesen.

INFO

Beim Einbinden grafischer Symbole lässt sich auf der Registerkarte Grafiken *das Kontrollkästchen* Grafiken verknüpfen *wählen. Dann speichert der Writer im Textdokument nur einen Verweis auf die Grafikdatei. Dies führt zu kompakteren Dokumenten, erfordert jedoch, dass die Grafikdateien mit dem Textdokument weitergegeben werden. Andernfalls werden die aus Grafiken bestehenden Schmuckpunkte nach dem Kopieren des Textdokuments auf anderen Rechnern nicht angezeigt (siehe auch Kapitel 7, Abschnitt »Grafiken und Bilder aus Dateien einfügen«).*

TIPP

Beim Import von Dokumenten aus anderen Textverarbeitungsprogrammen gehen gelegentlich die Aufzählungsformate verloren. Stattdessen bleiben die Schmuckpunkte als Sonderzeichen zurück. Um die Aufzählung möglichst schnell zuzuweisen, markieren Sie eines dieser als Schmuckpunkte benutzten Sonderzeichen und übertragen dieses mit [Strg] + [C] *(bzw.* [MacBef] + [C] *beim Mac) in die Zwischenablage. Wenn Sie anschließend den Menübefehl* Bearbeiten/Suchen & Ersetzen *aufrufen, lässt sich das Zeichen für den Schmuckpunkt über* [Strg] + [V] *(bzw.* [MacBef] + [V] *beim Mac) in das Feld* Suchen nach *des Dialogfelds* Suchen & Ersetzen *einfügen. Geben Sie vor dem Schmuckpunktsymbol noch das Zeichen »^« ein und markieren Sie das Kontrollkästchen* Regulärer Ausdruck *(wird über die Schaltfläche* Mehr Optionen *eingeblendet), um die Treffer auf Absatzanfänge zu begrenzen. Klicken Sie anschließend auf die Schaltfläche* Suche alle, *damit die Suche alle »Schmuckpunkte« als Fundstellen im Dokument markiert. Nun klicken Sie im Writer-Fenster auf die Schaltfläche* Aufzählungsliste an/aus – *lassen aber weiterhin das Dialogfeld* Suchen & Ersetzen *geöffnet. Der Writer versieht die markierten Textstellen mit einem Aufzählungsformat samt Schmuckpunkt. Jetzt klicken Sie im noch geöffneten Dialogfeld* Suchen & Ersetzen *auf die Schaltfläche* Ersetze alle, *um die beim Import im Text verbliebenen Sonderzeichen zu entfernen. Danach kann das Dialogfeld* Suchen & Ersetzen *wieder geschlossen werden.*

4.1.4 Alternative Aufzählungssymbole wählen

Standardmäßig können Sie nur die in Abbildung 4.3 auf den Registerkarten aufgeführten Aufzählungssymbole und Grafiken als Schmuckpunkte verwenden. Es gibt aber die Möglichkeit, jedes beliebige Zeichen für eine Aufzählung zu setzen.

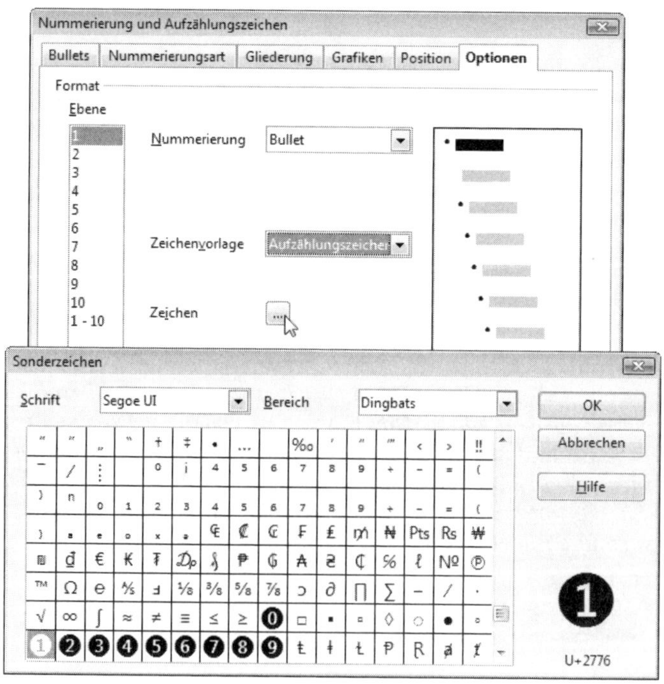

Abbildung 4.4: Festlegen eines Sonderzeichens für eine Aufzählung

1. Markieren Sie die Absätze und weisen Sie diesen das Aufzählungsformat zu.
2. Öffnen Sie über das Kontextmenü das Dialogfeld *Nummerierung und Aufzählungszeichen*.
3. Holen Sie die Registerkarte *Optionen* (Abbildung 4.4, Hintergrund) in den Vordergrund und klicken Sie auf die Schaltfläche *Zeichen*.
4. Wählen Sie im neu angezeigten Dialogfeld *Sonderzeichen* (Abbildung 4.4, Vordergrund) das gewünschte Aufzählungssymbol aus. Über das Listenfeld *Schrift* können Sie die Schriftarten variieren.

Sobald Sie das Dialogfeld *Sonderzeichen* sowie die Registerkarte *Optionen* jeweils über die *OK*-Schaltfläche schließen, wird dem markierten Aufzählungsbereich das neue Symbol zugewiesen.

INFO

Falls das Sonderzeichen der gewählten Schriftart nicht korrekt im Writer angezeigt werden kann, erscheint ein Rechteck als Platzhalter. Auch beim Ausdrucken oder beim Konvertieren in PDF-Dateien kommt es vor, dass statt des erwarteten Sonderzeichens ein Platzhalter erscheint (immer dann, wenn das Ausgabemedium die Zeichen der gewählten Schriftart nicht kennt). Sie müssen dann ein bisschen mit verschiedenen Schriftarten experimentieren, um die für Sie nutzbaren Kombinationen herauszufinden.

4.2 Arbeiten mit der Absatznummerierung

Werden Absätze mit vorangestellten Ziffern oder Buchstaben versehen, spricht man von einer Nummerierung. Der folgende Abschnitt enthält eine Übersicht über die Funktionen zur Absatznummerierung.

4.2.1 Nummerieren von Absätzen

Das Zuweisen einer Nummerierung lässt sich im Writer mit wenigen Mausklicks erledigen.

1. Markieren Sie die Absätze, die in die Nummerierung einzubeziehen sind.
2. Klicken Sie in der *Format*-Symbolleiste auf die Schaltfläche *Nummerierung an/aus* (Abbildung 4.5).

Der Writer zieht die markierten Absätze etwas ein und versieht diese mit vorangestellten Nummern.

Eine Nummerierung heben Sie auf, indem Sie den betreffenden Textabschnitt erneut markieren und dann auf die Schaltfläche *Nummerierung an/aus* klicken.

Soll die Nummerierung bereits beim Schreiben des Textes eingefügt werden, können Sie die Schaltfläche *Nummerierung an/aus* anklicken. Anschließend werden die Absätze mit vorangestellten Nummerierungssymbolen ausgezeichnet. Sobald Sie zweimal hintereinander die [↵]-Taste betätigen, schaltet sich die Nummerierungsfunktion ab.

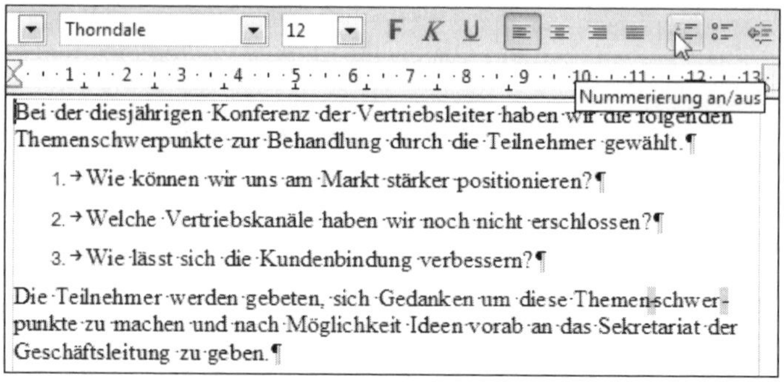

Abbildung 4.5: Formatierung eines Textabschnitts mit einer Nummerierung

INFO

Alternativ können Sie den Text während der Eingabe mit Ziffern 1., 2. etc. versehen. Die AutoKorrektur-Funktion im Writer erkennt dies und weist automatisch eine Nummerierung zu. Ärgerlich wird diese AutoKorrektur aber bei der Eingabe von Listen, die Zahlen in der ersten Spalte enthalten (z.B. 1,5 kg Bananen, 3,0 kg Trauben). Dann setzt die AutoKorrektur die Zahlenangaben einfach in eine Nummerierung um. Passiert dies, müssen Sie sofort die Tastenkombination Strg + Z *(bzw.* MacBef + Z *beim Mac) drücken, um die Zuweisung der Nummerierung zurückzusetzen. Alternativ haben Sie die Möglichkeit, die AutoKorrektur für Nummerierungen, wie weiter oben im Abschnitt zu Aufzählungen gezeigt, abzuschalten.*

	Über die Schaltfläche *Einzug erhöhen* der *Format*-Symbolleiste können Sie einen markierten und nummerierten Absatz eine Stufe einziehen. Der Writer rückt den Text etwas nach rechts ein.
	Um den markierten und eingezogenen Absatz wieder zu reduzieren, klicken Sie auf die Schaltfläche *Einzug vermindern* der *Format*-Symbolleiste.

Der Writer zieht dann allerdings den Text bis zum linken Rand ein. Um den Einzug an vorhergehende oder folgende Absätze anzupassen, sollten Sie die Nummerierung (bzw. Aufzählung) aufheben und dann erneut zuweisen. Um die Nummerierungsstufe der betreffenden Absätze anzupassen, müssen Sie die Gliederungsfunktionen nutzen (siehe Abschnitt »Arbeiten mit Gliederungen«).

4.2.2 Auswahl der Nummerierungsart

Standardmäßig erfolgt die Nummerierung mit arabischen Ziffern. Sie können aber auch Groß-/Kleinbuchstaben oder römische Ziffern zur Nummerierung verwenden.

1. Sobald Sie dem Text das Nummerierungsformat zugewiesen haben, markieren Sie die Absätze und wählen im Kontextmenü den Befehl *Nummerierung/Aufzählung*.
2. Wählen Sie im Dialogfeld *Nummerierung und Aufzählungszeichen* die Registerkarte *Nummerierungsart* und klicken Sie auf eines der Felder zur Auswahl der gewünschten Nummerierung (Abbildung 4.6).

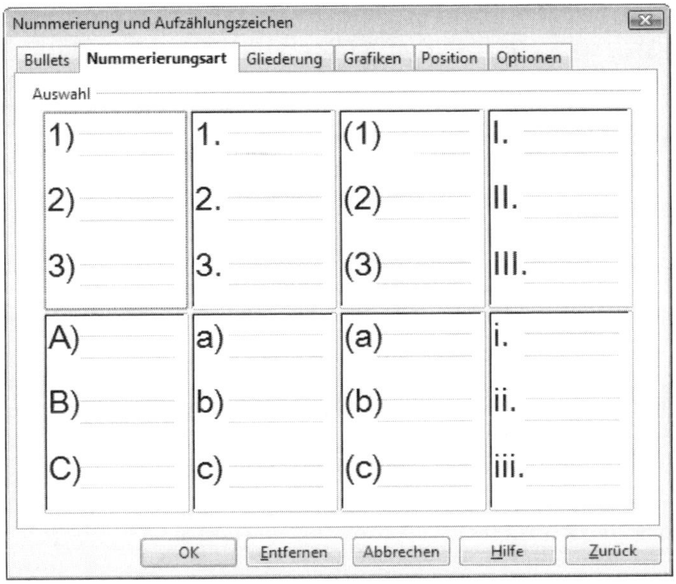

Abbildung 4.6: Auswahl der Nummerierungsart

Sobald Sie die Registerkarte über die *OK*-Schaltfläche schließen, wird die betreffende Nummerierungsart übernommen. Auf diese Weise können Sie Buchstaben, Ziffern, römische Ziffern etc. als Nummerierungssymbole verwenden.

TIPP

Das Dialogfeld Nummerierung und Aufzählungszeichen *lässt sich übrigens direkt über die Schaltfläche* Nummerierung und Aufzählungszeichen *(rechte Schaltfläche in Abbildung 4.2) der Symbolleiste* Nummerierung und Aufzählungszeichen *aufrufen.*

Wenn Sie die obigen Schritte ausführen, aber die Registerkarte *Optionen* (Abbildung 4.7) im Dialogfeld *Nummerierung und Aufzählungszeichen* wählen, lässt sich der Nummerierungsstil über das Feld *Nummerierung* setzen. Sie können zudem die Zeichen vor und hinter dem Nummerierungssymbol einstellen (Felder *Davor* und *Dahinter*). Das Feld *Beginn bei* ermöglicht Ihnen, den Wert vorzugeben, mit dem die Nummerierung beginnt.

TIPP

Möchten Sie ein Nummerierungs- oder Aufzählungssymbol mit einer speziellen Formatierung versehen? Definieren Sie eine Zeichenvorlage über den Dialog Formatvorlagen *(siehe Kapitel 3, Abschnitt »Vorlagen neu anlegen, ändern oder löschen«). Dann können Sie der Aufzählung/Nummerierung diese Zeichenformatvorlage über das Feld* Zeichenvorlage *der Registerkarte* Optionen *zuweisen. Auf diese Art ist es z.B. möglich, die Größe der Symbole anzupassen oder diese fett zu formatieren.*

Nummerierungen können, ähnlich wie Aufzählungen, durch Einrücken gestuft werden. Standardmäßig beginnt der Writer die Zählung bei jeder Unterebene mit dem Wert 1 und setzt die Zählung bei der Hauptstufe fort. Markieren Sie das Kontrollkäst-

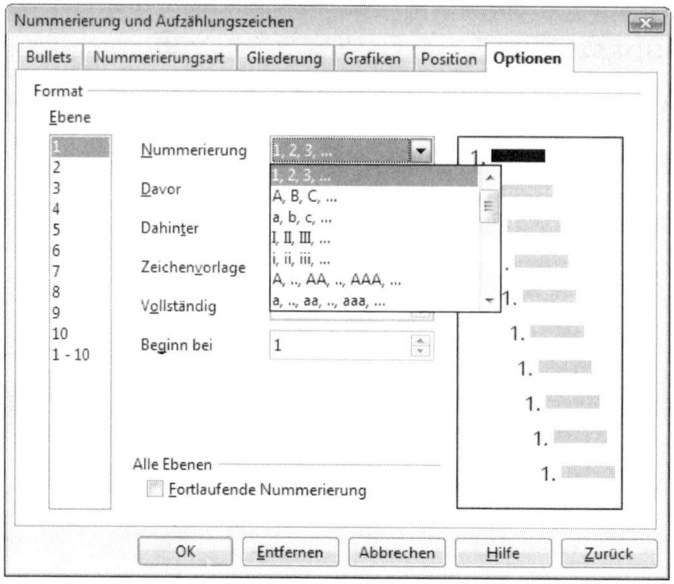

Abbildung 4.7: Einstellen der Nummerierungsoptionen

chen *Fortlaufende Nummerierung*, setzt der Writer die Nummerierung linear fort, d.h., die eingerückten Absätze erhalten eine um eins höhere Nummer als der vorhergehende Absatz (Abbildung 4.8).

1. → Wie können wir uns am Markt stärker positionieren?¶
   2. → Welche Vertriebskanäle haben wir noch nicht erschlossen?¶
   3. → Welche Vertriebskanäle müssen wir pushen?¶
4. → Wie lässt sich die Kundenbindung verbessern?¶

Abbildung 4.8: Beispiel für eine fortlaufende Nummerierung

TIPP

Benötigen Sie eine Nummerierung der Art 1, 1.1 etc, markieren Sie auf der Registerkarte Optionen *die betreffende Ebene. Dann lässt sich die Ziffernzahl der jeweiligen Ebene über das Drehfeld* Vollständig *vorgeben. Die erste Ebene wird mit einer Ziffer dargestellt. Die zweite Ebene kann dagegen eine oder zwei Ziffern aufweisen. Bei der dritten Ebene sind z.B. eine bis drei Ziffern zuständig. Das Feld* Vollständig *wird nur für die Ebenen 2 bis 10 freigegeben. Der Wert 1 im Drehfeld legt z.B. fest, dass nur die erste Ziffer des Nummerierungsindex anzuzeigen ist.*

INFO

Details zum Umgang mit gestuften Nummerierungen finden Sie im Abschnitt »Arbeiten mit Gliederungen« in diesem Kapitel.

4.2.3 Die Symbolleiste Nummerierung und Aufzählungszeichen

Bei der Bearbeitung von Nummerierungen und Aufzählungen blendet der Writer die Symbolleiste *Nummerierung und Aufzählungszeichen* ein (Abbildung 4.9). In dieser Symbolleiste finden Sie Schaltflächen, um die Nummerierung mit 1 beginnen zu lassen oder um die Gliederungsebene herauf- oder herunterzustufen.

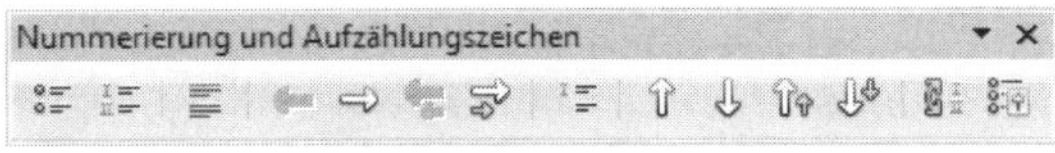

Abbildung 4.9: Die Symbolleiste *Nummerierung und Aufzählungszeichen*

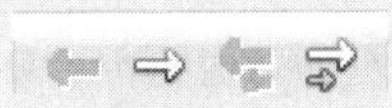

Über die nebenstehenden Schaltflächen lassen sich Einzüge für markierte Absätze erhöhen oder reduzieren.

Die nebenstehenden Schaltflächen ermöglichen es, einen markierten Absatz innerhalb der Aufzählung/Nummerierung nach oben/unten zu schieben.

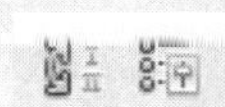

Die linke Schaltfläche weist den Writer an, die Nummerierung am markierten Absatz neu zu beginnen. Mit der rechten Schaltfläche lässt sich das Dialogfeld *Nummerierung und Aufzählungszeichen* aus Abbildung 4.6 öffnen.

Soll in einer Aufzählung ein Absatz ohne Schmuckpunkt erscheinen bzw. möchten Sie bei einer Nummerierung einen Absatz überspringen, können Sie verschiedene Möglichkeiten nutzen.

1. Klicken Sie auf den betreffenden Absatz und positionieren Sie die Einfügemarke am Absatzanfang.
2. Sobald Sie die [Rück]-Taste drücken, wird der Schmuckpunkt bzw. das Nummerierungssymbol entfernt.

Eine weitere Möglichkeit: Sie klicken auf den Absatz und wählen dann in der Symbolleiste *Nummerierung und Aufzählungszeichen* die nebenstehende Schaltfläche *Eintrag ohne Nummer hinzufügen.*

In allen Fällen wird dann ein Absatzwechsel an der Einfügemarke eingefügt und beim neuen Absatz die Anzeige des Nummerierungs-/Aufzählungssymbols unterdrückt.

TIPP

Zusätzlich gibt es den Trick, Absätze bereits bei der Eingabe mit weichen Zeilenumbrüchen abzusetzen. Hierzu drücken Sie einfach die Tastenkombination [⇧] + [↵] *und schreiben in der neuen Zeile weiter.*

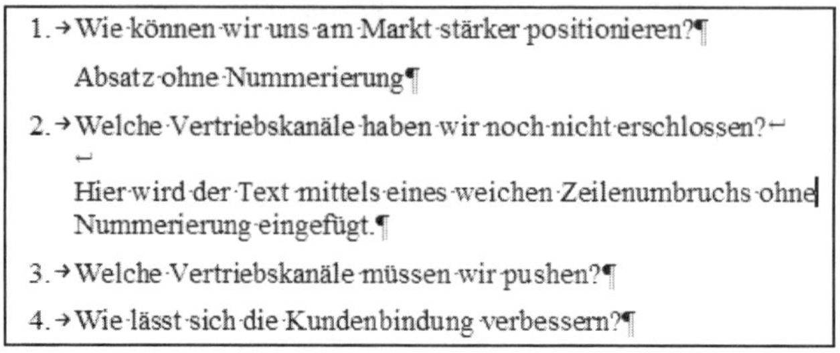
1. Wie können wir uns am Markt stärker positionieren?¶

Absatz ohne Nummerierung¶

2. Welche Vertriebskanäle haben wir noch nicht erschlossen?

Hier wird der Text mittels eines weichen Zeilenumbruchs ohne Nummerierung eingefügt.¶

3. Welche Vertriebskanäle müssen wir pushen?¶

4. Wie lässt sich die Kundenbindung verbessern?¶

Abbildung 4.10: Beispiel für Absätze mit unterdrückter Nummerierung

Möchten Sie Absätze, deren Nummerierung unterdrückt wurde, später wieder in die Nummerierung einbeziehen? Dann markieren Sie alle Absätze der Aufzählung/Nummerierung, heben die Aufzählung/Nummerierung auf und weisen diese erneut zu. Sollte die Zählung bei der Nummerierung nicht mehr stimmen, öffnen Sie das Dialogfeld Nummerierung und Aufzählungszeichen *und markieren auf der Registerkarte* Optionen *das Kontrollkästchen* Fortlaufende Nummerierung. *Allerdings geht die Stufung in Ebenen verloren, wenn mehrere dieser Absätze markiert sind.*

4.2.4 Weitere Optionen für Aufzählungen/Nummerierungen

Sie können Aufzählungen im Writer in gewissen Grenzen über Optionen beeinflussen. Benötigen Sie eine gestufte Aufzählung?

1. Tippen Sie die betreffenden Textabsätze ein, markieren Sie diese und weisen Sie ein Aufzählungsformat zu (siehe vorhergehende Abschnitte).
2. Markieren Sie die Absätze, die in die nächste Abstufung aufgenommen werden sollen.
3. Klicken Sie in der *Format*-Symbolleiste auf die Schaltfläche *Einzug erhöhen* (Abbildung 4.11). Alternativ können Sie die Schaltflächen *Eine Ebene niedriger verschieben* bzw. *Eine Ebene mit Unterpunkten niedriger verschieben* der Symbolleiste *Nummerierung und Aufzählungszeichen* (Abbildung 4.9) benutzen.

Jetzt zieht der Writer die betreffenden Absätze etwas nach rechts ein (Abbildung 4.11). Bei Bedarf können Sie der eingezogenen Aufzählungsebene ein anderes Aufzählungszeichen zuweisen (siehe »Anpassen des Schmuckpunkts«). Oder Sie arbeiten mit der Gliederungsfunktion, um in den verschiedenen Ebenen unterschiedliche Symbole anzuzeigen.

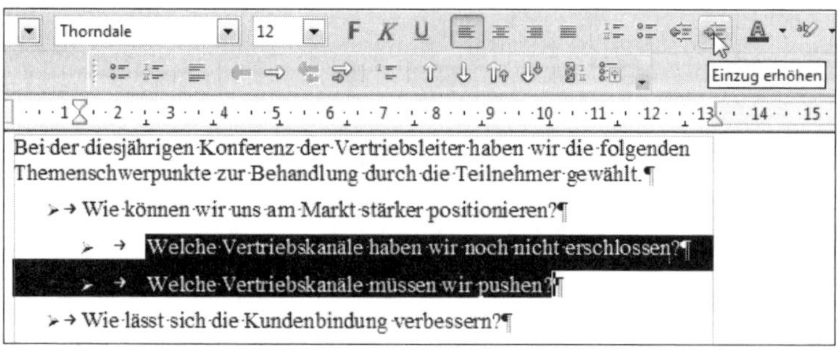

Abbildung 4.11: Gestufte Aufzählungen

Um den Einzug wieder aufzuheben, markieren Sie die betreffenden Absätze und klicken in der *Format*-Symbolleiste auf die Schaltfläche *Einzug vermindern*.

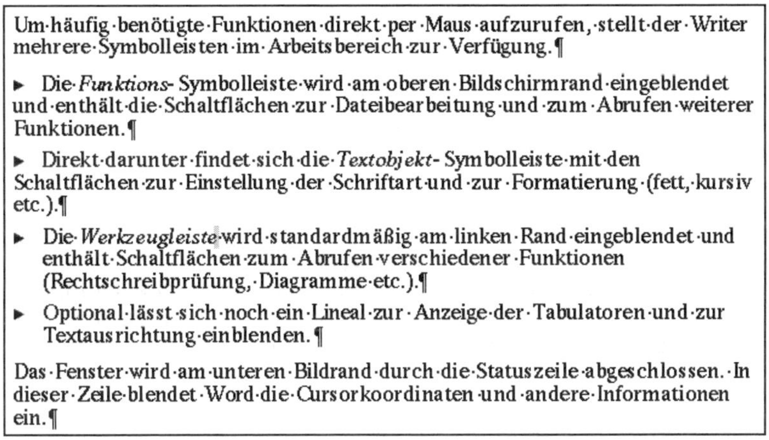
Um häufig benötigte Funktionen direkt per Maus aufzurufen, stellt der Writer mehrere Symbolleisten im Arbeitsbereich zur Verfügung.¶

- Die *Funktions*-Symbolleiste wird am oberen Bildschirmrand eingeblendet und enthält die Schaltflächen zur Dateibearbeitung und zum Abrufen weiterer Funktionen.¶
- Direkt darunter findet sich die *Textobjekt*-Symbolleiste mit den Schaltflächen zur Einstellung der Schriftart und zur Formatierung (fett, kursiv etc.).¶
- Die *Werkzeugleiste* wird standardmäßig am linken Rand eingeblendet und enthält Schaltflächen zum Abrufen verschiedener Funktionen (Rechtschreibprüfung, Diagramme etc.).¶
- Optional lässt sich noch ein Lineal zur Anzeige der Tabulatoren und zur Textausrichtung einblenden.¶

Das Fenster wird am unteren Bildrand durch die Statuszeile abgeschlossen. In dieser Zeile blendet Word die Cursorkoordinaten und andere Informationen ein.¶

Abbildung 4.12: Aufzählungen mit und ohne hängende Einzüge

Standardmäßig versieht der Writer Aufzählungsabsätze mit einem hängenden Einzug, d.h., die Folgezeilen eines mehrzeiligen Absatzes werden bis zur Ebene der Erstzeile nach rechts eingezogen. In Abbildung 4.12 ist dies bei den beiden unteren Aufzählungsabsätzen der Fall. Abhängig vom Dokumentlayout kann aber der Verzicht auf die hängenden Einzüge bei Aufzählungen erforderlich sein. In Abbildung 4.12 wurde dies bei den beiden oberen Aufzählungsabsätzen demonstriert. Dort beginnen die Folgezeilen am linken Seitenrand.

1. Um die hängenden Absatzeinzüge aufzuheben, markieren Sie die betreffenden Absätze, klicken diese mit der rechten Maustaste an und wählen im Kontextmenü den Befehl *Nummerierung/Aufzählung*.
2. Holen Sie im Dialogfeld *Nummerierung und Aufzählungszeichen* die Registerkarte *Position* in den Vordergrund (Abbildung 4.13).
3. Setzen Sie den Wert *Einzug bei* auf 0. Dies reduziert den Einzug der Folgezeilen, sodass diese am linken Rand beginnen.

Über das Listenfeld *Nummerierung wird gefolgt von* geben Sie an, ob das Nummerierungs-/Aufzählungssymbol von einem Tabulatorzeichen gefolgt wird. Der Wert *bei* legt den Erstzeileneinzug für den Text der ersten Absatzzeile fest. Das Feld *Ausgerichtet bei* legt den Einzug für das Aufzählung-/Nummerierungszeichen fest.

Die Wirkung dieser Änderungen sehen Sie sofort im Vorschaufeld. Über die Schaltfläche *Abbrechen* (oder die Taste [Esc]) können Sie das Dialogfeld schließen, ohne dass die Änderungen wirksam werden. Sofern Sie die Schaltfläche *Standard* auf der Registerkarte *Position* anklicken, wird der Writer auf die Herstellervorgaben zurückgesetzt. Wenn Sie dann das Dialogfeld über die *OK*-Schaltfläche (oder über die [↵]-Taste) schließen, werden die Absätze ohne hängende Einzüge dargestellt.

Um eine Aufzählung in eine Nummerierung zu wandeln, markieren Sie einfach den betreffenden Textbereich und klicken dann zweimal auf die Nummerierungsschaltfläche der *Format*-Symbolleiste. Der erste Mausklick hebt die Aufzählung auf, der zweite Mausklick weist die Nummerierung zu. Sinngemäß lässt sich auf diese Weise auch eine Nummerierung in eine Aufzählung verwandeln.

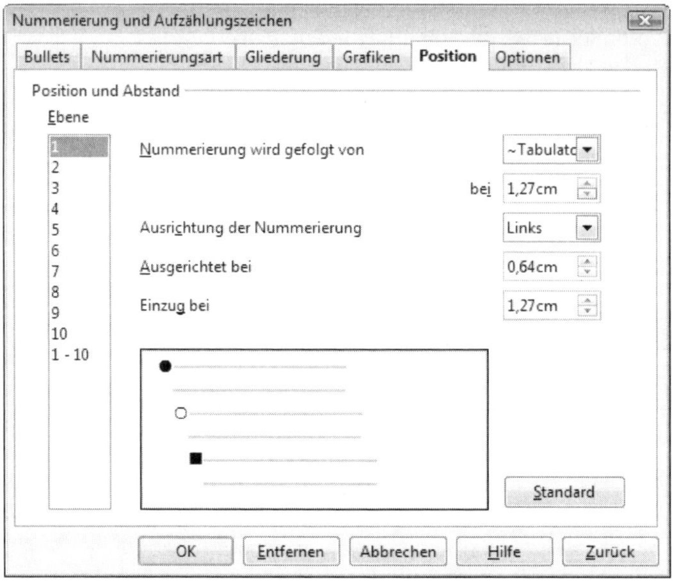

Abbildung 4.13: Position und Abstände anpassen

4.2.5 Nummerierungszeichen als Sonderzeichen einfügen

Benötigen Sie spezielle Zeichen (z.B. griechische Buchstaben) für eine Nummerierung? Möchten Sie flexibler bei der Gestaltung der Größe der Nummerierungssymbole sein? Der Writer unterstützt bei Nummerierungen keine Auswahl der Schriftart oder der Schriftgröße. Die Lösung zur Formatierung der Symbole besteht in der Verwendung von Zeichenvorlagen, die Sie auf der Registerkarte *Optionen* angeben (siehe Abschnitt »Auswahl der Nummerierungsart«). Dies korrigiert aber nicht das Problem der Auswahl der Nummerierungszeichen. Mit einem kleinen Trick lassen sich Absätze mit beliebigen Zeichen nummerieren und formatieren.

1. Geben Sie den Text der zu nummerierenden Absätze ein. Anstelle des Nummerierungszeichens setzen Sie ein Zeichen als Platzhalter, gefolgt von einem Tabulatorzeichen (Taste ↹) ein.
2. Markieren Sie die zu nummerierenden Absätze und setzen Sie den linken Einzug über den Randsteller des horizontalen Lineals (unteres der beiden Dreiecke) um 0,5 bis 1 cm nach rechts. Anschließend schieben Sie den Randsteller für den Erstzeileneinzug (oberes der beiden Dreiecke) auf den linken Seitenrand zurück (negativer Erstzeileneinzug, siehe vorhergehenden Abschnitt).
3. Markieren Sie den Platzhalter für das Nummerierungszeichen des ersten Absatzes und wählen Sie im Menü *Einfügen* den Eintrag *Sonderzeichen*. Im Dialogfeld *Sonderzeichen* (Abbildung 4.14) wählen Sie eine Schriftart aus, klicken dann auf eines der angebotenen Zeichen und schließen das Dialogfeld über die *OK*-Schaltfläche.
4. Wiederholen Sie Schritt 3 für alle Absätze der Nummerierungssequenz.

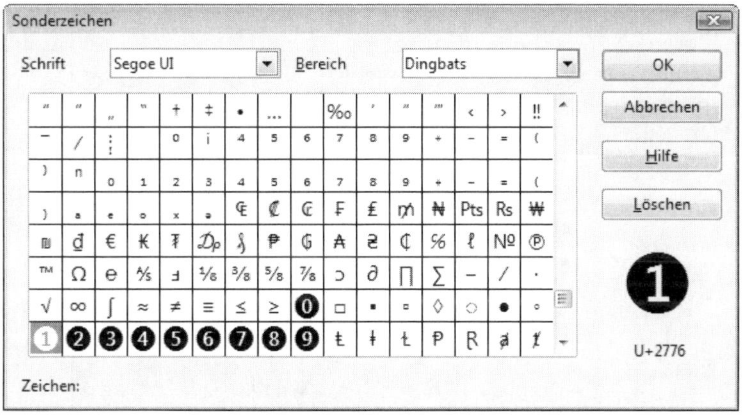

Abbildung 4.14: Dialogfeld zum Einfügen von Sonderzeichen

Mit dieser Technik schaffen Sie sich eine Nummerierung, die nicht durch den Writer verwaltet wird. Die negativen Einzüge der ersten Zeile bewirken in Kombination mit dem Tabulatorzeichen, dass der Text des jeweiligen Absatzes in der gleichen Spalte beginnt. Zudem können Sie die Aufzählungszeichen markieren und individuell formatieren (z.B. größere Schrift). Der einzige Nachteil dieses Ansatzes besteht darin, dass Sie die Nummerierungszeichen einzeln zuweisen müssen. Abbildung 4.15 zeigt ein Beispiel für zwei auf diese Weise gestaltete Nummerierungssequenzen.

α → Wie·können·wir·uns·am·Markt·stärker·positionieren?·Die·Teilnehmer werden·gebeten,·sich·Gedanken·zu·diesen·Themen·zu·machen.¶

β → Welche·Vertriebskanäle·haben·wir·noch·nicht·erschlossen?·Bitte·um Vorschläge.¶

γ → Festlegen·der·Vertriebsziele·im·nächsten·Jahr.·Ich·bitte·um·die aktuellen·Zahlen·des·laufenden·Jahres.·¶

❶ → Festlegen·der·Vertriebsziele·im·nächsten·Jahr.·Ich·bitte·um·die aktuellen·Zahlen·des·laufenden·Jahres.·¶

❷ → Festlegen·der·Vertriebsziele·im·nächsten·Jahr.·Ich·bitte·um·die aktuellen·Zahlen·des·laufenden·Jahres.·¶

❸ → Festlegen·der·Vertriebsziele·im·nächsten·Jahr.·Ich·bitte·um·die aktuellen·Zahlen·des·laufenden·Jahres.·¶

Abbildung 4.15: Beispiel für nummerierte Absätze mit Sonderzeichen

4.3 Arbeiten mit Gliederungen

In Texten werden häufiger mehrstufige Nummerierungen benötigt (siehe Text im Hintergrund in Abbildung 4.16). Denkbar wäre, die nummerierten Absätze der Unterstufen durch die Schaltfläche *Einzug erhöhen* etwas nach rechts einzuziehen. Allerdings gibt es das Problem, dass die Nummerierung über alle Absätze (auch die eingezogenen) fortgesetzt wird. Nur wenn Sie die Absätze der Unterstufen durch Drücken der [⇆]-Taste etwas nach rechts einziehen, passt der Writer die Nummerierung entsprechend an. Soll dann noch das Nummerierungsformat der verschiedenen Stufen variieren (z.B. 1. Stufe arabische Ziffern, 2. Stufe Buchstaben), wird die ganze Sache sehr aufwändig. Sie müssten das Nummerierungsformat für jede Nummerierungsstufe individuell anpassen.

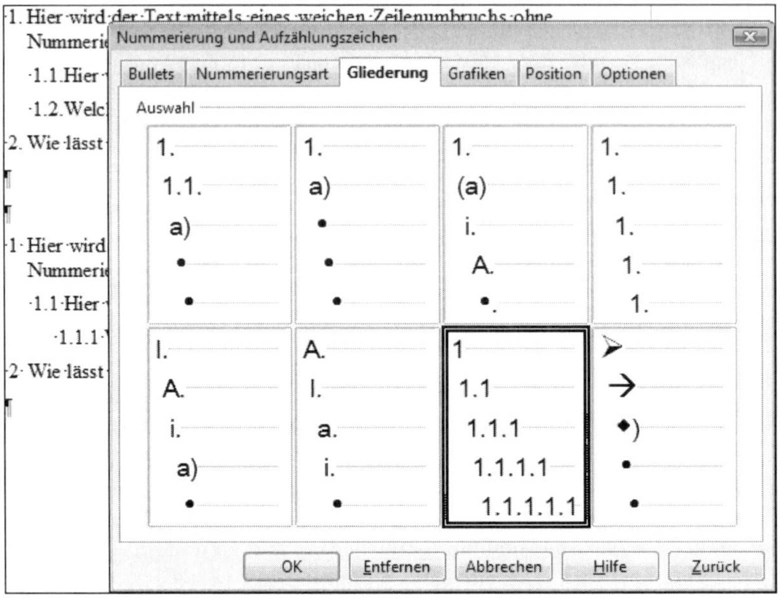

Abbildung 4.16: Einstellung der Gliederungsoptionen

Einfacher geht es aber, wenn Sie mit Gliederungen arbeiten. Dann kann der Writer abhängig von der Gliederungsebene ein Nummerierungsformat zuweisen. Verwenden Sie zu diesem Zweck folgende Technik:

1. Erstellen Sie die Absätze zuerst mit einer einstufigen Nummerierungsebene (siehe vorhergehende Abschnitte).
2. Anschließend markieren Sie den Bereich der Nummerierung, der gestuft werden soll, klicken mit der rechten Maustaste auf den markierten Bereich und wählen im Kontextmenü den Eintrag *Nummerierung/Aufzählung*.
3. Wählen Sie im Dialogfeld *Nummerierung und Aufzählungszeichen* die Registerkarte *Gliederung* und klicken Sie auf eines der angebotenen Felder mit den Gliederungsoptionen (Abbildung 4.16).

Sobald Sie das Dialogfeld über die *OK*-Schaltfläche schließen, weist der Writer dem markierten Bereich das Gliederungsformat zu. Jetzt gilt es noch, die Absätze den einzelnen Gliederungsebenen zuzuweisen.

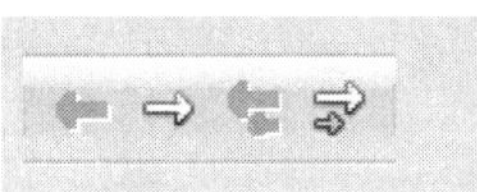

Hierzu markieren Sie anschließend die betreffenden Absätze und stufen diese über die hier gezeigten Schaltflächen der Symbolleiste *Nummerierung und Aufzählungszeichen* herauf oder herunter.

Der Writer passt dann das Nummerierungsformat gemäß der gewählten Gliederungsebene an. In Abbildung 4.16 sehen Sie im Hintergrund einen Text, der mit einer dreistufigen Gliederung versehen ist. Gemäß Auswahl des Gliederungsformats werden die Ebenen mit Ziffern (1, 1.1, 1.1.1) ausgezeichnet.

4.3.1 Ändern des Gliederungsformats

Sobald Sie dem Text eine Gliederung zugewiesen haben, lässt sich bei Bedarf das Gliederungsformat anpassen. Die Vorgehensweise entspricht dem Anpassen der Nummerierungs- und Aufzählungsformate.

1. Klicken Sie mit der rechten Maustaste auf den markierten Gliederungsbereich und wählen Sie im Kontextmenü den Befehl *Nummerierung/Aufzählung*.
2. Anschließend stellen Sie auf der Registerkarte *Optionen* des Dialogfelds *Nummerierung und Aufzählungszeichen* das Nummerierungsformat, ggf. den Anfangswert und weitere Optionen ein (Abbildung 4.17, Hintergrund).
3. Wechseln Sie zur Registerkarte *Position* und passen Sie dort bei Bedarf die Einrückung, den Abstand zum Text und weitere Optionen an (Abbildung 4.17, Vordergrund).

Die Optionen werden wirksam, sobald Sie das Dialogfeld über die *OK*-Schaltfläche schließen. Um geänderte Optionen für Einrückungen zurückzunehmen, rufen Sie die Registerkarte *Position* auf und klicken auf die Schaltfläche *Standard*.

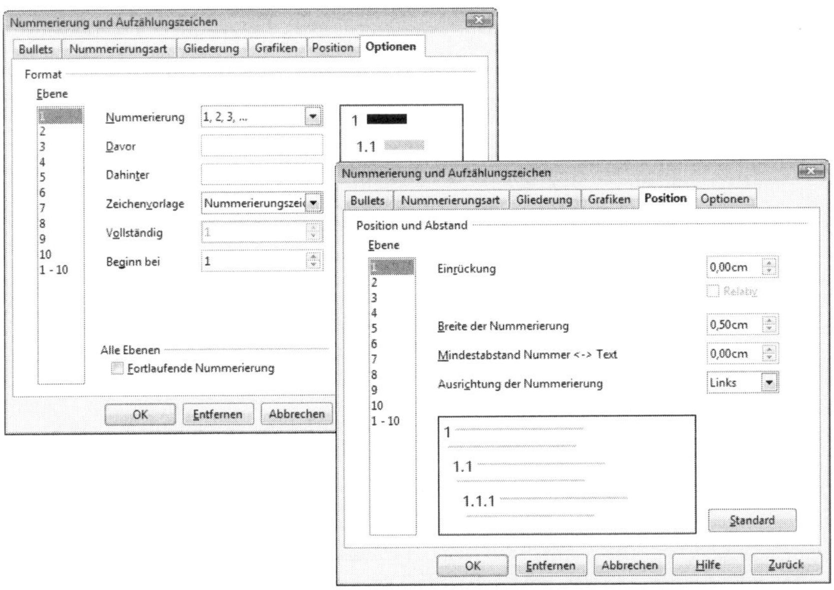

Abbildung 4.17: Anpassen des Gliederungsformats

4.4 Zeilennummerierung im Text

Der Writer besitzt die Möglichkeit, die Zeilen eines Dokuments zu nummerieren (Abbildung 4.18, Hintergrund).

1. Rufen Sie hierzu den Menübefehl *Extras/Zeilennummerierung* auf.
2. Im Dialogfeld *Zeilennummerierung* markieren Sie das Kontrollkästchen *Nummerierung einschalten* (Abbildung 4.18, Vordergrund).
3. Setzen Sie ggf. noch die weiteren Optionen (z.B. *Intervall* auf 1 zurückstellen, um jede Zeile zu zählen) und schließen Sie das Dialogfeld über die *OK*-Schaltfläche.

Der Writer blendet vor jeder Zeile im Dokument eine laufende Zeilennummer ein, die auch beim Ausdruck erhalten bleibt. Diese Information ist z.B. hilfreich, wenn Dokumente nach Zeilenzahl abgerechnet werden. Beim Übersetzen von Programmcode liefern viele Compiler ebenfalls eine Zeilennummer für gefundene Fehler zurück. Unterstützt Ihr Editor keine Anzeige von Zeilennummern, lässt sich die Zeilennummerierung im Writer zur Fehleranalyse heranziehen.

TIPP

Beginnt die Zeilennummerierung bei jedem Absatz erneut mit der Zahl 1? Dann markieren Sie das gesamte Dokument, rufen den Menübefehl Format/Absatz *auf und löschen auf der Registerkarte* Nummerierung *die Markierung des Kontrollkästchens* An diesem Absatz neu beginnen.

Abbildung 4.18: Einschalten der Zeilennummerierung

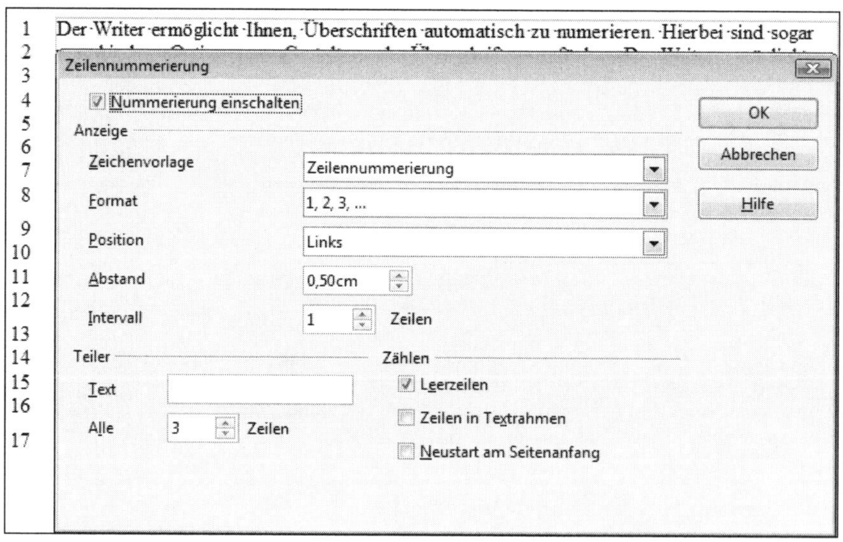

4.5 Nummerierung von Überschriften

Längere Dokumente wird man mittels Überschriften gliedern. Bei den Überschriften handelt es sich um einzeilige Absätze, die durch besondere Formatierungen hervorgehoben sind. Insbesondere bei wissenschaftlichen Abhandlungen oder Büchern mit technischem Inhalt wird gerne eine Nummerierung der Überschriften (ausgehend von der Kapitelnummerierung) vorgenommen. Dann lassen sich Bezüge der Art »siehe Abschnitt 1.1« im Text verwenden. Der Writer bietet die Möglichkeit, die (Kapitel-)Überschriften zu nummerieren. Allerdings sind hierzu mehrere Schritte erforderlich.

- Im ersten Schritt weisen Sie den betreffenden Überschriften ein Absatzformat für Überschriften zu.
- Dann müssen Sie die Nummerierung der Überschriften für die einzelnen Überschriftebenen einschalten.

Zum Zuweisen der Absatzformate für Überschriften gehen Sie folgendermaßen vor.

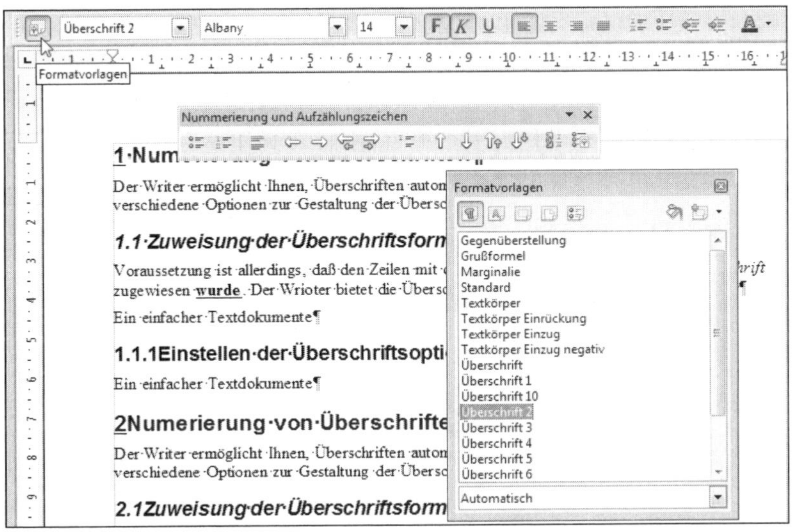

Abbildung 4.19: Zuweisen der Absatzformate für Überschriften

1. Blenden Sie das Fenster *Formatvorlagen* ein (z.B. über die Schaltfläche der *Format*-Symbolleiste, siehe Abbildung 4.19).
2. Markieren Sie den betreffenden Absatz, der als Überschrift markiert werden soll.
3. Wählen Sie das Absatzformat für die gewünschte Überschriftebene per Doppelklick im Fenster *Formatvorlagen* an, um das Format zuzuweisen (Abbildung 4.19, Vordergrund).

In Abbildung 4.19 ist ein entsprechender Textausschnitt mit Überschriftebenen im Hintergrund zu sehen. In diesem Beispiel ist die Nummerierung von Überschriften bereits aktiv. Daher werden die Überschriften mit 1, 1.1 etc. durchnummeriert. Um diese Nummerierung einzuschalten, sind folgende Schritte erforderlich:

1. Rufen Sie den Menübefehl *Extras/Kapitelnummerierung* auf.
2. Sobald das Dialogfeld *Kapitelnummerierung* angezeigt wird, wählen Sie auf der Registerkarte *Nummerierung* eine Ebene an. Dann stellen Sie die Optionen für die betreffende Ebene ein (Abbildung 4.20).
3. Wiederholen Sie Schritt 2 für alle Überschriftebenen, die im Dokument vorhanden sind.

Sobald Sie das Dialogfeld über die *OK*-Schaltfläche schließen, werden die Überschriften gemäß Ihren Vorgaben nummeriert. Wie die Überschriften nummeriert werden, hängt von der gewählten Vorgabe ab.

Abbildung 4.20: Setzen der Optionen zur Kapitelnummerierung

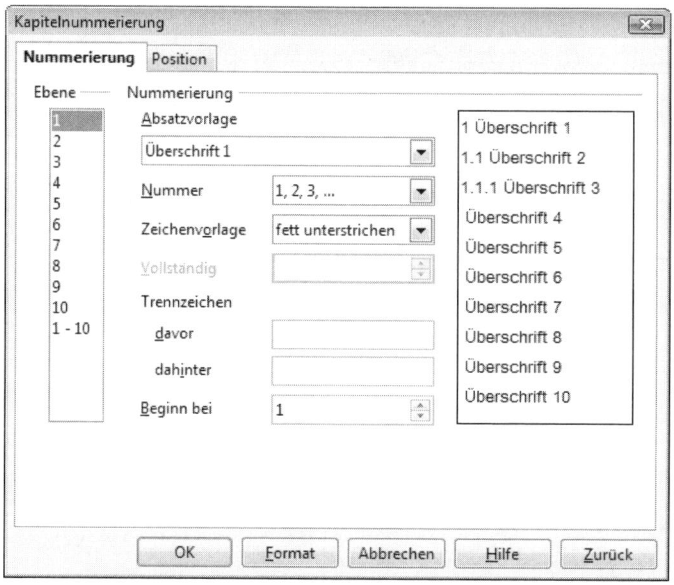

- Die Namen der Absatzformatvorlagen, die Sie für die Überschriften benutzt haben, lassen sich über das Listenfeld *Absatzvorlage* wählen. Standardmäßig werden hier die Vorlagen »Überschrift 1«, »Überschrift 2« etc. eingeblendet.
- Um eine Nummerierung innerhalb der gewählten Überschriftebene einzublenden, muss im Feld *Nummer* (siehe Abbildung 4.20) eine der Schablonen (z.B. 1, 2, 3, ... oder AAA etc.) eingestellt werden. Der Wert definiert, ob numerische Werte, Groß-/Kleinbuchstaben, römische Ziffern etc. für die Nummerierung benutzt werden. Um die Überschriftnummerierung zu entfernen, setzen Sie den Wert des Felds *Nummer* auf »Keine«.
- Die Zahl der Ziffern für die Nummerierung legen Sie ab der Ebene 2 über das Feld *Vollständig* fest. Der Wert 2 gibt z.B. an, dass zwei Ziffern des gestuften Index anzuzeigen sind.

TIPP

Möchten Sie der Nummerierung der Überschrift ein spezielles Format zuweisen? Dann definieren Sie im Fenster Formatvorlage *eine eigene Zeichenformatvorlage (siehe Kapitel 3, Abschnitt »Vorlagen neu anlegen, ändern oder löschen«) und weisen diese über das Listenfeld* Zeichenvorlage *(Abbildung 4.20) der Registerkarte* Nummerierung *zu. Die Abstände zwischen Nummerierung und dem Text der Überschrift, ein (negativer) Einzug für die Überschriftzeile etc. lässt sich dagegen auf der Registerkarte* Position *vorgeben.*

Über die Felder *Beginn bei* und *davor* bzw. *dahinter* können Sie zudem den Startwert der Nummerierung sowie Zeichen vor und hinter dem Index vorgeben. Die Position der Nummerierung, hängende Einzüge, den Abstand zwischen Index und Text der Überschrift etc. legen Sie dagegen auf der Registerkarte *Position* fest.

HALT

Zum Einblenden der Nummerierung bei Überschriften ist es schnell passiert, dass die Nummerierungsschaltfläche der Format-*Symbolleiste statt des Befehls* Kapitelnummerierung *im Menü* Extras *verwendet wird. Spätestens bei der Gestaltung von Kopfzeilen mit lebenden Kolumnen (d.h. Kapitelnummer und -überschrift auf einer Seite und auf der gegenüberliegenden Seite Überschriftentexte der ersten Überschriftebene als Kopfzeile) gibt es dann aber Probleme. Plötzlich werden die Kapitelnummern nicht richtig weitergezählt oder in der Kolumne erscheinen falsche Überschriften. Klicken Sie dann auf die Überschriftzeile mit der falschen Nummer und heben Sie die Nummerierung mittels der Nummerierungsschaltfläche der* Format-*Symbolleiste auf. Dann sollte die korrekte Kapitelnummer (fortlaufend gemäß den Vorgaben im Dialogfeld* Kapitelnummerierung*) erscheinen.*

5 Listen und Tabellen im Text

Listen und Tabellen sind zwei Gestaltungselemente für Textdokumente. Nachfolgend lernen Sie, wie Sie die betreffenden Optionen für eigene Zwecke nutzen können.

5.1 Arbeiten mit Listen

Der nachfolgende Abschnitt befasst sich mit der Erstellung von Listen (z.B. Telefonlisten) im Writer.

5.1.1 Listen richtig erstellen und pflegen

Bei der Gestaltung von Schriftstücken kommt es häufiger vor, dass diese Listen enthalten. Viele Benutzer haben aber Probleme, die einzelnen Spalten der Liste sauber anzuordnen. Gelegentlich sieht man, dass solche Listen durch eingefügte Leerzeichen gestaltet werden (Abbildung 5.1). Verwenden Sie, wie in Abbildung 5.1 in der oberen Tabelle gezeigt, eine Proportionalschrift (es wurde die Schrift Times benutzt), werden die Spalten nicht genau ausgerichtet – die Textanfänge verrutschen.

```
¶
Name····Vorname·········☎·Tel.····················Betrag¶
Bach······Andrea·············069- 333-451·········7,20¶
Bauer·····Heinz················069- 333-4221·······5,30¶
Breuer····Isolde··············069- 553451··········3,20¶
Müller····Heinrich··········069- 123456·········15,30¶
¶
Name···Vorname·········☎·Tel.········Betrag¶
Bach···Andrea··········069-333-451·····7,20¶
Bauer··Heinz···········069-333-4221····5,30¶
Breuer·Isolde··········069-553451······3,20¶
Müller·Heinrich········069-123456·····15,30¶
¶
```

Abbildung 5.1: Beispiel einer mit Leerzeichen gestalteten Liste

Die Ursache: Um Texte lesefreundlicher zu machen, versehen Schriftendesigner die einzelnen Buchstaben mit einer unterschiedlichen Breite. Ein »i« ist beispielsweise schmaler als ein »w«. Folglich werden Wörter mit unterschiedlichen Zeichen auch unterschiedliche Breiten aufweisen, die sich mit Leerzeichen nicht ganz ausgleichen lassen. Spätestens beim Ausdruck sind die Spalten zeilenweise gegeneinander verschoben. Eine Möglichkeit besteht darin, auf nicht proportionale Schriften wie Courier oder Lucida Sans Typewriter (Schreibmaschinenschrift) auszuweichen. Aber dies sieht selten gut aus, speziell wenn die Liste in einem mit anderen Schriftarten gestalteten Dokument enthalten ist (Abbildung 5.1, untere Liste).

Der bessere Ansatz besteht darin, Tabulatorzeichen statt Leerzeichen zum Einrücken der einzelnen Spalten zu verwenden. Mit dem richtigen Know-how lassen sich dann auch umfangreichere Tabellen optisch ansprechend gestalten und komfortabel pflegen. Dies soll jetzt an einer einfachen Liste Schritt für Schritt demonstriert werden. Es handelt sich um die bereits in Abbildung 5.1 gezeigte Liste, die sowohl Namen als auch Telefonnummern sowie Währungsbeträge enthält. Das Problem: Wie lassen sich die Spalten dieser Liste sauber ausrichten?

1. Geben Sie die Kopfzeile der in Abbildung 5.1 gezeigten Liste ein. Die einzelnen Wörter dieser Kopfzeile sind dabei nicht durch Leerzeichen, sondern durch jeweils ein Tabulatorzeichen einzurücken. Das Tabulatorzeichen geben Sie durch Drücken der ⭾-Taste ein.
2. Um das in Abbildung 5.1 gezeigte Symbol eines Telefons in der Kopfzeile einzufügen, rufen Sie den Menübefehl *Einfügen/Sonderzeichen* auf. Im dann erscheinenden Dialogfeld *Sonderzeichen* wählen Sie eine Schriftart mit den entsprechenden Zeichen aus (unter Linux z.B. OpenSymbol, unter Windows z.B. Wingdings). Dann klicken Sie auf das Feld mit dem gewünschten Symbol und schließen das Dialogfeld über die *OK*-Schaltfläche.
3. Drücken Sie am Ende der Kopfzeile die ↵-Taste und fügen Sie anschließend die Zeilen mit den Listeneinträgen hinzu. Auch hier ist darauf zu achten, dass die Einrückungen mit dem Tabulatorzeichen vorgenommen werden.

Abbildung 5.2: Liste mit durch Tabulatorzeichen eingerückten Spalten

Wenn Sie alles richtig gemacht haben, könnte die Liste wie in Abbildung 5.2 gezeigt aussehen. Die Tabulatoren werden durch kleine Pfeile dargestellt (sofern die Anzeige der Steuerzeichen aktiviert ist). Lassen Sie sich nicht stören, dass das Ergebnis momentan noch nicht so ganz optimal aussieht.

Dass die Einträge der Spalten verschoben sind, liegt an der unterschiedlichen Länge der Spalteneinträge. Der Writer richtet die Einträge einfach an den Standard-Tabulatorstopps aus. Die Tabulatorpositionen werden standardmäßig im Abstand von 1,25 cm vom linken Rand (also bei 1,25 cm, 2,5 cm, 3,75 cm usw.) festgelegt. Sie können diese Tabulatorstopps am Lineal ablesen. Am unteren Rand, direkt unterhalb der Zahlen, ist jede Position durch ein ganz feines auf dem Kopf stehendes T markiert (Abbildung 5.2).

INFO

Sofern Sie bereits mit einer Schreibmaschine gearbeitet haben, werden Sie vermutlich bei Bedarf zweimal die ⭾-Taste drücken, um genügend Zwischenraum für die jeweiligen Spalten zu erhalten. Dies sollten Sie auf keinen Fall tun! Andernfalls kann dies später zu unnötigem Aufwand bei der Pflege der Liste führen.

Im nächsten Schritt gilt es die Tabulatorstopps im Writer an die individuellen Bedürfnisse anzupassen. Da die Liste sowohl Texte als auch Währungsbeträge aufweist, müssen Sie zudem mit unterschiedlichen Tabulatoren arbeiten. Am linken Rand des horizontalen Lineals finden Sie ein Feld, in dem Sie den Tabulatortyp auswählen können (Abbildung 5.2). Die Umschaltung zwischen den verschiedenen Tabulatortypen erfolgt durch Anklicken dieses Felds.

	Tabulator linksbündig: Texte werden linksbündig am Tabstopp ausgerichtet.
	Tabulator rechtsbündig: Texte werden rechtsbündig am Tabstopp ausgerichtet.
	Tabulator dezimal: Erlaubt ein Ausrichten von Dezimalzahlen am Dezimalpunkt.
	Tabulator zentriert: Richtet den Text der Spalte zentriert an der Tabulatorposition aus.

Um die obige Liste sauber mit benutzerdefinierten Tabulatorstopps auszurichten, führen Sie nun folgende Schritte aus.

1. Markieren Sie als Erstes die Kopfzeile und formatieren Sie diese bei Bedarf fett. Klicken Sie dann ggf. auf das Feld zur Tabulatorauswahl, bis das Zeichen für den Tabulator linksbündig erscheint.
2. Klicken Sie nun am unteren Rand des horizontalen Lineals auf die Positionen, an denen Tabulatorstopps einzufügen sind (Abbildung 5.3). Jeder manuell gesetzte Tabulatorstopp wird durch ein kleines Symbol am unteren Rand des Lineals angezeigt. Die Standardtabulatoren werden dabei automatisch entfernt. Sie können die Symbole der manuell gesetzten Tabulatoren per Maus horizontal auf dem Lineal verschieben und so die Tabulatorstopp-Position verändern.
3. Markieren Sie nun die Zeilen mit den Einträgen der Liste und weisen Sie diesen ebenfalls entsprechende Tabulatorstopps zu (Abbildung 5.4). Bevor Sie den Tabulator für die Spalte mit den Telefonnummern setzen, sollten Sie den Tabulatortyp auf »Tabulator rechtsbündig« setzen. Bei der Spalte »Betrag« verwenden Sie keinen linksbündigen Tabulator, sondern einen Tabulator dezimal.

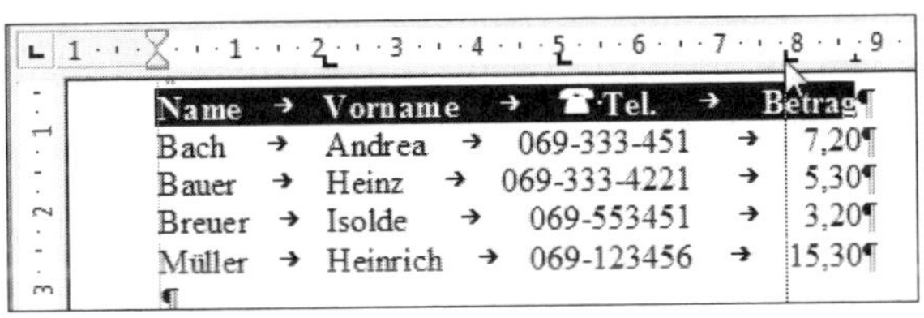

Abbildung 5.3: Setzen der Tabulatorstopps für die Kopfzeile

Wenn alles geklappt hat, sollte die Liste ähnlich wie in Abbildung 5.4 gezeigt aussehen. Die einzelnen Listenspalten sind sauber untereinander ausgerichtet, die Telefonnummern erscheinen rechtsbündig und die Währungsbeträge justiert der Writer am Dezimalkomma.

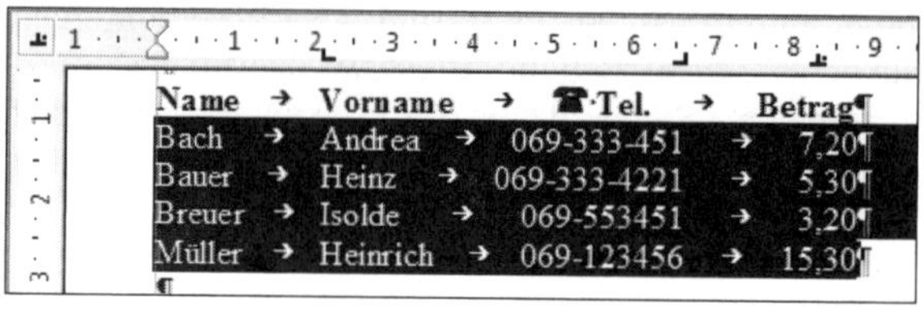

Abbildung 5.4: Setzen der Tabulatorstopps für die Datenzeilen der Liste

TIPP

Um einen manuell gesetzten Tabulatorstopp zu entfernen, zeigen Sie mit der Maus auf die betreffende Marke im Lineal, halten dann die linke Maustaste gedrückt und ziehen die Marke einfach in den Dokumentbereich. Sobald Sie die linke Maustaste loslassen, wird der Tabulator aufgehoben.

INFO

Tabulatoren beziehen sich immer auf Absätze. Sie müssen daher die gewünschten Absätze vor dem Zuweisen der Tabulatoren markieren. Möchten Sie in Listen, die Überschriftzeilen enthalten, dezimale Tabulatoren verwenden, markieren Sie nur die Datenzeilen. Der Überschrift, die in der Regel ja nur Texte enthält, weisen Sie dagegen linksbündige Tabulatoren zu. Notfalls müssen Sie die betreffenden Tabulatorpositionen zwischen der Überschriftzeile und den Datenzeilen entsprechend justieren.

5.1.2 Pflege der Tabulatoreinstellungen

Die Feinjustierung der Tabstopp-Positionen können Sie auch auf der Registerkarte *Tabulatoren* vornehmen (Abbildung 5.5). Diese Registerkarte erreichen Sie über den Befehl *Absatz* des Menüs *Format* bzw. des Kontextmenüs.

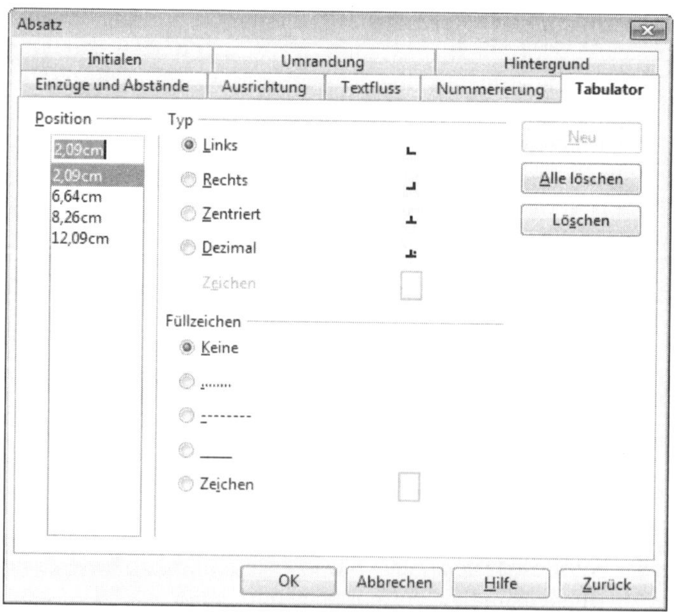

Abbildung 5.5: Registerkarte *Tabulator* mit Tabulatoreinstellungen

Um einen neuen Tabulatorstopp zu definieren, geben Sie in das Feld *Position* einen Wert in cm ein. Dann wählen Sie den Tabulatortyp und bei Bedarf das anzuzeigende Füllzeichen. Sobald Sie auf die freigegebene Schaltfläche *Neu* klicken, wird der Wert in die Liste der Tabulatorstopps aufgenommen. Einen markierten Eintrag können Sie über die Schaltfläche *Löschen* entfernen. Der Vorteil dieses Ansatzes besteht darin, dass Sie die gesamten Tabulatoreigenschaften immer im Blickfeld haben.

Tabulatoren eignen sich sehr gut zum Erstellen von Listen (z.B. bei Rechnungen). Die einzelnen Spalten lassen sich über die ⇆-Taste ausrichten. Wichtig ist, dass Sie jede Zeile am Zeilenende mit der ↵-Taste abschließen. Wenn Sie sich an obige Anweisungen halten, lässt sich die Spaltenbreite der Liste bei Bedarf durch Verschieben der Tabulatorstopps nachträglich anpassen (vorher die betreffenden Absätze markieren).

5.2 Arbeiten mit Tabellen

Zur Pflege von Listen oder zur Gestaltung Ihrer Dokumente können Sie auf die im Writer integrierte Tabellenfunktion zurückgreifen. Tabellen sind ein spezielles Element, das bei der Gestaltung von Listen verschiedene Vorteile gegenüber der oben erwähnten Vorgehensweise besitzt. Der folgende Abschnitt befasst sich mit den Funktionen des Writers zum Erstellen von Tabellen.

5.2.1 Die Tabellenstruktur erstellen

Um eine Tabelle in ein Textdokument einzufügen, bietet der Writer mehrere Möglichkeiten.

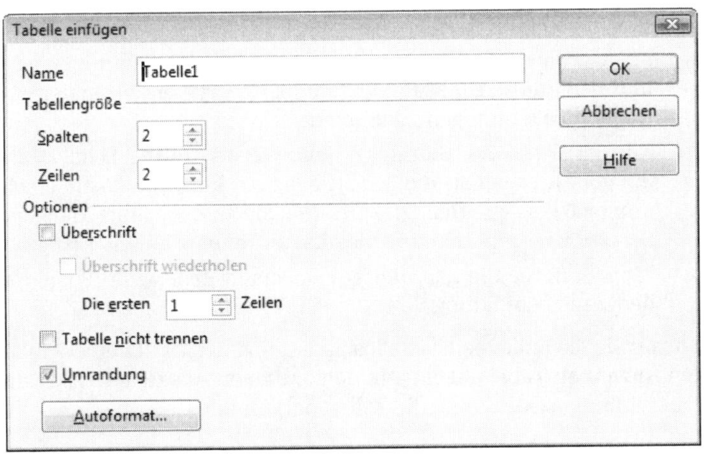

Abbildung 5.6: Festlegen der Tabelleneigenschaften

1. Rufen Sie den Menübefehl *Einfügen/Tabelle* auf oder drücken Sie die Tastenkombination Strg + F12 (bzw. MacBef + F12 beim Mac – bei Linux kann diese Tastenkombination z.B. durch KDE belegt sein). Alternativ können Sie im Menü *Tabelle* den Befehl *Einfügen* wählen und dann im Untermenü auf *Tabelle* klicken.

2. Geben Sie anschließend in das Dialogfeld *Tabelle einfügen* die Zahl der Zeilen und Spalten ein und legen Sie die restlichen Tabellenoptionen fest (Abbildung 5.6). Über die Option *Umrandung* lässt sich z.B. vorgeben, ob die Tabellenstruktur mit einer schwarzen Linie versehen wird.

Sobald Sie das Dialogfeld über die *OK*-Schaltfläche schließen, wird eine Tabellenstruktur in das Textdokument eingefügt.

Der Vorteil des obigen Ansatzes besteht darin, dass Sie alle Tabelleneigenschaften komfortabel im Dialogfeld setzen können. Dies gilt insbesondere, wenn die Tabelle einen Namen erhalten soll. Dieser Name ist z.B. hilfreich, falls Sie Bezüge innerhalb eines Dokuments mit mehreren Tabellen verwenden möchten (z.B. bei Berechnungen). Weiterhin können Sie festlegen, ob die Tabelle eine Überschrift besitzt und ob große Tabellen über eine Seite umbrochen werden dürfen.

Abbildung 5.7: Tabelle über die Schaltfläche *Tabelle* der *Standard*-Symbolleiste anlegen

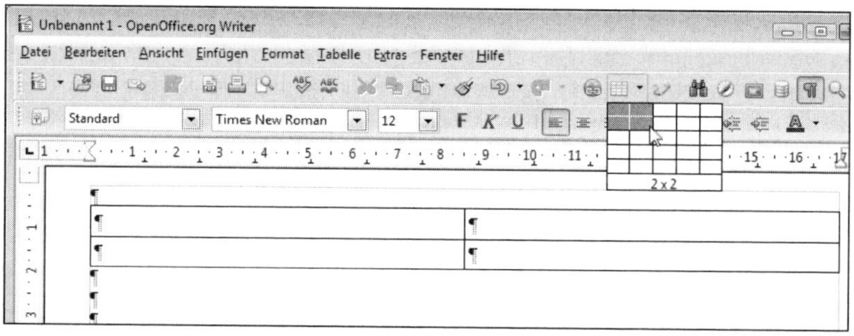

Eleganter funktioniert das Einfügen von Tabellen über die Schaltfläche *Tabelle* der *Standard*-Symbolleiste.

1. Klicken Sie auf den Absatz, in den die Tabelle einzufügen ist. Dabei sollten vor und nach diesem Absatz weitere leere Absätze vorhanden sein, um ggf. nachträglich Text einfügen zu können.
2. Klicken Sie in der *Standard*-Symbolleiste auf die Schaltfläche *Tabelle* (Abbildung 5.7). Wenn Sie die Schaltfläche nur kurz anklicken, erscheint das in Abbildung 5.6 gezeigte Dialogfeld. Halten Sie aber die linke Maustaste länger über der Schaltfläche gedrückt, blendet der Writer eine Tabellenpalette ein.
3. Markieren Sie die Zahl der gewünschten Zeilen und Spalten durch Ziehen mit der Maus (Abbildung 5.7).

Sobald Sie die linke Maustaste loslassen, fügt der Writer eine Tabelle mit der gewählten Anzahl an Tabellenzellen in den aktuellen Absatz ein. Die Tabellen werden mit einer Rahmenstruktur um die Zellen dargestellt.

Über die Esc*-Taste lässt sich das Erstellen der Tabelle bei geöffneter Palette abbrechen.*

Die Grundeigenschaften einer Tabelle (z.B. ob diese eine Kopfzeile aufweist, ob ein Rand angezeigt wird, ob Eingaben in die Zellen automatisch formatiert werden etc.) lassen sich über den Menübefehl Extras/Optionen *beeinflussen. Wählen Sie im Zweig* Textdokument *die Kategorie* Tabelle. *Dann lassen sich die betreffenden Optionen im Dialogfeld einstellen.*

5.2.2 Eingeben, Markieren und Positionieren innerhalb einer Tabelle

Eingaben erfolgen direkt in eine Zelle der Tabelle. Sie brauchen nur die Zelle per Maus anzuklicken und dann den Wert einzutippen. Zur Positionierung zwischen den Zellen der Tabelle können Sie die Tasten aus folgender Tabelle verwenden.

Tabelle 5.1: Tastencodes zur Positionierung innerhalb einer Tabelle

Taste	Bemerkung
[Tab]	Positioniert zur jeweils logisch nachfolgenden (rechts befindlichen) Zelle. Am Zeilenende wird die erste Zelle der nächsten Zeile angesprungen. Befindet sich die Einfügemarke in der letzten Zelle, fügt der Writer eine neue Zeile an.
[⇧] + [Tab]	Positioniert zur jeweils logisch vorhergehenden Zelle (meist eine Zelle nach links).
[↑]	Eine Zeile nach oben zur nächsten Zelle.
[↓]	Eine Zeile nach unten zur nächsten Zelle.
[→]	Positioniert zeichenweise innerhalb der Zelle nach rechts.
[←]	Positioniert zeichenweise innerhalb der Zelle nach links.
[Strg] + [→]	Positioniert nach rechts zur nächsten Zelle.
[Strg] + [←]	Positioniert nach links zur vorherigen Zelle.
[↵]	Löst einen Absatzwechsel innerhalb der Zelle aus.
[⇧] + [↵]	Löst einen weichen Zeilenwechsel innerhalb der Zelle aus.
[Strg] + [Tab]	Fügt ein Tabulatorzeichen innerhalb der Zelle ein.

INFO

Bei Mac OS X auf Macintosh-Rechnern ist die [MacBef]-Taste anstelle der in der obigen Tabelle aufgeführten [Strg]-Taste zu drücken.

Teile der Tabelle lassen sich sehr einfach mit der Maus markieren. Klicken Sie auf eine Zelle und ziehen Sie dann die Maus bei gedrückter linker Maustaste zu einer Nachbarzelle. Dann werden die dazwischen liegenden Zellen farbig markiert. Alternativ können Sie auf eine Zelle mit der rechten Maustaste klicken. Dann lässt sich im Kontextmenü der Befehl *Zeile/Auswählen* bzw. *Spalte/Auswählen* anklicken. Der Writer markiert automatisch die gesamte Zeile oder Spalte.

INFO

Umsteiger von Microsoft Word werden es begrüßen, dass der Writer (ab Version 2.0) inzwischen ebenfalls das Markieren von Zeilen/Spalten durch einen Mausklick unterstützt. Sie müssen lediglich links neben den Rahmen der ersten Tabellenzelle zeigen, damit der Mauszeiger die Form eines schwarzen Pfeils annimmt (und die QuickInfo Tabellenzeile auswählen *erscheint). Klicken Sie mit der linken Maustaste, wird die Zeile markiert. Auf die gleiche Weise lässt sich eine Tabellenspalte markieren, indem Sie oberhalb der Tabelle auf die Spalte zeigen und nach dem Symbolwechsel des Mauszeigers mit der linken Maustaste klicken.*

5.2.3 So lässt sich die Tabellenstruktur modifizieren

Haben Sie eine Tabellenstruktur in das Dokument eingefügt, lässt sich deren Struktur (Zahl der Spalten oder Zeilen) mit wenigen Mausklicks anpassen. Sie können hierzu die Befehle des Kontextmenüs sowie die Schaltflächen der Symbolleiste *Tabelle* verwenden (Abbildung 5.8).

Abbildung 5.8: Schaltflächen der Symbolleiste *Tabelle* (Open Office.org)

- Um eine neue Zeile am Ende der Tabelle anzufügen, klicken Sie auf die Zelle in der rechten unteren Ecke der Tabelle. Sobald Sie die [Tab]-Taste betätigen, wird eine neue leere Zeile angefügt. Gleichzeitig positioniert der Writer die Einfügemarke in der ersten Zelle der neuen Zeile.
- Möchten Sie eine neue Zeile an eine bestimmte Position in der Tabelle einfügen, klicken Sie auf eine Zelle in der betreffenden Zeile. Anschließend öffnen Sie mit der rechten Maustaste das Kontextmenü und wählen darin den Untermenübefehl *Zeile/Einfügen*. In einem Dialogfeld ist die Zahl der Zeilen sowie deren Position (davor, dahinter) in der Tabelle einzustellen. Alternativ können Sie die Schaltfläche *Zeile einfügen* in der Symbolleiste *Tabelle* wählen (Abbildung 5.8). Dann wird eine Zeile zur Tabelle hinzugefügt.
- Um eine komplette Zeile zu löschen, markieren Sie eine Zelle in der Tabelle. Dann lässt sich in der Symbolleiste *Tabelle* die Schaltfläche *Zeile löschen* (Abbildung 5.8) oder im Kontextmenü der Befehl *Zeile/Löschen* wählen.
- Eine Spalte wird eingefügt, indem Sie auf eine Zelle klicken und dann im Kontextmenü den Befehl *Spalte/Einfügen* oder in der Symbolleiste *Tabelle* die Schaltfläche *Spalte einfügen* wählen.
- Zum Entfernen einer Tabellenspalte markieren Sie eine Zelle dieser Spalte und wählen in der Symbolleiste *Tabelle* die Schaltfläche *Spalte löschen* (Abbildung 5.8) oder klicken im Kontextmenü auf den Befehl *Spalte/Löschen*.
- Um eine Zelle zu teilen, klicken Sie auf die Zelle und dann in der Symbolleiste *Tabelle* auf die Schaltfläche *Zelle teilen*. Alternativ können Sie den Befehl *Zelle/Teilen* im Kontextmenü verwenden. In einem separaten Dialogfeld lassen sich dann die Optionen zum Teilen der Zelle wählen (Abbildung 5.9). Sie haben dabei die Möglichkeit, Zellen horizontal und vertikal zu teilen sowie die Zahl der Teilzellen anzugeben.

Abbildung 5.9: Dialogfeld *Zellen teilen*

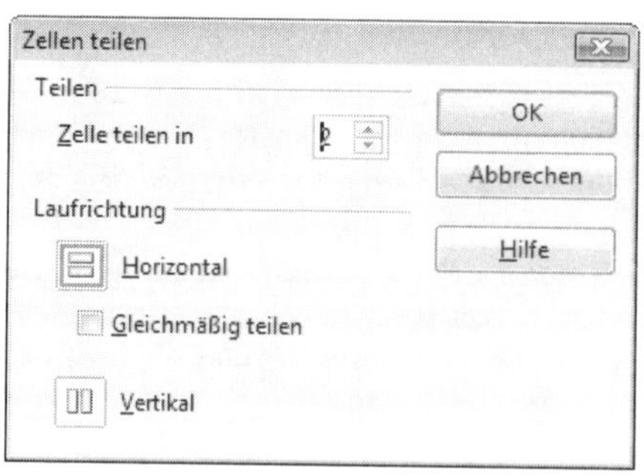

- Haben Sie mehrere Zellen markiert, können Sie im Kontextmenü unter *Zelle/Verbinden* bzw. über die Schaltfläche *Zellen verbinden* der Symbolleiste *Tabelle* die Zellen zu einer Zelle zusammenfassen.
- Die Spaltenbreite lässt sich über die vertikalen Trennlinien zwischen den einzelnen Zellen direkt mit der Maus anpassen. Positionieren Sie den Mauszeiger auf die Trennlinie zweier Zellen, nimmt dieser die Form eines Doppelpfeils an (Abbildung 5.10). Ziehen Sie dann die Trennlinie bei gedrückter linker Maustaste nach links oder rechts. Sobald Sie die Maustaste loslassen, wird die Trennlinie der gesamten Spalte verschoben. Alternativ können Sie eine Zelle mit der linken Maustaste anwählen, dann mit der rechten Maustaste das Kontextmenü öffnen und die Befehle *Spalte/Breite* wählen. In einem Dialogfeld (Abbildung 5.11, unten) lässt sich die Breite der einzelnen Spalten direkt in Zentimeter vorgeben.

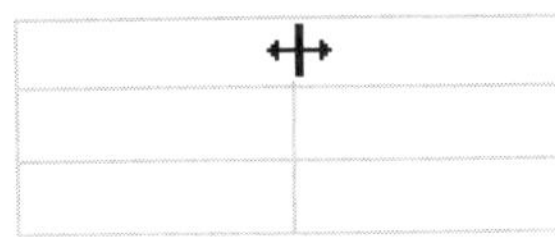

Abbildung 5.10: Verschieben der Trennlinie in einer Tabelle

- Möchten Sie die Höhe einer Tabellenzeile anpassen, klicken Sie mit der rechten Maustaste auf eine Zelle und wählen im Kontextmenü die Befehle *Zeile/Höhe*. In einem Dialogfeld *Zeilenhöhe* (Abbildung 5.11, oben) lässt sich die Höhe in Zentimeter angeben. Markieren Sie das Kontrollkästchen *dynamisch anpassen*, richtet sich die Höhe der Zeile nach dem Zellinhalt.

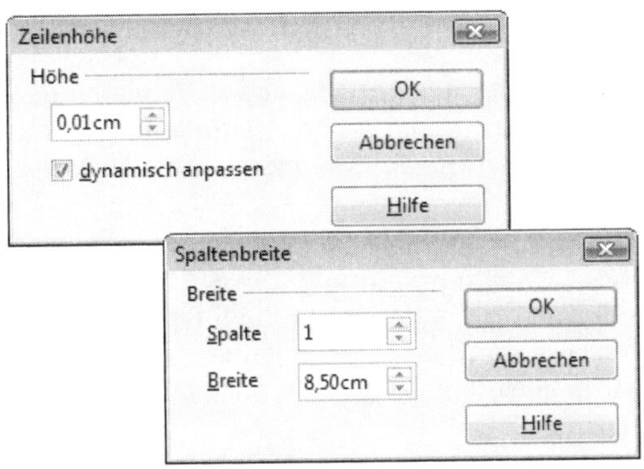

Abbildung 5.11: Dialogfelder zur Anpassung der Zeilenhöhe und Spaltenbreite

INFO

Die Symbolleiste Tabelle *erscheint automatisch bei Anwahl einer Tabelle (in eine Tabellenzelle klicken). Fehlt die Symbolleiste, können Sie diese über das Untermenü* Ansicht/Symbolleisten *einblenden. Zeigen Sie auf eine Schaltfläche der Symbolleiste* Tabelle, *blendet der Writer eine QuickInfo mit dem Namen der zugehörigen Funktion ein. Im Menü* Tabelle *finden Sie den Befehl* Automatisch anpassen. *Im Untermenü werden dann Befehle eingeblendet, über die Sie die Spaltenbreite automatisch bzw. optimal anpassen lassen können.*

5.2.4 Anpassen weiterer Tabellenoptionen

Neben der Tabellenstruktur lassen sich weitere Optionen der Tabelle anpassen. Sie können die angezeigten Rahmen um die Zellen ausblenden, den Hintergrund einfärben oder die Tabelle zwischen den Seitenrändern ausrichten.

1. Um die Rahmen um die Zellen der Tabelle anzupassen, markieren Sie die betreffenden Zellen.
2. Dann klicken Sie in der Symbolleiste *Tabelle* auf die Schaltfläche *Umrandung*. Der Writer öffnet eine Abreißleiste zur Auswahl des Umrandungsstils (Abbildung 5.12).
3. Klicken Sie auf eine der in der Palette gezeigten Schaltflächen, um den Umrandungsstil anzupassen.

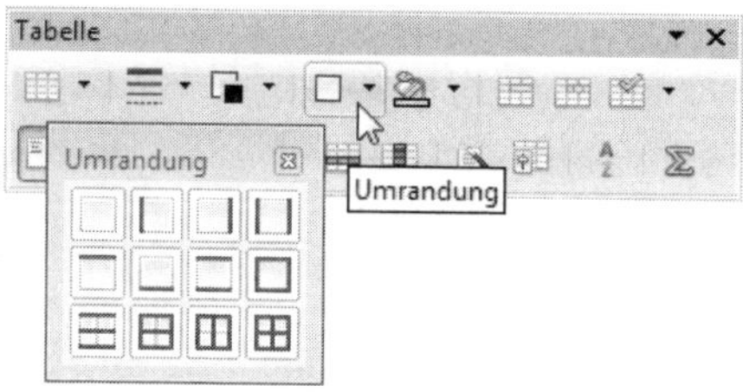

Abbildung 5.12: Auswahl des Umrandungsmodus für Tabellen

Über die obere linke Schaltfläche lässt sich der komplette Rahmen aufheben. Im Dokumentbereich wird dann nur noch eine graue Gitternetzlinie mit der Zellstruktur eingeblendet, die aber nicht mit ausgedruckt wird.

TIPP

Die Anzeige der grauen Gitternetzlinie mit der Tabellenstruktur lässt sich aber abschalten. Klicken Sie mit der linken Maustaste in die Tabelle, öffnen Sie über die rechte Maustaste das Kontextmenü und wählen Sie den Befehl Tabellenbegrenzung.

Über die Schaltfläche *Linienstil* der Symbolleiste *Tabelle* (Abbildung 5.13, links) lässt sich eine weitere Abreißleiste zur Auswahl des Linienstils auswählen. Sie können jede Zelle mit verstärktem Rahmen oder doppelten Linien versehen. Zurücksetzen lässt sich die Einstellung über den Eintrag »-Keine-«. Beachten Sie aber, dass sich der Linienstil nur dann zuweisen lässt, wenn die Tabelle mit einer Umrandung versehen ist.

Die Hintergrundfarbe der Tabellenzellen lässt sich über die Schaltfläche *Hintergrundfarbe* (Abbildung 5.13, Mitte) verändern. Sobald die Abreißleiste mit der Farbpalette erscheint, klicken Sie auf ein Farbfeld. Die aktuelle Zelle oder die zuvor markierten Zellen werden entsprechend eingefärbt. Das Feld »Keine Füllung« setzt die Hintergrundfarbe auf die Farbe des Dokumenthintergrunds zurück.

Über die Schaltfläche *Rahmenlinienfarbe* der Symbolleiste *Tabelle* (Abbildung 5.13, rechts) lässt sich eine weitere Abreißleiste zur Auswahl der Rahmenfarbe auswählen.

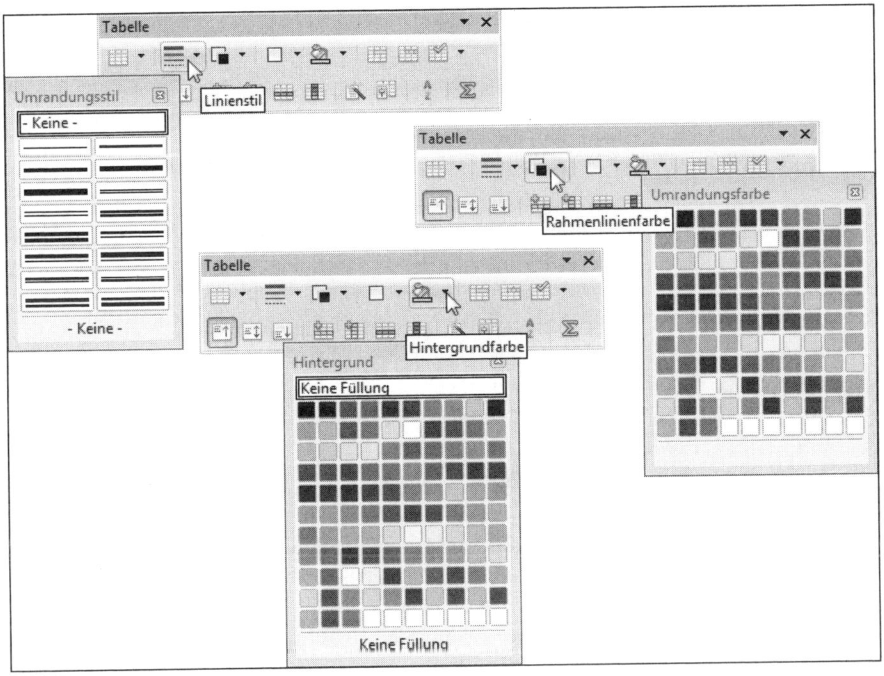

Abbildung 5.13: Abreißleisten zur Anpassung von Linienstil und Hintergrundfarbe

5.3 Tabellenformatierung

Der Tabelleninhalt lässt sich wie normaler Text markieren und formatieren. Zudem können Sie dem Zellinhalt bestimmte Darstellungsformate, Hintergrundfarben etc. zuweisen. Der folgende Abschnitt zeigt, wie Sie den Tabelleninhalt formatieren können.

5.3.1 Tabelle formatieren

Neben der Hintergrundfarbe und dem Linienstil für die Rahmenlinien stellt der Writer verschiedene Optionen zur Formatierung der Tabelle bzw. des Tabelleninhalts bereit.

- Der Writer richtet in der Standardeinstellung Zahlen am rechten Zellrand, Texte am linken Zellrand und Werte der Überschriftzeile zentriert aus. Sie können aber die betreffenden Zellen markieren und deren Inhalte über die Schaltflächen (z.B. *Linksbündig, Rechtsbündig* etc.) der Objektleiste neu ausrichten.
- Nachdem Sie eine Tabellenzelle oder einen Zellbereich markiert haben, rufen Sie den Menübefehl *Format/Zahlenformat* auf. Der Writer öffnet daraufhin das in Abbildung 5.14 gezeigte Dialogfeld, über das Sie die Formatierung von Zahlen und Währungsangaben beeinflussen können. Wählen Sie zuerst eine Kategorie und dann in der Spalte *Format* eine der angebotenen Formatschablonen aus. Das Format wird für die markierten Zellen übernommen, sobald Sie das Dialogfeld über die *OK*-Schaltfläche schließen. Über das Listenfeld *Sprache* können Sie länderspezifische Anpassungen für Zahlenformate zuweisen. Details zu den Formatschablonen erhalten Sie über die Hilfe.

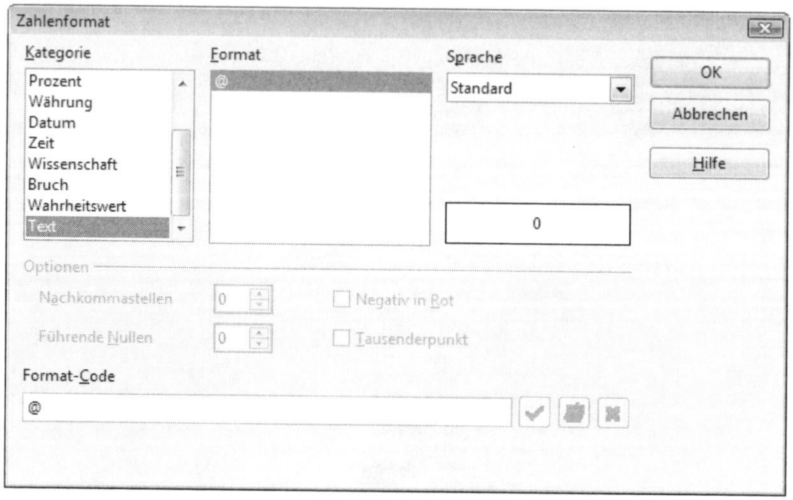

Abbildung 5.14: Festlegen des Zahlenformats für Tabelleninhalte

- Weiterhin lässt sich das Format der Überschriftzeile einer Tabelle über das Listenfeld *Vorlage anwenden* der Symbolleiste *Tabelle* zwischen »Tabellen Überschrift« und »Tabellen Inhalt« umschalten.
- Klicken Sie mit der linken Maustaste auf einen Zellbereich der Tabelle, lässt sich das Kontextmenü mit der rechten Maustaste öffnen. Dort können Sie über den Befehl *Zelle* die vertikale Ausrichtung der Zellinhalte einstellen. In einem Untermenü lässt sich wählen, ob der Zellinhalt am oberen (oben) bzw. unteren (unten) Zellrand oder vertikal zentriert (*Mitte*) auszurichten ist.

Möchten Sie die Eigenschaften einer Tabelle (Name, Ausrichtung zwischen linkem/rechtem Seitenrand etc.) beeinflussen?

1. Klicken Sie auf eine Zelle der Tabelle und rufen Sie dann den Menübefehl *Format/Tabelle* auf.
2. Holen Sie im Eigenschaftenfenster *Tabellenformat* die gewünschte Registerkarte in den Vordergrund.
3. Legen Sie auf der Registerkarte die gewünschten Eigenschaften fest und schließen Sie das Dialogfeld über die *OK*-Schaltfläche.

Auf der Registerkarte *Tabelle* lassen sich beispielsweise der Tabellenname sowie die Absatzabstände ober- und unterhalb der Tabelle sowie die Ausrichtung zwischen den Seitenrändern beeinflussen. Die Registerkarten *Umrandung* und *Hintergrund* bieten die Optionen, die Sie auch über die Schaltflächen der Symbolleiste *Tabelle* abrufen können (siehe vorhergehender Abschnitt). Auf der Registerkarte *Spalten* können Sie die Breite der einzelnen Spalten anpassen, und auf der Registerkarte *Textfluss* finden Sie Optionen, um die Zeilenumbrüche in Zellen zu beeinflussen, um die Teilung der Tabelle zu unterdrücken und mehr. Details zu den einzelnen Optionen erhalten Sie durch Anklicken der *Hilfe*-Schaltfläche.

5.3.2 AutoFormat der Tabelle

Neben der manuellen Formatierung einer Tabelle haben Sie die Möglichkeit, zur Gestaltung des Tabellenlayouts auf die Funktion AutoFormat zurückzugreifen.

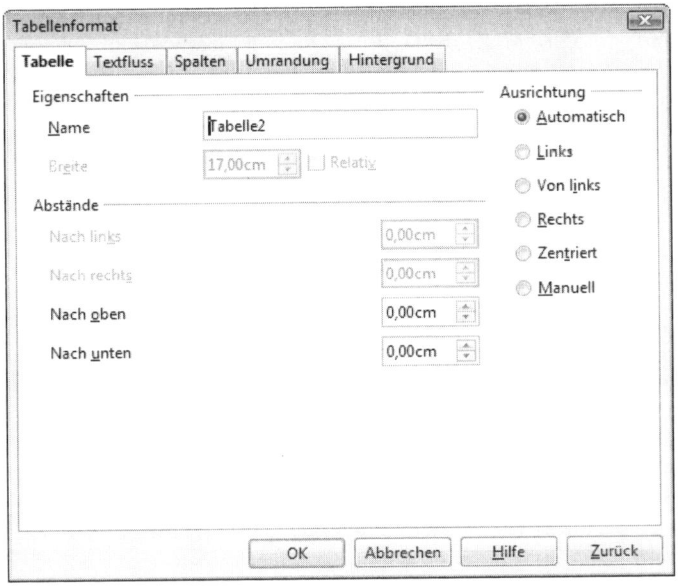

Abbildung 5.15: Einstellung des Tabellenformats

1. Markieren Sie die gewünschte Tabelle (es genügt dabei, eine Zelle anzuklicken) und rufen Sie dann den Menübefehl *Tabelle/AutoFormat* auf.
2. Im daraufhin geöffneten Dialogfeld *Autoformat* wählen Sie in der Spalte *Format* eines der angebotenen AutoFormate aus (Abbildung 5.16). Im Vorschaufeld sehen Sie bereits eine entsprechend gestaltete Tabelle.
3. Über die Schaltfläche *Zusätze* können Sie den unteren Bereich des Dialogfelds ein- oder ausblenden. Setzen oder löschen Sie die Markierung der Kontrollkästchen in der Gruppe *Formatierung*, um ggf. Formatoptionen wie die Umrandung, das Zahlenformat etc. in das AutoFormat einzubeziehen bzw. auszunehmen.

Sobald Sie das Dialogfeld über die *OK*-Schaltfläche schließen, wird der Tabelle das gewählte AutoFormat zugewiesen.

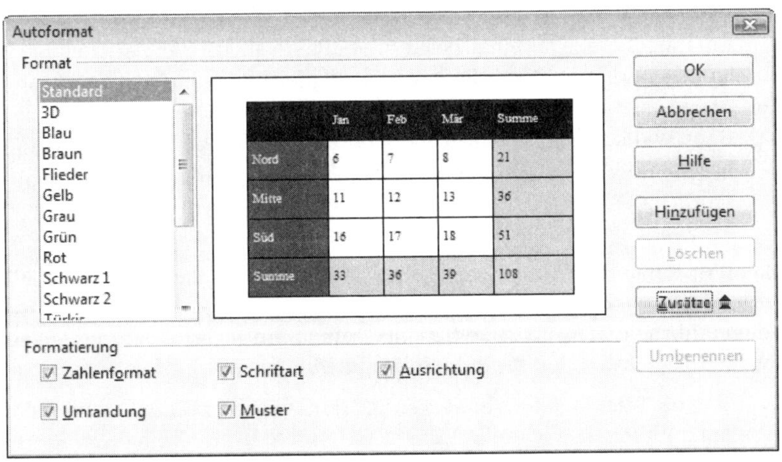

Abbildung 5.16: Dialogfeld *Autoformat* zur Tabellengestaltung

Die Verwendung der AutoFormat-Funktion hat aber Nachteile. So bietet das Dialogfeld *Autoformat* keine Option, um ein zugewiesenes AutoFormat einer Tabelle zurückzusetzen. Sie können lediglich mittels der Funktion *Rückgängig* (Strg + Z) sofort nach Anwendung der Funktion die Zuweisung des AutoFormats zurücknehmen. Möchten Sie eine AutoFormatierung später entfernen, klicken Sie in die Tabelle und rufen den Menübefehl *Tabelle/Tabelleneigenschaften* auf. Dann müssen Sie die Hintergrundfarbe sowie ggf. die Umrandung der Zellen auf den Registerkarten des Eigenschaftenfensters auf die Standardwerte zurücksetzen.

TIPP

Sie können sich selbst AutoFormate mit anderen Auszeichnungen definieren. Erstellen Sie eine Tabelle und formatieren Sie diese entsprechend. Anschließend markieren Sie die Tabelle und wählen im Menü Tabelle *den Befehl* AutoFormat. *Bei Bedarf passen Sie nun noch im Dialogfeld* Autoformat *die Optionen der Gruppe* Formatierung *an (Sie können z.B. die Schriftart aus der Vorlage ausnehmen, indem Sie die Markierung des betreffenden Kontrollkästchens löschen). Übernehmen Sie die Formateinstellung mittels der Schaltfläche* Hinzufügen. *In einem Dialogfeld wird automatisch ein Name für das neue Format abgefragt. Über die Schaltfläche* Löschen *lassen sich markierte AutoFormate wieder entfernen.*

5.3.3 Tabelle auftrennen und zusammenführen

Bei einer längeren Tabelle kann es passieren, dass diese über mehrere Seiten verteilt werden muss. Dann ist es hilfreich, wenn jede Teiltabelle mit einer Überschrift am Seitenanfang beginnt.

Abbildung 5.17: Modus beim Auftrennen einer Tabelle

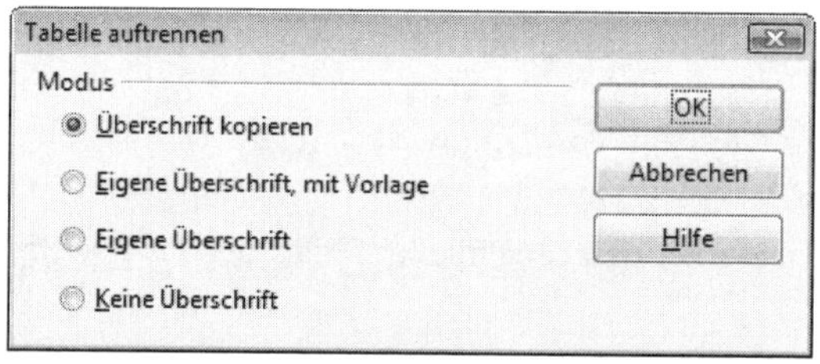

1. Um eine Tabelle an einer bestimmten Stelle aufzuteilen, klicken Sie in die entsprechende Zeile (diese Zeile wird dann die erste Zeile der Tabelle auf der Folgeseite).
2. Dann wählen Sie im Menü *Tabelle* den Befehl *Tabelle auftrennen*.
3. In einem nun erscheinenden Dialogfeld lässt sich noch festlegen, ob die Überschrift mitkopiert werden soll (Abbildung 5.17). Wählen Sie die gewünschten Optionen aus und bestätigen Sie dies über die *OK*-Schaltfläche.

Der Writer fügt dann eine Leerzeile an die betreffende Stelle in der Tabelle ein und erzeugt ggf. auch eine Überschriftzeile. Sie können dann die Leerzeile durch einen Seitenumbruch (z.B. über die Tastenkombination Strg + ↵) ergänzen, um den zweiten Tabellenteil auf die Folgeseite umzubrechen.

Wurde eine Tabelle aufgetrennt, genügt es nicht, die Leerzeile zwischen den Teiltabellen zu löschen. Vielmehr müssen Sie auf die untere Teiltabelle klicken und im Menü *Tabelle* (oder im Kontextmenü) den Befehl *Tabellen verbinden* wählen.

5.3.4 Beispiel: Erstellen eines Organigramms per Tabelle

Gerade im Bürobereich werden Organisationsdiagramme (Organigramme) häufiger erstellt. Sie können Tabellen verwenden, um im Writer Organisationsdiagramme zu erstellen. Abbildung 5.18 zeigt eine solche Tabellenstruktur, die als Basis für ein Organigramm dienen kann. Sie müssen lediglich die Tabelle erstellen und die Linien für die Kästchen mit folgenden Schritten schnell erzeugen.

- Legen Sie als Erstes eine Tabelle mit den benötigten Zeilen und Spalten an. Hier wurde eine einfache Tabellenstruktur mit fünf Zellen pro Zeile und vier Zeilen erzeugt. Das komplette Organigramm muss in die Tabelle passen. Einzelne Zellen der Tabelle stellen dann die Kästchen des Organigramms dar. Um vertikale Linien zu bekommen, können Sie die betreffenden Zellen teilen. Alle Verbindungslinien im Organigramm müssen durch Gitterlinien vorgezogen werden.
- Nun müssen Sie noch das Organigramm durch Linien sichtbar machen (die Gitterlinien verschwinden ja beim Ausdruck). Hierzu weisen Sie die gewünschten Linien und Rahmen für die Kästchen über die Schaltflächen *Umrandung* (siehe Abbildung 5.12) und *Linienstil* (siehe Abbildung 5.13) zu. Klicken Sie einfach auf die gewünschten Tabellenzellen und weisen Sie ihnen über die Schaltfläche *Umrandung* Linien zu.

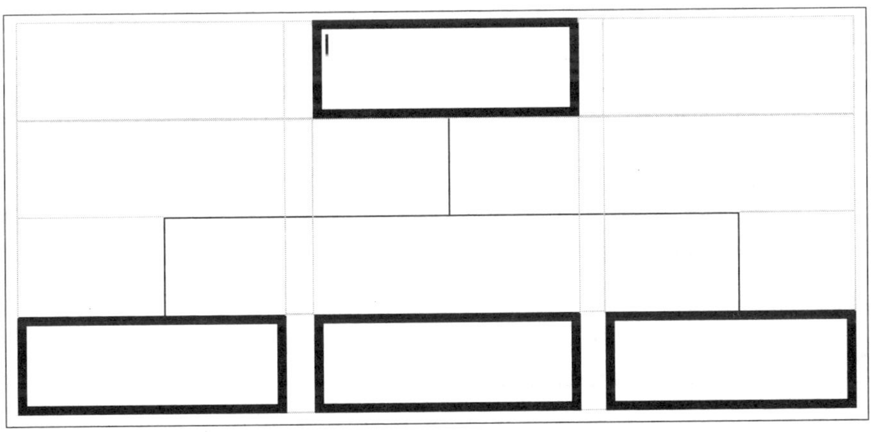

Abbildung 5.18: Tabellenstruktur als Basis für ein Organigramm

Anschließend können die Kästchen im Organigramm angeklickt und mit Inhalt gefüllt werden. Hierbei stehen Ihnen alle Formatfunktionen des Writers (siehe auch *Kapitel 2*) zur Verfügung. Bei Bedarf können Sie die Tabelle um weitere Zeilen oder Spalten erweitern, die zusätzliche Kästchen, Überschriften etc. aufnehmen.

5.3.5 Umwandlung Text in Tabelle und umgekehrt

Der Writer erlaubt Ihnen, Texte in Form von Listen direkt in Tabellenform zu überführen. Umgekehrt können Sie den Inhalt einer Tabelle auch wieder in einen Text zurückwandeln. Soll der Writer Ihren Text automatisch in eine Tabelle umwandeln, müssen Sie ihn nur geeignet formatieren. Alle Zeilen des Textes sind mit Absatzmarken (↵-Taste) zu trennen. Die einzelnen Spalten im Text separieren Sie entweder mit ↹-Zeichen oder Kommata bzw. Semikola. Der obere Textabschnitt in Abbildung 5.19 (Hintergrund) wurde durch Semikola für die Übernahme in eine Tabelle vorbereitet.

1. Markieren Sie die entsprechend vorbereitete Liste im Dokumentfenster und wählen Sie im Menü *Tabelle* den Befehl *Umwandeln* und dann im Untermenü den Befehl *Text in Tabelle*.
2. Markieren Sie im daraufhin angezeigten Dialogfeld *Text in Tabelle umwandeln* die Option für das in der Liste benutzte Trennzeichen.

Sobald Sie das Dialogfeld über die *OK*-Schaltfläche schließen, wird die markierte Liste in eine Tabellenstruktur umgewandelt. Sie müssen nicht einmal die Zahl der Spalten und Zeilen ermitteln, da der Writer diese automatisch aus dem markierten Text bestimmt. Bei Bedarf können Sie im Dialogfeld *Text in Tabelle umwandeln* die Optionen für die Überschrift markieren (dann wird die oberste Zeile der Liste entsprechend umgesetzt). Zusätzlich besteht die Möglichkeit, über ein Kontrollkästchen Rahmenlinien für die Tabelle zuweisen zu lassen (Abbildung 5.19, Vordergrund). Möchten Sie die Tabelle formatieren, klicken Sie im Dialogfeld auf die Schaltfläche *AutoFormat*. Anschließend können Sie in einem getrennten Dialog das gewünschte Format auswählen (siehe vorhergehende Abschnitte).

Abbildung 5.19: Text in Tabelle umwandeln

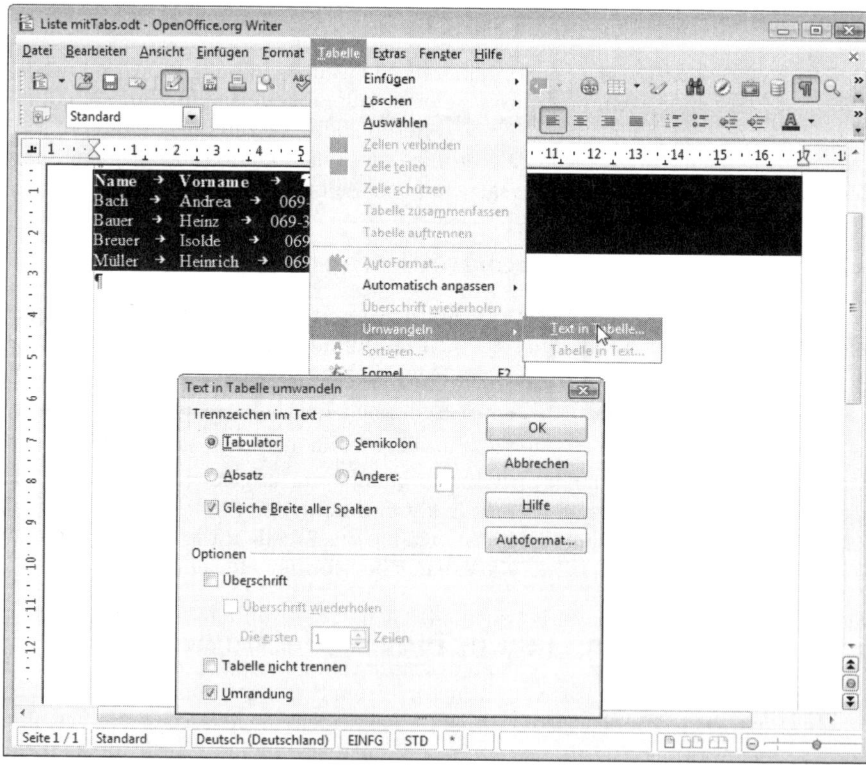

Um eine bestehende Tabelle in einen Text zu konvertieren, markieren Sie die Tabelle. Dann wählen Sie im Untermenü zum Befehl *Tabelle/Umwandeln* den Eintrag *Tabelle in Text*. Der Writer öffnet ein Dialogfeld, in dem Sie die Trennzeichen für die Tabelleneinträge festlegen müssen (Semikolon, Tabulator, Absatzmarke oder beliebiges Zeichen, siehe Abbildung 5.20). Anschließend wird die Tabellenstruktur entfernt und der Inhalt liegt als Text vor.

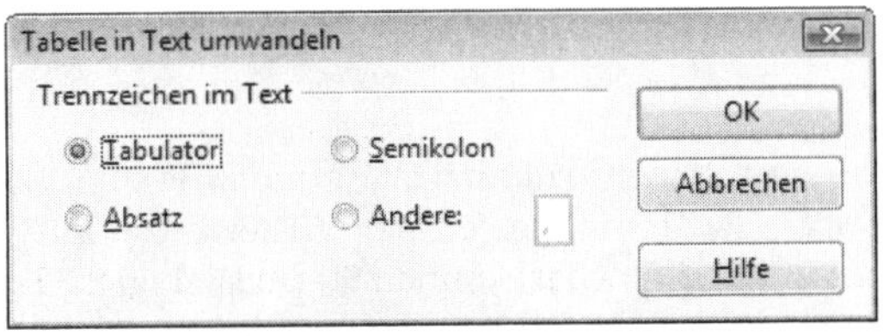

Abbildung 5.20: Optionen zum Umwandeln einer Tabelle in Text

INFO

Bei Tabellen, die vorher mit einem AutoFormat bearbeitet wurden, sollten Sie vor der Konvertierung in Text die Formatierung zurücksetzen. Andernfalls kommt es zu dem Effekt, dass Tabelleneinträge verloren gehen oder Formatierungen erhalten bleiben.

5.3.6 Nummerierung in Tabellen

Der Writer unterstützt auch das Formatieren von Tabelleninhalten mit Nummerierungen und Aufzählungen. Markieren Sie eine Zelle und weisen über die Schaltflächen der *Format*-Symbolleiste eine Nummerierung oder Aufzählung zu, bezieht sich dies auf die Absätze der Tabelle. Waren mehrere Zellen einer Tabellenspalte markiert, nummeriert der Writer die Absätze der Spalte durch.

5.3.7 Sortieren von Tabelleninhalten

Tabellen werden häufig zur Pflege von Adresslisten etc. benutzt. Dort ist es jedoch gelegentlich erforderlich, die Einträge nach bestimmten Kriterien (z.B. Namen) zu sortieren. Dies ist im Writer mit wenigen Mausklicks möglich.

1. Markieren Sie den Bereich der Tabelle, der zu sortieren ist. Eventuell vorhandene Überschriften sollten Sie nicht markieren, da diese normalerweise nicht in die Sortierung einbezogen werden.
2. Rufen Sie den Menübefehl *Tabelle/Sortieren* auf.
3. Wählen Sie im Dialogfeld *Sortieren* die Sortieroptionen (Abbildung 5.21) und schließen Sie das Dialogfeld über die *OK*-Schaltfläche.

Der Writer wird die markierten Tabellenteile nach den gewählten Kriterien sortieren. Standardmäßig sortiert der Writer den markierten Bereich nach der ersten Spalte. Sie können aber bis zu drei unterschiedliche Spalten als Schlüssel zur Sortierung heranziehen (einfach die betreffenden Kontrollkästchen markieren). Über das Drehfeld *Spalte* lässt sich angeben, welche Spalte zur Sortierung herangezogen wird. Sie können auch festlegen, ob die Sortierung alphabetisch oder numerisch nach auf- oder absteigenden Kriterien erfolgen soll. Die Sprache ist relevant für eine Sortierung nach Telefonbucheinträgen, da dort Umlaute entsprechend zu berücksichtigen sind. Weiterhin kann zeilenweise oder spaltenweise sortiert werden.

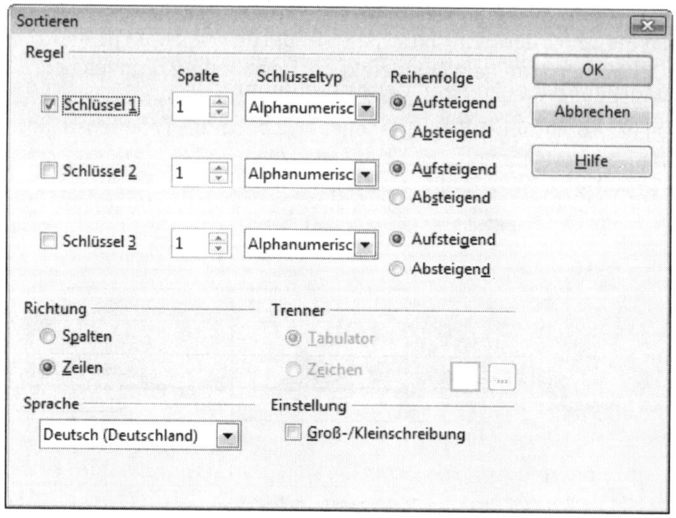

Abbildung 5.21: Sortieroptionen

INFO

Ist ein Element grau unterlegt, ist die betreffende Option gesperrt.

5.4 Rechnen mit Tabellen im Textdokument

Neben dem Modul Calc können Sie auch im Writer verschiedene Rechenfunktionen auf den Inhalt von Tabellen anwenden. Nachfolgend finden Sie eine Übersicht, was es dabei zu beachten gilt.

5.4.1 Berechnungen in Tabellen

Gelegentlich wird in Tabellen eine Berechnung benötigt. Denkbar wäre es z.B., eine Tabelle zur Gestaltung von Rechnungspositionen zu verwenden. Dann wäre eine Summenbildung über eine Spalte sehr hilfreich. Denkbar ist auch die Ermittlung eines Zwischenwerts (z.B. MwSt.) in einer eigenen Spalte. In Abbildung 5.22 sehen Sie ein Beispiel für eine solche Tabelle. Um solche Werte zu berechnen, sind Sie nicht auf Ihren alten Abakus angewiesen. Der Writer kann diese Aufgabe bis zu einem gewissen Grad übernehmen.

Abbildung 5.22: Beispiel einer Tabelle mit Berechnungen

Obst¶	Preis/kg¶	Menge/kg¶	Preis¶
Äpfel¶	1,90 €¶	25,00¶	47,50 €¶
Bananen¶	2,50 €¶	25,00¶	62,50 €¶
Birnen¶	2,60 €¶	30,00¶	78,00 €¶
Guave¶	3,90 €¶	3,00¶	11,70 €¶
→ Netto¶			199,70 €¶
→ Mehrwertsteuer 19%¶			37,94 €¶
→ **Brutto¶**			**237,64 €¶**

Berechnungen innerhalb einer Tabelle lassen sich sehr einfach ausführen. Der Writer vergibt den einzelnen Spalten die Bezeichnungen A, B, C, ... X, Y, Z, AA, AB, AC, AD, AE in der Reihenfolge von links nach rechts. Die verschiedenen Zeilen werden von oben nach unten fortlaufend beginnend bei 1 durchnummeriert. Um z.B. in der Spalte *Preis* das Produkt aus Preis/kg und der Menge für die erste Zeile zu berechnen, gehen Sie folgendermaßen vor.

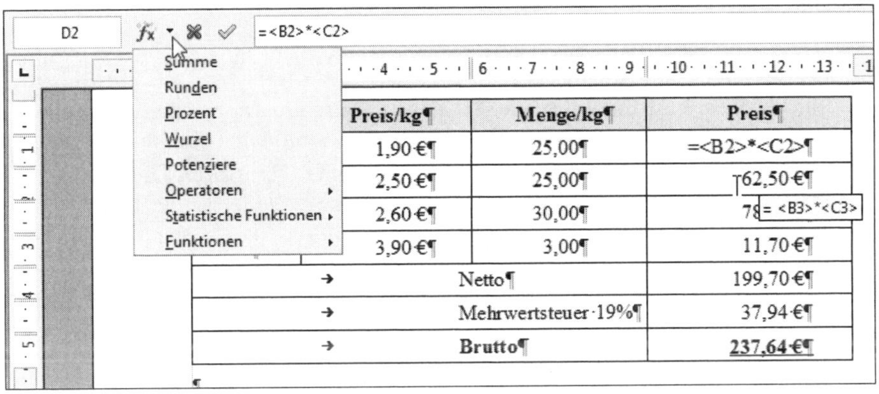

Abbildung 5.23: Eingabe einer Berechnungsformel in einer Tabelle

1. Klicken Sie auf die Zelle, die das Ergebnis aufnehmen soll, und geben Sie ein Gleichheitszeichen (=) ein. Durch dieses Gleichheitszeichen erkennt der Writer, dass eine Berechnungsformel eingeleitet werden soll. Hierzu wird die Rechenleiste oberhalb des Dokuments eingeblendet (Abbildung 5.23).
2. Sobald die Rechenleiste oberhalb des Dokuments erscheint, können Sie die Berechnungsformel eingeben. Hierzu klicken Sie zuerst auf die Zelle B2 mit dem Einzelpreis. Der Writer übernimmt die Zellreferenz <B2> in die Rechenleiste.
3. Ergänzen Sie nun den Ausdruck mit dem Multiplikationszeichen (*) – oder einem anderen gewünschten Operator wie +, –, / –, indem Sie dieses eintippen.
4. Klicken Sie nun auf die Zelle C2, um die Zellreferenz <C2> in die Rechenleiste hinzuzufügen.

Sobald Sie die Formeleingabe mittels der [↵]-Taste oder durch einen Mausklick auf die Schaltfläche *Übernehmen* der Rechenleiste abschließen, wird diese Formel in die Zelle übertragen. Der Writer blendet dann das Ergebnis in der Zielzelle ein. Drücken Sie dagegen die [Esc]-Taste oder klicken auf die Schaltfläche mit dem roten Kreuz innerhalb der Rechenleiste, bricht dies die Formeleingabe ab. Die Schaltfläche mit dem Buchstaben *f(x)* in der Rechenleiste öffnet ein Menü (Abbildung 5.23), über welches Sie weitere Funktionen (Summe, Funktionen etc.) abrufen können.

TIPP

An dieser Stelle noch ein Hinweis zur Ausrichtung der Währungsbeträge innerhalb der Zellen. Die jeweiligen Zellen wurden per Maus markiert. Dann wurde den Zellen das Absatzformat »rechtsbündig« zugewiesen. Die Markierung hebt die Randsteller der betreffenden Spalte im Lineal hervor. Abschließend wurde der rechte Randsteller der Spalte so justiert, dass die Währungsbeträge etwas vom rechten Zellrand abgerückt dargestellt werden.

Um die Nettosumme der dritten Spalte aus Abbildung 5.23 zu berechnen, müssen die Werte der Zeilen 2 bis 5 addiert und in Zelle D6 abgelegt werden. In der Notation der Tabellenbezeichnung sind die Zellen D2 bis D5 zu summieren. Für diese Berechnung führen Sie folgende Schritte aus:

Abbildung 5.24: Symbolleiste Tabelle

1. Klicken Sie auf die Ergebniszelle D5, in der das Ergebnis abzulegen ist, und wählen Sie in der Symbolleiste *Tabelle* die Schaltfläche *Summe* (Abbildung 5.24) an.
2. Der Writer trägt automatisch die komplette Summationsformel in die Rechenleiste ein (Abbildung 5.25). Bei Bedarf können Sie die in der Rechenleiste angezeigten Zellreferenzen korrigieren. Bei einer Summation lassen sich beispielsweise die gewünschten Zellen per Mausklick markieren. Dann wird der Zellbereich in der Rechenleiste als Argument für die Summenfunktion übernommen. Statt die einzelnen Zellen als Argumente der Funktion *Sum()* aufzuführen, lässt sich auch ein Bereich in der Form = *sum* < *D2:D5* > vorgeben.

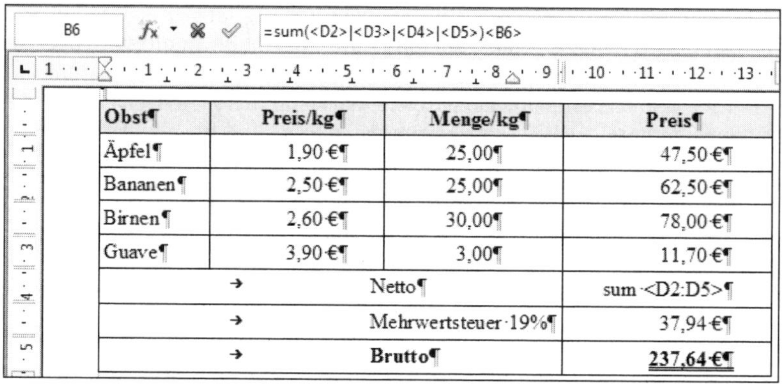

Obst	Preis/kg	Menge/kg	Preis
Äpfel	1,90 €	25,00	47,50 €
Bananen	2,50 €	25,00	62,50 €
Birnen	2,60 €	30,00	78,00 €
Guave	3,90 €	3,00	11,70 €
→	Netto		sum <D2:D5>
→	Mehrwertsteuer 19%		37,94 €
→	**Brutto**		**237,64 €**

Abbildung 5.25: Summation über eine Tabellenspalte

Sobald die Formel stimmt, bestätigen Sie dies durch Drücken der [↵]-Taste. Der Writer überträgt die Formel in die Zielzelle und zeigt das Ergebnis an.

TIPP

Der Writer legt die Formel in einer Feldfunktion ab. Falls eine Zelle bereits eine Berechnung enthält, lässt sich die zugehörige Formel recht einfach abrufen. Positionieren Sie den Mauszeiger auf die betreffende Zelle, wird die Formel als QuickInfo neben dem Mauspfeil eingeblendet (Abbildung 5.23). Klicken Sie auf die Zelle und drücken Sie dann die Funktionstaste [F2]*, erscheint die Rechenleiste und Sie können die Formel bearbeiten. Die Rechenleiste lässt sich zudem über den Untermenübefehl* Ansicht/Symbolleisten/Formel *anzeigen. Bezüglich der verwendbaren Funktion sehen Sie bitte in der OpenOffice.org-Hilfe nach.*

INFO

Sie können Berechnungen und Funktionen auch direkt in den Fließtext des Dokuments eintragen. Klicken Sie im Text auf die betreffende Position und drücken Sie die Funktionstaste [F2]. *Die Rechenleiste wird angezeigt und mit einem Gleichheitszeichen versehen. Geben Sie die gewünschte Rechenformel ein. Sobald Sie die Formel durch Drücken der* [↵]*-Taste abschließen, blendet der Writer das Ergebnis im Text ein. Die Formel wird ebenfalls als Feldbefehl im Text hinterlegt. Enthält der Text einen mathematischen Ausdruck (z.B. 15 + 4), können Sie diesen per Maus markieren. Wenn Sie anschließend den Menübefehl* Extras/Berechnen *aufrufen oder die Tastenkombination* [Strg] + [+] *drücken, wird der markierte Ausdruck ausgewertet und das Ergebnis in der Zwischenablage hinterlegt. Sie können dann auf eine Stelle des Dokuments klicken und das Ergebnis mittels der Tastenkombination* [Strg] + [V] *aus der Zwischenablage in das Dokument einfügen. Beim Mac müssen Sie statt der* [Strg]*-Taste natürlich die* [MacBef]*-Taste verwenden.*

5

5.4.2 Berechnungen über Tabellengrenzen

Enthält das Textdokument mehrere Tabellen, können Sie in einer Zelle auch auf Werte anderer Tabellen zugreifen. Voraussetzung ist lediglich, dass die Tabellen mit getrennten Namen bezeichnet wurden. Die Tabellennamen lassen sich über die Eigenschaft *Name* der Registerkarte *Tabelle* setzen (Aufruf über den Menübefehl *Tabelle/Tabelleneigenschaften*). Wenn Sie die Formel in die Rechenleiste eingeben, reicht es, auf die betreffende Zelle der jeweiligen Tabelle zu klicken. Der Writer fügt dann eine Referenz der Art = < *Tabelle2.B8* > ein. Hier wird die Zelle B8 in der Tabelle mit dem Namen »Tabelle2« referenziert.

Falls Sie eine Tabelle über den Befehl *Tabelle auftrennen* des Menüs *Tabelle* splitten, passt der Writer übrigens Referenzen in den jeweils anderen Teil der Tabelle automatisch an (die Bezüge auf den Tabellennamen werden automatisch hinzugefügt).

5.5 Beschriftung von Tabellen

Sie können im Writer Objekte wie Tabellen mit einer Legende (Beschriftung) versehen. Hierzu verwenden Sie die Funktion *Beschriftung* im Menü *Einfügen*.

1. Klicken Sie auf die Tabelle, die mit einer Beschriftung zu versehen ist, und wählen Sie im Menü *Einfügen* den Befehl *Beschriftung*.
2. Im Dialogfeld *Beschriftung* (Abbildung 5.26, Hintergrund) muss als Kategorie »Tabelle« eingestellt sein. Geben Sie nun den Beschriftungstext ein und bestimmen Sie die restlichen Optionen (z.B. Nummerierungsart und Position der Legende).
3. Enthält das Dokument eine nummerierte Kapitelüberschrift und soll deren Nummer in die Tabellenbeschriftung einbezogen werden, klicken Sie auf die Schaltfläche *Optionen*. Im Dialogfeld *Optionen* (Abbildung 5.26, Vordergrund) können Sie über das Listenfeld *Ebene* die Nummerierungsebene (1 für Kapitelüberschriften) sowie das Trennzeichen zwischen Kapitelnummer und fortlaufender Tabellennummer wählen.

Sobald Sie die Dialogfelder über die *OK*-Schaltfläche schließen, fügt der Writer die Beschriftung unter- oder oberhalb der Tabelle ein.

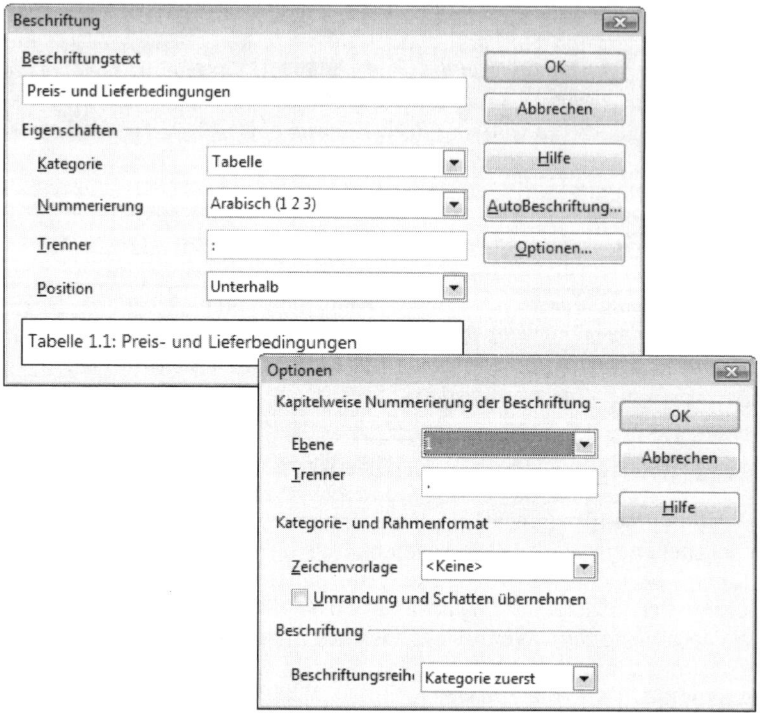

Abbildung 5.26: Dialoge zum Einfügen einer Tabellenbeschriftung

INFO

In Abbildung 5.26 wird die Beschriftung unterhalb des obersten Dialogfelds eingeblendet. Gelegentlich wird die Nummerierung dabei als Feldname (z.B. »Nummernkreis Tabelle«) angezeigt. Dieser Feldname wird beim Drucken sowie in der Seitenansicht (über Menü Datei *aufrufbar) durch eine laufende Nummerierung ersetzt. In der Dokumentansicht lässt sich über den Befehl* Feldnamen *im Menü* Ansicht *oder durch Drücken der Tastenkombination* `Strg` + `F9` *(bzw.* `MacBef` + `F9` *beim Mac) zwischen der Darstellung der Feldnamen und Feldwerte umschalten. Zudem beeinflusst das Kontrollkästchen* Feldnamen *die Anzeige (Menübefehl* Extras/Optionen, *Zweig* Textdokument, *Kategorie* Ansicht*).*

TIPP

Möchten Sie, dass der Writer beim Einfügen einer Tabelle diese automatisch beschriftet? Die automatische Beschriftung lässt sich ebenfalls über die Optionen (Menübefehl Extras/Optionen*) zuschalten. Wählen Sie die Kategorie* Allgemein *im Zweig* Textdokument *und markieren Sie das Kontrollkästchen* Automatisch *der Gruppe* Beschriftung. *Über die Schaltfläche* Objekt *dieser Gruppe lässt sich ein Zusatzdialog (Abbildung 5.27) öffnen, in dem sich die Objekte (Tabellen, Grafiken etc.), für die die Beschriftungseinstellungen gelten sollen, wählen lassen. Markieren Sie dann den Eintrag* OpenOffice.org Writer Tabelle *(bzw.* StarOffice Writer Tabelle*). Wenn Sie anschließend die Dialogfelder schließen, wird der Writer zukünftig beim Einfügen einer Tabelle die Beschriftung gemäß den gewählten Optionen einfügen.*

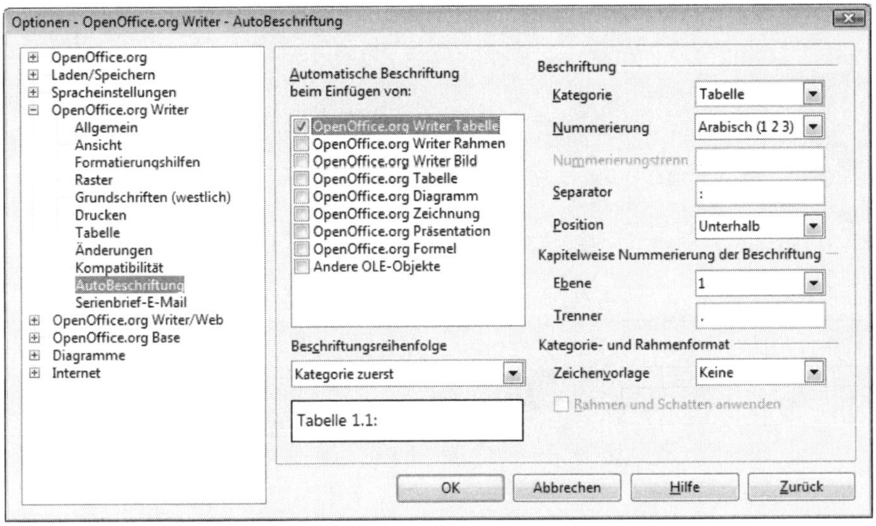

Abbildung 5.27: Dialogfeld zum Einstellen der AutoBeschriftung

6 Texte überarbeiten und korrigieren

Office bietet Ihnen Überarbeitungsfunktionen sowie eine Rechtschreibprüfung. Dieses Kapitel macht Sie mit hilfreichen Funktionen zur Überarbeitung und zur Korrektur von Textdokumenten im Writer bekannt. Zudem erfahren Sie, was es mit Funktionen wie AutoKorrektur, AutoText und AutoFormat auf sich hat oder wie Sie im Navigator durch das Dokument blättern können. Auch das Suchen und Ersetzen im Text wird behandelt.

6.1 Navigieren im Text

Bei längeren Dokumenten wie Buchmanuskripten, Studienarbeiten, Berichten ist es hilfreich, direkt zu bestimmten Dokumentabschnitten navigieren zu können. Dies erleichtert die Korrektur oder die Überarbeitung von Texten. Der Writer bietet hier einige nützliche Möglichkeiten.

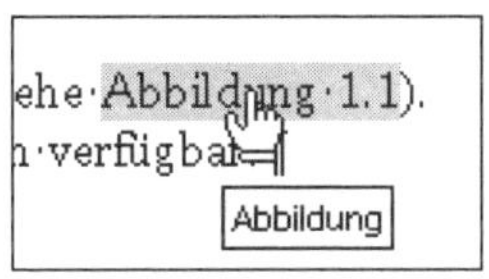

Abbildung 6.1: Als Hyperlink ausgebildeter Querverweis

Der Writer führt Querverweise (siehe *Kapitel 8*, Abschnitt »So nutzen Sie Querverweise«) im Textdokument als Hyperlinks aus. Zeigen Sie auf einen als Feld grau schattierten Verweis, erscheint eine QuickInfo mit dem Verweisziel (Abbildung 6.1). Klicken Sie dagegen auf den Querverweis, wird das Verweisziel im Dokumentfenster angezeigt. Sie können also über Querverweise quasi wie über Hyperlinks in Webseiten navigieren.

Die Office-Module weisen die in Abbildung 6.2, Hintergrund, sichtbare Schaltfläche *Navigator* in der *Standard*-Symbolleiste auf. Durch Anklicken der Schaltfläche lässt sich das Dialogfeld des Navigators (Abbildung 6.2, Vordergrund) ein- oder ausblenden.

Im Fenster des Navigators finden Sie eine Liste von Elementen (Überschriften, Tabellen, Grafiken, Referenzen, Textmarken etc.), die im Dokument gefunden wurden. Sind mehrere Elemente einer Kategorie (z.B. mehrere Tabellen) im Dokument vorhanden, lässt sich über das Pluszeichen vor dem Kategorienamen der komplette Zweig mit den Elementverweisen ein-/ausblenden.

Möchten Sie sehr schnell innerhalb des Dokuments zu einem der betreffenden Elemente (Tabelle, Grafik etc.) gelangen, doppelklicken Sie im Navigator-Fenster auf einen Elementnamen (z.B. den Namen einer Textmarke).

Inhalt 1 2 3 4 5 6 7 8 9 10 11 12 13 Index

Abbildung 6.2: Navigieren im Text mit dem Navigator

Diese Art der Navigation über das Fenster des Navigators funktioniert übrigens in allen Office-Modulen. Ein Doppelklick zeigt das gewählte Element im Dokumentfenster an.

In der Kopfzeile des Navigator-Fensters finden Sie zudem ein Drehfeld, in das Sie eine Seitennummer eingeben können. Enthält das Textdokument eine Seite mit dieser Nummer, veranlasst der Navigator deren Anzeige im Dokumentfenster. Der obere Rand des Fensters enthält weitere Schaltflächen, um zwischen Seiten, Kopf-/Fußzeile und Dokumentbereich etc. zu wechseln oder um Gliederungsebenen ein-/auszublenden.

Der Navigator steht in allen Office-Modulen zur Verfügung. Sie können daher nicht nur im Writer, sondern auch in Calc oder in Impress bzw. Draw zu bestimmten Dokumentelementen navigieren. Über die Schaltflächen des Dialogfelds können Sie beispielsweise Anzeigeoptionen festlegen oder Überschriften umgruppieren.

6.2 Suchen und Ersetzen

Der Writer besitzt eine Funktion, mit der sich in Textdokumenten suchen lässt. Zudem können Sie gefundene Textstellen durch neue Begriffe ersetzen lassen. Beide Funktionen werden über den gleichen Befehl abgerufen.

1. Rufen Sie den Menübefehl *Bearbeiten/Suchen & Ersetzen* auf oder drücken Sie die Tastenkombination [Strg] + [F] (bzw. [MacBef] + [F] beim Mac). Der Writer öffnet das Dialogfeld *Suchen & Ersetzen* (Abbildung 6.3).
2. Tragen Sie die gewünschten Textmuster ein, bestimmen Sie die gewünschten Optionen und klicken Sie auf die Schaltfläche zum Starten der Suche bzw. zum Ersetzen.

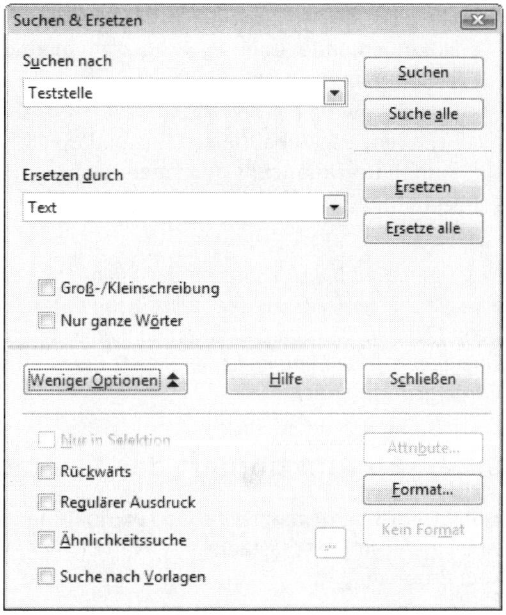

Abbildung 6.3: Dialogfeld *Suchen & Ersetzen*

TIPP

Sie können die gewünschten Texte direkt in die beiden Kombinationsfelder Suchen *und* Ersetzen *eintippen. Existiert bereits eine Textstelle mit dem Suchmuster? Dann markieren Sie die betreffende Textstelle im Dokument, kopieren diese mittels der Tastenkombination* [Strg] + [C] *in die Zwischenablage, wechseln zum Dialogfeld* Suchen & Ersetzen, *klicken auf das gewünschte Kombinationsfeld und fügen den Text aus der Zwischenablage mittels der Tastenkombination* [Strg] + [V] *ein. Beim Mac ist die* [MacBef]*-Taste anstelle der* [Strg]*-Taste zu verwenden.*

Wenn Sie nacheinander unterschiedliche Begriffe benutzen, werden die letzten Einträge automatisch gespeichert. Sie können die Liste mit den bisher verwendeten Suchbegriffen einsehen, wenn Sie auf die Schaltfläche des Kombinationsfelds klicken. Bei Bedarf lässt sich ein Eintrag per Mausklick auswählen und übernehmen (Abbildung 6.4).

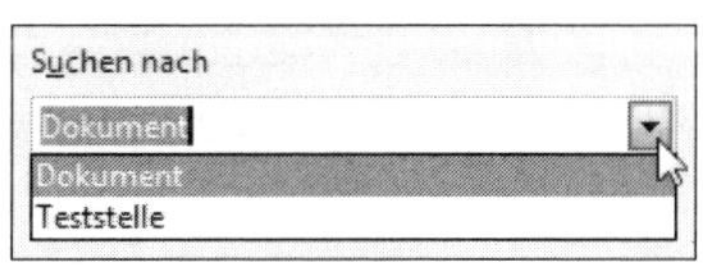

Abbildung 6.4: Abrufen bereits benutzter Begriffe

Sie können im Writer nach der nächsten Textstelle mit dem Suchbegriff fahnden lassen oder einen Text schrittweise nach allen Treffern untersuchen.

- Um lediglich nach bestimmten Textstellen suchen zu lassen, müssen Sie den Suchbegriff in das Feld *Suchen nach* eintragen und dann auf die Schaltfläche *Suchen* klicken. Der Writer beginnt dann ab der Position der Schreibmarke in Richtung Dokumentende mit der Suche. Ein gefundener Begriff wird im Text markiert hervorgehoben. Durch mehrfaches Anklicken der Schaltfläche *Suchen* wird der Text schrittweise nach dem Begriff durchsucht. Erreicht der Writer das Dokumentende, fragt das Programm in einem Dialogfeld nach, ob die Suche am Textanfang fortzusetzen ist.
- Durch Anwahl der betreffenden Schaltfläche lässt sich die Suche fortsetzen oder beenden. Die Schaltfläche *Suche alle* veranlasst den Writer, die Suche auf das komplette Dokument auszudehnen. Alle gefundenen Treffer werden dann im Dokument markiert hervorgehoben.

INFO

Das Dialogfeld bleibt während der Suche im Vordergrund sichtbar. Falls Dokumentteile gerade verdeckt werden, verschieben Sie das Dialogfeld einfach mittels der Titelleiste. Zudem können Sie direkt in den Dokumentbereich klicken, um den Text zu korrigieren (das Dialogfeld Suchen & Ersetzen *ist nicht modal – wird also nicht im Vordergrund fixiert).*

6.2.1 So funktioniert das Ersetzen

Taucht ein Begriff mehrfach im Textdokument auf und möchten Sie diesen durch einen anderen Text ersetzen lassen? Auch dies ist mit der Funktion *Suchen & Ersetzen* kein Problem.

1. Tragen Sie in das Feld *Suchen nach* das gewünschte Suchmuster ein.
2. Fügen Sie den zu ersetzenden Begriff in das Feld *Ersetzen durch* ein.
3. Setzen Sie ggf. die gewünschten Optionen und klicken Sie auf eine der Schaltflächen zum Ersetzen.

Das Ersetzen lässt sich dabei über die Schaltflächen nach verschiedenen Kriterien steuern.

- Wählen Sie die Schaltfläche *Ersetzen* und ist noch kein Begriff markiert, startet dies die Suche nach dem Textmuster. Dies entspricht funktional dem Anklicken der Schaltfläche *Suchen*.
- Wird ein Treffer gefunden, hebt der Writer den Begriff im Text hervor. Ein zweiter Mausklick auf die Schaltfläche *Ersetzen* bewirkt, dass der markierte Textausschnitt durch den Inhalt des Felds *Ersetzen durch* ausgetauscht wird. Gleichzeitig wird nach der nächsten Trefferstelle im Dokument gesucht.
- Möchten Sie einen markierten Treffer übergehen und nicht ersetzen lassen, klicken Sie einfach auf die Schaltfläche *Suchen*. Dann bleibt die markierte Textstelle unverändert und die Funktion sucht den nächsten Treffer.
- Um alle Vorkommen des Suchbegriffs im Dokument durch den neuen Text zu ersetzen, wählen Sie die Schaltfläche *Ersetze alle* im Dialogfeld an.

HALT

Die Option Ersetze alle *ist zwar recht komfortabel, sie bietet aber eine trügerische Sicherheit. Insbesondere beim automatischen Ersetzen in längeren Dokumenten kommt es häufig vor, dass Textteile unbeabsichtigt verändert werden. Sie sollten daher die manuelle Vorgehensweise mittels der Schaltfläche* Ersetzen *bevorzugen, da diese den gefundenen Begriff jeweils markiert und Sie dann durch einen zweiten Mausklick auf die Schaltfläche* Ersetzen *den Austausch bestätigen können.*

Die Option *Ersetze alle* meldet die Zahl der korrigierten Treffer in einem Dialogfeld. Verwenden Sie die Schaltfläche *Ersetzen* und gibt es keine Treffer mehr, wird dies ebenfalls in einem Dialog gemeldet. Um die Suche bzw. das Ersetzen abzubrechen, klicken Sie auf die Schaltfläche *Schließen*. Die Schaltfläche *Hilfe* öffnet das Hilfefenster mit Informationen über die einzelnen Suchen- bzw. Ersetzen-Optionen.

TIPP

Ist etwas beim Ersetzen schiefgegangen, brechen Sie das Dialogfeld über die Schaltfläche Schließen *ab. Anschließend wählen Sie die Funktion* Rückgängig *(z.B. durch Drücken der Tastenkombination* [Strg] + [Z] *bzw.* [MacBef] + [Z] *beim Mac).*

6.2.2 So steuern Sie die Suche über Optionen

Die Suche bzw. das Ersetzen lässt sich über verschiedene Optionen im Dialogfeld steuern. Die im Dialogfeld am unteren Rand angezeigten Optionen lassen sich mittels der Schaltfläche *Mehr Optionen* ein- oder ausblenden.

- *Groß-/Kleinschreibung:* Wird dieses Kontrollkästchen markiert, unterscheidet Writer bei der Suche Groß-/Kleinschreibung. Sind Sie sich über die Schreibweise nicht sicher, sollten Sie die Option zur Beachtung der Groß-/Kleinschreibung sicherheitshalber deaktivieren.
- *Nur ganze Wörter:* Um sicherzustellen, dass bei der Suche nur ganze Wörter und nicht Teilstrings in einem anderen Ausdruck gefunden werden (z.B. Mist und nicht Mistel oder Mistkäfer), können Sie diese Option markieren. Wörter werden durch Leerzeichen sowie durch Satzzeichen (Komma, Semikolon, Punkt) begrenzt.
- *Nur in Selektion:* Markieren Sie dieses Kontrollkästchen, wenn Sie einen Textbereich vor der Suche markiert haben und die Suche auf diesen Bereich begrenzen möchten.
- *Rückwärts:* Der Writer durchsucht das Dokument standardmäßig ab der Position der Schreibmarke in Richtung Dokumentende. Markieren Sie das Kontrollkästchen *Rückwärts*, falls Sie ab der aktuellen Position der Schreibmarke in Richtung Dokumentanfang suchen möchten.
- *Regulärer Ausdruck:* Ermöglicht eine Suche über reguläre Ausdrücke (siehe Abschnitt »Suchen über reguläre Ausdrücke« auf den Folgeseiten).
- *Suche nach Vorlagen:* Unterstützt die Suche nach Absätzen, denen eine bestimmte Formatvorlage bzw. eine Formatierung zugewiesen wurde (siehe folgende Seiten).

Die Suche erfolgt üblicherweise nach Stellen mit exakt übereinstimmenden Kriterien. Der Erfolg bleibt aber aus, falls im Text Schreibfehler durch Buchstabendrehe(z.B. Speigel statt Spiegel) oder ähnliches auftreten. Office bietet hier noch eine Komfortfunktion, die eine Ähnlichkeitssuche zulässt. Sobald Sie das Kontrollkästchen *Ähnlichkeitssuche* markiert haben, können Sie auf die zugehörige Schaltfläche klicken (Abbildung 6.5, Hintergrund).

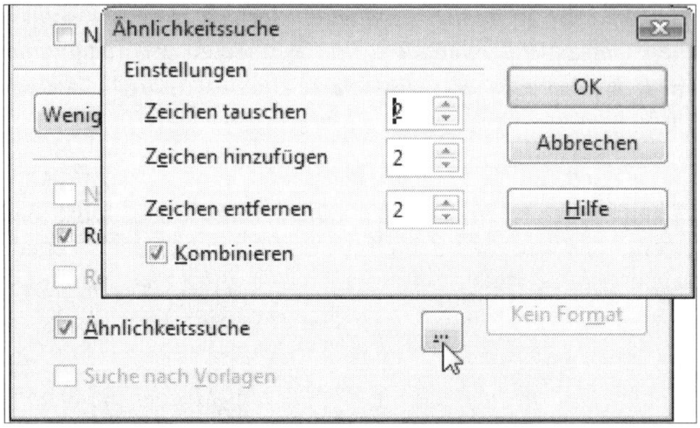

Abbildung 6.5: Optionen der Ähnlichkeitssuche

Der Writer öffnet das Dialogfeld *Ähnlichkeitssuche* (Abbildung 6.5, Vordergrund), in dem Sie die zulässigen Abweichungen festlegen können. Der Wert im Drehfeld *Zeichen tauschen* gibt an, wie viele Zeichen im Suchbegriff vertauscht sein dürfen. Der Wert 2 ermöglicht beispielsweise die Suche nach »Meier«, »Maier«, »Meyer« und »Mayer« im Dokument. Mit den beiden Optionen *Zeichen hinzufügen* und *Zeichen entfernen* können Sie der Funktion mitteilen, ob ein Wort auch etwas kürzer oder etwas länger als der Suchbegriff sein darf. Über das Kontrollkästchen *Kombinieren* lassen sich diese Ähnlichkeitsoptionen gemeinsam in die Suche einbeziehen.

6.2.3 Suchen von Text mit Formatierung

In den meisten Fällen werden Sie Textmuster ohne besondere Formatierung im Text suchen. Der Writer ermöglicht Ihnen optional, nach Textstellen anhand der Formatierungen zu suchen und sogar Texte samt Formatierung zu ersetzen. Hierzu müssen Sie die betreffenden Optionen im Dialogfeld *Suchen & Ersetzen* einstellen. Wählen Sie zuerst das gewünschte Kombinationsfeld *Suchen nach* oder *Ersetzen durch* per Mausklick an. Danach können Sie die Schaltflächen *Format* und *Attribute* zur Einstellung der Formatoptionen nutzen.

- Möchten Sie nach bestimmten Zeichenformaten (z.B. Fettschrift) oder Absatzformaten (z.B. Blocksatz) suchen lassen, klicken Sie auf die Schaltfläche *Format* (Abbildung 6.6). In einem Dialogfeld mit mehreren Registerkarten können Sie die Schriftart, den Schriftschnitt (z.B. Fett) und weitere Optionen wählen. Die Schaltfläche *Format* ermöglicht Ihnen auch, nach Textstellen mit einer bestimmten Schriftfarbe oder einer Hintergrundfarbe zu suchen. Sie müssen lediglich die betreffenden Optionen auf den jeweiligen Registerkarten setzen. Die eingestellten Formate werden unterhalb der Felder *Suchen nach* und *Ersetzen durch* eingeblendet (Abbildung 6.6).
- Die Schaltfläche *Attribute* des Dialogfelds (Abbildung 6.6) öffnet ein zweites Dialogfeld (Abbildung 6.7), in dem Sie bestimmte Schriftattribute (z.B. *Absätze zusammenhalten*) über Kontrollkästchen markieren können. Dann werden diese Attribute ebenfalls in den Such- bzw. Ersetzungsvorgang einbezogen.

Abbildung 6.6: Anzeige der Formate bei der Suche

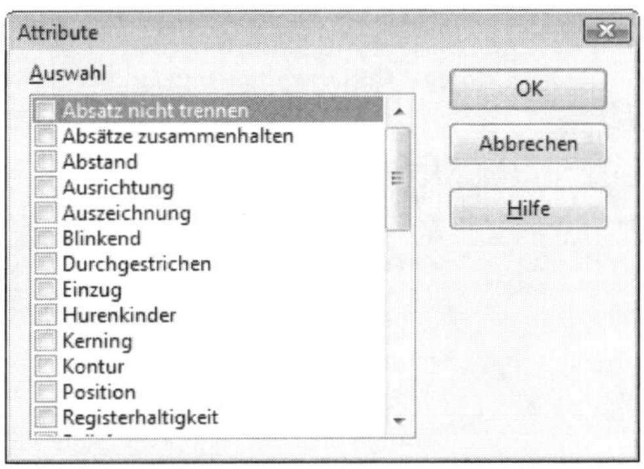

Abbildung 6.7: Attribute bei der Suche

Sobald Sie das Dialogfeld über die *OK*-Schaltfläche schließen, blendet der Writer die gewählten Formate im Dialogfeld *Suchen & Ersetzen* ein (Abbildung 6.6). Anschließend können Sie die oben beschriebenen Schritte zum Suchen bzw. zum Ersetzen verwenden.

TIPP

Möchten Sie nur nach Formaten suchen bzw. die Formate ersetzen, lassen Sie die Kombinationsfelder Suchen nach *bzw.* Ersetzen durch *einfach leer. Dann findet der Writer alle Textstellen, die mit dem betreffenden Format versehen sind. Über die Schaltfläche* Ersetzen *lässt sich sogar die Textformatierung umsetzen.*

Um die Formatvorgaben bei der nächsten Suche aufzuheben, markieren Sie das betreffende Kombinationsfeld per Mausklick und betätigen dann die Schaltfläche *Kein Format*. Die Anzeige der Formatoptionen bei der Suche verschwindet aus dem Dialogfeld.

INFO

Details zu Formatierungen und zum Umgang mit Formatvorlagen finden Sie in Kapitel 3. Beachten Sie, dass sich bestimmte Suchkombinationen ausschließen. Die betreffenden Optionen des Dialogfelds, die nicht verfügbar sind, werden einfach grau abgeblendet. So darf zur Suche nach Formaten die Option Ähnlichkeitssuche *nicht markiert sein.*

6.2.4 Suche nach Formatvorlagen

Mit den beiden obigen Schaltflächen *Attribute* und *Format* lässt sich nach sogenannten harten Formatierungen suchen. Dies sind Formate, die direkt über Schaltflächen der *Format*-Symbolleiste zugewiesen wurden. In *Kapitel 3* (siehe Abschnitt »Arbeiten mit Formatvorlagen«) werden Formatvorlagen vorgestellt, mit denen sich Absätze oder Textstellen auszeichnen lassen.

Um nach derart formatierten Textstellen zu suchen, markieren Sie das Kontrollkästchen *Suche nach Vorlagen*. Auf diese Weise können Sie beispielsweise die Formatierung mittels Vorlagen in einem Textdokument korrigieren (z.B. alle Überschriften werden eine Ebene tiefer gestuft).

Abbildung 6.8: Suchen über Vorlagen

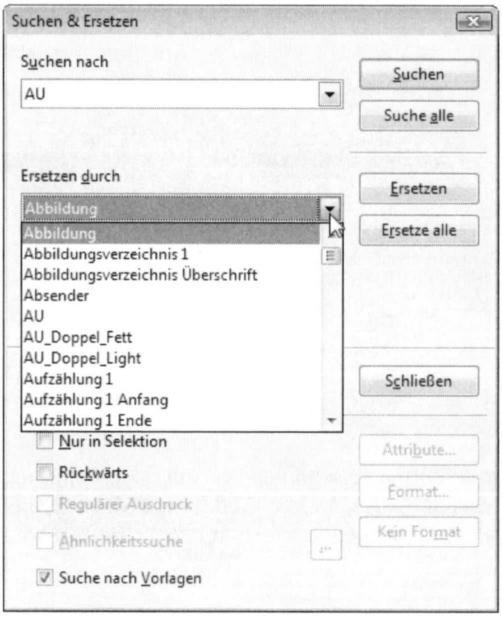

1. Um die Suche nach Formaten, die über Formatvorlagen definiert sind, durchzuführen, müssen Sie das Kontrollkästchen *Suche nach Vorlagen* markieren (Abbildung 6.8).
2. Anschließend lassen sich die Vorlagen über die Listenfelder *Suchen nach* und *Ersetzen durch* wählen (Abbildung 6.8).

Die Suche nach Vorlagen lässt sich nicht mit Formaten kombinieren. Sind Formate eingetragen, erscheint das Kontrollkästchen mit der Beschriftung einschließlich Vorlagen *(Abbildung 6.6). Sie müssen also ggf. die Schaltfläche* Kein Format *anklicken, damit das Kontrollkästchen* Suche nach Vorlagen *erscheint. Gibt es Probleme beim Wechsel zu und von der Option* Suche nach Vorlagen *(die Vorlagennamen bleiben in den Listenfeldern stehen, obwohl das Kontrollkästchen nicht markiert ist)? Dann sollten Sie das Dialogfeld* Suchen & Ersetzen *beenden und erneut aufrufen.*

HALT

6.2.5 Suchen über reguläre Ausdrücke

Sofern der Suchbegriff nicht genau feststeht, müssen Sie bei der Suche auf reguläre Ausdrücke zurückgreifen. Ein Beispiel liefert der Name Meier, der sich auch als Maier, Mayer oder Meyer schreiben lässt. Oder der Begriff »Mist« kann auch im Wort »Mistel« bzw. »Mistelzweig« vorkommen. Mit regulären Ausdrücken lässt sich flexibel nach unterschiedlichen Schreibweisen suchen.

1. Markieren Sie im Dialogfeld *Suchen & Ersetzen* das Kontrollkästchen *Regulärer Ausdruck*.
2. Geben Sie den Suchbegriff sowie den regulären Ausdruck in das Textfeld *Suchen nach* ein. Soll ein Text über einen regulären Ausdruck ersetzt werden, müssen Sie diesen in das Textfeld *Ersetzen durch* eintragen
3. Starten Sie die Suche bzw. das Ersetzen gemäß den obigen Ausführungen.

Die populärste Form der Suche bzw. des Ersetzens mittels regulärer Ausdrücke stellt wohl das Wildcardzeichen * dar. Dieses Zeichen fungiert als Platzhalter für beliebige auszutauschende Zeichen. Mit »Mist*« werden die Begriffe »Mist«, »Mistel«, »Mistkerl«, »Mistelzweig« oder ähnliche Wörter gefunden. Es kommt in diesem Beispiel nur darauf an, dass im Wort »Mist« vorhanden ist. Durch Markieren weiterer Optionen wie *Groß-/Kleinschreibung* lässt sich ggf. die Schreibweise berücksichtigen.

*Das Wildcardzeichen sollte möglichst nur am Ende des Begriffs auftreten. Die Suche über »M*er« führt zu vielen Treffern, da das Zeichen M einfach ignoriert wird. Stattdessen werden alle Textstellen, in denen die Zeichenfolge »er« vorkommt, als Treffer hervorgehoben. Wissen Sie, dass einige Buchstaben in einem Begriff variieren können, ersetzen Sie diese durch Punkte. Mit dem regulären Ausdruck »M..er« werden alle Schreibweisen von Meier gefunden, da nur die beiden mittleren Zeichen variieren können. Bei beliebiger Zeichenzahl verwenden Sie den Punkt und das Sternchen (».*«).*

HALT

Die folgende Tabelle gibt eine Übersicht über die in einem regulären Ausdruck nutzbaren Operatoren.

Tabelle 6.1: Steuerzeichen für reguläre Ausdrücke

Zeichen	Beschreibung
.	Der Punkt steht als Platzhalter für ein einzelnes zu ersetzendes Zeichen (z.B. »M..er« im Namen »Meier« bzw. »Maier«.
^muster	Findet nur Treffer, wenn das Suchmuster am Absatzanfang steht (z.B. »^Am«).
muster$	Findet nur Treffer, wenn das Suchmuster am Absatzende steht (z.B. »kommt$).

Tabelle 6.1: Steuerzeichen für reguläre Ausdrücke (Forts.)

Zeichen	Beschreibung
*	Platzhalter für beliebig viele (oder kein) Zeichen im Suchbegriff.
+	Das Zeichen vor dem Platzhalter muss mindestens einmal (darf aber beliebig oft) vorkommen.
?	Der Buchstabe vor dem Fragezeichen muss im Treffer nicht unbedingt vorkommen (z.B. »Texte?« findet auch den Eintrag »Text«).
\C	Findet genau dieses angegebene Zeichen (keine Ziffer). Um z.B. nach dem Dollarzeichen zu suchen, verwenden Sie »\$«.
\n	Sucht nach einem mit [⇧]+[↵] eingefügten Zeilenumbruch. Lässt sich auch verwenden, um über Suchen & Ersetzen Zeilenumbrüche gegen Absatzumbrüche auszutauschen.
\t	Sucht nach dem Tabulatorzeichen.
\>	Findet den Begriff nur, wenn das Muster am Wortende auftritt.
\<	Findet den Begriff nur, wenn das Suchmuster am Wortanfang steht.
^$	Findet leere Absätze.
^.	Sucht das erste Zeichen eines Absatzes.
&	Fügt beim Ersetzen einen anzuhängenden Begriff mit an. Mit dem Eintrag »Fenster« im Feld *Suchen nach* und »&rahmen« in *Ersetzen durch* wird ein Treffer in »Fensterrahmen« umgewandelt. Das Zeichen & im Feld *Ersetzen durch* ermöglicht zudem, das Attribut oder das Format im Suchbegriff zu ändern.
[abc123]	Sucht die in den Klammern angegebenen Zeichen.
[a-e] [a-eh-x]	Findet Zeichen, die im angegebenen Intervall liegen.
[^a-s]	Findet alle Zeichen außer a-s.
\xXXXX	Findet die durch den vierstelligen Hexadezimalcode xxxx angegebenen Zeichen. Die Zeichencodes hängen von der verwendeten Schriftart ab. Die Codes sind im Menü unter *Einfügen/Sonderzeichen* abrufbar.
dies|das	Findet die Wörter vor und hinter dem senkrechten Strich (der Strich fungiert als Oder-Verknüpfung im Suchbegriff, d.h. »dies« ODER »das«).
{2}	Gibt an, wie oft das Zeichen vor der öffnenden Klammer im Wort vorkommen muss. Zum Beispiel liefert der Suchbegriff »Man{2}« das Wort »Mann«.
{1,2}	Gibt an, wie oft das Zeichen vor der öffnenden Klammer im Wort vorkommen darf. Zum Beispiel liefert der Suchbegriff »Man{1,2}« sowohl »Mann« als auch »man«.
()	Die in der Klammer enthaltenen Zeichen gelten als Referenz. Auf die erste Referenz im aktuellen Ausdruck können Sie dann mit »\1« Bezug nehmen, auf die zweite mit »\2« usw. Enthält Ihr Text zum Beispiel die Zahl 13487889 und Sie führen eine Suche mit dem Ausdruck (8)7\1\1 durch, dann wird »8788« gefunden.

Zeichen	Beschreibung
[:digit:]?	Findet eine einstellige Zahl. Mehrstellige Zahlen werden über [:digit:]* gefunden.
[:space:]?	Findet Leerraum wie Leerzeichen und Tabulator.
[:print:]?	Findet druckbare Zeichen.
[:cntrl:]?	Findet Steuerzeichen.
[:alnum:]?	Suche nach alphanumerischen Zeichen (Buchstaben und Zahlen).
[:alpha:]?	Suche nach Buchstaben.
[:lower:]?	Suche nach Kleinbuchstaben.
[:upper:]?	Suche nach Großbuchstaben.

Tabelle 6.1: Steuerzeichen für reguläre Ausdrücke (Forts.)

INFO

Die Zeichencodes aus Tabelle 6.1 gelten nur, solange das Kontrollkästchen Regulärer Ausdruck *markiert ist.*

6.3 AutoText nutzen

Office unterstützt Sie bei der Texteingabe durch Textbausteine. Der folgende Abschnitt stellt die Funktionen zum Definieren und Abrufen von sogenannten AutoTexten (Textbausteinen) vor.

6.3.1 Floskeln und Textbausteine per Kürzel mit AutoText abrufen

Bei der Erstellung von Dokumenten können Textbausteine eine große Hilfe sein. Denken Sie nur an die Grußzeilen in Anschreiben (Sehr geehrte Damen und Herren, Mit freundlichen Grüßen etc.). Sie können hierzu Textbausteine (in Office in Anlehnung an die Microsoft-Pendants als AutoText-Einträge bezeichnet) erstellen und dann bei Bedarf über ein Kürzel abrufen. Um einen AutoText-Eintrag (auch als Textbaustein bezeichnet) in das Dokument einfügen zu können, muss dieser bereits definiert sein).

1. Tippen Sie das vereinbarte Kürzel (z.B. »Abb«) für den AutoText-Eintrag in das Dokument ein.
2. Anschließend drücken Sie die Funktionstaste [F3].

Der Writer ersetzt dann das eingegebene Kürzel durch den gespeicherten AutoText-Eintrag (z.B. »abb« durch »Abbildung«). Dabei kann der Writer auch gespeicherte Zeichenformate mit übertragen.

INFO

Office wird mit einer Reihe vordefinierter AutoText-Einträge (siehe folgender Abschnitt) ausgeliefert und Sie können eigene Bausteine hinzufügen. Geben Sie ein Kürzel an, welches keinem AutoText-Eintrag entspricht, und drücken Sie die Funktionstaste [F3], zeigt Office einen Fehlerdialog mit einem entsprechenden Hinweis.

6.3.2 Anzeige der AutoText-Einträge

Haben Sie das Kürzel für den AutoText-Eintrag vergessen oder möchten Sie nachsehen, welche Einträge bereits definiert sind? Dann rufen Sie den Menübefehl *Bearbeiten/AutoText* auf oder drücken die Tastenkombination [Strg] + [F3] (bei KDE ist die Tastenkombination allerdings für den Wechsel zum dritten virtuellen Desktop belegt, bei Mac OS X müssen Sie die Tastenkombination [MacBef] + [F3] verwenden).

Der Writer öffnet das Dialogfeld *AutoText* und zeigt die verfügbaren AutoText-Einträge, geordnet nach Kategorien an (Abbildung 6.9).

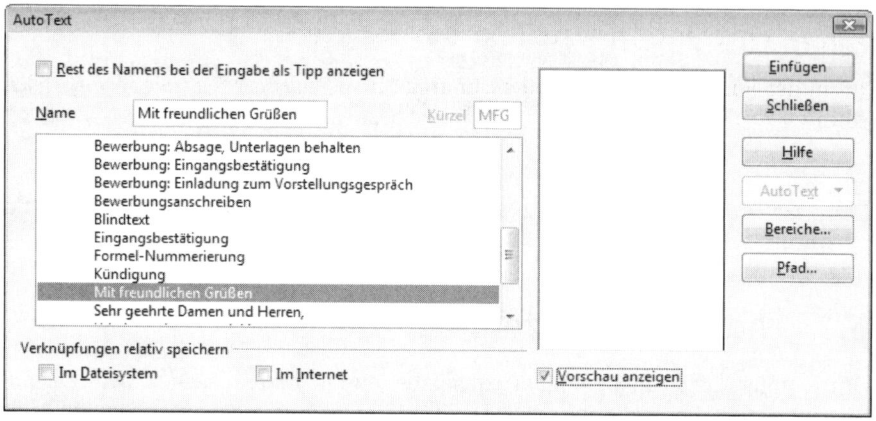

Abbildung 6.9: AutoText-Einträge im Dialogfeld *AutoText*

Klicken Sie auf einen Eintrag in der linken Spalte, zeigt das Dialogfeld den Namen des Textbausteins sowie das zugehörige Kürzel in den Feldern des Dialogfelds an. Markieren Sie das Kontrollkästchen *Vorschau anzeigen*, sollte der Inhalt des AutoText-Eintrags im Vorschaufeld erscheinen. Der AutoText-Eintrag lässt sich mittels der Schaltfläche *Einfügen* in das geöffnete Dokument übertragen. Sie können die Funktion AutoText auf vielfältige Weise nutzen. Tabellen, Grafiken oder Logos lassen sich mit einem Kürzel sofort in den Text einfügen. Schauen Sie einmal nach, welche Textbausteine als AutoText vorliegen.

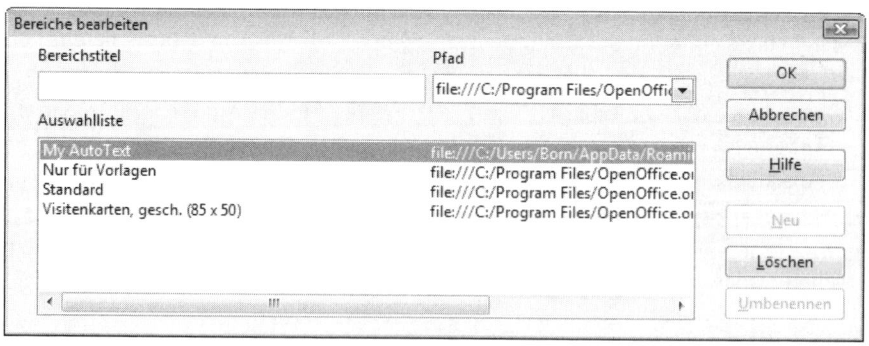

Abbildung 6.10: Bearbeiten der AutoText-Bereiche

Die Schaltfläche *AutoText* des Dialogfelds wird nur freigegeben, wenn Sie in der linken Liste den Eintrag für eigene Bausteine (als »My AutoText« bezeichnet) anwählen. Die Schaltfläche öffnet ein Menü, über dessen Befehl *Importieren* Sie AutoText-

Einstellungen aus vorhandenen Microsoft Office-Dokumenten importieren oder selbst erstellte Einträge löschen, umbenennen, kopieren und bearbeiten können. Die Schaltfläche *Pfad* öffnet ein Dialogfeld mit der Pfadangabe zu den AutoText-Dateien. Klicken Sie auf die Schaltfläche *Bereiche*, öffnet sich ein weiteres Dialogfeld (Abbildung 6.10).

In diesem Dialogfeld können Sie neue Bereiche für AutoText-Kategorien anlegen (tippen Sie den Titel in das Feld *Bereichstitel* ein und klicken Sie auf die Schaltfläche *Neu*). Bestehende Bereiche lassen sich per Mausklick in der Auswahlliste markieren und dann über die betreffenden Schaltflächen löschen oder umbenennen.

6.3.3 Einträge in AutoText aufnehmen

Um in der Funktion AutoText einen Eintrag zu speichern, gehen Sie in folgenden Schritten vor:

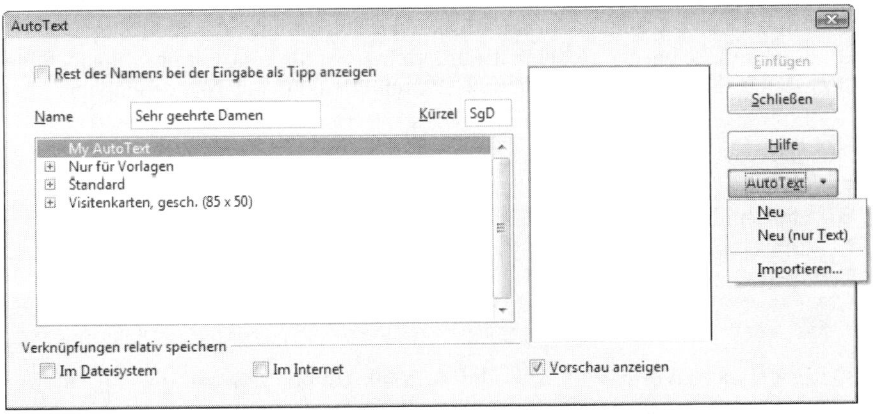

Abbildung 6.11: Aufnahme eines neuen AutoText-Eintrags

6

1. Zuerst müssen Sie den Eintrag im Dokument erstellen. Es kann sich dabei um Texte, Felddefinitionen, Grafiken, Tabellen oder andere Elemente handeln. Sie dürfen die Elemente auch mit Formaten versehen.
2. Anschließend markieren Sie das betreffende Element und wählen im Menü *Bearbeiten* den Eintrag *AutoText* (oder Sie drücken [Strg] + [F3] bzw. [MacBef] + [F3], sofern das Betriebssystem diese Tastenkombination zulässt).
3. Im dann erscheinenden Dialogfeld *AutoText* markieren Sie eine Kategorie (z.B. »My AutoText« für eigene Bausteine) und geben einen Namen sowie ein Kürzel für den AutoText-Eintrag ein (Abbildung 6.11).
4. Klicken Sie zum Abschluss auf die Schaltfläche *AutoText* und wählen Sie im dann erscheinenden Menü den Befehl *Neu* bzw. *Neu (nur Text)*.

Der Writer übernimmt den markierten Text unter dem vorgegebenen Namen in den AutoText und registriert auch das Kürzel. Der Befehl *Neu* überträgt zudem die Formatierung, während *Neu (nur Text)* sich bei der Aufnahme auf den reinen Text beschränkt.

Wurde ein Eintrag in die falsche Kategorie eingefügt, können Sie diesen Eintrag einfach per Maus zur gewünschten Kategorie verschieben. Betätigen Sie die Schaltfläche *Schließen*, um das Dialogfeld zu beenden.

INFO

Bei den Kürzeln für AutoText-Einträge wird übrigens Groß-/Kleinschreibung nicht berücksichtigt. Weitere Details zum Umgang mit der Funktion AutoText können Sie der Hilfe entnehmen.

6.4 AutoKorrektur und AutoFormat

Die Funktionen AutoKorrektur und AutoFormat sorgen bei der Texteingabe in Office dafür, dass Fehler automatisch korrigiert oder Eingaben formatiert werden. Nachfolgend erfahren Sie, wie sich die Funktionen anpassen und nutzen lassen.

6.4.1 Arbeiten mit der AutoKorrektur

Während Sie den Text eingeben, überprüft der Writer die einzelnen Wörter und korrigiert automatisch alle erkannten Rechtschreibfehler. Die Korrektur wird wirksam, sobald Sie ein Satz- (Komma, Punkt, Absatzwechsel) oder Leerzeichen eingeben. Die Funktion kann Sie bei der Texteingabe unterstützen, indem sie häufige Eingabefehler automatisch korrigiert. Es gibt aber auch störende Effekte bei der Texteingabe.

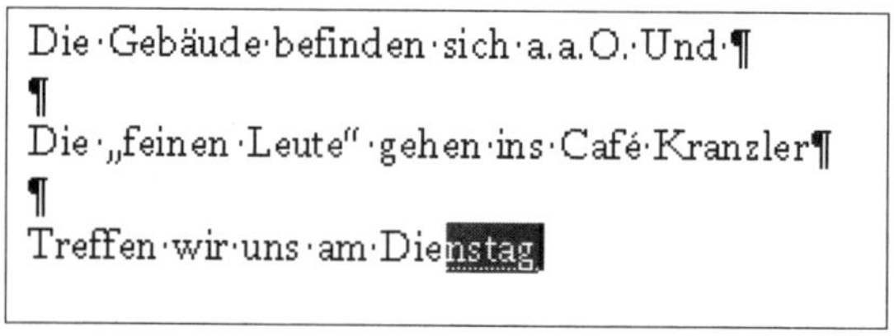

Abbildung 6.12: Beispiele für die Wirkung der AutoKorrektur und der AutoEingabe

- Der Versuch, Wörter wie »dei« oder »udn« einzutippen, wird durch die AutoKorrektur in »die« bzw. »und« umgesetzt.
- Nach Abkürzungen (z.B., etc.) erkennt der Writer vermeintlich einen Satzanfang und setzt den Anfang des folgenden Worts in Großbuchstaben um (Abbildung 6.12, oberste Zeile).
- Setzen Sie ein Wort in Anführungszeichen, wandelt die AutoKorrektur diese in typografische Anführungszeichen um (Abbildung 6.12, mittlere Zeile), was nicht immer erwünscht ist.
- Beim Schnellschreiben kommt es vor, dass die ersten beiden Buchstaben eines Wortes großgeschrieben werden. Der Writer wandelt dann das zweite Zeichen in einen Kleinbuchstaben um. Problematisch ist dies bei bestimmten Abkürzungen, die mit Klein-/Großbuchstaben arbeiten.
- Bereits beim Eintippen schlägt der Writer bei vielen Wörtern nach dem dritten Zeichen eine Ergänzung vor. Diese Wortergänzungen werden farbig hervorgehoben (Abbildung 6.12, untere Zeile).

Die Funktion, die zwei Großbuchstaben am Wortanfang automatisch korrigiert, ist schon sehr komfortabel. Probleme bereiten jedoch Wörter, in denen wirklich die beiden ersten Buchstaben großzuschreiben sind.

TIPP

Wenn der Writer eine Schreibweise unberechtigt korrigiert, müssen Sie sofort danach die Tastenkombination [Strg] + [Z] *bzw.* [MacBef] + [Z] *beim Mac drücken, um die Korrektur aufzuheben. Die Vorschläge der Wortergänzungen übernehmen Sie, indem Sie die* [↵]*-Taste drücken. Für meinen Geschmack ist es aber etwas gewöhnungsbedürftig, dass Sie anschließend ein Leerzeichen eingeben müssen, um das nächste Wort abzusetzen. Dieses Verhalten sowie die Einstellungen zur AutoKorrektur lassen sich aber anpassen (siehe folgenden Abschnitt).*

6.4.2 Die Optionen der AutoKorrektur

Normalerweise arbeitet die Funktion AutoKorrektur unbemerkt im Hintergrund. Nur bei Fehlern wird sie aktiv und nervt den Benutzer durch Änderungen der korrekten Schreibweise. Sie haben aber die Möglichkeit, die AutoKorrektur über bestimmte Optionen anzupassen.

- Wenn Sie eine automatische Korrektur mittels der Tasten [Strg] + [Z] bzw. [MacBef] + [Z] beim Mac zurücksetzen, kann die AutoKorrektur dies erkennen und in die Liste der Ausnahmen aufnehmen.
- Sie können bestimmte Optionen (wie die Korrektur der Anführungszeichen) abschalten.
- Sie können Ausnahmen für die AutoKorrektur definieren. Diese Wörter werden bei der Eingabe ignoriert.
- Unterläuft Ihnen bei bestimmten Wörtern immer wieder derselbe Schreibfehler, lassen sich diese in eine Korrekturliste aufnehmen.

Um die Optionen anzupassen, rufen Sie den Menübefehl *Extras/AutoKorrektur* auf. Daraufhin wird das Dialogfeld aus Abbildung 6.13 geöffnet.

- Auf der Registerkarte *Ersetzung* (Abbildung 6.13, Hintergrund) finden Sie eine Liste aller bei der Eingabe zu ersetzenden Begriffe. Klicken Sie einen Begriff an, werden das Kürzel sowie der Ersetzungstext in den Feldern oberhalb der Liste angezeigt. Das Kürzel MFG z.B. wird über diesen Ansatz in die Grußfloskel »Mit freundlichen Grüßen« umgesetzt. Ein markierter Eintrag lässt sich mittels der Schaltfläche *Löschen* aus der Liste entfernen. Sie können eigene Wörter in die Ersetzungsliste aufnehmen, indem Sie das Kürzel sowie den Ersetzungstext in die betreffenden Felder der Registerkarte eintragen und dann die Schaltfläche *Neu* wählen.
- Die Registerkarte *Ausnahmen* (Abbildung 6.13, Vordergrund) führt zwei Listen von Ausnahmen für Abkürzungen, bei denen kein Wort mit Großbuchstaben folgt, sowie für Wörter, die mit zwei Großbuchstaben beginnen. Markieren Sie einen Begriff, lässt sich dieser über die Schaltfläche *Löschen* entfernen. Neue Begriffe tippen Sie in das betreffende Feld ein und übernehmen diese mittels der Schaltfläche *Neu*. Ist das Kontrollkästchen *Automatisch aufnehmen* markiert, ergänzt die AutoKorrektur die Ausnahmenliste um die betreffenden Begriffe, sobald Sie nach einer bei der Eingabe durchgeführten AutoKorrektur diese über die Tastenkombination [Strg] + [Z] bzw. [MacBef] + [Z] beim Mac rückgängig machen.

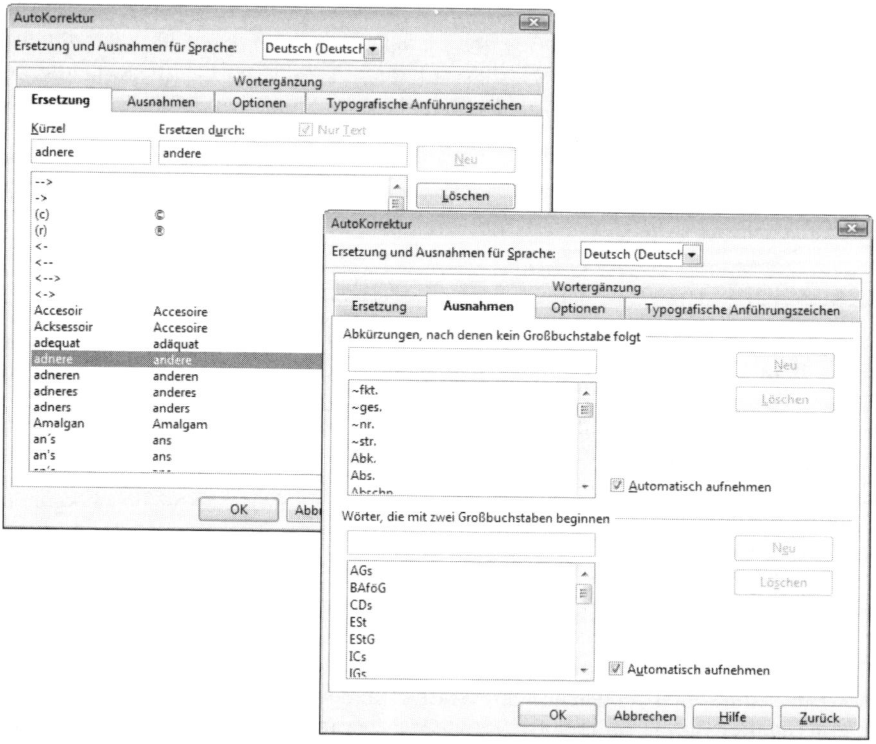

Abbildung 6.13: Dialogfeld *Auto-Korrektur* mit verschiedenen Registerkarten

Die Optionen der Registerkarten *Ersetzung* und *Ausnahmen* wirken sich auf bestimmte Sprachen aus, die Sie über das Listenfeld *Ersetzung und Ausnahmen für Sprache* am oberen Rand des Eigenschaftenfensters einstellen. Die Sprache für eingegebene Texte lässt sich als Eigenschaft des Zeichenformats vorgeben.

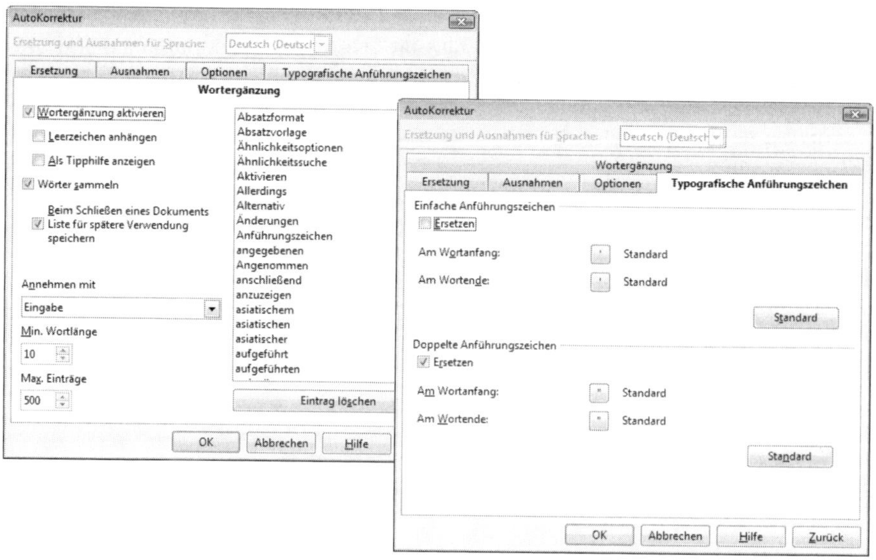

Abbildung 6.14: Einstellungen für Wortergänzungen und typografische Anführungszeichen

Begriffe wie Monatsnamen oder Wochentage führt der Writer automatisch als Wortergänzungen. Das Verhalten des Writers bezüglich Wortergänzungen lässt sich auf der Registerkarte *Wortergänzung* (Abbildung 6.14, Hintergrund) vorgeben.

- Stört Sie die Wortergänzung bei der Eingabe, entfernen Sie die Markierung des Kontrollkästchens *Wortergänzung aktivieren*. Über das Kontrollkästchen *Als Tipphilfe anzeigen* (Abbildung 6.14, Hintergrund) steuern Sie, ob Ergänzungsvorschläge im Text farbig hervorgehoben (Abbildung 6.12, unterste Zeile) oder in Form einer QuickInfo über dem Text eingeblendet (Abbildung 6.15) werden.

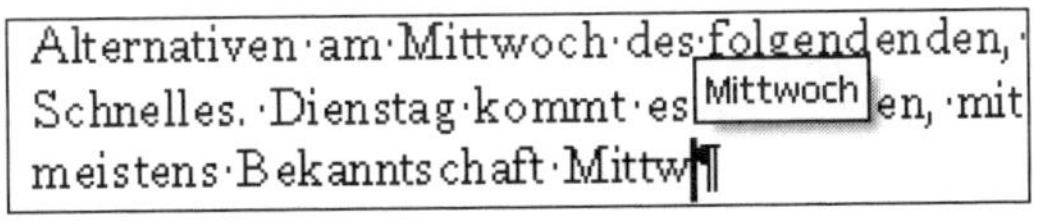

Abbildung 6.15: Anzeige bei eingeschalteter Tipphilfe

- Wenn Sie das Kontrollkästchen *Leerzeichen anhängen* markieren und eine Ergänzung (z.B. durch Drücken der ↵-Taste) annehmen, fügt der Writer beim Eintippen des Folgeworts automatisch ein Leerzeichen in den Text ein. Dieses Leerzeichen wird aber unterdrückt, falls hinter dem ergänzten Wort ein Satzzeichen (Komma, Punkt, Semikolon, Bindestrich) eingegeben wird. Durch diese Option lässt sich der Eingabekomfort der Funktion erheblich steigern.
- Die Liste der Wortergänzungen wird bei der Eingabe automatisch durch die von Ihnen eingetippten Wörter erweitert, sofern das Kontrollkästchen *Wörter sammeln* markiert ist. Dadurch kann der Writer bei häufig benutzten Begriffen Ergänzungsvorschläge machen. Soll die Liste auch über das Sitzungsende erhalten bleiben, muss das Kontrollkästchen *Beim Schließen eines Dokuments Liste für spätere Verwendung speichern* markiert sein. Die Länge der Liste lässt sich über das Drehfeld *Max. Einträge* begrenzen. Um Trivialwörter aus der Ergänzungsliste herauszuhalten, können Sie die Einstellung *Min. Wortlänge* anpassen. Nur Wörter, die die erforderliche Zeichenzahl aufweisen, werden in die Liste aufgenommen. Ein falsch geschriebenes Wort in der Ergänzungsliste entfernen Sie, indem Sie den Eintrag markieren und dann auf die Schaltfläche *Eintrag löschen* klicken.
- Über das Listenfeld *Annehmen mit* lässt sich die Taste zur Übernahme der Vorschläge der Wortergänzung auswählen. Standardmäßig ist die ↵-Taste zur Übernahme vorgesehen. Sie können aber auch die Tasten →, Ende, ⇆ oder Leer einstellen.

Sie sollten die Leer-Taste keinesfalls zur Übernahme der Wortergänzung aktivieren. Üblicherweise tippen Sie am Wortende die Leer-Taste an. Dies führt dann aber dazu, dass alle Ergänzungsvorschläge angenommen würden – was zu erheblichem Korrekturaufwand führt. Sie müssten dann Wörter mit → abschließen und dann das Leerzeichen als Wortzwischenraum eingeben.

Der Writer stellt nicht nur eine AutoKorrektur, sondern auch eine AutoFormat-Funktion während der Eingabe zur Verfügung. Diese bewirkt beispielsweise, dass Eingaben der Art »*fett*« automatisch in Fettschrift umgesetzt oder Absatzanfänge mit einem vorangestellten Minuszeichen in eine Aufzählung umgewandelt werden. Auf der Registerkarte *Optionen* (Abbildung 6.16) finden Sie eine Liste mit Optionen, die dieses Verhalten steuern. Dabei unterscheidet der Writer über zwei Spalten, wie die

Korrektur auszuführen ist. Wurde das Kontrollkästchen in der Spalte *E* markiert, erfolgt die AutoKorrektur/AutoFormatierung beim Eintippen des Textes. Markieren Sie ein Kontrollkästchen in der Spalte *N*, wirkt sich die Option nur bei der Nachbearbeitung aus. Diese wird beim Laden vorhandener Texte aktiv.

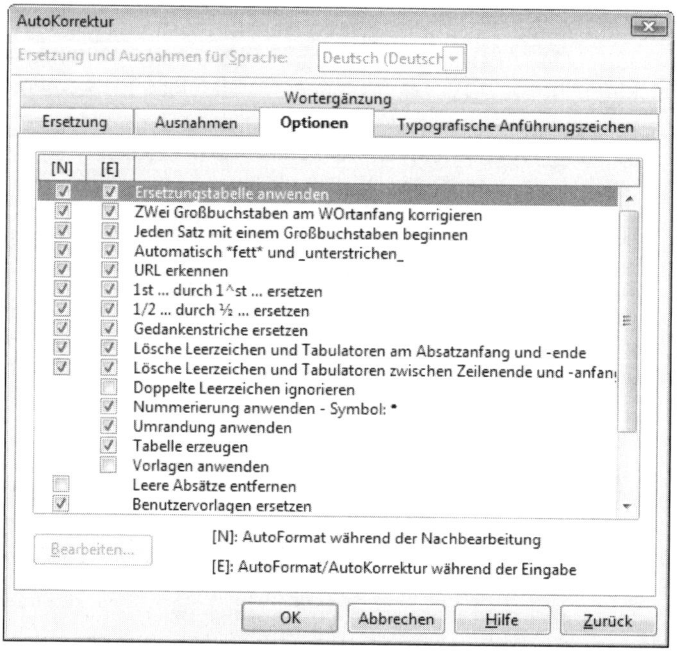

Abbildung 6.16: Optionen für AutoKorrektur und AutoFormat

Die Schaltfläche Bearbeiten *der Registerkarte* Optionen *wird nur bei Anwahl einiger Optionen (z.B.* Nummerierung anwenden – Symbol*) freigegeben. Über die Schaltfläche lässt sich ein Dialogfeld zur Auswahl des Sonderzeichens für das Symbol öffnen. Änderungen an den Optionen werden übernommen, sobald Sie die Registerkarte des Dialogfelds über die OK-Schaltfläche schließen. Details zu den einzelnen Optionen liefert die Hilfe.*

6.5 Arbeiten mit der Rechtschreibprüfung

Der Writer wird mit einem Programm zur Rechtschreibprüfung ausgeliefert. Sie haben dabei die Möglichkeit, die Rechtschreibprüfung bei der Eingabe ausführen zu lassen. Oder Sie lassen das Dokument nachträglich überprüfen. Nachfolgend erhalten Sie einen Überblick über die verfügbaren Funktionen.

StarOffice und OpenOffice.org werden mit Wörterbüchern für die Rechtschreibprüfung in verschiedenen Sprachen ausgeliefert. Falls Rechtschreibmodule fehlen, können Sie diese aber manuell nachrüsten und installieren. Gegenüber früheren Office-Versionen ist aber der Befehl Datei/Assistenten/Weitere Wörterbücher installieren *entfallen. Wörterbücher werden nun als sogenannte Extensions bereitgestellt und müssen über den Extension-Manager installiert werden. Office stellt dabei keinen*

Mechanismus bereit, über den Sie steuern können, welche Wörterbücher für einen Text zu verwenden sind. Sie können höchstens die betreffenden Extensions im Extension-Manager aktivieren bzw. deaktivieren.

6.5.1 Konfigurierung der Sprachmodule anpassen

Gibt es trotz installiertem Wörterbuch Probleme mit der Rechtschreibprüfung, müssen Sie ggf. noch die Konfigurierung der Sprachmodule anpassen.

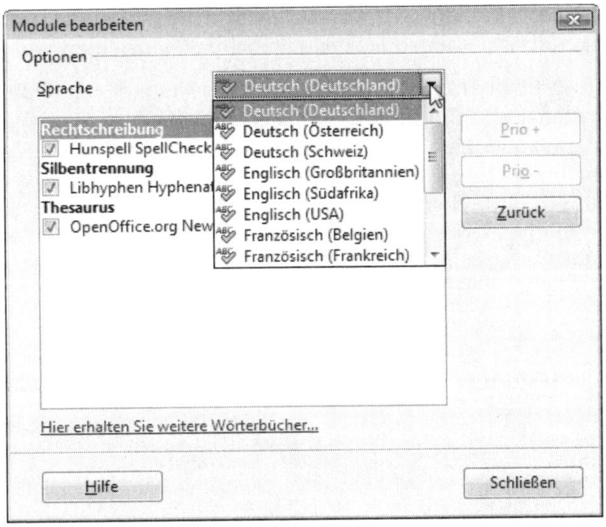

Abbildung 6.17: Bearbeiten der Rechtschreibmodule

1. Rufen Sie im Writer den Menübefehl *Extras/Optionen* auf und suchen Sie im Zweig *Spracheinstellungen* den Zweig *Linguistik* (siehe Abbildung 6.18).
2. Klicken Sie auf einen Eintrag wie »... SpellChecker« der Liste *Verfügbare Sprachmodule* und wählen Sie die Schaltfläche *Bearbeiten*.
3. Im dann angezeigten Dialogfeld *Module bearbeiten* (Abbildung 6.17) wählen Sie nacheinander die Einträge (Rechtschreibung, Silbentrennung, Thesaurus) in der Liste an und weisen ihnen über das Listenfeld *Sprache* die gewünschte Spracheinstellung zu.

Achten Sie darauf, dass das Kontrollkästchen des zugehörigen OpenOffice.org-Sprachmoduls markiert ist. Sobald alle Sprachvarianten eingestellt wurden, können Sie das Dialogfeld schließen. Anschließend wiederholen Sie die Schritte 2, 3 für die restlichen in Abbildung 6.18 aufgeführten Sprachmodule (Thesaurus und Silbentrennung).

INFO

Über den im Dialogfeld eingeblendeten Hyperlink Hier erhalten Sie weitere Wörterbücher *gelangen Sie zur Webseite mit dem Repository für die Extensions und sehen eine bereits nach Wörterbüchern gefilterte Liste.*

6.5.2 Optionen der Rechtschreibprüfung anpassen

Über den Befehl *Optionen* des Menüs *Extras* des Writer-Fensters lässt sich das *Optionen*-Dialogfeld öffnen. Im Zweig *Spracheinstellungen/Linguistik* finden Sie die für die Rechtschreibprüfung und für den Thesaurus bzw. die Silbentrennung relevanten Optionen (Abbildung 6.18).

Wie Sie die Standardsprache für Rechtschreibprüfung, Thesaurus und Silbentrennung wählen, wurde im vorhergehenden Abschnitt besprochen. Bei der Sprache »Deutsch« können Sie über das Dialogfeld *Module bearbeiten* (Abbildung 6.17) auch Ländervarianten (z.B. für Österreich, Schweiz etc.) einstellen. Voraussetzung ist aber, dass das entsprechende Sprachpaket installiert wurde.

Über die Kontrollkästchen der Gruppe *Optionen* (Abbildung 6.18) lässt sich das Verhalten der Rechtschreibprüfung einstellen. Sie können wählen, ob großgeschriebene Wörter oder Begriffe mit Ziffern mit überprüft werden sollen. In dieser Liste finden Sie auch Einträge, um die alte deutsche Rechtschreibung zu aktivieren oder die Einstellungen zur Silbentrennung anzupassen. Wird eine der Einstelloptionen zur Silbentrennung markiert, können Sie die Werte (z.B. Zahl der Zeichen vor einer Trennung) über die Schaltfläche *Bearbeiten* ändern.

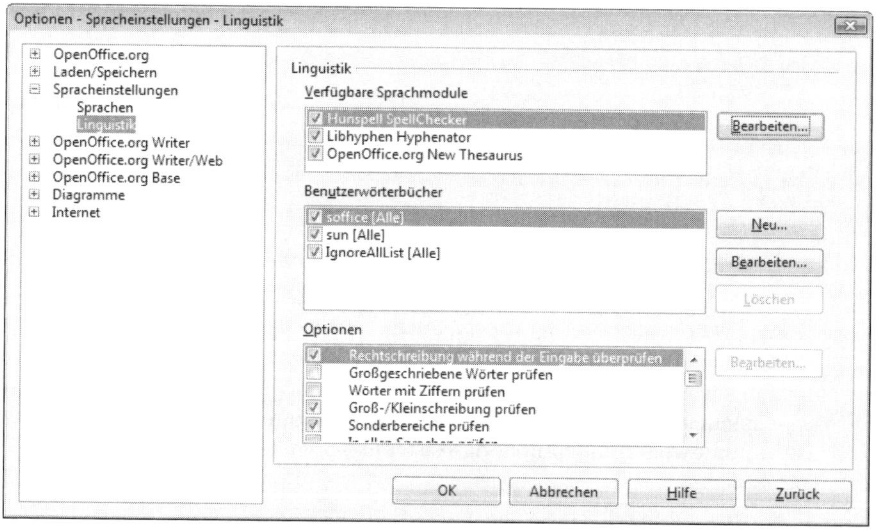

Abbildung 6.18: Optionen der Sprachmodule zur Rechtschreibprüfung

6.5.3 Benutzerwörterbücher pflegen

Office benutzt die vordefinierten Wörterbücher zur Rechtschreibprüfung und zur Silbentrennung. Diese enthalten aber nicht alle Begriffe. Beim Prüfen umfangreicher Texte können Sie daher Benutzerwörterbücher anlegen lassen, in die von Ihnen als korrekt anerkannte Schreibweisen übertragen werden. Auf diese Weise können Sie fachspezifische Wörterbücher mit speziellen Terminologien (Medizin, Technik, Programmierung etc.) nutzen.

- Über die Schaltfläche *Neu* des Dialogfelds *Optionen* (Abbildung 6.18) erzeugen Sie ein neues Benutzerwörterbuch. In einem getrennten Dialogfeld lassen sich dessen Name und die zu verwendende Sprache vorgeben. Der Eintrag »[Alle]«

hinter einem Namen signalisiert, dass das Wörterbuch Begriffe aus allen Sprachen aufnehmen kann. Alternativ können Sie auch Begriffe einer Sprache im Wörterbuch sammeln. Dann wird das Wörterbuch nur benutzt, falls der zu prüfende Begriff das gleiche Sprachattribut aufweist.

- Sie können ein vorhandenes und in der Liste aufgeführtes benutzerspezifisches Wörterbuch markieren und mittels der Schaltfläche *Löschen* entfernen.

Benutzerwörterbücher lassen sich durch die Benutzer pflegen. Sie brauchen nur auf die Schaltfläche *Bearbeiten* zu klicken. Dann öffnet sich ein Dialogfeld, in dem Sie die Einträge der verschiedenen Wörterbücher ansehen, ergänzen, modifizieren und löschen können (Abbildung 6.19). Wählen Sie als Erstes im Feld *Buch* das gewünschte Wörterbuch.

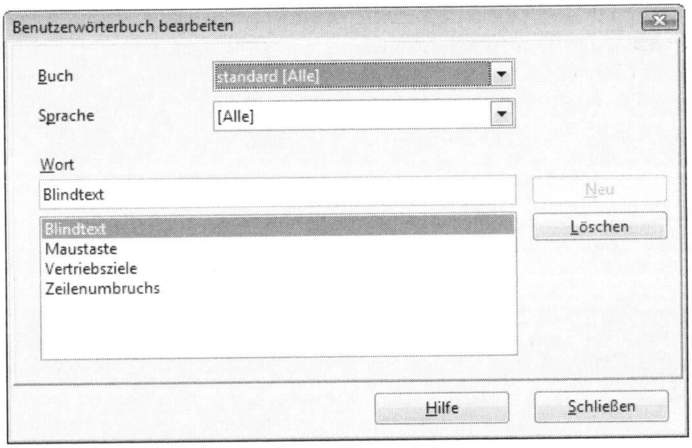

Abbildung 6.19: Dialogfeld zum Bearbeiten eines Wörterbuchs

Den zu prüfenden Texten ist über das Zeichenformat eine bestimmte Sprache (z.B. Deutsch) zugeordnet. Die Rechtschreibprüfung und Silbentrennung werten diese Spracheinstellung beim Zugriff auf die (Benutzer-)Wörterbücher aus. Ist das Feld auf »[Alle]« gesetzt, wird der Text unabhängig von der aktuell zugeordneten Sprache mit den Einträgen des Wörterbuchs verglichen. Dadurch können Sie auch Wörterbücher mit fremdsprachlichen Einträgen ergänzen. Haben Sie sprachspezifische Wörterbücher angelegt, stellen Sie die betreffende Sprache im Dialogfeld ein. Dann wird das Wörterbuch nur dann herangezogen, wenn einem Wort diese Sprache über die Zeichenformatierung zugeordnet ist.

Sie können über ein Listenfeld in der Liste der Wörterbucheinträge blättern. Ein Gleichheitszeichen (=) in einem Begriff gibt die Trennstelle für die Silbentrennung an. Steht das Gleichheitszeichen hinter dem Wort, darf dieses nicht getrennt werden.

Klicken Sie in das Feld *Wort*, lässt sich ein neuer Eintrag definieren und mittels der Schaltfläche *Neu* in die Liste übernehmen. Markieren Sie einen Eintrag, wird dieser in das Feld *Wort* übernommen und lässt sich anpassen. Über die Schaltfläche *Löschen* lassen sich markierte Einträge aus dem Wörterbuch entfernen. Weitere Details zu den speziellen Optionen finden Sie in der Hilfe.

6.5.4 Rechtschreibprüfung während der Eingabe vornehmen

Der Writer kann den Text bereits bei der Eingabe überprüfen und falsch geschriebene Wörter mit einer Wellenlinie markieren (Abbildung 6.21). Die automatische Rechtschreibprüfung lässt sich über die Schaltfläche *Automatisch prüfen* der *Standard*-Symbolleiste ein- oder ausschalten (Abbildung 6.20). Bei ausgeschalteter automatischer Rechtschreibprüfung verschwinden die Wellenlinien unter fehlerhaften Wörtern.

Abbildung 6.20: Automatische Rechtschreibprüfung ein/aus

Die Schaltfläche Automatisch prüfen *beeinflusst die Option* Rechtschreibung während der Eingabe prüfen *in den Optionen (Menübefehl* Extras/Optionen, *Zweig* Spracheinstellungen/Linguistik*).*

Sie können ein falsch geschriebenes Wort manuell korrigieren oder dies der Rechtschreibprüfung überlassen. Klicken Sie einen mit einer Wellenlinie ausgezeichneten Begriff mit der rechten Maustaste an, blendet der Writer ein Kontextmenü mit Vorschlägen für die korrekte Schreibweise ein (Abbildung 6.21). Dann genügt ein Mausklick auf eine der angebotenen Optionen zur Korrektur des falsch geschriebenen Begriffs. Allerdings weist das Kontextmenü bei unbekannten Wörtern keine Korrekturvorschläge auf.

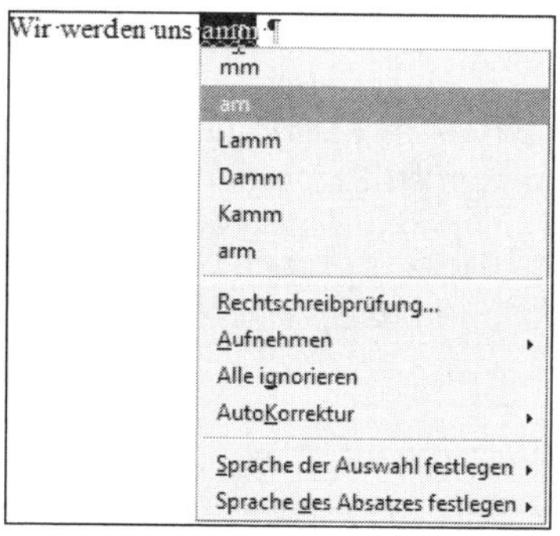

Abbildung 6.21: Rechtschreibprüfung und -korrektur während der Texteingabe

Ist der Begriff richtig geschrieben, kommt aber nicht im Wörterbuch vor, können Sie diesen von der weiteren Prüfung innerhalb der Sitzung ausnehmen, indem Sie den Befehl *Alle ignorieren* im Kontextmenü wählen.

Möchten Sie einen richtig geschriebenen, aber als fehlerhaft bemängelten Begriff in eines der Benutzerwörterbücher übernehmen? Dann wählen Sie im Kontextmenü den Befehl *Aufnehmen* und klicken im Untermenü auf den Namen eines der angezeigten Wörterbücher.

TIPP

Falls Ihnen bei der Eingabe bestimmter Wörter häufiger Schreibfehler unterlaufen, können Sie den korrekt geschriebenen Begriff in die AutoKorrektur übernehmen lassen. Klicken Sie im Kontextmenü auf den Befehl AutoKorrektur. *Wird die korrekte Schreibweise im Untermenü angezeigt, wählen Sie den betreffenden Eintrag per Mausklick an. Der Writer fügt nun die fehlerhafte Schreibweise sowie die Korrektur in den AutoKorrektur-Listen ein.*

6.5.5 Rechtschreibprüfung manuell ausführen

Es ist eine Frage der persönlichen Vorliebe, ob Sie die AutoRechtschreibprüfung verwenden. Die Korrektur während der Eingabe belastet den Rechner und die vielen als möglicherweise fehlerhaft markierten Begriffe nerven bei der Texterfassung umfangreicher Dokumente. Aus diesem Grund lässt sich die AutoRechtschreibprüfung ausschalten und das Dokument nach der Texteingabe einer Prüfung unterziehen.

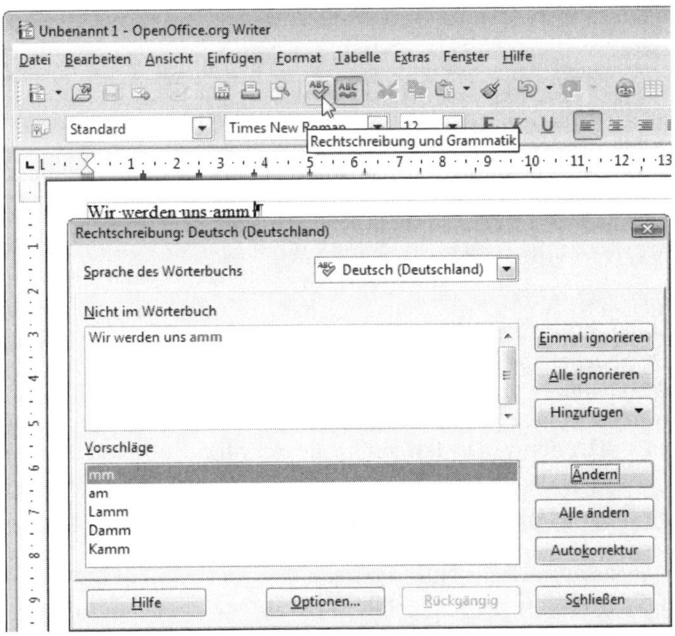

Abbildung 6.22: Dialogfeld der Rechtschreibprüfung

Klicken Sie auf die in Abbildung 6.22, im Hintergrund, gezeigte Schaltfläche *Rechtschreibung und Grammatik* der *Standard*-Symbolleiste oder drücken Sie die Funktionstaste [F7]. Alternativ können Sie im Menü *Extras* den Befehl *Rechtschreibung und Grammatik* wählen.

Dann bearbeitet die Funktion den markierten Textbereich bzw. das ganze Dokument. Welche Wörter dabei als fehlerhaft erkannt werden, hängt von der Datenbasis ab. Die Rechtschreibprüfung kann auf vordefinierte Wörterbücher und die Benutzerwörterbücher zugreifen. Der Writer vergleicht jedes Wort mit den Einträgen in den internen Wörterbüchern. Findet die Funktion ein unbekanntes Wort, erscheint ein Dialogfeld zur Auswahl verschiedener Optionen (Abbildung 6.22, Vordergrund).

Existieren Einträge mit ähnlichen Schreibweisen, erscheinen diese als Liste im Feld *Vorschläge*. Sie können dann entscheiden, wie mit dem Wort verfahren werden soll.

- Klicken Sie auf einen Begriff in *Vorschläge*, wird dieser in das Feld *Wort* übernommen. Existiert kein korrekter Vorschlag, klicken Sie auf das Feld *Wort* und korrigieren den Fehler manuell. Die Schaltfläche *Ersetzen* korrigiert dann das fehlerhafte Wort im Text nach den Vorgaben. Tritt ein solcher Fehler mehrfach im Text auf, können Sie die Korrektur durch Anwahl der Schaltfläche *Immer ersetzen* automatisch im gesamten Dokument vornehmen lassen.
- Mit der Schaltfläche *Ignorieren* übergeht der Writer den Eintrag, zeigt aber weitere Einträge des gleichen Worts im Text an. Sofern Sie die Schaltfläche *Immer ignorieren* betätigen, wird der Begriff während der aktuellen Sitzung nicht mehr als fehlerhaft angezeigt.
- Soll ein richtig geschriebenes Wort in ein eigenes Benutzerwörterbuch aufgenommen werden, klicken Sie auf die Schaltfläche *Hinzufügen*. Über das Listenfeld *Wörterbuch* lässt sich vorher das gewünschte benutzerspezifische Wörterbuch wählen.
- Weiterhin können Sie häufig falsch geschriebene Wörter samt der korrekten Schreibweise mittels der Schaltfläche *Autokorrektur* übernehmen. Die Schaltfläche wird aber erst freigegeben, wenn die korrekte Schreibweise im Feld *Nicht im Wörterbuch* eingetragen ist.

Falls Sie ein Synonym bei der Korrektur verwenden, können Sie dieses über die Schaltfläche *Thesaurus* in die Liste der Synonyme aufnehmen lassen. Zudem lässt sich über das Listenfeld *Sprache* festlegen, in welchen Wörterbüchern der Begriff gesucht werden soll.

INFO

Standardmäßig wird das Textdokument ab der Position der Schreibmarke in Richtung Dokumentende durchsucht. Danach wird die Prüfung am Dokumentanfang bis zur Schreibmarke fortgesetzt. Die Prüfrichtung lässt sich über das Kontrollkästchen Rückwärts *ändern. Über die Schaltfläche* Optionen *öffnen Sie ein Dialogfeld mit den Linguistik-Optionen. Die Bedeutung der Einträge wurde bereits weiter oben behandelt.*

6.5.6 Überprüfung fremdsprachlicher Texte

Haben Sie einen Text in einer fremden Sprache (z.B. Englisch) verfasst oder befindet sich ein solcher Einschub in Ihrem Dokument? Standardmäßig wird die Rechtschreibprüfung solche Begriffe als fehlerhaft markieren. Um fremdsprachliche Einträge mit den richtigen Wörterbüchern zu überprüfen, muss dem Text das entsprechende Sprachattribut zugewiesen werden. Hierzu gehen Sie folgendermaßen vor:

1. Erstellen Sie den Text in der gewohnten Weise und markieren Sie dann den fremdsprachlichen Textteil.
2. Öffnen Sie das Dialogfeld mit den Zeichenformateigenschaften (Menü *Format*, Befehl *Zeichen*) und weisen Sie auf der Registerkarte *Schrift* die gewünschte Sprache über das Listenfeld *Sprache* zu.

Sobald die Registerkarte über die *OK*-Schaltfläche geschlossen wird, schaltet die Rechtschreibprüfung bei der Auswertung anhand der Sprachattribute auf das Wörterbuch der Sprache um.

TIPP

In OpenOffice.org 3.0 können Sie auch das Menü Extras *öffnen und den Befehl* Sprache *wählen. Im Untermenü finden Sie Befehle, um die Sprache für den markierten Text, den Absatz oder das Dokument zuzuweisen oder die Rechtschreibprüfung abzuschalten.*

Zudem wird in der Statusleiste ein Feld mit der aktuell gewählten Sprache angezeigt. Klicken Sie auf dieses Feld, öffnet sich ein Menü, über dessen Befehle Sie die Sprache für markierte Abschnitte, Absätze etc. umstellen können.

6.6 Thesaurus und Silbentrennung

Der Writer stellt neben der Rechtschreibprüfung eine Silbentrennung sowie einen Thesaurus (Synonymwörterbuch) zur Verfügung. Diese Funktionen werden nachfolgend beschrieben.

6.6.1 Die Silbentrennung

Der Writer verfügt über ein Modul zur automatischen oder manuellen Trennung von Wörtern. Bei der automatischen Trennung versucht das Programm, einzelne Silben über Wörterbücher zu isolieren und dann den Trennstrich zu setzen. Sie haben aber auch die Möglichkeit, die Trennstellen bei der Texteingabe oder beim Trennen zu markieren.

Trennzeichen bei Texteingabe setzen

Die automatische Trennung durch die Silbentrennung ist nicht hundertprozentig zuverlässig. So werden viele Sonderfälle des Dudens nicht berücksichtigt. Weiterhin gibt es Fälle, wo eine Trennung zwar korrekt, aber im Text unerwünscht ist. Deshalb haben Sie bereits bei der Texteingabe die Möglichkeit, bedingte Trennstriche und Bindestriche einzugeben. Hierzu setzen Sie die Einfügemarke an die betreffende Stelle im Wort.

- Mit der Tastenkombination [Strg] + [⇧] + [-] fügen Sie einen sogenannten geschützten Bindestrich in den Text ein. Der Writer wird an dieser Stelle keine automatische Silbentrennung ausführen (Wörter wie »CD-Hülle« werden am Zeilenende nicht getrennt).
- Mit der Tastenkombination [Strg] + [-] setzen Sie dagegen einen bedingten Trennstrich an der Textmarke ein. Der Writer kann an dieser Stelle eine Trennung einfügen. Bedingte Trennstriche werden beim Ausdruck nur dann angezeigt, wenn der Writer an dieser Stelle eine Trennung vornimmt.

Auf diese Weise in das Dokument eingefügte geschützte oder bedingte Trennstriche werden im Writer grau unterlegt.

INFO

Beim Mac müssen Sie die [MacBef]-Taste anstelle der [Strg]-Taste verwenden. Geschützte Trennstriche benötigen Sie, wenn ein Wort mit einem Bindestrich abgeschlossen wird oder mit dem Bindestrich beginnt (z.B. »Postein und ausgang«). Der geschützte Trennstrich verhindert, dass der Bindestrich in eine andere Zeile als das zugehörige Wort fällt.

Bedingte Trennstriche sind vor allem beim Blocksatz nützlich, wenn es durch den Zeilenlängenausgleich zu sehr großen Wortzwischenräumen kommt. Bei mit bedingten Trennstrichen versehenen Wörtern kann der Writer ggf. eine Silbentrennung vornehmen und dadurch die Zwischenräume füllen.

HALT

Mit einem sogenannten geschützten Leerzeichen können Sie verhindern, dass der Writer einen Wortzwischenraum am Zeilenende automatisch umbricht (z.B. »§ 31« oder »100 Euro«). Ein geschütztes Leerzeichen lässt sich mit der Tastenkombination [Strg] + [⇧] + [Leer] *einfügen (die in früheren Versionen gängige Tastenkombination* [Strg] + [Leer] *gilt nicht mehr). Die in früheren Writer-Versionen mögliche Tastenkombination* [Strg] + [⇧] + [Leer] *zum Zurücksetzen eines markierten Textes auf das Standardformat erfordert in OpenOffice.org 3.0 die Tastenkombination* [Strg] + [M].

Manuelle Silbentrennung im Text

Alternativ können Sie einen kompletten Text einer manuellen Silbentrennung unterziehen. Hierzu wählen Sie im Menü *Extras* den Befehl *Sprache* und klicken im Untermenü auf den Befehl *Silbentrennung* (Abbildung 6.23, Hintergrund). Der Writer öffnet ein Dialogfeld, in dem das zu trennende Wort angezeigt wird (Abbildung 6.23, Vordergrund).

Abbildung 6.23: Dialogfeld zur interaktiven Silbentrennung

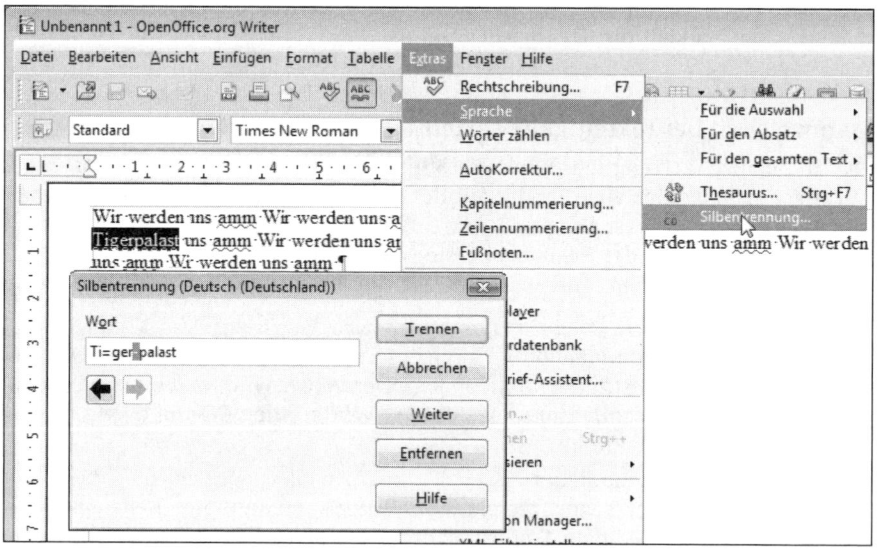

Die möglichen Trennstellen werden als Gleichheitszeichen (=) angezeigt. Die Stelle mit dem Bindestrich signalisiert die vom Modul vorgeschlagene Trennstelle. Über die beiden Schaltflächen mit den Pfeilen können Sie diese Solltrennstelle nach links oder rechts verschieben. Die Schaltfläche *Entfernen* löscht eine mögliche Trennstelle. Bestätigen Sie die Auswahl über die Schaltfläche *Trennen*. Mit der Schaltfläche *Weiter* unterbinden Sie die Trennung des Worts und der Folgetext wird analysiert.

Im Dialogfeld Silbentrennung *erscheinen nur Wörter, die am Zeilenanfang oder -ende stehen. Zudem muss Platz zum Trennen der Silben in der betreffenden Zeile vorhanden sein. Beachten Sie auch, dass die für den Text verwendete Sprache die Silbentrennung beeinflusst. Sie können das Sprachmodul über den Menübefehl* Extras/Optionen *aktivieren (Zweig* Spracheinstellungen/Linguistik.

Silbentrennung automatisch ausführen

Sie können die Silbentrennung automatisieren, indem Sie das Dialogfeld (Abbildung 6.23) abschalten. Rufen Sie den Menübefehl *Extras/Optionen* auf und suchen Sie den Zweig *Spracheinstellungen/Linguistik*. Im rechten Teil des Dialogfelds können Sie dann in der Liste die Option *Trennen ohne Nachfrage* markieren (Abbildung 6.24). Bei Bedarf lässt sich die Zahl der Zeichen vor und nach dem Zeilenumbruch sowie die minimale Wortlänge für zu trennende Begriffe in der Liste anpassen (Eintrag anklicken und den Wert über die Schaltfläche *Bearbeiten* korrigieren). Wenn Sie nach dem Schließen des Dialogfelds mit den Optionen den Befehl *Silbentrennung* im Menü *Extras/Sprache* auswählen, führt der Writer die Silbentrennung selbsttätig durch. Die Trennstellen werden anhand der Einträge in den Wörterbüchern festgelegt. Zudem lassen sich die Optionen zur Silbentrennung absatzspezifisch über das Absatzformat setzen (Menübefehl *Format/Absatz*, Registerkarte *Textfluss*, Gruppe *Silbentrennung*, siehe *Kapitel 3* im Abschnitt »Absatzkontrolle im Detail«).

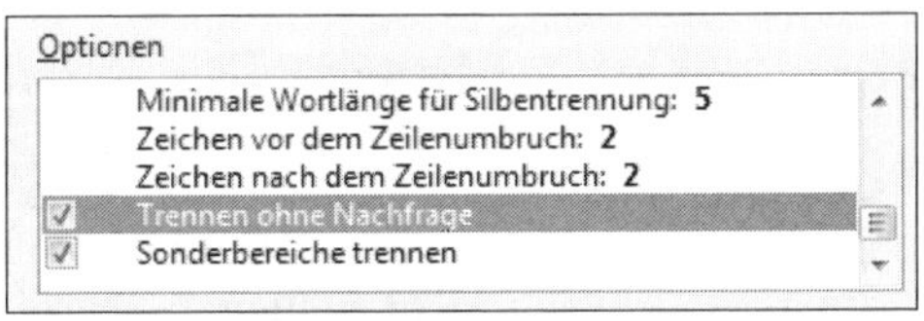

Abbildung 6.24: Optionen zur Silbentrennung

6.6.2 Verwenden des Thesaurus

Wenn Sie Texte erstellen, besteht die Gefahr, dass häufig die gleichen Ausdrücke verwendet werden. Um den Text im Dokument abwechslungsreicher zu gestalten, können Sie mit Synonymen arbeiten (z.B. anstelle von »Text« das Wort »Dokument« verwenden). Der Writer unterstützt diese Arbeit durch ein Synonymwörterbuch, welches in der Fachterminologie auch als Thesaurus bezeichnet wird. Der Thesaurus lässt sich folgendermaßen nutzen:

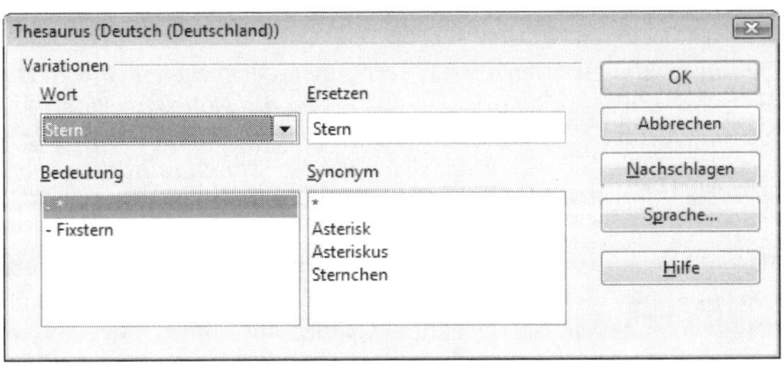

Abbildung 6.25: Arbeiten mit dem Thesaurus

1. Markieren Sie das betreffende Wort, zu dem Sie eine Entsprechung suchen.
2. Wählen Sie im Menü *Extras* den Untermenübefehl *Sprache/Thesaurus* oder drücken Sie die Tastenkombination [Strg] + [F7] (funktioniert aber nur, falls die Kombination nicht durch das Betriebssystem belegt ist – und beim Mac ist die [MacBef]-Taste anstelle der [Strg]-Taste zu drücken).

Im Dialogfeld *Thesaurus* werden jetzt das Wort, ggf. dessen Bedeutung im Kontext des Synonyms sowie die im Wörterbuch gefundenen Synonyme angezeigt (notfalls die Schaltfläche *Nachschlagen* drücken). Der Umfang der Einträge hängt dabei vom verwendeten Wörterbuch ab (StarOffice wird mit umfangreicheren Synonymwörterbüchern als OpenOffice.org ausgeliefert). Klicken Sie ggf. auf einen Eintrag in der Liste *Synonyme*, um diesen in das Feld *Ersetzen* zu übertragen. Sobald Sie das Dialogfeld über die *OK*-Schaltfläche schließen, wird das markierte Wort ersetzt.

6.7 Anmerkungen, Überarbeitungen und Versionskontrolle

Werden Dokumente durch mehrere Personen erstellt, sind Versionsverwaltung, die Möglichkeit zur Einarbeitung von Korrekturen oder das Einbringen von Kommentaren gefragt. Der folgende Abschnitt befasst sich mit den Funktionen, die der Writer hierzu bereitstellt.

6.7.1 Notizen einfügen und ansehen

Beim Korrekturlesen von Dokumenten besteht häufiger der Wunsch, Anmerkungen in den Text einzufügen. Bei Ausdrucken erfolgt dies ggf. in Form gelber Haftnotizen, die in die Seiten eingeklebt werden. Im Zeitalter der elektronischen Kommunikation ermöglicht Ihnen der Writer, solche Anmerkungen als Notizen direkt in das Dokument einzubringen und später anzusehen.

1. Positionieren Sie die Schreibmarke an die Textstelle, an der die Notiz anzuheften ist.
2. Rufen Sie den Menübefehl *Einfügen/Notiz* auf.
3. Anschließend können Sie am rechten Rand den Text der Notiz in den eingefärbten Notizenbereich eintippen (Abbildung 6.26).

Der Writer fügt automatisch eine Signatur mit den Initialen des Benutzers sowie Datum und Uhrzeit hinzu.

INFO

Die Darstellung der Notizen hat sich gegenüber früheren Office-Versionen geändert. Die früher üblichen Dialoge sind zugunsten des Notizbereichs entfallen. Der Vorteil: Sie sehen beim Blättern im Dokument sofort die enthaltenen Notizen am Dokumentrand. OpenOffice.org 3.0 lehnt sich mit dieser Funktion stärker an die Bedienung von Microsoft Office 2003 an.

Klicken Sie auf das kleine Feld am rechten unteren Rand des Notizbereichs, öffnet sich ein Kontextmenü, über dessen Befehle Sie Notizen löschen können. Das Menü stellt Befehle bereit, um die aktuelle Notiz, alle Notizen oder Notizen des speziellen Autors zu löschen.

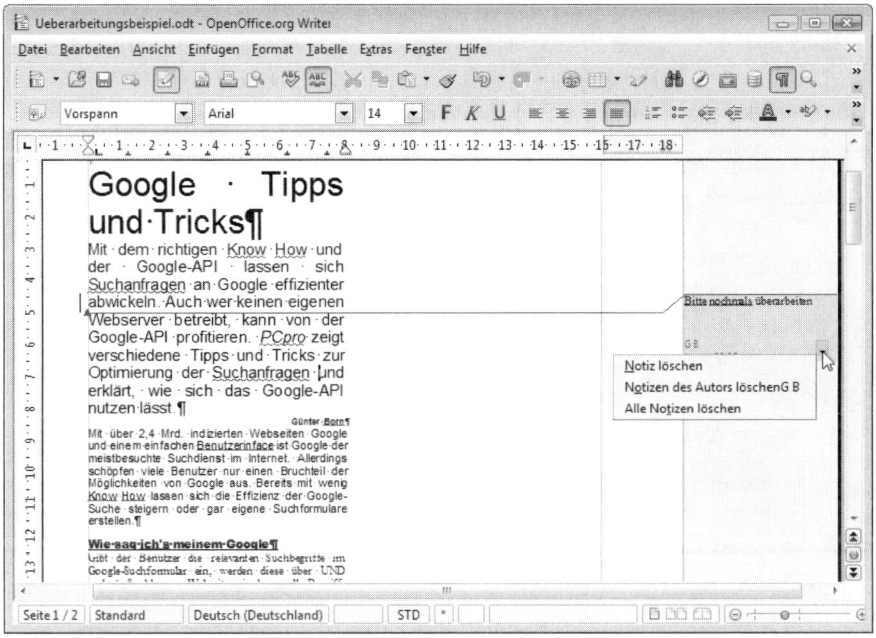

Abbildung 6.26: Textdokument mit Notiz

INFO

Der Writer unterstützt nicht die Funktionen von Microsoft Word, dass vor dem Einfügen einer Anmerkung bzw. eines Kommentars ein Textbereich markiert – und damit optisch hervorgehoben – werden kann. Der in früheren Writer-Versionen auftretende Effekt, dass markierte Bereiche beim Einfügen der Notiz überschrieben wurden, ist allerdings nicht mehr vorhanden. Der Writer positioniert die Marke (kleines Dreieck) für die Notiz am Anfang eines markierten Bereichs.

6.7.2 Änderungen im Text aufzeichnen

Wenn Sie Korrekturen direkt im Text anbringen möchten, ist es vorteilhaft, wenn diese Änderungen protokolliert werden. Dies gilt insbesondere, wenn ein Text durch mehrere Personen überarbeitet wird. Bei geeigneter Einstellung werden die Änderungen, der Bearbeiter, das Datum und die Uhrzeit mit vermerkt. Damit lässt sich jederzeit eine Änderungshistorie aufbauen. Weiterhin können Sie die Korrekturen in der Anzeige ein- und wieder ausblenden sowie bei Bedarf auch wieder zurücknehmen.

Um Änderungen im Text mit aufzuzeichnen, wählen Sie im Menü *Bearbeiten* den Eintrag *Änderungen* und klicken dann im Untermenü auf den Befehl *Aufzeichnen*. Wenn Sie nun Textstellen löschen, werden diese z.B. in Farbe und durchgestrichen angezeigt (Abbildung 6.27). Neu eingefügte Textstellen erscheinen ebenfalls andersfarbig und unterstrichen. Das Gleiche gilt für Änderungen der Formatierungen. Gleichzeitig erscheint neben den betreffenden Zeilen eine dünne Linie am linken Seitenrand. Zeigen Sie auf einen solchen überarbeiteten Bereich, blendet der Writer eine QuickInfo mit dem Bearbeitungsdatum und dem Namen des Bearbeiters ein.

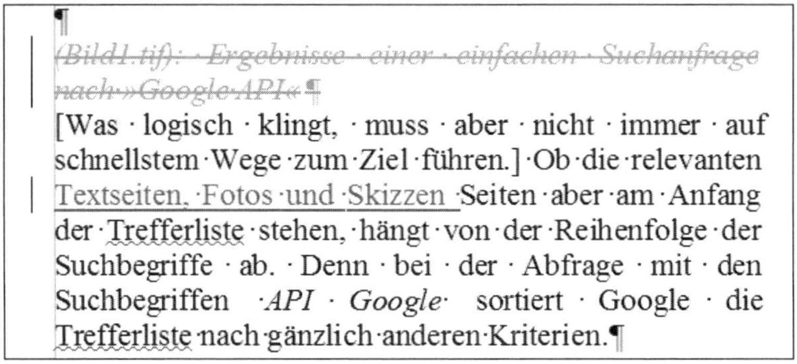

¶
~~(Bild1.tif): Ergebnisse einer einfachen Suchanfrage nach »Google API«~~ ¶
[Was logisch klingt, muss aber nicht immer auf schnellstem Wege zum Ziel führen.] Ob die relevanten Textseiten, Fotos und Skizzen Seiten aber am Anfang der Trefferliste stehen, hängt von der Reihenfolge der Suchbegriffe ab. Denn bei der Abfrage mit den Suchbegriffen *API Google* sortiert Google die Trefferliste nach gänzlich anderen Kriterien.¶

Abbildung 6.27: Text mit eingefügten Überarbeitungsmarkierungen

INFO

Diese Änderungen lassen sich über den Befehl Änderungen/Anzeigen *des Menüs* Bearbeiten *im Dokument ein- oder ausblenden. Wird vor dem Befehl kein Häkchen angezeigt, werden die Änderungen nicht angezeigt. Dies ist hilfreich, um den Text ohne die störenden Korrekturanmerkung zu lesen. Änderungen werden im Modus »Aufzeichnen« trotzdem vom Writer aufgezeichnet und lassen sich über den Befehl* Anzeigen *später sichtbar machen.*

Für jeden Bearbeiter verwendet der Writer andere Farben zur Markierung der Änderungen. Die Farben lassen sich aber über die Optionen (Menübefehl Extras/Optionen, *Zweig* OpenOffice.org-Writer/Änderungen*) einstellen.*

Um die Aufzeichnung der Änderungen im Dokument abzuschalten, wählen Sie erneut den Befehl *Änderungen/Aufzeichnen* im Menü *Bearbeiten* an. Ein Häkchen vor dem Untermenübefehl *Aufzeichnen* signalisiert, dass die Aufzeichnung der Änderungen eingeschaltet ist.

Möchten Sie als Besitzer des Dokuments verhindern, dass andere Bearbeiter die Option zum Aufzeichnen der Änderungen wieder abschalten? Dann wählen Sie im Menü *Bearbeiten* den Befehl *Änderungen/Aufzeichnung schützen* an. In einem Dialogfeld (Abbildung 6.28) wird anschließend ein Kennwort abgefragt. Sie müssen das mindestens sechs Stellen umfassende Kennwort (Groß-/Kleinschreibung beachten) zur Sicherheit in zwei Felder eingeben und über die *OK*-Schaltfläche bestätigen.

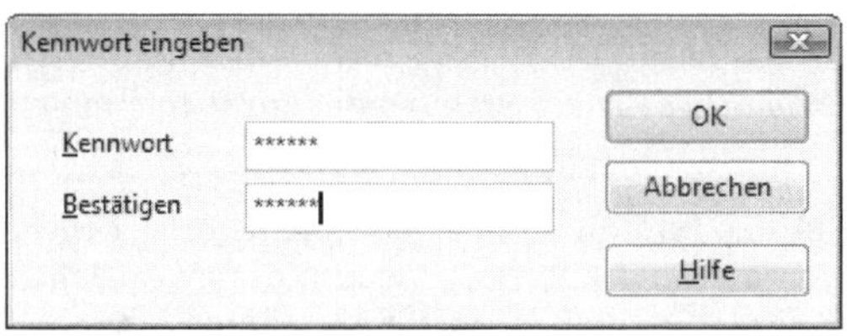

Abbildung 6.28: Schützen des Überarbeitungsmodus per Kennwort

Der Befehl *Änderungen/Aufzeichnen* wird dann bei anderen Bearbeitern des Dokuments gesperrt. Wählt dieser Bearbeiter den Befehl *Änderungen/Aufzeichnen schützen* im Menü *Extras* an, erscheint ein Dialogfeld zur Kennwortabfrage. Nur mit gültigem Kennwort wird der Befehl *Änderungen/Aufzeichnen* freigegeben und der Bearbeiter kann den Überarbeitungsmodus wieder abschalten.

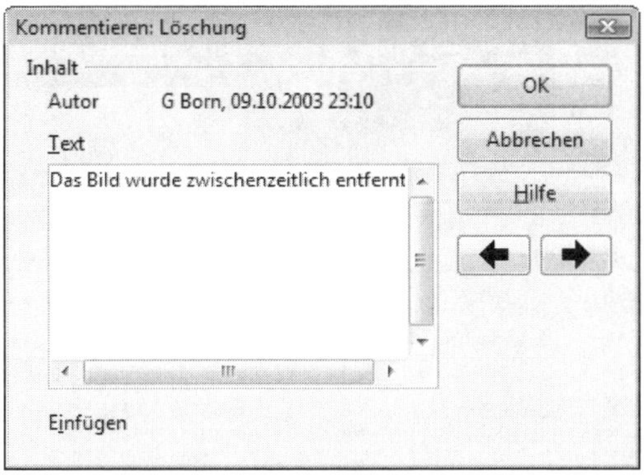

Abbildung 6.29: Kommentieren einer Überarbeitungsstelle

TIPP

Bearbeiten Sie ein Dokument im Überarbeitungsmodus und möchten Sie Dritten einen Hinweis geben, warum Sie bestimmte Textstellen gelöscht, hinzugefügt oder neu formatiert haben? Klicken Sie auf die Überarbeitungsstelle und wählen Sie im Menü Bearbeiten *den Befehl* Änderungen/Kommentar. *Sobald das Dialogfeld erscheint, tippen Sie den betreffenden Kommentar ein (Abbildung 6.29). Sollen die Kommentare später angesehen werden, wählen Sie den Befehl* Änderungen/Kommentar *im Menü* Bearbeiten *erneut an. Über die Navigationsschaltflächen lässt sich zwischen den einzelnen Überarbeitungsstellen wechseln. Dann wird der Kommentar im Dialogfeld angezeigt und die zugehörige Überarbeitungsstelle im Dokumentfenster hervorgehoben.*

6.7.3 Überarbeitungen übernehmen oder verwerfen

Erhalten Sie ein Dokument mit aufgezeichneten Überarbeitungsmarkierungen? Dann ist es wünschenswert, wenn diese Korrekturen in eine neue Fassung des Dokuments übernommen werden können. Oder Sie verwerfen die Änderungen und erhalten so den vorherigen Dokumentzustand. Auch dies wird durch den Writer unterstützt.

1. Laden Sie das Dokument mit den Überarbeitungsmarkierungen im Writer.
2. Wählen Sie im Menü *Bearbeiten* den Befehl *Änderungen* und im Untermenü den Befehl *Akzeptieren oder verwerfen*.
3. Legen Sie im angezeigten Dialogfeld (Abbildung 6.30) fest, ob die jeweiligen Änderungen übernommen oder zurückgewiesen werden.

Im Dialogfeld *Änderungen akzeptieren oder verwerfen* werden alle aufgezeichneten Korrekturen angezeigt. Vom Bearbeiter kommentierte Änderungen besitzen den Kommentartext in der Spalte *Beschreibung*. Klicken Sie auf einen Eintrag, wird die betreffende Überarbeitungsstelle im Textfenster eingeblendet (Abbildung 6.30, Hintergrund).

Über die Schaltfläche *Akzeptieren* wird der aktuell markierte Eintrag der Änderungsliste im Text übernommen. Wählen Sie die Schaltfläche *Ablehnen*, stellt der Writer den vorhergehenden Zustand wieder her. Über die beiden Schaltflächen *Alle akzeptieren* und *Alle ablehnen* lassen sich alle Änderungen auf einen Schlag übernehmen bzw. zurückweisen.

Abbildung 6.30: Änderungen akzeptieren oder verwerfen

INFO

Über die Registerkarte Filter *können Sie vorgeben, welche Änderungen zu berücksichtigen sind. Als Filterkriterium lassen sich Datumsintervalle, der Name des Bearbeiters oder Löschungen bzw. Einfügungen und auch Kommentare des Bearbeiters angeben. Die Übernahme oder das Zurückweisen der Änderungen ist allerdings nur möglich, wenn die Option* Aufzeichnung schützen *nicht aktiviert ist. Dies bedeutet, dass Sie bei geschützten Dokumenten diesen Schutz erst durch Eingabe des Kennworts aufheben müssen.*

TIPP

Ist Ihnen bei der Annahme oder beim Verwerfen einer Korrektur ein Fehler unterlaufen? Schließen Sie das Dialogfeld und machen Sie die Änderung wieder rückgängig (z.B. über die Tastenkombination [Strg] + [Z]*).*

6.7.4 Korrekturen aus mehreren Dateien übernehmen

Wenn Sie ein Dokument zur Korrektur weitergeben, haben Sie zwei Möglichkeiten:

- Die Korrekturen werden nacheinander durch verschiedene Bearbeiter in einer Datei durchgeführt.
- Es gehen Kopien an alle Bearbeiter, damit diese die Korrekturen parallel ausführen.

Im ersten Fall gelangt nach einiger Zeit die Korrekturkopie zu Ihnen zurück und Sie können die Korrekturen gemäß der Beschreibung im vorhergehenden Abschnitt bearbeiten.

Existieren aber mehrere Korrekturkopien, müssen Sie die Korrekturen zusammenfassen und in Ihre Originaldatei übernehmen. Wie lassen sich aber die Korrekturen aus verschiedenen Dateien in das Original zusammenführen?

Hier bietet der Writer eine elegante Möglichkeit über die Funktion zum Dokumentvergleich. Um die Korrekturen zweier Dateien zusammenzufassen, führen Sie folgende Schritte aus:

1. Kopieren Sie die verschiedenen Korrekturversionen des Dokuments unter unterschiedlichen Namen in ein Verzeichnis der Festplatte.
2. Laden Sie das Originaldokument im Writer und wählen Sie dann im Menü *Bearbeiten* den Befehl *Dokument vergleichen*.
3. Der Writer öffnet das Dialogfeld *Einfügen*, in dem Sie die zweite zu vergleichende Dokumentdatei auswählen. Schließen Sie das Dialogfeld über die *Einfügen*-Schaltfläche.
4. Jetzt erscheint das Dialogfeld *Änderungen akzeptieren oder verwerfen*. Sie können nun die Änderungen, wie im vorhergehenden Abschnitt beschrieben, annehmen oder ablehnen.

Der Writer überträgt anschließend alle von Ihnen akzeptierten oder verworfenen Korrekturen in das zuerst geladene Originaldokument. Führen Sie diese Schritte für jede Kopie aus, um alle Änderungen zusammenzufassen.

TIPP

Über den Menübefehl Datei/Versionen *können Sie zudem im Writer verschiedene Versionen eines Dokuments speichern lassen (siehe auch Kapitel 1, Abschnitt »Arbeiten mit unterschiedlichen Dokumentversionen«). Über die Schaltfläche* Öffnen *des Dialogfelds* Versionen im ... *können Sie eine zweite Version der aktuellen Datei laden. Die Schaltfläche* Vergleichen *im Dialogfeld* Versionen im ... *ermöglicht Ihnen dann einen Vergleich zwischen der aktuell geladenen und der markierten Version. Die Abweichungen werden im Überarbeitungsmodus im Dokumentfenster angezeigt und Sie können diese im Dialogfeld* Änderungen akzeptieren oder verwerfen *annehmen bzw. ablehnen.*

6.7.5 Dokumente zusammenführen

Von mehreren Personen bearbeitete Dokumente können Sie auch über eine eigene Funktion des Writers zusammenführen lassen. Voraussetzung ist aber, dass sich die bearbeiteten Versionen nur von der Originalversion durch aufgezeichnete Überarbeitungen unterscheiden.

1. Öffnen Sie das Originaldokument, in dem alle Kopien zusammenzuführen sind, im Writer.
2. Wählen Sie im Menü *Bearbeiten* die Befehle *Änderungen/Dokument zusammenführen*.
3. Im dann angezeigten Dialogfeld zur Dateiauswahl laden Sie eine Kopie mit den Überarbeitungen des Dokuments.
4. Lassen sich die Dokumente zusammenführen, sehen Sie nun den Dialog *Änderungen akzeptieren oder verwerfen* (Abbildung 6.30), in dem Sie die Korrekturen in das Originaldokument übertragen oder aber verwerfen können.

Daraufhin werden die Änderungen in das Originaldokument eingefügt. Wurde das Originaldokument zwischenzeitlich geändert, erscheint ein Fehlerdialog mit dem Hinweis, dass die Zusammenführung nicht erfolgreich war. Beim Zusammenführen werden die Änderungen im Originaldokument als Änderungen hervorgehoben.

TIPP

Natürlich gilt auch hier der im vorherigen Abschnitt gegebene Hinweis, dass über den Befehl Versionen *im Menü* Datei *verschiedene Versionen eines Dokuments angelegt sind und sich diese letztendlich auch vergleichen lassen.*

7 Grafiken, Objekte, Zeichenfunktionen

Sie können im Writer, in Calc und den anderen Office-Modulen Grafikdateien in das Dokument einfügen. In diesem Kapitel wird am Beispiel des Writers gezeigt, wie sich Grafikdateien und Objekte, Dateien und Sonderzeichen in das Dokument einfügen lassen. Zudem finden Sie Hinweise zu den Office-Zeichenfunktionen.

7.1 Arbeiten mit Grafiken in Textdokumenten

Gelegentlich kommt es vor, dass Grafiken in Textdokumente integriert werden sollen. Denken Sie nur an Handbücher mit Abbildungen oder an Grußkarten mit einem Foto. Aber auch Prospekte oder andere Flyer lassen sich mit Grafiken gestalten. Der folgende Abschnitt stellt Ihnen die Möglichkeiten des Writers zur Aufnahme von Grafiken in Texten vor.

7.1.1 Grafiken und Bilder aus Dateien einfügen

Möchten Sie eine Grafik aus einer Datei im Writer in ein Textdokument einbinden, ist dies mit folgenden Schritten möglich:

1. Klicken Sie auf die Stelle im Dokument, an die die Grafik einzufügen ist. Achten Sie darauf, dass keine bereits im Dokument eingefügte Grafik markiert ist, da sonst in Schritt 2 das Dialogfeld zur Bearbeitung der Grafikeigenschaften geöffnet wird!
2. Öffnen Sie das Menü *Einfügen* und wählen Sie den Befehl *Bild*. Sobald das Untermenü sichtbar wird, wählen Sie den Befehl *Aus Datei* (Abbildung 7.1, Hintergrund).
3. Im nun angezeigten Dialogfeld *Bild einfügen* (Abbildung 7.1, Vordergrund) wechseln Sie zum Ordner, in dem die Grafikdatei gespeichert ist.
4. Klicken Sie auf den Namen der einzubindenden Grafikdatei, setzen Sie ggf. weitere Optionen (z.B. Verknüpfen über das Kontrollkästchen *Link* oder den Stil über das Listenfeld *Style* auf *Grafik*) und bestätigen Sie die Auswahl über die *Öffnen*-Schaltfläche.

Der Writer schließt das Dialogfeld und bindet die Grafik in das Dokument ein. Passen Sie anschließend noch die Eigenschaften (Größe, Position, Textfluss etc.) der in den Text eingefügten Grafik an (siehe Abschnitt »Einstellen der Grafikeigenschaften«).

Abbildung 7.1:
Einfügen von Grafiken (Windows Vista)

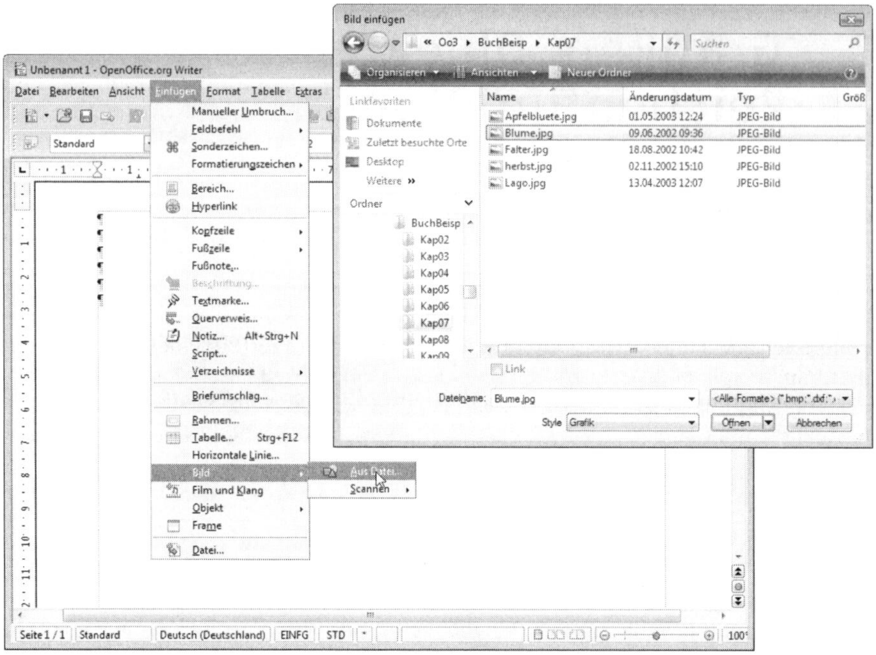

Die Darstellung des Dialogfelds Bild einfügen *hängt vom Betriebssystem ab. In einigen Dialogfeldvarianten gibt es das Kontrollkästchen* Vorschau, *über welches Sie eine Minivorschau auf die angewählte Grafik einblenden können. In Windows Vista stellen Sie dagegen die Anzeige der Dateien über die Schaltfläche* Ansichten *des Dialogfelds auf »Große Symbole« um.*

Erscheinen keine Grafikdateien im Dialogfeld, müssen Sie ggf. die Einstellung für den Dateityp korrigieren. Dieser Wert wirkt als Filter für die unterstützten Dateiformate. Der Eintrag »Alle Formate« bewirkt, dass alle Grafikdateien, die den unterstützten Grafikformaten entsprechen, im Dialogfeld erscheinen.

Erscheint nach dem Schließen des Dialogfelds anstelle der Grafik lediglich ein Platzhalter mit dem Dateinamen im Dokument? Dann rufen Sie den Menübefehl Extras/Optionen *auf. Im Dialogfeld* Optionen *ist der Zweig* OpenOffice.org Writer *und die Kategorie* Ansicht *zu wählen. Dann können Sie im rechten Teil des Dialogfelds das Kontrollkästchen* Grafiken und Objekte *in der Gruppe* Anzeige *markieren. Nach dem Schließen des Dialogfelds über die* OK-*Schaltfläche sollte die Grafik angezeigt werden.*

An dieser Stelle noch eine Bemerkung zu der Option »Verknüpfen« (Kontrollkästchen *Link*). Über diese Option steuern Sie, wie der Writer die Grafik in das Dokument integriert.

- Einbinden: Ist das Kontrollkästchen *Link* nicht markiert, bindet der Writer die Grafik in das Dokument ein. Dies bedeutet, die Daten der Grafik werden beim Speichern mit in der Dokumentdatei gespeichert.

- Verknüpfen: Bei markiertem Kontrollkästchen *Link* fügt der Writer nur einen Verweis auf die Grafik in das Dokument ein.

Einbinden hat den Vorteil, dass die Grafik beim Kopieren oder Verschieben der Dokumentdatei erhalten bleibt, da diese ja mit in der Datei enthalten ist. Der Nachteil dieses Ansatzes besteht darin, dass die Dokumentdateien durch die eingebundenen Grafiken stark aufgebläht werden. Textdateien mit eingebundenen Fotos oder Bildern werden sehr schnell mehrere Megabyte groß. Sind mehrere Bilder in ein Textdokument aufzunehmen, sollten Sie die Option zum Verknüpfen markieren. Die Daten für die Verweise auf die Bilddateien vergrößern die Textdateien kaum. Beim Laden des Dokuments liest der Writer die Grafiken anhand der Verweise einfach neu ein. Dies hat auch den angenehmen Nebeneffekt, dass geänderte Bilder automatisch beim nächsten Laden des Dokuments aktualisiert werden (bei eingebundenen Bildern müssen Sie diese erst löschen und die Grafikdatei neu einbinden). Der Nachteil der Verknüpfungen ist darin zu sehen, dass Sie bei der Weitergabe des Dokuments auch die Grafikdateien mitliefern müssen. Wird eine Grafikdatei nicht gefunden, erscheint beim Laden des Textdokuments nur noch ein Platzhalter.

INFO

Eine unschöne Sache ist die Verwendung absoluter URL-Angaben der Art file:/// <pfad> /Dateiname *in den Verweisen. Benennen Sie ein Verzeichnis um oder verschieben Sie die Dokumentdatei samt Grafiken in einen anderen Ordner, kann der Writer die Grafikdateien beim Laden des Dokuments nicht finden. Sie erhalten daher eine Fehlermeldung, dass ein Ladefehler aufgetreten ist. Der Writer besitzt aber eine interne Funktion, die die Pfadangaben untersucht und ggf. anpasst. Werden die Grafikdateien im aktuellen Dokumentordner oder in einem Unterordner, der im Pfad des Verweises vorkommt, gefunden, korrigiert der Writer die absoluten Pfadangaben automatisch.*

Um eine eingefügte Grafik zu löschen, reicht es, diese per Mausklick anzuwählen und dann die `Entf`-Taste (oder die `Rück`-Taste) zu drücken.

Bemerkungen zu Grafikformaten

Über den Dateityp (Listenfeld im Dialogfeld *Bild öffnen*) können Sie einen Filter für die anzuzeigenden Grafikdateien einstellen. Der Writer unterstützt eine Reihe von Grafikformaten beim Import in das Dokument. Bei der Speicherung von Grafiken, Bildern oder Zeichnungen wird zwischen Bitmap-Formaten und Vektorformaten unterschieden.

- Bei einer Bitmap wird das Bild zeilenweise in einzelne Bildpunkte zerlegt. Die Bildpunkte werden dann mit den zugehörigen Farbinformationen gespeichert. Dabei kommen unter Umständen ganz trickreiche Verfahren zur Komprimierung der Bilddaten zum Einsatz. Dies erklärt auch die unterschiedlichen Grafikformate für Bitmaps, die zu unterschiedlich großen Grafikdateien führen.
- Bei Vektorformaten werden die Inhalte über Vektoren (das sind kurze Linien, die eine Richtung, eine Länge, eine Dicke und eine Farbe besitzen) beschrieben. Bitmaps eignen sich gut zur Speicherung von Fotos oder Bildern, während Vektorgrafiken eher zur Darstellung von Zeichnungen benutzt werden.

Der Vorteil der Vektorgrafiken besteht einmal darin, dass sich einzelne Elemente auswählen und bearbeiten lassen. So kann eine Linie verlängert, entfernt oder umgefärbt werden. Wird eine Vektorgrafik in der Größe angepasst, rechnet das Darstellungsprogramm einfach alle Vektoren auf die neuen Proportionen um. Bei Bitmaps lassen sich dagegen nur einzelne Bildpunkte variieren. Dies ist auch der Grund, warum beim Verkleinern von Bitmap-Grafiken Linien verschwinden oder beim Vergrößern, speziell bei Texten, einzelne Bildpunkte (Pixel) sichtbar werden.

Aus diesem Grund werden sogenannte Metafile-Formate benutzt, in denen sich sowohl Bitmap-Elemente als auch Texte, Linien oder geometrische Objekte in Form von Vektoren speichern lassen. Das zum Speichern des Bilds benutzte Grafikformat hat daher nicht nur Einfluss auf die Größe der Bilddateien, sondern beeinflusst unter anderem auch die Bildqualität oder die Möglichkeit, die Grafik in Fremdprogrammen zu bearbeiten. Die folgende Tabelle enthält einige Hinweise zu den unterstützten Grafikformaten.

Tabelle 7.1: Importformate für Grafikdateien

Erweiterung	Format
BMP	Bitmap-Format, wird intern durch Windows benutzt. Dieses Format wird von vielen Windows-Anwendungen unterstützt. BMP-Dateien werden meist unkomprimiert gespeichert und werden dadurch recht groß.
DXF	Data Exchange Format, 2D-Vektorformat, welches von AutoCAD zum Austausch technischer Zeichnungen benutzt wird.
EMF	Enhanced Metafile-Format, verbessertes Metafile-Format, welches Bitmap-Elemente und Vektorinformationen (Text, Linien, Figuren) enthalten kann; wird in Windows benutzt.
EPS	Encapsulated PostScript-Format, Postscript-Datei, in der Vorschaubilder als Bitmaps eingebunden sein können. Das Format wird vor allem in der Drucktechnik zur Speicherung von Bildern genutzt, da sich diese wegen der verwendeten Vektorinhalte gut skalieren lassen. Unter Windows unterstützen aber nur wenige Anwendungen das Öffnen und Bearbeiten von EPS-Dateien.
GIF	Graphics Interchange Format, von CompuServe entwickeltes Grafikformat. Erlaubt die Speicherung von Bildern mit bis zu 256 Farben, verwendet ein recht trickreiches Speicherverfahren, welches zu sehr kompakten Dateien führt. Einige GIF-Varianten unterstützen transparente Bildteile und Animationen über Einzelbildsequenzen. Das Format wurde durch das Internet sehr populär. Nachdem das Unisys-Patent zur Komprimierung der Bilddaten abgelaufen ist, dürfte das Format weiterhin populär bleiben. Wegen der Begrenzung auf 256 Farben eignet es sich besonders gut zur Speicherung von Logos und Motiven mit großen einfarbigen Flächen.
JPG, JPEG, JFIF	Joint Photographic Experts Group (JPEG), von der Joint Photographic Experts Group entwickeltes Format zur Speicherung von Fotos. Das Format benutzt ein ausgeklügeltes mathematisches Verfahren, um nicht sichtbare Bildinformationen herauszufiltern und so zu kompakten Bilddateien zu gelangen. Die JPEG-Komprimierung ist aber verlustbehaftet, d.h., die Bildqualität leidet beim Speichern. Das Format wird zur Speicherung von Fotos mit Echtfarbdarstellung (16 Millionen Farben) eingesetzt.
MET	Meta Tag Format, in OS/2 benutztes Metafile-Format, das aber nicht sehr verbreitet ist.
PBM	Portable Bitmap Format, ein für Linux entwickeltes Bitmap-Format, welches den Austausch von Bildern zwischen verschiedenen Plattformen unterstützen soll. Hat sich außerhalb von Linux nicht durchsetzen können.

Erweiterung	Format
PCD	Photo CD, ein von der Firma Kodak zur Speicherung von Bildern auf Foto-CDs entwickeltes Bitmap-Format. Die Fotos werden dabei in verschiedenen Auflösungen gespeichert. Die Office-Grafikfilter unterstützen nur einen Teil dieser Auflösungen (768 x 512, 192 x 128, 384 x 256).
PCT	Mac Picture Format, ein auf dem Macintosh eingeführtes Bitmap-Format zur Speicherung von Grafiken (unter Mac OS X durch das PDF-Format abgelöst)).
PCX	Paintbrush-Format, ein Bitmap-Format welches von der Firma ZSoft für das Programm Paintbrush entwickelt wurde. Benutzt ein einfaches Komprimierverfahren, das aber zu recht kompakten Dateien führt. Weiterentwickelte Versionen dieses Formats unterstützen auch Farbbilder mit bis zu 16 Millionen Farben.
PGM	Portable Graymap-Format, für Linux/Unix entwickeltes Bitmap-Format für Graustufenbilder; außerhalb von Linux nicht sehr verbreitet.
PNG	Portable Network Graphics, als Ersatz für das mit Lizenzproblemen behaftete GIF-Format entwickelt, ermöglicht die verlustlose Komprimierung von Bitmap-Grafiken, konnte sich aber bisher im Internet nicht gegen das GIF-Format durchsetzen (da Browser PNG-Bilder nicht sauber darstellen).
PPM	Portable Pixel Map, Format aus der Linux-Welt, um Paletten und Zeichen zu übertragen, nicht allzu verbreitet.
PSD	Adobe Photoshop-Format, wird von Photoshop zur Speicherung von Grafiken benutzt.
RAS	Sun Raster Image, Bitmap-Format, welches von Sun zur Speicherung von Rastergrafiken (Bitmaps) entwickelt wurde. Außerhalb der Sun-Welt nicht weit verbreitet.
SGF	StarWriter Graphics Format, Format des älteren StarWriters zur Speicherung von Grafiken.
SGV	StarDraw, Format, welches vom Programm StarDraw zur Speicherung von Zeichnungen benutzt wurde.
SVM	StarView Metafile-Format, wurde von Produkten der Firma StarDivision zur Speicherung von Metafile-Informationen genutzt.
TGA	TrueVision Targa-Format, von der Firma TrueVision entwickeltes Format zur Speicherung qualitativ hochwertiger Bilder (in der Filmindustrie verbreitet).
TIFF	Tagged Image File-Format, ein hersteller- und plattformübergreifend definiertes Format zur Speicherung von Bitmap-Grafiken, im professionellen Bereich sehr populär, da unkomprimierte (Farb-)Bilder sich von den meisten Anwendungen auf Macintosh, unter Linux und unter Windows öffnen lassen, das Format unterstützt verschiedene verlustfreie Komprimierverfahren und wird auch zur Faksimile-Übertragung benutzt.
WMF	Windows Meta File-Format, die Urversion des von Windows 3.x benutzten Metafile-Formats.
XBM, XPM	X Bitmap und X PixMap, zwei Bitmap-Formate, die von X Window zur Speicherung von Bitmaps und Pixelgrafiken benutzt werden.

Tabelle 7.1: Importformate für Grafikdateien (Forts.)

INFO

Bei EPS-Dateien muss das betreffende Anwendungsprogramm eine Kopie der Bilder im TIFF- oder WMF-Format mit abspeichern, um eine Vorschaugrafik im Dokument zu speichern. Andernfalls wird nur ein Platzhalter angezeigt und die Grafik erscheint erst bei der Ausgabe auf PostScript-Druckern.

7.1.2 Bilder aus der Zwischenablage übernehmen

Sie haben alternativ die Möglichkeit, Grafiken aus der Zwischenablage in das Dokument einzufügen. Der Vorteil liegt darin, dass der Writer sich automatisch um die Konvertierung der Formate kümmert. Um ein Bild in die Zwischenablage zu übertragen, gibt es verschiedene Möglichkeiten:

- Markieren Sie das betreffende Bild in einer Anwendung und übertragen Sie den markierten Bereich (in Windows z.B. über die Tastenkombinationen [Strg] + [X] oder [Strg] + [C]) in die Zwischenablage. Unter Windows lassen sich der Inhalt des Bildschirms mit der Taste [Druck] und der Inhalt eines Fensters mit [Alt] + [Druck] in die Zwischenablage übernehmen.
- Wechseln Sie anschließend zum Dokumentfenster des Writers und klicken Sie an die Position der einzufügenden Grafik. Dann reicht es, unter Windows die Tastenkombination [Strg] + [V] zu drücken, um das Bild aus der Zwischenablage zu holen und in das Dokument einzufügen.

In diesem Fall wird die Grafik direkt in das Dokument eingefügt und auch mit in der Textdatei gespeichert.

Grafiken lassen sich in Windows zudem auch per Drag&Drop zwischen Dokumenten (Texten, Kalkulationstabellen etc.) per Zwischenablage kopieren.

1. Öffnen Sie das Dokument mit der gewünschten Grafik sowie das Fenster mit dem Dokument, welches die Grafik aufnehmen soll. Positionieren Sie beide Fenster nebeneinander und klicken Sie auf die zu kopierende Grafik (um diese zu markieren).
2. Ziehen Sie die markierte Grafik bei gedrückter [Strg]-Taste und gedrückter linker Maustaste zum Zielfenster. Im Zielfenster nimmt der Mauszeiger bereits die Form zum Kopieren an.
3. Lassen Sie die linke Maustaste los, sobald sich die Grafik über der gewünschten Textstelle befindet.

Der Writer wird die Grafik anschließend als Kopie an die betreffende Stelle einfügen.

7.1.3 Bildimport vom Scanner

Ist ein Scanner vorhanden, können Sie unter Windows Bilder auch direkt von diesem Gerät in Dokumente übernehmen.

1. Bereiten Sie den Scanner vor und legen Sie die zu erfassende Vorlage ein.
2. Klicken Sie im Writer auf die Dokumentstelle, an die die Grafik einzufügen ist.
3. Anschließend wählen Sie im Menü *Einfügen* den Befehl *Bild/Scannen* und klicken im Untermenü auf den Befehl *Anfordern*.
4. Der Writer öffnet das Dialogfeld mit den Optionen zur Scannersteuerung. Wählen Sie die betreffenden Optionen und starten Sie den Scanvorgang.

Nach dem Scannen wird das Bild direkt als Grafik in das Dokument eingefügt, die Daten werden mit in der Grafikdatei gespeichert. Beachten Sie, dass die Bilder durch die teilweise hohe Scanauflösung zu sehr großen Grafikdateien führen.

INFO

Der Scanner kann, je nach Betriebssystem, über unterschiedliche Schnittstellen angesteuert werden. Unter Linux lassen sich die Geräte ggf. über Sane einbinden. Verwenden Sie Windows, wird das Gerät zumindest über die Twain-Schnittstelle eingebunden. Ab Windows Millennium stellen verschiedene Geräte auch Treiber mit der WIA-Schnittstelle (Windows Image Akquisition) bereit. Wichtig ist dann aber, einen für die verwendete Windows-Version passenden WIA-Treiber zu installieren. Gerade bei Windows Vista lassen sich ältere Scanner mit Windows XP-Treiber nicht mehr einsetzen. Sind mehrere Geräte vorhanden, müssen Sie im Untermenü den Befehl Quelle auswählen *anklicken und den Scannertreiber auswählen. Bei Windows XP können Sie in der Regel dann die WIA- oder die Twain-Schnittstelle des Scanners als Quelle wählen. Die WIA-Schnittstelle vereinfacht die Datenübernahme, während der Gerätehersteller über die Twain-Schnittstelle gerätespezifische Dialoge zur Scannersteuerung bereitstellen kann.*

7.1.4 Die Gallery bietet weitere Grafiken

Logos und Symbole werden Ihnen von StarOffice bzw. OpenOffice.org in der sogenannten Gallery bereitgestellt. Das Fenster der Gallery lässt sich über eine Schaltfläche der *Standard*-Symbolleiste (Abbildung 7.2) oder über den Menübefehl *Extras/Gallery* ein- oder ausblenden.

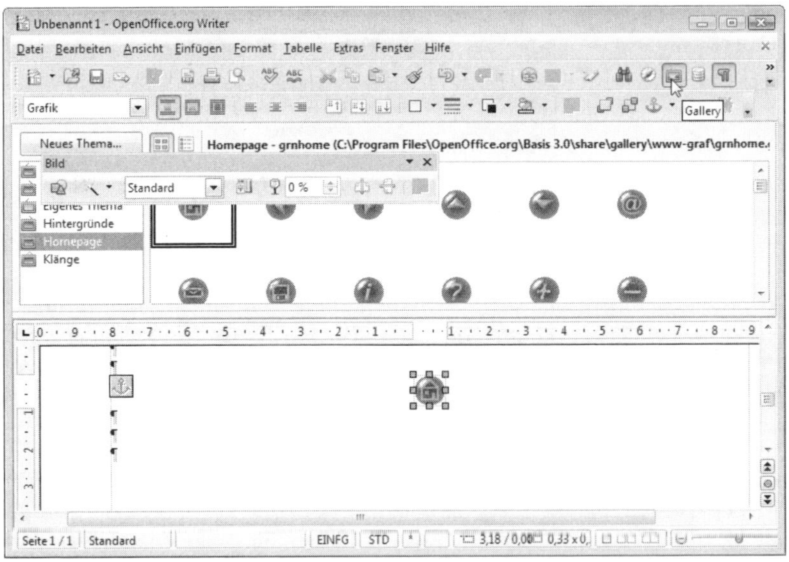

Abbildung 7.2: Grafiken der Gallery in das Dokument einfügen

Sobald die Gallery sichtbar ist (Abbildung 7.2), können Sie in der Liste der Grafikdateien blättern sowie zwischen der am linken Rand sichtbaren Ordnerliste navigieren. Zum Einfügen einer Grafik in das Dokument reicht es, wenn Sie diese mit der Maus aus dem Fenster der Gallery in das Dokumentfenster ziehen.

7.1.5 Einstellen der Grafikeigenschaften

Die eingefügte Grafik wird vom Writer standardmäßig als Objekt in das Dokument eingefügt. Sie müssen nun die Grafik anklicken, um diese zu markieren und dann deren Eigenschaften einzustellen.

Eine markierte Grafik wird mit einem dünnen Rahmen, an dessen Ecken und Seitenmitten grüne Ziehmarken sichtbar sind, angezeigt (Abbildung 7.3). Die Ziehmarken lassen sich per Maus verschieben und ermöglichen so, die Größe der Grafik anzupassen. Um die Grafik proportional zu vergrößern, ziehen Sie einen der vier Eckpunkte in diagonale Richtung, bis die gewünschte Größe erreicht ist. Dann lassen Sie die linke Maustaste los. Weiterhin können Sie per Maus auf die markierte Grafik zeigen und diese bei gedrückter linker Maustaste innerhalb der Dokumentseite verschieben. Größe und Position der Grafik werden übrigens in der Statusleiste des Dokumentfensters angezeigt. Die Markierung lässt sich aufheben, indem Sie auf eine andere Dokumentstelle außerhalb des Rahmens klicken.

Abbildung 7.3: Kontextmenü mit Grafikoptionen

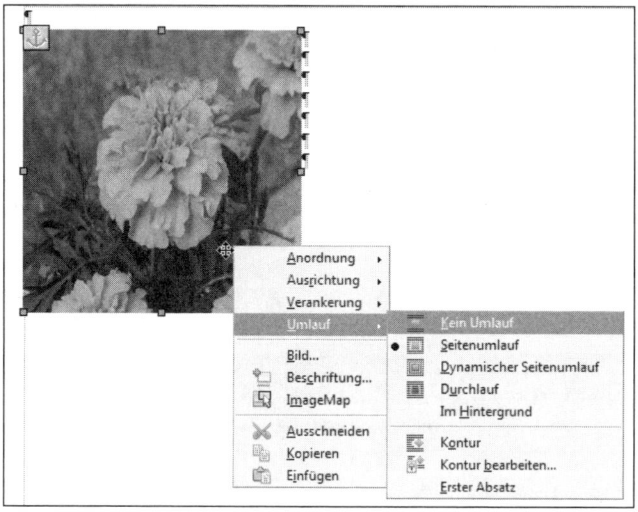

INFO

Bei Bitmap-Grafiken müssen die Bildpunkte bei Größenänderungen angepasst werden. Beim Verkleinern können dann zum Beispiel Linien verschwinden oder Buchstaben in einzelnen Schriften deformiert werden. Vorteilhafter sind hier Vektorgrafiken oder Metadateien. Hier werden die einzelnen Bildelemente als Objekte gespeichert und können in die jeweilige Größe umgerechnet werden.

Neben der Größe und Position müssen Sie in der Regel weitere Eigenschaften der Grafik anpassen. Da die Grafik als Objekt im Dokument vorliegt, muss dieser Container irgendwo verankert werden. Zudem können Sie angeben, wie der Text und die Grafik auf der Seite anzuordnen sind. Am einfachsten geht dies, indem Sie die markierte Grafik mit der rechten Maustaste anklicken und die Einstellungen per Kontextmenü vornehmen (Abbildung 7.3). Alternativ können Sie die Grafik per Doppelklick anwählen. Dann öffnet sich das Eigenschaftenfenster der Grafik mit verschiedenen Registerkarten. Auf diesen Registerkarten lassen sich die nachfolgend beschriebenen Eigenschaften ebenfalls anpassen.

Verankerung der Grafik

Die eingefügte Grafik liegt in einer Art Container als Objekt im Dokument vor. Die Position, an der die Grafik im Dokument erscheint, wird über die Verankerung bestimmt. Sie können Grafiken über den Befehl *Verankerung* des Kontextmenüs an der jeweiligen Seite, an einem Absatz oder an einem Zeichen verankern. Hierbei gibt es folgende Modi:

- *An der Seite:* Bei der Verankerung an einer Seite verbleibt die Grafik immer auf der betreffenden Seite an der Einfügeposition. Diese Position ändert sich auch nicht, falls der Text des Dokuments gekürzt oder erweitert wird. Diese Art der Verankerung eignet sich für Logos oder andere Grafiken, die immer an einer festen Position der Seite benötigt werden.
- *Am Absatz:* Soll die Grafik neben einem bestimmten Absatz platziert werden, verankern Sie das Objekt über den Befehl *Am Absatz*. Dies hat den Vorteil, dass die Grafik mit dem zugehörigen Absatz verschoben wird, sobald Sie Text oberhalb der Verankerungsposition einfügen oder löschen. Diese Art der Verankerung ist zu wählen, falls ein Bild im oder neben dem Text positioniert werden soll.
- *Am Zeichen:* Bei kleineren Grafiken können diese u.U. im Text innerhalb einer Zeile eingebracht werden. Dann wählen Sie zur Verankerung den Befehl *Am Zeichen*. Wandert das Zeichen durch in der Zeile eingefügten oder gelöschten Text, wird die Position der Grafik automatisch korrigiert.

Mit dem Befehl *Als Zeichen* wird die Grafik als Zeichen in das Textdokument eingefügt. Dann wird die Grafik mit der nachfolgenden Absatzmarke verbunden.

Textumlauf festlegen

Wenn Sie Bilder als Objekte einfügen und mit der Seite, dem Absatz oder einem Zeichen verankern, stehen sich Text und Grafik gegenseitig im Weg. Über den Kontextmenübefehl *Umlauf* lässt sich aber bestimmen, ob und wie der Text um die Grafik herumlaufen darf. Das Untermenü bietet hierbei folgende Optionen für den Textumlauf.

- *Kein Umlauf:* Der Text wird durch die eingefügte Grafik unterbrochen. Der Bereich rechts und links der Grafik bleibt frei.
- *Seitenumlauf:* Ermöglicht dem Writer, den Text rechts oder links um die Grafik fließen zu lassen.
- *Dynamischer Seitenumlauf:* Der Text läuft an allen vier Seiten um die Grafik herum.
- *Durchlauf:* Bei dieser Einstellung verdeckt die Grafik den dahinter verlaufenden Text.
- *Im Hintergrund:* Positioniert eine Grafik (z.B. als Wasserzeichen) hinter dem Text.
- *Kontur:* Ermöglicht, den Text um die Kontur der Grafik herumlaufen zu lassen. Die Kontur können Sie über den Befehl *Kontur bearbeiten* festlegen. Der Befehl öffnet ein Fenster, in dem Sie eine Umrisslinie mit einer Kontur angeben können.

Wenn Sie die Grafik über dem Text platzieren, können Sie im Kontextmenü *Anordnung* die Grafik vor oder hinter den Text legen. Zudem lässt sich über den Kontextmenübefehl *Ausrichten* angeben, wie die Grafik horizontal und vertikal am verankerten Absatz auszurichten ist.

INFO

Im Ordner Kap07 *mit den Beispieldateien finden Sie einige Writer-Dokumente mit eingefügten Grafiken, an denen Sie die Anwendung der Grafikeigenschaften ausprobieren können.*

Tipps zur Positionierung von Grafiken in Dokumenten

Das Platzieren von Grafiken mit Textumlauf ist in der Regel ein aufwändiges Geschäft. Sie müssen dafür sorgen, dass die Grafik am richtigen Absatz verankert ist und an der richtigen Position steht. Eine kleine Verschiebung kann bereits zu dem Effekt führen, dass der benachbarte Textabsatz zerrissen wird. Fügen Sie Text in das Dokument ein oder löschen Sie eine Passage, gerät das mühsam erarbeitete Layout schnell durcheinander.

In Abbildung 7.4 sehen Sie einen Text mit zwei eingefügten Bildern. Das obere Bild ist an einem Absatz verankert und wurde zwischen zwei Spalten verschoben. Der Textumlauf um das Bild führt zu unschönen Effekten. Zudem reicht der Text standardmäßig bis an das Bild. Ich habe einen Trick benutzt und einen weißen Rahmen im Abstand von 0,15 cm um das Bild definiert, um etwas Abstand zu erhalten. Die Positionierung von Grafiken in einem größeren Dokument wird dann zum »Geduldsspiel«. Falls Sie längere Dokumente (z.B. Handbücher) erstellen und Grafiken bzw. Abbildungen einfügen müssen, sollten Sie für jede Grafik einen eigenen Absatz vorsehen. Anschließend fügen Sie die Grafik ein und wählen den Verankerungsmodus *Als Zeichen*. Dann gibt es keine Probleme mit dem Textfluss und Sie können den Absatz nach Bedarf formatieren (z.B. zentriert ausrichten, mit einem Rahmen umgeben).

Abbildung 7.4: Textseite mit Bildern

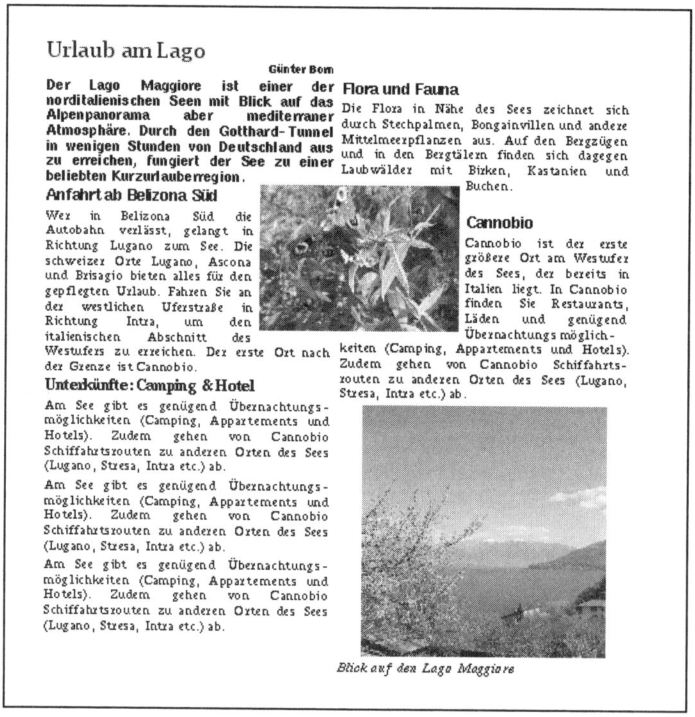

Urlaub am Lago

Günter Born

Der Lago Maggiore ist einer der norditalienischen Seen mit Blick auf das Alpenpanorama aber mediterraner Atmosphäre. Durch den Gotthard-Tunnel in wenigen Stunden von Deutschland aus zu erreichen, fungiert der See zu einer beliebten Kurzurlauberregion.

Anfahrt ab Belizona Süd

Wer in Belizona Süd die Autobahn verlässt, gelangt in Richtung Lugano zum See. Die schweizer Orte Lugano, Ascona und Brisagio bieten alles für den gepflegten Urlaub. Fahren Sie an der westlichen Uferstraße in Richtung Intra, um den italienischen Abschnitt des Westufers zu erreichen. Der erste Ort nach der Grenze ist Cannobio.

Unterkünfte: Camping & Hotel

Am See gibt es genügend Übernachtungsmöglichkeiten (Camping, Appartements und Hotels). Zudem gehen von Cannobio Schiffahrtsrouten zu anderen Orten des Sees (Lugano, Stresa, Intra etc.) ab.

Am See gibt es genügend Übernachtungsmöglichkeiten (Camping, Appartements und Hotels). Zudem gehen von Cannobio Schiffahrtsrouten zu anderen Orten des Sees (Lugano, Stresa, Intra etc.) ab.

Am See gibt es genügend Übernachtungsmöglichkeiten (Camping, Appartements und Hotels). Zudem gehen von Cannobio Schiffahrtsrouten zu anderen Orten des Sees (Lugano, Stresa, Intra etc.) ab.

Flora und Fauna

Die Flora in Nähe des Sees zeichnet sich durch Stechpalmen, Bongainvillen und andere Mittelmeerpflanzen aus. Auf den Bergzügen und in den Bergtälern finden sich dagegen Laubwälder mit Birken, Kastanien und Buchen.

Cannobio

Cannobio ist der erste größere Ort am Westufer des Sees, der bereits in Italien liegt. In Cannobio finden Sie Restaurants, Läden und genügend Übernachtungsmöglichkeiten (Camping, Appartements und Hotels). Zudem gehen von Cannobio Schiffahrtsrouten zu anderen Orten des Sees (Lugano, Stresa, Intra etc.) ab.

Blick auf den Lago Maggiore

Möchten Sie Text und Bilder nebeneinander anordnen? An Absätzen verankerte Bilder lassen sich zwar im Dokument verschieben. Allerdings müssen Sie dann mit Eigenschaften wie Umlauf und Rahmen zur Gestaltung von Abständen experimentieren. Bei einem festen Dokumentlayout lässt sich mit Tabellen arbeiten. In Abbildung 7.5 ist ein Entwurf für ein solches Dokument zu sehen. Bei der eingefügten dreispaltigen Tabelle wurden die Rahmenlinien ausgeblendet. Das graue Gitternetz wird nicht mit ausgedruckt, d.h., die Tabellenstruktur wird für den Leser später nicht sichtbar. In der linken Spalte der Tabelle lässt sich anschließend Text eingeben. Die mittlere Spalte bleibt leer und fungiert lediglich als Abstandshalter für den rechten Teil mit dem senkrecht verlaufenden Text und das Bild. Der Text in der rechten Spalte wurde über die Zeichenformatierung um 90 Grad gedreht (Menübefehl *Format/Zeichen*, Registerkarte *Position*, Gruppe *Rotation/Skalierung*). Zusätzlich nimmt diese Zelle die im Modus »Als Zeichen« eingefügte Grafik auf. Durch diesen Kunstgriff bleibt das Bild immer in der rechten Zelle der Tabelle erhalten und kann die in anderen Tabellenzellen eingetragenen Textteile niemals beeinflussen. Zur Gestaltung einfacher Dokumente, z.B. bei Gruß- und Einladungskarten oder in Prospekten, vereinfacht dieser Ansatz die Layoutgestaltung enorm und reduziert mögliche Fehler.

Abbildung 7.5: Dokumentlayout mit Tabellen

7.1.6 Grafiken beschneiden

Die in das Dokument eingefügte Grafik lässt sich zwar über die Ziehmarken per Maus in der Größe anpassen. Gelegentlich muss das gelieferte Bildmaterial aber beschnitten werden. Sie können dies in einem Grafikprogramm tun und die Grafik nach dem Beschneiden speichern. Oder Sie veranlassen den Writer, dass nur ein Ausschnitt des Bilds angezeigt wird.

1. Doppelklicken Sie auf die Grafik (oder wählen Sie bei markierter Grafik im Menü *Format* den Befehl *Bild*), um das zugehörige Eigenschaftenfenster zu öffnen.
2. Wählen Sie die Registerkarte *Zuschneiden* und stellen Sie in der Gruppe *Zuschneiden* die Werte *Links, Rechts, Oben* und *Unten* auf den gewünschten Beschnitt ein (Abbildung 7.6).

Zur Orientierung werden die Originalgrafik und die Beschnittmarkierungen in der Vorschau eingeblendet. Über die beiden Optionsfelder *Skalierung beibehalten* oder *Bildgröße beibehalten* lässt sich vorgeben, wie die beschnittene Grafik skaliert werden soll. Sobald Sie die Registerkarte über die *OK*-Schaltfläche schließen, wird die beschnittene Grafik angezeigt.

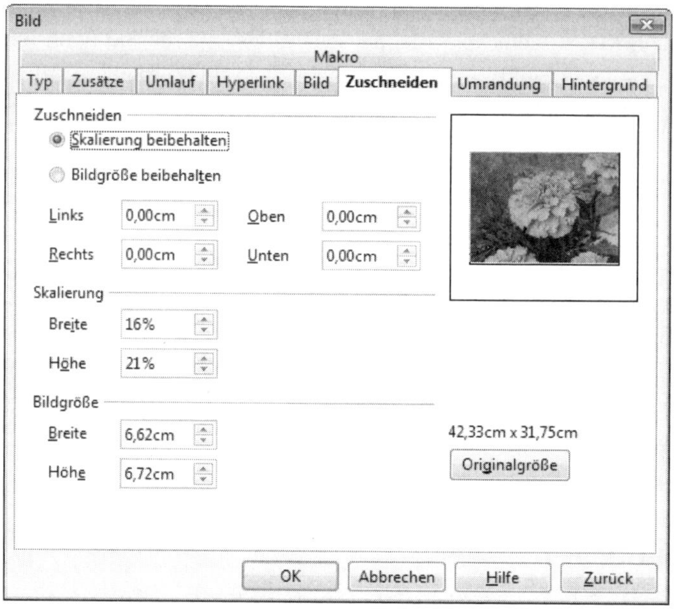

Abbildung 7.6: Registerkarte zum Zuschneiden einer Grafik

Wenn Sie die Einträge in der Gruppe *Zuschneiden* auf null belassen, lässt sich die Bildgröße über die Elemente der Gruppe *Skalierung* bzw. *Bildgröße* auf den Millimeter genau justieren. Dies ist hilfreich, falls Sie viele Bilder in einem Dokument um den gleichen Faktor verkleinert einbinden müssen. Geht etwas bei der Anpassung schief, klicken Sie auf die Schaltfläche *Originalgröße*.

7.1.7 Feinpositionierung von Grafiken

Weiter oben wurde erwähnt, dass Sie die Grafik durch Ziehen per Maus im Dokument positionieren können. Diese Vorgehensweise erlaubt jedoch nur eine grobe Ausrichtung. Gelegentlich ist aber eine genaue Positionierung (z.B. auf einer Seite) zwingend erforderlich.

1. Öffnen Sie das Eigenschaftenfenster der Grafik (z.B. durch einen Doppelklick auf die Grafik).
2. Aktivieren Sie die Registerkarte *Typ*, setzen Sie die Optionen für die Position der Grafik in der Gruppe *Position* (Abbildung 7.7) und schließen Sie das Dialogfeld über die *OK*-Schaltfläche.

Die Werte für die Positionsangaben werden nur freigegeben, wenn die Grafik an der Seite, am Absatz oder an einem Zeichen verankert wird. Bei einer Verankerung an einer Seite (z.B. für ein Logo) lässt sich wählen, ob die Position bei geraden Seiten gespiegelt werden soll.

Die Felder *Breite* und *Höhe* der Gruppe *Größe* ermöglichen, die Grafik in absoluten Werten oder relativ in Prozent zur Originalgröße (Kontrollkästchen *Relativ* muss markiert sein) anzupassen. Soll die Änderung proportional erfolgen, markieren Sie das Kontrollkästchen *Seitenverhältnis beibehalten*. Dann brauchen Sie nur einen Wert festzulegen und der Writer passt den zweiten Wert automatisch an.

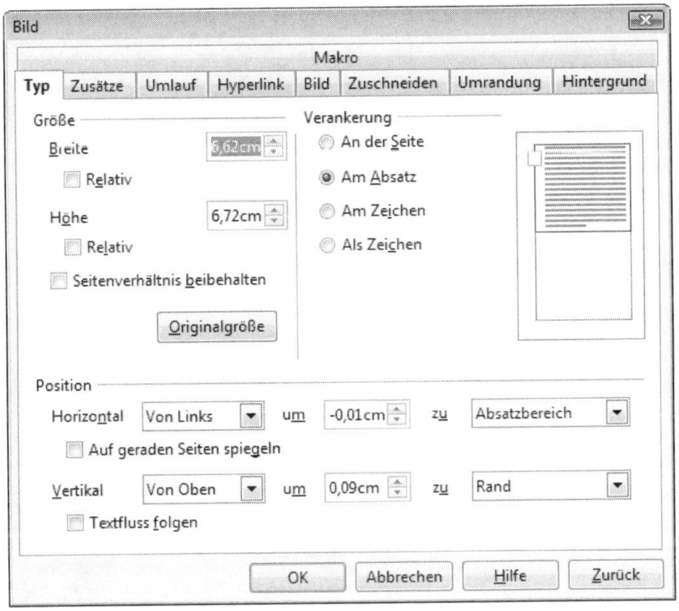

Abbildung 7.7: Positionierung einer Grafik

7.1.8 Auswahl einer neuen Grafikdatei

Haben Sie irrtümlich eine falsche Grafikdatei in das Dokument eingefügt? Dann müssen Sie die Grafik löschen (anklicken und [Entf] drücken) und erneut gemäß den obigen Anleitungen einfügen. Bei verknüpften Dateien ist der Austausch einer Grafikdatei dagegen einfacher. Sie müssen nur den im Verweis eingetragenen Dateinamen über folgende Schritte anpassen.

1. Öffnen Sie das Eigenschaftenfenster der Grafik (z.B. über den Kontextmenübefehl *Bild* oder durch einen Doppelklick auf die Grafik).
2. Wählen Sie die Registerkarte *Bild* (Abbildung 7.8, Hintergrund) und klicken Sie auf die Schaltfläche hinter dem Feld *Dateiname*.
3. Wählen Sie dann im geöffneten Dialogfeld *Verknüpfen* die neue Grafikdatei (Abbildung 7.8, Vordergrund, hier wurde die OpenOffice.org-Variante des Dialogs verwendet) und klicken Sie auf *Öffnen*.
4. Die neue Grafikdatei wird in das Feld *Dateiname* der Registerkarte *Bild* übernommen. Sie können die Grafik mittels der Kontrollkästchen noch horizontal oder vertikal spiegeln.

Sobald Sie die Registerkarte *Bild* über die *OK*-Schaltfläche schließen, wird die neue Grafikdatei in das Dokument eingebunden. Dabei übernimmt der Writer die Eigenschaften der vorher verknüpften Grafik.

7.1.9 Extratipp: Fotodruck für Sparfüchse

An dieser Stelle möchte ich noch mit einem Tipp für alle Fotofreunde aufwarten. Mit dem Aufkommen von Digitalkameras werden die Schnappschüsse häufig zu Hause mit einem Farbdrucker auf Fotopapier ausgegeben. Windows XP bietet für diesen

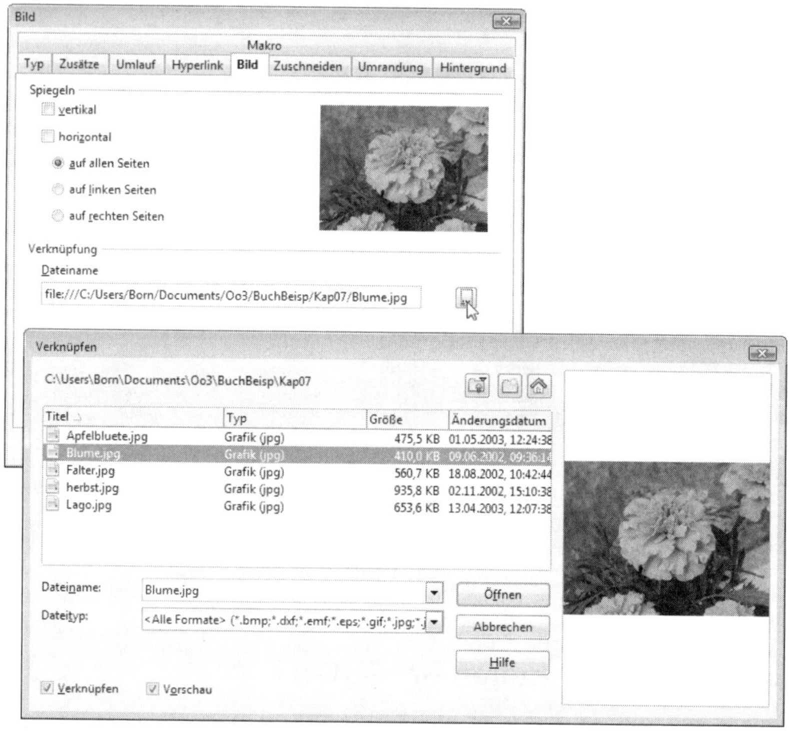

Abbildung 7.8: Auswahl einer neuen Grafikdatei

Zweck einen Assistenten, der sogar die Aufteilung mehrerer Fotos auf eine Seite unterstützt. In Windows Vista gibt es die Fotogalerie mit Druckfunktionen. Wer jedoch keinen Zugriff auf eine solche Funktion hat, ist eigentlich gezwungen, die Fotos mit Grafikprogrammen auszugeben. Diese bieten häufig aber keine Skalierung in Zentimeter an, um die Abmessungen gängiger Fotoformate (9 x 13 oder 10 x 15) vorzugeben. Wer Fotopapier sparen und mehrere Fotos auf einer Seite ausgeben möchte, muss zu Zusatzprogrammen greifen.

Mit dem auf den vorhergehenden Seiten erworbenen Wissen können Sie dieses Problem aber wesentlich einfacher und dazu kostenlos lösen. Legen Sie sich im Writer eine Seite an und binden Sie mehrere Fotos gemäß dem in Abbildung 7.9 gezeigten Schema in der Seite ein. Beim Format 10 x 15 cm passen zwei Motive im Querformat und beim Format 9 x 13 cm sogar drei Bilder auf eine DIN-A4-Seite. Sie müssen nur darauf achten, dass Sie entsprechende Fotos als Vorlagen verwenden. Sie können die Werte *Breite* und *Höhe* der Gruppe *Größe* der Registerkarte *Typ* nutzen, um die Abmessungen der Bilder in cm festzulegen. Danach speichern Sie das Textdokument mit den verknüpften Fotos in einem Ordner (die Vorlagendateien mit den Fotos müssen Sie ebenfalls in den Ordner kopieren).

Wenn Sie später Fotos drucken möchten, laden Sie die Textdatei in den Writer. Es genügt ein Doppelklick auf die Fotos, um das Eigenschaftenfenster zu öffnen. Binden Sie über die Registerkarte *Bild* die gewünschten Fotodateien erneut ein und drucken Sie die Seite anschließend. Das einzige Problem bei diesem Ansatz besteht darin, dass die Fotos vor dem Verknüpfen ggf. in die richtige Orientierung gedreht werden müssen. Dies lässt sich aber mit vielen Grafikprogrammen bewerkstelligen.

Abbildung 7.9: Vorlage für den Fotodruck in gängigen Formaten

7.1.10 Die Grafikinhalte im Writer bearbeiten

Der Writer kann noch mit einigen netten Gimmicks aufwarten. Sobald Sie eine Grafikdatei markieren, erscheint oberhalb des Dokumentbereichs die Symbolleiste *Bild* mit Schaltflächen zur Grafikbearbeitung (Abbildung 7.10). Über diese Schaltflächen lassen sich die Farbanteile (Rot, Grün, Blau), die Helligkeit, der Kontrast, der Gamma-Wert (Helligkeit des mittleren Farbwerts) und die Transparenz kontrollieren. Über die Farbanteile wird ein Farbstich korrigiert, mit Helligkeit und Kontrast lassen sich zu dunkle/zu helle Fotos verbessern und die Transparenz ist hilfreich, falls ein Foto als Wasserzeichen hinter den Text gelegt werden soll. Zudem finden Sie Schaltflächen zum horizontalen/vertikalen Spiegeln der Grafik in der Grafikobjektleiste. Klicken Sie auf die linke Schaltfläche *Filter*, öffnet sich die gleichnamige Abreißleiste. Deren Schaltflächen bieten Filterfunktionen zum Weichzeichnen, Schärfen, Invertieren, Solarisieren, Altern etc. des Fotos.

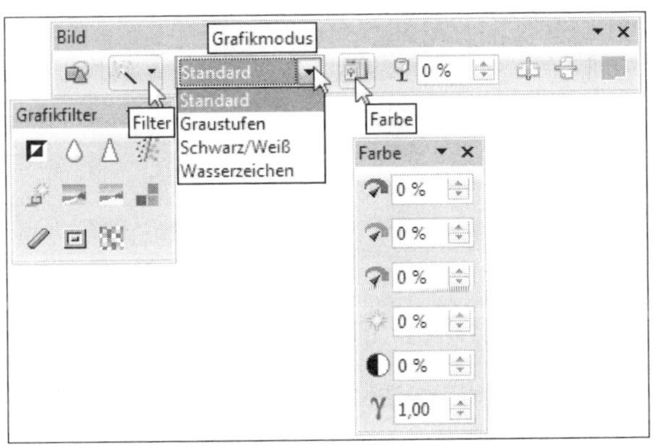

Abbildung 7.10: Symbolleiste *Bild* zum Bearbeiten von Fotos

TIPP

An der Grafik vorgenommene Änderungen lassen sich (in Windows z.B. über die Tastenkombination [Strg] + [Z]*) rückgängig machen. Die Änderungen wirken sich übrigens niemals auf die Grafikdatei aus, sondern beziehen sich nur auf die Anzeige im Writer.*

7.1.11 Grafiken mit Rahmen versehen

Sie können die im Dokument enthaltenen Grafiken mit einem Rand oder sogar mit einem Schatten versehen, um diese vom Text abzugrenzen. Doppelklicken Sie auf die Grafik und wechseln Sie zur Registerkarte *Umrandung* (Abbildung 7.11).

Wählen Sie in der Gruppe *Linienanordnung* einen Rahmen oder setzen Sie die Linien nach Bedarf (siehe auch *Kapitel 3*, Abschnitt »Linien und Rahmen zuweisen«). Legen Sie ggf. den Abstand des Rahmens zur Grafik fest und schließen Sie das Dialogfeld über die *OK*-Schaltfläche.

TIPP

Im Modus Umlauf *reicht der Text direkt bis an eine im Dokument platzierte Grafik. Dies ist nicht nur optisch unschön, sondern stört auch die Lesefreundlichkeit. Weisen Sie daher der Grafik einen Rand in weißer Farbe zu und setzen Sie den Abstand auf 0,20 cm. Dann ist die Grafik deutlich vom umgebenden Text abgesetzt.*

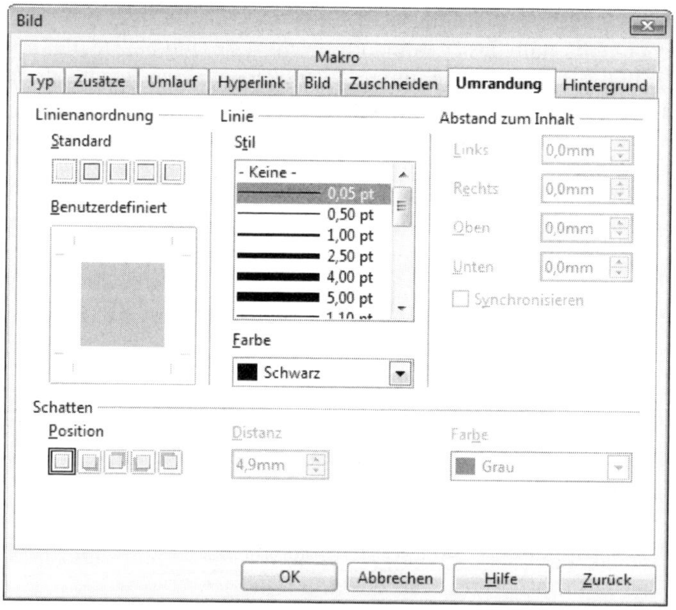

Abbildung 7.11: Registerkarte *Umrandung* bei Grafiken

7.1.12 Grafiken beschriften

Enthält ein Dokument mehrere Grafiken, möchte man diese häufig mit einer Legende der Art »Abbildung 1: Aussicht auf den Lago Maggiore« beschriften. Im Writer lassen sich Elemente wie Grafiken, Bilder, Diagramme, Tabellen etc. innerhalb eines Dokuments automatisch nummerieren und beschriften. Wie dies bei Tabellen funktioniert, haben Sie in *Kapitel 5* (Abschnitt »Beschriftung von Tabellen«) gelernt. Das Beschriften von Grafiken erfolgt ähnlich.

1. Markieren Sie das zu beschriftende Grafikelement und wählen Sie im Menü *Einfügen* bzw. im Kontextmenü den Eintrag *Beschriftung*.
2. Wählen Sie im Dialogfeld *Beschriftung* eine Kategorie aus oder geben Sie einen neuen Kategorienbezeichner (z.B. »Bild«) ein (Abbildung 7.12).
3. Ergänzen Sie den Beschriftungstext und wählen Sie das Nummerierungsformat.
4. Soll eine im Dokument vorhandene Kapitelnummerierung einbezogen werden, klicken Sie auf die Schaltfläche *Optionen* und wählen im Folgedialog die Ebene (z.B. 1).

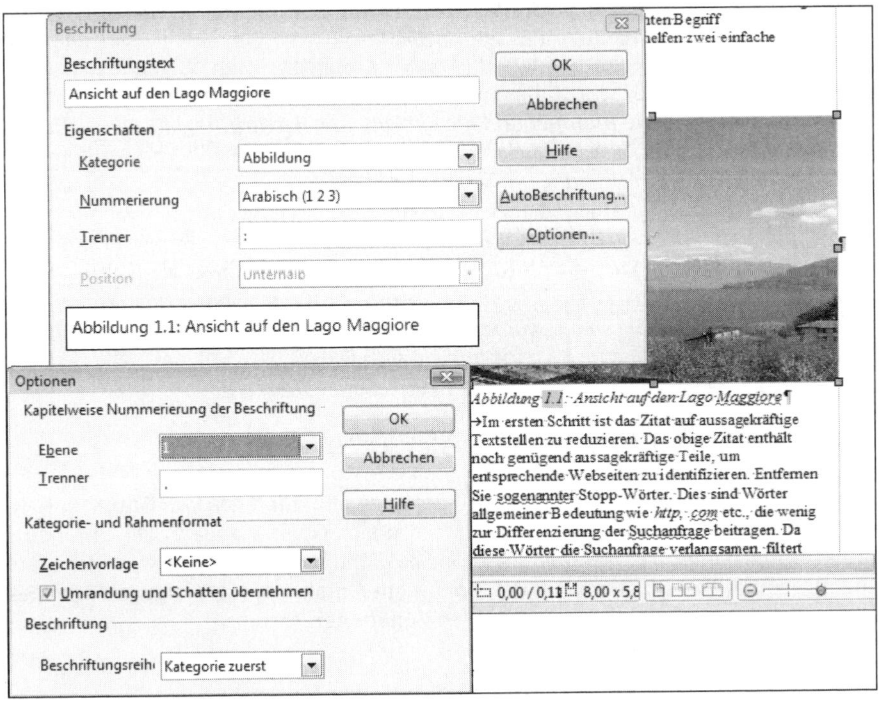

Abbildung 7.12: Beschriften einer Grafik

Im Feld *Trenner* ist ein Punkt zum Trennen der Kapitelnummer von der Bildnummer enthalten. Diesen können Sie durch ein anderes Zeichen (z.B. »-« für amerikanische Nummerierungen) ersetzen. Leider gibt es kein Feld für das Trennzeichen zwischen Nummerierung und Beschriftungstext. Bei Bedarf können Sie aber ein Trennzeichen (z.B. – oder :) im Beschriftungstext angeben.

Sobald Sie die Dialogfelder schließen, wird die Beschriftung unterhalb der Grafik eingefügt. Die Nummerierung ist als Feld ausgeführt und wird für jedes Objekt der Kategorie um 1 erhöht.

Sie können den Beschriftungstext nachträglich korrigieren, indem Sie zuerst die Markierung des Bilds und des umgebenden Rahmens aufheben, dann den Text anklicken und überschreiben. Löschen Sie den Beschriftungstext, bleibt leider der Beschriftungsrahmen um das Bild stehen. Löschen Sie den Rahmen, ist auch die Grafik weg. Sie können aber zu einem Trick greifen: Schneiden Sie die Grafik (z.B. unter Windows mit [Strg] + [X]) aus. Dann löschen Sie den grauen Beschriftungsrahmen. Anschließend fügen Sie die Grafik (z.B. mit [Strg] + [V]) aus der Zwischenablage wieder ein.

INFO

Ähnlich wie bei Tabellen lässt sich die Beschriftung von Grafiken automatisieren (Sie müssen unter Extras/Optionen *die Kategorie* Textdokument/Allgemein *wählen, dann das Feld* Automatisch *in der Gruppe* Beschriftung *markieren, auf die Schaltfläche* Objektauswahl *klicken und im Folgedialog das Kontrollkästchen vor* OpenOffice.org *bzw.* StarOffice Writer Grafik *markieren).*

TIPP

Wenn Sie mit umfangreichen Dokumenten arbeiten, ist die Beschriftungsfunktion mehr als störend. Definieren Sie ggf. ein eigenes Absatzformat »Bildlegende« und weisen Sie dieses dem Absatz unter dem Bild zu. Dann tippen Sie den Legendentext (z.B. »Abbildung x.x: Mein Beschriftungstext«*) in den Absatz ein. Die beiden Platzhalter x stehen hier für die Kapitelnummer und die fortlaufende Beschriftungsnummer. Hierzu verwenden Sie ein Feld, welches Sie über das Menü* Einfügen/Feldbefehl/Andere *einfügen (siehe Kapitel 8, Abschnitt »Arbeiten mit Feldbefehlen«). Im Dialogfeld wählen Sie die Registerkarte* Variablen, *den Feldtyp* Nummernkreis, *Auswahl* Abbildung *und das Format* Arabisch. *Weiterhin müssen Sie für die Kapitelnummer die Ebene auf 1 setzen. Bei Bedarf können Sie sogar in das Feld* Name *statt »Abbildung« »Zeichnung« eingeben. Wenn Sie diesen Teil der Legende als AutoText-Eintrag unter dem Kürzel »Bi« aufnehmen, brauchen Sie später während der Texteingabe nur das Kürzel einzutippen und* [F3] *zu drücken, um eine Beschriftung einzufügen.*

7.2 Andere Elemente einfügen

Im Menü *Einfügen* finden sich neben den Befehlen zum Einfügen von Grafiken, Rahmen und Tabellen weitere Optionen. So lassen sich Objekte anderer Office-Module (Kalkulationsblätter, Präsentationen, Draw-Zeichnungen etc.) oder Linien und andere geometrische Elemente in das Dokument einbinden. Nachfolgend finden Sie eine kurze Übersicht über die betreffenden Funktionen.

7.2.1 Einfügen von Objekten

Objekte stellen so etwas wie Container dar, die in einem Dokument gespeichert werden können. Diese Objekte können Daten anderer Anwendungen (z.B. Calc-Kalkulationstabellen) enthalten. Das Besondere an Objekten ist, dass diese die Funktionalität der Anwendung zur Bearbeitung der Daten bereitstellen.

1. Klicken Sie auf die Textstelle, an die das Objekt einzufügen ist.
2. Rufen Sie den Menübefehl *Einfügen/Objekt* auf.
3. Anschließend lässt sich der Objekttyp im Untermenü wählen (Abbildung 7.13).

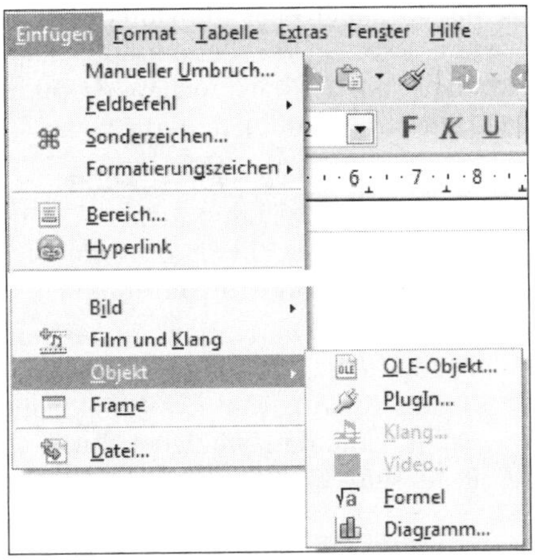

Abbildung 7.13: Menü zum Einfügen von Objekten

Über den Eintrag *OLE-Objekt* lassen sich beispielsweise Dokumente aus anderen Office-Anwendungen in den Text einfügen. Plug-Ins sind üblicherweise Erweiterungen für Browser. StarOffice/OpenOffice.org unterstützen das Einfügen solcher Plug-Ins in Dokumente. Weiterhin können Sie Formeln und Diagramme als Objekt in das Dokument einfügen.

INFO

Die Einträge zum Einfügen von Klängen und Videos sind gesperrt (da die erforderlichen Java-Applets fehlen). Verwenden Sie den Eintrag Film und Klang, *falls Sie solche Elemente in eine Textdatei einfügen möchten.*

7.2.2 Beispiel: Einfügen von Office-Dokumenten als OLE-Objekte

Am häufigsten werden Sie wohl andere StarOffice/OpenOffice.org-Dokumente als OLE-Objekte einfügen. Wenn Sie daher die obigen Schritte ausführen und den Befehl *Einfügen/Objekt/OLE-Objekt* wählen, gelangen Sie zu den Dialogen, mit denen sich ein neues Objekt oder ein bestehendes Objekt (aus einer Datei) einbinden lässt (Abbildung 7.14). Alternativ dazu können Sie auch die Schaltfläche *Objekt einfügen* in der Werkzeugleiste anklicken und dann in der Abreißleiste die Schaltfläche *OLE-Objekt* wählen.

INFO

Das Kürzel OLE steht dabei für Object Linking and Embedding und steht für eine aus der Windows-Welt entstammende Technik zum Einbinden von Objekten. Die Objekte fungieren dabei als Container, die sowohl die Daten des betreffenden Objekts (z.B. eine Draw-Zeichnung, eine Calc-Tabelle, eine Impress-Präsentation) als auch dessen Funktionalität (sprich die Funktionen von Calc, Impress, Draw etc.) zur Bearbeitung dieser Daten bereitstellen. Da Linux OLE nicht unterstützt, stehen Ihnen dort nur die in OpenOffice.org/StarOffice intern implementierten Objekttypen zur Verfügung. Unter Windows können Sie über »Weitere Objekte« auf alle von den im Betriebssystem registrierten OLE-Servern bereitgestellten Objekte (also auch Objekte aus Microsoft Office, auf Paint, Klänge, Videos etc.) zurückgreifen.

Sie haben dabei über die Optionsfelder *Neu erstellen* und *Aus Datei erstellen* die Wahl, ein neues Objekt einzufügen oder auf eine bestehende Datei zurückzugreifen. Markieren Sie das entsprechende Optionsfeld im Dialogfeld *OLE-Objekt einfügen*. Je nach gewählter Option ändert sich der Inhalt des Dialogfelds (Abbildung 7.14).

- Bei einem neuen Objekt können Sie dann den Objekttyp wählen (Abbildung 7.14, oben). Bei Linux stehen nur die von Office bereitgestellten Objekttypen zur Verfügung. Sobald Sie das Dialogfeld über *OK* schließen, wird ein neues leeres Objekt eingefügt und Sie können dieses bearbeiten.
- Wählen Sie die Option *Aus Datei erstellen*, erscheint ein veränderter Dialog (Abbildung 7.14, unten), in dem Sie über die Schaltfläche *Suchen* einen Dateidialog zur Auswahl der Objektdatei (einer durch Calc, Impress etc. erstellten Dokumentdatei) wählen können. Nach dem Schließen der Dialoge steht die Datei samt Inhalt im Dokumentenfenster zur Verfügung.

Abbildung 7.14: Dialog *OLE-Objekt einfügen*

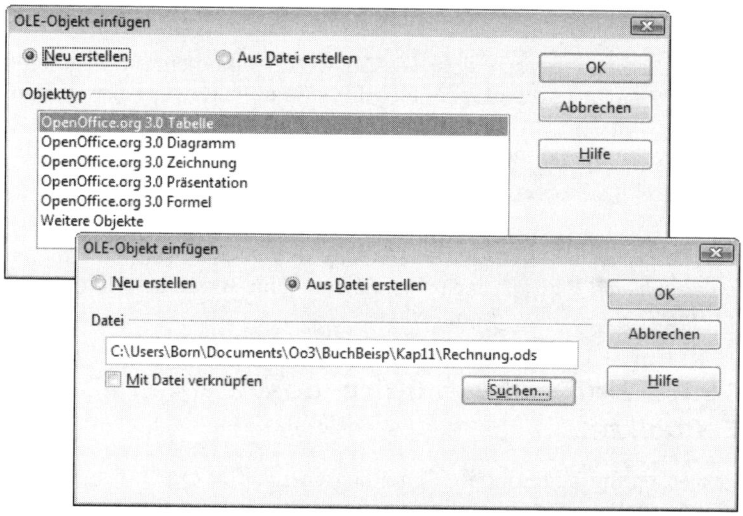

Bei einem aus einer Datei eingefügten Objekt wird dessen Inhalt im Textdokument angezeigt (Abbildung 7.15). Sie können ein Objekt per Doppelklick anwählen, um in den Bearbeitungsmodus zu gelangen. Ein neu eingefügtes Objekt ist dagegen automatisch markiert und aktiv, damit Sie direkt das Objekt bearbeiten und Daten (z.B. in eine Kalkulationstabelle) eingeben können (Abbildung 7.15, unten). Solange das Objekt aktiv ist, werden im geöffneten Fenster die Menü- und Symbolleisten der Anwendung eingeblendet, mit der das Objekt bearbeitet werden kann. Haben Sie eine Calc-Tabelle in ein Writer-Dokument eingebettet, erscheinen die Menüs und Symbolleisten von Calc im Writer-Fenster.

- Sobald Sie eine Dokumentstelle außerhalb des Objekts anklicken und damit die Markierung aufheben, erscheinen die ursprünglichen Menüs und Symbolleisten der Office-Anwendung (hier also die Elemente des Writers).
- Klicken Sie per Maus auf ein Objekt, markiert das Office-Modul dieses mit einem mit Ziehmarken versehenen Rahmen. Über diese Ziehmarken können Sie die Größe des Objekts im umgebenden Dokument anpassen (Abbildung 7.15, oberes Fenster). Halten Sie beim Ziehen per Maus die [⇧]-Taste gedrückt, wird der Objektrahmen proportional in der Größe angepasst.

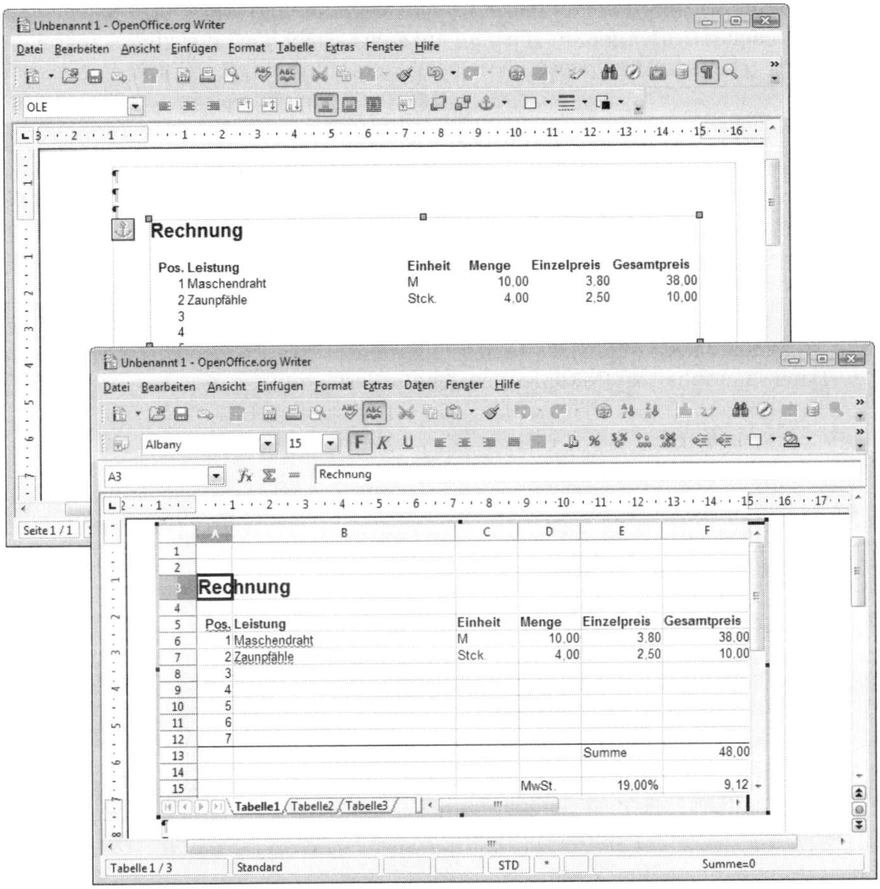

Abbildung 7.15: Writer-Dokument mit eingefügten Calc-Tabellen

- Möchten Sie die Daten eines Objekts später erneut bearbeiten, wählen Sie dieses per Doppelklick an. In diesem Moment werden nicht nur die Menü- und Symbolleisten der betreffenden Anwendung in der Anzeige erscheinen. Im aktuellen Fenster des Office-Moduls werden über das Objekt alle Funktionen zur Bearbeitung der Daten dieses Objekts bereitgestellt (bei einer Calc-Tabelle können Sie z.B. direkt mit Calc arbeiten).

Klicken Sie ein aktiviertes, aber nicht markiertes Objekt mit der rechten Maustaste an, erscheint ein Kontextmenü mit Befehlen zur Anordnung, zum Ausrichten, zum Umlauf und zum Verankern dieses Objekts. Lesen Sie ggf. im Abschnitt zum Einbinden von Grafiken nach, was es bezüglich der Funktionalität zu wissen gibt. Bei einem markierten Objekt (der Markierungsrahmen ist zu sehen) finden Sie zudem oberhalb des Dokumentbereichs die *OLE-Objekt*-Symbolleiste mit Schaltflächen, um das Objekt mit einem Rahmen/Schatten auszustatten oder um dessen Ausrichtung festzulegen (Abbildung 7.15, oberes Fenster).

Ziehen Sie ein Objekt bei gedrückter linker Maustaste und halten gleichzeitig die `Strg`*-Taste (bzw.* `MacBef` *beim Mac) gedrückt, wird beim Loslassen der Maustaste eine Kopie des Objekts angelegt.*

INFO

Die in diesem Abschnitt beschriebene Funktionalität zum Einbinden und Bearbeiten von OLE-Objekten funktioniert übrigens in den anderen Office-Modulen (z.B. Calc oder Impress) entsprechend.

7.2.3 So lässt sich ein Diagramm einfügen

Beim Verfassen von Berichten kommt es häufiger vor, dass Diagramme zur Visualisierung von Zahlen einzufügen sind (Abbildung 7.16). Sie können ein Diagramm beispielsweise in Calc erstellen und mittels der Zwischenablage in das Textdokument übernehmen. Hierzu gehen Sie in folgenden Schritten vor.

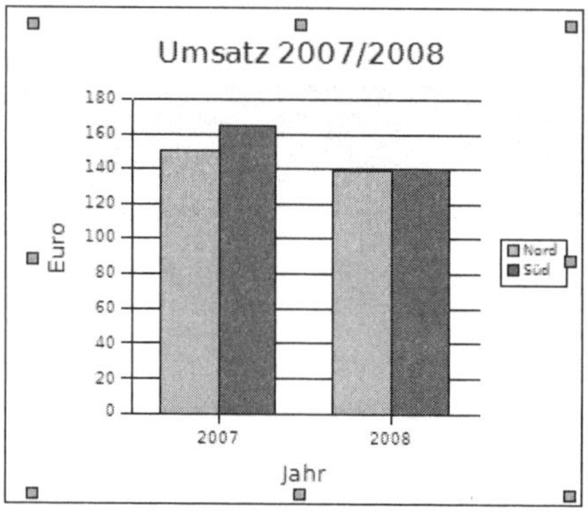

Abbildung 7.16: Diagramm im Textdokument

1. Erstellen Sie das benötigte Diagramm in Calc.
2. Anschließend markieren Sie dieses (das Diagramm darf nur den Rahmen mit den Ziehmarken aufweisen, sonst funktioniert es nicht).
3. Übertragen Sie das Diagramm in die Zwischenablage (z.B. durch Drücken der Tastenkombination [Strg] + [C]).
4. Wechseln Sie zum Writer und klicken Sie im Dokumentfenster auf die Einfügestelle.
5. Fügen Sie das Diagramm aus der Zwischenablage (z.B. durch Drücken der Tastenkombination [Strg] + [V]) ein.

Die Alternative besteht darin, die dem Diagramm zugrunde liegenden Dateien in das Textdokument als Objekt einzufügen. Die betreffende Funktionalität wird im Writer als Objekt bereitgestellt. In diesem Fall gehen Sie folgendermaßen vor.

1. Legen Sie im Writer-Textdokument eine Tabelle mit den in das Diagramm umzusetzenden Daten an. In Abbildung 7.17 ist dies eine sehr einfache Umsatztabelle.
2. Markieren Sie die Tabelle und rufen Sie anschließend den Untermenübefehl *Einfügen/Objekt/Diagramm* auf.
3. Durchlaufen Sie die Dialoge des Diagramm-Assistenten (Abbildung 7.17). Blättern Sie über die Schaltfläche *Weiter* durch die Dialoge, um die Diagrammoptionen festzulegen.

- Im ersten Schritt können Sie den Diagrammtyp (Balkendiagramm, Kreisdiagramm etc.) sowie den Untertyp über die angebotenen Symbole wählen (Abbildung 7.17, unten).

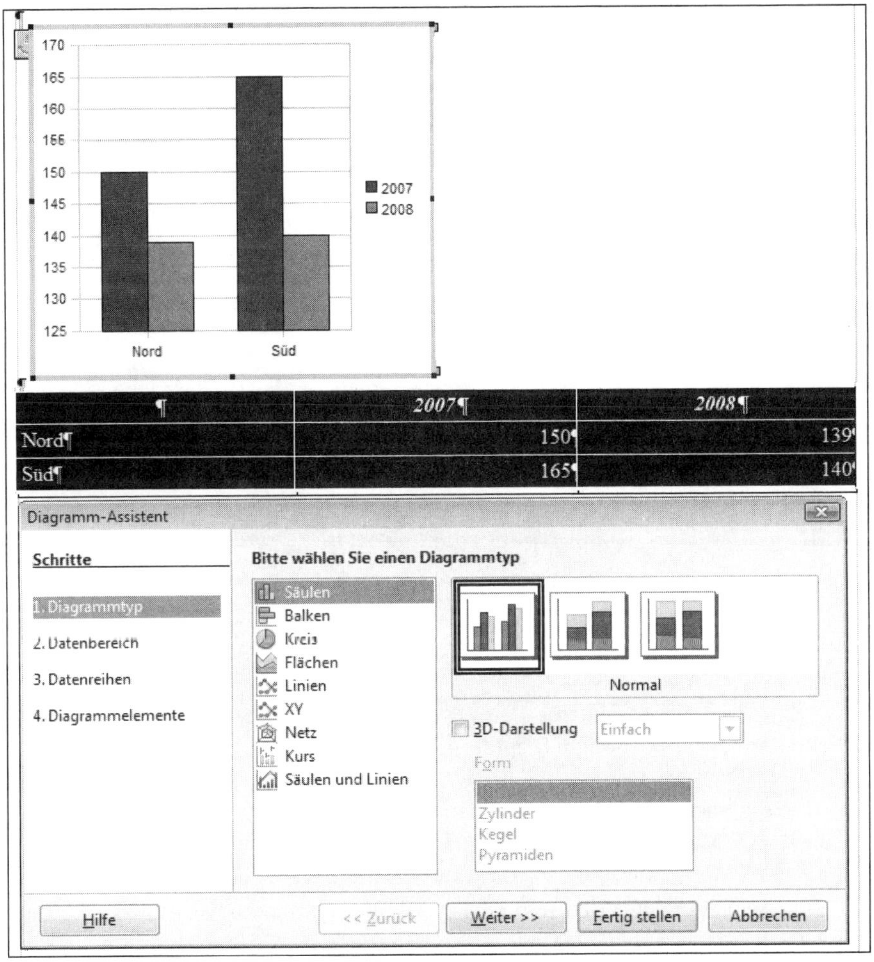

Abbildung 7.17: Schritt 1 beim Erstellen eines Diagramms aus Tabellendaten

7

- Im Folgedialog (Abbildung 7.18, oben) lässt sich der Datenbereich für die Tabelle ggf. festlegen. Markieren Sie auch die Kontrollkästchen, um Überschriften zu berücksichtigen, und legen Sie über die Optionen fest, ob die Daten spalten- oder zeilenweise vorliegen.
- Der Dialog aus Abbildung 7.18, Mitte, ermöglicht die Auswahl der Datenbereiche für die Reihen.
- In Schritt 4 können Sie den Titel und die Achsenbeschriftungen für das Diagramm vorgeben (Abbildung 7.18, unten).

Sobald Sie den Assistenten über die Schaltfläche *Fertig stellen* schließen, wird das Diagramm als Objekt in das Textdokument eingefügt (Abbildung 7.16). Sie können dann das Objekt mit einem Rahmen umgeben, ausrichten und verankern. Die betreffenden Befehle wurden bereits weiter oben im Abschnitt zum Einfügen von Grafiken behandelt.

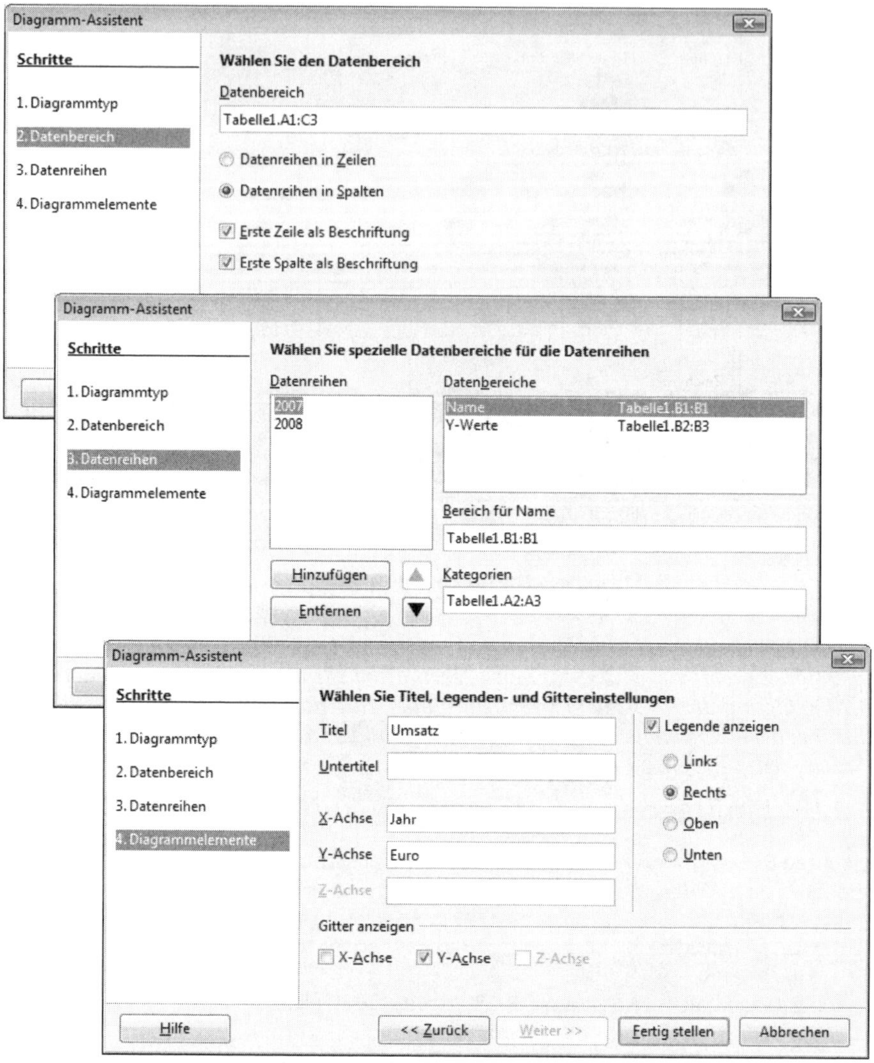

Abbildung 7.18: Dialogschritte zur Auswahl der Diagramm-optionen

TIPP

Ähnlich wie bei Grafiken und Objekten empfiehlt es sich, für das Diagramm einen eigenen Absatz vorzusehen und das Diagramm »Als Zeichen« in das Dokument einzufügen. Dies vermeidet Konflikte zwischen Dokumenttext und dem Diagramm.

7.2.4 Einfügen von Sonderzeichen

Sonderzeichen können Sie in allen Office-Dokumenten über den Menübefehl *Einfügen/Sonderzeichen* abrufen. Das jeweilige Office-Modul öffnet dann das in Abbildung 7.19 gezeigte Dialogfeld *Sonderzeichen*.

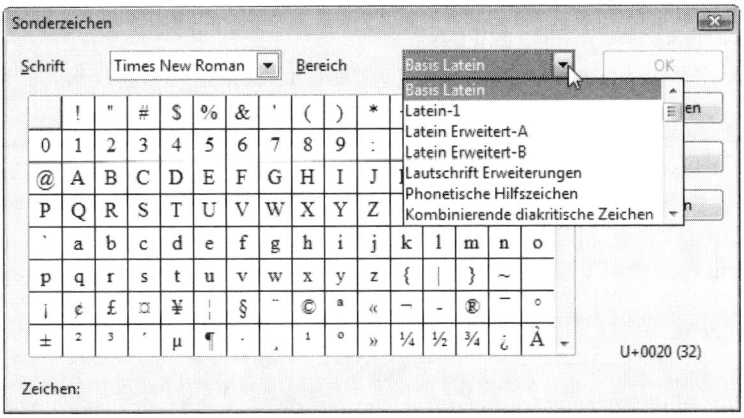

Abbildung 7.19: Dialogfeld zum Einfügen von Sonderzeichen

Im Dialogfeld wird ein Ausschnitt der verfügbaren Sonderzeichen aufgelistet. Über das Listenfeld *Bereich* lässt sich direkt auf die unterschiedlichen Zeichenbereiche (Latin-1, Arabisch etc.) zugreifen. Zudem können Sie die Schriftart einstellen. Wird das Dialogfeld mittels der *OK*-Schaltfläche geschlossen, wird das aktuell angewählte Zeichen in das Dokument übertragen.

INFO

Beachten Sie, dass die ausgewählte Schriftart die verfügbaren Zeichensätze beeinträchtigt. Zudem stehen die Windows-Schriftarten nicht unter Linux oder Mac OS X zur Verfügung und umgekehrt. Es kann daher zu Anzeigeproblemen bei Sonderzeichen bei der Übernahme von Dokumenten von anderen Plattformen kommen.

7.2.5 Einfügen von Dateien in Dokumente

Möchten Sie zwei vorhandene Textdokumente zusammenführen? Dies lässt sich auf leichte Art im Writer erledigen.

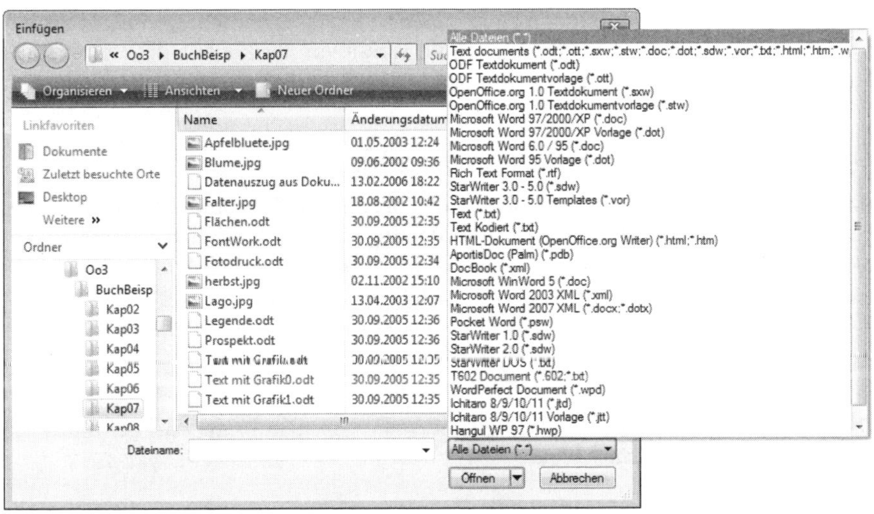

Abbildung 7.20: Auswahl des einzufügenden Dokuments

1. Laden Sie das erste Textdokument im Writer und klicken Sie auf die Einfügestelle des zweiten Dokuments.
2. Rufen Sie den Menübefehl *Datei/Einfügen* auf. Der Writer öffnet das Dialogfeld *Einfügen* (Abbildung 7.20).
3. Setzen Sie ggf. den Filtereintrag im Listenfeld für den Dateityp, um die verfügbaren Dateien auf einen Dateityp zu begrenzen, stellen Sie den Pfad zum gewünschten Dokumentordner ein und markieren Sie die einzufügende Datei.

Sobald Sie das Dialogfeld über die mit *Öffnen* bzw. *Einfügen* (je nach Betriebssystem- und Dialogfeldauswahl) beschriftete Schaltfläche verlassen, beginnt der Writer mit dem Einlesen des Dokuments. Dieses wird dann an der Einfügestelle im aktuellen Dokument integriert.

Die Funktion zum Einfügen von Dateien ist aber mit Vorsicht zu genießen. In der Standardeinstellung ist der Dateityp auf »Alle Dateien (.*)« gesetzt, d.h., es werden alle im Verzeichnis enthaltenen Dateien angezeigt. Der Importfilter kann aber nur Textdateien mit den im Listenfeld* Dateityp *aufgeführten Dateitypen einlesen. Wählen Sie also eine andere Datei (Grafik, Tabellenkalkulationsdatei etc.), kommt es zu schweren Fehlern oder die Binärdaten der Datei werden als Ergebnis angezeigt. Beim Import von Textdokumenten besteht die Gefahr von Abstürzen, falls die Formatierung des einzufügenden Dokuments (z.B. Seitenlayout) nicht zum aktuellen Dokument passt. Aus diesem Grund empfiehlt es sich, das einzufügende Dokument in einem zweiten Office-Modul zu laden, den Dokumentinhalt zu markieren und ggf. über die Zwischenablage in das erste Dokument zu übertragen. Da es auch dort Probleme mit dem in der Zwischenablage gespeicherten Datenformat geben kann, müssen Sie ggf. über den Befehl* Einfügen/Inhalte einfügen *auf die Übernahme unformatierter Texte ausweichen.*

7.3 Verwenden der Zeichenfunktionen

Die Zeichenfunktion lässt sich sowohl im Writer als auch in Calc nutzen und steht in ähnlicher Form in Impress und in Draw zur Verfügung. Der nachfolgende Abschnitt stellt die Nutzung der Zeichenfunktionen im Writer vor. Sie können die betreffenden Funktionen aber auch in anderen Office-Modulen wie Calc verwenden.

7.3.1 Zeichenfunktionen abrufen

Das Abrufen der Zeichenfunktionen erfolgt in allen Office-Programmen über die Schaltfläche *Zeichenfunktionen anzeigen* der *Standard*-Symbolleiste. Klicken Sie auf diese Schaltfläche, wird die Symbolleiste *Zeichenfunktion* (Abbildung 7.21) mit verschiedenen Funktionen zum Zeichnen von Linien, Figuren und Texten eingeblendet. Sie müssen dann die betreffende Schaltfläche anwählen und können anschließend das betreffende Werkzeug verwenden.

Die Funktionsnamen der Schaltflächen lassen sich abrufen, indem Sie per Maus auf die jeweiligen Schaltflächen zeigen.

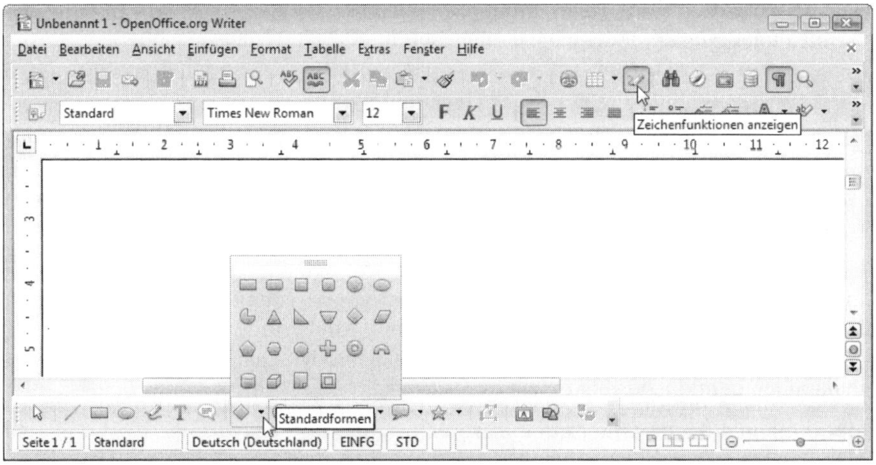

Abbildung 7.21: Abrufen der Zeichenfunktionen

7.3.2 Linien und Rahmen erstellen

Die Schaltflächen *Linie*, *Rechteck*, *Ellipse*, *Kreisbogen* und *Freihandlinie* der *Zeichnen*-Symbolleiste ermöglichen Ihnen, einfache geometrische Objekte (z.B. Linien und Rahmen) im Dokument zu erstellen.

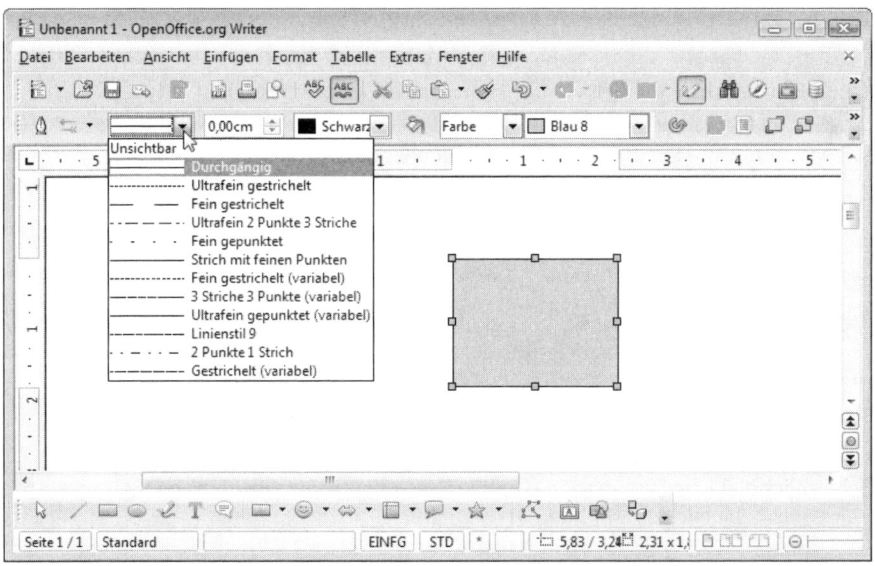

Abbildung 7.22: Einstellung der Linienart und sonstiger Eigenschaften

Um eine Linie im Dokument zu ziehen, aktivieren Sie die betreffende Schaltfläche, positionieren den Mauszeiger auf dem Anfangspunkt und ziehen dann die Maus bei gedrückter linker Maustaste zum Endpunkt. Am Bildschirm wird dabei die Linie bereits sichtbar. Solange Sie die Maustaste festhalten, lässt sich die Länge und Orientierung der Linie verändern. Bei der Erstellung eines Rechtecks oder einer Ellipse verfahren Sie entsprechend.

Die Zeichenfunktion legt das Element als Objekt im Dokument ab und markiert dieses mit einem Grafikrahmen. Über die Ziehpunkte lässt sich anschließend dieser Grafikrahmen verschieben und in der Größe variieren. Die Zeichenfunktion passt das Element automatisch an die Größe des Rahmens an.

Ist ein Zeichenobjekt angewählt, wird im Dokumentfenster die Symbolleiste *Zeichnungsobjekt-Eigenschaften* eingeblendet (andernfalls im Menü *Ansicht* den Befehl *Symbolleisten* und dann *Zeichnungsobjekt-Eigenschaften* wählen). Die Leiste bietet Steuerelemente, um den Linienstil, die -farbe etc. zu variieren.

Über das Listenfeld *Linienstil* können Sie das Format der verwendeten Linie einstellen (Abbildung 7.22). Für Linien stehen Ihnen verschiedene Linienstärken, gestrichelte und durchgezogene Linien sowie Pfeile zur Verfügung. Bei Rechtecken, Kreisen und Freihandfiguren entfallen die Pfeilsymbole. Die Liniendicke wird über ein daneben befindliches Listenfeld in Zentimeter eingestellt.

Über die Schaltfläche *Linienfarbe* lässt sich die Farbe der betreffenden Linie festlegen. Dies gilt sowohl für einfache Linien als auch für Objekte, die aus Linien aufgebaut sind (z.B. Kreise, Rechtecke etc.). Sobald Sie die betreffende Schaltfläche aktivieren, öffnet sich eine Palette zur Auswahl der Linienfarbe.

7.3.3 Kreise, Ellipsen und Formen abrufen

Mit der *Zeichnen*-Symbolleiste lassen sich auch komplexere Gebilde wie Kurven, Ellipsen, Formen oder Polygone im Dokumentfenster zeichnen. Um eine Standardform zu erstellen, gehen Sie in folgenden Schritten vor.

1. Klicken Sie auf die Schaltfläche *Standardformen* in der *Zeichnen*-Symbolleiste und wählen Sie die gewünschte Form in der aufgeklappten Palette aus.
2. Klicken Sie auf eine Stelle im Dokument und ziehen Sie bei gedrückter linker Maustaste die Form in der gewünschten Größe auf.

Auf diese Weise können Sie z.B. auch einen Kreisbogen im Dokument erzeugen.

7.3.4 Flächenstil und -farbe

Wenn Sie eine geschlossene Figur (Rechteck, Kreis, Ellipsensektor etc.) anlegen, wird deren Inhalt mit einer Farbe gefüllt. Das Gleiche gilt für Freihandzeichnungen, die eine geschlossene Fläche aufweisen. Dabei lassen sich einfarbige Flächen, Muster und Farbverläufe zuweisen.

Abbildung 7.23: Auswahl des Flächenstils

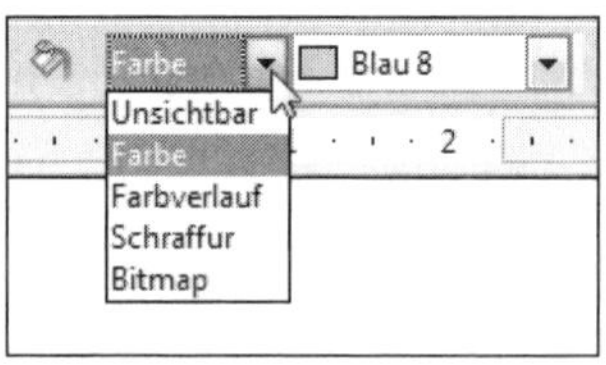

1. Markieren Sie die zu füllende Fläche mit einem Mausklick und wählen Sie dann in der Symbolleiste einen Flächenstil über das betreffende Listenfeld (Abbildung 7.23).

2. Anschließend öffnen Sie das zweite Listenfeld zur Auswahl der Farbe, des Musters oder des Farbverlaufs (Abbildung 7.24). Die eingeblendeten Werte hängen von der Auswahl des Flächenstils ab.

Der Stil sowie die Farbe bzw. das Muster oder der Farbverlauf werden sofort in der Fläche sichtbar.

INFO

Soll die Umrandungslinie eines Zeichenelements nicht sichtbar sein, weisen Sie diesem die gleiche Linien- und Füllfarbe zu.

Sobald Sie auf die Schaltfläche *Fläche* klicken (Abbildung 7.24), öffnet sich das gleichnamige Eigenschaftenfenster mit mehreren Registerkarten (Abbildung 7.25).

- Auf der Registerkarte *Fläche* können Sie die Art der Füllung (Farbe, Farbverlauf, Schraffur oder Bitmap) über Optionsfelder wählen. Gleichzeitig lässt sich eine Farbe für die Füllung bzw. ein Muster, eine Bitmap oder ein Verlauf wählen. Die Auswirkung der Option sehen Sie direkt im Vorschaufeld.

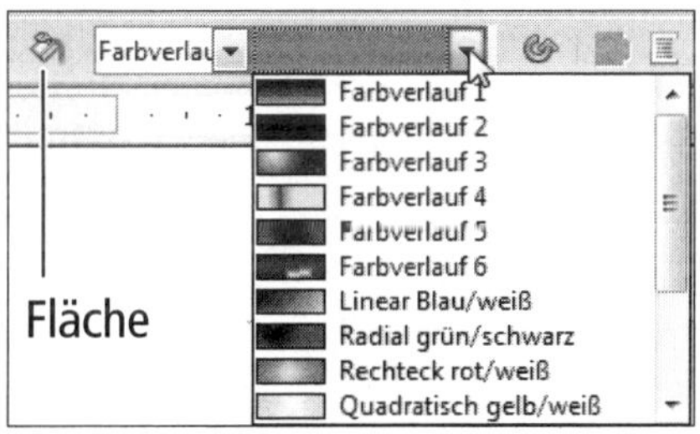

Abbildung 7.24: Auswahl der Farbe, des Farbverlaufs oder des Musters

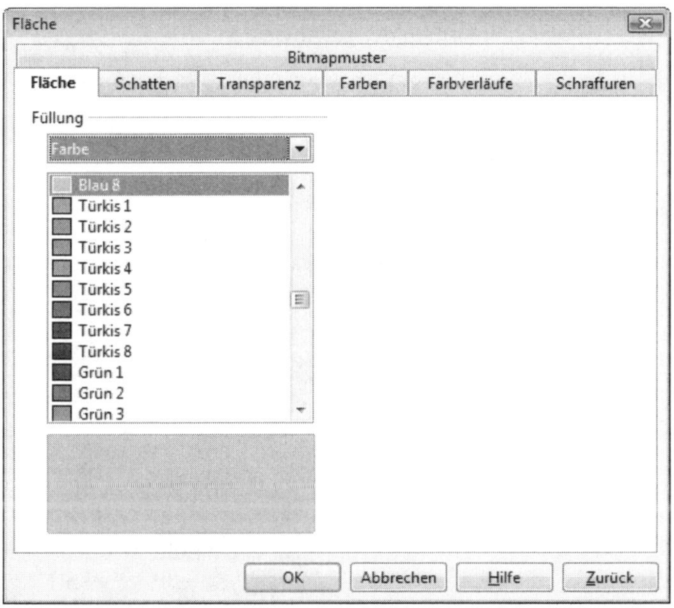

Abbildung 7.25: Eigenschaftenfenster *Fläche*

7

- Die Registerkarte *Schatten* bietet einige Optionen, um Flächen mit einer Schattierung zu versehen. Auf der Registerkarte können Sie die Schattierungsfarbe sowie weitere Optionen auswählen.
- Füllungen einer Fläche können mit einer Transparenz versehen werden. Die Transparenz lässt sich über Optionsfelder ein-/ausschalten. Bei aktivierter Transparenz lässt sich ein Transparenzwert zwischen 0 und 100 einstellen. Dabei können Sie auch Transparenzverläufe festlegen. Ein Beispiel für die Wirkungsweise der Transparenz finden Sie in Abbildung 7.26 dargestellt.

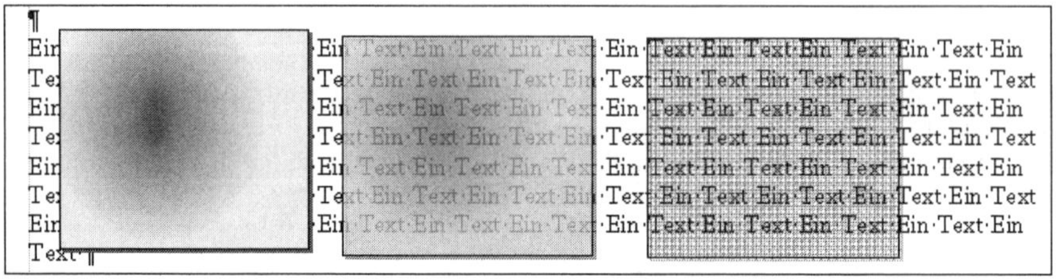

Abbildung 7.26: Auswirkungen der Transparenz auf Farbflächen mit hinterlegtem Text

- Die drei Registerkarten *Farben*, *Farbverläufe* und *Schraffuren* ermöglichen Ihnen die Auswahl der jeweiligen Optionen für den Füllstil. Bei Farben lässt sich ein Farbwert aus einer Palette abrufen oder individuell als RGB-Wert zuweisen. Beim Farbverlauf lassen sich die entsprechenden Parameter einstellen. Das Gleiche gilt für Schraffuren, wo der Verlaufswinkel etc. anpassbar ist.

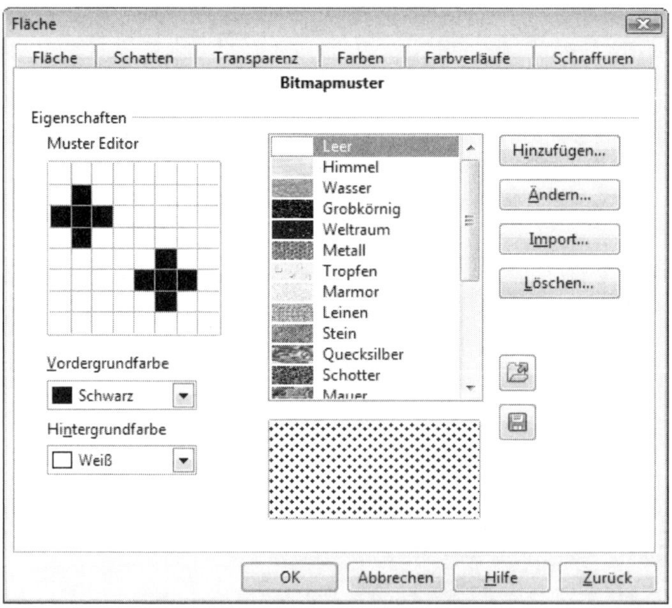

Abbildung 7.27: Definition von Bitmapmustern

- Die Registerkarte *Bitmapmuster* ermöglicht Ihnen, ein Hintergrundbild (Bitmap) einer Fläche als Füllung zuzuweisen. Zudem können Sie über das Feld *Muster Editor* eigene Muster definieren oder über die Schaltfläche *Import* einlesen.

Auf allen diesen Registerkarten finden Sie die Schaltfläche *Hinzufügen*, mit der sich die aktuelle Einstellung zur Liste der bereits definierten Werte hinzufügen lässt. Über die Schaltfläche *Ändern* können Sie die Einstellungen eines markierten Eintrags anpassen, während die Schaltfläche *Löschen* den markierten Eintrag entfernt. Über zwei weitere Schaltflächen lässt sich die Einstellung in einer Konfigurationsdatei sichern und bei Bedarf später wieder laden. Mit einem Klick auf die *OK*-Schaltfläche werden Änderungen übernommen.

7.3.5 Elemente ausrichten, verankern und gruppieren

Über die Zeichnen-Funktion erstellte Elemente (Linien, Rechtecke, Kreise etc.) werden als Objekte im Vordergrund des Dokuments platziert. Sie können diese per Mausklick markieren und in der Größe anpassen sowie im Dokument positionieren. Klicken Sie mit der rechten Maustaste auf das markierte Element. Dann lässt sich die Verankerung (an der Seite oder an einem Absatz) über den gleichnamigen Kontextmenübefehl festlegen. Mit dem Befehl *Als Zeichen* können Sie ein Zeichenelement auch direkt in einen Absatz im Text einfügen. Dann lässt sich der Befehl *Anordnen* des Kontextmenüs verwenden, um die Ausrichtung am Absatz festzulegen.

Die Zeichenelemente verdecken ggf. den dahinter verlaufenden Text. Über den Kontextmenübefehl *Umlauf* können Sie daher wählen, ob der Text um das Zeichenelement herumlaufen soll. Zudem bietet der Menüeintrag *Anordnung* Befehle, mit denen sich das Element vor oder hinter dem Dokument bzw. im Vordergrund oder im Hintergrund anordnen lässt. Dadurch lassen sich Zeichenelemente im Texthintergrund platzieren. Diese Optionen wurden bereits beim Einfügen von Grafiken behandelt.

Eine weitere Option besteht darin, Zeichenelemente zu gruppieren oder zu einer Gruppe hinzuzufügen. Voraussetzung ist, dass Sie mehrere Elemente markieren (z.B. die [⇧]-Taste gedrückt halten und dann die Elemente anklicken). Anschließend lässt sich das Kontextmenü öffnen und die Befehle im Eintrag *Gruppe* wählen.

- Mit *Gruppieren* werden die markierten Elemente zu einer Gruppe zusammengefasst. Eine Gruppe verhält sich wie ein Element.
- Markieren Sie (neben der bestehenden Gruppe) weitere Zeichenelemente, lassen sich diese über den Kontextmenübefehl *Gruppe/Betreten* auf die gleiche Weise zur Gruppe hinzufügen.
- Aufheben lässt sich eine markierte Gruppierung über den Kontextmenübefehl *Gruppe/Aufheben*.

Nach einer Gruppierung beziehen sich Operationen auf alle Elemente der betreffenden Gruppe. Wurden z.B. mehrere Zeichenelemente in eine Dokumentseite eingefügt, empfiehlt sich eine Gruppierung, um die Ausrichtung oder Verankerung einfacher bewerkstelligen zu können.

7.3.6 Text in Zeichenelemente einfügen

Zeichenelemente, die sich füllen lassen, können auch mit Text ausgestattet werden. Doppelklicken Sie auf das betreffende Element, können Sie anschließend den entsprechenden Text eintippen. Solange der Eingabemodus aktiv ist, erscheinen in der *Format*-Symbolleiste Schaltflächen zum Formatieren des eingegebenen Textes (Abbildung 7.28).

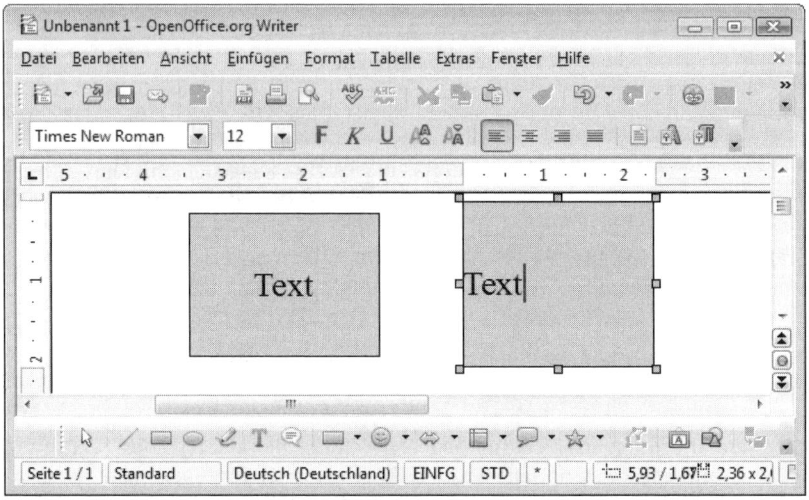

Abbildung 7.28: Zeichenelemente mit Text füllen

7.3.7 Formatieren von Zeichnungselementen

Neben den Farbattributen können Sie den einzelnen markierten Zeichnungselementen weitere Formate zuweisen. Am einfachsten geht dies, wenn Sie das markierte Element mit der rechten Maustaste anklicken und die gewünschten Befehle im Kontextmenü wählen.

- Über den Befehl *Linie* erreichen Sie das Eigenschaftenfenster mit den Registerkarten, über die sich Linienstil, -farbe, -dicke und die Form der Linienenden einstellen lassen. Über diese Registerkarte können Sie beispielsweise auch Pfeile als Zeichenelemente wählen.
- Der Befehl *Fläche* enthält die Optionen, um die Farbe oder den Stil der Flächenfüllung einzustellen. Die betreffenden Optionen sind weiter oben im Abschnitt »Flächenstil und -farbe« erläutert.
- Der Kontextmenübefehl *Position und Größe* öffnet das Eigenschaftenfenster mit den Registerkarten, die eine Drehung der Zeichenelemente oder deren Positionierung und Größenanpassung ermöglichen.
- Klicken Sie ein Zeichenelement mit der rechten Maustaste an, lässt sich im Kontextmenü auch der Befehl *Text* wählen. Die im Eigenschaftenfenster enthaltenen Registerkarten ermöglichen, bestimmte Eigenschaften für den Text (z.B. Abstand zum Rand des Elements, Lauftext) einzustellen. Lauftext oder blinkender Text wird jedoch nur angezeigt, wenn das Element auch einen Text enthält.

TIPP

Umsteiger von Microsoft Word kennen vielleicht die Funktion »Textfeld«, mit der sich Texte in ein Dokument als Zeichenelement einfügen lassen. Verwenden Sie im Writer die Zeichenfunktion, um ein Rechteck in das Dokument einzufügen. Setzen Sie die Füllung auf »Keine« und tippen Sie den Text in das Zeichenelement ein. Bei Bedarf können Sie das Zeichenelement mit einem Rahmen oder einer Schattierung versehen.

7.3.8 Legenden und Beschriftungen

Zeichenelemente lassen sich wie Tabellen und Grafiken mit einer Beschriftung versehen.

1. Klicken Sie auf das betreffende Zeichenelement und wählen Sie im Menü *Einfügen* (bzw. im Kontextmenü) den Befehl *Beschriftung*.
2. Wählen Sie die Beschriftungsoptionen gemäß Abbildung 7.29. Die Kategorie muss auf »Zeichnung« stehen. Zudem lässt sich das Nummerierungsformat festlegen und über die Schaltfläche *Optionen* können Sie Kapitelnummern einbeziehen.
3. Geben Sie den Beschriftungstext ein und schließen Sie das Dialogfeld über die *OK*-Schaltfläche.

Die Beschriftung wird mit einer laufenden Nummerierung in das Dokument eingefügt und an das Zeichenelement angekoppelt.

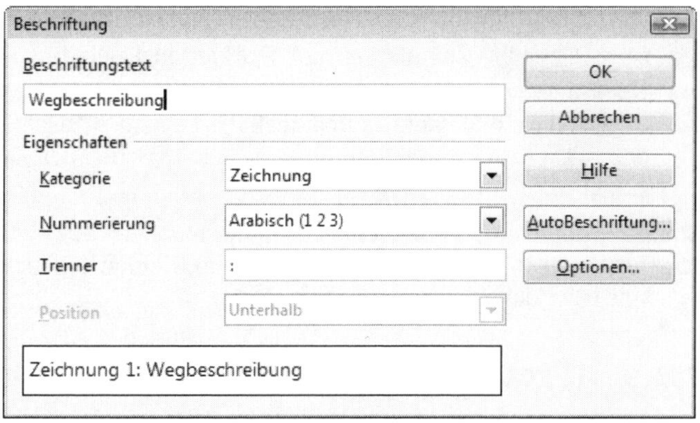

Abbildung 7.29: Beschriftungsoptionen eines Zeichenelements

Die Schaltfläche *Legenden* (Abbildung 7.30) in der *Zeichnen*-Symbolleiste ermöglicht Ihnen die schnelle Beschriftung von Dokumentelementen.

1. Öffnen Sie über die Schaltfläche *Zeichenfunktionen anzeigen* in der *Standard*-Symbolleiste die *Zeichnen*-Symbolleiste. Anschließend wählen Sie die Schaltfläche *Legenden*. Klicken Sie die Schaltfläche etwas länger an, lässt sich in der dann angezeigten Palette eine der Legendenschaltflächen wählen.
2. Klicken Sie auf eine Stelle im Dokument und ziehen Sie die Maus bei gedrückter linker Maustaste über das Dokument. Die Zeichenfunktion fügt eine Legende (entweder als Sprechblase oder bei entsprechender Auswahl als Linie mit einem Rechteck zur Aufnahme des Legendentextes) ein. Sobald Sie die Maustaste loslassen, wird die Legende fixiert.

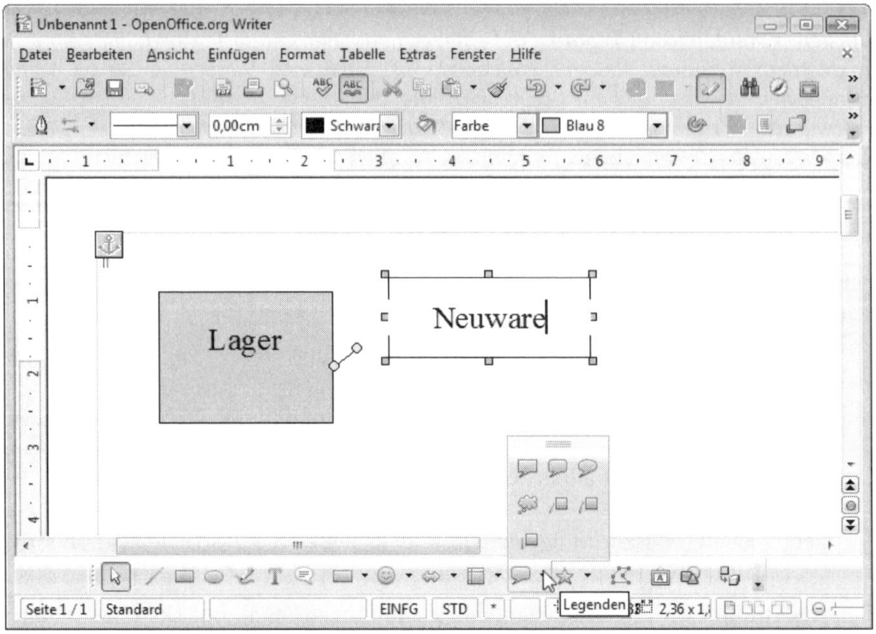

Abbildung 7.30: Einsatz einer Legende zur Beschriftung

3. Verschieben Sie die markierte Legende (z.B. per Maus) im Dokument, sodass die Callout-Linie auf das zu beschriftende Element (Zeichnung, Grafik etc.) zeigt. Über die Ziehmarken der markierten Legende können Sie deren Größe anpassen.
4. Doppelklicken Sie auf das Rechteck der Legende. Anschließend können Sie den Legendentext eingeben und über die Schaltflächen der *Format*-Symbolleiste formatieren.

Sobald Sie auf eine Dokumentstelle außerhalb der Markierung klicken, wird die Legende samt Beschriftungstext fixiert. Durch einen erneuten Doppelklick auf die Legende lässt sich der Text anpassen.

7.3.9 Text und Lauftext einfügen

Die Zeichenfunktion erlaubt, Text und Lauftext als Zeichenelement in Dokumente zu hinterlegen.

1. Öffnen Sie über die Schaltfläche *Zeichenfunktionen anzeigen* die *Zeichnen*-Symbolleiste. Anschließend wählen Sie die Schaltfläche *Text* (Abbildung 7.31, unten).
2. Klicken Sie auf eine Stelle im Dokument und ziehen Sie die Maus bei gedrückter linker Maustaste über das Dokument. Die Zeichenfunktion fügt ein Rechteck als Container ein. Sobald Sie die Maustaste loslassen, wird ein Rahmen in der vorgegebenen Größe an der aktuellen Position fixiert (Abbildung 7.31, linkes Rechteck).
3. Tippen Sie nun den gewünschten Text ein. Bei Bedarf lässt sich dieser Text über die Schaltflächen der *Format*-Symbolleiste formatieren und ausrichten.

Sobald Sie außerhalb des schraffierten Textbereichs auf den Dokumentbereich klicken, wird der Text eingefroren. Durch einen Mausklick lässt sich das Textobjekt markieren (Abbildung 7.31, rechtes Rechteck). Sie können dann die Größe des umgebenden Rechtecks mittels der Ziehmarken anpassen oder das Textelement über den Rahmen im Dokument verschieben. Ein Doppelklick auf das Textobjekt öffnet dieses zum Bearbeiten. Sie können dann den Text ergänzen, formatieren oder löschen.

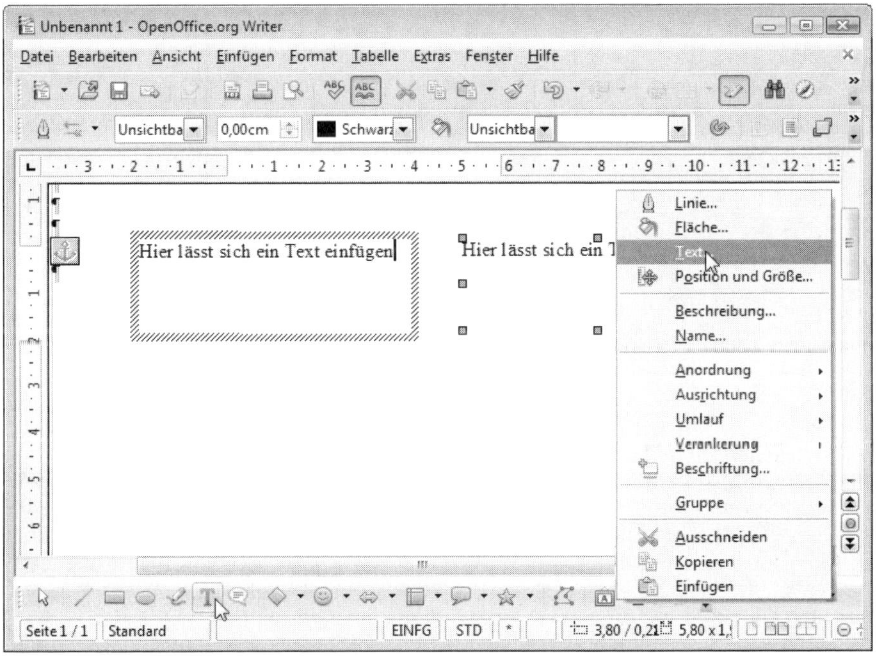

Abbildung 7.31: Einfügen von Text über die Zeichenfunktionen

TIPP

Im Kontextmenü (Abbildung 7.31, rechtes Rechteck) finden Sie Befehle zum Ausrichten, Verankern oder Anordnung des Textelements. Über die Befehle Linie *und* Fläche *lässt sich der Rahmen um das Element mit einer Linie sowie einer Füllfarbe versehen. Dies funktioniert wie bei den restlichen Zeichenfunktionen wie oben beschrieben.*

Um einen Lauftext anzulegen, wählen Sie den Kontextmenübefehl *Text* (Abbildung 7.31, rechtes Rechteck). Im Eigenschaftenfenster wechseln Sie zur Registerkarte Lauftext (Abbildung 7.32). Dort lässt sich der Textmodus über das Listenfeld *Effekt* vorgeben. Zudem können Sie verschiedene Texteigenschaften festlegen.

7.3.10 Textgestaltung mit Fontwork

OpenOffice.org/StarOffice kann noch mit einer netten Funktion namens Fontwork aufwarten, die Microsoft Office-Anwender unter dem Begriff »WordArt« in ähnlicher Weise kennen. Allerdings gibt es in der Handhabung einige Unterschiede zu den Microsoft-Produkten. Die Funktion Fontwork lässt sich nur auf bestehende Texte, die als Zeichenobjekte (Flächen mit Text oder direkt als Zeichenelement eingefügte Texte) im Dokument enthalten sind, anwenden.

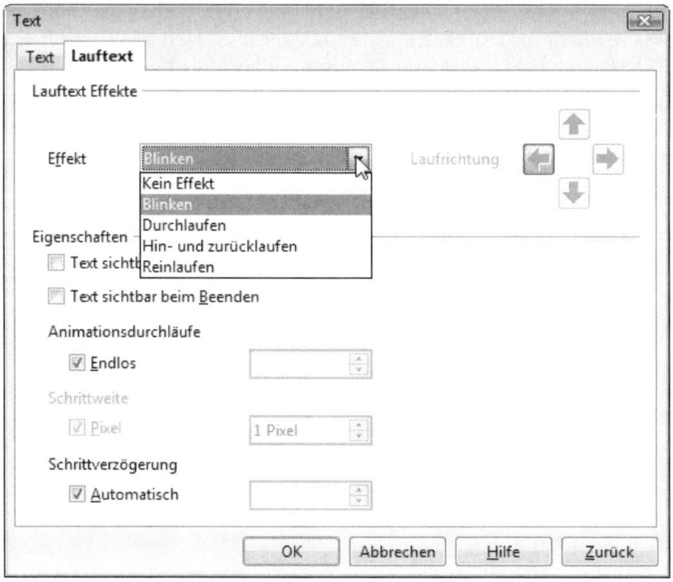

Abbildung 7.32: Lauftexteigenschaften vorgeben

INFO

Zeichenelemente mit Lauftext sollten Sie jedoch nicht mit Fontwork bearbeiten, da dies den Lauftext neutralisiert.

1. Um einen Text mit Fontwork zu gestalten, klicken Sie in der Zeichnen-Symbolleiste auf die Schaltfläche *Fontwork Gallery* (Abbildung 7.33, Hintergrund).
2. Im Dialogfeld Fontwork Gallery wählen Sie eine Vorlage für die Textform (Abbildung 7.33, rechts). Danach schließen Sie das Dialogfeld über die OK-Schaltfläche.

Das neue Fontwork-Objekt wird in das Dokument eingefügt. Das markierte Objekt lässt sich per Maus verschieben oder in der Größe anpassen. Solange das Objekt markiert ist (die Ziehmarken sind zu sehen), blendet Office auch Fontwork-Smbolleiste ein. Über deren Schaltflächen können Sie erneut das Dialogfeld *Fontwork Gallery* öffnen oder eine Palette mit den Fontwork-Formen (Krümmungsformen) einblenden (Abbildung 7.33, links). Wählen Sie eine Krümmungsform oder eine Fontwork-Vorlage, wird diese auf den Text angewandt. Über weitere Schaltflächen lässt sich die Buchstabenhöhe und die Laufweite des Textes anpassen.

Um den Text selbst anzupassen, m¸ssen Sie das Fontwork-Objekt per Doppelklick anwählen. Dann zeigt Office den Text im Fontwork-Objekt an. Sie können die Buchstaben im Text markieren und dann ändern. Sobald Sie neben den geänderten Text klicken, übernimmt Fontwork die Textänderung in das Objekt.

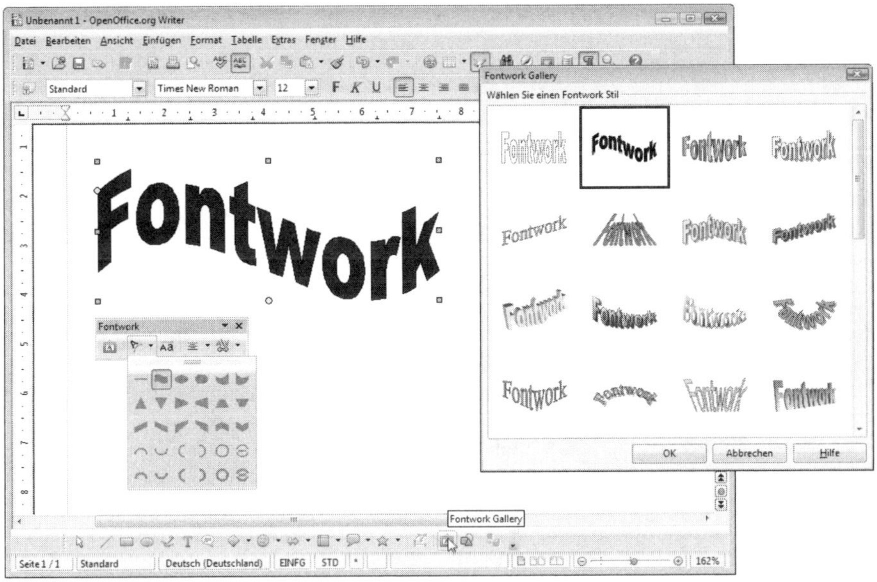

Abbildung 7.33: Textgestaltung mit Fontwork

INFO

Lässt sich das Fontwork-Objekt nach dem Deselektieren nicht mehr durch Anklicken auswählen? Die beim Schreiben des Manuskripts vorliegende Fassung von OpenOffice.org 3.0 speichert das Zeichenobjekt »hinter« der Textebene. Sie müssen dann die Strg*-Taste beim Anklicken gedrückt halten. Oder Sie fügen ein anderes Zeichenobjekt ein, damit das Selektieren von Fontwork-Objekten durch Anklicken funktioniert. Wann dieser bekannte Fehler in OpenOffice.org 3.0 behoben wird, stand bei Drucklegung des Buches noch nicht fest.*

8 Writer für Fortgeschrittene

In diesem Kapitel erhalten Sie Informationen zu speziellen Funktionen des Writers, mit denen sich Textdokumente mit zusätzlichen Inhalten versehen lassen.

8.1 Arbeiten mit Fuß- und Endnoten

Bei längeren Textdokumenten wie Buchmanuskripten lassen sich Informationen wie die Seitennummer in der Fußzeile unterbringen. Fußnoten ermöglichen Ihnen, Anmerkungen in längeren Textdokumenten am Seitenende oder am Dokumentende zu platzieren. Der nachfolgende Abschnitt stellt die Funktionen des Writers zur Gestaltung von Fuß- und Endnoten vor.

8.1.1 Erläuterungen zu Fuß- und Endnoten

Der Writer unterscheidet bei der Verwaltung zwischen Fuß- und Endnoten.

- Fußnoten erscheinen üblicherweise am Ende einer Seite und werden standardmäßig mit arabischen Ziffern durchnummeriert (siehe erste Seite in Abbildung 8.1). In solche Noten können Sie zum Beispiel Kommentare, Zitate oder Verweise eintragen.
- Endnoten werden am Ende des Dokuments angezeigt (siehe zweite Seite in Abbildung 8.1) und sind standardmäßig mit römischen Ziffern nummeriert. Diese Noten eignen sich zum Beispiel für Quellenangaben und Literaturhinweise.

Alle diese Noten werden mit einem Index durchnumeriert, der automatisch durch den Writer verwaltet werden kann. Fügen Sie eine Note ein oder löschen Sie den betreffenden Eintrag, nummeriert der Writer die verbleibenden Einträge automatisch neu. Die Stelle, an der eine Note in den Text eingefügt wurde, wird durch einen als hochgestelltes Zeichen angezeigten Indexwert markiert. Die Texte der Fuß- und Endnoten werden am Seiten- oder Dokumentende zusammengefasst und durch eine dünne horizontale Linie vom Fließtext abgetrennt.

TIPP

Die Einträge für Fuß- und Endnoten sind als Hyperlinks ausgeführt. Zeigen Sie beim Blättern im Text per Maus auf den hochgestellten Indexwert einer Fuß- oder Endnote, blendet der Writer deren Inhalt als QuickInfo ein. Ein Mausklick auf den Indexeintrag bringt Sie direkt zur betreffenden Note am Seiten- oder Dokumentende. Klicken Sie dort auf den Indexwert, springt die Anzeige zur alten Textstelle zurück.

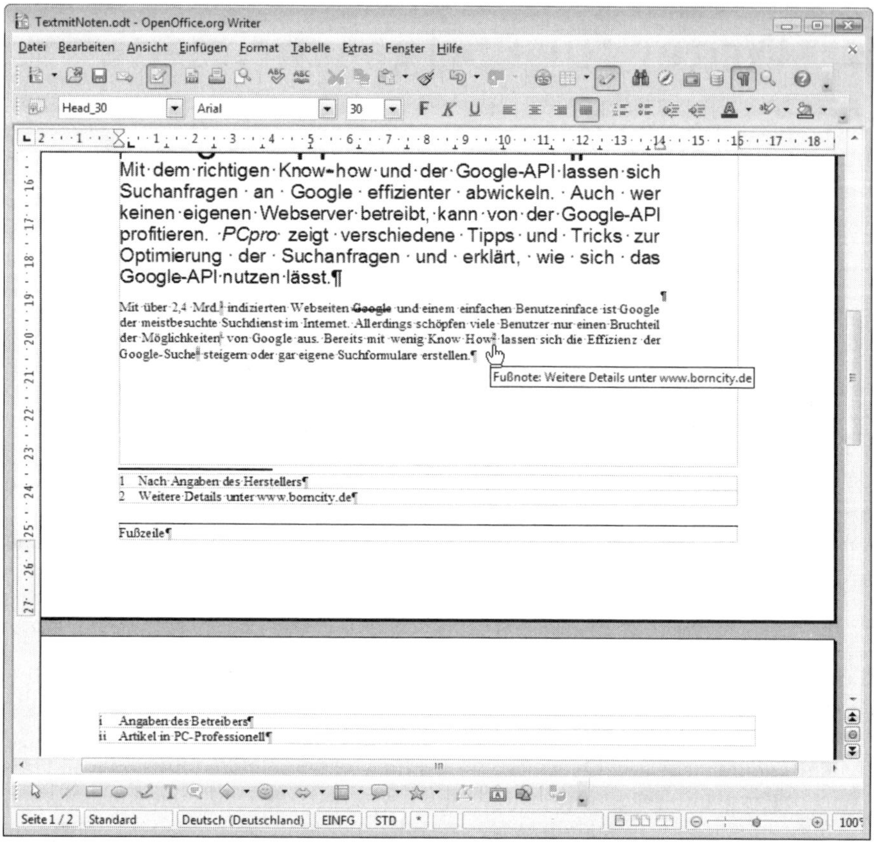

Abbildung 8.1: Anzeige von Fuß- und Endnoten

8.1.2 Fuß- und Endnoten in den Text einfügen

Im Writer lassen sich an beliebigen Stellen im Text Vermerke in Form von Fußnoten oder Endnoten anbringen. Hierzu gehen Sie folgendermaßen vor.

1. Positionieren Sie die Schreibmarke an der Textstelle, wo die Fuß- oder Endnote einzufügen ist.
2. Wählen Sie im Menü *Einfügen* den Befehl *Fußnote*, um das in Abbildung 8.2 gezeigte Dialogfeld aufzurufen.
3. Markieren Sie in der Gruppe *Art* über das Optionsfeld, ob Sie eine Fuß- oder Endnote einfügen möchten.
4. Belassen Sie die Option *Automatisch* markiert, falls der Writer den Index für die Note automatisch verwalten soll. Alternativ können Sie das Optionsfeld *Zeichen* markieren und ein Zeichen in das zugehörige Textfeld eintragen bzw. über die darunter befindliche Schaltfläche auswählen. Dann werden die Noten aber nicht automatisch durchnummeriert. Sie müssten für jeden Eintrag manuell ein Indexzeichen vorgeben.

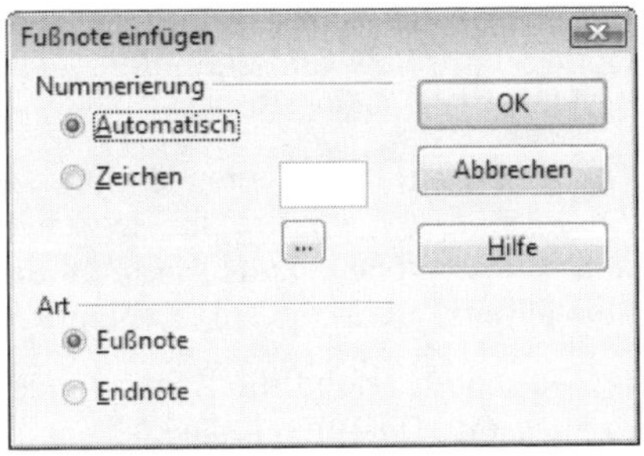

Abbildung 8.2: Auswahl der Optionen für Fuß- und Endnoten

5. Stimmen die Vorgaben, schließen Sie das Dialogfeld über die *OK*-Schaltfläche. Der Writer fügt den Notenindex in den Text ein und wechselt nun zur Anzeige der Fuß- oder Endnote.
6. Tippen Sie den entsprechenden Notentext ein (Abbildung 8.3). Anschließend können Sie auf den Index vor der Note klicken, um zur alten Dokumentstelle zurückzukehren.

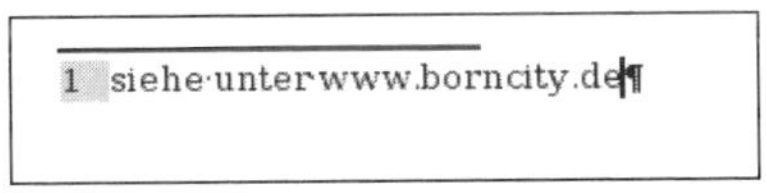

Abbildung 8.3: Eingabe des Notentextes

Falls Sie später den Inhalt einer Note ändern möchten, brauchen Sie nur zur betreffenden Stelle am Seiten- oder Dokumentende zu wechseln. Dann können Sie auf den jeweiligen Text der Note klicken und diesen überschreiben bzw. korrigieren.

INFO

Der Writer führt eine fortlaufende, aber getrennte Nummerierung für Fuß- und Endnoten über das gesamte Dokument (standardmäßig beginnend mit der Zahl 1) durch. Die Zählweise der Fußnotennummerierung lässt sich aber auf eine Dokumentseite begrenzen. Der Fußnotenbereich wird übrigens oberhalb der Standardfußzeile angeordnet. Wenn Sie sehr viele Fußnoten in eine Seite einfügen, wird der Seitenanteil zur Aufnahme des Textes entsprechend reduziert. Diese Standardvorgaben lassen sich aber ändern (siehe folgende Abschnitte).

8.1.3 Fuß- und Endnoten kopieren/verschieben

Um Fuß- oder Endnoten zu kopieren oder zu verschieben, markieren Sie den betreffenden Index im Text. Dann lässt sich dieser mit der Tastenkombination Strg + C oder Strg + X in die Zwischenablage übernehmen und mit Strg + V an der Position der Schreibmarke wieder einfügen. Beim Mac OS X ist die Taste MacBef anstelle der Strg-Taste zu verwenden.

8.1.4 Optionen für Fuß- und Endnoten anpassen

Standardmäßig positioniert der Writer Fußnoten am Seitenende und nummeriert diese mit arabischen Ziffern. Sie können aber festlegen, wo Fußnoten zu positionieren sind und welcher Nummerierungsstil für Fuß- und Endnoten zu benutzen ist.

Wählen Sie hierzu im Menü *Extras* den Befehl *Fußnoten*. Anschließend lassen sich die Optionen für Fuß- und Endnoten auf den beiden Registerkarten des in Abbildung 8.4 gezeigten Dialogfelds anpassen.

Bei den Fuß- und Endnoten lässt sich beispielsweise das Nummerierungsformat, der Anfangsindex sowie jeweils ein Zeichen, welches vor und hinter der Note erscheinen soll, vorgeben. Zudem erlaubt der Writer, den Noten sowohl Absatz- als auch Zeichenformatvorlagen über entsprechende Listenfelder zuzuweisen.

Bei Fußnoten erfolgt die Zählung des Indexeintrags standardmäßig fortlaufend für das gesamte Dokument. Sie können die Zählung aber über das gleichnamige Listenfeld auf einzelne Seiten beziehen lassen. Weiterhin lässt sich über ein Optionsfeld wählen, ob die Fußnotentexte am Seiten- oder am Dokumentende anzuführen sind.

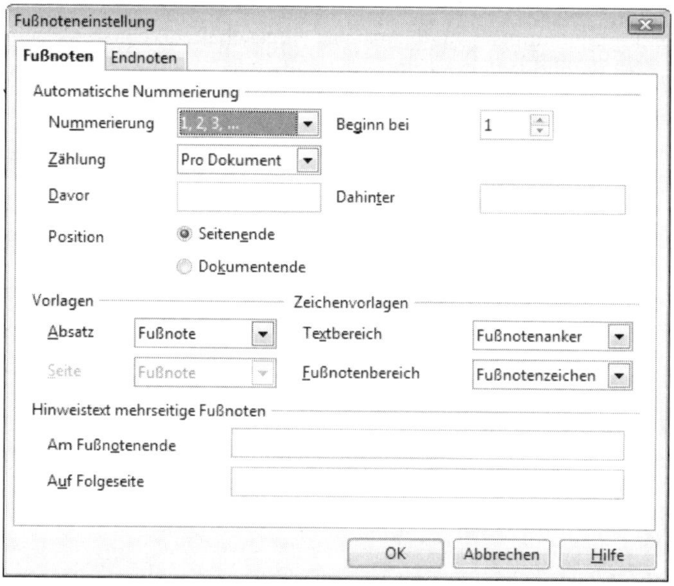

Abbildung 8.4: Anpassen der Fußnoteneinstellungen

INFO

In manchen Fällen muss der Writer den Fußnotentext auf zwei Seiten umbrechen. Tragen Sie in die Felder Am Fußnotenende *und* Auf Folgeseite *Texte ein (z.B. »Fortsetzung auf Folgeseite« und »Fortsetzung Fußnoten«), die die Fortsetzung des Fußnotentextes auf der Folgeseite ankündigen und den Anfang des Fortsetzungstextes auf der Folgeseite markieren.*

8.2 Kopf- und Fußzeilen verwenden

Kopf- und Fußzeilen lassen sich zur Darstellung wiederkehrender Informationen (z.B. Firmenanschrift bei Briefen, Seitennummerierung etc.) benutzen. Der folgende Abschnitt befasst sich mit den Funktionen des Writers zur Gestaltung von Kopf- und Fußzeilen.

8.2.1 Kopf- und Fußzeilen verwalten

Kopf- und Fußzeilen sind Gestaltungselemente für Ihre Dokumente, die sich am Anfang oder am Ende einer Seite einfügen lassen. Hier können Sie zum Beispiel eine Seitennummerierung, einen Titel etc. einbringen. Die Bandbreite der innerhalb der Kopf- und Fußzeilen einfügbaren Elemente reicht dabei von einfachen Texten (Abbildung 8.5) bis hin zu Grafiken.

Um eine Kopf- oder Fußzeile mit Inhalt zu versehen, müssen Sie die Anzeige einschalten. Hierzu wählen Sie im Menü *Einfügen* den Befehl *Kopfzeile* bzw. *Fußzeile* und klicken dann im Untermenü auf den Befehl *Standard*. Ein Häkchen vor dem Befehl signalisiert, dass die betreffende Zeile angezeigt wird. Klicken Sie erneut auf den Menübefehl, blendet der Writer die betreffende Zeile wieder aus. Dabei gehen aber bereits definierte Texte für die betreffende Zeile verloren.

Ist die Anzeige der Textbegrenzungen (Menü *Ansicht*) eingeschaltet, zeigt der Writer einen grauen Rahmen für den Bereich der Kopf- bzw. Fußzeile.

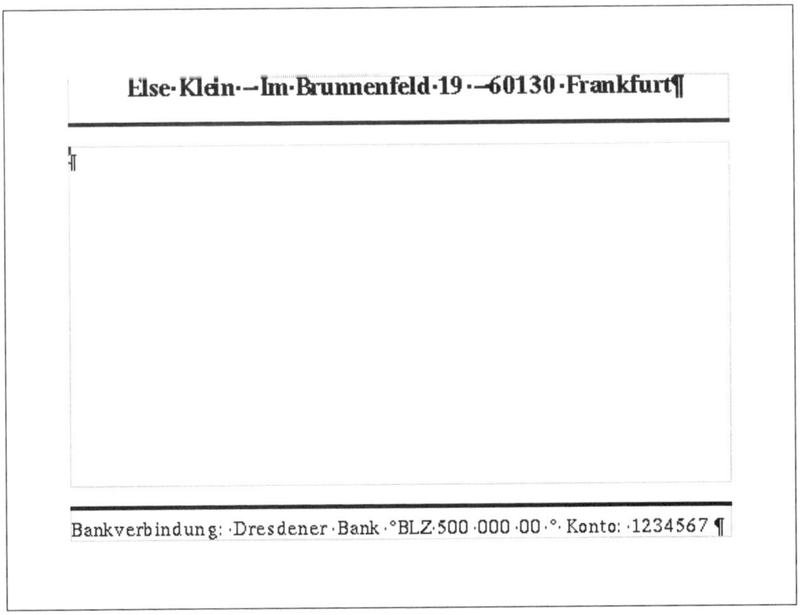

Abbildung 8.5: Beispieldokument mit Kopf- und Fußzeile

INFO

Sind bereits Endnoten im Dokument vorhanden, enthält das Untermenü zusätzlich die Einträge Endnote *und* Alle. *Wird der Eintrag* Endnote *gewählt, erhält die letzte Seite mit den Endnoten ebenfalls eine Kopfzeile (bzw. Fußzeile) zugewiesen. Sind beide Einträge, also* Standard *und* Endnote, *mit einem Häkchen versehen, bewirkt ein Klick auf* Alle, *dass die Kopfzeilen sowohl auf den Standardseiten als auch auf der letzten Seite mit den Endnoten entfernt werden.*

Bei eingeschalteter Anzeige von Kopf- oder Fußzeile können Sie den betreffenden Bereich anklicken und darin einen beliebigen Text eintippen. Alternativ können Sie weitere Objekte wie Tabellen oder Grafiken einfügen. Der Bereich der Kopf-/Fußzeilen lässt sich dabei wie der Dokumentbereich formatieren.

Abbildung 8.5 zeigt ein etwas verkürztes Dokument mit der eingeblendeten Kopf- und Fußzeile. In die Kopfzeile wurde die Absenderangabe für einen Briefbogen eingefügt, während die Fußzeile die Angaben zur Bankverbindung aufweist. Die betreffenden Einträge wurden über die Absatzformatierung zentriert ausgerichtet. Weiterhin wurde bei der Kopfzeile eine Linie am unteren Rand und bei der Fußzeile eine Linie am oberen Rand eingeblendet. Dies lässt sich über die Registerkarte *Umrandung* des Absatzformats bewerkstelligen (siehe *Kapitel 3*, Abschnitt »Zuweisen von Linien und Rahmen«).

Grafiken in Kopf-/Fußzeilen einfügen

Neben Texten können Sie auch Grafiken in Kopf- oder Fußzeilen einfügen.

1. Positionieren Sie die Schreibmarke in der Kopf- oder Fußzeile des Dokuments.
2. Wählen Sie im Menü *Einfügen* den Befehl *Bild/Aus Datei*.
3. Dann wählen Sie im Dialogfeld *Bild einfügen* die gewünschte Grafikdatei sowie die Grafikoptionen und schließen das Dialogfeld.

Abbildung 8.6: Kopfzeile mit Grafik und Text

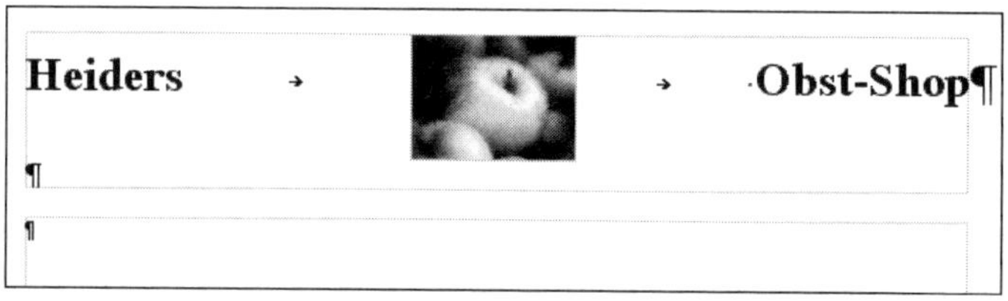

Die Grafik wird in der Kopf-/Fußzeile an die betreffende Position eingefügt. Anschließend können Sie die Grafik noch über den Kontextmenübefehl *Verankerung* (z.B. »Als Zeichen«) an der Kopf-/Fußzeile verankern. In Abbildung 8.6 sehen Sie eine Kopfzeile mit eingefügter Grafik und Text. Die Grafik wurde als Zeichen verankert und über Tabulatoren in der Zeilenmitte ausgerichtet.

INFO

Im Gegensatz zu Microsoft Word passt der Writer die Höhe der Kopf-/Fußzeile an die Höhe der Grafikdatei an. Möchten Sie eine Grafik im Dokumenthintergrund (als eine Art »Wasserzeichen«) einblenden, fügen Sie diese über das Seitenformat ein (Menübefehl Format/Seiteneinstellungen, *Registerkarte* Hintergrund, *dann im Feld* Als *den Wert »Grafik« einstellen und über die Schaltfläche* Auswählen *die Grafik auswählen).*

8.2.2 Unterschiedliche Kopf-/Fußzeilen bei mehrseitigen Dokumenten

Bei mehrseitigen Dokumenten ist es häufig erwünscht, dass die Kopf-/Fußzeilen unterschiedliche Inhalte aufweisen. Bei einem Buch ließe sich beispielsweise der Buchtitel auf ungeraden Seiten und der Kapiteltitel auf geraden Seiten in der dann als Kolumne bezeichneten Kopfzeile ausgeben. Bei doppelseitigem Druck kommt zudem eine Seitennummer immer an den äußeren Rand.

1. Um unterschiedliche Kopf- oder Fußzeilen für gerade/ungerade Seiten zu realisieren, rufen Sie den Menübefehl *Format/Seiteneinstellungen* auf.
2. Löschen Sie die Markierung des Kontrollkästchens *Inhalt links/rechts gleich* auf der Registerkarte *Kopfzeile* (Abbildung 8.7) bzw. *Fußzeile*.

3. Passen Sie ggf. die restlichen Eigenschaften für die Zeile an. Das Feld *Abstand* legt den Abstand zwischen Kopfzeile und Textbereich fest. Markieren Sie *Dynamischen Abstand verwenden*, passt der Writer diesen Abstand automatisch an. Mit der Option *Höhe dynamisch anpassen* sorgt der Writer dafür, dass die Höhe der Kopf-/Fußzeile an deren Inhalt ausgerichtet wird. Zudem lässt sich der linke/rechte Rand der Zeile beeinflussen. Über die Schaltfläche *Zusätze* lässt sich das Eigenschaftenfenster mit den Registerkarten zur Absatzformatierung öffnen.
4. Schließen Sie die Registerkarte über die *OK*-Schaltfläche und fügen Sie in das Dokument mindestens zwei Seiten ein (z.B. indem Sie einige Leerzeilen eingeben und über den Befehl *Manueller Wechsel* des Menüs *Einfügen* einen Seitenwechsel einleiten).
5. Passen Sie anschließend die Kopf-/Fußzeile der ersten Dokumentseite nach Ihren Bedürfnissen an.
6. Wechseln Sie zur zweiten Seite und passen Sie auch dort die Kopf-/Fußzeile an.

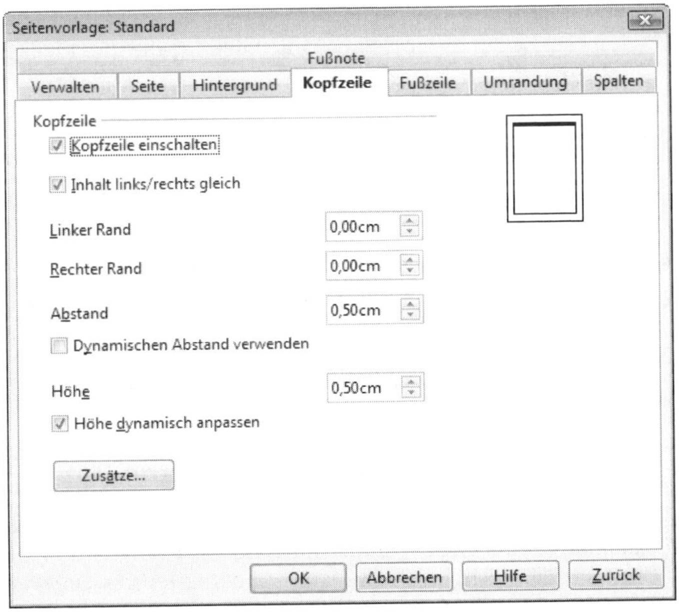

Abbildung 8.7: Einstellung der Eigenschaften der Kopfzeile

Mit diesem Vorgehen (die Option *Inhalt links/rechts gleich* darf nicht markiert sein) können Sie gerade und ungerade Dokumentseiten mit verschiedenen Inhalten für Kopf-/Fußzeile versehen.

INFO

Beispiele zur Gestaltung der Kopf-/Fußzeile finden Sie im folgenden Abschnitt »Arbeiten mit Feldbefehlen«. Um die Kopf-/Fußzeile der ersten Seite abweichend von den restlichen Seiten zu gestalten, müssen Sie mit Seitenformaten arbeiten. Legen Sie eine Seitenvorlage für die erste Seite und für die Folgeseiten an (siehe Kapitel 3, Abschnitt »Vorlagen neu anlegen, ändern oder löschen«). Sobald Sie die Seitenvorlagen den Seiten zuweisen, lassen sich die Kopf-/Fußzeilen der ersten Seite getrennt von den Folgeseiten gestalten.

8.2.3 Kopf- und Fußzeilen mit Tabellen gestalten

Falls Sie verschiedene Informationen in einer Kopf- oder Fußzeile unterbringen möchten, empfiehlt sich die Verwendung einer Tabellenstruktur.

Abbildung 8.8: Tabellenstruktur zur Gestaltung einer Fußzeile

Bankverbindung¶	Konto·Nummer¶	Bankleitzahl¶
Dresdener·Bank·¶	499·666¶	500·00·00¶

¶

1. Blenden Sie die Kopf- oder Fußzeile in der Dokumentanzeige ein und klicken Sie auf den betreffenden Dokumentbereich.
2. Fügen Sie anschließend eine Tabelle mit der gewünschten Anzahl Zeilen und Spalten ein.
3. Löschen Sie die Rahmenlinien in der Tabellenstruktur und passen Sie die Eigenschaften der Kopf-/Fußzeile (z.B. *Höhe dynamisch anpassen* im Eigenschaftenfenster *Seitenvorlage*) so an, dass die Tabelle zu sehen ist.
4. Klicken Sie auf die einzelnen Zellen der Tabelle und fügen Sie die gewünschten Inhalte ein.

In Abbildung 8.8 sehen Sie eine auf diese Weise gestaltete Fußzeile für einen Briefbogen, der die Bankverbindung enthält. Durch die Zellen lassen sich die einzelnen Einträge sehr elegant in der Zeile platzieren.

8.3 Arbeiten mit Feldbefehlen

Beim Einfügen von Querverweisen, bei Berechnungen, bei der Beschriftung von Tabellen und Grafiken, bei der Seitennummerierung etc. kommen Feldbefehle zum Einsatz. Der folgende Abschnitt zeigt, wie sich Felder in den Text einfügen und nutzen lassen.

8.3.1 Felder im Dokument anzeigen

Felder sind Elemente (Platzhalter für Funktionen), die – im Dokument eingefügt – die Flexibilität zur Anzeige von Informationen erheblich erhöhen. Über Felder lassen sich zum Beispiel Seitenzahlen, Datum und Uhrzeit oder Querverweise im Dokument einblenden. Weiterhin sind Berechnungen, die Nummerierung von Bezeichnungen etc. ohne Felder undenkbar. Wenn Sie die betreffenden Befehle verwenden, fügt der Writer die Felder automatisch in den Text ein.

Im Dokument eingetragene Felder lassen sich auf unterschiedliche Weise darstellen. Die Abbildung 8.9 zeigt dreimal die gleiche Darstellung einer Fußzeile, die verschiedene Felder in einer Tabellenstruktur enthält.

- Die oberste Variante aus Abbildung 8.9 entspricht der Standarddarstellung, bei der die Feldwerte angezeigt werden. Die Felder sind dabei durch einen grauen Hintergrund im Dokument markiert.
- Die Markierung der Felder durch den grauen Hintergrund können Sie wahlweise durch Drücken der Tastenkombination [Strg] + [F8] (bzw. [MacBef] + [F8] beim Mac sowie oder über den Befehl *Markierungen* im Menü *Ansicht*) zu- oder abschalten. In Abbildung 8.9 zeigt die mittlere Variante den Zustand bei abgeschalteter Feldanzeige (was auch der Darstellung beim Ausdruck entspricht).

- Weiterhin können Sie die Tastenkombination [Strg] + [F9] (bzw. [MacBef] + [F9] beim Mac sowie über den Befehl *Feldbefehle* im Menü *Ansicht*) verwenden, um zwischen der Anzeige der Feldwerte und der Feldbefehle umzuschalten. Die untere Tabelle aus Abbildung 8.9 zeigt die eingefügten Feldnamen.

Autor:·¶	Günter·Born¶	Datei:·Felder¶	¶
Datum:¶	08.10.08¶	¶	Seite·1·von·2¶

¶

Autor:·¶	Günter·Born¶	Datei:·Felder¶	¶
Datum:¶	08.10.08¶	¶	Seite·1·von·2¶

¶

Autor:·¶	Dokumentinfo:Erzeugung¶	Datei:·Dateiname¶	¶
Datum:¶	Datum·(fix)¶	¶	Seite·Seitennummer·von Statistik¶

Abbildung 8.9: Darstellung von Feldern in einer Fußzeile

Beachten Sie aber, dass sich nicht für alle Felder die Feldbefehle abrufen lassen. Die Tastenkombination [Strg] + [F9] versagt beispielsweise bei Berechnungsformeln, die in Tabellen eingebaut wurden.

Standardmäßig aktualisiert der Writer die Feldinhalte, sobald sich etwas am Dokument ändert. Das Gleiche gilt, falls Sie das Dokument laden oder drucken. Um alle Felder manuell zu aktualisieren (z.B. wenn sich ein externer Wert geändert hat), müssen Sie die Funktionstaste [F9] drücken.

Um ein Feld in einen Text zu überführen, ist ein kleiner Trick erforderlich. Markieren Sie das betreffende Feld im Dokument und transferieren Sie es (z.B. über die Tastenkombination [Strg] + [X] bzw. [MacBef] + [X] beim Mac) in die Zwischenablage. Wenn Sie anschließend im Menü *Bearbeiten* den Befehl *Inhalte einfügen* wählen, lässt sich im erscheinenden Dialogfeld die Option »Unformatierten Text« wählen. Sobald Sie das Dialogfeld über die *OK*-Schaltfläche schließen, fügt der Writer den Wert des Felds an der Position der Schreibmarke im Dokument ein. Sie können diesen Text aber nicht mehr in ein Feld zurückwandeln (lediglich über die Rückgängig-Funktion lässt sich die Änderung aufheben).

8.3.2 Felder in das Dokument einfügen

Um ein Feld in ein Dokument einzufügen, gehen Sie in folgenden Schritten vor.

1. Klicken Sie auf die betreffende Textstelle im Dokument, an der das Feld einzufügen ist.
2. Öffnen Sie das Menü *Einfügen*, wählen Sie den Befehl *Feldbefehl* und klicken Sie anschließend im Untermenü auf einen der angezeigten Befehle (Abbildung 8.10).

Bei den Einträgen *Datum*, *Uhrzeit*, *Seitennummer* ist die Bedeutung des Feldbefehls wohl selbsterklärend. Der Befehl *Gesamtzahl der Seiten* gibt die Zahl der insgesamt vorhandenen Dokumentseiten aus. Die drei Einträge *Thema*, *Titel* und *Autor* geben die über *Datei/Eigenschaften* auf der Registerkarte *Beschreibung* sowie die über *Extras/Optionen* im Zweig *OpenOffice.org/Benutzerdaten* eingetragenen Informationen wieder.

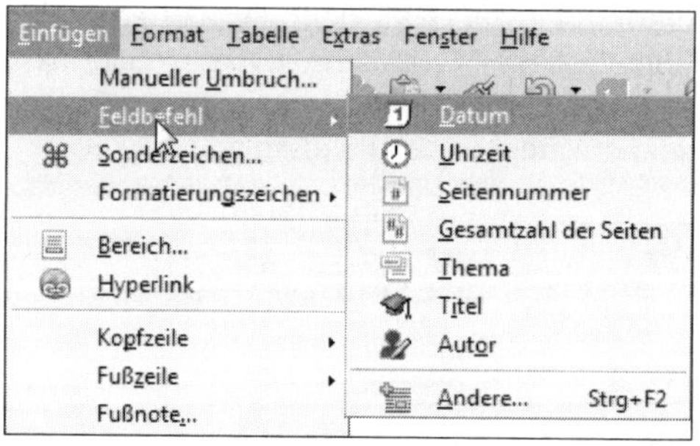

Abbildung 8.10: Einfügen von Feldbefehlen

Die obigen Befehle fügen einen Feldbefehl mit den Standardoptionen in das Dokument ein. Möchten Sie zusätzliche Optionen (z.B. zur Darstellung des Datums) setzen, wählen Sie im Menü den Befehl *Andere*. Dann öffnet der Writer das Dialogfeld *Feldbefehle*, welches über mehrere Registerkarten die im Writer verfügbaren Feldbefehle anbietet (Abbildung 8.11).

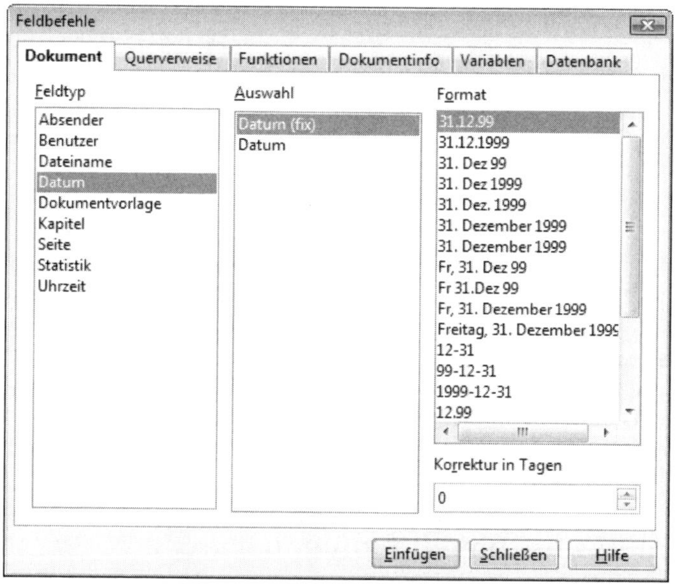

Abbildung 8.11: Dialogfeld zur Auswahl der Felder und Optionen

INFO

Das Dialogfeld Feldbefehle *wird ebenfalls geöffnet, wenn Sie die Tastenkombination* Strg + F2 *(bzw.* MacBef + F2 *beim Mac) drücken. Bei Linux funktioniert die Tastenkombination jedoch nur, falls die betreffende Tastenkombination nicht durch das Betriebssystem belegt ist.*

Sobald Sie eine der Registerkarten wählen, werden die für die betreffende Kategorie verfügbaren Feldtypen aufgelistet. Klicken Sie in der Liste *Feldtyp* auf einen Eintrag, erhalten Sie in der Spalte *Auswahl* eventuell verfügbare Varianten angeboten. Ein Datum lässt sich z.B. fest (d.h., es wird das aktuelle Datum eingefügt und dann eingefroren) oder dynamisch (das Datum wird automatisch beim Laden und Drucken des Dokuments aktualisiert) einfügen. Bei Referenzen auf Tabellen lässt sich beispielsweise der Tabellenname in der Spalte *Auswahl* anklicken. Je nach gewählter Feldfunktion können Sie in der rechten Spalte noch ein Anzeigeformat oder Korrekturwerte vorgeben. Sobald Sie die Schaltfläche *Einfügen* betätigen, wird das Feld in das Dokument eingefügt. Das Dialogfeld beenden Sie über die Schaltfläche *Schließen*.

Der Writer unterstützt eine Reihe Feldfunktionen, deren Beschreibung Sie der Hilfe entnehmen können. Suchen Sie nach dem Begriff »Feldbefehle«.

INFO

8.3.3 Feldbefehle bearbeiten

Möchten Sie die Details zu einem Feldbefehl ansehen oder soll ein Feldbefehl bearbeitet werden? Wenn Sie auf ein Feld doppelklicken oder ein markiertes Feld mit der rechten Maustaste anklicken und im Kontextmenü den Befehl *Feldbefehl* wählen, öffnet der Writer ein Dialogfeld *Feldbefehle bearbeiten* (Abbildung 8.12).

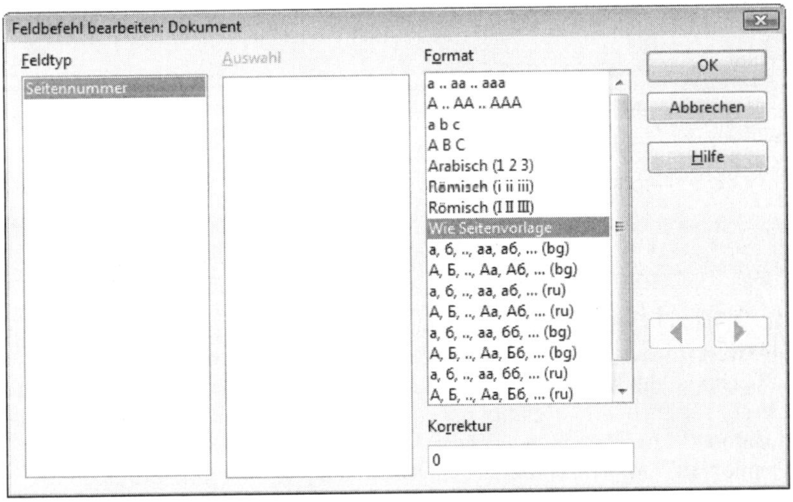

Abbildung 8.12: Dialogfeld zum Bearbeiten eines Feldbefehls

In diesem Dialogfeld werden nur der Feldtyp sowie dessen Optionen eingeblendet. Sie können diese Optionen ändern und mittels der *OK*-Schaltfläche übernehmen.

Um ein Feld zu löschen, markieren Sie dieses und drücken die `Entf`-Taste. Markierte Felder lassen sich mittels der Tastenkombinationen `Strg` + `X` bzw. `Strg` + `C` in die Zwischenablage übernehmen und dann über `Strg` + `V` in das Dokument einfügen. Beim Mac müssen Sie dabei die Taste `MacBef` anstelle der `Strg`-Taste drücken.

Zum Formatieren markieren Sie ebenfalls das betreffende Feld. Anschließend lassen sich die für Texte zulässigen Zeichenformate (z.B. fett, kursiv) zuweisen. Der Feldwert wird dann mit der gewählten Formatierung im Dokument dargestellt. Je nach Feldtyp finden Sie zudem eine Formatschablone im Dialogfeld *Feldbefehle*, mit der sich die Darstellungsoption (z.B. beim Datum die Schreibweise des Monatsnamens) beeinflussen lässt.

8.3.4 Seitennummern und weitere Inhalte in Kopf-/Fußzeilen

Kopf- oder Fußzeilen eignen sich, um eine fortlaufende Seitennummerierung bei längeren Dokumenten unterzubringen. Die Nummerierung wird über Felder bereitgestellt.

1. Blenden Sie die Kopf- oder Fußzeile, in der die Nummerierung erwünscht ist, über das Menü *Einfügen* ein.
2. Klicken Sie auf die betreffende Zeile und wählen Sie im Menü *Einfügen* die Befehle *Feldbefehle/Seitennummer* auf.
3. Anschließend können Sie die eingefügte Seitennummer nach Bedarf formatieren (z.B. rechtsbündig ausrichten).

Mit etwas Übung sind sehr pfiffige Lösungen denkbar. In Faxdokumenten wird häufig auf den einzelnen Blättern die Angabe »Seite x von y« zu finden sein, damit der Benutzer sowohl die Seitennummer als auch die Anzahl der Seiten dieser Sendung herausfinden kann. In Abbildung 8.13 ist eine entsprechend gestaltete Fußzeile zu sehen.

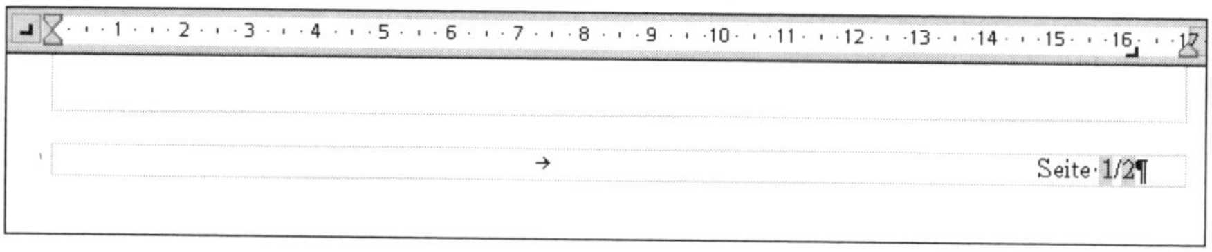

Abbildung 8.13: Seitenzahl und Anzahl der Dokumentseiten

Das erste Feld wurde als Feldbefehl »Seitennummer« definiert, während der zweite Feldwert über den Befehl »Gesamtzahl der Seiten« eingeblendet wird. Der Inhalt der Fußzeile ist linksbündig ausgerichtet. Um die Angabe an den rechten Rand zu platzieren, habe ich ein Tabulatorzeichen vorangestellt und bei der horizontalen Linealposition 16 cm einen rechtsbündigen Tabulator gesetzt. Falls es nicht auf die genaue Position ankommt, können Sie den Text auch rechtsbündig formatieren.

Bei Briefen können Sie die Seitennummer zentriert in die Kopf- oder Fußzeile der Seite eintragen. In der Fußzeile lässt sich zudem ein Verweis auf die Folgeseite über den Feldbefehl »Nächste Seite« (Kategorie *Dokument/Seite*) realisieren.

Möchten Sie abhängig von der Seitenzahl des Dokuments die Texte »1 Seite« oder »x Seiten« ausgeben? Dies lässt sich über das Feld *Bedingter Text* realisieren.

1. Fügen Sie über das Menü *Einfügen/Feldbefehl/Gesamtzahl der Seiten* die Seitenanzahl des Dokuments ein.
2. Hängen Sie ein Leerzeichen gefolgt vom Text »Seite« an das Feld an.
3. Rufen Sie über das Menü *Einfügen/Feldbefehl/Andere* das Dialogfeld *Feldbefehl* auf und wählen Sie auf der Registerkarte *Funktionen* den Feldtyp *Bedingter Text.*
4. Anschließend fügen Sie in der dritten Spalte unter *Bedingung* den Ausdruck »Page > 1« ein. Unter *Dann* ist der Buchstabe n einzutragen, während das dritte Feld leer bleibt (Abbildung 8.14).
5. Wählen Sie die *Einfügen*-Schaltfläche und dann die *OK*-Schaltfläche.

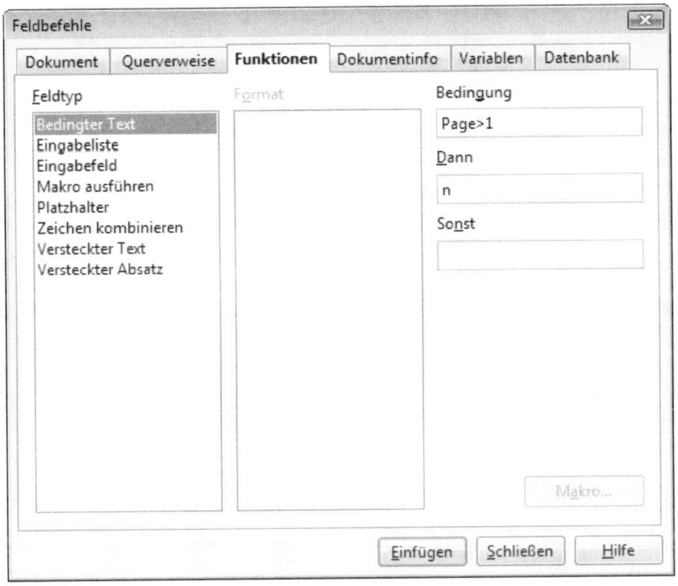

Abbildung 8.14: Einfügen eines bedingten Textes

Über die Felder werden die Seitenzahl sowie der Text »Seiten« in das Dokument eingefügt. Enthält das Dokument nur eine Seite, findet sich der Text »1 Seite«. Abbildung 8.15 zeigt sowohl die Feldbefehle als auch die Ergebniszeile.

8

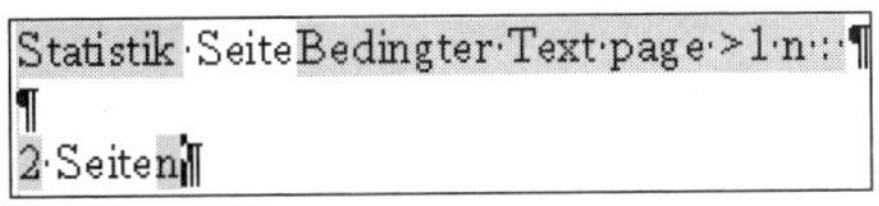

Abbildung 8.15: Ergebnis des Felds *Bedingter Text*

Beim Feldtyp *Bedingter Text* lassen sich im Feld *Bedingung* Variablen für Dokumenteigenschaften (wie z.B. »Page«) oder Datenbankfelder einsetzen. Die aktuelle Seitennummer steht leider nicht als Variable zur Verfügung und lässt sich also auch nicht als Bedingung abfragen. Eine Übersicht über die verfügbaren Variablen finden Sie in der Office-Hilfe unter dem Stichwort »Variablen für Dokumenteigenschaften«. In den Wenn-Dann-Zweigen können Sie keine Feldnamen verwenden. Die Hilfe liefert unter dem Titel »Definieren von Bedingungen« einige Hinweise zum Umgang mit dem Feld *Bedingter Text*.

TIPP

Das Format zur Anzeige der Seitennummerierung lässt sich über die Spalte Format *auf der Registerkarte* Dokument *des Dialogfelds* Feldbefehle *einstellen. Über die angebotenen Formatschablonen können Sie arabische oder römische Ziffern sowie Buchstaben einstellen. Wählen Sie die Option »Wie Seitenvorlage«, wird die Nummerierungseinstellung der aktuellen Seite herangezogen. Das Nummerierungsformat einer Seite setzen Sie, indem Sie im Menü* Format *den Befehl* Seiteneinstellungen *wählen. Auf der Registerkarte* Seite *lässt sich in der Gruppe* Layouteinstellungen *das Nummerierungsformat im Listenfeld* Format *wählen (siehe Kapitel 3, Abschnitt »Seitenformatierung«). In Kapitel 3 (siehe Abschnitt »Seitennummer zuweisen«) wird auch diskutiert, wie Sie den Startwert für die Seitennummer setzen.*

8.3.5 Lebende Kolumne mit Überschriften in der Kopfzeile

Bei der Gestaltung von längeren Dokumenten wie Berichten, Anleitungen oder Büchern, die doppelseitig gedruckt werden, ist häufig die Übernahme von Überschriften in die Kopfzeile erwünscht. Eine nette Sache ist eine sogenannte »lebende Kolumne«, bei der abwechselnd die Kapitelüberschrift und die erste Überschriftebene in der Kopfzeile erscheinen. Diese Information kann dann noch durch die Kapitelnummer sowie durch die laufende Seitennummer ergänzt werden. Bei doppelseitigem Ausdruck sollte dabei die Seitennummer immer am äußeren Rand der Seite stehen. Abbildung 8.17 zeigt die Vorschau der ersten beiden Seiten eines solchen Dokuments. Neben der Kapitelüberschrift und der Kapitelnummer wird auf den geraden Seiten der Titel der zweiten Überschriftebene eingeblendet. Zudem steht die Seitennummer wahlweise am linken oder rechten Seitenrand. Die Realisierung im Writer ist gar nicht mal so schwierig, da das Programm die betreffenden Felder automatisch bereitstellt.

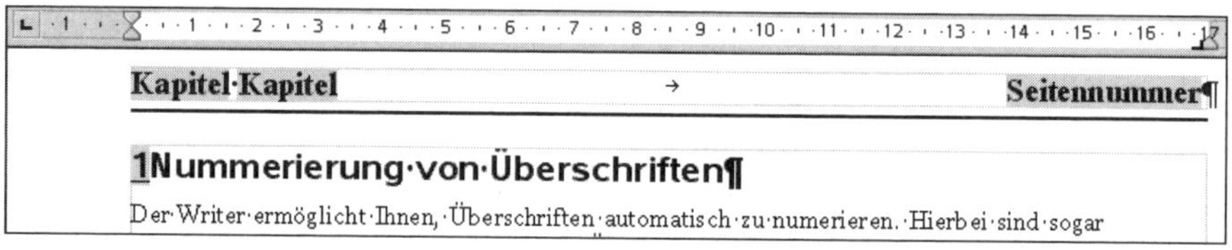

Abbildung 8.16: Layout und Felder der Kopfzeile für ungerade Seiten

1. Legen Sie ein neues Dokument an und geben Sie einen Beispieltext ein. Versehen Sie diesen Text mit einigen Überschriften, die mindestens die Formate »Überschrift 1« und »Überschrift 2« aufweisen.
2. Aktivieren Sie die Nummerierung der Überschriften für dieses Dokument (siehe *Kapitel 4*, Abschnitt »Nummerierung von Überschriften«).
3. Schalten Sie die Anzeige der Kopfzeile ein und stellen Sie deren Eigenschaften so ein, dass gerade und ungerade Zeilen unterschiedliche Werte aufweisen dürfen.
4. Weisen Sie der Kopfzeile eine Linie am untersten Rand zu, um diese vom restlichen Text abzusetzen.
5. Klicken Sie auf die Kopfzeile der ersten Seite und fügen Sie die Feldtypen *Kapitel* mit dem Format *Kapitelnummer* und dem Format *Kapitelname* ein. Beide Werte sind durch ein Leerzeichen zu trennen. Das Feld *Ebene* setzen Sie auf den Wert 1. Hängen Sie nun ein Tabulatorzeichen an und setzen Sie einen Tabulatorstopp rechtsbündig an den rechten Rand der Kopfzeile. Fügen Sie abschließend noch das Feld zur Anzeige der aktuellen Seitennummer ein. Abbildung 8.16 zeigt den Ausschnitt des Lineals mit den Tabulatorstopps sowie die eingeblendeten Feldnamen der Titelzeile. Das erste Feld *Kapitel* besitzt als Format die Kapitelnummer, während das zweite *Kapitel*-Feld das Format *Kapitelname* benutzt.
6. Klicken Sie nun auf die Kopfzeile der zweiten Seite und fügen Sie an den linken Rand das Feld mit der aktuellen Seitennummer ein. Dann drücken Sie die [⇆]-Taste und setzen einen Tabulatorstopp rechtsbündig an den rechten Rand der Kopfzeile. Dort fügen Sie zwei *Kapitel*-Felder ein, wobei das erste Feld das Format *Kapitelnummer* und das zweite Feld das Format *Kapitelname* zugewiesen bekommt. Für beide Felder setzen Sie die *Ebene* auf den Wert 2 (dann wird die Überschriftebene 2 zur Anzeige benutzt).

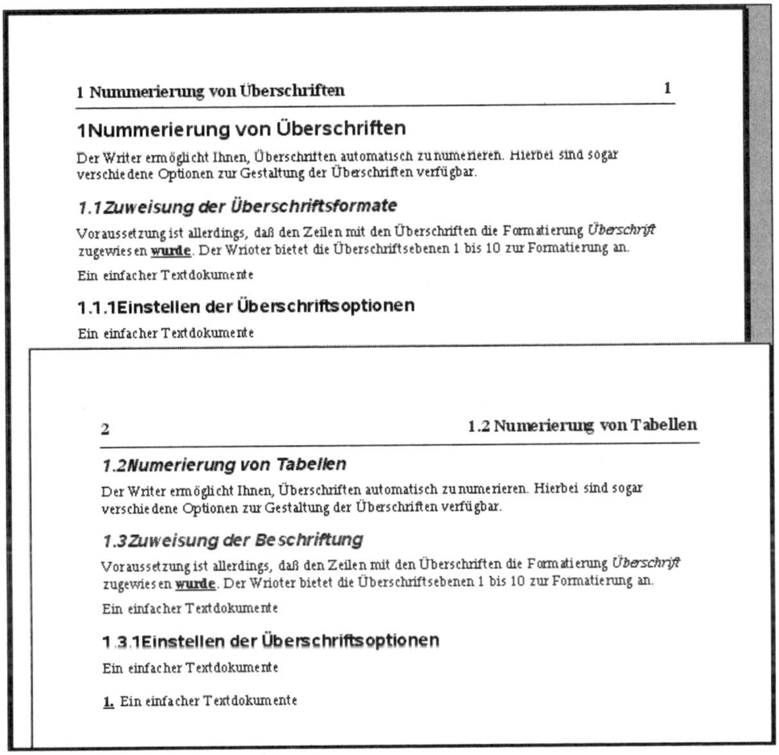

1 Nummerierung von Überschriften 1

1Nummerierung von Überschriften

Der Writer ermöglicht Ihnen, Überschriften automatisch zunumerieren. Hierbei sind sogar verschiedene Optionen zur Gestaltung der Überschriften verfügbar.

1.1Zuweisung der Überschriftsformate

Voraussetzung ist allerdings, daß den Zeilen mit den Überschriften die Formatierung *Überschrift* zugewiesen **wurde**. Der Wrioter bietet die Überschriftsebenen 1 bis 10 zur Formatierung an.

Ein einfacher Textdokumente

1.1.1Einstellen der Überschriftsoptionen

Ein einfacher Textdokumente

2 1.2 Numerierung von Tabellen

1.2Numerierung von Tabellen

Der Writer ermöglicht Ihnen, Überschriften automatisch zunumerieren. Hierbei sind sogar verschiedene Optionen zur Gestaltung der Überschriften verfügbar.

1.3Zuweisung der Beschriftung

Voraussetzung ist allerdings, daß den Zeilen mit den Überschriften die Formatierung *Überschrift* zugewiesen **wurde**. Der Wrioter bietet die Überschriftsebenen 1 bis 10 zur Formatierung an.

Ein einfacher Textdokumente

1.3.1Einstellen der Überschriftsoptionen

Ein einfacher Textdokumente

1. Ein einfacher Textdokumente

Abbildung 8.17: Beispieldokument mit lebendem Kolumnentitel

Wenn alles geklappt hat, sollte die in Abbildung 8.17 gezeigte Anzeige erscheinen. Sie können dann den Entwurf speichern und später mit dem gewünschten Dokumentinhalt ergänzen.

INFO

Mit der oben beschriebenen Technik können Sie weitere Informationen in die Kopf- oder Fußzeilen Ihres Dokuments eintragen. So lassen sich das Datum, der Autor, der Dateiname etc. über Felder einblenden. Details zu den einzelnen Feldern entnehmen Sie der Hilfe.

8.4 Arbeiten mit Textmarken und Verweisen

Bei der Erstellung längerer Texte werden häufiger Verweise auf andere Textstellen (z.B. auf Abschnitte im Dokument oder auf Tabellen, Bilder etc.) benötigt. Statt solche Verweise manuell in das Dokument einzutragen, lässt sich mit Textmarken und automatischen Verweisen arbeiten.

8.4.1 Textmarken einfügen und verwalten

Textmarken sind eine Möglichkeit, einem markierten Textbereich eine Bezeichnung zuzuweisen. Diese Textmarken lassen sich später in Querverweisen referenzieren. Zudem können Sie über den Navigator zu Textmarken im Dokument springen.

1. Um eine Textmarke in das Dokument zu setzen, markieren Sie die betreffende Textstelle (dann bezieht sich die Marke auf den markierten Bereich) bzw. positionieren Sie die Schreibmarke an der gewünschten Stelle.
2. Rufen Sie den Menübefehl *Einfügen/Textmarke* auf und geben Sie in das angezeigte Dialogfeld einen Namen für die Textmarke ein (Abbildung 8.18). Schließen Sie das Dialogfeld über die *OK*-Schaltfläche.

Abbildung 8.18: Dialogfeld zum Einfügen und Verwalten von Textmarken

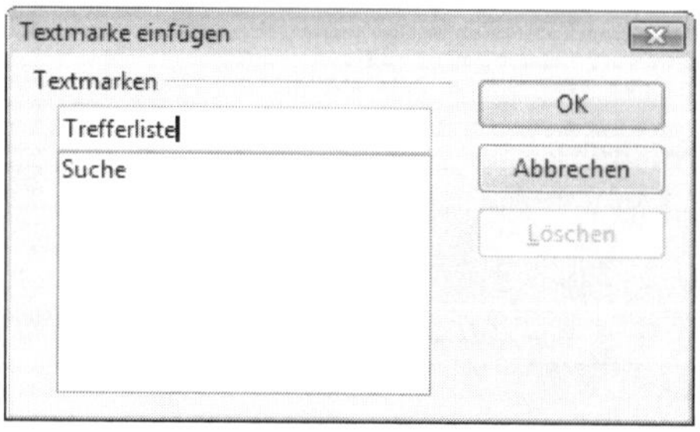

Soll eine Textmarke aus dem Dokument entfernt werden, reicht es, den Befehl *Textmarke* im Menü *Einfügen* zu wählen, die Textmarke im Dialogfeld anzuklicken und die Schaltfläche *Löschen* zu betätigen.

INFO

Die im Dokument enthaltene Textmarke wird aber nicht angezeigt. Es ist quasi ein »Anhänger«, den Sie über andere Funktionen nutzen können.

8.4.2 So nutzen Sie Querverweise

Bei längeren Dokumenten (z.B. Berichten, Büchern etc.) lassen sich Querverweise der Art »siehe Abbildung 3.15«, »siehe Abschnitt xyz« oder ähnlich im Text unterbringen. Fügen Sie diese Verweise manuell als Text ein, gibt es ein Problem: Ändert sich die Textstelle, auf die verwiesen wurde (z.B. durch Anpassung der Überschrift, durch Neunummerierung einer Abbildung etc.), stimmt auch der Verweis nicht mehr. Gerade bei längeren Dokumenten wie Buchmanuskripten ist dies nicht tragbar. Für diese Zwecke gibt es die Funktion der Querverweise, die automatisch Referenzen auf andere Dokumentstellen verwaltet (siehe Textstelle in Abbildung 8.19).

INFO

Letztendlich handelt es sich bei Querverweisen um Felder, die im Textdokument an die Verweisstelle eingefügt werden. Das Feld enthält als Wert den vom Benutzer vorgegebenen Textabschnitt. Sie können dabei auf Seiten oder Kapitel mit Textmarken verweisen oder Bezüge auf Beschriftungen von Tabellen, Grafiken etc. herstellen.

Um einen Querverweis zu definieren, gehen Sie folgendermaßen vor:

1. Wählen Sie im Menü *Einfügen* den Befehl *Querverweis*. Im dann angezeigten Dialogfeld *Feldbefehle* ist bereits die Registerkarte *Querverweise* im Vordergrund sichtbar (Abbildung 8.19). Je nach Dokumentinhalt sind verschiedene Feldtypen (Textmarken, Tabellen, Abbildungen etc.) sichtbar.
2. Wählen Sie den gewünschten Feldtyp aus, klicken Sie in der Spalte *Auswahl* auf das gewünschte Element und legen Sie in der Spalte *Format* das Format fest.

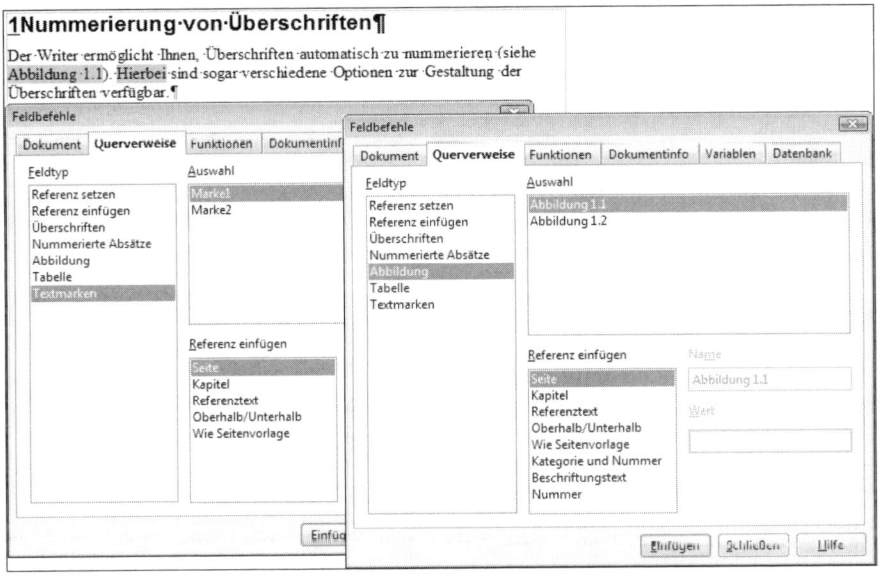

Abbildung 8.19: Definition eines Querverweises mit Dialogen für Abbildungen und Textmarken

Sobald Sie die Registerkarte über die *OK*-Schaltfläche schließen, übernimmt Office die Felddefinition für den Querverweis in das Dokument und zeigt den Feldwert an. Der angezeigte Feldwert hängt dabei von den auf der Registerkarte *Querverweise* gesetzten Optionen ab.

Beim Feldtyp *Textmarken* werden alle im Dokument gesetzten Textmarken eingeblendet. Sie können dann in der Spalte *Format* wählen, ob die Seitennummer oder die Kapitelnummer der Seite bzw. des Kapitels, in dem die Textmarke vorkommt, an die Verweisstelle eingefügt wird. Bei Textmarken, die sich auf Textbereiche beziehen, lässt sich auch dieser Textbereich an die Verweisstelle übertragen. Bei Verweisen auf Tabellen, Abbildungen oder sonstige nummerierte Elemente lässt sich neben der Seiten- oder der Kapitelnummer auch der Referenztext (*Tabelle 2.1: xyz-Text*), die Kategorie samt Nummer (z.B. *Abbildung 3.1*) oder nur die Nummer bzw. der reine Beschriftungstext an der Verweisstelle übernehmen.

INFO

Der Feldtyp Referenz setzen *ermöglicht Ihnen, einen Anker (entspricht in etwa einer Textmarke, wird aber nicht als solche angezeigt) für eine markierte Textstelle zu definieren. Anschließend können Sie über den Feldtyp* Referenz einfügen *auf die so gesetzte Referenz verweisen. Dabei besteht die Möglichkeit, die Seitennummer, die Kapitelnummer oder gar den Text der Referenz zu übernehmen.*

OpenOffice.org 3.0 unterstützt im Writer übrigens auch direkte Verweise auf Überschriften. Sie müssen lediglich den Feldtyp »Überschriften« auf der Registerkarte Querverweise *wählen. Dann werden alle Überschriften im Feld* Auswahl *aufgelistet. Sie können anschließend einen Eintrag markieren und über die Liste* Referenz einfügen *vorgeben, ob die Seite mit der Überschrift, deren Text, die Kapitelnummer etc. in den Querverweis aufzunehmen ist.*

8.5 Alles rund um Verzeichnisse

Längere Dokumente wie Gutachten, Berichte, wissenschaftliche Arbeiten oder Bücher werden üblicherweise mit einem Inhaltsverzeichnis sowie einem Stichwortverzeichnis ausgestattet. Zudem enthalten manche dieser Werke getrennte Bild- oder Tabellenverzeichnisse. Der Writer bietet alle Funktionen, um Einträge für ein Stichwortverzeichnis im Text festzulegen und die Verzeichnisse anschließend automatisch zu generieren. Der folgende Abschnitt zeigt Ihnen, welche Funktionen zur Pflege von Verzeichnissen in Dokumenten vorhanden sind.

8.5.1 Einfügen von Stichworteinträgen in den Text

Um ein Stichwortverzeichnis oder ein Inhaltsverzeichnis aus einem Dokument generieren zu können, muss der Writer wissen, welche Einträge verwendet werden sollen. Bei Stichwortverzeichnissen müssen Sie üblicherweise manuell festlegen, welche Begriffe einer Seite im Stichwortverzeichnis aufzuführen sind. Der Writer erlaubt dem Benutzer daher, spezielle Verzeichniseinträge für Stichwortverzeichnisse, Überschriften und benutzerspezifische Verzeichnisse in das Dokument einzufügen. Schauen wir uns einmal an, wie das mit dem Auszeichnen der für das Stichwortverzeichnis vorgesehenen Begriffe vor sich geht. Um einen solchen Begriff in das Stichwortverzeichnis aufzunehmen, gehen Sie in folgenden Schritten vor.

1. Positionieren Sie die Schreibmarke an der Dokumentstelle, wo der Verzeichniseintrag eingefügt werden soll. Bei Bedarf können Sie auch einen Begriff markieren (Abbildung 8.20).
2. Wählen Sie im Menü *Einfügen* die Befehle *Verzeichnisse/Eintrag*.
3. Wählen Sie im dann angezeigten Dialogfeld *Verzeichniseintrag einfügen* im Lstenfeld *Verzeichnis* den Eintrag »Stichwortverzeichnis« (Abbildung 8.20).
4. Legen Sie die gewünschten Optionen im Dialogfeld *Verzeichniseintrag einfügen* fest.
5. Klicken Sie auf die Schaltfläche *Einfügen*, um den Eintrag zu setzen, und verlassen Sie das Dialogfeld über die *Schließen*-Schaltfläche.

Beim erstmaligen Umgang mit der Funktion zum Festlegen von Stichworteinträgen kann es zu ungewollten Effekten kommen, da der von den Entwicklern gewählte Ansatz für meinen Geschmack etwas eigenwillig bzw. umständlich ist. Sie sollten vor allem wissen: Indexeinträge für das Stichwortverzeichnis können mehrstufig angelegt werden (siehe Abbildung 8.34). Zudem gibt es die Möglichkeit, Haupteinträge zu definieren, deren Seitennummern fett im Stichwortverzeichnis auftreten. Dies muss beim Festlegen der einzelnen Optionen im Dialogfeld *Verzeichniseintrag einfügen* berücksichtigt werden.

- Haben Sie einen Begriff im Dokument gewählt und rufen das Dialogfeld auf, erscheint dieser Begriff im Feld *Eintrag*. Andernfalls tragen Sie das aufzunehmende Stichwort in dieses Feld ein. Klicken Sie auf *Einfügen* und dann auf *Schließen*, wird das Feld *Eintrag* als Stichworteintrag eingetragen. Der Begriff erscheint später (falls *1. Schlüssel* und *2. Schlüssel* leer sind) in der ersten Ebene des Stichwortverzeichnisses (siehe auch Abbildung 8.34).

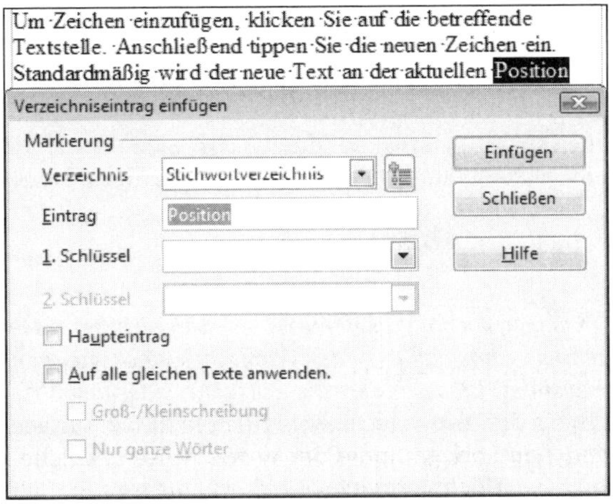

Abbildung 8.20: Einfügen von Stichwortverzeichniseinträgen in den Text

- Über die Kombinationsfelder *1. Schlüssel* und *2. Schlüssel* haben Sie die Möglichkeit, gestufte Verzeichniseinträge anzulegen. Existieren bereits Einträge der ersten Verzeichnisstufe, werden diese im Kombinationsfeld *1. Schlüssel* aufgeführt. Sobald das Feld *1. Schlüssel* belegt wird, gibt der Writer auch das Kombinationsfeld *2. Schlüssel* zum Eintragen einer weiteren Unterebene frei. In das Feld *Eintrag* kann dann die unterste Ebene des Eintrags eingegeben werden.
- Markieren Sie das Kontrollkästchen *Haupteintrag*, hebt der Writer später die Seitennummer im Stichwortverzeichnis hervor (siehe auch Abbildung 8.34).
- Der Writer besitzt zudem eine nette Zusatzfunktion, die es zulässt, nur das jeweils erste Auftreten eines Stichworts markieren zu müssen, während das Programm alle folgenden Stellen automatisch ins Stichwortverzeichnis übernimmt. Hierzu markieren Sie im Dialogfeld *Verzeichniseintrag einfügen* das Kontrollkästchen *Auf alle gleichen Texte anwenden*. Über die beiden Unteroptionen *Groß-/Kleinschreibung* (unterscheidet zwischen Groß-/Kleinbuchstaben) und *Nur ganze Wörter* lässt sich die Übernahme steuern.

INFO

Das Eingeben gestufter Indexeinträge ist etwas aufwändig. Möchten Sie dann einen Begriff im Feld Eintrag *als Hauptindex verwenden, müssen Sie erst den Inhalt des Kombinationsfelds* 1. Schlüssel *manuell löschen. Haben Sie einen Begriff der Art »Text einfügen« vor Aufruf des Dialogfelds im Dokument markiert, müssen Sie den Begriff »Text« ausschneiden und per Zwischenablage in das Feld* 1. Schlüssel *kopieren. Analog ist zu verfahren, falls noch eine zweite Indexstufe erwünscht ist.*

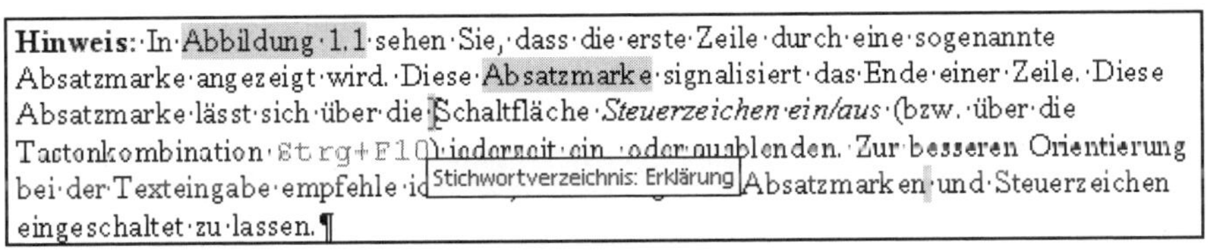

Abbildung 8.21: Stichworteinträge und Querverweise anzeigen

Die Stichworteinträge werden im Dokument grau unterlegt. In Abbildung 8.21 sind dies der Begriff »Absatzmarke« sowie die grauen Felder in der dritten und fünften Zeile. Beim grau ausgezeichneten Eintrag »Abbildung 1.1« handelt es sich dagegen um einen Querverweis. Zeigen Sie auf einen Stichworteintrag, blendet der Writer eine QuickInfo ein (Abbildung 8.21). Sie erkennen, dass es sich um einen Stichworteintrag handelt. Leider wird nur die letzte Stufe eines Eintrags dargestellt. Der Stichworteintrag für die im Beispiel benutzte QuickInfo-Anzeige lautete in Wirklichkeit »Schaltfläche:Erklärung«.

INFO

Umsteiger von Microsoft Word müssen sich beim Definieren von Stichworteinträgen ziemlich umgewöhnen, da Word einen nach meinem Geschmack intuitiveren Ansatz verwendet. Insbesondere die Tatsache, dass der Writer den letzten in das Kombinationsfeld 1. Stufe *eingetragenen Begriff beim nächsten Aufruf des Dialogfelds beibehält, führt bei gestuften Stichworteinträgen zu viel manuellem Korrekturaufwand. Auch die Möglichkeit von Word, einen gestuften Index durch Einfügen eines Doppelpunkts zwischen zwei Wörtern zu definieren, wird vom Writer nicht unterstützt.*

Zum Schluss möchte ich noch einige Anmerkungen zur Gestaltung der Stichworteinträge machen. Ein guter Index erlaubt dem Benutzer, speziell bei Handbüchern und Nachschlagewerken, bestimmte Stellen schnell aufzufinden. Das Problem besteht aber darin, die richtigen Indexeinträge in das Dokument einzufügen. Überlegen Sie sich daher, nach welchen Begriffen der Benutzer suchen könnte. Verwenden Sie nach Möglichkeit auch gestufte Indexeinträge (z.B. Text:eingeben, Text:löschen etc.). Der Benutzer kann dann unter dem Hauptbegriff »Text« nachschlagen und findet in Unterstufen z.B. die Verben, was alles mit Text zu machen ist.

In Lexika findet man bei Synonymen Querverweise auf den Hauptbegriff. Falls Sie in einem Dokument bestimmte Begriffe erläutern, im Text aber Synonyme verwenden, sollten Sie diesen Ansatz im Stichwortverzeichnis auch nutzen. Kommen beispielsweise die Begriffe RAM und Arbeitsspeicher vor und wird der Begriff Arbeitsspeicher irgendwo ausführlicher erläutert, könnte beim Stichworteintrag RAM der Verweis »siehe Arbeitsspeicher« statt einer Seitennummer auftreten. Den Querverweistext »siehe Arbeitsspeicher« müssen Sie dabei allerdings direkt in das Feld *Begriff* eintragen, da der Writer keine entsprechende Option zum Anlegen von Querverweisen anbietet.

Da das Erstellen von Stichwortverzeichnissen meist eine aufwändige Sache ist, greift mancher gerne auf Automatismen zurück. So wurde in den obigen Erläuterungen die Option *Auf alle gleichen Texte anwenden* erwähnt, die weitere Vorkommen eines Begriffs mit in das Stichwortverzeichnis aufnimmt. Allerdings sollten Sie dieses Feature nur mit äußerster Sorgfalt benutzen, da es genauso wie bei Verwendung einer Konkordanzdatei schnell zu einer Inflation von Einträgen im Stichwortverzeichnis führt.

INFO

Konkordanzdateien enthalten Schlüsselwörter, nach denen Stichwortverzeichnisse automatisch generiert werden können. Der Writer unterstützt zwar (wie Microsoft Word) die Erzeugung von Stichwortverzeichnissen mittels Konkordanzdateien. In der Praxis wird dieser Weg wegen des damit verbundenen Aufwands und der schlechten Qualität der erzeugten Verzeichnisse aber seltener benutzt.

8.5.2 Einfügen von Inhaltsverzeichniseinträgen

Neben Stichwortverzeichnissen können Sie auch Inhaltsverzeichnisse aus einem Dokument generieren. Falls das Inhaltsverzeichnis nicht aus Überschriften (Formatvorlagen wie »Überschrift 1«) oder Gliederungen über Überschriftformate erstellt werden kann (z.B. weil keine Überschriftformate oder Gliederungen benutzt wurden), lässt sich dies mit Inhaltsverzeichniseinträgen korrigieren. Sie müssen dann alle Absätze (mit Überschriftzeilen), deren Texte in das Inhaltsverzeichnis aufzunehmen sind, mit entsprechenden Einträgen versehen. Um Verzeichniseinträge für das Inhaltsverzeichnis im Dokument zu setzen, sind folgende Schritte erforderlich.

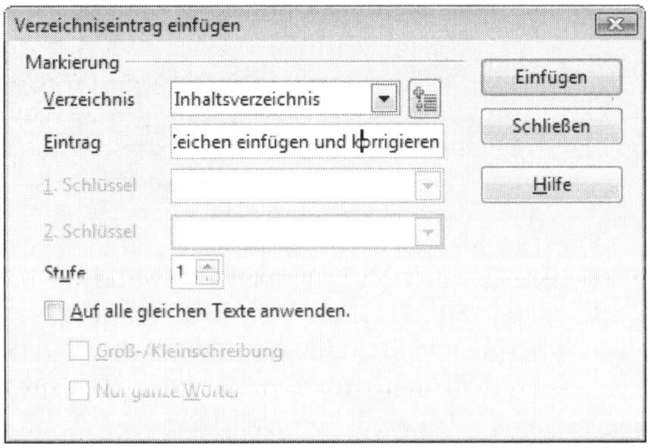

Abbildung 8.22: Dialogfeld zum Festlegen eines Inhaltsverzeichniseintrags

8

1. Markieren Sie den Text der Zeile, die in das Inhaltsverzeichnis aufgenommen werden soll.
2. Wählen Sie im Menü *Einfügen* die Befehle *Verzeichnisse/Eintrag*. Auf dem Bildschirm erscheint das Dialogfeld *Verzeichniseintrag einfügen* (Abbildung 8.22).
3. Stellen Sie den Wert des Listenfelds *Verzeichnis* auf »Inhaltsverzeichnis« und wählen Sie die Stufe im gleichnamigen Drehfeld. Die Stufe bestimmt die Hierarchie der Gliederungsebene.
4. Im Feld *Eintrag* erscheint der ggf. von Ihnen markierte Text. Bei Bedarf könnten Sie diesen Text im Feld korrigieren. Die Korrektur wird dann zwar im Inhaltsverzeichnis berücksichtigt, wirkt sich jedoch nicht auf den markierten Bereich im Dokument aus – dieser bleibt unverändert.
5. Sie können dann die Schaltfläche *Einfügen* betätigen, um den Eintrag in das Dokument einzutragen. Danach klicken Sie auf die Schaltfläche *Schließen*, um das Dialogfeld zu beenden.

Die so eingefügten Überschriftseinträge werden wie Stichworteinträge grau unterlegt eingetragen. Je nachdem, ob der vorher von Ihnen markierte Text unverändert blieb oder ob Modifikationen im Feld *Eintrag* vorgenommen wurden, unterlegt der Writer dabei den markierten Textteil oder fügt eine graue Marke in den Text ein. Zeigen Sie auf eine solche Marke, erscheint eine QuickInfo mit dem Hinweis »Inhaltsverzeichnis: xxx«, wobei die Zeichen xxx hier als Platzhalter für den Inhaltsverzeichniseintrag stehen.

8.5.3 Eigene Verzeichniseinträge verwenden

Gelegentlich kommt es vor, dass für bestimmte Dokumente ein eigenes Verzeichnis erstellt werden soll. Sie könnten beispielsweise in einem Wartungshandbuch eines Produkts ein Verzeichnis mit Einträgen zur Diagnose der häufigsten Fehler anlegen. Der Benutzer könnte dann sowohl über das reguläre Inhaltsverzeichnis, über das Stichwortverzeichnis als auch über das benutzerdefiniert erstellte Verzeichnis mit den Fehlervarianten auf den Inhalt des Handbuchs zugreifen. Um ein solches Verzeichnis generieren zu können, benötigen Sie benutzerspezifische Verzeichniseinträge.

Abbildung 8.23: Begriff für ein Benutzerverzeichnis anlegen

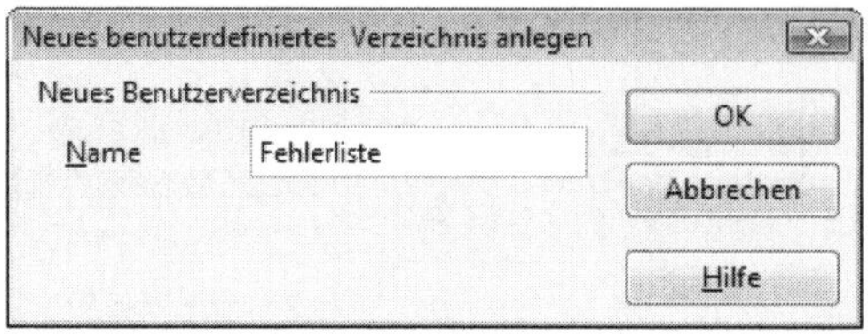

1. Gehen Sie wie beim Erstellen von Einträgen eines Inhaltsverzeichnisses vor und markieren Sie den Text, der in das Verzeichnis aufgenommen werden soll. Dann wählen Sie im Menü *Einfügen* die Befehle *Verzeichnisse/Eintrag*.
2. Sobald auf dem Bildschirm das Dialogfeld *Verzeichniseintrag einfügen* erscheint, klicken Sie einmalig auf die Schaltfläche neben dem Listenfeld *Verzeichnis* (Abbildung 8.22). Im dann angezeigten Dialogfeld (Abbildung 8.23) geben Sie einen Begriff in das Feld *Name* ein und bestätigen dies über die *OK*-Schaltfläche.
3. Im dann sichtbaren Dialogfeld *Verzeichniseintrag einfügen* legen Sie den Verzeichniseintrag wie oben in den Abschnitten für Stichworteinträge oder Inhaltseinträge beschrieben fest. Der Wert des Listenfelds *Verzeichnis* ist vorher auf den von Ihnen eingetragenen Begriff (z.B. »Fehlerliste«) einzustellen.

Die auf diese Weise ausgezeichneten Dokumentstellen lassen sich später zu einem eigenen Verzeichnis zusammenstellen.

8.5.4 Spezialfall Literaturverzeichniseinträge

Bei der Erstellung von Berichten, Büchern, wissenschaftlichen Dokumenten etc. ergibt sich häufiger die Notwendigkeit, Literaturquellen einzugeben und ggf. in einem Verzeichnis zusammenzufassen. Die Verweise könnten manuell in den Text in der Art [BO93] eingetragen und dann von Hand am Dokumentende in einer Literaturliste zusammengefasst werden. Wer solche Listen einmal gepflegt hat, kennt die Probleme. Die Verweise müssen penibel geführt werden, was einen enormen Aufwand bedeuten kann. Besser ist es daher, auf die entsprechende Funktion des Writers zurückzugreifen.

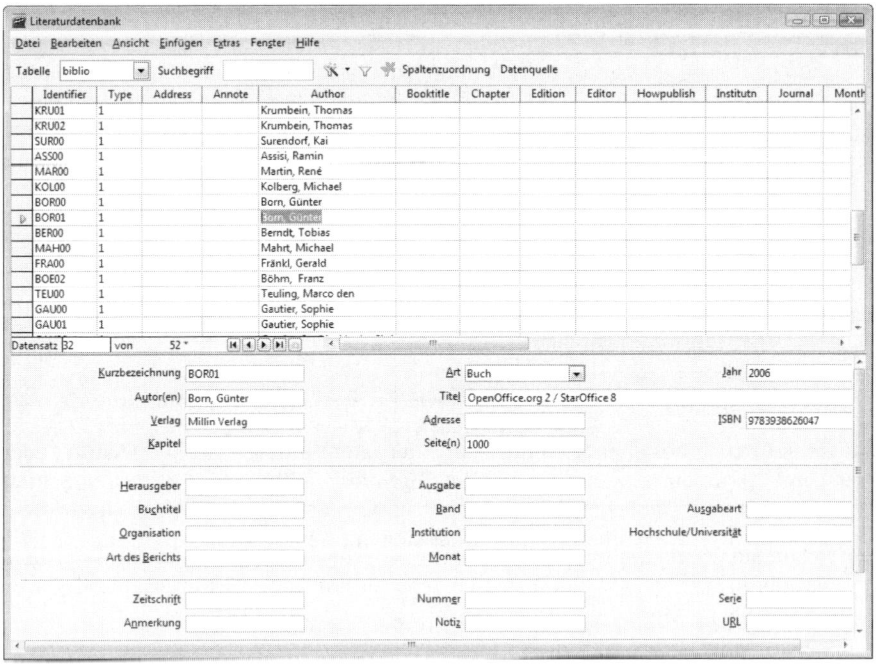

Abbildung 8.24: Fenster zur Pflege der Literaturdatenbank

INFO

Office wird mit einer Literaturdatenbank ausgeliefert. Sie können diese Datenbank über den Befehl Literaturdatenbank *im Menü* Extras *des Writer-Fensters pflegen. Im Fenster* Literaturdatenbank *finden Sie im oberen Teil die Tabellenansicht mit den Datensätzen, während im unteren Fenster ein Formular mit den Daten des aktuellen Datensatzes angezeigt wird (Abbildung 8.24). Über den Menübefehl* Einfügen/Datensatz *lassen sich neue Datensätze in die Literaturdatenbank einfügen. In den Kapiteln 19 und 20 finden Sie Hinweise zu den Office-Datenbankfunktionen.*

Der Writer bietet Ihnen die Möglichkeit, Literaturverzeichniseinträge aus der Literaturdatenbank zu übernehmen oder in das Dokument einzufügen und zu verwalten. Die Verzeichniseinträge lassen sich dann zu Literaturverzeichnissen zusammenfassen.

1. Um einen Literaturverzeichniseintrag einzufügen, klicken Sie im Dokument auf die Textstelle, wo der Verweis vorkommen soll.
2. Wählen Sie im Menü *Einfügen* die Befehle *Verzeichnisse/Literaturverzeichniseintrag*.
3. Sobald das Dialogfeld *Literaturverzeichniseintrag einfügen* erscheint, wählen Sie eines der Optionsfelder, um die Einträge aus der Literaturdatenbank oder aus dem Dokument zu übernehmen (Abbildung 8.25).
4. Dann legen Sie den Literaturdatenbankeintrag über das Listenfeld *Kurzbezeichnung* fest und bestätigen dies über die Schaltfläche *Einfügen*.

Abbildung 8.25: Literaturverzeichniseintrag einfügen

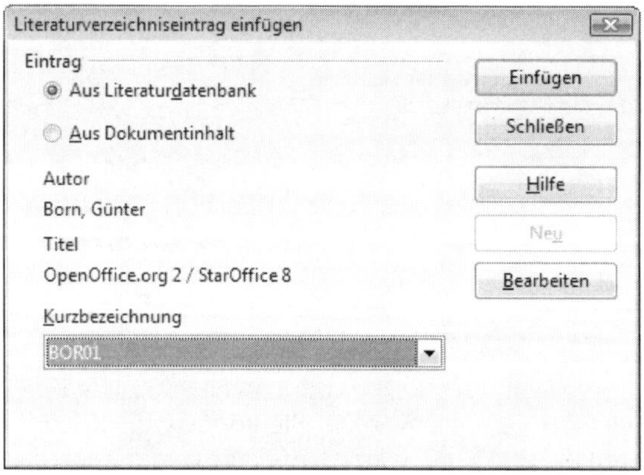

Sie können einen bestehenden Eintrag aus der Literaturdatenbank verwenden oder einen im Dokument eingetragenen Literatureintrag mittels der *Bearbeiten*-Schaltfläche korrigieren. Die Schaltfläche *Neu* wird freigegeben, wenn Sie das Optionsfeld *Aus Dokumentinhalt* wählen. Dann öffnet sich ein neues Dialogfeld, in das Sie die Daten des Literaturverweises eintragen können (Abbildung 8.26). Der Wert des Felds *Kurzbezeichnung* lässt sich später aber nur noch korrigieren, wenn Sie den Verweis, unter dem der Eintrag definiert wurde, angewählt haben.

Abbildung 8.26: Definieren eines neuen Literatureintrags im Dokument

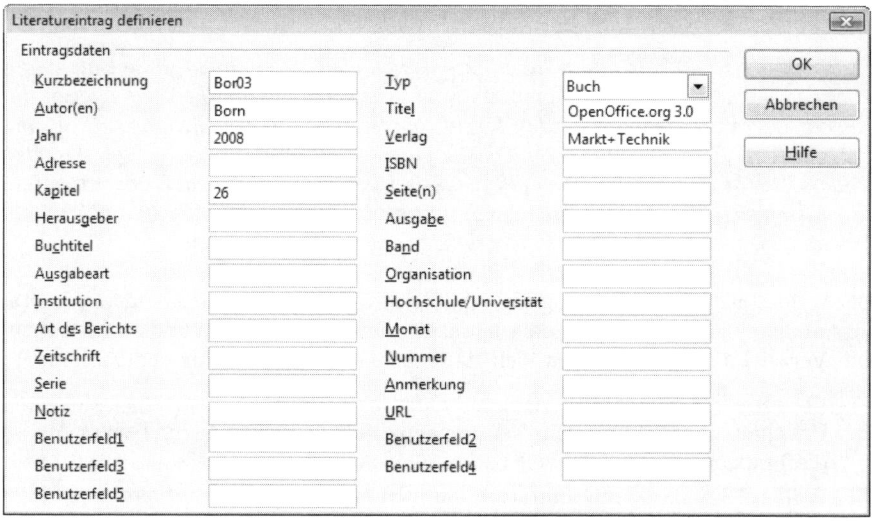

Sobald Sie das Dialogfeld *Literaturverzeichniseintrag einfügen* über die *OK*-Schaltfläche schließen, werden die Daten in der in Abbildung 8.27 (oberste Textzeile) gezeigten Form in das Dokument eingefügt.

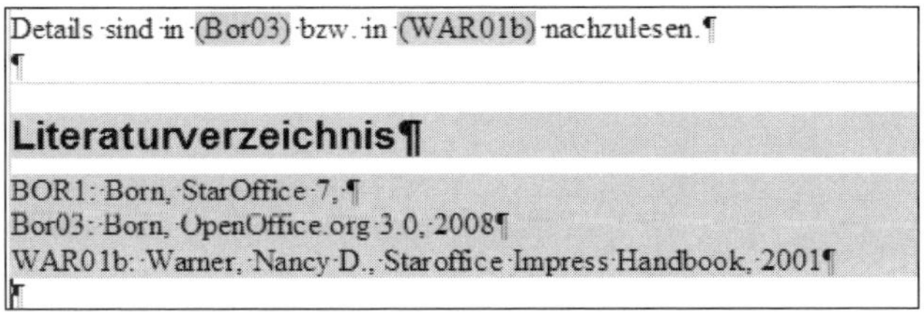

Abbildung 8.27: Beispiel für einen Literaturverweis im Text

8.5.5 Bearbeiten von Verzeichniseinträgen

Im Dokument eingetragene Verzeichniseinträge (z.B. für Stichwörter) müssen gelegentlich kontrolliert, geändert oder gar gelöscht werden. Sie können zur Kontrolle zwar auf den Eintrag zeigen und auf die QuickInfo warten. Aber diese Info zeigt nicht alle Bestandteile eines Eintrags an. Und auch das Löschen von Verzeichniseinträgen im Text gestaltet sich schwierig. Ist ein Begriff zusätzlich als Verzeichnis markiert, müssten Sie den gesamten markierten Textabschnitt löschen und neu eingeben. Verzeichniseinträge, die separat als graues Viereck unterlegt sind, lassen sich zwar direkt löschen, was jedoch schwierig werden kann. Häufig läuft es aber darauf hinaus, dass man probiert, ob nun die [Rück]- oder die [Entf]-Taste richtig ist. Im dümmsten Fall werden Zeichen statt des Verzeichniseintrags gelöscht. Da der Writer die Einträge nicht wie Microsoft Word als Feldnamen anzeigt, empfiehlt es sich, den folgenden Ansatz zur Bearbeitung zu wählen.

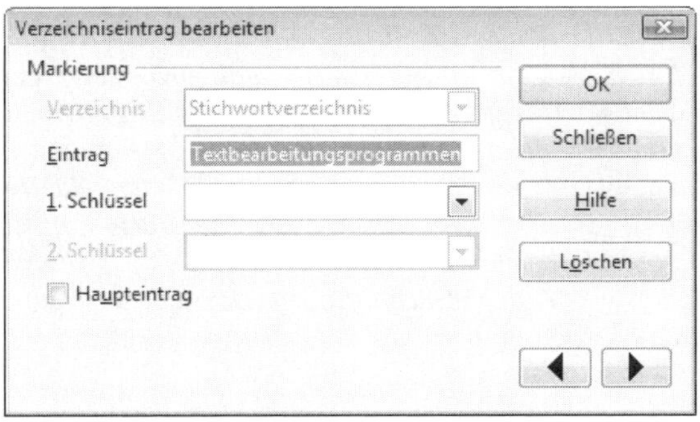

Abbildung 8.28: Bearbeiten von Verzeichniseinträgen

1. Positionieren Sie die Schreibmarke mit einem Klick der linken Maustaste in dem grau unterlegten Bereich des Verzeichniseintrags. Ist nur ein kleines graues Rechteck als Platzhalter zu sehen, klicken Sie auf dieses Rechteck (die Schreibmarke wird dann am rechten Rand des Rechtecks positioniert). Dies ist wichtig, da der Writer sonst beim nachfolgenden Schritt nicht die richtige Textstelle erkennt.
2. Anschließend klicken Sie den grau unterlegten Bereich mit der rechten Maustaste an und wählen im Kontextmenü den Befehl *Verzeichniseintrag*. Fehlt der Befehl, haben Sie nicht die richtige Stelle angeklickt und müssen Schritt 1 und 2 wiederholen.
3. Wählen Sie anschließend im Dialogfeld *Verzeichniseintrag bearbeiten* (Abbildung 8.28) die gewünschten Optionen aus. Sie können den Text des Eintrags sowie die Optionen (z.B. *Haupteintrag*) korrigieren und die Änderungen mittels der *OK*-Schaltfläche in das Dokument übertragen. Die Schaltfläche *Löschen* entfernt den Verzeichniseintrag aus dem Dokument.

Über die am unteren Rand des Dialogfelds eingeblendeten Schaltflächen lässt sich zwischen den einzelnen Verzeichniseinträgen wechseln. Sie können also alle Einträge im Dokument bequem kontrollieren.

Abbildung 8.29: Verzeichnismarkierungen auswählen

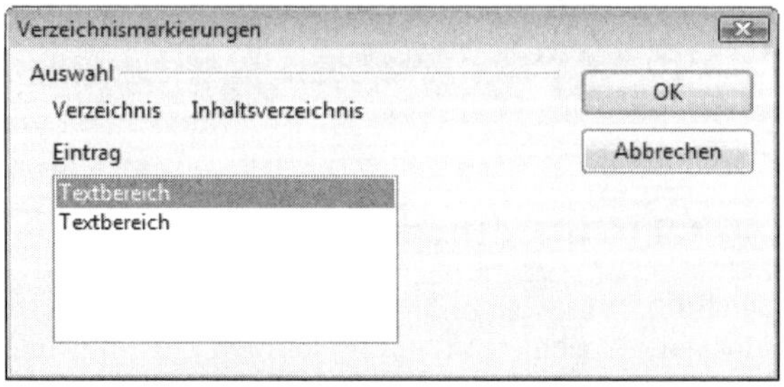

INFO

Beim Bearbeiten der Verzeichniseinträge gibt es einige Besonderheiten, die zu Verwirrung führen können. Das Feld Verzeichnis *im Dialogfeld* Verzeichniseintrag bearbeiten *ist üblicherweise gesperrt. Der Writer gibt den Wert vor, der der Kategorie des angewählten Verzeichniseintrags entspricht. Rufen Sie also das Kontextmenü eines Stichwortverzeichniseintrags auf, können Sie anschließend auch nur Stichworteinträge korrigieren. Das Dialogfeld bietet zudem keine Möglichkeit, die Option* Auf alle gleichen Texte anwenden *für Stichworteinträge zurückzunehmen. In diesem Fall müssten Sie den Eintrag löschen und neu zuweisen.*

Der Writer ermöglicht Ihnen, einen Eintrag mehrfach zu definieren. Sie können ein Wort markieren und dieses im Dialogfeld Verzeichniseintrag einfügen *zweifach in das Stichwortverzeichnis oder einmal in das Stichwortverzeichnis und einmal in das Inhaltsverzeichnis aufnehmen. Wählen Sie später im Kontextmenü den Befehl* Verzeichniseintrag, *erscheint zuerst ein Dialogfeld* Verzeichnismarkierungen *(Abbildung 8.29), in dem der Eintrag mehrfach aufgeführt ist. Klicken Sie auf einen solchen Eintrag, wird die Verzeichniskategorie eingeblendet. Erst wenn Sie das Dialogfeld über die* OK*-Schaltfläche schließen, erscheint das Dialogfeld* Verzeichniseintrag bearbeiten.

8.5.6 Inhaltsverzeichnis aus Überschriften erstellen

Das Erstellen von Inhaltsverzeichnissen gehört zu den häufig benötigten Funktionen bei der Herstellung von Handbüchern, Broschüren, Katalogen etc. Meist werden die Verzeichnisse dabei aus den Überschriften des Dokuments generiert. Voraussetzung ist dabei, dass das Dokument entsprechend ausgezeichnet wurde. Die Überschriftebenen lassen sich im Writer über das Feld *Vorlage anwenden* zuweisen (Abbildung 8.30). Klicken Sie hierzu im Dokument auf den Absatz mit der Überschriftzeile und wählen Sie über das Listenfeld das gewünschte Überschriftformat aus. Sie sollten dabei die Formate »Überschrift 1« bis »Überschrift 10« zuweisen, da diese Vorlagen durch den Writer automatisch zur Gliederung von Überschriften vorgesehen sind.

Das Anlegen eines Inhaltsverzeichnisses ist nach diesen Vorbereitungen sehr einfach, da das Programm fast alle Schritte automatisch erledigt.

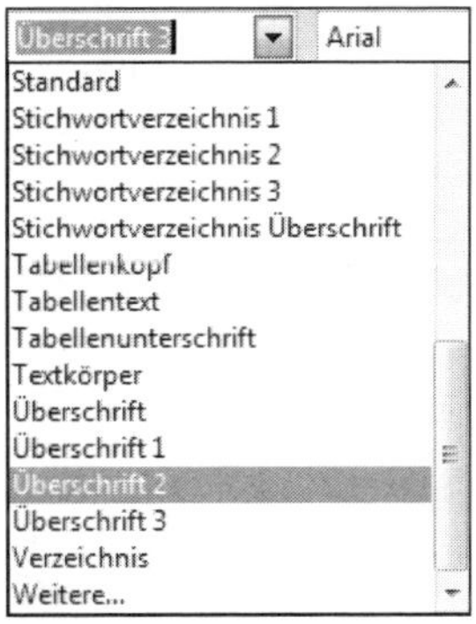

Abbildung 8.30: Zuweisen einer Überschriftvorlage

1. Positionieren Sie die Einfügemarke an dem Anfang des Dokuments oder an der Position, an die das Inhaltsverzeichnis im Dokument einzufügen ist. Schaffen Sie notfalls eine Leerseite vor dem eigentlichen Dokument, die das Verzeichnis aufnehmen kann.
2. Wählen Sie im Menü *Einfügen* die Befehle *Verzeichnisse/Verzeichnisse*. Das Dialogfeld *Verzeichnis einfügen* wird auf dem Bildschirm angezeigt.
3. Bestimmen Sie auf der Registerkarte *Verzeichnis* und gegebenenfalls auf den anderen Registerkarten die gewünschten Optionen (Abbildung 8.31).

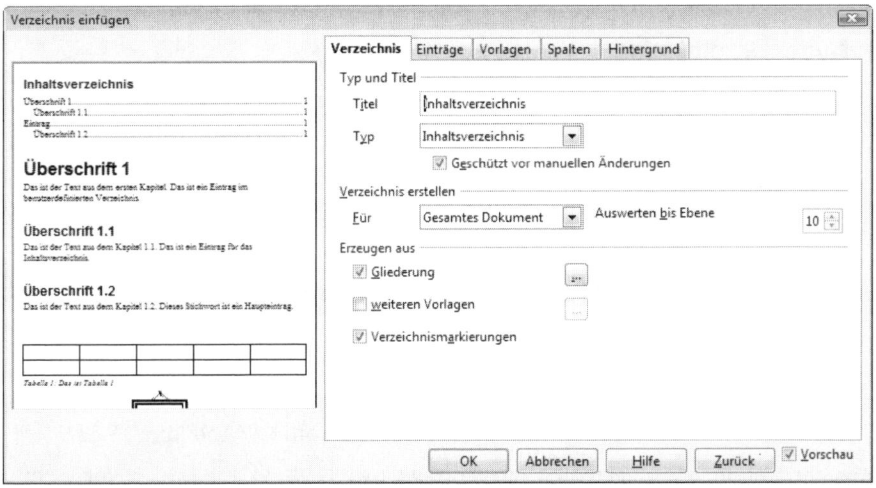

Abbildung 8.31: Dialogfeld *Verzeichnis einfügen*

Über die Registerkarte *Verzeichnis* können Sie verschiedene Verzeichnisse (Inhaltsverzeichnis, Stichwortverzeichnis etc.) erzeugen lassen. Die auf der Registerkarte angezeigten Optionen hängen dabei vom im Feld *Typ* gewählten Verzeichnistyp ab. Abbildung 8.31 zeigt die Dialogelemente für ein Inhaltsverzeichnis.

- Achten Sie darauf, dass das Feld *Typ* auf »Inhaltsverzeichnis« gesetzt ist. Weiterhin können Sie im Feld *Titel* den Text »Inhaltsverzeichnis« bei Bedarf ergänzen oder anpassen. Bei Bedarf können Sie über ein Kontrollkästchen wählen, ob das Verzeichnis vor manuellen Änderungen geschützt werden soll.

- Über das Listenfeld *Für* der Gruppe *Verzeichnis erstellen* können Sie Verzeichnisse auf einzelne Kapitel (falls ein Dokument aus mehreren Kapiteln besteht) beziehen oder über das gesamte Dokument erstellen lassen. Enthält das Dokument sehr viele Überschriftebenen, können Sie die Zahl der Überschriftebenen, die in das Verzeichnis aufgenommen werden sollen, über das Drehfeld *Auswerten bis Ebene* herabsetzen. Üblicherweise gehen zwei bis drei Überschriftebenen in ein Inhaltsverzeichnis ein.
- In der Gruppe *Erzeugen aus* markieren Sie die Kontrollkästchen der Optionen, die für die Erzeugung des Verzeichnisses durch den Writer zu berücksichtigen sind. Im vorliegenden Beispiel wird nur das Kontrollkästchen *Gliederung* markiert, da dann die Überschriftebenen »Überschrift 1« bis »Überschrift x« in das Verzeichnis mit einbezogen werden. Haben Sie Verzeichnismarkierungen für das Inhaltsverzeichnis in das Dokument eingefügt (siehe vorherige Seiten), können Sie das Kontrollkästchen *Verzeichnismarkierungen* aktivieren. Über das Kontrollkästchen *weiteren Vorlagen* lassen sich auch Absätze, die mit anderen Formaten belegt sind, in ein Verzeichnis aufnehmen (siehe folgenden Abschnitt). Über die hinter den Optionen angezeigten Schaltflächen lässt sich jeweils ein Dialogfeld zur Auswahl der Vorlagennamen öffnen (siehe folgender Abschnitt).

Sobald Sie das Dialogfeld schließen, generiert der Writer aus den Verzeichniseinträgen das Inhaltsverzeichnis und fügt dieses an die Position der Schreibmarke im Dokument ein (Abbildung 8.32).

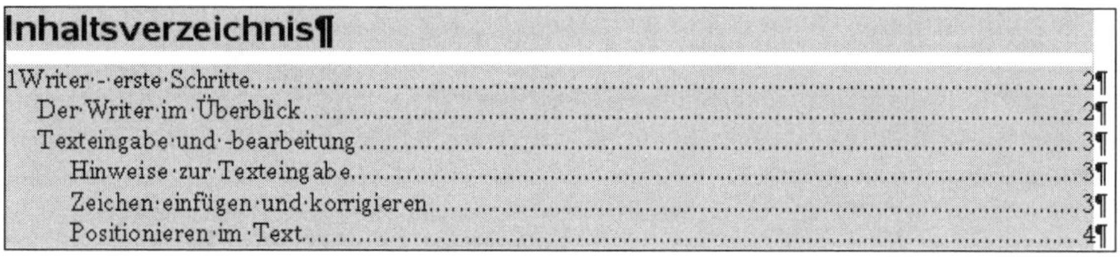
Inhaltsverzeichnis¶
1Writer·-·erste·Schritte......2¶
Der·Writer·im·Überblick......2¶
Texteingabe·und·-bearbeitung......3¶
Hinweise·zur·Texteingabe......3¶
Zeichen·einfügen·und·korrigieren......3¶
Positionieren·im·Text......4¶

Abbildung 8.32: Aus Überschriften generiertes Inhaltsverzeichnis

8.5.7 Inhaltsverzeichnis aus anderen Vorlagen erzeugen

Haben Sie die Überschriftebenen mit anderen Absatzformaten (z.B. H1, H2, H3 etc.) benannt, können Sie auf der Registerkarte *Verzeichnis* das Kontrollkästchen *weiteren Vorlagen* markieren. Über die hinter dem Kontrollkästchen angeordnete Schaltfläche lässt sich ein Zusatzdialog zur Auswahl der Vorlagen öffnen (Abbildung 8.33).

Aus der Liste der Vorlagen sind die Einträge auszuwählen, die in das Verzeichnis eingehen sollen. Markieren Sie diese per Mausklick und verwenden Sie die Schaltfläche » zum Verschieben nach rechts. Sie können die Einträge in den gewünschten Spalten mit den Gliederungsebenen (1 bis 10) anordnen. In Abbildung 8.33 wurden die mit Inhaltsverzeichnis 2 bis Inhaltsverzeichnis 3 benannten Vorlagen den Verzeichnisebenen 1 bis 2 zugewiesen. Wenn Sie die geöffneten Dialogfelder über *OK* schließen, wird der Writer das Verzeichnis aus den Dokumentinhalten mit den betreffenden Vorlagen erzeugen.

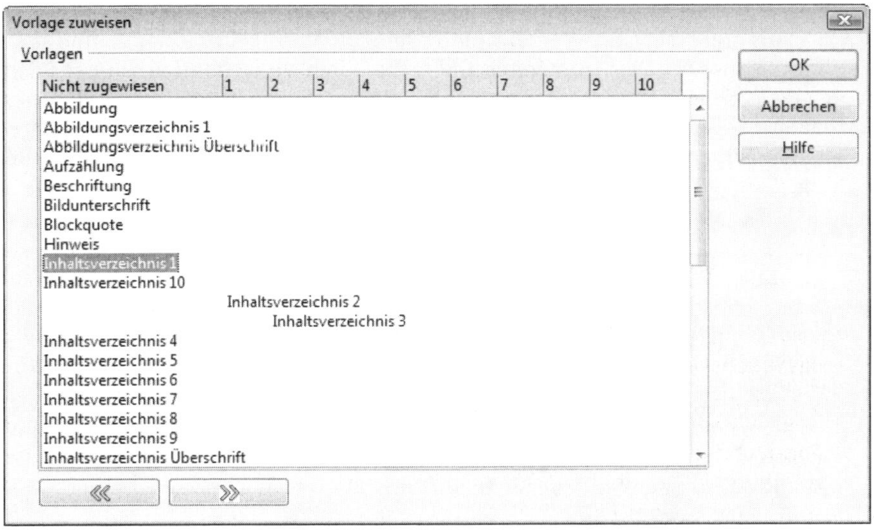

Abbildung 8.33: Zuweisen der zu verwendenden Vorlagen

8.5.8 Stichwortverzeichnis zusammenstellen

Stichwortverzeichnisse sind das Gegenstück zu Inhaltsverzeichnissen und sollten in keinem größeren Dokument fehlen. Voraussetzung ist aber, dass die betreffenden Stichworteinträge in das Dokument eingetragen wurden (siehe oben, Abschnitt »Einfügen von Stichworteinträgen in den Text«). In Abbildung 8.34 sehen Sie einen Ausschnitt aus einem Stichwortverzeichnis. Neben der Überschrift kann dieses eine oder mehrere Spalten mit Indexeinträgen enthalten. Hinter den Einträgen werden die Seitennummern, wo das Stichwort vorkommt, aufgeführt. Diese Formatierung lässt sich beim Erstellen des Verzeichnisses beeinflussen. Aber bereits beim Eintragen der Stichwörter als Verzeichniseinträge in das Dokument legen Sie fest, wie diese später im Verzeichnis erscheinen.

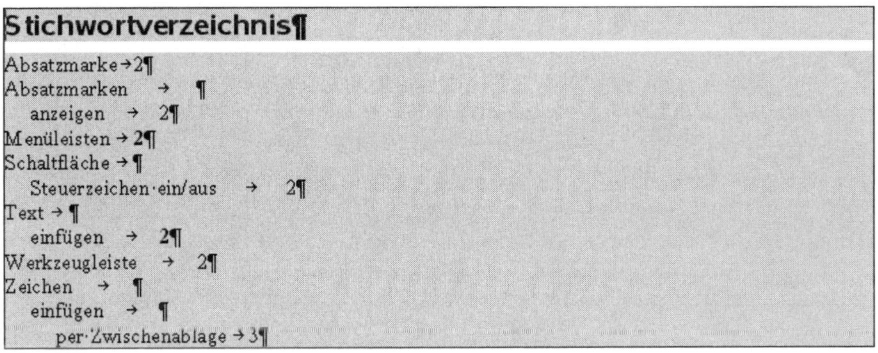
Stichwortverzeichnis¶
Absatzmarke→2¶
Absatzmarken → ¶
  anzeigen → 2¶
Menüleisten→2¶
Schaltfläche→¶
  Steuerzeichen·ein/aus → 2¶
Text→¶
  einfügen → 2¶
Werkzeugleiste → 2¶
Zeichen → ¶
  einfügen → ¶
    per·Zwischenablage→3¶

Abbildung 8.34: Beispiel für ein Stichwortverzeichnis

Fett hervorgehobene Seitennummern gehören zu Haupteinträgen. Diese Option muss beim Definieren eines Stichworts im entsprechenden Dialogfeld gesetzt werden (siehe oben, Abschnitt »Einfügen von Stichworteinträgen in den Text«). Häufig treten in Stichwortverzeichnissen Begriffe mehrfach auf (z.B. das Stichwort »Verzeichnis«). Wenn Sie die Begriffe im Feld *Eintrag* vorgeben, erzeugt der Writer im Verzeichnis drei Zeilen mit »Verzeichnis einsehen«, »Verzeichnis löschen« und »Verzeichnis wechseln«. Dies ist störend und sollte durch Verwendung gestufter Stichwortverzeichniseinträge vermieden werden. In Abbildung 8.34 sind die Einträge »Absatzmarken«, »Schaltfläche«, »Text« und »Zeichen« als gestufte Einträge zu sehen. Die Stufen werden bei der Definition des Stichworteintrags über die Felder *Eintrag*, *1. Schlüssel* und ggf. *2. Schlüssel* festgelegt, Abschnitt »Einfügen von Stichworteinträgen in den Text«).

Um das Stichwortverzeichnis aus den Indexeinträgen zu erstellen, gehen Sie in folgenden Schritten vor.

1. Positionieren Sie die Schreibmarke an der Stelle im Text, wo das Verzeichnis später erscheinen soll.
2. Wählen Sie im Menü *Einfügen* den Eintrag *Verzeichnisse/Verzeichnisse*.
3. Im dann erscheinenden Dialogfeld wählen Sie die Registerkarte *Verzeichnis* und stellen im Listenfeld *Typ* den Wert »Stichwortverzeichnis« ein (Abbildung 8.35). Bei Bedarf können Sie anschließend noch die im Feld *Titel* vorgegebene Überschrift anpassen.
4. Setzen Sie die weiteren Optionen (z.B. ob das Verzeichnis für das gesamte Dokument oder nur für ein Kapitel gelten soll). Über die Gruppe *Zusätze* können Sie noch weitere Optionen vorgeben (z.B. ob Stichworteinträge mit unterschiedlicher Schreibweise zusammenzufassen sind oder ob Groß-/Kleinschreibung bei der Gruppierung relevant ist).

Sobald Sie das Dialogfeld über die *OK*-Schaltfläche schließen, wird das Verzeichnis zusammengestellt und als Bereich an die betreffende Dokumentstelle eingefügt. Ist das Verzeichnis geschützt, können Sie dessen Inhalt nicht mehr verändern. Andernfalls lassen sich Korrekturen vornehmen, die jedoch bei der nächsten Aktualisierung wieder überschrieben werden.

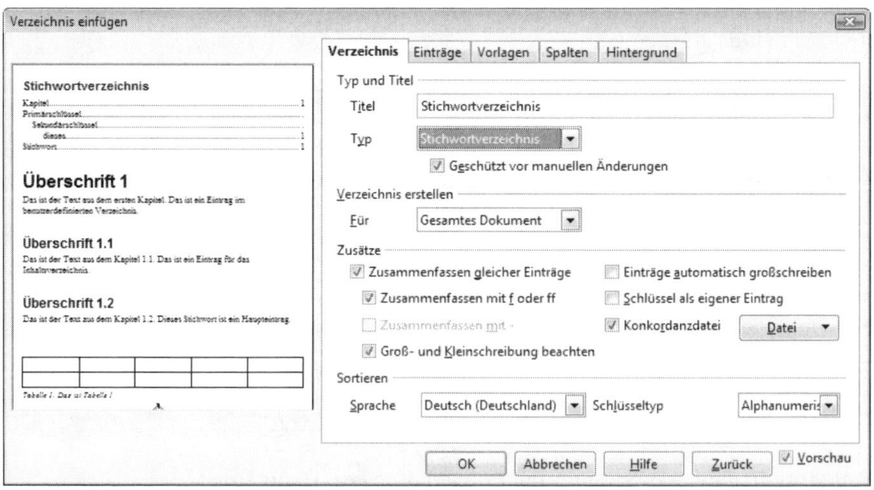

Abbildung 8.35: Optionen zum Generieren eines Stichwortverzeichnisses

8.5.9 Indexeintrag per Konkordanzdatei erstellen

Auf der Registerkarte *Verzeichnis* (Abbildung 8.35) gibt es die Option *Konkordanzdatei*. Ist das betreffende Kontrollkästchen markiert, können Sie über die zugehörige Schaltfläche eine sogenannte Konkordanzdatei auswählen oder neu anlegen.

Das neue Anlegen einer Konkordanzdatei wird über einen eigenen Dialog unterstützt (Abbildung 8.36). In der Konkordanzdatei lassen sich Stichwörter vorgeben, die vom Writer beim Erstellen des Stichwortverzeichnisses im Dokument gesucht werden. Jede Trefferstelle wird dann in das Stichwortverzeichnis mit der zugehörigen Seitennummer eingefügt. Bezüglich Details zum Aufbau der Konkordanzdatei sehen Sie bitte in der Hilfe nach.

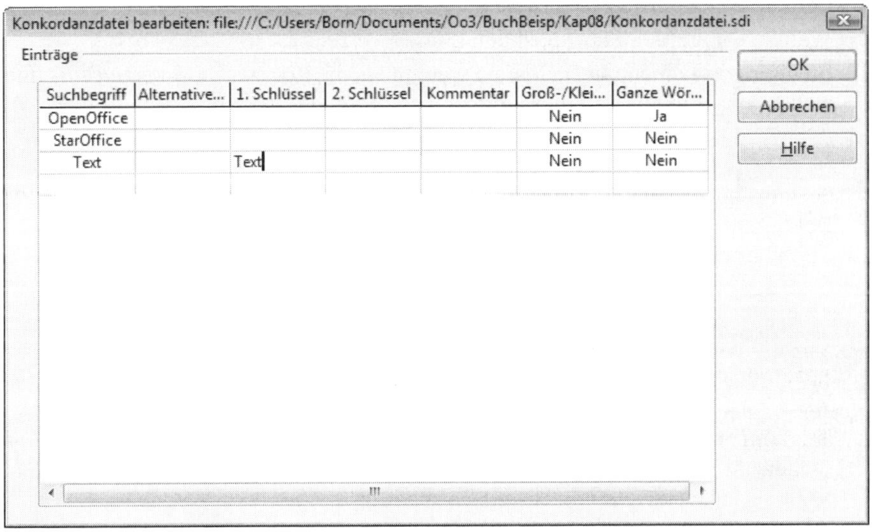

Abbildung 8.36: Erstellen einer Konkordanzdatei

Das Erstellen der Einträge der Konkordanzdatei ist alles andere als einfach. Legen Sie in der Konkordanzdatei Begriffe an, die sehr häufig im Text auftauchen, werden diese genauso oft im Stichwortverzeichnis vorkommen. Das Stichwortverzeichnis wird unübersichtlich und für den Leser wertlos. Aus diesem Grund stellen Konkordanzdateien nur einen Notnagel dar, falls Sie ein Dokument ohne Stichwortverzeichniseinträge auf die »bequeme« Art mit einem Index versehen möchten. Sehr hilfreich sind solche Dateien aber, wenn Sie ein Stichwortverzeichnis mit ganz bestimmten Begriffen (z.B. Produktnamen, Schlüsselbegriffen etc.) ergänzen möchten. Sind die betreffenden Begriffe nicht als Indexeinträge im Dokument markiert, definieren Sie eine Konkordanzdatei und nehmen die Begriffe auf. Der Writer führt dann die Einträge der Konkordanzdatei sowie die manuell eingefügten Stichworteinträge im Stichwortverzeichnis zusammen.

8.5.10 Verzeichnisse für Tabellen, Bilder etc. erstellen

Möchten Sie ein Tabellen-, Abbildungs- oder sonstiges Verzeichnis für ein Dokument anlegen, funktioniert dies ähnlich wie das Generieren eines Inhalts- oder Stichwortverzeichnisses.

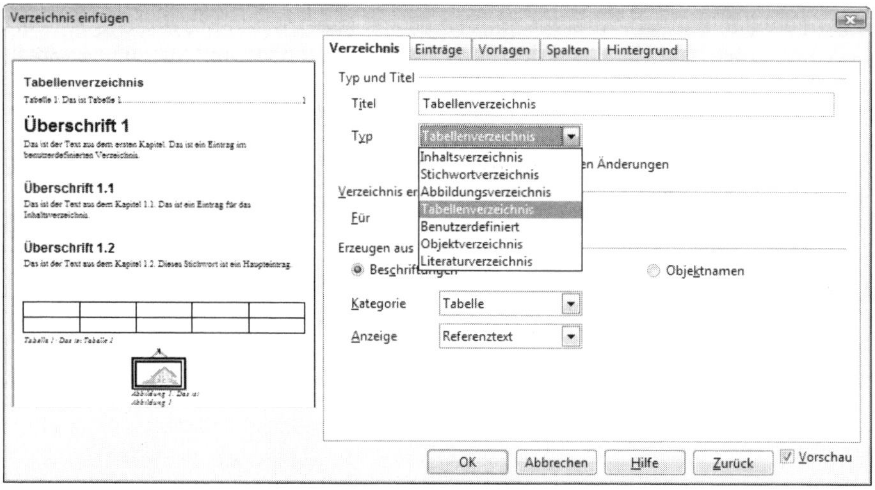

Abbildung 8.37: Auswahl für Abbildungs- und Tabellenverzeichnisse

1. Positionieren Sie die Schreibmarke an der Stelle im Text, wo das Verzeichnis später erscheinen soll, und wählen Sie im Menü *Einfügen* den Eintrag *Verzeichnisse/Verzeichnisse*.
2. Im dann erscheinenden Dialogfeld wählen Sie die Registerkarte *Verzeichnis* und stellen im Listenfeld *Typ* den gewünschten Wert (z.B. »Tabellenverzeichnis«, »Abbildungsverzeichnis« etc.) ein (Abbildung 8.37).
3. Wählen Sie in der Gruppe *Erzeugen aus*, ob das Verzeichnis aus den Beschriftungen (enthält auch den Beschriftungstext) oder aus den Objektnamen (enthält nur Einträge der Art »Grafik 1«, »Grafik 2« etc.) zu erstellen ist. Zudem können Sie die Kategorie sowie die im Verzeichnis anzuzeigenden Textanteile (nur den Beschriftungstext, nur die Kategorie und die fortlaufende Nummerierung oder beides) setzen.

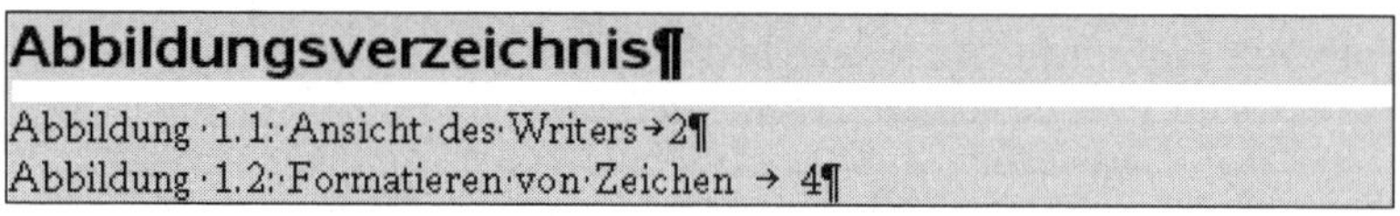

Abbildung 8.38: Ausschnitt aus einem Abbildungsverzeichnis

Sobald Sie das Dialogfeld über die *OK*-Schaltfläche schließen, wird das Verzeichnis zusammengestellt und als Bereich an die betreffende Dokumentstelle eingefügt (Abbildung 8.38). Ist das Verzeichnis geschützt, können Sie dessen Inhalt nicht mehr verändern. Andernfalls lassen sich Korrekturen vornehmen, die jedoch bei der nächsten Aktualisierung wieder überschrieben werden.

8.5.11 Ein Literaturverzeichnis erzeugen

Sofern die betreffenden Literaturverzeichniseinträge im Dokument vorliegen (siehe oben, Abschnitt »Spezialfall Literaturverzeichniseinträge«), können Sie auf sehr einfache Weise ein Literaturverzeichnis (z.B. am Dokumentende) erstellen lassen.

1. Klicken Sie auf die Dokumentstelle, an der das Literaturverzeichnis erscheinen soll.
2. Wählen Sie im Menü *Einfügen* den Befehl *Verzeichnisse/Verzeichnisse.*
3. Auf der Registerkarte *Verzeichnis* ist dann der Verzeichnistyp auf »Literaturverzeichnis« zu setzen.
4. Legen Sie über die Optionen fest, ob das Verzeichnis vor Änderungen geschützt werden soll, ob die Einträge zu nummerieren und anzuzeigen sind (Abbildung 8.39).

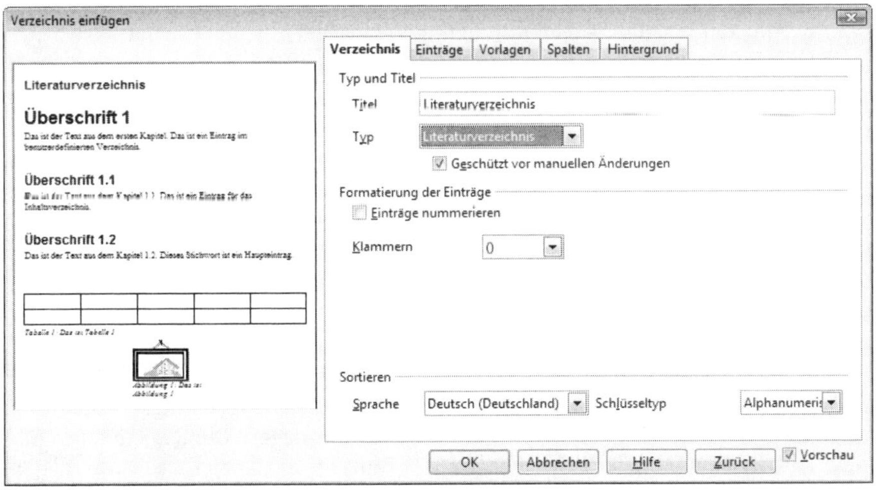

Abbildung 8.39: Einfügen eines Literaturverzeichnisses

Wenn Sie die Registerkarte über die *OK*-Schaltfläche schließen, stellt der Writer alle Literaturverweise des Dokuments in der Literaturliste zusammen. Das Ergebnis könnte wie in Abbildung 8.27 (unterer Textbereich) gezeigt aussehen.

Das Feld Klammern *auf der Registerkarte* Verzeichnis *bestimmt, wie die Literatureinträge im Text (siehe Abbildung 8.27, obere Textzeile) erscheinen.*

8.5.12 Verzeichnisse bearbeiten, aktualisieren und löschen

Ein gemäß den vorherigen Abschnitten erstelltes Verzeichnis wird im Dokument als Bereich verwaltet. Dies verhindert, dass sich z.B. Spaltensatz etc. auf den restlichen Dokumentteil auswirkt. Zudem können Sie festlegen, dass das erstellte Verzeichnis vor Veränderungen geschützt wird. In Konsequenz müssen Sie die Möglichkeiten kennen, um ein eingefügtes Verzeichnis zu verwalten.

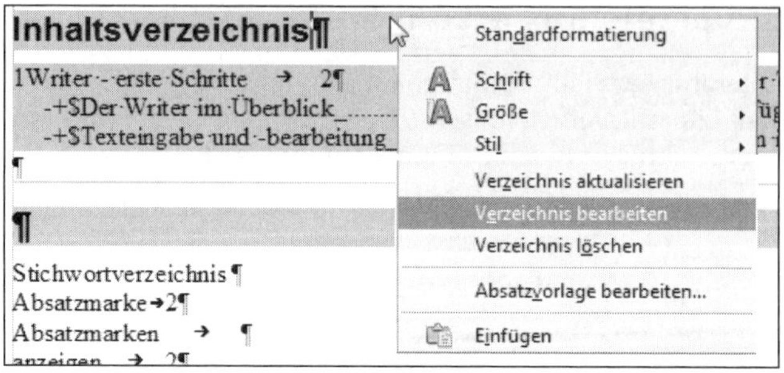

Abbildung 8.40: Kontextmenübefehle zum Verwalten von Verzeichnissen

1. Klicken Sie mit der linken Maustaste auf das gewünschte Verzeichnis. Dieser Schritt ist wichtig, da die Schreibmarke auf dem betreffenden Dokumentteil positioniert sein muss. Nur dann erscheinen die benötigten Kontextmenübefehle.
2. Anschließend wählen Sie im Kontextmenü den Befehl zum Löschen, Bearbeiten oder Aktualisieren des Verzeichnisses (Abbildung 8.40).

Der Kontextmenübefehl *Verzeichnis löschen* entfernt den kompletten Bereich mit dem Verzeichnis. Hat sich etwas im Dokument geändert (es wurden z.B. neue Überschriften eingefügt), wählen Sie im Kontextmenü den Befehl *Verzeichnis aktualisieren*. Dann wird das Verzeichnis mit den aktuellen Optionen erneut aufgebaut. Wählen Sie dagegen den Kontextmenübefehl *Verzeichnis bearbeiten*, öffnet der Writer erneut das Eigenschaftenfenster *Verzeichnis einfügen* mit den verschiedenen Registerkarten zum Einstellen der Verzeichnisoptionen.

8.5.13 Optionen zur Gestaltung von Verzeichnissen

Über die Registerkarten des Eigenschaftenfensters *Verzeichnis einfügen* lassen sich die Anzeigeoptionen des erzeugten Verzeichnisses festlegen. Die Registerkarte *Einträge* enthält Optionen, um das Format der Einzelzeilen in der Liste festzulegen (Abbildung 8.41).

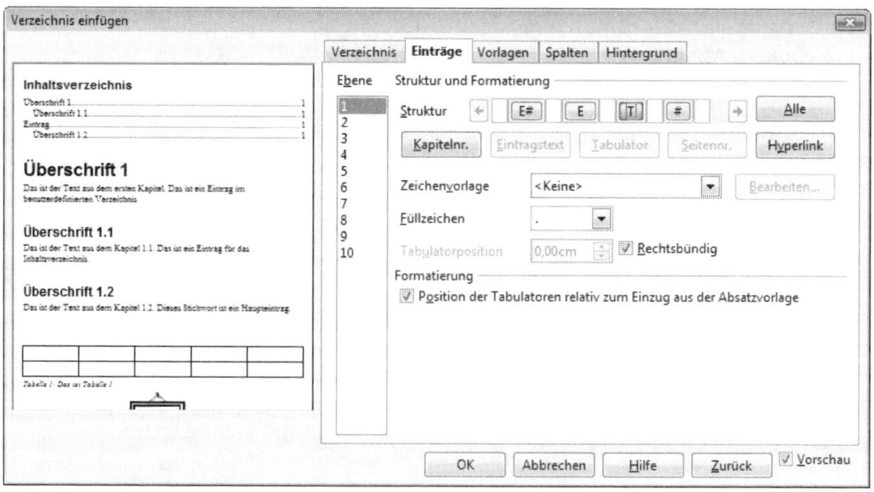

Abbildung 8.41: Registerkarte *Einträge* zur Formatierung der Verzeichniseinträge

Über das Feld *Ebene* können Sie eine der zehn Verzeichnisebenen wählen. Anschließend beziehen sich alle Formatangaben der Registerkarte auf diese Verzeichnisebene.

In der Gruppe *Struktur und Formatierung* finden Sie Elemente, mit denen sich Codes zur Gestaltung der Zeile des Inhaltsverzeichnisses vorgeben lassen. Die sogenannten Code-Schaltflächen *Kapitelnr.*, *Eintragstext*, *Tabulator*, *Seitennummer* und *Hyperlink* ermöglichen Ihnen, bestimmte Codes (dargestellt als Code-Schaltflächen) in die Zeile *Struktur* einzufügen. In Abbildung 8.41 wurden bereits die Codes *E#*, *E*, *T* und *#* eingefügt. Sie können die Codes in der Zeile *Struktur* aber jederzeit anpassen.

- Klicken Sie auf eine der Code-Schaltflächen in der Zeile *Struktur*, erscheinen die zum betreffenden Code gehörenden Steuerelemente im unteren Teil der Registerkarte. In Abbildung 8.41 ist die Schaltfläche mit dem Code *T* aktiviert (wird eingedrückt dargestellt). Daher zeigt die Registerkarte die Steuerelemente (z.B. *Füllzeichen*, *Tabulatorposition* etc.) zur Konfigurierung eines Tabulators an. Über das Feld *Füllzeichen* lässt sich das anzuzeigende Füllzeichen wählen. Mit der Option *Rechtsbündig* wird der Tabulator am rechten Rand ausgerichtet. Ist das Kontrollkästchen nicht markiert, können Sie eine Tabulatorposition über das Drehfeld vereinbaren.
- Solange eine der Code-Schaltflächen in der Zeile *Struktur* als eingedrückt angezeigt wird, können Sie andere Codes zuweisen oder die Code-Schaltfläche löschen. Zum Löschen reicht es, die [Entf]-Taste zu drücken. Möchten Sie den Code (z.B. *E#*) durch einen anderen Code ersetzen, klicken Sie einfach auf eine der freigegebenen und mit *Kapitelnr.*, *Eintragstext* etc. beschrifteten Schaltflächen.
- Klicken Sie in der Zeile *Struktur* auf die Textfelder vor den Code-Schaltflächen, lassen sich anzuzeigende Texte eintippen. Dies ist hilfreich, falls Sie beispielsweise hinter der Kapitelnummer einen Punkt oder einen Doppelpunkt sowie ein Leerzeichen als Abstandshalter zum Text einfügen möchten.
- Ist ein Textfeld markiert und klicken Sie auf eine der freigegebenen und mit *Kapitelnr.*, *Eintragstext* etc. beschrifteten Schaltflächen, wird der betreffende Code (als Code-Schaltfläche) in die Zeile *Struktur* eingefügt.

Für die in den Schaltflächen der Zeile *Struktur* eingeblendeten Codes gilt Folgendes:

- *E#* – Anzeige der Kapitelnummer (falls vorhanden),
- *E* – Anzeige des Eintragstextes,
- *T* – fügt einen Tabulator ein,
- *#* – Anzeige der Seitennummer.

Die Codefolge *E# E T #* in der Zeile *Struktur* gibt also die Kapitelnummer, den Text der Überschrift, einen Tabulator und dann die Seitennummer der Überschrift aus.

Über die Schaltfläche *Hyperlink* lässt sich ein Teil des Eintrags als Hyperlink auszeichnen. Klicken Sie in der Zeile *Struktur* in das leere Feld vor dem Teil, für den Sie einen Hyperlink erstellen möchten, und dann auf die *Hyperlink*-Schaltfläche. Klicken Sie in das leere Feld hinter dem Teil, der zu einem Hyperlink werden soll, und dann noch einmal auf diese Schaltfläche. Hyperlinkabschnitte werden mit zwei Kürzeln, am Anfang (LS) und am Ende (LE), markiert. Die Schaltfläche *Alle* bewirkt, dass die Einstellung für alle Inhaltsverzeichnisebenen übernommen wird. Weitere Details über die jeweiligen Steuerelemente der Registerkarte finden sich in der Hilfe.

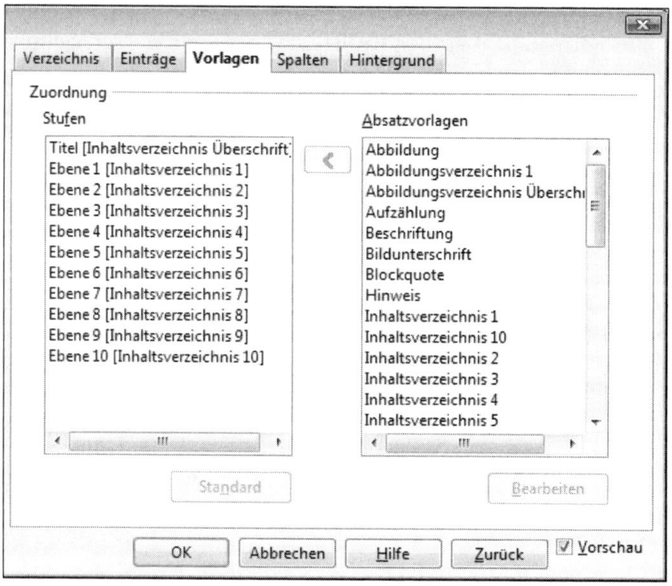

Abbildung 8.42: Übertragen von Absatzvorlagen auf der Registerkarte *Vorlagen*

Den einzelnen Ebenen des Verzeichnisses werden bestimmte Absatzvorlagen zugewiesen. Diese Zuordnung lässt sich auf der Registerkarte *Vorlagen* anpassen (Abbildung 8.42). Klicken Sie in der linken Spalte auf die gewünschte Stufe des Inhaltsverzeichnisses. Wählen Sie dann in der rechten Spalte das betreffende Format für die Stufe. Klicken Sie anschließend auf die Schaltfläche *Übertragen* zwischen den beiden Listen.

INFO

In der Regel wird man einem Inhaltsverzeichnis die Absatzvorlagen »Inhaltsverzeichnis x« zuweisen. Für Stichwortverzeichnisse gibt es eigene Vorlagen. Möchten Sie eine Formatvorlage anpassen, wählen Sie diese in der rechten Spalte Absatzvorlagen *und klicken auf die Schaltfläche* Bearbeiten. *Im dann angezeigten Eigenschaftenfenster finden Sie Registerkarten, um sowohl die Zeichenformate als auch die Absatzformate anzupassen. So können Sie beispielsweise die Einträge der Ebene 1 fett hervorgehoben darstellen, während die restlichen Ebenen vielleicht eingezogen werden.*

Spaltenlayout für Verzeichnisse

Inhaltsverzeichnisse werden in der Regel über die Zeilenbreite angezeigt. Bei Stichwortverzeichnissen bietet sich aber eine Aufteilung in zwei Spalten an. Soll ein Verzeichnis auf mehrere Spalten verteilt angezeigt werden, geht dies mittels der Registerkarte *Spalten* (Abbildung 8.43). Sobald Sie die Registerkarte in den Vordergrund holen, finden Sie die Einstellmöglichkeiten für den Spaltensatz. Klicken Sie auf eines der Vorgabefelder für eine feste Spaltenzahl oder wählen Sie die Spaltenzahl im Drehfeld *Spalten*. Anschließend können Sie die Spaltenbreiten sowie die -abstände über die Felder der Gruppe *Breite und Abstand* einstellen. Auf der Registerkarte *Hintergrund* lässt sich zudem eine Hintergrundfarbe für den Verzeichnisbereich vorgeben.

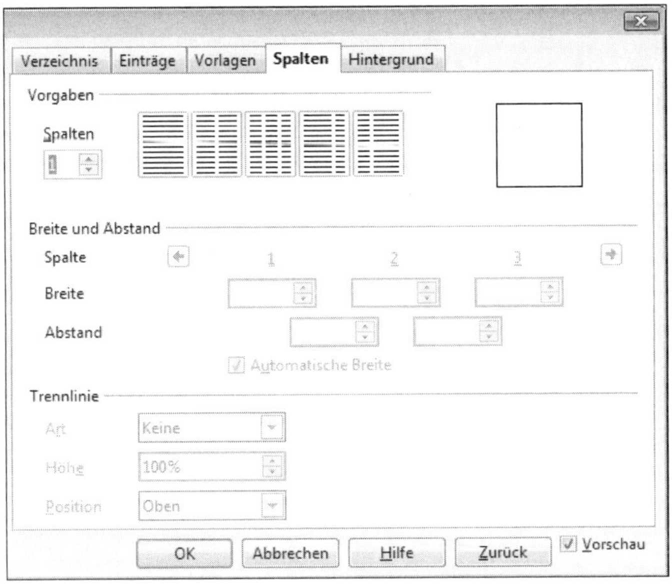

Abbildung 8.43: Auswahl des Spaltenformats für Verzeichnisse

Verzeichnis drucken oder einfrieren

Möchten Sie ein Verzeichnis nach dem Erstellen drucken, hilft ein kleiner Trick. Sie brauchen nur den Textbereich mit dem Verzeichnis zu markieren, dann den Menübefehl *Datei/Drucken* aufzurufen und im Dialogfeld *Drucken* die Option zum Drucken eines markierten Bereichs zu wählen.

Soll ein Verzeichnis, welches intern vom Writer als Feld verwaltet wird, in einen statischen Text umgewandelt werden, müssen Sie ebenfalls zu einem Trick greifen. Markieren Sie das Verzeichnis, schneiden Sie es mit [Strg] + [X] (bzw. [MacBef] + [X] beim Mac) aus und fügen Sie es anschließend über den Menübefehl *Einfügen/Inhalte einfügen* aus der Zwischenablage wieder ein. Als Format müssen Sie »Unformatierten Text« wählen.

8.5.14 Verzeichnisse über mehrere Dokumente erstellen

Die weiter oben besprochenen Funktionen zum Erstellen von Verzeichnissen beziehen sich nur auf den Inhalt der aktuell geladenen Dokumentdatei. Dies trifft wohl für die meisten Dokumente zu. Falls Sie aber ein mehrere hundert Seiten umfassendes Buch oder eine umfangreiche Diplom- bzw. Studienarbeit erstellen, wird das Arbeiten mit einer Dokumentdatei zur Qual. Üblicherweise teilt man solche Dokumente aus Effizienzgründen kapitelweise auf mehrere Dateien auf. Entsprechendes gilt, falls ein Dokument auf von mehreren Personen erstellten Teildokumenten basiert. Dann stellt sich aber die Frage, wie sich ein Inhaltsverzeichnis über verschiedene Dateien erstellen lässt.

INFO

Leider besitzt der Writer (zumindest im Vergleich mit Microsoft Word) keine wirklich komfortablen Funktionen, um auf mehrere Dateien aufgeteilte Dokumente wirklich komfortabel zu verwalten. Das erste Problem betrifft das Zuweisen von Seitennummern, die bei fortlaufender Seitenzählung in den Teildokumenten zu berücksichtigen sind. Sie müssen daher jedem Teildokument im ersten Absatz einen Startwert für die Seitennummer vorgeben. Wie dies funktioniert, lässt sich im Abschnitt »Seitennummer zuweisen« in Kapitel 3 nachlesen. Auch das Anlegen von Inhalts- oder Stichwortverzeichnissen über mehrere Dokumentdateien ist nur mit Kunstgriffen und zusätzlichem Aufwand möglich. Eine Microsoft Word-Anwendern vielleicht bekannte Möglichkeit zur Verzeichniserstellung mittels RD-Felder ist im Writer leider nicht vorhanden.

Der einfachste Ansatz besteht darin, jede Dokumentdatei zu laden und an deren Dokumentende ein lokales Verzeichnis zu erstellen (wenn Sie das Verzeichnis am Dokumentanfang einfügen, verschieben sich ggf. die nachfolgenden Seitennummern). Die Verzeichnisse lassen sich dann markieren, mit [Strg] + [X] (bzw. [MacBef] + [X] am Mac) ausschneiden und in die Zwischenablage übertragen. Wenn Sie dann ein neues leeres Dokument anlegen, lassen sich die Teilverzeichnisse zu einem Verzeichnis zusammenfassen. Bei dieser Vorgehensweise müssen Sie lediglich darauf achten, dass die Verzeichnisse nicht geschützt erstellt werden. Andernfalls können Sie die Verzeichnisüberschriften der einzelnen Kapitel nicht abschneiden. Nachteil dieses Ansatzes ist, dass die Aktualisierung sehr aufwändig werden kann.

Die zweite Möglichkeit besteht darin, die Verzeichnisse der Teildokumente über Bereiche in eine neue Datei zu integrieren. Hierzu sind folgende Schritte durchzuführen.

1. Laden Sie ein Teildokument (z.B. Kapitel) und erstellen Sie ggf. ein Inhaltsverzeichnis am Dokumentende. Wichtig ist, dass das Verzeichnis nicht vor Veränderungen geschützt ist.
2. Markieren Sie dieses Verzeichnis (möglichst ohne die Überschriftzeile, siehe Abbildung 8.44). Dann wählen Sie im Menü *Einfügen* den Befehl *Bereich*. Im erscheinenden Dialogfeld *Bereich* klicken Sie auf das Feld *Neuer Bereich* und geben einen Namen (z.B. »Kap0x«) ein. Anschließend klicken Sie auf die Schaltfläche *Einfügen* (Abbildung 8.44).
3. Speichern Sie das betreffende Dokument und schließen Sie das Dokumentfenster. Wiederholen Sie diese Schritte für alle Teildokumente. Erstellen Sie im Writer anschließend ein neues Dokument und fügen Sie eine Überschriftzeile für das Verzeichnis ein.
4. Jetzt gilt es die Verzeichnisse der Teildokumente in das neue Dokument aufzunehmen. Wählen Sie im Menü *Einfügen* den Befehl *Bereich* und warten Sie, bis das Dialogfeld *Bereich einfügen* erscheint (Abbildung 8.45). Klicken Sie auf das Kontrollkästchen *Verknüpfen* und wählen Sie anschließend über die Schaltfläche der Zeile *Dateiname* die gewünschte Dokumentdatei aus. Danach können Sie im Listenfeld *Bereich* den in den vorherigen Schritten festgelegten Bereichsnamen des Verzeichnisses wählen. Klicken Sie auf die Schaltfläche *Einfügen*. Anschließend wiederholen Sie die Prozedur für die restlichen Teildokumente.

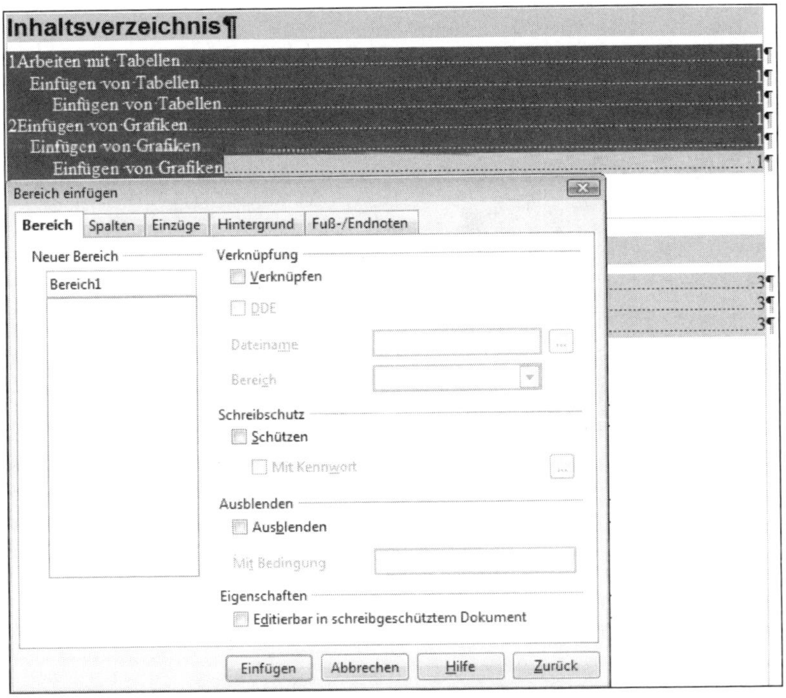

Abbildung 8.44: Definieren eines Bereichs

Wenn alles korrekt funktioniert hat, sollten die Teilinhaltsverzeichnisse in der neuen Datei zusammengeführt worden sein (Abbildung 8.45, Hintergrund). Das neue Dokument lässt sich anschließend speichern.

INFO

Obwohl die Verknüpfungen auf die Teildokumente beim Laden dieses zentralen Dokuments erneut aktualisiert werden, gibt es ein Problem. Sobald Sie in den Teildokumenten ein Verzeichnis aktualisieren (z.B. weil sich im Dokument etwas geändert hat), geht die Definition für den Bereich verloren. Öffnen Sie das zentrale Dokument mit dem kombinierten Verzeichnis, wird das betreffende Teilverzeichnis nicht mehr angezeigt. Sie müssen daher den Bereich erneut im Teildokument zuweisen und dann in das zentrale Dokument einfügen.

Die dritte Alternative besteht darin, dass Sie mit Globaldokumenten arbeiten und dort das Verzeichnis über den Inhalt des Globaldokuments erstellen (siehe folgende Abschnitte).

8.6 Arbeiten mit Globaldokumenten

Um mehrere Teildokumente gemeinsam bearbeiten zu können (z.B. um Verzeichnisse über in mehrere Kapitel unterteilte und in getrennten Dateien gespeicherte Dokumente zu erstellen), unterstützt Office das Konzept der Globaldokumente. Dabei handelt es sich quasi um eine Art Container, in den die Teildokumente (als Bereiche) eingestellt werden. Nachfolgend finden Sie Hinweise zum Erstellen und zum Umgang mit Globaldokumenten.

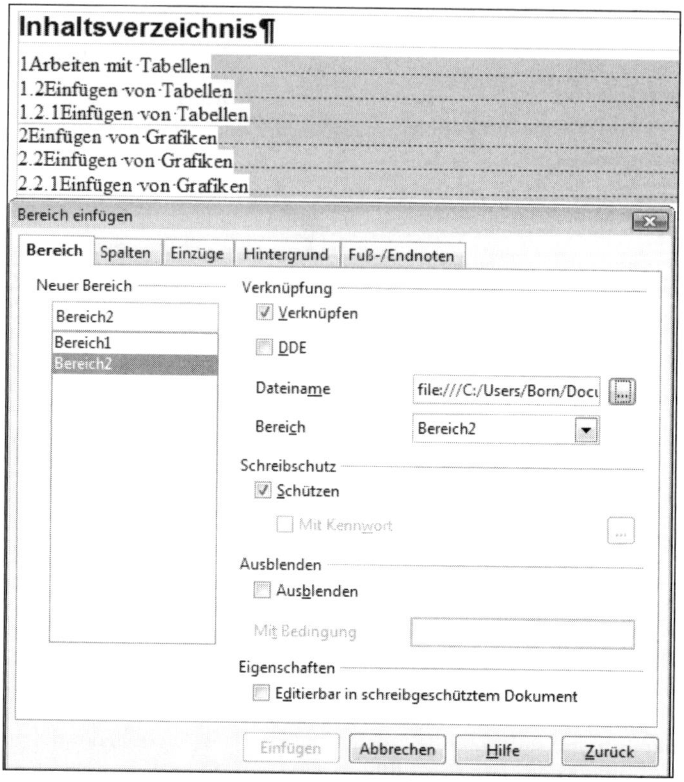

Abbildung 8.45: Einfügen eines Bereichs

8.6.1 So legen Sie ein Globaldokument an

Um die Teildokumente zu einem Globaldokument zusammenzuführen, sind folgende Schritte notwendig.

1. Wählen Sie im Writer im Menü *Datei* den Befehl *Neu*. Anschließend klicken Sie im Menü mit den verfügbaren Dokumenttypen auf *Globaldokument*. Damit wird ein neues Dokument angelegt und das Fenster des Navigators angezeigt.
2. Klicken Sie als Erstes auf den Eintrag »Text« und geben Sie im Dokumentfenster etwas Text ein. Dieser Text (z.B. die Überschrift des Globaldokuments) erlaubt Ihnen, später Text vor und hinter die Teildokumente einzugeben.
3. Klicken Sie im Navigator auf die Schaltfläche *Einfügen* (siehe Abbildung 8.46), halten Sie die linke Maustaste gedrückt, bis sich das Menü öffnet, und wählen Sie den Befehl *Datei*. Wählen Sie im dann erscheinenden Dateidialog die einzufügende Teildokumentdatei und schließen Sie das Dialogfeld. Wiederholen Sie diesen Schritt für alle einzufügenden Teildokumente.
4. Klicken Sie im Fenster des Navigators auf den Eintrag »Text« und verschieben Sie diesen über die Schaltfläche *Nach oben verschieben* an den Dokumentanfang. Sortieren Sie die Teildokumente auf die gleiche Weise in der gewünschten Reihenfolge.

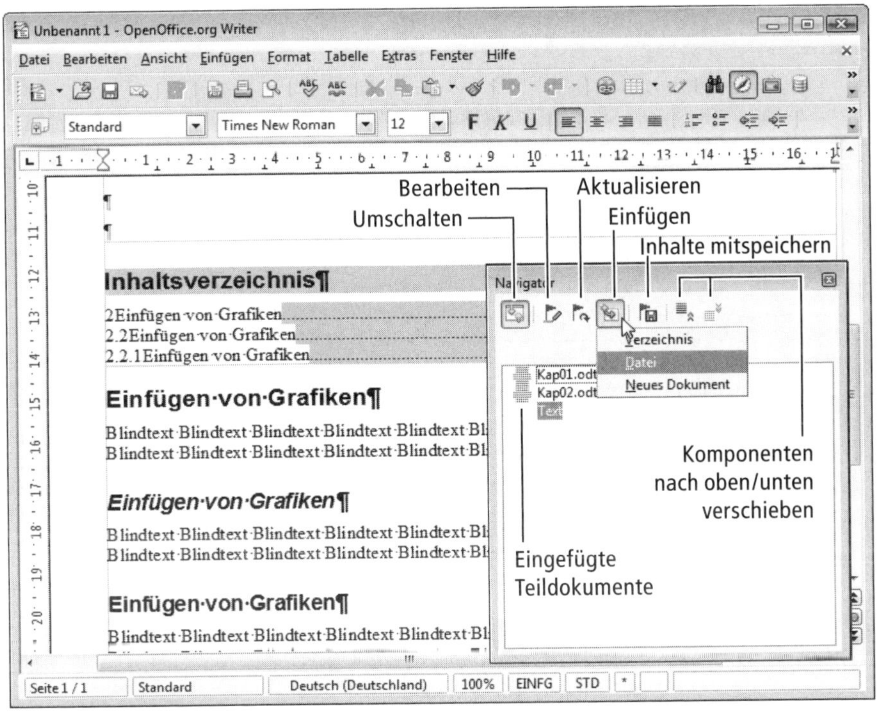

Abbildung 8.46: Erstellen eines Globaldokuments

Die obigen Schritte führen die Teildokumente als Verknüpfungen im Globaldokument zusammen. Sie können das Dokument speichern und später wieder laden. Änderungen in Teildokumenten werden beim Laden des Globaldokuments sowie bei Anwahl der Schaltfläche *Aktualisieren* in der Anzeige aktualisiert.

Markieren Sie einen Dokumenteintrag im Fenster des Navigators, können Sie über die Schaltflächen des Navigator-Fensters die Optionen für das Teildokument beeinflussen.

- Arbeiten Sie lieber mit Kopien der Teildokumente statt mit Verknüpfungen, markieren Sie den betreffenden Eintrag im Navigator und klicken auf die Schaltfläche *Inhalte mitspeichern*.
- Um Teildokumente direkt aus dem Globaldokument zu bearbeiten, markieren Sie den Eintrag und klicken auf die Schaltfläche *Bearbeiten*.

Zudem können Sie Einträge im Navigator mit der linken Maustaste markieren. Wenn Sie dann den markierten Eintrag mit der rechten Maustaste anwählen, erscheint das Kontextmenü mit Befehlen zum Aktualisieren, Löschen oder Bearbeiten des Teildokuments.

8.6.2 Verzeichnisse über Globaldokumente erzeugen

Benötigen Sie Verzeichnisse (Inhalts- oder Stichwortverzeichnisse) über mehrere Dokumente, können Sie die Teildokumente in einem Globaldokument zusammenführen. Anschließend lässt sich ein Verzeichnis über dieses Globaldokument erzeugen.

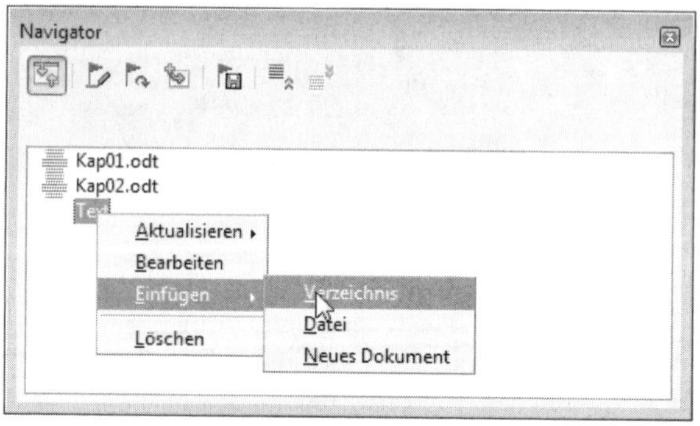

Abbildung 8.47: Verzeichnis in das Globaldokument einfügen

1. Markieren Sie im Navigator des Globaldokuments den Eintrag (z.B. »Text«), in dessen Bereich das Verzeichnis einzufügen ist.
2. Anschließend können Sie über die Schaltfläche *Einfügen* bzw. über das Kontextmenü *Einfügen* den Befehl *Verzeichnis* wählen (Abbildung 8.47). Natürlich funktioniert es auch, wenn Sie im Globaldokument auf die Textstelle klicken und im Menü *Einfügen* die Befehle *Verzeichnisse/Verzeichnisse* wählen.
3. Im Dialogfeld *Verzeichnis einfügen* bestimmen Sie die Verzeichnisoptionen und schließen das Fenster.

Anschließend sehen Sie das eingefügte Verzeichnis im Fenster des Navigators.

Wie lassen sich die falschen Seitennummern korrigieren?

Das Problem bei diesem Ansatz: Die im Verzeichnis angezeigten Seitennummern beziehen sich nicht auf die in den Teildokumenten gesetzten Seitennummern, sondern werden fortlaufend im Globaldokument gezählt. Sie bekommen also eine falsche Seitennummerierung über das Globaldokument. Zur Korrektur dieses Problem müssen Sie einige unschöne Tricks anwenden.

1. Markieren Sie im Navigator den Eintrag des ersten eingefügten Teildokuments.
2. Klicken Sie mit der rechten Maustaste auf den markierten Eintrag und wählen Sie im Kontextmenü den Befehl *Verknüpfung bearbeiten*.
3. Im dann eingeblendeten Dialogfeld *Bereiche bearbeiten* heben Sie die Markierung des Kontrollkästchens *Geschützt* der Gruppe *Schreibschutz* auf. Nur dies erlaubt Ihnen, die nachfolgenden Schritte auszuführen. Schließen Sie das Dialogfeld über die *OK*-Schaltfläche.

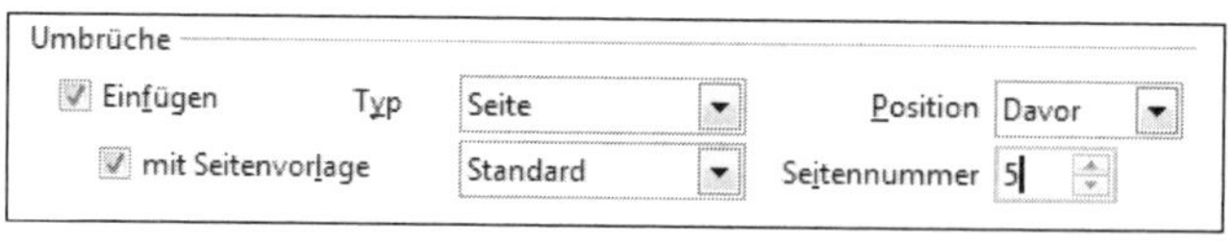

Abbildung 8.48: Festlegen der Seitennummer

4. Klicken Sie im Fenster des Globaldokuments auf den ersten Absatz des Bereichs mit dem Text des Teildokuments. Wählen Sie dann im Menü *Format* den Befehl *Absatz* und gehen Sie zur Registerkarte *Textfluss*. Markieren Sie in der Gruppe *Umbrüche* die Kontrollkästchen *Zulassen* und *mit Seitenvorlage* und stellen Sie die Seitennummer im gleichnamigen Feld auf den gewünschten Wert (Abbildung 8.48).
5. Wiederholen Sie Schritt 4 für die restlichen Abschnitte mit den eingefügten Teildokumenten.

Jedes Mal, wenn Sie die Seitennummer des Absatzes eines Teildokuments anpassen, wird ein Seitenumbruch eingefügt. Aktualisieren Sie anschließend das Verzeichnis im Globaldokument, sollten die korrekten Seitennummern angezeigt werden.

HALT

Falls Sie über das Kontextmenü Aktualisieren *auch die verknüpften Teildokumente aktualisieren, geht die eingefügte Seitennummerierung im Globaldokument wieder verloren. Das heißt, Sie müssen die obige Prozedur nach jeder Aktualisierung der Teildokumente erneut ausführen, um korrekte Seitennummern in den Verzeichnissen zu erhalten.*

INFO

Alternativ können Sie das Absatzformat der Kapitelüberschriften im Globaldokument anpassen. Klicken Sie mit links auf die Überschriftzeile, öffnen Sie das Kontextmenü und wählen Sie den Befehl Absatz. *Auf der Registerkarte* Textfluss *markieren Sie die Option aus Abbildung 8.48 und passen dann die Seitennummer an.*

8.7 Was steckt hinter AutoAbstract?

Um sich einen schnellen Überblick über den Inhalt großer Dokumente zu verschaffen, unterstützt Office die Funktion AutoAbstract. Diese Funktion ist in der Lage, die Überschriften eines Dokuments sowie eine vorgebbare Anzahl an Folgeabsätzen zu einem neuen Dokument zu extrahieren.

INFO

Die Funktion ist vor allem dann nützlich, wenn das Dokument ähnlich wie die Kapitel dieses Buches aufgebaut wird. In diesem Buch folgt auf die Kapitelüberschrift ein kurzer Abriss des Kapitelinhalts. Das Gleiche gilt für die folgende Überschriftebene.

Um ein AutoAbstract eines bestehenden Dokuments anzulegen, sind nur wenige Schritte erforderlich.

1. Öffnen Sie das Dokument, von dem ein AutoAbstract anzufertigen ist.
2. Wählen Sie im Menü *Datei* den Befehl *Senden* und klicken Sie im Untermenü auf *AutoAbstract erzeugen*.
3. Legen Sie im Dialogfeld *AutoAbstract erzeugen* (Abbildung 8.49) die Zahl der Kapitelebenen und die Zahl der in das Abstrakt einzubeziehenden Absätze pro Kapitel fest.

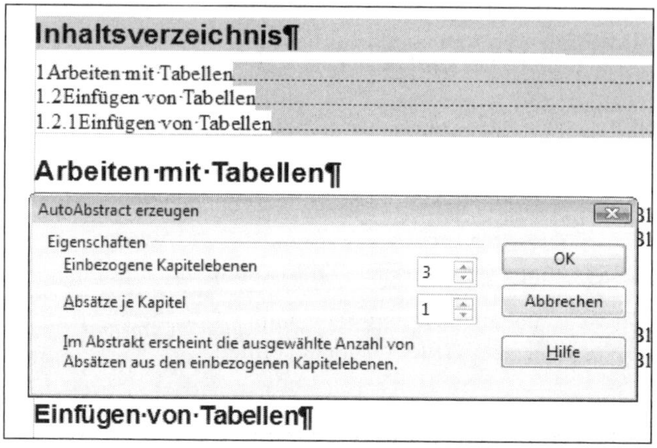

Abbildung 8.49: Dialogfeld *Auto-Abstract erzeugen* und Text

Sobald Sie das Dialogfeld über die *OK*-Schaltfläche schließen, wird das AutoAbstract in einem neuen Writer-Dokumentfenster erstellt (siehe Abbildung 8.49 im Hintergrund). Sie können die Datei anschließend bearbeiten und speichern.

9 Writer-Praxisbeispiele

Dieses Kapitel zeigt Ihnen, wie Sie in der Praxis bestimmte Dokumente (Briefe, Serienbriefe, Briefvorlagen etc.) mit dem Writer erstellen können.

9.1 Briefe und andere Dokumente gestalten

Zur Gestaltung von Briefen und anderen Dokumenten unterstützt Sie der Writer mit Vorlagen und Assistenten. Zudem können Sie auf eigene Vorlagen zurückgreifen. Der nachfolgende Abschnitt informiert Sie über die Funktionen des Writers zur Gestaltung von Textdokumenten.

9.1.1 Briefe aus Vorlagen anlegen

Um einen neuen Brief zu schreiben, müssen Sie diesen nicht jedes Mal komplett schreiben. Der Writer unterstützt Sie durch entsprechende Vorlagen, von denen ein Dokument abgeleitet werden kann.

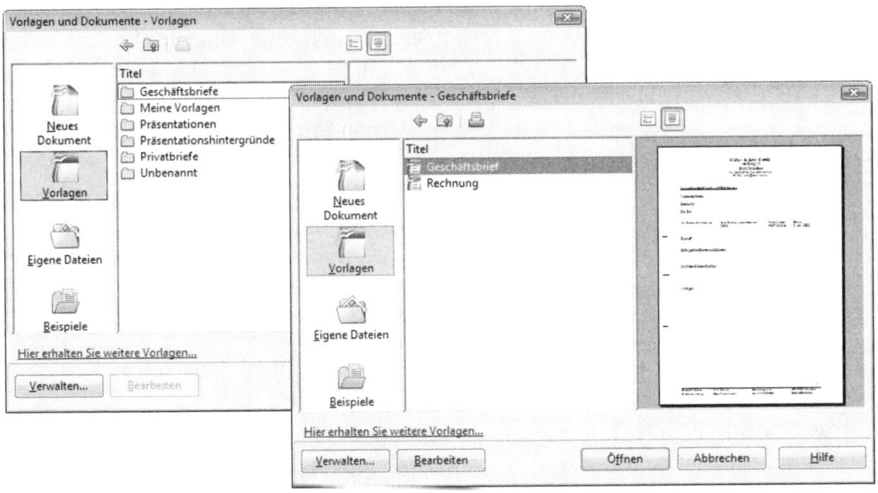

Abbildung 9.1: Vorlagen für Office

1. Wählen Sie den Befehl *Vorlagen und Dokumente* (z.B. im Fenster des Writers etwas länger auf die Schaltfläche zum Anlegen neuer Dokumente klicken und warten, bis sich das Menü öffnet, siehe *Kapitel 1*).
2. Im Dialogfeld *Vorlagen und Dokumente* klicken Sie auf das Symbol *Vorlagen*. Anschließend wählen Sie einen Eintrag aus der Liste der Vorlagen. Werden die

Ordnersymbole der Vorlagenkategorien angezeigt (Abbildung 9.1, links), öffnen Sie die gewünschte Kategorie per Doppelklick auf das Ordnersymbol.

3. Anschließend markieren Sie eine der Vorlagen im Dialogfeld. Dann sollte bereits eine Vorschau im rechten Feld des Dialogs erscheinen (Abbildung 9.1, rechts).
4. Bestätigen Sie die Auswahl über die Schaltfläche *Öffnen*.

Eventuell angezeigte Dialoge (z.B. für Seriendokumente) schließen Sie ebenfalls. Der Writer wird dann ein neues Dokument auf Basis der Vorlage erstellen. Je nach Vorlage finden Sie im Briefentwurf eine Reihe Platzhalter (z.B. für die Empfängeradresse), die Sie anklicken und dann mit eigenen Texten überschreiben können. Ergänzen Sie abschließend die briefspezifischen Inhalte und speichern Sie das Dokument als normale Textdatei ab.

INFO

Die Zahl der angezeigten Kategorien und Vorlagen hängt von der Office-Variante ab. StarOffice wird von Sun mit einer ganzen Reihe Vorlagen, vom Geschäftsbrief über Faxvorlagen bis hin zu Lieferscheinformularen, installiert. OpenOffice.org besitzt dagegen keine eigenen Dokumentvorlagen. In den folgenden Abschnitten erfahren Sie, wie sich solche Vorlagen nachrüsten, entwerfen oder generieren lassen.

9.1.2 Wissenswertes zum Schreiben eines Briefes

An dieser Stelle möchte ich noch einige Hinweise zum Schreiben der Briefe geben. Im geschäftlichen Bereich entwickelt sich der Korrespondenzstil mit den Jahren weiter. Ich habe noch gelernt, dass Postleitzahl und Ortsangaben in Briefen unterstrichen hervorzuheben sind. Mittlerweile sind solche Sachen verpönt. Hier einige Regeln, die Sie beim Schreiben Ihrer Briefe berücksichtigen sollten.

- Sofern die Absenderangabe nicht auf dem Briefumschlag vorgedruckt ist, geben Sie diese oberhalb der Empfängeradresse als Zeile mit einem Schriftgrad von 8 Punkt an. Daran schließt sich der Bereich für die Empfängerangaben an.
- Lassen Sie den Begriff »Firma« im Anschriftenfeld weg, wenn klar ist, dass es sich beim Adressaten des Schreibens um eine Firma (z.B. AG, GmbH etc.) handelt.
- Bei der Adressierung an eine Person innerhalb der Firma wird der Firmenname und in der nächsten Zeile der Name des Mitarbeiters angegeben. Auf den Zusatz »z. H.« oder »z. Hd.« wird mittlerweile verzichtet. Solche Schreiben sind an die Firma gerichtet und können von Dritten (Poststelle, Sekretärin, Kollegen) geöffnet werden.
- Geben Sie den Namen des Empfängers in eine Zeile oberhalb des Firmennamens an, handelt es sich um einen persönlichen Brief, der nur von der adressierten Person geöffnet werden darf. Ein solcher Brief bleibt in der Regel ungeöffnet, wenn diese Person in Urlaub ist oder das Unternehmen verlassen hat.
- Achten Sie auf die korrekte Schreibweise im Empfängerfeld. Sind Vornamen bekannt, sollten Sie diese ausschreiben. Akademische Titel wie Prof. und Dr. bzw. Dr. Ing. sind im Namenszusatz anzugeben – beim Titel Dipl.-Ing. scheiden sich aber die Geister. Im Hochschulumfeld verzichtet man mittlerweile auf die Namenszusätze, während in manchen Industrieunternehmen auf akademische Namenszusätze Wert gelegt wird. Funktionsbezeichnungen können auf die Zeile mit dem Namen folgen, sollten aber erst ab Abteilungsleiterebene aufwärts verwandt werden.

- Die Postleitzahl und der Ort werden nicht mehr durch eine Leerzeile von den restlichen Empfängerangaben abgesetzt. Beim Auslandsversand ist die Angabe D-, CH- oder A- vor der Postleitzahl zu stellen. Beim Auslandsversand sollte der Name des Landes in einer getrennten Zeile in Großbuchstaben vermerkt werden.
- Größere Firmen besitzen meist ein Postfach und geben zusätzlich die Hausadresse in der Korrespondenz an. Adressieren Sie Standardbriefe immer an die Postfachadresse, da diese dann schneller zugestellt werden. Sperrige Sendungen wie Pakete oder Päckchen sind jedoch mit der Hausadresse zu versehen, da diese u.U. durch den Zusteller angefahren wird. Berücksichtigen Sie bei der Gestaltung der Empfängeradresse den in Sichtkuverts und auf Adressetiketten auf sechs Zeilen begrenzten Platz und lassen Sie nicht zwingend notwendige Angaben wie Funktionsbezeichnungen oder Stockwerk etc. weg.
- Im Brieftext entfällt die Abkürzung »Betr.« in der Betreffzeile. Beginnen Sie den Brief mit der persönlichen Anrede »Sehr geehrte Frau xyz«, »Sehr geehrter Herr xyz« oder, falls der Empfänger unbekannt ist, mit der anonymen Floskel »Sehr geehrte Damen und Herren«. Diese Anrede wird in deutschen Briefen immer mit einem Komma abgeschlossen und die nächste Zeile kleingeschrieben fortgesetzt (Ausnahmen sind generell großzuschreibende Begriffe). Beachten Sie aber, dass diese Regel in der Schweiz z.B. nicht gilt.
- Maßeinheiten (5 %, 2 o/oo, 3 m³) werden mit einem Leerzeichen vom Wert abgerückt. Ausnahmen sind lediglich Temperaturangaben (z.B. 25 °C) oder Angaben der Art »3 1/4 %iger Anteil«.
- Verwenden Sie einen Bindestrich zum Koppeln von Begriffen (wie Heinrich-Böll-Allee oder 2-sitzig), wird kein Leerzeichen benutzt. Kommt das Zeichen jedoch als Gedankenstrich (»Wir sprachen im letzten Urlaub – den wir in Italien verbrachten – von unseren gemeinsamen Zielen«) oder Wortvertreter (als Platzhalter für »bis« in 8 Uhr – 12 Uhr, oder für »gegen« in Bayern – Schalke) vor, wird jeweils ein Leerzeichen davor und dahinter gesetzt.
- Bei Telefonnummern wird das Leerzeichen zur Gliederung funktionsbezogener Gruppen (z.B. Ortskennzahl oder Länderkennzahl) benutzt. Ein Nebenanschluss wird dagegen durch einen Bindestrich von der Nummer getrennt (z.B. »089 305-77).
- Satzzeichen wie Komma, Ausrufezeichen oder Punkt werden immer von einem Leerzeichen gefolgt (es sei denn, sie stehen am Absatzende). Hinter Auslassungspünktchen (z.B. »Herr ...«) folgt kein weiterer Punkt als Satzzeichen.
- Währungsangaben sind in Deutschland mit einem Dezimalkomma und der Währungseinheit EUR, € oder Euro zu versehen. Die Tausenderstelle kann sowohl mit einem Punkt als auch mit einem Leerzeichen abgesetzt werden (4 200 €; 3.400 €). Zahlen, die keine Währungsangaben enthalten, dürfen an der Tausenderstelle nur mit einem Leerzeichen abgesetzt werden. Bei Cent-Beträgen gibt es übrigens keine vorgeschriebene Abkürzung, Sie sollten aber das Kürzel ct verwenden. Die früher gebräuchliche Darstellung -,25 € ist jedoch verpönt, setzen Sie stattdessen eine führende Null der Art 0,25 € als Betrag ein.
- Bezüglich Datums- und Uhrzeitangaben sind verschiedene Varianten zulässig. Das Datum darf in den Formen 11.10.2008, 11.10.08, 2008-10-11, 08-10-11, 11. November 2008. 11. November 08 angegeben werden. Bei der Uhrzeit sind nur die Angaben 06:00 Uhr und 6 Uhr zulässig. Beziehen Sie sich auf Gesetzesparagrafen, sind diese in der Form »§ 1 Abs. 5 Satz 2« aufzuführen. Bei Doppelparagrafen wird kein Leerzeichen dazwischen gesetzt (§§ 12 bis 18).

- Die Zeichenfolge »./.« besitzt je nach Bereich eine verschiedene Bedeutung. Im juristischen Umfeld steht sie für »gegen« (z.B. Born ./. Bundesrepublik Deutschland). Bei Zahlenangaben der Art »./. 1.234,56 €« signalisiert die Zeichenfolge dagegen einen Abzug. Das Sternchen vor Jahresangaben (* 1890) steht für das Geburtsdatum, während + in Jahresangaben (+ 1990) für das Sterbedatum steht.

Bei Zweifelsfällen hilft ein Blick in den Duden »Die deutsche Rechtschreibung«. Die Abschnitte »Richtlinien für den Schriftsatz« erläutern die obigen Regeln. In »Hinweise für das Maschinenschreiben« finden Sie Rat bei häufig auftretenden Fragestellungen. Unter `www.wirtschaftsdeutsch.de/materialboerse/handelskorrespondenz.php3` finden Sie ebenfalls Tipps zur Briefgestaltung.

9.1.3 Wo gibt es Musterdokumente

Viele Benutzer haben Probleme, Texte für anfallende Korrespondenz wie Verträge, Eingaben an das Finanzamt, Kündigungsschreiben, Entschuldigungen etc. zu verfassen. Sie müssen aber nicht unbedingt zu Werken greifen, die 1.000 Musterbriefe für den Alltag versprechen.

- Viele nützliche Informationen und Anregungen rund um die Gestaltung von Briefen und Einladungen finden Sie auf der Webseite `www.download-cards.de`. So sind dort auch Hinweise zu finden, was in der Geschäftskorrespondenz an Informationen in den Briefbogen enthalten sein muss oder wie Briefbogen nach DIN aufzubauen sind. Die für Microsoft Word verfassten Beispielvorlagen lassen sich herunterladen und in den Writer importieren. Passen Sie dann die Vorlagen für eigene Zwecke an.
- Einige Fragen (richtig zitieren, Länge von Einleitung und Schluss einer Arbeit etc.) zum Verfassen wissenschaftlicher Arbeiten beantwortet die Schreibwerkstatt unter `http://www.uni-due.de/schreibwerkstatt/`. Tipps zum Verfassen von Dissertationen und längerer wissenschaftlicher Dokumente lässt sich auch der Rubrik »Doktoranden« auf der Webseite `www.educat.hu-berlin.de/diss_online/` entnehmen.
- Mustertexte rund um das Thema »Schreiben an Versicherungen« können Sie sich auf der Webseite `www.homeofinsurance.de` erzeugen lassen. Musterbriefe zu verschiedenen Anlässen lassen sich von der Webseite `www.briefform.de` herunterladen.

Die Webseite `www.formular.de` bietet Linklisten zu kostenlosen und kostenpflichtigen Angeboten im Web. Einschlägige Suchmaschinen liefern ebenfalls Webseiten mit kostenlosen und kostenpflichtigen Angeboten für Musterschreiben. Zudem können Sie sowohl in OpenOffice.org als auch in StarOffice auf die Funktion AutoText (Menübefehl *Bearbeiten/AutoText*) zurückgreifen. Im *AutoText*-Dialogfeld lassen sich verschiedene Textschablonen für Bewerbungen, Kündigungen, Mahnungen etc. abrufen.

9.1.4 Vorlagen für OpenOffice.org nachrüsten

Wenn Sie OpenOffice.org verwenden, fehlen viele der in StarOffice bereitgestellten Vorlagen. Wer Zugriff auf StarOffice (ggf. auch ältere Versionen) hat, kann die Vorlagendateien aus den Vorlagenordnern in die OpenOffice.org-Vorlagenordner kopieren. Im Internet lässt sich über Suchmaschinen ebenfalls nach deutschen OpenOffice.org-Vorlagen zum kostenlosen Download suchen. Sie müssen die betreffenden Vorlagendateien lediglich laden und dann als Vorlage speichern (siehe *Kapitel 1*, Abschnitt »So erstellen Sie eigene Vorlagendateien«).

9.1.5 Dokumententwurf mit dem Assistenten

Office besitzt noch Assistenten (auch als AutoPilot bezeichnet), mit denen sich Vorlagen für Briefe, Memos, Besprechungen etc. interaktiv anlegen lassen.

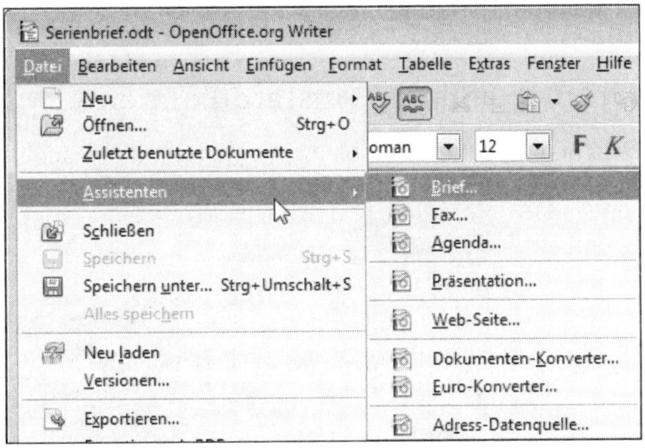

Abbildung 9.2: Auswahl der Dokumentvarianten im Assistenten

1. Rufen Sie den Menübefehl *Datei/Assistenten* auf. Im eingeblendeten Untermenü lässt sich dann ein Dokumenttyp wie Brief, Fax, Agenda, Präsentation etc. wählen (Abbildung 9.2).
2. Der Assistent führt Sie dann in einer Folge von Dialogfeldern durch die Schritte zur Gestaltung der Vorlage. Der genaue Aufbau und der Ablauf der Dialogschritte hängen vom gewählten Dokumenttyp (Brief, Fax, Agenda, Memo) ab. In Abbildung 9.3 sind beispielhaft die Dialoge zur Faxgestaltung zu sehen. Nehmen Sie in den einzelnen Dialogschritten die geforderten Eingaben vor und wählen Sie die gewünschten Optionen aus. Über die Schaltflächen *Weiter* und *Zurück* können Sie zwischen den Dialogschritten wechseln.
3. Sobald der letzte Dialogschritt erreicht ist, wird die *Weiter*-Schaltfläche gesperrt. Schließen Sie dann das Dialogfeld durch Anwahl der *Fertig stellen*-Schaltfläche ab.

Der Assistent generiert anschließend die Vorlage anhand der in den Dialogfeldern gesetzten Vorgaben und speichert das Ergebnis unter dem gewählten Namen in den Vorlagenordnern. Gleichzeitig wird eine neue Dokumentdatei basierend auf der Vorlage angelegt (Abbildung 9.4).

Sie können die Dokumentdatei mit individuellem Text ergänzen und dann nutzen. Benötigen Sie später erneut ein Dokument, steht Ihnen die Vorlage im Vorlagenkatalog unter dem im Assistenten angegebenen Namen zur Verfügung. Bei Bedarf können Sie die Vorlagendatei im Writer öffnen und zusätzliche Anpassungen vornehmen (siehe auch *Kapitel 1*).

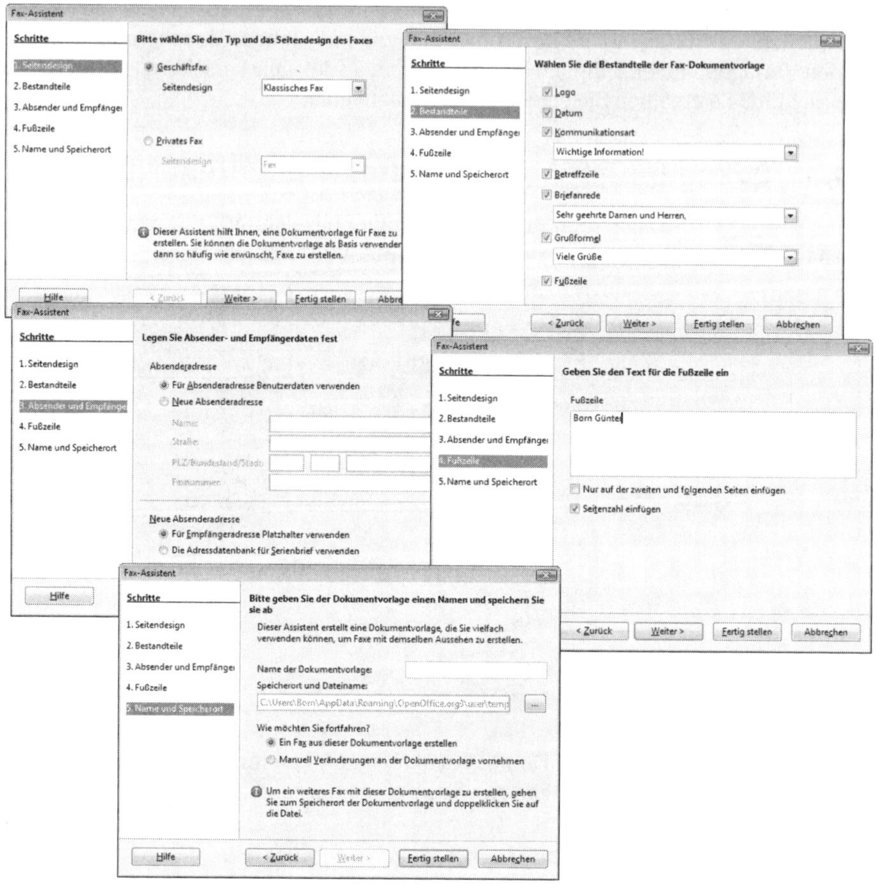

Abbildung 9.3: Dialoge des Assistenten beim Erzeugen einer Faxvorlage

9.1.6 Vorlagenübernahme mit dem Dokumenten-Konverter

Im Menü *Assistenten* finden Sie einen Befehl zum Aufruf des Dokumenten-Konverters (Abbildung 9.2). Mit diesem Assistenten können Sie in Microsoft Word oder mit älteren OpenOffice.org/StarOffice-Varianten erstellte Dokumente bzw. Vorlagen konvertieren. Der Vorteil des Programms besteht darin, dass es alle Vorlagen in einem vorgebbaren Ordner in einem Rutsch in die OpenOffice.org/StarOffice-Formate umsetzt und automatisch in die Vorlagenordner speichern kann.

1. Wählen Sie im Menü *Datei* den Befehl *Assistenten* und klicken Sie im Untermenü auf den Befehl *Dokumenten-Konverter* (Abbildung 9.2). Der Assistent startet nun den Dokumenten-Konverter, der Sie über verschiedene Dialoge durch die Schritte der Konvertierung führt. Mittels der Schaltflächen *Weiter* und *Zurück* lässt sich dabei zwischen den Dialogschritten blättern.
2. Wählen Sie im ersten Dialogschritt (Abbildung 9.5, links) über das Optionsfeld die Office-Variante der Ausgabedateien (StarOffice oder Microsoft Word). Dann markieren Sie die Kontrollkästchen der Anwendungen (hier Word), deren Dokumentformate Sie umsetzen möchten.

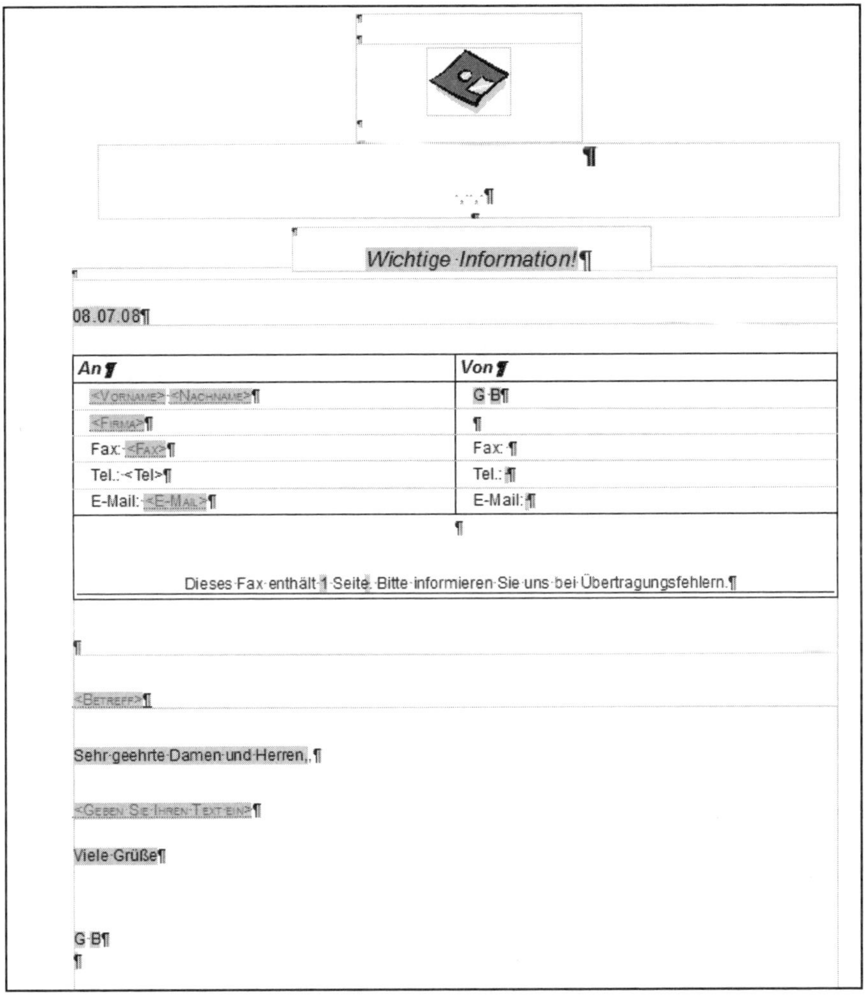
Wichtige Information!

08.07.08

An	Von
<VORNAME> <NACHNAME>	G B
<FIRMA>	
Fax: <FAX>	Fax:
Tel.: <Tel>	Tel.:
E-Mail: <E-MAIL>	E-Mail:

Dieses Fax enthält 1 Seite. Bitte informieren Sie uns bei Übertragungsfehlern.

<BETREFF>

Sehr geehrte Damen und Herren,

<GEBEN SIE IHREN TEXT EIN>

Viele Grüße

G B

Abbildung 9.4: Per Assistent erstellte Faxvorlage

3. Im Folgedialog (Abbildung 9.5, rechts) markieren Sie über Kontrollkästchen, ob Vorlagen und/oder Dokumente in einem Verzeichnis (und ggf. in Unterverzeichnissen) zu konvertieren sind. Die Quell- und Zielverzeichnisse lassen sich über Textfelder bzw. die zugehörigen Schaltflächen einstellen.

Existiert der Zielordner nicht, warnt Sie der Assistent in einem Zwischenschritt und bietet an, das Verzeichnis anzulegen. Nach diesem optionalen Dialog zeigt der Konverter den unteren Dialog aus Abbildung 9.5. Sobald Sie auf die Schaltfläche *Konvertieren* klicken, beginnt der Assistent mit der Umsetzung und informiert Sie über das Ergebnis. War die Option zum Erstellen einer Logdatei markiert, können Sie dieses Dokument über eine Option im Ergebnisdialog öffnen. Dort erhalten Sie Hinweise, ob es Probleme mit der Quelldatei gab und ob eine Nachbearbeitung erforderlich ist. Der Dokumenten-Konverter greift letztlich auf die Importfilter von Office zurück, kann also bestimmte Feldbefehle aus Microsoft Office, VBA-Makros und andere in OpenOffice.org/StarOffice nicht verfügbare Optionen auch nicht umsetzen. Der Vor-

Abbildung 9.5: Dialoge des Dokumenten-Konverters

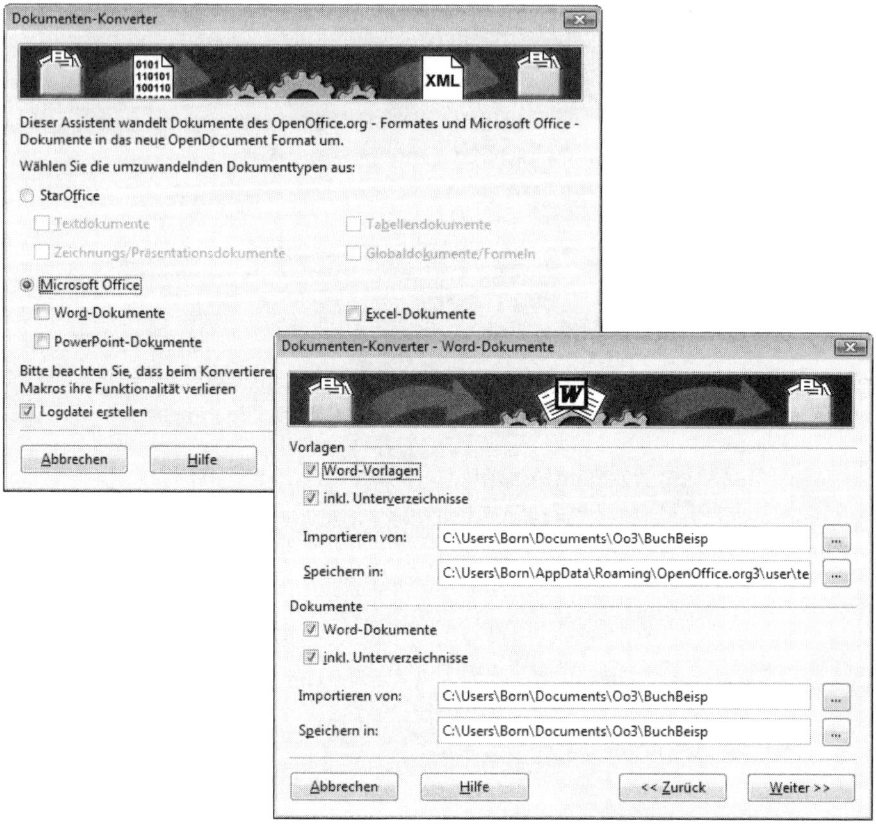

teil des Konverters besteht darin, dass sich sehr viele Dokumente in einem Batchlauf umsetzen lassen.

INFO

Falls Sie noch viele Dokumente mit DM-Währungsangaben haben, können Sie den Euro-Konverter (Menü Datei, *Befehl* Assistent/Euro-Konverter*) im Nachgang aufrufen. Der Assistent zeigt dann einen Dialog, in dem Sie die Ordner der zu bearbeitenden Office-Dokumente sowie den Umfang (Einzeldokument oder alle Dokumente) festlegen können. Der Konverter rechnet Währungsbeträge aus Calc-Tabellen und bei Writer-Textdokumenten aus Feldern und Tabellen in Eurobeträge um.*

9.1.7 Visitenkarten selbst gemacht

Der Handel bietet Visitenkartenbogen mit Mikroperforation zum Selbstdrucken samt der erforderlichen Software an. Wer StarOffice oder OpenOffice.org besitzt, kann auf die angebotenen Visitenkartendruckprogramme verzichten. Der Writer ist mit einem Assistenten ausgestattet, der den Visitenkartendruck automatisiert.

1. Klicken Sie im Writer auf die Schaltfläche zum Anlegen eines neuen Dokuments und halten Sie die linke Maustaste gedrückt. Sobald sich das Menü öffnet, wählen Sie den Eintrag *Visitenkarten* (Abbildung 9.6).

2. Im Eigenschaftenfenster *Visitenkarten* (Abbildung 9.7) finden Sie verschiedene Registerkarten zur Eingabe der Visitenkartenoptionen. Setzen Sie die gewünschten Optionen und klicken Sie auf die Schaltfläche *Neues Dokument*.

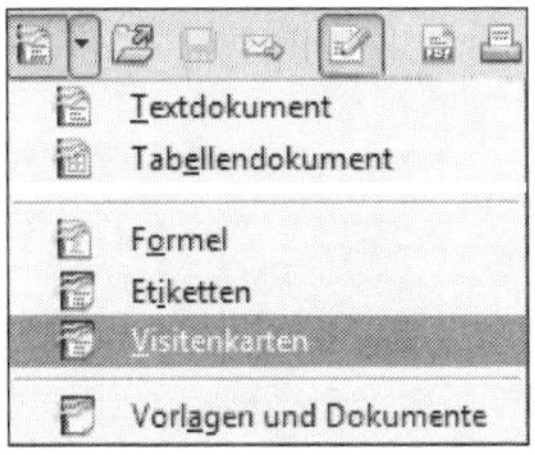

Abbildung 9.6: Menü zur Auswahl des Dokumenttyps

Der Writer legt ein neues Textdokument mit den Visitenkarteneinträgen an. Hinweise zum Setzen der Visitenkartenoptionen finden Sie auf den folgenden Seiten.

Auswahl des Visitenkartenformats

Auf der Registerkarte *Medium* können Sie das Medium, auf dem der Visitenkartendruck erfolgt, auswählen (Abbildung 9.7, oben). Über die Optionsfelder *Endlos* und *Bogen* der Gruppe *Format* lässt sich das Medium vorgeben. Die Option *Endlos* ist für den Etikettendruck vorgesehen (Etiketten und Visitenkarten besitzen ähnliche Druckmerkmale) und dürfte bei Visitenkarten seltener vorkommen. Typischerweise werden Visitenkartensätze zum Selbstdrucken auf DIN-A4-Karton in Form einzelner Bogen mit Mikroperforation angeboten.

Wählen Sie anschließend über das Listenfeld *Marke* den Hersteller der Druckbogen und geben Sie im nächsten Schritt den Typ des benutzten Bogens an.

INFO

Blankovisitenkarten gibt es von verschiedenen Herstellern (Zweckform/Avery `www.avery-zweckform.de`*, Sigel* `www.sigel.de`*) und lassen sich im gut sortierten Schreibwarenhandel beziehen. Diverse Spezialpapiere können von Privatpersonen auch über das Internet zum Beispiel unter* `www.papier-und-mehr.de` *oder* `www.pearl.de` *bezogen werden. Gewerblichen Anwendern stehen weitere Bezugsquellen wie* `www.office-discount.de` *zur Verfügung. Auf den aufgeführten Internetseiten finden Sie zusätzliche Informationen zu Formaten und Produkten.*

Office unterstützt die verbreiteten Hersteller von Etiketten und Visitenkarten. Finden Sie den vom Hersteller angegebenen Typ nicht, wählen Sie im Feld *Typ* einen Eintrag, der den Abmessungen des vorliegenden Druckbogens entspricht.

Visitenkarten besitzen typischerweise eine Breite von 8,50 cm und eine Höhe von 5,50 cm. Die Bogen weisen dabei einen oberen Rand von 1,20 cm und einen linken Rand von 1,4 cm auf. Pro Bogen sind 2 x 5 Karten mit einer Trennspalte von 1,00 cm aufgebracht. Solche Bogen lassen sich beispielsweise mit den in Abbildung 9.7 auf der Registerkarte *Medium* gezeigten Einstellungen drucken. Wird der Typ nicht unterstützt, können Sie das Feld *Typ* auf »[Benutzer]« setzen. Messen Sie die Ränder und Größen der vorgestanzten Bogen aus und tragen Sie diese auf die Registerkarte *Format* ein (Abbildung 9.7).

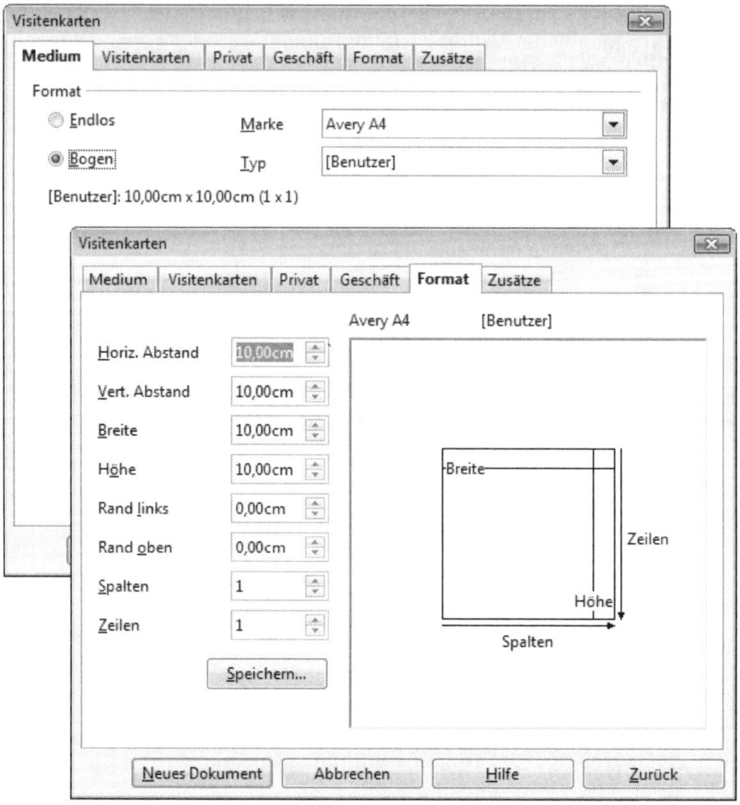

Abbildung 9.7: Auswahl des Visitenkartenformats

HALT

Wählen Sie die Registerkarte Medium *auf jeden Fall beim Gestalten einer neuen Visitenkarte an. Der zuletzt eingestellte Wert bleibt zwar auch zwischen verschiedenen Sitzungen erhalten. Wird die Registerkarte aber nicht aufgerufen, führt ein Fehler beim Generieren der neuen Seite dazu, dass nur eine Visitenkarte auf einem 10 cm breiten Blatt angelegt wird. Sie können dann die Seite nur noch verwerfen und die obigen Schritte erneut ausführen.*

Eingeben der Adressdaten

Office unterstützt den Druck privater und geschäftlicher Visitenkarten. Beim Einfügen der Inhalte kann der Writer dabei auf eingetragene Daten zugreifen. Die betreffenden Angaben können Sie auf den Registerkarten *Privat* und *Geschäft* machen (Abbildung 9.8).

INFO

Die Eingaben, die Sie auf den beiden Registerkarten tätigen, bleiben auch zwischen den Writer-Sitzungen erhalten, lassen sich also jederzeit abrufen oder anpassen.

Gestalten der Visitenkarteninhalte

Sobald die Kontaktdaten eingetragen wurden, können Sie den Inhalt der Visitenkarten gestalten. Hierzu gibt es zwei Ansätze.

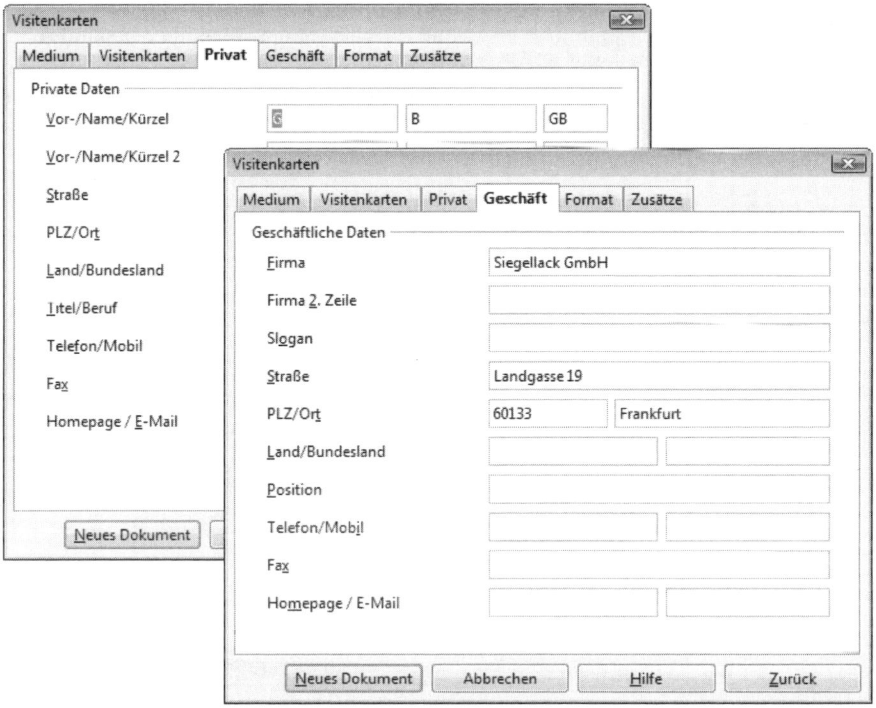

Abbildung 9.8: Eingeben privater und geschäftlicher Adressdaten

9

- Die Grundstruktur des Visitenkarteninhalts lässt sich auf den Registerkarten *Visitenkarten* und *Zusätze* anlegen (Abbildung 9.9).
- Feinarbeiten oder individuell angepasste Visitenkarten müssen dagegen direkt im erzeugten Textdokument vorgenommen werden.

Der Writer unterstützt in allen Office-Versionen zwei AutoText-Vorlagen für geschäftliche Visitenkarten mit den Abmessungen 85 x 50 und 85 x 54. Bei StarOffice werden zusätzliche Vorlagen mitgeliefert. Die Kategorien lassen sich auf der Registerkarte *Visitenkarten* über das Listenfeld *AutoText – Bereich* einstellen. Anschließend wählen Sie in der Gruppe *Inhalt* einen der aufgeführten AutoText-Einträge. Die Vorschau der Registerkarte gibt Ihnen einen Eindruck vom Inhalt der AutoText-Vorlage. Die Textinhalte werden dabei automatisch, abhängig von der gewählten AutoText-Vorlage, aus den Feldinhalten der Registerkarten *Privat* und *Geschäft* generiert.

TIPP

Benötigen Sie spezielle Visitenkartendesigns, können Sie sich einen entsprechenden AutoText-Eintrag selbst anlegen. Erzeugen Sie ein leeres Textdokument und gestalten Sie den Visitenkarteninhalt im gewünschten Design. Dabei lassen sich spezielle Schrifteffekte, Grafiken und Logos aufnehmen. Anschließend markieren Sie den Text und wählen im Menü Bearbeiten *den Befehl* AutoText. *Geben Sie in das Dialogfeld* AutoText *einen Namen sowie ein Kürzel vor. Der vorher markierte Bereich wird über die Schaltfläche* AutoText *mittels des Befehls* Neu *gespeichert. Diese AutoText-Vorlage können Sie später auf der Registerkarte* Visitenkarten *über das Listenfeld* AutoText – Bereich *abrufen.*

Sobald Sie auf die Schaltfläche *Neues Dokument* der Registerkarte klicken, erzeugt der Writer eine Textseite mit der vorgegebenen Anzahl von Visitenkarteneinträgen. Müssen oder möchten Sie vor dem Ausdrucken noch etwas am Entwurf korrigieren, wird dies bei zehn Visitenkarten pro Seite sehr aufwändig. In diesem Fall klicken Sie vor dem Schließen des Dialogfelds auf die Registerkarte *Zusätze* und markieren das Kontrollkästchen *Inhalte synchronisieren* (Abbildung 9.9, oben).

Abbildung 9.9: Gestalten der Visitenkarte

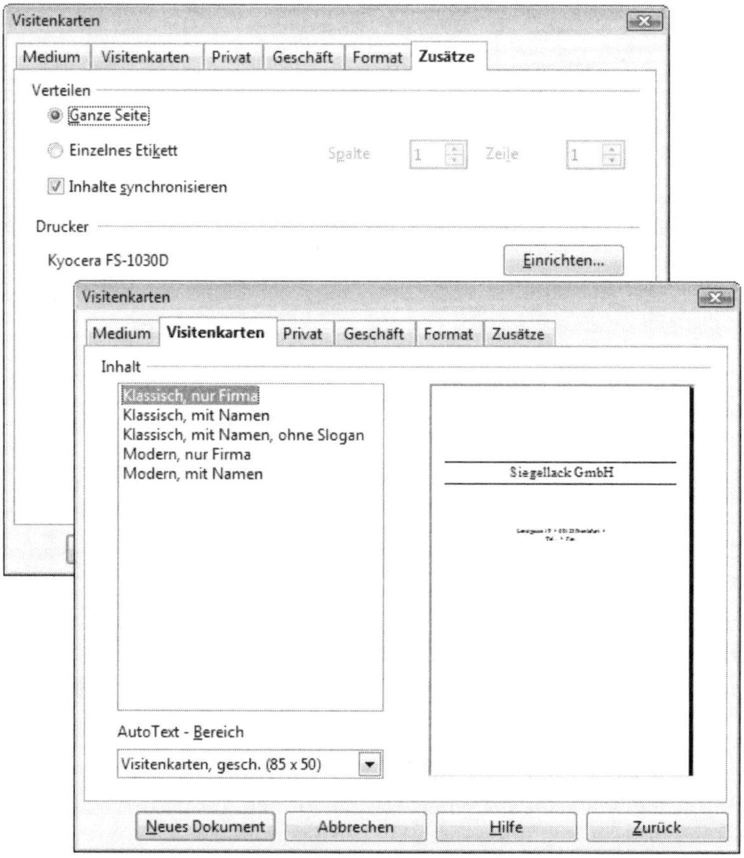

Ist das Kontrollkästchen *Inhalte synchronisieren* markiert, blendet der Writer nach dem Generieren der Textseite mit den Visitenkartenentwürfen eine Symbolleiste *Etiketten synchronisieren* im Dokumentfenster ein (Abbildung 9.10). Sie können nun das Design der ersten Visitenkarte (die Karte in der oberen linken Ecke) anpassen (z.B. Grafiken einfügen). Klicken Sie anschließend auf die Schaltfläche *Etiketten synchronisieren*, werden diese Änderungen zu den restlichen Entwürfen übertragen. Das Dokument mit den Visitenkarten lässt sich anschließend drucken und als Textdatei zur späteren Verwendung speichern.

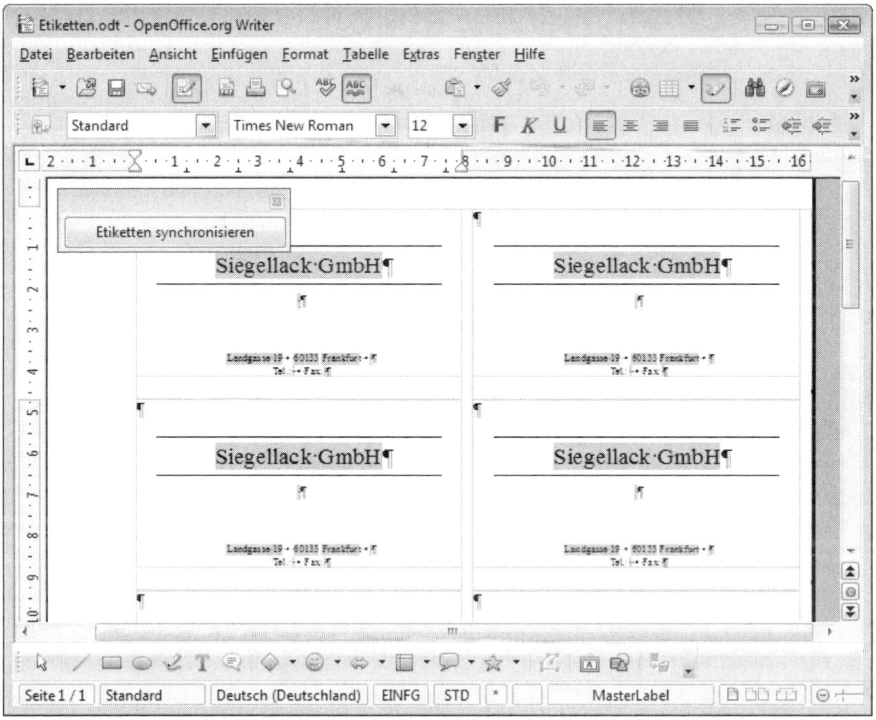

Abbildung 9.10: Dokument mit Visitenkarten

9

HALT

Die Visitenkarten der Textbausteine sind als Rahmen im Dokument realisiert. Fügen Sie Grafikelemente in die Visitenkarte ein, dürfen Sie diese nicht am Rahmen verankern. Andernfalls wird das Element beim Anklicken der Schaltfläche Etiketten synchronisieren *nicht in die anderen Visitenkarten übertragen. Verzichten Sie auch auf das Einblenden der Feldnamen (z.B. über den Befehl* Feldbefehle *im Menü* Ansicht*), da beim anschließenden Anzeigen der Feldwerte u.U. nur noch leere Visitenkarten erscheinen. Sie können zwar die Schaltfläche* Etiketten synchronisieren *anklicken. Dann werden die Visitenkarten aktualisiert. In der ersten Visitenkarte erscheint aber kein Inhalt, da sich die Anzeigeoptionen verändert haben.*

INFO

Falls Sie nicht mit den Visitenkartenvorlagen arbeiten möchten, können Sie auch ein normales Textdokument benutzen. Setzen Sie die Seitenränder gemäß den Abmessungen der Visitenkartenbogen. Anschließend fügen Sie eine Tabellenzeile mit drei Spalten ein. Die linke und rechte Zelle ist auf die Abmessungen der Visitenkarten einzustellen, während die mittlere Zelle als Spaltentrenner fungiert. Heben Sie die Rahmenlinien für die Zellen auf und gestalten Sie den Visitenkarteninhalt in der linken Zelle. Sobald dieser stimmt, kopieren Sie das Ganze in die rechte Zelle. Dann klicken Sie in der rechten Zelle auf den letzten Absatz und drücken die [⇥]*-Taste, um eine neue Tabellenzeile zu erzeugen. Auf diese Weise lässt sich die Tabelle auf 5 x 2 Visitenkartenfelder erweitern. Drucken Sie den Entwurf versuchsweise auf normalem Papier und, wenn alles stimmt, auf Visitenkartenbogen.*

9.2 Gestalten eigener Briefvorlagen nach DIN

Der Nachteil bei den mit Office gelieferten oder den aus dem Internet herunterladbaren Briefvorlagen besteht darin, dass diese nicht an die eigenen Bedürfnisse angepasst sind. Mit etwas Erfahrung lassen sich aber eigene, individuelle Vorlagen erstellen, die zudem noch robust gegen Änderungen sind. Die folgenden Abschnitte vermitteln Ihnen das Wissen zum Gestalten der Briefköpfe, Nützliches zur Kommunikation im Geschäftsverkehr und das Know-how, wie sich eigene Briefbogen als Vorlagen effizient realisieren lassen.

9.2.1 Hinweise zur Briefgestaltung im Geschäftsverkehr

Beim Entwurf Ihrer Briefbogen sollten Sie sich an die landesüblichen Gepflogenheiten bzw. an existierende Normen halten. Solche Normen stellen sicher, dass die Briefe einem gewissen Standard entsprechen und sowohl in Fensterkuverts passen als auch bezüglich Versandanschrift etc. maschinenlesbar sind. Obwohl sich die Gestaltung der Schriftstücke ähnelt, gibt es verschiedene landestypische Normen.

- Für Briefe im Geschäftsverkehr kommen in Deutschland zwei Normen, die DIN 5008 (Regeln für allgemeine Schreibweisen) und die DIN 676 (Gestaltung/Abstände Geschäftsbrief), zum Einsatz.
- In der Schweiz wird die Geschäftskorrespondenz nach der Norm SN 010130 gestaltet, während in Österreich die Norm ÖNORM A 1080 maßgebend ist.

Auch private Briefbogen können sich an den betreffenden Normen (DIN, SN, ÖNORM) anlehnen. Die nachfolgenden Ausführungen beziehen sich aber der Einfachheit halber auf die DIN-Norm 5008.

INFO

Wer sich über die Details zum Gestalten von Briefen informieren möchte, wird im Internet fündig. Es reicht, die Kürzel der obigen Normen in eine Suchmaschine einzugeben, um entsprechende Seiten zu finden. Für Leser aus Österreich hält die Seite `www.bildungsservice.at/faecher/txvm/brief/uebersicht.htm` *Anleitungen zur Gestaltung privater und geschäftlicher Korrespondenz nach der ÖNORM bereit. Leser aus Deutschland finden auf der Seite* `www.tastschreiben.de` *in der Rubrik »Neue DIN 5008« eine Übersicht über Schreibweisen von Zahlen, Formeln etc. sowie zu den technischen Details (z.B. Abständen) im Sinne der Norm. Nützliche Informationen rund um die DIN 5008 finden sich auch unter* `www.grips-lernweb.de`*. Viele Tipps rund um die Gestaltung und Verwaltung Ihrer Korrespondenz liefert die Internetseite* `http://www.sekada-daily.de/service/impressum-faq.html`*. Nützliche Tipps von der sprachlichen über die orthografische bis hin zur typografischen Gestaltung Ihrer geschäftlichen Korrespondenz finden Sie zudem unter* `www.wirtschaftsdeutsch.de/materialboerse/handelskorrespondenz.php3`.

Ein nach diesen DIN-Regeln gestalteter Brief entspricht im Aufbau dem in Abbildung 9.11 gezeigten Briefbogen (der aus Platzgründen etwas in der Höhe gekürzt wurde). Die obersten 4,5 cm des DIN-A4-Blatts (21 cm breit und 29,7 cm lang) sind im DIN-Brief zur freien Gestaltung des Briefkopfes reserviert.

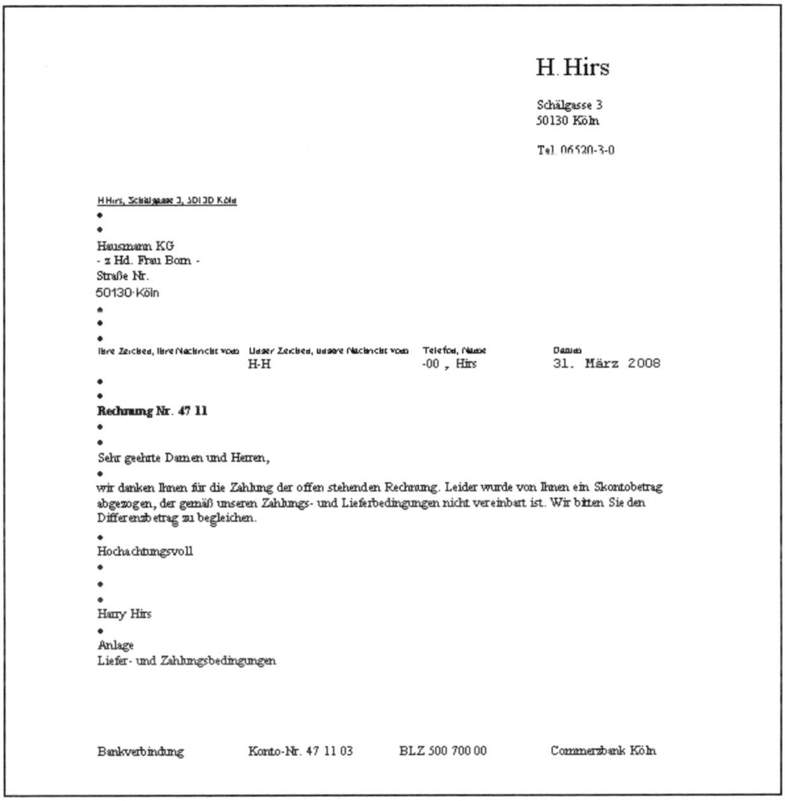

H. Hirs

Schälgasse 3
50130 Köln

Tel. 06520-3-0

H.Hirs, Schälgasse 3, 50130 Köln
•
•
Hausmann KG
- z Hd. Frau Born -
Straße Nr.
50130 Köln
•
•
•

Ihre Zeichen, Ihre Nachricht vom	Unser Zeichen, unsere Nachricht vom	Telefon, Name	Datum
	H-H	-00 , Hirs	31. März 2008

•
•
Rechnung Nr. 47 11
•
•
Sehr geehrte Damen und Herren,
•
wir danken Ihnen für die Zahlung der offen stehenden Rechnung. Leider wurde von Ihnen ein Skontobetrag abgezogen, der gemäß unseren Zahlungs- und Lieferbedingungen nicht vereinbart ist. Wir bitten Sie den Differenzbetrag zu begleichen.
•
Hochachtungsvoll
•
•
•
Harry Hirs
•
Anlage
Liefer- und Zahlungsbedingungen

Bankverbindung Konto-Nr. 47 11 03 BLZ 500 700 00 Commerzbank Köln

Abbildung 9.11: Briefbogen nach DIN 5008

Die DIN legt den Rand für den Brief mit mindestens 2,14 cm links und 0,81 cm rechts fest. Als Schriftgrad ist ein Wert von mindestens 10 Punkt vorgegeben. Häufig beginnt man bereits bei 1,67 cm vom oberen Rand mit dem Firmenkopf. Bei einem Privatbrief kann neben der Absenderangabe auch die Ortsangabe mit Datumszeile in der ersten Kopfzeile mit einem Tabulatorabstand von 10,16 cm, bezogen auf den linken Blattrand, angeordnet werden.

Das Anschriftenfeld mit der Empfängeradresse wird 5,08 cm vom oberen sowie 2,41 cm vom linken Rand positioniert und weist neun Zeilen auf. In der ersten Zeile findet sich optional die Versandart (z.B. Einschreiben). Die letzte Zeile ist der (nicht hervorgehobenen) Ortsangabe vorbehalten. Weitere Bestandteile eines Geschäftsbriefs sind Bezugs- und Betreffzeilen, die Anrede, die Grußformel, das Unterschriftenfeld und der Verweis auf Anlagen. Diese Bestandteile werden durch eine vorgegebene Anzahl an Leerzeilen getrennt. Da beim Ausdruck die Absatzmarken nicht erscheinen, wurden in Abbildung 9.11 die Leerzeilen durch kleine Punkte markiert. Die Fußzeile am unteren Rand ist nach DIN frei gestaltbar. In die Fußzeile können Sie Geschäfts- und Bankverbindungen eintragen. Benötigen Sie keine Bankverbindung, lassen Sie die Fußzeile weg. Bei einem Privatbrief entfällt die Bezugszeile mit dem Text »Ihr Zeichen«.

9.2.2 Neues Dokument für die Briefvorlage anlegen

Um eine eigene Briefvorlage für private oder geschäftliche Korrespondenz zu entwickeln, benötigen Sie ein neues Dokument. Hierzu führen Sie folgende Schritte aus – die für private Bogen nicht benötigten Schritte übergehen Sie dabei.

1. Klicken Sie auf die Schaltfläche zum Anlegen eines neuen Dokuments, halten Sie aber die linke Maustaste etwas gedrückt und wählen Sie im sich öffnenden Menü den Befehl *Textdokument*.
2. Schalten Sie die Textbegrenzungen über den gleichnamigen Befehl im Menü *Ansicht* und die Anzeige der Absatzmarken über die *Standard*-Symbolleiste ein.
3. Markieren Sie die erste Absatzmarke im Dokument und weisen Sie die gewünschte Schriftart (z.B. »Times New Roman« oder »Arial«) sowie den Schriftgrad (z.B. 11 Punkt) zu.
4. Zusätzlich können Sie über den Kontextmenübefehl *Absatz* auf der Registerkarte *Einzüge und Abstände* einen Absatzabstand von 0,20 cm vor bzw. nach dem Absatz festlegen.
5. Drücken Sie abschließend einige Male die [↵]-Taste, um einige Leerzeilen zu erzeugen.

Mit diesen Schritten haben Sie das Grunddokument angelegt. Sie können das Dokument nun zur Sicherheit in einer *.odt*-Datei zwischenspeichern.

9.2.3 Definition des Seitenlayouts für die erste Seite

Jetzt gilt es, das Seitenformat an einen DIN-Brief anzupassen. Diese Anpassung erfolgt über Seitenvorlagen. Vorher möchte ich jedoch noch einige Grundsatzüberlegungen diskutieren. Der Briefkopf mit den Angaben des Absenders (also Firmenkopf oder Privatadresse) lässt sich in einer Kopfzeile unterbringen. Bankverbindung und andere Angaben finden ggf. in der Fußzeile Platz. Da ein Brief mehrere Seiten umfassen kann und der Firmenkopf nicht unbedingt auf den Folgeseiten erscheinen soll, benötigen Sie zwei Seitenvorlagen. Im ersten Schritt soll das Layout der ersten Seite angepasst werden.

1. Klicken Sie mit der rechten Maustaste auf den ersten Absatz der Seite und wählen Sie im Kontextmenü den Befehl *Seite*.
2. Setzen Sie im Eigenschaftenfenster die in Abbildung 9.12 gezeigten Werte für die Seitenränder auf der Registerkarte *Seite*.

Diese Schritte stellen sicher, dass die neue Seite sich mit dem linken Rand an die DIN-Vorgaben hält. Den rechten Rand können Sie wie in Abbildung 9.12 auf 2,5 cm oder größere Werte setzen. Die merkwürdigen Werte 0,80 cm für den oberen und unteren Rand stellen sicher, dass der unbedruckbare Randbereich auf 8 mm gesetzt wird. Kleinere Werte führen i. d. R. zu einer Fehlermeldung im Writer, dass der Rand zu klein ist. Beim Writer ist zudem zu beachten, dass die Kopf- und Fußzeilen innerhalb der Seitenränder liegen.

Kopf- und Fußzeilenbereich für die Startseite festlegen

Da der Writer die Kopf-/Fußzeilen mit zum Dokumentbereich zählt, wird die Gelegenheit genutzt, deren Abmessungen im Eigenschaftenfenster mit zu setzen.

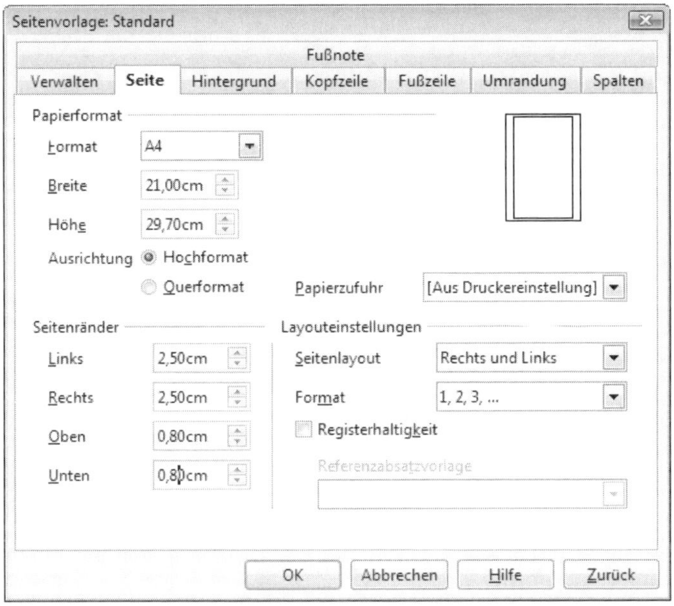

Abbildung 9.12: Seiteneinstellungen für den Briefbogen

1. Wechseln Sie zur Registerkarte *Kopfzeile* und stellen Sie die in Abbildung 9.13, links, gezeigten Werte ein.
2. Wechseln Sie zur Registerkarte *Fußzeile* und setzen Sie die in Abbildung 9.13, rechts, gezeigten Werte ein.
3. Anschließend können Sie das Eigenschaftenfenster über die *OK*-Schaltfläche schließen.

Bei den Registerkarten *Kopfzeile* und *Fußzeile* sollten Sie darauf achten, dass die Kontrollkästchen für *Kopfzeile einschalten* bzw. *Fußzeile einschalten* sowie *Inhalt links/rechts gleich* markiert sind. Die beiden Kontrollkästchen *Dynamischen Abstand verwenden* und *Höhe dynamisch anpassen* dürfen dagegen nicht markiert werden. Dies stellt sicher, dass Texteinfügungen in den Kopf-/Fußzeilen den Textbereich für den Brieftext nicht beeinflussen (fügen Sie zu viel Text in den Kopf-/Fußbereich ein, wird dieser einfach abgeschnitten und nicht mehr angezeigt).

Die Werte für *Linker Rand* und *Rechter Rand* bleiben auf 0,00 cm, da die Seitenränder auf der Registerkarte *Seite* bereits für das Einrücken der Zeilen sorgen. Der Wert *Abstand* wird für die Kopfzeile auf 0,03 cm und für die Fußzeile auf 0,50 cm gesetzt. Dies führt dazu, dass die Fußzeile immer 5 mm vom Brieftext abgerückt wird – auch wenn eine Briefseite komplett bis zur letzten Zeile mit Text gefüllt wird. Der Abstand der Kopfzeile zum Textbereich wurde bewusst so gering gehalten, da sich dieser nahtlos an den Textbereich mit dem Adressfeld für die Empfängerangaben anschließen soll. Ziel ist es, alle statischen Angaben wie Firmenkopf und Absenderangabe im Anschriftenfeld in den Seitenkopf zu verlagern.

Da die DIN den Beginn des Anschriftenfelds bei 5,08 cm vom oberen Blattrand definiert, habe ich die Höhe der Kopfzeile auf 4,32 cm eingestellt. Zusammen mit den 0,8 cm für den oberen Rand ergibt dies einen vertikalen Abstand von 5,12 cm (es wurde ein geringfügig höherer Wert gewählt, um die Versandangabe vom Absenderfeld abzusetzen).

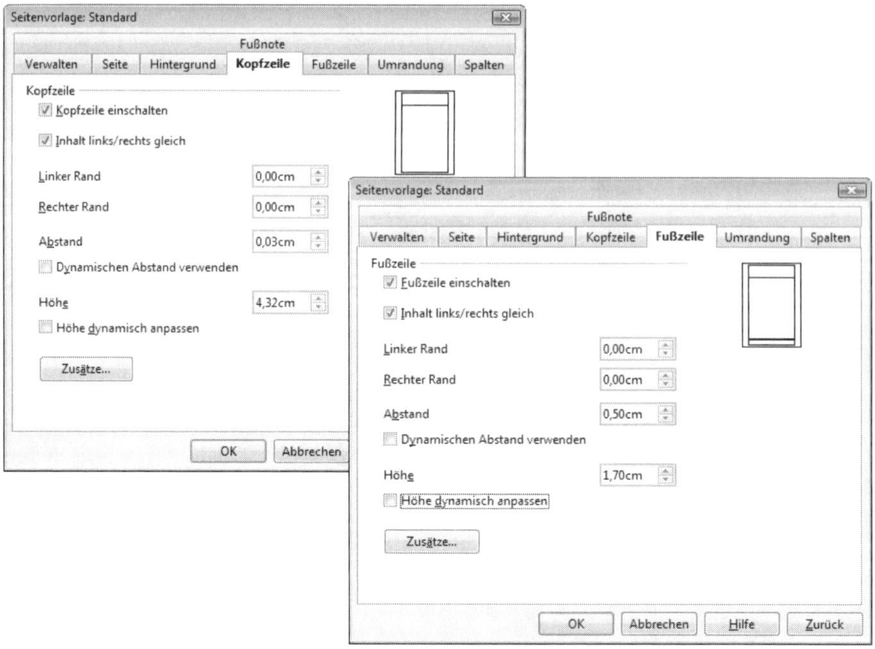

Abbildung 9.13: Einstellungen für die Kopf-/Fußzeile der ersten Briefseite

9.2.4 Einfügen der Falz- und Knickmarken

Um einen möglichst komfortablen Briefbogen zu erhalten, sollten Sie diesen mit Falz- und Knickmarken am linken Seitenrand versehen. Die obere Falzmarke findet sich 10,4 cm vom oberen Seitenrand, während die Knickmarke zum Lochen des Blatts bei 14,7 cm vom oberen Seitenrand angeordnet wird. Bei Bedarf kann noch eine untere Falzmarke bei 21,0 cm vom oberen Seitenrand angeordnet werden. Die Knick- und Falzmarken lassen sich als Linien über die Office-Zeichenfunktionen an den Dokumentrand einfügen.

TIPP

Wenn Sie die Linienelemente an einem Absatz verankern, werden diese bei einem Seitenwechsel auf die Folgeseiten übernommen (bei der Verankerung an einer Seite gilt dies nicht). Um ein Verschieben der Marken zu verhindern, soll der erste Absatz der Kopfzeile zur Verankerung benutzt werden.

Um die Falz- und Knickmarken als Linien in das Dokument einzufügen, können Sie die nachfolgenden Schritte ausführen.

1. Klicken Sie auf die Kopfzeile und fügen Sie ein paar Absatzwechsel ein (Abbildung 9.14). Dann markieren Sie den ersten Absatz der Kopfzeile, da das folgende Linienelement mit diesem Absatz verankert werden soll.
2. Blenden Sie die *Zeichnen*-Symbolleiste über die Schaltfläche der *Standard*-Symbolleiste ein. Klicken Sie in der *Zeichnen*-Symbolleiste auf die Schaltfläche *Linie*.
3. Stellen Sie bei Bedarf die Linienstärke auf 0,00 oder 0,01 cm, den Linientyp auf »Durchgezogen« und die Linienfarbe auf »Schwarz«. Die betreffenden Steuerelemente finden Sie in der *Format*-Symbolleiste, sobald die Linienfunktion zum Zeichnen angewählt wurde.

4. Klicken Sie auf den linken Blattrand und zeichnen Sie eine horizontale Linie von ca. 1 cm Länge im Abstand von circa 10 cm vom oberen Blattrand (Abbildung 9.14).

Mit diesen Schritten wird die Linie erzeugt und irgendwo in das Dokument eingetragen. Die Linie ist mit zwei Ziehmarken an den Enden versehen. Jetzt gilt es noch diese Linie gezielt als obere Falzmarke zu positionieren und am ersten Absatz der Kopfzeile zu verankern.

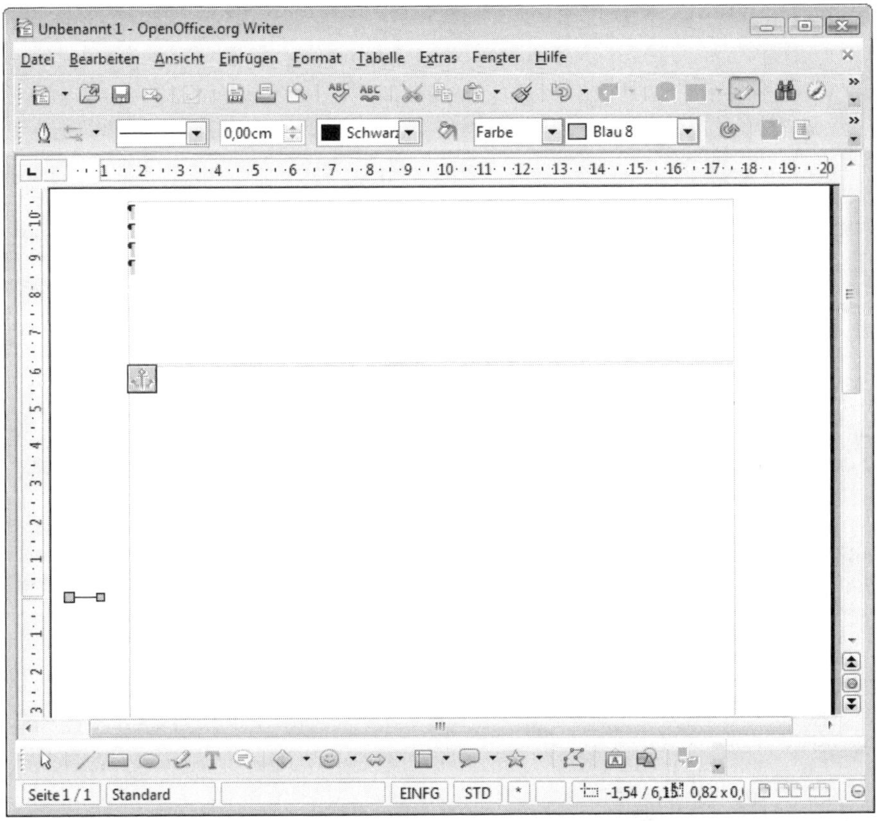

Abbildung 9.14: Einfügen einer Linie als Falzmarke

1. Klicken Sie das markierte Zeichenelement mit der rechten Maustaste an und wählen Sie im Kontextmenü den Befehl *Verankerung*. Stellen Sie sicher, dass der Befehl *Am Absatz* markiert ist.
2. Nachdem das Kontextmenü geschlossen ist, stellen Sie sicher, dass die Ankermarke dem ersten Absatz der Kopfzeile zugeordnet ist. Notfalls können Sie das Ankersymbol per Maus zur ersten Absatzmarke ziehen (Abbildung 9.14).
3. Klicken Sie anschließend mit der rechten Maustaste auf die markierte Linie und wählen Sie im Kontextmenü den Befehl *Position und Größe*.
4. Im gleichnamigen Eigenschaftenfenster stellen Sie die in Abbildung 9.15 gezeigten Optionen für Position und Größe ein, markieren dann das Kontrollkästchen *Position* der Gruppe *Schützen* und schließen die Registerkarte über die *OK*-Schaltfläche.

Abbildung 9.15: Einstellen der Linienposition

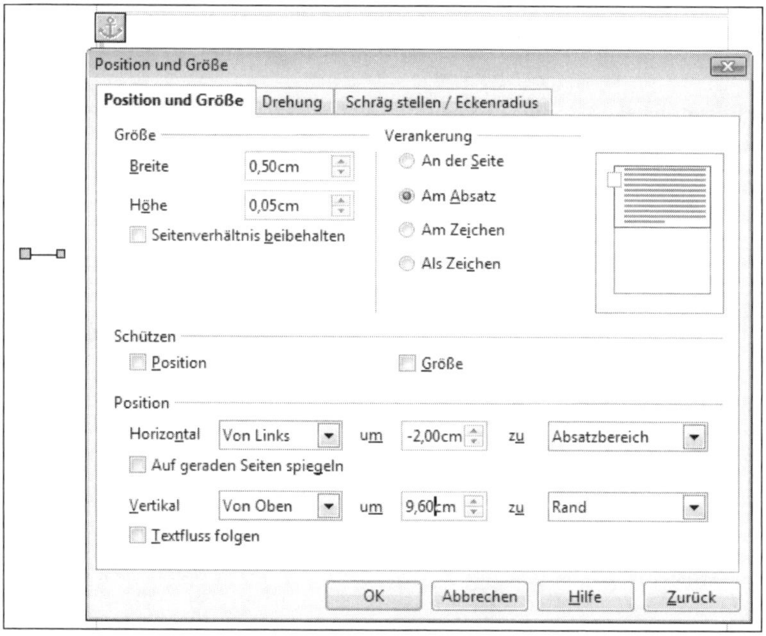

Die Linie erhält damit eine Breite von 5 mm und wird -2 cm vom linken Zeilenrand in der Marginalie positioniert. Die Y-Position wird auf den Wert 9,60 cm vom oberen Rand gesetzt. Zusammen mit dem Blattrand von 0,8 cm ergibt dies den Abstand von 10,40 cm. Durch Markieren der Option *Position* in der Gruppe *Schützen* lässt sich die Linie später nicht mehr versehentlich per Maus verschieben. Der Benutzer muss vielmehr den Positionsschutz explizit auf der Registerkarte *Position und Größe* aufheben, um die Marke neu zu positionieren.

Wiederholen Sie die obigen Schritte für die Knickmarke und ggf. für die untere Falzmarke. Die Knickmarke wird 0,70 cm breit und mit dem Wert *Vertikal* von 13,90 cm eingetragen. Die untere Falzmarke sollte 0,50 cm breit und mit dem Wert *Vertikal* von 20,20 cm versehen werden.

9.2.5 Die Kopfzeile der ersten Seite gestalten

Nun gilt es den eigentlichen Briefkopf im Writer zu gestalten. Die betreffenden Elemente lassen sich in der Kopfzeile hinterlegen.

1. Klicken Sie auf die zweite Absatzmarke in der Kopfzeile und geben Sie den Text zur Gestaltung des Kopfbereichs ein. In der untersten Zeile des Anschriftenfelds sollte die Absenderadresse stehen.
2. Anschließend weisen Sie diesem Kopfbereich die gewünschte Formatierung zu. Die Absenderangabe in der letzten Zeile sollte dabei mit 8 Punkt Größe und unterstrichen formatiert werden.

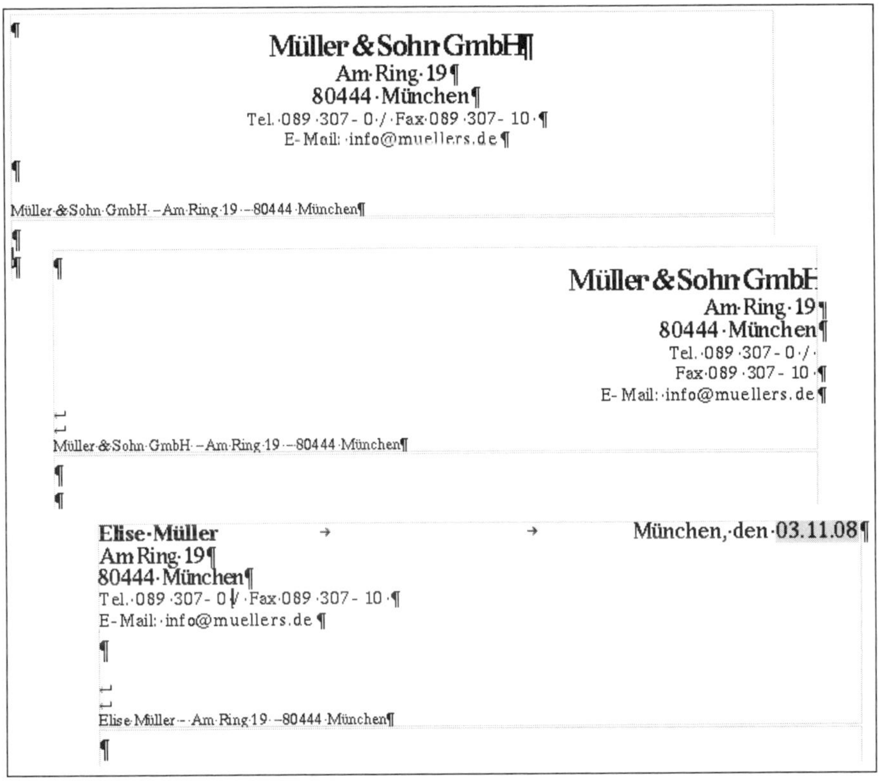

Abbildung 9.16: Beispiele für unterschiedlich gestaltete Kopfzeilen

Achten Sie bei der Formatierung des Kopfbereichs darauf, dass dessen Inhalt nicht über das untere Ende der Kopfzeile reicht (andernfalls wird der Text abgeschnitten). In Abbildung 9.16 sehen Sie Beispiele für den Kopfbereich eines Briefbogens. Im oberen Beispiel wurden alle Geschäftsangaben zentriert angeordnet (nur die Absenderzeile im Fenster des Kuverts ist linksbündig angeordnet). Bei Bedarf können Sie die Zeilen auch rechtsbündig justieren, um Logos ergänzen etc. Bei einem Privatbrief wird man in der ersten Zeile die Angabe »Ort, den [Datum]« am rechten Rand positionieren.

Die Absenderangabe für den Fensterbereich des Kuverts wurde unterstrichen und mit 8 Punkt formatiert. Um den Abstand von 5,08 cm zum oberen Seitenrand einzuhalten, wurden einige Leerzeilen eingefügt. Der Feinabgleich kann über das Absatzformat der Absenderzeile erfolgen. Stellen Sie auf der Registerkarte *Einzüge und Abstände* das Drehfeld *Über Absatz* so ein, dass die Zeile später im Fenster des Kuverts erscheint.

TIPP

Fertigen Sie nach Fertigstellung des Kopfteils ggf. einen Probeausdruck an. Sobald alle Abstände und das Design stimmen, können Sie alles speichern. Um zu verhindern, dass der Benutzer dieses Design später unbeabsichtigt zerstört, markieren Sie den Kopfbereich und wählen im Menü Einfügen *den Befehl* Bereich. *Im angezeigten Dialogfeld* Bereich *geben Sie einen Bereichsnamen vor und markieren dann das Kontrollkästchen* Schützen *der Gruppe* Schreibschutz *(Abbildung 9.17).*

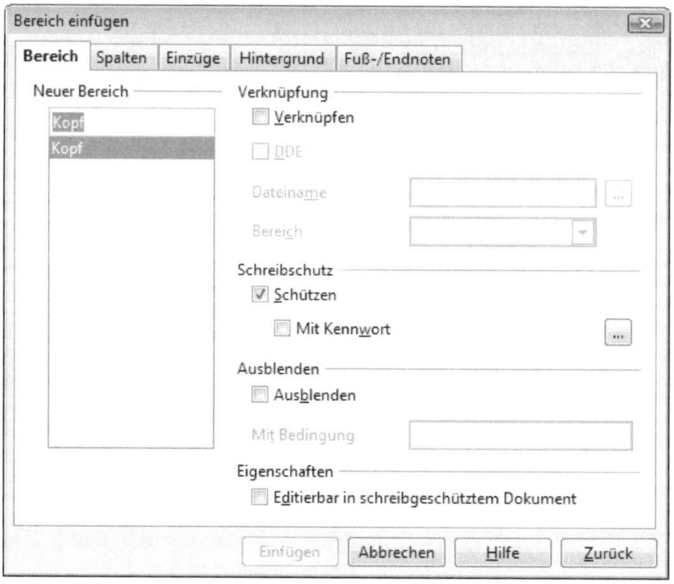

Abbildung 9.17: Dokumentteil durch Bereich schützen

9.2.6 Die Fußzeile ergänzen

Sie können die Briefvorlage mit einer Fußzeile versehen, um z.B. die Bankverbindungen oder andere Angaben anzuführen. Hierzu gehen Sie folgendermaßen vor.

1. Blättern Sie zum unteren Blattrand und klicken Sie auf die Fußzeile.
2. Fügen Sie den Inhalt der Fußzeile (z.B. Bankverbindung) ein. Verwenden Sie ggf. Tabulatoren oder eine Tabellenstruktur zum Positionieren der Inhalte.

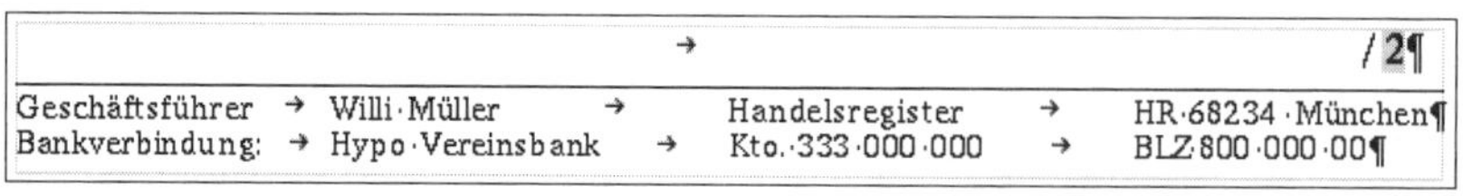

Abbildung 9.18: Fußzeile einer geschäftlichen Briefvorlage

In Abbildung 9.18 sehen Sie ein Beispiel für eine solche Fußzeile mit Hinweisen zur Bankverbindung etc. Der erste Absatz enthält die Nummer der Folgeseite. Diese lässt sich über den Feldbefehl *Nächste Seite* der Kategorie *Seite* auf der Registerkarte *Dokument* des Dialogfelds *Feldbefehle* einfügen (Menübefehl *Einfügen/Feldbefehl/Andere*). Die Informationen in den nächsten Zeilen wurden durch Tabulatorzeichen spaltenweise angeordnet und im ersten Absatz mit einer Rahmenlinie am oberen Rand optisch abgesetzt. Hinweise zu den Pflichtangaben in geschäftlicher Korrespondenz (u. a. auch E-Mails) finden Sie beispielsweise auf der Webseite `www.download-cards.de`. Bei Privatbriefen können Sie die Fußzeile leer lassen oder die Bankverbindung eintragen.

9.2.7 Gestalten der Folgeseiten

Nachdem die erste Seite der Briefvorlage gestaltet wurde, sollten Sie sich noch einige Gedanken zu Folgeseiten machen. Diese Folgeseiten müssen sicherlich etwas anders als die erste Seite gestaltet werden. Die Kopfzeile reduziert sich vielleicht auf eine fortlaufende Seitennummer und ist nicht so hoch wie bei der ersten Seite.

1. Wechseln Sie daher in den Dokumentbereich der ersten Seite und klicken Sie auf die erste Absatzzeile.
2. Geben Sie dann ein paar Leerzeilen hinzu und fügen anschließend einen Seitenwechsel (z.B. über die Tastenkombination [Strg] + [↵]) ein.

Wenn alles geklappt hat, sollte die Folgeseite die Kopf- und Fußzeilen der ersten Seite sowie die Falz- und Knickmarken enthalten. Nun müssen Sie dafür sorgen, dass der Writer unterschiedlich gestaltete Kopf- und Fußzeilen für die erste Seite und die Folgeseiten akzeptiert.

1. Klicken Sie auf den ersten Absatz der ersten Dokumentseite.
2. Öffnen Sie das Fenster *Formatvorlagen* über die gleichnamige Schaltfläche der *Standard*-Symbolleiste.
3. Wählen Sie im Fenster *Formatvorlagen* die Schaltfläche mit den Seitenvorlagen.
4. Klicken Sie im Fenster *Formatvorlagen* auf die Schaltfläche *Neue Vorlage aus Selektion* und wählen Sie im eingeblendeten Menü den gleichnamigen Befehl.
5. Benennen Sie die Vorlage im Folgedialog als »Brief Seite 1« und schließen Sie den Dialog.
6. Wiederholen Sie die Schritte 1 bis 5 mit dem ersten Absatz der Folgeseite, benennen Sie die Vorlage aber als »Brief Folgeseiten«.
7. Klicken Sie im Fenster *Formatvorlagen* mit der rechten Maustaste auf die Vorlage »Brief Seite 1«, wählen Sie im Kontextmenü den Befehl *Ändern* und setzen Sie auf der Registerkarte *Verwaltung* das Feld *Folgevorlage* auf den Wert »Brief Folgeseiten«. Danach schließen Sie das Eigenschaftenfenster.
8. Klicken Sie im Fenster *Formatvorlagen* mit der rechten Maustaste auf die Vorlage »Brief Folgeseiten«, wählen Sie im Kontextmenü den Befehl *Ändern* und kontrollieren Sie, ob auf der Registerkarte *Verwaltung* das Feld *Folgevorlage* den Wert »Brief Folgeseiten« enthält.
9. Dann wechseln Sie zur Registerkarte *Kopfzeile* und setzen den Wert *Höhe* auf 1,0 cm sowie den Abstand auf 0,5 cm. Danach schließen Sie das Eigenschaftenfenster.

Mit diesen Schritten haben Sie im Dokument zwei unterschiedliche Seitenvorlagen geschaffen, die es nun zuzuweisen gilt. Anschließend können Sie die Kopfzeile der Folgeseiten neu gestalten.

1. Klicken Sie auf den ersten Absatz des Dokumentbereichs der ersten Seite und weisen Sie über das Fenster *Formatvorlagen* die Seitenvorlage »Brief Seite 1« zu.
2. Wechseln Sie zur zweiten Seite, klicken Sie auf den ersten Absatz des Textbereichs und weisen Sie über das Fenster *Formatvorlagen* die Seitenvorlage »Brief Folgeseite« zu.
3. Wechseln Sie zur Kopfzeile der zweiten Seite und löschen Sie als Erstes die alten von Seite 1 übernommenen Inhalte. Falls der Bereich geschützt ist, müssen Sie diesen Schutz vorher aufheben.

4. Danach ergänzen Sie die Kopfzeile z.B. durch eine zentriert eingeblendete Seitennummer. Diese lässt sich über die Befehle *Feldbefehle/Seitennummer* des Menüs *Einfügen* setzen.

Bei Bedarf kann die Kopfzeile der zweiten Seite noch mit einer Linie am unteren Rand optisch vom Textbereich abgehoben werden. In Abbildung 9.19 sehen Sie ein Beispiel für eine solchermaßen gestaltete Kopfzeile.

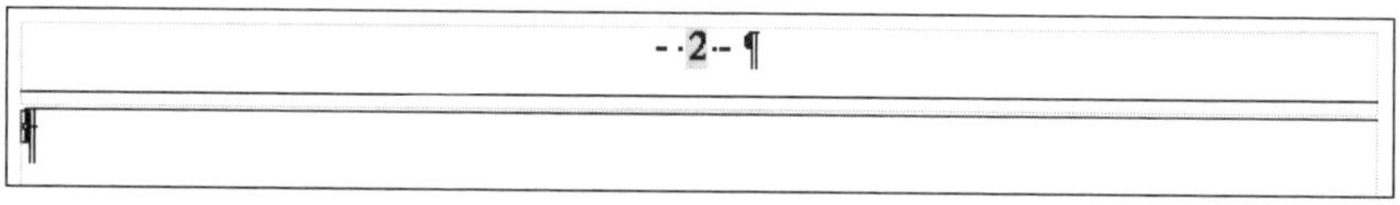

Abbildung 9.19: Kopfzeile mit Seitennummer für Folgeseiten

Nach diesen Vorbereitungen können Sie den auf der ersten Seite eingefügten Seitenwechsel wieder entfernen, da dieser beim späteren Anfertigen von Briefen eher stört. Die Folgeseite wird automatisch mit dem Seitenformat belegt, sobald der Benutzer den Brieftext auf mehr als eine Seite ausdehnt.

INFO

Die Fußzeile der Folgeseiten bleibt in diesem Beispiel unverändert, d.h., die Bankverbindung etc. der ersten Seite werden übernommen. Allerdings gibt es noch ein kleines Problem mit dem in der Fußzeile eingefügten Verweis auf die Folgeseite. Auf der letzten Briefseite gibt es keine Folgeseite mehr. Als Feldwert wird zwar nichts angezeigt, der Schrägstrich »/« bleibt aber stehen. Leider habe ich für den Feldbefehl »Bedingter Text« keine Möglichkeit gefunden, eine Auswertung der Art »Seitennummer < Pages« zu verwenden, mit der sich die Anzeige auf der letzten Seite unterdrücken ließe. Es sind aber mehrere Lösungen für dieses Problem denkbar. Sie könnten z.B. auf diesen Schrägstrich verzichten oder über Felder eine laufende Nummerierung der Art »Seite von Seiten« statt des Verweises auf die Folgeseite verwenden. Oder Sie legen drei Seitenvorlagen »Seite 1«, »Folgeseite_g« und »Folgeseite_u« an, wobei die Vorlage »Seite 1« auf die Vorlage »Folgeseite_g« zeigt (Registerkarte Verwalten *des Eigenschaftenfensters* Seitenvorlage*). Die Vorlagen »Folgeseite_g« und »Folgeseite_u« verweisen in der Folgevorlage wechselseitig auf sich (siehe* Briefkopf_a.odt *im Ordner* Kap09 *des Beispielarchivs). Dann kann der Benutzer den Schrägstrich auf der letzten Briefseite löschen.*

9.2.8 Anschriftenfeld hinzufügen

Als Nächstes können Sie eine Vorgabe für die Empfängerangabe im Anschriftenfeld, die Zeile für den Betreff, die Datumsangabe samt den Referenzangaben, die Anrede sowie die Grußfloskel in den normalen Dokumentbereich einfügen.

1. Fügen Sie auf der ersten Seite einige Leerzeilen (zur Aufnahme des Anschriftenfelds) in das Dokument ein. Passen Sie bei Bedarf den vertikalen Absatzabstand der ersten Zeile über das Absatzformat an die Position des Fensters im Kuvert an.
2. Tippen Sie anschließend einen Platzhalter für die Empfängerangabe ab der zweiten Zeile in das Anschriftenfeld ein. Der Benutzer braucht den Blindtext dann später nur noch zu überschreiben.

Die erste Zeile des Anschriftenfelds (unter der Absenderangabe) ist in der DIN für die Versandart reserviert. Ortsnamen werden nach DIN und Duden übrigens weder unterstrichen noch hervorgehoben noch durch eine Leerzeile abgesetzt. Auch die Voranstellung des Länderkennzeichens (D, A, CH) ist bei Adressen innerhalb des Landes nicht mehr vorgesehen. Lediglich beim grenzüberschreitenden Postverkehr soll der Ländername (z.B. ÖSTERREICH) und der Ortsname (z.B. 1121 WIEN) in Großbuchstaben unter die Anschrift gesetzt werden.

9.2.9 Bezugs- und Betreffzeile und weitere Briefelemente

Brauchen Sie eine Bezugs- und eine Betreffzeile, in denen bei Geschäftsbriefen Sachbearbeiterzeichen für den Schriftwechsel, Telefonnummern, Ansprechpartner etc. angegeben werden? Zur Gestaltung dieser Bezugszeile sind folgende Schritte auszuführen:

1. Fügen Sie vier Leerzeilen unterhalb der Ortsangabe des Anschriftenfelds ein.
2. Klicken Sie auf die dritte Absatzmarke und fügen Sie eine Tabelle mit vier Spalten und zwei Zeilen in das Dokument ein. Die Rahmen in der Tabelle werden entfernt (Abbildung 9.20).
3. Tragen Sie in die Tabelle die Texte gemäß der folgenden Darstellung ein. Die Texte der oberen Spalte sollten Sie nach der Eingabe markieren und mit einem Schriftgrad von 8 Punkt versehen. Die untere Textzeile behält dagegen einen Schriftgrad von 10 oder 11 Punkt bei.

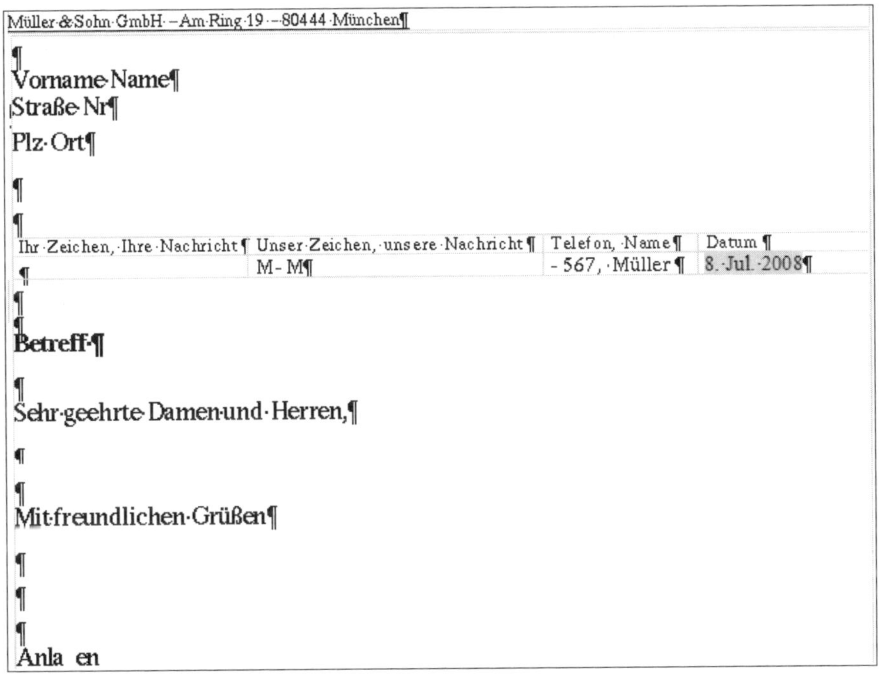
Müller·&·Sohn·GmbH·–Am·Ring·19·–80444·München¶
¶
Vorname·Name¶
Straße·Nr¶
Plz·Ort¶
¶
¶

Ihr·Zeichen,·Ihre·Nachricht¶	Unser·Zeichen,·unsere·Nachricht¶	Telefon,·Name¶	Datum¶
¶	M-M¶	-567,·Müller¶	8.·Jul.·2008¶

¶
¶
Betreff·¶
¶
Sehr·geehrte·Damen·und·Herren,¶
¶
¶
Mit·freundlichen·Grüßen¶
¶
¶
¶
Anla en

Abbildung 9.20: Bezugszeile und weitere Briefelemente

INFO

Die DIN 5008 kennt eine Kurzform sowie die hier gezeigte Langform für die Bezugszeile. Die Spalten weisen folgende Abstände vom linken Seitenrand auf: 2,41; 7, 49; 12,57 und 17,65 cm. Sie können die Breite der Zellen über das horizontale Lineal kontrollieren und ggf. durch Ziehen der Trennlinien zwischen den Tabellenzellen anpassen.

Für die Datumsangabe können Sie ein Datumsfeld einfügen (wählen Sie im Menü *Einfügen* den Befehl *Feldbefehl/Andere*). Auf der Registerkarte *Dokument* wählen Sie als Feldtyp »Datum (fix)«, setzen die Auswahl auf »Datum« und klicken auf das gewünschte Format (z.B. 19. Dez. 1999). Dann wählen Sie die Schaltfläche *Hinzufügen* und klicken auf die Schaltfläche *Schließen*. Das Datum wird als Feld in das Dokument eingefügt.

INFO

Sie können zwei Feldtypen für die automatische Datumsvorgabe benutzen. Beim Feldtyp »Datum (fix)« wird der Datumswert nur beim Anlegen des neuen Briefs eingefügt und dann eingefroren. Verwenden Sie den Feldtyp »Datum«, wird der Feldwert bei jedem Laden und Drucken des Dokuments aktualisiert (was nicht immer erwünscht ist). Die von der DIN vorgesehene angelsächsische Datumsschreibweise (2008-11-03) hat sich übrigens in Deutschland nicht durchgesetzt. Sie sollten daher die deutsche Schreibweise mit Tag, Monat und Jahresangabe verwenden.

Bleibt jetzt noch die Betreffzeile (in der Regel zwei Zeilen unter der Bezugszeile) einzufügen. An dieser Stelle kann später beim Schreiben des Briefes ein kurzer Satz, der den Betreff des Briefes angibt, eingefügt werden. Das Kürzel »Betr.« gilt mittlerweile als veraltet und wird nicht mehr benutzt. Um das Schreiben der späteren Briefe zu erleichtern, empfehle ich Ihnen, auch die Anrede, einige Leerzeilen als Platzhalter für den Brieftext und die Grußformel als Abschluss hinzuzufügen. Weiter können Sie noch den Begriff »Anlagen« am Briefende aufnehmen.

1. Fügen Sie unterhalb der Tabelle mit der Bezugszeile zwei Leerzeilen ein.
2. Tippen Sie in die dritte Zeile das Wort »Betreff« ein und formatieren Sie den Text fett.
3. Fügen Sie unterhalb der Betreffzeile einige Leerzeilen ein.
4. Klicken Sie auf die dritte Leerzeile und fügen Sie den Text der Anrede, »Sehr geehrte Damen und Herren,«, ein.
5. Wechseln Sie zur untersten Leerzeile und geben Sie dort eine Grußformel wie »Mit freundlichen Grüßen« sowie getrennt durch einige Leerzeilen das Wort »Anlage« ein.

Der Rest des Briefentwurfs sieht jetzt wie in Abbildung 9.20 gezeigt aus. Bei Privatbriefen können Sie die Bezugszeile und ggf. den Betreff weglassen. Wenn Sie sich an die Anweisungen in den obigen Abschnitten gehalten haben, sind die Absätze um 0,20 cm voneinander abgesetzt. Daher brauchen Sie keine zusätzlichen Leerzeilen zum Vergrößern des Absatzabstands einzufügen.

9.2.10 Entwurf als Dokumentvorlage speichern

Mit diesen Schritten ist der Briefentwurf fertig. Sie können das Dokument unter einem Namen als Dokumentvorlage speichern und später beim Schreiben eines Briefs als Vorlage laden (siehe *Kapitel 1* in den Abschnitten zum Anlegen neuer Dokumente bzw. zum Speichern von Vorlagen).

1. Wählen Sie im Menü *Datei* den Befehl *Dokumentvorlage/Speichern*.
2. Geben Sie in das Dialogfeld *Dokumentvorlagen* einen Namen für die Vorlage ein und wählen Sie die Kategorie, unter der die Vorlage zu speichern ist.

Sobald Sie das Dialogfeld über die *OK*-Schaltfläche schließen, wird die Vorlage gesichert. Sie können das Dokumentfenster schließen und die Vorlage später zum Anlegen neuer Dokumente verwenden. Das neue Dokument enthält alle Elemente, die Sie in die Vorlage eingetragen haben. Sie brauchen dann nur noch die Empfängerangabe und den Brieftext zu ergänzen, um anschließend den Brief als Dokument zu speichern und/oder zu drucken.

INFO

Das Beispiel finden Sie in den Dateien Briefkopf.odt *und* Briefkopf_privat.odt *im Ordner* Kap09 *im Beispielarchiv des Buches.*

9.3 Rechnungsformular als Briefbogen

In kleineren Firmen oder Personenunternehmen kommt es häufiger vor, dass Rechnungen noch mit der Hand geschrieben werden. Mit einem geeigneten Rechnungsformular lässt sich die Aufgabe rationalisieren. Sie können die Addition der einzelnen Rechnungsteile sowie die Berechnung der Umsatzsteuer über Rechenfunktionen realisieren.

9.3.1 Fertige Rechnungen verwenden

Wer StarOffice benutzt, kann über den Befehl *Vorlagen und Dokumente* der Schaltfläche *Neu* das Dialogfeld zur Auswahl der Vorlagen wählen. In der Kategorie »Sonstige geschäftliche Dokumente« finden Sie zwei Vorlagen für Waren- und Dienstleistungsrechnungen. Diese sind wie normale Briefbogen gestaltet, weisen aber eine Tabelle zur Ermittlung der Rechnungsbeträge auf (Abbildung 9.21).

Sie können diese Formulare direkt verwenden oder für eigene Zwecke anpassen (z.B. die in Deutschland zwingend auf Rechnungen erforderliche Steuernummer ergänzen).

<VERSANDHINWEISE>
<FIRMA>
<VORNAME> <NACHNAME>
<STRASSE>

<PLZ> <ORT>

, 2008-11-04

Rechnung <RECHNUNGSNUMMER>

Ich berechne Ihnen folgende Leistungen für den Zeitraum vom <2001-11-01> bis <2001-11-30>:

Datum	Stunden	Tätigkeit	Stundensatz	Gesamt
				0,00 €
				0,00 €
				0,00 €
				0,00 €
				0,00 €
				0,00 €
				0,00 €
				0,00 €
				0,00 €
				0,00 €
Weiter berechenbare Leistungen gemäß beiliegender Aufstellung				
			Nettobetrag	0,00 €
			+ 0% MwSt	0,00 €
			Endbetrag	0,00 €

<ZAHLUNGSBEDINGUNGEN>

Abbildung 9.21: Rechnungsvorlage aus StarOffice

9.3.2 Erstellen des Rechnungsbogens für Dienstleistungen

Alternativ können Sie auf eigene Vorlagen für firmenspezifische Rechnungen setzen. Eine solche Vorlage für eine Rechnung lässt sich mit wenigen Schritten erstellen. In Abbildung 9.22 sehen Sie ein etwas verkürztes Formular einer Rechnung für Dienstleistungen auf Stundenbasis. Der Bearbeiter braucht nur noch die Stunden, die Datumsangaben und die Schlüssel für die Tätigkeit einzutragen und mit der [⇆]-Taste oder durch Anklicken einer anderen Zelle abzuschließen. Alle Berechnungen erfolgen automatisch.

1. Kopieren Sie den im vorherigen Abschnitt erstellten Briefbogen in eine neue Datei und benennen Sie diese in *Rechnung.odt*. Alternativ können Sie eine der Office-Vorlagen verwenden, um eine solche Datei anzulegen.
2. Entfernen Sie die Bezugszeile mit der Tabelle aus dem Dokument, da diese bei Rechnungen nicht benötigt wird.
3. Fügen Sie unterhalb des Anschriftenfelds das Datum oder den Text »Ort, den« sowie ein Feld mit dem Wert »Datum (fix)« ein. Der Text wird rechtsbündig ausgerichtet.

Müller & Sohn GmbH
Am Ring 19
80444 München
Tel. 089 307-0 / Fax 089 307-10
E Mail: info@muellers.de

Müller & Sohn GmbH – Am Ring 19 – 80444 München

Vorname Name
Straße Nr
Plz Ort

München, den 8. Juli 2008

Kunde Nr. 4711
Rechnung Nr. 2008-07-08/001
Lieferdatum 01.07.2008

Für die erbrachten Leistungen berechnen wir Ihnen gemäß unseren Zahlungs- und Lieferbedingungen wie folgt:

Datum	Stunden	Tätigkeit	Stundensatz	Gesamt
	4		50,00 €	200,00 €
	0		50,00 €	0,00 €
	0		50,00 €	0,00 €
	0		50,00 €	0,00 €
	0		50,00 €	0,00 €

Nettobetrag	200,00 €
MwSt 19,00%	38,00 €
Endbetrag	**238,00 €**

Bitte zahlen Sie den ausgewiesenen Rechnungsbetrag rein Netto bis zum 22. Jul 08.

Vielen Dank für Ihren Auftrag

Mit freundlichen Grüßen

Geschäftsführer Willi Müller | Handelsregister HR 68234 München | Ums.St.ID 000 123 33343
Bankverbindung | Hypo Vereinsbank Kto. 333 000 000 | BLZ 800 000 00

Abbildung 9.22: Rechnungsformular für Dienstleistungen

4. Tragen Sie in den Bereich der Betreffzeile Platzhalter für die Kundennummer, die Rechnungsnummer sowie das Lieferdatum ein. Hier wurden die Angaben nach rechts eingezogen. Falls Sie kein automatisches System zur Vergabe der Rechnungsnummern haben, können Sie den Datumswert mit einer fortlaufenden Nummer kombinieren. Im aktuellen Beispiel habe ich den Datumswert »Datum (fix)« in der Formatierung Jahr-Monat-Tag/xxx eingefügt. Beim Anlegen eines neuen Dokuments wird dann eine Rechnungsnummer generiert. Gibt es mehrere Rechnungen an einem Tag, braucht der Bearbeiter nur noch die fortlaufende Nummer 001 manuell anzupassen.
5. Fügen Sie anschließend eine Tabelle mit der benötigten Rechnungsstruktur in das Dokument ein. Innerhalb der Tabelle können Sie die Rechenformeln zur Ermittlung der Einzelwerte, der Nettosumme, der Mehrwertsteuer und des Endbetrags einfügen.

Die Umsatzsteuer-Identifikationsnummer wurde hier in der modifizierten Fußzeile eingetragen (alternativ könnte auch die normale Steuernummer angegeben sein). Speichern Sie den Entwurf anschließend als Dokumentvorlage, können Sie diese Vorlage zum Anlegen neuer Rechnungen verwenden.

INFO

Die Technik, mit der sich Berechnungen in Tabellen des Writers ausführen lassen, ist in Kapitel 5 (Abschnitt »Rechnen mit Tabellen im Textdokument«) beschrieben. Im obigen Beispiel habe ich mit zwei Tabellen gearbeitet. Die obere Tabelle enthält die Einzelwerte, während die untere Tabelle die Berechnung der Summe übernimmt. Um eine Formel anzusehen oder zu korrigieren, klicken Sie auf eine Zelle und drücken die Funktionstaste [F2]*. Der Mehrwertsteuersatz ist in einer eigenen Zelle eingetragen und kann leicht überschrieben werden. Der obige Ansatz hat nur einen Nachteil: Fügen Sie neue Zeilen in die obere Tabelle ein, müssen Sie alle Formeln in der neuen Zeile manuell nachtragen und auch die Zellbezüge in der unteren Tabelle korrigieren. Im folgenden Beispiel wird mit einer Tabelle gearbeitet. Dann kann der Writer die Zellbezüge in gewissem Umfang automatisch anpassen. Bei Bedarf können Sie das Rechnungsformular auf eine Tabelle umstellen (ggf. Absätze zwischen den beiden Tabellen löschen, dann auf die obere Tabelle klicken und abschließend im Kontextmenü den Befehl* Tabellen verbinden *wählen). Die fertige Datei* DienstleistungRechnung.odt *finden Sie im Ordner* Kap09 *des Archivs mit den Beispieldateien.*

9.3.3 Rechnungsformular für Waren

In Anlehnung an die StarOffice-Vorlagen habe ich noch ein zweites Rechnungsformular (Abbildung 9.23) für Warenlieferungen entworfen.

Dieses besitzt einen geringfügig anderen Aufbau und arbeitet mit einer Tabelle. Dadurch lassen sich einzelne Zeilen in die Tabelle einfügen, wobei die Formel für die Summenberechnung automatisch durch den Writer angepasst wird. Der Bearbeiter braucht beim Anlegen einer neuen Zelle nur die Berechnung für die Summe aus Stückzahl und Einzelpreis in die rechte Zelle einzutragen (ein Gleichheitszeichen in die Zelle eingeben und die Formel »= <Ax> * <Dx>« ergänzen, wobei x für die Zeilennummer steht).

1. Zum Erstellen des Rechnungsformulars kopieren Sie den im vorherigen Abschnitt erstellten Briefbogen erneut in eine neue Datei und benennen diese in *Rechnung1.odt*.
2. Korrigieren Sie die Bezugszeile im Dokument gemäß den Vorgaben aus Abbildung 9.23. Ich habe dort die fortlaufende Rechnungsnummer, ein Bestelldatum, das Rechnungsdatum und den Bearbeiter eingetragen. Das Rechnungsdatum wird, wie im vorherigen Abschnitt erläutert, automatisch über das Datum generiert. In die Betreffzeile wird jetzt nur der Begriff »Rechnung« eingetragen.
3. Fügen Sie anschließend eine Tabelle mit der benötigten Rechnungsstruktur in das Dokument ein. Da hier die Spalten passen, habe ich eine Tabelle für die Einzelpositionen und die Summen verwendet. Innerhalb der Tabelle können Sie die Rechenformeln zur Ermittlung der Einzelwerte, der Nettosumme, der Mehrwertsteuer und des Endbetrags einfügen.

Speichern Sie den Entwurf anschließend als Dokumentvorlage, können Sie diese Vorlage zum Anlegen neuer Rechnungen verwenden.

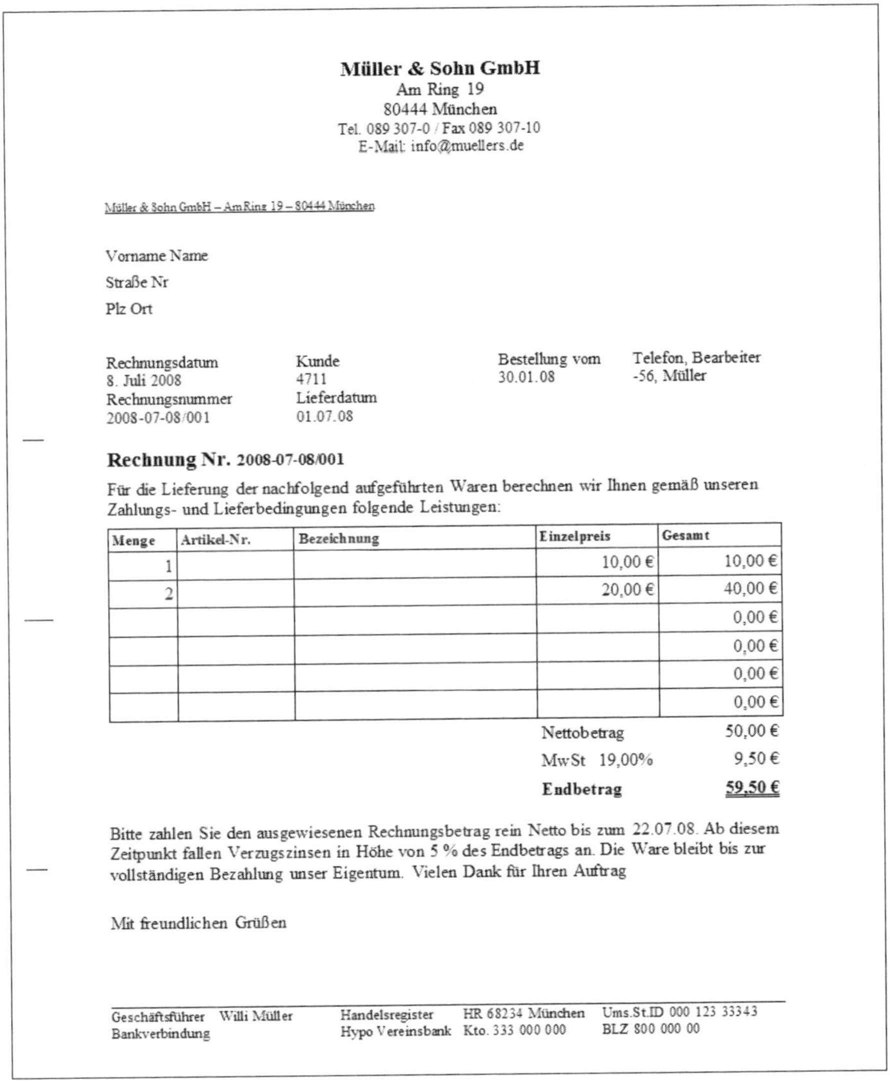

Müller & Sohn GmbH
Am Ring 19
80444 München
Tel. 089 307-0 / Fax 089 307-10
E-Mail: info@muellers.de

Müller & Sohn GmbH – Am Ring 19 – 80444 München

Vorname Name
Straße Nr
Plz Ort

Rechnungsdatum	Kunde	Bestellung vom	Telefon, Bearbeiter
8. Juli 2008	4711	30.01.08	-56, Müller
Rechnungsnummer	Lieferdatum		
2008-07-08/001	01.07.08		

Rechnung Nr. 2008-07-08/001

Für die Lieferung der nachfolgend aufgeführten Waren berechnen wir Ihnen gemäß unseren Zahlungs- und Lieferbedingungen folgende Leistungen:

Menge	Artikel-Nr.	Bezeichnung	Einzelpreis	Gesamt
1			10,00 €	10,00 €
2			20,00 €	40,00 €
				0,00 €
				0,00 €
				0,00 €
				0,00 €
			Nettobetrag	50,00 €
			MwSt 19,00%	9,50 €
			Endbetrag	**59,50 €**

Bitte zahlen Sie den ausgewiesenen Rechnungsbetrag rein Netto bis zum 22.07.08. Ab diesem Zeitpunkt fallen Verzugszinsen in Höhe von 5 % des Endbetrags an. Die Ware bleibt bis zur vollständigen Bezahlung unser Eigentum. Vielen Dank für Ihren Auftrag

Mit freundlichen Grüßen

Geschäftsführer	Willi Müller	Handelsregister	HR 68234 München	Ums.St.ID 000 123 33343	
Bankverbindung		Hypo Vereinsbank	Kto. 333 000 000	BLZ 800 000 00	

Abbildung 9.23: Rechnungsformular für Warenlieferungen

INFO

Der Benutzer kann auf eine Zeile der Tabelle klicken und mit dem Kontextmenü Zeile/Einfügen *die Tabelle erweitern. In den neuen Zeilen müssen die Berechnungen für die Einzelwerte aber manuell eingetragen werden. Die Summenformeln im unteren Teil der Tabelle werden bei dieser Technik automatisch durch den Writer angepasst. Um eine Formel anzusehen oder zu korrigieren, klicken Sie auf eine Zelle und drücken die Funktionstaste* [F2]. *Sie können auch eine Calc-Tabelle als Objekt in das Writer-Dokument einfügen, um dort die Berechnungen auszuführen. Die fertige Datei* WarenRechnung.odt *finden Sie im Ordner* Kap09 *des Archivs mit den Beispieldateien.*

Auf die gleiche Weise können Sie Vorlagen für Besprechungsnotizen, Memos, Faxbogen, Lieferscheine etc. erstellen. Wer über StarOffice verfügt, kann die mit dem Produkt gelieferten Vorlagen verwenden, um die Formulare zu erzeugen. Oder Sie greifen auf den oben beschriebenen Assistenten zurück, lassen ein neues Dokument erzeugen und passen dieses an Ihre Bedürfnisse an. Das Ergebnis lässt sich als Vorlage speichern.

INFO

Die obigen Beispiele wurden auf die Anforderungen für Rechnungen in Deutschland abgestimmt. In anderen deutschsprachigen Ländern gelten aber u.U. etwas abweichende Regelungen. Wenn Sie in eine der gängigen Suchmaschinen Begriffe wie »Rechnung Muster« oder »Rechnung Vorlage« eingeben, liefern diese Ihnen einige Seiten mit Informationen über Pflichtangaben für Rechnungen in Deutschland, Österreich, Schweiz oder Luxemburg.

9.4 Layout für einen Flyer

In *Kapitel 3* wurde im Abschnitt zum Spaltensatz das Layout) für einen kleinen Flyer vorgestellt. Abbildung 9.24 zeigt die etwas weiterentwickelte Variante, die sich für Firmenbroschüren, Vereinszeitschriften oder anderes eignet. Das Layout dieses Flyers ist nicht sonderlich schwer und soll nachfolgend schrittweise erstellt werden.

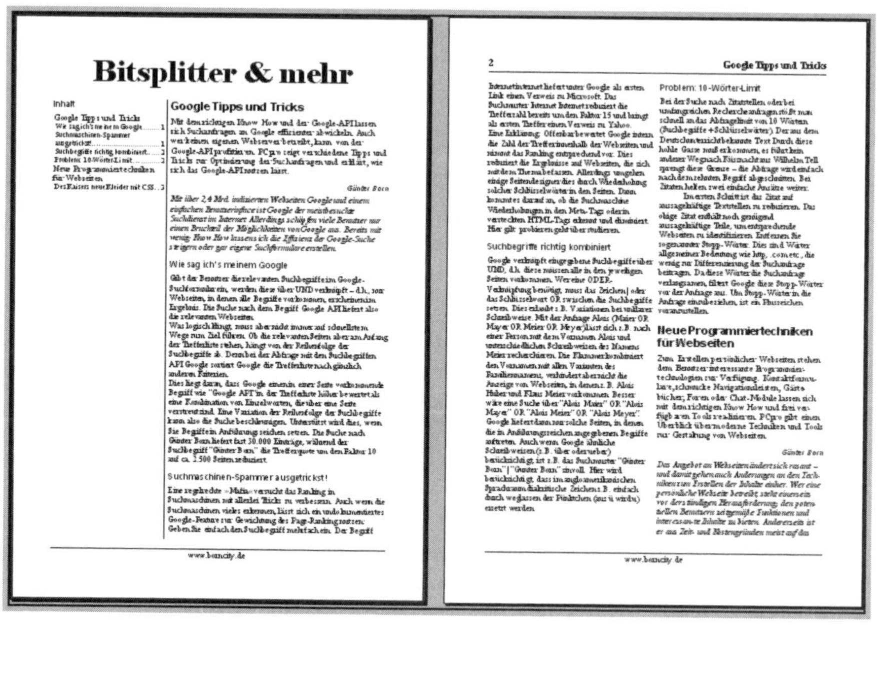

Abbildung 9.24: Layout für einen Flyer

9.4.1 Festlegen des Seitenlayouts

Das Seitenlayout für den Flyer besteht aus zwei verschiedenen Seitenformaten, in denen Spaltensatz sowie Kopf- und Fußzeilen kombiniert werden.

1. Zuerst ist ein leeres Textdokument mit zwei leeren Seiten anzulegen.
2. Dann werden über das Fenster *Formatvorlagen* zwei Seitenvorlagen »SpaltensatzSeite1« und »SpaltensatzFolgeseiten« vereinbart. Die Vorlage »SpaltensatzSeite1« verweist auf die Folgevorlage »SpaltensatzFolgeseiten«.
3. Weisen Sie der ersten Seite die Vorlage »SpaltensatzSeite1« zu. Die Folgeseiten erhalten dann automatisch die Vorlage »SpaltensatzFolgeseiten«.
4. Geben Sie auf den leeren Seiten einige Leerzeilen ein. Dann klicken Sie auf den ersten Absatz des Flyers und wählen im Menü *Format* den Befehl *Spalten*. Legen Sie die Spalteneigenschaften gemäß den Vorgaben aus Abbildung 9.25 fest. Auf der ersten Seite wird ein unsymmetrisches Spaltenlayout benutzt. Die linke Spalte ist schmaler und dient zur Aufnahme eines Mini-Inhaltsverzeichnisses.
5. Nach dem Schließen des Dialogs wechseln Sie zum ersten Absatz von Seite 2 und wiederholen Schritt 4. Hier wird aber das Vorgabefeld mit zwei Spalten gleicher Breite benutzt. Trennlinien zwischen den Spalten entfallen.

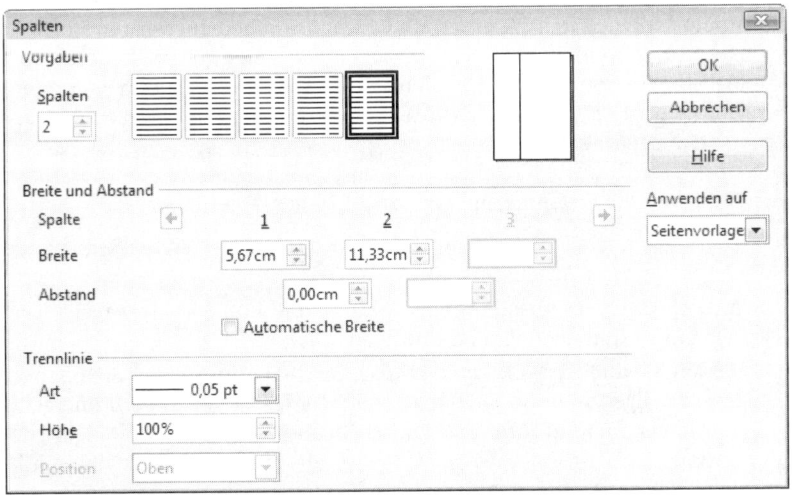

Abbildung 9.25: Spalteneinstellungen für die erste Seite des Flyers

9.4.2 Festlegen der Inhalte samt Vorlagen

Im nächsten Schritt wird etwas Blindtext zur Beurteilung des Layouts eingegeben. Zudem sind die Vorlagen für Absätze und Zeichen im Fenster *Formatvorlagen* zu definieren.

1. Klicken Sie auf den zweiten Absatz der ersten Seite und wählen Sie im Menü *Einfügen* den Befehl *Manueller Umbruch*.
2. Wählen Sie im dann angezeigten Dialogfeld die Option *Spaltenumbruch* und schließen Sie das Dialogfeld.

Mit diesem Schritt enthält die erste Spalte nur noch einen Absatz, der später das Mini-Inhaltsverzeichnis aufnehmen soll. Nun sind die Formatvorlagen zu definieren.

1. Geben Sie einige Absätze mit Blindtext für Überschriften und Textblöcke ein. Formatieren Sie die betreffenden Textstellen nach Ihren Vorstellungen (z.B. zwei Überschriftebenen mit vergrößerter Schrift und fett hervorgehoben, Vorspannblock für den Artikel fett und einen Intro-Teil kursiv). Definieren Sie ggf. den Absatzabstand und die Absatzausrichtung.
2. Klicken Sie auf einen der formatierten Absätze, um dessen Format als Vorlage zu übernehmen. Dann öffnen Sie das Fenster *Formatvorlagen* (z.B. über die Schaltfläche der *Format*-Symbolleiste), klicken darin auf die Schaltfläche zum Zuweisen der Absatzvorlagen und anschließend auf die Schaltfläche, um neue Vorlagen auf Basis der Auswahl im Dokument zu erstellen. Anschließend vergeben Sie einen Namen für die Absatzvorlage und schließen das Dialogfeld.

Auf diese Weise definieren Sie für alle Absatzkategorien eine Absatzvorlage. Bei Bedarf können Sie auch Zeichenvorlagen festlegen.

9.4.3 Ergänzen von Kopf- und Fußzeilen

Um die Seiten etwas aufzupeppen, wurden Kopf- und Fußzeilen benutzt. Die Fußzeile ist auf allen Seiten identisch und enthält hier lediglich einen Verweis auf eine Webseite (hier könnten auch Firmennamen oder andere Informationen stehen). Die Kopfzeile der ersten Seite enthält den Titel des Flyers, der hier in einer vergrößerten Schriftart und fett formatiert wurde. Die Kopfzeile der Folgeseite ist als lebende Kolumne ausgeführt, bei der die laufende Seitennummer sowie der Text der jeweiligen Überschriftebene 1 (Titel des Beitrags) eingeblendet wird. Die Kolumne ist so gestaltet, dass die Seitennummer außen zu stehen kommt.

1. Fügen Sie über *Einfügen/Kopfzeile* die Kopfzeile der ersten Seite ein und ergänzen Sie den gewünschten Text.
2. Anschließend ist über *Einfügen/Fußzeile* die Fußzeile freizugeben. Dann lässt sich ein Text in die Fußzeile eintragen.
3. Passen Sie im Fenster *Formatvorlagen* das Seitenformat der Seitenvorlage »SpaltensatzFolgeseiten« an. Wählen Sie im Kontextmenü *Ändern* und geben Sie auf den Registerkarten *Kopfzeile* und *Fußzeile* die beiden Seitenelemente frei. Die Option *Inhalt links/rechts gleich* darf für die Kopfzeile nicht markiert sein. Schließen Sie die Registerkarte.
4. Fügen Sie nun über *Einfügen/Feldbefehle/Andere* das Feld »Kapitel« mit dem Format »Kapitelname« und das Feld »Seitennummer« in die Kopfzeile der zweiten und dritten Seite ein. Bei der geraden Seite wird die Seitennummer links und der Kapiteltitel rechtsbündig in der Kopfzeile justiert (hierzu können Sie Tabulatoren verwenden).
5. Fügen Sie im Dokumentbereich einen Seitenwechsel ein. Dann fügen Sie auf Seite 3 den Kapitelnamen und die Seitennummer gemäß Schritt 4 ein. Hier wird die Seitennummer jedoch am rechten Rand angezeigt.

Die betreffende Technik ist in *Kapitel 8* im Abschnitt »Lebende Kolumne mit Überschriften in der Kopfzeile«) besprochen.

9.4.4 Einfügen des Mini-Inhaltsverzeichnisses

Die linke Spalte der ersten Seite des Flyers soll ein Mini-Inhaltsverzeichnis, bestehend aus dem jeweiligen Kapiteltitel und dessen Unterüberschriften, enthalten. Dann kann der Benutzer über die Seitennummern schnell nachschlagen.

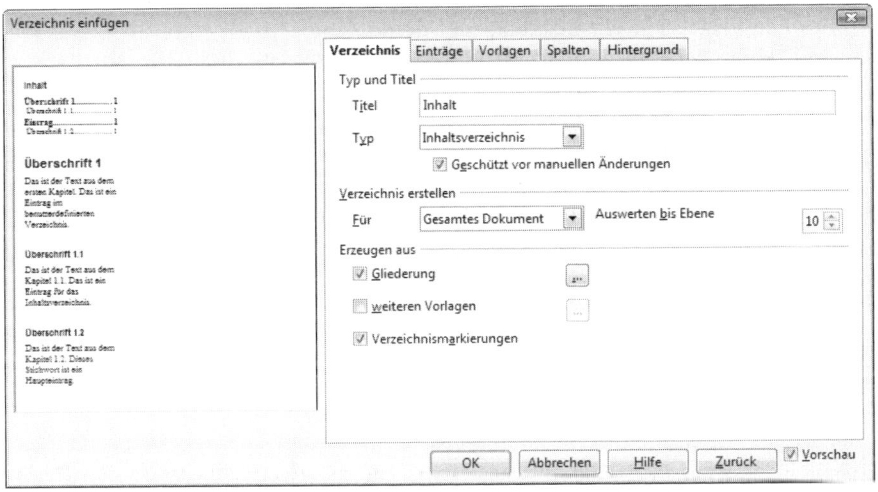

Abbildung 9.26: Einstellungen für das Inhaltsverzeichnis des Flyers

1. Klicken Sie auf Seite 1 auf den ersten Absatz der linken Spalte und wählen Sie im Menü *Einfügen* die Befehle *Verzeichnisse/Verzeichnisse*.
2. Auf der Registerkarte *Verzeichnisse* wählen Sie als *Typ* den Wert »Inhaltsverzeichnis«, tragen den Text »Inhalt« in das Feld *Titel* ein und markieren das Kontrollkästchen *Gliederung* der Gruppe *Erzeugen aus*. Setzen Sie den Wert des Drehfelds auf »2«, um die beiden obersten Überschriftebenen (hier Überschrift 1 und Überschrift 2) in das Verzeichnis aufzunehmen (Abbildung 9.26).
3. Passen Sie bei Bedarf die Vorgaben für die Vorlagen »Inhaltsverzeichnis 1« und »Inhaltsverzeichnis 2« auf der Registerkarte *Vorlagen* an.

Sobald Sie das Dialogfeld über die *OK*-Schaltfläche schließen, wird das Inhaltsverzeichnis aus dem Blindtext erstellt. Enthält der Text Überschriften der Ebenen 1 und 2, sollten diese im Inhaltsverzeichnis erscheinen. Bei Bedarf können Sie nun noch Anpassungen vornehmen und dann den Entwurf als Dokumentvorlage speichern.

INFO

Das Beispiel finden Sie in der Datei Flyer.odt *im Ordner* Kap09 *des Beispielarchivs zum Buch.*

9.5 Vorlage für Berichte und Handbücher

Zum Schreiben von Berichten, Handbüchern, Studien- oder Diplomarbeiten etc. sollten Sie auf Vorlagen zurückgreifen, die Elemente für Überschriften, Absätze, Verzeichnisse, Beschriftungen etc. enthalten. In den vorhergehenden Kapiteln dieses Teils wurden die benötigten Techniken besprochen. Nachfolgend soll noch der Entwurf dieser Vorlage skizziert werden.

9.5.1 Überlegungen zum Layout

Bei längeren Dokumenten werden Sie auf eine feste Struktur und verschiedene Elemente aufsetzen. Häufig wird dieser Dokumenttyp doppelseitig gedruckt – Sie müssen also immer die Aufteilung des Inhalts auf gerade/ungerade Seiten im Auge behalten. Kapitel beginnen z.B. grundsätzlich auf ungeraden Seiten.

- Es empfiehlt sich, ein Deckblatt mit dem Dokumenttitel, dem Bearbeiter und ggf. einer Versionsnummer anzulegen. Die Rückseite dieses Deckblatts kann dann für Impressums- und Copyright-Angaben benutzt werden.
- An das Deckblatt können sich Inhaltsverzeichnisse und optional Tabellen- bzw. Abbildungsverzeichnisse anschließen. Das Verzeichnis wird dabei vom Writer als Bereich eingetragen. Dies eröffnet Ihnen die Möglichkeit, die Kopfzeilen der betreffenden Seiten anders als auf den Dokumentseiten zu gestalten. Im Beispiel wurde eine Anzeige der Seitennummern mit römischen Ziffern und dem festen Kolumnentext »Inhaltsverzeichnis« gewählt.
- Im eigentlichen Dokumentteil müssen Sie dafür sorgen, dass die Kapitelanfänge auf geraden Seiten (Umbruch auf rechter Seite) erfolgen. Schalten Sie zumindest die Kapitelnummerierung ein und definieren Sie Überschriftenebenen über Formatvorlagen.

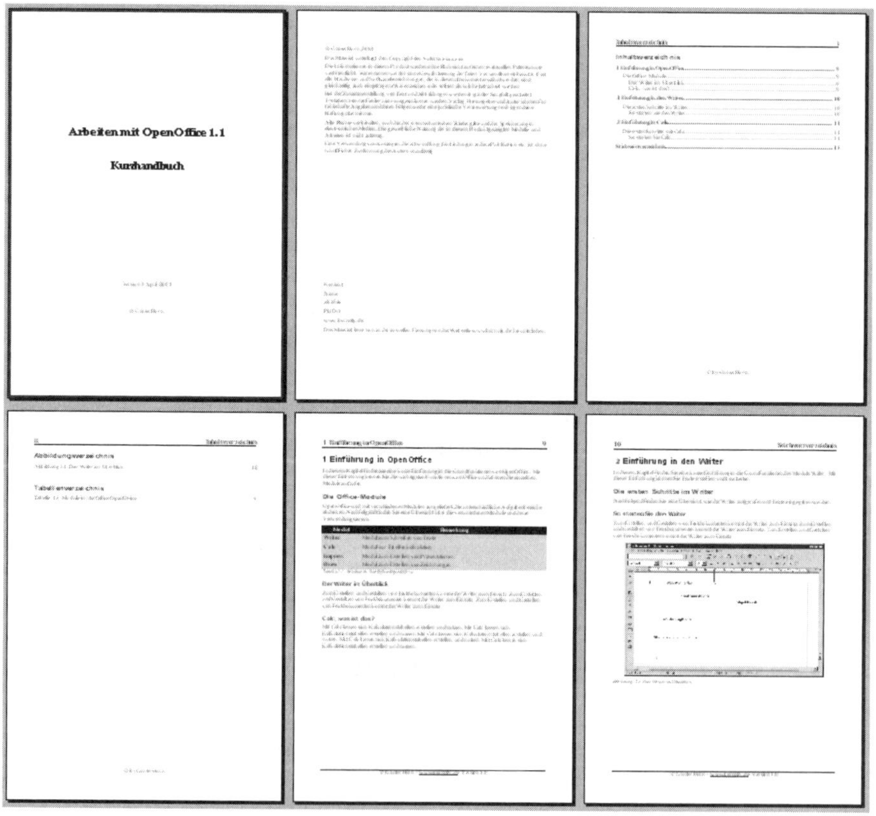

Abbildung 9.27: Layout für Handbücher und längere Dokumente

- Am Dokumentende kann dann noch ein Stichwortverzeichnis angehängt werden, welches aus den im Dokument eingetragenen Indexeinträgen generiert wird.

Abbildung 9.27 zeigt die Seitenvorschau für ein Probelayout, welches ich im Writer zur Gestaltung längerer Dokumente wie Handbücher erstellt habe.

9.5.2 Schritte zum Erstellen des Layouts

Das in Abbildung 9.27 gezeigte Dokumentlayout wurde in einigen Schritten entwickelt. Die erforderlichen Techniken sind in den vorherigen Kapiteln dieses Buchteils besprochen.

1. Zuerst wurde ein neues leeres Dokument angelegt. Dann habe ich einige Leerseiten und etwas Blindtext eingefügt.
2. Im nächsten Schritt wurden die ersten beiden Dokumentseiten für das Deckblatt samt Impressum herangezogen. Es reicht, eine Überschrift sowie die erforderlichen Angaben in fester Formatierung auf den ersten Seiten und den Impressumstext auf der Rückseite (Seite 2) zu hinterlegen. Fügen Sie abschließend einen Seitenwechsel (Menübefehl *Einfügen/Manueller Umbruch*) hinzu. Wählen Sie die Option *Seitenwechsel* und geben Sie als Folgeformat »Rechte Seite« ein. Als Seitennummer der Folgeseite können Sie im Dialogfeld den Wert 1 vorgeben.
3. Klicken Sie auf den ersten Absatz der betreffenden Folgeseite und fügen Sie einige leere Absätze ein. Dann klicken Sie auf den ersten Absatz der Seite und fügen über das Menü *Einfügen* und die Befehle *Verzeichnisse/Verzeichnisse* ein Inhaltsverzeichnis in das Dokument ein. Dieses Verzeichnis wird zwar noch leer sein, fungiert aber als Platzhalter für das Inhaltsverzeichnis.
4. Fügen Sie ggf. einen festen Seitenumbruch (z.B. in Windows mittels [Strg] + [↵]) hinter das Verzeichnis ein, um die zweite Seite des Verzeichnisses zu erzwingen. Fügen Sie auf der betreffenden Folgeseite einige Leerzeilen ein. Positionieren Sie die Schreibmarke im letzten Absatz dieser Seite und fügen Sie abschließend erneut einen festen Seitenwechsel (Menübefehl *Einfügen/Manueller Umbruch*) ein. Erzeugen Sie einen Umbruch auf das Folgeformat »Rechte Seite«.
5. Klicken Sie auf den ersten Absatz der nun vorliegenden Folgeseite und fügen Sie einige Zeilen Text auf diese letzte Seite ein. Zusätzlich sollten Sie noch einen festen Seitenumbruch mittels [Strg] + [↵]-Tastenkombination hinzufügen, um auch eine gerade Seite zu haben.
6. Öffnen Sie das Fenster *Formatvorlagen* und nehmen Sie die aktuelle Seite als neue Vorlage (Gruppe *Seitenvorlagen*) unter dem Namen »Dokumentseite« oder ähnlich auf. Dieser Schritt bewirkt, dass die Kopf-/Fußzeilen des Dokumentteils getrennt vom Inhaltsverzeichnis gestaltet werden können.
7. Klicken Sie nun auf die Seiten des Inhaltsverzeichnisses und gestalten Sie dort die Kopf- und Fußzeilen. Die Kopfzeile kann als lebende Kolumne mit dem Text »Inhaltsverzeichnis« und einer römischen Paginierung versehen werden.
8. Wiederholen Sie den letzten Schritt mit den ersten beiden Seiten des Dokumentbereichs. Die Kopfzeile des Dokumentbereichs sollte die Seitennummer in arabischen Ziffern sowie den Kapiteltext und ggf. die nächste Überschriftebene aufnehmen. Hierzu muss das Seitenformat auf wechselnde Inhalte in den Kopfzeilen eingestellt werden.

9. Ergänzen Sie die Seiten mit etwas Blindtext und formatieren Sie diese. Anschließend sollten Sie die Formatvorlagen für die diversen Absatztypen (Überschriftebenen, Standardabsätze, Tabellen, Tabellen- und Bildlegenden etc.) im Fenster *Formatvorlagen* anlegen. Ergänzen Sie diese Einträge um Zeichenvorlagen, Nummerierungsvorlagen etc.
10. Aktualisieren Sie nun das Inhaltsverzeichnis und fügen Sie ggf. auch Tabellen- und Bildverzeichnisse hinzu. Wechseln Sie zur letzten Seite und fügen Sie einen Seitenwechsel auf eine ungerade Seite ein. Anschließend hängen Sie ein Stichwortverzeichnis an das Dokument an.

Mit diesen Schritten lässt sich eine Dokumentvorlage mit einem Musterlayout anlegen. Der Benutzer braucht anschließend nur noch das neue Dokument aus der Mustervorlage abzuleiten und kann sofort mit dem Schreiben des Textes beginnen.

TIPP

In den vorherigen Kapiteln hatte ich auf diverse Probleme beim Einbinden von Grafiken und der Beschriftung von Tabellen oder Abbildungen hingewiesen. Sie können sich daher für Bilder und Tabellen eigene Absatzformate für die jeweiligen Legenden anlegen. Um eine Tabellenlegende oder eine Grafik recht komfortabel einfügen zu können, lassen sich die statischen Bestandteile der Legenden (z.B. »Tabelle x.x: «) als Textbausteine definieren. Dann reicht es, wenn der Benutzer z.B. »T« eingibt und die Funktionstaste F3 *drückt, um den Absatz »Tabelle 1.13: « einzufügen. Bei Grafiken empfiehlt es sich, eine komplette Grafik (als Platzhalter) als Verknüpfung in den Text einzufügen, diese mit der Verankerung »Als Zeichen« zu versehen, die Eigenschaften (wie proportionale Größenänderung eingeschaltet) zu setzen und mit einer Legende (»Abbildung x.x: «) in einem getrennten Absatz auszustatten. Dann lässt sich die Grafik samt Legende als AutoText-Eintrag hinterlegen. Gibt der Benutzer dann z.B. »Bi« ein und drückt die Funktionstaste* F3, *wird eine Grafik samt Beschriftung als separate Absätze in das Dokument eingefügt. Der Benutzer braucht dann nur noch die Grafik per Doppelklick anzuwählen und kann auf der Registerkarte* Bild *den Pfad zur neuen Grafikdatei anpassen.*

9.6 Serienbriefe und Etikettendruck

Massenschreiben (z.B. Kundenrundschreiben, Werbeaktionen, Mitgliederschreiben an einen Verein etc.) enthalten meist einen fixen Text, der nur in wenigen Elementen wie Anschriftenfeld und personalisierte Anrede anzupassen ist. Natürlich kann man einen Musterbrief anfertigen und diesen vor dem Ausdrucken in den betreffenden Elementen manuell anpassen. Was bei fünf bis zehn Schreiben noch machbar ist, artet bei 50 oder mehr Kopien in richtige Arbeit aus. Hier kommt die Serienbrief-Funktion zum Einsatz. Diese ermöglicht Ihnen, die Empfängeradressen aus einer Adressenliste zu übernehmen und die variablen Briefinhalte dynamisch bei der Ausgabe der Serienbriefe anzupassen. Nachfolgend möchte ich kurz die Funktionen zum Erstellen von Serienbriefen und den Etikettendruck erläutern.

9.6.1 Grundwissen zum Erstellen eines Serienbriefs

Serienbriefe sind Dokumente, bei denen ein statischer Text mit dynamischen Inhalten wie Adressangaben kombiniert und in vielen Kopien erstellt wird. Werbeschreiben mit individuellen Empfängerangaben, Rundschreiben an feste Adressatenkreise oder Mitgliederschreiben von Vereinen sind typische Kandidaten für Serienbriefe. Ein Serienbrief besteht aus zwei Komponenten:

- Dem Textdokument: Dieses Dokument müssen Sie im Writer erstellen. Hierbei kommen die gleichen Techniken wie zum Gestalten von anderen Texten zum Einsatz. Die dynamischen Inhalte werden dann als Felder in die Textdokumente eingefügt.
- Der Steuerdatei: Es kann sich hierbei um eine Textdatei, eine Calc-Tabelle oder eine (Base-)Datenbank handeln. Der Writer übernimmt aus der Steuerdatei die variablen Dateninhalte und setzt diese als Feldwerte in das Textdokument ein.

Sobald die Verbindung zwischen Textdokument und Steuerdatei steht, können die Serienbriefe gedruckt werden. Der Writer liest dazu einen Datensatz aus der Steuerdatei und fügt diese Daten in die im Textdokument enthaltenen Felder ein. Die Anzahl und Reihenfolge der Datensätze lässt sich über verschiedene Kriterien steuern und bestimmt damit auch die Anzahl der Serienbriefe sowie deren Sortierung.

Hinweise zur Steuerdatei

Die Steuerdatei ist die Quelle für alle im Serienbrief enthaltenen dynamischen Elemente. Die Daten müssen dabei als Tabelle in Form von Spalten (Feldern) und Zeilen (Datensätzen) vorliegen. Jeder Datensatz (eine Tabellenzeile) enthält dabei die Daten, die in einen Brief einzufügen sind. Diese Daten im Datensatz müssen in Felder (z.B. Anrede, Name, Vorname) etc. unterteilt sein, damit sich gezielt darauf zugreifen lässt. Es kann ja der Fall auftreten, dass nur ein Teil der Felder im Serienbrief benötigt wird.

	A	B	C	D	E	F	G	H
1	**Anrede**	**Name**	**Vorname**	**Straße**	**Hausnr.**	**Plz**	**Ort**	**Tel**
2	Herr	Bach	Andrea	Hildenweg	19	60130	Frankfurt	069-333-45
3	Herr	Bauer	Heinz	Bergweg	2a	60131	Frankfurt	069-333-4221
4	Frau	Breuer	Isolde	Frankenallee	21	60132	Frankfurt	069-553451
5	Herr	Müller	Heinrich	Ostring	22	60133	Frankfurt	069-123456
6		Meier & Sohn		Industriestraße	2b	65772	Hofheim	06192 345-60
7	Frau	Meister	Maria	Hessenring	19	###	München	089-3333-33

Abbildung 9.28: Calc-Tabelle als Steuerdatei für Serienbriefe

Im einfachsten Fall lässt sich dies als simple Textdatei mit einer Liste/Tabelle realisieren. Die Titelzeile gibt dann die Feldnamen an, während die restlichen Zeilen als Datensätze interpretiert werden. Office kann aber auch auf Calc-Tabellen zugreifen, deren Spalten die einzelnen Felder aufweisen und deren Zeilen mit den zu verarbeitenden Daten gefüllt sind (Abbildung 9.28). In den meisten Fällen werden die Steuerdaten jedoch in einer Datenbank in Form einer Tabelle gehalten. Diese Datenbanktabellen enthalten die benötigten Datensätze, die intern in Feldern organisiert sind.

INFO

Das Erstellen von Adresslisten in Form von Calc-Tabellen (Abbildung 9.28) ist zwar recht einfach, birgt aber u.U. Probleme. Wenn Sie beispielsweise Hausnummern in eine Tabellenzelle eintippen, werden diese in der Regel als Zahlen erkannt. Eine Hausnummer der Art »2a« geht aber als Text durch. Dann kann es beim Lesen der Daten aus der Datenquelle Probleme geben und die Hausnummern werden nicht korrekt in das Seriendokument eingefügt. Wenn Sie die Adressen in eine Datenbanktabelle eintragen, legt der Feldtyp die Art der aufzunehmenden Daten fest. Dann sollten diese Probleme nicht auftreten. Mit Base können Sie sehr elegant eigene Tabellen mit Adressdaten anlegen und verwalten. Über die Datenbankfunktionen können Sie später die Felddatentypen modifizieren und die Werte in den Datensätzen anpassen. Details finden Sie in Kapitel 19 (Office-Datenbankfunktionen).

9.6.2 Erstellen eines Serienbriefs, Schritt für Schritt

Das Erstellen eines Serienbriefs ist nicht sonderlich schwierig, Probleme bereiten höchstens die vielen Kniffe, die es zur Realisierung spezieller Optionen erfordert. Aber dazu später mehr.

INFO

Der Writer bietet verschiedene Ansätze, um einen Serienbrief zu erstellen. Sie können z.B. direkt mit dem Serienbrief-Assistenten beginnen und die benötigten Eingaben dort tätigen. Alternativ besteht die Möglichkeit, die Vorlage für das Massenschreiben samt Adressdaten separat zu erstellen und dann über den Assistenten zusammenzuführen. Dieser Ansatz wird hier gezeigt.

Erstellen des Textentwurfs

Im ersten Schritt benötigen Sie eine Textdatei mit den statischen Inhalten des Serienbriefs, die Sie später um die dynamischen Inhalte ergänzen können. Hierzu können Sie im Writer ein neues Dokument erstellen und dann mit Text füllen.

Abbildung 9.29: Rumpftext für einen Serienbrief

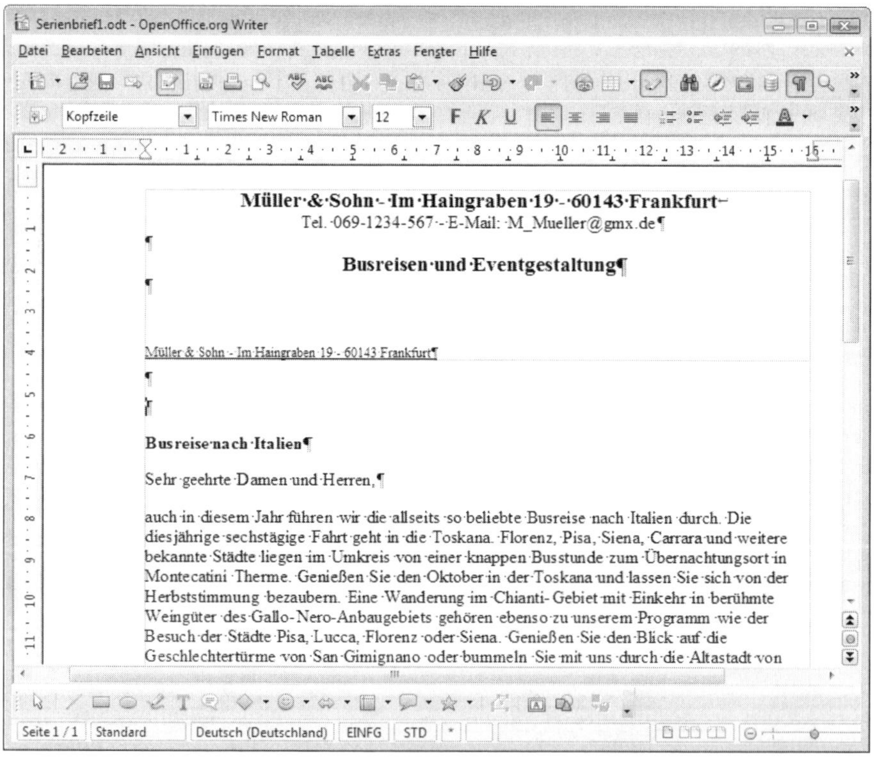

Alternativ können Sie auf Briefvorlagen oder auf die Assistenten zurückgreifen, um das Rumpfdokument zu erstellen. Abbildung 9.29 zeigt ein Beispiel für einen Rundbrief, der auf Basis der in den vorherigen Abschnitten erstellten Briefköpfe entworfen wurde. Das Anschriftenfeld ist noch leer, da dort die dynamisch zu generierenden Adressdaten einzufügen sind. Sie finden den Entwurf in der Datei *Serienbrief1.odt* des Ordners *Kap09* des Beispielarchivs.

Einbinden der Steuerdatei als Datenquelle

Zudem benötigen Sie eine Steuerdatei, aus der die Adressdaten zu importieren sind. Wie bereits oben aufgeführt, können Sie diese als Textdatei, als Calc-Tabelle oder als Datenbank anlegen.

ANREDE	NAME	VORNAME	STRA_E	HAUSNR_	PLZ	ORT	TEL
Herr	Bach	Andreas	Hildenweg	19	60130,0	Frankfu	069-333-45
Herr	Bauer	Heinz	Bergweg	2a	60131,0	Frankfu	069-333-422
Frau	Breuer	Isolde	Frankenallee	21	60132,0	Frankfu	069-553451
Herr	Mueller	Heinrich	Ostring	22	60133,0	Frankfu	069-123456
	Meier & S		Industriestraße	2b	65772,0	Hofhein	06192 345-6
Frau	Meister	Maria	Hessenring	19	80333,0	Münche	089-3333-33
Frau	Breuer	Isolde	Frankenallee	21	60132,0	Frankfu	069-553451

Abbildung 9.30: Steuerdatei für den Serienbrief

Im konkreten Fall habe ich eine Datenbank im dBase-Format über die Datei *Adressen.dbf* mit den Steuerdaten vorgesehen (Abbildung 9.30). Um auf die Daten der Steuerdatei zugreifen zu können, muss diese als Datenquelle in Office bekannt sein. Zum Einbinden als Datenquelle gehen Sie folgendermaßen vor.

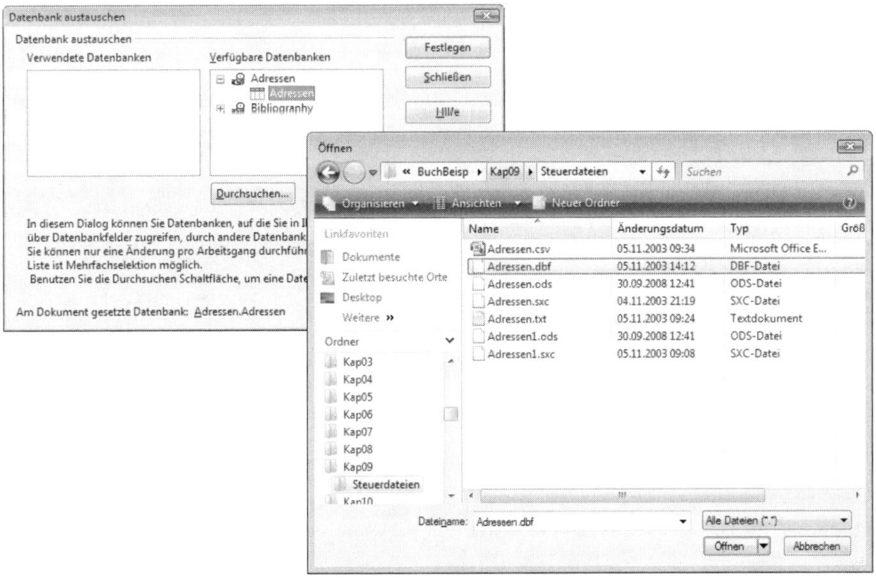

Abbildung 9.31: Datenquelle verwalten und einbinden

1. Wählen Sie im Menü *Bearbeiten* des Writer-Fensters den Befehl *Datenbank austauschen*. Dann erscheint das gleichnamige Dialogfeld (Abbildung 9.31, oben).
2. Klicken Sie auf die Schaltfläche *Durchsuchen* und wählen Sie im dann eingeblendeten Fenster *Öffnen* die gewünschte Datenquelle aus. Schließen Sie das Dialogfeld über die *Öffnen*-Schaltfläche.
3. Kann Office die Datenquelle öffnen, wird diese im Dialogfeld *Datenbank austauschen* in der Spalte *Verfügbare Datenbanken* aufgeführt. Erweitern Sie die Datenbankdarstellung (indem Sie auf das Pluszeichen vor dem Datenbanksymbol klicken), sodass Tabellen und weitere Datenbankinhalte im Zweig eingeblendet sind. Markieren Sie die Tabelle, die als Datenquelle zu verwenden ist, und klicken Sie auf die dann freigegebene Schaltfläche *Festlegen*.

INFO

Als Datenquellen können Sie verschiedene Typen (dBase, CSV, Text, Calc-Tabellen, Base-Datenbanken etc.) auswählen. Haben Sie irrtümlich eine Datenquelle ausgewählt, möchten diese aber nicht mehr in der Datenquellenansicht sehen? Wählen Sie im Menü Extras *den Befehl* Optionen *und klicken Sie im Dialogfeld* Optionen *auf den Zweig* OpenOffice.org Base. *Über die Unterkategorie* Datenbanken *blendet Office die Liste der eingebundenen Datenquellen ein. Markieren Sie den unerwünschten Eintrag und klicken Sie auf die Schaltfläche* Löschen. *Dann wird der Eintrag (nicht die Datenquelle) entfernt. Sie können die Datenquelle also zu einem späteren Zeitpunkt erneut einbinden. Im Ordner* Kap09/Steuerdateien *finden Sie beispielsweise die Datei* Adressen.dbf, *die u. a. für die Beispiele dieses Kapitels eingebunden wurde.*

So lassen sich die Daten der Datenquelle ansehen

Nachdem die Datenquelle in Office (bzw. im Writer) angemeldet wurde, möchte man sich ggf. die darin enthaltenen Inhalte ansehen. Die eigentlichen Daten werden dabei in Tabellen gespeichert. Es ist aber auch ein Zugriff über sogenannte Abfragen (das sind gefilterte Tabellenergebnisse) möglich.

Abbildung 9.32: Datenquellenansicht im Writer-Dokumentfenster

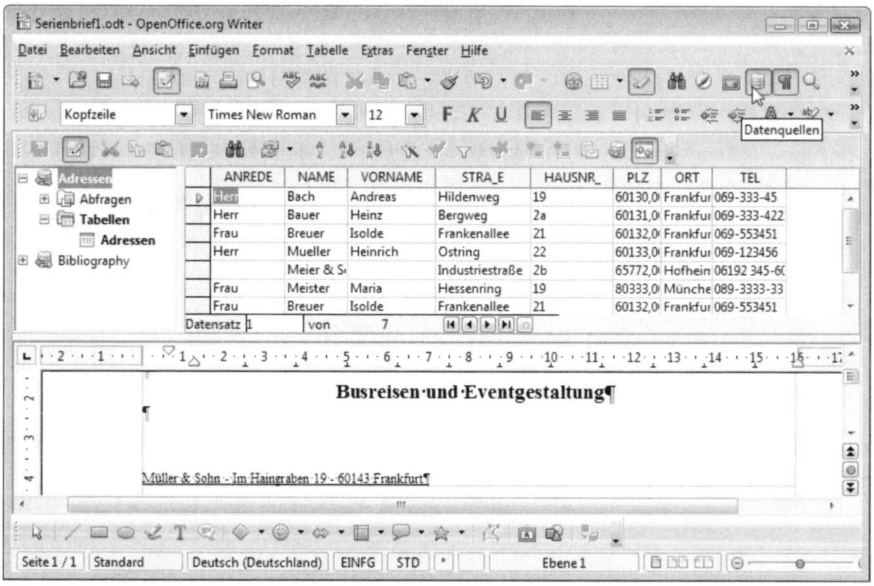

Um die in der Datenbank enthaltenen Elemente einzublenden, klicken Sie in der *Standard*-Symbolleiste auf die Schaltfläche *Datenquellen*. Über diese Schaltfläche lässt sich die Datenquellenansicht (Abbildung 9.32) im Dokumentfenster wahlweise ein- oder ausblenden.

INFO

Der Zugriff auf Datenquellen kann über Tabellen oder über Abfragen erfolgen. Mit Abfragen lassen sich Datensätze über vordefinierbare Filterkriterien herausziehen. Nachfolgend wird direkt auf die gewünschte Tabelle zugegriffen. Sie müssen die betreffende Datenbank im Datenquellen-Explorer anklicken, den Zweig mit dem Inhalt der Datenquelle expandieren und dann die Abfrage oder die Tabelle wählen.

Weitere Details zur Verwaltung von Datenquellen, zum Einbinden der Datenquellen oder zur Gestaltung von Abfragen etc. finden Sie ab Kapitel 19 (Datenbankfunktionen in Office).

Serienbrieffelder zum Dokument hinzufügen

Nachdem das Textdokument im Writer erstellt und die Steuerdatei über die Datenquellenfunktion in Office eingebunden wurde, gilt es die dynamischen Informationen zum Serienbrief hinzuzufügen. Im Writer erfolgt dies über das Feld »Seriendruck-Feld« des Dialogfelds *Feldbefehle*. Nachdem Sie das Textdokument geladen und die Datenquelle im Writer angemeldet haben, werden die Seriendruck-Felder mit folgenden Schritten zum Dokument hinzugefügt.

1. Wählen Sie im Menü *Einfügen* des Writers den Befehl *Feldbefehl/Andere* und klicken Sie im Dialogfeld *Feldbefehle* auf die Registerkarte *Datenbank*.
2. In der linken Spalte *Feldtyp* ist zuerst der Eintrag »Seriendruck-Feld« per Mausklick zu wählen.
3. Dann klicken Sie in der rechten Spalte der Registerkarte in der Spalte *Datenbankauswahl* auf die gewünschte Datenbank (hier »Adressen«). Über die Plus- und Minuszeichen vor dem betreffenden Eintrag lassen sich untergeordnete Zweige der Datenbank expandieren oder wieder ausblenden. Expandieren Sie als Erstes den Zweig mit allen Tabellen der Datenbank.

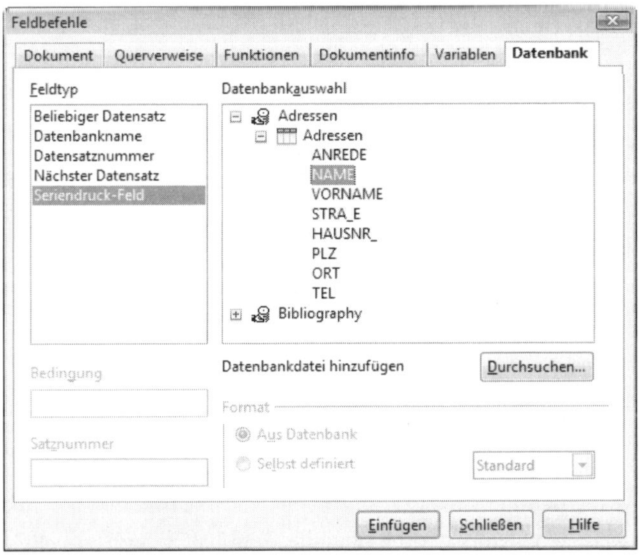

Abbildung 9.33: Auswahl der Datenbankwerte für das Seriendruck-Feld

4. Expandieren Sie anschließend den Zweig der Tabelle mit den Adressdaten. Die Felder der betreffenden Tabelle sollten nun erscheinen (Abbildung 9.33).
5. Klicken Sie im Dokumentteil des Writers an die Stelle, an die ein Feld einzufügen ist. Die Schreibmarke zeigt die betreffende Stelle an.
6. Wechseln Sie zum Dialogfeld *Feldbefehle* zurück, klicken Sie in der Spalte *Datenbankauswahl* auf das einzufügende Feld (z.B. »NAME«) und betätigen Sie die *Einfügen*-Schaltfläche der Registerkarte. Sie können auch ein Feld per Doppelklick in der Spalte *Datenbankauswahl* direkt in das Dokument übertragen.

7. Wiederholen Sie die Schritte 5 und 6, um weitere Datenbankfelder in das Textdokument einzufügen.
8. Sobald alle Felder eingefügt wurden, schließen Sie die Registerkarte über die Schaltfläche *Schließen*.

Der Writer zeigt die Seriendruck-Felder standardmäßig (wie andere Felder) farbig unterlegt an. Dabei wird aber der Feldname in spitzen Klammern im Feld angezeigt (Abbildung 9.34).

Abbildung 9.34: Textausschnitt mit Seriendruck-Feldern

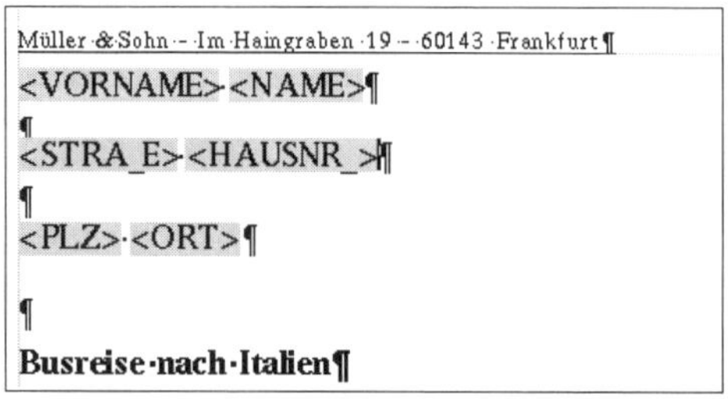
Müller·&·Sohn·-·Im·Haingraben·19·-·60143·Frankfurt¶
<VORNAME>·<NAME>¶
¶
<STRA_E>·<HAUSNR_>¶
¶
<PLZ>·<ORT>¶
¶
Busreise·nach·Italien¶

Sie können die Felder markieren, wie Texte formatieren und durch Leerzeichen trennen. Markierte Felder lassen sich zudem löschen oder verschieben. Doppelklicken Sie ein Feld im Dokumentbereich an, öffnet der Writer automatisch das Dialogfeld *Feldbefehl bearbeiten*. Sie können dann ein anderes Feld der Tabelle oder eine andere Tabelle oder sogar eine andere Datenbank wählen und einbinden.

INFO

Alternativ können Sie bei eingeblendeter Datenquellenansicht (Abbildung 9.35) die Tabellenköpfe der angezeigten Tabelle per Drag&Drop in den Dokumentbereich des Serienbriefs ziehen. Der Writer fügt dann automatisch die betreffenden Seriendruck-Felder in den Text ein.

Serienbriefe erstellen lassen

Sobald Sie die Seriendruck-Felder in den Text eingefügt haben, können Sie die Ausgabe der Serienbriefe beginnen. Ein Serienbrief-Assistent führt Sie in mehreren Schritten durch diesen Prozess.

1. Wählen Sie im Menü *Extras* den Befehl *Serienbrief-Assistent*. Der Writer öffnet das Dialogfeld des Serienbrief-Assistenten (Abbildung 9.35). Über die *Weiter-* und *Zurück*-Schaltflächen können Sie zwischen den Dialogschritten wechseln. Zudem können Sie die in der linken Spalte des Dialogfelds eingeblendeten Hyperlinks anklicken, um direkt zum betreffenden Schritt zu gelangen.
2. Legen Sie in Schritt 1 über die Optionsfelder fest, ob ein aktuelles, ein bestehendes oder ein neues Dokument anzulegen ist.
3. In Schritt 2 geben Sie über die Optionsfelder vor, dass ein Brief als Ergebnis gewünscht wird.

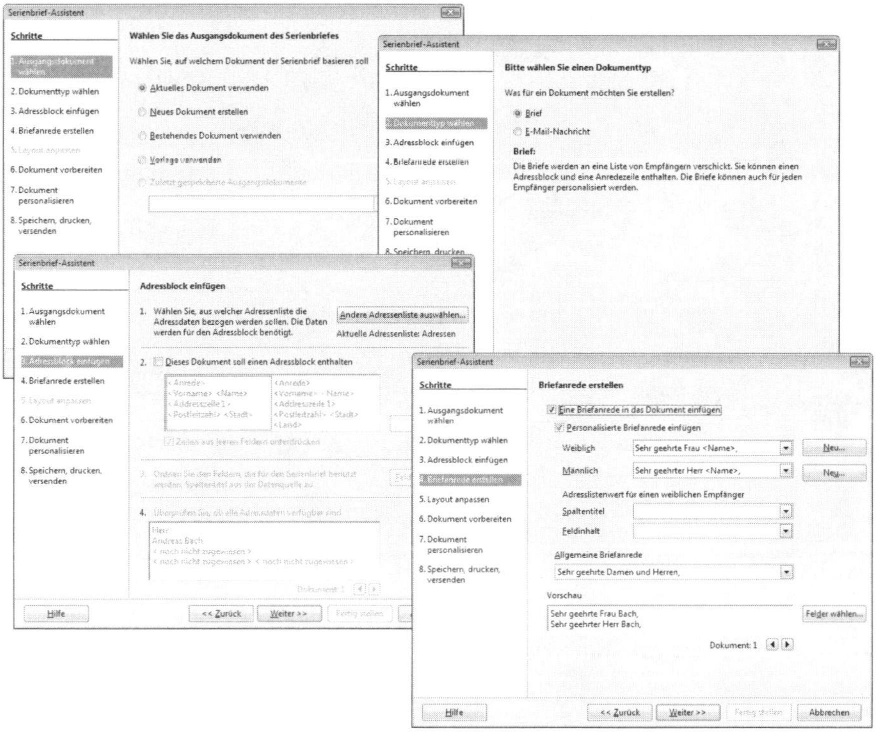

Abbildung 9.35: Dialoge des Serienbrief-Assistenten

4. Bestätigen Sie im Dialogschritt 3, dass der Adressblock bereits vorhanden ist. Möchten Sie eine neue Datenquelle verwenden, öffnen Sie über die Schaltfläche *Andere Adressliste auswählen* einen Dialog, in dem Sie eine neue Datenbanktabelle hinzufügen bzw. anlegen und eine neue Adressliste auswählen können. Markieren Sie das Kontrollkästchen *Dieses Dokument soll einen Adressblock enthalten*, um ggf. die Adressen individuell über die Elemente des Dialogfelds zuzuordnen. Die Zuordnung erfolgt über die Schaltfläche *Felder zuordnen*. Ich bevorzuge allerdings die hier im Buch benutzte Variante, die Seriendruck-Felder manuell in das Dokument einzufügen.
5. In Dialogschritt 4 können Sie noch optional die Felder für die Briefanrede einfügen lassen. Sie müssen dann das betreffende Kontrollkästchen markieren, um die restlichen Felder mit den Optionen zur Auswahl der Anredevarianten freizugeben. Hilfreich ist dann aber, dass die Einfügemarke vor dem Aufruf des Assistenten im Dokumentteil stand, in den die Felder einzufügen sind (andernfalls müssen Sie später einiges am Layout korrigieren).
6. Dialogschritt 5 wird nur freigegeben, wenn Sie in Schritt 4 die Felder für die Briefanrede einfügen lassen. Dann können Sie in Schritt 5 das Layout des Dokuments modifizieren. Da hier im Buch die Felder für den Seriendruck bereits im Dokument eingetragen sind, können die Schritte 4 und 5 jedoch übergangen werden.

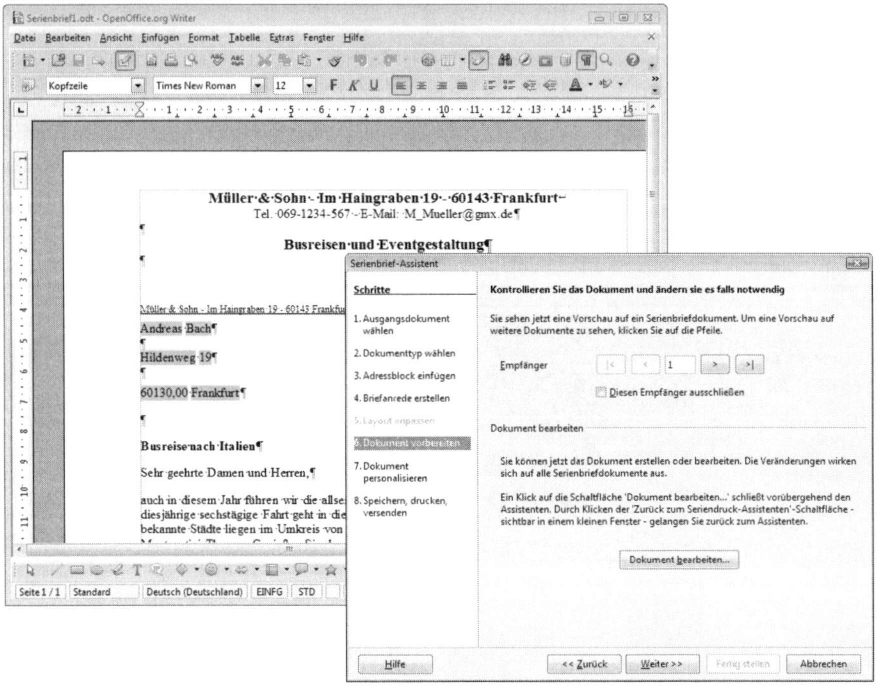

Abbildung 9.36: Dokument mit eingeblendeten Serienbriefdaten und Serienbrief-Assistent

7. Ist Schritt 6 im Assistenten erreicht, sollten die Datensätze in den Serienbrief-Feldern des Textdokuments angezeigt werden (Abbildung 9.36, Hintergrund). Über die Schaltflächen der Gruppe *Empfänger* des Dialogfelds (Abbildung 9.36, Vordergrund) können Sie zwischen den Datensätzen der Tabelle blättern und so testen, ob die richtigen Daten im Serienbrief zur Verfügung stehen. Soll ein Datensatz nicht verwandt werden, markieren Sie einfach das Kontrollkästchen *Diesen Empfänger ausschließen*. Um das Dokument selbst noch zu korrigieren (z.B. Felder verschieben), können Sie die Schaltfläche *Dokument bearbeiten* anklicken. Über die dann sichtbare Schaltfläche *Zurück zum Serienbrief-Assistenten* der eingeblendeten Leiste holen Sie die Dialoge des Assistenten wieder in den Vordergrund.
8. Klicken Sie anschließend im Dialogfeld des Assistenten auf die Schaltfläche *Weiter*, werden die Serienbriefe erstellt (Schritt 7, Personalisieren der Serienbriefe). Sie können anschließend die Einzeldokumente nochmals bearbeiten, indem Sie im Dialogfeld des Assistenten die Schaltfläche *Individuelles Dokument bearbeiten* anwählen. Der Assistent wird ausgeblendet und Sie sehen das Dokumentfenster, in dem Sie den Serienbrieftext anpassen können. Eine eingeblendete Symbolleiste erlaubt Ihnen, über eine Schaltfläche zum Serienbrief-Assistenten zurückzukehren.
9. Klicken Sie auf die *Weiter*-Schaltfläche, um zum Folgedialog (Schritt 8) zu gelangen. Dort lässt sich über Optionsfelder festlegen, ob das Ausgangsdokument oder das Serienbriefdokument zu speichern ist oder ob das Serienbriefdokument gedruckt werden soll. Über die im Dialogfeld eingeblendete Schaltfläche (z.B. *Ausgangsdokument speichern*) lässt sich das Speichern oder Drucken starten.

Der Writer schließt dann das Dialogfeld des Serienbrief-Assistenten. Sofern Sie noch Etiketten zum Versand der Dokumente benötigen, lesen Sie weiter unten nach, wie sich diese drucken lassen.

INFO

Die Datei Serienbrief1.odt *finden Sie im Ordner* Kap09 *des Beispielarchivs. Die Datei ist mit der Datenquelle* Adressen.dbf *im Unterordner* Steuerdateien *verbunden. Dieser Unterordner enthält die Adressdaten zudem in weiteren Formaten (z.B. Calc-Tabelle).*

9.6.3 Unerwünschte Texte im Serienbrief ausblenden

Bei der Gestaltung von Serienbriefen kommt es häufiger vor, dass unerwünschte Texte erscheinen. Dies ist beispielsweise in Abbildung 9.37 der Fall, wo ein störendes Leerzeichen vor dem Firmennamen auftaucht. Dieses Leerzeichen trennt normalerweise Vornamen und Nachnamen, stört aber, wenn der Eintrag im Feld mit dem Vornamen leer ist.

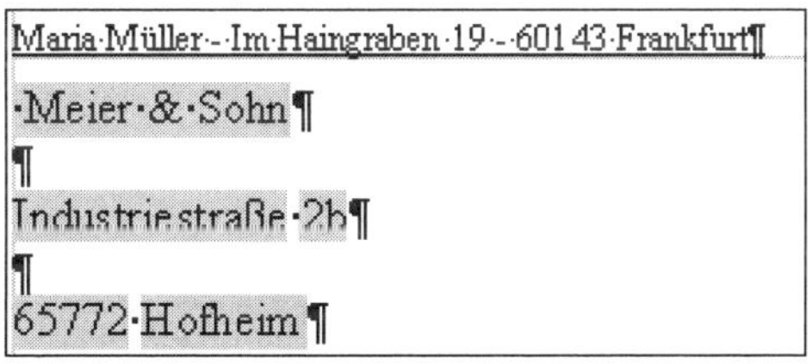

Abbildung 9.37: Leerzeichen bei der Anzeige von Firmennamen

Um diesen unschönen Effekt zu verhindern, können Sie dafür sorgen, dass das Leerzeichen bei fehlendem Vornamen ausgeblendet wird. Hier kommt der Feldtyp »Versteckter Text« zum Einsatz.

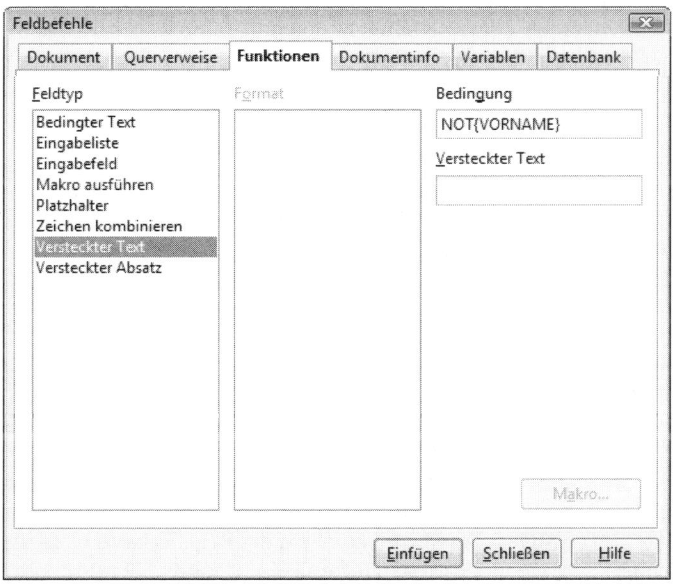

Abbildung 9.38: Feldtyp *Versteckter Text* verwenden

1. Markieren Sie das Leerzeichen zwischen den beiden Feldern »< VORNAME >« und »< NAME >«.
2. Wählen Sie im Menü *Einfügen* die Befehle *Feldbefehl/Andere* und klicken Sie im Eigenschaftenfenster *Feldbefehle* auf die Registerkarte *Funktionen*.
3. Wählen Sie den Typ *Versteckter Text* und tragen Sie in das Feld *Bedingungen* den Text »Not(VORNAME)« ein (Abbildung 9.38). VORNAME ist dabei der Name des Datenbankfelds. Die Bedingung »Not« besagt, dass der Text versteckt wird, falls das Feld leer ist (also falls der Vorname fehlt). Achten Sie beim Eingeben der Feldnamen auf die korrekte Schreibweise (z.B. mit Großbuchstaben – also so, wie diese auch in der Datenquellenansicht auftauchen).

Wenn Sie das Dialogfeld über die *OK*-Schaltfläche schließen, wird das Feld eingefügt. Sie erkennen dies daran, dass das Leerzeichen zwischen den beiden Feldern für Name und Vorname grau unterlegt wird. Bei der Ausgabe der Serienbriefe unterdrückt das Feld »Versteckter Text« das Leerzeichen immer dann, wenn kein Wert im Feld »Vorname« enthalten ist.

INFO

Über den Befehl Feldbefehle *des Menüs* Ansicht *lässt sich die Darstellung zwischen Feldbefehlen und Werten umschalten. Sie können also jederzeit kontrollieren, welche Feldbefehle Sie bereits in das Dokument eingetragen haben.*

HALT

Eigentlich wäre der Feldtyp »Versteckter Typ« ideal, um unerwünschte Feldinhalte wahlweise auszublenden. Leider klappt dies nicht. Wenden Sie den Feldbefehl auf andere Felder an, erscheint statt des Feldinhalts nur der Platzhalter »< Name >« im Text (d.h., der betreffende Feldbefehl funktioniert nicht mehr).

9.6.4 Personalisierte Ansprache im Serienbrief

Wer sich mit Serienbriefen befasst, wird sehr schnell auf ein spezielles Problem stoßen: Vielfach ist eine persönliche Ansprache im Brief erwünscht. Weibliche Empfänger werden mit »Sehr geehrte Frau« und männliche Adressaten mit »Sehr geehrter Herr« angesprochen. Ist der Empfänger unbekannt, muss man sich mit der Floskel »Sehr geehrte Damen und Herren« in der Anrede behelfen. So etwas lässt sich im Writer mit dem Feldtyp »Bedingter Text« realisieren.

Die wahlweise Umschaltung zwischen »Sehr geehrte Frau« und »Sehr geehrter Herr« lässt sich sehr elegant über den Feldtyp »Bedingter Text« realisieren. Sie müssen lediglich in das Feld *Bedingung* der Registerkarte *Funktionen* die Anweisung »ANREDE = = »Herr«« eintragen und im Feld *Dann* den zu ergänzenden Text »r Herr« vorgeben (Abbildung 9.39). Die Bedingung enthält den auszuwertenden Feldnamen (hier ANREDE) sowie die Vergleichsbedingung. Im aktuellen Beispiel wird der Wert »Herr« im betreffenden Feld abgeprüft. Immer wenn das Feld ANREDE den Wert »Herr« aufweist, fügt die Feldfunktion den unter *Dann* eingetragenen Text »r Herr« in das Dokument ein. Beachten Sie bei der Eingabe der Bedingung die genaue Schreibweise. Der Feldname muss der Schreibweise in der Datenbanktabelle (z.B. Großbuchstaben) entsprechen, der Vergleichswert ist in Anführungszeichen zu setzen und die Vergleichsbedingung wird entweder mit zwei Gleichheitszeichen = = oder als eq angegeben. Das *Sonst*-Feld der Registerkarte bleibt hier frei, da die Ergänzung » Frau« in einem zusätzlichen Feld »Bedingter Text« ergänzt wird.

Leider erlaubt der Writer nicht, Feldnamen in *Wenn* bzw. *Dann* anzugeben. Sie müssen daher hinter diese beiden Felder »Bedingter Text« noch das Seriendruck-Feld NAME von der Registerkarte *Datenbank* einfügen. Dann taucht, abhängig vom Inhalt des Felds ANREDE, der Text »Sehr geehrter Herr xy« oder »Sehr geehrte Frau xy« auf.

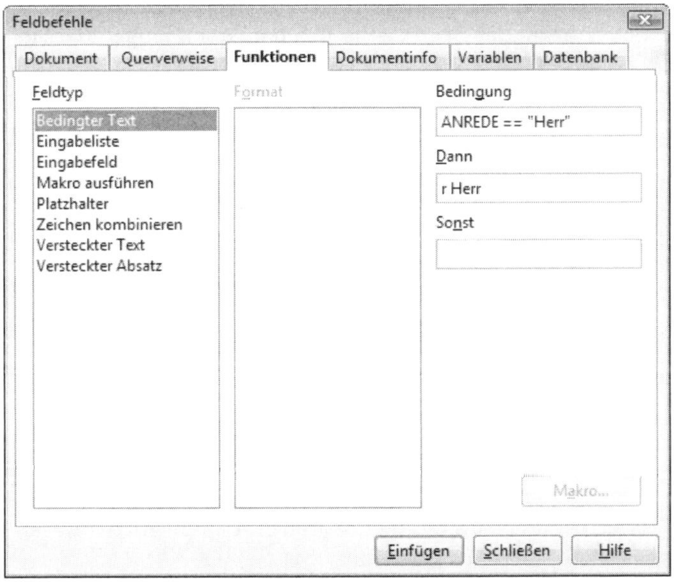

Abbildung 9.39: Feldbefehl *Bedingter Text*

Wie lässt sich nun die Anrede »Sehr geehrte Damen und Herren« einfügen, falls das Feld ANREDE leer ist. Ein bedingter Text » Damen und Herren« reicht nicht, da immer der Firmenname durch das Feld <NAME> eingeblendet wird. Die Lösung erfordert einen sehr trickreichen Ansatz über den Feldtyp »Versteckter Absatz«. Bei diesem Feldtyp kann ein kompletter Absatz einschließlich Feldern in Abhängigkeit von einer Bedingung ausgeblendet werden. Hierzu fügen Sie einfach zwei Zeilen gemäß Abbildung 9.40 in das Dokument ein.

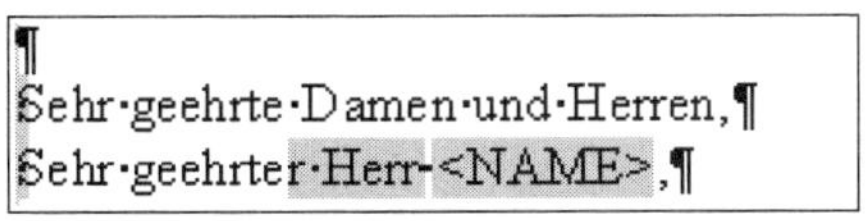

Abbildung 9.40: Textausschnitt mit zwei Anreden und Feldern

Die oberste Zeile enthält den kompletten Text »Sehr geehrte Damen und Herren,« ohne weitere Feldbefehle. Die untere Zeile enthält den Text »Sehr geehrte« und die Feldbefehle, um die Ergänzung der Anrede und des Namens einzufügen. Am linken Rand der Zeilen sind zwei graue Rechtecke als Platzhalter für Felder zu sehen. Diese Felder enthalten den Feldtyp »Versteckter Absatz«, der die Absätze in Abhängigkeit von einer Bedingung anzeigt. Ist kein Wert im Feld ANREDE enthalten, soll der oberste Absatz erscheinen. Enthält das Feld ANREDE dagegen einen Wert, wird der untere Absatz eingeblendet.

Abbildung 9.41: Anzeige der Feldbefehle zur Gestaltung der Anrede

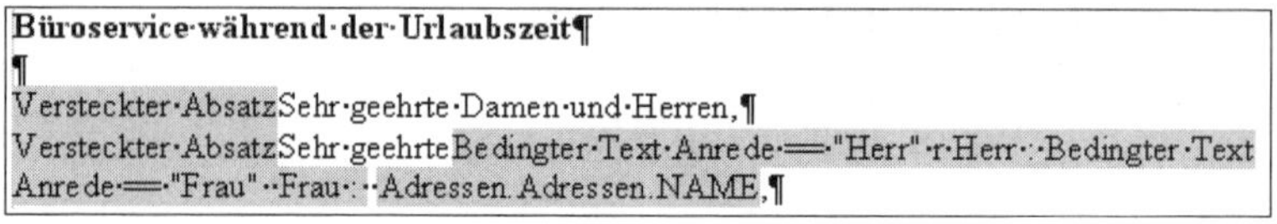

Wenn Sie den Befehl *Feldbefehle* im Menü *Ansicht* wählen, werden die in der Sequenz benutzten Feldbefehle sichtbar (Abbildung 9.41). Sie erkennen die beiden den Anredeabsätzen vorangestellten Felder »Versteckter Absatz«. Bleibt noch die Frage, welche Werte bei der Definition der Feldbefehle einzutragen sind.

1. Klicken Sie auf den unteren Absatz, der die Anrede »Sehr geehrte« mit der Steuerung der Anrede für weibliche und männliche Adressaten enthält, und wählen Sie im Menü *Einfügen* den Befehl *Feldbefehl/Andere*.
2. Auf der Registerkarte *Funktionen* wählen Sie den Feldtyp »Versteckter Absatz«. In das Feld *Bedingung* tragen Sie »Not (ANREDE)« als Kriterium ein und bestätigen die *Einfügen*-Schaltfläche. Das Kriterium ANREDE entspricht dem Feldnamen und liefert den Wert *false*, falls das Feld keinen Wert enthält. Der Not-Operator invertiert den Wert zu *true*, wodurch der Absatz mit der personenbezogenen Anrede ausgeblendet wird.
3. Klicken Sie im Text vor den ersten Absatz mit der Anrede für Firmen (»Sehr geehrte Damen und Herren«). Auf der Registerkarte *Funktionen* ist der Feldtyp »Versteckter Absatz« mit der Bedingung »ANREDE« über die Schaltfläche *Einfügen* in das Dokument aufzunehmen. Das Feld ANREDE liefert bei Einträgen der Art »Herr« und »Frau« den Wert *true*. Daher wird der Absatz mit der firmenbezogenen Anrede ausgeblendet.

Abbildung 9.42: Bedingungen für einen versteckten Absatz

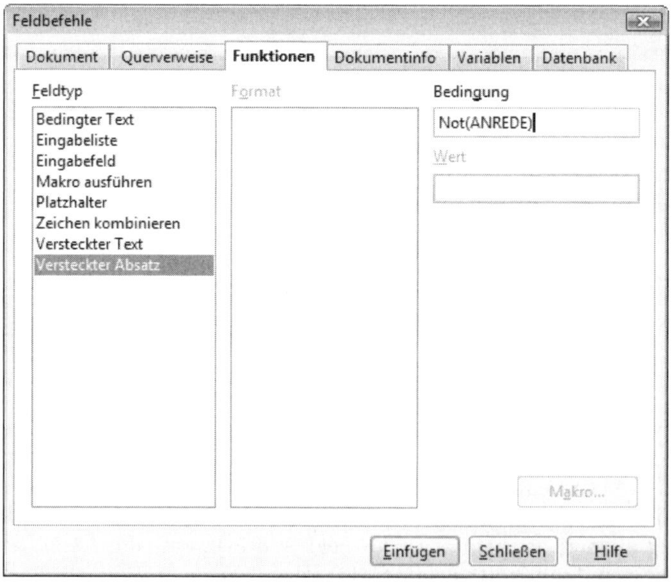

In Konsequenz führt dies dazu, dass nun die gewünschte Anredeformel im Serienbrief erscheint. Sie finden eine Beispieldatei *Serienbrief.odt* im Ordner *Kap07* des Archivs mit den Buchbeispielen.

9.6.5 Etikettendruck im Writer

Bei Serienbriefen empfiehlt sich der Versand mit Fensterkuverts. Alternativ können Sie auch Etiketten aus den betreffenden Daten generieren, müssen dann aber darauf achten, dass das richtige Etikett auf den Umschlag mit dem personalisierten Brieftext geklebt wird. Der Writer unterstützt den Etikettendruck mit ähnlichen Funktionen, wie sie auch zum Erstellen von Visitenkarten zum Einsatz gelangen. Zudem kommt Ihnen das Know-how zum Seriendruck zugute.

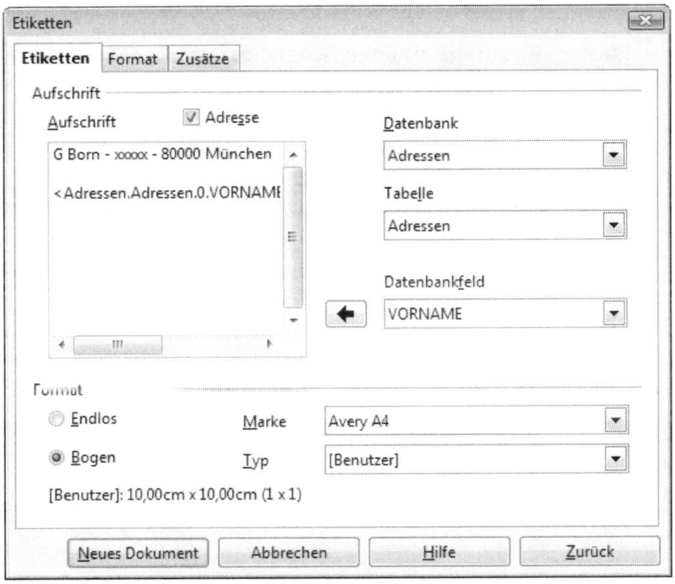

Abbildung 9.43: Gestalten von Etiketten

1. Die Etiketten werden in der Regel mit den Daten aus einer Datenbank gefüllt. Stellen Sie als Erstes sicher, dass die für das Adressmaterial benötigte Datenbank angemeldet ist (Menübefehl *Bearbeiten/Datenbank austauschen*). Notfalls müssen Sie ein leeres Textdokument anlegen und dann gemäß den Ausführungen im vorhergehenden Abschnitt vorgehen.
2. Rufen Sie den Menübefehl *Datei/Neu* auf oder öffnen Sie das Menü der Schaltfläche *Neu*. Wählen Sie im Menü mit den Dokumenttypen den Befehl *Etiketten*. Dieser Befehl öffnet das Dialogfeld *Etiketten* mit mehreren Registerkarten (Abbildung 9.43).
3. Stellen Sie auf der Registerkarte *Etiketten* in der Gruppe *Format* die Marke sowie den Typ der verwendeten Etikettenbogen ein und legen Sie fest, ob Einzelbogen oder Endlosdruck verwendet wird. Auf der Registerkarte *Format* können Sie auch individuelle Anpassungen an die Etikettenbogen vornehmen. Hinweise zu Etikettenbogen finden Sie am Anfang dieses Kapitels im Abschnitt zum Visitenkartendruck.
4. Stellen Sie als Nächstes die Datenquelle über die Felder *Datenbank* und *Tabelle* ein. Die Listenfelder bieten die in der Datenquelle bekannten Datenbanken und die der gewählten Datenbank zugeordneten Tabellen an.
5. Möchten Sie die Absenderangabe im Etikett hinterlegen, markieren Sie das Kontrollkästchen *Adresse*. Der Writer übernimmt die unter Office eingetragenen

Benutzerdaten (Menübefehl *Extras/Optionen*, Eintrag *OpenOffice.org/Benutzerdaten*) und fügt diese in das Textfeld *Aufschrift* ein. Bei Bedarf können Sie die Einträge im Feld editieren (z.B. Leerzeichen oder Zeilenumbrüche einfügen, Textteile löschen). Das funktioniert wie das Editieren eines Textes. Sie müssen lediglich auf eine Formatierung des Textes verzichten. Dieser Schritt lässt sich aber nachholen.

6. Anschließend klicken Sie auf die Stelle, an der die Empfängeradresse beginnen soll. Dann wählen Sie im Listenfeld *Datenbankfeld* eines der Tabellenfelder (z.B. Vorname oder Name) aus. Sobald Sie auf die links neben dem Feld befindliche, mit einem Pfeil versehene Schaltfläche klicken, wird das aktuell gewählte Datenbankfeld in das Textfeld *Aufschrift* als Seriendruck-Feld (in der Art < Adressen.Adressen.O.VORNAME >) übernommen.
7. Sie können nun ein Leerzeichen oder einen Zeilenumbruch einfügen und mit der Technik aus dem vorangegangenen Schritt das nächste Element aus der Adresstabelle einfügen. Wiederholen Sie dies, bis alle benötigten Seriendruck-Felder in das Textfeld *Aufschrift* eingefügt sind.
8. Wählen Sie die Registerkarte *Zusätze* und stellen Sie sicher, dass das Kontrollkästchen *Inhalte synchronisieren* markiert ist. Dies erlaubt Ihnen ggf. später, das Etikett in der generierten Seite zu formatieren und dann diese Änderung auf alle Etiketten zu übertragen. Schließen Sie das Dialogfeld über die Schaltfläche *Neues Dokument*.

INFO

Die Schritte zum Einfügen der Datenbankfelder in das Textfeld können Sie auch weglassen. Die Datenbankinhalte lassen sich auch nachträglich wie bei einem Serienbrief über Seriendruck-Felder in das erste Etikett einfügen.

Mit diesen Schritten haben Sie bereits die halbe Miete eingefahren. Sie finden anschließend eine neue Dokumentseite vor, in der wie beim Visitenkartendruck die Etiketten mit den Seriendruck-Feldern als Platzhalter eingefügt sind (Abbildung 9.44).

1. Bei Bedarf lässt sich das erste Etikett (in der linken oberen Ecke) formatieren (z.B. die Absenderzeile mit verkleinerter Schrift und unterstrichen angeben). Zudem können Sie überflüssige Seriendruck-Felder löschen oder neue Seriendruck-Felder (Menü *Einfügen*, Befehle *Feldbefehle/Andere*, Registerkarte *Datenbank*, Feldtyp *Seriendruck-Felder*) hinzufügen.
2. Abschließend klicken Sie in der ersten Registerkarte hinter das letzte Datenbankfeld und fügen den Feldtyp *Nächster Datensatz* ein. Sie finden diesen Feldtyp im Dialogfeld *Feldtypen* auf der Registerkarte *Datenbank*. Der Feldtyp bewirkt, dass nach dem Füllen der aktuellen Felder aus der Datenbanktabelle der Lesezeiger auf den nächsten Datensatz bewegt wird.
3. Sobald das erste Etikett angepasst ist, klicken Sie auf die Schaltfläche *Etiketten synchronisieren*. Diese wird über eine schwebend eingeblendete Symbolleiste bereitgestellt, sofern Sie auf der Registerkarte *Zusätze* das Kontrollkästchen *Inhalte synchronisieren* markiert hatten.

Der Writer überträgt die Änderungen im ersten Etikett auf alle Etiketten. Sie können nun den Entwurf in einer Datei zur späteren Verwendung bzw. als Vorlage sichern. Jetzt gilt es nur noch die Etiketten mit den Daten der Datenbank zu füllen und das Ganze auszudrucken. Auch dies ist kein Problem.

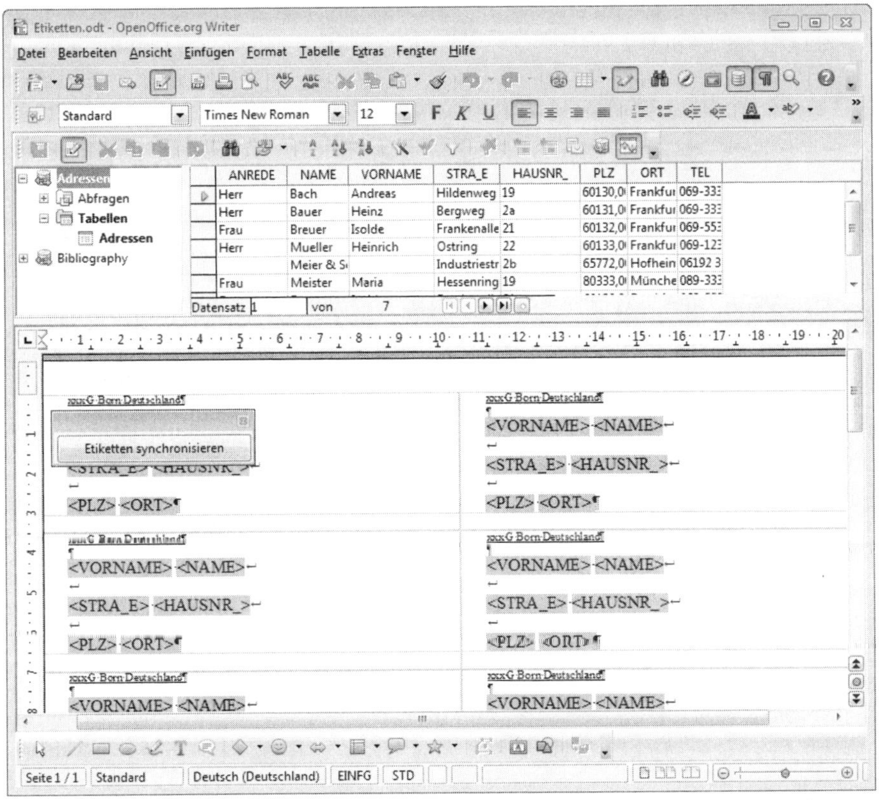

Abbildung 9.44: Vorbereiten des Etikettendrucks im Writer-Dokumentfenster

1. Hierzu rufen Sie, wie beim Erstellen eines Serienbriefs (siehe vorhergehender Abschnitt), den Serienbrief-Assistenten über den gleichnamigen Befehl im Menü *Extras* auf.
2. Wählen Sie im Assistenten in Schritt 1 die Option *Aktuelles Dokument verwenden* und klicken Sie im Dialogfeld des Assistenten auf den Hyperlink *6. Dokument vorbereiten*.
3. Anschließend können Sie im Dokumentfenster nachsehen, ob die korrekten Adressdaten in den Feldern angezeigt werden. Über die Schaltflächen der Gruppe *Empfänger* können Sie testen, ob die korrekten Daten im ersten Etikett erscheinen. Zudem erlaubt das Kontrollkästchen *Diesen Empfänger ausschließen*, Datensätze bei der Übernahme zu übergehen.
4. Klicken Sie im Dialogfeld auf die *Weiter*-Schaltfläche, um die Etikettenbogen mit Daten füllen zu lassen. Bei Bedarf können Sie nun die individuellen Dokumente über die betreffende Schaltfläche des Assistenten noch überarbeiten.

Anschließend können Sie das Dokument mit dem Etikett drucken und wie jedes normale Textdokument unter einem neuen Namen speichern.

Teil 3

Calc

10 Einstieg in Calc

Calc ist das Tabellenkalkulationsmodul aus OpenOffice.org/StarOffice und stellt somit das Gegenstück zu Excel aus Microsoft Office dar. Wer bereits mit Excel gearbeitet hat, kann nahtlos mit Calc weiterarbeiten. Für alle Neueinsteiger ist nachfolgend eine Einführung in die Tabellenkalkulation sowie in die Arbeit mit Calc zu finden.

10.1 Grundwissen zur Tabellenkalkulation

Eine Tabellenkalkulation ist ein Programm, mit dem sich Daten in Form von Tabellen verwalten lassen. Das Besondere daran ist die Möglichkeit, Berechnungen auf diesen Daten durchzuführen. In Abbildung 10.1 sehen Sie ein sehr einfaches Beispiel für die Jahresabrechnung eines Vereins, welches die Einnahmen und Ausgaben in zwei Spalten auflistet. Für diese Spalten sind die Summen und die Differenz aus Einnahmen abzüglich der Ausgaben zu berechnen. Der Kassenwart sieht dann sofort, ob der Verein »Miese« macht oder finanziell gut dasteht.

	A	B	C	D	E
1	**Tennisverein Rot-Weiß v. 1822 Wiesbaden**				
2					
3		**Jahresabrechnung 2008**			
4					
5	**Einnahmen**			**Ausgaben**	
6	Mitgliedsbeiträge	30.000,00 €		Büromiete	6.000,00 €
7	Spenden	1.000,00 €		Nebenkosten	4.000,00 €
8	Zinsen	300,00 €		Büromaterial	300,00 €
9	Zuschüsse	2.000,00 €		Porto	600,00 €
10				Telefon	1.300,00 €
11				Trainergehalt	15.000,00 €
12					
13					
14					
15					
16	Summe	33.300,00 €			27.200,00 €
17					
18	**Einnahmen-Ausgaben**	**6.100,00 €**			

Abbildung 10.1: Einfaches Beispiel für eine Kalkulationstabelle

Damit die ganze Bilanzrechnerei einfacher wird, hat der Kassenwart des fiktiven Vereins diese als Tabelle in Calc realisiert. Er muss dann nur die jeweiligen Beträge in die dafür vorgesehenen Spalten eintragen. Die Berechnung der Teilsummen sowie das Ergebnis aus Einnahmen und Ausgaben ermittelt das Programm automatisch (die Formeln hat der Kassenwart einmalig in die Kalkulationstabelle eingetragen). Der Vorteil der Tabellenkalkulation besteht also darin, dass diese wiederkehrende Berechnungen automatisieren kann. Später lassen sich die Beträge in die dafür vorgesehenen Kästchen der Tabelle eintippen. Das Ergebnis wird automatisch nach jeder Eingabe aktualisiert.

Das obige Beispiel der Einnahmen/Ausgaben-Überschussrechnung lässt sich direkt ohne große Modifikationen auf weitere Anwendungsbereiche ausdehnen. Sie können beispielsweise auf diese Weise ein privates Haushaltsbuch führen, in dem die monatlichen Einnahmen und Ausgaben aufgelistet werden. Ein Freiberufler, der eine Einnahmen/Ausgaben-Überschussrechnung für das Finanzamt benötigt, braucht die obige Tabelle nur um die betreffenden Positionen zu erweitern und hat dann eine fertige Lösung. Tabellenkalkulationsprogramme sind daher universelle Hilfsmittel, um wiederkehrende Berechnungen im Privatumfeld, in Vereinen, Behörden oder Firmen zu automatisieren. In der Praxis werden Tabellenkalkulationsprogramme für unterschiedliche Aufgaben eingesetzt.

- Alle Bereiche, in denen Zahlen zu summieren und in Vergleich zu stellen sind. Dies reicht von der bereits erwähnten Einnahmen/Ausgaben-Überschussrechnung über die Ermittlung von Umsatzzahlen bis hin zu Budgetplanungen, bei denen ein Gesamtbudget in einzelne Ausgabepositionen unterteilt wird.
- Die Berechnung von Kapitaldiensten (Zins- oder Rentenzahlungen), die Amortisation von Investitionen etc. erfordern die Verwendung von Zinseszins-Formeln. Bei der Bestimmung von Annuitäten kommen ebenfalls finanzmathematische Rechenvorschriften zum Einsatz. Für solche Problemstellungen bieten die meisten Tabellenkalkulationsprogramme entsprechende Unterstützung.
- Die Verwaltung von Abrechnungsdaten in Formularen wie Kfz-Kostenabrechnung, Reisekostenabrechnung, Rechnung für Dienstleistungen etc. lässt sich in Kalkulationsblättern sehr leicht abbilden. Sobald der Entwurf für ein Tabellenblatt steht, braucht der betreffende Bearbeiter nur noch die Positionen der Liste anzupassen und erhält die Ergebnisse übersichtlich dargestellt angezeigt.
- Zur Visualisierung von Umsatzdaten, Marktanteilen etc. greift man gerne auf Diagramme zurück. Eine der Stärken von Tabellenkalkulationsprogrammen ist, dass diese leistungsfähige Funktionen besitzen, um Ergebnisdaten einer Tabelle in Balken-, Liniengrafiken, Kreisdiagramme etc. umzusetzen.

Selbst die Verwaltung von Adress- und Bestandslisten ist wegen der aus Zeilen und Spalten bestehenden Tabellenstruktur in Calc möglich. So kann eine Telefon- oder Adressliste in Calc gepflegt und dann als Datenquelle für Serienbriefe etc. benutzt werden.

10.1.1 Calc im Überblick

Das Programm Calc rufen Sie wie andere Office-Module auf (siehe auch *Kapitel 1*, Abschnitt »OpenOffice.org starten«). Nach dem Start legt Calc ein neues Dokument an und zeigt dieses im Anwendungsfenster. Das Calc-Anwendungsfenster (Abbildung 10.2) besteht analog zum Writer aus einem Dokumentbereich, einer Menüleiste sowie mehreren Symbolleisten und der Statusleiste.

- Die Calc-Menüleiste ermöglicht Ihnen, analog zur Writer-Menüleiste die einzelnen Befehle zur Handhabung der Kalkulationstabelle abzurufen. Dabei stimmt die Benennung der Menübefehle weitgehend mit den anderen Office-Modulen überein – lediglich für Tabellenkalkulationen spezifische Befehle wurden hinzugefügt.

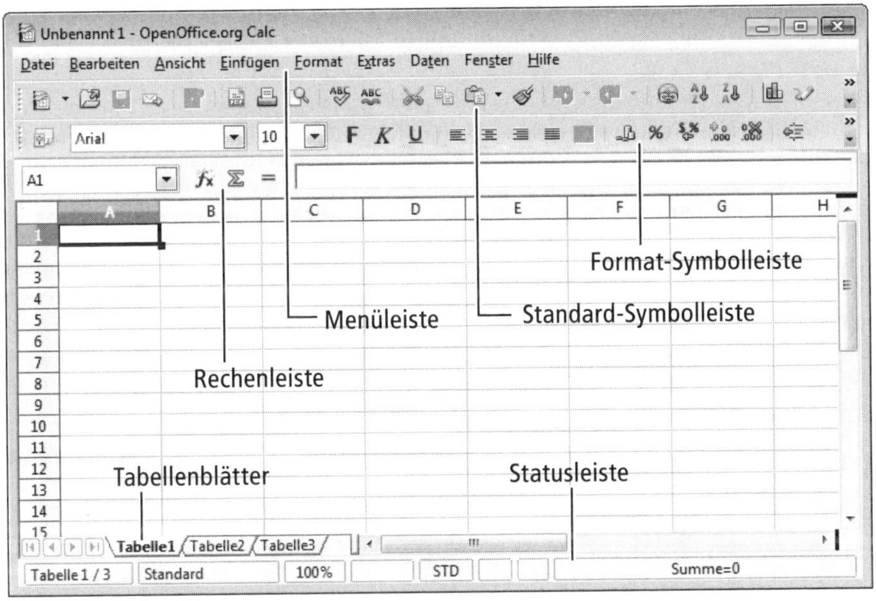

Abbildung 10.2: Elemente im Calc-Anwendungsfenster

- Die Symbolleisten enthalten die Schaltflächen zum Aufruf häufig benötigter Funktionen. Die *Standard*-Symbolleiste bietet, ähnlich wie beim Writer, die Schaltflächen zum Laden, Speichern und Drucken der Dokumente. Zudem finden Sie dort Schaltflächen zur Anzeige des Navigators, zum Einblenden der Gallery oder zum Erzeugen von PDF-Dateien. Lesen Sie notfalls in den Writer-Kapiteln nach, was es mit den einzelnen Funktionen auf sich hat.
- Die *Format*-Symbolleiste enthält die Schaltflächen, mit denen sich der Inhalt der Tabellenzellen formatieren lässt.
- Die *Rechenleiste* ist speziell an Calc angepasst und bietet Elemente, mit denen Sie die Werte innerhalb der Tabelle abrufen und manipulieren können.

Der Dokumentbereich (das Innere des Fensters) dient zur Aufnahme der Kalkulationstabellen. Je nach Fenstergröße werden noch horizontale bzw. vertikale Bildlaufleisten zum Blättern im Dokumentbereich eingeblendet. In der *Statusleiste* erscheinen Hinweise auf Fehler, Berechnungszustände und mehr.

INFO

Vieles ist in den unterschiedlichen Office-Modulen gleich, d.h., Sie können Ihr in den Kapiteln über den Writer erworbenes Wissen (z.B. über die Verwendung der Rechtschreibprüfung) sofort auf andere Office-Module übertragen.

10.1.2 Was sind Tabellendokumente und Tabellen?

Beim Arbeiten mit Calc werden bestimmte Begriffe für die einzelnen Elemente (z.B. Tabellendokument, Tabelle) etc. benutzt. Wer bereits mit Microsoft Excel gearbeitet hat, kennt diese Elemente unter anderen Namen. Zum Arbeiten mit dem Calc-Tabellenkalkulationsmodul sollten Sie daher die wichtigsten Begriffe kennen.

- Die von Calc erzeugten und speicherbaren Dokumente werden als Tabellendokumente bezeichnet, während man in Microsoft Excel von Arbeitsmappen spricht.
- Ein Tabellendokument kann aus mehreren Tabellen oder anderen Dokumenten wie Diagrammblättern bestehen. Wenn Sie ein neues Tabellendokument in Calc anlegen, erkennen Sie, dass dieses drei leere Tabellen aufweist. Diese Tabellen werden gelegentlich auch als Arbeitsblätter, Tabellenblätter oder Kalkulationstabellen bezeichnet.

Wenn Sie das Calc-Dokumentfenster genau ansehen, erkennen Sie in der linken unteren Ecke die Registerreiter (Abbildung 10.3) der im Dokument enthaltenen Tabellen(-blätter). Sie brauchen lediglich auf den betreffenden Registerreiter zu klicken, um die Tabelle in den Vordergrund zu bringen. Die Registerreiter zeigen über die Farbe an, welche Tabelle gerade im Vordergrund des Dokumentfensters angezeigt wird.

Abbildung 10.3: Registerreiter zur Anwahl einer Tabelle

Diese in Microsoft Excel auch als Blattregister bezeichneten Reiter weisen zudem den Namen der zugehörigen Tabelle auf. »Tabelle1« ist dabei der Name des ersten Arbeitsblatts.

INFO

Ein Tabellendokument kann in Calc bis zu 256 solcher Tabellen(-blätter) oder andere Blätter (z.B. für Diagramme) aufnehmen. Der Platz zur Anzeige aller Blattregister reicht in diesem Fall nicht aus, es werden nur einige benachbarte Registerreiter dargestellt. Die vier Schaltflächen in der linken unteren Ecke des Dokumentfensters ermöglichen das Blättern zwischen den Tabellen. Klicken Sie auf die betreffenden Schaltflächen, wird der sichtbare Ausschnitt aus der Menge der Registerreiter jeweils verschoben.

Eine Tabelle besteht, wie oben bereits ausgeführt, aus Spalten und Zeilen. Die Zeilen werden dabei am linken Rand über Zeilenköpfe mit einer fortlaufenden Nummerierung von 1 bis 65.536 bezeichnet (Abbildung 10.4). Die einzelnen Spalten sind dagegen mit Buchstaben von A bis Z und dann mit Kombinationen AA, AB etc. bis AMJ benannt. So sind insgesamt bis zu 1.024 (statt der bisher 255) Spalten pro Tabelle möglich. Der Kreuzungspunkt aus einer Zeile und einer Spalte wird dabei als Zelle bezeichnet. Klicken Sie auf eine dieser Zellen, wird diese zur aktuellen (aktiven) Zelle, in der Eingaben erfolgen können. Diese aktive Zelle wird in der Tabelle mit einem schwarzen Rahmen hervorgehoben.

Abbildung 10.4: Elemente der Tabelle

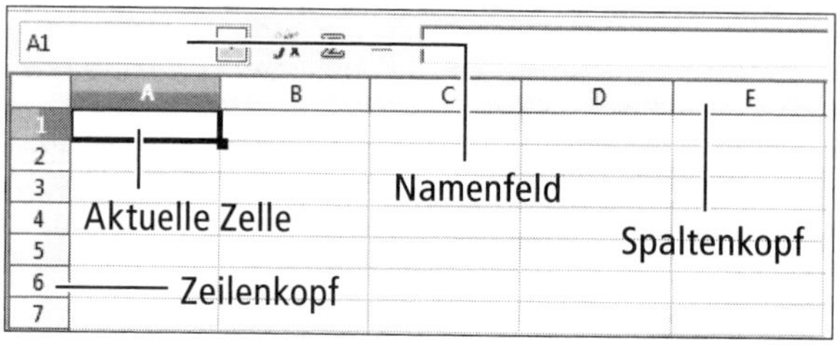

Die Position einer Zelle innerhalb der Tabelle wird über die Zeilen- und Spaltennummer angegeben. Die oberste Zelle in Zeile 1 und Spalte A hat dann die auch als Adresse bezeichnete Position »A1«, die rechts daneben angeordnete Zelle wird mit »B1« angesprochen. Das *Namenfeld* der *Rechenleiste* (Abbildung 10.4) zeigt Ihnen die Adresse der aktuell gewählten Zelle (oder eines Zellbereichs) an.

INFO

Im Vorgriff auf die nachfolgenden Abschnitte noch zwei Vereinbarungen. Zellbereiche werden durch zwei diagonale Zellen in der Art »A1:B2« angegeben. $-Zeichen in Adressen geben absolute Zellbezüge an (siehe Kapitel 11, Abschnitt »Adressbezüge in Formeln«).

10.2 Erste Schritte mit Calc

Der nachfolgende Abschnitt vermittelt Ihnen die wichtigsten Grundlagen zur Tabellenkalkulation und zum Umgang mit Calc.

10.2.1 Werte in die Tabelle eingeben

Möchten Sie eine Zelle anwählen und Eingaben vornehmen, reicht es, diese per Maus anzuklicken und dann etwas einzutippen. Wenn Sie die Eingabe bestätigen, wechselt die aktive Zelle ebenfalls eine Zeile oder Spalte weiter.

- Mit der [↵]-Taste bestätigen Sie die Eingabe und wechseln zur darunter liegenden Zelle.
- Die [⇆]-Taste bestätigt die Eingabe und wechselt zur rechts daneben liegenden Zelle.
- Sie können auch die Cursortasten ([↑], [↓], [←], [→]) benutzen, um eine Zelleingabe abzuschließen und zur (in Richtung der Cursortaste liegenden) Nachbarzelle zu springen.

10

Auf diese Weise lassen sich sehr schnell ganze Spalten oder Zeilen mit Werten füllen. Sie müssen diese einfach nur eintippen und mit den oben beschriebenen Tasten abschließen.

INFO

Das Verhalten beim Betätigen der [↵]*-Taste lässt sich aber über den Menübefehl* Extras/Optionen *einstellen. Wählen Sie in der Kategorie* OpenOffice.org Calc *den Zweig* Allgemein*. Im Dialogfeld kann dann das dem Kontrollkästchen* Eingabebestätigung setzt die Selektion nach *zugeordnete Listenfeld auf Werte wie »unten«, »rechts« etc. gesetzt werden. Sobald Sie das Dialogfeld über die* OK*-Schaltfläche schließen, wird die Einstellung wirksam.*

Über die horizontale und vertikale Bildlaufleiste des Dokumentfensters lässt sich in der aktuellen Tabelle blättern. Calc blendet beim Ziehen des vertikalen Bildlauffelds die Zeilen- und beim Ziehen des horizontalen Bildlauffelds die Spaltennummern als QuickInfo in der Anzeige ein. Weiterhin stehen Ihnen einige Tastenkombinationen zum Navigieren in einer Tabelle zur Verfügung (siehe den Abschnitt »Navigation in der Tabelle«).

10.2.2 Eingabebeispiel für Text und Zahlen

Als Beispiel soll der Texte der oben erwähnten Einnahmen-Ausgaben/Rechnung des Vereins realisiert werden.

1. Klicken Sie auf die Zelle A5, geben Sie den Text »Einnahmen« ein und drücken Sie die [↵]-Taste.
2. Sobald die darunter liegende Zelle aktiv wird, wiederholen Sie die Eingabe des nächsten Zellwerts.

Abbildung 10.5: Eingabe in eine Tabellenspalte

	A	B
1		
2		
3		
4		
5	Einnahmen	
6	Mitgliedsbeiträge	
7	Spenden	
8	Zinsen	
9	Zuschüsse	
10		

Das Ergebnis könnte dann wie in Abbildung 10.5 gezeigt aussehen. Bei Bedarf können Sie nun die restlichen Textspalten sowie die Zahlen gemäß Abbildung 10.6 hinzufügen. Wenn Sie Zahlen eingeben, sind die Dezimalstellen mit einem Komma abzutrennen.

TIPP

Unterläuft Ihnen bei der Eingabe ein Fehler, lässt sich die Eingabe direkt durch Drücken der Tastenkombination [Strg] + [Z] *(bzw.* [MacBef] + [Z] *beim Mac) oder über den Menübefehl* Bearbeiten/Rückgängig *aufheben. Wurde die Eingabe bereits bestätigt, klicken Sie auf die betreffende Zelle und geben dann den korrigierten Wert erneut ein.*

10.2.3 Wie Calc die Eingaben anzeigt

Zellinhalte werden durch Calc mit der gewählten Schrift und in der vorgegebenen Größe dargestellt. Texte richtet das Programm standardmäßig linksbündig in der Tabellenzelle aus, während Zahlenangaben rechtsbündig justiert werden (siehe Abbildung 10.6).

Abbildung 10.6: Teiltabelle mit eingegebenen Werten

5	Einnahmen			Ausgaben	
6	Mitgliedsbeiträge	30000		Büromiete	6000
7	Spenden	1000		Nebenkosten	4000
8	Zinsen	300		Büromaterial	300
9	Zuschüsse	2000		Porto	600
10				Telefon	1300
11				Trainergehalt	15000
12					

Bei den Zahlen fällt zudem noch auf, dass die angegebenen Dezimalstellen für die Cent-Beträge nicht mit angezeigt werden. Die Ursache liegt am Standardzellformat von Calc, welches nicht signifikante Nachkommastellen in der Anzeige unterdrückt. Die Werte 200,00 und 200 sind identisch, folglich kann Calc die Nachkommastellen weglassen. Um die Zahlen mit Nachkommastellen anzuzeigen, müssen Sie das Zellformat der betreffenden Zelle anpassen. Über das Zellformat lässt sich auch die Ausrichtung ändern oder der Zellinhalt sowie der Zellhintergrund formatieren (siehe den folgenden Abschnitt »Formatieren der Tabelleninhalte«).

INFO

Bei der Eingabe von Zahlen werden diese durch Calc im Standardformat angezeigt. Datums- und Zeitwerte erscheinen dann in der länderspezifischen Darstellung. Bei Zahlen können Sie die wissenschaftliche Schreibweise »10,20 e 2« verwenden und ein hinter der Zahl auftretendes %-Zeichen erzeugt einen Prozentwert.

10.2.4 Anpassen der Spaltenbreite und -höhe

Bei der Eingabe in Zellen kommt es vor, dass die Spaltenbreite nicht zur Darstellung des Zellinhalts ausreicht. Zahlen mit sehr vielen Stellen lassen sich daher u.U. nicht in einer Zelle darstellen. Calc blendet dann in der Zelle statt der Zahl den Text ### ein (Abbildung 10.7). Bei Textinhalten hängt die Darstellung vom Inhalt der rechten Nachbarzelle ab. Ist die Nachbarzelle leer, reicht der Text der Zelle in diese Nachbarzelle hinein. Enthält die Nachbarzelle Werte, schneidet Calc den Text bei der Darstellung am rechten Rand ab.

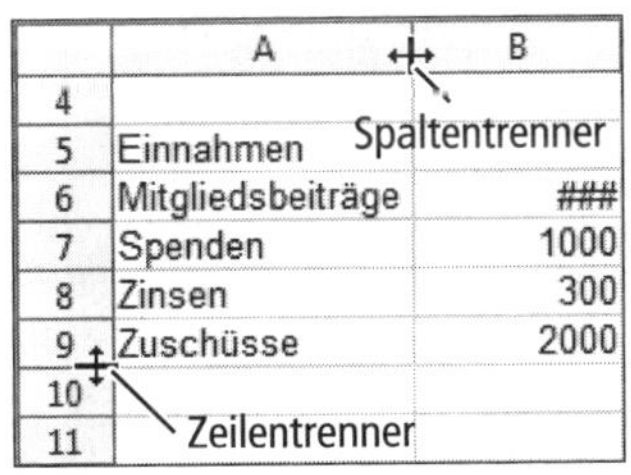

Abbildung 10.7: Anpassen der Spaltenbreite

In diesen Fällen können Sie die Breite der betreffenden Spalte anpassen. Zeigen Sie im Spaltenkopf per Maus auf den betreffenden Spaltentrenner. Sobald der Mauszeiger die Form eines Doppelpfeils annimmt, lässt sich der Spaltentrenner bei gedrückter linker Maustaste horizontal nach links oder rechts verschieben. Die Höhe einer Spalte kann über den Zeilentrenner im Zeilenkopf angepasst werden (ziehen Sie den Zeilentrenner nach oben oder unten).

Abbildung 10.8: Dialoge zur Einstellung der Zeilenhöhe und Spaltenbreite

Alternativ besteht die Möglichkeit, einen Zeilen- oder Spaltenkopf mit der rechten Maustaste anzuklicken. Im Kontextmenü finden Sie den Befehl *Zeilenbreite* bzw. *Zeilenhöhe*. Das Menü *Format* weist die Befehle *Zeile* bzw. *Spalte* auf, in deren Untermenüs Sie die Einträge *Breite* und *Höhe* finden. Bei Anwahl der Befehle blendet Calc ein Dialogfeld zum Einstellen der genauen Höhen/Breiten ein (Abbildung 10.8).

TIPP

Die Befehle Optimale Zeilenhöhe *und* Optimale Zeilenbreite *im Kontextmenü bewirken, dass Calc die Einstellungen für die Höhe bzw. Breite am Zellinhalt der jeweiligen Zeile/Spalte anpasst. Die optimale Zeilenhöhe bzw. Spaltenbreite lässt sich auch durch einen Doppelklick auf die zugehörigen Spalten- oder Zeilentrenner einstellen.*

10.2.5 Arbeiten mit der Rechenleiste

Oberhalb des Dokumentbereichs mit der Tabelle finden Sie die als Rechenleiste bezeichnete Zeile. Sobald Sie eine Zelle in einer Tabelle anwählen, wird die Adresse bzw. der Name dieser Zelle (z.B. B6) im Listenfeld *Namenfeld* angezeigt (Abbildung 10.9, oben). Gleichzeitig wird der aktuelle Wert der Zelle (ein Text, eine Zahl, ein Datumswert etc. oder die Rechenformel) im als »Bearbeitungsfeld« bezeichneten rechten Teil der Rechenleiste eingeblendet (Abbildung 10.9, oben). Klicken Sie in der Rechenleiste auf den eingeblendeten Zellwert, erscheint eine Einfügemarke (Abbildung 10.9, unten).

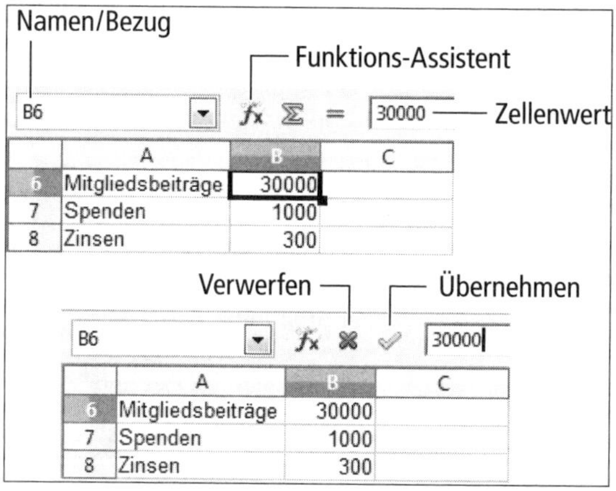

Abbildung 10.9: Anzeige und Korrektur von Zellwerten (StarOffice)

Sie können dann die einzelnen Zeichen im Bearbeitungsfeld korrigieren. Dabei lässt sich die Einfügemarke mittels der Cursortasten [←] und [→] positionieren. Über die Tasten [Rück] und [Entf] entfernen Sie Zeichen links bzw. rechts von der Einfügemarke. Durch Drücken der [Einfg]-Taste kann zudem zwischen dem Überschreib- und Einfügemodus umgeschaltet werden. Die Korrektur des Zellwerts im Bearbeitungsfeld der Rechenleiste entspricht letztendlich der Textkorrektur im Writer.

INFO

Wenn Sie eine Zelle per Doppelklick markieren oder bei einer markierten Zelle die Funktionstaste [F2] *drücken, können Sie die Korrektur auch direkt in der Zelle vornehmen.*

Die Schaltflächen der Rechenleiste

Zwischen dem Listenfeld *Namenfeld* und dem Bearbeitungsfeld weist die Rechenleiste noch drei Schaltflächen auf. Die Symbole der beiden rechten Schaltflächen wechseln, sobald die Zelle bearbeitet wird (siehe Abbildung 10.9 oben und unten). Die beiden rechten Schaltflächen besitzen, abhängig vom angezeigten Symbol, daher unterschiedliche Funktionen. Hier eine kurze Übersicht über die Bedeutung der Schaltflächen der Rechenleiste.

- Über die Schaltfläche des Funktions-Assistenten lassen sich Funktionen für Berechnungen abrufen.
- Zeigt die mittlere Schaltfläche ein Summenzeichen (Abbildung 10.9, oben), ist die Zelle nicht zum Bearbeiten angewählt. Dann lässt sich über die Schaltfläche die Funktion zum Berechnen von Summen abrufen.
- Ein in der rechten Schaltfläche der Rechenleiste angezeigtes Gleichheitszeichen (Abbildung 10.9, oben) signalisiert, dass die aktuelle Zelle nicht zum Bearbeiten angewählt ist. Klicken Sie auf die Schaltfläche, fügt Calc ein Gleichheitszeichen in das Bearbeitungsfeld ein und wechselt in den Bearbeitungsmodus.
- Die Schaltfläche mit dem roten Kreuz (Abbildung 10.9, unten) wird als Stornofeld bezeichnet. Klicken Sie auf diese Schaltfläche oder drücken Sie die [Esc]-Taste, um die aktuelle Eingabe zu verwerfen.
- Klicken Sie auf die ganz rechts in der Rechenleiste angezeigte Schaltfläche mit dem grünen Häkchen (Abbildung 10.9, unten) oder drücken Sie die [↵]-Taste, übernimmt Calc die Eingaben in die Zellen.

Mittels der beiden rechten Schaltflächen der Rechenleiste bzw. über die Tasten lässt sich also ein korrigierter Zellwert übernehmen bzw. Sie können die gerade vorgenommenen Änderungen verwerfen.

10

10.2.6 Einfache Berechnung in Calc

Der Pfiff an der Tabellenkalkulation besteht in der Möglichkeit, Berechnungen im Tabellenblatt vorzunehmen. Sofern Sie das obige Beispiel mit den Vereinseinnahmen benutzen, sind die Summen der Einnahmen und der Ausgaben zu ermitteln. Zudem lässt sich die Differenz aus Einnahmen und Ausgaben berechnen. Die Eingabe der betreffenden Rechenformeln ist keine Kunst. Klicken Sie in der betreffenden Spalte auf die Zelle, in der das Ergebnis einzufügen ist, und ergänzen Sie die Rechenformel. Dies soll jetzt für die drei zu berechnenden Ergebnisse der Beispieltabelle erfolgen.

1. Klicken Sie auf die Zelle B16, um dort die Summe der Einnahmen abzulegen.
2. Wählen Sie in der Rechenleiste die Schaltfläche mit dem Summensymbol an (Abbildung 10.10, oben). Dies bewirkt, dass die Summenformel in das Bearbeitungsfeld eingefügt wird.
3. Bei Bedarf können Sie den Zellbereich der Summation korrigieren. Anschließend bestätigen Sie die Auswahl durch Drücken der [↵]-Taste.

Calc analysiert beim Aufruf der Summenfunktion automatisch den Zellbereich oberhalb und links von der aktuellen Zelle. Werden Zellen mit Werten in der Zeile oder Spalte gefunden, markiert das Programm den betreffenden Bereich mit einem blauen Rahmen (Abbildung 10.10, unten). Gleichzeitig erscheint in der aktuellen Zelle sowie im Bearbeitungsfeld der Rechenleiste die Angabe »= SUMME (B6:B15)«.

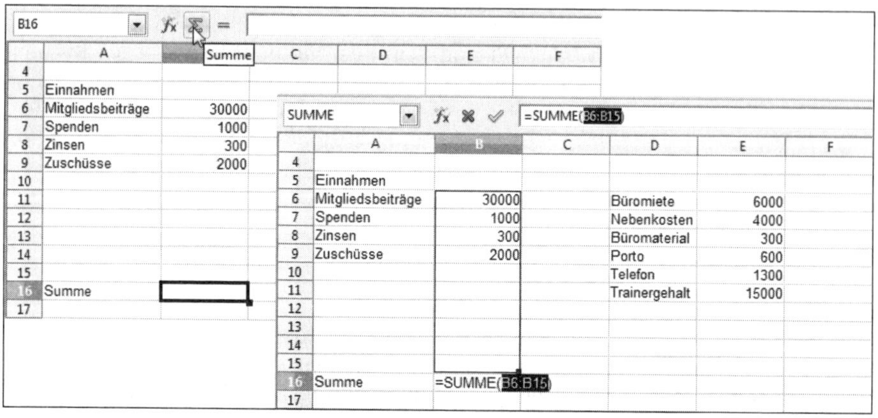

Abbildung 10.10: Summation eines Zellbereichs

Das Gleichheitszeichen leitet in Calc immer eine Formel ein. Die Funktion »Summe« wurde über die gleichnamige Schaltfläche der Rechenleiste abgerufen. Die in Klammern stehenden Parameter der Summenfunktion geben hier einen Zellbereich an. Diese Zellbereiche werden durch die betreffenden Adressen und einen Doppelpunkt spezifiziert. Die Angabe »B6:B15« bedeutet »Verwende den Bereich zwischen Zelle B6 und B15«.

Sie können solche Zellbereiche beim Anwenden der Summenformel recht einfach korrigieren. Solange der blaue Markierungsrahmen sichtbar ist, lässt sich einfach ein neuer Zellbereich durch Ziehen per Maus markieren (siehe folgende Abschnitte). Oder Sie klicken in der Rechenleiste auf das Bearbeitungsfeld und korrigieren die angegebenen Zellbezüge.

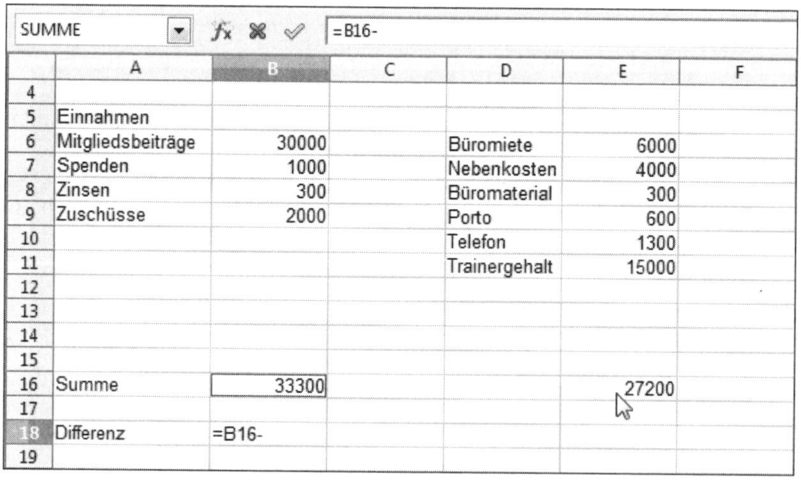

Abbildung 10.11: Eingabe einer Formel mit Zellbezügen

1. Auf die gleiche Weise fügen Sie die Summe der Ausgaben als Berechnungsvorschrift in die Zelle E16 ein.
2. Um die Differenz der Einnahmen und Ausgaben zu ermitteln, klicken Sie auf die Ergebniszelle B18 und geben dann ein Gleichheitszeichen ein. Das Gleichheitszeichen signalisiert Calc erneut, dass eine Berechnungsformel folgt.

3. Sie können nun die Rechenvorschrift »= B16 – E16« in das Bearbeitungsfeld der Rechenleiste eintippen. Falls Sie aber auf die Zelle B16 klicken, fügt Calc die Zellreferenz automatisch in das Bearbeitungsfeld hinter dem Gleichheitszeichen ein (Abbildung 10.11). Gleichzeitig wird die Zelle mit einem roten Rahmen markiert. Solange dieser Rahmen sichtbar ist, können Sie die Zellreferenz auf andere Zellen setzen (einfach die Zelle anklicken).
4. Tippen Sie anschließend ein Minuszeichen ein. Dieses fungiert hier als Operator, der den nachfolgenden Wert vom Wert der Zelle B16 subtrahieren soll.
5. Anschließend klicken Sie auf die Zelle E16, um die entsprechende Zellreferenz in die Formel aufzunehmen.

Auf diese Weise können Sie einen beliebigen Rechenausdruck mit Operatoren, Zellreferenzen und ggf. Konstanten in die Bearbeitungsleiste eingeben. Konstanten der Art 10 oder 15,3 geben Sie direkt in das Bearbeitungsfeld ein. Sobald die Formel komplett ist, schließen Sie den Ausdruck durch Drücken der [↵]-Taste ab.

INFO

Solche Berechnungsformeln können Sie jederzeit korrigieren, indem Sie die Zelle markieren und dann den Ausdruck im Bearbeitungsfeld der Rechenleiste anpassen. Dies funktioniert genauso wie die Änderung eines Zellwerts mit einem Text oder mit einer Zahl. Sie können auch Zellbezüge markieren und diese manuell anpassen (aus E15 z.B. E16 machen). Ist ein Zellbezug im Bearbeitungsfeld markiert, lässt sich dieser auch durch Anklicken einer anderen Zelle anpassen.

10.2.7 Navigation in der Tabelle

Bei Zelleingaben wird die Nachbarzelle automatisch bei der Übernahme der Eingabe als aktive Zelle selektiert (siehe vorhergehende Abschnitte). Alternativ können Sie natürlich auch Cursortasten verwenden, um zwischen den Zellen zu wechseln. Die Tabelle 10.1 enthält eine Auflistung der verfügbaren Tasten.

Tabelle 10.1: Tasten zum Navigieren innerhalb von Tabellen

Tasten	Bewegungsrichtung
[↑]	Eine Zelle höher
[↓]	Eine Zelle tiefer
[←]	Zelle nach links
[→]	Zelle nach rechts
[⇆]	Zelle nach rechts
[⇧]+[⇆]	Eine Zelle nach links
[Pos1]	Zur ersten Zelle der Zeile
[Ende]	Springt zur letzten Zelle der Zelle, die noch Inhalte aufweist
[Strg]+[Pos1]	Zur Zelle A1
[Strg]+[Ende]	Springt zur letzten Zelle der Tabelle, die noch Inhalte aufweist
[Bild↑]	Eine Seite höher

Tabelle 10.1: Tasten zum Navigieren innerhalb von Tabellen (Forts.)

Tasten	Bewegungsrichtung
Bild↓	Eine Seite tiefer
Alt+Bild↑	Eine Seite nach links
Alt+Bild↓	Eine Seite nach rechts
Strg+←	Zur ersten Spalte des aktuellen Datenbereichs. Ist die Zelle leer, springt der Cursor zur nächsten links befindlichen Spalte, die Daten enthält. Gibt es keine Daten mehr, wird die erste Spalte der Tabelle angesprungen.
Strg+→	Zur letzten Spalte des aktuellen Datenbereichs. Ist die Zelle leer, springt der Cursor zur nächsten rechts befindlichen Spalte, die Daten enthält. Gibt es keine Daten mehr, wird die letzte Spalte der Tabelle angesprungen.
Strg+↑	Zur obersten Zeile des aktuellen Datenbereichs. Ist die Zelle leer, springt der Cursor zur nächsten oberhalb befindlichen Spalte, die Daten enthält. Gibt es keine Daten mehr, wird die erste Zeile der Tabelle angesprungen.
Strg+↓	Zur untersten Zeile des aktuellen Datenbereichs. Ist die Zelle leer, springt der Cursor zur nächsten unterhalb befindlichen Spalte, die Daten enthält. Gibt es keine Daten mehr, wird die letzte Zeile der Tabelle angesprungen.

INFO

Bei Mac OS X müssen Sie statt der Strg*-Taste die Taste* MacBef *in den in der obigen Tabelle angegebenen Tastenkombinationen verwenden.*

Wenn Sie das Fenster des Navigators (z.B. über die Funktionstaste F5 *oder über die betreffende Schaltfläche der* Standard-*Symbolleiste) öffnen, blendet dieser die im Tabellendokument enthaltenen Einzeltabellen ein. Durch Anklicken eines Tabelleneintrags können Sie die jeweilige Tabelle direkt im Dokumentfenster in den Vordergrund holen. Arbeiten Sie mit benannten Bereichen innerhalb der Tabelle, lassen sich diese Bereiche über den Navigator ebenfalls anspringen (Abbildung 10.12).*

Abbildung 10.12: Anwahl von Tabelleninhalten im Navigator

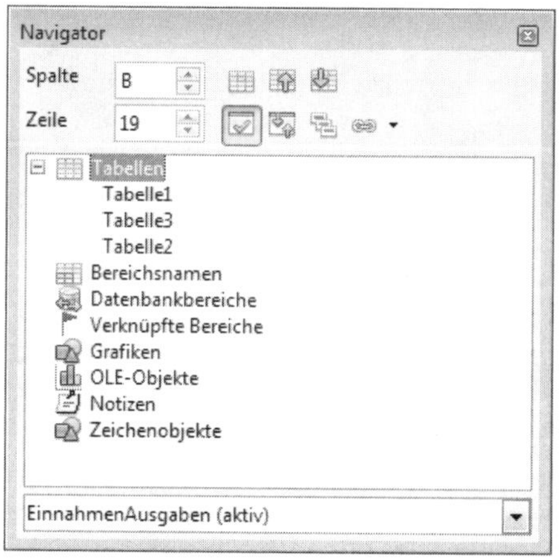

10.2.8 Markieren in der Tabelle

Zum Bearbeiten von Zellinhalten, zum Formatieren etc. müssen Sie Zellbereiche vorher markieren. Dies kann per Tastatur oder per Maus erfolgen. Calc ermöglicht dabei verschiedene Techniken zum Markieren.

- Klicken Sie auf eine Zelle und ziehen Sie den Mauszeiger bei gedrückter linker Maustaste über den zu markierenden Bereich.
- Klicken Sie auf eine Zelle, halten Sie die ⇧-Taste gedrückt und klicken Sie anschließend auf eine zweite Zelle. Calc wird dann die Zellen im dazwischen liegenden Bereich markieren.
- Halten Sie die ⇧-Taste gedrückt und verwenden Sie die in Abbildung 10.1 angegebenen Tasten zur Positionierung. Calc wird dann die dazwischen liegenden Zellbereiche markieren.
- Möchten Sie mehrere unabhängige Bereiche markieren, halten Sie die Strg-Taste gedrückt und klicken per Maus die gewünschten Zellen an bzw. markieren diese durch Ziehen per Maus (Abbildung 10.13).
- Mit den Tastenkombinationen Strg + ⇧ + → bzw. Strg + ⇧ + ← lassen sich zusammenhängend mit Daten gefüllte Bereiche markieren. Die Tastenkombination markiert den Bereich ab der aktuellen Zelle bis zum in Pfeilrichtung liegenden Rand des Datenbereichs.
- Verwenden Sie die Tastenkombination Strg + x (x ist das Multiplikationszeichen auf dem numerischen Tastenblock), wird der aktuelle Datenbereich, in dem sich die Schreibmarke (Cursor) befindet, markiert. Der Datenbereich muss dabei zusammenhängend mit Daten gefüllte Zellen aufweisen, die durch leere Zeilen und Spalten von der Tabelle abgegrenzt sind.
- Klicken Sie auf einen Zeilen- oder Spaltenkopf, wird die gesamte Zeile oder Spalte markiert. Durch Ziehen per Maus im Bereich der Zeilen- oder Spaltenköpfe können Sie komplette Zeilen- oder Spaltenbereiche markieren.
- Klicken Sie in der linken oberen Ecke auf das Feld im Schnittpunkt der Zeilen- und Spaltenköpfe (Abbildung 10.13), wird die gesamte Tabelle markiert. Die gleiche Wirkung hat die Tastenkombination Strg + A oder der Menübefehl *Bearbeiten/Alles auswählen*.

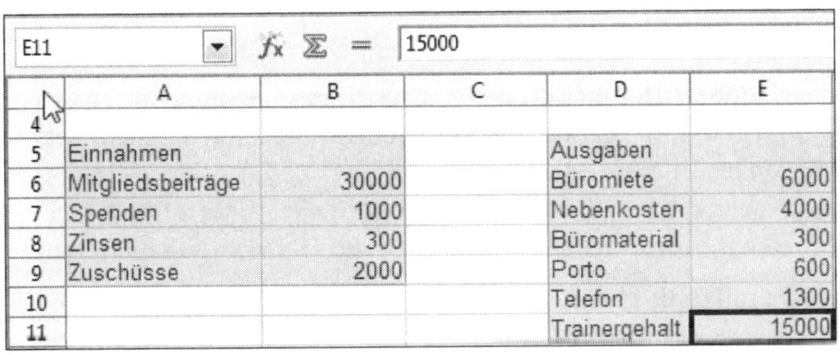

Abbildung 10.13: Markieren von Zellbereichen

Markierte Zellbereiche werden durch Calc mit einer dunklen Farbe optisch hervorgehoben (Abbildung 10.13). Um die Markierung aufzuheben, müssen Sie lediglich auf eine Zelle klicken. Halten Sie die Strg-Taste gedrückt und klicken Sie auf markierte Zellen, wird deren Markierung aufgehoben.

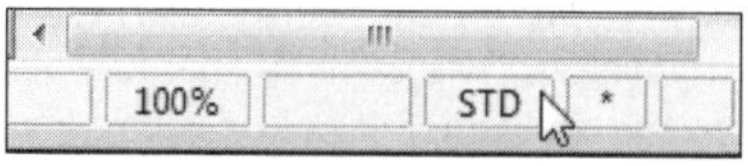

Abbildung 10.14: Markiermodus in der Statusleiste

Die in obiger Auflistung beschriebenen Tastenkombinationen gelten nur für Windows/Linux sowie für den Standardmarkiermodus. Unter Mac OS X verwenden Sie die [MacBef]*-Taste anstelle der* [Strg]*-Taste, um Markierungen per Tastenkombination auszuführen.*

Ähnlich wie der Writer unterstützt auch Calc über ein Feld der Statusleiste verschiedene Markierungsmodi. Der Eintrag STD signalisiert den Standardmarkierungsmodus. Es gibt den Erweiterungsmodus (ER) und den Ergänzungsmodus (ERG). Die Bedeutung der Modi ist in Kapitel 2 im Abschnitt »Spezielle Auswahlmodi« beschrieben.

10.2.9 Kopieren und Verschieben von Zellbereichen

Markierte Zellbereiche lassen sich über die Zwischenablage in einem Kalkulationsblatt kopieren oder verschieben.

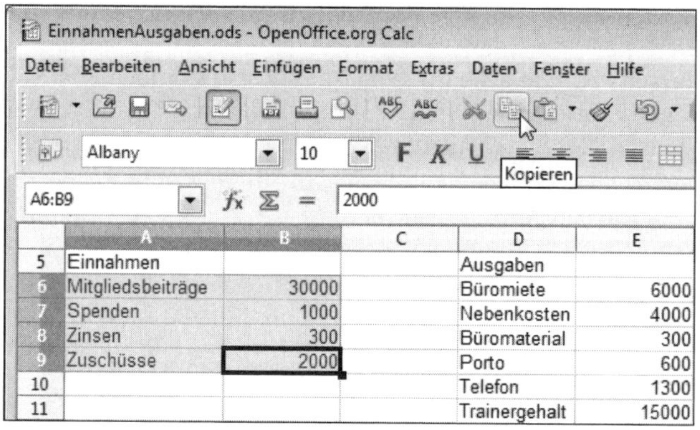

Abbildung 10.15: Kopieren eines markierten Zellbereichs

1. Markieren Sie den betreffenden Zellbereich innerhalb des Kalkulationsblatts (siehe vorheriger Abschnitt).
2. Wählen Sie in der Funktionsleiste eine der Schaltflächen zum Ausschneiden oder Kopieren (Abbildung 10.15).
3. Klicken Sie auf die Zielzelle und fügen Sie den Inhalt der Zwischenablage über die Einfügen-Funktion wieder in das Kalkulationsblatt ein.

Calc besitzt die gleichen Schaltflächen, Tastenkürzel und Befehle wie der Writer, um markierte Zellbereiche auszuschneiden oder zu kopieren und später wieder in die Tabelle einzufügen (siehe *Kapitel 2*, Abschnitt »Ausschneiden, Kopieren und Einfügen«).

- Die Schaltfläche *Ausschneiden*, der Befehl *Ausschneiden* im Menü *Bearbeiten* oder die Tastenkombination [Strg] + [X] (bzw. [MacBef] + [X] beim Mac) löschen den Inhalt des markierten Zellbereichs und kopieren die Daten in die Zwischenablage.

- Mit der Schaltfläche *Kopieren*, mit dem Befehl *Kopieren* im Menü *Bearbeiten* oder mittels der Tastenkombination [Strg] + [C] (bzw. [MacBef] + [C] beim Mac) wird der Inhalt des markierten Zellbereichs in die Zwischenablage übertragen. Der markierte Bereich bleibt unverändert.
- Den Inhalt der Zwischenablage fügen Sie an der aktuellen Zelle ein, indem Sie die Schaltfläche *Einfügen* der Funktionsleiste, den Befehl *Einfügen* aus dem Menü *Bearbeiten* oder die Tastenkombination [Strg] + [V] (bzw. [MacBef] + [V] beim Mac) nutzen.

Der Befehl *Einfügen* lässt sich durchaus mehrfach verwenden, um den Inhalt der Zwischenablage an verschiedene Tabellenstellen einzufügen. Die markierte Zelle stellt immer die obere linke Ecke des einzufügenden Zellbereichs dar.

Durch das Einfügen werden eventuell im Zielbereich befindliche Werte überschrieben. Calc zeigt daher vor dem Überschreiben eine Warnung an und fragt in einem Dialogfeld, ob die Aktion fortzuführen ist.

INFO

Mit den obigen Techniken können Sie markierte Tabellenbereiche per Zwischenablage auch in andere Dokumente (Tabellen, Textdokumente, Präsentation, Zeichnungen etc.) von OpenOffice.org/StarOffice oder anderer Anwendungen übertragen.

Beim Kopieren oder Verschieben werden nicht nur Zahlen, sondern alle Zellinhalte einschließlich Formeln und Formatierungen übertragen. Details, was beim Kopieren/Verschieben von Formeln zu beachten ist, finden Sie in *Kapitel 11* (Abschnitt »Was passiert beim Kopieren von Ausdrücken?«). Zudem unterstützt Calc auch das Verschieben markierter Zellbereiche mittels Drag&Drop. Markieren Sie den Zellbereich, zeigen Sie auf den Rand der aktiven Zelle und ziehen Sie diesen bei gedrückter linker Maustaste zur gewünschten Tabelle. Wegen der etwas schwierigen Handhabung empfiehlt sich aber die Verwendung der obigen Techniken zum Verschieben.

10.2.10 Inhalte einfügen in Calc

Wenn Sie in Calc den Inhalt der Zwischenablage einfügen (z.B. mittels [Strg] + [V]), überträgt das Programm sowohl die Zellwerte als auch deren Formatierung. Sie können in Calc aber vorgeben, wie die Inhalte der Zwischenablage in den Zellbereich zu übernehmen sind.

1. Markieren Sie einen Zellbereich und kopieren Sie diesen mit [Strg] + [C] (bzw. [MacBef] + [C] beim Mac) in die Zwischenablage.
2. Klicken Sie auf eine freie Zelle in der Tabelle und wählen Sie dann im Menü *Bearbeiten* den Befehl *Inhalte einfügen* (oder drücken Sie [Strg] + [⇧] + [V] bzw. [MacBef] + [⇧] + [V] beim Mac).
3. Anschließend können Sie im Dialogfeld *Inhalte einfügen* die gewünschten Optionen zur Übernahme der Daten aus der Zwischenablage wählen (Abbildung 10.16) und das Dialogfeld über die *OK*-Schaltfläche schließen.

In der Gruppe *Auswahl* markieren Sie über die Kontrollkästchen, welche Zellinhalte aus der Zwischenablage zu übernehmen sind. Sie können dabei die Werte (Text, Zahlen, Datum & Zeit), Formeln, Notizen, die Formate der Zellen sowie Objekte (Zeichnungen, Grafiken etc.) in den Zielbereich übertragen. Die Gruppe *Zellen ver-*

schieben ermöglicht Ihnen, über Optionsfelder festzulegen, ob der Zielbereich überschrieben wird oder ob die Zellen durch den einzufügenden Inhalt nach rechts oder nach unten verschoben werden.

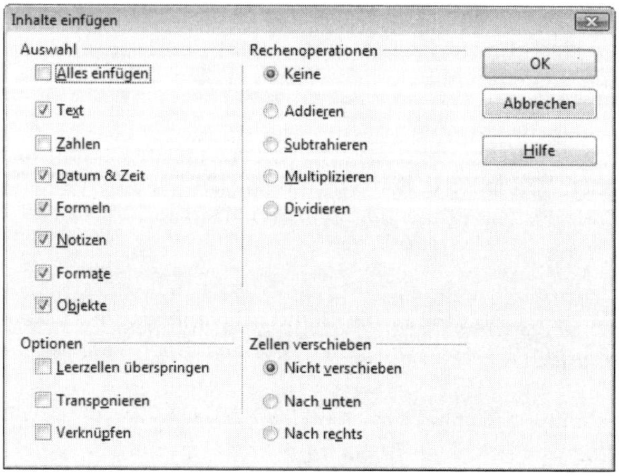

Abbildung 10.16: Dialogfeld *Inhalte einfügen*

Interessant ist auch die Möglichkeit, Rechenoperationen beim Einfügen auszuführen. Haben Sie Zellen mit Zahlen im Quellbereich markiert und enthält der Zielbereich auch Zahlen? Dann können Sie über die Optionen der Gruppe *Rechenoperationen* festlegen, ob die Zellwerte der Zwischenablage zu den Zellwerten des Zielbereichs addiert oder subtrahiert bzw. multipliziert oder dividiert werden. Die Operationen funktionieren jedoch nur auf Zahlen.

Über die Gruppe *Optionen* lässt sich zudem noch steuern, was mit Leerzellen passiert. Ist die Option *Leerzellen überspringen* markiert, werden Zielzellen nicht durch leere Zellen der Zwischenablage ersetzt.

Bei mathematischen Operationen können leere Zellen ein Problem werden. Ist das Kontrollkästchen *Leerzellen überspringen* nicht markiert, werden leere Zellen der Zwischenablage z.B. bei der Multiplikation als Nullen interpretiert. Bei der Division sollten Sie aber aufpassen, da der Wert 0 zu einem Divisionsfehler führt (Anzeige als #WERT!).

Markieren Sie das Kontrollkästchen *Transponieren*, um Zeilen und Spalten eines rechteckigen Ausschnitts zu transponieren. Beim Transponieren werden Zeilen und Spalten um die diagonale Achse gespiegelt, die erste Spalte wird beim Einfügen zur obersten Zeile und umgekehrt.

Mit der Option *Verknüpfen* lässt sich ein Quellbereich mit den Zielzellen verknüpfen. Ändern sich die Werte im Quellbereich, werden die Zellinhalte im Zielbereich automatisch angepasst.

INFO

Weitere Details zu den jeweiligen Funktionen entnehmen Sie der Hilfe. Beachten Sie auch, dass die obigen Optionen nur wirksam werden, falls die Zwischenablage einen Ausschnitt aus einer Calc-Tabelle enthält. Haben Sie beispielsweise vorher einen Ausschnitt aus einem Textdokument oder eine Grafik in die Zwischenablage übertragen, erscheint das Dialogfeld Inhalte einfügen. *Sie können dann z.B. wählen, ob Textinhalte formatiert oder unformatiert zu übernehmen sind.*

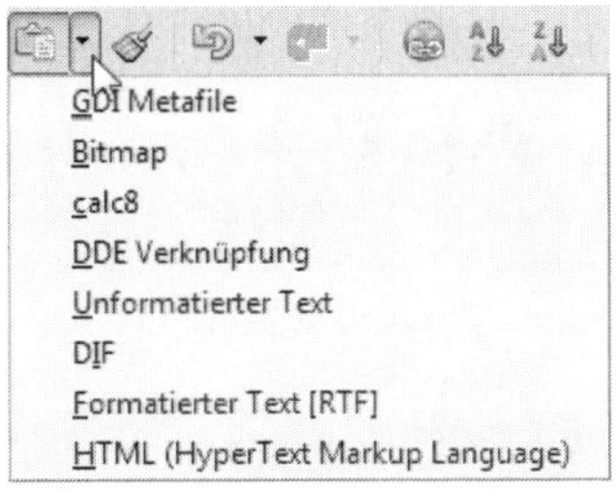

Abbildung 10.17: Calc-Einfügen-Optionen der Zwischenablage

TIPP

Wenn Sie länger auf die Schaltfläche Einfügen *der* Standard-*Symbolleiste klicken, erscheint ein Menü (Abbildung 10.17) mit verschiedenen Befehlen. Über diese Befehle können Sie ebenfalls vorgeben, wie der Inhalt der Zwischenablage in die Tabelle zu übernehmen ist. Um Tabelleninhalte aus der Zwischenablage in das Calc-Format einzufügen, sollten Sie den Eintragcalc8 verwenden.*

10.2.11 Löschen von Zellinhalten

Möchten Sie den Inhalt eines Zellbereichs löschen? Sie brauchen dann nur wie beim Writer den Bereich zu markieren und die [Entf]-Taste zu drücken. Alternativ können Sie auch den Zellbereich markieren, diesen mit der rechten Maustaste anklicken und im Kontextmenü den Befehl *Inhalte löschen* wählen.

Abbildung 10.18: Löschen von Zellbereichen

Sind komplette Zellinhalte (und nicht nur Teile des Zellinhalts in der Bearbeitungsleiste) markiert, blendet Calc das in Abbildung 10.18 gezeigte Dialogfeld ein. Über die Kontrollkästchen der Gruppe *Auswahl* lässt sich dann festlegen, ob alles (Zellinhalt und Formatierung) zu löschen ist oder ob nur Inhalte oder Formeln oder die Formate zu entfernen sind. Werden Formate gelöscht, setzt Calc die Zellen auf das Standardformat zurück.

TIPP

Das Zellformat lässt sich auch über den Befehl Standardformatierung *des Kontextmenüs auf den Standardwert zurücksetzen. Wie Sie Zellen komplett aus der Tabelle löschen, wird auf der folgenden Seite gezeigt.*

10.2.12 Suchen und Ersetzen

Die Funktion »Suchen & Ersetzen« lässt sich in Calc verwenden, um Zellinhalte zu finden bzw. auszutauschen.

Abbildung 10.19: Suchen und Ersetzen in einer Tabelle

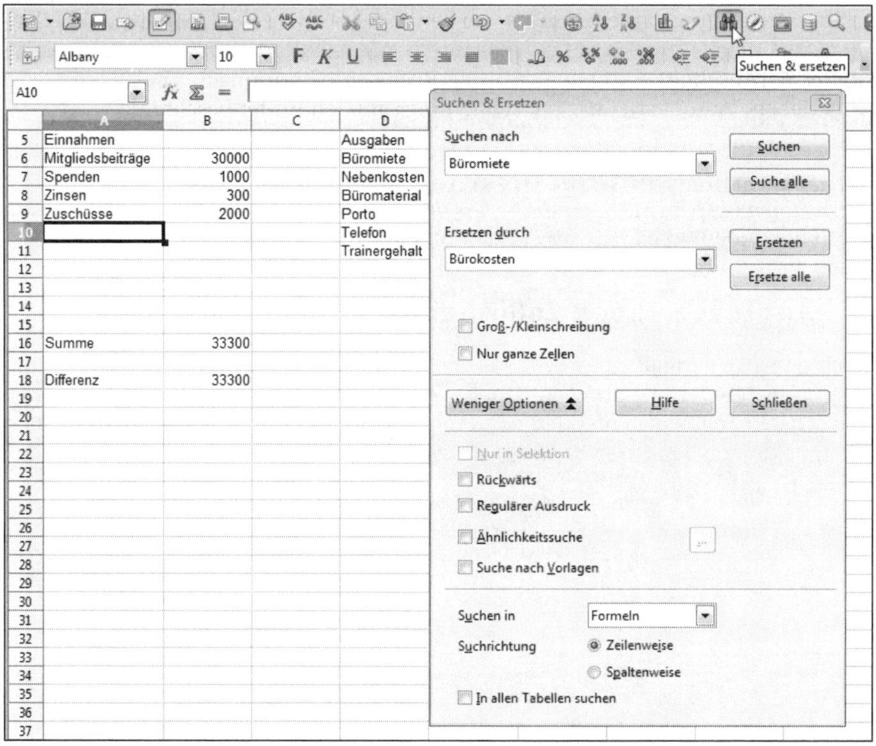

1. Klicken Sie auf die Zelle in der linken oberen Ecke und wählen Sie dann im Menü *Bearbeiten* den Befehl *Suchen & Ersetzen*. Sie können auch die Tastenkombination [Strg] + [F] (bzw. [MacBef] + [F] beim Mac) verwenden oder Sie klicken auf die *Suchen&ersetzen*-Schaltfläche der *Standard*-Symbolleiste (Abbildung 10.19).
2. Im Dialogfeld *Suchen & Ersetzen* (Abbildung 10.19) geben Sie den Suchbegriff in das Feld *Suchen nach* ein. In das Feld *Ersetzen durch* ist ggf. der Ersatzbegriff einzutragen.
3. Über die beiden Kontrollkästchen, lassen sich Suchoptionen vorgeben (z.B. *Nur ganze Zellen*). Über die Schaltfläche *Mehr Optionen* lässt sich das Dialogfeld um zusätzliche Optionen erweitern. Über diese Erweiterung stehen weitere Suchoptionen (z.B. Regulärer Ausdruck) zur Verfügung (Abbildung 10.19).
4. Anschließend verwenden Sie die Schaltflächen *Suchen, Suche alle, Ersetzen* und *Ersetze alle*, um das Suchen und Ersetzen in der Tabelle zu steuern.

Die Suchoptionen entsprechen denen des Writers, Details können Sie in *Kapitel 6* (Abschnitt »Suchen und Ersetzen«) nachlesen. Das Dialogfeld lässt sich über die *Schließen*-Schaltfläche beenden.

10.2.13 Tabellenkorrektur per Rechtschreibprüfung und mehr

Die Rechtschreibprüfung lässt sich in allen Office-Modulen verwenden. Sie können die Rechtschreibprüfung sowie die Zusatzmodule wie Thesaurus auch in Calc mittels der Schaltflächen der *Standard-Symbolleiste* oder über das Menü *Extras* aufrufen. Die Rechtschreibprüfung arbeitet in Calc ab der aktiven Zelle zeilenweise den Tabelleninhalt ab. Details zur Rechtschreibprüfung, zur AutoKorrektur etc. finden Sie in *Kapitel 6* (Abschnitt »Arbeiten mit der Rechtschreibprüfung«). Die in *Kapitel 6* beschriebene AutoText-Funktion ist allerdings auf den Writer beschränkt.

10.2.14 Zellen einfügen/entfernen

Gelegentlich kommt es vor, dass Zellen in einem bestehenden Tabellenblatt hinzugefügt oder entfernt werden sollen. Statt nun die Zellinhalte zu löschen oder zu verschieben, können Sie Calc anweisen, die Zellen komplett aus der Struktur zu entfernen oder neue Zellen in das Blatt einzufügen.

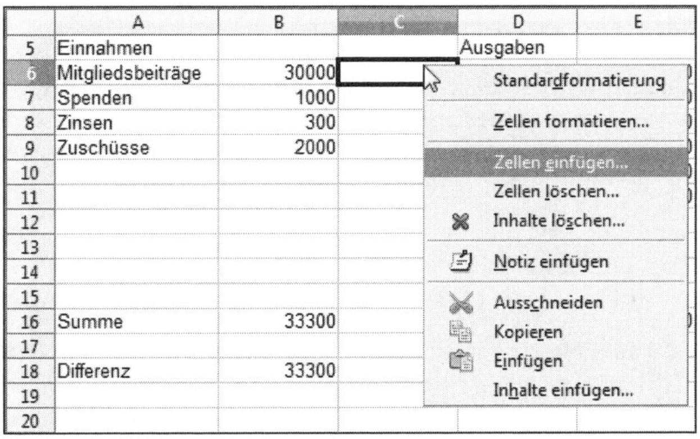

Abbildung 10.20: Einfügen und Löschen von Zellen

1. Klicken Sie auf die Stelle, an der die Zellen einzufügen oder zu entfernen sind. Sie können vorher auch eine Zeile oder Spalte markieren.
2. Klicken Sie mit der rechten Maustaste auf eine Zelle und wählen Sie im Kontextmenü einen der beiden Befehle *Zellen einfügen* bzw. *Zellen löschen*. War eine Zeile oder Spalte markiert, ändert sich die Beschriftung der Befehle in *Zeilen einfügen, Spalten einfügen* bzw. *Zeilen löschen, Spalten löschen*.
3. Sofern Sie nur einige Zellen markiert haben, muss Calc noch wissen, was es mit den vorhandenen Zellen anstellen soll. Daher erscheint das in Abbildung 10.21 gezeigte Dialogfeld, in dem Sie den Einfüge- oder Löschmodus wählen.

Sie können über die Optionen einzelne Zellen oder komplette Zeilen bzw. Spalten einfügen oder löschen lassen.

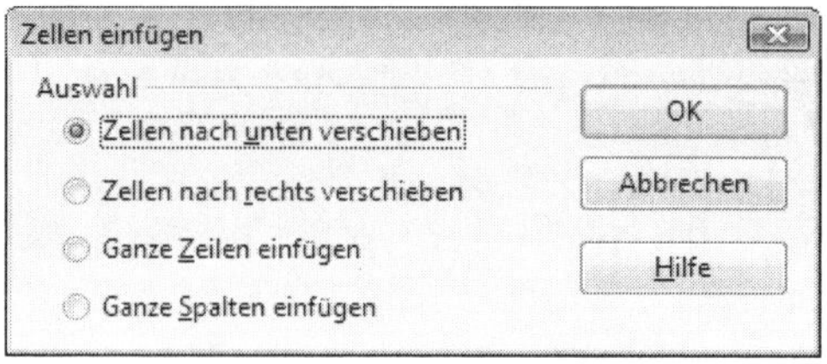

Abbildung 10.21: Dialog zur Auswahl des Entfernen- bzw. Einfügemodus

TIPP

Über den Befehl Symbolleisten *des Menüs* Ansicht *können Sie die Symbolleiste* Werkzeuge *einblenden. In der Symbolleiste finden Sie eine Schaltfläche* Zellen einfügen. *Durch längeres Klicken auf die Schaltfläche lässt sich eine Abreißleiste öffnen (Abbildung 10.22). Dort stehen Ihnen Schaltflächen zum Abrufen der obigen Befehle zur Verfügung.*

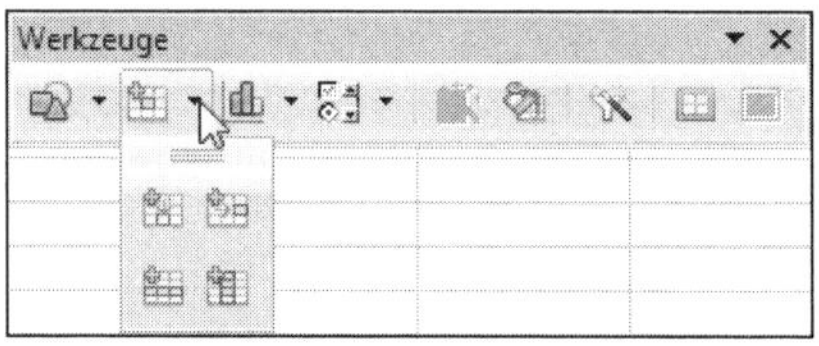

Abbildung 10.22: Abreißleiste zum Einfügen von Zellen, Zeilen oder Spalten

10.2.15 Zellen verbinden

Calc kann noch mit einer hilfreichen Funktion aufwarten: Zwei benachbarte Zellen lassen sich zu einer Tabellenzelle zusammenfassen. Calc wendet dabei einen Trick an, indem es die erste Zelle einfach so in der Höhe oder Breite vergrößert, dass diese die dahinter liegende Zelle verdeckt.

1. Markieren Sie die zusammenzufassenden Zellen in der Tabelle (z.B. durch Ziehen per Maus).
2. Wählen Sie im Menü *Format* den Befehl *Zellen verbinden.*

Sind die Zellen beim Verbinden nicht leer, erscheint ein Dialogfeld, in dem Sie festlegen können, was mit dem Inhalt der verdeckten Zelle passieren soll. Sie können deren Inhalt belassen oder in die sichtbare Zelle übernehmen. Um die Zusammenfassung wieder aufzuheben, markieren Sie die betreffende Zelle und rufen erneut den Menübefehl *Format/Zellen verbinden* auf.

10.3 Formatieren der Tabelleninhalte

Die Eingabe von Berechnungsformeln und Werten ermöglicht Ihnen, die gewünschten Ergebnisse in der Tabelle anzuzeigen. Für praktische Zwecke oder Präsentationen sind die angezeigten Rohdaten aber nicht sonderlich gut geeignet. Häufig möchte man die Zahlen gezielt mit Nachkommastellen versehen, eingefügte Überschriften oder andere Textstellen fett hervorheben, Zellinhalte nach bestimmten Kriterien ausrichten und ggf. die Zellhintergründe einfärben. Hierzu stellt Calc eine Reihe von Formatierungsfunktionen bereit. Nachfolgend werden diese Funktionen vorgestellt.

10.3.1 Zeichenformate fett, kursiv und unterstrichen für Zellinhalte

Möchten Sie einzelne Zellinhalte fett, kursiv oder unterstrichen darstellen oder sollen die Zellinhalte vergrößert und mit Farben dargestellt werden?

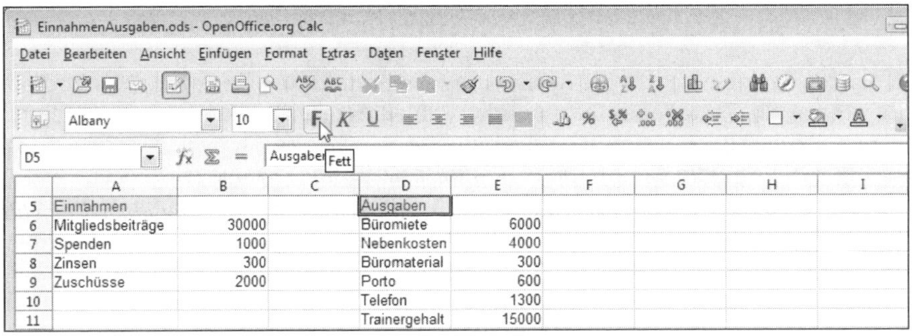

Abbildung 10.23: Formatieren einer markierten Zelle

1. Klicken Sie auf die betreffende Zelle oder markieren Sie den Zellbereich (einfach die gedrückte linke Maustaste über den Zellbereich ziehen).
2. Anschließend klicken Sie auf die gewünschten Formatschaltflächen der *Format*-Symbolleiste (Abbildung 10.23).

Über die Schaltflächen *Fett*, *Kursiv* und *Unterstrichen* lässt sich der gesamte Inhalt der Tabellenzellen mit dem betreffenden Zeichenformat versehen. Weiterhin stehen in der Symbolleiste Steuerelemente zur Verfügung, über die Sie die Schrift, die Schriftgröße oder die Farben für die Texte der Zellinhalte ändern können. Dies funktioniert wie das Formatieren von Texten im Writer (lesen Sie ggf. die betreffenden Schritte in *Kapitel 2* nach).

INFO

Sie können auch eine Zelle markieren und den Befehl Zelle *im Menü* Format *bzw. den Befehl* Zellen formatieren *im Kontextmenü wählen. Im dann erscheinenden Eigenschaftenfenster ermöglichen Ihnen die Registerkarten* Schrift *und* Schrifteffekt *die Auswahl der Schriftart, der Schriftgröße, verschiedene Unterstreichungseffekte oder Kontur- und Schattenschrift. Da sich die Optionen nicht von den Zeichenformaten für Textdokumente unterscheiden, können Sie in den betreffenden Kapiteln zum Writer nachlesen, was es zu den Optionen Wissenswertes gibt (siehe Kapitel 2, Abschnitt »Alles zu Zeichenformaten«).*

Sie können sogar einzelne Buchstaben eines Zellwerts mit eigenen Zeichenformaten belegen.

1. Hierzu wählen Sie zuerst die Zelle mit einem Mausklick an. Damit erscheint deren Inhalt in der Bearbeitungsleiste.
2. Nun markieren Sie die betreffenden Zeichen in der Bearbeitungsleiste des Calc-Fensters. Ziehen Sie die Maus bei gedrückter linker Maustaste über den Text.
3. Anschließend lässt sich eine der Schaltflächen für die Formate »fett«, »kursiv« oder »unterstrichen« anwählen.

In der Tabelle erscheinen die Zeichen mit dem gewählten Format. Um das Format wieder aufzuheben, sind die Zeichen erneut in der Bearbeitungsleiste zu markieren.

Die Schaltflächen mit den gesetzten Formaten erscheinen in eingedrückter Darstellung in der Symbolleiste. Wenn Sie die Schaltflächen erneut anklicken, hebt Calc die Formatierung der Zeichen auf. Diese Möglichkeit zum Formatieren einzelner Zeichen funktioniert jedoch nicht für Werte einer Zelle, die über Formeln berechnet wurden. Solche Zellinhalte können Sie nur als Ganzes formatieren.

10.3.2 Ausrichtung des Zellinhalts

Ein anderer Aspekt betrifft die Ausrichtung der Einträge in den Zellen. Standardmäßig werden alle Texteinträge linksbündig, Zahlen dagegen rechtsbündig am Zellrand justiert. Bei Bedarf lässt sich diese Ausrichtung aber ändern. Die Schaltflächen *Linksbündig*, *Rechtsbündig*, *Zentriert* und *Blocksatz* der *Format*-Symbolleiste (siehe Abbildung 10.23) legen die Ausrichtung der Zellinhalte gegenüber dem Zellrand fest. Über die drei ersten Schaltflächen können Sie also die von Calc vorgesehene Standardausrichtung (Zahlen rechtsbündig, Texte linksbündig) überschreiben.

INFO

Blocksatz macht nur bei Zellen einen Sinn, die mehrere Wörter oder ganze Absätze enthalten. Standardmäßig wird Calc den Zellinhalt aber in einer Zeile anordnen. Ist die rechts daneben stehende Zelle mit einem Wert belegt, wird der Text abgeschnitten.

Um einen Zeilenumbruch im Text zuzulassen, müssen Sie folgende Schritte ausführen.

1. Markieren Sie die Zelle mit der linken Maustaste, öffnen Sie das Kontextmenü über die rechte Maustaste und wählen Sie im Kontextmenü den Befehl *Zellen formatieren*.
2. Im Eigenschaftenfenster mit den Zellformaten wählen Sie die Registerkarte *Ausrichtung*, markieren das Kontrollkästchen *Automatischer Zeilenumbruch* (Abbildung 10.24, Vordergrund) und schließen dann das Dialogfeld über die *OK*-Schaltfläche.

Der Text innerhalb der Zelle wird zwischen linkem und rechtem Zellrand umbrochen. Wenn Sie der Zelle dann das Format *Block* (Abbildung 10.24, Vordergrund) zuweisen, wird Calc die Zeilen horizontal an den Rändern ausrichten.

INFO

Die Format*-Symbolleiste enthält zwei Schaltflächen (*Einzug vermindern, EINZUG ERHÖHEN*), mit denen Sie den Texteinzug der Zellinhalte wie bei Textdokumenten am Zeilenanfang stufenweise erhöhen oder reduzieren können (Abbildung 10.24).*

Vertikale Ausrichtung des Zellinhalts, Randabstand und Drehen

Zusätzlich können Sie die Zellinhalte vertikal ausrichten. Dies ist z.B. erwünscht, wenn einzelne Zellen Texte aufweisen, die auf mehrere Zeilen umbrochen sind, die Nachbarzellen aber nur einzeilige Einträge enthalten.

1. Zum Ausrichten markieren Sie die betreffenden Zellen in der Tabelle.
2. Anschließend öffnen Sie die Registerkarte *Ausrichtung* des Dialogfelds *Zellen formatieren* über den Menübefehl *Format/Zellen* (bzw. über das Kontextmenü *Zellen formatieren*).

3. Auf der Registerkarte *Ausrichtung* finden Sie zwei Listenfelder, über die Sie die vertikale und horizontale Ausrichtung der Zellinhalte definieren können (Abbildung 10.24)

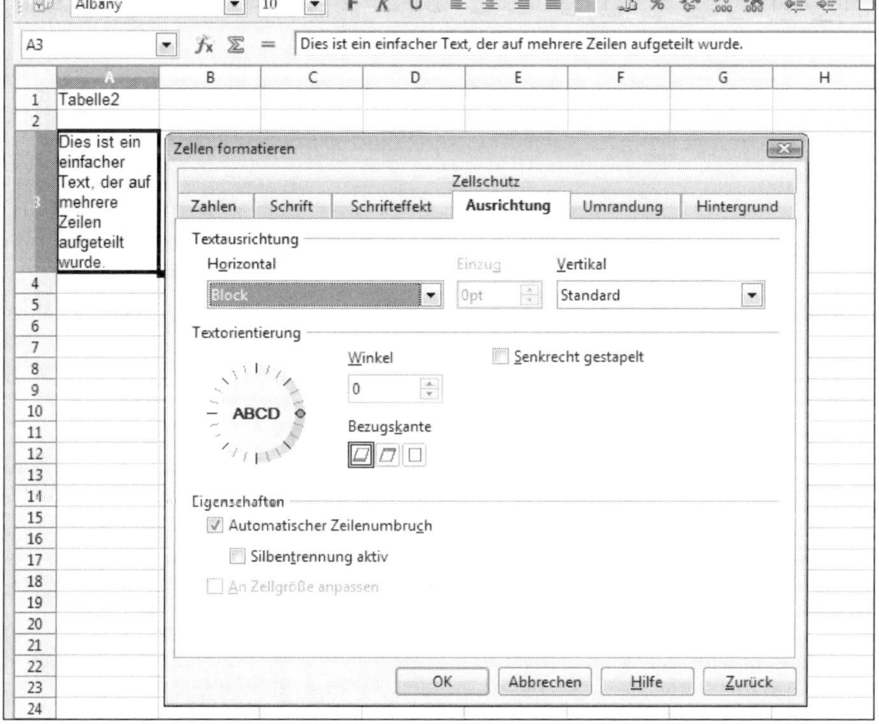

Abbildung 10.24: Ausrichtung der Zellinhalte

10

TIPP

Treten beim Austausch von Calc-Dokumenten zwischen Windows und Linux Darstellungsfehler auf – die Zellinhalte erscheinen unter Linux am oberen Rand abgeschnitten? In diesem Fall markieren Sie die gesamte Tabelle und zentrieren die Zellinhalte vertikal. Dann passt die Darstellung sowohl unter Windows als auch unter Linux.

Die Registerkarte *Ausrichtung* besitzt zudem Optionen, mit denen sich die Schreibrichtung (Drehrichtung) für die Texte anpassen lässt. Klicken Sie auf das Drehfeld *Winkel* und stellen Sie den Winkel ein, um den der Text der Zelle gedreht werden soll. Alternativ können Sie auch auf den stilisierten Kreis klicken, um den Winkel für die Drehrichtung zu setzen. Die drei Felder der Gruppe *Bezugskante* legen fest, an welcher Bezugskante der Zelle (oben, unten, in Zelle) der gedrehte Text anzulegen ist.

INFO

Möchten Sie den Text etwas von den Zellrändern abrücken, wechseln Sie zur Registerkarte Umrandung. *Dort können Sie die vier Drehfelder der Gruppe* Abstand zum Inhalt *für die Abstandsangaben verwenden.*

10.3.3 Zellen einfärben

Um in einer Tabelle optische Hervorhebungen (z.B. Spaltentitel mit einer Hintergrundfarbe versehen) vorzunehmen, gehen Sie folgendermaßen vor.

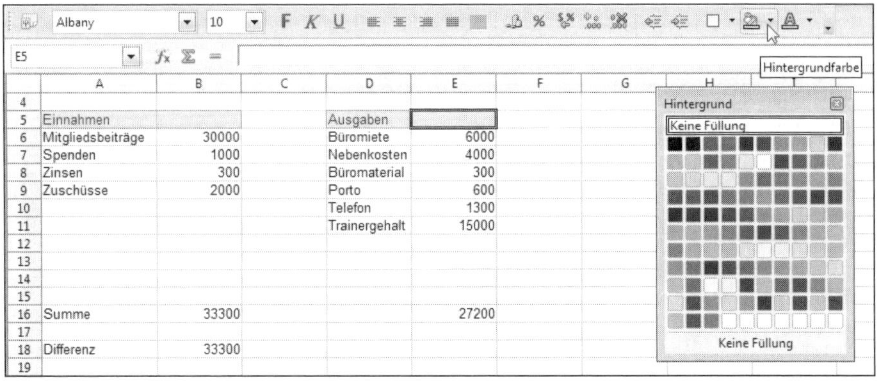

Abbildung 10.25: Einfärben des Zellhintergrunds

1. Zum Einfärben des Zellhintergrunds markieren Sie die betreffenden Zellen.
2. Dann klicken Sie auf die Schaltfläche zur Auswahl der Hintergrundfarbe und halten die linke Maustaste gedrückt, bis die Abreißleiste mit der Farbpalette erscheint (Abbildung 10.25).
3. Wählen Sie die Zellfarbe durch Anklicken des betreffenden Farbfelds und schließen Sie das Fenster der Abreißleiste über die betreffende Schaltfläche in der rechten oberen Fensterecke.

Beachten Sie beim Zuweisen von Hintergrundfarben, dass diese ggf. die Lesbarkeit der Zellinhalte stark beeinträchtigen. Wählen Sie deshalb helle Hintergrundfarben und dunkle, kräftige Farben für die Texte.

Aufheben lässt sich die Hintergrundfarbe, indem Sie die obigen Schritte ausführen, in der Abreißleiste aber den Eintrag »Keine Füllung« wählen.

10.3.4 Zellen mit Rahmen/Linien versehen

Zellwerte können Sie über das Zeichenformat unterstreichen. In der Regel möchte man jedoch die komplette Zelle mit einem Unterstrich versehen. Oder Sie benutzen einen Strich am oberen Rand der Zelle, um z.B. Summen von den Einzelwerten optisch abzusetzen.

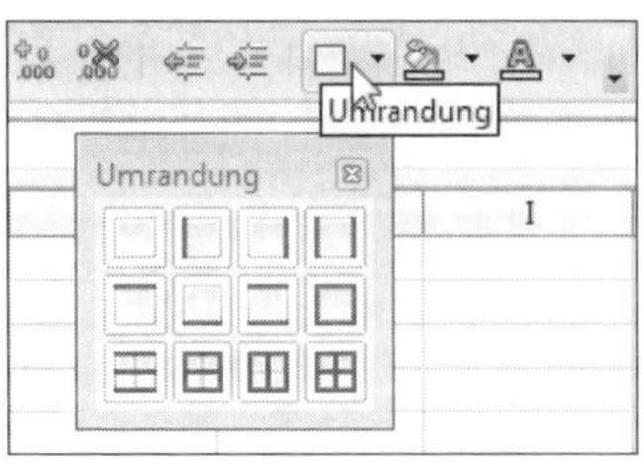

Abbildung 10.26: Linien und Rahmen um Tabellenzellen zuweisen

1. Hierzu können Sie die gewünschten Zellen markieren und dann über die Schaltfläche *Umrandung* der Format-Symbolleiste die zugehörige Abreißleiste öffnen (Abbildung 10.26)
2. Nun lassen sich der Zelle die verschiedenen Linien- und Rahmenformen über die Schaltflächen der Abreißleiste zuweisen. Bestehende Linien können durch erneutes Anklicken der Schaltfläche *Kein Rahmen* gelöscht werden.

Der Vorteil der Abreißleiste besteht darin, dass Sie sehr schnell auf einfache Rahmenlinien zugreifen können. Benötigen Sie doppelte Linien oder Rahmen mit unterschiedlichen Linienstärken, sollten Sie folgenden Ansatz wählen.

1. Markieren Sie die gewünschten Zellen und klicken Sie mit der rechten Maustaste auf die markierten Zellen.
2. Wählen Sie im Kontextmenü den Befehl *Zellen formatieren* und dann im Eigenschaftenfenster die Registerkarte *Umrandung*.
3. Wählen Sie den Linienstil und ggf. die Linienfarbe. Anschließend können Sie die Linien in der Gruppe *Linienanordnung* individuell den Zellrändern zuweisen (Abbildung 10.27).

Die Optionen lassen sich wie im Writer zuweisen, lesen Sie ggf. in *Kapitel 3* nach, was es zu beachten gilt. Die Linien werden zugewiesen, sobald Sie die Registerkarte über die *OK*-Schaltfläche schließen.

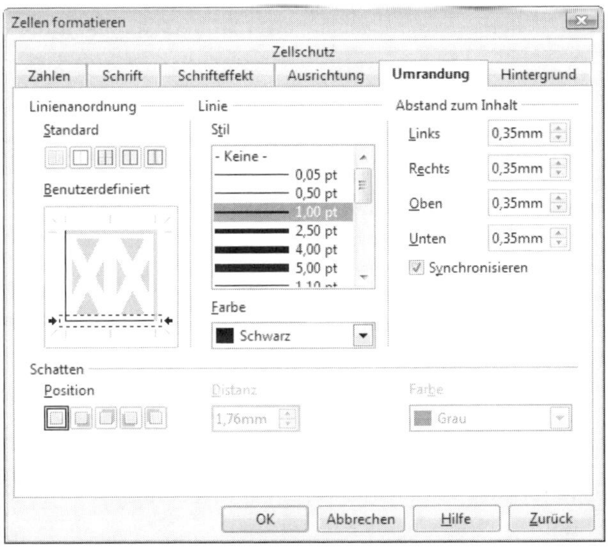

Abbildung 10.27: Zuweisen verschiedener Linienformen in Zellen

10

10.3.5 Zahlenformate gezielt setzen

Calc benutzt neben den Formaten zum Auszeichnen von Texten oder zum Setzen von Hintergrundfarben und Linien weitere Zellformate, die die Zahlendarstellung beeinflussen. Über diese Zellformate legen Sie beispielsweise die Zahl der Nachkommastellen fest. Am einfachsten lässt sich die Darstellung anpassen, wenn Sie Zellbereiche markieren und dann die Zahlenformate über die nachfolgenden Schaltflächen zuweisen.

	Die Schaltfläche *Zahlenformat: Währung* weist den markierten Zellen das Standardwährungsformat mit Tausendertrennzeichen, zwei Nachkommastellen und dem Eurosymbol zu.
	Die Schaltfläche *Zahlenformat: Prozent* setzt den Wert auf das Format *Prozent*. Dabei wird der Zellwert mit 100 multipliziert und mit einem Prozentzeichen versehen dargestellt.
	Verwenden Sie die Schaltfläche *Zahlenformat: Standard*, um markierte Zellen auf das Standardformat zurückzusetzen. Das Standardformat blendet z.B. nicht signifikante Nachkommastellen und Tausendertrennzeichen aus.
	Die Schaltfläche *Zahlenformat: Dezimalstelle hinzufügen* erweitert die Zahlendarstellung der markierten Zellen um eine weitere Nachkommastelle. Klicken Sie diese Schaltfläche mehrfach an, um für die markierte Zelle Nachkommastellen anzuzeigen.
	Die Schaltfläche *Zahlenformat: Dezimalstelle löschen* reduziert die Zahlendarstellung der markierten Zellen bei jedem Anklicken um eine Nachkommastelle.

Um also eine markierte Zahl in einer Zelle mit Tausendertrennzeichen und zwei Dezimalstellen anzuzeigen, reicht ein Mausklick auf die Schaltfläche *Zahlenformat: Währung* (Abbildung 10.28). Nachkommastellen können Sie dagegen schrittweise durch Anklicken der betreffenden Schaltfläche hinzufügen oder entfernen. Achten Sie lediglich darauf, dass die betreffenden Zellen markiert sind.

INFO

Um das Zahlenformat einer Zelle aufzuheben, markieren Sie diese und weisen ihr das Standardformat zu. Hierzu gibt es eine eigene Schaltfläche in der Objektleiste. Alternativ können Sie den Befehl Standard *im Kontextmenü oder im Menü* Format *für diesen Zweck benutzen.*

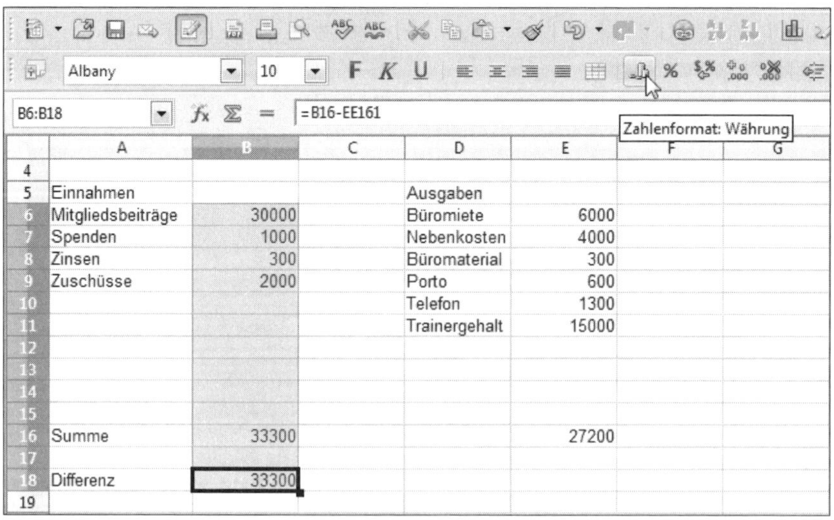

Abbildung 10.28: Zuweisen eines Zellformats für Währungsbeträge

Zudem können Sie die Zellformate in gewissem Umfang über die Tastenkürzel aus folgender Tabelle beeinflussen.

Tasten	Bemerkung
[Strg]+[⇧]+[1]	Format mit zwei Dezimalstellen (0,00)
[Strg]+[⇧]+[2]	Exponentialdarstellung (1,92E-01) mit zwei Dezimalstellen
[Strg]+[⇧]+[3]	Datumsformat (TT.MM.JJJJ)
[Strg]+[⇧]+[4]	Währungsformat
[Strg]+[⇧]+[5]	Prozentformat
[Strg]+[⇧]+[6]	Standardformat

Tabelle 10.2: Tastenkürzel für Zellformate

INFO

Bei Mac OS X verwenden Sie die Taste [MacBef] *statt der* [Strg]*-Taste in den Tastenkombinationen der obigen Tabelle.*

10.3.6 Formate über die Registerkarte *Zahlen* setzen

Neben den Schaltflächen der Objektleiste ermöglicht Calc Ihnen, das Zahlenformat markierter Zellen gezielt über die Registerkarte *Zahlen* zu beeinflussen.

1. Markieren Sie die gewünschten Zellen und klicken Sie mit der rechten Maustaste auf die markierten Zellen.
2. Wählen Sie im Kontextmenü den Befehl *Zellen formatieren* und dann im Eigenschaftenfenster die Registerkarte *Zahlen*. Alternativ können Sie auch den Befehl *Zellen* im Menü *Format* wählen.
3. Wählen Sie eine Kategorie und weisen Sie das gewünschte Format über eine der angebotenen Formatschablonen bzw. über die Formatoptionen zu (Abbildung 10.29).

Sobald Sie die Registerkarte über die *OK*-Schaltfläche schließen, werden die Änderungen übernommen. Calc zeigt dann den Zellinhalt nach den Formatvorgaben an.

Hinweise zu Formatkategorien und Formaten

Calc gliedert die Formatschablonen der Liste *Format* in verschiedene Kategorien. Die Auswahl eines Eintrags in der Liste *Kategorien* ermöglicht Ihnen eine schnellere Auswahl der jeweiligen Formate.

- *Alle:* Wählen Sie diese Kategorie, zeigt Calc Ihnen alle Formatschablonen in der Rubrik *Format* an. Das Format *Standard* setzt die Zellanzeige auf die Standarddarstellung zurück.
- *Benutzerdefiniert:* Diese Kategorie fasst alle benutzerdefinierten Formate in einer Liste zusammen. Einzelheiten finden Sie in *Kapitel 11*.
- *Zahl:* In dieser Kategorie finden Sie Schablonen zur Zahlendarstellung. Sie können die Zahl der Nachkommastellen über die Option *Nachkommastellen* (Abbildung 10.29) einstellen sowie ein 1000er-Trennzeichen ein-/ausblenden. Zusätzlich lassen sich negative Zahlen in roter Farbe anzeigen.

10

Abbildung 10.29: Zuweisen der Zellformate über die Registerkarte *Zahlen*

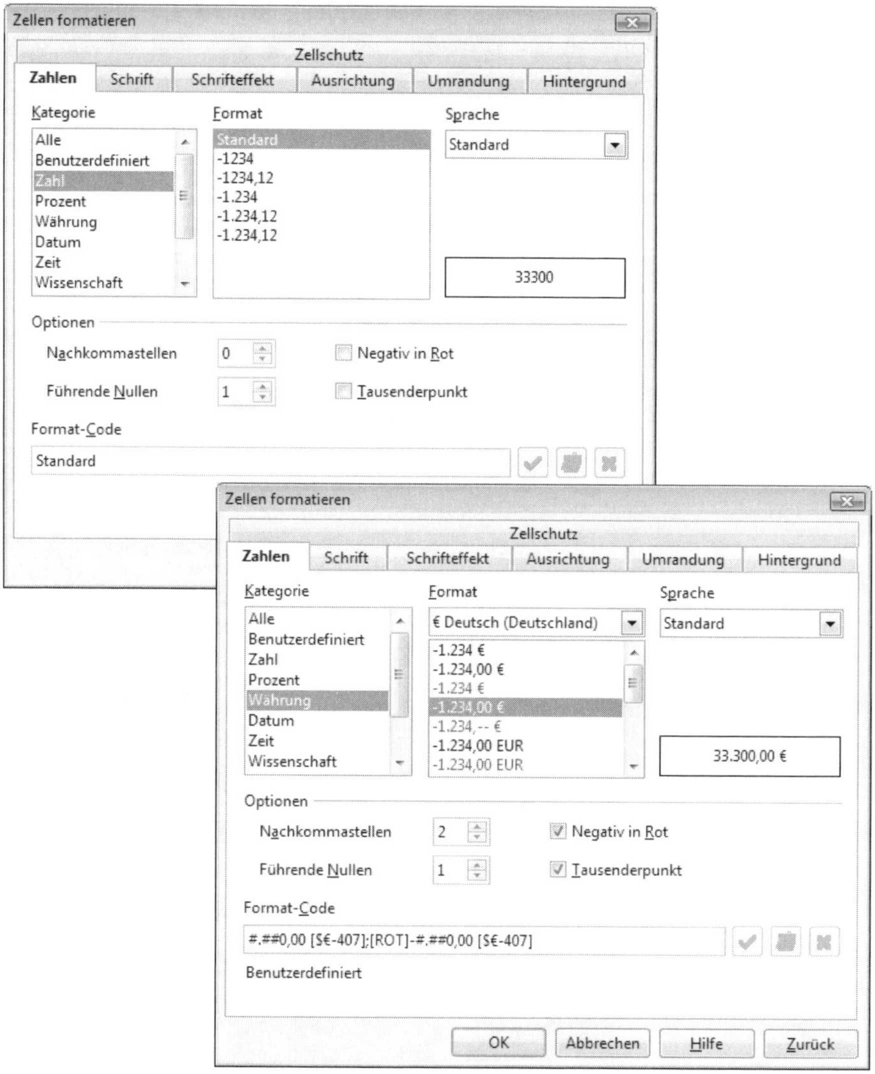

- *Prozent:* Sie können einer Zahl bereits während der Eingabe das Format % zuweisen (z.B. 12 %). Wählen Sie die Formatkategorie, wird ein Prozentzeichen zum Wert hinzugefügt.
- *Währung:* Diese Kategorie ist ein spezielles Zahlenformat, bei dem bereits zwei Nachkommastellen sowie Tausendertrennzeichen in den Formatschablonen vorgesehen sind. Zudem wird das Währungszeichen hinter dem Wert eingeblendet.
- *Datum:* Unter dieser Kategorie sind verschiedene Formate zur Anzeige von Datumswerten abgelegt.
- *Zeit:* Hier finden Sie spezielle Formatschablonen zur Darstellung von Zeitangaben. Sie können dabei die deutsche 24-Stunden-Anzeige oder das englische 12-Stunden-Zeitsystem mit dem Zusatz »nachm.« verwenden.

- *Wissenschaft:* Zur Darstellung sehr großer oder sehr kleiner Werte lässt sich dieses Format verwenden. Die Zahlen werden dann im Exponentialformat 0,00E + 00 angezeigt. Calc normalisiert alle Werte über den Exponenten, d.h., für die Basis existieren eine Vorkommastelle und zwei Dezimalstellen hinter dem Punkt. Der Exponent wird als vorzeichenbehaftete Zahl angegeben.
- *Bruch:* Über diese Kategorie legen Sie fest, wie Brüche und gemischte Zahlen in der Anzeige darzustellen sind.
- *Wahrheitswert:* Weisen Sie das Format dieser Kategorie zu, erscheint in allen Zellen mit dem Wert 0 die Anzeige FALSCH, während Zellen mit numerischen Werten größer 0 (also 1, -1 etc.) mit der Anzeige WAHR dargestellt werden.
- *Text:* Diese Kategorie ermöglicht Ihnen, den Inhalt einer Zelle als Text zu formatieren. Ein solches Feld wird als Text interpretiert, auch wenn eine Formel oder eine Zahl eingetragen wird.

Für jede Formatkategorie werden diverse Formatschablonen auf der Registerkarte angeboten, über die Sie verschiedene Anzeigevarianten wählen können. Zudem lässt sich jedes gewählte Zahlenformat über die Optionen der Registerkarte in der Zahl der angezeigten Nachkommastellen etc. anpassen.

INFO

Details zum Definieren benutzerdefinierter Formate oder zum Verwenden bedingter Zellformate werden in Kapitel 11 behandelt.

10.3.7 Beispiel: Kassenbericht eines Vereins formatieren

Die Informationen der vorhergehenden Seiten sollen jetzt an einem Beispiel angewandt werden. Der am Kapitelanfang gezeigte Kassenbericht für einen Verein soll nun mit entsprechenden Formatierungen versehen werden.

1. Füllen Sie die Tabelle mit den in Abbildung 10.30 enthaltenen Werten und Berechnungsformeln (siehe Ausführungen auf den vorherigen Seiten).
2. Markieren Sie die Zelle A1 und weisen Sie dem Text die gewünschte Schriftart, einen Schriftgrad von 24 Punkt sowie das Zeichenformat »fett« zu.
3. Markieren Sie die Zellen mit den Zahlenangaben und weisen Sie diesen über die Schaltfläche *Währung* der Objektleiste das Währungsformat mit zwei Nachkommastellen und dem Eurozeichen zu.
4. Markieren Sie die Zellen A5:B5, weisen Sie diesen eine Hintergrundfarbe über die betreffende Schaltfläche der Objektleiste zu und formatieren Sie den Text fett. Wiederholen Sie diesen Schritt für die Zellbereiche D5:E5 und A18:B18.
5. Markieren Sie die Zelle B16 und weisen Sie dieser über die Rahmenschaltfläche der Objektleiste eine Linie am oberen Rand zu. Wiederholen Sie diesen Schritt für die Zelle E16.
6. Markieren Sie nun die Zelle B18 und weisen Sie dem Zellinhalt das Format »fett« und »doppelt unterstrichen« zu.

Die detaillierten Anweisungen zum Zuweisen der diversen Formate finden Sie auf den vorhergehenden Seiten. Wenn alles geklappt hat, sollte die Tabelle wie in Abbildung 10.30 gezeigt aussehen.

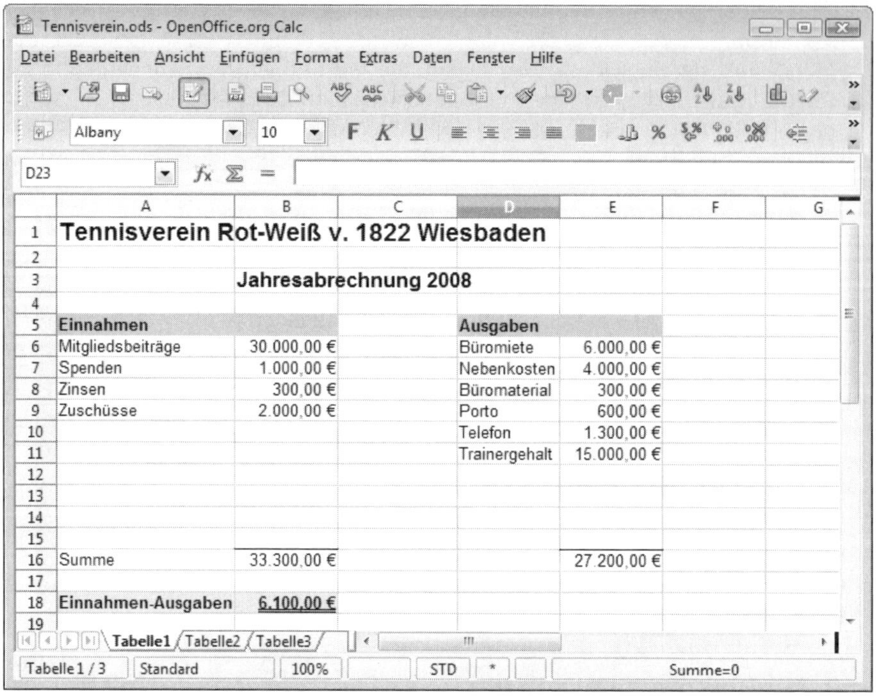

Abbildung 10.30: Formatierte Tabelle

TIPP

Schneidet Calc unter Linux bei aus Windows übernommenen Tabellendokumenten die obersten Teile der Zellen in der Anzeige ab? Dann können Sie die Zellen der Tabelle markieren und im Menü Format *über die Befehle* Zeile *und* Optimale Höhe *das Dialogfeld* Optimale Zeilenhöhe *aufrufen. Setzen Sie die Zellhöhe über das Feld* Extra *um 0,2 cm herauf. Dann zeigt Calc auch unter Linux die Zellinhalte komplett.*

10.3.8 Formatieren mit AutoFormat

Auch in Calc steht Ihnen die Funktion »AutoFormat« zur Aufbereitung von Tabelleninhalten zur Verfügung.

1. Markieren Sie den zu formatierenden Bereich der Tabelle, indem Sie die Maus bei gedrückter linker Maustaste über die Zellen ziehen.
2. Rufen Sie den Menübefehl *Format/AutoFormat* auf oder klicken Sie in der *Werkzeuge*-Symbolleiste auf die Schaltfläche *AutoFormat*. Auf dem Bildschirm erscheint nun das Dialogfeld zur Formatauswahl (Abbildung 10.31).
3. Klicken Sie in der linken Spalte *Format* auf eines der angebotenen Formate. Im Vorschaufenster erhalten Sie einen Eindruck von der jeweiligen Auswirkung.
4. Bei Bedarf können Sie die Schaltfläche *Zusätze* anklicken, um den unteren Teil mit der Gruppe *Formatierung* anzuzeigen. Dann können Sie durch Markieren der Kontrollkästchen bestimmte Formatoptionen einbeziehen oder abschalten.

Sobald Sie das Dialogfeld über die *OK*-Schaltfläche schließen, wird das Format auf den markierten Zellbereich übertragen.

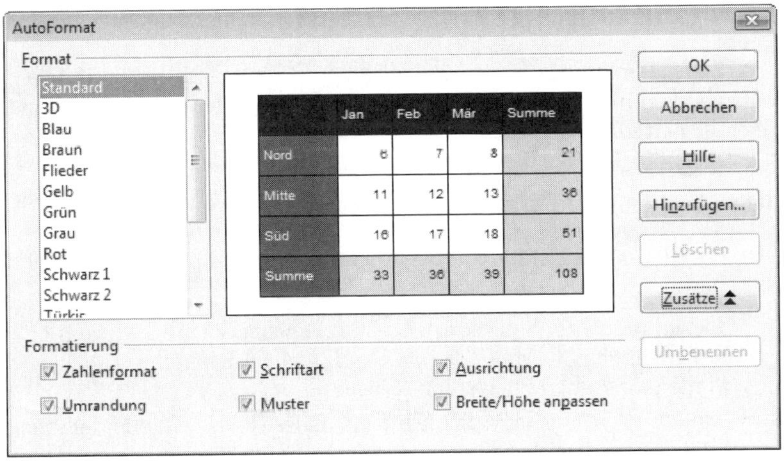

Abbildung 10.31: Dialogfeld *AutoFormat*

Über die Schaltfläche *Zusätze* lässt sich der untere Teil des Dialogfelds mit den Optionen der Gruppe *Formatierung* einblenden. Wenn Sie anschließend die Markierung der einzelnen Optionen wie *Umrandung*, *Muster* etc. löschen, hebt AutoFormat die jeweiligen Formateigenschaften auf. Die Bezeichnung dieser modifizierten Formate können Sie über die Schaltfläche *Umbenennen* des Dialogfelds anpassen.

TIPP

Haben Sie einem Tabellenausschnitt ein AutoFormat zugewiesen und möchten Sie die Formatierung zurücknehmen? Dann müssen Sie sofort nach dem Zuweisen die Funktion »Rückgängig« anwenden. Wurden bereits Zwischenschritte ausgewählt, bleibt Ihnen nichts anderes übrig, als die unerwünschten Formatmerkmale manuell zu entfernen. Alternativ können Sie den Tabellenbereich markieren und auf das Zellformat »Standard« zurücksetzen.

10

Die Liste der AutoFormate lässt sich um eigene Einträge erweitern.

1. Hierzu formatieren Sie eine Tabelle nach Ihren Vorstellungen.
2. Dann markieren Sie die Tabelle, rufen die Funktion *AutoFormat* auf und klicken im Dialogfeld auf die Schaltfläche *Hinzufügen*.
3. Sobald Sie einen Namen für das AutoFormat in das sich öffnende Dialogfeld eingeben und dieses über die *OK*-Schaltfläche schließen, wird die neue Definition in die Liste der AutoFormate aufgenommen.

Diese benutzerdefinierten AutoFormate lassen sich wie die vordefinierten AutoFormate anwenden. Entfernen lässt sich ein AutoFormat aus der Liste der Vorlagen, indem Sie das Dialogfeld *AutoFormat* öffnen, den Eintrag wählen und dann die Schaltfläche *Löschen* betätigen.

INFO

Zudem können Sie in Calc mit bedingten Formaten arbeiten sowie Zellvorlagen und Tabellenvorlagen verwenden. Details zu diesen Funktionen finden Sie in Kapitel 11.

10.4 Speichern und Laden

Calc bietet Funktionen, um neue Tabellen zu speichern und in Dateien gesicherte Tabellendokumente nachträglich zu laden. Nachfolgend finden Sie eine Übersicht über die betreffenden Funktionen.

10.4.1 Tabelle als Tabellendokument speichern

Neu erstellte oder geänderte Tabellen lassen sich komplett als Tabellendokumente speichern.

1. Klicken Sie in der Funktionsleiste auf die Schaltfläche *Speichern* oder rufen Sie den Menübefehl *Datei/Speichern* auf. Bei bestehenden Tabellendokumenten werden die Änderungen sofort gesichert.
2. Handelt es sich bei der Tabelle um ein neues Dokument oder falls Sie den Menübefehl *Datei/Speichern unter* aufrufen, öffnet Calc ein Dialogfeld zur Auswahl der Speicheroptionen (Abbildung 10.32).
3. Wählen Sie den Ordner als Speicherziel aus, legen Sie den Dateinamen fest und bestimmen Sie noch das Ausgabeformat sowie die Speicheroptionen.

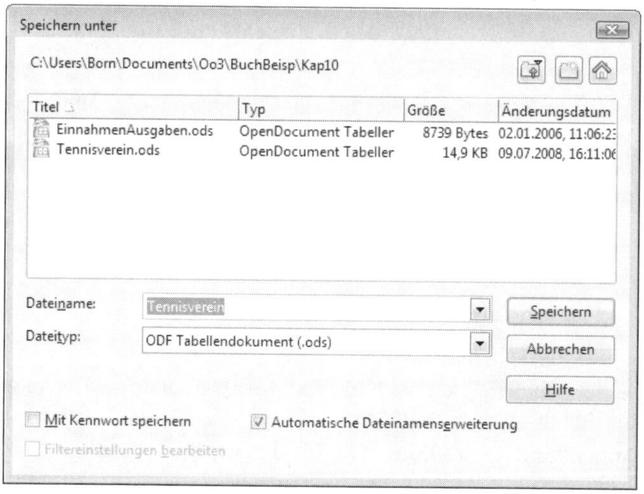

Abbildung 10.32: Dialogfeld *Speichern unter*

Sobald Sie die Schaltfläche *Speichern* betätigen, werden die Tabellen des Dokumentfensters in einer Datei als Tabellendokument gesichert.

INFO

Das genaue Aussehen des Dialogfelds Speichern unter *hängt vom verwendeten Betriebssystem ab. Alternativ können Sie über* Extras/Optionen *im Zweig* OpenOffice.org/Allgemein *die Verwendung der hier gezeigten OpenOffice.org-Dialoge erzwingen.*

Bezüglich der Auswahl des Zielordners und der Optionen des Dialogfelds finden Sie in *Kapitel 1* weitere Hinweise. Im Listenfeld *Dateityp* können Sie verschiedene Exportformate für das Tabellendokument vorgeben (siehe auch den etwas später folgenden Abschnitt »Besonderheiten beim Export von Tabellendokumenten«). Standardmäßig sichert Calc die Daten als »ODF Tabellendokument (*.ods)« mit der

Dateinamenerweiterung *.ods*. Sie können die Tabellen aber auch als Microsoft Excel-Arbeitsmappen (*.xls*) für die verschiedenen Versionen, im Format der älteren StarCalc-Anwendungen oder im dBase-Datenbankformat (*.dbf*) sichern.

INFO

Das Standardspeicherformat lässt sich über die Optionen der Gruppe Einstellungen für Standard-Dateiformat und ODF *vorgeben. Rufen Sie hierzu den Menübefehl* Extras/Optionen *auf und wählen Sie im Zweig* Laden/Speichern *die Kategorie* Allgemein *aus.*

Wurde an einer Tabelle etwas geändert und Sie beenden Calc, ohne vorher zu sichern, erinnert das Programm Sie über ein Dialogfeld, dass noch ungesicherte Änderungen vorliegen. Sie können dann die Änderungen über die Nein-*Schaltfläche verwerfen und Calc beenden. Die* Abbrechen-*Schaltfläche des Dialogfelds bringt Sie zur Tabelle zurück. Und mittels der* Ja-*Schaltfläche werden die Änderungen vor dem Beenden in der betreffenden Dokumentdatei gesichert. Bei einem neuen Dokument erscheint das Dialogfeld* Speichern unter *zur Auswahl der Speicheroptionen.*

10.4.2 Optionen beim Speichern

Ähnlich wie beim Writer ermöglicht Calc, verschiedene Optionen beim Speichern von Tabellendokumenten zu wählen.

- Möchten Sie das Tabellendokument geschützt speichern, markieren Sie im Dialogfeld *Speichern unter* das Kontrollkästchen *Mit Kennwort speichern* (Abbildung 10.32). Calc fragt dann in einem Dialogfeld ein Kennwort ab. Ohne Eingabe dieses Kennworts beim Laden lässt sich das Tabellendokument nicht öffnen. Beachten Sie aber, dass ein Kennwort nur beim Speichern im *.sxc*- und *.ods*-Format unterstützt wird (jedoch nicht beim Export in Excel- oder andere Fremdformate).
- Zudem kann Calc Sicherungskopien des aktuellen Tabellendokuments beim Speichern anfertigen sowie den Tabelleninhalt in Zeitintervallen sichern. Die betreffenden Optionen werden über den Befehl *Optionen* des Menüs *Extras* für alle Office-Anwendungen aktiviert, indem Sie den Zweig *Laden/Speichern* und dann die Kategorie *Allgemein* wählen. Das Dialogfeld listet anschließend die verfügbaren Optionen auf. Details zu den Optionen sind in *Kapitel 2* im Abschnitt »Sicherungskopien und Backups anlegen« im Zusammenhang mit dem Writer nachzulesen.
- Calc ermöglicht Ihnen eine Versionsverwaltung der Tabellendokumente, über die sich Änderungen an Tabellen nachvollziehen lassen. Die Versionsverwaltung wird über den Befehl *Versionen* im Menü *Datei* aufgerufen. Eine Beschreibung dieser Funktion finden Sie in *Kapitel 1* im Abschnitt »Arbeiten mit unterschiedlichen Dokumentversionen« .
- Auch für Tabellendokumente lassen sich Eigenschaften wie Benutzername etc. eingeben. Falls das Kontrollkästchen *Eigenschaften vorher bearbeiten* aktiviert ist (Menübefehl *Extras/Optionen*, Zweig *Laden/Speichern*, Kategorie *Allgemein*), erscheint bei jedem Speichern das Eigenschaftenfenster mit den Registerkarten zum Einstellen der Dokumenteigenschaften. Alternativ können Sie diese Eigenschaften gezielt über den Menübefehl *Datei/Eigenschaften* abrufen und verändern. Hinweise zu den einzelnen Registerkarten finden Sie in *Kapitel 2* im Abschnitt »Dokumenteigenschaften pflegen« .

10

Details zu den verschiedenen Optionen der Dialogfelder entnehmen Sie bitte der Programmhilfe.

INFO

Falls Sie die Dialogfelder des Betriebssystems in OpenOffice.org verwenden, können die hier beschriebenen Optionen u.U. etwas anders benannt und in den Dialogen angeordnet sein.

10.4.3 Besonderheiten beim Export von Tabellendokumenten

Calc ermöglicht Ihnen, Tabellendokumente in verschiedenen Formaten zu speichern. So können Sie Tabellen im Format der älteren StarCalc-Versionen oder für die diversen Microsoft Excel-Versionen (bis zur Version 2003) ablegen. Zudem unterstützt Calc die Ausgabe im PDF- und im HTML-Format sowie in verschiedenen anwendungsübergreifenden Exportformaten wie DIF, SYLK oder CSV. Es handelt sich dabei um spezielle Fremdformate, die zur Darstellung von Tabellenwerten oder zur Übernahme zwischen verschiedenen Programmen entworfen wurden. Die folgende Tabelle enthält eine Kurzübersicht über diese Exportformate.

Tabelle 10.3: Hinweise zu den Exportformaten von Calc

Format	Bemerkung
DIF	Das Data Interchange Format (DIF) wurde zum Austausch von Tabellendaten zwischen (Tabellenkalkulations-)Programmen entworfen. Das Format benutzt ASCII- bzw. ANSI-Zeichen, um die Zellstruktur samt den Daten abzubilden. Zellformate oder Formeln lassen sich nicht in DIF-Dateien übertragen.
SYLK	Das Format Symbolic Link (SYLK) wurde von Microsoft entwickelt, um Tabellenkalkulationsdaten zwischen verschiedenen Programmen austauschen zu können. Das Format verwendet ebenfalls Textanweisungen, um den Inhalt der Tabellenzellen zu beschreiben, ermöglicht dabei aber auch, die Zellformate sowie Formeln abzubilden. Benutzen Sie SYLK, falls das Format der Zielanwendung nicht unterstützt wird. Die Chancen stehen gut, dass die meisten Tabelleninhalte 1:1 übertragen werden können.
CSV	Beim Comma Separated Value-Format (CSV) handelt es sich um ein sehr einfaches Format, um Tabellendaten strukturiert in Textdateien abzubilden. Beim CSV-Format werden die Zellwerte zeilenweise als Text gespeichert. Die einzelnen Zellwerte lassen sich dabei durch Semikola, Kommata oder Tabulatoren als Separatoren trennen. Texte in den Ausgangszellen können zudem in Hochkommata oder doppelten Anführungszeichen eingefasst werden. Dieses Format ist auch geeignet, um Texttabellen im Writer für ein Tabellenkalkulationsprogramm aufzubereiten.
DBF	Es handelt sich um das Format der dBase-Datenbank. Die Zellwerte der Tabelle werden dabei auf die Tabellen der dBase-Datenbank abgebildet. Spalten der Tabelle entsprechen den Feldern einer dBase-Tabelle, während die Zeilen der Tabelle in Datensätzen abgelegt werden. Da Tabellen keine speziellen Datentypen für die Tabellenspalten kennen, übernimmt der Exportfilter das Festlegen der Feldtypen in Abhängigkeit von den Werten in der betreffenden Spalte. Ein Export in dieses Format ist nur bei Listen sinnvoll. Sie können das Format aber verwenden, um in Calc gepflegte Adresslisten in das dBase-Format zu überführen und anschließend mittels der Office-Datenbankfunktionen darauf zuzugreifen. Dies ist beispielsweise beim Erstellen von Serienbriefen hilfreich.

Format	Bemerkung
PDF	Das Adobe Portable Document Format (PDF) dient zur anwendungs- und plattformunabhängigen Weitergabe von Dokumenten. Über eine PDF-Datei lässt sich der Dokumentinhalt ohne die betreffende Anwendung ansehen. Sie können PDF-Dateien aber nicht mehr zurücklesen.
HTML	Das HyperText Markup Language-Format (HTML) dient zur Darstellung von Webseiten. Die Dateien können über einen Internetbrowser angesehen werden und lassen sich unter bestimmten Bedingungen auch wieder importieren.

Tabelle 10.3: Hinweise zu den Exportformaten von Calc (Forts.)

INFO

Ein direkter Export in das XML-Format ist in Calc nicht vorgesehen. Sie können aber Dokumente im XML-Format von Microsoft Excel 2003 exportieren. Das Programm speichert die in Tabellen eingetragenen Dokumentinformationen zudem standardmäßig im XML-Format in ZIP-komprimierten Dateien. Benötigen Sie die Daten im XML-Format, entpacken Sie die .sxc- oder .ods-Datei mit einem ZIP-Programm. Die Datei content.xml *enthält die Daten der Tabellen in Textform (siehe »XML-Dateiformat« in der Programmhilfe). Ein Export in das CSV- oder DBF-Format ist nur bei Listen sinnvoll, da beide Formate dies voraussetzen. Bei beiden Formaten sollte die erste Zeile der Liste die Überschriften enthalten. Der dBase-Exportfilter leitet daraus die Feldnamen für die Tabelle ab. Probleme bereiten Sonderzeichen, da die zum Export in die CSV-, DIF- und dBase-Formate verwendeten Zeichensätze (ASCII, ANSI etc.) unterschiedliche Zeichencodierungen für die Sonderzeichen aufweisen. Sie müssen daher beim Im- und Export die Filteroptionen entsprechend setzen.*

Sofern Sie Tabellendokumente in Fremdformate exportieren, können Datenverluste auftreten (immer dann, wenn das Zielformat die betreffenden Optionen nicht abdeckt). So wird beispielsweise ein Kennwortschutz beim Export in das Excel-Format entfernt. Nachfolgend finden Sie noch einige Hinweise zu Besonderheiten beim Speichern in den verschiedenen Formaten.

- Zum Export einer Tabelle in das HTML-Format verwenden Sie den Befehl *Speichern unter* im Menü *Datei* und stellen den Dateityp auf »HTML-Dokument (OpenOffice.org Calc) (*.html;*.htm)«. Calc sichert alle Tabellen und generiert eine Linkliste auf die Tabellenseiten in der HTML-Datei. Sie haben später die Möglichkeit, die HTML-Exportdatei in Calc zu importieren (siehe folgende Seiten) oder als HTML-Datei zu laden.
- Beim Speichern im dBase-, CSV- und DIF-Format sollten Sie ggf. die beim Export zu verwendenden Zeichensätze vorgeben. Das Dialogfeld *Speichern unter* enthält das Kontrollkästchen *Filtereinstellungen bearbeiten*, welches nur bei einigen Exportformaten (dBase, DIF, CSV) freigegeben wird. In einem Zusatzdialog wird nachgefragt, ob im ODF-Format oder im gewählten Filterformat zu speichern ist. Wählen Sie das Filterformat, können Sie dann in einem weiteren Dialog das Zeichenformat beim Export sowie ggf. formatabhängige Einstellungen wie Feldtrenner beim CSV-Format vorgeben (Abbildung 10.33).
- Calc sichert beim Export in das CSV-, DIF- und dBase-Format nur das aktuell angewählte Kalkulationsblatt. Benötigen Sie einen Export aller Tabellen im Dokument, müssen Sie die Einzeltabellen nacheinander anwählen und dann die betreffenden Exporte ausführen. Beachten Sie aber, dass der CSV- und dBase-Export nur sinnvoll ist, wenn die Daten in Form von Listen vorliegen.

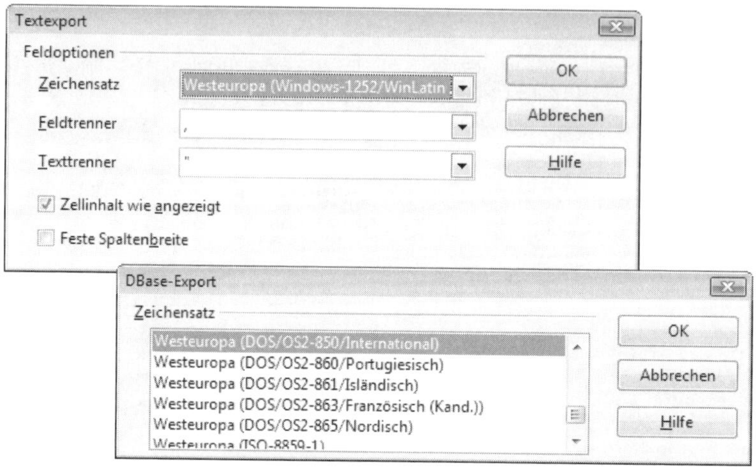

Abbildung 10.33: Einstellen der Filteroptionen

- Ein Export in das Adobe PDF-Format ist über den Befehl *Exportieren als PDF* oder über den Befehl *Exportieren* im Menü *Datei* sowie mittels der PDF-Schaltfläche der Funktionsleiste möglich. Beim PDF-Export erscheinen anschließend ein Eigenschaftenfenster mit Registerkarten zur Auswahl der Exportoptionen (Abbildung 10.34) sowie das Dialogfeld *Export* zur Eingabe des Dateinamens für die Exportdatei. Über die Exportoptionen können Sie wählen, ob das gesamte Tabellendokument, ein markierter Tabellenbereich oder ein manuell anzugebender Zellbereich zu exportieren ist. Zudem bietet das Eigenschaftenfenster verschiedene Optionen (z.B. um die Anzeigequalität des PDF-Exports zu beeinflussen).

Über den Menübefehl *Datei/Senden* können Sie zudem das Tabellendokument direkt als Anhang oder als PDF-Anhang per E-Mail versenden.

Anmerkungen zum PDF-Export

Beim PDF-Export bietet das Eigenschaftenfenster *PDF Optionen* einige zusätzliche Einstellmöglichkeiten:

- Auf der Registerkarte *Allgemein* finden Sie Optionen zum Festlegen des Ausgabeumfangs, zur Komprimierung von Grafiken und zum PDF-Ausgabeformat. Die Gruppe *Bereich* ermöglicht Ihnen, die PDF-Ausgabe auf einen markierten Dokumentbereich oder auf Seiten einzuschränken.
- Enthält das in das PDF-Format zu überführende Dokument Grafiken, können Sie auf der Registerkarte *Allgemein* in der Gruppe *Grafiken* festlegen, ob diese verlustfrei oder im JPEG-Format im PDF-Dokument einzubetten sind. Werden Grafiken in das JPEG-Format gewandelt, lässt sich die Qualität über das gleichnamige Drehfeld anpassen. Je geringer der Wert gewählt wird, umso kleiner wird die Grafik und umso geringer ist die Qualität.
- Das Kontrollkästchen *Grafikauflösung verringern* gibt das Drehfeld für die Auflösung frei. Dann lässt sich bei Grafiken die Auflösung in Dots per Inch (dpi) vorgeben. Bei normalen Druckausgaben oder zur Anzeige am Bildschirm reichen Auflösungen von 75 bis 150 dpi aus und resultieren so in kleineren PDF-Dateien.

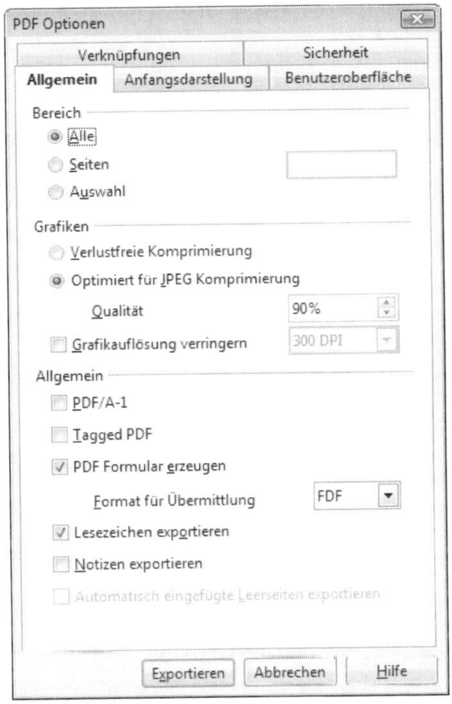

Abbildung 10.34: PDF-Optionen beim Export

- Die Option *PDF/A-1* erzwingt das Einhalten der Konformitätsvorgaben bezüglich der PDF-Ausgabe für Zwecke der Langzeitarchivierung (siehe `http://de.wikipedia.org/wiki/PDF/A`).
- Enthält das Dokument Notizen, lassen sich diese über ein Kontrollkästchen des Eigenschaftenfensters *PDF Optionen* zum Export anwählen.
- Im Dokument enthaltene Formulardaten können im PDF-, FDF-, HTML- oder XML-Format exportiert werden, sobald das Kontrollkästchen *PDF Formular erzeugen* markiert wurde. Im PDF-Format wird das gesamte Dokument exportiert. Bei den anderen Formaten exportiert Office nur den Inhalt (d.h. die einstellbaren Benutzerdaten) der betreffenden Formular-Steuerelemente.
- Das Kontrollkästchen *Tagged PDF* steuert, ob Sondertags (z.B. Hyperlinks oder Steuerelemente) in die PDF-Entsprechung umgewandelt werden sollen.
- Die Option *Automatisch eingefügte Leerseiten exportieren* ermöglicht (sofern freigegeben), Vakatseiten, die beim Buchdruck anfallen, in der PDF-Ausgabe zu berücksichtigen.

Auf den restlichen Registerkarten finden Sie in OpenOffice.org 3.0 neu eingeführte Optionen zur PDF-Ausgabe. Die Registerkarte *Anfangsdarstellung* legt die Startseite, das Layout und die Vergrößerung fest. Auf der Registerkarte *Benutzeroberfläche* können Sie Optionen für Fenster und Benutzeroberfläche vergeben. Die Registerkarte *Verknüpfungen* enthält Optionen, um das Erzeugen von Lesezeichen und Referenzen sowie Verknüpfungen zwischen Dokumenten zu beeinflussen. Auf der Registerkarte *Rechte* lassen sich Optionen zum Verschlüsseln des PDF-Dokuments wählen. Zudem können Sie festlegen, ob der Benutzer das Dokument drucken, Inhalte kopieren oder verändern darf. Details zu den einzelnen Optionen liefert die *Hilfe*-Schaltfläche auf den betreffenden Registerkarten.

10.4.4 Laden von Tabellendokumenten

Sie haben verschiedene Möglichkeiten zum Laden eines Tabellendokuments. Zudem lassen sich auch Dateien im Fremdformat in Calc importieren.

- Im einfachsten Fall reicht es, die betreffende Dokumentdatei auf Betriebssystemebene in einem Ordnerfenster per Mausklick (Linux/KDE) oder mit einem Doppelklick (Windows) anzuwählen. Bei einer *.sxc*- bzw. *.ods*-Datei wird diese in Calc geladen.
- Calc führt, wie andere Anwendungen, eine Liste der zuletzt geladenen Dokumentdateien im *Datei*-Menü (Untermenü *Zuletzt benutzte Dokumente*). Sie brauchen daher nur das Menü zu öffnen und den betreffenden Menübefehl mit dem Dateinamen zu wählen, um das Tabellendokument zu öffnen. Einziger Nachteil ist, dass in der Liste die Namen aller zuletzt in Office geladenen Dokumente geführt werden.

Um ein Tabellendokument gezielt in Calc zu laden, gehen Sie in folgenden Schritten vor.

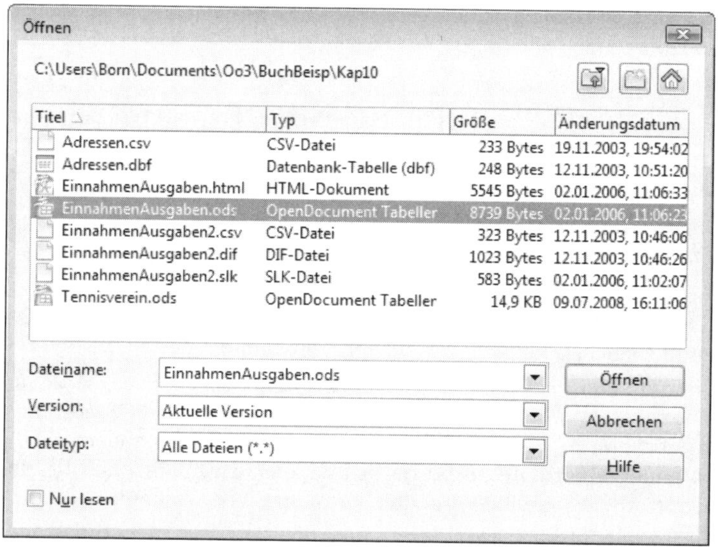

Abbildung 10.35: Laden eines Calc-Tabellendokuments

1. Starten Sie Calc oder ein anderes Office-Modul und rufen Sie den Menübefehl *Datei/Öffnen* auf. Sie können auch die Tastenkombination [Strg] + [O] (bzw. [MacBef] + [O] beim Mac) oder die entsprechende Schaltfläche in der *Standard*-Symbolleiste anwählen.
2. Calc öffnet ein Dialogfeld zur Dateiauswahl (Abbildung 10.35), in dem Sie zuerst den Quellordner mit dem Dokument wählen. Enthält der Ordner viele Dateien unterschiedlicher Dateitypen? Um nur Calc-Tabellendokumente anzuzeigen, setzen Sie den Filter für den Dateityp auf den Eintrag »Tabellendokument«.
3. Anschließend markieren Sie die Dokumentdatei per Mausklick und bestätigen die Auswahl über die *Öffnen*-Schaltfläche.

Über das Kontrollkästchen *Nur lesen* lässt sich die Datei beim Laden mit einem Schreibschutz versehen – Sie können Änderungen dann nur unter einem neuen Dateinamen sichern. Über das Feld *Version* lässt sich ggf. auf ältere Dokumentversionen zugreifen.

TIPP

Alle Office-Module stellen den Dateityp auf »Alle Dateien (.*)« ein. Dann lassen sich zwar alle Dokumentdateien auswählen und mittels der Schaltfläche* Öffnen *laden. Allerdings wählt Office automatisch die Anwendung, in der das Dokument geladen wird. Bei einer Textdatei erscheint diese im Fenster des Writers und nicht in Calc. Möchten Sie gezielt ein Dokument im Fremdformat in Calc importieren, stellen Sie den Wert des Felds* Dateityp *auf das betreffende Format. Wenn Sie anschließend die Datei markieren und die Schaltfläche* Öffnen *betätigen, wird das Dokument in eine Calc-Tabelle importiert.*

10.4.5 Beispiel: Import einer CSV-Datei

Viele Programme können Daten im CSV-Format exportieren. Da die Daten im Textformat vorliegen, lassen sich solche Dateien zur Not auch mit einem Texteditor öffnen, inspizieren oder erzeugen bzw. anpassen (Abbildung 10.36).

```
001;Frau;;Doris;Meier;Hofweg; 19; 60130 Frankfurt
002;Herr;Dr.;Alois;Huber;Meisengasse; 2; 80230 München
004;Eheleute;;Heidi und Klaus,Mayer;Hauptstraße; 1; 50120 Köln
005;Herr;;Albert;Kleinen;Drosselgasse; 22; 65334 Rüdesheim
```

Abbildung 10.36: Ausschnitt aus einer CSV-Datei

Der Import einer solchen CSV-Datei ist mit wenigen Schritten durchzuführen. Calc unterstützt Sie dabei mit verschiedenen Dialogfeldern.

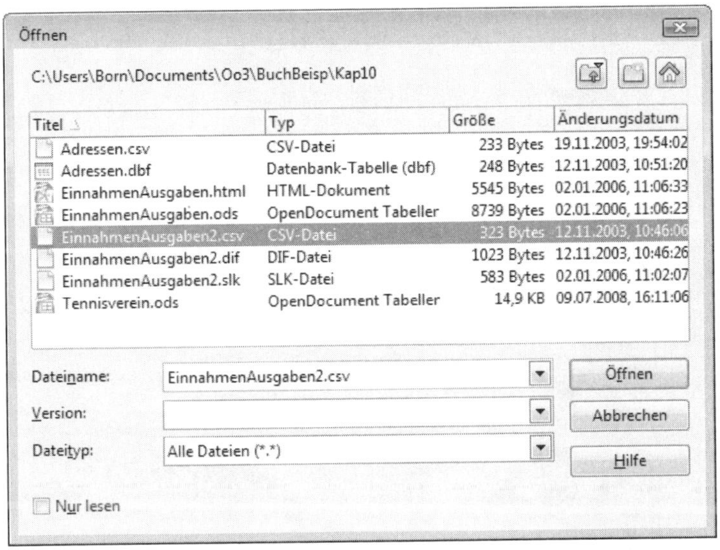

Abbildung 10.37: Öffnen der CSV-Datei

10

1. Rufen Sie den Menübefehl *Datei/Öffnen* des Calc-Anwendungsfensters auf und stellen Sie im Dialogfeld *Öffnen* den Pfad zum Quellordner ein. Setzen Sie ggf. den Dateityp auf »Text CSV (*.csv;*.txt)«, um nur die gewünschten Dateien auszufiltern (Abbildung 10.37) und einzublenden. Dann wählen Sie die gewünschte CSV-Datei aus und bestätigen dies über die Schaltfläche *Öffnen*.
2. Calc liest die Datei ein, erkennt den Dateityp *.csv* und blendet anschließend ein Dialogfeld zur Auswahl der Importoptionen ein (Abbildung 10.38). Als Erstes sollten Sie die Trennoptionen so anpassen, dass die einzelnen Spalten sauber angezeigt werden. Sie haben dabei die Wahl zwischen einer festen Breite (was für Texttabellen eher typisch ist) und getrennten Feldern (Charakteristikum einer CSV-Datei). Markieren Sie daher die Option *Getrennt* und setzen Sie Markierungen bei den Kontrollkästchen, die Trennzeichen spezifizieren. Typischerweise sollte die Option *Semikolon* oder *Komma* markiert sein. In Abbildung 10.38 bewirkt diese Option, dass die Felder sauber in Spalten eingeblendet werden.
3. Falls die Datei Umlaute enthält und diese als Sonderzeichen angezeigt werden, variieren Sie den Zeichensatz über das gleichnamige Feld. Bei Umlautproblemen liegt die Ausgangsdatei meist im DOS-ASCII-Zeichensatz vor. Probieren Sie ggf. verschiedene Zeichensätze aus (Windows ANSI etc.). Soll nur ein Teil der Tabelle importiert werden, können Sie zudem die Zeile angeben, ab der die Daten zu lesen sind.
4. Zeigt das Dialogfeld die CSV-Rohdaten im Vorschaufeld korrekt an, stimmen die Importoptionen. Bei Bedarf können Sie jedoch auf die Spaltenköpfe der jeweiligen Spalten klicken. Dann lässt sich das Listenfeld *Spaltentyp* öffnen und ein Vorgabewert für die Daten der Spalte wählen. Der Typ »Standard« sorgt dafür, dass die meisten Werte importiert werden können. Gemäß Abbildung 10.38 können Sie aber auch Text oder spezielle Datumsformate einstellen. Zudem besteht die Möglichkeit, unerwünschte Datenspalten der CSV-Datei über den Datentyp »ausblenden« beim Import zu unterdrücken.

Abbildung 10.38: Auswahl der CSV-Importoptionen

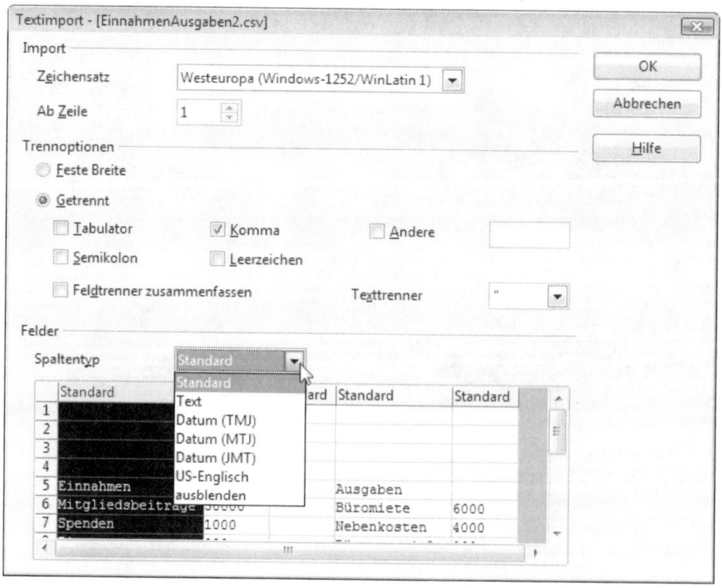

Sobald Sie das Dialogfeld über die *OK*-Schaltfläche schließen, beginnt Calc mit dem Import. Die Daten werden anschließend in Calc zeilenweise in die Spalten der Tabelle eingelesen.

10.5 Drucken von Tabellen

Calc bietet die Möglichkeit, den Inhalt einzelner Tabellen oder komplette Tabellendokumente auf einem Drucker auszugeben. Der folgende Abschnitt befasst sich mit Fragen rund um den Ausdruck von Tabelleninhalten.

10.5.1 So können Sie eine Tabelle drucken

Zum Drucken der Tabelleninhalte bietet Calc eine Schaltfläche in der Funktionsleiste sowie den Befehl *Drucken* im Menü *Datei*. Die *Drucken*-Schaltfläche in der Funktionsleiste startet den Ausdruck des kompletten Tabellenblatts ohne weitere Nachfragen. Auf dem Bildschirm erscheint lediglich für ganz kurze Zeit ein Fenster mit einer Ausgabemeldung. Dauert der Ausdruck länger, können Sie diesen durch Anklicken der *Abbrechen*-Schaltfläche abbrechen.

Calc druckt nur Tabellen, deren Zellbereiche auch Werte aufweisen. Leere Zellbereiche am unteren und rechten Rand werden dabei standardmäßig unterdrückt. Ist der belegte Zellbereich breiter oder höher als eine Seite, werden die Inhalte auf mehrere Seiten aufgeteilt. Sie können diese Aufteilung ansehen oder mittels Umbruchmarken manuell anpassen (siehe folgende Abschnitte).

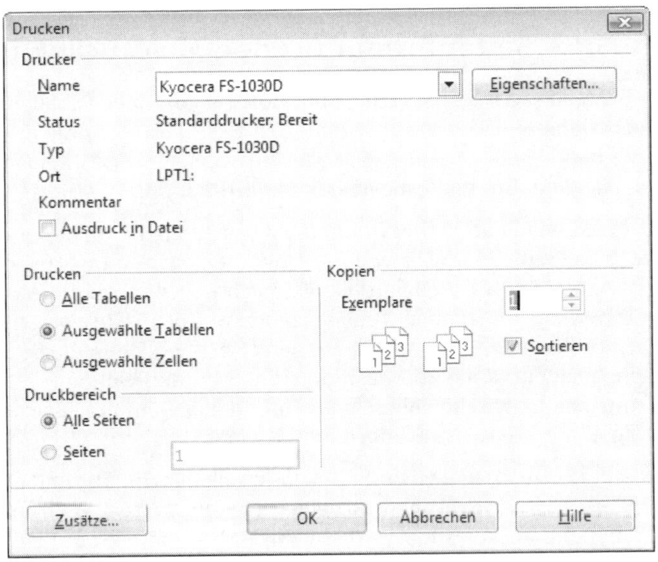

Abbildung 10.39: Dialogfeld *Drucken*

Um gezielt Optionen für den Ausdruck festzulegen, sollten Sie daher die Tastenkombination [Strg] + [P] (bzw. [MacBef] + [P] beim Mac) oder den Befehl *Drucken* im *Datei*-Menü verwenden. Dann öffnet Calc das Dialogfeld *Drucken*, in dem Sie den Drucker und die Druckoptionen wählen können (Abbildung 10.39).

- Über die Schaltfläche *Eigenschaften* öffnen Sie ein Eigenschaftenfenster mit Registerkarten, über die Sie das Seitenlayout (z.B. Hoch- oder Querformat) sowie die Papierart oder -quelle wählen können. Die angebotenen Optionen sind dabei druckerspezifisch. Alle Änderungen wirken sich nur auf das aktuelle Dokument aus. Den Drucker wählen Sie (bei mehreren installierten Geräten) über das Listenfeld *Name*.
- In der Gruppe *Druckbereich* lässt sich über Optionen wählen, ob die komplette Tabelle, mehrere Seiten einer Tabelle oder ein per Markierung ausgewählter Bereich zu drucken sind. Die Optionen der Gruppe *Kopien* ermöglichen, mehrere Exemplare einer Tabelle zu drucken. Bei vielen Kopien sollten Sie aber auf die Sortierung der Exemplare verzichten, da dies den Ausdruck stark verlangsamt.
- Die Schaltfläche *Zusätze* öffnet ein Dialogfeld mit zwei Optionen. Das Kontrollkästchen *Ausgabe leerer Seiten unterdrücken* verhindert den Ausdruck leerer Seiten, die durch leere Tabellenbereiche entstehen könnten. Um nur markierte Tabellen zu drucken, markieren Sie das Kontrollkästchen *Nur ausgewählte Tabellen drucken*. Sie können mehrere Tabellen markieren, indem Sie deren Registerreiter bei gedrückter [Strg]-Taste (bzw. [MacBef] beim Mac) anklicken.

Der Standarddrucker sowie die Druckereigenschaften können Sie zudem über den Befehl *Druckereinstellung* im Menü *Datei* wählen.

INFO

Die Druckausgaben erfolgen durch den Druckmanager des Betriebssystems, der die Daten als Druckjobs für die Ausgabe an das eigentliche Gerät vorbereitet. Daher erfolgt die Druckausgabe in Calc normalerweise nur wenige Sekunden, während das Drucken auf dem Gerät meist länger dauert.

10.5.2 Seitenformat für den Ausdruck vorgeben

Möchten Sie das Seitenformat zum Ausdrucken eines Tabellendokuments fest vorgeben, wählen Sie im Menü *Format* den Befehl *Seite*. Ähnlich wie beim Writer öffnet sich dann ein Eigenschaftenfenster mit verschiedenen Registerkarten, über welche Sie das Seitenformat festlegen können (Abbildung 10.40).

Ähnlich wie beim Writer in *Kapitel 3* beschrieben, können Sie die Seitenabmessungen, die Seitenränder sowie die Dokumentausrichtung auf der Registerkarte *Seite* einstellen. Beim Tabellendruck lässt sich zudem noch die Ausrichtung des Bereichs mit den zu druckenden Tabellenzellen auf der Seite vorgeben. Markieren Sie das Kontrollkästchen *Horizontal*, um den Druckbereich in die Seitenmitte zwischen linkem/rechtem Rand zu positionieren. Mit der Option *Vertikal* können Sie den Druckinhalt zwischen oberem und unterem Seitenrand zentrieren. Das Vorschaufeld zeigt Ihnen die Auswirkungen mittels einer stilisierten Tabelle an.

Über die restlichen Registerkarten lässt sich der Hintergrund der Seite einfärben oder mit einem Rand versehen. Beachten Sie aber, dass der Druckbereich nur mit oder ohne Rand ausgestattet werden kann. Die Optionen der Registerkarte *Umrandung*, die Gitter andeuten, bleiben ohne Wirkung. Möchten Sie die Gitterstruktur der Tabelle mit Rahmen versehen ausdrucken, müssen Sie die Zellen entsprechend formatieren. Zudem können Sie Kopf- und Fußzeilen ein- oder ausblenden.

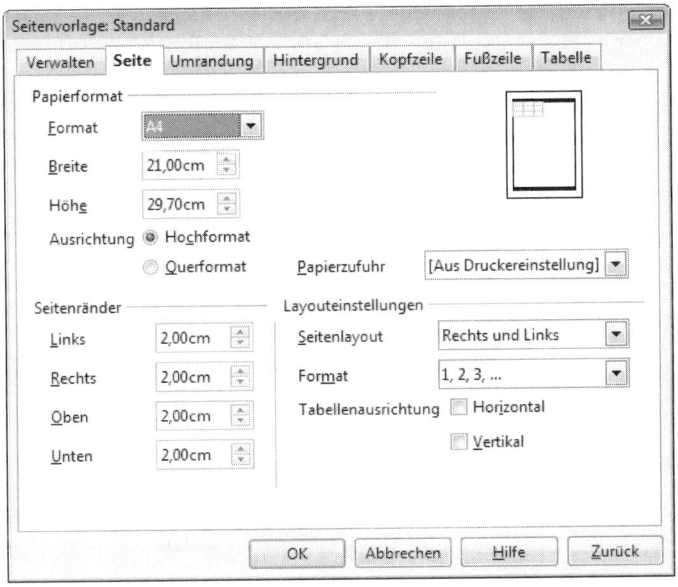

Abbildung 10.40: Einstellen des Seitenformats

10.5.3 Seitenformat über Seitenvorlagen einstellen

Benötigen Sie beim Ausdruck der Tabellenblätter verschiedene Kopf- oder Fußzeilen oder soll die Seitenorientierung abhängig von der Tabelle wechseln? Dies lässt sich erreichen, indem Sie für jedes Tabellenblatt eine eigene Seitenvorlage anlegen.

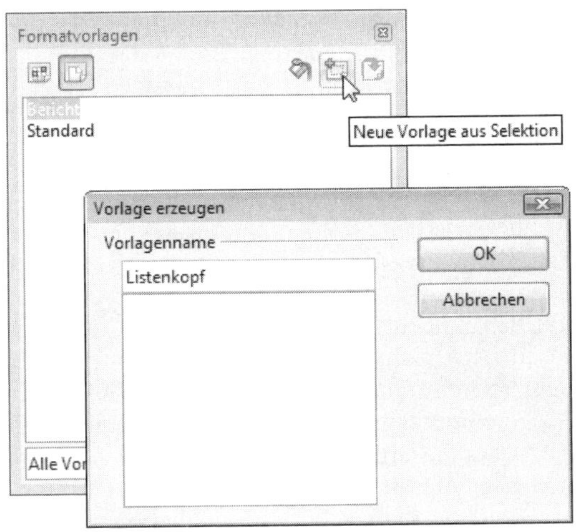

Abbildung 10.41: Erstellen einer Seitenvorlage

1. Öffnen Sie das Fenster *Formatvorlagen* (z.B. über die betreffende Schaltfläche der *Format*-Symbolleiste, durch Drücken der Funktionstaste F11 oder über den betreffenden Befehl im Menü *Format*).
2. Wählen Sie die Schaltfläche *Seitenvorlagen* (Abbildung 10.41, Hintergrund) und klicken Sie auf die Schaltfläche *Neue Vorlage aus Selektion*.

3. Geben Sie in das Dialogfeld *Vorlage erzeugen* einen Namen wie »Tabelle 1«, »Tabelle 2« etc. für die neue Vorlage an. Dann schließen Sie das Dialogfeld über die *OK*-Schaltfläche.
4. Sie können nun eine Tabelle im Dokumentfenster bestimmen und im Fenster *Formatvorlagen* eine Seitenvorlage per Doppelklick anwählen. Dann wird die Seitenvorlage der Tabelle zugewiesen.

Anschließend lassen sich die Seiteneinstellungen jeder Seitenvorlage getrennt anpassen. Sie können beispielsweise die Seitenorientierung oder die Kopf-/Fußzeile anpassen (siehe folgende Abschnitte).

Vorgaben für den Tabellendruck anpassen

Ist eine Seitenvorlage für eine Tabelle definiert, können Sie diese im Fenster *Formatvorlagen* mit der rechten Maustaste anklicken und dann im Kontextmenü den Befehl *Ändern* wählen. Dann öffnet sich das Eigenschaftenfenster *Seitenvorlage* mit verschiedenen Registerkarten. Sehr hilfreich ist die Registerkarte *Tabelle* (Abbildung 10.42), auf der Sie den Ausdruck der Tabelleninhalte steuern können.

Abbildung 10.42: Tabellenoptionen zum Ausdruck

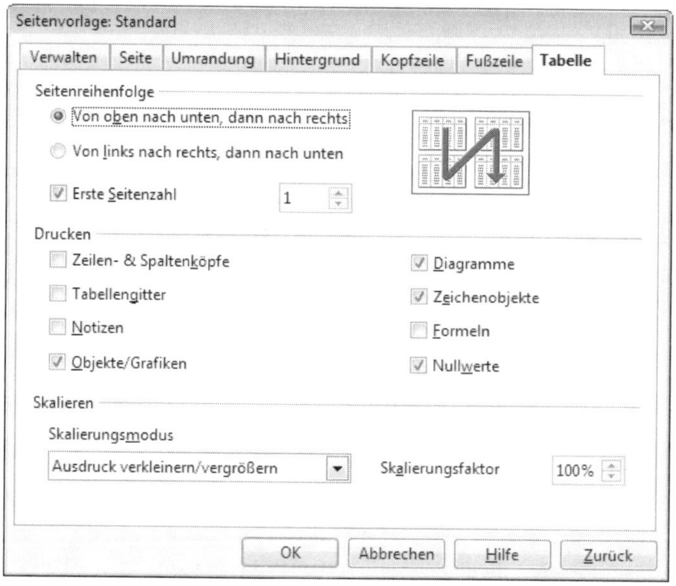

- Ist der Datenbereich einer Tabelle breiter als ein Blatt, teilt Calc die Ausgabe auf mehrere Seiten auf. Jede Seite wird mit einer fortlaufenden Nummer versehen. Über die Gruppe *Seitenreihenfolge* lässt sich festlegen, wie Calc die Seiten ausgeben soll. Sie können die Seiten spaltenweise von oben nach unten oder zeilenorientiert von links nach rechts bis zum Tabellenrand drucken lassen. Zudem lässt sich noch die Nummer der Startseite vorgeben. Dies ist beispielsweise hilfreich, wenn die Ausdrucke in einen Bericht mit nummerierten Seiten eingefügt werden sollen.
- Mit den Optionen der Gruppe *Skalieren* können Sie zudem den Ausdruck der Tabelle in Bezug auf die Blattgröße vergrößern oder verkleinern. Wählen Sie im Listenfeld *Skalierungsmodus* einen der Werte und passen Sie dann den Wert des

zugeordneten Felds (z.B. den *Skalierungsfaktor* beim Wert »Ausdruck verkleinern/vergrößern«) an. Die in der Gruppe angezeigten Elemente hängen von der Auswahl des Werts im Listenfeld *Skalierungsmodus* ab. Setzen Sie im Listenfeld *Skalierungsmodus* den Wert auf »Druckbereich(e) auf Seitenzahl anpassen«, können Sie die Zahl der Druckseiten im Drehfeld vorgeben. Dann skaliert Calc den Ausdruck so, dass dieser auf die angegebene Zahl an Seiten passt.

Standardmäßig druckt Calc die Zellinhalte (Werte) samt Zwischenbereiche mit leeren Zellen sowie Zeichen- oder Grafikobjekte. Gitterlinien, Spaltenköpfe etc. werden bei der Ausgabe unterdrückt. Die Gruppe *Drucken* ermöglicht Ihnen, über verschiedene Kontrollkästchen festzulegen, welche Tabellenelemente (Grafiken, Objekte etc.) vom Ausdruck auszunehmen oder gezielt einzubeziehen sind.

- Möchten Sie beispielsweise, dass die Gitterlinien der Tabellenstruktur im Ausdruck erscheinen, markieren Sie das Kontrollkästchen *Tabellengitter*.
- Mit der Option *Zeilen- & Spaltenköpfe* können Sie festlegen, ob auch die Spalten- und Zeilenköpfe mit ausgegeben werden.
- Haben Sie Notizen in die Tabelle eingetragen und sollen diese ebenfalls mit ausgedruckt werden, aktivieren Sie das Kontrollkästchen *Notizen*.
- Um die in den einzelnen Zellen eingetragenen Formeln auszudrucken, müssen Sie das Kontrollkästchen *Formeln* auf der Registerkarte *Tabelle* markieren.

Beachten Sie aber, dass die betreffenden Einstellungen für das Tabellendokument erhalten bleiben. Setzen Sie ggf. die Option zum Drucken von Formeln oder Spaltenköpfen nach Gebrauch zurück.

10.5.4 Den Inhalt der Kopf-/Fußzeile anpassen

Standardmäßig blendet Calc beim Ausdrucken den Tabellennamen und eine Seitennummer auf jedem Blatt als Kopf- und Fußzeile ein.

- Um die Kopf-/Fußzeile zu unterdrücken, rufen Sie den Menübefehl *Format/Seite* auf und löschen auf den zugehörigen Registerkarten *Kopfzeile* bzw. *Fußzeile* die Markierung der Kontrollkästchen *Kopfzeile einschalten* bzw. *Fußzeile einschalten*.
- Sind die Kontrollkästchen *Kopfzeile einschalten* bzw. *Fußzeile einschalten* markiert, um die Zeilen einzublenden? Die Inhalte der Kopf-/Fußzeilen müssen Sie auf getrennten Registerkarten festlegen, die Sie über den Menübefehl *Bearbeiten/Kopf- und Fußzeilen* aufrufen. Das Dialogfeld weist nur dann Registerkarten auf, wenn die betreffenden Elemente auch in der Seitenvorlage freigegeben wurden. Optional lässt sich der betreffende Dialog auch über die Schaltfläche *Bearbeiten* auf den Registerkarten *Kopfzeile/Fußzeile* öffnen.

Sobald Sie das Eigenschaftenfenster *Kopf- und Fußzeilen* geöffnet haben, lassen sich die beiden Registerkarten für die Gestaltung der Kopf- bzw. Fußzeile anwählen (Abbildung 10.13). Der Bereich der Kopf- und Fußzeilen ist dreigeteilt. Dies wird durch die drei Spalten auf den jeweiligen Registerkarten signalisiert.

- *Linker Bereich* nimmt die Texte auf, die linksbündig im betreffenden Bereich auszugeben sind.
- Der Inhalt in *Mittlerer Bereich* wird beim Ausdruck zwischen linkem und rechtem Blattrand zentriert.

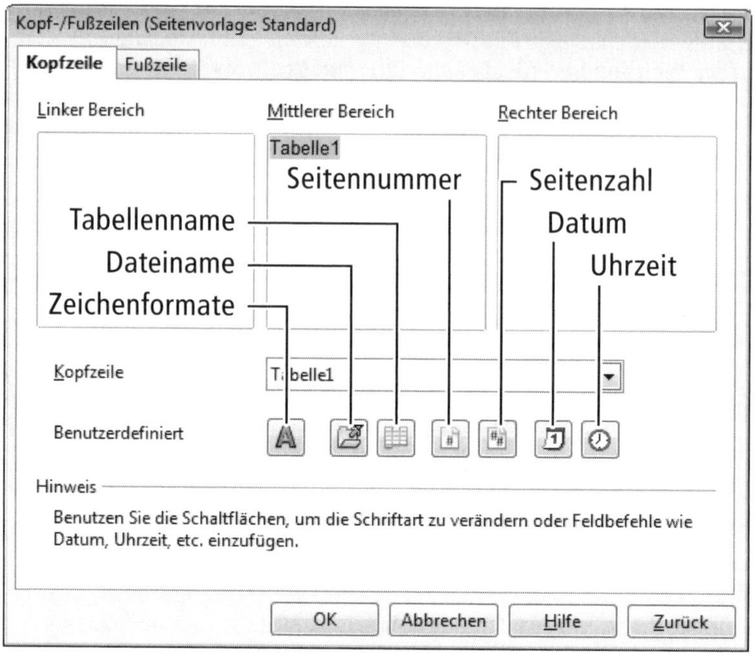

Abbildung 10.43: Registerkarten zur Gestaltung der Kopf-/Fußzeile

- Soll ein Text, eine Seitennummer etc. rechtsbündig auf der Seite erscheinen, ist er im Feld *Rechter Bereich* einzutragen.

Um die Inhalte der Kopf-/Fußzeilen anzupassen, gehen Sie folgendermaßen vor.

1. Klicken Sie auf eine der drei Spalten und fügen Sie über die am unteren Rand der Registerkarte sichtbaren Schaltflächen Felder in die betreffenden Spalte ein. In Abbildung 10.43 ist die Bedeutung der Schaltflächen durch Texte beschriftet. Sie können Datei- und Tabellennamen, Seitennummer sowie Uhrzeit und Datum einfügen.
2. Durch Drücken der [↵]-Taste lassen sich Zeilenumbrüche in den betreffenden Teil der Zeile einfügen. Dies ermöglicht Ihnen, ggf. mehrere Zeilen innerhalb der Zeile vorzugeben und mit Informationen zu füllen. Zudem können Sie auch statische Texte in die Felder eintippen.
3. Um einen Eintrag zu formatieren, markieren Sie das Feld oder den statischen Text per Maus, klicken auf die Schaltfläche zum Anpassen des Zeichenformats und setzen die Schriftart, das Zeichenformat (fett, kursiv, unterstrichen) sowie weitere Schrifteffekte auf den Registerkarten des eingeblendeten Eigenschaftenfensters.

Auf diese Weise können die Kopf-/Fußzeile des betreffenden Tabellendokuments für den Ausdruck angepasst werden. Die Eingaben auf der Registerkarte werden dabei mit dem Tabellendokument gespeichert.

TIPP

Achten Sie bei der Eingabe der Kopf-/Fußzeilen darauf, dass sich die einzelnen Bestandteile der jeweiligen Spalten beim Ausdruck nicht überlappen. Sie können die Inhalte der Kopf-/Fußzeile vor dem Ausdruck mittels der Seitenansicht überprüfen. Calc ermöglicht standardmäßig nur eine Kopf-/Fußzeile pro Tabellendokument. Legen Sie mehrere Seitenvorlagen an (siehe vorherige Abschnitte), lässt sich jedes Tabellenblatt mit einer eigenen Kopf-/Fußzeile versehen. Wenn Sie firmenspezifische Kopf-/Fußzeilen in Arbeitsblättern benötigen, können Sie diese in Mustervorlagen speichern und beim Anlegen neuer Tabellendokumente verwenden (siehe Kapitel 11, Abschnitt »Tabellenvorlagen verwenden und sichern«).

10.5.5 Druckbereiche verwalten

Standardmäßig werden in Calc immer die kompletten Tabellen ausgedruckt. Nur leere Bereiche am unteren bzw. rechten Rand oder komplett leere Tabelle werden unterdrückt. Möchten Sie einen Ausschnitt aus einer Tabelle drucken, lässt sich dieser markieren und dann über die Option *Auswahl* des Dialogfelds *Drucken* ausgeben. Bei häufigem Gebrauch empfiehlt es sich aber, mit Druckbereichen zu arbeiten.

1. Markieren Sie den in den Ausdruck einzubeziehenden Zellbereich.
2. Wählen Sie im Menü *Format* den Befehl *Druckbereiche* und im Untermenü klicken Sie auf *Festlegen*.

Wenn Sie anschließend den Ausdruck (z.B. über die *Drucken*-Schaltfläche) starten, wird nur der Inhalt des definierten Druckbereichs ausgegeben. Sie können dies auch in der Seitenansicht kontrollieren.

- Um einen anderen Druckbereich festzulegen, brauchen Sie lediglich die obigen Befehle erneut auszuführen.
- Soll ein weiterer Druckbereich mit aufgenommen werden, markieren Sie diesen und wählen im Menü *Format* den Befehl *Druckbereiche* und klicken im Untermenü auf *Hinzufügen*.
- Zum Aufheben eines Druckbereichs wählen Sie im Menü *Format* den Befehl *Druckbereiche* und dann im Untermenü *Aufheben* an.

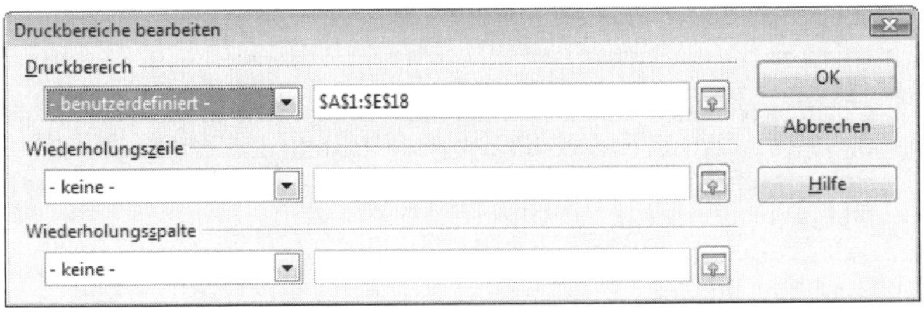

Abbildung 10.44: Druckbereiche bearbeiten

Über den Befehl *Bearbeiten* im Untermenü des Befehls *Format/Druckbereiche* lässt sich das in Abbildung 10.44 gezeigte Dialogfeld öffnen. Über Listenfelder können Sie den Druckbereich auf die aktuelle Selektion beziehen, ausblenden und mit Wiederholungszeilen für jeden Bereich versehen. Klicken Sie ggf. auf das Listenfeld und wählen den Wert »- benutzerdefiniert -«, um die Wiederholungszeile zuzulassen. Dann lässt sich die Zeile z.B. als »$5« im rechts daneben befindlichen Feld hinterlegen. Oder Sie klicken auf die *Verkleinern*-Schaltfläche des Dialogfelds, markieren dann die gewünschte Wiederholungszeile und setzen das Dialogfeld über die gleiche Schaltfläche auf die vorherige Größe zurück.

INFO

Die $-Zeichen in den Ausdrücken stellen absolute Zellreferenzen dar, die verhindern, dass Calc die Verweise beim Kopieren/Verschieben von Zellen anpasst (siehe Kapitel 11, Abschnitt »Adressbezüge in Formeln«).

10.5.6 Seitenumbrüche einfügen/entfernen

Bei umfangreichen Tabellen ist es häufig so, dass die automatische Aufteilung der Zellinhalte auf Druckseiten nicht optimal ist. Meist lässt sich die Tabelle durch manuelle Seitenumbrüche besser für den Ausdruck strukturieren.

1. Klicken Sie auf die Zelle, an der ein Umbruch auf die neue Seite erfolgen soll.
2. Wählen Sie im Menü *Einfügen* den Befehl *Manueller Umbruch* und dann im Untermenü *Zeilenumbruch* oder *Spaltenumbruch.*

Der Befehl *Zeilenumbruch* fügt einen Seitenwechsel am oberen Rand der betreffenden Zeile in der Tabelle ein. Beim Befehl *Spaltenumbruch* wird eine vertikale Teilung am linken Spaltenrand der aktuellen Zelle vorgenommen. Diese Umbrüche werden durch blaue Linien in stilisierter Form angezeigt (Abbildung 10.45).

Abbildung 10.45: Tabellenausschnitt mit eingeblendeten Umbrüchen

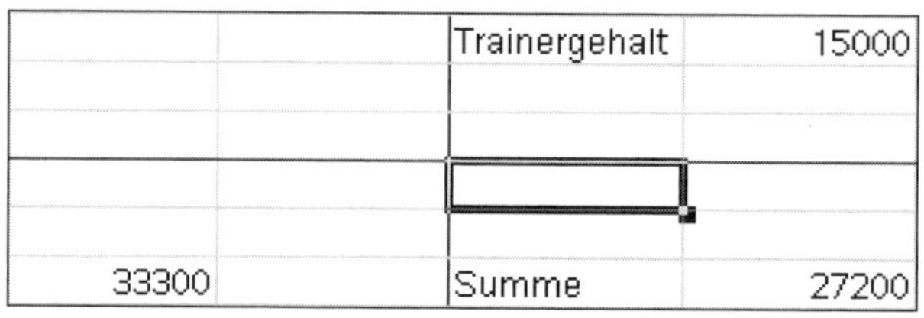

1. Möchten Sie solche manuell eingefügten Umbrüche aufheben, klicken Sie auf die Zelle unterhalb oder rechts neben der betreffenden Umbruchlinie.
2. Öffnen Sie das Menü *Bearbeiten* und wählen Sie den Befehl *Manuellen Umbruch löschen.*
3. Klicken Sie dann im Untermenü auf den freigegebenen Eintrag *Zeilenumbruch* bzw. *Spaltenumbruch.*

Sind die Befehle im Untermenü gesperrt, haben Sie keine Zelle mit einem Umbruch markiert.

10.5.7 So kontrollieren Sie die Seitenumbrüche

Zur Kontrolle der Auswirkungen der manuell oder automatisch eingefügten Seitenwechsel benötigen Sie keinen Ausdruck. Rufen Sie den Menübefehl *Ansicht/ Seitenumbruch-Vorschau* auf, wechselt Calc zu der in Abbildung 10.46 gezeigten Darstellung.

	A	B	C	D	E
1	Tennisverein Rot-Weiß v. 1822 Wiesbaden				
2					
3		Jahresabrechnung 2008			
4					
5	Einnahmen			Ausgaben	
6	Mitgliedsbeiträge	30.000,00 €		Büromiete	6.000,00 €
7	Spenden	1.000,00 €		Nebenkosten	4.000,00 €
8	Zinsen	300,00 €		Büromaterial	300,00 €
9	Zuschüsse	2.000,00 €		Porto	600,00 €
10				Telefon	1.300,00 €
11				Trainergehalt	15.000,00 €
12					
13					
14					
15					
16	Summe	33.300,00 €			27.200,00 €
17					
18	Einnahmen-Ausgaben	6.100,00 €			

Abbildung 10.46: Seitenumbruch-Vorschau

Die Ansicht des Tabellenblatts wird etwas verkleinert, kann aber über den Menübefehl *Ansicht/Maßstab* angepasst werden. Die Seitenwechsel werden durch dicke blaue Linien hervorgehoben und jedes Feld weist im Hintergrund ein Wasserzeichen mit einer Seitennummer auf. Die außerhalb des Druckbereichs liegenden Teile der Tabelle werden grau angezeigt. Sind Druckbereiche konfiguriert, werden diese in der Seitenumbruch-Vorschau sichtbar. Durch Anwahl des Befehls *Normal* im Menü *Ansicht* gelangen Sie zur normalen Tabellenblattdarstellung zurück.

10.5.8 Seitenansicht zur Druckvorschau verwenden

Zur Vermeidung von Fehldrucken empfiehlt es sich, das Seitenlayout vorher über die Seitenansicht zu kontrollieren. Hierzu wählen Sie im Menü *Datei* den Befehl *Seitenansicht*. Calc schaltet daraufhin die Darstellung des Dokumentfensters zur Seitenansicht um. Das Tabellendokument wird so dargestellt, wie es auch auf dem Drucker erscheint (Abbildung 10.47). Die aktuelle Seitennummer des Dokuments erscheint dabei in der Statusleiste am unteren Rand. Über die einzelnen Schaltflächen am oberen Fensterrand lassen sich zusätzliche Funktionen aufrufen.

- Die Schaltflächen *Vorherige Seite/Nächste Seite* sowie *Erste Seite/Letzte Seite* ermöglichen ein Blättern zwischen mehreren Seiten innerhalb der Vorschau. Diese Schaltflächen werden nur freigegeben, wenn die Tabelle mehr als eine Seite umfasst (und wenn die Zoomfunktion nicht eingeschaltet ist).

Abbildung 10.47: Tabellendarstellung in der Seitenansicht

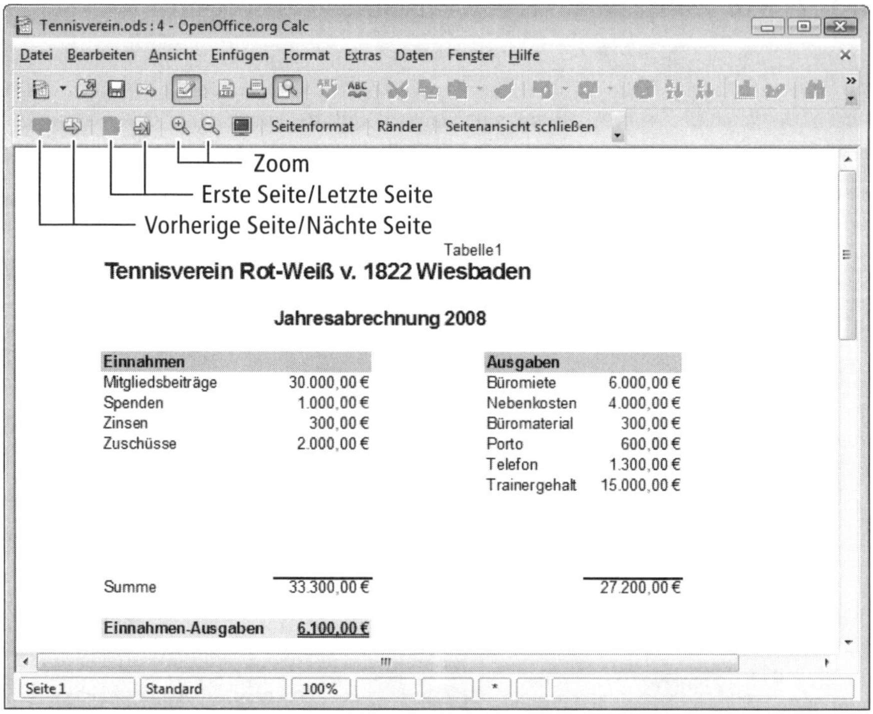

- Die beiden Zoom-Schaltflächen mit den Lupensymbolen ermöglichen, die Darstellung im Fenster schrittweise zu vergrößern bzw. zu reduzieren. Über die rechts daneben befindliche Schaltfläche lässt sich eine Vollbilddarstellung abrufen – die sich über eine eingeblendete Schaltfläche wieder beenden lässt.
- Über die Schaltfläche *Seitenformat* lässt sich das Eigenschaftenfenster mit den Einstellungen des Seitenformats (Abbildung 10.40) abrufen. Auf den Registerkarten können Sie die Seitenränder, die Kopf-/Fußzeilen, die Umrandung und weitere Eigenschaften der Seite wählen.

Über die Schaltfläche *Seitenansicht schließen* schalten Sie zur normalen Tabellenanzeige zurück.

10.6 Tabellen gemeinsam nutzen

Dokumente, die im Netzwerk freigegeben sind, können in der Regel nur durch einen Benutzer schreibend geöffnet werden. Sobald ein Benutzer ein Dokument lädt, können Dritte lediglich lesend auf die betreffende Datei zugreifen. Eine Neuerung in OpenOffice.org ist die Möglichkeit, Calc-Tabellen in einem Netzwerk mit mehreren Anwendern gemeinsam zu verwenden. Die folgenden Abschnitte skizzieren, wie sich der Ansatz verwenden lässt.

10.6.1 Tabelle für die Zusammenarbeit freigeben

Liegt ein Calc-Dokument auf einem Datenträger, der in einem Netzwerk von mehreren Anwendern gemeinsam genutzt werden kann? Um eine Tabelle zur gemeinsamen Nutzung im Netzwerk freizugeben, gehen Sie in folgenden Schritten vor.

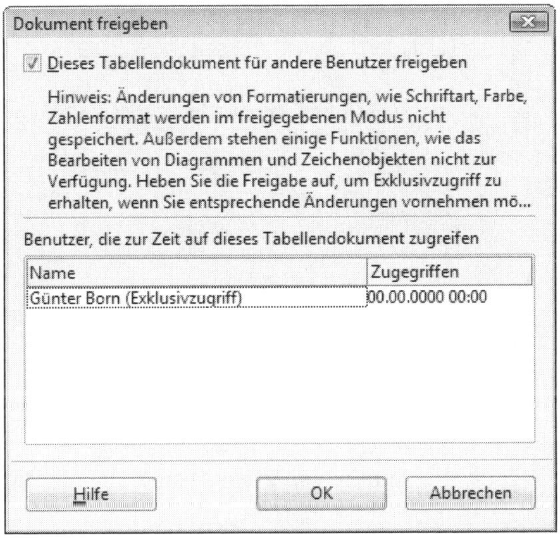

Abbildung 10.48: Tabelle freigeben

1. Öffnen Sie das Tabellendokument (z.B. über die Schaltfläche *Öffnen* oder den gleichnamigen Befehl im Menü *Datei*). Mit diesem Schritt können Dritte nur noch lesend auf die Datei zugreifen.
2. Rufen Sie den Menübefehl *Extras/Dokument freigeben* auf. Der geöffnete gleichnamige Dialog listet dann Ihren Benutzernamen als den exklusiven Besitzer des Dokuments auf (Abbildung 10.48).
3. Markieren Sie im gleichnamigen Dialogfeld das Kontrollkästchen *Dieses Tabellendokument für andere Benutzer freigeben* (Abbildung 10.48).
4. Schließen Sie den Dialog über die *OK*-Schaltfläche und bestätigen Sie den zweiten angezeigten Dialog, dass das Dokument zur Freigabe gespeichert werden muss.

Mit diesen Schritten ist das Tabellendokument so vorbereitet, dass Dritte damit arbeiten können.

10.6.2 Zugriff auf geöffnete Tabellen

Ist ein Tabellendokument bereits durch einen Benutzer geöffnet, befindet sich eine Datei .~*sharing.<nam>.ods#* im betreffenden Ordner. In dieser Datei werden die Zugriffsberechtigungen verwaltet. Wurde die geöffnete Datei vom Benutzer nicht freigegeben, erhält jeder Anwender beim Öffnen das in Abbildung 10.49, oben, dargestellte Meldungsfeld angezeigt. Das Dokument lässt sich schreibgeschützt oder als Kopie öffnen. Änderungen am Originaldokument sind jedenfalls nicht möglich.

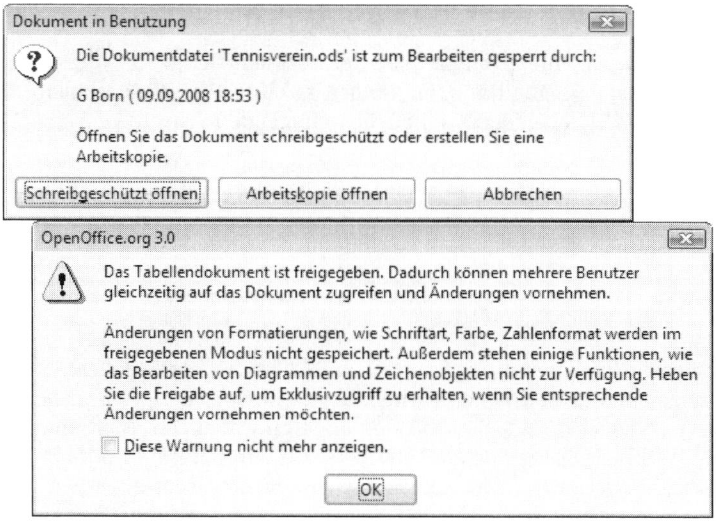

Abbildung 10.49: Dialoge beim Zugriff auf geöffnete Tabellen

Hat der Besitzer der Dokumentdatei diese zur gemeinsamen Benutzung freigegeben, erscheint der in Abbildung 10.49, unten, gezeigte Dialog. Sie erhalten den Hinweis, dass einzelne Funktionen gesperrt sind und Formatierungsänderungen nicht gespeichert werden.

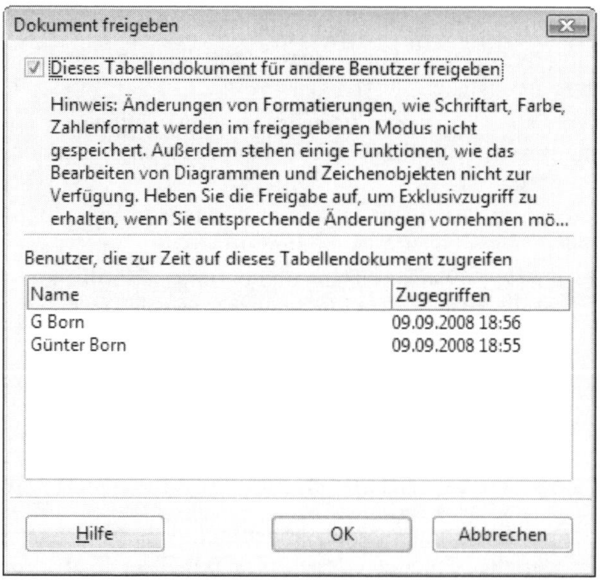

Abbildung 10.50: Benutzerliste mit Zugriff auf die freigegebene Tabelle

Ob ein Dokument freigegeben ist, lässt sich sofort am entsprechenden Hinweis in der Titelleiste des Dokuments erkennen. Wählt ein Benutzer im Menü Extras *den Befehl* Dokument freigeben, *zeigt der gleichnamige Dialog zudem eine Liste aller Benutzer an, die momentan das Dokument geöffnet haben (Abbildung 10.50). Theoretisch kann jeder der Benutzer die Option zur Freigabe zurückziehen (die Markierung des Kontrollkästchens aufheben). Allerdings entzieht dies den anderen Benutzern die Möglichkeit zum Schreiben von Änderungen in der Tabelle. Zudem kam es bei mir im Netzwerk zu Abstürzen, wenn die Freigabe durch andere Benutzer aufgehoben wurde.*

10.6.3 Auflösen von Konflikten

Befindet sich die Tabelle im gemeinsamen Zugriff durch verschiedene Benutzer, können diese Änderungen an den Zellwerten vornehmen. Beim Speichern (z.B. über die *Speichern*-Schaltfläche) gleicht Calc dies mit den anderen Clients ab. Die Benutzer dieser Calc-Versionen erhalten dann einen Hinweis, dass Zellwerte durch Dritte überschrieben wurden (Abbildung 10.51). Kann der Wert nicht geschrieben werden, erscheint beim Speichern der in Abbildung 10.51, unten, gezeigte Dialog. Zeigen Sie auf eine Tabelle, deren Wert durch andere Benutzer verändert wurde, meldet Calc dies in einem Kommentar.

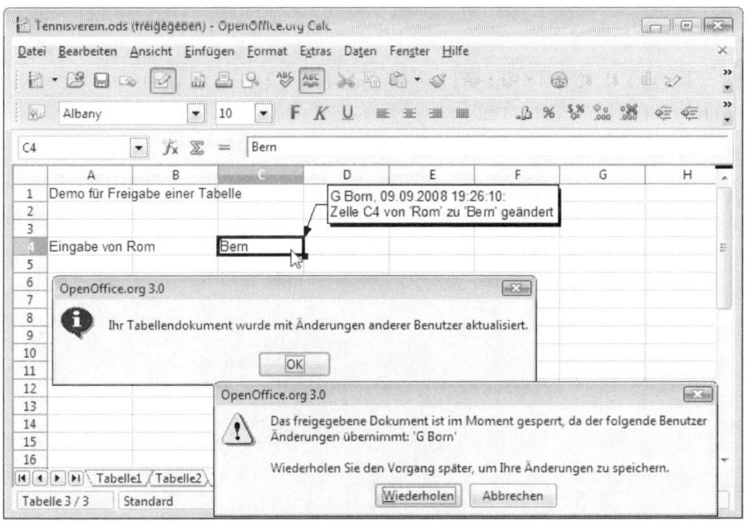

Abbildung 10.51: Dialoge beim Ändern von Zellwerten

Die Funktion zum Freigeben einer Tabelle im Netzwerk arbeitete bei meinen Tests nicht sonderlich zuverlässig. Häufig war die Datei durch Schreibvorgänge anderer Benutzer blockiert und auch die Anzeige von Änderungen durch Dritte erfolgte nicht immer zuverlässig. Der in der Hilfe beschriebene Dialog zum Auflösen von Konflikten tauchte nicht auf, Änderungen an der gleichen Zelle wurden einfach sequenziell nacheinandergeschrieben.

11 Berechnungen, Funktionen und mehr

Dieses Kapitel vermittelt die Feinheiten zum Eingeben von Zellwerten und erläutert, wie Zellinhalte angezeigt werden. Zudem lernen Sie das Arbeiten mit Namen in Calc, den Umgang mit Funktionen, die Techniken zur Fehlersuche, den Umgang mit fortgeschrittenen Techniken zur Zellformatierung und mehr kennen.

11.1 Zelleingaben und -anzeige

Der folgende Abschnitt befasst sich etwas detaillierter mit Fragen zur Eingabe spezieller Werte in Tabellenzellen und geht auch auf Fragen zur Anzeige der Zellinhalte ein.

11.1.1 Anmerkungen zur Zahleneingabe in Zellen

In *Kapitel 10* wurde die Eingabe von Zellwerten kurz besprochen. Zahlen lassen sich direkt in die aktive Zelle eintippen. Sie können zudem spezielle Konstanten (Datum, Zeit, Brüche, wissenschaftliche Zahlen etc.) in einer Zelle hinterlegen. Abbildung 11.1 zeigt verschiedene Varianten bei der Eingabe und die sich daraus resultierenden Probleme.

Bei numerischen Eingaben (Zahleneingaben) dürfen Sie nur die Ziffern 0 bis 9 sowie die Sonderzeichen »+ - ( ) , . / % E e« sowie eine Währungsangabe (€) benutzen. Ein positives Vorzeichen (+) einer Zahl muss nicht mit angegeben werden. Bei negativen Werten können Sie wahlweise das Minuszeichen (z.B. –20,33) oder runde Klammern (z.B. »(20,33)«) zum Setzen des Vorzeichens verwenden.

INFO

Die Zellanzeige verwendet standardmäßig ein Minuszeichen zur Darstellung negativer Zahlen (also auch negative Werte mit Klammern können eingegeben werden). Sie können das Darstellungsformat aber nach eigenen Wünschen anpassen (siehe folgende Abschnitte).

HALT

Bei der Verwendung von Kommazahlen ist in der deutschen Ländereinstellung immer ein Komma als Dezimaltrennzeichen zu verwenden. Benutzen Sie irrtümlich einen Punkt bei der Eingabe, wandelt Calc die Eingabe in eine Zeichenkette um (Excel betrachtet solche Eingaben dagegen als Datumswerte!). Falls Sie einen Punkt als Tausendertrennstelle mit eingeben, müssen Sie die Dezimalstellen mit einem Komma abtrennen (z.B. 1.200,33). Die Tausendertrennstelle wird aber bei der Darstellung im Standardformat unterdrückt – nur wenn Sie das betreffende Zellformat zuweisen, erscheint der Punkt.

Abbildung 11.1: Beispiele für Zahleneingaben

3	**Eingabe von Zellwerten**		
4		**Standard**	**Modifiziert**
5	Negative Zahlen -20,3	-20,30	
6	Negative Zahlen (20,22)	-20,22	(20,2)
7			
8	Prozent 30%	30,00%	
9	Exponent 10E3	1,00E+004	
10			
11	Bruch 1 ½	1 ½	1 1/2
12	Bruch 1/2 als 0 1/2 eing.	1/2	
13			
14	Euroeingabe	20,00 €	
15	Zahl mit Punkt	13.20	
16	Zahl 1.233,03	1233,03	
17			
18	Währungsbeträge	20,00 €	
19		20,00 Eur	
20		20,00 Euro	
21	Mit Währungsformat $	$20,00	
22			
23	Wissenschaftlich 10 E3	1,00E+004	
24	Wissenschaftlich 33 -e3	33,00E-04	
25			
26			
27	Datum 22.11.2008	22.11.08	
28	Datum 22-11-2008	22.11.08	
29	Datum 22/11/2008	22.11.08	
30	Datum 2008-11-22	2008-11-22	
31			
32	Zeit 13:14	13:14:00	
33	Zeit 13:14:15	13:14:15	
34	Zeit 1:16pm als 13.16 eing.	01:13 nachm.	
35			
36	Zahl als Text	13,23	
37			
38	Aktuelles Datum & Zeit	10.07.08 08:52	

Achten Sie bei Währungsbeträgen darauf, das Eurozeichen in der Form € einzugeben. Die Angaben »Eur« oder »Euro« werden nicht als Währungskennzeichen erkannt, Calc zeigt den Zellwert als Text an. Um Fremdwährungen anzuzeigen, müssen Sie das Währungsformat auf die betreffende Währungsangabe umstellen (Menübefehl *Format/Zelle* aufrufen und auf der Registerkarte *Zahl* den Wert des Listenfelds *Format* auf die richtige Landeswährung setzen).

TIPP

Verfügen Sie noch über ältere Tabellendokumente, die Werte in DM enthalten? Dann können Sie diese Dokumente automatisch in Eurobeträge konvertieren lassen. Wählen Sie im Menü Datei *den Befehl* Assistenten *und im Untermenü* Euro-Konverter. *Das angezeigte Dialogfeld bietet Ihnen Optionen an, um einzelne Tabellendokumente oder komplette Verzeichnisse einzulesen und die enthaltenen Daten von der Ausgangswährung in Eurobeträge umstellen zu lassen.*

Hängen Sie ein Prozentzeichen an eine Zahl an, wird der Zelle das Prozentformat zugewiesen und das %-Zeichen erscheint hinter dem Wert. Beziehen Sie einen solchen Zellwert in Berechnungen ein, verwendet Calc intern eine durch 100 dividierte Zahl.

Benötigen Sie eine wissenschaftliche Darstellung mit Mantisse und Exponenten (bei sehr großen bzw. kleinen Zahlen erforderlich)? Dann geben Sie die Mantisse in der gewohnten Weise ein und hängen den Exponenten über den Buchstaben E (oder e) an (z.B. 10E3). Sie können dabei sowohl für den Exponenten als auch für die Mantisse Vorzeichen verwenden. Die Vorzeichen werden direkt vor den Ziffern angegeben (-10 e–3). Beachten Sie aber, dass Calc die Anzeige von Zellen mit wissenschaftlicher Zahlendarstellung standardmäßig normalisiert. Dies bedeutet, die Mantisse besitzt nur eine Stelle vor dem Komma (aus 10 E3 wird dann in der Anzeige 1,00E + 004). Die Zahl der Stellen in der Mantisse sowie im Exponenten lässt sich aber über das Zellformat einstellen (d.h., es ist eine Normalisierung auf n Vorkommastellen und m Mantissenstellen möglich).

Calc unterstützt zudem die Eingabe und Anzeige von Zahlen als Dezimalbrüchen. Die Eingabe erfolgt, indem Sie ganze Zahlen gefolgt von einem durch ein Leerzeichen abgesetzten Bruch (z.B. 5 1/4) eintippen. Standardmäßig wird die AutoKorrektur aber Brüche wie 1/2 und 1/4 in die entsprechenden Sonderzeichen umsetzen. Daher müssen Sie zuerst diese AutoKorrektur unterbinden. Hierzu rufen Sie den Menübefehl *Extras/AutoKorrektur* auf und löschen auf der Registerkarte *Optionen* die Markierung des Kontrollkästchens *1/2… durch ½ … ersetzen* (Abbildung 11.2). Dann lassen sich zumindest unechte Brüche der Art »1 1/2« eintippen und diese werden korrekt erkannt. Möchten Sie aber einen echten Bruch (zum Beispiel »1/2«) eingeben, müssen Sie diesen in einen unechten Bruch verwandeln. Stellen Sie einfach die Ziffer 0 und ein Leerzeichen vor den Bruch (z.B. »0 1/2«). Verwenden Sie dagegen die Eingabe »1/2«, wandelt Calc dies in den Datumswert »1. Februar« um.

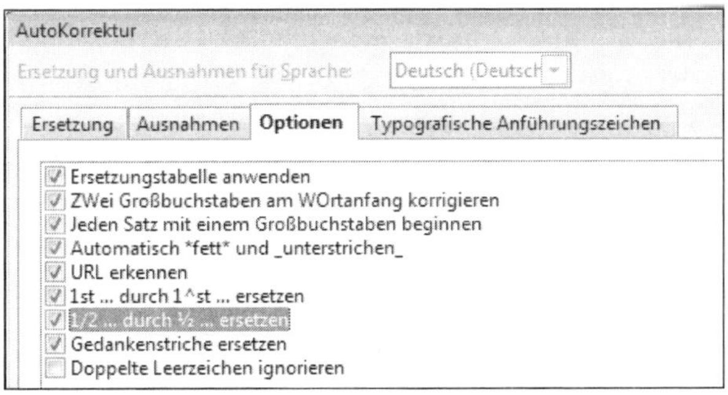

Abbildung 11.2: Aufheben der AutoKorrektur für Bruchzahlen

Datums- und Zeitwerte sind in der in Deutschland gebräuchlichen Form einzugeben. Die Angabe »22.11.2008« wird als Datumswert erkannt. Sie dürfen aber auch den Schrägstrich oder den Bindestrich zum Trennen der Datumsangaben benutzen (z.B. »22/11/2008« oder »22-11-2008« oder »2008-11-22«). Zeitangaben sind mit einem Doppelpunkt zwischen Stunden, Minuten und Sekunden zu trennen. Verwenden Sie dabei 24-Stunden-Zeitangaben, da Anhängsel wie »PM« von Calc nicht erkannt werden.

TIPP

Um die Fehlinterpretationen der in Datumsangaben benutzbaren Schräg- oder Bindestriche als arithmetische Operatoren als Teil einer Formel zu vermeiden, setzen Sie den eingegebenen Datumswert in Anführungszeichen (z.B. »20/11/2008«). Die aktuelle Zeit und das aktuelle Datum lassen sich mit der internen Funktion » = Jetzt()« in eine Zelle einfügen. Passen Sie dann das Zellformat an, um nur das Datum oder nur die Zeit anzuzeigen.

Calc verwendet intern zur Datumsdarstellung numerische Werte, die auf ein Startdatum bezogen werden. Über den Menübefehl Extras/Optionen *lässt sich über den Zweig* OpenOffice.org Calc/Berechnen *ein Dialogfeld aufrufen, in dem Optionsfelder für den Datumsbeginn (z.B. 30.12.1899) wählbar sind. Dies ist wichtig bei Rechenoperationen mit Datumswerten.*

Alle Eingaben werden durch Calc analysiert und automatisch einem der Standardanzeigeformate (Zahl, Text, Datum etc.) zugeordnet. Möchten Sie eine Zahl als Text in eine Zelle eintragen, müssen Sie ihr ein Hochkomma voranstellen (z.B. »'12,34«).

Weicht die Anzeige eines Zellinhalts von der Eingabe ab, liegt dies in der Regel am Zellformat, welches die Darstellung erzwingt. Weisen Sie in diesen Fällen ein passendes Zellformat zu (siehe *Kapitel 11*, Abschnitt »Fortgeschrittene Techniken zur Zellformatierung«). Für Umsteiger von Microsoft Excel noch eine gute Nachricht: Calc erkennt bei Eingaben von Werten unter Umständen den Wechsel des Datentyps und passt das Format entsprechend an. Wenn Sie also eine Datumszelle mit einer Dezimalzahl überschreiben, erscheint auch diese Dezimalzahl (in Excel wird die Dezimalzahl in die Datumsdarstellung konvertiert, was zu netten Überraschungen führen kann).

Rechnen mit Datums- und Zeitwerten

Calc bildet Zeit- und Datumswerte intern auf sogenannte serialisierte Zahlen ab. Dies ermöglicht Ihnen, direkte Berechnungen wie Zeit- oder Datumsdifferenzen aus diesen Werten vorzunehmen.

Serialisierte Zahlen geben die Zahl der Tage ab einem Anfangsdatum an. Dieser Bezugszeitpunkt lässt sich in Calc vorgeben. Rufen Sie hierzu im Calc-Fenster den Menübefehl Extras/Optionen *auf und klicken Sie im Dialogfeld auf den Zweig* OpenOffice.org Calc/Berechnen. *Über die Optionsfelder der Gruppe* Datum *geben Sie den Bezugszeitpunkt vor. Standardmäßig bezieht Calc die Datumsberechnung auf den 30.12.1899. Der Startwert 01.01.1904 stellt die Kompatibilität mit dem Excel-1904-Startdatum (Start der Zeitrechnung am 1. Januar 1904) her. Dieses Startdatum wird von Microsoft Excel auf Macintosh-Rechnern verwendet. Unter Windows bezieht Microsoft Excel die Datumswerte standardmäßig auf den 1.1.1900 (0:00 Uhr). Gleiches gilt für StarCalc 1.0.*

Um Datumsdifferenzen zu bilden, können Sie die betreffenden Zellen mit den Datumswerten einfach subtrahieren (jüngster Datumswert – älterer Datumswert). Dies wurde in Abbildung 11.3 in Zelle C11 genutzt, wo die Differenz der beiden in den Zellen A11 und B11 enthaltenen Datumswerte mit » = A11-B11« berechnet wird. Die Ergebniszelle C11 zeigt die Differenz in Tagen an.

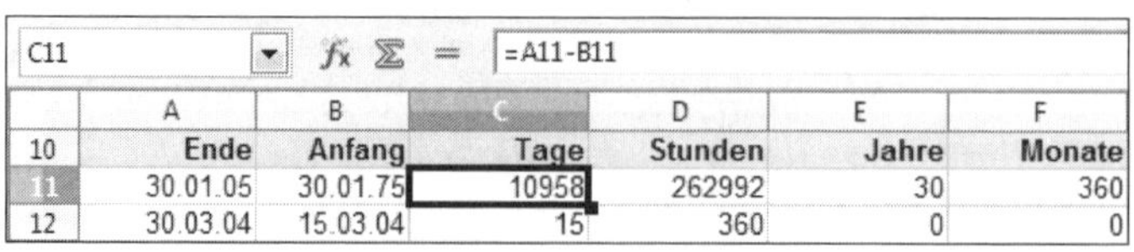

Abbildung 11.3: Rechnen mit Datumswerten

Um die Datumsdifferenz in Stunden zu erhalten, muss das Ergebnis der Subtraktion mit 24 multipliziert werden (»=(A11-B11)*24«). Die Differenz in Jahren aus der Zelle C11 aus Abbildung 11.3 lässt sich mit der Formel »=C11/365« berechnen. Die Differenz in Monaten bestimmen Sie über die Formel »=C11/365*12«.

Auf die gleiche Art lässt sich mit Zeitwerten rechnen. Das Ergebnis in Zelle C3 (Abbildung 11.4) wird über die Formel »=A3–B3« bestimmt. Da dann das Ergebnis »01:59:00« angezeigt würde, muss noch das Zellformat bestimmt werden. Dies erfolgt im Menü *Format* über den Befehl *Zellen*. Auf der Registerkarte *Zahlen* lassen sich die Kategorie »Zeit« und das Format »13:37« wählen. Dann wird die Zeitdifferenz in Stunden und Minuten angezeigt, die Sekunden werden ausgeblendet. Die in Abbildung 11.4 in Zelle D3 in Minuten angezeigte Zeitdifferenz muss über eine erweiterte Formel berechnet werden. Die Formel »=STUNDE(A3–B3) * 60 + MINUTE(A3–B3)« wendet die beiden Calc-Funktionen STUNDE und MINUTE an. Die Funktion STUNDE liefert den Anteil an Stunden am Zeitwert, während die Funktion MINUTE den Minutenanteil zurückgibt. Der Stundenwert wird mit 60 multipliziert und dann zum Minutenwert hinzugefügt. Der so berechnete Minutenwert wird über das Zellformat »Standard« als Ganzzahl dargestellt.

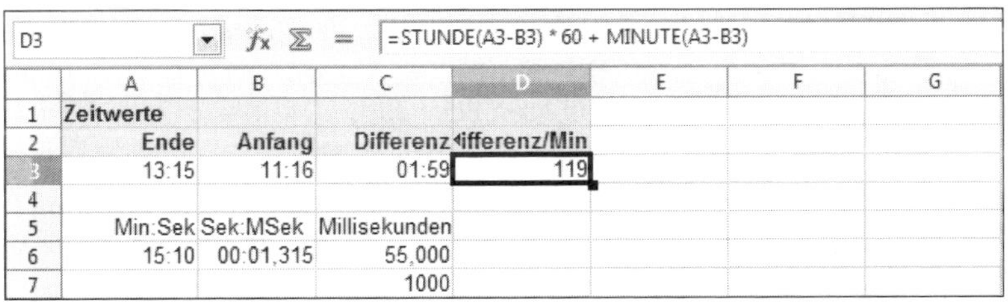

D3 =STUNDE(A3-B3) * 60 + MINUTE(A3-B3)

	A	B	C	D	E	F	G
1	Zeitwerte						
2	Ende	Anfang	Differenz	ifferenz/Min			
3	13:15	11:16	01:59	119			
4							
5	Min:Sek	Sek:MSek	Millisekunden				
6	15:10	00:01,315	55,000				
7			1000				

Abbildung 11.4: Rechnen mit Zeitwerten

Abbildung 11.4 zeigt in den Zellen A6 und B6 zudem noch, wie sich Zeitwerte auf Minuten und Sekunden oder als Stunden, Minuten, Sekunden und Millisekunden darstellen lassen. Um Zeitwerte mit Minuten und Sekunden anzuzeigen, muss der Zelle das Zeitformat »MM:SS« zugewiesen werden. Sie können dieses Format vorgeben, indem Sie im Menü *Format* den Befehl *Zelle* wählen, dann auf der Registerkarte *Zahlen* die Kategorie »Zeit« eingeben und in das Feld *Format-Code* den Wert »MM:SS« eingeben. Bei der Eingabe muss die Zeitangabe in der Form »00:15:10« erfolgen, da Calc sonst die Zeit als 15 Uhr und 10 Minuten interpretieren würde. Um in Zeitangaben auch Millisekunden zu berücksichtigen, wird der Zelle der Format-Code »MM:SS,000« zugewiesen.

INFO

Achten Sie beim Zuweisen der Format-Codes darauf, dass die Angabe »mm« nicht allein steht. Calc interpretiert die Buchstaben »mm« als Monatsformat und schaltet zu den Datumsformaten um. Geben Sie notfalls einen Format-Code der Art »[HH]:MM« ein. Der Doppelpunkt und die bedingte Formatangabe für den Stundenwert signalisieren Calc, dass es sich um ein Zeitformat handelt. Sie finden das Beispiel im Ordner Kap11 *des Beispielarchivs in der Datei* Zeit_Datum_Rechnung.ods.

11.1.2 Arbeiten mit Zellnotizen

Calc bietet Ihnen die Möglichkeit, den Zellen einer Tabelle Kommentare in Form von Notizen zuzuordnen. Dies ermöglicht Ihnen beispielsweise, Hinweise und Erläuterungen zu komplexeren Rechenschritten im Dokument zu hinterlegen.

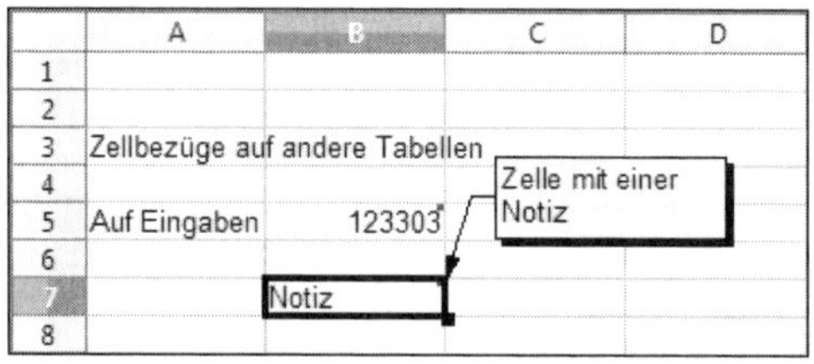

Abbildung 11.5: Notiz eingeben

1. Um eine solche Notiz in eine Zelle einzufügen, klicken Sie auf die Zelle und rufen den Menübefehl *Einfügen/Notiz* auf.
2. Anschließend tippen Sie den gewünschten Kommentartext in das angezeigte gelbe Fenster ein (Abbildung 11.5).

Ist die Eingabe fertig, reicht ein Mausklick auf eine andere Zelle, um die Eingabe abzuschließen. Zellen, die Notizen enthalten, werden in der Tabelle mit einem kleinen roten Punkt in der rechten oberen Ecke dargestellt (siehe Zelle B7 in Abbildung 11.5). Um Notizen abzurufen, haben Sie zwei Möglichkeiten.

- Zeigen Sie auf den roten Punkt in einer Zelle, blendet Calc den Inhalt der Notiz als QuickInfo ein. Bewegen Sie die Maus zu einer anderen Position, verschwindet die QuickInfo wieder.
- Markieren Sie eine Zelle mit einer Notiz per Mausklick und öffnen Sie das Kontextmenü über die rechte Maustaste, lässt sich der Befehl *Notiz anzeigen* wählen. Calc blendet die Notiz permanent im Tabellenblatt ein. Abschalten lässt sich die Anzeige, indem Sie den Kontextmenübefehl *Notiz anzeigen* erneut anwählen.

Soll eine Notiz nachträglich korrigiert werden, blenden Sie diese über den Kontextmenübefehl *Notiz anzeigen* ein, klicken auf das QuickInfo-Fenster und korrigieren den Text. Dann ist die Notiz durch erneute Anwahl des Kontextmenübefehls wieder auszublenden.

Kopieren Sie eine Zelle mit einer Notiz über die Zwischenablage in einen anderen Zellbereich, wird auch die Notiz mit übernommen. Möchten Sie dies unterbinden, müssen Sie den Inhalt der Zwischenablage über den Befehl *Inhalte einfügen* des Menüs *Bearbeiten* übernehmen. Im dann angezeigten Dialogfeld lässt sich festlegen, welche Zellinhalte aus der Zwischenablage zu übernehmen sind (siehe auch *Kapitel 10*, Abschnitt »Inhalte einfügen in Calc«).

Zum Löschen einer Notiz reicht es, die zugehörige Zelle zu markieren und dann die [Entf]-Taste zu drücken. Calc zeigt ein Dialogfeld mit Optionen zur Auswahl der zu entfernenden Elemente an. Löschen Sie die Markierung des Kontrollkästchens *Alles löschen* und setzen Sie als Einziges die Markierung des Kontrollkästchens *Notizen* im Dialogfeld. Oder Sie klicken die Zelle mit der Notiz mit der rechten Maustaste an und wählen den Kontextmenübefehl *Notiz löschen*.

TIPP

Sollen Notizen gedruckt werden, wählen Sie im Menü Format *den Befehl* Seite. *Anschließend können Sie auf der Registerkarte* Tabelle *das Kontrollkästchen* Notizen *aktivieren (siehe Kapitel 10, Abschnitt »Seitenformat über Seitenvorlagen einstellen«).*

11.1.3 Zelleingaben mit Gültigkeitskriterien begrenzen

Müssen Sie bei der Eingabe von Werten in Tabellenzellen sicherstellen, dass diese in gültigen Bereichen liegen oder vom richtigen Datentyp sind? Dann können Sie auf die Möglichkeit zum Festlegen von Gültigkeitskriterien zurückgreifen. Calc kann dem Benutzer einen Hinweis auf die zulässigen Eingabewerte liefern und ungültige Eingaben über ein Dialogfeld abweisen (Abbildung 11.6).

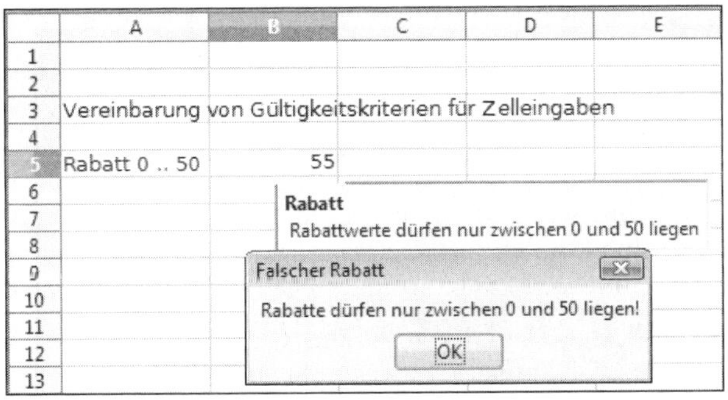

Abbildung 11.6: Meldungen bei Zellen mit Gültigkeitskriterien

Um Zellen mit Gültigkeitskriterien für Eingabewerte zu definieren, gehen Sie in folgenden Schritten vor.

1. Markieren Sie die gewünschte Zelle mit einem Mausklick und wählen Sie dann den Befehl *Gültigkeit* im Menü *Daten*.
2. In das Dialogfeld *Gültigkeit* (Abbildung 11.7) können Sie anschließend die Gültigkeitskriterien sowie die Meldungsdaten eintragen.

Bezüglich der Kriterien auf den einzelnen Registerkarten des Dialogfelds *Gültigkeit* gilt Folgendes:

- Auf der Registerkarte *Kriterien* lassen sich die zulässigen Datentypen über das Listenfeld *Zulassen* festlegen (Abbildung 11.7, unten). Standardmäßig ist das Kriterium auf »Jeden Wert« eingestellt, d.h., der Benutzer kann beliebige Eingaben tätigen. Setzen Sie zuerst den Wert auf ganze Zahlen, Dezimalzahlen, Datums- und Zeitangaben oder Texte, um die Wertemenge einzugrenzen. Um Zahlen in einem Bereich zu begrenzen, wählen Sie den Eintrag »Dezimal«. Dann stellen Sie im Feld *Daten* das Vergleichskriterium ein. Hier sind Begriffe wie »zwischen«, »nicht zwischen«, »gleich«, »größer«, »kleiner« etc. möglich. Je nach Vergleichskriterium erscheinen dann ein oder zwei Felder zur Eingabe der Grenzwerte. Haben Sie ein Intervall als Vergleichskriterium gewählt, lassen sich in den Feldern *Minimum* und *Maximum* die Wertebereiche für die Zelle angeben. Wurde z.B. die Bedingung »gleich« gewählt, benötigen Sie nur ein Kriterium.

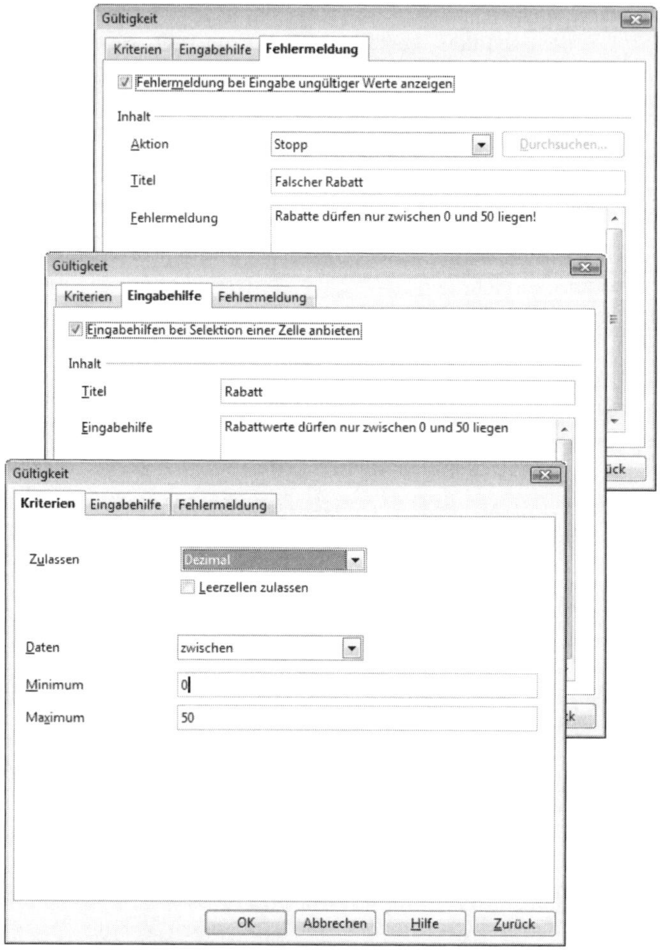

Abbildung 11.7: Registerkarten zur Definition des Gültigkeitskriteriums

INFO

Sie können die Werte als Konstanten direkt in die Felder Minimum *und* Maximum *eintippen. Alternativ lassen sich Zellreferenzen der Art »B6« eintragen. Dann wird der Wert der Tabelle als Grenzwert übernommen. Beachten Sie aber, dass die Zahl und Beschriftung der angezeigten Felder von den eingestellten Werten im Feld* Daten *abhängen.*

- Zur Unterstützung des Benutzers sollten Sie auf der Registerkarte *Eingabehilfe* eine Eingabemeldung einrichten (Abbildung 11.7, Mitte). Markieren Sie das Kontrollkästchen *Eingabehilfen bei der Selektion einer Zelle anbieten* und ergänzen Sie dann den Titeltext sowie das Feld für die Benutzermeldung. Diese Angaben werden dem Benutzer als QuickInfo angezeigt, sobald er die Zelle für eine Eingabe anwählt (Abbildung 11.6).
- Abschließend sollten Sie auf der Registerkarte *Fehlermeldung* das Kontrollkästchen *Fehlermeldung bei Eingabe ungültiger Werte anzeigen* markieren (Abbildung 11.7, oben). Anschließend können Sie einen Titeltext sowie den Inhalt der

Meldung in den betreffenden Feldern der Registerkarte vorgeben. Im Feld *Aktion* lässt sich noch ein Wert (z.B. »Stopp«) einstellen. Leider wird dieser Wert nicht angezeigt, da z.B. die Anzeige entsprechender Symbole wie Stopp, Warnung und Information im Dialog bisher nicht implementiert ist.

Sobald Sie das Dialogfeld *Gültigkeit* über die *OK*-Schaltfläche schließen, werden die Gültigkeitskriterien gesetzt. Versucht der Benutzer anschließend, einen Wert außerhalb des Gültigkeitsbereichs einzugeben, erscheint der in Abbildung 11.6 gezeigte Fehlerdialog.

TIPP

Geben Sie nach dem Einrichten des Gültigkeitskriteriums in der Zelle einen gültigen Vorgabewert ein. Andernfalls kann es dazu kommen, dass ungültige Werte in der Zelle zurückbleiben, denn bei der Eingabe fehlerhafter Werte wird die Zelle nach dem Schließen des Fehlerdialogs auf den vorherigen Wert zurückgesetzt. Sie finden ein Beispiel in der Datei Kriterien.ods *im Ordner* Kap11 *des Beispielarchivs.*

11.1.4 Zellbereiche automatisch mit Vorgabewerten füllen

Beim Erstellen von Tabellen gibt es häufiger den Fall, dass Zeilen oder Spalten mit fortlaufenden Werten (Nummerierung, Monatsnamen etc.) zu füllen sind. Denken Sie an eine Umsatzstatistik einer Firma über mehrere Jahre, bei der sich die Jahreszahlen in der Folgezelle jeweils um 1 erhöhen (Abbildung 11.8). Calc bietet Funktionen, mit denen sich solche Datenreihen automatisch generieren lassen.

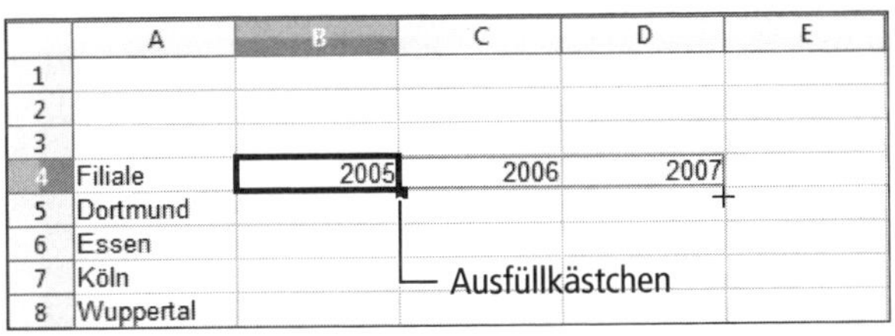

Abbildung 11.8: Reihenbildung in Tabelle mit Umsatzdaten

Wenn Sie die in Abbildung 11.8 gezeigte Tabelle erstellen, bietet es sich an, die Jahreszahlen in der Kopfzeile der Umsatzliste automatisch als Datenreihe generieren zu lassen.

1. Klicken Sie auf die erste Zelle (B4) der Zeile und geben Sie dort den Vorgabewert 2005 als Jahreszahl ein. Schließen Sie die Eingabe mit der [↵]-Taste ab.
2. Klicken Sie erneut auf die Zelle mit dem Vorgabewert. Dann zeigen Sie mit dem Mauspfeil auf das »Ausfüllkästchen« in der rechten unteren Ecke dieser Zelle.
3. Markieren Sie anschließend den mit Vorgabewerten zu füllenden Zellbereich, indem Sie das Ausfüllkästchen bei gedrückter linker Maustaste über die betreffenden Zellen ziehen (Abbildung 11.8).

Calc blendet den letzten Vorgabewert für den Füllbereich in einem QuickInfo-Fenster ein. Sobald Sie die linke Maustaste loslassen, werden die Vorgabewerte der Datenreihe in die markierten Zellen übertragen. In Abbildung 11.8 wurde die komplette Zeile mit Jahreszahlen auf diese Weise erzeugt.

Sobald Sie eine Zelle mit einem Wert gefüllt haben und dann das Ausfüllkästchen dieser Zelle über die Nachbarzellen ziehen, versucht Calc, eine Datenreihe zu ermitteln und die markierten Zellen mit dieser Datenreihe zu füllen. Bezüglich des Umgangs mit diesen Datenreihen sollten Sie folgende Regeln kennen.

- Wochentage und Monatsnamen in der Quellzelle werden von Calc automatisch als Elemente einer Datenreihe erkannt und beim Ziehen des Ausfüllkästchens im Füllbereich mit Folgewerten ergänzt. Sie können dabei auch bestimmte Abkürzungen verwenden (»Mo« führt zur Reihe »Di, Mi, Do«, oder »Montag« ergibt »Dienstag, Mittwoch, Donnerstag«, »Jan« führt zu »Feb, Mrz, Apr«, während »Januar« die Folge »Februar, März, April« ergibt.
- Natürlich können Sie auch Datumswerte im Vorgabebereich verwenden und im Ausfüllbereich ergänzen lassen. Aus der Vorgabe »19.4.2008« wird die Reihe »20.4.2008, 21.4.2008« etc. fortgesetzt. Beachten Sie aber, dass Angaben der Art »15. Jan« durch Calc automatisch in einen numerischen Datumswert »15.1« umgewandelt werden. Sie müssen dann das Zellformat entsprechend anpassen (siehe Abschnitt »Fortgeschrittene Techniken zur Zellformatierung«), um die Anzeige des abgekürzten Monatsnamens zu erzwingen. Dann zählt Calc beim Autoausfüllen das Tagesdatum hoch.
- Enthält die Zelle einen numerischen Wert (eine Ganzzahl oder eine Dezimalzahl), führt Calc die Reihe im Füllbereich fort (auf 1 folgt 2, 3, 4 etc., die Vorgabe 1,1 wird dann mit 2,1 fortgesetzt). Eine als Jahreszahl interpretierte Ganzzahl »2005« wird einfach in »2006, 2007, 2008« etc. fortgeführt.

Allerdings gibt es einige Haken bei diesem Ansatz. Calc wird nur dann die erwartete Reihenbildung vornehmen, wenn es die Werte der Folge erkennen und mit den Standardformaten darstellen kann. Die Eingabe »Jan 09« führt zur Anzeige eines Datumswerts, den Sie zuerst in ein richtiges Anzeigeformat (über das Zellformat) umsetzen müssen. Eine echte Überraschung liefert der Wert »9:00«, der beim Ziehen einfach in die Folgezellen kopiert wird. Hier erkennt Calc keine Reihe – und in diesem Fall kopiert die Funktion »AutoAusfüllen« einfach den Wert des Vorgabebereichs in die Zielzellen.

Um eine Reihenbildung zu erzwingen, können Sie zu einem Trick greifen: Geben Sie einfach in mindestens zwei Zellen Vorgabewerte ein. Wenn Sie die Vorgaben »9:30, 10:30« in die Zellen eintragen, diese markieren und dann das Ausfüllkästchen ziehen, wird Calc die Folge mit »11:30, 12:30« etc. fortsetzen. Enthalten die beiden ersten Zellen beispielsweise die Werte 1,1 und 1,2, wird die Reihe mit 1,3 1,4 etc. fortgesetzt. Wenn Sie mehr als 2 Werte im Vorgabebereich definieren (z.B. 1 2,5 3), bestimmt Calc einen Trend und setzt die Reihe analog fort. Werden die Werte in umgekehrter Reihenfolge vorgegeben (z.B. 2 1), definiert dies eine Reihe mit absteigenden Zahlen (2 1 0 –1 –2 etc.). Damit lassen sich beliebige arithmetische Reihen konstruieren. Die Vorgaben »Jan 96, Apr 96« liefern die Folge »Jul 96, Okt 96, Jan 97« und mit »Jan, Apr« erhalten Sie den Trend »Jul, Okt, Jan«.

INFO

Mit dieser Technik des Ziehens des Ausfüllkästchens lassen sich auch Formeln in benachbarte Zellen kopieren (siehe Abschnitt »Was passiert beim Kopieren von Ausdrücken?« in diesem Kapitel).

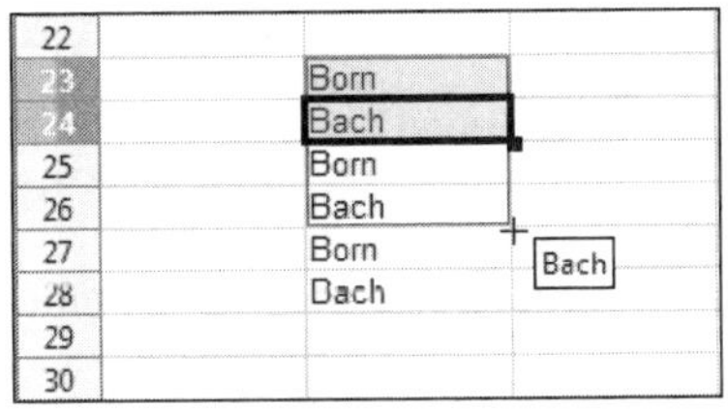

Abbildung 11.9: Erzwingen einer Folge beim automatischen Ausfüllen

Der Ansatz zur erzwungenen Trendbildung wird in Abbildung 11.9 demonstriert. Bei Namen wie »Born« weiß Calc nicht, wie die Reihe fortzusetzen ist. In diesem Fall würde beim Ausfüllen der Wert der Ausgangszelle ebenfalls in den Ausfüllbereich kopiert werden. Daher habe ich zwei Einträge »Born« und »Bach« in den markierten Zellen eingetragen. Wird das Ausfüllkästchen des markierten Zellbereichs gezogen, versieht Calc den Füllbereich mit dem Muster »Born« und »Bach«.

TIPP

Sie können den Wert einer Zelle quasi durch Ziehen des Ausfüllkästchens auf Zellbereiche ausdehnen. Immer wenn Calc im Vorgabewert ein Element einer Reihe erkennt, werden die Folgewerte zum Füllen benutzt. Soll der Wert einer Zelle auf andere Zellen ohne Reihenbildung übertragen werden, halten Sie beim Ziehen einfach die Strg*-Taste (bzw. die* MacBef*-Taste beim Mac) gedrückt. Wenn die Ausgangszelle z.B. den Wert 1999 enthält, bewirkt dies, dass der Füllbereich mit dem Wert 1999 gefüllt wird.*

Das QuickInfo-Fenster zeigt Ihnen beim Ziehen des Ausfüllkästchens zur Kontrolle an, welche Werte in den markierten Bereich übertragen werden. Auf diese Weise können Sie auch Texte mit Ziffern am Ende (z.B. »Bild1«) als Ausgangswert für Füllbereiche verwenden. Abbildung 11.10 zeigt verschiedene Beispiele für die AutoAusfüll-Funktion. Die markierten Zellen enthalten die Vorgabewerte. Sie finden das Beispiel in der Datei *Ausfuellen.ods* im Ordner *Kap11* des Archivs mit den Beispieldateien.

	A	B	C	D	E	F	G	H
1	**Beispiele für Reihenbildung**							
2	Die markierten Zellen enthalten den oder die Ausgangswerte							
3								
4	Mo	Montag	Jan	Januar	15.04.08	28.Jan	09:30:00	April2000
5	Di	Dienstag	Feb	Februar	16.04.08	29.Jan	09:30:00	April2001
6	Mi	Mittwoch	Mrz	März	17.04.08	30.Jan	09:30:00	April2002
7	Do	Donnerstag	Apr	April	18.04.08	31.Jan	09:30:00	April2003
8	Fr	Freitag	Mai	Mai	19.04.08	01.Feb	09:30:00	April2004
9	Sa	Samstag	Jun	Juni	20.04.08	02.Feb	09:30:00	April2005
10	So	Sonntag	Jul	Juli				
11			Aug	August				
12			Sep	September				
13			Okt	Oktober				
14			Nov	November				
15			Dez	Dezember				
16								
17								
18	1999	1,1	1,1	Born	09:30	Jan96		
19	2000	2,1	1,2	Bach	10:30	Jan97		
20	2001	3,1	1,3	Born	11:30	Jan98		
21	2002	4,1	1,4	Bach	12:30	Jan99		
22	2003	5,1	1,5	Born	13:30	Jan00		
23	2004	6,1	1,6	Bach	14:30	Jan01		

Abbildung 11.10: Beispiele für Auto-Ausfüll-Bereiche

11

11.1.5 Reihen gezielt ausfüllen

Neben den oben benutzten arithmetischen Reihen, bei denen Werte linear ansteigen, sind auch geometrische Reihen (die Werte werden mit einem Faktor multipliziert) oder Datumssequenzen denkbar. Oder Sie möchten einen markierten Zellbereich mit dem Inhalt der obersten oder untersten Zelle füllen. Hierzu bietet Calc spezielle Befehle, mit denen Sie die Reihenbildung gezielt beeinflussen können.

1. Markieren Sie den gewünschten Ausfüllbereich innerhalb der Tabelle.
2. Rufen Sie den Menübefehl *Bearbeiten/Ausfüllen* auf und klicken Sie im Untermenü auf einen der angebotenen Befehle.

Die Befehle *Oben, Unten* bzw. *Rechts, Links* im Untermenü werden freigegeben, sobald Zellen einer Spalte bzw. Zeile markiert sind. Wählen Sie einen solchen Befehl, überträgt Calc den Wert der oberen, unteren, linken oder rechten Zelle des markierten Bereichs in alle markierten Zellen.

Über den Befehl *Reihe* des Untermenüs *Ausfüllen* des Menüs *Bearbeiten* öffnen Sie das in Abbildung 11.11 gezeigte Dialogfeld. Über die Optionen der Gruppe *Richtung* des Dialogfelds können Sie vorgeben, ob die Reihenbildung von oben nach unten bzw. bei entsprechender Markierung von links nach rechts oder umgekehrt erfolgen soll. Weiterhin müssen Sie für die Reihenbildung den Startwert, einen optionalen Endwert oder das Inkrement (d.h. die Schrittweite) in den betreffenden Textfeldern vorgeben. Calc ermittelt aus diesen Vorgabewerten die Daten der Reihe. Die Optionen der Gruppe *Reihentyp* bestimmen, wie Calc die Reihe bilden soll.

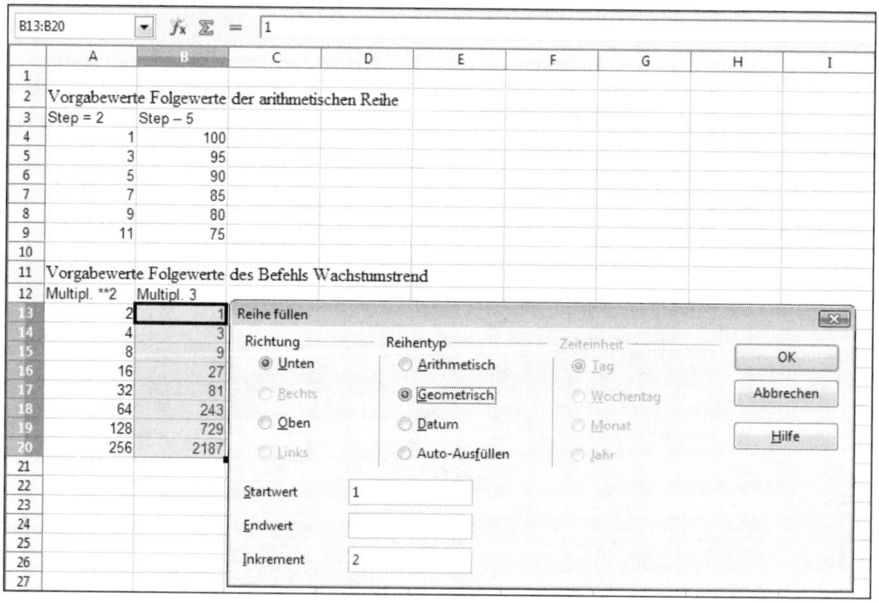

Abbildung 11.11: Dialogfeld *Reihe füllen*

- Die Option *Auto-Ausfüllen* versucht, über den Vorgabewert der Zelle eine Reihe zu bestimmen (siehe vorhergehende Seiten).
- Bei der Option *Arithmetisch* wird die Reihe linear (z.B. 1, 2, 3, 4) fortgesetzt. Der Abstand zwischen den Reihenwerten wird über das Feld *Inkrement* definiert.

- Benötigen Sie sogenannte arithmetische Reihen (diese arbeiten mit Multiplikationsfaktoren), die Wachstumstrends abbilden? Dann wählen Sie die Option *Geometrisch*. Das Feld *Inkrement* bestimmt dann den Multiplikationsfaktor. Mit den in Abbildung 11.11 gezeigten Werten wird eine arithmetische Reihe mit dem Multiplikator 3 und dem Startwert 1 (1, 3, 9, 27 etc.) generiert.
- Markieren Sie die Option *Datum*, wird die Gruppe *Zeiteinheit* freigegeben. Sie können dann eine der Zeiteinheiten wählen und den Startwert sowie das Inkrement vorgeben.

Das Dialogfeld *Reihe füllen* ermöglicht Ihnen also, gezielt markierte Bereiche mit Vorgabewerten zu füllen. Achten Sie aber bei der Anwendung des Dialogfelds darauf, die benötigten Werte in korrekter Form einzutragen. Fehlt z.B. der Startwert, ist aber ein Inkrement angegeben, verwendet Calc entweder den Endwert oder einen Wert aus dem Ausfüllfeld des markierten Zellbereichs (z.B. oberste Zelle).

11.1.6 Tabellen füllen

Im Menü *Bearbeiten/Ausfüllen* gibt es noch den Untermenübefehl *Tabelle*. Dieser ermöglicht Ihnen, einen Zellbereich gleichzeitig in mehrere Tabellen zu übertragen.

1. Hierzu wählen Sie die Ausgangstabelle aus und markieren den zu kopierenden Zellbereich.
2. Dann halten Sie die [Strg]-Taste (bzw. die [MacDef]-Taste beim Mac) gedrückt und klicken die Registerreiter der Zieltabellen an.
3. Sind mindestens zwei Tabellen markiert, lässt sich im Untermenü *Bearbeiten/Ausfüllen* der Befehl *Tabelle* wählen.

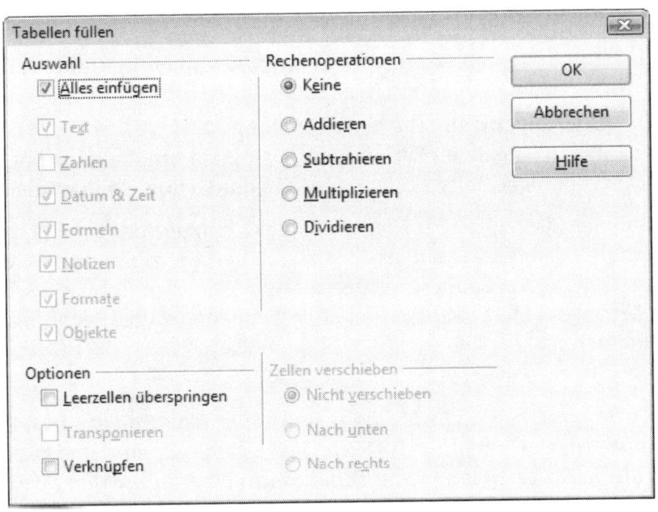

Abbildung 11.12: Dialogfeld *Tabellen füllen*

Das angezeigte Dialogfeld *Tabellen füllen* (Abbildung 11.12) kennen Sie im Prinzip bereits aus *Kapitel 10* (dort wurde das Dialogfeld *Inhalte einfügen*, welches identische Optionen enthält, behandelt). Über die Optionen lässt sich steuern, welche Informationen aus dem markierten Quellbereich in die markierten Zieltabellen zu übertragen sind. Sobald Sie das Dialogfeld über *OK* schließen, werden die Zieltabellen gefüllt. Diese Technik ist hilfreich, wenn Sie einen Zellbereich in mehrere Tabellen übernehmen möchten.

HALT

Falls Sie diese Technik anwenden, sollten Sie sofort nach dem Füllen der Zieltabellen die Selektion der Registerreiter aufheben (siehe Abschnitt »Tabellen gruppieren und Tabellenauswahl aufheben« in diesem Kapitel). Vergessen Sie dies und führen anschließend Änderungen in einer der Tabellen aus, wirkt sich dies auf alle Tabellen der Gruppe aus!

11.1.7 So definieren Sie Datenreihen zum Ausfüllen

Beim Arbeiten mit Tabellen, die wiederkehrende Inhalte aufweisen, ist die Funktion zum Füllen recht praktisch. Sie können Datumswerte, Zahlen etc. durch Ziehen per Maus in Zellen übertragen. In Abbildung 11.13 sehen Sie einen Tabellenausschnitt mit fiktiven Filialumsätzen eines Unternehmens. Die Jahreszahlen in der Kopfzeile lassen sich problemlos durch die Funktion »AutoAusfüllen« erzeugen.

Abbildung 11.13: Ausschnitt aus einer Tabelle mit Filialumsätzen

6	Filiale	2004	2005	2006	2007	2008
7	Aachen	123,00	123,00	125,00	126,00	127,00
8	Essen	119,00	119,00	121,00	122,00	123,00
9	Dortmund	234,00	236,00	236,00	237,00	238,00
10	Köln	139,00	141,00	141,00	142,00	143,00
11	Wuppertal	99,00	100,00	101,00	102,00	103,00

Wo es aber hakt, ist die erste Spalte mit den Filialnamen. Sie müssen diese Namen jedes Mal manuell in die Zelle eintragen, da Calc diese Reihe nicht kennt. Es sind weitere Begriffslisten (z.B. Himmelsrichtungen, Namen von Mitarbeitern, Produktlisten etc.) denkbar, die sich häufiger in Tabellen wiederfinden. Um sich das Ausschneiden und Kopieren per Zwischenablage zu sparen, können Sie eigene Listen für die »AutoAusfüllen«-Funktion festlegen.

1. Rufen Sie den Menübefehl *Extras/Optionen* auf und wählen Sie im eingeblendeten Dialogfeld den Zweig *OpenOffice.org Calc/Sortierlisten*.
2. Calc zeigt die Inhalte aus Abbildung 11.14 mit den bereits definierten Sortierlisten an. Ergänzen Sie nun das Dialogfeld um die neue Sortierliste mit den benötigten Begriffen und schließen Sie das Dialogfeld über die *OK*-Schaltfläche.

Um die Liste direkt in das Dialogfeld einzutippen, reicht ein Mausklick auf die Schaltfläche *Neu*. Dann lassen sich die Begriffe zeilenweise (wie in Abbildung 11.14 gezeigt) in die Spalte *Einträge* eintippen und mittels der Schaltfläche *Hinzufügen* übertragen. Die Schaltfläche *Verwerfen* beendet die Eingabe, ohne die Liste zu übernehmen.

INFO

Bei umfangreichen Listen können Sie die Begriffe ggf. auch aus einem Zellbereich einer Tabelle importieren. Hierzu geben Sie die Begriffe in einen Zellbereich einer Tabelle ein bzw. laden eine Tabelle mit den gewünschten Begriffen. Dann markieren Sie die Begriffe und rufen das Dialogfeld aus Abbildung 11.14 auf. Der Inhalt des markierten Zellbereichs wird im Feld Liste kopieren aus *eingeblendet. Sobald Sie die Schaltfläche* Kopieren *wählen, werden die Begriffe aus dem markierten Zellbereich in die Sortierliste übernommen.*

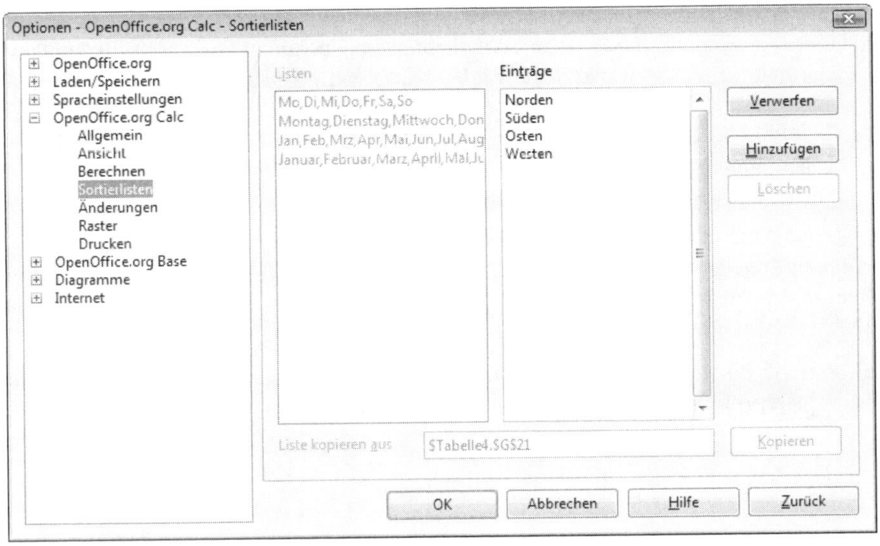

Abbildung 11.14: Definition von Sortierlisten

Calc speichert die Sortierlisten zentral, d.h., die so definierten Begriffe stehen Ihnen zukünftig in allen Tabellendokumenten zur Verfügung. Benötigen Sie eine Liste nicht mehr, wählen Sie diese im Dialogfeld an und entfernen sie mittels der Schaltfläche *Löschen*.

11.1.8 Die Calc-AutoEingabe hilft bei der Eingabe

Bei der Eingabe von Zellwerten greift Ihnen Calc gelegentlich mit Textvorschlägen unter die Arme. Sobald Sie einen Begriff in eine Zelle eintippen, der in den darüber liegenden Zellen vorhanden ist, ergänzt Calc die fehlenden Buchstaben (Abbildung 11.15). Sie brauchen dann nur die [↵]-Taste zu drücken, um die vorgeschlagenen Buchstaben im Wort zu ergänzen.

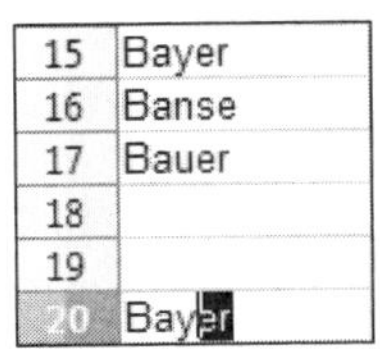

Abbildung 11.15: Automatische Wortergänzungen durch Calc

Falls Sie diese automatische Ergänzung stört, rufen Sie den Menübefehl *Extras/Zellinhalte* auf und löschen die Markierung vor dem Untermenübefehl *AutoEingabe*.

11.1.9 So verwenden Sie die Auswahlliste

Sie können Zellen auch ohne Sortierlisten mit bestimmten Begriffen füllen. Dies funktioniert immer dann, wenn diese Begriffe bereits als Text in der gleichen Tabellenspalte enthalten sind.

1. Klicken Sie auf die zu füllende Zelle, um diese zu markieren.
2. Klicken Sie dann die Zelle mit der rechten Maustaste an, lässt sich im Kontextmenü der Befehl *Auswahlliste* wählen (Einblendung in Abbildung 11.16). Alternativ können Sie auch die Tastenkombination [Strg] + [D] (bzw. [MacBef] + [D] beim Mac) drücken.
3. Calc blendet eine Liste der verfügbaren Begriffe ein. Sie können dann einen der Begriffe per Mausklick in die aktive Zelle übernehmen.

Fehlt der Kontextmenübefehl *Auswahlliste*, liegt dies daran, dass Calc keine entsprechenden Einträge in der Tabelle gefunden hat. Die Einträge müssen in der gleichen Spalte, aber oberhalb der aktiven Zelle eingetragen sein. Zudem funktioniert die Auswahlliste nur mit Texteinträgen.

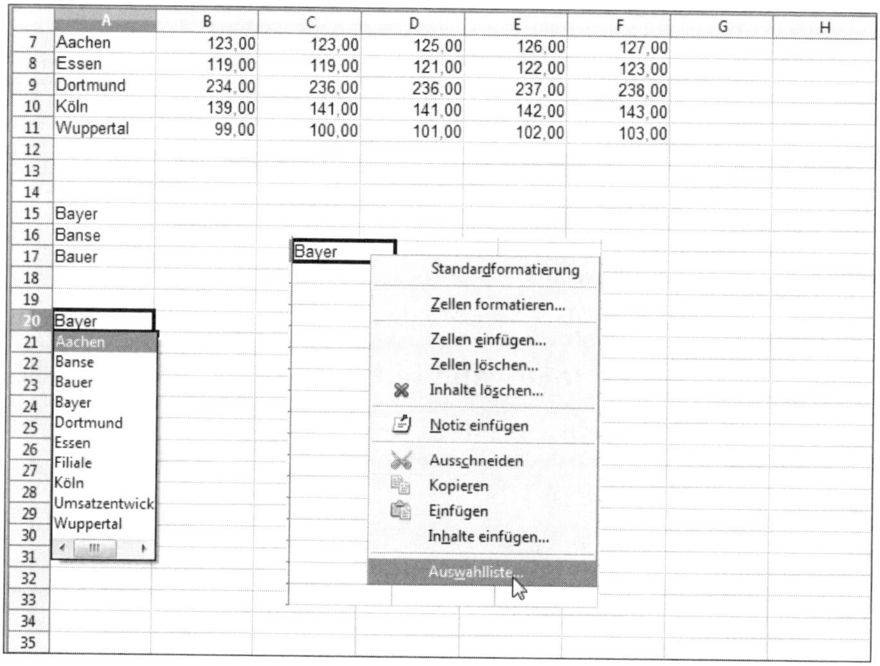

Abbildung 11.16: Abrufen von Begriffen aus der Auswahlliste

11.2 Arbeiten mit Namen

Entsprechend den Ausführungen in *Kapitel 10* werden die Werte einer Tabelle über die Zeilen- und Spaltennummern in der Art »A10« adressiert und auch in Berechnungen einbezogen. Bei umfangreichen Tabellen mit vielen Berechnungen wäre es aber schön, wenn Bereiche oder Zellen mit Namen belegt werden könnten. Dann ließe sich beispielsweise ein Name »MwSt« einer Zelle, deren Wert den Mehrwertsteuersatz angibt, zuweisen (siehe Abbildung 11.17). Calc besitzt verschiedene Funktionen, mit denen sich Namen zuweisen, verknüpfen oder auch wieder löschen lassen.

11.2.1 So weisen Sie einen Namen zu

Die Tabelle aus Abbildung 11.17 enthält ein einfaches Rechnungsformular, in dem die Rechnungspositionen summiert und mit der Mehrwertsteuer versehen ausgegeben werden. Die Zelle G11 enthält den aktuellen Mehrwertsteuersatz. Dieser Zelle ließe sich der Name »MwSt« zuweisen. Um einer Zelle oder einem Zellbereich einen Namen zuzuweisen, sind folgende Schritte auszuführen.

1. Markieren Sie die Zelle oder den zu benennenden Zellbereich durch Anklicken bzw. Ziehen mit der Maus.
2. Wählen Sie im Menü *Einfügen* den Befehl *Namen* und klicken Sie im Untermenü auf den Befehl *Festlegen*. Sofern die Benutzeroberfläche dies zulässt, können Sie auch die Tastenkombination `Strg` + `F3` (bzw. `MacBef` + `F3` beim Mac) betätigen.

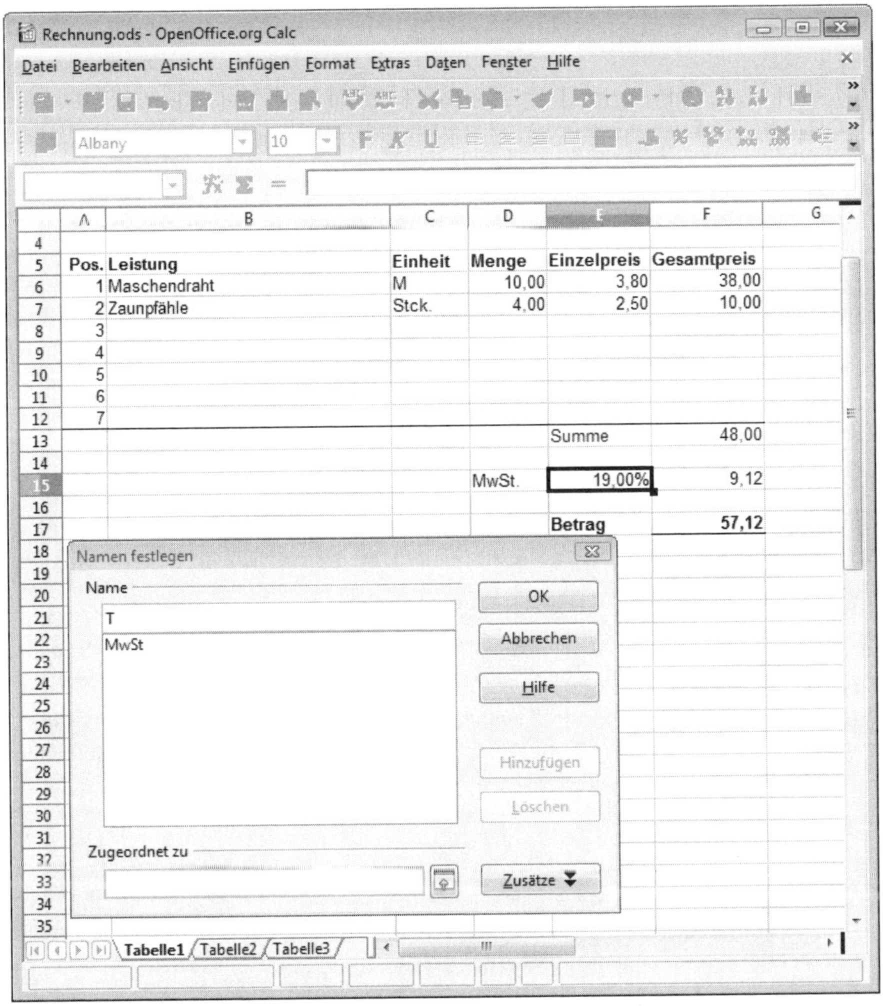

Abbildung 11.17: Zuweisen eines Namens

3. Sobald das Dialogfeld *Namen festlegen* (Abbildung 11.17) erscheint, klicken Sie auf das Feld *Name* und tippen den gewünschten Namen ein. Bereits definierte Namen für den Bereich werden im Dialogfeld aufgelistet.
4. Sobald der Name eingetragen wurde, können Sie diesen über die Schaltfläche *Hinzufügen* festlegen. Dies ist hilfreich, falls Sie einem Bereich mehrere Namen zuordnen möchten.

Der Name wird auch übernommen, sobald Sie das Dialogfeld über die *OK*-Schaltfläche schließen.

INFO

Der Name darf aus Buchstaben, Ziffern und den Sonderzeichen _ bestehen, wobei als erstes Zeichen ein Buchstabe oder ein Unterstrich _ vorhanden sein muss. Der Name darf bis zu 255 Zeichen lang sein, wobei Groß-/Kleinschreibung nicht relevant ist. Namen, die Zellbezügen (z.B. B19) oder Zahlen entsprechen, sind unzulässig. Auch Leerzeichen und Bindestriche dürfen nicht vorkommen. Verwenden Sie ggf. einen Unterstrich, um Teilworte zu trennen.

Über das Feld *Zugeordnet zu* und die dazugehörende Schaltfläche lässt sich der Zellbereich, auf den sich der Name bezieht, ändern (das Dialogfeld über die Schaltfläche rechts neben dem Textfeld minimieren, den Zellbereich in der Tabelle markieren und das Dialogfeld über die Schaltfläche wiederherstellen). Einen bestehenden Namen löschen Sie, indem Sie diesen im Dialogfeld *Namen festlegen* anwählen und dann die Schaltfläche *Löschen* anklicken.

Über die Schaltfläche Zusätze *lassen sich optional Bereichsarten festlegen. Die Option* Druckbereich *definiert den dem Namen zugeordneten Zellbereich auch als Druckbereich (siehe Kapitel 10, Abschnitt »Druckbereiche verwalten«). Die Option* Filter *ermöglicht die Anwendung von Spezialfiltern auf den Namen, während die Optionen* Wiederholungsspalte *und* Wiederholungszeile *die Bereiche als Wiederholung festlegen.*

11.2.2 Namen übernehmen

Bei Tabellen, die bestimmte Begriffe als Spalten- oder Zeilenüberschriften aufweisen, lassen sich diese als Namen zur Benennung von Bereichen übernehmen. In diesem Fall legt Calc die Bereiche selbst fest. Nehmen wir die Beispieltabelle aus Abbildung 11.18, die Umsatzdaten verschiedener Jahre getrennt nach Filialen enthält. Nun sollen die Bereiche für die einzelnen Filialen automatisch mit Namen belegt werden.

1. Markieren Sie den Teil der Tabelle, auf den sich die Namen beziehen sollen. Hier sind es die erste Spalte mit den Filialnamen, allerdings ohne die oberste Kopfzeile, sowie der zugehörige Datenbereich.
2. Wählen Sie im Menü *Einfügen* den Befehl *Namen* und klicken Sie im Untermenü auf *Übernehmen*.
3. Im angezeigten Dialogfeld *Namen erzeugen* markieren Sie nun, welche Zeile oder Spalte zum Ermitteln der Namen genommen werden soll. In Abbildung 11.18 enthält die linke Spalte die Namen, denen dann die in der jeweiligen Zeile folgenden Werte zugeordnet werden sollen.

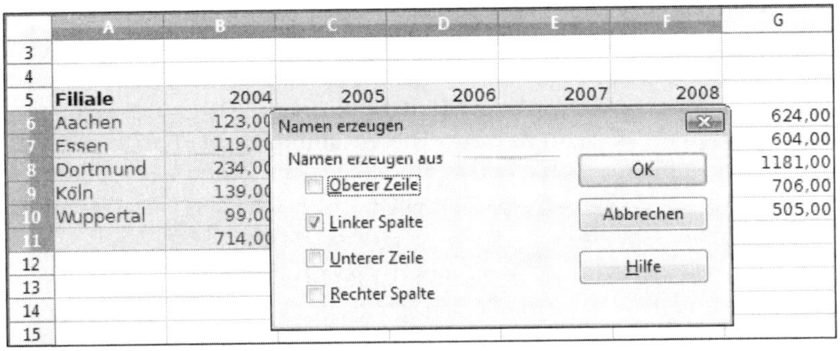

Abbildung 11.18: Erzeugen von Namen aus Inhalten von Zellbereichen

Sobald Sie das Dialogfeld über die *OK*-Schaltfläche schließen, beginnt Calc, die Namen den markierten Zellbereichen (Zeile oder Spalte) zuzuweisen. Existiert der Name bereits, erscheint eine Sicherheitsabfrage vor dem Überschreiben.

INFO

Die Spalten mit den Jahreszahlen können Sie übrigens in diesem Beispiel nicht verwenden, um auch den Spalten Namen zuzuweisen. Der Grund: Es handelt sich um reine Ziffern, die gemäß den obigen Ausführungen für Namen nicht zulässig sind!

11.2.3 Was bringen Namen für Vorteile?

Vielleicht stellen Sie sich die Frage nach den Vorteilen der Verwendung von Namen? In Abbildung 11.19 sind gleich zwei Anwendungsfälle für Namen zu sehen. Sind Namen in der Tabelle definiert, können Sie die Liste des Bezugsfelds (Namenfeld in der Bearbeitungsleiste) öffnen und bekommen die Namen angezeigt (Abbildung 11.19, oben links). Sie können dann den Namen anklicken und schon markiert Calc die betreffende Zelle oder den Zellbereich. Natürlich lässt sich der Name auch direkt in das Bezugsfeld eintippen und über die [↵]-Taste bestätigen. Dies ermöglicht eine schnelle Navigation zu benannten Bereichen innerhalb der Tabelle.

11

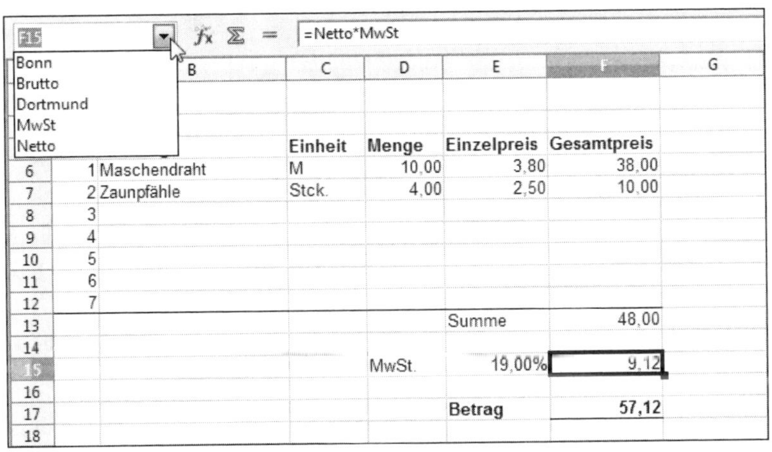

Abbildung 11.19: Anwendung von Namen in Tabellen

Namen lassen sich aber auch in Berechnungsformeln verwenden, um diese verständlicher zu machen. In Abbildung 11.19 wird der Mehrwertsteuerbetrag aus der Nettosumme der Zelle F13, multipliziert mit dem Mehrwertsteuersatz aus Zelle E15, berechnet. Statt jetzt in die Zelle F15 den Ausdruck »=F13*E15« einzugeben, wurden den beiden Zellen Namen zugewiesen und dann die Formel »=Netto*MwSt« eingetragen. Über die Namen erkennt Calc, welche Zellen referenziert werden. Bei komplexen Ausdrücken und umfangreichen Tabellen kann dies die Verständlichkeit der Berechnungen stark erhöhen.

Abbildung 11.20 zeigt eine weitere Variante, bei der Namen sehr hilfreich sind. In der Tabelle mit den Umsatzdaten verschiedener Filialen wurden die Filialnamen der ersten Spalte als Namen für die Zeilen übernommen (siehe Abschnitt »Namen übernehmen«). Der Name *Aachen* bezieht sich daher auf den Zellbereich A4:E4. Um die Umsätze der beiden Filialen Aachen und Dortmund für das Jahr 2004 zu ermitteln, ließe sich die Formel »=B4+B5« angeben. Stattdessen wurden in der Zelle B12 die Namen in der Formel verwandt. Die Anweisung »=Aachen + Dortmund« wird von Calc so umgesetzt, dass nur Zellen aus der Schnittmenge der beiden angegebenen Zeilen mit der aktuellen Spalte addiert werden.

Sobald Sie Zellbereiche mit Namen belegt haben, lassen sich diese auch auf einfache Weise anderen Zellen zuordnen. Wurde einer Zelle der Name *MwSt* zugeordnet, lässt sich deren Wert sehr einfach in einer zweiten Zelle referenzieren, indem Sie dort »=MwSt« als Ausdruck eingeben. Alternativ können Sie die Zelle per Mausklick markieren und im Menü *Einfügen* den Befehl *Namen/Einfügen* wählen. Sobald das Dialogfeld *Namen einfügen* erscheint, klicken Sie auf den gewünschten Namen und bestätigen das Ganze über die *OK*-Schaltfläche. Dann wird der Bezug »=MwSt« in die Zelle eingetragen und Calc zeigt den Wert der referenzierten Zelle an. Die zweite Variante eignet sich besonders, wenn Sie sehr viele Namen in einer Tabelle definiert haben und sich hinsichtlich der genauen Schreibweise unsicher sind.

Abbildung 11.20: Anwendung von Namen zur Summation

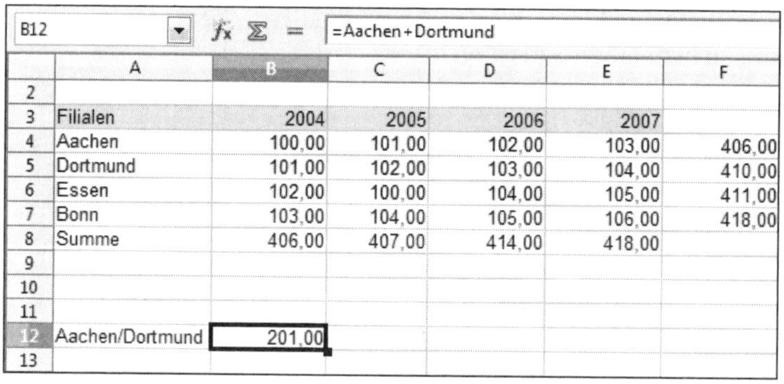
B12 =Aachen+Dortmund

	A	B	C	D	E	F
2						
3	Filialen	2004	2005	2006	2007	
4	Aachen	100,00	101,00	102,00	103,00	406,00
5	Dortmund	101,00	102,00	103,00	104,00	410,00
6	Essen	102,00	100,00	104,00	105,00	411,00
7	Bonn	103,00	104,00	105,00	106,00	418,00
8	Summe	406,00	407,00	414,00	418,00	
9						
10						
11						
12	Aachen/Dortmund	201,00				
13						

TIPP

Benötigen Sie einen Überblick, welche Namen im Tabellendokument gerade definiert sind und welchen Zellbereichen diese gerade zugeordnet sind? Dann wechseln Sie zu einer leeren Tabelle und klicken auf eine Zelle. Wenn Sie im Menü Einfügen *auf* Namen/Einfügen *klicken, erscheint wieder das Dialogfeld* Namen einfügen. *Klicken Sie auf die Schaltfläche* Alle einfügen, *erzeugt Calc in der Tabelle eine Liste, die in der ersten Spalte die Namen und in der nächsten Spalte die Zellbereiche enthält.*

11.2.4 Beschriftungsbereiche für Berechnungen

Häufig enthalten Tabellen Zeilen- oder Spaltenüberschriften (dies ist beispielsweise in der Tabelle aus Abbildung 11.21 der Fall). Statt sich jetzt mit der Definition von Namen herumzuschlagen, können Sie in Calc auch Beschriftungsbereiche vereinbaren. Die Zellinhalte von Beschriftungsbereichen lassen sich in Formeln wie Namen benutzen. Dies soll an der Tabelle aus Abbildung 11.21 demonstriert werden, die z.B. die Jahreszahlen als Spaltenüberschriften enthält. Die Jahreszahlen wurden mit einem vorangestellten Hochkomma als Texte eingegeben, was an der linksbündigen Zellausrichtung erkennbar ist. Die Tabelle besitzt zwei Beschriftungsbereiche, die für Berechnungen interessant sein könnten. Die Zellen B5 bis F5 legen die Spaltenüberschriften fest, während in A6 bis A10 die Zeilenüberschriften stehen. Im ersten Schritt sollen nun die beiden Beschriftungsbereiche festgelegt werden.

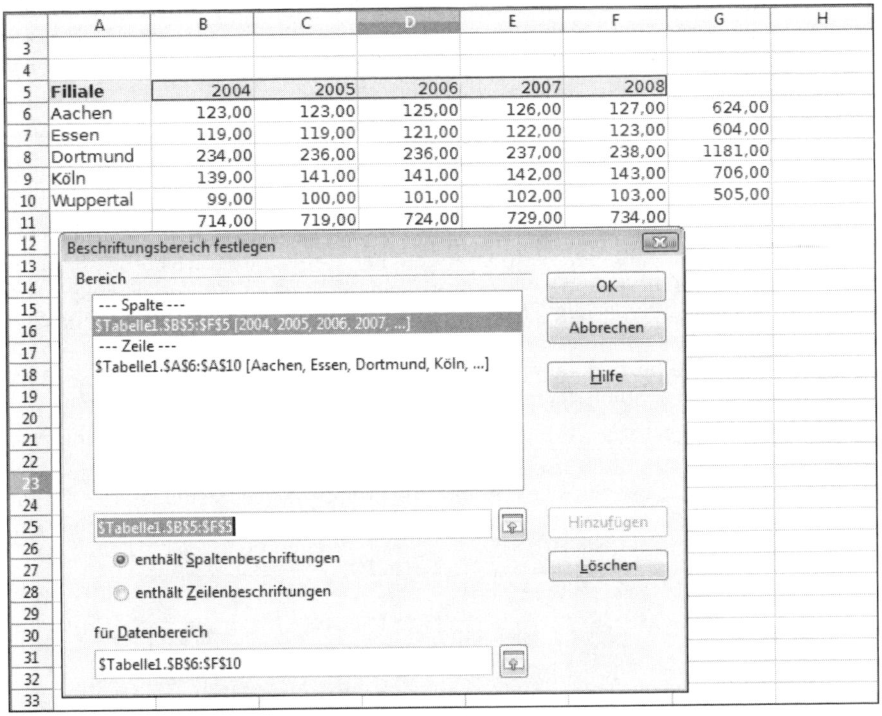

Abbildung 11.21: Festlegen von Beschriftungsbereichen

1. Wählen Sie im Menü *Einfügen* den Befehl *Namen* und klicken Sie im Untermenü auf den Befehl *Beschriftungen*.
1. Das Dialogfeld *Beschriftungsbereich festlegen* erscheint nun (Abbildung 11.21). Markieren Sie zuerst das Optionsfeld *enthält Spaltenbeschriftungen*.
2. Dann klicken Sie im Dialogfeld auf das links neben der Schaltfläche *Hinzufügen* befindliche Feld zur Auswahl des Beschriftungsbereichs.
3. Wechseln Sie (bei geöffnetem Dialogfeld) zur Tabelle und markieren Sie die Zeile mit den Jahreszahlen (B5 bis F5).
4. Klicken Sie im Dialogfeld auf das Feld *für Datenbereich*, wechseln Sie erneut zur Tabelle und markieren Sie den Datenbereich (B6 bis F10).

5. Mit diesen Schritten haben Sie die Beschriftung für die Tabellenspalten festgelegt. Klicken Sie auf die Schaltfläche *Hinzufügen*, um die Beschriftung zu fixieren.

Calc nimmt einen Eintrag der Art »$Tabelle1.$B$5:$F$5« in das Dialogfeld auf. Die $-Zeichen definieren absolute Zellreferenzen (siehe Abschnitt »Adressbezüge in Formeln« weiter unten). Jetzt soll noch der Beschriftungsbereich für die Filialnamen festgelegt werden.

1. Klicken Sie im Feld *Bereich* auf den Eintrag »--- Zeile ---«, damit Calc im Dialogfeld *Beschriftungsbereich festlegen* die Optionsfelder *enthält Spaltenbeschriftungen* und *enthält Zeilenbeschriftungen* freigibt.
2. Markieren Sie im noch geöffneten Dialogfeld *Beschriftungsbereich festlegen* das Optionsfeld *enthält Zeilenbeschriftungen*.
3. Dann klicken Sie im Dialogfeld auf das links neben der Schaltfläche *Hinzufügen* befindliche Feld zur Auswahl des Beschriftungsbereichs, wechseln (bei geöffnetem Dialogfeld) zur Tabelle und markieren die Spalte mit den Filialnamen (A6 bis A10).
4. Klicken Sie im Dialogfeld auf das Feld *Für Datenbereich*, wechseln Sie erneut zur Tabelle und stellen Sie sicher, dass der Datenbereich B6 bis F10 markiert ist.
5. Jetzt können Sie erneut die *Hinzufügen*-Schaltfläche betätigen oder das Dialogfeld über die *OK*-Schaltfläche schließen, um die zweite Beschriftung zu fixieren.

An der Tabelle ist nichts verändert, aber Calc kennt die beiden Beschriftungsbereiche. Sie können die Überschriften der jeweiligen Spalten und Zeilen wie Namen in Formeln und Ausdrücken benutzen. Zur Demonstration sollen die Jahresumsätze mittels der Funktion *Summe()* ermittelt werden. Statt jetzt den Zellbereich (z.B. B6:B10) als Parameter der Funktion *Summe* anzugeben, verwenden Sie einfach die Spaltenüberschrift in der Form »=Summe('2004')«. Die Jahreszahl wird hier in Anführungsstriche gesetzt (Abbildung 11.22), da es sich nicht um eine Konstante, sondern um einen Beschriftungswert handelt. Wenn Sie jetzt zweimal die [↵]-Taste drücken, sollte Calc die korrekte Summe in der Zielzelle darstellen. Die Zeilensumme einer Filiale ließe sich über die Anweisung »=Summe('Aachen')« ermitteln.

Abbildung 11.22: Einbeziehen von Spaltenüberschriften in Formeln

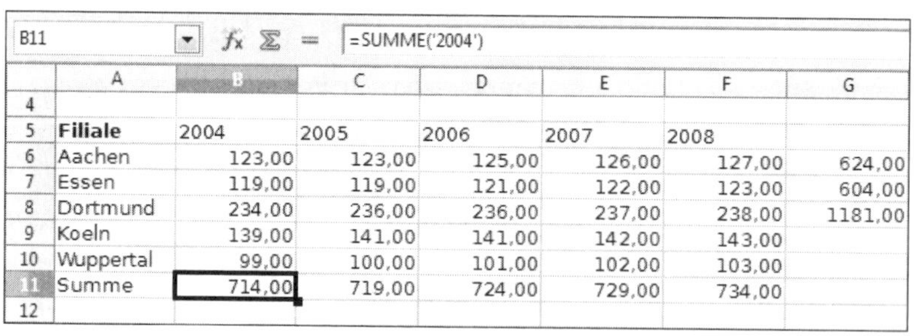
B11 | =SUMME('2004')

	A	B	C	D	E	F	G
4							
5	**Filiale**	2004	2005	2006	2007	2008	
6	Aachen	123,00	123,00	125,00	126,00	127,00	624,00
7	Essen	119,00	119,00	121,00	122,00	123,00	604,00
8	Dortmund	234,00	236,00	236,00	237,00	238,00	1181,00
9	Koeln	139,00	141,00	141,00	142,00	143,00	
10	Wuppertal	99,00	100,00	101,00	102,00	103,00	
11	Summe	714,00	719,00	724,00	729,00	734,00	
12							

INFO

Beschriftungsbereiche entfernen Sie, indem Sie im Dialogfeld Beschriftungsbereiche *den Eintrag des Bereichs in der Liste markieren und dann die Schaltfläche* Löschen *betätigen (Abbildung 11.21). Ein Beispiel finden Sie in der Datei* Beschriftung.ods *im Ordner* Kap11 *des Beispielarchivs.*

11.3 Berechnungen und Funktionen

Die Stärke von Calc liegt darin, dass Sie Berechnungen auf den einzelnen Zellen der Tabelle vornehmen können. Zudem bietet Calc eine Reihe von Funktionen, die sich in Ausdrücken nutzen lassen. Der folgende Abschnitt befasst sich mit der Eingabe von Ausdrücken in Zellen und stellt die verfügbaren Funktionen vor.

11.3.1 Eingabe von Ausdrücken und Formeln

Ausdrücke und Berechnungsformeln sind in Calc mit einem Gleichheitszeichen einzuleiten (z.B. " = 13 + 15"). Innerhalb des Ausdrucks können Zahlen, Datumswerte etc. als Konstante auftreten. Bei negativen Zahlenkonstanten innerhalb eines Ausdrucks müssen Sie aber das Minuszeichen und dürfen keine Klammern verwenden. Klammern dienen dagegen zur Gruppierung von Teilausdrücken, die mit höherer Priorität auszuführen sind (damit lässt sich Punktrechnung vor Strichrechnung ausführen).

Währungszeichen (z.B. = 15,0 € * 10) sind in Formeln unzulässig und führen zu einer Fehleranzeige in der Zelle. Verweise auf Zellen, die Werte mit Währungsangaben enthalten, stellen dagegen kein Problem dar. Calc erkennt das Währungsformat und lässt das Währungskennzeichen weg. Auch die Punkte als Tausendertrennzeichen sind bei Konstanten in Ausdrücken verboten, während referenzierte Zellen solche Zeichen in der Anzeige aufweisen dürfen. Lediglich das Prozentzeichen (z.B. = 15,0 * 10%) dürfen Sie auch in den Konstanten für Ausdrücke verwenden.

Bei der Einbeziehung von Datums- und Zeitangaben in Berechnungen müssen Sie ebenfalls aufpassen. Sie dürfen die Werte nicht einfach mit den Operatoren verknüpfen. Datums- und Zeitangaben sind vielmehr in Anführungszeichen zu setzen (z.B. " = "11.10.2008" - "1.10.2008"" liefert den Wert 10). Calc wandelt diese dann in das interne serielle Datumsformat (31.12.1899-, 1.1.1900- oder 1.1.1904-System) um und führt die Berechnung durch.

Neben Konstanten dürfen Sie auch Zellbezüge (z.B. "A12") in Ausdrücke aufnehmen.

11.3.2 Operatoren in Ausdrücken

Zellbezüge und Konstanten werden durch Operatoren (+ , - etc.) miteinander verknüpft. Die folgende Tabelle enthält einen Auszug möglicher Operatoren.

Tabelle 11.1: Operatoren für Ausdrücke in Calc-Tabellen

Operator	Bemerkung
-	Negation (z.B. -10), invertiert einen Wert (z.B. = -15,23)
%	Prozent (20%), bewirkt, dass die Konstante als Prozentwert einbezogen wird
^	Exponent (z.B. 3^10 für 1000), ermöglicht die Berechnung von Exponenten
* /	Multiplikation und Division (z.B. =10 * 5 /2,5) der angegebenen Werte
+ -	Addition und Subtraktion (z.B. =14 + 16 - 23) der angegebenen Werte
&	Textverkettung (z.B. »Hallo «&» Hugo«), nur bei Texte zulässig

Tabelle 11.1: Operatoren für Ausdrücke in Calc-Tabellen (Forts.)

Operator	Bemerkung
=	Vergleichsoperator gleich (z.B. A1 = 10)
<	Vergleichsoperator kleiner (z.B. 10 < 15)
>	Vergleichsoperator größer (z.B. 15 > 12)
<=	Vergleichsoperator kleiner gleich (z.B. 10 <= 15)
>=	Vergleichsoperator größer gleich (z.B. 100 >= 15)
<>	Vergleichsoperator ungleich (z.B. A1 <> 10)

Wenden Sie Vergleichsoperatoren an, liefern diese einen Wahrheitswert (wahr oder falsch) als Ergebnis des Vergleichs zurück. Die Anweisung = 15 < 11 gibt den Wahrheitswert falsch zurück, da die Bedingung nicht erfüllt ist. Der &-Operator führt eine Verkettung von Zeichenketten (Strings) aus, d.h., aus zwei Zeichenketten wird ein Text erzeugt (z.B. " = "Heute gibt es " & "Sonnenschein"" oder " = "Temperatur " & A13", wobei die Zelle A13 den Temperaturwert enthält).

INFO

Die Office-Hilfe enthält eine komplette Aufstellung aller zulässigen Operatoren (suchen Sie nach dem Stichwort »Operatoren«).

Prioritäten der Operatoren

Kommen mehrere Operatoren in einem Ausdruck vor, werden diese von links nach rechts ausgewertet. Dabei wendet Calc die in obiger Tabelle angegebenen Prioritäten an. Die Negation einer Zahl besitzt die höchste Priorität. Daran schließen sich Prozentzeichen und Exponent an. Anschließend kommt Punktrechnung (Multiplikation, Division) vor der Strichrechnung (Subtraktion, Addition). Der Ausdruck" = 10 + 5 * 20" ergibt also den Wert 110 und nicht 300, da die Multiplikation vor der Addition ausgeführt wird. Die Vergleichsoperationen aus obiger Tabelle besitzen die gleiche Priorität, wurden hier aber aus Übersichtsgründen auf mehrere Zeilen aufgeteilt. Um die Priorität zu übergeben, können Sie Teilausdrücke klammern (» = (10 + 5) * 20« ergibt dann den Wert 300). Die Klammerung empfiehlt sich übrigens immer, da diese die Lesbarkeit erhöht.

11.3.3 Genauigkeit von Berechnungen beeinflussen

Calc benutzt für Berechnungen die Genauigkeit der internen Zahlendarstellung. Bei kaufmännischen Berechnungen möchte man jedoch mit den angezeigten Werten arbeiten, um Rundungsfehler im Centbereich zu vermeiden. Sie können Calc anweisen, bei Berechnungen mit der Genauigkeit der Anzeige zu arbeiten.

1. Wählen Sie im Menü *Extras* den Befehl *Optionen* und rufen Sie im Zweig *OpenOffice.org Calc* den Eintrag *Berechnen* auf.
2. Dann lässt sich im Dialogfeld das Kontrollkästchen *Genauigkeit wie angezeigt* markieren.

Das Drehfeld *Nachkommastellen* im Dialogfeld gibt übrigens nur an, wie viele signifikante Nachkommastellen beim Format *Standard* in der Zelle angezeigt werden.

11.3.4 Wissenswertes zu Zellbezügen in Ausdrücken

Häufig enthalten Ausdrücke (Formeln) Verweise auf andere Zellen. Die Anweisung »= C11 * D12« bewirkt eine Multiplikation der Zellinhalte der Zellen C11 und D12. Wie in *Kapitel 10* erwähnt, lassen sich solche Ausdrücke direkt in die Rechenleiste im Bearbeitungsfeld eintippen. Oder Sie geben das Gleichheitszeichen bzw. die Operatoren ein und rufen die Zellbezüge durch Anklicken der jeweiligen Zellen ab.

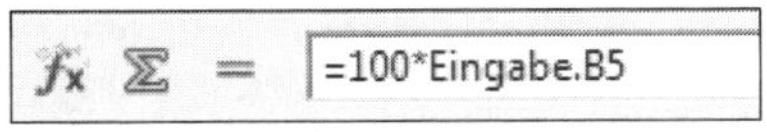

Abbildung 11.23: Verweis auf eine andere Tabelle

Calc unterstützt dabei auch Verweise auf Zellen anderer Tabellen im aktuellen oder in einem fremden Tabellendokument. Um einen Verweis auf eine andere Tabelle in einen Ausdruck einzufügen, gehen Sie folgendermaßen vor:

1. Tippen Sie das Gleichheitszeichen oder bei Teilausdrücken den Operator (+, – etc.) in die Zelle oder in das Bearbeitungsfeld ein. Calc wartet auf die Eingabe einer Zellreferenz.
2. Wechseln Sie zur gewünschten Tabelle (indem Sie auf den Registerreiter klicken) und klicken Sie dann auf die gewünschte Zelle.

Bei einem Bezug auf ein anderes Tabellendokument muss dieses in einem separaten Fenster geöffnet sein. Dann lassen sich das Dokumentfenster, anschließend die gewünschte Tabelle und zuletzt die benötigte Zelle anklicken. Sobald Sie zur Tabelle mit der Eingabe zurückkehren, sehen Sie im Bearbeitungsfeld bereits die Zellreferenz. Bei Verweisen auf Zellen anderer Tabellen des gleichen Tabellendokuments stellt Calc lediglich den Tabellennamen dem Zellbezug voran und trennt das Ganze durch einen Punkt. In Abbildung 11.23 wird die Zelle B6 der Tabelle »Eingaben« in den Ausdruck einbezogen. Verweise auf andere Tabellendokumente besitzen vor dem Tabellennamen noch eine Pfadangabe auf die Dokumentdatei (z.B. »`'file:///home/daten/t1.ods'#$Tabelle3.B5 * 10`«). Der Dateiname wird dabei in Anführungsstriche gesetzt und mit dem #-Zeichen vom Tabellennamen abgesetzt.

Weiterhin können Sie auch Bezüge auf ganze Zellbereiche in einen Ausdruck eingeben. Dies haben Sie bereits bei der Summenberechnung kennengelernt, wo als Parameter ein Zellbereich in der Form »A4:A10« angegeben wird. Dies bedeutet, die Zellen im Bereich A4 bis A10 sind gemeint. Calc unterstützt dabei verschiedene Operatoren zur Verknüpfung von Zellbereichen.

- Ein Semikolon ermöglicht, mehrere Zellbereiche aufzulisten. Mit dem Ausdruck »=Summe(A1:A3;A5:A7)« werden die Zellen A1, A2, A3, A5, A6 und A7 addiert.
- Das Ausrufezeichen fungiert in Calc als Schnittmengenoperator für Zellbereiche. Der Ausdruck »=B4:C4!C4:C6« bildet die Schnittmenge der Bereiche B4:C4 und C4:C6, was dem Inhalt der Zelle C4 entspricht.

Wenn Sie eine Zelle mit einem Ausdruck per Doppelklick anwählen, hebt Calc die Zellbezüge und die Zellbereiche farbig hervor. Abbildung 11.24 zeigt zwei Beispieltabellen, in denen das Semikolon als Vereinigungsoperator und das Ausrufezeichen als Schnittmengenoperator zum Einsatz gelangen. Der Bereichsoperator : hat dabei die höchste Priorität, gefolgt vom Schnittmengen- und Vereinigungsoperator.

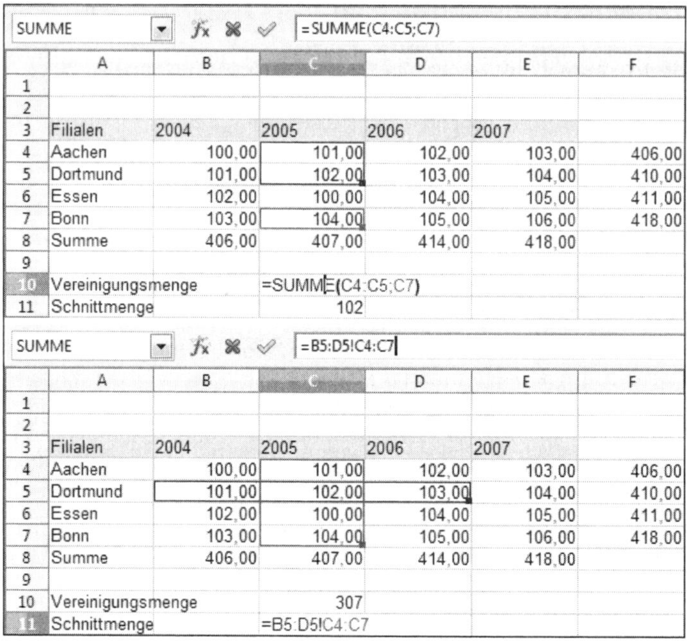

Abbildung 11.24: Beispiele für Vereinigungsmenge und Schnittmenge

HALT

In Microsoft Excel wird ein Leerzeichen statt des in Calc gebräuchlichen Ausrufezeichens als Vereinigungsoperator benutzt. Beim Lesen von Excel-XLS-Dateien sowie beim Speichern im Excel-Format wird dies automatisch berücksichtigt. Falls Sie aber eine Berechnung aus Excel-Tabellen manuell in Calc-Tabellen übertragen, müssen Sie diese unterschiedlichen Zeichen für den Vereinigungsoperator berücksichtigen.

11.3.5 Korrektur von Zellbezügen in Ausdrücken

An dieser Stelle möchte ich noch einige Bemerkungen zur Korrektur von Zellbezügen innerhalb von Ausdrücken machen. Sobald Sie eine Zelle per Mausklick anwählen, erscheint die in der Zelle eingetragene Formel in der Rechenleiste. Sie können die Zellbezüge im Bearbeitungsfeld markieren und per Tastatur überschreiben. Klicken Sie auf eine Zelle der Tabelle, wird der markierte Zellbezug im Bearbeitungsfeld automatisch angepasst.

Beim Doppelklick auf eine Tabellenzelle blendet Calc die Formel direkt in der Zelle ein. Auch hier können Sie eine Zellreferenz per Maus markieren und durch Anklicken einer anderen Tabellenzelle umsetzen.

HALT

Solange sich eine Zelle im Bearbeitungsmodus befindet, sollten Sie nur zum Anpassen markierter Zellreferenzen auf den Zellbereich klicken. Vergessen Sie dies, fügt Calc u.U. Zellbezüge an den unmöglichsten Stellen des Ausdrucks (z.B. am Anfang) ein. Die Formel wird dann falsch. Um diesen Fehler zu vermeiden, verlassen Sie den Bearbeitungsmodus durch Drücken der Tasten [↵] *oder* [Esc] *oder durch Anwahl der beiden Schaltflächen* Übernahme *und* Abbrechen *der Rechenleiste.*

11.3.6 Was passiert beim Kopieren von Ausdrücken?

Calc unterstützt den Benutzer beim Erstellen von Rechenblättern mit Formeln. Bei wiederkehrenden Rechenschritten wie der Summation über verschiedene Spalten oder Zeilen müssen Sie die Summenformel nicht für jede Zielzelle eingeben. Calc ermöglicht Ihnen vielmehr, eine bereits in einer Zelle befindliche Formel in andere Zellen zu kopieren. Dies soll jetzt schrittweise an einem Beispiel analysiert werden. Die Tabelle aus Abbildung 11.25 enthält mehrere Spalten, deren Werte zu summieren sind.

1. Klicken Sie auf die Zelle B10, um dort die Summe der Spalte B abzulegen (Abbildung 11.25, linker Tabellenausschnitt). Anschließend klicken Sie in der Rechenleiste auf die Schaltfläche mit dem Summensymbol.
2. Calc blendet den Ausdruck »=Summe(...)« im Bearbeitungsfeld der Rechenleiste ein und fügt gleichzeitig den Zellbereich B6:B9 als Parameter der Summenfunktion hinzu. Der in die Summation einzubeziehende Zellbereich wird mit einem blauen Rahmen ausgezeichnet (Abbildung 11.25, rechter Tabellenausschnitt).
3. Bei Bedarf kann der Benutzer den Zellbereich anpassen (entweder in die Tabelle klicken und den Zellbereich neu markieren – oder, falls dies nicht klappt, die Zellbezüge im Bearbeitungsfeld manuell korrigieren).

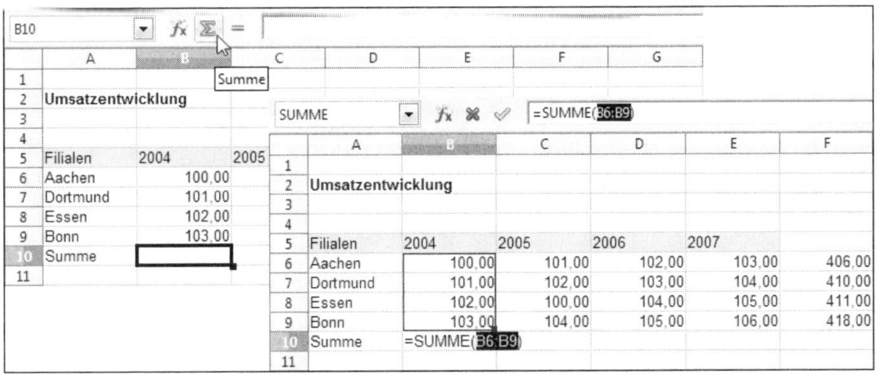

Abbildung 11.25: Summation über eine Tabellenspalte

Sobald die [↵]-Taste gedrückt wird, übernimmt Calc den Ausdruck im Bearbeitungsfeld, fügt diesen in die Zelle ein und zeigt anschließend den berechneten Wert als Ergebnis.

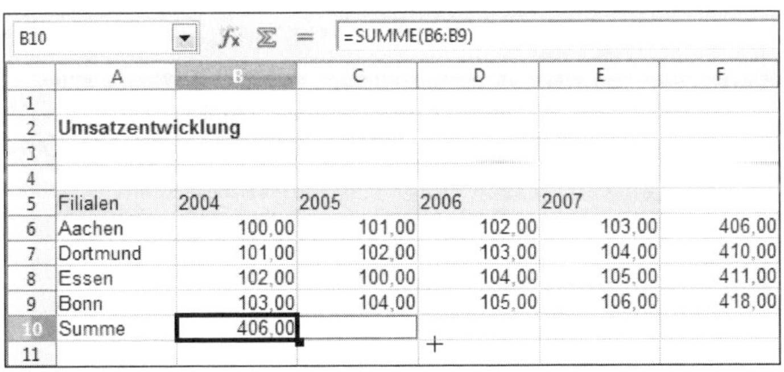

Abbildung 11.26: Kopieren der Summenformel

Um anschließend die Summe der restlichen Spalten zu berechnen, müssen Sie die obigen Schritte nicht für die zugehörigen Zellen wiederholen. Vielmehr reicht es, auf die Zelle B10 mit der ersten berechneten Summe zu klicken. Danach ziehen Sie das Ausfüllkästchen der Zelle bei gedrückter linker Maustaste nach rechts über den Zellbereich C10 bis F10 (Abbildung 11.26). Wenn Sie die linke Maustaste loslassen, zeigt Calc die korrekten Summen in den betreffenden Zellen an. Klicken Sie auf eine solche Zelle, erscheint die zugehörige Formel in der Rechenleiste im Bearbeitungsfeld. Wenn Sie genau hinsehen, bemerken Sie, dass Calc beim Kopieren offenbar die Zellbezüge automatisch angepasst hat. Aus der Formel » = Summe(B6:B9)« in Zelle B10 wurde in der Zelle C10 die Formel » = Summe(C6:C9)«.

Calc analysiert also die Formeln beim Kopieren oder Verschieben und passt alle Zellbezüge so an, dass das Ergebnis stimmt. Dies funktioniert auch beim Erstellen der Zeilensummen, wie in Abbildung 11.27 zu sehen ist. In der oberen Teiltabelle ist der Schritt zum Erstellen der ersten Zeilensumme zu sehen, bei dem der Bereich B6:F6 summiert wird. Die untere Teiltabelle zeigt die Teiltabelle, in der bereits alle Zeilensummen durch Kopieren der Formel von E6 nach E7:E9 ergänzt wurden. Für die Zelle E7 ist in Abbildung 11.27 die korrigierte Summenformel in der Rechenleiste zu sehen.

Abbildung 11.27: Summation der Zeilenwerte

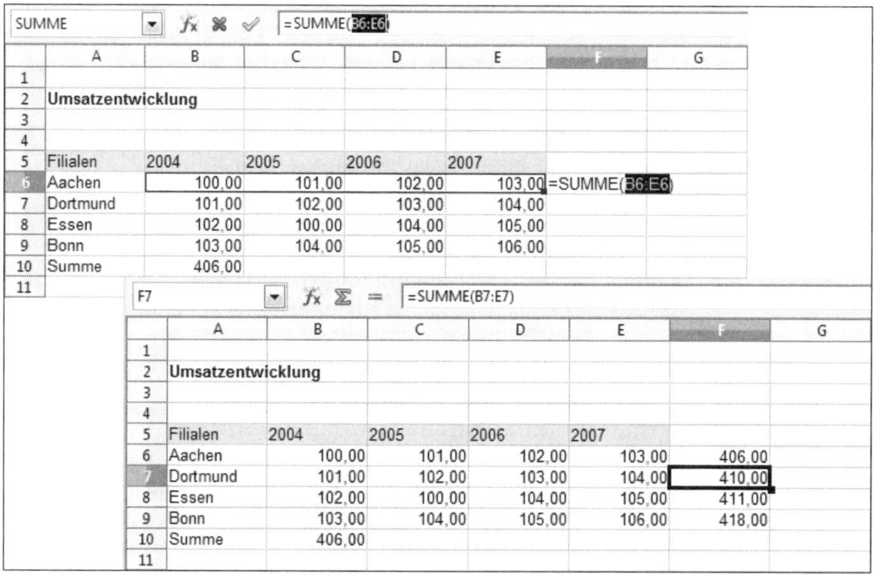

INFO

Bei Angaben der Art »B6:B9« handelt es sich um relative Zellbezüge. Calc passt diese beim Verschieben der Formel an (siehe auch folgende Seiten im Abschnitt »Adressbezüge in Formeln«). Sie finden eine Tabelle mit ähnlichen Testdaten in der Datei Umsatz.ods *des Ordners* Kap11 *im Beispielarchiv.*

11.3.7 Spezialfälle bei Konstanten in Ausdrücken

Ausdrücke können Zellbezüge, Operatoren und Konstanten enthalten. Diese Konstanten sind aber nicht auf numerische Größen beschränkt, sondern können Datumswerte, Text etc. angeben. Calc wandelt einige in numerische Werte um oder bearbeitet die Konstanten gemäß den angegebenen Operatoren.

- Zahlen in doppelten Anführungszeichen werden in Calc als Texte behandelt. Die Anweisung » = »1« + »2«« besteht aus zwei Zeichenketten, wird aber wegen des Additionsoperators durch Calc in einen numerischen Wert gewandelt (rechtsbündige Ausrichtung in der Zelle). In der Zelle erscheint die Zahl 3. Verwenden Sie dagegen den Ausdruck » = »1« & »2«« erscheint das Ergebnis »12« als Text in der Zelle (linksbündig ausgerichtet, da & der Verknüpfungsoperator für Zeichenketten ist). Natürlich können Sie auch gemischte Wertetypen (z.B. = 1 + »5« oder = 2,0 + »4,0 «) in einem Ausdruck verwenden. Solange es sich um gültige Zahlen in den Zeichenketten handelt, konvertiert Calc diese in numerische Datentypen und führt die Rechnung durch.
- Datums- und Zeitwerte müssen bei Berechnungen in Anführungszeichen gesetzt werden (z.B. = »30.6.2008« – »31.3.1973« oder = »30.6.2008« – »31-3-2003«). Diese Angabe wird durch Calc in ein internes Datumsformat konvertiert und dann subtrahiert. Wichtig ist lediglich, dass in den Operanden immer das gleiche Datumssystem benutzt wird. Die Anweisung = »30.6.1986« – »3/31/1973« führt zu einem Fehler, da im zweiten Operanden die englische Datumsschreibweise (Monat, Tag, Jahr) vorkommt.
- Falls Sie mit Uhrzeiten rechnen möchten (z.B. = »8:00« – »7:00«), müssen Sie das Format der Ergebniszelle auf das Zeitformat setzen. Erst dann wird aus dem Ergebnis 0,041666667 (dies ist die interne Darstellung als serielle Zeit) die Angabe 1:00. Verzichten Sie auf Angaben der Art »PM« oder »AM« in Zeitangaben, da diese zu Fehlern führen. Sofern Sie aber Differenzen in Minuten oder Sekunden benötigen, müssen Sie Calc-Funktionen zur Umrechnung der Werte verwenden (siehe »Rechnen mit Datums- und Zeitwerten« am Kapitelanfang).
- Die Funktion JETZT() liefert das aktuelle Datum und die aktuelle Zeit. Sie können daher Zeitdifferenzen zur aktuellen Systemzeit bilden. Die Anweisung » = (JETZT() – »1.1.2008«)« liefert die Zeitdifferenz zwischen zwei Datumswerten als Kommazahl. Um die Differenz in Tagen in der Zelle anzuzeigen, runden Sie diese mit » = GANZZAHL(JETZT() – »1.1.2008«)«.
- Die Funktion KALENDERWOCHE() liefert den Wert der Kalenderwoche, wobei als erstes Argument das Datum und als zweites Argument ein Modus zu übergeben ist. Die Formel » = KALENDERWOCHE(JETZT();0)« gibt die Kalenderwoche des aktuellen Datums zurück. Die Funktion JETZT() übergibt das aktuelle Datum als ersten Parameter. Die Zahl 0 im zweiten Parameter gibt an, dass der Wochenanfang auf einen Montag fällt (dies ist die übliche Notation zur Bestimmung der Kalenderwoche).
- Wahrheitswerte lassen sich als »wahr« oder »1« bzw. »falsch« oder »0« in Ausdrücken eingeben. Die Anzeige erfolgt in Calc aber immer mit den Werten 1 oder 0. Die Eingabe » = »Das Ergebnis ist: « & WAHR« führt zur Textanzeige »Das Ergebnis ist: 1«.

Da diese impliziten Typumwandlungen aber nur schwer zu durchschauen sind, sollten diese nach Möglichkeit vermieden werden.

11.3.8 Durchblick bei Adressbezügen in Formeln

Auf den vorhergehenden Seiten haben Sie gelernt, dass Ausdrücke Referenzen auf andere Zellen in der Art »= B2 + C3« aufweisen können. Hier werden z.B. die Werte der Zellen B2 und C3 addiert und in die aktuelle Zelle als Ergebnis eingetragen. Wenn Sie eine solche Zelle verschieben oder kopieren, passt Calc die Zellbezüge automatisch an (siehe Abschnitt »Was passiert beim Kopieren von Ausdrücken?«). Benötigen Sie in einem Ausdruck einen Bezug auf eine feste Zelle, ist diese automatische Anpassung durch Calc unerwünscht. Deshalb gibt es zwei Arten von Adressbezügen.

- *Relative Adressbezüge* beziehen sich auf Zellen relativ zur aktuellen Zelle. Diese Bezüge enthalten lediglich die Zeilen- und Spaltennummer (z.B. A1, B50, C29 etc.). Calc passt relative Adressbezüge beim Kopieren oder Verschieben der Formeln automatisch an.
- *Absolute Adressbezüge* beziehen sich auf eine absolute Zelle der Tabelle. Zur Kennzeichnung wird vor die Zeilen- und/oder Spaltennummer ein Dollarzeichen ($) gestellt. Die Angabe $A$1 signalisiert einen absoluten Adressbezug auf die Zelle A1, der auch beim Kopieren/Verschieben unverändert bleibt.

Die Angabe $A1 stellt einen gemischten Bezug dar, wobei die Spalte A absolut, die Zeile 1 aber relativ adressiert wird. Beim Kopieren/Verschieben der Formel wird also die Zeilennummer angepasst.

INFO

Die lokalen Bezüge auf eine Tabelle können Sie noch durch die Angabe des Tabellennamens (z.B. Tabelle2.A2) ergänzen. Man bezeichnet dies auch als 3D-Adressbezüge. Beachten Sie, dass Calc einen Punkt zum Trennen des Tabellennamens und der Zelle verwendet, während in Microsoft Excel ein Ausrufezeichen (z.B. Tabelle2!A2) bei 3D-Verweisen benutzt wird. Beim Speichern von Tabellen im Excel-Format berücksichtigt Calc dies zwar, aber bei der manuellen Übernahme von Zellformeln sollten Sie die unterschiedliche Notation kennen.

TIPP

Excel-Benutzer kennen die Möglichkeit, die Adressbezüge einer Zelle mittels der Funktionstaste [F4] *schrittweise zwischen relativ, absolut, gemischt absolute/relative Zeile/Spalte umzuschalten. Da diese Taste in StarOffice/OpenOffice.org für die Datenquellenansicht reserviert ist, müssen Sie in Calc die Tastenkombination* [⇧] + [F4] *verwenden.*

11.3.9 Arbeiten mit Matrixformeln

Eine Spezialität stellen Matrixformeln in Calc-Tabellen dar. Die Handhabung möchte ich an einem einfachen Beispiel demonstrieren. Abbildung 11.28 zeigt eine Wiegetabelle, die an einer Abfüllstation einer Raffinerie geführt wird. Die Fahrzeuge werden vor und nach dem Beladen gewogen. In der Spalte »Netto« wird dann die Zuladung durch Subtraktion der beiden Spalten »Brutto« und »Tara« ermittelt.

	A	B	C	D	E	F
1						
2	**Matrix-Operationen**					
3						
4	Wiegewerte Station West					
5						
6	Spediteur	Datum	Ware	Brutto	Tara	Netto
7	Heimann & Sohn	13.11.08	Heizöl 4711	10.000	2.400	7600
8	Meier Spediteure	14.11.08	Heizöl 4711	8.400	2.500	5.900
9	Bacher Transporte	15.11.08	Heizöl 4711	7.500	2.000	5.500
10	Heimann & Sohn	16.11.08	Heizöl 4711	11.000	2.600	8.400
11	Meier Spediteure	17.11.08	Heizöl 4700	9.300	2.550	6.750
12	Bacher Transporte	18.11.08	Heizöl 4700	8.000	2.431	5.569
13	Colonia Logistik	19.11.08	Heizöl 4700	10.006	2.000	8.006

Abbildung 11.28: Wiegetabelle einer Verladestation

Standardmäßig wird man in Zelle F7 eine Zellformel der Art »=D7–E7« eintippen und dann diese Formel in die darunter liegenden Zellen kopieren. Falls später aber Änderungen durchzuführen sind, müssen diese in jeder Zelle, in der die Rechenanweisung enthalten ist, nachgetragen werden. Bei einer Matrixformel lässt sich ein Ausdruck in einer Zelle ablegen und dann einem ganzen Zellbereich zuweisen. Um die Matrixformel zu definieren, gehen Sie folgendermaßen vor.

1. Markieren Sie den gesamten Zellbereich, in dem die Ergebnisse abzulegen sind. Dies ist der sogenannte Matrixbereich, der im Beispiel die Zellen F7 bis F13 umfasst.
2. Geben Sie das Gleichheitszeichen ein, um die Eingabe der Formel zu beginnen. Statt nun eine Zellformel der Art D7–E7 einzugeben, muss bei Matrixformeln aber mit Zellbereichen operiert werden.
3. Markieren Sie deshalb den Zellbereich D7:D13, um die Bruttowerte in die Berechnung einzubeziehen.
4. Anschließend klicken Sie im Bearbeitungsfeld der Rechenleiste hinter den eingeblendeten Zellbereich (wichtig, da sonst der bisherige Ausdruck überschrieben wird) und tippen das Minuszeichen ein.
5. Markieren Sie anschließend den Zellbereich E7:E13, um die Tarawerte von den Bruttowerten zu subtrahieren. Die Tabelle sowie das Bearbeitungsfeld sollten wie in Abbildung 11.29, oben, gezeigt aussehen.
6. Schließen Sie die Eingabe ab, indem Sie die Tastenkombination [Strg] + [⇧] + [↵] drücken.

Die Tastenkombination [Strg] + [⇧] + [↵] (beim Mac ist die [MacBef]-Taste anstelle von [Strg] zu drücken) bewirkt, dass der Ausdruck als Matrixformel in der Tabelle abgelegt wird. Sie erkennen eine Matrixformel daran, dass der in der Rechenleiste angezeigte Ausdruck in geschweiften Klammern steht (Abbildung 11.29, unten).

Der Vorteil der Matrixformeln besteht nicht nur darin, dass eine Berechnungsformel für alle Zellen des Matrixbereichs gilt. Zusätzlich schützt Calc diesen Matrixbereich vor Veränderungen. Klicken Sie auf eine Ergebniszelle, wird der Versuch, die Matrixformel im Bearbeitungsfeld der Rechenleiste zu ändern, mit der in Abbildung 11.30 gezeigten Fehlermeldung abgewiesen.

11

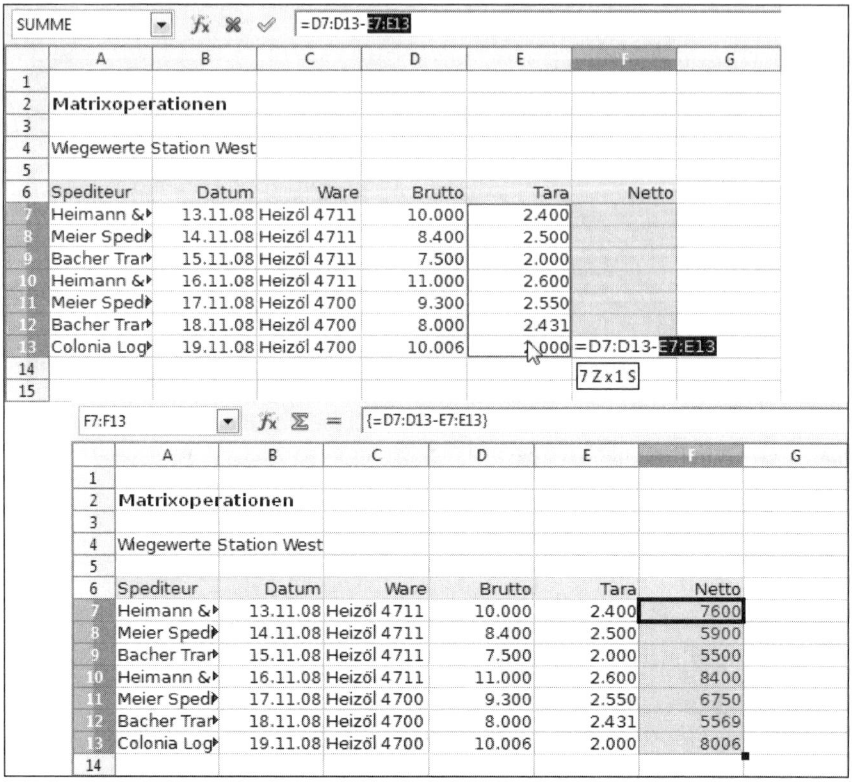

Abbildung 11.29: Einfügen einer Matrixformel

Abbildung 11.30: Fehlermeldung beim Bearbeiten einer Matrix

Um eine Matrixformel zu bearbeiten, müssen Sie den Ergebnisbereich der Matrix markieren. Wenn Sie anschließend die Funktionstaste [F2] drücken oder in das Bearbeitungsfeld der Rechenleiste klicken, zeigt Calc die Formel ohne die geschweiften Klammern {...} an (Abbildung 11.31). Sie können diese nun wie gewohnt bearbeiten, müssen die Korrektur aber erneut durch Drücken der Tastenkombination [Strg] + [⇧] + [↵] abschließen.

TIPP

Falls Sie den Ergebnisbereich der Matrix manuell nicht markieren können (z.B. weil Sie sich unsicher sind oder weil der Bereich sehr umfangreich ist), hilft ein Trick. Klicken Sie eine Zelle des Ergebnisbereichs an und betätigen Sie die Tastenkombination [Strg] + [/], wobei die Taste [/] für die Divisionstaste im numerischen Ziffernblock steht.

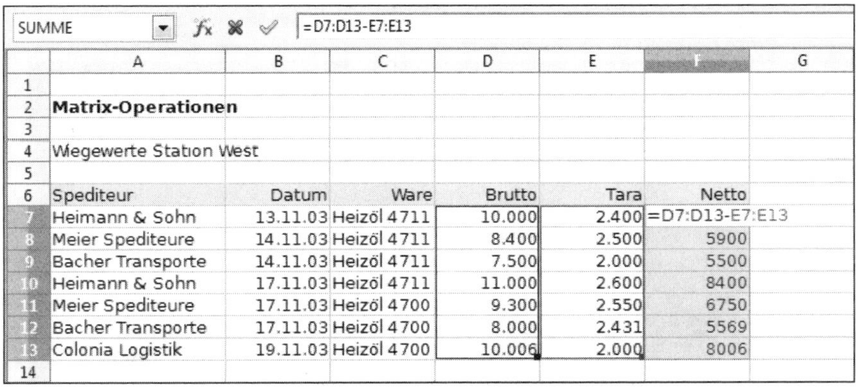

	A	B	C	D	E	F	G
1							
2	**Matrix-Operationen**						
3							
4	Wiegewerte Station West						
5							
6	Spediteur	Datum	Ware	Brutto	Tara	Netto	
7	Heimann & Sohn	13.11.03	Heizöl 4711	10.000	2.400	=D7:D13-E7:E13	
8	Meier Spediteure	14.11.03	Heizöl 4711	8.400	2.500	5900	
9	Bacher Transporte	14.11.03	Heizöl 4711	7.500	2.000	5500	
10	Heimann & Sohn	17.11.03	Heizöl 4711	11.000	2.600	8400	
11	Meier Spediteure	17.11.03	Heizöl 4700	9.300	2.550	6750	
12	Bacher Transporte	17.11.03	Heizöl 4700	8.000	2.431	5569	
13	Colonia Logistik	19.11.03	Heizöl 4700	10.006	2.000	8006	
14							

Abbildung 11.31: Bearbeiten einer Matrixformel

Soll eine Matrixformel (d.h. deren Ergebnisbereich) auf weitere Zellen ausgedehnt oder eventuell reduziert werden? Markieren Sie den Matrixbereich wie oben beschrieben und ziehen Sie dann das Ausfüllkästchen am unteren Rand der Markierung zur Zellposition, die den Matrixbereich abschließt (Abbildung 11.32).

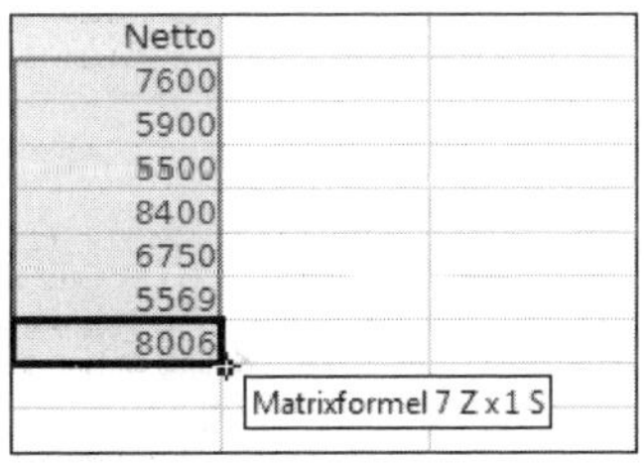

Abbildung 11.32: Ausdehnen einer Matrixformel auf einen Zellbereich

INFO

Sie finden ein Beispiel mit Matrixformeln in Tabelle2 *des Tabellendokuments* Umsatz.ods. *Die Datei ist im Ordner* Kap11 *des Beispielarchivs zu finden.*

11

11.3.10 So lassen sich Funktionen einfügen

Neben den oben beschriebenen Ausdrücken, in denen Operatoren mit Operanden verknüpft werden, lassen sich auch Funktionen einfügen. Die Funktion »Summe« wurde bereits in verschiedenen Beispielen der vorhergehenden Kapitel und Abschnitte benutzt, um den Inhalt von Zellbereichen oder Einzelzellen zu addieren. Calc unterstützt aber wesentlich mehr interne Funktionen, die sich über die Bearbeitungsleiste abrufen oder direkt eingeben lassen.

INFO

Eine in einem Ausdruck eingefügte Formel besteht dabei aus dem Funktionsnamen sowie den in Klammern angehängten Argumenten (z.B. Summe(A1;A2;B4:B9), *wobei Summe der Funktionsname und A1, A2 sowie B4:B9 drei Argumente darstellen). Die Argumente sind durch Semikola zu trennen, wobei deren Anzahl von der verwendeten Funktion abhängt.*

Abbildung 11.33: Beispiel zur Ermittlung des Maximalwerts

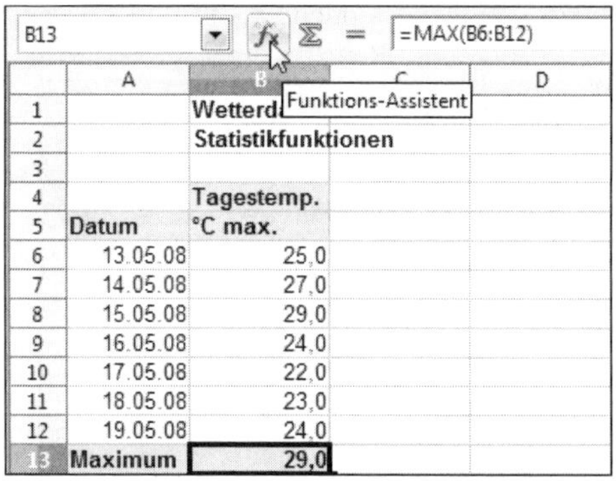

Als erstes Beispiel soll der Maximalwert einer Datenreihe ermittelt werden (Abbildung 11.33). Sind die Daten in der Tabelle eingetragen, lässt sich der Maximalwert der Spalte B mit der Funktion »Max()« ermitteln. Um die Funktion in die Zelle B13 einzufügen, gehen Sie in folgenden Schritten vor.

Abbildung 11.34: Abrufen einer Funktion im Funktions-Assistenten

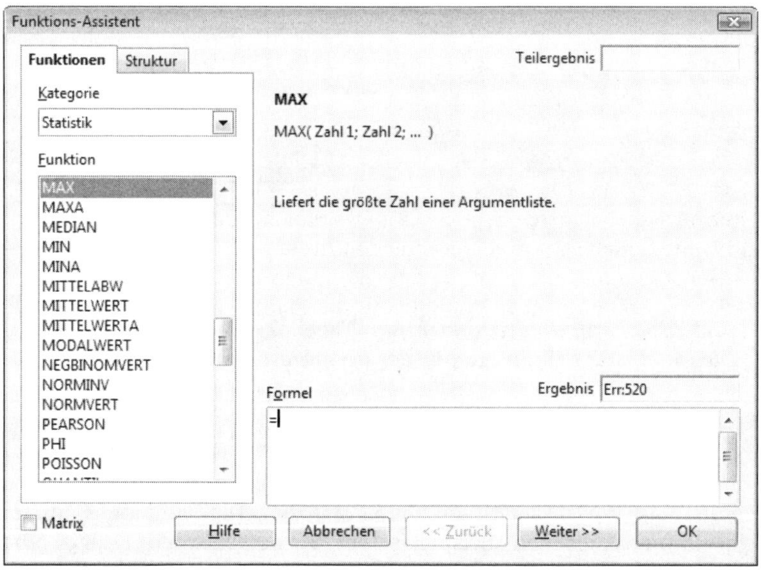

1. Klicken Sie mit der linken Maustaste auf die Zelle B13, um diese als aktive Zelle zu markieren.
2. Klicken Sie in der Rechenleiste auf die Schaltfläche zum Aufrufen des Funktions-Assistenten (Abbildung 11.33). Das für die Schaltfläche eingeblendete Symbol hängt dabei von der Office-Version ab.
3. Sobald das Dialogfeld des Funktions-Assistenten erscheint, wählen Sie auf der Registerkarte *Funktionen* im Listenfeld *Kategorie* den Eintrag »Statistik«. Anschließend lässt sich der gewünschte Funktionsname »MAX« in der Liste *Funktion* wählen (Abbildung 11.34). Der Funktions-Assistent blendet bei Anwahl einer Funktion eine Kurzbeschreibung mit den benötigten Argumenten im rechten Teil der Registerkarte ein.

4. Klicken Sie auf die Schaltfläche *Weiter*, um zum nächsten Dialogschritt zu gelangen. Bei diesem Dialogschritt müssen auf der Registerkarte *Funktionen* die Argumente der Funktion angegeben werden (Abbildung 11.35).

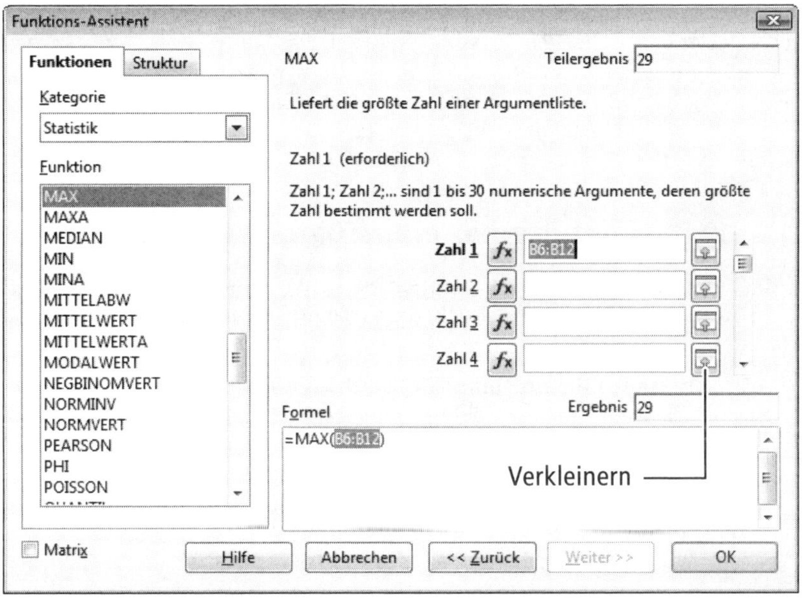

Abbildung 11.35: Eingeben der Argumentliste

5. Klicken Sie auf das Feld für das vorgesehene Argument. Der Funktions-Assistent zeigt dann eine Erläuterung zum betreffenden Argument. Sie können nun einen Wert als Konstante oder eine Zellreferenz eintippen. Um Zellreferenzen direkt aus der Tabelle einzufügen, klicken Sie auf die dem Feld zugeordnete Schaltfläche *Verkleinern*, warten, bis das Dialogfeld des Funktions-Assistenten verkleinert wird, und markieren anschließend die gewünschte Zelle oder den Zellbereich in der Tabelle. Im konkreten Beispiel wird einfach der Zellbereich B6:B12 markiert und dadurch als erstes Argument übergeben. Durch Anklicken der Schaltfläche *Vergrößern* im minimierten Dialogfeld gelangen Sie erneut zur Registerkarte *Funktionen zurück*.

Auf diese Weise müssen Sie alle Argumente der Funktion definieren. Die in Abbildung 11.35 (links vor dem Feld) mit den Zeichen *fx* versehene Schaltfläche ermöglicht Ihnen, eine weitere Funktion als Argument einzufügen. Der bereits eingegebene Ausdruck wird im Feld *Formel* eingeblendet. Zudem sehen Sie das Zwischenergebnis in einem Feld der Registerkarte. Sobald die Registerkarte über die *OK*-Schaltfläche geschlossen wird, speichert Calc die Formel mit der eingefügten Funktion in der Zielzelle. Die Funktion liefert den Ergebniswert an den Ausdruck zurück. Calc bestimmt dann das Endergebnis des Ausdrucks (im Beispiel wird nur der Wert der Funktion »MAX« übernommen) und zeigt dieses in der Zielzelle an (Abbildung 11.33).

INFO

Die Argumentwerte müssen dem von den Funktionen erwarteten Datentyp entsprechen. Datumswerte sind entweder in doppelten Anführungszeichen und in korrekter Datumsschreibweise in das Argumentfeld einzutragen oder über eine Zellreferenz auf ein Datumsfeld zu importieren. Textwerte müssen ebenfalls in Anführungszeichen gesetzt oder aus Textzellen importiert werden. Bei Zahlen gelten die gleichen Regeln wie bei der Eingabe von Konstanten in Ausdrücken. Der von der Funktion zurückgelieferte Wert besitzt ebenfalls einen Datentyp (Zahl, Text, Wahrheitswert, Datum etc.), der von Calc entsprechend in der Zelle angezeigt wird. Sie können das Zellformat aber umsetzen. Dann wandelt Calc das Ergebnis in das Anzeigeformat um.

11.3.11 Korrektur einer eingefügten Funktion

Falls Ihnen beim Einfügen der Funktion ein Fehler unterläuft oder falls das Ergebnis falsch ist, müssen Sie den Ausdruck, die verwendete Funktion oder deren Argumente korrigieren.

- Klicken Sie auf die Ergebniszelle, erscheint der komplette, in der Zelle hinterlegte Ausdruck im Bearbeitungsfeld der Rechenleiste (Abbildung 11.33). Sie können dann den Ausdruck direkt in der Rechenleiste korrigieren. Zellbezüge korrigieren Sie, indem Sie diese im Bearbeitungsfeld markieren und dann auf die neue Zelle klicken. Calc übernimmt den Bezug auf diese Zelle als Zellreferenz.

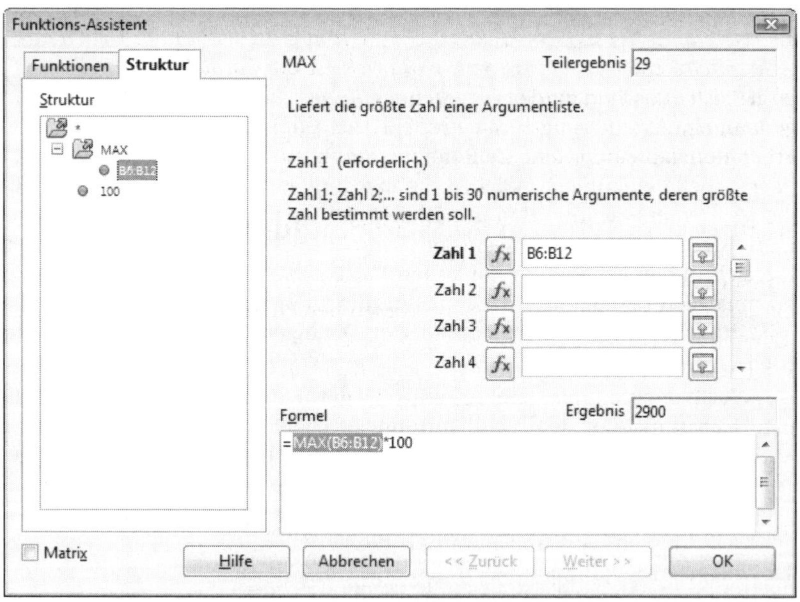

Abbildung 11.36: Korrektur einer Formel auf der Registerkarte *Struktur*

- Möchten Sie die Funktion oder deren Parameter ändern, markieren Sie die Zielzelle und klicken dann erneut auf die Schaltfläche des Funktions-Assistenten. Calc öffnet das Dialogfeld des Funktions-Assistenten und zeigt die Registerkarte *Struktur* im Vordergrund an (Abbildung 11.36). Sie können anschließend die Formel korrigieren und die Änderungen über die *OK*-Schaltfläche übernehmen.

Die Registerkarte *Struktur* ermöglicht Ihnen auch, verschachtelte Ausdrücke zu korrigieren. Die Struktur eines Ausdrucks wird auf der Registerkarte in der linken Spalte *Struktur* als Baumdiagramm angezeigt. Klicken Sie auf einen der Zweige (in Abbildung 11.36 ist die Funktion MAX angewählt), hebt der Funktions-Assistent den betreffenden Teilausdruck als Markierung im Feld *Formel* hervor. Ein Fehler in Office bewirkt aber bei Anwahl dieser Einträge, dass die Auswahl nicht immer korrekt funktioniert. Sie können über die Argumentfelder neue Argumente eintragen oder den markierten Teil über die [Entf]-Taste aus dem Ausdruck löschen. Um eine andere Funktion einzufügen, wechseln Sie zur Registerkarte *Funktionen*, wählen die gewünschte Funktion und ergänzen dann deren Argumente.

HALT

Benutzer, die zwischen Microsoft Excel und Calc wechseln, sollten bei der Korrektur von Ausdrücken und Formeln in Calc aufpassen. Microsoft hat in Excel eine Menge »Intelligenz« zum Erkennen der Benutzerintention eingebaut. Haben Sie beispielsweise eine Zelle mit dem Inhalt » = SUMME(A1:A3)« in Excel markiert, lässt sich der Summenbereich durch Markieren eines neuen Zellbereichs anpassen. In Calc müssen Sie dagegen erst das Argument »A1:A3« markieren, bevor Sie den Zellbereich durch Markieren der Zellen ändern können. Excel erkennt auch, ob ein Zellbezug beim Anklicken einer Zelle Sinn macht. Befindet sich die Schreibmarke nicht an einer Operatorposition innerhalb des Ausdrucks, wird der Eingabemodus verlassen, ohne dass die Formel verändert wird. Bei Calc führt ein Mausklick auf eine Zelle bei aktivem Eingabemodus dazu, dass eine Zellreferenz an die Position der Schreibmarke im Ausdruck eingefügt wird. Dies führt in Abhängigkeit von der Position der Schreibmarke zu der unsinnigen Situation, dass Zellbezüge mitten in einen Funktionsnamen oder in eine Zellreferenz eingetragen werden. Natürlich ist die Formel dann fehlerhaft. Gewöhnen Sie sich in Calc an, zur Zellbearbeitung immer die jeweiligen Ausdrücke zu markieren und die Eingabe über die Tasten [↵] bzw. [Esc] oder die beiden Schaltflächen Übernehmen *und* Abbrechen *der Rechenleiste abzuschließen.*

11.3.12 Berechnungen in Funktionsargumenten

Die Argumente von Funktionen können Zellreferenzen, Konstanten, berechnete Werte oder auch Funktionsergebnisse sein. Neben berechneten Argumenten lassen sich Funktionen innerhalb einer Formel mit anderen Ausdrücken kombinieren und schachteln. Die Anweisung » = A1 + (10 * SUMME(B1:B10))« berechnet die Summe des Zellbereichs B1:B10, multipliziert das Ergebnis mit 10 und addiert das Ganze zum Wert der Zelle A1. Weiterhin können als Argumente die Ergebnisse von Funktionen benutzt werden. Die Anweisung » = SUMME(MAX(A1:A4); MAX(B1:B4))« ermittelt die Summe der Maximalwerte zweier Tabellenspalten.

Die Verwendung von berechneten Funktionsargumenten soll jetzt an einem Beispiel aus dem Bereich der Finanzmathematik demonstriert werden. Sie verfügen über etwas Kapital und möchten dieses für laufende Rentenzahlungen verzinst anlegen. In Abbildung 11.37 ist ein Ausschnitt aus der betreffenden Tabelle zu sehen. Der Benutzer kann die Laufzeit der Investition, die gewünschte Monatsrente, den erzielbaren Zinssatz sowie das am Ende der Laufzeit benötigte Restkapital vorgeben. Calc ermittelt aus diesen Daten das erforderliche Anfangskapital, welches investiert werden muss. Sobald die Lösung einmal steht, kann der Benutzer die Eingangswerte beliebig variieren (z.B. den Zinssatz heraufsetzen, die Rentenzahlung anpassen oder den Betrag für das Restkapital verändern).

Abbildung 11.37: Ermittlung des Barwerts einer Investition

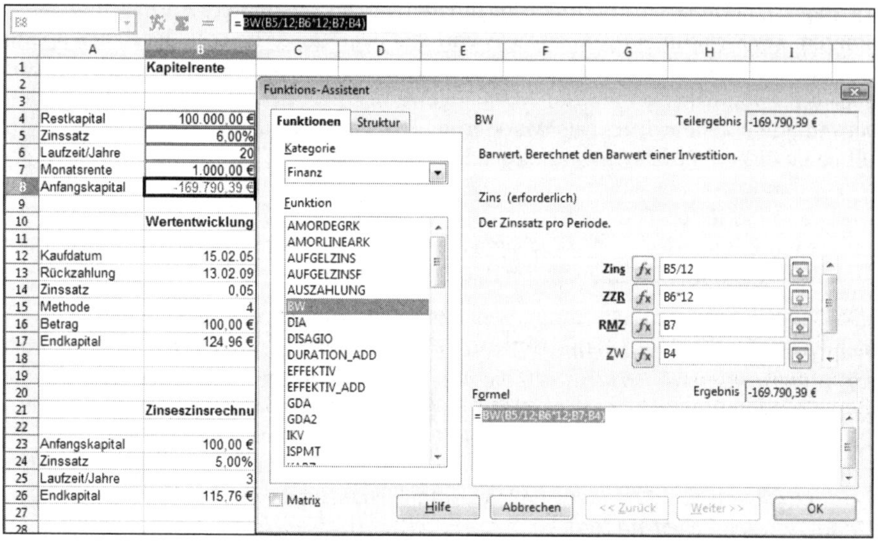

Gemäß Abbildung 11.37 ist hierzu die Funktion »BW« (Barwert) zu verwenden. Diese besitzt als Argumente den Zinssatz (Zins), die Laufzeit (ZZR), die Monatsrente (RMZ) und den optionalen Kapitalendwert (ZW). Ein hier nicht sichtbares fünftes Argument F bezeichnet die Fälligkeit (0 am Anfang und 1 am Ende der Periode).

TIPP

Sie sehen direkt, welche Argumente optional sind und weggelassen werden dürfen. Der Funktions-Assistent zeigt diese in normaler Schrift auf der Registerkarte an, während die erforderlichen Argumentnamen fett hervorgehoben sind.

Aus Abbildung 11.37 ist ersichtlich, dass die Argumente über Zellreferenzen aus der Tabelle bezogen werden – dies ermöglicht dem Benutzer, die Werte in die Zellen einzutippen und so die Berechnung zu variieren. Die erwünschte Rentenrate wird direkt über eine Zellreferenz aus Zelle B7 bezogen. Das Restkapital findet sich in der Zelle B4. Beim Zinssatz, der in Prozent in Zelle B5 eingetragen ist, muss noch eine Besonderheit beachtet werden. Das Modell ermittelt monatliche Rentenzahlungen, während der Zinssatz von Banken üblicherweise für ein Jahr angegeben wird. Folglich muss der Zinsfuß aus Zelle B5 noch durch 12 Monate dividiert werden. Dies erfolgt direkt im Feld *Zins* der Registerkarte über den Ausdruck »B5/12«. Die Zahl der Rentenzahlungen im Feld ZZR darf ebenfalls nicht in Jahren angegeben werden. Vielmehr muss die Laufzeit in Jahren mit 12 multipliziert werden, um die Monate zu berücksichtigen. Auch diese Berechnung wird direkt in das Argumentfeld als Ausdruck eingetragen.

INFO

Das Rechenmodell finden Sie in Tabelle Finanz *der Datei* Funktionen.ods, *die im Ordner* Kap11 *des Beispielarchivs zu finden ist. Die Beispieldatei enthält Makrocode, d.h., Sie erhalten in der Standardkonfiguration beim Öffnen eine Warnung, dass diese Makros blockiert werden und nicht alle Funktionen zur Verfügung stehen. Sie müssen das Dialogfeld über die OK-Schaltfläche bestätigen. Details, wie Sie die Makroausführung freigeben und Sicherheitseinstellungen anpassen, sind in Kapitel 23 beschrieben.*

Das betreffende Beispiel lässt sich auch heranziehen, um die Wertentwicklung einer Kapitelanlage bei monatlicher Zinsauszahlung mit Wiederanlage zu berechnen. Sie müssen nur den Rentenwert auf 0 setzen und das gewünschte Endkapital angeben. Calc wirft dann bei vorgegebener Verzinsung den Startwert der Investition für die Laufzeit aus.

11.3.13 Weitere finanzmathematische Beispiele

Die finanzmathematischen Funktionen von Calc erlauben unterschiedliche Berechnungen vorzunehmen. In Abbildung 11.38 ist ein Tabellenausschnitt mit der Formel zur Berechnung des Auszahlungswerts eines Wertpapiers zu sehen. Dieses Wertpapier wird mit einem Kaufdatum, einem Rückgabedatum sowie einem Disagio (Abschlag vom Kurs, der die Verzinsung repräsentiert) gehandelt. Zudem kann der Benutzer den nominalen Betrag zum Kaufdatum eintragen.

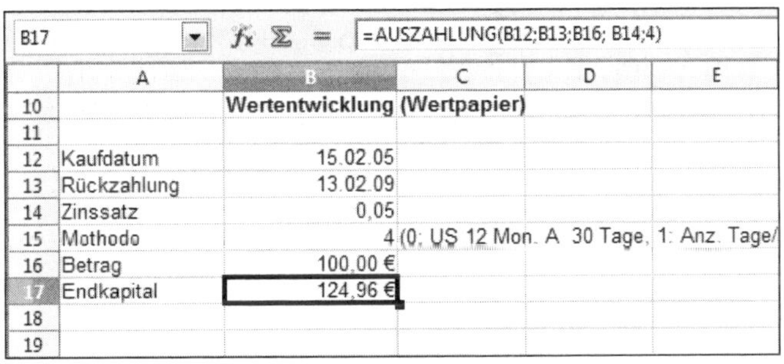
B17 =AUSZAHLUNG(B12;B13;B16; B14;4)

	A	B	C	D	E
10		Wertentwicklung (Wertpapier)			
11					
12	Kaufdatum	15.02.05			
13	Rückzahlung	13.02.09			
14	Zinssatz	0,05			
15	Mothodo	4	(0: US 12 Mon. A 30 Tage,	1: Anz. Tage/	
16	Betrag	100,00 €			
17	Endkapital	124,96 €			
18					
19					

Abbildung 11.38: Ermittlung des Auszahlungswerts eines Wertpapiers

Die Ermittelung des Endbetrags am Fälligkeitstag lässt sich über die Funktion AUSZAHLUNG ermitteln. Als Argumente werden das Kaufdatum, das Rückzahlungsdatum, der Kaufbetrag und das Disagio erwartet. Das optionale fünfte Argument legt über Werte zwischen 0 und 4 fest, mit wie vielen Zinstagen zu rechnen ist. Die Werte 0 und 4 verwenden die börsenübliche Methode mit 12 Monaten á 30 Zinstage. Die Rechenleiste zeigt in Abbildung 11.38, dass die Werte der Argumente direkt aus den Zellen der Tabelle übernommen werden. Die Datumswerte sind im entsprechenden Zellformat in den Zellen zu hinterlegen.

Details zu den verfügbaren Funktionen finden Sie in der Calc-Hilfe. Zu den meisten Funktionen ist auch ein Anwendungsbeispiel angegeben.

INFO

Bankenkonforme Zinseszinsberechnung

An dieser Stelle möchte ich ein zusätzliches Beispiel diskutieren, welches zeigt, dass die finanzmathematischen Calc-Funktionen mit Vorsicht zu behandeln sind. Viele Leute interessiert bei der Geldanlage, wie viel ein einmal angelegter Betrag nach einer Laufzeit von x Jahren bei einer gegebenen Verzinsung wohl wert ist. Theoretisch könnte man die Calc-Funktion KUMZINSZ anwenden, um die kumulierten Zinseszinsen für eine Investition über einen vorgegebenen Zeitraum zu ermitteln. Die Formel » = KUMZINSZ(5,5 % / 12;24;5000;4;6;1)« berechnet die Zinseszinsen für eine Kapitalanlage mit einem Zinssatz von 5,5 % bei einer Laufzeit über 2 Jahre (24 Monate) und einem Anlagebetrag von 5000,00 Euro. Dabei wird der Zinsanteil zwischen der 4. und 6. Zinszahlungsperiode ermittelt. Wählen Sie hier die Werte 1 und

24, sollten die Zinseszinsen über die laufende Periode ermittelt werden. Der letzte Parameter 1 gibt die Fälligkeit der Zinszahlungen am Ende jeder Zinszahlungsperiode wieder.

Leider hat dieser Ansatz einen kleinen Fehler, Banken zahlen die Zinsen nicht monatlich, sondern jährlich am Ende einer Zinszahlungsperiode aus und setzen dies auch bei der Zinseszinsberechnung an. Die Calc-Funktionen sind jedoch so implementiert, dass monatliche Zinszahlungen kumuliert werden – was schlicht zu erhöhten (und damit falschen) Zinsbeträgen führt. Die Calc-Entwickler haben hier die Kompatibilität der Funktion zum Excel-Pendant sichergestellt, welches die gleiche Berechnungsmethode verwendet.

Abbildung 11.39 zeigt die korrekte Berechnung einer verzinsten Endsumme über eine vorgegebene Laufzeit nach der Zinsformel *K1 = K0 * (1 + p/100)* ^{n}, wobei *K0* das Ausgangskapital, p der Zinssatz in Prozent und n die Laufzeit in Jahren ist. Im Calc-Ausdruck wurde die Funktion POTENZ zur Berechnung des Ausdrucks *(1 + p/100)* ^{n} benutzt. Eine Division des Zinssatzes durch 100 ist in der Formel übrigens nicht erforderlich. Durch die Eingabe des Prozentwerts benutzt Calc intern einen um den Faktor 100 dividierten Zellwert.

Abbildung 11.39: Berechnung des Endkapitals unter Berücksichtigung des Zinseszins

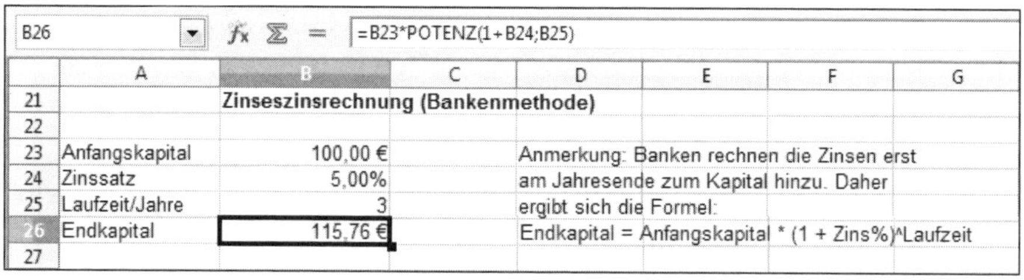

B26 | =B23*POTENZ(1+B24;B25)

	A	B	C	D	E	F	G
21		Zinseszinsrechnung (Bankenmethode)					
22							
23	Anfangskapital	100,00 €		Anmerkung: Banken rechnen die Zinsen erst			
24	Zinssatz	5,00%		am Jahresende zum Kapital hinzu. Daher			
25	Laufzeit/Jahre	3		ergibt sich die Formel:			
26	Endkapital	115,76 €		Endkapital = Anfangskapital * (1 + Zins%)^Laufzeit			
27							

INFO

Die beiden Beispiele finden Sie ebenfalls in der Tabelle Finanz *der Datei* Funktionen.ods *des Beispielordners* Kap11.

11.4 Überblick über die Calc-Funktionskategorien

Calc gliedert die unterstützten Funktionen in Kategorien. Der Eintrag »Alle« im Listenfeld »Kategorie« der Registerkarte *Funktionen* blendet die Liste aller Funktionen in alphabetischer Reihenfolge der Funktionsnamen ein. Über den Eintrag »Zuletzt verwendet« lässt sich eine benutzte Funktion direkt abrufen. Über die Kategorien können Sie schnell auf die zugehörigen Funktionen zurückgreifen. Nachfolgend finden Sie eine Übersicht über die einzelnen Kategorien.

11.4.1 Kategorie Datenbank

Die Kategorie »Datenbank« bietet spezielle Funktionen, die sich auf Listen in Tabellen anwenden lassen (siehe *Kapitel 13*, Abschnitt »Arbeiten mit Listen«). Die Funktionen analysieren z.B., ob in einer Liste Werte mit bestimmten Kriterien übereinstimmen. Alle Datenbankfunktionen beginnen mit »DB«, gefolgt vom Funktionsnamen, und besitzen drei Argumente: *DBname (Datenbank;Feld;Kriterium)*. Das erste Argument definiert den Zellbereich, der die Datenbank als Liste enthält. Der Bereich muss auch die Spaltenbeschriftung (dient zum Ableiten der Felder) umfassen. Im Argument »Feld« wird die Beschriftung der auszuwertenden Spalte angegeben (z.B. »Menge«). Im letzten Argument ist das Kriterium anzugeben, nach der das Feld zu durchsuchen ist. Sie können solche Kriterien sowohl als Konstante übergeben als auch aus einer Zelle übernehmen.

11.4.2 Kategorie Datum&Zeit

Die Kategorie »Datum&Zeit« enthält Funktionen zur Berechnung von Datum und Uhrzeit. Calc kann mit diesen Werten rechnen, da alle Datums- und Zeitwerte intern als serielle Zahlen verwaltet werden.

- Mit der Funktion JETZT() lässt sich die aktuelle Uhrzeit sowie das Tagesdatum abfragen. Mit HEUTE() erhalten Sie das Tagesdatum.
- Die Funktion DATUM wandelt einen Datumswert (»= DATUM (Jahr; Monat; Tag)«) in eine serielle Zahl um. Liegt das Datum als Text vor, müssen Sie die Funktion DATWERT verwenden, um die serielle Zahl zu erhalten.
- Mit der Funktion WOCHENTAG lässt sich der Wochentag aus einem seriellen Datumswert ermitteln. Die Angabe »=WOCHENTAG ("17.11.2008";2)« liefert die Zahl 1 zurück, was bei der vorgegebenen Art 2 dem Wochentag Montag entspricht.

Sie können serielle Zahlen zur Berechnung von Datumsdifferenzen verwenden. Mit der Anweisung »= DATUM (2008;10;10) – DATUM (2008;10;9)« erhalten Sie den Wert 1 als Differenz zurück. Zellen mit Datumswerten lassen sich direkt subtrahieren (z.B. »=B3-D3«). Enthält eine Zelle einen Datumswert der Form TT.MM.JJJJ, können Sie die Argumente der Funktion DATUM über die Funktionen JAHR, MONAT und TAG aufteilen (z.B. »=JAHR(B6)«). Hier wird das Datum aus der Zelle B6 gelesen und die Jahreszahl in die Ergebniszelle geschrieben.

Die Tabelle Zeit *der Datei* Funktionen.ods *im Ordner* Kap11 *des Beispielarchivs demonstriert die Anwendung der Zeit- und Datenbankfunktionen.*

INFO

11.4.3 Kategorie Information

Die Informationsfunktionen erlauben eine Prüfung der Zellen auf bestimmte Informationen bzw. Datentypen. Die Funktion »= ISTTEXT(Wert)« prüft z.B., ob der als Argument übergebene Wert einen Text enthält. Sie können dabei als Parameter sowohl Konstanten (z.B. = ISTTEXT("Test")) als auch eine Zellreferenz angeben. Als Ergebnis wird der Wert True (für eine Zelle mit Text) oder False für andere Werte zurückgegeben.

11.4.4 Kategorie Logisch

Mit den Logikfunktionen können Sie Vergleiche, Verknüpfungen oder Entscheidungen ausführen. Sehr hilfreich ist die WENN-Funktion (»= WENN (*Bedingung*; *Dann*;*Sonst*)«), die eine Überprüfung bestimmter Bedingungen zulässt. Ergibt die Auswertung des Arguments *Bedingung* den Wert True, wird der im zweiten Argument *Dann* angegebene Wert in die Zelle zurückgeliefert. Ist das Ergebnis der Bedingung falsch, liefert die Funktion den Wert des dritten Arguments *Sonst* zurück.

Abbildung 11.40:
Anwendung von Logikfunktionen

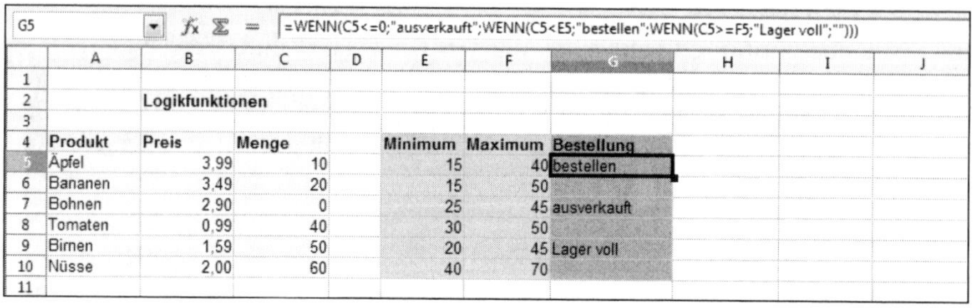

G5 =WENN(C5<=0;"ausverkauft";WENN(C5<E5;"bestellen";WENN(C5>=F5;"Lager voll";"")))

	A	B	C	D	E	F	G	H	I	J
1										
2		Logikfunktionen								
3										
4	Produkt	Preis	Menge		Minimum	Maximum	Bestellung			
5	Äpfel	3,99	10		15	40	bestellen			
6	Bananen	3,49	20		15	50				
7	Bohnen	2,90	0		25	45	ausverkauft			
8	Tomaten	0,99	40		30	50				
9	Birnen	1,59	50		20	45	Lager voll			
10	Nüsse	2,00	60		40	70				
11										

In Abbildung 11.40 wurde die WENN-Funktion zur Überwachung verschiedener Lagerbestände benutzt. Die Spalte C gibt die aktuellen Mengen an, während in den Spalten E und F die Minimum- und Maximumwerte enthalten sind. Unterschreitet ein aktueller Bestand das angegebene Minimum, erscheint in der Spalte *Bestellung* der Hinweis »bestellen«. Sinkt der Bestand auf den Wert 0 (oder trägt jemand einen negativen Wert als Bestand ein), wird der Text »ausverkauft« eingeblendet. Aus diesem Grund erfolgt in der WENN-Funktion eine Prüfung auf < = 0. Wird der maximale Bestand erreicht, blendet die Funktion den Hinweis »Lager voll« ein. Das Ganze wurde durch drei geschachtelte WENN-Funktionen realisiert, deren Aufbau in der Rechenleiste von Abbildung 11.40 zu sehen ist.

INFO

Das Beispiel ist in der Tabelle Logik *der Datei* Funktionen.ods *im Ordner* Kap11 *des Beispielarchivs enthalten.*

11.4.5 Kategorie Finanz

In dieser Kategorie finden sich Funktionen zur Berechnung finanzmathematischer Problemstellungen wie Verzinsung, Abschreibung, Tilgung etc. Beispiele zu solchen Funktionen finden Sie weiter oben (siehe vorherige Abschnitte).

11.4.6 Kategorie Mathematik

In der Kategorie »Mathematik« finden Sie eine Sammlung mathematischer und trigonometrischer Funktionen. Neben der Funktion SUMME gibt es z.B. die Funktion » = PRODUKT (P1;P2;P3;...)«, um mehrere Zahlen miteinander zu multiplizieren. Die Funktion ABS liefert den absoluten Betrag einer Zahl (für die Zahlen 20 und -20 liefert ABS das Ergebnis 20). Die Funktion GANZZAHL liefert den ganzzahligen Teil eines Werts (z.B. 123,14 ergibt 123). Mit WURZEL ermitteln Sie die Quadratwurzel des Parameters. Diese Kategorie enthält auch die weiter oben bereits benutzte Funktion POTENZ.

11.4.7 Kategorie Matrix

In der Kategorie »Matrix« finden Sie verschiedene Funktionen wie Einheitsmatrix, Inverse Matrix etc., mit denen sich Rechnungen auf Matrixbereichen (Tabellenbereich mit Spalten und Zeilen) ausführen lassen. Hinweise zur Eingabe von Matrixformeln finden sich in den vorhergehenden Abschnitten.

11.4.8 Kategorie Tabelle

Die Kategorie »Tabelle« enthält einfache Funktionen, um auf Tabellenbereiche mit Spalten und Zeilen zuzugreifen. Mit den Funktionen VERWEIS und SVERWEIS lässt sich beispielsweise eine mehrspaltige Liste nach Informationen durchsuchen. Anschließend werden benachbarte Zellinhalte der gleichen Zeile zurückgeliefert. Nehmen wir an, Sie pflegen eine Preisliste, die in der ersten Spalte die Warenbezeichnung und in der zweiten Spalte den Preis pro Einheit enthält (Abbildung 11.41, linker Teil).

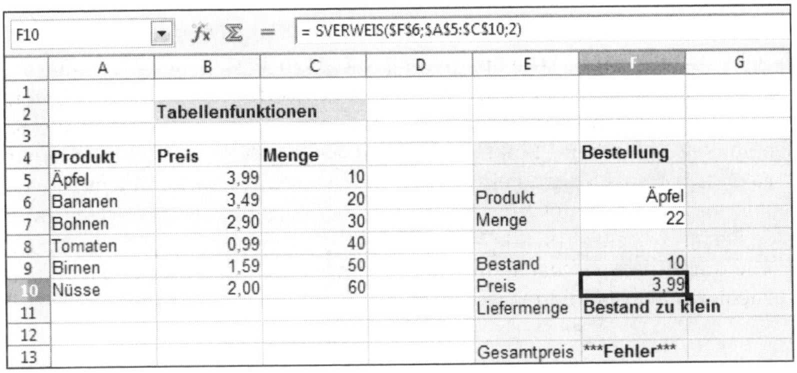

F10 = SVERWEIS($F$6;$A$5:$C$10;2)

	A	B	C	D	E	F	G
1							
2		Tabellenfunktionen					
3							
4	Produkt	Preis	Menge			Bestellung	
5	Äpfel	3,99	10				
6	Bananen	3,49	20		Produkt	Äpfel	
7	Bohnen	2,90	30		Menge	22	
8	Tomaten	0,99	40				
9	Birnen	1,59	50		Bestand	10	
10	Nüsse	2,00	60		Preis	3,99	
11					Liefermenge	Bestand zu klein	
12							
13					Gesamtpreis	***Fehler***	

Abbildung 11.41: Anwendung einer Matrixfunktion

Jetzt soll eine Funktion realisiert werden, die ausgehend von einem vom Benutzer eingegebenen Artikelnamen und einer Menge einen Gesamtpreis berechnet. Der Einzelpreis lässt sich mittels des Suchbegriffs »Produkt« über »= SVERWEIS(Suchbegriff;Suchmatrix;Spalte)« ermitteln. Mit den in Abbildung 11.41 in der Bearbeitungsleiste sichtbaren Argumenten durchsucht die Funktion die erste Spalte des Matrixbereichs nach dem Suchbegriff aus Zelle F6. Wird ein Eintrag gefunden, liefert die Funktion den Wert der angegebenen Spalte der aktuellen Zeile zurück. Beim Wert 2 für das Argument »Spalte« ist dies der Preis, während der Wert 3 den korrespondierenden Bestand aus der Matrix zurückgibt. Das Beispiel berechnet aus den so ermittelten Einzeldaten den Gesamtpreis und meldet über eine IF-Logikfunktion, wenn die Bestellmenge die Lagermenge übersteigt.

INFO

Die in der Datei Funktionen.ods *im Ordner* Kap11 *des Beispielarchivs enthaltene Tabelle* Tabelle *demonstriert die Anwendung der Tabellenfunktionen.*

11.4.9 Kategorie Statistik

In der Kategorie »Statistik« finden Sie diverse statistische Funktionen, die sich auf Tabellenbereiche anwenden lassen. Mit der Funktion »= ANZAHL (A10:A19)« bestimmen Sie beispielsweise die Zahl der Werte im angegebenen Bereich. Die Funktionen »= MIN (A10:A19)« und »= MAX (A10:A19)« ermitteln die kleinste und größte Zahl im angegebenen Zellbereich. Den Mittelwert mehrerer Werte berechnen Sie mit der Anweisung »= MITTELWERT (A10:A19)«.

INFO

Die Tabelle Statistik *der Datei* Funktionen.ods *im Ordner* Kap11 *des Beispielarchivs demonstriert die Anwendung einiger Statistikfunktionen.*

11.4.10 Kategorie Text

Textfunktionen ermöglichen Ihnen in Calc, Texte zu bearbeiten sowie Werte zwischen Text und Zahlen zu konvertieren. Die Funktion » = GROSS(»total«)« gibt den angegebenen Text in Großbuchstaben zurück, während » = KLEIN()« Kleinbuchstaben zurückliefert. Mit der Funktion LINKS() lässt sich aus Texten linksbündig eine vorgebbare Anzahl Zeichen ausschneiden. RECHTS() liefert die Zeichen am rechten Rand eines Texts. Mit WERT() wandeln Sie einen Text in eine Zahl um.

Abbildung 11.42: Anwenden von Textfunktionen

D4 | =WERT(LINKS(B4;4))*C4

	A	B	C	D	E
1	Textfunktionen zum Berechnen einsetzen				
2					
3	Produkt	Preis	Menge	Gesamtpreis	
4	Äpfel	4,50 €/kg	10	45,00	
5	Bananen	3,00 €/kg	23	69,00	
6	Bohnen	1,00 €/Dose	33	33,00	
7	Tomaten	4,50 €/kg	12	54,00	
8	Birnen	4,30 €/kg	45	193,50	
9	Nüsse	5,00 €/Sack	37	185,00	
10					

Die Textfunktionen lassen sich beispielsweise sehr elegant verwenden, um Zahlen, die als Text in einer Tabelle vorliegen, in Berechnungen einzubeziehen. Die Spalte B der Tabelle aus Abbildung 11.42 enthält eine Bestandsliste mit Preisen, denen die Einheit angeheftet wurde (z.B. »4,50 €/kg« oder »3,50 €/Sack«). Sollen solche Werte in Berechnungen benutzt werden, ist die Zahl aus dem Text herauszufiltern. Die Angabe » = WERT(LINKS(B6;4))« schneidet die ersten vier Zeichen aus der Zelle B6 aus, was genau dem Preis entspricht. Anschließend wird der Teiltext über WERT in einen numerischen Wert gewandelt. Das Problem bei diesem Ansatz ist aber, dass dieser nur bei einstelligen Preisangaben funktioniert. Sie können aber die Funktion FINDEN() verwenden, um nach dem Leerzeichen zwischen Preis und Eurozeichen zu suchen (FINDEN(» «;B4)). Die Funktion liefert die Position des Leerzeichens als Wert zurück, der dann als zweites Argument der Funktion LINKS() übergeben wird. Die modifizierte Formel » = WERT(LINKS(B4;FINDEN(» «;B4)))*C4« liefert den Gesamtpreis, unabhängig davon, wie viele Stellen die Preisangabe aufweist.

INFO

Die Tabelle Text *der Datei* Funktionen.ods *im Ordner* Kap11 *des Beispielarchivs demonstriert die Anwendung der Textfunktionen.*

Detaillierte Informationen zu den von Calc unterstützten Funktionen erhalten Sie über die Onlinehilfe des Programms.

11.4.11 Eigene Funktionen

Zusätzlich lassen sich eigene Funktionen mit Basic oder als Add-Ins realisieren (siehe *Kapitel 24*, Abschnitt »Calc um benutzerspezifische Funktionen erweitern«). Allerdings zeigt Calc bisher die benutzerdefinierten Funktionen nicht im Funktions-Assistenten an. Sie müssen die Funktionsnamen daher manuell in das Bearbeitungsfeld eingeben. Die Tabelle *Tabelle1* der Datei *Funktionen.ods* enthält eine solche benutzerdefinierte Funktion MYADD, die zwei Werte addieren kann (siehe Abbildung 11.43).

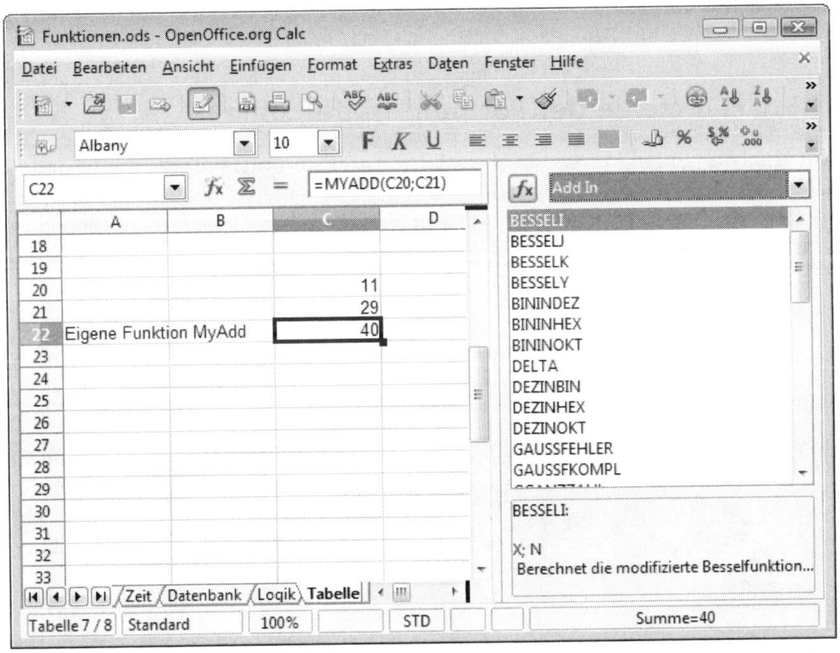

Abbildung 11.43: Tabelle mit eingeblendeter Funktionsliste und benutzerdefinierter Funktion

TIPP

Sie können den Funktions-Assistenten über den Befehl Funktionen *oder mittels der Tastenkombination* Strg + F2 *aufrufen. Falls Sie viele Funktionen in eine Tabelle eingeben müssen, empfiehlt es sich aber, den Menübefehl* Einfügen/Funktionsliste *aufzurufen. Dieser Befehl blendet die Funktionsliste am linken Tabellenrand ein- oder aus (siehe Abbildung 11.43). Sie können die Liste verankern und anschließend Funktionen mit einem simplen Doppelklick in einen Zellausdruck übernehmen.*

11.5 Fehleranalyse und -behandlung in Tabellenblättern

Bei umfangreichen Tabellen müssen die Berechnungsanweisungen vielleicht dokumentiert werden. Oder beim Neuberechnen von Tabellen kommt es zu Problemen durch Zirkelverweise. Auch andere Fehler sind beim Erstellen von Kalkulationstabellen denkbar. Entweder zeigt Calc bereits einen Fehlercode in einer Zelle an oder die berechneten Ergebnisse sind falsch. Der folgende Abschnitt diskutiert, wie Calc Fehler anzeigt, wie sich Formeln abrufen, Tabellenblätter analysieren und Fehler gezielt suchen lassen. Zudem erfahren Sie, was Sie beim Neuberechnen von Tabellen wissen sollten.

11.5.1 Anzeige der Formeln in der Zelle

Zur Analyse umfangreicher Rechenblätter ist es zu umständlich, die in den Zellen enthaltenen Formeln durch Anklicken in der Rechenleiste abzurufen oder per Doppelklick in der Zelle einzublenden. Zur Fehleranalyse oder um die Berechnungsschritte auch als Ausdruck zu dokumentieren, bietet Calc die Möglichkeit, alle in Zellen enthaltenen Formeln einzublenden.

1. Rufen Sie den Menübefehl *Extras/Optionen* auf.
2. Anschließend können Sie im Zweig *OpenOffice.org Calc/Ansicht* das Kontrollkästchen *Formeln* der Gruppe *Anzeigen* markieren (Abbildung 11.44).

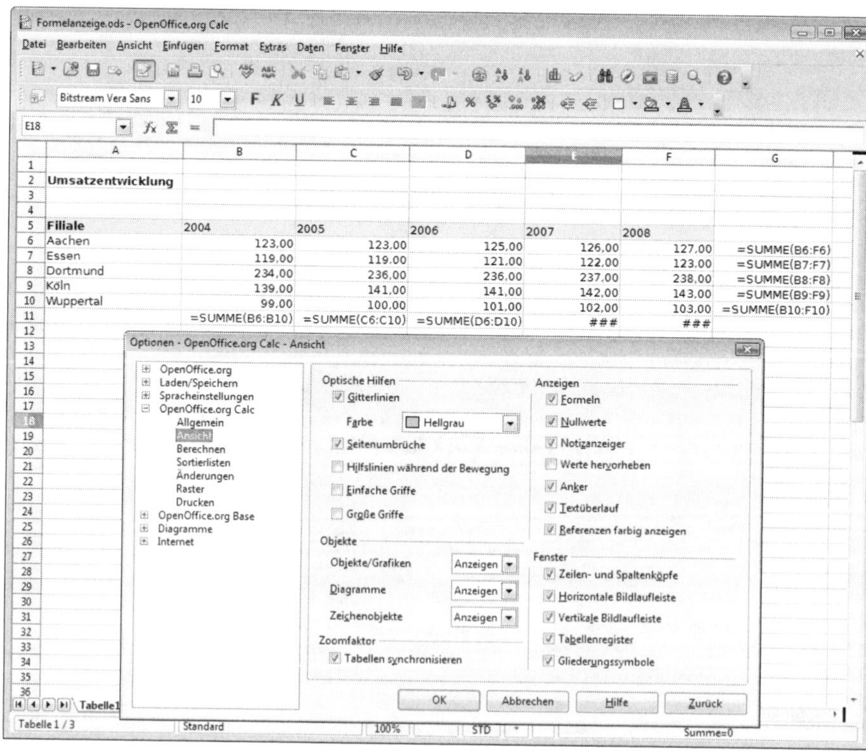

Abbildung 11.44: Formelanzeige in Tabellen

Sobald Sie das Dialogfeld schließen, werden die Formeln in der Tabelle eingeblendet. In der im Hintergrund von Abbildung 11.44 erkennbaren Tabelle wird aber ein Problem sichtbar: Im Gegensatz zu Excel passt Calc die Spaltenbreite der Zellen nicht an. Anstelle der Formeln erscheinen die Zeichen ### als Hinweis, dass die Zellinhalte abgeschnitten wurden. Sie müssen die Spaltenbreite des Tabellenblatts also vergrößern, um die Formeln anzeigen und ggf. ausdrucken zu können. Dadurch geht aber die ursprüngliche Struktur des Tabellenblatts verloren.

TIPP

Um nicht jedes Mal die Spaltenbreiten der Originaltabellen bei der Anzeige von Zellformeln mühsam erweitern und später wieder manuell zurücksetzen zu müssen, können Sie einen Trick verwenden. Fertigen Sie einfach eine Kopie des Tabellenblatts an, blenden Sie die Anzeige der Formeln ein und passen Sie die Spaltenbreite in der Kopie an. Wenn Sie anschließend die Originaltabelle und die Kopie gruppieren, können Sie Formeln in der Kopie anpassen. Diese Änderungen werden automatisch im Original berücksichtigt. Heben Sie später die Gruppierung auf, schalten die Formelanzeige ab und löschen die Kopie, besitzt die Originaltabelle noch die ursprünglichen Spaltenbreiten.

INFO

Calc kennt den Befehl Werte hervorheben *im Menü* Ansicht. *Durch Anwahl des Befehls lassen sich Zahlenwerte im Tabellenblatt wahlweise farbig hervorheben (Konstanten erscheinen blau, berechnete Werte grün) oder normal anzeigen*

11.5.2 Anzeige von Fehlern

Bei der Eingabe und Berechnung von Zellwerten können Fehler auftreten. Calc blendet dann einen Fehlerwert in der betreffenden Zelle ein. Das Programm kennt dabei zwei Darstellungsarten.

- Zellanzeigen der Art #NAME? und #REF! lehnen sich an Excel an. #NAME? signalisiert, dass ein Bezeichner nicht gefunden wurde. #REF! signalisiert einen Zellverweis auf eine nicht existierende Zelle (z.B. eine Zelle, die gelöscht wurde).
- Die Angabe #MAKRO? gibt Ihnen einen Hinweis, dass eine als Makro implementierte benutzerdefinierte Funktion nicht mehr existiert.
- Häufiger wird jedoch eine Fehleranzeige der Art Err:xxx auftreten, wobei die drei Ziffern xxx den Fehlercode angeben.

Klicken Sie auf eine solche Fehleranzeige, blendet Calc in der Statusleiste die Fehlerursache im Klartext ein (Abbildung 11.45). Die Hilfe liefert unter dem Stichwort »Fehlermeldungen / ungültige Bezüge« eine Beschreibung möglicher Fehlerursachen.

INFO

Calc blendet gelegentlich auch die in Excel benutzte Fehleranzeige #NV (benötigter Wert nicht verfügbar) ein.

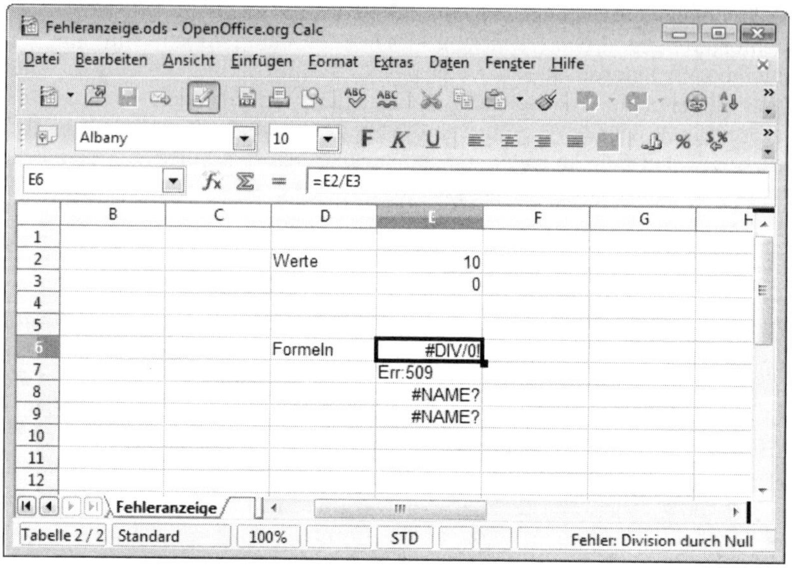

Abbildung 11.45: Anzeige von Fehlerwerten und Statusmeldung

11.5.3 Fehlersuche über den Detektiv

Sobald Sie eine Zelle mit einer Berechnungsformel anklicken, hebt Calc die in Zellbezügen referenzierten Zellen der Tabelle farbig hervor. Zur Verfolgung fehlerhafter Berechnungsketten bietet Calc jedoch eine als Detektiv bezeichnet Funktion, die sich über den gleichnamigen Befehl im Menü *Extras* ein- oder ausschalten lässt. Nach Anwahl des Befehls erscheint ein Untermenü mit weiteren Einträgen, über die sich die Funktionen des Detektivs abrufen lassen.

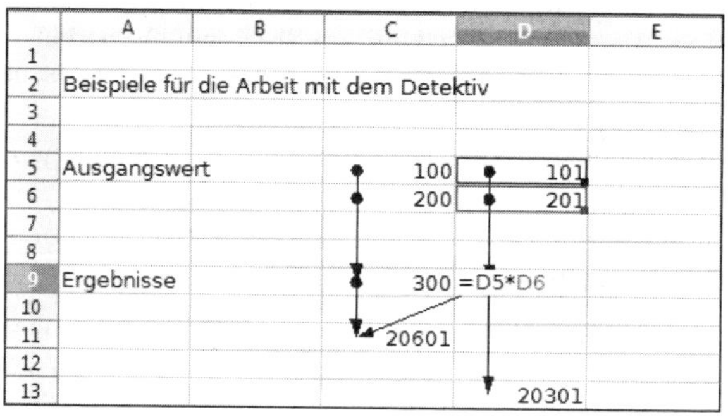

Abbildung 11.46: Anzeige der Spuren zum Vorgänger und zum Nachfolger

- *Spur zum Vorgänger:* Zieht blaue Linien von der aktuellen Zelle zu den in der Formel referenzierten vorhergehenden Zellen (Abbildung 11.46).
- *Spur zum Nachfolger:* Wählen Sie diesen Befehl, wird eine blaue Linie von der aktiven Zelle zu allen nachfolgenden Zellen, die in der Formel referenziert werden, gezogen.
- *Spur zum Fehler:* Markiert eine Fehlerspur von der aktuellen Zelle mit dem Fehlerwert zu den vorhergehenden Zellen (bis zu dem Punkt, wo der Fehler zuerst auftrat). Dies ist hilfreich, wenn ein Fehler in einer Berechnungskette auftritt.

Wenn Sie die Befehle erneut betätigen, werden die Pfeile auf die nächste Vorgänger- bzw. Nachfolgerebene erweitert. Auf diese Art können Sie alle vorhergehenden/nachfolgenden Berechnungsschritte einer Zelle optisch markieren. Das Menü *Extras/Detektiv* bietet zudem Einträge, um die Spuren zum Vorgänger und zum Nachfolger wieder auszublenden. Haben Sie Spuren für mehrere Zellen eingeblendet, lassen sich diese über den Befehl *Alle Spuren entfernen* wieder löschen.

Die Verfolgung der Fehlerspuren ist effizienter als die Hervorhebung der Vorgängerzellen durch Anwahl einer Zelle, da Sie mehrere Fehlerspuren und ganze Berechnungsketten mit dem Detektiv markieren können.

TIPP

Ein Doppelklick auf die Linien zu den Vorgänger-/Nachfolgerzellen bewirkt, dass Calc die so referenzierten Zellen als aktive Zelle hervorhebt.

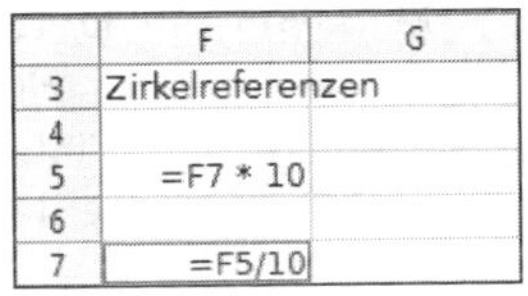

Abbildung 11.47: Zirkelreferenz in einer Tabelle

Ein tückischer Fehler sind auch zirkuläre Referenzen. In diesem Fall hängt eine Formel vom eigenen Wert ab. In Abbildung 11.47 ist eine solche Zirkelreferenz zu sehen. Die Zelle F5 multipliziert den Wert der Zelle F7 mit 10. Gleichzeitig wird die Zelle F7 aber aus dem Wert von F5 abgeleitet. Calc erkennt dies und zeigt den Fehler 522 (Zirkuläre Referenz) an.

TIPP

Ist ein Zirkelbezug gewollt, wählen Sie im Menü Extras *den Befehl* Optionen. *Im Dialogfeld markieren Sie im Zweig* OpenOffice.org Calc/Berechnen *das Kontrollkästchen* Iteration. *Dann können Sie über weitere Optionen die Zahl der Iterationsschritte und den minimalen Änderungswert vorgeben. Calc verwendet standardmäßig 100 Iterationsdurchläufe oder die minimale Änderung von weniger als 0,001 als Abbruchkriterium. Sie können diese Vorgabewerte über die Felder im Dialogfeld verändern.*

11.5.4 Aktualisierung von Berechnungen

Eine Neuberechnung des Tabellenblatts erfolgt bei jeder Änderung an einzelnen Zellen durch Benutzereingaben. Bei Fremdwerten (z.B. eingeblendeten Zeitwerten über die Funktion JETZT) unterbleibt dies aber. Sie können die Aktualisierung der Berechnungen aber jederzeit durch Drücken der Funktionstaste F9 oder über den Befehl *Zellinhalte/Neu berechnen* des Menüs *Extras* erzwingen.

Weiterhin berechnet Calc die Daten beim Laden des Tabellendokuments neu. Enthält die Tabelle Referenzen auf andere Tabellendokumente, lässt sich über den Menübefehl *Extras/Optionen* einstellen, wie diese Verknüpfungen zu aktualisieren sind. Wählen Sie den Zweig *OpenOffice.org Calc/Allgemein*, um die Art der Aktualisierung von Verknüpfungen (z.B. nie, beim Laden oder auf Nachfrage) auf andere Tabellen vorzugeben.

11.6 Fortgeschrittene Techniken zur Zellformatierung

In *Kapitel 10* (siehe Abschnitt »Formatieren der Tabelleninhalte«) wurde die Formatierung der Zellwerte sowie des Zellhintergrunds mit Farben, Rahmen und so weiter gezeigt. Calc unterstützt aber weitere Optionen zum Formatieren von Zellinhalten. Dies reicht von benutzerdefinierten Formaten über bedingte Formate bis hin zur Verwendung von Format- und Dokumentvorlagen.

11.6.1 Verwenden benutzerdefinierter Formate

Falls Ihnen die in Calc integrierten Formate nicht ausreichen, können Sie jederzeit benutzerspezifische Formatschablonen definieren.

1. Markieren Sie die zu formatierende(n) Zelle(n) und rufen Sie die Registerkarte *Zahlen* im Dialogfeld *Zellen formatieren* auf.
2. Anschließend wählen Sie die Kategorie *Benutzerdefiniert* (Abbildung 11.48). Im Feld *Formate* werden bereits definierte Formatschablonen zur Auswahl angezeigt.
3. Anschließend geben Sie den Text des Formatausdrucks (nachfolgend als Formatschablone bezeichnet) in das Feld *Format-Code* ein.
4. Bei Bedarf können Sie die Kommentarschaltfläche anklicken und einen Hinweis auf das neu definierte Format im dann angezeigten Feld hinterlegen. Dieser Kommentar erscheint unterhalb des Felds *Format-Code*, sobald Sie später ein benutzerdefiniertes Format in der Liste *Format* anwählen.
5. Klicken Sie auf die rechts neben dem Feld *Format-Code* angeordnete Schaltfläche *Übernehmen*, um das Format in die Formatliste einzufügen.

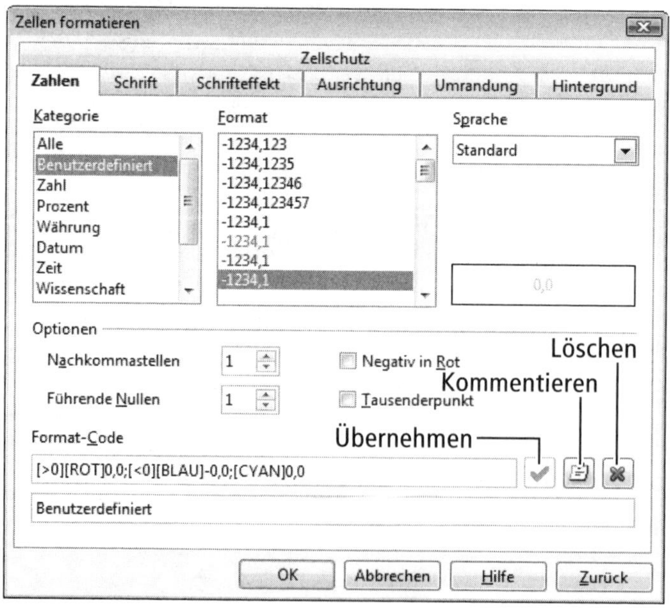

Abbildung 11.48: Formatschablone mit benutzerdefiniertem Format

Sobald Sie die Registerkarte über die *OK*-Schaltfläche schließen, weist Calc das benutzerdefinierte Format den markierten Zellen zu.

INFO

Ein benutzerdefiniertes Format löschen Sie, indem Sie dieses in der Liste Format *der Kategorie* Benutzerdefiniert *markieren und dann auf die Schaltfläche* Löschen *der Registerkarte klicken. Calc speichert die Definition für die benutzerdefinierten Formate mit im Tabellendokument. Das Format steht also in allen Tabellen des betreffenden Dokuments zur Verfügung.*

Codes der Formatschablone

Zur Formatierung der Anzeige lassen sich verschiedene Formatierungszeichen (Codes) innerhalb der Formatschablone benutzen.

0	Die Null dient als Platzhalter für Ziffern, die immer anzuzeigen sind. Durch ein Komma wird dabei die Lage des Dezimalpunkts festgelegt. Werte, deren Nachkommastellen im vorgegebenen Format nicht vollständig darstellbar sind, werden in der Anzeige gerundet. Die Eingabe 0,00 erzeugt eine Zahl mit zwei Nachkommastellen. Geben Sie mehr Vorkommastellen in die Schablone ein, als die Zahl umfasst, füllt Calc fehlende Stellen mit Nullen auf (z.B. 0123,24). Ein Punkt innerhalb der Formatschablone ermöglicht die Anzeige von 1000er-Trennzeichen (z.B. 0.000,00).
#	Dieses Zeichen dient ebenfalls als Platzhalter für eine Ziffer, wobei nicht signifikante Vorkommastellen unterdrückt werden. Die Eingabe ###,## führt beispielsweise beim Wert 1,23 zur gleichen Anzeige, während bei der Ziffer 0 als Platzhalter die Anzeige 001,23 erscheint. Sie können das #-Zeichen mit einem Punkt als Platzhalter für 1000er-Trennzeichen kombinieren (z.B. #.##0,00).
?	Das Fragezeichen dient als Platzhalter für Ziffern der im Nenner und Zähler von Brüchen anzuzeigenden Stellen. Allerdings werden für nicht signifikante Nullen vor und nach dem Komma Leerzeichen eingefügt, damit die Zeichenzahl der Formatangabe entspricht.
/	Dieses Zeichen wird zur Darstellung eines Bruchs verwendet. Zähler und Nenner werden durch die Zeichen 0, # oder ? als Platzhalter formatiert. Mit # ?/? wird nur der Nachkommateil als Bruch angezeigt (z.B. 5 1/4). Mit ???/??? wandelt Calc eine Zahl dagegen in einen echten Bruch um (z.B. 45/100).
,	Das Komma wird zur Markierung des Dezimalpunkts benutzt. Die Zeichen vor dem Komma bestimmen die Anzeige einer numerischen Zahl. Beim Format #,00 werden Werte kleiner 1,00 ohne führende Ziffer (,89) angezeigt. Verwenden Sie die Null als Platzhalter vor dem Komma, um mindestens eine Stelle anzuzeigen (z.B. #0,##). Weiterhin lassen sich Bruchteile einer Sekunde mit dem Komma in Zeitangaben formatieren (siehe folgende Abschnitte).
%	Das Prozentzeichen veranlasst, den internen Wert als Prozentzahl zu interpretieren und mit einem angehängten Prozentzeichen darzustellen.
.	Der Punkt dient als Tausendertrennzeichen in numerischen Formaten. Mit der Formatanweisung #.###,00 werden Zahlen größer 999 mit einem Punkt als 1000er-Trennzeichen (z.B. 1.230,20) dargestellt.

HALT

Wird ein Punkt nicht von Ziffernplatzhaltern umschlossen (z.B. #.), normiert Calc die Zahl auf tausend. Der Wert 12000 wird dann zum Beispiel als 12 angezeigt. Folgen dem Platzhalter 0 oder # zwei Punkte (#..), normiert Calc die Anzeige auf 1 Million.

E	Die Zeichen E- E+ e- e+ stehen für eine Exponentialdarstellung numerischer Werte. Das Formatzeichen muss sich an die Formatangaben für die Ziffern der Mantisse (z.B. #,##E-##) anschließen. Die Platzhalter rechts vom Platzhalter E definieren die Zahl der Ziffern im Exponenten. Vorzeichen (+, –) werden bei Exponenten immer angezeigt, während bei der Mantisse nur negative Vorzeichen dargestellt werden.
Zeichen	Sie können Zeichen in die Formatschablone eintragen, indem Sie diese in doppelte Anführungszeichen setzen (z.B. ## »ct«). Ein einzelnes Zeichen wird mit einem vorangestellten Backslash (z.B. #0 \m) angegeben. Calc gibt diese Zeichen im Ergebnis mit aus.
_	Der Unterstrich fügt in der Anzeige eine Leerstelle in der Breite des folgenden Zeichens ein. Das Format »#,##_E_u_r« sorgt z.B. dafür, dass hinter der letzten Stelle ein Freiraum für ein eventuelles Währungszeichen (Eur) freigelassen wird. Benutzen Sie Klammern zur Darstellung negativer Zahlen, sollten Sie positive Zahlen mit dem Platzhalterzeichen »_« versehen, damit die Abstände in der Anzeige mit in Klammern gesetzten negativen Zahlen übereinstimmen.
@	Dieser Platzhalter markiert eine Zelle mit Textformat. Dies ist bei Formeln hilfreich, die temporär in Text umgewandelt werden. Bei der Eingabe von Text in die Zelle ersetzt Calc das Zeichen @ durch den Text.
M	Dieses Zeichen dient in Datumsformaten als Platzhalter für den Monat. Mit M wird der Monat als numerische Zahl ohne führende Nullen dargestellt. Die Schablone MM weist den Monat als numerischen Wert mit führenden Nullen (z.B. 05) aus. Verwenden Sie die Vorgabe MMM, gibt Calc den Monat in abgekürzter Form mit drei Zeichen (z.B. Jan, Feb etc.) aus. Soll der Monatsname voll ausgeschrieben werden, verwenden Sie die Zeichenkombination MMMM.
T	Der Buchstabe T dient zur Formatierung des Wochentags. Mit T wird der Tag als numerische Zahl ohne führende Nullen (1 bis 31) dargestellt. Die Schablone TT weist den Tag als numerischen Wert mit führenden Nullen (z.B. 06) aus. Verwenden Sie die Vorgabe TTT, zeigt Calc den Wochentag in abgekürzter Form mit zwei Zeichen (z.B. Mo, Di, Mi etc.) an. Soll der Wochentag voll ausgeschrieben werden, verwenden Sie die Zeichenkombination TTTT.
J	Mit JJ oder JJJJ lässt sich das Jahresdatum als zwei- oder vierstellige Zahl anzeigen.
h	Verwenden Sie dieses Zeichen in Datumsformaten zur Anzeige der Stundenwerte. Mit h wird die Zeit im 24-Stunden-Format ohne führende Nullen dargestellt. Die Vorgabe hh ergänzt die Uhrzeit in Stunden um führende Nullen (z.B. 03). Zur Umschaltung auf die 12-Stunden-Anzeige hängen Sie die Zeichen AM/PM an das Format an.
m	Dieses Zeichen formatiert die Minutenanzeige innerhalb eines Zeitwerts. Mit m werden die Minutenwerte ohne führende Null (1 bis 59) angezeigt, während mm immer zwei Stellen zur Anzeige benutzt.
s	Mit s legen Sie das Format für die Sekundenanzeige ohne führende Nullen fest. Mit ss verwendet Calc immer zwei Stellen für die Sekundenanzeige und ergänzt fehlende Ziffern durch den Wert 0.
[ ]	Wenn Sie Zeitangaben außerhalb des Intervalls für Stunden (0 bis 23) und Minuten/Sekunden (0 bis 59) benötigen, müssen Sie den Platzhalter für das Format in eckige Klammern einfassen. Die Formatschablone [h].mm sorgt z.B. für die Anzeige von Zeitwerten, die größer als 23 sind (z.B. 180:20). Sie können die Zeit analog in Minuten oder Sekunden angeben. Randbedingung ist lediglich, dass nur der linke Platzhalter in der Formatschablone in Klammern gesetzt werden darf. Weiterhin werden die eckigen Klammern noch zur Zuweisung von Farben ([CYAN], [GRÜN], [SCHWARZ], [BLAU], [MAGENTA], [ROT], [WEISS], [GELB]) und zur bedingten Formatierung (z.B. [>100]) benutzt. Näheres hierzu finden Sie in den folgenden Abschnitten.

Sie können die obigen Platzhalter zu Formatschablonen kombinieren (z.B. "Gesamtbetrag " #.##0,00). Calc weist alle benutzerdefinierten Formate einer der Kategorien (meist der aktuellen Kategorie) zu. Über Besonderheiten bei der Erstellung benutzerdefinierter Formate informieren Sie die folgenden Abschnitte.

Calc unterstützt zusätzlich länderspezifische Format-Codes zur Anzeige bestimmter Werte. So können Sie mit [~buddhist] einen buddhistischen Kalender darstellen, sofern die betreffenden Optionen eingeschaltet sind. Der Modifikator [NatNum] ermöglicht die Darstellung von Zahlen mit landesspezifischen Zeichen (z.B. in Japanisch, Chinesisch etc.). Details zu diesen Varianten liefert die Hilfe unter »Zahlenformat-Codes«.

11.6.2 So lassen sich Zellinhalte variabel anzeigen

Gelegentlich möchte man Zahlen in Abhängigkeit vom Wert farbig auszeichnen. Die Formatschablonen der benutzerdefinierten Formate ermöglichen Ihnen, diese Fälle in der Anzeige abzufangen. Die Codes innerhalb der Formatschablone werden dabei durch Semikola in vier Abschnitte (positive Zahlen, negative Werte, Nullwerte, Texte) gegliedert.

Um beispielsweise positive Werte normal und negative Werte in der Farbe Rot auszugeben, verwenden Sie die Formatschablone #,00;[Rot] #,00. Beide Zahlen werden mit zwei Nachkommastellen ausgegeben. Negativen Werten ist aber mit dem Code [Rot] im zweiten Parameter die Farbe Rot zugeordnet. Um ein Minuszeichen mit einzublenden, sollten Sie als zweiten Parameter [Rot]-#,00 verwenden.

Um auch Zellen mit dem Wert 0 zu berücksichtigen, hinterlegen Sie die betreffende Formatangabe im dritten Parameter. Bleibt der Parameter leer (z.B. #,##;-#,##;;), werden Zellen mit dem Wert 0 als leer angezeigt. Im vierten Parameter können Sie das Format der Zelle festlegen, falls diese keine Zahlen, sondern einen Text enthält.

Schablone	
#,00;[ROT]-#,00;"leer";"Text"	
Wert	Anzeige
12	12,00
-22	-22,00
0	leer
Montag	Text

Abbildung 11.49: Beispiel für die bedingte Anzeige der Zellinhalte

In Abbildung 11.49 sehen Sie einen Tabellenausschnitt, in dem bedingte Formate benutzt werden. Die Formatschablone ist oberhalb der Spalten mit den Werten zusätzlich als Text eingeblendet. Die Werte sind jeweils doppelt in den zwei Spalten eingetragen. Die linke Spalte ist dabei im Standardzellformat ausgezeichnet, während die Zellen der rechten Spalte mit dem bedingten Format versehen wurden. Die rechte Spalte zeigt die eingegebenen Werte gemäß den Vorgaben der Schablone. Anstelle der Zahl 0 wird der Text »leer« eingeblendet. Texteinträge erscheinen mit dem Kürzel »Text«.

INFO

Möchten Sie generell Nullwerte in der Anzeige eines Tabellendokuments unterdrücken, wählen Sie im Menü Extras *den Befehl* Optionen. *In der Kategorie* Tabellendokument *ist der Zweig* Ansicht *zu wählen. Löschen Sie die Markierung des Kontrollkästchens* Nullwerte *in der Gruppe* Anzeigen.

Die Formatschablonen bieten Ihnen mächtige Eingriffsmöglichkeiten, um Zellinhalte zu verstecken oder zu unterdrücken. Die Formatschablone »#,00; –#,00; »Kein Umsatz«« blendet anstelle des Werts 0 den Hinweis »Kein Umsatz« in der Zelle ein. Bei Bedarf lässt sich dieser Text noch mit einem Farbattribut (z.B. [Rot] »Kein Umsatz«) belegen. Über die Zeichenfolge »;;;« in der Formatschablone wird die Anzeige des Zellwerts unterdrückt. Mit »#,##;;;« lassen Sie dagegen nur positive Werte in der Anzeige zu. Über Formatschablonen wie »[Blau]#,##;[Rot]#,##;[Grün]0;[Zyan]@« färben Sie den Zellinhalt in Abhängigkeit vom eingegebenen Wert ein. Positive Zahlen erscheinen in Blau, negative Werte in Rot. Eine Null wird immer in Grün angezeigt und Texteingaben in der Zelle stellt Calc in Zyan dar.

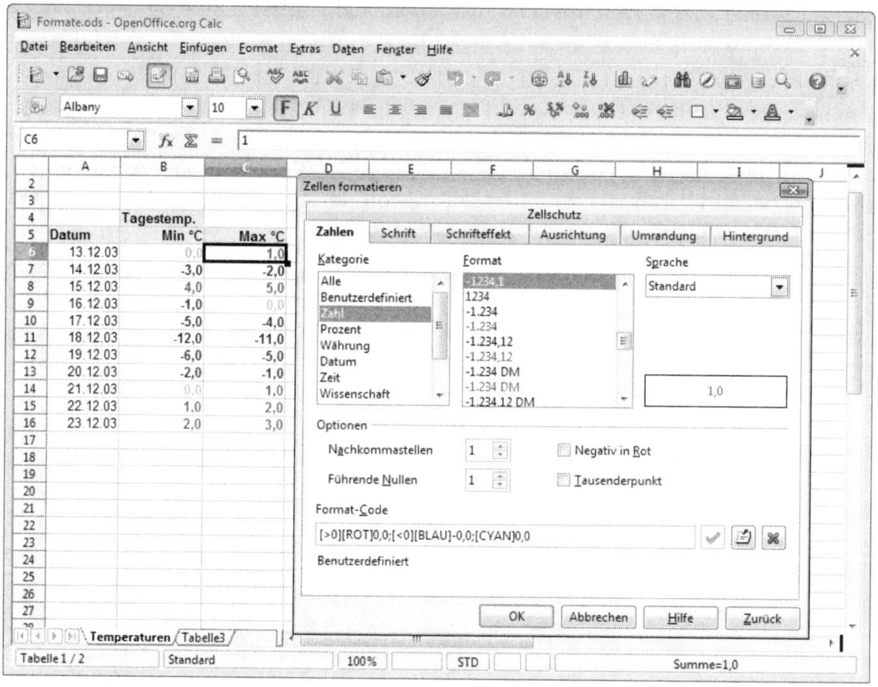

Abbildung 11.50: Tabelle mit eingefärbten Zellwerten

INFO

In Abbildung 11.50 sehen Sie einen Tabellenausschnitt, in dem Temperaturwerte in Abhängigkeit vom Betrag farbig (Minustemperaturen blau, Plustemperaturen rot) ausgezeichnet wurden. Das eingeblendete Dialogfeld zeigt die Format-Codes für diese Auszeichnung. Das Beispiel finden Sie in der Tabelle Temperaturen *der Datei* Formate.ods, *die sich im Ordner* Kap11 *des Beispielarchivs befindet.*

11.6.3 Zellformat über Bedingungen zuweisen

Der obige Ansatz lässt sich ausweiten, indem Sie eine Bedingung in eckigen Klammern ([Bedingung1] Format; [Bedingung2] Format; ...) vor die Formatangabe setzen. Sie können mehrere Bedingungen durch Semikola trennen. Calc wertet die Bedingung eines Bereichs aus und wendet das angegebene Format nur an, wenn die Bedingung erfüllt ist.

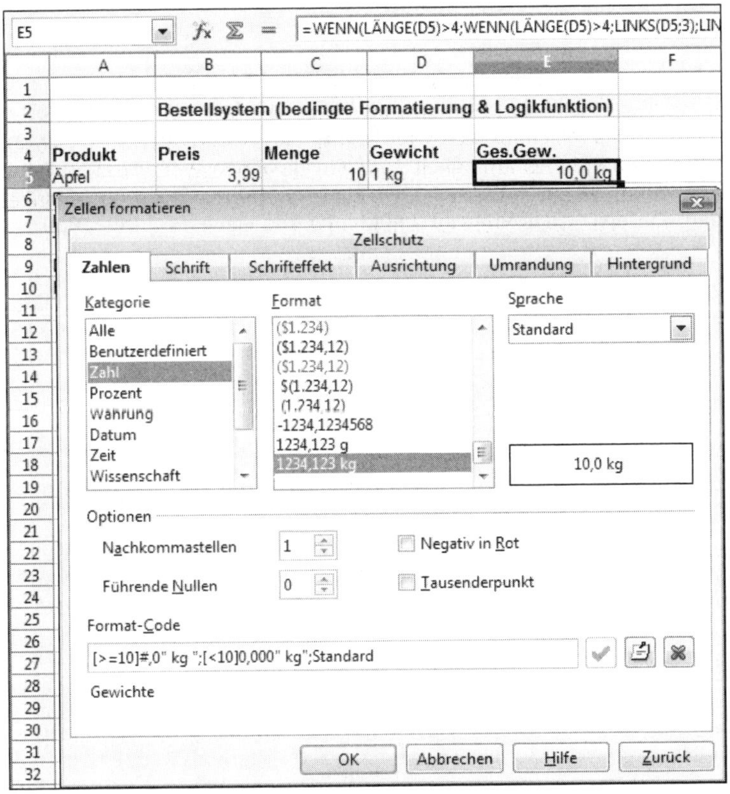

Abbildung 11.51: Anzeige über Formatbedingungen steuern

Das Problem bei diesem Ansatz besteht aber darin, die Bedingungen geschickt zu formulieren. Die Auswertung der Formatschablone erfolgt von links nach rechts. Ist eine Bedingung erfüllt, übernimmt Calc das Format und bricht die weitere Auswertung ab.

Eine Bedingung beinhaltet dabei einen Wert und die Operatoren <, >, <=, >=, =, <>. Der Ansatz erlaubt sehr ausgeklügelte Darstellungen in Calc-Tabellen. In Abbildung 11.51 sehen Sie einen Tabellenausschnitt aus einer Bestandsliste. In der Spalte »Gewicht« wird das Packgewicht pro Einheit angegeben. Die Spalte »Ges.Gew.« soll das Gesamtgewicht des Regalplatzes, der mit den Vorräten belegt ist, enthalten. Bei Gebinden, die in 100-Gramm-Packungen abgegeben werden, ist die Gewichtsangabe mit drei Stellen hinter dem Komma darzustellen, während 1-kg-Gebinde mit einer Dezimalstelle dargestellt werden.

Die Formel »=WENN(C5<=0;»ausverkauft«;WENN(C5<G5;»bestellen«; WENN(C5>=H5; »Lager voll«;»«)))« prüft den Wert der Zelle C5 und gibt in Abhängigkeit von diesem Wert verschiedene Texte in der aktuellen Zelle aus. Theoretisch würde auch eine Prüfung auf »=WENN(C5=0...)« reichen, da es einen Bestand kleiner Null eigentlich nicht geben kann. In der Praxis bevorzuge ich jedoch eine Abfrage auf <= 0, um auch den Fall abzufangen, dass jemand eine negative Zahl als Bestand einträgt. Die (in Abbildung 11.51 teilweise sichtbare) Formel

```
=WENN(LÄNGE(D5)>4;WENN(LÄNGE(D5)>4;LINKS(D5;3);LINKS(D5;1))*C5/1000;WENN(LÄN
GE(D5)>4;LINKS(D5;3);LINKS(D5;1))*C5)
```

berechnet das Gesamtgewicht der bevorrateten Ware aus der Vorratsmenge und dem Gebindegewicht. Da das Gebindegewicht mit der Maßeinheit in der Zelle vorliegt, muss der Wert über eine Textfunktion LINKS abgeschnitten werden. Die Textfunktion LÄNGE prüft, ob ein Gewicht in Gramm vorliegt. Dann müssen einerseits drei Ziffern in der Funktion LINKS zum Extrahieren des Werts berücksichtigt werden. Zudem ist das Produkt aus Menge und Gewicht durch 1000 zu dividieren, um den Wert in Kilogramm anzuzeigen.

Zur Darstellung der Ergebniswerte in der jeweiligen Zelle wird dann noch ein Zellformat benutzt. Die Bedingungen für das Zellformat finden sich in eckigen Klammern vor der eigentlichen Formatangabe. Mit »[>=10] #,0» kg«;[<10]0,000»kg«;Standard« werden zweistellige Kilowerte mit einer Nachkommastelle und Werte unter 10 kg mit drei Nachkommastellen angezeigt.

INFO

Die eckige Klammer um die Bedingung setzt in Calc die Aufteilung der Formatschablone in vier Bereiche (positive Zahl, negative Zahl, Nullwert, Text) aus. Sie können aber für die drei numerischen Bereiche bedingte Formate definieren (z.B. [>500][Blau];[>10][Gelb]; [<0][Rot]; [=0][Zyan]). Das Beispiel finden Sie in Tabelle Tabelle3 *der Datei* Formate.ods *im Ordner* Kap11 *des Beispielarchivs.*

11.6.4 Zeitanzeige in Millisekunden

Die integrierten Formate erlauben keine Zeiten in Millisekunden darzustellen. Sie müssen dann das Zahlenformat mit drei 0-Ziffern als Platzhalter ergänzen. Die Schablone »hh:mm:ss,000« bewirkt die Angabe von Millisekunden. Sollen Stunden- und Minutenangaben automatisch in Sekunden und Millisekunden erscheinen, verwenden Sie die Formatangabe »[s],000«.

TIPP

Benutzerdefinierte Formate stehen immer nur im aktuellen Tabellendokument zur Verfügung. Benötigen Sie solche Formate in anderen Tabellendokumenten, können Sie mit Mustervorlagen arbeiten (siehe Abschnitt »Erstellen von Zellvorlagen für Tabellen« auf den folgenden Seiten). Oder Sie öffnen ein zweites Dokumentfenster und kopieren die formatierten Tabellenzellen per Zwischenablage in das neue Dokument. Dann überträgt Calc auch das benutzerspezifische Format.

11.6.5 Bedingte Formatierung in Tabellen

Mittels der oben diskutierten benutzerdefinierten Formate lässt sich in der Anzeige von Zellinhalten zwischen positiven und negativen Zahlen, Nullwerten sowie Texten unterscheiden. Calc unterstützt darüber hinaus aber auch sogenannte bedingte Formate, die nur dann wirksam werden, wenn eine angegebene Bedingung zutrifft. Im Gegensatz zur Formatierung über den oben gezeigten Ansatz mittels Formatschablonen lassen sich bei dieser Technik Formatvorlagen zuweisen. Über diese Formatvorlagen können Sie auch Zellhintergründe, Rahmen etc. realisieren. Das Ganze soll an der bereits häufiger benutzten Lagerbestandsliste aus Abbildung 11.52 demonstriert werden. Die letzte Spalte dieser Tabelle enthält den Indikator, mit dem Leerbestände, und Positionen für Nachbestellungen signalisiert werden. Weiter oben wurde gezeigt, wie sich bestimmte Anzeigewerte in den Zellen der Spalten ablegen lassen. Nun soll eine bedingte Formatierung noch für eine farbige Hinterlegung der betreffenden Zellen sorgen. Bereiten Sie die Tabelle zuerst entsprechend vor. Hier wurde der Zellbereich zuerst mit einer grauen Hintergrundfarbe ausgestattet. Zudem wurden zwei Formatvorlagen für Bestellungen und ausgelaufene Ware mit den Hintergrundfarben Rot bzw. Blau definiert. Um den Zellen eine bedingte Formatierung zuzuweisen, gehen Sie folgendermaßen vor.

1. Markieren Sie die zu formatierenden Zellbereiche innerhalb der Tabelle und rufen Sie dann den Menübefehl *Format/Bedingte Formatierung* auf.
2. Sobald das Dialogfeld *Bedingte Formatierung* erscheint, können Sie die gewünschten Bedingungen in den Feldern ergänzen.

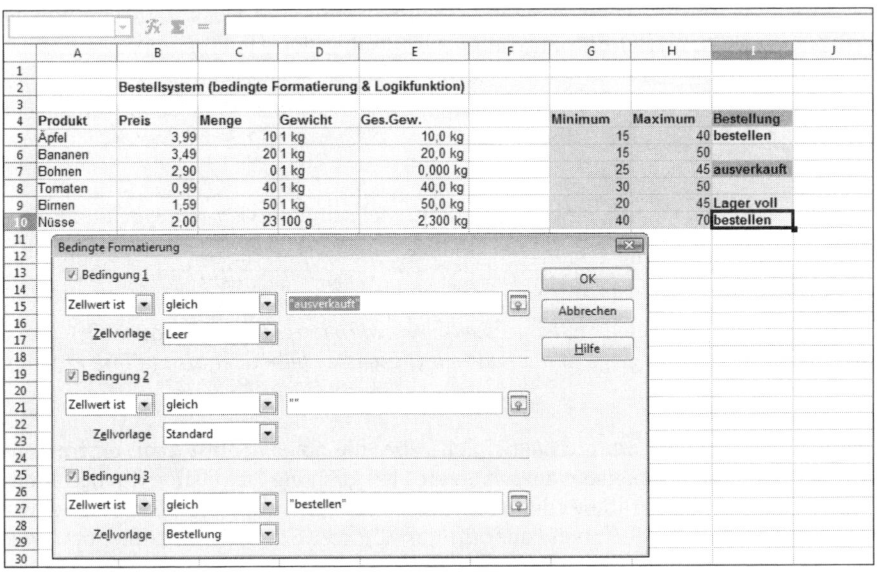

Abbildung 11.52: Festlegen einer bedingten Formatierung

Bezüglich der verfügbaren Optionen im Dialogfeld gilt Folgendes:

- Markieren Sie das Kontrollkästchen *Bedingung x* und wählen Sie im ersten Listenfeld der betreffenden Zeile ein Element (Zellwert oder Formel), welches zum Vergleich herangezogen werden soll. Hier wurde das Element »Zellwert ist« benutzt.

- Im zweiten Feld ist die Vergleichsbedingung (z.B. auf »gleich«) zu setzen.
- Dann tragen Sie die Bedingung in das rechte Feld der betreffenden Bedingungszeile ein. Sie können Konstanten oder Zellreferenzen hinterlegen. Hier wurde direkt der in der Zelle angezeigte Text (z.B. »ausverkauft«) als Konstante eingetragen.
- Abschließend ist über das Listenfeld *Zellvorlage* eine der definierten Vorlagen anzugeben. Diese wird zugewiesen, sobald die Bedingung erfüllt ist.

Diese Schrittfolge kann auf bis zu drei Bedingungen ausgedehnt werden. Sobald Sie das Dialogfeld über die *OK*-Schaltfläche schließen, überträgt Calc die Vorgaben auf die markierten Zellen.

INFO

Sie finden das Beispiel in Tabelle3 *der Datei* Formate.ods *im Ordner* Kap11 *des Beispielarchivs.*

11.6.6 Zellen und Tabellen schützen

Tabellendokumente lassen sich beim Speichern über ein Kennwort vor ungewolltem Öffnen schützen (siehe *Kapitel 10*, Abschnitt »Optionen beim Speichern«). Möchten Sie Zellbereiche vor einer Modifikation durch den Anwender schützen, sind andere Mechanismen erforderlich. Zum Schützen einzelner Zellen innerhalb einer Tabelle gehen Sie in folgenden Schritten vor:

1. Markieren Sie den zu schützenden Zellbereich per Maus oder Tastatur.
2. Rufen Sie nun die Registerkarte *Zellschutz* (Abbildung 11.53) über den Befehl *Zellen formatieren* des Kontextmenüs bzw. über den Menübefehl *Format/Zelle* auf.
3. Setzen Sie die Markierung des Kontrollkästchens *Gesperrt* und schließen Sie die Registerkarte über die *OK*-Schaltfläche.

INFO

Über die restlichen Optionen der Registerkarte Zellschutz *lassen sich geschützte Zellbereiche ausblenden, Formeln vor der Anzeige verstecken oder Zellen beim Ausdruck unterdrücken. Möchten Sie z.B. die Anzeige von Formeln unterdrücken, markieren Sie den Zellbereich oder die komplette Tabelle und setzen die Markierung des Kontrollkästchens* Formel ausblenden. *Ist der Zellschutz aktiviert, können Sie die Zellen dann zwar anwählen, die Anzeige in der Bearbeitungsleiste bleibt aber bis auf Ihre Eingabe leer.*

Bei Bedarf lassen sich weitere Zellbereiche über die obigen Schritte mit einem Zellschutz versehen. Beachten Sie aber, dass dies lediglich die Zuweisung des betreffenden Formatattributs an die Zellen darstellt. Anschließend müssen Sie den Schutz noch für die betreffende Tabelle oder für das komplette Tabellendokument aktivieren.

1. Rufen Sie den Menübefehl *Extras/Dokument schützen* auf und wählen Sie im zugehörigen Untermenü entweder den Befehl *Tabelle* oder den Befehl *Dokument*.
2. Anschließend tippen Sie in das angezeigte Dialogfeld *Tabelle schützen* bzw. *Dokument schützen* ein Kennwort ein. Das Kennwort ist dabei zur Sicherheit in zwei Felder einzugeben (Abbildung 11.54).

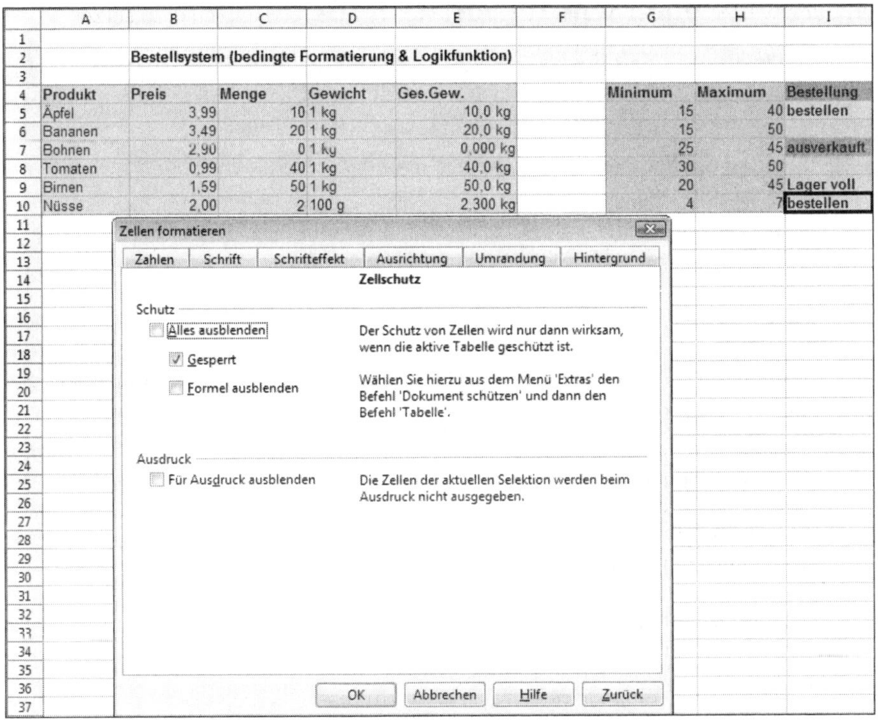

Abbildung 11.53: Einem markierten Zellbereich Zellschutz zuweisen

Abbildung 11.54: Kennwortabfrage beim Zellschutz

Sobald Sie dieses Dialogfeld über die *OK*-Schaltfläche schließen, wird der Kennwortschutz aktiviert. Falls der Benutzer auf eine geschützte Zelle klickt und deren Inhalt in der Rechenleiste verändern will, wird dies mit einem Fehlerhinweis auf den gesetzten Zellschutz zurückgewiesen. Um den Schutz der Tabelle oder des Tabellendokuments abzuschalten, müssen Sie die Befehle im Untermenü des Eintrags *Dokument schützen* im Menü *Extras* erneut anwählen. Erst wenn das korrekte Kennwort in das dann angezeigte Dialogfeld eingetragen wird, hebt Calc den Schutz beim Schließen des Dialogs auf.

INFO

Da das Zellschutz-Attribut über die Zellformate verwaltet wird, können Sie den Zellschutz jederzeit über den Befehl Dokument schützen *setzen und zurücksetzen. Lassen Sie das Kennwortfeld leer, lässt sich der Kennwortschutz später ohne Passwortabfrage zurücksetzen. Die in StarOffice mitgelieferten Beispiele verwenden leere Kennwörter für den Zellwertschutz. Der Tabellenschutz wird auch beim Export in das Microsoft Excel-Format übernommen.*

11.6.7 Erstellen von Zellvorlagen für Tabellen

Ähnlich wie der Writer ermöglicht auch Calc, die Formate für Zellen in einer Vorlage zu definieren und unter einem Vorlagennamen zu speichern. Das Definieren solcher Zellvorlagen erfolgt wie beim Writer im Fenster *Formatvorlagen*.

1. Öffnen Sie das Fenster *Formatvorlagen* über die betreffende Schaltfläche der *Format*-Symbolleiste.
2. Klicken Sie im Fenster *Formatvorlagen* auf die linke Schaltfläche *Zellvorlagen*, um die Kategorie für die Zellvorlagen zu wählen (die rechte Schaltfläche legt das Seitenformat für die Tabelle fest).
3. Anschließend können Sie den Eintrag einer bestehenden Zellvorlage mit der rechten Maustaste anwählen und über das Kontextmenü den Befehl *Neu* zum Anlegen oder *Ändern* zum Anpassen der Vorlage wählen.
4. Calc öffnet das Eigenschaftenfenster aus Abbildung 11.55, auf dessen Registerkarten Sie die Formateigenschaften der Zellvorlage individuell setzen können (siehe auch *Kapitel 10*, Abschnitt »Formatieren der Tabelleninhalte«). Der Vorlagenname ist im Feld *Name* der Registerkarte *Verwaltung* anzugeben.
5. Die Zellvorlage wird angelegt, sobald Sie die *OK*-Schaltfläche betätigen, um das Dialogfeld zu schließen.

Enthält die markierte Zelle bereits das gewünschte Format, lässt sich dieses als Vorlage übernehmen, indem Sie im Fenster *Formatvorlagen* auf die Schaltfläche *Neue Vorlage aus Selektion* klicken (Abbildung 11.55, Hintergrund). Dann wird ein Vorlagename in einem Dialogfeld abgefragt. Weiterhin lässt sich das Zellformat der ausgewählten Vorlage auf Basis des Zellformats der aktiven Zelle über die ganz rechts befindliche Schaltfläche des Fensters *Formatvorlagen* aktualisieren. Grundsätzlich stehen Ihnen die bereits beim Writer (*Kapitel 3*, Abschnitt »Arbeiten mit Formatvorlagen«) beschriebenen Möglichkeiten zur Gestaltung von Zellvorlagen zur Verfügung.

Zum Zuweisen der Zellvorlagen reicht es, wenn Sie die Zielzelle markieren und dann die Vorlage im Fenster *Formatvorlagen* per Doppelklick anwählen. Wählen Sie eine Vorlage im Fenster *Formatvorlagen* und klicken auf die Schaltfläche mit der Gießkanne, lässt sich das gesamte Format auch auf Zellbereiche übertragen (einfach die Zellbereiche im Gießkannenmodus markieren).

11.6.8 Tabellenvorlagen sichern und verwenden

Tabellendokumente, die Sie häufiger neu anfertigen müssen, lassen sich ähnlich wie Textdokumente über Vorlagen erzeugen. Dann können Berechnungsformeln, Formatierungen etc. aus der Vorlage in das neue Tabellendokument übertragen werden. Um eine Vorlage anzulegen und in Office einzurichten, sind folgende Schritte erforderlich.

1. Legen Sie das Tabellendokument mit den erforderlichen Tabellen an und füllen Sie die Tabellen mit Inhalten (Formeln, Formaten etc.). Das Dokument sollte alles enthalten, was standardmäßig in neuen Dokumenten vorhanden sein muss.

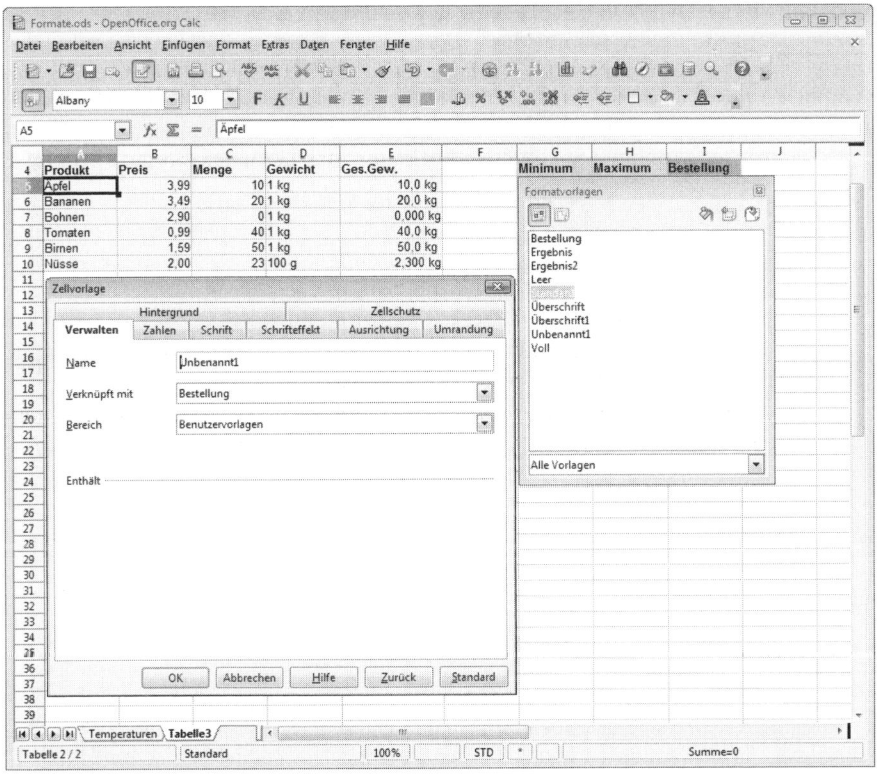

Abbildung 11.55: Definition einer Zellvorlage

2. Wählen Sie im Menü *Datei* den Befehl *Dokumentvorlage* und klicken Sie im Untermenü auf *Speichern*. Calc öffnet das Dialogfeld zur Verwaltung der Vorlagen (Abbildung 11.56).
3. Wählen Sie den Bereich, in dem die Vorlage abzulegen ist, tippen Sie einen Namen für die neue Dokumentvorlage ein und schließen Sie das Dialogfeld über die *OK*-Schaltfläche.

11

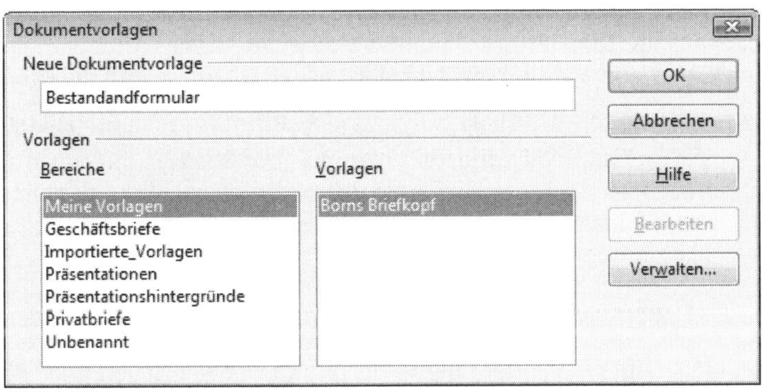

Abbildung 11.56: Erstellen einer neuen Dokumentvorlage

Möchten Sie später ein neues Tabellendokument auf Basis der Vorlage anlegen, wählen Sie im Calc-Fenster im Menü *Datei* die Befehle *Neu/Vorlagen und Dokumente*. Sobald das entsprechende Vorlagenfenster geöffnet wird, markieren Sie das Symbol *Vorlagen*, wählen die betreffende Vorlagenkategorie, markieren die Tabellenvorlage und bestätigen dies über die *Öffnen*-Schaltfläche (Abbildung 11.57). Das neue Dokument enthält alle Inhalte, die beim Speichern der Vorlage enthalten waren.

INFO

StarOffice wird mit einigen Vorlagen für Absatzkalkulation, Autokostenberechnung, Kreditermittlung, Haushaltsplan, Honorarabrechnung etc. ausgeliefert.

Abbildung 11.57: Anlegen eines neuen Dokuments über eine Tabellenvorlage

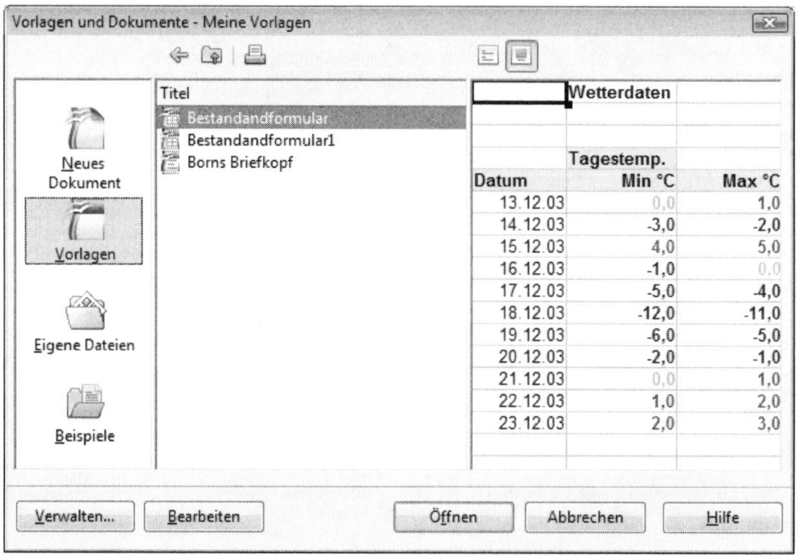

11.6.9 Zuweisen von Themen zu Tabellen

Calc kennt noch sogenannte Themen, die eine Formatvorlage auf ausgewählte Zellen oder auf alle Tabellen des Dokuments anwenden. Die Formatvorlagen dieser Themen umfassen Vorgaben für die Schriftart, die Umrandung und die Hintergrundfarbe.

1. Zum Öffnen des Dialogs *Themen-Auswahl* müssen Sie zuerst die Symbolleiste *Werkzeuge* (über den Untermenübefehl *Ansicht/Symbolleisten/Werkzeuge*) einblenden.
2. Dann klicken Sie auf das Symbol *Themenauswahl* in der *Werkzeug*-Symbolleiste (Abbildung 11.58).
3. Sobald das Dialogfeld erscheint, können Sie eines der Themen durch Anklicken auswählen.

Einige Themen verändern die Hintergrundfarbe der Zellen (z.B. Blue Jeans, Herbstlaub etc.) bereits bei der Anwahl im Dialogfeld. Sie können die Formatierung aber über das Thema »(Standard)« wieder aufheben. Sobald Sie das Dialogfeld über die

OK-Schaltfläche schließen, lässt sich mit dem Dokument weiterarbeiten. Das Interessante an den Themen sind die darin enthaltenen Zellvorlagen. Wurde ein Thema gewählt, können Sie anschließend diese Zellvorlagen über das Dialogfeld *Formatvorlagen* ausgewählten Zellbereichen einer Tabelle zuweisen.

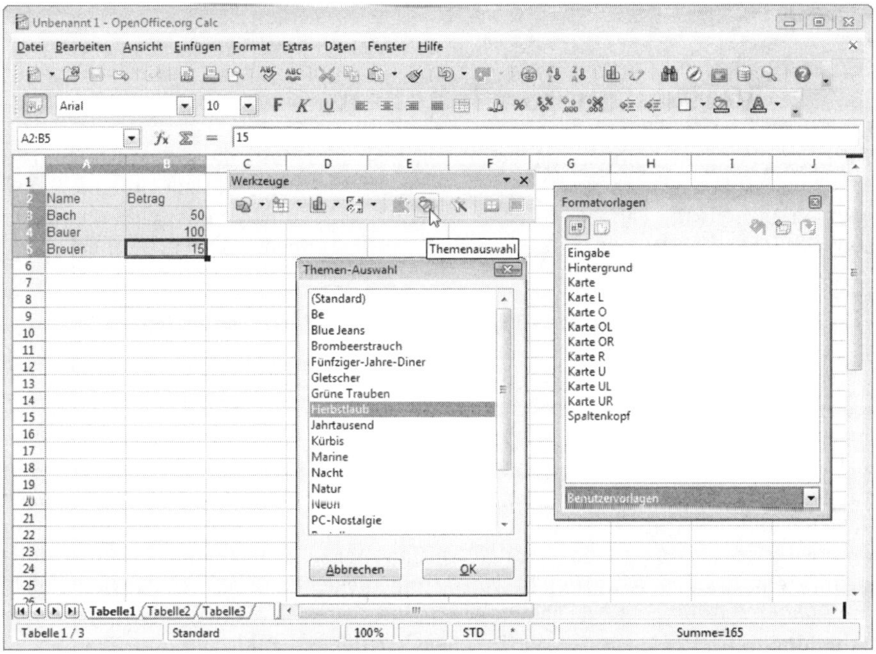

Abbildung 11.58: Arbeiten mit Themen

1. Markieren Sie den Zellbereich, dem die Zellvorlagen des Themas zugewiesen werden sollen.
2. Öffnen Sie das Fenster *Formatvorlagen* (Abbildung 11.58) über die Schaltfläche der *Format*-Symbolleiste. Klicken Sie in diesem Fenster auf die freigegebene Schaltfläche *Zellvorlagen*, um die Zellvorlagen abzurufen.
3. Nun können Sie im Dialogfeld *Formatvorlagen* den Wert des untersten Listenfelds auf »Benutzervorlagen« einstellen. Ist ein Thema gewählt, erscheinen im Dialogfeld die zum Thema verfügbaren Zellvorlagen.
4. Doppelklicken Sie auf einen dieser Einträge, um dem markierten Zellbereich die Zellvorlage zuzuweisen.

In Abbildung 11.58 wurde dem Tabellendokument das Thema »Herbstlaub« mit einem gelben Zellhintergrund zugewiesen. Wird der markierte Zellbereich auf das Zellformat »Karte« gesetzt, hebt dieses den Zellhintergrund durch eine andere Hintergrundfarbe vom umgebenden Zellbereich ab. Wechseln Sie das Thema, passt Calc die Zellformate entsprechend den Vorlagen an. Beim Thema »Schwarz-Weiß« werden alle Tabellenzellen mit einem weißsen Hintergrund versehen. Die mit der Zellvorlage »Karte« ausgezeichneten Zellen erscheinen gleichzeitig mit einer Schattierung.

Sie können keine neuen Themen anlegen oder bestehende Themen entfernen. Haben Sie einem Tabellendokument aber ein Thema zugewiesen, lassen sich die Benutzervorlagen dieses Themas im Dialogfeld Formatvorlagen *anpassen, löschen und erweitern. Sie können hierzu z.B. die Kontextmenübefehle (wie oben beschrieben) verwenden.*

11.7 Verwalten von Tabellen

Tabellendokumente können mehrere Tabellen(-blätter) enthalten. Calc bietet Ihnen verschiedene Funktionen, mit denen Sie neue Tabellenblätter in ein Dokument aufnehmen, bestehende Tabellen löschen, umbenennen, kopieren oder verändern können. Der folgende Abschnitt befasst sich mit den entsprechenden Funktionen.

11.7.1 Tabellen gezielt auswählen, gruppieren, anordnen

Jede in einem Tabellendokument enthaltene Tabelle lässt sich durch einen Mausklick auf den zugehörigen Registerreiter auswählen, d.h. in den Vordergrund holen. Über die Schaltflächen am unteren Rand des Dokumentfensters lässt sich im Ausschnitt mit den Registerreitern blättern (Abbildung 11.60). Auf diese Weise können Sie auch Tabellen, deren Registerreiter verdeckt sind, einblenden. Enthält ein Dokument sehr viele Tabellen, ist die Anwahl über die Registerreiter sehr umständlich. Dann wählen Sie im Menü *Bearbeiten* den Befehl *Tabelle* und klicken im Untermenü auf den Befehl *Auswählen*. Calc blendet ein Dialogfeld mit einer Liste der vorhandenen Tabellen ein (Abbildung 11.59). Sie können die Tabelle im Dialogfeld anklicken und über die *OK*-Schaltfläche in den Vordergrund holen.

Abbildung 11.59: Auswahl einer Tabelle

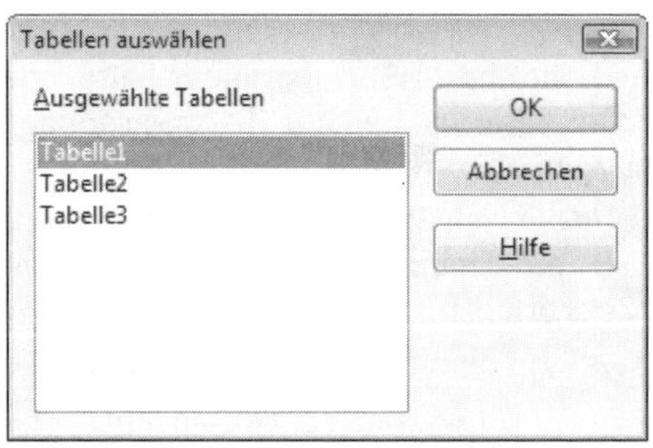

Tabellen gruppieren und Tabellenauswahl aufheben

Um mehrere Tabellen zu markieren und so zu einer Gruppierung zusammenfassen, halten Sie die [Strg]-Taste (bzw. [MacBef]-Taste beim Mac) gedrückt und klicken die gewünschten Registerreiter per Maus an. Jeder angeklickte Reiter wird dann in die Gruppierung aufgenommen. Diese Mehrfachauswahl funktioniert auch mit den Einträgen im Dialogfeld *Tabellen auswählen* (Abbildung 11.59). Die [Strg]-Taste ermöglicht auch, nicht benachbarte Tabellen zu markieren. Möchten Sie mehrere benachbarte Tabellen gruppieren, klicken Sie auf den Registerreiter der ersten Tabelle. Dann halten Sie die [⇧]-Taste gedrückt und klicken auf den letzten Registerreiter der Gruppierung.

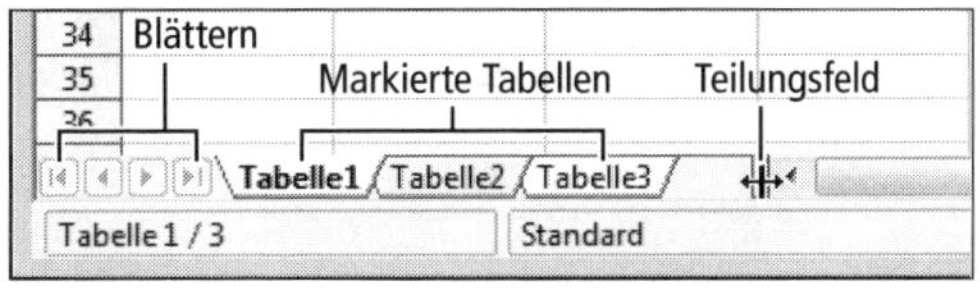

Abbildung 11.60: Verwalten der Tabellen

Um alle Registerreiter auszuwählen und in die Gruppierung einzubeziehen, klicken Sie einen Reiter mit der rechten Maustaste an und wählen im Kontextmenü den Befehl *Alle Tabellen auswählen*.

Ausgewählte Tabellen werden mit einem hellen Registerreiter dargestellt (Abbildung 11.60). Soll die Auswahl aufgehoben werden, klicken Sie die betreffenden Reiter an. Sind alle Tabellen markiert und Sie möchten die Gruppierung wieder aufheben, klicken Sie bei gedrückter [Strg]-Taste erneut auf einen markierten Registerreiter. Wenn Sie diesen anschließend (ohne gedrückte [Strg]-Taste) erneut anklicken, wird dieser markiert und die Markierung (Gruppierung) der anderen Reiter zurückgesetzt.

TIPP

Ist Ihnen der Bereich zur Anzeige der Registerreiter etwas zu klein, zeigen Sie auf das Teilungsfeld am linken Rand der Bildlaufleiste und ziehen dieses bei gedrückter linker Maustaste nach rechts. Dann wird der Anzeigebereich der Registerreiter vergrößert.

11.7.2 Tabellen umbenennen

Neue Tabellen werden automatisch mit Namen wie Tabelle1, Tabelle2 etc. versehen. Möchten Sie eine solche Tabelle nachträglich umbenennen?

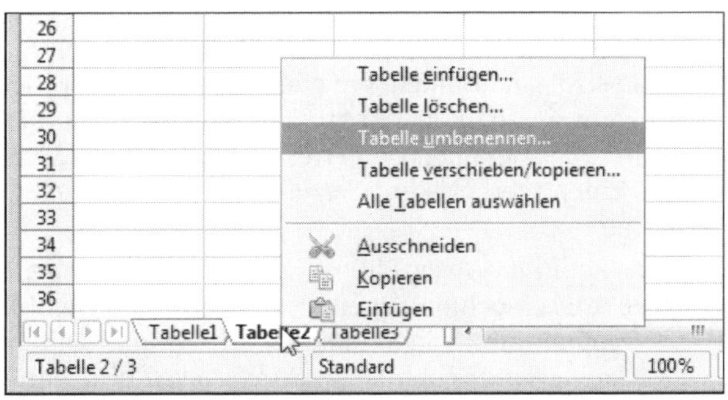

Abbildung 11.61: Kontextmenü zum Verwalten der Tabellen

1. Markieren Sie die Tabelle durch einen Klick mit der linken Maustaste auf den Registerreiter.
1. Klicken Sie mit der rechten Maustaste auf den Registerreiter und wählen Sie im Kontextmenü den Befehl *Tabelle umbenennen* (Abbildung 11.61).
2. In das dann eingeblendete Dialogfeld können Sie den neuen Tabellennamen eingeben (Abbildung 11.62).

Sobald Sie das Dialogfeld über die *OK*-Schaltfläche schließen, wird die neue Bezeichnung in den Registerreiter eingetragen.

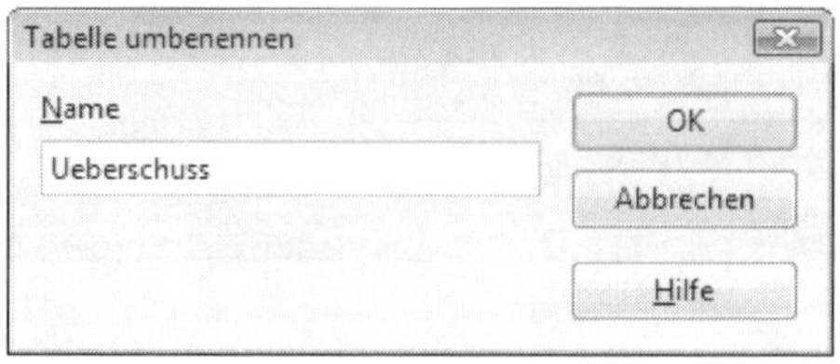

Abbildung 11.62: Tabelle umbenennen

INFO

*Der Name für das Arbeitsblatt darf bis zu 31 Zeichen lang sein. Im Namen dürfen Leerzeichen (z.B. Umsatz 2008) auftreten. Nicht zulässig sind jedoch die Zeichen: [,], :, /, \, ? und *.*

11.7.3 Tabellen neu hinzufügen oder löschen

Tabellendokumente werden in der Regel mit drei leeren Tabellen angelegt. Um weitere Tabellen einzufügen, gehen Sie folgendermaßen vor.

1. Klicken Sie mit der rechten Maustaste auf einen der angezeigten Registerreiter der Tabellenblätter.
2. Wählen Sie im Kontextmenü *Tabelle einfügen* oder im Menü *Einfügen* den Befehl *Tabelle*.
3. Im dann angezeigten Dialogfeld *Tabelle einfügen* sind die gewünschten Optionen zu wählen (Abbildung 11.63).

Bezüglich der Optionen des Dialogfelds *Tabelle einfügen* gilt Folgendes:

- Über die Gruppe *Position* lässt sich bestimmen, ob Calc die neue(n) Tabelle(n) vor oder hinter die aktuell gewählte Tabelle einfügen soll. Sie können die Tabellen aber auch zu einem späteren Zeitpunkt über den Registerreiter neu einordnen (den Registerreiter per Maus vertikal nach links/rechts ziehen).
- Calc ermöglicht Ihnen, ein oder mehrere leere Tabellenblätter zum Tabellendokument hinzuzufügen. Markieren Sie die Option *Neu erstellen* und geben ggf. den Tabellennamen im betreffenden Feld vor. Setzen Sie das Drehfeld *Anzahl* auf einen Wert größer 1, vergibt Calc automatisch durchnummerierte Tabellennamen.
- Calc kennt im Gegensatz zu Microsoft Excel keine eigenen Vorlagen für Tabellenblätter. Möchten Sie ein bestehendes Tabellenblatt zum aktuellen Tabellendokument hinzufügen, markieren Sie das Optionsfeld *Aus Datei erstellen*, klicken auf die Schaltfläche *Durchsuchen* und wählen im geöffneten Dialogfeld das zu ladende Tabellendokument. Sobald dieses Dialogfeld geschlossen wurde, müssen Sie im Dialogfeld *Tabelle einfügen* die aus der Datei zu übernehmenden Tabellen markieren (ggf. die `Strg`-Taste gedrückt halten, um mehrere Tabellen auswählen zu können).
- Markieren Sie ggf. noch das Kontrollkästchen *Verknüpfen* (dann werden die Tabellen nicht in das neue Dokument kopiert, sondern es wird eine Verknüpfung zum Ursprungsdokument eingetragen und die Tabellen werden beim Öffnen des Tabellendokuments zusätzlich aus dem Quelldokument eingeblendet). Sobald Sie das Dialogfeld über die *OK*-Schaltfläche schließen, werden die neuen Tabellen entweder leer angelegt oder aus dem angegebenen Dokument übertragen.

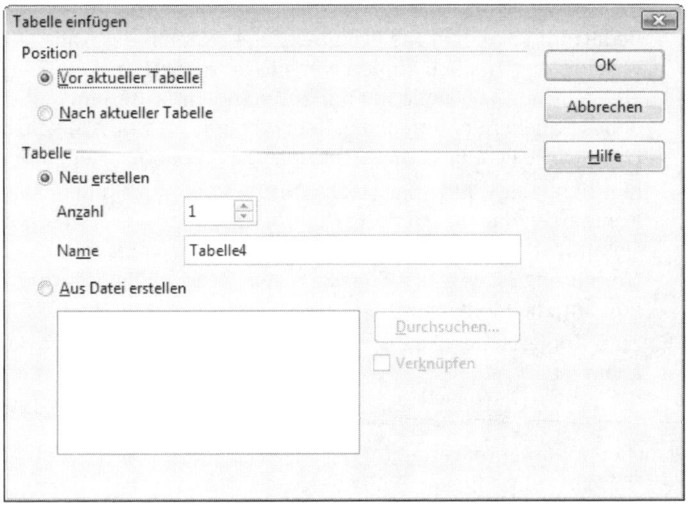

Abbildung 11.63: Einfügen neuer Tabellen

Sobald Sie das Dialogfeld *Tabelle einfügen* mit der *OK*-Schaltfläche beenden, wird die Tabelle gemäß den Vorgaben in das Dokument eingefügt. Kommt es bei den eingefügten Tabellennamen zu Namenskonflikten, vergibt Calc automatisch eindeutige Bezeichnungen. Sie können die Namen später an eigene Bedürfnisse anpassen (siehe vorhergehender Abschnitt).

Benötigen Sie eine Tabelle nicht mehr, lässt sich diese aus dem Tabellendokument entfernen.

1. Markieren (bzw. gruppieren) Sie die zu löschenden Tabellen über deren Registerreiter (siehe vorhergehende Abschnitte).
2. Klicken Sie den markierten Registerreiterbereich mit der rechten Maustaste an und wählen Sie im Kontextmenü den Befehl *Tabelle löschen*. Alternativ können Sie den Befehl *Tabelle/Löschen* im Menü *Bearbeiten* wählen.
3. Den Sicherheitsdialog mit der Warnung quittieren Sie über die *Ja*-Schaltfläche.

Calc entfernt die Tabellen aus dem Dokument. Damit gehen auch die betreffenden Daten dieser Tabellen verloren. Sie können das Löschen aber sofort danach über die Schaltfläche *Rückgängig* bzw. über den gleichnamigen Befehl im Menü *Bearbeiten* zurücknehmen.

11.7.4 Tabellen verschieben/kopieren

Möchten Sie Tabellen innerhalb eines Tabellendokuments duplizieren? Oder soll eine Tabelle verschoben werden? Das Verschieben innerhalb eines Tabellendokuments lässt sich per Maus vornehmen (den Registerreiter per Maus nach links oder rechts ziehen). Alternativ können Sie die Operation über ein Dialogfeld steuern.

1. Markieren bzw. gruppieren Sie die zu verschiebenden/kopierenden Tabellen über die zugehörigen Registerreiter (siehe vorhergehenden Abschnitt).
2. Klicken Sie mit der rechten Maustaste auf den Registerreiter einer markierten Tabelle und wählen Sie im Kontextmenü den Eintrag *Tabelle verschieben/kopieren*. Alternativ können Sie diese Funktion über den Menübefehl *Bearbeiten/Tabelle* aufrufen.

3. Im Dialogfeld *Tabelle verschieben/kopieren* (Abbildung 11.64) stellen Sie bei Bedarf im Listenfeld *Ins Dokument* den Namen des Tabellendokuments ein, in welches die Tabellen kopiert/verschoben werden sollen. Es muss sich dabei um ein geöffnetes Tabellendokument handeln. Alternativ können Sie auch ein neues Tabellendokument als Ziel vorgeben. Belassen Sie die bestehende Einstellung, wirkt sich dies auf das aktuelle Tabellendokument aus.
4. Markieren Sie dann in der Liste *Einfügen vor* den Namen der Tabelle, vor die die Kopie bzw. das markierte Blatt einzufügen ist. Dies gilt sowohl für das aktuelle Dokument als auch für ein eventuell ausgewähltes fremdes Tabellendokument (Abbildung 11.64). Der Eintrag »– ans Ende stellen –« ermöglicht eine Zielposition am Tabellenende.
5. Zum Kopieren des Tabellenblatts markieren Sie zusätzlich das Kontrollkästchen *kopieren*.

Abbildung 11.64: Kopieren/Verschieben einer Tabelle

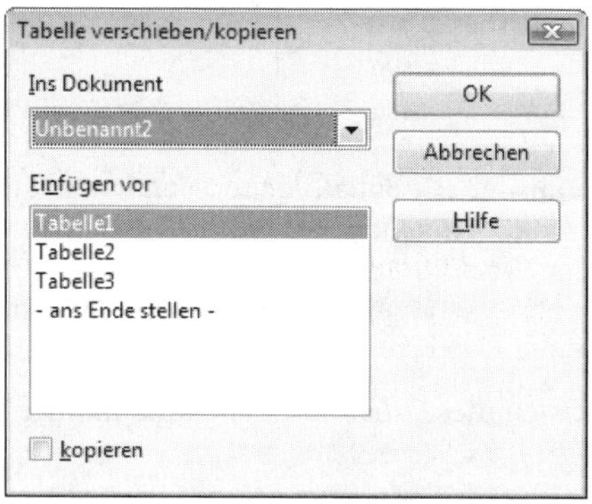

Sobald Sie das Dialogfeld über die *OK*-Schaltfläche schließen, wird die Operation ausgeführt. Standardmäßig werden Tabellen verschoben. Tritt ein Namenskonflikt beim Kopieren/Verschieben ein, benennt Calc die Zieltabellen automatisch um (es wird eine fortlaufende Nummer mit einem vorangestellten Unterstrich an den Namen angehängt. Sie können die Tabellen später umbenennen.

INFO

Sind zwei Tabellendokumente geöffnet, können Sie eine oder mehrere Tabellen auch per Maus kopieren. Ziehen Sie die Registerreiter bei gedrückter linker Maustaste in eine Tabelle des Zieldokuments. Die Tabellen des Quelldokuments werden dann kopiert.

11.8 Anzeigeoptionen für Tabellen und Fenster

Calc unterstützt verschiedene Anzeigeoptionen, mit denen sich Tabellen oder Spalten ausblenden lassen. Zudem können Teile einer Tabelle fixiert werden.

11.8.1 Tabellen aus- oder einblenden

Um eine oder mehrere Tabellen auszublenden, markieren Sie deren Registerreiter. Anschließend lässt sich im Menü *Format* der Befehl *Tabelle* wählen. Im Untermenü finden Sie den Befehl *Ausblenden* zum Verstecken der Tabellen (Abbildung 11.65, oben).

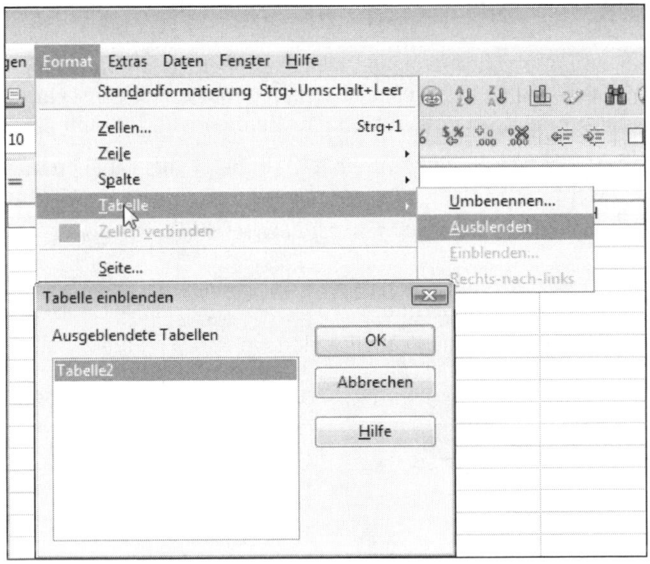

Abbildung 11.65: Befehle und Dialoge zum Ein-/Ausblenden von Tabellen

Ausgeblendete Tabellen lassen sich über den Befehl *Einblenden* des gleichen Untermenüs wieder anzeigen. Nach Anwahl des Befehls zeigt Calc ein Dialogfeld mit einer Liste aller ausgeblendeten Tabellen (Abbildung 11.65, unten). Markieren Sie eine Tabelle und bestätigen Sie dies über die *OK*-Schaltfläche des Dialogfelds. Die betreffende Tabelle wird anschließend wieder angezeigt.

11.8.2 Zeilen oder Spalten aus- und einblenden

Sollen Spalten oder Zeilen einer Tabelle aus- bzw. eingeblendet werden, sind die betreffenden Elemente zuerst zu markieren (Spalten- oder Zeilenköpfe anklicken). Anschließend wählen Sie im Menü *Format* den Befehl *Zeile* bzw. *Spalte*. Im dann angezeigten Untermenü finden sich die Befehle *Einblenden* bzw. *Ausblenden*.

Alternativ können Sie auch einen Zeilen- oder Spaltenkopf per Maus anklicken, über die rechte Maustaste das Kontextmenü öffnen und dann einen der Befehle *Einblenden* bzw. *Ausblenden* wählen. Klappt das Einblenden versteckter Zeilen oder Spalten nicht? Dann haben Sie vermutlich vergessen, die Zeilen- oder Spaltenköpfe mit dem ausgeblendeten Bereich vorher zu markieren. Zudem lassen sich ausgeblendete Zeilen oder Spalten durch einen Doppelklick auf den betreffenden Zeilen-/Spaltentrenner wieder einblenden.

TIPP

Ausgeblendete Zeilen oder Spalten erkennen Sie an den fehlenden Zeilen- oder Spaltennummern. Zudem stellt Calc den betreffenden Spalten- oder Zeilentrenner mit einer etwas dickeren Linie dar.

11.8.3 Zellbereiche fixieren/teilen

Bei umfangreichen Tabellen ist es hilfreich, wenn beim Blättern über die Bildlaufleiste bestimmte Kopfbereiche stehen bleiben. Oder bei sehr umfangreichen Tabellen möchte man zwei unterschiedliche Zellbereiche auf einmal im Blick behalten.

1. Markieren Sie die Zeile, oberhalb derer die Tabellenanzeige fixiert oder geteilt werden soll.
2. Wählen Sie im Menü *Fenster* den Befehl *Fixieren* oder *Teilen* (Abbildung 11.66).

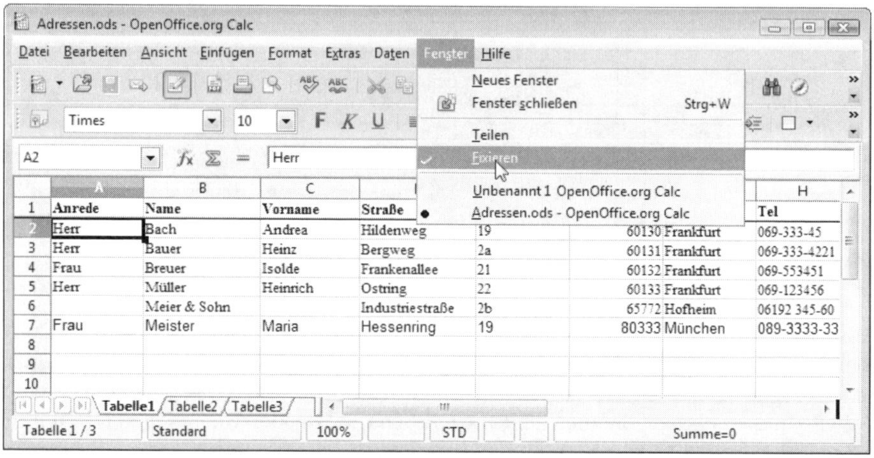

Abbildung 11.66: Fixiertes Dokumentfenster

Der Befehl *Fixieren* blendet im Bereich oberhalb der markierten Zeile eine Linie ein. Beim vertikalen Blättern in der Tabelle bleibt der Zellinhalt oberhalb der Markierungslinie stehen. In Abbildung 11.66 wurde auf diese Weise die Zeile mit den Spaltenüberschriften der Tabelle fixiert.

INFO

Das Fixieren klappt nicht nur vertikal, sondern auch horizontal. Sie müssen lediglich eine Spalte markieren und dann den Befehl Fixieren *wählen. Dann wird eine vertikale Linie links neben der markierten Spalte eingeblendet und der Tabellenbereich links davon bleibt beim horizontalen Blättern stehen.*

Beim Befehl *Teilen* wird das Dokumentfenster an der betreffenden Zeile in zwei Bereiche unterteilt (Abbildung 11.67). Bei einer markierten Zelle wird eine horizontale und vertikale Teilung vorgenommen. In jedem der Teilfenster kann dann über die Bildlaufleisten im Dokument geblättert werden. Dadurch lassen sich zwei Tabellenbereiche vertikal im Dokumentfenster ansehen.

INFO

Die Teilung lässt sich auch direkt per Maus vornehmen, indem Sie auf die Teilungsmarke (dies ist der schwarze Strich, der sich an die Bildlaufleiste anschließt) am Rand der Bildlaufleiste zeigen. Sobald der Mauszeiger die Form eines Doppelpfeils annimmt, lässt sich das Teilungsfeld per Maus verschieben.

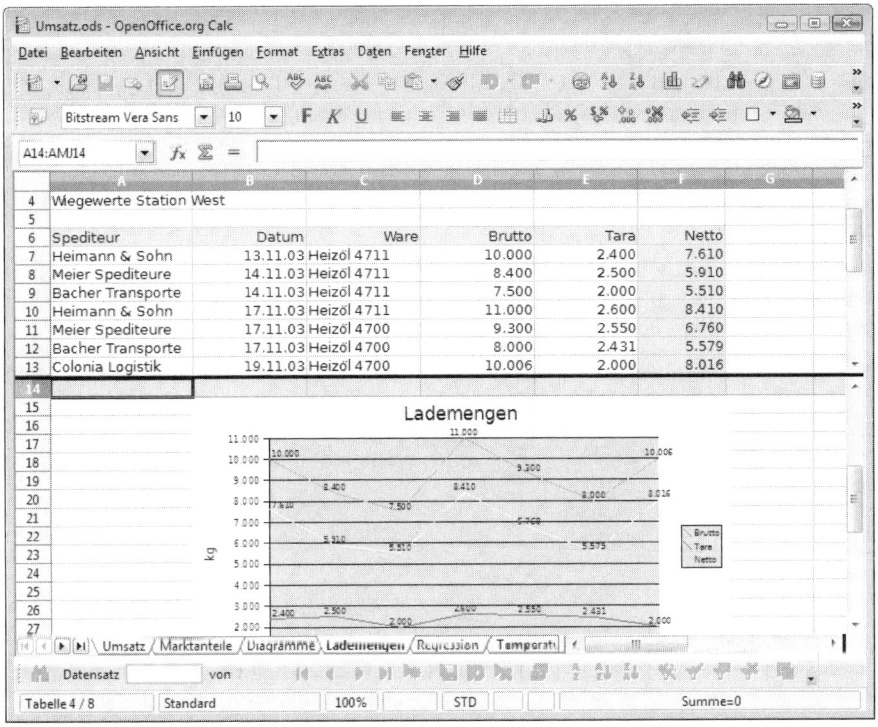

Abbildung 11.67: Geteiltes Dokumentfenster

Um eine Teilung oder Fixierung wieder aufzuheben, wählen Sie im Menü *Fenster* erneut den markierten Befehl *Teilen* bzw. *Fixieren* an. Die Fixierung oder Teilung bleibt beim Speichern des Tabellendokuments erhalten und wird beim nächsten Laden mit berücksichtigt.

TIPP

Eine Teilung lässt sich in Office auch durch einen Doppelklick auf die Trennlinie aufheben. Zudem können Sie die vertikale oder horizontale Trennlinie durch Ziehen mit der linken Maustaste innerhalb der Spalten bzw. Zeilen verschieben.

11.8.4 Tabellendokument in einem zweiten Fenster anzeigen

Durch Fixieren oder Teilen lassen sich nur unterschiedliche Bereiche einer Tabelle gleichzeitig ansehen. Benötigen Sie Informationen aus einer zweiten Tabelle des Dokuments in der Anzeige, wird dies schwieriger. Leider erlaubt Calc nicht, ein Tabellendokument über den Befehl *Öffnen* erneut in einem Dokumentfenster zu öffnen. Um ein Tabellendokument in einem zweiten Fenster anzuzeigen, müssen Sie im Menü *Fenster* den Befehl *Neues Fenster* wählen (Abbildung 11.68).

Anschließend wird das aktuell geladene Dokument in einem zweiten Fenster angezeigt. In der Titelleiste kennzeichnet Calc das Dokument mit dem an den Dokumenttitel angehängten Text »:2«.

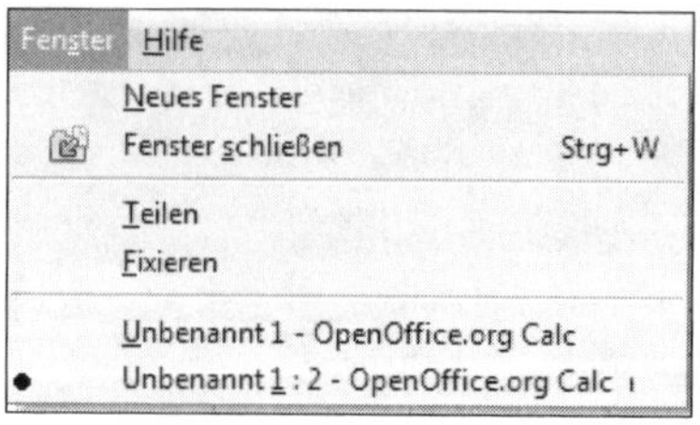

Abbildung 11.68: Befehle des Menüs *Fenster*

Sie können nun beide Dokumentfenster nebeneinander auf dem Desktop positionieren und unterschiedliche Tabellen zur Ansicht auswählen. Calc synchronisiert Änderungen in den Tabellen in beiden Fenstern.

Das Menü *Fenster* listet die Namen der geöffneten Fenster auf, d.h., Sie können durch Anwahl der betreffenden Menüeinträge die zugehörigen Fenster in den Vordergrund holen. Zum Schließen eines Fensters verwenden Sie dessen Schaltfläche *Schließen* oder Sie drücken `Strg` + `W` bzw. wählen den Befehl *Fenster schließen* im Menü *Fenster*.

12 Diagramme, Grafiken, Zeichnungen

Das Umsetzen von Zahlen in verschiedene Diagramme wird in Calc durch einen Diagramm-Assistenten unterstützt. Nachfolgend werden das Erstellen von Diagrammen sowie das Einfügen von Grafiken und Zeichenelementen in Tabellen angerissen.

12.1 Daten in Diagramme überführen

In diesem Abschnitt lernen Sie, wie sich Datenreihen aus Tabellen in Linien-, Balken-, Kreis- oder andere Diagrammformen umsetzen lassen. Zudem befasst sich der Abschnitt mit den Funktionen zum Anpassen dieser Diagramme.

12.1.1 So lässt sich ein Diagramm erstellen

Datenbereiche einer Tabelle lassen sich mittels Calc in eine grafische Darstellung als Diagramm umsetzen. Die Auswahl der Diagrammparameter wird dabei über Dialoge abgefragt. Zur Vorbereitung benötigen Sie eine Tabelle mit den Ursprungsdaten für das Diagramm.

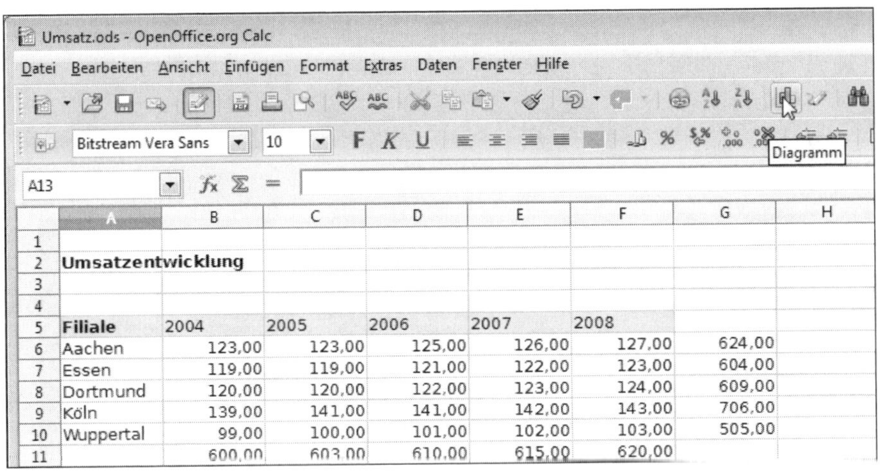

	A	B	C	D	E	F	G	H
1								
2	Umsatzentwicklung							
3								
4								
5	Filiale	2004	2005	2006	2007	2008		
6	Aachen	123,00	123,00	125,00	126,00	127,00	624,00	
7	Essen	119,00	119,00	121,00	122,00	123,00	604,00	
8	Dortmund	120,00	120,00	122,00	123,00	124,00	609,00	
9	Köln	139,00	141,00	141,00	142,00	143,00	706,00	
10	Wuppertal	99,00	100,00	101,00	102,00	103,00	505,00	
11		600,00	603,00	610,00	615,00	620,00		

Abbildung 12.1: Schaltfläche zum Anlegen eines Diagramms

1. Erstellen Sie als Erstes den Datenbereich innerhalb der Tabelle (oder laden Sie eine Tabelle mit den Ausgangsdaten für das Diagramm). In Abbildung 12.1 sehen Sie ein Beispiel, in dem die Umsatzdaten verschiedener Unternehmensbereiche über mehrere Jahre als Tabelle gespeichert sind. Die Einzeldaten (ohne die berechneten Summen) sollen als Balkendiagramm dargestellt werden.

2. Klicken Sie nun in der *Standard*-Symbolleiste des Calc-Fensters auf die Schaltfläche *Diagramm* (Abbildung 12.2). Alternativ können Sie im Menü *Einfügen* den Befehl *Diagramm* wählen.
3. Warten Sie, bis ein leeres Diagramm in die Tabelle eingefügt und der Dialog des Diagramm-Assistenten geöffnet wurde (Abbildung 12.2). Durchlaufen Sie anschließend die Dialoge des Diagramm-Assistenten, in dem die Optionen für das Diagramm zu wählen sind.

Über die Schaltflächen *Weiter* und *Zurück* lässt sich zwischen den Dialogen des Assistenten blättern. Die *Fertig stellen*-Schaltfläche beendet den Assistenten. Sind noch nicht alle Dialogoptionen gewählt, verwendet der Assistent Standardvorgaben zur Diagrammerstellung.

Abbildung 12.2: Eingefügtes leeres Diagramm und Diagramm-Assistent

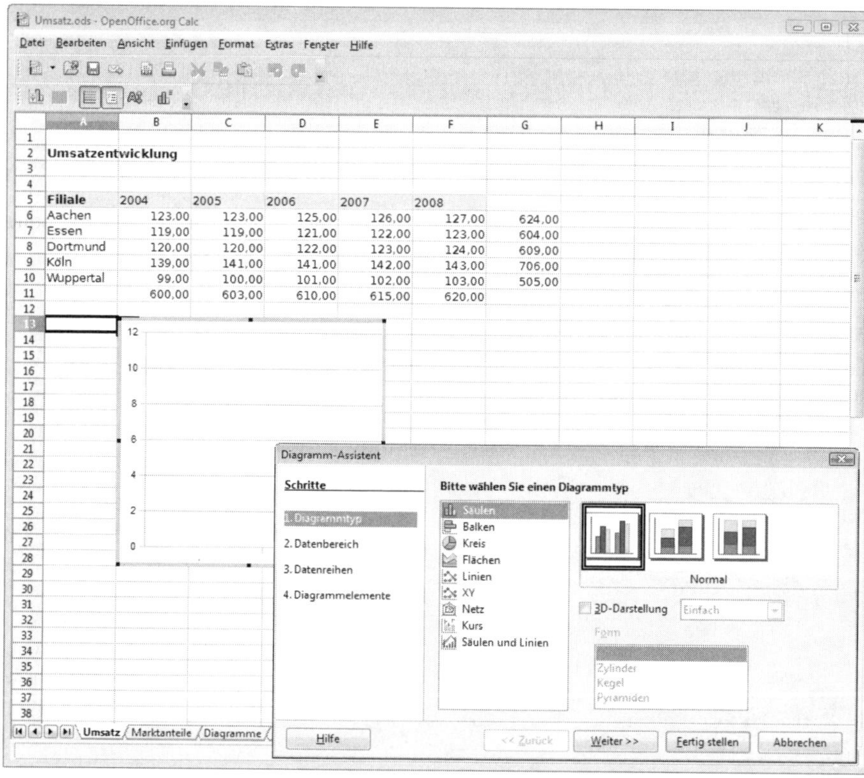

TIPP

Sie können vor dem Aufruf des Assistenten den Datenbereich der Tabelle markieren. Dann kürzt der Assistent die Schritte zum Anlegen des Diagramms ab und zeigt bereits beim Start das mit Standardeinstellungen aufbereitete Diagramm. Die nachfolgenden Ausführungen gehen davon aus, dass keine Daten vor dem Aufruf des Diagramm-Assistenten markiert wurden.

Schritt 1 – Diagrammtyp auswählen

Der Diagramm-Assistent fordert Sie im ersten Dialogschritt zur Auswahl des Diagrammtyps auf (Abbildung 12.3).

Abbildung 12.3: Auswahl des Diagrammtyps

- Wählen Sie im ersten Schritt den eigentlichen Diagrammtyp (Säule, Balken, Linie, Kreis etc.) aus, indem Sie in der linken Spalte auf eines der Diagrammsymbole im Dialogfeld klicken (Abbildung 12.3).
- Jeder der Diagrammtypen lässt sich mit verschiedenen Untervarianten darstellen. Klicken Sie daher im Anschluss im rechten Feld auf das Symbol des gewünschten Diagrammuntertyps. Der Name des Untertyps wird in der Zeile unterhalb des Felds als Text eingeblendet.

Abhängig vom gewählten Diagrammtyp werden im unteren rechten Teil des Dialogfelds weitere Optionen eingeblendet.

- Bei flächigen Diagrammen (Säulen, Balken, Kreis, Flächen) erscheint zumindest das Kontrollkästchen *3D-Darstellung*. Markieren Sie dieses, falls Sie eine dreidimensionale Darstellung des Diagramms wünschen. Bei Bedarf können Sie bei einigen Diagrammformen über das zugehörige Listenfeld zwischen einer einfachen und einer »realistischen« Darstellung wählen.
- Bei Säulen- und Balkendiagrammen lässt sich über die Liste *Form* die Form des Balkens (Zylinder, Pyramide, Säule etc.) wählen.
- Wurden Liniendiagrammtypen gewählt, können Sie ggf. im Dialogfeld wählen, ob die Datenreihen zu stapeln oder prozentual abzutragen sind (Abbildung 12.4).

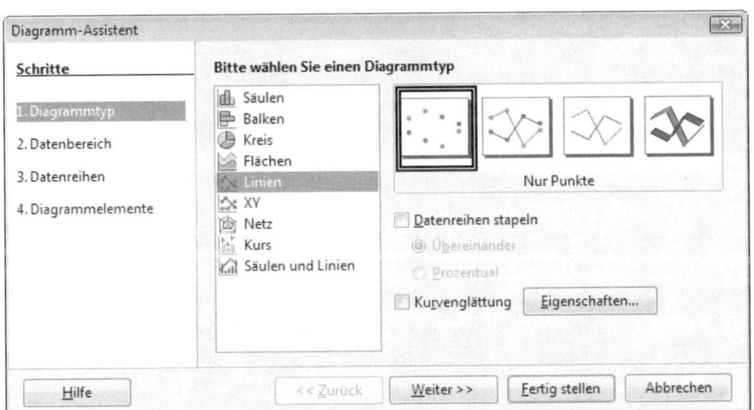

Abbildung 12.4: Optionen eines Diagrammtyps

Abbildung 12.5: Optionen zur Kurvenglättung

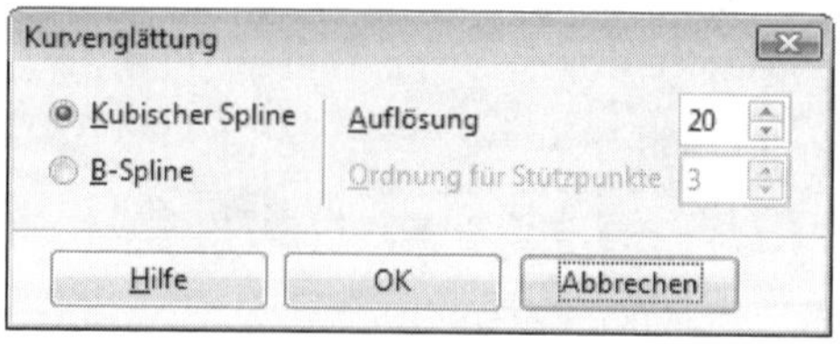

- Taucht die Option *Kurvenglättung* auf, können Sie das Kontrollkästchen markieren und dann über die *Eigenschaften*-Schaltfläche den in Abbildung 12.5 gezeigten Dialogfeld öffnen. Dort lässt sich das mathematische Verfahren (Spline-Variante) festlegen, mit dem die Kurvenglättung erfolgen soll.

Über die *Weiter*-Schaltfläche gelangen Sie zum Folgedialog des Diagramm-Assistenten.

INFO

Sie können in jedem Schritt die Schaltfläche Hilfe *anklicken, um Details zu den betreffenden Dialogfeldoptionen abzurufen.*

Schritt 2 – Auswahl des Datenbereichs

Im Folgedialog (Abbildung 12.6) gibt Ihnen der Diagramm-Assistent die Möglichkeit, den Zellbereich mit den zu verwendenden Daten vorzugeben.

Abbildung 12.6: Dialogfeld zum Festlegen des Datenbereichs

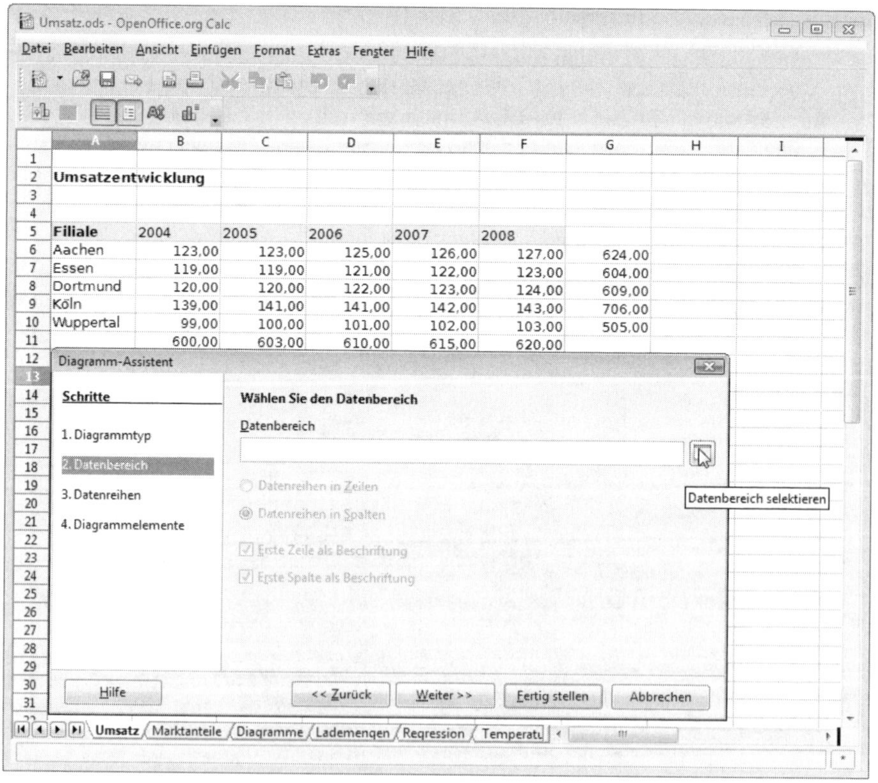

1. Klicken Sie im Dialogfeld des Diagramm-Assistenten auf die Schaltfläche *Datenbereich selektieren* (Abbildung 12.6).
2. Sobald das Dialogfeld minimiert wurde, markieren Sie den Zellbereich mit den gewünschten Daten (Abbildung 12.7) und klicken auf die *Verkleinern*-Schaltfläche des minimierten Dialogfelds *Datenbereich: Bereich*.

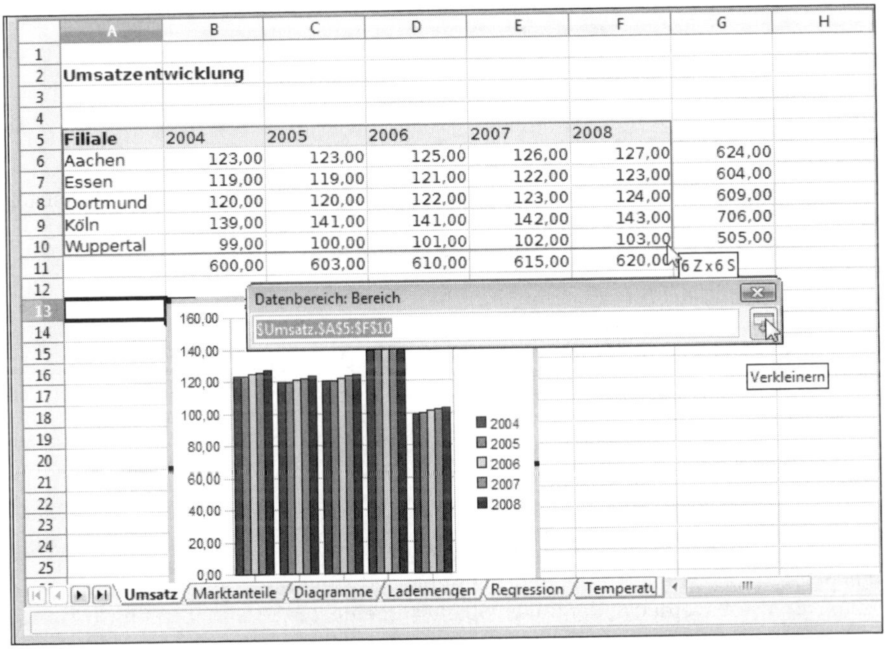

Abbildung 12.7: Markieren des Datenbereichs

Markieren Sie alle Zellen, die in die Diagrammdarstellung eingehen sollen. Die Markierung sollte dabei auch die Zeilen- und Spaltenköpfe mit den Überschriften umfassen, sofern diese mit im Diagramm erscheinen sollen. In Abbildung 12.7 wurden die Zeilen- und Spaltentitel sowie die Filialdaten markiert. Auf das Markieren der Gesamtumsätze wurde verzichtet, da dies die Achsenskalierung beeinflusst.

3. Sobald das Dialogfeld des Diagramm-Assistenten wieder sichtbar ist (Abbildung 12.8), legen Sie die restlichen Optionen fest.

Bezüglich der wählbaren Optionen im Schritt *Datenbereich* des Diagramm-Assistenten gilt Folgendes:

- Wurde vor dem Aufruf des Diagramm-Assistenten ein Zellbereich markiert, überträgt der Assistent die Angaben automatisch in das Feld *Datenbereich*.
- Wählen Sie die Schaltfläche *Verkleinern* rechts neben dem Feld *Datenbereich*, wird das Dialogfeld zu einer schmalen Zeile verkleinert und Sie können anschließend den Zellbereich (neu) markieren. Um das Dialogfeld wieder anzuzeigen, klicken Sie in der noch sichtbaren Leiste erneut auf die Schaltfläche *Verkleinern*. Diese Schrittfolge können Sie mehrfach durchführen, um die Markierung ggf. anzupassen.
- Über die beiden Optionen *Datenreihen in Zeilen* bzw. *Datenreihen in Spalten* lässt sich festlegen, ob die Daten spalten- oder zeilenweise im Diagramm auf der X-Achse abzutragen sind.

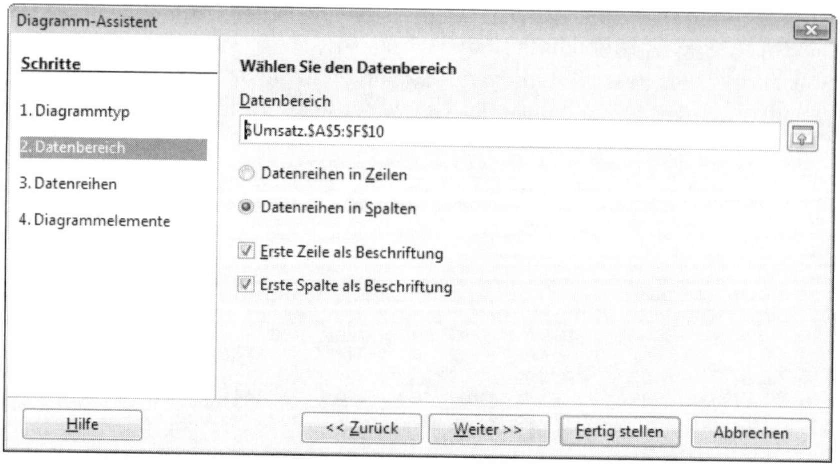

Abbildung 12.8: Optionen im Dialogschritt Datenbereich

- Enthält der markierte Datenbereich Spalten- und/oder Zeilenüberschriften, markieren Sie die betreffenden Kontrollkästchen. Dies erlaubt dem Assistenten, die betreffenden Daten aus dem Zellbereich herauszuziehen und als Legende einzublenden.

Sobald die betreffenden Optionen gesetzt sind, wechseln Sie über die Schaltfläche *Weiter* zum nächsten Dialogschritt.

Schritt 3 – Datenreihen festlegen

Im nächsten Dialogschritt fragt der Diagramm-Assistent die Optionen für die Datenreihen ab. Diese werden in der linken Spalte aufgeführt (Abbildung 12.9). Ob Zeilen- oder Spaltenbeschriftungen des markierten Bereichs als Kategorien auftauchen, geben Sie über die Optionen *Datenreihen in Zeilen* bzw. *Datenreihen in Spalten* (Abbildung 12.8) vor.

- Wählen Sie einen Eintrag für den Datenbereich an (z.B. »2004«), blendet der Assistent den Zellbereich mit den zugehörigen Daten im rechten Teil des Dialogs ein.
- Bei Bedarf können Sie die Einträge des Felds *Datenbereiche* anklicken. Dann lässt sich über die Schaltfläche *Datenbereiche selektieren* des Felds *Bereich für Name* bzw. *Bereich für Y-Werte* die Markierung des Zellbereichs korrigieren.
- Werden falsche Daten für die X-Achse angezeigt, lässt sich dies über die Schaltfläche *Datenbereiche selektieren* des Felds *Kategorien* korrigieren. Sie können die gewünschten Zellen neu markieren.

Über die Schaltflächen *Hinzufügen* und *Entfernen* können Sie die Liste der Datenreihen bereinigen bzw. erweitern. Die beiden Pfeilschaltflächen ermöglichen, die Reihenfolge der Datenreihen anzupassen.

Schritt 4 – Diagrammelemente festlegen

Die Beschriftung der Legende und der X-Achse werden automatisch aus dem Datenbereich (Zeilen- und Spaltentitel) der Tabelle übernommen.

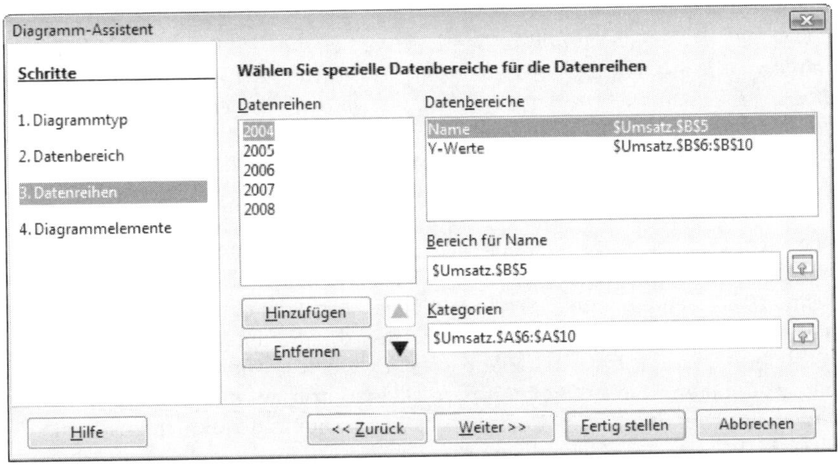

Abbildung 12.9: Optionen für die Datenreihen des Diagramms

- Im vierten Dialogschritt lassen sich aber ein Diagrammtitel, ein Untertitel sowie Achsentitel als Text vorgeben. Klicken Sie auf die betreffenden Felder und tippen Sie die gewünschten Titeltexte ein.
- Zusätzlich können Sie über das Kontrollkästchen *Legende anzeigen* die Anzeige einer Legende im Diagramm zulassen bzw. unterdrücken. Die Lage der Legende zum Diagramm lässt sich über die zugehörigen Optionen vorgeben.
- Weiterhin ermöglichen Ihnen Kontrollkästchen wie *X-Achse* der Gruppe *Gitter anzeigen*, eine Skalierung mit einem Linienraster über die betreffenden Achsen zu legen. Markieren Sie die Kontrollkästchen der Achsen, für die ein Linienraster anzuzeigen ist. Die Option *Z-Achse* wird jedoch nur bei 3D-Diagrammtypen freigegeben. Aus Gründen der Übersichtlichkeit sollten Sie mit dem Anzeigen von Hilfslinien sparsam umgehen. Das hier benutzte Balkendiagramm erhält nur Hilfslinien an der Y-Achse, um die Umsatzdaten genauer ablesen zu können, ohne jedoch die Darstellung zu überladen.

Abbildung 12.10: Auswahl der Diagrammelemente

12

TIPP

Geben Sie nur die Achsentitel zur Beschriftung frei, die dem Benutzer auch Zusatznutzen bieten. In Abbildung 12.11 bleibt die Beschriftung der X-Achse ausgeblendet, da die Angabe »Jahre« keine zusätzlichen Informationen bietet. Durch an der Achse abgetragene Jahreszahlen dürfte jedem Benutzer klar sein, was gemeint ist. Bei der Beschriftung der Y-Achse macht die Angabe »Mio. Euro« dagegen sehr viel Sinn, da durch sie erst die Zahlen interpretierbar werden.

In diesem Dialogschritt sperrt der Diagramm-Assistent die Schaltfläche *Weiter*. Dies signalisiert, dass alle benötigten Informationen vorliegen. Um Modifikationen vorzunehmen, können Sie mittels der Schaltfläche *Zurück* zu den vorhergehenden Schritten wechseln und die Optionen (z.B. den Diagrammtyp) ändern. Die bereits gesetzten Optionen bleiben (sofern dies für einen geänderten Diagrammtyp Sinn macht) erhalten. Klicken Sie im letzten Dialogschritt auf die Schaltfläche *Fertig stellen*, erzeugt der Diagramm-Assistent das Diagramm in der aktuellen Tabelle. Abbildung 12.11 zeigt das Balkendiagramm der Beispieltabelle, welches als Objekt in die aktuelle Tabelle eingefügt wurde.

Abbildung 12.11: Diagrammanzeige in der Tabelle

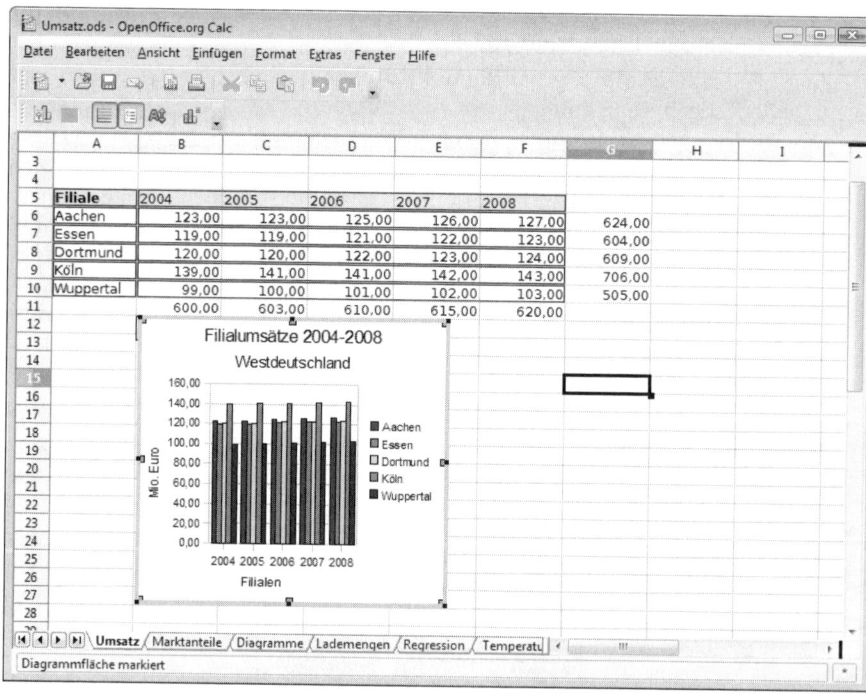

INFO

Solange das Diagrammobjekt markiert ist, zeigt Calc die Diagramm-Bearbeitungsleiste (Abbildung 12.11). Solange das Diagramm noch mit einem grauen Rahmen zur Bearbeitung markiert ist, können Sie dieses an die gewünschte Position verschieben oder in der Größe anpassen (siehe weiter hinten in diesem Kapitel den Abschnitt »Das Diagrammobjekt bearbeiten«). Um die Markierung aufzuheben, reicht es, auf eine leere Zelle der Tabelle (außerhalb der Markierung des Diagramms) zu klicken.

Sie finden ein Beispiel in der Datei Umsatz.ods *des Ordners* Kap12 *im Beispielarchiv.*

12.1.2 Beispiel: Erstellen eines Kreisdiagramms

Häufig werden Daten im Verkaufs- und Marketingbereich in Form von Kreisdiagrammen aufbereitet. In einem Beispiel sollen jetzt die Schritte zum Erstellen eines Kreisdiagramms demonstriert werden.

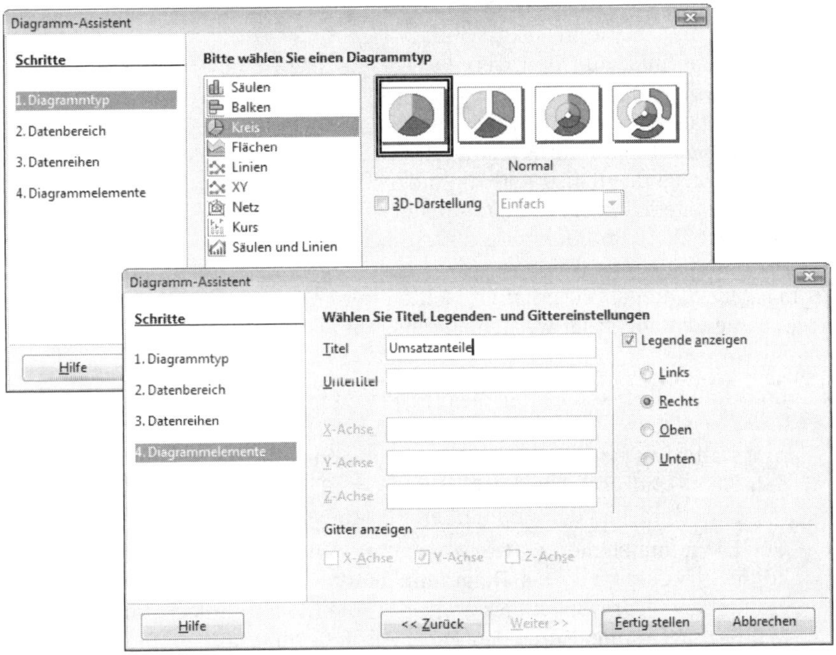

Abbildung 12.12: Auswahloptionen für ein Kreisdiagramm

1. Legen Sie eine Tabelle mit den benötigten Daten an. Die Tabelle enthält zwei Spalten, wobei die erste Spalte die Kategorien der Werte und die zweite Spalte die Verteilung enthält. Für das aktuelle Beispiel wurden die Marktanteile in Prozent verschiedener Autofirmen benutzt (Abbildung 12.13).
2. Markieren Sie den Datenbereich der Tabelle, wählen Sie die Schaltfläche zum Aufruf des Diagramm-Assistenten und durchlaufen Sie dessen Dialoge (siehe vorhergehender Abschnitt).

Wählen Sie im Dialogfeld des Assistenten den Diagrammtyp *Kreis* und belassen Sie die Untervariante auf *Normal* (Abbildung 12.12, oben). Sofern der Datenbereich vor Aufruf des Diagramm-Assistenten nicht markiert war, können Sie in den Folgedialogen die gewünschten Zellen markieren sowie die Datenreihen vorgeben. Im letzten Dialogschritt *Diagrammelemente* (Abbildung 12.12, unten) lassen sich die Achsenbeschriftungen eintragen. Verwenden Sie die Schaltfläche *Weiter*, um zu den Folgedialogen zu blättern. Schließen Sie den Vorgang über die *Fertig stellen*-Schaltfläche ab. Calc erzeugt nun das gewünschte Kreisdiagramm im Tabellendokument. In Abbildung 12.13 sehen Sie die Ausgangstabelle mit den Marktanteilen verschiedener Automarken sowie deren Darstellung in Form eines Kreisdiagramms.

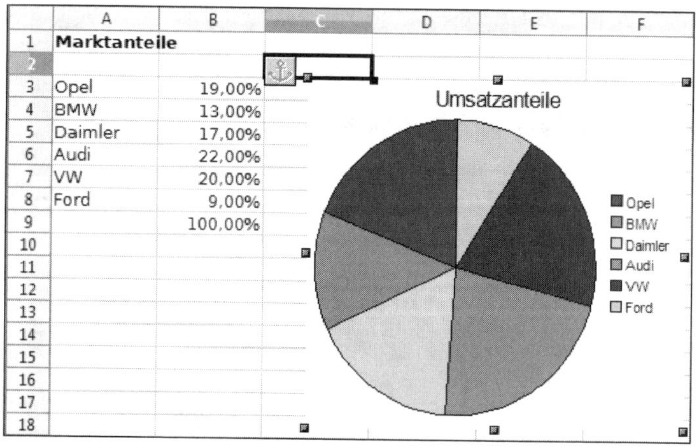

Abbildung 12.13: Datendarstellung als Kreisdiagramm

Allerdings entspricht dieses Diagramm noch nicht der üblichen Darstellung. Vermutlich wird der Diagrammtitel zu groß, die Legende aber zu klein sein. Weiterhin ist das Diagramm zwar ganz nett, aber wenig aussagekräftig. Um wirklich eine Aussage zu den Marktanteilen zu erhalten, sollten zumindest die Werte an den einzelnen Kreissegmenten angezeigt werden. Sie müssen also noch einige zusätzliche Schritte ausführen.

1. Im ersten Schritt korrigieren Sie die Diagrammgröße so, dass die Legende gut zu lesen ist. Klicken Sie auf das Diagramm, um dessen Fläche mit einem Markierungsrahmen (dargestellt als dünne schwarze Linie mit grünen Ziehmarken an den Ecken) zu versehen. Danach können Sie die Größe des Markierungsrahmens durch Ziehen der Ziehmarken per Maus anpassen.
2. Um Diagrammelemente (Kreisdiagramm, Diagrammtitel etc.) bearbeiten zu können, müssen Sie das Diagramm markieren. Hierzu wählen Sie die Diagrammfläche per Doppelklick an, sodass die Diagrammfläche mit einem grauen Markierungsrahmen umgeben wird. Anschließend können Sie die im Markierungsrahmen enthaltenen Unterelemente per Mausklick markieren.
3. Klicken Sie auf das eigentliche Kreisdiagramm, um dieses mit einem Markierungsrahmen zu versehen. Verkleinern Sie nun dessen Diagrammfläche (durch Ziehen der Ziehmarken) so, wie es Ihren Wünschen entspricht – die Legende sollte noch gut zu lesen sein.
4. Dann passen Sie ggf. den Schriftgrad des Diagrammtitels Ihren Wünschen an. Hierzu stellen Sie zuerst sicher, dass die Schaltfläche *Textskalierung* (wird bei markiertem Diagrammelement in der *Format*-Symbolleiste eingeblendet, Abbildung 12.13) nicht markiert ist. Andernfalls würden die Schriftgradänderungen beim Verändern der Diagrammgröße automatisch überschrieben. Klicken Sie danach auf den Diagrammtitel, sodass dieser mit einem schwarzen Rahmen und grünen Ziehmarken markiert ist. Klicken Sie den markierten Rahmen mit der rechten Maustaste an und wählen Sie im Kontextmenü den Befehl *Objekteigenschaften*. Im zugehörigen Eigenschaftenfenster können Sie über verschiedene Registerkarten (z.B. *Zeichen*) die Schriftgröße etc. verändern.

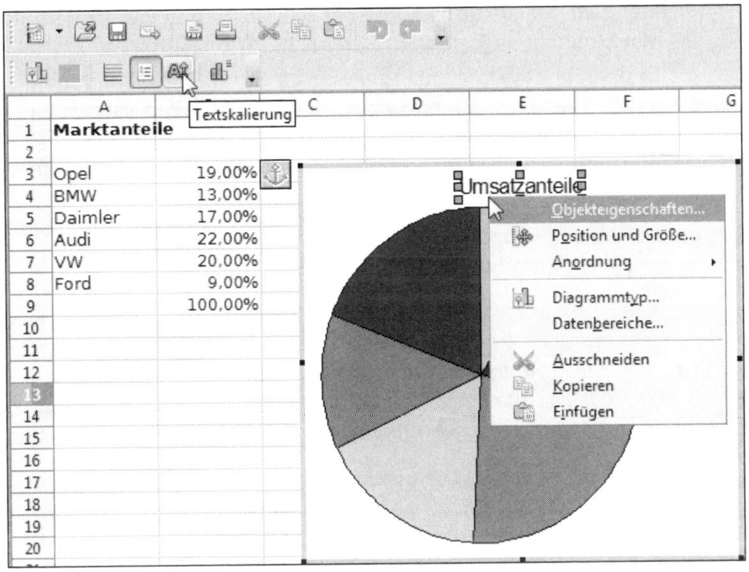

Abbildung 12.14: Anpassung des Diagrammtitels

Die Details, um die obigen Schritte (z.B. Anpassen des Schriftgrads) auszuführen, werden weiter unten im Abschnitt »Das Diagrammobjekt bearbeiten« erläutert. Nun gilt es die Prozentangaben für die Marktanteile der Hersteller im Diagramm einzublenden.

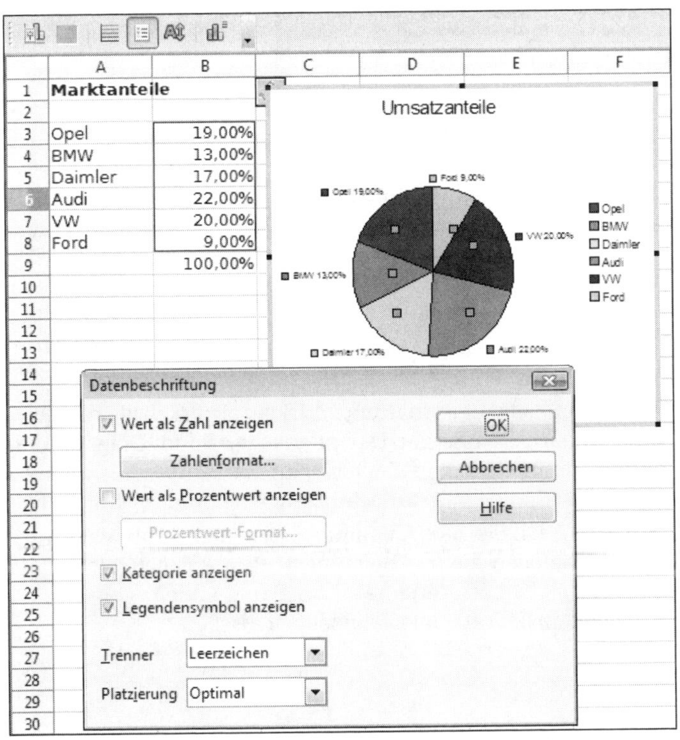

Abbildung 12.15: Festlegen der Datenbeschriftung für das Kreisdiagramm

12

1. Stellen Sie den Selektionsmodus für das Diagramm ein (siehe unten) und rufen Sie den Menübefehl *Einfügen/Datenbeschriftung* auf.
2. Im Dialogfeld *Datenbeschriftung* setzen Sie die in Abbildung 12.15 gezeigten Optionen. Die Werte sind als Zahl anzuzeigen, da die Datenspalte ja bereits Prozentwerte aufweist. Zusätzlich soll Calc den Beschriftungstext (aus Spalte A der Tabelle) mit den Firmennamen (Option *Kategorie* sowie das Legendensymbol) anzeigen.

Wenn Sie das Dialogfeld über die *OK*-Schaltfläche schließen, wird Calc die Informationen zum Diagramm hinzufügen.

TIPP

Häufig sieht man bei Kreisdiagrammen auch, dass ein Segment abgesetzt ist (Abbildung 12.16). Sie können dies im Assistenten über die Diagrammvariante einstellen. Um gezielt ein Segment abzurücken, gibt es einen einfacheren Ansatz: Selektieren Sie das Diagramm, markieren Sie das Segment mit einem Mausklick und ziehen Sie es etwas aus dem Kreis heraus.

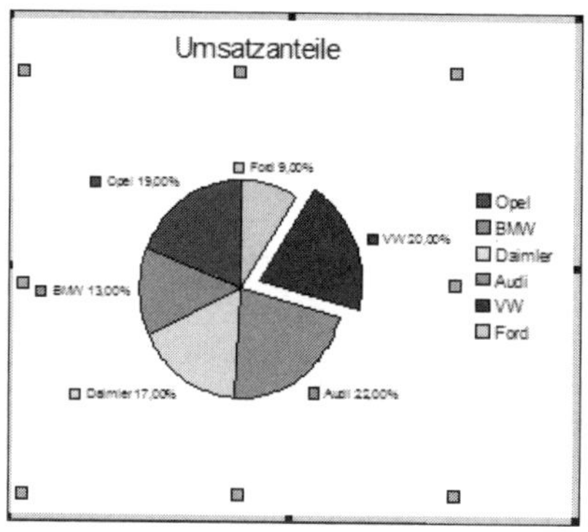

Abbildung 12.16: Korrektur der Darstellung bei Kreisdiagrammen

12.1.3 Beispiel: Liniengrafik zur Anzeige nicht zusammenhängender Daten

In einem weiteren Beispiel möchte ich demonstrieren, wie sich ein Diagramm aus Daten, die in nicht zusammenliegenden Zellbereichen enthalten sind, erstellen lässt. Als Basis wird die in Abbildung 12.18 gezeigte Tabelle mit den Wiegedaten einer Verladestation benutzt. Die Aufbereitung soll dabei als Liniengrafik erfolgen.

1. Legen Sie die in Abbildung 12.18 gezeigte Tabelle mit den benötigten Daten an und markieren Sie die Datenbereiche, die im Diagramm darzustellen sind. Sie können unabhängige Zellbereiche markieren, indem Sie die `Strg`-Taste (beim Mac die `MacBef`-Taste) beim Ziehen der Maus gedrückt halten.
2. Dann rufen Sie den Diagramm-Assistenten (Abbildung 12.18) auf und setzen in den Dialogen die in Abbildung 12.17 gezeigten Werte. Als Diagrammtyp wird »Linien« und als Variante »Punkte und Linien« gewählt. Die Datenreihe *Datum* ist ggf. in Schritt 3 im Dialogfeld zu löschen.

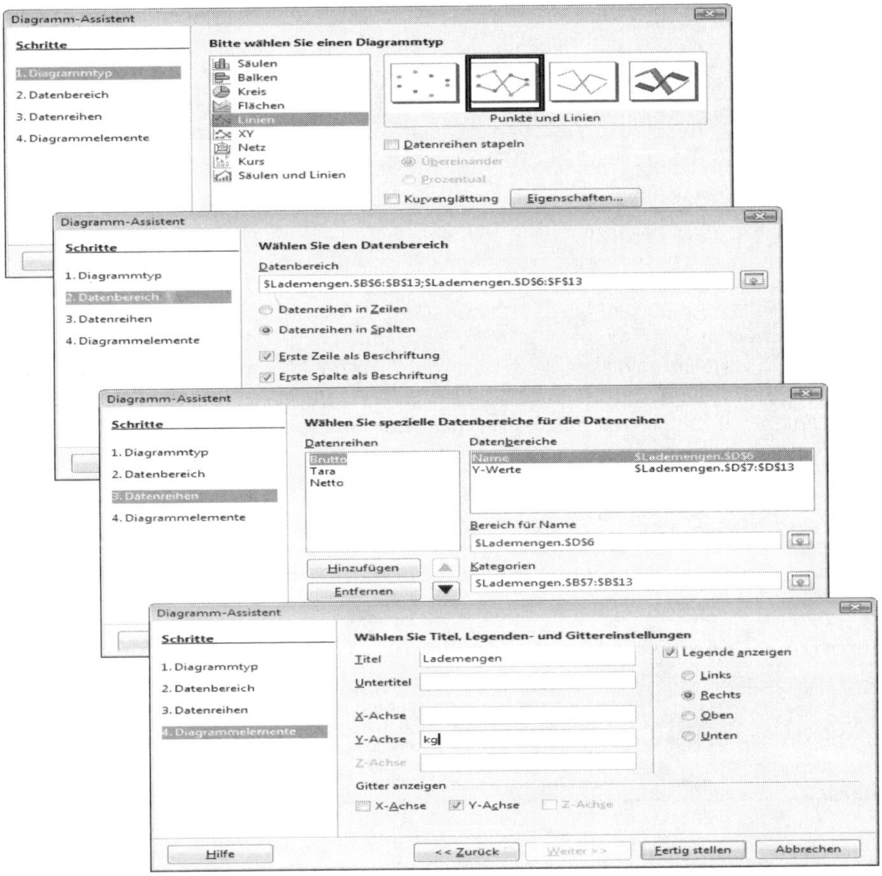

Abbildung 12.17: Auswahloptionen für das Liniendiagramm

Sobald Sie den letzten Dialog über die *Fertig stellen*-Schaltfläche schließen, legt Calc das Liniendiagramm an. Sie können dann noch eine Datenbeschriftung zu den Kurven hinzufügen, um die Einzelwerte durch Zahlen zu ergänzen. Dies funktioniert mit den gleichen Schritten wie im vorhergehenden Abschnitt beim Kreisdiagramm beschrieben (allerdings werden keine Beschriftungstexte übernommen).

12.2 Das Diagrammobjekt bearbeiten

Diagramme werden als Objekte in die Tabellen eingefügt. Sie können daher die für Objekte verfügbaren Optionen zum Anpassen der Größe, zum Formatieren etc. anwenden. Zudem lässt sich ein Diagrammobjekt bearbeiten (z.B. Diagrammtitel nachträglich ändern etc.). Nachfolgend werden die verfügbaren Funktionen zum Bearbeiten von Diagrammobjekten beschrieben.

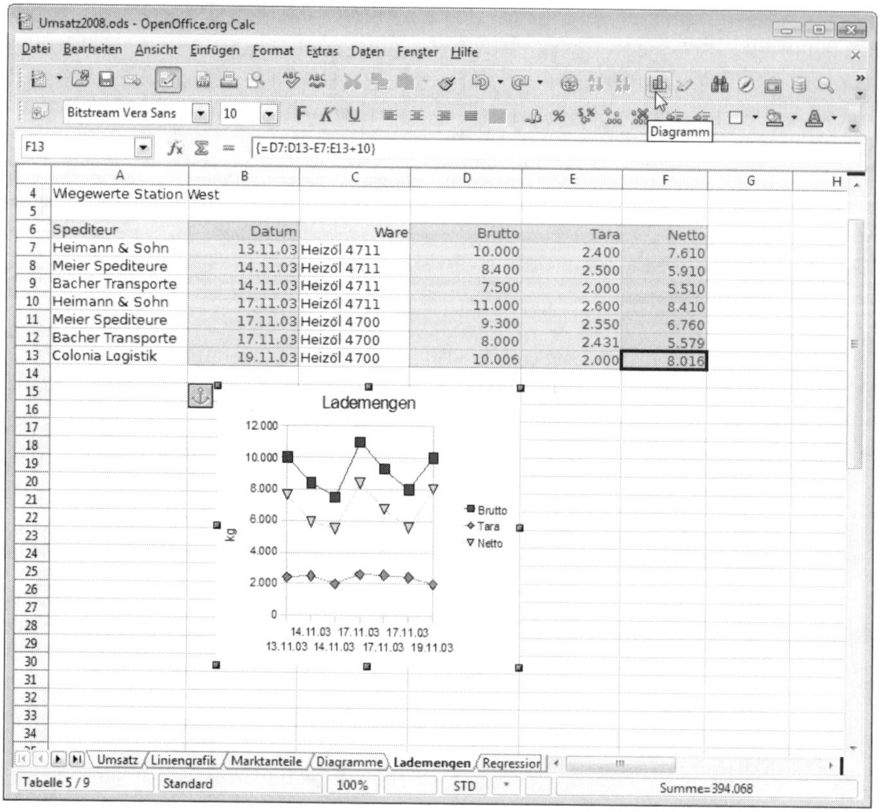

Abbildung 12.18: Ergebnisdarstellung als Liniendiagramm mit eingeblendeten Werten

12.2.1 Diagramm selektieren oder markieren

Diagramme lassen sich wie andere Elemente auch per Maus anklicken. Analog zu anderen Objekten wird dabei aber zwischen Markieren und Selektieren unterschieden.

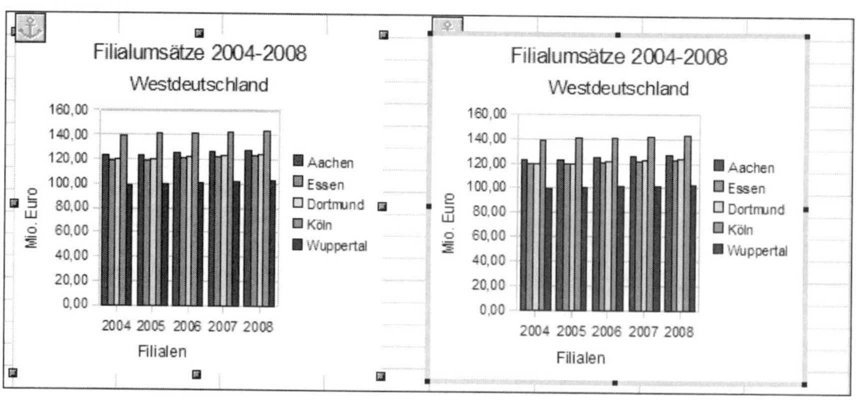

Abbildung 12.19: Markiertes Diagramm (links), zum Bearbeiten selektiertes Diagramm rechts

- *Markieren*: Zum Markieren eines Objekts müssen Sie dieses lediglich mit einem Mausklick anwählen. Bei einem markierten Diagramm erscheinen nur die grünen Ziehmarken (Abbildung 12.19, links). Das markierte Objekt wirkt als geschlossener Container, den Sie verschieben, löschen, kopieren und verankern können.
- *Selektieren*: Zum Bearbeiten des Diagramminhalts muss dieses mit einem Doppelklick selektiert werden. Sie erkennen diesen Modus an einem grauen Rahmen mit schwarzen Ziehmarken (Abbildung 12.19, rechts). Ein selektiertes Objekt lässt sich in der Größe verändern, nicht jedoch löschen, kopieren oder verschieben. Bei selektierten Elementen können Sie aber die Objektinhalte bearbeiten.

Ein selektiertes Objekt lässt sich nicht direkt markieren. Sie müssen vielmehr die Selektion durch Anklicken einer Zelle außerhalb des Diagrammbereichs aufheben. Erst dann können Sie die Markierung mit einem Mausklick auf das Diagramm setzen. Ein markiertes Diagramm lässt sich dagegen per Doppelklick selektieren.

12.2.2 Diagramm kopieren, löschen und in der Größe anpassen

Werden Teile der Tabelle durch das Diagramm verdeckt? Dann können Sie das Objekt innerhalb der aktuellen Tabelle verschieben.

1. Markieren Sie das Diagramm durch einen einfachen Mausklick.
2. Anschließend zeigen Sie mit der Maus auf den markierten Diagrammbereich und ziehen das Objekt bei gedrückter linker Maustaste zur neuen Stelle innerhalb der Tabelle.

Sobald Sie die linke Maustaste loslassen, wird das Objekt an der neuen Stelle eingeblendet. Ist das Diagramm zu klein oder zu groß und soll in der Größe angepasst werden?

1. Markieren oder selektieren Sie das gewünschte Diagrammobjekt.
2. Zeigen Sie mit der Maus auf eine der Ziehmarken (z.B. in der rechten unteren Ecke) und ziehen Sie diese bei gedrückter linker Maustaste.

Durch Verschieben der Marken nach außen lässt sich das Objekt vergrößern. Schieben Sie die Marken in Richtung Rahmenmitte, wird das Objekt verkleinert. Die Ziehmarken an den Ecken erlauben proportionale Größenänderungen, während die Ziehmarken in der Mitte der Seitenlinien das Objekt in der Breite bzw. Höhe anpassen.

Zum Löschen eines Diagramms muss dieses markiert sein. Dann genügt es, die [Entf]-Taste zu drücken. Das Objekt wird samt Inhalt gelöscht. Ein irrtümlich gelöschtes Objekt lässt sich aber über die Rückgängig-Funktion zurückholen.

TIPP

Ist das Diagramm markiert und lässt sich trotzdem nicht löschen? Erscheint stattdessen ein Fehlerdialog, dass die Funktion nicht mit selektierten Objekten ausgeführt werden kann? Überprüfen Sie, ob ein breiter grauer Rahmen zu sehen ist. Heben Sie in diesem Fall die Selektion durch einen Mausklick auf eine Tabellenzelle auf und markieren Sie anschließend das Diagramm mit einem einfachen Mausklick.

Zum Kopieren markieren Sie das Diagramm ebenfalls und benutzen die gleichen Techniken wie beim Kopieren von Zellbereichen (siehe *Kapitel 10*, Abschnitt »Kopieren und Verschieben von Zellbereichen«). Halten Sie die Strg-Taste (bzw. MacBef-Taste beim Mac) beim Verschieben über die Maus gedrückt, erzeugt Calc beim Loslassen der linken Maustaste eine Kopie des Diagramms an der aktuellen Position.

Präziser funktioniert das Kopieren aber, wenn Sie ein markiertes Objekt über die Schaltfläche *Kopieren*, den Befehl *Kopieren* im Menü *Bearbeiten* oder über die Tastenkombination Strg + C (bzw. MacBef + C beim Mac) in die Zwischenablage kopieren. Dann lässt sich zu einer anderen Tabelle oder zu einem anderen Dokument wechseln. Mittels der Funktion *Einfügen* (abrufbar über die gleichnamige Schaltfläche oder den gleichnamigen Befehl im Menü *Bearbeiten* sowie über die Tastenkombination Strg + V bzw. MacBef + V beim Mac) lässt sich das Diagramm aus der Zwischenablage in das Dokument einfügen. Sie können dann das Objekt an die neue Stelle verschieben, in der Größe anpassen und bearbeiten.

TIPP

Das Kopieren eines Diagramms funktioniert nicht nur in Calc-Dokumenten. Sie können ein in Calc erzeugtes Diagramm auch per Zwischenablage in ein im Writer erzeugtes Textdokument übernehmen oder in eine Impress-Präsentation, eine Draw-Zeichnung etc. übertragen.

12.2.3 Eigenschaften des Diagrammobjekts anpassen

Die Eigenschaften des Diagrammobjekts lassen sich wie bei anderen Objekten gezielt anpassen. Klicken Sie ein markiertes Diagramm mit der rechten Maustaste an, werden die für das Objekt verfügbaren Befehle im Kontextmenü eingeblendet (Abbildung 12.20).

- Über den Befehl *Verankerung* lässt sich das Diagramm an einer Zelle oder an der Seite (der Tabelle) verankern. Die Verankerung an einer Zelle bewirkt, dass das Objekt beim Blättern in der Tabelle mit der Zelle mit wandert. Ist das Objekt der Seite zugeordnet, verschiebt es sich nur, falls Seitenwechsel eingefügt wurden.
- Über den Befehl *Anordnung* können Sie das Diagramm im Vordergrund bzw. Hintergrund der Zelle sowie in der Z-Achse relativ zu anderen Objekten anordnen.
- Der Befehl *Name* öffnet ein Dialogfeld, in das Sie einen Namen eingeben können, über den das Objekt im Navigator anhand der Kategorie *OLE-Objekte* identifiziert werden kann.
- Mit dem Befehl *Beschreibung* lässt sich ein Dialogfeld öffnen, in dem Sie eine Beschreibung zum Diagramm sowie einen Titel eintragen können. Diese Informationen stehen dann Werkzeugen zur Barrierefreiheit (z.B. Vorleseprogrammen) sowie als alternative Tags (beim Dokumentexport) zur Verfügung.
- Weiterhin lässt sich ein Eigenschaftenfenster *Position und Größe* öffnen, über dessen gleichnamige Registerkarte Sie die Diagrammgröße und dessen Position zur Verankerung über Registerkarten einstellen können (Abbildung 12.21).

Mit dem Befehl *Gruppe* lassen sich mehrere Objekte zu einer Gruppe zusammenfassen bzw. eine Gruppe kann aufgelöst werden. Der Befehl *Bearbeiten* selektiert das (Diagramm-)Objekt und Sie können anschließend einzelne Diagramminhalte modifizieren.

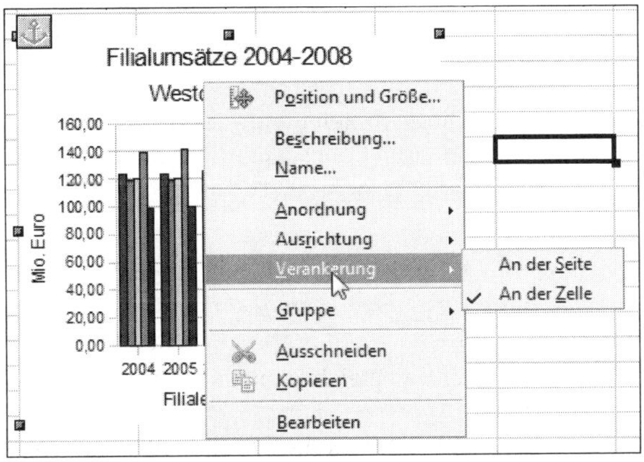

Abbildung 12.20: Kontextmenü eines Diagrammobjekts

Der Befehl Ausrichtung *besitzt kein Untermenü mit Befehlen, da sich das Diagramm nicht an einer Zelle ausrichten lässt. Lesen Sie ggf. in Teil 2 dieses Buches in den betreffenden Writer-Kapiteln bezüglich der Details einzelner Befehle (z.B.* Anordnung*) im Hinblick auf die Objekteigenschaften nach.*

INFO

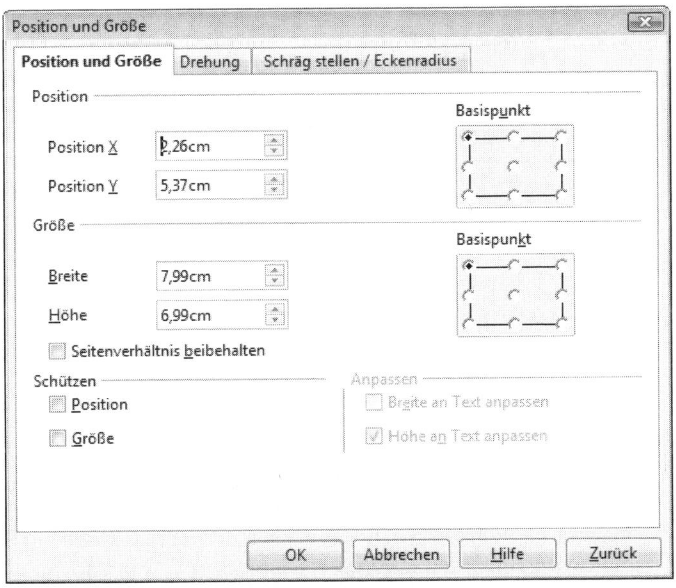

Abbildung 12.21: Anpassen der Position und Größe von Diagrammen

12.2.4 Diagramminhalt bearbeiten

Sobald Sie ein Diagramm per Doppelklick oder über den Kontextmenübefehl *Bearbeiten* selektieren (der graue Rahmen ist sichtbar), lässt sich der Diagramminhalt mit den einzelnen Diagrammelementen bearbeiten.

- Zum Bearbeiten eines Diagrammelements reicht es, dieses im Selektionsrahmen per Maus anzuklicken. Calc hebt dann das Objekt mit einem dünnen Markie-

12

rungsrahmen, der mit grünen Ziehmarken versehen ist, hervor. In Abbildung 12.22 sehen Sie das zum Bearbeiten selektierte Diagramm sowie die markierte Legende.

- Markierte Diagrammelemente lassen sich per Maus an andere Positionen im Diagramm ziehen. Calc erlaubt allerdings keine Größenänderungen an den Diagrammelementen, denn diese sind intern geschützt.

INFO

Die Größe der Diagrammelemente wird automatisch angepasst. Bei Textelementen richtet sich die Größe nach dem darin enthaltenen Text. Außerdem wird die Größe der Elemente angepasst, sobald Sie das Diagramm selbst in der Größe verändern.

Abbildung 12.22: Markierte und nachträglich eingefärbte Legende im Selektionsrahmen eines Diagramms

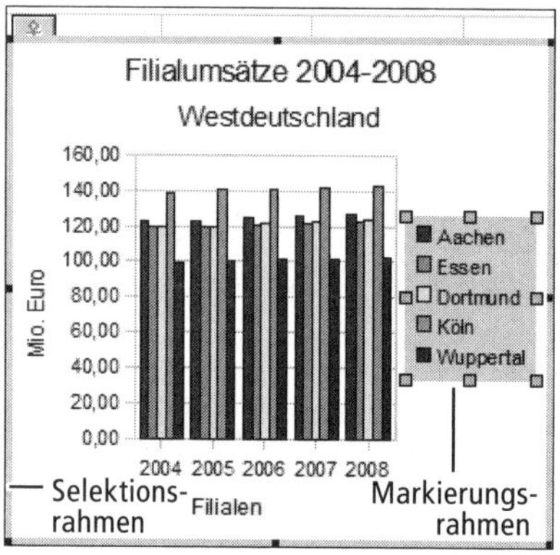

- Möchten Sie ein Diagrammelement (z.B. eine Legende) entfernen, reicht es, das Element zu markieren und dann die [Entf]-Taste zu drücken. Sie können auch Datenelemente (z.B. Balken eines Liniendiagramms) aus der Diagrammfläche entfernen.

Abbildung 12.23: Bearbeiten eines Textelements im Diagramm

- Textelemente lassen sich per Doppelklick anwählen und werden dann mit einem Selektierungsrahmen (Abbildung 12.23) umgeben. Sie können anschließend auf den Text innerhalb des Selektierungsrahmens klicken. Sobald die Einfügemarke sichtbar wird, lässt sich der Text anpassen. Sie können Zeichen markieren, einfügen und mittels der Tasten [Entf] und [Rück] löschen. Das Überschreiben wird durch Drücken der [Einfg]-Taste ein- oder ausgeschaltet. Die Positionierung der Einfügemarke innerhalb des Textelements erfolgt per Mausklick oder über die Cursortasten [→] und [←]. Änderungen werden übernommen, sobald Sie die Selektion (durch Anklicken eines im Diagramm außerhalb des Selektionsrahmens liegenden Punkts) aufheben. Auf diese Weise können Sie die Achsenbeschriftungen sowie den Diagrammtitel anpassen. Die Legendentexte sowie die Achsenskalierungen sind dagegen nicht änderbar.

Sobald Sie ein markiertes Diagrammelement mit der rechten Maustaste anklicken, öffnet Calc ein jeweils zum Element passendes Kontextmenü (Abbildung 12.24).

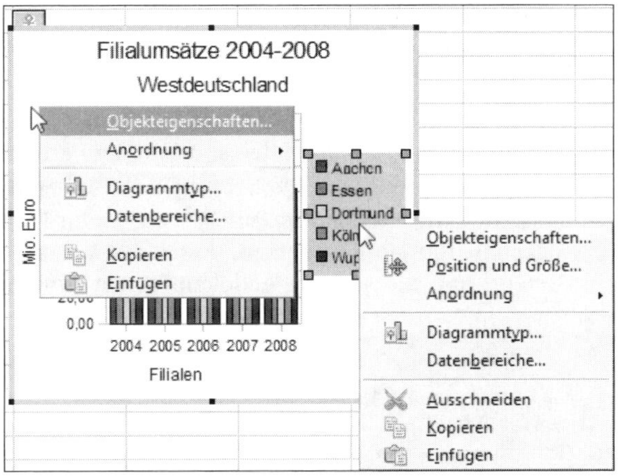

Abbildung 12.24: Kontextmenübefehle eines Diagrammelements

Dort finden Sie Befehle zum Ausschneiden und Kopieren des Diagrammelements in die Zwischenablage, zum Aufruf des Dialogfelds *Position und Größe* und zur Auswahl weiterer Befehle.

INFO

Der Befehl Position und Größe *öffnet das in Abbildung 12.21 gezeigte Dialogfeld, wobei jedoch nur eine Registerkarte vorhanden ist. Sie können auf dieser Registerkarte lediglich die Position des Elements anpassen, da die Größe gemäß den Ausführungen der vorhergehenden Absätze fixiert ist.*

Der Befehl Datenbereiche *öffnet einen Dialog (Abbildung 12.35) mit zwei Registerkarten, in dem sich die Datenreihen nachträglich anpassen lassen (siehe den Abschnitt »Datenbereich nachträglich anpassen« weiter hinten in diesem Kapitel).*

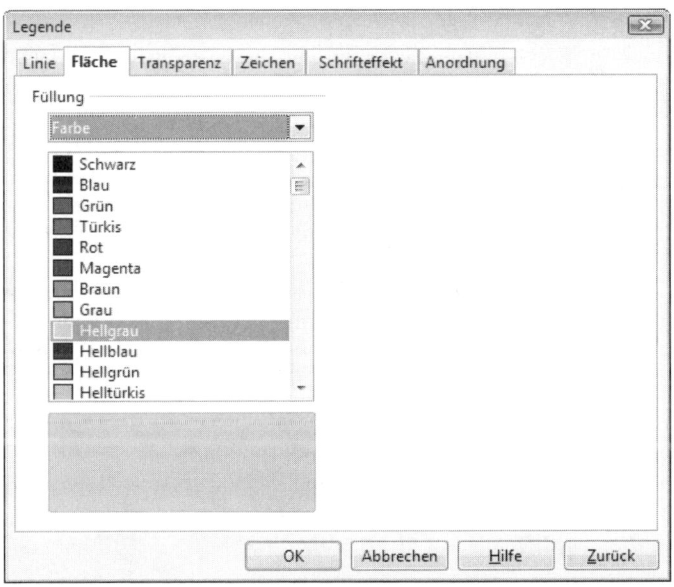

Abbildung 12.25: Eigenschaftenfenster eines Diagrammelements mit den Objekteigenschaften

Interessant ist der Kontextmenübefehl *Objekteigenschaften*, der das in Abbildung 12.25 gezeigte Eigenschaftenfenster öffnet. Über die einzelnen Registerkarten können Sie die verschiedenen Optionen des Objekts anpassen.

- *Linie*: Auf dieser Registerkarte finden Sie Optionen, um die Rahmenlinien um das Objekt ein-/auszublenden sowie in der Farbe und Dicke anzupassen.
- *Fläche*: Bietet die Möglichkeit, Flächenobjekte zu füllen. Sie können die Optionsfelder der Gruppe *Füllung* auf Farben, einen Farbverlauf, eine Schraffur oder sogar ein Bitmap-Bild setzen. Auf diese Weise lässt sich beispielsweise eine Beschriftung oder eine Legende mit Farben hinterlegen.

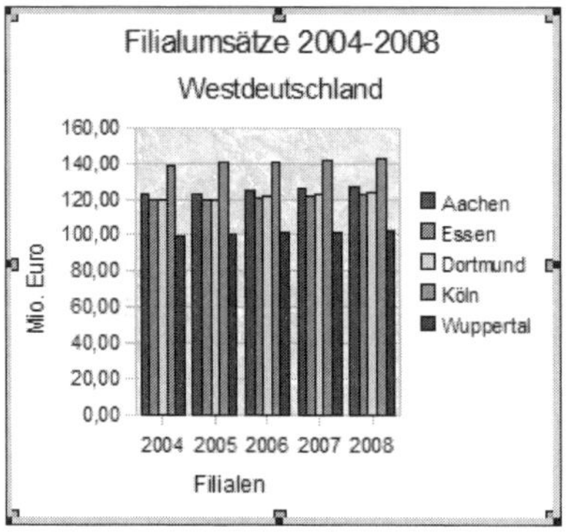

Abbildung 12.26: Diagrammwand mit Bitmap im Hintergrund

TIPP

Wenn Sie die Diagrammwand (das Element mit der Diagrammdarstellung) anwählen, können Sie dieses über die Objekteigenschaften *mittels der Registerkarte* Fläche *mit einem Bitmap-Hintergrund versehen (Abbildung 12.26). Wählen Sie dagegen die Diagrammfläche, lässt sich diese z.B. separat über eine Hintergrundfarbe vom Tabellenhintergrund absetzen.*

- *Transparenz*: Ermöglicht, die Transparenz für flächige Diagrammelemente festzulegen. Arbeiten Sie mit Farben, können Sie deren Wirkung über den Transparenzwert zwischen 0 (keine Anzeige) und 100 (volle Farbe) abstufen. Dies ist auch hilfreich, falls sich Diagrammelemente überlappen. Zudem erlaubt die Option *Verlauf* interessante Effekte bezüglich der eingefärbten Flächen.
- *Zeichen, Schrifteffekt, Anordnung*: Diese drei Registerkarten sind nur bei Textfeldern (z.B. Titel oder Legende) des Diagramms vorhanden und bieten die Möglichkeit, die Schriftart, die Formatierung (fett, kursiv, unterstrichen), die Schriftfarbe, besondere Texteffekte wie Konturen sowie die Ausrichtung (Text drehen) anzupassen. Die Optionen beziehen sich aber auf den gesamten Text des betreffenden Elements und lassen sich nicht auf einzelne Zeichen anwenden.

INFO

Die Bedeutung einzelner Optionen der Registerkarten lässt sich der Hilfe oder Kapitel 2 im Abschnitt zur Textformatierung im Writer entnehmen. Der Kontextmenübefehl Diagrammtyp *ermöglicht Ihnen, die Dialoge zur Anpassung des Diagrammtyps aufzurufen (siehe folgender Abschnitt).*

12.2.5 Darstellungsoptionen des Diagramms anpassen

Sobald Sie das Diagramm in der Tabelle per Doppelklick zum Bearbeiten selektieren, erscheint auch eine *Format*-Symbolleiste im Dokumentfenster (Abbildung 12.27).

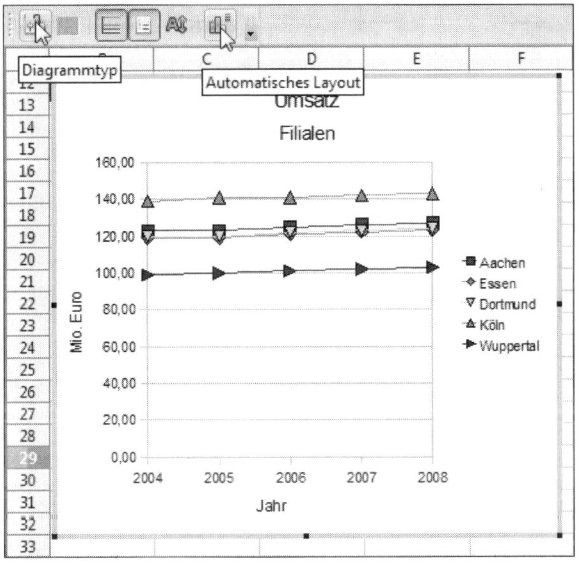

Abbildung 12.27: Schaltflächen zum Anpassen der Diagrammdarstellung

Über die Schaltflächen dieser Leiste lassen sich einzelne Anzeigeelemente des Diagramms wie die Gitterdarstellung oder die Legende aus- und später wieder einblenden. Die Schaltfläche *Automatisches Layout* verschiebt alle Diagrammelemente an ihre Standardposition. Die Schaltfläche *Diagrammtyp* öffnet das Dialogfeld (Abbildung 12.28) zum Ändern des Diagrammtyps. Sobald Sie das Dialogfeld über die *OK*-Schaltfläche schließen, setzt Calc das Diagramm auf die neue Variante um.

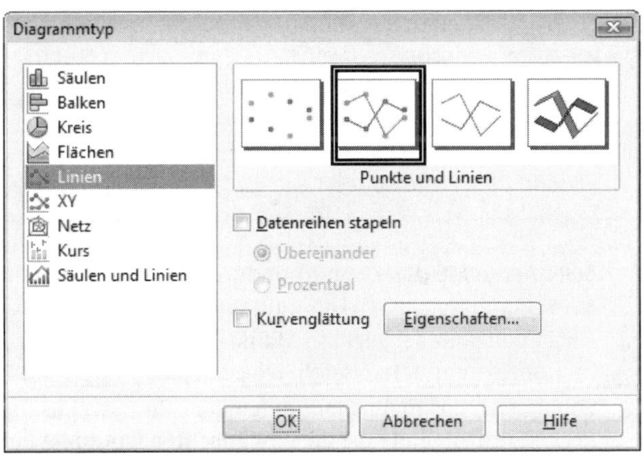

Abbildung 12.28: Dialogfeld zum Anpassen des Diagrammtyps

12

TIPP

Beim Ändern der Diagrammgröße passt Calc auch die Größe der Diagrammelemente an. Dies wirkt sich üblicherweise auch auf den Schriftgrad der Legenden, Titel und Achsenbeschriftungen aus. Falls Sie dies nicht möchten, lässt sich die Größenänderung der Textelemente beim Vergrößern des Diagramms abschalten. Stellen Sie sicher, dass die Schaltfläche Textskalierung *in der* Format-*Symbolleiste nicht eingedrückt dargestellt wird. Ist irgendeine Änderung schiefgegangen, können Sie diese über die Rückgängig-Funktion (z.B. Tastenkombination* [Strg] + [Z]*) wieder zurücksetzen.*

12.2.6 Achsenskalierung anpassen

Der Diagramm-Assistent skaliert die Achsen des Diagramms automatisch nach den Größen der Wertereihen bzw. nach der Anzahl der Werte. Bei der Darstellung von Linien-, Balken- und XY-Diagrammen ergibt sich gelegentlich die Notwendigkeit zur Anpassung einzelner Achsen. So kann eine Verschiebung des Nullpunkts, die logarithmische oder eine doppelt logarithmische Skalierung erforderlich sein. Auch dies wird durch Calc unterstützt, obwohl die Optionen ziemlich versteckt sind. Um die Achsenskalierung anzupassen, gehen Sie folgendermaßen vor:

Abbildung 12.29: Registerkarte *Skalierung*

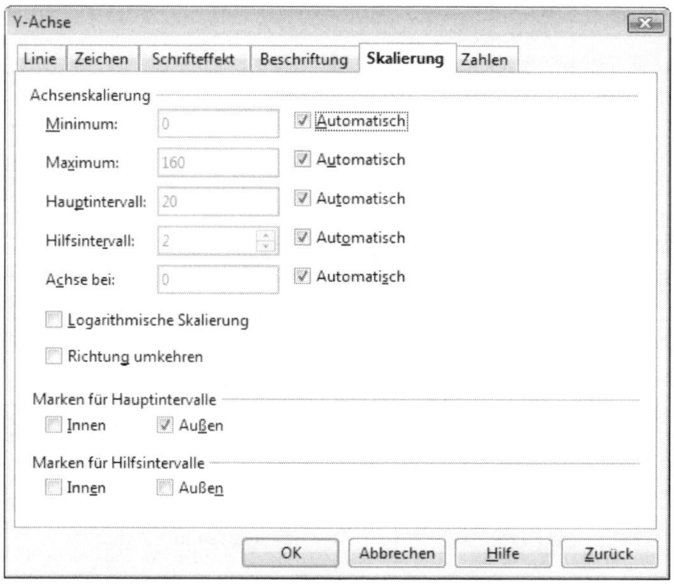

1. Selektieren Sie das Diagramm durch einen Doppelklick per Maus – es darf aber sonst kein Element im Diagramm markiert sein.
2. Klicken Sie mit der rechten Maustaste auf die gewünschte Achse und wählen Sie im Kontextmenü den Befehl *Objekteigenschaften*.
3. Sobald sich das Eigenschaftenfenster öffnet, wechseln Sie zur Registerkarte *Skalierung* und stellen dort die gewünschten Optionen ein (Abbildung 12.29).

Heben Sie die Markierung der Kontrollkästchen *Automatisch* auf, lassen sich die Angaben für Minimum, Maximum, die Skalenteilung für das Haupt- und Teilintervall sowie der Achsennullpunkt verändern. Zudem können Sie die Achse in einem logarithmischen Maßstab skalieren sowie die Marken für die Intervalle außen oder innen abtragen lassen. Die Änderungen werden wirksam, sobald Sie das Dialogfeld über die *OK*-Schaltfläche schließen.

INFO

Die Registerkarte Skalierung *erscheint nur, wenn das Diagramm eine Variation der Achsen zulässt. Eine Zeitachse bei einem Balkendiagramm wird sich nicht skalieren lassen, während Sie die X-Achse bei einem XY-Diagramm auch logarithmisch darstellen können.*

12.2.7 So lässt sich der Diagramminhalt erweitern

Der Diagramm-Assistent erzeugt die Diagrammelemente anhand der vom Benutzer getroffenen Vorgaben. Stellen Sie nachträglich fest, dass eine Legende fehlt, oder soll eine Beschriftung, ein Untertitel etc. eingefügt werden?

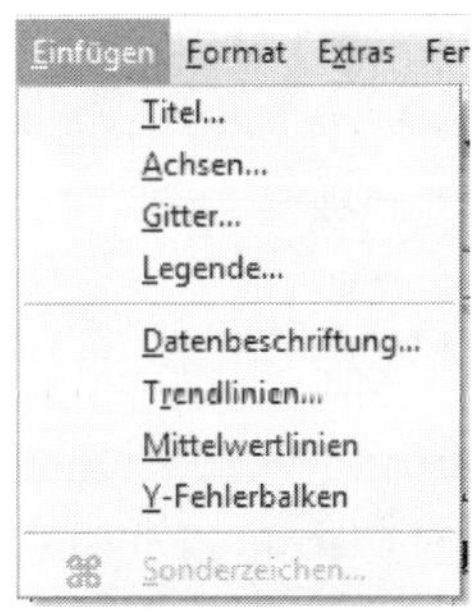

Abbildung 12.30: Menü *Einfügen* mit Optionen zur Erweiterung der Diagramminhalte

1. Selektieren Sie das Diagramm mit einem Doppelklick auf die Diagrammfläche.
2. Öffnen Sie das Menü *Einfügen*, wählen Sie einen der Befehle (Abbildung 12.30) und passen Sie anschließend die Darstellungsoptionen im geöffneten Dialogfeld an.

Sobald Sie das Dialogfeld schließen, werden die neuen Diagramminhalte sichtbar. Der Befehl *Legende* zeigt beispielsweise ein Dialogfeld, über welches Sie die Legende ein-/ausblenden sowie deren Position innerhalb der Diagrammfläche festlegen können. Standardmäßig wird die Legende rechts neben der Diagrammfläche eingeblendet.

TIPP

Sofern Sie die Elemente neu positionieren oder einfügen, überlappen sich diese gelegentlich mit der Diagrammfläche. Sie sind gezwungen, diese manuell zu verschieben. Wenn Sie die Schaltfläche Automatisches Layout *in der* Format-*Symbolleiste anwählen, schiebt Calc die Elemente zur Standardposition im Diagramm zurück.*

Hinzufügen von Untertiteln und Achsentiteln

Wurde beim Diagrammentwurf im Diagramm-Assistent ein Achsentitel vergessen? Haben Sie einen Titel gelöscht und möchten diesen später doch hinzufügen?

1. Selektieren Sie das Diagramm durch einen Doppelklick auf die Diagrammfläche und wählen Sie anschließend im Menü *Einfügen* den Befehl *Titel*.

2. Nun können Sie im Dialogfeld *Titel* den gewünschten Titeltext nachtragen (Abbildung 12.31) und dann das Dialogfeld über die *OK*-Schaltfläche schließen.

Anschließend werden die ausgewählten Titelinformationen im Diagramm angezeigt. Sie können das Dialogfeld mehrfach aufrufen, um Titel auszublenden oder komfortabel anzupassen. Die Texteigenschaften (Schriftgrad, Farbe etc.) legen Sie dagegen über die Objekteigenschaften fest (siehe oben).

Abbildung 12.31: Dialogfeld *Titel*

Anzeigen zusätzlicher Sekundärachsen

Bei Diagrammen ist es gelegentlich hilfreich, wenn zusätzliche Hilfsskalen am oberen und/oder rechten Rand vorhanden sind. Der Diagramm-Assistent bietet hier nichts. Um die betreffenden Achsen anzuzeigen, gehen Sie folgendermaßen vor.

1. Selektieren Sie das Diagramm durch einen Doppelklick auf die Diagrammfläche.
2. Rufen Sie den Menübefehl *Einfügen/Achsen* auf, um das gleichnamige Dialogfeld zu öffnen.
3. Markieren Sie im Dialogfeld *Achsen* die Kontrollkästchen der anzuzeigenden Achsen (Abbildung 12.32) und schließen Sie das Dialogfeld.

Abbildung 12.32 zeigt sowohl das Dialogfeld als auch ein Diagramm mit zusätzlichen Sekundärachsen.

Mit der gleichen Schrittfolge lassen sich über den Befehl *Gitter* des Menüs *Einfügen* Gitterlinien für die beiden Achsen im Diagramm einblenden.

12.2.8 Datenbeschriftung im Diagramm hinzufügen

In den vorhergehenden Abschnitten wurde es bereits beim Kreis- und Liniendiagramm angerissen: Calc ermöglicht Ihnen, die Werte der Datenpunkte direkt im Diagramm einzublenden. Zudem lassen sich Beschriftungstexte (der Legende) mit aufnehmen.

1. Selektieren Sie das Diagramm durch einen Doppelklick auf die Diagrammfläche.
2. Rufen Sie den Menübefehl *Einfügen/Datenbeschriftung* auf, um das gleichnamige Dialogfeld zu öffnen.

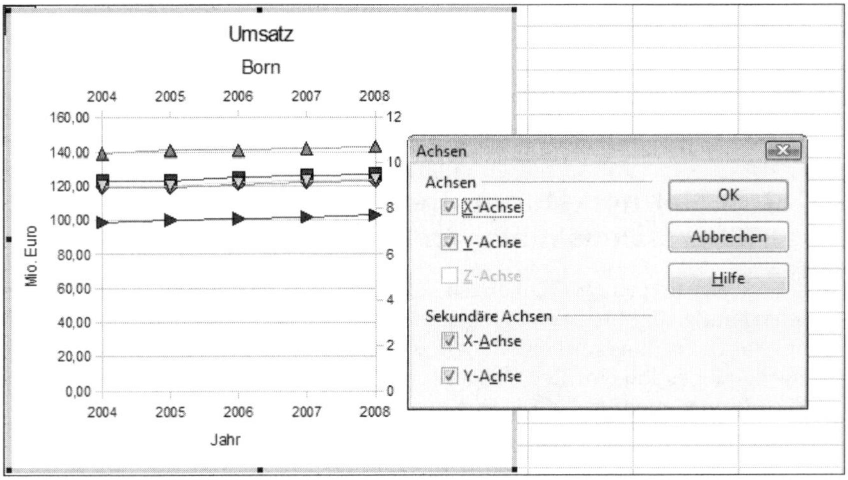

Abbildung 12.32: Diagramm mit Hilfsskalen und Dialogfeld *Achsen*

3. Markieren Sie im Dialogfeld *Datenbeschriftung* die Kontrollkästchen der anzuzeigenden Beschriftungsoptionen (Abbildung 12.33) und schließen Sie das Dialogfeld wieder.

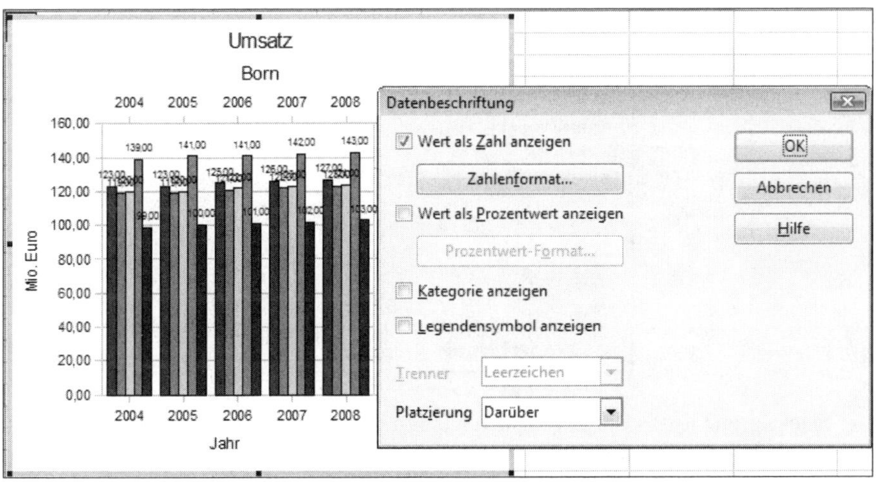

Abbildung 12.33: Optionen zur Datenbeschriftung

Die Option *Wert als Zahl anzeigen* bewirkt, dass die Werte der Datenpunkte als Dezimalzahl im Diagramm eingeblendet werden. Über weitere Kontrollkästchen wählen Sie, ob nur Zahlen oder Prozentwerte anzuzeigen sind. Bei Datenzellen, die bereits Prozentwerte enthalten, ist die Option *Wert als Zahl anzeigen* zu markieren. Die Option *Wert als Prozent anzeigen* ermöglicht, unskalierte Zahlen in Prozentwerte umzurechnen. Markieren Sie die Option *Legendensymbol anzeigen*, werden die Farbpunkte der Legende zu den jeweiligen Werten zugefügt. Zudem können Sie die Datenpunkte des Diagramms durch die Beschriftungstexte der Legende ergänzen.

Falls Sie Beschriftungstexte einfügen, müssen Sie in vielen Fällen die Größe der Diagrammfläche neu justieren. Andernfalls ist das Diagramm zu klein und kaum zu erkennen. Gehen Sie sparsam mit Datenbeschriftungen um, da die Beschriftungstexte die gesamte Darstellung schnell sehr unübersichtlich machen.

12.2.9 Fehlerindikatoren, Trendlinien und Regressionskurven in Diagramme einfügen

Bei der Auswertung von Wertemengen (z.B. Stichproben) in Form von Grafiken interessieren häufig der Mittelwert und gelegentlich die Varianz oder die Standardabweichung. Bei Liniendiagrammen werden ggf. Trendlinien gewünscht, die den Trend anzeigen, oder es soll eine Regressionskurve durch Datenpunkte gelegt werden. Um solche Informationen in das Diagramm mit aufzunehmen, gehen Sie in folgenden Schritten vor.

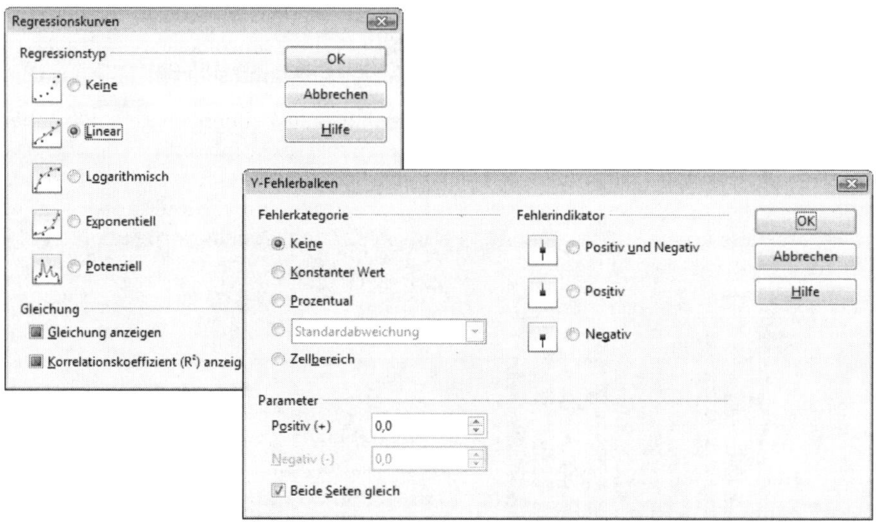

Abbildung 12.34: Optionen zum Einblenden von Regressionskurven und Fehlerindikatoren

1. Selektieren Sie das Diagramm durch einen Doppelklick auf die Diagrammfläche.
2. Rufen Sie im Menü *Einfügen* einen der Befehle *Mittelwertlinien*, *Trendlinien* oder *Y-Fehlerbalken* auf (siehe Abbildung 12.30).
3. Markieren Sie im erscheinenden Dialogfeld die gewünschten Optionen (Abbildung 12.34) und schließen es wieder.

Wurde der Befehl *Mittelwertlinien* gewählt, zeichnet Calc eine Mittelwertlinie in das Diagramm ein. Zum Ausblenden klicken Sie die Mittelwertlinie mit der rechten Maustaste an und wählen den Kontextmenübefehl *Mittelwertlinie löschen*.

Werte, die in XY-Diagrammen eingetragen sind, lassen sich zusätzlich mit Regressionskurven (in Calc als Trendlinien bezeichnet) versehen. Wählen Sie im Menü *Einfügen* den Befehl *Trendlinien* und legen Sie im eingeblendeten Dialogfeld die Optionen zur Berechnung der Regressionskurve fest (Abbildung 12.34). Sie können dann eine lineare, logarithmische, exponentielle oder potenzielle Regressionskurve durch die Punkteschar legen lassen.

Markieren Sie eine Fehlerkategorie im Dialogfeld *Y-Fehlerbalken*, berechnet Calc die betreffenden Größen (Varianz, Standardabweichung, Fehlerwert). Anschließend müssen Sie eines der Symbole für die Darstellung des Fehlerindikators im Dialogfeld wählen, um die Fehlerkategorie auch optisch im Diagramm anzuzeigen.

Die Kurven lassen sich ausblenden, indem Sie diese mit der rechten Maustaste anklicken und den Kontextmenübefehl *Trendlinie löschen* bzw. *Y-Fehlerbalken löschen* wählen.

12.3 Datenbereiche und -reihen im Diagramm anpassen

Der Umfang der in der Diagrammfläche angezeigten Datenreihen kann sich ändern (neue Datenreihen kommen hinzu, Daten sind ungültig etc.). Zudem besteht gelegentlich der Wunsch, die Anzeigeoptionen für die Datenreihen anzupassen. Nachfolgend finden Sie einige Hinweise zu diesem Themenbereich.

12.3.1 Den Datenbereich nachträglich anpassen

Falls Sie beim Anlegen des Diagramms einen falschen Zellbereich gewählt haben oder falls sich nachträglich etwas an den Daten ändert (es kommen Spalten oder Zeilen hinzu), muss dies im Diagramm berücksichtigt werden. Bei Calc gilt es aber aufzupassen, denn die Datenreihen lassen sich zwar in einem selektierten Diagramm markieren. Sie können aber keine Anpassung des Datenbereichs vornehmen.

1. Um den im Diagramm benutzten Datenbereich anzupassen, müssen Sie das Diagrammobjekt per Doppelklick selektieren.
2. Klicken Sie mit der rechten Maustaste auf den Diagrammbereich und wählen Sie im Kontextmenü den Befehl *Datenbereiche*.

Der Befehl *Datenbereiche* öffnet einen Fenster (Abbildung 12.35) mit zwei Registerkarten, in dem sich die Datenreihen nachträglich anpassen lassen. Sie können dann den Zellbereich mit den Daten für das Diagramm neu festzulegen oder vorgeben, ob die Daten zeilen- bzw. spaltenweise als Datenreihe zu interpretieren sind.

INFO

Calc unterstützt zwischenzeitlich auch die von Microsoft Excel bekannte Möglichkeit, Datenreihen direkt im Diagramm anzuwählen und dann über die [Entf]*-Taste zu löschen. Das Verändern der Datenwerte durch Ziehen der Datenpunkte einer Datenreihe funktioniert aber noch nicht.*

12.3.2 Eigenschaften einer Datenreihe anpassen

Calc ermöglicht Ihnen, die Farbe einer einzelnen Datenreihe innerhalb des Diagramms anzupassen. Weiterhin können Sie die Datenwerte für diese Datenreihe einblenden, individuelle Fehlerindikatoren setzen und mehr.

In Abbildung 12.36 sehen Sie zwei Diagramme im Selektionsmodus. Im linken Diagramm ist eine Datenreihe markiert – jeder Balken der Datenreihe besitzt eine Ziehmarke. Im rechten Diagramm ist jedoch nur ein Datenpunkt markiert (erkennbar an den Ziehmarken).

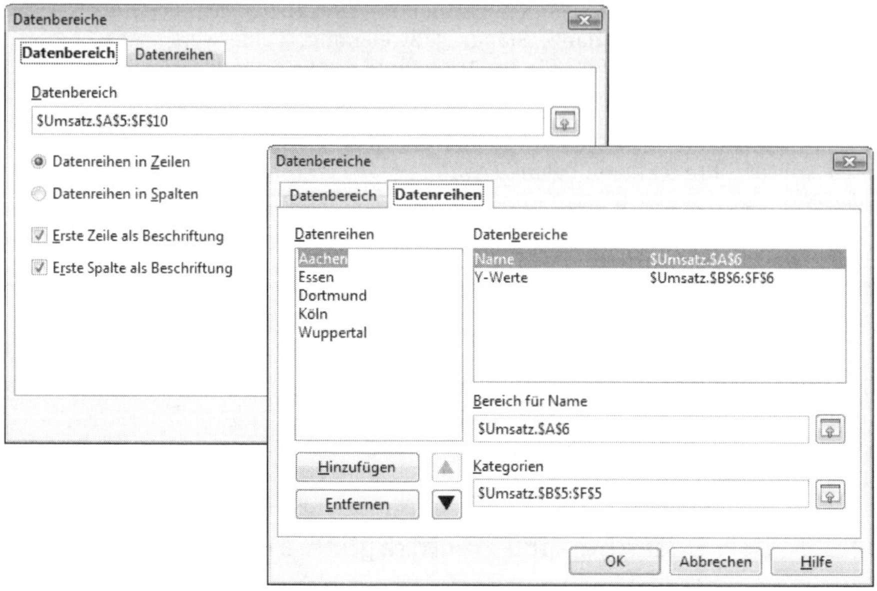

Abbildung 12.35: Dialoge zum Anpassen der Datenbereiche und Datenreihen

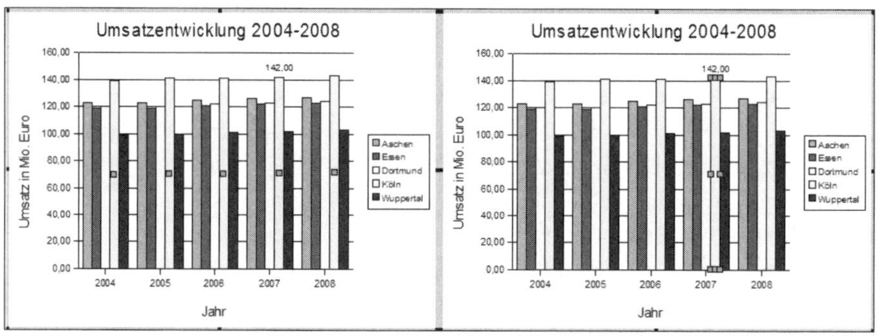

Abbildung 12.36: Diagramme mit markierter Datenreihe (links) und Datenpunkt (rechts)

- Zum Markieren einer Datenreihe reicht es, in einem selektierten Diagramm auf den betreffenden Datenpunkt (Balken, Linie etc.) zu klicken.
- Ein weiterer Mausklick auf einen Datenpunkt (z.B. Balken) einer markierten Datenreihe markiert diesen Datenpunkt.

Sobald die Datenreihe oder der Datenpunkt markiert ist, können Sie diesen mit der rechten Maustaste anwählen und im Kontextmenü den Befehl *Objekteigenschaften* wählen. Calc öffnet dann das Eigenschaftenfenster (Abbildung 12.37), über dessen Registerkarten Sie die Optionen anpassen können.

Die Registerkarten *Fläche* bzw. *Linie* ermöglichen Ihnen, einen Balken oder eine Linie des Diagramms einzufärben. Die Registerkarte *Datenbeschriftung* bietet Optionen, um die Einzelwerte der Datenreihen in das Diagramm einzutragen oder die Beschriftungstexte der Legende hinzuzufügen.

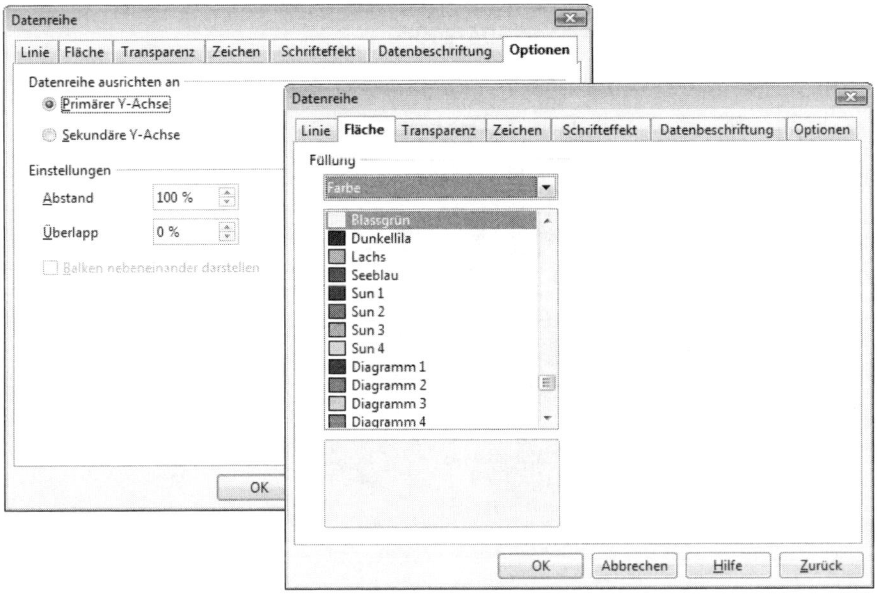

Abbildung 12.37: Eigenschaften einer Datenreihe

Die Zahl der eingeblendeten Registerkarten variiert je nach gewähltem Teilobjekt. Bei einer Datenreihe lässt sich z.B. die sekundäre Y- oder X-Achse über die Registerkarte Optionen *ein-/ausblenden.*

Datenanzeige mit Grafiken als Fülleffekt

Wenn Sie eine Datenreihe angewählt haben, können Sie über den Kontextmenübefehl *Objekteigenschaften* die Registerkarte *Fläche* öffnen. Diese Registerkarte ermöglicht bei flächenhaften Darstellungen (z.B. Säulen oder Balken), die Füllung der Fläche zu beeinflussen. Sie können beispielsweise die Farben der Balken modifizieren. Wählen Sie auf der Registerkarte das Optionsfeld *Schraffur* oder *Grafik*, lassen sich recht pfiffige Effekte innerhalb der Diagramme erzeugen. Abbildung 12.38 zeigt ein Diagramm, welches eine Datenreihe mit Umsatzdaten darstellt. Einige Säulen des Diagramms wurden mit der Grafik »Marmor« gefüllt. Durch das Kacheln der Grafik entsteht der Eindruck, dass die Balken der betreffenden Datenreihe aus Marmor erstellt wurden. Alternativ können Sie Texturen auch strecken und so unterschiedliche Effekte erreichen.

Zeigt der Anwender im Diagramm auf einen Datenpunkt der Datenreihe, blendet Calc die genauen Daten als QuickInfo in der Anzeige ein. Auf diese Weise können Sie die genauen Ursprungswerte der Tabelle abfragen.

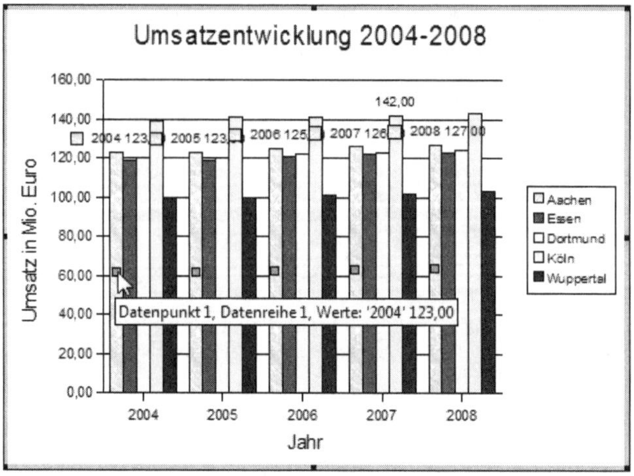

Abbildung 12.38: Diagramm mit Grafik als Balken und Anzeige der Datenpunkt-Werte

12.3.3 Drehen der Ansicht in 3D-Diagrammen

Calc unterstützt über die Diagrammtypen verschiedene Arten von 3D-Diagrammen mit unterschiedlichen Varianten. Haben Sie ein solches 3D-Diagramm angelegt, können Sie die Perspektive, unter der das Diagramm sichtbar ist, anpassen (z.B. Ansicht von vorne oder von schräg oben).

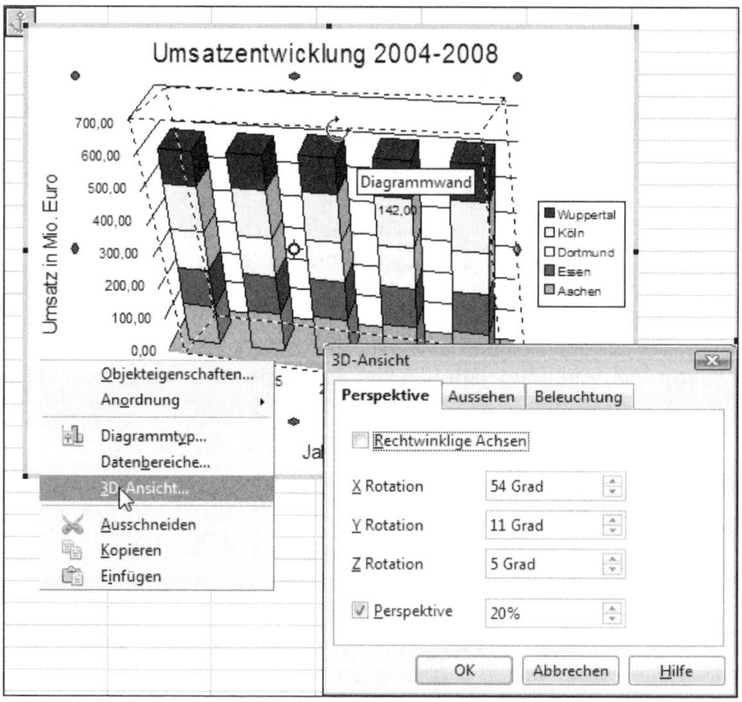

Abbildung 12.39: Rotieren eines 3D-Diagramms

1. Selektieren Sie das Diagramm durch einen Doppelklick auf die Diagrammfläche.
2. Klicken Sie auf die Diagrammfläche, um das 3D-Diagramm zu markieren. Dann werden verschiedene Ziehmarken als (rote) Drehpunkte sichtbar (Abbildung 12.39).
3. Zeigen Sie mit der Maus auf einen der runden Drehpunkte und verschieben Sie diesen.

Das Diagramm wird dann um den Drehpunkt rotieren und Sie erhalten verschiedene Ansichten der Darstellung.

Weiterhin können Sie das 3D-Diagramm mit der rechten Maustaste anklicken und den Kontextmenübefehl *3D-Ansicht* wählen. Im gleichnamigen Dialogfeld finden Sie drei Registerkarten vor, um die Perspektive, das Aussehen und die Beleuchtung zu kontrollieren (Abbildung 12.39).

12.4 Diagrammtypen und Varianten

Beim Erstellen von Diagrammen stellt Calc Ihnen verschiedene Typen und Varianten vor. Nachfolgend finden Sie eine kurze Übersicht über diese Typen und Varianten.

12.4.1 Säulen- und Balkendiagramme

Der Diagrammtyp *Säulendiagramm* ermöglicht die Darstellung von Datenreihen in Form von Säulengruppen. Werden die Säulen dagegen um 90 Grad gekippt, spricht man von Balkendiagrammen. Bei beiden Diagrammtypen werden die Datenwerte als Säulen über der X-Achse oder als Balken über der Y-Achse aufgetragen.

Sowohl für Balken- als auch für Säulendiagramme unterstützt Calc verschiedene Varianten. In Abbildung 12.40 sehen Sie links die 2D-Darstellung samt Varianten von Säulendiagrammen. Die rechte Darstellung zeigt die 3D-Darstellung eines Balkendiagramms samt den Varianten. Bei einigen Varianten finden Sie Optionen, um die Datenreihen nebeneinanderzuplatzieren oder die Balken bzw. Säulen der Datenreihe zu stapeln. In der 3D-Darstellung stehen Ihnen verschiedene Säulenformen, Kegel und Pyramiden zur Darstellung der Datenreihen zur Verfügung. Die Variante *Säulen und Linien* ermöglicht, beide Darstellungsvarianten zu kombinieren.

12.4.2 Linien- und Flächendiagramme

Der Diagrammtyp *Linien* ermöglicht die Darstellung der Datenreihen in Form einer Linie, die über die X-Achse abgetragen wird (Abbildung 12.41, links oben).

Der Diagrammtyp besitzt ebenfalls mehrere Untervarianten, die sich im Diagramm-Assistenten oder über das Dialogfeld *Diagrammtyp* abrufen lassen. Beim einfachen Linientyp wird jede Datenreihe getrennt über die X-Achse abgetragen. Die Datenpunkte einer Datenreihe sind dabei durch eine farbige Linie miteinander verbunden. Bei gewählter Option für gestapelte Datenreihen trägt Calc die erste Datenreihe als Linie ein. Für die zweite Linie werden die Werte der bereits gezeichneten Datenreihe zu den aktuellen Werten addiert. Dadurch erscheint die neue Linie oberhalb der vorher gezeichneten Linien. Diese Vorgehensweise wird für alle Datenreihen des Diagramms wiederholt.

Abbildung 12.40: Varianten von Säulen- und Balkendiagrammen in 2D-/3D-Darstellung

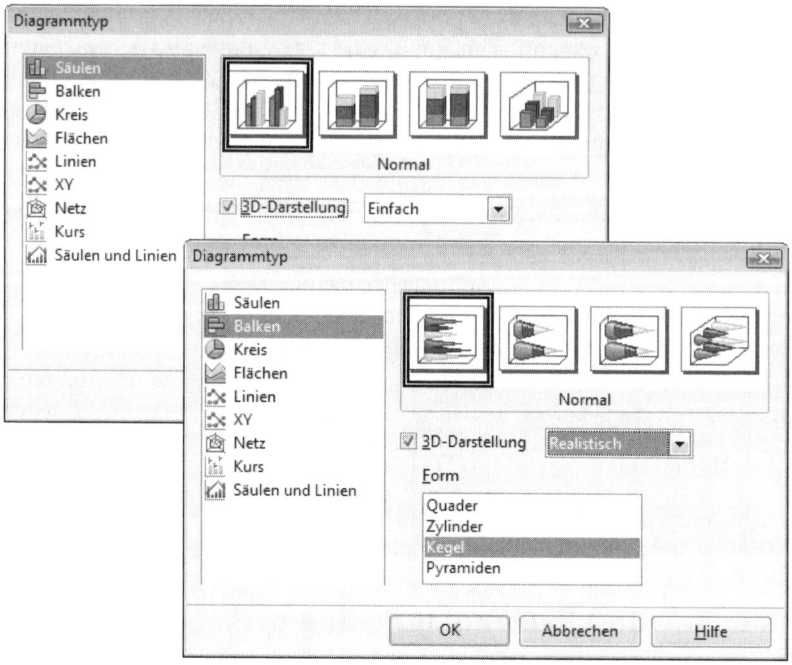

Abbildung 12.41: Varianten von Linien- und Flächendiagrammen in 3D-Darstellung

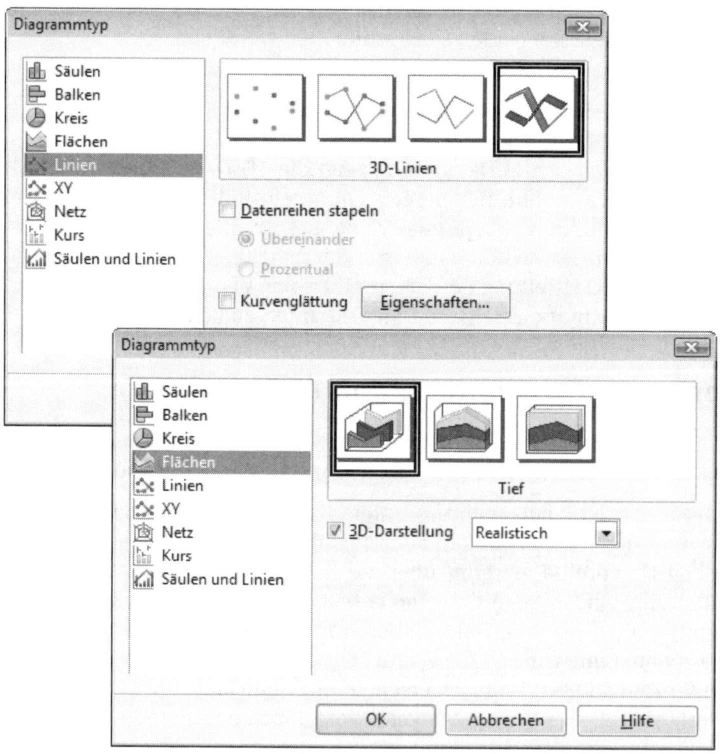

Zusätzlich kennt Calc noch Varianten, bei denen Symbole in die Grafiklinien eingeblendet oder die Werte in Prozent skaliert werden. Wenn die Fläche unterhalb der Linie zusätzlich farbig gefüllt wird, spricht man von Flächendiagrammen (Abbildung 12.41, rechts unten). Calc sieht dafür einen eigenen Typ samt mehreren Unterkategorien vor, für die das Gleiche wie für Liniendiagramme gilt (stapelbare Darstellung etc.). Bei Linien- und Flächendiagrammen lassen sich auch 3D-Darstellungen abrufen, die dann als Bänder oder Flächen erscheinen (siehe rechte Darstellung in).

12.4.3 Kreisdiagramme

Der Typ *Kreis* ermöglicht die Darstellung einer Datenreihe in Form von Kreis- oder Tortendiagrammen (Abbildung 12.42). Für diesen Diagrammtyp gibt es mehrere Varianten, bei denen die Segmente teilweise herausgezogen sind. In der 3D-Darstellung wird das Tortendiagramm räumlich angezeigt.

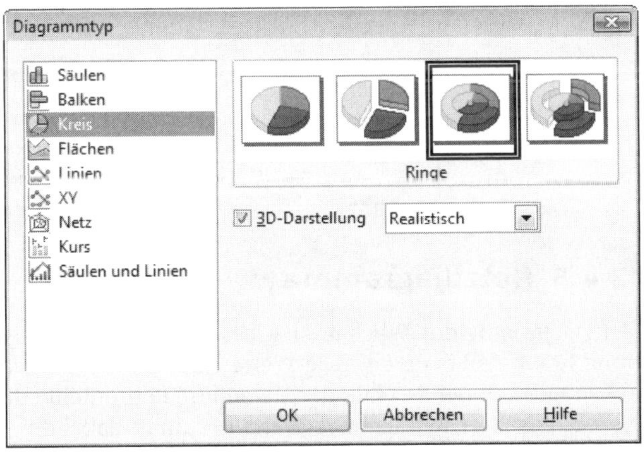

Abbildung 12.42: Varianten von Kreisdiagrammen und diversen 3D-Diagrammen

Eine der Untervarianten ermöglicht anstelle von Tortensegmenten Ringe darzustellen. Dies entspricht den in Microsoft Excel nutzbaren Ringdiagrammen.

12

12.4.4 XY-Punktdiagramme

Bei Punktdiagrammen (in Calc als XY-Diagramm bezeichnet) werden die Daten der Datenreihen als Einzelpunkte innerhalb eines X/Y-Koordinatensystems eingetragen. Calc erlaubt dabei über Varianten, die Punkte einzeln anzuzeigen, mit Linien zu verbinden sowie mit Linien und Datenpunkten anzuzeigen (Abbildung 12.43, links). Beim Verbinden der Einzelpunkte mit Linien lassen sich diese direkt verbinden oder über verschiedene Kurven interpolieren.

Die Art der Linie wird über Varianten festgelegt. Zusätzlich können Sie bei diesem Diagrammtyp über die Statistikfunktionen Regressionskurven durch die Punkte legen lassen (siehe vorhergehende Abschnitte).

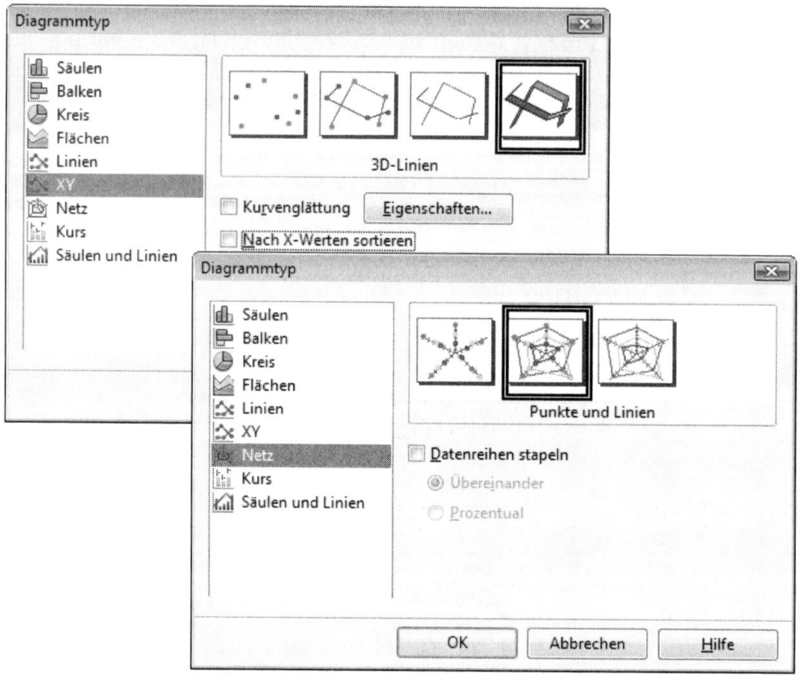

Abbildung 12.43: Varianten von XY- und Netzdiagrammen

12.4.5 Netzdiagramme

Netzdiagramme ermöglichen eine besondere Darstellung von Datenwerten (Abbildung 12.43, rechts unten). Die Werte einer Datenreihe werden dabei in einem Netz abgetragen, wobei die Zahl der Datenpunkte pro Reihe die Zahl der Radiallinien im Netz angibt. Der Betrag eines Werts bestimmt dabei den Abstand des Datenpunkts vom Mittelpunkt des Netzes. Sie können in Calc verschiedene Netzdiagramm-Varianten wählen.

In der einfachsten Variante werden die Datenreihen durch Linien verbunden im Netz angezeigt. Weitere Varianten zeigen zusätzlich Symbole an den einzelnen Datenpunkten oder füllen die Flächen im Netz farbig.

12.4.6 Kursdiagramme

Die Darstellung von Datenreihen, die einen Höchst- und Tiefstwert sowie einen Mittelwert annehmen können (z.B. Börsenkurse), lässt sich über Kursdiagramme visualisieren. Calc stellt verschiedene Varianten zur Verfügung (Abbildung 12.44). Sie können Höchst-/Tiefstkurse visualisieren, wobei die beiden Werte eines Datenpunkts durch eine senkrechte Linie, durch gefüllte Säulen etc. miteinander verbunden werden.

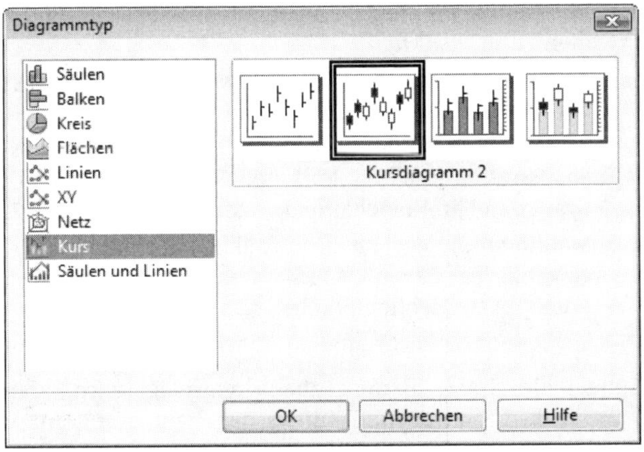

Abbildung 12.44: Varianten von Kursdiagrammen

Benutzerdefinierte Diagrammtypen werden in Calc (im Gegensatz zu Microsoft Excel) in den aktuellen Versionen nicht unterstützt. Sie finden verschiedene Diagrammbeispiele in der Datei Umsatz.ods *im Ordner* Kap12 *des Beispielarchivs. Die Diagramme sind in verschiedenen Tabellen untergebracht.*

INFO

12.5 Grafiken, Objekte und Zeichenelemente

Dieser Abschnitt zeigt, wie sich Grafiken, weitere Objekte und Zeichenelemente in Calc-Tabellen einfügen und handhaben lassen.

12.5.1 Grafiken einfügen

Zum Einfügen von Grafikdateien gehen Sie wie beim Writer vor.

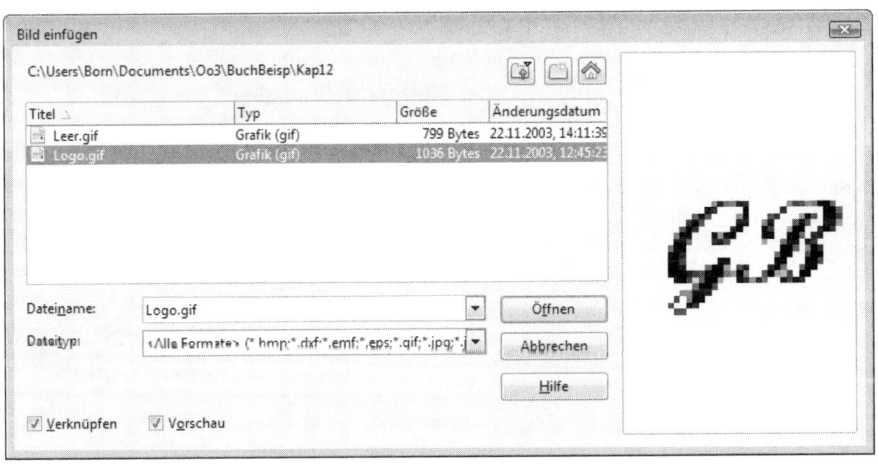

Abbildung 12.45: Einfügen einer Grafikdatei in Calc

12

1. Wählen Sie im Menü *Einfügen* den Befehl *Bild* und klicken Sie dann im Untermenü auf *Aus Datei*.
2. Sobald das Dialogfeld *Bild einfügen* erscheint, wählen Sie das Quellverzeichnis mit der Grafikdatei.
3. Dann suchen Sie die Grafikdaten und markieren diese mit einem Mausklick. Ist das Kontrollkästchen *Vorschau* im Dialogfeld markiert, wird der Inhalt der Grafikdatei im Vorschaufeld angezeigt (Abbildung 12.45).
4. Markieren Sie ggf. das Kontrollkästchen *Verknüpfen*. Wird diese Option nicht gewählt, legt Calc die Grafikdaten mit im *.ods*-Dokument ab, wodurch sich die Dateigröße erheblich erhöhen kann.
5. Schließen Sie das Dialogfeld, indem Sie auf die Schaltfläche *Öffnen* klicken.

Sobald die Grafik in der Tabelle angezeigt wird, können Sie diese mit einem Mausklick markieren und mittels der Ziehmarken am Markierungsrahmen in der Größe anpassen. Zum Verschieben zeigen Sie mit dem Mauszeiger auf die Fläche der markierten Grafik und ziehen den Markierungsrahmen per Maus zur gewünschten Position.

Klicken Sie die Grafik mit der rechten Maustaste an, öffnet sich ein Kontextmenü (Abbildung 12.46) mit verschiedenen Befehlen, über die Sie die Eigenschaften der eingebundenen Grafik anpassen können.

- Über das Untermenü des Befehls *Verankerung* lässt sich wählen, ob die Grafik an der Seite oder an einer Zelle verankert wird. Soll die Grafik beim Einfügen neuer Zeilen oder Spalten mitwandern, sollten Sie die Grafik an der Zelle verankern.
- Eingefügte Grafiken werden standardmäßig über die Tabelle gelegt und verdecken den Zellinhalt. Sie können aber die Untermenübefehle des Befehls *Anordnung* wählen, um die Grafik in den Tabellenhintergrund zu legen. Bei mehreren sich überlappenden Objekten erlaubt das Menü auch, die Lage der Grafik in der Z-Achse der Einzelobjekte stufenweise nach vorn oder nach hinten zu verlagern.

Abbildung 12.46: Tabelle mit Grafik und Kontextmenübefehlen

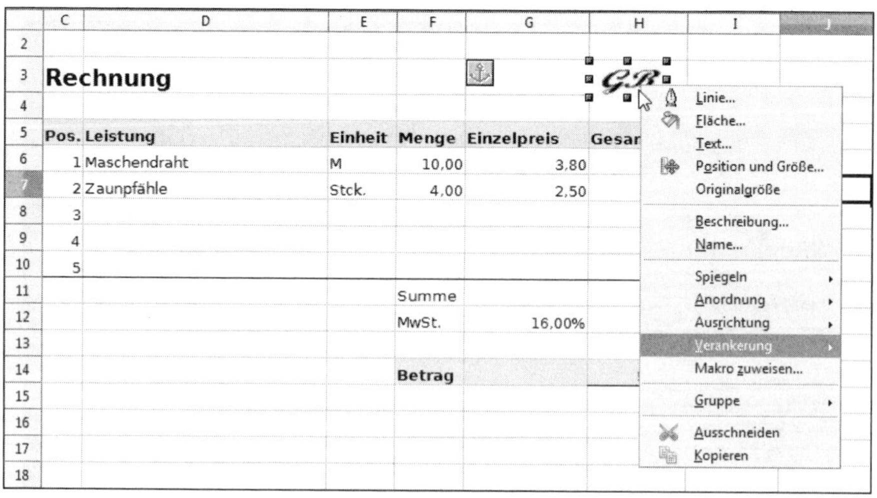

TIPP

Haben Sie eine Grafik oder ein anderes Objekt in den Dokumenthintergrund gelegt, lässt sich dieses nicht mehr per Mausklick markieren. Öffnen Sie das Fenster des Navigators über die betreffende Schaltfläche der Standard-*Symbolleiste und wählen Sie das gewünschte Objekt im Navigator-Fenster an.*

Über den Befehl *Name* lässt sich der Grafik ein Name zuweisen, über den diese im Navigator angesprochen werden kann. Der Befehl *Spiegeln* ermöglicht, die Originaldatei vertikal oder horizontal zu spiegeln. Über den Befehl *Gruppe* lassen sich mehrere markierte Grafiken oder Zeichenelemente zu einer Gruppe zusammenfassen. Bei bestehenden Gruppen können Sie die Gruppierung aufheben und anschließend die Einzelelemente bearbeiten.

INFO

Bezüglich des Einfügens von Grafiken verhält sich Calc ähnlich wie der Writer. Lediglich das Scannen von Vorlagen sowie das Ausrichten der Grafiken an der Zelle werden nicht unterstützt (der Kontextmenübefehl zum Ausrichten ist leer). Lesen Sie notfalls in Kapitel 7 die Details zum Umgang mit Grafiken nach.

Einfügen von ClipArts aus der Gallery

Calc unterstützt wie der Writer oder andere Office-Module auch die Gallery. Sobald Sie die betreffende Schaltfläche in der *Standard*-Symbolleiste anklicken, teilt sich das Dokumentfenster. Sie können anschließend in der linken Spalte der Gallery das Thema für die einzufügenden Grafikelemente wählen.

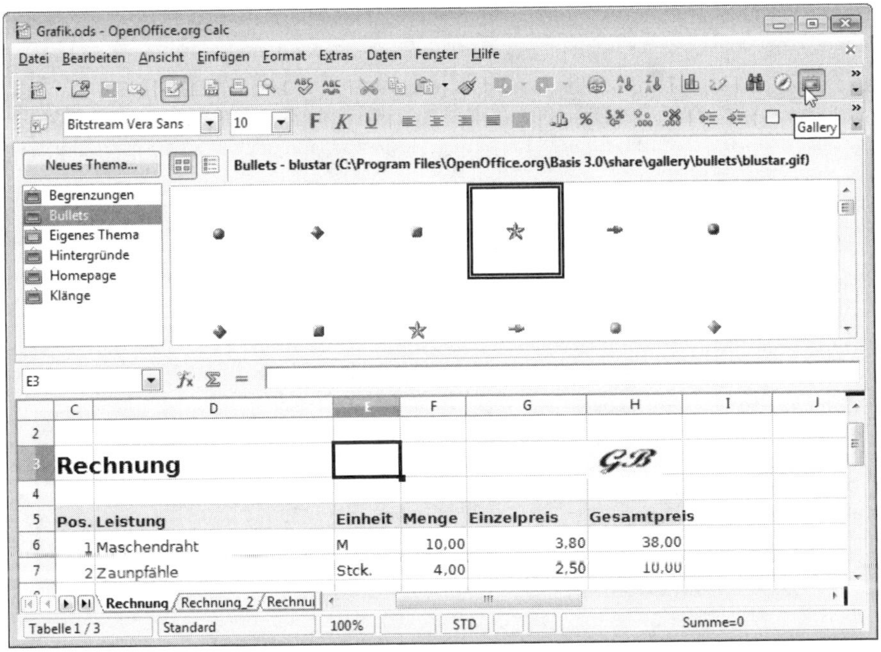

Abbildung 12.47: Einfügen von ClipArts aus der Gallery

Markieren Sie ein Thema in der linken Spalte, werden die Inhalte in der rechten Spalte der Gallery angezeigt. In StarOffice stehen mehr Themen zur Verfügung. Die Inhalte dieser Themen liegen nicht als Bitmap-Grafiken, sondern als WMF-Dateien vor, d.h., es handelt sich um Metagrafiken, die Zeichenelemente enthalten. Allgemein wird diese Art Grafikelemente als ClipArts bezeichnet. Sie können daher Ihre Calc-Tabellen mit ClipArts aus dem Themenbereich »Finanzen«, »Büro« oder »Computer« anreichern. Hierzu reicht es, das betreffende Bild aus dem Fenster der Gallery per Maus in den Tabellenbereich zu ziehen. Anschließend können Sie das Bild in der Größe skalieren, verankern und in den Hintergrund stellen.

12.5.2 Einfügen anderer Objekte in Tabellen

Calc ermöglicht Ihnen, ähnlich wie der Writer, weitere Objekte wie Formeln, Applets und OLE-Objekte in eine Tabelle aufzunehmen. Wählen Sie im Menü *Einfügen* den Befehl *Objekt* und dann im Untermenü eine der angebotenen Objektkategorien. Bei OLE-Objekten ist die Auswahl auf andere StarOffice-/OpenOffice.org-Dokumente begrenzt. Lesen Sie ggf. in *Kapitel 7* nach, was es an Details zu wissen gibt.

12.5.3 Umgang mit Zeichenelementen

Neben Grafiken, ClipArts und Objekten können Sie, ähnlich wie im Writer, auch Zeichenelemente in Tabellen einfügen.

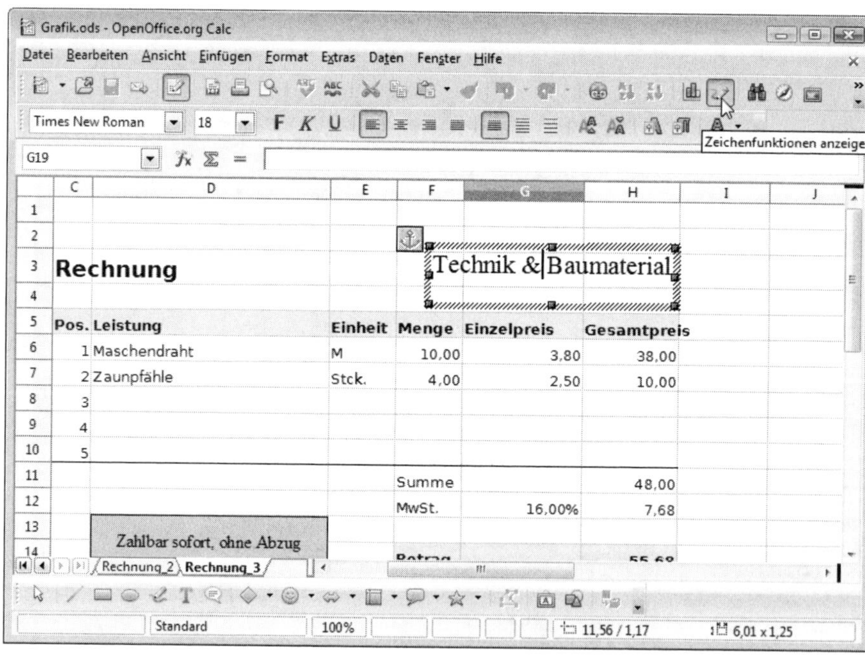

Abbildung 12.48: Einfügen eines Zeichenelements in eine Tabelle

1. Klicken Sie in der *Standard*-Symbolleiste auf das Symbol *Zeichenfunktionen anzeigen*.
2. Anschließend wählen Sie in der eingeblendeten *Zeichen*-Symbolleiste (Abbildung 12.48, unterer Rand) die Schaltfläche für das gewünschte Zeichenwerkzeug, klicken auf den Zellbereich der Tabelle und fügen das Zeichenelement ein.

Das Arbeiten mit den Zeichenfunktionen funktioniert wie beim Writer. Details zu den einzelnen Zeichenfunktionen können Sie daher in *Kapitel 7* nachlesen.

Sobald die Zeichenelemente in der Tabelle vorliegen, können Sie diese mit einem Mausklick markieren. Sobald die Ziehmarken sichtbar sind, lassen sich die Elemente in der Größe und in der Position anpassen. Über das Kontextmenü besteht die Möglichkeit, die Elemente an der Zelle oder an der Seite zu verankern. Außerdem lässt sich ein Zeichenelement über den Kontextmenübefehl *Anordnung* in den Dokumenthintergrund stellen.

HALT

Das Anordnen eines Zeichenelements im Hintergrund bietet noch eine gravierende Falle. Sobald das Element im Hintergrund angeordnet wurde, lässt es sich nicht mehr per Mausklick markieren. In den bisherigen Office-Versionen werden die Zeichenelemente nur dann im Navigator angezeigt, wenn sie über den Kontextmenübefehl Name *vom Benutzer benannt wurden.*

INFO

Sie finden im Beispielarchiv im Ordner Kap12 *die Datei* Grafik.ods *mit drei Tabellen. In diese drei Tabellen wurden jeweils eine Grafik, ein ClipArt und ein Zeichenelement eingefügt.*

13 Fortgeschrittene Calc-Funktionen

In diesem Kapitel geht es um spezielle Calc-Funktionen wie beispielsweise den Umgang mit Listen-/Datenbankfunktionen oder die Nutzung der Analysefunktionen in Tabellen.

13.1 Arbeiten mit Listen

Durch die Tabellenstruktur lassen sich in Calc sehr einfach Bestandslisten oder andere Daten in Tabellen eintragen. Calc verfügt wie die meisten Tabellenkalkulationsprogramme über eine Reihe von Funktionen zur Pflege dieser Listen bzw. zur Datenverwaltung. Die entsprechenden Funktionen werden in diesem Abschnitt behandelt.

13.1.1 Listen erstellen und pflegen

Eine Liste ist ein Datenbereich in einer Tabelle, bei dem gleichartige Datensätze (z.B. Name, Adresse, Telefonnummer etc.) zeilenweise erfasst sind. Dadurch ergibt sich eine Organisation, in der eine Spalte die gleichen Werte (z.B. Namen, Hausnummern etc.) aufweist. Um eine Liste anzulegen, tippen Sie einfach die Daten in die Zeilen und Spalten einer Tabelle ein. Dabei sollten Sie lediglich darauf achten, eine Kopfzeile mit den Spaltennamen in der obersten Zeile festzulegen. In Abbildung 13.1 sehen Sie das Beispiel einer Adressliste.

	A	B	C	D	E	F	G	H	I
1	Nr.	Anrede	Titel	Vorname	Name	Straße	Hausnr	Plz	Ort
2	1	Frau		Doris	Meier	Hofweg	19	60130	Frankfurt
3	2	Herr	Dr.	Alois	Huber	Meisengasse	2	80230	München
4	3	Eheleute		Heidi und Klaus	Mager	Hauptstraße	1	50120	Köln
5	4	Herr		Albert	Kleinen	Drosselgasse	22	65334	Rüdesheim
6	5	Frau		Berta	Meister	Hopfenweg	19a	60230	Frankfurt
7	6	Herr		Herbert	May	Mistelgasse	33	80231	München
8	7	Eheleute		G. & M.	Bischoff	Egerländer Straße	11	50120	Köln
9	8	Herr		Adalbert	Schorn	Drehleier	22	65334	Rüsselsheim

Abbildung 13.1: Beispiel einer Adressliste

Zur Bearbeitung der Liste stehen Ihnen die in Calc üblichen Funktionen zur Verfügung. Achten Sie jedoch darauf, dass die Listenstruktur erhalten bleibt.

- Zum Ändern von Einträgen in der Liste klicken Sie auf die betreffende Zelle und korrigieren den Wert. Natürlich können Sie auch die Funktion »Suchen & Ersetzen« zum Austauschen von Werten verwenden.
- Neue Datensätze hängen Sie einfach an den unteren Teil der Tabelle an, indem Sie die Daten in die Zellen einer leeren Zeile eintragen. Soll ein Datensatz mitten

in die Liste eingefügt werden, markieren Sie die darunter liegende Zeile (durch Anklicken des Zeilenkopfs) und wählen im Kontextmenü den Befehl *Zeilen einfügen*.

- Wurde eine Spalte durch Anklicken des Spaltenkopfs markiert, können Sie über den Kontextmenübefehl *Spalte einfügen* neben einer markierten Spalte die Liste um neue Felder ergänzen. Sie müssen anschließend die leeren Felder mit Daten füllen.
- Soll ein Datensatz gelöscht werden, markieren Sie die betreffende Zeile und wählen im Kontextmenü den Befehl *Zeile löschen*. Auf die gleiche Weise können Sie auch eine markierte Tabellenspalte (und damit die betreffenden Felder) entfernen.

Zur Organisation mehrerer Listen empfiehlt es sich, diese jeweils in getrennten Tabellen anzulegen. Ein Tabellendokument kann bis zu 256 Tabellen mit Listen aufnehmen. Jede Liste darf dabei maximal 1.024 (statt der in OpenOffice.org 2.x üblichen 255) Spalten und 65.536 Zeilen aufweisen.

INFO

Falls Sie in einer Tabelle eine Liste und zusätzliche Daten unterbringen möchten, sollten Sie zwischen dem letzten Eintrag der Liste und den Daten mindestens eine leere Zeile belassen. Verzichten Sie darauf, die Zusatzdaten in den Zellbereich rechts oder links von der Liste einzugeben, da es sonst Konflikte mit manchen Datenbankfunktionen geben kann (z.B. beim Sortieren).

13.1.2 Datenbankbereiche festlegen, ändern und löschen

Um Funktionen (z.B. Sortieren, Filtern) auf Zellbereiche mit Listen anwenden zu können, unterstützt Calc das Festlegen von (Datenbank-)Bereichen. Um einen Datenbankbereich festzulegen, gehen Sie folgendermaßen vor:

1. Markieren Sie den Zellbereich der Liste, der als Datenbankbereich vereinbart werden soll. Dabei sollte auch die eventuell vorhandene Kopfzeile der Liste mit markiert werden.
2. Rufen Sie im Menü *Daten* den Befehl *Bereich festlegen* auf. Calc blendet dann das Dialogfeld *Datenbankbereich festlegen* ein (Abbildung 13.2).
3. Geben Sie als Erstes einen Bereichsnamen in das Dialogfeld ein. Der Name darf aus Zeichen, Ziffern und Unterstrichen bestehen.
4. Die Schaltfläche *Hinzufügen* wird freigegeben, sobald das *Name*-Feld geändert wurde. Klicken Sie auf die Schaltfläche *Hinzufügen*, um den Bereich zu definieren.

Über die Schaltfläche *Zusätze* des Dialogfelds lässt sich der in Abbildung 13.3 gezeigte untere Teil des Dialogfelds ein- bzw. ausblenden. In der Gruppe *Optionen* steuern Kontrollkästchen, wie mit den Zellen des Bereichs zu verfahren ist.

- Weist der Bereich Spaltenbeschriftungen auf, wird das betreffende Kontrollkästchen automatisch markiert. Erkennt Calc die Spaltenbeschriftungen nicht oder fehlerhaft, können Sie die Markierung des Kontrollkästchens manuell setzen oder löschen.

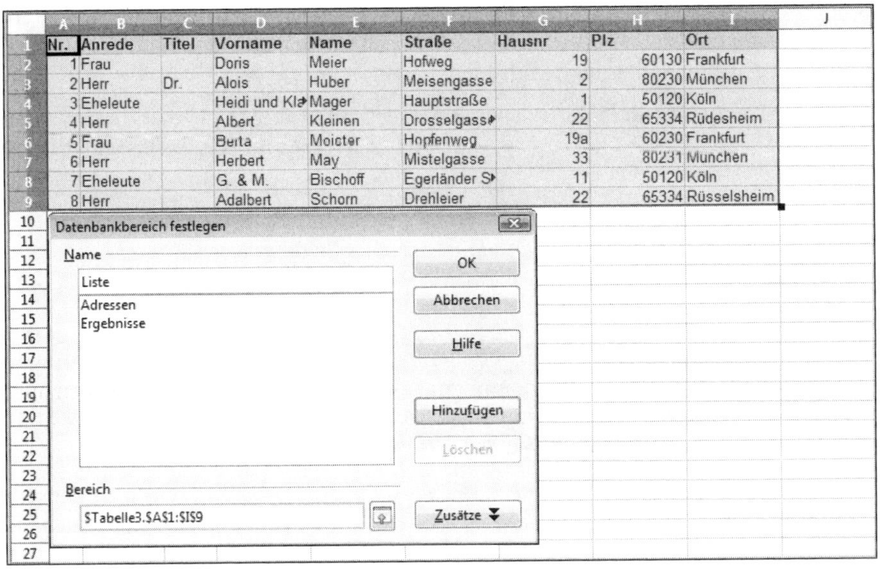

Abbildung 13.2: Datenbankbereich festlegen

- Beim Sortieren und Filtern von Listen lassen sich die Ergebnisse in Bereichen speichern. Feste Bereiche reichen u.U. nicht aus, um alle Ergebnisse aufzunehmen oder sind für die Ergebnisliste zu groß. Daher können Sie die Option *Zellen einfügen/löschen* markieren. Dann passt Calc die betreffenden Bereiche beim Speichern der Ergebnisdaten entsprechend an.
- Soll Calc die Formatierung der in den Bereich übertragenen Zellen beibehalten, ist das Kontrollkästchen *Formatierung beibehalten* zu markieren.
- Aus Datenbanken oder anderen Tabellen importierte Daten (z.B. beim Filtern) werden normalerweise mit dem Tabellendokument gespeichert. Soll dies nicht erfolgen, markieren Sie das Kontrollkästchen *Importierte Daten nicht speichern*.

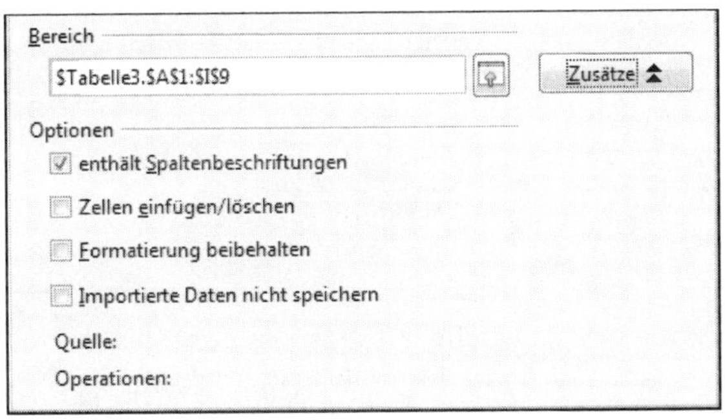

Abbildung 13.3: Optionen für Datenbankbereiche

Beim Anlegen eines Bereichs passt Calc standardmäßig nur die Markierung der Option *enthält Spaltenbeschriftungen* gemäß dem ausgewählten Zellbereich an.

Bereits definierte Bereiche werden im Dialogfeld unter ihrem Namen aufgeführt. Wählen Sie bestehende Bereichsnamen an, markiert Calc die zugehörigen Zellen mit einem blauen Rahmen. Dies ermöglicht Ihnen, ggf. den Zellbereich neu zu definieren. Klicken Sie auf das Feld *Bereich* und markieren Sie anschließend einen neuen

Zellbereich in der Tabelle. Calc passt die Werte im Feld *Tabelle* des Dialogfelds an. Sobald Sie die nun mit *Ändern* beschriftete Schaltfläche anklicken, wird die aktuelle Markierung als Bereich unter dem Namen eingetragen.

Zum Entfernen eines Bereichs klicken Sie den Namen in der Liste an und wählen dann die Schaltfläche *Löschen*. Das Dialogfeld lässt sich über die *OK*-Schaltfläche schließen.

HALT

Beim Löschen einer Tabelle bleiben die in der Tabelle definierten Bereiche erhalten, werden aber auf die vorhergehende Tabelle übertragen. Sie sollten daher nach dem Löschen der Tabelle prüfen, ob die Bereiche noch vorhanden sind, und diese manuell löschen. Erst dann können in die gelöschten Zellen andere Daten eingetragen werden, ohne dass die Bereichsnamen stören.

13.1.3 Datenbankbereiche wählen

Beim Filtern oder Sortieren von Listen reicht es, auf eine Zelle im Bereich zu klicken. Möchten Sie aber gezielt einen benannten Datenbankbereich markieren, können Sie im Menü *Daten* den Befehl *Bereich auswählen* anklicken. Dann erscheint das in Abbildung 13.4, links, gezeigte Dialogfeld. Klicken Sie auf einen Bereichsnamen und bestätigen Sie anschließend mit der *OK*-Schaltfläche. Der Bereich wird dann markiert angezeigt.

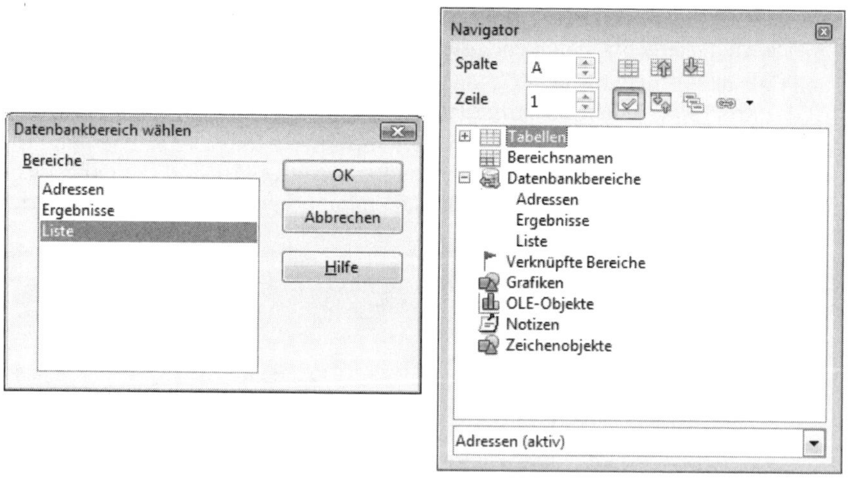

Abbildung 13.4: Datenbankbereich auswählen

TIPP

Haben Sie Datenbankbereiche definiert oder Zellbereiche mit Namen versehen, können Sie diese auch direkt über den Navigator abrufen. Öffnen Sie den Navigator durch Drücken der Funktionstaste F5 *oder über die betreffende Schaltfläche der* Standard-Symbolleiste. *Die vorhandenen Namen finden Sie in der Rubrik* Bereichsnamen, *während Datenbankbereiche in der gleichnamigen Kategorie aufgelistet werden (Abbildung 13.4, rechts). Doppelklicken Sie im Navigator auf einen dieser Einträge, wird der zugehörige Zellbereich markiert.*

13.1.4 Suchen in Listen

Zum schnellen Suchen innerhalb einer Liste verwenden Sie einfach den Befehl *Suchen & Ersetzen* im Menü *Bearbeiten*. Sobald Sie den Befehl anwenden, erscheint das gleichnamige Dialogfeld. Sie können anschließend in das Feld *Suchen nach* den gewünschten Begriff eintragen, das Kontrollkästchen *Nur ganze Zellen* markieren und dann die Suche über die Schaltfläche *Suchen* starten. Treffer werden in der Tabelle markiert und optisch hervorgehoben.

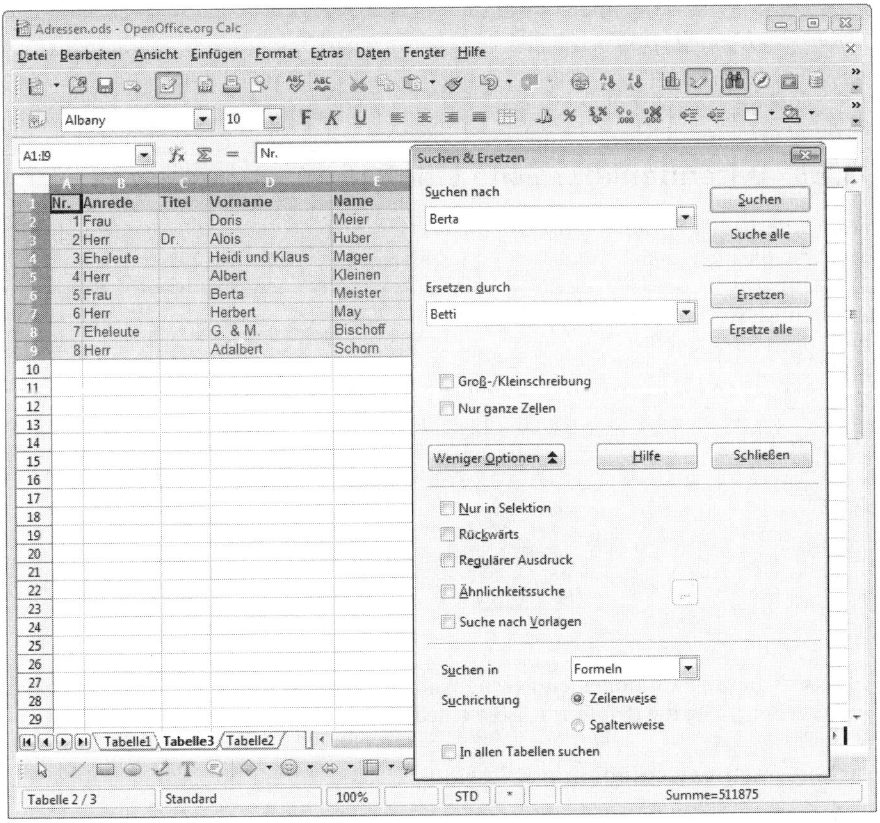

Abbildung 13.5:
Suchen in Listen

TIPP

Soll die Suche gezielt über eine Spalte erfolgen? Sie können zwar das Dialogfeld Suchen & Ersetzen *über die Schaltfläche* Mehr Optionen *erweitern und dort das Optionsfeld* Spaltenweise *markieren. Dies steuert jedoch nur die Reihenfolge der Suche. Es gibt keine entsprechende Option, um die Suche auf eine Spalte zu begrenzen. Markieren Sie stattdessen die gewünschte Spalte, rufen das Dialogfeld auf, geben den Suchbegriff ein und markieren die Kontrollkästchen* Nur ganze Zellen *und* Nur in Selektion *(Abbildung 13.5).*

13.1.5 Zugriff auf Listen über Calc-Funktionen

In *Kapitel 11* haben Sie kurz die Calc-Funktionen zum Arbeiten mit Tabellen- und Datenbankbereichen kennengelernt. Diese Funktionen erlauben Ihnen, auf die Einträge der Liste zuzugreifen. Sie können die Listen durchsuchen und Werte zurückgeben lassen. Die folgende Tabelle enthält die Namen einiger Funktionen, mit denen sich Listen auswerten lassen.

Tabelle 13.1: Funktionen zum Zugriff auf Listen

Kategorie Tabelle	
ADRESSE	BEREICHE
INDEX	INDIRECT
VERGLEICH	VERWEIS
SVERWEIS	WVERWEIS
SPALTE	SPALTEN
ZEILE	ZEILEN
Kategorie Datenbank	
DBANZAHL	DBANZAHL2
DBAUSZUG	DBMAX
DBMIN	DBMITTELWERT
DBPRODUKT	DBSTDABW
DBSTDABWN	DBSUMME
DBVARIANZ	DBVARIANZEN

Details zu diesen Funktionen entnehmen Sie bitte der Calc-Hilfe. Nachfolgend finden Sie zwei Beispiele, die den Einsatz verschiedener Funktionen demonstrieren.

Suchen nach verschiedenen Kriterien

In Abbildung 13.6 finden Sie eine kleine Adressliste. Über einen Zellbereich lassen sich verschiedene Suchkriterien formulieren, über die Daten aus der Liste extrahiert und in einem Ergebnisbereich angezeigt werden.

Der Benutzer kann beispielsweise einen Namen eintippen oder Datensätze der Liste über Postleitzahlen (z.B. > 60000) extrahieren lassen. Es lassen sich mehrere Suchkriterien in die einzelnen Felder eintragen, die dann bei der Suche mit UND verknüpft werden. Als Suchkriterien können Namen bzw. Werte in den Suchfeldern hinterlegt werden. Zudem lassen sich Vergleichsoperatoren benutzt. Die folgende Tabelle gibt einige dieser Vergleichsoperatoren an.

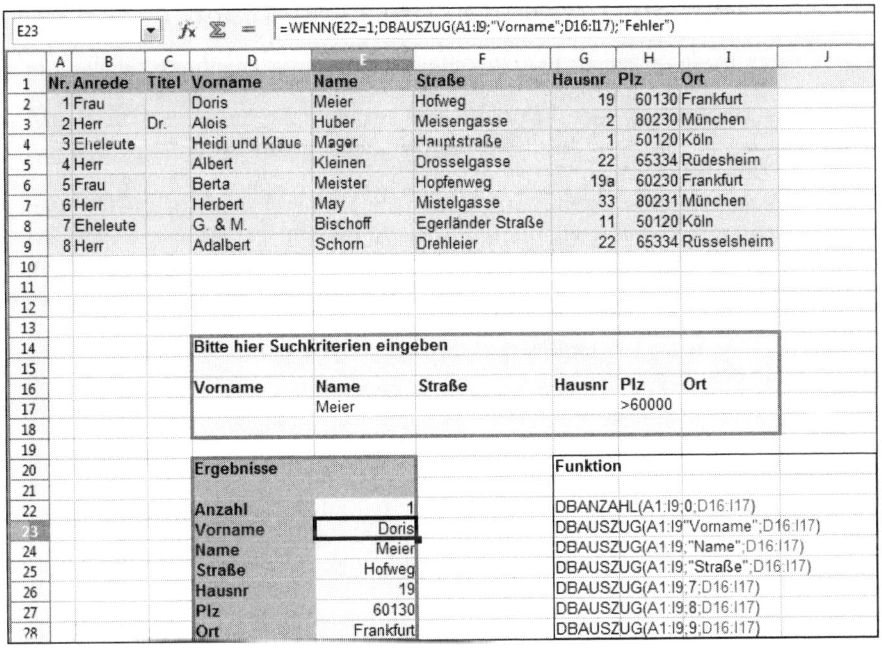

Abbildung 13.6: Beispieltabelle mit Suchmaske und Ergebnisbereich

Tabelle 13.2: Vergleichskriterien zur Suche

Operator	Vergleichskriterium
=	Gleich
>	Größer
>=	Größer gleich
<	Kleiner
<=	Kleiner gleich
<>	Ungleich

Im Ergebnisfeld wird die Anzahl der Treffer angezeigt. Bei einem eindeutigen Ergebnis erscheinen die Feldwerte (Name, Vorname etc.) des gefundenen Datensatzes. Liegt kein Ergebnis vor oder liefert die Suche mehrere Datensätze, erscheint der Text »Fehler« in den Ergebnisfeldern.

Die Realisierung dieser Funktionalität ist mit wenig Aufwand möglich. Die Funktion DBANZAHL liefert die Anzahl der Treffer in der Liste zurück. Die Funktion wird mit »=DBANZAHL(Datenbank;Datenbankfeld;Suchkriterien)« aufgerufen. Im ersten Argument ist die Datenbank, hier der Zellbereich A1:I9, anzugeben. Danach folgt das Datenbankfeld, in dem gesucht werden soll. Dieses wird im aktuellen Beispiel auf den Wert 0 gesetzt (erste Spalte der Liste). Das Argument »Suchkriterien« ist als Verweis auf den Kriterienbereich anzugeben. Der Kriterienbereich besteht aus zwei Zeilen mit den Suchbegriffen. In der obersten Zeile sind jeweils die Namen der Datenbankfelder einzutragen. Die darunter liegenden Zellen dienen dem Benutzer zur Eingabe der Suchbegriffe. DBANZAHL prüft den Bereich der Suchkriterien. Ent-

13

hält eine Eingabezelle einen Wert, wird der darüber liegende Datenbankname benutzt, um in der Datenbank nach dem Begriff zu suchen. Die Zahl der Datensätze wird in obiger Tabelle über »=DBANZAHL(A1:I9;0;D16:I17)« gefunden.

Die Extraktion der einzelnen Felder im Ergebnisbereich erfolgt über die Funktion DBAUSZUG, die mit »=DBAUSZUG(Datenbank;Feldname;Kriterien)« aufgerufen wird. Als Datenbank ist der Zellbereich A1:I9 vorgesehen. Der Feldname gibt die Spalte an, aus der das Ergebnis zu extrahieren ist, und das Argument *Kriterien* bezieht sich auf den Zellbereich D16:I17. Als Argumente für Datenbank und Kriterien lassen sich sowohl Zellbereiche als auch Namen und Bereiche angeben. Namen können Sie über den Befehl *Namen/Festlegen* des Menüs *Einfügen* festlegen (siehe *Kapitel 11*). Bereiche werden über den Befehl *Bereich festlegen* des Menüs *Daten* spezifiziert (siehe oben). Die folgenden Anweisungen zeigen den Funktionsaufruf mit verschiedenen Argumentvarianten:

```
=DBAUSZUG(A1:I9;"Vorname";D16:I17)
=DBAUSZUG(Datenbank;"Name";Kriterien)
=DBAUSZUG(Adressen;"Straße";D16:I17)
```

Der Aufruf in der ersten Zeile benutzt relative Zellbereiche für die Argumente Datenbank und Kriterien. Der Feldname wird hier in Anführungszeichen gesetzt und direkt übergeben. In der zweiten Zeile wurden dagegen zwei benannte Zellbereiche über ihre Namen als Argumente für Datenbank und Kriterien übertragen. Die dritte Zeile enthält im Argument Datenbank den Namen eines festgelegten Bereichs.

Zur Anzeige der Ergebnisse muss die obige DBAUSZUG-Funktion jedoch noch modifiziert werden. Die Funktion liefert nur dann einen korrekten Wert, wenn genau ein Datensatz gefunden wird. Trifft kein Suchkriterium zu oder liegen mehrere Treffer vor, erscheint eine Fehlermeldung. Daher wird eine WENN-Funktion vorgeschaltet:

```
=WENN(E22=1;DBAUSZUG(Datenbank;"Name";Kriterien);"Fehler")
```

Diese prüft, ob die Zahl der Datensätze in Zelle E22 den Wert 1 aufweist. Nur dann wird das Feld in die Zelle geschrieben. Andernfalls liefert die Funktion den Text »Fehler« in der Ergebniszelle zurück.

INFO

Das obige Beispiel macht bereits die mächtigen Möglichkeiten dieses Ansatzes deutlich. Sie können eine Suchmaske in einer Tabelle unterbringen, während die eigentliche Liste in einer weiteren Tabelle gespeichert ist. Schützen Sie die Zellen der Suchmaske, kann der Benutzer nur noch in den Feldern mit den Suchkriterien Eingaben vornehmen und erhält die Ergebnisse angezeigt. Das Beispiel finden Sie in Tabelle1 *der Datei* DBFunktionen.ods, *die im Ordner* Kap13 *des Beispielarchivs gespeichert ist.*

Suchen nach einem Kriterium

In Abbildung 13.7 ist erneut die Adressliste zu sehen, diesmal aber mit einer modifizierten Suchmaske. Hier kann der Benutzer über den Namen die restlichen Daten heraussuchen und anzeigen lassen. Das Beispiel dient nun zur Demonstration weiterer Calc-Funktionen.

Der Vorname eines gefundenen Datensatzes wird hier über die Funktion DBAUSZUG ermittelt. Diese wird mit »=DBAUSZUG (Datenbank; Datenbankspalte; Suchkriterien)« aufgerufen. Das erste Argument enthält den Datenbankbereich, das zweite

Argument gibt die Spalte des Datenbankbereichs an, aus dem die Werte extrahiert werden. Im letzten Argument wird das Kriterium angegeben. Im aktuellen Beispiel werden der Datenbankbereich A1:I9 und der Kriterienbereich D16:D17 benutzt. Der zweite Parameter enthält den Namen der Spalte in Anführungszeichen.

Sie können auch Ergebnisse über die Funktion SVERWEIS extrahieren. Diese Funktion wird mit »=SVERWEIS (Suchkriterium; Datenbank; Spalte)« aufgerufen. Im ersten Argument ist die Zelle mit dem Suchkriterium oder das Suchkriterium anzugeben. Die Funktion durchsucht die im zweiten Argument angegebene Datenbank spaltenweise und liefert dann das Ergebnis der angegebenen Spalte. Im aktuellen Beispiel werden die Daten über DBAUSZUG() ermittelt. Aus Aufwandsgründen habe ich hier auf die Definition von Namen, Bereichen oder die Verwendung der WENN-Funktion verzichtet.

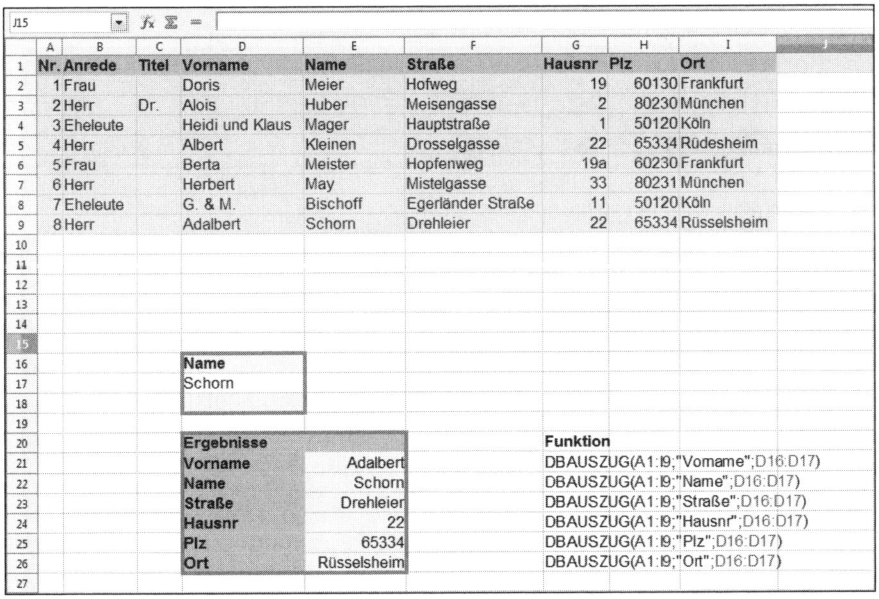

	A	B	C	D	E	F	G	H	I
1	Nr.	Anrede	Titel	Vorname	Name	Straße	Hausnr	Plz	Ort
2	1	Frau		Doris	Meier	Hofweg	19	60130	Frankfurt
3	2	Herr	Dr.	Alois	Huber	Meisengasse	2	80230	München
4	3	Eheleute		Heidi und Klaus	Mager	Hauptstraße	1	50120	Köln
5	4	Herr		Albert	Kleinen	Drosselgasse	22	65334	Rüdesheim
6	5	Frau		Berta	Meister	Hopfenweg	19a	60230	Frankfurt
7	6	Herr		Herbert	May	Mistelgasse	33	80231	München
8	7	Eheleute		G. & M.	Bischoff	Egerländer Straße	11	50120	Köln
9	8	Herr		Adalbert	Schorn	Drehleier	22	65334	Rüsselsheim
16				Name					
17				Schorn					
20				Ergebnisse			Funktion		
21				Vorname	Adalbert		DBAUSZUG(A1:I9;"Vorname";D16:D17)		
22				Name	Schorn		DBAUSZUG(A1:I9;"Name";D16:D17)		
23				Straße	Drehleier		DBAUSZUG(A1:I9;"Straße";D16:D17)		
24				Hausnr	22		DBAUSZUG(A1:I9;"Hausnr";D16:D17)		
25				Plz	65334		DBAUSZUG(A1:I9;"Plz";D16:D17)		
26				Ort	Rüsselsheim		DBAUSZUG(A1:I9;"Ort";D16:D17)		

Abbildung 13.7: Beispieltabelle mit modifizierter Suchmaske und Ergebnisbereich

INFO

Das Beispiel finden Sie in Tabelle2 *der Datei* DBFunktionen.ods. *Die Datei findet sich im Ordner* Kap13 *im Beispielarchiv.*

13.1.6 Sortieren von Listen

Tabellen, die Listen enthalten, lassen sich in Calc sehr einfach nach bestimmten Kriterien sortieren. Um eine Liste in einer Tabelle zu sortieren, gehen Sie in folgenden Schritten vor:

1. Klicken Sie auf ein Element der Liste, damit Calc die Liste identifizieren kann. Alternativ können Sie einen benannten Bereich anwählen oder den zu sortierenden Zellbereich per Maus markieren.
2. Dann rufen Sie über den Menübefehl *Daten/Sortieren* das Dialogfeld aus Abbildung 13.8 auf.

3. Stellen Sie auf der Registerkarte *Sortierkriterien* die Suchkriterien im Listenfeld *Sortieren nach* ein. Das Feld bietet die Spaltennamen sowie den Eintrag »– undefiniert –« zur Auswahl an. Enthält die Liste keine Spaltenüberschriften, werden die Spaltennamen der Tabellen angegeben.
4. Über die Optionsfelder *Aufsteigend* und *Absteigend* können Sie zusätzlich die Sortierreihenfolge beeinflussen.
5. Bei Bedarf lassen sich bis zu drei Sortierkriterien über die Zusatzfelder *Anschließend nach* vorgeben. Ist deren Wert auf »– undefiniert –« gesetzt, erfolgt keine Suche über das betreffende Kriteriumsfeld.

Abbildung 13.8: Registerkarte zum Festlegen der Sortierkriterien

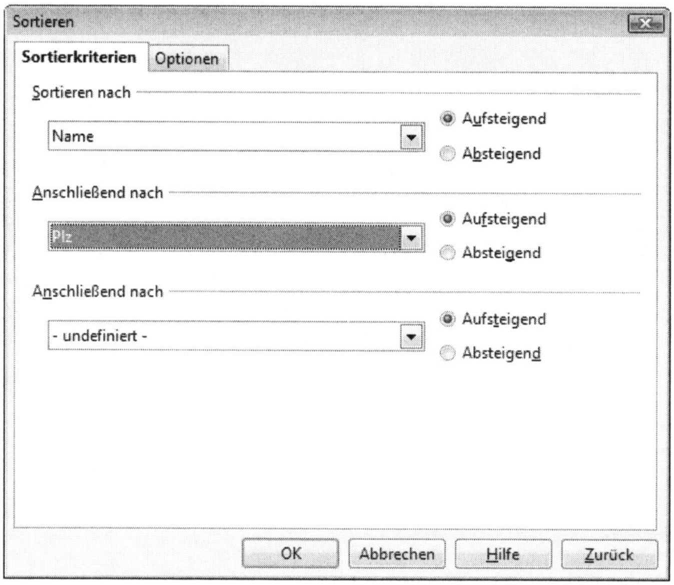

Der Sortiervorgang wird über die *OK*-Schaltfläche ausgeführt. Calc sortiert standardmäßig die betreffenden Datensätze der Liste nach den vorgegebenen Sortierkriterien, wobei der Listenkopf ausgenommen wird.

INFO

Die Erkennung des Listenkopfs erfolgt anhand der Formatierung der Zeile. Weist die oberste Zeile eine andere Formatierung als die restlichen Zeilen auf, geht Calc von einer Spaltenbeschriftung aus. Andernfalls werden die Werte der obersten Zeile in die Sortierung einbezogen. Durch Markierung mehrerer Zeilen können Sie auch Teilbereiche der Liste sortieren. Verzichten Sie aber auf die Markierung von einzelnen Spalten der Tabelle, da dann nur der markierte Bereich sortiert wird. Falls die Zellen der sortierten Datensätze Formeln mit Zellbezügen aufweisen, sollten Sie diese nach dem Sortieren inspizieren. Zellreferenzen sind nach dem Sortieren u.U. nicht mehr gültig. Bei Bezügen auf Zellen außerhalb der Liste sollten Sie mit absoluten Bezügen arbeiten. Es empfiehlt sich daher, auf Berechnungen innerhalb der sortierten Listen zu verzichten.

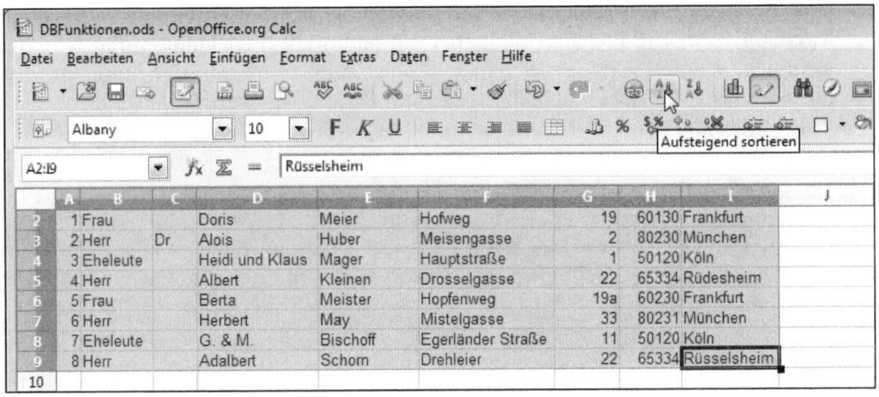

Abbildung 13.9: Direktes Sortieren einer Liste

TIPP

Eine Liste ohne Spaltenüberschriften lässt sich sehr schnell über die in Abbildung 13.9 gezeigten beiden Schaltflächen Aufsteigend sortieren *und* Absteigend sortieren *der* Standard-*Symbolleiste sortieren. Klicken Sie hierzu auf die Spalte, nach der zu sortieren ist, und wählen Sie dann eine der Schaltflächen. Calc markiert automatisch die gesamte Tabelle und sortiert diese nach den Werten der gewählten Spalte in aufsteigender oder absteigender Reihenfolge. Besitzt die Liste eine Spaltenüberschrift, markieren Sie den reinen Datenbereich. Wenn Sie dann eine der beiden Sortierschaltflächen in der* Standard-*Symbolleiste anklicken, wird der markierte Tabellenbereich sortiert.*

13.1.7 Sortieroptionen verwenden

Die Registerkarte *Optionen* des Dialogfelds *Sortieren* ermöglicht Ihnen, den Sortiervorgang zu steuern. Gehen Sie wie im vorhergehenden Abschnitt vor, legen aber vor dem Schließen des Dialogfelds die gewünschten Einstellungen auf der Registerkarte *Optionen* fest (Abbildung 13.10).

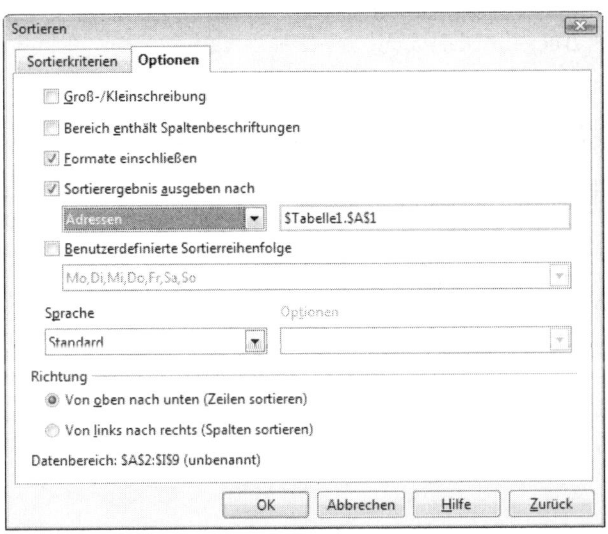

Abbildung 13.10: Sortieroptionen

13

- Über die Kontrollkästchen im oberen Bereich der Registerkarte können Sie festlegen, ob Groß-/Kleinschreibung (bei alphanumerischen Feldern) zu berücksichtigen ist, ob der Bereich Spaltenbeschriftungen enthält und ob die Formatierung der Zellen beim Sortieren mit übertragen werden soll.
- Standardmäßig erfolgt die Sortierung im markierten Bereich. Möchten Sie die sortierten Ergebnisse in einem anderen Zellbereich ablegen lassen, markieren Sie *Sortierergebnisse ausgeben nach*. Ist der Wert des linken Listenfelds auf »– undefiniert –« gesetzt, können Sie im rechten Textfeld eine absolute Zellreferenz (z.B. $A$17) als Ziel angeben. Wurden Bereiche definiert, lassen sich diese über das linke Listenfeld direkt abrufen. Calc legt dann die sortierte Liste im angegebenen Bereich ab.
- Über die Option *Benutzerdefinierte Sortierreihenfolge* können Sie die Sortiervorgaben anpassen. Im Listenfeld lassen sich die in Calc über *Extras/Optionen* im Zweig *OpenOffice.org Calc/Sortierlisten* gespeicherten Einträge abrufen.
- Zudem können Sie die Sortierung über das Listenfeld *Sprache* beeinflussen. Mit der Vorgabe »Standard« wird die aktuell eingestellte Sprache verwendet. Wählen Sie eine bestimmte Sprache aus, lässt sich die Sortierung über das rechte Listenfeld *Optionen* zwischen »Alphanumerisch« und »Telefonbuch« umstellen. Bei einer alphanumerischen Sortierung erfolgt die Sortierung in der Reihenfolge der Zeichencodes für die Listeneinträge, während ein Telefonbuch diakritische Zeichen (z.B. Umlaute) der jeweiligen Sprache gemäß den Telefonbucheinträgen berücksichtigt. Bei der Sprache »Deutsch« werden Umlaute beispielsweise im Telefonbuch hinter den jeweiligen Buchstaben (ä folgt auf a) angegeben und nicht hinter dem Buchstaben »z«.
- Über die Optionsfelder der Gruppe *Richtung* lässt sich die Suche zudem über die Zeilen oder über Spalten vornehmen.

Datumswerte werden immer als serialisierte Zahl behandelt und entsprechend sortiert. Das Gleiche gilt für numerische Werte. Die Inhalte ausgeblendeter Zellen werden beim Sortieren nicht berücksichtigt.

TIPP

Direkt nach dem Sortieren können Sie den ursprünglichen Listenzustand über die Tastenkombination [Strg] + [Z] *(bzw.* [MacBef] + [Z] *beim Mac) oder den Menübefehl* Bearbeiten/Rückgängig *wiederherstellen.*

13.2 Filtern von Listen

Wie andere Tabellenkalkulationsprogramme unterstützt auch Calc Funktionen zum Filtern von Bestandslisten. Abweichend zu den weiter oben beschriebenen Sortierfunktionen verändern die Filter nur die Darstellung der Liste, d.h., Sie können die Listeninhalte, die den Filterbedingungen entsprechen, anzeigen lassen. Der folgende Abschnitt stellt die Filterfunktionen in Calc vor.

13.2.1 Anwenden der AutoFilter-Funktion

Über den AutoFilter lassen sich Listen sehr einfach nach bestimmten Kriterien aufbereiten. In der Anzeige erscheinen nur die Datensätze der Liste, die den gesetzten Filterkriterien entsprechen. Bevor Sie einen AutoFilter verwenden, sollten Sie entweder einen Bereich definieren oder die Liste markieren. Die Funktion AutoFilter wenden Sie mit folgenden Schritten an.

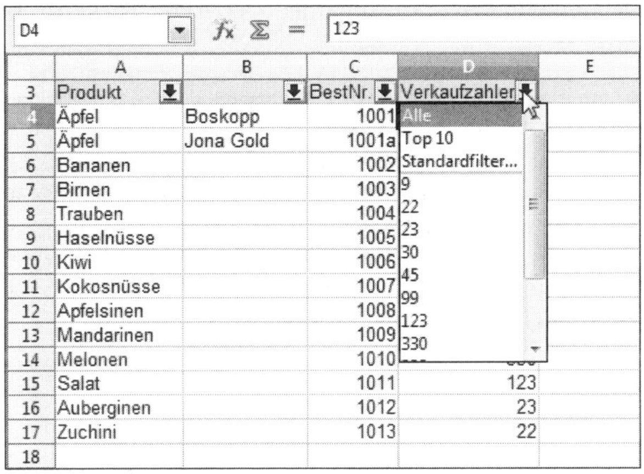

Abbildung 13.11: Auswahl der Auto-Filter-Kriterien über Listenfelder

1. Klicken Sie eine Zelle innerhalb der zu filternden Liste (bzw. des zu filternden Bereichs) an.
2. Rufen Sie den Menübefehl *Daten/Filter* auf und klicken Sie dann im zugehörigen Untermenü auf den Befehl *AutoFilter*. Solange der Befehl im Menü mit einem Häkchen markiert ist, ist der AutoFilter-Modus aktiv.
3. Calc analysiert die Liste und blendet in der Kopfzeile Listenfelder mit Dropdown-Pfeilen ein. Nun müssen Sie die Dropdown-Schaltflächen der gewünschten Spalten anklicken und einen der Einträge als Filterkriterium wählen (Abbildung 13.11).

Sobald Sie einen Eintrag angewählt und damit das Filterkriterium definiert haben, wird Calc die Anzahl der angezeigten Datensätze über den Filter so reduzieren, dass die Ergebnisse dem gesetzten Filterkriterium entsprechen.

TIPP

Wurde ein Filterkriterium in einer Spalte gesetzt, zeigt Calc dies durch einen blauen Pfeil in der Dropdown-Schaltfläche an.

Calc blendet in den Listenfeldern bestimmte Standardkriterien sowie Werte (in sortierter Reihenfolge) der Datensätze der betreffenden Spalte ein. Für die jeweiligen Einträge gilt Folgendes:

- Der Wert »Alle« setzt den Filter zurück und gibt alle Datensätze zur Anzeige frei. Haben Sie in mehreren Spalten Filterbedingungen gesetzt, müssen Sie die Werte aller Felder auf »Alle« zurückstellen.
- Der Eintrag »Standardfilter« öffnet ein Dialogfeld, über das der Standardfilter angewandt werden kann (siehe unten).

- Mit »Top 10« werden die ersten zehn Einträge (die Einträge mit den höchsten Werten) der Liste angezeigt. Die Spalten müssen aber numerische Werte enthalten.
- Wählen Sie dagegen einen Wert, blendet der AutoFilter nur Datensätze ein, deren Feld dem angegebenen Kriterium entspricht. In diesem Fall ist es aber wichtig, dass die Liste sortiert vorliegt, da andernfalls undefinierte Ergebnisse auftreten.

Sie können die Filterbedingungen mehrerer Spalten kombinieren. Calc verknüpft die Filterbedingungen mit UND.

Abbildung 13.12: Gefilterte Ergebnisliste

	A	B	C	D	E
3	Produkt		BestNr.	Verkaufzahlen	
4	Äpfel	Boskopp	1001	123	
5	Äpfel	Jona Gold	1001a	99	

In Abbildung 13.12 ist die gefilterte Ergebnisliste zu sehen. Die Spalte »Produkt« wurde auf den AutoFilter »Äpfel« gesetzt. Um herauszufinden, welche der Waren am besten nachgefragt werden, könnte der Benutzer die Spalte »Verkaufszahlen« auf »Top 10« setzen.

HALT

Erscheint eine Fehlermeldung, dass AutoFiltern nicht möglich sei, prüfen Sie, ob eine Zelle innerhalb der Liste als aktive Zelle markiert ist. Werden beim Filtern offensichtlich falsche Datensätze angezeigt? Abbildung 13.13 zeigt eine Adressliste (oben) und das gefilterte Gegenstück (unten). In der unteren Liste wurde nach dem Namen »Huber« gefiltert, offenbar blendet der AutoFilter aber zwei weitere Datensätze als Ergebnisse ein. Tritt der Effekt auf, überprüfen Sie bitte über die Befehle Daten/Bereich auswählen, *ob für die Tabelle ein Bereich markiert ist und welchen Listenbereich er umfasst. Im aktuellen Beispiel wurde nur eine Teiltabelle mit neun Datensätzen im Bereich »Ergebnis« vereinbart. Calc wendet den Filter auf diesen Bereich an, die Datensätze außerhalb des Bereichs schließen sich an die Ergebnisse an.*

Abbildung 13.13: Adressliste und gefilterter Bereich

	A	B	C	D	E	F	G	H	I
1	Nr.	Anrede	Titel	Vorname	Name	Straße	Hausn	Plz	Ort
2	1	Frau		Doris	Meier	Hofweg	19	60130	Frankfurt
3	2	Herr	Dr.	Alois	Huber	Meisengasse	2	80230	München
4	3	Eheleute		Heidi und Klaus	Mager	Hauptstraße	1	50120	Köln
5	4	Herr		Albert	Kleinen	Drosselgasse	22	65334	Rüdesheim
6	5	Frau		Berta	Meister	Hopfenweg	19a	60230	Frankfurt
7	6	Herr		Herbert	May	Mistelgasse	33	80231	München
8	7	Eheleute		G. & M.	Bischoff	Egerländer Straße	11	50120	Köln
9	8	Herr		Adalbert	Schorn	Drehleier	22	65334	Rüsselsheim
10	9	Herr		Bernd	Huber	Zollhaus	3	65334	Rüsselsheim
11	10	Eheleute		Ben & Maike	Zuber	Meisenweg	19a	60120	Saarbrücken
12	11	Frau	Dr.	Anja	Friedmann	Tulpenweg	3	60139	Saarbrücken
13									
14									
15									
16									
17	Nr.	Anrede	Titel	Vorname	Name	Straße	Hausn	Plz	Ort
20	9	Herr		Bernd	Huber	Zollhaus	3	65334	Rüsselsheim
21	2	Herr	Dr.	Alois	Huber	Meisengasse	2	80230	München
27	8	Herr		Adalbert	Schorn	Drehleier	22	65334	Rüsselsheim
28	10	Eheleute		Ben & Maike	Zuber	Meisenweg	19a	60120	Saarbrücken
29									

Möchten Sie die gefilterten Daten ohne die Listenfelder zum Setzen der Filterkriterien sehen? Dann wählen Sie im Menü *Daten* den Befehl *Filter* und klicken anschließend auf den Untermenüeintrag *AutoFilter ausblenden*. Um die Dropdown-Felder wieder anzuzeigen, wählen Sie einfach den betreffenden Befehl erneut an.

Ein Filter lässt sich entfernen, indem Sie im Menü *Daten* den Befehl *Filter* wählen und dann im Untermenü auf den Eintrag *Filter entfernen* klicken. Den AutoFilter können Sie auch durch erneute Anwahl des Befehls oder der Schaltfläche ausschalten. Dann werden alle Werte der Liste wieder angezeigt.

INFO

Sie finden die Datei Filtern.ods *im Ordner* Kap13 *des Beispielarchivs. Das Tabellendokument besitzt zwei Listen (Adressliste und Produktliste). Sie sollten die Filterbedingungen auf die Einträge von »Tabelle2« mit den Produktlisten anwenden. Bei der Adressliste in »Tabelle1« liegen die Daten in zwei Bereichen einmal sortiert und einmal unsortiert vor. Wenden Sie die AutoFilter-Bedingungen in der unteren Tabelle an, treten die in Abbildung 13.13 gezeigten Effekte auf.*

13.2.2 Anwenden des Standardfilters

Der AutoFilter erlaubt über die Listenfelder, nur ein Kriterium pro Spalte bzw. Feld anzuwenden. Die Liste der Filterbedingungen enthält allerdings den Eintrag »Standard«. Zudem können Sie im Menü *Daten* unter dem Befehl *Filter* den Untermenübefehl *Standardfilter* wählen (entspricht dem »benutzerdefinierten AutoFilter« von Microsoft Excel). In beiden Fällen wird die Standardfilterfunktion aufgerufen, die wesentlich detailliertere Filterkriterien zulässt.

Abbildung 13.14: Dialogfeld *Standardfilter*

Sobald Sie den Eintrag »Standard« im AutoFilter oder den Befehl *Standardfilter* wählen, blendet Calc das Dialogfeld *Standardfilter* aus Abbildung 13.14 in der Anzeige ein.

- In diesem Dialogfeld lassen sich bis zu drei Filterkriterien für die Felder der Liste festlegen. Die Spalte *Feldname* legt dabei die Felder der Liste fest, auf die die Filterkriterien angewandt werden.
- Das zweite und dritte Filterkriterium wird erst freigegeben, nachdem Sie im linken Listenfeld das Verknüpfungskriterium UND bzw. ODER gesetzt haben. Bei

UND müssen die jeweiligen Bedingungen erfüllt sein. Bei ODER braucht nur eine der Bedingungen erfüllt zu sein.

- Als Vergleichsoperator wird standardmäßig der Gleichheitsoperator (=) aufgenommen. Sie können aber über das Listenfeld der Spalte *Bedingung* die in Abbildung 13.3 angegebenen Vergleichsoperatoren wählen.
- In die Kombinationsfelder der Spalte *Wert* tragen Sie dann den Vergleichswert ein. Calc zeigt dort automatisch die Werte der in *Feldname* angegebenen Spalte an. Tippen Sie den Anfangsbuchstaben eines der vorhandenen Einträge ein, schlägt Calc bereits das betreffende Element vor. Sie können aber in das Feld auch eigene Werte direkt einzutippen. Je nach Vergleichsoperator (z.B. bei größter, kleinster) werden in das Feld auch numerische Vorgaben (z.B. für die Zahl der Ergebniszeilen) eingetragen.

Sobald Sie das Dialogfeld über die *OK*-Schaltfläche schließen, wendet Calc den Standardfilter auf die Liste an und blendet die gefilterten Ergebnisse ein. In Abbildung 13.14 wird ein Filterkriterium definiert, nach dem alle Datensätze der Liste, die im Postleitzahlenbereich zwischen 60 120 und 65 334 liegen, in der Ergebnisliste erscheinen.

Enthält die Liste keine Einträge, die der definierten Bedingung entsprechen, bleibt die Ergebnisliste leer. Wählen Sie dann die Option *Standardfilter* erneut an (z.B. über den AutoFilter-Eintrag »Standard« oder über den Untermenübefehl *Standardfilter* in *Daten/Filter*), lassen sich die aktuell gesetzten Filterkriterien im Dialogfeld anpassen. Um ein Filterkriterium abzuschalten, setzen Sie das Listenfeld der Spalte *Feld* auf den Wert »- keiner -« zurück.

Tabelle 13.3: Vergleichskriterien für den Standardfilter

Vergleichsoperator	Bemerkung
=	*Gleich*: Alle Datensätze anzeigen, deren Feldwert gleich der Bedingung ist (z.B. Name = "Müller").
<	*Kleiner als*: Alle Datensätze anzeigen, deren Feldwert kleiner als die Bedingung ist (z.B. PLZ < 20000).
>	*Größer als*: Alle Datensätze anzeigen, deren Feldwert größer als die Bedingung ist (z.B. PLZ > 60130).
< =	*Kleiner gleich*: Alle Datensätze anzeigen, deren Feldwert kleiner oder gleich der Bedingung ist (z.B. Gehalt <= 2000).
> =	*Größer gleich*: Alle Datensätze anzeigen, deren Feldwert größer oder gleich der Bedingung ist (z.B. Gehalt >= 10000).
< >	*Ungleich*: Alle Datensätze mit Feldwerten ungleich der gesetzten Bedingung anzeigen (z.B. Name <> "Huber").
größte	Zeigt die Datensätze der Liste mit den größten Werten im betreffenden Tabellenblatt an. Die Zahl der Ergebniszeilen ist als Zahl in das Feld *Wert* einzutragen (z.B. Feld »Gehalt« und »Wert« auf 2 zeigen die beiden Datensätze mit den größten Gehaltswerten an).
kleinste	Zeigt die kleinsten Werte der Liste an, wobei die Zahl der Ergebniszeilen als Zahl in das Feld »Wert« einzutragen ist.

Tabelle 13.3: Vergleichskriterien für den Standardfilter (Forts.)

Vergleichsoperator	Bemerkung
größte %	Zeigt die Datensätze an, deren angegebenes Feld die größten Werte aufweisen. Das Auswahlkriterium und damit die Zahl der Ergebnisse wird durch einen Prozentwert festgelegt, der in das Feld »Wert« einzutragen ist. Mit Feld »Gehalt« und »Wert« auf 10% werden alle Felder der Spalte »Gehalt« ausgewertet. Danach gibt der Filter alle Datensätze aus, deren Gehaltswert in die oberen 10 % fällt.
kleinste %	Zeigt die Datensätze an, deren Feldwerte in die unter »Wert« angegebene kleinste prozentuale Bandbreite fallen.

Über die Schaltfläche *Zusätze* können Sie den in Abbildung 13.14 im unteren Bereich sichtbaren Teil des Dialogfelds ein-/ausblenden. Die Kontrollkästchen erlauben das Filtern zu steuern (z.B. Groß-/Kleinschreibung berücksichtigen). Über das Kontrollkästchen *Filterergebnisse ausgeben nach* können Sie die zugehörigen Steuerelemente freigeben. Dann lässt sich ein Zielbereich als Zellbereich oder über den Namen eines Datenbankbereichs eintragen.

HALT

Durch Aktivieren des Kontrollkästchens Reguläre Ausdrücke *ist es ermöglich, Platzhalter (z.B. * oder ?) und weitere Steuerzeichen für reguläre Ausdrücke in die Filterkriterien einzufügen. Beachten Sie aber, dass die Ausdrücke in bestimmten Formen einzutragen sind. Der Ausdruck »M*« zur Suche nach allen Einträgen, die mit dem Buchstaben »M« beginnen, funktioniert aber nicht. Stattdessen müssen Sie das Muster »^M.*« angeben. Das erste Zeichen »^« bewirkt, dass nur Treffer angezeigt werden, bei denen der Buchstabe am Wortanfang gefunden wird. Hinter dem Buchstaben »M« muss ein Punkt (steht für ein beliebiges Zeichen) folgen. Erst dann darf sich das Sternchen »*« als Wildcard-Zeichen anschließen. Ignorieren Sie dies, funktioniert das Filtern über reguläre Ausdrücke nicht.*

An dieser Stelle möchte ich Ihnen noch den Tipp geben, keine Zellen im Tabellenbereich rechts neben der Liste mit Werten oder Formeln zu belegen. Beim Filtern blendet Calc die betreffenden Zellen u.U. aus, was zu Problemen führen kann.

13.2.3 Arbeiten mit dem Spezialfilter

Die Funktion »Spezialfilter« ermöglicht Ihnen, ähnlich wie beim Standardfilter Datensätze einer Liste auszufiltern. Das Besondere am Spezialfilter ist aber, dass Sie die Filterkriterien direkt im Zellbereich der Tabelle ablegen. Dadurch haben Sie alle Filterkriterien im Blick und können diese leicht anpassen. Zudem ermöglicht der Spezialfilter Ihnen die Kombination beliebig vieler Kriterien. Um die Funktion »Spezialfilter« zu nutzen, gehen Sie folgendermaßen vor:

1. Tragen Sie ober- oder unterhalb der Liste die Filterkriterien in die Tabelle gemäß Abbildung 13.15, Hintergrund, ein. Auf Seite 547 finden Sie zusätzliche Hinweise zur Eingabe dieser Filterkriterien.
2. Markieren Sie anschließend ein Element der Liste oder den zu filternden Bereich.
3. Wählen Sie im Menü *Daten* den Eintrag *Filter* und klicken Sie im eingeblendeten Untermenü auf den Eintrag *Spezialfilter*.

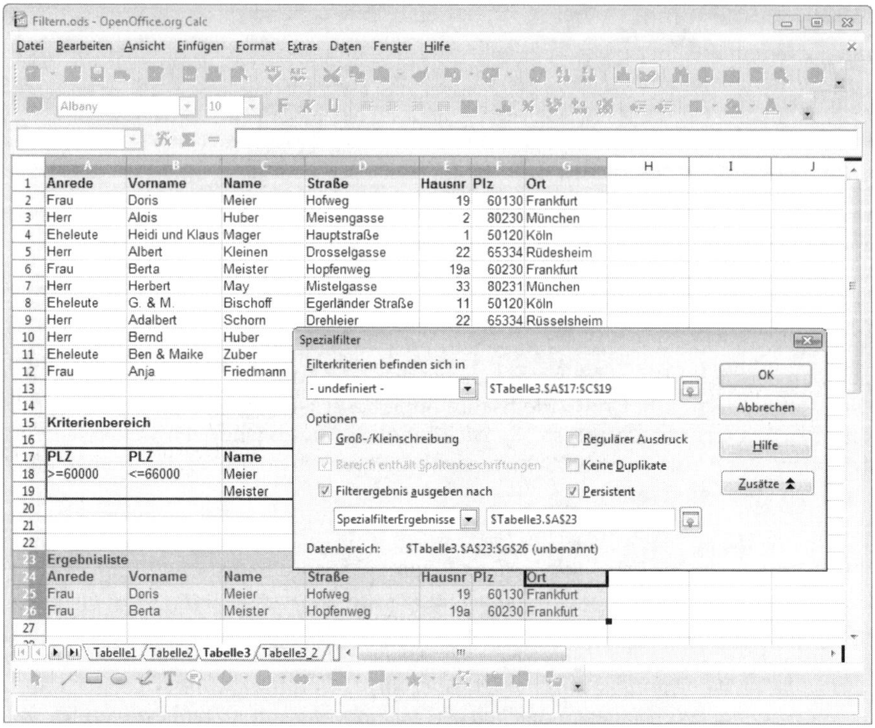

Abbildung 13.15: Anwenden des Spezialfilters

4. Im dann angezeigten Dialogfeld (Abbildung 13.15) legen Sie den Kriterienbereich fest. Hierzu klicken Sie auf das rechte Feld *Filterkriterien befinden sich in* und markieren dann den Kriterienbereich in der Tabelle. Der Zellbereich wird als absolute Zellreferenz in der Form »$Tabelle3.$A$17:$C$19« in das betreffende Feld eingefügt.
5. Bei Bedarf klicken Sie auf die Schaltfläche *Zusätze*, um die Zusatzoptionen ein- oder auszublenden. Anschließend legen Sie die gewünschten Zusatzoptionen im Dialogfeld fest.

Über die Zusatzoptionen lässt sich festlegen, ob Groß-/Kleinschreibung zu berücksichtigen ist, ob Duplikate in der Liste beim Filtern unterdrückt werden und ob die Ergebnisse dauerhaft (persistent) im Ergebnisbereich der Tabelle erhalten bleiben.

Möchten Sie die Filterergebnisse in einem getrennten Zellbereich anzeigen, markieren Sie das Kontrollkästchen *Filterergebnisse ausgeben nach*. Anschließend können Sie in das rechts daneben befindliche Feld direkt eine Zellreferenz eintragen. Einfacher ist es aber, wenn Sie einen Datenbankbereich in der aktuellen (oder in einer weiteren) Tabelle definieren. Dann lässt sich der Datenbankbereich als Ausgabeziel angeben. In Abbildung 13.15 wurde als Ausgabebereich der Datenbankbereich »SpezialfilterErgebnisse« benutzt. Hinweise zur Definition von Bereichen finden Sie am Kapitelanfang. Sobald Sie die *OK*-Schaltfläche bestätigen, wendet Calc den Filter an. Die Ergebnisse erscheinen dann in der aktuellen Liste oder in einem getrennten Ergebnisbereich.

Details zum Definieren des Kriterienbereichs

Der Kriterienbereich ist ein Zellbereich in der aktuellen (oder in einer anderen) Tabelle, der die Filterbedingungen enthält. Jeder Filtereintrag besteht dabei aus einer Zelle mit dem Feldnamen und der darunter liegenden Zelle mit dem Filterkriterium. In Abbildung 13.15 enthält der Zellbereich A17:A18 zum Beispiel ein Filterkriterium. Bezüglich der Definition der Filterkriterien für die Funktion Spezialfilter gelten folgende Regeln:

- Jedes Filterkriterium belegt eine Spalte, wobei die oberste Zelle der Kriterienspalte mit einem Feldnamen der Liste übereinstimmen muss (siehe Zelle A17 in Abbildung 13.15).
- In den Zellen unterhalb dieser »Kopfzelle« können ein oder mehrere Filterkriterien hinterlegt werden. Sie können diese Technik beispielsweise benutzen, um Intervalle festzulegen. Untereinander in einer Spalte stehende Zellen mit Filterkriterien werden mit ODER verknüpft. In Abbildung 13.15 ist dies in den Zellen C18 und C19 zu sehen, wo das Feld »Name« über die Begriffe »Meier« und »Meister« gefiltert werden soll.
- Möchten Sie mehrere Felder der Liste in die Filterfunktion einbeziehen, müssen Sie die betreffenden Kriterien nebeneinander in Zellen angeben. Dies ist in Abbildung 13.15 bei den Zellen A17 bis C17 der Fall. Dort wird das Feld »PLZ« zweifach benutzt, um einen Postleitzahlenbereich festzulegen. Gleichzeitig wird noch das Feld »Name« zum Filtern der Namen aus dem Postleitzahlenbereich verwendet. Nebeneinanderstehende Zellen werden im Filter mit UND verknüpft. In Abbildung 13.15 werden also die Bedingungen für die Postleitzahlen und die Kriterien für den Namen gesetzt, d.h., die Ergebnisse müssen den Filterkriterien der drei Spalten entsprechen.

Im Kriterienbereich lassen sich vergleichende Filterkriterien vorgeben. Um beispielsweise Datensätze mit allen Namen beginnend ab dem Buchstaben »M« auszufiltern, tragen Sie das Filterkriterium »>=M« ein. Um mehrere Filterkriterien auf gleiche oder unterschiedliche Felder zu definieren, verwenden Sie nebeneinanderliegende Spalten. Im Spaltenkopf ist dabei jeweils der Feldname der Liste anzugeben. Sollen Datensätze ausgefiltert werden, deren Namen mit dem Buchstaben »M« beginnen, müssen Sie zwei Filterbedingungen in benachbarte Spalten eintragen. Eine Spalte weist für das Feld »Name« das Kriterium »>=M« auf, während die Nachbarzelle für das Feld »Name« das Kriterium »<N« enthält.

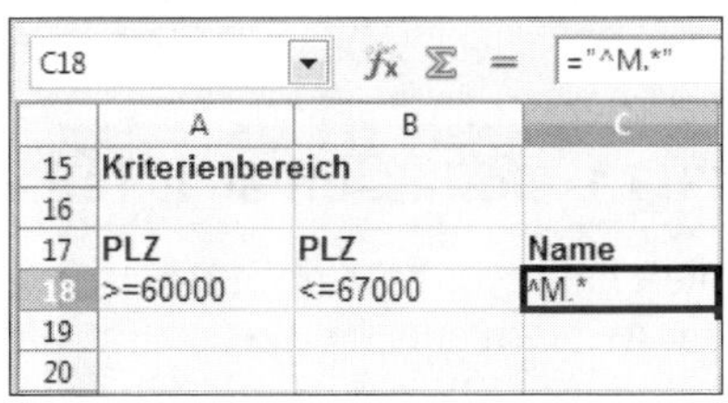

Abbildung 13.16: Datensätze mit verschiedenen Kriterien filtern

Dabei ist die Anordnung der Filterkriterien in den jeweiligen Zeilen zu beachten. Abbildung 13.16 zeigt z.B. die Kombination mehrerer Suchkriterien über ODER. Die Kriterien stehen zwar spaltenweise nebeneinander und würden standardmäßig mit UND verknüpft. Da aber verschiedene Zeilen zum Eintragen der Kriterien benutzt wurden, kommt eine ODER-Verknüpfung zur Anwendung.

Das Kriterium in der rechten Spalte weist noch eine Besonderheit auf. Es handelt sich um einen regulären Ausdruck, der alle Namenfelder auflistet, die mit dem Buchstaben »M« beginnen.

HALT

Das Eingeben von Filterkriterien, die reguläre Ausdrücke enthalten, hat seine Tücken. Zuerst muss die Option Regulärer Ausdruck *im Dialogfeld* Spezialfilter *gesetzt sein. Zudem sollten Sie der Gestaltung des regulären Ausdrucks etwas Aufmerksamkeit widmen. Sie müssen den Ausdruck in der Bearbeitungsleiste mit einem Gleichheitszeichen einleiten, um der Zelle die Zeichenkette zuzuweisen. Wichtig ist auch, dass der reguläre Ausdruck in doppelten Anführungszeichen steht, damit Calc diesen als Text in der Zelle ablegt. Abbildung 13.16 zeigt ein Beispiel für einen regulären Ausdruck, der Stellvertreterzeichen benutzt. Es wird konkret nach allen Datensätzen gesucht, die im Feld »Name« einen Eintrag aufweisen, der mit dem Buchstaben »M« beginnt. Beachten Sie dabei die Steuerzeichen für das Suchmuster. Das Zeichen »^« ist zwar nicht unbedingt erforderlich, stellt aber sicher, dass nur Einträge gefunden werden, die den Buchstaben am Wortanfang aufweisen. Hinter dem Buchstaben »M« muss ein Punkt folgen. Dieser Punkt steht für ein beliebiges Zeichen, während das Sternchen »*« ein Wildcard-Zeichen für beliebige Zeichenfolgen darstellt.*

Gefilterte Daten einblenden

Wenden Sie den Filter auf die Originalliste an, verschwinden alle Datensätze, auf die der Filter nicht zutrifft. Möchten Sie alle Datensätze später wieder anzeigen, wählen Sie im Menü *Daten* den Eintrag *Filter/Filter entfernen*.

INFO

Sie finden die Datei Filtern.ods *im Ordner* Kap13 *des Beispielarchivs. In den verschiedenen Tabellen lassen sich AutoFilter und Standardfilter anwenden. Zudem finden Sie einige für den Spezialfilter vorbereitete Tabellen.*

13.3 Arbeiten mit Gliederungen und Teilergebnissen

Teilergebnisse und Gliederungen sind zwei Funktionen aus Microsoft Excel, mit denen sich Tabellendaten schnell für unterschiedliche Anzeigen aufbereiten lassen. In Calc stehen die betreffenden Funktionen ebenfalls zur Verfügung. Nachfolgend erhalten Sie einen Überblick, wie sich diese beiden Funktionen nutzen lassen.

13.3.1 So lassen sich Teilergebnisse nutzen

Die Funktion »Teilergebnisse« ermöglicht Ihnen auf sehr einfache Art, bestimmte Zusatzinformationen zu einer Tabelle zu erstellen und einzublenden.

In Abbildung 13.17 sehen Sie eine einfache Umsatztabelle, in der die monatlichen Filialumsätze verschiedener Jahre für das erste Quartal des jeweiligen Jahres zu sehen sind. In der untersten Spalte sind zwar die Summen der Quartalsumsätze über alle Filialen zu sehen. Probleme gibt es aber, wenn jemand die Quartalssummen der einzelnen Filialen sehen möchte. Dann müsste jeweils eine neue Zeile eingeführt und die Teilsumme gebildet werden.

	A	B	C	D	E	F
1	**Monatsweise Umsatzentwicklung 1. Quartal**					
2						
3						
4	**Filiale**	Monat	2004	2005	2006	2007
5	Aachen	Mrz	23,10	24,10	20,10	24,10
6	Aachen	Jan	23,00	23,05	22,90	23,01
7	Aachen	Feb	23,10	23,10	23,10	23,10
8	Dortmund	Jan	23,00	23,05	22,90	23,01
9	Dortmund	Feb	23,10	23,10	23,10	23,10
10	Dortmund	Mrz	23,10	24,10	20,10	24,10
11	Essen	Jan	23,00	23,05	22,90	23,01
12	Essen	Mrz	23,10	24,10	20,10	24,10
13	Essen	Feb	23,10	23,10	23,10	23,10
14			207,60	210,75	198,30	210,63

Abbildung 13.17: Beispiel einer Umsatztabelle

In dieser Situation ist die Funktion »Teilergebnisse« recht praktisch. Sie ermöglicht es, bestimmte Operationen auf Teilen der Tabellendaten auszuführen und die Teilergebnisse in eigenen Zeilen bzw. Spalten einzublenden. Zur Demonstration sollen jetzt die Teilsummen der Quartalsumsätze der jeweiligen Filialen berechnet werden.

INFO

Zum Anwenden der Funktion muss die Tabelle mit Spaltenköpfen versehen sein, da diese zum Bilden der Gruppen benutzt werden. Zudem muss die Spalte, über die gruppiert wird, in jeder Zelle einen Eintrag aufweisen. Eine denkbare optisch ansprechend strukturierte Tabelle gemäß Abbildung 13.18, bei der nur in der jeweils obersten Zelle der Spalte »Filiale« den Filialnamen aufweist (die darunter stehenden Zellen bleiben leer), lässt sich nicht gruppieren.

Filiale	Monat	2000
Aachen	Jan	23,10
	Feb	23,00
	Mrz	23,10
Dortmund	Jan	23,00
	Feb	23,10
	Mrz	23,10

Abbildung 13.18: Diese Tabelle lässt sich nicht gruppieren

1. Markieren Sie eine Zelle des zu bearbeitenden Datenbereichs in der Tabelle.
2. Rufen Sie den Menübefehl *Daten/Teilergebnisse* auf. Auf dem Desktop erscheint das in Abbildung 13.19 gezeigte Dialogfeld.
3. Wählen Sie nun eine der Registerkarten (Sie können bis zu drei Gruppen für Teilergebnisse bilden).
4. Stellen Sie im Listenfeld *Gruppieren nach* die gewünschte Gruppierungsspalte ein. Im aktuellen Beispiel ist dies die Filiale. Wichtig ist dabei, dass alle Zellen der Spalte Filialnamen aufweisen.
5. Markieren Sie im Feld *Teilergebnisse berechnen für* die angegebenen Einträge, über die eine Berechnung durchzuführen ist. Calc listet alle verfügbaren Spaltenüberschriften auf. Bei der Beispieltabelle macht eine Berechnung aber nur bei den Jahresspalten Sinn.
6. Im letzten Schritt ist im rechten Feld die anzuwendende Berechnungsvorschrift zu markieren. Sie können dabei unter verschiedenen mathematischen Funktionen wie Summe, Produkt, Minimum, Maximum, Varianz etc. wählen. Diese werden dann auf die jeweiligen Zeilen der Teiltabelle angewandt.

7. Bei Bedarf können Sie dann zu den restlichen Registerkarten wechseln und eine weitere Gruppe für zusätzliche Teilsummen spezifizieren sowie Optionen setzen.

Abbildung 13.19: Festlegen der Gruppierungsoptionen für die Teilergebnisse

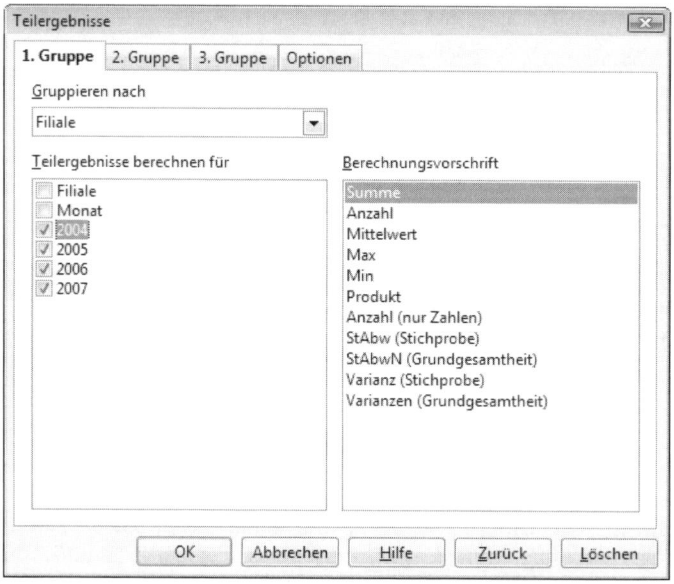

Sobald Sie das Dialogfeld über die *OK*-Schaltfläche schließen, blendet Calc für jeden Teilbereich eine neue Zeile ein, bestimmt die gewünschten Ergebnisse und zeigt diese in den Zellen der jeweiligen Zeile an. Für das aktuelle Beispiel werden die Summen über die Monate Januar bis März für jede Filiale und für das zugehörige Jahr berechnet und unterhalb dieser Zeilen als Teilergebnis eingefügt (Abbildung 13.20). Die Zeilen mit den Teilergebnissen werden fett in den betreffenden Zeilen hervorgehoben.

HALT

Enthält eine Tabelle bereits berechnete Summen, wird die »Funktion« Teilergebnisse auch eine zusätzliche Summenzeile hinzufügen. Das dort ausgewiesene Gesamtergebnis ist aber eine Kumulation der Einzelwerte mit den Zwischensummen und daher schlicht falsch. Nur die als »(leer) Ergebnis« ausgewiesene Zeile weist die korrekt summierten Rohwerte auf.

TIPP

Möchten Sie die in einer Tabelle eingeblendeten Teilergebnisse gänzlich entfernen? Sofort nach Anwendung der Funktion können Sie den vorherigen Zustand durch Drücken der Tastenkombination [Strg] + [Z] *(bzw.* [MacBef] + [Z] *beim Mac) zurückholen. Wurden bereits Änderungen an der Tabelle vorgenommen, heben Sie die Teilergebnisse auf. Gehen Sie wie im vorherigen Abschnitt beim Einfügen der Teilergebnisse beschrieben vor, setzen aber den Eintrag* Gruppieren nach *auf den Wert »- keiner -«.*

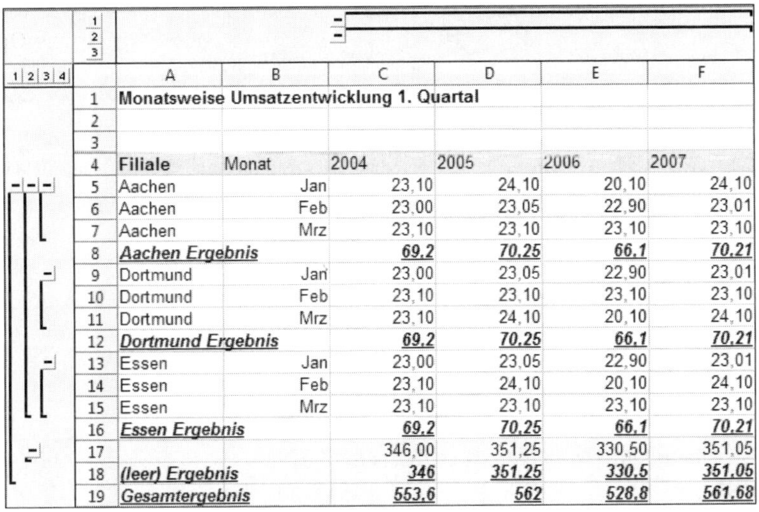

	A	B	C	D	E	F
1	**Monatsweise Umsatzentwicklung 1. Quartal**					
2						
3						
4	**Filiale**	Monat	2004	2005	2006	2007
5	Aachen	Jan	23,10	24,10	20,10	24,10
6	Aachen	Feb	23,00	23,05	22,90	23,01
7	Aachen	Mrz	23,10	23,10	23,10	23,10
8	***Aachen Ergebnis***		***69,2***	***70,25***	***66,1***	***70,21***
9	Dortmund	Jan	23,00	23,05	22,90	23,01
10	Dortmund	Feb	23,10	23,10	23,10	23,10
11	Dortmund	Mrz	23,10	24,10	20,10	24,10
12	***Dortmund Ergebnis***		***69,2***	***70,25***	***66,1***	***70,21***
13	Essen	Jan	23,00	23,05	22,90	23,01
14	Essen	Feb	23,10	24,10	20,10	24,10
15	Essen	Mrz	23,10	23,10	23,10	23,10
16	***Essen Ergebnis***		***69,2***	***70,25***	***66,1***	***70,21***
17			346,00	351,25	330,50	351,05
18	***(leer) Ergebnis***		***346***	***351,25***	***330,5***	***351,05***
19	***Gesamtergebnis***		***553,6***	***562***	***528,8***	***561,68***

Abbildung 13.20: Tabelle in der Ansicht mit Teilergebnissen

Funktionen zur Berechnung von Teilergebnissen

Die Funktion »Teilergebnisse« stellt verschiedene mathematische Funktionen bereit, die sich auf die Werte der Teilgruppen anwenden lassen. Die folgende Tabelle enthält eine kurze Übersicht über diese Funktionen.

Tabelle 13.4: Funktionen zur Berechnung von Teilergebnissen

Funktion	Bemerkung
Summe	Berechnet die Summe der numerischen Einträge der jeweiligen Gruppe.
Anzahl	Berechnet die Anzahl der (nicht leeren) Einträge der Gruppe.
Mittelwert	Berechnet den Mittelwert der Einträge der Gruppe.
Max	Ermittelt den maximalen Wert einer Gruppe.
Min	Ermittelt den minimalen Wert einer Gruppe.
Produkt	Berechnet das Produkt aller Werte der Gruppe.
Anzahl (nur Zahlen)	Bestimmt die Anzahl der Datensätze/Zeilen mit numerischen Daten der Teilergebnisgruppe (nur bei numerischen Daten).
StdAbw (Stichprobe)	Nimmt eine Schätzung für die Standardabweichung für die Grundgesamtheit vor. Die Schätzung beruht auf einer Stichprobe, wobei diese die Teilergebnisgruppe umfasst.
StdAbwN (Grundgesamtheit)	Berechnet die Standardabweichung für die Grundgesamtheit. Die Teilergebnisgruppe gilt dabei als Grundgesamtheit.

Tabelle 13.4: Funktionen zur Berechnung von Teilergebnissen (Forts.)

Funktion	Bemerkung
Varianz (Stichprobe)	Nimmt eine Schätzung der Varianz für eine Grundgesamtheit vor. Die Schätzung beruht auf einer Stichprobe, wobei diese die Teilergebnisgruppe umfasst.
Varianzen (Grundgesamtheit)	Berechnet die Varianzen für die Grundgesamtheit. Die Teilergebnisgruppe gilt dabei als Grundgesamtheit.

INFO

Die meisten dieser Funktionen lassen sich nur auf numerische Werte einer Spalte anwenden. Lediglich die Funktion »Anzahl« bezieht sich auf Textfelder, die nicht leer sind. Details zu den einzelnen Funktionen finden Sie in der Hilfe.

Abrufen der Optionen für die Teilergebnisse

Das Dialogfeld *Teilergebnisse* enthält eine Registerkarte *Optionen* (Abbildung 13.21), über die Sie die Anwendung der Teilsummen steuern können. Für die einzelnen Optionen dieser Registerkarte gilt Folgendes:

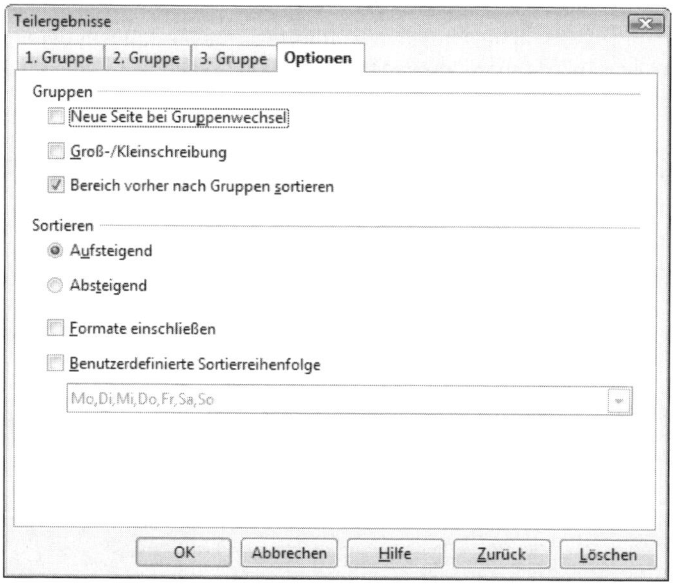

Abbildung 13.21: Optionen der Funktion »Teilergebnisse«

- *Neue Seite bei Gruppenwechsel*: Markieren Sie dieses Kontrollkästchen, fügt Calc hinter jeder Zeile mit einem Teilergebnis einen Seitenwechsel als Marke ein. Beim Ausdruck gelangen dann diese Teiltabellen auf getrennte Seiten.
- *Groß-/Kleinschreibung*: Dieses Kontrollkästchen sollten Sie markieren, wenn die Schreibweise der Begriffe innerhalb der Spalte, die zur Gruppenbildung herangezogen wird, eine Rolle spielt. Calc benutzt einen Wechsel der Zellinhalte als Indikator, dass eine neue Gruppe beginnt.
- *Bereich vorher nach Gruppen sortieren*: Dieses Kontrollkästchen bewirkt, dass Calc die Tabelle vor dem Berechnen der Teilergebnisse nach Gruppen sortiert.

- Ist das Kontrollkästchen *Bereich vorher nach Gruppen sortieren* markiert, gibt Calc die Steuerelemente der Gruppe *Sortieren* frei. Sie können dann die Sortierrichtung beeinflussen, eine benutzerdefinierte Reihenfolge festlegen oder die Formate zur Sortierung mit einschließen.

Die (übrigens in Microsoft Excel fehlende) Möglichkeit zur Sortierung der Einträge ermöglicht Ihnen, Teilergebnisse über verschiedene Spalten anzuwenden. Möchten Sie beispielsweise die Teilergebnisse über die Monate bilden, müssen Sie die Gruppierung statt über Filialen über die Monate vornehmen. Dann ist aber eine Sortierung der Ursprungstabelle nach den Monatsnamen erforderlich. Bei der Gruppierung nach Filialen liegt die Tabelle aus obigem Beispiel aber bereits in der richtigen Reihenfolge vor.

13.3.2 Teilergebniszeilen ein-/ausblenden

Calc hebt die berechneten Teilergebnisse zwar fett hervor. Bei umfangreichen Tabellen mit vielen Gruppen wird die Lesbarkeit der Tabelle aber stark reduziert. Zur Analyse interessieren vielleicht nur die Teilergebnisse, während die Details mit den Ausgangsdaten eher stören. Calc gliedert die einzelnen Ebenen der Ergebnistabelle in verschiedene Ebenen. Die Detaildaten erhalten die unterste Ebene zugewiesen. Dann gibt es noch eine Ebene mit den Teilergebnissen der Gruppe. Die oberste Ebene stellen die Teilergebniszeilen der Gesamtwerte dar.

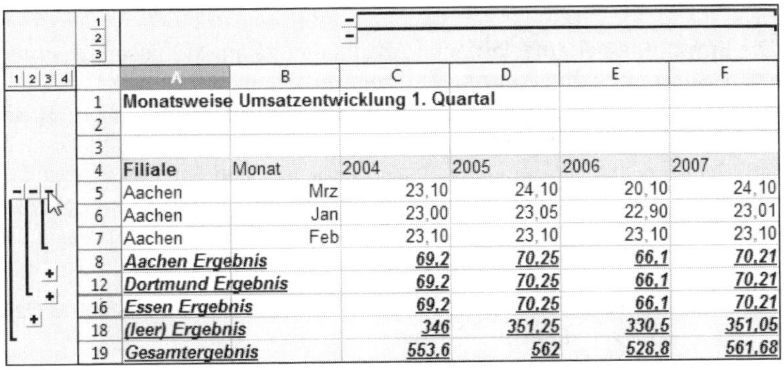

	A	B	C	D	E	F
1	Monatsweise Umsatzentwicklung 1. Quartal					
2						
3						
4	Filiale	Monat	2004	2005	2006	2007
5	Aachen	Mrz	23,10	24,10	20,10	24,10
6	Aachen	Jan	23,00	23,05	22,90	23,01
7	Aachen	Feb	23,10	23,10	23,10	23,10
8	Aachen Ergebnis		69,2	70,25	66,1	70,21
12	Dortmund Ergebnis		69,2	70,25	66,1	70,21
16	Essen Ergebnis		69,2	70,25	66,1	70,21
18	(leer) Ergebnis		346	351,25	330,5	351,05
19	Gesamtergebnis		553,6	562	528,8	561,68

Abbildung 13.22: Elemente zum Unterdrücken der Detailinformationen

In Abbildung 13.22 sehen Sie, dass am linken (und teilweise am oberen Rand) eine zusätzliche Leiste mit Schaltflächen eingeblendet wird. Die mit 1 bis 4 durchnummerierten Schaltflächen in der oberen linken Ecke stellen die Ebenen der verschiedenen Gruppen dar. Klicken Sie auf eine Schaltfläche, werden die Details der niederen Ebenen ausgeblendet. Ein Klick auf die mit 3 beschriftete Schaltfläche blendet daher die Details der Ebene 4 mit den Rohdaten aus.

Zusätzlich werden alle Zeilen einer Ebene durch eine Klammer eingefasst. Am Ende einer Klammer findet sich die Schaltfläche mit dem Minuszeichen (Detail ausblenden) oder bei ausgeblendeter Ebene eine Schaltfläche mit dem Pluszeichen (Detail einblenden). Um eine Detailebene auszublenden, klicken Sie die Schaltfläche mit dem Minuszeichen an. Ein Mausklick auf eine Schaltfläche mit einem Pluszeichen zeigt die Zeilen dieser Ebene an.

INFO

Eine Beispieltabelle finden Sie in der Datei Teilergebnisse.ods *im Ordner* Kap13 *des Beispielarchivs.*

13.3.3 Anwendungsbeispiel Teilergebnisse

Aus den vorherigen Kapiteln ist ihnen die in Abbildung 13.23 gezeigte Ladeliste einer Wiegestation bekannt. Das Bedienpersonal der Waage trägt einfach die ermittelten Werte chronologisch in die Tabelle ein.

Abbildung 13.23: Wiegeliste eines Heizölvertriebs

	A	B	C	D	E	F
4	**Spediteur**	**Datum**	**Ware**	**Brutto**	**Tara**	**Netto**
5	Heimann & Sohn	13.11.08	Heizöl 4711	10.000	2.400	7.600
6	Bacher Transporte	14.11.08	Heizöl 4711	7.501	2.000	5.501
7	Meier Spediteure	14.11.08	Heizöl 4711	8.400	2.500	5.900
8	Heimann & Sohn	17.11.08	Heizöl 4711	11.000	2.600	8.400
9	Bacher Transporte	17.11.08	Heizöl 4700	8.000	2.431	5.569
10	Meier Spediteure	17.11.08	Heizöl 4700	9.300	2.550	6.750
11	Heimann & Sohn	19.11.08	Heizöl 4712	10.000	2.400	7.600
12	Colonia Logistik	19.11.08	Heizöl 4700	10.006	2.000	8.006
13	Meier Spediteure	20.11.08	Heizöl 4712	8.400	2.500	5.900
14	Bacher Transporte	20.11.08	Heizöl 4711	7.501	2.000	5.501
15	Bacher Transporte	21.11.08	Heizöl 4700	8.000	2.431	5.569
16	Meier Spediteure	21.11.08	Heizöl 4700	9.300	2.550	6.750
17	Heimann & Sohn	21.11.08	Heizöl 4711	11.000	2.600	8.400
18	Colonia Logistik	22.11.08	Heizöl 4700	10.006	2.000	8.006

Die Ermittlung der aufgelaufenen Abgabemenge am Monatsende ist mit einer einfachen Summenbildung durchzuführen. Problematischer wird es aber, wenn die Buchhaltung am Monatsende die Abrechnung für die einzelnen Speditionen, ggf. sogar getrennt nach Warengruppen, anfertigen muss. Hier heißt es die Produktmengen der einzelnen Warengruppen für den jeweiligen Spediteur herauszusuchen und zu addieren. Neben der weiter unten vorgestellten Analysemöglichkeit über den Datenpilot können Sie auch die Funktion »Teilergebnisse« für diesen Zweck heranziehen.

1. Markieren Sie die Ausgangstabelle und rufen Sie über das Menü *Daten* die Funktion *Teilergebnisse* auf.
2. Auf der Registerkarte *1. Gruppe* ist das Feld *Gruppieren nach* auf den Wert »Spedition« zu stellen (sonst wird keine weitere Option auf der Registerkarte markiert).
3. Auf der Registerkarte *2. Gruppe* wird das Feld *Gruppieren nach* auf den Wert »Ware« gesetzt. Zusätzlich markieren Sie in der Liste *Teilergebnisse berechnen für* noch das Kontrollkästchen des Felds »Netto« und wählen »Summe« in *Berechnungsvorschrift*.
4. Wechseln Sie zur Registerkarte *Optionen* und stellen Sie sicher, dass das Kontrollkästchen *Bereich vorher nach Gruppen sortieren* markiert ist.

Sobald Sie das Dialogfeld über die *OK*-Schaltfläche schließen, wird sich die in Abbildung 13.24 gezeigte Darstellung ergeben. Die Teilsummen pro Warengruppe sowie die Gesamtsumme sind für jeden Spediteur einzeln aufgelistet und lassen sich ggf. in andere Tabellen zur Ermittlung des Rechnungsbetrags übernehmen.

	A	B	C	D	E	F
4	**Spediteur**	**Datum**	**Ware**	**Brutto**	**Tara**	**Netto**
5	Bacher Transporte	21.11.08	Heizöl 4700	8.000,00	2.431,00	5.569,00
6	Bacher Transporte	17.11.08	Heizöl 4700	8.000,00	2.431,00	5.569,00
7			***Heizöl 4700 Summe***			***11.138,00***
8	Bacher Transporte	14.11.08	Heizöl 4711	7.501,00	2.000,00	5.501,00
9	Bacher Transporte	20.11.08	Heizöl 4711	7.501,00	2.000,00	6.501,00
10			***Heizöl 4711 Summe***			***11.002,00***
11	***Bacher Transporte Ergebnis***			***31.002,00***	***8.862,00***	***22.140,00***
12	Colonia Logistik	22.11.08	Heizöl 4700	10.006,00	2.000,00	8.006,00
13	Colonia Logistik	19.11.08	Heizöl 4700	10.006,00	2.000,00	8.006,00
14			***Heizöl 4700 Summe***			***16.012,00***
15	***Colonia Logistik Ergebnis***			***20.012,00***	***4.000,00***	***16.012,00***
16	Heimann & Sohn	13.11.08	Heizöl 4711	10.000,00	2.400,00	7.600,00
17	Heimann & Sohn	17.11.08	Heizöl 4711	11.000,00	2.600,00	8.400,00
18	Heimann & Sohn	21.11.08	Heizöl 4711	11.000,00	2.600,00	8.400,00
19			***Heizöl 4711 Summe***			***24.400,00***
20	Heimann & Sohn	19.11.08	Heizöl 4712	10.000,00	2.400,00	7.600,00
21			***Heizöl 4712 Summe***			***7.600,00***
22	***Heimann & Sohn Ergebnis***			***42.000,00***	***10.000,00***	***32.000,00***
23	Meier Spediteure	21.11.08	Heizöl 4700	9.300,00	2.550,00	6.750,00
24	Meier Spediteure	17.11.08	Heizöl 4700	9.300,00	2.550,00	6.750,00
25			***Heizöl 4700 Summe***			***13.500,00***
26	Meier Spediteure	14.11.08	Heizöl 4711	8.400,00	2.500,00	5.900,00
27			***Heizöl 4711 Summe***			***5.900,00***
28	Meier Spediteure	20.11.08	Heizöl 4712	8.400,00	2.500,00	5.900,00
29			***Heizöl 4712 Summe***			***5.900,00***
30	***Meier Spediteure Ergebnis***			***35.400,00***	***10.100,00***	***25.300,00***
31	***Gesamtergebnis***			***128.414,00***	***32.962,00***	***95.452,00***

Abbildung 13.24: Ermittlung der Abgabemengen pro Warengruppe und Spediteur als Teilergebnisse

TIPP

Calc wird die Ergebnisse der Teilsummen mit einem Standardformat anzeigen. Möchten Sie, dass die Ergebnisfelder mit den Summen beispielsweise einen Tausendertrennpunkt aufweisen? Öffnen Sie das Fenster Formatvorlagen *(z.B. über die Funktionstaste* F11*), wählen Sie die Schaltfläche* Zellvorlagen *und markieren Sie den Eintrag »Ergebnis«. Klicken Sie diesen Eintrag mit der rechten Maustaste an und wählen Sie im Kontextmenü den Befehl* Ändern*. Im dann angezeigten Eigenschaftenfenster lassen sich die Werte für das Zellformat z.B. auf der Registerkarte* Zahlen *anpassen. Über weitere Registerkarten können Sie die Zellen einfärben etc.*

INFO

Sie finden die Beispieltabelle Lademengen *in der Datei* Teilergebnisse.ods, *die im Ordner* Kap13 *des Beispielarchivs hinterlegt ist.*

13

13.3.4 Anwenden einer automatischen Gliederung

Bei umfangreicheren Tabellen ist es oft hilfreich, bestimmte Informationen zu einer Ebene zusammenzufassen und temporär ausblenden zu können. Die im vorherigen Abschnitt vorgestellte Teilergebnisfunktion wendet die Gliederungsfunktion automatisch auf die Teiltabelle an. Sie können eine Tabelle aber auch automatisch gliedern lassen.

Die in Abbildung 13.25 gezeigte Tabelle könnte beispielsweise in zwei Ebenen, die Zeilen mit den Filialdaten sowie die Ergebniszeile, gegliedert werden. Um eine automatische Gliederung durchzuführen, gehen Sie folgendermaßen vor.

Abbildung 13.25: Beispiel einer Ausgangstabelle

	A	B	C	D	E	F
1	**Umsatzentwicklung**					
2						
3						
4	**Filiale**	2004	2005	2006	2007	2008
5	Aachen	123,00	123,00	125,00	126,00	127,00
6	Essen	119,00	119,00	121,00	122,00	123,00
7	Dortmund	120,00	120,00	122,00	123,00	124,00
8	Köln	139,00	141,00	141,00	142,00	143,00
9	Wuppertal	99,00	100,00	101,00	102,00	103,00
10	Summe	600,00	603,00	610,00	615,00	620,00

1. Markieren Sie den Bereich in der Tabelle, der in die Gliederung einbezogen werden soll.
2. Wählen Sie im Menü *Daten* den Eintrag *Gruppierung und Gliederung* und klicken Sie dann im Untermenü auf den Eintrag *AutoGliederung*.

Calc analysiert die Zellen mit Zellbezügen im markierten Bereich. Zeigen die Zellbezüge in den Formeln nach links oben, werden die Daten zeilenweise gruppiert. Bei Verweisen auf Zellen nach links oder rechts erfolgt eine spaltenweise Gliederung.

Die Beispieltabelle aus Abbildung 13.25 enthält in der untersten Zeile Summenformeln. Folglich wird Calc die Tabelle zeilenweise gliedern. Die Filialdaten werden der untersten Ebene zugeordnet, während die Summenzeile eine Ebene höher eingeordnet wird. Das Ergebnis der Funktion »AutoGliederung« für die Tabelle ist in Abbildung 13.26 zu sehen. Die Zeilen mit den Einzelumsätzen der Filialen wurden in der Gliederungsebene 2 zusammengefasst. Die summierten Filialumsätze gehören dagegen zur Gliederungsebene 1. Über die am linken Rand eingeblendeten Gliederungssymbole lassen sich die Gliederungsebenen ein- oder ausblenden (siehe Erläuterungen zur Teilsummen-Funktion).

Abbildung 13.26: Ergebnis einer AutoGliederung mit eingeblendeter Gliederungsebene 2

1 2		A	B	C	D	E	F	G
	1	**Umsatzentwicklung**						
	2							
	3							
	4	**Filiale**	2004	2005	2006	2007	2008	
–	5	Aachen	123,00	123,00	125,00	126,00	127,00	
	6	Essen	119,00	119,00	121,00	122,00	123,00	
	7	Dortmund	120,00	120,00	122,00	123,00	124,00	
	8	Köln	139,00	141,00	141,00	142,00	143,00	
	9	Wuppertal	99,00	100,00	101,00	102,00	103,00	
	10	Summe	600,00	603,00	610,00	615,00	620,00	
	11							

INFO

Um eine Gliederung wieder zu entfernen, markieren Sie den gegliederten Bereich und wählen im Menü Daten *die Befehle* Gruppierung und Gliederung/Entfernen. *Die Anzeige der Gliederungssymbole im Dokumentfenster wird global über das Kontrollkästchen* Gliederungssymbole *der Gruppe* Fenster *des* Optionen-*Dialogfelds gesteuert (Menübefehl* Extras/Optionen *aufrufen und dann den Zweig* OpenOffice.org Calc/ Ansicht *wählen).*

13.3.5 So lässt sich eine Gliederung (Gruppierung) manuell erstellen

Benötigen Sie eine detailliertere Gliederung (auch als Gruppierung bezeichnet) für eine Tabelle, müssen Sie diese manuell zuweisen. Die in Abbildung 13.25 gezeigte Beispieltabelle ließe sich etwa in Filialgruppen (Aachen und Essen sowie die restlichen Filialen) einteilen. Auch eine spaltenweise Gliederung über verschiedene Jahre wäre denkbar.

1. Markieren Sie in der Tabelle die Zellen des zu gliedernden Datenbereichs.
2. Klicken Sie im Menü *Daten* auf den Befehl *Gruppierung und Gliederung* und wählen Sie im Untermenü den Befehl *Gruppierung*. Sofern das Betriebssystem dies unterstützt, können Sie auch die Tastenkombination [F12] drücken.
3. Im dann erscheinenden Dialogfeld wählen Sie über die Optionsfelder, ob die Gruppierung über Zeilen oder Spalten erfolgen soll (Abbildung 13.27).

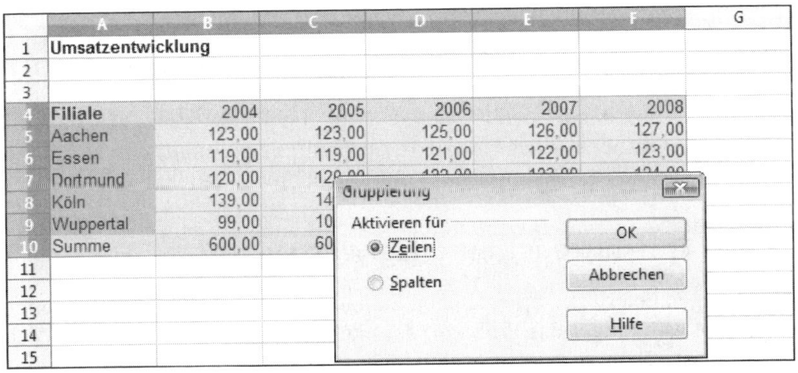

Abbildung 13.27: Tabelle mit Gruppierungsdialog

Sobald Sie dieses Dialogfeld über die *OK*-Schaltfläche schließen, blendet Calc die Gruppierungssymbole am oberen bzw. linken Rand des Dokumentbereichs ein. Sie können anschließend die Gliederungsebenen über diese Schaltflächen ein- und ausblenden (siehe vorhergehende Abschnitte zu Teilergebnissen).

INFO

Die Befehle Details einblenden *und* Details ausblenden *im Untermenü des Befehls* Gruppierung und Gliederung *im Menü* Daten *ermöglichen es ebenfalls, die Gliederungsebenen aus- bzw. einzublenden.*

Gruppierung aufheben

Um die Gliederung (bzw. Gruppierung) einzelner Ebenen aufzuheben, wählen Sie die betreffenden Zellen der Gliederungsebene an. Dann wählen Sie im Menü *Daten* den Befehl *Gruppierung und Gliederung* und klicken im Untermenü auf *Gruppierung aufheben*. Alternativ können Sie die Tastenkombination [Strg] + [F12] (sofern vom Betriebssystem unterstützt) drücken oder den Eintrag *Entfernen* im Untermenü des Befehls *Gruppierung und Gliederung* (Menü *Daten*) anwählen.

Abbildung 13.28: Dialog zum Aufheben einer Gruppierung

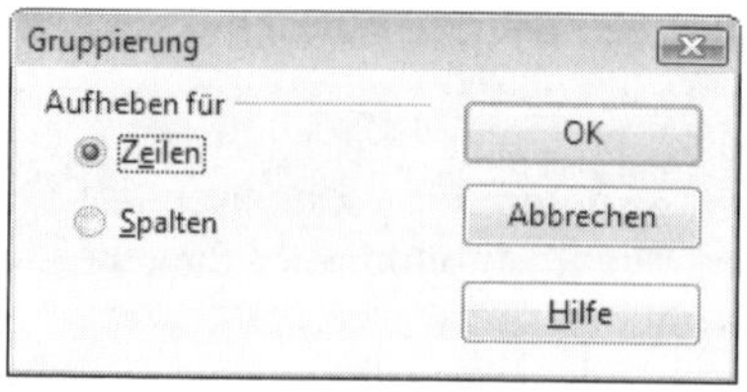

Ist nach Zeilen und Spalten gegliedert, erscheint das Dialogfeld *Gruppierung* (Abbildung 13.28). In diesem Dialogfeld ist dann zu wählen, ob die Gruppierung für Zeilen oder Spalten aufzuheben ist. Wenn nur eine Gliederungsebene vorhanden ist, wird diese sofort entfernt.

INFO

Die Beispieltabelle finden Sie in der Datei Gliederung.ods *des Ordners* Kap13 *im Beispielarchiv.*

13.4 Zielwertsuche und Mehrfachoperationen

Calc unterstützt Modellberechnungen über die Funktionen »Zielwertsuche« und »Mehrfachoperationen«. Der folgende Abschnitt zeigt Ihnen, was sich dahinter verbirgt und wie sich die betreffenden Funktionen anwenden lassen.

13.4.1 Was bitte ist eine Zielwertsuche?

Gleichungen liefern zu vorgegebenen Eingabeparametern definierte Lösungen. Allerdings gibt es häufiger das Problem, dass keine analytische Lösung der Gleichungen bekannt ist. Dann gilt es die Eingangsparameter so lange zu variieren, bis die gewünschten Lösungen erreicht sind. Calc unterstützt solche Problemstellungen mit der Funktion »Zielwertsuche«. Dies soll exemplarisch an einem einfachen Beispiel demonstriert werden. Die Gewinnermittlung für eine produzierte Ware erfolgt mit der Formel:

Gewinn = Stückzahl * (Preis - Stückkosten) - Fixkosten

Da bei der Produktion die Fixkosten und die Stückkosten pro Fertigungseinheit vorgegeben sind, lassen sich Grenzkostenanalysen durchführen. Es lässt sich beispielsweise ermitteln, ab welchem Preis pro Stück eine vorgegebene Fertigungsmenge gerade die Kosten abdeckt (Break-Even-Analyse). Erst wenn mehr als diese Fertigungsmenge abgesetzt werden kann, wirft die Produktion einen Gewinn ab. Solche Analysen sind beispielsweise hilfreich, wenn die Wirtschaftlichkeit einer Investition berechnet werden soll. In Abbildung 13.29 sehen Sie im Hintergrund eine Tabelle, die ein entsprechendes Rechenmodell aufweist.

In der Tabelle sind der Preis, die Stückzahl, die Stückkosten und der Fixkostensatz hinterlegt. Bezüglich der Fixkosten habe ich noch eine kleine Hürde eingebaut. Die Fixkosten berechnen sich nach der hergestellten Menge (sogenannte sprungfixe Kosten). Bis 1.000 Stück gehen 45.000 Euro in die Kalkulation ein. Da nach 1.000 Stück eine Maschinenwartung erforderlich wird, muss dies in den Fixkosten berücksichtigt werden. Eine WENN-Bedingung » = WENN(B5 > 1000;55000;45000)« erhöht die Fixkosten um 10.000 Euro, sobald die Stückzahl 1.000 überschreitet. Der Gewinn in Zelle E5 errechnet sich nach der Formel » = B5*(A5-C5)–D5«.

Mit diesem sehr einfachen Modell kann der Benutzer jetzt die Stückzahl und den Preis variieren, um die Eingangswerte für einen vorgebbaren Gewinn (z.B. von 0 Euro für den Break-Even-Point) herauszufinden. Hierzu tippt er beispielsweise einen vorgegebenen Preis ein und variiert die Stückzahl, bis der gewünschte Gewinn angezeigt wird. Wichtig ist lediglich, dass bei der Zielwertsuche nur ein Parameter (Stückzahl oder Preis) variabel gehalten werden darf. Für das Beispiel soll daher der Preis fest mit 150 Euro angenommen werden. Dieser Preis liegt noch über den Stückkosten von 95 Euro und wird häufig vom Markt (bzw. vom Vertrieb) vorgegeben. Eine Variation der Stückzahl wird schnell zeigen, dass die Grenzkosten (Gewinn 0) bei 818 Stück erreicht sind. Bis 1.000 Stück lässt sich also der Gewinn maximieren. Wird jedoch eine Wartung (ab 1.001 Stück) fällig, sinkt der Gewinn sprungartig auf 55 Euro ab. Das einfache Modell gibt bereits Antworten auf die Frage, wie viel mindestens produziert und verkauft werden muss, bis sich das Ganze amortisiert hat. Weiterhin lässt sich feststellen, ob eine Überproduktion lohnt. Statt so etwas von Hand zu machen, lässt sich die Suche des Zielwerts an Calc übertragen.

1. Wählen Sie im Menü *Extras* den Eintrag *Zielwertsuche*, um die betreffende Calc-Funktion aufzurufen. Diese meldet sich mit dem Dialogfeld *Zielwertsuche* (Abbildung 13.29), in das die Parameter für die Suche einzutragen sind.
2. Klicken Sie auf das Feld *Formelzelle* und markieren Sie dann in der Tabelle die Zelle E5. Dies führt dazu, dass eine (absolute) Referenz auf die Zelle mit der Formel, die den Zielwert angibt, in das Feld eingetragen wird.
3. Im nächsten Schritt geben Sie den gewunschten Zielwert im gleichnamigen Feld des Dialogfelds vor. Hier wurde der erwartete Gewinn auf 0 (den sogenannten Break-Even) gesetzt. Sie können aber auch andere Werte eintragen.
4. Dann ist noch die variable Zelle im gleichnamigen Feld festzulegen. Da der Preis fix vorgegeben ist, bleibt nur die Variation der Stückzahl. Klicken Sie auf das Feld *Variable Zelle* und dann in der Tabelle auf die Zelle B5.

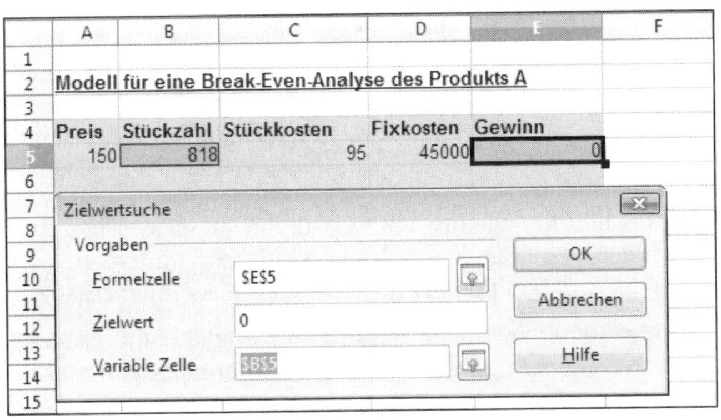

Abbildung 13.29: Zielwertsuche zur Ermittlung des Break-Even-Points

Falls Sie in der Tabelle mit benannten Bereichen arbeiten, können Sie statt der Zellreferenzen auch die zugehörigen Namen in die Felder des Dialogfelds eingeben.

INFO

Sobald Sie die *OK*-Schaltfläche betätigen, wird eine Zielwertsuche durchgeführt. Die Funktion korrigiert den veränderbaren Wert so lange, bis der gewünschte Zielwert erreicht ist. Dann erscheint ein Dialogfeld mit der Frage, ob der gefundene Wert in die variable Zelle zu übertragen ist. Bestätigen Sie diesen Dialog über die *Ja*-Schaltfläche, wird der Wert im Modell hinterlegt.

INFO

Wenn Sie die Ergebniszelle vor dem Aufruf der Funktion markieren, setzt Calc automatisch die korrekte Referenz für Formelzelle *im Dialogfeld* Zielwertsuche *ein. Beachten Sie, dass das Modell durchaus mehrere Lösungen aufweisen kann. Sie sollten daher vor dem Aufruf der Zielwertsuche den Wert für die Stückzahl auf 0 setzen. Die Funktion beginnt mit dem aktuellen Wert als Startwert. Wird kein Zielwert gefunden, erscheinen in dem hier benutzten Beispielmodell negative Werte als Ergebnis (was von der Aufgabenstellung her Unsinn ist). Sie müssen in diesem Fall ggf. die Formeln und den Startwert bzw. die fixe Größe überprüfen (z.B. ein Preis unter den Herstellkosten kann keinen Break-Even-Point liefern). Sie finden das Beispiel in der Datei* Zielwertsuche.ods *im Ordner* Kap13 *des Beispielarchivs.*

13.4.2 Mehrfachoperationen auf Tabellen anwenden

Das obige Beispiel zur Zielwertsuche lässt sich weiterentwickeln. Bei einer Analyse der Gewinnmöglichkeiten könnten verschiedene Eingangswerte für die Stückzahl vorgegeben sein. Dann ließe sich die Frage stellen, welcher Gewinn sich für die betreffenden Werte ergibt.

Abbildung 13.30: Ergebnisse auf Basis der Eingangswerte

			=D19*(C19-E19)-F19	
Preis	**Stückzahl**	**Stückkosten**	**Fixkosten**	**Gewinn**
250	100	195	45000	-39500
250	500	195	45000	-17500
250	1000	195	45000	10000
250	1500	195	45000	37500
250	2000	195	45000	65000

In Abbildung 13.30 sehen Sie ein einfaches Modell, welches aus dem Preis, der Stückzahl, den Stückkosten und den Fixkosten den resultierenden Gewinn ermittelt. Die Formel für die oberste Ergebniszelle ist oberhalb der Tabelle zu erkennen. Für eine Erweiterung der Produktion sind die zu fertigenden Stückzahlen für eine neue Maschine zu ermitteln. Aus der Planung sind fünf verschiedene Fertigungskapazitäten vorgegeben. Nun sollen die daraus resultierenden Gewinne ermittelt und die Variante mit dem maximalen Gewinn bestimmt werden. Zur Lösung wurde die Formel in der letzten Spalte in der Ergebniszelle hinterlegt. Dann wurde die Zeile viermal kopiert und mit den vorgegebenen Stückzahlen ergänzt.

Calc bietet aber für solche Fragestellungen die Funktion »Mehrfachoperation«. Diese kann aus einem Eingangsvektor mit mehreren Eingangswerten anhand einer Formel einen Ausgangsvektor mit den Ergebnissen berechnen. Statt also wie in Abbildung 13.30 die Formel in alle Ergebniszellen zu kopieren, reicht es, die Struktur aus Abbildung 13.31 mit einer Formel, einem Eingangsvektor und einem Ergebnisvektor in der Tabelle anzulegen.

INFO

Die Funktion »Mehrfachoperationen« unterstützt dabei wahlweise ein oder zwei Eingangsvektoren. Im aktuellen Beispiel wird nur ein Eingangsvektor in Form der variablen Stückzahl benutzt.

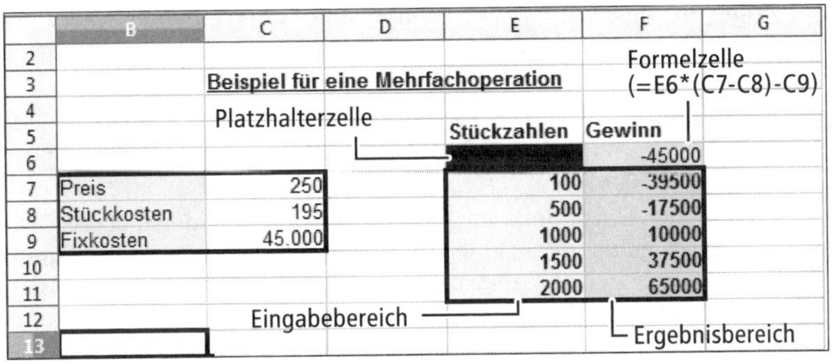

Abbildung 13.31: Elemente des Rechenmodells einer Mehrfachoperation

Da bei Mehrfachoperationen verschiedene Begriffe benutzt werden, möchte ich das Rechenmodell des Beispiels schrittweise erläutern. Die Formel wird in die Zelle F6 eingetragen. Diese Zelle wird als »Formelzelle« bezeichnet. Die Formel gibt in diesem Beispiel die Berechnungsvorschrift für den Gewinn aus den Zellen »Preis«, »Stückkosten«, »Fixkosten« und der »Stückzahl« an. »Preis«, »Stückkosten« und »Fixkosten« bleiben in diesem Beispiel für alle Fertigungsmengen gleich, können also in einem Zellenblock der Tabelle hinterlegt und in der Formel referenziert werden.

Bezüglich der Stückzahl gibt es nun eine Besonderheit, diese soll ja im Modell variieren. Die Vorgabewerte sind in einer Spalte im Zellbereich E7:E11 eingetragen. Der Bezug zur Stückzahl innerhalb der Formel darf sich nun aber nicht auf einen dieser Werte beziehen. Die Mehrfachoperationen arbeiten ja mit Eingangsvektoren und Ergebnisvektoren. Der Eingangsvektor wird durch den Eingabebereich E7:E11 beschrieben. Die Zelle E6 oberhalb dieses Eingabebereichs muss leer bleiben und wird als Platzhalterzelle bezeichnet. Dies ist die Zelle, die in der Formel als Platzhalter für die Stückzahl angegeben wird. Die Mehrfachoperation erkennt die Referenz auf die Zelle E6 als Platzhalter und setzt bei der Analyse die Werte des Eingangsvektors E7:E11 ein. Für jeden Wert des Eingangsvektors wird genau ein Ergebnis errechnet. Die Ergebnisse werden als Ergebnisvektor unterhalb der Formelzelle hinterlegt. Der Zellbereich F7:F11 wird daher auch als Ergebnisbereich bezeichnet.

Um eine Tabelle gemäß Abbildung 13.31 anzulegen und dann die Mehrfachoperation mit einem Eingabefeld durchzuführen, gehen Sie in folgenden Schritten vor:

1. Tragen Sie die nicht variablen Parameter in die Zellen ein (in Abbildung 13.31 sind dies die Zellen C7 bis C9). Anschließend erzeugen Sie im Eingabebereich (in Abbildung 13.31 sind dies die Zellen E7:E11) den Vektor mit den zu variierenden Eingabewerten. Die Zellen der Spalte rechts neben dem Eingabebereich müssen frei bleiben, da dies der Ergebnisbereich ist, in den die Funktion den Ergebnisvektor kopiert.
2. Dann tragen Sie die Formel » = E6*(C7–C8)–C9« in die Formelzelle F6 (genau eine Zelle oberhalb des Ergebnisbereichs) ein. Die links daneben befindliche Platzhalterzelle E6 (die Zelle oberhalb des Eingabebereichs) muss leer bleiben (und wurde daher im Beispiel mit einem schwarzen Hintergrund eingefärbt). Bei Bedarf können Sie weitere Formeln rechts neben die aktuelle Formelzelle eintragen.
3. Nun gilt es die Mehrfachoperationen anzuwenden. Hierzu markieren Sie die Zellen, die den Eingabebereich und Ergebnisbereich umfassen (in Abbildung 13.31 ist dies der Zellbereich E7:F11 – die Platzhalterzelle und die Formelzelle dürfen nicht markiert werden).

4. Rufen Sie anschließend den Menübefehl *Daten/Mehrfachoperationen* auf. Calc blendet nun das Dialogfeld *Mehrfachoperationen* zur Eingabe der Parameter für die Funktion ein (Abbildung 13.32).
5. Klicken Sie im Dialogfeld auf das Feld *Formeln* und dann in der Tabelle auf die Formelzelle. Mit diesem Schritt trägt Calc den absoluten Zellbezug $F$6 für die Formelzelle ein.
6. Im nächsten Schritt müssen Sie den Bezug für den Eingabebereich angeben. Das Dialogfeld bietet zwei Felder für Zeilen und Spalten, da die Funktion Modelle mit bis zu zwei Eingabevariablen unterstützt. Im aktuellen Beispiel gibt es jedoch nur einen Eingabevektor. Daher müssen Sie sich für eines der beiden Felder – *Zeile* oder *Spalte* – entscheiden. Da der Eingabevektor in der Spalte »Stückzahlen« hinterlegt ist, klicken Sie im Dialogfeld auf das Feld *Spalte* und in der Tabelle auf die Platzhalterzelle E6. Das Dialogfeld sollte nun die in Abbildung 13.32 gezeigten Werte aufweisen.

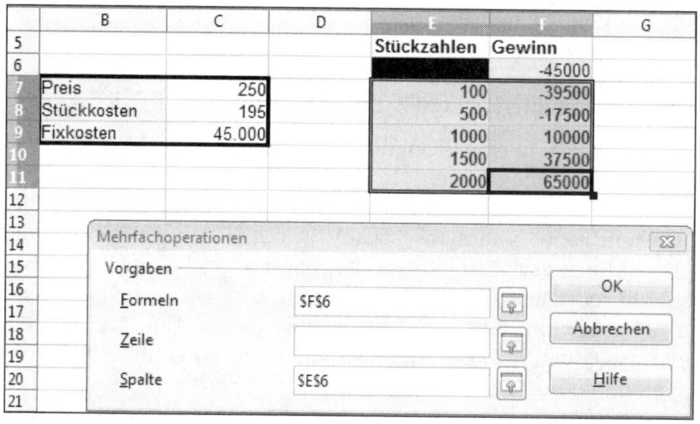

Abbildung 13.32: Festlegen der Parameter im Dialogfeld *Mehrfachoperationen*

Sobald Sie das Dialogfeld *Mehrfachoperationen* über die *OK*-Schaltfläche schließen, führt Calc die Berechnungen durch. Dabei werden alle Elemente des Eingabevektors aus dem Eingabebereich benutzt, um anhand der Formel den Ergebnisvektor zu bestimmen. Der Ergebnisvektor wird in den Ergebnisbereich geschrieben. Sie sehen dann die in Abbildung 13.32 im Hintergrund angezeigten Ergebnisse.

TIPP

Erscheint nach Betätigung der OK*-Schaltfläche eine Fehleranzeige in den Ergebniszellen, haben Sie vermutlich die falsche Platzhalterzelle angewählt. Oder Sie haben statt des Felds* Spalte *die* Zeile *mit der Zellreferenz angegeben. Achten Sie auch darauf, nur die Zellen des Eingabe- und Ergebnisbereichs zu markieren. Die Formelzelle und die Platzhalterzelle dürfen nicht markiert werden, da Calc diese sonst überschreibt.*

Klicken Sie auf eine Zelle des Ergebnisbereichs, erscheint im Bearbeitungsfeld der Rechenleiste ein Eintrag der Art »=MEHRFACHOPERATION(F$6;$E$6;$E7)«. Das erste Argument der Funktion verweist auf die Formelzelle, das zweite auf die Platzhalterzelle. Das dritte Argument gibt die Zelle im Eingabebereich an, dessen Wert als Variable in die Formel eingeht. Der Wert dieses Arguments wird für jede Ergebniszelle automatisch angepasst.

Da die Ein- und Ausgabewerte in Listenform vorliegen, lassen sich diese sehr leicht in XY-Diagramme umsetzen. Sie finden die Beispieltabelle unter Mehrfachoperation 1 *in der Datei* Mehrfachoperationen.ods *im Ordner* Kap13 *des Beispielarchivs.*

INFO

Variante mit zeilenweisem Eingabebereich

Abweichend vom obigen Beispiel können Sie die Werte des Eingabebereichs auch zeilenweise anordnen. Die Platzhalterzelle wird dann links neben dem Eingabebereich platziert. Die Formel wird eine Zelle unterhalb der Platzhalterzelle eingetragen (Abbildung 13.33). Markieren Sie dann erneut den Eingabe- und Ergebnisbereich und rufen Sie die Funktion »Mehrfachoperationen« auf. Sobald das Dialogfeld *Mehrfachoperationen* erscheint, können Sie die Formelzelle wie gehabt eingeben. Der Bezug zur Platzhalterzelle ist dann aber in das Feld *Zeile* einzutragen.

Preis	250					
Stückkosten	195					
Fixkosten	45.000					
Stückzahlen		**100**	**500**	**1000**	**1500**	**2000**
Gewinn	-45000	**-39500**	**-17500**	**10000**	**37500**	**65000**

Abbildung 13.33: Spaltenweise orientiertes Modell einer Mehrfachoperation

Benötigen Sie bei Mehrfachoperation mehrere Formeln, ist dies möglich. Diese müssen bei spaltenweisem Eingabebereich allerdings rechts neben der ersten Formel angeordnet werden. Bei zeilenweisem Eingabebereich sind die Formeln untereinanderzustellen.

Sie finden die Beispieltabelle unter Mehrfachoperation 1a *in der Datei* Mehrfachoperationen.ods *im Ordner* Kap13 *des Beispielarchivs.*

INFO

13.4.3 Mehrfachoperationen mit zwei Eingabebereichen

Das obige Beispiel benutzt lediglich einen Eingabebereich für die Mehrfachoperation, was nur für einfache Fragestellungen ausreicht. Die Funktion »Mehrfachoperation« unterstützt aber bis zu zwei Eingabebereiche mit variablen Werten.

C6 | =F4*(C4-E4)-G4

	B	C	D	E	F	G
3						
4	**Preis:**	250	**Stückkosten:**	195	Platzhalter Spalte	Platzhalter Zeile
5		**Stückzahlen**			**Fixkosten**	
6	Formel:	0	45000	50000	60000	79000
7		200				
8		500				
9		1000				
10		1500				
11		2000				
12						

Abbildung 13.34: Erweitertes Fertigungskostenmodell mit zwei Eingabebereichen

13

Im vorherigen Beispiel zur Break-Even-Analyse mittels Zielwertsuche wurden sprungfixe Kosten zugrunde gelegt. Dies könnte auch bei einem erweiterten Fertigungskostenmodell berücksichtigt werden. Da bei steigenden Produktionsmengen in neue Anlagen investiert wird, ändern sich die Fixkosten in Abhängigkeit von der Produktionsmenge. Damit liegt ein zweiter variabler Parameter vor, der in die Break-Even-Analyse mit einbezogen werden sollte. Abbildung 13.34 zeigt den Tabellenausschnitt mit einem erweiterten Fertigungskostenmodell. Stückpreis und Stückkosten sind fest in zwei Zellen (C4, E4) hinterlegt. Die Stückzahlen finden sich als Eingabebereich in einer Spalte (C7:C11), während die Fixkosten als zweiter Eingabebereich in einer Zeile (D6:G6) hinterlegt sind. Die betreffenden Bereiche wurden farbig hinterlegt, um die Zusammenhänge zu verdeutlichen. Die Formelzelle liegt im Kreuzungsbereich zwischen der Spalte und der Zeile der beiden Eingabebereiche. Hier ist es die Zelle C6, die gerade angewählt ist. Im Bearbeitungsfeld der Rechenleiste sehen Sie die Zellformel. Diese bezieht sich nun auf zwei Platzhalterzellen (F4; G4), die jeweils für die Spalte des ersten Eingabebereichs und für die Zeile des zweiten Eingabebereichs stehen. Um das Rechenmodell samt Mehrfachoperation anzuwenden, gehen Sie in folgenden Schritten vor.

1. Legen Sie die Tabelle gemäß Abbildung 13.34 mit den Eingabebereichen, der Formelzelle und den beiden Platzhalterzellen an. Der Ergebnisbereich rechts neben der Spalte des ersten Eingabebereichs bzw. unterhalb der Zeile des zweiten Eingabebereichs muss leer bleiben. Dort fügt Calc die Funktion MEHRFACHOPERATION() ein.
2. Sobald die Tabelle erstellt wurde, ist die Formel in die Formelzelle C6 einzutragen. In dieser Formel müssen die Zellbezüge für die Stückzahlen und die Fixkosten auf die beiden Platzhalterzellen zeigen (siehe Bearbeitungsfeld in Abbildung 13.34).
3. Zum Anwenden der Mehrfachoperation ist der rechteckige Bereich mit den zwei Eingabebereichen und der Formel zu markieren. In Abbildung 13.35 ist dies der Zellbereich C6:G11. Die Formelzelle wird hier im Gegensatz zum vorherigen Beispiel mit markiert, da die Funktion nur rechteckige Zellbereiche als Markierung erlaubt.
4. Wählen Sie anschließend im Menü *Daten* den Eintrag *Mehrfachoperationen*, um das gleichnamige Dialogfeld zur Definition der Parameter zu öffnen (Abbildung 13.35, Vordergrund).
5. Klicken Sie im Dialogfeld auf das Feld *Formeln* und markieren Sie anschließend die Formelzelle in der Tabelle. Das Feld sollte anschließend den absoluten Zellbezug $C$6 enthalten.
6. Klicken Sie danach auf das Feld *Spalte* und wählen Sie die Platzhalterzelle, die für die Werte des ersten Eingabebereichs steht, an. Wichtig ist aber, dass diese Platzhalterzelle für einen als Spalte organisierten Eingabebereich (hier die Fertigungsmengen) steht. Sie können dies notfalls in der Formel nachsehen – im Beispiel habe ich die Platzhalterzellen mit entsprechenden Texten beschriftet.
7. Abschließend klicken Sie auf das Feld *Zeile* und wählen die Platzhalterzelle für den zeilenorientierten zweiten Eingabebereich.

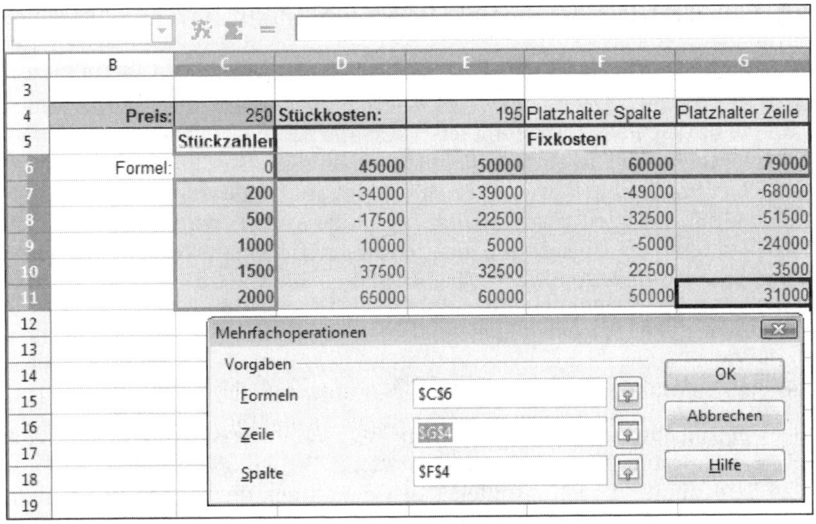

Abbildung 13.35: Definition der Argumente für die Mehrfachoperation mit zwei Eingabebereichen

Das Dialogfeld sollte die in Abbildung 13.35 gezeigten Bezüge aufweisen. Sobald Sie das Dialogfeld über die *OK*-Schaltfläche schließen, wird die Funktion »Mehrfachoperation« angewandt. Calc trägt in jeder Zelle des Ergebnisbereichs einen Ausdruck der Art »=MEHRFACHOPERATION($C$6;$F$4;$C7;$G$4;D$6)« ein. Im ersten Argument steht ein Verweis auf die Formelzelle. Dann folgen ein Verweis auf die erste Platzhalterzelle und eine Referenz auf die Spalte des Eingabebereichs. Das letzte Argumentepaar verweist auf die zweite Platzhalterzelle sowie auf die Zeile des zweiten Eingabebereichs. Jedem Eingabewert wird dann ein Ergebnis gegenübergestellt. Variieren Sie anschließend die Werte in den Eingabebereichen oder die Festwerte (Preis, Fixpreis), rechnet Calc das Modell erneut durch.

INFO

Die Ein- und Ausgabewerte lassen sich grafisch in Form von 3D-Diagrammen (Balkendiagrammen) auswerten. Sie finden das Beispiel in der Tabelle Mehrfachoperation 2 *der Datei* Mehrfachoperationen.ods *des Ordners* Kap13 *im Beispielarchiv.*

HALT

Calc weist im Hinblick auf Mehrfachoperationen einige Unterschiede zu Excel auf. Bei Modellen mit einem Eingabebereich darf die Platzhalterzelle sowie die Formel vor dem Aufruf der Funktion keinesfalls markiert werden (bei Excel ist dies zulässig). Bei zwei Eingabebereichen müssen Sie aber die Formelzelle mit markieren, da Markierungen immer rechteckige Zellbereiche umfassen müssen. Bei Calc können Sie nachträglich Werte aus dem Ergebnisbereich löschen, während Microsoft Excel die Bearbeitung der Ergebniszellen sperrt.

13.5 Analysen mittels Szenarien unterstützen

Im vorherigen Abschnitt wurden Ansätze zum Durchführen von Was-wäre-wenn-Analysen gezeigt. Der Benutzer kann die Eingangsgrößen im Berechnungsmodell ändern, um die Folgen zu studieren. Diesen Ansätzen ist aber gemeinsam, dass das Berechnungsmodell in ein Tabellenblatt einzutragen ist. Ein besonderes Problem ist der fehlende Überblick, wenn verschiedene Varianten durchzurechnen sind. Sollen Modelle mit verschiedenen Varianten gerechnet werden, wird dies von Calc über Szenarien unterstützt. Über diese Szenarien lassen sich einem Rechenmodell bestimmte Vorgabewerte zuweisen. Nachfolgend erhalten Sie eine Übersicht über den Umgang mit Szenarien.

13.5.1 Ein Szenario anlegen

Der Umgang mit Szenarien soll an einem erweiterten Berechnungsmodell (Abbildung 13.36) zur Bestimmung der Gewinne aus einer Fertigungslinie demonstriert werden. Das Berechnungsmodell ermittelt den Gewinn aus dem Produkt von Fertigungsmenge und Preis unter Abzug der Fertigungs- und Fixkosten. Die Fixkosten hängen dabei von der Maschinenanzahl und der Auslastung der Maschine ab. Eine Maschine besitzt eine Fertigungskapazität von 1.000 Einheiten pro Fertigungsperiode. Bis zu dieser Kapazität bleiben die Fixkosten pro Maschine konstant. Benötigt der Betrieb eine größere Fertigungskapazität, lässt sich dies über zwei Ansätze realisieren:

Abbildung 13.36: Erweitertes Rechenmodell zur Gewinnermittlung

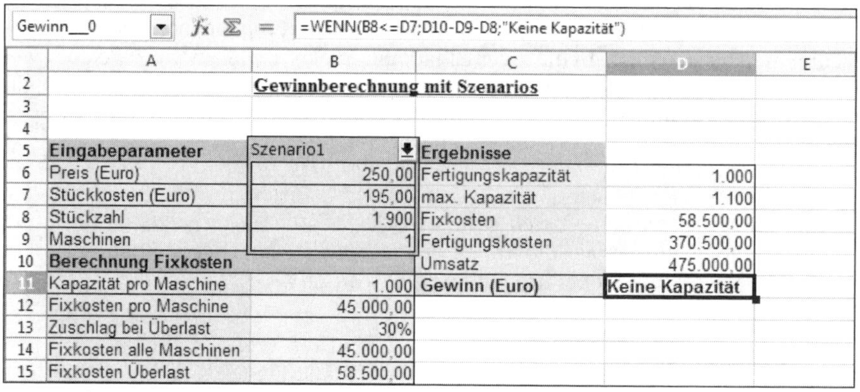

Gewinn__0 | =WENN(B8<=D7;D10-D9-D8;"Keine Kapazität")

	A	B	C	D	E
2		Gewinnberechnung mit Szenarios			
3					
4					
5	Eingabeparameter	Szenario1	Ergebnisse		
6	Preis (Euro)	250,00	Fertigungskapazität	1.000	
7	Stückkosten (Euro)	195,00	max. Kapazität	1.100	
8	Stückzahl	1.900	Fixkosten	58.500,00	
9	Maschinen	1	Fertigungskosten	370.500,00	
10	Berechnung Fixkosten		Umsatz	475.000,00	
11	Kapazität pro Maschine	1.000	Gewinn (Euro)	Keine Kapazität	
12	Fixkosten pro Maschine	45.000,00			
13	Zuschlag bei Überlast	30%			
14	Fixkosten alle Maschinen	45.000,00			
15	Fixkosten Überlast	58.500,00			

- Die Fertigungskapazität der Maschinen kann im Überlastbetrieb um 10 % erhöht werden. Durch schnellere Abnutzung, Überstundenzuschläge etc. erhöhen sich die Fixkosten dann aber um einen Zuschlag von x % pro Maschine.
- Alternativ haben Sie die Möglichkeit, die Fertigungskapazität der Anlage durch Zukauf weiterer Maschinen aufzustocken. Die Fixkosten erhöhen sich pro Maschine um einen vorgebbaren Anteil (hier 45.000,00 Euro).

INFO

Wird eine Fertigungskapazität von 2.100 Stück gefordert, muss die Produktion auf zwei Maschinen aufgestockt werden. Dabei berücksichtigt das Modell zurzeit aber nicht, dass nur eine Maschine mit Überlast fährt, während die andere im Normalbetrieb läuft. Vielmehr geht das Modell davon aus, dass beide Maschinen mit 1.050 Einheiten im Überlastbetrieb arbeiten. Hier steht es Ihnen aber frei, die Modellrechnung zu verfeinern.

Das Modell lässt als Eingabeparameter den Preis, die Stückkosten, die Stückzahl und die Maschinenzahl zu. Dieser Bereich ist mit einer gelben Hintergrundfarbe markiert. Alternativ können Sie natürlich auch Angaben zu den Maschinenkapazitäten, zu den Fixkosten pro Maschine oder zum Zuschlag bei Überlast verändern.

Am Modell lässt sich untersuchen, welcher Gewinn bei verschiedenen Produktionsmengen anfällt. Durch die variablen Fixkosten und den Zuschlag bei Kapazitätsüberlastung ergibt sich kein linearer Zusammenhang zwischen Produktionsmenge und Gewinn. Zelle B15 enthält die aus der geforderten Kapazität abgeleiteten normalen oder erhöhten Fixkosten. Der betreffende Modus (Normalbetrieb oder Überlast) wird in Zelle A15 eingeblendet. Ergibt die Vorgabe der Stückzahl, dass diese mit der aktuellen Fertigungskapazität nicht verfügbar ist, erscheint in der Zelle mit dem Gewinn die Meldung »Keine Kapazität«.

INFO

Die Formeln des Modells zur Berechnung der Kenngrößen können Sie der Beispieldatei Szenarien.ods *im Ordner* Kap13 *des Beispielarchivs entnehmen. Das Modell ist in der Tabelle* Szenarien *gespeichert.*

Sie können das Modell benutzen und durch Variation der Eingangswerte verschiedene Varianten durchrechnen. Dann wird aber ein Problem sichtbar: Sie verlieren vermutlich schnell den Überblick über die in den Varianten benutzten Eingangswerte und deren Ergebnisse. Denkbar wäre es, die Tabelle bei jedem Schritt zu drucken, um die wichtigen Ergebnisse zu dokumentieren. Eine Alternative bieten Szenarios, bei denen Sie jede Variante der Was-wäre-wenn-Analyse mit den wichtigen Eingangsparametern quasi als Schnappschuss unter einem neuen Namen ablegen können. Später lassen sich diese gespeicherten Varianten gezielt abrufen. Um die Szenarien während der Analyse aufzuzeichnen, gehen Sie in folgenden Schritten vor.

1. Laden Sie die betreffende Tabelle und geben Sie die Eingangswerte für die Modellberechnung ein. Sobald die Ergebnisse vorliegen, markieren Sie den Zellbereich des Modells, der die variablen Eingangsdaten enthält (in Abbildung 13.36 wäre dies z.B. der Zellbereich B6:B9).
2. Anschließend können Sie im Menü *Extras* den Befehl *Szenarien* anwählen. Dieser Befehl wird nur dann freigegeben, wenn Sie mindestens zwei Zellen markiert haben. Bei Anwahl erscheint das Dialogfeld *Szenario anlegen*, in dem Sie die Eigenschaften des Szenarios definieren (Abbildung 13.37).
3. Legen Sie als Erstes den Namen für das gewünschte Szenario fest, indem Sie den vorgeschlagenen Namen korrigieren. Die Calc-Namensvorschläge sind zu lang und werden später bei der Anzeige teilweise abgeschnitten.
4. Tragen Sie ggf. einen Kommentar in das betreffende Feld ein und legen Sie die Optionen in der Gruppe *Einstellungen* fest.

Die Gruppe *Einstellungen* ermöglicht Ihnen, verschiedene Optionen für die Szenarien anzugeben:

- Szenarien werden als Dropdown-Listenfeld mit einem Rahmen in der Tabelle berücksichtigt (siehe Abbildung 13.38), sofern das Kontrollkästchen *Rahmen anzeigen* markiert ist. In diesem Fall können Sie im Dialogfeld für jedes Szenario eine eigene Farbe über das Feld rechts neben dem Kontrollkästchen *Rahmen anzeigen* wählen. Ist das Kontrollkästchen beim Anlegen eines Szenarios nicht markiert, müssen Sie später über den Navigator auf die Szenarien zugreifen.

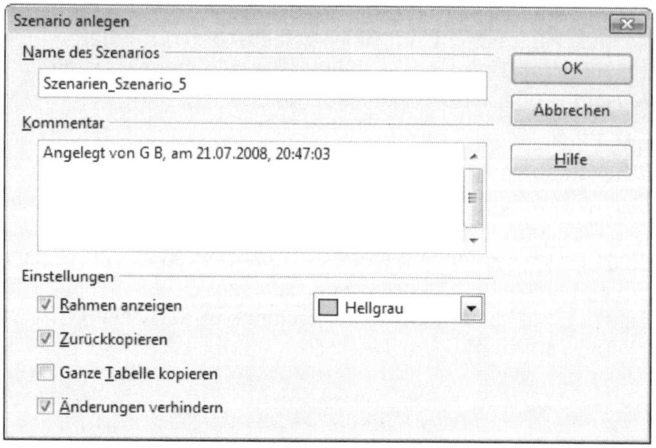

Abbildung 13.37: Dialogfeld *Szenario anlegen*

- Die Option *Zurückkopieren* bewirkt, dass die Daten bei der Anwahl eines Szenarios in die aktuelle Tabelle zurückkopiert werden. Die Daten lassen sich dann direkt bearbeiten und werden sofort im Szenario gespeichert. Sollen die Szenarien für den Anwender nicht änderbar sein, lassen Sie das Kontrollkästchen deaktiviert (intern gibt es aber die Möglichkeit, die Szenarien in den dafür benutzten Tabellen zu korrigieren; siehe auch die folgenden Seiten).
- Standardmäßig überträgt Calc nur den markierten Zellbereich in das Szenario. Soll die komplette Tabelle als Szenario gesichert werden, markieren Sie das Kontrollkästchen *Ganze Tabelle kopieren*.

Sobald Sie das Dialogfeld *Szenario anlegen* über die *OK*-Schaltfläche schließen, legt Calc das Szenario als Schnappschuss an. Dabei wird entweder der markierte Zellbereich oder die gesamte Tabelle gespeichert. Falls die Option zum Anzeigen eines Rahmens markiert war, trägt Calc zudem den Namen des Szenarios in das Dropdown-Listenfeld ein.

INFO

Szenarien werden (analog zu Microsoft Excel) intern als ausgeblendete Tabellen hinterlegt. Beim Beenden von Calc müssen Sie daher das Speichern des Tabellendokuments zulassen. Andernfalls gehen die Szenarien verloren.

13.5.2 Abrufen der Szenarien

Sind Szenarien definiert, können Sie diese in der Tabelle mit dem aktuellen Szenario abrufen. War beim Anlegen eines Szenarios die Option *Rahmen anzeigen* markiert, erscheint in der Zelle oberhalb des Szenarios ein Listenfeld mit einer Dropdown-Schaltfläche. Klicken Sie die Schaltfläche an, lässt sich das gewünschte Szenario direkt aus der geöffneten Liste wählen (Abbildung 13.38, Listenfeld in Zelle B5).

Fehlt das Listenfeld, weil alle Szenarien ohne die Eigenschaft *Rahmen anzeigen* gespeichert wurden, öffnen Sie das Fenster des Navigators. Im Zweig *Tabellen* werden die gespeicherten Szenarien angezeigt (Abbildung 13.38, Navigator-Fenster). Dann reicht ein Doppelklick auf den Szenario-Namen, um dessen Inhalt im aktuellen Szenario einzublenden.

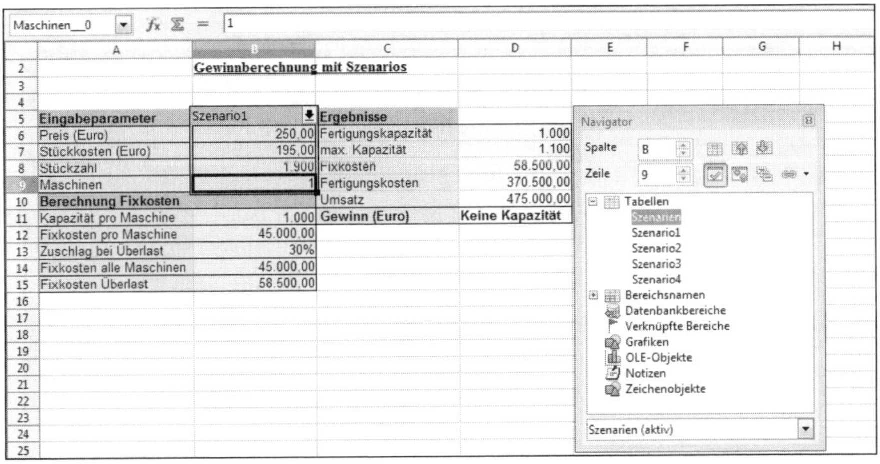

Abbildung 13.38: Navigation innerhalb der Szenarien

Calc blendet bei Anwahl eines Szenarios dessen Daten in den Zellen der aktiven Tabelle ein (Abbildung 13.39). Gleichzeitig wird die Tabelle neu berechnet, um die Auswirkungen der neuen Werte zu berücksichtigen.

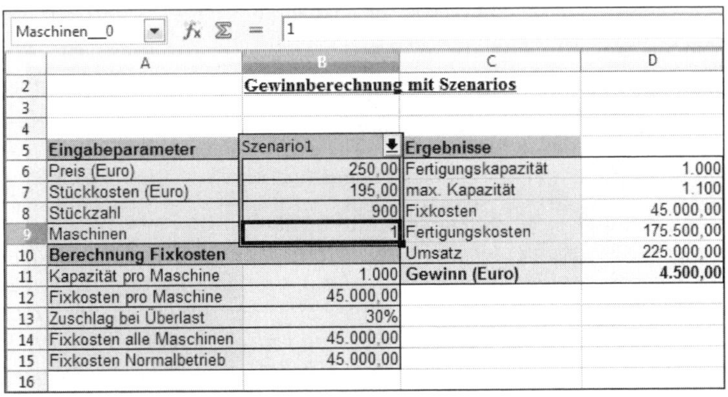

Abbildung 13.39: Tabelle mit eingeblendeten Szenario-Daten

13.5.3 Szenarien korrigieren und löschen

13

Wurde beim Anlegen eines Szenarios die Option *Zurückkopieren* markiert, können Sie ein Szenario anwählen. Wenn Sie in der aktuellen Tabelle die Inhalte im Szenario-Zellbereich überschreiben, werden die Daten automatisch im zugehörigen Szenario abgespeichert.

Ist die Eigenschaft *Zurückkopieren* nicht markiert, gehen die Änderungen an den Zellen beim Wechsel des Szenarios verloren. Sie können die Werte eines Szenarios trotzdem anpassen. Hierzu müssen Sie lediglich die versteckten Tabellen mit den Szenarien einblenden (Abbildung 13.40). Klicken Sie im Menü *Format* auf den Befehl *Tabelle* und dann im Untermenü auf *Einblenden*. Anschließend lässt sich jedes Szenario in einem Dialogfeld anwählen und als Tabelle einblenden (siehe auch *Kapitel 11*). Tabellen von Szenarien erkennen Sie an der blauen Beschriftung für die Tabellennamen. Danach können Sie die Zellinhalte der betreffenden Tabelle direkt ändern.

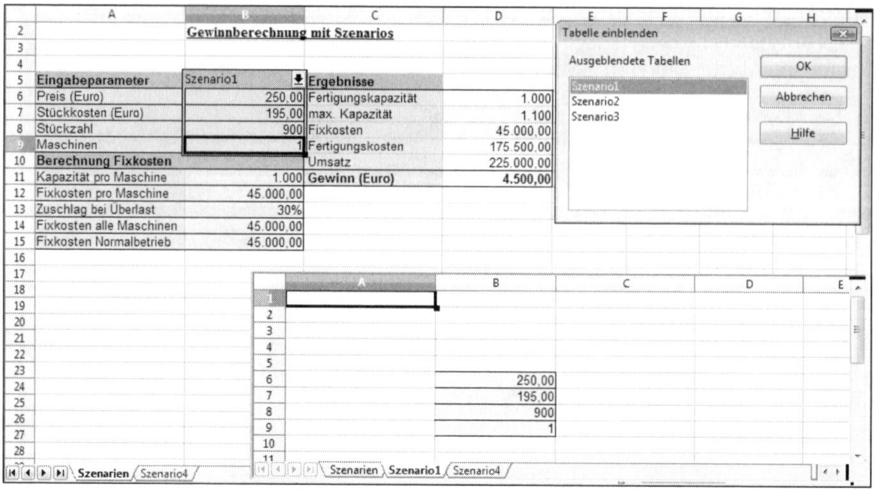

Abbildung 13.40: Ansicht des aktuellen Szenarios und der Tabelle *Szenario1*

Möchten Sie ein Szenario mit einem neuen Namen belegen, klicken Sie mit der rechten Maustaste auf den markierten Registerreiter der (eingeblendeten) Szenario-Tabelle. Anschließend wählen Sie im Kontextmenü den Eintrag *Tabelle umbenennen* und passen den Tabellennamen an. Danach wird der neue Name auch in der Szenarien-Auswahl angezeigt.

Um ein Szenario zu löschen, müssen Sie die betreffende Tabelle einblenden. Anschließend können Sie den Registerreiter des Szenarios markieren, dann mit der rechten Maustaste anklicken und den Kontextmenübefehl *Tabelle löschen* wählen.

INFO

Szenarien lassen sich zudem wie andere Tabellen kopieren, verschieben und zu anderen Tabellendokumenten übertragen. Einige der in Excel vorhandenen Funktionen des Szenario-Managers (z.B. Szenarien zusammenführen) lassen sich in Calc über diesen Umweg realisieren. Im Ordner Kap13 *des Beispielarchivs finden Sie die Datei* Szenarien.ods, *die ein Szenarienblatt und mehrere Szenarien enthält. Dabei ist die Tabelle mit den Daten von Szenario 4 bereits eingeblendet. Besitzer von StarOffice können über den Befehl* Neu/Vorlagen und Dokumente *im Menü* Datei *den Dialog* Vorlagen und Dokumente *öffnen. Unter dem Symbol* Beispiele *findet sich im Ordner* Tabellendokumente *ein Beispiel zur Firma FruitDepot mit Rabattszenarien.*

13.6 Umgang mit dem Solver

Die Analyse einer Problemstellung mit Szenarien erfordert von Ihnen die manuelle Vorgabe der Eingabewerte. Möchten Sie die Eingabewerte so verändern, dass ein maximales oder minimales Ergebnis erzielt wird, artet dies häufig in Arbeit aus. Bei einem veränderlichen Parameter können Sie zwar noch die Funktion *Zielwertsuche* verwenden. Bei mehreren variablen Eingabeparametern funktioniert dies aber nicht mehr. Zur Lösung des Problems wird in Excel das Add-In-Programm *Solver* mitgeliefert. Dieses Programm dient zur Ermittlung der Lösungen multivariabler Aufgabenstellungen. Konkret bedeutet dies, dass Sie eine Formel mit mehreren Eingabewerten vorgeben können. Dann sucht der Solver die Eingangswerte, bei denen das Ergebnis maximal oder minimal wird bzw. einem vorgegebenen Wert entspricht. Sie können die gefundenen Lösungen zusätzlich in Szenarien speichern und dann in Berichten ausgeben. Ab der Version 3.0 unterstützt OpenOffice.org ebenfalls einen Solver in Calc.

13.6.1 Anwendung des Solvers

Der in OpenOffice.org 3.0 kostenlos enthaltene Solver arbeitet nur mit linearen Gleichungen. Daher möchte ich ein sehr einfaches Modell verwenden. Zur Gleichung y = 2x + b soll der Solver die Parameter x und b für den Wert y = 0 bestimmen. Als Nebenbedingung gilt noch, dass der Wert für b größer gleich 1 sein soll. Der Aufbau der Tabelle ist in Abbildung 13.41 zu sehen. Der Solver soll nun die Parameter x und b ermitteln, bei denen y den Wert 0 ergibt. Hierzu gehen Sie folgendermaßen vor:

1. Laden oder erstellen Sie die Tabelle mit den zu analysierenden Daten (hier Tabelle aus Abbildung 13.41).
2. Aktivieren Sie den Solver über den Menübefehl *Extras/Solver*. Der Solver meldet sich mit dem Dialogfeld aus Abbildung 13.42, Vordergrund rechts.

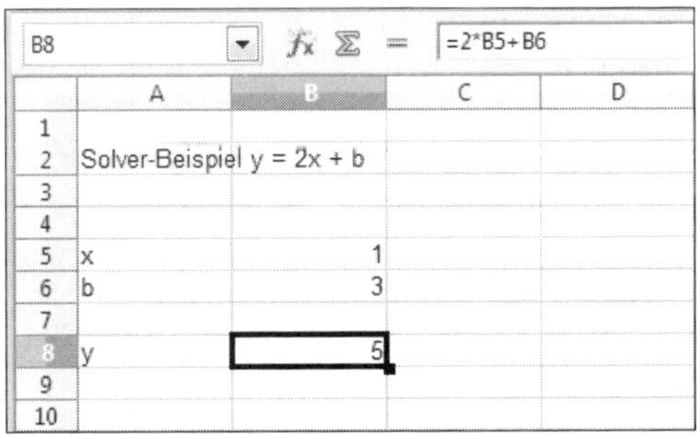

Abbildung 13.41: Tabelle Solver mit dem Modell

3. Zur Berechnung der Lösung wird die *Zielzelle* benötigt. Markieren Sie das betreffende Feld und klicken Sie dann auf die Schaltfläche *Verkleinern* des Felds. Anschließend lässt sich die Zielzelle (hier B8) in der Tabelle per Maus markieren. Diese Zelle muss die Formel zur Berechnung des Modells enthalten.
4. Nun legen Sie das Optimierungskriterium für den Solver fest (Abbildung 13.42, rechts). Sie können nach einem Maximum, einem Minimum oder einem vorgegebenen Wert suchen lassen. Hierzu ist das betreffende Optionsfeld in der Gruppe *Zielwert* zu markieren. Im aktuellen Beispiel wird das Optionsfeld *Wert* markiert und der Zielwert 0 im zugehörigen Feld vorgegeben.
5. Im nächsten Schritt legen Sie den Bereich mit den veränderbaren Zellen fest. Markieren Sie das Feld *Veränderbare Zellen* und klicken Sie auf die *Verkleinern*-Schaltfläche. Anschließend lassen sich diese Zellen in der Tabelle markieren. Im Beispiel müssen die Zellen B5 und B6, getrennt durch ein Semikolon, gewählt werden.
6. Bei Bedarf können Sie noch die Nebenbedingungen für die zu verändernden Zellen vereinbaren (siehe folgende Abschnitte). Diese Nebenbedingungen sorgen dafür, dass der Solver die veränderbaren Werte innerhalb der angegebenen Grenzen belässt.

Abbildung 13.42: Solver-Parameter

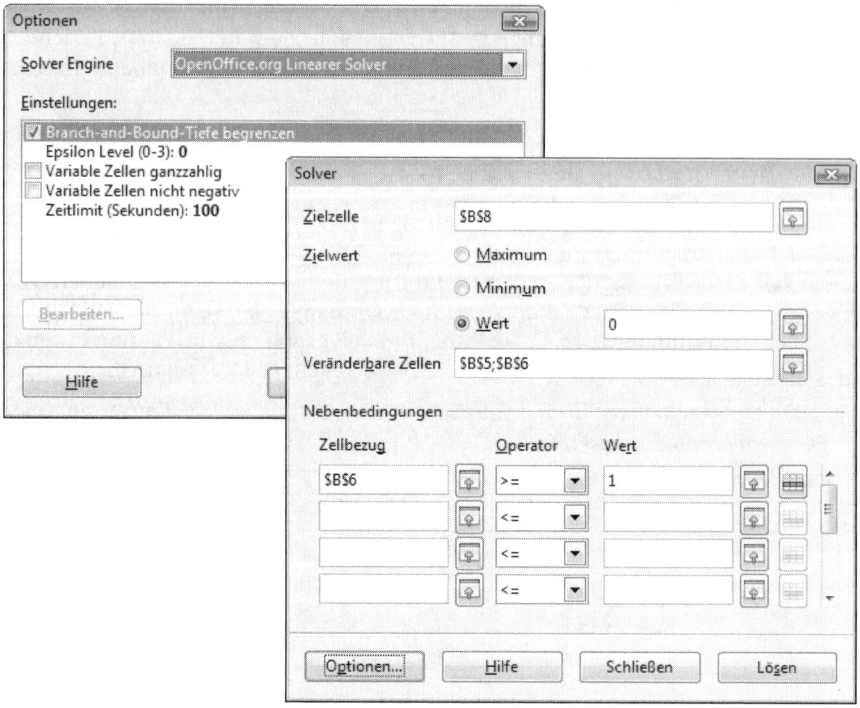

In Abbildung 13.42, unten rechts, sehen Sie das Dialogfeld mit den Solver-Parametern für eine Auswertung.

INFO

Über die Schaltfläche Optionen *des Dialogs* Solver *lässt sich das in Abbildung 13.42, Hintergrund, sichtbare Dialogfeld öffnen. Dort können Sie vorgeben, dass die veränderbaren Zellen nur ganze Zahlen aufnehmen und nicht negativ werden dürfen.*

Nach diesen Vorbereitungen starten Sie den Solver über die Schaltfläche *Lösen*. Dieser versucht, durch Variation der Eingabeparameter eine Lösung für den vorgegebenen Zielwert zu finden, und teilt in einem Dialogfeld mit, dass eine Lösung gefunden wurde (Abbildung 13.43).

Abbildung 13.43: Ergebnis des Solvers

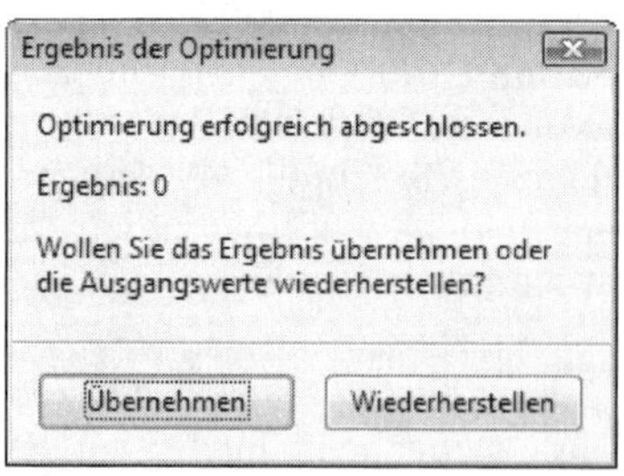

Sie können nun über die beiden Schaltflächen *Übernehmen* und *Wiederherstellen* festlegen, ob die Werte für die Eingabeparameter in die Tabelle übertragen oder die Ausgangswerte wiederhergestellt werden sollen.

INFO

Das Modell befindet sich in der Datei Analyse.ods *im Ordner* Kap13 *der Beispiele. In der Tabelle* Solver *finden Sie die Eingabefelder und die Formeln zur Berechnung des Ergebnisses.*

Das Dokument enthält übrigens noch weitere Tabellen mit Modellen für den Solver. Die Tabellen Gewinn *und* Solver_nichtlinear *basieren auf dem Beispiel zur Szenario-Analyse aus den vorhergehenden Abschnitten. Ein Modell dient zur Ermittlung des Gewinns bei einer Warenfertigung. Durch Variation der Eingabeparameter Preis und Stückzahl lässt sich der berechnete Gewinn maximieren. In der Tabelle* Zins *lässt sich der Zinssatz ermitteln, bei dem das gegebene Eingangskapital von 1.000 Euro auf 1.500 Euro angestiegen ist. Diese Modelle lassen sich in OpenOffice.org 3.0 jedoch nicht einsetzen, da der Solver nur lineare Abhängigkeiten unterstützt. Unter* `http://www.multiracio.com/eurooffice/products/eurooffice-solver-professional` *findet sich ein kostenpflichtiges Add-On für Calc, welches auch nichtlineare Optimierungen (ähnlich wie bei Excel) zulässt. Wenn Sie in einer Suchmaschine Begriffe wie »Solver Beispiel« eingeben, wird ihnen ebenfalls eine Reihe Internetseiten mit Beispielmodellen angeboten. Beachten Sie auch hier, dass die meisten dieser Modelle auf den Excel-Solver ausgelegt sind, der auch nichtlineare Optimierungen unterstützt. Solche Beispiele lassen sich in Calc nicht verwenden.*

13.6.2 Nebenbedingungen festlegen

Zur Ermittlung der Lösung kann der Solver den Eingabewert variieren. In der Regel sollen jedoch die Wertebereiche in festen Grenzen variiert werden. In unserem Beispiel soll der Wert b größer gleich 1 sein. Sie können daher für jede der Eingabevariablen Nebenbedingungen formulieren. Der Solver berücksichtigt diese Nebenbedingungen bei der Variation der Eingabeparameter. Um eine Nebenbedingung zu definieren, gehen Sie folgendermaßen vor:

1. Wählen Sie im Dialogfeld *Solver* ein Feld *Zellbezug* in der Gruppe *Nebenbedingungen* (Abbildung 13.42, unten).
2. Klicken Sie die Schaltfläche *Verkleinern* an und wählen Sie den Zellbezug mit der Nebenbedingung. Der Solver überträgt den Namen oder die Zelladresse der gewählten Zelle in das Feld.
3. Anschließend legen Sie über das Listenfeld *Operator* das Auswertekriterium (< =, > =, =, ganzzahlig etc.) für die Nebenbedingung fest.
4. Tragen Sie anschließend in das Feld *Wert* den Vergleichswert ein.

Um eine Nebenbedingung zu ändern, wählen Sie den betreffenden Eintrag erneut im Dialogfeld *Solver* an und korrigieren den Wert. Gelöscht wird eine Nebenbedingung, indem Sie den Eintrag anwahlen und dann die Schaltfläche *Entfernen* betätigen.

TIPP

Bei der Auswahl von Zellbezügen blendet der Solver diese in der Form $A$1 in der Anzeige ein. Es ist allerdings für den Benutzer bei späteren Auswertungen kaum noch nachvollziehbar, was die betreffende Zelle enthält. Definieren Sie deshalb für die Zellen Namen, der Solver zeigt diese anschließend in den Dialogfeldern und in den Ergebnisberichten an.

13.7 Konsolidieren und Analysen mit dem Datenpiloten

Zum Analysieren und Vergleichen großer Datenmengen werden diese häufig in Kreuztabellen überführt. Während Microsoft Excel hierzu die Funktion »Pivot-Tabellen« bietet, stellt Calc den Datenpiloten bereit. Die Funktion »Konsolidieren« ermöglicht Ihnen ebenfalls, Informationen aus Tabellen herauszuziehen und an einer Stelle zusammenzuführen. Nachfolgend erhalten Sie eine Einführung in die Anwendung der betreffenden Funktionen.

13.7.1 Auswertung mit dem Datenpiloten anfertigen

Im Beispiel zur Ermittlung der Teilergebnisse (siehe vorhergehende Abschnitte) wurde bereits auf ein Problem beim Umgang mit Calc-Tabellen bzw. mit den enthaltenen Daten hingewiesen: Die Daten werden in einer Form in die Tabelle eingetragen, die für eine bestimmte Aufgabe besonders geeignet ist. Dies muss aber für die gerade benötigte Auswertung nicht unbedingt optimal sein. Als Beispiel möchte ich erneut die bereits bekannte Tabelle aus Abbildung 13.44 nehmen. Diese enthält die Daten einer Wiegestation, die von verschiedenen Spediteuren angefahren wurde. Der Name des Spediteurs, das Wiegedatum, die Ware sowie die Wiegewerte sind in dieser Liste chronologisch aufgelistet. Die Tabellenstruktur ist optimal auf die Bediener der Wiegestation abgestimmt, diese brauchen die Liste eigentlich nur zeilenweise zu führen.

Wird diese Liste monatsweise geführt, lassen sich die Liefermengen für den Monat mit einer einfachen Summenfunktion ermitteln. Probleme gibt es aber, wenn die Buchhaltung der Firma die Abrechnung der gelieferten Waren nach Spediteuren erstellen möchte. Dann heißt es die Teilmengen für die einzelnen Spediteure aus der Liste herauszuziehen und zur Teilsumme zu addieren. Auf die Möglichkeit zum Sortieren der Tabelle und Bilden von Teilergebnissen mittels der gleichnamigen Funktion wurde bereits weiter oben im betreffenden Abschnitt konkret hingewiesen. Der Nachteil der Funktion »Teilergebnisse« besteht darin, dass die Ergebnisse direkt in den aktuellen Wertebereich der Tabelle eingeblendet werden.

Dieser Nachteil lässt sich umgehen, indem die Ursprungsliste in eine Kreuztabellenform überführt wird. Abbildung 13.45 zeigt eine mögliche Darstellung der Ausgangsdaten aus Abbildung 13.44. Die Zeilen der Kreuztabelle sind nach dem jeweiligen Wiegedatum sortiert, während die Liefermengen spaltenweise nach Spediteuren geordnet wurden. Die grau hinterlegten Zellen geben dabei die Feldnamen an, die für die jeweilige Spalte/Zeile benutzt wurden. In Zelle A22 erfolgt zudem ein Hinweis, dass im Datenbereich das Feld »Netto« benutzt wird und zudem eine Summenbildung in der fett hervorgehobenen Ergebniszeile/-spalte erfolgte. Bei dieser Darstellung als Kreuztabelle lassen sich die summierten Liefermengen für ein Datum oder für einen Spediteur direkt ablesen.

	A	B	C	D	E	F
4	**Spediteur**	**Datum**	**Ware**	**Brutto**	**Tara**	**Netto**
5	Heimann & Sohn	13.11.08	Heizöl 4711	10.000	2.400	7.600
6	Meier Spediteure	14.11.08	Heizöl 4711	8.400	2.500	5.900
7	Bacher Transporte	14.11.08	Heizöl 4711	7.501	2.000	5.501
8	Heimann & Sohn	17.11.08	Heizöl 4711	11.000	2.600	8.400
9	Meier Spediteure	17.11.08	Heizöl 4700	9.300	2.550	6.750
10	Bacher Transporte	17.11.08	Heizöl 4700	8.000	2.431	5.569
11	Colonia Logistik	19.11.08	Heizöl 4700	10.006	2.000	8.006
12	Heimann & Sohn	19.11.08	Heizöl 4712	10.000	2.400	7.600
13	Meier Spediteure	20.11.08	Heizöl 4712	8.400	2.500	5.900
14	Bacher Transporte	20.11.08	Heizöl 4711	7.501	2.000	5.501
15	Heimann & Sohn	21.11.08	Heizöl 4711	11.000	2.600	8.400
16	Meier Spediteure	21.11.08	Heizöl 4700	9.300	2.550	6.750
17	Bacher Transporte	21.11.08	Heizöl 4700	8.000	2.431	5.569
18	Colonia Logistik	22.11.08	Heizöl 4700	10.006	2.000	8.006

Abbildung 13.44: Beispieltabelle mit Warenlieferungen

20	Filter					
21						
22	Summe - Netto	Spediteur				
23	Datum	Bacher Transporte	Colonia Logis▸	Heimann & S▸	Meier Spedite▸	**Gesamt Ergebnis**
24	13.11.08			7.600		**7.600**
25	14.11.08	5.501			5.900	**11.401**
26	17.11.08	5.569		8.400	6.750	**20.719**
27	19.11.08		8.006	7.600		**15.606**
28	20.11.08	5.501			5.900	**11.401**
29	21.11.08	5.569		8.400	6.750	**20.719**
30	22.11.08		8.006			**8.006**
31	**Gesamt Ergebnis**	**22.140**	**16.012**	**32.000**	**25.300**	**95.452**

Abbildung 13.45: Liefermengenliste in Form einer Kreuztabelle

INFO

Anstelle des Datums in der linken Spalte ließe sich alternativ die Warengruppe vorgeben. Bei unterschiedlichen Preisen wäre eine solche Auswertung zur Rechnungsstellung sicherlich hilfreicher. Ich habe darauf verzichtet, da in der aktuellen Kreuztabelle die Warengruppe über die mit »Filter« bezeichnete Zelle A20 herausgezogen werden kann (dazu später mehr).

Calc unterstützt die Aufbereitung von Tabellenwerten in Form von Kreuztabellen. Was bei Microsoft unter dem Begriff der Pivot-Tabellen läuft, wird in Calc als Datenpilot bezeichnet. Um eine bestehende Tabelle mit dem Datenpiloten als Kreuztabelle aufzubereiten, führen Sie folgende Schritte aus.

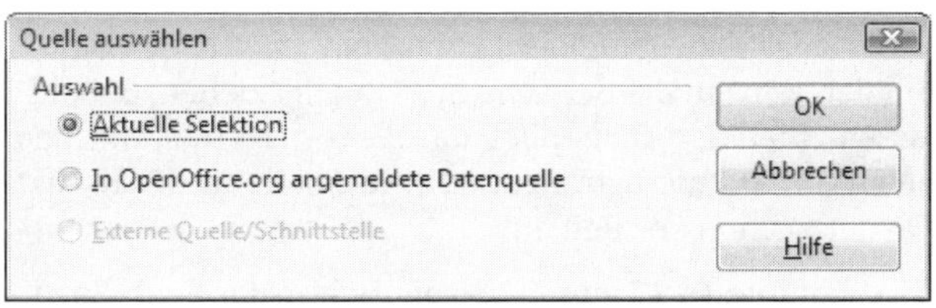

Abbildung 13.46: Auswahl der Datenquelle

13

1. Markieren Sie den aufzubereitenden Datenbereich der Ausgangstabelle. Falls diese Daten als Bereich definiert wurden, reicht es auch, auf eine Zelle im Bereich zu klicken.
2. Wählen Sie im Menü *Daten* den Befehl *Datenpilot* und klicken Sie dann im Untermenü auf den Befehl *Aufrufen*.
3. Im Dialogfeld *Quelle auswählen* (Abbildung 13.46) belassen Sie die Markierung des Optionsfelds auf *Aktuelle Selektion* und klicken auf die *OK*-Schaltfläche.

4. Sobald das Dialogfeld *Datenpilot* (Abbildung 13.47) erscheint, können Sie die Kreuztabelle gestalten sowie Anzeigeoptionen und Funktionen festlegen (siehe folgender Abschnitt).

Abbildung 13.47: Dialogfeld *Datenpilot*

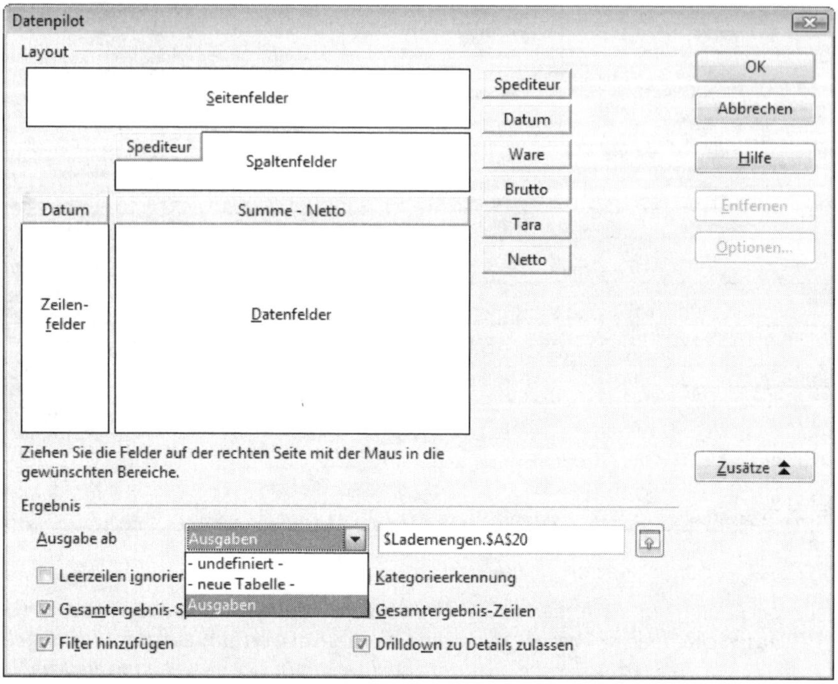

Schließen Sie das Dialogfeld über die *OK*-Schaltfläche, wird die Kreuztabelle angelegt (Abbildung 13.45).

So arbeiten Sie im Dialogfeld *Datenpilot*

Das Dialogfeld des Datenpiloten zeigt Ihnen in der linken oberen Ecke das Layout einer leeren Kreuztabelle mit den Spalten-, Zeilen- und Datenbereichen. Rechts neben diesem Layout finden Sie eine Art (funktionsloser) »Schaltflächen« mit den Namen der Tabellenfelder (Abbildung 13.47). Sie können nun diese »Schaltflächen« mit der Maus in die Bereiche des Layouts ziehen. Sobald Sie die linke Maustaste loslassen, fügt der Datenpilot das Feld als »Schaltfläche« in den Bereich ein. Dies bewirkt, dass die betreffenden Feldinhalte in der Kreuztabelle an der betreffenden Layoutposition erscheinen.

In Abbildung 13.47 wurde beispielsweise das Feld »Spediteur« in den Spaltenbereich gezogen. Dadurch erscheinen die Speditionsnamen in den Spalten der Kreuztabelle und die Daten der Ursprungstabelle werden entsprechend zugeordnet. In den Zeilenbereich lässt sich z.B. das Feld »Datum« eintragen, um bei jeder Lieferung das Wiegedatum anzuzeigen. Die Rohdaten werden dann zeilenweise nach dem Wiegedatum in der Kreuztabelle sortiert. Bei Bedarf können Sie auch mehrere Felder in einen Bereich einfügen. So ließen sich die Felder »Ware« und »Datum« in den Zeilenbereich eintragen. Dann wird die Kreuztabelle zuerst über den Warentyp und dann über das Datum gruppiert.

Die Gruppierung über das Datum im Zeilenbereich wurde hier aus mehreren Gründen gewählt. Die Ergebnistabelle bleibt recht kompakt. Wird eine Aufschlüsselung nach Warentyp gewünscht, lässt sich über das Feld »Filter« der Kreuztabelle nach den drei Warenkategorien bequem filtern (siehe unten).

Abbildung 13.48: Auswahl einer Funktion für ein Datenfeld

Im Datenbereich sind die Felder abzulegen, deren Werte in der Kreuztabelle erscheinen sollen. Die Kreuztabelle führt dabei nicht nur die Rohwerte aus der Ausgangstabelle auf. Vielmehr werden auch Berechnungen auf den jeweiligen Werten ausgeführt und in Ergebniszeilen bzw. -spalten eingeblendet (siehe Abbildung 13.45). Standardmäßig werden Einzelwerte im Datenbereich summiert (zu erkennen an der Schaltflächenbeschriftung »Summe-Netto« im Datenbereich, siehe Abbildung 13.47). Sie können aber das Datenfeld im Datenbereich des Layouts anklicken und dann die Schaltfläche *Optionen* wählen. Der Datenpilot blendet dann das Dialogfeld *Datenfeld* (Abbildung 13.48) ein. Wählen Sie die gewünschte Funktion (z.B. Anzahl, Mittelwert etc.) aus der Funktionsliste und schließen Sie das Dialogfeld über die *OK*-Schaltfläche. Dann wendet der Datenpilot später die gewählte Funktion auf die Rohdaten an.

Die Symbole der Felder lassen sich im Layoutbereich per Maus in andere Bereiche verschieben oder innerhalb eines Bereichs in der Position tauschen. Ziehen Sie ein Feld per Maus aus dem Layoutbereich heraus, wird dieses aus der Kreuztabelle entfernt. Alternativ lässt sich das Feld im Layoutbereich anklicken und über die Schaltfläche *Entfernen* des Dialogfelds löschen.

Die Schaltfläche *Zusätze* des Dialogfelds *Datenpilot* ermöglicht, den in Abbildung 13.47 gezeigten unteren Bereich *Ergebnis* wahlweise ein- oder auszublenden. Über die beiden Kontrollkästchen *Gesamtergebnis-Zeilen* und *Gesamtergebnis-Spalten* lässt sich beispielsweise bestimmen, ob der Datenpilot die in Abbildung 13.45 fett hervorgehobenen summierten Ergebnisse anzeigen oder weglassen soll. Interessant ist die Option *Ausgabe ab*, über die Sie den Zellbereich zur Ablage der Ergebnisse wählen können. Enthält das linke Listenfeld den Wert »- undefiniert -«, können Sie auf das rechte Feld klicken und eine Tabellenzelle markieren. Der Datenpilot wird dann die Kreuztabelle beim Schließen des Dialogfelds ab dieser Zellposition eintragen. Sofern Sie vor Aufruf des Datenpiloten einen Ausgabebereich als Namen definiert haben (Menübefehl *Einfügen/Namen/Festlegen*), lässt sich der Bereichsname direkt im Listenfeld *Ausgabe ab* wählen. Zudem besteht die Möglichkeit, die Ausgabe über den Wert »- neue Tabelle -« in ein neues Tabellenblatt schreiben zu lassen.

13.7.2 Kreuztabellen anpassen, aktualisieren, löschen

Eine bestehende Kreuztabelle lässt sich auch nachträglich über den Datenpiloten anpassen. Sie brauchen lediglich mit der rechten Maustaste auf eine Stelle in der Kreuztabelle zu klicken und dann im Kontextmenü den Eintrag *Aufrufen* zu wählen (Abbildung 13.49). Das Dialogfeld *Datenpilot* wird geöffnet und Sie können die Feldzuordnung oder die auf die Datenfelder anzuwendende Funktion anpassen.

Abbildung 13.49: Kontextmenü einer Kreuztabelle

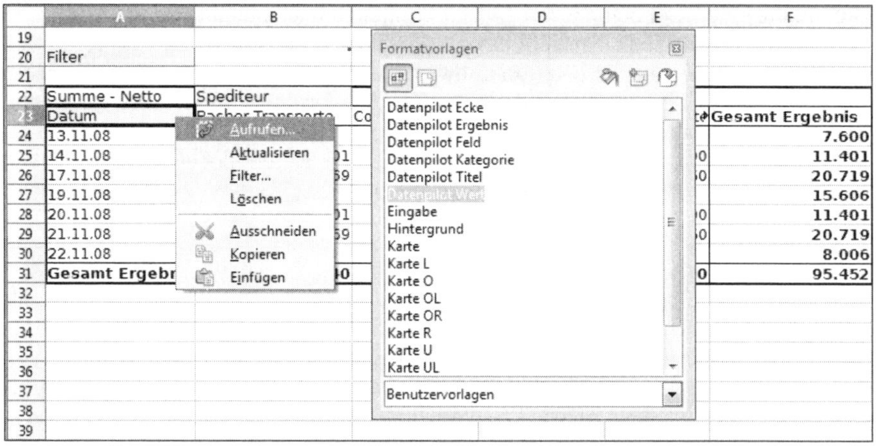

TIPP

Ziehen Sie eine in der Kreuztabelle grau unterlegte Zelle (z.B. »Filiale« in Abbildung 13.50) per Maus aus der Tabelle heraus, wechselt der Mauszeiger zu einem durchgestrichenen Viereck. Sobald Sie die linke Maustaste loslassen, wird das zugehörige Feld aus der Kreuztabelle entfernt.

Abbildung 13.50: Löschen eines Eintrags einer Kreuztabelle

Änderungen an den Rohdaten werden nicht automatisch in der Kreuztabelle berücksichtigt. Um sicherzustellen, dass die Kreuztabelle aktuell ist, klicken Sie diese mit der rechten Maustaste an und wählen im Kontextmenü den Eintrag *Aktualisieren*.

INFO

Leider besitzt der Datenpilot noch eine kleine Schwäche bei der Aufbereitung von Kreuztabellen. Er ordnet den erzeugten Zellen bestimmte Standardformate zu. Zahlen werden daher ohne Tausendertrennstelle und Nachkommastellen angezeigt, Datumseinträge erscheinen als serialisierte Zahl. Weisen Sie den Zellen der Kreuztabelle neue Zellformate (z.B. über Format/Zelle*) zu, werden diese bei jeder Aktualisierung zurückgesetzt. Die Alternative: Öffnen Sie stattdessen den Stylisten und passen Sie die*

Zellvorlagen des Datenpiloten (z.B. Datenpilot_Kategorie*) an (Abbildung 13.49). Problematisch wird dies aber, wenn in der Kategorie sowohl numerische als auch Datumswerte auftreten. Eine Notlösung besteht darin, die Datumswerte der Ausgangstabelle in Textwerte umzuwandeln (z.B. indem Sie vor jeden Datumswert ein doppeltes Anführungszeichen ["] einfügen; ein einfaches Anführungszeichen reicht nicht, da Calc dann den Wert als Datum interpretiert).*

Eine eingefügte Kreuztabelle löschen Sie, indem Sie eine Zelle mit der rechten Maustaste anklicken und im Kontextmenü den Befehl *Löschen* wählen.

13.7.3 Filtern in der Kreuztabelle

Die Inhalte einer Kreuztabelle lassen sich zusätzlich nach bestimmten Kriterien über die Feldinhalte filtern. Die in Abbildung 13.45 dargestellte Kreuztabelle zeigt die Liefermengen geordnet nach Spedition und Datum. Die Ausgangstabelle enthält zusätzlich noch die Spalte »Ware« mit dem Typ des gelieferten Produkts. Interessiert den Benutzer nun beispielsweise die Liefermengen des Typs »Heizöl 4700«, ließe sich das betreffende Feld zur Kreuztabelle hinzufügen. Der Datenpilot erzeugt dann eine zusätzliche Gruppierung (in Abbildung 13.49 im Hintergrund erkennbar).

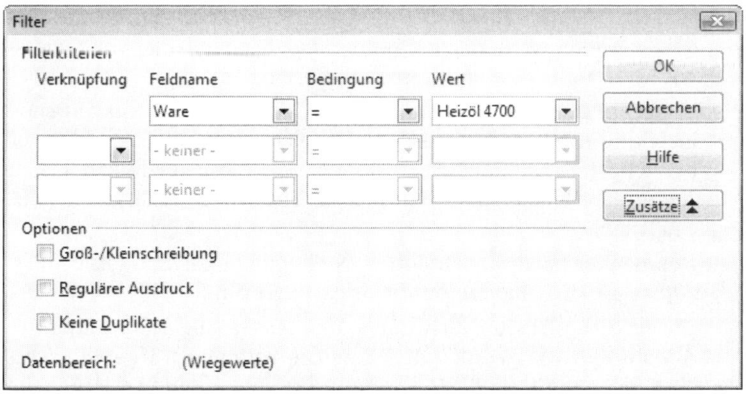

Abbildung 13.51:
Dialogfeld *Filter*

Soll die Struktur der Kreuztabelle nicht verändert werden, empfiehlt sich aber, die Ausgangsdaten vor der Darstellung in der Kreuztabelle zu filtern.

1. Hierzu klicken Sie auf die mit »Filter« bezeichnete grau unterlegte Zelle oberhalb der Kreuztabelle (siehe Abbildung 13.49). Oder Sie wählen im Kontextmenü den Befehl *Filter*.
2. Im dann angezeigten Dialogfeld *Filter* lassen sich bis zu drei Filterkriterien für die Feldnamen der Ausgangstabelle definieren (Abbildung 13.51).

Sobald Sie das Dialogfeld über die *OK*-Schaltfläche schließen, wendet Calc die Filterkriterien an und aktualisiert die Kreuztabelle auf Basis dieser Daten.

INFO

Details zum Setzen der Filterkriterien lassen sich weiter oben im Abschnitt zum Filtern von Tabellen nachlesen. Das hier benutzte Beispiel finden Sie in der Tabelle Lademengen *der Datei* DatenPilot.ods *im Ordner* Kap13 *des Beispielarchivs. Die Tabelle* Lademengen_2 *dieser Datei zeigt die Anwendung von Teilergebnissen, während die Tabelle* Umsatz *die Anwendung der »Maximum«-Funktion auf Rohdaten demonstriert.*

13.7.4 Die Funktion Konsolidieren verwenden

Calc bietet Ihnen die Funktion »Konsolidieren«, mit der sich Zellbereiche verschiedener Tabellen an einer Stelle zusammenfassen lassen.

Abbildung 13.52 enthält ein solches Beispiel. In der im Hintergrund sichtbaren Tabelle sind die Quartalsumsätze diverser Filialen einer Firma aufgeführt. Im Controlling benötigt man nun die Jahresumsätze pro Filiale, wie sie im unteren Teil der Tabelle zu sehen sind. Die Zusammenstellung lässt sich mittels der Funktion »Konsolidieren« vornehmen.

1. Rufen Sie den Menübefehl *Daten/Konsolidieren* auf, um das in Abbildung 13.52 im Vordergrund gezeigte Dialogfeld zu öffnen.
2. Wählen Sie im Listenfeld *Berechnungsvorschrift* die auf die Daten anzuwendende Funktion. Hier ist es Summe, möglich sind aber auch weitere Funktionen wie Minimum, Maximum, Anzahl, Varianz etc.
3. Legen Sie über die Listen- und Textfelder der Gruppe *Quelldatenbereich* des Dialogfelds die Zellbereiche fest, aus denen die Daten zu beziehen sind. Wurden die Bereiche mit Namen belegt, lassen sich diese im linken Listenfeld abrufen. Andernfalls klicken Sie auf das rechte Textfeld und markieren den Zellbereich in der Tabelle.
4. Nehmen Sie einen so definierten Quelldatenbereich mittels der Schaltfläche *Hinzufügen* in die Liste *Konsolidierungsbereiche* auf.
5. Wiederholen Sie die Schritte 3 und 4 für alle Konsolidierungsbereiche. In Abbildung 13.52 wurden drei Bereiche vereinbart. Unerwünschte Einträge klicken Sie in der Liste *Konsolidierungsbereiche* an und entfernen diese mittels der *Löschen*-Schaltfläche.
6. Legen Sie dann den Ausgabebereich über die Felder von *Ergebnis ausgeben ab* fest. Ist für die Zielzelle ein Name definiert, lässt sich der zugehörige Zellbereich über das linke Listenfeld als Name abrufen. Andernfalls klicken Sie auf das rechte Textfeld und markieren die Zielzelle, ab der die Ergebnisse einzutragen sind.
7. Klicken Sie auf die Schaltfläche *Zusätze* und markieren Sie die Kontrollkästchen der Gruppe *Konsolidieren nach* bzw. *Optionen*.
8. Klicken Sie auf die *OK*-Schaltfläche, um das Dialogfeld zu schließen und die gewählten Quellbereiche zu konsolidieren.

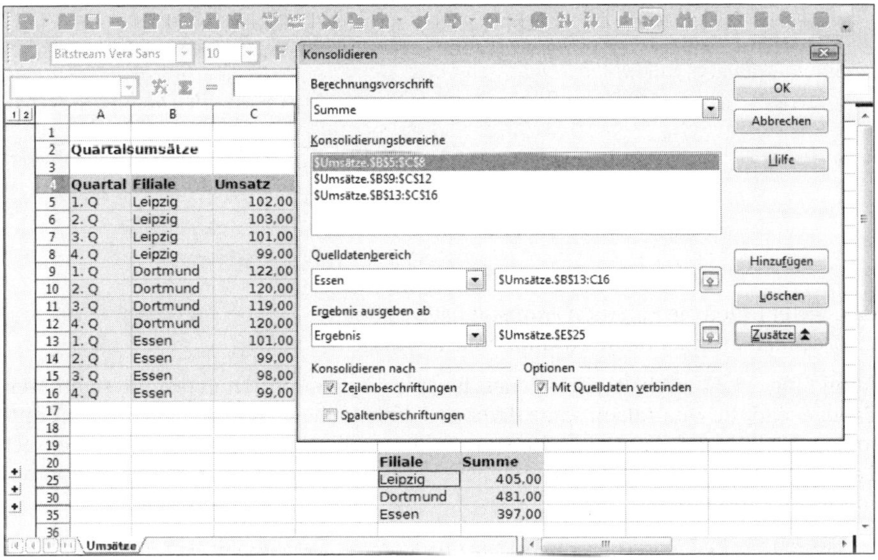

Abbildung 13.52: Konsolidieren einer Tabelle

Calc fasst beim Konsolidieren der angegebenen Bereiche gleichartige Datensätze über die Konsolidierungsfunktion (Summe, Anzahl etc.) zusammen und gibt diese im Ergebnisbereich aus. Die Beschriftung des Konsolidierungsbereichs lässt sich aus den Zeilen- oder Spaltenköpfen des Quellbereichs übernehmen. Die Auswahl legen Sie über die Kontrollkästchen der Gruppe *Konsolidieren nach* fest. Je nach Markierung übernimmt Calc die Zeilenbeschriftungen oder die Spaltenbeschriftungen der markierten Bereiche in den Zielbereich. In Abbildung 13.52 wurde dies z.B. über die Option *Zeilenbeschriftungen* zur Übernahme der Filialnamen genutzt. Sollen sich Änderungen im Quellbereich sofort auf die konsolidierten Ergebnisse auswirken, ist in der Gruppe *Optionen* das Kontrollkästchen *Mit Quelldaten verbinden* zu markieren. Ohne diese Markierung müssen Sie die Konsolidieren-Funktion erneut aufrufen, um Änderungen der Quelldaten in den konsolidierten Ergebnissen zu berücksichtigen.

HALT

Eine Verbindung mit den Quelldaten ist bei Ablage des konsolidierten Ergebnisses in der gleichen Tabelle nur möglich, wenn der Ergebnisbereich unterhalb des Quellbereichs liegt. Dies wurde in Abbildung 13.52 bereits berücksichtigt. Zudem sollten Sie auf die Konsolidierung von Bereichen mit Teilergebnissen oder Gliederungen verzichten, da dies zu Problemen führen kann. Verschieben Sie Quellbereiche, müssen Sie die Konsolidierbereiche im Dialogfeld Konsolidieren *anpassen, da Calc diese Änderungen nicht berücksichtigt.*

13

INFO

Sie finden im Beispielarchiv die Datei Konsolidieren.ods *im Ordner* Kap13. *Darin ist die obige Tabelle mit den konsolidierten Ergebnissen hinterlegt.*

Teil 4

Präsentieren und Zeichnen

14 Impress für Einsteiger

Zum Erstellen von Präsentationen steht in Office das Programm Impress zur Verfügung. Impress ermöglicht es, Präsentationsseiten für unterschiedliche Medien wie Overheadfolien etc. zu erstellen und die Ergebnisse direkt am Computer zu präsentieren. Dieses Kapitel geht auf die Grundfunktionen von Impress ein und vermittelt das Wissen, um eine Präsentation zu erstellen, zu speichern und am Computer wiederzugeben.

14.1 Impress-Grundlagen

Impress ist das in Office enthaltene Präsentationsprogramm und stellt so etwas wie das Gegenstück zu Microsoft Office PowerPoint dar. Impress ermöglicht Ihnen, mit wenig Aufwand eine neue Präsentation anzulegen, anschließend Präsentationsseiten hinzuzufügen, das Ganze zu speichern und am Computer wiederzugeben. Nachfolgend finden Sie einen Überblick über das Impress-Programmfenster sowie einige Hinweise zu Präsentationsgrundlagen.

14.1.1 So lässt sich Impress starten

Das Programm Impress lässt sich wie die anderen Office-Module in Windows z.B. über den Eintrag im Startmenü (Windows), über Verknüpfungen oder über das Start Center etc. aufrufen (siehe *Kapitel 1*).

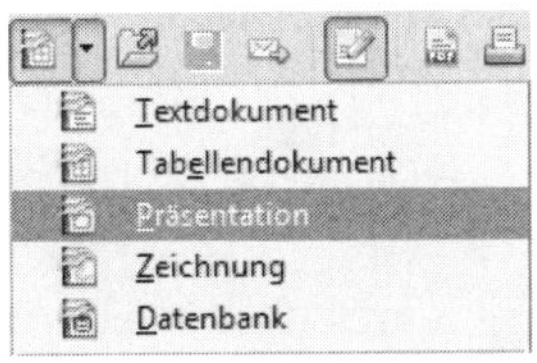

Abbildung 14.1: Anlegen einer neuen Präsentation

In einem bereits geladenen Office-Modul können Sie auch ein neues Präsentationsdokument anlegen. Rufen Sie den Menübefehl *Datei/Neu* auf bzw. klicken Sie etwas länger auf die Schaltfläche *Neu* und wählen Sie im dann angezeigten Menü den Befehl *Präsentation* (Abbildung 14.1).

14.1.2 Das passiert beim Aufrufen

Das Programm Impress startet normalerweise nicht mit einem leeren Dokument, sondern zeigt, abweichend von den restlichen Office-Modulen, das Dialogfeld des Präsentations-Assistenten zur Auswahl verschiedener Optionen an (Abbildung 14.2). Impress lehnt sich an die Abläufe bei PowerPoint aus Microsoft Office an, welches ebenfalls beim Aufruf mit einem Assistenten startet. Der tiefere Sinn dieses Ansatzes ist, dass ein Benutzer, abhängig von seinen persönlichen Erfahrungen, über den Präsentations-Assistenten sowohl leere also auch individuell gestaltete Präsentationen anlegen sowie auf fertig vorbereitete Vorlagen zurückgreifen kann. Der Assistent bietet über Optionsfelder folgende Möglichkeiten:

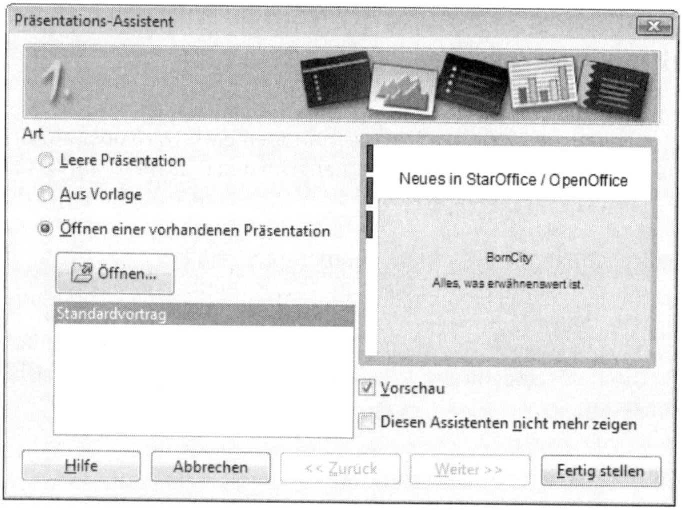

Abbildung 14.2: Startdialog des Präsentations-Assistenten

- Über das Optionsfeld *Leere Präsentation* erzeugt Impress eine leere Präsentationsseite. In zwei Folgeschritten ermöglicht der Assistent dem Benutzer aber, einen Präsentationshintergrund und die Art der Präsentation (Dia, Papier, Folie etc.) sowie Ablaufoptionen zu wählen. Dieser Modus eignet sich für erfahrene Anwender, die ihre Präsentation individuell und von Grund auf neu gestalten möchten.
- Über das Optionsfeld *Aus Vorlage* lässt sich auf die mit Office gelieferten Vorlagen zugreifen (Abbildung 14.5). Der Assistent führt Sie in mehreren Schritten durch die Dialoge zur Auswahl der Vorlage, des Präsentationshintergrunds, der Präsentationsart und der Titelseite (siehe folgende Abschnitte). Der Vorteil dieses Ansatzes besteht darin, dass Sie mit wenigen Mausklicks eine professionell gestaltete Präsentation erhalten. Sie brauchen dann nur noch die Seiteninhalte an Ihre Vorstellungen anzupassen. Diese Option empfiehlt sich allen Einsteigern oder Anwendern, die mit wenig Aufwand ein präsentables Ergebnis benötigen.
- Weiterhin ermöglicht das Dialogfeld über die Option *Öffnen einer vorhandenen Präsentation*, auf bereits bestehende Dokumente zuzugreifen. Klicken Sie im Dialogfeld auf die *Öffnen*-Schaltfläche, gelangen Sie zum *Öffnen*-Dialog (Abbildung 14.2), in dem Sie eine beliebige Präsentation wählen können.

Über die Schaltflächen *Weiter* und *Zurück* des Dialogfelds lässt sich zwischen den verschiedenen Schritten des Assistenten blättern. Stehen keine Folgedialoge mehr zur Verfügung, sperrt der Assistent die *Weiter*-Schaltfläche. Schließen Sie dann den Assistenten über die Schaltfläche *Fertig stellen* ab, um die Seiten der Präsentation anzulegen und zum Dokumentfenster (Abbildung 14.4) zu gelangen.

HALT

Die Schaltfläche Fertig stellen *lässt sich in jedem Dialogschritt anklicken. Für noch nicht abgefragte Optionen verwendet der Präsentations-Assistent dann Standardeinstellungen. Die Schaltfläche* Abbrechen *beendet den Assistenten, ohne ein Dokument anzulegen.*

14.1.3 Den Präsentations-Assistenten abschalten und manuell aufrufen

Erfahrene Anwender stört der Präsentations-Assistenten mehr, als dass er hilft. Dies gilt insbesondere dann, wenn Sie individuelle Präsentationen entwerfen oder auf firmenspezifische Vorlagedateien zurückgreifen möchten. Um den Präsentations-Assistenten abzuschalten, markieren Sie das Kontrollkästchen *Diesen Assistenten nicht mehr anzeigen* (siehe Abbildung 14.2).

Der abgeschaltete Präsentations-Assistent lässt sich aber jederzeit bei Bedarf im Menü *Datei* über den Befehl *Assistenten/Präsentation* erneut aufrufen (Abbildung 14.3).

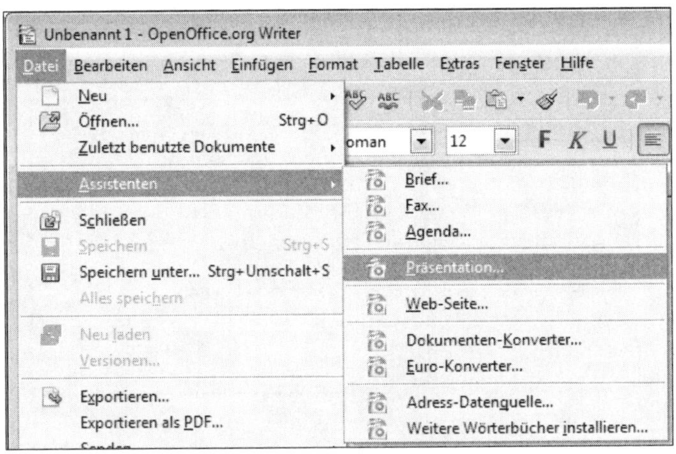

Abbildung 14.3: Gezielter Aufruf des Präsentations-Assistenten

Um den Präsentations-Assistenten später wieder zuzulassen, rufen Sie den Menübefehl *Extras/Optionen* auf. Aktivieren Sie anschließend im Zweig *OpenOffice.org Impress/Allgemein* das Kontrollkästchen *Mit Assistent starten* und bestätigen Sie das Dialogfeld über die *OK*-Schaltfläche.

14.1.4 Das Impress-Dokumentfenster im Überblick

Sobald Sie das Dialogfeld des Präsentations-Assistenten über die Schaltflächen *Fertig stellen* oder *Abbrechen* schließen bzw. ein Dokument laden, erscheint die Präsentation im Dokumentfenster. Abbildung 14.4 zeigt die Elemente des Impress-Dokumentfensters.

- Über die Menüleiste können Sie ähnlich wie beim Writer, bei Calc und bei Draw alle Befehle zum Erstellen von Präsentationen oder zur Darstellung einer Präsentation abrufen.
- Die beiden Symbolleisten am oberen Rand enthalten Schaltflächen zum Abrufen häufig benutzter Funktionen. Die *Standard*-Symbolleiste weist die aus anderen Office-Modulen bekannten Schaltflächen zum Anlegen neuer Dokumente, zum Speichern, Laden, Drucken und Exportieren etc. auf.
- Die Schaltflächen der *Format*-Symbolleiste werden in Abhängigkeit vom aktuellen Kontext ausgetauscht. Sie finden dort Schaltflächen, um Elemente einer Dokumentseite einzufärben, markierte Textbereiche zu formatieren etc.
- Die linke Spalte des Dokumentfensters enthält die Miniaturansichten der bereits in der Präsentation enthaltenen Folien.

Abbildung 14.4: Elemente des Impress-Dokumentfensters

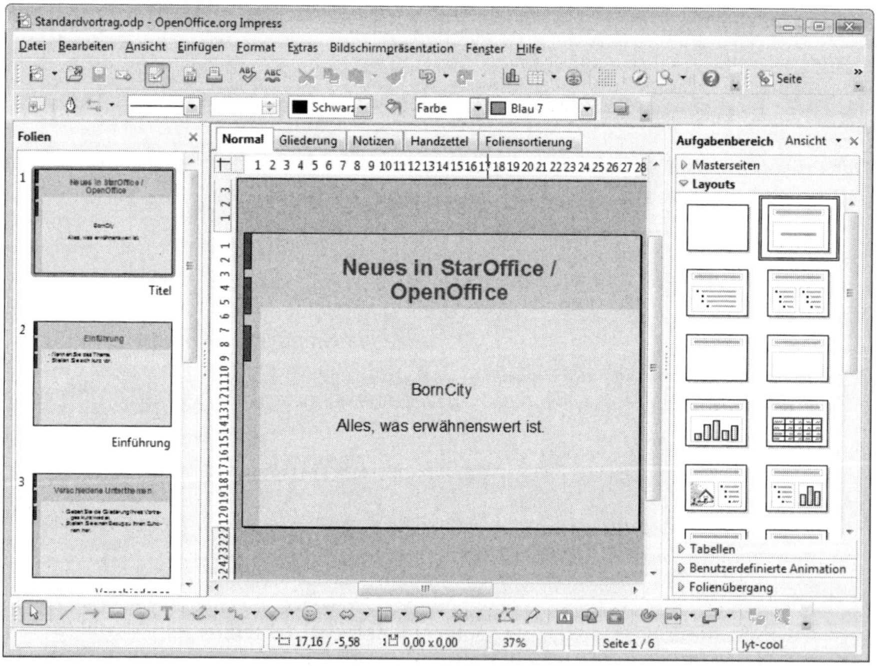

- Die mittlere Spalte des Dokumentfensters enthält standardmäßig die Darstellung der aktuell zu bearbeitenden Folie. Über die am oberen Rand dieses Bereichs sichtbaren Registerreiter können Sie aber zwischen verschiedenen Darstellungsmodi (Normal, Gliederung, Notizen, Handout, Foliensortierung) umschalten. Über den Registerreiter *Normal* gelangen Sie zur in Abbildung 14.4 gezeigten Darstellung zurück.

- In der rechten Spalte findet sich der *Aufgabenbereich*, über den Sie auf verschiedene Layouts, Masterseiten, Animationsoptionen und Folienübergänge zugreifen können. Zur Umschaltung müssen Sie lediglich die betreffende Rubrik im Aufgabenbereich anklicken. Dann blendet Impress die verfügbaren Aufgaben im Aufgabenbereich zur Auswahl ein.
- In der Statusleiste informiert Impress über die Seitennummer, die Seitengröße etc. sowie über den Namen der benutzten Entwurfsvorlage. In der in Abbildung 14.4 gezeigten Seitenansicht (Darstellungsmodi *Normal*) können Sie die Seiten der Präsentation erstellen.

Gegenüber den Impress-Varianten vor der Version 2.0 hat sich die Darstellung des Dokumentfensters geändert und wurde stärker an Microsoft PowerPoint angepasst. Zur Impress-Version 2.x gibt es jedoch kaum Unterschiede. Ein Dokument wird in Impress als »Präsentationsdokument« bezeichnet. Diese Präsentation kann aus verschiedenen Seiten (als »Folien« bezeichnet) bestehen.

INFO

Bei Anwahl der Registerreiter am oberen Rand der mittleren Spalte ändert sich auch die Darstellung des Dokumentfensters. Die Folienübersicht in der linken Spalte verschwindet dann u.U. Sie können aber jederzeit über die Registerreiter der mittleren Spalte sowie über die Befehle des Menüs Ansicht *zu anderen Ansichten bzw. zur Ansicht* Normal *zurückschalten.*

14.2 Eine erste Präsentation

Der Präsentations-Assistent unterstützt Sie beim Entwurf einer neuen Präsentation. Selbst wenn Sie eine leere Präsentation anlegen, können Sie im Assistenten das Präsentationsmedium (z.B. Bildschirm oder Dia) sowie eventuell gewünschte Animationseffekte wählen. Um möglichst schnell und ohne viele Vorkenntnisse zu einer professionell gestalteten Präsentation zu gelangen, sollten Sie im Assistenten auf vorhandene Vorlagen zurückgreifen. StarOffice liefert eine ganze Reihe Vorlagen mit. Aber selbst in OpenOffice.org lässt sich mit den vorhandenen Vorlagen und Präsentationshintergründen einiges machen. Nachfolgend möchte ich die Schritte zum Anlegen einer neuen (leeren oder auf Vorlagen basierenden) Präsentation skizzieren.

14.2.1 Seite 1: Auswahl der Präsentationsart

Sobald der Startdialog *Präsentations-Assistent* erscheint, können Sie die Art der Präsentation wählen. Sie haben dabei die Möglichkeit, auf verschiedene Präsentationen, Hintergründe etc. zuzugreifen (Abbildung 14.5).

1. Falls Sie eine Präsentation mit einer leeren Seite beginnen möchten, markieren Sie die Option *Leere Präsentation*. Komfortabler ist es aber, das Optionsfeld *Aus Vorlage* zu markieren.
2. Das unter den Optionsfeldern befindliche Listenfeld belassen Sie auf »Präsentationen«. Anschließend wählen Sie im untersten Listenfeld den zur geplanten Präsentation passenden Vorlagetyp (z.B. »Empfehlung einer Strategie«, »Vorstellung einer Neuheit«).
3. Ist das Kontrollkästchen *Vorschau* markiert, erhalten Sie über das Vorschaufeld sofort einen Eindruck bezüglich des gewählten Seitenlayouts. Klicken Sie auf die

Schaltfläche *Weiter*, um diesen Schritt abzuschließen und die restlichen Optionen zum Gestalten der Präsentation zu wählen.

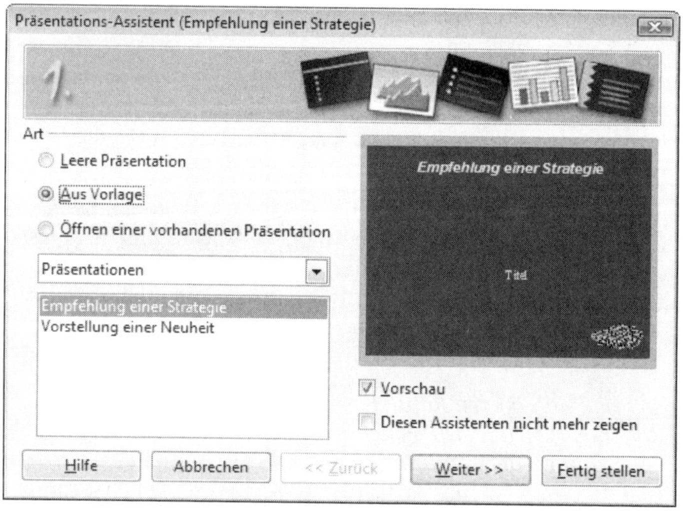

Abbildung 14.5: Auswahl einer Vorlage im Präsentations-Assistenten

StarOffice stellt eine ganze Reihe Vorlagen zur Verfügung, während in OpenOffice.org nur zwei Einträge vorhanden sind. Hier müssen Sie etwas experimentieren, um die passenden Vorlagen zu identifizieren.

INFO

Noch ein Wort zu dem im Startdialog eingeblendeten Listenfeld, in dem Sie zwischen »Präsentationen« und »Präsentationshintergründe« wählen können. Nachfolgend wird der Standardablauf beschrieben. Sie können aber im ersten Schritt die Kategorie »Präsentationshintergründe« markieren und im Folgedialog die Standardvorlage »Präsentationen« wählen. Der Assistent tauscht dann lediglich die Abfolge der ersten beiden Schritte. Falls Sie statt einer kompletten Präsentation nur mit einer Seite und vorgegebenem Hintergrund starten möchten, wählen Sie »Präsentationshintergründe«, markieren einen der Hintergründe und klicken auf die Schaltfläche Fertig stellen. *Dann erscheint sofort das Dokumentfenster mit einer Seite, die den angegebenen Hintergrund sowie das Layout einer Titelseite (mit Titelzeile und einem Textfeld mit Gliederungspunkten) aufweist. Beim Optionsfeld* Leere Präsentation *müssen Sie dagegen den Hintergrund in Schritt 2 und nach Abschluss des Assistenten noch das gewünschte Layout für die Seite wählen.*

14.2.2 Seite 2: Auswahl der Seitenvorlage und des Präsentationsmediums

Die Seiten einer Präsentation können mit einem weißen Hintergrund versehen oder mit einem Präsentationshintergrund (Farbverlauf etc.) gestaltet werden. Da Sie in Schritt 1 eine Präsentationsvorlage gewählt haben, wird deren Hintergrund standardmäßig angezeigt. Sie können nun im zweiten Dialogschritt den Präsentationshintergrund der Seitenvorlage wechseln sowie das Ausgabemedium wählen.

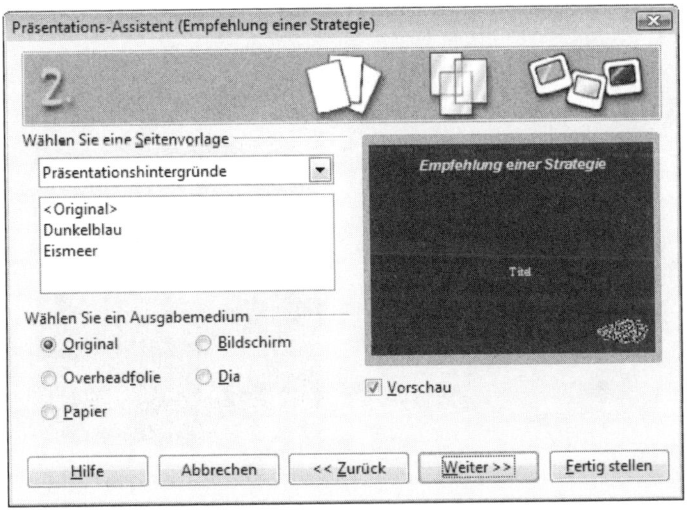

Abbildung 14.6: Auswahl der Seitenvorlage und des Ausgabemediums

1. Belassen Sie die Seitenvorlage auf dem Wert »Präsentationshintergründe« und wählen Sie ggf. in der Liste der Seitenvorlagen einen Hintergrund. Der Eintrag »<Original>« steht für den Hintergrund der gewählten Vorlage. Alternativ stehen Hintergründe mit verschiedenen Designs (Motiven und Farbkombinationen) über das mehrzeilige Listenfeld zur Auswahl. Sobald Sie auf einen Eintrag klicken, wird dessen Hintergrund in der Vorschau dargestellt (Abbildung 14.6).
2. Anschließend können Sie noch eines der Optionsfelder für das Ausgabemedium anklicken. Die Auswahl des Ausgabemediums bestimmt die Seitenabmessungen für Breite und Höhe. Die Option *Original* behält die Seitenabmessungen der Vorlage bei. Mit *Overheadfolie* wird eine Präsentation im Layout von Overheadfolien erstellt und *Papier* benutzt das DIN-A4-Format. Mit *Bildschirm* legt Impress eine Präsentation zur Wiedergabe auf dem Computerbildschirm an, während *Dia* eine Diapräsentation (35 mm Seitengröße) erstellt. Sie können das Seitenmedium aber später über den Menübefehl *Format/Seite* ändern.

Über die Schaltfläche *Weiter* gelangen Sie zum Folgedialog, die Schaltfläche *Zurück* ermöglicht Ihnen, zum vorherigen Schritt zurückzugehen.

14.2.3 Seite 3: Effekte und Präsentationsart wählen

Soll die Präsentation auf dem Bildschirm ablaufen, kann Impress die Seitenübergänge mit Überblendeffekten versehen. Zudem lässt sich eine automatisch ablaufende Präsentation erstellen.

- Benötigen Sie einen Übergangseffekt zwischen den Seiten, öffnen Sie das Listenfeld *Effekt* und wählen in der Liste die gewünschte Variante aus. Die verfügbaren Effekte reichen von Überblenden über Einschieben bis hin zum Aufdecken der Folgeseite. Der Wert »kein Effekt« blockiert die Effekte beim Seitenwechsel innerhalb der Präsentation.
- Ist ein Effekt eingestellt, können Sie über das Listenfeld *Geschwindigkeit* (Abbildung 14.7) vorgeben, ob der Seitenwechsel mit langsamer, mittlerer oder schneller Geschwindigkeit ablaufen soll. Hierzu klicken Sie auf die Schaltfläche des Listenfelds und wählen die gewünschte Geschwindigkeit aus.

Abbildung 14.7: Auswahl der Diawechsel- und Präsentationseigenschaften

Die Gruppe *Wählen Sie die Art der Präsentation* steuert den Ablauf der Präsentation. Unabhängig vom gewählten Ausgabemedium lassen sich die Seiten am Bildschirm präsentieren. Dabei können Sie zwischen einem manuellen und einem automatisch gesteuerten Seitenwechsel wählen.

- Bei Vorträgen wird man die Seiten der Präsentation manuell abrufen wollen. In diesem Fall belassen Sie die Markierung des Optionsfelds auf *Standard*. Impress gibt Ihnen dann bei der Bildschirmpräsentation die Möglichkeit, die Seitenwechsel manuell (z.B. per Mausklick) einzuleiten.
- Bei Demos können Sie einen zeitgesteuerten automatischen Ablauf vorgeben. Markieren Sie dann das Optionsfeld *Automatisch* und geben Sie die Ablaufeigenschaften vor. Das Feld *Standdauer* legt über ein Drehfeld (in Stunden, Minuten und Sekunden) fest, wie lange eine Seite der Präsentation anzuzeigen ist. Sie können einen der Werte per Maus markieren und per Tastatur oder über die Schaltflächen des Drehfelds verändern. Der zweite Parameter *Pausendauer* gibt an, wie lange es nach der Anzeige der letzten Präsentationsseite dauert, bis die Präsentation wieder mit der ersten Seite beginnt.
- Das Kontrollkästchen *Logo einblenden* legt fest, ob bei einer automatisch ablaufenden Demo das StarOffice- bzw. OpenOffice.org-Logo während der Pausenzeiten eingeblendet wird.

Haben Sie eine leere Präsentation als Vorgabe auf der ersten Dialogseite gewählt, wird die Schaltfläche *Weiter* gesperrt und Sie können anschließend nur noch die Schaltfläche *Fertig stellen* wählen. Dann erzeugt der Assistent die Präsentation mit einer leeren Seite. In diesem Fall fragt Impress in einem weiteren Dialog das gewünschte Seitenlayout für die betreffende Seite ab (siehe *Kapitel 15*, Abschnitt »Folien einfügen, duplizieren, sortieren, löschen«).

Die in Impress verfügbaren Präsentationsvorlagen besitzen den Vorteil, dass Sie eine Sequenz von fertigen Seiten enthalten, die die wichtigsten Fälle während der Präsentation abdecken. Der Präsentations-Assistent gibt Ihnen in diesem Fall Gelegenheit, zusätzliche Einstellungen zur Übernahme der Vorlage vorzunehmen. Sind Sie also mit einer Präsentationsvorlage in Schritt 1 gestartet, klicken Sie auf die Schaltfläche *Weiter*.

Die Korrektur der Werte für Autopräsentationen wird in Kapitel 16 (Abschnitt »Optionen zur Bildschirmpräsentation«) behandelt.

INFO

14.2.4 Seite 4: Festlegen der Titelseite

Der Dialog aus Abbildung 14.8 enthält mehrere Textfelder, über die Sie die Inhalte der Titelseite Ihrer Präsentation gestalten können.

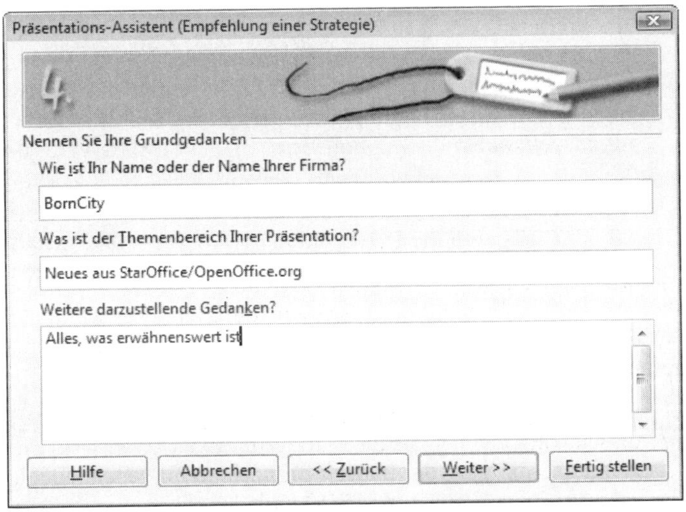

Abbildung 14.8: Inhalte der Titelfolie

1. Klicken Sie auf das Feld *Wie ist Ihr Name oder der Name Ihrer Firma?* und geben Sie einen Text ein. Dieser Text wird auf der Titelseite prominent in der ersten Zeile hinterlegt.
2. Wählen Sie dann das Textfeld *Was ist der Themenbereich Ihrer Präsentation?* an und tragen Sie dort den gewünschten Vortragstitel ein.
3. Bei Bedarf können Sie noch in das Feld *Weitere darzustellende Gedanken?* klicken und dort mehrere Zeilen mit Schlagzeilen eintragen.

Diese drei Felder werden automatisch zur Titelseite der Präsentation kombiniert. Die Anordnung der Texte, deren Farbe und Größe wird durch die Vorlage bestimmt. Über die *Weiter*-Schaltfläche geht es zum Folgedialog.

Falls Sie einen umfangreicheren Vortrag planen, werden Sie diesen vermutlich in verschiedene Unterthemen gliedern. Die Überschriften der Unterthemen können Sie in das Feld Weitere darzustellende Gedanken? *eintragen. Dann fungiert der Feldinhalt als eine Art Inhaltsverzeichnis auf der Titelseite.*

INFO

14.2.5 Seite 5: Auswahl der Folgeseiten

Die Präsentationsvorlagen bestehen, je nach gewähltem Thema, aus einer unterschiedlichen Anzahl Seiten. Die Seiten sind dabei bereits mit Platzhaltern für die Vortragsinhalte gefüllt. Im Dialog aus Abbildung 14.9 gibt Ihnen der Assistent Gelegenheit, die Anzahl der benötigten Präsentationsseiten festzulegen.

Die verfügbaren Seiten werden als Strukturbaum im Feld *Wählen Sie die gewünschten Seiten* aufgelistet. Ein Eintrag besteht dabei aus dem Seitentitel, einem vorangestellten Kontrollkästchen und einem Symbol zum Ein-/Ausblenden der Details.

- Um die Details des Seiteninhalts zu sehen, klicken Sie auf das Symbol mit dem Pluszeichen (links neben dem Kontrollkästchen). Der Assistent expandiert dann die Seite und blendet unterhalb des Seitentitels die Platzhalter mit den Textinhalten ein (in Abbildung 14.9 bei der Einführung der Fall). Ein Mausklick auf das Symbol mit dem Minuszeichen blendet die Details der Seite wieder aus.
- Durch Anklicken der Kontrollkästchen links vor den Seitentiteln lassen sich deren Markierungen setzen oder löschen. Der Assistent übernimmt nur die Seiten der Vorlage in die Präsentation, deren Kontrollkästchen markiert sind. Auf diese Weise können Sie überflüssige Seiten aus der Vorlage von der Übernahme in die Präsentation ausschließen.

Sobald Sie auf einen Seitentitel klicken, wird der Seiteninhalt in stilisierter Form mit dem gewählten Layout und Hintergrund in der Vorschau angezeigt. Benötigen Sie eine zusammenfassende Seite am Schluss Ihrer Präsentation? Dann sollten Sie das Kontrollkästchen *Zusammenfassung erstellen* im Dialogfeld wählen.

Abbildung 14.9: Auswahl der gewünschten Seiten

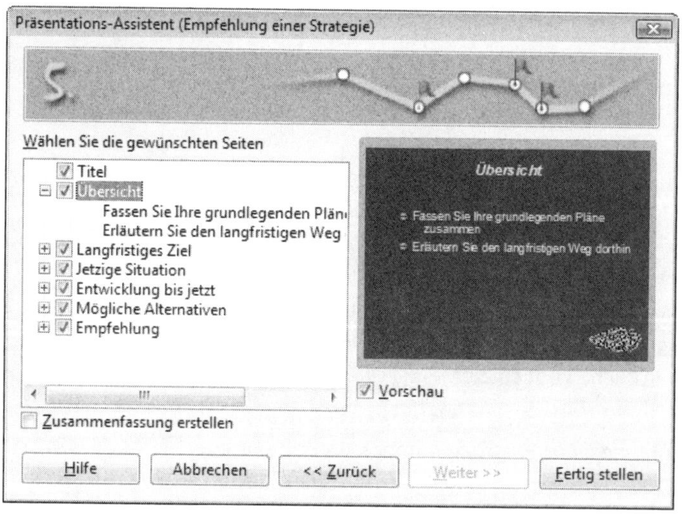

Sind alle Optionen gesetzt, klicken Sie auf die Schaltfläche *Fertig stellen*. Der Assistent erzeugt dann die eigentliche Präsentation auf Basis der gewählten Vorlage und unter Berücksichtigung Ihrer Einstellungen. In Abbildung 14.10 sehen Sie die Startseite der fertigen Präsentation, die mit den obigen Einstellungen vom Assistenten generiert wird.

INFO

Die Schaltfläche Fertig stellen *können Sie in jedem Dialogschritt anwählen. Der Assistent erzeugt dann die Präsentation auf Basis der bereits festgelegten Einstellungen. Wurden bestimmte Optionen noch nicht gesetzt, verwendet der Assistent Standardvorgaben. Die Schaltfläche* Abbrechen *beendet den Assistenten, ohne dass eine Präsentation angelegt wird. Sie gelangen dann zum Impress-Fenster, welches eine leere Präsentationsseite oder das zuletzt geladene Dokument anzeigt.*

14.3 Kurzanleitung zum Anpassen der Präsentation

Sobald die Präsentation vom Assistenten angelegt wurde, sehen Sie die einzelnen Seiten im Dokumentfenster (Abbildung 14.10). Die Titelseite wurde dabei mit den Inhalten der von Ihnen in Dialogseite 4 eingetragenen Texte gefüllt. Je nach gewählter Vorlage und Ihren Vorgaben auf Dialogseite 5 des Präsentations-Assistenten sind weitere Seiten vorhanden. War das Kontrollkästchen *Zusammenfassung erstellen* im Dialogfeld markiert (Abbildung 14.9), enthält die Präsentation noch eine Seite mit einem vorgebbaren Titel und der Auflistung aller in der Präsentation enthaltenen Seitentitel (Abbildung 14.11). Durch Anklicken der Registerreiter der Seiten können Sie nun zwischen den einzelnen Präsentationsseiten blättern. Jetzt gilt es, die Inhalte dieser Seiten zu ergänzen. Optional können Sie ggf. überflüssige Präsentationsseiten löschen.

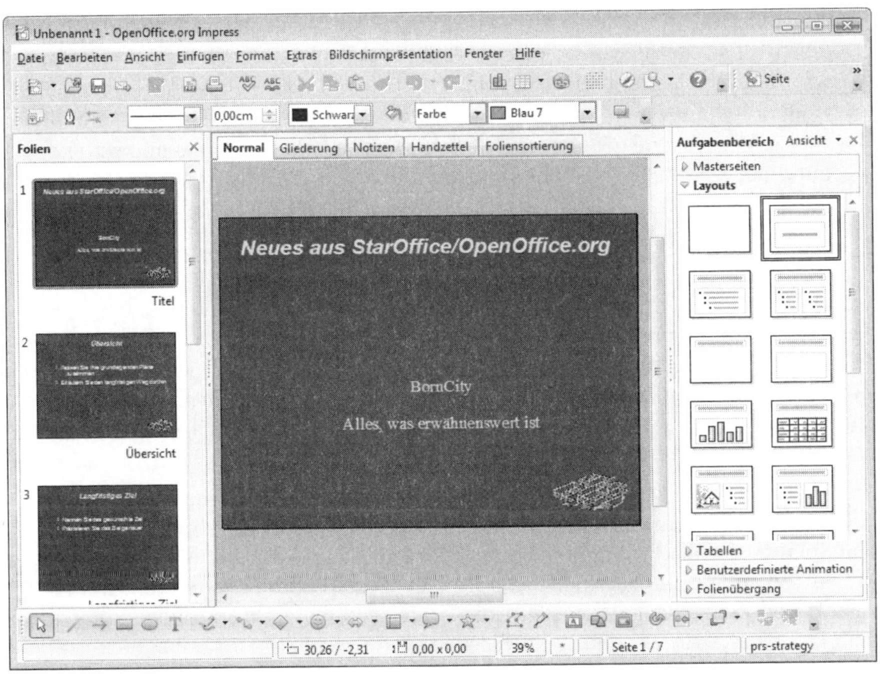

Abbildung 14.10: Neu angelegte Präsentation mit Titelseite

14.3.1 So ergänzen Sie die Seiteninhalte

Die aus einer Vorlage abgeleiteten Präsentationsseiten sind bereits mit Platzhaltern für die Präsentationsinhalte ausgestattet (Abbildung 14.11). Bei den Platzhaltern in den Seiten werden zwei Varianten unterschieden.

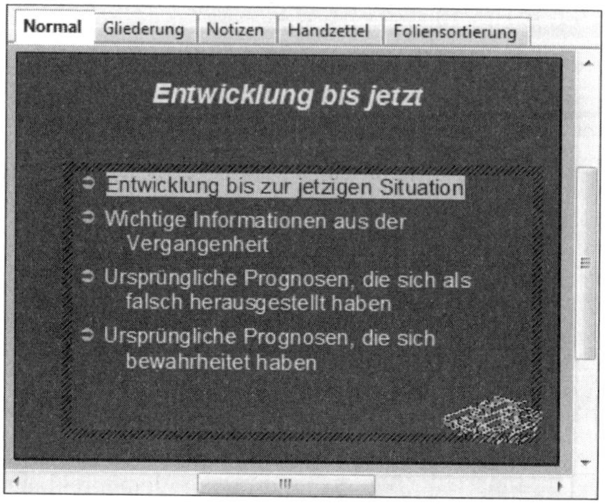

Abbildung 14.11: Anpassen der Seiteninhalte

- Es gibt reine Platzhalter, die mit dem Inhalt »Titel durch Klicken hinzufügen« oder ähnlich beschriftet sind. Diese Platzhalter sind leer – sobald Sie auf den Text klicken, verschwindet dieser. Klicken Sie auf einen anderen Platzhalter, erscheint wieder der ursprüngliche Inhalt. Erst wenn Sie einen Text eintippen, wird der Platzhalter gefüllt.
- Andere Seitenelemente sind schon mit einem Vorgabetext gefüllt (Abbildung 14.11). Diese Texte geben Ihnen Hinweise auf mögliche Inhalte und sind bereits mit einer Formatierung (z.B. Aufzählung) versehen. Sie können den Bereich durch Anklicken zum Bearbeiten selektieren. Anschließend lassen sich die Textinhalte markieren und bearbeiten.

Zum Bearbeiten der Textinhalte stehen Ihnen alle aus anderen Office-Modulen (z.B. Writer) bekannten Funktionen zur Verfügung. Markierte Texte werden beim Eintippen von Buchstaben per Tastatur ersetzt. Klicken Sie zwischen Buchstaben, erscheint die Einfügemarke und Sie können Zeichen einfügen. Die Einfügemarke lässt sich per Maus (durch Anklicken der gewünschten Textstelle) oder mittels der Cursortasten [→], [←] (innerhalb der aktuellen Zeile) und [↑], [↓] zwischen den Zeilen positionieren.

Anschließend lässt sich der vorhandene Text mittels der Tasten [Entf] und [Rück] löschen sowie über die Tastatur ergänzen. Sie können Texte einfügen oder überschreiben. Drücken Sie die [↵]-Taste innerhalb einer Aufzählung, wird ein neuer Aufzählungspunkt hinzugefügt. Bei normalen Texten oder Seitentiteln löst die [↵]-Taste einen Zeilenwechsel aus. Auf diese Weise eingefügte Umbrüche können Sie mittels der Tasten [Rück] und [Entf] löschen.

Ist Ihnen ein Fehler unterlaufen, lassen sich die zuletzt durchgeführten Befehle mittels der Tastenkombination [Strg] + [Z] (bzw. [MacBef] + [Z] beim Mac), oder über den Befehl *Rückgängig* im Menü *Bearbeiten* sowie über die Schaltfläche *Rückgängig* der *Standard*-Symbolleiste zurücknehmen. Hinweise zur Formatierung der Textelemente finden Sie im nächsten Kapitel.

Abbildung 14.12: Aufzählung mit Zusatzzeilen

TIPP

Möchten Sie eine zweite Zeile in einem Aufzählungsabsatz erzeugen, ohne dass ein Schmuckpunkt davor erscheint (Abbildung 14.12)? Dann müssen Sie am Ende einer Zeile einen weichen Zeilenumbruch durch Drücken der Tastenkombination [⇧] + [↵] *verwenden.*

14.3.2 Hinweise zum Bearbeiten der Seiten und Seitenelemente

Die Elemente in Impress-Seiten entsprechen den im Writer verfügbaren Textfeldern mit transparentem Hintergrund und ohne Rahmen. Sie können die Elemente daher wie Textobjekte handhaben.

Sobald Sie auf das betreffende Element (auch als Objekt bezeichnet) klicken, stellt Impress dieses mit einem Selektionsrahmen, bestehend aus einer schraffierten Linie und Ziehmarken, dar (Abbildung 14.12). Solange dieser Rahmen sichtbar ist, können Sie den Inhalt des Objekts bearbeiten. Klicken Sie auf eine Stelle außerhalb des markierten Bereichs, um den Selektionsrahmen aufzuheben.

Klicken Sie auf die schraffierte Linie eines Selektionsrahmens, verschwindet diese und es bleiben nur noch die grünen Ziehmarken (in Office auch als »Griffe« bezeichnet) zurück. Das Objekt ist jetzt lediglich markiert.

- Ein selektiertes oder markiertes Objekt lässt sich über die Ziehmarken in der Größe anpassen. Verschieben Sie die Ziehmarken in den Ecken einfach per Maus, um die Größe des Rahmens zu verändern.
- Zeigen Sie mit der Maus auf die schraffierte Linie eines selektierten Objekts oder auf die unsichtbare Seitenlinie eines markierten Objekts, nimmt der Mauszeiger die Form eines Kreuzes mit Pfeilen an den Enden an. Sie können nun das Objekt bei gedrückter linker Maustaste innerhalb der Seite verschieben.
- Drücken Sie bei einem markierten Objekt die [Entf]-Taste, wird dieses komplett aus der Seite gelöscht. Ein selektiertes Objekt lässt sich dagegen nicht löschen, da es zum Bearbeiten der Inhalte geöffnet ist.

Zum Anpassen der Präsentation reicht es in der Regel, die bestehenden Seiten mit eigenen Texten zu füllen. Wie Sie weitere Seitenelemente einfügen oder das Seitenlayout anpassen, wird in den folgenden Kapiteln gezeigt. Klicken Sie mit der rechten Maustaste auf einen Registerreiter, öffnet sich ein Kontextmenü. Über die darin enthaltenen Befehle können Sie nicht benötigte Seiten komplett löschen, den Seitentitel im Registerreiter ändern oder neue Seiten hinzufügen. Diese Funktionen werden in den folgenden Kapiteln behandelt.

14.4 Speichern und Laden einer Präsentation

Impress stellt Ihnen verschiedene Funktionen zum Speichern einer erstellten Präsentation oder zum Laden bereits existierender Präsentationen bereit. Nachfolgend finden Sie eine Beschreibung dieser Funktionalität.

14.4.1 Speichern einer Präsentation

Eine neu angelegte oder geänderte Präsentation lässt sich als Dokumentdatei speichern. Dies ermöglicht Ihnen, die Präsentation später erneut zu laden. Die betreffenden Funktionen werden aber nur dann freigegeben, wenn Änderungen am geladenen Dokument vorliegen. Möchten Sie ein neues Dokument sichern, gehen Sie in folgenden Schritten vor.

1. Rufen Sie die Funktion zum Speichern, z.B. über die Schaltfläche *Speichern* in der *Standard*-Symbolleiste, auf. Alternativ stehen Ihnen das Tastenkürzel [Strg] + [S] (bzw. [MacBef] + [S] beim Mac) oder im Menü *Datei* die Befehle *Speichern* bzw. *Speichern unter* zur Verfügung. Den Befehl *Speichern unter* müssen Sie auch wählen, falls Sie eine bereits als Datei bestehende Präsentation unter neuem Namen als Kopie speichern möchten.
2. Beim Befehl *Speichern unter* bzw. bei einer neuen Präsentation erscheint das Dialogfeld *Speichern unter* (Abbildung 14.13). Wählen Sie als Erstes den Zielordner, in dem das Dokument hinterlegt werden soll.
3. Geben Sie den Dateinamen im gleichnamigen Feld an und bestimmen Sie ggf. weitere Speicheroptionen.
4. Klicken Sie auf die Schaltfläche *Speichern*, um die Präsentation in der vorgegebenen Datei zu sichern und das Dialogfeld zu schließen.

Abbildung 14.13: Dialogfeld *Speichern unter* in Impress

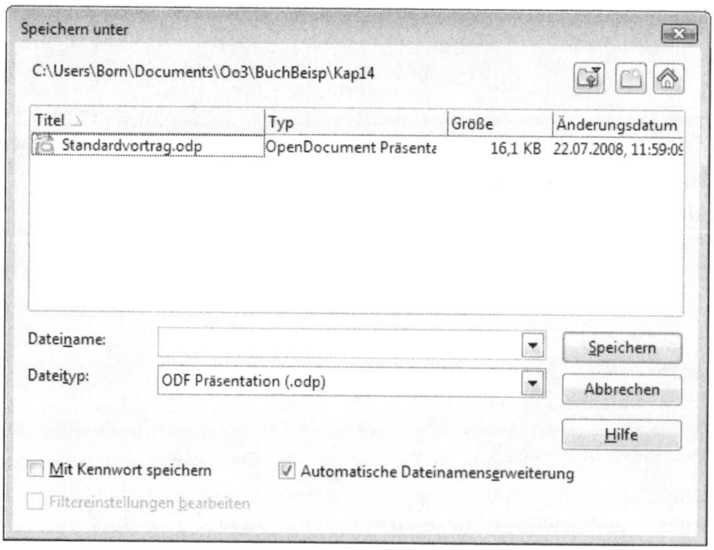

Impress legt Präsentationen im internen Format mit der Dateinamenerweiterung *.odp* ab. Über das Dialogfeld *Dateityp* können Sie eine Präsentation aber in unterschiedlichen Dateiformaten speichern. Der Dateityp *.otp* erzeugt eine Präsentationsvorlage, auf deren Grundlage sich neue Präsentationen ableiten lassen. Da Office einen eigenen Befehl zum Erstellen von Vorlagen anbietet, sollten Sie diesen Typ nur dann wählen, wenn Sie Präsentationsvorlagen auf Datenträgern an Dritte weitergeben möchten. Neben den eigenen Formaten unterstützt Office auch die Ablage von Präsentationen in Fremdformaten. Sie können die Seiten sowohl im Format für Microsoft PowerPoint (Versionen 97 bis 2003) als auch im Format der älteren OpenOffice.org-/StarOffice-Versionen (z.B. *.sxi* oder *.sti*) ablegen. Auch die Ablage im Draw-Format ist möglich.

INFO

Beim Speichern in Fremdformaten können u.U. Informationen aus der ursprünglichen Präsentation verloren gehen (weil diese sich nicht auf das Zielformat abbilden lassen). Um zu verhindern, dass Informationen verloren gehen, sollten Sie die Originalpräsentation zusätzlich im aktuellen .odp-Format von StarOffice sichern. Hinweise zum Export als PDF-Datei, zur Umsetzung in HTML-Seiten oder als Flash-Animation finden Sie im folgenden Kapitel.

Möchten Sie die Präsentation vor unbefugter Einsichtnahme schützen, markieren Sie das Kontrollkästchen *Mit Kennwort speichern* im Dialogfeld *Speichern unter*. Beim Betätigen der Schaltfläche *Speichern* wird Impress in einem Dialogfeld ein Kennwort abfragen. Wurde ein solches Kennwort vergeben, können Sie die betreffende Dokumentdatei beim erneuten Laden nur nach Eingabe dieses Kennworts öffnen. Da die anderen Office-Module die gleiche Funktion zum Speichern verwenden, finden Sie Details in *Kapitel 2ff*.

14.4.2 Eigenschaften der Präsentation festlegen

Ähnlich wie beim Writer und den anderen Office-Modulen können Sie den Präsentationsdateien zusätzliche Eigenschaften zuweisen, die mit der Datei gespeichert werden. Wählen Sie hierzu vor dem Speichern den Menübefehl *Datei/Eigenschaften*. Impress öffnet ein Eigenschaftenfenster mit mehreren Registerkarten. Auf der Registerkarte *Beschreibung* lassen sich der Name des Bearbeiters, ein Dokumenttitel und weitere Informationen ablegen. Der Dokumenttitel wird von den Office-Modulen in der Titelleiste des Fensters eingeblendet. Näheres zum Festlegen von Dokumenteigenschaften finden Sie in *Kapitel 2* (Abschnitt »Dokumenteigenschaften verwalten«,). Im Gegensatz zum Writer fehlt bei Impress aber die Registerkarte *Statistik*, auf der Informationen zur Zeichenzahl etc. angezeigt werden.

14.4.3 Präsentation als Vorlage ablegen

Sie können eine von Ihnen selbst erstellte Präsentation (ggf. mit firmenspezifischen Elementen wie Logos, Firmennamen und einem einheitlichen Corporate Design) als Präsentationsvorlage abspeichern

1. Legen Sie ggf. eine Präsentation im gewünschten Design an. Sie können die Seiten mit Logos und einem Seitenlayout samt Hintergrund gestalten. Je nach Anspruch lassen sich unterschiedliche Seiten oder leere Seiten in der Präsentation bereitstellen.
2. Anschließend wählen Sie im Menü *Datei* den Befehl *Dokumentvorlage*. Im erscheinenden Untermenü klicken Sie auf den Befehl *Speichern*.

3. Im dann angezeigten Dialogfeld *Dokumentvorlagen* tragen Sie als Erstes einen Namen für die Dokumentvorlage ein (Abbildung 14.14).
4. Anschließend wählen Sie einen Vorlagenbereich (z.B. »Präsentationen«) und bestätigen dies über die *OK*-Schaltfläche.

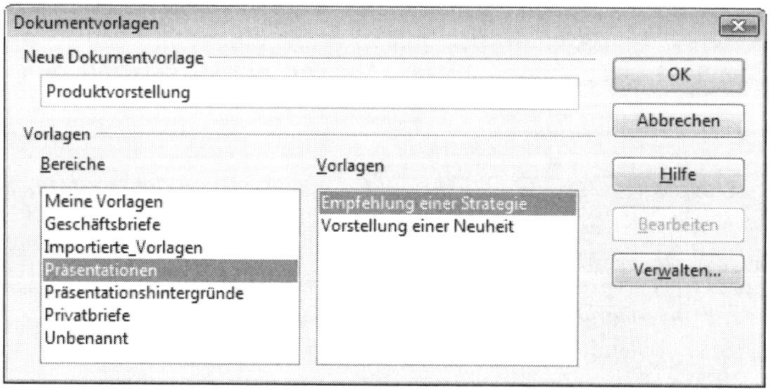

Abbildung 14.14: Ablegen einer Präsentation als Vorlage

Die Vorlage wird dann automatisch im richtigen Vorlagenordner gesichert und steht anschließend beim Anlegen neuer Dokumente in der Vorlagensammlung sowie im Präsentations-Assistenten zur Verfügung.

14.4.4 Eine Präsentation erneut laden

Eine als *.odp*-Datei gespeicherte Präsentation lässt sich in Impress erneut laden. Das Gleiche gilt sogar für Präsentationen, die in Fremdformaten wie Microsoft PowerPoint gespeichert wurden.

1. Klicken Sie im Impress-Dokumentfenster auf die Schaltfläche *Öffnen* der *Standard*-Symbolleiste oder rufen Sie den Menübefehl *Datei/Öffnen* auf.
2. Im Dialogfeld *Öffnen* wählen Sie den Ordner mit den Dateien aus und setzen bei Bedarf über das Feld *Dateityp* einen Filter. Mit dem Wert »Präsentationen« werden z.B. Impress- und PowerPoint-Dateien im Dialogfeld aufgelistet.
3. Markieren Sie die gewünschte Datei durch einen Mausklick und bestätigen Sie die Auswahl über die Schaltfläche *Öffnen*.

Das Kontrollkästchen *Nur lesen* im Dialogfeld ermöglicht Ihnen, die Präsentationsdatei vor Veränderungen zu schützen. Bei Impress-Dateien lässt sich zudem über das Feld *Version* eine Auswahl zwischen verschiedenen Formatvarianten treffen (standardmäßig enthält das Feld den Wert »Aktuelle Version«). Über das Listenfeld *Dateityp* können Sie auch Präsentationsdateien anderer Anwendungen (PowerPoint Version 97 bis 2007, ältere StarOffice-Versionen) öffnen. Impress lädt nach dem Betätigen der *Öffnen*-Schaltfläche die Präsentation und zeigt diese im Anwendungsfenster an.

INFO

Impress bietet mehrere Varianten zum Öffnen bestehender Präsentationen. Ein Doppelklick auf eine Präsentationsdatei in einem Windows-Ordnerfenster bzw. ein Mausklick in Linux öffnet das Dokument sofort in Impress. Zudem können Sie im Präsentations-Assistenten die Option Öffnen einer vorhandenen Datei *markieren. Über die* Öffnen-*Schaltfläche lässt sich das Dialogfeld* Öffnen *ebenfalls aufrufen.*

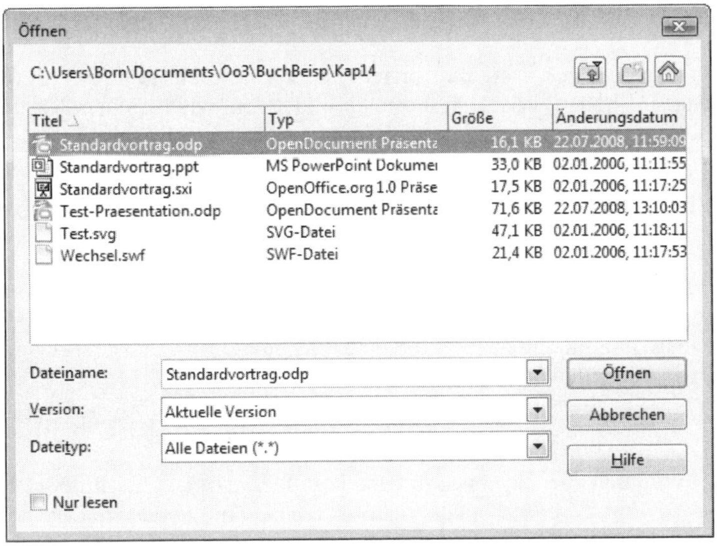

Abbildung 14.15: Dialogfeld *Öffnen* zum Laden einer Präsentation

Außerdem blendet der Assistent im ersten Dialogschritt die Namen der zuletzt erstellten Präsentationen als Liste zur Auswahl ein. Das Menü Datei *führt ebenfalls eine Liste (Befehl* Zuletzt benutzte Dokumente*) der zuletzt geöffneten Office-Dokumente. Ist die gewünschte Präsentation darunter, lässt sie sich durch Anwahl des Befehls abrufen.*

14.4.5 Präsentationen 1:1 ohne Assistent aus Vorlagen ableiten

Der Präsentations-Assistent übernimmt normalerweise das Anlegen neuer Dokumente. Falls Ihnen die Dialoge des Assistenten zu mühsam sind und Sie eine Präsentation 1:1 aus einer Vorlage ableiten möchten, gehen Sie in folgenden Schritten vor.

1. Rufen Sie den Menübefehl *Datei/Neu* auf oder klicken Sie länger auf die Schaltfläche *Neu*.
2. Im dann angezeigten Untermenü klicken Sie auf den Befehl *Vorlagen und Dokumente*.
3. Wählen Sie im Dialogfeld *Vorlagen und Dokumente* eine der Kategorien *Präsentationen* oder *Präsentationshintergründe* aus.
4. Markieren Sie die gewünschte Vorlage oder den gewünschten Hintergrund und bestätigen Sie dies über die *Öffnen*-Schaltfläche.

Impress leitet nun das neue Präsentationsdokument aus der angegebenen Vorlage ab. Der Unterschied zwischen den Einträgen der Kategorien *Präsentationen* und *Präsentationshintergründe* besteht darin, dass bei Präsentationshintergründen nur eine Seite erzeugt wird, während Einträge unter *Präsentationen* jeweils alle hinterlegten Seiten generieren. Um eine Präsentation basierend auf einem Hintergrund neu aufzubauen, können Sie also auf Präsentationshintergründe zurückgreifen.

14.5 Wiedergabe einer Präsentation

Sobald Sie eine Präsentation erstellt und in einer Datei gesichert (bzw. aus einer Datei geladen) haben, lässt sich diese am Bildschirm wiedergeben. Nachfolgend erhalten Sie eine kurze Übersicht über diese Funktion.

14.5.1 So lässt sich eine Bildschirmpräsentation abrufen

Sie können zu jedem Zeitpunkt (auch wenn noch nicht alle Seiten der Präsentation stehen) das Dokument in der Bildschirmpräsentation abrufen. Dies ermöglicht u. a. auch die Beurteilung, ob die einzelnen Seiten noch Layoutfehler enthalten und optisch gut erkennbar sind. Um eine Präsentation am Bildschirm vorzuführen, gehen Sie in folgenden Schritten vor:

1. Klicken Sie in der linken Spalte *Folien* auf die Folie, mit der die Präsentation beginnen soll.
2. Wählen Sie anschließend im Menü *Bildschirmpräsentation* den Befehl *Bildschirmpräsentation* oder drücken Sie die Funktionstaste F5.

Impress schaltet dann standardmäßig zur Vollbilddarstellung um und zeigt die aktuell angewählte Folie an.

Die Bedienung von Impress lehnt sich zwischenzeitlich stark an Microsoft PowerPoint an. Aus Kompatibilitätsgründen können Sie aber auch die in der vorherigen OpenOffice.org-Version benutzte Tastenkombination Strg + F2 *bzw. die Funktionstaste* F9 *zum Aufruf der Bildschirmpräsentation verwenden.*

14.5.2 Navigation während der Bildschirmpräsentation

Sofern die Präsentation nicht mit einem automatischen Ablauf versehen wurde, kann der Benutzer die Seiten der Präsentation manuell abrufen.

- Zum Weiterblättern zur nächsten Seite genügt ein Mausklick auf die Vollbildansicht oder das Drücken der ↵-Taste.
- Die Tasten → bzw. ← ermöglichen dem Benutzer, zwischen den Seiten vorwärts bzw. rückwärts zu blättern. Die Tasten Pos1 bzw. Ende gehen zur ersten bzw. letzten Seite der Präsentation.
- Drücken Sie die Esc-Taste, wird die Präsentation beendet.

Beachten Sie aber, dass sich der Mausklick zum Seitenwechsel abschalten lässt.

In Kapitel 16 (Abschnitt »Optionen zur Bildschirmpräsentation«) finden Sie weitere Hinweise auf spezielle Optionen zur Bildschirmpräsentation.

14.6 Präsentieren – gewusst, wie!

Zum Abschluss dieses Kapitels möchte ich Ihnen noch einige allgemeine Hinweise zum Erstellen einer Präsentation geben. Der Umgang mit der Technik von Impress ist die eine Seite, die inhaltliche Gestaltung einer Präsentation die andere.

14.6.1 Überlegungen vor dem Erstellen einer Präsentation

Häufig erlebt man Vorträge, die auf aufwändige Technik setzen, insgesamt aber recht schwach wirken. Gelegentlich lässt der Vortragende das Auditorium ratlos zurück oder die Zuhörer »schlaffen« nach kurzer Zeit ab, weil die Inhalte des Vortrags nicht rüberkommen. Bevor Sie sich also mit der Aufbreitung der Präsentationen in Impress befassen, sollten Sie einige Tipps zur inhaltlichen Gestaltung des Vortrags beherzigen. Ganz wichtig: Planen Sie Ihre Präsentation vorab und beantworten Sie sich die folgenden Fragen:

- *Wer ist die Zielgruppe?* Vergegenwärtigen Sie sich den Kreis der Adressaten Ihrer Botschaft. Eine Präsentation vor einem wissenschaftlichen Auditorium oder in einer Spezialistenrunde wird sicherlich ganz anders angelegt werden, als wenn Sie vor Laien oder vor einem gemischtsprachlichen Kreis referieren. Stimmen Sie Inhalt, Sprache bzw. Nomenklatur und Botschaft auf Ihren Adressatenkreis ab. Fachchinesisch vor einem normalen Publikum kommt ebenso schlecht an wie ein staubtrockener Vortrag, bei dem die Zuhörer wegen Überforderungen oder Übermüdung »wegtreten«.
- *Was möchte ich sagen?* Dies ist sicherlich der Kern, der im Vordergrund jeder Präsentation stehen sollte. Beantworten Sie sich die Frage, welche Botschaft vermittelt werden soll. Überlegen Sie, wie diese Botschaft die Zuhörer erreicht. Bauen Sie den Vortrag um diese beiden Ziele herum auf. Planen Sie Highlights in Ihren Vortrag ein, damit etwas beim Zuhörer hängen bleibt. Wer nach einem Mittagessen mit der Verdauungsmüdigkeit kämpft, ist dankbar für einen mitreißend gehaltenen Vortrag – und einige gezielt gesetzte Highlights oder Kernaussagen bleiben im Gedächtnis haften.
- *Wie möchte ich präsentieren?* Der einfachste Vortrag besteht aus einer frei gehaltenen Rede, die ohne jegliche Visualisierung auskommt. Da es in diesem Kapitel jedoch um Impress geht, soll dieser Fall ausgeschlossen bleiben. Die moderne Technik stellt aber verschiedene Möglichkeiten bereit, Vorträge mit entsprechendem Material zu visualisieren. Präsentationen werden mittlerweile per Computer erstellt und wiedergegeben. Zur Präsentation lassen sich die Vortragsseiten über einen Beamer auf eine Großleinwand werfen. Handouts oder Flipcharts richten sich eher an einen kleinen Kreis von Zuhörern. Zudem gibt es noch die früher häufig verwendete Möglichkeit, Präsentationen über Dias oder Folien für Overheadprojektoren vorzunehmen, um die Inhalte vor einem großen Auditorium darzustellen.

Wenn Sie sich die Präsentationstechnik aussuchen können, treffen Sie die Auswahl nach Ihren Vorlieben. Eine Präsentation mit (handschriftlichen oder per Computer erstellten und dann ausgedruckten) Overhead-Folien hat den Vorteil, dass Sie die Folien sehr bequem in unterschiedlicher Reihenfolge auflegen können. Eine bereits benutzte Folie erneut aufzulegen ist kein Problem. Folien lassen sich mit beschrifteten Haftnotizen versehen, um diese beim Vortrag als Stichwortgeber zu verwenden. Zudem sind Overheadprojektoren (bisher noch) fast überall vorhanden. Nachteil der

Präsentation mit Folien: Deren Erstellung ist teuer und Sie benötigen etwas Erfahrung, um den Überblick zu behalten. Wer seinen Folienstoß in einem Vortrag durcheinanderwirft, hat sicherlich Mühe, den Faden bzw. die gerade benötigte Folie zu finden. Hier bietet es sich an, die Folien in einem Ringordner einzuheften und während der Präsentation herauszunehmen.

In der Zwischenzeit ist die Präsentation mit Folien und Dias wegen des damit verbundenen Aufwands unüblich. Moderne Konferenzräume sind mit Projektoren (Beamern) ausgestattet, mit denen Sie Präsentationen direkt über den Computer bzw. das Notebook wiedergeben und auf Großleinwänden visualisieren können. In diesen Fällen sollte aber sichergestellt sein, dass sich der Vortragende mit der Bedienung des Präsentationsprogramms auskennt. Zudem empfiehlt es sich, sicherzustellen, dass die auf CD/DVD, USB-Speicherstick oder anderen Medien abgelegten Vortragsdateien auch auf dem Präsentationssystem lesbar sind. Nichts ist peinlicher, als wenn der mühsam erstellte und auf ein Medium gesicherte Vortrag sich nicht auf dem Notebook im Vortragsraum öffnen lässt. Zudem ist es hilfreich, wenn der Computer mit einer Maus zur Bedienung ausgestattet ist. Die Touchpads an modernen Notebooks sind nicht jedermanns Sache.

14.6.2 Planung der Präsentation

Nicht immer haben Sie die Möglichkeit, ein bestimmtes Präsentationsmedium zu wählen. Unabhängig davon gilt aber immer: Planen Sie Ihre Präsentation vorab mit Papier und Bleistift. Sicherlich ist es verlockend, sich an den Rechner zu setzen und die Seiten schnell in Impress zu realisieren. Wer sehr viel Erfahrung besitzt und über einen großen Fundus an Folien verfügt, kann dies tun.

Beim Aufbau eines neuen Vortrags habe ich gute Erfahrungen damit gemacht, eine erste Grobstruktur und auch die einzelnen Folien in Form grober Handskizzen (Scribbles) auf Papier zu entwerfen. Dies ermöglicht Ihnen einen schnellen Überblick über das Material. Sie erkennen das Wesentliche, ohne sich in Details zu verzetteln.

In der Regel ist der Zeitrahmen für den Vortrag oder die Präsentation bekannt und beschränkt. Planen Sie daher den Zeitrahmen anhand Ihrer Scribbles. Ein bis zwei Minuten sind zur Erläuterung einer Folie ein gutes Maß. Die Vortragszeit bestimmt dann die Zahl der Folien. Viele Vorträge leiden darunter, dass die betreffende Person viel zu viele Folien erstellt hat und dann extrem über die veranschlagte Zeit hinausschießt. Planen Sie eine Zeitreserve im Vortrag ein! Persönlich lasse ich lieber eine Folie weg und setze den Zeitrahmen für mich etwas kürzer. Zuhörer und Moderatoren sind dankbar, wenn der Zeitrahmen eingehalten wird.

TIPP

Sollte die Zeit beim Vortrag knapp werden, machen Sie sich immer bewusst, dass nur Sie wissen, was in der Präsentation geplant war. Oft merkt es niemand, wenn eine weniger wichtige Folie entfällt. Dies spart Zeit und ermöglicht Ihnen ggf., die Kernaussagen und den Abschluss rüberzubringen. Nichts ist schlimmer als ein Vortrag, der wegen Zeitüberschreitung abgewürgt werden muss.

Ein Scribble stellt eine hervorragende Möglichkeit dar, den Vortrag zu strukturieren und auf die Kernpunkte zu reduzieren. Beim Entwurf mit Papier und Bleistift werden Sie nicht durch die vielen Features des Präsentationsprogramms abgelenkt und können sich vollständig auf die Inhalte konzentrieren.

14.6.3 Struktur und Aufbereitung

Machen Sie sich beim Entwurf einer Seite immer bewusst, dass der Zuhörer auch deren Inhalte aufnehmen und verstehen muss. Die Präsentation kommuniziert Ihre Botschaft und ergänzt unterschwellig das, was Sie z.B. sprachlich und verbal in einem Vortrag rüberbringen möchten. Durch geeignete Visualisierung können Sie Akzente setzen, die beim Zuschauer (der Zuhörer ist auch Zuschauer) ankommen und das Gesagte behalten lassen. Allerdings sollten Sie niemals zu viel des Guten tun und durch ein Feuerwerk an Effekten die Zuhörer von Ihrer Präsentation ablenken. Die Aufbereitung der Präsentation ist immer ein Kompromiss zwischen verbaler Botschaft und Blickfang für die Zuhörer. Abseits solcher Details sollten Sie aber folgende Grundregeln beim Entwurf der Präsentation im Hinterkopf behalten:

- Der berühmte rote Faden ist keine Fiktion, sondern erleichtert Ihren Zuhörern bei Vorträgen die Orientierung. Planen Sie daher eine Übersichtsseite, in der Sie in einigen Stichpunkten visualisieren, was in der Präsentation thematisiert wird. Der Zuhörer erkennt, was ihn erwartet und wo die »Reise hingeht«. Auf den Seiten der Präsentation lässt sich ggf. über Seitentitel oder Rückblenden zeigen, wo man sich gerade im Vortrag befindet.
- Nach dem Motto »Weniger ist oft mehr« sollten Sie pro Folie bzw. Scribble nicht mehr als drei oder vier Punkte einplanen. Dies ermöglicht dem Zuhörer, die Folie zu überfliegen und die Punkte aufzunehmen, um dann wieder Ihren Erläuterungen zu folgen. So ganz nebenbei ergibt sich ein positiver Zusatzeffekt: Jeder möchte die Seite intuitiv füllen. Bei drei bis vier Punkten auf dem Blatt werden automatisch große Schriftgrade verwendet (mindestens 36 Punkt). Dann sind die Texte bei einem größeren Auditorium normalerweise auch noch in den »hinteren« Zuschauerreihen ohne Opernglas zu erkennen. Nichts ist schlimmer als eine eng beschriebene, im Extremfall noch per Schreibmaschine verfasste Textfolie mit 30 Zeilen Inhalt, die dann per Projektor an die Großleinwand geworfen wird. Die Zuhörer in den letzten Reihen haben keine Chance, deren Inhalt zu lesen. Dann ist schnell der Punkt erreicht, an dem das Auditorium abschaltet und dem Vortrag nicht mehr folgt.
- Falls Sie vor einem kleineren Kreis, ggf. mit Handouts, präsentieren, kann die obige Regel übergangen werden. Dann kommt es darauf an, die Inhalte möglichst kompakt auf wenige Seiten zu bringen. Ein DIN-A4-Hochformat ermöglicht, auch mehr als die oben erwähnten drei bis vier Punkte unterzubringen.
- Achten Sie darauf, die einzelnen Punkte auf kurze Sätze oder Stichpunkte zu begrenzen. Schachtelsätze oder mehrzeilige Abhandlungen lassen sich in Präsentationen nur schwer vom Zuhörer erfassen und verstehen.
- Sachverhalte lassen sich in grafischer Form verdeutlichen. Abläufe können Sie ggf. in Flussdiagrammen darstellen. Organisatorische Zusammenhänge werden über Hierarchiediagramme (Organisationsdiagramme) visualisiert.

- Zahlen lassen sich in unterschiedlicher grafischer Form (Kreis-, Linien- oder Balkendiagramme) visualisieren. Balkendiagramme ermöglichen einen schnellen Vergleich verschiedener Werte (wie liegen wir beim Umsatz im Vergleich zu anderen Filialen). Bei Liniendiagrammen sind Trends erkennbar (die berühmte in Karikaturen benutzte fallende Umsatzlinie spricht hier Bände). Kreisdiagramme visualisieren grafisch das Verhältnis verschiedener Zahlen zueinander (Marktanteile, Verteilung). Achten Sie darauf, nur die wichtigsten Informationen aufzunehmen. Ein Diagramm, welches Zahlen mit drei Nachkommastellen angibt, dürfte nur bei der Präsentation wissenschaftlicher Ergebnisse akzeptabel sein. Bei anderen Zahlen riecht dies stark nach »Erbsenzählerei«. Zu viele Inhalte in Grafiken machen es den Zuhörern schwer, die Sachverhalte zu erfassen.
- Müssen Tabellen gezeigt werden, können Sie diese farblich unterlegen und so einzelne Daten hervorheben. Gegebenenfalls lässt sich so eine Tabelle auch während der Präsentation schrittweise mit Werten füllen – die Seiten zeigen Teildaten, die sich dann zum Gesamtbild addieren.

Wenn Sie die Präsentationsseiten als Scribble auf Papier zeichnen und dann kritisch auf die obigen Punkte prüfen, werden die wichtigsten Fehler schnell auffallen.

14.6.4 Die Umsetzung in Impress-Seiten

Erst wenn die Handskizzen fertig sind, beginnt die Umsetzung in eine Präsentation mit Impress. An dieser Stelle empfiehlt es sich aber, sich noch einige Gedanken über die Gestaltung der Seiten zu machen. In vielen Firmen existieren meist Vorgaben hinsichtlich der Corporate Identity bzw. des Corporate Designs, nach denen Schriftstücke zu gestalten sind. In diesem Fall ist zu prüfen, wie diese Vorgaben in Impress auf die Seiten der Präsentation zu übertragen sind (siehe auch folgende Kapitel).

INFO

Die Corporate Identity (CI) definiert das Erscheinungsbild eines Unternehmens nach außen (Öffentlichkeit) und nach innen (Mitarbeiter). Ein Teilbereich dieser Unternehmensidentität ist das Corporate Design, welches die Einheitlichkeit für Briefbogen, Visitenkarten, Formulare, Prospekte, Folien etc. im Hinblick auf Signets/Logos, Schriftzüge usw. regelt.

Auch wenn bei Ihnen keine Vorgaben für das Corporate Design existieren, sollten Sie die Seiten der Präsentation nach einem einheitlichen Layout gestalten. Seien Sie sparsam bei der Verwendung unterschiedlicher Schriftarten und -größen. Am besten lesbar sind serifenlose Schriften (auch wenn sich die Impress-Vorlagen nicht immer an diese Vorgabe halten). Verwenden Sie einen möglichst großen Schriftgrad (30 Punkt oder mehr). Haben Sie Mut zu »weißen Flächen« auf der Folie. Arbeiten Sie mit Schmuckpunkten, Absätzen und Einzügen. Bilder kommen nur dann auf eine Folie, wenn sie Wesentliches zum Text beitragen!

Legen Sie die Farben für den Folienhintergrund und für die Folieninhalte fest. Neben Corporate-Design-Vorgaben sind ggf. Restriktionen des Präsentationsmediums (Papierausdrucke wirken anders als Dias oder Overheadfolien) zu berücksichtigen.

Achten Sie bei der Farbabstimmung für Hintergrund und Inhalte auf genügend Kontrast. Komplementärfarben (z.B. dunkle Schrift, heller Hintergrund) ergeben gute Kontraste und erzeugen Aufmerksamkeit. Verwandte Farben oder Farbtöne wirken ausgeglichen/beruhigend, sind aber kritisch vom Kontrast. Helle Hintergrundfarben eignen sich besonders für detailreiche Seiten, da sie Feinheiten noch erkennen lassen. Vermeiden Sie die Verwendung von Signalfarben (Rot) für den Hintergrund und setzen Sie solche Farben nur wohl dosiert für Vordergrundelemente ein.

TIPP

Die mit Impress gelieferten Präsentationsvorlagen stellen sicher, dass die Seiten einheitlich sind und den obigen Anregungen entsprechen. Verwenden Sie nach Möglichkeit keine zu »schreienden« Hintergründe. Dunkle Schriften auf hellen Hintergründen sind leicht lesbar und gut zu erkennen.

Sobald die Seiten in Impress erstellt wurden, sollten Sie nochmals deren Inhalte auf Schreibfehler und missverständliche Formulierungen prüfen (Impress unterstützt u.a. auch die Rechtschreibprüfung). Zusätzlich lassen sich weitere Checks durchführen:

- Sind alle Textteile sauber und einheitlich formatiert? Verlaufen Titeltexte einzeilig, sind Aufzählungen auf maximal zwei Zeilen beschränkt? Auf ganze Sätze oder fertig formulierte Aussagen ist nach Möglichkeit zu verzichten (außer in Präsentationsseiten, die für Druckmedien aufbereitet werden). Prüfen Sie, ob die Aufzählungspunkte auf drei oder vier Zeilen begrenzt sind. Mehr als sechs Punkte pro Aufzählung sind auf jeden Fall zu vermeiden. Stimmt die Formatierung für die Seitenelemente und ist diese einheitlich? Die Impress-Vorlagen geben in der Regel entsprechende Formate vor. Achten Sie nochmals darauf, dass Schriftgrade oberhalb 30 Punkt benutzt werden.
- Gehen Sie Layout und Hintergrundgestaltung der Seiten kritisch durch. Prüfen Sie bei Bildern, ob diese die Information für den Betrachter liefern und zum Vortrag passen. Passen Sie ggf. die Farben an, um Zusammenhänge zu verdeutlichen.

Zudem sollten Sie prüfen, ob eine Gliederung vorhanden ist, die mit dem Inhalt der Präsentation übereinstimmt und alle Aspekte abdeckt. Impress bietet Ihnen die Möglichkeit, die Seiten sowie die Seitenelemente animiert zu präsentieren (siehe *Kapitel 16*, Abschnitt »Optionen zur Bildschirmpräsentation«). Hier empfehle ich, eher sparsam mit solchen Effekten umzugehen. Für den Zuhörer ist es äußerst ermüdend, wenn ein Folieninhalt samt Titel mit »windigen« Effekten während der Präsentation eingeblendet wird. Zudem bewirken Effekte, dass Präsentationsseiten nur ruckelnd oder verzögert in der Anzeige erscheinen. Wer ständig auf den Aufbau der nächsten Seite wartet, wird leicht nervös und strapaziert die Geduld des Auditoriums enorm. Zu viele spektakuläre Effekte wirken schnell äußerst negativ. Der Zuhörer wird abgelenkt und reagiert notfalls erbost, wenn die Effekte nicht zum Thema passen. Effekte können unterstreichen, sollen aber niemals dominieren oder ablenken – »weniger oder nichts ist hier wirklich mehr«.

14.6.5 Der Zeitpunkt des Vortrags naht

Wenn die Präsentation steht, sollten Sie diese einer kritischen Prüfung unterziehen. Wer über keine großen Erfahrungen in Vortragstechnik verfügt, dürfte spätestens beim Anblick des Auditoriums mit Schweißausbrüchen am Rednerpult kämpfen. Um nicht gänzlich unvorbereitet in diese Situation hineinzuschlittern, hier noch einige Anregungen aus der Praxis:

- Halten Sie den Vortrag einig Male zur Probe. Wenn es keine Probanden im Bekannten- oder Kollegenkreis gibt, stellen Sie sich notfalls vor einen Spiegel und legen Sie los. Sie können dabei Ihre Körpersprache kontrollieren und konzeptionelle Mängel in der Vortragstechnik ausbügeln. Legen Sie notfalls die Armbanduhr vor sich auf den Tisch, um die Vortragszeit samt Zwischenzeiten zu kontrollieren. Passen Sie den Vortrag so an, dass er gut in den vorgegebenen Zeitrahmen passt. Nach drei-, viermaliger Probe sitzen die Inhalte und Sie werden immer sicherer.
- Versuchen Sie, vor der Präsentation in den Vortragsraum zu gelangen, und machen Sie sich mit der Umgebung vertraut. Werfen Sie einen Blick auf die Technik und informieren Sie sich, was es zu beachten gilt. Nach Möglichkeit sollten alle Technikfragen, die Installation von Software oder das Überspielen der Präsentationsdaten frühzeitig vor der Präsentation abgeschlossen sein. Nichts ist schlimmer, als wenn die Zuhörer bereits unruhig auf den Stühlen herumrutschen und der Referent in großer Hektik seine Dateien auf der Festplatte sucht.
- Der schwierigste Moment, insbesondere für unerfahrene Personen, ist der Beginn eines Vortrags oder einer Präsentation. Plötzlich steht man auf dem Podium, viele Augenpaare richten sich aus dem Auditorium auf einen und man soll nun etwas von sich geben. Bei manchem herrscht dann urplötzlich eine gähnende Leere. Persönlich habe ich mich in den Anfangsjahren mit einigen kleinen Tricks über die Runden gerettet. Für jeden Vortrag wurden einige Kärtchen mit Stichwörtern für die wichtigsten Folien erstellt. Dazu kam ein Kärtchen, auf dem die ersten drei oder vier einleitenden Sätze vermerkt waren. Bei einem »Blackout« konnte ich diese Sätze einfach ablesen. Ist diese Hürde überwunden, lässt sich meist an den Folien »entlanghangeln«. Dann vergeht die Vortragszeit wie im Fluge.

Wer etwas sicherer ist, sollte die Vorträge möglichst frei, d.h. ohne von einem Manuskript abzulesen, halten. Durch Körpersprache, Modulation der Stimme und Bewegung lässt sich die Aufmerksamkeit des Publikums gezielt herbeiführen. Wer eine lockere, das Auditorium ansprechende Einleitung zu Beginn seiner Präsentation bringt, kann sich der Aufmerksamkeit der Zuhörer sicher sein. Zudem lässt sich an den Reaktionen des Publikums schnell ablesen, ob dieses mitgeht oder nur genervt wirkt. Entsprechend lässt sich dann der Vortrag locker, gerafft oder formalistisch, auf die Fakten beschränkt halten. Sofern Sie Ihren Vortrag gemäß den obigen Ausführungen geplant und strukturiert haben, können Sie das Publikum durch alle Höhen und Tiefen führen. Eine kurze Kunstpause, bevor Sie eine Schlussfolgerung präsentieren, erhöht die Dramaturgie und stellt sicher, dass Sie die Aufmerksamkeit der Leute haben. Wenn Sie dann noch in der Zeit bleiben und in Ruhe die Abschlussbemerkungen vorbringen, ist der Erfolg einer Präsentation fast schon sicher. Bei etwas »verbiestertem« Publikum ist es auch hilfreich, wenn Sie bereits im Vortrag auf offensichtliche Probleme oder Fragen eingehen. Und gelegentlich ist »entwaffnende Ehrlichkeit« nach dem Motto »Tut mir leid, hier haben Sie mich auf dem falschen Fuß erwischt, da bin ich momentan überfragt« eine gute Strategie, um nervende Frager kaltzustellen.

TIPP

Wem die Nerven vor einer Präsentation »flattern«, dem sei noch ein weiterer Rat gegeben: Machen Sie den Kopf vor dem Auftritt frei. Wenn die Nervosität extrem steigt, hilft es, den Vortragsraum zu verlassen und nötigenfalls spazieren zu gehen. Atmen Sie tief durch, vergessen Sie den Vortrag und entspannen Sie sich. Wenn der Adrenalinspiegel wieder fällt, gehen Sie kurz vor Vortragsbeginn zurück in den Vortragsraum und konzentrieren Sie sich darauf, dass Sie alle Vortragsmaterialien zusammenhaben. Sehen Sie ggf. die Folien durch, ob alles vorhanden ist. Prüfen Sie, ob der Kugelschreiber funktioniert. Nehmen Sie das Kärtchen mit den Einleitungssätzen zur Hand und versuchen Sie, diese auswendig vor sich her zu sagen. Das lenkt ab und überbrückt die Zeit, bis Sie zum Podium gerufen werden.

15 Impress im Detail

In diesem Kapitel lernen Sie weitere Impress-Funktionen detailliert kennen. Sie erfahren, wie sich Präsentationen anpassen und neue Seiten einfügen lassen, lernen die verschiedenen Anzeigemodi kennen und sehen, wie die Seiten sowie deren Inhalte bearbeitet werden. Zudem geht das Kapitel auf den Export von Präsentationen in PDF-, Flash- und HTML-Formate ein.

15.1 Ansichtsmodi einer Präsentation wechseln

Impress unterstützt die Darstellung der Seiten einer Präsentation in mehreren Ansichten. Nachfolgend lernen Sie die Ansichten kennen und erfahren, was es an Besonderheiten gibt.

15.1.1 So wechseln Sie die Ansichtsmodi

Impress bietet Ihnen verschiedene Möglichkeiten zum Wechsel der Ansichtsmodi. Einmal stehen Ihnen an den Rändern des Dokumentfensters zwei Schaltflächengruppen zum Umschalten verschiedener Modi zur Verfügung (Abbildung 15.1). Zudem stellt Ihnen das Menü *Ansicht* verschiedene Befehle zur Auswahl des Modus bereit. Details zu den Ansichtsmodi finden Sie weiter unten.

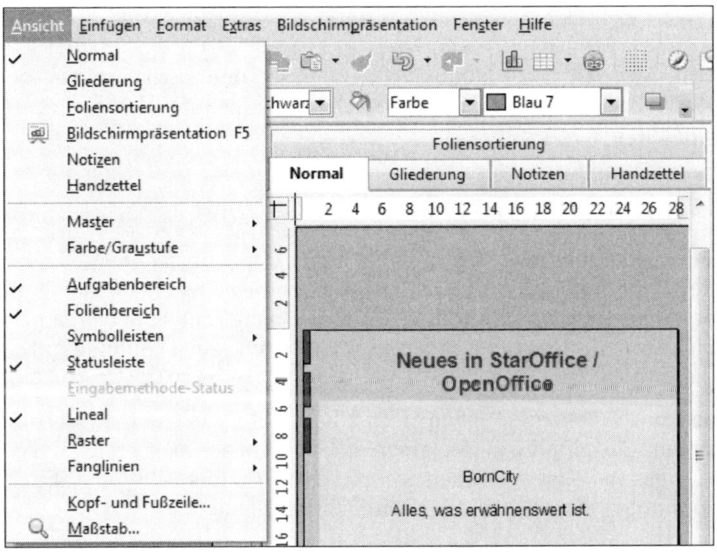

Abbildung 15.1: Schaltflächen zum Wechsel der Ansichtsmodi

15.1.2 Den Normal-Modus verwenden

Zum Erstellen bzw. zum Bearbeiten der Folien wird der Modus *Normal* benutzt (Abbildung 15.2). In diesem (standardmäßig eingestellten) Modus werden die Folien der Präsentation in der linken Spalte *Folien* aufgelistet. Dort lassen sich Folien löschen, umbenennen oder neu einfügen. Im mittleren Bereich des Dokumentfensters sehen Sie die aktuelle Folie, in die Sie Zeichenelemente einfügen können. Zudem lassen sich die Elemente der Folie anwählen und bearbeiten. Die rechte Spalte zeigt im Darstellungsmodus *Normal* den Aufgabenbereich, über den Sie Layouts, Masterseiten, Animationen oder Übergänge zuweisen können.

Abbildung 15.2: Darstellung der Seite im Modus *Normal*

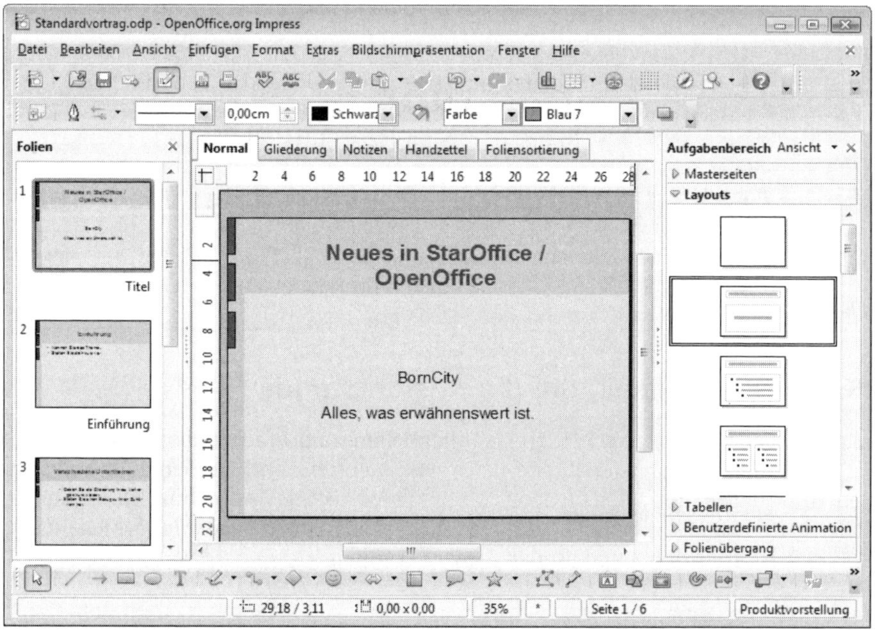

Zum Aktivieren des Modus verwenden Sie den Registerreiter *Normal* (Abbildung 15.2) oberhalb des Dokumentbereichs. Oder Sie rufen den Menübefehl *Ansicht/Normal* auf.

15.1.3 Die Ansicht Gliederung

Die Gliederungsansicht lässt sich über die oberhalb des Dokumentbereichs sichtbare Registerkarte *Gliederung* oder den gleichnamigen Befehl im Menü *Ansicht* abrufen. In der Gliederungsansicht werden links die Spalte *Folien* mit den Miniaturansichten der Einzelseiten sowie der Gliederungsbereich angezeigt (Abbildung 15.3).

Die Gliederungsansicht eignet sich zum Ändern der Folienreihenfolge. Zudem können Sie die Folientitel sowie die Textbestandteile in einem Rutsch ansehen und bearbeiten. Einzelne Textteile lassen sich im Gliederungsbereich anklicken und direkt korrigieren. Zudem können Sie markierte Textbereiche über die Schaltflächen der *Format*-Symbolleiste formatieren (Schriftart ändern etc.).

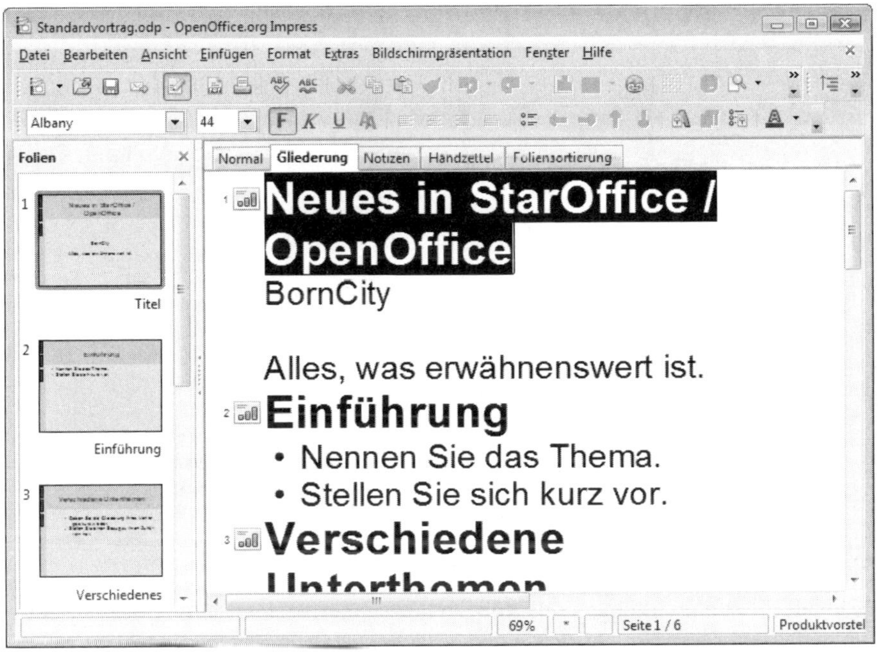

Abbildung 15.3: Gliederungsansicht einer Präsentation

Um Folien in der Reihenfolge umzusortieren, klicken Sie auf eine Miniaturansicht in der linken Spalte *Folien* und ziehen diese Miniatur bei gedrückter linker Maustaste nach oben oder unten an die gewünschte Position in der Präsentation.

INFO

In der Gliederungsansicht wird jede Seite mit einem stilisierten Symbol links von der Titelzeile eingeleitet. Ziehen Sie dieses Symbol per Maus nach oben oder unten, lässt sich die Reihenfolge der Folien ebenfalls anpassen. Markierte Gliederungsabsätze lassen sich ebenfalls durch Ziehen oder über zwei Schaltflächen der Format-*Symbolleiste innerhalb der Seite nach oben oder unten verschieben.*

15.1.4 Die Ansicht Foliensortierung

Um einen schnellen Überblick über die einzelnen Seiten der Präsentation zu erhalten, wählen Sie den Modus *Foliensortierung* (Abbildung 15.4) über den betreffenden Registerreiter des Dokumentbereichs (oder über den Menübefehl des Menüs *Ansicht*). Über ein Drehfeld der eingeblendeten Symbolleiste lässt sich dabei einstellen, wie viele Folien pro Zeile einzublenden sind. Die Ansicht *Foliensortierung* eignet sich, um die Reihenfolge einzelner Folien der Präsentation neu zu arrangieren. Klicken Sie einfach auf eine Folie und ziehen Sie diese bei gedrückter linker Maustaste zur gewünschten Position.

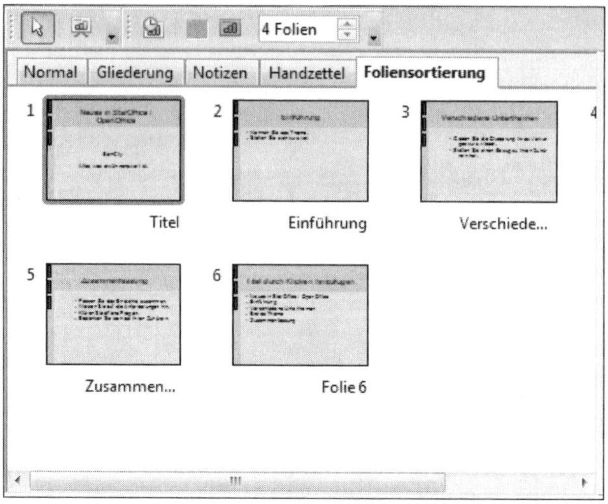

Abbildung 15.4: Ansicht *Foliensortierung* einer Präsentation

15.1.5 Anmerkungen in der Notizen-Ansicht

Sie können Textanmerkungen (als Notizen bezeichnet) zu den Seiten Ihrer Präsentation verfassen. Diese Notizen werden in der Präsentation nicht mit angezeigt, lassen sich aber ausdrucken und als Stichwortgeber für die eigene Präsentation verwenden. Zur Bearbeitung der Notizen wählen Sie die Registerkarte *Notizen* am oberen Rand des Dokumentfensters oder den gleichnamigen Befehl im Menü *Ansicht*.

Anschließend zeigt Impress Ihnen im oberen Teil des Dokumentbereichs die verkleinerte Darstellung der Folie, während unten ein Platzhalter für die Notizen eingeblendet wird (Abbildung 15.5). Klicken Sie auf den Platzhalter »Notizen durch Klicken hinzufügen« und tragen Sie die gewünschten Texte ein. Sobald Sie außerhalb des Selektionsrahmens klicken, wird die Eingabe der Notiz abgeschlossen. Da die Registerreiter der einzelnen Seiten in der *Notizen*-Ansicht sichtbar bleiben, können Sie diese nacheinander anwählen und die Notizen ergänzen. Impress sichert die Notiz beim Speichern der Präsentation mit.

15.1.6 So lässt sich die Handzettel-Ansicht nutzen

Als Material für die Zuhörer können Sie sogenannte Handzettel verteilen. Diese enthalten die Seiten der Präsentation in gedruckter Form. Zur Bearbeitung der Handzettel wählen Sie den Registerreiter *Handzettel* am oberen Rand des Dokumentfensters. Oder Sie rufen den Menübefehl *Ansicht/Handzettel* auf.

Abbildung 15.6 zeigt Ihnen das entsprechende Layout der *Handzettel*-Ansicht. Im aktuellen Fenster sind vier Folien pro Seite angeordnet, die beim Ausdrucken der Handzettel auf eine Seite gelangen. Sie können die Zahl der Folien pro Seite aber über die Rubrik *Layouts* des Aufgabenbereichs (rechts im Dokumentfenster eingeblendet) beeinflussen.

Abbildung 15.5: Eingabe einer Notiz für eine Präsentationsseite

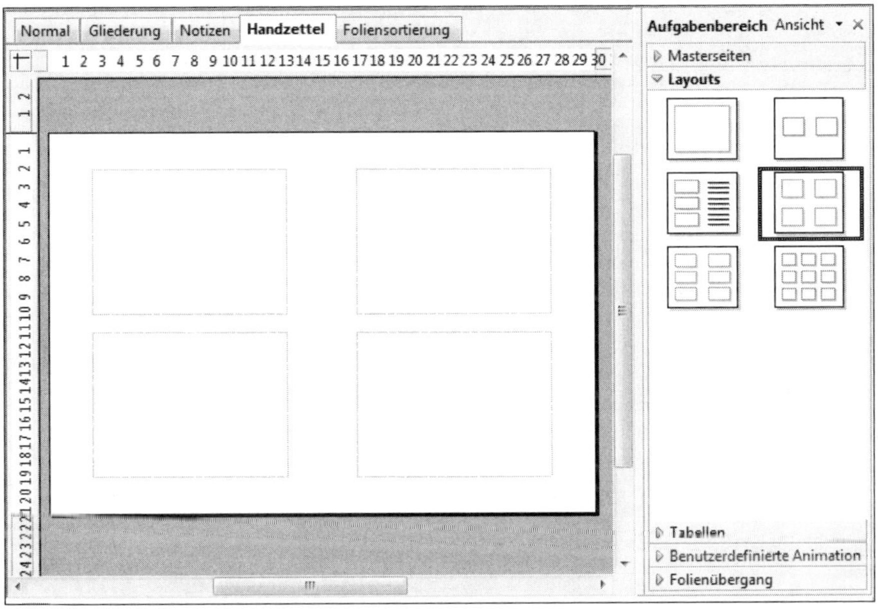

Abbildung 15.6: Anzeige der *Handzettel*-Ansicht

INFO

Abbildung 15.6 zeigt in der Handzettel-*Ansicht leere Platzhalter für die Folien. Wer mit früheren Impress-Versionen gearbeitet hat, wird sich an die Miniaturansichten der betreffenden Folien erinnern. Die Anzeige leerer Platzhalter in der* Handzettel-*Ansicht ist eine Designentscheidung in OpenOffice.org 3.0, da in früheren Versionen Miniaturansichten der ersten Folien als Platzhalter verwendet wurden (eine Vorschau war auch da nicht möglich). Wenn Sie über das Menü* Datei *den Befehl* Drucken *aufrufen und im Listenfeld* Inhalt *des* Drucken-*Dialogs den Wert auf »Handzettel« einstellen, werden die korrekten Inhalte in den Handzetteln ausgedruckt.*

TIPP

Über die am unteren Fensterrand eingeblendete Zeichnen-*Symbolleiste können Sie Elemente wie Texte, Logos, Linien etc. in die Handoutseiten einfügen. Die Folien lassen sich dabei per Maus anklicken und ggf. etwas zur Seite ziehen. Die eingefügten Zeichenelemente werden dann in den Handouts mit ausgedruckt.*

15.1.7 Anzeige der Masteransichten

Impress kennt noch die Möglichkeit zur Anzeige der Folien- und Notizenmaster. In dieser Ansicht werden die Grundelemente einer Folienseite (d.h. der Gliederungsebenen) bzw. der Notizenseite im Dokumentfenster dargestellt (Abbildung 15.7, Hintergrund).

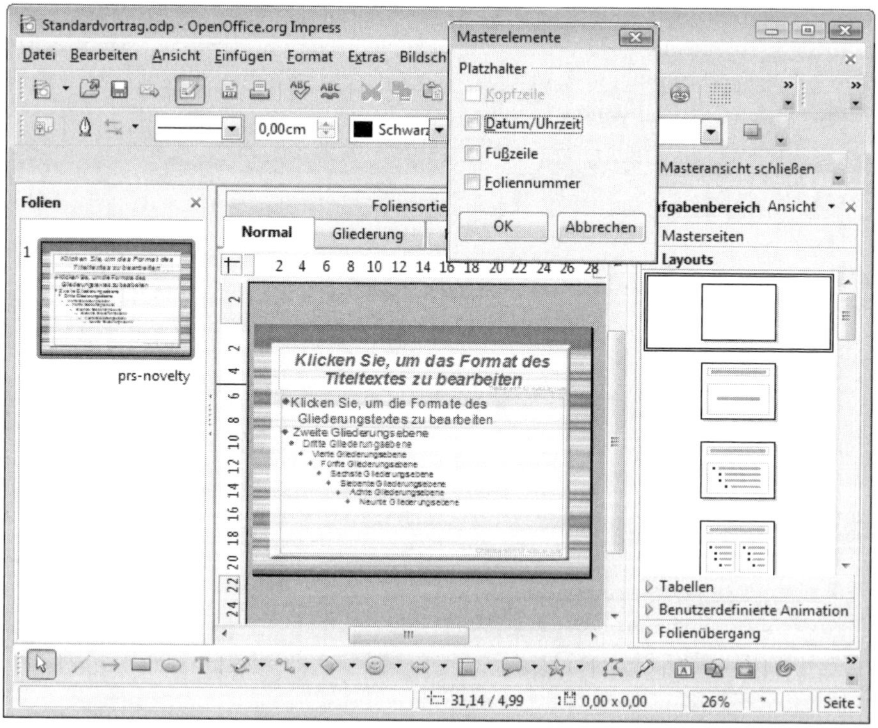

Abbildung 15.7: Anzeige des Folienmasters

Zur Anzeige klicken Sie im Menü *Ansicht* auf den Befehl *Master* und wählen dann im Untermenü einen der Befehle *Folienmaster* oder *Notizenmaster*. Über den Untermenübefehl *Masterelemente* öffnen Sie das gleichnamige Dialogfeld (Abbildung 15.7, Vordergrund), in dem Sie Elemente wie Uhrzeit, Foliennummer oder Fußzeile über Kontrollkästchen im Master ein- bzw. ausblenden können.

INFO

Die Masteransicht steht nicht in den Ansichten Gliederung *und* Foliensortierung *zur Verfügung, d.h. die Befehle des Untermenüs* Master *bleiben gesperrt. Über das Dialogfeld* Masterelemente *sind zwar Informationen wie Datum/Uhrzeit, Fußzeile und Foliennummer im Master einblendbar. Diese Elemente werden aber nicht angezeigt, falls Sie den Folienmaster den Folien zuweisen. Sie müssen ggf. eigene Felder über* Einfügen/Felder *in die betreffenden Platzhalter einfügen, um entsprechende Informationen auf den Folien anzuzeigen.*

Über den Befehl Seite *des Menüs* Format *können Sie das Eigenschaftenfenster* Seite einrichten *des Folienmasters öffnen. Auf der Registerkarte* Hintergrund *lässt sich dann ein Farbverlauf oder eine Bitmap-Datei als Hintergrund des Folienmasters einstellen. Impress stellt verschiedene Masterseiten zur Gestaltung der Folien in der Aufgabenleiste bereit. Das Zuweisen von Masterseiten an Folien ist im Abschnitt »Foliendesign ändern«, beschrieben.*

15.1.8 Anpassen des Zoomfaktors

Impress versucht, die zu bearbeitende Dokumentseite im Fenster anzuzeigen. Die Darstellungsgröße können Sie über die Schaltfläche *Zoom* der *Standard*-Symbolleiste anpassen.

Klicken Sie auf die Schaltfläche der *Standard*-Symbolleiste und halten Sie die Maustaste so lange gedrückt, bis die Abreißleiste geöffnet wird. In der Abreißleiste *Zoom* finden Sie Schaltflächen, um die Darstellung zu vergrößern, zu verkleinern oder an die Seite anzupassen (Abbildung 15.8).

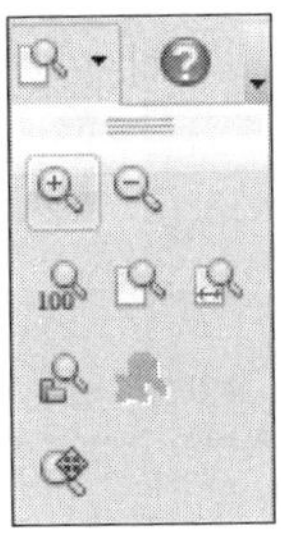

Abbildung 15.8: Anpassen des Zoomfaktors

Alternativ können Sie den Menübefehl *Ansicht/Maßstab* aufrufen. Dann öffnet Impress ein Dialogfeld, über dessen Optionsfelder Sie den Zoomfaktor wählen können. Die Option *Stufenlos* ermöglicht Ihnen, über das zugehörige Drehfeld die Skalierung der Anzeige in Prozent vorzugeben. Dies ermöglicht u.U. eine Beurteilung, wie die Seite in der fertigen Präsentation aussieht.

TIPP

Der Zoomfaktor lässt sich bei gedrückter [Strg]*-Taste auch stufenlos über ein Mausrädchen ändern.*

15.1.9 Navigation zwischen den Folien

Um direkt zwischen den einzelnen Seiten (Folien) der Präsentation bzw. zwischen deren Objekten zu navigieren, können Sie den Navigator über die betreffende Schaltfläche der *Standard*-Symbolleiste einblenden. Das Navigator-Fenster listet dann die Seiten der Präsentation und, soweit benannt, auch die Objekte innerhalb einer Seite auf (Abbildung 15.9). Durch Doppelklicken einer Seite lässt sich diese in der Normal-Ansicht abrufen. Doppelklicken Sie auf ein benanntes Objekt, wird dieses zum Bearbeiten markiert.

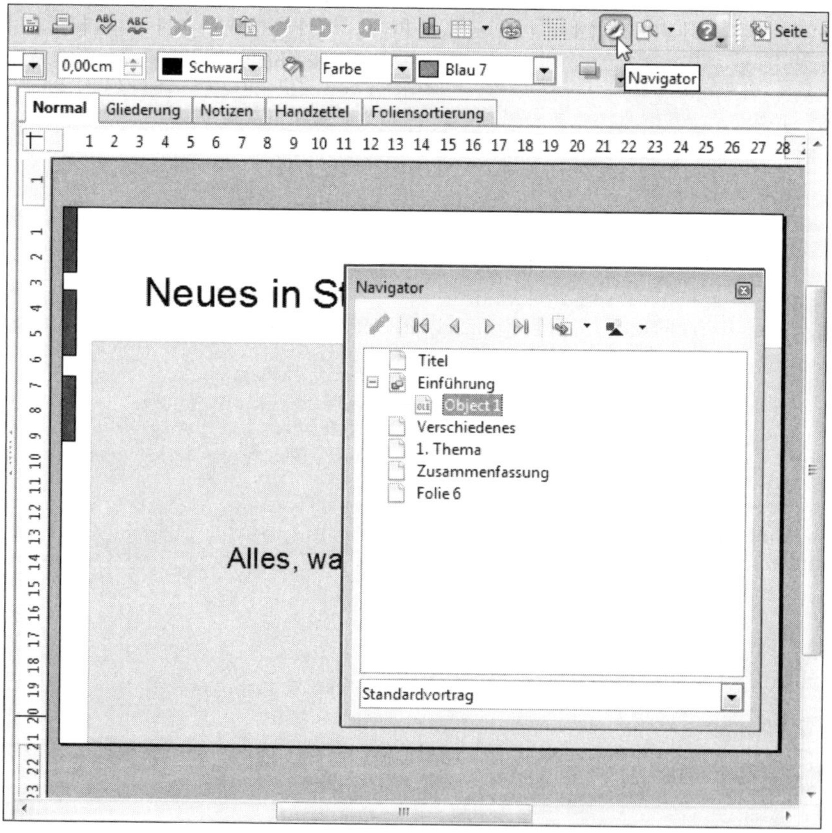

Abbildung 15.9: Navigation innerhalb der Seiten und Objekte

15.2 Bearbeiten einer Präsentation

In diesem Abschnitt dreht sich alles um das Bearbeiten einer Präsentation. Sie lernen, eine neue Präsentation anzulegen, neue Seiten hinzufügen, deren Layout und Hintergrund anzupassen sowie die Seiten der Präsentation zu verwalten.

15.2.1 Eine neue leere Präsentation anlegen

Möchten Sie eine Präsentation komplett neu anlegen, können Sie mit einer leeren Seite ohne Hintergrund und Elemente beginnen. Dies hat Vorteile, falls Sie nur eine Seite benötigen oder die Vorlagen nicht passen möchten. Zudem können Sie eine solche Seite als Vorlage für zukünftige Präsentationen oder Hintergründe verwenden.

1. Wählen Sie den Befehl zum Anlegen eines neuen Präsentationsdokuments (z.B. die Schaltfläche *Neu* etwas länger anklicken und dann im Menü den Befehl *Präsentation* wählen).
2. Im Präsentations-Assistenten markieren Sie die Option *Leere Präsentation* und bestätigen dies über die *Weiter*-Schaltfläche.
3. Im Folgedialog lässt sich bei Bedarf noch ein Präsentationshintergrund wählen. Belassen Sie die Auswahl auf » < Original > «, um mit einem weißen Hintergrund zu starten. Zudem lässt sich in diesem Dialogschritt das Ausgabemedium wählen.
4. Im dritten Dialogschritt fragt der Präsentations-Assistent die Effekte und Geschwindigkeit sowie die Optionen für automatische und manuelle Folienwechsel ab.

Sobald Sie das Dialogfeld über die *Fertig stellen*-Schaltfläche schließen, wird die neue Präsentation mit einer leeren Folie im Dokumentbereich angelegt. Sie können dann über die Kategorie *Layout* des Aufgabenbereichs ein Folienlayout zuweisen (siehe folgender Abschnitt zum Einfügen einer neuen Seite).

15.2.2 Folien einfügen, duplizieren, sortieren, löschen

Benötigen Sie zusätzliche Seiten (Folien) in einer Präsentation oder möchten Sie eine bestehende Folie kopieren? Soll ein Folientitel geändert werden? Wird eine Folie nicht mehr benötigt und soll gelöscht werden?

- Um eine neue leere Folie einzufügen, klicken Sie in der linken Spalte *Folien* mit der rechten Maustaste auf eine Folie (oder zwischen zwei Folien) und wählen im Kontextmenü den Befehl *Neue Folie* (Abbildung 15.10). Alternativ können Sie den Befehl *Seite* im Menü *Einfügen* wählen. Im Kontextmenü einer Folie wird die neue Folie hinter die aktuelle Folie eingefügt. Der Befehl *Seite* oder das Kontextmenü des Zwischenraums zweier Folien fügt die neue Folie am Ende der Folienliste ein.
- Soll eine Folie gelöscht werden, klicken Sie diese in der linken Spalte *Folien* mit der rechten Maustaste an. Anschließend wählen Sie im Kontextmenü den Befehl *Folie löschen*. Alternativ rufen Sie den Menübefehl *Bearbeiten/Seite löschen* auf. Eine irrtümlich gelöschte Folie können Sie sofort danach über die Funktion »Rückgängig« (z.B. Tastenkombination [Strg] + [Z] unter Windows) wieder zurückholen.
- Zum Umbenennen eines Folientitels klicken Sie die Folie in der linken Spalte *Folien* mit der rechten Maustaste an. Danach wählen Sie im Kontextmenü den Befehl *Folie umbenennen* (Abbildung 15.10). Anschließend lässt sich der Seitentitel in einem Dialogfeld ändern. Die Änderung wird übernommen, sobald Sie das Dialogfeld über die *OK*-Schaltfläche schließen.

Abbildung 15.10: Kontextmenü mit Befehlen zur Folienverwaltung

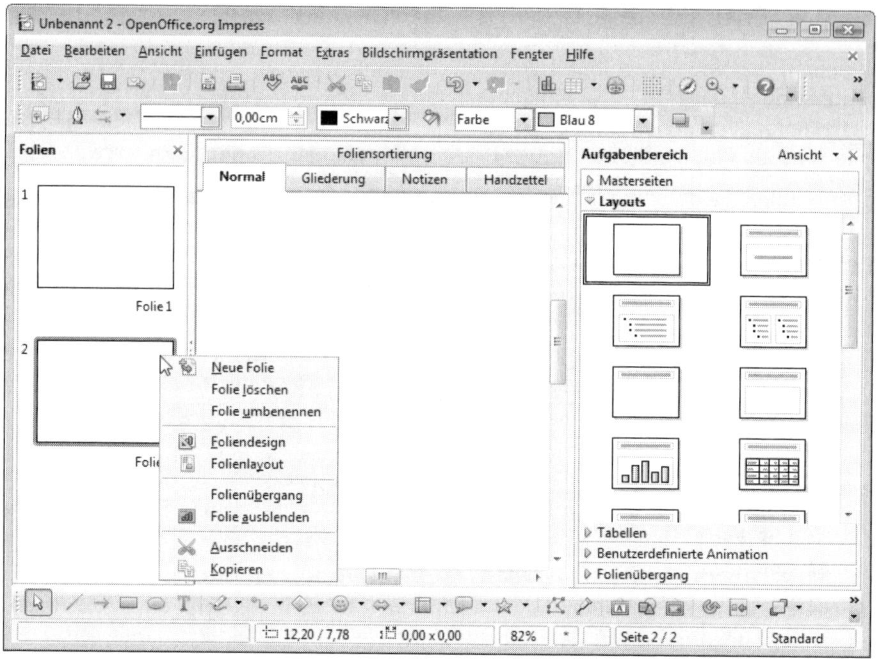

- Möchten Sie eine neue Präsentationsseite aus einer vorhandenen Folie ableiten? Dann klicken Sie die bereits existierende Folie in der linken Spalte *Folien* mit der rechten Maustaste an und wählen im Kontextmenü den Befehl *Kopieren*. Klicken Sie anschließend eine Stelle in der linken Spalte *Folien*, an die die Folie als Kopie einzufügen ist, mit der rechten Maustaste an. Wählen Sie im Kontextmenü den Befehl *Einfügen*. Sobald der Befehl angewählt wird, fügt Impress die Kopie der gewählten Seite aus der Zwischenablage ein. Alternativ können Sie den Befehl *Seite duplizieren* im Menü *Einfügen* zum Duplizieren einer Folie verwenden.

Impress fügt neue Folien an die aktuelle Position in der Präsentation ein. Um die Folien neu anzuordnen, können Sie deren Miniaturdarstellung in der Spalte *Folien* bei gedrückter linker Maustaste nach oben oder unten verschieben. Die Folie wird dann an der betreffenden Position einsortiert.

TIPP

Einfacher geht das Sortieren der Folien einer Präsentation, wenn Sie zum Modus Foliensortierung *umschalten. Dann können Sie die Folien ebenfalls per Maus an die gewünschte Position innerhalb der Präsentation ziehen.*

15.2.3 Anpassen der Seiteneigenschaften

Standardmäßig werden die Seiteneigenschaften (Präsentationsart, Seitenlayout, Hintergrund etc.) beim Anlegen der Präsentation bzw. beim Einfügen der Seite gesetzt. Sie haben aber die Möglichkeit, bestimmte Seiteneigenschaften nachträglich umzusetzen.

Wechsel des Folien-/Seitenlayouts

Bei einer Folie lässt sich über das Layout vorgeben, welche Elemente (Überschriften, Aufzählungen, Grafiken etc.) enthalten sein sollen. Diese Elemente brauchen dann nur noch mit individuellen Inhalten (z.B. Texten) gefüllt zu werden.

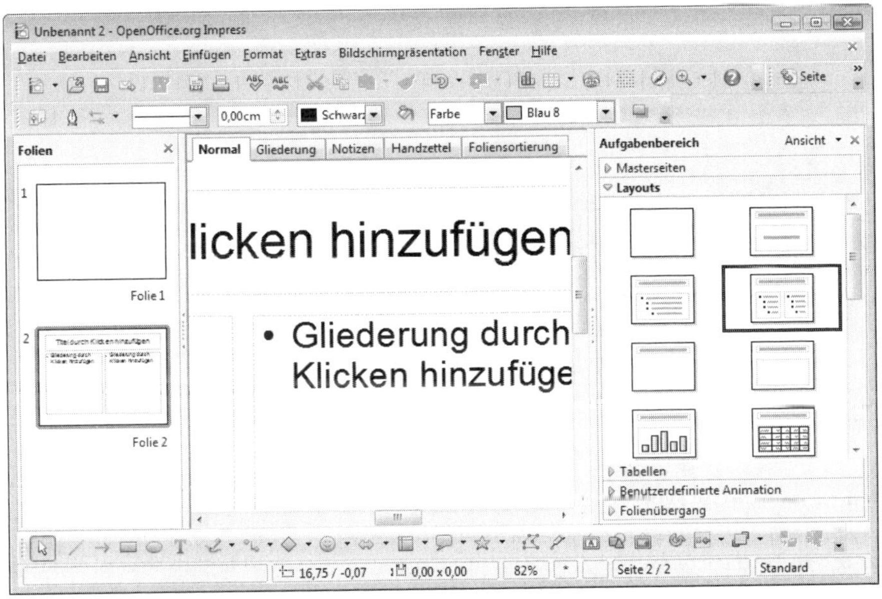

Abbildung 15.11: Wechsel des Folienlayouts

1. Um das Layout einer Seite (Folie) nachträglich zu wechseln, markieren Sie deren Miniaturansicht zuerst per Mausklick in der Spalte *Folien*. Dadurch wird die Folie zur aktuellen Seite.
2. Anschließend wählen Sie in der Aufgabenleiste in der Rubrik *Layouts* das gewünschte Layout per Mausklick aus (Abbildung 15.11).

Impress weist der Folie dann das gewählte Layout mit den darin definierten Elementen zu.

Anpassen des Seitenformats

Beim Anlegen einer Präsentation wird auch die Präsentationsart (Dia, Bildschirm etc.) gewählt. Diese Auswahl legt die Abmessungen der Dokumentseite fest.

1. Möchten Sie die Seitenabmessungen aller Seiten nachträglich verändern, rufen Sie den Menübefehl *Format/Seite* auf.
2. Im Dialogfeld *Seite einrichten* lassen sich dann die Seiteneigenschaften festlegen.

Auf der Registerkarte *Seite* können Sie beispielsweise die Seitenabmessungen über das Listenfeld *Format* vorgeben (Abbildung 15.12). Neben den vom Präsentations-Assistenten angebotenen Seitenformaten wie Dia, Bildschirm etc. finden Sie dort weitere vordefinierte Formate.

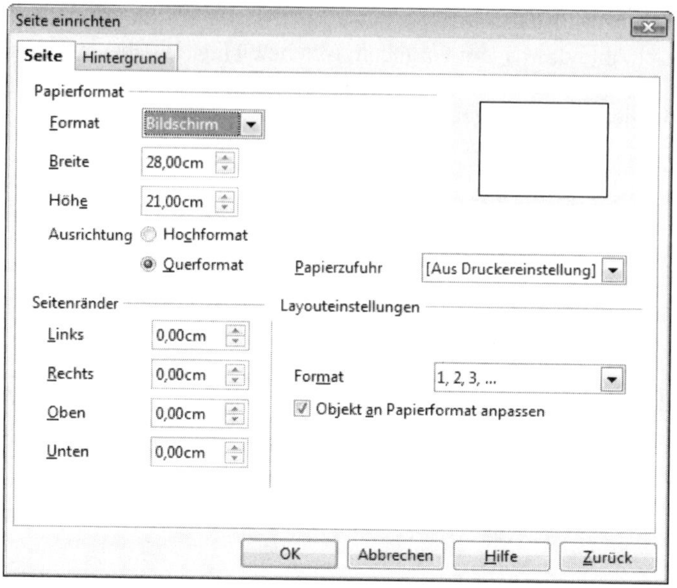

Abbildung 15.12: Dialogfeld *Seite einrichten*

TIPP

Impress unterstützt das Erstellen von Plakaten. Wählen Sie als Seitenformat A0 für das Plakat. Dann lassen sich die Präsentationsseiten gestalten und später als Plakat drucken. Da Sie wohl selten einen DIN-A0-Drucker haben, teilt Impress die Plakatseite auf mehrere DIN-A4-Blätter auf und druckt die Teile aus.

Über die beiden Optionen *Hochformat* und *Querformat* lässt sich die Ausrichtung der Seiten umstellen. Die Optionen werden für alle Seiten wirksam, sobald Sie das Dialogfeld über die *OK*-Schaltfläche schließen.

15.2.4 Seitenhintergrund anpassen

Der Hintergrund der Seiten einer Präsentation wird beim Anlegen der ersten Seite aus einem Präsentationshintergrund übernommen. Falls Sie einen weißen Hintergrund gewählt haben, können Sie diese Eigenschaft nachträglich anpassen.

1. Klicken Sie auf die gewünschte Seite und rufen Sie den Menübefehl *Format/Seite* auf.
2. Wechseln Sie im Dialogfeld *Seite einrichten* zur Registerkarte *Hintergrund* und legen Sie die Option für die Füllung fest (Abbildung 15.13).
3. Anschließend können Sie je nach gewählter Option eine Hintergrundfarbe, einen Farbverlauf oder eine Bitmap-Grafik als Hintergrundmotiv wählen.
4. Schließen Sie die Registerkarte über die *OK*-Schaltfläche. In einem Folgedialog müssen Sie noch wählen, ob die Einstellung für die aktuelle Seite oder für alle Seiten der Präsentation übernommen werden soll.

Der so gestaltete Hintergrund wird beim Duplizieren der Seiten mit übernommen. Da viele der mit Impress gelieferten Präsentationshintergründe Farben oder Farbverläufe als Hintergrund benutzen, können Sie diese bei Bedarf leicht anpassen.

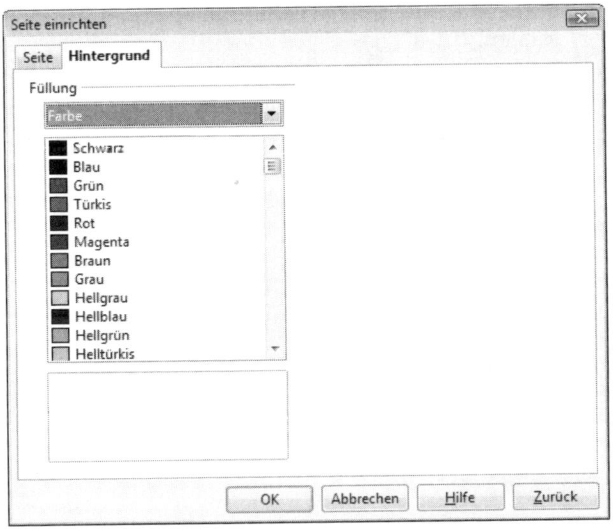

Abbildung 15.13: Anpassen des Seitenhintergrunds

INFO

Über die Rückgängig-Funktion (z.B. Tastenkombination Strg *+* Z*) lässt sich die Änderung des Folienhintergrunds zurücknehmen.*

15.2.5 Foliendesign ändern

Die Folien einer Präsentation besitzen ein bestimmtes Design, welches sowohl den Hintergrund als auch die für Textelemente benutzten Schriftgrade und -farben festlegt. Dieses sogenannte Foliendesign können Sie jederzeit anpassen.

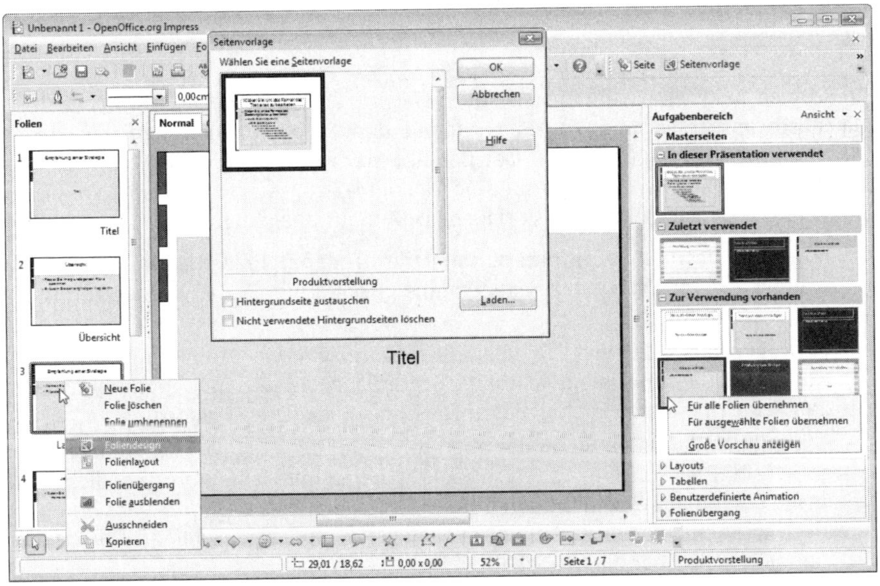

Abbildung 15.14: Auswahl der Seitenvorlage

1. Klicken Sie eine Folie in der linken Spalte *Folien* an, um diese als aktive Folie zu wählen.
2. Danach können Sie im Aufgabenbereich (rechte Spalte des Dokumentfensters) die Kategorie *Masterseiten* wählen (Abbildung 15.14, Hintergrund).
3. In den Unterkategorien finden Sie Foliendesigns, die Sie per Mausklick allen Folien der Präsentation zuweisen können. Über das Kontextmenü lässt sich zudem vorgeben, ob das Foliendesign allen Seiten oder nur der aktuellen Folien zuzuordnen ist.

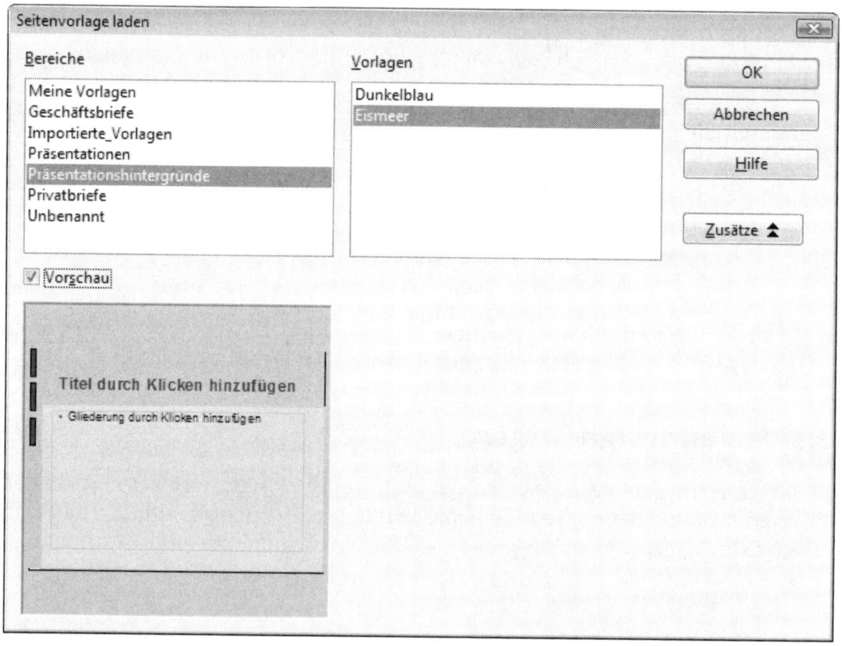

Abbildung 15.15: Seitenvorlage laden

Sie können auch eine Miniaturansicht in der linken Spalte *Folien* mit der rechten Maustaste anwählen und im Kontextmenü den Befehl *Foliendesign* verwenden (Abbildung 15.14, Hintergrund). Der Befehl *Seitenvorlage* im Menü *Format* besitzt die gleiche Wirkung. Impress öffnet ein Dialogfeld zur Auswahl der Seitenvorlage und zeigt die bereits bekannten Vorlagen als Miniaturansichten an.

1. Möchten Sie den Seitenhintergrund einer anderen Präsentation verwenden, wählen Sie im Dialogfeld *Seitenvorlage* (Abbildung 15.14, Vordergrund) die Schaltfläche *Laden*.
2. Impress öffnet dann das Dialogfeld *Seitenvorlage laden* (Abbildung 15.15). Klicken Sie in diesem Dialogfeld auf die Schaltfläche *Zusätze* und markieren Sie im dann eingeblendeten Dialogfeldteil das Kontrollkästchen *Vorschau*.
3. Anschließend wählen Sie in der oberen linken Liste *Bereiche* die Vorlagenkategorie (z.B. Präsentationshintergründe). In der rechten Liste *Vorlagen* klicken Sie anschließend auf eine der aufgeführten Vorlagen. Ist die Option *Vorschau* markiert, wird ein stilisiertes Abbild im Dialogfeld angezeigt. Schließen Sie danach das Dialogfeld über die *OK*-Schaltfläche.

4. Klicken Sie im Dialogfeld *Seitenvorlage* (Abbildung 15.14, Vordergrund) auf die Miniaturansicht der gewünschten Vorlage und markieren Sie das Kontrollkästchen *Hintergrundseite austauschen*.

Sobald Sie das Dialogfeld über die *OK*-Schaltfläche schließen, wird der gewählte Präsentationshintergrund allen Seiten zugewiesen.

15.2.6 Formatvorlagen zuweisen und anpassen

Impress verwendet zur Formatierung der Präsentationsobjekte und der Grafikobjekte eigene Formatvorlagen, die in den Seitenvorlagen enthalten sind. Die Formatvorlagen für Präsentationen legen beispielsweise die Schriftgrößen und -farben für Texte fest.

1. Markieren Sie ggf. das gewünschte Element der Folie, dem eine Vorlage zuzuweisen ist.
2. Öffnen Sie danach das Fenster *Formatvorlagen* über die gleichnamige Schaltfläche der *Format*-Symbolleiste (Abbildung 15.16).
3. Nun müssen Sie im oberen Teil des Fensters die Schaltfläche *Präsentationsobjektvorlagen* oder die Schaltfläche *Grafikobjektvorlagen* anklicken. Impress blendet dann die Vorlagen der gewählten Kategorie ein.
4. Weisen Sie die gewünschte Vorlage durch einen Doppelklick auf den Vorlagennamen zu.

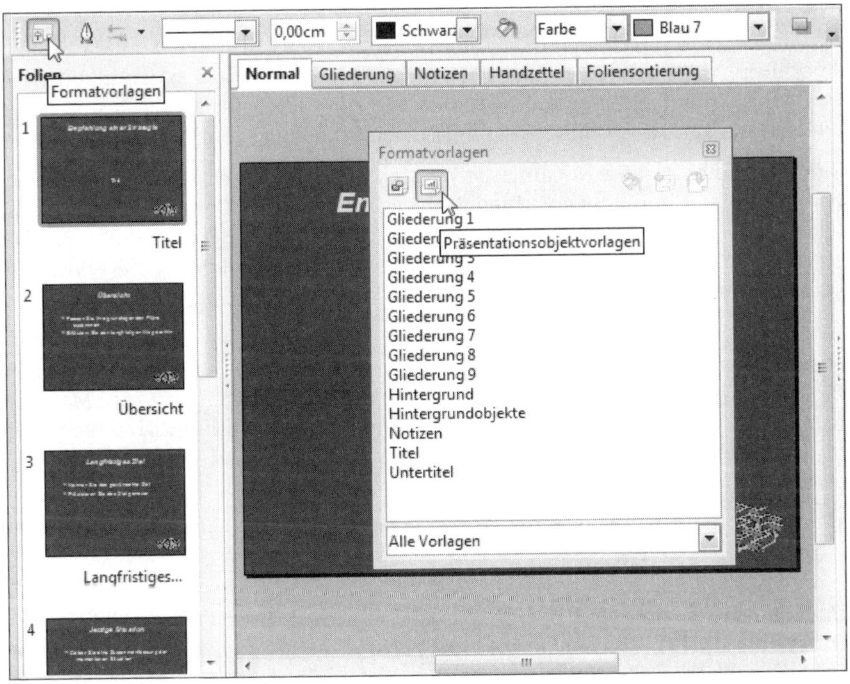

Abbildung 15.16: Anpassen von Präsentationsobjektvorlagen

Impress wird das markierte Objekt mit den betreffenden Formateigenschaften ausstatten.

HALT

Das Dialogfeld Formatvorlagen *verhält sich in Impress anders als in anderen Office-Modulen. Präsentationsobjektvorlagen lassen sich nur anpassen, während Sie Grafikobjektvorlagen auch einem Grafikobjekt zuweisen können.*

Um die Eigenschaften einer Grafikobjektvorlage oder einer Präsentationsobjektvorlage anzupassen, wählen Sie diese im Fenster *Formatvorlagen* mit der rechten Maustaste an. Sobald Sie im Kontextmenü auf den Befehl *Ändern* klicken, öffnet sich das Eigenschaftenfenster mit den Registerkarten, auf denen sich die Eigenschaften anpassen lassen. Auf diese Weise lässt sich z.B. die Schriftfarbe oder der Schriftgrad einer Gliederungsebene für Präsentationselemente anpassen.

15.3 Bearbeiten der Seiteninhalte

Der folgende Abschnitt befasst sich mit den Impress-Funktionen zum Bearbeiten und Einfügen der Seiteninhalte.

15.3.1 Textinhalte eingeben

Die Texteingabe in die Seiten einer Präsentation ist sehr einfach: Ein mit »Titel durch Klicken hier einfügen« oder »Gliederung durch Klicken hier einfügen« markiertes Element muss lediglich angeklickt werden. Anschließend können Sie das Element mit Text füllen.

Bereits mit Text versehende Elemente wählen Sie ebenfalls mit einem Mausklick an. Anschließend lässt sich die Schreibmarke im Textelement positionieren und Sie können anschließend Zeichen einfügen, löschen oder überschreiben. Es stehen Ihnen die aus dem Writer bekannten Techniken zur Texteingabe zur Verfügung.

Möchten Sie bestimmte dynamische Informationen wie den Autornamen, das aktuelle Datum etc. in die Seiten einer Vorlage übernehmen? Dann klicken Sie auf die betreffende Stelle im Textelement und rufen den Menübefehl *Einfügen/Feldbefehl* auf. Im Untermenü lassen sich dann verschiedene Feldbefehle (Seitennummer, Datum, Autorname etc.) abrufen.

INFO

Die AutoKorrektur wird fehlerhaft eingegebene Texte in Impress direkt korrigieren. Zudem können Sie die Inhalte einer Seite über die Rechtschreibprüfung (Menübefehl Extras/Rechtschreibung*) auf Schreibfehler analysieren lassen. Details lassen sich ggf. in Teil 2 dieses Buches zum Writer nachlesen.*

15.3.2 Elemente markieren, einfügen, kopieren, löschen, verschieben

Um Elemente einer Seite zu bearbeiten, müssen diese markiert oder selektiert werden (Abbildung 15.17). Klicken Sie auf ein Zeichenelement, wird dieses zum Bearbeiten selektiert. Sie erkennen dies an einem schraffierten Rahmen, der um das Objekt gezogen wird.

Bei einem selektierten Objekt können Sie dessen Inhalt (z.B. Text) bearbeiten. Klicken Sie auf die schraffierte Rahmenlinie um das Objekt, wird dieses lediglich markiert. Der Selektionsrahmen verschwindet.

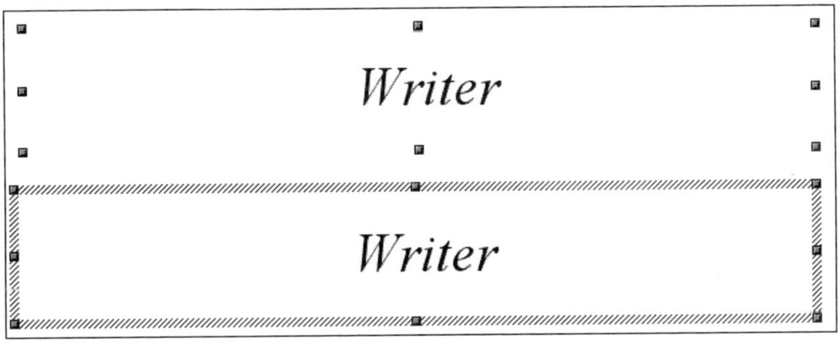

Abbildung 15.17: Markiertes (oben) und zum Bearbeiten selektiertes (unten) Element

Auf selektierte oder markierte Objekte sind folgende Funktionen anwendbar:

- Zum Anpassen der Objektgröße verschieben Sie die Ziehmarken des markierten oder selektierten Elements per Maus.
- Um ein Objekt innerhalb der Folie zu verschieben, klicken Sie auf den Selektionsrahmen. Es erscheint kurzzeitig eine gestrichelte Linie und das Objekt wird markiert (die Linie verschwindet, aber die Ziehmarken bleiben sichtbar). Anschließend können Sie das nun markierte Objekt per Maus an beliebige Positionen in der Seite ziehen (verschieben).
- Markierte Objekte können Sie über die Schaltflächen *Ausschneiden* und *Kopieren* der *Standard*-Symbolleiste bzw. über die gleichnamigen Befehle im Menü *Bearbeiten* sowie über die Tastenkombinationen [Strg] + [X] und [Strg] + [C] in die Zwischenablage überführen. Anschließend lässt sich der Inhalt der Zwischenablage über [Strg] + [V], über den Befehl *Einfügen* des Menüs *Bearbeiten* sowie über die Schaltfläche der *Standard*-Symbolleiste in die aktuelle Seite einfügen.

Beim Macintosh müssen Sie bei Verwendung der im letzten Punkt angegebenen [Strg]-Taste die [MacBef]-Taste verwenden.

HALT

Wenn Sie ein Textobjekt ausschneiden und es bleibt ein Platzhalter der Art »Titel durch Klicken hier einfügen« auf der Seite zurück, überlagert Impress beim Einfügen aus der Zwischenablage den Platzhalter und das Textobjekt. Als Folge werden beide Texte (des Platzhalters und des Textelements) übereinander ausgegeben. Sie müssen dann das oberste Objekt markieren, etwas verschieben, den Platzhalter markieren und anschließend löschen.

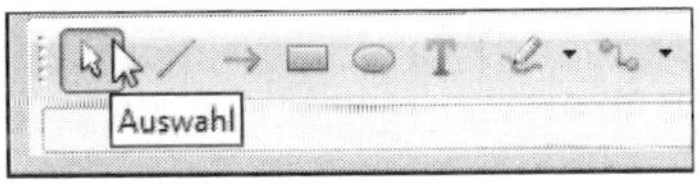

Abbildung 15.18: *Auswahl*-Schaltfläche

TIPP

Falls Sie mit dem Markieren eines Objekts Probleme haben, hilft ein Trick: Wählen Sie in der Zeichnen-*Symbolleiste die Schaltfläche* Auswahl *(Abbildung 15.18). Anschließend klicken Sie auf einen Punkt der Seite und ziehen bei gedrückter linker Maustaste einen Markierungsrahmen auf. Alle im Markierungsrahmen befindlichen Objekte werden dann mit Ziehmarken ausgestattet.*

15.3.3 Gruppieren, Anordnen und Ausrichten von Elementen

Standardmäßig sind die Elemente (Objekte) einer Impress-Seite durch die Platzhalter der Auto-Layouts bereits ausgerichtet. Zudem kommt es selten zu Überlagerungen von Objekten, sodass Sie auch keine Anordnung im Vordergrund oder Hintergrund benötigen. Trotzdem besitzt Impress in der *Zeichnen*-Symbolleiste Schaltflächen (*Ausrichtung, Anordnen*). Sie können einzelne Elemente markieren und dann linksbündig, rechtsbündig oder zentriert ausrichten. Zudem besteht die Möglichkeit, markierte und überlagerte Elemente nach vorne oder nach hinten anzuordnen. Außerdem können Sie einzelne Objekte markieren und zu einer Gruppe zusammenfassen. Dies ist hilfreich, wenn Sie manuell Zeichenobjekte zu einer Impress-Seite hinzufügen. Da die betreffenden Funktionen auch in Draw vorhanden sind und dort häufiger angewandt werden, lesen Sie bei Bedarf in *Kapitel 17* (Abschnitt »Ausrichten von Elementen«) nach, wie sie sich handhaben lassen.

15.3.4 So lassen sich Textelemente formatieren

Die Auto-Layouts und Vorlagen weisen den Textelementen bereits Zeichen- und Absatzformate zu. In eine Seite eingefügte Textelemente lassen sich aber, ähnlich wie im Writer oder in Calc, mit individuellen Zeichenformaten versehen. Um den Text in einer Seite zu formatieren, gehen Sie folgendermaßen vor:

1. Wählen Sie das Textelement per Mausklick an, um dieses zu selektieren.
2. Markieren Sie bei Bedarf den zu formatierenden Text im Textelement.
3. Weisen Sie anschließend das gewünschte Format über die Formatschaltflächen zu.

Impress verwendet dabei weitgehend die aus dem Writer bekannten Schaltflächen zur Textformatierung. Abbildung 15.19 zeigt einen Dokumentausschnitt mit den Schaltflächen der Objektleiste zur Formatierung von Textelementen.

Abbildung 15.19: Zuweisen der Formate für Textelemente

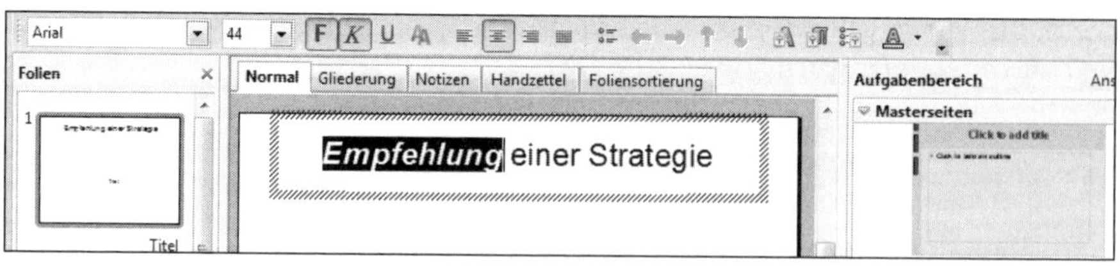

- Verwenden Sie die in Abbildung 15.19 aufgeführten Schaltflächen, um den Text fett, kursiv und unterstrichen anzuzeigen. Bei entsprechend formatierten und markierten Texten hebt die Anwahl der Schaltflächen die Formatierung wieder auf.

- Die Schriftart sowie den Schriftgrad können Sie über die beiden am linken Rand der *Format*-Symbolleiste befindlichen Listenfelder zuweisen. Achten Sie dabei auf die Verwendung serifenloser Schriften und nutzen Sie Schriftgrade größer als 36 Punkt.
- Wird die Schaltfläche *Schriftfarbe* etwas länger angeklickt, öffnet diese die Abreißleiste *Zeichenfarbe* mit einer Farbpalette. Klicken Sie auf ein Farbfeld, wird die Schriftfarbe des markierten Textbereichs angepasst. Sind keine Zeichen markiert, ändert Impress die Schriftfarbe des kompletten Worts.
- Die Ausrichtung der Absätze im Textelement lässt sich über eine Gruppe von vier Schaltflächen linksbündig, rechtsbündig, zentriert und im Blocksatz formatieren. Auch hier gibt es keine Unterschiede zum Arbeiten mit dem Writer. Bei Präsentationsseiten sollten Sie aber wegen der häufig auftretenden vergrößerten Wortzwischenräume auf Blocksatz verzichten.
- Markierte Absätze in Textelementen lassen sich über die Schaltfläche *Aufzählungsliste ein/aus* mit Schmuckpunkten versehen. Besitzt ein Absatz bereits einen Schmuckpunkt, wird dieser beim erneuten Anwählen der Schaltfläche entfernt.
- Die Art des Schmuckpunkts lässt sich wählen, indem Sie auf die Schaltfläche *Nummerierung und Aufzählungszeichen* klicken. Im dann geöffneten Dialogfeld *Nummerierung und Aufzählungszeichen* können Sie ein Aufzählungssymbol wählen oder über die Registerkarte *Bullet* auch eine Nummerierung zuweisen. Lesen Sie ggf. in *Kapitel 4*) nach, was es an Details zu wissen gibt.
- Die beiden Schaltflächen mit dem nach rechts/links zeigenden Pfeil lassen sich auf Aufzählungsabsätze anwenden. Dann wird die Gliederungsebene erhöht bzw. erniedrigt. Je nach Format der betreffenden Ebene zieht Impress die Absätze ein und versieht diese mit einem anderen Schmuckpunkt. Dies ermöglicht Ihnen, gestufte Aufzählungen zu realisieren (Abbildung 15.20).

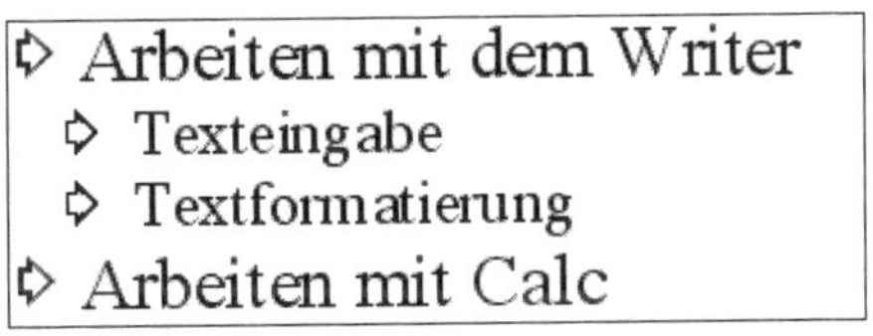

Abbildung 15.20: Gestufte Aufzählung

INFO

Je nach gewählter Vorlage sind die Schaltflächen zum Einziehen jedoch gesperrt. Klicken Sie auf einen Aufzählungsabsatz und drücken Sie die ⇥*-Taste zum Einrücken.*

- Die beiden Schaltflächen mit dem nach oben/unten zeigenden Pfeil ermöglichen Ihnen, markierte Textabsätze vertikal nach oben oder unten zu schieben. Impress tauscht dann die Reihenfolge einer Aufzählungssequenz, indem der markierte Absatz mit dem darüber oder darunter liegenden Absatz getauscht wird.

Reichen Ihnen diese Schaltflächen zur Formatierung nicht aus, können Sie Textelementen auch individuelle Zeichen- und Absatzformate zuweisen. Hierzu lassen sich die beiden am rechten Rand der *Format*-Symbolleiste befindlichen Schaltflächen *Zeichen* und *Absatz* anwählen (Abbildung 15.19). Alternativ können Sie im Kontextmenü oder im Menü *Format* die Befehle *Zeichen* und *Absatz* verwenden.

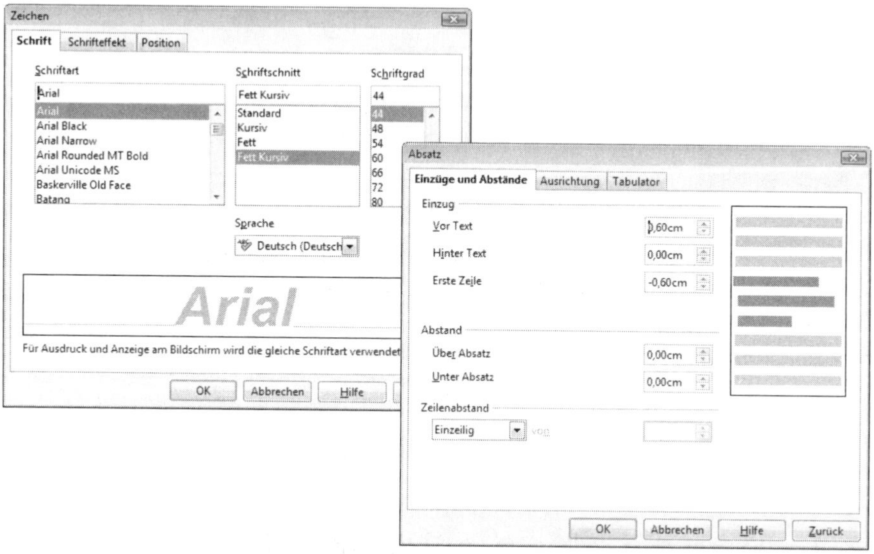

Abbildung 15.21: Anpassen der Zeichen- und Absatzformate

Impress öffnet dann das Eigenschaftenfenster mit den Registerkarten zum Anpassen des Absatz- oder Zeichenformats (Abbildung 15.21). Da die Registerkarten wie beim Writer aufgebaut sind, können Sie die Details zur Handhabung in *Kapitel 3* nachlesen.

15.3.5 Bemerkungen zu Schriftarten und Formatierungen

Sofern Sie auf die Vorlagen aus Impress zurückgreifen, gibt es kaum eine Notwendigkeit zur manuellen Formatierung der Textelemente. Die Auto-Layouts enthalten bereits die richtigen Schriftgrade und Farben für die betreffenden Textelemente. Zudem lassen sich die Formate der Gliederungsebenen zentral in der Hintergrundansicht anpassen.

Impress verwendet in den Vorlagen Schriftarten wie Albany und Thorndale, die eigentlich auf allen Plattformen vorhanden sein sollten. Bei Thorndale handelt es sich um eine Serifenschrift, die der Empfehlung zur Verwendung serifenloser Schriften (z.B. Albany) entgegenläuft. Bei eigenen Formaten können Sie zu Schriftarten wie Albany, Andale Sans, Arial Black, Lucida Sans zurückgreifen. Diese Schriftarten werden bei StarOffice sowohl unter Windows als auch unter Linux installiert.

Beim Entwurf eigener Präsentationsseiten empfiehlt sich Zurückhaltung bezüglich der Textformatierung. Verwenden Sie eine serifenlose Schrift mit Schriftgraden ab 36 Punkt. Auszeichnungen wie fett, unterstrichen oder kursiv stören den Lesefluss und sollten nicht oder nur sparsam benutzt werden. Sie können die Textinhalte mit Schmuckpunkten, durch Einrückungen oder farblich hervorheben. Achten Sie bei der Wahl der Schriftfarbe auf einen guten Kontrast zum Hintergrund und bedenken Sie, dass die Texte beim Ausdruck meist in Graustufen gewandelt werden. Dunkle Schriftfarben vor hellem Hintergrund eignen sich daher besser als helle Schriften vor dunklen Hintergründen. Zudem sparen helle oder weiße Hintergründe beim Drucken Tinte bzw. Toner.

Abbildung 15.22: Fehler bei der Darstellung von Schriften

INFO

Tauschen Sie Impress-Präsentationsdokumente zwischen verschiedenen Betriebssystemplattformen oder mit StarOffice aus, kann es beim Laden der Seiten vorkommen, dass aufgrund nicht kompatibler Schriftarten Darstellungsprobleme auftreten (Abbildung 15.22). Die schnelle Lösung besteht darin, die Texte zu markieren und ihnen z.B. eine unter Linux in OpenOffice.org verfügbare Schriftart zuzuweisen. Leider korrigiert dies nicht das generelle Problem der fehlenden Schriftarten. Sie sollten daher, sofern verfügbar, die betreffenden Schriften einrichten. Bei Linux können Sie nachsehen, ob sich die Schriften ggf. über die Druckerverwaltung nachrüsten lassen.

15.4 Exportieren einer Präsentation

Neben der Speicherung einer Präsentation in Fremdformaten für Microsoft PowerPoint und ältere StarOffice-Versionen unterstützt Impress auch den Export in die Formate HTML, PDF und Flash.

15.4.1 Export als PDF-Dokument

Um eine Präsentation aus Impress in das Adobe PDF-Format zu überführen, stehen Ihnen verschiedene Möglichkeiten zur Verfügung.

- Wählen Sie in der *Standard*-Symbolleiste des Dokumentfensters die Schaltfläche zum PDF-Export (Abbildung 15.23, Hintergrund). Dann fragt Impress den Dateinamen zum Export ab und speichert anschließend alle Seiten in der Ausgabedatei.
- Wählen Sie im Menü *Datei* den Befehl *Exportieren als PDF*, erscheint ebenfalls der in Abbildung 15.23, Vordergrund, gezeigte Dialog zur Auswahl des Dateinamens und des Zielverzeichnisses. Nach dem Anklicken der Schaltfläche *Exportieren* gelangen Sie aber zum Dialogfeld *PDF Optionen* (Abbildung 15.24). Sie können dort die zu exportierenden Seiten sowie die Komprimierung vorgeben.
- Der Befehl *Exportieren* im Menü *Datei* öffnet direkt das Dialogfeld *Exportieren* (Abbildung 15.23, Vordergrund). Sie müssen dann als Dateityp »PDF – Portable Document Format (.pdf)« wählen, bevor Sie das Zielverzeichnis und den Dateinamen für die Exportdatei vorgeben. Beim Schließen erscheint ebenfalls das in Abbildung 15.24 gezeigte Dialogfeld zur Auswahl der PDF-Optionen.

Abbildung 15.23: Export einer Präsentation

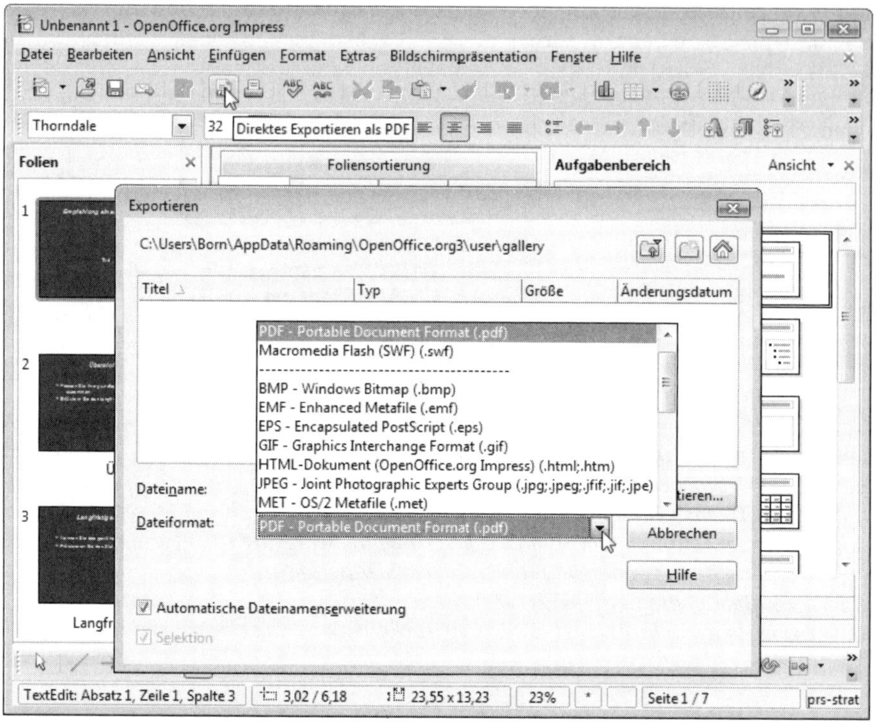

Um also verschiedene Seiten einer Präsentation in eine PDF-Datei zu exportieren, müssen Sie die Befehle *Exportieren* oder *Exportieren als PDF* im Menü *Datei* wählen. Markieren Sie anschließend die Option *Bereich* auf der Registerkarte *Allgemein* des Dialogs *PDF Optionen* (Abbildung 15.24) und tippen Sie die Seitenzahlen im Format »3-6« für Seitenbereiche oder getrennt durch Semikola »7;9;11« für Einzelseiten ein. Bei Impress werden die benannten Seiten der Präsentation fortlaufend durchnummeriert. Die Seitenangabe »2-4« exportiert daher die zweite, dritte und vierte Seite der Präsentation.

INFO

Um Teile eines Dokuments in eine PDF-Datei zu exportieren, markieren Sie diese im Dokument und wählen anschließend im Dialogfeld PDF Optionen *auf der Registerkarte* Allgemein *die Option* Auswahl. *Diese Option lässt sich hervorragend im Writer oder in Calc nutzen, um markierte Text- bzw. Zellbereiche in PDF-Dateien zu überführen. Bei Impress wird es aber häufig so sein, dass Elemente in der aktuellen Seite zum Bearbeiten gewählt sind. Markieren Sie beim Export die Option* Auswahl, *wird nur das gewählte Element (z.B. Textfeld) in die PDF-Datei übernommen. Daher verzichte ich in Impress auf diese Option und exportiere ggf. einzelne Seiten der Präsentation.*

Durch Markieren eines Optionsfelds in der Gruppe *Grafiken* auf der Registerkarte *Allgemein* des Dialogfelds *PDF Optionen* legen Sie die Qualität der Grafiken in der Ausgabedatei fest.

- *Verlustfreie Komprimierung:* Grafiken werden verlustfrei komprimiert, was aber zu größeren PDF-Dateien führt.

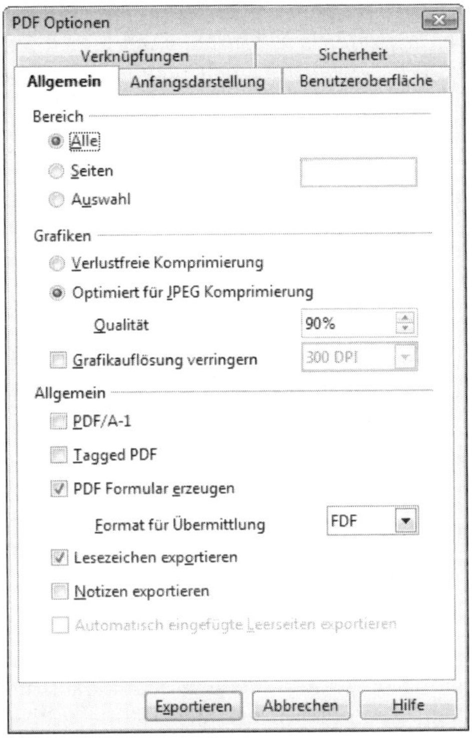

Abbildung 15.24: Auswahl der PDF-Optionen

- *Optimiert für JPEG Komprimierung:* Wählen Sie diese Option, wenn Grafiken im JPEG-Verfahren komprimiert in die PDF-Dokumentdatei eingefügt werden sollen. Bei der JPEG-Komprimierung können Sie noch den Qualitätsfaktor über ein Drehfeld vorgeben.
- *Grafikauflösung verringern:* Ist das Kontrollkästchen markiert, können Sie die Größe der Grafiken im Export weiter reduzieren, indem Sie die Auflösung von 1200 dpi auf 300, 150 oder 75 reduzieren.

Bei einem Export für die Druckvorstufe sollten Sie die Grafiken mit 1200 dpi Auflösung exportieren, während bei der Ausgabe auf lokalen Druckern häufig 150 oder 300 dpi ausreichen. In der Gruppe *Allgemein* der Registerkarte finden Sie Optionen, um Notizen, Lesezeichen und Formulardaten in den Export einzubeziehen.

- Das Kontrollkästchen *Tagged PDF* ermöglicht z.B., Sonder-Tags (für Inhaltsverzeichnis, Hyperlinks, Steuerelemente etc.) in entsprechende PDF-Tags zu exportieren. Dies lässt die Dateigröße aber immens ansteigen.
- Mit *Notizen exportieren* lassen sich Notizen von Writer- und Calc-Dokumenten als PDF-Anmerkungen exportieren. In Impress ist die Option weniger sinnvoll, da Notizen zu Folien nicht mit exportiert werden.
- Beim Arbeiten mit Formularen gibt das Kontrollkästchen *Format für Übermittlung* das Listenfeld mit den Ausgabeformaten frei. Hierbei gilt: PDF (sendet das gesamte Dokument), FDF (sendet den Inhalt der Steuerelemente). Zudem lassen sich die Formulardaten als HTML- und XML-Datei exportieren.

Der Export beginnt, sobald Sie die *Exportieren*-Schaltfläche des Eigenschaftenfensters betätigen.

INFO

Auf den restlichen Registerkarten finden Sie Optionen, um die Anfangsdarstellung des PDF-Dokuments, die Optionen zum Export von URLs etc. vorzugeben oder die Daten zu verschlüsseln. Zusätzliche Informationen zu den PDF-Optionen finden sich in Kapitel 10 – Details liefert die Hilfe-*Schaltfläche des Eigenschaftenfensters.*

15.4.2 Export als Flash-Dokument

Office unterstützt den direkten Export einer Präsentation in das Adobe/Macromedia Flash-Format aus Impress heraus.

1. Zum Exportieren einer Präsentation im Flash-Format rufen Sie den Menübefehl *Datei/Exportieren.*
2. Im Dialogfeld *Exportieren* öffnen Sie das Listenfeld für den Dateityp (Abbildung 15.23) und wählen den Eintrag »Macromedia Flash (SWF) (.swf)«.
3. Anschließend stellen Sie das Zielverzeichnis im Dialogfeld ein und geben den Dateinamen für die Exportdatei vor.

Sobald Sie das Dialogfeld über die *Speichern*-Schaltfläche schließen, wird die Präsentation mit allen Seiten in einer Flash-Datei mit der Endung *.swf* gesichert.

Anzeige der Flash-Dateien

Macromedia Flash-Dateien im *.swf*-Format lassen sich in einem Webbrowser (Internet Explorer unter Windows oder Mozilla unter Linux) anzeigen, sofern der Macromedia Flash-Player installiert ist. Sie können die folgende Codesequenz benutzen, um eine Flash-Datei in eine HTML-Seite zu integrieren. Der Name der zu verwendenden Flash-Datei ist als Parameter im Listing fett hervorgehoben.

```
<html>
<head>
<body>
<center>
<h2>Flash-Player</h2>
<object classid="clsid:D27CDB6E-AE6D-11cf-96B8-444553540000"
codebase=
"http://download.macromedia.com/pub/shockwave/cabs/flash/swflash.cab#version=6
,0,0,0" width="640" height="480">
<param name="movie" value="Test.swf">
<param name="quality" value="high">
<embed name="emb" src="Test.swf" quality="high"
pluginspage="http://www.macromedia.com/go/getflashplayer" type="application/x-
shockwave-flash" width="640" height="480"></embed>
</object></center>
</body></html>
```

Wird die HTML-Datei im Browser aufgerufen, zeigt diese die integrierte Flash-Datei an (Abbildung 15.25).

Wenn Sie eine solche Datei ins Web stellen oder in einem Intranet anbieten, können andere Benutzer die Präsentation auch ohne Impress abrufen. Ein Mausklick auf den Flash-Teil der Webseite führt einen Seitenwechsel aus. Allerdings unterstützt Impress in der aktuellen Form keine Flash-Exporte mit automatisch ablaufenden Seitenwechseln.

Abbildung 15.25: Anzeige einer Flash-Datei im Browser

INFO

Sie können Flash-Dateien auch ohne HTML-Dokument in einem Browser mit Flash-Plug-In anzeigen. In Windows reicht es, den Internet Explorer zu starten. Dann können Sie die .swf-*Datei direkt in das leere Browserfenster ziehen. Unter Linux starten Sie Mozilla/Firefox als Browser und laden dann die* .swf-*Datei über den Befehl* Öffnen *im Menü* Datei. *Bei Bedarf können Sie den Datentyp* .swf *für den Browser registrieren.*

Im Beispielarchiv Kap15 *finden Sie die Datei* ShowFlash.htm, *in der über den obigen Code die* .swf-*Datei* Test.swf *eingebunden wird. Die Datei* ShowFlash1.htm *enthält einen leicht modifizierten Code zum Einbinden des Flash-Objekts. Sie können diese Datei verwenden, um Flash-Präsentationen im Internet zu publizieren. Die Flash-Datei muss sich im gleichen Verzeichnis wie die HTML-Dokumentdatei befinden. Die Datei* GetFlash.htm *ist eher zum lokalen Testen von Flash-Exportdateien gedacht. Sie enthält zusätzlich eine Schaltfläche zur Auswahl beliebiger Flash-Dateien, die dann im Browser angezeigt werden. Allerdings funktioniert der in der HTML-Datei enthaltene Skriptcode nur im Internet Explorer unter Windows. Zudem blockiert der Internet Explorer die Ausführung der Flash-Dateien beim Laden einer lokalen HTML-Dokumentdatei. Sie müssen die Ausführung der aktiven Inhalte explizit über die Informationsleiste des Browsers zulassen.*

15.4.3 Export in HTML-Dokumente

Neben dem Export im PDF- und Macromedia Flash-Format unterstützt Office auch die Ablage der Präsentation als HTML-Dokument. Gegenüber Flash bietet dies den Vorteil, dass auch Benutzer ohne Flash-Erweiterung solche Seiten abrufen können. Zudem lassen sich automatisch ablaufende Präsentationen und mehr erzeugen.

1. Rufen Sie den Menübefehl *Datei/Exportieren* auf und stellen Sie im Dialogfeld *Exportieren* den Dateityp auf »HTML-Dokument (OpenOffice.org Impress) (.html;.htm)«.
2. Anschließend geben Sie den Zielordner und den Dateinamen für die Hauptdatei ein.

Wenn Sie die Schaltfläche *Speichern* anwählen, startet Impress den HTML-Export-Assistenten, der Sie durch die weiteren Schritte beim Export führt.

INFO

Der Exportfilter setzt die eigentlichen Präsentationsseiten in Grafikdateien im GIF- oder JPEG-Format um. Diese Dateien werden über HTML-Dateien zu einer Präsentation zusammengefasst. Für lokale Tests sollten Sie zum Export immer einen leeren Ordner zur Verfügung stellen. Dieser Ordner lässt sich dann später ggf. komplett ins Internet stellen oder nach Bedarf löschen.

Im Exportdialog findet sich auch der Dateityp XHTML, mit dem sich die Textinhalte der Präsentation in eine .html-*Datei im XHTML-Format überführen lassen. Dann unterbleibt der Aufruf des Assistenten. Allerdings ist unter Windows Vista die Implementierung des Export-Dialogs noch unsauber gelöst, so dass der Benutzer u.U. sowohl den Dateinamen und die Dateinamenerweiterung im Dialogfeld eingeben muss, um den Export vorzunehmen. Wann dieser, von mir an die Entwickler gemeldete, Fehler in OpenOffice.org 3 behoben wird, stand bei Drucklegung dieses Buches noch nicht fest.*

Schritt 1: Zuweisen eines Designs

Der HTML-Exportassistent arbeitet beim Export mit sogenannten Designs. In einem Design sind die Optionen zur Gestaltung der Webseiten gespeichert. Im Startdialog (Abbildung 15.26) können Sie durch Markieren der betreffenden Optionsfelder wählen, ob ein neues Design oder ein bestehendes Design zu verwenden ist.

Existierende Designs sind erst vorhanden, nachdem Sie mindestens eine Präsentation in das HTML-Format exportiert haben. Markieren Sie die betreffende Option, lässt sich eines der aufgeführten Designs verwenden. Der Exportassistent übernimmt dann die im Design enthaltenen Einstellungen. Da Sie sowohl bei neuen als auch bei bestehenden Designs durch die einzelnen Exportschritte geführt werden, können Sie die Vorgaben bestehender Design nachträglich anpassen.

INFO

Bei jedem HTML-Export besteht die Möglichkeit, ein Design anzulegen. Solche Designs lassen sich in der ersten Dialogseite des Assistenten anwählen und dann über die Schaltfläche Markiertes Design löschen *wieder entfernen. Über die Schaltflächen* Weiter *und* Zurück *lässt sich zwischen den einzelnen Schritten blättern.*

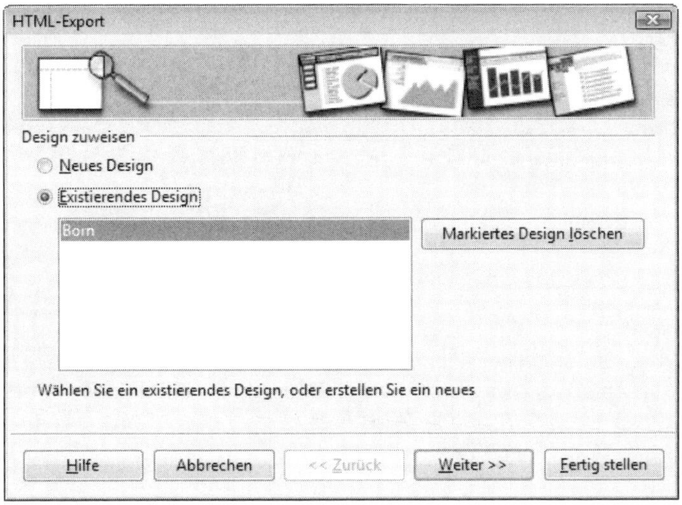

Abbildung 15.26: Zuweisen des Designs

Schritt 2: Art der Veröffentlichung festlegen

Der HTML-Exportassistent unterstützt den Export der Präsentation ins HTML-Format über verschiedene Ansätze (Abbildung 15.27).

- Sie können eine einfache Abfolge von Webseiten generieren lassen, bei denen sich über Schaltflächen oder Hyperlinks zwischen den Seiten der Präsentation blättern lässt. In diesem Fall wählen Sie im Dialog aus Schritt 2 das Optionsfeld *Standard HTML Format*. Über die Option *Standard HTML mit Frames* generiert der Exportassistent ein Frameset mit einem Navigationsbereich, einer Inhaltsübersicht und dem Anzeigebereich für die eigentliche Seite der Präsentation. Durch Markieren der beiden Kontrollkästchen können Sie bei beiden Varianten steuern, ob eine Titelseite mit einer Navigationsübersicht generiert und ob die Notizen unterhalb der Seite hinzugefügt werden sollen.
- Wählen Sie das Optionsfeld *Automatisch*, um einen zeitgesteuerten Seitenwechsel der Webseiten zu erreichen. Über zusätzliche Optionsfelder lässt sich wählen, ob die in der Präsentation enthaltenen Zeiten (*Wie im Dokument angegeben*) oder feste Zeiten zum Wechsel benutzt werden sollen. Bei gewählter Option *Automatisch* in der Gruppe *Seitenwechsel* lässt sich die Anzeigezeit der Seite vorgeben.

Wurde die Option *Automatisch* gewählt, generiert der Assistent im Header der HTML-Datei einen Tag:

```
<meta http-equiv="refresh" content="2; URL=Test1.html">
```

zum Aufruf der Dokumentdatei. Der Parameter *content* enthält die Wartezeit in Sekunden (hier 2 Sekunden) zum automatischen Wechsel zur angegebenen URL als auch die URL selbst. Bei Bedarf können Sie die Wartezeiten daher manuell in einem HTML-Editor oder im Office-Modul zur Erstellung von HTML-Dokumenten korrigieren.

Die Option *Webcast* in der Gruppe *Art der Veröffentlichung* ermöglicht Ihnen, Dateien für eine aktive Ausgabe (Push-Technologie) der Präsentation von einem Webserver zu den verbundenen Clients zu generieren. Über die Gruppe *WebCast*

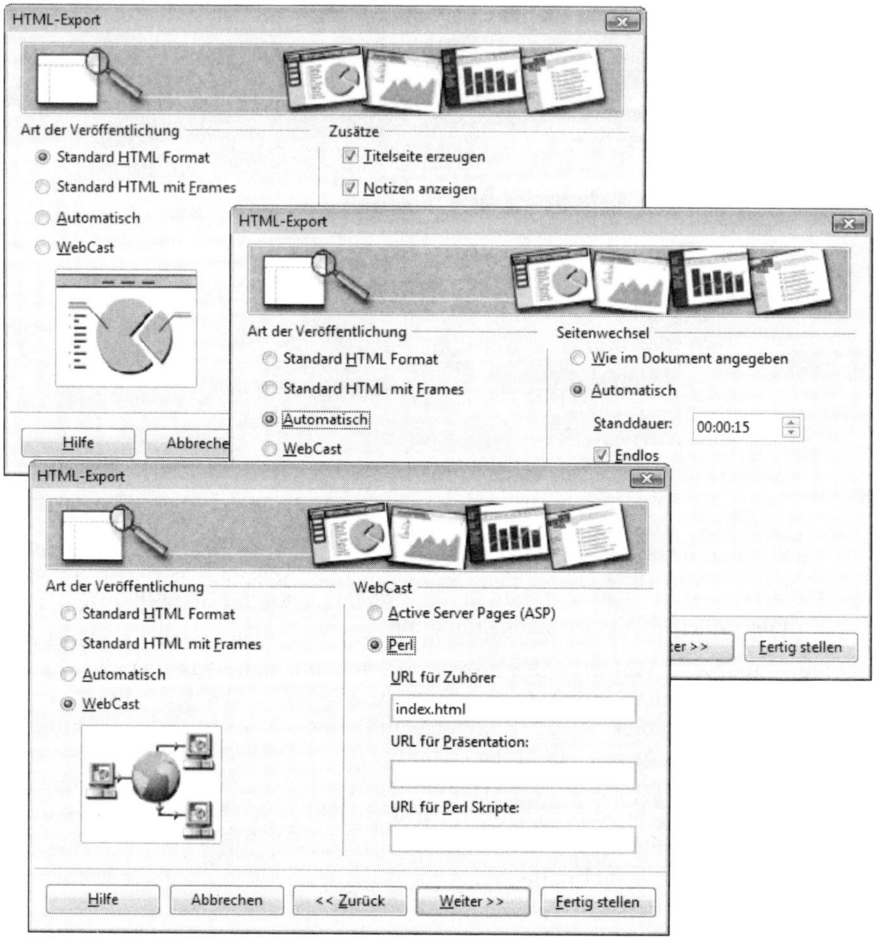

Abbildung 15.27: Art der Veröffentlichung festlegen

müssen Sie dann wählen, ob die Ausgabedateien als Active Server Pages (ASP) oder für Perl generiert werden. Bei Active Server Pages müssen die betreffenden Ergebnisdateien auf einen Microsoft IIS-Webserver hochgeladen werden. Dieser generiert für den Client dann die benötigten HTML-Seiten. Haben Sie die Option *Perl* gewählt, werden die drei Dialogfelder freigegeben. Das oberste Dialogfeld enthält den Namen der Indexdatei zum Abrufen der Hauptseite. In die beiden anderen Felder können Sie die URLs zur Ablage der Präsentationsdateien (Grafikdateien) und der Perl-Skripte eintragen.

Schritt 3: Grafikformate und Auflösung wählen

Die Inhalte der Seiten werden vom HTML-Exportassistenten als Grafikdateien (sowie als Text) in das Exportverzeichnis geschrieben. Die Grafikdateien können dabei im GIF-Format (bis 256 Farben), im PNG- oder im JPEG-Format abgelegt werden. Das Format wird über entsprechende Optionsfelder des Exportassistenten gewählt (Abbildung 15.28).

Abbildung 15.28: Auswahl der Grafikformate und der Auflösung

Weiterhin müssen Sie über die Optionsfelder der rechten Gruppe *Monitorauflösung* eine Größe für die zu exportierenden Bilder vorgeben. Beachten Sie, dass die Seite bei der gewählten Auflösung sowohl die Navigationselemente als auch die Seiteninhalte aufnehmen muss. Unter Berücksichtigung dieses Sachverhalts ist die Auflösung von 640 x 480 oder 800 x 600 Pixel zu wählen, um beim Benutzer ein häufiges Scrollen der Seiten zu vermeiden.

Schritt 4: Informationen für die Titelseite

Im Folgeschritt fragt der HTML-Exportassistent Informationen zur Gestaltung der Titelseite ab (Abbildung 15.29, links). In die betreffenden Felder können Sie den Namen des Autors, ggf. dessen E-Mail sowie einen Verweis auf die Homepage eintragen.

INFO

Falls Sie die Präsentation im HTML-Format ins Internet stellen, sollten Sie aber zurückhaltend bezüglich der Eingabe der E-Mail-Adresse sein. Enthält die Seite eine E-Mail-Adresse im HTML-Format, besteht die Gefahr, dass diese durch Adressensammler abgefischt und an Spam-Versender weitergegeben wird.

Schritt 5: Auswahl der Navigationsschaltflächen

Falls Sie als Ausgabetyp Webseiten oder Webseiten mit Frames gewählt haben, erzeugt der HTML-Exportassistent mehrere Navigationselemente innerhalb der Webseiten. In einem eigenen Dialogschritt erhalten Sie Gelegenheit, die Form der Navigationsschaltflächen auszuwählen (Abbildung 15.29, rechts). Dieser Schritt ist beim WebCasting und im automatischen Modus nicht verfügbar.

Schritt 5: Auswahl des Farbschemas

Bei Verwendung von Navigationselementen (Hyperlinks) können Sie über das in Abbildung 15.30 gezeigte Dialogfeld wählen, mit welchen Farben der Browser Texte und Hyperlinks darstellen soll.

Abbildung 15.29: Informationen für die Titelseite und den Schaltflächenstil

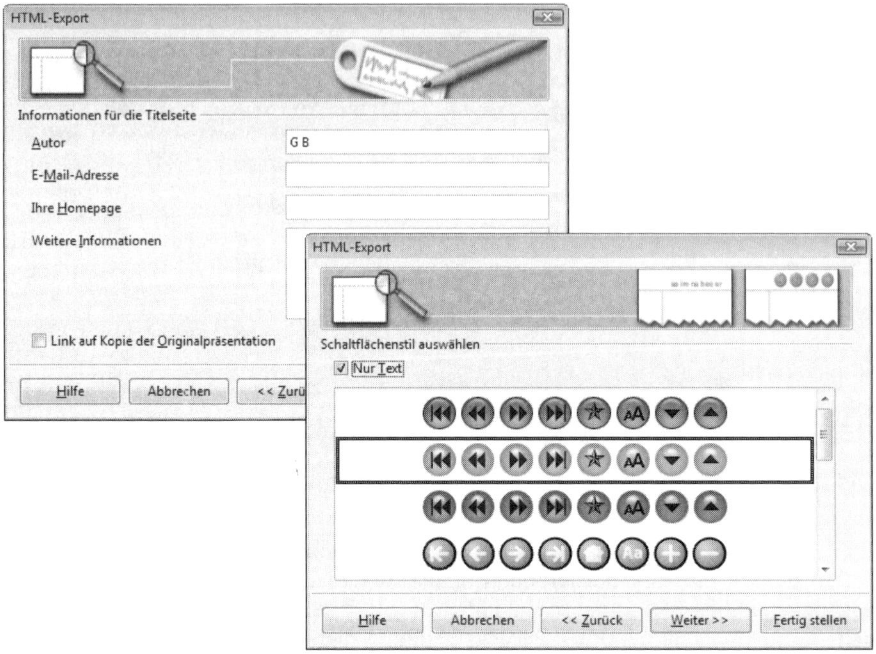

Wählen Sie bei Bedarf das Optionsfeld *Eigenes Farbschema verwenden*. Anschließend können Sie über die auf dem Dialogfeld angezeigten Schaltflächen die Farben für Text und Hyperlinks wählen. Die Schaltfläche *Hintergrund* setzt die Hintergrundfarbe des HTML-Dokuments. Der Hintergrund der Präsentationsseite bleibt aber in der Form erhalten, wie er in der Präsentation vorhanden war.

Abbildung 15.30: Festlegen eines Farbschemas

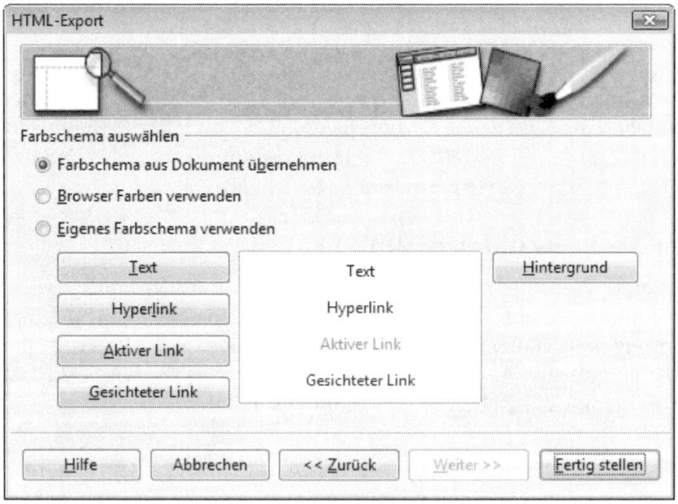

Schritt 6: Erstellen der Exportdateien

Sobald die Schaltfläche *Weiter* gesperrt wird, liegen keine weiteren Dialoge mehr vor. Klicken Sie auf die *Fertig stellen*-Schaltfläche, fragt der Assistent in einem Dialogfeld (Abbildung 15.31) nach, ob die gewählten Einstellungen als Design zu speichern sind. Geben Sie ggf. einen Namen ein und bestätigen Sie dies über die *Speichern*-Schaltfläche. Falls die Einstellungen nicht beibehalten werden sollen, klicken Sie auf *Nicht speichern*.

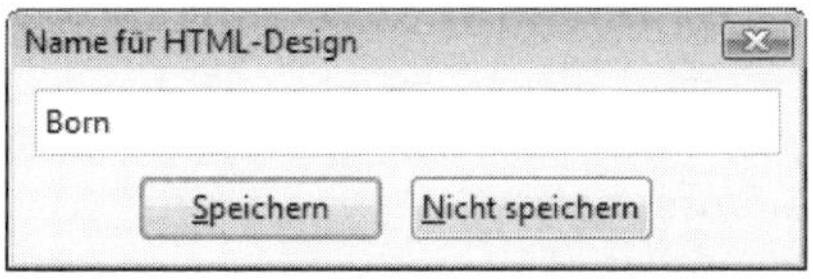

Abbildung 15.31: Name des HTML-Designs eingeben

Sobald der Export abgeschlossen ist, können Sie in einem Ordnerfenster zum Exportverzeichnis wechseln und die Hauptdatei (den Namen, den Sie im Dialogfeld *Export* angegeben haben) in einem Webbrowser aufrufen.

15.4.4 Export in Grafikdateien

Neben dem Export im PDF-, HTML- und Macromedia Flash-Format unterstützt Office auch das Speichern einzelner Seiten der Präsentation als Grafiken.

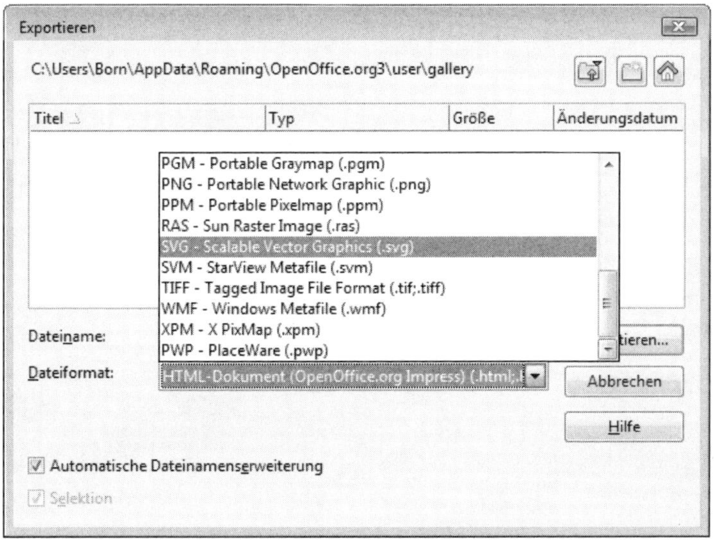

Abbildung 15.32: Grafikformate zum Export einer Präsentationsseite

1. Klicken Sie auf den Registerreiter der zu exportierenden Seite und rufen Sie den Menübefehl *Datei/Exportieren* auf.
2. Stellen Sie im Dialogfeld *Exportieren* den Zielordner ein und wählen Sie über das Listenfeld *Dateiformat* das gewünschte Grafikformat.
3. Geben Sie den Dateinamen ein und bestätigen Sie dies über die Schaltfläche *Exportieren*.

4. Je nach gewähltem Dateiformat erscheint dann ein Zusatzdialog, in dem Sie spezielle Eigenschaften des Grafikformats (z.B. Kompressionsfaktoren beim JPEG-Format) festlegen.

Bei TIFF, GIF, JPEG etc. handelt es sich um gängige Rasterformate (siehe *Kapitel 7*, Abschnitt »Ein paar Bemerkungen zu Grafikformaten«), die von den meisten Grafikprogrammen wiedergegeben werden können. Das SVG-Format stellt jedoch ein skalierbares Vektorformat dar, welches im XML-Format gespeichert ist. Zur Anzeige benötigen Sie entweder Grafikprogramme, die SVG unterstützen. Oder Sie greifen auf den SVG-Viewer der Firma Adobe zurück, der als Erweiterung im Browser installiert wird. Beim WMF-Format handelt es sich um das Windows-Meta-Format, welches Bitmaps, Texte und Vektoren speichern kann. Dieses Format wird z.B. für ClipArts benutzt.

INFO

Impress kann Grafikdateien nicht wieder als Präsentation einlesen. Es gibt jedoch die Möglichkeit, eine als Grafik exportierte Impress-Seite wieder als Grafikseite zu importieren. Dies wird im nächsten Kapitel gezeigt. Wählen Sie im Dialogfeld Öffnen *ein Grafikformat als Dateityp, wird die betreffende Datei direkt in Draw eingelesen.*

16 Fortgeschrittene Impress-Funktionen

Dieses Kapitel befasst sich im Speziellen mit Impress-Funktionen. Sie lernen z.B., wie Sie eigene Objekte (Texte, Figuren, OLE-Objekte) in Seiten einfügen oder welche Funktionen sich auf diese Objekte anwenden lassen. Zudem gehe ich auf spezielle Optionen bei der Präsentation und auf das Drucken von Präsentationen ein.

16.1 Grafiken und andere Objekte einfügen

In Impress können Sie Grafiken und andere Objekte (Tabellen, Diagramme, Linien- und Flächenelemente etc.) in Präsentationsseiten einfügen. Nachfolgend finden Sie Anleitungen zur Handhabung der betreffenden Funktionen.

16.1.1 Platzhalter ergänzen und Allgemeines zum Einfügen

Impress bietet Seitenlayouts, die bereits Platzhalter für Grafiken, Diagramme, Tabellen oder andere Objekte enthalten (Abbildung 16.1).

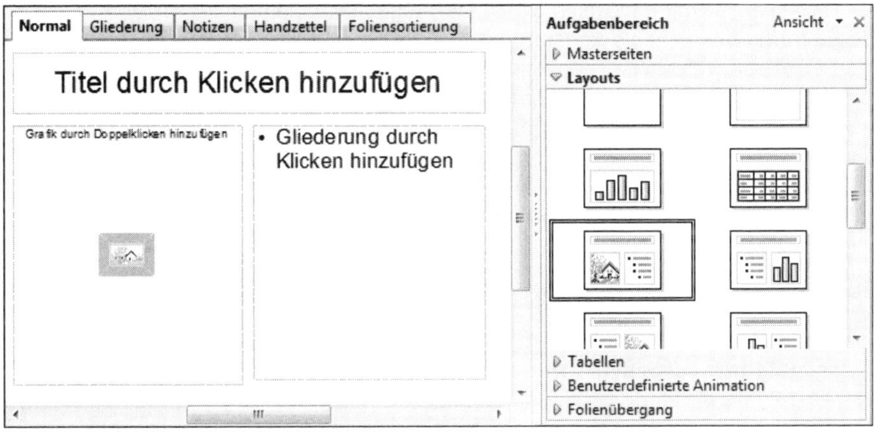

Abbildung 16.1: Auto-Layouts mit Text und anderen Objekten

Je nach gewählter Vorlage besitzen die einzelnen Folien bereits solche Platzhalter. Haben Sie eine neue leere Folie in eine Präsentation eingefügt und möchten grafische Elemente in die Seite aufnehmen?

1. Markieren Sie die betreffende Folie in der Spalte *Folien*.
2. Anschließend reicht es, in der Aufgabenleiste in der Rubrik *Layouts* ein entsprechendes Layout mit Platzhaltern für Diagramme, Grafiken oder Tabellen anzuklicken (Abbildung 16.1, rechte Spalte).

TIPP

Impress blendet einen Hinweis auf die im Layout enthaltenen Elemente in der Aufgabenleiste ein, sobald Sie auf ein Layout zeigen (Abbildung 16.1).

Wurde der Seite ein Layout zugewiesen, erscheint an der betreffenden Stelle ein Platzhalter zur Aufnahme des Elements. In Abbildung 16.1 sehen Sie im linken Teil der aktuellen Folie einen Platzhalter für eine Grafik. Sobald Sie auf den Platzhalter doppelklicken, führt Impress die Schritte zum Einfügen des Objekts in die Seite aus. Bezüglich der verschiedenen Typen gilt bei der Anwahl durch einen Doppelklick Folgendes:

- *Grafik:* Bei einem Platzhalter für Grafiken erscheint ein Dialogfeld (Abbildung 16.2), in dem Sie die einzufügende Grafikdatei auswählen. Nach dem Schließen des Dialogfelds wird die Grafikdatei anstelle des Platzhalters in die Seite eingefügt.
- *Tabelle:* War ein Platzhalter für eine Tabelle im Layout eingetragen, erzeugt ein Doppelklick auf den Platzhalter automatisch ein Tabellenobjekt und öffnet dieses zum Bearbeiten.
- *Diagramm:* Bei einem Diagramm-Platzhalter wird automatisch ein Diagramm in das Dokument eingefügt, welches Sie nachträglich bearbeiten können.
- *Objekt:* Ein Platzhalter für Objekte öffnet beim Doppelklicken ein Dialogfeld zur Auswahl des gewünschten Objekts. Danach wird das Objekt in die Seite eingefügt und lässt sich nachträglich bearbeiten.

Dieser Ansatz ist dann hilfreich, wenn Sie lediglich ein Element gemäß den Vorgaben des betreffenden Seitenlayouts aufnehmen möchten. Sie können aber jederzeit Zeichenelemente, Grafiken, Tabellen oder andere Objekte über die Befehle des Menüs *Einfügen* in eine Folie einfügen. Jedes dieser Objekte wird dann direkt, ohne weiteren Platzhalter, in die Seite aufgenommen. Abhängig vom Element können Sie dieses dann bearbeiten und dessen Eigenschaften anpassen. Die nachfolgenden Abschnitte befassen sich mit diesen Fragestellungen. Dort finden Sie auch Details zur Handhabung eingefügter Grafiken, Tabellen oder Diagramme.

16.1.2 Grafiken in Präsentationsseiten einfügen

Impress bietet verschiedene Möglichkeiten, um Grafiken in Präsentationsseiten einzufügen. Wurde ein Seitenlayout mit einem Platzhalter für Grafiken gewählt, reicht ein Doppelklick auf den Platzhalter zum Einfügen der Grafik (siehe vorheriger Abschnitt).

1. Andernfalls rufen Sie den Menübefehl *Einfügen/Bild* auf. Alternativ können Sie in der eingeblendeten Symbolleiste *Zeichnen* auf die Schaltfläche *Aus Datei* klicken.
2. Im dann angezeigten Dialogfeld *Bild einfügen* lässt sich das Quellverzeichnis und dann die Grafikdatei wählen (Abbildung 16.2).

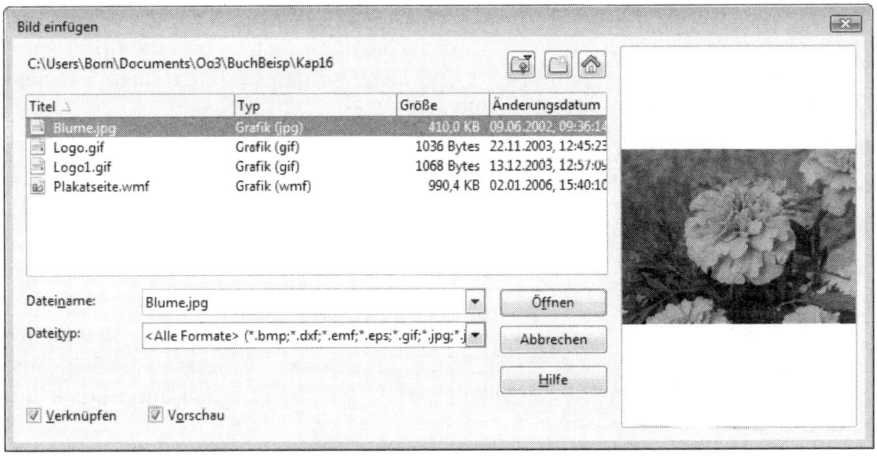

Abbildung 16.2:
Dialogfeld
Bild einfügen

Impress zeigt beim Dateityp » <Alle Formate> « die von Office unterstützten Bitmap- und Metafile-Formate. Ist die Option *Vorschau* im Dialogfeld markiert, sehen Sie ein Miniaturbild der gewählten Grafik. Über das Kontrollkästchen *Verknüpfen* lässt sich steuern, ob die Daten der Grafik oder nur ein Verweis (Verknüpfung) auf die Grafikdatei in die Impress-Dokumentdatei aufgenommen werden. Sobald Sie das Dialogfeld über die *Öffnen*-Schaltfläche verlassen, fügt Impress die Grafik als Objekt in die Seite ein (siehe Abbildung 16.3).

16.1.3 Objekte der Gallery in Präsentationsseiten einfügen

Zur Auflockerung Ihrer Präsentation bietet es sich an, die Seiten mit ClipArts oder anderen Elementen der Gallery anzureichern. StarOffice stellt z.B. Grafiken und ClipArts zu verschiedenen Themen zur Auswahl.

1. Klicken Sie in der am unteren Dokumentrand sichtbaren *Zeichnen*-Symbolleiste auf die Schaltfläche der Gallery (Abbildung 16.3).
2. Sobald die Gallery oberhalb des Dokuments angezeigt wird, wählen Sie in der Themenleiste den Eintrag für ein Thema.
3. Jetzt erscheinen die verfügbaren Grafiken im rechten Teilfenster und Sie können eine Grafik direkt aus der Gallery zur Präsentationsseite ziehen.

Die Grafik wird automatisch dort eingefügt (Abbildung 16.3) und kann über die Rahmen in der Folie positioniert sowie über die Ziehmarken in der Größe angepasst werden. In StarOffice stehen Ihnen neben dem Thema *Büro* zusätzliche ClipArts aus verschiedenen Kategorien (Kalender, Klima, Computer, Pfeile etc.) und sogar animierte Grafiken zur Verfügung.

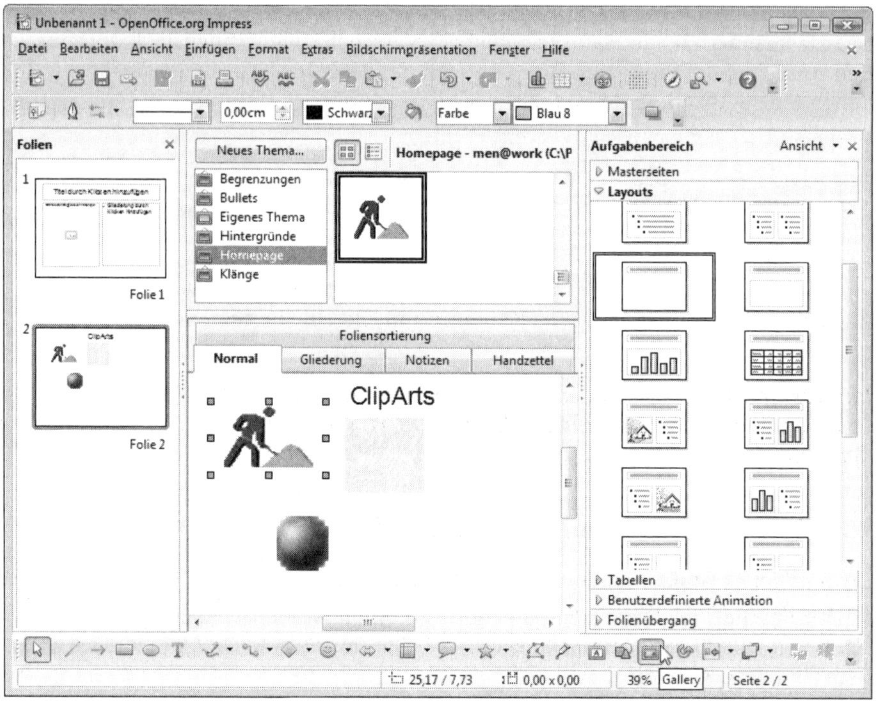

Abbildung 16.3: Einfügen von ClipArts in Präsentationen

16.1.4 Bearbeiten der Grafikobjekte

Wenn Sie ein Grafikobjekt per Mausklick markieren, lässt sich dieses in Größe und Position sowie in den Anzeigeeigenschaften anpassen. Die grünen Ziehmarken (Abbildung 16.4) können Sie per Maus verschieben und so die Größe der Grafik stufenlos anpassen. Zeigen Sie auf die markierte Grafik, können Sie das Objekt bei gedrückter linker Maustaste innerhalb der Seite verschieben.

Abbildung 16.4: Bildgröße anpassen

Zeigen Sie auf die markierte Grafik, können Sie das Objekt bei gedrückter linker Maustaste innerhalb der Seite verschieben. Natürlich stehen Ihnen auch die Funktionen Ausschneiden, Kopieren und Einfügen der Zwischenablage zur Verfügung, mit denen Sie die Grafik in der aktuellen Seite oder über Seiten- und Dokumentgrenzen hinweg verschieben oder kopieren können.

Über die rechte Maustaste lässt sich für die markierte Grafik ein Kontextmenü mit Befehlen zum Anpassen der Grafikeigenschaften öffnen. Über die in *Kapitel 17* (Abschnitt »Anordnen von Elementen in der Z-Achse«) beschriebene Funktion »Anordnen« (aufrufbar z.B. über das Kontextmenü) können Sie die eingefügte Grafik ggf. in den Hintergrund eines anderen Objekts verlagern. Zudem lässt sich eine Grafik horizontal und/oder über das Kontextmenü (Befehl *Spiegeln*) vertikal spiegeln.

INFO

Impress und Draw verwenden die gleichen Funktionen zum Bearbeiten eingefügter Grafiken. Weitere Funktionen zur Bearbeitung von Bitmap-Grafiken werden daher in den Kapiteln zu Draw (siehe z.B. Kapitel 18) beschrieben.

16.1.5 Verwenden einer Grafik als Wasserzeichen

Bei markierter Grafik blendet Impress ähnlich wie der Writer Elemente zum Einstellen der Anzeigeeigenschaften in der *Format*-Symbolleiste ein (Abbildung 16.5). Über die Werte können Sie den Farbton, die Helligkeit, den Kontrast und den Gammawert einstellen (Details lassen sich in *Kapitel 7*, Abschnitt »Die Grafikinhalte im Writer bearbeiten« nachlesen).

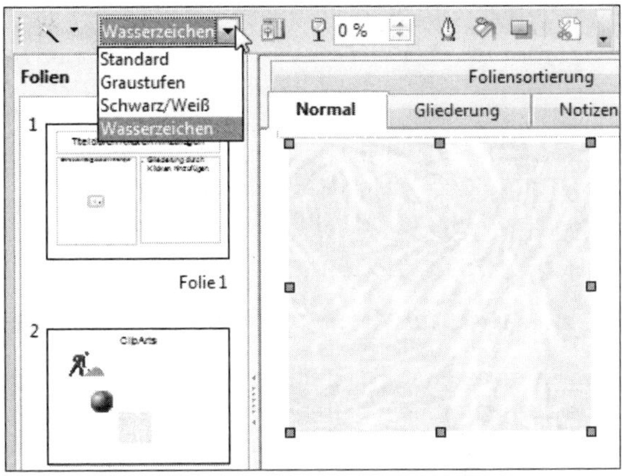

Abbildung 16.5: Anpassen der Grafikeigenschaften

Besonders interessant ist das Listenfeld mit den Anzeigeeigenschaften (in Abbildung 16.5 gerade geöffnet). Der Wert »Standard« zeigt die Grafik mit der Originalfarbtiefe an. Über »Graustufen« und »Schwarz/Weiß« können Sie eine Farbgrafik als Graustufenbild oder als Tonwertzeichnung darstellen. Alternativ lässt sich die Grafik über den Wert »Wasserzeichen« in den Dokumenthintergrund stellen. Diese Anzeige von Wasserzeichen funktioniert bei allen Office-Anwendungen und lässt sich durch Umsetzen des Werts auf »Standard« jederzeit zurücknehmen.

16.1.6 Grafik beschneiden

Ist die Grafik zu groß, lässt sie sich direkt in Impress beschneiden, d.h., Bildteile werden am Rand abgeschnitten. Mit OpenOffice.org 3.0 wurde dabei eine Neuerung eingeführt, die das Beschneiden recht intuitiv und komfortabel macht.

1. Markieren Sie die Grafik und klicken Sie in der *Bild*-Symbolleiste auf die Schaltfläche *Bild zuschneiden* (Abbildung 16.6, Hintergrund).
2. Anschließend können Sie die blau angezeigten Ziehmarken per Maus in das Bild schieben (Abbildung 16.6, Vordergrund unten).

Bereits beim Ziehen werden Beschnittlinien im Bild angezeigt. Sobald Sie die Maus loslassen, wird Impress die eingefügte Grafik entsprechend den Vorgaben beschneiden.

Abbildung 16.6: Beschneiden einer Grafik

16.1.7 Diagramme in Präsentationsseiten einfügen

Zum Einfügen eines Diagramms in eine Präsentationsseite wählen Sie am besten ein Auto-Layout mit dem betreffenden Platzhalter. Dann lässt sich das Diagramm durch einen Doppelklick auf den betreffenden Platzhalter einfügen. Alternativ können Sie den Menübefehl *Einfügen/Diagramm* aufrufen.

Impress fügt sofort ein bereits zum Bearbeiten markiertes Balkendiagramm in die betreffende Präsentationsseite ein (Abbildung 16.7, Hintergrund). Über die Ziehmarken lässt sich das Diagramm in der Größe anpassen. Weiterhin können Sie das Diagramm an den Linien des Selektionsrahmens per Maus zu beliebigen Positionen innerhalb der Seite ziehen.

Solange das Diagramm zum Bearbeiten selektiert ist, erscheinen in der *Format*-Symbolleiste Schaltflächen zur Bearbeitung der Diagrammeigenschaften (Abbildung 16.7). Über diese Schaltflächen können Sie die Legende, Achsenlinien etc. anpassen.

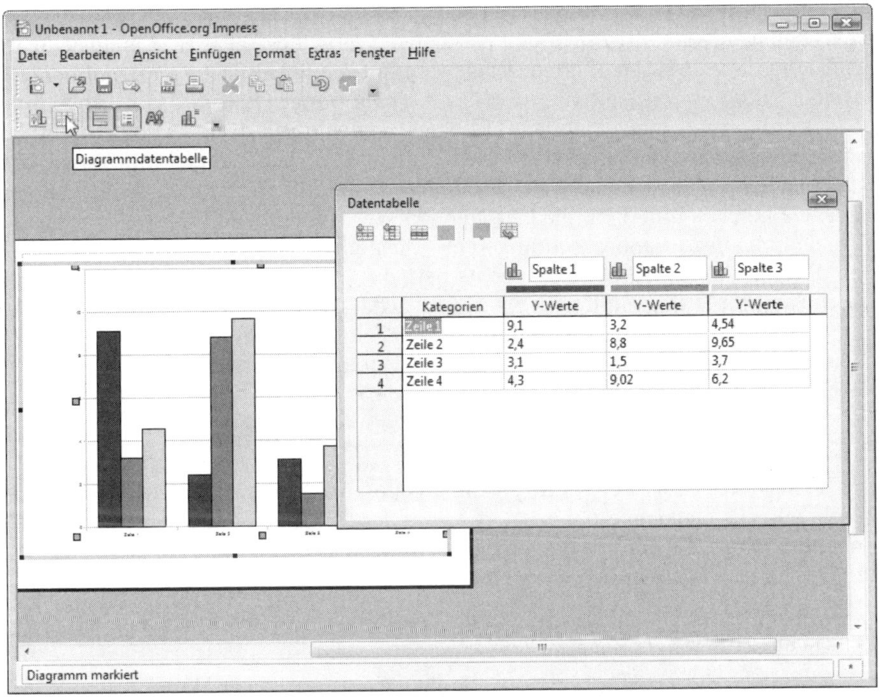

Abbildung 16.7: Folie mit eingefügtem Diagramm und Dialogfeld *Diagrammdaten*

16

- Um beispielsweise ein Kreisdiagramm zu erhalten, wählen Sie die Schaltfläche *Diagrammtypen*. Sobald das Dialogfeld mit den verfügbaren Diagrammarten erscheint, wählen Sie die Diagrammform, die Untervariante und die Option für 2D- oder 3D-Darstellung.
- Möchten Sie Datenbeschriftungen im Diagramm einblenden, stellen Sie sicher, dass das Diagramm selektiert ist. Dann klicken Sie außerhalb der Diagrammwand auf den Diagrammbereich. Es müssen alle Diagrammelemente innerhalb des Selektionsrahmens mit grünen Ziehmarken markiert sein. Wenn Sie anschließend das Kontextmenü mit der rechten Maustaste öffnen, lässt sich der Befehl *Objekteigenschaften* wählen. Auf den Registerkarten lassen sich dann die Eigenschaften des Diagramms (Achsenskalierung etc.) festlegen. Datenbeschriftungen blenden Sie auf der gleichnamigen Registerkarte ein.

Impress benutzt die gleichen Funktionen zur Gestaltung und Anpassung der Diagramme wie Calc. Details zu den verschiedenen Funktionen zur Diagrammbearbeitung können Sie daher in *Kapitel 12*, Abschnitt »Das Diagrammobjekt bearbeiten«, nachlesen.

Um ein Diagramm zu löschen, darf dieses nur markiert sein. Klicken Sie ggf. außerhalb des Diagramms auf eine Stelle der Präsentationsseite, um die Selektion aufzuheben. Anschließend klicken Sie erneut auf das Diagramm. Sobald die grünen Ziehmarken zu sehen sind, ist das Diagramm markiert. Dann reicht es, die Entf*-Taste zu drücken.*

Bei Impress gibt es einen Unterschied zu Calc: Die dem Diagramm zugrunde liegenden Daten werden intern von Impress als Tabelle verwaltet. Diese ist aber unsichtbar. Sie können aber bei selektiertem Diagramm auf die Schaltfläche *Diagrammdatentabelle* in der *Format*-Symbolleiste klicken. Dann öffnet Impress das in Abbildung 16.7, Vordergrund, eingeblendete Dialogfeld *Datentabelle*. Das Dialogfeld enthält eine Minitabelle mit vorgegebenen Daten. Zudem weist das Dialogfeld eine Reihe von Schaltflächen zur Bearbeitung der Diagrammdaten auf. Sie können die Zellen der Tabelle anklicken und dann die betreffenden Werte ändern. Auf diese Weise lassen sich auch die Legendenbeschriftungen des Diagramms anpassen. Änderungen werden über die im Dialogfeld ganz rechts befindliche Schaltfläche an das Diagramm übertragen. Im Dialogfeld finden Sie zudem Schaltflächen, um die Zeile oder Spalte einer markierten Zelle zu löschen oder neue Zeilen/Spalten hinzuzufügen. Auf diese Weise lässt sich die Zahl der Datenreihen im Diagramm anpassen.

16.1.8 Diagramme direkt aus Calc übernehmen

Die Fähigkeiten zur Verwaltung von Diagrammdaten sind in Impress etwas beschränkt. Es bietet sich daher an, die betreffenden Diagrammdaten in eine Calc-Tabelle einzutragen, dann in ein Diagramm umzusetzen und das Diagramm später in Impress zu übernehmen.

1. Legen Sie den Datenbereich in einer Calc-Tabelle an und lassen Sie daraus das gewünschte Diagramm erstellen.
2. Markieren Sie das Diagrammobjekt in der Calc-Tabelle per Mausklick. Das Diagramm darf nur mit grünen Ziehmarken versehen sein.
3. Fügen Sie mit der Tastenkombination Strg + C bzw. über die Schaltfläche *Kopieren* der Funktionsleiste eine Kopie in die Zwischenablage ein.
4. Wechseln Sie zur Impress-Präsentationsseite und fügen Sie den Inhalt der Zwischenablage über die Tastenkombination Strg + V bzw. über die Schaltfläche *Einfügen* der Funktionsleiste in die Seite ein.

Anschließend können Sie das Objekt markieren oder selektieren und wie oben beschrieben bearbeiten bzw. in der Seite positionieren.

INFO

Denken Sie beim Macintosh daran, statt der Strg*-Taste die* MacBef*-Taste in den obigen Tastenkombinationen zu verwenden.*

16.1.9 Eine Tabelle in die Präsentationsseite einfügen

Zur Visualisierung von Daten können Sie mit Tabellen arbeiten. Durch entsprechende Formatierung und Liniengitter lassen sich die Daten dann in ansprechender Form in die Präsentation aufnehmen. Impress stellt Ihnen eine Option zum Einfügen von Tabellen in Präsentationsseiten bereit, wobei intern die Calc-Funktionen benutzt werden. Zum Einfügen von Tabellen in eine Seite haben Sie zwei Möglichkeiten.

Einfache Tabelle zur Folie hinzufügen

Um eine simple Tabelle (wie z.B. im Writer) zur Aufnahme von Text oder anderen Elementen in eine Folie einzufügen, können Sie den Befehl *Tabelle* im Menü *Einfügen* verwenden. Dann fragt Impress in einem Dialog die Zahl der Zeilen und Spalten sowie weitere Tabellenoptionen ab und fügt anschließend eine einfache Tabelle in die Folie ein. Alternativ können Sie in der *Standard*-Symbolleiste die Schaltfläche *Tabelle* anklicken. Dann erscheint eine Palette zur Auswahl der Zellenzahl (Abbildung 16.8).

Anschließend können Sie die Tabelle über deren Ziehmarken in der Größe anpassen. Die bei selektierter Tabelle eingeblendete Symbolleiste *Tabelle* ermöglicht Ihnen zudem, die Hintergrundfarbe der Zellen oder andere Tabelleneigenschaften anzupassen und Zeilen/Spalten hinzuzufügen bzw. zu löschen (siehe auch *Kapitel 5*, Abschnitt »Arbeiten mit Tabellen«).

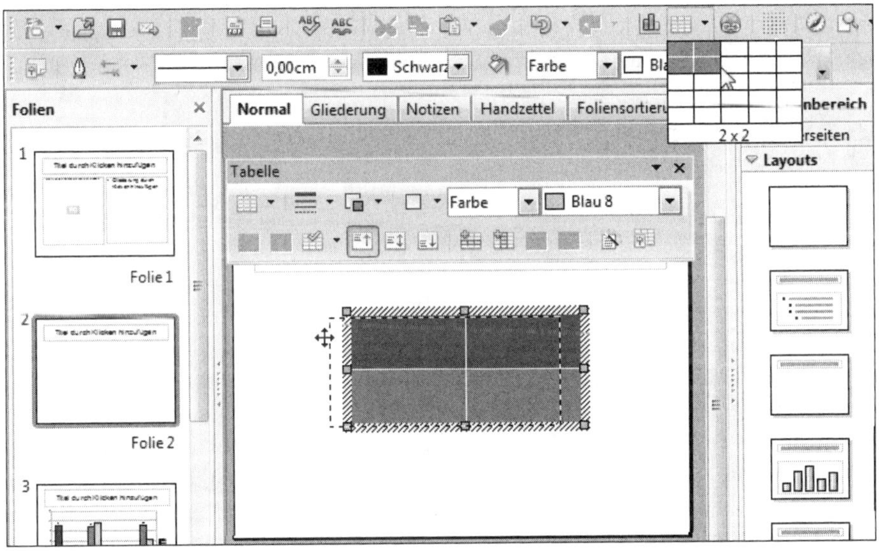

Abbildung 16.8: Tabelle in eine Präsentationsseite einfügen

Sobald die Tabelle angelegt wurde, lassen sich die Tabellenzellen anklicken und mit Text oder anderen Inhalten füllen.

Eine Kalkulationstabelle zur Folie hinzufügen

Soll eine Kalkulationstabelle, in der ggf. auch Berechnungen ausgeführt werden können, in die Folie eingefügt werden? Wählen Sie beim Anlegen der Seite das Auto-Layout, welches einen Titel sowie eine Tabelle als Platzhalter enthält. Dann reicht ein Doppelklick auf den Platzhalter der Tabelle, um ein Calc-Tabellenobjekt einzufügen.

Die eingefügte Tabelle ist automatisch als OLE-Objekt zum Bearbeiten selektiert (Abbildung 16.9). Sie können wie gewohnt die Zellen der Tabelle mit Werten füllen. Solange die Tabelle als Objekt zum Bearbeiten selektiert ist (die Tabellenstruktur ist sichtbar), stehen Ihnen die Calc-Funktionen zur Verfügung. Sie können also nicht nur Werte eingeben, sondern auch Berechnungsformeln einfügen und dem Zellbereich Formate zuweisen. Dies beinhaltet auch die Möglichkeit, Linien und Rahmen einzufügen, um die Tabellenstruktur später in der Präsentationsseite anzuzeigen (die normalen Gitterlinien werden ja bei der Anzeige unterdrückt). Ist die Tabelle fertig bearbeitet, klicken Sie auf eine Stelle außerhalb der Tabelle, um die Selektion aufzuheben.

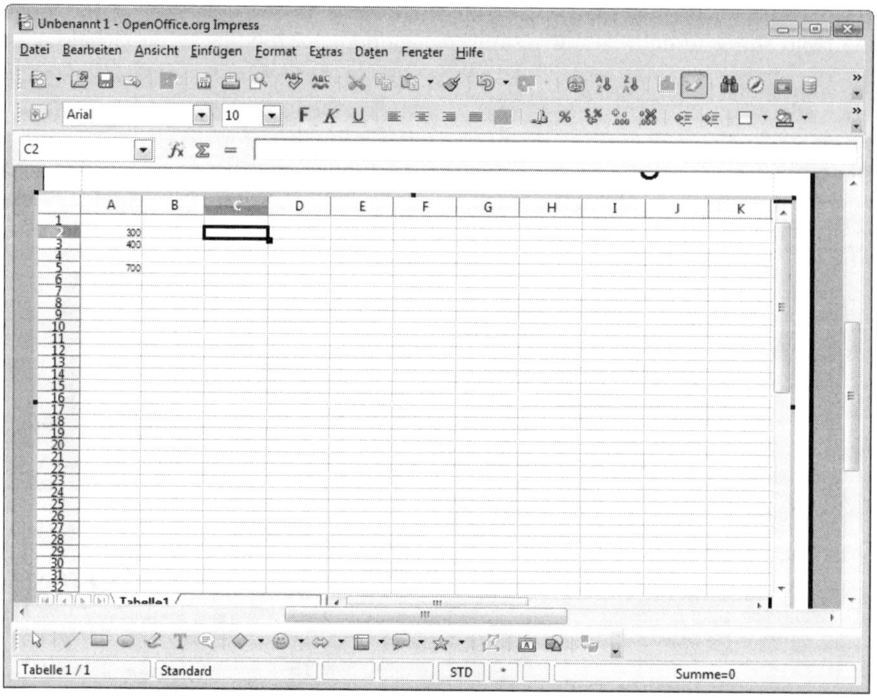

Abbildung 16.9: Folie mit Kalkulationstabelle

Darstellungsprobleme bei OLE-Tabellen beheben

An dieser Stelle möchte ich noch kurz auf das Darstellungsproblem mit den Tabellendaten eingehen. Eine als OLE-Objekt in die Seite eingefügte Tabelle wird in einer arg verkleinerten Form angezeigt (Abbildung 16.9). Sicherlich möchten Sie, dass die Werte der Tabelle in ähnlicher Größe wie die Beschriftung der Präsentationsseite erscheinen. Denken Sie daran, dass in einer Präsentation die Schriftgrößen typischerweise bei 36 Punkt liegen, während in Tabellen 10 bis 12 Punkt für die Zellwerte genutzt werden.

Sie müssen daher die Zellen der Tabelle markieren und das Zellformat so wählen, dass die Zellinhalte mit einem Schriftgrad von 28 bis 40 Punkt angezeigt werden. Passen die Zellinhalte nicht mehr in die Spalten, markieren Sie die Zellen und wählen im Menü *Format* die Befehle *Zeile* und *Spalte* sowie deren Untermenüeinträge *Optimale Zeilenhöhe* und *Optimale Zeilenbreite*. Dies passt die Zellabmessungen an. Zudem können Sie den Abstand des Zellinhalts zu den Zellrändern über das Zellformat erhöhen. Blenden Sie ein Gitter über Linien in den Zellen ein, um die Tabellenstruktur später in der Präsentation darzustellen. Abbildung 16.10 zeigt eine Folienseite mit einer derart modifizierten Kalkulationstabelle

INFO

Sie finden die Beispieldateien Folienbeispiele.odp *und* Objekte.odp *im Ordner* Kap16 *im Beispielarchiv. Die Seite* Tabelle *in* Objekte.odp *enthält z.B. eine besonders gestaltete Tabelle mit den vergrößerten Schriften.*

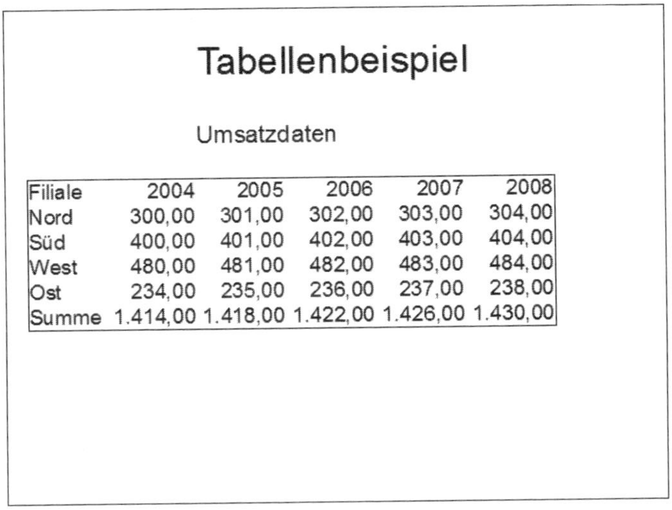

Filiale	2004	2005	2006	2007	2008
Nord	300,00	301,00	302,00	303,00	304,00
Süd	400,00	401,00	402,00	403,00	404,00
West	480,00	481,00	482,00	483,00	484,00
Ost	234,00	235,00	236,00	237,00	238,00
Summe	1.414,00	1.418,00	1.422,00	1.426,00	1.430,00

Abbildung 16.10: Folie mit angepasstem Tabellenobjekt

Tabellenausschnitt festlegen

Impress kann nur einen Ausschnitt der Kalkulationstabelle in der Folie darstellen. Sie werden daher häufig vor dem Problem stehen, mehr Spalten und Zeilen der Tabelle anzuzeigen.

Hier lauert bereits die erste Falle. Um den in der Präsentation sichtbaren Tabellenausschnitt in der Größe anzupassen, muss die Tabelle immer selektiert sein! Dann können Sie die Größe des Objektrahmens über die Ziehmarken per Maus verändern (Abbildung 16.11). Impress passt die Größe des sichtbaren Tabellenausschnitts an.

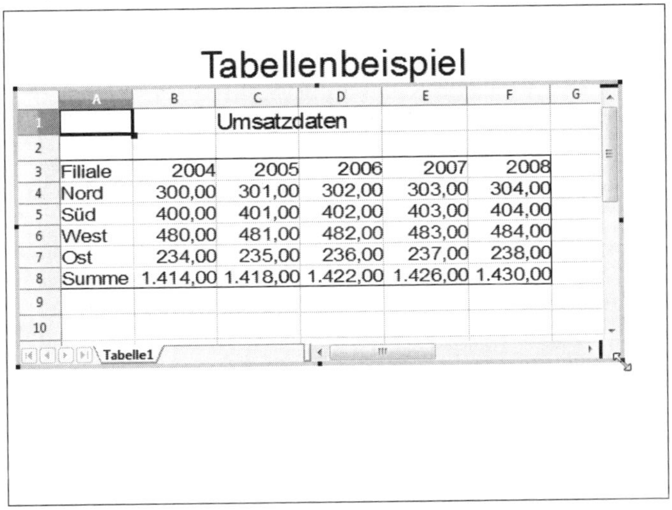

	A	B	C	D	E	F	G
1		Umsatzdaten					
2							
3	Filiale	2004	2005	2006	2007	2008	
4	Nord	300,00	301,00	302,00	303,00	304,00	
5	Süd	400,00	401,00	402,00	403,00	404,00	
6	West	480,00	481,00	482,00	483,00	484,00	
7	Ost	234,00	235,00	236,00	237,00	238,00	
8	Summe	1.414,00	1.418,00	1.422,00	1.426,00	1.430,00	
9							
10							

Abbildung 16.11: Tabellenausschnitt anpassen

Falls Sie aber die Selektion aufgehoben und dann die Tabelle markiert haben, sind ebenfalls (grüne Ziehmarken) zu sehen. Verändern Sie dann die Größe des markierten Objekts durch Verschieben der Ziehmarken, wirkt sich dies nicht auf den sichtbaren Tabellenausschnitt, sondern auf die Tabellendarstellung des Objekts aus. Als Konsequenz wird der Tabelleninhalt lediglich vergrößert oder verkleinert dargestellt. Meist führt dies aber dazu, dass die Zellinhalte verzerrt dargestellt werden.

16.1.10 Sonstige OLE-Objekte einfügen

Impress ermöglicht Ihnen ähnlich wie die anderen Office-Module, OLE-Objekte mit Daten anderer Anwendungen in eine Präsentationsseite einzufügen. OLE steht dabei für Object Linking and Embedding und ist eine Windows-Technik zum Einbinden von Objekten. Sie können hierzu den Befehl *Objekt* im Menü *Einfügen* wählen und im Untermenü auf den Eintrag *OLE-Objekte* klicken.

Impress zeigt dann den Dialog aus Abbildung 16.12. Über die Liste *Objekttyp* wählen Sie den Typ des einzufügenden OLE-Objekts aus. Unter Linux werden nur die Office-Datentypen als Objekte angeboten, während Windows auch andere Anwendungen als OLE-Objekte bereitstellt. Zusätzlich können Sie über die beiden Optionsfelder steuern, ob ein neues Objekt oder ein in einer Datei gespeichertes Dokumentobjekt einzufügen ist. Die Option *Aus Datei erstellen* ermöglicht, im Dialogfeld die gewünschte Dokumentdatei des betreffenden Objekttyps auszuwählen. Sobald Sie das Dialogfeld über die *OK*-Schaltfläche schließen, wird das Objekt in die Seite eingefügt. Ist das Objekt selektiert, lässt sich dessen Inhalt bearbeiten. Die Objektdaten werden dabei mit der Impress-Datei gesichert. Da das Arbeiten mit Objekten in den verschiedenen Office-Modulen gleich ist, können Sie weitere Details zum Arbeiten mit Objekten in *Kapitel 7*, Abschnitt »Einfügen von Objekten« nachlesen.

Abbildung 16.12: Dialog zum Einfügen eines OLE-Objekts

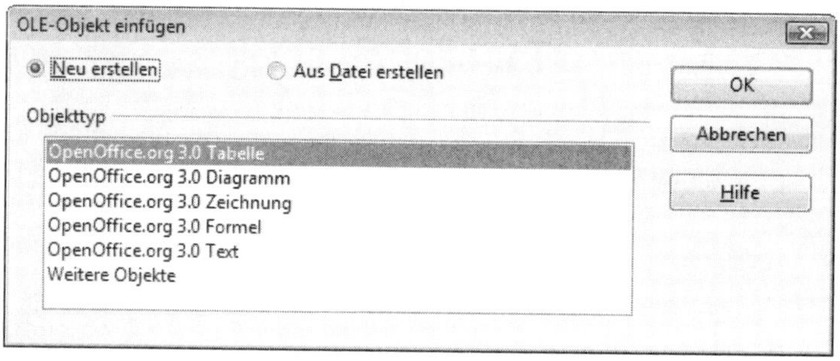

16.1.11 Text- und andere Zeichenobjekte einfügen

Reichen Ihnen die Auto-Layouts nicht zur Gestaltung Ihrer Präsentationsseiten? Neben den obigen Objekten bietet Impress Ihnen zusätzlich die Möglichkeit, Textelemente und andere Figuren (Rechtecke, Ellipsen) mit und ohne Füllung als Objekte in eine Präsentationsseite aufzunehmen.

1. Wählen Sie die Schaltfläche der Zeichenfunktion in der *Zeichnen*-Symbolleiste. Ist der Schaltfläche eine Abreißleiste zugeordnet, müssen Sie nach dem Öffnen der Leiste die Schaltfläche für die Zeichenfunktion anklicken (Abbildung 16.13).

2. Klicken Sie auf eine Stelle der Präsentationsseite und fügen Sie das betreffende Zeichenelement durch Ziehen per Maus oder Klicken ein.
3. Anschließend können Sie das Element per Mausklick markieren und dessen Größe sowie dessen Formateigenschaften über das Menü *Format*, über das Kontextmenü sowie über die Elemente der *Format*-Symbolleiste anpassen.

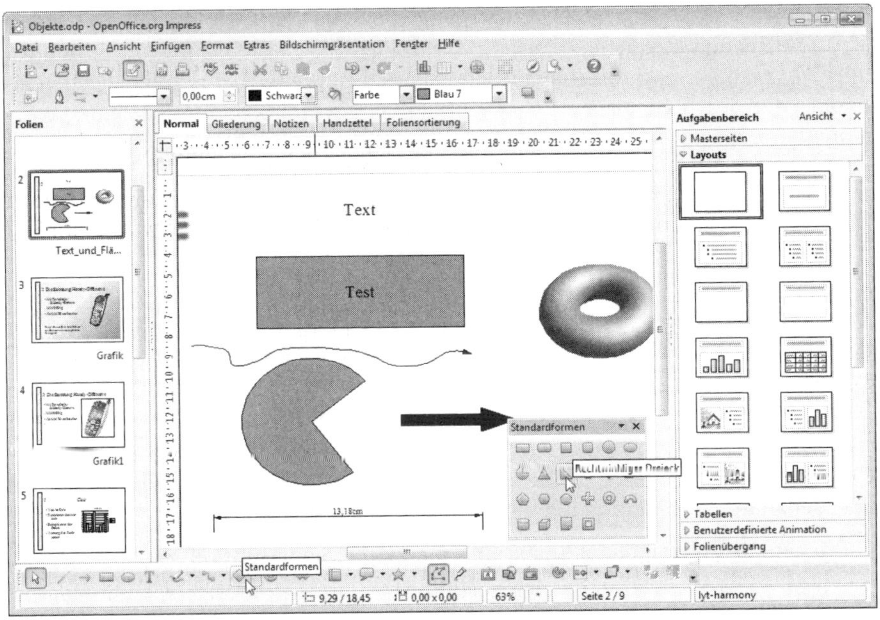

Abbildung 16.13: Zeichenelemente einfügen

Abbildung 16.13 zeigt eine der verfügbaren Abreißleisten sowie eingefügte Textelemente, Zeichenelemente sowie Zeichenelemente mit Hintergrundfarbe und Text. Sowohl Impress als auch Draw benutzen die gleichen Zeichenfunktionen. Details, wie sich Rechtecke mit und ohne Füllung, Textelemente oder Ellipsen in die Seite einfügen lassen, können Sie in *Kapitel 17*, Abschnitt »Einfügen von Zeichenobjekten« nachlesen. Füllfarben, Linienfarben, Textfarben etc. lassen sich über die Schaltflächen der *Format*-Symbolleiste abrufen. Zudem enthält das Kontextmenü die Befehle *Linie*, *Fläche* und *Text*, über die sich die Registerkarten mit den Formateigenschaften aufrufen lassen.

TIPP

Falls Sie sehr viele Elemente einzufärben haben, markieren Sie diese (z.B. indem Sie die Auswahl-*Schaltfläche der* Zeichnen-*Symbolleiste anklicken und dann den Bereich der gewünschten Elemente durch Ziehen per Maus markieren). Sobald alle Elemente mit einem Markierungsrahmen eingeschlossen sind, können Sie die Formateigenschaften der Elementgruppe per Kontextmenü oder über die Schaltfläche der* Format-*Symbolleiste anpassen. Bezüglich der weiteren Impress-Funktionen zum Einfügen von Linien, Kurven oder zum Arbeiten mit Verbindern etc. können Sie in Kapitel 17 nachschlagen, da Draw die gleiche Funktionalität benutzt.*

16.2 Seiten aus Präsentationen importieren

An dieser Stelle möchte ich noch auf einen speziellen Aspekt eingehen: den Import von Seiten aus anderen Präsentationsdateien.

16.2.1 Seiteninhalte per Zwischenablage übernehmen

Die naheliegende Möglichkeit besteht darin, dass Sie zwei Dokumente in Impress anlegen. Um eine Seite von einem Dokument in das zweite zu übertragen, gehen Sie in folgenden Schritten vor.

1. Gehen Sie zum Quelldokument und markieren Sie die gewünschte Folie in der Spalte *Folien*. Die Tastenkombination [Strg] + [A] markiert alle Inhalte der Präsentation.
2. Kopieren Sie den markierten Inhalt mittels der Tastenkombination [Strg] + [C] in die Zwischenablage.
3. Danach wechseln Sie zum Zielfenster, klicken auf eine Folie der Spalte *Folien* und fügen den Inhalt der Zwischenablage über die Tastenkombination [Strg] + [V] ein.

Beim ersten Einfügen erscheint ggf. noch ein Dialogfeld, in dem Impress nachfragt, ob die Folien vor oder nach der aktuellen Folie einzufügen sind.

Möchten Sie lediglich einzelne Elemente einer bestehenden Folie in eine zweite Folie einer separaten Präsentation übernehmen, gehen Sie ähnlich vor.

1. Gehen Sie zum Quelldokument und markieren Sie das gewünschte Element in der jeweiligen Folie. Die Tastenkombination [Strg] + [A] markiert alle Inhalte der betreffenden Seite.
2. Kopieren Sie den markierten Inhalt mittels der Tastenkombination [Strg] + [C] in die Zwischenablage.
3. Wechseln Sie zum Zielfenster und wählen Sie die gewünschte Folie durch Anklicken in der Spalte *Folien* an.
4. Danach fügen Sie den Inhalt der Zwischenablage über die Tastenkombination [Strg] + [V] in die Folie ein.

Solange noch alles markiert ist, können Sie den Inhalt innerhalb der Seite verschieben. Dieser Ansatz ist zwar schnell nutzbar, hat aber den Nachteil, dass die Hintergründe der betreffenden Quellseite nicht mit übertragen werden. Zudem geht die Eigenschaft der Platzhalter des Auto-Layouts verloren.

INFO

Beim Macintosh müssen Sie bei den obigen Tastenkombinationen die Taste [MacBef] statt der [Strg]-Taste verwenden.

16.2.2 Übernahme einer Präsentationsdatei oder eines -objekts

Um eine Präsentationsseite komplett aus einem Dokument in das aktuelle Dokument zu übernehmen, sollten Sie folgenden Ansatz verwenden.

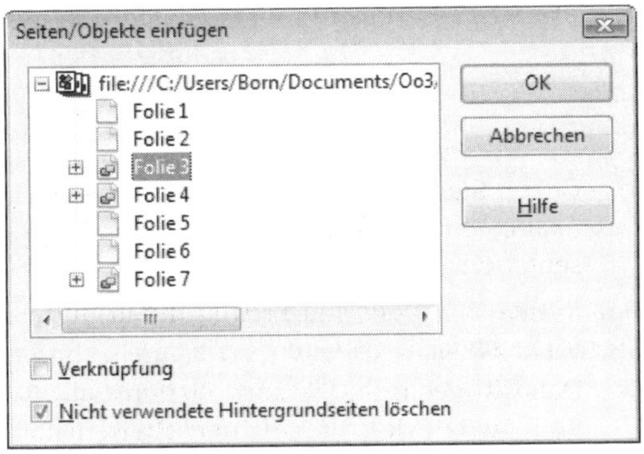

Abbildung 16.14: Seiten oder Objekte einfügen

1. Wählen Sie im Menü *Einfügen* des Impress-Fensters den Befehl *Datei*.
2. Im dann eingeblendeten Dialogfeld *Datei einfügen* ist die gewünschte Impress-Datei zu wählen.
3. Im Folgedialog *Seiten/Objekte einfügen* (Abbildung 16.14) können Sie dann die Seiten und bei Bedarf auch einzelne Objekte auswählen.
4. Bei gewählten Seiten lässt sich noch über die beiden Kontrollkästchen angeben, ob die Seite lediglich verknüpft werden soll und ob die nicht verwendeten Hintergrundseiten zu löschen sind.

Sobald Sie diesen Dialog über die *OK*-Schaltfläche schließen, wird die gewählte Seite in die aktuelle Präsentation als neue Seite übernommen. Existiert der Seitenname bereits, erscheint ein Dialogfeld zur Korrektur des Titeltexts. Wurde ein Objekt gewählt, fügt Impress dieses in die aktuelle Seite ein.

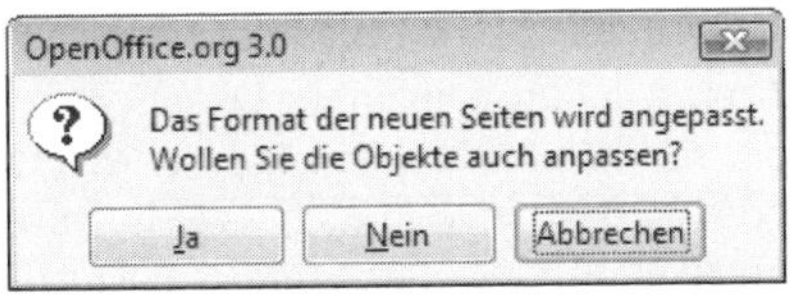

Abbildung 16.15: Warnung bei unterschiedlichen Formaten

Bei der Übernahme kompletter Präsentationsseiten im Impress-Dokumentformat kann der Fall auftreten, dass die Seitenformate der Quell- und Zieldokumente nicht übereinstimmen. In diesem Fall erscheint der Dialog aus Abbildung 16.15. Da Impress nur ein Seitenformat für die Präsentation zulässt, können Sie wählen, ob Impress die Seiteninhalte bei der Übernahme auf das neue Seitenformat umskalieren soll oder nicht. Allerdings gibt es Probleme bei der Übernahme von Textelementen (siehe auch Abschnitt zum Plakatdruck).

INFO

Die Importfunktion unterstützt das Einlesen von Dokumenten und Vorlagen im Impress-Format sowie die Formate der älteren StarOffice-Versionen. Zudem können Dateien im HTML-, Text- und Rich Text-Format importiert werden. Bei HTML-, Text- und RTF-Dateien werden aber nur Elemente in die aktuelle Seite übernommen. Probleme gibt es aber mit der Skalierung von Texten, da diese mit sehr kleinen Schriftgraden (10 Punkt) eingefügt werden. Sie müssen dann die Objekte wählen und die Schriftgrade ggf. erhöhen. Unter diesem Aspekt ist es beim Textimport meist günstiger, die Dokumente in der zugehörigen Anwendung zu laden, dann den Text zu markieren und mit [Strg] + [C] *in die Zwischenablage zu übertragen. Anschließend können Sie zum Impress-Dokumentfenster wechseln und den Inhalt der Zwischenablage über* [Strg] + [V] *einfügen.*

TIPP

Um diverse Probleme zu vermeiden, können Sie beim Einfügen den Befehl Inhalte einfügen *im Menü* Bearbeiten *verwenden. Dann erscheint der in Abbildung 16.16 gezeigte Dialog und Sie können das Format, in dem die Daten der Zwischenablage eingefügt werden, wählen. Texte lassen sich über das Dialogfeld* Inhalte einfügen *unformatiert übernehmen – Impress passt dann die Schriftgröße am Zeichenformat des Zielobjekts an. Wurde vorher eine ganze Seite mit mehreren Objekten markiert und mit* [Strg] + [C] *in die Zwischenablage übertragen, lässt sich diese im Metafile-Format übernehmen. Dieses Format hat den Vorteil, dass sich auch Texte nachträglich skalieren lassen.*

Abbildung 16.16: Dialogfeld *Inhalte einfügen*

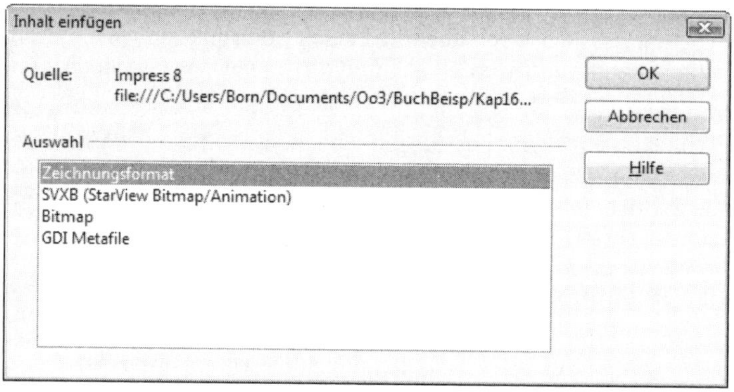

16.3 Optionen zur Bildschirmpräsentation

In *Kapitel 14* (Abschnitt »Wiedergabe einer Präsentation«) sind nur die wichtigsten Punkte zur Wiedergabe einer Präsentation auf dem Bildschirm behandelt. Impress stellt verschiedene Zusatzfunktionen bereit, die Sie zur Unterstützung Ihrer Präsentation nutzen können. Der folgende Abschnitt geht auf die entsprechenden Details ein.

16.3.1 Einstellungen für Bildschirmpräsentationen

Impress ermöglicht Ihnen, verschiedene Vorgaben zur Steuerung der Bildschirmpräsentation zu setzen.

1. Hierzu rufen Sie den Befehl *Bildschirmpräsentationseinstellungen* im Menü *Bildschirmpräsentation* auf.
2. Anschließend setzen Sie die Einstellungen im Dialogfeld *Bildschirmpräsentation* (Abbildung 16.17) und schließen das Dialogfeld über die *OK*-Schaltfläche.

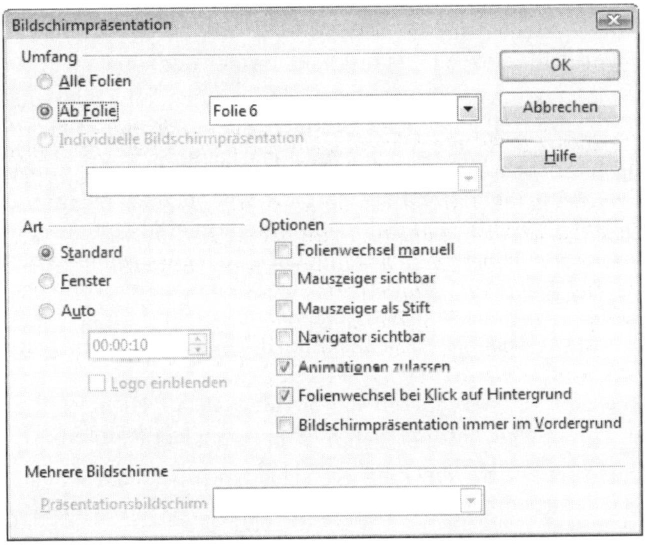

Abbildung 16.17: Bildschirmpräsentationseinstellungen setzen

Die Vorgaben werden beim Aufruf der nächsten Präsentation wirksam. Nachfolgend möchte ich noch einige Hinweise zu den entsprechenden Optionen geben, da diese keinesfalls intuitiv und selbsterklärend sind.

Wie Impress Folien in einer Präsentation anzeigt

Die Gruppe *Umfang* (Abbildung 16.17) enthält drei Optionsfelder, die den Umfang der anzuzeigenden Präsentation steuern. Die einzelnen Optionen der Gruppe *Umfang* haben folgende Bedeutung:

- *Alle Folien:* Ermöglicht Impress, alle Folien in der Präsentation anzuzeigen. Allerdings ist diese Optionsbezeichnung etwas irreführend. Impress startet die Präsentation immer mit der aktuellen Folie und zeigt dann die folgenden Seiten. Möchten Sie wirklich alle Folien anzeigen, müssen Sie vor Aufruf der Präsentation manuell die erste Seite markieren!
- *Ab Folie:* Ist diese Option markiert, lässt sich im zugehörigen Listenfeld der Seitentitel einer Folie angeben. Auch hier ist die Wirkung der Option etwas verwirrend. War eine Folie hinter der angegebenen Seite markiert, startet die Präsentation mit dieser Folie (und nicht mit der angegebenen Seite) und zeigt dann die Folgeseiten. Nur wenn vor Aufruf der Präsentation eine Vorgängerseite markiert war, überspringt Impress die Folgefolien und beginnt mit der Präsentation ab der in *Ab Folie* angegebenen Seite.

- *Individuelle Bildschirmpräsentation:* Ist die Option markiert, lässt sich im zugehörigen Listenfeld eine benutzerdefinierte Bildschirmpräsentation wählen. Dann gibt Impress die Folien in der dort vorgegebenen Reihenfolge aus. Die Definition einer individuellen Präsentation wird weiter unten erläutert.

Die Optionen der Gruppe *Art* steuern, wie Impress die Präsentation abhält.

- Mit der Option *Standard* wird der Desktop ausgeblendet und die Folien erscheinen im Vollbildmodus. Zum Abbrechen ist dann die [Esc]-Taste zu verwenden.
- Markieren Sie die Option *Fenster*, werden die Menüs und Bedienelemente gesperrt und die Präsentation läuft im Impress-Fenster ab. Sie können die Folienfolge wie in *Kapitel 14* (Abschnitt »Wiedergabe einer Präsentation«) beschrieben durch Tasten oder Mausklicks abrufen oder über [Esc] abbrechen.
- Markieren Sie das Optionsfeld *Auto*, können Sie im zugehörigen Drehfeld eine Pausenzeit in Stunden, Minuten, Sekunden eingeben. Zudem lässt sich das Kontrollkästchen *Logo einblenden* markieren.

Wer nun jedoch annimmt, dass die Option *Auto* einen automatischen Ablauf der Präsentation einleitet, sieht sich getäuscht. Die Option bewirkt lediglich, dass die Präsentation nach Anzeige der letzten Folie für die angegebene Pausenzeit unterbrochen und dann automatisch wieder bei der ersten Folie der Folge fortgesetzt wird. Ist das Kontrollkästchen *Logo einblenden* markiert, erscheint während der Pausenzeit das OpenOffice.org- bzw. StarOffice-Logo auf dem Bildschirm. Um einen automatischen Ablauf der Präsentation zu erzwingen, müssen Sie entweder beim Anlegen der Präsentation die Standzeiten angeben (siehe *Kapitel 14*) oder einen automatischen *Folienwechsel* konfigurieren (siehe unten).

Die Gruppe *Optionen* enthält verschiedene Kontrollkästchen, über deren Markierung sich der Ablauf der Präsentation sowie die verfügbaren Hilfsmittel angeben lassen.

- *Folienwechsel manuell:* Möchten Sie einen konfigurierten automatischen Folienwechsel unterbinden, markieren Sie das betreffende Kontrollkästchen. Dies hilft, falls Sie eine automatisch ablaufende Präsentation manuell durchblättern möchten, ohne in die Konfiguration der automatischen Folienwechsel eingreifen zu wollen.
- *Folienwechsel bei Klick auf Hintergrund:* Standardmäßig werden Folien durch Anklicken des Hintergrunds per Maus oder über die Cursortasten [→], [←] gewechselt. Möchten Sie den Folienwechsel per Mausklick unterbinden, markieren Sie das Kontrollkästchen. Dann stehen nur noch die Cursortasten sowie der Navigator zum Folienwechsel zur Verfügung.
- *Bildschirmpräsentation immer im Vordergrund:* Markieren Sie diese Option, um zu verhindern, dass ein anderes Fenster vor die Präsentation geschaltet werden kann.
- *Animation zulassen:* Impress kann in einer Präsentation animierte Bilder und Elemente wiedergeben. Hierzu muss aber das Kontrollkästchen markiert sein. Andernfalls wird immer nur das erste Bild der Animation angezeigt.

Falls Sie einen langsamen Rechner verwenden, sollten Sie auf Animationen verzichten. Zudem sollten Animationen in einer Präsentation vor Publikum spärlich genutzt werden, da die Animationsobjekte die Zuhörer ablenken.

INFO

Sind mehrere Bildschirme am Rechner angeschlossen, lässt sich über das Listenfeld Präsentationsbildschirm *der Ausgabebildschirm vorgeben.*

Präsentation mit dem Navigator und dem Zeichenstift

Das Dialogfeld aus Abbildung 16.17 enthält noch Optionen zum Einblenden von Werkzeugen bei der Präsentation.

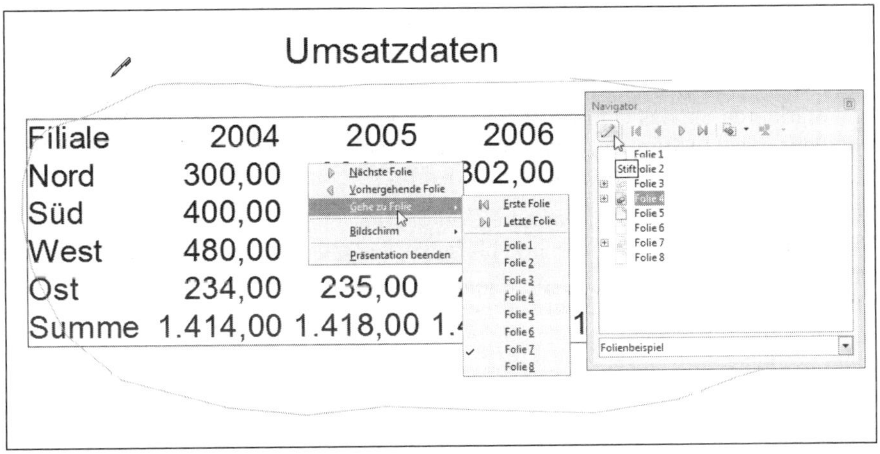

Abbildung 16.18: Navigation in einer Präsentation

Markieren Sie das Kontrollkästchen *Mauszeiger sichtbar*, bleibt der Mauszeiger während der Präsentation auf dem Desktop sichtbar. Sie können also während der Präsentation auf bestimmte Elemente der Folie zeigen.

Wird das Kontrollkästchen *Mauszeiger als Stift* markiert (Abbildung 16.17), lassen sich bei gedrückter linker Maustaste farbige Freihandlinien in die Präsentation einzeichnen (Abbildung 16.18).

Klicken Sie mit der rechten Maustaste auf die Folie, erscheint ein Kontextmenü mit Befehlen zur Navigation innerhalb der Folien oder zum Beenden der Präsentation (Abbildung 16.18).

INFO

Markieren Sie das Kontrollkästchen Navigator sichtbar *(Abbildung 16.17), sollte bei der Wiedergabe einer Präsentation das Navigator-Fenster im Vordergrund erscheinen (Abbildung 16.18, rechts). Zumindest die beim Schreiben des Buches aktuell vorliegende Version zeigt jedoch den Effekt, dass das Navigator-Fenster hinter der Präsentationsseite verschwindet. Erst wenn Sie das Kontextmenü öffnen, den Bildschirm schwarz schalten und dann diesen Modus aufheben, taucht auch das Navigator-Fenster auf.*

Ist das Fenster des Navigators zu sehen, finden Sie die Schaltfläche Stift, *über die sich zwischen Mauszeiger und Stift umschalten lässt. Das Fenster des Navigators bietet Ihnen zudem Schaltflächen, um zur ersten/letzten bzw. vorherigen/folgenden Folie zu wechseln. Weiterhin können Sie in der Liste der Navigationselemente eine Seite per Doppelklick anwählen und diese in der Präsentation abrufen.*

16.3.2 Erstellen einer individuellen Bildschirmpräsentation

Impress gibt im Rahmen der Präsentation standardmäßig alle Folien ab der aktuellen Seite aus. Sie können zwar über den Navigator zwischen Folien springen. Allerdings stört das Navigationsfenster. Möchten Sie nur einen Teilauszug aus einer Folienserie in der Präsentation wiedergeben? Sollen Folien in anderer Reihenfolge im Vortrag erscheinen? In dieser Situation ermöglicht Impress Ihnen, individuelle Foliensätze für verschiedene Präsentationen zusammenzustellen.

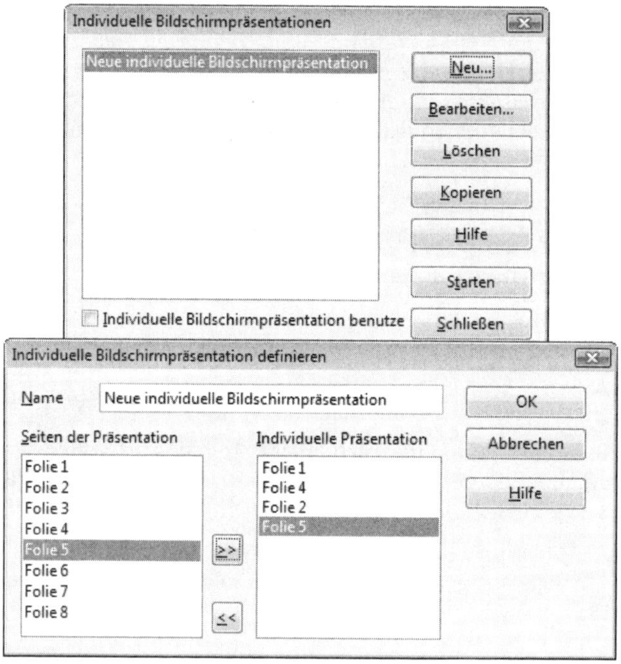

Abbildung 16.19: Erstellen einer individuellen Bildschirmpräsentation

1. Klicken Sie im Menü *Bildschirmpräsentation* auf den Befehl *Individuelle Bildschirmschirmpräsentation*.
2. Wählen Sie im gleichnamigen Dialogfeld (Abbildung 16.19, oben) die Schaltfläche *Neu*.
3. Passen Sie im Dialogfeld *Individuelle Bildschirmpräsentation definieren* (Abbildung 16.19, unten) den Namen im Feld *Name* an.
4. Anschließend wählen Sie die gewünschten Seiten der aktuellen Präsentation in der linken Spalte und übertragen diese mit einem Mausklick auf die Schaltfläche > > in die rechte Spalte *Individuelle Präsentation*.

Auf diese Weise können Sie sich einen Auszug der vorhandenen Folien zusammenstellen. Die Schaltfläche < < entfernt in der rechten Spalte markierte Einträge aus der Wiedergabeliste. Bei Bedarf lässt sich die Reihenfolge der Folien in der rechten Spalte ändern (ziehen Sie einfach einen Eintrag bei gedrückter linker Maustaste nach oben oder unten). Sobald Sie die *OK*-Schaltfläche anklicken, wird das Dialogfeld geschlossen und die Zusammenstellung unter dem gewählten Namen im Dialogfeld

Individuelle Bildschirmpräsentation eingeordnet. Bestehende Einträge können Sie in der Liste markieren und dann über die Schaltfläche *Löschen* entfernen. Die Schaltfläche *Kopieren* fertigt eine Kopie der Zusammenstellung unter einem neuen Namen an und mit *Bearbeiten* öffnen Sie ein Dialogfeld, in dem sich die aktuelle Zusammenstellung überarbeiten lässt.

Markieren Sie das Kontrollkästchen *Individuelle Bildschirmpräsentation benutzen*, lässt sich die markierte Wiedergabeliste in der Präsentation abspielen. Die Liste wird anschließend auch wiedergegeben, falls Sie eine Präsentation aus der Zeichnungsansicht oder mit [F9] starten.

TIPP

Möchten Sie sicherstellen, dass Impress die Präsentation ab der ersten Folie wiedergibt, sobald Sie die Bildschirmpräsentation (z.B. mit [F9]) aufrufen? Dann erstellen Sie eine individuelle Bildschirmpräsentation, die alle Folien enthält, und setzen die Markierung des Kontrollkästchens Individuelle Bildschirmpräsentation benutzen *(Abbildung 16.19, oben).*

16.3.3 Einzelfolien aus Präsentation ausblenden

Um während einer einzelnen Sitzung verschiedene Folien aus einer Präsentation auszunehmen, müssen Sie keine individuelle Bildschirmpräsentation erstellen. Impress bietet vielmehr die Möglichkeit, Folien selektiv für die Präsentation zu sperren.

1. Stellen Sie sicher, dass die Spalte *Folien* sichtbar oder der Anzeigemodus *Foliensortierung* gewählt ist.
2. Markieren Sie die Folien, die von der Präsentation auszunehmen sind. Mehrere Folien lassen sich markieren, indem Sie beim Anklicken die [⇧]-Taste gedrückt halten. Bei gedrückter [Strg]-Taste lassen sich auch nicht benachbarte Folien durch Anklicken markieren.
3. Klicken Sie anschließend die markierten Folien mit der rechten Maustaste an und wählen Sie im Kontextmenü den Befehl *Folie ausblenden* (Abbildung 16.20).

Abbildung 16.20: Folien ausblenden

Bei ausgeblendeten Folien wird die in der linken oberen Ecke angezeigte Foliennummer mit einem Rahmen markiert. Um die Folien wieder einzublenden, markieren Sie diese und wählen danach im Kontextmenü erneut den Befehl *Folie ausblenden*.

16.3.4 Automatische zeitgesteuerte Präsentation erstellen

Beim Anlegen einer Präsentation lässt sich im Präsentations-Assistenten ein automatischer Folienwechsel vorgeben (siehe *Kapitel 14*, im Abschnitt zur Präsentation). Sie haben aber die Möglichkeit, eine Präsentation auch manuell mit automatischem Folienwechsel zu versehen. Dabei lassen sich diese automatischen Wechsel für alle Folien oder für Foliensequenzen vorgeben.

1. Rufen Sie am besten den Modus *Foliensortierung* über den am oberen Dokumentrand eingeblendeten Registerreiter auf.
2. Markieren Sie alle oder mehrere Folien, für die ein automatischer Wechsel vorgesehen ist. Mehrere Folien lassen sich markieren, indem Sie beim Anklicken die [⇧]-Taste gedrückt halten oder indem Sie einen Markierungsrahmen um die Folien ziehen. Alle Seiten markieren Sie über die Tastenkombination [Strg] + [A] bzw. über den Befehl *Alles auswählen* im Menü *Bearbeiten*.
3. Klicken Sie anschließend in der Aufgabenleiste (rechte Spalte des Dokumentfensters) auf die Kategorie *Folienübergang*. Impress zeigt nun die verfügbaren Optionen für die Wiedergabe und die Folienübergänge (Abbildung 16.21).

Abbildung 16.21: Zeitsteuerung und Folienübergänge

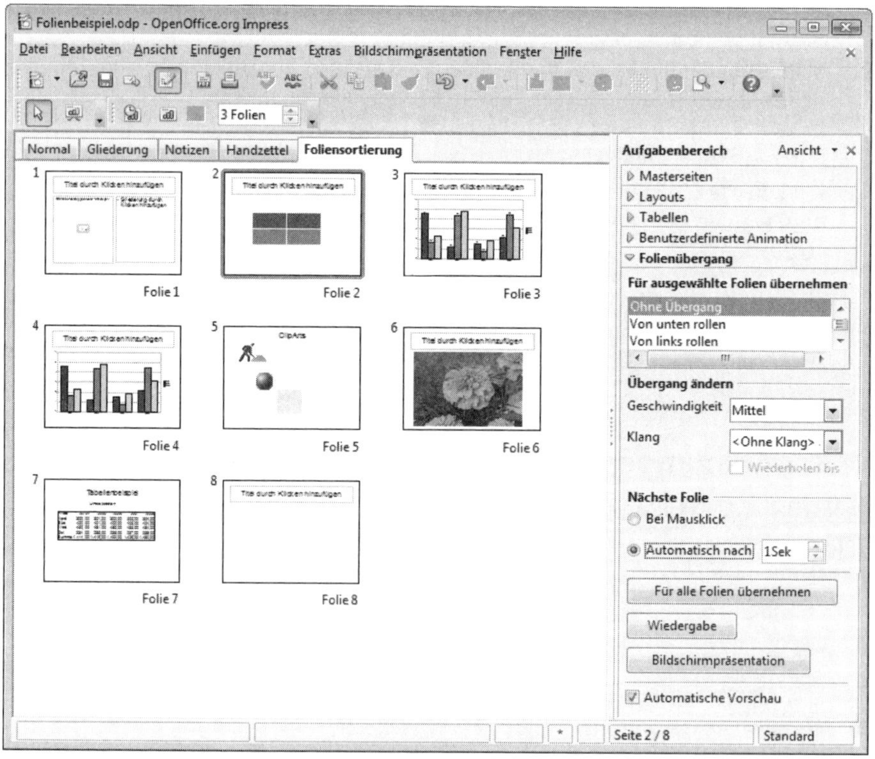

4. Markieren Sie in der Gruppe *Nächste Folie* die Option *Automatisch nach* und setzen Sie im zugehörigen Listenfeld den Wert für die Anzeigezeit der Seite (z.B. auf 4 Sekunden).
5. Bei Bedarf können Sie nun noch im oberen Listenfeld einen Folienübergang (z.B. »Von unten rollen«) wählen und den Wert des Listenfelds *Geschwindigkeit* umstellen (z.B. »Mittel«, »Schnell« oder »Langsam«).
6. Optional können Sie dem Seitenwechsel noch einen Klang über das gleichnamige Listenfeld der Aufgabenleiste zuweisen. Das Listenfeld enthält bereits verschiedene Klänge. Zusätzliche Klangdateien lassen sich über den Eintrag *Anderer Klang* angeben. Zum Ausschalten wählen Sie den Eintrag »Ohne Klang«.

Die Optionen gelten für die markierten Folien. Sollen die Optionen auf alle Folien angewandt werden, betätigen Sie die Schaltfläche *Für alle Folien übernehmen*. Wenn Sie anschließend die Präsentation starten (z.B. über die Schaltfläche *Bildschirmpräsentation* der Aufgabenleiste), wird diese bei den entsprechenden Folien mit den gesetzten Parametern automatisch ablaufen.

16.3.5 Bildschirmpräsentation mit Zeitnahme

Impress bietet noch eine besondere Komfortfunktion, mit der Sie die Standzeiten einzelner Folien »life« während einer Präsentation einstellen können.

1. Hierzu rufen Sie den Menübefehl *Bildschirmpräsentation/Bildschirmpräsentation mit Zeitnahme* auf. Impress blendet dann im Präsentationsfenster ein kleines Symbol mit einer ablaufenden Digitaluhr ein (Abbildung 16.22).
2. Ist die von Ihnen vorgesehene Standzeit der Seite erreicht, leiten Sie einfach einen Bildwechsel (z.B. durch einen Mausklick auf den Hintergrund) ein.

Abbildung 16.22: Anzeige der Zeitnahme während der Präsentation

Bei jedem Folienwechsel trägt die Zeitnahme die erreichte Standzeit für die betreffende Seite ein. Wenn Sie anschließend die Präsentation im Modus »Automatisch« ablaufen lassen, werden die so eingetragenen Standzeiten zum Folienwechsel verwendet.

16.3.6 Animationseffekte auf Objekte anwenden

Innerhalb einer Präsentationsseite bietet Impress noch die Möglichkeit, einzelne Objekte zu animieren, d.h., Texte oder Bilder werden beim Aufruf der Seite auf Mausklick oder zeitgesteuert, ggf. mit Effekten, eingeblendet.

1. Markieren Sie die Folienseite (z.B. in der Spalte *Folien*), in der der Effekt benutzt werden soll.
2. Markieren Sie danach das zu animierende Objekt (Text, Figur etc.) mit einem Mausklick.

3. Rufen Sie den Menübefehl *Bildschirmpräsentation/Benutzerdefinierte Animation* auf. Alternativ können Sie in der Aufgabenleiste direkt zur Rubrik *Benutzerdefinierte Animation* gehen (Abbildung 16.23).
4. Klicken Sie in der Rubrik *Benutzerdefinierte Animation* der Aufgabenleiste auf die Schaltfläche *Hinzufügen*. Falls diese Schaltfläche gesperrt ist, haben Sie kein Objekt zur Animation markiert.

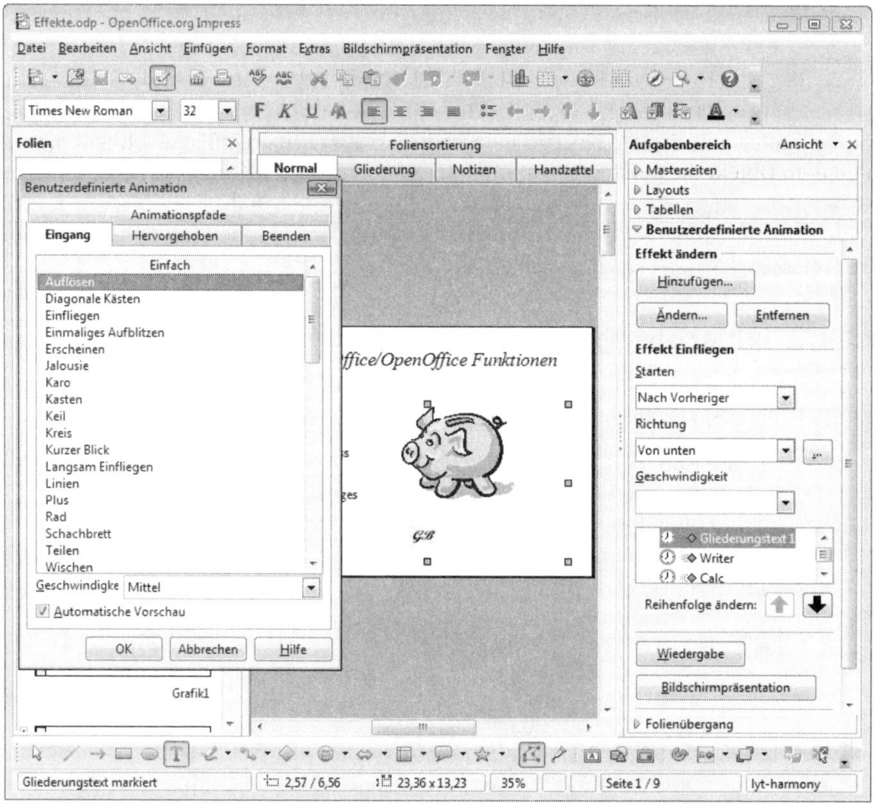

Abbildung 16.23: Zuweisen von Animationseffekten auf einzelne Objekte

5. Impress öffnet dann das Dialogfeld *Benutzerdefinierte Animation*, über dessen Registerkarten Sie verschiedene Effekte abrufen können (Abbildung 16.23, Vordergrund). Wählen Sie auf den Registerkarten des Dialogfelds die Animationsoptionen und weisen Sie diese über die *OK*-Schaltfläche zu.
6. Anschließend können Sie in der Rubrik *Benutzerdefinierte Animation* der Aufgabenleiste die Animationsoptionen individuell anpassen.

Das Dialogfeld *Benutzerdefinierte Animation* ermöglicht Ihnen, über die Registerkarten zwischen verschiedenen Modi (*Eingang*, *Hervorgehoben*, *Beenden* und *Animationspfade*) umzuschalten.

- *Eingang:* Diese Registerkarte enthält Animationseffekte, die zum Einblenden des zu animierenden Objekts gewählt werden können.
- *Beenden:* Auf dieser Registerkarte finden Sie ähnliche Animationseffekte wie beim *Eingang*, die aber zum Ausblenden des betreffenden Objekts dienen.

- *Hervorgehoben:* Auf dieser Registerkarte finden Sie Animationseffekte, mit denen sich festlegen lässt, was mit dem Objekt zwischen dem Ein- und Ausblenden geschehen soll.
- *Animationspfade:* Wählen Sie diese Registerkarte, werden verschiedene Optionen für Animationspfade aufgeführt. Die Animationspfade geben den Weg vor, an dem das animierte Objekt entlangbewegt wird.

Ist das Kontrollkästchen *Automatische Vorschau* markiert? Dann brauchen Sie nur auf einen der Einträge zu klicken. Anschließend wird das markierte Objekt im Dokumentbereich mit dem betreffenden Effekt in einer Art Vorschau in der Folie dargestellt. Sie können also jederzeit überprüfen, ob der Effekt zur Präsentation passt. Über das Listenfeld *Geschwindigkeit* können Sie vorgeben, wie schnell die Animation ablaufen soll. Sobald Sie das Dialogfeld über die *OK*-Schaltfläche schließen, werden dem Objekt die gewählten Animationsoptionen zugewiesen.

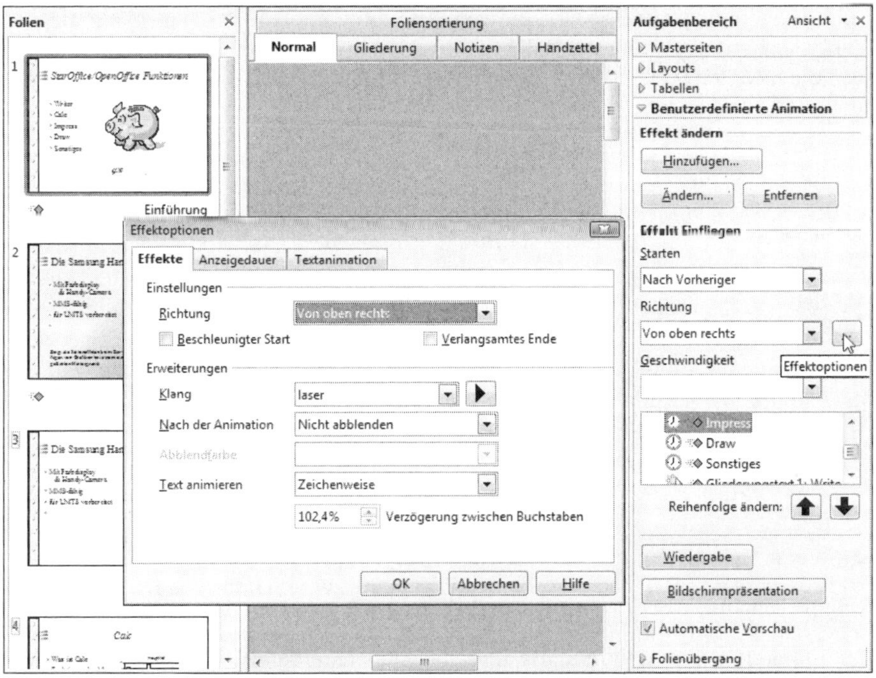

Abbildung 16.24: Einstellen der benutzerdefinierten Animationen in der Aufgabenleiste

Sind benutzerdefinierte Animationen vereinbart und klicken Sie in der Folie ein solches Objekt an, gibt Impress in der Aufgabenleiste in der Rubrik *Benutzerdefinierte Animationen* die betreffenden Einstelloptionen frei (Abbildung 16.24, rechts). Über die Schaltflächen *Hinzufügen* und *Ändern* können Sie das Dialogfeld zur Auswahl der Animationen erneut öffnen. Über die Steuerelemente der Gruppe *Effekt* ... lassen sich die Eigenschaften des gewählten Effekts anpassen (z.B. Animationsrichtung ändern). Sind einem Objekt mehrere Effekte zugeordnet, werden diese im Aufgabenbereich in einer Liste aufgeführt (z.B. *Bitmap mit Transparenz*). Klicken Sie auf diesen Eintrag, um dessen Eigenschaften in der Aufgabenleiste abzurufen.

Über die beiden Schaltflächen der Gruppe *Reihenfolge ändern* lässt sich zudem die Reihenfolge mehrerer in der Folie enthaltenen benutzerdefinierten Animationen festlegen. Klicken Sie auf einen Eintrag für eine Animation und verschieben Sie diesen über die beiden Schaltflächen in der Liste der Animationsobjekte nach oben oder nach unten. Das oberste Animationsobjekt der Liste wird beim Aufruf der Seite zuerst eingeblendet.

INFO

Sie finden ein Beispiel in der Datei ObjektAnimation.odp *im Ordner* Kap16 *des Beispielarchivs.*

16.3.7 Animierte GIF-Bilder und Objekte

Impress unterstützt die Anzeige animierter GIF-Bilder und Objekte. Beim GIF-Format können mehrere Einzelbilder zu einer Animationssequenz zusammengefasst werden. In der Gallery von StarOffice finden Sie mehrere animierte Grafiken. Alternativ können Sie selbst animierte GIF-Bilder aus Einzelbildern erstellen. Die gleiche Funktionalität steht für animierte Objekte zur Verfügung. Impress stellt ein sehr einfaches Werkzeug bereit, mit dem sich solche Animationen aus Einzelobjekten bzw. -bildern zusammenstellen lassen. Um ein animiertes GIF-Bild zu entwerfen, gehen Sie folgendermaßen vor:

1. Erstellen Sie die gewünschte Bildsequenz in Form von Einzelbildern in einer Folie.
2. Rufen Sie den Menübefehl *Einfügen/Animiertes Bild* auf und markieren Sie im Dialogfeld *Animation* das Optionsfeld *Bitmapobjekt* (Abbildung 16.25, links).
3. Markieren Sie eines der Bilder in der Folie und klicken Sie im Dialogfeld auf die Schaltfläche *Objekt übernehmen*. Wiederholen Sie diesen Schritt für alle Einzelbilder.
4. Anschließend klicken Sie im Dialogfeld *Animation* auf das Drehfeld mit der Bildnummer, wählen die Nummer für das Bild und stellen im zweiten Drehfeld die Standzeit für das Einzelbild in Sekunden ein. Wiederholen Sie dies für alle Bilder der Animationssequenz.
5. Zum Schluss legen Sie im Listenfeld ganz rechts die Zahl der Wiederholungen fest.
6. Wenn Sie danach auf die Schaltfläche *Erstellen* klicken, erzeugt Impress eine animierte GIF-Datei aus den Einzelbildern. Sie können dann das Dialogfeld über die *Schließen*-Schaltfläche verlassen.

Das animierte GIF-Bild wird in die aktuelle Seite eingefügt. Allerdings ist das Objekt in der Regel unsichtbar. Sie können aber den Bereich markieren (die *Auswahl*-Schaltfläche in der *Zeichnen*-Symbolleiste wählen und dann den Bereich markieren). Sobald das neue Objekt mit einem Markierungsrahmen versehen ist, lässt es sich verschieben und in der Größe anpassen. Die Animation wird angezeigt, sobald Sie die Präsentation aufrufen.

Um ein animiertes Objekt zu erzeugen, legen Sie zuerst die gewünschten Einzelobjekte fest (Abbildung 16.25, rechts). Dann gehen Sie wie beim Erstellen animierter GIF-Bilder vor, markieren aber das Optionsfeld *Gruppenobjekt*. Für ein solches Objekt lassen sich die Standzeiten allerdings nicht einstellen. Die Impress-Hilfe liefert weitere Details zum Erstellen animierter Objekte.

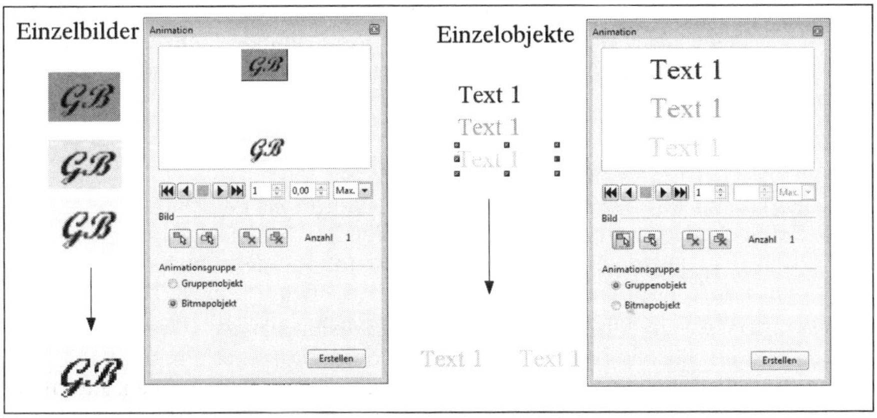

Abbildung 16.25: Erstellen von Animationsbildern und -objekten

INFO

Sie finden ein Beispiel in der Datei Animation.odp *im Ordner* Kap16 *im Beispielarchiv.*

16.3.8 Aktionen beim Klicken auf ein Objekt festlegen

Darüber hinaus können Sie ein Objekt auch mit einer Aktion belegen, die steuert, was beim Anklicken eines Objekts passiert (z.B. Wechsel zur nächsten Seite). Hierzu gehen Sie in folgenden Schritten vor:

1. Markieren Sie das Objekt, dem eine Aktion zugeordnet werden soll, und wählen Sie den Befehl *Interaktion* im Menü *Bildschirmpräsentation* bzw. im Kontextmenü.
2. Weisen Sie dem Objekt über das Dialogfeld *Interaktion* eine Aktion für den Mausklick zu (Abbildung 16.26).

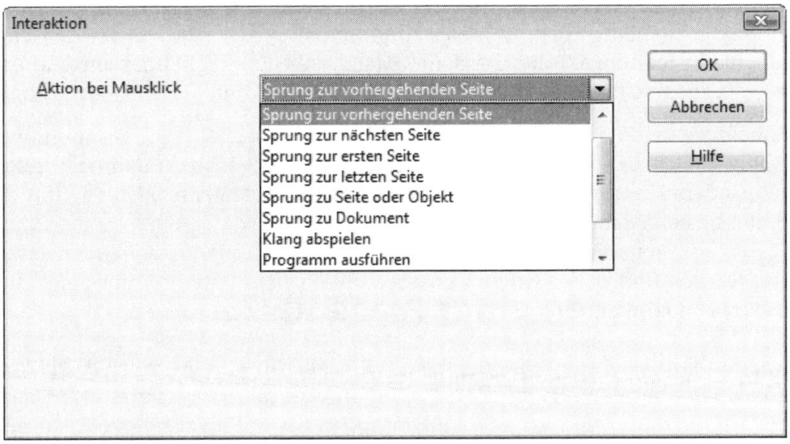

Abbildung 16.26: Interaktion zuweisen

Die Zuweisung wird wirksam, sobald Sie das Dialogfeld über die *OK*-Schaltfläche schließen.

Als Aktion lassen sich Sprünge zu Seiten, das Abspielen von Klängen oder Objektaktionen wählen. Ein Beispiel finden Sie in der Datei Aktionen.odp *in* Kap16 *im Beispielarchiv.*

Navigationsschaltflächen zu Folien hinzufügen

Im Gegensatz zu Microsoft PowerPoint bietet Impress keine Option, um Navigationsschaltflächen zwischen den Folien einzublenden. Das Navigieren zur vorherigen, ersten oder letzten Folie ist nur per Tastatur, Kontextmenü oder über das Navigationsfenster möglich. Daher möchte ich an einem Beispiel zeigen, wie sich eine Impress-Präsentation mit Navigationsschaltflächen ausstatten lässt.

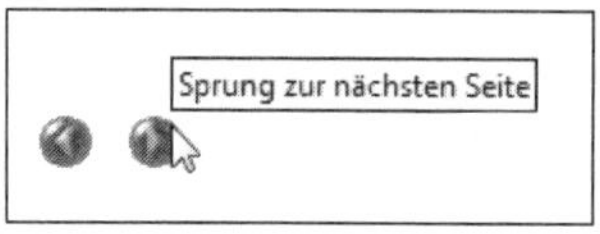

Abbildung 16.27: Navigationsschaltflächen in Folien

1. Öffnen Sie die Gallery über die betreffende Schaltfläche der *Zeichnen*-Symbolleiste, wählen Sie eine Kategorie mit Navigationssymbolen aus (z.B. *Navigation* oder *Homepage*) und fügen Sie die gewünschten Navigationssymbole an den unteren Rand der aktuellen Folie ein (Abbildung 16.27). Richten Sie die Objekte aus und passen Sie diese in der Größe an.
2. Klicken Sie mit der rechten Maustaste auf das Objekt zum Wechsel zur Vorgängerseite und wählen Sie den Kontextmenübefehl *Interaktion*. Setzen Sie die Mausklick-Aktion auf »Sprung zur vorherigen Seite«. Schließen Sie das Dialogfeld über die *OK*-Schaltfläche.
3. Wiederholen Sie den letzten Schritt für die restlichen Schaltflächen und weisen Sie diesen die gewünschten Aktionen zu.
4. Anschließend markieren Sie die Schaltflächengruppe in der Folie und kopieren die Objekte mit der Tastenkombination [Strg] + [C] in die Zwischenablage. Dann klicken Sie in der Spalte *Folien* die einzelnen Folien an und fügen die Navigationsobjekte über die Tastenkombination [Strg] + [V] aus der Zwischenablage in die jeweilige Folie ein. Beim Mac ist die [MacBef]-Taste anstelle der [Strg]-Taste zu verwenden.

Sobald Sie die Präsentation (z.B. über die Funktionstaste [F5]) aufrufen, werden die Navigationselemente in den Seiten eingeblendet. Sie können dann die Aktionen testen, indem Sie auf die betreffenden Navigationselemente klicken. Impress sollte dann die vorgegebenen Seiten abrufen.

16.4 Drucken einer Präsentation

Impress ermöglicht Ihnen, die erstellte Präsentation zu drucken. Dabei können Sie zusammen mit den eigentlichen Präsentationsseiten (als Zeichnungen bezeichnet) auch Handzettel, Notizen oder Gliederungen sowie Einzelseiten etc. ausgeben. Der folgende Abschnitt befasst sich mit Fragen rund um dieses Thema.

16.4.1 Die Präsentation drucken

Um die Präsentation auf dem Drucker (oder dem Ausgabegerät) auszugeben, haben Sie folgende Möglichkeiten:

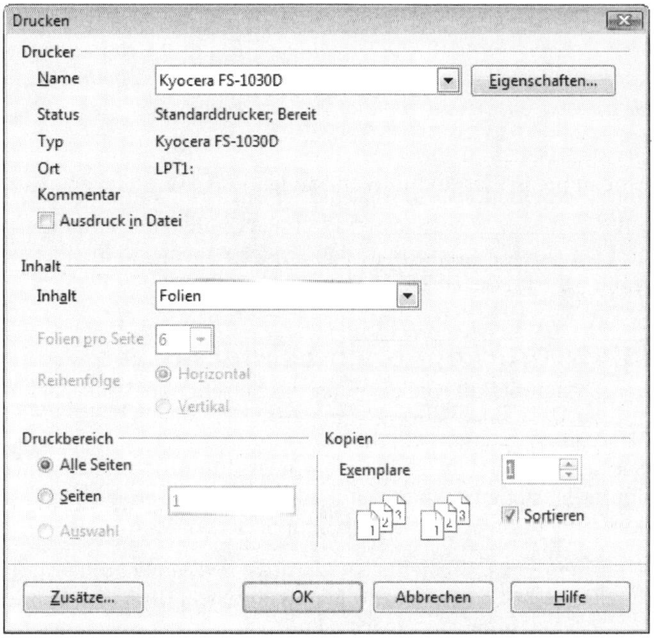

Abbildung 16.28: Dialogfeld *Drucken*

- Sie klicken in der *Standard*-Symbolleiste auf die Schaltfläche *Drucken*. In diesem Fall gibt Impress das komplette Dokument aus.
- Sie wählen im Menü *Datei* den Befehl *Drucken* oder Sie drücken die Tastenkombination [Strg] + [P] (bzw. [MacBef] + [P] beim Mac). Impress öffnet das Dialogfeld *Drucken* (Abbildung 16.28), in dem Sie die gewünschten Druckoptionen wählen und den Ausdruck starten können.

In der Gruppe *Druckbereich* legen Sie den Umfang der auszugebenden Seiten fest. War ein Objekt vor Aufruf der Druckfunktion markiert, lässt sich das Optionsfeld *Auswahl* markieren. Dann bereitet Impress nur die markierten Seitenteile zum Ausdrucken auf. Um mehrere Seiten einer Präsentation auszugeben, markieren Sie das Optionsfeld *Seiten* und geben die Seitennummern bzw. -intervalle (z.B. »1; 4; 6« druckt Einzelseiten, »1-3; 5; 7-9« druckt Intervalle und Einzelseiten) in das zugehörige Textfeld ein. Die Seiten werden dabei beginnend von der ersten Folie bis zur letzten fortlaufend ab der Zahl 1 durchnummeriert. Die Option *Alle Seiten* druckt die gesamte Präsentation mit allen Seiten.

Das Drehfeld in der Gruppe *Exemplare* des *Drucken*-Dialogs legt die Kopienzahl fest. Bei mehr als einem Exemplar lassen sich die Kopien über das gleichnamige Kontrollkästchen sortieren.

TIPP

Bei umfangreichen Dokumenten und vielen Kopien dauert die Druckausgabe mit automatischer Sortierung aber sehr lange, da das Betriebssystem jede Druckseite einzeln an das Ausgabegerät übertragen muss. Bei zehn Exemplaren werden alle Seiten also zehn Mal an das Ausgabegerät übertragen und dort aufbereitet. Bei einer unsortierten Ausgabe schickt das Betriebssystem dagegen jede Seite nur einmal und teilt dem Drucker dann die Kopienzahl mit. Es kann sich in diesem Fall daher lohnen, die Kopien manuell zu sortieren. Zudem fragt Impress beim Drucken von Objekten nach, ob transparente Teile, die den Ausdruck verlangsamen, berücksichtigt werden müssen.

Über die Schaltfläche *Eigenschaften* des Druckerdialogs lässt sich ein Zusatzdialog öffnen, über dessen Registerkarten Sie die Eigenschaften des Geräts (Seitenausrichtung im Hoch-/Querformat, den Papierschacht) wählen können. Das Ausgabegerät wählen Sie im Listenfeld *Name*.

16.4.2 Druckoptionen bei der Ausgabe wählen

Wählen Sie im Dialogfeld *Drucken* die Schaltfläche *Zusätze*, öffnet Impress das in Abbildung 16.29 gezeigte Dialogfeld. In diesem Dialogfeld lassen sich verschiedene Ausgabeoptionen durch Markieren der Kontrollkästchen und Optionsfelder wählen. Kontrollkästchen besitzen ein additives Verhalten, während sich bei Optionsfeldern nur eine Option der jeweiligen Gruppe setzen lässt.

- Über die Optionsfelder der Gruppe *Ausgabequalität* lässt sich vorgeben, ob die Folien in Schwarz-Weiß (Tonwertraster), in Farbe mit den Originalfarben oder in Graustufen auszugeben sind.
- Um die Seitennamen zu den Druckseiten zuzuordnen oder einen Hinweis auf die Ausgabezeit zu erhalten, können Sie die verschiedenen Optionen der Gruppe *Drucken von* markieren. Ist *Seitenname* markiert, gibt Impress zusätzlich den im Registerreiter angegebenen Folientitel mit aus. Zusätzlich lassen sich die Seiten mit Ausgabedatum und -zeit signieren. Sind Seiten der Präsentation zur Anzeige ausgeblendet (siehe oben), werden diese nur dann mit ausgedruckt, falls das Kontrollkästchen *Ausgeblendete Seiten* markiert ist.

Abbildung 16.29: Dialogfeld *Drucker Zusätze*

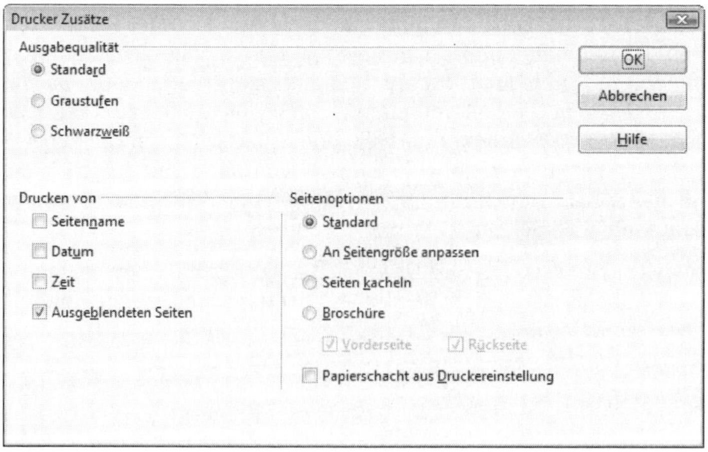

Bei der Ausgabe von Prospekten stehen einige der Optionen der Gruppe Drucken von *nicht zur Verfügung.*

Über die Optionsfelder der Gruppe *Seitenoptionen* steuern Sie, wie Impress die Präsentationsseiten auf die Druckseiten abbildet. Je nach gewählter Präsentationsart kann es nämlich zu Diskrepanzen in der Druckgröße kommen.

- *Standard:* Impress gibt die Präsentationsseite ohne weitere Skalierung an den Drucker aus. Seiten, die zu groß für ein Blatt sind, werden am rechten bzw. unteren Rand abgeschnitten.
- *An Seitengröße anpassen:* Markieren Sie dieses Optionsfeld, skaliert Impress die Seite automatisch auf die Blattgröße des Druckers. Dies stellt sicher, dass auch Sonderformate in vollem Inhalt auf dem Papier erscheinen.
- *Seiten kacheln:* Die Option bewirkt, dass Impress Präsentationsseiten, die größer als das Papierformat sind, auf mehrere Blätter aufteilt. Dies ermöglicht Ihnen einen Plakatdruck.
- *Broschüre:* Mit Impress können Sie auch Broschüren gestalten. Das Besondere an Broschüren ist, dass diese auf der Vorder- und Rückseite bedruckt werden können. Ist die Option *Broschüre* markiert, lässt sich über die dann freigegebenen Kontrollkästchen vorgeben, ob die Vorder- oder Rückseite oder beide Seiten des Prospekts bedruckt werden sollen.

Möchten Sie die Blätter für Prospekte beidseitig bedrucken, legen Sie im ersten Durchgang nur die Option für die Vorderseite fest. Anschließend legen Sie die bedruckten Blätter erneut in der Ausgabereihenfolge in den Drucker ein, wählen die Option Rückseite *aus und drucken das Dokument erneut. Sind beide Kontrollkästchen markiert, gibt Impress beide Seiten auf einer Seite des Blatts (gerade Seiten oben) aus. Die erste Seite kommt dann unten auf den Druckbogen. Dies eignet sich für faltbare Einlegeprospekte.*

Arbeiten Sie mit mehreren Papierschächten, lässt sich das Kontrollkästchen *Papierschacht aus Druckereinstellung* markieren. Dann kann der Papierschacht über die Druckeroptionen (Schaltfläche *Eigenschaften* im Dialogfeld *Drucken*) eingestellt werden.

16.4.3 Anmerkungen zum Plakatdruck

Die Option *Seiten kacheln* des Dialogfelds *Drucker Zusätze* (Abbildung 16.29) teilt die Ausgabe einer Präsentationsseite auf mehrere Ausgabeblätter auf. Dies ermöglicht Ihnen die Erstellung von Plakaten mit Impress (Abbildung 16.30).

Abbildung 16.30: Seitenaufteilung für den Plakatdruck

Das Kacheln erfolgt jedoch nur, wenn das Seitenformat größer als das verfügbare Papierformat ist. Bei Bedarf können Sie daher in der Zeichnungsansicht im Menü *Format* den Befehl *Seite* wählen und das Seitenformat auf A0, A1, A3 etc. stellen. Allerdings empfiehlt es sich, diese Einstellung vor dem Entwurf der Plakatseite vorzunehmen.

Abbildung 16.31: Warnung bei falsch eingestellten Druckoptionen

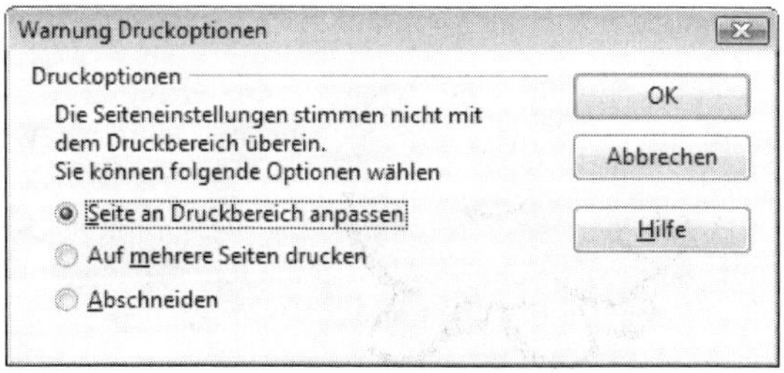

INFO

Da die Impress-Präsentationsseiten in Sonderformaten bezüglich der Abmessungen angelegt sein können, überprüft das Programm die Seiteneinstellungen. Stimmen diese nicht mit dem Druckbereich überein, erscheint die in Abbildung 16.31 gezeigte Warnung. Markieren Sie dann die gewünschte Option und bestätigen Sie über die OK-*Schaltfläche.*

Wenn Sie eine z.B. für die Bildschirmpräsentation vorbereitete Präsentationsseite nachträglich auf das Plakatformat (oder ein anderes Format) umsetzen, ergibt sich der in Abbildung 16.32 gezeigte Effekt. Die Plakatinhalte werden nicht automatisch auf das neue Seitenformat skaliert. Das Dialogfeld zum Umsetzen des Seitenformats bietet zwar eine Option *Objekt an Papierformat anpassen*. Während sich die Option zwar auf das Schweinchen auswirkt, bleiben die Textelemente der Seite in der ursprünglichen Größe erhalten. Sie müssen daher Plakate getrennt von den Präsentationsseiten entwerfen, wobei vorher das betreffende Seitenformat zu wählen ist.

Tricks zum Umgehen des Skalierungsproblems bei Texten

Haben Sie eine Präsentation für den Bildschirm erstellt und möchten eine Seite möglichst ohne Aufwand als Plakat drucken? Sie können mit Metafile-Formaten arbeiten, um die Skalierung der Seiteninhalte beim Wechsel des Seitenformats beizubehalten. Hierbei gibt es mehrere recht trickreiche Ansätze, die den unterschiedlichen Bedürfnissen entgegenkommen.

Exportieren Sie die Seite einfach als Grafikdatei im Windows Metafile-Format (WMF) (z.B. über den Befehl *Exportieren* im Menü *Datei*). Anschließend legen Sie eine neue Präsentation mit einer leeren Seite und ohne Inhalt, aber mit dem Seitenformat (oder einem ähnlichen Format) der ursprünglichen Präsentation an. Danach fügen Sie die exportierte *.wmf*-Grafikdatei über den Befehl *Bild/Aus Datei* im Menü *Einfügen* in die leere Seite ein. Bei Bedarf ist die Grafik in der Größe an die Seitenabmessungen anzupassen. Wenn Sie anschließend das Seitenformat z.B. auf DIN A1 hochsetzen und die Option *Objekt an Papierformat anpassen* auf der Registerkarte *Seite* markiert lassen, skaliert Impress automatisch alle Bestandteile der WMF-Grafik neu – die Texte erscheinen in der richtigen Größe. Nachteil ist, dass Sie die Texte der WMF-Grafik nicht mehr (bzw. nur mit Aufwand – siehe *Kapitel 18*) bearbeiten können.

Abbildung 16.32: Nebeneffekt beim Plakatformat

Eine andere Möglichkeit besteht darin, dass Sie die Ursprungsseite markieren und deren Inhalte mittels [Strg] + [C] in die Zwischenablage übertragen, dann zum neuen Dokument wechseln und den Inhalt der Zwischenablage über den Befehl *Inhalte einfügen* des Menüs *Bearbeiten* in die neue Präsentationsseite übernehmen. Als Format wählen Sie »GDI Metafile« (siehe oben im Abschnitt zur Übernahme von Präsentationsseiten). Das eingefügte Objekt lässt sich dann einschließlich der Texte beliebig skalieren. Nachteile dieses Ansatzes: Der Hintergrund der Ursprungsseite geht beim Kopieren verloren und Sie können die Texte nicht mehr bearbeiten.

Es besteht zudem die Möglichkeit, eine Präsentationsseite bereits im Hinblick auf die unterschiedlichen Ausgabeformate zu entwerfen. Sie dürfen die Seite dabei nicht über ein Auto-Layout aufbauen. Starten Sie stattdessen mit einer leeren Layoutseite und fügen Sie alle Texte als Textobjekte über die Zeichenfunktion der Werkzeugleiste ein (siehe auch *Kapitel 17*). Diese Objekte lassen sich im Gegensatz zu den Platzhaltern der Auto-Layouts nicht nur frei formatieren, sondern auch über den Kontextmenübefehl *Umwandeln* in eine Metafile-Grafik wandeln (siehe *Kapitel 18*). Wenn Sie alle Textobjekte in Metafile-Grafiken wandeln, werden diese beim Ändern des Seitenformats mit skaliert. Der Vorteil dieses Ansatzes besteht darin, dass Sie ggf. einzelne Textobjekte entfernen und dann neu einfügen können.

Damit möchte ich den Teil zu Impress beenden, da die typischen Impress-Funktionen zum Erstellen von Präsentationen beschrieben wurden. Standardmäßig wird man seine Seiten über Auto-Layouts entwerfen. Da Impress und Draw auf den gleichen Zeichenroutinen aufsetzen, lässt sich in Impress eine Reihe weiterer Funktionen (z.B. Zeichenfunktionen, Funktionen zur Manipulation von Objekten etc.) anwenden. Diese sind aber in den nachfolgenden Kapiteln zu Draw enthalten. Lesen Sie ggf. dort nach, was es an zusätzlicher Funktionalität gibt, die sich auch in Impress nutzen lässt.

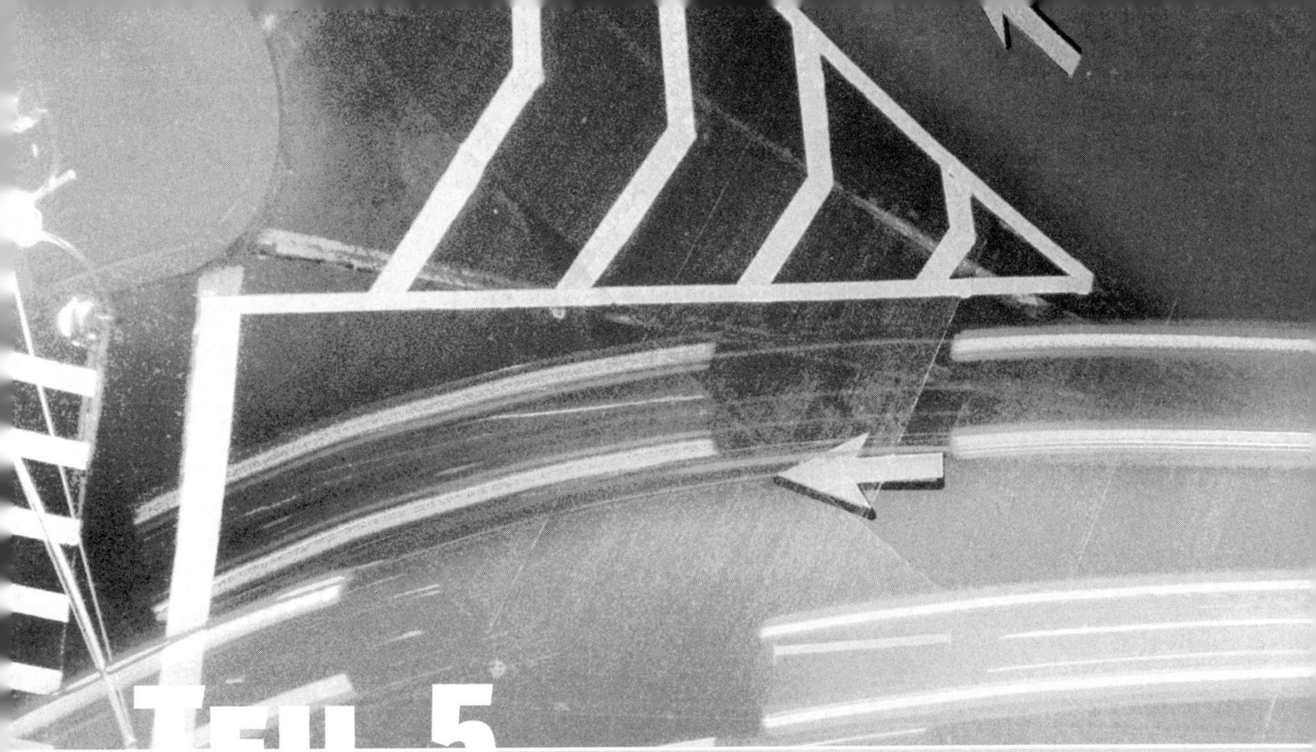

Teil 5
Draw

17 Grundlagen zum Arbeiten mit Draw

In diesem Kapitel erhalten Sie eine Einführung in das Erstellen von Zeichnungen mit dem Office-Modul Draw.

17.1 Draw im Überblick

Dieser Abschnitt stellt das Dokumentfenster von Draw vor und zeigt, wie Sie die Zeichenfunktionen nutzen können.

17.1.1 Das Draw-Dokumentfenster

Sobald Sie das Modul Draw aufrufen oder ein neues Zeichnungsdokument in einer Office-Anwendung anlegen, wird das Draw-Dokumentfenster geöffnet (Abbildung 17.1). Dieses Fenster ist bis auf Kleinigkeiten identisch mit dem Impress-Dokumentfenster. Zudem sind Ihnen viele Elemente aus anderen Office-Modulen bekannt.

- Über die Menüleiste können Sie (wie bei Impress) alle Befehle zum Erstellen von Zeichnungen abrufen. Lediglich der Menüeintrag *Ändern* ist zusätzlich vorhanden. Dafür fehlt der Menübefehl *Bildschirmpräsentation* aus Impress.
- Die *Standard*-Symbolleiste enthält die aus anderen Office-Modulen bekannten Schaltflächen zum Anlegen neuer Dokumente, zum Speichern, Laden, Drucken und Exportieren etc.
- Der Inhalt der *Format*-Symbolleiste wird in Abhängigkeit vom aktuellen Kontext ausgetauscht. Sie finden dort Schaltflächen vor, um Elemente einer Dokumentseite einzufärben, um markierte Textbereiche zu formatieren usw.
- Die *Zeichnen*-Symbolleiste am unteren Fensterrand enthält verschiedene Schaltflächen, über die Sie die Zeichenfunktionen abrufen können.
- Die horizontalen und vertikalen Lineale lassen sich über den Befehl *Lineal* im Menü *Ansicht* ein- oder ausblenden.
- In der Statusleiste zeigt Draw die aktuelle Cursorposition, die Zeichnungsnummer, den Zoomfaktor und weitere Informationen an.

Im Dokumentfenster finden Sie den Zeichenbereich, in dem die Zeichenelemente als Objekte abgelegt werden können. Eine herausragende Eigenschaft von Draw ist es, dass Sie in einem Dokument durchaus mehrere Zeichnungen in Form von Seiten ablegen können. Diese lassen sich über die Seitenvorschau in der linken Spalte abrufen.

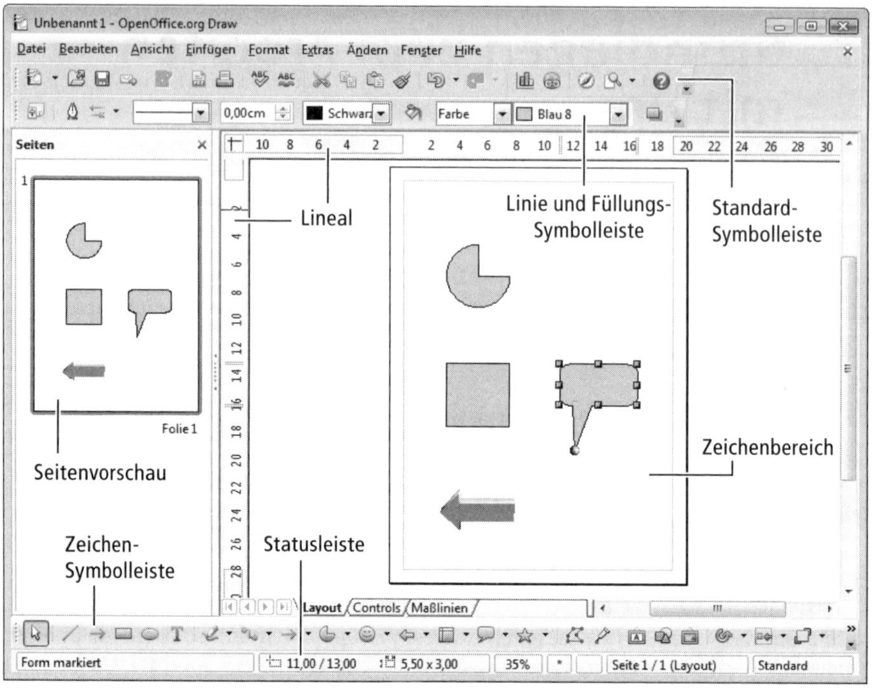

Abbildung 17.1: Elemente des Draw-Dokumentfensters

INFO

Impress und Draw weisen viele Gemeinsamkeiten in der Bedienung auf und benutzen häufig gemeinsame Zeichenfunktionen. Details zu verschiedenen Funktionen lassen sich daher in den Kapiteln 14 bis 16 nachlesen. Der wichtigste Unterschied zwischen Draw und Impress besteht darin, dass Draw primär zur Gestaltung von Zeichnungen benutzt wird. Daher fehlen in Draw alle Präsentationsfunktionen und auch die Impress-Vorlagen.

17.1.2 Wechsel zwischen Normal- und Masteransicht

Draw organisiert die Zeichnungen in Seiten. Ein Draw-Dokument kann mehrere Seiten enthalten. Um alle Seiten eines Dokuments ggf. mit identischen Zeichnungselementen zu versehen (z.B. Legende einer technischen Zeichnung, Logos oder Signets), arbeitet Draw mit zwei Ebenen, die sich über die Normal- und Masteransicht (Hintergrund) abrufen lassen. Zum Umschalten zwischen diesen beiden Ansichten öffnen Sie das Menü *Ansicht* und wählen dann einen der Befehle *Normal* oder *Master* (Abbildung 17.2).

In der Masteransicht blendet Draw nur eine Seite (den Master mit dem Hintergrund) in der linken Spalte und im Zeichnungsbereich ein. Zudem wird unterhalb des Zeichnungsbereichs der Registerreiter *Hintergrundobjekte* angezeigt (Abbildung 17.2, rechts unten). Werden Zeichnungselemente in der Masteransicht in die Seite eingefügt, blendet Draw diese quasi als Hintergrundebene in allen Zeichnungsseiten ein.

Schalten Sie dagegen zur Ebene der Normalansicht um (Abbildung 17.2, oben links), werden alle Dokumentseiten angezeigt. In diesen Dokumentseiten werden die Zei-

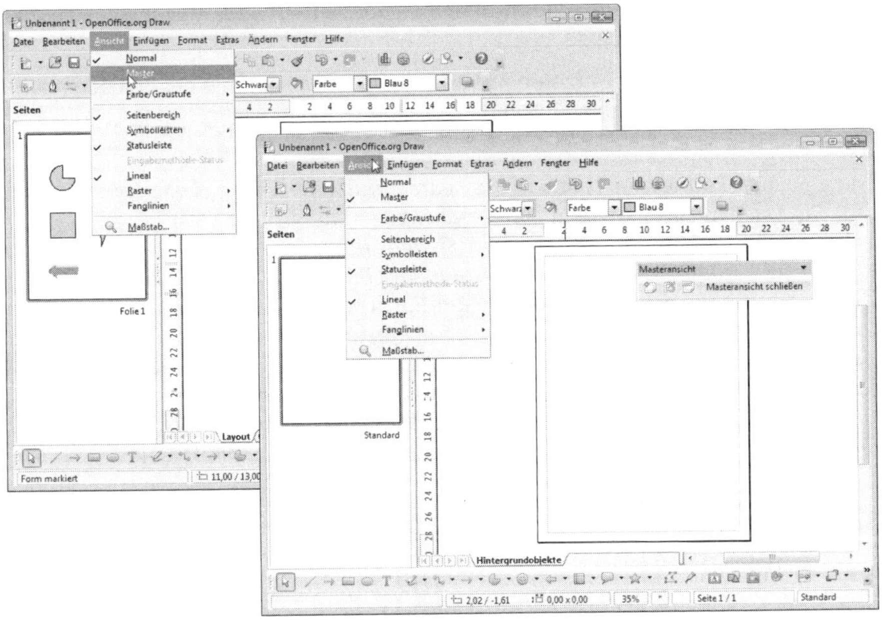

Abbildung 17.2: Umschalten der Ansicht

17

chenelemente der Hintergrundebene eingeblendet. Sie können nun im Vordergrund die Zeichnungselemente der aktuellen Seite einfügen.

TIPP

Solange die Masteransicht aktiv ist, zeigt Draw die Symbolleiste Masteransicht *im Vordergrund (Abbildung 17.2, rechts unten). Wählen Sie die Schaltfläche* Masteransicht schließen *in dieser Symbolleiste, gelangen Sie ebenfalls zur Normalansicht zurück. Über die restlichen Schaltflächen der Symbolleiste können Sie Masterseiten anlegen, löschen und umbenennen.*

17.1.3 Arbeiten mit Ebenen

Draw benutzt zur Verwaltung der in einer Seite angezeigten Objekte sogenannte Ebenen. Im vorherigen Abschnitt haben Sie bereits die Ebene mit den Hintergrundobjekten über die Masteransicht kennengelernt. Sobald Sie in die Normalansicht schalten, blendet Draw unterhalb des Zeichnungsbereichs die drei Registerkarten *Layout*, *Controls* und *Maßlinien* ein. Diese drei Registerkarten der Normalansicht besitzen folgende Bedeutung:

- Alle von Ihnen in eine Seite eingefügten Objekte (Zeichenelemente, Textelemente, Diagramme, Grafiken etc.) werden standardmäßig in der Ebene *Layout* abgelegt.
- Die Ebene *Controls* ist normalerweise leer, da sie zur Ablage von Steuerelementen (Schaltflächen, Optionsfeldern etc.) reserviert wurde. In dieser Ebene könnten beispielsweise Formularfunktionen gespeichert werden, was aber bei Draw-Zeichnungen wohl weniger Sinn macht.
- Die Ebene *Maßlinien* dient zur Aufnahme der Bemaßung und wird ebenfalls in den meisten Fällen leer sein. Fügen Sie allerdings Maßlinien als Linienelemente

in eine Seite ein (siehe unten), finden Sie die betreffenden Elemente auf dieser Ebene.

Zusätzlich können Sie benutzerdefinierte Ebenen zur Aufnahme der Zeichenobjekte anlegen und benennen (siehe folgender Abschnitt).

INFO

Diese Ebenen können Sie sich wie transparente, übereinandergelegte Folien vorstellen. Die Masteransicht bringt die unterste Folie (Hintergrundobjekte) in den Vordergrund. Über die Masteransicht können Sie die Hintergründe aller Zeichnungsseiten einfärben oder mit Farbverläufen, Mustern oder Bildern versehen. Zudem eignet sich die Hintergrundansicht hervorragend, um Elemente abzulegen, die allen Seiten der Zeichnung gemeinsam sind, wie etwa Firmenlogos. Über diese Folie kommen nun mindestens die drei Ebenen der Normalansicht. Zusätzlich können Sie benutzerdefinierte Ebenen zur Aufnahme spezieller Elemente definieren. Die Normalansicht wirkt wie die Draufsicht auf diesen Ebenenstapel. Alle Objekte werden angezeigt und lassen sich (bis auf die im Hintergrund hinterlegten Objekte) bearbeiten.

17.1.4 Benutzerdefinierte Ebenen hinzufügen, umbenennen, löschen

Sie haben in Draw die Möglichkeit, zusätzliche benutzerdefinierte Ebenen zur Zeichnungsseite hinzuzufügen.

Abbildung 17.3: Kontextmenü der Ebenen und Dialogfeld zum Anpassen der Ebeneneigenschaften

1. Klicken Sie mit der rechten Maustaste auf einen der Registerreiter und wählen Sie im Kontextmenü den Befehl *Ebene einfügen*.
2. Im angezeigten Dialogfeld *Ebene einfügen* (Abbildung 17.3) können Sie den Namen der Ebene sowie deren Eigenschaften (siehe folgender Abschnitt) anpassen.

Die Ebene wird angelegt, sobald Sie das Dialogfeld *Ebene einfügen* über die *OK*-Schaltfläche schließen. Fügen Sie anschließend Elemente (Texte, Grafiken) zur Seite hinzu, werden diese der aktuellen Ebene zugeordnet.

HALT

Leider gibt es noch ein etwas verwirrendes Feature in Draw. Sie können benutzerdefinierte Ebenen sowohl in der Normal- als auch in der Masteransicht einfügen. Die zugehörigen Registerreiter werden sogar in beiden Ansichtsmodi unterhalb des Zeichnungsbereichs dargestellt. Schalten Sie zur Masteransicht um, wird automatisch der Registerreiter Hintergrundobjekte *selektiert und die eingefügten Zeichenobjekte wandern in diese Hintergrundebene. Klicken Sie auf den Registerreiter einer benutzerdefinierten Ebene, ordnet Draw neue Zeichenobjekte dieser Ebene zu, d.h., diese werden auch nur in der aktiven Zeichnungsseite angezeigt. Hier wäre es besser gewesen, wenn die Draw-Entwickler die Anzeige benutzerdefinierter Ebenen in der Masteransicht unterdrückt hätten.*

17

Um benutzerdefinierte Ebenen nachträglich umzubenennen oder zu löschen, wählen Sie den Registerreiter der Ebene erneut an. Anschließend können Sie den Kontextmenübefehl *Ebene umbenennen* anklicken und dann direkt in den Registerreiter einen neuen Namen eintippen. Sobald Sie die [↵]-Taste drücken, wird die Änderung übernommen. Verwenden Sie im Kontextmenü einer benutzerdefinierten Ebene den Befehl *Ebene löschen*, wird die zugehörige Ebene nach einer Sicherheitsabfrage aus dem Dokument entfernt. Beachten Sie aber, dass beim Löschen alle in der Ebene enthaltenen Zeichnungselemente verloren gehen. Sie können das Löschen einer Ebene über den Befehl *Rückgängig* im Menü *Bearbeiten* zurücknehmen.

TIPP

Achten Sie beim Öffnen des Kontextmenüs darauf, dass die Registerkarte der benutzerdefinierten Ebene auch markiert ist. Andernfalls bezieht sich das Kontextmenü auf die Registerkarte Layout *und zeigt nur die Befehle aus Abbildung 17.3.*

Die Eigenschaften der Ebenen beeinflussen

Die Ebenen lassen sich über Eigenschaften zur Bearbeitung sperren, ausblenden oder vom Drucken ausnehmen. Hierzu müssen Sie bei eingeschalteter Ebenenansicht den Registerreiter der Ebene mit der rechten Maustaste anwählen und im Kontextmenü den Befehl *Ebene ändern* wählen. Dann erscheint das in Abbildung 17.4 gezeigte Dialogfeld, in dem Sie über die Kontrollkästchen die Eigenschaften der Ebene beeinflussen können.

- *Sichtbar:* Ist das Kontrollkästchen nicht markiert, werden die Elemente der Ebene im Layout ausgeblendet. Blenden Sie z.B. die *Layout*-Ebene aus und gibt es keine benutzerspezifischen Ebenen mehr, werden nur noch Maßlinien und Controls dargestellt.
- *Druckbar:* Eine gelöschte Markierung bewirkt, dass diese Elemente beim Drucken der Seite nicht mit angezeigt werden. Auf diese Weise lassen sich beispielsweise Controls und Maßlinien vom Drucken ausnehmen.
- *Gesperrt:* Markieren Sie das Kontrollkästchen, um die Elemente der Ebene vor der Bearbeitung zu schützen.

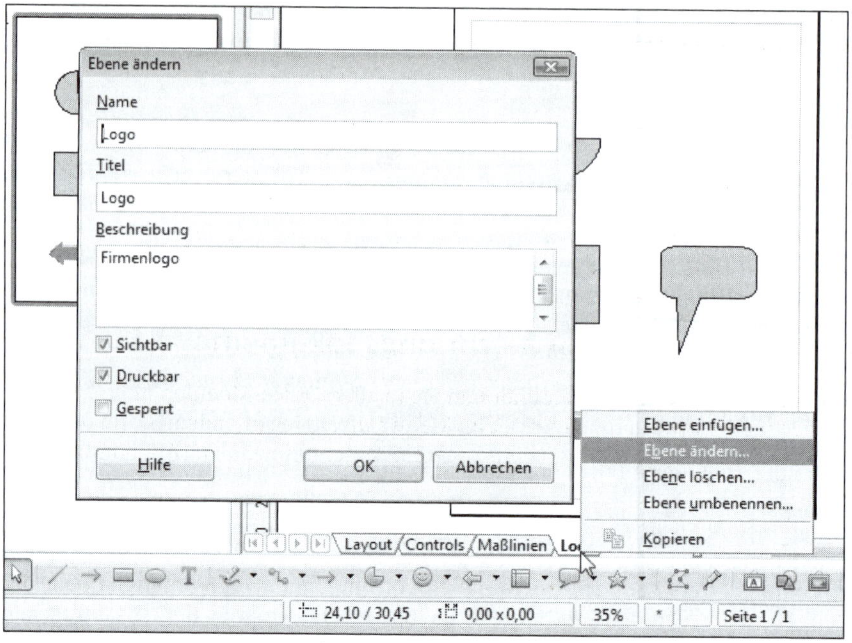

Abbildung 17.4: Anpassen der Ebeneneigenschaften

Die Optionen werden wirksam, sobald Sie das Dialogfeld über die *OK*-Schaltfläche schließen. Eine unsichtbare Ebene erkennen Sie an dem blau hervorgehobenen Namen in der Registerkarte der Ebene.

INFO

Während Sie die Namen der benutzerdefinierten Ebenen direkt im Dialogfeld Ebene ändern *anpassen können, bleibt dieses Feld bei den drei vordefinierten Ebenen* Layout, Controls *und* Maßlinien *gesperrt. Deren Bezeichnung lässt sich also nicht ändern.*

Objekte zwischen Ebenen verschieben

Möchten Sie ein Objekt von einer Ebene in eine andere verschieben, sind mehrere Schritte erforderlich:

1. Wählen Sie die betreffende Ebene an und markieren Sie das Element mit einem Mausklick (es dürfen nur die grünen Ziehmarken zu sehen sein).
2. Betätigen Sie die Tastenkombination `Strg` + `X` (beim Mac `MacBef` + `X`), um das Zeichenobjekt in die Zwischenablage zu übertragen.
3. Wählen Sie den Registerreiter der gewünschten Zielebene per Mausklick aus und fügen Sie den Inhalt der Zwischenablage über die Tastenkombination `Strg` + `V` (beim Mac `MacBef` + `V`) in die betreffende Ebene ein.

Bei Bedarf lässt sich das Element anschließend in der Ebene neu positionieren. Wenn Sie die anderen Ebenen ausblenden (Kontextmenübefehl *Ebene ändern* der jeweiligen Registerreiter), können Sie sehr leicht kontrollieren, welche Elemente in einer Ebene enthalten sind. Um eine (leere) Ebene zu entfernen, klicken Sie deren Registerreiter mit der rechten Maustaste an und wählen im Kontextmenü den Befehl

Ebene entfernen. Nach einer Sicherheitsabfrage mit dem Hinweis, dass dann auch alle Elemente der Ebene gelöscht werden, verschwindet der Inhalt der Ebene.

17.2 Verwalten der Zeichnungsdokumente

Der folgende Abschnitt geht auf die Funktionen in Draw zum Anlegen neuer Zeichnungen, zum Laden bestehender Zeichnungen und zum Speichern bzw. Drucken der Dokumente ein. Da vieles identisch mit den anderen Office-Modulen gehandhabt wird, sind die betreffenden Beschreibungen kurz gehalten.

17.2.1 Anlegen neuer Zeichnungsdokumente

Ein neues Zeichnungsdokument können Sie in allen Office-Modulen über die Schaltfläche *Neu* oder über den Befehl *Neu* im Menü *Datei* anlegen, indem Sie im betreffenden Untermenü den Eintrag *Zeichnung* als Dokumenttyp wählen (Abbildung 17.5).

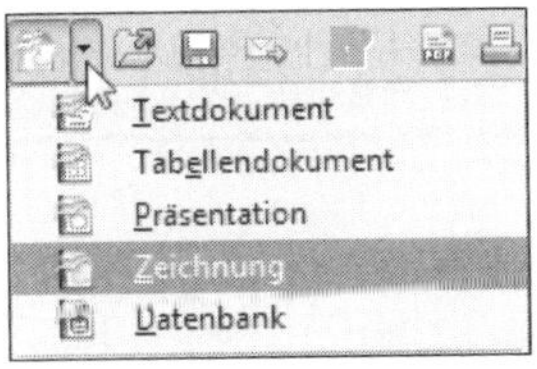

Abbildung 17.5: Anlegen eines neuen Zeichnungsdokuments

Zeichnungsdokumente aus Vorlagen ableiten

Ähnlich wie bei anderen Office-Modulen können Sie neue Zeichnungsdokumente von bestehenden Vorlagen ableiten. Dies ermöglicht Ihnen beispielsweise, Blätter mit wiederkehrenden Zeichnungselementen (z.B. Grundrissen, Beschriftungen, Logos, Stücklisten, Logos etc.) anzulegen.

1. Wählen Sie zum Anlegen der neuen Zeichnung im Menü *Datei* den Befehl *Neu* und dann im Untermenü den Eintrag *Vorlagen und Dokumente*.
2. Im erscheinenden Dialogfeld (Abbildung 17.6) wählen Sie in der linken Spalte das Symbol *Vorlagen*.
3. Klicken Sie in der mittleren Spalte auf die Kategorie, in der Ihre Zeichnungsvorlage eingeordnet ist.
4. Wählen Sie in der rechten Liste die gewünschte Vorlage aus. Ist die Vorschau aktiv, wird ein Miniaturabbild der Zeichnung im Dialogfeld angezeigt.
5. Klicken Sie auf die Schaltfläche *Öffnen*, um die Vorlage zu laden und die neue Zeichnung anzulegen.

StarOffice wird mit einigen Zeichnungsvorlagen ausgeliefert. Sie finden diese Vorlagen in der Kategorie *Diverses*. Erkennen lassen sich die Vorlagen am Symbol für Draw-Dokumente (siehe Vorlage »CD« in Abbildung 17.6).

TIPP

StarOffice enthält zudem noch einige fertige Zeichnungen zur Demonstration der Draw-Funktionen. Sie finden diese Zeichnungen, wenn Sie in der linken Spalte des Dialogfelds Vorlagen und Dokumente *auf das Symbol* Beispiele *klicken. Dann müssen Sie den Ordner* Zeichnungen *wählen.*

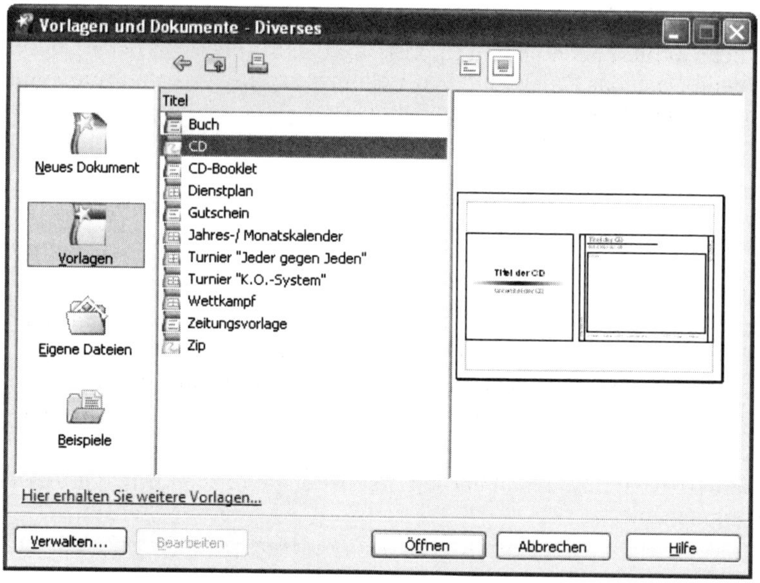

Abbildung 17.6: Zeichnungsvorlagen in StarOffice (Windows XP)

17.2.2 Speichern einer Draw-Zeichnung

Draw speichert Zeichnungen standardmäßig im eigenen *.odg*-Format. Dabei wird aber nicht nur eine Zeichnung (in Draw ist dies eine Seite), sondern ein komplettes Zeichendokument gesichert. Sie können sich ein Draw-Dokument quasi als Zeichenmappe mit mehreren Zeichenblättern (Seiten) vorstellen.

1. Zum Speichern klicken Sie in der *Standard*-Symbolleiste auf die Schaltfläche *Speichern* oder wählen im Menü *Datei* den Befehl *Speichern* bzw. *Speichern unter*. Bei einem neuen Dokument, oder falls der Befehl *Speichern unter* gewählt wurde, erscheint nun das Dialogfeld *Speichern unter*.
2. Wählen Sie als Erstes den Zielordner, in dem das Dokument hinterlegt werden soll. Ergänzen Sie den Dateinamen im gleichnamigen Feld und setzen Sie ggf. weitere Speicheroptionen wie z.B. das Kontrollkästchen *Mit Kennwort speichern* zum Sichern mit Kennwortschutz.

Sobald Sie auf die Schaltfläche *Speichern* klicken, wird die Zeichnung in der Datei abgelegt und das Dialogfeld geschlossen. Draw unterstützt beim Speichern das eigene Draw-Format samt Vorlagen (*.otg*) sowie die älteren StarDraw- und Draw-Zeichenformate.

INFO

Beachten Sie beim Speichern in Fremdformaten, dass u.U. Informationen aus dem ursprünglichen Dokument verloren gehen. Arbeiten Sie daher immer mit einer Sicherungskopie im Draw-Format. Zudem sollten Sie Office so einstellen, dass periodische Sicherungskopien angelegt werden (siehe Anhang A, Abschnitt »Anpassen der Laden/Speichern-Optionen«). Dies verhindert, dass größere Änderungen am Dokument verloren gehen.

Zeichnungseigenschaften festlegen

Ähnlich wie beim Writer, bei Calc und Impress können Sie über den Befehl *Eigenschaften* im Menü *Datei* das Fenster mit den Dokumenteigenschaften aufrufen. Auf den Registerkarten lassen sich der Dokumenttitel und weitere benutzerspezifische Eigenschaften wie Benutzername etc. hinterlegen. Diese werden mit dem Zeichnungsdokument gespeichert. Details hierzu können Sie im Writer-Teil dieses Buches nachlesen.

17.2.3 Zeichnung als Vorlage ablegen

Mit einer entsprechenden Dokumentvorlage ist es kein Problem, sich eine Sammlung standardisierter Zeichnungsvorlagen zu erstellen. Sie können beispielsweise firmenspezifische Zeichnungsdokumente mit Logos, Firmennamen und einem einheitlichen Corporate Design entwerfen und diese als Vorlagen für neue Dokumente hinterlegen.

1. Legen Sie ein Zeichnungsdokument mit den benötigten Seiten, Hintergründen samt Logos etc. an.
2. Wählen Sie im Menü *Datei* den Befehl *Dokumentvorlage* und klicken Sie im Untermenü auf den Befehl *Speichern*.
3. Im dann angezeigten Dialogfeld *Dokumentvorlage* tragen Sie als Erstes einen Namen für die Dokumentvorlage ein, wählen eine Kategorie als Vorlagenbereich (z.B. »Diverses«) und bestätigen dies über die *OK*-Schaltfläche.

Die Vorlage wird dann automatisch im richtigen Vorlagenordner als *.otg*-Datei gesichert und steht anschließend beim Anlegen neuer Dokumente in der Vorlagensammlung zur Verfügung (siehe oben).

17.2.4 Eine Zeichnung erneut laden

Eine als *.odg*- oder *.sxd*-Datei gespeicherte Zeichnung lässt sich in Draw erneut laden. Sie müssen lediglich in einem der Office-Module die Öffnen-Funktion, z.B. über die Schaltfläche *Öffnen* der *Standard*-Symbolleiste oder den gleichnamigen Befehl im Menü *Datei*, wählen. Im Dialogfeld *Öffnen* ist der Quellordner und ggf. der Dateityp »Zeichnung« einzustellen. Dann kann ein Zeichnungsdokument per Mausklick markiert und über die Schaltfläche *Öffnen* des Dialogfelds geladen werden. Das Kontrollkästchen *Nur lesen* (bei Windows Vista als *Readonly* benannt) im Dialogfeld schützt die Zeichnung vor Veränderungen. Das Speichern einer solcherart geschützten Datei ist dann nur unter einem neuen Namen möglich.

In Draw können Sie im Dialogfeld Öffnen *auch Grafikdateien (z.B. im* .gif- *oder* .wmf-*Format) auswählen und über die Schaltfläche* Öffnen *einlesen. Draw importiert die betreffende Grafik dann in eine Zeichnungsseite.*

INFO

17.2.5 Zeichnungen exportieren

Ähnlich wie Impress und die anderen Office-Module kann Draw die Zeichnungsdokumente in Fremdformate exportieren. Die Funktionalität ist mit Impress identisch. Die Exportfunktion wird über die Befehle des Menüs *Datei* aufgerufen.

- Der Befehl *Exportieren als PDF* stellt die Exportoptionen für den PDF-Treiber ein.
- Der Befehl *Exportieren* im Menü *Datei* öffnet direkt das Dialogfeld *Exportieren*, in dem Sie das Zielverzeichnis, den Dateinamen und das Exportformat angeben können.

Zusätzlich gibt es für den PDF-Export eine eigene Schaltfläche in der *Standard*-Symbolleiste. Sofern Sie jedoch markierte Teile der Zeichnung oder einzelne Seiten in das PDF-Format exportieren möchten, müssen Sie die obigen Befehle im Dateimenü verwenden. Nur dann erscheint der Auswahldialog zur Steuerung des Exportumfangs.

Neben dem PDF-Format unterstützt Draw (ab der Version 1.1) auch den Export in die Formate HTML und Flash. Zudem können Sie einzelne Seiten einer Zeichnung über das Feld *Dateityp* über die Exportfunktion in Grafikdateien speichern. Die Liste der unterstützten Grafikformate umfasst dabei sowohl Bitmaps (BMP, JPEG, GIF, PNG) und auch Vektorformate (SVG, EPS) sowie das Windows Metafile-Format (WMF). Leider lassen sich im SVG-Format exportierte Zeichnungen bisher nicht zurücklesen.

INFO

Da die betreffenden Funktionen zwischen Draw und Impress identisch sind, lesen Sie weitere Einzelheiten in Kapitel 15) nach.

17.2.6 Drucken von Zeichnungen

Zum Drucken von Zeichnungen können Sie die *Drucken*-Schaltfläche der *Standard*-Symbolleiste verwenden. Dann werden alle Seiten der Zeichnung gedruckt. Wählen Sie den Befehl *Drucken* im Menü *Datei* oder betätigen Sie die Tastenkombination [Strg] + [P] (bzw. [MacBef] + [P] beim Mac), erscheint das Dialogfeld *Drucken* zur Auswahl der Druckoptionen. Sie können dann einen markierten Zeichnungsbereich, einzelne Seiten oder das komplette Dokument drucken. Über die Schaltfläche *Zusätze* des *Drucken*-Dialogfelds lässt sich ein Zusatzdialog zur Auswahl weiterer Druckerzusätze öffnen. Dieses Dialogfeld entspricht im Aufbau dem Impress-Dialog (siehe *Kapitel 16*).

17.3 Arbeitstechniken zur Verwaltung von Seiten

Dieser Abschnitt befasst sich mit Arbeitstechniken zur Verwaltung der Seiten in einem Zeichnungsdokument.

17.3.1 Seiten anlegen, umbenennen, löschen, verschieben, kopieren

Die Funktionen zur Verwaltung von Seiten in der Zeichnung lassen sich weitgehend per Kontextmenü abrufen (Abbildung 17.7).

- Um eine neue Seite in einer Zeichnung anzulegen, reicht es, eine Miniaturansicht in der linken Spalte mit der rechten Maustaste anzuklicken und im Kontextmenü den Befehl *Neue Seite* zu wählen.
- Wählen Sie den Kontextmenübefehl *Seite löschen*, wird die komplette Seite aus dem Zeichnungsdokument entfernt.

- Die unterhalb der Miniaturansicht eingeblendeten Seitentitel lassen sich über den Kontextmenübefehl *Seite umbenennen* anpassen. Ein Dialogfeld ermöglicht dann, den bestehenden Namen anzupassen.
- Möchten Sie eine Seite kopieren, klicken Sie auf die betreffende Miniaturansicht und wählen im Menü *Einfügen* den Befehl *Seite duplizieren*. Alternativ können Sie die Kontextmenübefehle *Kopieren* und *Einfügen* verwenden.

Abbildung 17.7: Kontextmenübefehle für Seiten

Verschieben lassen sich die Seiten, indem Sie deren Miniaturansichten per Maus in der linken Spalte des Draw-Fensters nach oben oder nach unten ziehen.

17.3.2 So lassen sich Seiten importieren

Draw ermöglicht die Übernahme kompletter Seiten oder eines Objekts aus anderen Zeichnungsdokumenten.

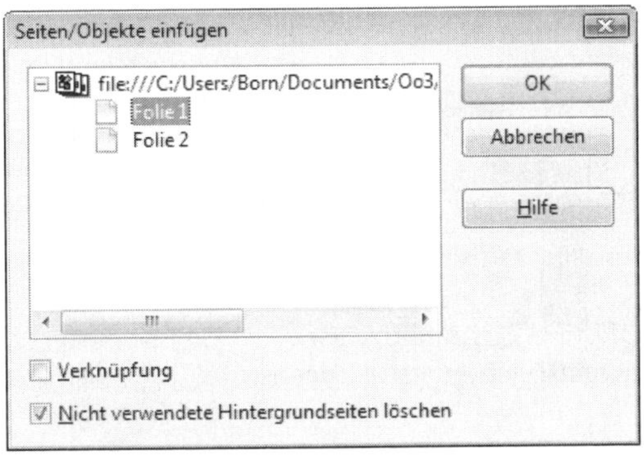

Abbildung 17.8: Auswahl der zu importierenden Seite oder des Objekts

1. Wählen Sie im Menü *Einfügen* des Draw-Fensters den Befehl *Datei*. Sobald der Dialog *Datei einfügen* erscheint, können Sie eine Zeichnungsdatei wählen und über die Schaltfläche *Öffnen* einlesen.
2. Im Folgedialog *Seiten/Objekt einfügen* (Abbildung 17.8) können Sie dann die Seiten und sofern vorhanden bzw. bei Bedarf auch einzelne Objekte auswählen.
3. Markieren Sie ggf. die Kontrollkästchen, um die Seite lediglich zu verknüpfen und um nicht verwendete Hintergrundseiten zu löschen.

Sobald Sie diesen Dialog über die *OK*-Schaltfläche schließen, wird die gewählte Seite in das Dokument eingefügt. Bei Namenskonflikten erscheint ein Dialogfeld zur Korrektur des Seitentitels. Stimmt das Seitenformat zwischen Zieldokument und importierter Seite nicht, fragt ein Dialog ab, ob die Seite neu zu skalieren ist. Diese Skalierung wird erforderlich, wenn die importierte Seite andere Abmessungen als die aktuelle Seite aufweist. Draw passt dann die Größe der Zeichenelemente automatisch an die neue Seitengröße an. Der Ablauf ist identisch mit dem Import von Seiten in Impress (siehe *Kapitel 16*).

INFO

Sie können neben Draw-Zeichnungsdokumenten, den früheren StarDraw-Vorlagen sowie HTML- bzw. Text- oder RTF-Dateien auch Impress-Dokumente zum Import wählen. Damit eignet sich Draw zum Entwerfen von Präsentationsseiten, Prospekten und Plakaten, wobei sich die Zeichnungen wiederum in Impress importieren lassen. Beim Import von Impress-Seiten gibt es aber einen witzigen Effekt: Schalten Sie zur Hintergrundansicht um, werden die Textelemente des Master-Modus aus Impress eingeblendet. Da Draw aber keine Präsentationsobjektvorlagen unterstützt, können Sie die betreffenden Elemente aus der Hintergrundseite löschen.

17.3.3 Das Seitenformat der Zeichnung anpassen

Das Seitenformat und den Seitenhintergrund können Sie in Draw analog zu Impress über den Befehl *Seite* im Menü *Format* anpassen. Draw öffnet das Dialogfeld *Seite einrichten* mit den Registerkarten *Seite* und *Hintergrund* (Abbildung 17.9). Auf der Registerkarte *Seite* lassen sich das Papierformat, die Ausrichtung und die Seitenränder vorgeben. Die Registerkarte *Hintergrund* ermöglicht Ihnen, Farben, Farbverläufe, Schraffuren oder Bitmaps als Hintergrund der Seite vorzugeben.

Abbildung 17.9: Seite einer Zeichnung einrichten

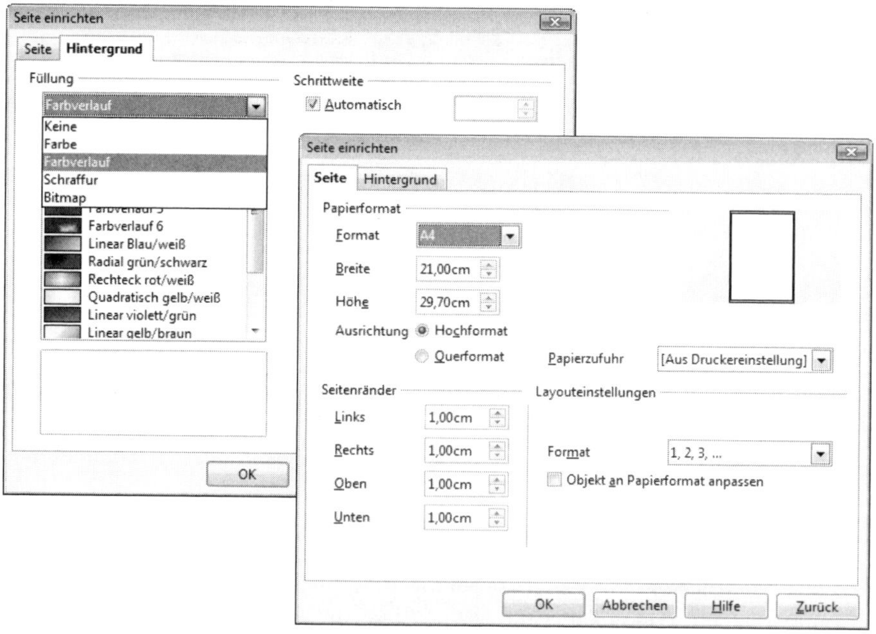

Während sich die Einstellungen der Registerkarte Seite *auf alle Seiten des Dokuments auswirken, können Sie beim Hintergrund über einen Dialog beim Schließen der Registerkarte wählen, ob dieser für alle Seiten oder für die aktuelle Seite gilt.*

INFO

Seitenvorlage für Zeichnungen nutzen

In Draw lässt sich eine Zeichnungsseite mit Hintergründen versehen (Menübefehl *Format/Seite*, Registerkarte *Hintergrund*). Folgerichtig ermöglicht auch Draw, den Seiten eine Seitenvorlage (aus Impress-Präsentationen oder anderen Draw-Zeichnungen) zuzuweisen.

1. Klicken Sie mit der rechten Maustaste auf die Seite und wählen Sie im Kontextmenü den Untermenübefehl *Seite/Foliendesign*.
2. Im angezeigten Dialogfeld *Foliendesign* lässt sich die gewünschte Vorlage auswählen. Bei Bedarf können Sie eine Vorlage über die Schaltfläche *Laden* hinzufügen.

Sobald Sie das Dialogfeld über die *OK*-Schaltfläche schließen, wird die Vorlage übernommen. Je nachdem, ob das Kontrollkästchen *Hintergrundseite austauschen* markiert war, übernimmt Draw nur die Seitenelemente der Vorlage mit oder ohne den Seitenhintergrund. Die Vorlage bezieht sich nur auf die aktuelle Seite.

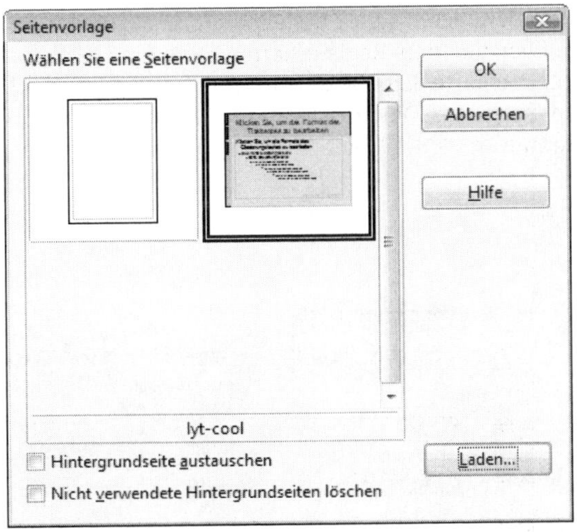

Abbildung 17.10: Dialogfeld *Seitenvorlage*

Sie können sowohl Impress-Präsentationsvorlagen als auch Draw-Zeichenvorlagen verwenden. Die mit StarOffice mitgelieferten Draw-Vorlagen befinden sich in der Kategorie Diverses *und sind am Dokumentsymbol zu erkennen.*

INFO

17.4 Einfügen von Zeichenobjekten

Draw wird typischerweise benutzt, um Zeichnungen von Grund auf aus einzelnen Zeichenelementen (hier Zeichenobjekte oder kurz Objekte genannt) aufzubauen. Zum Einfügen von Zeichenobjekten (Linien, Flächen, Körpern, Texten etc.) stellt Draw verschiedene Schaltflächen in der *Zeichnen*-Symbolleiste bereit. Nachfolgend lernen Sie die wichtigsten Techniken zum Einfügen solcher Zeichenobjekte kennen.

17.4.1 Einfügen von Linien in die Zeichnung

Über die Schaltfläche *Linien und Pfeile* öffnen Sie die in Abbildung 17.11 gezeigte Abreißleiste *Linien*.

Abbildung 17.11: Zeichnen einer Linie

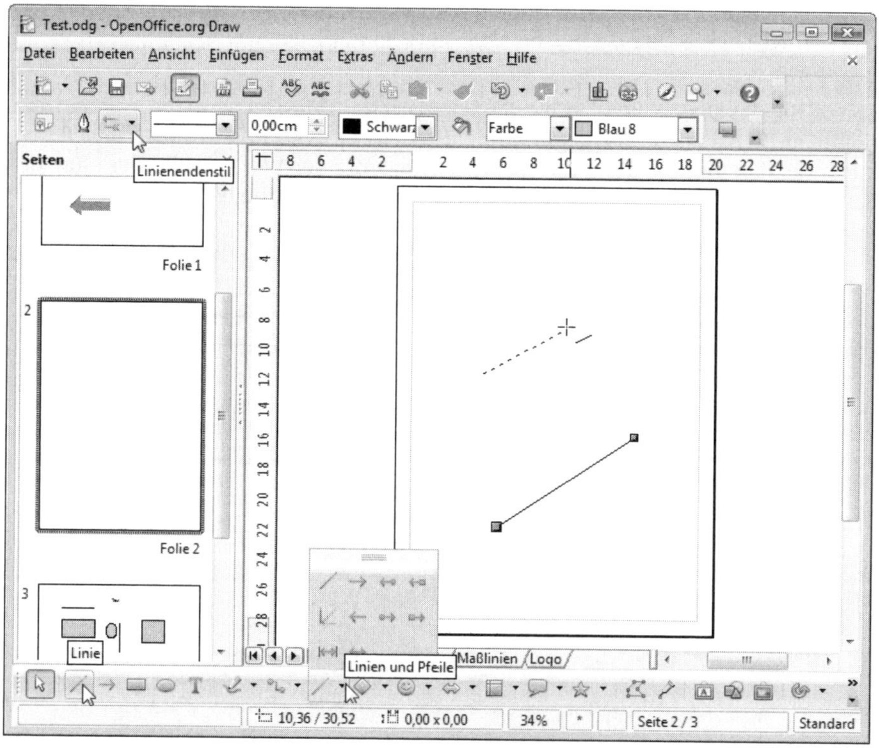

1. Um eine Linie zu zeichnen, wählen Sie in der *Zeichnen*-Symbolleiste die Schaltfläche *Linie* (Abbildung 17.11).
2. Anschließend klicken Sie in der Zeichnung auf einen Punkt, halten die linke Maustaste gedrückt und ziehen den Mauszeiger zum Endpunkt der Linie.

Sobald Sie die Maustaste loslassen, wird die Linie in der angegebenen Länge gezeichnet. Solange die Linie markiert ist (die Ziehmarken sind sichtbar), können Sie die Linieneigenschaften wie Linientyp, Linienstärke, Linienfarbe über die Elemente der Symbolleiste *Linie und Füllung* (siehe Abbildung 17.11) anpassen.

TIPP

Benötigen Sie horizontale, vertikale oder im Winkel von 45 Grad verlaufende Linien, können Sie die Schaltfläche Linie (45°) *in der Abreißleiste nutzen. Oder Sie halten beim Ziehen der Linien die* [⇧]*-Taste gedrückt. Sobald diese Taste beim Zeichnen von Linien gedrückt ist, fixiert Draw die Linien unter den Winkeln von 0, 45 und 90 Grad. Wählen Sie die Schaltfläche* Linien und Pfeile *mit einem langen Mausklick an, lassen sich verschiedene Linienvarianten in einer Abreißleiste abrufen (Abbildung 17.11). Über die Schaltfläche* Linienendenstil *können Sie zudem Pfeile an bestehende Linienenden anfügen.*

17.4.2 Pfeile in die Zeichnung einfügen

Pfeilsymbole lassen sich wie Linien über die Schaltfläche *Linie mit Pfeilende* der *Zeichnen*-Symbolleiste in ein Draw-Zeichenblatt einfügen. Alternativ können Sie über die Schaltfläche *Linien und Pfeile* eine Abreißleiste mit Schaltflächen für die Pfeilsymbole mit einem langen Mausklick öffnen.

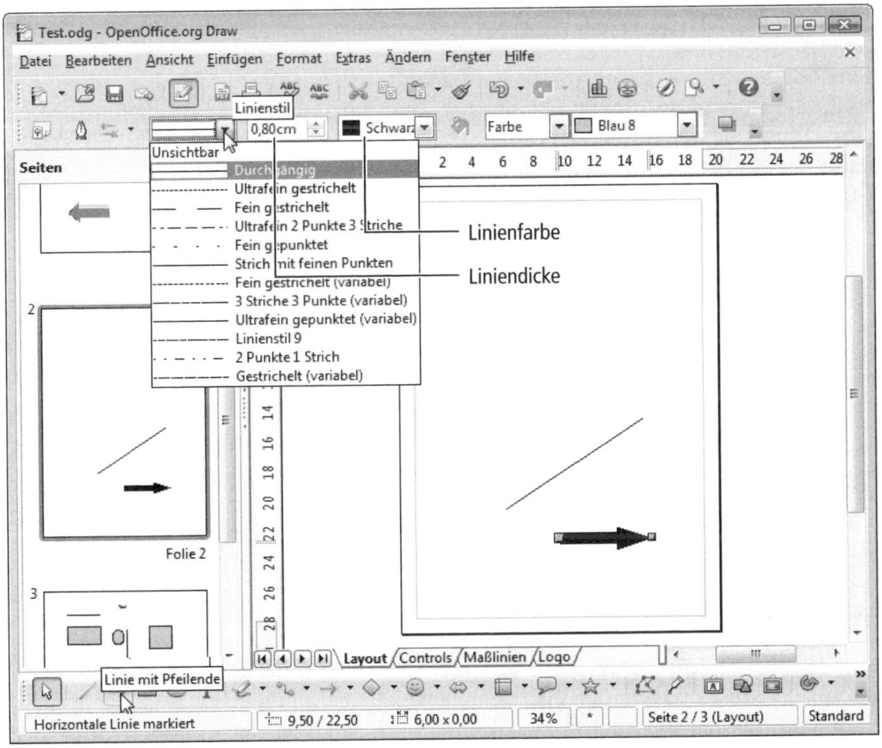

Abbildung 17.12: Zeichnen von Pfeilen

1. Klicken Sie die Schaltfläche *Linie mit Pfeilende* der *Zeichnen*-Symbolleiste an (Abbildung 17.12). Alternativ können Sie mit einem langen Mausklick auf die Schaltfläche *Linien und Pfeile* die Abreißleiste einblenden und dann die Schaltfläche mit der gewünschten Pfeilform wählen. Es stehen auch Varianten mit Pfeilspitzen an beiden Enden zur Verfügung.

2. Klicken Sie auf das Zeichenblatt, um den Anfangspunkt des Pfeils festzulegen, und ziehen Sie anschließend die Maus bei gedrückter linker Maustaste zum Endpunkt. Wenn Sie die Maus loslassen, wird der Pfeil zwischen den beiden Punkten gezeichnet, wobei die Spitze auf den Endpunkt zeigt.
3. Anschließend können Sie die Linienfarbe des Pfeils, seine Liniendicke sowie den Linienstil anpassen. Die Schaltfläche *Linienendenstil* der Symbolleiste *Linie und Füllung* öffnet eine Abreißleiste, in der sich sogar die Form der Endpunkte der Linie variieren lässt.

Über den letzten Schritt lassen sich Linienformen zu Pfeilen bzw. umgekehrt Pfeile wieder in Linien verwandeln.

TIPP

Benötigen Sie flächige Pfeile mit Farbe? Eine Möglichkeit besteht darin, die Linienstärke anzupassen und dann eine Farbe zuzuweisen. Sollen nur Umrisslinien angezeigt werden, verwenden Sie die Schaltfläche Blockpfeile *der* Zeichnen-*Symbolleiste. Im zugehörigen Menü finden Sie eine Auswahl verschiedener Pfeilsymbole.*

17.4.3 Maßlinien einfügen

Eine Sonderstellung nimmt die Schaltfläche *Maßlinie* der Abreißleiste *Linien und Pfeile* ein. Über diese Funktion lassen sich Teile der Zeichnung mit Hilfslinien bemaßen. Öffnen Sie das Abreißmenü der Schaltfläche *Linien und Pfeile* und klicken Sie darin auf das Symbol *Maßlinie*. Ziehen Sie anschließend eine Linie in der Seite, fügt Draw automatisch eine Maßlinie als Objekt in die Zeichnung ein (Abbildung 17.13).

Abbildung 17.13: Zeichnen von Maßlinien

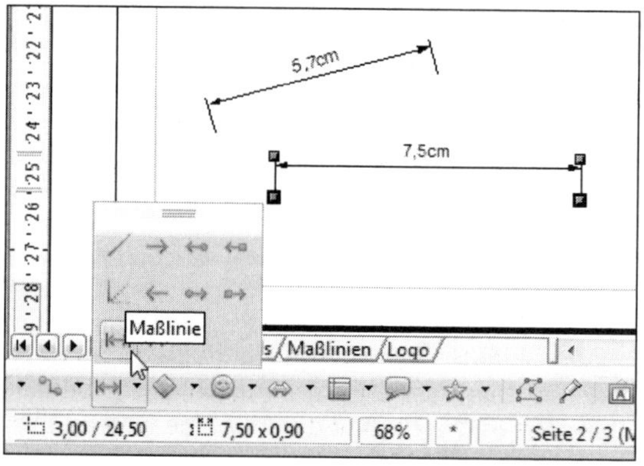

Standardmäßig legt Draw die Maßlinien oberhalb eines Objekts ab, erkennbar daran, dass die senkrechten Hilfslinien unterhalb der Maßlinie etwas länger als oberhalb sind. Die Ausrichtung der Maßlinie lässt sich über die Lage der Start- und Endpunkte per Maus angeben. Es sind horizontale, vertikale und diagonale Bemaßungen möglich.

TIPP

Da die Maßlinien automatisch der betreffenden Zeichenebene zugeordnet werden, lassen sie sich bei Bedarf von der Anzeige und beim Drucken ausblenden (siehe oben).

An der Maßlinie wird automatisch deren Länge (standardmäßig in cm) abgetragen. Dies kann beim Entwurf von Schablonen oder Vorlagen, die 1 : 1 gedruckt werden, hilfreich sein.

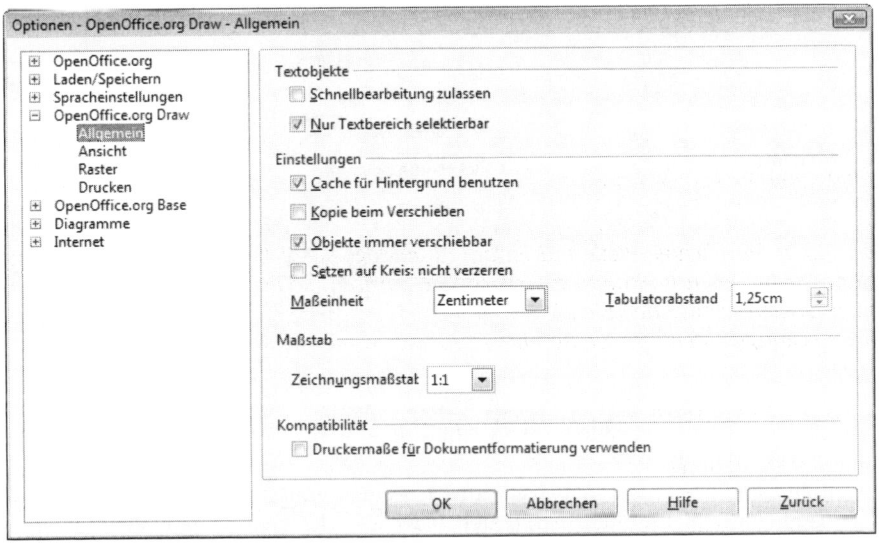

Abbildung 17.14: Maßeinheit und Maßstab in den Optionen festlegen

INFO

Die Maßeinheit für Bemaßungen können Sie vorgeben, indem Sie im Menü Extras *den Befehl* Optionen *wählen. Klicken Sie im* Optionen-*Dialog in der linken Spalte auf* OpenOffice.org Draw *und dann auf den Unterzweig* Allgemein *(Abbildung 17.14). Dann lässt sich über das Listenfeld* Maßeinheit *vorgeben, ob die Bemaßung in cm, mm etc. erfolgen soll. Zudem findet sich in der Gruppe* Maßstab *das Kombinationsfeld* Zeichnungsmaßstab, *über das Sie den Zeichnungsmaßstab vorab festlegen. Dann lassen sich sogar maßhaltige Bemaßungen durch Ziehen der Bemaßungslinien in die Zeichnung einfügen.*

Eigenschaften von Maßlinien anpassen

Draw ermöglicht Ihnen zudem, die Eigenschaften der Maßlinie individuell anzupassen. Die Linienstärke sowie die Farbe des markierten Bemaßungsobjekts geben Sie über die Linieneigenschaften vor. Spezielle Eigenschaften der Maßlinie werden über ein getrenntes Dialogfeld festgelegt (Abbildung 17.15).

Markieren Sie die Maßlinie per Mausklick und wählen Sie im Menü *Format* oder im Kontextmenü den Befehl *Bemaßung*. Im Dialogfeld *Bemaßung* lassen sich die Lage der Maßzahlen (über die Optionen der Gruppe *Beschriftung*), die Länge und Lage der Hilfslinien (über die Optionen der Gruppe *Linie*) und die Zahl der Nachkommastellen der Maßzahl vorgeben. Details zu den einzelnen Optionen liefert die Hilfe.

17.4.4 Rechtecke und rechteckige Flächen zeichnen

Sie können in Draw rechteckige Flächen mit oder ohne abgerundete Ecken sowie mit Umrisslinie oder mit Füllung zeichnen. Die Abreißleiste *Rechtecke* der *Zeichnen*-Symbolleiste stellt hierzu verschiedene Schaltflächen bereit.

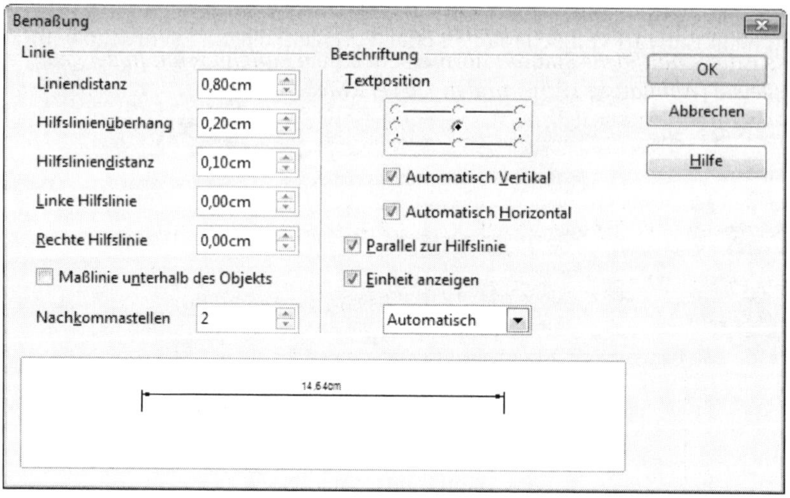

Abbildung 17.15: Eigenschaften des Bemaßungsobjekts festlegen

1. Zum Zeichnen eines Rechtecks klicken Sie in der *Zeichnen*-Symbolleiste auf die Schaltfläche *Rechteck*.
2. Danach klicken Sie in der Zeichnung auf einen Punkt, um die linke obere Ecke des Rechtecks festzulegen, und ziehen die Maus bei gedrückter linker Maustaste zur diagonalen Ecke der Figur.

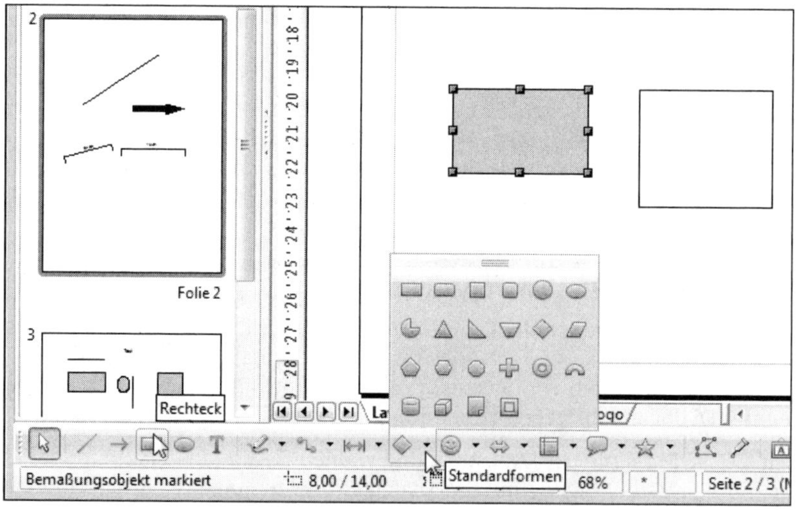

Abbildung 17.16: Einfügen von Rechtecken

Sobald Sie die Maustaste loslassen, wird das Rechteck gezeichnet und mit der gewählten Farbe gefüllt (Abbildung 17.16). Die Linienstärke, die Füllfarbe und weitere Eigenschaften des Zeichenobjekts lassen sich anschließend über die Elemente der *Format*-Symbolleiste anpassen. Soll nur ein Umriss gezeichnet werden, setzen Sie beispielsweise den Wert des linken Listenfelds *Flächenstil/-füllung* der *Format*-Symbolleiste von »Farbe« auf »Unsichtbar«.

TIPP

Benötigen Sie Rechtecke mit abgerundeten Ecken? Dann wählen Sie in der Zeichnen-*Symbolleiste die Schaltfläche* Standardformen *mit einem Langklick an. In der geöffneten Abreißleiste (Abbildung 17.16) finden Sie verschiedene Formen, u. a. auch Rechtecke mit und ohne runde Ecken. Wenn Sie beim Ziehen der Maus die* ⇧*-Taste gedrückt halten, zeichnet Draw ein Quadrat.*

17.4.5 Zeichnen von Kreisen und Ellipsen

Kreise, Kreisbogen und Kreisausschnitte lassen sich über die Schaltflächen der Abreißleiste *Ellipsen* als gefüllte Flächen oder als Umriss zeichnen.

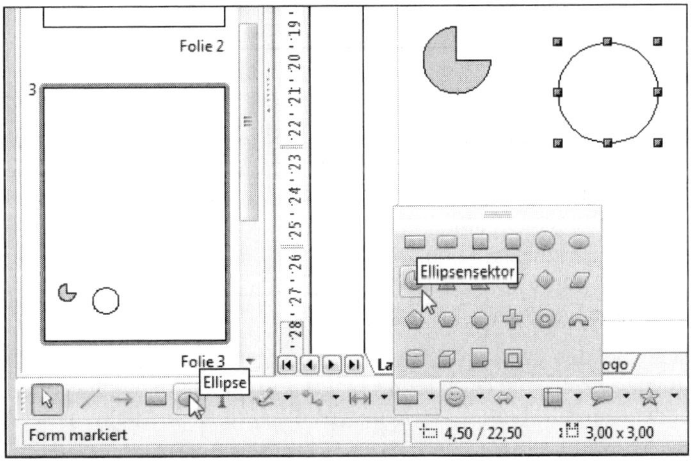

Abbildung 17.17: Kreise, Ellipsen und Kreissegmente

1. Wählen Sie die Schaltfläche *Ellipse* der *Zeichnen*-Symbolleiste oder wählen Sie die Schaltfläche *Standardformen* der gleichen Symbolleiste mit einem längeren Mausklick an und klicken Sie danach in der Abreißleiste auf die Schaltfläche der gewünschten Form.
2. Klicken Sie auf einen Punkt in der Zeichnung und ziehen Sie die Maus bei gedrückter linker Maustaste, um den Durchmesser der Figur festzulegen.

Beim Loslassen der Maustaste wird das Objekt als Kreis oder Ellipse gezeichnet (Abbildung 17.17). Die Linienstärke, die Füllfarbe und weitere Eigenschaften des Zeichenobjekts lassen sich anschließend über die Elemente der Symbolleiste *Linie und Füllung* anpassen.

TIPP

Halten Sie beim Ziehen der Maus die ⇧*-Taste gedrückt, zeichnet die Draw-Ellipsenfunktion zwangsweise einen Kreis.*

17.4.6 Zeichnen von Kurven und Polygonen

Die Schaltfläche *Kurve* der *Zeichnen*-Symbolleiste stellt eine Abreißleiste mit Schaltflächen zum Zeichnen von Kurven (Bezièrkurven), Freihandlinien, Polygonen und geometrischen Figuren, bestehend aus waagerechten, senkrechten und 45-Grad-Linien, zur Verfügung.

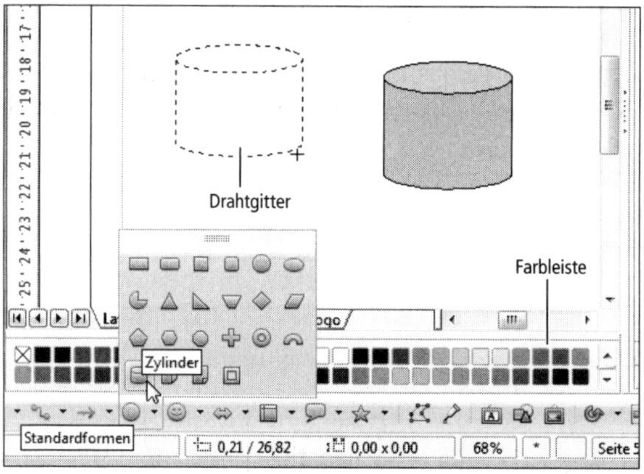

Abbildung 17.18: Zeichnen von Kurven und Polygonen

1. Wählen Sie die Schaltfläche *Kurve* der Symbolleiste *Zeichnen* mit einem längeren Mausklick an, um die Abreißleiste zu öffnen (Abbildung 17.18).
2. Dann klicken Sie in der Abreißleiste auf die Schaltfläche der gewünschten Funktion (Freihandlinie, Polygon etc.).
3. Klicken Sie auf einen Punkt in der Zeichnung und beginnen Sie mit dem Zeichnen der gewünschten Linie.

Der genaue Ablauf zum Zeichnen der Kurve hängt von der gewählten Funktion ab. Bei Freihandformen ziehen Sie die Maus bei gedrückter linker Maustaste über das Blatt. Bei den anderen Formen können Sie Zusatzpunkte anklicken, um die Linienstücke zu zeichnen (Abbildung 17.18). Ein Doppelklick schließt ein Polygon oder eine Linienform ab. Bei Füllflächen wird die Umrisslinie dabei geschlossen. Die Linienstärke, die Füllfarbe und weitere Eigenschaften des Zeichenobjekts lassen sich anschließend über die Elemente der Symbolleiste *Linie und Füllung* anpassen.

INFO

Bei der Schaltfläche Kurve *klicken Sie auf den Anfangspunkt und ziehen die Maus bei gedrückter linker Maustaste. Sobald Sie die Maustaste loslassen, wird ein zweiter Punkt als Scheitelpunkt festgelegt. Anschließend können Sie einen dritten Punkt durch Klicken festlegen. Die Funktion zeichnet dann eine gestrichelte Bezièrkurve durch den Start-, Scheitel- und Endpunkt. Ein Doppelklick zeichnet dann die Kurve mit einer Linie.*

Alternativ können Sie weitere Punkte einfügen. Klicken Sie die Punkte an, werden diese durch gerade Liniensegmente miteinander verbunden. Ziehen Sie die Maus bei gedrückter linker Maustaste zu den Punkten, werden beim Loslassen der Maustaste Bezièrpunkte festgelegt. Ein Doppelklick schließt die Kurve ab.

Die Schaltfläche Polygon *ermöglicht, beliebige Figuren aus geraden Liniensegmenten zu zeichnen. Bei Füllflächen wird die Umrisslinie dabei geschlossen. Die Schaltflächen der* Zeichnen-*Symbolleiste behalten immer das Symbol des zuletzt benutzten Werkzeugs bei. Sie können daher die Zeichenfunktion auch ohne Öffnen der Abreißleiste durch Anklicken der Symbolleisten-Schaltfläche abrufen.*

17.4.7 Linien anpassen und Flächen füllen

Linien und Flächen besitzen bestimmte Eigenschaften (Farbe, Liniendicke, Linienform, Fläche gefärbt oder gefüllt etc.). Diese Eigenschaften lassen sich sehr einfach über die Objekteigenschaften anpassen.

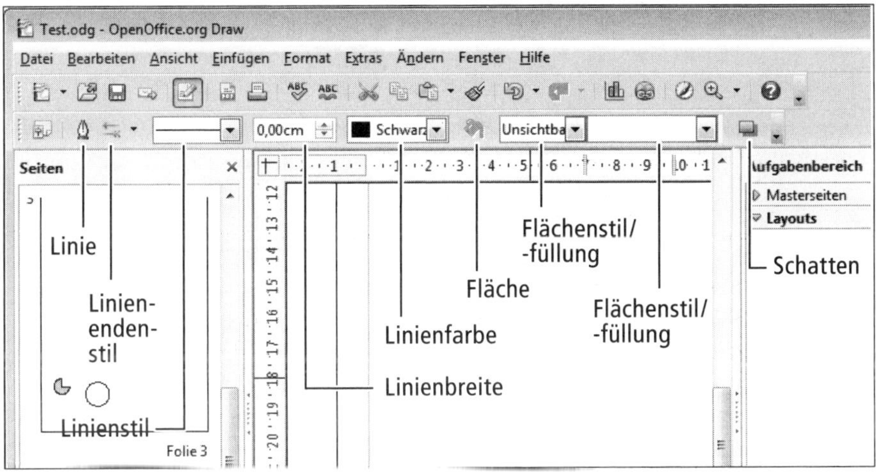

Abbildung 17.19: Befehle zum Formatieren der Objekte

- Die Symbolleiste *Linie und Füllung* enthält verschiedene Elemente, um Linienstil, -dicke und -farbe markierter Objekte sowie bei Flächen die Füllfarbe und den -stil direkt einzustellen (Abbildung 17.19). Über eine eigene Schaltfläche können Sie Objekten eine Schattierung zuweisen. Die Optionen werden freigegeben, sobald das betreffende Objekt markiert wurde.
- Markieren Sie ein Objekt mit einem Mausklick, können Sie zudem über das Kontextmenü oder im Menü *Format* die Befehle zum Öffnen der Eigenschaftenfenster aufrufen. Die Dialogfelder mit den Objekteigenschaften enthalten Registerkarten, um die Linien- und Flächeneigenschaften festzulegen. Der Menüeintrag *Linie* bezieht sich immer auf Linien oder Umrisslinien von Flächen, während der Befehl *Fläche* die Flächenfüllung und -farbe, Schattierungen etc. festlegt.

Weitere Details zur Formatierung von Linien und Flächen finden Sie z.B. in *Kapitel 7* (Abschnitt »Formatieren von Zeichnungselementen«). Eine Beschreibung der einzelnen Optionen auf den Registerkarten lässt sich über die *Hilfe*-Schaltfläche abrufen.

TIPP

Zum schnellen Einfärben der Linien oder Flächen sollten Sie die Farbleiste benutzen. Diese Leiste lässt sich über die Befehle Symbolleisten/Farbleiste *im Menü* Ansicht *einblenden. Markieren Sie das Objekt (z.B. Linie oder Fläche) und klicken Sie auf die Farbfelder der Leiste. Die rechte Maustaste beeinflusst die Linienfarbe (bei Flächen die Umrisslinie), während die linke Maustaste die Füllfarbe von Flächen definiert*

17.4.8 3D-Körper zeichnen

Über die Abreißleiste der Schaltfläche *Standardformen* der *Zeichnen*-Symbolleiste stellt Draw Schaltflächen zum Erstellen von 3D-Körpern (Zylinder, Würfel) bereit. Dazu wählen Sie die gewünschte Schaltfläche, klicken auf einen Punkt in der Zeichnung und ziehen bei gedrückter linker Maustaste ein Drahtgitter auf (Abbildung

17.20). Sobald Sie die linke Maustaste loslassen, fügt Draw das 3D-Objekt in den Raum innerhalb des Drahtgitters ein. Gleichzeitig wird die Oberfläche des Körpers eingefärbt.

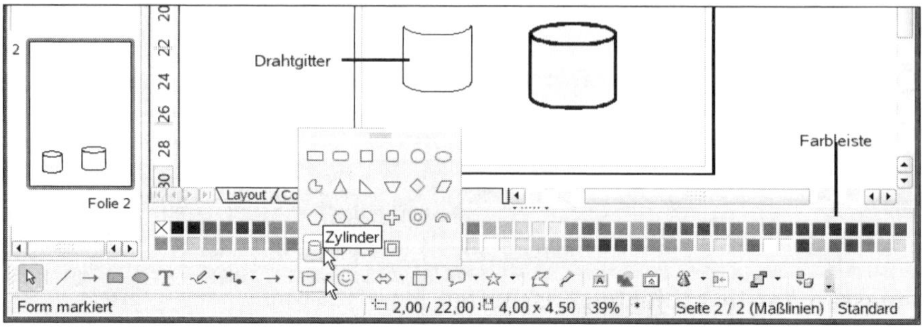

Abbildung 17.20: Zeichnen von 3D-Objekten

TIPP

Über den Befehl Symbolleisten/3D-Objekte *des Menüs* Ansicht *können Sie zudem die 3D-Symbolleiste einblenden. Diese Symbolleiste enthält Schaltflächen, um weitere 3D-Körper wie Kegel, Kugeln etc. in den Zeichenbereich einzufügen. Weiterhin können Sie beliebige 2D-Flächen zeichnen und über die Rotationsfunktion (siehe Kapitel 18) in 3D-Rotationsobjekte umwandeln.*

17.4.9 Textobjekte einfügen und bearbeiten

Möchten Sie Texte innerhalb einer Zeichnung einfügen, lässt sich hierzu das Textobjekt verwenden.

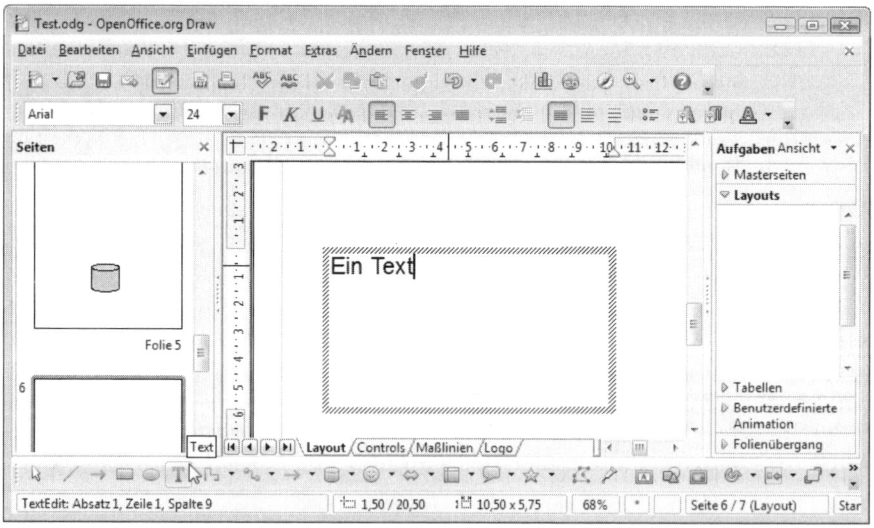

Abbildung 17.21: Einfügen von Text

1. Klicken Sie in der *Zeichnen*-Symbolleiste auf die Schaltfläche *Text* (Abbildung 17.21).
2. Klicken Sie in der Zeichnung auf einen Punkt und ziehen Sie per Maus die Umrisslinie des Textobjekts auf die gewünschte Größe.

3. Sobald der Selektionsrahmen zu sehen ist, tippen Sie den gewünschten Text in das Objekt ein.
4. Solange das Objekt zum Bearbeiten selektiert ist, können Sie den Text markieren und bearbeiten. Zudem stehen Ihnen die üblichen Formatierungsfunktionen für Zeichen und Absätze in der *Textformat*-Symbolleiste zur Verfügung.

Um den Text abzuschließen und als Objekt in die Zeichnung einzufügen, klicken Sie im Dokumentfenster neben den Selektionsrahmen.

TIPP

Neben der Schaltfläche Text *enthält die* Zeichnen-*Symbolleiste noch eine Schaltfläche* Legenden. *Über die zugehörige Abreißleiste lassen sich Legenden mit Texten in die Zeichnung einfügen.*

17

Anpassen der Textobjekteigenschaften

Bei der Texteingabe sowie bei der Anwahl mit einem Doppelklick wird das Textobjekt zum Bearbeiten selektiert. Dann können Sie den Text ändern oder die Texteigenschaften wie Schriftgrad, Schriftfarbe etc. über die Elemente der *Textformat*-Symbolleiste oder die Befehle des Kontextmenüs anpassen. Den Selektionsmodus erkennen Sie daran, dass ein schraffierter Rahmen um den Text gezogen wird.

Sind nur die grünen Ziehmarken anstelle des grauen Rahmens sichtbar, ist das Objekt lediglich markiert. Zum Markieren klicken Sie das Textobjekt einmal an. Dann lassen sich Eigenschaften wie die Position, die Größe etc. setzen. Verändern Sie die Größe durch Ziehen der Ziehmarken (auch als Griffe bezeichnet) des Objektrahmens. Die Position des Objekts verändern Sie, indem Sie auf den Markierungsrahmen zeigen und ihn dann bei gedrückter linker Maustaste verschieben.

Bei einem markierten Textobjekt lässt sich zudem die Schriftfarbe über die gleichnamige Schaltfläche der *Textformat*-Symbolleiste ändern. Wählen Sie im Kontextmenü die Befehle *Stil/Kontur*, wird die Schriftfarbe auf die Konturlinie des Texts angewandt. Details zum Anwenden von Texteffekten und zur Formatierung finden Sie in *Kapitel 7* (Abschnitt »So lassen sich Textelemente formatieren«). Impress benutzt übrigens die gleichen Funktionen bei Textelementen der Auto-Layouts sowie beim Einfügen von Zeichenobjekten (siehe *Kapitel 15*).

INFO

Sie können auch Flächen per Doppelklick zum Bearbeiten anklicken und dort Texte eintragen. Zudem bietet Draw Ihnen die Möglichkeit, dynamische Informationen wie den Autornamen, das aktuelle Datum etc. als Feld in die Seiten zu übernehmen. Klicken Sie auf die betreffende Stelle im Textelement und wählen Sie im Menü Einfügen *den Befehl* Feldbefehle. *Im Untermenü lassen sich dann verschiedene Feldbefehle (Seitennummer, Datum, Autorname etc.) abrufen. Die AutoKorrektur wird fehlerhaft eingegebene Texte direkt korrigieren. Zudem können Sie die Inhalte einer Seite über die Rechtschreibprüfung (Menübefehl* Extras/Rechtschreibprüfung*) auf Schreibfehler analysieren lassen. Details lassen sich ggf. im Teil zum Writer nachlesen.*

17.5 Arbeiten mit Zeichenobjekten

Draw wird typischerweise benutzt, um Zeichnungen von Grund auf aus einzelnen Zeichenelementen (hier Zeichenobjekte oder kurz Objekte genannt) aufzubauen. Sie können von Linien über Körper bis zu Texten und Grafiken unterschiedliche Objekte in der Seite hinterlegen und manipulieren. In diesem Abschnitt lernen Sie die wichtigsten Techniken zum Bearbeiten von Objekten kennen.

17.5.1 Raster und Fangobjekte verwenden

In Draw werden die Zeichnungen aus einzelnen Zeichenelementen mittels der Zeichenfunktionen erstellt. Zur Unterstützung beim Anordnen der Zeichenelemente können Sie im Hintergrund der Zeichnung ein Raster einblenden. Wählen Sie im Menü *Ansicht* den Befehl *Raster* und im Untermenü den Befehl *Raster sichtbar*. Alternativ lässt sich das Raster per Kontextmenü ein- oder ausblenden (Abbildung 17.22).

Abbildung 17.22: Arbeiten mit Raster und Fanglinien

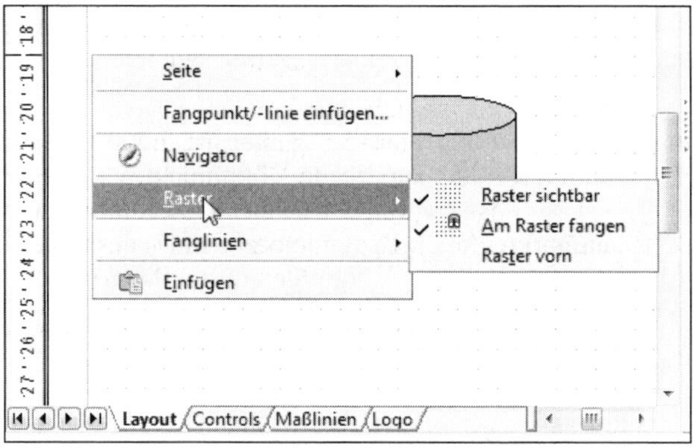

TIPP

Über den Untermenübefehl Raster vorn *stellen Sie sicher, dass das Raster auch sichtbar ist und nicht durch flächenhafte Zeichenelemente verdeckt wird.*

Mit den Befehlen *Raster/Am Raster fangen* im Menü *Ansicht* sowie über das Kontextmenü lässt sich zudem vorgeben, dass Objekte beim Ziehen immer an Rasterpunkten ausgerichtet werden.

Arbeiten mit Fangobjekten

Zudem bietet Draw (wie Impress) noch die Möglichkeit zum Arbeiten mit Fangobjekten (gestrichelten vertikalen und horizontalen Linien oder Punkten).

1. Zum Einfügen einer Fanglinie klicken Sie mit der rechten Maustaste auf den Seitenhintergrund. Wichtig ist dabei, dass kein Element markiert ist.
2. Wählen Sie im Kontextmenü oder im Menü *Einfügen* den Befehl *Fangpunkt/-linie einfügen*. Daraufhin wird das in Abbildung 17.23 gezeigte Dialogfeld geöffnet.
3. Markieren Sie die Art (Punkt, vertikale oder horizontale Linie) und legen Sie die X-/Y-Position fest.

Bezüglich der im Dialogfeld *Neues Fangobjekt* einzustellenden Optionen gilt Folgendes:

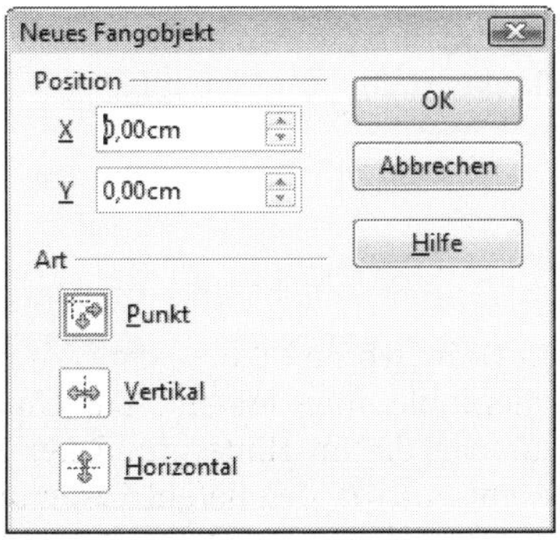

Abbildung 17.23: Ein Fangobjekt definieren

- Die Option »Punkt« für ein Fangobjekt erzeugt einen einzelnen Punkt, an dem Sie später Objekte ausrichten können. In diesem Fall müssen Sie die X-/Y-Position, bezogen auf die linke obere Zeichnungsecke, angeben.
- Die beiden Optionen »Vertikal« und »Horizontal« erzeugen jeweils eine vertikal oder horizontal verlaufende Fanglinie. Für diese Fanglinien ist in die Felder *X* bzw. *Y* der Gruppe *Position* der jeweilige Abstand zum Nullpunkt der X- oder Y-Achse einzutragen. Der Nullpunkt liegt in der linken oberen Zeichnungsecke und Draw gibt nur jeweils ein Feld für die horizontale bzw. vertikale Position frei.

Sobald Sie das Dialogfeld über die *OK*-Schaltfläche schließen, wird das Fangobjekt an der angegebenen Position angelegt.

TIPP

Wenn Sie in das vertikale Lineal klicken und dann die Maus bei gedrückter linker Maustaste in den Dokumentbereich ziehen, wird eine vertikale Fanglinie eingefügt.

In Abbildung 17.24 ist ein Zeichnungsausschnitt mit einem Fangpunkt und jeweils einer vertikalen und horizontalen Fanglinie zu sehen. Sind die Fanglinien bei Ihnen unsichtbar? Die Anzeige der eingefügten Fangobjekte als gestrichelte Linie bzw. gestricheltes Kreuz erfolgt über den Befehl *Fanglinien/Fanglinien sichtbar* des Kontextmenüs. Über den Befehl *An Fanglinien fangen* des Kontextmenüs *Fanglinien* können Sie festlegen, dass Objekte beim Ziehen per Maus an den Fangobjekten »eingefangen« werden.

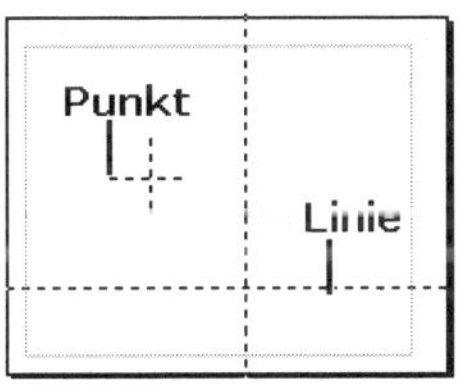

Abbildung 17.24: Zeichenfläche mit Fangpunkt und Fanglinien

Klicken Sie ein Fangobjekt mit der rechten Maustaste an, öffnet sich ein Kontextmenü. Der Befehl *Fangpunkt bearbeiten* bzw. *Fanglinie bearbeiten* öffnet das gleichnamige Dialogfeld, in dem Sie die X- oder Y-Position des Objekts einstellen können. Zur groben Positionierung der Fangobjekte ist es aber einfacher, diese anzuklicken und an andere Positionen zu verschieben.

Entfernen lässt sich ein Fangobjekt, indem Sie es mit der rechten Maustaste anklicken und im Kontextmenü den Befehl *Fanglinie löschen* bzw. *Fangpunkt löschen* wählen.

INFO

Über den Menübefehl Extras/Optionen *können Sie den* Optionen-*Dialog öffnen. In der Kategorie* OpenOffice.org Draw/Ansicht *können Sie das Kontrollkästchen* Hilfslinien beim Verschieben *markieren. Dann werden beim Ziehen eines Objekts dünne horizontale und vertikale Haarlinien eingeblendet. Sie können die Objektposition zudem am vertikalen und horizontalen Lineal ablesen.*

17.5.2 Objekte markieren und selektieren

Klicken Sie auf ein Objekt, wird dieses zum Bearbeiten markiert. Sie erkennen dies an den grünen Ziehmarken, die das Objekt umgeben. Ein Doppelklick auf ein Objekt (z.B. Viereck) selektiert dieses zur Texteingabe. Sie erkennen diesen Modus an der senkrecht blinkenden Einfügemarke. Um mehrere Objekte zu markieren, halten Sie die [⇧]-Taste beim Anklicken gedrückt.

17.5.3 Objekte kopieren, löschen, verschieben

Markierte Objekte lassen sich über die Ziehmarken in der Größe verändern. Zum Verschieben eines markierten Objekts zeigen Sie auf die Objektfläche, warten, bis der Mauszeiger die Form eines Kreuzes mit vier Pfeilen annimmt, und ziehen das Objekt zur neuen Position.

Kopieren können Sie ein markiertes Objekt über die Funktionen der Zwischenablage (Kopieren z.B. mit [Strg] + [C], Einfügen mit [Strg] + [C], wobei beim Mac die [MacBef]-Taste verwendet wird). Falls Sie beim Verschieben eines Objekts die [Strg]-Taste gedrückt halten, wird dieses ebenfalls kopiert. Zum Löschen eines markierten Objekts reicht das Drücken der [Entf]-Taste. Weitere Details finden Sie in *Kapitel 15*.

17.5.4 Gruppieren von Objekten

Mehrere Objekte (Zeichenelemente) lassen sich ähnlich wie Zeichenelemente in anderen Office-Anwendungen zu Gruppen zusammenfassen. Dazu müssen Sie diese zunächst markieren.

1. Halten Sie die [⇧]-Taste gedrückt und klicken Sie auf die jeweiligen Objekte. Oder Sie klicken in der *Zeichnen*-Symbolleiste auf die Schaltfläche *Auswahl* und ziehen dann im Dokumentfenster einen Markierungsrahmen um alle Objekte. In Abbildung 17.25 sind zwei Objekte (Rechtecke) markiert.
2. Sobald alle Objekte mit Ziehmarken versehen sind, klicken Sie mit der rechten Maustaste auf den durch die Ziehmarken aufgespannten Rahmen und wählen im Kontextmenü den Befehl *Gruppieren*. Alternativ können Sie die Tastenkombination [Strg] + [⇧] + [G] (beim Mac die [MacBef]-Taste drücken) zum Gruppieren verwenden.

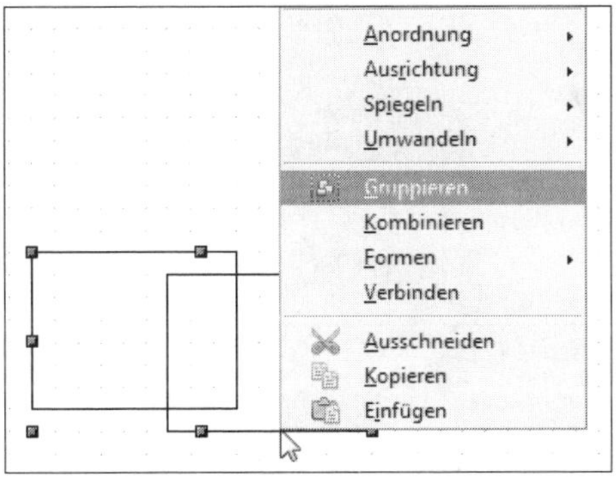

Abbildung 17.25: Markierte Objekte über das Kontextmenü mit dem *Gruppieren*-Befehl zusammenfassen

INFO

Es ist wichtig, dass Sie eines der Objekte beim Rechtsklick treffen, da Draw andernfalls die Markierung der Objekte aufhebt. Am besten zeigen Sie per Maus auf die Objekte und drücken die rechte Maustaste erst, wenn der Mauszeiger die Form eines Kreuzes mit Pfeilen an den Enden annimmt.

Beim Markieren einer Gruppe beziehen sich alle Befehle auf die Elemente der Gruppe. Zum Aufheben der Gruppe markieren Sie diese und wählen im Kontextmenü den Befehl *Gruppierung aufheben*. Die Tastenkombination [Alt] + [Strg] + [⇧] + [G] (beim Mac drücken Sie [MacOpt] + [MacBef] + [⇧] + [G]) besitzt die gleiche Wirkung.

INFO

Bei einer Gruppierung lassen sich im Kontextmenü die Befehle Gruppierung betreten *und* Gruppierung verlassen *wählen. Ein Doppelklick auf den Dokumentbereich außerhalb der Markierung verlässt die Gruppierung. Sobald Sie sich in einer Gruppierung befinden, können Sie einzelne Elemente zum Bearbeiten wählen. Die Elemente der Gruppe verhalten sich dann wie ungruppierte Elemente. Der Unterschied zwischen* Gruppierung verlassen *und* Gruppierung aufheben *besteht darin, dass die Gruppierungsinformation bei der ersten Variante erhalten bleibt, bei der zweiten verloren gehen. Verlassen Sie die Gruppierung über* Gruppierung verlassen, *wirken die Bestandteile der Gruppe wieder wie ein Objekt.*

17.5.5 Linien und Objekte verbinden

Der Kontextmenübefehl *Verbinden* ermöglicht Ihnen, Linien oder andere Objekte durch Linien miteinander zu verbinden. In Abbildung 17.26 sehen Sie zwei markierte Linien sowie das geöffnete Kontextmenü. Wählen Sie den Befehl *Verbinden*, werden die benachbarten Endpunkte der Linien durch ein Liniensegment miteinander verbunden. Die rechte Figur aus Abbildung 17.26 zeigt das Ergebnis dieser Funktion.

Zum Verbinden müssen immer zwei Linien oder Objekte markiert worden sein. Durch die Funktion »Verbinden« werden die Objekte automatisch zu einem Objekt zusammengefasst. Möchten Sie die vorherigen Bestandteile bearbeiten, markieren Sie das Objekt und wählen im Kontextmenü den Befehl *Aufbrechen*. Heben Sie anschließend die Markierung der Teilobjekte auf, lassen sich die einzelnen Objekte anschließend markieren.

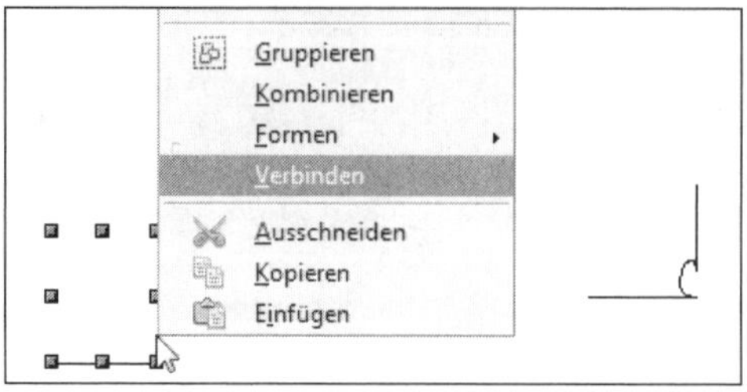

Abbildung 17.26: Verbinden zweier Linien

Wenn Sie mehrere Flächenobjekte markieren und dann die Funktion Aufbrechen *anwenden, geht die Füllung der Flächen verloren. Zudem können Sie dann die Außenlinien der Flächen bearbeiten. Um die Fläche wieder zu schließen, lassen sich die Einzelobjekte markieren und über den Kontextmenübefehl* Verbinden *mit Linien verbinden. Sind mehrere Linien zu einem Objekt verbunden und benötigen Sie eine geschlossene Fläche? Dann markieren Sie das Objekt und wählen im Kontextmenü den Befehl* Objekt schließen. *Sie können übrigens nur geschlossene Objekte mit einer Füllung versehen. Draw und Impress kennen zudem die Funktion* Verbinder *(siehe Kapitel 18), mit der Sie Objekte gezielt mit Verbindungslinien versehen können.*

17.5.6 Objekte zu Formen kombinieren

Haben Sie zwei oder mehr Objekte kombiniert, lassen sich diese über den Kontextmenübefehl *Kombinieren* zu einer neuen Form zusammenfügen (Abbildung 17.27).

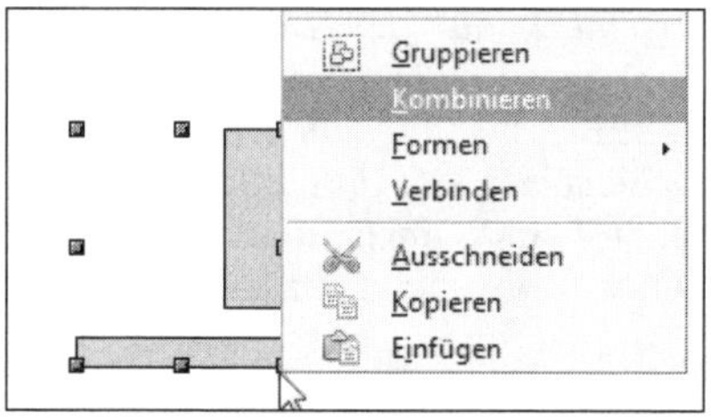

Abbildung 17.27: Kombinieren zweier Objekte zu einer neuen Form

Die neue Form lässt sich wie ein Objekt bearbeiten. Möchten Sie die ursprünglichen Teile dieser Kombination bearbeiten, markieren Sie diese und wählen im Kontextmenü den Befehl *Kombination aufheben.*

Auf den ersten Blick scheinen Kombinieren und Gruppieren zumindest sehr ähnlich zu sein. Beide Funktionen fassen mehrere Objekte zu einem Objekt zusammen. Eine Objektkombination können Sie aber nicht betreten, während dies bei einer Gruppierung möglich ist. Der zweite Unterschied wird bei sich überlagernden gefüllten Flächen sichtbar. Während sich beim Gruppieren der Flächen nichts tut, verschwindet die Füllung beim Kombinieren (der Schnittmenge) der Einzelflächen. Heben Sie die Kombination auf, werden die Einzelflächen wieder komplett gefüllt dargestellt. Sie finden im Ordner Kap17 *die Datei* Objekte.odg *mit verschiedenen Zeichnungsseiten. Die Seite* Verbinden & Kombinieren *zeigt Beispiele für gruppierte, verbundene und kombinierte Objekte.*

17.5.7 Formen-Operationen auf Objekte anwenden

Neben den obigen Befehlen zum Gruppieren, Verbinden oder Kombinieren von Objekten können Sie auf Flächen auch verschiedene Befehle zum Formen anwenden.

1. Markieren Sie die gewünschten Flächen, die sich überdecken sollten.
2. Klicken Sie den markierten Bereich mit der rechten Maustaste an und wählen Sie im Kontextmenü den Befehl *Formen*.
3. Klicken Sie im Untermenü einen der Befehle *Verschmelzen*, *Subtrahieren* und *Schneiden* an.

Draw wird dann die betreffende Operation auf die Flächenelemente anwenden und anschließend das Ergebnis als Gesamtobjekt anzeigen. In Abbildung 17.28 sehen Sie die Auswirkungen der jeweiligen Operationen auf die Ausgangsmenge. Als Ausgangsmenge wurden zwei Objekte in Form eines Vierecks und einer Ellipse verwendet. In der unteren Reihe überdecken sich die beiden Elemente teilweise, während in der darüber liegenden Reihe die Ellipse komplett im Rechteck liegt.

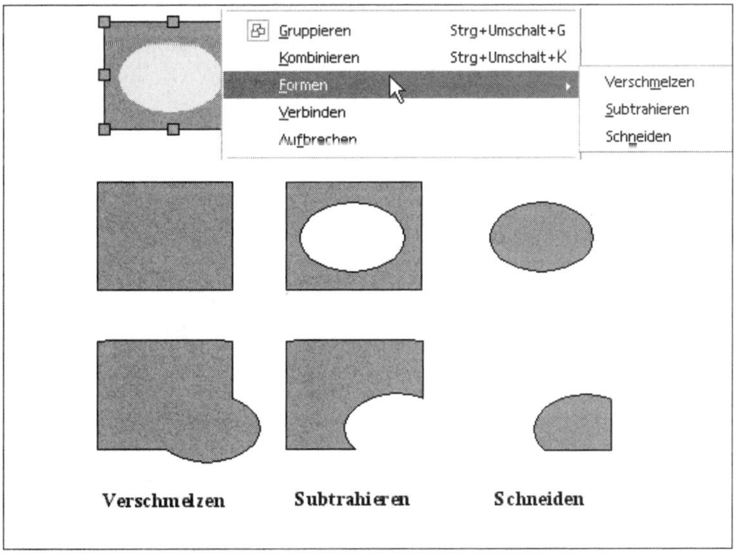

Abbildung 17.28: Formen mehrerer Objekte

- Beim Verschmelzen werden einfach die Flächenelemente kombiniert. Dies entspricht mathematisch der Vereinigungsmenge der Flächen. Das Objekt in der linken unteren Ecke von Abbildung 17.28 zeigt die Wirkung des Verschmelzens deutlich. Beim darüber liegenden Objekt ändert sich die Kontur dagegen nicht, da die Ellipse direkt im Rechteck liegt.
- Beim Subtrahieren zieht Draw das obere Objekt vom darunter liegenden ab. Liegen die Objekte genau übereinander, ergeben sich Löcher. Beim Schneiden bleibt nur die Fläche übrig, die durch die Objekte gemeinsam verdeckt wird. Mathematisch entspricht dies der Schnittmenge der Flächen. Das mittlere Objekt aus Abbildung 17.28 zeigt dies sehr deutlich, indem die über dem Rechteck liegende Ellipse ausgeschnitten wurde.

- Beim Schneiden bleibt nur die gemeinsame Fläche, die sich bei Objekten überdeckt, stehen. Dies entspricht mathematisch der Schnittmenge. In Abbildung 17.28 erscheint in der mittleren Zeile rechts die Ellipse, die die Schnittmenge aus dem Rechteck mit der darüber liegenden Ellipse darstellt. Das Objekt in der rechten unteren Ecke von Abbildung 17.28 stellt ebenfalls die Schnittmenge des Rechtecks und der etwas verschobenen Ellipse dar.

Die Befehle *Verschmelzen, Subtrahieren* und *Schneiden* lassen sich nicht wieder aufheben, sondern können nur mittels der Funktion »Rückgängig« (z.B. Befehl *Rückgängig* im Menü *Bearbeiten*) sofort nach der Operation zurückgenommen werden.

17.5.8 Beispiel: Verbinden, Kombinieren und Verschmelzen

Die Wirkung verschiedener Operationen wird in Abbildung 17.29 anhand zweier senkrecht aufeinanderstehender Balken demonstriert. Bei zwei senkrecht aufeinanderstehenden Linien oder Balken ergänzt die Operation *Verbinden* automatisch eine Verbindungslinie zwischen den Endpunkten – es entsteht ein Dreieck (Abbildung 17.29, linke Figur). Beim *Kombinieren* werden die Einzelobjekte lediglich zu einem Objekt zusammengefasst, die Konturen bleiben aber erhalten (Abbildung 17.29, mittlere Figur). Die *Verschmelzen*-Operation ermöglicht Ihnen dagegen, beim Erstellen technischer Zeichnungen Flächen aus Teilflächen zusammenzuführen und dann mit einer Füllung zu versehen. In Abbildung 17.29 wurde auf diese Weise ein schraffierter Winkel erzeugt (Abbildung 17.29, rechte Figur).

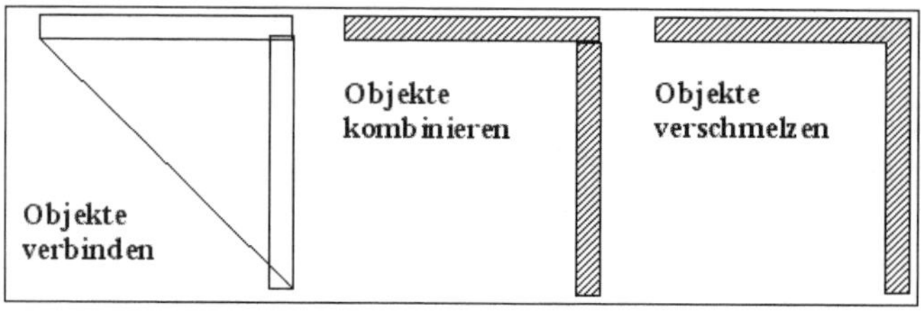

Abbildung 17.29: Demonstration verschiedener Operationen auf Objekte

INFO

Sie finden im Ordner Kap17 *die Datei* Objekte.odg *mit verschiedenen Zeichnungsseiten. Die Seite* Formen *enthält das Beispiel aus Abbildung 17.28. Die Seite* Effekte-Demo *zeigt die Auswirkung verschiedener Operationen auf zwei rechtwinklig aneinanderstoßende schraffierte Flächen (Abbildung 17.29).*

17.5.9 Anordnen von Elementen in der Z-Achse

Bei übereinanderplatzierten Elementen wird der Inhalt der im Hintergrund befindlichen Objekte verdeckt. Möchten Sie ein Textelement beispielsweise mit einer Grafik hinterlegen, müssen Sie die Anordnung der Elemente in der Z-Achse verändern.

1. Markieren Sie das Element, dessen Position innerhalb der Z-Achse zu verändern ist, und klicken Sie das markierte Element mit der rechten Maustaste an.
2. Wählen Sie im Kontextmenü den Befehl *Anordnung* und klicken Sie im Untermenü auf einen der angebotenen Befehle (Abbildung 17.30).

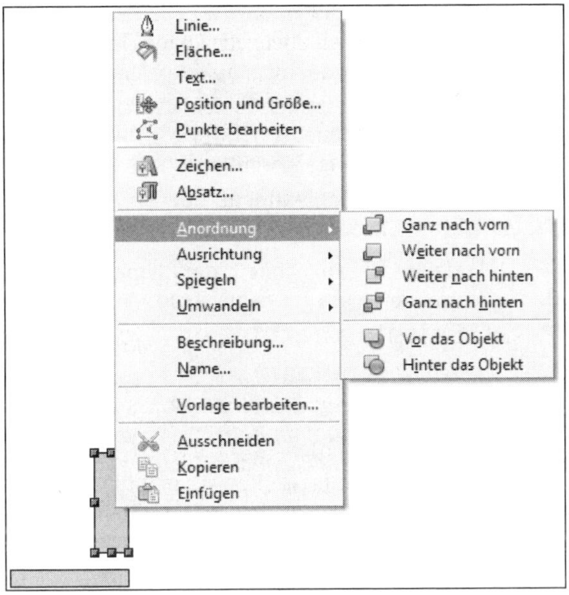

Abbildung 17.30: Anordnen von Elementen

Auf diese Weise können Sie ein Objekt ganz in den Hintergrund, in den Vordergrund oder relativ zu anderen Objekten innerhalb der Z-Achse anordnen. Bei den Befehlen *Hinter das Objekt* und *Vor das Objekt* erwartet Draw, dass Sie anschließend das Referenzobjekt per Maus anklicken. Erst danach positioniert Draw das aktuelle Objekt relativ zum Referenzobjekt.

INFO

In der Zeichnen*-Symbolleiste finden Sie bei markiertem Objekt zudem eine Schaltfläche* Anordnung*. Lassen Sie die linke Maustaste beim Anklicken etwas länger gedrückt, wird die Abreißleiste* Anordnung *geöffnet. Dort finden Sie ebenfalls Schaltflächen zum Anordnen markierter Objekte.*

17.5.10 Ausrichten von Elementen

Sie können markierte Objekte (Elemente) per Maus verschieben und relativ zueinander ausrichten. Auch das Positionieren über ein Raster oder über Fanglinien ist möglich. Zum exakten Ausrichten mehrerer Objekte bietet Draw weitere Funktionen.

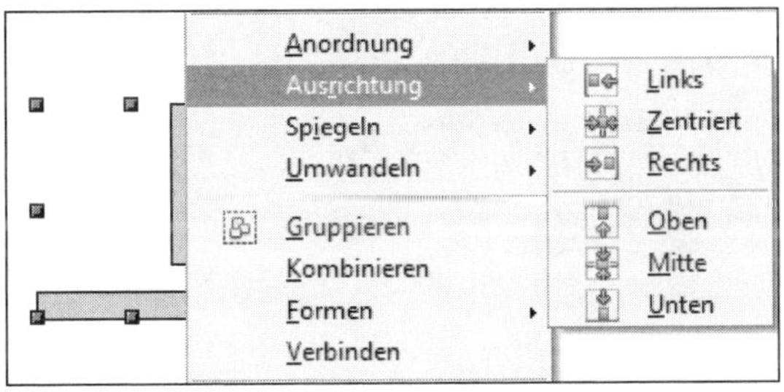

Abbildung 17.31: Ausrichten mehrerer Elemente

1. Markieren Sie die Elemente, die Sie relativ zueinander ausrichten möchten. Sie können die Elemente bei gedrückter ⇧-Taste durch Anklicken markieren.
2. Anschließend klicken Sie die Markierung mit der rechten Maustaste an und wählen den Kontextmenübefehl *Ausrichtung* (Abbildung 17.31). Oder Sie klicken die Schaltfläche *Ausrichtung* in der *Zeichnen*-Symbolleiste etwas länger an, um die gleichnamige Abreißleiste zu öffnen.
3. Wählen Sie im Kontextmenü oder in der Abreißleiste die Funktionen, um die markierten Elemente horizontal oder vertikal auszurichten.

Sie haben dabei die Möglichkeit, die Elemente linksbündig, rechtsbündig oder zentriert auszurichten. Dies gilt dabei sowohl in vertikaler als auch in horizontaler Richtung.

HALT

Das vertikale Ausrichten übereinanderliegender Elemente ist nicht zu empfehlen, da Draw diese dann übereinanderlegt. Analoges gilt für das horizontale Ausrichten nebeneinanderliegender Elemente. Kommt es irrtümlich zu einer Überlagerung der Elemente, lässt sich dies z.B. über die Tastenkombination Strg + Z *(bzw.* MacBef + Z *beim Mac) sofort rückgängig machen.*

17.5.11 Spiegeln von Objekten

Objekte lassen sich in Draw (und in Impress) um die horizontale und vertikale Achse spiegeln.

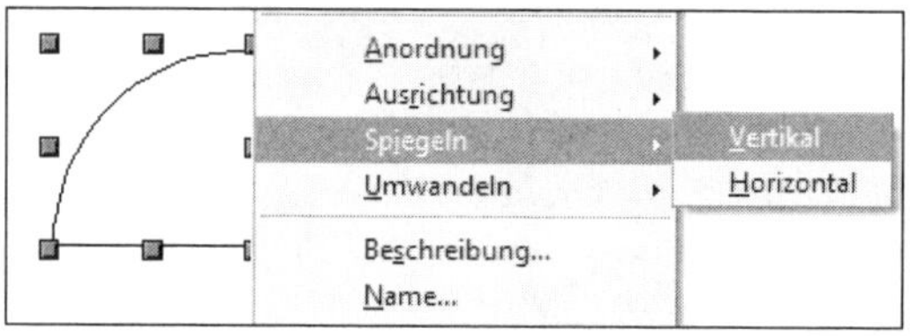

Abbildung 17.32: Spiegeln von Objekten

1. Markieren Sie das Objekt mit einem Mausklick (die grünen Ziehmarken müssen sichtbar sein).
2. Klicken Sie das markierte Objekt mit der rechten Maustaste an und wählen Sie im Kontextmenü den Befehl *Spiegeln* und im Untermenü *Vertikal* oder *Horizontal* (Abbildung 17.32).

Die Operation können Sie bei Bedarf mehrfach anwenden oder den Befehl mittels der Tastenkombination Strg + Z (bzw. MacBef + Z beim Mac) zurücknehmen.

INFO

Das Spiegeln funktioniert nur bei 2D-Objekten, nicht jedoch bei 3D-Körpern wie Kugeln, Zylindern, Pyramiden etc.

17.5.12 Objekte in der 2D-Ebene drehen

Eine in die Seite eingefügte Grafik oder ein anderes (Zeichen-)objekt (auch Textfelder) lassen sich in Draw (und in Impress) auf sehr einfache Weise drehen (Rotation in der 2D-Ebene).

1. Markieren Sie das gewünschte Objekt (z.B. die Grafik) und wählen Sie dann in der *Zeichnen*-Symbolleiste die Schaltfläche *Effekte* mit einem Langklick an.
2. Klicken Sie in der Abreißleiste *Effekte* auf die Schaltfläche *Drehen*. Im Dokument werden dann rote Drehmarken sowie ein als schwarzer Kreis ausgeführter Drehpunkt für das Objekt angezeigt (Abbildung 17.33).
3. Verschieben Sie bei Bedarf den Drehpunkt des Objekts per Maus und ziehen Sie anschließend eine der Drehmarken mit der Maus um den angezeigten Drehpunkt.

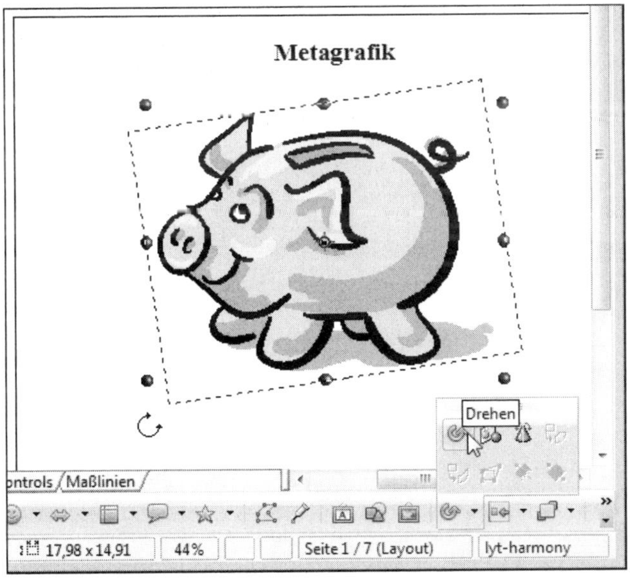

Abbildung 17.33: Drehen eines Objekts

Sobald Sie die Maus loslassen, wird das Objekt im angegebenen Drehwinkel dargestellt. Dieses Drehen funktioniert nicht nur bei Flächenelementen, sondern auch bei 3D-Körpern, die in der X-/Y-Ebene gedreht werden. Wie sich 3D-Objekte räumlich rotieren lassen, wird in *Kapitel 18* (Abschnitt »Rotieren von 3D-Objekten«) beschrieben Die Drehmarken lassen sich übrigens auch direkt setzen, indem Sie ein Objekt per Mausklick markieren und dann erneut auf den Markierungsrahmen klicken.

TIPP

Müssen Sie Bilder im 90-Grad-Winkel drehen, sollten Sie die Grafik mit der rechten Maustaste anwählen. Im Kontextmenü lässt sich dann der Befehl Position und Größe *wählen. Wechseln Sie anschließend zur Registerkarte* Drehung *und stellen Sie den Drehwinkel auf 90 Grad ein.*

18 Erweiterte Draw-Funktionen

In diesem Kapitel geht es um spezielle Draw-Funktionen wie das Einfügen und Bearbeiten von Grafiken oder die Nutzung von 3D-Effekten.

18.1 Bearbeiten von Bitmap-Grafiken

Der folgende Abschnitt befasst sich mit Funktionen zum Bearbeiten von Bitmap- und Metafile-Grafiken. Die betreffenden Funktionen stehen dabei sowohl in Draw als auch unter Impress zur Verfügung.

18.1.1 Kurzübersicht: So fügen Sie Grafiken ein

Draw bietet die gleichen Funktionen zum Einfügen von Grafiken in Draw-Zeichnungen wie andere Office-Module.

- Sie können im Menü *Einfügen* den Befehl *Bild/Aus Datei* verwenden und dann im Dialogfeld *Bild einfügen* die Grafikdatei wählen. Über das Listenfeld *Dateityp* lassen sich dabei verschiedene Bitmap- und Metafile-Formate auswählen. In *Kapitel 7* finden Sie eine Beschreibung der unterstützten Grafikformate (siehe Abschnitt »Ein paar Bemerkungen zu Grafikformaten«).
- Zudem haben Sie die Möglichkeit, über die betreffende Schaltfläche der *Zeichnen*-Symbolleiste die Gallery zu öffnen. Anschließend stehen Ihnen in StarOffice verschiedene Themenkategorien zur Auswahl zur Verfügung. Sie brauchen dann nur noch die Grafiksymbole in die Zeichnung zu ziehen. Auf diese Weise lassen sich Fotos, ClipArts, Sprechblasen, Pfeile und sogar animierte Grafiken in die Zeichnung einfügen.
- Natürlich können Sie auch Grafiken in anderen Anwendungen laden, diese markieren, mit [Strg] + [C] (bzw. [MacBef] + [C] beim Mac) in die Zwischenablage übernehmen und dann mit [Strg] + [V] oder der Schaltfläche *Einfügen* der *Standard*-Symbolleiste in die Zeichnung übernehmen. Anstelle der Tastenkürzel lassen sich auch die Schaltflächen der *Standard*-Symbolleiste zum Zugriff auf die Zwischenablage verwenden.

StarOffice und OpenOffice.org besitzen aber kein Modul, mit dem sich Bitmap-Grafiken direkt zum Bearbeiten laden lassen. Sie können in Draw zwar das Dialogfeld *Öffnen* (z.B. über die Schaltfläche *Öffnen* der *Standard*-Symbolleiste) aufrufen. Aber selbst wenn Sie den Dateityp auf eines der Grafikformate (z.B. GIF, TIFF oder BMP) stellen, wird Draw die gewählte Grafikdatei nicht öffnen. Draw erzeugt vielmehr ein neues Zeichnungsdokument und fügt die Grafik in die erste Seite ein.

INFO

Auch wenn Office Funktionen zum Exportieren von Grafiken in das Scalar Vector Graphics-Format (SVG) besitzt, lassen sich diese Vektorgrafiken nicht einlesen. Wählen Sie eine solche Grafikdatei in einem Dialogfeld zum Öffnen, kann Office das Format nicht erkennen. Es erscheint zwar ein Dialogfeld zur manuellen Auswahl des Office-Importfilters, wobei die angezeigte Liste aber keine SVG-Filter aufweist. Laden Sie die Datei, werden nur die SVG-Befehle im Textformat angezeigt.

18.1.2 Größe, Position und Zuschnitt von Grafikobjekten

Wird ein Grafikobjekt per Mausklick markiert, können Sie dessen Größe und Position anpassen.

Abbildung 18.1: Verschieben und Größenänderung bei Grafikobjekten

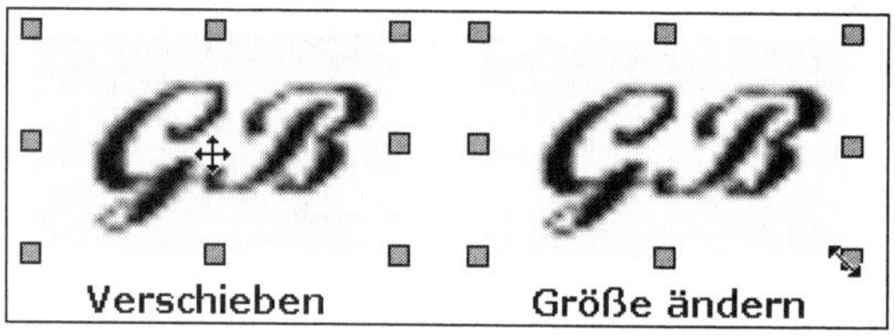

- Wenn Sie die grünen Ziehmarken (Abbildung 18.1, rechts) per Maus verschieben, wird die Größe der Grafik stufenlos angepasst. Über die Ziehmarken in den Ecken werden die angrenzenden Seiten gleichzeitig in der Größe verändert.
- Wenn Sie die [⇧]-Taste gedrückt halten, während Sie die Ziehmarken per Maus verschieben, passt Draw die Objektgröße immer proportional an.
- Zeigen Sie auf die markierte Grafik, können Sie diese bei gedrückter linker Maustaste innerhalb der Seite verschieben (Abbildung 18.1, links).

Natürlich können Sie auch die Befehle der Zwischenablage (z.B. [Strg] + [C], [Strg] + [V]) verwenden, um Kopien einer markierten Grafik zu erstellen. Diese Tastenkombination ermöglicht sogar, Objekte zwischen einzelnen Zeichnungsseiten zu übertragen.

INFO

Weiter unten werden Befehle beschrieben, mit denen Sie Objekte in Polygone umwandeln können. Wenden Sie diese auf Grafiken an, funktionieren die obigen Techniken zum Anpassen der Größe nicht mehr. Sie müssen die Grafik erst wieder in eine Bitmap zurückwandeln.

Zudem können Sie eine 2D-Grafik über die Schaltfläche *Bild zuschneiden* der *Bild*-Symbolleiste zuschneiden, d.h., die Ränder lassen sich durch Ziehen eines Rahmens per Maus abschneiden. Details finden Sie in *Kapitel 16* (Abschnitt »Grafik beschneiden«), da die Funktion bei Draw und Impress identisch ist.

18.1.3 Anpassen der Grafikanzeige über Filter

Sofern Sie die Darstellung eingefügter Grafiken in der Anzeige anpassen möchten, können Sie auch auf die in allen Office-Modulen vorhandenen Filter zurückgreifen. Die Filterfunktionen wirken sich nicht auf die Grafik selbst, sondern nur auf deren Darstellung aus. Daher funktionieren die betreffenden Optionen sowohl bei eingefügten als auch bei verknüpften Grafiken.

1. Markieren Sie die Grafik durch einen Mausklick. Draw blendet (ähnlich wie die anderen Office-Module) Elemente zum Einstellen der Anzeigeeigenschaften in der *Bild*-Symbolleiste ein (Abbildung 18.2).
2. Anschließend können Sie die Werte für die Farbbalance (den Farbton, bestehend aus den Grundfarben Rot, Grün und Blau), die Helligkeit, den Kontrast, den Gammawert und die Transparenz nach Bedarf anpassen. Zudem lassen sich vordefinierte Filter abrufen. Sie müssen lediglich auf die betreffende Schaltfläche der *Bild*-Symbolleiste klicken, um anschließend die Werte in einem Listenfeld oder in einer Zusatzleiste zu ändern.

Bei einem etwas farbstichigen Foto können Sie auf die Schaltfläche *Farbe* klicken und dann im gleichnamigen Dialog über die drei Regler Rot, Grün und Blau für die Farbbalance den Farbton korrigieren. Zu dunkle Fotos lassen sich über die Helligkeit etwas hervorheben. Der Kontrastwert bestimmt das Verhältnis zwischen hellster und dunkelster Farbe, während der Gammawert die Helligkeit in den mittleren Tonwertbereichen beeinflusst (Sie können die mittelhellen Farbtöne abschwächen oder verstärken). Über den Transparenzwert lässt sich die Grafik in einen Transparenzmodus versetzen. Hinter der Grafik befindliche Zeichnungsinhalte werden dann eventuell sichtbar.

Über das Listenfeld mit dem *Grafikmodus* (in Abbildung 18.2 gerade geöffnet) lässt sich die Anzeige der eingefügten Grafik anpassen. Setzen Sie den Wert auf »Graustufen« oder »Schwarz/Weiß«, lässt sich eine Farbgrafik als Graustufenbild oder als Tonwertzeichnung darstellen. Zudem lässt sich eine Bitmap-Grafik über den Wert »Wasserzeichen« in den Dokumenthintergrund stellen (siehe *Kapitel 16*). Diese Optionen lassen sich durch Umsetzen des Werts auf »Standard« jederzeit zurücknehmen.

Abbildung 18.2: Anpassen der Grafikdarstellung

18.1.4 Spezielle Grafikfilter verwenden

Die Schaltfläche *Filter* der Objektleiste öffnet bei markierten Grafiken eine Abreißleiste (Abbildung 18.3). Über die Schaltflächen dieser Abreißleiste lassen sich verschiedene Filter abrufen. Diese ermöglichen Ihnen, Bitmap-Grafiken mit besonderen Effekten zu versehen.

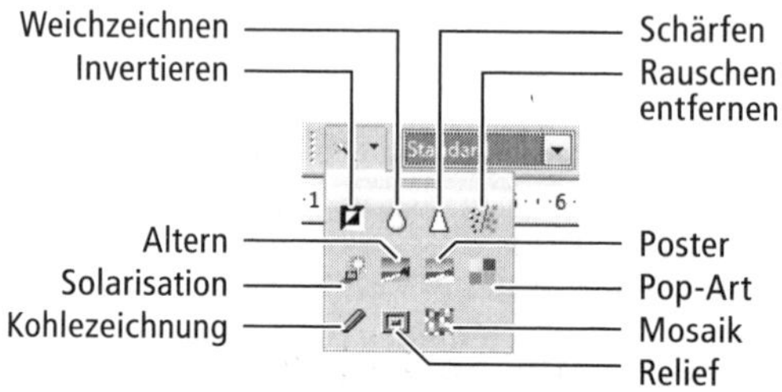

Abbildung 18.3: Abreißleiste mit Filterfunktionen

- *Invertieren*: Dieser Filter kehrt alle Farbwerte eines Farbbildes um (ähnlich einem Negativbild). Bei Graustufenbildern werden die Helligkeitswerte invertiert.
- *Weichzeichnen*: Mit diesem Filter werden die Kontraste (Helligkeitsunterschied zwischen hellster und dunkelster Fläche) verringert.
- *Schärfen*: Der Filter erhöht den Kontrast der Grafik, die dadurch schärfer wirkt. Unscharfe Bilder lassen sich dadurch aber nicht schärfer anzeigen.
- *Rauschen entfernen*: Dieser Filter analysiert die Bitmap und entfernt einzelne Pixel, die sich von der Umgebung abheben, aus dem Motiv. Dadurch werden Punkte, die durch Rauschen entstehen, entfernt.
- *Solarisation*: Die Farben werden bei der Solarisation teilweise invertiert. Es ergibt sich ein Effekt, wie er durch zu hohe Belichtung bei der Entwicklung von Fotomaterial entstehen kann. Der Filter fragt in einem Dialogfeld den Grad und die Art der Solarisation ab. Der Parameter *Schwellenwert* definiert den Helligkeitswert in Prozent, ab dem die Bildpunkte solarisiert werden. Mit *Invertieren* legen Sie fest, ob solarisierte Pixel zu invertieren sind.
- *Alterung*: Ermöglicht die Darstellung von Fotos mit dem sogenannten Sepia-Effekt. Dies entspricht dem Eindruck leicht vergilbter älterer Schwarzweißfotos, die einen Gelb- oder Rotstich aufweisen. Der Filter dunkelt die Farbe ab und verschiebt diese in Richtung Grau oder Braun. Der Parameter *Alterungsgrad* legt die Stärke des Alterungseffekts in Prozent fest.
- *Poster*: Setzt ein Bild durch Reduzierung der Farbzahl in eine Art Poster um. Ein Dialogfeld fragt die Zahl der Farben im Poster ab.
- *Pop-Art*: Verfremdet die Farben im Bild und setzt diese in einen Pop-Art-Effekt um.
- *Kohlezeichnung*: Erzeugt eine Kohlezeichnung des Bildes, indem Konturen schwarz gezeichnet und Farben unterdrückt werden.
- *Relief*: Erzeugt eine Reliefwirkung bei der ausgewählten Grafik, wobei ein Dialog die Position der Lichtquelle abfragt, die zur Berechnung des Reliefs benötigt wird.

- *Mosaik*: Verbindet kleine Gruppen von Pixeln zu rechteckigen Flächen einer Farbe. Mit zunehmender Rechteckgröße verliert die Grafik an Detailgenauigkeit. Ein Dialogfeld fragt die Elementauflösung (Zahl der Pixel für das Rechteck) ab. Zudem ist die Kantenhervorhebung über ein Kontrollkästchen wählbar.

Manche dieser Filter besitzen einen addierenden Effekt, d.h., sie lassen sich mehrfach auf ein Bild anwenden. Bei anderen Filtern wird bei erneuter Anwahl der Effekt wieder abgeschaltet.

TIPP

Einige Funktionen wie »Kohlezeichnung« und »Pop-Art« lassen sich auf Teilbilder anwenden. Sie müssen die Grafik vor Anwendung des Filters einfach beschneiden. Wurde der Filter angewandt, können Sie den Beschnitt zurücknehmen und sehen den Effekt nur in den vorher beschnittenen Bildteilen.

18.1.5 Farben in Bitmaps mittels der Farbpipette tauschen

An dieser Stelle möchte ich noch auf einige Probleme im Umgang mit Bitmap-Grafiken eingehen. Fotos besitzen eine rechteckige Form, d.h., der außerhalb des eigentlichen Motivs liegende Hintergrund wird als weiße Fläche angezeigt. Bei dem in Abbildung 18.4 eingefügten Foto eines Handys ist dies zum Beispiel der Fall. Zum Problem wird dies, sobald Sie der Seite eine Hintergrundfarbe oder ein Muster zuweisen. Das Foto erscheint vor einem weißen Hintergrund.

Am einfachsten ist es, wenn Sie in diesem Fall auf Hintergrundfarben etc. verzichten. Je nach Motiv besteht aber die Möglichkeit, den weißen Hintergrund transparent oder in der Hintergrundfarbe der Seite anzulegen. Dann fällt der weiße Rahmen des Fotos nicht mehr auf. Draw stellt das Werkzeug *Pipette* für diesen Zweck bereit.

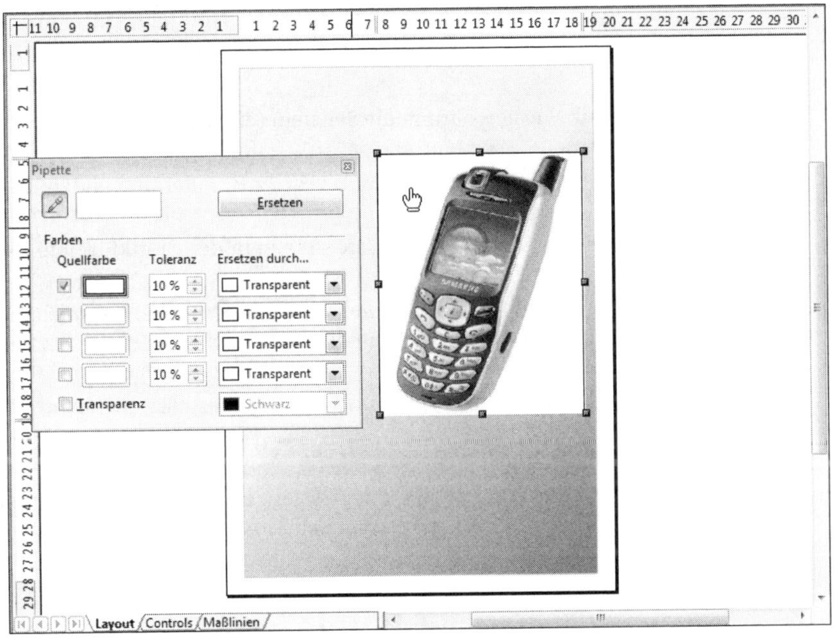

Abbildung 18.4: Anpassen der Farben mit der Pipette

1. Wählen Sie im Menü *Extras* den Befehl *Pipette*. Im Dokumentfenster erscheint dann das in Abbildung 18.4 im Vordergrund gezeigte Dialogfeld.
2. Klicken Sie im Dialogfeld auf die Schaltfläche der Pipette. Anschließend können Sie in einer Bitmap-Grafik einen Farbpunkt anklicken. Die Pipette überträgt die Farbe in das in der oberen Reihe des Dialogfelds angezeigte Farbfeld. Gleichzeitig wird das oberste Kontrollkästchen *Quellfarbe* markiert.
3. Sie können nun über das mittlere Listenfeld eine Farbtoleranz in Prozent vorgeben. Dieser Wert bestimmt, um wie viel Prozent die in der Bitmap-Grafik enthaltenen Farbpunkte von der gewählten Quellfarbe abweichen dürfen, um bei der Bearbeitung berücksichtigt zu werden.
4. Klicken Sie auf das rechte Feld *Ersetzen durch* und wählen Sie einen der in der Liste angebotenen Farbwerte. Zulässig sind der Wert »Transparenz« (durchsichtig) oder eine der in der Liste aufgeführten Farben.
5. Bei Bedarf können Sie diese Schritte für die weiteren *Quellfarbe*-Listenfelder wiederholen.

Sobald Sie auf die Schaltfläche *Ersetzen* klicken, tauscht Draw die Quellfarben der Bitmap durch die angegebenen Ersatzfarben aus. Die gleiche Funktionalität steht Ihnen übrigens in Impress zur Verfügung.

INFO

Falls Sie nicht auf einen weißen Hintergrund ausweichen, besteht noch die Möglichkeit, den Hintergrund des Fotos in einem Grafikprogramm mit einer eigenen, nicht im Motiv benutzten Farbe einzufärben und dann mittels der Pipette transparent zu setzen. Alternativ können Sie das Foto in eine Kontur wandeln lassen und dann den Umrisspfad entsprechend anpassen.

18.1.6 Formatkonvertierung von Grafiken

Draw ermöglicht Ihnen die Formatkonvertierung von Grafiken, d.h., aus einer Bitmap-Datei kann eine GIF- oder TIFF-Grafik erzeugt und wieder abgespeichert werden.

1. Binden Sie die Grafik wie gewohnt in die Seite ein (Sie können die Grafik einbetten oder verknüpfen).
2. Nehmen Sie ggf. Änderungen an der Grafik vor (z.B. Filter anwenden, Ränder beschneiden).
3. Markieren Sie die Grafik, die als neue Datei in einem der Grafikformate gespeichert werden soll.
4. Rufen Sie den Menübefehl *Datei/Exportieren* auf, geben Sie im Dialogfeld *Exportieren* den Zielordner und den Dateinamen an und wählen Sie im Listenfeld *Dateityp* das Exportformat.
5. Markieren Sie im Dialogfeld *Exportieren* das Kontrollkästchen *Selektion* (Abbildung 18.5).
6. Sobald Sie das Dialogfeld über die mit *Speichern* (oder *Exportieren*) beschriftete Schaltfläche schließen, ruft Draw den Exportfilter auf. Dieser fragt ggf. in einem Dialogfeld die für das Grafikformat spezifischen Einstellungen (z.B. Komprimierungsfaktor) ab.

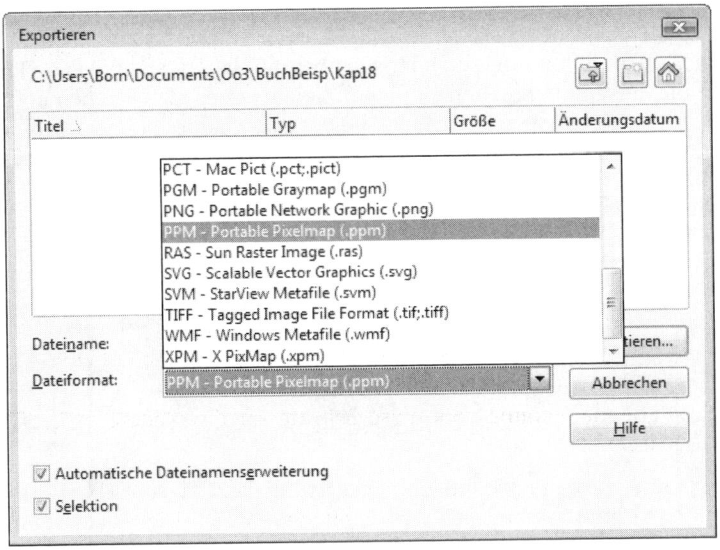

Abbildung 18.5: Export einer Grafikdatei

Sobald Sie dieses Dialogfeld schließen, wird die markierte Grafik im angegebenen Format auf der Festplatte gesichert. Vorher an der Grafik durchgeführte Änderungen (z.B. Beschnitt) werden beim Export berücksichtigt.

INFO

Die Exportfunktion sollten Sie allerdings nur im Notfall nutzen, da die Exportfilter funktional sehr beschränkt sind. So werden TIFF-Grafiken, die z.B. in der Bild- und Faxanzeige von Windows XP beschriftet wurden, ohne die Beschriftungselemente gesichert. Die Office-Filter können die Beschriftungselemente in TIFF-Dateien weder anzeigen noch speichern (die betreffenden TIFF-Tags werden ignoriert). Auch die Angabe der Auflösung (dpi) wird nicht mitgespeichert. Da die exportierten TIFF-Dateien von Office wesentlich kleiner sind als die Pendants von anderen Programmen, dürften diese beim Export komprimiert worden sein – die Kompressionsoptionen werden aber beim TIFF-Format nicht abgefragt.

Unter Windows Vista sind in den Dialogen des Betriebssystems nicht alle Optionen lokalisiert. So ist im Dialogfeld Exportieren *das Kontrollkästchen* Selektion *unter Windows Vista mit* Selection *beschriftet.*

18.2 Arbeiten mit weiteren Objekten in Draw

Ähnlich wie bei den restlichen Office-Modulen können Sie in Zeichnungen auch andere OLE-Objekte wie Diagramme, Tabellen, Texte etc. einfügen (siehe auch *Kapitel 16*. In *Kapitel 17* finden Sie eine Beschreibung, wie sich über die Schaltflächen der *Zeichnen*-Symbolleiste beliebige Zeichenobjekte in eine Zeichnung einfügen lassen. Nachfolgend werden weitere Funktionen beschrieben, die sich auf die so erzeugten Objekte anwenden lassen.

18.2.1 Arbeiten mit Verbindern ...

In Draw und in Impress können Sie über die Gallery Symbole von Flussdiagrammen in die Präsentationsseiten einfügen. Zudem lassen sich Flächen und 3D-Elemente in der Seite hinterlegen. Diese Elemente lassen sich durch Linien verbinden, um Zusammenhänge und Abläufe zu veranschaulichen. Diese Linien lassen sich über die Gruppe der Verbinder in der Zeichnung hinterlegen. Verbinder sind Linienelemente, die zwei andere Elemente miteinander verbinden.

Abbildung 18.6: Arbeiten mit Verbindern

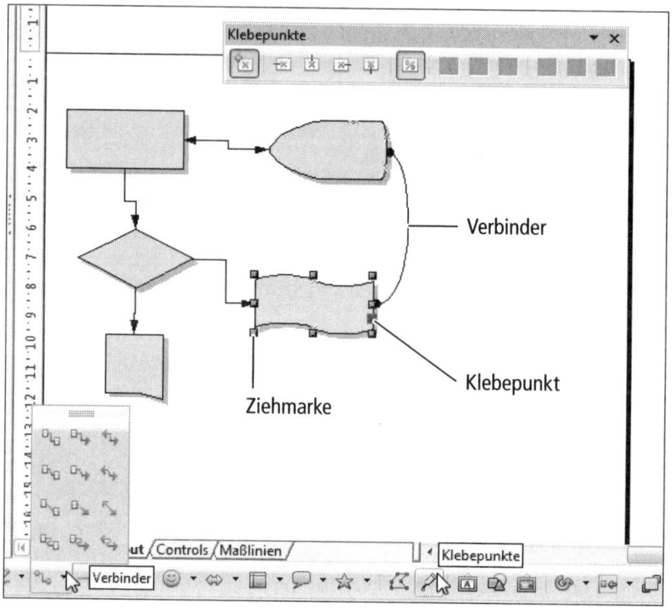

1. Klicken Sie in der *Zeichnen*-Symbolleiste etwas länger auf die Schaltfläche der Verbinder.
2. Sobald sich die Abreißleiste *Verbinder* öffnet, wählen Sie eine Schaltfläche mit der Verbinderform (Abbildung 18.6).
3. Zeigen Sie auf das erste zu verbindende Objekt. Sobald das Objekt markiert wird, ziehen Sie die gedrückte linke Maustaste zum zweiten Objekt oder klicken auf einen Punkt der Seite.

Draw (bzw. Impress) wird die Linie des Verbinders an beiden Objekten bzw. zwischen Objekt und Punkt verankern. Heben Sie die Markierung auf, bleibt die Verbindungslinie zwischen den Objekten bestehen. Dies gilt auch dann, wenn Sie ein Objekt innerhalb der Seite verschieben.

18.2.2 ... und Klebepunkten

Die Zeichenobjekte sind mit sogenannten Klebepunkten zum Anheften der Verbinderenden ausgestattet. Zeigen Sie auf ein Objekt, werden dessen Seitenkanten in der Mitte automatisch mit solchen Klebepunkten versehen (siehe Fließelement in der Abbildung 18.6). Sie haben aber die Möglichkeit, solche Klebepunkte manuell zu setzen.

1. Klicken Sie in der *Zeichnen*-Symbolleiste auf die Schaltfläche *Klebepunkte* (Abbildung 18.6) oder wählen Sie den Befehl *Klebepunkte* im Menü *Bearbeiten*.
2. Klicken Sie in der eingeblendeten Symbolleiste auf die Schaltfläche *Klebepunkt einfügen* (oder eine der anderen Schaltflächen).
3. Klicken Sie anschließend auf die Objektstelle, an die Sie den Klebepunkt einfügen möchten.

Der aktuelle Klebepunkt wird durch ein braunes Kästchen gekennzeichnet. Sie können dann einen Verbinder am betreffenden Klebepunkt an das Objekt anheften. Ist die Schaltfläche *Klebepunkte* in der *Zeichnen*-Symbolleiste markiert oder ist die Schaltfläche zum Einfügen eines Verbinders aktiv, werden die Klebepunkte als kleines Kreuz angezeigt.

18.2.3 Punkte von Polygonen und Kurven bearbeiten

Fügen Sie eine Kurve, ein Polygon oder eine andere Figur in die Zeichnung ein, wird diese durch eine Umrisslinie, die aus mehreren Punkten besteht, beschrieben. Draw (und Impress) bietet Ihnen über die Schaltfläche *Punkte* der *Zeichnen*-Symbolleiste (Abbildung 18.7) oder über den Befehl *Punkte* im Menü *Bearbeiten* die Möglichkeit, die Punkte der Umrisslinie anzupassen.

Sobald Sie die Umrisslinie eines Polygons oder einer Kurve durch Anklicken markieren, erscheinen in der eingeblendeten Symbolleiste *Punkte bearbeiten* Schaltflächen, mit denen sich Punkte der Kurven verschieben, löschen oder einfügen lassen (Abbildung 18.7). Klicken Sie beispielsweise auf die Schaltfläche *Punkt verschieben*, lassen sich die Punkte per Maus verschieben. Draw oder Impress passen die Kurve dann entsprechend an. In der Symbolleiste *Punkte bearbeiten* finden Sie Schaltflächen, um die Kurven umzuwandeln. Zudem können Sie Kurven und Linien schließen sowie geschlossene Elemente auftrennen. Die QuickInfo gibt Ihnen Hinweise über die Funktion der einzelnen Schaltfläche.

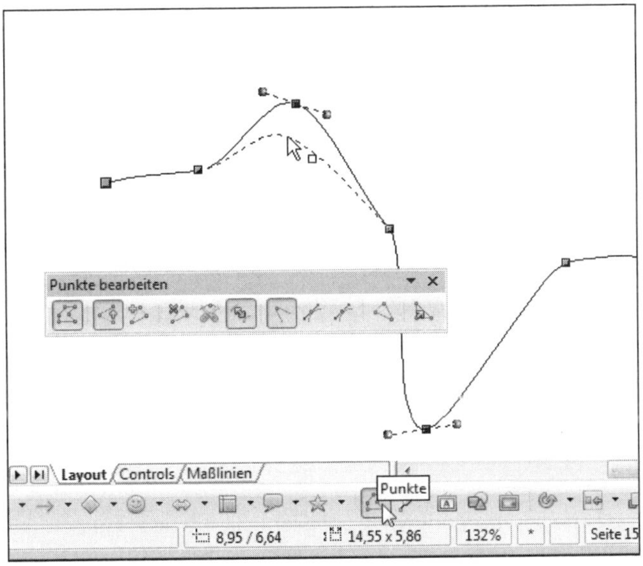

Abbildung 18.7: Kurvenpunkte bearbeiten

18.2.4 Umwandeln von 2D-Objekten in Kurven und Polygone

Das Zeichenprogramm Draw ermöglicht Ihnen, markierte Grafiken und 2D-Objekte in Kurven, Polygone oder Konturen umzuwandeln. Die gleiche Funktion steht auch im Präsentationsprogramm Impress zur Verfügung.

1. Klicken Sie mit der rechten Maustaste auf eine eingefügte Bitmap-Grafik oder auf ein 2D-Objekt und wählen Sie im Kontextmenü den Befehl *Umwandeln*.
2. Wählen Sie im dann angezeigten Untermenü den zur Umwandlung gewünschten Befehl.

Im Untermenü finden Sie verschiedene Optionen zur Auswahl (Abbildung 18.8).

- Über die Befehle *In Kurve* und *In Kontur* können Sie ein Objekt in eine Kurve (besitzt einen Umriss, der aus geraden Linien besteht) oder in eine Kontur (der Umriss wird durch ein Polygon beschrieben) wandeln lassen.
- Die Punkte der Kurve oder der Kontur können anschließend mit der Funktion *Punkte bearbeiten* verschoben werden (siehe vorhergehender Abschnitt). Abbildung 18.8 zeigt, dass sich auf diese Weise unregelmäßig geformte Grafiken über sogenannte Pfade beschneiden lassen. Allerdings ist dies eine aufwändige Angelegenheit, da die Funktion nicht sonderlich komfortabel ist.

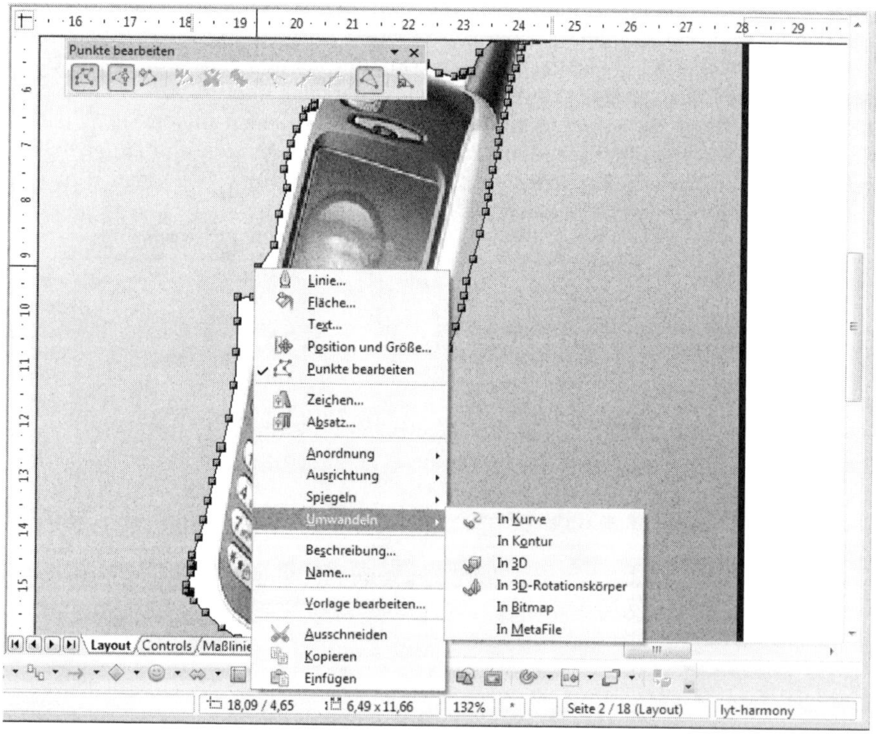

Abbildung 18.8: Optionen zum Umwandeln und Bild mit Umrisslinie

Die Hilfe beschreibt weitere Möglichkeiten, wie Sie die Funktionen zum Umwandeln und zum Bearbeiten von Punkten zur Konstruktion unregelmäßig geformter Flächen verwenden können.

INFO

Gelegentlich kommt es vor, dass sich bei Anwahl der Schaltfläche Punkte bearbeiten *der Symbolleiste nichts tut (die Schaltflächen zum Setzen und Löschen von Punkten erscheinen nicht). In diesem Fall hilft ein Doppelklick auf das Objekt, um dieses zum Bearbeiten auszuwählen.*

18.2.5 Objekt in Bitmap oder Metafile umwandeln

3D-Objekte lassen sich um verschiedene Achsen drehen bzw. rotieren (siehe unten). Dies ermöglicht Ihnen, verschiedene Ansichten abzurufen. In Abbildung 18.9 sehen Sie eine Präsentationsseite mit drei Weltkugeln.

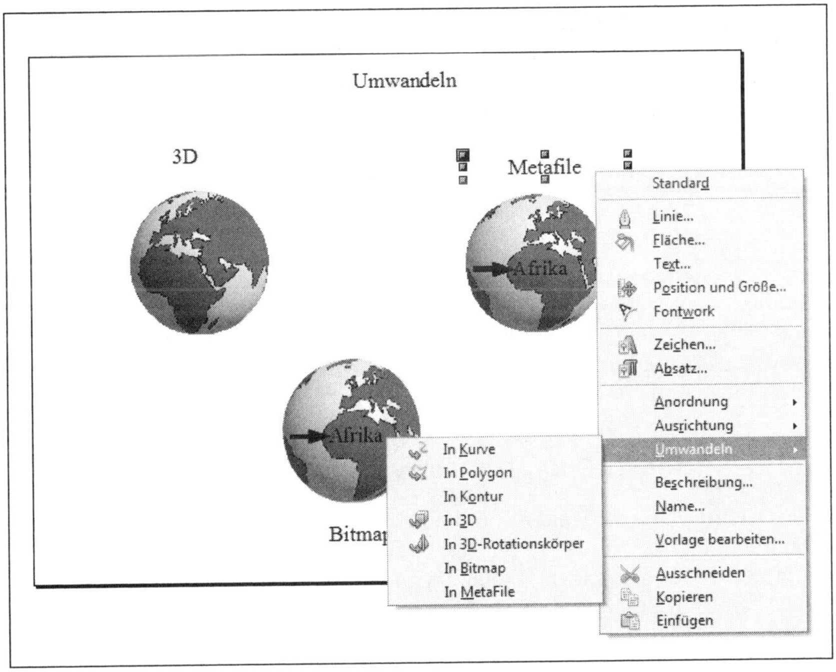

Abbildung 18.9: Seite mit verschiedenen Objekten zum Umwandeln

Die Weltkugel in der linken oberen Ecke wurde als 3D-Objekt aus der Gallery in die Präsentationsseite eingefügt. Bei der Weltkugel lassen sich durch Rotation verschiedene Länderansichten abrufen. Die Rotation von 3D-Objekten erfordert jedoch aufwändige Berechnungen. Beim Speichern werden sämtliche Daten für alle Ansichten einbezogen. Haben Sie ein in eine Zeichnung eingefügtes 3D-Objekt in die gewünschte Darstellung gedreht, wird die 3D-Funktionalität eigentlich nicht mehr benötigt. Aus Effizienzgründen wäre es schön, die überflüssigen Daten zu entfernen. Wenn Sie das Kontextmenü *Umwandeln* eines markierten Objekts (Grafik, Textelement, 3D-Objekt etc.) anwählen, finden Sie zusätzlich die Befehle *In Bitmap* und *In MetaFile*, die eine solche Konvertierung erlauben.

Sie können das 3D-Objekt über die betreffenden Kontextmenübefehle in eine Bitmap oder in eine Metafile umwandeln lassen. In diesem Schritt wird ein Abbild der betreffenden Ansicht gespeichert. Textelemente lassen sich in gleicher Weise in Bitmap-Grafiken umsetzen.

- Bei einer Bitmap wird der komplette Inhalt des Objekts, so wie es der Betrachter sieht, in einzelne Bildpunkte gerastert und gespeichert.
- Bei einer Metadatei kann Office das Objekt unter Umständen in seine (Meta-) Bestandteile zerlegen und Vektoren (Linien), Texte und Bitmaps getrennt hinterlegen.

Das Metafile-Objekt wird intern als Windows Metafile-Datenblock gespeichert. Der Vorteil beim Metafile-Objekt besteht darin, dass eventuelle Bestandteile des 3D-Objekts wie Beschriftungen etc. später noch nachbearbeitet werden können. In eine Bitmap umgewandelte Elemente können ggf. auch per Zwischenablage in andere Anwendungen übernommen werden (falls diese die ursprünglichen Office-Objektformate nicht unterstützen).

INFO

Es stellt sich die Frage, was die Umwandlung in ein Metafile-Objekt im Gegensatz zur Bitmap bringt? Einmal ist es so, dass Office Linien und Schriften in einer Metagrafik schärfer rendert (zeichnet) – die betreffenden Metafile-Elemente lassen sich bei jeder Anzeige neu berechnen. Beim Umwandeln in eine Bitmap benutzt Office dagegen bereits Antialiasing-Funktionen zur Kantenglättung. Der Pfeil und der Text in der unteren Weltkugel aus Abbildung 18.9 wirken dadurch leicht unscharf. Der gravierendste Unterschied tritt aber bei der Umwandlung in ein Polygon auf (siehe unten). Bei einer Bitmap muss eine Vektorisierung erfolgen. Bei einer Metagrafik kann Office bei der Zerlegung in Polygone auf die einzelnen Bestandteile wie Vektoren, Texte und Bitmap zugreifen. Dies hat den Effekt, dass Sie anschließend die Gruppierung der vektorisierten Teile aufheben können. Die Einzelpolygone lassen sich dann bearbeiten oder löschen (Sie können also eine Beschriftung aus einer Metagrafik entfernen, ohne eine dahinter liegende Bitmap zu beschädigen – bei einer Bitmap klappt dies nicht).

18.2.6 Bilder in Polygon umwandeln (vektorisieren)

Office stellt noch eine weitere Funktion »Umwandeln in Polygon« zur Verfügung (Abbildung 18.10). Diese Funktion lässt sich auf bestimmte Objekte wie Metafile- und Bitmap-Grafiken anwenden. Zudem wird die Funktion angeboten, wenn ein 2D-Objekt bereits in eine Kurve gewandelt wurde. Die Funktion führt eine Vektorisierung des betreffenden Objekts durch, d.h., die Bestandteile des Objekts werden durch gerade Liniensegmente mit Umrissen versehen.

Abbildung 18.10: Umwandeln eines Metafile-Objekts in ein Polygon

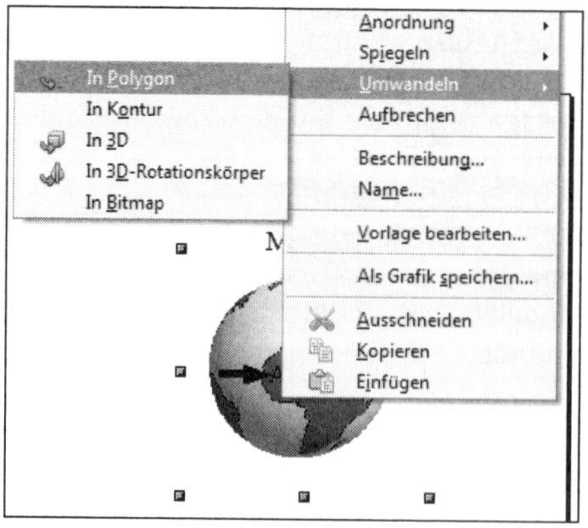

Wählen Sie den Befehl *In Polygon* des Kontextmenüeintrags *Umwandeln* auf eine Metafile-Grafik an, wird diese automatisch in ein Polygon gewandelt. Markieren Sie danach das Objekt und heben die Gruppierung auf (bzw. betreten die Gruppierung über den entsprechenden Kontextmenübefehl), lassen sich die Teilpolygone anwählen und bearbeiten. In Abbildung 18.11 sehen Sie rechts das Ergebnis einer in ein Polygon gewandelten Metafile-Grafik. Nach dem Aufheben der Gruppierung lassen sich der Pfeil sowie der Text als Polygone markieren. Sie können die Elemente anschließend in der Größe ändern, verschieben oder auch löschen, ohne die dahinter liegende Bitmap-Grafik zu beeinflussen.

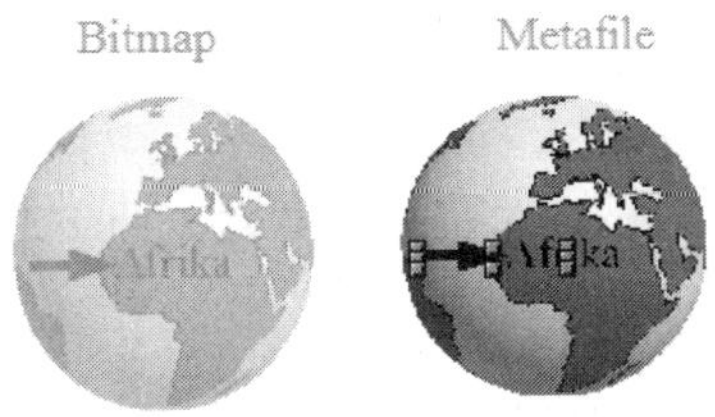

Abbildung 18.11: Ergebnisse der Vektorisierung

Bei der Umwandlung einer Bitmap-Grafik in ein Polygon sieht die Sache dagegen etwas anders aus. In der Bitmap liegen ja nur einzelne Punkte mit unterschiedlichen Farben vor. Office versucht dann, Bereiche mit gleicher Farbe in ein Polygon umzusetzen. Bei Anwahl des Befehls *Umwandeln/In Polygon* im Kontextmenü einer Bitmap-Grafik erscheint daher das in Abbildung 18.12 gezeigte Dialogfeld.

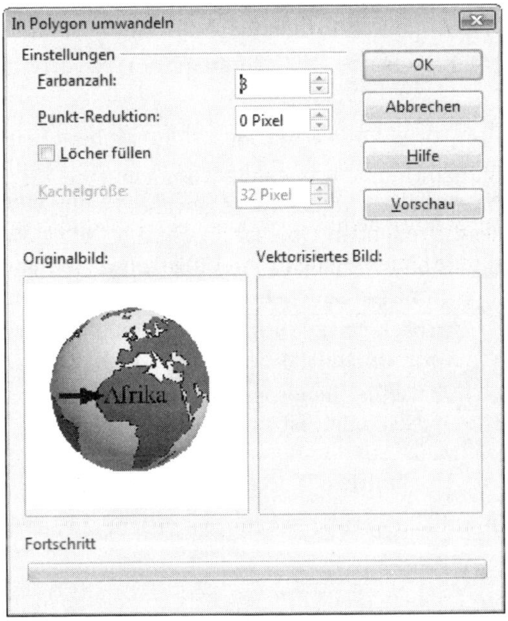

Abbildung 18.12: Optionen zur Umwandlung einer Bitmap in ein Polygon

In diesem Dialogfeld legen Sie in *Farbanzahl* die Anzahl der Farben (1 bis 32), die im Ausgangsbild benutzt werden, fest. Die Funktion fasst Flächen, die dieser Farbe entsprechen, zu Polygonen zusammen. Bei Farbbildern kann es aber vorkommen, dass in größeren Flächen viele andersfarbige Bildpunkte vorkommen, die dann als zusätzliche Polygone zu vektorisieren sind. Sie können aber über den Wert *Punkt-Reduktion* eine Größe in Pixel für einzelne Punkte vorgeben. Sind die betreffenden Punkte kleiner, werden sie entfernt und der umgebenden Fläche zugeschlagen. Die Option *Löcher füllen* ermöglicht Ihnen, die Rastergröße vorzugeben, die zum Füllen des Hintergrunds benutzt wird. Klicken Sie auf die Schaltfläche *Vorschau*, wird das Ergebnis angezeigt. Beim Schließen des Dialogfelds über die *OK*-Schaltfläche beginnt die Vektorisierung, die je nach Motiv durchaus einige Zeit dauern kann.

TIPP

Klicken Sie ein vektorisiertes Objekt an und wählen im Kontextmenü den Untermenübefehl Umwandeln/In Kontur, *lässt sich anschließend die Gruppierung aufheben. Dann können Sie die Farbflächen der vektorisierten Bitmap anklicken und anschließend verschieben oder löschen. Zudem lassen sich den Farbflächen andere Farben zuweisen.*

Sie finden die Beispiele auf den Seiten Umwandeln *und* Umwandeln 1 *der Datei* Objekte.odg *im Ordner* Kap18 *des Beispielarchivs.*

18.2.7 Umwandeln von 2D-Objekten in 3D-Objekte

Office bietet eine Funktion, die 2D-Objekte in 3D-Objekte umwandelt.

1. Klicken Sie mit der rechten Maustaste auf ein eingefügtes 2D-Objekt und wählen Sie im Kontextmenü den Befehl *Umwandeln*.
2. Klicken Sie im Untermenü auf den Befehl *In 3D* oder *In 3D-Rotationskörper* (Abbildung 18.8).

Draw bzw. Impress wandelt dann das betreffende Objekt in die 3D-Darstellung oder in einen Rotationskörper um. Bei einem Rotationskörper rotiert das 3D-Objekt um die Y-Achse und Impress zeichnet die Mantelfläche. In Abbildung 18.13 sehen Sie die Schritte beim Umwandeln eines 2D-Pfeils in ein 3D-Objekt.

- Zuerst wurde der Pfeil über die betreffende Zeichenfunktion erstellt. Danach wurde die Linienstärke erhöht und die Linienfarbe auf Hellblau gesetzt.
- Im nächsten Schritt wurde der Pfeil mit der rechten Maustaste angeklickt und im Kontextmenü der Befehl *Umwandeln/In 3D* gewählt.
- Da das Zeichenprogramm den Pfeil in der Ansicht auf die schmale Seite des 3D-Objekts zeigt, ist nur eine Linie zu sehen. Daher wurden die Ziehmarken per Maus zum Rotieren des Objekts um die X-Achse benutzt (siehe folgender Abschnitt).

In Abbildung 18.13 sehen Sie den 3D-Pfeil aus einer Ansicht schräg von oben.

TIPP

Sie können die Funktion zum Umwandeln in 3D-Objekte auch auf Textobjekte anwenden. Der Kontextmenübefehl Umwandeln *erscheint nur, wenn das Textobjekt markiert ist. Auf diese Art lassen sich 3D-Schrifteffekte erstellen (Abbildung 18.14).*

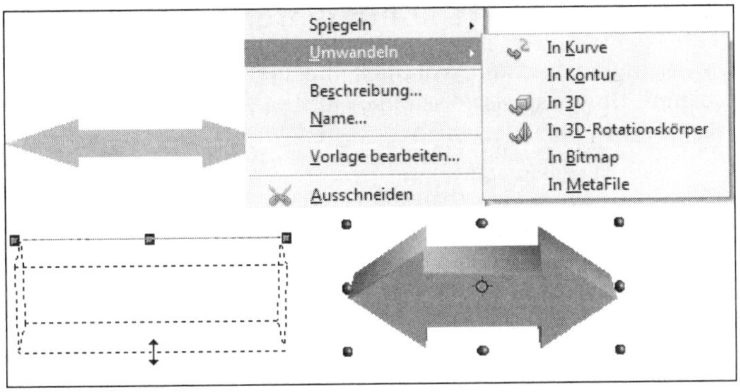

Abbildung 18.13: Umwandeln eines 2D-Pfeils in ein 3D-Objekt

Abbildung 18.14: 3D-Text

18.2.8 Objekte in 3D-Rotationskörper umwandeln

Wählen Sie über den Kontextmenübefehl *Umwandeln* die Option *In 3D-Rotationskörper*, erstellt die Umwandlungsfunktion aus dem markierten Objekt einen Rotationskörper. Dies macht jedoch nur bei flächigen Objekten Sinn. Das Objekt rotiert dabei um die Y-Achse, wobei diese am rechten Rand des Objekts liegt. Rotieren Sie beispielsweise ein Rechteck, ergibt sich daraus ein Zylinder. Die Rotation eines Kreises ergibt einen Torus. Abbildung 18.15 zeigt einige Beispiele für Rotationskörper und deren Ausgangselemente.

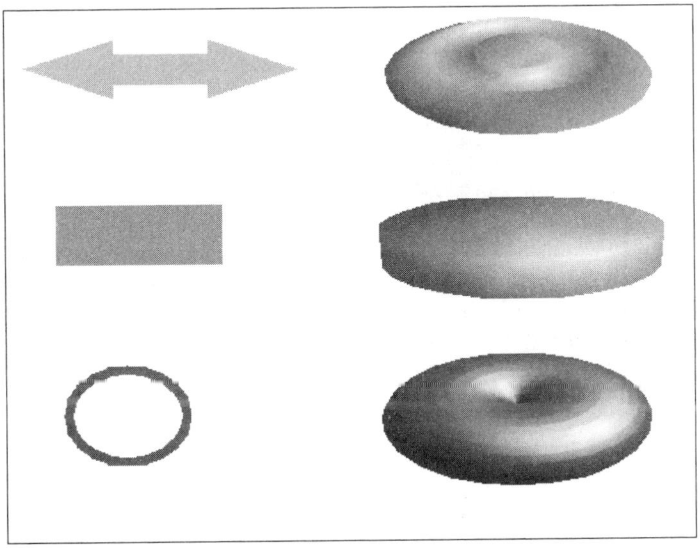

Abbildung 18.15: Beispiele für Elemente und deren Rotationskörper

18.2.9 3D-Objekte kombinieren

Die Zeichnungsfunktionen in Draw und Impress erlauben Ihnen, 3D-Objekte zu kombinieren. Um beispielsweise eine Kugel in einem Würfel zu platzieren (Abbildung 18.16), gehen Sie in folgenden Schritten vor.

1. Fügen Sie die gewünschten 3D-Körper in die Zeichnung ein. In Abbildung 18.16 wurden der Würfel und die Kugel mit unterschiedlichen Größen und Farben versehen. Die Farben können Sie direkt über die Objektleiste zuweisen.
2. Markieren Sie das Objekt, welches in das Zielobjekt einzufügen ist. Anschließend schneiden Sie dieses aus und übertragen es in die Zwischenablage (z.B. über [Strg] + [X] bzw. [MacBef] + [X] beim Mac).
3. Markieren Sie nun das Zielobjekt durch einen Mausklick. Klicken Sie auf das markierte Objekt und wählen Sie im Kontextmenü *Gruppierung betreten*.
4. Fügen Sie das zweite Objekt aus der Zwischenablage in die Zeichnung ein (z.B. [Strg] + [V] bzw. [MacBef] + [V] beim Mac). Das Objekt ist jetzt Bestandteil der Gruppe, befindet sich aber vermutlich außerhalb des Zielobjekts.
5. Klicken Sie auf das gerade eingefügte Objekt, ziehen Sie dieses über das Zielobjekt und verlassen Sie anschließend die Gruppe über den Kontextmenübefehl *Gruppierung verlassen*.

Abbildung 18.16: 3D-Körper kombinieren

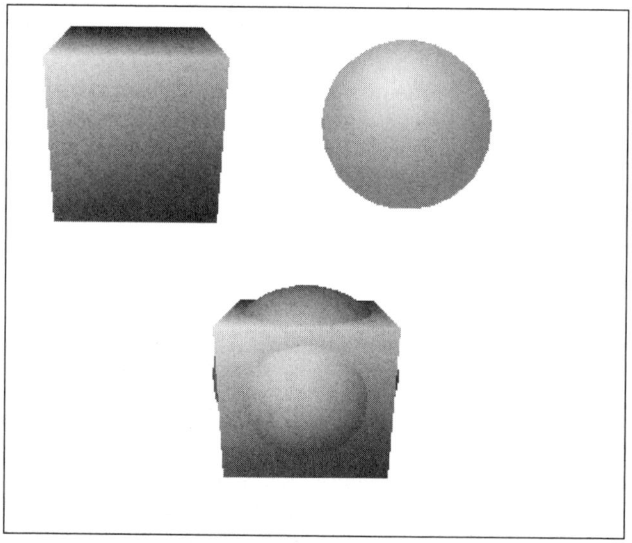

Anschließend sollte das gruppierte Ergebnis als Vereinigungsmenge zu sehen sein. Bei 3D-Körpern wird die gemeinsame Mantelfläche der Körperteile dargestellt, wobei die Farben der ursprünglichen Körperoberflächen erhalten bleiben (siehe Abbildung 18.16).

Sie finden in Kap18 *auf der Seite* 3D-Körper kombiniert *der Datei* Objekte.odg *des Beispielsarchivs ein entsprechendes Beispiel.*

INFO

18.2.10 Rotieren von 3D-Objekten

2D-Objekte lassen sich per Mausklick markieren und über eine Schaltfläche der *Zeichnen*-Symbolleiste um die Z-Achse drehen (*Kapitel 17*, Abschnitt »Objekte in der 2D-Ebene drehen«. Bei 3D-Objekten kommen die Möglichkeiten zur Rotation um die horizontale X- und die vertikale Y-Achse hinzu.

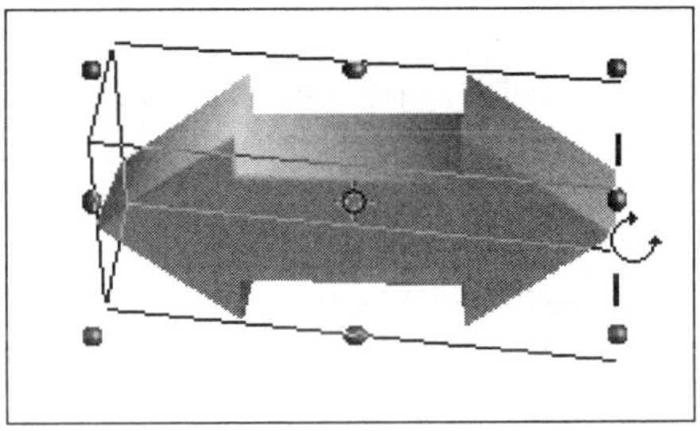

Abbildung 18.17: Rotieren eines 3D-Objekts

18

1. Markieren Sie das zu drehende Objekt mit einem Mausklick (die grünen Ziehmarken müssen zu sehen sein).
2. Klicken Sie in der *Zeichnen*-Symbolleiste auf die Schaltfläche *Effekte* und wählen Sie in der dann sichtbaren Abreißleiste die Schaltfläche *Drehen*. Alternativ können Sie auch das markierte Objekt ein zweites Mal per Maus anklicken.
3. Statt der grünen Ziehmarken erscheinen jetzt die roten Drehmarken und Sie können das Objekt mittels dieser roten Drehmarken per Maus im Raum drehen.

Mithilfe der Drehmarken an den Ecken des Drahtgitters können Sie das Objekt im und entgegen dem Uhrzeigersinn um die Z-Achse in der Zeichnungsebene drehen. Dies entspricht der 2D-Drehung. Zeigen Sie jedoch auf die roten Drehpunkte, die sich in den Kantenmitten befinden, nimmt der Mauszeiger die Form zweier gegenläufiger Pfeile an. Durch Ziehen der Drehmarken lässt sich das Objekt anschließend um die beiden X- bzw. Y-Achsen der Zeichenebene rotieren.

Im Ordner Kap18 *des Beispielarchivs finden Sie die Datei* Objekte.odg *mit der Zeichnungsseite »3D-Globus«. Wenn Sie die Weltkugel auf der Seite zum Rotieren markieren, können Sie diese in beliebige Richtungen drehen und verschiedene Ansichten der Erde abrufen.*

INFO

18.3 3D-Effekte nutzen

Weiter oben haben Sie gelernt, wie Sie in Draw bzw. Impress 2D-Objekte in eine 3D-Darstellung überführen können. Beide Programme bieten aber zusätzliche Optionen, um 3D-Elemente mit bestimmten Effekten zu versehen (Abbildung 18.18).

Abbildung 18.18: Effekte bei 3D-Objekten

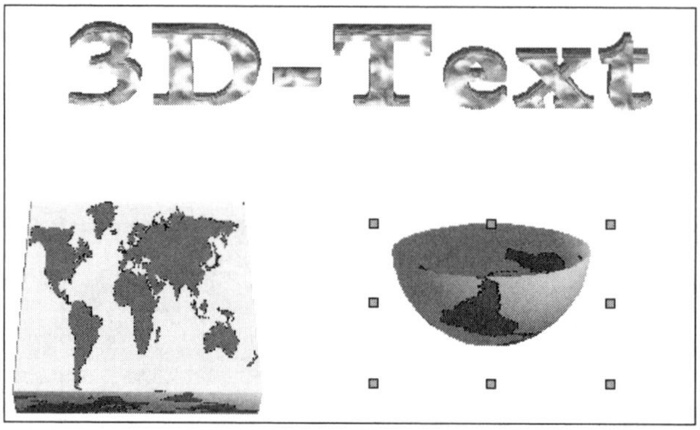

Um solche 3D-Effekte anzuwenden, gehen Sie in folgenden Schritten vor:

1. Markieren Sie das gewünschte 3D-Objekt, klicken Sie dann mit der rechten Maustaste auf das markierte Objekt und wählen Sie im Kontextmenü den Befehl *3D-Effekte*.
2. Anschließend stellen Sie den gewünschten Effekt im angezeigten Dialogfeld *3D-Effekte* ein (Abbildung 18.19).

Das Dialogfeld ermöglicht Ihnen, über verschiedene Schaltflächen und Symbole vordefinierte Effekte abzurufen oder das Objekt benutzerspezifisch mit Effekten zu versehen.

Die Gruppe der drei Schaltflächen in der unteren linken Ecke steuert die Anzeige der Perspektive des Objekts sowie die Umwandlung in 3D-Objekte und Rotationskörper. Die beiden linken Schaltflächen werden nur bei 2D-Objekten freigegeben. Die 3D-Konvertierung lässt sich auch über das Kontextmenü vornehmen (siehe Abbildung 18.13).

Über die beiden in der rechten oberen Ecke des Dialogfelds befindlichen Schaltflächen *Aktualisieren* und *Zuweisen* lässt sich die Auswahl auf die Vorschau im Dialogfeld oder auf das in der Zeichnung markierte Objekt anwenden. Die restlichen Schaltflächen der Kopfzeile ermöglichen die benutzerspezifische Zuweisung von 3D-Effekten. Sobald Sie eine Schaltfläche anklicken, zeigt das Dialogfeld die verfügbaren Optionen der zugehörigen Kategorie.

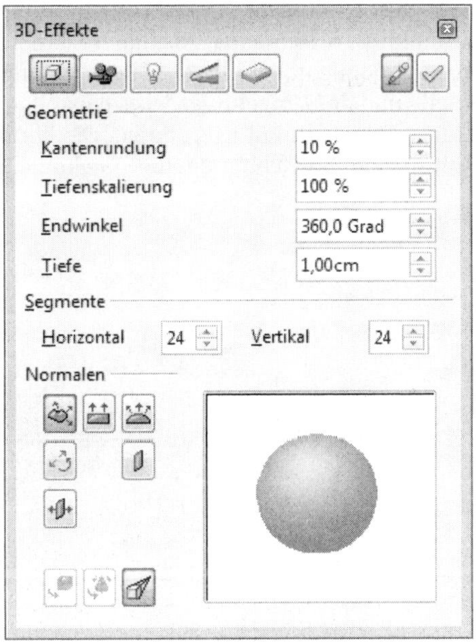

Abbildung 18.19: Dialogfeld *3D-Effekte*

3D-Effekt: Anpassen der Geometrie

Über die (links in der Kopfzeile befindliche) Schaltfläche *Geometrie* lässt sich die in Abbildung 18.19 gezeigte Darstellung des Dialogfelds abrufen.

Über die drei Schaltflächen der linken Spalte der Gruppe *Normalen* kann die Form der Oberfläche von 3D-Objekten vorgegeben werden. Es lassen sich eine glatte Oberfläche erzeugen oder die Oberfläche aus Polygonsegmenten mit geraden Flächen darstellen. Die Größe der Segmente wird über die beiden Drehregler *Horizontal* und *Vertikal* angegeben.

Weitere Schaltflächen im Dialogfeld ermöglichen es, die Lichtquelle zur Beleuchtung des Objekts umzudrehen (innen/außen) oder das Objekt sowohl von innen als auch von außen zu beleuchten.

Darstellung und Beleuchtung

Sobald Sie die Schaltfläche *Darstellung* (zweite Schaltfläche in der Kopfzeile von links) anklicken, erscheinen die in Abbildung 18.20, links, gezeigten Elemente im Dialogfeld. Die Option *Modus* legt die gewünschte Shading-Methode fest (also wie die Oberfläche des Objekts eingefärbt wird). Der Wert »Flat« bewirkt, dass jedes Polygon auf der Objektoberfläche eine einzige Farbe zugewiesen bekommt. Die Gouraud-Methode vermischt die Farben der Polygone, während beim Phong-Verfahren pixelgenau Farbmittelwerte aus den umgebenden Pixeln bestimmt werden.

Über die Schaltfläche *Schatten* können Sie das Objekt mit einem Schatten versehen. Die Option *Papierneigung* bestimmt, unter welchem Winkel der Schatten erscheint. Die beiden Optionen der Gruppe *Kamera* bestimmen den Abstand und die Brennweite der »Kamera«, die das Objekt aufnimmt.

Über die Schaltfläche *Beleuchtung* im Kopfbereich des Dialogfelds lassen sich die in Abbildung 18.20, rechts, gezeigten Elemente abrufen. Die Gruppe der acht Schaltflächen ermöglicht, die Lichtquelle zu wählen. Zudem können Sie die Farbe der Lichtquelle und des Umgebungslichts einstellen. Im unteren Feld sehen Sie eine stilisierte Lichtquelle samt Führungslinien. Sie können die Lichtquelle per Maus entlang der Führungslinien ziehen, um die Objektausleuchtung zu verändern.

Abbildung 18.20: Dialogfelder für Schattierung und Beleuchtung

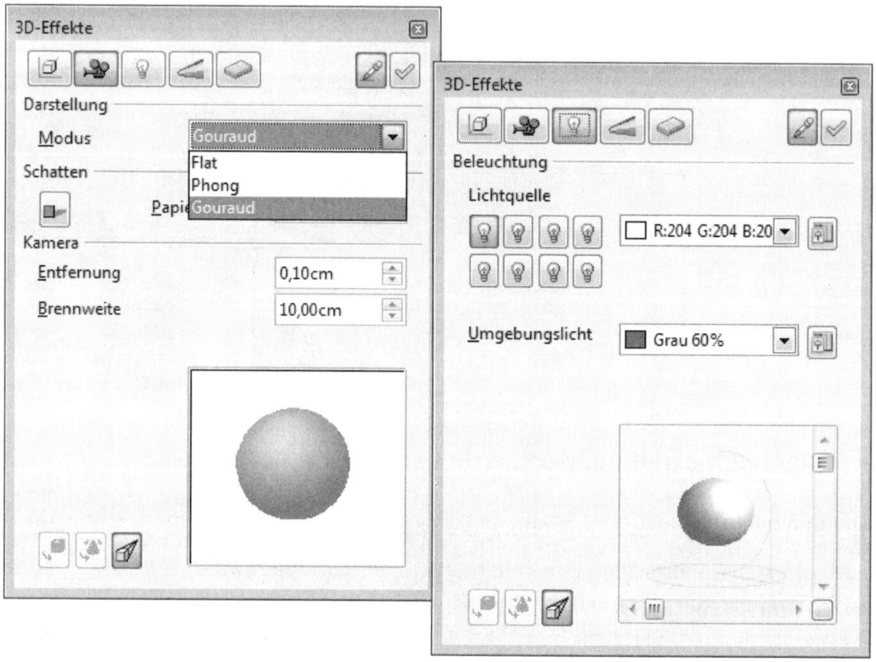

Material und Textur

Um möglichst schnell Ergebnisse zu erhalten, klicken Sie in der Kopfzeile auf die rechte Schaltfläche *Material*. Anschließend lässt sich über das im Dialogfeld angezeigte Listenfeld *Favoriten* der gewünschte Effekt (z.B. Gold, Holz, Plastik etc.) für die Darstellung des Oberflächenmaterials wählen (Abbildung 18.21, rechts). Über verschiedene Listenfelder können Sie die Objektfarbe, die Lichtfarbe und die Farbe des Glanzpunkts einstellen. Die Farboptionen werden jedoch nur bei Objekten, die keine Textur aufweisen, sichtbar.

Sie können der Oberfläche eines Objekts eine Textur (einen Musterüberzug) zuweisen. Hierzu markieren Sie das gewünschte Objekt und öffnen die Gallery über die betreffende Schaltfläche der *Zeichnen*-Symbolleiste. Suchen Sie in der Gallery ein Muster für die Textur (z.B. aus der Gruppe Hintergründe). Halten Sie die Tastenkombination [⇧] + [Strg] (bzw. [⇧] + [MacBef] beim Mac) gedrückt und ziehen Sie das Muster über das markierte Objekt. Wenn Sie die Maustaste loslassen, überträgt Draw die Textur auf die Oberfläche des Objekts.

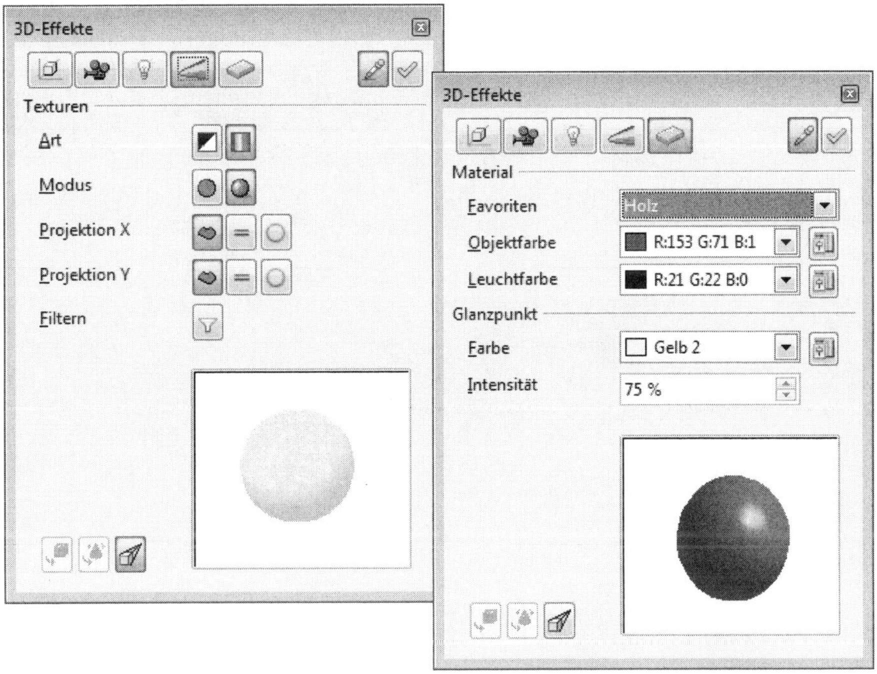

Abbildung 18.21: Dialogfelder für das Material und die Textur

Haben Sie dem Objekt eine Textur zugewiesen, lassen sich die Optionen für diese Textur beeinflussen. Hierzu klicken Sie in der oberen Schaltflächengruppe auf die *Texturen*-Schaltfläche. Im Dialogfeld erscheinen die Schaltflächen zum Einstellen der Textureigenschaften (Abbildung 18.21, links). Über die Schaltflächen der Gruppe *Art* können Sie zwischen Schwarzweiß- und Farbdarstellung für die Textur umschalten. Die Gruppe *Modus* stellt zwei Schaltflächen bereit, mit denen sich die Textur mit und ohne Schattierung anzeigen lässt. Über die Gruppen *Projektion X* bzw. *Projektion Y* können Sie die Art der Projektion (z.B. über die X-Achse) vorgeben. Die Schaltfläche *Filtern* legt einen Filteralgorithmus über die Textur, um einzelne Pixel zu unterdrücken.

INFO

Weitere Details bezüglich der 3D-Effekte können Sie der in Draw bzw. Impress integrierten Hilfe entnehmen.

Teil 6

Datenbanken, Makros und mehr

19 Datenbankfunktionen – Basiswissen

StarOffice und OpenOffice.org sind mit dem Datenbankmodul Base ausgestattet. Dies ermöglicht Ihnen, auf sehr einfache Weise Datenbankfunktionen in Office zu realisieren oder anzuwenden. Dieses Kapitel vermittelt das Basiswissen, um in Office neue Datenbanken samt den darin enthaltenen Tabellen anzulegen. Zudem wird gezeigt, wie sich einfach Datenquellen in Base einbinden lassen und was beim Entwurf einer Datenbank zu beachten ist.

19.1 Basiswissen zum Datenbankentwurf

Wenn Sie in Base eine neue Datenbank anlegen, müssen Sie auch die Datenstrukturen zur Aufnahme der Daten in Form von Tabellen definieren. Es ist daher erforderlich, dass Sie zumindest eine grobe Vorstellung vom Datenbankentwurf haben. Die folgenden Seiten enthalten einen kurzen Abriss der beim Umgang mit Datenbanken benutzten Nomenklatur und erläutern auch, nach welchen Regeln Datenbanken entworfen werden können.

19.1.1 Was sind Tabellen?

Eine Datenbank stellt nichts anderes als eine Sammlung von Daten in strukturierter Form dar. Die Strukturierung der Daten erfolgt dabei in sogenannten Tabellen. Nehmen wir als Beispiel eine Telefonliste, die sich als Tabelle strukturieren lässt. Die Daten liegen dann in der Regel in der Form der nachfolgenden Tabelle vor.

Tabelle 19.1: Telefonlisten-beispiel

Name	Vorname	Telefon
Bach	Sebastian	030-12345
Braun	Maria	0224-43978
Graf	Gustav	089-37987
Reger	Ronald	089-37379
Zenker	Alois	089-001-887

Die einzelnen Spalten dieser Tabelle werden dabei durch die Elemente Name, Vorname und Telefonnummer gebildet. Die Zeilen enthalten dann jeweils die Daten einer Person, deren Telefonnummer Sie speichern.

- Die einzelnen Spalten werden bei Datenbanken als »Felder« bezeichnet. Die Überschriften der Tabellenspalten entsprechen dann den Feldnamen. Zur Beschreibung eines Teilnehmers werden mehrere Felder verwendet. Für die Telefonliste sind dies der Name, der Vorname und die Telefonnummer. Weitere Felder wie Postleitzahl, Ort, Straße, Hausnummer etc. sind denkbar (werden aber in unserem Beispiel weggelassen).
- In die Tabelle mit der Telefonliste können Sie nun die Daten beliebiger Personen aufnehmen. Jeder Eintrag belegt eine Zeile, die bei Datenbanktabellen als Datensatz bezeichnet wird.

Die Felder einer Tabelle definieren also die Struktur der Tabelle, während die einzelnen Datensätze den Tabelleninhalt aufnehmen. Im Gegensatz zu Calc-Tabellen lassen sich dabei den Feldern noch Datentypen (z.B. Text, Ganzzahlen, Datum etc.) für die aufzunehmenden Werte zuordnen. Einem mit dem Datentyp *Integer* vereinbarten Feld lassen sich dann z.B. nur ganzzahlige Werte zuweisen.

19.1.2 Was sind Schlüssel?

Beim Arbeiten mit Datenbanken und den darin definierten Tabellen taucht recht schnell der Begriff *Schlüssel* oder *Index* auf. Die Wirkung der Schlüssel oder eines Index lässt sich ebenfalls anhand der Telefonliste erläutern. Damit Sie einen Teilnehmer schneller finden, besitzt die Telefonliste in Ihrem Taschenkalender ein Register mit den Buchstaben des Alphabets. Sie tragen dann die Teilnehmer geordnet nach dem Anfangsbuchstaben des Namens in diese Liste ein. Damit kommt der Teilnehmer Bach vor dem Teilnehmer Meier in der Telefonliste. Zusätzlich lassen sich die Einträge einer Seite (z.B. alle Namen mit dem Buchstaben M) alphabetisch sortieren. Damit wird die Folge Maier, Mayer, Meier auf dieser Seite erreicht (dies ist die Reihenfolge, wie die Teilnehmer in einem regulären Telefonbuch auftreten).

Bei einer Datenbank werden die Datensätze aber in der Eingabereihenfolge in der jeweiligen Tabelle gespeichert. Ein Schlüssel enthält die Werte einer Tabellenspalte in sortierter Form. Für jeden Wert ist dabei noch vermerkt, welcher Datensatz der Tabelle zu diesem Wert gehört. In Abbildung 19.1 wird der Sachverhalt stilisiert dargestellt. Die beiden ersten Spalten stehen für die Indexdaten, während die restlichen Spalten die Tabelle abbilden. Der Index benutzt hier aus Vereinfachungsgründen zum Zugriff nur das Feld *Name* aus der Datentabelle. Alle Werte dieses Felds sind in sortierter Reihenfolge im Index eingetragen. Jeder Indexeintrag verweist zudem noch über *Satznr* auf den Datensatz in der eigentlichen Datentabelle. Beim Zugriff per Index auf einen Datensatz der Datenbank sucht das betreffende Programm zuerst den Wert im Index. Der Vorteil: Durch die Sortierung des Index kann das Programm spezielle Suchverfahren (z.B. binäre Suche) nutzen. Wird ein Indexeintrag gefunden, greift das Datenbankprogramm über die im Index eingetragene Satznummer auf den eigentlichen Datensatz in der Tabelle zu und liefert dessen Daten zurück.

Für den Benutzer ist dieser Vorgang aber transparent, er legt lediglich ein Indexfeld in der Datenbank fest und die Datenbank verwendet dann den Index bei Zugriffen auf die Tabelle. Letztendlich erhöht ein Index die Schnelligkeit beim Datenzugriff auf die Tabellen.

Indexdaten		Daten in der Tabelle			
Index	**Satznr.**	**Nr.**	**Name**	**Vorname**	**Tel.**
Almö	2	1	Kehl	Helmut	007
Ast	11	2	Almö	Karl	123456
Bast	9	3	Zaver	Horst	3456
Baus	7	4	Schuh	Isolde	2334
Born	5	5	Born	Klaus	1231
Hopp	12	6	Mühl	Maria	9899
Hohl	8	7	Baus	Knut	6745
Kehl	1	8	Hohl	Andrea	6749
Mühl	6	9	Bast	Inge	4534
Schuh	4	10	Sohn	Ursula	5427
Sohn	10	11	Ast	Katrin	100
Zaver	3	12	Hopp	Peter	236

Abbildung 19.1: Wirkungsweise eines Indexfelds

Varianten für Schlüssel

Beim Umgang mit Datenbanktabellen unterscheidet man bei den Schlüsseln (bzw. Indizes) noch verschiedene Varianten (einfache Schlüssel, eindeutiger Schlüssel, Primärschlüssel). Zur Verdeutlichung dieser Begriffe soll das Modell der Telefonliste etwas erweitert werden. Nehmen wir an, es wird in der Personalabteilung eine Liste der Angestellten gepflegt. Dann könnte diese Tabelle in Anlehnung an unsere kleine Telefonliste folgende Spalten (sprich Felder) aufweisen: Personal Nr., Name, Vorname, PLZ, Ort, Straße, Hausnr., Tel. Nr., Geb.-Datum. Natürlich können Sie weitere Felder in die Tabelle aufnehmen. Für unser Beispiel reichen diese Felder aber aus. Welches Feld als Schlüssel benutzt wird, hängt von verschiedenen Randbedingungen ab.

Benötigen Sie einen eindeutigen Schlüssel, nach dem die Tabelle sortiert ist? In diesem Fall darf ein Wert für den Schlüssel immer nur einen Datensatz liefern. Das Feld *Name* ist für diesen Zweck sicherlich nicht geeignet. Es kann ja durchaus zwei Mitarbeiter mit dem Namen Meier in der Firma geben. Selbst die Einbeziehung des Vornamens bringt keine wirkliche Lösung, da durchaus zwei Mitarbeiter mit gleichem Vor- und Nachnamen angestellt sein dürfen. Besser ist es, ein eigenes Feld in Form einer Personalnummer etc. einzuführen, welches dann als eindeutiger Schlüssel benutzt wird. Diese Nummern werden gerade so gewählt, dass sie für eine Person (d.h. einen Datensatz der Tabelle) eindeutig sind. Der zweite Mitarbeiter Müller erhält einfach eine andere Personalnummer und schon ist das Problem gelöst. Weil dieser Schlüssel eindeutig innerhalb der Tabelle ist, bezeichnet man diesen auch als eindeutigen Schlüssel (oder Unique Key).

Beim Zugriff auf die Tabelle über diesen eindeutigen Schlüssel findet sich in der Tabelle immer nur ein Datensatz (oder kein Satz, falls die Tabelle diesen Schlüssel nicht enthält). Weil die Tabelle primär über diesen Schlüssel sortiert und verwaltet wird spricht man auch von einem Primärschlüssel oder Hauptschlüssel. Solche Primärschlüssel sind bei Datenbanken wichtig, falls Sie mit mehreren Tabellen arbeiten und Ergebnisse zusammenführen müssen. Nehmen wir an, die Datenbank enthält neben der Tabelle der Personaldaten noch weitere Tabellen, in denen Gehaltsdaten (Stundenlohn), Arbeitszeiten (Stundenabrechnungen) etc. geführt werden. Um nun anhand der aufgezeichneten Arbeitszeiten und des Stundenlohns das Gesamtgehalt für einen Monat zu ermitteln, müssen die Daten aus den verschiedenen Tabellen herausgezogen und miteinander verknüpft werden.

Über den Primärschlüssel (z.B. Personalnummer) lassen sich Einträge anderer Tabellen identifizieren, die Zusatzdaten zum aktuellen Datensatz aufweisen. So könnte aus der Personaldatei der Name samt Anschrift geholt werden. Über die gleiche Personalnummer wird der aktuelle Stundenlohn in einer weiteren Tabelle ermittelt und in einer dritten Tabelle führt die Personalnummer zu allen Datensätzen dieses Mitarbeiters, in denen Stundenabrechnungen eingetragen sind. Die Personalnummer fungiert dann als primärer Schlüssel, über den sich die benötigten Daten aus mehreren Tabellen schnell zusammensuchen lassen.

In der Tabelle mit den Stundenabrechnungen wird die Personalnummer ebenfalls als Index benutzt. In diesem Fall ist der Schlüssel aber gezielt mehrdeutig und adressiert mehrere Datensätze. Es handelt sich um einen mehrdeutigen Index, da diese Tabelle ja mehrere Datensätze für den betreffenden Mitarbeiter aufweisen muss (für jeden Arbeitstag oder jede Schicht wird die Zahl der gearbeiteten Stunden eingetragen). Trotzdem bietet der Index einen Vorteil, da er die Werte des Indexfelds in sortierter Form beinhaltet. Es kann also per Index sehr schnell auf die Datensätze zu einer gegebenen Personalnummer zugegriffen werden.

In der Praxis gibt es aber Sonderfälle, in denen ein Primärindex zum Zugriff auf die Tabelle nicht ausreicht. Bei Anfragen an die Datenbank wird es häufig Fälle geben, in denen die Personalnummer unbekannt ist. Dann ließe sich die Personalnummer über den Namen und ggf. den Vornamen sowie weitere Ordnungskriterien wie Geburtsdatum etc. ermitteln. In diesem Fall werden Felder wie *Name + Vorname* als Sekundärschlüssel zum Zugriff auf die Tabellen der Datenbank benutzt. Auch wenn es bei Namensgleichheit zu Problemen führt, sind solche Sekundärschlüssel hilfreich, wenn Sie die Daten einer Tabelle nach anderen Gesichtspunkten sortieren und anzeigen möchten. Zusätzlich zum Primärindex kann man dann weitere Sekundärindizes auf eine Tabelle definieren und zum Zugriff benutzen.

19.1.3 Entwurfsgrundlagen für Datenbanken

Eine Datenbank kann eine oder mehrere Tabellen enthalten, deren Strukturen bestimmte Datenbestände abbilden. Zusätzlich kann die Datenbank noch die Zusammenhänge zwischen verschiedenen Tabellen beschreiben (z.B. Kundendaten und Bestelldaten werden in zwei Tabellen eingetragen und über die Kundennummer gibt es einen Zusammenhang zwischen den beiden Tabellen).

Beim Datenbankentwurf versucht man, die zu speichernden Informationen so zu strukturieren, dass sich diese möglichst effizient in den Tabellen abspeichern lassen. Beim Entwurf einer Datenbank wird man folgende Schritte ausführen.

- Zuerst ist festzulegen, was die Datenbank abbilden soll bzw. welche Daten aufzunehmen sind. Sie könnten z.B. alle Informationen eines Unternehmens in einer Datenbank abbilden. Häufiger wird man jedoch Teilmengen logisch zusammengehörender Daten in getrennten Datenbanken zusammenfassen (z.B. alles, was mit dem Verkauf zu tun hat).

- In einem getrennten Schritt sind die Tabellen, die in der Datenbank enthalten sind, zu definieren. In einer Tabelle werden alle logisch zusammengehörenden Daten zusammengefasst. Die Tabellenstruktur definiert dann die einzelnen Felder der Tabelle. Eine Datenbank zur Bestellabwicklung könnte Tabellen für die Kundendaten, Bestellungen, Lieferungen etc. enthalten.
- Beim Entwurf der einzelnen Tabellen ist darauf zu achten, dass die Informationen vollständig sind, aber nie mehrfach in den Tabellen vorkommen. Felder zur Aufnahme redundanter oder unnötiger Informationen sind zu vermeiden, da dies schnell zu Inkonsistenzen führt. Berechnete oder abgeleitete Informationen (z.B. der Gesamtpreis bei Mengenangaben) haben in der Tabelle normalerweise nichts zu suchen. Diese Informationen werden bei der Anzeige der Daten errechnet. Damit bleiben Sie unabhängig von Änderungen der Ausgangsdaten (z.B. der Einzelpreis ändert sich).
- Nachdem die Tabellen innerhalb der Datenbank definiert sind, lassen sich noch die Beziehungen zwischen den Tabellen hinterlegen. Diese Beziehungen sind hilfreich bzw. erforderlich, damit Sie mit den Daten einer Tabelle auf Daten einer weiteren Tabelle zugreifen können. Hierzu werden die Schlüsselfelder der Tabellen verwendet. Nehmen wir beispielsweise eine Bestellung. Anhand der Kundennummer innerhalb der Bestelldatensätze lassen sich in der Tabelle mit den Kundendaten die Kundenstammdaten (z.B. Name und Adresse) ermitteln. In diesem Fall wird die Beziehung zwischen den beiden Tabellen über die Kundennummer definiert.

Der Entwurf einer Datenbank geschieht am besten auf Papier. Hierbei gibt es grafische Entwurfsverfahren (Entity-Relationship-Diagramme), die in der Datenbankliteratur beschrieben werden. Um einen widerspruchsfreien und optimierten Datenbankentwurf zu erhalten, gibt es verschiedene Verfahren, die nachfolgend kurz skizziert werden.

Normalisierung des Datenbankentwurfs

Im Anschluss an den ersten Entwurf der Datenbank samt den Tabellenstrukturen und Beziehungen ist dieser Entwurf auf Vollständigkeit und Widerspruchsfreiheit zu überprüfen. Dabei sind folgende Fragen zu beantworten:

- Sind alle benötigten Informationen in der Datenbank enthalten?
- Gibt es widersprüchliche oder doppelte Informationen?
- Lässt sich die Datenbank zu einem späteren Zeitpunkt einfach um weitere Informationen erweitern?
- Gibt es Probleme beim Einfügen, Ändern oder Löschen von Daten?

Mit der Überprüfung und Verfeinerung des Datenbankentwurfs werden folgende Ziele verfolgt:

- Die Tabellen der Datenbank sollen nur Informationen enthalten, die auch logisch zusammengehören.
- Andererseits müssen die Tabellen die Daten vollständig und widerspruchsfrei abbilden.
- Der Entwurf ist so zu gestalten, dass ein Datenwert möglichst nur an einer Stelle innerhalb der Datenbank vorkommt. Dies verhindert, dass »Datenleichen« oder widersprüchliche Werte in der Datenbank vorkommen (z.B. ein Preis wird zweifach geführt).

- Beim Einfügen, Löschen oder Aktualisieren dürfen keine Anomalien auftreten, d.h., Sie verändern einen Wert und gleichzeitig hat dies Auswirkungen auf einen anderen Datenbankinhalt. (Beispielsweise löschen Sie einen Ansprechpartner beim Kunden und gleichzeitig verschwinden alle Daten dieses Kunden).

Natürlich sollte die Datenbankstruktur auch effizient und stabil im täglichen Betrieb sein. Einige Hinweise auf solche Probleme zeigt das Beispiel im folgenden Abschnitt (Beschreibung der ersten Normalform) auf.

Erste Normalform

Ziel dieser Regel ist es, eine Tabelle auf die notwendigen Felder zu reduzieren und damit Anomalien zu vermeiden. Die Regel besagt: Die Felder der Tabelle beschreiben unteilbare Elemente und ein Wert darf nicht mehrfach in einem Satz auftreten. Ist dies nicht erfüllt, sind die Felder in eine weitere Tabelle zu verlagern. Das Ganze soll an einem kleinen Beispiel demonstriert werden. Abbildung 19.2 zeigt die Struktur einer Tabelle mit Kundendaten.

Abbildung 19.2: Struktur der Tabelle *Kunden*

Kunden
Kunden-Nr.
Name
PLZ
Ort
Straße
Hausnr.
Kontakt1
Telefon-Nr.1
Kontakt2
Telefon-Nr.2

Die Identifizierung der einzelnen Datensätze der Tabelle erfolgt über den Schlüssel *Kunden-Nr.*, der in diesem Fall eindeutig ist. Neben den verschiedenen Feldern mit Kundendaten gibt es je zwei Felder mit den Namen und Telefonnummern der Ansprechpartner beim Kunden. Die Überlegung beim Entwurf war klar: Benennt mir der Kunde einen Ansprechpartner und einen Vertreter, müssen beide Informationen in die Tabelle mit aufgenommen werden.

Schauen wir uns doch einmal an, was diese an sich gute Idee für Probleme aufwirft. Gehen wir davon aus, dass der überwiegende Anteil Ihrer Kunden nur einen Ansprechpartner benennt. Dann müssen Sie zumindest dafür sorgen, dass Ihre Tabelle leere Werte für die Felder mit dem zweiten Ansprechpartner akzeptiert. Gleichzeitig verschwenden Sie durch diese leeren Felder aber viel Platz in der Datenbank (haben alle Kunden nur einen Ansprechpartner, hätte ein Feld gereicht). Noch größere Probleme gibt es, falls ein Kunde auf drei oder mehr Ansprechpartnern besteht. Dann müssten Sie die Tabelle um weitere Felder erweitern.

Es kann ja nun sein, dass Sie dies nicht sonderlich stört (Platz haben Sie genug). Dann sollten Sie sich aber über die folgende Anomalie klar werden: Der Kunde teilt Ihnen mit, dass ab sofort nur noch ein Ansprechpartner im Hause existiert. Sie müssen nun den Eintrag mit dem zweiten Ansprechpartner aus der Datenbank entfernen. Dies geschieht in der Regel, indem das Feld mit dem Wert gesucht und dann der zugehörige Satz gelöscht wird. Dies bringt Ihnen aber gewichtige Probleme: Nicht nur der Name des ersten Ansprechpartners ist weg, sondern Sie löschen auch die kompletten Kundendaten. Liegen Aufträge für den Kunden vor, ist die ganze Datenbank plötzlich inkonsistent, da Liefer- und Rechnungsanschrift etc. nicht mehr existieren.

INFO

Sie könnten zwar den Inhalt des Felds mit dem zweiten Ansprechpartner auf null setzen. Dies löst aber nicht den Fall, wenn mehr Ansprechpartner vorhanden sind. Die Speicherung der Ansprechpartner in einer Tabelle Kunden *führt auf jeden Fall zu einer Anomalie. Weiterhin kann es Anomalien beim Einfügen von Daten geben. Nehmen wir z.B. den Fall, dass der Vertrieb einen Ansprechpartner bei einem potentiellen Kunden gefunden hat. Dieser soll nun in die Kundenliste eingetragen werden, damit er Werbematerial erhält. Solange aber nichts bestellt wurde, weigert sich die Rechnungsprüfung, eine Kundennummer zuzuweisen (man möchte schließlich »Karteileichen« vermeiden). Jetzt können Sie diesen Ansprechpartner nicht in die Kundenliste eintragen. Ein Verzicht auf die Kundennummer ist nicht möglich, da dieses Feld als eindeutiger Schlüssel dient. Entweder wird der Kunde nicht gefunden oder es gibt schnell mehrere Einträge für die fehlende Kundennummer.*

Aber es gibt eine Lösung für Ihr Problem: Sie müssen die Tabelle lediglich in die erste Normalform überführen. Die Felder mit den Ansprechpartnern sind zwar separat in der Tabelle gespeichert, es handelt sich bei den Einträgen aber um den gleichen logischen Wert. Demnach sind die Bedingungen der ersten Normalform verletzt. Die Lösung besteht darin, die Felder in eine getrennte Tabelle auszulagern. Die neue Struktur sieht dann folgendermaßen aus:

Kunden		Ansprechpartner
Kunden-Nr.		Kunden-Nr.
Name PLZ Ort Straße Hausnr.		Kontakt Telefon-Nr.

Abbildung 19.3: Normalisierte Form (*Kunden* und *Ansprechpartner*)

In der Tabelle *Kunden* finden sich nur noch Informationen, die eindeutig sind. Die Daten über den Ansprechpartner finden Sie dagegen in einer zweiten Tabelle mit dem Namen *Ansprechpartner*. Hier können Sie keinen oder beliebig viele Einträge für den Kunden eingeben. Wird ein Eintrag gelöscht, hat dies keine Auswirkungen auf die Daten der Tabelle *Kunden*. Selbst das Problem der fehlenden Kundennummer ließe sich in der Tabelle *Ansprechpartner* lösen, indem Sie ein weiteres Schlüsselfeld einführen.

TIPP

Es gibt aber durchaus Fälle, in denen der Verzicht auf eine Normalisierung günstiger sein kann. Nehmen wir an, die Verwaltung von Kundendaten für Brillen soll auf eine Datenbank abgebildet werden. Neben dem Kundennamen wird für jede Brille die Stärke des linken und rechten Brillenglases gespeichert. Sie könnten dies natürlich gemäß obigem Beispiel in zwei Tabellen tun, denn die Stärke des Glases ist eine logi-

sche Größe. Eine Tabelle enthält die Kundennummer, Zusatzdaten und eine eindeutige Fertigungsnummer. In der zweiten Tabelle finden Sie unter dieser Fertigungsnummer die Einträge für die Glasstärke. Üblicherweise besitzen Brillen aber immer zwei Gläser, d.h., Sie müssen immer zwei Werte eintragen. Mit einer normalisierten Tabelle könnten Sie dann zwar auch auf dreiäugige Brillenträger eingehen, aber die biologische Wahrscheinlichkeit für einen solchen Fall ist doch eher gering. Hier bietet es sich an, innerhalb eines Datensatzes zwei Felder für die Stärke des linken und rechten Brillenglases einzuführen. Dann sparen Sie sich eine zweite Tabelle und die Verwaltung der Daten wird einfacher.

Zweite Normalform

Zur Optimierung der Tabellenstruktur gibt es weitere Schritte, wobei nachfolgend die Überführung in die zweite Normalform beschrieben wird. Die Regel besagt: Tabellen der ersten Normalform lassen sich auf die zweite Normalform reduzieren, indem alle Felder, die nicht vom primären Schlüssel abhängen, zu entfernen sind.

Abbildung 19.4: Struktur der Tabelle *Auftrag*

Auftrag
Auftrags Nr.+Position
Kunden Nr. Produkt Nr. ...

Auch hier möchte ich die Problematik an einem kleinen Beispiel erläutern. Die Tabelle aus Abbildung 19.4 enthält die Felder mit den Auftragsdaten, mit deren Hilfe auch die Rechnung erstellt wird. Diese fasst eine unterschiedliche Anzahl von Lieferpositionen als Gesamtrechnung für den Kunden zusammen. Die Identifizierung der Einzelpositionen erfolgt über die Auftragsnummer und die Position des Auftrags (es handelt sich damit um einen eindeutigen Primärschlüssel). Die beiden anderen Felder geben jetzt die Kundennummer an (aus dieser Information lassen sich die Informationen wie Name und Adresse aus der Tabelle *Kunden* lesen). Die Produktnummer dient zur Ermittlung des Einzelpreises.

Zur Überführung in die zweite Normalform sind alle Felder zu entfernen, die nicht vom Primärschlüssel abhängen. Betrachten wir uns nun die Abhängigkeiten:

Auftrags Nr. + Position- > Produkt Nr.
Auftrags Nr. + Position- > Kunden Nr.

Um die Produktnummer zu ermitteln, benötigen Sie eindeutig die Auftragsnummer und die Position (es wird hiervon ausgegangen, dass ein Produkt immer nur einmal im Auftrag bzw. in der Rechnung auftaucht und Einzelmengen akkumuliert wurden). Das Feld *Produkt Nr.* hängt damit eindeutig vom Schlüssel ab. Anders sieht es aber bei der *Kunden Nr.* aus. Zwar lässt sich über den Schlüssel auch die Kundennummer lesen. Aber die Kundennummer tritt ja nicht in jeder Zeile des Auftrags bzw. der Rechnung auf. Damit ist das Feld *Kunden Nr.* faktisch nur vom Feld *Auftrags Nr.* und nicht vom gesamten Schlüssel abhängig, d.h., die Tabelle liegt nicht in zweiter Normalform vor. Die Lösung ist in Abbildung 19.5 zu sehen.

Verkauf	Rechnung
Auftrags Nr.+Position	Auftrags Nr.
Produkt Nr. ...	Kunden Nr.

Abbildung 19.5: Tabellen in zweiter Normalform

Durch die Überführung des Felds *Kunden Nr.* in eine zweite Tabelle wird die Tabelle *Verkauf* in die zweite Normalform überführt. Die nachfolgend beschriebenen Normalformen erlauben eine weitere Optimierung der Tabellenstruktur, werden aber seltener benutzt.

Dritte Normalform

Tabellen, die in der zweiten Normalform vorliegen, lassen sich mit folgender Regel in die dritte Normalform überführen: Es sind alle Felder zu entfernen, die von anderen Feldern abhängen, die nicht zum Primärschlüssel gehören. Auch dieser Schritt lässt sich am einfachsten an einem Beispiel demonstrieren.

Auftrag
Auftrags Nr.
Kunden Nr. PLZ Ort Straße ...

Abbildung 19.6: Struktur der Tabelle *Auftrag*

In Abbildung 19.6 wird der Ausschnitt einer Tabelle für die Speicherung eines Auftrags gezeigt (die restlichen Felder möchte ich für dieses Beispiel unterschlagen). Die Auftragsnummer ist das primäre Schlüsselfeld, nach dem die Daten der Tabelle sortiert werden. Jedem Auftrag ist eine Kundennummer zugeordnet. Weiterhin wird noch die Adresse des Kunden mit Postleitzahl, Ort und Straße gespeichert, um die Lieferungen an mehrere Firmenstandorte des Kunden zu unterstützen. Die Felder sind gemäß Tabelle alle vom Primärschlüssel *Auftrags Nr.* abhängig. Schauen wir uns nun aber einmal das Feld *Ort* an. Wird dieser Wert geändert, weist dies nicht nur auf eine andere Auftragsnummer, sondern meist auch auf einen anderen Kunden hin. Das Feld *Ort* ist also abhängig von dem Nicht-Schlüsselfeld *Kunden Nr.* Das Gleiche gilt übrigens für die Felder *Straße* und *PLZ*. Zur Überführung der Tabelle in die dritte Normalform sind diese Felder in eine zweite Tabelle auszulagern.

Auftrag	Kunden
Auftrags Nr.	Kunden Nr.
Kunden Nr. ...	PLZ Ort Straße ...

Abbildung 19.7: Tabellen in dritter Normalform

Bei der Tabelle Kunden *gibt es noch eine weitere Anomalie im Feld* PLZ. *Der Ort und die Straße ergeben zusammen eine eindeutige fünfstellige Postleitzahl. Aus einer Postleitzahl lässt sich zwar noch auf den Ort, nicht aber auf eine Straße schließen. Sie müssen daher immer den Ort und die Straße gemeinsam in einer Tabelle speichern. Eine Lösung wäre, das Feld* PLZ *aus der Tabelle zu entfernen. Aus praktischen Gründen wird man aber die* PLZ *in der Tabelle belassen, da die Werte für dieses Feld durch die Sachbearbeiter bei der Eingabe der Kundendaten eingetragen werden. Es kommt niemand auf die Idee, die* PLZ *über eine eigene Tabelle zu berechnen. Dies ist ein Beispiel, wo eine Abweichung von der Theorie angebracht ist.*

Boyce-Codd-Normalform (BCNF)

Die BCNF wird nur auf Tabellen angewandt, falls diese neben den Primärschlüsseln noch weitere Felder aufweisen, die als Schlüssel angewandt werden. Sie können dann Tabellen aus der dritten Normalform in die Boyce-Codd-Normalform überführen. Die Regel besagt: Es ist jedes potentielle Schlüsselfeld zu betrachten. Dann ist sicherzustellen, dass die restlichen Felder der Tabelle unter diesem Gesichtspunkt die dritte Normalform erfüllen. Enthält eine Tabelle nur einen Schlüssel, entspricht die dritte Normalform bereits der BCNF. Ein Beispiel für die Überführung in BCNF liefert die folgende Tabelle:

Abbildung 19.8: Struktur der Tabelle *Angestellte*

Angestellte
Personal Nr.
Versicherungs Nr. Name Vorname PLZ Ort Straße ...

Der Primärschlüssel ist die Personalnummer. Nun ist zu prüfen, ob die restlichen Felder von der Personalnummer abhängen. Hier wären bereits die Felder *Name, Vorname* etc. zu entfernen, um auf die dritte Normalform zu kommen. Liegen nur noch die Personal- und die Versicherungsnummer als Felder vor, ist zu prüfen, ob die Personalnummer beim Schlüssel Versicherungsnummer eindeutig ist. Dies sollte eigentlich der Fall sein, d.h., die Tabelle bestehend aus den beiden Feldern liegt in BCNF vor. Die Überführung einer Tabelle in die BCNF wird aber nur in sehr seltenen Fällen benutzt.

Vierte Normalform

Diese Normalform ist nur relevant, falls sich der Primärschlüssel aus mehreren Feldern zusammensetzt. Wird nur ein Feld für den Primärschlüssel genutzt, erfüllt eine Tabelle in der BCNF auch die vierte Normalform. Die Regel zur Überführung besagt: Eine Tabelle in der BCNF lässt sich in die vierte Normalform überführen, indem unabhängige Komponenten im Primärschlüssel, die mehrere Werte annehmen können, in eine übergeordnete Tabelle überführt werden. Ich möchte an dieser Stelle auf Beispiele verzichten und auf die entsprechende Datenbankliteratur verweisen, da diese Normalform kaum genutzt wird.

Fünfte Normalform

Diese Normalform lässt sich verwenden, falls sich der Primärschlüssel aus drei oder mehr Feldern zusammensetzt. Die Regel zur Überführung besagt: Eine Tabelle in der vierten Normalform lässt sich in die fünfte Normalform überführen, indem paarweise zyklisch abhängige Felder (im Primärschlüssel) in neue übergeordnete Tabellen überführt werden. Für Beispiele möchte ich auf die entsprechende Datenbankliteratur verweisen, da diese Normalform noch exotischer als die vierte Normalform ist.

INFO

Durch die Schritte der Normalisierung können Sie die Tabellenstruktur und die Schlüssel von Fehlern bereinigen und optimieren. Auf den vorhergehenden Seiten wurde jedoch bereits in den Beispielen erwähnt, dass es durchaus Fälle gibt, wo von diesen Idealfällen abzuweichen ist. Hier kommt es etwas auf die Erfahrung und auf die Ziele des Datenbankentwurfs an. Zwar bedeutet eine Normalisierung einen theoretisch optimalen Entwurf der Strukturen. Aber durch die Abbildung auf die vielen Tabellen lassen sich die Daten u.U. nur äußerst schwer verwalten. Dann ist es besser, auf die Normalisierung zu verzichten.

19

19.1.4 Beispiel für einen Datenbankentwurf

Um die auf den folgenden Seiten beschriebenen Datenbankfunktionen nutzen zu können, habe ich eine sehr einfache Datenbank zur Abbildung eines kleinen Fruchthandels entworfen (Abbildung 19.9).

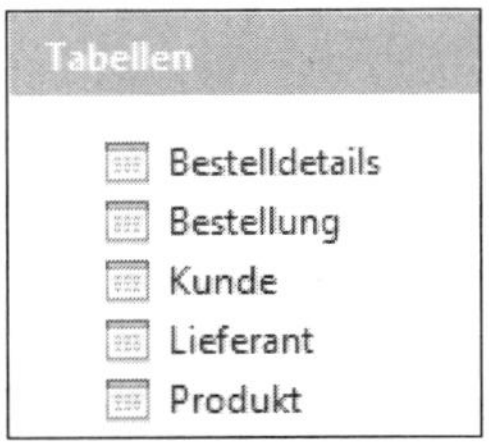

Abbildung 19.9: Datenbank zur Verwaltung eines Warenhandels

Feldname	Feldtyp
ProduktNr	Integer [INTEGER]
Name	Text [VARCHAR]
Menge	Dezimal [DECIMAL]
Einheit	Text [VARCHAR]
MinMenge	Dezimal [DECIMAL]
MaxMenge	Dezimal [DECIMAL]
Preis	Dezimal [DECIMAL]
Lieferant	Integer [INTEGER]

ProduktNr	Name	Menge	Einheit	MinMenge	MaxMenge	Preis	Lieferant
1001	Apfel Jon	150,000	kg	0,000	200,000	1,50	3001
1002	Apfel Bosl	50,000	kg	0,000	100,000	1,70	3001
1003	Bananen	10,000	kg	0,000	25,000	2,00	3002
1004	Orangen	20,000	kg	0,000	25,000	1,90	3002
1005	Trauben	10,000	kg	0,000	15,000	2,50	3002
1006	Haselnüss	15,000	kg	0,000	20,000	3,00	3003
1007	Kastanien	5,000	kg	0,000	10,000	2,00	3003
1008	Birnen He	10,000	kg	0,000	20,000	1,95	3001
1009	Pflaumen	0,000	kg	0,000	10,000	2,00	3001
1010	Erdnüsse	9,000	kg	0,000	20,000	4,00	3003

Abbildung 19.10: Entwurf für die Tabelle *Produkt* sowie die Beispieldaten

Die Tabellenentwürfe unterstützen bisher die Abwicklung von Bestellungen als Geschäftsvorgänge. Hierzu müssen die Kundendaten, Anschriften von Lieferanten und Produktdaten gespeichert werden. Zudem gibt es noch eine Tabelle, in der die Bestellungen einlaufen, und eine weitere Tabelle mit den einzelnen Bestellpositionen. Im Praxiseinsatz wird man die betreffenden Tabellen erweitern müssen. So ist momentan zum Beispiel nur ein Lieferant pro Produkt möglich – aus Aufwandsgründen habe ich auf die Normalisierung der Struktur mit Verlagerung in eine weitere Tabelle verzichtet.

In der Tabelle *Produkt* sind die Informationen zu den angebotenen Produkten eingetragen. Abbildung 19.10 zeigt im oberen Bereich den Tabellenentwurf, wobei die Produktnummer als Primärindex benutzt wird. Im unteren Teil sind die Beispielwerte zu sehen, die ich in die Tabelle eingetragen habe.

Abbildung 19.11: Lieferantendaten der Beispieldatenbank

Feldname	Feldtyp
LieferantNr	Integer [INTEGER]
Firma	Text [VARCHAR]
Name	Text [VARCHAR]
Vorname	Text [VARCHAR]
Straße	Text [VARCHAR]
Hausnr	Text [VARCHAR]
Postf	Text [VARCHAR]
PLZ	Text [VARCHAR]
Ort	Text [VARCHAR]
Telefon	Text [VARCHAR]
Fax	Text [VARCHAR]
E-Mail	Text [VARCHAR]

LieferantNr	Firma	Name	Vorname	Straße	Haus...	Postf	PLZ	Ort	Telefon	Fax	E-Mail
3001	Lindenhof	Adornis	Horst	Lindenhof	1		60130	Frankfu	069-333 13:		
3002	Früchte Müller & Soh	Müller	Bernd	Hochfeld	23a		60121	Frankfu	069-345678		
3003	Sonnenhof	Meiser	Ilse	Krifteler St	22		64600	Kriftel	06191-1234		

Die Tabelle *Lieferant* enthält die als Primärindex benutzte Lieferantennummer sowie Felder mit den Adressdaten (Abbildung 19.11). Die Lieferantennummer wird bei jedem Produkt eingetragen, sodass bei Anwahl eines Produkts ein Verweis auf die jeweiligen Lieferantendaten möglich ist. Die Tabelle *Kunde* besitzt eine ähnliche Struktur (Abbildung 19.12), wobei dort die Kundennummer als Primärindex benutzt wird. Über die in der Bestellung eingetragene Kundennummer lassen sich die Stammdaten des Kunden abrufen.

Abbildung 19.12: Struktur der Tabelle *Kunde* samt Beispieldaten

Feldname	Feldtyp
KdNr	Integer [INTEGER]
Firma	Text [VARCHAR]
Name	Text [VARCHAR]
Vorname	Text [VARCHAR]
Strasse	Text [VARCHAR]
Hausnr	Text [VARCHAR]
Postf	Text [VARCHAR]
Plz	Text [VARCHAR]
Ort	Text [VARCHAR]
Telefon	Text [VARCHAR]
Fax	Text [VARCHAR]
E-Mail	Text [VARCHAR]

KdNr	Firma	Name	Vorname	Strasse	Hausnr	Postf	Plz	Ort	Telefon	Fax	E-Mail
2001		Braun	Katharina	Zum Weih	19		60130	Frankfu	069-12345		
2002	Hubert	Huber	Ernst	Poststrasse	3		60340	Frankfu	069-223445		
2003		Tanner	Waltraud	Heineweg	12		65772	Hofhei	06192-1234		

Feldname	Feldtyp
BestNr	Integer [INTEGER]
KundenNr	Integer [INTEGER]
Lieferdatum	Datum [DATE]
ReDatum	Datum [DATE]

BestNr	KundenNr	Lieferdatum	ReDatum
4711	2001	01.11.05	
4712	2001	10.11.05	
4713	2002	15.11.05	
4714	2003	03.11.05	

Abbildung 19.13: Struktur und Beispieldaten der Tabelle *Bestellung*

Feldname	Feldtyp
ID	Integer [INTEGER]
BestNr	Integer [INTEGER]
ProduktNr	Integer [INTEGER]
Menge	Dezimal [DECIMAL]

ID	BestNr	ProduktNr	Menge
0	4711	1001	10,000
1	4711	1002	12,000
2	4712	1002	5,000
3	4711	1003	6,000
4	4711	1004	7,000
5	4712	1001	30,000
6	4712	1010	3,000
7	4713	1005	5,000
8	4714	1006	2,000
9	4714	1005	1,000
<Autc			

Abbildung 19.14: Struktur der Tabelle *Bestelldetails* und Beispieldaten

In der Tabelle *Bestellung* Abbildung 19.13 wird das Feld mit der Bestellnummer als Primärindex benutzt. Jeder Datensatz weist zudem die Kundennummer (zur Identifizierung der Kundenstammdaten) sowie ein Lieferdatum und ein Rechnungsdatum auf. In der Praxis würde man weitere Felder wie Auslieferungsstatus etc. in eine solche Tabelle eintragen. Auch der Fall, dass mit Teilauslieferungen gearbeitet wird, bleibt hier unberücksichtigt. Die Einzelposten der Bestellung werden in einer separaten Tabelle *Bestelldetails* verwaltet (Abbildung 19.14). Bei der Struktur gibt es aber ein Problem: Die in Base verwendete Datenbank ermöglicht nur dann Eingaben in Tabellen, wenn diese mit einem Primärindex versehen sind. Andererseits darf das Feld *BestellNr* nur als normaler Index ausgelegt werden, da für jede Bestellung mehrere Datensätze auftreten können. Das Problem wurde durch das Hilfsfeld *ID* zur Aufnahme des Primärindex umgangen. Der Datensatz weist noch die bestellte Menge sowie die Produktnummer auf. Anhand der Produktnummer lassen sich die Produktstammdaten (Gewicht, Name etc.) aus der Tabelle *Produkt* ermitteln.

19.2 Base-Datenbanken anlegen/verwalten

Das Anlegen einer neuen Datenbank oder das Einbinden bestehender Datenbanken ist mit Base sehr einfach. Der folgende Abschnitt zeigt, wie Sie in Base Datenbanken über die integrierte HSQL-Datenbank-Engine (siehe `http://hsqldb.org/`) anlegen oder bestehende Datenbanken öffnen und verwalten können. Dabei werden auch die Schritte zum Anlegen der Datenbanktabellen samt Dateneingabe behandelt.

19.2.1 Anlegen einer neuen Datenbank

Zum Anlegen einer neuen (HSQL-)Datenbank im Modul Base benutzen Sie folgende Schritte.

Abbildung 19.15: Erstellen einer neuen Datenbank in Base

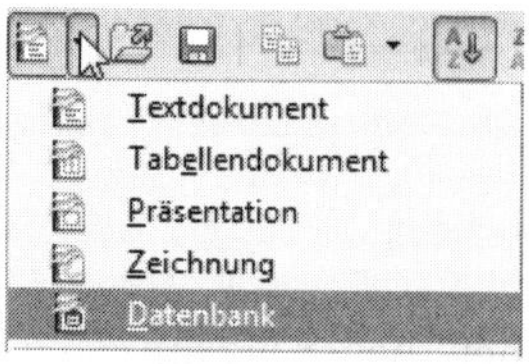

1. Rufen Sie Base (z.B. über das Startmenü) auf. Alternativ können Sie in einem beliebigen OpenOffice.org-Modul das Menü der Schaltfläche *Neu* öffnen und dann den Eintrag *Datenbank* wählen (Abbildung 19.15).
2. Base startet dann einen Assistenten, der Sie durch die Schritte zum Anlegen der neuen Datenbank führt. Markieren Sie das Optionsfeld *Neue Datenbank erstellen* (Abbildung 19.16, oben rechts) und klicken Sie auf die *Weiter*-Schaltfläche.
3. Markieren Sie im Folgedialog (Abbildung 19.16, unten links) die gewünschten Optionen und schließen Sie den Assistenten über die *Fertig stellen*-Schaltfläche.

Abbildung 19.16: Dialoge des Datenbank-Assistenten

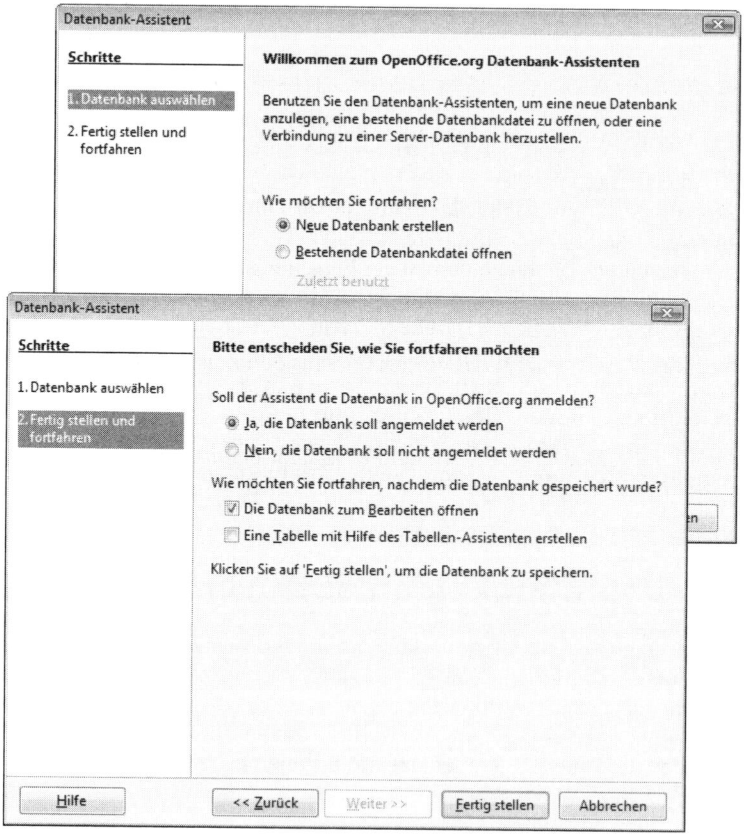

Die Option *Ja, die Datenbank soll angemeldet werden* bewirkt, dass Base die neu angelegte Datenbank in StarOffice/OpenOffice.org anmeldet. Dann stehen die Datenbankinhalte über Felder (z.B. im Writer) zur Verfügung. Standardmäßig ist diese Option markiert.

Weiterhin können Sie im zweiten Dialogschritt des Assistenten durch Markieren des Kontrollkästchens *Die Datenbank zum Bearbeiten öffnen* angeben, dass dieser die Datenbank zum Bearbeiten öffnet. Dann wird das Base-Hauptfenster mit dem Inhalt der Datenbank eingeblendet. Sie können danach auf Tabellen, Berichte etc. der Datenbank zugreifen. Ist die Option nicht markiert, wird Base ggf. nach dem Anlegen der Datenbank oder nach dem Definieren der Tabellen geschlossen. In diesem Fall müssen Sie die Datenbank später manuell in Base öffnen, bevor Sie auf deren Tabellen zugreifen können.

Um eine Datenbank zu verwenden, müssen Sie nach dem Anlegen der *.odb*-Datei mindestens eine Datenbanktabelle definieren. Die Definition der benötigten Tabellenstrukturen kann manuell oder mit dem Tabellen-Assistenten erfolgen. Um den Assistenten zum Tabellenentwurf aufzurufen, müssen Sie im zweiten Dialogschritt die Option *Eine Tabelle mit Hilfe des Assistenten erstellen* markieren.

Nach dem Anklicken der *Fertig stellen*-Schaltfläche erscheint das Dialogfeld *Speichern unter*. Wählen Sie im Dialogfeld den Zielordner für die Datenbank und geben Sie den Namen der Datenbankdatei ein. Sobald Sie das Dialogfeld über die *Speichern*-Schaltfläche beenden, legt Base die Datenbankdatei im Zielordner an.

19.2.2 Eine bestehende Datenbank laden

Zum Öffnen einer bereits bestehenden Base-Datenbankdatei haben Sie mehrere Möglichkeiten:

1. Sie können eine *.odb*-Datenbankdatei in einem Ordnerfenster per Doppelklick (Windows) bzw. Mausklick (Linux) anwählen.
2. Wählen Sie im Fenster einer Office-Anwendung die Schaltfläche *Öffnen* der *Standard*-Symbolleiste. Anschließend können Sie im Dialogfeld *Öffnen* den Quellordner und dann die Datenbankdatei wählen.
3. Der Datenbank-Assistent ermöglicht Ihnen ebenfalls den Zugriff auf bereits existierende Datenbanken. Wählen Sie im ersten Dialogschritt die Option *Bestehende Datenbankdatei öffnen* (Abbildung 19.17).
4. Anschließend können Sie über das Listenfeld *Zuletzt benutzt* auf die Liste der bereits in vorhergehenden Sitzungen bearbeiteten Datenbankdateien zugreifen.

Alternativ können Sie die Schaltfläche *Öffnen* anklicken und dann im gleichnamigen Dialogfeld den Pfad und den Namen der Datenbankdatei wählen.

Nach dem Öffnen der Datenbankdatei wird das Base-Datenbankfenster angezeigt (Abbildung 19.18) und Sie können auf die Objekte (z.B. Tabellen) der Datenbank zugreifen.

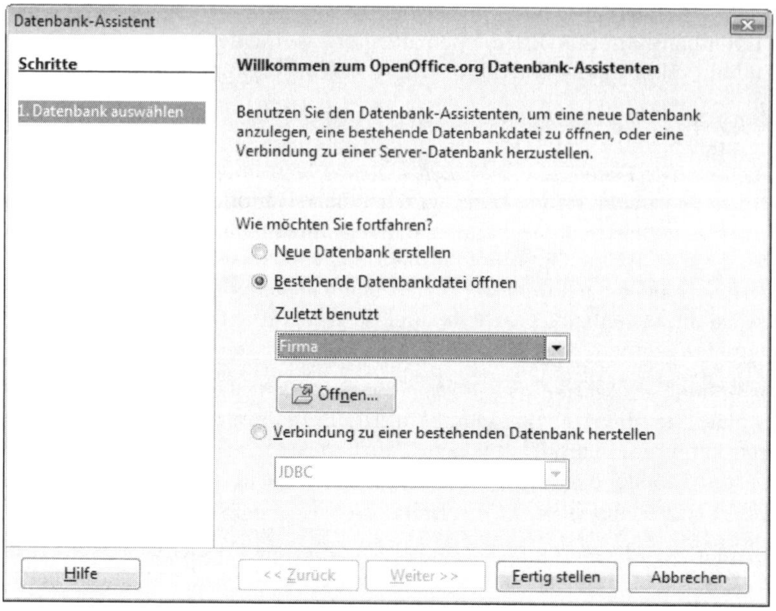

Abbildung 19.17: Datenbankdatei im Datenbank-Assistenten öffnen

Sie finden auf der Begleit-CD im Verzeichnis mit den Beispieldateien den Ordner Kap19 *mit der Datei* Firma.odb, *die eine Beispieldatenbank enthält. Die restlichen* .odb-*Datenbankdateien im Beispielordner demonstrieren, wie sich externe Datenquellen (MySQL-Datenbank) in Base einbinden lassen (siehe folgende Abschnitte). Sobald eine solche externe Datenquelle (oder Datenbank) in eine* .odb-*Datei eingebunden wurde, können Sie die nachfolgend beschriebenen Funktionen des Moduls Base auch zur Pflege der Objekte (Tabellen, Berichte etc.) der externen Datenbank verwenden.*

19.2.3 Das Base-Datenbankfenster

Nach dem Schließen des Dialogfelds *Öffnen* wird das Base-Datenbankfenster angezeigt (Abbildung 19.18). Beim Anlegen neuer Datenbanken über den Datenbank-Assistenten haben Sie zudem die Möglichkeit, die Option *Die Datenbank zum Bearbeiten öffnen* im Assistenten zu markieren. Dann öffnet Base die Datenbank nach dem Anlegen der Datenbank und ggf. nach der Tabellendefinition im Assistenten automatisch. Sind die Optionen nicht gesetzt, müssen Sie die Datenbank manuell in Base laden (siehe vorhergehender Abschnitt).

Das Base-Datenbankfenster zeigt in der linken Spalte *Datenbank* die in einer Datenbank verwaltbaren Datenbankobjekte (Tabellen, Abfragen, Formulare und Berichte). Abhängig von der gewählten Objektkategorie blendet Base in der rechten oberen Fensterecke in der Aufgabenleiste die für das Objekt verfügbaren Aufgaben ein. Sie finden dort Befehle, um Tabellenstrukturen, Berichte oder Formulare zu entwerfen. Zeigen Sie auf einen Befehl für eine Aufgabe, blendet Base in der rechten oberen Ecke zusätzliche Erläuterungen ein.

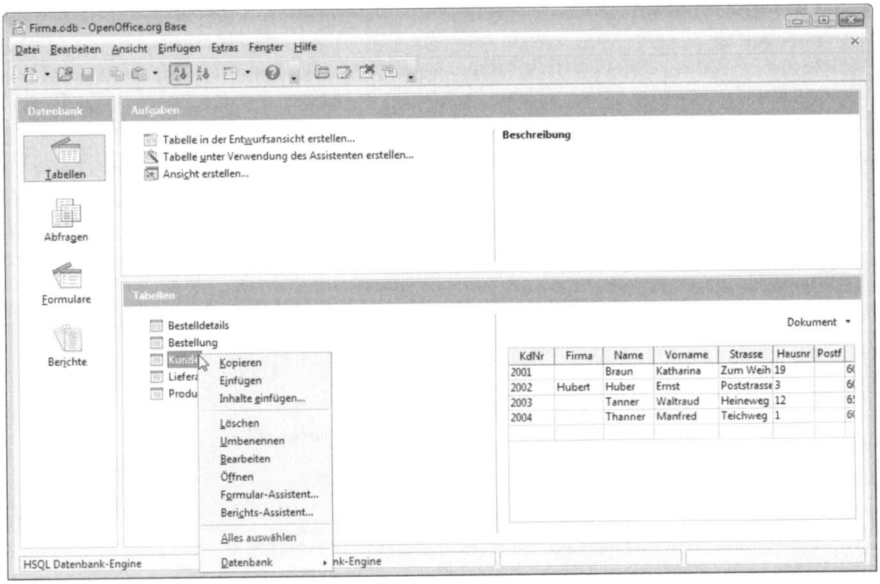

Abbildung 19.18: Base-Datenbankfenster

Im rechten unteren Teilfenster zeigt Base die zur ausgewählten Objektkategorie gefundenen Datenbankobjekte (z.B. Tabellen oder Abfragen). Klicken Sie auf ein solches Objekt, wird dessen Inhalt im rechten Teilfenster als Datenblatt oder Dokument eingeblendet. Ist dies nicht der Fall, müssen Sie den entsprechenden Anzeigemodus über das im Fenster oberhalb des Anzeigebereichs sichtbare und mit *Keine* beschriftete Listenfeld auf *Dokument* umstellen.

Klicken Sie ein Datenbankobjekt mit der rechten Maustaste an, erscheint ein Kontextmenü mit Befehlen (Abbildung 19.18), um das Objekt zu löschen, umzubenennen, zu kopieren oder zu bearbeiten.

INFO

Auf die Definition und die Nutzung von Datenbankobjekten wie Tabellen, Ansichten, Abfragen, Berichten oder Formularen wird auf den folgenden Seiten bzw. in den Folgekapiteln noch eingegangen. Hilfreich ist das Wissen, dass die in Base bereitstehenden Funktionen zur Nutzung der HSQL-Datenbankobjekte auch für externe Datenquellen (z.B. MySQL-Datenbanken) zur Verfügung stehen.

19.2.4 Eine Tabelle per Tabellen-Assistenten erstellen

Die Daten werden in der Datenbank in Tabellen hinterlegt. Um Tabellen zur Aufnahme der Daten verwenden zu können, müssen Sie zuerst die Tabellenstruktur, bestehend aus Feldern, definieren. Sie können die Tabellenstruktur manuell entwerfen (siehe folgender Abschnitt). Base enthält aber einige Vorlagen für Datenbanktabellen, die sich über den Tabellen-Assistenten abrufen lassen. Der Vorteil besteht darin, dass Sie ohne große Kenntnisse sehr schnell den Tabellenentwurf bewältigen können. Base ermöglicht Ihnen dabei, den Tabellen-Assistenten auf zwei Arten aufzurufen.

- Wenn Sie, wie auf den vorhergehenden Seiten beschrieben, eine neue Datenbank anlegen, lässt sich im zweiten Dialogfeld des Datenbank-Assistenten die Option *Eine Tabelle mit Hilfe des Assistenten erstellen* markieren (Abbildung 19.16). Dann startet der Tabellen-Assistent automatisch, sobald die Datenbankdatei erzeugt wurde.
- Haben Sie vergessen, den Tabellen-Assistenten beim Anlegen der Datenbank zu aktivieren? Oder möchten Sie nachträglich weitere Tabellen hinzufügen? Sie können den Assistenten im Base-Fenster manuell aufrufen, indem Sie in der linken Spalte den Eintrag *Tabellen* markieren und dann in der Aufgabenleiste den Befehl *Tabelle unter Verwendung des Assistenten erstellen* anklicken (Abbildung 19.18).

Der Assistent führt Sie in mehreren Schritten durch den Entwurf der Tabellendefinition (Abbildung 19.19).

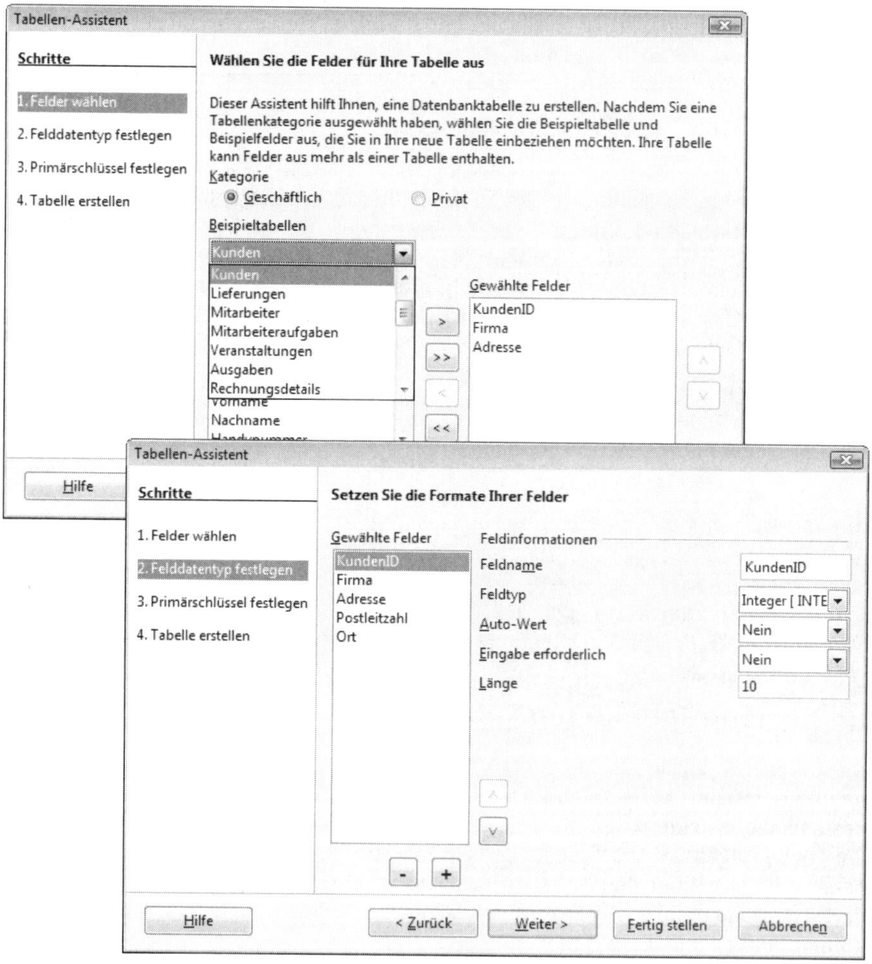

Abbildung 19.19: Entwurfsschritte 1 und 2 für Tabellen

1. Im ersten Dialogschritt (Abbildung 19.19, oben links) lässt sich zuerst über zwei Optionsfelder wählen, ob die Tabellen Daten aus dem geschäftlichen oder privaten Bereich abbilden sollen. Sobald Sie eine der Beispieltabellen über das betreffende Listenfeld gewählt haben, blendet der Assistent deren Felddefinitionen in der linken Spalte des Dialogfelds ein.
2. Sie können nun einzelne Felder per Maus markieren und dann über die Schaltfläche > in die rechte Spalte übertragen. Alle in der rechten Spalte befindlichen Feldnamen werden in den Entwurf für die Zieltabelle übernommen.
3. Sobald Sie auf die *Weiter*-Schaltfläche klicken, gelangen Sie zum zweiten Dialogschritt (Abbildung 19.19, unten rechts). In diesem Schritt gibt Ihnen der Assistent Gelegenheit, die Felddefinitionen anzupassen. Sie können sowohl den Feldnamen, den Feldtyp als auch das Feldformat sowie weitere Feldeigenschaften (z.B. Feldlänge) ändern.
4. Klicken Sie auf die *Weiter*-Schaltfläche, um zum nächsten Dialogschritt zu gelangen (Abbildung 19.20, oben rechts) und dort den Primärindex zu definieren.

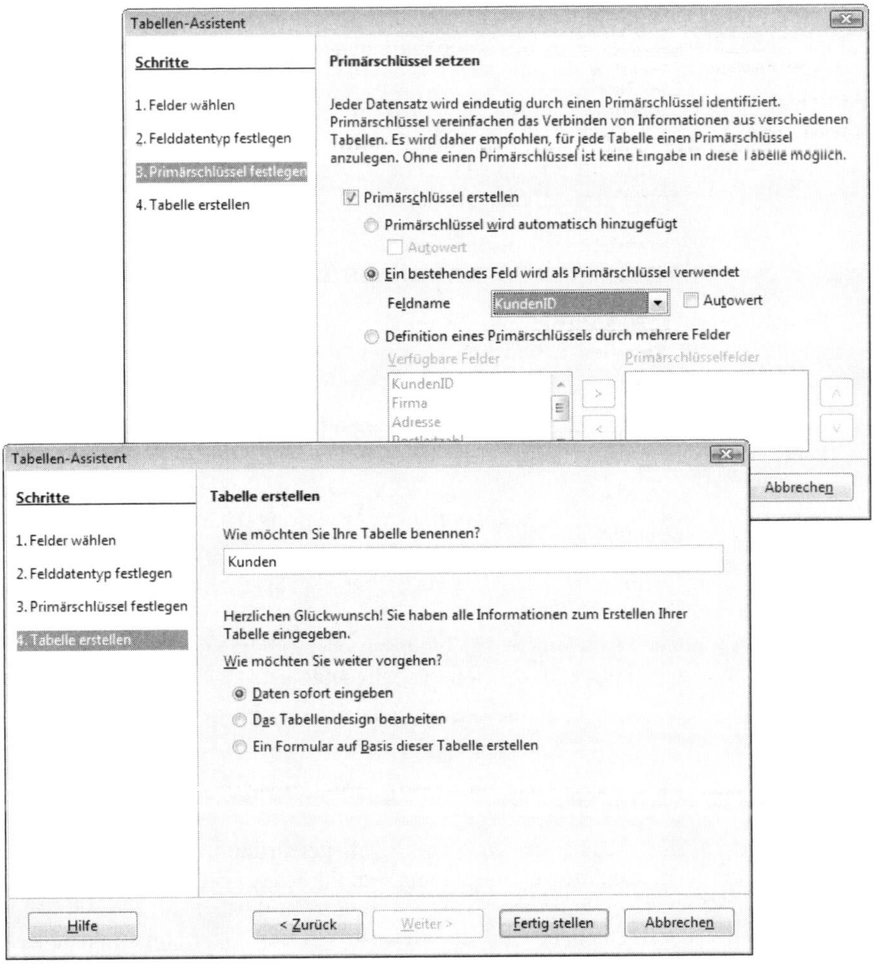

Abbildung 19.20: Entwurfsschritte 3 und 4 für Tabellen

Um auf die Datensätze der Tabelle zugreifen und Daten eingeben zu können, muss ein Primärindex definiert sein. Sie können den Assistenten über die Option *Primärschlüssel wird automatisch hinzugefügt* anweisen, das betreffende Feld selbst zu erzeugen. Das Kontrollkästchen *Autowert* bewirkt, dass das HSQL-Datenbankmodul den Wert für das betreffende Feld beim Anlegen eines Datensatzes selbsttätig erzeugt. Alternativ können Sie einen Primärindex auch über ein oder mehrere bestehende Datenbankfelder definieren. Bei einem Feld wählen Sie die Option *Ein bestehendes Feld wird als Primärschlüssel verwendet* und legen dann das Feld über das zugehörige Listenfeld fest. Wichtig ist dann, dass der Inhalt dieses Felds eindeutig ist (d.h., der Feldwert darf nicht in mehreren Datensätzen auftauchen).

Soll der Primärschlüssel aus mehreren Feldern gebildet werden, markieren Sie die Option *Definition des Primärschlüssels durch mehrere Felder*. Danach markieren Sie die Felder in der Liste *Verfügbare Felder* und übertragen diese mittels der Schaltfläche > in die rechte Liste.

5. Über die *Weiter*-Schaltfläche gelangen Sie zum letzten Dialogschritt (Abbildung 19.20, unten links). Dort lässt sich der Name der Tabelle anpassen. Sie können zudem über Optionsfelder festlegen, ob Sie anschließend den Tabellenentwurf noch bearbeiten, Daten in das Tabellenblatt eingeben oder ein Formular zur Bearbeitung der Tabellendaten entwerfen möchten.

Sobald Sie den Assistenten über die *Fertig stellen*-Schaltfläche beenden, legt dieser die Tabellendefinition in der Datenbank an. Anschließend gelangen Sie automatisch in den gewählten Modus zur Eingabe der Tabellendaten, zur Bearbeitung der Tabellendefinition oder zum Formularentwurf.

19.2.5 Tabellenstruktur manuell definieren

Bei komplexeren Tabellenstrukturen bringt der Tabellen-Assistent keine Vorteile beim Entwurf der Tabellenstruktur. Sie können dann die Tabellenstruktur auch manuell entwerfen.

1. Markieren Sie in der linken Spalte *Datenbank* die Kategorie *Tabellen* und klicken Sie in der Aufgabenleiste auf den Befehl *Tabelle in der Entwurfsansicht erstellen* (Abbildung 19.18).
2. Base öffnet das Fenster *Tabellenentwurf* (Abbildung 19.21), in dem Sie die gewünschten Felddefinitionen eintragen können.
3. Anschließend sichern Sie den Entwurf über die *Speichern*-Schaltfläche und schließen das Entwurfsfenster.
4. Bei einem neuen Tabellenentwurf müssen Sie in einem dann angezeigten Zusatzdialog den Namen für die neue Tabelle angeben.

Nach dem Schließen des Dialogfelds erzeugt Base die Tabelle auf Basis der Felddefinitionen.

Bemerkungen zum Tabellenentwurf

Im Dialogfeld *Tabellenentwurf* finden Sie eine Tabellenstruktur, in die Sie die Felddefinitionen und -eigenschaften eintragen müssen. Für jedes Feld ist ein Feldname in die gleichnamige Spalte einzutragen. Obwohl HSQL recht flexibel ist, sollte ein Feldname möglichst aus Buchstaben und Ziffern bestehen und nicht länger als 32 Zeichen sein. Verzichten Sie nach Möglichkeit auf Sonderzeichen (es könnte Probleme beim Import oder Export der Daten geben).

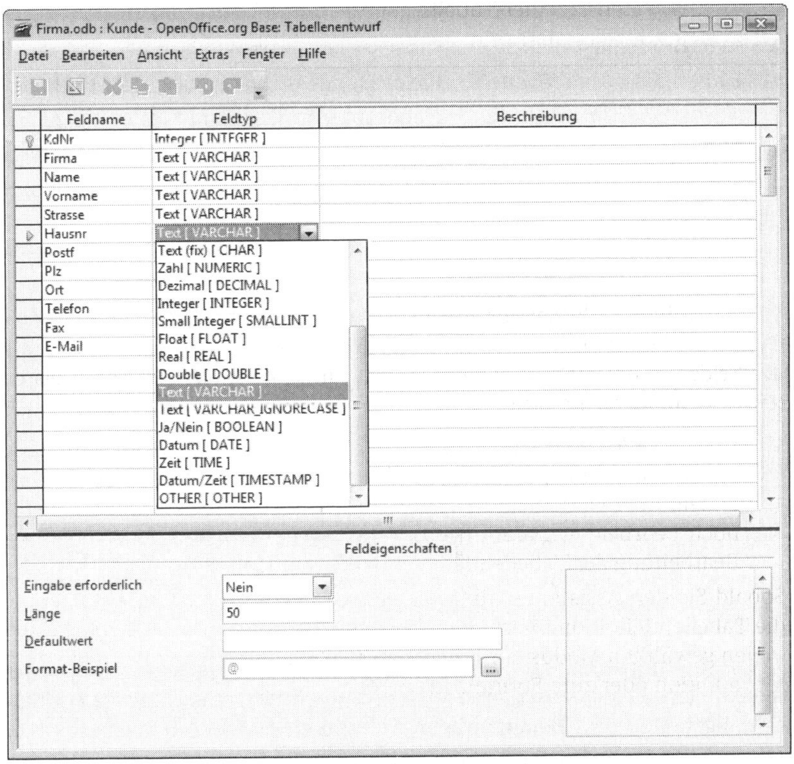

Abbildung 19.21: Entwurfsmodus zur Definition einer Tabellenstruktur

Jedes Feld erhält einen Feldtyp zugewiesen, der die zulässigen Feldwerte vorgibt. Nachfolgend finden Sie eine kurze Übersicht über die Bedeutung der verschiedenen Felddatentypen.

- *Tiny Integer:* Ermöglicht Ganzzahlen zwischen –128 und 127.
- *Small Integer:* Ermöglicht Ganzzahlen zwischen –31768 und 32767.
- *Integer:* Ermöglicht Ganzzahlen zwischen –2147484648 und 2147484647.
- *Big Integer:* Ermöglicht Ganzzahlen zwischen –9223372036854775808 und 9223372036854775807.
- *Real:* Ermöglicht Gleitkommazahlen mit einfacher Genauigkeit.
- *Float:* Ermöglicht Gleitkommazahlen mit einfacher Genauigkeit zwischen –3.402823466E+38 bis –1.175494351E–38, 0 und 1.175494351E–38 bis 3.402823466E+38.
- *Double:* Ermöglicht Gleitkommazahlen mit doppelter Genauigkeit zwischen –1.7976931348623157E+308 bis –2.2250738585072014E–308, 0 und 2.2250738585072014E–308 bis 1.7976931348623157E+308.
- *Dezimal:* Ermöglicht die Darstellung von Dezimalzahlen (es werden die einzelnen Ziffern mit Nachkommastellen als Zeichen gespeichert). Der Zahlenbereich entspricht dem Typ *Double*. Der Datentyp bietet Vorteile, wenn die Genauigkeit der Nachkommastellen eine Rolle spielt (z.B. bei Währungsberechnungen).
- *Zahl (Numeric):* Ermöglicht die Darstellung von Gleitkommazahlen. Der Zahlenbereich entspricht dem Typ Double.

- *Datum (Date):* Ermöglicht die Speicherung von Datumswerten.
- *Zeit:* Ermöglicht die Speicherung von Zeitwerten.
- *Datum/Zeit:* Ermöglicht die Speicherung von Datums- und Zeitwerten.
- *Text (Fix):* Ermöglicht die Speicherung von Texten mit fester Länge.
- *Text (VarChar):* Ermöglicht die Speicherung von Texten mit variablen Längen. Es gibt zudem eine Feldvariante, in der Groß-/Kleinschreibung nicht unterschieden wird.
- *Memo (VarChar):* Ermöglicht die Speicherung sehr langer Texte (64 KByte).
- *Bild:* Ermöglicht die Speicherung von Bilddaten (Grafiken).
- *Binärfeld (Fix):* Ermöglicht die Speicherung von Binärdaten fester Länge.
- *Binärfeld (Var):* Ermöglicht die Speicherung von Binärdaten variabler Länge.
- *Ja/Nein (Boolean):* Ermöglicht die Speicherung von Wahrheitswerten (Ja/Nein).
- *OTHER:* Ermöglicht die Speicherung beliebiger Werte (unbestimmter Datentyp).

INFO

Die obigen Felddatentypen gelten nur für Tabellenentwürfe, die auf der Base-Datenbank HSQL basieren. Binden Sie dBase- oder MySQL-Tabellen in eine Base-Datenbank ein, stehen nicht alle Felddatentypen in der hier gezeigten Weise zur Verfügung (siehe auch folgende Abschnitte).

Weiterhin können Sie im unteren Teil des Fensters *Tabellenentwurf* zu jedem Feld verschiedene Feldeigenschaften festlegen. Über die Option *Eingabe erforderlich* lässt sich angeben, ob der Benutzer beim Anlegen eines neuen Datensatzes Werte in das Feld zwingend eintragen muss oder nicht. Bei Integerwerten kann zudem die Eigenschaft *Auto-Wert* eingeschaltet werden. Solche Felder werden automatisch bei jedem Datensatz mit einem um 1 erhöhten Wert belegt und lassen sich als Indexfeld zum Zugriff auf die Tabelle verwenden. Über die Eigenschaften *Länge* und *Nachkommastellen* (bei bestimmten Feldtypen) können Sie die Zahl der Stellen sowie die Nachkommastellen (bei der Anzeige) beeinflussen. Die maximale Länge der Zahl wird durch den gewählten Feldtyp bestimmt.

Zudem lässt sich über das betreffende Textfeld des Dialogs ein sogenannter Defaultwert für das betreffende Feld hinterlegen. Dieser Vorgabewert wird automatisch beim Anlegen eines neuen Datensatzes in das Feld eingetragen. Der Benutzer kann den Vorgabewert dann bei Bedarf überschreiben. Ein Vorgabewert verhindert, dass ein Feld leer bleibt.

Die Darstellung der Feldanzeige in der Datenblattansicht lässt sich über die Eigenschaft *Format-Beispiel* des Dialogfelds beeinflussen. Klicken Sie auf die Schaltfläche hinter dem Feld, öffnet sich ein Dialogfeld (Abbildung 19.22), über dessen Registerkarte *Format* Sie verschiedene Formatschablonen abrufen können.

Tragen Sie gemäß den obigen Erläuterungen alle Felder in das Fenster *Tabellenentwurf* ein, um auf diese Weise die Felder der Tabelle zu definieren.

Bevor Sie aber das Fenster schließen, ist noch ein Zwischenschritt erforderlich. Tabellen müssen mit einem Primärschlüssel oder einem eindeutigen Index versehen sein, über den sich auf die Tabelle zugreifen lässt. Sie können bei Bedarf den Zeilenkopf eines Integerfelds mit der rechten Maustaste anklicken und im Kontextmenü den Befehl *Primärschlüssel* wählen (Abbildung 19.23).

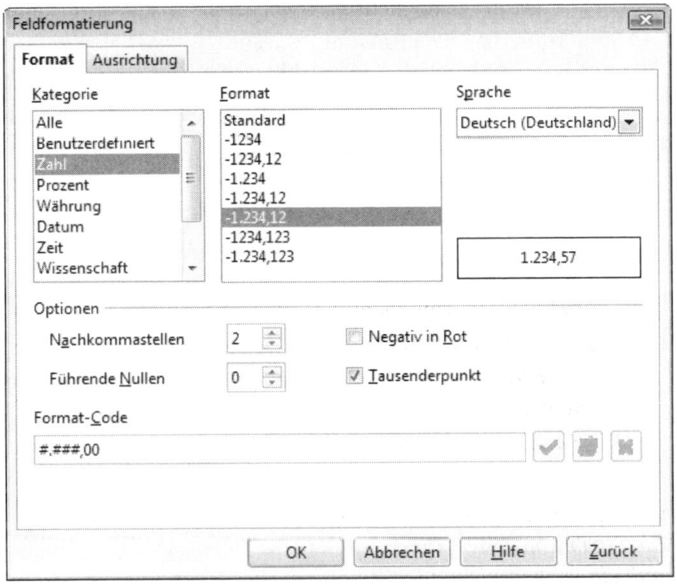

Abbildung 19.22: Festlegen des Formats für ein Feld

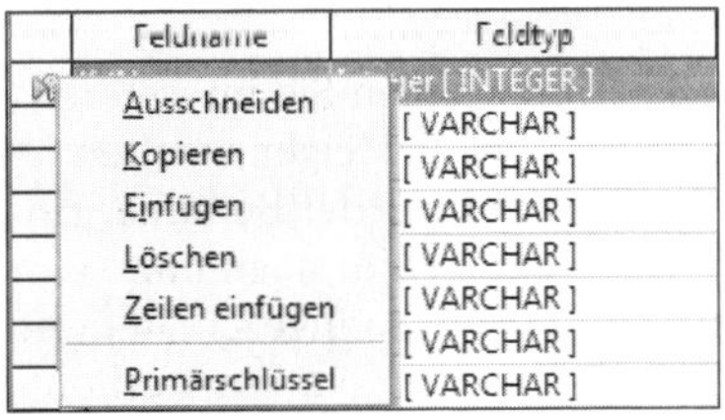

Abbildung 19.23: Zuweisen eines Primärschlüssels

Anschließend klicken Sie in der Symbolleiste auf die Schaltfläche (Abbildung 19.24, Hintergrund) zum Speichern der Tabellenstruktur. Dann erscheint ein Dialogfeld *Speichern unter*, in dem Sie den Tabellennamen korrigieren und über die *OK*-Schaltfläche bestätigen können (Abbildung 19.24, Vordergrund).

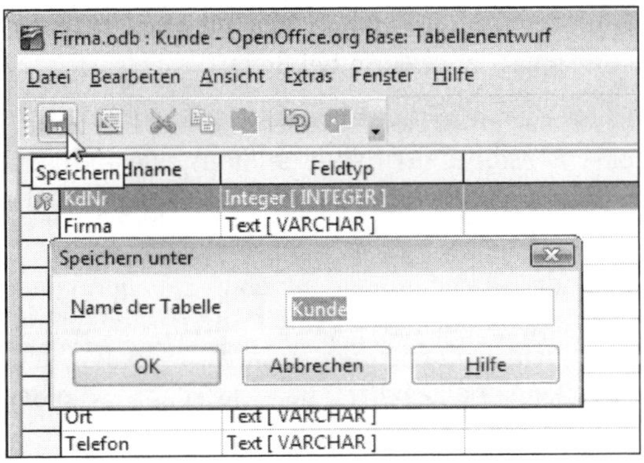

Abbildung 19.24: Benennen der Tabelle

Wurde im Tabellenentwurf kein Primärindex definiert, erinnert Base Sie an dieses Versäumnis. In dem in Abbildung 19.25 gezeigten Dialogfeld haben Sie durch Anklicken der *Ja*-Schaltfläche die Möglichkeit, ein Feld für den Primärindex automatisch beim Speichern der Tabellenstruktur generieren zu lassen. Mit der *Nein*-Schaltfläche wird das Anlegen eines Primärindex unterdrückt und über die *Abbrechen*-Schaltfläche gelangen Sie zum Tabellenentwurf zurück.

Abbildung 19.25: Einfügen eines Primärindex beim Speichern des Tabellenentwurfs

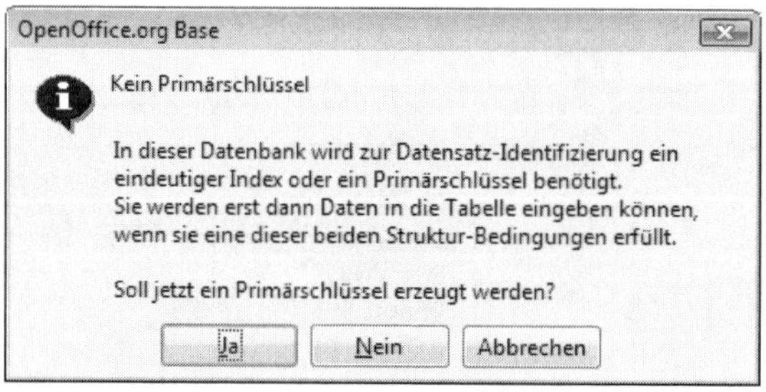

Nach diesen Vorbereitungen können Sie das Fenster *Tabellenentwurf* schließen. Die Tabellenstruktur wird in der Datenbank abgelegt und im Base-Fenster bei Anwahl des Datenbankobjekts *Tabellen* angezeigt.

INFO

Ohne Primärindex können keine Daten in eine Tabelle eingegeben werden. Sie können den Tabellenentwurf aber jederzeit zum Bearbeiten öffnen und dann den Primärindex nachträglich hinzufügen.

19.2.6 Tabellen verwalten

Base bietet verschiedene Funktionen, um bereits angelegte Tabellen zu verwalten. Sie können beispielsweise eine Tabelle umbenennen oder kopieren. Selbst das Kopieren der Tabellenstruktur ist im Base-Fenster mit wenigen Schritten möglich.

1. Zum Verwalten der Tabellen müssen Sie das Datenbankobjekt *Tabellen* in der linken Spalte *Datenbanken* des Base-Fensters anwählen.
2. Sobald die in der Datenbank definierten Tabellenobjekte im rechten Teil des Base-Fensters erscheinen, klicken Sie diese mit der rechten Maustaste an und wählen im Kontextmenü den gewünschten Befehl aus (Abbildung 19.26).

Möchten Sie beispielsweise eine Tabelle entfernen, klicken Sie deren Namen im Base-Fenster mit der rechten Maustaste an und wählen im Kontextmenü den Befehl *Löschen*. Base löscht dann die Tabelle samt Felddefinitionen und Daten aus der Datenbank.

Um eine Tabelle mit einem neuen Tabellennamen zu versehen, wählen Sie den Kontextmenübefehl *Umbenennen* und passen dann den Tabellennamen im angezeigten Dialogfeld *Umbenennen nach* an. Sobald Sie das Dialogfeld schließen, wird der Tabellenname geändert. Base passt dabei die Bezüge aus Ansichten, Berichten oder Formularen der Datenbank an den geänderten Tabellennamen an.

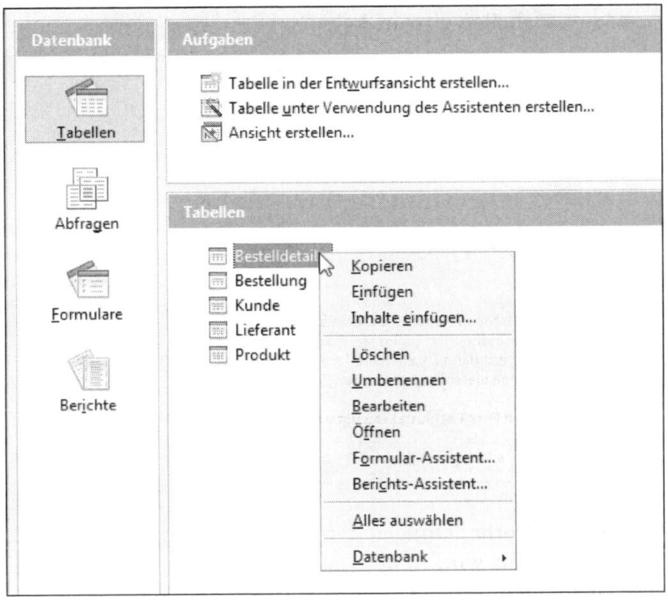

Abbildung 19.26: Kontextmenü für Tabellen

19

Tabellen kopieren

Möchten Sie eine Tabelle oder deren Struktur innerhalb einer Datenbank kopieren? Auch dies ist mit wenigen Schritten möglich.

1. Markieren Sie die gewünschte Tabelle in der rechten Spalte des Base-Fensters mit einem Mausklick und öffnen Sie ggf. das Kontextmenü.
2. Wählen Sie im Kontextmenü den Befehl *Kopieren* oder drücken Sie alternativ die Tastenkombination `Strg` + `C` (bzw. `MacBef` + `C` beim Mac). Die markierte Tabelle wird in die Zwischenablage übernommen.
3. Öffnen Sie erneut das Kontextmenü und wählen Sie den Befehl *Einfügen*. Alternativ können Sie auch die Tastenkombination `Strg` + `V` (bzw. `MacBef` + `V` beim Mac) drücken.
4. Anschließend wählen Sie im angezeigten Dialogfeld *Tabelle kopieren* (Abbildung 19.27, links oben) einen neuen Tabellennamen. Zudem müssen Sie über die Optionsfelder vorgeben, ob die Tabelle samt Daten oder nur die Tabellendefinition zu kopieren ist. Alternativ können Sie festlegen, dass die Daten der Ausgangstabelle an die aktuell markierte Zieltabelle anzuhängen ist.
5. Beim Kopieren einer Tabellenstruktur lässt sich in der Zieltabelle zudem ein Primärindex vergeben. Markieren Sie im Dialogfeld das Kontrollkästchen *Primärschlüssel erzeugen* und tragen Sie den Feldnamen in das zugehörige Textfeld ein.
6. Über die Schaltfläche *Weiter* gelangen Sie zu einem Folgedialog (Abbildung 19.27, oben rechts), über den Sie die zu kopierenden Felder der Tabellenstruktur der Quelltabelle in die Struktur der Zieltabelle übernehmen können.
7. Mit der Schaltfläche *Weiter* lässt sich der dritte Dialog (Abbildung 19.27, unten) abrufen. Dort können Sie die Felddatentypen der Struktur der Zieltabelle anpassen.

Abbildung 19.27: Kopieren einer Tabelle

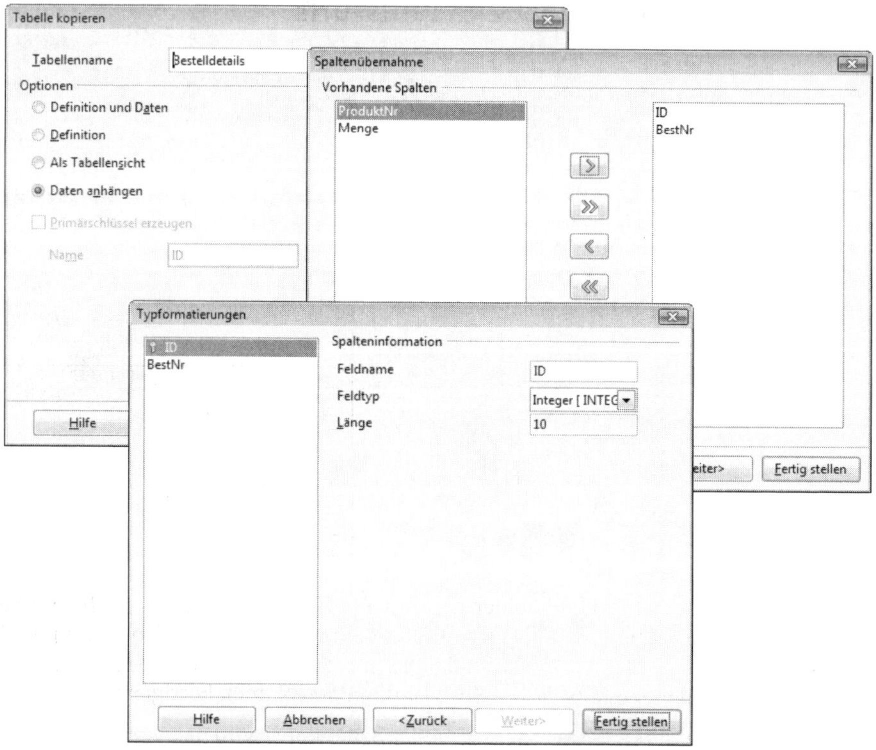

Der Kopiervorgang beginnt, sobald Sie das Dialogfeld des Assistenten über die Schaltfläche *Fertig stellen* schließen. Um lediglich eine Tabelle samt Daten unter einem neuen Namen in der Datenbank zu kopieren, führen Sie die obigen Schritte aus, passen den Namen der Zieltabelle im Dialogfeld *Tabelle kopieren* an, belassen die Markierung auf der Option *Definition und Daten* und bestätigen dies über die Schaltfläche *Fertig stellen*. Das Modul Base legt dann die Tabellenkopie an und informiert Sie über eventuell aufgetretene Fehler.

INFO

Base ermöglicht Ihnen, zwei Datenbanken zu öffnen und die Fenster nebeneinander zu positionieren. Dann lassen sich Tabellen im Base-Fenster markieren und mit der Tastenkombination `Strg` + `C` *(bzw.* `MacBef` + `C` *beim Mac) in die Zwischenablage übernehmen. Wechseln Sie anschließend zum Base-Fenster der zweiten Datenbank und wählen das Datenbankobjekt zur Tabellenanzeige, lässt sich die Tabelle (Struktur und Daten) aus der Zwischenablage mittels der Tastenkombination* `Strg` + `V` *(bzw.* `MacBef` + `V` *beim Mac) in die Zieldatenbank einfügen. Dies ermöglicht Ihnen, Tabellen zwischen Datenbanken zu kopieren. Auf diese Weise können Sie sogar Daten aus Datenquellen (dBase- oder Access-Tabellen) in eine Base HSQL-/ODF-Datenbank übernehmen. Allerdings kann es dann vorkommen, dass sich die Felddatentypen der Quelltabelle nicht auf die Zielfelder der Datenbanktabelle abbilden lassen. Base wird dann aber entsprechende Fehlermeldungen anzeigen. Weiterhin können Sie über den Kontextmenübefehl* Inhalte einfügen *den Inhalt der Zwischenablage in eine Tabelle übernehmen. In einem Dialogfeld lässt sich dabei das Format der zu übernehmenden Daten wählen.*

19.2.7 Anpassen des Tabellenentwurfs

Möchten Sie nachträglich etwas am Tabellenentwurf ändern (z.B. Felder hinzufügen oder löschen, Feldtypen ändern oder Feldnamen umbenennen)? Um einen Tabellenentwurf erneut zu bearbeiten, markieren Sie die Tabelle im Base-Fenster. Danach wählen Sie den Kontextmenübefehl *Bearbeiten*, um so das Dialogfeld *Tabellenentwurf* zu öffnen (Abbildung 19.28).

Abbildung 19.28: Bearbeiten des Tabellenentwurfs

Sie können anschließend neue Felder hinzufügen, indem Sie auf das nächste freie Feld in der Spalte *Feldnamen* klicken und dann einen Feldnamen, den Feldtyp und ggf. Bemerkungen vorgeben. Zum Umbenennen reicht es, auf das betreffende Feld der Spalte *Feldnamen* zu klicken. Sie können dann den Namen korrigieren.

Klicken Sie mit der linken Maustaste auf einen Zeilenkopf, wird die betreffende Zeile mit der Felddefinition markiert. Klicken Sie den Zeilenkopf mit der rechten Maustaste an, können Sie im Kontextmenü den Befehl *Löschen* wählen. Dann wird die betreffende Felddefinition aus dem Tabellenentwurf entfernt.

INFO

Sie finden im Kontextmenü zudem Befehle wie Ausschneiden, Kopieren, Einfügen *(sofern Inhalte in der Zwischenablage vorhanden sind) und* Zeilen einfügen *(Abbildung 19.28). Eigentlich sollten sich diese Befehle recht gut nutzen lassen, um die Reihenfolge der Felddefinitionen neu anzuordnen. Leider gibt es hier einige Probleme. Der Befehl* Zeilen einfügen *ist wirkungslos, da neue Felddefinitionen immer am Ende der Feldliste anzuhängen sind. Sie können zwar markierte Zeilen mit Felddefinitionen über den Befehl* Ausschneiden *in die Zwischenablage überführen, dann auf die erste freie Zeile in der Liste der Felddefinitionen klicken und die Felddefinition über den Befehl* Einfügen *(bzw. über die betreffende Schaltfläche der Symbolleiste) an die Liste anfügen. Auf diese Weise lässt sich die Reihenfolge der Felddefinitionen verändern. Wenn Sie den Tabellenentwurf aber speichern oder das Fenster* Tabellenentwurf *schließen, erscheint eine Fehlermeldung. Oder beim nächsten Öffnen der Tabelle in der Datenblattansicht finden sich die Felder in der früheren Reihenfolge. Um eine geänderte Feldreihenfolge wirksam zu speichern, hilft nur ein Trick: Passen Sie die Feldreihenfolge im Fenster* Tabellenentwurf *über die Befehle* Ausschneiden *und* Einfügen *nach Ihren Wünschen an. Danach wählen Sie im Menü* Datei *des Fensters* Tabellenentwurf *den Befehl* Speichern unter. *Anschließend geben Sie im Dialogfeld einen neuen Tabellennamen vor. Wenn Sie das Dialogfeld schließen, wird die aktuelle Tabellendefinition unter dem neuen Namen als separate Tabelle gespeichert. Beachten Sie aber, dass mit diesem Schritt eventuell in der Ausgangstabelle enthaltene Datensätze nicht mit in die neue Tabelle übertragen werden.*

Tabelleninhalt anpassen

Soll nicht die Struktur, sondern der Tabelleninhalt angepasst werden? Die Tabelle lässt sich durch einen Doppelklick in der Datenblattansicht öffnen. In dieser Ansicht können Sie die Daten einsehen, löschen, erweitern oder ändern (siehe folgendes *Kapitel*.

19.2.8 Einer Tabelle einen zusätzlichen Index zuweisen

Im vorhergehenden Abschnitt ist erwähnt, dass Base einer ODF-Datenbanktabelle immer einen Primärindex zuordnet. Sie haben aber die Möglichkeit, einer Tabelle einen zusätzlichen Index über Felder zuzuweisen. Indexfelder ermöglichen einen schnellen Zugriff auf die Datensätze einer Tabelle (siehe auch die Erklärungen auf im Abschnitt zum Datenbankentwurf).

Abbildung 19.29: Indizieren einer Tabelle im Tabellenentwurf

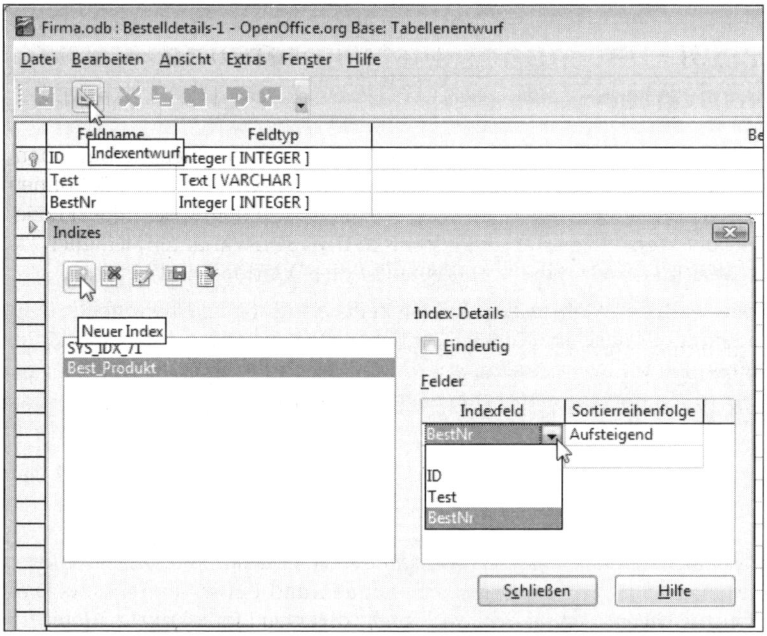

Voraussetzung ist aber, dass die Tabelle ein Feld aufweist, welches sich zur Indizierung eignet (z.B. das Integer-Feld »BestNr« in Abbildung 19.29). Sie könnten auch Textfelder benutzen. Um ein Feld einer Tabelle als Indexwert zu verwenden, müssen Sie folgende Zusatzschritte beim Tabellenentwurf ausführen:

1. Klicken Sie im Fenster *Tabellenentwurf* auf die Schaltfläche *Indexentwurf* in der Symbolleiste (Abbildung 19.29, Hintergrund) oder wählen Sie den gleichnamigen Befehl im Menü *Extras*.
2. Sobald das Dialogfeld *Indizes* erscheint, werden bereits definierte Primärindizes angezeigt. Klicken Sie in der Symbolleiste des Dialogfelds auf die linke Schaltfläche *Neuer Index* (Abbildung 19.29, Vordergrund). Base fügt dann einen Eintrag *index1* in die Liste ein.

3. Anschließend wählen Sie in der Spalte *Indexfeld* über das Listenfeld das gewünschte Indexfeld und stellen über die Spalte *Sortierreihenfolge* noch ein, ob die Sortierung der Indizes auf- oder absteigend erfolgt. Soll der Index eindeutig sein, ist das betreffende Kontrollkästchen im Dialogfeld zu markieren.
4. Klicken Sie anschließend auf die Schaltfläche zum Speichern des Index in der Datenbanktabelle und betätigen Sie dann die Schaltfläche *Schließen*.

Der Dialog wird geschlossen und Base verwaltet zukünftig die Indizes der Tabelle in der Datenbank.

INFO

Das Dialogfeld Indizes *bietet in der Symbolleiste Schaltflächen, um die einzelnen Indizes umzubenennen, zu speichern oder zu löschen. Sobald Sie per Maus auf die Schaltfläche zeigen, erscheint eine QuickInfo mit der Funktionsbezeichnung der Schaltfläche.*

19.3 MySQL-Datenbank installieren und einrichten

StarOffice und OpenOffice.org unterstützen den Zugriff auf verschiedene Datenbanken. Statt der intern vom Modul Base verwendeten HSQL-/ODF-Datenbank können Sie auch auf MySQL-Datenbanken zugreifen. Die nachfolgenden Abschnitte skizzieren (angesichts der Vielzahl der Betriebssystem- und MySQL-Varianten) lediglich die Schritte zum Einrichten einer MySQL-Datenbank unter Windows und Linux.

TIPP

Alternativ zu den nachfolgend aufgeführten MySQL-Distributionen können Sie auch auf das XAMPP-Paket (`www.apachefriends.org/xampp.html`) zurückgreifen. Dieses Paket steht für Windows, Mac OS X und Linux zur Verfügung und vereinfacht die Installation von MySQL mit PHP, phpMyAdmin und Apache Server erheblich.

19.3.1 MySQL unter Linux einrichten

Die freie Datenbank MySQL ist in verschiedenen Linux-Distributionen enthalten, lässt sich aber auch aus dem Internet herunterladen und einrichten. Nachfolgend werden die Schritte beschrieben, um MySQL unter diversen Linux-Distributionen zu installieren und auch die für StarOffice/OpenOffice.org benötigten Treiber einzurichten.

MySQL-Paket in OpenSuSE einrichten

Standardmäßig wird MySQL in OpenSuSE nicht installiert. Sie können die benötigten Dateien jedoch mit wenigen Schritten nachrüsten. Die nachfolgenden Schritte beziehen sich auf OpenSuSE 10.

1. Melden Sie sich als *root* an, starten Sie das YaST2-Kontrollzentrum und wählen Sie das Modul *Software installieren oder löschen*.
2. Setzen Sie den Filter auf »Paketgruppe« und wählen Sie den Zweig *Produktivität/Datenbanken* (Abbildung 19.30, linke Spalte).

3. Dann wählen Sie nacheinander die Unterzweige *Clients* und *Server* und selektieren jeweils in der rechten Spalte die Pakete »mysql«, »mysql-client« und »mysql-tools« zur Installation aus (Abbildung 19.30, rechte Spalte).

Mit dieser Auswahl werden die für den Betrieb der MySQL-Datenbank benötigten Pakete bei Anwahl der Schaltfläche *Akzeptieren* unter Linux eingerichtet.

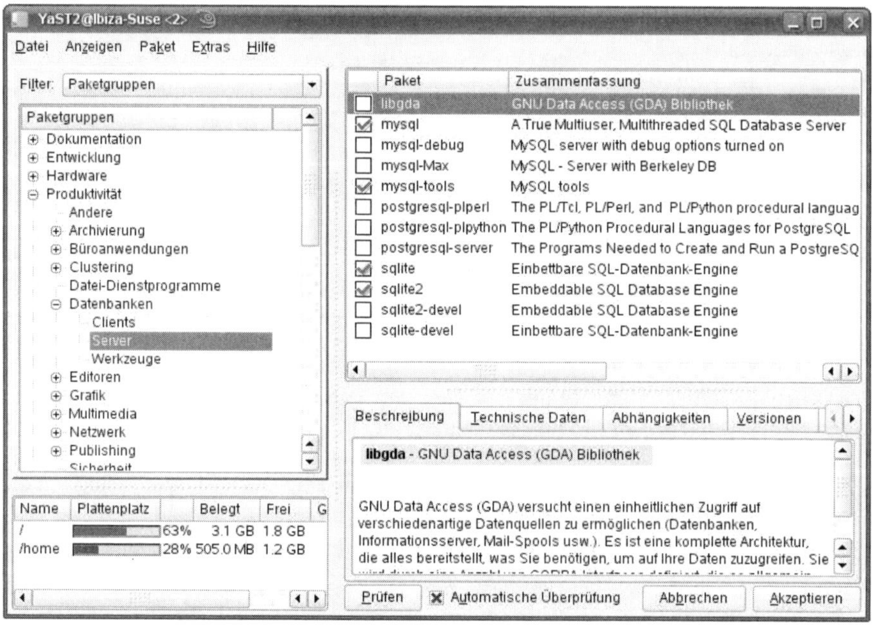

Abbildung 19.30: Auswahl der Pakete für MySQL in YaST2

MySQL unter anderen Linux-Systemen installieren

Sofern Sie mit anderen Linux-Systemen arbeiten und kein YaST zur Verfügung steht, laden Sie sich die benötigten MySQL-Pakete aus dem Internet herunter und installieren diese. Die benötigten Pakete (MySQL und MySQL-Client) können Sie beispielsweise unter `www.rpmfind.net` suchen lassen.

Die MySQL-Datenbank installieren Sie auf Konsolenebene mit folgendem Paket.

```
rpm -ivh <name der rpm>
```

Als Parameter *<name>* ist der Name des rpm-Archivs (z.B. *MySQL-3.23.49-1.i386.rpm*) anzugeben. Den MySQL-Client installieren Sie mit folgender Anweisung:

```
rpm -ivh <name der rpm>
```

Um den MySQL-Server zu starten, geben Sie als Benutzer *root* auf der Konsolenebene den Befehl *rcmysql start* ein. Anschließend können Sie den MySQL-Server direkt im Konsolenfenster testen, indem Sie die in Abbildung 19.31 aufgeführten Befehle eingeben.

Im konkreten Beispiel wird einfach die aktuelle Zeit samt Datum abgefragt. Der betreffende Befehl sollte auch funktionieren, wenn noch keine Tabellen definiert sind. Liefert der *mysql*-Befehl eine entsprechende Rückmeldung, läuft der MySQL-Server und Sie können den Befehl mittels der Eingabe *quit;* beenden.

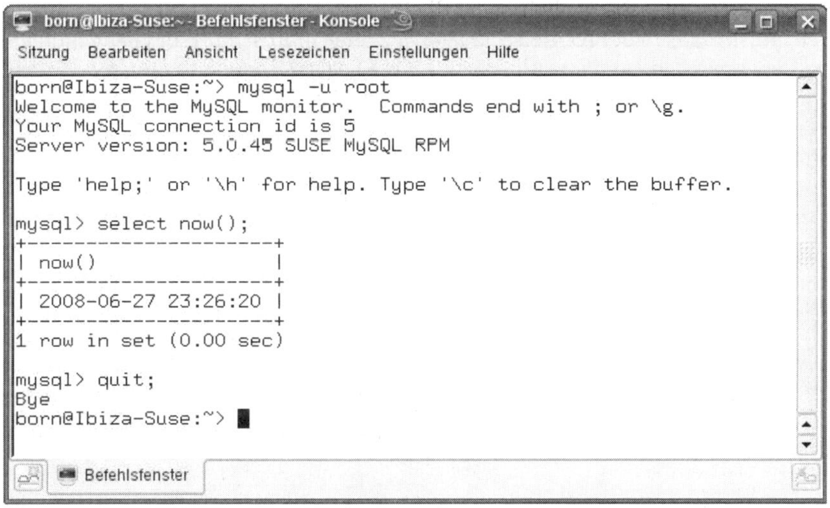

Abbildung 19.31: Anweisungen zum Testen des MySQL-Servers

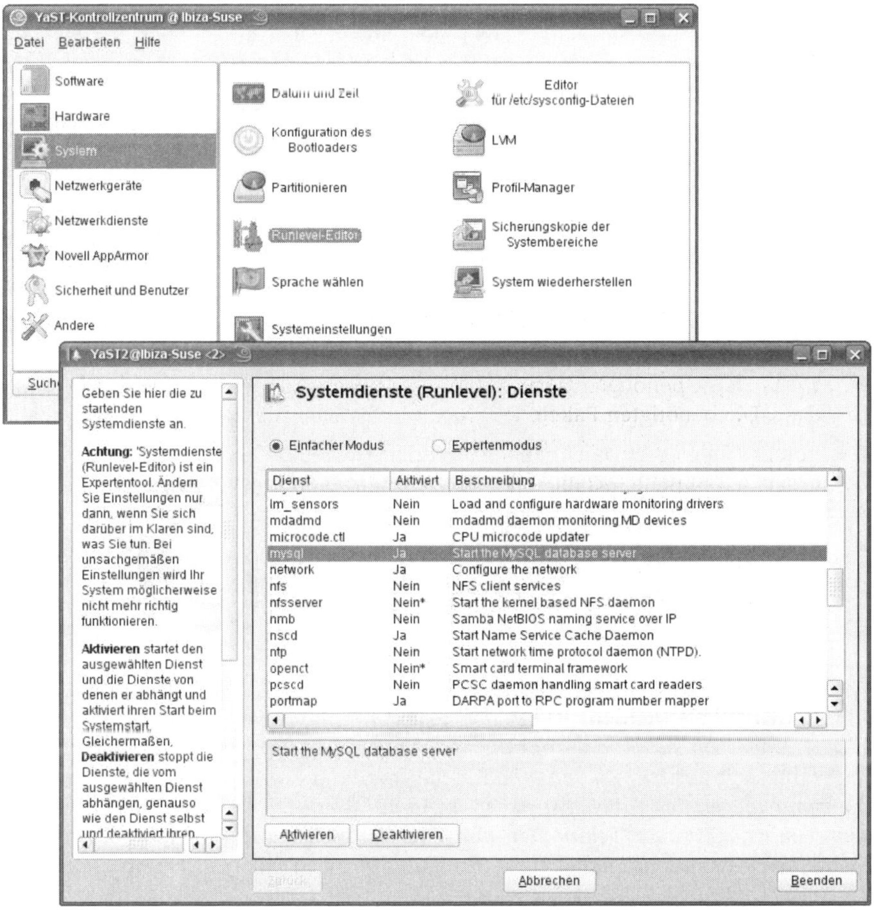

Abbildung 19.32: MySQL als Dienst in den Runlevel-Editor eintragen

INFO

Wichtig ist, dass die Befehle im MySQL-Monitor immer mit einem Semikolon abgeschlossen werden. Andernfalls erkennt das MySQL-Frontend die Eingaben nicht.

Für Debian-Distributionen finden sich im Internet verschiedene .deb*-Pakete zur Installation des MySQL-Servers. Unter Windows Vista gibt es mit verschiedenen Paketen (z.B. XAMPP-Light) noch Probleme, da die Verwaltungswerkzeuge nicht funktionieren. Ab SuSE-Linux 8.0 müssen Sie den Runlevel-Editor über das YaST-Konfigurationszentrum aufrufen und* mysql *als Dienst aktivieren (Abbildung 19.32, z.B. unter den Runlevels 2, 3 und 5 eintragen). Dann wird der MySQL-Server beim nächsten Linux-Start automatisch gestartet.*

Den MySQL-Server können Sie auch mit dem Programm phpMyAdmin testen. Dies erfordert aber, dass das Paket unter Linux installiert ist und dass der Apache-Webserver läuft. Weitere Hinweise, wie sich MySQL ggf. unter Debian-Linux-Distributionen installieren lässt, finden Sie im Internet.

Neue Datenbanken mit dem MySQL-Frontend anlegen

Falls das Tool phpMyAdmin nicht vorhanden ist oder Sie kein anderes Frontend nutzen möchten, können Sie neue leere Datenbanken auch direkt über das MySQL-Frontend anlegen. Dies ermöglicht Ihnen, die betreffenden Datenbanken über die ODBC-Treiber (siehe folgende Seiten) an Office anzubinden und im Modul Base die gewünschten Tabellen, Abfragen, Berichte, Formulare etc. zu erstellen.

Melden Sie sich zum Anlegen der neuen (leeren) Datenbank unter Linux als Benutzer *root* an und geben Sie im Konsolenfenster den Befehl *mysql* ein. Sobald sich das MySQL-Frontend meldet (Abbildung 19.33), können Sie anschließend die vorhandenen Datenbanken abfragen, neue Datenbanken anlegen und bestehende Datenbanken entfernen.

- Mit dem Befehl *show databases;* listen Sie die in MySQL definierten Datenbanken auf.
- Die Anweisung *create database firma;* erzeugt eine neue leere Datenbank mit dem Namen *firma*.
- Zum Löschen einer Datenbank verwenden Sie den Befehl *drop database name;* in der Befehlszeile. Dabei steht *name* für einen gültigen Namen einer Datenbank.

Achten Sie darauf, die Befehle mit einem Semikolon abzuschließen und durch Drücken der [↵]-Taste abzuschicken. Geben Sie den Befehl *quit;* ein, um das MySQL-Frontend zu verlassen.

INFO

Das Anlegen der Tabellen der Datenbank können Sie auch direkt in Office im Dialogfeld Datenquellen verwalten *auf der Registerkarte* Tabellen *vornehmen (siehe unten). Dies stellt sicher, dass nur die vom Treiber unterstützten Datentypen für die Felder angelegt werden. Zudem erhalten Sie eine recht komfortable Benutzeroberfläche zum Anlegen der Tabellenstrukturen. Allerdings hat der Treiber Schwierigkeiten beim Umbenennen von Feldnamen und beim Anpassen von Feldtypen. Zumindest bei meinen Tests war ich daher gezwungen, auf phpMyAdmin auszuweichen und die*

MySQL-Datenbanktabellen mit diesem Programm zu entwerfen und später auch mit Daten zu füllen. Erst nachdem ein konsistenter Datenbankentwurf vorlag, ließ sich über Office mit der Datenbank arbeiten.

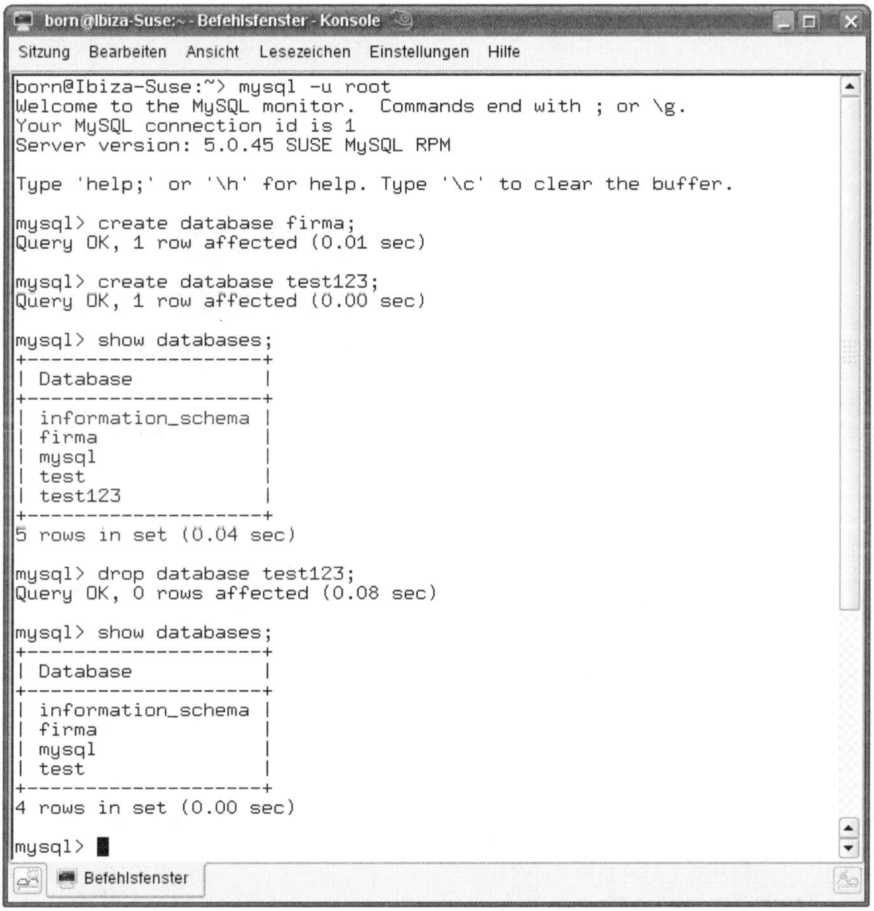

Abbildung 19.33: Anlegen, Auflisten, Entfernen von MySQL-Datenbanken

Installation der ODBC-Treiber

Damit StarOffice/OpenOffice.org auf die MySQL-Datenbank zugreifen kann, müssen Sie zusätzlich die ODBC-Treiber installieren. Hierzu gehen Sie in SuSE-Linux in folgenden Schritten vor.

1. Wählen Sie als Benutzer *root* im YaST2-Kontrollzentrum erneut das Modul *Software installieren oder löschen.*
2. Setzen Sie den Filter in der linken Spalte auf »Suche« und tippen Sie in das Feld *Suche* den Begriff »odbc« ein (Abbildung 19.34, linke Spalte).
3. Klicken Sie auf die Schaltfläche *Suche* und warten Sie, bis die gefundenen ODBC-Pakete in der rechten Spalte des YaST2-Fensters aufgelistet werden.
4. Anschließend ist das Paket »unixODBC« zu markieren (Abbildung 19.34, rechte Spalte).

Sobald Sie die Schaltfläche *Akzeptieren* betätigen, werden die Pakete mit den ODBC-Treibern unter Linux installiert.

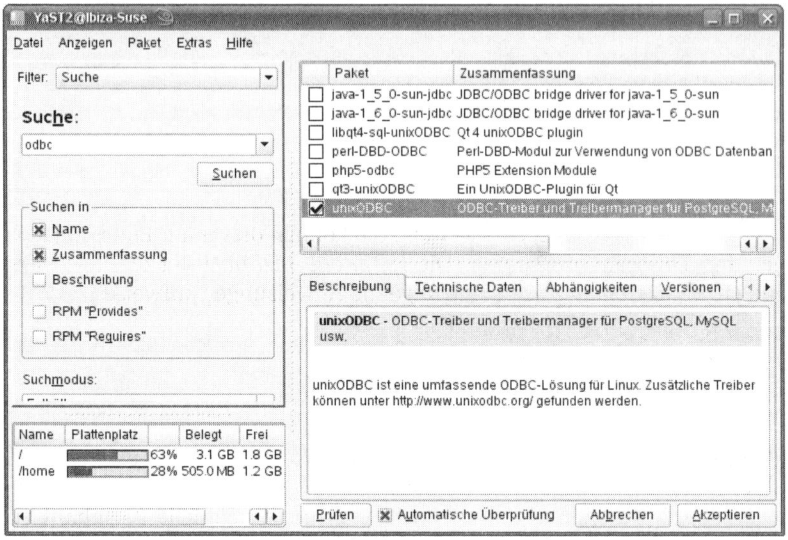

Abbildung 19.34: Installation der ODBC-Treiber

INFO

Je nach SuSE-Linux-Distribution und Anwendungsfall müssen Sie ggf. auch Pakete wie »libiodbc« und »MyODBC-unixODBC« mit installieren.

Den ODBC-Treiber unter anderen Linux-Systemen installieren

Der Unix ODBC-Treiber lässt sich direkt von der Website `www.unixodbc.org` herunterladen und mit folgendem Befehl im Konsolenfenster installieren.

```
rpm -ivh unixODBC-2.2.1-2.i386.rpm
```

Zusätzlich müssen Sie noch die MySQL-Bibliotheken (von `www.mysql.com` herunterladbar) mit folgender Anweisung installieren:

```
rpm -ivh MySQL-shared-3.23.49-1.i386.rpm
rpm -ivh MyODBC-2.50.39-4.i386.rpm
```

Beachten Sie aber, dass sich die Namen der rmp-Pakete in Abhängigkeit von der benutzten Version ändern und Sie die obigen Befehle ggf. anpassen müssen. Auf der Website `www.unixodbc.org` finden Sie in der Rubrik »Manuals« u. a. auch ein Dokument »OpenOffice.org 1.0, ODBC, and MySQL 'How-to'«, das die Installation beschreibt. In den nächsten Schritten müssen Sie ggf. die *ini*-Dateien per Hand konfigurieren und die ODBC-Treiber sowie den Pfad zur MySQL-Datenbank eintragen.

Einrichten der odbcinst-Treiber

Prüfen Sie, ob nach der Installation des rmp-Pakets ein Verzeichnis */etc/unixODBC* existiert. Bei älteren SuSE-Linux-Distributionen müssen Sie Installationsskripte der Treiber ausführen, damit die Treiber funktionieren. Falls das Verzeichnis */etc/unixODBC* fehlt, wechseln Sie als Benutzer *root* zur Konsole und geben Sie die folgenden Befehle ein.

```
odbcinst -i -d -f /usr/share/doc/packages/MyODBC-
unixODBC/ini/odbcinst.ini.sample

odbcinst -i -d -f /usr/share/doc/packages/MyODBC-
unixODBC/ini/odbc.ini.sample
```

Anschließend sollte das Verzeichnis */etc/unixODBC* existieren und die zwei *.ini*-Dateien *odbcinst.ini* und *odbc.ini* enthalten.

Anpassen der ini-Dateien für die Treiber

Die im Ordner */etc/unixODBC* enthaltenen *.ini*-Dateien für den ODBC-Treiber müssen in der Regel von Hand angepasst werden. Sie können dies unter Linux in jedem der verfügbaren Editoren vornehmen. Die Datei *odbcinst.ini* listet die im System installierten ODBC-Treiber auf und sollte folgende Anweisungen aufweisen.

```
[myodbcdriver]
Description= MySQL ODBC 2.50 Driver DSN
Driver= /usr/lib/unixODBC/libmyodbc.so
FileUsage= 1
```

19

Schlüsselwörter und Gleichheitszeichen sind jeweils durch ein Tabulatorzeichen getrennt. Der Abschnitt *[myodbcdriver]* gibt den Pfad zum Treiber an. Die zweite Datei *odbc.ini* definiert die Links, die allen Benutzern auf die aktuelle Datenbank zur Verfügung stehen. Die Datei sollte folgende Befehle aufweisen.

```
[myodbc]
Driver= myodbcdriver
Description= MySQL ODBC 2.50 Driver DSN
SERVER= localhost
PORT=
USER= root
Password =
Database= test
OPTION= 3
SOCKET =
```

In *[myodbc]* wird in obigem Beispiel ein Zugriff auf die Datenbank *test* für den Benutzer *root* eingerichtet. Der in eckigen Klammern stehende Begriff gibt den DSN-Namen vor, der später in der Datenquellen-Verwaltung benutzt wird. Das Schlüsselwort *USER* ist auf den Wert »root« zu setzen, da dies der Standardnutzer für MySQL ist. Das Schlüsselwort *Database* legt den Namen der MySQL-Datenbank fest (hier »test«), auf die über die ODBC-Verbindung zugegriffen wird. Um mehrere Verbindungen zu Datenquellen in *odbc.ini* anzulegen, wiederholen Sie den Abschnitt [...], wobei für jeden Abschnitt unterschiedliche Abschnittsnamen benutzt werden.

INFO

Die obigen Hinweise beziehen sich auf ältere Versionen der ODBC-Treiber und SuSE Linux 8.x. Bei den aktuellen OpenSuSE-Distributionen sind einige Treiber nicht mehr dabei. Unter `www.millin.de` *gibt es eine sogenannte VorKon-Variante der aktuellen OpenSuSE-Distributionen, bei denen bereits eine ODBC-Anbindung samt OpenOffice.org-Beispielen eingerichtet wurde.*

Sobald der ODBC-Treiber eingerichtet wurde, können Sie die ODBC-Schnittstelle auf Konsolenebene testen. Wechseln Sie als Benutzer root *zur Konsolenebene und geben*

Sie den Befehl isql myodbc root *ein. Sobald der SQL-Prompt erscheint, können Sie die aktuelle Zeit mit dem Befehl* select Now() *abrufen. Werden das aktuelle Tagesdatum und die Uhrzeit angezeigt, funktioniert die ODBC-Schnittstelle und Sie können den Befehl* isql *mittels des* quit-*Befehls beenden. Unter Linux sind jetzt eine MySQL-Datenbank und der UnixODBC-Treiber funktionsfähig eingerichtet. Die nächsten Schritte werden direkt im Datenquellenadministrator von StarOffice/OpenOffice.org ausgeführt.*

19.3.2 So installieren Sie MySQL unter Microsoft Windows

Falls Sie StarOffice/OpenOffice.org unter Windows nutzen, können Sie ebenfalls auf die freie Datenbank MySQL zurückgreifen. Die Windows-Version von MySQL lässt sich dabei von der Website `www.mysql.de` herunterladen. Zur besseren Verwaltung der SQL-Datenbanken empfiehlt es sich zudem, das MySQL-Frontend und ggf. den MySQL Query Browser herunterzuladen.

Zur Installation des MySQL-Servers müssen Sie nur die Installationsdateien des betreffenden Pakets ausführen. Achten Sie darauf, dass Sie unter Windows NT, 2000 und XP unter einem Administratorkonto angemeldet sind.

Anschließend suchen Sie den Ordner, in dem MySQL installiert wurde. Dies ist bei neueren MySQL-Versionen in der Regel der Windows-Ordner *Programme\MySQL*. Je nach installierter MySQL-Version gibt es dann noch einen Unterordner *MySQL Server x.x*, in dessen Unterordner *bin* die ausführbaren Dateien zu finden sind. Führen Sie die Datei *mysqld-nt.exe* in einem Konsolenfenster aus, um den MySQL-Server zu starten.

INFO

Falls der MySQL-Server beim Windows-Start nicht automatisch gestartet wird, sollten Sie die Computerverwaltung (z.B. in Windows XP) aufrufen und dort den Zweig Dienste *wählen. Dort lässt sich dann der Eintrag für MySQL per Doppelklick anwählen. In dem dann angezeigten Dialogfeld können Sie den Starttyp für den Dienst auf der Registerkarte* Allgemein *auf den Wert »Automatisch« setzen. Im MySQL-Handbuch (finden Sie auf der MySQL-Website) gibt es einen eigenen Abschnitt, der beschreibt, wie sich der MySQL-Server als Dienst unter Windows 2000 bzw. XP installieren lässt.*

Ein gewisses Problem besteht darin, dass die betreffenden Pakete bereits etwas älter sind und (zumindest beim Schreiben dieses Manuskripts) zwar an Windows XP, nicht aber an Windows Vista angepasst waren.

19.3.3 MyODBC unter Windows installieren

Um in Office unter Windows auf die MySQL-Datenbanken zugreifen zu können, müssen Sie den MyODBC-Treiber installieren. Der betreffende Treiber lässt sich nach einer Benutzerregistrierung kostenlos unter `dev.mysql.com/downloads/` aus dem Internet herunterladen. Sobald Sie die Installationsdatei (z.B. *MyODBC-3.51.26-win32.exe*) unter Windows per Doppelklick anwählen, wird der Treiber automatisch installiert. Sie können anschließend den Treiber unter Windows im Datenquellenadministrator verwenden.

19.3.4 Den MySQL-Server testen

Wurde der MySQL-Server erfolgreich installiert, sollten Sie ihn testen. Unter Linux lässt sich der Befehl *mysql* in einem Konsolenfenster verwenden (siehe vorhergehende Seiten). Komfortabler ist es aber, eines der grafischen Frontends einzusetzen. Dort lassen sich ggf. auch neue Datenbanken oder Tabellen anlegen bzw. aus SQL-Anweisungsdateien importieren.

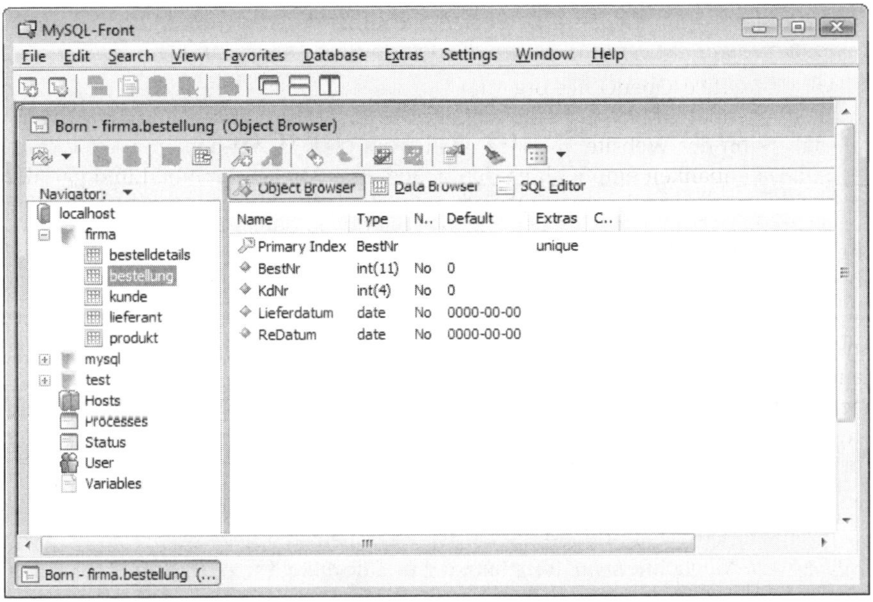

Abbildung 19.35: Zugriff auf den MySQL-Server über MySQL-Front

Unter Windows lässt sich das Programm *MySQL-Front* verwenden. Nach dem Aufruf fragt das Programm in einem Dialogfeld ggf. die Anmeldeinformationen ab. Auf der Registerkarte *Verbindung* können Sie als Server *localhost* (Port *3306*, Verbindungsart *Direkt*) eingeben. Auf der Registerkarte *Login* lässt sich im Feld *Benutzername* ein beliebiger Benutzername angeben. Im Feld *Datenbank* geben Sie ggf. den Namen einer Datenbank an (standardmäßig legt MySQL die beiden Datenbanken *test* und *mysql* an). Sobald Sie den Anmeldedialog über die *OK*-Schaltfläche schließen, sollte das MySQL-Front-End-Fenster erscheinen (Abbildung 19.35). Dort können Sie die Datenbanken wählen, neu anlegen, löschen und auch die zugehörigen Tabellen verwalten. Details entnehmen Sie der Programmhilfe.

INFO

Läuft ein Apache-Webserver auf dem System und ist PHP aktiv, können Sie auch das Paket phpMyAdmin *zur Verwaltung der MySQL-Datenbanken nutzen. Unter SuSE Linux lässt sich das betreffende Paket beispielsweise über YaST2 installieren. Ist* phpMyAdmin *korrekt installiert, sollte sich das Administrationsprogramm im Browser über die URL* `http://localhost/phpMyAdmin` *oder* `127.0.0.1/phpMyAdmin` *abrufen lassen. Läuft der MySQL-Server, wird eine Übersichtsseite mit Datenbanken angezeigt und Sie können neue Datenbanken oder Tabellen anlegen sowie Daten eintragen bzw. pflegen.*

Alternativ können Sie im Frontend die neue (leere) Datenbank im MySQL-Server anlegen. Danach können Sie diese Datenbank über die ODBC-Schnittstelle als Datenquelle in das Modul Base einbinden (siehe folgende Seiten). Anschließend lassen sich die am Kapitelanfang beschriebenen Funktionen von Base zum Anlegen und Verwalten von Tabellen oder die in den folgenden Kapiteln beschriebenen Funktionen zum Gestalten von Abfragen, Berichten etc. verwenden.

Achten Sie darauf, dass der Apache-Webserver nicht unbemerkt als Dienst weiter unter Windows läuft, da dies u.U. zu Sicherheitslücken führen kann. Sie können die Computerverwaltung verwenden, um die betreffenden Dienste zu kontrollieren.

19.4 Datenquellen in Base einbinden

Anwendungen wie der Writer oder Calc können Daten in Tabellenform in Dateien speichern. Base ermöglicht, auf bestehende Fremddatenbanken zuzugreifen oder solche Dateien als Datenquellen einzubinden. Der nachfolgende Abschnitt gibt Ihnen einen groben Überblick, was es in dieser Hinsicht zu wissen gibt.

19.4.1 Wissenswertes zu Datenquellen

Base ermöglicht den Zugriff auf Daten von Fremdanwendungen. Man spricht in diesem Zusammenhang auch von Datenquellen. Datenquellen können in verschiedenen Formaten und Varianten vorliegen.

- Es kann sich um einfache Tabellen handeln, die in Textform als Listen oder Comma Separated Value-Dateien (CSV-Dateien) vorliegen. Alternativ bietet Base die Möglichkeit, auf Tabellen, die in Calc erstellt und gespeichert wurden, zuzugreifen.
- Base unterstützt auch die Übernahme von Daten aus den Adressbüchern des jeweiligen Betriebssystems (z.B. Windows-Adressbuch, LDAP-Adressbuch, Mozilla-Adressbuch etc.).
- Weiterhin kann aus Base auf andere Datenbanken zugegriffen werden. Office unterstützt dabei verschiedene Datenbanken, angefangen von dBase über Microsoft Access, Microsoft SQL-Server bis hin zu MySQL.

Welche dieser Datenquellen Sie verwenden, bleibt Ihnen überlassen. Für die in Serienbriefen benötigten Datenbestände wird man mit einfachen Tabellen arbeiten (siehe auch folgender Abschnitt). Bei komplexeren Anwendungen ist der Rückgriff auf Datenbanken wie Microsoft SQL-Server oder MySQL möglich.

19.4.2 So erstellen Sie einfache Datenquellen

Bei Bedarf können Sie verschiedene Office-Module benutzen, um einfache Datenquellen in Form von Tabellen zu erstellen. Denkbar ist es beispielsweise, einfache, durch Tabulatorzeichen getrennte Listen im Writer zu erstellen und diese dann als Textdatei zu speichern. Einfacher geht das Erstellen von Datenquellen aber in Calc, da dieses Modul automatisch eine Tabellenstruktur mit Spalten und Zeilen bereitstellt.

1. Legen Sie eine Tabelle mit den gewünschten Spalten in einem Arbeitsblatt an und geben Sie die benötigten Daten in diese Tabelle ein (XX).

2. Wählen Sie im Menü *Datei* den Befehl *Speichern unter*. Im Dialogfeld *Speichern unter* wählen Sie den Dateityp zum Export aus (Text, CSV, Tabelle, dBase) und legen den Speicherort sowie den Dateinamen fest.
3. Erscheint nach Anwahl der Schaltfläche *Speichern* ein Zusatzdialog, wählen Sie die Speicheroptionen und schließen das Dialogfeld.

	A	B	C	D	E	F	G	H
1	**Anrede**	**Name**	**Vorname**	**Straße**	**Hausnr.**	**Plz**	**Ort**	**Tel**
2	Herr	Bach	Andrea	Hildenweg	19	60130	Frankfurt	069-333-45
3	Herr	Bauer	Heinz	Bergweg	2a	60131	Frankfurt	069-333-4221
4	Frau	Breuer	Isolde	Frankenallee	21	60132	Frankfurt	069-553451
5	Herr	Müller	Heinrich	Ostring	22	60133	Frankfurt	069-123456
6		Meier & Sohn		Industriestraße	2b	65772	Hofheim	06192 345-60
7	Frau	Meister	Maria	Hessenring	19	80333	München	089-3333-33

Abbildung 19.36: Beispiel einer Calc-Tabelle mit Adressdaten

Beim Export in Textdateien oder in das dBase-Format müssen Sie beispielsweise den zu verwendenden Zeichensatz beim Speichern wählen. Unter Windows wird meist der Zeichensatz »Westeuropa (Windows-1252/WinLatin1)« verwendet. Mac OS X und Linux verwenden andere Zeichensätze. Falls Sie solche Dateien zwischen verschiedenen Plattformen übertragen, achten Sie darauf, beim Export den richtigen Zeichensatz einzustellen, da andernfalls Umlaute falsch dargestellt werden. Beim Export in Text- und CSV-Dateien müssen Sie zudem die Zeichen für die Feld- und Texttrenner vorgeben (z.B. Tabulatorzeichen, Leerzeichen, Semikola, Kommas etc.).

Calc exportiert immer nur ein Tabellenblatt in eine dBase-Datei (dBase III-Format). Um mehrere Tabellenblätter zu exportieren, wählen Sie die betreffenden Registerreiter des Calc-Dokuments nacheinander an und führen jeweils die obigen Schritte zum Export aus. Für jedes Tabellenblatt wird eine eigene dBase-Datei im Zielordner angelegt. Binden Sie den Zielordner als Datenquelle ein, zeigt Office die darin enthaltenen dBase-Dateien später in der Datenquelle als separate Tabellen an.

INFO

Text-, CSV- und Calc-Dateien eignen sich eigentlich nur für einfache Listen, die in einem Dokument benötigt werden. Datenquellen auf Basis dieser Dateiformate lassen sich weder in der Struktur anpassen noch können Sie Daten hinzufügen oder löschen. Es empfiehlt sich daher, auf die Base-HSQL-Datenbanken zurückzugreifen oder auf SQL-Datenbanken (wie MySQL) zu setzen. SQL-Datenbanken sind in ihren Funktionen unabhängig von StarOffice/OpenOffice.org.

19.5 Einbinden eines Adressbuchs als Datenquelle

Adresslisten lassen sich unter Windows beispielsweise im Windows-Adressbuch speichern und in Mailprogrammen abrufen. In Linux kann z.B. das Adressbuch des Firefox Browsers oder des Thunderbird-E-Mail-Clients zur Verwaltung von Adressen benutzt werden. Auch das Programm PIM ermöglicht es, Adressen unter Linux zu verwalten. Die in diesen Adressbüchern eingetragenen E-Mail-Adressen lassen sich auch mit Kontaktdaten (Anschriften, Telefonnummern etc.) ergänzen. Zudem können Sie LDAP-Daten oder andere Datenquellen in StarOffice/OpenOffice.org nutzen. Der Ablauf beim Einbinden ist dabei unter Windows, Mac OS X und Linux gleich, lediglich die Optionen unterscheiden sich geringfügig.

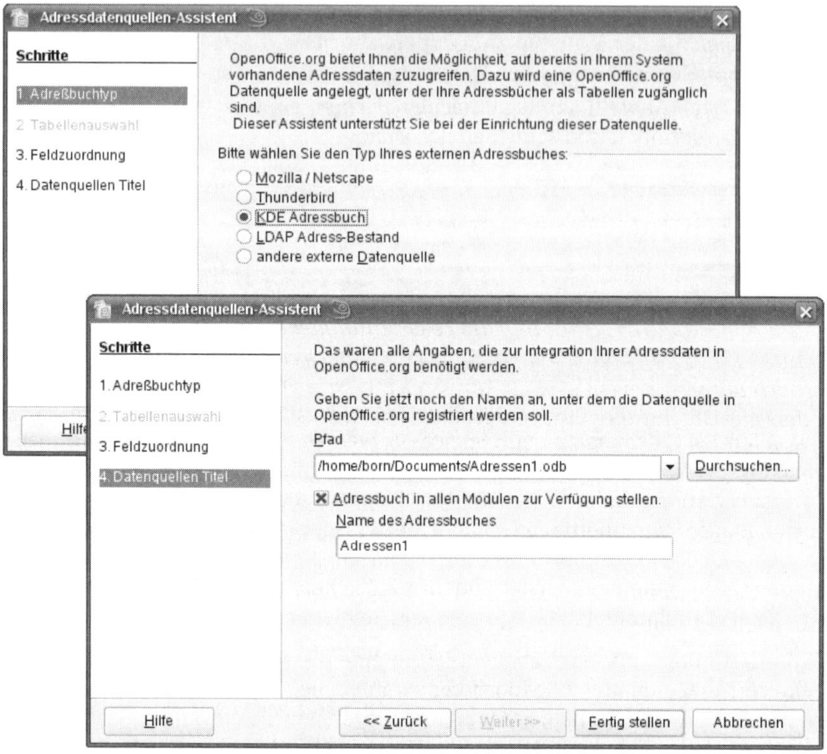

Abbildung 19.37: Einbinden eines Adressbuchs unter Linux

1. Starten Sie Base und legen Sie eine neue Datenbank an. In dieser Datenbank werden die Datenquellen dann als Tabellen eingebettet.
2. Wählen Sie im Base-Fenster im Menü *Datei* den Befehl *Assistenten* und klicken Sie im Untermenü auf den Befehl *Adress-Datenquelle*.
3. Wählen Sie im dann angezeigten Startdialog die Option für die gewünschte Quelle des Adressbuches (Abbildung 19.37, oben). Die verfügbaren Optionen weichen in Linux, Mac OS X und Windows etwas voneinander ab.
4. Bestätigen Sie die Auswahl über die *Weiter*-Schaltfläche. Der Assistent stellt den Kontakt zur gewählten Datenquelle her. Existiert das Adressbuch bzw. die Datenquelle nicht, wird ein Fehlerdialog eingeblendet. Gegebenenfalls müssen Sie dann das Adressbuch installieren, mit einigen Daten füllen und die Schritte wiederholen.
5. Je nach gewähltem Adressbuch erscheinen dann weitere Dialoge zur Auswahl der Adressbestände. Klicken Sie auf die gewünschten Optionen und bestätigen Sie diese Auswahl über die *Weiter*-Schaltfläche.
6. Geben Sie bei Bedarf im letzten Dialogschritt (Abbildung 19.37, unten) die Bezeichnung der Datenquelle an, legen Sie ggf. den Pfad zur Datenbankdatei fest und schließen Sie den Assistenten über die *Fertig stellen*-Schaltfläche.

Base wird dann das eingebundene Adressbuch in der Datenbank ablegen. Sie können die Datenbank im Base-Fenster öffnen und das Datenbankobjekt *Tabellen* wählen. Dann werden die gefundenen Adressbestände in der rechten Spalte angezeigt. Die Zahl und die Namen der angezeigten Tabellen hängen vom gewählten Adressbuch ab. Sobald Sie einen dieser Einträge anwählen, werden die Daten als Tabelle dargestellt. Base benutzt dabei die in der Datenquelle vorhandenen Felder als Spalten. Die Einträge des Adressbuches werden dann als Datensätze in den jeweiligen Zeilen eingeblendet.

INFO

Die mir beim Schreiben dieses Buches verfügbaren Versionen von OpenOffice.org 3.0 konnten jedoch nicht auf die Kontaktdaten von Windows Vista zugreifen (es wurde ein Outlook Express-Adressbuch erwartet, was aber nicht vorhanden ist). In Windows XP-Systemen ist auf jeden Fall das System-Adressbuch vorhanden. Dieses Adressbuch lässt sich direkt über das Startmenü unter Alle Programme/Zubehör/Adressbuch *aufrufen und pflegen. Im Eigenschaftenfenster eines Eintrags können Sie neben der E-Mail-Adresse auch die Anschrift und die Telefonnummer eintragen. Sofern der Firefox (z.B. unter Linux) installiert ist, kann auch eine Verbindung zum zugehörigen Adressbuch aufgebaut werden. Das Adressbuch lässt sich über den E-Mail-Client aufrufen und mit Daten füllen. Das Outlook-Adressbuch ist nur verfügbar, wenn Microsoft Office mit Microsoft Outlook auf dem Rechner installiert und eingerichtet wurde. Sie müssen aber nach dem Einbinden der Datenquelle die Datenbank explizit öffnen, um auf die Daten zugreifen zu können. Die Option* LDAP-Adressbuch *steht nur bei LDAP-Servern zur Verfügung. Die Option* Andere Datenquelle *ermöglicht es, beliebige Datenquellen (Textdateien, CSV-Dateien, Datenbanken, Calc-Tabellen) in Office einzubinden. Die Einbindung solcher Quellen erfolgt aber in der Regel im Dialogfeld* Datenquellen verwalten.

TIPP

Häufig werden bestimmte Felder des Adressbuches nicht belegt sein. Sie können daher die Tabelle mit den Adressdaten per Doppelklick in der Datenblattansicht öffnen. In der Datenblattansicht lassen sich die Spaltenköpfe mit der rechten Maustaste anklicken. Wenn Sie im Kontextmenü den Befehl Spalten ausblenden *wählen, lassen sich leere Spalten verstecken. Beachten Sie aber, dass Sie die Einträge des Adressbuches in der Datenblattansicht nicht ändern oder ergänzen können. Die Daten können nur gelesen werden.*

19.6 Text- und CSV-Dateien als Datenquellen einbinden

Viele Programme unterstützen den Export von Daten im Text- oder CSV-Format. Wenn Sie die betreffende(n) Datendatei(en) in einem eigenen Ordner gespeichert haben, lassen sich die Datenbestände (z.B. mit Adressen) direkt als Datenquelle in eine Base-Datenbank einbinden.

1. Wählen Sie im Base-Fenster den Menübefehl *Datei/Neu/Datenbank*.
2. Dann startet der Datenbank-Assistent, in dessen Startdialog Sie das Optionsfeld *Verbindung zu einer bestehenden Datenbank herstellen* markieren. Danach wählen Sie den Typ der Datenquelle über das zugehörige Listenfeld (Abbildung 19.38, oben).
3. Klicken Sie auf die *Weiter*-Schaltfläche und danach im Folgedialog (Abbildung 19.38, links) auf die Schaltfläche *Durchsuchen*. Stellen Sie im dann gezeigten Dialogfeld *Pfad auswählen* den Ordner, in dem die Text-, CSV- oder sonstige Datenquellendatei gespeichert ist, ein. Die Datenquellendatei kann in der Regel

nicht ausgewählt werden (deshalb meine obige Empfehlung, die Dateien in separate Ordner zu speichern). Danach schließen Sie das Dialogfeld.

4. Markieren Sie im gleichen Dialogfeld *Pfad auswählen* (Abbildung 19.38, links) die Option *Einfache Textdatei (*.txt)* (falls es sich um eine Textdatei als Datenquelle handelt) oder die Option *Comma separated value Dateien (*.csv)* (bei einer CSV-Datei).
5. Danach wählen Sie über die Listenfelder der Gruppe *Zeilenformat* die Trennzeichen für die Felder, die Begrenzer für Feldinhalte etc. Meist werden Tabulatoren oder Semikola als Trennzeichen für Felder benutzt. Texte können dann in doppelten Anführungszeichen gesetzt sein.

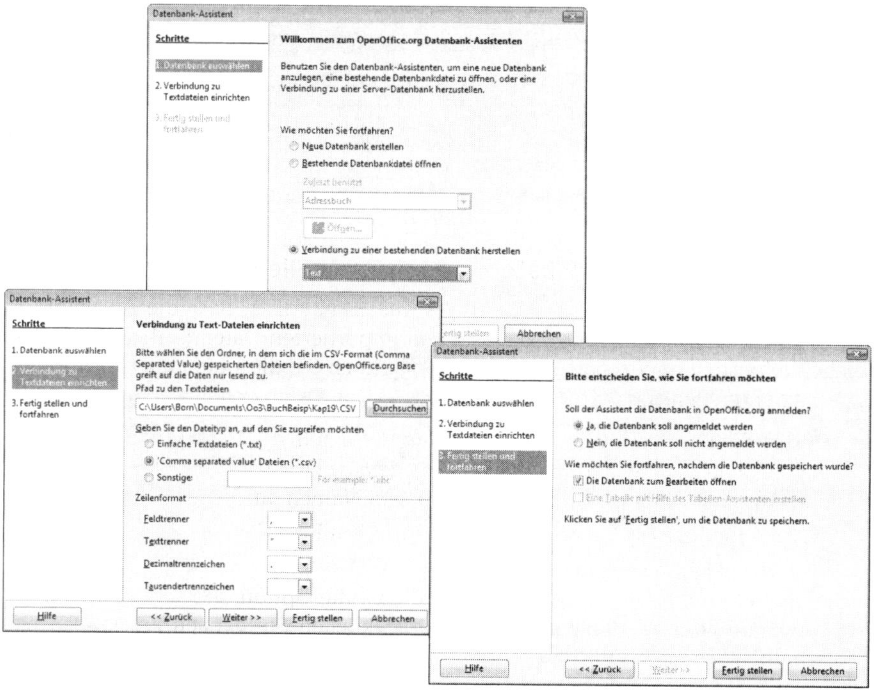

Abbildung 19.38: Einbinden von Text- und CSV-Dateien als Datenquelle

6. Betätigen Sie die *Weiter*-Schaltfläche und legen Sie im Folgedialog (Abbildung 19.38, rechts) ggf. fest, dass die Datenbank in Office anzumelden und die Datentabelle zum Bearbeiten zu öffnen ist.
7. Danach betätigen Sie die Schaltfläche *Fertig stellen*. Der Assistent wird geschlossen und ein Dialogfeld *Speichern unter* erscheint. Wählen Sie das Zielverzeichnis und geben Sie den Namen der Datenbankdatei vor. Danach schließen Sie das Dialogfeld über die *Speichern*-Schaltfläche.

Base sollte nun die Datenbank anlegen und die Datenquelle einbinden. Wenn Sie anschließend im Base-Fenster das Datenbankobjekt *Tabellen* anwählen, erscheint in der rechten Spalte die aus der Datenquelle importierte Tabelle. Ist die Dokumentanzeige aktiviert, sehen Sie sogar einen Tabellenausschnitt im Base-Fenster (Abbildung 19.39).

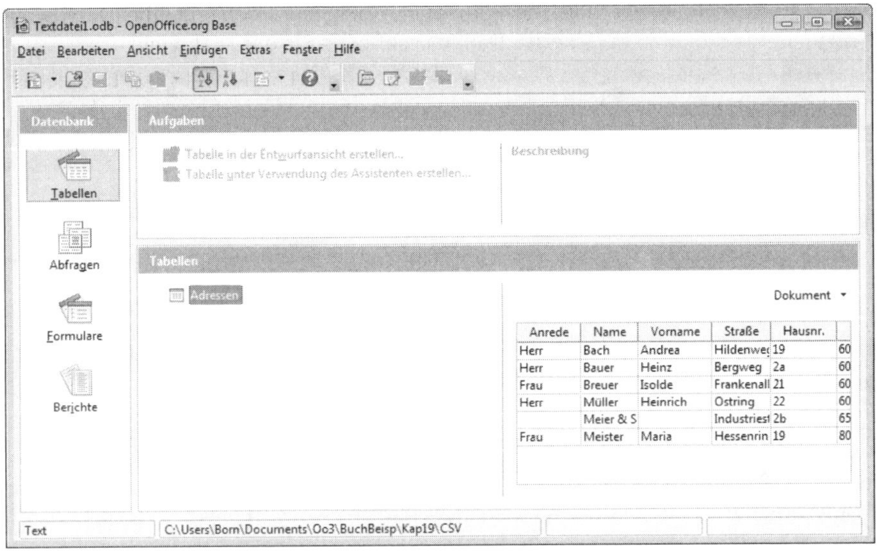

Abbildung 19.39: Anzeige der eingebundenen Datenquelle als Tabelle

19

Import von Text- und CSV-Dateien als Datenquellen

Der im vorherigen Abschnitt beschriebene Ansatz überlässt Base die Auswahl der Zeichenkodierung. Gibt es Probleme mit den importierten Daten (z.B. weil Sonderzeichen fehlerhaft angezeigt werden)? Dann können Sie die Datenquellen über den Adressdatenquellen-Assistenten einbinden.

1. Starten Sie Base und klicken Sie im ersten Dialogfeld des Datenbank-Assistenten auf die Schaltfläche *Fertig stellen*. Im Folgedialog lassen Sie die neue Datenbankdatei im Zielordner unter dem vorgegebenen Namen anlegen.
2. Wählen Sie im Base-Fenster im Menü *Datei* den Befehl *Assistenten* und klicken Sie im Untermenü auf den Befehl *Adress-Datenquelle*.
3. Wählen Sie im dann angezeigten Startdialog die Option *andere externe Datenquelle* (Abbildung 19.37, links oben) und klicken Sie danach auf die *Weiter*-Schaltfläche.
4. Klicken Sie im Folgedialog auf die angezeigte Schaltfläche *Einstellungen* (Abbildung 19.40, links oben) und wählen Sie im dann eingeblendeten Dialogfeld im Listenfeld den Typ der Datenquelle (Abbildung 19.40, rechts oben).
5. Wählen Sie danach die *Weiter*-Schaltfläche und legen Sie im Folgedialog (Abbildung 19.40, links unten) den Pfad zum Ordner mit der Datenquelle fest.
6. Wählen Sie erneut die *Weiter*-Schaltfläche und legen Sie im letzten Dialogschritt (Abbildung 19.40, rechts unten) die Optionen zum Import fest (z.B. Feldtrenner, Texttrenner). Enthält die Quelldatei eine Kopfzeile, markieren Sie das Kontrollkästchen *Text enthält Kopfzeile*. Anschließend können Sie im Dialogfeld über das Listenfeld *Zeichensatz* die Vorgabe für den Zeichensatz der zu importierenden Daten einstellen. Bei Windows wird dies meist »Westeuropa (Windows-1252/WinLatin 1))« sein. In dieser Liste finden Sie aber auch Einträge für Macintosh-Zeichensätze.

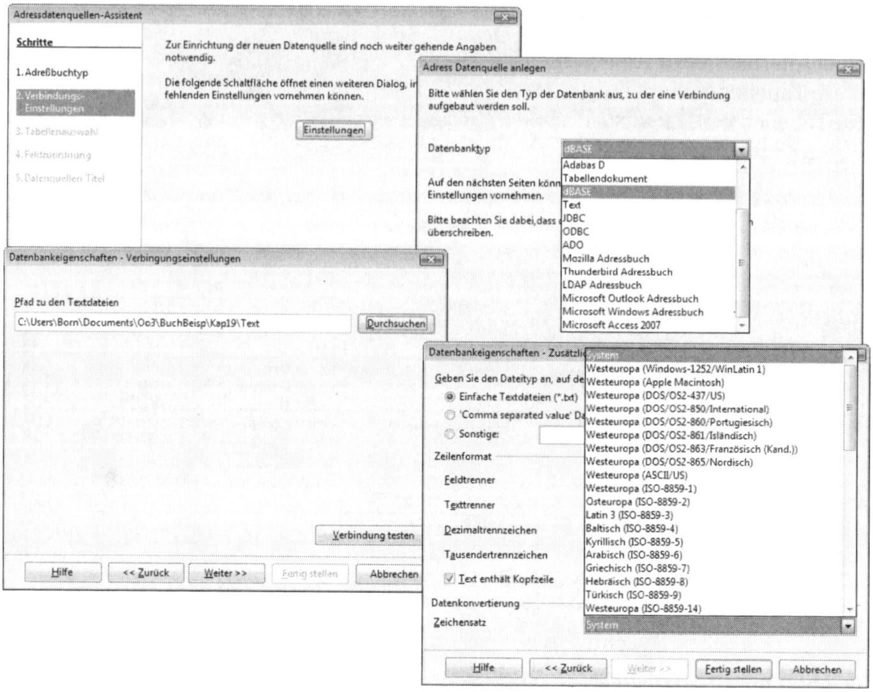

Abbildung 19.40: Einbinden einer Datenquelle über den Assistenten

7. Anschließend können Sie über die *Weiter*-Schaltfläche zu den Folgedialogen gehen. Dort werden ggf. die Feldzuordnungen (bei Textdateien nicht relevant) und die Namen der neuen Tabelle sowie das Zielverzeichnis für die Datenbankdatei eingetragen.

Sobald die Schaltfläche *Fertig stellen* angeklickt wird, legt der Assistent die neue Datenbank an und weist auch die Datenquelle als Tabelle zu.

HALT

Etwas verwirrend: Normalerweise erwarten Sie, dass die importierten Daten als Tabelle im Base-Fenster erscheinen und angewählt werden können. Dies ist aber bei vielen per Assistent eingebundenen Datenquellen (z.B. beim CSV-Import) nicht der Fall. Der Assistent legt die Datenbank mit einer Tabelle an, öffnet diese aber nicht im Base-Fenster. Sie müssen dann die Datenbank explizit (z.B. über die Öffnen*-Schaltfläche) öffnen, um die Tabelle über das betreffende Datenbankobjekt und die Kategorie* Tabellen *ansehen zu können. Text- und CSV-Dateien, die als Datenquelle in Office konfiguriert sind, lassen sich über die Datenblattansicht nicht ändern. Sie können die Daten nur lesen und über Felder in Office-Dokumente einfügen. Um neue Datensätze aufzunehmen oder bestehende Daten der Liste zu ändern, müssen Sie die Datei (z.B. im Writer) laden und die betreffenden Werte direkt ändern.*

INFO

Sie finden auf der Begleit-CD im Ordner Kap19 *Unterordner mit Text- und CSV-Dateien, die Sie in eine Base-Datenbank einbinden können.*

19.6.1 Besonderheiten bei Calc-Tabellen als Datenquellen

Eine Alternative zu Text- und CSV-Dateien stellen Calc-Tabellendokumente dar. Diese Tabellendokumente können bis zu 255 Einzeltabellen enthalten, die sich direkt auf Tabellen der Datenbank abbilden lassen.

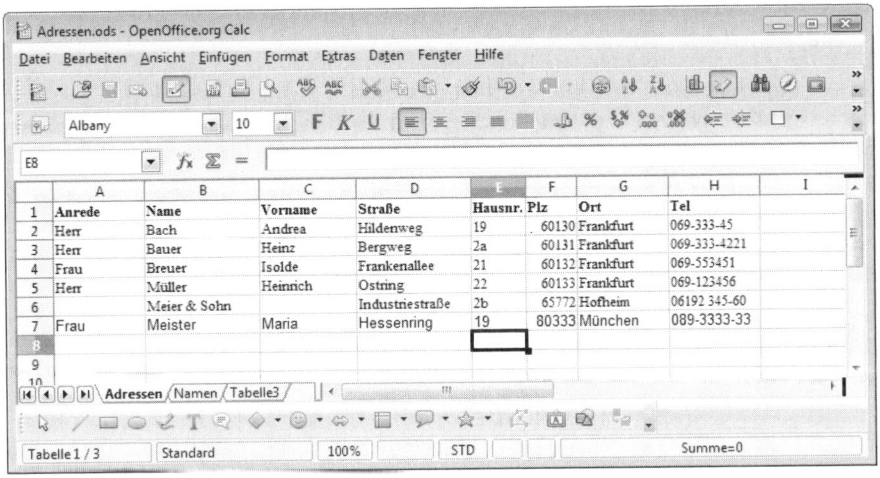

Abbildung 19.41: Beispiel einer Calc-Tabelle als Basis für eine Datenquelle

In Abbildung 19.41 ist ein Calc-Dokument mit drei Tabellenblättern zu sehen, welches als Basis für eine Datenquelle dienen soll. Zwei Tabellenblätter wurden mit Adressdaten gefüllt und mittels des Registerreiters mit »Adressen« bzw. »Namen« bezeichnet. Das dritte Tabellenblatt ist leer und weist die Bezeichnung »Tabelle3« auf. Dieses Tabellendokument ist in einem eigenen Verzeichnis unter dem Dateinamen *Adressen.ods* gespeichert. Zum Einbinden sind folgende Schritte auszuführen:

1. Gehen Sie wie in den vorhergehenden Schritten vor, um eine Datenquelle in eine Base-Datenbank einzubinden. Sie können das Menü der Schaltfläche *Neu* öffnen und den Befehl *Datenbank* wählen. Oder Sie verwenden den Untermenübefehl *Datei/Assistenten/Adresse-Datenquelle*.
2. Anschließend müssen Sie im Datenbank-Assistenten oder im Adressdatenquellen-Assistenten die Dialoge durchlaufen (siehe vorhergehende Abschnitte). Wählen Sie als Datenquelle den Typ *Tabellendokument* aus.
3. Erscheint der Dialog zur Auswahl der Datenquellendatei, klicken Sie auf die Schaltfläche *Durchsuchen*. Im Gegensatz zum Einbinden von Text- und CSV-Dateien ermöglicht das Dialogfeld *Öffnen* nicht nur die Auswahl des Ordners mit der Quelldatei. Es werden zudem die im Ordner gefundenen Tabellendokumente (Dateinamenerweiterung *.ods* und *.sxc*) angezeigt. Sie müssen daher die gewünschte Datei anklicken und dann das Dialogfeld über die Schaltfläche *Öffnen* verlassen (Abbildung 19.42, oben).
4. Nach dem Schließen des Dialogfelds zur Dateiauswahl wird ggf. noch ein Zusatzdialog angezeigt (Abbildung 19.42, unten). Dort sehen Sie die im Tabellendokument enthaltenen und mit Daten gefüllten Tabellenblätter. Die Namen dieser Tabellenblätter werden als Tabellennamen angezeigt. Markieren Sie die Tabelle, mit der Sie hauptsächlich arbeiten.

5. Anschließend durchlaufen Sie die weiteren Dialogschritte zum Einbinden der Datenquelle (siehe vorhergehende Abschnitte).

Sobald die Dialoge des Assistenten geschlossen wurden, bindet Base das Tabellendokument in die aktuelle Datenbank ein. Je nachdem, ob Sie den Datenbank-Assistenten oder den Adressdatenquellen-Assistenten zum Einbinden der Datenquelle genutzt haben, müssen Sie die Datenbank anschließend explizit öffnen. Danach können Sie im Base-Fenster auf das Datenbankobjekt *Tabellen* klicken, um die im Tabellendokument gefundenen Tabellenblätter mit Daten als Tabellen anzuzeigen (Base bindet immer alle Tabellenblätter ein, egal was Sie im Dialogfeld des Assistenten ausgewählt haben). Anschließend können Sie die einzelnen Tabellen im Base-Fenster per Doppelklick oder über den Kontextmenübefehl *Öffnen* in der Datenblattansicht aufrufen und die Daten ansehen.

Abbildung 19.42: Einbinden eines Tabellendokuments als Datenquelle

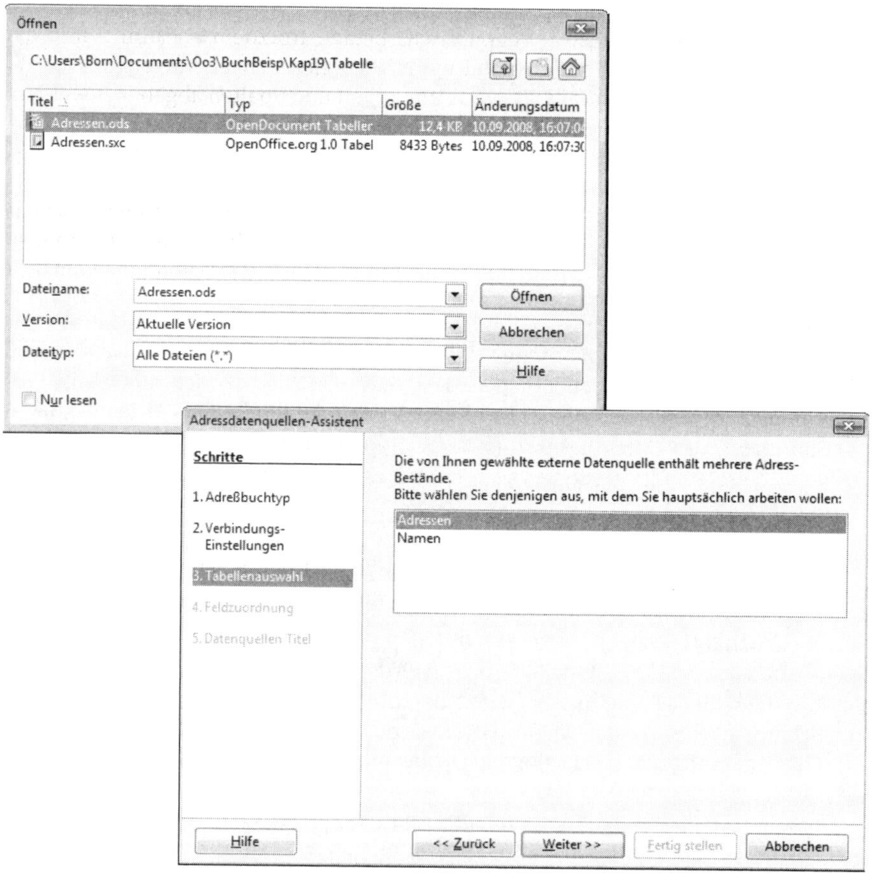

INFO

Tabellendokumente besitzen einige Nachteile als Datenquellen. Nach dem Import müssen Sie die neu angelegte Datenbankdatei explizit öffnen. Ähnlich wie bei Textdateien können Sie auch keine Änderungen über die Datenblattansicht der Datenquelle vornehmen. Falls Sie Änderungen an den Daten vornehmen möchten, müssen Sie die Tabellen vielmehr in Calc laden. Zudem bestimmt der erste Datensatz der Liste das Format der zu übernehmenden Spalten. Bei der Gestaltung von Serienbriefen kann dies beispielsweise zu Problemen bei Spalten mit gemischten Inhalten (z.B. Hausnummern mit Zahlen und Buchstaben) führen. Benötigen Sie spezielle Datentypen für die einzelnen Felder, empfiehlt es sich, auf HSQL-Datenbanken oder zumindest auf dBase-Dateien als Datenquelle auszuweichen.

19.6.2 dBase-Tabellen als Datenquellen einbinden

Das dBase-Dateiformat ist zwar schon etwas betagt, trotzdem aber im Windows-Bereich immer noch recht populär und wird von vielen Anwendungen benutzt. In dBase-Dateien können ebenfalls Tabellen mit Zeilen und Spalten abgebildet werden. Im Gegensatz zu Calc-Tabellendokumenten ermöglicht es das dBase-Format aber, den einzelnen Feldern einer Tabelle bestimmte Datentypen zuzuweisen. Sie können also festlegen, dass ein Feld beispielsweise numerische oder alphanumerische Werte aufweisen darf. Der dBase-Datenquellentreiber von Base ermöglicht nicht nur das Lesen von Daten, sondern auch das Aktualisieren und Schreiben. Weiterhin können Sie die Definition der Tabellenstruktur nachträglich in der Datenquellenansicht anpassen.

Zum Einbinden von dBase-Tabellendateien als Datenquelle in eine Base-Datenbank gehen Sie folgendermaßen vor:

1. Rufen Sie den Untermenübefehl *Datei/Neu/Datenbank* auf und wählen Sie im Startdialog des Datenbank-Assistenten die Option *Verbindung zu einer bestehenden Datenbank herstellen*. Als Datenbanktyp ist im zugehörigen Listenfeld der Wert *dBASE* zu wählen.
2. Verwenden Sie die *Weiter*-Schaltfläche und klicken Sie im Folgedialog *Verbindung zu dBASE-Dateien einrichten* auf die *Durchsuchen*-Schaltfläche. Im Dialogfeld *Pfad auswählen* ist dann der Ordner mit den dBase-Dateien auszuwählen.

Nach dem Schließen des Dialogfelds zur Ordnerauswahl und nach dem Beenden des Datenbank-Assistenten zeigt Base das Fenster mit der neuen Datenbank an. Ist dies nicht der Fall, müssen Sie die Datenbankdatei explizit öffnen. Wählen Sie in der linken Spalte das Datenbankobjekt *Tabellen*, blendet Base alle im Ordner mit der Datenquelle gefundenen dBase-Tabellen ein (Abbildung 19.43).

Als Datenquelle eingebundene dBase-Dateien lassen sich ähnlich wie HSQL-Tabellen handhaben. Eine Tabelle lässt sich im Base-Fenster in der Datenblattansicht öffnen. Dann können Sie Datensätze ergänzen, löschen oder ändern. Zudem unterstützt Base bei dBase-Datenquellen auch den Zugriff auf die Tabellenstruktur. Sie können über die Befehle der Aufgabenleiste neue Tabellen anlegen. Zudem lässt sich die Tabellenstruktur über das Kontextmenü einer Tabelle öffnen und Sie können im zugehörigen Fenster die Felddefinitionen anpassen. Das Zuweisen eines Indexfelds erfolgt wie weiter oben beim Anlegen von HSQL-Datenbanktabellen beschrieben. Weiterhin lassen sich als Datenquellen eingebundene dBase-Tabellen per Kontextmenü oder über die Schaltflächen des Base-Fensters löschen und umbenennen.

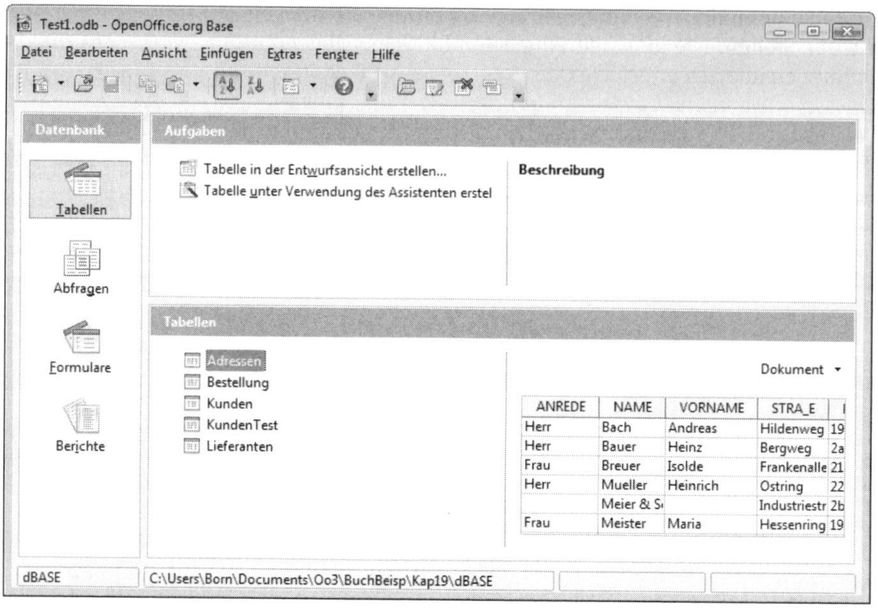

Abbildung 19.43: Eingebundene dBase-Datenbanktabellen im Base-Fenster

INFO

Office unterstützt beim dBase-Format nur Dateien, die pro .dbf-*Datei eine Tabelle enthalten. Um mehrere Tabellen als Datenbank zu verwalten, muss also eine entsprechende Anzahl an Dateien im Zielordner gespeichert werden. Klicken Sie eine dBase-Datenquellen-Tabelle im Base-Fenster mit der rechten Maustaste an, lassen sich im Kontextmenü der Befehl* Datenbank *und im Untermenü die Befehle* Eigenschaften *bzw.* Erweiterte Eigenschaften *anwählen. Im Dialogfeld* Eigenschaften *(Abbildung 19.44, oben) können Sie über zwei Registerkarten den Pfad zum dBase-Ordner sowie den zu verwendenden Zeichensatz wählen. Zudem können Sie über eine Schaltfläche* Indizes *kontrollieren, welche Indizes der dBase-Tabelle zugeordnet sind. Es lässt sich auch vorgeben, ob gelöschte Datensätze noch anzuzeigen sind. Über den Befehl* Erweiterte Eigenschaften *öffnen Sie ein Dialogfeld (Abbildung 19.44, unten), in dem SQL92-Namensbeschränkungen (Namen müssen z.B. mit einem Buchstaben oder einem Unterstrich beginnen) sowie ein Zeilenabschluss mit CR + LF-Zeichen vereinbart werden können. Beim Umgang mit dBase-Datenquellen müssen Sie sich an die Feldtypen und die Beschränkungen von dBase halten. Eine Diskussion geht aber über den Ansatz dieses Buches hinaus. Auf der Begleit-CD finden Sie im Ordner* Kap19 *des Beispielverzeichnisses einen Unterordner* dBASE *mit verschiedenen dBase-Dateien.*

Hinweise zu dBase-Felddatentypen

Sie können die am Kapitelanfang beschriebenen Funktionen zur Verwaltung von dBase-Tabellen verwenden. Dies bedeutet, sobald eine Verbindung zur dBase-Datenquelle (Ordner mit den dBase-Dateien) eingerichtet wurde, lassen sich neue Tabellen zur Datenbank hinzufügen. Beim Entwurf einer Tabellenstruktur müssen Sie neben den Feldnamen noch die Datentypen für die einzelnen Felder vorgeben. In Abhängigkeit vom Datentyp kann das Feld später Zeichenketten (*Zeichen*), Zahlen (*Numerisch*) oder andere Daten aufnehmen. Welche Datentypen verfügbar sind, hängt von der als Datenquelle gewählten Datenbank ab. Beachten Sie, dass bei der

Tabellendefinition von dBase-Datenbanken nur die dBase-Felddatentypen zur Verfügung stehen. Die folgende Tabelle enthält eine Übersicht über die verschiedenen Feldtypen in dBase.

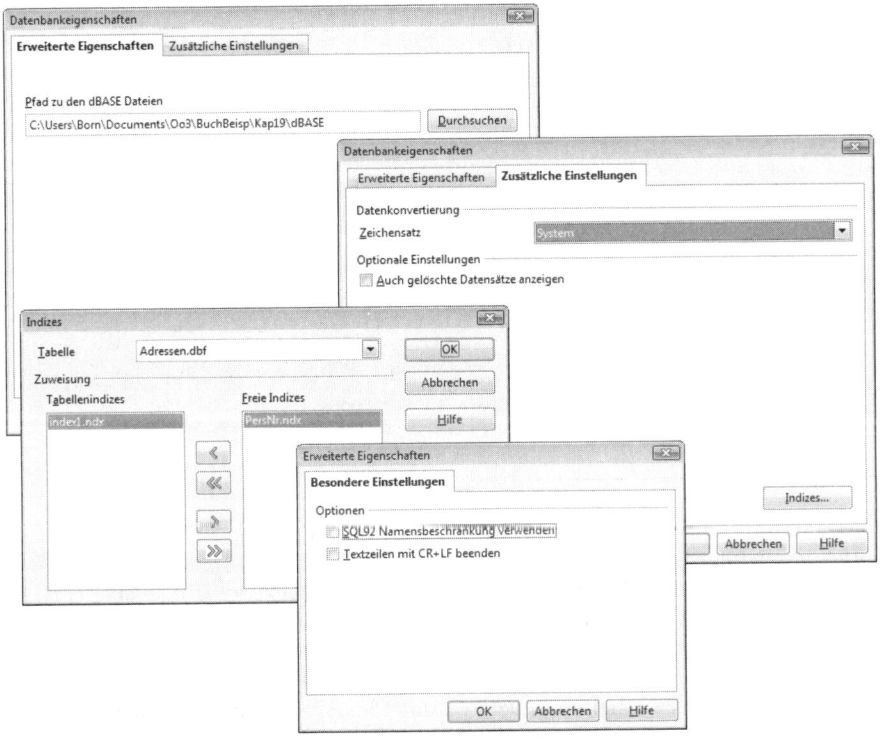

Abbildung 19.44: Optionen für dBase-Datenbanken

Tabelle 19.2: Felddatentypen in Office für dBase-Tabellen

Feldtyp	Bemerkung
Text [VARCHAR]	Das Feld kann Zeichenketten variabler Länge aufnehmen. Die im unteren Bereich des Entwurfsfensters definierte Feldlänge bestimmt dabei die maximale Länge der Zeichenkette, die sich in dem betreffenden Feld speichern lässt. Gültige Werte liegen zwischen 1 und 254 Zeichen. Standardmäßig wird die Länge eines Zeichenfelds auf 20 Zeichen eingestellt.
Text (fix) [CHAR]	Dieser Feldtyp ermöglicht das Ablegen einzelner Zeichen mit einer festen Länge.
Memo [LONGVARCHAR]	In diesem Feldtyp lassen sich Texte mit einer Länge bis 64 KByte ablegen.
Ja/Nein [BOOLEAN]	Logisches Feld, in dem sich nur die Werte Ja/Nein (bzw. wahr/falsch) ablegen lassen.
Dezimal [DECIMAL]	Dieses Feld bildet numerische Werte ab. Über die Zahl der Nachkommastellen können Sie festlegen, ob ganze Zahlen oder Dezimalzahlen anzuzeigen sind.
Datum [DATE]	Speichert das Datum und einen Zeitwert im betreffenden Feld. Die Anzeige lässt sich über einen Formatcode festlegen.

INFO

dBase selbst unterstützt weitere Felddatentypen, die aber keine direkte Entsprechung in Office haben. Ähnliches gilt für die anderen Datenbanken (z.B. MySQL). Zudem lässt sich noch festlegen, ob ein numerischer Feldwert über Autoinkrement erzeugt wird. Bei allen Feldern lässt sich festlegen, ob Eingaben zwingend erforderlich oder ob Nullwerte zulässig sind. Um ein Feld einer dBase-Tabelle als Indexwert zu verwenden, gehen Sie wie auf Seite 764 erklärt vor. Der dBase-Treiber verwaltet die Indizes in getrennten Indexdateien (.idx-Dateien). Das Dialogfeld Indizes *bietet deshalb in der Symbolleiste Schaltflächen, um die einzelnen Indizes umzubenennen oder zu löschen. Sie können eine Tabelle nach mehreren Feldern indizieren lassen. Wichtig ist aber, dass immer nur ein Feld pro Index zulässig ist. Versuchen Sie, im Dialogfeld* Indizes *zwei Felder in der Spalte* Indexfeld *zu wählen (was durchaus möglich ist), löst dies beim Speichern des Indexwerts einen Fehler aus.*

19.6.3 Datenbanken über ODBC als Datenquelle einbinden

Über den ODBC-Treiber können Sie aus dem Modul Base auf beliebige Datenbanken wie Microsoft Access, MySQL etc. zugreifen. Microsoft Access ist dabei das in Microsoft Office enthaltene Datenbankprogramm, welches Tabellen in *.mdb*-Dateien speichern kann. Nachfolgend finden Sie Hinweise, wie Sie MySQL- oder Access-Datenbanken unter Windows in eine Base-Datenbank einbinden.

Einrichten einer DSN unter Windows

Der Zugriff auf Datenbanken per ODBC-Treiber erfolgt dabei in Windows über sogenannte DSN-Einträge. Das Kürzel DSN steht in diesem Zusammenhang für »Data Source Name«. Dies ist eine Textdatei, die alle Verbindungsinformationen (den Namen des Treibers, den Namen der Datenquelle etc.) unter Windows speichert. Einrichtung und Verwaltung dieser DSN erfolgt in Windows mit dem ODBC-Datenquellen-Administrator. Bei älteren Windows-Versionen finden Sie ein entsprechendes Symbol im Fenster der Systemsteuerung. Unter Windows XP/Vista können Sie mit Administratorrechten das Symbol *Verwaltung* in der Systemsteuerung per Doppelklick anwählen. Im dann geöffneten Ordnerfenster wählen Sie das Symbol *Datenquelle (ODBC)* aus.

Anschließend öffnet sich das Fenster des ODBC-Datenquellen-Administrators (Abbildung 19.45, links oben). Nachfolgend werden die Schritte beschrieben, um eine DSN auf eine MySQL-Datenbank einzurichten.

1. Klicken Sie auf der Registerkarte *Benutzer-DSN* des ODBC-Datenquellen-Administrators auf die Schaltfläche *Hinzufügen* (Abbildung 19.45, links oben).
2. Im Folgedialog *Neue Datenquelle erstellen* markieren Sie »MySQL ODBC x.xx Driver« (Abbildung 19.45, rechts oben) und bestätigen über die *Fertig stellen*-Schaltfläche. Falls der MySQL-ODBC-Treiber nicht aufgeführt wird, müssen Sie diesen installieren.
3. Im Konfigurationsdialog des Treibers müssen Sie anschließend die Daten zum Zugriff auf die MySQL-Datenbank eintragen (Abbildung 19.45, unten). Geben Sie zuerst einen möglichst aussagekräftigen Text in das Feld *Data Source Name* ein, da dieser Text später in den Dialogen auftaucht. Im Feld *Database* ist der Name der MySQL-Datenbank einzutragen (hier wurde die Datenbank *firma* gewählt). Ist ein Benutzer eingetragen, geben Sie dessen Name in das Feld *User* und ggf. noch das Kennwort in das Feld *Password* ein.

Sobald diese Eingaben erfolgt sind, klicken Sie auf die Schaltfläche *Test* (oder ähnlich). Kann eine Verbindung zur Datenbank aufgenommen werden, bestätigt der Treiber dies über einen entsprechenden Dialog. Andernfalls erhalten Sie eine Fehlermeldung zurück und müssen ggf. die Verbindungsparameter im Dialogfeld anpassen. Sobald die Verbindung zur Datenbank fehlerfrei aufgebaut wurde, können Sie die geöffneten Dialogfelder über die *OK*-Schaltflächen schließen.

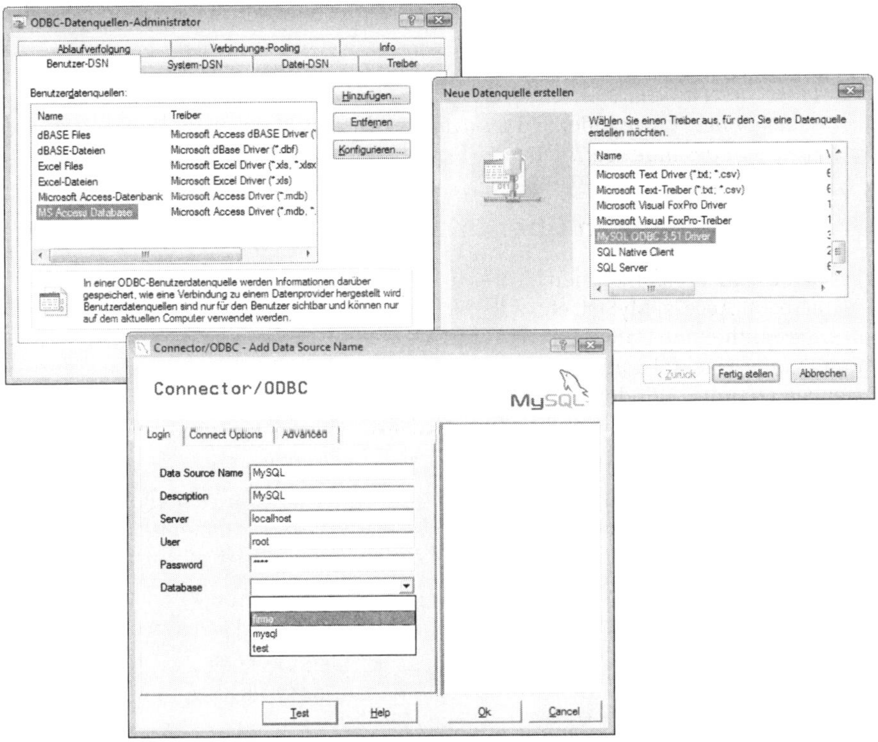

Abbildung 19.45: Benutzer-DSN auf eine MySQL-Datenbank

INFO

Eine DSN auf Datenbanken wie Microsoft Access, Oracle etc. lässt sich unter Windows mit ähnlichen Schritten einrichten. Je nach verwendetem ODBC-Treiber sehen die Dialogfelder zur Auswahl der Datenquelle aber etwas anders aus. Bei Microsoft Access habe ich zudem die Erfahrung gemacht, dass derart eingebundene Datenbanken in Base nicht korrekt dargestellt wurden (es fehlten gelegentlich die in der Datenbank gespeicherten Tabellen). In Linux können Sie sich diese Schritte sparen, da die DSN über die Datei odbc.ini *eingerichtet wird (siehe vorherige Seiten).*

Einbinden der MySQL-Datenbank »DSN« als Datenquelle

Sobald die DSN definiert wurde, lässt sich die zugehörige Datenquelle in Base als Datenquelle einbinden.

1. Wählen Sie, wie in den vorherigen Abschnitten bereits erwähnt, im Anwendungsfenster des Base-Moduls den Befehl *Datenbank* im Menü der Schaltfläche *Neu* oder rufen Sie den Untermenübefehl *Datei/Neu/Datenbank* auf. Base startet den Datenbank-Assistenten.

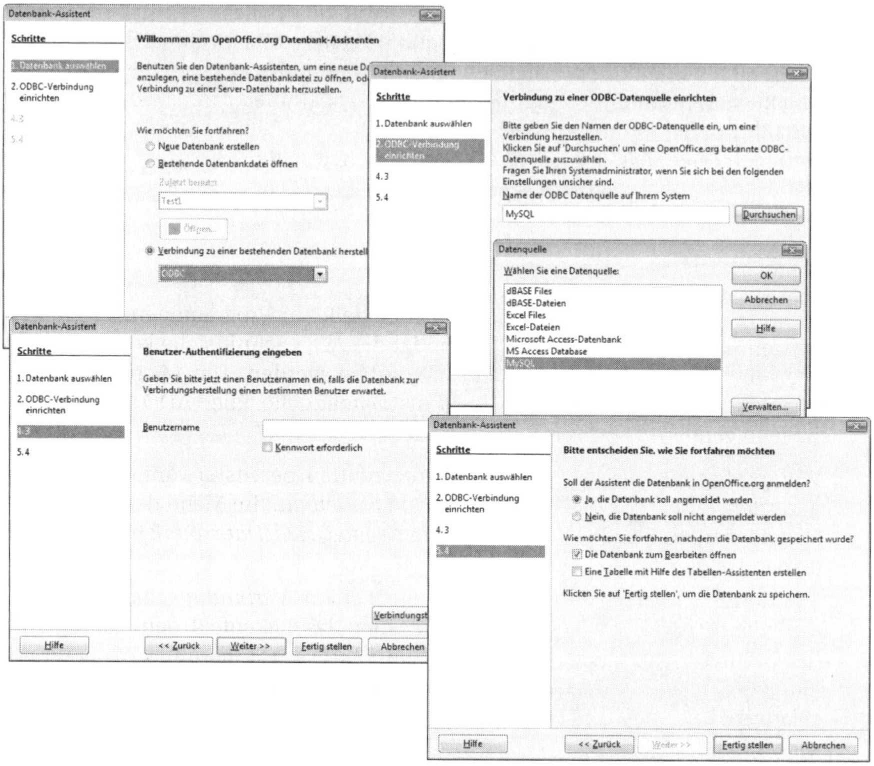

Abbildung 19.46: Einbinden einer Datenbank über die ODBC-Treiber

2. Markieren Sie im ersten Dialogfeld die Option *Verbindung zu bestehender Datenbank herstellen* und wählen Sie über das Listenfeld den Eintrag *ODBC* (Abbildung 19.46, oben links). Alternativ können Sie auch den Datenbanktyp *MySQL* (für MySQL-Datenbanken) verwenden, da dieser Typ letztendlich auf den ODBC-Treiber zurückgreift. Klicken Sie danach auf die Schaltfläche *Weiter*, um zum Folgedialog zu gelangen.
3. Geben Sie im Folgedialog den Namen der DNS-Datenquelle an (Abbildung 19.46). Wenn Sie auf *Durchsuchen* klicken, erscheint ein Dialogfeld mit den Namen der bereits definierten DSN-Einträge für die ODBC-Treiber.
4. Sobald Sie über die Schaltfläche *Weiter* zum Folgedialog gehen (Abbildung 19.46, links unten), gibt der Assistent Ihnen Gelegenheit, einen Benutzernamen für Datenbankzugriffe einzutragen. Im aktuellen Beispiel wurde der Benutzername leer gelassen, da die Beispiel-MySQL-Datenbank nicht über Benutzernamen abgesichert ist. Über die Schaltfläche *Verbindungstest* lässt sich sofort prüfen, ob eine Verbindung zur Datenbank aufgebaut werden kann.
5. Klicken Sie danach auf die Schaltfläche *Weiter* und legen Sie im Folgedialog (Abbildung 19.46, rechts unten) die Optionen zum Öffnen der Datenbank fest.
6. Sobald Sie den Assistenten über die Schaltfläche *Fertig stellen* beenden, erscheint das Dialogfeld, in dem Sie den Pfad und den Namen der *.odb*-Datenbankdatei angeben müssen.

Sobald Sie das Dialogfeld zur Eingabe des Datenbanknamens geschlossen haben, wird die Datenquelle über den DSN-Eintrag in Base übernommen. Sie können anschließend Tabellen und Abfragen definieren und über die Datenblattansicht auf die Tabellendaten zugreifen. Die verfügbaren Felddatentypen für die Datenbanktabellen hängen dabei von der benutzten Datenbank ab.

19.6.4 Datenquellen über ADO einbinden

Alternativ zu den ODBC-Treibern lassen sich Datenquellen (z.B. Microsoft Access-Datenbanken) unter Windows auch über die ADO-Schnittstelle einbinden. ADO steht für ActiveX Data Objects und stellt eine Schnittstelle für Programmierer unter Windows bereit. Im Gegensatz zu ODBC benötigt die ADO-Schnittstelle keine DNS-Einträge, da die Datenbanknamen direkt angegeben werden. Um Microsoft Access-Datenbanken unter Microsoft Windows als Datenquelle über ADO einzubinden, gehen Sie folgendermaßen vor:

1. Wählen Sie, wie in den vorherigen Abschnitten bereits erwähnt, im Anwendungsfenster des Base-Moduls den Befehl *Datenbank* im Menü der Schaltfläche *Neu* oder rufen Sie den Untermenübefehl *Datei/Neu/Datenbank* auf. Base startet den Datenbank-Assistenten.
2. Markieren Sie im ersten Dialogfeld die Option *Verbindung zu bestehender Datenbank herstellen* und wählen Sie über das Listenfeld den Eintrag *ADO* (Abbildung 19.47, oben links). Dieser Eintrag ist jedoch nur unter Windows vorhanden. Klicken Sie danach auf die Schaltfläche *Weiter*, um zum Folgedialog zu gelangen.
3. Klicken Sie im Folgedialog auf die Schaltfläche *Durchsuchen* und legen Sie im Eigenschaftenfenster *Datenverknüpfungseigenschaften* den Provider und die Verbindungsdaten fest (Abbildung 19.47, unten). Die Verbindungsdaten werden abhängig vom gewählten Provider vorgegeben. Hier wurde die Datenquellen-URL auf den Wert *PROVIDER = Microsoft.Jet.OLEDB.4.0;DATA SOURCE = pfad\name.mdb* gesetzt. Schließen Sie danach das Eigenschaftenfenster über die *OK*-Schaltfläche.
4. Klicken Sie danach auf die Schaltfläche *Weiter* und legen Sie im Folgedialog ggf. den Benutzernamen für den Datenbankzugriff und die Option für die Kennwortabfrage fest. Auch hier gibt es eine Schaltfläche, um die Verbindung zu testen.
5. Über die Schaltfläche *Weiter* gelangen Sie zu einem Dialog, der die Optionen zum Öffnen der Datenbank vorgibt. Sobald Sie den Assistenten über die Schaltfläche *Fertig stellen* beenden, erscheint das Dialogfeld, in dem Sie den Pfad und den Namen der *.odb*-Datenbankdatei angeben müssen.

Die Angabe des Providers *Microsoft.Jet.OLEDB.4.0* legt den installierten OLEDB-Treiber fest. Auf neueren Systemen ist die Version 4.0 installiert. Sollten Sie noch mit der älteren Jet-Engine in der Version 3 arbeiten, ist die Versionsnummer entsprechend anzupassen. Der Parameter *DATA SOURCE* legt den Pfad und den Namen der Access-Datenbankdatei fest (z.B. *PROVIDER = Microsoft.Jet.OLEDB.4.0;DATA SOURCE = C:\DB\BORN.MDB*). Sie brauchen lange Pfadangaben, die Leerzeichen enthalten, übrigens nicht in Hochkommas einzufassen, da die ADO-Parameter durch Semikola getrennt werden. Wenn die Pfad- und Treiberangaben korrekt sind, können Sie zur Registerkarte *Tabelle* wechseln. Dort sollten dann die in der Access-Datenbank gespeicherten Tabellen angezeigt werden.

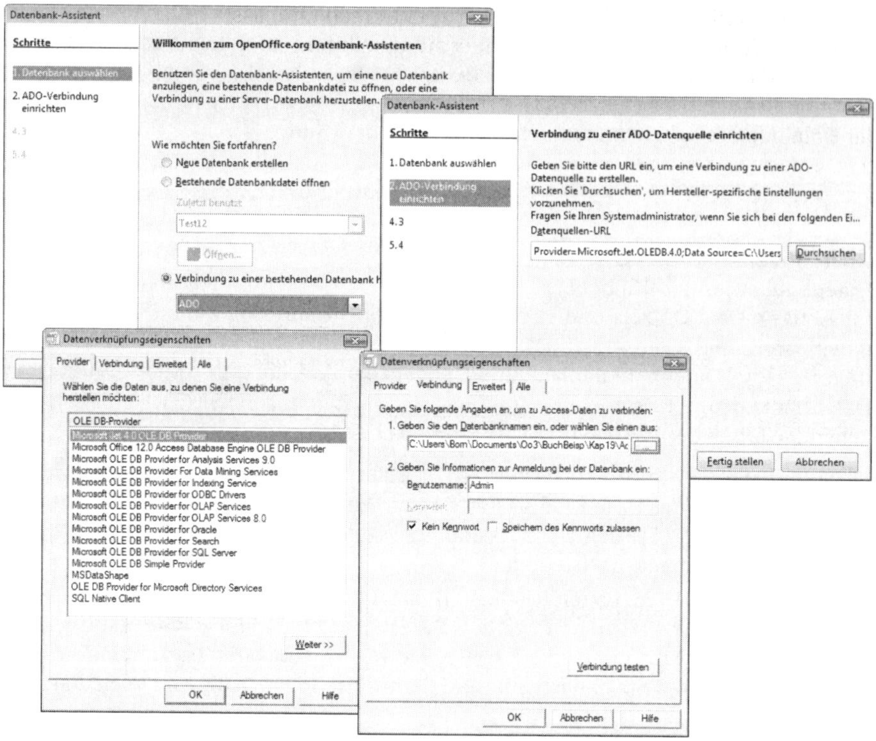

Abbildung 19.47: Einbinden von Datenquellen per ADO

Die Anbindung von Access-Datenbanken in StarOffice/OpenOffice.org ist nur ein Notnagel. Sowohl bei der ODBC- als auch bei der ADO-Anbindung gab es auf meinen Testsystemen einige Probleme und die Zugriffe auf eine Testdatenbank (Umfang knapp 3 MByte) funktionierten nicht korrekt oder waren sehr langsam.

19.6.5 MySQL mit JDBC als Datenquelle einbinden

Die ODBC-Schnittstelle wurde originär von Microsoft als API zum Zugriff auf Datenbanken eingeführt. Sobald ein MDAC-Paket (»Microsoft Data Access Components«, verfügbar auf den Microsoft-Webseiten) unter Windows installiert ist, stehen die ODBC-Treiber zur Verfügung. Es gibt aber Alternativen: Anstelle des MyODBC-Treibers (Windows) bzw. UnixODBC-Treibers (Linux) können Sie auch auf die JDBC-Schnittstelle zurückgreifen (»Java Data Base Connectivity«, Infos auf den Sun-Webseiten `java.sun.com/javase/technologies/database/index.jsp`, Download u.a. auch auf den MySQL-Webseiten). Der betreffende Treiber hat den Vorteil, dass er plattformunabhängig ist, d.h., der gleiche Treiber lässt sich unter Windows und Linux verwenden. Zudem ermöglicht es der Treiber, ohne Anpassung der *odbc.ini* auf unterschiedliche Datenbanken zuzugreifen.

Den JDBC-Treiber installieren und einrichten

Zum Einbinden einer MySQL-Datenbank als Datenquelle per JDBC-Treiber müssen Sie zuerst den betreffenden Treiber installieren. Bei der SuSE Linux-Distribution ist ein solcher Treiber (mysql-connector-java) enthalten und lässt sich über YaST2 einrichten. Andernfalls laden Sie den Treiber aus dem Internet (im Internet nach »mysql-connector-java« suchen oder auf der MySQL-Website `www.mysql.de`). Anschließend kopieren Sie die kompilierte Java-Datei *mysql-connector-java-3.0.10-bin.jar* (wobei der Dateiname je nach heruntergeladener Version etwas variieren kann) ggf. in einen getrennten Ordner (z.B. Verzeichnis *usr/share/java*). Um den JDBC-Treiber überhaupt verwenden zu können, müssen Sie diesen unter Office einbinden.

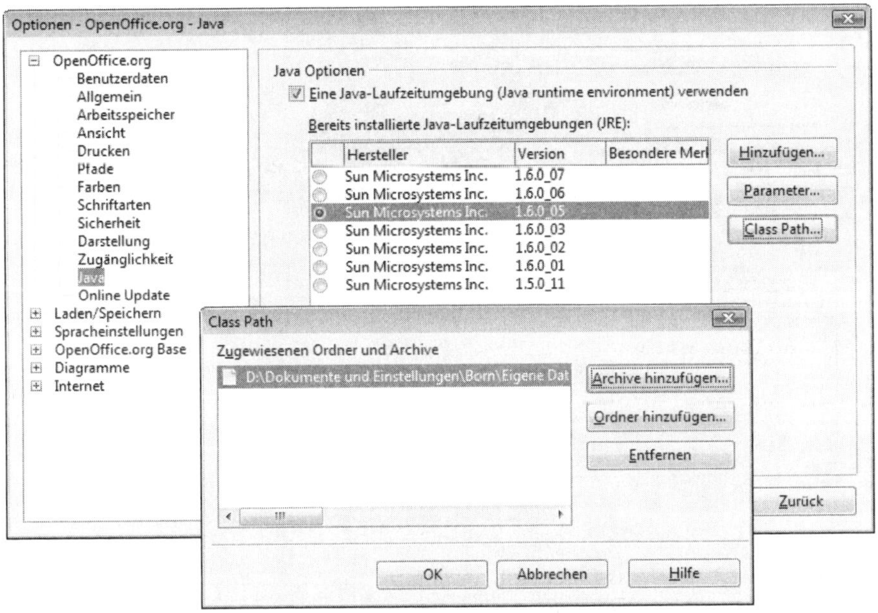

Abbildung 19.48: Einbinden des JDBC-Treibers in Office

1. Rufen Sie im Office-Anwendungsfenster den Menübefehl *Extras/Optionen* auf.
2. Im Dialogfeld *Optionen* wählen Sie dann den Zweig *StarOffice/Java* bzw. *OpenOffice.org Java* (Abbildung 19.48, Hintergrund).
3. Klicken Sie in der Gruppe *Java-Optionen* auf die Schaltfläche *Class Path*. Im Folgedialog *Class Path* (Abbildung 19.48, Vordergrund) wählen Sie die Schaltfläche *Archive hinzufügen*.
4. Dann wählen Sie im eingeblendeten Dialogfeld die *.jar*-Datei samt Pfad und fügen diese zum *ClassPath*-Eintrag hinzu. Bei SuSE Linux 10.0 wird das JDBC-Paket z.B. im Pfad *usr/share/java* installiert.

Nachdem der betreffende Eintrag gesetzt und das Dialogfeld *Optionen* geschlossen wurde, müssen Sie StarOffice bzw. OpenOffice.org beenden und neu starten. Andernfalls wird die Java-Klasse nicht aktiv.

JDBC-MySQL-Verbindung in der Datenquelle einrichten

Nach diesen Vorbereitungen können Sie eine neue Datenquelle unter Verwendung des JDBC-Treibers einrichten und in einer Base-Datenbank ablegen. Der Ablauf entspricht dem Einbinden von Datenquellen über andere Treiber, Sie müssen nur die Optionen der Datenquelle an den JDBC-Treiber anpassen.

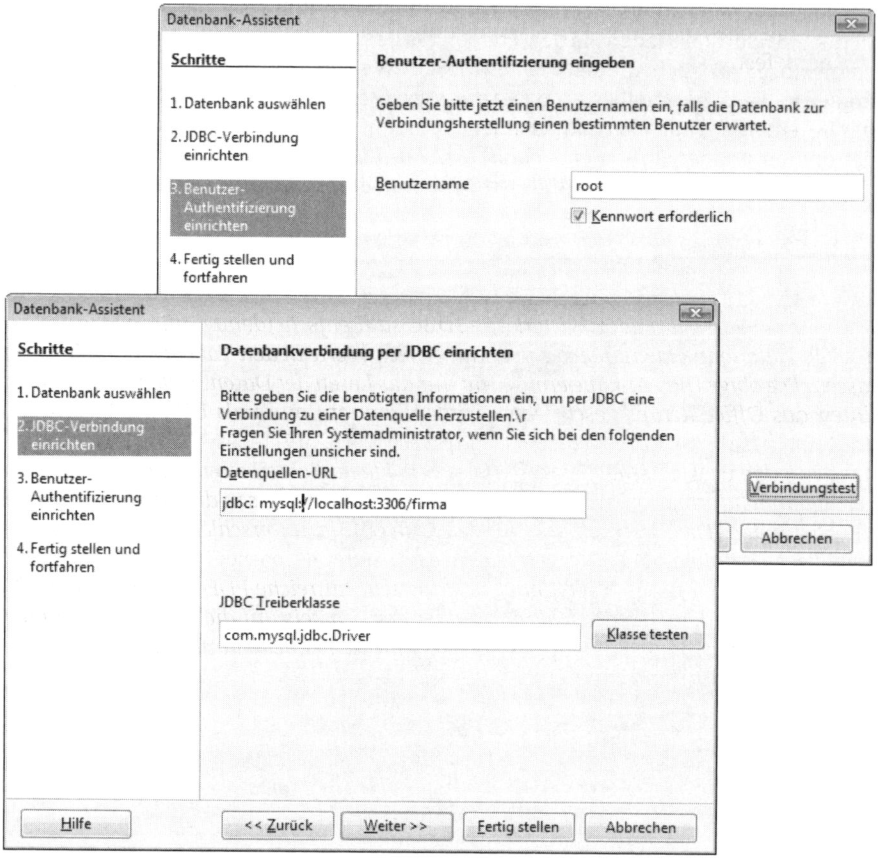

Abbildung 19.49: Einbinden einer MySQL-Datenbank als Datenquelle per JDBC-Treiber

1. Rufen Sie im Base-Anwendungsfenster den Befehl zum Anlegen einer neuen Datenbank auf (siehe vorherige Abschnitte).
2. Markieren Sie im Dialogfeld des Datenbank-Assistenten die Option *Verbindung zu bestehender Datenbank herstellen* und wählen Sie über das Listenfeld den Eintrag *JDBC*. Klicken Sie danach auf die Schaltfläche *Weiter*, um zum Folgedialog zu gelangen.
3. Geben Sie im Folgedialog (Abbildung 19.49, unten) die JDBC-Treiberklasse (z.B. *com.mysql.jdbc.Driver*) und die URL zur MySQL-Datenbank an. Die URL setzt sich nach dem Muster *mysql://localhost:3306/<name>* zusammen, wobei *<name>* der Name der gewünschten MySQL-Datenbank ist. Die Zahl *3306* ist der Port, an dem der MySQL-Dienst über TCP/IP geschickte Anfragen erwartet. Hier wurde die Datenbank *firma* auf dem lokalen Rechner *localhost* adressiert.
4. Sobald Sie über die Schaltfläche *Weiter* zum Folgedialog gehen (Abbildung 19.49, oben), gibt der Assistent Ihnen Gelegenheit, einen Benutzernamen für Datenbankzugriffe einzutragen. Im aktuellen Beispiel wurde der Benutzername *root* verwendet. Über die Schaltfläche *Verbindungstest* lässt sich sofort prüfen, ob eine Verbindung zur Datenbank aufgebaut werden kann.

5. Klicken Sie danach auf die Schaltfläche *Weiter* und legen Sie im Folgedialog (vergleiche Abbildung 19.46, rechts unten) die Optionen zum Öffnen der Datenbank fest.

Wenn die Verbindungsparameter korrekt eingetragen sind und Sie Verbindung zur Datenbank aufnehmen können, verlassen Sie den Datenbank-Assistenten über die Schaltfläche *Fertig stellen*. Sie müssen dann in einem weiteren Dialog den Pfad und den Namen der *.odb*-Datenbankdatei angeben. Anschließend wird die Datenbank im Base-Fenster geöffnet und Sie können auf die Datenbankobjekte der MySQL-Datenbank zugreifen.

HALT

Korrekte Angaben auf der Registerkarte JDBC *sind entscheidend dafür, ob Sie auf die MySQL-Datenbank zugreifen können und ob sich Werte in den Tabellen manipulieren lassen. Die obige URL-Angabe ermöglicht nur das Lesen der Daten. Sollen die Tabellendaten aus Office heraus geschrieben werden können, muss als URL die Vorgabe so erfolgen:* `mysql://localhost:3306/firma?useHostsInPrivileges=false`. *Die zusätzliche Angabe* useHostsInPrivileges = false *ermöglicht Schreibzugriffe. Leider sind die verfügbaren Informationen zum Einbinden des JDBC-Treibers in die Datenquelle meist unvollständig. Die Beschreibung in der Office-Hilfe unterschlägt die* useHostsIn-Privileges-*Optionen. Auf der OpenOffice.org-Seite* `de.openoffice.org/doc/howto/datenquelle/tech_mysql.html` *findet sich das sehr hilfreiche PDF-Dokument »MySQL per JDBC anbinden«. Leider fehlt darin aber der Hinweis auf die Portnummer in der URL-Angabe. Bei Problemen hilft es nur, die unterschiedlichen Informationen zusammenzuführen und dann zu probieren.*

20 Datenbankfunktionen nutzen

Nachdem Sie im vorhergehenden Kapitel die Datenbankfunktionen des Moduls Base sowie die Anbindung von Datenquellen an Base kennengelernt haben, geht es in diesem Kapitel um die Nutzung der Datenbankfunktionen. Sie lernen den Datenquellen-Explorer sowie die »Datenblattansicht« (nachfolgend auch kurz als »Datenansicht« bezeichnet) kennen und erfahren, wie sich Tabellen pflegen oder Abfragen erstellen lassen.

20.1 Datenquellen in Office verwalten

Dieser Abschnitt zeigt Ihnen, wie Sie den Datenquellen-Explorer nutzen, um aus beliebigen Office-Anwendungen auf Tabellen oder Abfragen zuzugreifen. Zudem wird gezeigt, wie Sie Daten ansehen, aktualisieren, sortieren und suchen.

20.1.1 Abrufen der Datenquellenansicht

In Base ist der Zugriff auf die Elemente einer geladenen Datenbank/Datenquelle sehr einfach (siehe *Kapitel 19*, Abschnitt »Datenquellen in Base einbinden«).

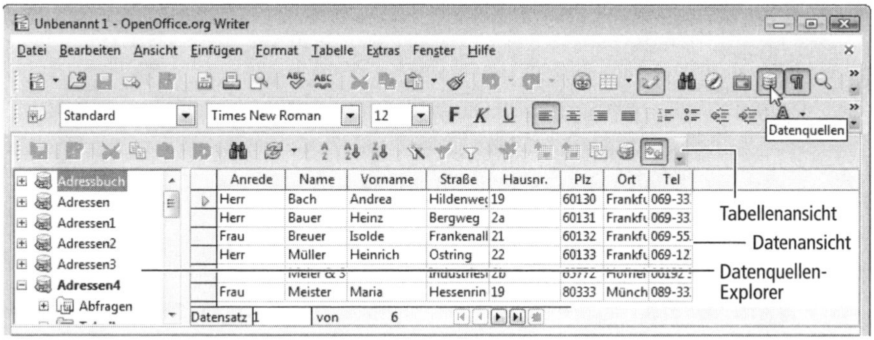

Abbildung 20.1: Anzeige des Datenquellen-inhalts in Office

Sie können aber die gleichen Schritte verwenden (siehe folgender Abschnitt), um auch aus Office-Anwendungen wie Writer oder Calc auf geöffnete Datenbanken zuzugreifen. Sobald eine Datenquelle definiert ist, können Sie deren Inhalt über den Befehl *Datenquelle* im Menü *Ansicht* des Office-Anwendungsfensters, über die Schaltfläche *Datenquellen* der *Standard*-Symbolleiste (Abbildung 20.1) bzw. durch Drücken der Funktionstaste F4 abrufen.

Das Office-Modul blendet im oberen Teil des Anwendungsfensters die in Abbildung 20.1 gezeigten Elemente ein. Neben der Symbolleiste *Tabellenansicht* mit Schaltflächen zur Bearbeitung der Daten wird in der linken Spalte der Datenquellen-Explorer sichtbar. Im rechten Teil des Fensters sehen Sie die Datenansicht des aktuell gewählten Elements der Datenquelle. Das Fenster des Datenquellen-Explorers lässt sich dabei mit der Schaltfläche *Explorer ein/aus* der Symbolleiste *Tabellenansicht* ausblenden.

20.1.2 Datenbank in Office wechseln oder laden

Der Datenquellen-Explorer zeigt nur die bereits in Base oder in anderen Office-Modulen geladenen Datenbanken an. Benötigen Sie Zugriff auf eine neue Datenbank (bzw. Datenquelle)? Statt zu Base zu wechseln und die Datenbank zu laden, verwenden Sie folgenden Weg.

Abbildung 20.2: Zugriff auf eine neue Datenbank

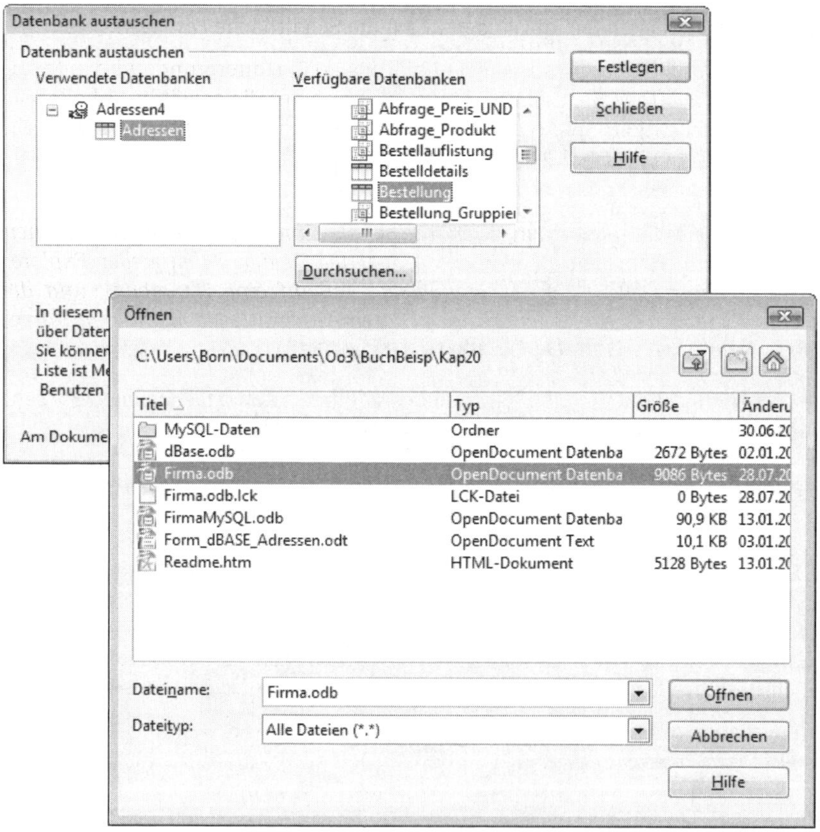

1. Wählen Sie im Anwendungsfenster der aktuellen Office-Anwendung im Menü *Bearbeiten* den Befehl *Datenbank austauschen*.
2. Im Dialogfeld *Datenbank austauschen* (Abbildung 20.2, Hintergrund) wählen Sie die Schaltfläche *Durchsuchen*.
3. Anschließend können Sie im Dialogfeld *Öffnen* (Abbildung 20.2, Vordergrund) den Ordner sowie die Datenbank wählen und über die Schaltfläche *Öffnen* in Office laden.

Die Datenbank sollte anschließend im Dialogfeld *Datenbank austauschen* in der Liste der verfügbaren Datenbanken angezeigt werden. Möchten Sie auf eine andere Tabelle der Datenbank zugreifen?

INFO

Die Liste Verwendete Datenbanken *im Dialogfeld* Datenbank austauschen *wird nur dann einen Eintrag aufweisen, wenn auf die betreffende Datenbank aktuell aus der Anwendung zugegriffen wird. Für diesen Zweck können Sie im Writer oder in Calc direkt über die Datenbankfunktionen (z.B. über Felder) auf die Datenbank (bzw. deren Tabellen) zugreifen.*

4. Expandieren Sie den Datenbankzweig in der Liste *Verwendete Datenbanken* und markieren Sie die Datenbank und dann die gewünschte Tabelle, auf die zugegriffen werden soll.
5. Anschließend klicken Sie im Dialogfeld auf die Schaltfläche *Festlegen*.

Das Dialogfeld *Datenbank austauschen* (Abbildung 20.2, Hintergrund) wird automatisch geschlossen. Öffnen Sie den Dialog erneut, erscheint die gewählte Tabelle »als verwendet« in der linken Spalte des Dialogfelds. Sie können dann das Dialogfeld über die Schaltfläche *Schließen* verlassen.

INFO

Um schnell auf Datenbanken zuzugreifen, die bereits einmal geöffnet waren, können Sie auch einen schnelleren Ansatz wählen. Verwenden Sie den Datenquellen-Explorer im linken Teilfenster der Datenquellenansicht, um auf eine Datenbank und die gewünschten Tabellen zuzugreifen (siehe auch den Abschnitt »Navigation im Datenquellen-Explorer«).

20.1.3 Die Liste der verwendeten Datenbanken bereinigen

Wenn Sie Datenbanken anlegen, erzeugt Office bzw. Base jeweils entsprechende *.odb*-Dateien. Laden Sie eine solche Datenbank, wird deren Pfad und Name in Office in der Liste der registrierten Datenbanken aufgenommen. Löschen Sie später die Datenbankdatei, bleiben die Verweise im Datenquellen-Explorer oder in der Liste *Registrierte Datenbanken* erhalten. Um solche Karteileichen zu entfernen oder eine zu umfangreich gewordene Liste *Registrierte Datenbanken* zu bereinigen, sind folgende Schritte erforderlich.

1. Rufen Sie im Anwendungsfenster der aktuellen Office-Anwendung den Menübefehl *Extras/Optionen* auf.
2. Wählen Sie im Eigenschaftenfenster den Zweig *OpenOffice.org Base/Datenbanken* (Abbildung 20.3).
3. Anschließend markieren Sie im rechten Teil des Dialogfelds *Optionen* die nicht mehr benötigten Einträge und entfernen diese über die Schaltfläche *Löschen*.

Sobald alle unterwünschten Verweise auf Datenbanken entfernt sind, schließen Sie das Dialogfeld über die *OK*-Schaltfläche.

Abbildung 20.3: Datenbankliste bereinigen

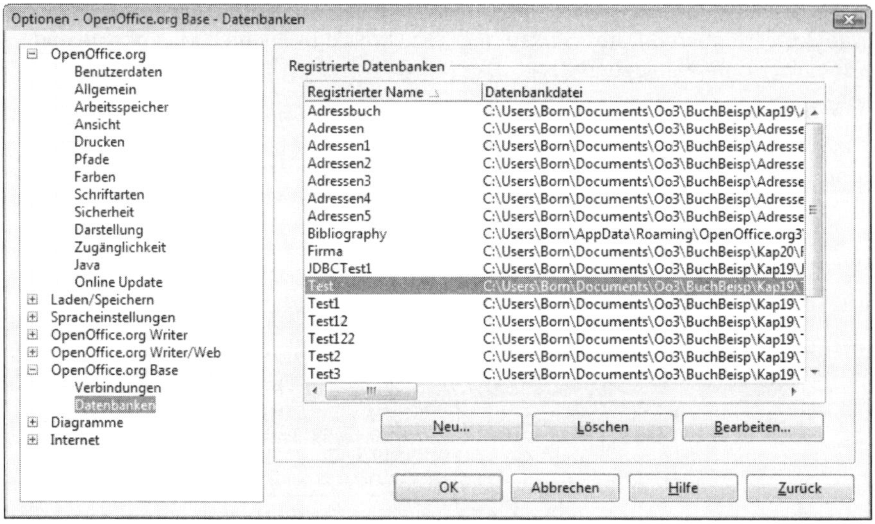

TIPP

Klicken Sie im Datenquellen-Explorer den Eintrag einer Datenquelle mit der rechten Maustaste an, lässt sich der Kontextmenübefehl Registrierte Datenbanken *wählen. Sie gelangen in das gleichnamige Dialogfeld, in dem Sie einen Namen markieren und dann über die* Löschen-*Schaltfläche aus der Liste der registrierten Datenbanken entfernen können. Das Dialogfeld enthält zudem die beiden Schaltflächen* Neu *und* Bearbeiten, *um Verbindungen zu Datenbanken neu anzulegen oder die Verknüpfung zu bearbeiten.*

20.1.4 Navigation im Datenquellen-Explorer

Der im linken Teilfenster verschiedener Office-Anwendungen einblendbare Datenquellen-Explorer ermöglicht Ihnen, zwischen unterschiedlichen Datenquellen (bzw. Datenbanken) zu navigieren. Sobald Sie in der linken Spalte des Datenquellen-Explorers die Datenquelle auswählen, blendet der Explorer die definierten Tabellen, Ansichten, Abfragen etc. ein. Tabellen sind dabei die Elemente der Datenquelle (Datenbank oder Datei), in denen die Daten gespeichert sind.

INFO

Hinweise zum Tabellenentwurf finden Sie in Kapitel 19 (z.B. im Abschnitt »Beispiel für einen Datenbankentwurf«). Ansichten ermöglichen Ihnen, nur einzelne Felder einer Tabelle in einer Datenansicht anzuzeigen. Über Abfragen lassen sich Informationen nach bestimmten Kriterien aus den Tabellen abrufen. Das Erstellen und Arbeiten mit Ansichten bzw. Abfragen wird weiter unten besprochen.

In Abbildung 20.4 sehen Sie das Explorerfenster, in dem mehrere registrierte Datenbanken (bzw. Datenquellen) aufgelistet werden. Sobald Sie auf das links vom Datenquellennamen gezeigte Pluszeichen klicken, wird der zugehörige Zweig um die Einträge *Abfragen* und *Tabellen* erweitert. Auch dort finden Sie wieder das Pluszeichen, um den Unterzweig einzublenden. Im Unterzweig sehen Sie die für die Datenquelle definierten Tabellen, Ansichten und Abfragen. Erweitern Sie beispielsweise

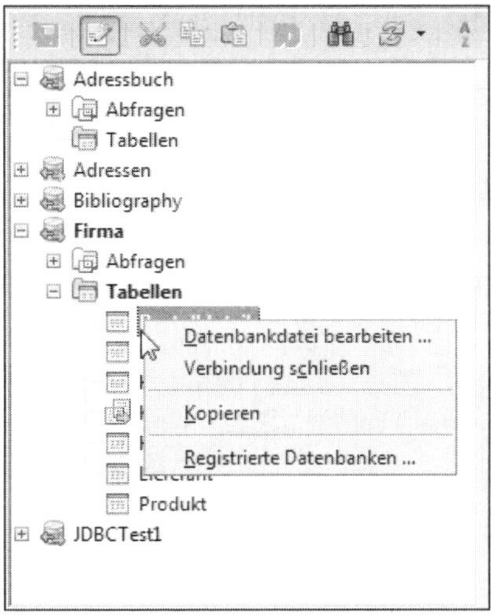

Abbildung 20.4: Navigieren im Datenquellen-Explorer

den Zweig *Tabellen*, werden die für die betreffende Datenbank vorhandenen Tabellen und Ansichten aufgelistet.

Bei einem erweiterten Zweig wird vor dessen Namen das Kästchen mit einem Minuszeichen angezeigt. Ein Mausklick auf dieses Minuszeichen reduziert die Anzeige des Zweigs auf seinen Namen (z.B. *Tabellen*). Der Datenquellen-Explorer ermöglicht daher eine ähnliche Navigation, wie sie vom Windows-Explorer oder von der Baumansicht der in Linux verwendeten Dateimanager (z.B. Konqueror) bekannt ist.

Sobald Sie im Datenquellen-Explorer auf das Symbol einer Tabelle, einer Ansicht oder einer Abfrage klicken, wird deren Inhalt im rechten Teilfenster als Datenblatt eingeblendet. Beachten Sie aber, dass die Anzeige nur dann aktualisiert wird, wenn die Tabelle oder Abfrage auch Daten enthält. Dadurch bleibt gelegentlich die Darstellung der vorher gewählten Tabelle oder Abfrage in der Datenansicht stehen.

Klicken Sie die Tabellen oder Abfragen im Datenquellen-Explorer mit der rechten Maustaste an, erscheint ein Kontextmenü (Abbildung 20.4). In diesem Kontextmenü finden Sie Befehle, um zum Base-Fenster zu wechseln (Befehl *Datenbankdatei bearbeiten*) oder um die Verbindung zur Datenquelle zu schließen.

TIPP

Das Fenster mit der Datenquelle lässt sich durch Drücken der Funktionstaste F4 *ein- bzw. ausblenden. Die Größe des Fensters für den Datenquellen-Explorer können Sie durch Ziehen mit der linken Maustaste anpassen. Zeigen Sie auf den vertikalen Teiler zwischen Datenquellen-Explorer und Datenansicht, nimmt der Mauszeiger die Form eines Doppelpfeils an. Dann lässt sich der Teiler bei gedrückter linker Maustaste horizontal nach links oder rechts verschieben. Über den vertikalen Teiler lässt sich der eingeblendete Bereich der Datenquelle im Verhältnis zum restlichen Dokumentfenster verschieben.*

20.2 Arbeiten mit Datenblättern

Über das Datenquellenfenster in Writer, Calc etc. sowie über das Base-Fenster können Sie auf die Tabellen einer Datenbank bzw. Datenquelle zugreifen. In diesem Abschnitt erfahren Sie, wie Sie in der Datenansicht auf die Daten einer Tabelle zugreifen und diese ändern können.

20.2.1 So arbeiten Sie mit den Daten einer Tabelle

Markieren Sie eine Tabelle (oder eine Abfrage) im Datenquellen-Explorer per Mausklick, blendet Office den Inhalt dieser Tabelle als Datenblatt (Datenansicht) im rechten Teilfenster ein (Abbildung 20.5).

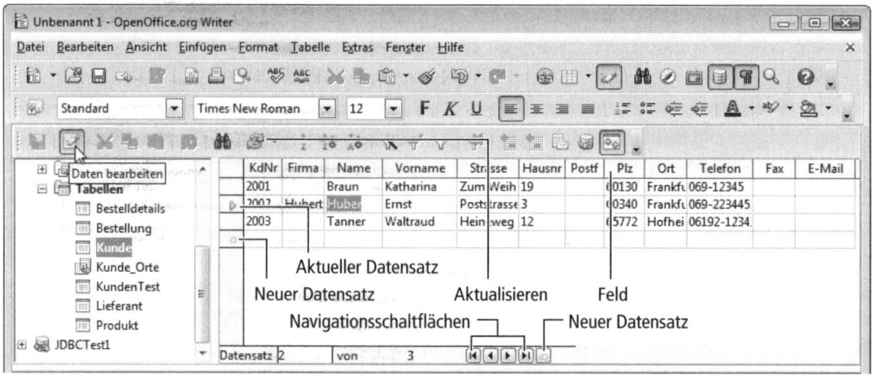

Abbildung 20.5: Tabellenansicht als Datenblatt

Alternativ können Sie im Datenquellen-Explorer einen Tabelleneintrag mit der rechten Maustaste anklicken und den Kontextmenübefehl Datenbankdatei bearbeiten *wählen, um zu Base umzuschalten.*

In Base müssen Sie die Tabelle der Datenbank per Doppelklick anwählen, um das Fenster mit der Tabellenansicht zu öffnen. Dann stehen Ihnen die hier beschriebenen Funktionen zur Tabellenbearbeitung ebenfalls zur Verfügung.

Die Spaltenköpfe der Datenansicht enthalten die Feldnamen der Tabelle, die beim Tabellenentwurf zugewiesen wurden. Die Zeilenköpfe in der linken Spalte stehen für die einzelnen Datensätze. Ein kleines grünes Dreieck im Zeilenkopf signalisiert dabei den aktuellen Datensatz. Das als gelbes Sternchen eingeblendete Symbol bezeichnet die Stelle, an der ggf. ein neuer Datensatz an die Tabelle angehängt werden kann. In der Statusleiste unten im Fenster der Datenansicht werden zudem die Nummer des aktuellen Datensatzes sowie die Gesamtzahl der Datensätze angezeigt. Außerdem finden Sie dort eine Gruppe von vier Navigationsschaltflächen sowie die Schaltfläche *Neuer Datensatz*.

Die Navigation zwischen den Datensätzen kann dabei durch Anklicken der Zeilenköpfe erfolgen. Über die vertikale Bildlaufleiste lässt sich auch in umfangreicheren Tabellen blättern. Alternativ können Sie die am unteren Rand des Datenblatts eingeblendeten Navigationsschaltflächen verwenden, um schrittweise zum vorherigen/folgenden bzw. zum ersten/letzten Datensatz der Tabelle/Abfrage zu blättern.

TIPP

Klicken Sie in das Textfeld Datensatz *in der Statusleiste, können Sie die dort angezeigte Zahl für den aktuellen Datensatz ändern. Sobald Sie die* [↵]*-Taste betätigen, springt die Datenansicht direkt zum gewünschten Datensatz.*

Format der Datenansicht anpassen

Die Datenansicht wird zur Darstellung der Inhalte von Tabellen und Abfragen benutzt. Office verwendet dabei die in der Tabelle bzw. Abfrage vorgefundene Struktur, um die einzelnen Felder anzuzeigen. Die Datentypen der Tabellenfelder müssen aber nicht unbedingt Ihren Vorstellungen entsprechen. Oder die Spalten der Tabelle sind zu breit bzw. zu schmal.

Abbildung 20.6: Anpassen der Spaltenbreite

Office ermöglicht Anpassungen in der Darstellung der Datenansicht. Um die Tabellenbreite anzupassen, setzen Sie den Mauszeiger auf den Spaltentrenner und ziehen diesen bei gedrückter linker Maustaste nach links oder rechts, um die Spaltenbreite der linken benachbarten Spalte anzupassen (Abbildung 20.6). Ein Doppelklick auf den Spaltentrenner passt die Spaltenbreite an den längsten Eintrag an.

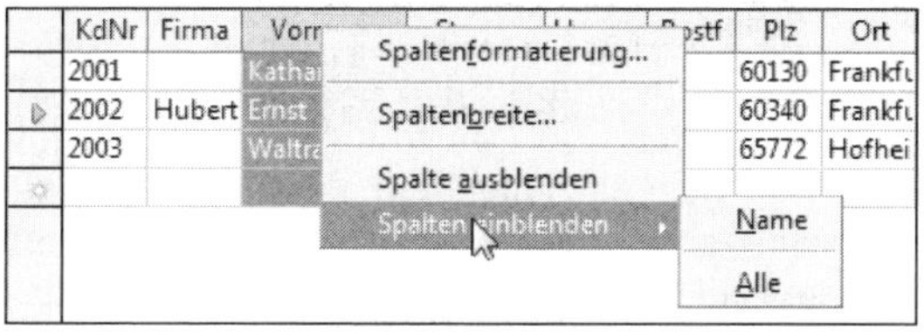

Abbildung 20.7: Kontextmenü zur Anpassung der Tabellenspalten

Klicken Sie mit der rechten Maustaste auf einen der Spaltenköpfe, wird ein Kontextmenü mit verschiedenen Befehlen angezeigt (Abbildung 20.7). Über den Befehl *Spaltenbreite* öffnen Sie ein Dialogfeld, in dem Sie die Breite einer Tabellenspalte automatisch wählen lassen oder gezielt in cm vorgeben (Abbildung 20.8).

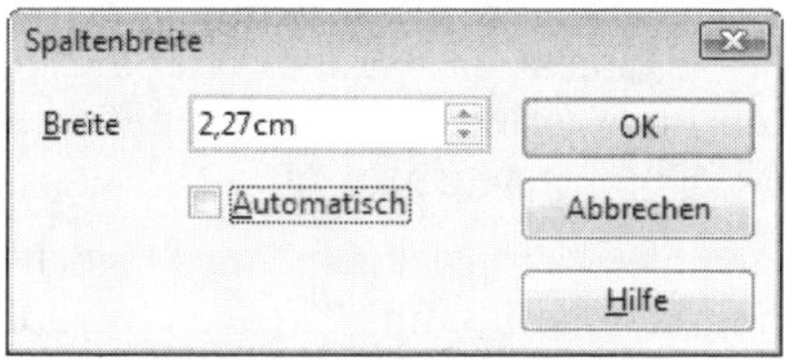

Abbildung 20.8: Dialogfeld *Spaltenbreite*

Stören Sie einige angezeigte Spalten in der Tabelle der Datenansicht? Dann klicken Sie die Spalte mit der rechten Maustaste an und wählen im Kontextmenü den Befehl *Spalte ausblenden*. Auf diese Weise ausgeblendete Spalten lassen sich jederzeit wieder einblenden, indem Sie den Spaltenkopf mit der rechten Maustaste anwählen und dann im Kontextmenü den Befehl *Spalten einblenden* wählen. In einem Untermenü werden dann die ausgeblendeten Spalten als Befehle angezeigt (Abbildung 20.7). Ein Mausklick auf den Befehl mit dem Spaltennamen blendet diesen wieder ein.

Über den Befehl *Alle* lassen sich alle ausgeblendeten Spalten in die Anzeige zurückholen.

Abbildung 20.9:
Feldformatierung für Tabellenspalten

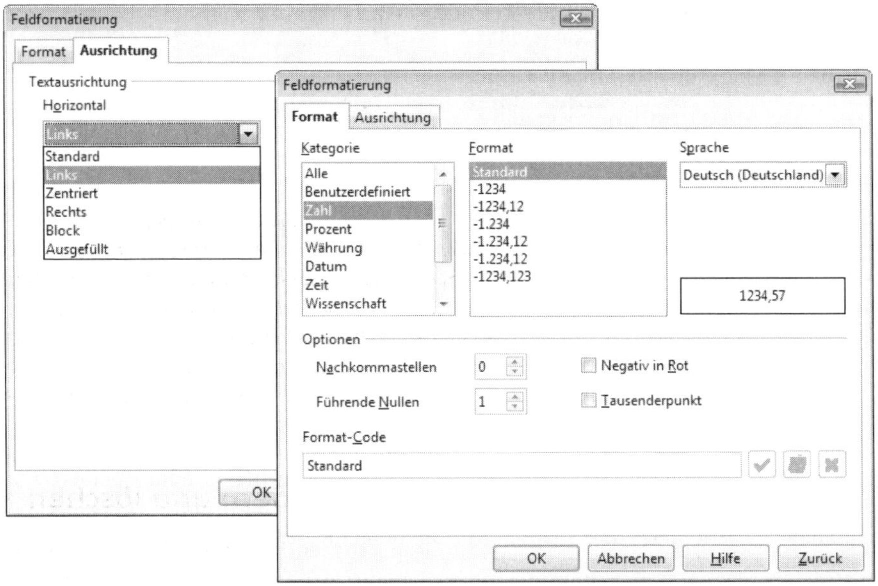

Noch eine Anmerkung zum Problem der Datentypen: Bei Tabellen gibt der Feldtyp an, welche Werte dort eingetragen werden können. Ein Feld vom Typ »Decimal« kann nur Dezimalzahlen mit oder ohne Nachkommastellen aufnehmen. Sollen gemischte, aus Text und Ziffern bestehende Werte untergebracht werden, müssen Sie dem Feld den Datentyp »Text« zuweisen. Wie die Datentypen genau bezeichnet werden, hängt von der zugrunde liegenden Datenbank ab (siehe z.B. *Kapitel 19*, Abschnitt »Bemerkungen zum Tabellenentwurf«). Die Vergabe von Felddatentypen in Datenbanken ist hilfreich bei der Übernahme der Daten in Office-Dokumente. In *Kapitel 9*, Abschnitt »Serienbriefe und Etikettendruck«, hatte ich bereits darauf hingewiesen, dass bei Calc-Tabellen als Datenquelle ein Problem auftauchen kann. Der Wert der obersten Zelle einer Spalte bestimmt in Calc automatisch dessen Zellformat. Dann kann es passieren, dass die übernommenen Werte nicht korrekt im Serienbrief angezeigt werden. Oder die Vereinbarung des Feldtyps entspricht nicht der von Ihnen erwünschten Darstellung (z.B. eine Postleitzahlendarstellung mit zwei Nachkommastellen).

Hier bietet Office Ihnen die Möglichkeit, das Format der Anzeige im Datenblatt innerhalb bestimmter Grenzen anzupassen. Klicken Sie mit der rechten Maustaste auf den Spaltenkopf und wählen Sie den Kontextmenübefehl *Spaltenformat* (Abbildung 20.7). Anschließend können Sie im Dialogfeld *Feldformatierung* die Registerkarten *Format* und *Ausrichtung* anwählen (Abbildung 20.9). Auf der Registerkarte *Format* finden Sie die Formatschablonen, die für das betreffende Feld der Tabelle anwendbar sind. Dort können Sie die Kategorie des Datenformats festlegen und ggf. eine eigene Formatschablone wählen. Auf diese Weise lassen sich die Nachkommastellen bei der Postleitzahl sehr leicht unterdrücken.

Die bessere Alternative wäre beim Feld Plz *aber, den Felddatentyp der Tabelle anzupassen. Auch wenn eine vorangestellte Länderkennzeichnung in Postleitzahlen entsprechend den postalischen Vorgaben nicht (mehr) erwünscht ist, würde ich der Flexibilität wegen einen Textdatentyp für das Feld wählen.*

Die Spaltenhöhe der Anzeige im Datenblatt lässt sich, im Gegensatz zu Calc-Tabellen, nicht einfach durch Ziehen per Maus ändern. Sie können aber die Zeilenköpfe mit der rechten Maustaste anklicken und im Kontextmenü den Befehl Zeilenhöhe *wählen. In dem dann eingeblendeten gleichnamigen Dialogfeld lässt sich die Zeilenhöhe automatisch wählen oder in Zentimeter vorgeben. Über den Kontextmenübefehl* Tabellenformatierung *lässt sich das Dialogfeld* Zeichen *mit den Registerkarten* Schrift *und* Schrifteffekt *wählen. Dort können Sie die Schriftart, den Schriftgrad, den Schriftschnitt (fett, kursiv etc.) definieren und auch bestimmte Schrifteffekte zur Anzeige wählen. Die Vorgaben der Dialogfelder wirken sich aber nur auf die Anzeige in der Datenansicht aus, nicht auf die Daten der zugrunde liegenden Tabelle. Zudem lässt sich die Darstellung der in das Office-Dokument übernommenen Daten individuell formatieren.*

20.2.2 Daten in Tabellen einfügen, ändern und löschen

Die Datenansicht der Datenquelle ist sehr komfortabel, um in den Datensätzen zu blättern und Daten im Dokument zu übernehmen. Daher wird schnell der Wunsch aufkommen, diese Daten der betreffenden Tabelle auch direkt in der Datenansicht zu ändern sowie bestehende Datensätze zu löschen und/oder neue Datensätze einzufügen.

Das Hinzufügen von Daten zu Tabellen ist bei Text-, CSV- oder Calc-Dateien nicht möglich. Dort ist eine Aktualisierung der Felder gesperrt. Sie erkennen dies daran, dass die Schaltfläche Neuer Datensatz *(Abbildung 20.7) gesperrt ist. Sofern Sie aber Datenbanktabellen (dBase, Access, MySQL etc.) verwenden, lässt Office die Aktualisierung der bestehenden Datensätze dieser Datenquelle zu. Zudem können Sie Datensätze hinzufügen oder löschen. Die Daten von Abfragen können Sie übrigens auch nicht ändern, da Abfragen eine Art »Sicht« auf den Inhalt der Tabelle(n) der Datenbank darstellen. Das Gleiche gilt für Ansichten.*

Sobald Sie eine änderbare Datenbanktabelle in der Datenansicht (Tabellenansicht) geladen haben, lassen sich die Daten anpassen. In den Zeilenköpfen eingeblendete kleine Symbole signalisieren den Status der Bearbeitung. Standardmäßig symbolisiert das bereits weiter vorne erwähnte kleine grüne Dreieck den aktuell angewählten Datensatz.

Zum Ändern eines Eintrags klicken Sie auf das betreffende Feld und tippen den neuen Wert ein. Ein stilisierter Stift im Zeilenkopf (Abbildung 20.10) signalisiert dann, dass der betreffende Datensatz geändert, aber noch nicht gespeichert wurde. Beim Wechsel zu einem neuen Datensatz werden die Änderungen automatisch in der Datenquelle gespeichert. Sie finden aber auch eine Schaltfläche zum Speichern der Änderungen.

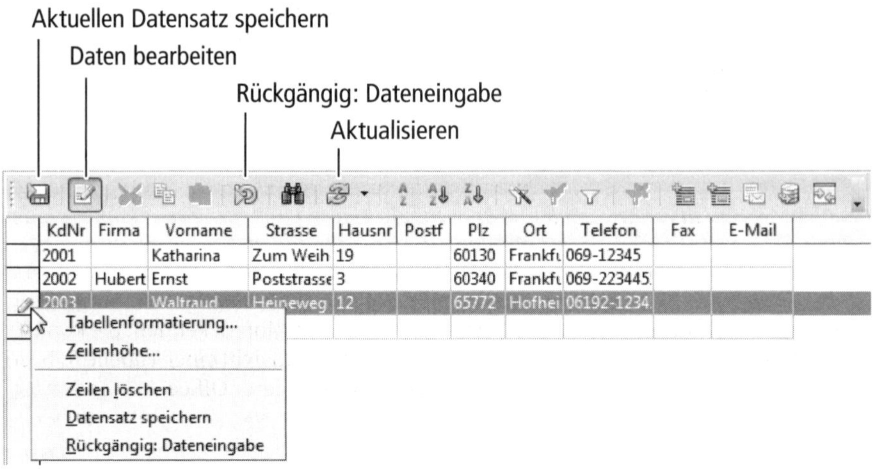

Abbildung 20.10: Schaltflächen der Tabellenansicht

INFO

Um Änderungen vornehmen zu können, muss die Schaltfläche Daten bearbeiten *in der* Tabellenansicht-*Symbolleiste aktiviert sein (Abbildung 20.10). Wurden Einträge in einem Datensatz geändert, gibt Office auch die Schaltfläche zum Speichern in der Symbolleiste des Tabellenfensters frei (Abbildung 20.10). Die Schaltfläche zum Aktualisieren ermöglicht Ihnen, die Daten erneut aus der Datenbank abzurufen. Kommt es beim Speichern der Änderungen zu einer Fehlermeldung (z.B. weil die Eingaben nicht den Feldtypen entsprechen), können Sie die letzte Dateneingabe über eine Schaltfläche rückgängig machen. Dies funktioniert aber nur, solange die Daten noch nicht in die Datenbanktabelle zurückgeschrieben wurden!*

Um einen neuen Datensatz an die Tabelle anzuhängen, klicken Sie auf den Zeilenkopf mit dem gelben stilisierten Stern am unteren Ende des Datenbereichs der Tabelle (Abbildung 20.10, unterste Zeile). Alternativ können Sie die Navigationsschaltfläche mit dem gelben Stern wählen. Anschließend können Sie in die Felder des betreffenden Datensatzes die neuen Daten eintippen. Felder, die bereits mit dem Eintrag » < AutoFeld > « versehen sind, brauchen Sie nicht auszuwählen. Die Datenbankfunktion ergänzt deren Inhalt automatisch. Solche Felder werden z.B. benutzt, um einen Primärindex mit aufsteigenden Nummern zu erzeugen. Auch beim Eingeben eines neuen Datensatzes gilt: Sobald Sie zu einem anderen Datensatz wechseln, werden diese Daten in der Datenquelle gespeichert. Alternativ können Sie die Schaltfläche zum Speichern in der Symbolleiste wählen (Abbildung 20.10), um die Daten einzutragen.

TIPP

Falls sich die Einträge in der Datenansicht nicht ändern lassen, kann die betreffende Datenbanktabelle schreibgeschützt sein. Dann klicken Sie in der Symbolleiste der Datenquellenansicht (Abbildung 20.10) auf die Schaltfläche Daten bearbeiten, *um diesen Schreibschutz aufzuheben. Nach dem Ändern können Sie den Schreibschutz wieder setzen. Ist die komplette Schaltfläche gesperrt, handelt es sich nicht um eine änderbare Datenbanktabelle (beispielsweise habe Sie eine CSV-Datei als Datenquelle benutzt).*

Möchten Sie einen Datensatz aus der Tabelle entfernen, klicken Sie dessen Zeilenkopf mit der rechten Maustaste an. Anschließend lässt sich im Kontextmenü der Befehl *Zeilen löschen* wählen (Abbildung 20.10). Nach einer Bestätigung des Sicherheitsdialogs wird der betreffende Datensatz komplett aus der Datenbanktabelle entfernt.

20.3 Sortieren und Suchen

Office ermöglicht Ihnen, die Datensätze der Datenansicht nach verschiedenen Kriterien zu sortieren. Zudem wird das Suchen in Tabellen, Abfragen und Formularen unterstützt. Nachfolgend lernen Sie die betreffenden Funktionen kennen. Sie können die beschriebenen Funktionen dabei sowohl in der Datenansicht einer Tabelle in Base als auch in der Datenansicht des Datenquellenfensters anderer Office-Anwendungen verwenden.

20.3.1 Sortieren einzelner Datenblattspalten

Die Datenansicht kann die Inhalte von Tabellen oder die Ergebnisse von Abfragen darstellen. Bei Tabellen werden die Inhalte dabei in der Reihenfolge der Ablage in der Datenbank aufgelistet. Bei Abfragen sind die Ergebnisse ebenfalls in der Reihenfolge, in denen diese ermittelt werden, aufgelistet. Office stellt Ihnen aber eine sehr einfache Möglichkeit zum Sortieren der Datenansicht bereit.

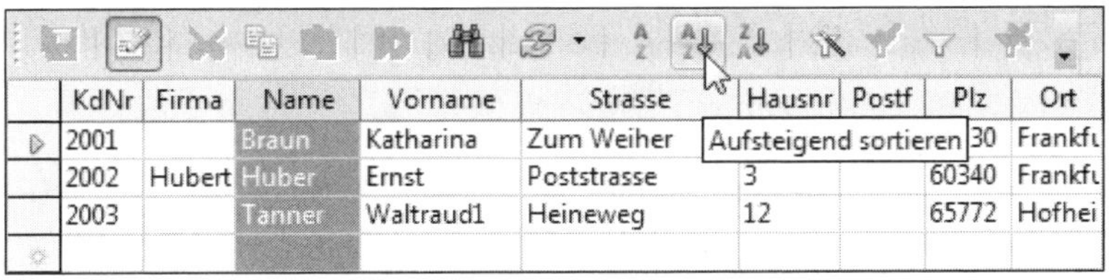

Abbildung 20.11: Sortieren einer Tabellenspalte in der Datenansicht

1. Klicken Sie auf einen Spaltenkopf, um die zugehörige Spalte im Datenblatt zu markieren.
2. Klicken Sie in der Symbolleiste der Datenansicht auf eine der beiden Schaltflächen zum auf- oder absteigenden Sortieren (Abbildung 20.11).

Die Datenansicht wird dann den Inhalt der gezeigten Tabelle alphabetisch in aufsteigender oder absteigender Reihenfolge sortieren. Diese Sortierung wirkt sich aber nur auf die Datenansicht und nicht auf die zugrunde liegende Datenbanktabelle aus.

20.3.2 Sortieren mehrerer Datenblattspalten

Mit dem im vorhergehenden Abschnitt beschriebenen Ansatz lässt sich die Datenansicht immer nur nach einer Tabellenspalte sortieren. Möchten Sie beispielsweise den Inhalte einer Tabelle oder die Ergebnisse einer Abfrage nach mehreren Spalten sortieren, müssen Sie folgende Vorgehensweise wählen.

1. Klicken Sie in der Symbolleiste der Datenanzeige auf die Schaltfläche *Sortieren* (Abbildung 20.12). Das Markieren einer Tabellenspalte ist dabei nicht erforderlich.

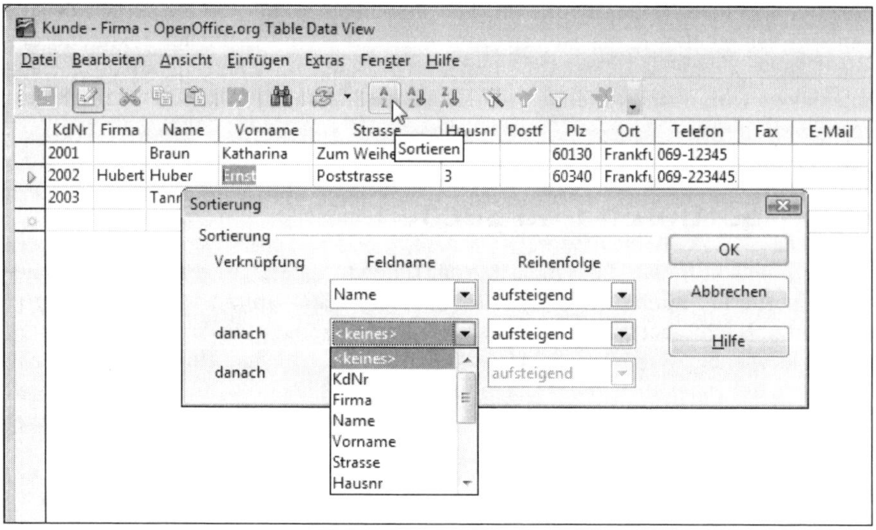

Abbildung 20.12: Sortieren mehrerer Tabellenspalten in der Datenansicht

2. Sobald das Dialogfeld *Sortierung* erscheint, stellen Sie im Listenfeld *Feldname* das gewünschte Feld ein und geben die Reihenfolge der Sortierung (aufsteigend oder absteigend) an.
3. Sie können die Sortierung für insgesamt drei Tabellenspalten vorgeben, indem Sie den vorhergehenden Schritt in den Zeilen *danach* wiederholen.

Sobald Sie das Dialogfeld über die *OK*-Schaltfläche schließen, wird der Inhalt der Datenansicht nach den vorgegebenen Kriterien sortiert.

TIPP

Zum Entfernen der Sortierung klicken Sie ganz rechts in der Symbolleiste auf die Schaltfläche Filter/Sortierung entfernen.

20.3.3 Suchen in Datensätzen

Office stellt Ihnen eine Funktion bereit, mit der sich die Datensätze der Datenansicht (von Tabellen und Abfragen) sowie Formulare nach bestimmten Werten durchsuchen lassen.

1. Klicken Sie in der Symbolleiste des Datenbankfensters auf die Schaltfläche *Datensatz suchen* (Abbildung 20.13, Hintergrund).
2. Sobald das Dialogfeld *Datensatz-Suche* erscheint (Abbildung 20.13, Vordergrund), setzen Sie die gewünschten Suchoptionen.

Sobald Sie auf die *Suchen*-Schaltfläche klicken, wird der Inhalt der Datenansicht nach den vorgegebenen Kriterien durchsucht. Wird ein Datensatz gefunden, hebt Office das betreffende Feld mit einem roten Rahmen in der Datenansicht hervor.

INFO

Durch erneutes Anklicken der Suchen-*Schaltfläche können Sie durchaus mehrere Treffer im Datenblatt auswählen. Ist der letzte Treffer erreicht, erfolgt ein entsprechender Hinweis im Statusbereich des Dialogfelds. Office beginnt dann wieder am Listenanfang mit der Suche und gibt den ersten Treffer erneut aus.*

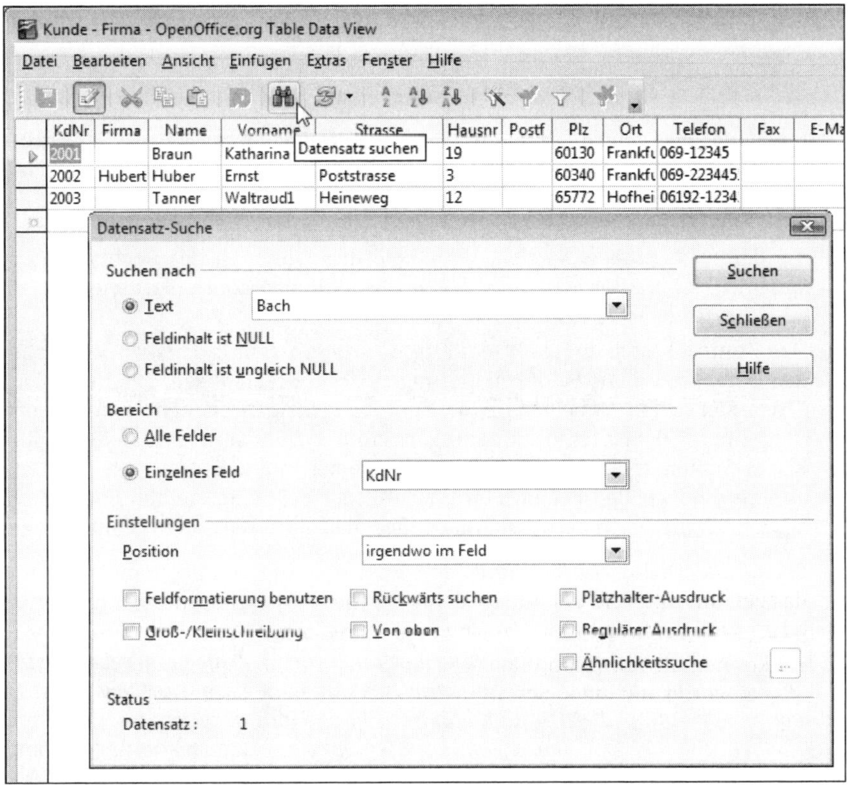

Abbildung 20.13: Datensatz-Suche in der Datenansicht

Details zur Eingabe der Suchkriterien

Im Dialogfeld *Datensatz-Suche* (Abbildung 20.13) finden Sie verschiedene Felder, über die Sie Optionen zur Steuerung der Suche hinterlegen können. Die Gruppe *Suchen nach* steuert die Suche nach den Inhalten.

- Meist wird man das Optionsfeld *Text* markieren und im zugehörigen Feld ein Suchmuster für die Suche angeben. Das als Kombinationsfeld ausgebildete Steuerelement speichert die während der Anzeige der Tabelle (oder des Formulars) eingegebenen Suchbegriffe. Zudem wird der Inhalt des aktuell in der Datenansicht markierten Felds in die Suchliste kopiert. Sie können also die Verlaufsliste des Kombinationsfelds öffnen und bereits eingegebene Begriffe direkt abrufen.
- Mit dem Optionsfeld *Feldinhalt ist NULL* lässt sich die Suche nach Feldern, die keine Daten enthalten, steuern. Markieren Sie dagegen die Option *Feldinhalt ist ungleich NULL*, werden nur Felder aufgelistet, die Daten enthalten. Bei Anwahl dieser Optionen wird die Vorgabe der Option *Text* ignoriert.

Die Auswahl, was innerhalb der Tabelle oder eines Formulars durchsucht werden soll, wird in der Gruppe *Bereich* eingestellt. Markieren Sie entweder die Option *Alle Felder* oder wählen Sie die Option *Einzelnes Feld* und legen Sie dann das Feld über das zugehörige Listenfeld fest.

Die Optionen der Gruppe *Einstellungen* werden nur bei gewählter Option *Text* freigegeben. Über die Kontrollkästchen lässt sich dann steuern, wie das Suchmuster im Feld *Text* zu interpretieren ist.

- Über das Listenfeld *Position* lässt sich einstellen, wie das Suchmuster im Feldinhalt zu bewerten ist. »irgendwo im Feld« ermöglicht, dass der Suchbegriff an beliebiger Position im Feld steht. Alternativ können Sie die Suche auf Treffer begrenzen, bei denen das Suchmuster »am Anfang des Feldes« oder »am Ende des Feldes« steht. Zudem lässt sich der Wert »gesamtes Feld« wählen, sodass nur Treffer gefunden werden, bei denen der Feldinhalt des Suchbegriffs entspricht. Die Funktion wird aber gesperrt, sobald das Kontrollkästchen *Platzhalter-Ausdruck* markiert ist.
- Das Kontrollkästchen *Feldformatierung benutzen* ermöglicht bei der Suche in den Datensätzen, die Feldformatierungen zu berücksichtigen. Feldformatierungen lassen sich im Tabellenentwurf über die Feldeigenschaften, in der Datenansicht über die Spaltenformatierung und im Formular über die Kontrollfeld-Eigenschaften setzen. Ist das Kontrollkästchen markiert, wird in der Datenansicht der Tabelle oder im Formular mit der dort eingestellten Formatierung gesucht. Andernfalls berücksichtigt Office die Feldformate der Datenbank.

TIPP

Die Feldformatierung ist beispielsweise bei der Suche in Datumsfeldern relevant, wo interne Datumswerte mit einer bestimmten Schreibweise dargestellt werden. Wenn die Datenansicht ein anderes Spaltenformat als in der Tabelle vorgegeben benutzt, müssen Sie dies bei der Suche berücksichtigen. Ähnliches gilt bei Zahlen, deren Darstellung sich ebenfalls über Formate anpassen lässt. Um Überraschungen zu vermeiden, sollten Sie bei der Suche immer die Option Feldformatierung benutzen *markieren, da sich der Benutzer üblicherweise nach der betreffenden Anzeige in der Datenansicht oder im Formular orientiert. Andererseits läuft die Suche schneller ab, wenn die interne Formatierung der Datenbanktabelle zur Suche benutzt wird. Über die Schaltfläche* Hilfe *des Dialogfelds lassen sich zusätzliche Erläuterungen, was bei der Suche nach Formaten zu beachten ist, abrufen.*

- Das Kontrollkästchen *Groß-/Kleinschreibung* erzwingt bei der Suche die Beachtung der Groß-/Kleinschreibung in Textfeldern.
- Standardmäßig durchsucht Office die Datensätze ab der aktuellen Position in Richtung Tabellenende. Mit der Option *Rückwärts suchen* erzwingen Sie die Suche vom aktuellen Datensatz in Richtung Tabellenanfang. Das darunter angezeigte Kontrollkästchen *Von oben* bzw. *Von unten* (bei markierter Option *Rückwärts suchen*) erzwingt dagegen die Suche ab dem ersten bzw. letzten Datensatz.
- Über die Option *Platzhalter-Ausdruck* können Sie die Platzhalterzeichen ? und * im Suchmuster verwenden. Das Fragezeichen als Platzhalter steht für ein beliebiges Zeichen an der aktuellen Position im Suchbegriff (z.B. »M?ier« ermöglicht »Maier« oder »Meier« als Treffer). Der Platzhalter »*« steht für 0 oder eine beliebige Zeichenzahl (z.B. »M*er« findet alle Treffer, die mit dem Buchstaben M beginnen und mit »er« enden, also Müller, Möller, Meier etc.). Um nach den Zeichen ? oder * zu suchen, stellen Sie diesen ein Backslash-Zeichen, »\?« bzw. »*«, voran. Die Option schließt die Option *Regulärer Ausdruck* und *Ähnlichkeitssuche* aus.

- Die Option *Regulärer Ausdruck* ermöglicht Ihnen, die Suche mit regulären Ausdrücken im Feld *Text* zu steuern. Hierbei gelten die gleichen Bedingungen wie bei der Suche mit regulären Ausdrücken im Dialogfeld *Suchen & Ersetzen* (siehe *Kapitel 6*, im Abschnitt »Suchen über reguläre Ausdrücke«).

Die Option *Ähnlichkeitssuche* ermöglicht die Suche nach ähnlichen Begriffen im Text. Über ein Dialogfeld lassen sich die Ähnlichkeitsoptionen festlegen. Lesen Sie ggf. in *Kapitel 6* im Abschnitt zum Suchen nach, was es dort zu beachten gilt.

Bei mehreren geöffneten Tabellen oder Formularen können Sie in jedem Dokument eigene Suchoptionen einstellen. Schließen Sie die Dokumente, werden nur die Suchoptionen des zuletzt geschlossenen Dokuments gespeichert.

20.3.4 Suchen in Formularen

Sofern Sie statt einer Tabelle oder einer Abfrage mit Formularen arbeiten, ist keine Datenansicht vorhanden. Dann fehlt auch die Symbolleiste über dem Fenster der Datenansicht. Stattdessen blendet Office eine entsprechende Symbolleiste unterhalb des Formularfensters ein (Abbildung 20.14).

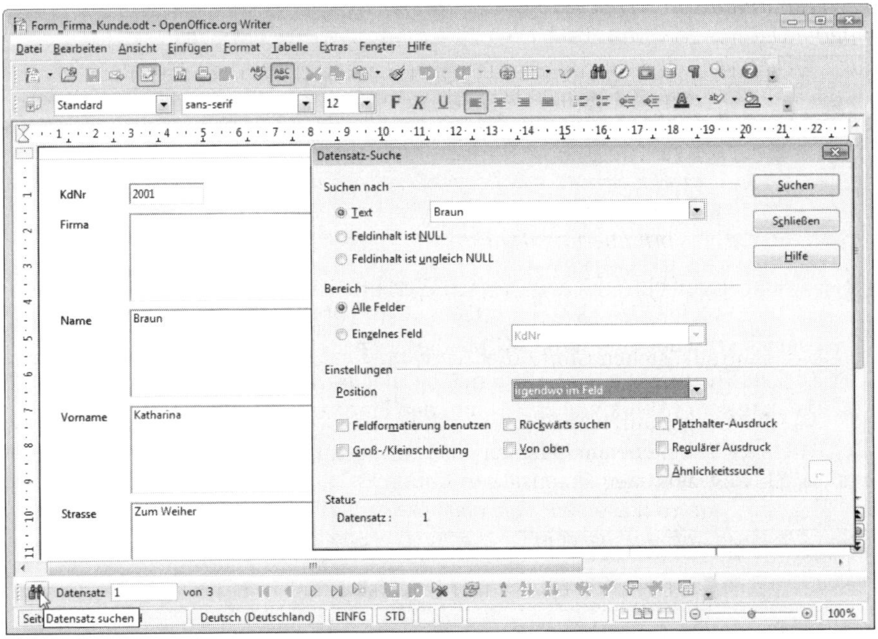

Abbildung 20.14: Suchen in einem Formular

Diese Symbolleiste enthält Navigationsschaltflächen zum Blättern in den dem Formular zugrunde liegenden Datensätzen. Sobald Sie die Schaltfläche *Datensatz suchen* in der betreffenden Symbolleiste anwählen, wird das Dialogfeld *Datensatz-Suche* angezeigt. Sie können anschließend die Suchbedingungen in diesem Dialogfeld vorgeben und danach über die Schaltfläche *Suchen* nach dem Suchbegriff suchen lassen. Die Suche erstreckt sich dann aber nicht auf den Inhalt des Formulars, sondern auf die dem Formular zugrunde liegenden Datensätze der Tabelle oder der Abfrage. Findet die Suche einen Treffer, wird der zugehörige Datensatz im Formular eingeblendet.

INFO

Formulardokumente können mehrere logische Formulare (die sich auf Tabellen oder Abfragen beziehen) umfassen. Bei solchen Formulardokumenten enthält das Dialogfeld Datensatz-Suche *ein Kombinationsfeld* Formular *zur Auswahl des gewünschten Formulars. Details zum Suchen in Formularen entnehmen Sie der Office-Hilfe, die Sie über die gleichnamige Schaltfläche des Dialogfelds abrufen können.*

20.4 Arbeiten mit den Filterfunktionen

Über Filterfunktionen können Sie die Inhalte von Tabellen, Abfragen und Formularen nach verschiedenen Kriterien aufbereiten. Der nachfolgende Abschnitt geht auf die Fragen im Umgang mit den Office-Filterfunktionen für Datenquellen ein.

20.4.1 Einfach in der Anwendung: der AutoFilter

Die einfachste Möglichkeit zum Filtern von Einträgen bietet die AutoFilter-Funktion von Office.

Abbildung 20.15: Aufrufen des AutoFilters

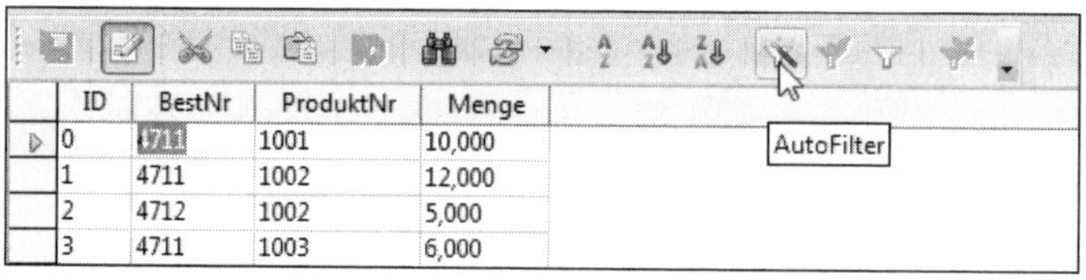

1. Klicken Sie auf ein Feld, nach dessen Wert die Tabelle oder die Abfrage zu filtern ist. In Abbildung 20.15 wurde das oberste Feld der Spalte *BestNr* angeklickt. Folglich wird über den Wert »4711« dieser Spalte gefiltert.
2. Klicken Sie anschließend auf die Schaltfläche *AutoFilter* der Symbolleiste der Datenansicht (Abbildung 20.15), um den Filter anzuwenden.

Der Filter bewirkt in diesem Beispiel, dass nur noch Datensätze mit der Bestellnummer »4711« angezeigt werden.

Abbildung 20.16: Ergebnisdatensätze und Schaltfläche zum Entfernen der Filterung

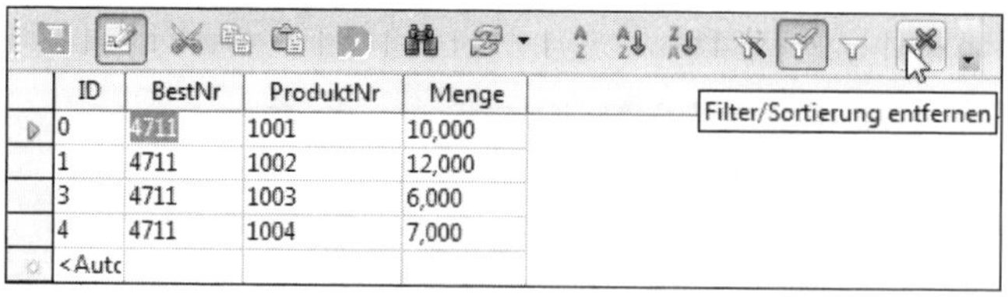

TIPP

Um den Filter aufzuheben und alle Datensätze erneut anzuzeigen, klicken Sie auf die Schaltfläche Filter/Sortierung entfernen *(Abbildung 20.16).*

20.4.2 Arbeiten mit dem Standardfilter für Tabellen

Um mehrere Filterkriterien auf die Felder einer Tabelle anzuwenden, müssen Sie auf den Standardfilter zurückgreifen.

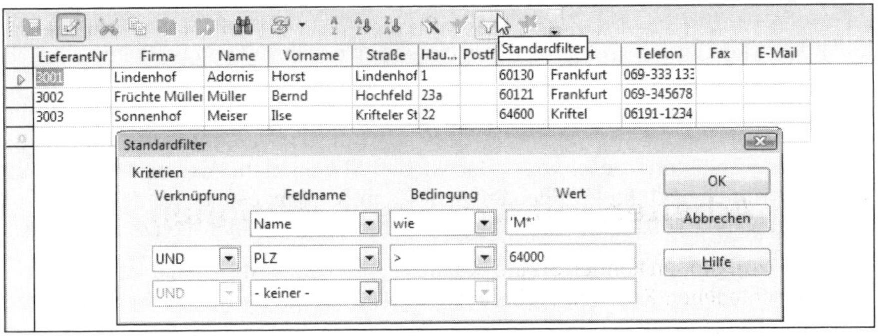

Abbildung 20.17: Anwenden des Standardfilters

1. Holen Sie die gewünschte Tabelle in die Datenansicht des Datenbankfensters und klicken Sie anschließend auf die Schaltfläche *Standardfilter* (Abbildung 20.17).
2. Legen Sie anschließend im Dialogfeld *Standardfilter* die Einträge für Feldname, die Bedingung und den Wert fest.

Über das Listenfeld *Feldname* lassen sich die Tabellenfelder, auf die die Filterbedingung anzuwenden ist, wählen. Im Listenfeld *Bedingung* können Sie eine der vorgegebenen Filterbedingungen einstellen (siehe folgende Tabelle). Das Feld *Wert* nimmt dann das von Ihnen vorgegebene Filterkriterium auf.

Tabelle 20.1: Vergleichskriterien für Filter

Vergleichsoperator	Bedeutung
=	Gleich: Nur Datensätze, deren Feldinhalt dem angegebenen Wert entsprechen, werden angezeigt. Texte werden in Hochkommas (') eingestellt. Sie können zudem mit Wildcard-Zeichen wie * arbeiten.
<	Kleiner als: Nur Datensätze, deren Feldinhalt kleiner als der angegebene Wert ist, werden angezeigt.
>	Größer als: Nur Datensätze, deren Feldinhalt größer als der Vergleichswert ist, werden angezeigt.
< =	Kleiner gleich: Zeigt Datensätze, deren Feldinhalt kleiner gleich dem angegebenen Wert ist, an.
> =	Größer gleich: Nur Datensätze, deren Feldinhalt größer oder gleich dem Vergleichswert ist, werden angezeigt.
< >	Ungleich: Datensätze mit Feldinhalten ungleich des angegebenen Werts erscheinen im Ergebnis.
wie	Vergleich von Texten, der Feldinhalt muss dem angegebenen Wert entsprechen (z.B. Feld wie 'Born').
nicht wie	Die Bedingung »nicht wie« lässt alle Datensätze zu, deren Feldinhalt nicht wie der angegebene Wert aussieht.

Tabelle 20.1: Vergleichskriterien für Filter (Forts.)

Vergleichsoperator	Bedeutung
leer	Filtert Datensätze heraus, bei denen das angegebene Feld leer ist.
nicht leer	Filtert Datensätze heraus, bei denen das angegebene Feld nicht leer ist.

Über die Spalte *Verknüpfung* können Sie mehrere Felder mit den Bedingungen UND bzw. ODER miteinander verknüpfen. Bei UND müssen alle Kriterien erfüllt sein, um die Daten anzuzeigen. Ein Eintrag »- keiner -« in einem Listenfeld *Feldname* schaltet das Filterkriterium ab. In Abbildung 20.17 wird die Tabelle mit den Kundendaten nach Namen gefiltert, die mit dem Buchstaben M beginnen. Als zweites Kriterium muss der Kunde noch im Postleitzahlengebiet ab der Zahl 64000 wohnen. Der Filter wird angewandt, sobald Sie das Dialogfeld *Standardfilter* über die *OK*-Schaltfläche schließen.

INFO

Um alle Datensätze der Tabelle erneut anzuzeigen, benutzen Sie die Schaltfläche Filter/Sortierung entfernen *in der Symbolleiste (Abbildung 20.16).*

20.4.3 Suchen mit einem Formularfilter

Bei Formularen mit einer Verbindung zu einer Tabelle einer Datenquelle blendet Office unterhalb des Formularbereichs eine Navigationsleiste ein (Abbildung 20.18). Neben den Schaltflächen zum Blättern in den Datensätzen finden Sie Schaltflächen, um neue Datensätze einzufügen, einen bestehenden Datensatz zu löschen oder um die Anzeige der aktuellen Werte zu aktualisieren.

Abbildung 20.18: Formular mit Symbolleiste zur Navigation

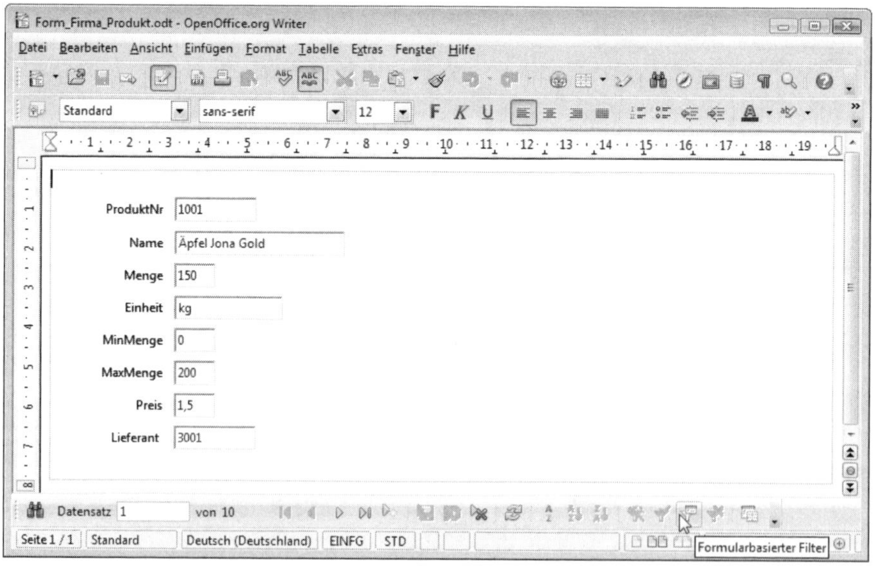

Klicken Sie auf eines der Felder, können Sie zudem über Schaltflächen nach diesem Feld sortieren oder suchen lassen. Dies funktioniert wie oben bei den Tabellenfunktionen beschrieben. Über die Schaltfläche *AutoFilter* lässt sich nach dem Wert des

aktuell markierten Felds filtern. Interessant ist aber vor allem der Formularfilter, über den Sie die im Formular angezeigten Daten beeinflussen können.

1. Klicken Sie die in Abbildung 20.18 hervorgehobene Schaltfläche *Formularbasierter Filter* an, um den Filtermodus zu aktivieren. Die Symbolleiste mit den Navigationsschaltflächen verschwindet am unteren Formularrand. Gleichzeitig werden nur noch leere Datenfelder im Formular angezeigt.
2. Klicken Sie als Nächstes in der Symbolleiste *Formular-Filter* (Abbildung 20.19) auf die Schaltfläche *Filternavigation*, um das Fenster *Filter-Navigator* einzublenden.
3. Danach müssen Sie die Filterkriterien definieren. Hierzu klicken Sie auf das gewünschte Formularfeld und geben das Filterkriterium ein (z.B. einen Wert). Wenn Sie die [↵]-Taste drücken, wird der Wert als Kriterium im Fenster *Filter-Navigator* übernommen.
4. Klicken Sie ggf. auf ein weiteres Formularfeld und geben Sie den nächsten Wert ein. Nach dem Drücken der [↵]-Taste taucht auch dieser Wert als Kriterium auf. Die im Zweig *Filtern nach* eingeblendeten Kriterien werden mit UND verknüpft.
5. Klicken Sie im Fenster *Filter-Navigator* auf den »Oder«-Zweig, lassen sich die Filterkriterien mit ODER verknüpfen.
6. Klicken Sie mit der rechten Maustaste auf einen Eintrag im *Filter-Navigator*, lässt sich dieser Eintrag über die Kontextmenübefehle löschen oder bearbeiten. Zudem können Sie vorgeben, dass nach leeren Feldern oder nicht leeren Feldern zu filtern ist.

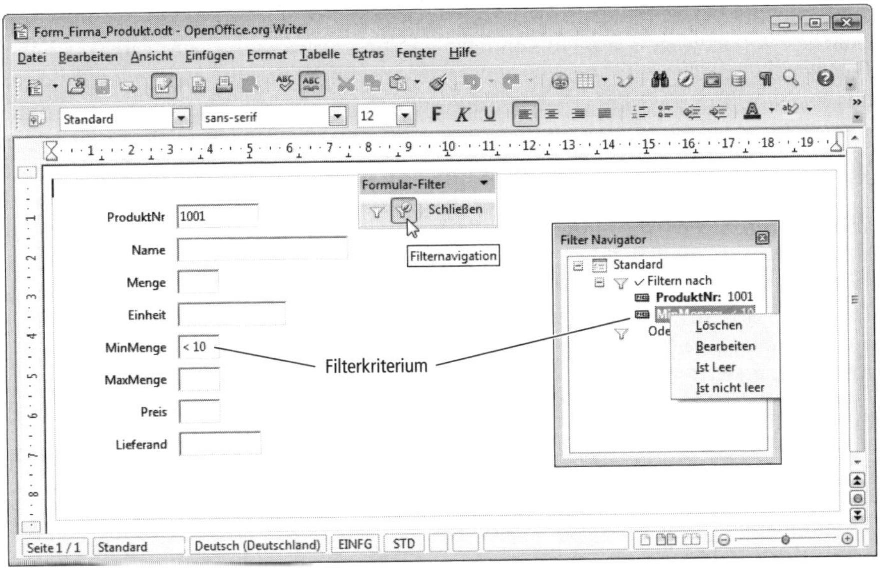

Abbildung 20.19: Definieren der Filterkriterien im Formularfilter

Sobald Sie auf die Schaltfläche *Filter anwenden* der Symbolleiste klicken, wechselt Office in die Formularansicht zurück und zeigt den ersten Datensatz der vom Filter herausgesuchten Daten. In der Symbolleiste am unteren Rand des Formulars wird dann die Schaltfläche *Filter/Sortierung entfernen* freigegeben. Über diese Schaltfläche können Sie jederzeit die Darstellung aller Datensätze zulassen.

INFO

In der Office-Hilfe finden Sie unter dem Stichwort »Formular-Filter« weitere Hinweise zum Formulieren von Filterkriterien.

20.5 Arbeiten mit Ansichten und Abfragen

Die Anzeige der Daten in Form der oben gezeigten Tabellen ist auf Dauer sehr mühselig. Häufig interessiert man sich lediglich für bestimmte Informationen aus der Datenbank. Gerade bei umfangreichen Datenbanken ist es kaum noch möglich, durch Blättern in den Tabellen bestimmte Informationen herauszufinden. Selbst bei einer Fokussierung auf eine einzelne Tabelle wird die Auswertung der Daten recht mühsam. Andererseits speichert man die Daten in einem Computer mit dem Ziel, diese auf einfache Art später wieder abzurufen. Forderungen wie die folgenden kommen in der Praxis häufig vor:

- Zeige nur bestimmte Felder einer Tabelle an
- Zeige alle Datensätze in einer Adresstabelle mit der Postleitzahl 75399 an
- Zeige die Kundennamen an, bei denen der Umsatz weniger als 5.000 Euro beträgt
- Suche die Namen aller Firmen, die von Herrn Müller betreut werden

Zur Auswertung von Tabellen eignen sich Abfragen. Eine Abfrage liest die Daten aus einer Tabelle nach bestimmten Kriterien und listet sie in einer Datenansicht auf. Base unterstützt das Gestalten von Abfragen durch einen Assistenten, ermöglicht aber auch die Verwendung eines Designers oder die Nutzung von SQL-Befehlen zum Erstellen von Abfragen. Zudem können Sie in Base Ansichten zur Anzeige einzelner Felder von Tabellen erstellen. Der folgende Abschnitt geht auf die Fragen rund um das Erstellen von Ansichten und Abfragen ein.

20.5.1 Definieren einer Ansicht auf Tabellen

Wenn Sie das Base-Fenster öffnen und eine Datenbank laden, können Sie die Tabellenobjekte anwählen und die Tabelleninhalte durch einen Doppelklick auf die jeweilige Tabelle in der Datenansicht öffnen. Dort werden alle Felder der Tabelle angezeigt. Gelegentlich ist es aber erwünscht, nur eine Zusammenstellung einzelner Felder einer Tabelle in der Datenansicht zu sehen. Dies lässt sich mit sogenannten Ansichten erreichen. Die Ansicht legt fest, welche Felder der Tabelle(n) anzuzeigen sind. Um eine Ansicht zu definieren, gehen Sie folgendermaßen vor.

1. Rufen Sie Base auf und laden Sie die gewünschte Datenbank (siehe vorhergehende Seiten und *Kapitel 19*). Es muss sich dabei um eine HSQL-Datenbank handeln, da Base Ansichten bei externen Datenquellen (dBase, MySQL etc.) nicht unterstützt.
2. Klicken Sie im Base-Fenster in der linken Spalte auf den Eintrag *Tabellen*, um die betreffenden Datenbankobjekte einzublenden.
3. Wählen Sie in der Aufgabenleiste des Base-Fensters den Befehl *Ansicht erstellen* (Abbildung 20.20).
4. Wählen Sie im Dialogfeld *Tabellen hinzufügen* (Abbildung 20.21, Vordergrund) eine Tabelle, klicken Sie auf die Schaltfläche *Hinzufügen* und verlassen Sie das Dialogfeld über die *Schließen*-Schaltfläche.

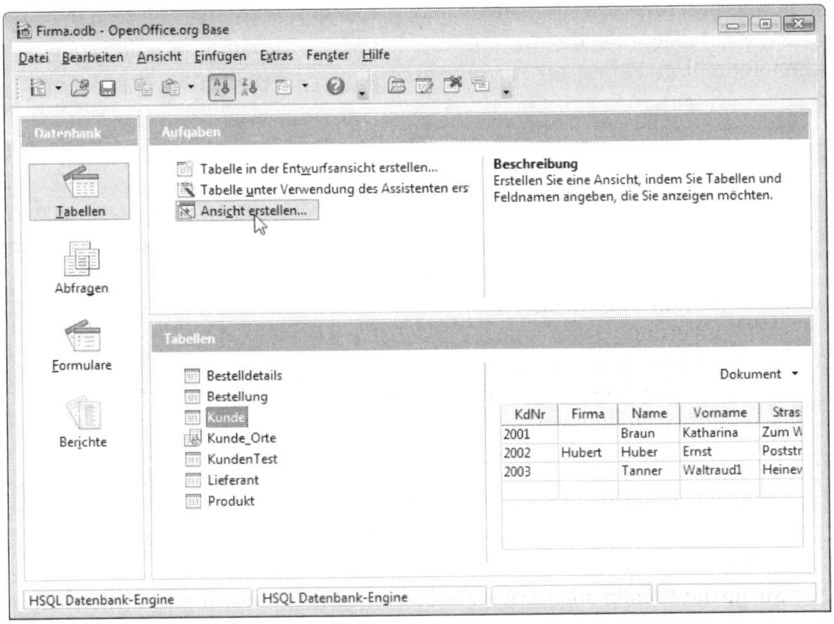

Abbildung 20.20: Base-Fenster mit Befehlen für Tabellen

5. Legen Sie anschließend im Fenster *Ansichtsentwurf* (Abbildung 20.21, Hintergrund) die Tabellenfelder fest, die in der Ansicht erscheinen sollen.
6. Liegen die Parameter für die Ansicht fest, können Sie auf die *Speichern*-Schaltfläche (ganz links in der Symbolleiste) klicken. Dann erscheint ein Dialogfeld, in das Sie einen Namen für die Ansicht eintragen können. Beim Schließen des Dialogfelds wird die Ansicht unter diesem Namen gesichert.

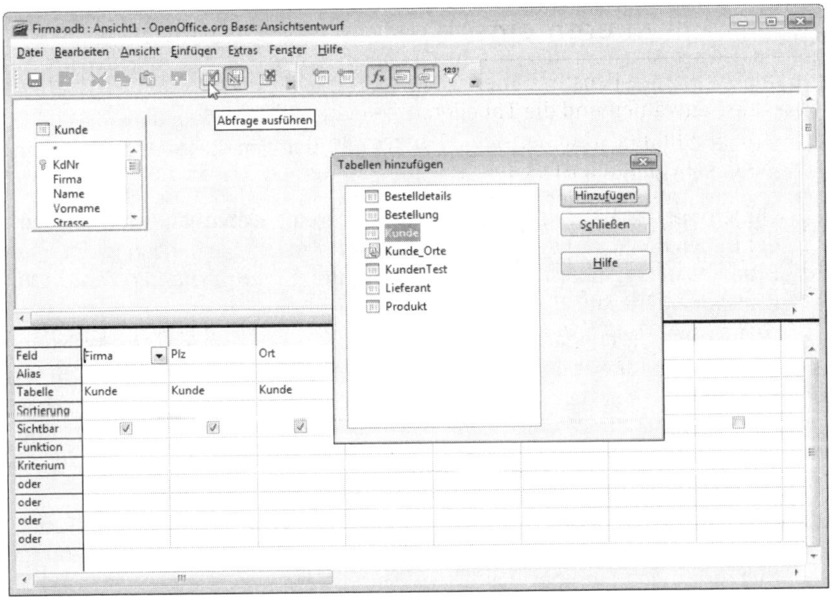

Abbildung 20.21: Definieren einer Ansicht

Zur Gestaltung der Abfrage stellen Sie in der Zeile *Feld* (unterer Bereich in Abbildung 20.21) den Feldnamen der Tabelle über das Listenfeld der jeweiligen Spalte aus. Sie können mehrere Felder zur Anzeige über benachbarte Spalten konfigurieren. Über weitere Zeilen lassen sich ggf. Sortierkriterien etc. vereinbaren. Zudem sind Sie bei Ansichten nicht auf eine Tabelle beschränkt.

TIPP

Alternativ können Sie Feldnamen aus dem Tabellenfenster im oberen Bereich von Abbildung 20.21 zur Zeile Feld *ziehen. Sobald Sie die Maus loslassen, werden die Feldnamen in die betreffende Spalte der Zeile eingetragen.*

Über das Dialogfeld *Tabellen hinzufügen* lassen sich durchaus mehrere Tabellen im oberen Bereich des Fensters einblenden und so für die Ansicht nutzen. Voraussetzung ist aber, dass die Tabellen über Beziehungen verknüpft sind. Die Vorgehensweise entspricht dem in den nachfolgenden Abschnitten besprochenen Erstellen von Abfragen.

Sobald Sie im Dialogfeld *Ansichtsentwurf* auf die Schaltfläche *Abfrage ausführen* klicken, wird ein Teilfenster mit der Datenansicht im Fenster eingeblendet. Die Datenansicht zeigt alle Felder, die in der Ansicht definiert sind. Das Gleiche passiert, sofern Sie im Base-Fenster eine Ansicht in der Rubrik *Tabellen* per Doppelklick anwählen. Dann öffnet Base ein Fenster mit einem Datenblatt, in dem die in der Ansicht definierten Felder mit den Datensätzen der Tabelle zu sehen sind.

INFO

Die auf den folgenden Seiten beschriebenen Techniken zum Definieren von Abfragen auf Einzeltabellen oder verknüpften Tabellen können Sie für Ansichten ebenfalls verwenden.

20.5.2 Abfrage für eine Tabelle per Assistenten erstellen

Für einfache Abfragen auf Tabellen können Sie in Base auf einen Assistenten zurückgreifen. Dieser Assistent führt Sie durch die einzelnen Schritte, in denen die Abfragekriterien erstellt werden. Im vorhergehenden Kapitel wurde eine Beispieltabelle für Produktdaten definiert. Jetzt soll eine Abfrage erzeugt werden, die alle Produkte mit Name, Einheit und Lagerbestand auflistet. Zum Erstellen dieser Abfrage gehen Sie in folgenden Schritten vor.

1. Öffnen Sie das Base-Fenster, laden Sie ggf. eine Datenbank und klicken Sie in der linken Spalte auf den Eintrag *Abfragen*. Klicken Sie danach in der Spalte des Base-Fensters (Abbildung 20.22) auf den Befehl *Abfrage unter Verwendung des Assistenten erstellen*.
2. Wählen Sie im ersten Dialogschritt *Felderauswahl* des Abfrage-Assistenten die gewünschte Tabelle über das Listenfeld *Tabellen* (Abbildung 20.23, links oben). Sobald die Felder der Tabelle in der Spalte *Verfügbare Felder* angezeigt werden, markieren Sie die gewünschten Feldnamen (Name, Menge, Einheit) und übertragen diese mittels der Schaltfläche > in die rechte Liste *Felder in der Abfrage*. Danach klicken Sie auf die *Weiter*-Schaltfläche.
3. Legen Sie ggf. im Folgedialog *Sortierreihenfolge* (Abbildung 20.23, rechts oben) das Sortierkriterium für das Datenblatt mit den Ergebnissen der Abfrage fest. Hierzu können Sie über das Listenfeld *Sortieren nach* jeweils ein Feld aus der Abfrage wählen und über die zugehörigen Optionsfelder auf- bzw. absteigend

sortieren lassen. Der Assistent ermöglicht Ihnen, bis zu vier Felder der Abfrage zur Sortierung auszuwählen. Danach klicken Sie auf die *Weiter*-Schaltfläche.

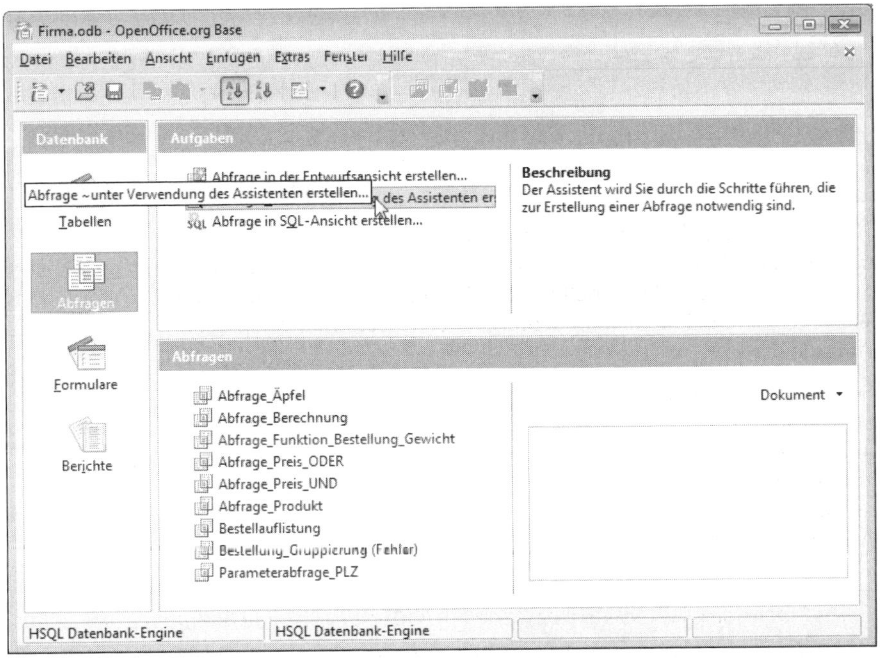

Abbildung 20.22: Base-Fenster mit Befehlen zum Erstellen von Abfragen

4. Im Dialogschritt *Suchbedingungen* (Abbildung 20.23, links unten) können Sie über die Listenfelder *Felder* und *Bedingung* sowie das Textfeld *Wert* bis zu drei Suchbedingungen festlegen. Über die beiden Optionsfelder im Kopf des Dialogfelds lässt sich dann noch angeben, ob alle Kriterien oder nur eine Bedingung zutreffen soll. Im aktuellen Beispiel wird kein Suchkriterium vereinbart, da alle Datensätze anzuzeigen sind. Sie können daher direkt auf die *Weiter*-Schaltfläche klicken.
5. Der Dialogschritt *Detail oder Zusammenfassung* (Abbildung 20.23, rechts unten) ermöglicht Ihnen, über zwei Optionsfelder vorzugeben, ob alle Datensätze der Abfrage oder eine Zusammenfassung auszugeben ist. Bei einer Zusammenfassung können Sie über das jeweilige Listenfeld des Dialogs eine Aggregatfunktion und ein Feld angeben. Als Aggregatfunktion könnte beispielsweise eine Summe benutzt werden, die auf ein Feld mit numerischen Werten (z.B. Produktmenge) angewandt wird.
6. Der Assistent verwendet standardmäßig für die Ergebnisspalten Namen, die aus dem Tabellen- und dem Feldnamen gebildet werden. Der Dialogschritt *Aliasnamen* zeigt diese Überschriften an. Sie können die betreffenden Angaben aber durch eigene Spaltennamen (als Alias bezeichnet) austauschen.

Im letzten Dialogschritt zeigt Ihnen der Assistent eine Übersicht der formulierten Bedingungen, Sortierkriterien etc. für die Abfrage. Falls Sie noch etwas ändern möchten, wählen Sie die *Zurück*-Schaltfläche. Andernfalls klicken Sie auf die Schaltfläche *Fertig stellen*. Dann wird die Abfrage erzeugt und das Ergebnis erscheint als separates Datenblatt (Abbildung 20.24).

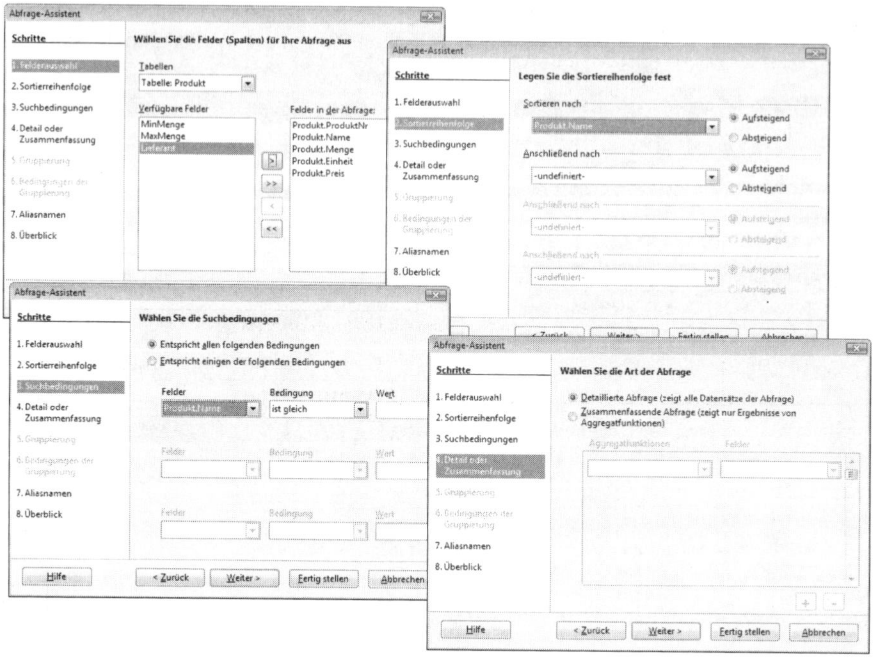

Abbildung 20.23: Dialoge des Abfrage-Assistenten

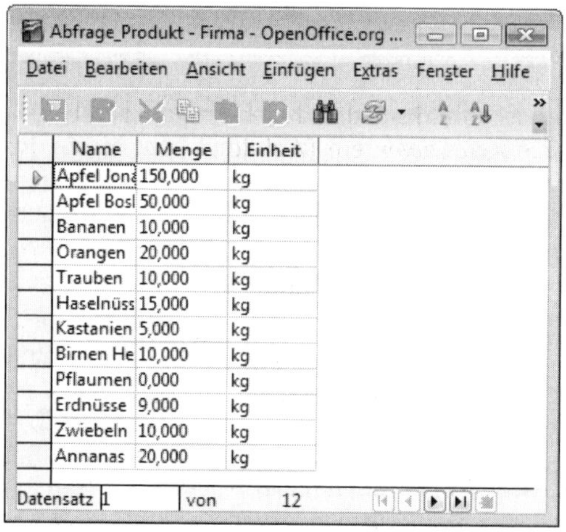

Abbildung 20.24: Ergebnis der Abfrage

20.5.3 Erstellen einer Abfrage in der Entwurfsansicht

Erfahrene Anwender können Abfragen auf eine oder mehrere Tabellen auch in der Entwurfsansicht erstellen. Dies soll am Beispiel der Produkttabelle geschehen. Gehen Sie hierzu folgendermaßen vor:

1. Wählen Sie im Base-Fenster in der linken Spalte den Eintrag *Abfragen* und klicken Sie in der Aufgabenleiste auf den Befehl *Abfrage in der Entwurfsansicht erstellen* (Abbildung 20.22).

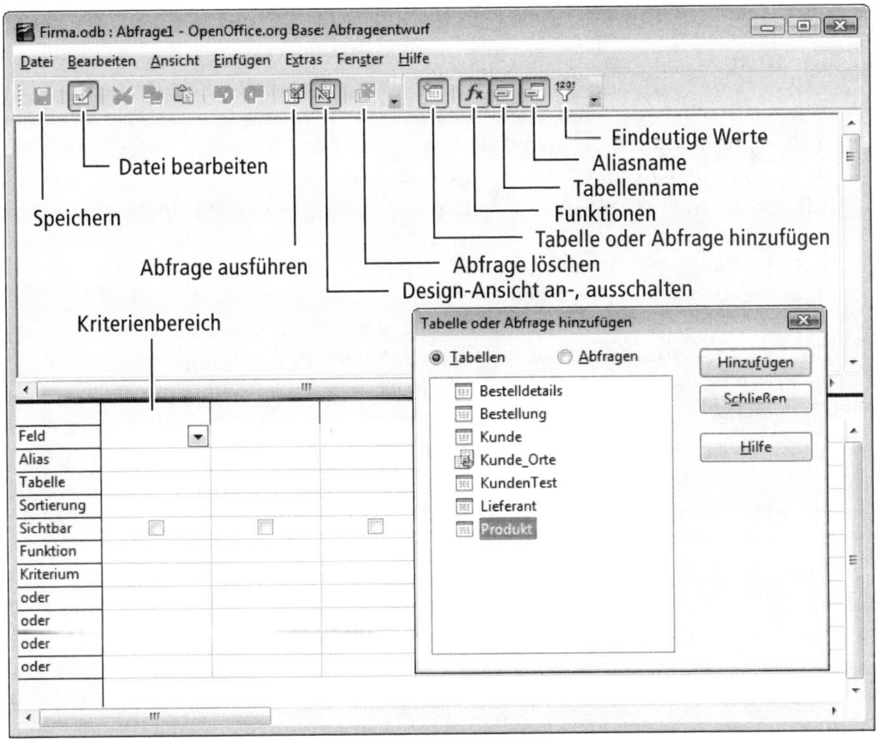

Abbildung 20.25: Entwurfsansicht zum Erstellen einer Abfrage

2. Base öffnet dann das Fenster der Entwurfsansicht und blendet im Vordergrund das Dialogfeld *Tabelle oder Abfrage hinzufügen* ein (Abbildung 20.25, Vordergrund). Ist das Dialogfeld geschlossen, können Sie in der Symbolleiste die Schaltfläche *Tabelle oder Abfrage hinzufügen* anklicken. Anschließend wählen Sie im Dialogfeld *Tabelle oder Abfrage hinzufügen* den gewünschten Tabellennamen, klicken auf die Schaltfläche *Hinzufügen* und dann auf *Schließen*.

Base blendet dann die gewählte Tabelle als Fenster in der Design-Ansicht ein (siehe z.B. Abbildung 20.21). Sie können dann im nächsten Schritt die Felder der Tabelle, die in die Abfrage einbezogen werden, sowie die Abfragekriterien wählen.

INFO

Base ermöglicht für jede beliebige Datenquelle, also auch für Text- oder CSV-Dateien, Calc-Tabellendokumente und dBase-Dateien, die Auswahl einer Tabelle. Bei Datenbanken wie HSQL können Sie dagegen mehrere Tabellen in die Abfrage einbeziehen und diese über Beziehungen verknüpfen. Dieser Zusammenhang wird weiter unten behandelt. Um eine Tabelle wieder aus der Abfrage zu entfernen, klicken Sie die Titelleiste des Tabellenfensters in der Design-Ansicht mit der rechten Maustaste an und wählen im Kontextmenü den Befehl Löschen.

Auswahl der Ausgabefelder für die Abfrage

Sobald Sie die Tabelle für die Abfrage in den Design-Bereich der Entwurfsansicht eingetragen haben (Abbildung 20.25, Hintergrund), gilt es die in die Abfrage einzubeziehenden Felder der Tabelle zu wählen. Hierzu enthält das Fenster der Entwurfsansicht im unteren Teil den Kriterienbereich, der aus mehreren Spalten und Zeilen besteht. Die Zeilen ermöglichen die Vorgabe bestimmter Kriterien, während die Spalten für die auszuwählenden Felder stehen.

1. Klicken Sie in der ersten Spalte des Kriterienbereichs auf das Feld der Zeile *Tabelle* und wählen Sie den Tabellennamen (hier *Produkt*). Dieser optionale Schritt vereinfacht später die Auswahl des Felds.
2. Klicken Sie nun in der Spalte auf die Zeile *Feld* und wählen Sie im Listenfeld den gewünschten Feldnamen. Alternativ können Sie den Feldnamen auch per Maus aus der als Fenster angezeigten stilisierten Tabelle in den Kriterienbereich ziehen. Das Sternchen (*) in der stilisierten Tabelle steht übrigens als Platzhalter für alle Felder der Tabelle. Ziehen Sie das Sternchen also per Maus zur Zeile *Feld* des Kriterienbereichs, werden alle Tabellenfelder in die Abfrage einbezogen.
3. Soll anstelle des Feldnamens ein anderer Titel in der betreffenden Spalte auftauchen, geben Sie in das Feld *Alias* den gewünschten Text ein. In Abbildung 20.26 wurde beispielsweise in die erste Spalte der Text »Produktname« eingetragen. Ist das Feld leer, übernimmt die Abfrage den Feldnamen als Spaltentitel.
4. Klicken Sie bei Bedarf auf das Feld der Zeile *Sortierung* und wählen Sie einen der Einträge *(nicht sortiert)*, *aufsteigend* oder *absteigend*, um die Sortierung der Abfrageergebnisse zu beeinflussen.
5. Stellen Sie sicher, dass das Kontrollkästchen des betreffenden Felds in der Zeile *Sichtbar* markiert ist, damit das Feld in der Ergebnistabelle der Abfrage angezeigt wird.
6. Wiederholen Sie nun die obigen Schritte für die restlichen Spalten des Kriterienbereichs, bis alle gewünschten Felder der Abfrage vereinbart sind. In Abbildung 20.26 wurden auf diese Weise drei weitere Felder in die Abfrage einbezogen.

TIPP

Immer wenn das Listenfeld der Zeile Feld *des Kriterienbereichs markiert ist (der Designer markiert das Listenfeld standardmäßig beim Aufruf), funktioniert die Drag&Drop-Funktion nicht. Der Mauszeiger wechselt zwar die Form, wenn Sie ein Feld aus dem Tabellenfenster des Designers zur Zeile* Feld *im Kriterienbereich ziehen, beim Loslassen der linken Maustaste passiert aber nichts. Zur Abhilfe klicken Sie auf das Feld der Zeile* Alias, *um die Selektion des Listenfelds* Feld *aufzuheben. Oder Sie ziehen das Feld aus dem Tabellenfenster einfach zur Zeile* Alias *des Kriterienbereichs.*

INFO

Falls Sie irrtümlich ein Feld in den Kriterienbereich eingefügt haben, lässt sich dieses auch wieder entfernen. Klicken Sie den betreffenden Spaltenkopf des Kriterienbereichs mit der rechten Maustaste an und wählen Sie im Kontextmenü den Befehl Löschen.

Fehlen Zeilen wie Alias *im Kriterienbereich? Über die Befehle* Tabellenname, Aliasname *und* Funktionen *im Menü* Ansicht *bzw. über die gleichnamigen Schaltflächen (siehe Abbildung 20.25) der Symbolleiste lassen sich die zugehörigen Zeilen des Kriterienbereichs ein- oder ausblenden.*

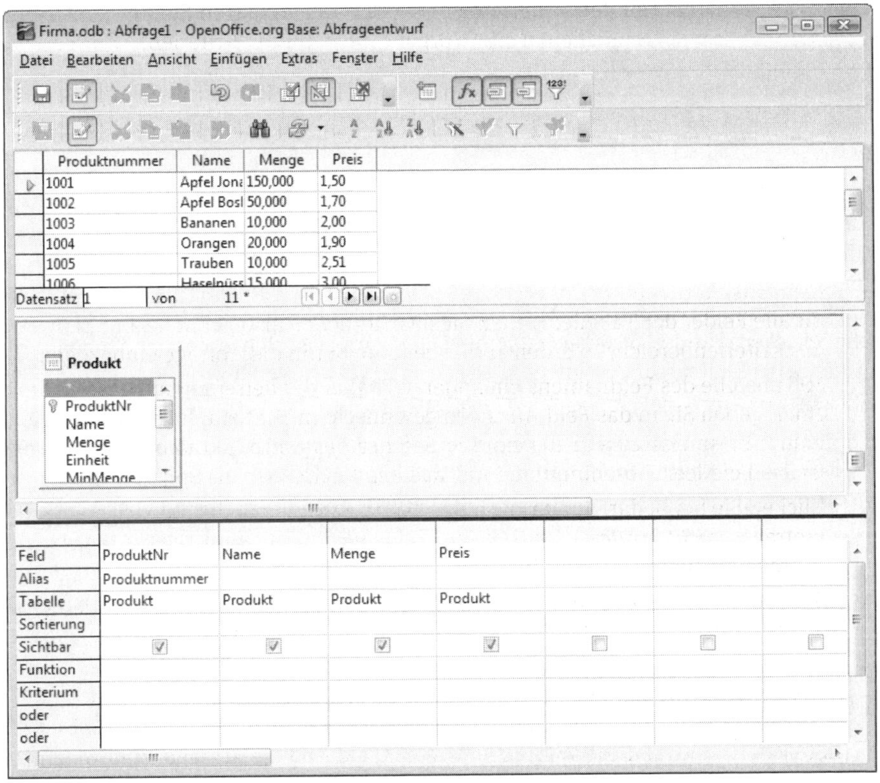

Abbildung 20.26: Design-Ansicht mit Kriterienbereich, Tabellenbereich und Ergebnis als Datenansicht

Sobald die Kriterien definiert sind, können Sie auf die Schaltfläche *Abfrage ausführen* in der Symbolleiste der Design-Ansicht klicken (siehe Abbildung 20.25). Dann wird die Abfrage erzeugt und Office blendet die Vorschau der Ergebnisse im oberen Bereich des Fensters als Tabelle ein (Abbildung 20.26). In der Vorschau des Ergebnisbereichs der Abfrage können Sie sortieren, suchen und filtern. Die Funktionen werden auf die gleiche Weise abgerufen, wie es weiter oben für Tabellen beschrieben wurde.

TIPP

Zum Ausblenden der Datenansicht drücken Sie die Funktionstaste F4 *oder rufen den Menübefehl* Ansicht/Vorschau *auf.*

20.5.4 Speichern der Abfrage

Sie können die Schaltfläche *Speichern* der Symbolleiste *Abfrageentwurf* oder den Befehl *Speichern* im Menü *Datei* des gleichnamigen Fensters wählen, um den Entwurf der Abfrage zu speichern. Office öffnet ein Dialogfeld (Abbildung 20.27), in das Sie einen Namen für die Abfrage eingeben.

Falls Sie das Fenster des Abfrageentwurfs schließen, ohne die Abfrage vorher gesichert zu haben, erscheint ein Dialog mit der Frage, ob die Abfrage zu speichern ist. Falls Sie diesen Dialog über die *Ja*-Schaltfläche bestätigen, werden die Änderungen gesichert. Bei einer neuen Abfrage erscheint dann auch ein Dialog, in den Sie einen Namen für die Abfrage eingeben können.

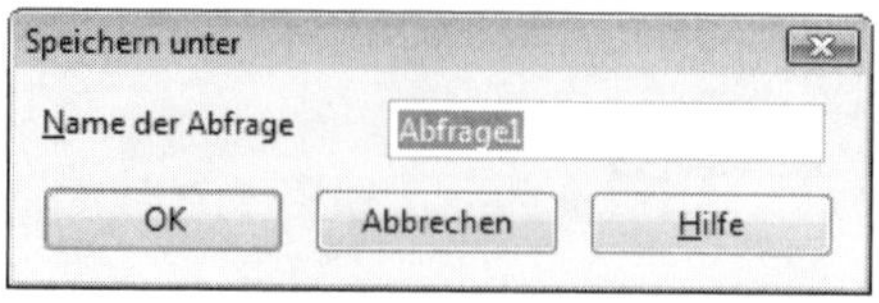

Abbildung 20.27: Speichern einer Abfrage

Um eine Abfrage zu kopieren und unter einem neuen Namen zu speichern, müssen Sie diese zuerst laden. Arbeiten Sie mit Writer, Calc etc.? Hierzu klicken Sie den Eintrag der Abfrage im Datenquellen-Explorer mit der rechten Maustaste an und wählen im Kontextmenü den Befehl *Abfrage bearbeiten*. Im Fenster der Design-Ansicht wählen Sie anschließend den Befehl *Speichern unter* des Menüs *Datei* bzw. die Schaltfläche *Speichern als* der Designer-Symbolleiste. Dann lässt sich ein neuer Name für die Abfrage per Dialogfeld vorgeben.

Falls Sie das Fenster von Base geöffnet haben, reicht es, das Kontextmenü der zu kopierenden Abfrage zu öffnen und den Befehl *Kopieren* zu wählen. Anschließend öffnen Sie das Kontextmenü erneut und wählen den Befehl *Einfügen*. Anschließend müssen Sie noch den Namen der Abfrage vergeben.

Die Abfrage wird in allen Fällen unter dem angegebenen Namen im Zweig *Abfragen* des Datenquellen-Explorers bzw. in Base gespeichert. Später reicht dann ein Mausklick auf diesen Eintrag, um die Abfrageergebnisse in der Datenansicht anzuzeigen.

20.5.5 Auswahlkriterien für die Abfrage definieren

Die Stärke von Abfragen kommt zum Tragen, wenn die angezeigten Resultate über Kriterien gefiltert werden. Bei der Beispieltabelle *Produkt* könnte sich der Benutzer beispielsweise alle Produkte ausgeben lassen, die den Begriff »Apfel« im Produktnamen aufweisen.

Um die Abfrage mit einem Kriterium zu ergänzen, klicken Sie in der Zeile *Kriterium* auf die Zelle der gewünschten Spalte und geben das gewünschte Auswahlkriterium ein. In Abbildung 20.28 wurde die Bedingung »WIE 'Apfel *'« eingetragen. Der Operator »WIE« wird intern von Office in den SQL-Operator »LIKE« umgesetzt. Danach folgt ein in Anführungszeichen eingefasstes Textmuster, dessen Äquivalent gesucht werden soll. Das Sternchen im Textmuster ist ein Platzhalter für beliebige Zeichen.

INFO

*Bei Kriterien, die sich auf Textfelder beziehen, wird der WIE-Operator benutzt. Dann muss das Suchmuster immer in Anführungszeichen eingefasst werden. Innerhalb des Suchmusters können Sie Wildcard-Zeichen wie * (steht für beliebige Zeichen) und ? (steht für ein beliebiges Zeichen) verwenden.*

Die Datenansicht mit dem Ergebnis aus Abbildung 20.28 zeigt zwei Datensätze, die das Muster »Apfel« beinhalten. Um sich alle Produkte mit einem Preis größer 3,00 Euro anzeigen zu lassen, ist ein numerischer Vergleich der Art » > 3,00« in das Kriterienfeld in der Spalte *Preis* einzugeben. In Abbildung 20.29 wurden u. a. solche Kriterien eingetragen, um alle Datensätze der Tabelle *Produkt* in der Datenansicht der Abfrage über den Preis zu filtern. In Abbildung 20.29 wurden dazu mehrere Filterbedingungen für die Abfrage eingegeben. Dabei lassen sich die Filterbedingungen über Und/Oder verknüpfen.

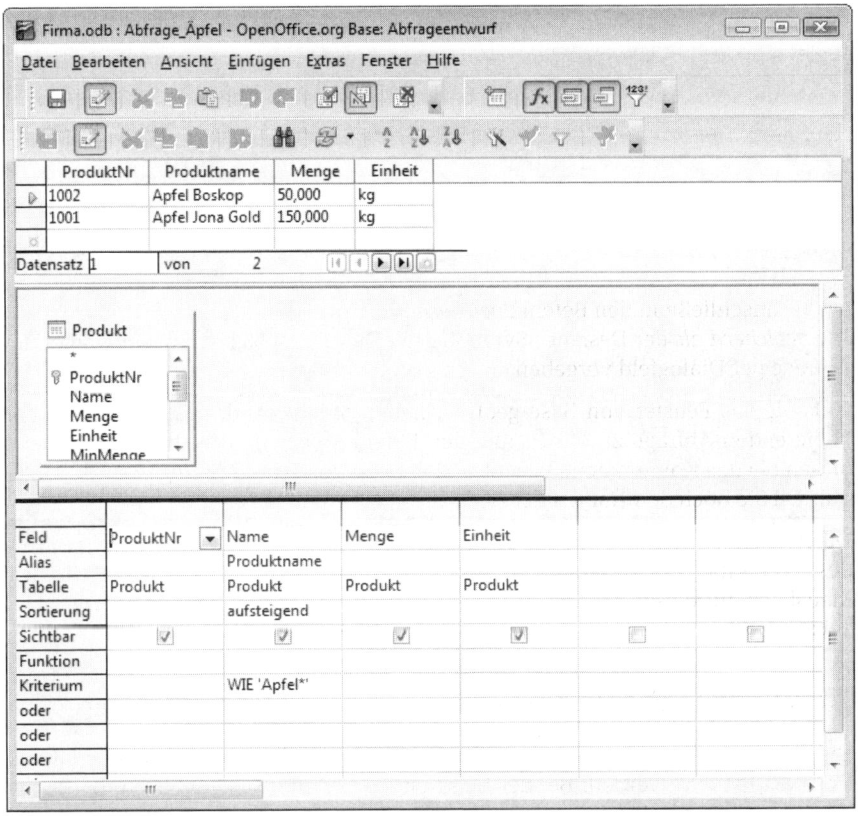

Abbildung 20.28: Abfrage mit einem Kriterium in der Spalte *Name*

- Stehen die Filterkriterien in einer Spalte untereinander, wird eine ODER-Verknüpfung ausgeführt. In der Abfrage aus Abbildung 20.29 sind zwei Kriterienfelder untereinander belegt. Die ODER-Verknüpfung besagt also, dass alle Datensätze, deren Feld *Preis* Werte größer oder gleich 3,00 Euro oder kleiner als 1 Euro aufweist, auszugeben sind. Es werden also die teuersten und die billigsten Produkte in der Ergebnistabelle aufgelistet.
- Um zwei Filterkriterien mit UND zu verknüpfen, müssen diese nebeneinander in zwei benachbarten Spalten stehen. Wenn Sie beispielsweise in die Spalte *Name* das Kriterium »Wie 'Banane*'« und in die Spalte *Preis* das Kriterium » > 2,99« eintragen, werden alle Datensätze gefiltert, deren Feld *Name* den Text »Bananen« aufweist und bei denen der Preis größer als 2,99 Euro ist.

Falls Sie für ein Feld zwei Kriterien eintragen und mit UND verknüpfen möchten, kommt ein kleiner Trick zum Einsatz (Abbildung 20.30). Ich habe einfach das Feld *Preis* zweimal in benachbarten Spalten untergebracht. Dann wird in der ersten Spalte das erste Kriterium und in der zweiten Spalte das zweite Kriterium gespeichert. Damit der Preis in der Ergebnistabelle nicht zweifach auftritt, wurde bei der zweiten Spalte die Markierung des Kontrollkästchens *Sichtbar* aufgehoben. Dann wertet Office zwar die Bedingung aus, zeigt die Spalte aber nicht im Ergebnis an.

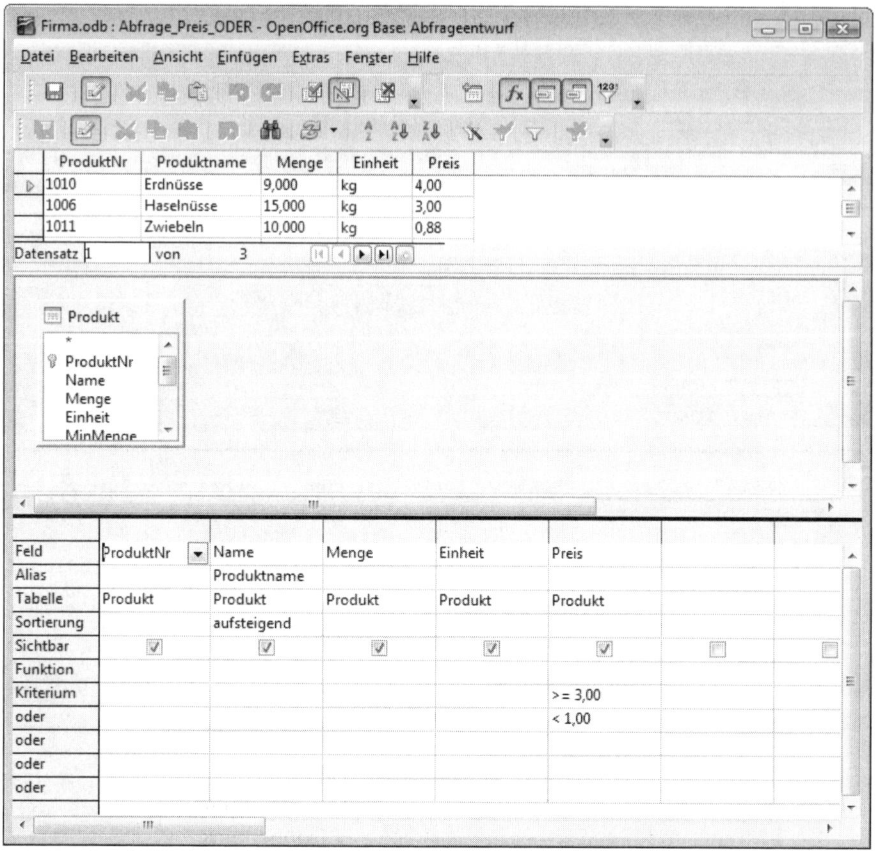

Abbildung 20.29: Mit ODER verknüpfte Kriterien

INFO

Wenn Sie in der Office-Hilfe unter den Begriffen »Abfrage, Filterbedingungen formulieren« nachsehen, finden Sie eine Übersicht über die zulässigen Operatoren bei Filterkriterien und deren Bedeutung.

Wie Sie den Spaltentitel der Ergebnistabelle über die Zeile Alias *anpassen können, wurde bereits weiter oben im Abschnitt »Auswahl der Ausgabefelder für die Abfrage« erwähnt. Zudem können Sie in der Ergebnistabelle mit der rechten Maustaste auf die Spaltenköpfe klicken und über den Kontextmenübefehl* Spaltenformatierung *das Ausgabeformat der Ergebnisspalte (temporär für die Sitzung) anpassen.*

20.5.6 Umgang mit Parameterabfragen

Im vorhergehenden Abschnitt wurde erläutert, wie sich Auswahlkriterien in der Abfrage nutzen lassen. Zudem können Sie die Abfrageergebnisse filtern. Eine weitere Option besteht darin, dass der Benutzer beim Absenden der Abfrage einen Parameter spezifizieren darf. Nehmen wir an, Sie haben eine Adresstabelle und möchten, dass der Benutzer bei der Abfrage die Postleitzahl als Auswahlkriterium eingeben kann. Mit dem bisherigen Wissen müsste jedes Mal die Design-Ansicht der Abfrage geöffnet und die Postleitzahl in den Kriterienbereich eingegeben werden.

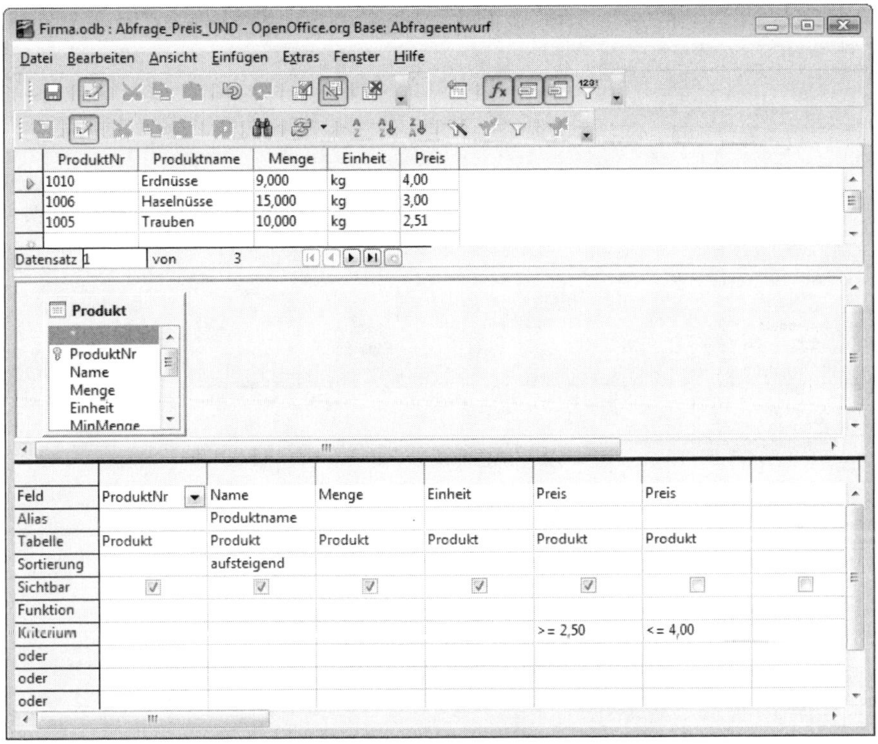

Abbildung 20.30: Mit UND verknüpfte Kriterien

Besser wäre es, wenn der Benutzer eine Abfrage (z.B. über den *Abfragen*-Container im Datenquellen-Explorer des Writers oder in Calc bzw. über die Kategorie *Abfragen* der Base) öffnen und den Eintrag der Abfrage per Doppelklick anwählen könnte. Dann soll ein Dialogfeld erscheinen (Abbildung 20.31, Vordergrund), in das sich die Postleitzahl eingeben lässt. Anschließend wird die Abfrage auf die gewohnte Art ausgeführt und die Ergebnisse erscheinen als Tabellenansicht.

Die Lösung dieses Problems erfolgt über eine sogenannte Parameterabfrage. Hierbei wird im Kriterienbereich in die Zeile *Kriterium* der gewünschten Spalte eine Variable als Platzhalter eingetragen. Eine solche Variable besteht aus mehreren Zeichen (z.B. »Ort« oder »x« oder »c1«), denen ein Doppelpunkt vorangestellt ist. In Abbildung 20.31 ist eine solche Variable *plz* in der Spalte »Plz« zu sehen. Erkennt Office bei der Ausführung der Abfrage den Doppelpunkt, wird das Dialogfeld *Parameter-Eingabe* eingeblendet. Dort erscheinen dann alle in der Abfrage definierten Variablen. Der Benutzer kann einen Eintrag anklicken und dann den zugehörigen Wert in das untere Textfeld eingeben. Sind allen Variablen Werte zugewiesen, lässt sich das Dialogfeld über die *OK*-Schaltfläche schließen. Office fügt dann die eingegebenen Werte anstelle der Variablen in die Abfrage ein. Die Parameterabfrage ermöglicht daher, Abfragen mit einer gewissen Flexibilität zu versehen.

Abbildung 20.31: Kriterien für eine Parameterabfrage und Dialog zur Parameter-Eingabe

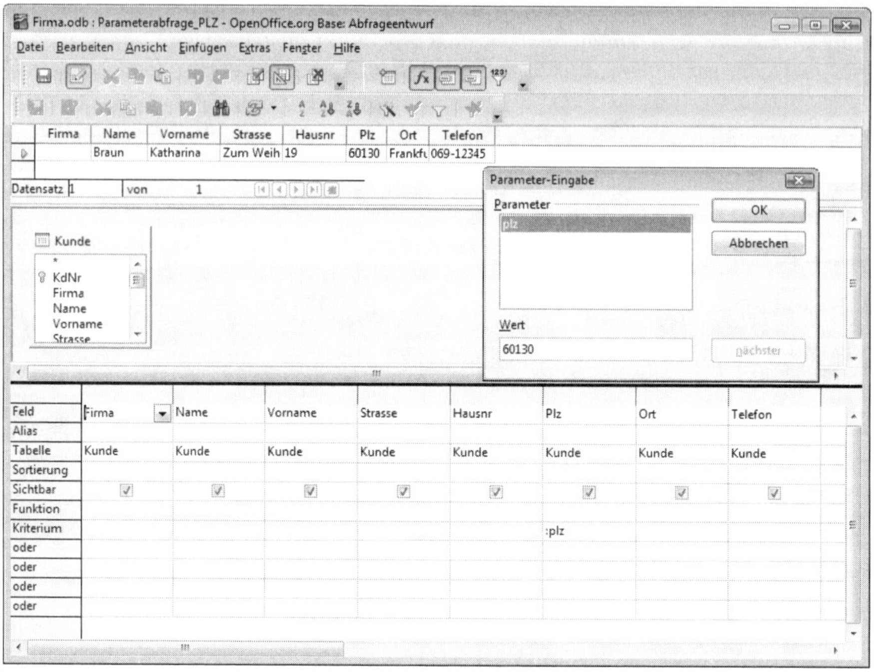

INFO

In Abbildung 20.31, Hintergrund, sind die Ergebnisse im Abfrageentwurfsfenster zu sehen. Dies erreichen Sie, wenn Sie die gespeicherte Abfrage über den Kontextmenübefehl Bearbeiten *öffnen und dann in das Dialogfeld* Parameter-Eingabe *das Kriterium eingeben. In der Beispieldatenbank* Firma.odb *im Verzeichnis* Kap20 *finden Sie ein Beispiel »Parameterabfrage_PLZ«.*

20.5.7 Berechnungen in Abfragen

Häufig reicht es nicht, die gefilterten Werte aus Tabellen herauszuziehen und als Ergebnis einer Abfrage anzuzeigen. Meist sind dazu Berechnungen erforderlich. Auch dies ist in Office möglich, wie ein einfaches Beispiel zeigt. In der Tabelle *Produkt* sind sowohl die Bestandsmengen (Feld *Menge*) als auch die Verkaufspreise (Feld *Preis*) enthalten. Aus diesen beiden Feldern ließe sich der Warenwert durch Multiplikation von Preis und Menge durchführen. Der zu berechnende Ausdruck muss lediglich anstelle des Feldnamens in den Kriterienbereich eingegeben werden. Dies ist in Abbildung 20.32 zu sehen. In der zweitletzten Spalte wurde das Feld *Menge* der Tabelle *Produkt* mit dem Feld *Preis* multipliziert. Sie sehen in diesem Feld die unterschiedlichen Möglichkeiten der Feldschreibweise. Sie können nur den reinen Feldnamen angeben, wenn das Ergebnis eindeutig ist. Bei mehreren Tabellen in der Abfrage empfiehlt es sich aber, den Tabellennamen vor den Feldnamen zu setzen und die beiden Begriffe durch einen Punkt zu trennen.

In der rechten Spalte des Kriterienbereichs wurde im betreffenden Beispiel zudem noch eine Multiplikation mit einer Konstanten eingebaut. Der Wert »1.19« berechnet den Bruttopreis aus Nettobetrag und Mehrwertsteuersatz.

Beachten Sie bei Konstantenangaben, dass ein Punkt anstelle des in der deutschen Sprache geläufigen Kommas für Dezimalzahlen einzusetzen ist.

HALT

Da die berechnete Spalte keinen Bezug auf die Datenbankfelder besitzt, formatiert Office die Ergebnisse ohne Nachkommastellen. Ich habe daher den Spaltenkopf der Ergebnistabelle mit der rechten Maustaste angeklickt und über das Kontextmenü *Spaltenformatierung* ein Währungsformat zugewiesen. Die Formatzuweisung ist allerdings nur temporär und geht beim Schließen der Abfrage verloren.

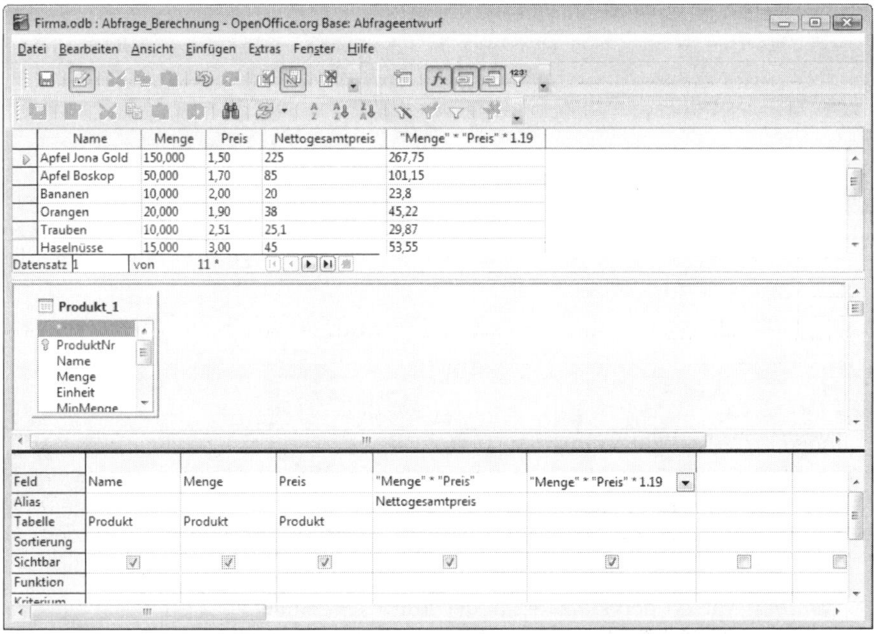

Abbildung 20.32: Abfrage mit berechneten Werten

20.5.8 Funktionen in Abfragen verwenden

Neben Berechnungen lassen sich auch Funktionen in Abfragen einfügen. Anstelle von Einzelwerten werden dann Funktionsergebnisse ausgegeben. Der Kriterienbereich weist hierzu eine eigene Zeile *Funktion* auf (ggf. über eine Schaltfläche der Symbolleiste einblendbar), über deren Listenfeld Sie die verfügbaren Funktionen abrufen können (Abbildung 20.33). Je nach Feldtyp der gewählten Kriterienspalte können Sie unterschiedliche Funktionen anwenden.

- *Durchschnitt* liefert den Durchschnittswert der Feldwerte aller Datensätze, die das Kriterium erfüllen. Die Funktion steht nur bei numerischen Feldern zur Verfügung.
- Die Funktion *Anzahl* steht für alle Feldtypen zur Verfügung und liefert einfach die Anzahl der Datensätze, die die betreffenden Kriterien erfüllen.
- *Maximum* liefert den größten Wert, den das Feld in den gefundenen Datensätzen angenommen hat. Die Funktion steht nur bei numerischen Feldern zur Verfügung.

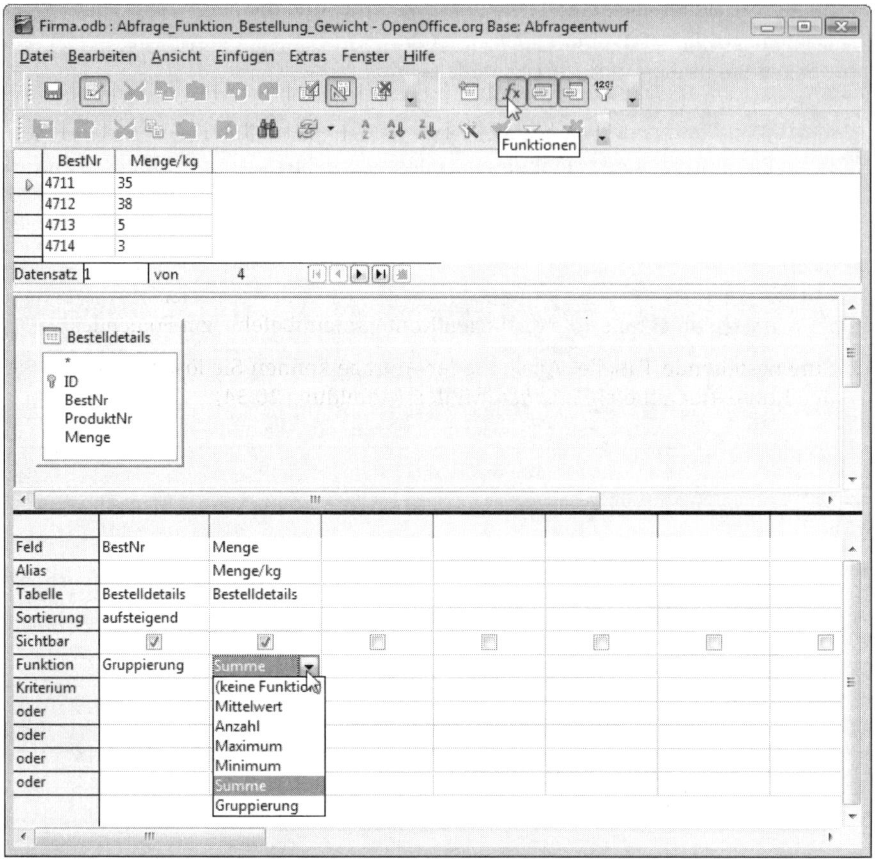

Abbildung 20.33: Funktionen in einer Abfrage

- *Minimum* liefert den kleinsten in der Abfrage gefundenen Wert des angegebenen numerischen Felds.
- *Summe* ermittelt für ein numerisches Feld die Summe über alle in der Abfrage einbezogenen Datensätze.
- Mit der Funktion *Gruppierung* können Sie eine Gruppierung über das Feld vornehmen. Dann werden in anderen Spalten angegebene Funktionen auf die Mitglieder der Gruppe bezogen.

Beachten Sie, dass einige Funktionen nur auf Gruppen angewandt werden können. In Abbildung 20.33 habe ich die Gruppierung über die Bestellnummer vorgenommen. Die in der zweiten Spalte des Kriterienbereichs auf das Feld *Menge* angewandte Funktion *Summe* bezieht sich dann immer auf alle Datensätze der jeweiligen Bestellung. In obigem Beispiel berechnet die Abfrage einfach für alle offenen Bestellungen die jeweils anfallende Versandmenge in Kilogramm.

20.5.9 Tabellen, Ansichten und Abfragen verwalten

Haben Sie eine Tabelle, Ansicht oder Abfrage im Base-Fenster erstellt, möchten diese aber löschen, umbenennen oder verändern? Hierzu gehen Sie folgendermaßen vor.

1. Stellen Sie sicher, dass das Base-Fenster geöffnet und die betreffende Datenbank geladen ist.
2. Klicken Sie in der linken Spalte *Datenbank* auf den Eintrag *Tabellen* (zum Verwalten von Tabellen und Ansichten) oder auf *Abfragen*.
3. Klicken Sie im rechten Teil des Fensters in der mit *Tabellen* oder *Abfragen* bezeichneten Spalte mit der rechten Maustaste auf die gewünschte Tabelle, Ansicht oder Abfrage und wählen Sie im Kontextmenü den benötigten Befehl (Abbildung 20.34).

Der Kontextmenübefehl *Öffnen* erzeugt die Datenansicht mit dem Inhalt der Tabelle, Ansicht oder dem Ergebnis der Abfrage und wirkt wie ein Doppelklick auf das betreffende Datenbankobjekt. Für die restlichen Kontextmenübefehle gilt Folgendes:

- Eine bestehende Tabelle, Ansicht oder Abfrage können Sie löschen, indem Sie den Kontextmenübefehl *Löschen* wählen (Abbildung 20.34).

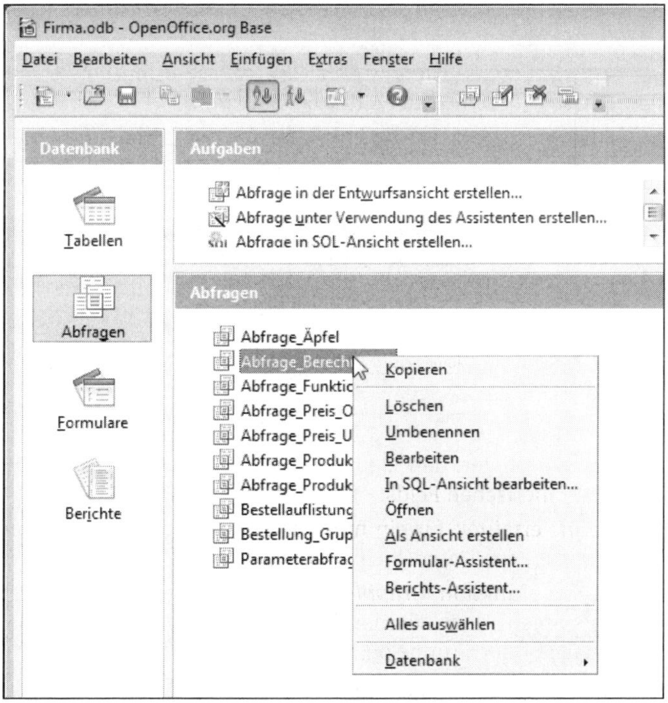

Abbildung 20.34: Kontextmenü bei Tabellen oder Abfragen

20

- Möchten Sie den Namen der Tabelle, der Ansicht oder der Abfrage verändern, wählen Sie im Kontextmenü den Befehl *Umbenennen*. Anschließend können Sie den Namen in einem Zusatzdialog anpassen. Der Name wird übernommen, sobald Sie das Dialogfeld über die *OK*-Schaltfläche verlassen. Beachten Sie aber: Haben Sie den Befehl gewählt, ohne den Namen zu ändern, müssen Sie das Dialogfeld über die *Abbrechen*-Schaltfläche verlassen. Andernfalls kommt es zu einem Fehlerdialog (Base versucht den alten Namen als neues Datenbankobjekt zu speichern, was aber wegen des bereits belegten Namens schiefgeht).
- Zum Anpassen der Tabellenstruktur oder eines Abfrageentwurfs wählen Sie im Kontextmenü den Befehl *Bearbeiten*. Je nach gewähltem Datenbankobjekt wird

das Entwurfsfenster für den Tabellenentwurf oder für die Abfrage geöffnet. Sie können dann diesen Entwurf anpassen und erneut speichern. Bei Ansichten gelangen Sie über den Kontextmenübefehl *Bearbeiten* in das Fenster *Abfrageentwurf*, in dem Sie die Optionen der Ansicht definieren können.

- Bei Abfragen finden Sie zudem den Kontextmenübefehl *Als Ansicht erstellen*, mit dem sich die komplette Abfrage als neue Ansicht im Datenbankobjekt *Tabellen* ablegen lässt. Sie brauchen dann in einem Zusatzdialog nur den Namen der neuen Ansicht anzugeben und mit der *OK*-Schaltfläche zu bestätigen. Danach finden Sie die Ansicht in der Kategorie *Tabellen* vor.

Die beiden Kontextmenübefehle *Formular-Assistent* und *Berichts-Assistent* rufen die betreffenden Assistenten zum Erstellen von Formularen und Berichten auf. Diese Funktionen werden im nächsten Kapitel besprochen. Möchten Sie Tabellen, Abfragen oder Ansichten kopieren?

1. Klicken Sie das betreffende Datenbankobjekt im Base-Fenster in der Spalte *Tabellen* oder *Abfragen* mit der rechten Maustaste an und wählen Sie im Kontextmenü den Befehl *Kopieren*.
2. Anschließend klicken Sie das Objekt erneut mit der rechten Maustaste an und wählen im Kontextmenü den Befehl *Einfügen*.
3. Danach vergeben Sie im Folgedialog einen Namen für das neue Objekt und setzen ggf. die gewünschten Optionen.

Abbildung 20.35: Dialoge beim Kopieren von Tabellen

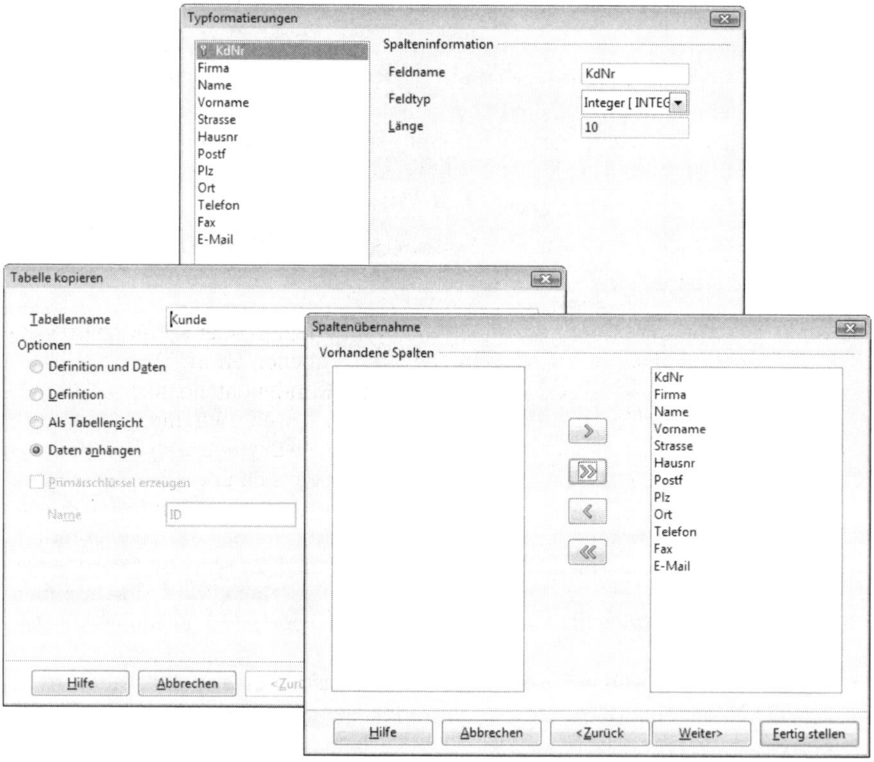

Bei Abfragen müssen Sie in den Folgedialog nur einen neuen Namen eintippen und dann die *OK*-Schaltfläche betätigen. Bei Tabellen und Ansichten startet dagegen ein Assistent, der in verschiedenen Dialogfeldern (Abbildung 20.35) die Kopieroptionen abfragt. Im ersten Dialogschritt (Abbildung 20.35, links) müssen Sie beim Kopieren einer Tabelle oder einer Ansicht im Feld *Tabellenname* einen neuen (eindeutigen) Namen für die zu erzeugende Tabelle oder Ansicht festlegen.

Über die Optionsfelder der Gruppe *Optionen* können Sie festlegen, ob lediglich die Tabellenstruktur oder nur die Daten oder sowohl die Struktur als auch die Daten der Tabelle/Abfrage in das Zielobjekt zu übernehmen sind. Tabellen lassen sich über die Option *Als Tabellenansicht* in eine Ansicht überführen. Zudem können Sie die Daten der vorher mit *Kopieren* übernommenen Tabelle über die Option *Daten anhängen* an eine andere Tabelle mit gleicher Feldstruktur anhängen. Über das Kontrollkästchen *Primärschlüssel erzeugen* lässt sich in der Zieltabelle ein neues Feld als Primärindex vorgeben.

Über die Schaltfläche *Weiter* lassen sich die in Abbildung 20.35, rechts unten und oben, gezeigten Folgedialoge abrufen. Dort können Sie die zu übernehmenden Felder (Spalten) wählen und auch deren Namen sowie deren Datentypen anpassen. Sobald Sie auf die Schaltfläche *Fertig stellen* klicken, wird die neue Tabelle oder die neue Ansicht in der Kategorie *Tabellen* angelegt.

20.6 Abfragen über mehrere Tabellen

Interessant wird das Thema Abfragen, wenn mehrere Tabellen einbezogen werden. Dies ist aber nur bei Datenbanken (HSQL, MySQL etc.) möglich. Dann lassen sich Datensätze über mehrere Tabellen selektieren und als Datenansicht in der Ergebnistabelle darstellen. Der nachfolgende Abschnitt stellt Ihnen die Funktionen in Office bezüglich der Gestaltung von Abfragen über mehrere Tabellen vor.

20.6.1 Grundlagen zu Beziehungen zwischen den Tabellen

Innerhalb von Abfragen (und auch innerhalb von Berichten oder Formularen, siehe *Kapitel 21*, sind häufiger Daten aus verschiedenen Tabellen erforderlich (z.B. erfordert die Erstellung einer Rechnung Zugriffe auf die Kundendatenbank, auf die Aufträge und auf die Preise). In der Design-Ansicht lassen sich die Beziehungen zwischen diesen Tabellen direkt vorgeben. Bevor Sie die Beziehungen zwischen den Tabellen innerhalb der Datenbank festlegen, müssen Sie sich über die Art der Beziehungen klar werden. Hierbei sind die unten aufgeführten Arten zu unterscheiden.

INFO

Sofern Sie beim Entwurf der Datenbankstrukturen eine Normalisierung durchführen (siehe Kapitel 19), sollten nur 1:n-Beziehungen auftreten. Die anderen Beziehungen lassen sich schwer handhaben oder führen zu ineffizienten Tabellenstrukturen

1:n-Beziehungen

1:n-Beziehungen sind typisch für den Umgang mit Datenbanken und den zugehörenden Tabellen. Bei dieser Art können zu einem Datensatz einer Tabelle ein oder mehrere Datensätze einer anderen Tabelle existieren. Am einfachsten lässt sich dies anhand des Beispiels zur Bestellabwicklung zeigen. In der Tabelle *Bestellung* sind für jede Bestellung die Bestellnummer, die Kundennummer sowie das Liefer- und Rechnungsdatum enthalten (siehe *Kapitel 19*). Eine Beispieltabelle ist in Abbildung 20.36, oben, zu sehen.

Abbildung 20.36: Beispiel einer 1:n-Beziehung

Bestellung

BestellNr	KundenNr	Lieferdatu	ReDatum
4711	1002	01.01.09	
4712	1001	10.03.09	
4713	1003	10.02.09	
4714	1001	29.01.09	

Bestell-details

BestellNr	ProduktNr	Menge
4711	1001	10
4711	1002	12
4712	1001	5
4711	1003	6
4711	1004	7
4711	1010	1
4712	1002	3
4712	1006	1
4712	1009	2
4713	1005	5
4714	1007	1
4714	1006	2

Eine Bestellung kann nun aber aus mehreren Bestellpositionen bestehen. Diese einzelnen Positionen werden in einer getrennten Tabelle mit dem Namen *Bestelldetails* verwaltet (Abbildung 20.36, untere Tabelle). Auch diese Tabelle besitzt ein Feld mit der Bestellnummer. Wenn Sie jetzt in der Tabelle *Bestellung* einen Auftrag herausgreifen, gibt es in der Tabelle *Bestelldetails* mindestens einen Datensatz mit dem bestellten Produkt (Produktnummer) und der Bestellmenge. Viele Bestellungen weisen jedoch mehrere Datensätze auf.

*Die Kundendetails oder die Details zum Produkt (Produktname, Preis) etc. werden über Beziehungen zu weiteren Tabellen (*Produkt, Kunde*) ermittelt.*

1:1-Beziehungen

Ein spezieller Fall tritt bei einer 1:1-Beziehung auf. Hier existiert zu jedem Datensatz in der ersten Tabelle genau ein Datensatz in der zweiten Tabelle. Das Gleiche gilt für die umgekehrte Betrachtungsweise. Denkbar wäre es, die im vorhergehenden Kapitel entworfene Tabelle *Produkt* in zwei Tabellen aufzusplitten. Eine Tabelle enthält nur den Produktnamen, die Produktnummer und ggf. den Produktnamen. Eine zweite Tabelle enthält dann die minimale und maximale Lagermenge, den aktuellen Lagerbestand und zusätzlich noch den Preis pro Mengeneinheit. Über den Schlüssel der Produktnummer ließe sich eine Beziehung zwischen den beiden Tabellen aufbauen. Zu jedem Datensatz in der ersten Produkttabelle gäbe es dann nur einen Datensatz in der zweiten Produkttabelle.

Allerdings sind solche Beziehungen meist recht ungewöhnlich, da 1:1-Beziehungen sich wesentlich effizienter in einer Tabelle unterbringen lassen. Daher habe ich die betreffenden Daten auch in einer Tabelle belassen, was den Zugriff auf die Daten wesentlich vereinfacht.

20.6.2 m:n-Beziehungen

Die m:n-Beziehungen sind ähnlich wie 1:n-Beziehungen aufgebaut (gelten aber für beide Beziehungsrichtungen). Ein Datensatz in der ersten Tabelle kann mehrere Datensätze in einer zweiten Tabelle besitzen (dies entspricht der oben diskutierten 1:n-Beziehung). Betrachten Sie jedoch einen Datensatz in der zweiten Tabelle, besitzt dieser ebenfalls n Datensätze in der ersten Tabelle. Als Beispiel kann die Verknüpfung der Tabelle *Bestelldetails* mit der Tabelle *Produkt* dienen. Eine Bestellung wird in der Regel aus verschiedenen Artikeln bestehen, die über eine Produktnummer eindeutig bezeichnet werden. In der Tabelle *Produkt* lässt sich die Beschreibung jedes einzelnen Produkts über die Produktnummer ermitteln. Andererseits kann ein Produkt durchaus in mehreren Bestellungen auftreten.

INFO

m:n-Beziehungen sollten nach Möglichkeit innerhalb einer Datenbank vermieden werden. Sie können hier eine dritte Tabelle (Verbindungstabelle) anlegen, die die Verbindung zwischen den beiden Ursprungstabellen in zwei 1:n-Beziehungen aufsplittet. Hier wurde aber darauf verzichtet, da eine Abfrage der Art »In welchen Bestellungen ist das Produkt xy enthalten« sich ja wieder als 1:n-Beziehung darstellen lässt.

20.6.3 Beziehung in der Entwurfsansicht einer Abfrage einrichten

Um eine Abfrage auf mehrere Tabellen auszuführen, müssen Sie diese Tabellen in der Entwurfsansicht öffnen und die Tabellen im Design-Bereich einfügen. Danach sind die Beziehungen zwischen den Tabellen zu definieren. Hierzu gehen Sie in folgenden Schritten vor:

1. Markieren Sie im Base-Fenster in der linken Spalte den Eintrag *Abfragen* und wählen Sie im Aufgabenbereich den Befehl *Abfrage in Entwurfsansicht erstellen*. Daraufhin erscheint die Entwurfsansicht für Abfragen sowie das Dialogfeld *Tabelle oder Abfrage hinzufügen*. Die Vorgehensweise unterscheidet sich nicht vom Aufruf der Entwurfsansicht bei einzelnen Tabellen (siehe oben).
2. Im Dialogfeld *Tabelle oder Abfrage hinzufügen* (abrufbar über eine Schaltfläche in der Symbolleiste des Entwurfsfensters) markieren Sie dann die gewünschten Tabellen bzw. Abfragen und klicken auf die Schaltfläche *Hinzufügen*. Wenn die Tabellen in einer Datenbank gespeichert sind (z.B. in HSQL), bleibt das Dialogfeld geöffnet und dieser Vorgang lässt sich mehrfach durchführen (Abbildung 20.37).
3. Sobald alle Tabellen im Design-Bereich des Abfrageentwurfs angezeigt werden, können Sie das Dialogfeld *Tabelle oder Abfrage hinzufügen* über die Schaltfläche *Schließen* ausblenden. Das Dialogfeld lässt sich jederzeit über die betreffende Schaltfläche der Symbolleiste wieder einblenden.

Mit diesem Schritt kennt der Designer alle Tabellen, die in die Abfrage einzubeziehen sind. Um aber sinnvolle Ergebnisse zu bekommen, müssen Sie noch die Beziehungen zwischen den Tabellen einrichten. Beziehungen werden gemäß den Ausführungen in den vorhergehenden Abschnitten über Felder mit gleichen Inhalten bzw. gleicher Bedeutung definiert. Solche Beziehungen lassen sich im Abfrageentwurf in sehr komfortabler Art vornehmen.

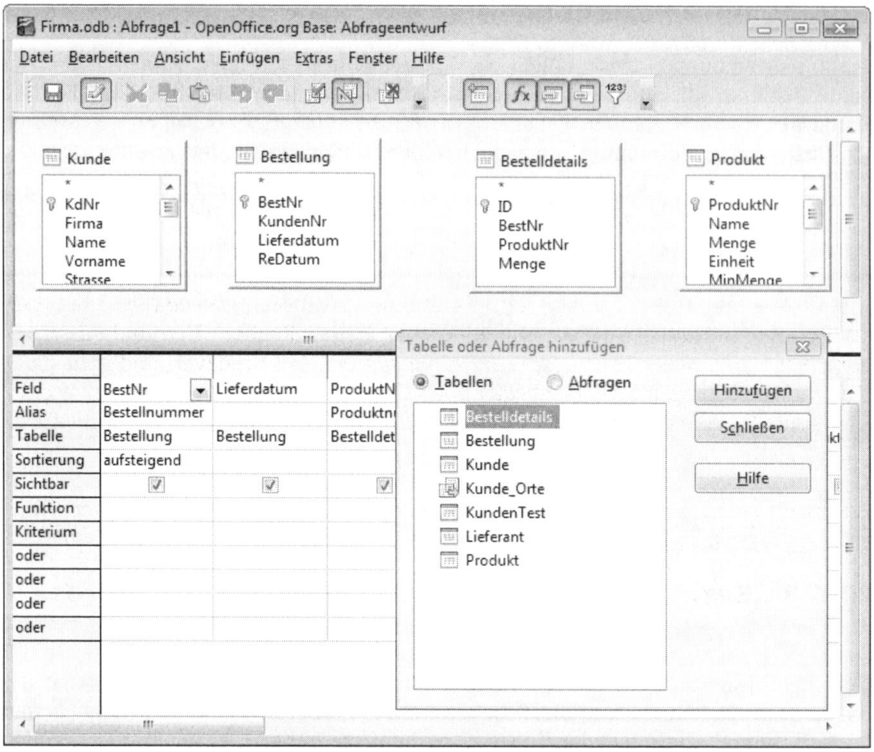

Abbildung 20.37: Hinzufügen mehrerer Tabellen zum Abfrageentwurf

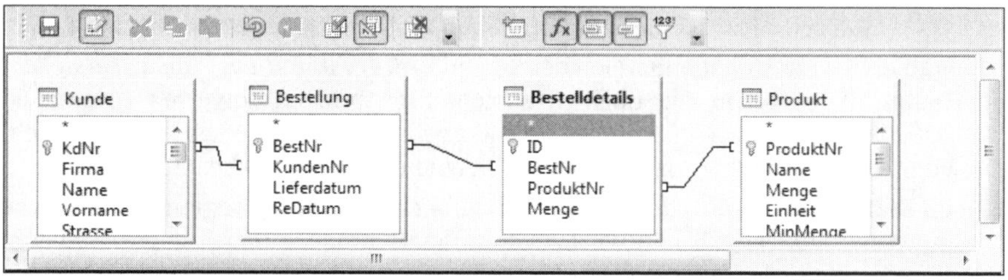

Abbildung 20.38: Entwurfsansicht mit Tabellen und Beziehungen

1. Klicken Sie im Design-Bereich der Entwurfsansicht die Tabelle, von der die Beziehung ausgeht, an. Suchen Sie dann den Indexeintrag (in Abbildung 20.38 ist dies das Feld *KdNr* der Tabelle *Kunde*).
2. Ziehen Sie das Feld bei gedrückter linker Maustaste aus der Primärtabelle zu einem Feld in der Sekundärtabelle. Das Feld in der Sekundärtabelle kann zwar einen abweichenden Namen besitzen, muss aber die gleichen Daten aufweisen. In Abbildung 20.38 enthält die Tabelle *Bestellung* beispielsweise ein Feld *KundenNr*. Sobald Sie die linke Maustaste über dem betreffenden Feld der Sekundärtabelle loslassen, richtet Office die Beziehung ein. Diese Beziehung wird durch eine dünne Linie angezeigt (Abbildung 20.38).

Auf diese Weise können Sie über die obigen Schritte alle Beziehungen zwischen den Tabellen festlegen. Wenn Sie anschließend Daten aus diesen Tabellen über den Kriterienbereich abrufen, wertet Office die Beziehungen aus und stellt nur passende Datensätze zusammen.

Da die Beziehungen im Abfrageentwurf erhalten bleiben, spricht man auch von persistenten Beziehungen. Um eine Beziehung zu löschen, klicken Sie die Verbindungslinie mit der rechten Maustaste an und wählen im Kontextmenü den Befehl Löschen. *Weiterhin können Sie im Kontextmenü den Befehl* Bearbeiten *wählen. Dann öffnet Office ein Dialogfeld* Verbundeigenschaften *(Abbildung 20.39), in dem die beteiligten Tabellen, die Felder für die Beziehung und die Art der Beziehung aufgelistet werden. Falls Sie diesen Dialog über den Befehl* Neue Relation *im Menü* Einfügen *des Fensters der Entwurfsansicht aufrufen, lassen sich die Werte auch ändern. Sie können für die Verbindungsart verschiedene Varianten wählen. Die Variante* Innerer Verbund *(Inner Join) verbindet Werte, bei denen beide Tabellen gleiche Werte im betreffenden Feld aufweisen. Über* Linker Verbund *und* Rechter Verbund *lässt sich vorgeben, von welcher Tabelle die Beziehung ausgeht. Mit* Kreuzverbund *wird signalisiert, dass die Felder beider Tabellen über Kreuz (vollständig) miteinander verbunden sind. Das Kontrollkästchen* Natürlich *bewirkt ein Natural Join. Hinweise zu diesen Verbundoperationen finden Sie z.B. unter* `http://en.wikipedia.org/wiki/Join_(SQL)`. *Beachten Sie aber, dass diese Verbundtypen nicht von allen Datenbanken unterstützt werden. Details zu den Varianten erhalten Sie, wenn Sie in der Office-Hilfe nach dem Begriff »Verbundeigenschaften« suchen (ggf. »relationale Datenbanken« nachschlagen).*

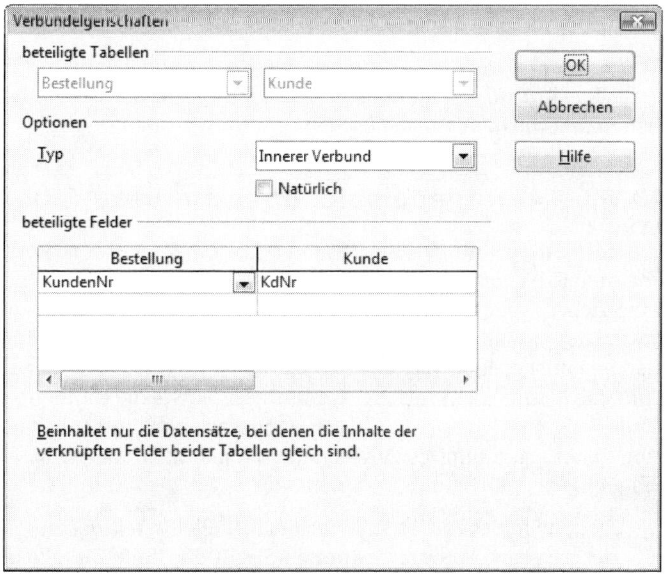

Abbildung 20.39: Dialogfeld *Verbundeigenschaften*

Wird in der Primärtabelle das Feld des Primärschlüssels gewählt (es wird ein Schlüsselsymbol vor dem Feld gezeigt) und ziehen Sie die Verbindung zu einem normalen Feld der Sekundärtabelle, richtet Office eine 1:n-Beziehung ein. Handelt es sich bei dem Schlüssel in der Sekundärtabelle ebenfalls um einen Primärschlüssel, wird eine 1:1-Beziehung hergestellt. Im Office-Designer wird dieser Unterschied aber nicht grafisch dargestellt.

Anmerkungen zur referentiellen Integrität

Sobald Sie in einer Datenbank eine Beziehung zwischen zwei Tabellen herstellen, müssen beim Einfügen, Ändern und Entfernen von Datensätzen unter Umständen gewisse Regeln eingehalten werden. Nehmen wir das Beispiel der Auftragsverwaltung. Sobald ein neuer Auftrag hereinkommt, werden dessen Daten in die Tabelle *Bestellung* eingetragen. Da wir einmal davon ausgehen, dass der Auftrag auch einzelne Bestellpositionen aufweist, wird gleichzeitig mindestens ein Satz in die abhängige Tabelle *Bestelldetails* eingetragen. Bei diesem Satz ist die Bestellnummer als Schlüssel erforderlich. Gleichzeitig müssen Sie sicherstellen, dass nur gültige Kundennummern und gültige Produktnummern in den betreffenden Feldern der Datenbank gespeichert werden. Kritisch wird es auch beim Löschen von Datensätzen. Sie könnten zwar einzelne Positionen in der Tabelle *Bestelldetails* entfernen (z.B. weil der Kunde Teile der Bestellung storniert). Unzulässig wäre es aber, wenn der Eintrag in der Tabelle *Bestellung* gelöscht, die zugehörenden Datensätze der Tabelle *Bestelldetails* aber bestehen bleiben. Dann gäbe es Artikel, die keinem Auftrag zugeordnet sind. So etwas wird in der Regel über Formulare erledigt, die dem Bearbeiter die verfügbaren Optionen anbieten. Die den Formularen zugrunde liegenden Funktionen sorgen dann dafür, dass die referentielle Integrität erhalten bleibt. Ist dies nicht der Fall, ergeben Abfragen eventuell keine oder fehlerhafte Ergebnisse. Leider bietet Office keinerlei Funktionen zur Überprüfung der referentiellen Integrität der unterlagerten Datenbank.

INFO

Verschiedene Datenbanken stellen aber Funktionen bereit, mit denen sich die referentielle Integrität überprüfen lässt. Lesen Sie ggf. in der Dokumentation zur jeweiligen Datenbank nach, wie sich diese Funktionen aufrufen lassen.

20.6.4 Abfragebeispiel über mehrere Tabellen

Sobald die Beziehungen im Designer vereinbart wurden, können Sie eine Abfrage über den Kriterienbereich entwerfen. Dies soll jetzt an der im vorherigen Kapitel entworfenen Tabellenstruktur der Bestellabwicklung demonstriert werden. Die Tabelle *Bestellung* enthält die unterschiedlichen Aufträge. Diese sollen nun in einer Abfrage als Liste ausgegeben werden, wobei die Bestellnummer, das Lieferdatum, das Produkt, die Menge, der Preis, der Gesamtpreis sowie die Kundennummer samt Kundendaten aufgelistet werden. Als Kundendaten wird hier nur der Name eingeblendet, eine Erweiterung um die Adressdaten ist jederzeit auf die hier demonstrierte Weise möglich.

1. Ziehen Sie das Feld *BestNr* aus der Tabelle *Bestellung* zur ersten Spalte des Kriterienbereichs. Alternativ können Sie in der Zeile *Tabelle* die Tabelle *Bestellung* über das Listenfeld auswählen und dann im Listenfeld der Zeile *Feld* den Feldnamen *BestNr* wählen.
2. Fügen Sie in die zweite Spalte und in die weiteren Spalten das Lieferdatum, die Produktnummer, die Liefermenge und den Preis gemäß Abbildung 20.40 ein.
3. Geben Sie in die nächste Spalte die Rechenvorschrift für den Gesamtpreis als Produkt zwischen *Bestelldetails.Menge* und *Produkt.Einzelpreis* ein. Hierbei müssen Sie jeweils den Tabellennamen getrennt durch einen Punkt mit dem Feldnamen kombinieren. Nur so erkennt Office zuverlässig, welche Tabellenfelder in der Abfrage zu verwenden sind.

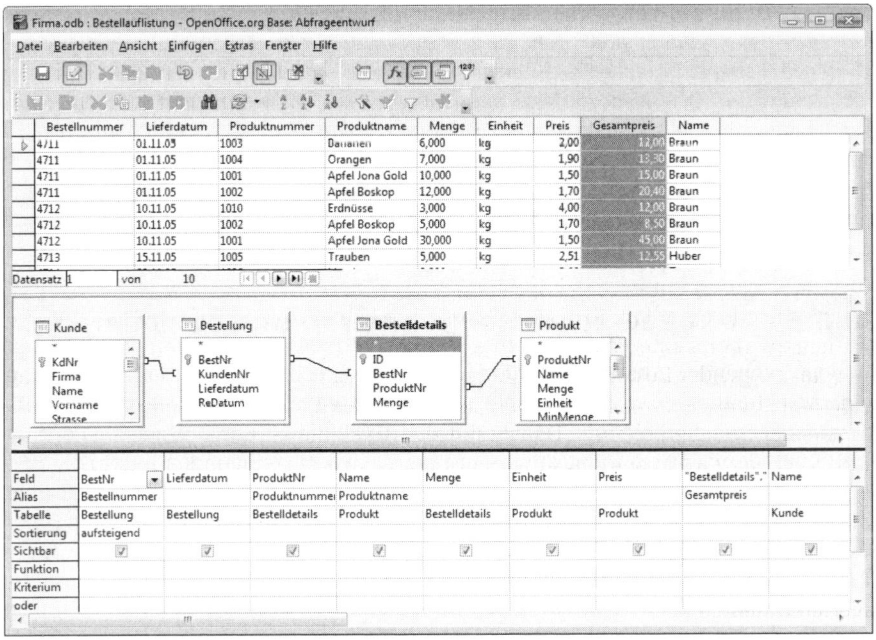

Abbildung 20.40: Beispiel einer Abfrage über mehrere Tabellen

4. Ergänzen Sie die restlichen Spalten des Kriterienbereichs um die gewünschten Felder der anderen Tabellen.

Der Kriterienbereich sowie die einbezogenen Tabellen samt deren Beziehungen sehen Sie in Abbildung 20.40. Bei einigen Spalten der Abfrage wurden Aliasnamen für die Spaltenüberschrift verwendet. Wenn Sie anschließend die Abfrage ausführen, sollte das Ergebnis als Tabelle im oberen Teil des Fensters erscheinen. Sie können dann auf die Spaltenköpfe klicken und über den Kontextmenübefehl *Spaltenformat* die Anzeige der Ergebniswerte beeinflussen.

INFO

Im aktuellen Beispiel wurde das Spaltenformat für die Preisspalten rechtbündig und mit Nachkommastellen (über das Kontextmenü der Spaltenköpfe) angepasst. Die Spaltenformatierung für die berechnete Ergebnisspalte müssen Sie nach jeder Aktualisierung der Abfrage erneut setzen, da Base die Formatangaben nicht in der Abfrage speichert. In der aktuellen Version behält Office auch die Positionen der Tabellen im Design-Bereich nicht bei. Öffnen Sie einen gespeicherten Abfrageentwurf, werden die Tabellen nach den Namen alphabetisch sortiert. Dann lassen sich die Verbindungslinien meist nicht mehr erkennen und Sie müssen die Tabellen manuell im Design-Bereich verschieben.

HALT

Haben Sie eine .odb-*Datenbank mit einer Verknüpfung auf eine MySQL-Datenbank unter Windows eingerichtet und dann Abfragen erstellt, kann es bei der Übernahme dieser* .odb-*Datei unter Linux Probleme geben. Als Erstes müssen Sie die Datenbankeigenschaften so anpassen, dass die Verknüpfung unter Linux auf die externe MySQL-Datenbank zeigt. Auch wenn Sie unter Linux über Base auf die Tabellen der MySQL-Datenbank zugreifen können, kann es Probleme mit den Abfragen geben. In Linux wird bei Tabellennamen Groß-/Kleinschreibung unterschieden. In Windows erstellte Abfragen passen daher u.U. nicht zu den in Linux in der MySQL-Datenbank vorgefundenen Tabellennamen. Sie müssen u.U. erst die Schreibweisen der Tabellen- und Feldnamen im SQL-Befehl der Abfrage korrigieren. Verhindern lässt sich dies ggf., indem Sie nur Kleinbuchstaben für Feldnamen von MySQL-Tabellen verwenden. Zudem gibt es Hinweise, dass berechnete Abfragen von MySQL-Tabellen fehlerhaft seien (es würden keine Nachkommastellen in den Ergebniszeilen erscheinen). In der von mir verwendeten Konfiguration konnte dieser Effekt weder unter Linux noch unter Windows beobachtet werden.*

20.6.5 Abfrageergebnisse gruppieren und summieren

Im vorhergehenden Abschnitt wurden bereits Berechnungen auf Tabellendaten vorgenommen. Nun soll noch ein Beispiel gezeigt werden, bei dem Daten gruppiert und summiert werden. Die obige Tabelle mit den Bestelldaten enthält mehrere Bestellpositionen des Kunden. Dann interessiert neben den Einzelbeträgen für eine Lieferposition z.B. der Gesamtrechnungsbetrag. Auch diese Information lässt sich über eine Abfrage realisieren. Sie müssen die Abfrage lediglich über die Bestellnummer gruppieren (d.h., alle Datensätze mit einer Bestellnummer werden zusammengefasst). Dann lässt sich die Summenfunktion über die Gruppen bilden.

Abbildung 20.41: Abfrage mit Gruppierung und Summenbildung

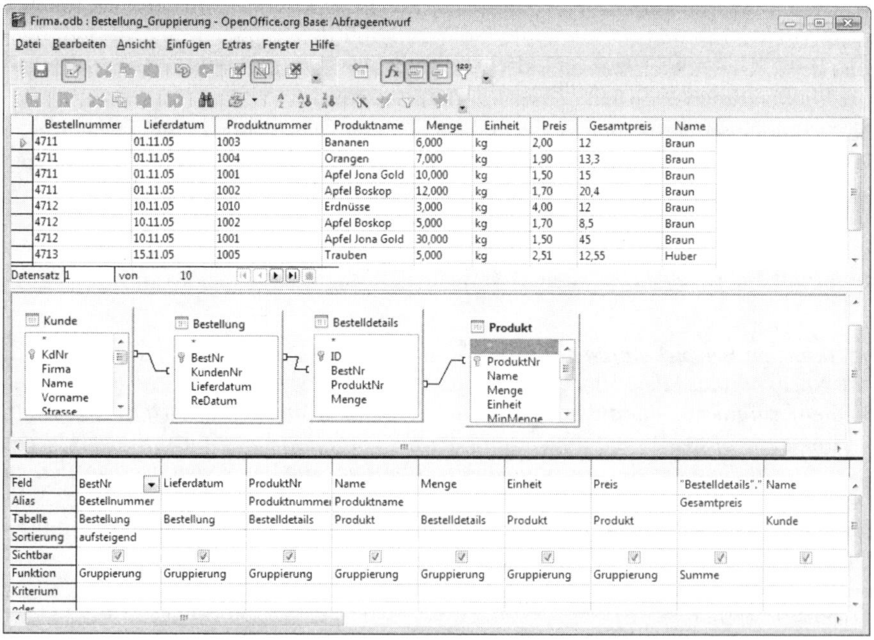

In Abbildung 20.41 sind sowohl die Kriterien im Kriterienbereich als auch die Beziehungen zwischen den Tabellen als auch die Ergebnisse der Abfrage zu sehen. Das Feld *BestNr* der Tabelle *Bestellung* wird hier gruppiert. Daher wurde in der betreffenden Spalte des Kriterienbereichs die Zeile *Funktion* auf »Gruppierung« gesetzt. Die dritte Spalte enthält den aus der Bestellmenge und dem Preis errechneten Wert. Im Kriterienbereich wird der Einzelwert berechnet. Da aber im Feld *Funktion* der Eintrag »Summe« gewählt wurde, berechnet Office die Gesamtsumme über alle Datensätze der Gruppe (also über alle Datensätze einer Bestellung). Als Ergebnis wird dann die Gesamtsumme der jeweiligen Bestellung ausgegeben.

INFO

Das Beispiel lässt sich in der von Base standardmäßig genutzten HSQL Datenbank leider nicht nachvollziehen. Gruppieren Sie nur über ein Feld (z.B. Bestellnummer) und summieren Sie über die Spalte mit den berechneten Preisen, liefert Base beim Ausführen der Abfrage auf der HSQL-Datenbank einen SQL-Fehler zurück. Die HSQL-Datenbank ermöglicht die Abfrage nur, wenn die Gruppierung über alle Felder erfolgt (was nicht sinnvoll ist). Um solche Gruppierungen durchzuführen, sollten Sie eine MySQL-Datenbank in Base einbinden. Im Beispielordner Kap20 *finden Sie die Datei* Firma.odb, *die auf die HSQL-Datenbank aufsetzt. Die Datei* FirmaMySQL.odb *bindet eine externe MySQL-Datenbank* firma *ein. Wird die Verbindung zur MySQL-Datenbank korrekt eingerichtet, sollte die Abfrage mit der Gruppierung über die Bestellnummer und einer Summenbildung über die Spalte* Gesamtpreis *funktionieren.*

20.6.6 So schalten Sie im Abfrageentwurf zur SQL-Ansicht

Bei Abfragen greift Base direkt auf die SQL-Unterstützung der unterlagerten Datenbankengine zurück. Im Hintergrund generiert Office bei jeder Abfrage SQL-Befehle, während im Vordergrund die Entwurfsansicht mit den Tabellen samt Beziehungen und der Kriterienbereich erscheinen. Auf den nachfolgenden Seiten gehe ich kurz auf die Verwendung von SQL zur Datenbankabfrage ein.

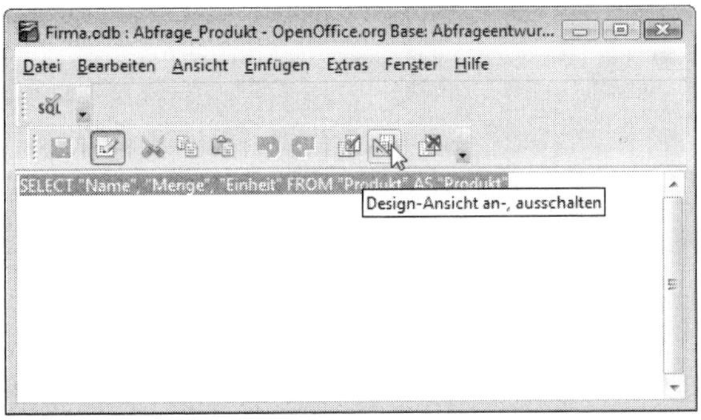

Abbildung 20.42: An- und Ausschalten der Design-Ansicht

Um sich den SQL-Code, der sich aus den in der Entwurfsansicht konfigurierten Abfragen ergibt, anzusehen, reicht ein Mausklick auf die Schaltfläche *Design-Ansicht an-, ausschalten* in der Symbolleiste dieser Ansicht (Abbildung 20.42). Beim ersten Mausklick verschwindet die Design-Ansicht und Sie sehen das SQL-Kommando. Ein weiterer Mausklick blendet die Design-Ansicht mit den Tabellen und dem Kriterienbereich wieder ein.

INFO

Die automatisch generierten SQL-Befehle weisen in Base einige Besonderheiten auf. So werden alle Tabellen- und Feldnamen in Hochkommas eingeschlossen und bei Tabellennamen wird dieser zweifach wiederholt. Bei manuell eingegebenen SQL-Befehlen (siehe folgende Abschnitte) wird die vereinfachte Form benutzt.

Im Menü Ansicht *des Fensters* Abfrageentwurf *gibt es die Befehle* Symbolleisten/SQL, *über die Sie die SQL-Symbolleiste ein- oder ausblenden können. Diese Symbolleiste besitzt eine Schaltfläche* SQL-Kommando direkt ausführen. *Allerdings ist diese Schaltfläche bei der in Base benutzten HSQL-Datenbank ohne Funktion. Verwenden Sie den Befehl* SQL *im Menü* Extras *des Base-Hauptfensters, öffnet sich ein Fenster zum direkten Eingeben von SQL-Befehlen (siehe folgende Seite). In diesem Fenster lassen sich dann SQL-Befehle zum Anlegen oder zur Pflege einer Datenbanktabelle eingeben.*

20.7 Kurzeinführung in SQL

Datenbanken unterstützen meist SQL (Structured Query Language) zum Tabellenentwurf, zum Einfügen oder Löschen von Datensätzen oder zum Erstellen von Abfragen. Office erstellt für Abfragen ebenfalls SQL-Befehlssequenzen und schickt diese an die unterlagerte Datenbank. Sie können daher die betreffenden SQL-Befehle direkt in Office eingeben, um Tabellen einer Datenbank zu manipulieren oder um Abfragen zu gestalten.

20.7.1 SQL beim Tabellenentwurf

Wenn Sie eine Datenquelle in Base geladen haben, können Sie SQL-Befehle verwenden, um neue Tabellen anzulegen. Zum Aufruf des SQL-Modus öffnen Sie das Menü *Extras* und wählen den Befehl *SQL* (Abbildung 20.43).

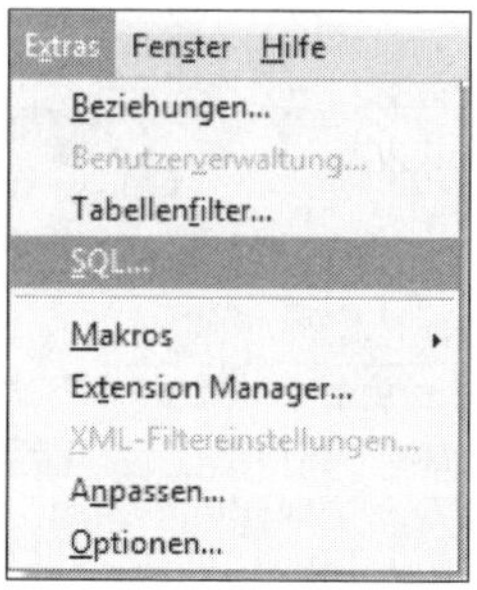

Abbildung 20.43: Aufrufen des SQL-Modus über das Menü *Extras*

Office öffnet dann das Fenster *SQL Statement ausführen* (Abbildung 20.44), in dem Sie SQL-Befehle verwenden können. Befehlssequenzen lassen sich in das Textfeld *auszuführendes Kommando* eintippen oder per Zwischenablage einfügen. Sobald Sie auf die Schaltfläche *Ausführen* klicken, wird der komplette SQL-Befehl über den Treiber an die Datenbank weitergereicht. Die Datenbank interpretiert die SQL-Anweisung, führt ggf. den Befehl aus und liefert den Status an den Datenquellentreiber zurück. Daher wird nach Ausführung des betreffenden Befehls ein entsprechender Statustext, versehen mit der Befehlsnummer, im Textfeld *Status* angezeigt.

In Abbildung 20.44 wurde der folgende Befehl eingegeben, um eine Tabelle *BornTest* mit den Feldern *ID*, *Name* und *Menge* anzulegen.

```
CREATE TABLE BornTest(
ID int(11) NOT NULL,
Name Text,
```

```
Menge float NOT NULL default '0',
KEY ID (ID)
) TYPE=MyISAM COMMENT='Test';
```

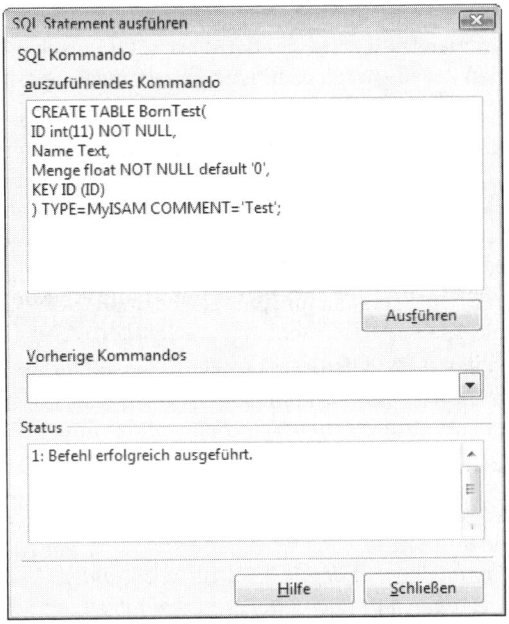

Abbildung 20.44: Dialogfeld zur Eingabe von SQL-Befehlen

Base stellt das Dialogfeld SQL-Statement ausführen *(Abbildung 20.44) und die SQL-Design-Ansicht bei Abfragen (Abbildung 20.42) zur Verfügung. Der Unterschied besteht dabei darin, dass die Eingaben im Dialogfeld* SQL Statement ausführen *außer der Statusmeldung keine Ausgaben haben, während bei einer SQL-Abfrage die Ergebnisse als Datenansicht erscheinen. Sie können das Dialogfeld daher zum Anpassen von Tabellenstrukturen oder Tabelleninhalten, nicht aber für Abfragen nutzen. Zudem muss die Datenbank das Anlegen von Tabellen über SQL-Anweisungen unterstützen. Bei der intern von der Base benutzten HSQL-Datenbank klappt dies nicht, während das obige Beispiel unter MySQL nachvollziehbar ist.*

Tabelle mit SQL-Befehlen anlegen und entfernen

In Abbildung 20.44 sehen Sie den SQL-Befehl zum Definieren einer neuen Tabelle in einer Datenbank. Neue Tabellen werden mit:

```
CREATE TABLE name ( felddefinitionen ) optionale parameter
```

angelegt. Der Parameter *name* steht dabei für den Namen der Tabelle und die runden Klammern nehmen die Parameter für die Feldelemente der Tabelle auf. In Abbildung 20.44 werden drei Felder *ID*, *Name* und *Menge* definiert. Eine Definitionszeile für ein Feld besitzt folgenden Aufbau:

```
feldname typ NOT NULL default '..',
```

Zuerst kommt der Feldname, der aus gültigen Zeichen bestehen muss. Daran schließt sich der Datentyp (*int(x), text, float (x,y)* etc.) für das Feld an. Die zulässigen Datentypen hängen von der verwendeten Datenbank ab. Je nach Datentyp werden die Dezimalstellen und Nachkommastellen in Klammern mit angegeben. Die Angabe NOT NULL ist optional und definiert, dass der Wert nicht null sein darf. Zudem lässt sich ein Vorgabewert über den Parameter *default* '..' angeben. Der Standardwert ist in Hochkommas zu setzen. Weitere Optionen wie AUTO_INCREMENT können festlegen, dass der Wert automatisch erhöht wird. Die Felddefinitionen werden jeweils durch Kommata voneinander getrennt.

Besitzt die Tabelle einen Schlüssel, lässt sich dieser am Ende der Felddefinition über das Schlüsselwort KEY vereinbaren. Hinter dem Schlüsselwort wird der Schlüsselname und in Klammern das zu verwendende Feld angegeben. Je nach verwendeter Datenbank können hinter der schließenden Klammer für die Felddefinition weitere datenbankspezifische Parameter folgen. In Abbildung 20.44 wurden der Dateityp (in MySQL werden meist ISAM-Dateien, steht für Index Sequential Access Method, zur Speicherung der Tabellen benutzt) und ein Kommentar gespeichert.

SQL-Befehle können im Freistil eingegeben werden, d.h., Groß-/Kleinschreibung ist nicht relevant. Sie können den Befehl auch auf mehrere Zeilen aufteilen oder in einer langen Zeile eintippen. Lediglich die Syntax der Anweisung ist strikt vorgegeben und wird durch den SQL-Parser der Datenbank ausgewertet. Tritt in der Syntax ein Fehler auf, wird der Befehl abgelehnt und eine Statusmeldung zurückgegeben. In Abbildung 20.44 wurde der SQL-Befehl mit einem Semikolon abgeschlossen. Manche SQL-Clients (z.B. der Linux-Befehl mysql*) erfordern diesen Abschluss des SQL-Befehls, um das Kommando an den SQL-Parser abzusenden. In Office ist dieses Semikolon aber nicht erforderlich und wird daher in den folgenden Beispielen weggelassen.*

Um eine komplette Tabelle aus der Datenbank zu entfernen, verwenden Sie den SQL-Befehl:

```
DROP TABLE tabellenname
```

Die SQL-Anweisung:

```
DROP Table BornTest
```

entfernt die komplette Tabelle *BornTest* samt den darin gespeicherten Daten aus der Datenbank – Sie sollten daher mit diesem Befehl sehr vorsichtig umgehen.

Felder hinzufügen und entfernen

Um ein zusätzliches Feld zu einer Tabellenstruktur hinzuzufügen, verwenden Sie den SQL-Befehl:

```
ALTER TABLE tabellenname ADD feldname datentyp DEFAULT '...' NOT NULL ...
```

Dabei gibt *tabellenname* den Namen der Tabelle an und *feldname* steht für den Namen des neuen Felds. Hinter dem Feldnamen folgt der Datentyp, ggf. ein Standardwert, die Angabe NOT NULL und weitere Parameter wie AUTO_INCREMENT. Die beiden Anweisungen:

```
ALTER TABLE BornTest ADD Vorname text DEFAULT ' ' NOT NULL
ALTER TABLE BornTest ADD Alter int(11) DEFAULT '0 ' NOT NULL
```

fügen die beiden Felder *Vorname* und *Alter* in die Tabelle *BornTest* ein.

Löschen lässt sich ein Feld innerhalb der Tabellenstruktur mit der Anweisung:

```
ALTER TABLE tabellenname DROP feldname
```

Statt des Schlüsselworts ADD wird hier also das DROP-Kommando ohne weitere Parameter benutzt. Mit der Anweisung:

```
ALTER TABLE BornTest DROP Alter
```

wird also das Feld *Alter* aus der Tabellenstruktur *BornTest* entfernt. Gleichzeitig löscht die Datenbank auch die betreffenden Werte des Felds in den Datensätzen.

20.7.2 SQL zur Manipulation der Tabellenwerte

Sie können die Werte einer Tabelle mit SQL auch verändern sowie neue Datensätze einfügen oder bestehende Datensätze löschen. Hierzu rufen Sie das Dialogfeld zur Eingabe der SQL-Befehle über den Kontextmenüeintrag *SQL* einer Tabelle im Datenquellen-Explorer auf (siehe vorherige Seiten). Anschließend können Sie die SQL-Befehle zur Aktualisierung der Tabelle verwenden.

Werte in eine Tabelle einfügen

Um Werte zu einer bestehenden Tabelle hinzuzufügen, kommt der INSERT-Befehl in folgender Form zum Einsatz:

```
INSERT INTO tabellenname
     VALUES
      (wert, wert, wert, wert...)
```

Der Parameter *tabellenname* gibt die Tabelle an. Hinter dem Schlüsselwort VALUES müssen in Klammern die einzufügenden Werte folgen. Texte sind dabei in Hochkommas einzufassen und Dezimalzahlen weisen einen Dezimalpunkt (kein Komma) auf. Die Werte werden dabei durch Kommas getrennt. Die folgende Anweisung fügt einen neuen Datensatz in die Tabelle *BornTest* mit den Feldern *ID*, *Name*, *Gewicht* und *Einheit* ein.

```
INSERT INTO BornTest
     VALUES
      (3, 'Bananen', 20.5, 'kg')
```

Die Feldnamen werden im SQL-Befehl nicht angegeben. Daher ist es wichtig, dass Reihenfolge und Anzahl der Werte mit der Definition in der Tabelle übereinstimmen.

TIPP

Der SQL-Befehl zum Einfügen von Datensätzen funktioniert auch, falls die Schaltfläche Neuer Datensatz *in der Datenansicht gesperrt sein sollte. Allerdings muss die Datenquelle das Einfügen von Daten zulassen.*

Einen Datensatz aktualisieren

Um Werte in einem bestehenden Datensatz einer Tabelle zu aktualisieren, kommt der UPDATE-Befehl in folgender Form zum Einsatz:

```
UPDATE tabellenname
  SET feldname='wert', feldname='wert', ...
  Where feldname='wert' AND feldname='wert'
```

Der Parameter *tabellenname* gibt die Tabelle an. Hinter dem Schlüsselwort SET folgen die zu aktualisierenden Felder in der Form *feldname* = '*wert*', wobei die Einträge durch Kommas zu trennen sind. Auf diese Weise lassen sich ein oder mehrere Felder aktualisieren. Die WHERE-Klausel legt dann noch das Auswahlkriterium für den Datensatz fest. Diese Klausel kann ein oder mehrere Felder umfassen. Die Anweisung:

```
UPDATE BornTest
  SET Name='Bananen', Menge='20.5'
  WHERE ID='1' AND Banane='Banane'
```

sucht den Datensatz mit dem Indexwert *ID = 1* und dem Wert *Banane* = '*Banane* und aktualisiert die beiden Felder *Name* und *Menge*. Zur Identifikation des Datensatzes hätte auch die Angabe des Primärschlüssels *ID* = '1' in der WHERE-Klausel ausgereicht. Die Werte sind im SQL-Befehl in Hochkommas einzufassen und Dezimalzahlen weisen einen Dezimalpunkt (kein Komma) auf. Mehrere Werte werden dabei durch Kommas getrennt.

Einen Datensatz löschen

Um einen kompletten Datensatz aus einer Tabelle per SQL zu löschen, kommt der DELETE-Befehl in folgender Form zum Einsatz:

```
DELETE FROM tabellenname
  Where feldname='wert' AND feldname='wert'
```

Der Parameter *tabellenname* gibt die Tabelle an. Die WHERE-Klausel legt dann noch das Auswahlkriterium für den Datensatz fest. Diese Klausel kann ein oder mehrere Felder umfassen. Die Anweisung:

```
DELETE FROM BornTest
  Where ID='1'
```

sucht den Datensatz mit dem Indexwert *ID = 1* und löscht diesen aus der Datenbanktabelle. Achten Sie darauf, die Werte in der WHERE-Klausel im SQL-Befehl in Hochkommas einzufassen. Mehrere Feldnamen in der WHERE-Klausel werden dabei durch Kommas getrennt.

20.7.3 Tabelleninhalt in zweite Tabelle übernehmen

Mit SQL sind einige Sachen möglich, die in Office sonst nur mit Umwegen oder Tricks durchführbar sind. Nehmen wir an, in der Datenbank liegen zwei Tabellen mit Kundendaten vor, d.h., die Struktur der Tabellen ist gleich. Die Tabelle *Kunden1* enthält einige Datensätze von Kunden, die noch nicht in der Tabelle *Kunden* enthalten sind. Dann können Sie folgenden SQL-Befehl benutzen, um den Inhalt der Tabelle *Kunden1* in die zweite Tabelle *Kunden* zu übernehmen.

```
INSERT INTO Kunden
 SELECT * FROM Kunden1
```

Hier wurden einfach zwei SQL-Befehle geschachtelt. In der ersten Zeile finden Sie das INSERT INTO-Kommando, welches auf die Tabelle *Kunden* angewandt wird. Die einzufügenden Werte werden jetzt jedoch nicht in Klammern als Argument von VALUES eingegeben. Vielmehr benutzen Sie eine SELECT-Abfrage, um alle Felder aus Tabelle *Kunden1* abzufragen. Auf die Details des SELECT-Befehls gehe ich im folgenden Abschnitt »Abfragen mit SQL gestalten« ein. Das Ergebnis dieser Abfrage ist eine Tabelle, die dann als Quelle für den INSERT-Befehl dient. Sie könnten den Abfrageteil sogar noch um eine Bedingung erweitern, wie die folgende SQL-Anweisung zeigt.

```
INSERT INTO Kunden
 SELECT * FROM Kunden1
  WHERE KdNr > 2010
```

Hier kommt eine WHERE-Bedingung in der dritten Zeile zum Einsatz, die nur Datensätze, bei denen die Kundennummer größer 2010 ist, berücksichtigt. In beiden Fällen übernimmt die INSERT INTO-Anweisung die Ergebnisse der Sub-SQL-Anweisung (hier die SELECT-Anweisung) und fügt die Datensätze in die Zieltabelle ein. Voraussetzung ist lediglich, dass die Reihenfolge der Felder, deren Typ und deren Anzahl mit der Zieltabelle übereinstimmt. Sie können den obigen Ansatz auch verwenden, um lediglich einige Felder aus einer Tabelle in eine zweite Tabelle zu überführen. Nehmen wir an, Sie haben die Tabelle *Kunden* mit den Feldern *KdNr*, *Firma*, *Name*, *Vorname*, *Straße*, *Hausnummer*, *Plz*, *Ort*, *Telefon* etc. Nun soll eine neue Tabelle die Felder *KdNr*, *Name*, *Vorname* und *Telefon* aufnehmen. Dies ist mit folgenden SQL-Anweisungen möglich.


```
CREATE TABLE Kunden1
 (KdNr     Int(11),
  Name     Text,
  Vorname  Text,
  Telefon  Text)
INSERT INTO Kunden1
 SELECT KdNr, Name, Vorname, Telefon FROM Kunden
```

Im oberen Teil der SQL-Befehlssequenz wird eine neue Tabelle mit den gewünschten Feldern angelegt. Dies kennen Sie bereits aus den vorherigen Abschnitten. Dann schließt sich ein geschachtelter SQL-Befehl an, bei dem der Subbefehl die Felder *KdNr*, *Name*, *Vorname* und *Telefon* aus der Tabelle *Kunden* extrahiert. Das Ergebnis wird dann vom äußeren SQL-Befehl in die neue Tabelle *Kunden1* eingefügt.

INFO

Sofern Sie die obigen Beispiele in SQL nachvollziehen möchten, achten Sie darauf, immer nur einen SQL-Befehl oder eine geschachtelte SQL-Befehlssequenz auf einmal einzutippen. Wenn Sie beispielsweise die beiden obigen CREATE TABLE- und INSERT INTO-SQL-Befehle auf einmal in das Befehlsfenster eintippen und ausführen lassen, kann dies den SQL-Parser der Datenbank überfordern. Zumindest bei meinen Versuchen mit MySQL kam es zu Fehlermeldungen, die erst bei getrennter Eingabe der Einzelbefehle verschwanden. Zudem ist zu beachten, dass nicht alle Datenquellen die SQL-Befehle unterstützen. Bei einer dBase-Tabelle als Datenquelle kommt es bei vielen Befehlen zu Fehlermeldungen.

20.7.4 Tabellenspalte auf null setzen

Gelegentlich kommt es vor, dass eine komplette Spalte einer Tabelle auf den Wert null (das Feld enthält in den betreffenden Datensätzen keinen Wert) zu setzen ist. Mit SQL ist dies kein Problem:

```
UPDATE Kunden
 SET Telefon = Null
```

Hier wird das Feld *Telefon* in der Tabelle *Kunden* auf den Wert null gesetzt. Mit diesem Wissen lässt sich der im vorherigen Abschnitt benutzte SQL-Befehl zur Übernahme von Daten aus einer Tabelle in eine zweite Tabelle so modifizieren, dass ein Feld beim Einfügen auf null gesetzt wird.

```
INSERT INTO Kunden1
  SELECT KdNr, Name, Vorname=Null, Telefon FROM Kunden
```

Hier kommt wieder eine geschachtelte SQL-Anweisung zum Einsatz, wobei die Sub-SQL-Anweisung über SELECT eine Abfrage definiert. In der Abfrage werden die von der Tabelle *Kunden1* benötigten Felder in der erwarteten Reihenfolge spezifiziert. Für das Feld *Vorname* wird aber der von der Abfrage gelieferte Wert konstant mit null überschrieben.

INFO

Je nach Datenbank können Sie weitere SQL-Befehle absetzen. Mit `CREATE UNIQUE INDEX Id ON Kunde (KdNr)` *legen Sie einen Index über das Feld* `KdNr` *der Tabelle* `Kunde` *an. Der Befehl* `DROP INDEX Id` *verwirft diesen Index.*

20.7.5 Abfragen mit SQL gestalten

Die Stärke von SQL kommt bei der Gestaltung von Abfragen zum Einsatz. Mit wenigen Anweisungen lassen sich Ergebnisse über mehrere Tabellen erzielen, wobei Sie alle Freiheiten der SQL-Befehle nutzen können. Base stellt Ihnen daher eine direkte Schnittstelle zur Generierung von Abfragen mit SQL zur Verfügung. Zudem können Sie jederzeit den in der Design-Ansicht generierten SQL-Code anzeigen lassen. Um eine Abfrage direkt in SQL zu erstellen, gehen Sie in folgenden Schritten vor.

Abbildung 20.45: Erstellen einer Abfrage mit SQL

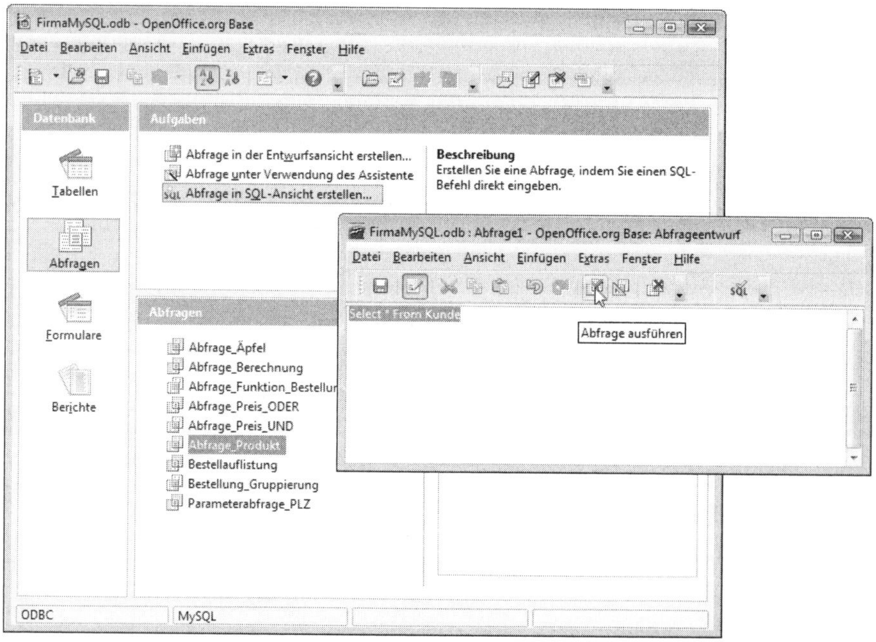

1. Wählen Sie in der linken Spalte des Base-Fensters den Eintrag *Abfragen* und klicken Sie dann in der Aufgabenleiste auf den Befehl *Abfrage in SQL-Ansicht erstellen* (Abbildung 20.45, Hintergrund).
2. Base öffnet daraufhin das Fenster *Abfrageentwurf* (Abbildung 20.45, Vordergrund). Dieses Fenster ist aber im Gegensatz zur Design-Ansicht leer. Sie können also sofort SQL-Befehle an der Einfügemarke eintippen und dann mittels der Schaltfläche *Abfrage ausführen* an die Datenbank abschicken.

Die Ergebnisse werden dann, wie in der Design-Ansicht, im oberen Teil des Entwurfsfensters als Tabelle ausgegeben (Abbildung 20.46). Über die Schaltfläche *Design-Ansicht an-, ausschalten* lässt sich übrigens direkt zwischen den beiden Entwurfsansichten (Design oder SQL) umschalten.

INFO

Die Symbolleiste weist ganz links noch die Schaltfläche Speichern *auf, über die Sie die SQL-Befehle als Abfrage unter einem Namen speichern können. Beachten Sie auch, dass nicht alle Datenbanken alle SQL-Anweisungen unterstützen – konsultieren Sie ggf. die Dokumentation zur jeweiligen Datenbank, um Details herauszufinden.*

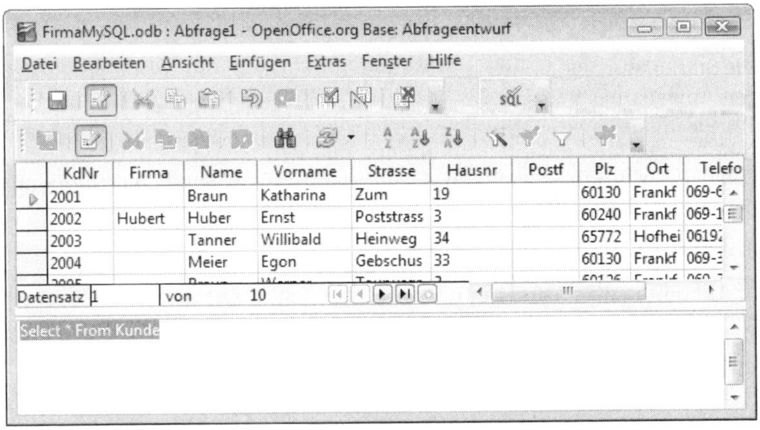

Abbildung 20.46: Beispiel einer SQL-Abfrage und Ergebnisse

20.7.6 Beispiel: einfache SQL-Abfrage über eine Tabelle

SQL-Abfragen werden über den SELECT-Befehl abgewickelt. Dieser besitzt die Syntax:

```
SELECT feldliste FROM tabellen WHERE optionale Bedingungen
```

Hinter dem Schlüsselwort SELECT folgt die Liste der gewünschten Felder, deren Werte aus der oder den Tabellen zu beziehen sind.

Die Tabellen werden dabei hinter dem FROM-Schlüsselwort aufgelistet. Jeder Abfrage können über eine WHERE-Klausel noch Bedingungen zur Auswertung übergeben werden. Die einfachste Abfrage, die alle Felder einer Tabelle zurückliefert, lässt sich mit dem Befehl:

```
SELECT * FROM Kunde
```

formulieren. Der Platzhalter * steht hier für alle Tabellenfelder, wobei konkret die Tabelle *Kunde* abzufragen ist. Der Befehl sowie das Ergebnis dieser Abfrage sind in Abbildung 20.46 zu sehen.

Um nur die Felder *KdNr, Name, Vorname* und *Telefonnummer* anzuzeigen, ist folgende SQL-Anweisung erforderlich:

```
SELECT KdNr, Name, Vorname, Telefon FROM Kunde
```

Die einzelnen Feldnamen werden wie in der Tabelle vereinbart und durch Kommas getrennt hinter dem SELECT-Befehl aufgeführt. Sobald Sie auf die Schaltfläche zum Ausführen des SQL-Befehls klicken, zeigt Office die Ergebnisse als Tabelle im oberen Bereich des Entwurfsfensters an. Der Befehl sowie das Ergebnis dieser Abfrage sind in Abbildung 20.46 zu sehen. Um die Tabelle mit den Ergebnissen wieder auszublenden, rufen Sie den Menübefehl *Ansicht/Vorschau* auf. Ein Häkchen vor dem Befehl signalisiert, dass die Ergebnisse der Abfrage als Tabelle sichtbar sind.

INFO

Wenn Sie das Fenster des SQL-Abfrageentwurfs schließen, fragt Office analog zur Design-Ansicht in einem Dialogfeld nach, ob der Entwurf zu speichern ist. Wird der Entwurf unter einem neuen Namen gesichert, taucht er im Zweig Abfragen *des Datenquellen-Explorers auf. Wählen Sie die Abfrage an, zeigt Office die Ergebnisse als Datenansicht im Anwendungsfenster an.*

Erweiterte SQL-Abfragen über eine Tabelle

Um Datensätze nach einem bestimmten Kriterium aus einer vorgegebenen Tabelle abzufragen, können Sie die SQL-Anweisung über die WHERE-Klausel mit einer Bedingung versehen. In einem Beispiel sollen alle Kunden mit Kundennummer, Name, Vorname und Telefonnummer ausgeworfen werden, wenn diese im Postleitzahlenbereich 60130 wohnen. Hierzu ist die Beispieltabelle *Kunde* mit folgendem SQL-Befehl abzufragen:

```
SELECT KdNr, Name, Vorname, Telefon FROM Kunde WHERE Plz = '60130'
```

In Abbildung 20.47 sind der betreffende Befehl sowie die Ergebnisanzeige im Abfrageentwurf zu sehen.

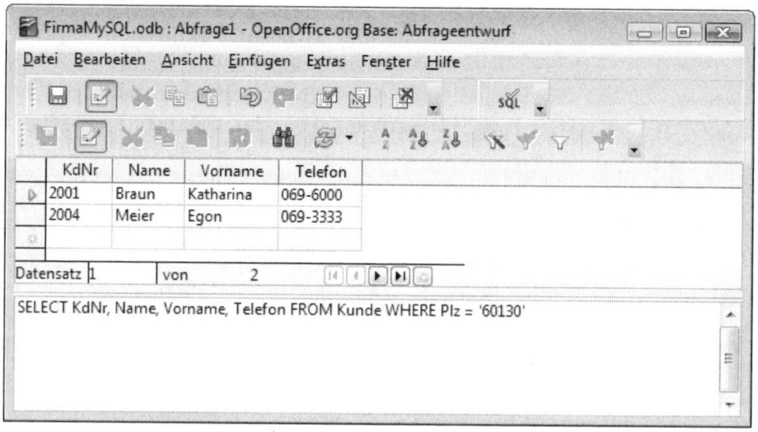

Abbildung 20.47: SQL-Abfrage einer Tabelle mit Auswahlbedingung

Möchten Sie einen Aliasnamen für ein Ergebnisfeld verwenden, lässt sich dies über das AS-Schlüsselwort vereinbaren. Die Eingabe:

```
SELECT KdNr AS 'Kundennummer', Name, Vorname, Telefon FROM Kunde
```

erstellt eine Abfrage über die angegebenen Felder der Tabelle *Kunde*, wobei für das Feld *KdNr* der Aliasname *Kundennummer* benutzt wird. Dieser Name tritt dann im Spaltenkopf der Ergebnistabelle auf.

Möchten Sie mehrere Abfragekriterien in der SQL-Anweisung unterbringen, sind diese mit den Schlüsselwörtern AND bzw. OR zu trennen. Die folgende SQL-Anweisung verknüpft zwei Felder in der WHERE-Klausel:

```
SELECT KdNr, Name, Vorname, Telefon FROM Kunde
    WHERE Plz = '60130'
     AND KdNr <> '2001'
```

Mit den obigen Werten wird dann nur der Kunde Braun mit der Kundennummer 2001 zurückgeliefert. Die folgende SQL-Anweisung kombiniert dagegen zwei Auswahlkriterien mit OR:

```
SELECT KdNr, Name, Vorname, Telefon FROM Kunde
    WHERE Plz = '60130'
     OR KdNr > '2001'
```

Hier werden die beiden Datensätze aus Abbildung 20.47 sowie alle weiteren Kunden mit Kundennummern größer 2001 in der Ergebnistabelle aufgelistet.

INFO

Aus Gründen der Lesbarkeit habe ich die Anweisungen auf mehrere Zeilen aufgeteilt. Gelegentlich sieht man auch eine Schreibweise, in der Auswahlkriterien in runde Klammern gestellt werden (z.B. (OR KdNr > '2001')*).*

20.7.7 SQL-Abfragen über mehrere Tabellen

Die Stärke von SQL-Abfragen wird deutlich, wenn Sie mehrere Tabellen in den SELECT-Befehl einbeziehen. Diese Form besitzt die Syntax:

```
SELECT feldliste FROM tabellenliste WHERE optionale Bedingungen
```

Letztendlich hat sich gegenüber der einfachen SELECT-Abfrage über eine Tabelle nichts geändert. In der Feldliste müssen Sie lediglich den Tabellennamen, getrennt durch einen Punkt, vor den Feldnamen stellen. In Abbildung 20.48 sehen Sie das Fenster des Abfrageentwurfs, wobei im unteren Teil das SQL-Kommando zur Berechnung der Rechnungssummen von Bestellungen über die Bestellverwaltung aufgeführt ist. Im oberen Teil finden Sie die Ergebnistabelle.

Der SQL-Befehl fragt die Bestellnummer, das Lieferdatum sowie die Kundendaten (Kundennummer, Name und Vorname) ab und berechnet auch den Gesamtpreis über alle Rechnungspositionen einer Bestellung (Tabelle *Bestelldetails*). Diese Abfrage haben Sie bereits weiter oben im Zusammenhang mit der Design-Ansicht kennengelernt. Die Anweisungen zwischen SELECT und FROM geben die durch Kommas getrennten Felder für die Ergebnisliste an. Beim Gesamtpreis kommt ein Aliasname über AS sowie die SUM-Funktion zum Einsatz. Als Parameter der SUM-Funktion wird der Ausdruck zur Berechnung des Gesamtpreises einer Bestellposition benutzt. Es wird einfach die Bestellmenge aus der Tabelle *Bestelldetails* mit dem Preis aus der Tabelle *Produkt* multipliziert. Die FROM-Klausel gibt dann die Namen der in die Abfrage einzubeziehenden Tabellen an.

Abbildung 20.48: Abfrage über mehrere Tabellen zur Ermittlung des Gesamtpreises

```
SELECT
  Bestellung.BestNr AS `Bestellnummer`,
  Bestellung.Lieferdatum,
  SUM( Bestelldetails.Menge * Produkt.Preis ) AS `Gesamtpreis`,
  Kunde.Name AS `Kunde`,
  Kunde.Vorname,
  Kunde.KdNr
 FROM Bestellung, Kunde, Bestelldetails, Produkt
  WHERE ( Bestellung.KdNr = Kunde.KdNr
     AND Bestelldetails.BestNr = Bestellung.BestNr
    AND Produkt.ProduktNr = Bestelldetails.ProduktNr )
   GROUP BY Bestellung.BestNr
```

Nun müssen noch die Beziehungen zwischen den involvierten Tabellen in der SQL-Anweisung definiert werden. Hierzu kommt die bereits aus den früheren Abschnitten bekannte WHERE-Klausel zum Einsatz. Eine Beziehung wird einfach durch die Angabe:

```
Bestellung.KdNr = Kunde.KdNr
```

definiert. In obiger Zeile wird eine Beziehung über das Feld *KdNr* zwischen den Tabellen *Bestellung* und *Kunde* vereinbart. Also auch nichts Kompliziertes. Mehrere Beziehungen sind einfach durch das Schlüsselwort AND zu trennen. Die betreffenden Bedingungen stehen dabei noch in runden Klammern. Neu ist noch die GROUP-Funktion in der letzten Zeile des SQL-Befehls. Diese Funktion gruppiert die Datensätze nach den Kundennummern und bewirkt, dass die SUM-Funktion die Gesamtsumme pro Bestellung ermittelt.

20.7.8 Sortieren der Ergebnisdaten in SQL

Sie können die Ergebnistabelle der Abfrage nachträglich sortieren. Hierzu stehen Ihnen die Sortierfunktionen der Datenansicht zur Verfügung. Die Alternative besteht darin, den ORDER BY-Befehl im SQL-Kommando einzusetzen. Hierzu hängen Sie einfach die Schlüsselwörter ORDER BY, gefolgt von den zur Sortierung heranzuziehenden Feldern, an den SQL-Befehl an. Die Anweisung:

```
SELECT * FROM Kunde
 WHERE KdNr > 4006
 SORT BY Name, Vorname
```

fragt alle Kundendatensätze in der Tabelle *Kunde* ab, deren Feld *KdNr* Werte größer 4006 aufweisen. Die Ergebnistabelle soll alle Felder der Tabelle enthalten, wobei eine Sortierung über das Feld *Name* und danach über *Vorname* durchzuführen ist. Da nichts weiter angegeben wurde, erfolgt die Sortierung in aufsteigender Folge. Alternativ können Sie noch die Schlüsselwörter ASC und DESC hinzufügen. Die Anweisung:

```
SELECT * FROM Kunde
 WHERE KdNr > 4006
 SORT BY Name DESC, Vorname
```

sortiert die Ergebnisse in absteigender Reihenfolge nach dem Feld *Name* und in aufsteigender Reihenfolge nach dem Feld *Vorname*. In Abbildung 20.49 finden Sie ein komplettes Beispiel für die bereits weiter oben benutzte SQL-Abfrage zum Ermitteln der Rechnungssummen, wobei die Ergebnisse nach dem Namen und Vornamen des Kunden zu sortieren sind.

```
SELECT
  Bestellung.BestNr AS `Bestellnummer`,
  Bestellung.Lieferdatum,
  SUM( Bestelldetails.Menge * Produkt.Preis ) AS `Gesamtpreis`,
  Kunde.Name AS `Kunde`,
  Kunde.Vorname,
  Kunde.KdNr
  FROM Bestellung, Kunde, Bestelldetails, Produkt
   WHERE ( Bestellung.KdNr = Kunde.KdNr
     AND Bestelldetails.BestNr = Bestellung.BestNr
    AND Produkt.ProduktNr = Bestelldetails.ProduktNr )
   GROUP BY Bestellung.BestNr
   ORDER BY Kunde.Name, Kunde.Vorname
```

Abbildung 20.49: SQL-Befehl mit Option zum Sortieren der Abfrageergebnisse

20.7.9 Anwendung des DISTINCT-Befehls in der SQL-Abfrage

Bei Abfragen kann es vorkommen, dass Duplikate in den Ergebnisdatensätzen auftreten, die es je nach Anwendungsfall zu vermeiden gilt.

Als Beispiel dient wieder die Bestellverwaltung. Es soll ermittelt werden, welche Kunden bereits Bestellungen getätigt haben. Hierzu wird die in Abbildung 20.51, links oben, gezeigte Abfrage benutzt.

```
SELECT Kunde.KdNr, Kunde.Name, Kunde.Vorname
  FROM Kunde, Bestellung
   WHERE Kunde.KdNr = Bestellung.KdNr
```

Im Ergebnis der Abfrage sehen Sie aber das Problem: Es gibt Kunden, die mehrere Bestellungen getätigt haben – es treten also Dubletten auf. Es gilt diese Dubletten zu vermeiden, da ja nicht die Bestellungen, sondern die Kunden mit Bestellungen abzufragen sind. Dies wird mit der modifizierten Abfrage aus Abbildung 20.51, rechts unten, demonstriert. Dort wurde das Schlüsselwort DISTINCT hinzugefügt.

```
SELECT DISTINCT Kunde.KdNr, Kunde.Name, Kunde.Vorname
  FROM Kunde, Bestellung
   WHERE Kunde.KdNr = Bestellung.KdNr
```

Der SQL-Parser erkennt dies und filtert alle Datensätze, die identische Ergebnisse aufweisen, aus der Ergebnistabelle heraus.

TIPP

In der Design-Ansicht blendet Office eine eigene Schaltfläche (Abbildung 20.50) in der Design-Symbolleiste ein. Durch Anklicken der Schaltfläche können Sie den Parameter DISTINCT zur Abfrage hinzufügen oder wieder entfernen.

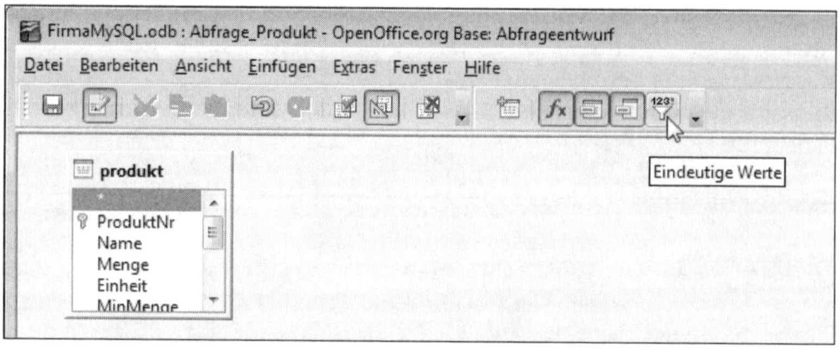

Abbildung 20.50: Schaltfläche zum Einblenden des DISTINCT-Parameters

Beachten Sie, dass diese Filterung aber nur klappt, wenn alle Feldinhalte der betreffenden Ergebnisdatensätze gleich sind. Würde die obige Abfrage z.B. um das Feld *BestNr* ergänzt, klappt das Filtern der Dubletten nicht mehr, da die Bestellnummern sich bei den einzelnen Bestellungen eines Kunden unterscheiden.

```
SELECT Kunde.KdNr, Kunde. Name, Kunde.Vorname
 FROM Bestellung,  Kunde
  WHERE (Bestellung.KdNr = Kunde.KdNr )
   ORDER BY KdNr DESC
```

```
SELECT DISTINCT Kunde.KdNr, Kunde. Name, Kunde.Vorname
 FROM Bestellung,  Kunde
  WHERE (Bestellung.KdNr = Kunde.KdNr )
   ORDER BY KdNr DESC
```

Abbildung 20.51: Ausfiltern identischer Datensätze mit DISTINCT

INFO

Abhängig von der unterlagerten Datenbank sind weitere SQL-Abfragen über den SELECT-Befehl möglich. Bei einigen Datenbanken lassen sich SELECT-Befehle beispielsweise schachteln, um komplexere Abfragen (z.B. liefere alle Kunden, die keine Bestellungen getätigt haben) auszuführen. In MySQL sind solche Abfragen in der dem Autor vorliegenden Fassung nicht möglich.

21 Datenübernahme in Dokumente, Berichte und einfache Formulare

Die Daten aus den Datenquellen lassen sich in Office-Dokumente übernehmen, in Formularen anzeigen und in Berichten zusammenfassen. In diesem Kapitel werden die entsprechenden Funktionen von OpenOffice vorgestellt.

21.1 Datenübernahme in Dokumente

In diesem Abschnitt möchte ich zunächst auf die Datenübernahme in Office-Dokumente eingehen. Office ermöglicht Ihnen, die Inhalte einer Tabelle oder Teile davon direkt in Text- oder Tabellendokumente einzufügen. In *Kapitel 9* (Abschnitt »Serienbrieffelder zum Dokument hinzufügen«) wurde dieser Ansatz bereits im Zusammenhang mit dem Erstellen von Serienbriefen angesprochen. Nun sollen die Funktionen noch etwas detaillierter behandelt werden. Denn Office bietet weitere Möglichkeiten, wie Sie die Daten in Dokumente übertragen können.

21.1.1 Tabellendaten in ein Dokument übernehmen

Möchten Sie lediglich Texte aus einer Tabelle über die Tabellenansicht des Datenquellen-Explorers in ein Writer-Textdokument oder in einzelne Zellen eines Calc-Tabellendokuments übernehmen, lässt sich dies sehr einfach per Drag&Drop erledigen (Abbildung 21.1).

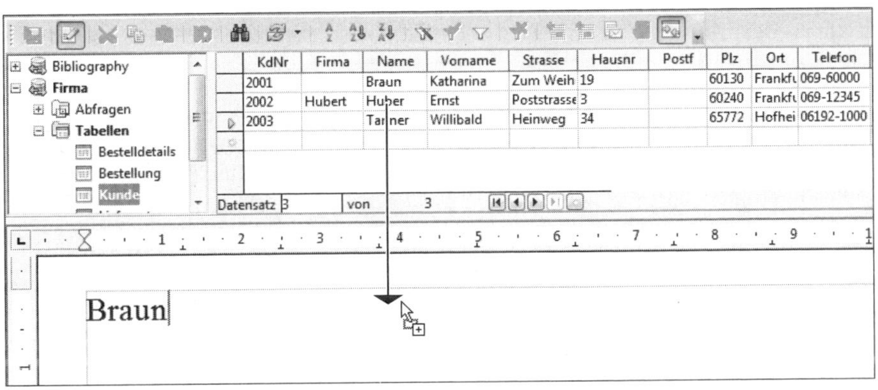

Abbildung 21.1: Datenübernahme in ein Textdokument

1. Markieren Sie den Inhalt des betreffenden Felds im zugehörigen Tabellencontainer.
2. Ziehen Sie das markierte Feld bei gedrückter linker Maustaste zum Textbereich (Abbildung 21.1).

Sobald Sie die linke Maustaste loslassen, wird der Feldinhalt direkt als (statischer) Text in den Dokumentbereich eingefügt. Dies funktioniert auch bei Calc-Tabellen, wenn Sie ein Feld markieren und dann per Drag&Drop zu einer Zelle der Calc-Tabelle ziehen.

Alternativ können Sie den markierten Tabelleninhalt der Datenquelle auch über den Kontextmenübefehl *Kopieren* bzw. über Strg + C (bzw. MacBef + C beim Mac) in die Zwischenablage kopieren, dann zum Dokument wechseln und die Zwischenablage mit dem Kontextmenübefehl *Einfügen* bzw. über Strg + V (bzw. MacBef + V beim Mac) an die aktuelle Position der Textmarke einfügen.

21.1.2 Tabellenfelder in Textdokumente übernehmen

Wollen Sie den Inhalt einer Datenbanktabelle dynamisch in ein Textdokument übernehmen (d.h., es lässt sich zwischen den Datensätzen blättern und der Feldinhalt wird jeweils im Dokument aktualisiert), müssen Sie mit Feldern arbeiten.

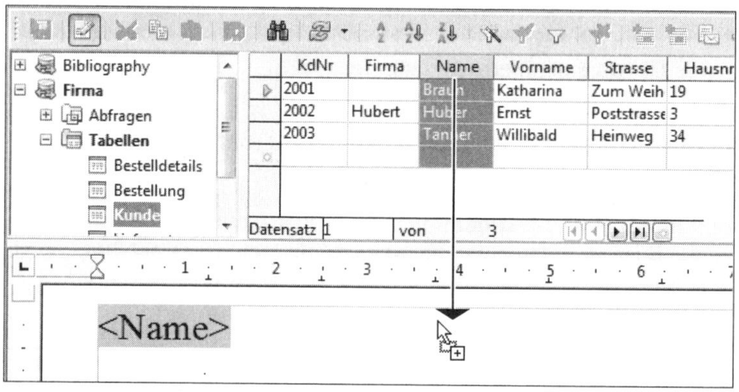

Abbildung 21.2: Tabellenspalte als Feld in ein Textdokument übernehmen

Der einfachste Ansatz besteht darin, den Spaltenkopf der Datenquellentabelle per Drag&Drop zum Office-Dokument zu ziehen (Abbildung 21.2). Sobald Sie die linke Maustaste im Dokumentbereich loslassen, wird der Feldname grau hinterlegt als Feld eingefügt.

Die Alternative besteht darin, den in *Kapitel 9* (Abschnitt »Serienbrieffelder zum Dokument hinzufügen«) beschriebenen Ansatz zum Erzeugen von Serienbriefen zu benutzen. Um beim Erstellen von Serienbriefen die Steuerdaten in das Textdokument einzufügen, müssen Sie zuerst die Verbindung zur Datenquelle konfigurieren. Danach können Sie im Menü *Einfügen* den Befehl *Feldbefehl/Andere* anklicken, zur Registerkarte *Datenbank* wechseln und über den Feldtyp *Seriendruck-Feld* Platzhalter für die Tabellenfelder im Dokument hinterlegen.

Feldinhalte im Textdokument anzeigen

Bei der Feldübernahme in ein Textdokument wird aber der Feldname als Platzhalter im Dokument grau unterlegt angezeigt (Abbildung 21.2).

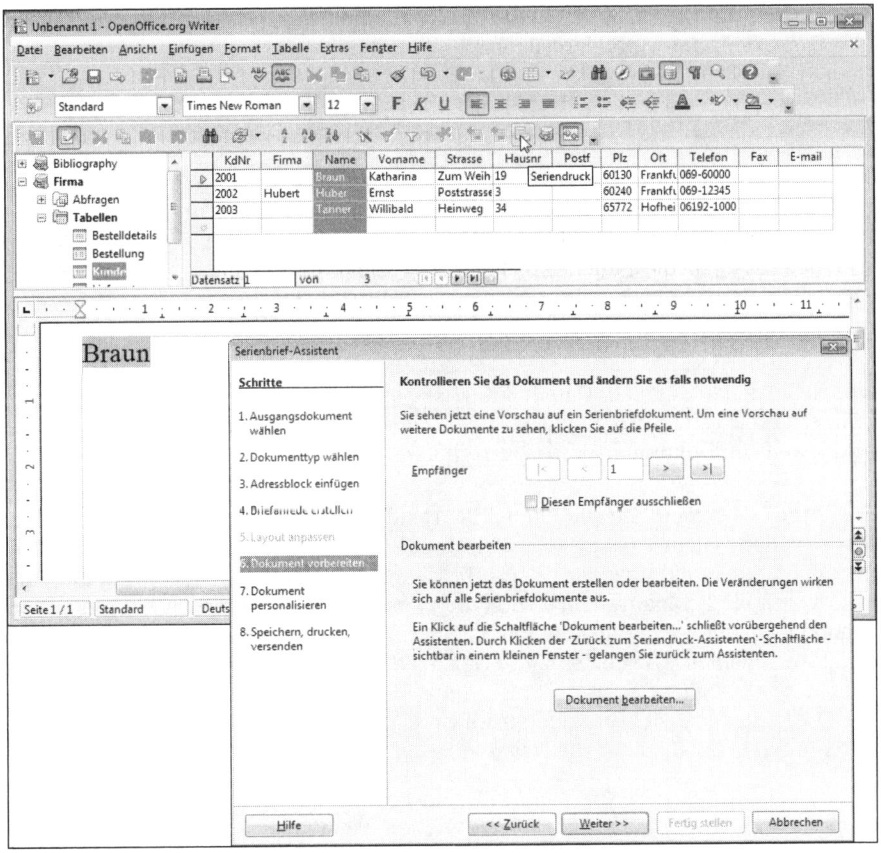

Abbildung 21.3: Weitere Schaltflächen der Tabellenansicht-Symbolleiste

In der Praxis interessiert aber die Ausgabe der Tabellenwerte. Hierzu haben Sie zwei Möglichkeiten. Sie können in der Symbolleiste der Datenquellenansicht auf die Schaltfläche *Seriendruck* klicken (Abbildung 21.3, Hintergrund). Im Dialogfeld des Serienbrief-Assistenten gehen Sie zu Schritt 6 (Abbildung 21.3, Vordergrund). Das Feld (Abbildung 21.3, Hintergrund) wird durch den aktuellen Datensatz ersetzt und über die Navigationsschaltflächen des Dialogfelds lässt sich durch die Datensätze der Datentabelle blättern.

Umsteiger von Microsoft Word kennen bei der Serienbrieffunktion die Möglichkeit, direkt über eine Schaltfläche der Seriendruckleiste zwischen der Ansicht der Datensätze und der Felddarstellung im Textdokument umzuschalten und dann in den Datensätzen zu blättern. Ganz so komfortabel ist der Writer nicht, aber es gibt zumindest die Möglichkeit, den Inhalt eines Datensatzes im Textdokument einzublenden.

1. Fügen Sie gemäß den obigen Schritten die gewünschten Spalten der Datenquellentabelle als Felder in das Textdokument ein.
2. Klicken Sie auf einen Zeilenkopf der Datenansicht, um den betreffenden Datensatz im Datenquellencontainer zu markieren.
3. Klicken Sie in der Symbolleiste der Datenquellenansicht auf die Schaltfläche *Daten in Felder* (Abbildung 21.4).

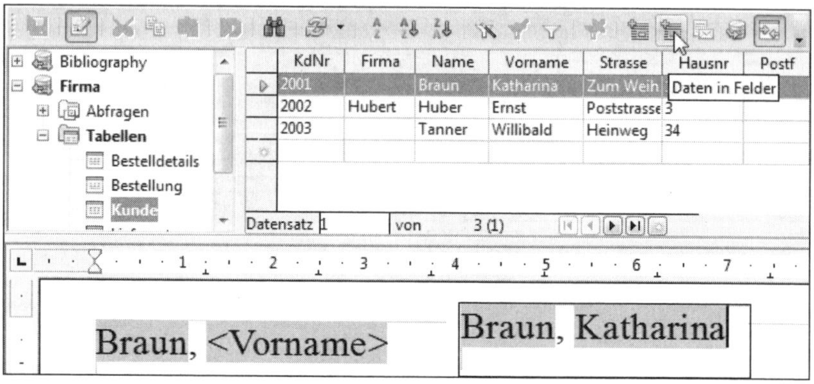

Abbildung 21.4: Einblenden der Feldinhalte für Datensätze

Der Writer wird dann die Feldnamen im Textdokument durch die Werte der Felder des aktuellen Datensatzes ersetzen. In Abbildung 21.4 sehen Sie diesen Sachverhalt nochmals als Bildmontage. Im oberen Teil ist ein Datensatz markiert, während links unten noch ein Feldname im Textdokument zu sehen ist. Nach dem Klicken auf die Schaltfläche werden die in Abbildung 21.4, rechts, als Bildmontage eingeblendeten Inhalte erscheinen. Die Felder sind zwar noch vorhanden, aber der Writer zeigt die aktuellen Werte des Datensatzes. Bei Bedarf können Sie einen neuen Datensatz in der Datenquellenansicht markieren und erneut die Darstellung im Textdokument durch Anwahl der Schaltfläche *Daten in Felder* auffrischen.

INFO

Leider lässt sich die vorherige Darstellung der Platzhalter z.B. durch Anwahl der Schaltfläche Rückgängig *in der* Standard-*Symbolleiste des Writers nicht mehr aufheben. Sie können lediglich den Menübefehl* Ansicht/Feldnamen *aufrufen. Dann zeigt der Writer jedoch die Feldbefehle der Datenbankfelder anstelle der früheren Platzhalter an.*

21.1.3 Tabellendaten gezielt in Textdokumente übernehmen

Neben der im vorherigen Abschnitt gezeigten Variante bietet der Writer das Dialogfeld *Datenbankspalten einfügen*, um Spalten der Datenansicht gezielt in ein Textdokument zu übernehmen.

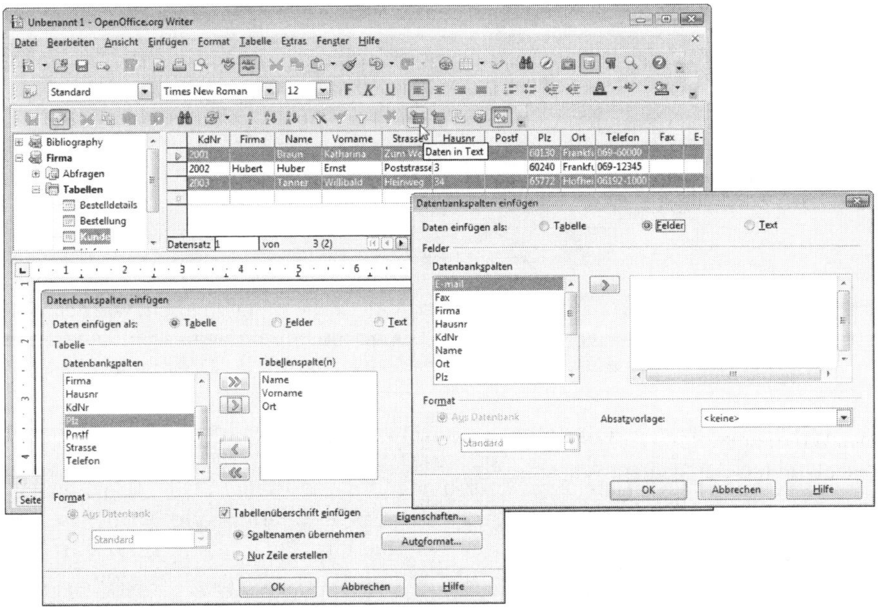

Abbildung 21.5: Datenbankspalten in das Dokument übernehmen

1. Markieren Sie die gewünschten Datensätze, die im Dokument einzufügen sind. Hierzu klicken Sie in der Datenansicht auf die Zeilenköpfe der einzelnen Datensätze.
2. Ziehen Sie die markierten Zeilenköpfe aus der Datenansicht in den Dokumentbereich des Text-/Tabellendokuments. Oder klicken Sie in der Symbolleiste der Datenquellenansicht die bei markierten Datensätzen eingeblendete Schaltfläche *Daten in Text* an.
3. Sobald das Dialogfeld *Datenbankspalten einfügen* erscheint (Abbildung 21.5), legen Sie die Einfügeoptionen fest und klicken dann auf die *OK*-Schaltfläche.

TIPP

Mehrere benachbarte Zeilenköpfe lassen sich in der Datenansicht markieren, indem Sie die [⇧]*-Taste gedrückt halten und den ersten sowie den letzten Zeilenkopf des Bereichs anklicken. Nicht benachbarte Datensätze markieren Sie, indem Sie die* [Strg]*-Taste (beim Mac* [MacBef]*-Taste) gedrückt halten und die Zeilenköpfe anklicken (Abbildung 21.5). Wichtig ist, dass Sie die markierten Zeilenköpfe aus der Datenansicht in den Dokumentbereich ziehen. Zeigen Sie dagegen auf den markierten Bereich und ziehen diesen aus der Datenansicht in den Dokumentbereich, wird nur das betreffende Feld als Text in das Dokument übernommen.*

Das in Abbildung 21.5 gezeigte Dialogfeld *Datenbankspalten einfügen* stellt Ihnen eine Reihe von Optionen zum Einfügen der Daten in das Textdokument zur Verfügung. Die im Dialogfeld eingeblendeten Steuerelemente hängen dabei von der Auswahl der Spalten aus der Gruppe *Tabelle* ab.

Abbildung 21.6: Textdokument mit verschiedenen Einfügevarianten

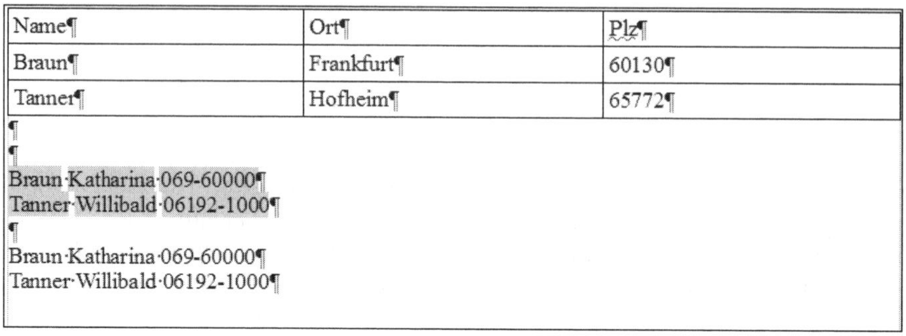

Name¶	Ort¶	Plz¶
Braun¶	Frankfurt¶	60130¶
Tanner¶	Hofheim¶	65772¶

¶
¶
Braun·Katharina·069-60000¶
Tanner·Willibald·06192-1000¶
¶
Braun·Katharina·069-60000¶
Tanner·Willibald·06192-1000¶

- *Daten einfügen als*: Über die drei Optionsfelder lässt sich vorgeben, wie der Writer die Spalten der Datenquelle in das Textdokument einfügen soll. Sie können die Datenbankspalten als Tabelle, Felder oder Text in das Dokument übernehmen.
- In der Gruppe *Tabelle* wählen Sie die Datenbankspalten, die in das Dokument einzufügen sind. Hierzu markieren Sie jeweils den gewünschten Namen in einer der beiden Spalten *Datenbankspalten* oder *Tabellenspalte(n)* und kopieren diesen mittels der Schaltfläche > bzw. < in die benachbarte Spalte. Mit den beiden Schaltflächen > > und < < lassen sich alle Einträge in die linke bzw. rechte Spalte übertragen. Der Writer wird alle unter *Tabellenspalte(n)* aufgeführten Einträge in das Dokument übernehmen.
- In der Gruppe *Format* lassen sich die Formatoptionen einstellen, die bei der Übernahme der Daten aus der Datenquelle anzuwenden sind. Die verfügbaren Optionen dieser Gruppe hängen von der Auswahl in der Gruppe *Daten einfügen als* ab (siehe Abbildung 21.6 oben und unten).

In Abbildung 21.6 sehen Sie ein Textdokument, in das Daten über alle drei Einfügevarianten übernommen wurden (oben ist eine Tabelle zu sehen, in der Mitte wurden Felder benutzt und unten findet sich der Spalteninhalt als Text).

Über das Optionsfeld *Aus Datenbank* der Gruppe *Format* lässt sich vorgeben, dass die Formatierung des Spalteninhalts gemäß den Vorgaben in der Tabellenspalte erfolgen soll. Alternativ können Sie das darunter liegende Optionsfeld markieren und dann über das Listenfeld eine der angebotenen Formatschablonen wählen. Der Eintrag »Weitere Formate« im Listenfeld öffnet ein Dialogfeld zur Eingabe einer individuellen Formatschablone. Diese Option steht bei allen Einfügevarianten zur Verfügung, lässt sich aber nur nutzen, falls numerische oder logische Datenbankfelder vorhanden sind. Abhängig von dem gewählten Einfügeformat in der Gruppe *Daten einfügen als* ergeben sich einige Besonderheiten, die nachfolgend erläutert werden.

Besonderheiten bei der Übernahme als Tabelle

Markieren Sie die Option *Tabelle* im Dialogfeld *Datenbankspalten einfügen*, wird beim Transfer eine Tabellenstruktur im Dokument erzeugt (Abbildung 21.6, oben). In diesem Fall lässt sich im Dialogfeld über das Kontrollkästchen *Tabellenüberschrift einfügen* wählen (Abbildung 21.6, unten), ob der Writer einen Tabellenkopf beim Übertragen der Daten generiert. Bei markiertem Kontrollkästchen lässt sich zudem vorgeben, ob die Spaltenbezeichnungen in die Tabellenüberschrift übernommen werden sollen. Mit der Option *Nur Zeile erstellen* bleibt die Kopfzeile der Tabelle leer und Sie können die Spaltenüberschriften manuell vorgeben.

Über die Schaltfläche *Eigenschaften* lassen sich Tabelleneigenschaften (Tabellenname, Breite, Textfluss, Umrandung, Hintergrund) anpassen. Die Eigenschaften beziehen sich dabei auf die Tabelle im Textdokument. Die Schaltfläche *Autoformat* ermöglicht dabei, die im Textdokument eingefügte Tabelle automatisch nach bestimmten Vorlagen zu gestalten. Details zu den Tabelleneigenschaften und zur Funktion »AutoFormat« finden Sie in den Kapiteln zum Writer.

Über die Übernahme der Felder aus der Liste *Datenbankspalten* in die Liste *Tabellenspalte(n)* ordnet die Variante *Tabelle* die Feldnamen untereinander an. Die Felder lassen sich schrittweise mittels der Schaltfläche > oder komplett mit der Schaltfläche > > in die rechte Liste übernehmen. Leider bietet das Dialogfeld keine Funktion, um die Reihenfolge der Felder nachträglich zu beeinflussen. Sie können sich nur mit einem Trick behelfen, um nachträglich Felder an bestimmte Positionen einzufügen. Markieren Sie ein Feld in der rechten Liste *Tabellenspalte(n)*, klicken Sie in der linken Spalte *Datenbankspalten* auf das zu übernehmende Feld und betätigen Sie die Schaltfläche >. Das Feld wird dann in der Liste *Tabellenspalte(n)* oberhalb des vorher markierten Felds eingefügt.

21

Anmerkungen zur Übernahme als Felder und Text

Wurden die Optionsfelder *Felder* oder *Text* in der Gruppe *Daten einfügen als* im Dialogfeld *Datenbankspalten einfügen* markiert, zeigt der Writer die Steuerelemente aus Abbildung 21.5, rechts oben, an. Sie müssen dann ebenfalls die Datenbankspalten über die Schaltfläche > in die rechte Liste übertragen. Die Feldnamen werden aber weiterhin in der linken Spalte angezeigt. Sie können ein Feld also mehrfach in die Ausgabeliste übertragen. Die übertragenen Namen tauchen in der rechten Spalte der Gruppe *Text* als Platzhalter im Format der Seriendruckfelder auf.

Sie können diese Platzhalter mit Leerzeichen oder Zeilenumbrüchen trennen. Zudem lassen sich die Platzhalter markieren und per Zwischenablage kopieren bzw. verschieben.

Weiterhin können Sie dem einzufügenden Bereich eine Absatzvorlage über das betreffende Listenfeld *Absatzvorlage* der Gruppe *Format* zuweisen. Die Optionsfelder *Aus Datenbank* und *Standard* werden nur freigegeben, wenn Sie im Feld *Datenbankspalten* ein numerisches oder logisches Feld angewählt haben. Dann lässt sich das Datenbankformat oder eine individuelle Formatschablone zur Darstellung des Feldinhalts vorgeben.

INFO

Zudem besteht noch die Möglichkeit, Daten aus Datenquellen mittels Steuerelementen in Writer- oder Calc-Dokumenten einzublenden. So können Sie eine komplette Datenbanktabelle über ein Kontrollfeld in Writer- oder Calc-Dokumente einfügen. Diese Fragestellungen werden weiter unten im Abschnitt zur Formulargestaltung sowie im nächsten Kapitel behandelt.

21.1.4 Datensätze in Calc-Tabellen übernehmen

Verwenden Sie Calc anstelle des Writers, stehen die im vorhergehenden Abschnitt beschriebenen Optionen zur Übernahme von Datenbankspalten nicht zur Verfügung (Calc kennt keine Felder im Sinne des Writers). Sie können Datensätze aus einer Datenbanktabelle nur als Text übertragen.

1. Gehen Sie wie oben beschrieben vor und blenden Sie die Datenquellenansicht im Calc-Dokumentfenster ein. Dann wählen Sie die gewünschte Tabelle oder Abfrage, um diese in der Datenansicht anzuzeigen.
2. Anschließend markieren Sie die Zeilenköpfe der Datensätze, die in die Calc-Tabelle übertragen werden sollen (Abbildung 21.7).
3. Nun ziehen Sie die markierten Zeilenköpfe bei gedrückter linker Maustaste zu einer Zelle des Calc-Tabellenbereichs. Oder Sie klicken in der Symbolleiste der Datenquellenansicht auf die Schaltfläche *Daten in Text* (Abbildung 21.7).

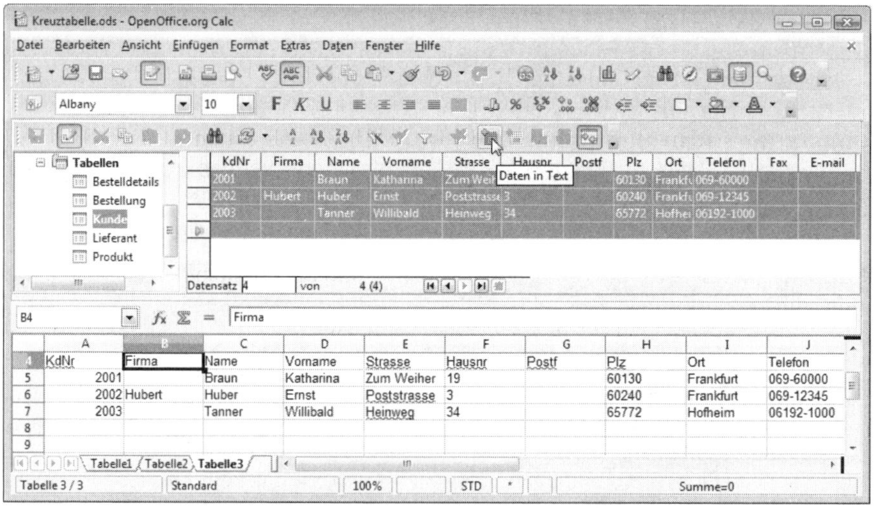

Abbildung 21.7: Datenübernahme in Calc

Calc übernimmt dann die markierten Felder der Datenansicht und kopiert diese 1:1 in den Tabellenbereich. Zusätzlich werden noch die Spaltentitel der Datenansicht als Kopfzeile übernommen. Die Daten werden dabei an die Position der aktiven Zelle oder beim Ziehen an die Position, an der Sie die Maustaste loslassen, eingefügt.

INFO

Alternativ gibt es noch die Möglichkeit, einzelne Feldinhalte in der Datenquellenansicht zu markieren und dann über die Zwischenablage oder per Drag&Drop in Zellen der Calc-Tabelle zu kopieren. Weiterhin können Sie den Inhalt einer Calc-Tabellenzelle mit Strg *+* C *(bzw.* MacBef *+* C *beim Mac) in die Zwischenablage übernehmen. Klicken Sie dann auf eine Zelle in der Datenquellenansicht, lässt sich der Inhalt der Zwischenablage mittels* Strg *+* V *(bzw.* MacBef *+* V *beim Mac) in das Datenbankfeld übernehmen. Sobald Sie den Datensatz speichern oder zu einem anderen Datensatz wechseln, wird der neue Wert in der Datenbank gesichert. Dies klappt aber nur bei Tabellen, die nicht schreibgeschützt sind.*

Sie können auch eine Tabellenspalte durch Anklicken markieren und dann per Maus aus der Datenquellenansicht zur Tabelle ziehen. Beim Loslassen wird ein Textfeld in die Tabelle eingefügt, welches an die Datenquelle gebunden ist (siehe Kapitel 22, Abschnitt »Kontrollelemente an Calc-Tabellen anbinden«.

21.1.5 So können Sie eine Datenbanktabelle drucken

Die Datenquellenansicht besitzt keine Möglichkeit zum Drucken eines Tabelleninhalts. Wählen Sie die Druckfunktion an, wird der Dokumentbereich des Office-Moduls ausgegeben. Sie können aber den im letzten Abschnitt besprochenen Ansatz zum Erstellen eines Ausdrucks verwenden.

1. Öffnen Sie ein leeres Tabellendokument in Calc und blenden Sie die gewünschte Datenquelle in der Datenquellenansicht ein.
2. Wählen Sie die zu druckende Tabelle und markieren Sie dann alle Datensätze dieser Tabelle. Sie können hierzu den ersten und letzten Zeilenkopf bei gedrückter ⇧-Taste anklicken. Schneller geht es, wenn Sie auf das in der linken oberen Ecke der Datenansicht befindliche Feld (oberhalb des ersten Zeilenkopfes und links vom ersten Spaltekopf) klicken. Diese Option kennen Sie vielleicht von Calc, da sich über das betreffende Feld eine komplette Tabelle markieren lässt.
3. Ziehen Sie nun die markierten Zeilenköpfe per Maus in die leere Calc-Tabelle.

Anschließend lässt sich die Calc-Tabelle drucken und Sie erhalten den Ausdruck der Tabellendaten.

21.1.6 Export von Datenbanktabellen mit Calc

Gelegentlich ergibt sich die Notwendigkeit, die Inhalte von Tabellen oder Abfragen aus Datenbanken zur Weiterverarbeitung mit anderen Anwendungen zu exportieren. Bei einfachen Datenquellentabellen im dBase-Format ist das kein Problem, Sie lesen die betreffende Datei einfach im vorliegenden Format in Calc ein und rufen anschließend den Menübefehl *Datei/Speichern unter* auf. Dann lässt sich die Tabelle in diversen Fremdformaten abspeichern. Die meisten Programme unterstützen das Einlesen von Fremddaten im Textformat oder als CSV-Datei.

Falls Sie den kompletten Inhalt von Tabellen oder Teile davon sowie Abfragen oder Auszüge aus Abfragen exportieren (oder auch nur sichern) möchten, empfiehlt sich ein anderer Ansatz. Greifen Sie auf das Office-Modul Calc zur Datensicherung zurück.

1. Blenden Sie in Calc die gewünschte Datenquelle in der Datenquellenansicht ein und erstellen Sie eine leere Calc-Tabelle.
2. Anschließend wählen Sie die zu exportierende Datenbanktabelle oder -ansicht, markieren die zu exportierenden Datensätze und kopieren diese mit den in den vorherigen Abschnitten beschriebenen Techniken in die leere Calc-Tabelle.
3. Rufen Sie anschließend im Calc-Anwendungsfenster den Menübefehl *Datei/Speichern unter* auf. Im Dialogfeld *Speichern unter* lassen sich dann die von Calc unterstützten Dateiformate wählen. Sobald Sie das Dialogfeld zum Speichern schließen, legt Calc die Daten in einer Datei ab.

Sofern Sie lediglich eine Sicherung durchführen möchten, bietet sich das Calc-Dokumentformat an. Beim Export in das CSV-Format müssen Sie die Separatorzeichen für die Felder sowie den beim Export benutzten Zeichensatz vorgeben.

Beachten Sie aber, dass der Export über Calc mit einem gravierenden Manko versehen ist: Die intern in der Datenbanktabelle hinterlegten Formate gehen bei der Datenübernahme in die Calc-Tabelle verloren. Bei der Weiterverarbeitung in anderen Programmen ist dies meist kein Problem, da die Daten als Text mit der vorhandenen Formatierung (z.B. Stellenzahl bei Dezimalzahlen) übertragen werden. Der Export eignet sich aber nicht zur Sicherung kompletter Tabellen, da Angaben zu Feldeigenschaften wie »AutoFeld«, »Indexfeld« etc. verloren gehen. Bei einem später notwendigen erneuten Import fehlen solche Informationen dann. Bei Datenbanken wie SAP DB, Oracle oder MySQL können Sie ggf. die Dump-Funktion des Datenbank-Frontends zum Export der Tabelleninhalte verwenden. In MySQL lässt sich beispielsweise auf phpMyAdmin zurückgreifen, um den Inhalt von Tabellen als Struktur oder als Struktur mit Daten in diversen Formaten (z.B. XML-Datei) zu exportieren. Auch ein Export im CSV-Format oder die Ausgabe als SQL-Befehlssequenz ist möglich. Eine SQL-Befehlssequenz lässt sich später erneut in phpMyAdmin einlesen und somit importieren. Bei XML-Datensätzen benötigen Sie ein Programm, welches diese Daten verarbeiten kann. Sollen nur die Daten weiterverarbeitet werden, sollten Sie das CSV-Format zum Export wählen.

Import von Daten in Datenquellen

Office bzw. Base unterstützt den Import von externen Daten in eine Datenbank nicht. Liegen die zu importierenden Daten im dBase-Format oder als CSV-Dateien vor, lassen sich diese in Base direkt als Datenquellen einbinden. Verwenden Sie eine Datenbank wie MySQL, prüfen Sie, ob deren Frontend nicht den Import von Fremddaten in Tabellen unterstützt (bei MySQL unterstützt phpMyAdmin beispielsweise den Import einer kompletten Tabelle samt Daten). Die Diskussion dieser Ansätze sprengt aber den Umfang dieses Buches.

In der Office-Hilfe wird unter den Stichwörtern »Importieren;Datenbanken« zudem beschrieben, wie Sie in Calc eingelesene Tabellendaten markieren, mit Kopieren *in die Zwischenablage übernehmen und in Base mit* Einfügen *als Tabelle wieder einfügen.*

21.2 Erzeugen von Berichten in Office

Die im vorhergehenden Kapitel beschriebene Möglichkeit zur Erstellung von Abfragen ermöglicht die Aufbereitung von Daten aus Tabellen nach bestimmten Kriterien. Schnell wird jedoch der Wunsch entstehen, diese Ergebnistabellen zu drucken. Sie könnten zwar den im vorherigen Abschnitt skizzierten Ansatz zum Drucken der Tabellen wählen. Aber dies ist ziemlich mühselig. Besser wäre es, wenn sich ein Bericht in ansprechender Form mit Listenüberschriften etc. erstellen ließe. StarOffice und OpenOffice.org stellen für diesen Zweck einen Berichtsgenerator über die Datenbankfunktionen bereit. Der betreffende Assistent kann Tabellen und Abfragen als Datenquelle nutzen und dann deren Inhalt in geeigneter Weise als Writer-Textdokument aufbereiten.

TIPP

Wer von Microsoft Excel umsteigt, wird in Calc vielleicht die Möglichkeit vermissen, Inhalte von Kalkulationstabellen in Form von Berichten aufbereiten und drucken zu können. Wenn Sie eine als Datei gespeicherte Calc-Tabelle als Datenquelle einbinden, stehen Ihnen die Berichtsfunktionen auch für Calc-Tabellen zur Verfügung.

Nachfolgend möchte ich ein kurzes Beispiel für das Erzeugen eines Berichts geben. Hierzu verwenden wir die bereits in den vorhergehenden Kapiteln erstellte Datenbank *Firma* (siehe Beispielordner für Kapitel 21 auf dem Begleitmedium).

21.2.1 So starten Sie den Berichts-Assistenten

Base stellt einen Assistenten zum Erstellen von Berichten zur Verfügung. Um einen Bericht anzulegen, gehen Sie in folgenden Schritten vor.

1. Starten Sie Base und laden Sie die gewünschte Datenbank (siehe *Kapitel 19*).
2. Klicken Sie in der linken Spalte des Base-Fensters auf das Datenbankobjekt *Berichte* und wählen Sie danach in der Aufgabenleiste den Befehl *Bericht unter Verwendung des Assistenten erstellen* (Abbildung 21.8).

Base öffnet ein Textdokument im Writer und startet den Berichts-Assistenten, der Sie in verschiedenen Dialogen durch die Schritte der Berichterstellung führt. Details zu den Dialogen bzw. den jeweiligen Schritten des Berichts-Assistenten finden Sie im folgenden Abschnitt.

Auswahl der Tabelle/Abfrage und der Ausgabefelder

Base kann Berichte sowohl auf Tabellen als auch auf Abfragen beziehen. Im ersten Schritt müssen Sie daher die Tabelle bzw. Abfrage sowie die zu verwendenden Datenfelder (Abbildung 21.9, oben links), die in den Bericht eingehen sollen, auswählen.

Es ist jedoch immer nur eine Quelle möglich. Falls Sie also einen Bericht bezogen auf Daten mehrerer Tabellen benötigen, müssen Sie zuerst eine Abfrage erstellen und diese Abfrage als Basis für den Bericht verwenden. Die Auswahl erfolgt im rechten Listenfeld *Tabellen und Abfragen* des Dialogfelds. Sobald Sie das Listenfeld öffnen, zeigt der Assistent die für die Datenquelle verfügbaren Tabellen und Abfragen an. Wählen Sie den gewünschten Eintrag.

Abbildung 21.8: Aufruf des Berichts-Assistenten in Base

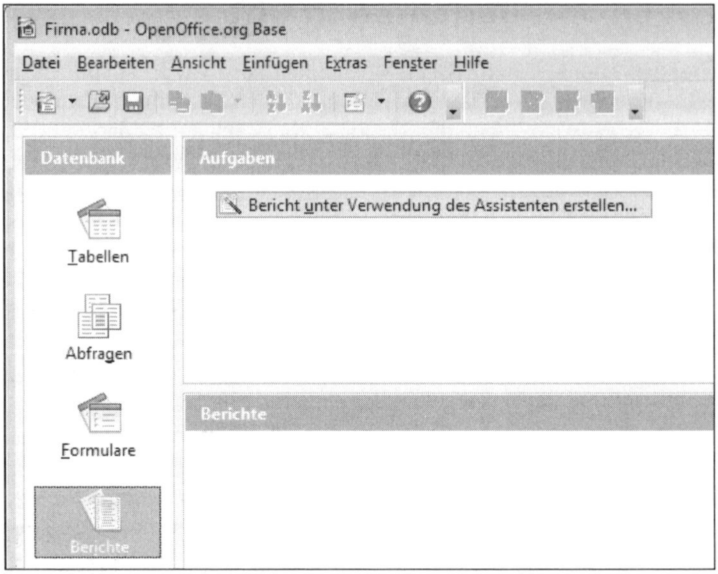

Die Tabelle bzw. die Abfrage weist verschiedene Datenspalten auf, deren Feldnamen dann in der linken Liste des Dialogfelds erscheinen. Klicken Sie die betreffenden Felder in der Liste *Verfügbare Felder* in der gewünschten Reihenfolge an und übertragen Sie die Namen über die Schaltfläche mit dem nach rechts weisenden Pfeil in die Liste *Felder im Bericht*. Alle in der rechten Spalte aufgeführten Feldnamen werden später im Bericht verwendet.

Sobald die gewünschten Felder festgelegt wurden, klicken Sie auf die Schaltfläche *Weiter*, um zum nächsten Dialogschritt zu gelangen.

Festlegen der Feldbeschriftungen für den Bericht

Der Assistent übernimmt die in der Tabelle oder Abfrage gefundenen Feldnamen als Beschriftung für die Ausgabefelder des Berichts. Meist wird dies aber nicht den Texten entsprechen, die Sie im Bericht benötigen. Der Assistent stellt Ihnen daher im zweiten Dialogschritt die Möglichkeit zur Korrektur der Feldnamen bereit (Abbildung 21.9, rechts unten). Klicken Sie auf die betreffenden Felder und passen Sie die Feldnamen bei Bedarf an. Anschließend gehen Sie mit einem Klick auf die Schaltfläche *Weiter* zum nächsten Dialogschritt über.

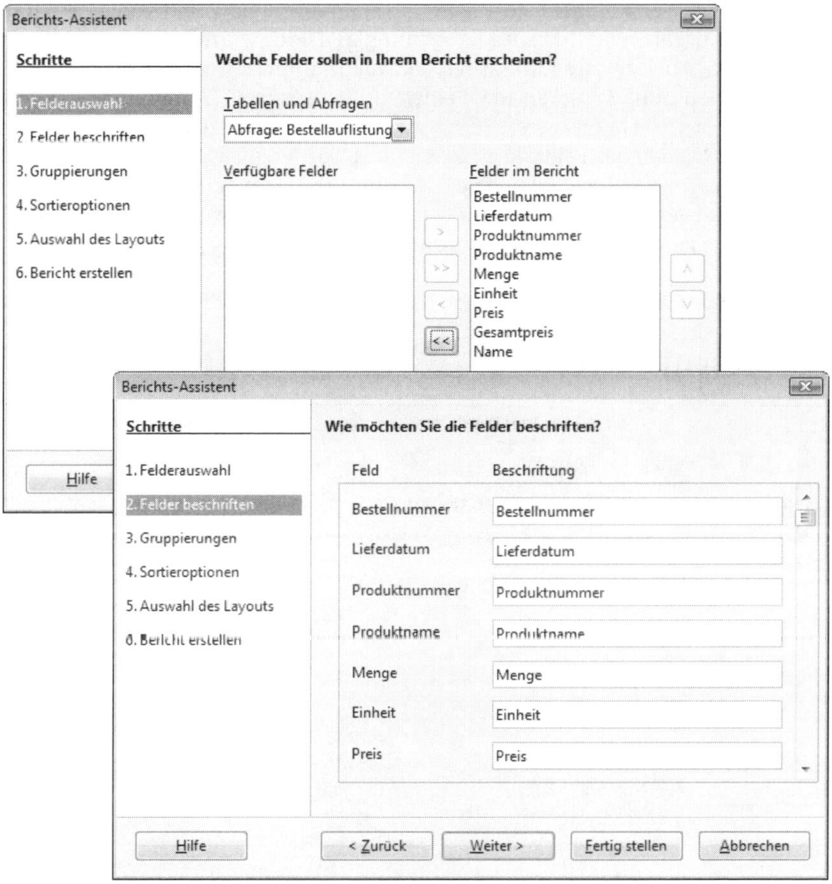

Abbildung 21.9: Auswahl der Datenquelle und Festlegen der Feldbeschriftung

Gruppieren und Sortieren der Berichtsdaten

In den beiden folgenden Schritten gilt es die im Bericht auszugebenden Daten nach verschiedenen Kriterien zusammenzufassen. Im aktuellen Beispiel werden beispielsweise die Bestelldaten einer Abfrage als Bericht aufbereitet. Im ersten Dialogschritt (Abbildung 21.10, oben links) wählen Sie dann die Felder aus, nach denen zu gruppieren ist, und übertragen diese mittels der Schaltfläche mit dem nach rechts weisenden Pfeil in die rechte Gruppierungsliste. Im aktuellen Beispiel wird der Bericht zuerst nach den Bestellnummern und dann nach den Kundennamen gruppiert. So kommen alle Bestellungen eines Kunden hintereinander zu stehen. Natürlich könnte man den Bericht auch anderes gruppieren (z.B. zuerst nach Lieferdatum und dann nach Bestellnummer, um eine Disposition nach Lieferterminen vornehmen zu können).

Über die *Weiter*-Schaltfläche gelangen Sie zum Folgedialog, in dem Felder zum Sortieren der Ausgabe wählbar sind (Abbildung 21.10, unten rechts). Sofern die Quelltabelle bzw. Abfrage dies zulässt (es darf nicht gruppiert worden sein), finden Sie dort Optionen zum Sortieren der Felder in der Ausgabe (Abbildung 21.10, unten rechts). Klicken Sie auf das erste (freigegebene) Feld der Liste und wählen Sie im Listenfeld den Namen des Felds aus, nach dem zu sortieren ist. Zudem können Sie über die zugehörigen Optionsfelder eine auf- oder absteigende Sortierung wählen. Bei Bedarf lässt sich nach mehreren Feldern sortieren. Über die *Weiter*-Schaltfläche gelangen Sie zum nächsten Dialogschritt.

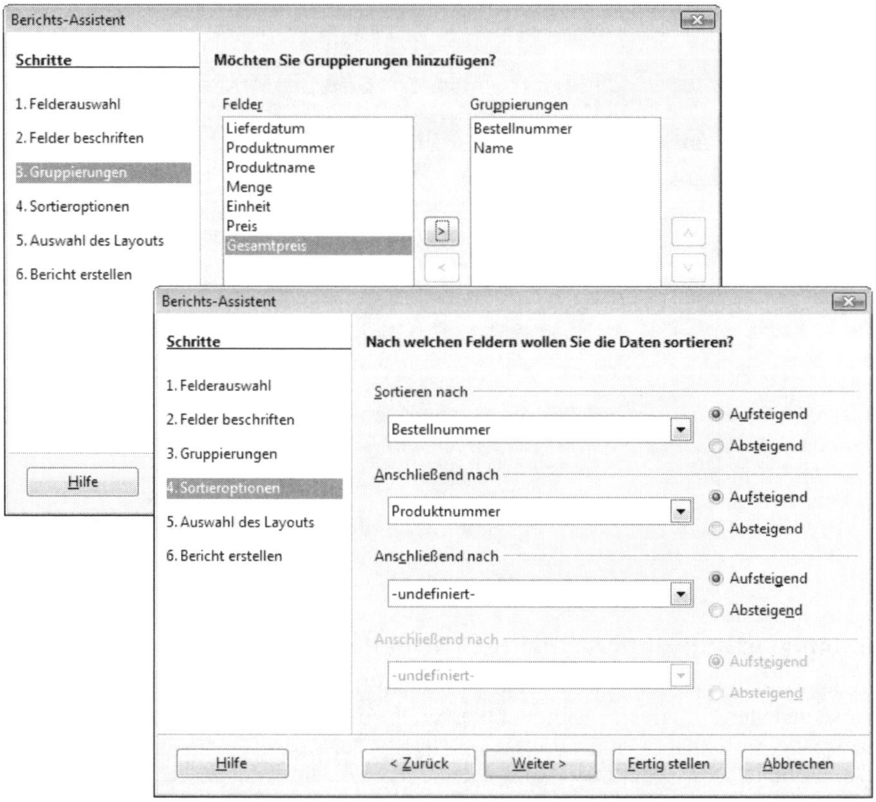

Abbildung 21.10: Gruppieren und Sortieren der Berichtsdaten

Berichtslayouts und Berichtsname wählen

Der Bericht wird als Textdokument im Writer erzeugt. Der Assistent stellt Ihnen dabei die Möglichkeit bereit, den Bericht mit einem Hintergrundmotiv zu versehen. Zudem können Sie zwischen mehreren Layouts wählen. Die betreffenden Optionen werden in dem in Abbildung 21.11, links oben, sichtbaren Dialogfeld abgefragt. Wählen Sie in der linken Spalte *Layout der Daten* ein Berichtsformat aus und klicken Sie ggf. in der rechten Spalte *Layout der Kopf- und Fußzeilen* auf einen Eintrag für das Seitenlayout. Zudem können Sie über Optionsfelder zwischen Hoch- und Querformat wählen. Über die *Weiter*-Schaltfläche geht es zum letzten Dialogschritt.

Im letzten Dialogschritt (Abbildung 21.11, rechts unten) können Sie einen Namen für den Bericht vorgeben. Dieser Name taucht anschließend im Base-Fenster in der Rubrik *Berichte* wieder auf.

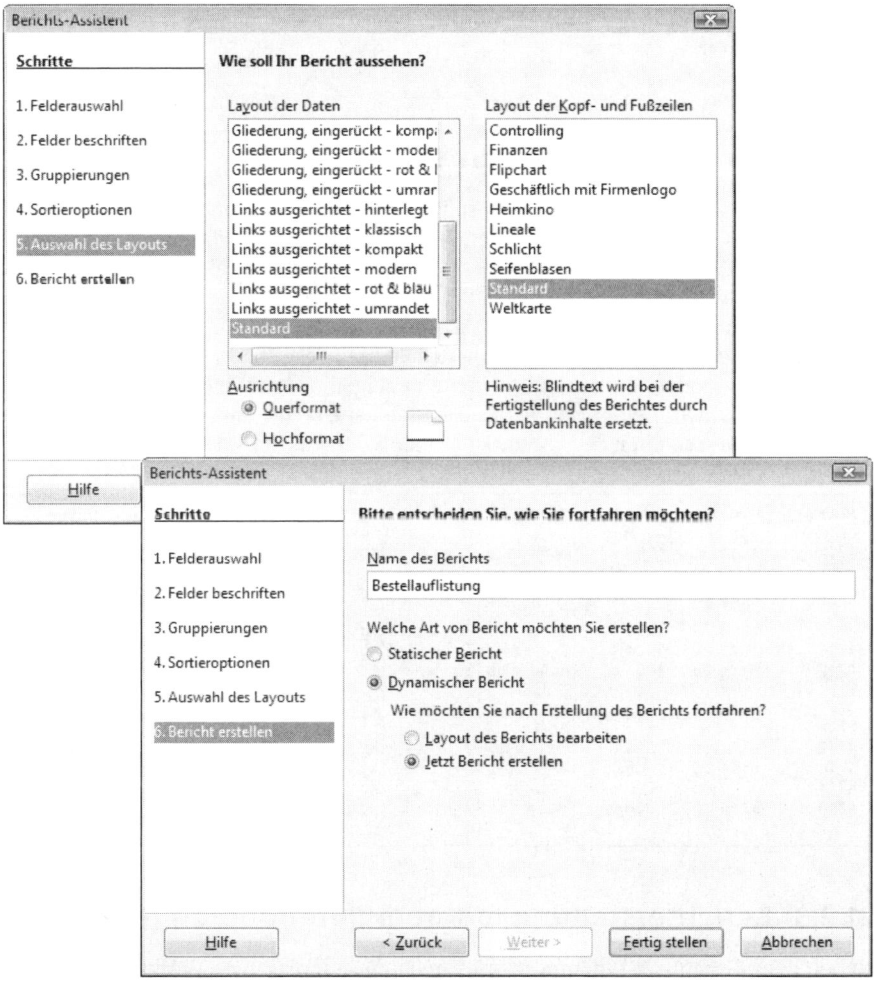

Abbildung 21.11: Berichtslayout und -name vorgeben

Zudem ermöglicht der Assistent Ihnen, über Optionsfelder festzulegen, ob der Bericht statisch oder dynamisch als Writer-Textdateien gespeichert werden soll. Bei dynamischen Berichten können Sie wählen, ob Sie die Vorlage noch im Writer anpassen oder den Bericht sofort erstellen möchten. Wählen Sie die Option *Jetzt Bericht erstellen*, wird ein Bericht als Writer-Textdokument generiert und unter dem gewählten Namen in der Datenbank abgelegt. Klicken Sie dagegen auf die Option *Layout des Berichts bearbeiten*, wird ebenfalls ein Bericht als Writer-Dokument erzeugt. Sie können dann Kopfzeilen, statische Texte oder Felder in der Vorlage verändern. Die dynamischen Daten sind dabei als Datenbankfelder im Bericht hinterlegt. Schließen Sie das Fenster des Writers, speichert Base das Textdokument in der

Datenbank unter dem gewählten Berichtsnamen. Sie können den Bericht also mehrfach aufrufen und erstellen lassen.

Soll der Bericht lediglich als statische Version erstellt werden, markieren Sie das betreffende Optionsfeld. Dann fügt der Assistent anstelle der Datenbankfelder die betreffenden Werte in das Writer-Textdokument ein und sichert das Ganze unter dem Berichtsnamen in der Datenbank. Der Assistent wird über die Schaltfläche *Fertig stellen* beendet.

21.2.2 Abrufen eines Berichts

Benötigen Sie einen Bericht zu einem späteren Zeitpunkt, öffnen Sie das Base-Fenster, laden die Datenbank und wählen in der linken Spalte das Datenbankobjekt *Berichte* an. Dann genügt es, den Berichtsnamen per Doppelklick in der Rubrik *Berichte* anzuwählen. Base startet den Writer, der ein neues Textdokument auf Basis der Berichtsvorlage erzeugt und bei dynamischen Berichten die veränderlichen Berichtsinhalte über die Datenbankfelder aktualisiert. Sie können den Bericht anschließend in der Dokumentvorschau anzeigen (Menübefehl *Datei/Seitenvorschau*), unter einem neuen Namen als Textdatei speichern und drucken. Abbildung 21.12 zeigt einen solchen Bericht als Dokumentvorschau im Writer.

Abbildung 21.12: Ansicht eines Berichts

Bestell-nummer	*Lieferda-tum*	*Produkt-nummer*	*Produktna-me*	*Menge*	*Einheit*	*Preis*	*Gesamt-preis*	*Name*
4711	01.11.05	1001	Apfel Jona Gold	10	kg	1,5	15	Braun
4711	01.11.05	1002	Apfel Boskop	12	kg	1,7	20,4	Braun
4711	01.11.05	1003	Bananen	6	kg	2	12	Braun
4711	01.11.05	1004	Orangen	7	kg	1,9	13,3	Braun
4712	10.11.05	1001	Apfel Jona Gold	30	kg	1,5	45	Braun
4712	10.11.05	1002	Apfel Boskop	5	kg	1,7	8,5	Braun
4712	10.11.05	1010	Erdnüsse	3	kg	4	12	Braun
4713	15.11.05	1005	Trauben	5	kg	2,51	12,55	Huber
4714	03.11.05	1005	Trauben	1	kg	2,51	2,51	Tanner
4714	03.11.05	1006	Haselnüss e	2	kg	3	6	Tanner

21.2.3 Berichterstellung mit dem Datenpiloten und Calc

Neben dem Berichts-Assistenten gibt es noch ein interessantes Werkzeug zur Analyse der Daten aus Datentabellen – den in *Kapitel 13* im Zusammenhang mit Calc besprochenen Datenpiloten. Dieser ermöglicht die Datenanalyse von Werten aus Calc in Form von Kreuztabellen, unterstützt aber auch den Zugriff auf die Daten von Datenbanktabellen bzw. Abfragen.

Dies möchte ich jetzt am Beispiel der Bestellverwaltung demonstrieren. Im vorhergehenden Kapitel wurde gezeigt, wie sich die Bestelldaten samt den Bestelldetails und den Kundendaten mittels einer Abfrage in einer Ergebnistabelle zusammenführen lassen. Das Problem bei diesem Ansatz besteht darin, dass die Ergebnisdarstellung in der Datenquellenansicht alles andere als transparent ist. Der Berichts-Assistent generiert die Ausgabe dagegen als Textdokument. Denkbar wäre es, die Bestellungen der einzelnen Kunden nach Kundennummer, Bestellnummer und Lieferdatum mit den einzelnen Bestellpositionen als Calc-Tabellenblatt aufzulisten (Abbildung 21.13). Diese Art der Darstellung lässt sich mit der nachfolgenden Anleitung recht schnell erreichen.

KdNr	Kunde	Lieferdatum	BestNr	ProduktNr	Produktname	Menge	Einheit
2001	Braun	29.01.09	4714	1006	Haselnüsse	2,000	Kg
				1007	Kastanien	1,000	Kg
		10.03.09	4712	1001	Äpfel Jona Gold	5,000	Kg
				1002	Äpfel Boskop	3,000	Kg
				1006	Haselnüsse	1,000	Kg
				1009	Pflaumen	2,000	Kg
2002	Huber	01.01.09	4711	1001	Äpfel Jona Gold	10,000	Kg
				1002	Äpfel Boskop	12,000	Kg
				1003	Bananen	6,000	Kg
				1004	Orangen	7,000	Kg
				1010	Erdnüsse	1,000	Kg
2003	Tanner	10.02.09	4713	1005	Trauben	5,000	Kg

Abbildung 21.13: Aufbereitung der Bestellungen als Liste

1. Starten Sie Calc und legen Sie ein neues Tabellendokument an. Anschließend holen Sie ein Tabellenblatt in den Vordergrund und markieren die Zelle A1 (dort soll die Ausgabe der Daten erfolgen).
2. Rufen Sie den Untermenübefehl *Daten/Datenpilot* auf und klicken Sie darin auf den Befehl *Aufrufen*. Mit diesem Schritt wird der Datenpilot zum Erzeugen von Kreuztabellen gestartet.
3. Sobald das Dialogfeld *Quelle auswählen* erscheint (Abbildung 21.14, oben), markieren Sie das Optionsfeld *In StarOffice angemeldete Datenquelle* (bzw. bei OpenOffice.org *In OpenOffice.org angemeldete Datenquelle*). Dann werden die Daten nicht aus dem aktuellen Tabellenblatt übernommen, sondern aus einer konfigurierten Datenquelle. Bestätigen Sie die Auswahl über die *OK*-Schaltfläche.
4. Sobald der in Abbildung 21.14, unten, gezeigte Dialog *Datenquelle auswählen* erscheint, wählen Sie im Listenfeld *Datenbank* einen der eingeblendeten Datenbanknamen. Anschließend klicken Sie auf das Listenfeld *Art* und wählen, ob eine Abfrage oder eine Tabelle als Datenquelle fungieren soll. Die beiden Einträge »Sql« und »Sql [Native]« können Sie ignorieren, da Office keinen Container zur Ablage der SQL-Befehle im Datenquellen-Explorer bereitstellt. Wählen Sie anschließend im Listenfeld *Datenquelle* eine der angebotenen Tabellen bzw. Abfragen und schließen Sie dann das Dialogfeld über die *OK*-Schaltfläche.

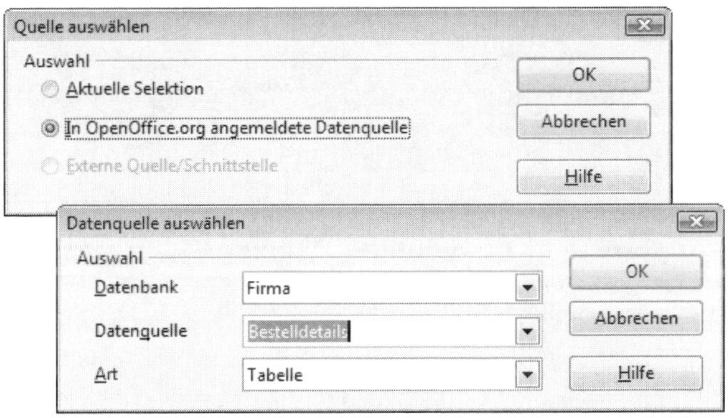

Abbildung 21.14: Auswahl der Quelle und der Datenquelle

21

Mit diesem Schritt kann der Datenpilot auf die Datenquelle zugreifen und die Tabellenfelder einlesen. Das Dialogfeld *Datenpilot* (Abbildung 21.15) erscheint und die in der Tabelle bzw. Abfrage gefundenen Felder werden aufgelistet. Sie müssen jetzt die Kreuztabelle in diesem Dialogfeld definieren.

5. Ziehen Sie die Schaltflächen der Tabellenfelder in das linke Feld *Zeilenfelder*.
6. Anschließend schließen Sie das Dialogfeld *Datenpilot* über die *OK*-Schaltfläche.

Die Kreuztabelle wird in diesem Beispiel in Schritt 6 etwas »missbraucht«, da die Felder *Spaltenfelder* und *Datenfelder* im Dialogfeld leer bleiben – wir wollen ja weder eine Funktion auf die Daten anwenden noch Spalten nach bestimmten Feldern gruppieren. An dieser Stelle wird auch ein leichter Nachteil des Konzepts sichtbar, es lassen sich maximal acht Tabellenfelder in der Rubrik *Zeilenfelder* unterbringen. Dann ist die Rubrik im Dialogfeld voll und Sie können keine weiteren Schaltflächen mit Feldnamen mehr einfügen. Wichtig ist, dass Sie anschließend die Markierung der beiden Kontrollkästchen *Gesamtergebnis-Spalten* und *Gesamtergebnis-Zeilen* löschen. Um den betreffenden Dialogfeldausschnitt anzuzeigen, müssen Sie auf die Schaltfläche *Zusätze* klicken.

Abbildung 21.15: Dialogfeld *Datenpilot* zum Erstellen der Kreuztabelle

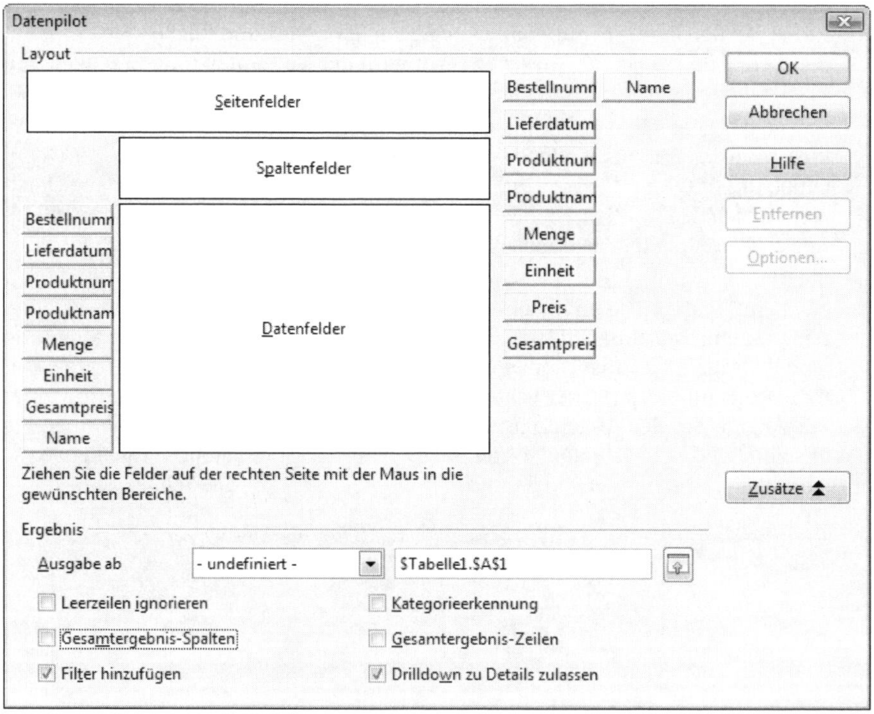

Nach dem Schließen des Dialogfelds *Datenpilot* über die *OK*-Schaltfläche sollte die Darstellung der Kreuztabelle im Tabellenblatt erscheinen. Abbildung 21.16 zeigt ein mögliches Ergebnis der Beispielabfrage. Die Bestellungen wurden durch den Datenpiloten automatisch nach Kundennummer, Lieferdatum, Bestellnummer und schließlich nach Produktnummer gruppiert.

Sie können diese Ergebnistabelle ggf. noch formatieren (z.B. farbige Zellhintergründe zuweisen). Werte lassen sich nicht ändern, da diese durch die Kreuztabelle vor Veränderungen geschützt sind. Weiterhin lassen sich zudem mehrere Kreuztabellen pro Tabellenblatt anlegen. So kann eine Tabelle die Bestellungen samt den Bestelldetails aufnehmen, während eine zweite Tabelle die Adressdaten der Kunden zu diesen Bestellungen aufweist. Eine entsprechende Abfrage wurde im vorherigen Kapitel besprochen. Drucken Sie die Tabelle aus, verfügen Sie über einen übersichtlich gestalteten Bericht.

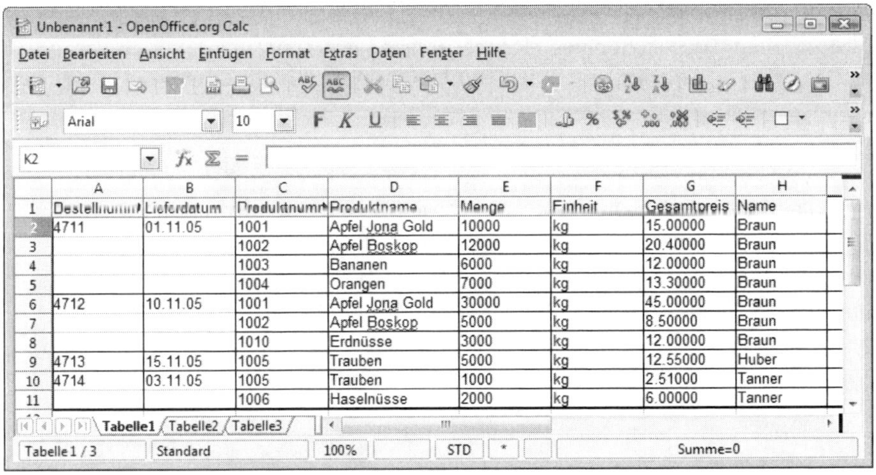

	A	B	C	D	E	F	G	H
1	Bestellnumm	Lieferdatum	Produktnumm	Produktname	Menge	Einheit	Gesamtpreis	Name
2	4711	01.11.05	1001	Apfel Jona Gold	10000	kg	15.00000	Braun
3			1002	Apfel Boskop	12000	kg	20.40000	Braun
4			1003	Bananen	6000	kg	12.00000	Braun
5			1004	Orangen	7000	kg	13.30000	Braun
6	4712	10.11.05	1001	Apfel Jona Gold	30000	kg	45.00000	Braun
7			1002	Apfel Boskop	5000	kg	8.50000	Braun
8			1010	Erdnüsse	3000	kg	12.00000	Braun
9	4713	15.11.05	1005	Trauben	5000	kg	12.55000	Huber
10	4714	03.11.05	1005	Trauben	1000	kg	2.51000	Tanner
11			1006	Haselnüsse	2000	kg	6.00000	Tanner

Abbildung 21.16: Ergebnisanzeige im Tabellenblatt

TIPP

Ändert sich etwas an den Ausgangsdaten, lässt sich die Kreuztabelle sehr einfach aktualisieren. Klicken Sie auf eine Zelle der Kreuztabelle und wählen Sie im Menü Daten *die Einträge* Datenpilot/Aktualisieren. *Sind mehrere Kreuztabellen in der Seite vorhanden, muss dieser Schritt für jede Tabelle wiederholt werden.*

21.3 Einfache Formulare erstellen und nutzen

Office unterstützt das Erstellen von Formularen in den verschiedenen Modulen (Writer, Calc, Impress, Draw und HTML-Editor). Formulare eignen sich zur Benutzersteuerung und können auch zur Anbindung an Datenbanken genutzt werden. Nachfolgend werden die Office-Funktionen zum Erstellen einfacher Formulare (mittels Assistent oder einfacher Techniken) sowie das Arbeiten mit Formularen erläutert. Das Entwerfen komplexer Formulare durch Einfügen von Kontrollelementen samt Datenbankanbindung und Makroprogrammierung ist dagegen im nächsten Kapitel zu finden.

21.3.1 Formularentwurf in Base mit dem Formular-Assistenten

Zum Zugriff auf Tabellen einer Datenbank (Datenquelle) können Sie auf Formulare zurückgreifen. Base stellt einen eigenen Assistenten bereit, mit dem sich Formulare mit Feldern zur Anzeige von Tabelleninhalten interaktiv gestalten und als Writer-Textdokument speichern lassen.

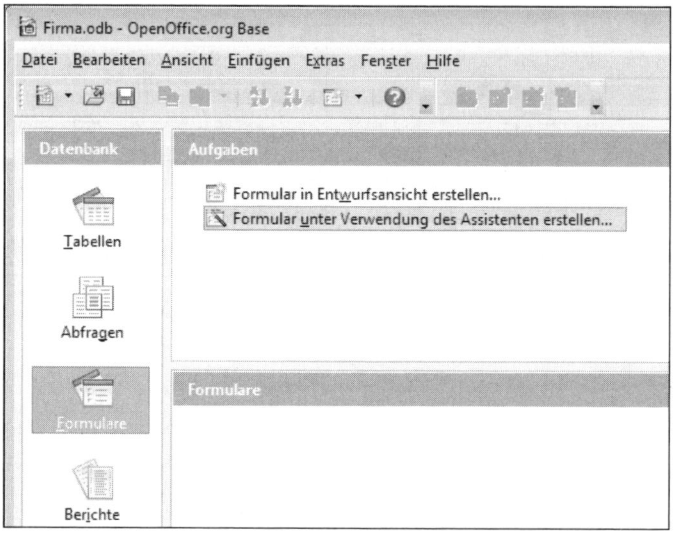

Abbildung 21.17: Aufruf des Formular-Assistenten in Base

1. Rufen Sie Base auf und laden Sie die gewünschte Datenbank bzw. Datenquelle.
2. Wählen Sie in der linken Spalte des Base-Fensters das Datenbankobjekt *Formulare* und klicken Sie dann in der Aufgabenleiste auf den Befehl *Formular unter Verwendung des Assistenten erstellen* (Abbildung 21.17).

Base startet den Formular-Assistenten, der Sie in verschiedenen Dialogen, ähnlich wie bei der Berichterstellung, durch die Schritte der Formulardefinition führt. Details zu den abgefragten Optionen finden Sie in den folgenden Abschnitten.

Schritt 1: Tabelle/Abfrage und Felder auswählen

Im ersten Schritt benötigt der Assistent die Informationen zur Anbindung des Formulars an eine Datenbanktabelle oder -abfrage. Hierzu wird das Dialogfeld aus Abbildung 21.18 angezeigt.

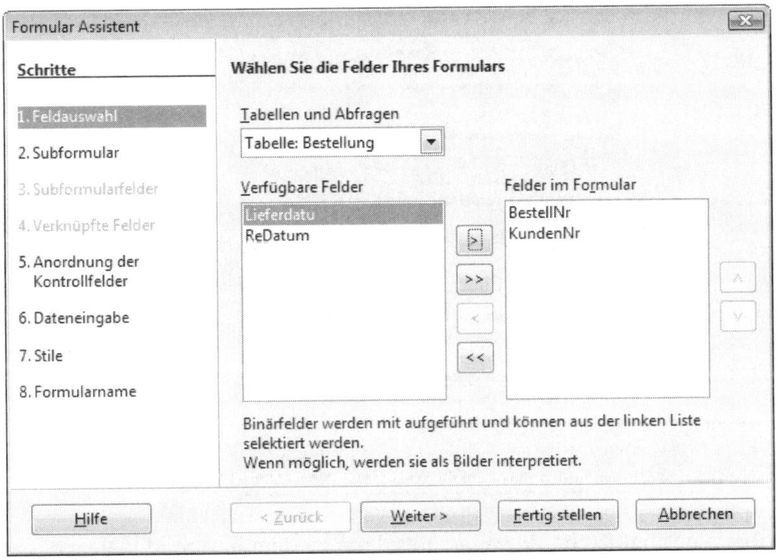

Abbildung 21.18: Auswahl der Tabelle/Abfrage und der Felder

1. Wählen Sie im Listenfeld *Tabellen und Abfragen* die gewünschte Tabelle oder Abfrage aus.
2. Übertragen Sie die in der Spalte *Verfügbare Felder* enthaltenen Einträge über die Schaltfläche mit dem nach rechts zeigenden Pfeil in die Spalte *Felder im Formular*.

Bei einigen Datenbanken sind Objekt-Felder zulässig, in denen ggf. Grafiken gespeichert werden können. Falls möglich, werden diese Feldinhalte als Grafiken im Formular angezeigt. Über die Schaltfläche *Weiter* gelangen Sie zum nächsten Schritt.

TIPP

Die Reihenfolge, in der Sie die Felder in die Spalte Felder im Formular *übertragen, bestimmt dabei später auch die Fokus-Reihenfolge. Dies ist die Reihenfolge, in der die Felder des Formulars beim Drücken der* [Tab] *-Taste angesprungen werden.*

Schritte 2 bis 4: Optionales Subformular definieren

In Schritt 2 des Assistenten haben Sie die Gelegenheit, ein optionales Unterformular für ein Hauptformular zu definieren. Dies ist hilfreich, wenn der Benutzer auf Daten weiterer Tabellen oder Abfragen zugreifen muss. Die bereits in den vorhergehenden Kapiteln benutzte Bestellverwaltung ist ein solches Beispiel. Im Hauptformular lassen sich die Bestellungen verwalten, während im Subformular auf die Tabelle mit den Bestelldetails zugegriffen wird. Der Formular-Assistent gibt Ihnen im Dialogfeld aus Abbildung 21.19, links oben, die Möglichkeit, Subformulare durch Markieren des Kontrollkästchens *Subformular hinzufügen* zu definieren. Dann können Sie ggf. die Option *Beziehungen werden manuell ausgewählt* markieren.

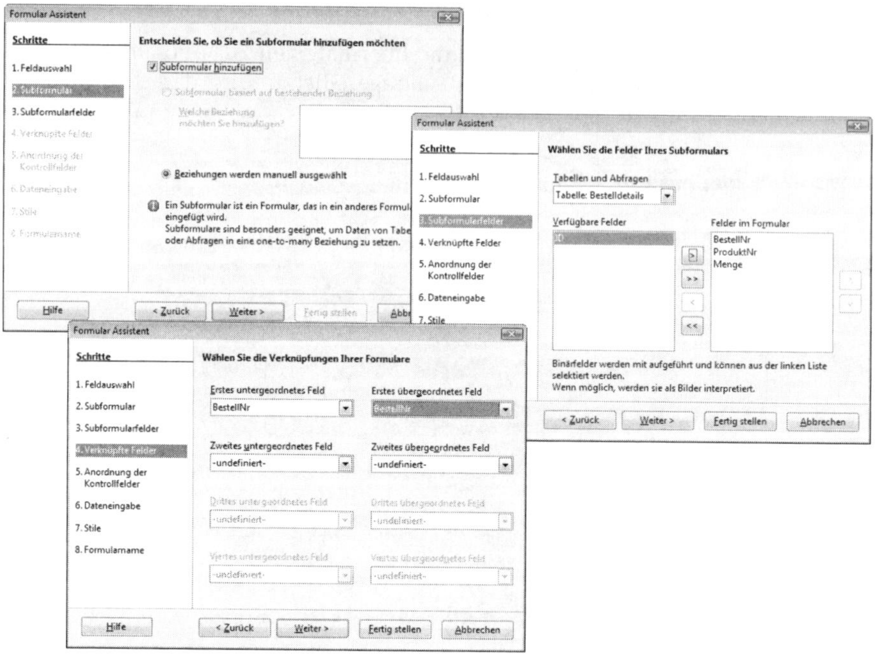

Abbildung 21.19: Optionen für Subformulare

Über die Schaltfläche *Weiter* geht es dann zu dem in Abbildung 21.19, rechts oben, gezeigten Dialogfeld, in dem Sie als Erstes die für das Subformular benötigte Tabelle über das Listenfeld *Tabellen und Abfragen* auswählen. Anschließend übertragen Sie die Felder für das Unterformular aus der Liste *Verfügbare Felder* in die Rubrik *Felder im Formular*.

Wurde die Option zum manuellen Definieren der Beziehungen gewählt, bringt die *Weiter*-Schaltfläche Sie zum in Abbildung 21.19, unten, gezeigten Dialogfeld. Dort können Sie ein oder mehrere Felder verknüpfen, indem Sie über die Listenfelder der Rubriken *Erstes untergeordnetes Feld* und *Erstes übergeordnetes Feld* usw. die gewünschten Felder für die Beziehungen zwischen den Tabellen festlegen. Mit der *Weiter*-Schaltfläche schalten Sie zum Dialogschritt 5 weiter.

Schritt 5: Anordnung der Kontrollfelder festlegen

In Schritt 5 gibt Ihnen der Assistent Gelegenheit, das Layout der Kontrollfelder des Formulars über die Optionen des Dialogfelds aus Abbildung 21.20, oben links, zu bestimmen.

Haben Sie in den vorhergehenden Dialogschritten ein Subformular definiert, gibt es zwei Rubriken *Anordnung der Datenbankfelder …* für das Haupt- und das Unterformular. Klicken Sie einfach in der betreffenden Rubrik auf eine Vorlage, um die Felder im Formular in Spalten, als Datenblatt oder als Blöcke anzuordnen. Das Layout wird in stilisierter Form auf der Schaltfläche angedeutet; bei Anwahl einer Schaltfläche sehen Sie bereits den Formularentwurf in dem im Hintergrund des Dialogfelds eingeblendeten Dokumentfenster.

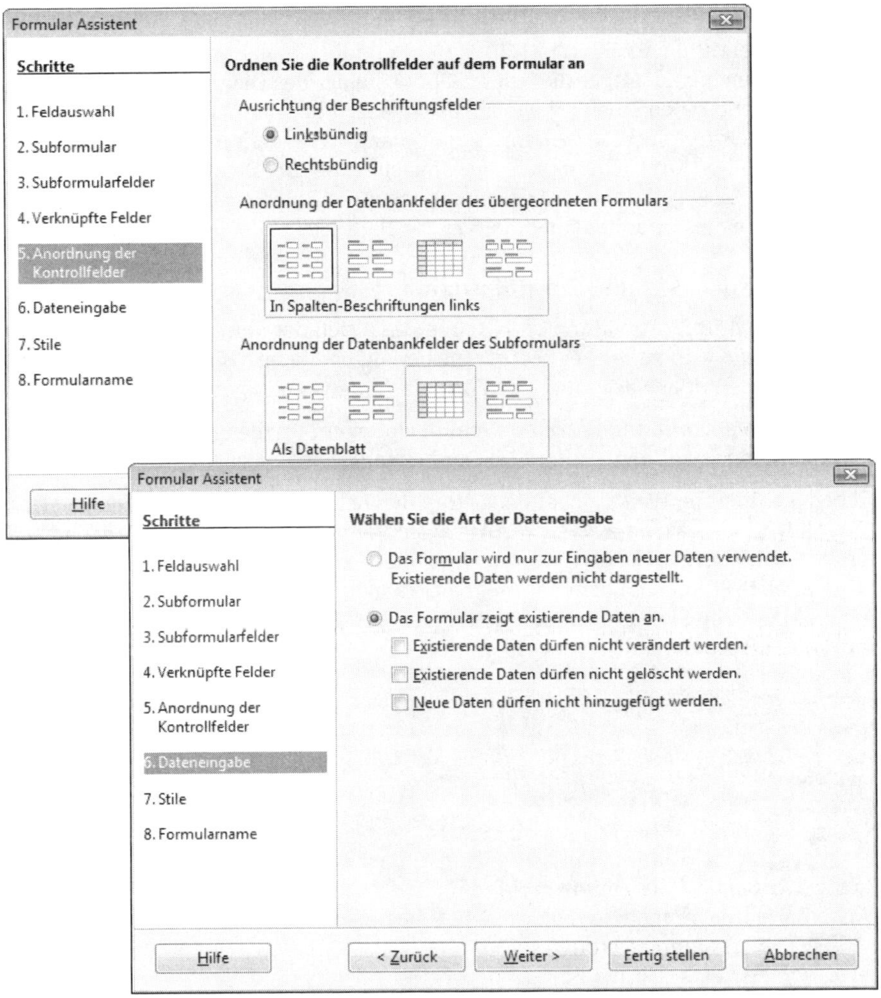

Abbildung 21.20: Auswahl der Optionen zur Formulargestaltung und zur Dateneingabe

21

Falls die Felder individuell und nicht als Tabellenansicht im Formular dargestellt werden, ist jedem Formularfeld eine Beschriftung (Beschriftungsfeld) zugeordnet. Dann werden die Optionen der Gruppe *Ausrichtung der Beschriftungsfelder* freigegeben. Sie können wählen, ob die Texte der Beschriftungsfelder links- oder rechtsbündig auszurichten sind. Die *Weiter*-Schaltfläche bringt Sie zum Folgedialog.

TIPP

Kommt es bei linksbündiger Ausrichtung der Beschriftungsfelder unter Linux zu Kerning-Problemen – die Texte mit den Feldnamen werden gestaucht dargestellt? Dann sollten Sie die Option Rechtsbündig *wählen. Der Stauchungseffekt verschwindet auch, wenn das Formularfenster nach dem Erstellen in der Größe verändert wird.*

Schritt 6: Optionen zur Dateneingabe festlegen

Der Dialogschritt 6 (Abbildung 21.20, unten) erlaubt Ihnen die Auswahl von Optionen zur Dateneingabe. Über die beiden Optionsfelder des Dialogs lässt sich wählen, ob vorhandene Daten einer Tabelle angezeigt oder nur neue Daten eingegeben werden können. Ist die Option zur Anzeige vorhandener Daten im Formular gewählt, können Sie über Kontrollkästchen die Möglichkeiten des Benutzers zum Einfügen neuer Daten, zum Ändern oder Löschen bestehender Daten einschränken. Gehen Sie nach Auswahl der Optionen über die *Weiter*-Schaltfläche zum Folgedialog.

Schritt 7 und 8: Stil und Formularname festlegen

Der Dialogschritt 7 (Abbildung 21.21, oben) lässt sich der Formularstil variieren. Im Listenfeld *Stile* wählen Sie bei Bedarf eine der angebotenen Vorlagen für die Formularseite. Diese Vorlage bestimmt den Formularhintergrund.

Die Gruppe *Feldumrandung* bietet mehrere Optionen, mit denen Sie das Layout der Formularfelder zwischen 2D- und 3D-Darstellung beeinflussen können.

Gehen Sie über die *Weiter*-Schaltfläche zum letzten Dialogschritt (Abbildung 21.21, unten). Dort lässt sich ein Name für das Formular vorgeben. Dieser Name wird später im Base-Fenster in der Kategorie *Formulare* angezeigt. Weiterhin können Sie wählen, ob Sie direkt mit dem Formular arbeiten möchten (Option *Mit dem Formular arbeiten*) oder ob Sie das Formular in der Entwurfsansicht zur weiteren Bearbeitung im Writer öffnen möchten.

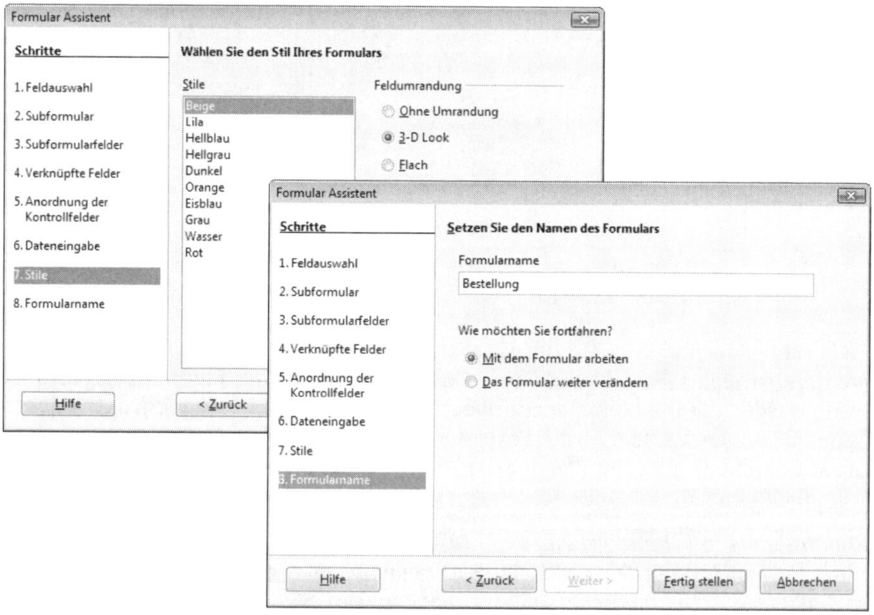

Abbildung 21.21: Formularstil und -name vorgeben

Sobald Sie den Formularentwurf über die Schaltfläche *Fertig stellen* beenden, legt Base das Formular als Writer-Dokument an und speichert dieses unter dem angegebenen Namen in der Datenbank. Anschließend zeigt das Writer-Fenster das Formular im gewählten Modus an. Wie Sie Formulare im Entwurfsmodus anpassen, wird im nächsten Kapitel erläutert.

21.3.2 Ein Formular nutzen

Manuell entworfene oder mit dem Assistenten erstellte Formulare lassen sich im Base-Fenster aufrufen. Sie brauchen lediglich in der linken Spalte den Eintrag *Formulare* anzuklicken, um die definierten Formulare im rechten Teil des Base-Fensters anzuzeigen. Dann reicht ein Doppelklick auf den Formularnamen in der Rubrik *Formulare* (Abbildung 21.22), um dieses im Writer-Fenster zu öffnen.

INFO

In der rechten Spalte des Base-Fensters finden Sie die Schaltfläche Dokument. *Im zugehörigen Menü lässt sich über Befehle wählen, ob eine Vorschau auf das Formular im Base-Fenster einzublenden ist. Der Befehl* Dokumentinformation *zeigt den intern in der Datenbank benutzten Pfad zum Formular an.*

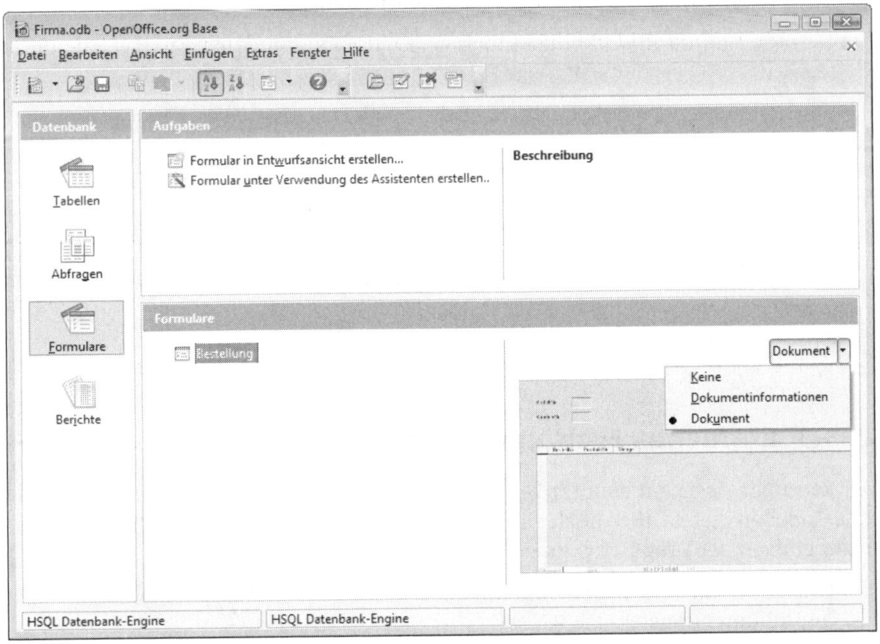

Abbildung 21.22: Aufruf eines Formulars

Nach Anwahl des Formulars per Doppelklick öffnet Base das Formulardokument im Writer, stellt die Verbindung zur Datenbank her und zeigt den Inhalt des ersten Datensatzes der Tabelle/Abfrage in den Formularfeldern (Abbildung 21.23). Je nach gewähltem Layout werden am unteren Rand des Fensters Navigationsschaltflächen zum Bewegen zwischen den einzelnen Datensätzen sowie Schaltflächen zum Eingeben neuer Datensätze, zum Löschen bestehender Datensätze sowie zum Speichern von Änderungen hinterlegt. Zudem finden sich in dieser Symbolleiste auch Schaltflächen zum Suchen, Sortieren und Filtern. Der Umgang mit diesen Funktionen ist im vorhergehenden Kapitel beschrieben.

INFO

Formulare können sich auf Abfragen und Tabellen beziehen. Nur bei Tabellen sind Änderungen möglich, sofern die Datenquelle das Speichern von Daten unterstützt (dies ist in der Regel nur bei Datenbanken der Fall).

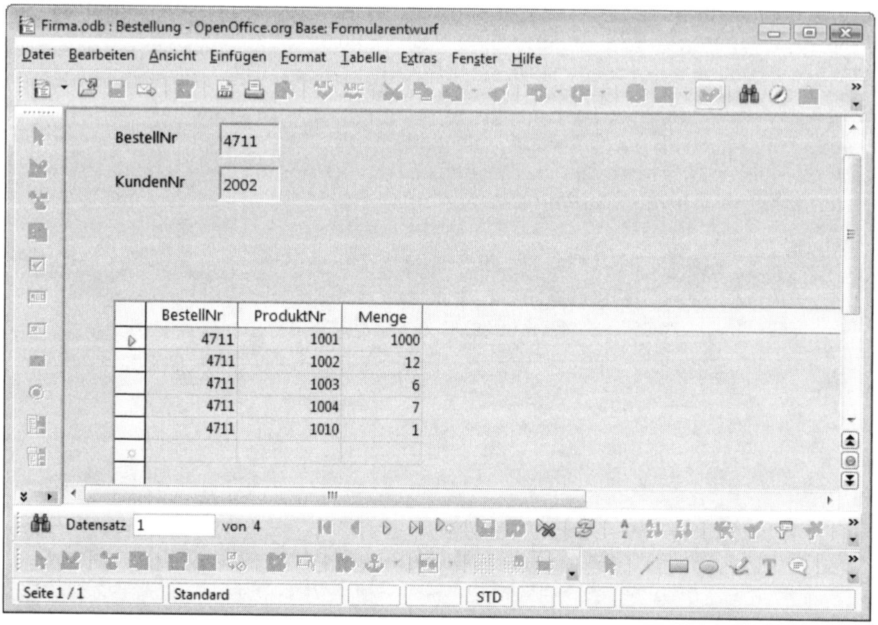

Abbildung 21.23: Einfaches Formular

21.3.3 Einfaches Formular in Calc per Drag&Drop erstellen

Der Formular-Assistent benutzt Textdokumente als Basis zum Formularentwurf. Bei Calc-Tabellen bietet Office noch einen besonderen Komfort, bei dem sich Datenbankfelder einfach per Drag&Drop zu einem Formular kombinieren lassen.

1. Öffnen Sie ein Calc-Tabellendokument und blenden Sie die Datenquellenansicht im Dokumentfenster ein.
2. Wählen Sie im Datenquellen-Explorer die gewünschte Datenquelle und dann die Tabelle oder Abfrage aus, deren Daten im Formular anzuzeigen sind.
3. Ziehen Sie anschließend die Spaltenköpfe der Felder, die im Formular erwünscht sind, aus dem Fenster der Datenansicht in die Calc-Tabelle (Abbildung 21.24, Vordergrund).

Sobald Sie die linke Maustaste loslassen, fügt Calc das Feld samt Beschriftungsfeld in die Tabelle ein. Das Steuerelement wird dabei an der Zelle verankert, über der Sie die linke Maustaste losgelassen haben. Gleichzeitig richtet Calc die Verbindung zur Tabelle bzw. Abfrage im Steuerelement ein. Auf diese Weise können Sie beliebige Felder einer Tabelle oder einer Abfrage zum Formular hinzufügen.

Das Formular speichern Sie wie gewohnt (z.B. über den Befehl Speichern unter *im Menü* Datei *oder über die Schaltfläche* Datei*). Im Dialogfeld* Speichern unter *geben Sie den Zielordner und den Dateinamen für das Calc-Tabellendokument vor. Sie können später dieses Dokument jederzeit laden und zum Zugriff auf die Datenbank nutzen. Einzige Voraussetzung ist, dass die Datenquelle auf dem betreffenden Rechner definiert ist.*

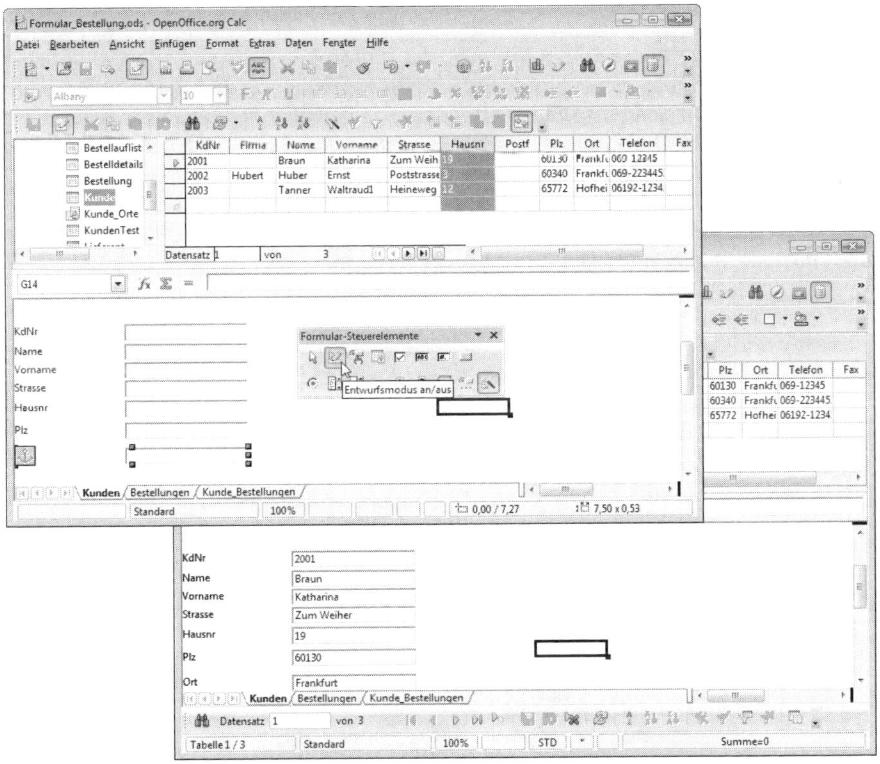

Abbildung 21.24: Formular in einer Calc-Tabelle entwerfen und Dateneingabe (Hintergrund)

So schalten Sie von der Entwurfsansicht zur Formularansicht

Mit den obigen Schritten können Sie die gewünschten Felder in den Formularentwurf einfügen. Es steht Ihnen zudem frei, beliebige Zellen anzuklicken und den Zellhintergrund einzufärben oder mit Rahmen zu versehen und ggf. statische Texte einzutragen. Sobald Sie den Formularentwurf fertig gestellt haben, müssen Sie den Entwurfsmodus über die Schaltfläche *Entwurfsmodus an/aus* der Symbolleiste *Formularfunktionen* abschalten (Abbildung 21.24, oben). Sollte diese Symbolleiste nicht sichtbar sein, können Sie diese im Calc Fenster über den Untermenübefehl *Ansicht/Symbolleisten/Formular-Steuerelemente* einblenden.

Wenn das Abschalten des Formularentwurfs funktioniert hat (sonst nochmals auf die Schaltfläche *Entwurfsmodus an/aus* klicken), sollten Sie bereits die Inhalte der Datenbankfelder in den Formularfeldern sehen. In Abbildung 21.24, unten, sind die Daten erkennbar. Zudem wird sofort die Formularleiste mit Schaltflächen zur Datensatznavigation sowie zum Suchen, Filtern und Sortieren am unteren Fensterrand eingeblendet. Sie können dann die Abreißleiste *Formularfunktionen* schließen und das Formular benutzen.

INFO

Um später den Formularentwurf erneut anzupassen, klicken Sie in der Symbolleiste Formular-Steuerelemente *erneut auf die Schaltfläche* Entwurfsmodus an/aus. *Benötigen Sie mehrere Formulare zum Zugriff auf verschiedene Tabellen/Abfragen, können Sie einfach für jedes Formular ein getrenntes Tabellenblatt anlegen. Calc bietet Ihnen sogar die Möglichkeit, Felder zum Zugriff auf mehrere Tabellen/Abfragen in einem Tabellenblatt abzulegen. Sofern Sie aber die von Base unterstützte HSQL-Datenbank als Datenquelle verwenden, gibt es Probleme mit dem Zugriff auf die entsprechenden Tabellendaten. Es kann dann passieren, dass Datensätze in den Formularen nicht aktualisiert werden.*

22 Arbeiten mit den Office-Formularfunktionen

Formulare ermöglichen dem Benutzer den komfortablen Zugriff auf Datenbanktabellen- und -abfragen. Neben dem im vorhergehenden Kapitel beschriebenen Ansatz durch Verwendung eines Assistenten bieten Office und Base Ihnen die Möglichkeit, Formulare durch individuell eingefügte Steuerelemente zu entwerfen. Sie können dabei die Formulare in Writer-Dokumenten, aber auch in anderen Office-Dokumenten, in HTML-Seiten oder in XML-Dateien hinterlegen. Auf den nachfolgenden Seiten finden Sie eine Einführung in den Entwurf individuell gestalteter Formulare und erfahren, wie sich die Steuerelemente nutzen lassen.

22.1 Grundlagen zum Formularentwurf

In diesem Abschnitt lernen Sie die Grundlagen zum Formularentwurf kennen und erfahren, wie sich Formulare anlegen sowie mit Steuerelementen ausstatten lassen.

22.1.1 Formularentwurf in Base

Base ermöglicht Ihnen neben dem Assistenten Formulare auch im Entwurfsmodus individuell zu erstellen. Hierzu gehen Sie in folgenden Schritten vor.

1. Starten Sie Base und laden Sie die gewünschte Datenbank über die Öffnen-Funktion.
2. Klicken Sie im Base-Fenster in der linken Spalte auf den Eintrag *Formulare* und wählen Sie anschließend in der Aufgabenleiste den Befehl *Formular in Entwurfsansicht erstellen* an (Abbildung 22.1).
3. Sobald das (auf dem Writer basierende) Formularentwurfsfenster erscheint, können Sie mit dem Formularentwurf beginnen. Hierzu müssen Sie die Steuerelemente aus der Symbolleiste *Formular-Steuerelemente* in den Dokumentbereich einfügen und an die Datenbank anbinden (siehe folgende Abschnitte).
4. Ist der Formularentwurf abgeschlossen, können Sie das Writer-Dokumentfenster schließen. Das Dialogfeld, ob die Änderungen gesichert werden sollen (Abbildung 22.2, Hintergrund), schließen Sie über die *Speichern*-Schaltfläche. Anschließend geben Sie in das Dialogfeld *Speichern* (Abbildung 22.2, Vordergrund) einen Namen für das Formular ein und schließen das Dialogfeld über die *Speichern*-Schaltfläche.

Das Formular wird dann als Writer-Dokument in der Base-Datenbank abgelegt. Sie können anschließend das Formular im Base-Fenster per Doppelklick anwählen, um dieses im Ausführungsmodus zu öffnen. Dann werden die Formulardaten angezeigt und Sie können ggf. Eingaben in die Formularfelder tätigen.

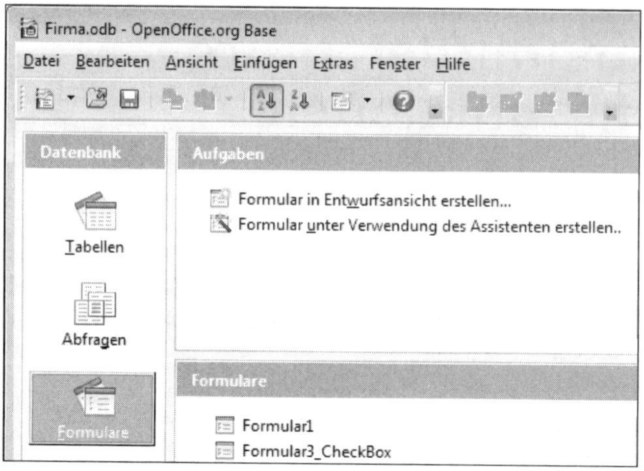

Abbildung 22.1: Formularentwurf in Base beginnen

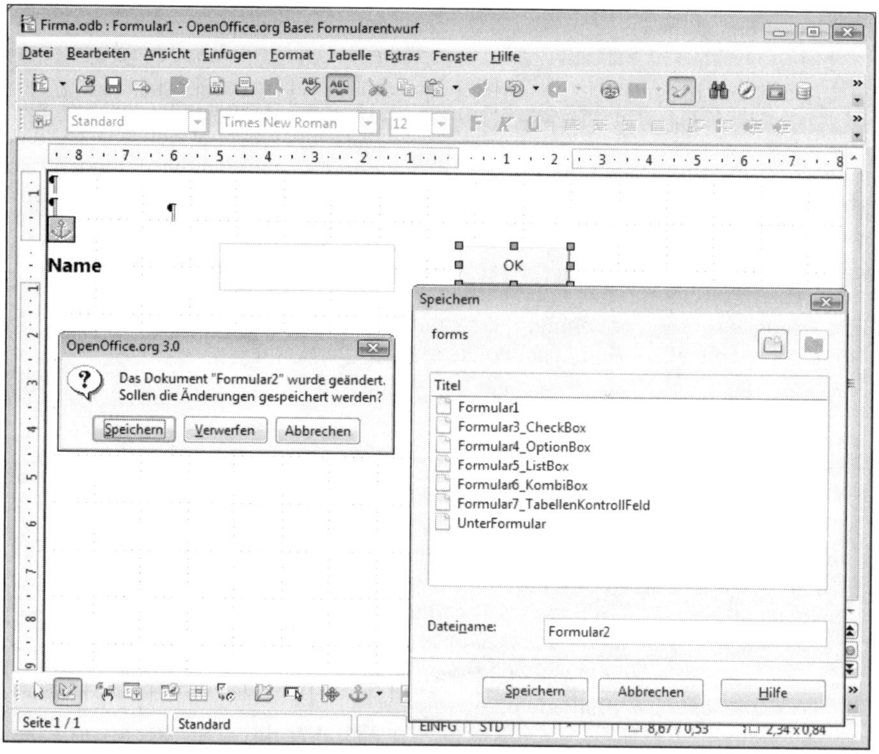

Abbildung 22.2: Formularentwurf in Base speichern

Hinweise zur Bearbeitung von Base-Formularen

Wählen Sie ein Formular im Base-Fenster mit der rechten Maustaste an, finden Sie im Kontextmenü Befehle zur Formularbearbeitung. Über den Kontextmenübefehl *Umbenennen* lässt sich der Name des Formulars anpassen.

Ein per Doppelklick im Base-Fenster geladenes Formular wird im Ansichtsmodus geöffnet. Das dazugehörende Writer-Dokument ist dabei schreibgeschützt, d.h., Sie können nicht in den Entwurfsmodus wechseln. Um Formularinhalte zu korrigieren, klicken Sie das Formular im Base-Fenster mit der rechten Maustaste an und wählen im Kontextmenü den Befehl *Bearbeiten*. Das Formular wird im Entwurfsmodus im Writer-Fenster geöffnet und Sie können über die Schaltfläche *Entwurfsmodus an/aus* der *Formular-Entwurf*-Symbolleiste wahlweise zwischen Ansichts- und Entwurfsmodus umschalten (siehe auch folgende Abschnitte). Weitere Details zum Formularentwurf (in Writer-Dokumenten) finden Sie in den folgenden Abschnitten.

INFO

Formulare lassen sich über die Zwischenablage zwischen verschiedenen Dokumentfenstern kopieren. Dabei besteht auch die Möglichkeit, Formularinhalte im Dokumentfenster des Writers zu markieren und dann mittels der Zwischenablage in ein zweites Zieldokument zu übertragen. Allerdings gibt es bei Office noch das Problem, dass die Hierarchie der Formularelemente verloren geht. Office fügt einfach für jedes Unterelement ein neues Formular ein. Sie müssen daher den Formular-Navigator über die Schaltfläche der Formular-Entwurf-*Symbolleiste aufrufen und die Hierarchie der Formularelemente manuell korrigieren.*

22.1.2 Formularentwurf in anderen Office-Anwendungen

Neben Base (dessen Formulare auf eingebetteten Writer-Dokumenten basieren) können Sie in jeder der Office-Anwendungen neue Formulare erstellen. Dabei ist es egal, ob es sich um ein Textdokument, ein Tabellendokument, ein Präsentationsdokument, eine Zeichnung oder ein HTML-Dokument handelt. Office unterstützt die Formularfunktionen bei allen diesen Typen.

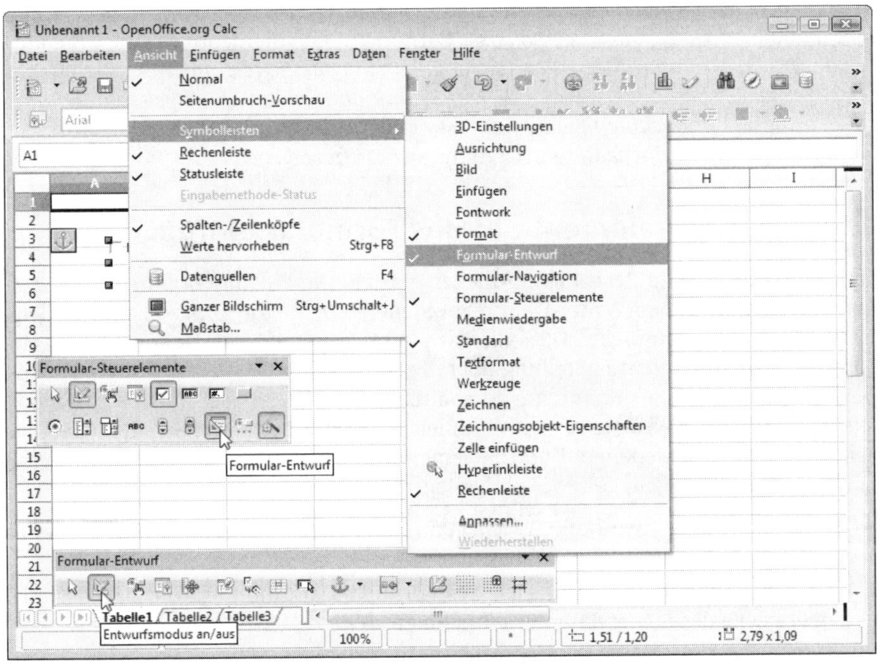

Abbildung 22.3: Formularentwurf in Calc

1. Rufen Sie die betreffende Office-Anwendung auf und legen Sie ggf. ein neues Dokument im Anwendungsfenster an.
2. Öffnen Sie das Menü *Ansicht* und wählen Sie die Befehle *Symbolleisten/Formular-Steuerelemente* (Abbildung 22.3).
3. Blenden Sie in der Symbolleiste *Formular-Steuerelemente* über die Schaltfläche *Formular-Entwurf* ggf. die gleichnamige Symbolleiste ein und stellen Sie über die Schaltfläche *Entwurfsmodus an/aus* (Abbildung 22.3) sicher, dass der Entwurfsmodus eingeschaltet ist.
4. Anschließend wählen Sie in der Symbolleiste *Formular-Steuerelemente* die Schaltflächen für die gewünschten Steuerelemente und fügen die Steuerelemente in das Formular ein.

Sobald das Formular entworfen wurde, können Sie das Dokument wie gewohnt im Dokumentformat der betreffenden Anwendung in eine Datei sichern. Details zum Einfügen von Steuerelementen und deren Anbindung an Daten werden in den folgenden Abschnitten behandelt.

INFO

In Abhängigkeit von der Dokumentvariante gibt es ggf. ein unterschiedliches Verhalten beim Positionieren der Steuerelemente. In einer Calc-Tabelle werden die Steuerelemente direkt den Zellen zugeordnet, während sich die Kontrollelemente im Writer, in Draw und Impress frei positionieren lassen. Bei HTML-Dokumenten (oder XML-Formularen) müssen Sie ggf. interne Tabellen verwenden, um die Formularelemente in den betreffenden Zellen zu positionieren.

TIPP

Wenn Sie im Writer ein neues leeres Dokument holen, wird u.U. die Schaltfläche Entwurfsmodus an/aus *in der Symbolleiste* Formular-Steuerelemente *gesperrt. Blenden Sie dann den Formular-Navigator (siehe auch folgende Seiten) über die betreffende Schaltfläche der Symbolleiste ein, klicken Sie mit der rechten Maustaste auf den Eintrag* Formulare *und wählen Sie im Kontextmenü den Befehl* Neu/Formular. *Anschließend wird die Schaltfläche* Entwurfsmodus an/aus *freigegeben.*

22.1.3 Kontrollelemente in das Formular einfügen

Haben Sie in Base den Befehl zum Anlegen eines Formulars im Entwurfsmodus aufgerufen, können Sie im Writer-Dokument Steuerelemente, in Office als Kontrollelemente bezeichnet, einfügen. Dies gilt ebenfalls für die anderen Dokumentformate, sobald Sie die Dokumentdarstellung über die Schaltfläche *Entwurfsmodus an/aus* in den Entwurfsmodus für Formulare geschaltet haben. Office stellt Ihnen die Symbolleiste *Formular-Steuerelemente* als Abreißleiste bereit. Über deren Schaltflächen lassen sich die verschiedenen Kontrollelemente abrufen. Um Steuerelemente dem Formular hinzuzufügen, gehen Sie folgendermaßen vor:

1. Klicken Sie in der Symbolleiste *Formular-Steuerelemente* die Schaltfläche für das gewünschte Kontrollfeld an.
2. Zeigen Sie im Dokumentbereich des Formulars auf die Position, die die linke obere Ecke des Steuerelements einnehmen soll.
3. Halten Sie die linke Maustaste gedrückt und ziehen Sie den Mauszeiger im Formularbereich in Richtung der gedachten diagonalen Ecke des einzufügenden Steuerelements.

4. Nun wird ein dünner Markierungsrahmen im Formular eingeblendet. Die Größe des Rahmens entspricht der Größe des späteren Kontrollelements (siehe linker Rahmen in Abbildung 22.4). Durch Ziehen der Maus können Sie die Größe des Rahmens und damit des Kontrollfelds verändern.

Sobald Sie die linke Maustaste loslassen, fügt Office das Kontrollfeld in der entsprechenden Größe in das Formular ein, das gleichzeitig zum Bearbeiten markiert wird. Dies ist in Abbildung 22.4 am rechten Kontrollfeld zu sehen, welches mit Ziehmarken ausgestattet ist.

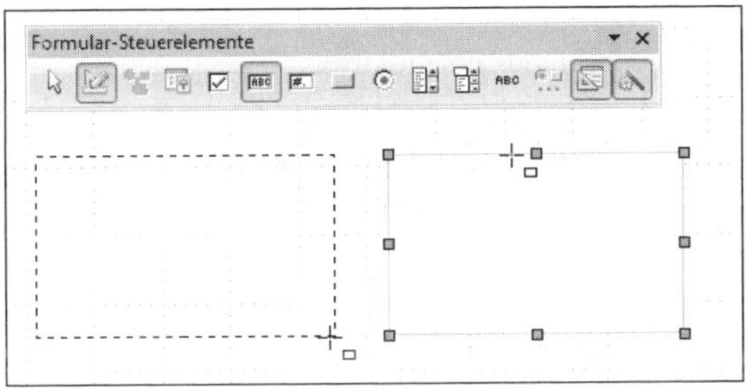

Abbildung 22.4: Einfügen eines Kontrollelements in ein Formular

Symbolleisten Formular-Steuerelemente und Formular-Entwurf

Beim Formularentwurf werden die Symbolleisten *Formular-Steuerelemente* und *Formular-Entwurf* im Entwurfsfenster eingeblendet. Sobald die Symbolleisten sichtbar sind, können Sie deren Schaltflächen anwählen und die zugehörigen Funktionen nutzen. Abbildung 22.5 enthält eine Übersicht über die Funktionen der Schaltflächen der *Formular-Steuerelemente*-Symbolleiste.

22

- *Auswahl:* Ermöglicht Ihnen, bereits im Formular enthaltene Kontrollelemente (auch als Steuerelemente bezeichnet) als Objekte zur Bearbeitung anzuwählen.
- *Entwurfsmodus an/aus:* Schaltet zwischen dem Modus zum Entwurf des Formulars (Entwurfsansicht) und dem Modus zur Anzeige der Formulardaten (Formularansicht) um. Nur im Entwurfsmodus lässt sich das Formular bearbeiten. Zum Benutzen des Formulars muss der Entwurfsmodus abgeschaltet sein (siehe *Kapitel 21*).
- *Kontrollfeld:* Öffnet ein Eigenschaftenfenster, in dem Sie die Eigenschaften des gerade gewählten Kontrollfelds anpassen können.
- *Formular:* Öffnet das Eigenschaftenfenster zum Anpassen der Eigenschaften des aktuellen Formulars.
- *Weitere Steuerelemente:* Blendet eine weitere Symbolleiste mit zusätzlichen Steuerelementen ein.
- *Formular-Entwurf:* Blendet die Symbolleiste *Formular-Entwurf* ein oder aus.
- *Assistenten an/aus:* Ermöglicht beim Anlegen eines neuen Kontrollelements bei manchen Elementen den automatischen Aufruf eines Assistenten zum Anbinden von Tabellen/Abfragen an das Steuerelement.

Die restlichen Schaltflächen der Symbolleiste stehen für Funktionen, mit denen sich Kontrollelemente in das Formular einfügen lassen. Sobald Sie auf eine Schaltfläche zeigen, blendet Office eine QuickInfo mit Hinweisen zur Funktion der betreffenden Schaltfläche ein. Auf den folgenden Seiten werden die Funktionen der obigen Schaltflächen noch detaillierter behandelt.

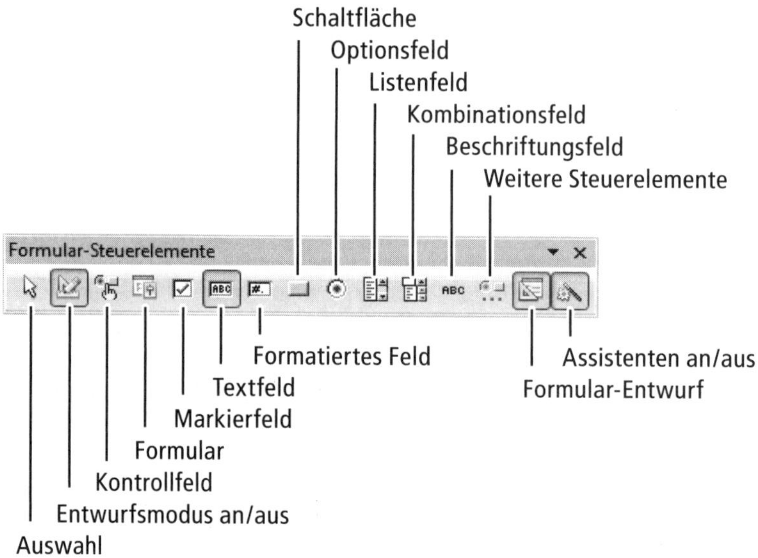

Abbildung 22.5: Elemente der Symbolleiste *Formular-Steuerelemente*

Die Symbolleiste *Formular-Entwurf* enthält zusätzliche Schaltflächen, über die sich Funktionen zur Formulargestaltung abrufen lassen (Abbildung 22.6). Die Schaltflächen *Auswahl*, *Entwurfsmodus an/aus*, *Kontrollfeld* und *Formular* besitzen die gleiche Bedeutung wie bei der *Formular-Steuerelemente*-Symbolleiste. Die restlichen Schaltflächen besitzen folgende Bedeutung.

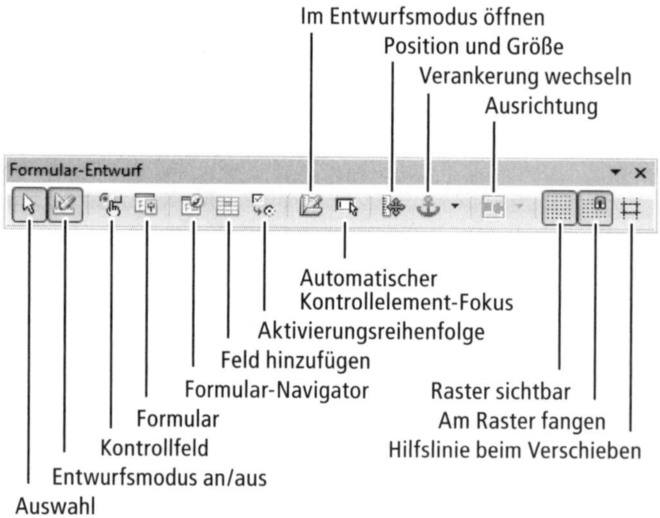

Abbildung 22.6: Elemente der Symbolleiste *Formular-Entwurf*

- *Formular-Navigator:* Öffnet ein Fenster, in dem Sie zwischen den Elementen eines Formulars navigieren können.
- *Feld hinzufügen:* Öffnet ein Fenster, mit dem sich Felder zu bestimmten Steuerelementen hinzufügen lassen.

- *Aktivierungsreihenfolge:* Ermöglicht es, die Reihenfolge, in der die Kontrollfelder den Fokus erhalten, anzupassen.
- *Im Entwurfsmodus öffnen:* Öffnet ein Formular direkt im Entwurfsmodus.
- *Automatischer Kontrollelement-Fokus:* Dient zum Ein-/Ausschalten des Modus. Bei ausgeschaltetem Modus wird der erste Text im Formular gewählt, während bei eingeschaltetem Modus das erste Kontrollfeld den Fokus erhält.
- *Position und Größe:* Öffnet das Eigenschaftenfenster des Kontrollelements, in dem sich Größe und Position einstellen lassen.
- *Verankerung wechseln:* Ermöglicht den Wechsel der Verankerung eines Steuerelements zwischen Absatz, Zeichen, Seite etc.
- *Ausrichtung:* Erlaubt, mehrere markierte Steuerelemente vertikal oder horizontal auszurichten.
- *Raster sichtbar:* Ermöglicht, ein Raster im Formularbereich ein- oder auszublenden.
- *Am Raster fangen:* Ermöglicht die automatische Ausrichtung der Steuerelemente am Raster.
- *Hilfslinien beim Verschieben:* Ermöglicht, beim Verschieben von Steuerelementen Hilfslinien einzublenden.

Weitere Hinweise zum Umgang mit den Funktionen zum Formularentwurf finden Sie auf den folgenden Seiten.

INFO

Die in der Symbolleiste enthaltenen Schaltflächen hängen von der Anwendung ab, in der das Formular gestaltet wird. Abbildung 22.6 zeigt die Elemente im Writer-Fenster (beim Entwurf von Base-Formularen).

22.1.4 Formularelemente im Formular bearbeiten

Kontrollelemente sind beim Einfügen in das Formular automatisch markiert. Sobald Sie auf eine Formularstelle neben dem Kontrollelement klicken, wird die Markierung aufgehoben. Sie können aber die Kontrollelemente jederzeit durch einen Mausklick markieren. Halten Sie die ⇧-Taste gedrückt, lassen sich auch mehrere Kontrollelemente markieren.

TIPP

Lässt sich ein Kontrollelement nicht per Mausklick anwählen, aktivieren Sie in der Symbolleiste Formular-Entwurf *die Schaltfläche* Auswahl *und klicken dann auf das Kontrollelement. Ist die Schaltfläche* Auswahl *aktiviert, können Sie auch auf einen Punkt des Formulars klicken und bei gedrückter linker Maustaste die Maus ziehen. Office zeichnet einen Markierungsrahmen und alle im Markierungsrahmen liegenden Formularelemente werden automatisch markiert. Klicken Sie im geöffneten Fenster des Formular-Navigators auf ein Kontrollelement, wird dieses ebenfalls im Entwurfsfenster markiert. Dies hat vor allem bei gruppierten Elementen Vorteile, da Sie ein Element der Gruppe direkt anwählen und so markieren können.*

Solange das Kontrollfeld markiert ist (die grünen Ziehmarken an den Kanten des Markierungsrahmens sind sichtbar), können Sie die Rahmengröße durch Verschieben der Ziehmarken beeinflussen. Zeigen Sie per Maus auf das Innere des Rahmens, lässt sich das Element per Maus beliebig verschieben. Folglich können Sie Kontrollelemente im Formular ähnlich wie Draw-Zeichenelemente behandeln, um deren Position und Größe anzupassen.

Abbildung 22.7: Kontextmenü eines Kontrollfelds

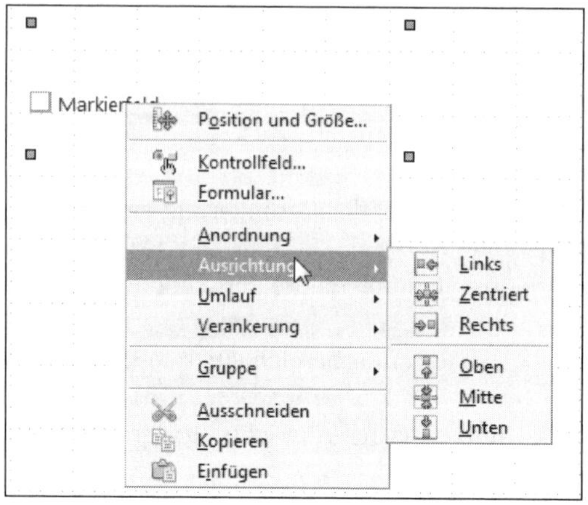

- Ein markiertes Kontrollfeld kopieren Sie durch Drücken der Tastenkombination [Strg] + [C] (bzw. [MacBef] + [C] beim Mac) in die Zwischenablage. Heben Sie dann die Markierung des Kontrollfelds auf, lässt sich die Kopie mit [Strg] + [V] (bzw. [MacBef] + [V] beim Mac) aus der Zwischenablage in das Formular einfügen. Anschließend können Sie diese noch markierte Kopie direkt mit der Maus zur gewünschten Formularposition ziehen. Mit der gleichen Technik können Sie übrigens Formularelemente per Zwischenablage in andere Formulare übertragen.
- Zum Löschen eines Formularelements markieren Sie dieses mit einem Mausklick und drücken dann die [Entf]-Taste.

Weiterhin können Sie die Kontextmenübefehle zum Manipulieren eines Elements verwenden. Klicken Sie mit der rechten Maustaste auf ein markiertes Kontrollfeld, öffnet sich das in Abbildung 22.7, gezeigte Kontextmenü. Über den Befehl *Position und Größe* erreichen Sie das Dialogfeld (Abbildung 22.8), in dem sich die Größe des Kontrollfelds sowie dessen Position und Verankerung anpassen lassen.

Sind mehrere Kontrollfelder markiert, können Sie diese über den Kontextmenübefehl *Ausrichtung* horizontal oder vertikal ausrichten (Abbildung 22.7). Der Kontextmenübefehl *Gruppe* ermöglicht Ihnen, mehrere markierte Kontrollelemente zu einer Gruppe zusammenzufassen bzw. bestehende Gruppen aufzulösen. Die Handhabung dieser Befehle gleicht dem Umgang mit grafischen Elementen in Zeichnungen oder Präsentationen. Details zu diesen Techniken können Sie daher in den entsprechenden Kapiteln dieses Buches nachlesen.

TIPP

Sind mehrere Kontrollelemente zu einer Gruppe zusammengefasst, lassen sich diese nur in der Gesamtheit verschieben oder in der Größe anpassen. Sie müssten erst die Gruppe aufheben, um ein Element zu variieren. Dies können Sie sich sparen, wenn Sie die [Strg]*-Taste (bzw.* [MacBef]*-Taste beim Mac) gedrückt halten und dann das Kontrollfeld anklicken.*

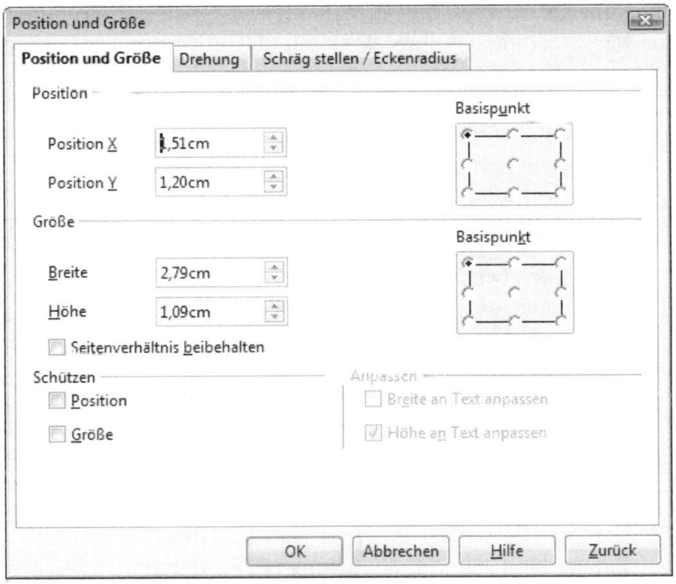

Abbildung 22.8: Dialogfeld *Position und Größe* eines Kontrollfelds

22.1.5 Anpassen der Formulareigenschaften

Ein Formulardokument besitzt verschiedene Eigenschaften, die sich über ein entsprechendes Eigenschaftenfenster anpassen lassen.

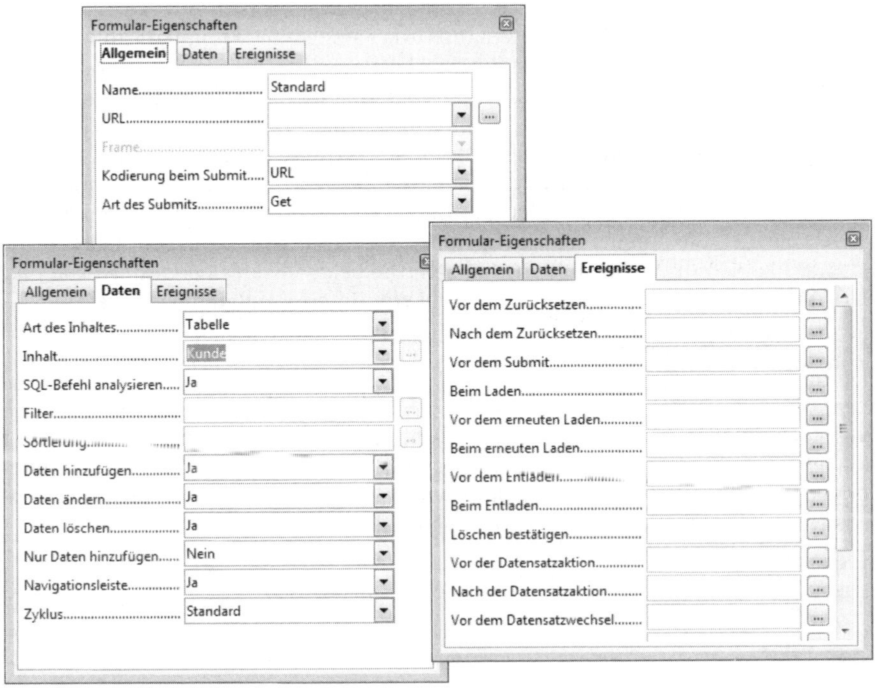

Abbildung 22.9: *Formular-Eigenschaften*

1. Zum Öffnen des Eigenschaftenfensters wählen Sie den Befehl *Formular* im Menü *Format*, im Kontextmenü oder in den Symbolleisten zum Formularentwurf.
2. Im Eigenschaftenfenster (Abbildung 22.9) wählen Sie die eingeblendeten Registerkarten und stellen die gewünschten Eigenschaften ein. Schließen lässt sich das Eigenschaftenfenster über die in der rechten oberen Ecke eingeblendete Schaltfläche *Schließen*.

Für die Registerkarten des Eigenschaftenfensters gilt Folgendes:

- Auf der Registerkarte *Allgemein* finden Sie den Namen des Formulars, die URL, zu der ggf. die Daten zu senden sind, eine Auswahlmöglichkeit für Frames sowie die Methode zum Versenden und die Kodierung der übertragenen Daten. Für lokale Formulare, die sich auf Datenquellen beziehen, brauchen Sie keine Eigenschaften auf dieser Registerkarte zu verändern. Lediglich der Formularname kann angepasst werden (hilfreich beim Zugriff aus Makros). Die Eigenschaft *URL* wird bei der Gestaltung von Webformularen benötigt. Sie definiert die Webadresse, zu der die Daten zu übertragen sind. Über die Werte des Listenfelds *Frame* lässt sich dann auch angeben, wie der Formularinhalt anzuzeigen ist (z.B. *_new* macht ein neues Fenster auf).
- Auf der Registerkarte *Daten* können Sie einen Bezug zur Datenquelle des Formulars festlegen. Mit der Eigenschaft *Inhalt* (bzw. *Datenquelle*) lässt sich eine der definierten Datenquellen auswählen; die Eigenschaft *Art des Inhalts* ermöglicht die Auswahl zwischen »Tabelle«, »Abfrage« oder »SQL-Befehl«. Bei Auswahl von »Tabelle« oder »Abfrage« werden die Namen der in der Datenquelle verfügbaren Elemente im Listenfeld der Eigenschaft *Inhalt* zur Auswahl angeboten. Die Eigenschaften *Filter* und *Sortierung* ermöglichen es, Ausdrücke einzutragen. In der Regel brauchen Sie diese Eigenschaften aber nicht zu verändern, da Sie Filter- und Sortierkriterien auch zur Laufzeit des Formulars komfortabel über die Schaltflächen der Navigationsleiste definieren können (siehe *Kapitel 20*). Office trägt dann die Kriterien direkt in die Eigenschaften *Filter* und *Sortierung* der Registerkarte *Daten* ein. Die restlichen Felder ermöglichen die Vorgabe, ob Änderungen möglich sind, ob sich Daten hinzufügen lassen etc. Die Option *Navigationsleiste* steuert, ob Office bei der Anzeige des Formulars die Navigationsleiste zum Abrufen der Datensätze, zum Sortieren und Filtern etc. einblendet. Sie können die Navigationsleiste ein- oder ausblenden und ggf. auf das übergeordnete Formular begrenzen. Die beiden Felder *Verknüpfen von* und *Verknüpfen zu* werden zur Realisierung von Unterformularen benötigt.
- Auf der Registerkarte *Ereignisse* können Sie verschiedenen Ereignissen (z.B. Laden des Formulars, beim Schließen etc.) Makros zuweisen. Diese Makros werden aufgerufen, sobald das betreffende Ereignis eintritt.

Eine rechts neben einer Eigenschaft angezeigte Schaltfläche mit drei Pünktchen ermöglicht den Aufruf eines Zusatzdialogs (z.B. zur Auswahl einer Tabelle). Änderungen an Eigenschaften werden sofort wirksam, daher besitzt das Eigenschaftenfenster auch keine *OK*- oder *Abbrechen*-Schaltfläche.

INFO

Office unterscheidet zwischen den Eigenschaften eines Formulars und eines Kontrollelements. Das Formular ist über die Eigenschaft Inhalt *für die Anbindung an eine Datenbanktabelle oder -abfrage zuständig. Einige Kontrollelemente besitzen zwar eine Registerkarte* Daten*. Dort können Sie dann aber lediglich den Feldnamen der im zugehörigen Formular gewählten Tabelle/Abfrage festlegen. Eine Eigenschaft zur Anbindung an die Datenquelle suchen Sie bei Kontrollfeldern dagegen vergeblich. Möchten Sie mehrere Tabellen in einem Formulardokument ansprechen, müssen Sie in Office auf die Technik der Unterformulare ausweichen. Dieses Thema wird weiter unten behandelt. Zudem hängen die auf der Registerkarte* Daten *eingeblendeten Eigenschaftennamen von der Art des Aufrufs ab. Wird das Entwurfsfenster über Base aufgerufen, steht die Datenquelle fest. Dann erscheint die Eigenschaft* Inhalt *zur Anbindung an eine Datenbanktabelle oder -abfrage. Rufen Sie den Entwurfsmodus direkt aus einer Office-Anwendung (z.B. Writer) auf, wird dagegen die Eigenschaft* Datenquelle *zur Auswahl der Datenbanktabelle oder -abfrage eingeblendet.*

22.1.6 Setzen der Eigenschaften für Kontrollfelder

Steuerelemente (auch als Kontrollfelder bezeichnet) besitzen ebenfalls Eigenschaften. Sobald Sie ein Kontrollfeld in ein Formular eingefügt haben, lassen sich dessen Eigenschaften anpassen.

1. Markieren Sie das gewünschte Kontrollfeld im Formularentwurf und wählen Sie im Menü *Format* bzw. im Kontextmenü oder in den Symbolleisten zum Formularentwurf den Befehl *Kontrollfeld*.
2. Office öffnet das Eigenschaftenfenster des Kontrollfelds (Abbildung 22.10), wobei die Anzahl der eingeblendeten Registerkarten vom Typ des Kontrollfelds abhängt. Passen Sie auf der Registerkarte die gewünschten Eigenschaften an.

Die Registerkarten des Eigenschaftenfensters gliedern die Eigenschaften in folgende Kategorien.

- Auf der Registerkarte *Allgemein* legen Sie neben dem Namen (Eigenschaft *Name*) des Steuerelements dessen Aussehen fest. Die Eigenschaft *Aktiviert* steuert, ob das Kontrollfeld anwählbar oder gesperrt ist. Soll ein Kontrollfeld abgeblendet dargestellt werden, setzen Sie dessen Eigenschaft *Aktiviert* auf den Wert »Nein«.
- Auf der Registerkarte *Daten* legen Sie über die Eigenschaft *Datenfeld* ggf. das Feld aus der Tabelle oder Abfrage fest, welches im Kontrollfeld anzuzeigen ist. Die Registerkarte ist nur bei solchen Steuerelementen vorhanden, wo dies sinnvoll ist (z.B. bei Textfeldern).
- Die Registerkarte *Ereignisse* ermöglicht Ihnen ebenfalls, Makros zu Ereignissen (z.B. Fokuserhalt oder Mausklick) des Steuerelements zuzuweisen.

Das Eigenschaftenfenster wird über die *Schließen*-Schaltfläche in der rechten oberen Ecke verlassen.

Abbildung 22.10: Kontrollfeld-Eigenschaften

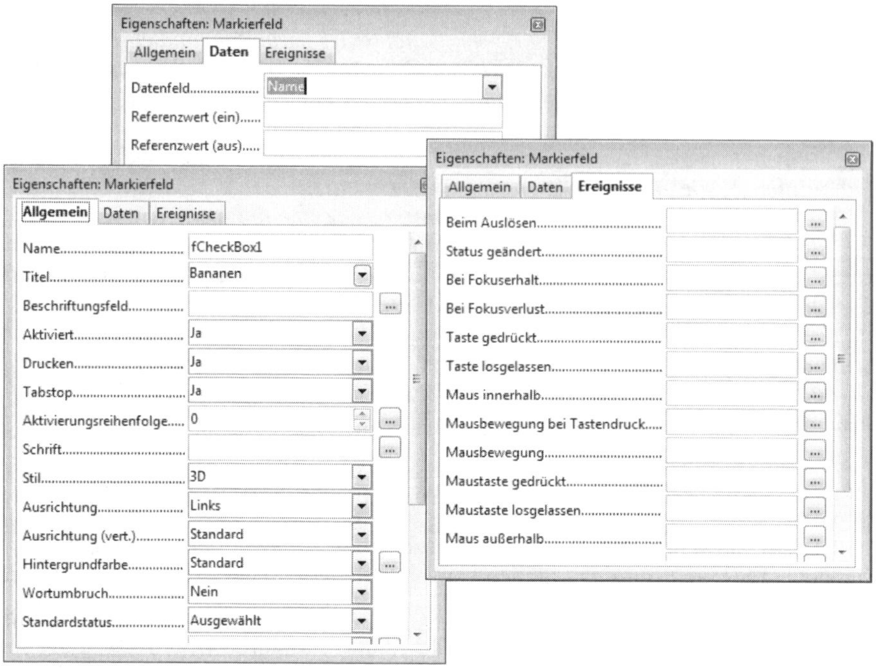

Anpassen der Zeichengröße bei Kontrollfeldern

Wird der Text in einem Beschriftungsfeld, in einem Textfeld etc. zu klein dargestellt? Dann passen Sie dies über die Eigenschaft *Schrift* an.

1. Markieren Sie das Kontrollfeld und rufen Sie dessen Eigenschaftenfenster auf (siehe oben).
2. Wählen Sie auf der Registerkarte *Allgemein* die Schaltfläche neben der Eigenschaft *Schrift* an (Abbildung 22.10).
3. Sobald das Eigenschaftenfenster *Zeichen* erscheint (Abbildung 22.11), stellen Sie auf der Registerkarte *Schrift* sowohl die Schriftgröße als auch den Schriftschnitt (Fett oder Kursiv) ein.

Sobald Sie das Eigenschaftenfenster über die *OK*-Schaltfläche schließen, werden die Einstellungen für den Zeichensatz übernommen.

22.1.7 Zuweisen eines Makros zu Formularen und Steuerelementen

Makros sind Programme, die in StarBasic (bzw. Open Basic) aufgezeichnet oder manuell erstellt und mit dem Dokument gespeichert werden können. Solche Makros lassen sich sowohl dem Formular als auch jedem Steuerelement zuweisen. Konkret werden die Makros aber Ereignissen zugewiesen, die bei dem betreffenden Element auftreten können. Ein Ereignis kann zum Beispiel das Laden eines Formulars, das Schließen des Formulars, das Anklicken eines Steuerelements, eine Zeicheneingabe in ein Steuerelement etc. sein. Diese Ereignisse werden über die gleichnamige Registerkarte des Eigenschaftenfensters von Formularen und Kontrollfeldern verwaltet.

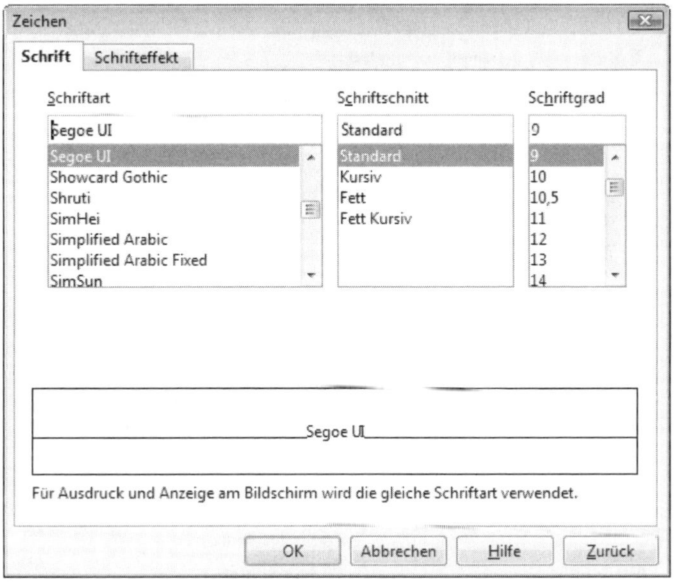

Abbildung 22.11: Zeichengröße und Schriftschnitt für Steuerelemente anpassen

1. Rufen Sie das Eigenschaftenfenster des Formulars oder Steuerelements auf (siehe oben).
2. Wechseln Sie zur Registerkarte *Ereignisse* und klicken Sie auf die Schaltfläche mit den drei Punkten neben dem gewünschten Ereignis (Abbildung 22.12, Hintergrund, oben).
3. Im Dialogfeld *Aktion zuweisen* (Abbildung 22.12, Mitte) kontrollieren Sie in der Spalte *Ereignis*, ob das gewünschte Ereignis markiert ist. Dann klicken Sie auf die Schaltfläche *Makro* der Gruppe *Zuweisen*.
4. Wird das Dialogfeld *Makro-Selektor* (Abbildung 22.12, Vordergrund, unten) angezeigt, wählen Sie den Makro-Container. Hierzu klicken Sie in der Rubrik *Bibliothek* den gewünschten Zweig an (meist »Meine Makros/Standard/Module1«). Ist der gewünschte Zweig gewählt, klicken Sie in der Rubrik *Name des Makros* auf das gewünschte Makro und schließen das Dialogfeld über die *OK*-Schaltfläche.

Die zugewiesenen Makros werden im Dialogfeld *Aktion zuweisen* (Abbildung 22.12, Mitte) in der rechten Liste in der Spalte *Zugewiesene Aktion* aufgelistet. Markieren Sie einen Eintrag, lässt sich das zugewiesene Makro durch Betätigen der *Entfernen*-Schaltfläche vom betreffenden Ereignis lösen – das Makro bleibt aber weiterhin erhalten.

Verlassen Sie das Dialogfeld *Aktion zuweisen* über die *OK*-Schaltfläche. Sind alle Makros zugewiesen, schließen Sie das Eigenschaftenfenster über die *Schließen*-Schaltfläche in der rechten oberen Ecke. Auf diese Weise können Sie mehrere Ereignisse mit Makros belegen.

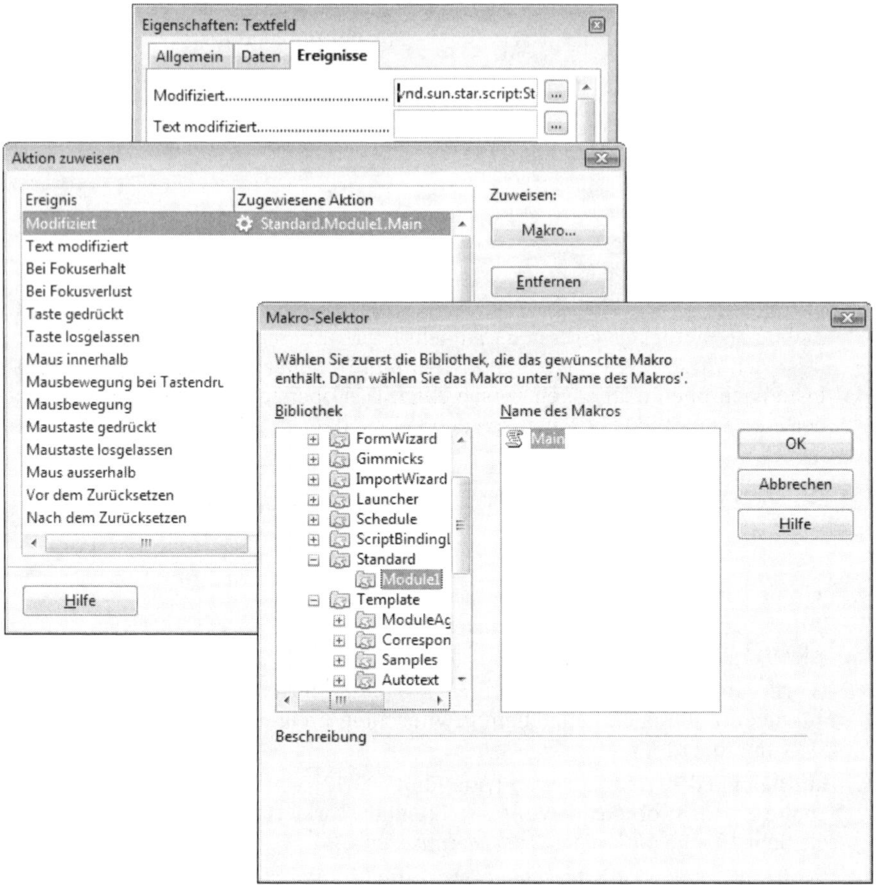

Abbildung 22.12: Zuweisen eines Makros zu Kontrollfeldern und Formularen

22.1.8 Beeinflussen der Aktivierungsreihenfolge in einem Formular

Kontrollfelder, die Benutzereingaben aufnehmen sollen (z.B. Textfelder, Schaltflächen, Optionsfelder, Kontrollkästchen, Tabellen-Kontrollfelder etc.), müssen vor ihrer Benutzung angewählt werden. Man spricht auch davon, dass das Bedienelement den Fokus erhält. Dies bedeutet, das Kontrollelement ist angewählt und bei Eingabefeldern findet sich die Schreibmarke im betreffenden Feld. Enthält ein Formular mehrere Kontrollelemente, setzt Office den Fokus beim Formularaufruf automatisch auf eines dieser Steuerelemente. Drücken Sie später die [⭾]-Taste, wechselt der Fokus zum nächsten logisch folgenden Kontrollelement. Durch mehrfaches Drücken dieser Taste lässt sich zwischen den anwählbaren Kontrollfeldern wechseln. Man bezeichnet dies als Aktivierungsreihenfolge. Standardmäßig vergibt Office die Aktivierungsreihenfolge in der Reihenfolge, in der die Steuerelemente in der Entwurfsansicht angelegt wurden. Die Aktivierungsreihenfolge lässt sich aber in der Entwurfsansicht des Formulardokuments anpassen.

- Klicken Sie die Kontrollfelder an, die den Fokus erhalten sollen, und rufen Sie das Eigenschaftenfenster über den Kontextmenübefehl *Kontrollfeld* auf. Auf der Registerkarte *Allgemein* finden Sie bei anwählbaren Kontrollfeldern die Eigenschaft *Aktivierungsreihenfolge* (Abbildung 22.13, links). Sie können anschließend den Wert dieser Eigenschaft ändern. Weisen Sie dem ersten anzuwählenden Kontrollfeld den Wert 0 in der Eigenschaft zu, das nächste anzuwählende Kontrollfeld erhält in der Eigenschaft *Reihenfolge* den Wert 1 und so weiter.
- Alternativ können Sie in der Symbolleiste *Formular-Entwurf* auf die Schaltfläche *Aktivierungsreihenfolge* klicken (Abbildung 22.13). In dem dann angezeigten gleichnamigen Dialogfeld (Abbildung 22.13, rechts) werden die Kontrollelemente des aktuellen Formulars aufgelistet. Markieren Sie eines der Elemente, lässt sich dieses über die Schaltflächen *Index kleiner* bzw. *Index größer* in der Liste nach oben oder unten verschieben. Das oberste Listenelement erhält bei der Formularanwahl automatisch den Fokus, danach folgt das zweite Listenelement und so weiter.

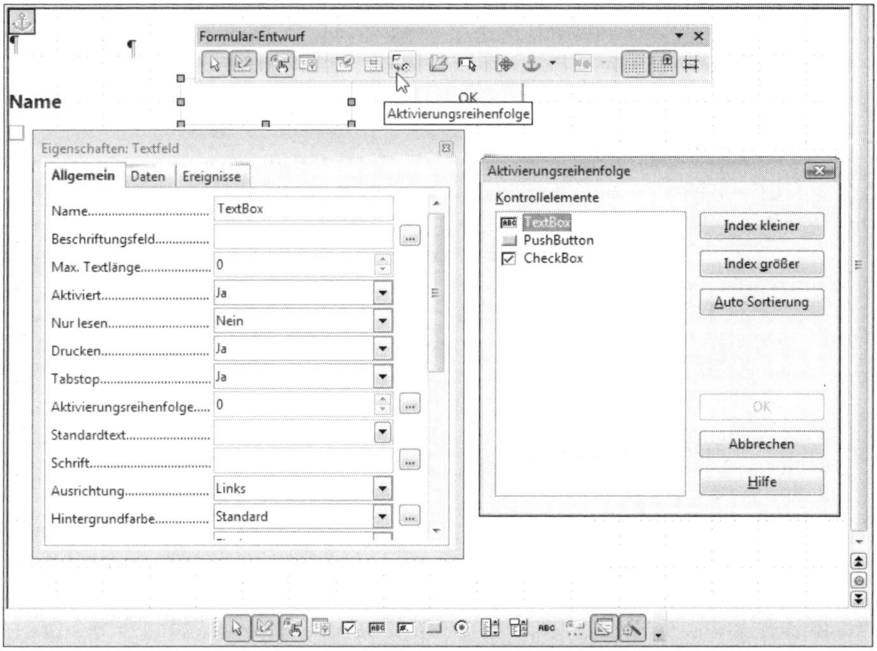

Abbildung 22.13: Anpassen der Aktivierungsreihenfolge

Anpassungen im Dialogfeld *Aktivierungsreihenfolge* wirken sich ebenfalls auf die gleichnamige Eigenschaft der betreffenden Steuerelemente aus.

INFO

Ob das erste Steuerelement der Liste den Fokus beim Formularaufruf erhält, lässt sich über die Schaltfläche Automatischer Kontrollelement-Fokus *der* Formular-Entwurf-*Symbolleiste steuern (Abbildung 22.6). Bei ausgeschaltetem Modus wird der erste Text im Formular gewählt, während bei eingeschaltetem Modus das Kontrollfeld mit dem Index 0 den Fokus erhalten sollte.*

22.2 Übersicht über verfügbare Kontrollelemente

Die *Formular-Steuerelemente*-Symbolleiste enthält Werkzeuge, mit denen sich verschiedene Kontrollelemente in Formulare einfügen lassen. Nachfolgend finden Sie eine Übersicht, die Ihnen zeigt, wie sich die einzelnen Kontrollelemente in einem Formular nutzen, an Datenquellen anbinden und per Makro ansprechen lassen.

22.2.1 Text- und Bezeichnungsfelder

Bezeichnungsfelder sind Kontrollelemente, die statischen Text enthalten. Diese Elemente werden zur Beschriftung anderer Eingabefelder in einem Formular verwendet. In einem Beispiel soll jetzt ein einfaches Formular mit drei Eingabefeldern und den zugeordneten Bezeichnungsfeldern erstellt werden. Das Formular soll einen blauen Hintergrund aufweisen – das Einbinden von Hintergrundbildern sollten Sie aus Gründen der Effizienz und der Lesbarkeit der Formulare möglichst vermeiden. Zur Anzeige dynamischer Daten sollen die Formularfelder auf eine Tabelle *Bestellungen* verweisen, wobei die Felder *BestellNr*, *ProduktNr* und *Menge* der Datensätze angezeigt werden (Abbildung 22.14). In dieser Abbildung habe ich zur Demonstration auch die benutzte Tabelle mit den Testwerten eingeblendet. Realisiert wird das Formular als Textdokument. Zum Entwerfen des Formulars lassen sich folgende Schritte ausführen.

1. Rufen Sie Base auf, laden Sie die Datenbank und erstellen Sie ein neues Formular (Textdokument).
2. Rufen Sie im Programmfenster den Menübefehl *Format/Seiteneinstellungen* auf und weisen Sie auf der Registerkarte *Hintergrund* die Farbe *Blau* für die Seite zu. Bei Bedarf können Sie auf der Registerkarte *Seite* noch die Seitenränder anpassen, um den Formularbereich zu vergrößern oder zu verkleinern. Sobald Sie die Registerkarte schließen, wird die Seite (und damit das Formular) mit blauer Hintergrundfarbe versehen.
3. Stellen Sie sicher, dass die Symbolleisten *Formular-Entwurf* und *Formular-Steuerelemente* im Dokumentbereich sichtbar sind (notfalls die Symbolleisten über das Menü *Ansicht/Symbolleisten* einblenden).
4. Klicken Sie in der Symbolleiste *Formular-Entwurf* auf die Schaltfläche *Entwurfsmodus an/aus* (Abbildung 22.14), um den Entwurfsmodus für das Formular einzuschalten.
5. Klicken Sie in der Symbolleiste *Formular-Entwurf* auf die Schaltfläche des Werkzeugs *Beschriftungsfeld* und fügen Sie das erste Beschriftungsfeld in den Formularentwurf ein.
6. Markieren Sie das Beschriftungsfeld und rufen Sie dessen *Kontrollfeld*-Eigenschaftenfenster auf. Passen Sie die Eigenschaften des Beschriftungsfelds gemäß den Ausführungen im nächsten Abschnitt an.
7. Anschließend können Sie die beiden anderen Beschriftungsfelder in das Formular einfügen – oder Sie kopieren einfach das erste Beschriftungsfeld zweimal in das Formular (die Schritte zum Kopieren wurden weiter oben beschrieben). Passen Sie die Eigenschaften dieser Beschriftungsfelder ebenfalls an.

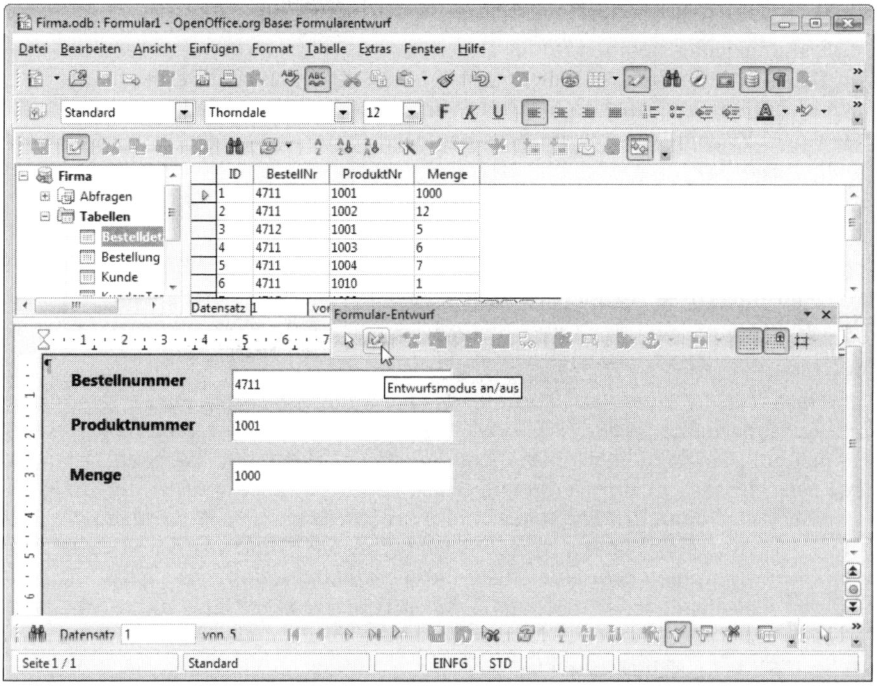

Abbildung 22.14: Beispielformular mit eingeblendeter Datenquellenansicht und *Formular-Steuerelemente*-Symbolleiste

8. Klicken Sie in der Symbolleiste *Formular-Steuerelemente* auf die Schaltfläche des Werkzeugs *Textfeld* und fügen Sie das erste Textfeld in den Formularentwurf ein.
9. Markieren Sie das Textfeld und rufen Sie das *Formular*-Eigenschaftenfenster auf (siehe vorhergehende Abschnitte); passen Sie die Formulareigenschaften gemäß den Ausführungen im übernächsten Abschnitt an.
10. Rufen Sie anschließend das *Kontrollfeld*-Eigenschaftenfenster des Textfelds auf und passen Sie die Eigenschaften des Textfelds gemäß den nachfolgenden Ausführungen an.
11. Danach können Sie die beiden anderen Textfelder mit den gleichen Schritten in das Formular einfügen. Oder Sie kopieren das erste Textfeld einfach zweimal in das Formular und setzen danach die individuellen Eigenschaften dieser Textfelder.
12. Anschließend sind noch die Steuerelemente des Formulars anzuwählen und über das Kontextmenü linksbündig auszurichten.

Sie sollten nun ein Formular ähnlich wie in Abbildung 22.14 gezeigt vor sich haben. Schalten Sie den Entwurfsmodus über die betreffende Schaltfläche (z.B. der Symbolleiste *Formular-Steuerelemente*) ab, damit die Daten des ersten Datensatzes der zugeordneten Tabelle angezeigt werden. Wurden Navigationsschaltflächen im Formular zugelassen, können Sie über deren Schaltflächen zwischen den Datensätzen blättern oder die Anzeige filtern (siehe auch die Ausführungen in den vorhergehenden Abschnitten).

Tipps zu den Eigenschaften der Beschriftungsfelder

Beschriftungsfelder nehmen in der Regel nur statische Texte auf – Tabellenfelder von Datenquellen lassen sich nicht zuweisen. In der Regel sind Beschriftungsfelder auch nicht über Ereignisse an Makros gebunden. Im Eigenschaftenfenster setzen Sie daher die Einstellungen auf der Registerkarte *Allgemein* analog den Vorgaben aus Abbildung 22.15.

Passen Sie bei jedem Beschriftungsfeld die *Titel*-Eigenschaft an, da dieser Wert den im Feld angezeigten Text definiert. Weiterhin empfiehlt es sich, die Eigenschaft *Schrift* anzuwählen und den Schriftgrad auf 11 Punkt zu setzen. Um den Text vom farbigen Hintergrund abzuheben, können Sie noch zusätzlich den Schriftschnitt auf *Fett* einstellen.

TIPP

Bei einem Textdokument als Basis für das Formular sollten Sie die Elemente nach dem Anfügen mit der rechten Maustaste anklicken und im Kontextmenü den Befehl Verankerung/An der Seite *wählen. Dann lassen sich die Kontrollelemente frei in der Seite verschieben. Auf eine Verankerung am Absatz wurde hier verzichtet, da eingefügte Leerzeilen dann den Formularentwurf verändern würden. Außerdem kommt es bei dieser Verankerung häufig zu Problemen bei der Positionierung der Elemente. Nur wenn Sie im Textdokument eine Tabelle zur Formulargestaltung nutzen, können Sie die Kontrollelemente am Absatz einer Tabellenzelle verankern, um das Steuerelement frei in der Zelle positionieren zu können. Benutzen Sie dagegen ein Calc-Tabellenblatt als Basis für ein Formular, verankern Sie die Steuerelemente auf die gleiche Weise an den Zellen der Tabelle.*

Abbildung 22.15: Vorgaben für die Beschriftungsfelder

Anbinden des Formulars an die Datenbanktabelle

Um in den Textfeldern des Formulars Daten der Tabelle *Bestelldetails* anzeigen zu können, muss das gesamte Formular an die betreffende Tabelle gebunden werden.

Dies erfolgt über die Registerkarte *Daten* der Formulareigenschaften (Abbildung 22.16). Voraussetzung ist, dass eine entsprechende Datenquelle definiert wurde (siehe *Kapitel 19*). Dann wählen Sie zuerst die Datenquelle über das betreffende

Listenfeld. Anschließend stellen Sie die Eigenschaft *Art des Inhalts* auf »Tabelle« (bzw. »Abfrage«, falls eine Abfrage als Ergebnis anzuzeigen ist). Im nächsten Schritt können Sie im Listenfeld der Eigenschaft *Inhalt* (bzw. *Datenquelle*) die gewünschte Tabelle (oder Abfrage) wählen. Sobald diese Zuweisung erfolgt ist, verbindet Office das Kontrollelement mit der betreffenden Tabelle/Abfrage der Datenquelle und zeigt bei abgeschaltetem Entwurfsmodus Daten an.

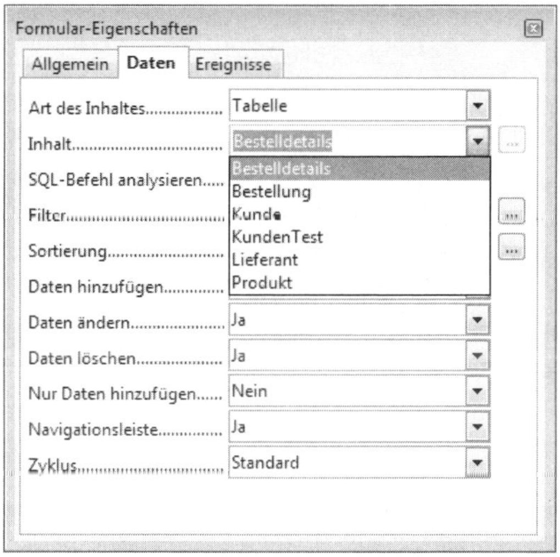

Abbildung 22.16: Anbinden des Formulars an eine Tabelle der Datenquelle

TIPP

Bleibt trotz eingestellter Datenbank das Listenfeld Inhalt *beim Aufklappen leer, stellen Sie das Listenfeld* Art des Inhalts *kurz auf einen neuen Wert um und holen dann den alten Wert (Tabelle/Abfrage) zurück. Wenn Sie dann das Listenfeld* Inhalt *erneut anwählen, sollten die in der Datenquelle im eingestellten Container definierten Tabellen bzw. Abfragen aufgelistet werden.*

Über die restlichen Eigenschaften der Registerkarte *Daten* können Sie den Zugriff des Benutzers auf das Formular beschränken. Haben Sie beispielsweise eine Abfrage als Datenquelle an das Formular gebunden, sollten Sie die Funktionen zum Einfügen von Datensätzen, zum Löschen von Datensätzen und zum Ändern der Daten deaktivieren. Nur wenn Sie Tabellen verwenden, sind Änderungen möglich. Falls der Benutzer nicht in den angezeigten Datensätzen navigieren soll, setzen Sie die Formulareigenschaft *Navigationsleiste* auf »Nein«. Dies ist z.B. bei Unterformularen sinnvoll, wenn die angezeigten Datensätze von einer Vorgabe im Hauptformular abhängen. Ähnliches gilt, wenn Sie eine Abfrage oder einen Filter benutzen, die nur einen Datensatz liefern.

Anbinden des Textfelds an ein Feld der Datenbanktabelle

Damit Sie Werte in den Textfeldern angezeigt bekommen, müssen Sie in einem zweiten Schritt jedes einzelne Textfeld an ein Datenbankfeld (der Tabelle oder der Abfrage) anbinden. Zudem bestimmen Sie über die Eigenschaften des Kontrollelements (Abbildung 22.17), wie sich dieses gegenüber dem Benutzer verhält.

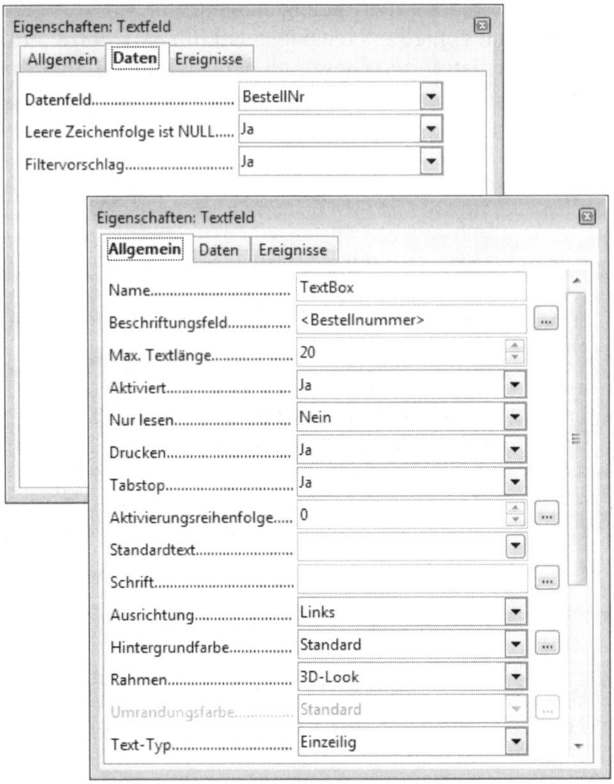

Abbildung 22.17: Eigenschaften des Textfelds

1. Markieren Sie hierzu das betreffende Steuerelement und rufen Sie dann die Kontrollfeld-Eigenschaften auf (z.B. über das Kontextmenü oder über die *Formular-Steuerelemente*-Symbolleiste).
2. Wählen Sie die Registerkarte *Daten* und stellen Sie im Listenfeld der Eigenschaft *Datenfeld* das gewünschte Datenbankfeld ein. Wurde eine Tabelle oder Abfrage definiert, zeigt das Listenfeld der Eigenschaft die verfügbaren Feldnamen automatisch an.

Über die Eigenschaft *Leere Zeichenfolge ist NULL* lässt sich angeben, wie das Kontrollelement reagiert, falls der Benutzer keine Eingaben in das Formularfeld tätigt oder falls das Datenbankfeld der Datenbanktabelle einen Nullwert aufweist.

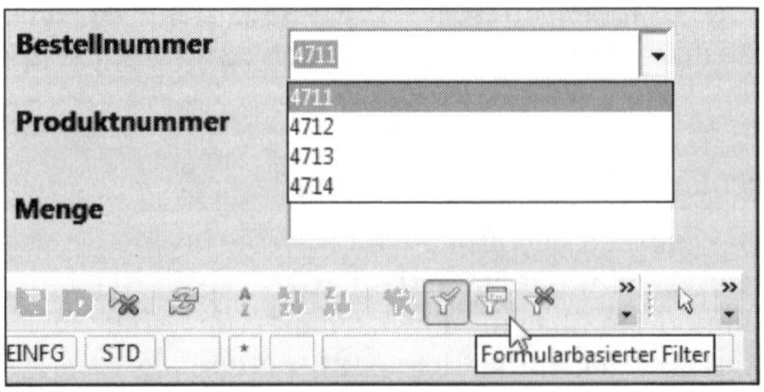

Abbildung 22.18: Wirkung der Eigenschaft *Filtervorschlag*

Die Eigenschaft *Filtervorschlag* ermöglicht Ihnen vorzugeben, wie das betreffende Textfeld bei Anwahl des formularbasierten Filters reagieren soll (die standardmäßig vorhandene Funktionalität des Filters ist in den vorhergehenden Kapiteln beschrieben). Setzen Sie die Eigenschaft *Filtervorschlag* auf »Ja«, erhält das Steuerelement eine erweiterte Funktionalität. Klicken Sie in der Navigationsleiste auf die Schaltfläche *Formularbasierter Filter*, wird das Textfeld in ein Listenfeld konvertiert, welches die im betreffenden Tabellenfeld gefundenen Werte zur Auswahl anzeigt (Abbildung 22.18). Da die Funktion bei vielen Datensätzen aber sehr zeit- und speicherintensiv ist, sollten Sie den Filtervorschlag nur sehr restriktiv einsetzen.

Auf der Registerkarte *Allgemein* lassen sich ebenfalls einige interessante Eigenschaften für Textfelder festlegen. Mit *Max. Textlänge* begrenzen Sie die Zahl der Zeichen, die das Textfeld anzeigen kann.

Weiterhin lassen sich der Zeichensatz (und damit der Schriftgrad und der Schriftschnitt) über die Eigenschaft *Schrift* anpassen. Zudem kann der Inhalt des Textfelds links- oder rechtsbündig ausgerichtet werden und die Hintergrundfarbe lässt sich ebenfalls anpassen. Möchten Sie, dass der Benutzer den Feldinhalt nicht ändern darf, können Sie dies über die Eigenschaft *Nur lesen* festlegen. Die Eigenschaft *Aktiviert* steuert dagegen, ob das Textfeld gesperrt oder freigegeben wird.

Einige Eigenschaften sind von Interesse, wenn das Textfeld an keine Datentabelle angebunden ist. Dann können Sie beispielsweise in der Eigenschaft Zeichen für Passwörter *ein Zeichen (z.B. *) eingeben. Dieses Zeichen wird eingeblendet, sobald der Benutzer eine Eingabe in das Feld tätigt. Bei sehr langen Texten empfiehlt es sich auch, die Eigenschaften* Mehrzeilig *auf »Ja« zu setzen und Bildlaufleisten (Scrollbars) zuzulassen. Dann lässt sich das Textfeld in der Höhe auf mehrere Zeilen aufziehen. Die Eigenschaft* Standardtext *legt fest, welcher Vorgabewert im Feld eingeblendet wird, wenn dieses nicht an eine Datentabelle angebunden ist (bei der Anbindung wird ja der Standardwert automatisch beim Laden des Formulars durch den Feldinhalt des ersten Datensatzes überschrieben).*

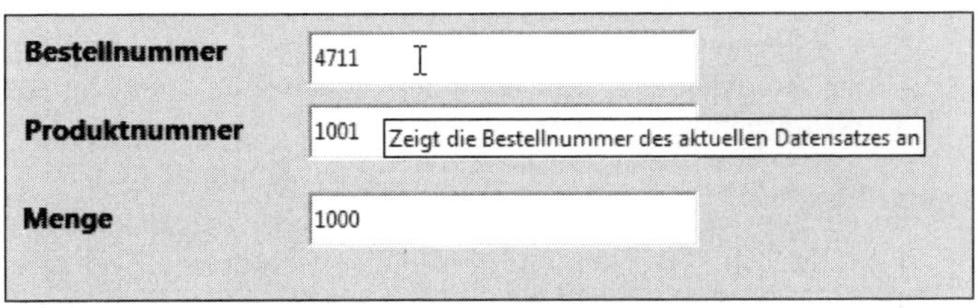

Abbildung 22.19: QuickInfo eines Steuerelements

Möchten Sie Steuerelemente mit einer QuickInfo versehen, brauchen Sie nur den gewünschten Text in der Eigenschaft *Hilfetext* (Abbildung 22.17) zu hinterlegen.

Sie finden die Beispieldatei Formular1.odt *im Ordner* Kap22 *des Beispielarchivs. Sie müssen dann die Datenbank* DBFirma.odb *oder* Firma.odb *als Datenquelle in Base ändern, um das Formular verwenden zu können.*

22.2.2 Zugriff auf Kontrollelemente aus Makros

Kontrollelemente eines Formulars lassen sich auch über Makros auswerten und verändern. Im Vorgriff auf die Kapitel zur Makroprogrammierung möchte ich auf dieses Thema kurz eingehen. In Abbildung 22.20 sehen Sie ein einfaches Formular mit drei Textfeldern und einer Schaltfläche, die mit *Show* bezeichnet wurde. Gemäß der eingeblendeten Symbolleiste *Formular-Entwurf* ist der Entwurfsmodus abgeschaltet und das Formular befindet sich im Ausführungsmodus. Daher werden die vorbelegten Werte in den Textfeldern angezeigt. Der Wert des Kennwortfelds wird durch Platzhalterzeichen (#) verdeckt. Klickt der Benutzer auf die mit *Show* bezeichnete Schaltfläche, wird per Makro ein einfaches Dialogfeld mit den Namen des Formulars und der Kontrollelemente sowie deren Werten eingeblendet. Beim Schließen des Formulars soll das Makro noch die Textfelder anpassen (konkret wird eine Zeichenkette »-1« etc. an die Felder angehängt). Das Formular lässt sich mit folgenden Schritten anlegen.

Abbildung 22.20: Formular mit Dialogfeld und *Formular-Entwurf*-Leiste

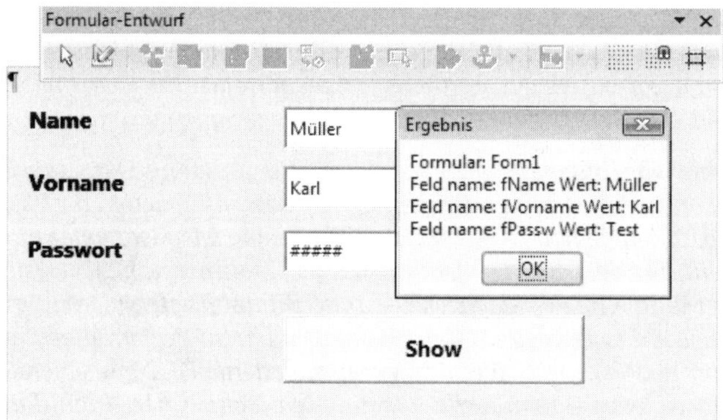

1. Erzeugen Sie ein leeres Textdokument im Writer und setzen Sie die Seitenabmessungen sowie den Formularhintergrund gemäß den Ausführungen im vorhergehenden Abschnitt.
2. Fügen Sie drei Beschriftungsfelder und drei Textfelder gemäß den Anleitungen im vorhergehenden Abschnitt in das Formular ein, verankern Sie die Kontrollelemente an der Seite und richten Sie die Elemente aus.
3. Rufen Sie nacheinander die Eigenschaftenfenster des Formulars und der drei Textfelder auf. Bei keinem dieser Eigenschaftenfenster erfolgt eine Anbindung an eine Datenquelle. Setzen Sie im Eigenschaftenfenster des Formulars die Eigenschaft *Name* auf der Registerkarte *Allgemein* auf »Form1«. Im Eigenschaftenfenster der Textfelder setzen Sie auf der Registerkarte *Allgemein* die Eigenschaft *Name* jeweils auf »fName«, »fVorname« und »fPassw«. Diese Namen werden später im Makro zur Identifizierung des Formulars und der Felder benötigt und dürfen frei aus Buchstaben und Ziffern vergeben werden. Ich verwende den Buchstaben »f« zur Kennzeichnung, dass es sich um ein Formularfeld handelt.
4. In der Eigenschaft *Standardwert* der drei Textfelder können Sie nun die Texte »Müller«, »Karl« und »Test« als Initialisierungswerte eintragen. Diese Werte werden beim Aufruf des Formulars in den Feldern eingeblendet. Um eine Maskierung im Feld *Passwort* zu erzwingen, setzen Sie die Eigenschaft *Zeichen für Passwörter* auf das Zeichen »#«.

5. Fügen Sie anschließend noch eine Schaltfläche zum Formular hinzu (siehe folgende Seiten) und passen Sie die Schaltflächenbeschriftung über die *Titel*-Eigenschaft auf der Registerkarte *Allgemein* an.
6. Wählen Sie im Menü *Extras* den Befehl *Makros/Makros verwalten/OpenOffice.org Basic* an. Im Dialogfeld *OpenOffice.org Basic Makros* ist das aktuelle Dokument in der Spalte *Makros aus* zu wählen. Tippen Sie den Namen des neuen Makros in das Feld *Makroname* ein und klicken Sie auf die Schaltfläche *Neu*. Im konkreten Beispiel wollen wir ein neues Makro *Show* anlegen. Anschließend geben Sie den unten besprochenen Makrocode in die Basic-Entwicklungsumgebung ein. Details zum Anlegen von Makros und zum Eingeben von Makrocode finden Sie in den folgenden Kapiteln zur Makroprogrammierung.
7. Nachdem die Entwicklungsumgebung und die Dialoge geschlossen wurden, öffnen Sie das Eigenschaftenfenster der Schaltfläche *Show* und weisen über die Registerkarte *Ereignisse* das Makro im Zweig *document:Standard.Born.Show* dem Ereignis *Maustaste losgelassen* zu. Wie Sie Makros an Ereignisse binden, wurde weiter oben gezeigt.

Wenn Sie anschließend den Entwurfsmodus des Formulars beenden, sollten die Initialisierungswerte im Formular angezeigt werden. Klicken Sie auf die Schaltfläche, erscheint das Dialogfeld aus Abbildung 22.20 und nach dem Schließen dieses Dialogs werden die Inhalte der Textfelder wiederum verändert.

INFO

Wenn Sie ein Formulardokument speichern, sichert Office auch die Inhalte der nicht an Datenquellen angebundenen Kontrollelemente. Falls Sie also die Textfelder modifizieren und dann das Formular speichern, erscheinen die zuletzt eingegebenen Werte beim erneuten Aufruf des Formulars. Wenn Sie dies vermeiden möchten, müssen Sie die Werte per Programm beim Laden des Formulars initialisieren. Hierzu definieren Sie ein zweites Makro und weisen in dessen Code den Textfeldern die gewünschten Werte zu. Das Makro, nennen wir es »OnLoad«, ist dann über die Formulareigenschaften dem Ereignis Beim Laden *zuzuweisen.*

Makrocode in Basic zum Zugriff auf die Textfelder

Zum Zugriff auf Formularelemente muss eine ganz bestimmte Sequenz aus Basic-Befehlen in das Makro eingefügt werden. Im Vorgriff auf die folgenden Kapitel möchte ich einige Erläuterungen zum Makrocode geben, der in folgendem Listing komplett wiedergegeben ist.

Listing 22.1: Makro zum Zugriff auf die Kontrollelemente eines Formulars

CODE

```
Sub Show
 Const vbOkOnly As Integer = 0
 Dim vbCrLf As String
 vbCrLf = Chr(13)
 Dim oDoc as Object
 Dim oForm As Object
 Dim oFeld1, oFeld2, oFeld3 As Object
 Dim txt as String
 oDoc=thisComponent  ' Referenz auf Dokument
 oForm=oDoc.DrawPage.Forms.GetByName("Form1") ' erstes Formular
 ' hole jetzt die Feldnamen und deren Werte
 txt = "Formular: " & oForm.name  & vbCrLf
```

```
 oFeld1 = oForm.getByName("fName")
 txt = txt & "Feld name: " & oFeld1.name
 txt = txt & " Wert: " & oFeld1.text & vbCrLf
 oFeld2 = oForm.getByName("fVorname")
 txt = txt & "Feld name: " & oFeld2.name
 txt = txt & " Wert: " & oFeld2.text & vbCrLf
 oFeld3 = oForm.getByName("fPassw")
 txt = txt & "Feld name: " & oFeld3.name
 txt = txt & " Wert: " & oFeld3.text & vbCrLf
 MsgBox txt, vbOkOnly, "Ergebnis" ' in Dialogfeld anzeigen
 ' jetzt die Feldwerte anpassen
 oFeld1.text = oFeld1.text & " - 1"
 oFeld2.text = oFeld2.text & " - 1"
 oFeld3.text = oFeld3.text & " - 1"
End Sub
```

Bezüglich der Deklaration der Objektvariablen und der Konstanten lesen Sie im betreffenden Basic-Kapitel nach. Ich habe hier z.B. eine Variable *vbCrLf* vereinbart, um einen Zeilenumbruch im Dialogfeld einleiten zu können. Die mit dem vorangestellten Buchstaben »o« benannten Variablen stehen für Objekte, mit denen auf das Formular sowie die Textfelder zugegriffen werden kann. Die Anweisung:

```
oDoc=thisComponent  ' Referenz auf Dokument
```

erzeugt eine Referenz auf das aktuelle Dokumentobjekt, welches auch das Formular enthält. Um auf Elemente des Formulars zugreifen zu können, müssen Sie die Objekthierarchie vom Dokument zum Formular und dann zum Kontrollelement angeben. Sie können eine Objektreferenz zum Formular mit dem Befehl:

```
oForm=oDoc.DrawPage.Forms.GetByIndex(0)
```

erstellen. Hier wird die *GetByIndex*-Methode des *Forms*-Objekts aufgerufen. Dieses Objekt steckt im *DrawPage*-Objekt des aktuellen Dokuments. Die Punkte trennen dabei die Objektnamen in der Objekthierarchie. Der Methode *GetByIndex* wird als Parameter der Index 0 übergeben, d.h., es wird eine Objektreferenz auf das erste Formular im Dokument angefordert. Aus Gründen der Übersichtlichkeit bevorzuge ich aber eine Referenzierung über den Namen des Formulars. Dann ist folgende Basic-Anweisung zu verwenden:

```
oForm=oDoc.DrawPage.Forms.GetByName("Form1")
```

Die Methode *GetByName* erwartet als Argument den Namen des Objekts (hier »Form1«). Der Name für Formulare lautet in der Regel »Standard«. Ich habe diesen Namen aber über die *Name*-Eigenschaft des Formulars in »Form1« geändert (siehe oben).

INFO

Der Name eines Objekts lässt sich über dessen Name-*Eigenschaft abrufen. Mit* `txt = "Formular: " & oForm.name` *weisen Sie der Variablen* `txt` *den Namen des Formularobjekts zu. Verwenden Sie stattdessen ein Kontrollfeld-Objekt, wird dessen Name zurückgeliefert. Im obigen Listing werden die Namen der Formularelemente zur Demonstration mit im Dialogfeld ausgegeben.*

Um nun auf einzelne Formularelemente zugreifen zu können, muss im Programm eine Objektreferenz auf diese Elemente erzeugt werden. Dies geht mittels der oben beschriebenen Methoden *GetByIndex()* und *GetByName()*. Auch hier empfehle ich, jedem Kontrollfeld über die *Name*-Eigenschaft der Registerkarte *Allgemein* einen eindeutigen Objektnamen zuzuweisen. Dann lässt sich die Objektreferenz mit folgender Anweisung holen:

```
oFeld1 = oForm.getByName("fName")
```

Der Parameter »fName« steht hier für den Objektnamen des ersten Textfelds im Beispielformular. Über die Objektvariable *oFeld1* kann jetzt schreibend und lesend auf das Textfeld zugegriffen werden:

```
oFeld1.text = "Huber"   ' schreibe Wert
txt = oFeld1.text       ' Wert lesen und in txt ablegen
```

In der zweiten Anweisung wird die *Text*-Eigenschaft des Textfelds gelesen. Die Anweisung:

```
MsgBox txt, vbOkOnly, "Ergebnis"
```

In obigem Listing wird die Basic *MsgBox*-Prozedur aufgerufen, die dann das Dialogfeld mit den Ergebnissen einblendet. Der erste Parameter enthält den anzuzeigenden Text, während im zweiten Parameter die Schaltflächen-Konstante und im dritten Parameter der Text der Titelleiste enthalten ist. Die Schaltflächen-Konstante habe ich hier über die Variable *vbOkOnly* mit dem Wert 0 belegt (erzeugt eine *OK*-Schaltfläche).

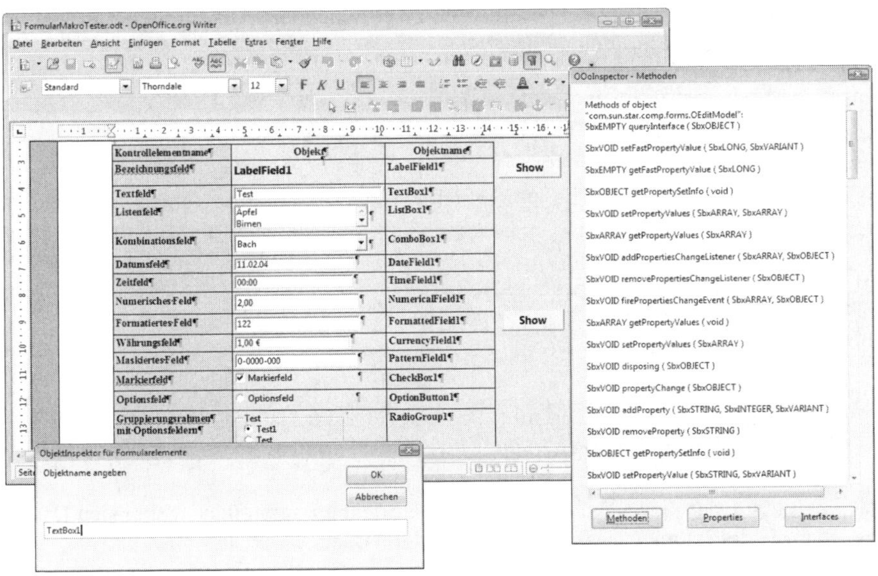

Abbildung 22.21: Formular mit OOoInspector-Dialog

INFO

Das Beispielformular aus Abbildung 22.21 finden Sie in der Datei Formular-Makro.odt *im Ordner* Kap22 *des Beispielarchivs. Um das Beispiel auszuführen, muss die Makrosicherheit auf »Mittel« gesetzt und das Ausführen von Makros zugelassen werden (siehe auch Kapitel 23, Abschnitt »Sicherheit bei der Makroausführung«).*

TIPP

Die Eigenschaftennamen, über die sich auf die Werte verschiedener Kontrollelemente zugreifen lässt, hängen vom Kontrollelement ab. Bei einem Textfeld steht der Wert in der Eigenschaft Text, *während das Bezeichnungsfeld den Wert in der Eigenschaft* Label *hält. Bei einem numerischen Feld heißt die Eigenschaft dagegen* Value. *Eine Dokumentation der für Kontrollelemente verfügbaren Eigenschaften finden Sie im StarOffice-Programmierhandbuch für Basic, welches sich in deutscher Sprache kostenlos von der Webseite* `docs.sun.com` *im Adobe Reader-Format herunterladen lässt (auf den Seiten nach »Staroffice Basic« suchen lassen).*

Für eigene Zwecke habe ich ein Testdokument mit einem Formular und etwas Makrocode entwickelt. Das Formular enthält verschiedene Steuerelemente, die jeweils mit eigenen Objektnamen versehen wurden. Beim Mausklick auf die Show-*Schaltfläche des Formulars wird der Objektname des Kontrollelements abgefragt. Anschließend listet ein Dialogfeld die verfügbaren Methoden und Eigenschaften des Kontrollelements auf (Abbildung 22.21). Das Testdokument samt Makrocode findet sich im Beispielarchiv im Verzeichnis* Kap22 *in der Datei* FormularMakroTester.odt.

22.2.3 Nutzen spezieller Kontrollelemente für Datenbankfelder

Neben Text- und Bezeichnungsfeldern stellt Office Ihnen noch spezielle Kontrollfelder bereit. Diese arbeiten wie Textfelder, unterstützen aber die Anzeige spezieller Werte (Datum, Uhrzeit etc.). Abbildung 22.22 enthält einen Ausschnitt eines Testformulars mit solchen Steuerelementen.

Abbildung 22.22: Spezielle Anzeigefelder

Kontrollelementname	
Datumsfeld	12.09.08
Zeitfeld	01:00
Numerisches Feld	2,00
Formatiertes Feld	123,00
Währungsfeld	1,00 €
Maskiertes Feld	0-0000-000
Dateiauswahl	C:\Dokumente und ...

- *Datumsfeld*: Dieses Feld erlaubt, Datumswerte darzustellen. Sie können die Felder über Makros ansprechen oder direkt mit Datumsfeldern einer Tabelle speisen.
- *Zeitfeld*: Über dieses Feld lassen sich Zeitangaben darstellen, wobei sich Datenbankfelder vom Typ Datum/Zeit anbinden lassen.
- *Numerisches Feld*: Dient zur Anzeige numerischer Werte, die aus Makros oder aus numerischen Feldern von Datenbanktabellen übernommen werden. Über die Eigenschaft *Drehfeld* kann ein numerisches Feld mit einem Drehfeld (UpDown-Control) ausgestattet werden.
- *Formatiertes Feld*: Erlaubt die Anzeige formatierter Werte, die aus Makros oder Feldern von Datenbanktabellen übernommen werden.
- *Währungsfeld*: Blendet eine Währungsangabe mit zwei Nachkommastellen und einem Währungszeichen ein. Erlaubt die direkte Anbindung von Währungsfeldern einer Datenbanktabelle.

- *Maskiertes Feld*: Ermöglicht, eine Maske über den angezeigten Wert zu legen (z.B. für Telefonnummern).
- *Dateiauswahl*: Blendet ein Textfeld mit einer Schaltfläche zur Dateiauswahl im Formular ein. Wählt der Benutzer eine Datei, wird deren Name samt Pfad als Wert des Felds gespeichert.

Sie können die betreffenden Felder auf die gleiche Weise wie ein Textfeld in das Formular einfügen. Lediglich die Eigenschaften und das Anzeigeverhalten weichen etwas von Textfeldern ab.

INFO

Das im vorhergehenden Tipp erwähnte Testformular enthält solche Kontrollelemente. Ein Beispielformular mit den betreffenden Kontrollelementen finden Sie im Beispielarchiv im Verzeichnis Kap22 *in der Datei* Formular2.odt.

22.2.4 Markierfelder einsetzen

Kontrollkästchen (oder Markierfelder, wie sie in Office genannt werden) und Optionsfelder geben Ihnen die Möglichkeit, Optionen durch den Benutzer ein- oder ausschalten zu lassen. Kontrollkästchen bieten dabei die Möglichkeit, eine einzelne Option ein- oder auszuschalten. Die Markierung wird für die einzelne Option durch ein Häkchen oder ein Kreuz dargestellt (Abbildung 22.23).

1. Zum Einfügen der Kontrollkästchen klicken Sie auf die Schaltfläche *Markierfeld* in der Symbolleiste *Formular-Steuerelemente*.
2. Danach fügen Sie die Kontrollelemente in den Formularbereich gemäß den obigen Beschreibungen ein.
3. Öffnen Sie das Eigenschaftenfenster des Kontrollelements und passen Sie die Eigenschaften an.

Abbildung 22.23: Markierfelder in einem Formular

Auf diese Weise ist das in Abbildung 22.23 gezeigte Formular mit zwei Gruppen von Markierfeldern entstanden. Dieses Formular soll hier beispielhaft benutzt werden, um die Designansätze und auch die Haken und Ösen beim Verwenden dieses Kontrollelementtyps zu demonstrieren. Details zum Setzen der Eigenschaften für die Kontrollelemente finden Sie daher erst weiter unten.

Bemerkungen zum Formularentwurf

An dieser Stelle möchte ich kurz skizzieren, wie das Formular als Textdokument realisiert wurde. Ich habe beim obigen Formularentwurf zu einigen Tricks gegriffen, um das Design zu realisieren. In Abbildung 22.24 sehen Sie das Formular im Entwurfsmodus.

- Die Formularseite wurde über den Menübefehl *Format/Seiteneinstellungen* mit größeren Seitenrändern und einer hellblauen Hintergrundfarbe realisiert. Dies grenzt den Formularbereich optisch ab.
- Danach wurden einige Leerzeilen in das Dokument eingefügt. Die Formularüberschrift ist als einfacher Text oberhalb der Tabelle fett, mit einem größeren Schriftgrad und zentriert angeordnet.
- In die dritte Zeile wurde eine dreispaltige Tabelle mit zwei Zeilen zur Aufnahme der Kontrollelemente eingefügt. Die komplette Tabelle ist mit einer gelben Hintergrundfarbe versehen (Menübefehl *Tabelle/Tabelleneigenschaften*), um den Bereich optisch hervorzuheben. Die Rahmenlinien um die Tabellenzellen sind aufgehoben.
- Die Zellen der mittleren Tabellenspalten sind mit einer festen Zeilenhöhe versehen (Kontextmenübefehl *Zeile/Höhe*). Zudem ist der Textbereich über das Absatzformat (Menü *Format*, Befehl *Absatz*) mit der Hintergrundfarbe »Orange« eingefärbt. Einige Leerzeilen sorgen dann für den eingefärbten Bereich.

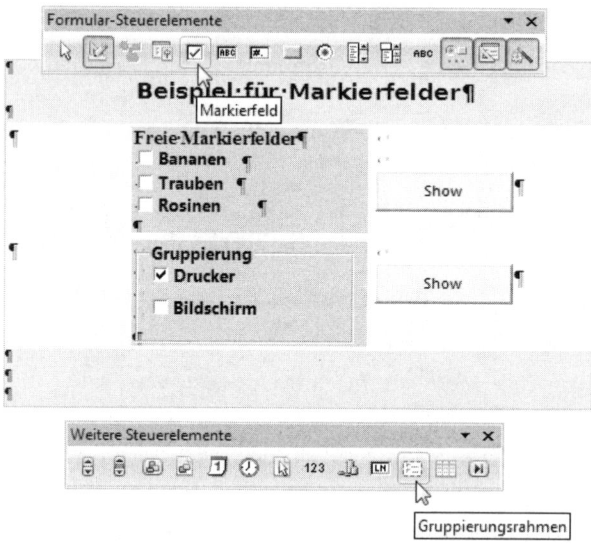

Abbildung 22.24: Formularentwurf des Beispiels mit dem Markierfeld

- In die mittlere Tabellenspalte wurden die Kontrollfelder sowie die Texte eingefügt. Die Gruppierung »Freie Markierfelder« erfolgt nur optisch durch die Hintergrundfarbe des Absatzformats, die Gruppenüberschrift ist ein einfacher Text und kein Bezeichnungsfeld. Die Kontrollelemente sind an den Zeichen verankert (Kontextmenü *Verankerung/Als Zeichen*). Durch ein in die betreffende Zeile eingefügtes Leerzeichen sind die Kontrollkästchen etwas eingerückt. Denkbar wäre auch eine Verankerung der Elemente am Absatz der Zelle (die

Elemente lassen sich einfacher positionieren – erfordert aber einige Leerzeilen in der Zelle, um den Zellhintergrund optisch einzufärben).

- Im unteren Bereich »Gruppierung« wurde ein Gruppierungsrahmen um die beiden mit *Drucker* und *Bildschirm* bezeichneten Kontrollkästchen gelegt. Hierzu ist das Werkzeug *Gruppierungsrahmen* in der Leiste *Weitere Steuerelemente* zu wählen und der Rahmen einzufügen. Der Rahmen wurde dabei am Absatz der Tabellenzelle verankert. Anschließend wurden zwei Markierelemente in das Formular eingefügt. Dabei empfiehlt es sich, die Kontrollelemente neben den Gruppierungsrahmen einzufügen, da dieser andernfalls beim Aufziehen des Markierungsrahmens für das Markierfeld selektiert wird. Sie können dann den Gruppierungsrahmen über den Kontextmenübefehl *Anordnung/Ganz nach hinten* in den Dokumenthintergrund verschieben. Anschließend ziehen Sie die beiden Steuerelemente über den Gruppierungsrahmen, markieren alle drei »Zeichenelemente« und fassen diese über den Kontextmenübefehl *Gruppe/Gruppieren* zu einer Objektgruppe zusammen. Dies vereinfacht die Handhabbarkeit ungemein.

TIPP

Wenn Sie einen Gruppierungsrahmen einfügen, wird in den meisten Fällen der Assistent starten, um automatisch Optionsfelder in die Gruppe einzufügen. Beenden Sie den Assistent einfach über die Schaltfläche Abbrechen *oder schalten Sie den Assistenten vor dem Einfügen des Gruppierungselements über die betreffende Schaltfläche der Symbolleiste* Formular-Steuerelemente *ab.*

Im letzten Schritt wurden noch zwei Befehlsschaltflächen in das Formular eingefügt. Diese dienen zum Aufruf zweier Makros, die den Status der Markierfelder auslesen und ändern. Mit den Schaltflächen lässt sich das Anbinden der Kontrollelemente an Makros demonstrieren.

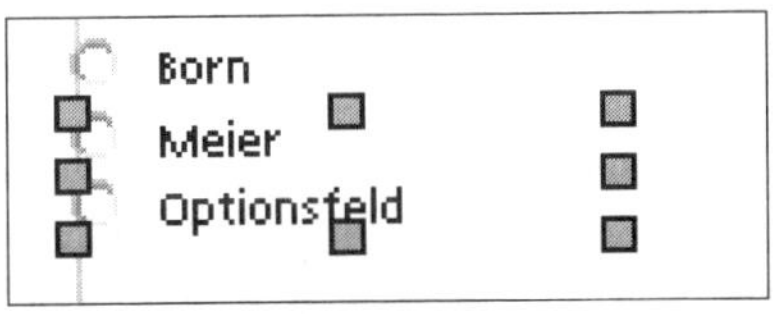

Abbildung 22.25: Beispiel für eine Überlagerung zweier Kontrollelemente

HALT

Wenn Sie Kontrollelemente in ein Formular einfügen, werden diese mit einem Markierungsrahmen versehen. Dieser Rahmen zeigt die »Größe« des Elements an. Achten Sie darauf, dass dieser Markierungsrahmen kein anderes Kontrollelement verdeckt. In Abbildung 22.25 ist ein solcher Fall zu sehen, das mit »Meier« bezeichnete Optionsfeld besitzt einen sehr großen Markierungsrahmen, der das darunter liegende Optionsfeld mit der Bezeichnung »Optionsfeld« verdeckt. Dann lässt sich das verdeckte Kontrollelement zur Laufzeit nicht vom Benutzer anwählen!

Gelegentlich passiert es, dass der Markierungsrahmen eines Kontrollelements beim Ziehen per Maus in der Höhe auf einen schmalen Strich reduziert wird. Falls sich dann die Höhe nicht mehr durch Ziehen anpassen lässt, wählen Sie im Kontextmenü den Befehl Position und Größe. *Dann können Sie auf der gleichnamigen Registerkarte des Eigenschaftenfensters die Höhe direkt eingeben.*

Eigenschaften setzen und an Datenbankfelder oder Makros anbinden

Markierfelder lassen sich direkt an Felder von Datenbanktabellen anbinden. Sie können die Kontrollelemente aber auch ungebunden lassen und über Makros auswerten. Bezüglich der besonderen Eigenschaften eines Markierfeld-Steuerelements gilt Folgendes:

- Der rechts neben dem Markierfeld angezeigte Beschriftungstext lässt sich über die *Titel*-Eigenschaft anpassen.
- Die Zeichengröße der Beschriftung wird auf der Registerkarte *Allgemein* über die Eigenschaft *Schrift* angepasst. Dort können Sie auch fette Textausgaben vereinbaren.
- Kontrollkästchen besitzen üblicherweise entweder den Status »markiert« oder »unmarkiert«. Über die Eigenschaft *Dreifacher Status* lässt sich aber auch ein Tristate-Verhalten erreichen. Dann gibt es noch einen weiteren Modus »unbestimmt«, in dem das Kontrollkästchen grau unterlegt wird (es gilt der Wert NULL).

TIPP

Falls Sie plattformübergreifend arbeiten müssen, sollten Sie auf die verwendeten Schriftarten und -größen achten. Bei der Übernahme von Textdokumenten mit Formularen von Windows nach Linux können Skalierungsprobleme auftreten. Bei unter Windows gestalteten Formularen erscheinen unter Linux die Schriften sehr groß und die Kontrollelemente passen u.U. nicht mehr in den Gruppierungsrahmen. Hier müssen Sie ggf. etwas experimentieren.

Möchten Sie das *Markierfeld*-Kontrollelement an ein Datenbankfeld anbinden, sollte dies einen numerischen Typ oder einen Ja/Nein-Typ aufweisen. Gehen Sie zum Einbinden folgendermaßen vor:

1. Rufen Sie das Eigenschaftenfenster des Formulars über die betreffende Schaltfläche der *Formular-Steuerelemente*-Symbolleiste auf. Weisen Sie dann gemäß den obigen Ausführungen auf der Registerkarte *Daten* eine Datenbank, als Eigenschaft *Art des Inhalts* »Tabelle« und dann die gewünschte Tabelle zu. Dann ist das Formular an die Datenquelle gebunden und die Kontrollelemente lassen sich auf Felder verlinken.
2. Öffnen Sie das Eigenschaftenfenster für das Kontrollelement und setzen Sie die Eigenschaft *Datenfeld* der Registerkarte *Daten* auf das gewünschte Datenbankfeld.

Wenn der Benutzer zur Laufzeit des Formulars die Markierung des Kontrollkästchens ändert, lässt sich dieser Zustand über die Schaltflächen der Navigationsleiste des Formulars (befinden sich am unteren Fensterrand) an das Tabellenfeld übertragen. Ein markiertes Kontrollkästchen setzt das Feld auf den Wert 1 und eine gelöschte Markierung liefert den Wert 0.

HALT

Normalerweise wird man aus Effizienzgründen ein Kontrollelement in das Formular einfügen und dessen Eigenschaften setzen. Benötigen Sie mehrere Markierfelder, ist es sehr komfortabel, das Ursprungsfeld mehrfach per Zwischenablage zu kopieren. Sie brauchen dann die Kopien nur noch an die gewünschte Position zu ziehen und die abweichenden Eigenschaften (z.B. Beschriftung über Titel-Eigenschaft*) anzupassen. Leider gibt es eine gewaltige Falle bei dieser Vorgehensweise: Ist das erste Markierfeld* *mit einem Datenbankfeld verbunden, wird diese Eigenschaft in die restlichen Markierfelder übernommen. Office muss dann die Inhalte zwangsweise synchronisieren; alle Markierfelder weisen also den gleichen Wert auf. Achten Sie daher peinlichst genau darauf, dass bei einer Datenbankanbindung unterschiedliche Datenfelder benutzt werden oder bei einer Makroanbindung kein Wert in der Eigenschaft* Datenfeld *eingetragen ist.*

Anbindung des Markierfelds an Makros

Kontrollfelder werden häufig zur Steuerung bestimmter Optionen in Formularen untergebracht und dann über Makros angesteuert. Soll das Kontrollelement per Makro angesprochen werden, weisen Sie diesem mittels der Eigenschaft *Name* einen eindeutigen Objektnamen zu.

Falls Sie mehrere Markierfelder in das Formular eingefügt haben, können Sie diese natürlich nacheinander anwählen, das zugehörige Eigenschaftenfenster aufrufen und dann die Namen über die betreffende Eigenschaft anpassen. Zudem nummeriert der Designer die Namen der Elemente automatisch durch. Zur Kontrolle oder schnellen Anpassung können Sie aber den Formular-Navigator benutzen (Abbildung 22.26).

Rufen Sie den Formular-Navigator über die betreffende Schaltfläche der *Formular-Entwurf*-Symbolleiste auf. Dann können Sie die Kontrollelemente des Formulars im Formular-Navigator markieren, mit der rechten Maustaste anklicken und den Kontextmenübefehl *Umbenennen* wählen. Anschließend lässt sich der Objektname des Kontrollelements direkt ändern. Dies hilft enorm, um die Objektnamen aus Sicht des Makroprogrammierers benutzerfreundlicher zu gestalten.

Abbildung 22.26: Anpassen der Objektnamen im Formular-Navigator

INFO

Bei Bedarf können Sie Gruppen von Kontrollelementen auch in Unterformularen unterbringen (lassen sich im Formular-Navigator über das Kontextmenü eines Formulars anlegen, siehe auch folgende Abschnitte).

Um auf das Markierfeld zugreifen zu können, müssen Sie eine Objektinstanz mit folgender Codesequenz erzeugen.

```
oDoc=thisComponent  ' Referenz auf Dokument
oForm=oDoc.DrawPage.Forms.GetByName("Form1")
oBox1 = oForm.getByName("fCheckBox1")
```

Anschließend lässt sich über die Eigenschaften der Objektvariablen *oBox1* auf das Element zugreifen:

```
txt = oBox1.name & ": " & oBox1.state  ' lese Name und Status
oBox1.state = 1        ' markiere Kontrollkästchen
oBox1.state = 0        ' Markierung zurücksetzen
```

Sofern Sie mit einem Unterformular arbeiten und dort Markierfelder unterbringen, muss dies natürlich bei der Referenzierung der Objektinstanz berücksichtigt werden.

Der Programmcode zum Zugriff auf die Markierfelder der obersten Gruppe ist nachfolgendem Listing zu entnehmen. Das Makro *Show1* wurde an die obere mit *Show* bezeichnete Schaltfläche des Formulars angebunden. Abbildung 22.26 können Sie entnehmen, dass das Hauptformular *Form1* noch ein Unterformular *Group* mit den Markierfeldern *fCheckBox4* und *fCheckBox5* besitzt. Soll eine Objektreferenz auf das erste Kontrollelement aufgebaut werden, können Sie folgende Anweisung verwenden:

```
oBox4 = oForm.getByName("Group").getByName("fCheckBox4")
```

Hier wurden zwei *getByName*-Aufrufe kaskadiert. Der erste Methodenaufruf liefert die Objektreferenz auf das Unterformular zurück, während der zweite Methodenaufruf den Zugriff auf das Kontrollelement ermöglicht. Nachfolgendes Listing zeigt drei Prozeduren *Init*, *Show1* und *Show2* mit den Anweisungen zur Formularsteuerung. Die beiden Prozeduren *Show1* und *Show2* werden als Makros direkt an das *Maustaste loslassen*-Ereignis der beiden Schaltflächen angebunden. Sie sollen den Status der Kontrollkästchen anzeigen und anschließend manipulieren. Die Prozedur *Init* wird zu Beginn jeder Prozedur aufgerufen, um bestimmte Initialisierungswerte aufzurufen und die Objektinstanzen auf das Formularelement anzulegen. Details entnehmen Sie folgendem Listing.

CODE

Listing 22.2: Makrocode zur Anbindung von Markierfeldern

```
' Globale Konstante und Variable
Const vbOkOnly As Integer = 0
Dim vbCrLf As String
Dim oDoc as Object
Dim oForm As Object
Sub Init
 vbCrLf = Chr(13)  ' Konstante für Zeilenumbruch
 oDoc=thisComponent  ' Referenz auf Dokument
 oForm=oDoc.DrawPage.Forms.GetByName("Form1") ' erstes Formular
End Sub
' wird mit der Show-Schaltfläche der Gruppe der
' obersten drei Markierungsfelder verbunden
' und zeigt deren Status an
Sub Show1
 Dim oBox1 As Object    ' Kontrollkästchen-Objektvariable
 Dim oBox2 As Object
```

```
 Dim oBox3 As Object
 Dim txt as String
 Init()   ' Initialisiere Variable und hole Objektreferenz auf Formular
' hole jetzt die Objektreferenzen über die Objektnamen
 oBox1 = oForm.getByName("fCheckBox1")
 oBox2 = oForm.getByName("fCheckBox2")
 oBox3 = oForm.getByName("fCheckBox3")
' jetzt den Status der drei Markierungsfelder ermitteln
 txt = oBox1.name & ": " & oBox1.state & vbCrLf
 txt = txt & oBox2.name & ": " & oBox2.state & vbCrLf
 txt = txt & oBox3.name & ": " & oBox3.state
 MsgBox txt, vbOkOnly, "Ergebnis" ' in Dialogfeld anzeigen
' jetzt noch die Markierung des obersten Feldes umdrehen
 If oBox1.state = 0 Then
  oBox1.state = 1
 Else
  oBox1.state = 0
 End if
End Sub
```

INFO

Ein Beispielformular mit den betreffenden Kontrollelementen finden Sie im Beispielarchiv im Verzeichnis Kap22 *in der Datei* Formular3.odt.

22.2.5 Optionsfelder einsetzen

Optionsfelder bieten im Gegensatz zu Kontrollkästchen die Möglichkeit, eine Option aus einer Optionsgruppe zu wählen. Bei Optionsfeldern wird dann noch zwischen einer Variante mit und ohne Gruppierungsrahmen unterschieden (Abbildung 22.27). In der oberen Gruppe wurden einige freie Optionsfelder mit den Bezeichnungen *Drucker, Bildschirm* und *Test* in das Formular eingefügt. Das Optionsfeld *Test* dient hier zu Demonstrationszwecken und wurde optisch außerhalb der Optionsgruppe eingefügt. Die untere Optionsfeldgruppe wurde mit einem Gruppierungsrahmen eingefasst.

Wenn Sie die Optionsfelder anklicken, sollte immer nur eine Option der betreffenden Gruppe markiert sein. Die beiden mit *Show* bezeichneten Schaltflächen rufen jeweils ein Makro auf, welches den Status sowie die Referenzeigenschaft der Optionsfelder *Drucker* und *Bildschirm* ausliest, in einem Dialogfeld anzeigt und dann den Status auf das jeweils nächste Optionsfeld umsetzt. Das Beispiel demonstriert daher einmal die Anwendung der Optionsfelder in einem Formular, zeigt, wie sich die Kontrollelemente per Makro ansprechen lassen – und demonstriert nebenbei auch noch, was es beim Einsatz bzw. beim Formular zu beachten gilt.

So fügen Sie einzelne Optionsfelder zum Formular hinzu

Das Einfügen der Optionsfelder erfolgt über die entsprechenden Schaltflächen in der Symbolleiste *Formular-Steuerelemente*.

- Die Schaltfläche *Optionsfeld* (Abbildung 22.28) ermöglicht Ihnen, einzelne Optionsfelder der Reihe nach in das Formular einzufügen.
- Mit der Schaltfläche *Gruppierungsrahmen* (Abbildung 22.28) können Sie eine Gruppe von Optionsfeldern samt Rahmen anlegen. Ist der Assistent eingeschaltet, führt Sie dieser durch die Entwurfsschritte (siehe unten).

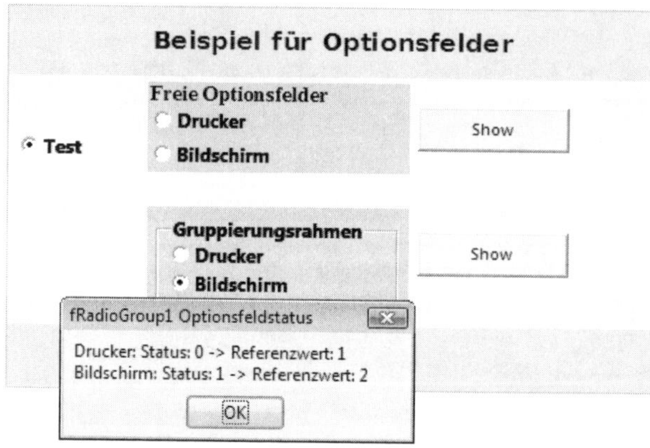

Abbildung 22.27: Optionsfelder samt Gruppierungen

Um Einzelfelder einzufügen, wählen Sie die Schaltfläche *Optionsfeld* und gehen dann wie bei Markierfeldern vor. Sobald das Kontrollelement in das Formular eingefügt wurde, können Sie dessen Eigenschaften anpassen. Der angezeigte Optionsfeldtext wird z.B. über die *Titel*-Eigenschaft angepasst.

Office fasst standardmäßig alle im Formular angelegten Optionsfelder zu einer Gruppe zusammen. Benötigen Sie mehrere Optionsfeldgruppen im Formular, müssen Sie die Eigenschaft *Name* der betreffenden Optionsfelder auf den gleichen Wert setzen. Auf die Probleme gehe ich weiter unten ein.

Über die Registerkarte *Daten* der Formulareigenschaften lässt sich das Formular an eine Datenquelle binden und auf der gleichnamigen Registerkarte der Kontrollfeld-Eigenschaften können Sie das Optionsfeld an ein Datenbankfeld binden. Dann müssen Sie für jedes Optionsfeld der Gruppe zur Entwurfszeit die Eigenschaft *Referenzwert* auf der Registerkarte *Allgemein* definieren. Dieser Referenzwert wird zur Laufzeit bei der Auswahl des Optionsfelds in das verbundene Datenbankfeld des aktuellen Datensatzes geschrieben (sofern die Optionen zum Ändern auf der Registerkarte *Daten* der Formulareigenschaften aktiviert sind).

Optionsfelder einfügen mit Gruppierungsrahmen und Assistent

Standardmäßig werden Optionsfelder mit einem Gruppierungsrahmen versehen, um die Gruppen auch optisch abzutrennen. Daher empfiehlt es sich, Optionsfelder über die Schaltfläche *Gruppierungsrahmen* einzufügen (Abbildung 22.28). Ist der Assistent eingeschaltet, unterstützt dieser Sie bei der Definition der Optionsfelder. Um einen Gruppierungsrahmen mit mehreren Optionsfeldern in das Formular einzufügen, sollten Sie die nachfolgenden Schritte durchführen.

1. Klicken Sie in der *Formular-Steuerelemente*-Symbolleiste auf die Schaltfläche *Assistenten an/aus*, um die Funktion des Assistenten zu aktivieren (die Schaltfläche muss markiert dargestellt werden).
2. Klicken Sie in der *Formular-Steuerelemente*-Symbolleiste auf die Schaltfläche *Weitere Steuerelemente*, um die gleichnamige Symbolleiste einzublenden.
3. Klicken Sie in der Symbolleiste *Weitere Steuerelemente* auf die Schaltfläche *Gruppierungsrahmen* und markieren Sie die Position des Rahmens im Formularentwurf.

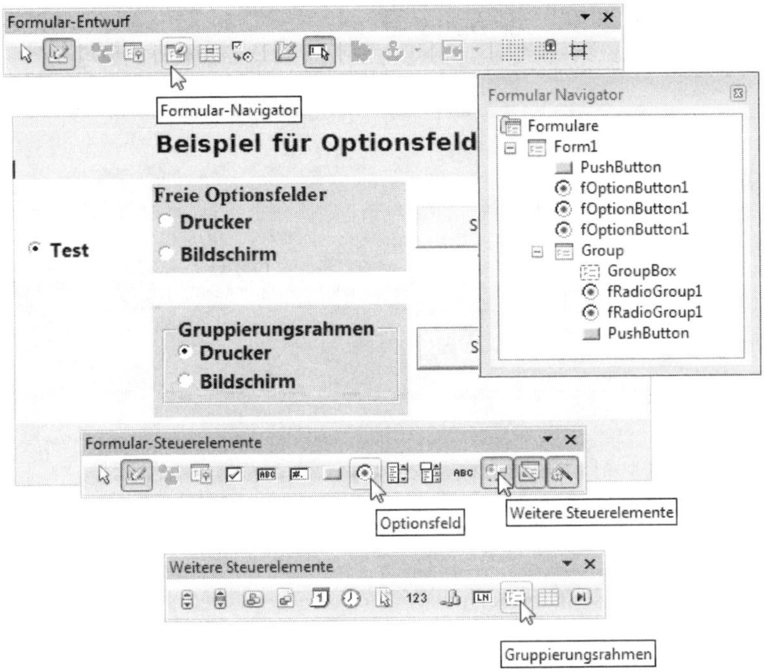

Abbildung 22.28: Entwurf eines Formulars mit Optionsfeld-gruppen

Sobald der Rahmen festgelegt wurde, startet Office den Assistenten, der Sie durch die nächsten Schritte führt. Nachfolgend einige Erläuterungen zu den einzelnen Dialogschritten des Assistenten.

1. Im ersten Dialogschritt (Abbildung 22.29, links oben) tippen Sie die Bezeichnung für das Optionsfeld ein. Dieser Text wird zur Laufzeit rechts neben dem Optionsfeld eingeblendet. Klicken Sie auf die Schaltfläche > >, um die Bezeichnung in die rechte Liste zu übertragen. Diesen Schritt wiederholen Sie für alle Optionsfelder, die in der Gruppe auftreten sollen. Sobald alle Bezeichnungen für die Optionsfelder definiert sind, schalten Sie über die Schaltfläche *Weiter* zum nächsten Dialog.
2. Im nächsten Dialogschritt (Abbildung 22.29, rechts oben) legen Sie über die beiden Optionsfelder (*Ja, ...* und *Nein, ...*) fest, ob eines der Kontrollelemente zur Laufzeit mit einer Markierung versehen ist. Der Name des ggf. standardmäßig ausgewählten Optionsfelds wird über das Listenfeld eingestellt. Danach klicken Sie auf die Schaltfläche *Weiter*.
3. Der Assistent gibt Ihnen im dritten Dialogschritt (Abbildung 22.29, unten links) die Möglichkeit, jedem Optionsfeld der Gruppe einen beliebigen Referenzwert zuzuweisen. Dieser Wert wird der Eigenschaft *Referenzwert* zugewiesen und lässt sich per Makro über die Eigenschaft *RefValue* auswerten. Ist die Optionsfeldgruppe an ein Feld einer Datenbanktabelle angebunden, überträgt Office den Referenzwert der gewählten Option in das Feld der Datenbanktabelle (sobald der Benutzer Änderungen vornimmt und über die Navigationsleiste des Formulars in der Tabelle speichert).

4. Im letzten Dialogschritt (Abbildung 22.29, unten rechts) wird die Beschriftung für den Gruppierungsrahmen abgefragt. Sobald dieser Text angepasst ist, können Sie das Dialogfeld über die *Fertig stellen*-Schaltfläche schließen.

Abbildung 22.29: Dialoge beim Anlegen einer Optionsfeldgruppe

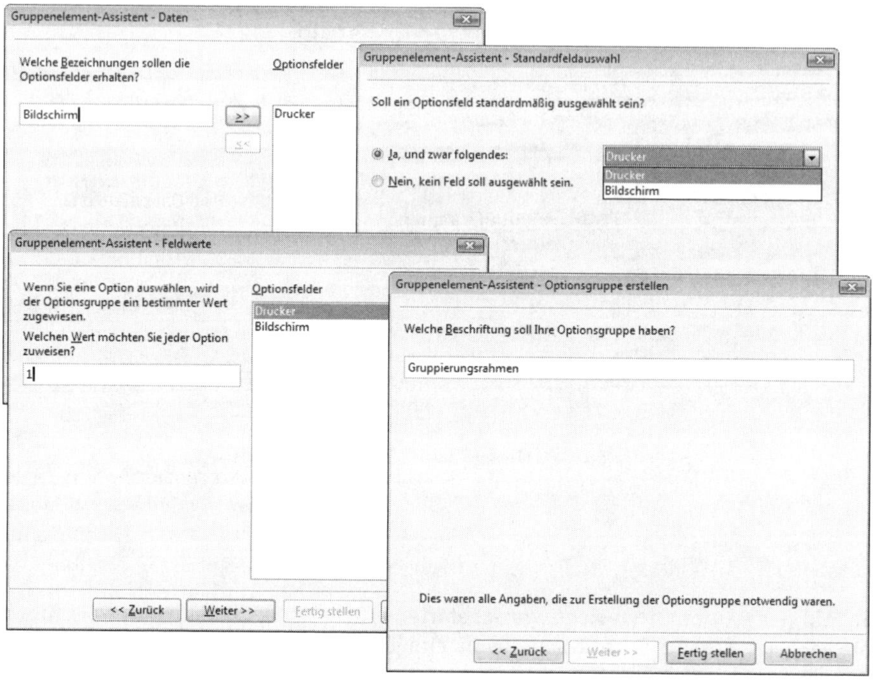

Dann generiert der Assistent einen Gruppierungsrahmen und fügt die Optionsfelder automatisch in den Rahmen ein. Die Steuerelemente sind dabei automatisch in einer Gruppe zusammengefasst.

INFO

Ist das Formular bereits an eine Datenquelle gebunden, zeigt der Assistent einen weiteren Dialog. Dann können Sie über Optionsfelder angeben, ob die Gruppe an ein Datenbankfeld zu binden ist. Gleichzeitig lässt sich das Datenbankfeld der zugeordneten Datenquelle per Listenfeld wählen.

TIPP

Möchten Sie später die Eigenschaften der Kontrollelemente der Gruppe anpassen, gibt es mehrere Möglichkeiten. Sie können den Gruppierungsrahmen per Mausklick markieren und dann im Kontextmenü die Befehle Gruppe/Betreten *wählen. Danach lassen sich die einzelnen Elemente (Gruppierungsrahmen und Optionsfelder per Mausklick markieren). Über den Befehl* Gruppe/Verlassen *wird dieser Modus neutralisiert. Alternativ können Sie die* [Strg]*-Taste (*[MacBef]*-Taste beim Mac) gedrückt halten und dann ein Optionsfeld der Gruppe anwählen. Sobald ein Kontrollelement markiert ist, lässt sich dessen Eigenschaftenfenster aufrufen. Noch eleganter geht es über den Formular-Navigator. Dieser zeigt alle Elemente des Formulars samt der Hierarchie der Unterformulare an. Sie können über den Kontextmenübefehl* Eigenschaften *sehr elegant auf die Eigenschaften der Kontrollelemente zugreifen. Über die Eigenschaft* Schrift *lassen sich beispielsweise Schriftart, -schnitt und -grad verändern.*

Das Problem der Gruppenbildung bei Optionsfeldern

Leider gibt es bei den Optionsfeldern eine prinzipielle Implementierungsschwäche. Um mehrere Optionsfelder zu einer Gruppe zusammenzufassen (und durch Office verwalten zu lassen), müssen Sie gemäß der Office-Hilfe die *Name*-Eigenschaft der betreffenden Kontrollelemente auf den gleichen Wert setzen.

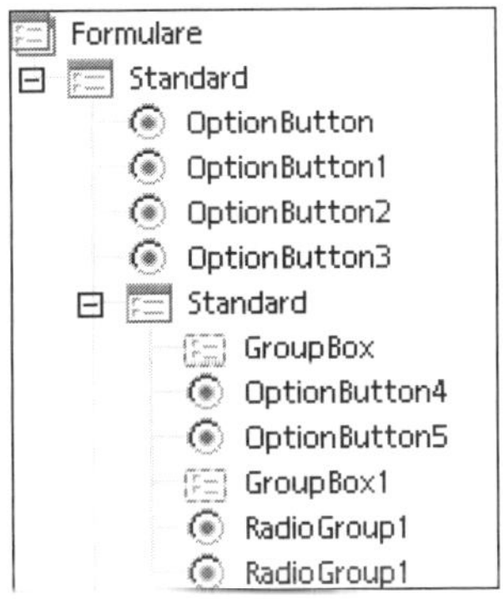

Abbildung 22.30: Objektnamen eines Formulars (Ansicht im Formular-Navigator)

Leider gibt es gleich mehrere Haken bei diesem Ansatz. Fügen Sie Optionsfelder direkt über die Schaltfläche *Optionsfeld* der *Formular-Steuerelemente*-Symbolleiste in den Formularentwurf ein, nummeriert Office diese nach dem Schema »OptionButtonx« durch (Abbildung 22.30). Zur Gruppenbildung müssten Sie die *Name*-Eigenschaft der Optionsfelder also nachträglich anpassen. Sie können sich dies sparen, wenn Sie die Optionsfelder über einen Gruppierungsrahmen mit dem Assistenten einfügen. Dann benennt Office diese Objektnamen der Optionsfelder gleich (»RadioGroupx« wobei x für eine Ziffer steht).

INFO

Das zweite Problem tritt auf, sobald Sie die gruppierten Optionsfelder per Makro ansprechen möchten. Die Office-Hilfe (und auch Suns StarBasic-Handbuch) fordern, dass bei Makros eindeutige Objektnamen innerhalb des Formulars zu verwenden sind. Dies ist aber ein Widerspruch zur Forderung, dass die Optionsfelder einer Gruppe den gleichen Objektnamen verwenden müssen. Eine funktionierende Makrolösung, auf die ich durch den Hinweis eines Lesers gestoßen bin und die den Widerspruch auflöst, finden Sie nachfolgend.

Zugriff auf Optionsfelder aus einem Makro

Nach dem Einfügen der Optionsfelder in ein Formular gilt es nun noch deren Status über Makroanweisungen auszuwerten. Mit den Anweisungen:

```
oDoc=thisComponent  ' Referenz auf Dokument
oForm=oDoc.DrawPage.Forms.GetByName("Form1")
```

holen Sie eine Objektreferenz auf das Objekt mit dem Namen *Form1*. Das Problem besteht jetzt darin, dass Sie die einzelnen Optionsfelder nicht über eine Anweisung der Art:

```
oOpt1 = oForm.getByName("fOptionButton1")
```

ansprechen können, da die Objektreferenz auf das Objekt mit dem Namen *fOptionButton1* nicht eindeutig ist (es gibt ja mehrere Optionsfelder in der Gruppe). Sie benötigen vielmehr eine Auflistung der einzelnen Optionsfelder in einem Feld, um dann über die Feldelemente auf den jeweiligen Status der einzelnen Optionsfelder zugreifen zu können. Dies lässt sich (für die untere Optionsfeldgruppe des Beispielformulars) über folgende Anweisungen:

```
oGroup = oForm.GetByName("Group")'Referenz a. Optionsfeldgruppe
oGroup.GetGroupByName ("fRadioGroup1",oOptions)' Feldauflistung
```

oder in Kurzform über:

```
oForm.GetByName("Group").GetGroupByName("fRadioGroup1",oOptions)
```

erledigen. Über `oForm.GetByName("Group")` wird eine Objektreferenz auf den Gruppierungsrahmen mit dem Namen *Group* definiert. Dann muss die Referenz auf die Optionsfelder mit:

```
oGroup.GetGroupByName ("fRadioGroup1",oOptions)
```

erzeugt werden. Die Methode *GetGroupByName()* erwartet im ersten Parameter den Namen der zu filternden Elemente und im zweiten Parameter ein Objekt, in dem eine Auflistung der gefundenen Elemente zurückgeliefert wird. Anschließend kann auf die in *oOptions* gespeicherten Objekte über einen einfachen Index zugegriffen werden. Die Anweisung:

```
txt = oOptions(0).label & ": Status: " & oOptions(0).state & _
      " -> Referenzwert: " & oOptions(0).RefValue & vbCrLf
```

liefert den Titel, den Status und den Referenzwert des ersten Optionsfelds in der Optionsfeldgruppe. Verwenden Sie den Index 1, wird auf das zweite Optionsfeld der Gruppe zugegriffen. Bei Bedarf können Sie die Zahl der Elemente im Array über die Funktion *ubound()* ermitteln und dann die Feldelemente in einer Schleife abarbeiten. Dies wird aber im aktuellen Beispiel nicht genutzt. Die Prozedur *Show2()* zur Anzeige des jeweiligen Status der zweiten Optionsfeldgruppe ist in nachfolgendem Listing enthalten.

CODE

Listing 22.3: Makro zur Anzeige des Optionsfeldstatus

```
Sub Show2
 Dim txt as String
 Init()     ' initialisiere Objektvariable etc.
' hole jetzt die Objektreferenzen auf die Optionsfelder über
' den Namen des Objekts
' Achtung: die beiden Optionsfelder befinden sich in einem
' Unterformular. Daher muss der Container in getByName
' berücksichtigt werden.
 oGroup = oForm.GetByName("Group")  ' Referenz auf Gruppe
 oGroup.GetGroupByName ("fRadioGroup1",oOptions) ' hole Auflistung
' oder die Kurzform verwenden
' oGroup = oForm.GetByName("Group").GetGroupByName _
'            ("fRadioGroup1",oOptions)
' ermittle den jeweiligen Status der Elemente in oOptions
 txt = oOptions(0).label & ": Status: " &  _
       oOptions(0).state & _
       " -> Referenzwert: " & oOptions(0).RefValue & vbCrLf
```

```
 txt = txt & oOptions(1).label & ": Status: " & _
       oOptions(1).state & _
       " -> Referenzwert: " & oOptions(1).RefValue
' in Dialogfeld anzeigen
 MsgBox txt, vbOkOnly, oOptions(0).name & " Optionsfeldstatus"
 If oOptions(0).state = 1 Then  ' jetzt die Markierung umsetzen
   oOptions(1).state = 1        ' 2. Optionsfeld markieren
 Else
   oOptions(0).state = 1        ' 1. Optionsfeld markieren
 End If
End Sub
```

Der hier skizzierte Ansatz verwendet die von Office bereitgestellten Funktionen zum Erzeugen und Verwalten von Optionsfeldgruppen. Nachteilig ist lediglich, dass Sie über Indizes auf die Optionsfelder zugreifen müssen (dies ist eine Fehlerquelle, wenn nachträglich Optionsfelder eingefügt werden). Um dies zu verhindern, können Sie ggf. zusätzlich den Bezeichner über `.Label = "..."` überprüfen.

Das Beispielformular mit den betreffenden Kontrollelementen und dem kompletten Makrocode finden Sie im Beispielarchiv im Verzeichnis Kap22 *in der Datei* Formular4.odt.

INFO

22.2.6 Arbeiten mit Listenfeldern

Listenfelder geben dem Benutzer eine Liste von Werten zur Auswahl vor. Dabei kann das Feld ein- oder mehrzeilig sein. Der Benutzer kann dann, je nach Vorgabe, einen oder mehrere Werte im Listenfeld anwählen. In Abbildung 22.31 sehen Sie das Office-Fenster mit einem Formulardokument und einer Datenansicht auf eine Datenbanktabelle *KundenTest*. Das oberste Listenfeld des Formulars ist einzeilig und die Liste lässt sich über eine Schaltfläche aufklappen. Das untere Listenfeld wurde mehrzeilig aufgebaut und ermöglicht es, auch mehrere Einträge gleichzeitig zu markieren (z.B. [Strg]-Taste drücken und Einträge anklicken).

Bei einem an eine Datenbank gebundenen Listenfeld lässt sich der gewählte Wert über die Schaltflächen der Navigationsleiste des Formulars im aktuellen Datensatz speichern. Dies ist beim oberen Listenfeld aus dem Beispielformular der Fall, welches direkt an das Feld *Name* der Datenbanktabelle *KundenTest* angebunden ist. Beim unteren Listenfeld lässt sich dessen Inhalt über die Schaltfläche *Show* in einem Dialogfeld auflisten (siehe Dialogfeld im Vordergrund von Abbildung 22.31). Mit der Schaltfläche *Clear* wird ein markierter Wert aus dem Listenfeld entfernt (bei Mehrfachmarkierung wird der erste Eintrag gelöscht). Die Schaltfläche *Add* trägt den links im Formular in das Textfeld eingegebenen Inhalt in das Listenfeld ein. Diese Funktionen werden über Makros implementiert.

Sie können die Datenquellenansicht einblenden, um die Wirkungsweise des oberen Listenfelds auf die Datenbanktabelle zu studieren. Lösen die Makros zum Verwalten des unteren Listenfelds Laufzeitfehler aus, müssen Sie die Datenquellenansicht schließen (siehe auch meine Erläuterungen im Abschnitt zum Makrocode).

INFO

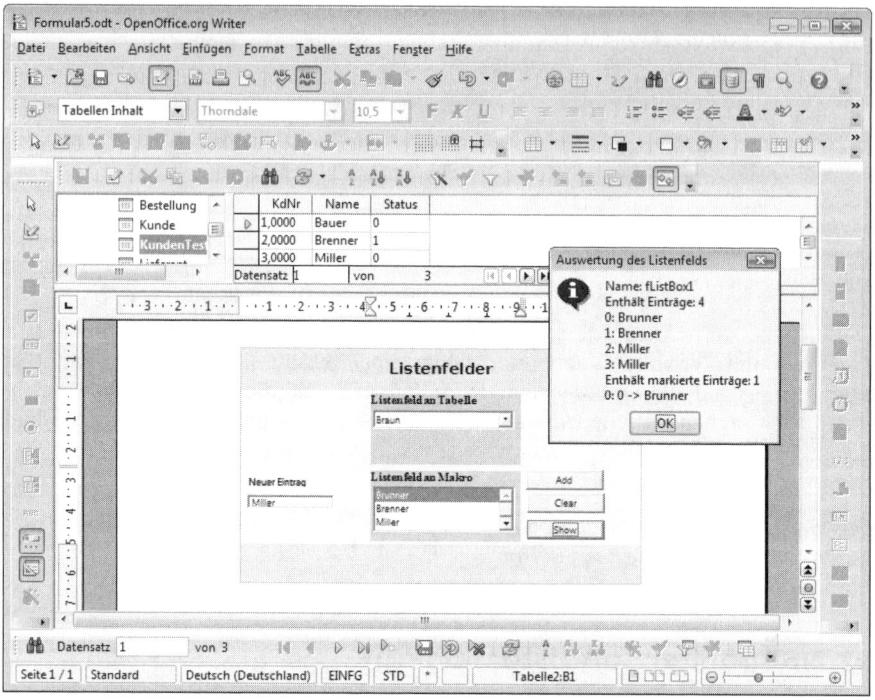

Abbildung 22.31: Beispiel für ein Formular mit Listenfeldern

22.2.7 Listenfeld mit Datenbankanbindung einfügen

In Abbildung 22.32 sehen Sie den Formularentwurf, in den die Listenfelder eingefügt wurden. Auch dieser Entwurf basiert auf einem Textdokument, in den eine dreispaltige Tabelle eingefügt wurde. Das oberste einzeilige Listenfeld ist an eine Datenbanktabelle gebunden. Das untere Listenfeld ist dreispaltig. Links davon befindet sich eine Tabellenzelle mit einem Textfeld, in welches der Benutzer einen Text eingeben kann. Dieser Text lässt sich durch Anklicken der *Add*-Schaltfläche zum Listenfeld hinzufügen. Die drei Schaltflächen sind rechts in einer Tabellenzelle untergebracht.

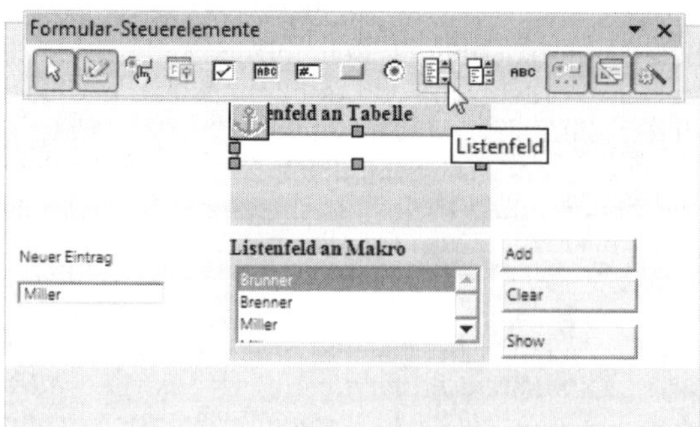

Abbildung 22.32: Entwurf des Formulars mit den Listenfeldern

So binden Sie ein Listenfeld an ein Datenbankfeld

Um ein Listenfeld an eine Datenbanktabelle anzubinden, sollte die betreffende Datenquelle vorab in Base geladen worden sein. Das Anbinden eines Listenfelds an eine Datenbanktabelle lässt sich am einfachsten mit dem Assistenten durchführen. Gehen Sie in nachfolgenden Schritten vor.

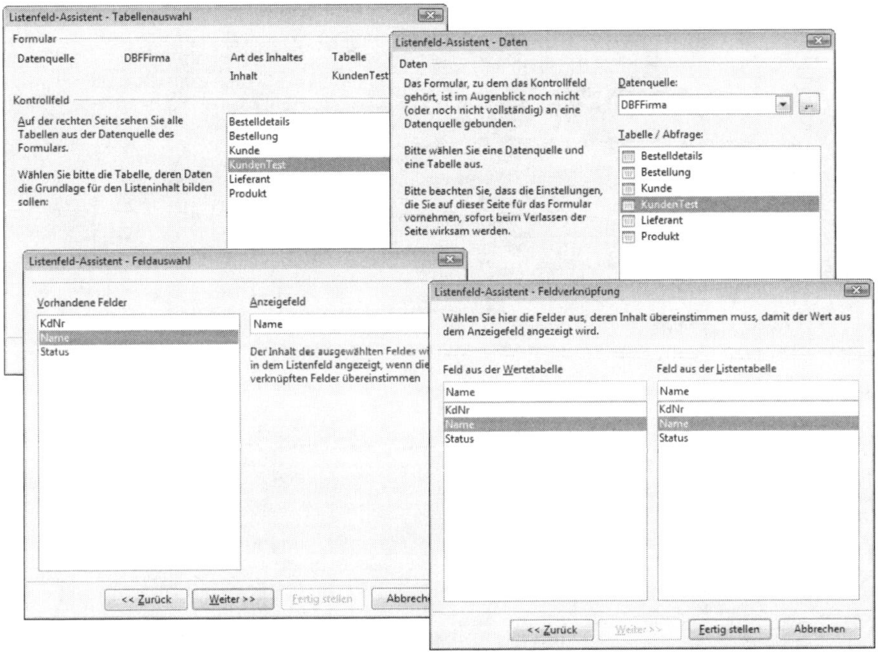

Abbildung 22.33: Anbinden einer Datenbanktabelle an ein Listenfeld

1. Klicken Sie auf die Schaltfläche *Assistenten an/aus*, um den Assistenten zu aktivieren (die Schaltfläche muss markiert dargestellt werden).
2. Klicken Sie auf die Schaltfläche *Listenfeld* (Abbildung 22.32) und fügen Sie den Rahmen für das Kontrollelement in den Formularentwurf ein. Dann sollte der Assistent zum Anlegen des Kontrollelements starten.
3. Wurde noch keine Datenquelle für das Formular definiert, wählen Sie im ersten Dialogschritt die gewünschte Datenquelle (Abbildung 22.33, rechts oben) über das Listenfeld *Datenquelle*. Bei Bedarf können Sie die Schaltfläche rechts neben dem Listenfeld anklicken und die Base-Datenbank laden. Nach Auswahl der Datenquelle zeigt das Dialogfeld die verfügbaren Tabellen an und Sie können auf die Schaltfläche *Weiter* klicken.
4. Im Folgedialog markieren Sie die gewünschte Tabelle aus der Datenquelle (Abbildung 22.33, links oben) und bestätigen dies über die Schaltfläche *Weiter*.
5. Das nächste Dialogfeld listet die Feldnamen der Tabelle auf (Abbildung 22.33, links unten). Klicken Sie in der Liste *Vorhandene Felder* auf den Namen des anzubindenden Felds. Sobald dieser Name im Feld *Anzeigefeld* auftaucht, können Sie auf die *Weiter*-Schaltfläche klicken.
6. Im letzten Dialogfeld müssen Sie in beiden Listen den Feldnamen wählen (Abbildung 22.33, rechts unten), der zur Synchronisation benutzt werden soll. Hier wurde das Feld *Name* an das Listenfeld gebunden, d.h., die betreffenden Inhalte des Datenbankfelds werden in das Listenfeld übernommen.

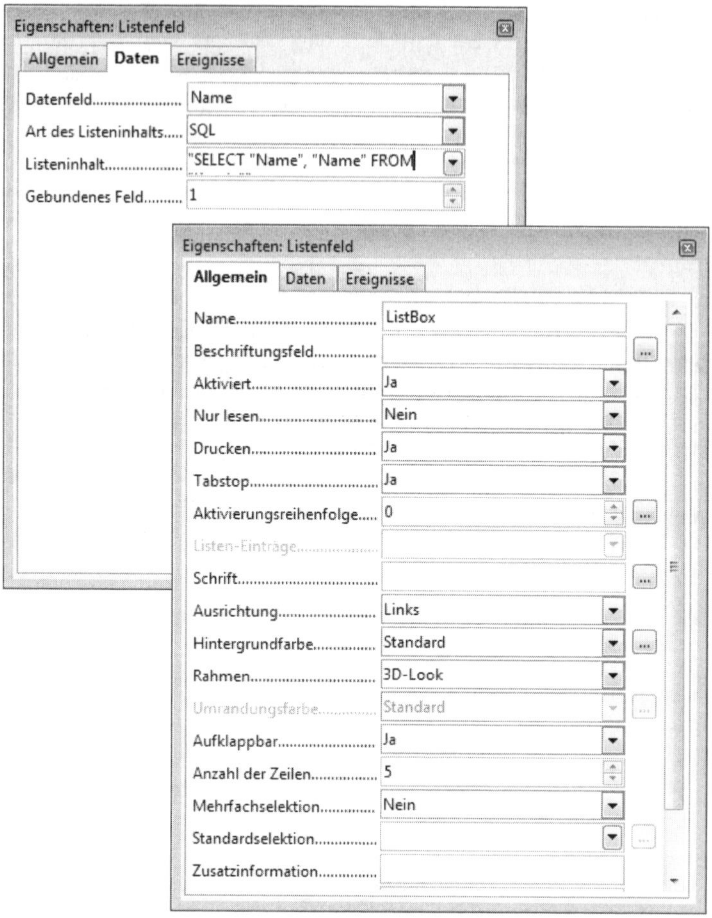

Abbildung 22.34: Eigenschaften eines Listenfelds bei der Datenbankanbindung

Sobald Sie die *Fertig stellen*-Schaltfläche bestätigen, wird das Kontrollelement ins Formular eingefügt und mit den gewählten Eigenschaften versehen. Bei Bedarf können Sie noch die Eigenschaften des Kontrollelements ansehen und anpassen. Abbildung 22.34 zeigt die beiden Registerkarten *Daten* und *Allgemein*.

- Auf der Registerkarte *Daten* sehen Sie in der Eigenschaft *Datenfeld* den Namen des angebundenen Datenbankfelds, während in *Listeninhalt* der Ausdruck steht, über den die Liste des Elements mit Vorgabewerten gefüllt wird. Hier wurde als Art des Listeninhalts »SQL« gewählt, folglich enthält die Eigenschaft *Listeninhalt* einen SQL-Ausdruck zur Abfrage der Feldwerte.
- Die Registerkarte *Allgemein* erlaubt Ihnen beispielsweise, über die Eigenschaft *Aufklappbar* vorzugeben, ob das Listenfeld über eine *Aufklapp*-Schaltfläche verfügt. Ein aufklappbares Listenfeld wird nur eine Zeile als Höhe beanspruchen. Bei nicht aufklappbaren Listenfeldern legen Sie die Höhe über die Eigenschaften *Anzahl der Zeilen* fest. Liegen mehr Elemente vor, als das Listenfeld gleichzeitig darstellen kann, wird es zur Laufzeit mit einer vertikalen Bildlaufleiste versehen. Der Benutzer kann dann in der Liste blättern.

Die Schriftgröße lässt sich über die Eigenschaft *Schrift* vorgeben und in *Hilfetext* können Sie den Inhalt der QuickInfo hinterlegen. Diese QuickInfo erscheint zur Laufzeit beim Zeigen auf das betreffende Kontrollelement. Details zu den restlichen Optionen entnehmen Sie der Hilfe.

Auswerten eines Listenfelds per Makro

Ein Listenfeld lässt sich auch per Makro auswerten. Sie können dann Ergebnisse berechnen und diese ggf. im Makro in eine Datenbank schreiben. Zum Einfügen des Listenfelds gehen Sie wie im vorhergehenden Abschnitt vor, lassen aber den Assistenten ausgeschaltet (falls der Assistent startet, brechen Sie den ersten Dialogschritt ab).

In Abbildung 22.35 sehen Sie die Registerkarte *Allgemein* des Eigenschaftenfensters für das im Beispielformular benutzte untere Listenfeld. Die Eigenschaft *Aufklappbar* ist auf »Nein« gesetzt, um ein mehrzeiliges Listenfeld zu erzeugen. Die sichtbare Zeilenzahl wird durch die im Formularentwurf gewählte Höhe des Elements bestimmt. Die Eigenschaft *Mehrfachselektion* habe ich hier auf »Ja« gesetzt. Der Benutzer kann dann mehr als einen Eintrag markieren (bei einer Datenbankanbindung macht dies weniger Sinn, da dort ja meist ein Wert pro Feld eingefügt wird). Die Eigenschaft *Standardselektion* ist auf »»0«« gesetzt, um den ersten Listenfeldeintrag zur Laufzeit automatisch zu markieren.

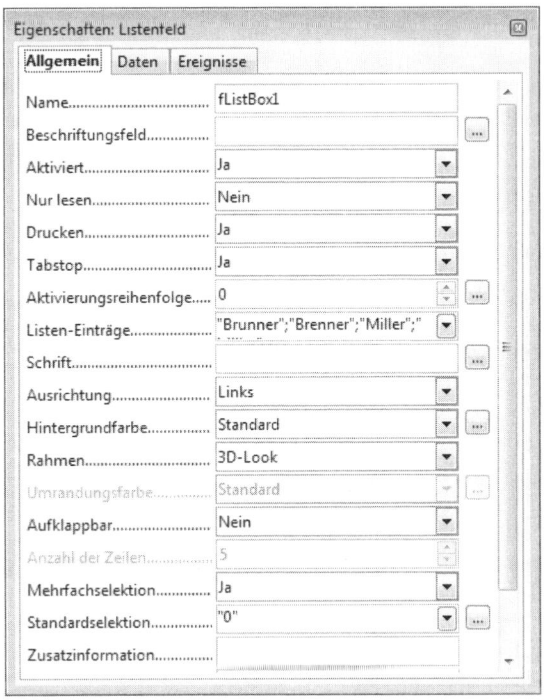

Abbildung 22.35: Eigenschaften des Dialogfelds

Bei einem an ein Makro angebundenes Listenfeld können Sie noch die Listen-Einträge über die gleichnamige Eigenschaft vorgeben. Zur Eingabe der Werte klicken Sie auf das Feld *Listen-Einträge* und tippen den ersten Namen ein. Dann klappt das Listenfeld im Eigenschaftenfenster bereits auf und der Name wird in die erste Zeile eingefügt. Drücken Sie die Tastenkombination ⇧ + ↵, um zur nächsten Zeile weiterzuschalten. Dann können Sie einen weiteren Namen eintippen. Wiederholen Sie dies, bis alle Begriffe definiert sind (Abbildung 22.36). Sobald Sie das Listenfeld schließen, zeigt das Eigenschaftenfenster die Begriffe in einer Zeile in doppelten Anführungszeichen und mit Semikola getrennt an (Abbildung 22.35).

Abbildung 22.36: Eingeben der Listen-Einträge

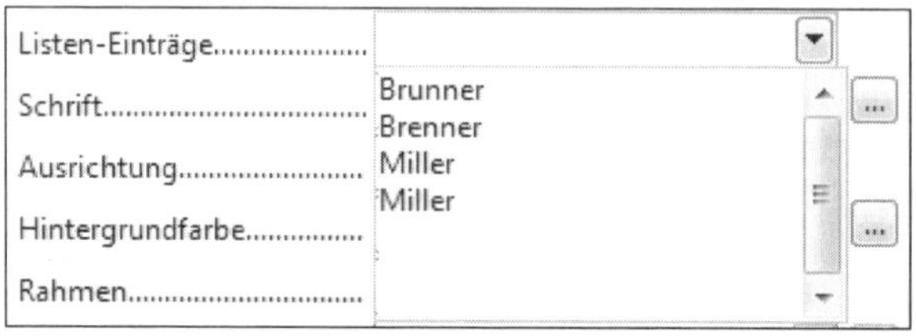

Die Registerkarte *Daten* wird bei der Makroanbindung nicht benötigt (es liegt in der Regel ja keine Datenquellenanbindung vor). Sofern Sie keine Ereignisse an Makros binden, können Sie das Eigenschaftenfenster schließen (das Makro wird über die Schaltflächen des Formulars aufgerufen).

Nun gilt es noch den Makrocode zur Auswertung des Listenfelds zu implementieren. Ich habe hier beispielhaft drei Prozeduren implementiert.

- *Show:* Zeigt die im Listenfeld verfügbaren Werte und gibt auch die markierten Einträge aus.
- *Add:* Fügt einen Eintrag aus einem Textfeld zum Listenfeld hinzu.
- *Clear:* Entfernt einen markierten Eintrag aus dem Listenfeld.

Nachfolgend sollen jetzt noch die Details des Makrocodes dieser drei Prozeduren besprochen werden.

Auslesen der Listenfeld-Einträge

Zum Auslesen des Inhalts eines Listenfelds benötigen Sie eine Referenz auf die Objektinstanz des betreffenden Kontrollelements. Diese Referenz wird mit folgendem Code, der bereits in den vorhergehenden Abschnitten benutzt wurde, erzeugt.

```
oDoc=thisComponent  ' Referenz auf Dokument
oForm=oDoc.DrawPage.Forms.GetByName("Form1") ' erstes Formular
oList1 = oForm.getByName("fListBox1")  ' Listenfeld-Objekt
```

Alle drei Objektvariablen *oDoc*, *oForm* und *oList1* wurden als Typ *Object* vereinbart. Im Beispielformular habe ich die Objektvariable global definiert, den Code zur Initialisierung der Variablen aber in die Prozedur *Init* verlagert. Diese *Init*-Prozedur kann dann aus allen drei Prozeduren aufgerufen werden. Über das *oList1*-Objekt lässt sich dann auf die Eigenschaften des Kontrollelements zugreifen. Die folgende Anweisung:

```
txt = oList1.name
```

liest den Objektnamen und speichert diesen in einer String-Variablen *txt*. Um herauszufinden, wie viele Einträge im Listenfeld selektiert wurden, verwenden Sie folgende Anweisung:

```
cnt = UBound(oList1.SelectedItems)
```

SelectedItems liefert eine Liste der markierten Einträge als Array zurück. Dieses Array (Feld) enthält Integerwerte mit der Position (Index) der markierten Elemente. Der Wert 0 in einem Array-Element bedeutet dann, dass der erste Eintrag im Listenfeld markiert ist. Die Basic-*UBound*-Funktion liefert die Zahl der Feldelemente im Array an die Variable *cnt* zurück. Die Zahl der Elemente im Listenfeld lässt sich mit folgender Anweisung ermitteln:

```
items = UBound(oList1.StringItemList)
```

Über *StringItemList* wird ein Array mit den Einträgen des Listenfelds abgerufen. *UBound* ermittelt den oberen Indexwert dieses Felds. Dieser Wert wäre noch um 1 zu erhöhen, um die Zahl der Elemente zu bekommen. Da die Zählweise des Feldindex aber bei 0 beginnt, wird nur der *UBound*-Wert benutzt. Um alle Einträge des Listenfelds anzuzeigen, lässt sich folgende Schleife verwenden:

```
For i = 0 To items
 MsgBox oList1.StringItemList(i)
Next i
```

Der *StringItemList()*-Methode ist der Index des gewünschten Elements als Parameter zu übergeben. Der Rückgabewert ist eine Zeichenkette, die hier mit einem *MsgBox*-Prozeduraufruf in einem Dialogfeld angezeigt wird. Um die selektierten Einträge des Listenfelds aufzulisten, wird folgender Code verwendet:

```
For i = 0 To cnt
 MsgBox oList1.StringItemList(oList1.SelectedItems(i))
Next i
```


Die Variable *cnt* enthält den oberen Feldindex (entspricht der Zahl der markierten Einträge – 1). Über *oList1.SelectedItems(i)* lassen sich die Indizes der markierten Elemente abrufen. Diese Indizes werden dann als Argument an die *StringItemList()*-Methode übergeben. Diese Methode gibt dann die Zeichenkette mit dem Eintrag im Listenfeld zurück. Das folgende Listing zeigt den kompletten Quellcode der Variablendeklaration sowie der Prozeduren *Init()* und *Show()*. Die Prozedur *Show* wurde dabei an das Ereignis *Maustaste losgelassen* der *Show*-Schaltfläche angebunden. Die Prozedur *Show()* gibt alle Informationen in einem Dialogfeld über einen *MsgBox*-Aufruf aus. Auf bestimmte Anweisungen der Prozedur *Init()* komme ich weiter unten noch zu sprechen.

Listing 22.4: Code zum Auflisten des Inhalts eines Listenfelds

CODE

```
Option Explicit
' Globale Konstante und Variable
 Const vbOkOnly As Integer = 0
 Const vbInformation As Integer = 65
 Dim vbCrLf As String
 Dim oDoc as Object           ' Dokument-Objekt
 Dim oForm As Object          ' Formular-Objekt
 Dim oList1 As Object         ' Listenfeld-Objekt
 Dim oText1 As Object         ' Textfeld-Objekt
 Dim oDocCtl As Object        ' Controller-Objekt
 Dim oCtlView As Object       ' View-Objekt
' Initialisiere diverse Sachen wie Objektvariable
Sub Init
```

```
 vbCrLf = Chr(13)  ' Konstante für Zeilenumbruch
 oDoc=thisComponent  ' Referenz auf Dokument
 oForm=oDoc.DrawPage.Forms.GetByName("Form1") ' erstes Formular
 ' hole jetzt die Objektreferenzen auf das Listenfeld
 ' über den Namen des Objekts
 oList1 = oForm.getByName("fListBox1")
 oText1 = oForm.getByName("fTextBox1")
' hier holen wir das View-Objekt als Instanz auf
' das Listenfeld
' Achtung: Die Anweisung aus dem Sun-Handbuch
' oDocCtl = StarDesktop.CurrentComponent.getCurrentController()
' liefert einen Laufzeitfehler, wenn die Datenansicht geöffnet
' ist - dann fehlt scheinbar StarDesktop.CurrentComponent
' Daher die Referenz auf das oDoc-Objekt beziehen!
 oDocCtl = oDoc.getCurrentController()   ' hole Controller-Objekt
 oCtlView = oDocCtl.GetControl(oList1)   ' hole View-Objekt
End Sub
' Wird mit der Show-Schaltfläche aufgerufen
' und zeigt die Werte sowie die selektierten
' Werte des Listenfelds an
Sub Show
 Const Title As String = "Auswertung des Listenfelds"
 Dim i As Integer
 Dim txt As String
 Dim cnt As Integer
 Dim items As Integer
 Init()     ' initialisiere Objektvariable etc.
 txt = "Name: " & oList1.name & vbCrLf
 cnt = UBound(oList1.SelectedItems)     ' Zahl markierte Einträge
 items = UBound(oList1.StringItemList)  ' Zahl aller Einträge
 If items < 0 Then Exit Sub             ' nichts anzuzeigen
 txt = txt & "Enthält Einträge: " & items + 1 & vbCrLf
 ' Liste alle Einträge des Listenfelds auf
 For i = 0 To items
  txt = txt & i & ": " & oList1.StringItemList(i) & vbCrLf
 Next i
 txt = txt & "Enthält markierte Einträge: " & cnt + 1 & vbCrLf
 ' Jetzt die Selektion auflisten
 For i = 0 To cnt
  txt = txt & i & ": " & oList1.SelectedItems(i) & " -> "
  txt = txt & oList1.StringItemList(oList1.SelectedItems(i)) & vbCrLf
 Next i
 MsgBox txt, vbOkOnly + vbInformation, Title  ' in Dialogfeld anzeigen
End Sub
```

Hinzufügen von Listenfeld-Einträgen per Makrocode

Um einen Eintrag zum Listenfeld hinzuzufügen, stehen die Methoden *AddItem (item, position)* und *AddItems (itemarray, position)* zur Verfügung. *AddItem()* fügt einen Eintrag hinzu, während *AddItems()* mehrere in *itemarray* übergebene Zeichenketten an der im Parameter *position* übergebenen Listenposition hinzufügt.

INFO

Leider haben die Office-Entwickler aus mir unerfindlichen Gründen die Eigenschaften des Kontrollfelds nebst einigen Methoden in einem Model-*Objekt untergebracht, während Methoden wie* AddItem() *oder* AddItems() *im getrennten* View-*Objekt implementiert wurden. Zum Zugriff auf die Methoden benötigen Sie daher eine Referenz auf das betreffende Objekt. Wer von Visual Basic oder anderen Microsoft-Produkten umsteigt, wird dies im ersten Augenblick verwirrend finden. Das von Sun zur StarOffice-Suite veröffentlichte StarBasic-Handbuch enthält zwar einige kurze Hinweise zum* View-*Objekt (Abschnitt »Zugriff auf das View von Formular-Steuerelementen«). Allerdings finden sich (zumindest in mir vorliegenden älteren Ausgaben) Tippfehler im Basic-Codeausschnitt und manche Anweisungen machen im Kontext keinen Sinn. Nach einigem Experimentieren habe ich eine auf meinen Systemen (Linux, Windows) funktionierende Lösung gefunden.*

Zum Zugriff auf die *AddItem()*-Methode wird eine Objektinstanz auf das *View*-Objekt des betreffenden Kontrollelements benötigt. Gemäß dem Sun-Handbuch sollte sich dies mit folgender Codesequenz erreichen lassen (ich habe hier einmal die Tippfehler im Sun-Code korrigiert und die Ausdrücke etwas vereinfacht).

```
oDoc=thisComponent
oForm=oDoc.DrawPage.Forms.GetByName("Form1")
oList1 = oForm.getByName("fListBox1")
oDocCtl = StarDesktop.CurrentComponent.getCurrentController()
```

Der Code wird in *oDocCtl* dann eine Referenz auf das *View* des betreffenden Listenfelds zurückliefern. Bei meinen Tests habe ich aber festgestellt, dass der Zugang über das Objektmodell *StarDesktop.CurrentComponent* sehr kritisch ist. Sobald die Wurzel *StarDesktop* nicht mehr vorhanden ist, verursacht der *getCurrentController*-Methodenaufruf einen Laufzeitfehler. Dies war bei mir bereits der Fall, wenn die Datenquellenansicht eingeschaltet oder wenn das Makro in der Entwicklungsumgebung testweise ausgeführt wurde.

INFO

Fehlen Variablendeklarationen oder gibt es Tippfehler im Code (z.B. Dim oDoc As Objekt, *das Wort »Objekt« wurde fälschlicherweise mit »k« geschrieben), werden Fehler erst zur Laufzeit beim Ausführen der betreffenden Anweisung oder beim Versuch des Zugriffs auf die Objektvariable gemeldet. Hier vermisse ich einen Parserlauf, der offensichtlich syntaktisch fehlerhafte Anweisungen sofort bei der Eingabe anzeigt (wie dies z.B. bei Microsoft-Entwicklungsumgebungen der Fall ist, wo Fehler bereits bei der Eingabe des Codes gemeldet werden).*

Im Beispiel habe ich daher die Anweisungen zum Zugriff auf das *View*-Objekt direkt vom *oDoc*-Objekt abgeleitet. Die entsprechende Codesequenz würde dann so aussehen:

```
oDoc=thisComponent
oForm=oDoc.DrawPage.Forms.GetByName("Form1")
oList1 = oForm.getByName("fListBox1")
oDocCtl = oDoc.getCurrentController()   ' hole Controller-Objekt
oCtlView = oDocCtl.GetControl(oList1)   ' hole View-Objekt
```

Im Beispiel wurden die betreffenden Anweisungen mit in die *Init()*-Prozedur verlagert (siehe Abbildung 22.4). Mit diesen Vorbereitungen geht es dann ganz schnell. Die folgende Codesequenz zeigt die komplette *Add()*-Prozedur des Beispiels.

CODE

Listing 22.5: Hinzufügen eines Listenfeldeintrags

```
Sub Add
 Dim items As Integer
 Init()     ' initialisiere Objektvariable etc.
 items = UBound(oList1.StringItemList)   ' Zahl aller Einträge
 oCtlView.AddItem(oText1.Text, items+1)  ' Text an Ende anhängen
End Sub
```

Der Aufruf der *Init*-Prozedur sorgt dafür, dass die benötigten Objektvariablen mit gültigen Referenzen initialisiert sind. Dann wird die Zahl der Listenfeldeinträge über *UBound(oList1.StringItemList)* ermittelt. Der *AddItem()*-Methode ist dann der gewünschte Text (hier der Wert des Textfelds aus *oText1.Text*) als erster Parameter zu übergeben. Den zweiten Parameter habe ich auf das Listenende gesetzt.

Löschen von Listenfeld-Einträgen per Makrocode

Das Entfernen eines Listenfeldeintrags ist über die Methode *RemoveItems() (itemidx, count)* möglich. Im ersten Parameter gibt ein Index die Position in der Liste an, ab der gelöscht wird. Der zweite Parameter legt fest, wie viele Listenelemente zu löschen sind. Die Methode wird ebenfalls vom *View*-Objekt bereitgestellt – es gelten also die Ausführungen des vorhergehenden Abschnitts zur Instantiierung einer Objektreferenz. Nachfolgend finden Sie den Code der *Clear()*-Prozedur. Nach dem Aufruf der *Init()*-Methode zur Initialisierung der Objekte wird über *SelectedItems(0)* der Index auf das erste markierte Listenelement ermittelt. Dann wird die *RemoveItems()*-Methode zum Löschen des Eintrags aufgerufen.

CODE

Listing 22.6: Löschen eines Listenfeldeintrags

```
Sub Clear
 Dim idx As Integer
 Init()     ' initialisiere Objektvariable etc.
 idx = oList1.SelectedItems(0)
 oCtlView.RemoveItems(idx, 1)
End Sub
```

HALT

Auf das Löschen mehrerer markierter Listeneinträge habe ich in diesem Beispiel verzichtet. Beim Aufruf von RemoveItems() *wird beim Entfernen des Eintrags die Selektion aufgehoben und automatisch auf das erste Listenelement gesetzt. Sollen alle markierten Einträge gelöscht werden, muss das Programm den Inhalt des* SelectedItems-*Arrays vorher zwischenspeichern. Das Listenfeld-Beispiel zeigt übrigens noch eine weitere Schwäche der Implementierung der Formularelemente: Die Eigenschaften der Kontrollelemente, die Sie in den Eigenschaftenfenstern zuweisen, werden mit im Office-Dokument gespeichert – so weit, so gut. Lädt der Benutzer ein Formular und ändert etwas an den Formulareinträgen (beispielsweise wird ein neuer Wert zum Listenfeld hinzugefügt oder etwas in das Textfeld eingetippt), wird Office beim Schließen des Formulars eine Abfrage bringen, ob die Änderungen zu speichern sind. Bei einem*

Formular, das der Verwaltung einer Datenbanktabelle dient, wird dies den Benutzer etwas verblüffen. Speichert er die Änderungen, werden gleichzeitig die vom Formularentwickler beim Design eingefügten Eigenschaften durch die aktuellen Formularinhalte überschrieben. Dies ist zwar alles logisch, aber aus Sicht des Benutzers gewöhnungsbedürftig. Falls Sie als Entwickler sicherstellen möchten, dass Eigenschaften von Kontrollelementen beim Laden des Formulars immer auf einen Vorgabewert gesetzt sind, müssen Sie diese Vorgabewerte direkt im Basic-Code (z.B. in einem Initialisierungsmodul) zuweisen.

INFO

Das Beispielformular mit den betreffenden Kontrollelementen und dem kompletten Makrocode finden Sie im Beispielarchiv im Verzeichnis Kap22 *in der Datei* Formular5.odt. *Die benutzte Datenbank finden Sie in der Datei* DBFirma.odb.

22.2.8 Kombinationsfelder, die Alternative zu Listenfeldern

Kombinationsfelder sind so etwas Ähnliches wie Listenfelder. Aus Benutzersicht besteht der Unterschied aber darin, dass bei einem Kombinationsfeld nicht nur eine Auswahl der angebotenen Listenelemente möglich ist. Der Benutzer kann zudem Begriffe neu eingeben oder ausgewählte Begriffe anpassen.

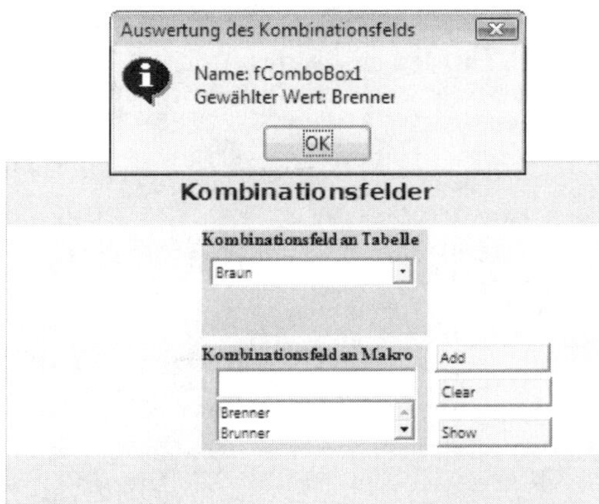

Abbildung 22.37: Beispielformular mit Kombinationsfeldern

Abbildung 22.37 zeigt ein Beispielformular mit zwei Kombinationsfeldern. Das obere Kombinationsfeld ist einzeilig und an eine Datenbanktabelle angebunden. Sofern Sie einen Eintrag auswählen oder einen Begriff in das Feld eintippen, lässt sich dieser mittels der *Speichern*-Schaltfläche der Formular-Navigationsleiste in den aktuellen Datensatz der zugewiesenen Tabelle übertragen.

Das untere Kombinationsfeld ist als mehrzeiliges Kontrollelement ausgeführt. Dadurch ist ein Teil der Listeneinträge zu sehen, während das obere Feld den selektierten oder vom Benutzer eingegebenen Begriff anzeigt. Über die drei Schaltflächen lässt sich der gewählte Begriff anzeigen, der oberste Eintrag der Liste löschen oder der eingegebene Begriff an das Listenende anhängen.

Die Schritte zum Einbinden des Steuerelements in das Formular sind identisch mit der oben bei den Listenfeldern beschriebenen Vorgehensweise. Bei Kombinationsfeldern ist lediglich keine *Multiselect*-Eigenschaft vorhanden. Der Makrocode zum Zugriff auf das Kombinationsfeld ähnelt sehr stark dem oben besprochenen Code zum Zugriff auf Listenfelder. Die Initialisierungsroutine für die Objekte kann direkt aus dem vorhergehenden Beispiel entnommen werden. Sie müssen lediglich die Objektnamen für die Referenzen auf die Kontrollelemente anpassen. Die *Clear*-Prozedur entfernt hier einfach den ersten Eintrag der Liste und die *Add*-Prozedur benutzt statt des Textfelds einfach den in das Kombinationsfeld eingegebenen Wert. Das nachfolgende Listing zeigt den Basic-Code der drei Prozeduren zur Verwaltung des unteren Kombinationsfelds.

CODE

Listing 22.7: Makrocode zur Anzeige der Kombinationsfeldauswahl

```
' Wird mit der Show-Schaltfläche aufgerufen
' und zeigt den ausgewählten oder eingegeben Wert
Sub Show
 Const Title As String = "Auswertung des Kombinationsfelds"
 Dim txt As String
 Init()     ' initialisiere Objektvariable etc.
 txt = "Name: " & oCombo1.name & vbCrLf
 txt = txt & "Gewählter Wert: " & oCombo1.Text
 MsgBox txt, vbOkOnly + vbInformation, Title  ' in Dialogfeld anzeigen
End Sub
' Wird mit der Clear-Schaltfläche aufgerufen
' und löscht den ersten markierten Eintrag
' aus dem Kombinationsfeld.
Sub Clear
 Init()     ' initialisiere Objektvariable etc.
 oCtlView.RemoveItems(0, 1)
End Sub
' wird mit der Add-Schaltfläche aufgerufen
' und fügt den eingegebenen Eintrag zum
' Kombinationsfeld hinzu
Sub Add
 Dim items As Integer
 Init()     ' initialisiere Objektvariable etc.
 items = UBound(oCombo1.StringItemList)   ' Zahl aller Einträge
 oCtlView.AddItem(oCombo1.Text, items+1)  ' Text an Ende anhängen
End Sub
```

INFO

Ein Beispielformular mit den betreffenden Kontrollelementen finden Sie im Beispielarchiv im Verzeichnis Kap22 *in der Datei* Formular6.odt. *Die benutzte Datenbank finden Sie in der Datei* DBFirma.odb.

22.2.9 Tabellen-Kontrollfelder einsetzen

Tabellen-Kontrollfelder stellen eine einfache Möglichkeit bereit, mit der eine komplette Tabellenansicht in einem Formular realisiert werden kann. Das Tabellen-Kontrollfeld zeigt zur Laufzeit mehrere Datensätze mit den konfigurierten Feldern als Tabelle an (Abbildung 22.38). In der Fußzeile des Kontrollelements wird zudem eine eigene Navigationsleiste eingeblendet.

BestellNr	KundenNr	Bestellung	Bestellnummer * 10
4711	2002	4711,00 €	
4712	2001	4712,00 €	
4713	2003	4713,00 €	
4714	1001	4714,00 €	

Abbildung 22.38: Tabellen-Kontrollfeld in einem Formular

Im Gegensatz zur Datenblattansicht der Datenquellenansicht können Sie die im Kontrollelement anzuzeigenden Felder allerdings vorgeben.

So legen Sie ein Tabellen-Kontrollfeld per Assistenten an

Tabellen-Kontrollfelder werden typischerweise direkt an Datenbanktabellen angebunden. Daher sollten Sie den Assistenten zur Konfigurierung der Eigenschaften dieses Kontrollfelds nutzen.

1. Stellen Sie sicher, dass (wie in den vorhergehenden Abschnitten beschrieben) die Schaltfläche *Assistenten an/aus* aktiviert ist.
2. Klicken Sie auf die Schaltfläche *Tabellen-Kontrollfeld* (Abbildung 22.40) und fügen Sie den Rahmen für das Kontrollelement in den Formularentwurf ein.
3. Ist noch keine Datenbank an das Formular gebunden, fragt der Assistent im ersten Dialogschritt die Datenquelle ab (Abbildung 22.39, links oben). Stellen Sie dann über das Listenfeld *Datenquelle* die gewünschte (bereits konfigurierte) Datenquelle ein.
4. Sobald die Datenquelle definiert wurde, werden die verfügbaren Tabellen im gleichnamigen Listenfeld aufgeführt. Markieren Sie die gewünschte Tabelle und klicken Sie auf die Schaltfläche *Weiter*.
5. Das nächste Dialogfeld listet die Feldnamen der gewählten Tabelle auf (Abbildung 22.39, rechts unten). Klicken Sie in der Liste *Vorhandene Felder* auf den Namen des oder der anzubindenden Felder und übertragen Sie dieses mit der Schaltfläche - > bzw. = > > in die rechte Liste.

Sobald alle Felder in der rechten Liste aufgeführt werden, können Sie die *Fertig stellen*-Schaltfläche betätigen. Dann wird das Kontrollelement in das Formular eingefügt und mit den gewählten Eigenschaften versehen.

TIPP

Ist die Schaltfläche Entwurfsmodus an/aus *in der Symbolleiste* Formular-Entwurf *bei neuen Writer-Dokumenten gesperrt? Dann blenden Sie den Formular-Navigator über die betreffende Schaltfläche der Symbolleiste ein, klicken mit der rechten Maustaste auf den Eintrag* Formulare *und wählen im Kontextmenü den Untermenübefehl* Neu/Formular. *Daraufhin wird die Schaltfläche* Entwurfsmodus an/aus *freigegeben.*

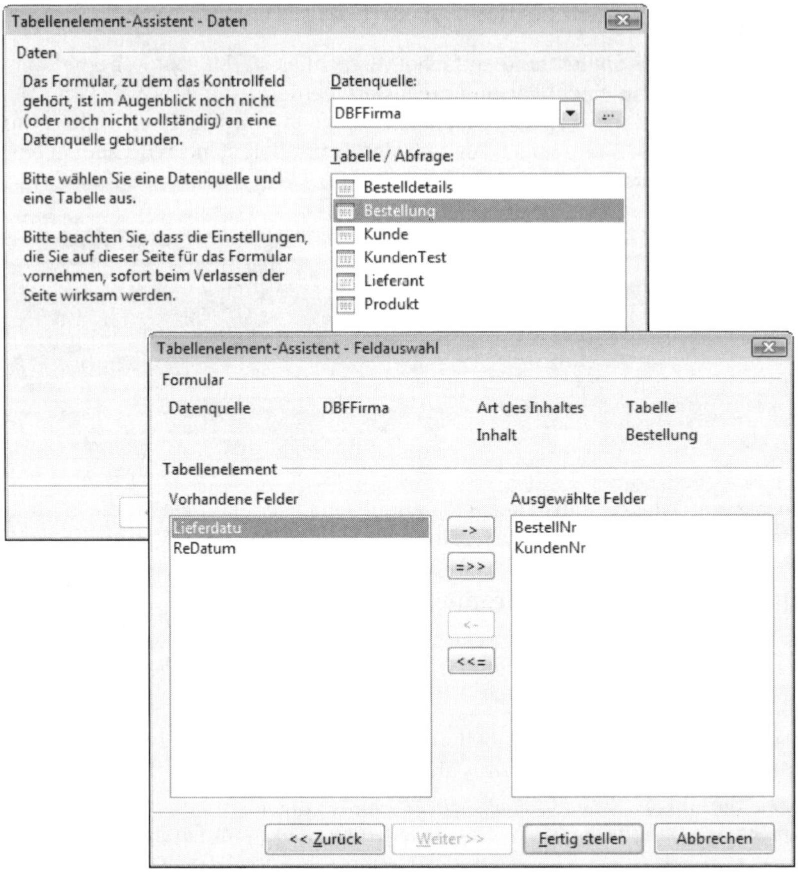

Abbildung 22.39: Anbinden einer Datenbanktabelle an ein Tabellen-Kontrollfeld

Spalten zum Tabellen-Kontrollfeld hinzufügen, anpassen und löschen

Möchten Sie nachträglich die im Tabellen-Kontrollfeld angezeigten Felder anpassen? Sollen Felder gelöscht, in der Reihenfolge verändert oder neue Felder eingefügt werden? Oder sollen Tabellenfelder in den Spalten mit bestimmten Formaten (z.B. Datum, Zeit etc.) angezeigt werden. Für diesen Zweck bietet die *Formular-Entwurf*-Symbolleiste eine eigene Schaltfläche *Feld hinzufügen* (Abbildung 22.40).

1. Markieren Sie das eingefügte Tabellen-Kontrollfeld im Formularentwurf und klicken Sie dann in der *Formular-Entwurf*-Symbolleiste auf die Schaltfläche *Feld hinzufügen* (Abbildung 22.40). Office blendet das in Abbildung 22.40 im Vordergrund (rechts) angezeigte Fenster *Feld hinzufügen* ein. In diesem Fenster sind alle Feldnamen der Datenbanktabelle aufgeführt.
2. Sie können nun einen Feldnamen per Maus aus dem Fenster *Feld hinzufügen* zur Leiste mit den Spaltenköpfen des Tabellen-Kontrollfelds ziehen. Wenn Sie die linke Maustaste loslassen, wird das Feld an die betreffende Stelle im Spaltenkopf eingefügt.

Beim Einfügen mit Drag&Drop übernimmt das Tabellen-Kontrollfeld den Namen des Datenbankfelds als Spaltenüberschrift. Zudem wird das Format des Datenbankfelds zur Anzeige verwendet.

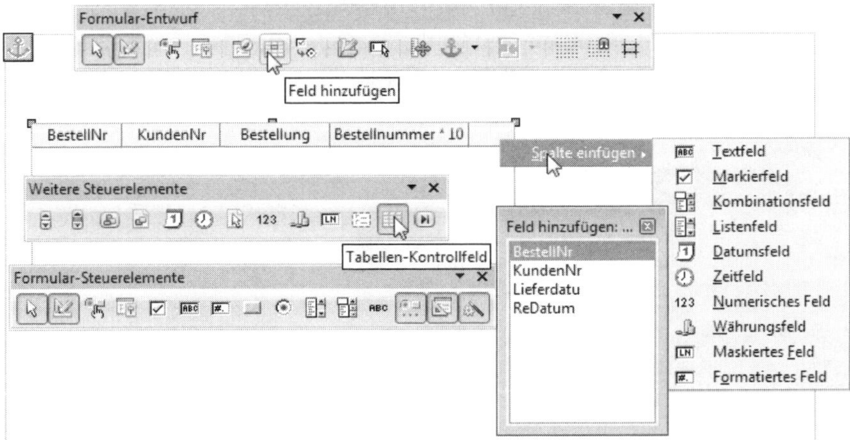

Abbildung 22.40: Hinzufügen von Feldern zu einem Tabellen-Kontrollfeld

TIPP

Möchten Sie die Reihenfolge der Spalten sortieren? Dann wählen Sie in der Entwurfsansicht des Formulars den gewünschten Spaltenkopf an und ziehen diesen bei gedrückter linker Maustaste an die gewünschte Stelle in der Leiste der Spaltenköpfe. Sobald Sie die linke Maustaste loslassen, verschiebt Office den Spaltenkopf an die aktuelle Position des Tabellen-Kontrollfelds.

Klicken Sie mit der rechten Maustaste auf eine Tabellenspalte, erscheint das in Abbildung 22.40 eingeblendete Kontextmenü. Über die Befehle der ersten Kontextmenüebene können Sie Spalten z.B. löschen oder ausblenden.

Bei der oben erwähnten Drag&Drop-Technik zum Einfügen der Spalten verwendet das Tabellen-Kontrollfeld standardmäßig ein Textfeld zur Darstellung der Feldwerte. Sie müssen dann ggf. das Darstellungsformat über die Eigenschaft *Formatierung* anpassen (siehe auch folgenden Abschnitt).

Das Tabellen-Kontrollfeld erlaubt Ihnen aber auch, die einzelnen Spalten mit anderen Feldtypen zu verbinden. Sie können daher einer Spalte ein numerisches Feld, ein Währungsfeld, ein formatiertes Feld, ein Kombinationsfeld etc. zuweisen. Die betreffenden Feldeigenschaften stehen dann zur Laufzeit in der Spalte zur Verfügung.

1. Möchten Sie den Feldtyp einer Spalte ändern, klicken Sie den Spaltenkopf mit der rechten Maustaste an und wählen im Kontextmenü den Befehl *Ersetzen durch*. Alternativ können Sie das Kontextmenü für den leeren Bereich des Spaltenkopfs öffnen und den Befehl *Spalte einfügen* wählen.
2. In beiden Fällen lassen sich die in Abbildung 22.40 im Untermenü eingeblendeten Feldtypen wählen. Nach Anwahl wird entweder der Feldtyp des aktuellen Felds geändert oder Office fügt ein neues Feld mit dem Feldtyp ein.

Auf diese Weise eingefügte neue Felder werden mit der Spaltenüberschrift »Spaltex« versehen. Sie können diesen Spaltentitel aber über die Eigenschaften der betreffenden Spalte anpassen (siehe unten).

Eigenschaften des Tabellen-Kontrollfelds anpassen

Bei Tabellen-Kontrollfeldern müssen Sie den eigentlichen Container sowie die einzelnen Tabellenspalten unterscheiden. Für beide können Sie die Eigenschaften anpassen.

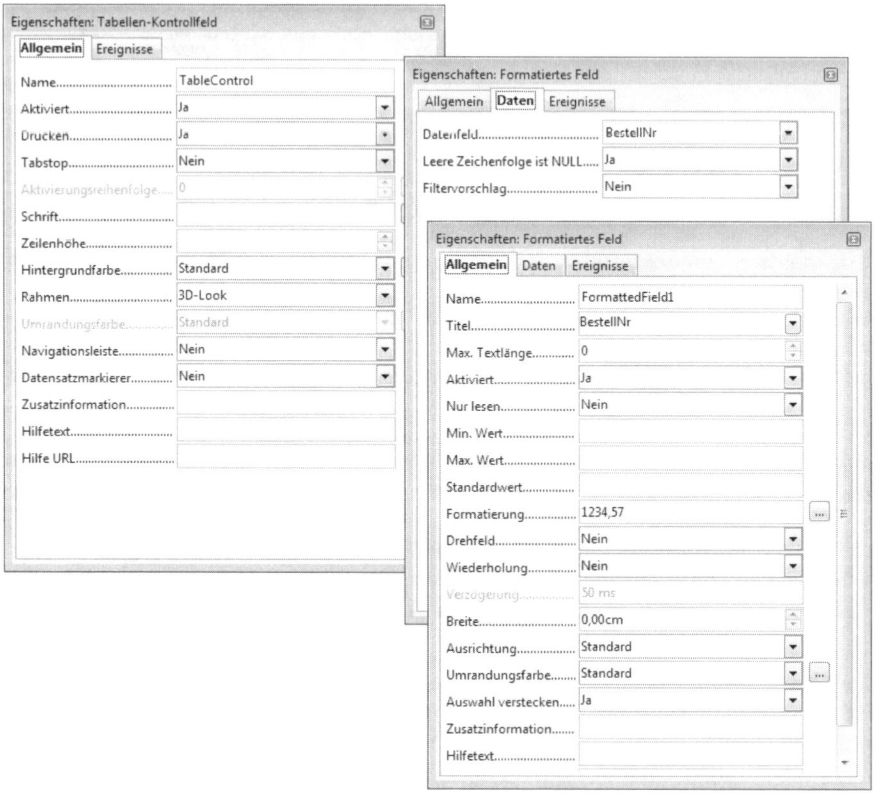

Abbildung 22.41: Eigenschaften eines Tabellen-Kontrollfelds und der Felder

1. Um die Eigenschaften des gesamten Tabellen-Kontrollfelds anzupassen, klicken Sie mit der rechten Maustaste auf eine leere Stelle im Bereich der Zeilenköpfe und wählen im Kontextmenü den Befehl *Kontrollfeld*. Sie können das Eigenschaftenfenster auch über die Schaltfläche *Kontrollfeld* der *Formular-Steuerelemente*-Leiste aufrufen.
2. Office zeigt dann das Eigenschaftenfenster des Tabellen-Kontrollfelds an (Abbildung 22.41, links). Auf der Registerkarte *Allgemein* können Sie den Objektnamen vorgeben, den Zeichensatz zur Darstellung beeinflussen sowie das Kontrollfeld aktivieren oder deaktivieren. Die Eigenschaft *Navigationsleiste* blendet die Navigationsleiste des Kontrollfelds aus, während die Eigenschaft *Datensatzmarkierer* die Schaltflächen der Navigationsleiste sperrt.

Wählen Sie dagegen im Kontextmenü einer markierten Tabellenspalte den Befehl *Spalte*, blendet Office das Eigenschaftenfenster *Formatiertes Feld* ein (Abbildung 22.41, rechts oben und unten). Auf der Registerkarte *Daten* lässt sich das Datenbankfeld wählen, welches in der Tabellenspalte einzublenden ist. Auf der Registerkarte *Allgemein* legen Sie neben dem Objektnamen noch den Spaltentitel (Eigenschaft

Titel), die Zugriffsrechte (z.B. Schreiben), die Formatierung und ggf. weitere Optionen fest. Je nach gewähltem Feldtyp für die Spalte werden Ihnen unterschiedliche Eigenschaften angeboten (bei Währungsfeldern gibt es beispielsweise eine Eigenschaft *Währungssymbol*). Auf der Registerkarte *Eigenschaften* können Sie dem Tabellen-Kontrollfeld oder den einzelnen Spalten noch Makros zu bestimmten Ereignissen zuweisen.

INFO

Ein Beispielformular mit einem Tabellen-Kontrollfeld finden Sie im Beispielarchiv im Verzeichnis Kap22 *in der Datei* Formular7.odt. *Die benutzte Datenbank* DBFirma.odb *finden Sie im selben Ordner.*

22.2.10 Schaltflächen in Formularen nutzen

Über das Werkzeug *Schaltflächen* der Symbolleiste *Formular-Steuerelemente* können Sie Schaltflächen in Formulare einfügen (Abbildung 22.42). Hierzu gehen Sie wie beim Einbinden anderer Steuerelemente vor.

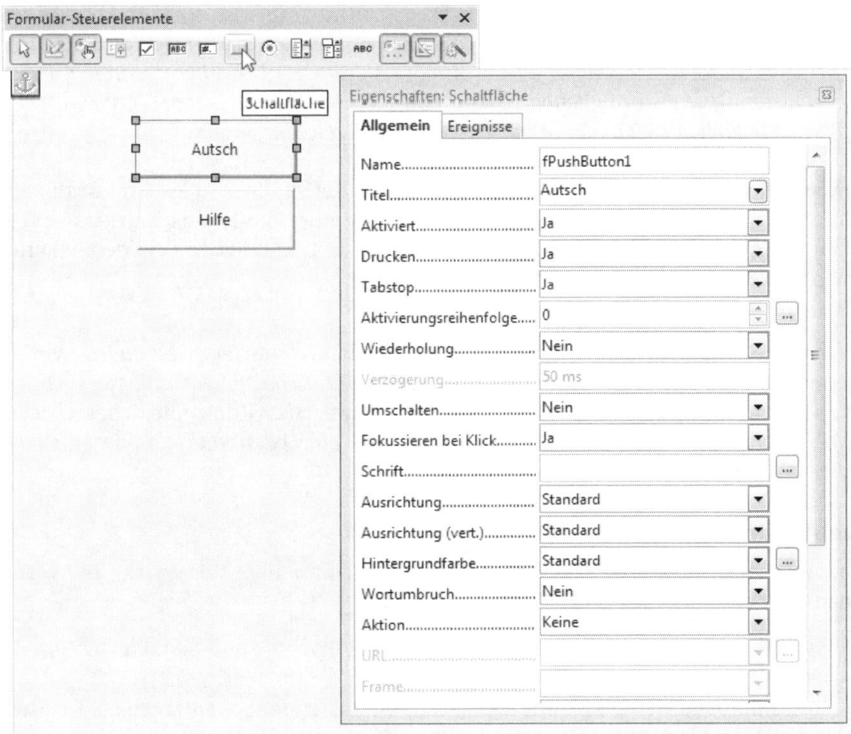

Abbildung 22.42: Schaltflächen in Formulare einbinden

Sobald das Symbol der Schaltfläche in den Formularentwurf eingefügt und in Größe bzw. Position festgelegt wurde, können Sie die Eigenschaften des Kontrollelements anpassen (z.B. über die Schaltfläche oder den Kontextmenübefehl *Kontrollfeld*). Das Eigenschaftenfenster besitzt die beiden Registerkarten *Allgemein* und *Ereignisse*.

Die Schaltflächenbeschriftung lässt sich über die *Titel*-Eigenschaft vorgeben. Greifen Sie von einem Makro aus auf diese Schaltfläche zu, lässt sich eine Schaltflächenbeschriftung auch dynamisch über die *Label*-Eigenschaft anpassen. Die Eigenschaft *Aktiviert* ermöglicht, die Schaltfläche ggf. zu deaktivieren, während die Eigenschaft *Zeichensatz* erlaubt, die Zeichengröße, den Font etc. vorzugeben.

Office unterstützt verschiedene Schaltflächentypen, die sich mittels der Eigenschaft *Aktion* wählen lassen. Bei HTML-Formularen kann die *Senden*-Schaltfläche mit »Formular übertragen« und die *Zurücksetzen*-Schaltfläche mit »Formular zurücksetzen« belegt werden. Möchten Sie, dass der Benutzer über eine Schaltfläche ein zweites Dokument (ein Formular, ein Dokument etc.) aufrufen kann? Setzen Sie die Eigenschaft *Aktion* auf »Dokument/Webseite öffnen«. Dann können Sie in das Feld *URL* einen Verweis auf die betreffende Datei oder Webseite eintragen. Die Schaltfläche des Eigenschaftenfelds zur Dateiauswahl scheint aber nicht zu funktionieren. Ein absoluter Verweis auf eine lokale Datei würde dann in die »file:///home/born/Hilfe.htm« geschrieben. Bei HTML-Formularen wären auch Verweise ins Web möglich.

INFO

Die Eigenschaft Frame *spezifiziert den Frame, in dem das in der URL spezifizierte HTML-Dokument zu laden ist. Vorausgewählte Werte wie »_self« (im eigenen Fenster öffnen), »_blank« (in leerem Fenster öffnen), »_parent« (im übergeordneten Dokumentfenster öffnen) ermöglichen vorzugeben, wie das Dokument zu öffnen ist. Diese Optionen beziehen sich aber vorwiegend auf HTML-Dokumente.*

Office unterstützt zudem Schaltflächen, in denen neben einem Text eine Grafik eingeblendet ist. Den Pfad zur Grafikdatei legen Sie über die Eigenschaft *Grafik* fest. Über die Eigenschaft *Ausrichtung* geben Sie vor, wie Text und Grafik in der Schaltfläche positioniert werden.

INFO

Alternativ können Sie das Werkzeug Grafische Schaltfläche *der Symbolleiste* Weitere Steuerelemente *benutzen. Dann wird eine abgesenkte Schaltfläche mit einer Grafik in das Formular eingefügt. Mit der Schaltfläche* Grafisches Kontrollfeld *der gleichen Symbolleiste können Sie dagegen eine Grafik über ein Datenbankfeld oder aus einer Datei in ein Formular einbinden.*

Schaltflächen an Makros anbinden

Das Anbinden eines Makros an eine Schaltfläche ist mit dem Wissen aus den vorherigen Abschnitten nun kein Problem mehr für Sie:

1. Sie definieren den Makrocode gemäß den Erläuterungen in den folgenden Kapiteln.
2. Anschließend wählen Sie im Eigenschaftenfenster der Schaltfläche die Registerkarte *Ereignisse* und weisen das Makro der Eigenschaft *Maustaste loslassen* zu.

Dann wird das Makro beim Anklicken der Schaltfläche aktiviert (konkreter: beim Loslassen der Maustaste erfolgt der Aufruf). Das nachfolgende Listing zeigt, wie Sie im Makro auf die Schaltflächeneigenschaften zugreifen können. Das Makro erzeugt eine Referenz auf das Schaltflächenobjekt, ermittelt dann den Text der Schaltfläche, gibt dieses aus und passt die Schaltflächenbeschriftung bei jedem Mausklick an.

Listing 22.8: Zugriff auf eine Schaltfläche

CODE

```
Option Explicit
' Globale Konstante und Variable
 Const vbOkOnly As Integer = 0
 Dim vbCrLf As String
 Dim oDoc as Object
 Dim oForm As Object
 Dim oButton1 As Object    ' Schaltflächen-Objektvariable
Sub Main
 vbCrLf = Chr(13)     ' Konstante für Zeilenumbruch
 oDoc=thisComponent  ' Referenz auf Dokument
 oForm=oDoc.DrawPage.Forms.GetByName("Standard") ' erstes Formular
 oButton1 = oForm.getByName("fPushButton1")   ' Schaltfläche
 MsgBox oButton1.Label    ' Anzeige Titel der Schaltfläche
 If oButton1.Label <> "Autsch" Then ' Titel ändern
  oButton1.Label = "Autsch"
 Else
  oButton1.Label = "Show"
 End if
End Sub
```

INFO

Ein Beispielformular mit den betreffenden Kontrollelementen finden Sie im Beispielarchiv im Verzeichnis Kap22 *in der Datei* Formular8.odt. *Die Datei* Hilfe.htm *wird über die untere Schaltfläche angezeigt.*

22.3 Arbeiten mit Unterformularen

Neben Abfragen lassen sich in Office auch Unterformulare einsetzen, um auf mehrere Tabellen zuzugreifen. Unterformulare eröffnen Ihnen die Möglichkeit, direkt auf verschiedene synchronisierte Tabelleninhalte zuzugreifen und die Datensätze zu pflegen.

Das Beispielformular aus Abbildung 22.43 demonstriert dies. Der Benutzer bekommt im Tabellen-Kontrollelement *Bestellungen* alle offenen Bestellungen angezeigt. Wählt er einen Datensatz in dieser Tabelle an, blendet das Formular automatisch die Bestelldetails dieser Bestellung aus der gleichnamigen Tabelle in einem getrennten Tabellen-Kontrollelement ein. Das Besondere dabei: Obwohl bei diesem Formular eine Datenbank mit mehreren Tabellen angebunden wurde, synchronisiert das Formular den Zugriff auf die beteiligten Tabellen. Bei Abfragen muss die Datenbank dagegen den Zugriff auf mehrere Tabellen unterstützen (siehe *Kapitel 21*). Ein weiteres Tabellen-Kontrollelement zeigt gleichzeitig den Produktdatensatz an, der zu dem in Bestelldetails angewählten Datensatz gehört. In der unteren Tabelle werden noch die in der Datenbank in die Tabelle *Kunde* eingefügten Datensätze angezeigt. Die Realisierung dieser Funktionalität erfolgt durch Unterformulare. Nachfolgend möchte ich die Technik zum Entwurf des Beispiels erläutern.

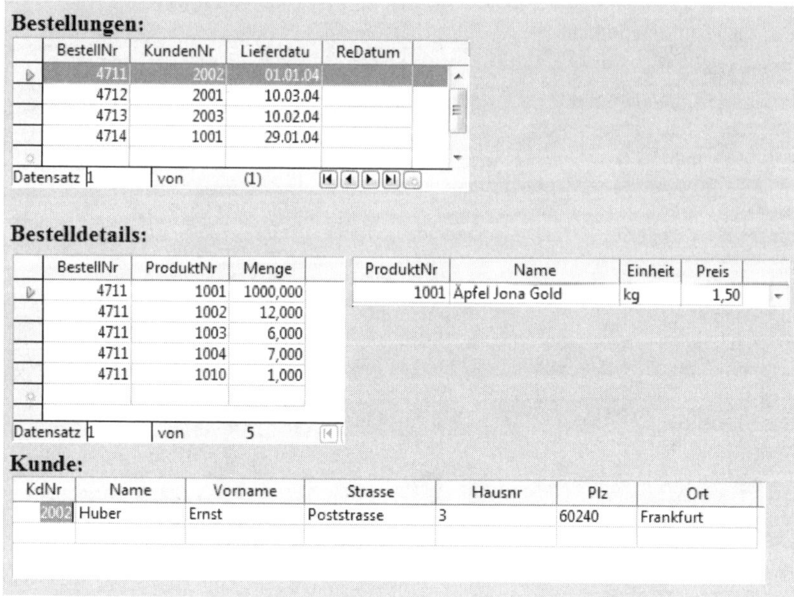

Abbildung 22.43: Nutzen von Unterformularen zum Zugriff auf verschiedene Tabellen

INFO

Sie finden ein Unterformularbeispiel sowohl in der Datenbank Firma.odb *als auch in der Datei* Unterformular.odt *des Beispielordners* Kap22.

22.3.1 Entwurf des Haupt- und der Unterformulare

In Abbildung 22.44 sehen Sie das auf einem Textdokument basierende Formular, in das einige Tabellen-Kontrollfelder eingebunden wurden. Nachfolgend werden die Schritte und Techniken erläutert, mit denen die Formularelemente in den Entwurf einzufügen sind.

Einige Hinweise zu Begrifflichkeiten

Zum Einsatz der Unterformulare sollten Sie den von den Office-Entwicklern vorgesehenen Ansatz verstanden haben. Wie Sie aus den vorhergehenden Abschnitten wissen, lassen sich Formulare mit jedem beliebigen Office-Dokument realisieren. Sobald Sie ein Kontrollelement einfügen, interpretiert Office dieses Dokument automatisch als Formular. Aus den vorherigen Seiten wissen Sie auch, dass die Anbindung an Datenquellen über das Formular und nicht über die einzelnen Kontrollelemente erfolgt.

Wenn Sie jetzt in einem zweiten Kontrollelement auf eine andere Datenbanktabelle zugreifen möchten, geht dies nicht. Sie müssen das Kontrollelement in einem getrennten Formular unterbringen. Im ersten Ansatz stellt sich hierzu vielleicht die Überlegung, einfach eine neue Dokumentseite oder ein neues Dokument zu holen, das Steuerelement einzufügen und schon ist das Problem gelöst. Aber dies bringt Sie beim Formularentwurf nicht weiter. Gemäß Abbildung 22.44 möchte man ja die Kontrollelemente auf der gleichen Formularseite unterbringen, damit der Benutzer die Daten sieht. Die Daten kommen aus verschiedenen Tabellen und sollen über gemeinsame Felder (ähnlich wie bei Abfragen) synchronisiert werden.

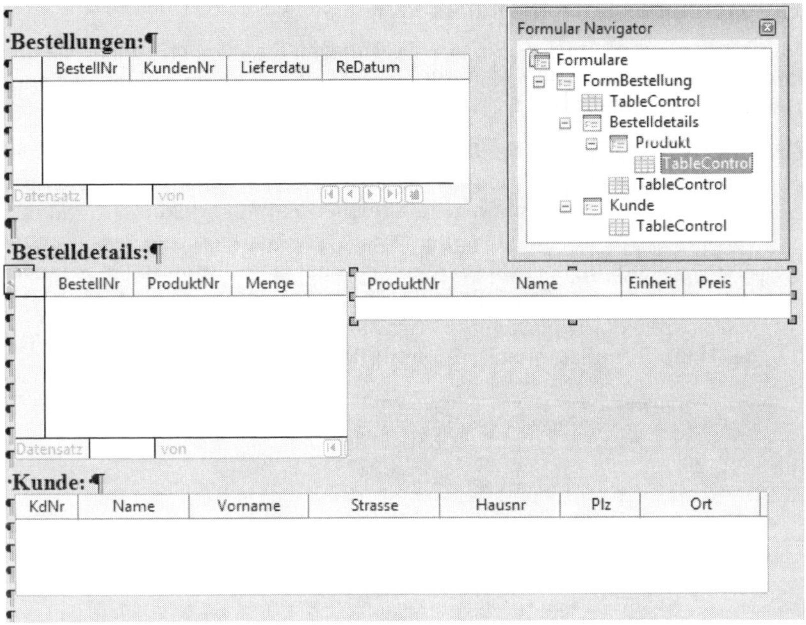

Abbildung 22.44: Formular mit Steuerelementen und Formular-Navigator

Hier haben die Office-Entwickler einen gewöhnungsbedürftigen, aber für meinen Geschmack dennoch genialen Ansatz gewählt: Sie können in einem Formulardokument sogenannte Unterformulare anlegen und diesen Unterformularen die Kontrollelemente zuweisen. Sie haben diese Thematik bereits bei den Optionsfeldern kennengelernt. Unterformulare helfen Ihnen auch, Daten aus mehreren Tabellen bei der Anzeige zu synchronisieren.

Entwurf des Hauptformulars

Der Entwurf des in Abbildung 22.43 gezeigten Formulars erfolgt in mehreren Schritten. Zu Beginn muss das Formulardokument angelegt und das sogenannte Hauptformular entworfen werden. Das Hauptformular des Beispiels ist mit wenigen Schritten realisiert.

1. Legen Sie ein neues Textdokument an und legen Sie die Seitenabmessungen fest. Bei Bedarf können Sie den Dokumenthintergrund einfärben, um das Formular optisch zu gestalten.
2. Weiterhin sollten Sie (wie in Abbildung 22.44 gezeigt) einige Leerzeilen in das Textdokument eingeben und dann die Überschriften für die Formularkategorien eingeben. Diese werden als einfacher statischer Text eingefügt.
3. Anschließend wechseln Sie über die Schaltfläche *Entwurfsmodus an/aus* der Symbolleiste *Formular-Steuerelemente* zum Designmodus für Formulare und fügen, wie bereits auf den vorhergehenden Seiten gezeigt, ein Tabellen-Kontrollfeld in den Abschnitt *Bestellungen* ein.

Binden Sie das Tabellen-Kontrollfeld an die Tabelle *Bestellungen* der gewünschten Datenquelle. Im aktuellen Beispiel wurde eine Tabelle der Datenbank *DBFFirma.odb* benutzt. Natürlich können Sie jede beliebige Datenquelle für die Anbindung des Kontrollelements verwenden.

Einfügen eines Unterformulars

Im nächsten Schritt müssen Sie nun die Tabellen *Bestelldetails*, *Produkte* und *Kunde* der Datenbank als Tabellen-Kontrollfelder einbinden. Damit später die Synchronisation klappt, ist es wichtig, dass dies über Unterformulare erfolgt.

1. Öffnen Sie das Fenster des Formular-Navigators über die gleichnamige Schaltfläche in der *Formular-Steuerelemente*-Symbolleiste. Der Formular-Navigator zeigt Ihnen die Formularcontainer im aktuellen Formulardokument und die Hierarchie der in diesen Container eingefügten Formularelemente. Das Wurzelelement wird als »Formulare« bezeichnet und besitzt ein Hauptformular »Standard«. Zur Verbesserung der Übersicht habe ich die Formularnamen aber über den Kontextmenübefehl *Umbenennen* etwas angepasst. Gemäß Abbildung 22.44 heißt das Hauptformular im Beispiel »FormBestellung«.

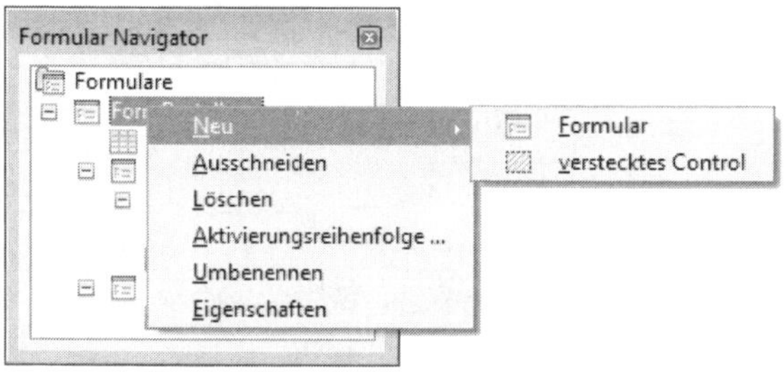

Abbildung 22.45: Anlegen eines Unterformulars

2. Klicken Sie nun im Formular-Navigator mit der rechten Maustaste auf das Symbol des Hauptformulars (hier »FormBestellung«) und wählen Sie im Kontextmenü den Untermenübefehl *Neu/Formular*. Office legt ein neues Unterformular »Standard« an, welchem Sie anschließend den Namen »Bestelldetails« zuweisen. Bei dieser Vorgehensweise wird das neue Formular als Unterformular im Zweig des Hauptformulars eingeblendet.
3. In einem weiteren Schritt können Sie nun in dieses Unterformular ein neues Tabellen-Kontrollfeld einfügen. Office gibt Ihnen dann (z.B. in den Dialogen des Assistenten) die Möglichkeit, diesem Formular eine zweite Datenquelle zuzuweisen. Das Tabellen-Kontrollfeld binden Sie an die Tabelle *Bestelldetails* der Datenbank.

Mit diesen Schritten haben Sie bereits ein Formulardokument, welches zwei Tabellen-Kontrollfelder aufweist, die mit unterschiedlichen Tabellen verbunden sind. Nun gilt es die Eigenschaften des Unterformulars so anzupassen, dass dieses mit dem ausgewählten Datensatz des übergeordneten Hauptformulars synchronisiert wird.

HALT

Stellen Sie beim Einfügen des Unterformulars sicher, dass dieses auch wirklich ein Unterformular des Hauptformulars ist. Beim Einfügen des Kontrollelements muss das Unterformular im Formular-Navigator markiert worden sein, damit das Element in den Formularcontainer eingefügt wird. Ignorieren Sie dies, klappt die nachfolgend beschriebene Synchronisation der beiden Formulare nicht und Sie bekommen ein Dialogfeld zur Parameterabfrage angezeigt.

Synchronisation der Datenanzeige zwischen Formular und Unterformular

Ziel ist es, dass die im Unterformular angezeigten Werte zum Hauptformular passen. Wird im hier benutzten Beispiel ein Bestelldatensatz vom Benutzer gewählt, dürfen im Formular *Bestelldetails* nur die Daten zu dieser Bestellung auftauchen. Diese Problemstellung erinnert stark an eine Abfrage über zwei Tabellen, wo die Datenselektion über ein gemeinsames Feld gesteuert wird. Ähnliches passiert bei Unterformularen, wo auch eine Abfragebedingung für die anzuzeigenden Daten benötigt wird.

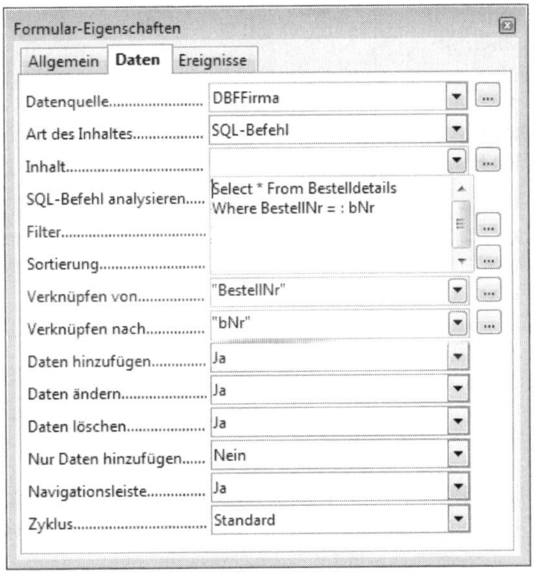

Abbildung 22.46: Formular-Eigenschaften des Unterformulars

1. Markieren Sie das Tabellen-Kontrollfeld *Bestelldetails* im Formulardokument und rufen Sie das Eigenschaftenfenster (z.B. über die Schaltfläche *Formular* der Symbolleiste *Formular-Steuerelemente*) dieses Unterformulars auf.
2. Holen Sie die Registerkarte *Daten* in den Vordergrund und stellen Sie die Eigenschaft *Art des Inhaltes* auf »SQL-Befehl« (Abbildung 22.46). Dies ermöglicht Ihnen, statt einer Tabelle eine SQL-Anweisung in das Feld *Inhalt* einzutragen.
3. Geben Sie in die Eigenschaft *Inhalt* nun den SQL-Befehl zur Abfrage der Tabelle *Bestelldetails* ein. Im aktuellen Beispiel wurde der Befehl *Select * From Bestelldetails Where BestellNr = :bNr* eingetragen. Mit * ruft der *Select*-Befehl alle Feldnamen aus der Tabelle *Bestelldetails* ab. Die *Where*-Klausel definiert eine Filterbedingung auf das Indexfeld *BestellNr*, dessen Inhalt mit der Variablen *bNr* verglichen wird.
4. Tragen Sie in der Eigenschaft *Verknüpfen von* den Namen des Indexfelds (hier *BestellNr*) ein. Über diesen Feldnamen wird die Beziehung der aktuellen Tabelle zur Tabelle des Hauptformulars definiert.
5. Weiterhin hinterlegen Sie in der Eigenschaft *Verknüpfen nach* den Namen der Variablen, die in der Eigenschaft *Inhalt* im SQL-Befehl im Where-Zweig benutzt wurde.

Schalten Sie den Entwurfsmodus aus, sollten im Formulardokument die beiden synchronisierten Tabellen zu sehen sein.

Die Schreibweise der obigen SQL-Abfrage sollte Ihnen aus den vorherigen Kapiteln geläufig sein. Der Doppelpunkt vor dem Variablennamen – :bNr *– definiert üblicherweise eine Parameterabfrage (siehe vorherige Kapitel). Bei Unterformularen erscheint aber kein Dialogfeld mit einer Parameterabfrage, sondern Office initialisiert die Variable mit einem Feldwert des Hauptformulars. Der Feldname des Hauptformulars wird über die Eigenschaft* Verknüpfen von *definiert. Daher ist es auch ganz wichtig, dass Sie wirklich Unterformulare zur Aufnahme der betreffenden Kontrollfelder benutzen. Andernfalls zeigt Office das Dialogfeld der Parameterabfrage, statt die Tabellen zu synchronisieren. Statt eines Tabellen-Kontrollfelds können Sie natürlich auch andere Feldelemente wie Textfelder etc. im Unterformular verwenden.*

Auf diese Weise können Sie das Formular um weitere Kontrollelemente ergänzen. Der Formular-Navigator aus Abbildung 22.44 zeigt die Hierarchie der Formularelemente, die auch die möglichen Beziehungen zwischen den Tabellen widerspiegelt.

Im Beispielformular wurde die Tabelle *Produkte* als Unterformular *Bestelldetails* in das Formular eingefügt. Die Tabellen *Kunde* und *Bestellungen* stehen über die Felder *KdNr* (Tabelle *Kunde*) und *KundenNr* (Tabelle *Bestellungen*) in einer Beziehung. Die SQL-Anweisung zur Anzeige des Kunden zur gewählten Bestellung sieht dann z.B. so aus:

```
Select * From Kunde Where KdNr = :kNr
```

In der *Where*-Klausel erfolgt eine Filterung über das Feld *KdNr* der Tabelle *Kunde*. Das Filterkriterium steckt in der Variablen *:kNr*, die in der Eigenschaft *Verknüpfen nach* definiert wurde. Die Verbindung zum Feld *KundenNr* der Haupttabelle *Bestellung* wird dann über die Eigenschaft *Verknüpfen von* hergestellt.

Weitere Details des Beispiels können Sie der Datei Unterformular.odt *im Beispielarchiv* Kap22 *entnehmen. Beachten Sie aber, dass die Datenbank* DBFFirma.odb *des Beispielarchivs geladen sein muss. Falls es beim Öffnen des Formulars zu Fehlern beim Zugriff auf die Datenbank kommt, müssen Sie die Datenbank in Base laden oder die Datenquellenzuordnung in den Formularen neu aufsetzen. Alternativ können Sie die Datenbank* Firma.odb *verwenden, die sowohl die Datenbanktabellen als auch das Unterformularbeispiel enthält.*

22.4 Kontrollelemente an Calc-Tabellen anbinden

In den vorhergehenden Abschnitten wurde gezeigt, wie Sie Kontrollelemente an Tabellen von Datenquellen oder an Makros binden. Sie können Kontrollelemente auch in Calc-Tabellendokumenten hinterlegen und die Formulare auf die gleiche Art benutzen. Es gibt aber zusätzlich die wenig bekannte Möglichkeit, die Kontrollelemente auch direkt an die Tabellenzellen des Calc-Dokuments zu binden. Dies erlaubt Ihnen, Tabellenblätter mit zusätzlichen Funktionen zu versehen. Die Techniken zum

Einfügen von Kontrollfeldern in Formulare sind in den vorhergehenden Abschnitten erläutert. Nachfolgend möchte ich kurz erläutern, wie sich Kontrollelemente an Zellen binden lassen.

22.4.1 Ein Textfeld an eine Tabellenzelle binden

In einem einfachen Beispiel soll jetzt das Einbinden eines Textfelds in eine Calc-Tabelle demonstriert werden. Das Textfeld wird an einer Tabellenzelle verankert, während die Eingaben in diesem Kontrollelement in eine zweite Tabellenzelle A8 übertragen werden (Abbildung 22.47). Zum Anlegen des Beispiels sind folgende Schritte erforderlich.

1. Legen Sie ein neues Tabellendokument an, blenden Sie die Leiste *Formular-Steuerelemente* ein und wechseln Sie in den Entwurfsmodus für Formulare.
2. Fügen Sie dann ein Textfeld gemäß den obigen Beschreibungen ein und verankern Sie dies an der Zelle E6.
3. Rufen Sie das Eigenschaftenfenster des Textfelds auf und geben Sie auf der Registerkarte *Daten* in der Eigenschaft *Verknüpfte Zelle* die Zellreferenz ein (hier »A2«).

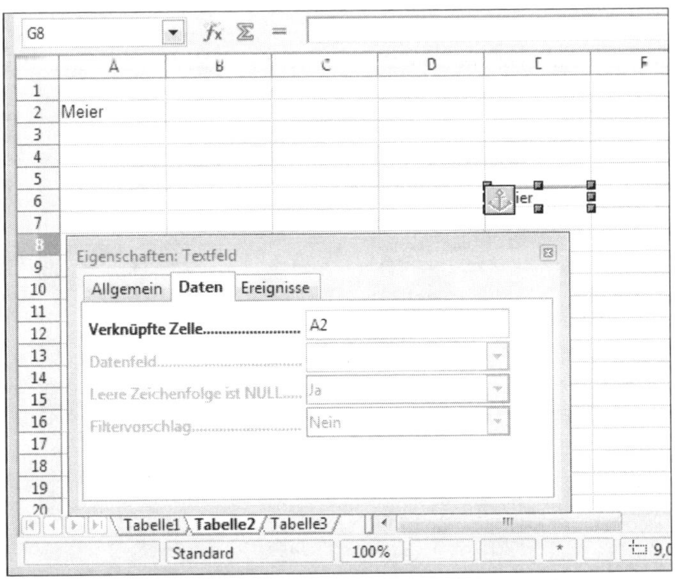

Abbildung 22.47: Einbinden des Kontrollelements

Sobald die Eigenschaft *Verknüpfte Zelle* eine Zellreferenz aufweist, sperrt Office die restlichen Eigenschaften zur Definition eines Datenfelds. Wenn Sie dann den Entwurfsmodus beenden, lässt sich in das Textfeld etwas eingeben. Diese Eingaben werden automatisch zur Zielzelle übertragen (Abbildung 22.47).

INFO

Sie finden das Beispiel im Verzeichnis Kap22 *in der Datei* FormularCalcTabelle.ods *in* Tabelle2.

22.4.2 Beispiel: Tabellenblatt mit Listenfeld

Mit den Kontrollfeldern können Sie die Funktionalität von Tabellenblättern aufwerten. Über Listenfelder lassen sich beispielsweise sehr einfache Möglichkeiten zur Auswahl vorgegebener Optionen wählen. Dies soll an einem einfachen Beispiel demonstriert werden.

1. Legen Sie ein neues Tabellendokument an und tragen Sie die in Abbildung 22.48 sichtbaren Zellwerte ein. Anschließend blenden Sie die Leiste *Formular-Steuerelemente* ein und wechseln in den Entwurfsmodus für Formulare.
2. Fügen Sie dann ein Listenfeld gemäß den obigen Beschreibungen ein und verankern Sie dies an der Zelle E6.
3. Rufen Sie das Eigenschaftenfenster des Listenfelds auf und geben Sie auf der Registerkarte *Daten* (Abbildung 22.48) in die Eigenschaft *Verknüpfte Zelle* die Zellreferenz (hier »A2«) für die Ergebniszelle ein.
4. Anschließend legen Sie im Feld *Quellzellenbereich* den Zellbereich mit den Werte für das Listenfeld fest (hier »A6:A9«).

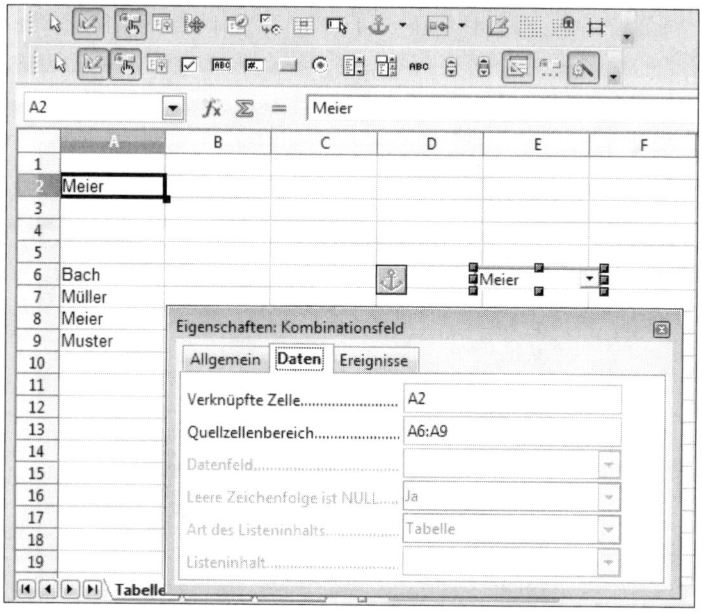

Abbildung 22.48: Einbinden eines Listenfelds als Kontrollelement

Wenn Sie das Eigenschaftenfenster schließen und den Entwurfsmodus der Formularseite abschalten, können Sie im Listenfeld der Zelle E6 einen Wert auswählen. Der gewählte Wert wird dann in der Zelle A2 angezeigt.

INFO

Sie finden das Beispiel im Verzeichnis Kap22 *in der Datei* FormularCalcTabelle.ods *in* Tabelle1.

Erweitertes Listenfeld-Beispiel

Abschließend soll noch ein erweitertes Beispiel skizziert werden, welches die Leistungsfähigkeit dieses Ansatzes demonstriert. Abbildung 22.49 zeigt ein Tabellenblatt aus einer Calc-Tabelle. In einer kleinen Liste sind Produkte mit Preisen und Rabattwerten eingefügt. Über entsprechende Formeln kann aus dem Verkaufspreis und dem Rabattsatz der Einkaufspreis für ein Produkt berechnet werden. Zur Auswahl der Produkte steht ein Listenfeld in der Tabellenzelle F4 zur Verfügung. Die dort eingeblendeten Produktnamen entstammen dem Zellbereich A5 bis A13.

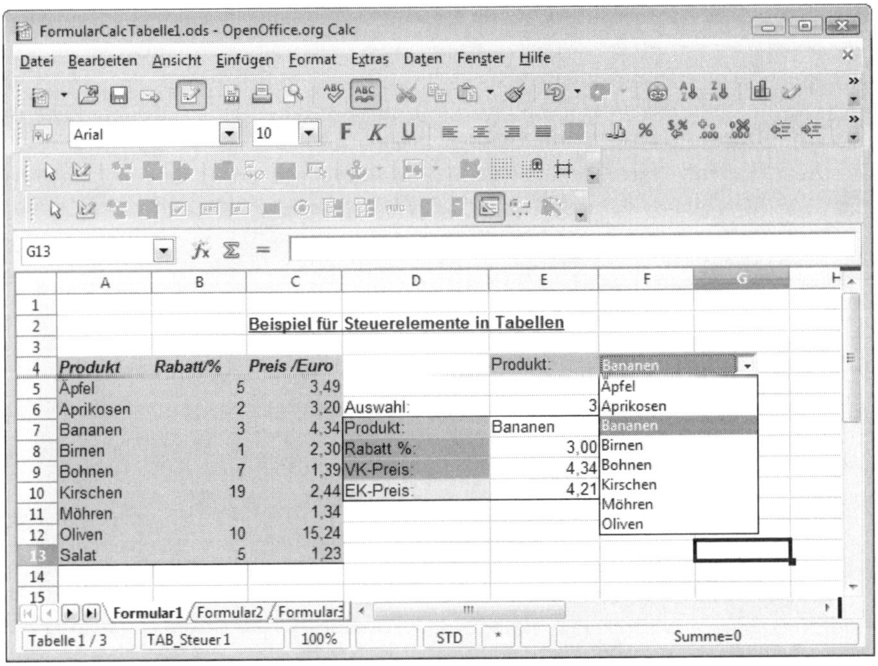

Abbildung 22.49: Calc-Tabelle mit Formularelementen

Das Kontrollelement können Sie wie oben beschrieben in die Kalkulationstabelle einfügen und dann mit der Tabellenzelle verankern. Anschließend müssen Sie noch die Eigenschaften dieses Kontrollfelds anpassen. Abbildung 22.50 zeigt die Eigenschaften der Registerkarten *Allgemein* und *Daten* des aktuellen Beispiels. Auf der Registerkarte *Daten* verknüpft die Eigenschaft *Verknüpfte Zelle* das Listenfeld mit der Zelle *E6*. Die Eigenschaft *Quellzellenbereich* ist spezifisch für das Listenfeld und legt den Zellbereich fest, aus dem das Kontrollelement die Liste mit den Vorgabewerten einliest. Die Vorgabewerte werden übrigens auf der Registerkarte *Allgemein* in der (deaktivierten) Eigenschaft *Einträge* aufgeführt.

Abbildung 22.50: Eigenschaften des Kombinationsfelds

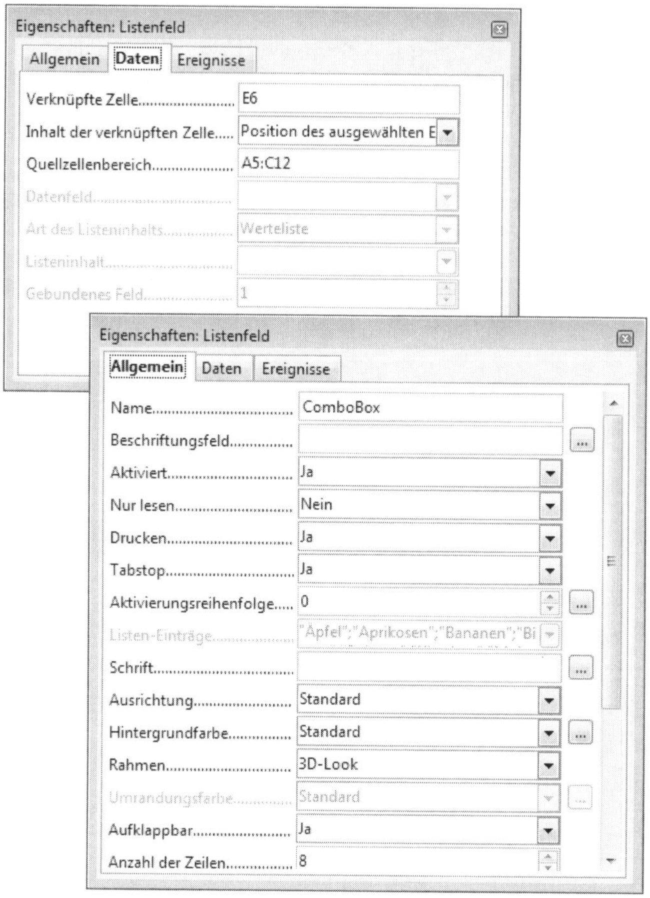

INFO

Sie finden das Beispiel im Ordner Kap22 *in der Datei* FormularCalcTabelle1.odt *in der Tabelle* Formular1. *Das Dokument enthält noch zwei weitere Tabellen.* Formular2 *besitzt ein ähnliches Modell zur Berechnung von Werten, während in* Formular3 *noch weitere Kontrollelemente (Optionsfelder, Kontrollkästchen und Schaltflächen) eingebunden wurden. Die Schaltflächen ermöglichen den Aufruf der beiden anderen Tabellen. Hierzu wurde die Eigenschaft* Art der Schaltfläche *auf »URL« gesetzt. In die Eigenschaft* URL *ist dann ein Anker auf den Tabellennamen in der Form »#Name« einzutragen (Abbildung 22.51). Dann referenziert Office beim Anklicken der Schaltfläche das Verweisziel auf eine interne Marke (hier die Tabelle mit den Namen* Formular1*).*

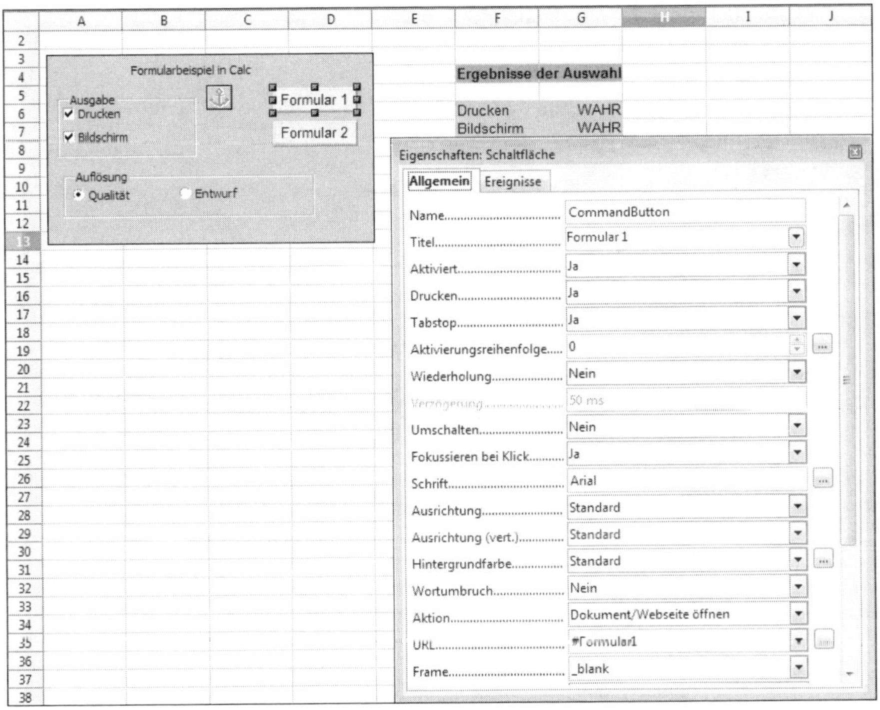

Abbildung 22.51: Beispielformular in Calc

23 Arbeiten mit Office-Makros

StarOffice und OpenOffice.org ermöglichen Ihnen, Makros als Sequenz von Basic-Befehlen aufzuzeichnen. Zudem können Sie direkt in der von beiden Office-Varianten benutzten Sprache StarOffice Basic (kurz Basic genannt) programmieren. Bereits seit OpenOffice.org 2.0 besteht zudem die Möglichkeit, Makros in Python, BeanShell oder JavaScript zu nutzen. In diesem Kapitel finden Sie eine Übersicht über die betreffenden Funktionen zum Aufzeichnen, Ausführen und Bearbeiten von Makros. Zudem lernen Sie die Entwicklungsumgebung zur Pflege und zum Testen des Basic-Codes kennen.

23.1 Makros aufzeichnen, ausführen, bearbeiten

Makros sind nichts anderes als eine Zusammenstellung von Befehlen (in Basic, JavaScript, Python etc.), die in Modulen abgelegt werden. Mithilfe von Makros lassen sich wiederkehrende Aufgaben automatisieren oder zusätzliche Funktionen wie etwa benutzerdefinierte Calc-Funktionen realisieren. Nachfolgend wird beschrieben, wie Office diese Makros verwaltet, wie Sie Makros aufzeichnen, löschen, ausführen und bearbeiten. Der Schwerpunkt liegt dabei in der Nutzung von Basic-Makros.

23.1.1 So organisiert Office Makros

Bevor Sie sich mit dem Erstellen von Makros befassen, sollte Ihnen klar sein, wie Office die Makros organisiert (d.h. wo Makros abgelegt werden). Grundsätzlich ist dabei zu unterscheiden, ob es sich um in Basic, in Python, in BeanShell oder in JavaScript geschriebene Makros handelt. Python-Makros lassen sich nur direkt als *.py*-Dateien im Zweig */share/Scripts/python* des Installationsverzeichnisses speichern und global in einem Dokument verwenden. Bei den anderen Makrovarianten unterstützt Office das Speichern des Makrocodes im lokalen Dokument oder global für alle Office-Dokumente.

Office unterscheidet bei Makros, ob diese global bereitgestellt werden oder nur für das lokale Dokument gelten sollen. Zudem wird bei globalen Makros noch unterschieden, ob es sich um benutzerdefinierte Makros oder durch Office bereitgestellte Makros handelt. Abbildung 23.1 zeigt Ihnen die Verwaltungsstrukturen im Umfeld der Makros und benennt auch die benutzten Begriffe.

- *Meine Makros:* In diesem Zweig lassen sich benutzerdefinierte Makros zur globalen Verwendung in allen Office-Dokumenten ablegen.
- *OpenOffice.org Makros:* Der Zweig enthält die Makros, die mit Office ausgeliefert wurden. In diesem Zweig lassen sich keine neuen Makros ablegen.

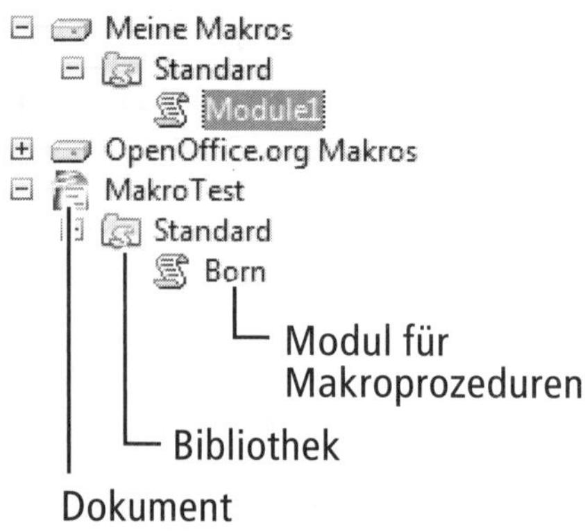

Abbildung 23.1: Hierarchie zur Verwaltung von Makros

- *Aktuelles Dokument:* Office blendet das Symbol des aktuell geöffneten Dokuments in der Hierarchie ein. Sobald Sie das betreffende Dokumentsymbol wählen, lassen sich Makros im aktuellen Dokument ablegen (hier *MakroTest.odt*). Dann steht das Makro nur in diesem Dokument zur Verfügung.

Innerhalb des Dokuments, des Zweigs *Meine Makros* (sowie *OpenOffice.org Makros*) verwendet Office ein weiteres als Container fungierendes Verwaltungselement, die sogenannten »Bibliotheken«. Diese besitzen einen Namen und werden mit einem stilisierten Ordnersymbol angezeigt. Jedes Dokument mit Basic-Makros besitzt immer die Bibliothek mit dem Namen *Standard*. Sie können aber jederzeit weitere Bibliotheken anlegen (siehe unten).

Bei Skriptsprachen speichert Office den Makrocode direkt in separaten Skriptdateien in der betreffenden Bibliothek. Bei Basic-Makros sieht die Sache etwas anders aus. Basic-Makros stellen Basic-Prozeduren dar. Der Makroname ist dabei mit dem Prozedurnamen identisch. Zur Organisation dieser Prozeduren verwendet Office sogenannte »Module«. Dies sind quasi Container, die einen Namen besitzen und den Code einer oder mehrerer Prozeduren (d.h. Makros) aufnehmen können. Module kapseln den Makrocode ab. Zudem werden Dialoge in eigenen Modulen gespeichert.

INFO

Die hier für Basic-Makros beschriebenen Strukturen gelten sinngemäß auch für in JavaScript, BeanShell oder Python erstellte Makros. Die Bibliotheken werden dabei mit Library1 *etc. benannt. In Python lassen sich keine eigenen Makros über die Oberfläche erzeugen, Sie können die Makrodateien nur direkt in die betreffenden Skriptverzeichnisse ablegen und dann ausführen. Die von Office mitgelieferten Makros finden sich im Installationsverzeichnis des Programms im Unterverzeichnis* share. *Benutzerdefinierte Makros, die global für alle Dokumente gelten sollen, werden direkt in diesem Zweig (z.B.* /opt/openoffice.org3.0/share/*) abgelegt. Im Pfad gibt es Unterverzeichnisse für Basic und für die Skriptmakros, wobei letztere eigene Unterordner für die diversen Skriptvarianten bereitstellen. Basic-Code wird dabei in XML-Dokumentdateien eingebettet, während Skripts u.U. direkt als Skriptdateien im entsprechenden Unterordner abgelegt werden. Sofern Sie sich mit der Erstellung von Basic-Makros oder von BeanShell- sowie JavaScript-Makros befassen, muss Sie dies aber nicht interessieren, da Office die Verwaltung automatisch übernimmt.*

23.1.2 Aufzeichnen von Makros

In Office steht Ihnen ein Makrorecorder zum Aufzeichnen der Makrobefehle zur Verfügung. Sobald der Makrorecorder läuft, brauchen Sie nur noch die gewünschten Schritte auszuführen. Der Recorder erkennt diese Befehle und setzt sie in Basic-Anweisungen um, die anschließend im Makro gesammelt werden. Dadurch wird der Anwender beim Erstellen von Automatisierungslösungen unterstützt.

TIPP

Da der Makrorecorder alle Ihre Aktionen aufzeichnet und daraus Programmcode generiert, sollten Sie vor der Aufzeichnung des Makros die auszuführenden Schritte planen. Schritte, die nicht zum Makro gehören, sind vor dem Einschalten des Makrorecorders auszuführen. Dies beschleunigt die Makroentwicklung und führt zu kompakterem Code.

Um in einem geöffneten Office-Dokument ein Makro aufzuzeichnen, gehen Sie in folgenden Schritten vor:

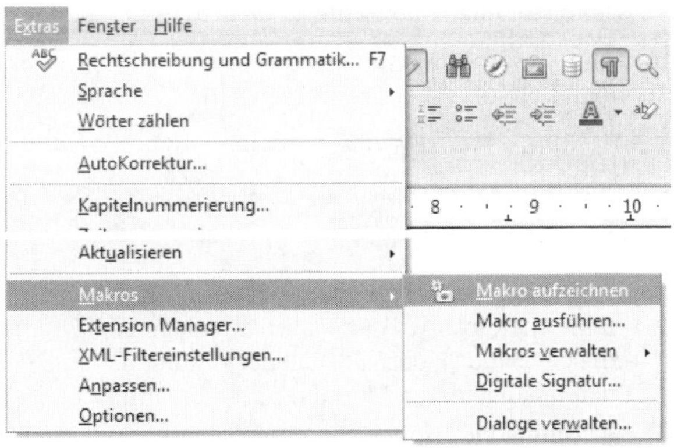

Abbildung 23.2: Makroaufzeichnung starten

1. Bereiten Sie alle Schritte im Dokument vor, die nicht zur Makroaufzeichnung gehören (z.B. Positionieren im Dokumentinhalt bzw. Markieren von Dokumentteilen).
2. Wählen Sie im Menü *Extras* den Befehl *Makros* und klicken Sie dann im Untermenü auf den Eintrag *Makro aufzeichnen* (Abbildung 23.2). Sobald der Makrorecorder zur Aufzeichnung bereit ist, erscheint die *Makro aufzeichnen*-Symbolleiste (Abbildung 23.3).
3. Führen Sie dann die gewünschten Schritte, die der Recorder aufzeichnen soll, im Dokumentfenster durch. In Abbildung 23.3 wurde die vorher bereits markierte Textstelle in der untersten Zeile nach dem Einschalten des Recorders unterstrichen formatiert.
4. Sind alle Arbeiten erledigt, stoppen Sie die Aufzeichnung durch einen Klick auf die Schaltfläche *Aufzeichnung beenden* in der *Makro aufzeichnen*-Symbolleiste.

Mit diesen Schritten ist die Aufzeichnung beendet und Office öffnet das Dialogfeld zur Auswahl des Speicherorts für den Makrocode sowie zur Eingabe des Makro- und Modulnamens (Abbildung 23.4).

23

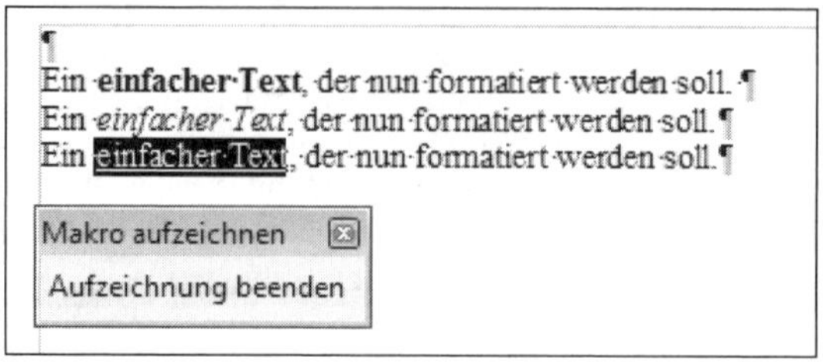

Abbildung 23.3: Dokument mit Symbolleiste *Makro aufzeichnen*

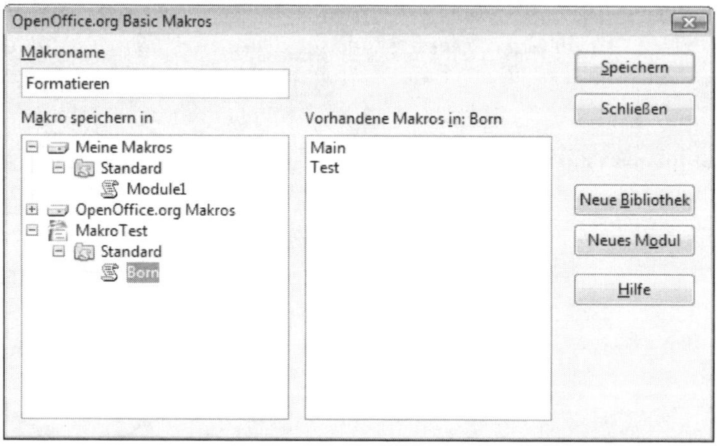

Abbildung 23.4: Dialogfeld zum Speichern des aufgezeichneten Makros

1. Legen Sie als Erstes in der Liste *Makro speichern in* das Dokument und die Bibliothek fest, wo das Makro abzulegen ist. In Abbildung 23.4 wurde die Bibliothek *Standard* des aktuellen Dokuments und dann der Eintrag (des bei mir bereits angelegten Moduls) *Born* gewählt.
2. Anschließend tippen Sie einen Namen für das Makro in das Feld *Makroname* ein. Dieser Name wird als Prozedurname im Makrocode verwendet.

Sobald Sie das Dialogfeld über die *Speichern*-Schaltfläche schließen, legt Office das Makro im gewählten Modul unter dem angegebenen (Prozedur-)Namen ab. Falls bereits ein Makro mit dem angegebenen Namen existiert, wird in einem Dialogfeld nachgefragt, ob dieses durch den neuen Code zu überschreiben ist. Nach dem Speichern kann das Makro bearbeitet oder ausgeführt werden.

INFO

Ohne Eingabe eines Makronamens verwendet Office den Namen »Macro1« etc. Da der Makroname auch als Prozedurname benutzt wird, muss dieser den Regeln für gültige Bezeichner in Basic entsprechen. Der Name muss mit einem Buchstaben oder einem Unterstrich als erstem Zeichen beginnen. Der (bis zu 255 Zeichen lange) Name darf keine Leerzeichen, keinen Punkt (.), kein Ausrufezeichen (!) und keines der Zeichen @, &, $, # enthalten. Stellen Sie sicher, dass der Name eindeutig ist, d.h., er darf nicht bereits für ein anderes Makro (im aktuellen Modul) benutzt worden sein. In Makronamen wird keine Unterscheidung zwischen Groß-/Kleinschreibung getroffen.

23.1.3 Makros über das Dialogfeld Makro-Selektor ausführen

Office bietet Ihnen verschiedene Möglichkeiten, um Makros auszuführen (siehe unten). Im einfachsten Fall verwenden Sie das Dialogfeld *Makro-Selektor* (Abbildung 23.5) zum Ausführen des Makros.

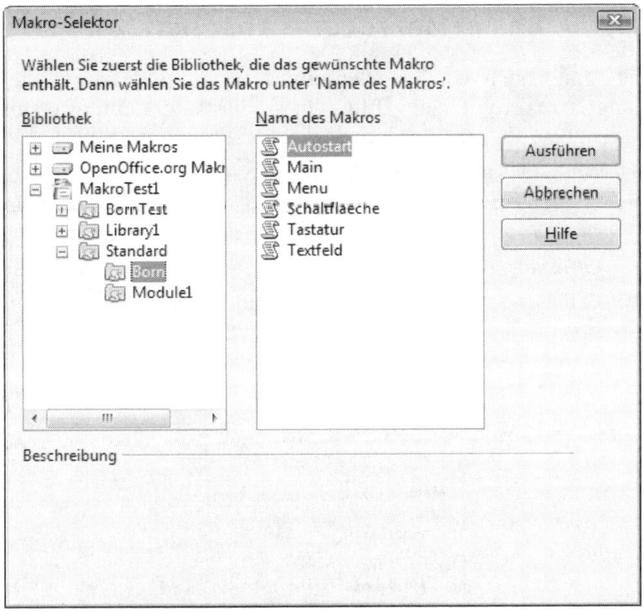

Abbildung 23.5: Dialogfeld *Makro-Selektor* mit Einträgen der aufgezeichneten Makros

1. Wählen Sie im Menü *Extras* die Befehlsfolge *Makros/Makro ausführen* (Abbildung 23.2), um das Dialogfeld *Makro-Selektor* zu öffnen (Abbildung 23.5).
1. Wählen Sie in der Liste *Bibliothek* das Dokument, welches das Makro enthält (hier *MakroTest1.odt*). Über die Bibliothek bestimmen Sie, welcher Makrotyp (Basic, BeanShell, JavaScript, Python) ausgewählt werden soll. Bei Basic-Bibliotheken müssen Sie anschließend noch das Modul mit den Makros anwählen (im Beispiel wird die Bibliothek *Standard*) und das Basic-Modul *Born* gewählt).
2. Office listet (z.B. bei Basic in der rechten Spalte *Name des Makros*) die im aktuellen Modul gefundenen Makros auf. Markieren Sie den Namen des gewünschten Makros und klicken Sie auf die Schaltfläche *Ausführen*.

Nun wird das Dialogfeld geschlossen und das Makro ausgeführt. Das weitere Verhalten des Makros hängt dann vom enthaltenen Code ab. Das im vorhergehenden Abschnitt aufgezeichnete Makro würde beispielsweise eine markierte Textstelle unterstrichen formatieren.

INFO

Abbildung 23.5 zeigt, dass im Dokument MakroTest1.odt *verschiedene Bibliotheken enthalten sind. Die Bibliothek* Standard *enthält die Basic-Makros. In der Bibliothek* Library1 *wurden JavaScript-Makros und in* BornTest *BeanShell-Makros gespeichert. Falls Sie also entsprechende Makros erstellt haben und diese ausführen möchten, müssen Sie die jeweiligen Bibliotheken wählen.*

Die direkte Ausführung von Makros über das Dialogfeld *Makro-Selektor* eignet sich lediglich zum Testen. Falls Sie ein Makro häufiger benötigen, sollten Sie dieses über Schaltflächen, Menüs etc. aufrufen. Wie Sie beispielsweise Makros den Ereignissen von Formularelementen zuordnen, wurde im vorhergehenden Kapitel beschrieben. Alternative Wege zum Einbinden von Makros (z.B. in Menüs) finden Sie weiter unten.

23.1.4 Basic-Makrocode ansehen, eingeben, bearbeiten

Sie können sich den Code der aufgezeichneten Makros sowie die Anweisungen aller anderen Makros, die mit Office ausgeliefert oder manuell erstellt wurden, unter Office ansehen. Abhängig von der Makrosprache kommt die Entwicklungsumgebung für Basic, JavaScript oder BeanShell zum Einsatz.

1. Wählen Sie im Menü *Extras* die Befehlsfolge *Makros/Makros verwalten* (Abbildung 23.6). Anschließend klicken Sie im Untermenü auf einen der Befehle *OpenOffice.org Basic*, *JavaScript* etc.
2. Office blendet dann das Dialogfeld zur Makroverwaltung ein (Abbildung 23.6. oben). Der genaue Aufbau hängt von der gewählten Makrosprache ab. Wählen Sie bei Basic in der Liste *Makro aus* die Bibliothek und das Modul, in dem das Makro gespeichert ist oder in dem ein neues Makro abgelegt werden soll.

Abbildung 23.6: Befehl und Dialog zur Makroverwaltung

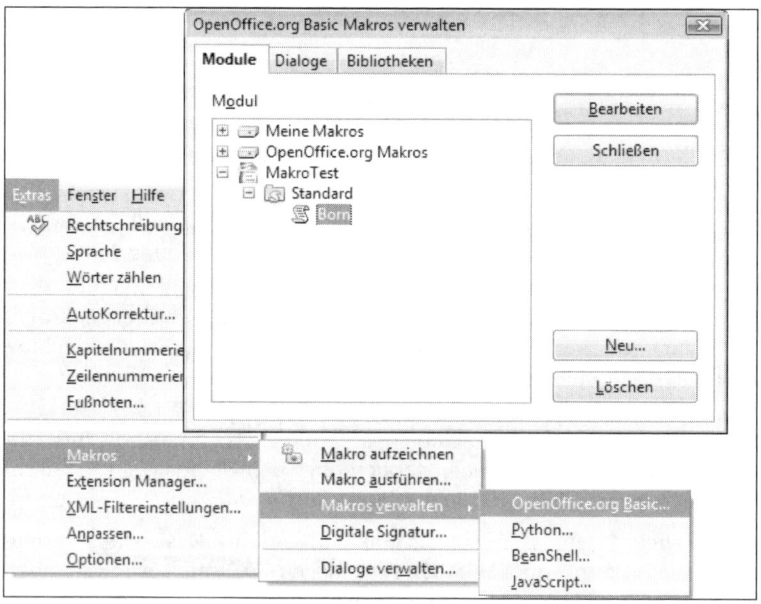

3. Wenn Sie im Dialogfeld *OpenOffice.org Basic Makros* einen neuen Makronamen in das Feld *Makroname* eintippen, wird die Schaltfläche *Neu* eingeblendet und Sie können durch Anklicken ein neues Basic-Makro anlegen. Andernfalls können Sie ein bereits bestehendes Makro in der Liste *Vorhandene Makros in xxx* (*xxx* steht für den Modulnamen) markieren und die Schaltfläche *Bearbeiten* wählen.

In beiden Fällen erscheint das Fenster der Basic-Entwicklungsumgebung (Abbildung 23.7). Dort sehen Sie den Makrocode als Basic-Befehlssequenz, der in Basic-Prozeduren in der folgenden Art abgelegt ist:

```
Sub Name
...
End Sub
```

Der Bezeichner *Name* steht hier stellvertretend für den Makronamen und ist auch gleichzeitig der Prozedurname. Sie können nun die Basic-Anweisungen ansehen, löschen oder durch eigene Befehle ergänzen. Entfernen Sie einen ganzen Codeblock einschließlich der `Sub xxx ... End Sub`-Anweisungen, wird das Makro gelöscht. Details zum Umgang mit dem Fenster der Basic-Entwicklungsumgebung werden weiter unten besprochen.

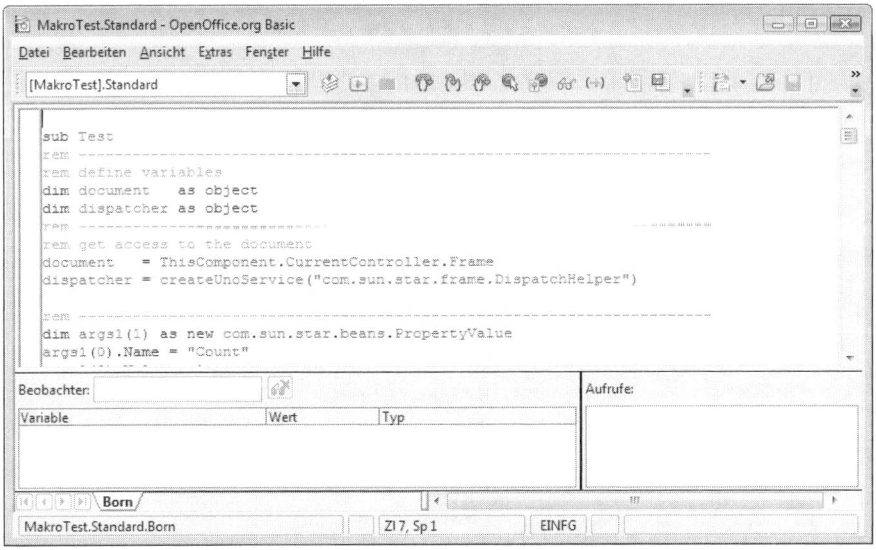

Abbildung 23.7: Basic-Fenster mit Makrocode

Makrocode für Skriptsprachen eingeben und bearbeiten

Möchten Sie sich den Code vorhandener JavaScript-, Python- oder BeanShell-Makros ansehen oder JavaScript- bzw. BeanShell-Makros anlegen? Dann wählen Sie im Menü *Extras* die Befehlsfolge *Makros/Makros verwalten* und klicken im Untermenü auf den Eintrag für die gewünschte Makrosprache. Office blendet dann das Dialogfeld zur Verwaltung der Makros dieser Sprache ein. In (Abbildung 23.8) ist der Dialog für JavaScript-Makros zu sehen.

Wählen Sie den Zweig (z.B. das aktuelle Dokument oder *Meine Makros*) und dann das Symbol der Bibliothek an, lässt sich die Schaltfläche *Erstellen* anklicken. In einem Zusatzdialog fragt Office dann den Makronamen ab. Sobald dieses Dialogfeld geschlossen wird, legt Office das Makro unter dem betreffenden Namen und mit der für die Sprache verwendeten Dateinamenerweiterung in der Bibliothek ab (nur in Basic werden separate Module innerhalb der Bibliothek zur Makroverwaltung eingesetzt).

Sobald Sie ein Makro in der Liste *Makros* anwählen, lässt sich im Dialogfeld zur Makroverwaltung die Schaltfläche *Bearbeiten* anklicken. Je nach Makrovariante öffnet sich dann die Entwicklungsumgebung für JavaScript- oder für BeanShell-Makros (Abbildung 23.9). Dort können Sie dann den Quellcode des Makros anpassen bzw. eingeben.

Abbildung 23.8: Dialogfeld zur JavaScript-Makroverwaltung

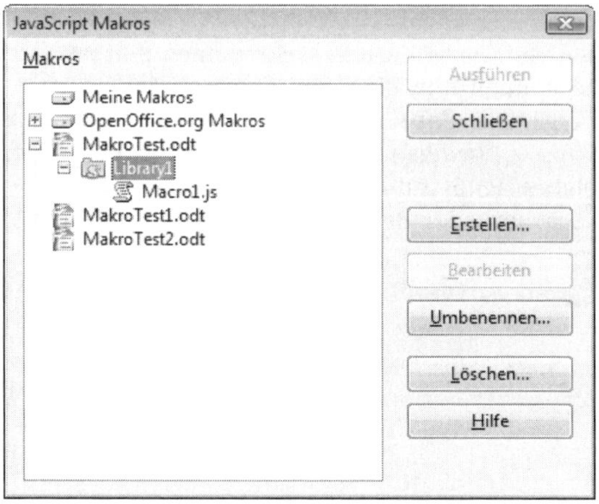

Abbildung 23.9: Debug-Umgebungen für JavaScript- und BeanShell-Skripts

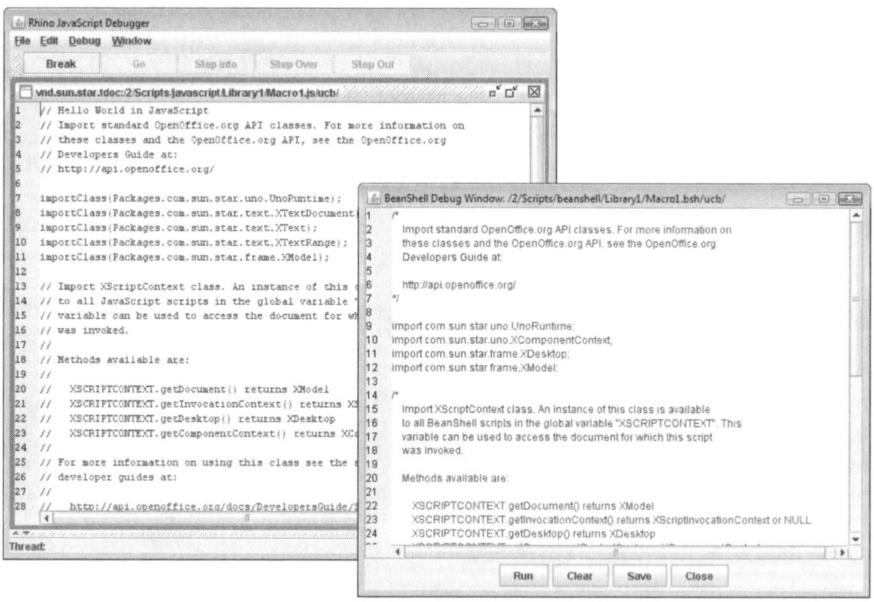

Bei JavaScript- und BeanShell-Makros kopiert Office beim Anlegen eines neuen Makros bereits den Coderumpf in das Fenster der Entwicklungsumgebung. Sie brauchen dann nur noch die gewünschten Anweisungen zu ergänzen und können anschließend den Code in der Entwicklungsumgebung testen.

Beachten Sie, dass Python-Skripts nicht durch eine Entwicklungsumgebung unterstützt werden. Aus Aufwandsgründen muss die Diskussion der Makroentwicklung auf Basic beschränkt bleiben. Informationen zum Skripting per JavaScript und BeanShell finden Sie im Internet (z.B. unter `framework.openoffice.org/scripting/index.html`*).*

23.1.5 Makros, Module und Bibliotheken verwalten

Sobald Sie das Dialogfeld zur Makroverwaltung für Basic oder die Skriptsprachen über die Befehlsfolge *Makros/Makros verwalten* und den entsprechenden Untermenübefehl des Menüs *Extras* (Abbildung 23.6) aufrufen, stehen Ihnen im Dialogfeld Schaltflächen zum Umbenennen, Löschen oder Bearbeiten zur Verfügung (Abbildung 23.10).

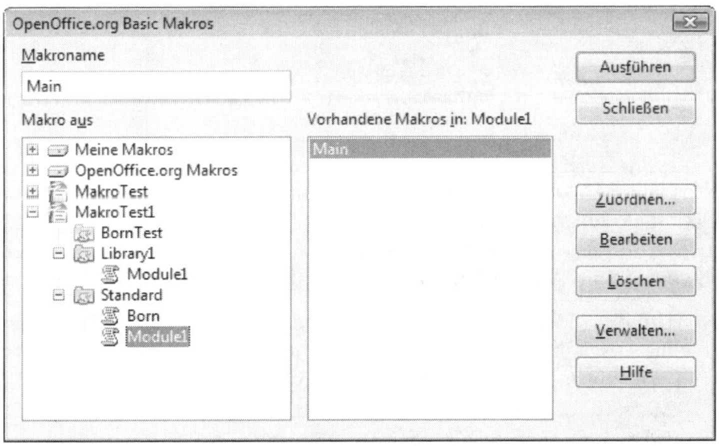

Abbildung 23.10: Basic-Makros verwalten

- Um Makros zu löschen, genügt es, im Dialogfeld *xxx Makros* den gewünschten Eintrag in der Liste *Vorhandene Makros in: xxx* (bei Basic) bzw. *Makros* (bei den Skriptsprachen) zu markieren und dann die Schaltfläche *Löschen* im Dialogfeld zu betätigen (Abbildung 23.10). Nach einer Sicherheitsabfrage, die Sie über die *Ja*-Schaltfläche bestätigen, wird das Makro aus dem betreffenden Basic-Modul (bzw. der Skriptbibliothek) entfernt.
- Möchten Sie ein Skriptmakro umbenennen, markieren Sie dessen Namen im Dialogfeld *xxx Makros* und klicken auf die Schaltfläche *Umbenennen*. Sobald das Dialogfeld *Umbenennen* erscheint, korrigieren Sie den Namen und schließen das Dialogfeld über die *OK*-Schaltfläche.

Bei Basic-Makros enthält das Dialogfeld zur Makroverwaltung keine Schaltfläche *Umbenennen*. Zum Umbenennen eines Basic-Makros wählen Sie dieses in der Makroliste an. Dann öffnen Sie über die Schaltfläche *Bearbeiten* des Dialogfelds *OpenOffice.org Basic-Makros* das Fenster der Basic-Entwicklungsumgebung. Anschließend passen Sie einfach den Prozedurnamen des betreffenden Makros an.

Module anlegen, löschen, umbenennen und bearbeiten

Basic verwaltet Makros in Modulen, wobei immer ein Modul *Standard* zur Makroablage vorhanden ist. Zur besseren Verwaltung von Basic-Makros können Sie diese aber in verschiedenen Modulen ablegen.

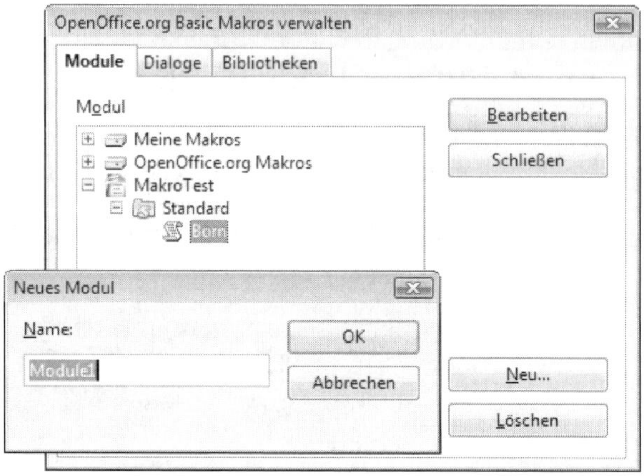

Abbildung 23.11: Verwalten von Modulen

Um neue Module anzulegen oder bestehende Module zu entfernen, klicken Sie im Dialogfeld *OpenOffice.org Basic Makros* (Abbildung 23.10) auf die Schaltfläche *Verwalten*. Office öffnet dann das in Abbildung 23.11, Hintergrund, gezeigte Dialogfeld, in dem Sie die Registerkarte *Module* wählen.

- Um ein Modul zu löschen, markieren Sie es in der Spalte *Modul* und betätigen die *Löschen*-Schaltfläche des Dialogfelds. Nach einer Sicherheitsabfrage, die Sie über die *Ja*-Schaltfläche schließen, wird das Modul samt den darin enthaltenen Makros aus dem Dokument gelöscht.
- Klicken Sie auf einer der Registerkarten *Module* oder *Dialoge* auf die *Neu*-Schaltfläche, wird der Name des Moduls bzw. des Dialogs in einem Dialogfeld abgefragt (Abbildung 23.11, Vordergrund). Tragen Sie einen gültigen und innerhalb der Bibliothek eindeutigen Namen ein und schließen Sie den Dialog über die *OK*-Schaltfläche.

TIPP

Möchten Sie nachträglich den Namen eines Moduls eines Dialogs anpassen? Klicken Sie den Eintrag mit der linken Maustaste zweimal an (jedoch nicht mit Doppelklick). Dann wechselt Office zum Umbenennen-*Modus und Sie können den Namen anpassen. Sobald Sie die* [↵]*-Taste drücken, hebt Office den* Umbenennen-*Modus wieder auf.*

Über die Schaltfläche *Bearbeiten* können Sie anschließend das Fenster der Basic-Entwicklungsumgebung aufrufen. Bei einem (Code-)Modul lassen sich dann die Makros als Basic-Prozeduren einfügen. Bei einem Dialog(-Modul) gelangen Sie in die Entwurfsansicht für Basic-Dialoge. Alternativ besteht die Möglichkeit, das Dialogfeld über die *Schließen*-Schaltfläche zu verlassen und die Makros im Dialogfeld *OpenOffice.org Basic Makros* zuzuordnen.

INFO

Die Registerkarte Module *benötigen Sie z.B., um Basic-Dialoge anzulegen. Bei Dokumenten, die nur Makros enthalten, wird man in der Regel mit einem (Code-)Modul arbeiten. Falls Sie Makros aber global in Office im Zweig* Meine Makros *ablegen, können Sie über Module Makrokategorien verwalten. Legen Sie beispielsweise Module für den Writer, für Calc etc. zur Aufnahme der anwendungsspezifischen Makros an.*

Bibliotheken verwalten

Am Kapitelanfang wurde die Hierarchie zwischen Dokumenten, Bibliotheken, Modulen und Makros erläutert. Bibliotheken stellen quasi das Fundament zur Aufnahme von Modulen dar. Standardmäßig besitzen Office und jedes Dokument eine Bibliothek mit dem Namen *Standard*, die sich weder umbenennen noch löschen lässt. Zusätzliche Bibliotheken erlauben Ihnen beispielsweise, Makrocode mit einem Kennwort vor der Einsichtnahme Dritter zu schützen.

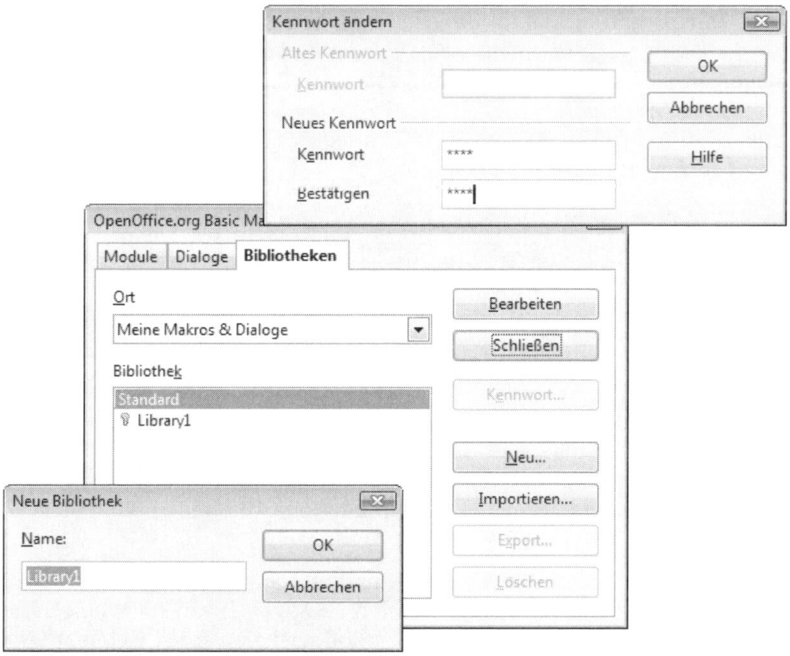

Abbildung 23.12: Registerkarte *Bibliotheken* und Zusatzdialoge

Die Verwaltung der Bibliotheken erfolgt über die Registerkarte *Bibliotheken* (Abbildung 23.12, Hintergrund), die Sie über die Schaltfläche *Verwalten* des Dialogfelds *OpenOffice.org Basic Makros* (Abbildung 23.10) aufrufen können.

- Über das Listenfeld *Ort* wählen Sie zwischen den Bibliotheken aus Office oder aus den aktuell geladenen Dokumenten. Office blendet dann die in der Bibliothek gefundenen Module ein. Ein stilisierter Schlüssel zeigt an, dass das betreffende Modul vor dem Zugriff geschützt wurde.
- Die Schaltfläche *Neu* öffnet einen Dialog (Abbildung 23.12, links unten), in den sich der Name einer neuen Bibliothek eintragen lässt. Diese wird dann im gewählten Dokument bzw. in Office als weiterer Container neben der Bibliothek *Standard* angelegt.

TIPP

Über die Schaltfläche Neu *angelegte Bibliotheken lassen sich später umbenennen. Klicken Sie den Namen zweimal an, um den* Umbenennen-*Modus zu aktivieren. Anschließend lässt sich der Bibliotheksname anpassen.*

- Verwenden Sie die Schaltfläche *Löschen*, um benutzerdefinierte Bibliotheken aus dem Dokument bzw. aus Office zu entfernen. Nach einer Sicherheitsabfrage löscht Office die Bibliothek samt den darin enthaltenen Modulen und Dialogen.
- Zum Schützen des Makrocodes einer markierten Bibliothek klicken Sie auf die Schaltfläche *Kennwort*. Anschließend erscheint ein Kennwortdialog (Abbildung 23.12, rechts oben), in den Sie ein Kennwort zweimal eintippen müssen.

INFO

Mit Kennwörtern geschützte Bibliotheken werden in der Modulansicht mit einem weißen Ordnersymbol dargestellt. Der Schutz wird aber erst beim erneuten Laden des Dokuments wirksam. Doppelklicken Sie nach dem erneuten Laden im Dialogfeld OpenOffice.org Basic Makros *auf eine geschützte Bibliothek, erscheint ein Dialogfeld mit der Kennwortabfrage. Ohne Eingabe des korrekten Kennworts bleiben die in der Bibliothek enthaltenen Module ausgeblendet und Sie können weder die Makros zuweisen noch deren Code einsehen. Wurde ein Makro aus einer geschützten Bibliothek allerdings in ein Dokument (z.B. an einen Feldbefehl) eingebunden, lässt sich dieses auch ohne Kennwort ausführen.*

Die Schaltfläche *Importieren* (Abbildung 23.12, Hintergrund) der Registerkarte *Bibliotheken* ermöglicht Ihnen, komplette Bibliotheken in ein Dokument einzubinden.

- Klicken Sie auf die Schaltfläche *Importieren* und wählen Sie im dann eingeblendeten Dialogfeld *Bibliotheken importieren* (Abbildung 23.13, Hintergrund) die gewünschte Bibliotheksdatei.
- Sobald Sie das Dialogfeld über die *Öffnen*-Schaltfläche schließen, zeigt Office den in Abbildung 23.13, Vordergrund, eingeblendeten Dialog an. Markieren Sie die Kontrollkästchen der Bibliotheken, die zu importieren sind. In den unteren Kontrollkästchen lässt sich dann noch vorgeben, ob lediglich eine Referenz auf diese Bibliotheken gewünscht wird oder ob existierende Bibliotheken zu ersetzen sind.

An dieser Stelle noch einige Hinweise zu dieser Funktion. Das Dialogfeld *Bibliotheken importieren* blendet zwar den Dateityp *BASIC* ein, kann aber keine Basic-Dateien im Textformat (z.B. *.bas*) einlesen. Die Bibliotheken werden vielmehr im XML-Format mit in den Office-Dokumenten oder in speziellen Bibliotheksdateien (*.xlb*) abgelegt. Solche Bibliotheksdateien lassen sich über die Schaltfläche *Exportieren* des Dialogs *OpenOffice.org Makros verwalten* speichern. Haben Sie in einem bestimmten Dokument Makros in eigenen Bibliotheken abgelegt, können Sie die Dokumentdatei im Dialogfeld *Bibliotheken importieren* wählen und dann die betreffenden Bibliotheken in das aktuelle Dokument übernehmen.

INFO

Die Schaltfläche Bearbeiten *auf der Registerkarte* Bibliotheken *ermöglicht Ihnen den direkten Wechsel zum Fenster der Basic-Entwicklungsumgebung. Übersichtlicher ist es aber, wenn Sie das Dialogfeld* xxx Makros verwalten *schließen, das Modul im Dialogfeld* xxx Makros *wählen und dann das Codefenster über die Schaltfläche* Bearbeiten *aufrufen.*

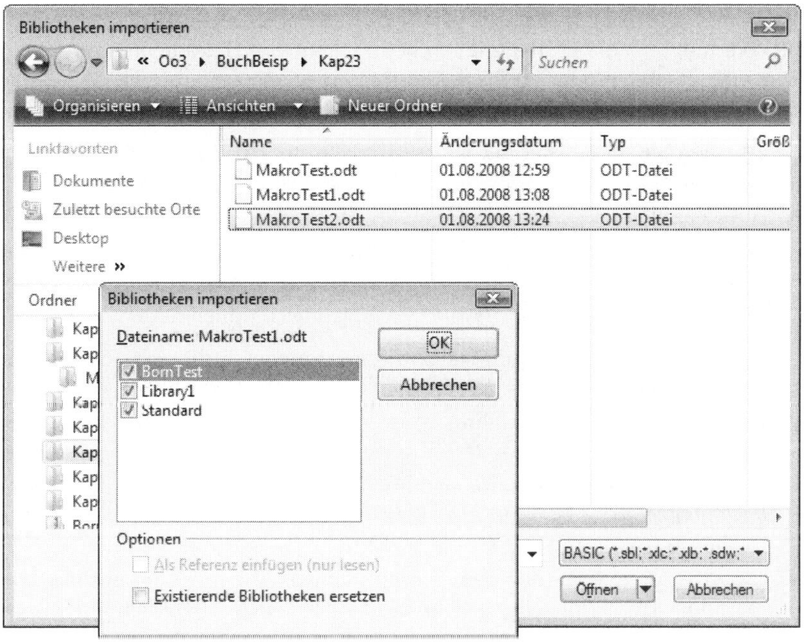

Abbildung 23.13: Hinzufügen von Bibliotheken

23.1.6 Sicherheit bei der Makroausführung

Da Makros aus Basic-Befehlen bestehen, lassen sich damit auch Viren und andere schädigende Inhalte verbreiten. Dokumente, die Makros enthalten, lösen daher beim Öffnen eine Sicherheitswarnung aus (Abbildung 23.14).

23

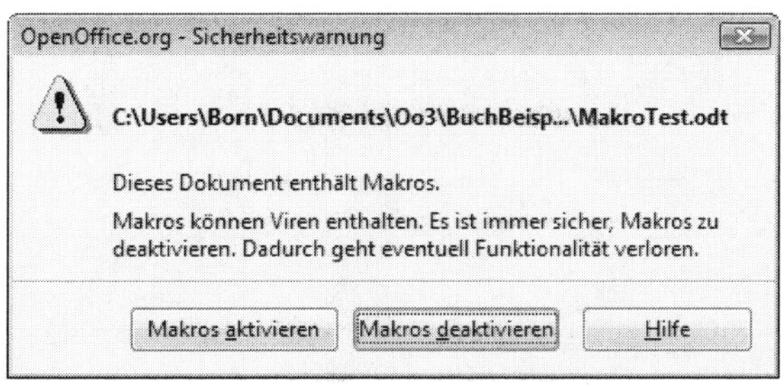

Abbildung 23.14: Sicherheitsdialog beim Laden eines Dokuments mit Makros

Nur wenn Sie die Schaltfläche *Makros aktivieren* anklicken, wird der Makrocode zur Ausführung freigegeben. Klicken Sie auf *Makros deaktivieren*, blockiert Office den Makrocode. Bei Dokumenten aus unbekannten Quellen sollte diese Option gewählt werden.

TIPP

Sie können den Code für aktivierte oder deaktivierte Basic-Makros inspizieren, indem Sie den Befehl Makros/Makros verwalten/OpenOffice.org Basic Makros *im Menü* Extras *wählen. Wenn Sie im Dialogfeld* OpenOffice.org Basic Makros *das Makro auswählen und die Schaltfläche* Bearbeiten *anklicken, wird der Makrocode des Dokuments in der Basic-Entwicklungsumgebung angezeigt.*

Sicherheitseinstellungen für Makros anpassen

Office ermöglicht die Festlegung, ob beim Laden von Dokumenten mit Makros eine Warnung erscheint oder ob diese Makros nur unter bestimmten Bedingungen aktiviert werden dürfen.

1. Wählen Sie im Fenster der Office-Anwendung *Extras/Optionen* und suchen Sie den Zweig *StarOffice/Sicherheit* (bzw. *OpenOffice.org/Sicherheit*).
2. Im Dialogfeld *Optionen* (Abbildung 23.15, Hintergrund) klicken Sie auf die Schaltfläche *Makrosicherheit*.

Office öffnet das Dialogfeld *Makro Sicherheit* (Abbildung 23.15, Vordergrund), auf dessen Registerkarte *Sicherheitsstufe* Sie folgende Optionen finden:

- *Sehr hoch:* Es werden nur Makros aus vertrauenswürdigen Dateien, die in einem vertrauenswürdigen Pfad gespeichert sind, ausgeführt.
- *Hoch:* Auszuführende Makros müssen signiert sein oder aus vertrauenswürdigen Dateien, die in einem vertrauenswürdigen Pfad gespeichert sind, stammen.
- *Mittel:* Bei dieser Standardeinstellung erscheint beim Laden eines Dokuments mit nicht vertrauendwürdigen Makros (nicht signiert) das Dialogfeld mit der Sicherheitswarnung (Abbildung 23.14).
- *Niedrig:* Makros werden beim Laden von Dokumenten ohne weitere Nachfrage aktiviert. Diese Einstellung sollte aus Sicherheitsgründen nicht benutzt werden.

Abbildung 23.15: Sicherheitseinstellungen für Basic-Makros

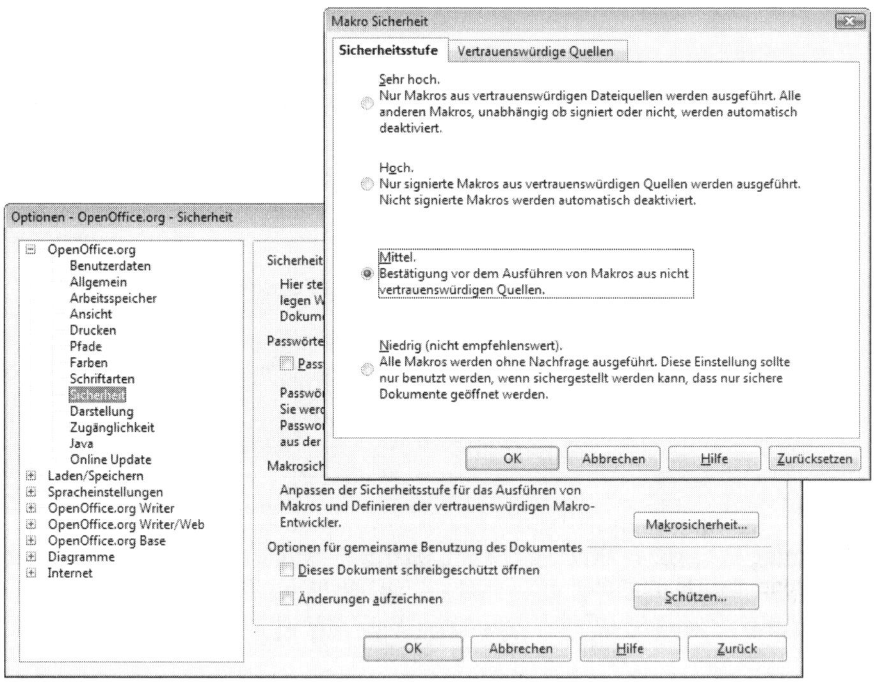

Weitere Details zu den einzelnen Optionen entnehmen Sie bitte der Office-Hilfe, die Sie direkt über die betreffende Schaltfläche des Dialogfelds abrufen können.

Digitale Signaturen oder sichere Pfade für Makros festlegen

Um die Warnung in der Sicherheitsstufe *Mittel* zu umgehen oder Makros in den Stufen *Hoch* und *Sehr hoch* ausführen zur können, muss das Makro aus vertrauenswürdigen Quellen stammen. Zur Klassifizierung vertrauenswürdiger Quellen kennt Office entweder sichere Ordner oder eine digitale Signatur. Möchten Sie selbst entwickelte Makros ohne die Sicherheitsabfrage ausführen? Der einfachste Ansatz besteht darin, die betreffenden Dokumente in ein Verzeichnis zu kopieren, welches für sichere Dokumente vorgesehen ist. Anschließend müssen Sie Office noch den Pfad zu diesem sicheren Verzeichnis mitteilen.

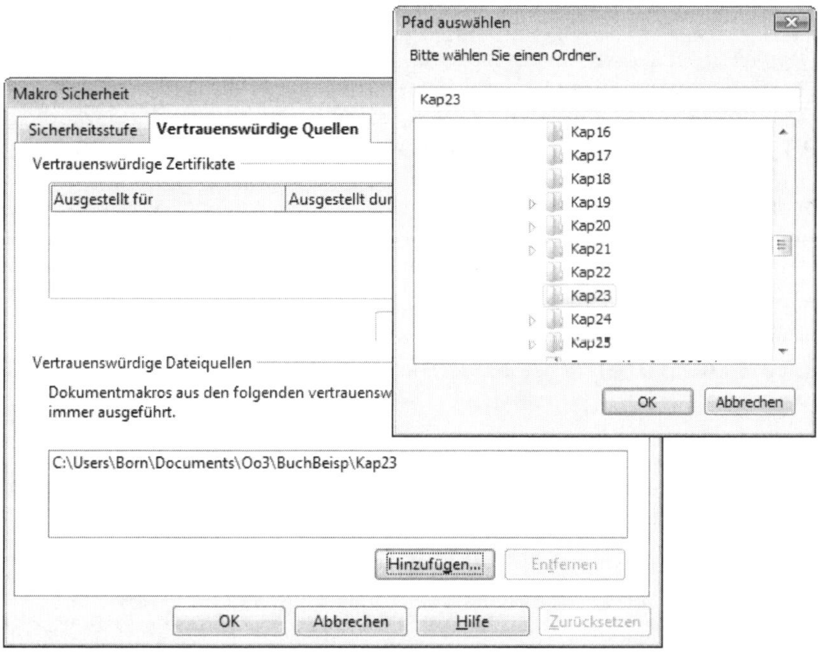

Abbildung 23.16: Sicheren Pfad für Makrodateien festlegen

1. Wählen Sie im Fenster der Office-Anwendung im Menü *Extras* den Befehl *Optionen* und suchen Sie im *Optionen*-Dialog den Zweig *StarOffice/Sicherheit* (bzw. *OpenOffice.org/ Sicherheit*).
2. Im Dialogfeld *Optionen* (Abbildung 23.15, Hintergrund) klicken Sie auf die Schaltfläche *Makrosicherheit*.
3. Office öffnet das Dialogfeld *Makro Sicherheit* (Abbildung 23.16, Hintergrund), auf dessen Registerkarte *Vertrauenswürdige Quellen* Sie in der Rubrik *Vertrauenswürdige Dateiquellen* auf die Schaltfläche *Hinzufügen* klicken.
4. Anschließend stellen Sie im Dialogfeld *Pfad auswählen* den Pfad zum sicheren Verzeichnis ein (Abbildung 23.16, Vordergrund).

Sobald Sie das Dialogfeld über die *OK*-Schaltfläche schließen, wird die Pfadangabe übernommen. Sind digitale Zertifikate im System installiert, zeigt Office diese ebenfalls auf der Registerkarte *Vertrauenswürdige Quellen* an. Sie können anschließend die geöffneten Dialoge schließen. Dokumente mit Makros, die aus dem sicheren Pfad geladen werden, lösen keine Makrowarnung mehr aus.

INFO

Sind in Ihrem System digitale Zertifikate installiert und möchten Sie Makros digital signieren? Wählen Sie im Menü Extras *die Befehle* Makros/Digitale Signatur. *Im Dialogfeld* Digitale Signaturen *klicken Sie auf die Schaltfläche* Hinzufügen. *Sobald sich der Folgedialog* Zertifikat auswählen *öffnet, klicken Sie auf eines der angezeigten Zertifikate und schließen die Dialogfelder über die* OK-*Schaltflächen. Danach ist das Makro signiert und wird durch Office beim Laden des Dokuments mit den auf der Registerkarte* Vertrauenswürdige Quellen *angezeigten Zertifikaten gegengeprüft. Nur wenn dort das Zertifikat bekannt ist, werden die Makros aktiviert. In der Praxis gibt es allerdings das Problem, dass Zertifikate für digitale Signaturen noch wenig verbreitet sind. Erhältliche Testzertifikate lassen sich häufig nicht korrekt importieren, sodass meistens nur die Verwendung sicherer Pfade als Schutz vor Makroviren übrig bleibt.*

23.2 Einbinden von Makros in Office

Der nachfolgende Abschnitt enthält eine kurze Übersicht, wie Sie Makros so in Office einbinden können, dass diese beim Laden eines Dokuments, über Symbolleisten und Menüs oder über Tastenkürzel abrufbar sind. Das Anbinden an Ereignisse von Formularelementen ist dagegen im vorhergehenden Kapitel besprochen.

23.2.1 Aufrufen von Makros über Feldbefehle in Textdokumenten

Bei Textdokumenten können Sie ein Makro an einen Feldbefehl anbinden, der in den Text eingefügt wird. Zeigen Sie im Writer mit der Maus auf diesen Feldbefehl, erscheinen eine stilisierte Hand und eine QuickInfo (Abbildung 23.17). Klicken Sie das Textfeld an, wird das betreffende Makro ausgeführt.

Abbildung 23.17: Auf ein Textfeld gelegtes Makro

Um einen Feldbefehl im Writer in das Dokument einzufügen und ein Makro einzubinden, müssen Sie die nachfolgenden Schritte ausführen.

1. Klicken Sie auf die Stelle im Textdokument, an die der Feldbefehl einzufügen ist. Achten Sie darauf, dass kein Text markiert ist, da dieser sonst durch das Feld überschrieben wird.
2. Wählen Sie im Menü *Einfügen* die Befehle *Feldbefehl/Andere* oder drücken Sie die Tastenkombination [Strg] + [F2] (bzw. [MacBef] + [F2] beim Mac).

3. Im Eigenschaftenfenster *Feldbefehle* wählen Sie auf der Registerkarte *Funktionen* den Feldtyp »Makro ausführen« und klicken dann auf die Schaltfläche *Makro* (Abbildung 23.18, oben rechts).
4. Im dann geöffneten Dialogfeld *Makro-Selektor* (Abbildung 23.18, unten links) wählen Sie die Bibliothek und das Modul der Makroquelle in der Liste *Bibliothek* sowie in der Liste *Name des Makros*.
5. Schließen Sie den Dialog über die *OK*-Schaltfläche und klicken Sie auf der Registerkarte *Funktionen* auf die Schaltfläche *Einfügen*.

Anschließend können Sie das Eigenschaftenfenster *Feldbefehle* mittels der Schaltfläche *Schließen* beenden. Der Feldbefehl wurde in den Text eingefügt und das Makro ist zugewiesen.

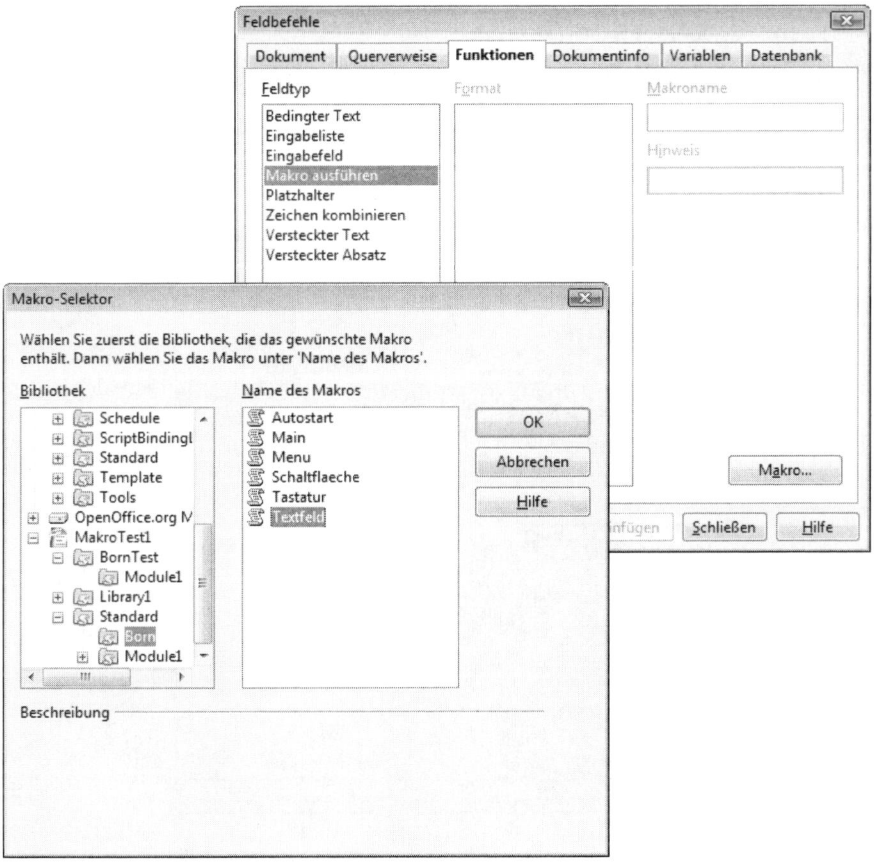

Abbildung 23.18: Zuweisen eines Feldbefehls *Makro ausführen*

Sie finden im Archiv im Verzeichnis Kap23 *die Datei* MakroTest1.odt *mit einigen Makros. Dort wurde auch ein Feldbefehl mit einem Makro verbunden.*

INFO

23.2.2 Makros auf Tastenkürzel legen

Makros lassen sich auch über Tastenkombinationen aufrufen. Hierzu müssen Sie in Office dem Makro die betreffende Tastenkombination zuweisen.

1. Rufen Sie über den Menübefehl *Extras/Anpassen* das gleichnamige Dialogfeld *Anpassen* auf (Abbildung 23.19).
2. Holen Sie die Registerkarte *Tastatur* in den Vordergrund und klicken Sie in der Spalte *Bereich* auf den Eintrag *OpenOffice.org Makros*. Danach stellen Sie sicher, dass im betreffenden Zweig die richtige Bibliothek und ggf. das zugehörige Modul ausgewählt sind (Abbildung 23.19).
3. Markieren Sie das gewünschte Makro im Feld *Funktion* und wählen Sie dann in der Liste *Tastenkombinationen* den Eintrag, der mit dem Makro zu verbinden ist.

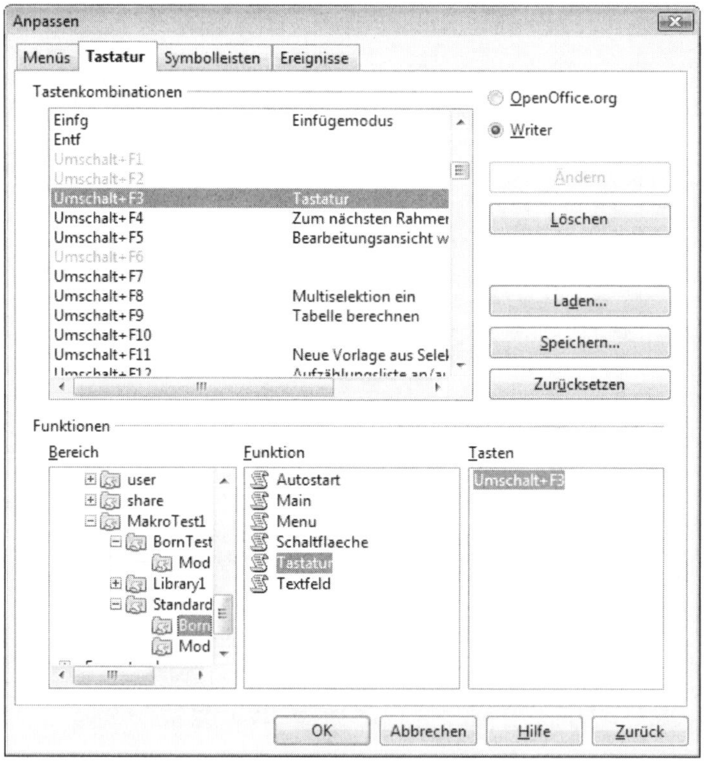

Abbildung 23.19: Tastenkürzel mit Makro belegen

4. Wählen Sie anschließend noch eines der beiden in der rechten oberen Ecke der Registerkarte eingeblendeten Optionsfelder, um festzulegen, ob das Makro dem aktiven Office-Modul oder allen Office-Modulen zuzuweisen ist. Die Beschriftung der Optionsfelder hängt dabei vom geladenen Office-Modul (z.B. *Office*, *Calc* etc.) und von der Office-Version (z.B. *StarOffice* oder *OpenOffice.org*) ab.
5. Sobald alle Optionen gesetzt sind, klicken Sie auf die Schaltfläche *Ändern*. Im Feld *Tastenkombinationen* wird dann der Makroname rechts neben der Tastenkombination angezeigt.

Anschließend können Sie das Dialogfeld *Anpassen* über die *OK*-Schaltfläche verlassen. Danach lässt sich das Makro versuchsweise durch Drücken der betreffenden Tastenkombination aufrufen.

INFO

Achten Sie darauf, dass Sie keine der in Office oder im aktuellen Modul belegten Tastenkombinationen für das Makro verwenden. Um ein anderes Makro auf die Tastenkombination zu legen, wiederholen Sie einfach die obigen Schritte. Möchten Sie eine Zuordnung zwischen Tastenkombination und Makro aufheben, öffnen Sie die Registerkarte Tastatur *(Abbildung 23.19), markieren die Tastenkombination und wählen dann die Schaltfläche* Zurücksetzen *oder* Löschen. Löschen *entfernt die Zuordnung, während* Zurücksetzen *ggf. die Werkseinstellung für die Standardtastenkombination herstellt. Die Datei* MakroTest1.odt *im Archivverzeichnis* Kap23 *enthält ein Makro, das mit der Tastenkombination* ⇧ + F3 *belegt wurde.*

23.2.3 Makros an Programmereignisse binden

Möchten Sie, dass ein Makro beim Laden eines Dokuments, beim Verlassen des Dokuments, beim Aufruf einer Anwendung etc. ausgeführt wird? Auch dies ist über das Eigenschaftenfenster *Anpassen* möglich.

1. Rufen Sie das Dialogfeld *Anpassen* über den gleichnamigen Befehl im Menü *Extras* auf und wechseln Sie dann zur Registerkarte *Ereignisse* (Abbildung 23.20, Hintergrund).
2. Markieren Sie auf der Registerkarte *Ereignisse* das gewünschte Ereignis (z.B. *Dokument öffnen*) und klicken Sie dann auf die Schaltfläche *Makro*.
3. Anschließend müssen Sie im Dialogfeld *Makro-Selektor* das Modul des Dokuments, in dem das gewünschte Makro abgelegt ist, im Feld *Bibliothek* und dann das Makro im Feld *Name des Makros* wählen (Abbildung 23.20, Vordergrund).

Danach können Sie die geöffneten Dialoge über die *OK*-Schaltflächen schließen. Wenn danach das dem Makro zugewiesene Ereignis auftritt (z.B. Laden des Dokuments), wird das Makro automatisch ausgeführt.

INFO

Legen Sie ein Makro auf das Ereignis Dokument öffnen, *wird dieses automatisch beim Laden ausgeführt. Man spricht auch von einem AutoMakro. Da AutoMakros von Dokumenten aus unbekannten Quellen schädigende Inhalte aufweisen können, sollten Sie weiter oben den Abschnitt »Sicherheit bei der Makroausführung« lesen, um sich über Abwehrmaßnahmen zu informieren. Die Datei* MakroTest1.odt *im Archivverzeichnis* Kap23 *enthält ein Makro, welches beim Laden des Dokuments ausgeführt wird.*

23.2.4 Menüeinträge mit Makros belegen

Office bietet Ihnen die Möglichkeit, die vorhandenen Menüs um weitere Menüeinträge und/oder Befehle zu erweitern (siehe *Anhang A*). Diese Menübefehle lassen sich auf der Registerkarte *Menüs* des Eigenschaftenfensters *Anpassen* (Abbildung 23.21) mit Makros belegen. Gehen Sie in folgenden Schritten vor.

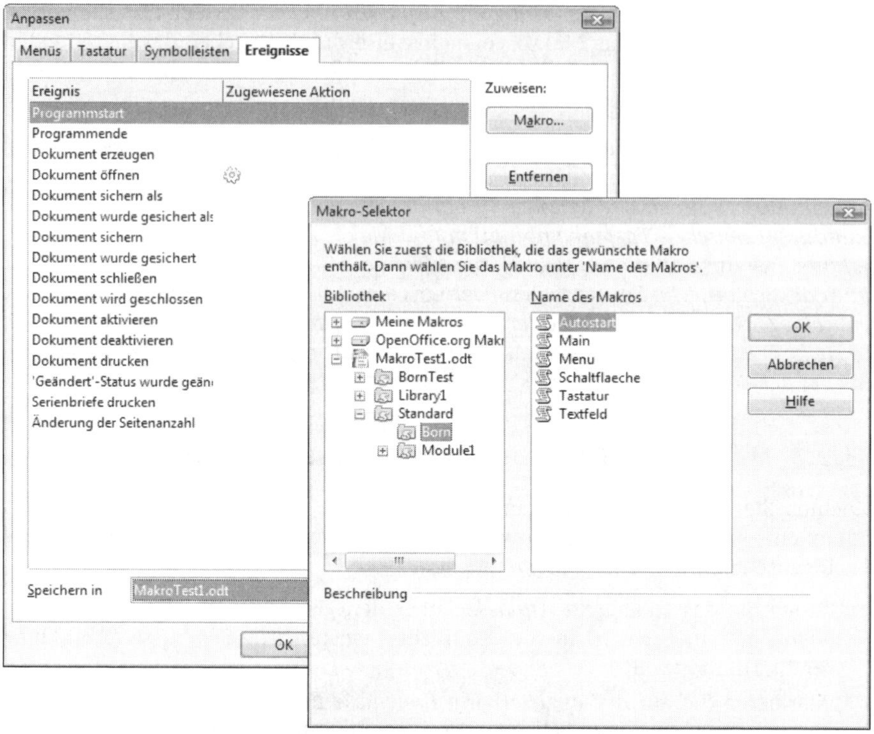

Abbildung 23.20: Makro an Programmereignisse binden

1. Rufen Sie die Registerkarte *Menüs* über den Menübefehl *Extras/Anpassen* auf.
2. Wählen Sie über das Listenfeld *Menü* das gewünschte Menü aus, in das der neue Befehl einzufügen ist. Über die Schaltfläche *Neu* der Registerkarte lässt sich auch ein neues Menü anlegen.
3. Suchen Sie im Feld *Einträge* der Gruppe *Menüinhalt* den Befehl, hinter dem der neue Eintrag erscheinen soll, und markieren Sie diesen (Abbildung 23.21, Hintergrund). Über die Schaltfläche *Ändern* lässt sich ein Menü mit Befehlen zum Einfügen von Gruppierungen oder Untermenüs öffnen. Klicken Sie danach auf die Schaltfläche *Hinzufügen*.
4. Office öffnet dann das Dialogfeld *Befehle hinzufügen* (Abbildung 23.21, Vordergrund). Wählen Sie im Feld *Bereich* das Modul aus, in dem das gewünschte Makro enthalten ist. Danach klicken Sie in der Liste *Befehle* auf den Makronamen und betätigen die Schaltfläche *Hinzufügen*. Verlassen Sie das Dialogfeld über die Schaltfläche *Schließen*.
5. Anschließend können Sie den neu eingefügten Befehl auf der Registerkarte *Menüs* markieren und über die Befehle der Schaltfläche *Ändern* umbenennen (sowie bei Bedarf löschen). Zudem bietet die Registerkarte Schaltflächen, um den Befehl im Menü nach oben oder unten zu verschieben.

Wenn Sie die Registerkarte über die *OK*-Schaltfläche schließen, weist Office dem betreffenden Menübefehl das markierte Makro zu.

In Abbildung 23.22 sehen Sie das geänderte Menü *Extras*, in dem das Menü *Born* zum Makroaufruf enthalten ist.

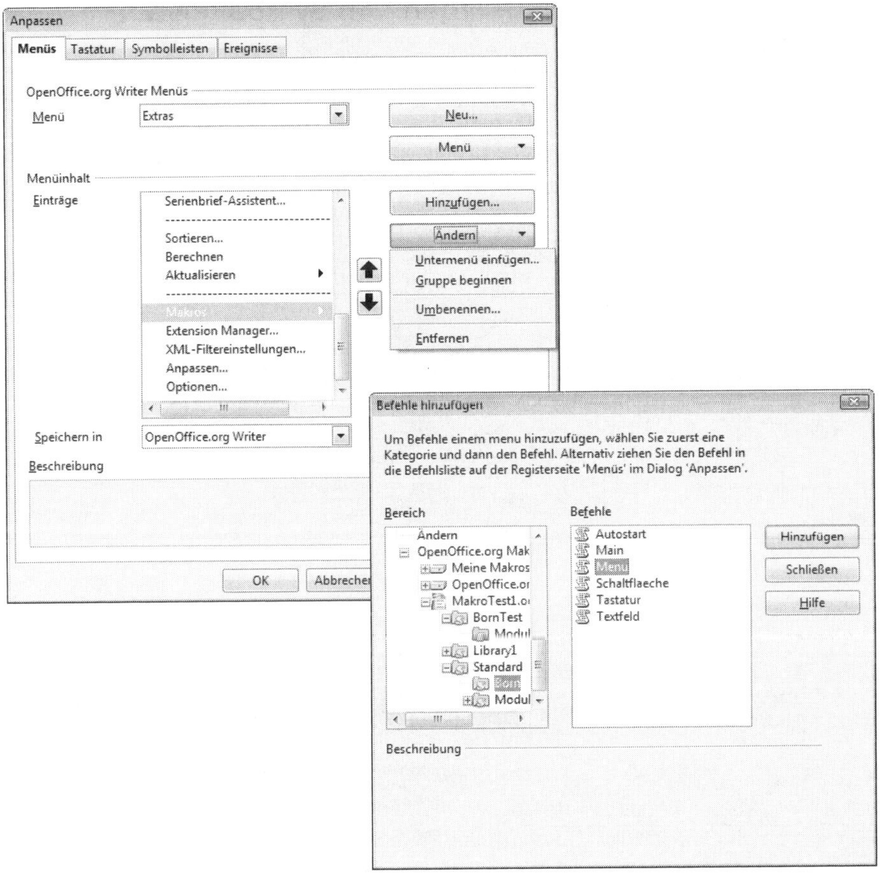

Abbildung 23.21: Registerkarte *Menüs* zur Menüanpassung

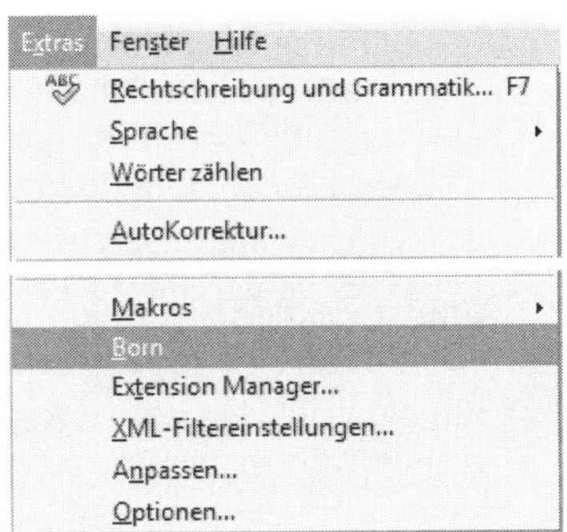

Abbildung 23.22: Menüerweiterung mit Befehl zum Aufruf des Makros

INFO

Haben Sie das Makro zusätzlich auf eine Tastenkombination gelegt, blendet Office auch das Tastenkürzel im Menü ein. Möchten Sie die Funktionalität eines vordefinierten Office-Befehls anpassen, definieren Sie ein entsprechendes Makro und weisen dieses dem betreffenden Menüeintrag zu.

23.2.5 Makros an Schaltflächen von Symbolleisten anbinden

Office ermöglicht Ihnen, Symbolleisten mit zusätzlichen Schaltflächen zu belegen und sogar eigene Symbolleisten zu definieren (siehe *Anhang A*). Den Schaltflächen dieser Symbolleisten lassen sich auch Makros zuweisen. Um ein Makro als Schaltfläche in eine Symbolleiste einzufügen, gehen Sie in folgenden Schritten vor.

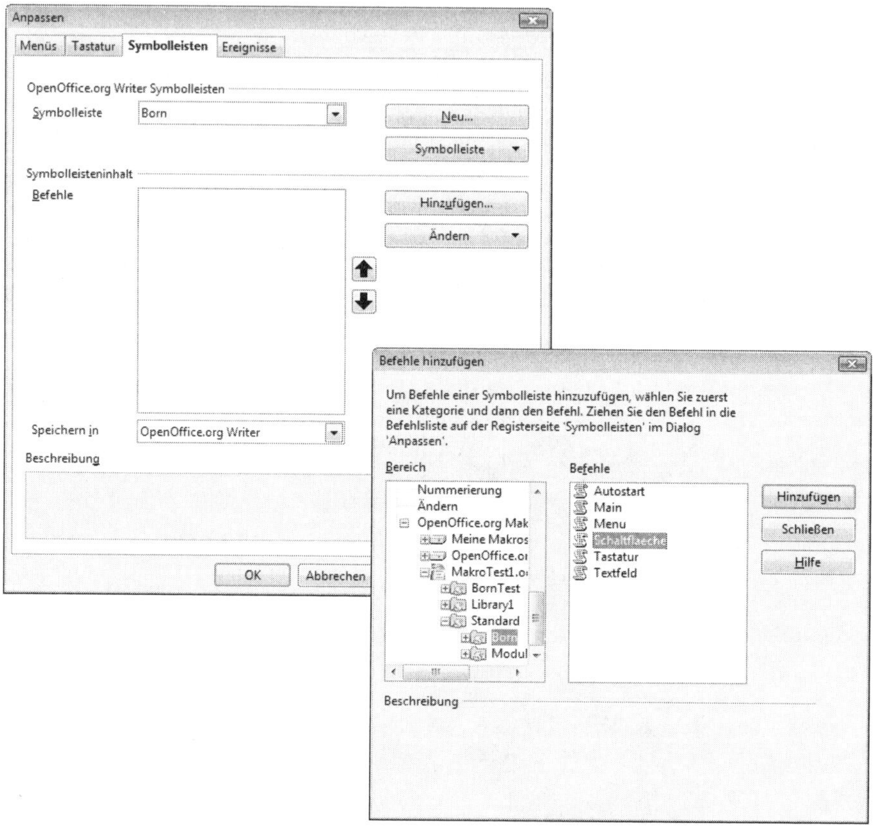

Abbildung 23.23: Anlegen einer neuen Symbolleiste

1. Öffnen Sie das Dialogfeld *Anpassen* über den Menübefehl *Extras/Anpassen* und wählen Sie darin die Registerkarte *Symbolleisten*.
2. Auf der nun angezeigten Registerkarte *Symbolleisten* (Abbildung 23.23, Hintergrund) wählen Sie über das Listenfeld *Symbolleiste* die gewünschte Symbolleiste. Über die Schaltfläche *Neu* der Registerkarte lässt sich zudem eine neue benutzerdefinierte Symbolleiste erzeugen.
3. Markieren Sie anschließend in der Liste *Symbolleisteninhalt* ggf. die Schaltfläche, neben die die neue Makroschaltfläche einzufügen ist. Danach klicken Sie auf die Schaltfläche *Hinzufügen* (Abbildung 23.23, Hintergrund).
4. Im nun angezeigten Dialogfeld *Befehle hinzufügen* (Abbildung 23.23, Vordergrund) markieren Sie den Eintrag für das Makro. Klicken Sie auf die Schaltfläche *Hinzufügen*, um das markierte Makro als Schaltfläche in die Symbolleiste einzufügen. Verlassen Sie das Dialogfeld über die *Schließen*-Schaltfläche.

5. Anschließend können Sie nun noch das Schaltflächensymbol sowie die Schaltflächenbeschriftung anpassen. Hierzu stellt Ihnen die Schaltfläche *Ändern* entsprechende Befehle bereit (siehe *Anhang A*).

Sobald Sie die Registerkarte *Symbolleisten* über die *OK*-Schaltfläche schließen, steht die Schaltfläche zum Makroaufruf in der betreffenden Symbolleiste zur Verfügung.

23.3 Die Basic-Entwicklungsumgebung

Makros sind letztendlich Basic-Programme, die als Prozeduren gespeichert werden. Das Bearbeiten und Testen dieses Basic-Codes erfolgt im Fenster der Basic-Entwicklungsumgebung. Im Folgenden finden Sie eine Einführung in die Funktionen der Basic-Entwicklungsumgebung.

INFO

Auf den nachfolgenden Seiten geht es um das Arbeiten mit der Basic-Entwicklungsumgebung. Daher sind die Abschnitte auch an die Basic-Notation angepasst. Auf der Ebene von Office wird der historisch geprägte Begriff der Makros benutzt. In Basic gibt es jedoch keine Makros, sondern diese werden als Code in Prozeduren abgelegt. Daher benutze ich den Begriff Prozeduren synonym zur Bezeichnung Makros.

23.3.1 Das Basic-Fenster im Überblick

Aufrufen lässt sich das Fenster der Basic-Entwicklungsumgebung, indem Sie im Menü *Extras* die Befehle *Makros/Makros verwalten/OpenOffice.org Basic* wählen. Anschließend markieren Sie im Dialogfeld *OpenOffice.org Basic Makros* das gewünschte Modul und klicken dann auf die Schaltfläche *Bearbeiten*. Office öffnet das Fenster *xxx – OpenOffice.org Basic*, wobei *xxx* hier als Platzhalter für den Namen des Makrodokuments und der Bibliothek steht. Entsprechend der Abbildung 23.24 unterteilt sich das Fenster der Entwicklungsumgebung in mehrere Komponenten, die nachfolgend kurz vorgestellt werden.

- *Codefenster:* Enthält die Anweisungen der Makros (des aktuellen Moduls) in Form von Basic-Prozeduren und Basic-Anweisungen. Sie können die Basic-Befehle im Codefenster direkt einfügen, markieren, löschen und überschreiben. Hierbei lassen sich die gleichen Arbeitstechniken wie bei der Texteingabe im Writer verwenden.
- *Überwachungsfenster:* In diesem auch als Beobachter bezeichneten Fenster lassen sich die Namen von Variablen vorgeben. Die Entwicklungsumgebung blendet dann zur Laufzeit des Makros die aktuellen Werte der Variablen ein.
- *Aufrufefenster:* Dort sehen Sie die Hierarchie der zur Laufzeit ausgeführten Prozeduren. Im aktuellen Beispiel wurde vom Makro die Prozedur *Main* aufgerufen.

Über die Schaltflächen der *Debug*-Symbolleiste lässt sich der Basic-Code schrittweise ausführen und testen. Zudem finden Sie noch die Funktionsleiste, über die sich neue Dokument holen, bestehende Dokumente laden oder geladene Dokumente speichern und drucken lassen.

Abbildung 23.24: Elemente der Basic-Entwicklungsumgebung

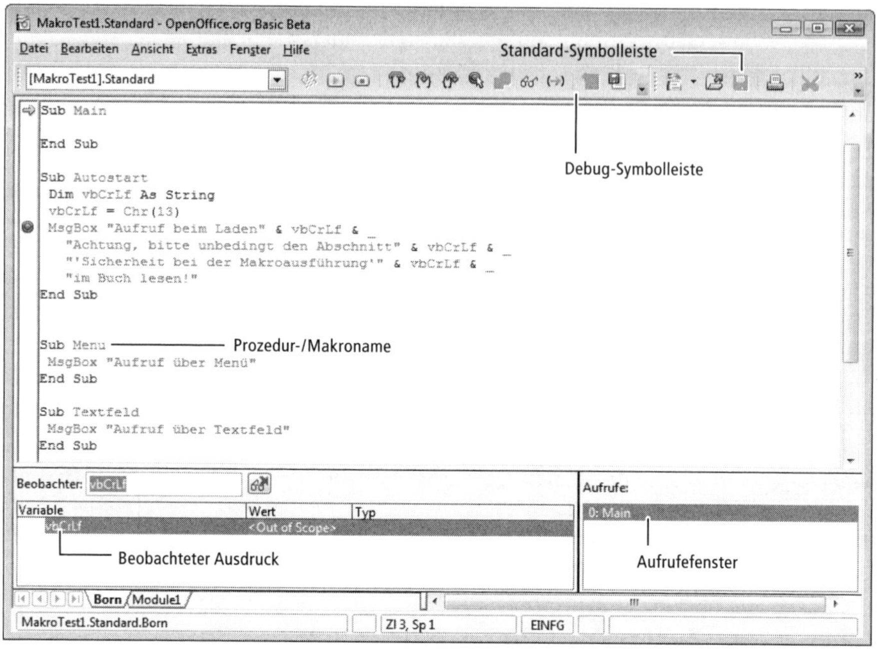

TIPP

Sie können die Größe der Fenster anpassen, indem Sie mit der Maus auf das Teilungsfeld zwischen den Fensterstegen zeigen und dann die Stege per Maus verschieben. In Abbildung 23.25 wurden das Überwachungs- und das Aufrufefenster auf diese Weise so weit reduziert, dass nur noch das Codefenster zu sehen ist.

23.3.2 Navigieren zwischen Bibliotheken und Modulen

Sobald das Basic-Fenster geöffnet ist, können Sie per Maus oder per Cursortasten im Basic-Code navigieren. Die Entwicklungsumgebung blendet immer alle Prozeduren und Funktionen eines Moduls ein (wobei jede Prozedur bzw. Funktion gemäß den obigen Erläuterungen für ein Makro steht). Gemäß den Ausführungen am Kapitelanfang verwaltet Office den Code aber in Bibliotheken und Modulen. Um zwischen Bibliotheken bzw. Modulen zu wechseln, stellt das Fenster der Basic-Entwicklungsumgebung einige Bedienelemente bereit (Abbildung 23.25).

- Für jedes in der aktuellen Bibliothek abgelegte Modul (Code-Module und Dialog-Module) blendet Office einen Registerreiter am unteren Fensterrand ein. Durch Anklicken dieser Registerreiter lässt sich sehr leicht zwischen einzelnen (Code-)Modulen und Dialog-Modulen wechseln.
- Zum Wechseln zwischen Bibliotheken öffnen Sie das Listenfeld *Aktuelle Bibliothek* (Abbildung 23.25) in der *Debug*-Symbolleiste. Dann werden die OpenOffice.org-Bibliotheken sowie die Bibliotheken aller geladenen Dokumente eingeblendet und Sie können die Bibliotheken anwählen.

- Über die Schaltfläche *Objekt-Katalog* der *Standard*-Symbolleiste lässt sich das Dialogfeld *Objekt* öffnen (Abbildung 23.25, Vordergrund), in dem Sie zwischen den Bibliotheken und Modulen navigieren können.

Zudem finden Sie in der *Standard*-Symbolleiste zwei weitere Schaltflächen, über die Sie Dialoge zur Auswahl der Module und Makros öffnen können.

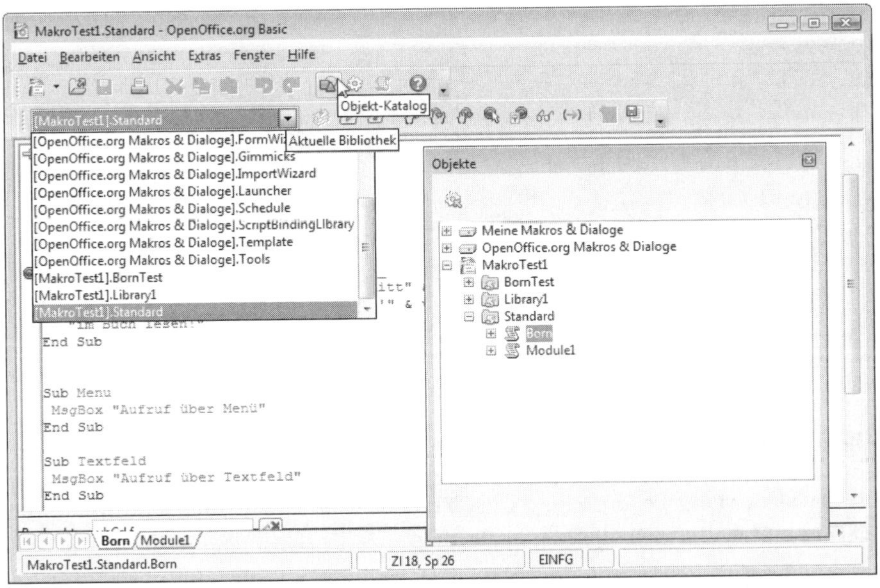

Abbildung 23.25: Navigationselemente für Bibliotheken und Module

23.3.3 Unterstützung bei der Codeeingabe

Obwohl das Basic-Codefenster noch nicht den Komfort der Microsoft-Entwicklungsumgebungen (z.B. Befehlseingabe mit IntelliSense-Unterstützung) erreicht, können Sie sich durch verschiedene Funktionen bei der Eingabe von Basic-Befehlen unterstützen lassen.

Geben Sie einen Ausdruck mit geschachtelten Klammern ein, ist es häufig mühsam, die schließenden Klammern zu den öffnenden Klammern zu finden. Markieren Sie einfach die öffnende Klammer und klicken Sie in der *Debug*-Symbolleiste auf die Schaltfläche *Klammer suchen* (Abbildung 23.26). Die Entwicklungsumgebung analysiert (parst) den Ausdruck und markiert die Anweisung zwischen öffnender und zugehöriger schließender Klammer. Bei der Eingabe werden syntaktisch korrekt erkannte Ausdrücke von der Entwicklungsumgebung farbig hervorgehoben.

- Blaue Ausdrücke stehen für Operatoren (+ , –, * etc.) oder die Namen von Basic-Schlüsselwörtern (End, Sub, Function, For etc.).
- Grün eingefärbte Textstellen symbolisieren Bezeichner, d.h. Prozedur- und Funktionsnamen oder Variablennamen.
- Rot hervorgehobene Ausdrücke wurden als Konstanten erkannt. Dies können Zahlen oder in Anführungszeichen gestellte Texte sein.
- Kommentare im Programmcode werden mit grauer Schrift abgeblendet.

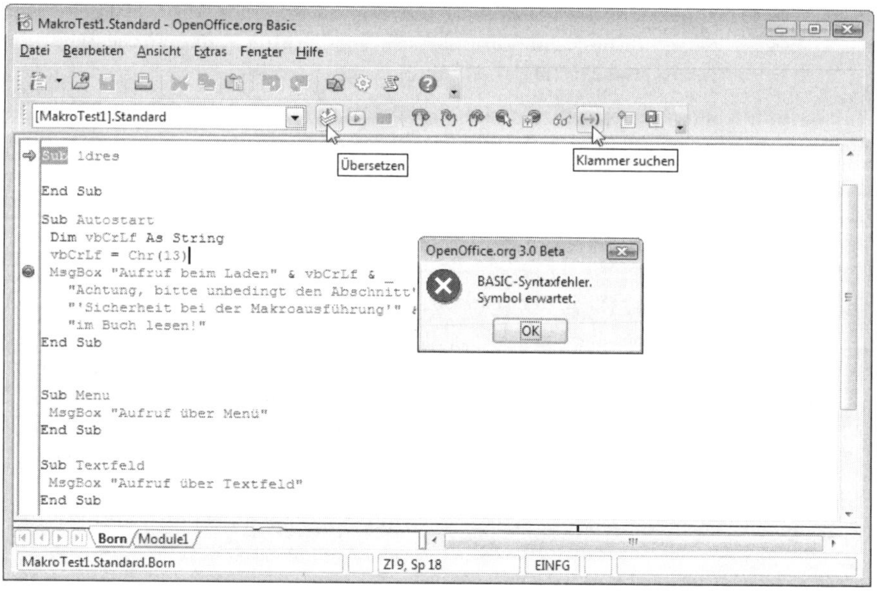

Abbildung 23.26: Automatische Suche von Klammern und Fehleranzeige

Allerdings lässt sich diese Farbkodierung über den Zweig *OpenOffice.org/Darstellung* (Menübefehl *Extras/Optionen*) individuell anpassen. Trotzdem können Sie bereits bei der Eingabe an der Farbe der Textstellen erkennen, ob ein Ausdruck korrekt erkannt wurde oder ob es Probleme gibt.

In Abbildung 23.26 wurde der unzulässige Prozedurname *1dres* eingetippt (Buchstaben sind am Anfang eines Bezeichners unzulässig, da keine Unterscheidung von Zahlen möglich ist). Die Basic-Entwicklungsumgebung hebt dann die Ziffer 1 bereits rot hervor, d.h., es wurde eine Konstante erkannt.

Weiterhin ermöglicht Ihnen Office, den Code des kompletten Moduls auf syntaktische Fehler zu überprüfen. Klicken Sie in der *Debug*-Symbolleiste auf die Schaltfläche *Übersetzen*. Dann führt die Basic-Umgebung eine Übersetzung in eine Art Zwischencode durch. Bei dieser Übersetzung wird auch gleich eine Syntaxprüfung des Programmcodes durchgeführt. Werden syntaktische Fehler gefunden, zeigt die Entwicklungsumgebung einen Fehlerdialog mit der Fehlerursache an und markiert gleichzeitig die fehlerhafte Anweisungszeile durch einen roten Pfeil (Abbildung 23.26).

INFO

Die beiden Schaltflächen BASIC-Quelltext einfügen *und* BASIC speichern *erlauben Ihnen, den Code eines Moduls als Basic-Datei zu sichern bzw. bereits gesicherte Codeteile an der Schreibmarke erneut einzufügen.*

Benötigen Sie Informationen zu bestimmten Basic-Befehlen? Auch dies ist kein Problem. Positionieren Sie die Schreibmarke auf dem Basic-Schlüsselwort, zu dem Sie Informationen brauchen. Wenn Sie dann die Funktionstaste [F1] drücken, öffnet Office das Hilfefenster und blättert automatisch zum betreffenden Suchbegriff. Sie müssen dann lediglich den Begriff in der linken Spalte per Doppelklick anwählen, um die Hilfeseite anzuzeigen.

23.3.4 Unterstützung beim Entwurf von Basic-Dialogen

Basic unterstützt die Anzeige von Dialogen (auch als Dialogfelder bezeichnet). Im Gegensatz zu den in den vorhergehenden Kapiteln beschriebenen Formularen werden die Dialogfelder mit den verschiedenen Steuerelementen direkt in der Basic-Entwicklungsumgebung entworfen (Abbildung 23.28). Hierzu stellt die Entwicklungsumgebung eine Werkzeugleiste *Kontrollfelder* mit verschiedenen Werkzeugen bereit.

- Um einen Dialog entwerfen zu können, muss ein *Dialog*-Modul in der Bibliothek vorhanden sein. Benötigen Sie ein neues Dialog-Modul, klicken Sie in der *Debug*-Symbolleiste auf die Schaltfläche *Modul auswählen*. Sobald das Eigenschaftenfenster *OpenOffice.org Basic Makros verwalten* erscheint (Abbildung 23.27), wählen Sie auf der Registerkarte *Dialoge* die gewünschte Bibliothek und klicken dann auf die Schaltfläche *Neu*. Danach können Sie einen Namen für das Dialog-Modul in ein Dialogfeld eingeben, dieses über *OK* schließen und die Registerkarte über die *Bearbeiten*-Schaltfläche verlassen. Dann gelangen Sie direkt in den Bearbeitungsmodus des Dialogs.
- Zum Entwerfen des Dialogs in der Basic-Entwicklungsumgebung wechseln Sie ggf. über den am unteren Fensterrand eingeblendeten Registerreiter zum Dialog-Modul. Basic zeigt dann bereits ein leeres Dialogfeld und die Symbolleiste *Werkzeuge* im Design-Bereich an (Abbildung 23.28). Notfalls müssen Sie die Symbolleiste in den Design-Bereich ziehen oder über den Menübefehl *Ansicht/ Symbolleisten* einblenden. Anschließend können Sie in der Symbolleiste eine Schaltfläche wählen und das zugehörige Kontrollfeld im Entwurfsfenster in das Dialogfeld einfügen.

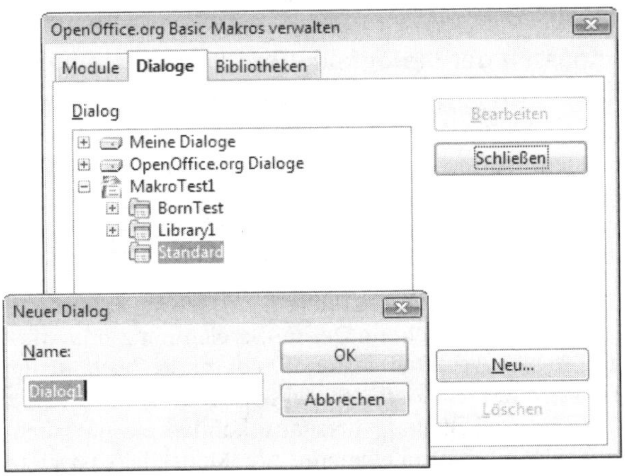

Abbildung 23.27: Anlegen eines neuen Dialog-Moduls

Beim Einfügen der Kontrollfelder kommen die gleichen Techniken zum Einsatz, wie sie in *Kapitel 22* beim Formularentwurf beschrieben wurden. Die Werkzeugleiste besitzt Pendants für die meisten Formular-Kontrollelemente. Lediglich Tabellen-Kontrollfelder und die Anbindung an Datenbanktabellen werden nicht unterstützt (daher fehlt der Assistent). Dafür finden Sie aber Schaltflächen, um Fortschrittsanzeigen, Bildlaufleisten und Linien einzufügen.

Um den Entwurf als Dialogfeld anzuzeigen, brauchen Sie nur die Schaltfläche *Textmodus an/aus* in der Werkzeugleiste anzuklicken. Sobald Sie das Dialogfeld über dessen *Schließen*-Schaltfläche der Titelleiste beenden, gelangen Sie zum Entwurfsmodus der Basic-Entwicklungsumgebung zurück.

Abbildung 23.28: Entwurf von Dialogfeldern in der Basic-Entwicklungsumgebung

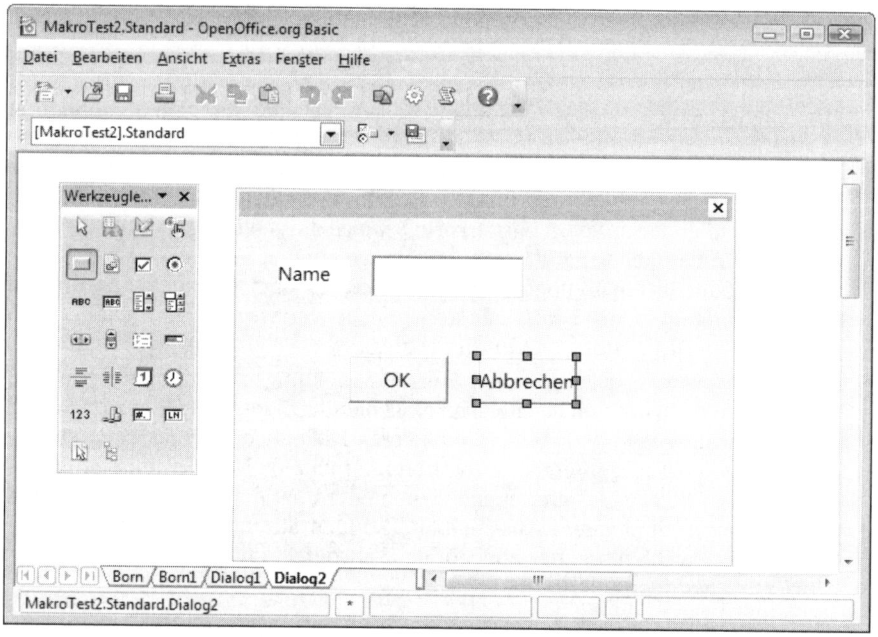

Anpassen der Dialogfeld- und Kontrollelemente-Eigenschaften

Ähnlich wie bei Formularen lassen sich für das Dialogfeld und für die darin enthaltenen Kontrollelemente Eigenschaften anpassen. Sie müssen lediglich das betreffende Element markieren und dann die Schaltfläche *Eigenschaften* bzw. den gleichnamigen Kontextmenübefehl wählen, um das zugehörige Eigenschaftenfenster zu öffnen. Bei Basic-Dialogen weisen die Eigenschaftenfenster nur die Registerkarten *Allgemein* und *Ereignisse* auf (Abbildung 23.29).

Um das Dialogfeld zu markieren, müssen Sie auf dessen Rand klicken. Erst wenn das komplette Dialogfeld im Design-Bereich mit Ziehmarken versehen wird, können Sie dessen Eigenschaftenfenster öffnen. Im Eigenschaftenfenster lässt sich dann z.B. der Titeltext des Dialogfelds, dessen Höhe und Breite oder die Position auf dem Bildschirm einstellen. Alternativ können Sie natürlich jedes der in das Dialogfeld eingefügten Kontrollelemente per Mausklick markieren und dann dessen Eigenschaftenfenster öffnen und die Werte setzen.

INFO

Benötigen Sie Informationen zu einer Eigenschaft des Kontrollfelds, klicken Sie auf das betreffende Feld im Eigenschaftenfenster. Wenn Sie dann die [F1]*-Taste drücken, wird das Hilfefenster mit einer Beschreibung der betreffenden Eigenschaft eingeblendet.*

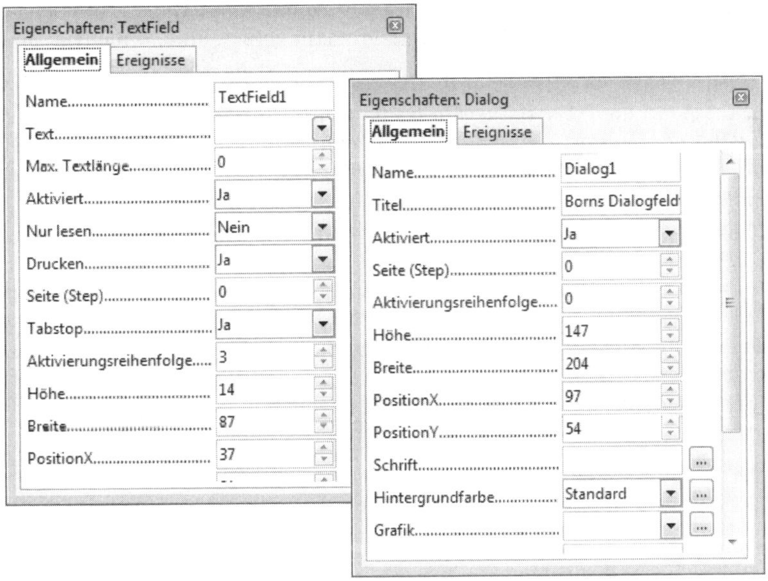

Abbildung 23.29: Eigenschaften eines Textfelds und eines Dialogs

Die Kontrollelemente lassen sich wie bei Formularen direkt an Makros (Basic-Ereignisprozeduren) anbinden. Die Prozeduren werden dabei in Code-Modulen abgelegt und über die Registerkarte *Ereignisse* an bestimmte Ereignisse (Mausklicks) etc. gebunden. Details zum Zugriff auf Basic-Dialogfelder finden Sie in *Kapitel 24* sowie im StarOffice Basic-Handbuch von Sun.

23

23.4 Testen des Basic-Codes

Neben der Aufzeichnung können erfahrene Anwender den Makrocode auch direkt als Basic-Prozeduren in die Entwicklungsumgebung eintippen. Dann kommt man aber am Testen der Basic-Anweisungen und der Programmlogik nicht vorbei. Bei der Übersetzung werden zwar syntaktische Fehler gefunden, aber Fehler in der Logik des Programms oder Probleme beim Ablauf müssen mit geeigneten Techniken identifiziert werden. Office unterstützt dies mit den Schaltflächen der Debug-Symbolleiste sowie mit den Überwachungsfenstern. Nachfolgend finden Sie eine kurze Übersicht über diese Funktionen.

23.4.1 Den Code im Debugger ausführen

Alle Basic-Anweisungen werden (bis auf die Deklaration von Variablen und Konstanten) in Prozeduren oder Funktionen im Modul abgelegt. Eine Prozedur besteht dabei aus dem nachfolgend gezeigten Prozedurrumpf, in dem die Basic-Anweisungen eingefügt sind.

```
Sub Main
.. Anweisungen
End Sub
```

Standardmäßig legt Office einen leeren Prozedurrumpf *Main* an. Falls Sie die Makros anders benennen, finden Sie weitere Prozedurrümpfe im Codefenster des Moduls.

HALT

Leider kann die Basic-Entwicklungsumgebung nur den jeweils ersten Prozedurrumpf ausführen. Befindet sich ein leerer Prozedurrumpf Main *am Modulanfang, wird sich nichts tun. Sie können den Prozedurrumpf löschen oder die Namen der restlichen Makros als Basic-Befehle einfügen. Dann werden bei der Programmausführung die angegebenen Makros aus der Prozedur* Main *aufgerufen.*

Abbildung 23.30 vermittelt eine Übersicht über die verfügbaren Schaltflächen der *Debug*-Symbolleiste. Neben der Schaltfläche *Übersetzen*, die nur eine syntaktische Überprüfung des Programmcodes durchführt, finden Sie die Schaltfläche *BASIC-Programm ausführen*. Klicken Sie diese Schaltfläche an, wird der Code nicht nur übersetzt, sondern auch die Programmausführung gestartet. Das Programm läuft dann komplett durch, bis ein Dialog angezeigt wird oder ein Laufzeitfehler auftritt.

Der Programmcode lässt sich zum Testen auch schrittweise unter der Kontrolle der Basic-Entwicklungsumgebung (Debugger) ausführen. Hierzu stellt die *Debug*-Symbolleiste drei Schaltflächen bereit.

- *Prozedurschritt (Step over)*: Mit dieser Schaltfläche oder der Tastenkombination ⇧ + F8 wird der Code der aktuellen Prozedur schrittweise ausgeführt. Von dieser Ebene aufgerufene Prozeduren und Funktionen werden aber ohne Unterbrechung in einem Stück ausgeführt. Der Debugger hält erst an der auf den Aufruf folgenden Basic-Anweisung. Dies ist hilfreich, falls Prozeduren bereits ausgetestet sind und Sie deren schrittweise Ausführung nicht mehr wünschen.
- *Einzelschritt (Step into)*: Diese Schaltfläche oder die Funktionstaste F8 lässt den kompletten Programmcode Anweisung für Anweisung unter der Kontrolle des Debuggers ablaufen. Bei jedem Mausklick auf die Schaltfläche wird die nächste Basic-Anweisung ausgeführt und der Programmablauf erneut unterbrochen. Die nächste auszuführende Anweisung wird durch einen kleinen gelben Pfeil am Zeilenanfang markiert.
- *Rücksprung (Step out)* Wurde eine Prozedur oder eine Funktion im Einschrittmodus aufgerufen und möchten Sie alle Befehle bis zum Ende der Prozedur/Funktion ohne weitere Unterbrechung ausführen, klicken Sie diese Schaltfläche an.

Um den Ablauf eines Makros in der Basic-Entwicklungsumgebung zu beenden, klicken Sie in der Symbolleiste auf die Schaltfläche *Makroausführung stoppen*. Die Hierarchie der Prozedur- und Funktionsaufrufe wird beim Ablauf im Fenster *Aufrufe* angezeigt.

HALT

Solange ein Makro im Basic-Fenster abläuft, lassen sich die Office-Dokumente nicht schließen. Falls Sie also Probleme haben, ein Dokumentfenster zu schließen, prüfen Sie, ob ggf. noch ein Makro im Fenster der Basic-Entwicklungsumgebung ausgeführt wird.

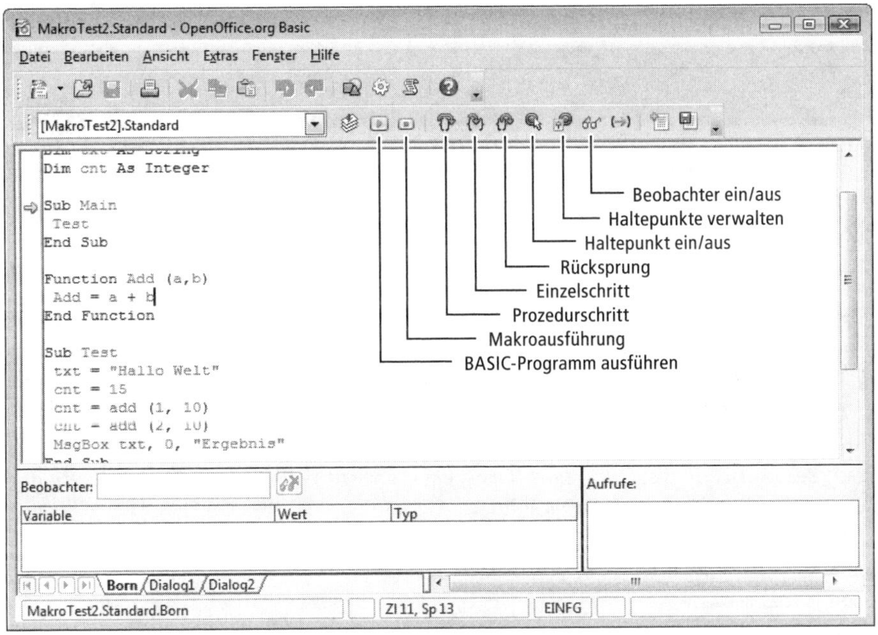

Abbildung 23.30: Elemente der Debug-Symbolleiste zur Steuerung der Programmausführung

23.4.2 Arbeiten mit Haltepunkten

Bei umfangreichen Prozeduren ist der schrittweise Ablauf recht mühsam. Häufig möchte man nur bestimmte Anweisungen kontrollieren und überwachen, ob diese ausgeführt werden. Für diesen Zweck unterstützt die Entwicklungsumgebung sogenannte Haltepunkte.

1. Zum Setzen oder Löschen eines sogenannten Haltepunkts markieren Sie die gewünschte Anweisungszeile im Codefenster.
2. Anschließend klicken Sie in der *Debug*-Symbolleiste auf die Schaltfläche *Haltepunkt ein/aus* (Abbildung 23.31). Alternativ können Sie die Funktionstaste [F9] betätigen oder in die Spalte vor der Anweisungszeile doppelklicken.

Die Entwicklungsumgebung markiert die Anweisungszeile mit einem roten Punkt am Zeilenanfang. Bei einer bereits mit einem Haltepunkt versehenen Anweisung wird dieser wieder aufgehoben. Auf diese Weise können Sie mehrere Basic-Anweisungen mit Haltepunkten versehen bzw. gesetzte Haltepunkte löschen.

Wird das Programm in der Entwicklungsumgebung z.B. über die Schaltfläche *BASIC-Programme ausführen* gestartet, unterbricht der Debugger den Ablauf beim Erreichen einer Anweisung mit gesetztem Haltepunkt. Sie können dann den Code oder die Variablenwerte inspizieren und ggf. den Ablauf mittels der Schaltflächen *BASIC-Programme ausführen*, *Einzelschritt* (Step over) etc. fortsetzen.

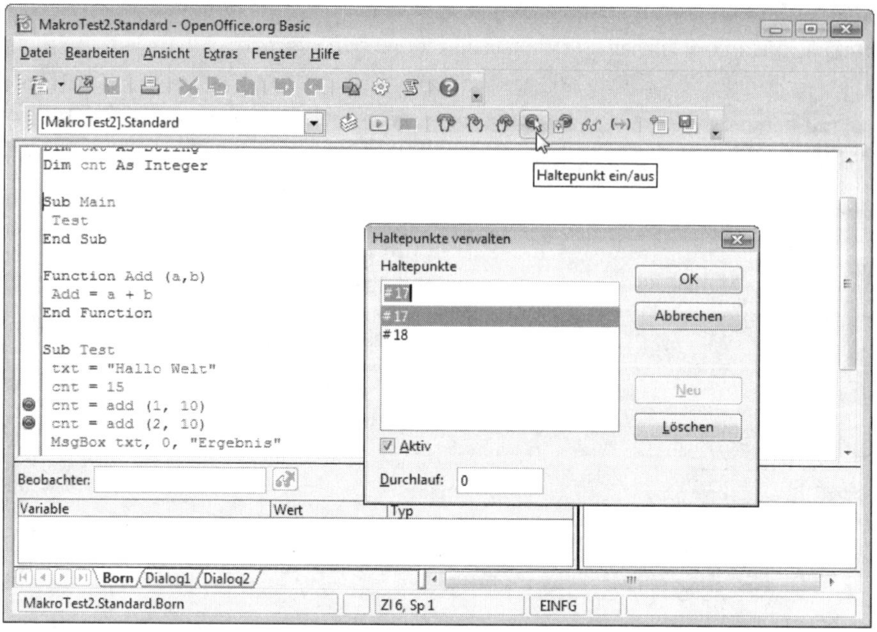

Abbildung 23.31: Verwalten von Haltepunkten

Über die Schaltfläche *Haltepunkte verwalten* der Symbolleiste öffnen Sie das gleichnamige Dialogfeld (Abbildung 23.31, Vordergrund). Dort werden die Haltepunkte mit laufenden Zeilennummern aufgelistet. Sie können Haltepunkte anwählen und ebenfalls mittels der *Löschen*-Schaltfläche entfernen. Löschen Sie die Markierung des Kontrollkästchens *Aktiv* für einen markierten Haltepunkt, wird dieser deaktiviert. Über das Feld *Durchlauf* lässt sich vorgeben, wie oft ein Haltepunkt bis zur Unterbrechung durchlaufen werden muss (0 = Unterbrechung bei jedem Durchlauf).

23.4.3 Werte während des Ablaufs beobachten

Neben der Aufrufreihenfolge der Prozeduren stellt die Entwicklungsumgebung noch ein Fenster zur Beobachtung einzelner Werte bereit. Sie können hierzu auf das Feld *Beobachter* klicken, den Namen einer Variablen eintippen und dann die [↵]-Taste drücken. Oder Sie klicken im Codefenster auf den Namen der zu überwachenden Variablen und betätigen die Schaltfläche *Beobachter ein/aus* in der *Debug*-Symbolleiste (Abbildung 23.32).

Die Variablen werden in das Überwachungsfenster (hier auch als *Beobachter* bezeichnet) eingetragen. Zur Laufzeit blendet der Debugger der Entwicklungsumgebung dann die aktuellen Werte der Variablen ein. Markieren Sie eine dieser Variablen und klicken auf die Schaltfläche *Beobachter entfernen*, wird diese aus der Überwachungsliste ausgetragen.

Im Beispielarchiv finden Sie im Ordner Kap23 *die Dateien* MakroTest1.odt *und* MakroTest2.odt *mit Beispielcode zum Testen der obigen Funktionen.*

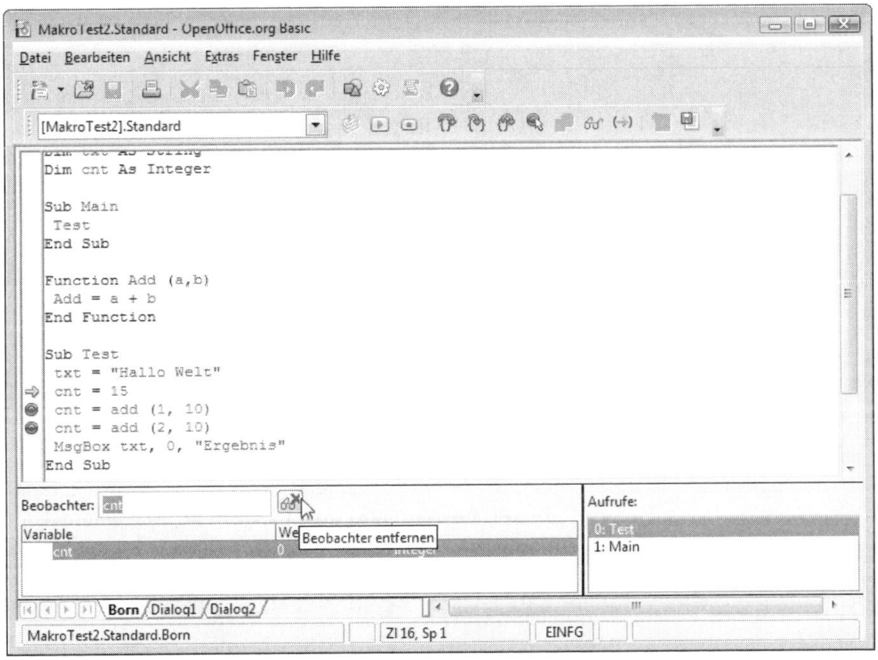

Abbildung 23.32: Überwachung von Ausdrücken

24 Programmierung mit StarOffice Basic

StarOffice Basic bzw. OpenOffice.org Basic, nachfolgend kurz als Basic bezeichnet, ist die Sprache, mit der StarOffice und OpenOffice.org Makros aufzeichnen. Gemäß den Ausführungen im vorhergehenden *Kapitel 23* können Sie diese Sprache verwenden, um eigene Programme zu erstellen und als Makros in Office oder in Office-Dokumenten abzulegen. Dieses Kapitel enthält eine Einführung in das Programmieren mit StarOffice Basic.

INFO

Wer sich mit Office-Basic oder der Programmierung unter Office befasst, kann sich das von Sun angebotene StarOffice-Basic-Programmierhandbuch als PDF-Dokument kostenlos aus dem Internet herunterladen (z.B. unter `http://docs.sun.com/app/docs/doc/819-1326?l=de\&a=load`*). Eine gute Übersicht über weitere Dokumente samt den Links zu den Download-Adressen findet sich im OpenOffice-Forum in der Rubrik* OO Basic und Java *(siehe* `http://de.openoffice.info/viewtopic.php?t=1553`*).*

24.1 Die StarOffice-Basic-Syntax im Überblick

Dieser Abschnitt geht in aller gebotenen Kürze auf die Syntax des in StarOffice und OpenOffice.org benutzten Basic ein und versteht sich als Ergänzung zum Basic-Programmierhandbuch.

24.1.1 Anweisungen und Kommentare

Basic-Anweisungen lassen sich im Codefenster gemäß den Syntaxregeln der Sprache eingeben. Basic unterscheidet dabei – im Gegensatz zu vielen anderen Sprachen – nicht zwischen Groß-/Kleinschreibung. Abbildung 24.1 zeigt das Codefenster der Basic-Entwicklungsumgebung mit einem Beispielprogramm.

Um zu verhindern, dass Basic eine Zeile oder einen Teil einer Zeile als Anweisung interpretiert, lassen sich diese als Kommentar markieren. Basic erlaubt zwei Varianten, mit denen sich Kommentare vereinbaren lassen.

- Wird einer Zeile das Schlüsselwort *REM* (für Remark, Anmerkung) vorangestellt, interpretiert Basic diese Zeile als Kommentar.
- Kommentare lassen sich auch durch ein Hochkomma (Zeichen ') einleiten. Dieses Zeichen kann am Zeilenanfang oder auch innerhalb einer Zeile auftreten.

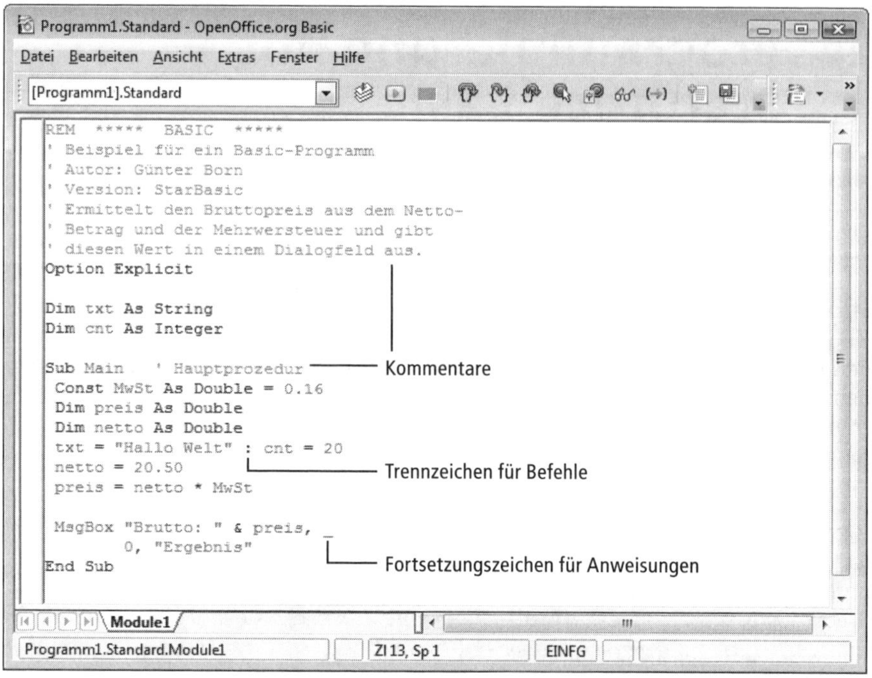

Abbildung 24.1: Codefenster mit einigen Beispielanweisungen

Basic überliest dann ab dem Kommentaranfang den gesamten folgenden Text bis zum Zeilenende. Die beiden nachfolgenden Zeilen enthalten beide Kommentare:

```
' Dies ist eine komplette Kommentarzeile
Preis = Netto * Mwst        ' ermittle Steuersatz
```

In der zweiten Zeile beginnt der Kommentar erst hinter der Anweisung. Diese Variante erlaubt Ihnen, den Sinn einer Anweisung für den menschlichen Benutzer zu erläutern. Abbildung 24.1 zeigt einige Kommentarzeilen im Kopf des Moduls. Die mit REM beginnende Kommentarzeile wird von Office automatisch eingefügt. Die restlichen Kommentarzeilen wurden manuell ergänzt. In solchen Kommentarköpfen lassen sich zusätzliche Informationen (z.B. der Name des Programmierers, das Datum der Erstellung bzw. letzten Änderung, die Version des Codes, eine Erläuterung der Funktion etc.) unterbringen.

Basic-Anweisungen lassen sich Zeile für Zeile im Codefenster unterbringen. Gelegentlich sieht man auch, dass mehrere Basic-Anweisungen in einer Zeile stehen und durch einen Doppelpunkt getrennt werden.

```
Txt = "Hallo Welt" : cnt = 20
```

Auf diese Schreibweise sollten Sie aber verzichten, da sie die Lesbarkeit des Programmcodes beeinträchtigt. Bei sehr langen Anweisungen empfiehlt es sich, diese aus Gründen der Handhabung und der besseren Lesbarkeit auf mehrere Folgezeilen aufzuteilen. In Basic müssen solche Folgezeilen dabei durch einen Unterstrich (_) am Ende der Fortsetzungszeile markiert werden. Abbildung 24.1 enthält Beispiele für Kommentare sowie Anweisungen mit und ohne Fortsetzungszeilen.

Zeichenketten, die als Textkonstanten im Code eingefügt sind, dürfen nicht in mehrere Fortsetzungszeilen aufgeteilt werden. Lange Zeichenkettenkonstanten können Sie in Teilzeichenketten unterteilen (müssen in doppelten Anführungszeichen stehen) und mit dem &-Operator verknüpfen. Dann lässt sich das Fortsetzungszeichen zwischen den Teilausdrücken unterbringen. Das Fortsetzungszeichen muss weiterhin durch mindestens ein Leerzeichen von dem letzten Zeichen der Anweisung getrennt werden. Dezimalzahlen werden in Basic mit einem Dezimalpunkt und nicht mit einem Komma für die Dezimalstellen angegeben.

HALT

24.1.2 Bemerkungen zu Konstanten

Variablen und Konstanten dienen zum Speichern von Werten. Eine Konstante lässt sich dabei jedoch nicht ändern. Typischerweise werden die meisten Basic-Programme implizite Konstanten in Form von Zahlen oder Texten enthalten. Die Anweisung:

```
Brutto = Netto * Menge + 100.0
```

enthält den Wert 100.0 als Konstante, die in die Berechnung eingeht. Zusätzlich lassen sich sogenannte »benannte Konstanten« definieren, die sich dann im Programm verwenden lassen. Hierzu muss die Konstante über das Schlüsselwort *Const* mit ihrem Namen und ggf. einem Typ im Deklarationsteil des Moduls oder der Prozedur definiert werden. Die folgende Anweisung definiert die Konstante *Zuschlag* und belegt diese mit dem Wert 100.0.

```
Const Zuschlag As Double = 100.0
```

Die Angabe *As Double* vereinbart einen Datentyp (hier Fließkommazahlen) für die Konstante. Daran schließt sich die Zuweisung des Werts der Konstanten an. Vorteil dieses Ansatzes ist, dass sich die Konstante anschließend unter ihrem Namen im Programm benutzen lässt.

```
Brutto = Netto + Zuschlag
```

Ändert sich etwas am Wert, lässt sich dieser zentral in der Konstantendeklaration ändern.

Im Hinblick auf die vielgepriesene VBA-Kompatibilität: StarOffice Basic kennt nach wie vor keine der in Microsoft VBA vordefinierten benannten Konstanten (z.B. vbOkOnly*). In den in diesem Buch gezeigten Beispielen werden solche Konstanten daher im Modulkopf deklariert.*

INFO

Datentypen für Konstanten und Variablen

Wenn Sie nichts angeben, werden Konstanten und Variablen mit dem Datentyp *Variant* versehen. Dieser Datentyp kann unterschiedliche Werte (Zahlen, Zeichenketten, Datumsangaben etc.) aufnehmen. Besser ist es aber, mit typgebundenen Variablen und Konstanten zu arbeiten. Dann kann Basic anhand des Typs erkennen, ob Wertzuweisungen passen. Das Vereinbaren der Datentypen für Konstanten und Variablen erfolgt über das *As*-Schlüsselwort, an das sich der Name des Datentyps anschließt. Der Datentyp beeinflusst den in der Konstanten oder Variablen festlegbaren Werteumfang (einer Datumsvariablen lässt sich z.B. kein Währungsbetrag zuweisen). Die folgende Tabelle enthält eine Übersicht über die von StarOffice Basic unterstützten Datentypen.

Tabelle 24.1: Datentypen in Basic

Datentyp	Bytes	Erläuterung
Boolean	2	Wahrheitswert (True = –1/False = 0).
Integer	2	Ganze Zahl zwischen –32 768 und +32 767.
Long	4	Ganzzahl (Long Integer) zwischen –2 147 483 648 und 2 147 483 647.
Single	4	Gleitkommazahl mit 7-stelliger Genauigkeit zwischen 10E–38 und 10E+38.
Double	8	Doppeltgenaue Gleitkommazahl 16-stelliger Genauigkeit zwischen 10E–308 und 10E+308.
Currency	8	Währungswert (ohne Rundungsfehler!) mit 15 Stellen vor und 4 Stellen nach dem Dezimalpunkt.
Date	8	Datumswert im Intervall zwischen 1. Januar 100 bis 31. Dezember 9999.
String	---	Zeichenfolge mit max. 65 535 Zeichen.
Variant	---	Universeller Datentyp, der verschiedene Werte aufnehmen kann.
Object	4 Byte	Verweis auf ein Objekt.

INFO

Das StarOffice-Basic-Handbuch erwähnt die Möglichkeit, Variablen implizit durch am Namen angehängte Typdeklarationszeichen (z.B. preis# für Gleitkommazahlen, text$ für Strings, count% für Ganzzahlen) einen Datentyp zuzuweisen. Dies hat historische Gründe, im Hinblick auf die Lesbarkeit Ihres Programmcodes rate ich aber dringend von dieser Praxis ab. Deklarieren Sie die Variablen am Programmanfang und weisen Sie diesen explizit einen Datentyp über das As-Schlüsselwort zu. Verwenden Sie für jede Deklaration eine eigene Zeile, um möglichst transparenten Code zu schreiben.

24.1.3 Variablen deklarieren und verwenden

Variablen sind Platzhalter, die im Programm in einzelnen Anweisungen auftreten können und ebenfalls einen Namen sowie einen Datentyp besitzen. Der Variablenwert lässt sich dabei innerhalb des Programms ändern. Basic unterstützt die implizite Deklaration, d.h., sobald die Variable zum ersten Mal im Programm auftritt, wird sie deklariert. Wird kein Typdeklarationszeichen benutzt, legt Basic die Variable als Variable an. Sie sollten Variablen aber explizit im Modulkopf oder im Kopf einer Prozedur/Funktion deklarieren und mit einem Datentyp versehen. Nachfolgender Codeauszug benutzt beide Varianten.

```
Const MwSt As Double = 0.19
Dim Preis As Double
' Achtung, Problemstelle!
DIM T1, T2 As Integer  ' T1 ist vom Typ Variant!!!
Sub Preisber()
 Dim Limit As Double
```

```
 Limit = 100.0
 Netto = 40.0
 Preis = Netto * (1.0 + MwSt) ' berechne den Preis
End Sub
```

Die Variable *Preis* und *Limit* werden explizit im Modulkopf bzw. im Prozedurkopf mit der *Dim*-Anweisung deklariert und mit einem Datentyp versehen. Die Variable *Netto* besitzt keine solche Deklaration und wird beim Auftreten implizit als Variable erkannt.

INFO

Vermeiden Sie Variablendeklarationen wie in der dritten Zeile der obigen Prozedur, da der Variablen T1 *nicht der Typ* Integer *zugewiesen wird. Folgt keine Typangabe* As xxx, *weist der Übersetzer den Typ* Variant *zu.*

Da eine implizite Variablendeklaration schnell zu (schwierig zu findenden) Fehlern führt, sollten Sie diese Option sperren (vertippen Sie sich z.B. beim Variablennamen, z.B. *Pris* statt *Preis,* legt Basic einfach eine neue Variable mit dem Wert 0 an). Deklarieren Sie alle Variablen im Modul- bzw. Prozedurkopf und fügen Sie die Anweisung `Option Explicit` in den Programmkopf ein. Diese Anweisung bewirkt, dass beim Übersetzen alle nicht deklarierten Variablen als fehlerhaft gemeldet werden. Sie finden dann sehr schnell Tippfehler und nicht deklarierte Variablen.

Verwenden Sie sprechende Konstanten- und Variablennamen (also statt *x* den Namen *preis*). Die Namen für Variablen und Konstanten dürfen bis zu 255 Zeichen umfassen, sollten aber aus Aufwandsgründen auf 10 bis 15 Zeichen begrenzt werden. Die Namen lassen sich weitgehend frei wählen, sofern sie mit einem Buchstaben oder einem Unterstrich beginnen. Innerhalb des Namens sind Leerzeichen, Punkte, Kommas und einige Sonderzeichen (z.B. !, -, +) unzulässig. Auch Basic-Schlüsselwörter wie *Sub, If, End, Dim* dürfen nicht für Variablennamen benutzt werden.

Einsatz der Dim-Anweisung

24

Die *Dim*-Anweisung wird einerseits zur Deklaration von Variablen und zusätzlich zur Definition von Feldvariablen (Arrays) verwendet. Die folgende Anweisung vereinbart ein Feld mit sechs Feldelementen.

```
Dim Name (5) As String
```

Die Variable *Name* besitzt die sechs Feldelemente *Name (0)* bis *Name (5)*, die sich über den in Klammern stehenden Feldindex abrufen lassen (z.B. `Name(1) = "Müller"`). Mit der Anweisung:

```
Dim Werte (5, 4) As Integer
```

wird dagegen ein zweidimensionales Feld mit sechs Spalten und fünf Zeilen erzeugt. Die Indizierung der Felder beginnt standardmäßig mit 0. Sie können den unteren Indexwert bei der Deklaration auch explizit festlegen. Dann erhält der obige Befehl die Form:

```
Dim Name (1 To 5) As String
```

Das heißt, die beiden in der Klammer stehenden Werte geben den unteren und oberen Indexwert des Felds an. Jetzt besitzt das Feld *Name* nur noch fünf Elemente.

Gültigkeitsbereich und Lebensdauer von Variablen und Konstanten

Bei der Deklaration einer Variablen oder Konstanten wird diese angelegt und der Speicherbereich eingerichtet. Die Art und der Ort der Deklaration bestimmen dabei auch den Gültigkeitsbereich.

- Vereinbaren Sie eine Variable/Konstante innerhalb einer Prozedur oder Funktion (mit *Dim* bzw. *Const*), gilt deren Wert nur innerhalb dieser Prozedur/Funktion. Dies gilt auch, falls die Variable nicht deklariert wurde, sondern erstmalig in einer Anweisung der Prozedur verwendet wird. Beim Beenden der Prozedur/Funktion wird der Wert der Variablen auf null zurückgesetzt. Sollen die Werte erhalten bleiben, müssen Sie statt der Schlüsselwörter *Dim* und *Const* die Angabe *Static* verwenden.
- Vereinbaren Sie eine Variable/Konstante im Modulkopf, ist diese öffentlich, d.h., sie ist in allen Prozeduren/Funktionen innerhalb des Moduls sowie in allen anderen Modulen innerhalb der Bibliothek gültig. Der Wert öffentlicher Variablen wird nach dem Beenden der Prozedur zurückgesetzt.

Sie können bei Deklarationen auf Modulebene die Gültigkeit und die Lebensdauer einer Variablen oder Konstanten explizit über Schlüsselwörter verändern.

- Das Schlüsselwort *Private* (statt *Dim*) bewirkt, dass die Variable ausdrücklich nur innerhalb des Moduls gültig ist.
- Die Anweisung *Public* (statt *Dim*) sorgt dafür, dass die Variable/Konstante global für alle Module innerhalb der Bibliothek Gültigkeit besitzt. Die Lebensdauer ist aber auf die Ausführung der Prozedur beschränkt.
- Soll der Wert einer Variablen auch nach Ausführung des Makros (d.h. der Prozedur) gültig bleiben, müssen Sie das Schlüsselwort *Global* anstelle der *Dim*-Anweisungen verwenden.

Die folgenden Anweisungen zeigen die unterschiedlichen Möglichkeiten einer Variablendeklaration:

```
Public Const MwSt As Long = 0.19
Public Preis As Long
Private tmp As String
Public Aufschlag As Long
Global oWnd As Object
```

Weitere Details zur Deklaration von Variablen, zur Gültigkeit und zu den verfügbaren Datentypen finden Sie in der Office-Hilfe und im StarOffice-Basic-Programmierhandbuch.

24.1.4 Operatoren

In Basic lassen sich unterschiedliche Operatoren (arithmetische, logische, verkettende und vergleichende) auf Ausdrücke anwenden. Die nachfolgende Tabelle enthält eine Aufstellung der in Basic verfügbaren arithmetischen Operatoren.

Operator	Erklärung
^	Potenzieren (x = y^Exponent)
+	Addition (x = a + b)
–	Subtraktion oder negatives Vorzeichen (x = –10 oder x = a – 100)
*	Multiplikation (x = b * 30)
/	Gleitkommadivision (x = a / b)
\	Integerdivision (x = a \ b)
Mod	Modulo, Rest aus einer Division (x = a Mod b)

Tabelle 24.2: Arithmetische Operatoren

INFO

Vermeiden Sie den Einsatz des +-Operators zur Verknüpfung von Zeichenketten (z.B. `Name = "Müll" + "erin"`*). Verwenden Sie stattdessen den &-Operator zur Verkettung von Strings (z.B.* `Name = "Müll" & "erin"`*).*

Die nachfolgende Tabelle führt die Operatoren für die logische Verknüpfung von Ausdrücken bzw. die bitweise Verknüpfung von Zahlen auf.

Operator	Bedeutung
Not	NEGATION (x = Not y)
And	UND (x = a And b)
Or	ODER (x = a Or b)
Xor	EXCLUSIV ODER (x = a Xor b)
Eqv	ÄQUIVALENZ (x = a Eqv b)
Imp	IMPLIKATION (x = a Imp b)

Tabelle 24.3: Logische Operatoren

24

Logische Operatoren werden häufig in Verzweigungen benutzt (z.B. `If a > 100 And a < 1000 Then`) und liefern die Ergebnisse *true* oder *false* zurück. Logische Operatoren auf Ganzzahlen führen zu einer bitweisen Verknüpfung. Zum Vergleich von Ausdrücken kommen die Vergleichsoperatoren aus nachfolgender Tabelle zur Anwendung.

Operator	Erklärung
<	kleiner als (a < b)
>	größer als (a > b)
=	gleich (a = b)
<=	kleiner oder gleich (a <= b)
>=	größer oder gleich (a >= b)
<>	ungleich (a <> b)

Tabelle 24.4: Vergleichsoperatoren

24.1.5 Verzweigungen und Kontrollstrukturen in Programmen

Zur Steuerung des Programmablaufs lassen sich Verzweigungen und Kontrollstrukturen verwenden. Der nachfolgende Abschnitt enthält eine kurze Übersicht über die für diese Zwecke in Basic verfügbaren Anweisungen.

IF ... Then

Die *If*-Anweisung lässt sich benutzen, um eine einfache Verzweigung oder eine Anweisung aufgrund eines Vergleichs durchzuführen. Die nachfolgende einzeilige *If*-Anweisung:

```
If a > 100 Then a = 100
```

setzt die Variable a auf den Wert 100 zurück, falls dieser größer als 100 war. Bei mehrzeiligen *If*-Anweisungen muss die Sequenz mit einer *End If*-Anweisung abgeschlossen werden:

```
If tag = "Montag" Then
 a = 100
 b = 20
End If
```

Hier wird der Wert der Variablen *tag* überprüft. Enthält die Variable den Wert »Montag«, werden die Anweisungen zwischen *If ... Then* und *End If* ausgeführt. Trifft die Bedingung nicht zu, wird das Programm hinter der *End If*-Anweisung fortgesetzt.

IF ... Then ... Else

Eine Variante der *If*-Anweisung erlaubt, zwei Blöcke mit Anweisungen zu verwenden. Die Sequenz:

```
If a > 100 Then
 a = 100
 b = 20
Else
 a = a + 10
 b = a \ 10
End If
```

führt die Anweisungen in *If ... Then* und *Else* aus, falls a größer als 100 ist. Andernfalls werden die Anweisungen zwischen *Else* und *End If* bearbeitet. Die *If ... Then ... ElseIf*-Variante erlaubt die Schachtelung mehrerer *If*-Blöcke.

```
If a = 1 Then
 b = 100
 c = 20
ElseIf a = 2 Then
 b = 200
 c = 40
ElseIf a = 3 Then
 b = 300
 c = 60
End If
```

Hier wird die Variable *a* auf verschiedene Werte überprüft. Liefert ein Vergleich den Wert *true*, werden die Bedingungen zwischen *ElseIf* und der nächsten *ElseIf*- oder *End If*-Anweisung ausgeführt.

Select Case

Wegen der Undurchsichtigkeit geschachtelter *If*-Anweisungen empfiehlt sich die Prüfung mehrerer Alternativen mittels der *Select Case*-Anweisungsfolge. Die folgende Sequenz wendet diese Konstruktion an:

```
Select Case a
 Case 1
  b = 100
  c = 20
 Case 2
  b = 200
  c = 40
 Case 3
  b = 300
  c = 60
 Case Else
  b = 0
  c = 0
  a = 1
End Select
```

Die Variable *a* wird in den *Case*-Zweigen auf verschiedene Werte überprüft. Trifft eine Bedingung zu, werden die Anweisungen des Zweigs ausgeführt. Trifft keine der Abfragen zu, wird der (optionale) *Case Else*-Zweig ausgeführt.

24.1.6 Schleifen für Programmwiederholungen

Schleifen erlauben die wiederholte Ausführung bestimmter Anweisungen innerhalb der Basic-Programme. Der nachfolgende Abschnitt enthält eine kurze Übersicht über die für diese Zwecke in Basic verfügbaren Anweisungen.

Do While ... Loop/Do Until ... Loop

Die *Do While*-Anweisung erzeugt eine Schleife, die in Abhängigkeit von einer am Schleifenanfang ausgewerteten Bedingung die Anweisungen des Blocks ausführt oder überspringt. Die Anweisungen der Schleife werden ausgeführt, wenn die Bedingung den Wert *true* liefert. Die folgende Sequenz zeigt den Einsatz dieser Anweisung:

```
a = 1
Do While a < 10
 a = a + 1
Loop
```

In dieser Schleife wird beim Eintritt die Bedingung $a < 10$ geprüft. Solange dies erfüllt ist (Ergebnis ist *true*), führt das System die Anweisungen bis zum *Loop*-Statement aus. Danach wird die Bedingung am Schleifenanfang erneut geprüft. Liefert die Bedingung den Wert *false*, wird die Schleife verlassen und der auf die *Loop*-Anweisung folgende Befehl ausgeführt.

Die *Do Until*-Anweisung erzeugt eine Schleife, deren Kriterium beim Eintritt in die Schleife überprüft wird. Ist die Bedingung *false*, wird die Schleife ausgeführt. Die Schleife wird verlassen, sobald die Bedingung *true* wird. Die folgende Befehlssequenz zeigt den Einsatz dieser Anweisung:

```
a = 1
Do Until a > 10
 a = a +1
Loop
```

In dieser Schleife wird beim Eintritt die Bedingung *a > 10* geprüft. Solange dies nicht erfüllt ist, führt das System die Anweisungen bis zum *Loop*-Statement aus. Danach wird die Bedingung am Schleifenanfang erneut geprüft. Beim Ergebnis *true* wird die Schleife verlassen.

Do ... Loop While/Do ... Loop Until

Mit *Do ... Loop While* lässt sich eine Schleife erzeugen, deren Steuerkriterium erst am Schleifenende überprüft wird. Ist die Bedingung *true*, wird die Schleife weiter ausgeführt. Die Schleife wird unterbrochen, sobald die Bedingung *false* wird. Die nachfolgende Befehlssequenz zeigt den Einsatz dieser Anweisung:

```
a = 1
Do
 a = a +1
Loop While a < 10
```

In dieser Schleife wird am Ende die Bedingung *a < 10* geprüft. Solange diese erfüllt ist, führt das System die Anweisungen zwischen *Do* und *Loop* aus.

Do ... Loop Until überprüft die Schleife erst am Schleifenende. Ist die Bedingung *false*, wird die Schleife weiter ausgeführt. Die Schleife wird verlassen, sobald die Bedingung *true* wird.

```
a = 1
Do
 a = a +1
Loop Until a > 10
```

In dieser Schleife wird am Ende die Bedingung *a > 10* geprüft. Solange diese nicht erfüllt ist, führt das System die Anweisungen bis zum *Loop*-Statement aus. Danach wird die Bedingung am Schleifenanfang erneut geprüft.

For ... Next

Eine *For*-Schleife erlaubt die Ausführung einer vordefinierten Anzahl von Durchläufen. Die Anweisungen innerhalb des *For ... Next*-Blocks werden bei jedem Durchlauf ausgeführt. Die folgende Sequenz zeigt den Einsatz dieser Anweisung:

```
For i = 1 To 10
 a = a +1
Next i
```

Diese Schleife wird 10-mal durchlaufen. Der Wert i gibt dabei den Schleifenindex an.

INFO

Die Schrittweite in der Schleife lässt sich über For i = start To ende Step x *angeben, wobei der Wert* x *für die Schrittweite steht. Der hinter* Next *angegebene Name der Schleifenvariablen ist optional, erhöht aber die Lesbarkeit.*

Die Exit-Anweisungen zum Beenden von Schleifen und Prozeduren

Schleifen und Prozeduren lassen sich mit der *Exit*-Anweisung frühzeitig verlassen. Das Schlüsselwort wird dabei mit dem Namen der Schleife kombiniert. Für eine *Do*-Schleife ist die Anweisung *Exit Do* innerhalb der Schleife zu verwenden. Bei *For*-Schleifen muss die Anweisung *Exit For* verwendet werden und bei Prozeduren/Funktionen gelten die Anweisungen *Exit Sub* bzw. *Exit Function*.

24.1.7 Arbeiten mit der With-Anweisung

Diese Anweisung legt ein Standardobjekt beim Arbeiten im Codebereich fest. Die folgende Anweisungssequenz benutzt das Objektmodell, um über die Objektvariable *UserForm1* auf das Objekt *CommandButton1* und dann auf Eigenschaften zuzugreifen.

```
UserForm1.CommandButton1.Enabled = True
UserForm1.CommandButton1.Width = 200
UserForm1.CommandButton1.Height = 20
```

Mit der *With*-Anweisung lässt sich der Schreibaufwand erheblich vereinfachen:

```
With UserForm1.CommandButton
   .Enabled = True
   .Width = 200
   .Height = 20
End With
```

Neben dem Vorteil, dass Sie beim Schreiben des Codes nicht ständig die Objektnamen eintippen müssen, kann der Übersetzer auch den Zugriff auf das Objekt optimieren, was den Programmablauf unter Umständen beschleunigt.

24

24.1.8 Prozeduren und Funktionen

In Basic können Sie sowohl vordefinierte Prozeduren und Funktionen aufrufen als auch eigene Funktionen und Prozeduren definieren. Informationen zu den in Basic unterstützten internen Funktionen und Prozeduren finden Sie in der Hilfe. Makros werden dagegen als benutzerdefinierte Prozeduren in einem Modul hinterlegt. Benutzerdefinierte Funktionen und Prozeduren lassen sich jedoch nur auf Modulebene deklarieren.

Funktionen

Verwenden Sie Funktionen, falls nur ein einziger Wert als Ergebnis an das rufende Programm zurückzugeben ist. Eine Funktion wird mit den Anweisungen:

```
Function (Parameter) As Typ
...
End Function
```

definiert. Der (optionale) Typ spezifiziert den Datentyp für den Rückgabewert der Funktion. Fehlt eine Typangabe, so wird standardmäßig der Typ *Variant* für den zurückgelieferten Funktionswert angenommen. Der Rückgabewert muss dem Funktionsnamen explizit innerhalb der Funktion zugewiesen werden. In den Klammern lassen sich die Parameter für den Funktionsaufruf übergeben. Der nachfolgende Code demonstriert die Verwendung einer Funktion.

```
' Beispiel zum Einsatz einer Funktion
Sub Main
 Dim tmp As Integer
 tmp = add (10, 20)  ' addiere die Werte
End Sub
Function Add (a, b) As Integer
 Add = a + b
End Function
```

Die Funktion *Add()* erwartet zwei Argumente, deren Summe dann als Ganzzahl (Integerwert) zurückgeliefert wird.

Prozeduren

Prozeduren werden innerhalb eines Moduls in der Form deklariert:

```
Sub Name (Parameter)
...
End Sub
```

Um Variablenwerte mit der Prozedur auszutauschen, haben Sie mehrere Möglichkeiten:

- Sie deklarieren die Variablen auf Modulebene. Dadurch sind diese Variablen auch innerhalb der Prozedur gültig.
- Sie übergeben die Variable als Parameter (auch als Argumente bezeichnet) an die Prozedur. Hierbei wird noch unterschieden, ob die geänderten Werte im rufenden Programm wirksam werden.

Das folgende Codefragment zeigt, wie sich eine Prozedur *Add* zum Ermitteln eines Ergebnisses nutzen lässt.

```
' Beispiel zum Einsatz einer Prozedur
Sub Main
 Dim tmp As Integer
 add 10, 20, tmp  ' addiere die Werte
End Sub
Sub Add (a, b, tmp)
 tmp = a + b
End Sub
```

Hier wurde einfach die Ergebnisvariable *tmp* als dritter Parameter an die Prozedur *Add* übergeben.

INFO

Bei der StarOffice-Basic-Implementierung ist es dem Übersetzer egal, ob die beim Aufruf einer Prozedur übergebenen Parameter in Klammern stehen oder nicht. Bei Funktionsaufrufen werden die Klammern jedoch benutzt. Sie können also eine Prozedur mit geklammerten Parametern (z.B. `Add (10, 15, tmp)`*) oder ohne geklammerte Parameter (z.B.* `Add 10, 15, tmp`*) aufrufen. Für Umsteiger von Microsoft Basic-Implementierungen ist dies ungewohnt, da deren Übersetzer sich strikter an die Basic-Syntax halten und Prozeduraufrufe mit mehreren geklammerten Argumenten mit einem Syntaxfehler abweisen.*

Anmerkungen zur Parameterübergabe (ByRef, ByVal)

Beim Aufruf von Funktionen und Prozeduren sind die Argumente in der rufenden Prozedur durch Kommata getrennt anzugeben. Basic reicht die Argumente an die gerufene Prozedur oder Funktion weiter. Dabei werden noch zwei Mechanismen zur Parameterübergabe unterschieden:

- *ByVal:* Die Argumente werden als Werte an die aufgerufene Prozedur/Funktion übergeben. Diese behandelt dann die Werte wie lokale Variablen, d.h., wird der Wert in der gerufenen Prozedur verändert, wirkt sich dies nicht auf die rufende Prozedur aus.
- *ByRef:* Hier wird die Adresse der Variablen, die als Parameter im Prozedur-/Funktionsaufruf stehen, an die gerufene Prozedur/Funktion übergeben. In der Prozedur oder Funktion kann nun die dem Argument zugrunde liegende Variable geändert werden.

Die *ByRef*-Parameterübergabe erlaubt also, Werte des Hauptprogramms aus der gerufenen Prozedur oder Funktion heraus zu verändern. Geben Sie nichts an, wird die Übergabe *ByRef* benutzt. Diese Art der Parameterübergabe ist z.B. erforderlich, falls eine Prozedur Ergebnisse zurückgeben soll oder falls Sie Felder übergeben möchten. Das folgende Codefragment zeigt die Verwendung dieser Schlüsselwörter:

```
' Beispiel zum Einsatz einer Prozedur
Sub Main
 Dim tmp As Integer
 tmp = 10
 add tmp, 20       ' addiere die Werte
 MsgBox tmp        ' Ergebnis anzeigen
End Sub
Sub Add (ByRef a As Integer, ByVal b As Integer)
 a = a + b
End Sub
```

Hier wurde der erste Parameter *a* als *ByRef* übergeben. Gleichzeitig habe ich noch die Datentypen der Argumente mit angegeben. Als Folge kann die aufgerufene Prozedur direkt das berechnete Ergebnis zurückgeben.

INFO

Verwenden Sie die ByVal-*Übergabe, falls Sie verhindern möchten, dass die Werte im rufenden Programm durch die gerufene Prozedur/Funktion beeinflusst werden.*

24.2 Benutzerdialoge mit MsgBox und InputBox

Die von Basic unterstützten Befehle *MsgBox* und *InputBox* erlauben, auf sehr einfache Weise Dialoge anzuzeigen oder Werte vom Benutzer abzufragen. Nachfolgend wird der Einsatz der beiden Basic-Prozeduren bzw. -Funktionen vorgestellt.

24.2.1 Anzeige von Dialogen mit MsgBox

Die *MsgBox*-Prozedur erlaubt, auf einfache Weise Informationen in einem Dialogfeld anzuzeigen. Dabei kann beim Prozeduraufruf der anzuzeigende Text, der Dialogfeldtitel sowie die Zahl der Schaltflächen und das angezeigte Symbol variiert werden. Wird *MsgBox* als Prozedur aufgerufen, gilt folgende Syntax:

```
MsgBox prompt[, buttons] [, title]
```

Die mit eckigen Klammern eingefassten Argumente sind optional. Die drei Argumente besitzen folgende Bedeutung:

- *prompt*: Enthält den auszugebenden Text, der im Dialogfeld angezeigt wird. Mehrere Textzeilen lassen sich mit den Zeichen für den Wagenrücklauf *Chr(13)* oder einen Zeilenvorschub *Chr(10)* bzw. einer Kombination aus beiden Zeichen trennen.
- *buttons*: Dieser optionale Parameter definiert die Anzahl und Beschriftung der Schaltflächen sowie das im Dialogfeld anzuzeigende Symbol. Fehlt das Argument, wird lediglich eine *OK*-Schaltfläche angezeigt.
- *title*: Ein optionales Argument, welches den Titeltext für das Dialogfeld vorgibt.

Die folgende Tabelle zeigt die Werte an, die im Argument *Button* zulässig sind. Um Schaltflächen und ein Symbol anzuzeigen, müssen die betreffenden Werte addiert werden.

Tabelle 24.5: Konstanten für den Parameter *Button* des MsgBox-Aufrufs

Konstante	Bemerkung
0	Standardvorgabe, die nur die *OK*-Schaltfläche einblendet (kein Symbol anzeigen und erste Schaltfläche als Standardschaltfläche verwenden).
1	Schaltflächen *OK* und *Abbrechen* anzeigen.
2	Schaltflächen *Abbruch* und *Wiederholen* anzeigen.
3	Schaltflächen *Ja*, *Nein* und *Abbrechen* anzeigen.
4	Schaltflächen *Ja* und *Nein* anzeigen.
5	Schaltflächen *Wiederholen* und *Abbrechen* anzeigen.
16	Stoppsymbol im Dialogfeld anzeigen.
32	Fragezeichensymbol im Dialogfeld anzeigen.
48	Erklärungssymbol (Ausrufezeichen im gelben Dreieck) im Dialogfeld einblenden.
64	Informationszeichen (Ausrufezeichen in Sprechblase) als Symbol im Dialogfeld mit ausgeben.

Konstante	Bemerkung
128	Erste Schaltfläche als Standardschaltfläche verwenden.
256	Verwende die zweite Schaltfläche als Standardschaltfläche.
512	Dritte Schaltfläche als Standardschaltfläche verwenden.

Tabelle 24.5: Konstanten für den Parameter *Button* des MsgBox-Aufrufs (Forts.)

INFO

Eine Kombination des Werts 64 für das Informationszeichen mit anderen Werten für die Schaltflächen bleibt wirkungslos, da immer ein Dialogfeld mit einer OK-*Schaltfläche angezeigt wird.*

Der nachfolgende Beispielcode zeigt eine Sequenz von Dialogfeldern mit unterschiedlichen Schaltflächen und Symbolen an.

CODE

Listing 24.1: Beispiel für MsgBox-Aufrufe zur Anzeige von Dialogen

```
Option Explicit
' Deklariere an Visual Basic angelehnte benannte Konstanten
 Const vbOkOnly      As Integer = 0
 Const vbOKCancel    As Integer = 1
 Const vbAbortRetry  As Integer = 2
 Const vbYesNoCancel As Integer = 3
 Const vbYesNo       As Integer = 4
 Const vbRetryCancel As Integer = 5
 Const vbCritical    As Integer = 16
 Const vbQuestion    As Integer = 32
 Const vbExclamation As Integer = 48
 Const vbInformation As Integer = 64
 Const vbDefaultButton1 As Integer = 128
 Const vbDefaultButton2 As Integer = 256
 Const vbDefaultButton3 As Integer = 512
Sub Meldung
 Const Title As String = "MsgBox-Beispiel"
 MsgBox "Nur OK", vbOkOnly, Title
 MsgBox "Critical", vbOKCancel + vbCritical, Title
 MsgBox "Question", vbAbortRetry + vbQuestion, Title
 MsgBox "Exclamation", vbYesNoCancel +_
       vbExclamation + vbDefaultButton2, Title
 MsgBox "Question",  vbRetryCancel + vbQuestion + vbDefaultButton3, Title
 MsgBox "Information",  vbRetryCancel + vbInformation, Title
End Sub
```

MsgBox als Funktion verwenden

Sie können zudem den *MsgBox*-Aufruf als Funktion verwenden. Dann sind die Argumente des Funktionsaufrufs in Klammern zu setzen und das Funktionsergebnis muss einer Variablen zugewiesen werden:

```
tmp = MsgBox (prompt, button, title)
```

24

Die Bedeutung der Argumente *prompt*, *button* und *title* entspricht der im vorherigen Abschnitt besprochenen Belegung. Die *MsgBox()*-Funktion liefert aber einen Wert zurück, der Rückschlüsse zulässt, welche Schaltfläche der Benutzer zum Schließen des Dialogfelds benutzt hat. Der zurückgegebene Wert entspricht einer der in folgender Tabelle aufgeführten Konstanten.

Tabelle 24.6: Rückgabecodes der *MsgBox()*-Funktion

Wert	Bedeutung
1	Der Benutzer hat die *OK*-Schaltfläche angeklickt.
2	Die Schaltfläche *Abbrechen* wurde gewählt.
4	Die Schaltfläche *Wiederholen* wurde gewählt.
5	Der Benutzer hat auf *Ignorieren* geklickt.
6	Anwahl der *Ja*-Schaltfläche.
7	Die Schaltfläche *Nein* wurde ausgewählt.

Die *MsgBox()*-Funktion lässt sich benutzen, um auf sehr einfache Art eine Benutzerführung zu realisieren.

CODE

Listing 24.2: Benutzerführung mit dem *MsgBox*-Rückgabewert

```
 Const vbYesNo    As Integer = 4
 Const vbQuestion As Integer = 32
 Const vbYes      s Integer = 6
Sub Main
 Dim tmp As Integer
 tmp = MsgBox ("Beispiel aufrufen", _
       vbYesNo + vbQuestion, "MsgBox-Funktionsbeispiel")
 If tmp = vbYes then Meldung    ' rufe Prozedur "Meldung" auf
End Sub
```

Die Prozedur *Main* zeigt ein Dialogfeld mit einer *Ja/Nein*-Abfrage. Klickt der Benutzer auf die *Ja*-Schaltfläche, wird der Wert 6 zurückgegeben. Dann sorgt die *If*-Abfrage für den Aufruf der zweiten Prozedur *Meldung* (die bereits oben erläutert wurde). Wählt der Benutzer dagegen die Schaltfläche *Nein*, terminiert das Makro.

INFO

Sie finden die Beispiele im Archiv im Ordner Kap24 *in der Datei* Programm2.odt.

Formatierte Ausgabe von Werten mit MsgBox

Die *MsgBox*-Anweisung zeigt letztlich nur Texte über den Parameter *prompt* im Dialogfeld an. Übergeben Sie eine Variable mit einem anderen Datentyp als Argument, konvertiert das Laufzeitsystem diesen Wert in eine Zeichenkette. Um eine Zahl formatiert anzuzeigen, lässt sich die Basic-Funktion *Format* einsetzen. Diese besitzt die Syntax:

```
Format (Wert, Formatstring)
```

Im Parameter *Wert* wird der zu konvertierende Wert übergeben. Die Angaben über das Ausgabeformat finden sich im optionalen Parameter *Formatstring*. Mit der Angabe *»#0.00«* im Parameter *Formatstring* wird eine Zahl mit zwei Nachkommastellen angezeigt. Das nachfolgende Codefragment benutzt diese Funktion, um einige Werte in einem Dialogfeld anzuzeigen. Ein Wert wird dabei mit zwei Dezimalstellen formatiert ausgegeben.

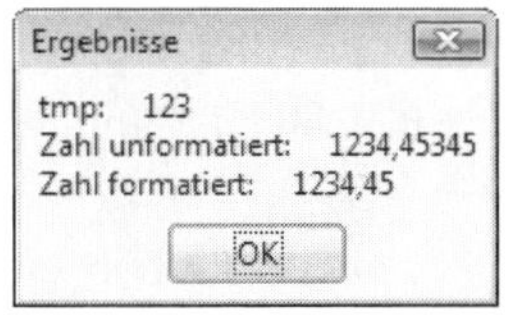

Abbildung 24.2: Anzeige der Ergebnisse in einem Dialogfeld

Im Programmcode habe ich die beiden Variablen *vbCrLf* (Zeilenumbruch) und *vbTab* (Tabulator) vereinbart und über die *Chr()*-Basic-Funktion mit den betreffenden Zeichencodes belegt. Dadurch lassen sich später auf recht einfache Weise Zeilenumbrüche und Tabulatorsprünge in den auszugebenden Text einfügen. In Abbildung 24.2 sehen Sie das Ergebnis als Dialogfeld. Die Anzeige macht auch deutlich, dass eingefügte Tabulatorsprünge zwar die Ausgabeposition spaltenweise verschieben. Da aber keine Tabulatorstopps definiert sind, ergibt sich in der Regel keine saubere Spaltenaufteilung. Weitere Details sind dem folgenden Listing zu entnehmen.

Listing 24.3: Formatierte Ausgabe von Zahlen mit MsgBox

```
Option Explicit
' Deklariere an Visual Basic angelehnte benannte Konstanten
 Const vbOkOnly As Integer = 0
Sub Main
 Const Title As String = "Ergebnisse"
 Dim vbCrLf  As String
 Dim vbTab   As String
 Dim tmp     As Integer
 Dim txt     As String
 Dim zahl    As Double
 vbCrLf = Chr(13) & Chr(10)
 vbTab = Chr(9)
 tmp = 123
 zahl = 1234.45345
 txt = "tmp: " & vbTab & tmp & vbCrLf
 txt = txt & "Zahl unformatiert: " & vbTab & zahl & vbCrLf
 txt = txt & "Zahl formatiert: " & vbTab & _
       format(zahl, "#0.00")
 MsgBox txt, vbOkOnly, Title  ' Anzeigen
End Sub
```

Details zu den vordefinierten Formatschablonen und -zeichen finden Sie in der Basic-Hilfe, wenn Sie nach dem Begriff »Format« suchen. Das Beispiel finden Sie im Ordner Kap24 *des Beispielarchivs in der Datei* Programm3.odt.

24.2.2 Benutzereingaben über InputBox abfragen

Einfache Benutzereingaben lassen sich in Basic über die *InputBox()*-Funktion realisieren. Diese Funktion zeigt in einem Dialogfeld eine Meldung und ein Textfeld für Eingaben an und wartet auf eine Benutzereingabe. Schließt der Benutzer das Dialogfeld über eine Schaltfläche, liefert die Funktion den betreffenden Eingabewert als Zeichenkette zurück. Die Funktion besitzt die Syntax:

```
txt = InputBox (Prompt [, Title] [, Default] [, Xpos] [, Ypos])
```

Die in eckigen Klammern ([]) gesetzten Argumente sind dabei optional. Die einzelnen Argumente besitzen folgende Bedeutung:

- *Prompt*: Enthält einen Text, der im Dialogfeld angezeigt wird. Der Text darf maximal 1.024 Zeichen aufweisen und kann durch die Zeichen Chr(13) und/oder Chr(10) in mehrere Zeilen aufgeteilt werden.
- *Title*: Optionales Argument mit einer Zeichenkette, die in der Titelleiste des Dialogfelds ausgegeben wird.
- *Default*: Eine optionale Zeichenfolge, die als Vorgabewert im Eingabefeld des Dialogfelds angezeigt wird. Fehlt der Parameter, ist das Textfeld im Dialogfeld leer.
- *Xpos, Ypos*: Diese beiden optionalen Argumente dienen zur Aufnahme numerischer Ausdrücke und geben die Position in Pixel (bezogen auf die linke obere Dialogfeldecke) auf dem Bildschirm an. Fehlen die Parameter, wird das Dialogfeld auf dem Bildschirm zentriert.

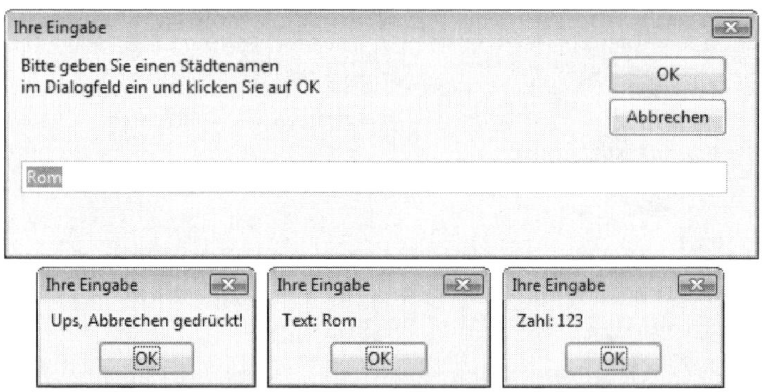

Abbildung 24.3: Eingabedialog und mögliche Anzeigeergebnisse

Die *InputBox()*-Funktion liefert den Inhalt des Textfelds zurück, sobald der Benutzer auf die *OK*-Schaltfläche des Dialogfelds klickt oder die [↵]-Taste drückt. Klickt der Benutzer auf die Schaltfläche *Abbrechen*, liefert *InputBox* eine Null-Zeichenfolge (»«) zurück.

Mit den folgenden Anweisungen wird der *InputBox*-Dialog in der linken oberen Ecke des Desktops positioniert, wobei der Text »Rom« im Eingabefeld vorgegeben wird (Abbildung 24.3, oben).

```
txt = "Bitte geben Sie einen Städtenamen" & vbCrLf & _
        "im Dialogfeld ein und klicken Sie auf OK"
tmp = InputBox (txt, "Ihre Eingabe", "Rom", 100,200)
```

Sobald der Benutzer den *InputBox*-Dialog schließt, müssen Sie im Programm testen, ob die *Abbrechen*-Schaltfläche benutzt wurde oder ob Eingaben vorliegen. Dies ist mit folgender Abfrage möglich:

```
If tmp <> "" Then
  ' Es liegt eine Eingabe vor
Else
 ' keine Eingabe, Abbrechen gedrückt
End If
```

Da die *InputBox()*-Funktion grundsätzlich nur Zeichenketten als Eingaben zurückliefert, müssen Sie bei numerischen Werten ggf. noch eine Konvertierung in Zahlen vornehmen. Zudem gilt es vor dieser Konvertierung zu prüfen, ob überhaupt ein numerischer Wert vorliegt. Sie können hierzu die Basic-Funktion *IsNumeric()* einsetzen.

```
If IsNumeric(tmp) Then
 MsgBox "Zahl: " &  CInt(tmp), vbOkOnly, Title
Else
 MsgBox "Text: " & tmp, vbOkOnly, Title  ' Anzeigen
End If
```

Die obige Befehlssequenz prüft, ob die Benutzereingabe einen numerischen Wert ergibt. Trifft dies zu, wird in der *MsgBox*-Anweisung die Basic-Konvertierfunktion *CInt()* benutzt, um den Eingabewert in eine Ganzzahl zu konvertieren. Alternativ können Sie andere Konvertierfunktionen wie *CDbl()*, *CDate()* benutzen (Details liefert die Basic-Hilfe). Wird dagegen kein numerischer Wert erkannt, zeigt die zweite *MsgBox*-Anweisung den Eingabetext in einem Dialogfeld an. Die nachfolgende kurze Codesequenz zeigt, wie sich die *InputBox()*-Funktion in Makros benutzen lässt.

Listing 24.4: Anwenden der *InputBox()*-Funktion

```
Option Explicit
' Deklariere an Visual Basic angelehnte benannte Konstanten
 Const vbOkOnly As Integer = 0
Sub Main
 Const Title  As String = "Ihre Eingabe"
 Const Title1 As String = "InputBox-Abfrage"
 Dim vbCrLf As String
 Dim txt    As String
 Dim tmp    As String
 vbCrLf = Chr(13) & Chr(10)
 txt = "Bitte geben Sie einen Städtenamen" & vbCrLf & _
       "im Dialogfeld ein und klicken Sie auf OK"
 tmp = InputBox (txt, Title, "Rom", 100,200)
 If tmp <> "" Then
  If IsNumeric(tmp) Then
   MsgBox "Zahl: " &  CInt(tmp), vbOkOnly, Title
  Else
   MsgBox "Text: " & tmp, vbOkOnly, Title  ' Anzeigen
  End If
 Else
  MsgBox "Ups, Abbrechen gedrückt!", vbOkOnly, Title  ' Anzeigen
 End If
End Sub
```

INFO *Das Beispiel finden Sie im Ordner* Kap24 *des Beispielarchivs in der Datei* Programm4.odt.

24.3 Zugriff auf Dialoge

Im vorhergehenden *Kapitel 23*) wurde kurz beschrieben, wie Sie *Dialog*-Module zu Bibliotheken hinzufügen. Dialoge lassen sich dann im Dialogeditor der Basic-Entwicklungsumgebung entwerfen. Diese Dialoge eignen sich vor allem, wenn Sie Zusatzfunktionen in Office über Makros bereitstellen möchten und die gleiche Dialogdarstellung wie das Betriebssystem verwenden möchten. Nachfolgend wird an einem Beispiel erläutert, wie Sie Dialoge entwerfen, anzeigen, zur Laufzeit auf die Eigenschaften der Kontrollelemente zugreifen und auf Ereignisse reagieren können.

24.3.1 Das soll das Dialogbeispiel können

Zur Demonstration des Umgangs mit Basic-Dialogen wird das in Abbildung 24.4, links, gezeigte Dialogfeld benutzt. Es enthält verschiedene Kontrollelemente, die der Benutzer anklicken kann.

Abbildung 24.4: Dialog und Anzeige der Ergebnisse

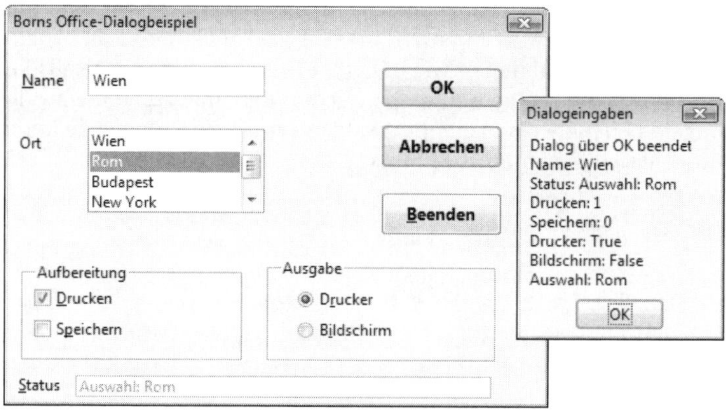

So lässt sich eine Eingabe in das Textfeld tätigen, ein Wert aus dem Listenfeld wählen oder der Benutzer kann die Markierung der Kontrollkästchen und Optionsfelder in den beiden Gruppen umsetzen. Die Statuszeile signalisiert, welche Listenfeldauswahl getroffen und welche Schaltfläche angeklickt wurde.

Durch Anklicken der drei Schaltflächen *OK*, *Abbrechen* und *Beenden* lässt sich der Dialog schließen. Bei Auswahl der Schaltflächen *OK* und *Beenden* werden die im Dialog zuletzt eingestellten Optionen in einem Zusatzdialog angezeigt (Abbildung 24.4, rechts). Sofern die *Abbrechen*-Schaltfläche (oder die *Schließen*-Schaltfläche in der rechten oberen Ecke des Dialogs) betätigt wird, erscheint nur ein Hinweis in einem Dialogfeld, dass der Benutzer den Dialog über diese Schaltfläche verlassen hat. Dies ist genügend Funktionalität, um die Basistechniken zum Umgang mit Basic-Dialogen zu demonstrieren.

24.3.2 Der Entwurf eines Dialogbeispiels

Bevor Sie Basic-Code zum Zugriff auf den Dialog entwickeln, muss das Dialogfeld in der Basic-Entwicklungsumgebung entworfen werden. Hierzu legen Sie, wie in *Kapitel 23* im Abschnitt »Unterstützung beim Entwurf von Basic-Dialogen« beschrieben, ein Dialog-Modul an und wechseln zur Entwurfsansicht dieses Dialog-Moduls.

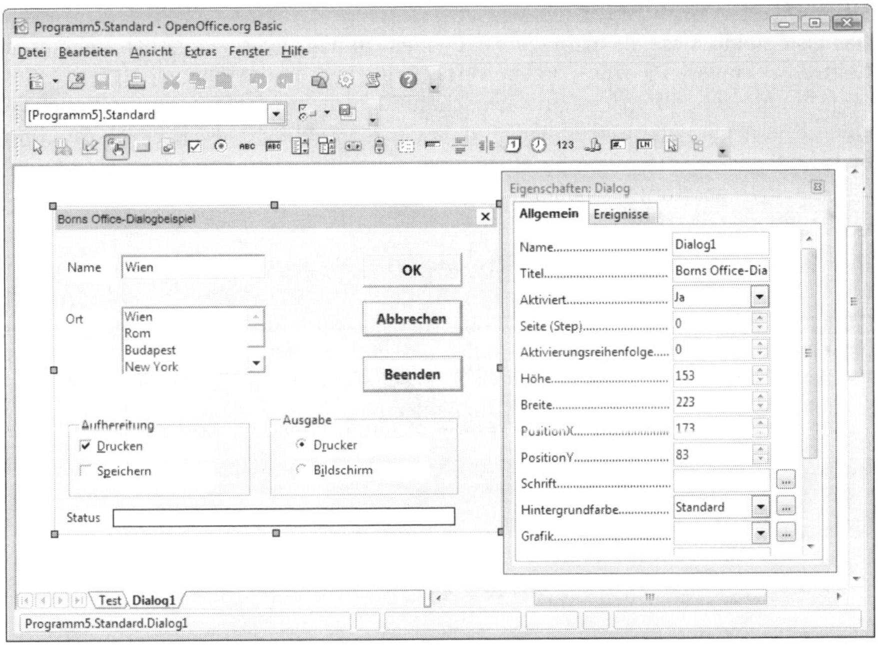

Abbildung 24.5: Entwurf des Beispieldialogs

Anschließend fügen Sie die in Abbildung 24.5 gezeigten Kontrollfelder ein und passen deren Eigenschaften an. Das Einfügen der Kontrollfelder und das Anpassen der Eigenschaften bei Dialogen funktionieren ähnlich wie beim Entwurf von Formularen (siehe *Kapitel 23*). Daher werden nachfolgend nur einige zusätzliche Hinweise auf Unterschiede und Besonderheiten gegeben.

INFO

Bei allen Kontrollelementen und beim Dialog wurde die Eigenschaft Zeichensatz *auf einen Schriftgrad von 9 Punkt erhöht. Die Schaltflächen weisen einen Schriftgrad von 10 Punkt und einen fetten Schriftschnitt auf. Achten Sie darauf, jedem Kontrollfeld einen im Dialog eindeutigen Objektnamen über die* Name-*Eigenschaft zuzuweisen, da dieser Name im Basic-Code referenziert wird.*

Anpassen der Dialogfeldeigenschaften

Die Größe des Dialogs, dessen Position auf dem Bildschirm oder der Titeltext werden über die Dialogfeldeigenschaften eingestellt. Um an die Eigenschaften heranzukommen, muss das Formular des Dialogs im Dialogeditor markiert sein. Dies gelingt Ihnen nur, wenn Sie direkt auf den Rand des Formulars klicken. In Abbildung 24.5 sehen Sie den markierten Dialog und das zugehörige Eigenschaftenfenster, in dem der Titeltext über die betreffende Eigenschaft vorgegeben ist. Auch die Startposition des Dialogs wurde über die Eigenschaften *PositionX* sowie *PositionY* angepasst.

Einfügen der Beschriftungs- und Textfelder

Für das Textfeld wurde zuerst ein Beschriftungsfeld und dann das Textfeld hinterlegt. Lassen Sie sich nicht stören, dass der Hintergrund der Beschriftungsfelder weiß erscheint. Solange die Eigenschaft *Hintergrund* auf »Automatisch« steht, wird die Hintergrundfarbe zur Laufzeit an die Farbe des Dialogfelds angepasst.

Einfügen des Listenfelds

Das Listenfeld wurde als mehrzeiliges Element in das Layout eingefügt. Bei diesem Kontrollfeld müssen Sie die Vorgabewerte für die Liste in der Eigenschaft *Listen-Einträge* hinterlegen. Klicken Sie im Eigenschaftenfenster auf die Eigenschaft, tippen Sie einen Begriff ein und drücken Sie dann die Tastenkombination ⇧ + ↵. Anschließend lässt sich der nächste Eintrag eintippen.

Einfügen der Markierfeldgruppe

Die beiden Markierfelder sind in einem Gruppierungsrahmen hinterlegt. Daher fügen Sie als Erstes den Gruppierungsrahmen in das Layout ein und ergänzen danach diesen Rahmen durch die beiden Markierfelder. Die Beschriftung des Gruppierungsrahmens und der Markierfelder passen Sie über die *Titel*-Eigenschaft an. Weiterhin können Sie über die *Status*-Eigenschaft vorgeben, ob das jeweilige Markierfeld beim Dialogaufruf markiert anzuzeigen ist.

Abbildung 24.6: Tastaturnavigation vorgeben

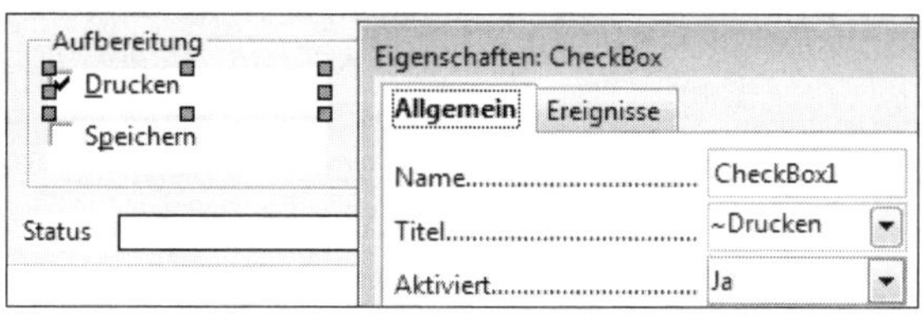

TIPP

Um ein Zeichen für die Tastaturnavigation festzulegen, fügen Sie vor dem betreffenden Buchstaben des Namens das Tildezeichen (~) ein (Abbildung 24.6). Dann versieht Office den Buchstaben zur Laufzeit mit einem Unterstrich. Drückt der Benutzer den unterstrichenen Buchstaben, erhält das Kontrollelement sofort den Fokus. Dies funktioniert auch für Menüs und Formulare, nicht aber für Text- oder Kombinations- bzw. Listenfelder. Dann empfiehlt es sich, die Alt*-Taste zusammen mit einem Buchstaben zuzuweisen. Klicken Sie auf den Beschriftungstext eines Gruppierungsrahmens, wird meist nichts markiert. Zuverlässiger geht es, wenn Sie zum Markieren eines Gruppierungsrahmens auf dessen linken, rechten oder unteren Rand klicken.*

Einfügen einer Optionsfeldgruppe

Optionsfelder werden immer in Gruppen im Dialog hinterlegt und meist mit einem Gruppierungsrahmen optisch abgehoben. Fügen Sie als Erstes den Gruppierungsrahmen in das Layout ein und ergänzen Sie danach diesen Rahmen durch die beiden Optionsfelder. Auch hier lässt sich die Beschriftung des Gruppierungsrahmens und der Optionsfelder über die *Titel*-Eigenschaft anpassen. Die *Status*-Eigenschaft eines Optionsfelds der Gruppe sollte dann auf »Ausgewählt« gesetzt werden.

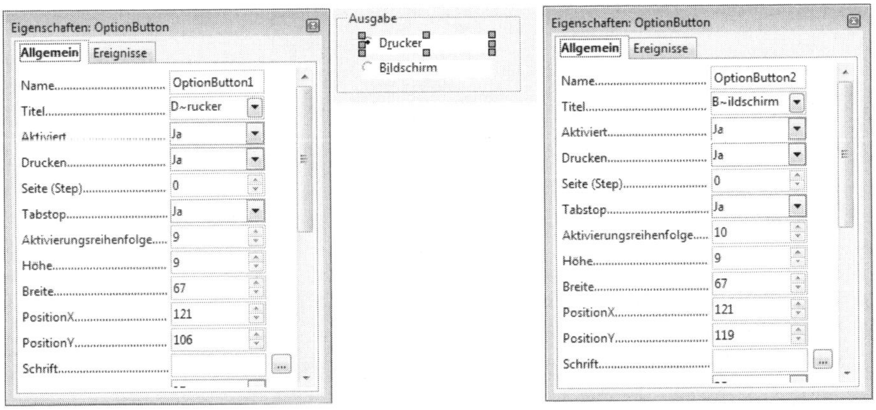

Abbildung 24.7: Optionsfelder gruppieren

TIPP

Auch bei Dialogen gibt es das Problem der Optionsfeldgruppierung. Die Kontrollfelder müssen zwingend andere Objektnamen besitzen, um von Basic aus angesprochen zu werden. Andererseits ist der Gruppierungsrahmen nur ein optisches Element (und nicht wie bei Microsoft Visual Basic ein Container zur Aufnahme des Objekts). Die Office-Entwickler benutzen einen anderen Trick zur Gruppierung von Optionsfeldern. Alle Optionsfelder mit aufeinanderfolgenden Indexwerten in der Eigenschaft Reihenfolge *werden zu einer Gruppe zusammengefasst (Abbildung 24.7). Benötigen Sie mehrere Optionsfeldgruppen in einem Dialog, müssen Sie einfach ein anderes Kontrollfeld in der Reihenfolge dazwischen einfügen.*

Besonderheiten bei den Schaltflächen

Die Schaltflächen legen Sie wie die anderen Kontrollfelder im Dialogentwurf ab. Die Schaltflächenbeschriftung wird über die *Titel*-Eigenschaft vorgegeben. Bei Bedarf können Sie die Schaltfläche über die *Grafik*-Eigenschaft sogar mit einem Symbol versehen. Dies entspricht der Vorgehensweise beim Einfügen von Schaltflächen in Formulare. Allerdings gibt es bei Dialogen noch eine Besonderheit. Der Benutzer soll den Dialog ja schließen können. Hierzu könnte er die standardmäßig vorhandene *Schließen*-Schaltfläche in der rechten oberen Ecke des Dialogs benutzen. Es ist aber üblich, dass Dialoge so etwas wie eine *OK*- und eine *Abbrechen*-Schaltfläche aufweisen, über die der Benutzer einerseits das Fenster schließen kann. Andererseits benutzt die Anwendung ggf. die angewählte Schaltfläche, um die Dialogeingaben zu übernehmen (*OK*) oder zu verwerfen (*Abbrechen*).

Beim Entwerfen eines Dialogs mit Schaltflächen können Sie daher über die Kontrollfeld-Eigenschaften die Art der Schaltfläche vorgeben (Abbildung 24.8). Wählen Sie über das Listenfeld *Art der Schaltfläche* den gewünschten Wert. Im konkreten Beispiel wurden die Werte »OK« der *OK*-Schaltfläche, »Abbrechen« der *Abbrechen*-Schaltfläche und »Standard« der *Beenden*-Schaltfläche zugewiesen. Die Werte »OK« und »Abbrechen« bewirken, dass der Dialog zur Laufzeit bei Anwahl der Schaltflächen automatisch geschlossen wird. Gleichzeitig lässt sich im Basic-Code feststellen, welche Schaltfläche gewählt wurde (siehe unten »Wie wurde der Dialog beendet?«).

Bei der *Beenden*-Schaltfläche wurde dagegen der Wert »Standard« für die Eigenschaft *Art der Schaltfläche* verwendet. Daher muss im Programmcode auf das Anklicken des Elements reagiert werden.

Abbildung 24.8: Art der Schaltfläche vorgeben

24.3.3 Dialoge aufrufen und aus Makros verwalten

Um den Dialog abzurufen, muss dem Benutzer eine entsprechende Option bereitgestellt werden (niemand wird den Dialog ständig in der Entwurfsansicht aufrufen oder ein Makro zur Anzeige über das Dialogfeld *Makro* aufrufen wollen). Im aktuellen Beispiel wurde eine Schaltfläche in das Textdokument eingefügt (Abbildung 24.9) und über das Ereignis *Maustaste loslassen* an ein Makro *Main* gebunden. Die zu diesem Makro gehörende Prozedur *Main* enthält dann den Code zur Anzeige des Dialogs sowie zur Auswertung der Dialogeingaben (siehe folgende Seiten). Der Benutzer braucht also nur das Textdokument zu laden und dann die Schaltfläche anzuklicken, um den Dialog anzuzeigen.

Abbildung 24.9: Aufruf des Dialogs über eine Schaltfläche im Textdokument

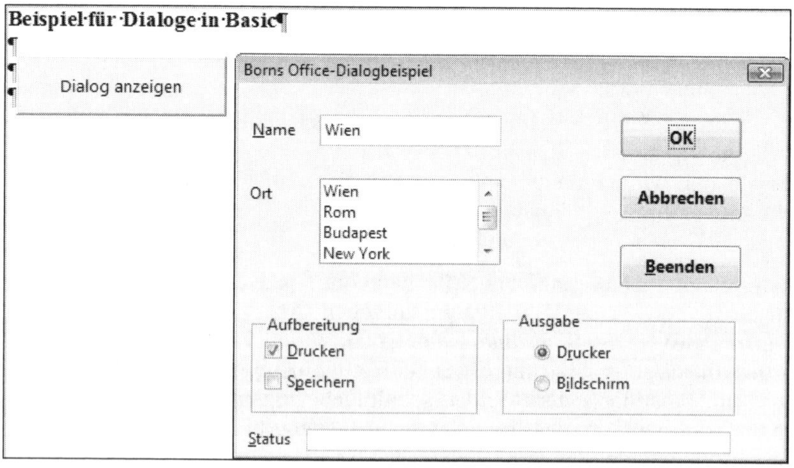

INFO

Gemäß den Ausführungen im Abschnitt »Einbinden von Makros in Office« in Kapitel 23 können Sie das Makro mit dem Code zur Dialoganzeige auch an Menüs, an Schaltflächen von Symbolleisten, an Feldbefehle von Textdokumenten oder an andere Formularelemente anbinden. Zudem lassen sich Programmereignisse mit Makros verbinden und somit zur Anzeige eines Dialogs nutzen. Dabei lässt sich wählen, ob dies für das aktuelle Dokument oder global für Office bzw. die betreffende Anwendung gelten soll.

Das Dialogobjekt aufrufen und verwerfen

Zur Anzeige des Dialogfelds muss die (vom *DialogLibraries*-Objekt bereitgestellte) *Execute()*-Methode aufgerufen werden. Im aktuellen Beispiel findet sich die nachstehende Codesequenz in der Prozedur *Main*.

```
Dim oDlg As Object     ' Objekt des Dialogs
DialogLibraries.LoadLibrary("Standard")  ' Lade Bibliothek
oDlg = CreateUnoDialog(DialogLibraries.Standard.Dialog1)
```

Die erste Zeile deklariert eine Objektvariable *oDlg* zur Aufnahme der Objektinstanz (wird später zum Zugriff auf die Eigenschaften/Methoden des Dialogs benötigt). Wenn Sie während der Sitzung im Entwurfsmodus den Dialog bereits angezeigt haben, ist die Bibliothek in Office geladen. Da dies nicht immer gewährleistet ist, stellt der Aufruf der *LoadLibrary()*-Methode des *DialogLibraries*-Objekts in der zweiten Anweisung sicher, dass das Dialog-Modul bei Bedarf als Bibliothek in Office geladen wird. Der Methode wird der Name der Bibliothek, in dem die Dialog-Module hinterlegt sind, als Argument übergeben (hier wurde der Name »Standard« verwendet, Sie können die Bibliotheken aber abweichend z.B. mit »Formulare« etc. benennen).

In der letzten Zeile wird über die *CreateUnoDialog()*-Methode eine Instanz des betreffenden Dialogobjekts erzeugt und eine Referenz an die Objektvariable *oDlg* zurückgegeben. Die Methode benötigt als Argument das betreffende Dialogobjekt. Der Ausdruck *DialogLibraries.Standard.Dialog1* adressiert hier über das Wurzelelement *DialogLibraries* die Bibliothek *Standard* und dann das Dialog-Modul *Dialog1*. Ein Dialog, der im Modul *Dialog2* der Bibliothek *Library1* hinterlegt ist, würde dann mit folgenden Anweisungen instantiiert werden.

```
DialogLibraries.LoadLibrary("Library1")  ' Lade Bibliothek
oDlg = CreateUnoDialog(DialogLibraries.Library1.Dialog2)
```

Das Verständnis dieser Zusammenhänge ist wichtig, da bei falschen Angaben ein Laufzeitfehler ausgelöst wird.

INFO

Interessant ist dabei, dass der dem Dialog über seine Eigenschaft Name *zugewiesene Objektname nicht mehr interessiert. Sie können über die Objektvariable* oDlg *auf die Eigenschaften bzw. Methoden des Dialogobjekts zugreifen.*

Die folgenden Anweisungen zeigen, wie Sie die Titelleiste des Dialogfelds mit einem Text belegen, diesen anschließend zurücklesen und über einen *MsgBox*-Aufruf ausgeben.

```
oDlg.Title = "Borns Beispieldialog"
MsgBox oDlg.Titel
```

Die Anzeige des Dialogs erfolgt über die *Execute()*-Methode, die über die Objektvariable *oDlg* aufrufbar ist. Hierzu können Sie zwei Varianten verwenden:

```
oDlg.Execute
status = oDlg.Execute()
```

Bei der zweiten Anweisung wird die Methode als Funktion aufgerufen. Daher müssen die leeren Klammern hinter dem Funktionsnamen mit angegeben werden.

Beim Aufruf der *Execute()*-Methode wird das rufende Programm so lange angehalten, bis der Benutzer das Dialogfeld schließt. Sobald die Kontrolle an das rufende Programm zurückkehrt, lassen sich die im Dialog vorgenommenen Benutzereingaben lesen (siehe unten). Der Dialog lässt sich durch weitere Aufrufe der *Execute()*-Methode erneut anzeigen. Sobald Sie den Dialog nicht mehr benötigen, rufen Sie die *Dispose()*-Methode() auf.

```
oDlg.Dispose
```

Diese Methode sorgt dafür, dass die Laufzeitumgebung das Dialogobjekt verwirft. Danach kann nicht mehr auf die Dialogfeldeigenschaften zugegriffen oder der Dialog angezeigt werden.

Ereignisbehandlung und Schließen eines Dialogs per Code

Sofern Sie die Schaltflächen *OK* und *Abbrechen* bereitstellen (siehe vorhergehender Abschnitt »Besonderheiten bei den Schaltflächen«, wird das Dialogfeld bei dessen Anwahl automatisch durch das Laufzeitsystem geschlossen. Möchten Sie eine Standardschaltfläche bereitstellen und den Dialog bei deren Anwahl schließen? In diesem Fall ist die *endExecute()*-Methode in der Ereignisbehandlungsroutine der Schaltfläche aufzurufen. Die nachfolgende Codesequenz zeigt die betreffende Prozedur des Beispiels.

```
Sub CommandButton4_Click
' Beenden-Schaltfläche, in Statusfeld vermerken
 oCtl = oDlg.getControl("TextField2")
 oCtl.Text = "Beenden-Schaltfläche angeklickt"
 oDlg.endExecute     ' Dialog per Anweisung schließen
End Sub
```

Die beiden ersten Anweisungen innerhalb der Prozedur hinterlegen eine Textnachricht im Statusfeld des Dialogs. Die *endExecute()*-Methode wird in der letzten Anweisung der Prozedur aufgerufen. Das Laufzeitsystem blendet den Dialog aus, behält das Objekt aber weiter im Arbeitsspeicher und gibt die Kontrolle an die Hauptprozedur zurück. Die betreffende Prozedur ist im Code-Modul der Bibliothek zu hinterlegen. Binden Sie die Prozedur anschließend an das Ereignis *Maustaste loslassen* der betreffenden Schaltfläche. Hierzu müssen Sie die Schaltfläche in der Entwurfsansicht markieren und das Eigenschaftenfenster des Kontrollfelds öffnen. Die Prozedur lässt sich dann als Makro auf der Registerkarte *Ereignisse* zuweisen.

INFO

Methoden sind in Office sowohl als Funktion als auch als Prozedur aufrufbar, je nachdem, ob Sie einen Rückgabewert benötigen oder nicht. Wie weiter oben im Abschnitt »Prozeduren und Funktionen« ausgeführt, ist die Klammerung der Argumente bei Prozeduraufrufen zulässig. Im StarOffice-Basic-Handbuch sind alle Codebeispiele mit Prozeduraufrufen der Art `oDlg.endExecute ()` *durchgängig mit Klammern versehen. Sofern Sie häufiger zwischen StarOffice Basic und Microsoft Basic wechseln, sollten Sie im Hinblick auf einen klaren und transparenten Programmierstil solche unsauberen Programmstellen (d.h. Klammern in Prozeduraufrufen) vermeiden. Die Microsoft-Compiler lösen nämlich einen Syntaxfehler aus, wenn mehr als ein Argument bei einem Prozeduraufruf geklammert wurde.*

Wie wurde der Dialog beendet?

Das Dialogfeld lässt sich über die *Schließen*-Schaltfläche, eine eventuell vorhandene *OK*-Schaltfläche, eine *Abbrechen*-Schaltfläche oder weitere Schaltflächen schließen. Dies muss ggf. im Code berücksichtigt werden, da beim Verlassen über *Abbrechen* die Ergebnisse des Dialogs zu verwerfen sind. Rufen Sie die *Execute()*-Methode zur Formularanzeige als Funktion auf, liefert diese einen Statuscode für die zum Schließen des Formulars angeklickte Schaltfläche zurück. Bei einer *OK*-Schaltfläche wird der Code *1* zurückgegeben, während *Abbrechen* den Code *0* liefert. Sofern Sie nur zwei Schaltflächen im Dialog benutzen, ist eine Unterscheidung sehr einfach:

```
status = oDlg.Execute()
If status = 1 Then
 ' OK-Schaltfläche angewählt
```

Im Beispiel sind aber drei Schaltflächen im Dialogfeld enthalten. Und dann gibt es ein Problem, da auch eine Standardschaltfläche (hier die Schaltfläche *Beenden*) den Wert 0 liefert. Im Beispiel wurde eine einfache Lösung gewählt. Klickt der Benutzer auf die *Beenden*-Schaltfläche, trägt die Ereignisbehandlungsroutine den Text »2: ...« in das Textfeld *Status* ein. Dieses Textfeld wird in folgender Codesequenz zusätzlich ausgewertet.

```
status = oDlg.Execute() ' jetzt zeigen wir den Dialog an
Select Case status
  Case 1             ' über OK beendet
   txt = "Dialog über OK beendet" & vbCrLf  '
  Case 0             ' andere Schaltfläche
' Problem: Die Schaltflächen Schließen, Abbrechen und Beenden
' geben alle den Wert 0 über Execute zurück! Im Textfeld "Status"
' wird daher ein Status "2: ..." beim Anklicken der Beenden-
' Schaltfläche hinterlegt. Daher hier jetzt auswerten.
   If Left(oDlg.getControl("TextField2").Text, 2) _
        = "2:" Then
    txt = "Dialog über Beenden verlassen" & vbCrLf
   Else
    MsgBox "Dialog über Abbrechen oder Schließen beendet", _
          vbOkOnly, "Abbruch"
    Exit Sub          ' verlasse Prozedur, nichts anzeigen
   End If
  End Select
```

Wird die *OK*-Schaltfläche zum Schließen benutzt, trifft der erste *Case*-Zweig mit der Prüfung auf den Wert 1 zu. Andernfalls muss im *Case 0*-Zweig eine Unterscheidung zwischen *Abbrechen* und *Beenden* getroffen werden. Dies erfolgt, indem über:

```
If Left(oDlg.GetControl("TextField2").Text, 2) = "2:" Then
```

die ersten beiden Zeichen des Statusfelds extrahiert und auf »2:« überprüft werden. Ist der Wert nicht vorhanden, wurde der Dialog über *Abbrechen* geschlossen und das Programm terminiert mit einer entsprechenden Meldung.

INFO

In der Praxis wird man aber kein Textfeld zur Übergabe des Status verwenden. Denkbar ist, eine globale Variable im Modulkopf zu vereinbaren, diese dann in den Ereignisbehandlungsroutinen der Schaltflächen mit unterschiedlichen Werten zu belegen und dann diese Variable in der Hauptprozedur auszuwerten. Der im Beispielarchiv im Verzeichnis Kap24 *in der Datei* Programm5a.odt *hinterlegte Basic-Code demonstriert diese Lösung (während* Programm5.odt *den obigen Ansatz benutzt).*

Zugriff auf die Benutzereingaben des Dialogs

Sobald das Dialogfenster geschlossen wurde, kann in der Hauptprozedur auf die Werte der Kontrollelemente zugegriffen werden. Voraussetzung ist lediglich, dass die *Dispose()*-Methode noch nicht aufgerufen wurde. Mit der Anweisung:

```
oCtl = oDlg.getControl("TextField1")
```

wird über die *getControl()*-Methode eine Referenz auf das gewünschte Kontrollelement ermittelt und der Objektvariablen *oCtl* zugewiesen. Die Methode wird vom Dialogobjekt bereitgestellt und erwartet den Objektnamen des Kontrollelements. Dieser Objektname lässt sich im Dialogeditor im Eigenschaftenfenster über die *Name*-Eigenschaft setzen. Anschließend kann über das Kontrollfeld-Objekt auf dessen Eigenschaften zugegriffen werden. Die Anweisung:

```
txt = txt & "Name: " & oCtl.Text & vbCrLf
```

liest den Inhalt des Textfelds *Name* aus und fügt den Wert an die Textvariable *txt* an.

INFO

Die Datei Programm5.odt *im Verzeichnis* Kap24 *des Beispielarchivs enthält ein entsprechendes Beispiel. Öffnen Sie das Fenster der Basic-Entwicklungsumgebung, um die Details des Basic-Codes anzusehen.*

24.4 Beispiele zum Zugriff auf Dokumente

Der folgende Abschnitt zeigt exemplarisch an einigen Beispielen, wie sich aus Makros auf Dokumentinhalte zugreifen lässt.

INFO

An dieser Stelle sei auf das StarOffice-Basic-Programmierhandbuch verwiesen, welches detaillierte Informationen zu diesem Themenkomplex enthält und aufzeigt, wie sich auf Writer-, Calc-, Draw- oder Impress-Dokumente und deren Eigenschaften zugreifen lässt. Zudem zeigt das Handbuch, wie sich Dokumente laden, speichern und drucken lassen.

24.4.1 Zugriff auf Textdokumente im Writer

Office stellt ein ganzes Bündel an Möglichkeiten bereit, um auf Textdokumente zuzugreifen und deren Inhalt zu manipulieren. In einem ersten Beispiel möchte ich demonstrieren, wie sich ein Textdokument absatzweise bearbeiten und Text fett bzw. kursiv formatieren lässt.

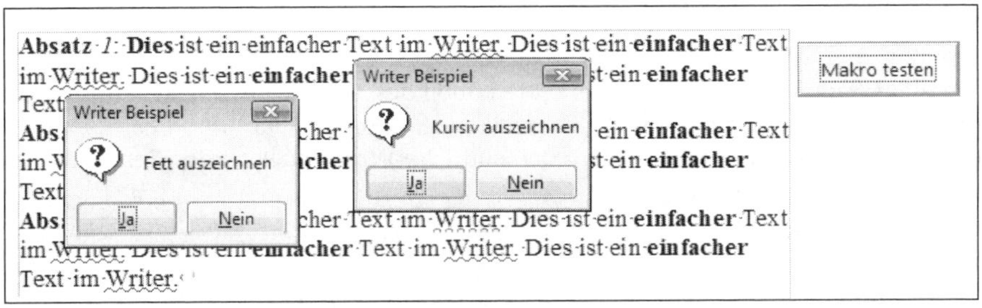

Abbildung 24.10: Beispieltext mit Dialogen zur Abfrage der Makrooptionen

Das betreffende Makro ist in einem Textdokument hinterlegt und lässt sich über eine Schaltfläche aus dem Dokument aufrufen (Abbildung 24.10). Über einfache Dialogfelder kann dann der Benutzer wählen, ob bestimmte Funktionen wie das fette Hervorheben der ersten Wörter in allen Absätzen auszuführen ist oder nicht.

Dokument absatzweise durchlaufen und Wörter formatieren

Office stellt eigene Objektmodelle zum Zugriff auf Anwendungsdokumente bereit. Um auf ein Textdokument zuzugreifen, müssen Sie als Erstes eine Referenz auf das betreffende Dokumentobjekt erzeugen. Zuerst ist eine Objektvariable zur Aufnahme des Dokumentobjekts zu vereinbaren.

```
Dim oDoc As Object
```

Anschließend können Sie eine Referenz auf dieses aktuelle Dokumentobjekt zuweisen. Dies ist beispielsweise mit folgender Anweisung möglich.

```
oDoc = StarDesktop.CurrentComponent
```

Hier wird die aktuelle Komponente des StarOffice-Desktops als Objekt referenziert und der Objektvariablen *oDoc* zugewiesen. Alternativ könnten Sie auch folgende Anweisung verwenden.

```
oDoc = ThisComponent
```

Diese Anweisung bezieht sich auf das aktuelle Objekt, welches den Kontext besitzt. Die so zurückgegebene Referenz kann auf beliebige Dokumentobjekte (Textdokument, Tabellendokument etc.) verweisen. Für die nachfolgenden Ausführungen wird vorausgesetzt, dass in Office ein Textdokument im Writer geladen ist. Um den Text manipulieren zu können, müssen Sie nun eine Art Schreibmarke erzeugen und im Dokument positionieren. Office stellt hierzu einen sogenannten Textcursor bereit, der sich ähnlich wie die Schreibmarke im Writer verhält, aber unsichtbar bleibt. Den Textcursor können Sie mit folgenden Anweisungen anlegen.

```
Dim oCursor As Object
oCursor = oDoc.Text.createTextCursor
```

Die *createTextCursor()*-Methode wird vom *Text*-Objekt des aktuellen *Document*-Objekts bereitgestellt. Beim Anlegen der Objektinstanz verweist dieser Textcursor auf den Dokumentanfang. Sie können den Textcursor aber jederzeit mit einfachen Methodenaufrufen im Textdokument positionieren:

```
oCursor.gotoStart false                 ' an Dokumentanfang
oCursor.gotoStartOfParagraph false      ' Absatzanfang
oCursor.gotoEndOfWord false             ' Wortende
oCursor.gotoNextParagraph false         ' nächster Absatz
```

Die obige Sequenz ruft verschiedene Methoden des *TextCursor*-Objekts zur Positionierung auf. Das an die Methode übergebene Argument steuert, ob beim Bewegen des Textcursors etwas markiert werden soll (Wert *true*) oder ob der Cursor nur zu verschieben ist (Wert *false*).

Eine komplette Übersicht über die für das TextCursor-*Objekt verfügbaren Methoden finden Sie im StarOffice-Basic-Programmierhandbuch. Die Methoden lassen sich übrigens als Prozedur (wie oben gezeigt) oder als Funktion aufrufen. Bei einem Funktionsaufruf liefert die Methode den Status* true *oder* false *zurück, der angibt, ob die Positionierung erfolgreich war. Im Programmierhandbuch sind die Argumente der Methodenaufrufe übrigens durchgängig mit Klammern versehen, was der Syntax von Funktionen entspricht. Wie bereits weiter oben erwähnt, toleriert der Basic-Übersetzer dies und verwirft automatisch den Rückgabewert.*

Um beispielsweise das erste Wort im Absatz zu markieren, ließe sich folgende Codesequenz verwenden.

```
oCursor.gotoStartOfParagraph false      ' Absatzanfang
oCursor.gotoEndOfWord true              ' 1. Wort markieren
```

Die erste Anweisung positioniert den Textcursor auf den Absatzanfang. Danach wird zum Wortende positioniert, wobei der Markierungsmodus eingeschaltet ist. Anschließend kann beispielsweise auf die Textformate des markierten Bereichs zugegriffen werden.

```
oCursor.CharWeight = com.sun.star.awt.FontWeight.BOLD   ' fett
oCursor.CharPosture = com.sun.star.awt.FontSlant.ITALIC ' kursiv
```

Die beiden obigen Anweisungen setzen die Werte verschiedener Eigenschaften, um die Formate zuzuweisen. Der Eigenschaft *CharWeight* lässt sich der Wert BOLD zuweisen, um den markierten Textausschnitt fett hervorzuheben. Zur kursiven Auszeichnung des Textabschnitts müssen Sie die Eigenschaft *CharPosture* auf den Wert ITALIC setzen. Mit der Konstante NONE wird das Formatattribut zurückgesetzt.

Die Konstante BOLD ist im Java-Modul com.sun.star.awt *unter der Auflistung* FontWeight *definiert, während die Konstante ITALIC unter der Auflistung* FontSlant *firmiert. Leider dokumentiert das Basic-Handbuch von Sun die verfügbaren Werte nicht. Besorgen Sie sich das StarOffice 7 Software Development Kit (SDK) (siehe Hinweise auf die Internetseite im OpenOffice.org-Forum am Kapitelanfang). Sobald das SDK installiert ist, können Sie die Dokumentation über die Datei* index.html *im Installationsordner aufrufen. Wählen Sie den Link* IDL Reference *(IDL steht für Interface*

Description Language). Sie gelangen zur Seite mit der Dokumentation der Schnittstellen der einzelnen Module. Dort finden Sie auch den Eintrag für das awt*-Modul und können dann über HTML-Seiten auf die Beschreibung der Eigenschaften und Konstanten zugreifen. Einziges Manko sind die englischen Bezeichner für verschiedene Formatattribute, für die Sie die Entsprechung auf der deutschen Office-Benutzeroberfläche ermitteln müssen.*

Das nachfolgende Codefragment zeigt die Prozedur *Fett*, die ein Textdokument absatzweise durchläuft und das jeweils erste Wort fett hervorhebt.

Listing 24.5: Dokument absatzweise bearbeiten und erstes Wort jeweils fett auszeichnen

CODE

```
Sub Fett
' hebe in allen Absätzen das erste Wort fett hervor
 oDoc = StarDesktop.CurrentComponent      ' hole Dokument
 oCursor = oDoc.Text.createTextCursor     ' erzeuge Cursor
 oCursor.gotoStart false                  ' an Dokumentanfang
 Do      ' Auflistung über alle Absätze
  oCursor.gotoStartOfParagraph false     ' Absatzanfang
  oCursor.gotoEndOfWord true             ' 1. Wort markieren
  oCursor.CharWeight = com.sun.star.awt.FontWeight.BOLD ' fett
  Proceed = oCursor.gotoNextParagraph(False)
 Loop While Proceed
End Sub
```

Um das zweite Wort in den Absätzen eines Textdokuments kursiv auszuzeichnen, lässt sich folgender Algorithmus verwenden.

Listing 24.6: Wörter kursiv in den Absätzen des Dokuments auszeichnen

CODE

```
Sub Kursiv' hebe in allen Sätzen das zweite Wort kursiv hervor
 oDoc = ThisComponent                    ' hole Dokument
 oCursor = oDoc.Text.createTextCursor   ' Textcursor erzeugen
 Do      ' Auflistung über alle Absätze
  oCursor.gotoNextWord False            ' An Anfang 2. Wort
  oCursor.gotoEndOfWord True             ' 2. Wort markieren
  oCursor.CharPosture = com.sun.star.awt.FontSlant.ITALIC ' kursiv
  Proceed = oCursor.gotoNextParagraph(False)  ' nächster Absatz
 Loop While Proceed
End Sub
```

Text zu einem Dokument hinzufügen

Über das *TextCursor*-Objekt können Sie auch Texte austauschen bzw. einfügen. Ist etwas durch den Cursor markiert, wird die Markierung durch eingefügte Inhalte ausgetauscht – andernfalls wird der Text an der aktuellen Cursorposition eingefügt. Zum Einfügen lässt sich die *String*-Eigenschaft verwenden.

```
oCursor.String = Chr(10) & "Zeilenumbruch mit Text und Absatzwechsel"
```

Die obige Anweisung weist der *String*-Eigenschaft eine Zeichenkette zu, wobei der über die Basic-Funktion *Chr* eingefügte Zeichencode 10 einen weichen Zeilenumbruch veranlasst. Um einen Absatzwechsel im Dokument zu erzwingen, sollten Sie die *insertControlCharacter()*-Methode des *Text*-Objekts verwenden.

```
oDoc.Text.insertControlCharacter(oCursor, _
    com.sun.star.text.ControlCharacter.PARAGRAPH_BREAK, False)
```

Der Code für einen Absatzwechsel ist im Modul *com.sun.star.text.ControlCharacter* unter der benannten Konstanten PARAGRAPH_BREAK hinterlegt (dies lässt sich dem StarOffice-Basic-Handbuch entnehmen). Der nachfolgende Codeausschnitt fügt einige Texte an das Dokumentende ein.

CODE

Listing 24.7: Text an das Dokumentende anhängen

```
Sub AddText
 vbCrLf = Chr(10)
' füge Text am Dokumentende an
 oDoc = ThisComponent  ' hole Dokument
 oCursor = oDoc.Text.createTextCursor
 oCursor.gotoEnd false        ' Dokumentende
 oCursor.String = vbCrLf & "Zeilenumbruch mit Text und Absatzwechsel"
 oCursor.gotoEnd false        ' Dokumentende
 oCursor.CharWeight = com.sun.star.awt.FontWeight.NORMAL ' Fett aus
 oDoc.Text.insertControlCharacter(oCursor, _
    com.sun.star.text.ControlCharacter.PARAGRAPH_BREAK, False)
 oCursor.String = "Ein neuer Absatz"
End Sub
```

INFO

Sie finden ein Beispiel in der Datei Programm6.odt *des Ordners* Kap24 *im Beispielarchiv. In den Makros dieses Textdokuments sind die auf den vorhergehenden Seiten erläuterten Techniken implementiert. Das im Dokument enthaltene Makro* Worte *demonstriert jedoch noch eine Problemstelle. Mit der Methode* gotoNextSentence *sollte sich das Textdokument eigentlich satzweise bearbeiten lassen. Zumindest beim Autor klappte die satzweise Positionierung nicht.*

Suchen im Text

Über das *Document*-Objektmodell lässt sich auch das *SearchDescription*-Objekt anlegen und zur Suche im Textdokument verwenden. Die nachfolgende Codesequenz definiert die benötigten Objektvariablen, holt eine Referenz auf das aktuelle *Document*-Objekt und legt ein Suchobjekt an.

```
Dim oDoc As Object
Dim oSearch As Object
oDoc = ThisComponent  ' hole Dokument
oSearch = oDoc.createSearchDescriptor
```

In der letzten Zeile erzeugt der Aufruf der *createSearchDescription()*-Methode des *Document*-Objekts ein Suchobjekt. Anschließend können die Eigenschaften dieses Objekts angepasst werden, um die Suchkriterien zu steuern.

```
oSearch.SearchString = tmp
oSearch.SearchRegularExpression = False
```

Die Eigenschaft *SearchString* nimmt das Suchmuster für die Suche auf und über *SearchRegularExpression* wird hier die Suche nach regulären Ausdrücken abgeschaltet. Anschließend können Sie verschiedene Suchmethoden des *Document*-Objekts aufrufen.

```
oFound = oDoc.findAll (oSearch)       ' suche alle Einträge
oFound = oDoc.findFirst (oSearch)     ' suche ersten Eintrag
oFound = oDoc.findNext (oSearch)      ' suche nächsten Eintrag
```

Den Methodenaufrufen wird das Suchobjekt als Argument übergeben. Die Methode sucht dann das Muster und liefert ggf. den Treffer als Objekt zurück. Wird nichts gefunden, ist der Rückgabewert leer (Null). Die nachfolgende Codesequenz fordert vom Benutzer einen Suchbegriff an, durchsucht das Textdokument schrittweise nach dem Begriff und formatiert die gefundenen Textstellen kursiv.

Listing 24.8: Suchen in einem Textdokument

```
Option Explicit
 Const vbYesNo As Integer = 4
 Const vbYes As Integer = 6
Sub Main
' suche Text im Dokument
 Dim oDoc As Object, oCursor As Object
 Dim oSearch As Object, oResult As Object
 Dim oFound As Object, oFoundCursor As Object
 Dim tmp As String
 oDoc = ThisComponent  ' hole Dokument
 oCursor = oDoc.Text.createTextCursor
 oSearch = oDoc.createSearchDescriptor
' Suchbegriff vom Benutzer abfragen
 tmp = InputBox ("Suchtext", "Kursiv auszeichnen", "")
 oSearch.SearchString = tmp
 oSearch.SearchRegularExpression = False
 oFound = oDoc.findFirst(oSearch)  ' ersten Treffer holen
 While NOT IsNull(oFound)    ' ist das Objekt leer?
  ' Treffer gefunden, Range erzeugen, um Trefferobjekt zu markieren
  oFoundCursor = oFound.Text.createTextCursorByRange(oFound)
  oFoundCursor.CharPosture = com.sun.star.awt.FontSlant.ITALIC ' kursiv
  oFound = oDoc.findNext(oFound, oSearch)  ' nächster Treffer
  If NOT IsNull(oFound) Then
   If MsgBox ("Weiter?", vbYesNo, "Suchen") <> vbYes Then Exit Sub
  End If
 Wend
End Sub
```

INFO

Sie finden die Datei Programm7.odt *im Ordner* Kap24 *im Beispielarchiv. Das Makro lässt sich über eine Schaltfläche im Textdokument aufrufen. Anschließend werden Sie über ein Dialogfeld durch die Funktionen geführt.*

Textmanipulation über unoServices

Office erlaubt über das Objektmodell einen komfortablen Zugriff auf die Dokumentinhalte. Sie starten mit dem *Document*-Objekt und können bei einem Textdokument dann über Auflistungen alle Absätze, alle Sätze, alle Wörter, alle Zeichen des aktuellen Dokuments als Objekte referenzieren und so das Dokument manipulieren. Diese Ansätze sind im StarOffice-Basic-Handbuch umrissen. In der Praxis wird man aber häufig vor der Frage stehen, ob sich nicht bestimmte Funktionsabläufe per Makrorecorder aufzeichnen und dann im selbst geschriebenen Makrocode integrieren lassen.

Dieser Ansatz ist möglich, aber bei StarOffice/OpenOffice.org tritt ein ähnlicher Effekt wie bei Microsoft Office auf: Der Recorder erzeugt ganz anderen Code, als man nach der Lektüre der Handbücher erwarten könnte. Der vom Makrorecorder in StarOffice/OpenOffice.org generierte Code greift über einen Dispatch-Helper direkt auf die UNO-Services (UNO steht für Universal Network Objects) zu. Die folgende Codesequenz erzeugt eine Referenz auf das *Document*-Objekt und ruft den Dispatch-Helper des UnoService auf.

```
oDoc = ThisComponent.CurrentController.Frame
oDispatcher = createUnoService("com.sun.star.frame.DispatchHelper")
```

Über die Objektvariable *oDispatcher* kann dann die *ExecuteDispatch()*-Methode aufgerufen werden. Die Methode stellt eine Schnittstelle für Basic bereit, über die sich die in Java implementierten Uno-Methoden aufrufen lassen. Die *ExecuteDispatch*-Methode erwartet verschiedene Argumente, die an die betreffende Methode weitergereicht werden. Im ersten Argument ist das Dokumentobjekt und im zweiten Argument der Name der im Uno-Service aufzurufenden Methode (z.B. *.uno:GoToStart OfDoc*) zu übergeben. Optionen werden in Form von Eigenschaften definiert und im vierten Argument als Array übergeben. Dadurch ergeben sich die typischen Codesequenzen des Makrorecorders. Die folgende Zeile ruft über die *executeDispatch()*-Methode die *Uno*-Methode *GoToStartOfDoc()* auf. Da diese Methode keine Argumente benötigt, wird mit *Array()* ein leeres Feld übergeben.

```
oDispatcher.executeDispatch(oDoc, ".uno:GoToStartOfDoc", "", 0, Array())
```

In der nachfolgenden Sequenz werden dagegen verschiedene Eigenschaften benötigt. Als Erstes wird daher ein eindimensionales Feld mit zwei Elementen vom Typ *com.sun.star.beans.PropertyValue* vereinbart. Die *New()*-Methode legt das neue Array an, wobei dessen Struktur über *PropertyValue* definiert ist. Konkret besitzt jeder Feldeintrag zwei Member (*Name* und *Value*). Anschließend lassen sich die Eigenschaften zuweisen.

```
' Argumente für Eigenschaften zum Markieren
 Dim args2(1) As new com.sun.star.beans.PropertyValue
' setze Eigenschaften zum Positionieren
 args2(0).Name = "Count"      ' Zeichenzahl
 args2(0).Value = 10          ' 10 Zeichen
 args2(1).Name = "Select"     ' Markieren?
 args2(1).Value = false       ' nicht markieren
' nach rechts verschieben
 oDispatcher.executeDispatch(oDoc, ".uno:GoRight", "", 0, args2())
```

Konkret benutzt die obige Codesequenz die Methode *GoRight()*, um die Schreibmarke um zehn Zeichen nach rechts zu verschieben. Da die Eigenschaft *Select* auf *false* gesetzt wird, markiert Office beim Verschieben nichts. Mit dem Wert *true* wird der Text beim Verschieben der Schreibmarke markiert. Mit Methoden wie *GoRight()*, *GoLeft()*, *GoUp()*, *GoDown()* etc. lässt sich die Einfügemarke beliebig im Dokument positionieren.

Um Text einzufügen, können Sie die Methoden *InsertPara()* (fügt einen Absatzwechsel ein) und *InsertText()* benutzen. Weitere Methoden des Uno-Service wie

Bold etc. erlauben, markierte Textstellen zu formatieren. Die nachfolgende Codesequenz zeigt zwei manuell erstellte Prozeduren, die den Einsatz dieser Befehle und Methodenaufrufe zum Positionieren im Text, zum Formatieren markierter Abschnitte und zum Einfügen von Text an das Dokumentende demonstrieren. Die Prozedur *Demo_AddText* zeigt sogar, wie sich Text aus der Zwischenablage in ein Dokument übernehmen lässt.

Listing 24.9: Beispiel zum Formatieren und Einfügen von Text

CODE

```
Sub Demo_Fett
' Dies ist Code, der in ähnlicher Form vom Makrorecorder
' generiert werden kann.
' Hole jetzt die Referenz auf das Dokument und den Dispatcher
 oDoc = ThisComponent.CurrentController.Frame
 oDispatcher = createUnoService("com.sun.star.frame.DispatchHelper")
' Positioniere:
' an Zeilenanfang: .uno:GoToStartOfLine
' an Anfang: .uno:StartOfLineSel
' an Dokumentanfang
 oDispatcher.executeDispatch(oDoc, ".uno:GoToStartOfDoc", "", 0, Array())
' Argumente für Eigenschaften zum Markieren
 Dim args2(1) As new com.sun.star.beans.PropertyValue
' setze Eigenschaften zum Positionieren
 args2(0).Name = "Count"      ' Zeichenzahl
 args2(0).Value = 10          ' 10 Zeichen
 args2(1).Name = "Select"     ' Markieren?
 args2(1).Value = false       ' nicht markieren
' nach rechts verschieben
 oDispatcher.executeDispatch(oDoc, ".uno:GoRight", "", 0, args2())
 args2(0).Value = 10          ' 10 Zeichen
 args2(1).Value = true        ' jetzt markieren
' nach links markieren
 oDispatcher.executeDispatch(oDoc, ".uno:GoLeft", "", 0, args2())
' jetzt markierten Bereich fett
 Dim args6(0) as new com.sun.star.beans.PropertyValue
 args6(0).Name = "Bold"
 args6(0).Value = true
 oDispatcher.executeDispatch(oDoc, ".uno:Bold", "", 0, args6())
End sub
Sub Demo_AddText
' Hole jetzt die Referenz auf das Dokument und den Dispatcher
 oDoc = ThisComponent.CurrentController.Frame
 oDispatcher = createUnoService("com.sun.star.frame.DispatchHelper")
' an Dokumentende
 oDispatcher.executeDispatch(oDoc, ".uno:GoToEndOfDoc", "", 0, Array())
' Absatz einfügen
 oDispatcher.executeDispatch(oDoc, ".uno:InsertPara", "", 0, Array())
' Text einfügen
 Dim args2(0) as new com.sun.star.beans.PropertyValue
 args2(0).Name = "Text"
 args2(0).Value = "Ein Text"
 oDispatcher.executeDispatch(oDoc, ".uno:InsertText", "", 0, args2())
' an Dokumentende
 oDispatcher.executeDispatch(oDoc, ".uno:GoToEndOfDoc", "", 0, Array())
' Absatz einfügen
```

24

```
 oDispatcher.executeDispatch(oDoc, ".uno:InsertPara", "", 0, Array())
' Text aus Zwischenablage einfügen
 oDispatcher.executeDispatch(oDoc, ".uno:Paste", "", 0, Array())
End sub
```

INFO

Sie finden die Datei Programm8.odt *im Ordner* Kap24 *im Beispielarchiv. Das Makro lässt sich über eine Schaltfläche im Textdokument aufrufen. Details über die verfügbaren Methoden lassen sich übrigens per Makrorecorder herausfinden. Zeichnen Sie einfach die betreffenden Schritte auf und schauen Sie sich anschließend den generierten Basic-Code an.*

24.4.2 Calc um benutzerspezifische Funktionen erweitern

In *Kapitel 11* haben Sie den Umgang mit den in Calc bereitgestellten Funktionen kennengelernt. Mittels dieser Funktionen lassen sich Berechnungen auf Zellen durchführen. Reichen Ihnen die von Calc bereitgestellten Funktionen nicht aus, lassen sich mit etwas Basic-Kenntnissen sehr einfach benutzerdefinierte Funktionen realisieren. Die Zusammenhänge sind in Abbildung 24.11 zu sehen. Das im Hintergrund sichtbare Tabellenblatt nutzt in der Zelle C22 die benutzerdefinierte Funktion *MyAdd()*, die die Werte zweier Zellen addiert und in der Zielzelle ablegt. Dies ist zwar keine besonders berauschende Funktionalität, da man das gleiche Ergebnis auch durch direkte Addition erhalten kann. Aber zur Demonstration der Vorgehensweise beim Erstellen benutzerdefinierter Calc-Funktionen reicht der Ansatz allemal.

1. Um eine benutzerdefinierte Funktion in Basic zu erstellen, laden Sie ein Tabellenblatt in Calc und wählen dann im Menü *Extras* den Befehl *Makros/Makros verwalten/OpenOffice.org Basic*.
2. Im eingeblendeten Dialogfeld *OpenOffice.org Basic* wählen Sie die gewünschte Bibliothek in der Liste *Makro aus*. Sie können dabei die Bibliothek *Meine Makros.Standard* verwenden, um die benutzerdefinierte Funktion allen Calc-Dokumenten zur Verfügung zu stellen. Oder Sie wählen die Bibliothek *Standard* des aktuellen Tabellendokuments, um die Funktion in das Dokument zu integrieren. Letzteres hat den Vorteil, dass die Funktion bei der Weitergabe der Kalkulationsdatei erhalten bleibt.
3. Geben Sie den Funktionsnamen in das Feld *Makroname* ein und klicken Sie auf die Schaltfläche *Neu*, um ein neues Modul anzulegen. Sind bereits Makros gespeichert, brauchen Sie nur auf die Schaltfläche *Bearbeiten* zu klicken.
4. Sobald das Fenster der Basic-Entwicklungsumgebung erscheint, löschen Sie ggf. die beim Anlegen des neuen Makros eingefügten leeren Prozedurrümpfe.
5. Anschließend fügen Sie einen Funktionsrumpf mit dem Namen der gewünschten Funktion (hier *MyAdd*) in den Codebereich des Moduls ein und ergänzen diesen Rumpf um die Befehle zur Implementierung der Funktion.

In Abbildung 24.11 sehen Sie einen solchen Funktionsrumpf in dem im Vordergrund angezeigten Fenster der Basic-Entwicklungsumgebung. Die Zahl der Funktionsargumente bestimmt auch, wie viele Parameter im Tabellenblatt der Funktion zu übergeben sind. Im aktuellen Beispiel wurde darauf verzichtet, die Funktionsparameter mit Datentypen zu versehen. Die Anweisung `Function MyAdd (a As Double, b As Double) As Double` weist dagegen der Funktion einen Datentyp für den Ergebniswert zu und vergibt auch Datentypen für die beiden Parameter *a* und *b*.

Sobald die Funktion in der Basic-Entwicklungsumgebung definiert ist, können Sie diese im Tabellenblatt abrufen.

1. Klicken Sie auf die gewünschte Ergebniszelle und geben Sie das Gleichheitszeichen zum Einleiten einer Formeleingabe ein.
2. Ergänzen Sie den gewünschten Ausdruck in der gewohnten Form, indem Sie Zellreferenzen durch Anklicken der Zellen einfügen und Funktionen über den Funktionsautopiloten abrufen.
3. Sobald die benutzerdefinierte Funktion benötigt wird, tippen Sie einfach deren Funktionsnamen sowie die öffnende Klammer ein.
4. Anschließend fügen Sie die Funktionsargumente, getrennt durch Semikola, hinzu. Sie können dabei Zellreferenzen durch Anklicken der betreffenden Zellen als Argumente einfügen.
5. Hängen Sie die schließende Klammer an und bestätigen Sie die Formel nach der Fertigstellung mit der [↵]-Taste.

Calc berechnet das Ergebnis unter Verwendung der von Ihnen definierten Basic-Funktion.

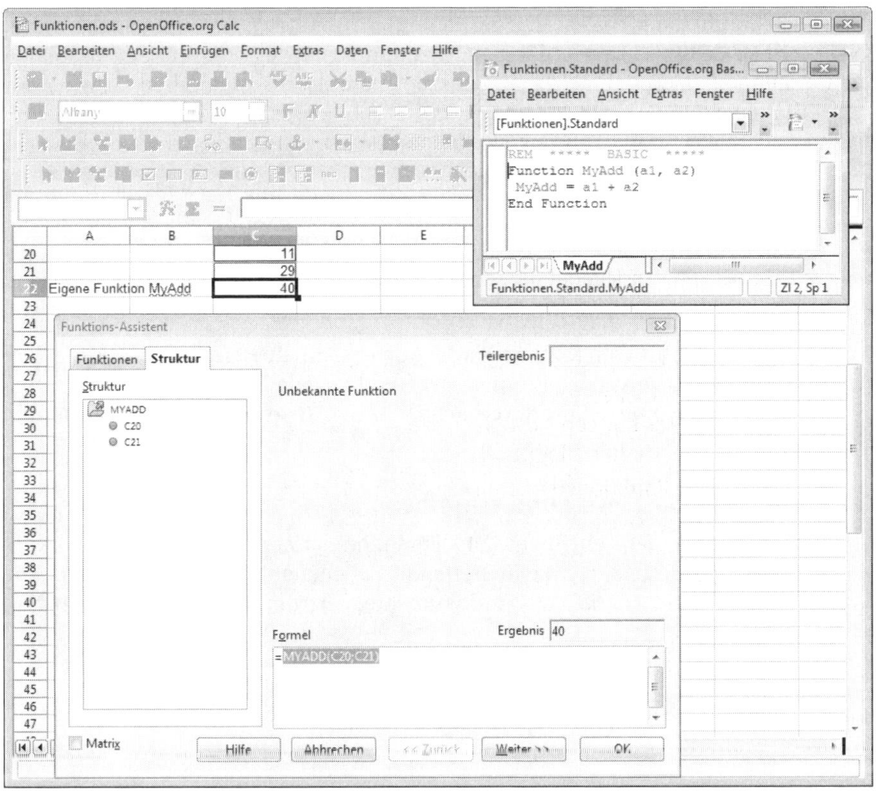

Abbildung 24.11: Implementieren und Nutzen einer benutzerdefinierten Funktion in Calc

24

INFO

Der obige Ansatz bietet Ihnen eine sehr einfache Möglichkeit, selbst definierte Funktionen in Calc anzulegen. Allerdings werden die Namen dieser Funktionen nicht im Funktionsautopiloten oder in der Funktionenliste aufgeführt. Der Funktions-Assistent kann nur solche Funktionen auflisten, die als Add-In erstellt und installiert wurden. Diese Funktionalität ist in dem bereits weiter oben erwähnten StarOffice-SDK beschrieben.

24.4.3 Zugriff auf Tabellendokumente in Calc

Neben der Implementierung benutzerdefinierter Funktionen lassen sich Makros auch zur Bearbeitung von Calc-Tabellen einsetzen. Office stellt über das Objektmodell Möglichkeiten zum Zugriff auf einzelne Zellen der Tabellenblätter bereit. Sie können daher sehr einfach über Basic-Anweisungen Zellwerte lesen oder schreiben. Selbst das Einfügen von Formeln oder das Einfärben der Zellhintergründe ist möglich. Dies soll jetzt an einem einfachen Beispiel demonstriert werden. Das in Abbildung 24.12 (oben) gezeigte Tabellendokument enthält einige Zellen mit Text und verschiedene Zahlen. Über die in Tabelle1 hinterlegte Schaltfläche lässt sich ein Makro aufrufen, welches den Benutzer über mehrere Dialoge durch die verfügbaren Funktionen führt. Im ersten Funktionsblock liest ein Makro die bereits in der Tabelle eingetragenen Zellwerte und berechnet die Summe der numerischen Werte aus Spalte B. Anschließend werden die Zellwerte in einem Dialogfeld aufgelistet. Das Makro schreibt die berechnete Summe in die Zelle B8 und speichert zur Kontrolle die Summenformel »=Summe(B4;B7)« in Zelle B10.

In einem weiteren Durchlauf lässt sich der Zellbereich mit den Werten durch ein zweites Makro analysieren. Dieses Makro färbt den Zellhintergrund aller Zellen, deren Wert größer oder gleich 50,00 ist, grün ein. Übersteigt der Zellwert die Schwelle 75,00, wird der Zellhintergrund rot gefärbt. Das Makro lässt sich sehr gut zur Auswertung großer Datenmengen in Tabellen nutzen.

Ein drittes Makro führt vom Makrorecorder aufgezeichnete Befehle aus. Diese springen verschiedene Zellen an und hinterlegen Werte sowie Zellformate in den Tabellen. Nachfolgend werden die erforderlichen Basic-Anweisungen zur Realisierung dieser Funktionalität diskutiert.

Zellwerte per Makro lesen und schreiben

Um auf die Zellen einer Tabelle im Tabellendokument aus Basic zugreifen zu können, muss eine Referenz auf das betreffende Tabellenobjekt erzeugt werden. Die Schritte gleichen dem Zugriff auf Textdokumente. Allerdings ist zu berücksichtigen, dass Calc unterhalb der Dokumentebene ein etwas anderes Objektmodell besitzt. Wo das Objektmodell im Writer Absätze, Sätze oder Wörter abbildet, stellt das Calc-Objektmodell Tabellen, Zeilen, Spalten oder Zellen bereit. Die folgende Codesequenz erstellt eine Referenz auf das Dokumentobjekt.

```
Dim oDoc As Object          ' Tabellendokument
oDoc = ThisComponent
```

Alternativ kann anstelle von `ThisComponent` auch die Referenz über:

```
oDoc = StarDesktop.CurrentComponent
```

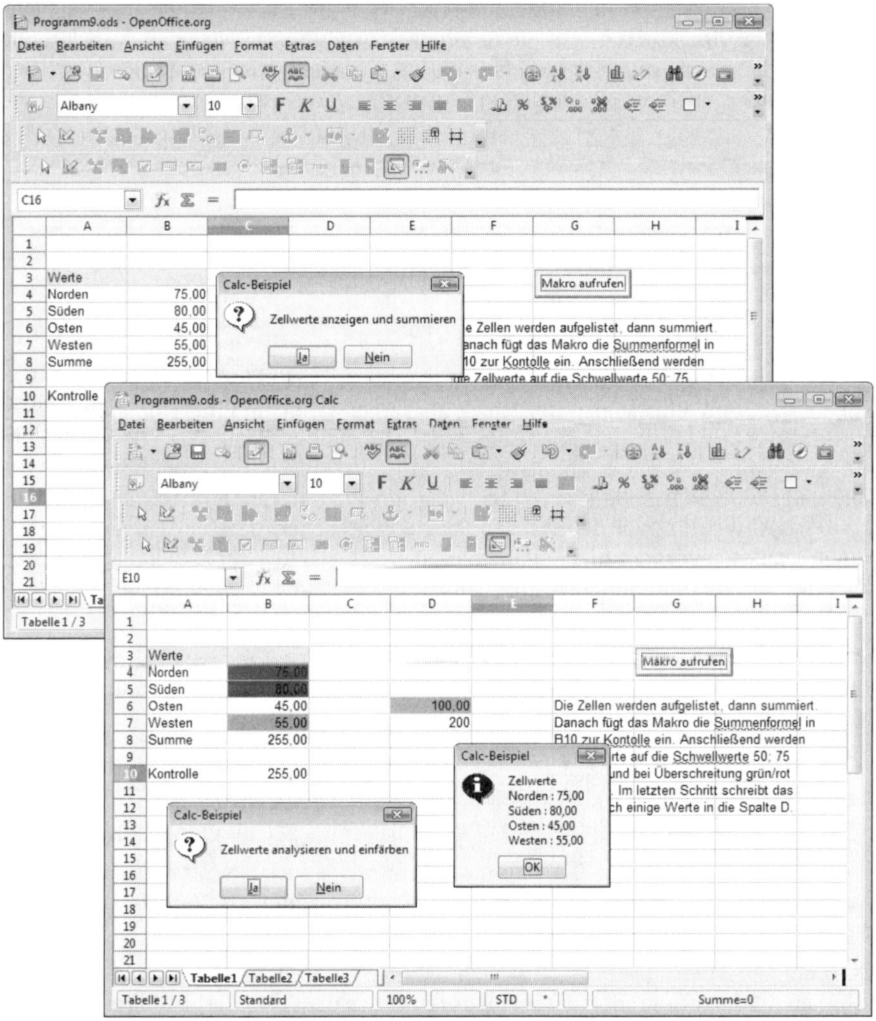

Abbildung 24.12: Aufbereitung eines Calc-Dokuments mit Makros

benutzt werden. Die Variable *oDoc* verweist auf das aktuell geladene Dokument, d.h. das Calc-Tabellendokument. Dieses besteht aber auch bis zu 255 Tabellen, sodass im nächsten Schritt eine Objektreferenz auf eines dieser Tabellenblätter anzulegen ist.

Dies kann über folgende Befehle erfolgen:

```
Dim oSheet As Object        ' Tabellenblatt
oSheet = oDoc.Sheets (0)    ' adressiere 1. Tabellenblatt
```

Die *Sheets*-Auflistung des Tabellendokuments enthält alle Tabellenblätter. Über den Indexwert lässt sich gezielt auf die einzelnen Tabellen zugreifen. Um sich das Abzählen der Blätter zu sparen, können Sie auch eine Referenz über den Tabellennamen anlegen lassen:

```
oSheet = oDoc.Sheets.getByName("Tabelle1")    ' adressiere Tabellenblatt
```

Die hier benutzte *getByName()*-Methode erwartet den Tabellennamen als Argument. Der obige Ausdruck liefert also die Referenz auf die mit *Tabelle1* benannte Tabelle zurück (oder einen Laufzeitfehler, falls die Tabelle nicht existiert). Sie können Laufzeitfehler aber abfangen. Die folgende Sequenz zeigt die betreffenden Codeteile:

```
On Error Goto Fehler                         ' Laufzeitfehler abfangen
oSheet = oDoc.Sheets.getByName("Tabellea1") ' adressiere Tabellenblatt
...
...
Exit Sub
Fehler:        ' hier Fehlerbehandlung anfügen
Fehler:            ' Fehlerausgang
 MsgBox "Tabelle nicht gefunden", vbOkOnly+vbCritical, "Fehler: " & Err
End Sub
```

Mit `Fehler:` wird ein sogenanntes Label, also eine Marke, im Programmcode vereinbart. Diese Marke lässt sich über *Goto*-Anweisungen anspringen. Die `On Error Goto xxx`-Anweisung veranlasst zur Laufzeit, dass bei Fehlern zur Programmstelle *xxx* verzweigt wird. Ich habe den Fehlerzweig am Prozedurende untergebracht. Eine `Exit Sub`-Anweisung vor der Marke `Fehler:` stellt sicher, dass der Fehlerzweig bei einem regulären Programmablauf niemals ausgeführt wird. Der Fehlercode lässt sich über die *Err*-Funktion abfragen. Hier wird der Fehlercode in einem Dialogfeld angezeigt.

Nach diesen Vorbereitungen liegt eine Referenz auf eine Tabelle vor. Anschließend kann eine Referenz auf eine bestimmte Zelle mittels folgender Anweisungen erzeugt werden.

```
Dim oCell As Object         ' Zelle
oCell = oSheet.getCellByPosition(Spalte, Zeile)
```

Die *getCellByPosition()*-Methode erwartet zwei Argumente mit den Werten der Tabellenspalte und -zeile. Die Parameter müssen jedoch als numerische Integerwerte angegeben werden, wobei die Zählung mit 0 beginnt. Die Zelle B2 besitzt also den Spaltenindex 1 und den Zeilenindex 1.

Über die Objektvariable *oCell* lässt sich jetzt lesend und schreibend auf die Eigenschaften der Zelle zugreifen. Dabei gibt es in Office die Besonderheit, dass der Name der Eigenschaft den Datentyp des von der Zelle zurückgelieferten Werts bestimmt. Mit *oCell.String* greifen Sie auf die Eigenschaft *String* zurück, die immer einen Textwert liefert (auch wenn die Zelle eine Zahl enthält). Mit *oCell.Value* wird dagegen ein numerischer Zellinhalt gelesen. Über die *Formular*-Eigenschaft lassen sich Formeln aus Zellen lesen oder in Zellen ablegen.

HALT

Wenn Sie Formeln in Zellen schreiben, achten Sie bei Funktionsnamen darauf, die englische Schreibweise zu verwenden. Aus der in der deutschen Calc-Version in der Bearbeitungsleiste als Summe *angezeigten Summenfunktion wird z.B. in der englischen Schreibweise die* Sum*-Funktion. Vergessen Sie dies, wird Calc in der betreffenden Zelle einen Fehler anzeigen.*

Das nachfolgende Listing zeigt den kompletten Code der Prozedur, der die Zellwerte ausliest, die Summe berechnet und dann die Ergebnisse samt Summenformel in die Tabelle zurückschreibt.

Listing 24.10: Zugriff auf Tabellenzellen und Ablegen von Werten in den Zellen

CODE

```
Sub Show
' Liste die Werte der Zellen B4 bis B7 auf
 Const RowOfs As Integer = 3                    ' ab Zeile 4
 Dim txt As String
 Dim i As Integer
 Dim sum As Double
 vbCrLf = Chr(13)
 txt = "Zellwerte" & vbCrLf
'oDoc = StarDesktop.CurrentComponent
 oDoc = ThisComponent                           ' hole Dokumentreferenz
 On Error Goto Fehler                           ' Laufzeitfehler abfangen
 oSheet = oDoc.Sheets.getByName("Tabelle1") ' adressiere Tabellenblatt
 sum = 0.0                                      ' leere Summe
' lese jetzt Spalte A und B ab Zeile 4 zurück
 For i = 0 to 3
  oCell = oSheet.getCellByPosition(ColA, RowOfs + i) ' Zellreferenz
  txt = txt & oCell.String & " : "              ' Werte 1. Spalte
  oCell = oSheet.getCellByPosition(ColB, RowOfs + i) ' Zellreferenz
  txt = txt & oCell.String & vbCrLf             ' Werte 2. Spalte
  sum = sum + oCell.Value                       ' Werte 2. Spalte summieren
 Next i
 oCell = oSheet.getCellByPosition(ColB,7)       ' Zelle B8
 oCell.Value = sum                              ' Summe ablegen
' füge zur Kontrolle die Summenformal in B10 ein
 oCell = oSheet.getCellByPosition(Cola,9)       ' Zelle A10
 oCell.String = "Kontrolle"                     ' Text einfügen
 oCell = oSheet.getCellByPosition(ColB,9)       ' Zelle B10
 oCell.Formula = "=SUM(B4:B7)"                ' Formel einfügen
 MsgBox txt, vbOkOnly + vbInformation, Title
 Exit Sub
Fehler:              ' Fehlerausgang
 MsgBox "Tabelle nicht gefunden", vbOkOnly+vbCritical, "Fehler: " & Err
End Sub
```

24

Einfärben von Zellbereichen

Mit dem obigen Wissen ist es auch kein größeres Problem, das Zellformat anzupassen. Sobald Sie ein Objekt mit einer Referenz auf die gewünschte Zelle haben, können Sie die Formateigenschaften anpassen. Um den Hintergrund einer Zelle einzufärben, ist folgende Anweisung erforderlich:

```
oCell.CellBackColor = RGB(255, 0, 0)
```

Hier wird die *CellBackColor*-Eigenschaft mit einem neuen Wert belegt. Diese Eigenschaft wird durch einen 3 Byte umfassenden Wert definiert, der durch die *RGB*-Funktion bereitgestellt wird. Die übergebenen Argumente geben den Anteil der Grundfarben Rot, Grün und Blau jeweils im Intervall 0 bis 255 an. Die obige Anweisung weist die Farbe Rot zu. Die Anweisungen in folgendem Listing zeigen das Makro, welches die Zellwerte auf bestimmte Schwellenwerte analysiert und dann die Hintergrundfarbe der Zellen in Abhängigkeit vom Wert einfärbt.

Listing 24.11: Einfärben des Zellhintergrunds

```
Sub Analyze
 Const RowOfs As Integer = 3                    ' ab Zeile 4
 Dim i As Integer
 Dim valx As Double
' lese jetzt Spalte B ab Zeile 4 zurück, analysiere Werte
' und weise die Farben bei Schwellwertüberschreitung zu
 For i = 0 to 3
  oCell = oSheet.getCellByPosition(ColB, RowOfs + i) ' Zellreferenz
  valx = oCell.Value                          ' Werte der Zelle hole
  If valx >= 50.0 Then _
   oCell.CellBackColor = RGB(0, 255, 0) ' Hintergrund grün
  If valx >= 75.0 Then _
   oCell.CellBackColor = RGB(255, 0, 0)  ' Hintergrund rot
 Next i
End Sub
```

Sie finden die Datei Programm9.ods *im Ordner* Kap24 *des Beispielarchivs. Im Modul* Test *ist eine dritte Prozedur* Recorder_Demo *hinterlegt, die vom Makrorecorder aufgezeichnete Befehle enthält. Die vom Makrorecorder aufgezeichneten Befehle zum Zugriff auf Calc-Tabellen folgen dem gleichen Prinzip, wie es bereits weiter oben im Abschnitt »Textmanipulation über unoServices« beschrieben wurde. Der Vorteil dieses Ansatzes besteht darin, dass sich Zellreferenzen in der »A1«-Notation angeben lassen.*

24.4.4 Zugriff auf Datenbanken aus Makros

In *Kapitel 22* ist die Anbindung von Kontrollelementen aus Formularen an Datenbanken behandelt. Office stellt darüber hinaus Objekte bereit, mit denen sich auf Datenbanken zugreifen lässt. Dann lassen sich in Makros Tabellen abfragen, Datensätze lesen und in Formularen anzeigen. Nachfolgend wird ein Beispiel zum lesenden Zugriff auf eine Datenbank vorgestellt.

Abbildung 24.13: Formular mit Daten aus einer Datenbanktabelle

Das in Abbildung 24.13 gezeigte Formular wurde in einem Textdokument untergebracht und zeigt die Felder *Name* und *Vorname* einer Datenbanktabelle an. Über die Schaltfläche *Start* wird der Zugriff auf die Datenbank gestartet, während sich mit den Schaltflächen *Zurück* und *Weiter* innerhalb der Datensätze navigieren lässt. Erreicht der Benutzer den Anfang oder das Ende der Datentabelle, ist die betreffende Navigationsschaltfläche zu sperren.

So initialisieren Sie den Datenbankzugriff

Bevor sich aus Basic auf eine Datenbank zugreifen lässt, muss eine Verbindung zu dieser Datenbank aufgebaut werden. Office stellt hier einige Objekte und Methoden bereit. Den Zugriff auf eine Datenbank müssen Sie mit folgenden Anweisungen einleiten:

```
Global DatabaseContext As Object
Global DataSource As Object
DatabaseContext = createUnoService("com.sun.star.sdb.DatabaseContext")
DataSource = DatabaseContext.getByName("dBASE")
```

Die *createUnoServices()*-Methode startet den Dienst *com.sun.star.sdb.DatabaseContext* und erzeugt in der letzten Zeile ein Datenquellenobjekt *DataSource*, welches auf die in der *getByName()*-Methode als Parameter angegebene Datenquelle »dBASE« verweist. Diese Datenquelle muss dabei in Office eingerichtet worden sein.

HALT

Beim Namen für die Datenquelle wird Groß-/Kleinschreibung unterschieden. Achten Sie daher auf die genaue Schreibweise des Datenquellennamens, da der Methodenaufruf sonst einen Laufzeitfehler auslöst.

Beim Zugriff auf eine Datenquelle kann die Eingabe eines Benutzernamens und eines Kennworts erforderlich sein. Dies muss beim Aufbau der Verbindung zur Datenbank berücksichtigt werden. Die folgende Sequenz stellt eine Verbindung her.

```
Global Connection As Object
Global InteractionHandler as Object
If Not DataSource.IsPasswordRequired Then  ' Kennwort erforderlich
   Connection = DataSource.GetConnection("","")
Else       ' Ja -> Kennwort abfragen
 InteractionHandler = createUnoService("com.sun.star.sdb.InteractionHandler")
 Connection = DataSource.ConnectWithCompletion(InteractionHandler)
End If
```


Über die *IsPasswordRequired()*-Methode des Datenquellenobjekts *DataSource* wird geprüft, ob die Datenquelle eine Anmeldung mit Benutzernamen und Kennwort benötigt. Wird kein Kennwort benötigt, baut die folgende Anweisung eine Verbindung zur Datenbank mit leerem Benutzernamen und leerem Kennwort auf:

```
Connection = DataSource.GetConnection("","")
```

Andernfalls kommt der *Else*-Zweig der obigen Codesequenz zum Einsatz. In dieser Sequenz wird als Erstes ein *InteractionHandler*-Objekt über den Uno-Service *InteractionHandler* erzeugt. Anschließend lässt sich dieses Objekt als Parameter an die Methode *ConnectWithCompletion()* des Datenquellenobjekts übergeben. Der tiefere Sinn liegt darin, dass dann eine Verbindung zur Datenquelle unter Abfrage des Benutzernamens und Kennworts aufgebaut wird.

So werden Daten gelesen

Sobald die Verbindung zur Datenquelle steht, lässt sich auf die Tabellen und Abfragen zugreifen. Um Daten einer Tabelle zu lesen, kann beispielsweise eine SQL-Abfrage abgesetzt werden. Die folgende Codesequenz deklariert zuerst die beiden benötigten Objektvariablen *Statement* und *ResultSet*.

```
Global Statement As Object
Global ResultSet As Object
Statement = Connection.createStatement()
ResultSet = Statement.executeQuery("SELECT Name, Vorname FROM Kunde")
```

Der Aufruf der *createStatement()*-Methode des *Connection*-Objekts erzeugt ein zweites Objekt *Statement* zur Aufnahme der Datenbank-Abfragebefehle. Hier wird die Methode *executeQuery()* zur Abfrage einer Datenbanktabelle benutzt. Konkret fragt der als Argument übergebene SQL-Befehl die Felder *Name* und *Vorname* der Datenbanktabelle *Kunde* in der Datenbank »dBASE« ab. Die Objektvariable *ResultSet* enthält anschließend einen Zeiger auf die Datenbank. Sie können dann mittels der Methoden *next()* und *previous()* zwischen den Datensätzen der Datenbanktabelle navigieren. Mit *ResultSet.next()* blättern Sie zum jeweils nächsten Datensatz. Anschließend lassen sich die zurückgegebenen Felder mittels *ResultSet.getString(i)* auslesen, wobei *i* den Index in die Werteliste darstellt. Die folgende Sequenz holt die Datensätze und zeigt diese in einem Dialogfeld an.

```
If Not IsNull(ResultSet) Then
 While ResultSet.next   ' nächster Datensatz
  MsgBox ResultSet.getString(1) & ":" & ResultSet.getString(2)
 Wend
End If
```

Das in Abbildung 24.13 gezeigte Formular besitzt zwei Textfelder zur Aufnahme der aktuell gelesenen Felder. Der obige Code ist daher um Anweisungen zum Zugriff auf diese Textfelder zu erweitern. Zudem soll sich über die beiden Schaltflächen *Zurück* und *Weiter* zwischen den Datensätzen der Tabelle blättern lassen. Hierzu werden die betreffenden Datenbankbefehle in den Ereignisbehandlungsroutinen der beiden Schaltflächen untergebracht. Die Ansätze, wie so etwas funktioniert, wurden in *Kapitel 22* diskutiert. Das nachfolgende Listing enthält den kompletten Makrocode mit allen Prozeduren zur Verwaltung des in Abbildung 24.13 gezeigten Formulars. Alle in den verschiedenen Prozeduren benutzten Objektvariablen wurden im Modulkopf als global vereinbart, damit diese auch nach dem Beenden der Prozedur gültig bleiben. Dies ist beispielsweise notwendig, damit beim Blättern zwischen den Datensätzen der Datensatzzeiger erhalten bleibt. Weitere Details (z.B. zum Sperren der Schaltflächen bei Erreichen des ersten/letzten Datensatzes) sind dem Quellcode zu entnehmen.

CODE

Listing 24.12: Makrocode des Datenbankbeispiels

```
Option Explicit
' Variable als Global definieren, damit Inhalte erhalten
' bleiben
 Global DatabaseContext As Object
 Global DataSource As Object
 Global Connection As Object
 Global InteractionHandler as Object
 Global Statement As Object
 Global ResultSet As Object
 Global oDoc as Object          ' für Formularzugriffe
 Global oForm As Object
 Global oFeld1 As Object
 Global oFeld2 As Object
```

```
 Global oUp As Object
 Global oDown As Object
Sub Main
' hole Objekte zum Zugriff auf das Formular
 oDoc=thisComponent  ' Referenz auf Formular-Dokument
 oForm=oDoc.DrawPage.Forms.GetByName("Form1") ' erstes Formular
 oFeld1 = oForm.getByName("fName")
 oFeld2 = oForm.getByName("fVorname")
 oUp = oForm.getByName("bUp")
 oDown = oForm.getByName("bDown")
' jetzt Datenbankzugriff einleiten
 DatabaseContext = createUnoService("com.sun.star.sdb.DatabaseContext")
 DataSource = DatabaseContext.getByName("dBASE")
 If Not DataSource.IsPasswordRequired Then  ' Kennwort erforderlich
   Connection = DataSource.GetConnection("","")
 Else       ' Ja -> Kennwort abfragen
  InteractionHandler = createUnoService("com.sun.star.sdb.InteractionHandler")
  Connection = DataSource.ConnectWithCompletion(InteractionHandler)
 End If
 Statement = Connection.createStatement()
 ResultSet = Statement.executeQuery("SELECT Name, Vorname FROM Kunde")
 ResultSet.next                  ' 1. Datensatz
 If Not IsNull(ResultSet) Then
'  MsgBox ResultSet.getString(1) & ":" & ResultSet.getString(2)
  oFeld1.text = ResultSet.getString(1)  ' Name
  oFeld2.text = ResultSet.getString(2)  ' Vorname
  oUp.Enabled = true
  oDown.Enabled = false
 End If
End Sub
Sub Up
' nächster Datensatz
 ResultSet.next
 If Not ResultSet.isAfterLast() Then
  oFeld1.text = ResultSet.getString(1)  ' Name
  oFeld2.text = ResultSet.getString(2)  ' Vorname
  oDown.Enabled = true
 Else
  oUp.Enabled = false
  oDown.Enabled = true
 End If
End Sub
Sub Down
' vorheriger Datensatz
 ResultSet.previous
 If Not ResultSet.isBeforeFirst()  Then
  oFeld1.text = ResultSet.getString(1)  ' Name
  oFeld2.text = ResultSet.getString(2)  ' Vorname
  oUp.Enabled = true
 Else
  oDown.Enabled = false
  oUp.Enabled = true
 End If
End Sub
```

INFO

Sie finden das komplette Beispiel in der Datei Programm10.odt *des Ordners* Kap24 *im Beispielarchiv. Das Beispiel setzt voraus, dass eine Datenquelle* dBASE *mit einer Tabelle* Kunde *konfiguriert ist. Diese Datenquelle muss die Felder* Name *und* Vorname *aufweisen. Da ein SQL-Befehl zur Abfrage benutzt wurde, können Sie auch andere Datenquellen und Tabellennamen verwenden. Passen Sie lediglich den SQL-Befehl und den Datenquellennamen an. Im aktuellen Beispiel wurde die Datei* dBASE.odt *im Beispielordner an die dBase-Datei im gleichnamigen Unterordner angebunden. Sie müssen sicherstellen, dass über die Datenbank auf die dBase-Datei zugegriffen werden kann. Andernfalls funktioniert das Makro nicht, sondern bricht mit einem Laufzeitfehler ab.*

Damit möchte ich die Einführung in die Erstellung von Makros bzw. das Programmieren mit Basic abschließen. Aus Platzgründen konnte nur ein Bruchteil der Funktionalität angerissen werden. Die Ausführungen auf den vorhergehenden Seiten sowie in *Kapitel 22* sollten einen Einstieg in die Materie ermöglichen. Weitere Details und Beispiele finden Sie im StarOffice-Basic-Programmierhandbuch von Sun.

25 Formeleditor, HTML- und XML-Funktionen

In diesem Kapitel finden Sie eine kurze Einführung in den Formeleditor, der vom Office Math-Modul bereitgestellt wird. Zudem erfahren Sie, wie sich Hyperlinks und Verweise auf andere Dokumentstellen oder ins Web einfügen lassen. Zusätzlich werden weitere Webfunktionen, das Erstellen von HTML- sowie XML-Formularen sowie der Import von XML-Dokumenten besprochen.

25.1 Arbeiten mit dem Modul Math (Formeleditor)

Zur Gestaltung wissenschaftlicher Texte, die Formeln enthalten, oder zum Einfügen von Formeln in Tabellendokumente, Präsentationen bzw. Zeichnungen bietet Office das Modul Math, welches hier auch als Formeleditor bezeichnet wird. Nachfolgend finden Sie eine Einführung in die betreffenden Funktionen dieses Werkzeugs.

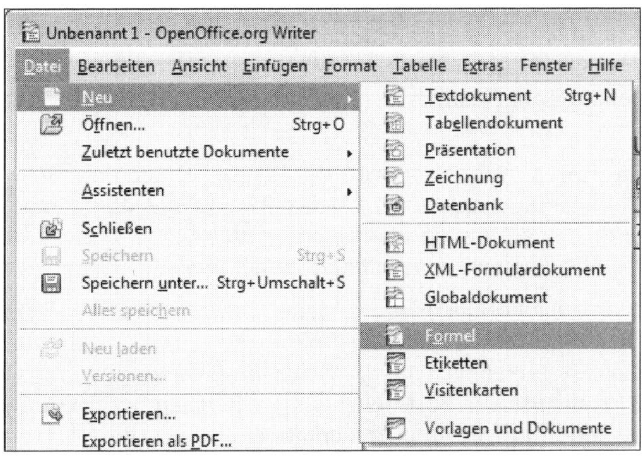

Abbildung 25.1: Anlegen eines neuen Formeldokuments

25.1.1 So aktivieren Sie Math

Der Formeleditor (d.h. das Modul Math) wird automatisch aktiv, sobald Sie Formeln in ein Dokument einfügen. Hierzu gibt es zwei Ansätze.

- Sie können ein komplett neues Formeldokument anlegen, indem Sie im Office-Anwendungsfenster den Untermenübefehl *Datei/Neu/Formel* aufrufen (Abbildung 25.1). Dieses Vorgehen eignet sich dann, wenn Sie eine komplette Seite mit Formeln füllen und das Ergebnis anschließend als separates Formeldokument speichern möchten.

- Häufig möchte man jedoch Formeln in bestehende Dokumente integrieren. Dies ist über im Dokument eingefügte Objekte, die als Container für die Formel fungieren, möglich. Um eine Formel in ein Textdokument, in ein Tabellendokument, in eine Präsentation oder in eine Zeichnung zu übernehmen, wählen Sie im Menü *Einfügen* den Untermenübefehl *Objekt/Formel* (Abbildung 25.2).

Sobald das Modul Math aufgerufen wurde, passt Office den Fensterinhalt, die Schaltflächen der Symbolleisten und die Menüs an. Es erscheint das in Abbildung 25.3 gezeigte Fenster zur Bearbeitung der Formel.

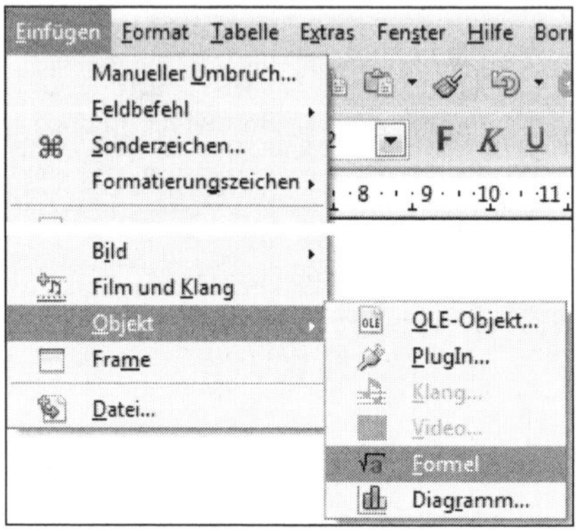

Abbildung 25.2: Einfügen einer Formel als Objekt

25.1.2 Übersicht über das Math-Anwendungsfenster

Sobald Sie den Formeleditor aufgerufen oder falls Sie nachträglich das Objekt mit der Formel in einem bestehenden Dokument zum Bearbeiten (z.B. mit einem Doppelklick) angewählt haben, zeigt Office das in Abbildung 25.3 gezeigte geteilte Dokumentfenster.

Im oberen Teilfenster wird die Formel in der Dokumentansicht dargestellt. Diese Dokumentansicht bezieht sich entweder auf das komplette Formeldokument, die Formel erscheint in der Dokumentmitte. Oder Sie sehen das Dokument (Text, Tabelle, Präsentation) mit dem eingefügten Formelobjekt.

Wurde die Formel über das Menü *Einfügen* als Objekt in ein bestehendes Dokument eingefügt, wird im oberen Dokument-Teilfenster ein grau schraffierter Objektrahmen eingeblendet. Dieser nimmt die Formel auf und wird in Abhängigkeit vom Dokumenttyp an Tabellenzellen, an Zeichen bei Textdokumenten oder an der Seite bei Zeichnungen und Präsentationen verankert. Haben Sie ein Formeldokument über den Befehl *Datei/Neu/Formel* angelegt, wird die Formel im oberen Teilfenster ohne Rahmen in der Mitte des Dokumentbereichs eingeblendet. Diese Formel lässt sich nicht per Doppelklick markieren.

INFO

Ein grauer Rahmen um ein Objekt (d.h. eine in einem anderen Dokument eingefügte Formel) signalisiert, dass dieses zum Bearbeiten markiert ist. Klicken Sie im Dokumentbereich neben das Objekt, wird der Bearbeitungsmodus aufgehoben. Dann wird die Formel mit einem dünnen Rahmen versehen angezeigt.

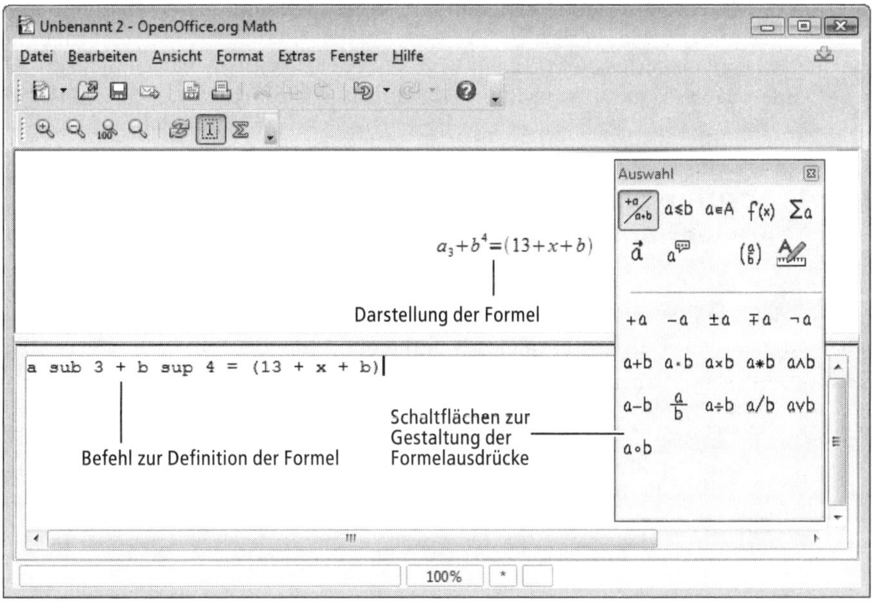

Abbildung 25.3: Dokumentfenster zur Formeleingabe und -bearbeitung

Sie können dann das Objekt per Mausklick markieren (dann sind zusätzlich grüne Ziehmarken zu sehen, Abbildung 25.4) oder per Doppelklick zur Bearbeitung selektieren (der graue Rahmen wird wieder angezeigt). Bei einem markierten Objekt können Sie den Objektrahmen im Dokumentfenster mit der rechten Maustaste anklicken und über das Kontextmenü die Befehle zum Anordnen, Ausrichten, Verankern, Beschriften etc. wählen (Abbildung 25.4). Lesen Sie ggf. in den betreffenden Kapiteln zum Writer, zu Calc, Impress oder Draw nach, was es bezüglich des Umgangs mit den Objekten zu beachten gilt.

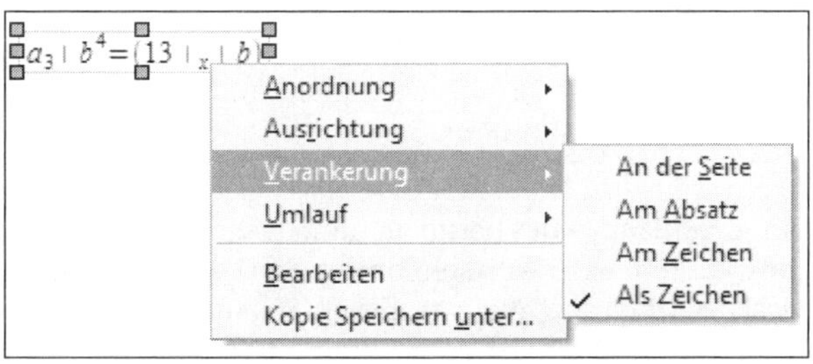

Abbildung 25.4: Kontextmenü eines markierten Objekts

25

HALT

Bei als Objekten eingefügten Formeln können Sie die Größe des Objekts nicht anpassen. Der Markierungsrahmen lässt sich lediglich (je nach Verankerung) im Dokumentfenster verschieben. Bei Textdokumenten sollten Sie eine Verankerung an einem Zeichen wählen. Wird später Text an den Dokumentanfang eingefügt oder gelöscht, wandert die Formel mit der aktuellen Zeile mit. Die Größe des Objektrahmens wird bei der Eingabe einer Formel automatisch angepasst. Kommt es während des Formelentwurfs zu Darstellungsproblemen (die Formelanzeige wird nicht korrekt aktualisiert), hilft es meist, den Dokumentbereich über die Bildlaufleiste aus dem sichtbaren Anzeigebereich herauszuschieben und dann das Objekt in die Anzeige zurückzublättern.

Das untere Teilfenster (Kommandofenster) dient zur Eingabe der Befehle, die zum Aufbau der Formel benötigt werden. Die betreffenden Kommandos lassen sich über die Schaltflächen der Leiste *Auswahl* abrufen oder manuell eintippen. Wer die betreffenden Befehle kennt, kann damit sehr schnell komplexe Formeln in das Dokument eingeben.

25.1.3 Abrufen der Formelelemente über die Auswahlleiste

Beim Aufruf des Moduls Math wird automatisch die Abreißleiste *Auswahl* im Dokumentbereich eingeblendet. Diese Leiste weist Schaltflächen auf, über die sich die Schablonen für verschiedene Formeloperatoren und -symbole abrufen lassen (Abbildung 25.5).

Abbildung 25.5: Optionen der Auswahlleiste

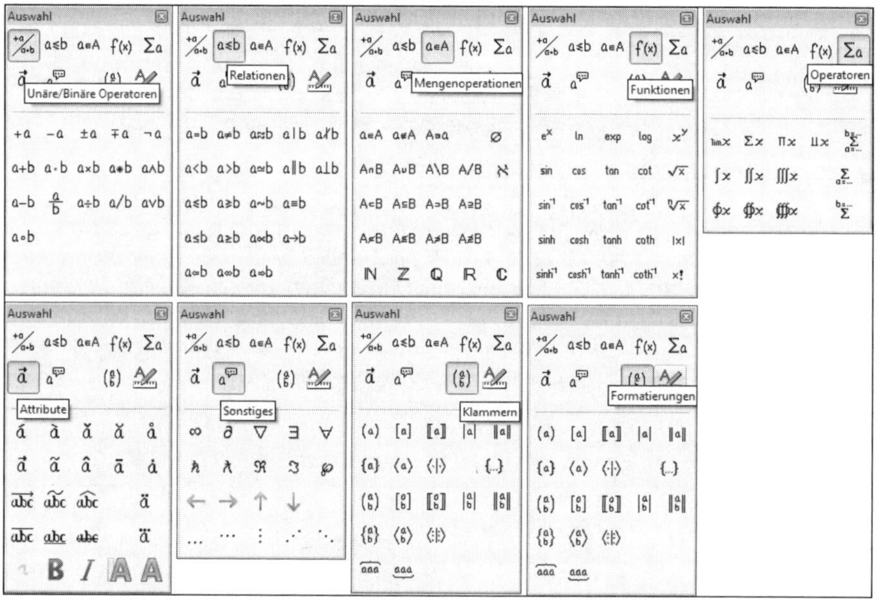

Die Schaltflächen der Leiste werden dabei durch eine horizontale Linie in zwei Kategorien unterteilt. Die oberen beiden Schaltflächenreihen stellen Funktionskategorien bereit. Klicken Sie auf eine dieser Schaltflächen, blendet Office die zur Kategorie gehörenden Schaltflächen im unteren Teil der Leiste ein. Sie finden Schaltflächen, mit denen sich einfache Ausdrücke der Art »a + b« einfügen lassen. Über andere Schaltflächen lassen sich komplexere mathematische Ausdrücke wie Integrale, Matrizen, Binome etc. gestalten. Abbildung 25.5 enthält eine Übersicht über die verfügbaren Optionen, die bei der Anwahl verschiedener Kategorien angezeigt werden.

1. Um eine Formel in ein Formeldokument oder in ein Objekt einzugeben, wählen Sie als Erstes die gewünschte Kategorie aus.
2. Anschließend legen Sie über die im unteren Bereich der Symbolleiste eingeblendete Schaltfläche das gewünschte Formelelement fest. Math wird dann den Befehl für das betreffende Formelelement in das Kommandofenster einfügen.

3. Ergänzen Sie anschließend eventuell angezeigte Platzhalter (den Ausdruck »<?>«) im Kommandofenster und weisen Sie bei Bedarf eine Formatierung zu.

Das Modul Math wandelt den eingegebenen Formelausdruck automatisch in die zugehörige Darstellung um und zeigt das Ergebnis im Dokumentbereich an.

TIPP

Falls Sie die Auswahlleiste beim Arbeiten mit Formeln stört, können Sie diese über die Schließen-*Schaltfläche in der rechten oberen Ecke des Fensters ausblenden. Die Leiste lässt sich über den Menübefehl* Ansicht/Auswahl *des Math-Fensters jederzeit wieder einblenden.*

25.1.4 Beispiel zur Formeleingabe

Die Eingabe einer Formel soll an einem einfachen Beispiel demonstriert werden. Dabei lernen Sie die grundlegenden Schritte zur Gestaltung der Formeln kennen. Es wird angenommen, dass bereits ein Formeldokument oder ein Formelobjekt angelegt wurde.

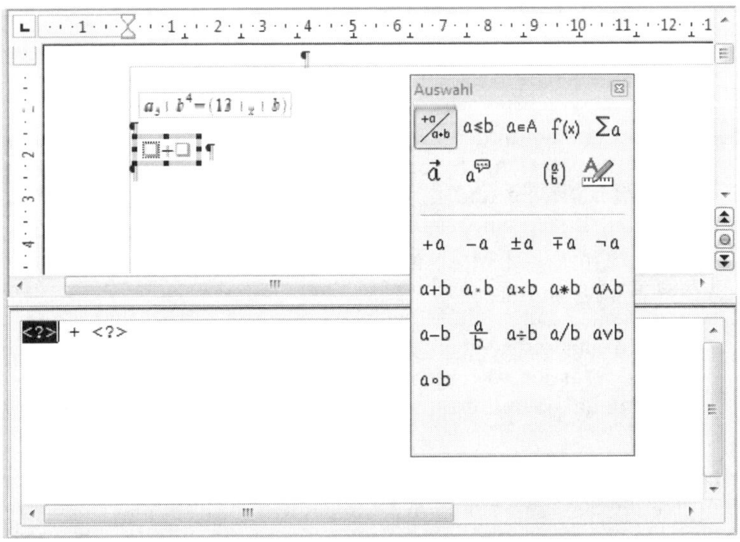

Abbildung 25.6: Abrufen einer Schablone für einen Teilausdruck der Formel

1. Wählen Sie in der Auswahlleiste die Schaltfläche *Unäre/Binäre Operatoren* (Abbildung 25.5) und klicken Sie dann im unteren Teil der Leiste auf die Schaltfläche *Additions* + (Abbildung 25.6), um einen Ausdruck der Art »a + b« in die Formel einzufügen.
2. Math fügt nun statt des Formelausdrucks »a + b« den zugehörigen Befehl »<?> + <?>« in das Kommandofenster ein. Im Dokumentfenster werden das Pluszeichen sowie zwei Rechtecke angezeigt. Die in spitzen Klammern stehenden Fragezeichen bzw. die angezeigten Kästchen stellen Platzhalter für die Operanden dar. Markieren Sie nun den ersten Platzhalter (wie in Abbildung 25.6 gezeigt) und tippen Sie den Operandennamen (hier »a«) ein. Math wird dann den Platzhalter durch den Operandennamen ersetzen (siehe Abbildung 25.7, Hintergrund).

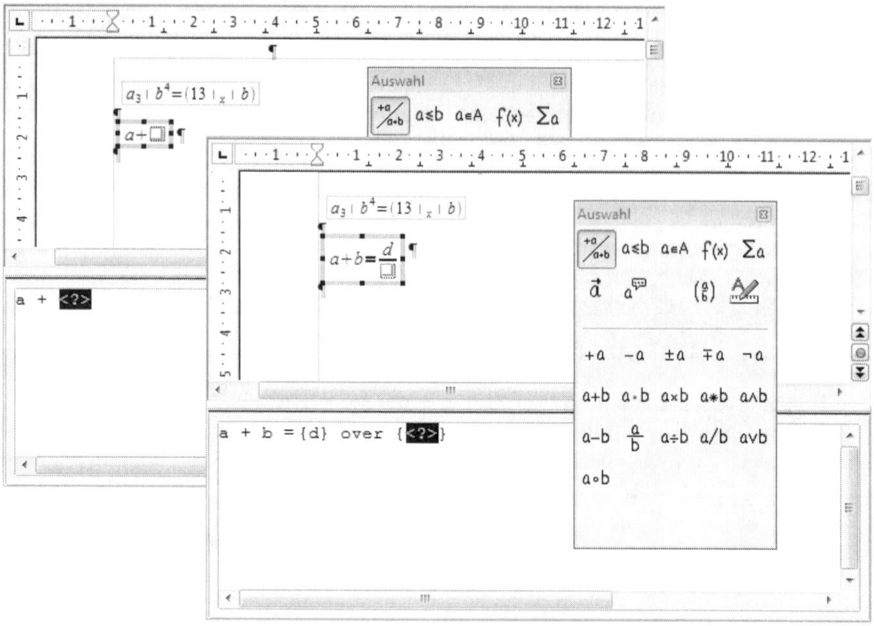

Abbildung 25.7: Weitere Schritte beim Eingeben der Formel

3. Markieren Sie nun den zweiten Operanden und ersetzen Sie diesen durch den Buchstaben »b«. Anschließend geben Sie ein Gleichheitszeichen in das Kommandofenster ein und fügen den zweiten Teilausdruck über die Schaltfläche *Division (Bruch)* ein.
4. Dieser wird als »{ <?> } over { <?> }« angezeigt. Die Platzhalter werden hier jeweils durch eine geschweifte Klammer eingefasst. Die geschweiften Klammern geben Ihnen die Möglichkeit, einen Ausdruck ober- oder unterhalb des Bruchstrichs einzugeben. In Abbildung 25.7 wurde die geschweifte Klammer beim Operanden »d« entfernt, da der Bezug eindeutig ist. Markieren Sie erneut die Platzhalter und ersetzen Sie diese durch Operandennamen (hier »d« und »e«).

Auf diese Weise können Sie beliebige Formelausdrücke realisieren. Sie müssen lediglich die Schaltflächen zum Einfügen der gewünschten Operatoren in der Auswahlleiste anklicken und dann die Platzhalter im eingefügten Ausdruck ersetzen. Ein Platzhalter kann dabei neben einfachen Operandennamen wie »a«, »b« etc. auch durch einen Formelausdruck ersetzt werden. Bei einem aus mehreren Operanden bestehenden Ausdruck muss dieser durch geschweifte Klammern eingefasst sein. Wichtig ist auch, dass Sie die Platzhalter komplett (einschließlich der spitzen Klammern) markieren und dann ersetzen.

TIPP

Die Abreißleiste Auswahl *können Sie bei Bedarf über den gleichnamigen Befehl des Menüs* Ansicht *einblenden.*

25.1.5 Eingabe spezieller Formelsymbole

In Formeln werden häufig griechische Buchstaben oder spezielle Symbole verwendet. Die Auswahlleiste stellt über die Kategorie *Sonstiges* lediglich einige griechische Symbole wie die Zeichen für Unendlich oder den Nabla-Operator zur Verfügung. Um gezielt Zeichen des griechischen Alphabets in Formeln einzufügen, rufen Sie den Menübefehl *Extras/Katalog* auf (Abbildung 25.8, Hintergrund).

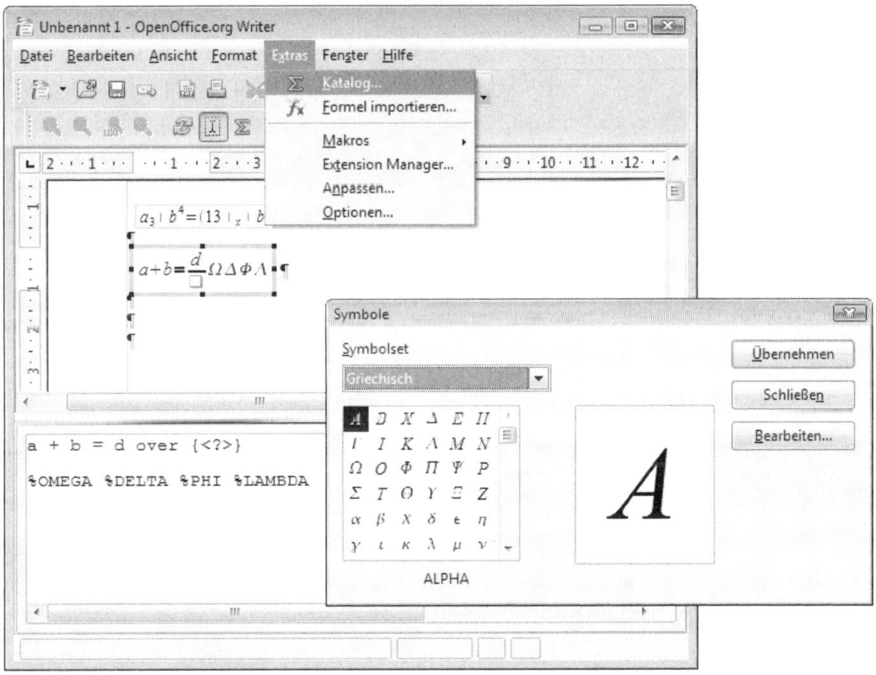

Abbildung 25.8: Einfügen von Symbolen in Formeln

Anschließend können Sie im Dialogfeld *Symbole* das gewünschte Symbolset über ein Listenfeld wählen und dann die benötigten Zeichen direkt in einer Liste markieren (Abbildung 25.8, unteres Fenster). Die Schaltfläche *Übernehmen* fügt dann das markierte Zeichen direkt in das Kommandofenster als Befehl ein. Gleichzeitig wandelt Math den Befehl in das betreffende Zeichen und stellt dieses im Dokumentbereich dar.

25

INFO

Die Schaltfläche Bearbeiten *des Dialogfelds* Symbole *öffnet einen Zusatzdialog, in dem Sie sowohl die benutzte Schriftart als auch Auszeichnungen wie Kursiv wählen können. Zudem lässt sich die Zuordnung der Befehle zu den anzuzeigenden Symbolen anpassen.*

25.1.6 Direkte Eingabe von Formeln in das Kommandofenster

Beim Einfügen der Formeln über die Schaltflächen der Auswahlleiste werden die zugehörigen Anweisungen wie »over«, » + « etc. direkt im Kommandofenster eingeblendet. Sofern Sie die Operatorennamen samt deren Schreibweise kennen, lassen sich die Teilausdrücke auch direkt in das Kommandofenster eintippen.

Abbildung 25.9: Manuelle Eingabe von Befehlen für Formeln

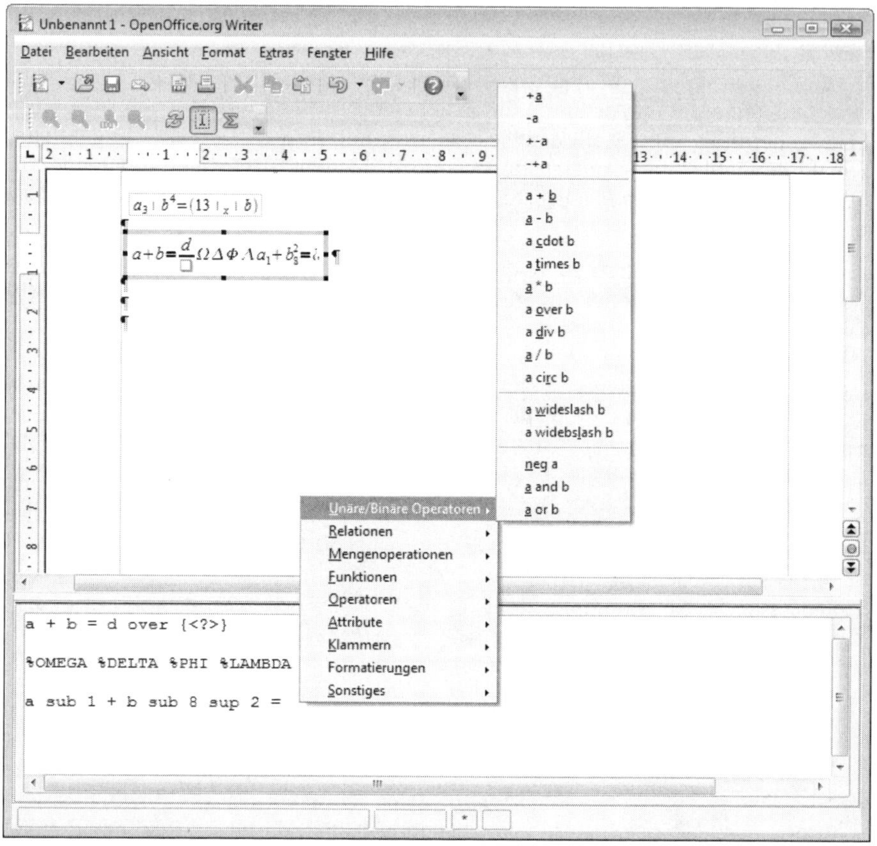

In Abbildung 25.9 sehen Sie einen Auszug aus dem Befehlsfenster sowie die daraus resultierende Anzeige im Dokumentfenster. In der untersten Befehlszeile wurde eine Formel spezifiziert, bei der die Variablen a und b Indizes besitzen und die Variable b zusätzlich einen Exponenten aufweist. Der Befehl zum Einfügen eines Indexwerts lautet »sub« (bedeutet tieferstellen) und für die hochzustellenden Exponenten wird der Befehl »sup« benutzt. In der obersten Zeile sehen Sie einen weiteren komplexen Ausdruck, bei dem mehrere Operatoren kombiniert wurden. Der in der Formel unter dem Bruchstrich stehende Ausdruck entspricht im Kommandofenster dem Klammerausdruck in der ersten Befehlszeile.

TIPP

Falls Sie den Befehl für einen Ausdruck nicht kennen, können Sie bei der Eingabe in das Kommandofenster die rechte Maustaste drücken und den betreffenden Operator über das Kontextmenü abrufen (Abbildung 25.9). Bei der manuellen Eingabe von Formeln in das Kommandofenster können Sie auch Kommentare hinzufügen. Der Kommentartext wird durch ein doppeltes Prozentzeichen (%%) eingeleitet und reicht bis zum nächsten Zeilenumbruch im Kommandofenster.

Fehlersuche in Formelausdrücken

Bei der Eingabe solcher Befehle sollten Sie darauf achten, dass die Schlüsselwörter für die Operatoren und die Ausdrücke für die Operanden durch Leerzeichen getrennt sind und keine der im Ausdruck für die Platzhalter benutzten Zeichen stehen bleiben. Andernfalls kann Math den Teilausdruck der Formel nicht korrekt darstellen. Sobald ein Fehler im Formelausdruck auftritt, blendet Math eine betreffende Meldung in der Statusleiste des Fensters ein. Zudem wird der Fehler in der Dokumentdarstellung angezeigt.

In Abbildung 25.10 sehen Sie oben die Formelanzeige und unten die zugehörigen Befehle. An einigen Stellen im Ausdruck ist das Zeichen »<« des Platzhalters im Befehl zurückgeblieben. Math kann dann nichts mehr mit dem Ausdruck anfangen und blendet an der betreffenden Stelle ein auf dem Kopf stehendes braunes Fragezeichen in der Formelanzeige im Dokumentbereich ein. Dieser Effekt kann auch bei Anweisungen zur Formatierung der Ausdrücke auftreten, wenn die Argumente nicht durch Leerzeichen vom Formatbefehl abgetrennt sind.

Treten Fehler bei komplexeren Ausdrücken auf und erkennen Sie die Fehlerstelle nicht gleich, wählen Sie im Menü *Bearbeiten* des Math-Fensters den Befehl *Vorheriger Fehler* oder *Nächster Fehler*. Oder Sie drücken die Funktionstaste [F3] bzw. [⇧] + [F3]. In beiden Fällen sucht Math die Fehlerstelle und hebt den fehlerhaften Teilausdruck im Kommandofenster hervor.

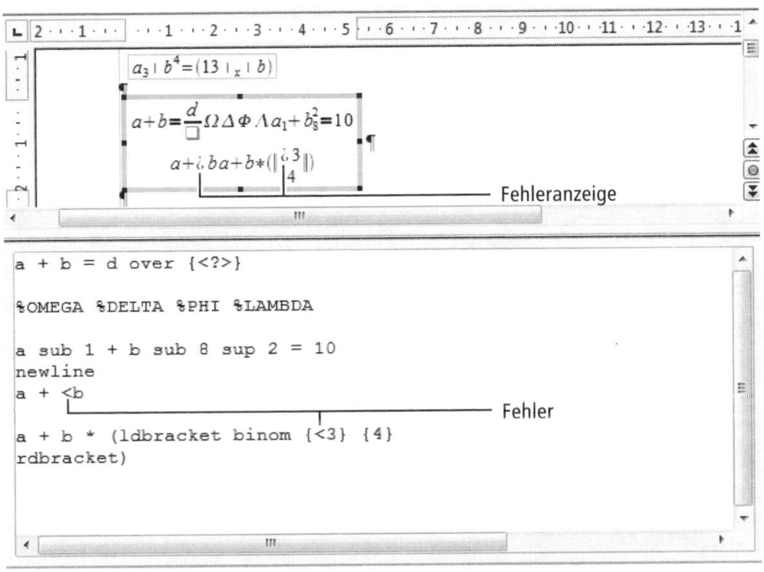

Abbildung 25.10: Anzeige von Fehlern in einer Formel

25.1.7 Formeln speichern und importieren

Sofern Sie ein neues Formeldokument angelegt haben, können Sie dieses über die Schaltfläche *Speichern* der *Standard*-Symbolleiste sowie über die Befehle *Speichern* und *Speichern unter* des Menüs *Datei* in eigene Dokumentdateien ablegen. Diese erhalten dann die Dateinamenerweiterung *.odf*. So abgelegte Formeln können Sie jederzeit in ein bestehendes Formeldokument oder in ein Formelobjekt importieren.

1. Klicken Sie im Kommandofenster an die Stelle, an die der zu importierende Ausdruck einzufügen ist.
2. Rufen Sie den Menübefehl *Extras/Formel importieren* auf (Abbildung 25.8, oberes Fenster).
3. Im angezeigten Dateidialog *Einfügen* wählen Sie die gewünschte Datei mit dem Formeldokument aus.

Sobald Sie das Dialogfeld *Einfügen* über die mit *Öffnen* oder *Einfügen* bezeichnete Schaltfläche schließen, wird der komplette Inhalt des Formeldokuments an die aktuelle Stelle der Formel eingefügt.

25.1.8 Formatieren der Formel

Die in den Dokumentbereich eingefügten Formeln lassen sich formatieren (in mehrere Zeilen aufteilen, linksbündig ausrichten, fett auszeichnen, im Schriftgrad anpassen und mehr). Allerdings weichen die betreffenden Abläufe etwas von der Vorgehensweise bei anderen Office-Dokumenten ab.

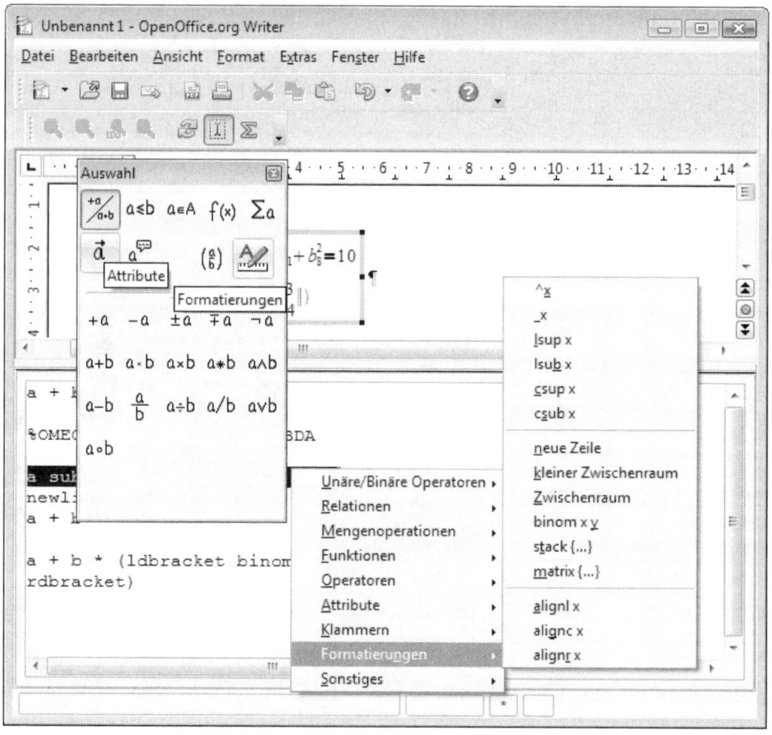

Abbildung 25.11: Möglichkeiten zum Formatieren von Formeln

HALT

Sie sollten den Ausdruck im Kommandofenster nicht markieren und dann ein Formatattribut zuweisen. In diesem Fall wird der markierte Teil der Formel durch den Formatbefehl überschrieben. Haben Sie irrtümlich einen Teil der Formel unbeabsichtigt im Kommandofenster überschrieben, drücken Sie die Tastenkombination [Strg] + [Z] *bzw.* [MacBef] + [Z] *beim Mac oder klicken Sie auf die Schaltfläche* Rückgängig *der* Standard-*Symbolleiste, um diese Änderung rückgängig zu machen.*

- Um einen Zeilenumbruch innerhalb einer Formel einzuleiten, positionieren Sie die Einfügemarke an der betreffenden Stelle des Kommandofensters und tippen Sie das Schlüsselwort »newline« ein. Alternativ können Sie den betreffenden Befehl auch im Kontextmenü über *Formatierungen/neue Zeile* einfügen (Abbildung 25.11).
- Zwischenräume zwischen Operanden einer Formel werden durch ein Tildezeichen (~) oder ein Apostroph (') im Kommandofenster dargestellt. Oder Sie verwenden die betreffenden Befehle im Kontextmenü *Formatierungen*.
- Standardmäßig zentriert Math die Formeln im Objektrahmen oder im Formeldokument. Sie können aber ein Leerzeichen mittels der Zeichenfolge »»«« eingeben, um die Formel linksbündig anzuordnen. Alternativ können Sie die Kontextmenübefehle *alignl x* und *alignr x* des Menüs *Format* benutzen, um Formeln links oder rechtsbündig in der Zeile auszurichten. Math fügt dann entsprechende Befehle in die Befehlszeile ein.
- Eine fette Hervorhebung eines Formelteils erreichen Sie, indem vor den betreffenden Ausdruck das Schlüsselwort »bold« gesetzt wird. Das Schlüsselwort lässt sich u. a. auch über das Kontextmenü *Attribute* oder über die Schaltfläche *Fettschrift* der betreffenden Kategorie in der Auswahlleiste abrufen.
- Mit dem Schlüsselwort »ital« vor einem Ausdruck wird dieser kursiv ausgezeichnet. Das Schlüsselwort rufen Sie über das Kontextmenü *Attribute* oder über die Schaltfläche *kursive Schrift* der betreffenden Kategorie in der Auswahlleiste ab.

TIPP

Einige Bestandteile einer Formel werden standardmäßig fett oder kursiv ausgezeichnet. Wenn Sie die Schlüsselwörter »nbold« bzw. »nitalic« vor die betreffenden Kommandos setzen, wird die fette oder kursive Auszeichnung aufgehoben.

Um Formeln spezielle Schriftarten oder Schriftgrade zuzuweisen, stehen Ihnen einerseits die Befehle im Kontextmenü *Attribute* (Abbildung 25.11) sowie die Schaltflächen in der gleichnamigen Kategorie der Auswahlleiste (Abbildung 25.5) zur Verfügung. Andererseits können Sie das Menü *Format* des Math-Fensters öffnen und dort die verschiedenen Befehle zur Formatierung des Formelausdrucks abrufen.

HALT

Leider ändert sich die Art des Vorgehens bei der Formatierung je nach Art des Aufrufs. Verwenden Sie die Schaltflächen der Auswahlleiste oder die Kontextmenübefehle, dürfen Sie keinesfalls Teilausdrücke im Kommandofenster wählen, da diese sonst durch eingefügte Befehle überschrieben werden. Nutzen Sie dagegen die Dialoge, die sich über die Befehle des Menüs Format *aufrufen lassen, müssen Sie vorher die Befehle des zu formatierenden Formelausdrucks im Kommandofenster wählen.*

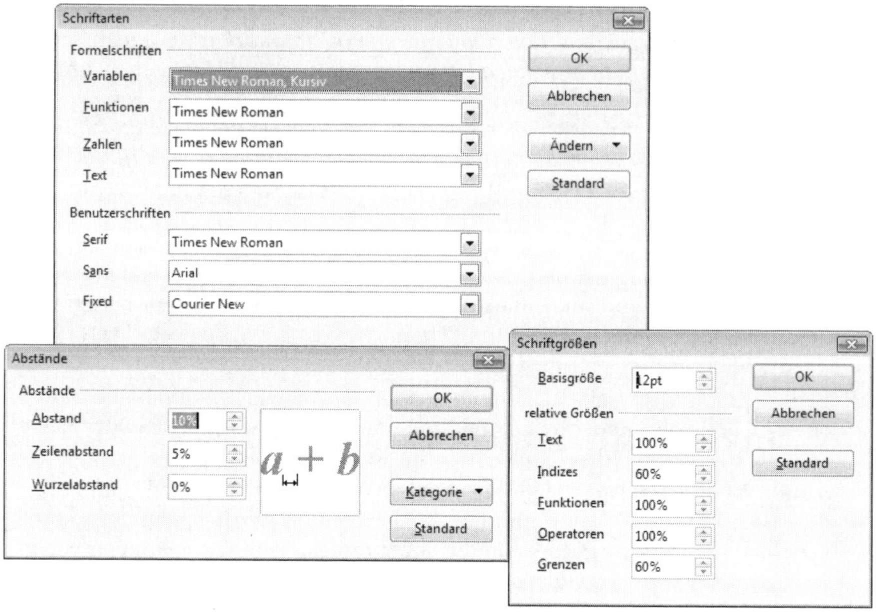

Abbildung 25.12: Dialoge zur Formatierung einer Formel

- Der Befehl *Schriftarten* im Menü *Format* öffnet ein Dialogfeld (Abbildung 25.12, oben), in dem Sie die zu verwendenden Schriftarten für den markierten Formelausdruck wählen können. Über die Listenfelder lassen sich dabei verschiedene Kategorien (Variablen, Funktionen, Zahlen, Text) unterscheiden, auf die die betreffende Schriftart innerhalb der Formel zu beziehen ist. Alternativ können Sie den Kontextmenübefehl *font f b* im Kontextmenü *Attribute* oder die Schaltfläche *Font ändern* der Auswahlleiste benutzen, um vor einem Teilausdruck den *font*-Befehl einzufügen. Dann müssen Sie den Font manuell eingeben.
- Über den Menübefehl *Format/Schriftgrößen* wird das gleichnamige Dialogfeld geöffnet (Abbildung 25.12, rechts unten), in dem Sie die Basisgröße für die Schrift sowie die prozentualen Abweichungen für die einzelnen Formelelemente angeben. Die Einstellung bezieht sich auf den im Kommandofenster markierten Teil der Formel. Benutzen Sie den Kontextmenübefehl *size s b* des Kontextmenüs *Attribute* oder die Schaltfläche *Größe ändern* der Auswahlleiste, wird ein entsprechender Befehl an der Schreibmarke im Kommandofenster eingefügt. Sie müssen dann den Platzhalter durch die gewünschte Fontgröße ersetzen.
- Der Menübefehl *Format/Abstände* öffnet das in Abbildung 25.12, unten links, gezeigte Dialogfeld, in dem Sie den Abstand zwischen den markierten Operanden, den Abstand zur Zeile sowie den Abstand zum Wurzelzeichen vorgeben können.

Falls Sie den Menübefehl *Format/Textmodus* aufrufen und somit in diesen Modus wechseln, wird die Formel in der Größe an die Texthöhe der aktuellen Zeile angepasst.

Beispiel: Eingabe einer Matrix

Bei Binomen oder Matrizen werden die einzelnen Variablen spaltenweise angegeben. Zur Darstellung solcher Elemente müssen Sie die betreffenden Befehle aus dem Kontextmenü *Format* verwenden. Abbildung 25.13 zeigt ein Formelobjekt mit Binomen und einer Matrix sowie die zugehörigen Befehle im Kommandofenster.

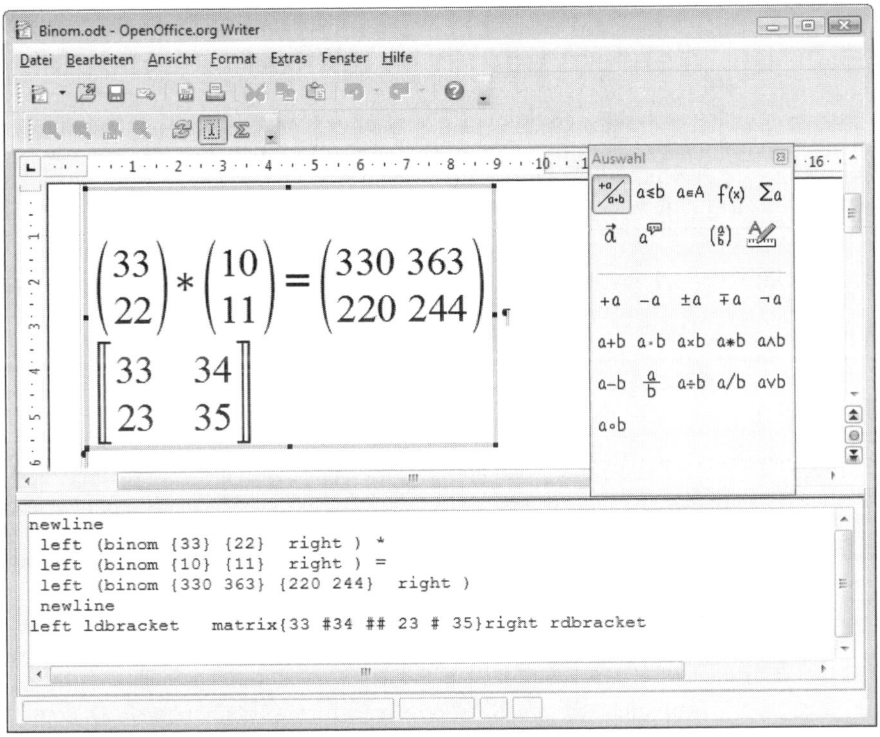

Abbildung 25.13: Beispiel für die Darstellung von Binomen und Matrizen

Klammern von Ausdrücken

Müssen Sie Teilausdrücke in einer Formel klammern, ohne dass dies angezeigt wird, verwenden Sie geschweifte Klammern. Der Befehl »{ 33 + 15 } over 19« klammert z.B. die ersten beiden Zahlen in der Formel und wendet dann den Befehl »over« an. Im Ergebnis kommen die geklammerten Zahlen (und nicht nur der letzte Wert) auf den Bruchstrich zu stehen. Die geschweiften Klammern werden im Bruch nicht mit angezeigt. Sichtbare Klammern fügen Sie mit den Befehlen »left« und »right« ein. Die so gesetzten Klammern haben keine feste Größe, sondern werden am Argument angepasst. Dies ist bei den Binomen und der Matrix aus Abbildung 25.13 der Fall.

Soll die Klammer mit fester Größe dargestellt werden, geben Sie einfach die Klammerzeichen »( )« im Kommandofenster ein. Alternativ können Sie auch Klammern mit fester Größe anzeigen, indem Sie dem Befehl zum Anzeigen der Klammer ein Backslash-Zeichen voranstellen. Der Befehl »size *2 \langle x \rangle« stellt den Buchstaben X in zwei spitze Klammern, wobei die linke Klammer mit dem Faktor 2 vergrößert wird, während die rechte Klammer auf die normale Größe gesetzt wird.

TIPP

StarOffice wird mit einer ganzen Sammlung von Formeldokumenten ausgeliefert, die sich über den Befehl Vorlagen und Dokumente *in der Rubrik* Beispiele/Formeln *abrufen lassen. Zudem finden Sie im Beispielarchiv dieses Buches im Ordner* Kap25 *die Formeldokumente* Binom.odf *und* Formel.odf. *Weiterhin können Sie auch Formeln in den älteren* .sxm-*Formaten einlesen bzw. speichern.*

25.2 Die Webfunktionen in den Office-Modulen

Office stellt in allen Modulen Funktionen bereit, um Verweise auf andere Dokumente oder auf Webseiten als Hyperlinks einzutragen. Zudem können über die Symbolleiste *Hyperlinkleiste* Verweise in Textform oder als Schaltflächen in Dokumente eingefügt werden. Der folgende Abschnitt geht auf diese Office-Funktionen ein.

25.2.1 Know-how: So fügen Sie Hyperlinks in den Text ein

Wenn Sie eine gültige URL in ein Office-Dokument eintippen und mit der ↵-Taste abschließen, wandelt Office diese in einen Hyperlink um. Alternativ bietet Office Funktionen, um gezielt Hyperlinks auf Internetseiten, FTP-Server, Telnet-Server oder auf lokale Dokumente in die Dokumente einzutragen.

1. Um einen solchen Hyperlink gezielt und mit Optionen in ein Dokument einzutragen, klicken Sie auf die Dokumentstelle (z.B. eine Zeile im Writer oder eine Zelle in Calc), an die der Hyperlink einzufügen ist.
2. Klicken Sie auf die Schaltfläche *Hyperlink* der *Standard*-Symbolleiste oder rufen Sie den Menübefehl *Einfügen/Hyperlink* auf.
3. Sobald das Dialogfeld *Hyperlink* erscheint (Abbildung 25.14, Vordergrund), setzen Sie die gewünschten Optionen für den Link und schließen dann das Dialogfeld über die *OK*-Schaltfläche.

Der betreffende Hyperlink wird in das Dokument eingefügt. Zeigt der Benutzer anschließend auf diesen Hyperlink, erscheint eine QuickInfo mit den Verweisdaten. Der Aufbau des Dialogfelds *Hyperlink* hängt von der Auswahl des Verweistyps und vom Sprungziel ab. Nachfolgend finden Sie weitere Hinweise zu den verfügbaren Optionen.

Verweise auf Webseiten im Internet

Wurde in der linken Spalte des Dialogfelds *Hyperlink* das Symbol *Internet* gewählt, können Sie Verweise auf Internetseiten, FTP-Server oder Telnet-Server eintragen.

Für Hyperlinks, die auf Webseiten verweisen sollen, ist im Dialogfeld *Hyperlink* unter *Art des Hyperlinks* das Optionsfeld *Web* zu markieren. Das Dialogfeld *Hyperlink* enthält dann die in Abbildung 25.14 gezeigten Kontrollelemente. Geben Sie in das Feld *Sprungziel* eine gültige URL ein. Dies kann eine absolute Adresse der Art »http://www.name.de« sein.

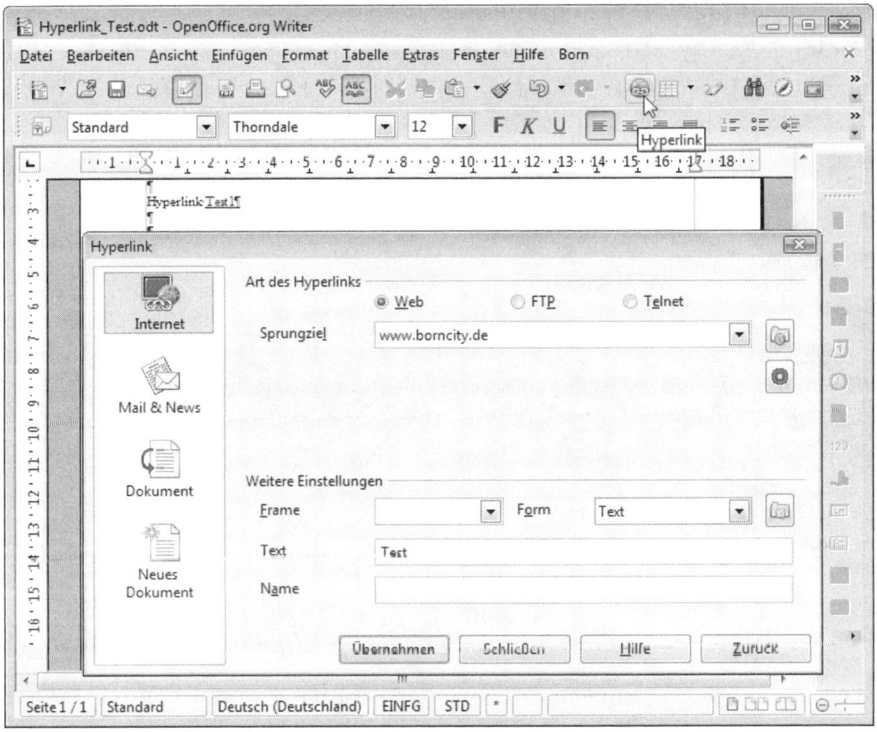

Abbildung 25.14: Arbeiten mit Hyperlinks (OpenOffice.org)

INFO

Die obere Schaltfläche WWW-Browser *rechts neben dem Feld* Sprungziel *öffnet das Browserfenster, in dem Sie die gewünschte Webseite durch Eingabe der URL abrufen können. Die untere Schaltfläche* Sprungziel in Dokument *öffnet ein Fenster zur Auswahl für lokale Sprungmarken. Diese Option kommt bei Webseiten aber nicht zum Einsatz.*

Über die Gruppe *Weitere Einstellungen* können Sie zusätzlich festlegen, wie Office den betreffenden Hyperlink erzeugen soll. Im Feld *Frame* können Sie den Zielframe angeben. Ein Hyperlink lässt sich als Text oder als Schaltfläche in das Dokument einfügen. Die Auswahl erfolgt über das Listenfeld *Form*.

- Haben Sie im Listenfeld *Form* den Eintrag »Text« gewählt, tragen Sie in das Feld *Text* die Zeichenkette ein, die anstelle des Hyperlinks anzuzeigen ist (Abbildung 25.14).
- Wurde im Listenfeld *Form* der Eintrag »Schaltfläche« eingestellt, generiert Office eine Schaltfläche, die als Hyperlink wirkt. Dann wird der Inhalt des Felds *Text* als Beschriftung für die Schaltfläche benutzt.

Das Feld *Name* kann leer bleiben. Office benutzt den Feldinhalt bei HTML-Dokumenten. Dann wird im < a > -Tag ein *name*-Attribut mit dem betreffenden Wert hinterlegt. Dieses Attribut kann in Skripts zur Identifizierung des Tags benutzt werden.

Verweise auf FTP-Server im Internet

Wurde im Dialogfeld *Hyperlink* unter *Art des Hyperlinks* das Optionsfeld *FTP* gewählt, lassen sich die Eigenschaften für einen FTP-Verweis festlegen (Abbildung 25.15). Über FTP können Dateien von einem FTP-Server bezogen werden.

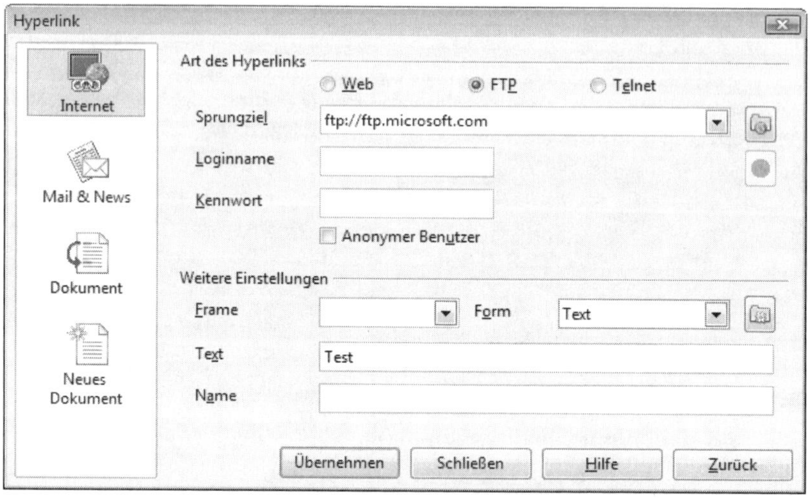

Abbildung 25.15: Kontrollelemente bei einem Verweis auf einen FTP-Server

In das Feld *Sprungziel* ist dann der Verweis in der Art »ftp://ftp.server.com« einzugeben. Da FTP-Server in der Regel eine Anmeldung benötigen, werden die beiden Felder *Loginname* und *Kennwort* im Dialogfeld eingeblendet. Sie können das Kontrollkästchen *Anonymer Benutzer* markieren. Dann wird der Text »anonymous« in das Feld *Loginname* eingetragen und das Kennwort gesperrt. Erfordert der FTP-Server einen Benutzernamen, tragen Sie diesen sowie das zugehörige Kennwort in die betreffenden Felder ein.

Verweise auf Mails und News

Sie können im Dialogfeld *Hyperlink* in der linken Spalte das Symbol *Mail & News* wählen. Dann generiert Office einen Hyperlink in der Form »mailto://mail@adresse.com« oder »news://name.server.com«. Sobald Sie das betreffende Symbol wählen, ändert Office die Kontrollelemente des Dialogfelds (Abbildung 25.16). Über die Gruppe *Mail & News* lässt sich mittels der beiden Optionsfelder festlegen, welcher Typ (E-Mail oder News-Beitrag) für den Hyperlink zu generieren ist.

Bei E-Mails tragen Sie anschließend die E-Mail-Adresse des Empfängers in das betreffende Feld ein. Zudem lässt sich ein Betreff hinterlegen, der bereits im E-Mail-Client hinterlegt wird. Bei Newsgroups wird das Feld *Betreff* gesperrt und in das Feld *Empfänger* ist der Name des News-Servers einzutragen.

Bei der späteren Anwahl des Hyperlinks öffnet sich das Fenster des in Office eingestellten E-Mail- oder Newsgroup-Clients und der Benutzer braucht dann nur noch die fehlenden Informationen zu ergänzen.

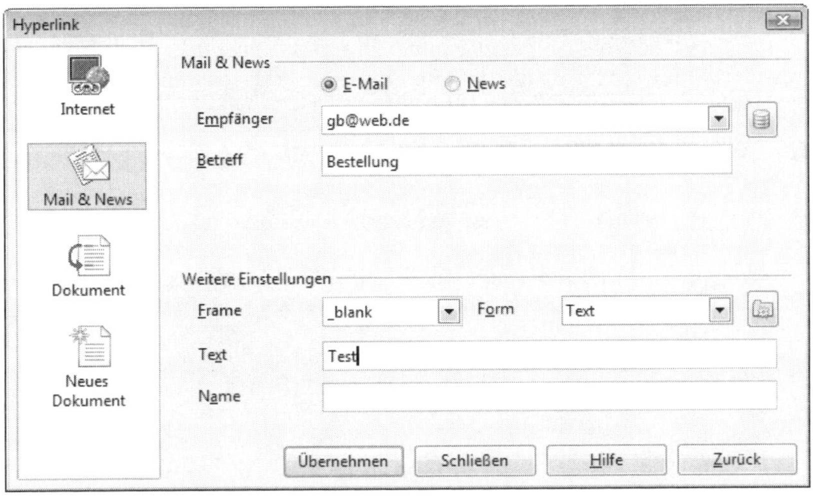

Abbildung 25.16: Definieren eines Hyperlinks zum Mailversand

Verweise auf lokale Dokumente und neue Dokumente

Sie können in Office auch Hyperlinks auf neue Dokumente oder auf bereits bestehende lokal abgelegte Dokumente anlegen. Hierzu wählen Sie im Dialogfeld *Hyperlink* in der linken Spalte den Eintrag *Dokument* oder *Neues Dokument*. Je nach Auswahl erscheinen dann die in Abbildung 25.17 oder Abbildung 25.18 gezeigten Kontrollelemente. Bei einem Verweis auf ein bereits bestehendes lokales Dokument geben Sie im Feld *Pfad* den Namen des gewünschten Dokuments an. Alternativ können Sie über die zugehörige Schaltfläche ein Dialogfeld zur interaktiven Auswahl der Datei öffnen.

Bei lokalen Dokumenten lässt sich die Schaltfläche *Sprungziel* wählen. Office blendet dann ein Navigationsfenster mit den Elementen des Dokuments ein (Abbildung 25.17, rechts). Bei Tabellendokumenten können Sie anschließend einzelne Tabellen oder benannte Bereiche als Sprungziel wählen. Bei Textdokumenten blendet Office alle mit dem Menübefehl *Einfügen/Textmarke* definierten Textmarken in den gleichnamigen Zweig ein. Zeichnungen oder Präsentationen werden mit Seiten aufgeführt. Sie können nun eines dieser Sprungziele markieren und mittels der Schaltfläche *Übernehmen* in das Feld *Sprungziel* des Dialogfelds *Hyperlink* übernehmen. Ähnlich wie bei den anderen Hyperlinktypen legen Sie die Art (Text oder Schaltfläche) sowie den Namen über die Felder der Gruppe *Weitere Einstellungen* fest.

Beim Typ »Neues Dokument« stellt Ihnen das Dialogfeld *Hyperlink* eine Liste der Dateitypen für das neue Dokument bereit (Abbildung 25.18). Im Feld *Datei* geben Sie den Pfad zum Zielverzeichnis sowie den Namen der neuen Dokumentdatei vor. In das Feld *Text* ist die Zeichenkette einzutragen, die als Hyperlink oder als Schaltflächenbeschriftung anzuzeigen ist. Über die beiden Optionsfelder der Gruppe *Neues Dokument* wählen Sie zudem noch, ob das Dokument sofort nach dem Anlegen oder später getrennt zu bearbeiten ist.

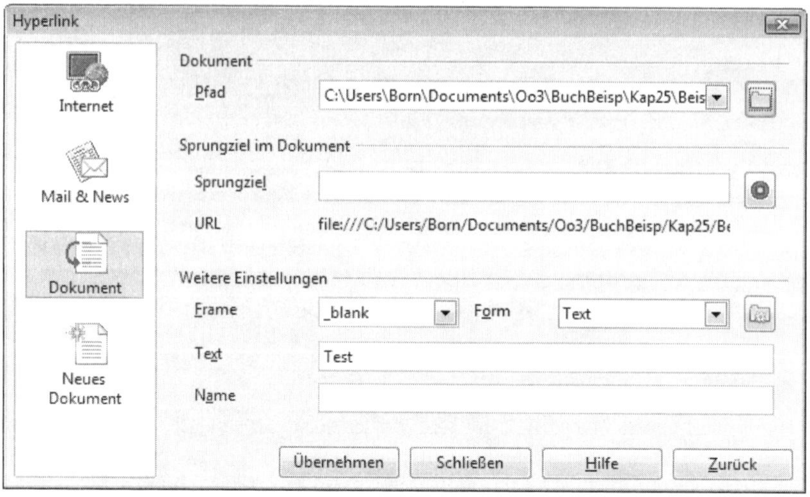

Abbildung 25.17: Hyperlink auf ein bestehendes lokales Dokument anlegen

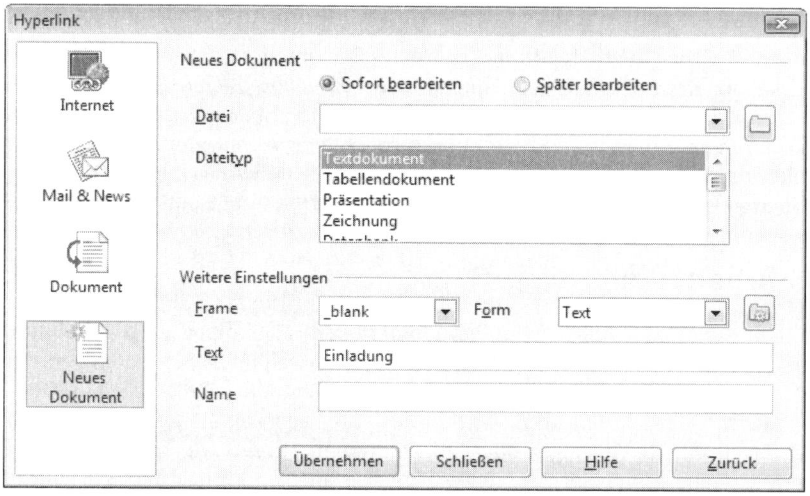

Abbildung 25.18: Hyperlink auf ein neues Dokument anlegen

25.2.2 Arbeiten mit der Hyperlink-Symbolleiste

Office stellt die Symbolleiste *Hyperlinkleiste* in allen Office-Modulen bereit. Sie können die betreffende Leiste über den Befehl *Symbolleisten/Hyperlinkleiste* im Menü *Ansicht* ein- oder ausblenden. Die eingeblendete Symbolleiste stellt Elemente bereit, um Hyperlinks in das Dokumentfenster einzufügen und um nach Begriffen zu suchen (Abbildung 25.19).

1. Um einen Hyperlink über die Symbolleiste anzulegen, tragen Sie den gewünschten Link in das Feld *URL* ein.
2. Anschließend tippen Sie in das *Text*-Feld (*Name des URL*) der Leiste die Bezeichnung für den Hyperlink oder die Schaltfläche ein.
3. Wählen Sie dann über die Schaltfläche *Text/Button* die Art des Hyperlinks und stellen Sie ggf. über die Schaltfläche *Frame* noch den Zielframe ein.

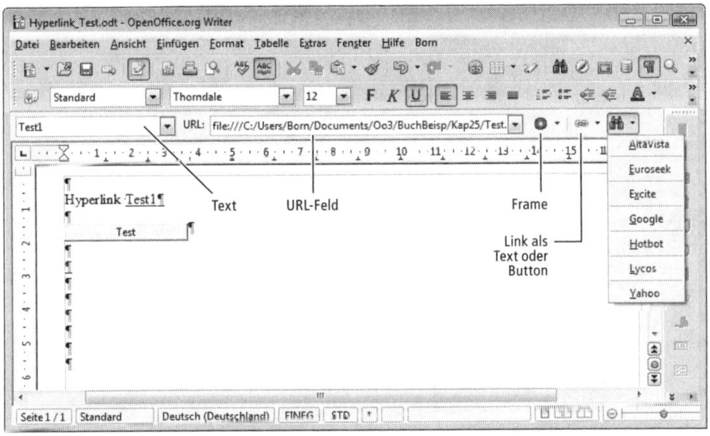

Abbildung 25.19: Arbeiten mit der Symbolleiste *Hyperlinkleiste*

Wenn Sie anschließend die [↵]-Taste betätigen, wird ein neuer Hyperlink als Text oder Schaltfläche an die aktuelle Dokumentposition eingefügt. Der im Feld *Text* hinterlegte String erscheint als Beschriftung des Hyperlinks bzw. der Schaltfläche.

Klicken Sie lang auf die Schaltfläche Suchen *der Symbolleiste* Hyperlinkleiste, *öffnet sich das in Abbildung 25.19 gezeigte Menü. Sie können dann den Befehl mit dem Namen einer Suchmaschine wählen. Office ruft den Browser mit der URL der betreffenden Suchmaschine auf und übergibt den im Feld* Text *hinterlegten Text als Suchmuster für die Anfrage.*

25.2.3 Arbeiten mit Hyperlinks

Die mit den obigen Techniken in Dokumenten eingefügten Hyperlinks können Sie direkt in Office nutzen. Zudem sollten Sie die Funktionen zum Anpassen von Hyperlinks kennen und ggf. Hyperlinks aufheben und in normalen Text umsetzen können.

- Um Hyperlinks im geladenen Office abzurufen, brauchen Sie diese bzw. die Schaltfläche nur anzuklicken. Office ruft entweder den Browser mit der im Hyperlink referenzierten Internetseite auf. Oder das im Verweisziel angegebene lokale Dokument wird in Office geöffnet.
- Um einen Hyperlink nachträglich im Dokument zu bearbeiten, klicken Sie diesen an. Anschließend können Sie den Wert des Hyperlinks sowie den angezeigten Text in den Feldern der *Hyperlinkleiste* anpassen.

Um einen Hyperlink aufzuheben, klicken Sie diesen mit der rechten Maustaste an und weisen ihm über den Kontextmenübefehl *Standardformatierung* das Standardformat zu. Dann hebt Office den Hyperlink auf und zeigt nur noch einen Text an.

Als Schaltflächen eingefügte Hyperlinks werden als Formularelemente interpretiert. Daher muss der Entwurfsmodus ausgeschaltet sein, um den Hyperlink anwählen zu können. Die betreffende Schaltfläche zum Abschalten des Entwurfsmodus finden Sie in der Symbolleiste Formular-Steuerelemente *(siehe Kapitel 22). Sie finden im Beispielarchiv dieses Buches im Ordner* Kap25 *die Datei* Hyperlink_Test.odt, *die auf die Datei* Test.htm *verweist.*

Internetoptionen in Office konfigurieren

Um Internetseiten über Hyperlinks in Office-Dokumenten aufrufen oder E-Mails anfertigen zu können, müssen die betreffenden Hilfsprogramme in Office eingerichtet sein.

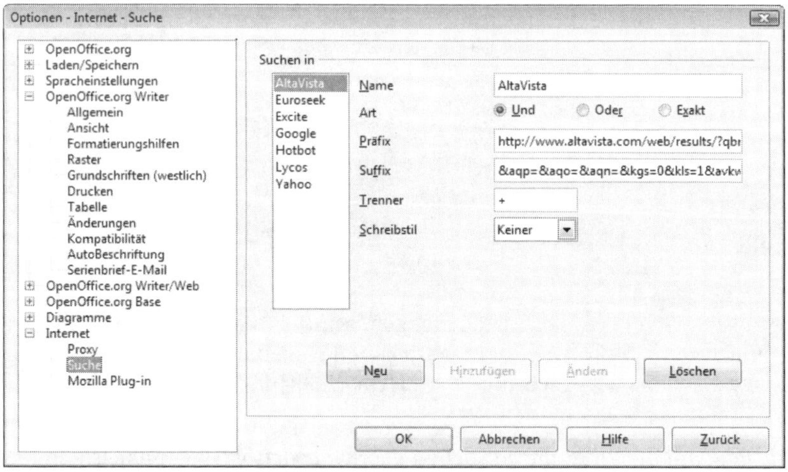

Abbildung 25.20: Internetoptionen in Office konfigurieren

1. Rufen Sie im Office-Anwendungsfenster den Menübefehl *Extras/Optionen* auf.
2. Sobald das Dialogfeld *Optionen* erscheint, suchen Sie den Zweig *Internet* und öffnen dann die Unterzweige.
3. Anschließend passen Sie im rechten Teil des Dialogfelds die gewünschten Optionen (z.B. URLs für Suchmaschinen etc.) ein (Abbildung 25.20).

Verwenden Sie beispielsweise Proxyserver, können Sie deren Adressen in die Felder des Zweigs *Proxy* eintragen.

25.3 Arbeiten mit Frames

Office unterstützt in allen Dokumenttypen das Konzept der Frames. Es handelt sich quasi um Rahmen (Container), die ein anderes Dokument aufnehmen können. In HTML-Dokumenten wird ein Frame in einen <iframe>-Tag umgesetzt, der den Inhalt einer anderen Dokumentdatei anzeigen kann. Um einen Frame in ein Dokument einzufügen, gehen Sie in folgenden Schritten vor:

1. Markieren Sie die Stelle im Dokument, an die der Frame einzufügen ist.
2. Rufen Sie den Menübefehl *Einfügen/Frame* auf, um das Dialogfeld *Frame-Eigenschaften* zu öffnen (Abbildung 25.21).
3. Geben Sie einen Namen für den Frame im Feld *Name* des Dialogfelds vor.
4. Klicken Sie auf das Feld *Inhalt* und geben Sie den Pfad zur gewünschten Dokumentdatei an. Alternativ können Sie die Dokumentdatei auch interaktiv über die zugehörige Schaltfläche auswählen.
5. Legen Sie über die Optionsfelder des Dialogfelds fest, ob der Frame mit Bildlaufleisten und/oder einer Umrandung versehen wird. Zudem lässt sich der Abstand zwischen Rahmen und Dokumentinhalt vorgeben.

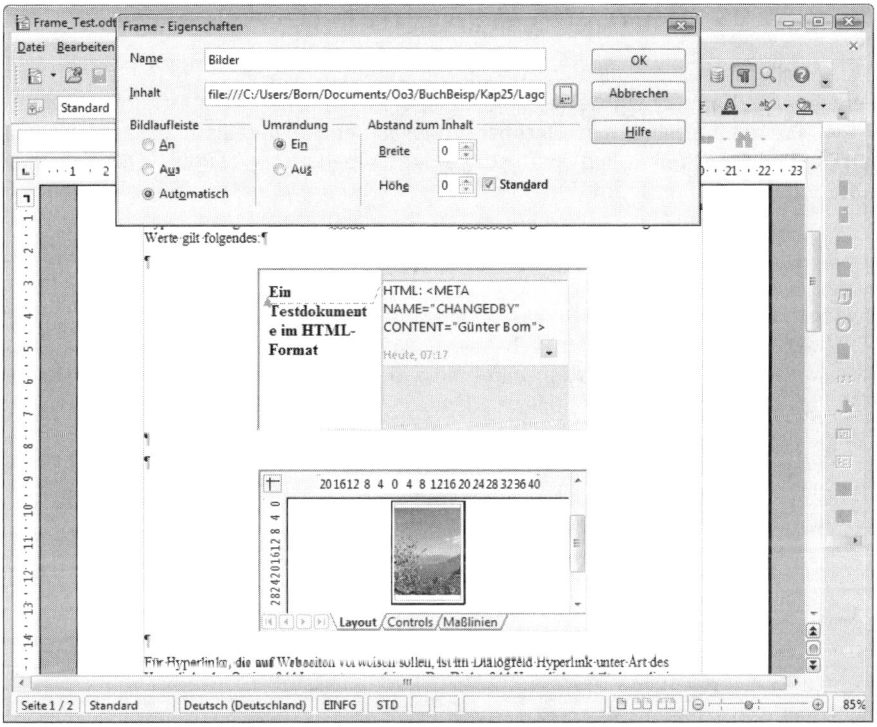

Abbildung 25.21: Einbinden und Anzeigen von Frames im Writer

Sobald Sie das Dialogfeld über die *OK*-Schaltfläche schließen, wird der Frame an die aktuelle Dokumentstelle eingefügt. Existiert das angegebene Dokument, blendet Office dessen Inhalt im Frame ein. In Abbildung 25.21 sind im Hintergrund zwei Frames zu sehen, die einen HTML-Dokumenttext und eine Grafikdatei als Inhalt aufweisen.

INFO

Frames werden von Office intern ähnlich wie Objekte betrachtet. Allerdings funktioniert ein Doppelklick auf ein Frame zur Objektbearbeitung nicht. Sie können versuchen, ob sich der Frame durch Anklicken auf den Rand markieren lässt. Einfacher funktioniert das Markieren im Navigator. Wenn Sie den Navigator über die betreffende Schaltfläche der Standard-*Symbolleiste oder über die Funktionstaste* F5 *einblenden, lassen sich Frames unter der Kategorie* Objekte *wählen (einfach auf die im Zweig sichtbaren Einträge doppelklicken).*

Zum Löschen eines markierten Frames (die Markierungsrahmen mit den grünen Ziehmarken sind zu sehen) reicht es, die Entf*-Taste zu drücken. Um ein Frame zu bearbeiten, markieren Sie diesen (der Markierungsrahmen mit den grünen Ziehmarken muss sichtbar sein). Anschließend wählen Sie im Menü* Bearbeiten *den Befehl* Objekt/Eigenschaften. *Das Dialogfeld* Frame – Eigenschaften *erscheint erneut und Sie können die Einstellungen anpassen. Sie finden die Datei* Frame_Test.odt *im Ordner* Kap25 *des Beispielarchivs. Es werden die Grafikdatei* Lago.jpg *und die HTML-Datei* Test1.htm *eingebunden.*

25.4 Gestalten von Webseiten in Office

Office stellt mehrere Möglichkeiten zum Gestalten von Webseiten bereit. In den vorhergehenden Kapiteln wurde die Möglichkeit zum Exportieren der Dokumente in das HTML-Format angesprochen. Darüber hinaus haben Sie die Möglichkeit, Webseiten mit den HTML-Funktionen von Office individuell zu gestalten. Der folgende Abschnitt geht auf diese speziellen Funktionen ein.

25.4.1 Dokumente per Assistenten in HTML konvertieren

Bestehende Office-Dokumente lassen sich sehr leicht mit einem Assistenten in das HTML-Format überführen. Der Web-Assistent erzeugt dabei eine Indexseite mit einer Übersicht über die konvertierten Dokumente und ermöglicht, das Ergebnis direkt per FTP auf einen Internetserver hochzuladen.

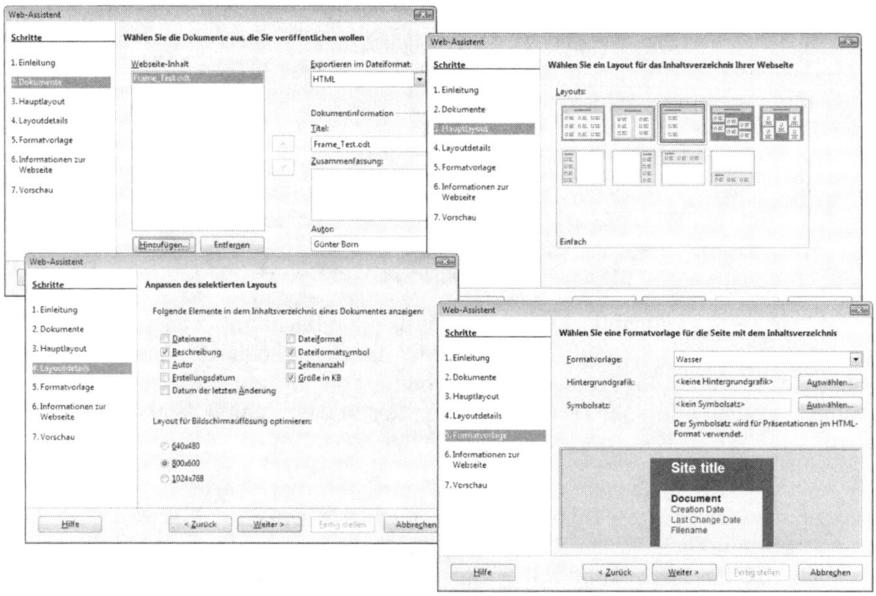

Abbildung 25.22: Dialoge des Web-Assistenten

1. Zum Aufruf des Assistenten rufen Sie den Untermenübefehl *Datei/Assistenten/Web-Seite* auf. Klicken Sie im ersten Schritt des Assistenten auf die Schaltfläche *Weiter*.
2. In Schritt 2 des Assistenten sind die zu konvertierenden Dokumente über die *Hinzufügen*-Schaltfläche in die Liste *Webseiten-Inhalt* aufzunehmen (Abbildung 25.22, links oben). Zudem können Sie den Dokumenttitel in einem Feld angeben.
3. Wählen Sie in Schritt 3 das gewünschte Layout und in Schritt 4 die zum Layout hinzuzufügenden Elemente aus. Passen Sie bei Bedarf noch die Formatvorlage, die Hintergrundfarbe oder das Hintergrundbild in Schritt 5 an.
4. Sie können in Schritt 6 noch weitere Informationen (Seitentitel, Beschreibung, E-Mail etc.) hinzufügen.

5. Der Dialogschritt 7 ermöglicht Ihnen, eine Vorschau abzurufen sowie die Informationen zur Veröffentlichung (auf einem Webserver, in einem lokalen Verzeichnis oder in einem ZIP-Archiv) vorzugeben. Soll der Entwurf als neue Vorlage gespeichert werden, markieren Sie das betreffende Kontrollkästchen.

Sobald Sie die *Fertig stellen*-Schaltfläche bestätigen, wird das Dialogfeld geschlossen. Der Assistent konvertiert die angegebenen Dokumente, erstellt die Indexseite mit den Links zu den Dokumenten und sichert das Ergebnis im angegebenen Ziel. Lokal gespeicherte Dokumente lassen sich anschließend anpassen.

25.4.2 Neue leere Webseiten anlegen

Möchten Sie Webseiten mit den HTML-Funktionen aus Office entwerfen, ist dies mit wenigen Schritten möglich.

1. Rufen Sie im Anwendungsfenster eines Office-Moduls den Menübefehl *Datei/Neu* auf. Alternativ können Sie länger auf die Schaltfläche *Neu* klicken, um das Menü der verfügbaren Dokumenttypen zu öffnen. Klicken Sie dann auf den Befehl *HTML-Dokument*.
2. Office legt eine neue leere Seite an. Bei Webdokumenten sollten Sie nun noch die Titelzeile vereinbaren. Wählen Sie hierzu im Menü *Datei* den Befehl *Eigenschaften*. Anschließend tippen Sie den gewünschten Seitentitel in das Feld *Titel* der Registerkarte *Beschreibung* im Eigenschaftenfenster des Dokuments ein (Abbildung 25.23, oben) und verlassen das Eigenschaftenfenster über die *OK*-Schaltfläche. Office transferiert den Inhalt des Felds *Titel* beim Speichern des Dokuments als HTML-Datei in einen < title > -Tag.
3. Bei Webseiten lässt sich zudem der Hintergrund mit einer Farbe oder einem Hintergrundbild versehen. Wählen Sie im Menü *Format* den Befehl *Seiteneinstellungen* und wechseln Sie im Eigenschaftenfenster des Seitenformats zur Registerkarte *Hintergrund*. Stellen Sie im Listenfeld *Als* entweder »Farbe« ein und wählen dann eine Hintergrundfarbe in der Palette (Abbildung 25.23, Mitte). Oder wählen Sie im Listenfeld *Als* den Wert »Grafik« und geben Sie über die Schaltfläche *Auswählen* die gewünschte Hintergrundgrafik vor. In diesem Fall kann zudem über die Optionsfelder der Gruppe *Art* gewählt werden, ob das Hintergrundmotiv zu kacheln ist (Abbildung 25.23, unten). Schließen Sie das Eigenschaftenfenster über die *OK*-Schaltfläche.
4. Wählen Sie dann im Menü *Datei* den Befehl *Speichern unter* und geben Sie im Dialogfeld das Zielverzeichnis, den Namen der HTML-Datei und den Dateityp »HTML« vor.

Den Namen der zu speichernden Datei können Sie frei wählen. Viele Server erwarten die Startdatei unter dem Namen *index.html* oder *index.htm*. Verzichten Sie auf die Eingabe der Dateinamenerweiterung *.htm*, da Office beim Speichern automatisch die Endung *.html* an den Dateinamen anhängt. Windows-Benutzer sollten daran denken, dass unter Linux laufende Apache-Webserver nach der Groß-/Kleinschreibung im Dateinamen unterscheiden (wichtig auch beim Einfügen von Hyperlinks).

Mit den obigen Schritten liegt eine leere HTML-Datei mit dem gewählten Titel und dem optional gestalteten Hintergrund vor. Sie können anschließend darangehen, die betreffende Dokumentseite mit HTML-Inhalten zu füllen.

Abbildung 25.23: Festlegen des Seitentitels und des Seitenhintergrunds für das HTML-Dokument

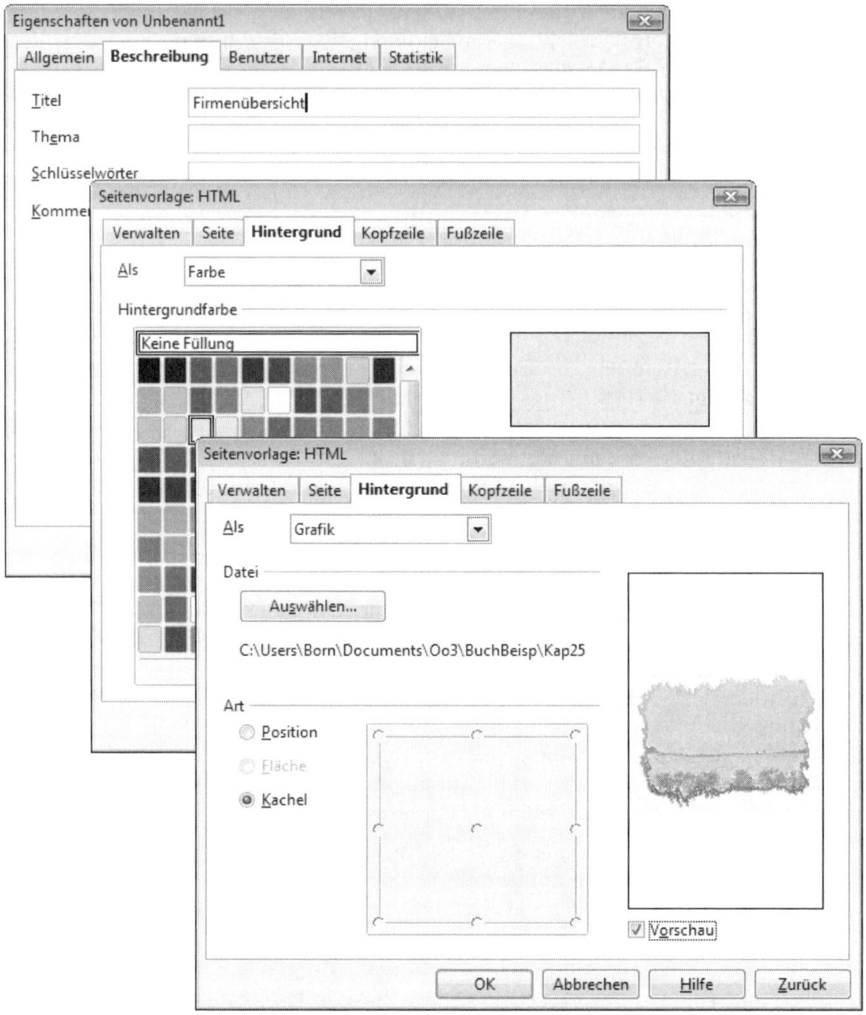

TIPP

Falls Sie mit Linux und KDE arbeiten und eine Datei index.html *in einem Verzeichnis abgelegt haben, wird deren Inhalt statt des Verzeichnisinhalts im Konqueror angezeigt. Setzen Sie im Menü* Ansicht *des Konqueror-Fensters die Markierung des Befehls* index.html benutzen *zurück, um die Dateien des Verzeichnisses anzuzeigen.*

INFO

Verwenden Sie eine Hintergrundfarbe für die Webseite, verschlechtert dies in der Regel den Kontrast zum Seiteninhalt. Wählen Sie daher blasse bzw. helle Hintergrundfarben, um die (in schwarzer Farbe erscheinenden) Texte der Seite noch gut lesen zu können. Falls Sie Fotos im JPEG-Format als Hintergrundbild einer Webseite verwenden, sind diese zur Verringerung der Seitenladezeiten so zu komprimieren, dass möglichst kleine Dateigrößen anfallen. Zudem empfiehlt es sich, das Foto in einem Bildbearbeitungsprogramm abzublenden, da sonst der im Vordergrund befind-

liche Seiteninhalt kaum zu erkennen ist. Logos lassen sich sehr gut im GIF-Format speichern. Benötigen Sie zweifarbige Hintergründe, legen Sie eine schmale Linie mit 1 Pixel Höhe und 1.500 Pixel Breite an, die aus zwei Farben besteht. Speichern Sie das Ganze als .gif-Datei. Wenn Sie solche Dateien kacheln, wird der komplette Seitenhintergrund gefüllt. Hinweise zu Bildformaten und zum Erstellen von Seitenhintergründen finden Sie beispielsweise in dem von mir publizierten »HTML-Kompendium« (Markt+Technik Verlag, ISBN 978-3827266583).

25.4.3 Anzeige des HTML-Codes der Webseite

Webseiten werden mit dem Dokumenttyp »HTML« gespeichert. Das Kürzel HTML steht für HyperText Markup Language. Dies ist eine Seitenbeschreibungssprache, die sogenannte HTML-Tags zur Auszeichnung der Seiteninhalte verwendet. Das folgende Listing zeigt die HTML-Tags eines minimalen HTML-Dokuments.

Listing 25.1: HTML-Code eines Dokuments

```
<html>
<head><title>Eine Webseite</title>
</head>
<body>
<p><b>Ein Testdokumente im HTML-Format</b></p>
</body>
</html>
```

Die in spitze Klammern gesetzten Tags geben an, um welche Elemente es sich handelt. Ein Browser kann dann anhand dieser Tags die Seiteninhalte darstellen. Viele dieser Tags bestehen aus einer Kombination von einleitendem und abschließendem Tag, wobei der Tag-Inhalt zwischen diesen beiden Start- und Ende-Tags steht. Der Ende-Tag zeichnet sich durch ein vor den Tag-Namen gestelltes Slash-Zeichen aus. Manche Start-Tags weisen noch sogenannte Attribute auf (z.B. <img src="foto.jpeg" height ="300" width="300">). Diese bestehen aus einem Attributnamen und einem Wert.

Die HTML-Spezifikation unterscheidet keine Groß-/Kleinschreibung bei Tag- und Attributnamen. Die Werte von Attributen können wahlweise in doppelte Anführungszeichen oder ohne diese Anführungszeichen angegeben werden. Die Erweiterung XHTML definiert dagegen strengere Regeln für die Schreibweise der Tags und Attribute. In diesem Kapitel benutze ich die XHTML-konforme Schreibweise für HTML-Tags.

Sobald ein Dokument als HTML-Datei gespeichert wurde, können Sie über die Schaltfläche *HTML-Quelltext* (Abbildung 25.24) der *Standard*-Symbolleiste zwischen der Dokumentansicht im Weblayout und der HTML-Quelltextdarstellung umschalten (Abbildung 25.25).

Abbildung 25.24: Schaltfläche *HTML-Quelltext* in der Symbolleiste

In der Quelltextansicht werden die HTML-Tags in roter Farbe dargestellt, während die Textinhalte grau erscheinen. HTML-Tags sind die Bezeichner, die in spitzen Klammern stehen (z.B. »<H1>«). Sie können HTML-Tags oder deren Attribute sowie die Textteile in der Quelltextansicht markieren und direkt anpassen. So können beispielsweise die Hintergrundfarbe des Dokuments modifiziert oder weitere Tags bzw. Attributwerte angepasst werden. Schalten Sie wieder zur Dokumentansicht zurück, werden die Änderungen berücksichtigt.

Es führt an dieser Stelle zu weit, auf die einzelnen HTML-Tags einzugehen. Im nachfolgenden Text finden Sie gelegentlich Informationen, wie Office bestimmte Merkmale in HTML-Tags umsetzt. Eine Einführung in HTML sowie eine Referenz aller HTML-Tags finden Sie in dem auf der vorhergehenden Seite erwähnten »HTML-Kompendium«. Ein HTML-Tutorial sowie eine HTML-3.2-Referenz lassen sich kostenlos von meiner Webseite `www.borncity.de` in der Rubrik »Web/HTML/XML« abrufen.

Abbildung 25.25: Anzeige des HTML-Quelltexts in Office

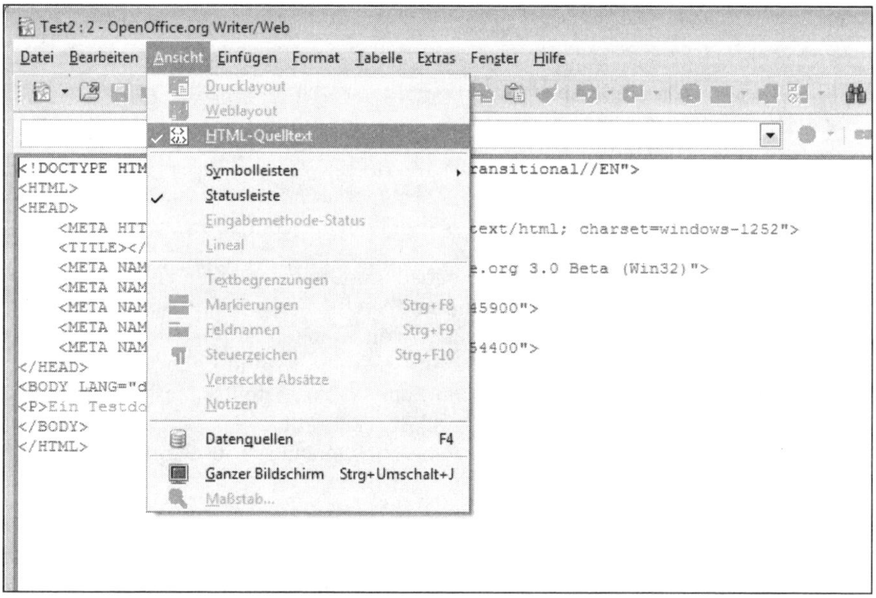

HALT

Leider erzeugt der HTML-Codegenerator auch in OpenOffice.org 3.0 keine XHTML-konforme Ausgabe. So werden die Tag-Namen grundsätzlich mit Großbuchstaben dargestellt, während XHTML kleingeschriebene Tag- und Attributnamen fordert. Und die Werte von Attributen versieht der Codegenerator offenbar nur nach dem Zufallsprinzip mit doppelten Anführungszeichen. Während die in Abbildung 25.25 sichtbaren Attribute des <body>-Tags wie »lang« in doppelten Anführungszeichen stehen, werden Attributwerte von Tabellen-Tags ohne diese Anführungszeichen direkt in den Quellcode eingefügt. Ein XHTML-Export wird zwar für Writer-Dokumente, nicht aber für HTML-Dokumente unterstützt. Über den Menübefehl Extras/Optionen *lässt sich das gleichnamige Dialogfeld aufrufen. Über den Zweig* OpenOffice.org Writer/Web *können Sie die Optionen zum Erzeugen des HTML-Codes vorgeben.*

25.4.4 Webseiteninhalte individuell gestalten

Sobald Sie die Webseite mit Titeltext und optionalem Hintergrund angelegt haben, können Sie diese mit Text, Tabellen und Grafiken füllen. Grundsätzlich stehen Ihnen die Funktionen zur Verfügung, die Sie bei der Textbearbeitung mit dem Writer benutzen. Allerdings gibt es verschiedene Besonderheiten. Die zur Gestaltung der Seiten benutzte Seitenbeschreibungssprache HTML (HyperText Markup Language) kennt keine Kopf-/Fußzeilen, keine Seitenränder, keine Seitennummerierung und auch keine Zeilenabstände. Sie sollten daher die Regeln kennen, mit denen Text in eine Webseite eingefügt und formatiert werden kann.

Tipps zur Eingabe von Texten

Texte geben Sie absatzweise in den Dokumentbereich ein. Sie brauchen sich dabei um die Kodierung der Umlaute keine Sorgen zu machen, da diese durch Office automatisch in die entsprechenden Bezeichner (Entities wie *ä* oder *Ä* für die Buchstaben ä bzw. Ä) umgesetzt werden. Lediglich beim Einfügen von Sonderzeichen sollten Sie vorsichtig sein, da u.U. nicht alle diese Zeichen durch den vom Browser zur Wiedergabe benutzten Zeichensatz unterstützt werden. Ähnlich wie beim Writer darf am Zeilenende kein Zeilenvorschub eingefügt werden. Die Zeilenlänge wird bei der Anzeige im Browser automatisch an der Fensterbreite ausgerichtet.

- Um einen neuen Absatz einzufügen, drücken Sie die [↵]-Taste. Office generiert daraus einen <p>-Tag für einen Absatz. Der Browser verwendet bei der Anzeige solcher Absätze einen etwas größeren vertikalen Abstand.
- Möchten Sie einen Zeilenwechsel erzwingen, den vertikalen Absatzabstand aber vermeiden, sollten Sie einen »weichen Absatzwechsel« mittel der Tastenkombination [⇧] + [↵] einfügen. Im HTML-Code wird dies dann als
-Tag umgesetzt, der im Browser nur einen Zeilenvorschub auslöst.

Tabulatoren werden in HTML übrigens nicht unterstützt. Um markierte Absätze etwas nach rechts einzuziehen, können Sie die Schaltfläche *Einzug erhöhen* der *Format*-Symbolleiste des Dokumentfensters verwenden (Abbildung 25.26). Office erweitert dann die <p>-Tags der betreffenden Absätze um das *style*-Attribut, in dem der Abstand zum linken Rand vorgegeben wird.

Mehrere Leerzeichen zur Trennung von Wörtern sind ebenfalls kritisch. Sie können diese Leerzeichen zwar in das Dokumentfenster eingeben. Der Browser zieht diese Leerzeichen aber bei der Anzeige der Webseite zu einem Wortzwischenraum zusammen.

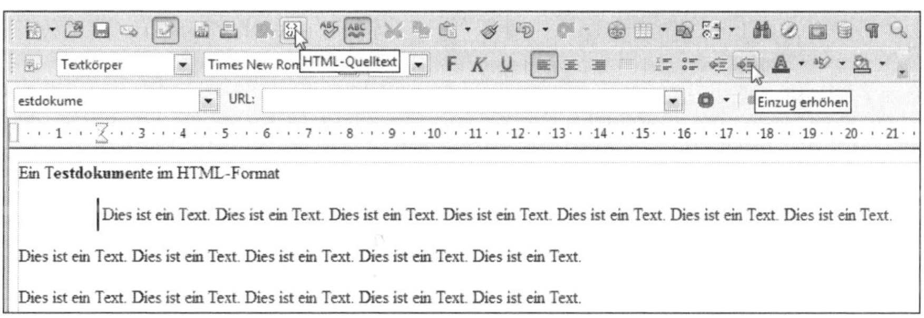

Abbildung 25.26: Einzug erhöhen

TIPP

HTML kennt aber das Kürzel (Entity)   für Leerzeichen. Das Entity wird in den HTML-Code eingefügt, sobald Sie im Fenster der Dokumentansicht die Tastenkombination `Strg` + `Leer` *(bzw.* `MacBef` + `Leer` *beim Mac) drücken. Dabei lassen sich auch mehrere dieser sogenannten »geschützten Leerzeichen« hintereinander eingeben, um Wortzwischenräume zu vergrößern. Die meisten Browser zeigen dann einen vergrößerten Leerraum in der Zeile an.*

Zuweisen von Zeichenformaten

Sie können dem Text verschiedene Zeichenformate, Schriftgrade, Schriftarten und auch Farben zuweisen, die dann von Office beim Speichern im HTML-Dokumentformat umgesetzt werden. Bei HTML-Dokumenten sind aber einige Spezifika zu beachten, da sich nicht alle denkbaren Formatattribute in HTML abbilden lassen. So unterscheidet HTML zwischen logischen und physischen Auszeichnungen für Textabschnitte. Die physischen Textauszeichnungen lassen sich direkt über die drei Formatschaltflächen *F*, *K* und *U* vornehmen.

- Weisen Sie einem markierten Text das Zeichenformat *Fett* zu, wird dieses beim Speichern in <b> ... </b>-Tags umgesetzt.
- Wenden Sie das Zeichenformat *Kursiv* auf eine Textstelle an, fasst Office diese Textstelle beim Speichern mit dem Tag <i> ... </i> ein.
- Ein mit dem Zeichenformat *Unterstrichen* formatierter Text wird im HTML-Code als <u> ... </u> eingefasst.
- Hochgestellte Zeichen werden in einen <sup>-Tag eingefasst, während tiefgestellte Zeichen beim Speichern in eine HTML-Datei mit dem <sub>-Tag ausgezeichnet werden.

Neben diesen direkten (physischen) Formatierungen kennt HTML aber noch die beiden Tags <em> und <strong>, mit denen sich Textstellen mit sogenannten logischen Zeichenformaten auszeichnen lassen. Ziel der HTML-Entwickler war, dass der Browser selbst entscheidet, wie er die Inhalte der beiden Tags darstellt. Der <em>-Tag wird von den meisten Browsern als Kursivschrift dargestellt, während <strong> eine fette Auszeichnung bewirkt. Für solche speziellen Auszeichnungen müssen Sie auf die Zeichenvorlagen von Office zurückgreifen.

1. Markieren Sie die betreffenden Textstellen in der Dokumentansicht und öffnen Sie dann das Fenster *Formatvorlagen* über die entsprechende Schaltfläche der *Format*-Symbolleiste (Abbildung 25.27, Hintergrund).
2. Wählen Sie im Fenster *Formatvorlagen* die Kategorie *Zeichenvorlagen* (Abbildung 25.27) und weisen Sie das gewünschte Zeichenformat mit einem Doppelklick auf das betreffende Format zu.

Alle Einträge der Kategorie *Zeichenvorlagen* werden auf spezielle HTML-Tags zur Zeichenformatierung abgebildet. Die folgende Tabelle gibt eine kurze Übersicht über die Wirkung dieser Vorlagen.

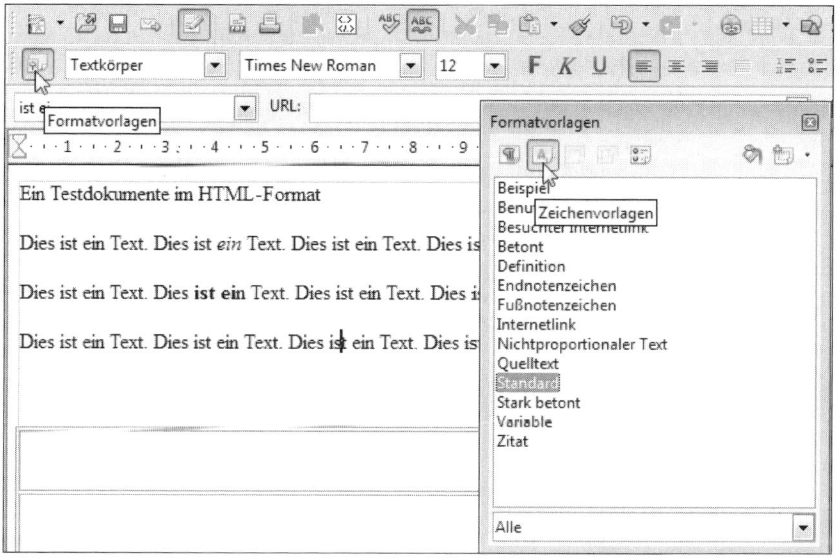

Abbildung 25.27: Auszeichnen von Text im Dokumentfenster

Tabelle 25.1: Abbildung der Office-Zeichenformate auf HTML-Tags

Vorlage	Bemerkung
Beispiel	Wird direkt in den <samp> Tag umgesetzt (z.B. <samp>Beispiel</samp>). Dieser Tag sollte zur Auszeichnung nicht mehr verwendet werden.
Benutzereingabe	Generiert einen <kbd>-Tag (z.B. <kbd>Benutzereingabe</kbd>) und kann zur Auszeichnung von Benutzereingaben benutzt werden.
Betont	Zeichnet die Textstelle meist kursiv mittels des <em>-Tags aus (z.B. <em>Betont</em>).
Definition	Schließt den Text in einen <dfn>-Tag ein (z.B. <dfn>Definition</dfn>).
Nichtproportionaler Text	Wird von Office in den <tt>-Tag eingeschlossen (z.B. <tt>Nichtproportionaler Text</tt>) und vom Browser meist mit einer Courier-Schriftart (Teletype-Schrift) dargestellt.
Quelltext	Mit diesem Format ausgezeichnete Quelltextstellen setzt Office in <code>-Tags (z.B. <code>Quelltext</code>) ein. Der Browser verwendet meist auch eine Courier-Schrift zur Anzeige.
Stark betont	Zeichnen Sie fett darzustellende Textstellen mit diesem Format aus, schließt Office diese in <strong>-Tags ein (z.B. <strong>Stark betont</strong>).
Variable	Um Variablennamen in einem HTML-Dokument auszuzeichnen, können Sie dieses Zeichenformat verwenden. Office schließt den Text in einen <var>-Tag ein (z.B. <var>Variable</var>). Browser stellen Variable meist in kursiver Schrift dar.
Zitat	Zitate, die aus einzelnen Textabschnitten (keine Absätze) bestehen, lassen sich mit diesem Format versehen. Im HTML-Code entspricht dies dem <cite>-Tag (z.B. <cite>Zitat</cite>), das ebenfalls kursiv angezeigt wird.

Die restlichen im Fenster *Formatvorlagen* angezeigten Einträge wie Fußzeile etc. besitzen keine Entsprechung im HTML-Format oder machen wenig Sinn als Zeichenformat (z.B. *Besuchter Hyperlink*).

Die Zeichenfarbe, die Schriftart oder den Schriftgrad können Sie wie im Writer direkt zuweisen. Zudem lässt sich der Hintergrund eines Absatzes oder eines markierten Textes mit Farben auszeichnen. Die Umsetzung erfolgt durch Office beim Generieren des HTML-Codes, wobei sowohl Tags als auch Cascading Stylesheet-Anweisungen im Code benutzt werden.

- Die Zeichenfarbe für Textstellen wird direkt über das *color*-Attribut eines <font>-Tags umgesetzt (z.B. <font color=»#800000«>Entnotenzeichen </font>). Der Farbwert des *color*-Attributs wird dabei als 3-Byte-Hexadezimalzahl in der Form »#rrggbb« hinterlegt. Die Kürzel *rr, gg, bb* stehen für die Grundfarben Rot, Grün und Blau. Für jede dieser Grundfarben wird ein hexadezimaler Wert von 00 bis FF (entspricht 255) vorgegeben, der den Farbanteil an der Mischfarbe bestimmt. Sie können im HTML-Code zwar die vordefinierten 16 Farbnamen (z.B. aqua, olive, silver etc.) einfügen. Der Codegenerator setzt diese aber in einen RGB-Wert um.
- Weisen Sie Textstellen eine Schriftart zu, kodiert Office dies im <font>-Tag (z.B. <font face=»Verdana, sans-serif«>Finito</font>). Wegen der damit verbundenen Darstellungsproblematik (die Schriftart muss im Browser der Zielmaschine installiert sein), sollten Sie solche Auszeichnungen möglichst vermeiden. Falls Sie Schriftarten für Webseiten vorgeben, benutzen Sie die Schriftart »Verdana«, da diese eine sehr gute Lesbarkeit besitzt.
- Schriftgrade sollten ebenfalls nur sehr zurückhaltend zugewiesen werden. Office setzt diese in das *size*-Attribut des <font>-Tags um (z.B. <FONT SIZE=4>ich</FONT>). Beachten Sie, dass HTML keine absoluten Schriftgradangaben in Punkt unterstützt, sondern im Attribut *size* nur die Stufen 1 (sehr klein) bis 7 (sehr groß) kennt. Office nimmt automatisch die Umsetzung der Punktangaben in diese Stufen vor.
- Für einen farbig ausgezeichneten Texthintergrund gibt es keinen eigenen HTML-Tag. Office fasst daher den Text in einen <span>-Tag ein und setzt anschließend einen Style, um die Hintergrundfarbe zu definieren (z.B. <SPAN STYLE=»background: #ffff00«>Hintergrund farbig</SPAN>).

Weisen Sie dem Absatz einen farbigen Hintergrund über die betreffende Schaltfläche der *Format*-Symbolleiste zu, wird dies zwar in der Dokumentansicht angezeigt. Die Formatierung geht aber beim Speichern des Dokuments in das HTML-Format verloren, da Office keine entsprechenden Cascading Stylesheet-Anweisungen generiert.

INFO

Die Datei Zeichenformate.html *im Ordner* Kap25/Webseite *demonstriert die Anwendung verschiedener Zeichenformate. Eine Übersicht über die verfügbaren Vorlagen finden Sie in der Office-Hilfe.*

Gestalten von Überschriften

Die HTML-Definition kennt die Überschriften-Tags <h1> bis <h6>, die Überschriftzeilen in verschiedenen Größen darstellen (Abbildung 25.28). In Office müssen Sie die Überschriften als einzelne Zeilen schreiben und am Zeilenende einen Absatzwechsel mittels der ↵-Taste einleiten.

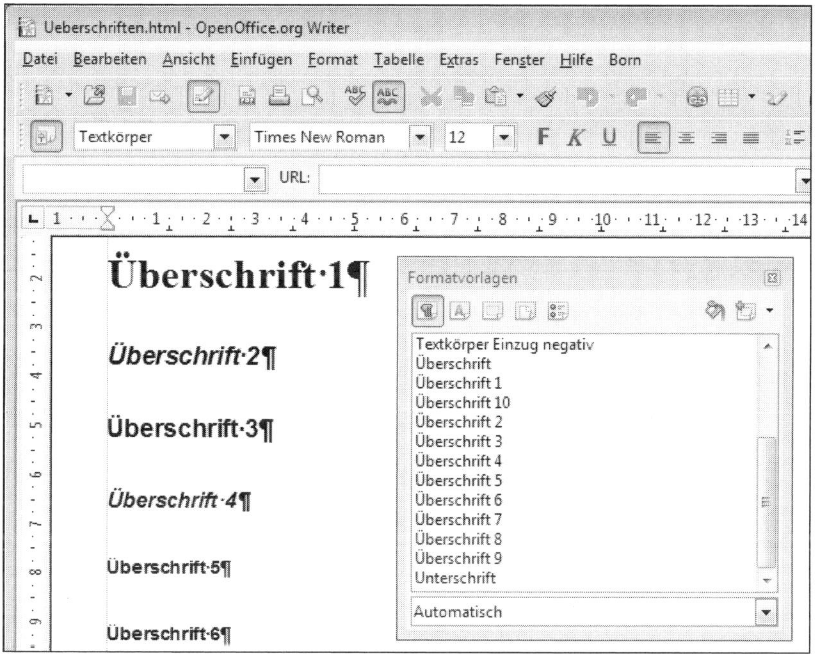

Abbildung 25.28: Zuweisung und Darstellung von Überschriften für HTML-Dokumente

Anschließend wählen Sie im Fenster *Formatvorlagen* die Kategorie der Absatzvorlagen und weisen der markierten Überschriftzeile eines der Formate »Überschrift 1« bis »Überschrift 6« zu. Die Ziffern geben dabei die Überschriftebenen (1 entspricht der höchsten Ebene) an, die direkt zu den Überschriftebenen der <h>-Tags korrespondieren (z.B. »Überschrift 1« wird zum <h1>-Tag).

INFO

In der Kategorie der Absatzvorlagen finden Sie noch das Format »Überschrift«. Sie können einer markierten Zeile dieses Absatzformat zuweisen. Office wandelt dies dann in eine Sequenz von HTML-Tags um, wobei der Absatz mit einem <p>-Tag eingefasst wird. Der Tag besitzt eine eigene Style-Definition über das betreffende Attribut, um den Absatzabstand zum oberen Rand festzulegen und Zeilenwechsel zu verhindern. Weiterhin wird die Schriftart »Albany« zugewiesen und die Schriftgröße über das size-Attribut des <font>-Tags auf 4 gesetzt. Wegen möglicher Kompatibilitätskonflikte sollten Sie aber auf die Auszeichnung von Absätzen mit diesem Format verzichten. Die Datei Ueberschriften.html *im Ordner* Kap25/Webseite *zeigt diese Überschriftebenen.*

Weitere Absatzformate verwenden

Zur Gestaltung von Webseiten (Abbildung 25.29) sind neben Überschriften noch einige andere Absatzformate ganz hilfreich. Diese werden ebenfalls im Fenster *Formatvorlagen* über die Einträge der Kategorie *Absatzformate* zugewiesen.

- Das Absatzformat *Adresse* dient zur Auszeichnung von Adressangaben und wird von Office direkt in den <address>-Tag umgesetzt. Der Browser zeigt solche Textstellen in der Regel kursiv an.

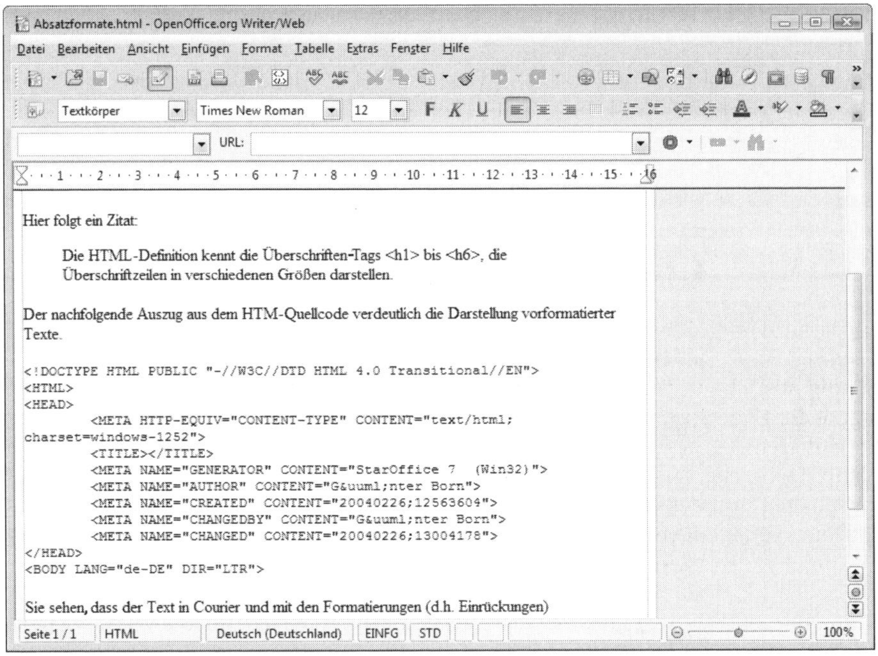

Abbildung 25.29: Anzeige einer Webseite mit verschiedenen Absatzformaten

- Mit dem Absatzformat *Zitat* lassen sich Zitatstellen auszeichnen. Die Absätze werden von Office beim Speichern im HTML-Format direkt in den <blockquote>-Tag eingefasst. Der Browser zieht solche Absätze etwas am linken Rand ein. Eine solche Zitatstelle ist in Abbildung 25.29 zu sehen.
- Um Listings oder Codeausschnitte im HTML-Dokument hervorzuheben, kennt HTML den <pre>-Tag. Alle zwischen <pre> und </pre> stehenden Textteile werden mit einer Courier-Schriftart im Browser dargestellt. Dabei berücksichtigt das Anzeigeprogramm auch Einrückungen mit Leerzeichen sowie Zeilenumbrüche im vorformatierten Text. Wenn Sie einem oder mehreren Absätzen das Format *Vorformatierter Text* im Dokumentfenster zuweisen, wird der Bereich in <pre>-Tags eingefasst. Abbildung 25.29 demonstriert dies an einem HTML-Quellcode-Auszug, der in das Dokument eingefügt wurde.

Um solche Formate aufzuheben, müssen Sie die betreffenden Absätze im Dokumentbereich markieren und ihnen dann im Fenster *Formatvorlagen* das Format *Standard* zuweisen.

Zur Absatzausrichtung (linksbündig, rechtsbündig, zentriert) können Sie direkt die betreffenden Schaltflächen der *Format*-Symbolleiste verwenden. Office weist dann dem <p>-Tag ein *align*-Attribut zu und setzt dessen Wert entsprechend (<P ALIGN=RIGHT>Ein rechtsbündiger Text</P>).

INFO

Sie können Textabsätzen auch über den Menübefehl Format/Absatz *Absatzformate (Einzüge, Abstände etc.) zuweisen. Office setzt diese beim Generieren des HTML-Codes in ein* style-*Attribut des* <p>*-Tags um (z.B.* <P STYLE="margin-left: 0.2cm; text-indent: 0.4cm; margin-top: 0.2cm; margin-bottom: 0.4cm">*). Die Datei* Absatzformate.html *im Ordner* Kap25/Webseite *demonstriert die Anwendung verschiedener Absatzformate.*

Horizontale Linien in HTML-Dokumenten

In HTML-Texten lassen sich Absätze durch horizontale Linien optisch absetzen. Die gängige Variante besteht darin, einen <hr>-Tag in den HTML-Code einzufügen. Hierzu markieren Sie die betreffende Textstelle und weisen dem Absatz über das Fenster *Formatvorlagen* das Absatzformat *Horizontale Linie* zu.

Möchten Sie diese Linie linksbündig, zentriert oder rechtsbündig ausrichten oder soll die horizontale Linie nicht über die gesamte Zeilenbreite verlaufen? Dann markieren Sie den der Linie zugewiesenen Absatz und rufen über das Menü *Format* den Befehl *Absatz* auf. Im Eigenschaftenfenster können Sie auf der Registerkarte *Einzüge und Abstände* den Absatz am linken und rechten Rand einziehen und so die Linienlänge anpassen. Durch Zuweisen eines Formats für die Ausrichtung (Registerkarte *Ausrichtung*) lässt sich die horizontale Linie dann noch zentrieren oder links-/rechtsbündig ausrichten. Die Registerkarte *Umrandung* ermöglicht Ihnen, die Farbe und Stärke der Linie über die Eigenschaften *Stil* und *Farbe* anzupassen. Allerdings ist das Formatieren der horizontalen Linie auf diese Weise recht aufwändig. Sind solche Attribute bereits zugewiesen, können Sie versuchsweise zur HTML-Darstellung umschalten und den <hr>-Tag mit den entsprechenden Attributen anpassen. Das Attribut *size* legt die Linienstärke fest, während mit *width* die Breite (in Pixel der Zeilenlänge) vorgebbar ist. Mit dem Attribut *color* können Sie die Linie sogar einfärben (z.B. `<HR WIDTH=80 ALIGN=CENTER SIZE=3 COLOR="#00ffff">`). Allerdings entfernt Office gelegentlich Attribute und auch die Anführungszeichen um die Werte. Zudem werden Prozentangaben (z.B. *width* = »80%«) nicht korrekt unterstützt. Office wandelt diese dann in absolute Pixelangaben, die sich auf die aktuelle Breite des Entwurfsfensters beziehen.

Die zweite Möglichkeit zum Einfügen horizontaler Linien in Webdokumente besteht darin, dass Sie den Absatz anklicken und dann im Menü *Einfügen* den Befehl *Horizontale Linie* wählen. Office öffnet das Dialogfeld *Horizontale Linie einfügen* (Abbildung 25.30), in dem Sie dann den gewünschten Linientyp wählen.

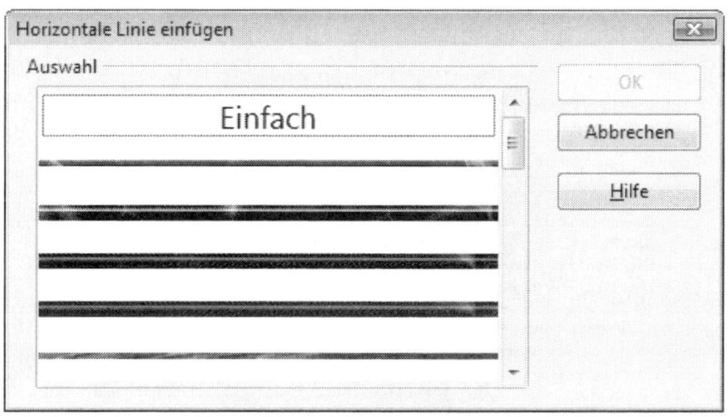

Abbildung 25.30: Dialog zur Auswahl horizontaler Linien

Die Vorgabe »Einfach« entspricht in der Wirkung der Formatvorlage *Horizontale Linie* (siehe oben). Die anderen Einträge fügen dagegen Liniengrafiken ein und verankern diese am aktuellen Absatz als Zeichen. Office benutzt dabei den <img>-Tag zum Einbinden der Grafik. Sie können anschließend die so eingefügte Grafik per Maus markieren und in der Breite anpassen.

HALT

Wird die HTML-Dokumentdatei unter Office auf dem Systemlaufwerk gespeichert, erzeugt der Codegenerator eine relative Pfadangabe im Attribut src *des < img > -Tags. Speichern Sie die HTML-Datei dagegen auf einem anderen Laufwerk, kommen absolute Pfadangaben der Art »file:///« zum Einsatz – und dann bricht der Verweis beim Transfer der HTML-Dokumentdatei auf andere Rechner (die Grafiken werden nicht mehr angezeigt). Falls Sie Liniengrafiken verwenden, kopieren Sie die betreffenden Grafikdateien aus dem Office-Ordner in das Verzeichnis der HTML-Dokumentdatei (oder in ein Unterverzeichnis). Anschließend korrigieren Sie die Pfadangabe im < img > -Tag (klicken Sie die Grafik per Maus an, öffnen Sie das Kontextmenü, wählen Sie den Befehl* Bild *und entfernen Sie dann auf der Registerkarte* Bild *den Pfad zur Datei – nur der Dateiname bleibt stehen). Dann generiert Office eine relative Pfadangabe im HTML-Code und Sie können die HTML-Dokumentdatei mit den Grafiken anschließend problemlos auf einen Webserver verschieben. Die Datei* Linien.html *im Ordner* Kap25/Webseite *demonstriert die Anwendung dieser Elemente.*

25.4.5 Aufzählungen, Nummerierungen, Listen

HTML unterstützt Aufzählungen mit Schmuckpunkten, Nummerierungen mit Zahlen vor Absätzen sowie spezielle Listen. Office benutzt verschiedene Ansätze zur Realisierung von Listen, Aufzählungen und Nummerierungen.

Realisierung von Aufzählungen und Nummerierungen

Um in HTML-Seiten Absätze als Aufzählung oder Nummerierung zu realisieren, brauchen Sie diese lediglich zu markieren und dann in der *Format*-Symbolleiste die Schaltflächen *Aufzählungsliste an/aus* bzw. *Nummerierung an/aus* anzuwählen (Abbildung 25.31).

Abbildung 25.31: Realisieren von Aufzählungen und Nummerierungen

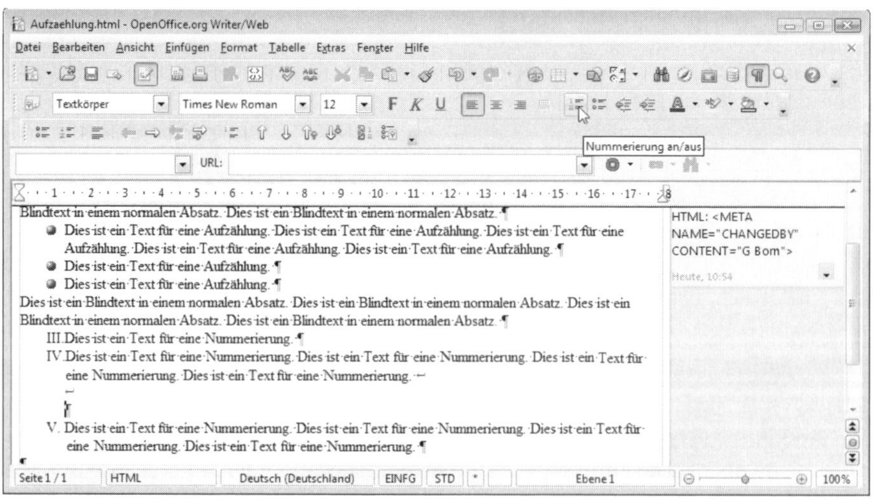

Sobald Sie die betreffende Dokumentseite in einer HTML-Datei sichern und dann in einem Browser anzeigen, wird dieser die betreffenden Absätze mit einem Schmuckpunkt oder mit einer aus arabischen Zahlen bestehenden Nummerierung darstellen.

TIPP

Wenn Sie die [↵]-Taste drücken, leitet Office einen neuen Aufzählungs- oder Nummerierungsabsatz ein. Möchten Sie in einem Nummerierungs- oder Aufzählungspunkt einen zweiten etwas abgesetzten Absatz verwenden (Abbildung 25.31, Nummerierung), müssen Sie den Absatz durch Drücken der Tastenkombination [⇧] + [↵] trennen. Durch den von Office verwendeten Zeilenvorschub gehört die neue Zeile weiterhin zum Absatz und erhält keinen eigenen Aufzählungs- bzw. Nummerierungspunkt.

Optionen für Aufzählungen und Nummerierungen

Office setzt im Dokumentfenster ausgezeichnete Nummerierungen in einen <ol>-Tag (steht für ordered list) um, während Aufzählungen als <ul>-Tag (steht für unordered list) kodiert werden. Die Aufzählungsabsätze werden dann über <li>-Tags eingeleitet, wobei Office den Absatz etwas eigenwillig in einen weiteren <p>-Tag einbettet. Ein HTML-Codeausschnitt könnte dann so aussehen.

Listing 25.2: HTML-Tags zur Realisierung von Nummerierungen und Aufzählungen

CODE

```
<ol>
<li><p>Erster Nummerierungsabsatz</p>
<li><p>Zweiter Nummerierungsabsatz</p>
</ol>
<ul>
<li><p>Aufzählungsabsatz 1</p>
<li><p>Aufzählungsabsatz 2</p>
</ul>
```

Die Tags <ol> und <ul> kennen gemäß der HTML 4.0-Spezifikation aber zusätzliche Attribute, um den Startwert (Attribut *start*) und das zu verwendende Aufzählungs- oder Nummerierungssymbol (Attribut *type*) zu setzen. Wenn Sie einer Nummerierung einen Startwert zuweisen, fügt Office das *start*-Attribut zum <ol>-Tag hinzu (z.B. `<OL START=4>`). Sie können diesen Startwert auch manuell im HTML-Code setzen, indem Sie das *start*-Attribut im <ol>-Tag hinzufügen.

Weiterhin ermöglicht die HTML-Spezifikation, die Nummerierung statt mit arabischen Ziffern auch mit römischen Ziffern oder Buchstaben auszuführen. Hierzu wird das *type*-Attribut mit den Werten 1 (arabische Ziffern), I oder i (für große bzw. kleine römische Ziffern) und A oder a (für große bzw. kleine Buchstaben) verwendet.

1. Um diese Formatvarianten zu nutzen, markieren Sie die Nummerierungsabsätze in der Dokumentansicht und weisen eine Nummerierung zu.
2. Dann klicken Sie den nummerierten oder markierten Bereich mit der rechten Maustaste an und wählen im Kontextmenü den Befehl *Nummerierung/Aufzählung*.
3. Anschließend können Sie auf der Registerkarte *Optionen* des Eigenschaftenfensters die Schablone für die Nummerierungszeichen im Listenfeld *Nummerierung* und den Startwert über das Drehfeld *Beginn bei* wählen (Abbildung 25.32).

Sobald Sie die Registerkarte über die *OK*-Schaltfläche schließen, zeigt Office das betreffende Nummerierungsformat in der Dokumentansicht an und ergänzt den <ol>-Tag um das *type*- bzw. *start*-Attribut.

25

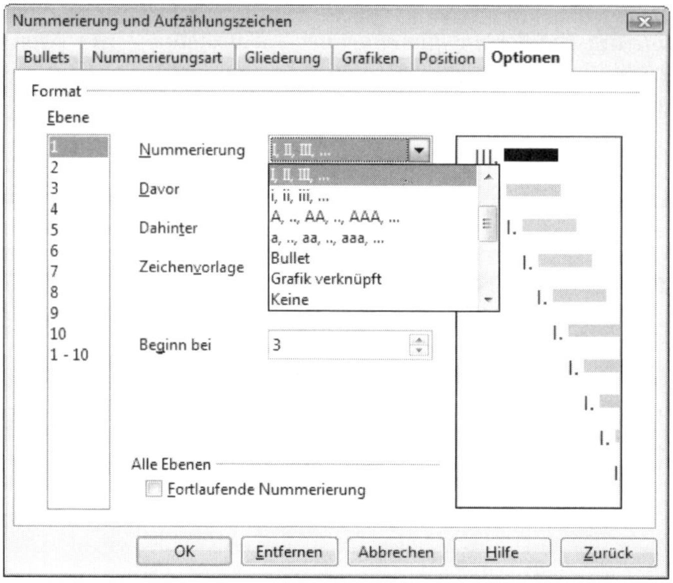

Abbildung 25.32: Festlegen der Nummerierungsoptionen

Bei Aufzählungen ist die Sachlage etwas komplizierter. Die HTML 4.0-Spezifikation kennt das Attribut *type* mit den Werten *disc* (runder Punkt), *circle* (hohler Punkt) und *square* (Viereck). Sie können wie bei einer Nummerierung vorgehen, wählen aber auf der Registerkarte *Optionen* für das Feld *Nummerierung* den Wert »Bullet«. Anschließend müssen Sie über die Schaltfläche *Zeichen* das gewünschte Sonderzeichen abrufen. Hierzu blendet Office das Dialogfeld *Sonderzeichen* ein. Sie müssen als Schrift »StarSymbol« und als Bereich »Zeichensatzspezifische Symbole« vorgeben. Für *circle* ist das Zeichen mit dem Code U + E009 zu wählen und für *square* steht das Zeichen mit dem Code U + E009. Da dies aber recht kompliziert ist, finde ich es einfacher, eine normale Aufzählung zu realisieren, dann zur HTML-Codeansicht zu wechseln und den <ul>-Tag um das *type*-Attribut zu erweitern (z.B. <ul type="square">). Beachten Sie aber, dass sehr alte Browser diese Attribute nicht immer unterstützen.

INFO

Im Fenster Formatvorlagen *finden Sie in der Kategorie* Nummerierungsvorlagen *mehrere Einträge der Art »Aufzählung 1«, »Nummerierung 1« etc. Diese Vorlagen lassen sich im Writer von OpenOffice.org 3.0 verwenden und werden auf HTML-Tags für Nummerierungen/Aufzählungen abgebildet.*

Aufzählungen mit grafischen Schmuckpunkten

Eine andere Variante besteht in der Möglichkeit, Aufzählungen im HTML-Dokument mit Grafikdateien als Schmuckpunkte zu versehen (Abbildung 25.33, Hintergrund). Diese Möglichkeit ist in *Kapitel 4* im Abschnitt »Anpassen des Schmuckpunkts« beschrieben. Möchten Sie eine Aufzählung in einem HTML-Dokument mit solchen grafischen Schmuckpunkten versehen, gehen Sie folgendermaßen vor:

1. Geben Sie den Text in der gewohnten Weise als Absätze ein und markieren Sie danach alle Absätze, die in die Aufzählung einzubeziehen sind.

2. Benutzen Sie den Befehl *Nummerierung/Aufzählung* im Menü *Format*, um das Dialogfeld *Nummerierung und Aufzählungszeichen* aufzurufen.
3. Wählen Sie auf der Registerkarte *Grafiken* das gewünschte Grafiksymbol aus und schließen Sie die Registerkarte über die *OK*-Schaltfläche.

Office fügt dann die Grafik als Schmuckpunkt für die Auflistung ein. Zusätzlich werden die betreffenden <img>-Tags in den <li>-Tags zum Einbinden der Grafik im Quellcode ergänzt. Kurioserweise verwendet der Codegenerator zudem das *src*-Attribut im <ul>-Tag, um den Namen der Grafikdatei zu hinterlegen. Sehr schön ist dabei, dass Office beim Speichern des HTML-Dokuments die Grafikdatei gleich mit in das Zielverzeichnis kopiert. Damit tritt das weiter oben im Abschnitt zu horizontalen Liniengrafiken beschriebene Problem der absoluten Pfadangaben nicht mehr auf.

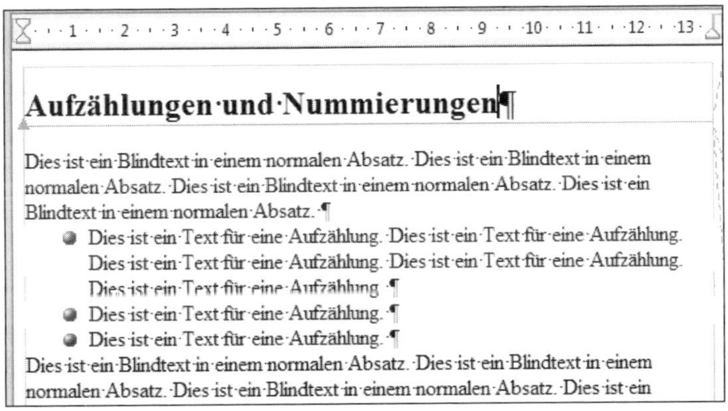

Abbildung 25.33: HTML-Dokument mit grafischen Aufzählungssymbolen

INFO

Verwenden Sie diesen Ansatz nur dort, wo Aufzählungen mit kurzen Texten auftreten. Denn bei mehrzeiligem Text werden die Folgezeilen durch einen negativen Einzug nicht korrekt eingerückt. Sie können dies umgehen, indem Sie eine Tabelle mit unsichtbaren Rahmen und zwei Spalten verwenden. Die Zellen der linken Spalte nehmen die Grafiken auf, während die Zellen der rechten Spalte die Aufzählungstexte enthalten. Dann zeigt der Browser die Aufzählung korrekt an. Die Datei Aufzaehlung.html *im Ordner* Kap25/Webseite *des Beispielarchivs demonstriert die Anwendung der HTML-Elemente. Die Datei* Aufzaehlung.stw *ist eine (Writer) HTML-Dokumentvorlage aus OpenOffice.org 1.0.*

Arbeiten mit Definitionslisten

HTML kennt noch die sogenannten *definition lists*, die sich für Definitionen, bestehend aus einem Definitionsbegriff und einer Erläuterung, verwenden lassen. Die Erläuterung wird dabei etwas nach rechts eingezogen (Abbildung 25.34).

1. Zum Aufbauen einer solchen Definitionsliste geben Sie die Definitionen und die zugehörigen Erklärungen absatzweise ein.
2. Anschließend markieren Sie die Definition und weisen ihr im Fenster *Formatvorlagen* die Absatzvorlage »Listenkopf« zu.
3. Markieren Sie dann die Erklärung und weisen ihr über das Fenster *Formatvorlagen* die Absatzvorlage »Listeninhalt« zu.

Auf diese Weise können Sie die Definitionsliste formatieren. Office setzt das Ganze in <dd>- und <dl>-Tags um. Ich habe die HTML-Tag-Struktur in Abbildung 25.34 im unteren Bereich nochmals als »preformatted Text« eingefügt.

INFO

Die Datei DefList.html *im Ordner* Kap25/Webseite *des Beispielarchivs enthält eine solche Liste.*

Abbildung 25.34: Arbeiten mit Definitionslisten in HTML

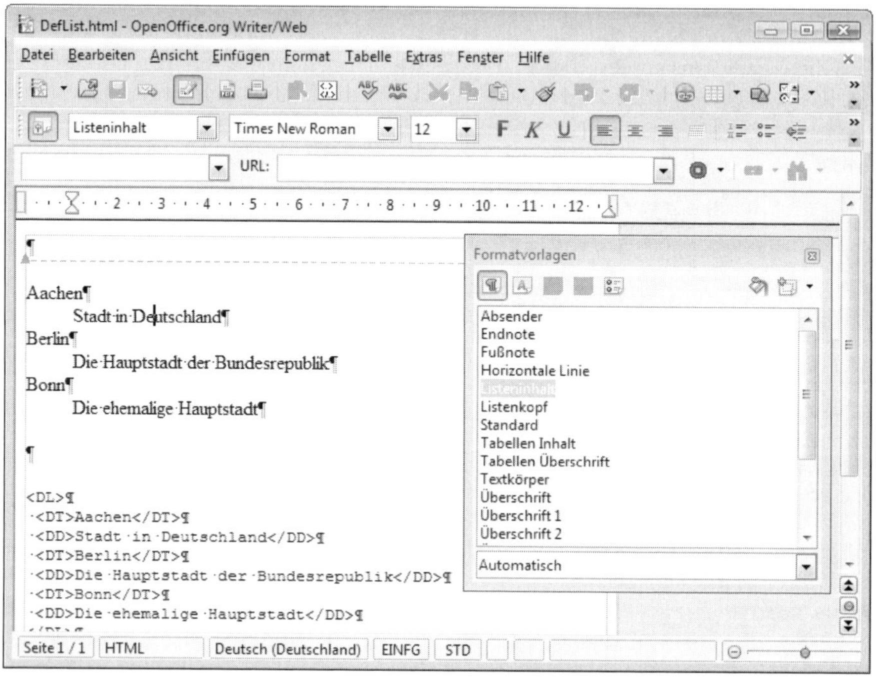

25.4.6 Arbeiten mit Tabellen in Webseiten

Seit HTML 4.0 werden Tabellen auch offiziell im HTML-Standard unterstützt. Tabellen eignen sich beispielsweise zur strukturierten Darstellung von Webinhalten (Abbildung 25.35). Sie können dabei eine Tabelle mit oder ohne Rahmenlinien anzeigen lassen, um z.B. rahmenlose Tabellen zur Positionierung von Inhalten (Bilder, Spaltentext etc.) zu nutzen.

1. Markieren Sie im Dokumentfenster den Absatz, in den die Tabelle in der Webseite einzufügen ist. Zur besseren Bearbeitbarkeit sollten Sie vor und hinter dem »Tabellenabsatz« noch einige Leerzeilen eingefügt haben. Zudem empfiehlt es sich, die Anzeige der Absatzmarken über die betreffende Schaltfläche der *Standard*-Symbolleiste eingeschaltet zu haben.
2. Anschließend klicken Sie auf die Schaltfläche *Tabelle* der *Standard*-Symbolleiste und markieren in der Palette die Zahl der gewünschten Zeilen und Spalten (Abbildung 25.35).

Sobald Sie die linke Maustaste loslassen, fügt Office eine Tabelle mit der angegebenen Spalten- und Zeilenzahl in das Dokument ein.

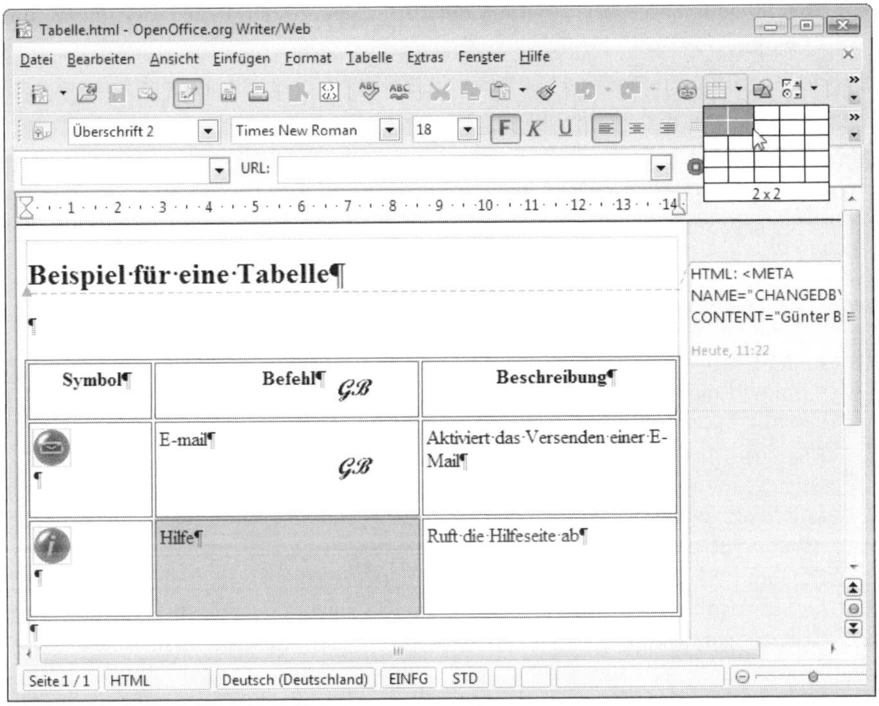

Abbildung 25.35: In den Dokumententwurf eingefügte Tabelle

TIPP

Alternativ können Sie den Menübefehl Einfügen/Tabelle *aufrufen. Im daraufhin geöffneten Dialogfeld* Tabelle einfügen *lässt sich die Zahl der Zeilen und Spalten vorgeben und Sie können festlegen, ob die Tabelle eine Überschrift sowie eine Umrandung besitzt.*

Die bestehende Tabelle lässt sich dann mit Text und/oder Grafiken füllen. Texte können dabei mit Zeichen- und Absatzformaten ausgezeichnet werden. Durch Ziehen der Spaltentrenner können Sie die Breite der jeweiligen Spalten oder der gesamten Tabelle anpassen. Office generiert für die Tabelle einen <table>-Tag und setzt die Breite der Tabelle über das *width*-Attribut. Eine neu eingefügte Tabelle besitzt den Wert 100 % für *width*. Wurde die Tabelle in der Breite reduziert, setzt Office einen absoluten Wert für die Tabellenbreite in Pixel in das Attribut ein. Die Spaltenbreite wird über das *width*-Attribut des <col>-Tags der Tabelle bestimmt.

Gestalten des Tabellenrahmens und des Hintergrunds

Um den Rahmen einer Tabelle einzufärben oder in der Größe zu verändern bzw. ein-/auszublenden, um Zellhintergründe einzufärben etc., verwenden Sie die Tabelleneigenschaften.

1. Klicken Sie auf eine Zelle der Tabelle, um die Schreibmarke in der Tabelle zu positionieren. Alternativ können Sie auch eine Zeile oder eine Spalte der Tabelle oder die gesamte Tabelle markieren.
2. Rufen Sie den Menübefehl *Tabelle/Tabelleneigenschaften* auf. Office öffnet das Eigenschaftenfenster *Tabellenformat* mit verschiedenen Registerkarten (Abbildung 25.36).

3. Stellen Sie jetzt die gewünschten Eigenschaften auf den Registerkarten ein und bestätigen Sie dies über die *OK*-Schaltfläche.

Den Rahmen um die Tabelle bzw. um die Zellen können Sie auf der Registerkarte *Umrandung* anpassen (Abbildung 25.36, rechts).

INFO

Bei Rahmen ist es egal, welche der auf der Registerkarte Umrandung *angebotenen Symbolvarianten Sie wählen. Unabhängig von der Rahmendarstellung im Dokumentlayout können HTML-Browser eine Tabelle nur mit oder ohne Rahmen anzeigen! Die Schaltfläche mit äußerem Rahmen und Gitterlinien hat aber den Vorteil, dass Sie bereits im Dokumentlayout die Zellstruktur sehen.*

- In der Gruppe *Linienanordnung/Standard* lässt sich wählen, ob die Tabelle rahmenlos (linke Schaltfläche) oder mit einem Rahmen zu versehen ist (Schaltfläche mit äußerem Rahmen und Gitterlinien).
- Die Farbe des Rahmens wählen Sie über das Listenfeld *Farbe*. Sie können dabei eine der in der Auswahlliste angezeigten Farben verwenden. Um andere Mischfarben zu wählen, müssten Sie den RGB-Wert des *bordercolor*-Attributs des <table>-Tags im HTML-Quellcode anpassen.
- Die Rahmenstärke wählen Sie im Listenfeld *Stil*. Office setzt diesen Wert auf das *border*-Attribut des <table>-Tags um. Je nach gewähltem Linienstil passt Office zusätzlich den *cellspacing*-Wert an. Bei fetten Linien wird *cellspacing* auf 0 gesetzt, während die Stile mit zwei Einzellinien den Linienabstand im Attribut hinterlegen. Der *cellspacing*-Wert gibt den Linienabstand an, wenn Tabellenrahmen und Zellenrahmen aus einzelnen Linien bestehen.
- Die Abstände der Zellinhalte zum Zellrahmen werden auf der Registerkarte *Umrandung* über die Drehfelder der Gruppe *Abstand zum Inhalt* beeinflusst. Lassen Sie das Kontrollkästchen *Synchronisieren* markiert. Der Wert wird von Office im Attribut *cellpadding* des <table>-Tags hinterlegt.

Zusätzlich ermöglicht HTML Ihnen, den Hintergrund der Tabelle oder einzelner Zellen einzufärben bzw. mit Hintergrundgrafiken zu versehen. In Office verwenden Sie hierzu die Registerkarte *Hintergrund*, wobei Sie über das Feld *Als* wählen können, ob eine Hintergrundfarbe oder eine Hintergrundgrafik zu verwenden ist. Abhängig von dieser Auswahl ändert sich der Inhalt der Registerkarte (Abbildung 25.36, oben links und unten). Bei Hintergrundfarben lässt sich ein Eintrag der Farbpalette wählen. Im Modus »Grafik« wählen Sie über die Schaltfläche *Auswählen* eine Grafikdatei und geben vor, ob diese zu positionieren oder zu kacheln ist. Wird die Option *Position* markiert, ermöglicht Office Ihnen, durch Markieren der Optionsfelder im Positionsrahmen die Grafik in der Mitte oder in einer der Ecken auszurichten. Weiterhin können Sie sowohl bei Farben als auch bei Grafiken über das Listenfeld *Für* vorgeben, ob die Eigenschaft für die gesamte Tabelle oder nur für eine Zelle gelten soll (Abbildung 25.36, oben links).

Die vertikale Ausrichtung der Zellinhalte können Sie über die gleichnamige Optionsfeldgruppe auf der Registerkarte *Textfluss* des Eigenschaftenfensters der Tabelle vorgeben.

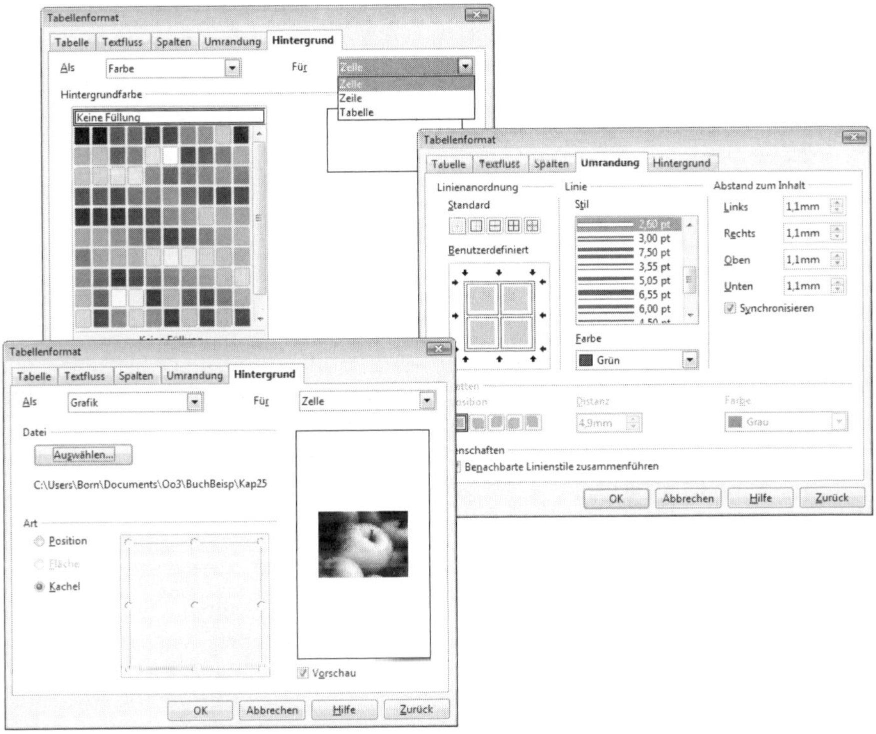

Abbildung 25.36: Anpassen der Rahmeneigenschaften von Tabellen

INFO

Office unterstützt den < thead >-Tag aus HTML 4.0, mit dem Kopfzeilen für Tabellen ausgezeichnet werden können. Der betreffende Tag wird generiert, sobald Sie eine Tabelle mit einer Überschrift anlegen. Aus Kompatibilitätsgründen sollten Sie daher die Tabellen bevorzugt über den Befehl Tabelle *im Menü* Einfügen *anlegen und im Dialogfeld* Tabelle einfügen *die Option zur Anzeige einer Überschrift abschalten. Dann wird eine aus < table >-, < tr >-, < td >-Tags bestehende Tabelle erzeugt, die von den meisten Browsern angezeigt werden kann. Der Entwurf geschachtelter Tabellen wird in Office übrigens nicht unterstützt. Die Datei* Tabelle.html *im Ordner* Kap25/Webseite *des Beispielarchivs demonstriert den Umgang mit Tabellen.*

25.4.7 Grafiken im Webdokument

Grafiken lassen sich wie bei anderen Office-Dokumenten über den Befehl *Aus Datei* im Menü *Einfügen* in eine HTML-Seite aufnehmen. Im Auswahldialog sollten Sie allerdings nur Grafiken in den Formaten *GIF* und *JPEG* verwenden, da nur diese von allen Browsern unterstützt werden. Grafiken im BMP-Format oder im PNG-Format werden dagegen nicht von allen Browsern korrekt dargestellt. Sobald Sie das Dialogfeld zur Auswahl der Grafik schließen, wird diese in den Dokumententwurf eingefügt (Abbildung 25.37). Gleichzeitig generiert Office einen < img >-Tag im HTML-Quellcode, der die Eigenschaften der Grafik beschreibt.

TIPP

Achten Sie beim Einbinden der Grafik darauf, dass sich diese im gleichen Ordner (oder in einem Unterverzeichnis) befindet, in dem auch das HTML-Dokument hinterlegt ist. Andernfalls kann es passieren, dass Office absolute Pfade der Art »file:///home/born/name.gif« im src*-Attribut des < img >-Tags einsetzt. Dann bricht der Verweis auf die Grafik, sobald das HTML-Dokument auf einen anderen Rechner oder auf eine andere Festplatte verschoben wird.*

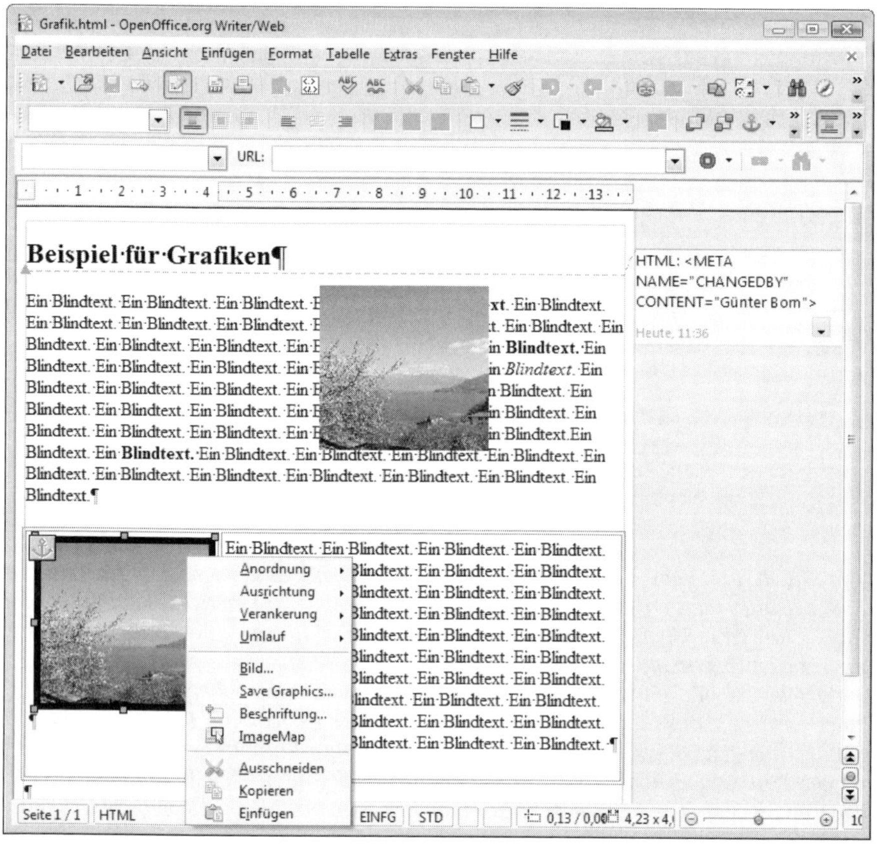

Abbildung 25.37: HTML-Dokument mit eingefügten Grafiken

Abbildung 25.37 zeigt aber noch eine andere Problemstelle beim Einfügen von Grafiken in HTML-Dokumente auf. Das obere Bild wurde direkt im Text platziert. Office generiert dann ein *style*-Attribut, welches die Grafik über Cascading Stylesheet-Anweisungen (CSS) absolut in der Dokumentseite positioniert. Sie können dann die Grafik per Maus im Dokumententwurf verschieben. Das Bild verdeckt aber ggf. den Text. Verankern Sie die Grafik über das Kontextmenü am Absatz, lässt sich rechts oder links von der Grafik kein Text platzieren. Aus diesem Grund habe ich die untere Grafik in eine Tabellenzelle eingefügt. Die rechte Tabellenzelle enthält dann den Text, während links die Grafik abgelegt wird. Durch Anklicken lässt sich die Grafik markieren und dann mittels der Ziehmarken in der Größe anpassen. Eine solcherart abgelegte Grafik wird über den < img >-Tag in den HTML-Code eingebunden, wobei die Größenangaben über die Attribute *height* und *width* spezifiziert werden. Der

Pfad auf den Namen der Grafikdatei findet sich im *src*-Attribut. Im Idealfall, wenn die Grafik im Order oder einem Unterverzeichnis der HTML-Datei gespeichert ist, wird ein relativer Pfad der Art *name* oder *pfad/name* eingetragen. Die Angabe *file:///* sollte jedoch nicht auftauchen. Solche Dokumente können mitsamt den Grafikdateien in andere Verzeichnisse oder auf andere Rechner kopiert werden.

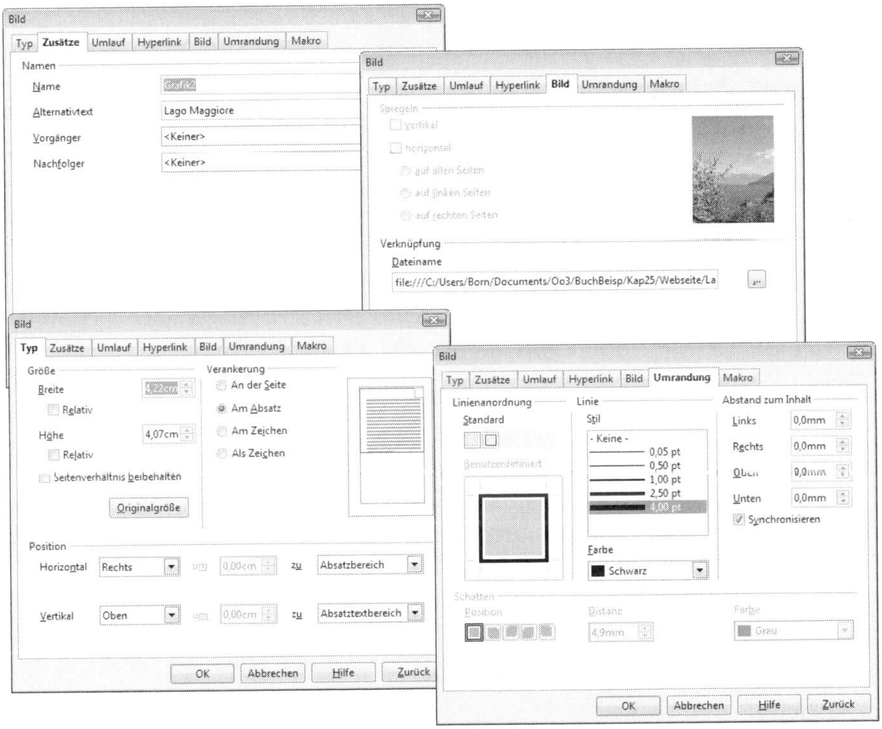

Abbildung 25.38: Eigenschaften der Grafik für HTML-Dokumente

Sie können anschließend die Grafik markieren und über die Schaltflächen der *Format*-Symbolleiste die Rahmenstärke, die Ausrichtung etc. anpassen. Präziser lassen sich die Attribute des < img > -Tags setzen, wenn Sie über den Kontextmenübefehl *Bild* das Eigenschaftenfenster einer markierten Grafik öffnen. Über die Registerkarten des betreffenden Eigenschaftenfensters können Sie die einzelnen Attributwerte des < img > -Tags beeinflussen.

- Die Registerkarte *Typ* (Abbildung 25.38, links unten) enthält nochmals die Vorgaben für Breite, Höhe, Position und Verankerung. Auf der Registerkarte *Bild* (Abbildung 25.38, oben rechts) wird der Pfad zur Grafik angezeigt. Beachten Sie, dass Office hier immer eine absolute Pfadangabe der Art »file:///« einträgt. Sie sollten lediglich anstreben, dass die Grafik im aktuellen Dokumentverzeichnis oder in einem Unterverzeichnis hinterlegt ist, damit der Codegenerator einen relativen Pfad im *src*-Attribut hinterlegt. Sie sollten auf jeden Fall die Registerkarte *Zusätze* (Abbildung 25.38, links oben) anwählen und dort im Feld *Alternativtext* einen Text hinterlegen. Dieser wird von Office dem *alt*-Attribut des < img > -Tags zugewiesen. Browser können diesen Alternativtext anzeigen, falls der Verweis auf die Bildquelle gebrochen ist.

- Auf der Registerkarte *Umrandung* (Abbildung 25.38, rechts unten) lässt sich optional noch ein Rahmen einstellen. Wählen Sie die Rahmenstärke, die Rahmenfarbe und klicken Sie zudem in der Gruppe *Standard* auf das Feld mit dem Rahmen. Bei Rahmen lässt sich dann noch der Abstand zwischen Bild und Rahmen über die Gruppe *Abstand zum Inhalt* vorgeben.

Sobald Sie das Eigenschaftenfenster über die *OK*-Schaltfläche schließen, werden die Änderungen übernommen.

INFO

Die Registerkarte Hyperlink *ermöglicht Ihnen, dem Bild einen Hyperlink zuzuweisen. Dann ruft der Browser das betreffende Verweisziel beim Anklicken des Bilds auf. Diese Fragestellung wird weiter unten behandelt. Die Datei* Grafik.html *im Ordner* Kap25/Webseite *des Beispielarchivs zeigt das Einbinden von Grafiken in HTML-Dokumenten.*

25.4.8 Hyperlinks in Webseiten

Ähnlich wie in anderen Office-Dokumenten können Sie in HTML-Seiten Hyperlinks als Text oder als Grafiken ablegen. Weiterhin lassen sich Grafiken mit Hyperlinks versehen, sodass beim Anklicken der Grafik die Folgeseite aufgerufen wird. Bezüglich der Hyperlinks werden dabei verschiedene Verweisvarianten unterschieden:

- *Absolute Verweise:* Solche Verweise beziehen sich auf einen festen Speicherort. Dieser Speicherort kann im Internet sein und wird dann in der Art `http://www.borncity.de` angegeben. Oder es werden Verweise auf lokale Festplatten in der Art `file:///home/born/index.html` (Linux) bzw. `file:///C:/Test/index.html` (Windows) oder `//Wien/home/born/bilder.htm` (Netzwerkpfad) angegeben.
- *Relative Verweise:* Diese Verweise beziehen sich auf einen Speicherort relativ zum Ort, an dem das geladene HTML-Dokument hinterlegt ist. Wird nur der Dateiname im Hyperlink angegeben (z.B. `Urlaub.html`) bezieht sich das Verweisziel auf den gleichen Ordner (der auf einem lokalen Rechner, auf einem Webserver oder im Netzwerk liegen kann). Alternativ können Sie Unterverzeichnisse zum aktuellen Ordner oder parallele Verzeichnisse über relative Verweise adressieren. Die Angabe `fotos/urlaub.html` verweist auf die Datei *urlaub2000.html* im Unterverzeichnis *urlaub*. Soll ein paralleles Verzeichnis adressiert werden, sind die Zeichen ../ der URL voranzustellen. Die Angabe `../Bilder/urlaub2008.html` bedeutet, dass erst eine Verzeichnisebene höher zu gehen ist. Dann ist das Unterverzeichnis *Bilder* zu suchen und die Datei *urlaub2008.html* anzusprechen. Der Browser baut sich dann aus der URL des geladenen Dokuments und dem angegebenen relativen Verweis die Speicheradresse zusammen.
- *Lokale Verweise:* Verweise können auch auf Anker innerhalb des aktuellen Dokuments verweisen. In diesem Fall muss ein betreffender Anker im HTML-Dokument definiert sein.

Die Hyperlinks werden in Webseiten auf die gleiche Art eingefügt, wie es weiter oben im Abschnitt »Know-how: So fügen Sie Hyperlinks in den Text ein« beschrieben wurde.

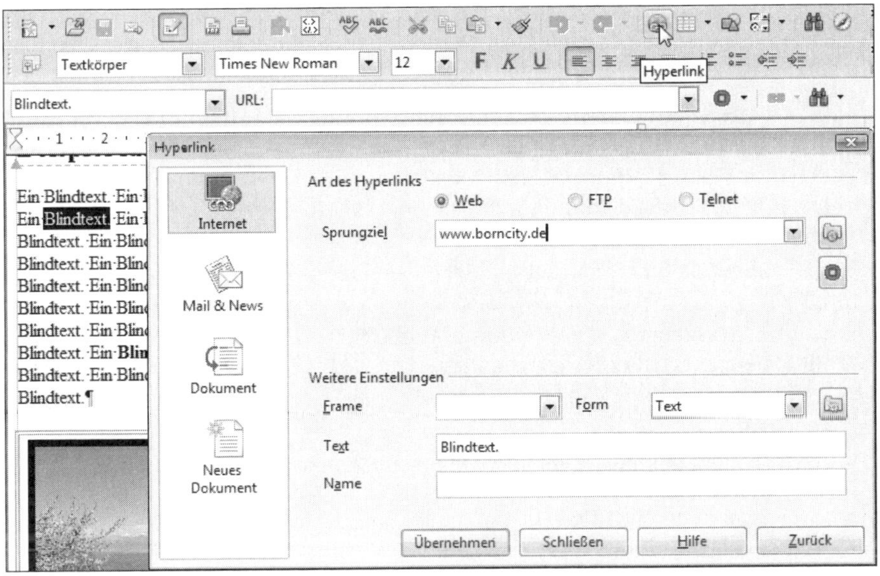

Abbildung 25.39: Einbinden eines Hyperlinks in die Webseite

1. Soll ein Text als Hyperlink ausgezeichnet werden, markieren Sie die betreffende Stelle. Um eine Schaltfläche in das HTML-Dokument als Hyperlink einzufügen, klicken Sie auf die betreffende Dokumentstelle.
2. Anschließend rufen Sie den *Hyperlink*-Dialog über die gleichnamige Schaltfläche der *Standard*-Symbolleiste auf (Abbildung 25.39).
3. Wählen Sie im Dialogfeld *Hyperlink* in der linken Spalte das gewünschte Verweisziel (z.B. *Internet*, um absolute Verweise der Art *http://xxx* einzugeben, oder *Dokument*, um relative Verweise der Art *pfad/Dateiname* anzugeben), setzen Sie die Art des Hyperlinks und geben Sie das Sprungziel ein. In Abbildung 25.39 wurde ein absoluter Verweis auf eine Webseite im betreffenden Feld hinterlegt. Beachten Sie bei dieser Eingabe die Schreibweise mit Groß-/Kleinbuchstaben.
4. Wurde der Text vor Aufruf des Dialogfelds markiert, ist bereits der Begriff in das Feld *Text* eingetragen. Bei einer Schaltfläche tragen Sie die Schaltflächenbeschriftung in das Feld *Text* ein und wählen im Listenfeld *Form* den Wert »Button«.
5. Wählen Sie ggf. noch einen Wert im Listenfeld *Frame* oder geben Sie den Namen dieses Frames ein, falls das Verweisziel in einem eigenen Frame angezeigt werden soll.

Sobald Sie auf die Schaltfläche *Übernehmen* klicken, wird ein Hyperlink in das Dokument eingefügt. Sie können dann das Dialogfeld über die *Schließen*-Schaltfläche beenden.

Hyperlinks werden über den < a >-Tag im HTML-Code hinterlegt. Dieser Tag besitzt das Format:

```
<a href="hyperlink" target="...">Hyperlink-Text</a>
```

Im Attribut *href* steht die URL sowie das optionale Protokoll, über welches die referenzierte Dokumentseite angefordert werden soll. Als Protokoll sind die folgenden Angaben zulässig:

- `http://` definiert, dass die Seite über das Hypertext Transfer Protocol (http) aus dem Internet anzufordern ist (z.B. `http://www.borncity.de`).
- `https://` definiert, dass die Seite über das abgesicherte Hypertext Transfer Protocol (HTTPS) aus dem Internet von einem HTTPS-Server anzufordern ist (z.B. `https://www.sparkasse.de/onlinebanking`).
- `ftp://` bewirkt eine Anforderung der Datei über das File Transfer Protocol (ftp) von einem FTP-Server (z.B. `ftp://ftp.microsoft.com`).
- `mailto://` erzeugt eine E-Mail im E-Mail-Client, wobei die E-Mail-Adresse als URL anzugeben ist (z.B. `mailto://Gborn@suse.de`).
- `news://` bewirkt den Aufruf eines News-Servers, wobei dessen Adresse als URL anzugeben ist (z.B. `news://news.microsoft.com`).
- `gopher://` erzeugt einen Verweis auf einen Gopher-Server, dessen URL angegeben ist (z.B. `gopher://www.w3c.org`).
- `telnet://` definiert einen Verweis auf einen Telnet-Server mit der angegebenen URL (z.B. `telnet://www.public.com`).
- `file:///` legt einen Zugriff auf eine lokale Dateiressource fest. Hinter dem Protokoll folgt ein absoluter Pfad zur jeweiligen Datei, wobei das Dateisystem des Betriebssystems abzubilden ist (z.B. `file:///C:/Test.htm oder file:///home/Test.htm`).

Bei Pfadangaben ist zu beachten, dass ein Slash-Zeichen und nicht der in Windows gebräuchliche Backslash als Trenner für die Ordnernamen verwendet wird. Fehlt die Protokollangabe und enthält das *href*-Attribut nur einen Ordnernamen und/oder Datenamen, erfolgt eine relative Adressierung auf eine Datei (die lokal auf dem Rechner oder im Internet auf dem Server liegen kann, je nachdem, von wo das aktuelle HTML-Dokument abgerufen wurde. Lokale Verweise auf Anker im Dokument werden dagegen in der Form `urlaub.html#L33 oder #L33` angegeben, wobei ein Anker mit dem betreffenden Namen definiert sein muss.

TIPP

Um einen Hyperlink zu bearbeiten, müssen Sie diesen markieren und können dann das Dialogfeld Hyperlink *über die Schaltfläche* Hyperlink *öffnen. Ein Mausklick zum Markieren des Links ist aber schwierig. Sie können die* [Alt]*-Taste gedrückt halten und dann den Link anklicken. Oder Sie öffnen den Navigator und wählen den Hyperlink aus. Zum Entfernen des Hyperlinks weisen Sie dem markierten Text das Format* Standard *(z.B. per Kontextmenü) zu.*

Verweise auf Frames

Frames sind ein Mechanismus in HTML 4.0, über den das Browserfenster in mehrere Teilfenster (Frames) unterteilt werden kann. Jedes dieser Teilfenster erhält einen Namen und kann ein eigenes HTML-Dokument darstellen (Abbildung 25.40).

Das Kombinationsfeld *Frame* im Dialogfeld *Hyperlink* ermöglicht Ihnen, den Namen eines Frames anzugeben. Dann wird die referenzierte Dokumentdatei in diesem Frame geladen. Alternativ können Sie die folgenden vordefinierten Werte für Frame-Namen abrufen.

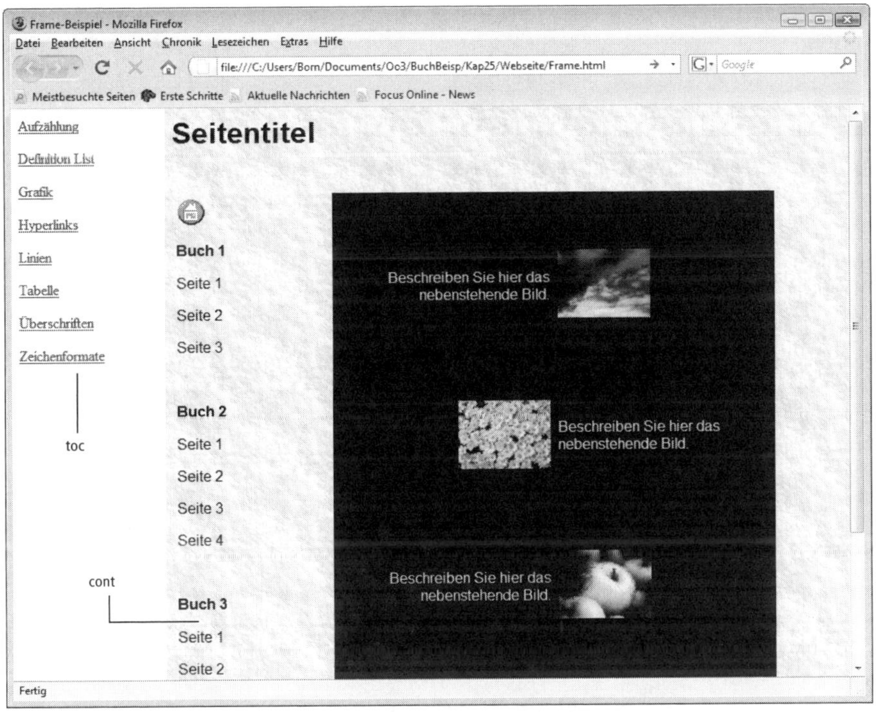

Abbildung 25.40: Beispiel einer Frame-Anzeige mit den Frames *toc* und *cont*

- *_self:* Die Datei wird im aktuellen Frame geöffnet.
- *_blank:* Öffnet die Datei in einer neuen Seite.
- *_parent:* Öffnet die Datei in dem dem, aktuellen Frame übergeordneten, (Parent-) Frame.
- *_top:* Öffnet die Datei im obersten Frame der Hierarchie.

Office überträgt den Wert des Kombinationsfelds in das *target*-Attribut des <a>-Tags.

Listing 25.3: Grundstruktur einer Frame-Datei

CODE

```
<html>
<head>
<title>Frame-Beispiel</title>
</head>
<frameset frameborder="NO" cols="167,*">
 <frame name="toc" src="inhalt.html"
        noresize scrolling="auto" target="toc">
 <frame name="cont" src="Seite 1.html"
        scrolling="AUTO">
 <noframes>
  <body>
   <p>Ihr Browser unterstützt keine Frames.</p>
   <p>Your Browser doesn't support frames.</p>
   <h3><a href="inhalt.htm">BornCity</a></h3>
    <p align="center"> </p>
```

25

```
  </body>
 </noframes>
</frameset>
</html>
```

INFO

Frames werden direkt in HTML-Dateien über < frame > - und < frameset > -Tags definiert (siehe Abbildung 25.3). Ein < frameset > -Tag gibt die Struktur des Frames an. Im Listing wird über das cols-*Attribut eine Spalte am linken Rand mit 167 Pixel reserviert, während der Rest des Fensters für weitere Frames zur Verfügung steht. Die < frame > -Tags definieren dann die eigentlichen Frames. Hier werden zwei Frames mit den Namen* toc *und* cont *vereinbart, die auf die HTML-Dateien* inhalt.html *und* Seite 1.html *verweisen. Sie finden die Datei* Frame.html *im Ordner* Kap25 *des Beispielarchivs. Abbildung 25.40 zeigt die Darstellung dieser Datei beim Aufruf in einem Browser.*

HALT

Leider unterstützt Office keine direkte Bearbeitung von Frames, d.h., Sie müssen die betreffende HTML-Datei direkt in einem Editor (z.B. KWriter in Linux oder Notepad in Windows) entwerfen. Bearbeiten Sie niemals eine Frame-Datei in Office, da dann die < frameset > - und < frame > -Tags beim Speichern herausgefiltert werden. Weitere Details zu Frames entnehmen Sie dem bereits weiter oben erwähnten HTML-Kompendium.

Anlegen und Verwalten lokaler Verweise

Häufig möchte man in HTML-Dokumenten Hyperlinks einfügen, die eine Navigation innerhalb des Dokuments erlauben. Am Dokumentanfang findet sich beispielsweise eine Art Inhaltsverzeichnis, welches über Hyperlinks realisiert ist. Klickt der Benutzer auf einen Eintrag, gelangt er automatisch zur Dokumentstelle, die dieser Überschrift entspricht.

Um in Office mit lokalen Verweisen arbeiten zu können, müssen Sie zuerst sogenannte Anker an den Verweiszielen in der Form <a name="xxxx">text</a> im HTML-Code hinterlegen. Der Wert *xxx* des *name*-Attributs steht dabei für den Namen des Ankers. Dieser Anker lässt sich dann in einem Hyperlink-Tag in der Form <a href="#xxxx">Verweis</a> referenzieren. Das Zeichen # im Verweisziel des *href*-Attributs signalisiert den lokalen Verweis. In Office führen Sie folgende Schritte aus, um einen Anker und dann den Verweis zu realisieren.

1. Markieren Sie die Textstelle im HTML-Dokument, die als Anker dienen soll (Abbildung 25.41, markierter Text im Hintergrund).
2. Anschließend rufen Sie den Menübefehl *Einfügen/Textmarke* auf, um das Dialogfeld *Textmarke einfügen* einzublenden.
3. Klicken Sie auf das Feld *Textmarken* und geben Sie einen neuen, eindeutigen Namen für die betreffende Textmarke ein (Abbildung 25.41, Vordergrund). Bereits definierte Textmarken werden in einer Liste aufgeführt. Der Name der Textmarke dient später als Anker im Hyperlink. Schließen Sie das Dialogfeld über die *OK*-Schaltfläche.
4. Gehen Sie zu der Dokumentstelle, an die der Hyperlink auf den Anker eingefügt werden soll. Tippen Sie ggf. den Text ein und markieren Sie diesen, wenn ein textlicher Hyperlink zu realisieren ist.

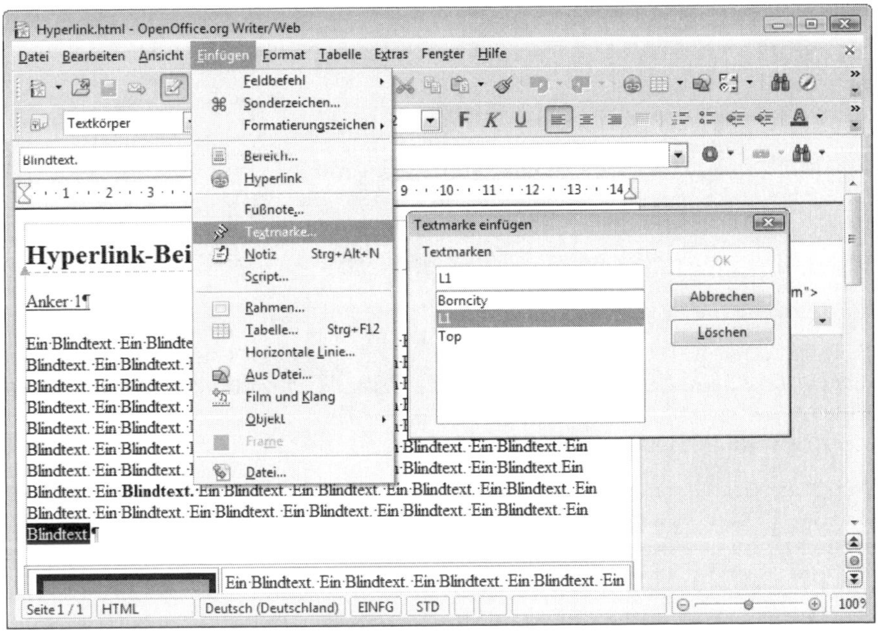

Abbildung 25.41: Einfügen eines lokalen Ankers über eine Textmarke

5. Rufen Sie nun das Dialogfeld *Hyperlink* über die betreffende Schaltfläche der *Standard*-Symbolleiste auf (siehe auch vorhergehender Abschnitt, Abbildung 25.39).
6. Klicken Sie im Dialogfeld *Hyperlink* in der linken Spalte auf das Symbol *Dokument*. Anschließend wählen Sie die Schaltfläche zum Öffnen des Fensters mit den lokalen Sprungzielen (Abbildung 25.42, linkes Fenster). Office öffnet dann das in Abbildung 25.42 rechts angezeigte Fenster, in dem alle im Dokument hinterlegten Objekte als Sprungziele aufgeführt werden.
7. Expandieren Sie den Zweig *Textmarken* und suchen Sie den Eintrag mit dem gerade definierten Namen. Markieren Sie diesen Namen und übertragen Sie ihn mittels der *Übernehmen*-Schaltfläche in das Feld *Sprungziel* des Dialogfelds *Hyperlink*.
8. Schließen Sie das Dialogfeld *Sprungziel im Dokument* und passen Sie ggf. noch die Vorgaben im Dialogfeld *Hyperlink* an.

In das Feld *Sprungziel* wird lediglich der Name der Textmarke eingetragen. Darunter zeigt Office aber im Feld *URL* bereits die korrekte Schreibweise für den Verweis auf den lokalen Anker an. Bei Bedarf können Sie noch den anzuzeigenden Text und den Zielframe korrigieren. Sobald Sie die Schaltfläche *Übernehmen* anklicken, wird der lokale Verweis als < a > -Tag eingefügt.

INFO

Die Datei Hyperlink.html *enthält verschiedene Beispiele für Hyperlinks.*

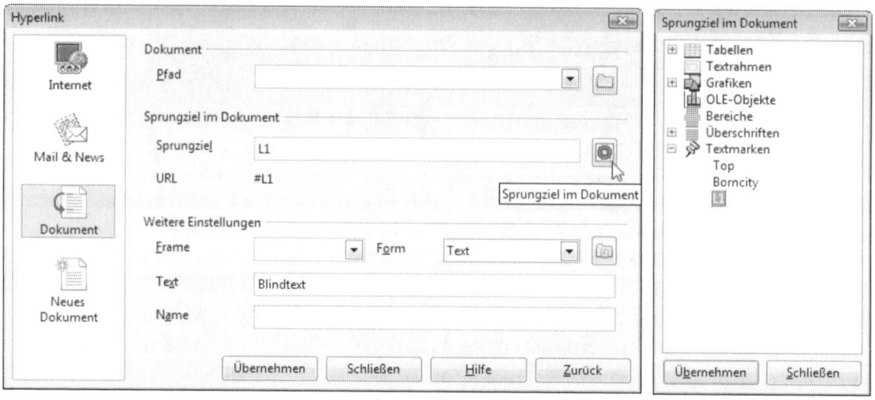

Abbildung 25.42: Zuweisen eines lokalen Sprungziels im Hyperlink

Grafiken als Hyperlinks auszeichnen

Neben Texten und Schaltflächen lassen sich auch in eine Webseite eingefügte Grafiken mit Hyperlinks versehen. Sie können eine Grafik markieren, dann das Dialogfeld *Hyperlink* über die betreffende Schaltfläche der *Standard*-Symbolleiste aufrufen und den Hyperlink zuweisen. Oder Sie weisen den Hyperlink über die Grafikeigenschaften zu:

1. Klicken Sie die markierte Grafik mit der rechten Maustaste an und wählen Sie im Kontextmenü den Befehl *Bild*.
2. Im Eigenschaftenfenster *Bild* geben Sie das Verweisziel auf der Registerkarte *Hyperlink* ein (Abbildung 25.43).

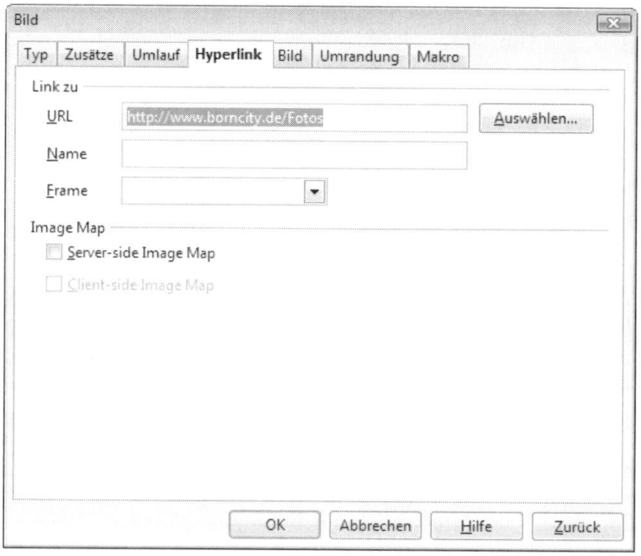

Abbildung 25.43: Zuweisen eines Hyperlinks zu einer Grafik

Das Feld *Name* brauchen Sie nicht zu belegen, da die Grafik keine Bezeichnung erhält. Bei Bedarf lässt sich noch ein Zielframe zur Anzeige des Dokuments angeben. Auf der Registerkarte *Umrandung* können Sie ggf. noch wählen, ob die als Hyperlink ausgezeichnete Grafik mit einem Rahmen versehen werden soll.

Die Datei Hyperlink.html *enthält eine eingefügte Grafik, die als Hyperlink ausgeführt wurde.*

INFO

25.4.9 Entwerfen von ImageMaps

ImageMaps stellen eine besondere Technik dar, mit der sich in Webseiten eingebundene Grafiken mit mehreren Hyperlinks versehen lassen. Zeigt der Benutzer auf einen Bereich der Grafik (auch als Hotspot bezeichnet), blendet der Browser den Mauszeiger für Hyperlinks ein. Bei einigen Browsern wird zudem der Name des Verweisziels als QuickInfo angezeigt. Wird dieser Hotspot angeklickt, ruft der Browser die Verweisseite auf. Dies ermöglicht es, Grafiken in eine Webseite einzubinden und dort Bereiche (Flächen) als Hyperlinks auszustatten.

Dies wird in Abbildung 25.44 demonstriert. Das eingebundene Foto einer Toskana-Landschaft besitzt drei Hotspots, die auf weitere Webseiten verweisen. Die Hotspots wurden im Beispiel optisch mit Ellipsen gekennzeichnet. In der Praxis wird man natürlich grafische Elemente wie Texte, Buttons oder Symbole in die Grafik einfügen und diese dann als Hotspots definieren – aber zur Demonstration reicht das einfache Beispiel aus. Der Benutzer kann die betreffende Webseite laden, auf die Hotspots zeigen und durch Anklicken die zugehörigen Webseiten abrufen.

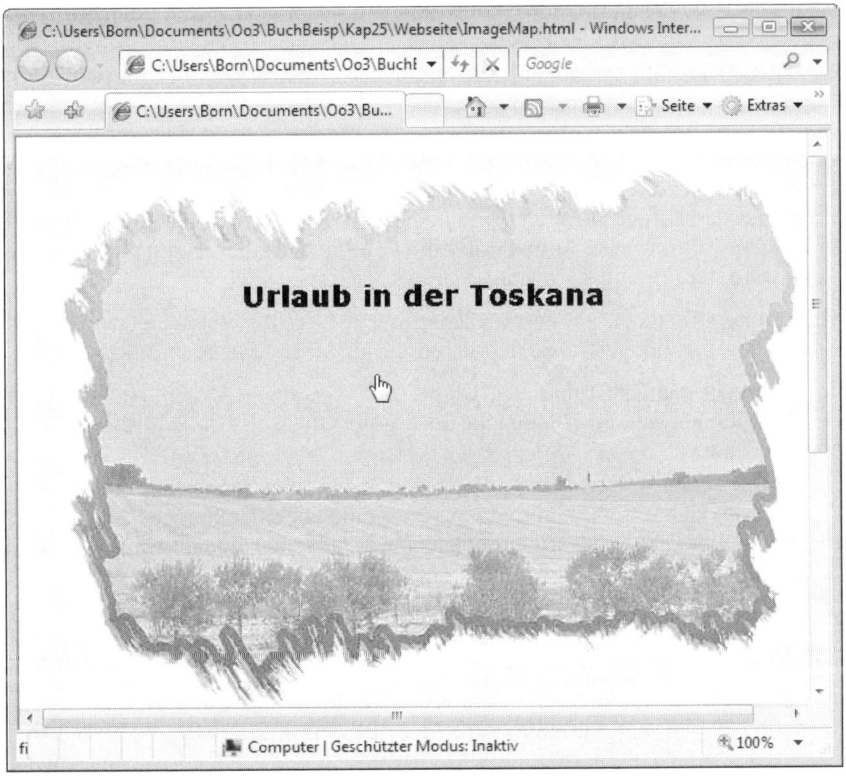

Abbildung 25.44: Navigation in einer ImageMap

25

Die ImageMap in Office definieren

Eine ImageMap wird in HTML-Dokumenten über einen <map>-Tag realisiert. Dieser enthält mehrere <area>-Tags zur Definition der Hotspot-Areas und deren Hyperlinks. Zudem muss ein <img>-Tag zum Einbinden der Grafik in den HTML-Code vorliegen. Dieser Tag besitzt noch das *usemap*-Attribut, welches den Namen der benutzten ImageMap angibt. Das folgende Listing zeigt den Auszug aus dem HTML-Code.

Listing 25.4: HTML-Code zur Definition einer ImageMap

```
<MAP NAME="MAP1">
<AREA SHAPE=POLY
COORDS="431,221,419,219,408,216,399,210,392,203,387,194,386,184,387,175,392,16
6,399,159,408,153,419,149,431,148,442,149,453,153,462,159,469,166,474,175,475,
184,474,194,469,203,462,210,453,216,442,219,431,221" HREF="Magdalena.html"
TARGET="_self" ALT="Casa Magdalena">
<AREA SHAPE=POLY
COORDS="253,193,241,191,230,187,222,180,216,171,214,160,216,150,222,141,230,13
4,241,130,253,128,266,130,277,134,285,141,291,150,293,160,291,171,285,180,277,
187,266,191,253,193" HREF="Romeo.html" TARGET="_self" ALT="Casa Romeo">
<AREA SHAPE=POLY
COORDS="90,182,79,181,69,177,62,172,57,165,55,157,57,150,62,143,69,137,79,134,
90,133,101,134,110,137,118,143,122,150,124,157,122,165,118,172,110,177,101,181
,90,182" HREF="Julio.html" TARGET="_self" ALT="Palazzio Julio"></MAP>
<IMG SRC="Toscana.JPG" NAME="Grafik1" ALIGN=LEFT WIDTH=603 HEIGHT=435 BORDER=0
   USEMAP="#MAP1">
```

Zudem wird bei der Verarbeitung noch zwischen serverseitigen und clientseitigen ImageMaps unterschieden (siehe Abbildung 25.43). Bei clientseitigen ImageMaps erfolgt die komplette Verarbeitung der Informationen auf dem Rechner des Benutzers, während bei serverseitigen ImageMaps der Browser nur die angeklickten Koordinaten zum Server schickt und dort eine Routine die Auswertung vornimmt. In der Regel wird man clientseitige ImageMaps realisieren.

Office unterstützt das Definieren solcher ImageMaps über einen eigenen ImageMap-Editor. Um eine ImageMap zu definieren, gehen Sie in folgenden Schritten vor.

1. Erzeugen Sie die Grafikdatei (GIF oder JPEG), die als Grundlage für die ImageMap dienen soll, und binden Sie diese unter Office als Grafik in ein HTML-Dokument ein.
2. Markieren Sie die eingebundene Grafik durch einen Mausklick. Sobald die Ziehmarken sichtbar sind, können Sie über eine Schaltfläche der *Bild*-Symbolleiste oder über den Kontextmenübefehl *ImageMap* den ImageMap-Editor aufrufen (Abbildung 25.45).
3. Der Editor zeigt jetzt die Grafik an und Sie müssen die Hotspots samt den Hyperlinks definieren. Hierzu klicken Sie zuerst auf eine der Werkzeug-Schaltflächen für den Umriss des Hotspots.
4. Dann zeigen Sie im Fenster des Editors auf das Bild und legen den Umriss für den Hotspot fest. Sie können rechteckige oder kreis-/ellipsenförmige Umrisse vorgeben.

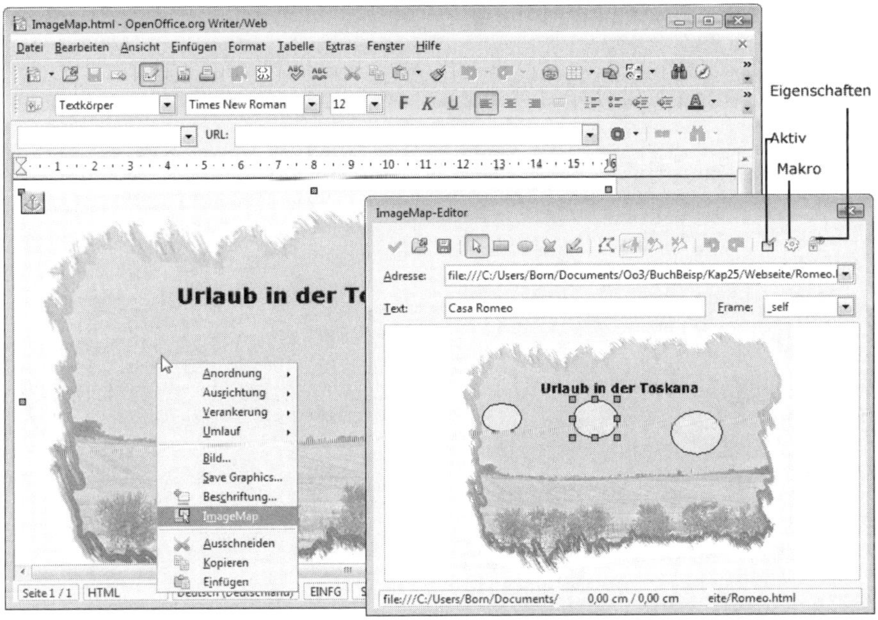

Abbildung 25.45: Definieren einer ImageMap

5. Geben Sie den Namen und die URL für das Verweisziel in die beiden Textfelder *Text* und *Adresse* ein und wählen Sie ggf. den Frame, in dem das Ergebnis anzuzeigen ist. Weiterhin klicken Sie auf die Schaltfläche zum Aktivieren des Hotspots (dieser wird dann als Umriss gezeigt).

Auf diese Weise können Sie mehrere Hotspots im Bild vereinbaren. Möchten Sie mit serverseitigen ImageMaps arbeiten, müssen Sie die *Speichern*-Schaltfläche verwenden und den Entwurf in einer MAP-Datei speichern. Für die hier benutzten clientseitigen ImageMaps schließen Sie das Fenster des Editors und bestätigen den Dialog zur Übernahme der Änderungen über die *Ja*-Schaltfläche. Mit diesen Schritten fügt Office die im ImageMap-Editor vereinbarten Hotspots samt den Hyperlinks in den HTML-Quellcode des Dokuments ein. Wenn Sie die Markierung der Grafik aufheben, lässt sich bereits testen, ob die Hotspots funktionieren. Sie brauchen lediglich auf die betreffenden Stellen in der Grafik zu zeigen. Dann sollte der Mauszeiger mit dem Symbol zum Abrufen von Hyperlinks erscheinen.

Die Datei ImageMap.html *im Ordner* Kap25 *des Beispielarchivs demonstriert den Umgang mit ImageMaps. Es sind drei Hotspots definiert, über die sich lokale Demoseiten abrufen lassen.*

INFO

25.4.10 Formulare in HTML-Dokumenten

Sie können in HTML Dokumente Textfelder, Optionsfelder, Schaltflächen und weitere Kontrollelemente einbinden (Abbildung 25.46, Hintergrund). Allerdings sind einige Besonderheiten beim Formularentwurf zu beachten.

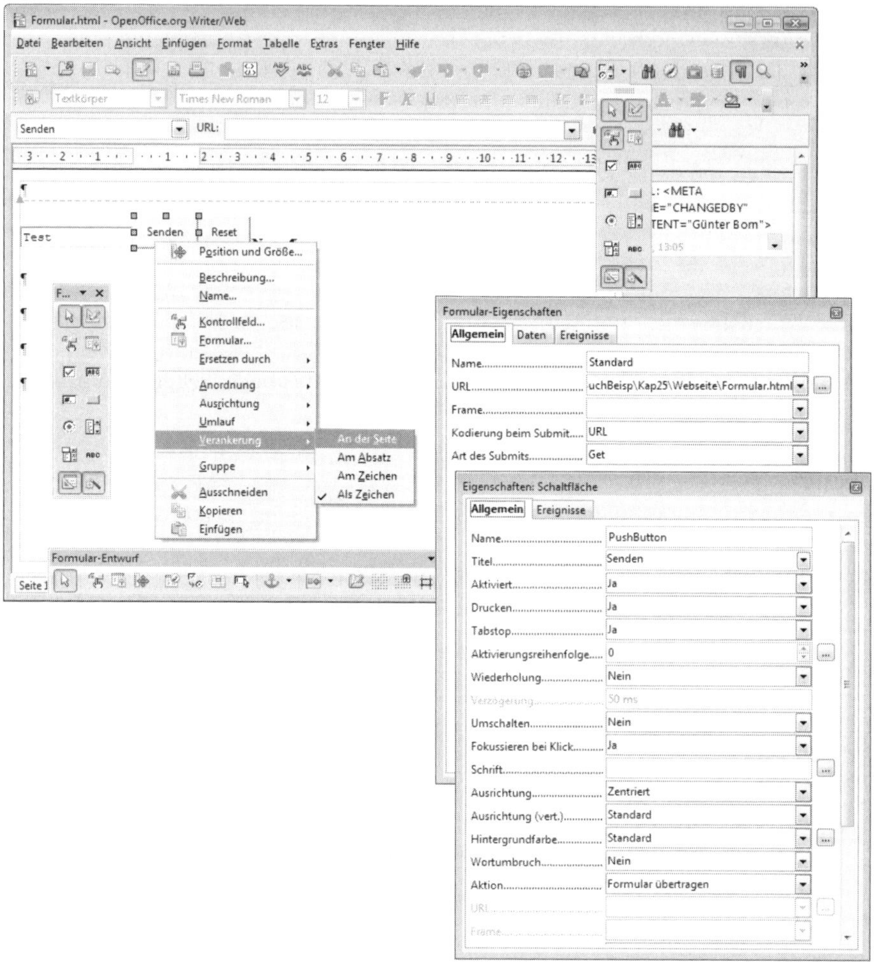

Abbildung 25.46: Formularentwurf in HTML-Dokumenten

1. Legen Sie im Writer ein neues HTML-Dokument (z.B. über den betreffenden Befehl des Menüs der Schaltfläche *Neu*) an. Anschließend fügen Sie einige Leerzeilen in das leere Dokument ein.
2. Klicken Sie auf die Zeile, in die ein Formularelement einzufügen ist. Tippen Sie ggf. statische Texte (die als Bezeichnungsfelder für Formularelemente dienen sollen) in die Zeile ein und hängen Sie ggf. Leerzeichen an. Auf das Einfügen von Bezeichnungsfeldern über die Leiste der Schaltfläche *Steuerelemente* sollten Sie verzichten, da dies in HTML-Formularen nicht unterstützt wird.
3. Danach klicken Sie etwas länger auf die Schaltfläche *Steuerelemente* in der *Standard*-Symbolleiste. Sobald die Werkzeugleiste mit den Steuerelementen eingeblendet wird (Abbildung 25.46, Hintergrund), wählen Sie die Schaltfläche des gewünschten Steuerelements (Textfeld, Schaltfläche etc.) und fügen danach das Kontrollelement in die betreffende Zeile der HTML-Seite ein.
4. Das Element wird standardmäßig in der aktuellen Zeile platziert. Klicken Sie das markierte Element mit der rechten Maustaste an und wählen Sie im Kontextmenü den Befehl *Verankerung* (Abbildung 25.46, Vordergrund). Stellen Sie

sicher, dass im Untermenü der Befehl *Als Zeichen* markiert ist (bei den anderen Verankerungsmethoden gibt es Probleme beim Speichern und erneuten Laden des Formulars).

5. Klicken Sie danach das Element erneut an und wählen Sie im Kontextmenü den Befehl *Kontrollfeld* (Abbildung 25.46, Vordergrund). Anschließend passen Sie im zugehörigen Eigenschaftenfenster die Kontrollelement-Eigenschaften an.

Fügen Sie auf diese Weise die gewünschten Formularelemente in die HTML-Seite ein. Die Abläufe zum Formularentwurf werden in *Kapitel 22* besprochen. Bei HTML-Formularen sollten Sie lediglich darauf achten, keine Kontrollelemente wie Bezeichnungsfelder (werden in HTML nicht unterstützt) oder Datenbankfelder einzubinden, da dies von Office nicht unterstützt wird. Um Kontrollfelder besser anordnen zu können, lässt sich ggf. eine Tabelle ohne Rahmen in das Dokument einfügen. Dann können Sie die Beschriftungen und die Kontrollfelder in den Tabellenzellen unterbringen.

INFO

Theoretisch besteht die Möglichkeit, die Kontrollelemente an der Seite oder am Absatz zu verankern und dann frei im HTML-Formular zu positionieren. Dann generiert Office Tags, die über ein style-Attribut mit CSS-Befehlen absolut im Formularbereich positioniert werden. Möchten Sie das Formular aber im Writer bearbeiten, geht das Layout beim erneuten Laden verloren. Dies lässt sich verhindern, indem Sie die Formularinhalte als Zeichen verankern und Tabellen zur Gestaltung des Layouts verwenden.

Klicken Sie nach dem Einfügen der Kontrollelemente ein Element erneut an und wählen Sie im Kontextmenü den Befehl *Formular*. Anschließend passen Sie im zugehörigen Eigenschaftenfenster die Formulareigenschaften an. In den Eigenschaften des Formulars lässt sich die URL angeben, zu der die Formulardaten zu senden sind. Dies muss die Adresse auf dem Webserver sein, über die das Auswertungsskript für die Formulardaten aufgerufen wird. In der Eigenschaft *Art des Submits* können Sie noch zwischen den Werten »Get« und »Post« wählen (Abbildung 25.46). Mit »Post« werden die Formulardaten an die Standardeingabeeinheit des Servers geleitet, während »Get« die Daten in einer Umgebungsvariable an ein CGI-Skript übergibt.

Wie in *Kapitel 22* beschrieben, können Sie jedem Kontrollelement Eigenschaften im Formularentwurf über das Eigenschaftenfenster zuweisen. Bei Schaltflächen geben Sie die Beschriftung über die *Title*-Eigenschaft der Registerkarte *Allgemein* an. Zusätzlich stehen Ihnen in Webformularen die beiden Varianten »Formular übertragen« und »Formular zurücksetzen« in der Eigenschaft *Aktion* zur Verfügung. Setzen Sie die Eigenschaft auf »Formular zurücksetzen«, kann der Benutzer zur Laufzeit die *Reset*-Schaltfläche anklicken. Dann löscht der Browser alle Textfelder und stellt die Werte der restlichen Kontrollelemente auf den Startzustand zurück. Die *Submit*-Schaltfläche überträgt den Inhalt der Formularelemente an den Server (konkret wird die in der Eigenschaft *URL* des Formulars angegebene Adresse abgerufen). Dort muss ein Skript (CGI-Skript, Pearl-Skript, PHP etc.) für die Auswertung der betreffenden Daten sorgen.

Office erzeugt ein <form>-Tag und fügt dann für die im Entwurfsmodus des Formulars eingebrachten Kontrollelemente entsprechende HTML-Tags ein (z.B. <input>-Tags für Schaltflächen und Textfelder). Die von Ihnen gesetzten Formulareigenschaften werden über Attribute dieser Tags abgebildet. Sie können sich den Quellcode der HTML-Seite mit den Formular-Tags jederzeit im Writer über die Schaltfläche *HTML-Quelltext* ansehen.

INFO

Im Ordner Kap25 *des Beispielarchivs finden Sie die Datei* Formular.html *mit einem sehr einfachen Formular. Dort können Sie beispielsweise das Verhalten der Schaltfläche* Reset *testen. Falls die Formularsymbolleisten fehlen, können Sie diese über den Befehl* Symbolleisten *des Menüs* Ansicht *einblenden. Auf den Symbolleisten finden Sie auch eine Schaltfläche, um den Entwurfsmodus des Formulars abzuschalten. Weitere Details zu Formular-Tags sind der bereits erwähnten HTML-Literatur zu entnehmen.*

In HTML-Seiten lassen sich Java-Applets einfügen. Sind die betreffenden Funktionen im Browser freigegeben, kann die Funktionalität der Java-Applets genutzt werden. Die Unterstützung zum Einfügen von Java-Applets in den HTML-Quellcode wurde in OpenOffice.org 3.0 aus Sicherheitsgründen entfernt.

25.4.11 Skripts in HTML-Code einbinden

Sofern im Browser die Skriptverarbeitung freigegeben ist, lassen sich HTML-Seiten mit zusätzlichen Funktionen versehen. Office unterstützt dabei die Einbindung von Skriptcode, der in verschiedenen Sprachen (JavaScript, VBScript) etc. verfasst wurde, in eine HTML-Seite.

Abbildung 25.47: HTML-Beispiel mit Dialogen und Skripteinbindung

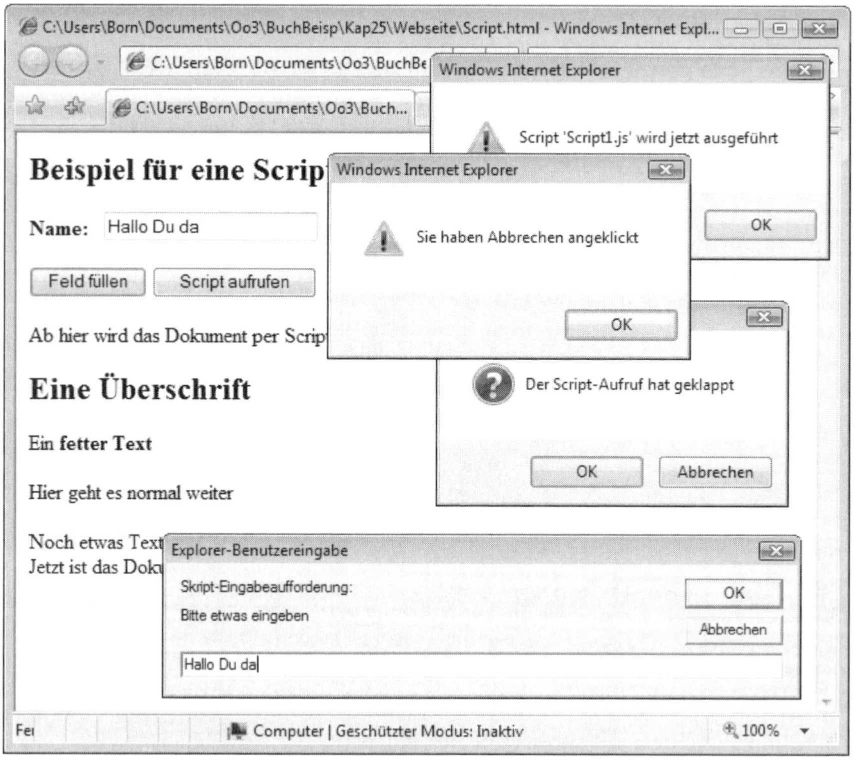

Den Ablauf zum Einbinden wird an einer sehr einfachen HTML-Seite demonstriert (Abbildung 25.47). Die Seite enthält ein Textfeld, in das der Benutzer Werte eingeben kann, zwei Schaltflächen sowie etwas HTML-Text. Der untere Teil der Seite soll dabei per Skriptcode beim Laden des Dokuments ergänzt werden. Die betreffende Routine meldet sich mit einem einfachen Dialog. Über die Schaltfläche *Script aufrufen* aktiviert der Benutzer eine eigene Skriptroutine, die sich mit verschiedenen Dialogen meldet und die angeklickten Schaltflächen auswertet. Die Schaltfläche *Feld füllen* des Formulars aktiviert ein zweites Skript, welches eine Benutzerabfrage zeigt und dann ggf. das Textfeld mit einem Wert initialisiert. Dann erscheint der im Vordergrund von Abbildung 25.47 sichtbare Eingabedialog, in den der Benutzer einen Text eintippt. Dieser Text wird abschließend in das Textfeld zurückgespeichert. Der erforderliche Skriptcode soll dabei teilweise im HTML-Dokument und teilweise als getrennte Skriptdatei gespeichert werden. Insgesamt lassen sich damit die wichtigsten Techniken zur Skripteinbindung demonstrieren und Sie lernen nebenbei noch, wie sich Dokumentelemente aus JavaScript ansprechen lassen.

Einfügen des Skriptcodes

Skriptcode wird in HTML-Dokumente über den <script>-Tag eingebunden, wobei das *language*-Attribut die Sprache (z.B. »*JavaScript*« oder »*VBScript*«) spezifiziert. Soll der Skriptcode aus einer externen Datei importiert werden, muss zudem noch ein *src*-Attribut mit der URL zur Skriptdatei angegeben werden. Im Office ist das Einbinden des Skriptcodes sehr einfach.

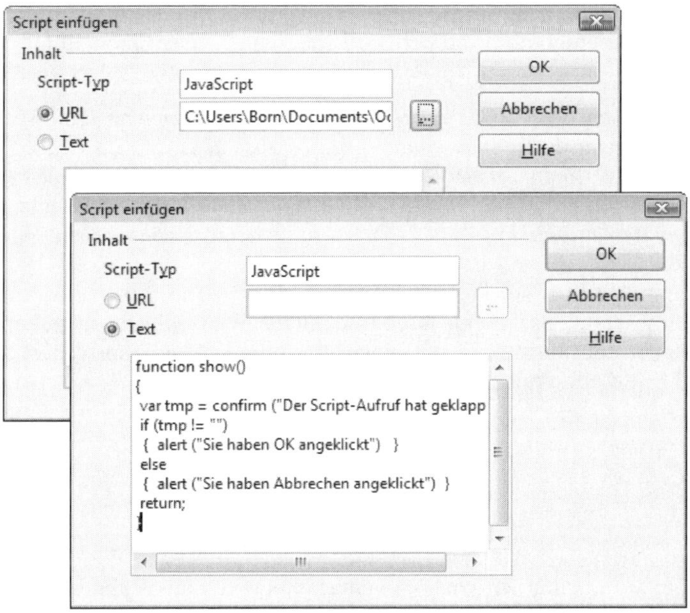

Abbildung 25.48: Einfügen des Skriptcodes

1. Klicken Sie auf die Textstelle im Dokumentfenster, an die der Skriptcode als <script>-Tag einzufügen ist. Soll der Skriptcode im <head>-Tag hinterlegt werden, sollten Sie die Schreibmarke vor dem ersten Zeichen im Dokument positionieren.
2. Rufen Sie den Menübefehl *Einfügen/Script* auf, um das Dialogfeld *Script einfügen* zu öffnen (Abbildung 25.48, Hintergrund).

3. Tippen Sie als Erstes den Namen für die Skriptsprache in das Textfeld *Script-Typ* ein. Im aktuellen Beispiel ist dies »JavaScript«.
4. Um eine externe Skriptdatei einzubinden, markieren Sie das Optionsfeld *URL*, klicken auf die zugehörige Schaltfläche und wählen dann im Dialogfeld *Einfügen* die gewünschte Skriptdatei. Bestätigen Sie dies über die *Einfügen*-Schaltfläche.
5. Soll der Skriptcode direkt in das HTML-Dokument eingefügt werden, markieren Sie das Optionsfeld *Script* und tippen dann den Skriptcode (wie in Abbildung 25.48, unten, gezeigt) ein.

Sobald Sie das Dialogfeld über die *OK*-Schaltfläche schließen, wird der betreffende Skriptcode direkt im HTML-Dokument zwischen zwei <script> ... </script>-Tags abgelegt. Office kennzeichnet die betreffende Skriptstelle mit einem (dünnen) grünen Rechteck.

TIPP

Möchten Sie den Skriptcode später erneut bearbeiten, wählen Sie in Office einfach das grün hinterlegte Rechteck per Doppelklick an. Dann erscheint das Dialogfeld Script bearbeiten.

An dieser Stelle noch einige Bemerkungen zum Einbinden des Skriptcodes. Falls Sie plattformübergreifend arbeiten möchten, empfiehlt sich die Verwendung von JavaScript für den Skriptcode. VBScript wurde spezifisch für den Microsoft Internet Explorer eingeführt und wird von anderen Browsern nicht immer unterstützt.

INFO

Sie sollten keine Makros an Kontrollelemente koppeln. Beim Speichern des HTML-Dokuments löst Office eine Warnung aus, dass die StarOffice Basic-Makros beim Export verloren gehen. Sofern Sie mit VBScript arbeiten möchten, sollten Sie den Skriptcode entweder im HTML-Dokument oder in getrennten .vbs-*Dateien unterbringen und einbinden.*

Sehr alte Browser kennen keinen <script>-Tag. Um zu verhindern, dass solche Browser den Skriptcode lesen und auf der Webseite anzeigen, kapseln viele Webdesigner den Skriptcode mit einem Kommentar-Tag. Hier sehen Sie die betreffende HTML-Codesequenz für JavaScript.

```
<script language="JavaScript">
<!--
... hier steht der Skriptcode
//-->
</script>
```

Der Kommentar wird mit <!-- eingeleitet und mit --> abgeschlossen. Um zu vermeiden, dass der JavaScript-Interpreter Probleme mit den abschließenden Zeichen bekommt, wurden hier zwei Slash-Zeichen vorangestellt. Diese werden in JavaScript als Kommentar interpretiert. Der Codegenerator von Office fügt diese Kommentarzeilen nicht hinzu. Sie können die Zeilen aber im Codebereich des Dialogfelds *Script einfügen* direkt vor und hinter die Skriptanweisungen eintippen.

HALT

Sofern Sie mit Skripts im HTML-Dokument arbeiten, müssen diese syntaktisch korrekt sein. Tritt beim Laden ein Skriptfehler auf, wird die Skriptbearbeitung unterbrochen und Sie können keines der Skripts nutzen. Beim Internet Explorer werden Skriptfehler beim Laden/Ausführen links unten in der Statusleiste signalisiert. Doppelklicken Sie auf das Fehlersymbol, öffnet sich ein Dialogfeld mit der Fehlerbeschreibung und einem Verweis auf die fehlerhafte Zeile. Sie können dann diese Informationen benutzen, um ggf. über einen HTML-Editor mit Zeilennummerierung die fehlerhaften Stellen zu ermitteln.

Skripts an Ereignisse binden

Der in das HTML-Dokument eingefügte Skriptcode muss entweder vom Browser beim Laden des Dokuments oder beim Auftreten eines Ereignisses ausgeführt werden. Dies ist beim Eingeben des Skriptcodes bzw. beim Erstellen von Skriptdateien zu beachten. Hierbei gilt Folgendes:

- Soll der Skriptcode direkt beim Laden des Dokuments (konkreter, beim Anzeigen) vom Browser interpretiert werden, sind die Anweisungen einfach in den <script>-Tag einzutragen.
- Möchten Sie die betreffenden Skriptanweisungen einem Ereignis zuordnen bzw. darf der Browser beim Anzeigen des HTML-Tags den Skriptcode nicht ausführen, verlagern Sie die Anweisungen in Prozeduren (in JavaScript sind dies *function*-Anweisungen).

Die Prozeduren (bzw. JavaScript-Funktionen) sind dann an Ereignisse zu binden oder aus dem beim Anzeigen ausgeführten Code aufzurufen. Die Kapselung in Prozeduren/Funktionen ermöglicht Ihnen also, beliebigen Skriptcode im <body>-Tag des HTML-Dokuments unterzubringen, ohne dass dieser beim Laden des Dokuments ausgeführt wird. Das folgende Listing zeigt den Skriptcode, der in der Datei *Script1.js* per *src*-Attribut hinterlegt ist.

```
alert ("Script 'Script1.js' wird jetzt ausgeführt");
document.writeln ("Noch etwas Text zum Einfügen <br>");
document.writeln ("Jetzt ist das Dokumentende erreicht<br>");
```


Da die obigen Anweisungen nicht in einer Prozedur (bzw. Funktion) gekapselt sind, führt der Browser diese direkt beim Anzeigen des Dokuments aus. Die erste Zeile ruft die *alert()*-Methode von JavaScript auf, die einfach ein Dialogfeld anzeigt. Ich habe diesen Dialog zur Kontrolle eingeführt, um beim Ausführen des Skripts informiert zu werden. Die beiden anderen Methoden verwenden die *writeln()*-Methode des vom Browser bereitgestellten *document*-Objekts, um direkte Ausgaben in der HTML-Seite vorzunehmen. Die gewünschten Ausgaben sind dabei als Zeichenkette im Argument zu übergeben. Da der Browser diese Ausgabe bei der Anzeige interpretieren soll, können auch HTML-Tags eingebettet werden. Beachten Sie, dass in JavaScript die Anweisungen mit einem Semikolon abzuschließen sind.

INFO

Die Methode writeln *fügt im Gegensatz zur* write*-Methode einen Zeilenumbruch in das Dokument ein. Dies hat aber bei HTML-Dokumenten keinen Einfluss auf die Anzeige, sondern strukturiert lediglich den HTML-Code. Um einen Zeilenumbruch im Dokument zu erhalten, müssen Sie einen
-Tag in der Zeichenkette einsetzen oder mit <p>...</p>-Tag-Kombinationen arbeiten.*

Klickt der Benutzer auf die Schaltfläche *Script aufrufen*, soll die JavaScript-Funktion *show* ausgeführt werden. Dieses Skript enthält folgende Anweisungen.

CODE

Listing 25.5: JavaScript-Funktion *show*

```
function show()
{
 var tmp = confirm ("Der Script-Aufruf hat geklappt");
 if (tmp != "")
  {  alert ("Sie haben OK angeklickt")   }
 else
  {  alert ("Sie haben Abbrechen angeklickt")  }
 return;
}
```

Das Skript verwendet die *confirm()*-Methode, um ein Dialogfeld mit zwei Schaltflächen anzuzeigen, und weist den Rückgabewert der betreffenden Methode der Variablen *tmp* zu. In einer *if*-Anweisung wird geprüft, ob der Rückgabewert nicht leer ist. In diesem Fall hat der Benutzer das Dialogfeld über die *OK*-Schaltfläche geschlossen und das Skript meldet dies über einen Aufruf der *alert()*-Methode. Im anderen Fall wird das Anklicken der *Abbrechen*-Schaltfläche gemeldet.

Die Funktion *show()* soll aufgerufen werden, sobald der Benutzer die Schaltfläche *Script aufrufen* anklickt. HTML kennt hierzu das *onClick*-Ereignis, welches sich als Attribut dem <input>-Tag der Schaltfläche zuordnen lässt. Sie müssen daher in Office zur Anzeige des HTML-Quellcodes wechseln und den Tag der betreffenden Schaltfläche um das *onClick*-Attribut erweitern.

```
<INPUT TYPE=BUTTON NAME="PushButton"
  VALUE="Script aufrufen" ONCLICK="show()">
```

Der *onClick*-Eigenschaft wird hier der Funktionsaufruf als Zeichenkette übergeben. Bei JavaScript ist es dabei wichtig, dass Sie Groß-/Kleinschreibung im Funktionsnamen berücksichtigen und auch die leeren Klammern angeben.

Kommen wir nun noch zum Code der Funktion *lese*, die vom *onClick*-Ereignis der Schaltfläche *Feld füllen* aktiviert wird. Diese Funktion erwartet ein Objekt als Argument und besitzt nachfolgende Anweisungen.

CODE

Listing 25.6: JavaScript-Funktion *lese*

```
function lese (obj)
{
  var tmp = confirm ("Namensfeld initialisieren?");
   if (tmp != "")
    {
      obj.fText.value = "Hannover"
      alert ("Wert in Name: " + obj.fText.value)
    }
 // Benutzerabfrage
  var txt = prompt ("Bitte etwas eingeben", "Hallo");
  if (txt != "")
  {
   obj.fText.value=txt;
  }
```

```
  return;
}
```

In der ersten Anweisungszeile wird ein Dialog mit zwei Schaltflächen über die *confirm()*-Methode angezeigt. Klickt der Benutzer auf die *OK*-Schaltfläche, führt dies dazu, dass der *if*-Zweig der Abfrage durchlaufen wird. Die Funktion soll den Text »Hannover« in das Textfeld des Formulars schreiben. Hier kommt nun das Objektmodell des Browsers zum Einsatz. Die Funktion *lese* erwartet, dass das Formularobjekt als Argument übergeben wird. Dann greift die Anweisung auf die *value*-Eigenschaft des *fText*-Objekts zu. Dies ist aber gerade das Textfeld, dem über das *name*-Attribut des <input>-Tags der Objektname *fText* zugewiesen wurde. Beachten Sie auch hier, dass JavaScript Groß-/Kleinschreibung bei Objektnamen berücksichtigt. Ignorieren Sie dies, wird der Browser zur Laufzeit einen Fehler auslösen, da das referenzierte Objekt nicht gefunden wurde. Nach dem Schließen des Dialogfelds zeigt die Funktion einen Eingabedialog unter Verwendung der *prompt()*-Methode. Diese Methode erwartet im ersten Argument einen im Eingabefeld anzuzeigenden Text, während das zweite Argument den Vorgabewert für das Textfeld aufnimmt. Wird der Eingabedialog über die *OK*-Schaltfläche geschlossen, liefert die Methode den aktuellen Wert des Eingabefelds zurück. Dieser Wert wird dann in das Textfeld des Formulars zurückgeschrieben. Zum Einbinden dieser Funktion müssen Sie in die HTML-Quellcodeansicht wechseln und dann den <input>-Tag gemäß folgender Zeile anpassen.

```
<INPUT TYPE=BUTTON NAME="PushButton"
   VALUE="Feld f&uuml;llen" ONCLICK="lese(this.form)">
```

Dem *onClick*-Ereignis der Schaltfläche wird der Funktionsaufruf *lese()* zugewiesen. Als Argument übergibt das rufende Modul die Referenz auf das Formularobjekt mittels des *this.form*-Ausdrucks.

INFO

Weitere Details zum Zugriff auf die HTML-Elemente oder zur Syntax der Sprache JavaScript entnehmen Sie der HTML-Literatur (z.B. dem bereits erwähnten HTML-Kompendium, welches von mir bei Markt+Technik publiziert wurde). Unter msdn.microsoft.com *finden Sie zudem unter dem Stichwort »Windows Script Host« eine komplette Dokumentation der Sprachen VBScript und JScript (dies ist Microsofts Implementierung der Sprache JavaScript) im Windows-Hilfeformat. Im Beispielarchiv finden Sie im Ordner* Kap25\Webseite *die Datei* Script.html *mit den obigen Skriptanweisungen. Einstellungen zur HTML-Funktionalität lassen sich im Dialogfeld* Optionen *(Aufruf über den gleichnamigen Befehl im Menü* Extras*) über den Zweig* OpenOffice.org Writer/Web *vornehmen.*

25.5 XML-Funktionen in Office

OpenOffice.org und StarOffice unterstützen bereits seit der Version 2.0 den Entwurf von XML-Formularen. Zudem ist der Im- und Export von Fremddokumenten über entsprechende XSL-Filter möglich. Die folgenden Abschnitte gehen kurz auf die betreffende Funktionalität ein.

25.5.1 XML-Formulare in Office

XML-Formulare (XForms) sind ein neuer Ansatz zur Gestaltung von Formularen. Im Gegensatz zu HTML-Formularen ermöglicht der XForms-Ansatz eine saubere Trennung zwischen der Darstellung des Formulars (Steuerelemente in der Formularseite), der im Formular erfassten Daten sowie der Logik zur Auswertung und Übertragung der Formulardaten an einen Server. Nachfolgend wird kurz skizziert, wie sich XML-Formulare (als Implementierung von XForms) in OpenOffice.org/StarOffice nutzen lassen.

Erstellen eines XML-Formulardokuments

XML-Formulardokumente stellen ein spezielles Dokumentformat des Writers dar. Um ein XML-Formular zu entwerfen, gehen Sie in folgenden Schritten vor.

1. Starten Sie Office, wählen Sie im Menü *Datei* die Befehle *Neu/XML-Formulardokument* und fügen Sie anschließend im Fenster des Writers die gewünschten Formularelemente (Textfelder, Bezeichnungsfelder, Optionsfelder, Kontrollkästchen, Schaltflächen) in das neue leere Formulardokument ein (Abbildung 25.49, Hintergrund). Die Schaltflächen für die betreffenden Elemente stehen in der *Formular-Steuerelemente*-Symbolleiste zur Verfügung.
2. Sobald die Kontrollelemente in das Formular eingefügt wurden, markieren Sie diese mit einem Mausklick. Danach öffnen Sie mit der rechten Maustaste das Kontextmenü und wählen den Befehl *Kontrollfeld*. Anschließend passen Sie im Eigenschaftenfenster die Eigenschaften des Kontrollfelds an (Abbildung 25.49, Vordergrund unten).

Das Anlegen der Kontrollelemente sowie das Anpassen der Steuerelementeigenschaften erfolgt wie beim (in *Kapitel 22* beschriebenen) Erstellen von Formularen. Sie können dabei über die Kontextmenübefehle die Formularelemente ausrichten und in den Eigenschaften anpassen. Den Text von Beschriftungsfeldern ändern Sie über die *Titel*-Eigenschaft. Bei Eingabefeldern (Textfelder, Optionsfelder etc.) können Sie ggf. noch die Eigenschaft *Name* mit einem eindeutigen Objektnamen für das Element versehen (erleichtert ggf. die Verwaltung in Skripts). Zudem lässt sich die Schaltfläche hinter der Eigenschaft *Beschriftungsfeld* anwählen. In einem Zusatzdialog können Sie dann eines der Beschriftungsfelder zuordnen (Abbildung 25.49, oben rechts). Bei der Schaltfläche zum Absenden des Formulars setzen Sie die Eigenschaft *Aktion* auf den Wert *Formular übertragen*.

Nach dem Entwurf können Sie das Formular über die *Speichern*-Schaltfläche des Writer-Fensters in eine *.odt*-Datei sichern.

TIPP

Das Binden der Eingabefelder an die XML-Instanz des Formulars wird nachfolgend beschrieben. Haben Sie bereits eine XML-Instanz definiert (siehe folgender Abschnitt) und möchten Sie ein Element in das Formular übernehmen? Dann ziehen Sie im Daten-Navigator das Element von der Registerkarte der XML-Instanz zum Formular. Wenn Sie die linke Maustaste loslassen, fügt der Writer automatisch das benötigte Steuerelement samt den Beschriftungsfeldern ein und bindet das Formularelement an das Element der XML-Instanz. Um später die Eigenschaften des Formularelements anzupassen, müssen Sie vorher die Gruppe (bestehend aus Beschriftungsfeld und Kontrollfeld) betreten oder aufheben.

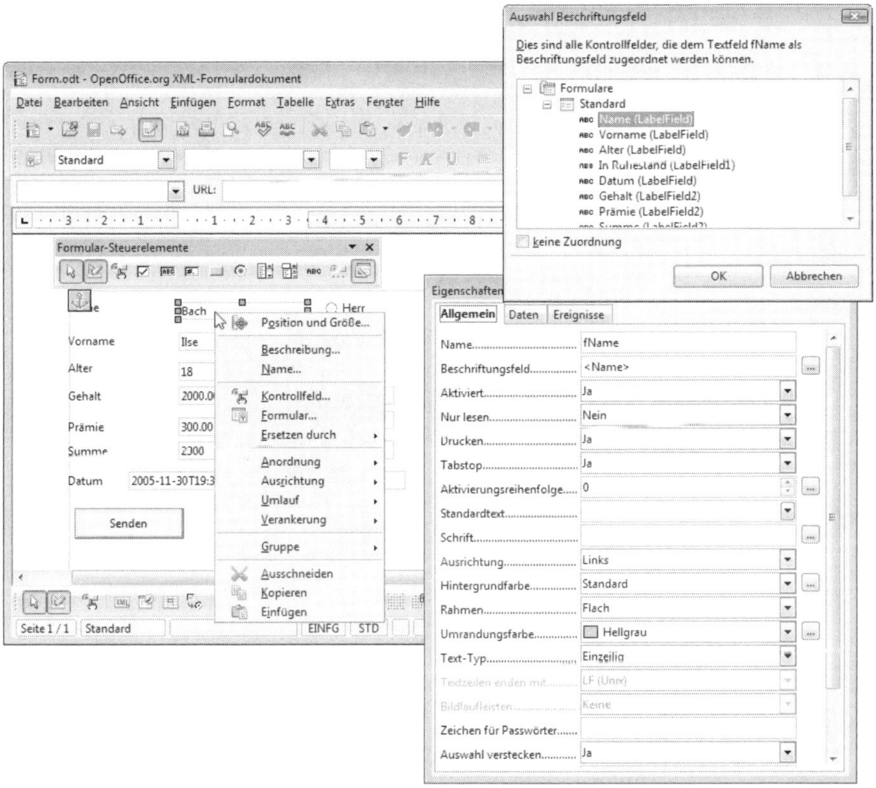

Abbildung 25.49:
Erstellen eines XML-Formulars

Erstellen des XML-Datenmodells und der XML-Instanz

Die Daten des Formulars lassen sich auf ein XML-Dokumentmodell abbilden und in eine XML-Instanz übertragen. Dies ermöglicht Ihnen, die Daten der XML-Instanz bereits während der Eingabe zu verifizieren. Das Anlegen neuer XML-Dokumentmodelle, die Pflege von XML-Instanzen etc. erfolgt über den Daten-Navigator, der sich über die entsprechende Schaltfläche der Symbolleiste *Formular-Entwurf* ein- oder ausblenden lässt (Abbildung 25.50).

Basis eines XML-Formulars ist ein XML-Datenmodell, welches die Elemente der XML-Instanz sowie die Definitionen für Bindungen und Submissions aufnimmt. Standardmäßig wird ein XML-Datenmodell mit dem Namen *Modell 1* beim Anlegen eines neuen Formulardokuments angelegt. Sie können aber jederzeit auf die Schaltfläche *Modelle* klicken. Dann öffnet sich ein Menü mit Befehlen zum Anlegen eines neuen Modells oder zum Umbenennen bzw. Löschen des aktuell gewählten Modells (Abbildung 25.50). Die Auswahl des gewünschten Modells erfolgt über das links neben der Schaltfläche befindliche Listenfeld.

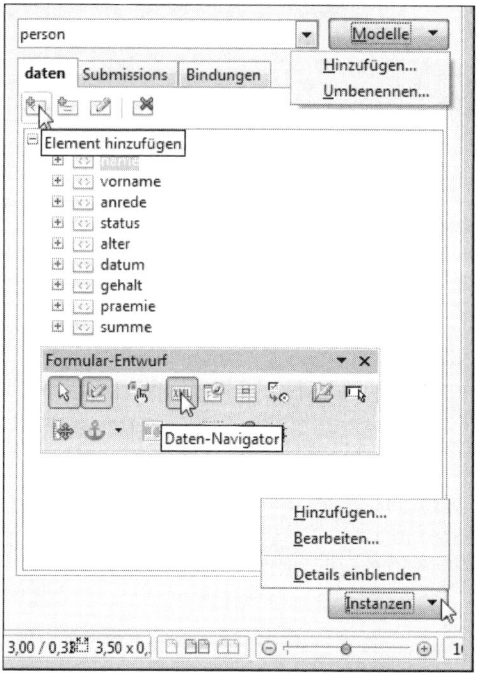

Abbildung 25.50: Erstellen der XML-Instanz

Sobald das XML-Datenmodell gewählt wurde, können Sie die XML-Instanz definieren. Es handelt sich um eine XML-Struktur, die die XML-Elemente sowie deren Attribute, Werte und Datentypen ausgehend vom Wurzelelement beschreibt. Die XML-Instanz wird auf einer eigenen Registerkarte, die den Instanznamen trägt, angezeigt und verwaltet. Standardmäßig wird für ein Modell automatisch eine (leere) Instanz mit der Bezeichnung *Instance 1* erzeugt. Über das Menü der Schaltfläche *Instanzen* können Sie neue Instanzen anlegen sowie bestehende Instanzen bearbeiten (und umbenennen) oder löschen. Sobald Sie den Befehl *Hinzufügen* der Schaltfläche *Instanzen* (Abbildung 25.50) wählen, öffnet Office das in Abbildung 25.51 gezeigte Dialogfeld. Ein ähnliches Dialogfeld erscheint bei Anwahl der Schaltfläche *Bearbeiten*.

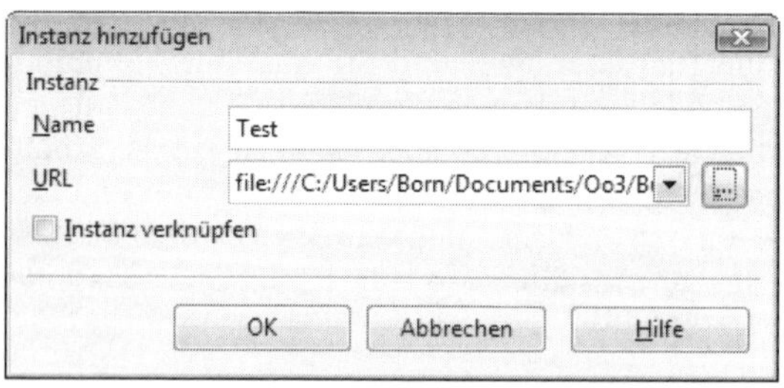

Abbildung 25.51: Hinzufügen einer XML-Instanz

Im Feld *Name* des Dialogfelds können Sie einen beliebigen Namen für die Instanz vergeben. Bei bestehenden Instanzen hat dies eine Umbenennung zur Folge. Schließen Sie danach das Dialogfeld über die *OK*-Schaltfläche, wird eine leere Instanz unter dem gewählten Namen angelegt.

Alternativ haben Sie die Möglichkeit, im Feld *URL* des Dialogfelds eine externe Instanz zum Laden der XML-Instanz anzugeben. Sie können dabei eine URL ins Web (z.B. `http://www.borncity.de/person.xml`) definieren. Oder Sie klicken auf die Schaltfläche neben dem Feld und wählen im dann angezeigten Dialogfeld eine lokale XML-Dokumentdatei, die die Daten der XML-Instanz enthält, aus. Sobald Sie die Dialogfelder schließen, wird die XML-Dokumentinstanz importiert und auf der zugehörigen Registerkarte als Hierarchie von XML-Elementen samt ggf. definierten Attributen und Werten angezeigt.

Möchten Sie eine XML-Dokumentinstanz, in die die Formulardaten abzubilden sind, manuell entwerfen, gehen Sie in folgenden Schritten vor.

1. Klicken Sie im Daten-Navigator die Registerkarte der betreffenden Instanz an, um diese in den Vordergrund zu holen.
2. Markieren Sie den Eintrag des gewünschten Elements, unter das ein weiteres Element (XML-Element, Attribut) einzufügen ist.
3. Klicken Sie auf die Schaltfläche *Element hinzufügen* der Registerkarte (Abbildung 25.50) oder wählen Sie den gleichnamigen Kontextmenübefehl.
4. Geben Sie in das Dialogfeld *Element hinzufügen* (Abbildung 25.52) den Elementnamen (Feld *Name*) und ggf. den Standardwert ein. Das XML-Element wird unter diesem Namen in die XML-Instanz eingetragen und erhält den Standardwert zugewiesen.
5. In einem weiteren Schritt können Sie den Datentyp für das XML-Element über das betreffende Listenfeld wählen. Das Listenfeld blendet die für XML-Schemata verfügbaren einfachen Datentypen (String, Integer, Datum, Decimal etc.) ein. Die Auswahl des Datentyps ermöglicht Ihnen, gültige Benutzereingaben für das betreffende Feld einzugrenzen.
6. Bei Bedarf lassen sich weitere Eigenschaften des Elements durch Markieren der Kontrollkästchen der Kategorien *Erforderlich*, *Relevant* etc. setzen.

Abbildung 25.52: Einfügen von XML-Elementen in die XML-Instanz

Das Element wird in die XML-Instanz eingefügt, sobald Sie das Dialogfeld über die *OK*-Schaltfläche schließen.

TIPP

Achten Sie beim Einfügen neuer Elemente peinlich darauf, das gewünschte Element zu markieren. Standardmäßig wird man für die XML-Elemente der ersten Ebene den Eintrag instanceData *als Wurzelelement wählen. Vergessen Sie dies, fügt Office das neue Element als Unterelement zum zuletzt gewählten Element ein. Da es keine Funktion zum Verschieben der XML-Elemente innerhalb der Elementhierarchie gibt, bleibt dann nur das Löschen und erneute Anlegen des gerade definierten Elements.*

Definition der Bindungen

Um die Daten des Formulars an die Elemente der XML-Instanz zu binden, arbeitet Office mit sogenannten »Bindungen«. Diese bestehen aus einem Namen (z.B. *Bindung 1*) und einem Bindungsausdruck (einem XPath-Ausdruck, der das zu bindende Element in der XML-Instanz identifiziert). Wenn Sie die Elemente der XML-Instanz manuell auf der betreffenden Registerkarte hinterlegen, erzeugt der Writer automatisch die benötigten Bindungen auf der zugehörigen Registerkarte. Haben Sie dagegen eine XML-Instanz durch Import einer XML-Datei erzeugt, sind die Bindungen manuell zu erstellen.

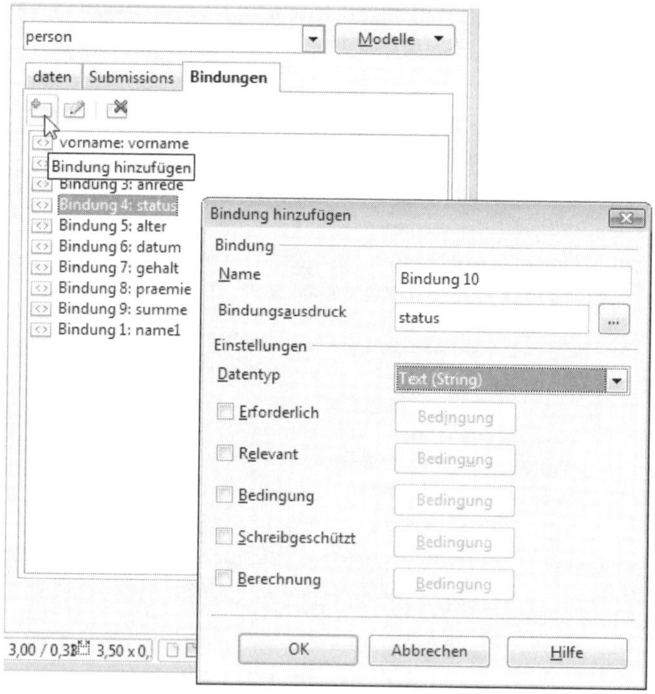

Abbildung 25.53: Erstellen der Bindungen

1. Wechseln Sie im Daten-Navigator zur Registerkarte *Bindungen* und klicken Sie auf die Schaltfläche *Bindung hinzufügen* (Abbildung 25.53, Hintergrund).
2. Anschließend tragen Sie im Dialogfeld *Bindung hinzufügen* einen Namen für die Bindung sowie einen Bindungsausdruck in die betreffenden Felder ein (Abbildung 25.53, Vordergrund).
3. Bei Bedarf können Sie zudem noch über die Gruppe *Einstellungen* einen Datentyp und Bedingungen für die Bindung festlegen.

4. Sobald Sie das Dialogfeld über die *OK*-Schaltfläche schließen, wird die Bindung auf der Registerkarte unter dem betreffenden Namen abgelegt.

Der Bindungsausdruck ist in der Regel eine XPath-Angabe. Bei einer XML-Instanz, die aus einem Wurzelelement und einer Ebene von Unterelementen besteht, reicht es, den Namen des jeweiligen Unterelements (z.B. *status*) einzugeben. Es lassen sich aber recht komplexe XPath-Ausdrücke angeben.

TIPP

Beim Anlegen einer Bindung vergibt Office Namen wie Bindung 1, Bindung 2 *etc. Um die Bindung bei der Zuweisung der entsprechenden Kontrollfeldeigenschaft zu vereinfachen, können Sie den vorgeschlagenen Namen durch die Elementnamen der XML-Instanz ersetzen (d.h.* name *statt* Bindung 1*).*

Formularelemente an die XML-Instanz binden

Sobald die XML-Instanz erstellt und die Bindungen definiert wurden, können Sie die Formularelemente an die Elemente der XML-Instanz anbinden. Dies bewirkt, dass Formulareingaben des Benutzers direkt als Werte in die Elemente bzw. Attribute der XML-Instanz übernommen werden. Das Binden eines Formularfelds an ein Element der XML-Instanz ist mit wenigen Schritten durchgeführt:

1. Stellen Sie sicher, dass im Formularfenster der Entwurfsmodus aktiv ist (notfalls über die betreffende Schaltfläche der Symbolleiste *Formular-Entwurf* einschalten).
2. Markieren Sie das Formularelement, öffnen Sie das Kontextmenü und wählen Sie den Befehl *Kontrollfeld* (Abbildung 25.54).
3. Anschließend holen Sie die Registerkarte *Daten* im Eigenschaftenfenster des Kontrollfelds in den Vordergrund und passen die Bindungseigenschaften an (Abbildung 25.54, Vordergrund).

Die Eigenschaft *XML-Datenmodell* lässt sich über das Listenfeld mit dem gewünschten Modell belegen. Standardmäßig wird dort der Wert *Modell 1* eingetragen. Haben Sie weitere Modelle definiert und möchten auf deren XML-Instanzen zugreifen, muss deren Wert in der Eigenschaft gewählt werden. Anschließend stellen Sie über das Listenfeld der Eigenschaft *Bindung* den Wert der geforderten Bindung ein. Abschließend tragen Sie in der Eigenschaft *Bindungsausdruck* noch den gewünschten Bindungsausdruck ein. Dies kann z.B. der Name des betreffenden XML-Elements in der XML-Instanz sein.

Soll der Wert eines Formularfelds aus anderen Werten berechnet werden? Dann können Sie die betreffenden XPath-Audrücke in der Eigenschaft *Berechnung* hinterlegen. In Abbildung 25.54 wird beispielsweise eine Summe über zwei Elemente der XML-Instanz berechnet. Mit der Funktion *now()* lassen sich das aktuelle Datum und die aktuelle Zeit in ein Feld eintragen.

Je nach Typ des Formularfelds stehen Ihnen zudem Eigenschaften für die Standardwerte des Felds zur Verfügung (Abbildung 25.55). Bei Kontrollkästchen und Optionsfeldern lassen sich die Eigenschaften *Referenzwert (ein)* und *Referenzwert (aus)* festlegen. Dann schreibt Office, je nachdem, ob das Feld markiert ist oder nicht, den vorgegebenen Referenzwert in das XML-Element. Falls Sie den Wert des Kontrollkästchens einem XML-Element vom Typ *Boolean* zuweisen, müssen Sie die Werte *true* und *false* in die betreffende Eigenschaft eintragen. Achten Sie dabei auf die korrekte Schreibweise mit Kleinbuchstaben, da Office andernfalls beim Ausfüllen des Formulars einen fehlerhaften Wert für das Feld bemängelt.

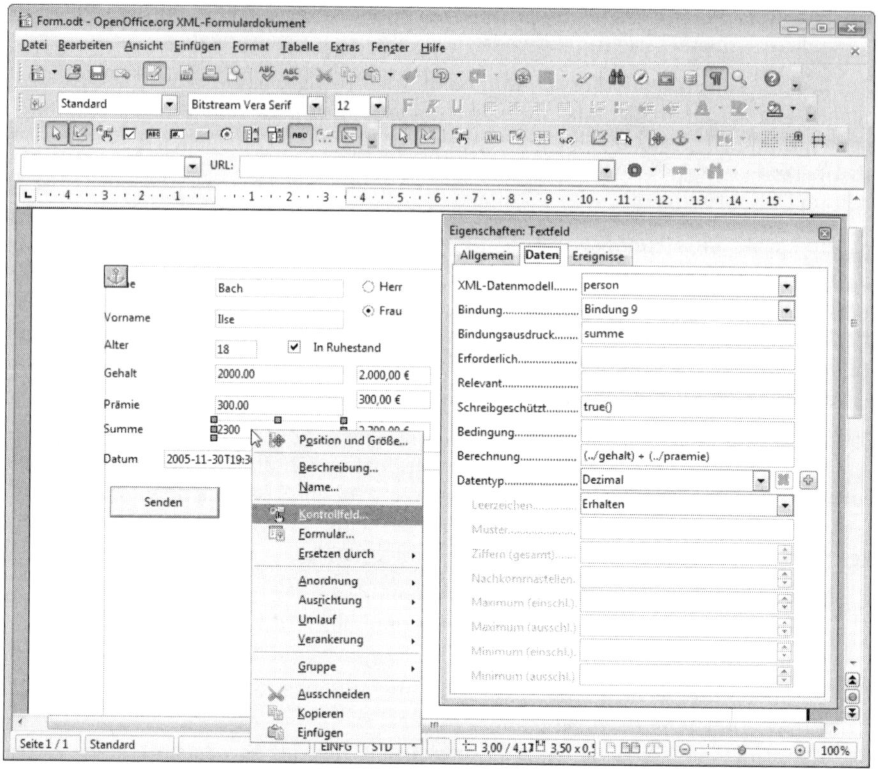

Abbildung 25.54: Bindungseigenschaften eines Formularelements

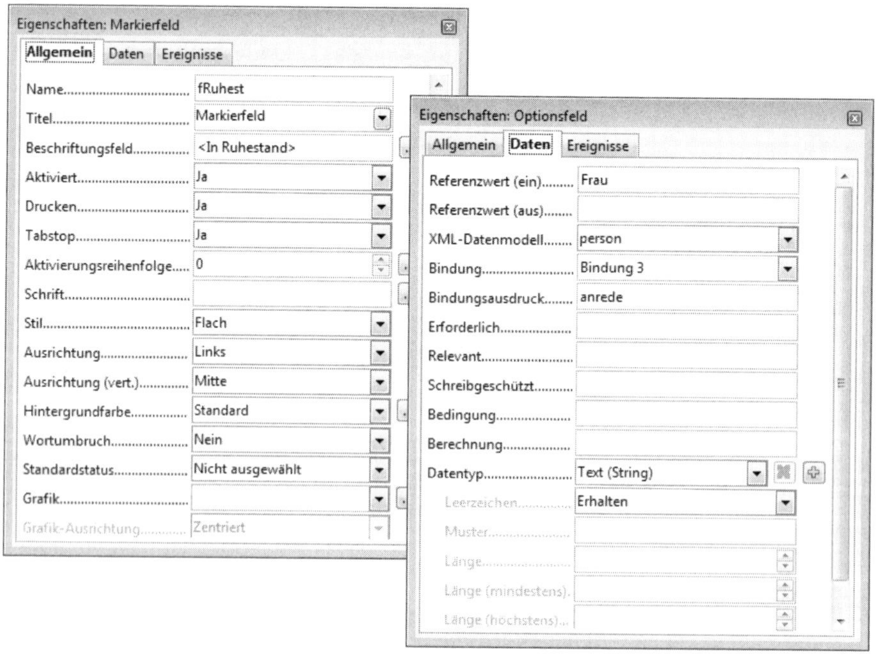

Abbildung 25.55: Bindungseigenschaften bei Optionsfeldern und Kontrollkästchen

Senden-Schaltfläche und Submissions einrichten

Das XML-Formular wird in der Regel mit einer Art *Senden*-Schaltfläche ausgestattet, über die der Benutzer die Formulardaten zur Laufzeit an einen Webserver, in eine lokale Datei etc. übertragen kann. XForms kennt zur Übertragung das Konzept der sogenannten Submissions. Eine Submission ist eine XML-Definition, die Angaben zur Übertragung (zu sendende Daten, Art der Übertragung, Ziel etc.) enthält. Office stellt im Daten-Navigator die Registerkarte *Submissions* bereit.

1. Holen Sie im Daten-Navigator die Registerkarte *Submissions* in den Vordergrund und klicken Sie auf die dort sichtbare Schaltfläche *Submission hinzufügen* (Abbildung 25.56, Hintergrund).
2. Im Dialogfeld *Submission hinzufügen* (bzw. im Dialogfeld *Submission bearbeiten*) müssen Sie dann die Eigenschaften der Submission definieren (Abbildung 25.56, Vordergrund unten).

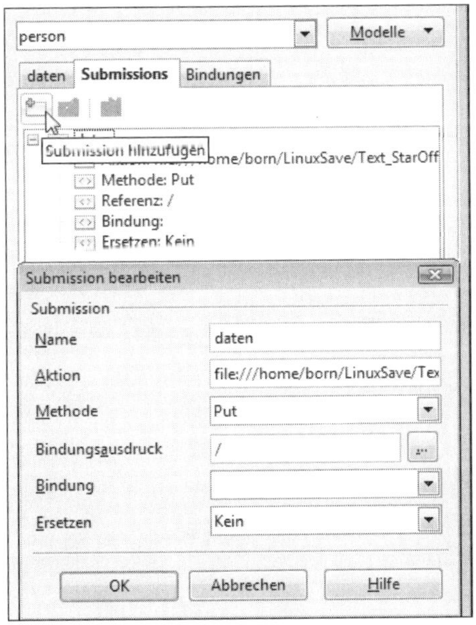

Abbildung 25.56: Definition und Testen einer Submission

Die Felder des Dialogfelds *Submission hinzufügen* werden auf die Attribute des in der XForms 1.0-Spezifikation vorgegebenen *submission*-Elements abgebildet. Das Feld *Name* nimmt den für die Submission vorgesehenen Bezeichner auf. Dieser wird später zum Binden an die *Senden*-Schaltfläche benötigt und ermöglicht, verschiedene Submissions zu unterscheiden.

Im Feld *Aktion* muss die URL des Übertragungsziels hinterlegt werden. Die XForm-Spezifikation sieht verschiedene Varianten für die URL vor, die dabei noch abhängig von der Übertragungsmethode sind. Im Writer wird man entweder eine HTTP-Übertragung oder das Speichern in eine lokale Datei vorsehen. Sie können daher Ausdrücke wie `http://www.borncity.de/daten.pl` eintragen. Dann wird der Datensatz bei der Übertragung zur entsprechenden Adresse des Webservers geschickt. Sollen die Formulardaten in eine lokale Datei geschrieben werden, geben Sie abhängig vom Betriebssystem einen Ausdruck der Art `file:///home/born/documents/Daten.xml` oder `file:///C:/born/Daten.xml` in das betreffende Feld ein.

Zum Übertragen der Daten stehen bei XForms verschiedene Methoden (Post, Put, Get) zur Verfügung. Die gewünschte Methode lässt sich über das gleichnamige Listenfeld wählen. Die *Post*-Methode wird bei der HTTP-Übertragung benutzt und überträgt die Daten als Text, bestehend aus Feldname und Wertepaaren. Um die Formulardaten als Kopie der XML-Instanz in eine XML-Datei zu schreiben, sollten Sie die *Put*-Methode verwenden.

Über das Feld *Bindungsausdruck* legen Sie fest, welche Daten aus der XML-Instanz zu übertragen sind. Die XPath-Angabe / überträgt beispielsweise den kompletten Zweig der XML-Instanz. Sie können aber auch modifizierte XPath-Angaben verwenden, um nur Teile der XML-Instanz zu senden. Mit der Angabe */daten/name* würde nur das XML-Element *name* übertragen. Sie können auf die Schaltfläche hinter dem Feld für den Bindungsausdruck klicken. Dann öffnet sich ein Dialogfeld, in das Sie einen Bindungsausdruck eintippen können (XXXXX, Vordergrund). Office zeigt dann die vom Ausdruck selektierten Daten im unteren Teil des Dialogfelds an. Sie können dadurch überprüfen, ob der korrekte Ausdruck spezifiziert wurde.

INFO

Die genauen Details zu den Optionen einer Submission sowie Informationen zu weiteren XForm-Elementen etc. finden Sie in den vom W3C unter `http://www.w3.org` *veröffentlichten Dokumenten. Dort können Sie sich auch die Spezifikation zu XPath ansehen bzw. herunterladen.*

Abbildung 25.57: Anbinden der *Senden*-Schaltfläche an die Submission

Sobald eine Submission definiert ist, müssen Sie noch die Eigenschaften der *Senden*-Schaltfläche des Formulars anpassen.

1. Markieren Sie die Schaltfläche im Entwurfsfenster und wählen Sie im Kontextmenü den Befehl *Kontrollfeld*.
2. Im Eigenschaftenfenster der Schaltfläche wechseln Sie zur Registerkarte *Allgemein* und setzen als Erstes die Eigenschaft *Aktion* auf den Wert »Formular übertragen« (Abbildung 25.57).
3. Anschließend legen Sie die Eigenschaft *Submission* über das Listenfeld auf den Wert der eingerichteten Submission fest.

Nach diesen beiden Schritten können Sie das Eigenschaftenfenster schließen. Der Wert »Formular übertragen« bewirkt, dass die Schaltfläche zur Laufzeit beim Anklicken die Formulardaten zur angegebenen URL überträgt. Der Umfang der zu übertragenen Daten ist in der Submission festgelegt.

Ein XForm-Beispiel

Abbildung 25.58 zeigt ein Beispielformular, welches als XML-Formulardokument gestaltet wurde. Bei der Eingabe bewirken die den jeweiligen Elementen der XML-Instanz zugewiesenen Datentypen, dass ungültige Eingaben zurückgewiesen werden. Dies ist beispielsweise bei der Altersangabe der Fall, wo das Feld vom Typ Integer definiert wurde, der Benutzer aber einen alphanumerischen Ausdruck eingetragen hat. Für jedes Feld lässt sich zudem ein Hilfetext mit einer QuickInfo über die Eigenschaften definieren.

Das Feld mit der Bezeichnung *Summe* enthält einen aus dem Gehalt und der Prämie berechneten Wert. Die Zahlenangaben für Gehalt, Prämie und Summe wurden jeweils als unformatierte Textfelder und als formatierte Währungsfelder im Formular hinterlegt, um die zugehörigen Effekte zu demonstrieren. Weiterhin finden sich im Formular noch Felder, in denen das aktuelle Datum angegeben wird.

Blendet der Benutzer den Daten-Navigator ein, zeigt dieser auf der Registerkarte mit der XML-Instanz die XML-Elemente an. Wird der Zweig der XML-Instanz nach einer Formulareingabe expandiert, sind die Eingabewerte in den betreffenden Elementen zu sehen. Allerdings klappt die Aktualisierung der Anzeige nicht immer. Sie können den Daten-Navigator aber über die betreffende Schaltfläche der *Formular-Entwurf*-Symbolleiste ein-/ausblenden. Dann wird die XML-Instanz korrekt dargestellt.

Sobald der Benutzer im Formular auf die *Senden*-Schaltfläche klickt, überträgt der Writer die Formulardaten im angegebenen Format zum angegebenen Ziel. Im Beispielformular werden die Formulardaten in einer lokalen XML-Datei abgelegt.

INFO

Alternativ können Sie den Menübefehl Datei/Exportieren *aufrufen. Dann steht Ihnen die Möglichkeit zum Export in das PDF-Format zur Verfügung. Das PDF-Formular kann aber nicht die komplette XForm-Funktionalität abbilden. Der Export in das XHTML-Format klappt ebenfalls nicht. Um die XML-Formulardaten mit anderen XForm-Anwendungen weiterzuverarbeiten, müssen Sie den Entwurf über XLT-Filter in XML- und XLT-Dateien überführen – was aber den Umfang dieses Buches sprengt. Sie finden das Beispiel in der Datei* Form.odt *im Ordner* Kap25/XForms *der Begleit-CD. Damit das Beispiel funktioniert, muss der Pfad an das betreffende Betriebssystem angepasst werden.*

25.5.2 Arbeiten mit XML-Filtern in Office

StarOffice und OpenOffice.org unterstützen den Im- und Export von Dokumenten über XSLT-Filter. Sofern entsprechende Filter vorhanden sind, können Sie den Inhalt eines Office-Dokuments in XML-Dateien oder in andere Dokumentformate (Text, XHTML, HTML etc.) exportieren. Bei der Office-Installation werden einige dieser XSLT-Filter (Zweig */share/xslt/* im Installationsverzeichnis) installiert. Bei den *.xsl*-Filterdateien handelt es sich um reine Textdateien, die sich mit einem Editor öffnen und modifizieren lassen. Mit entsprechenden Kenntnissen lassen sich entsprechende XSLT-Filter zum Import von Fremddateien entwickeln. Nachfolgend wird die Registrierung und der Einsatz solcher Filter skizziert.

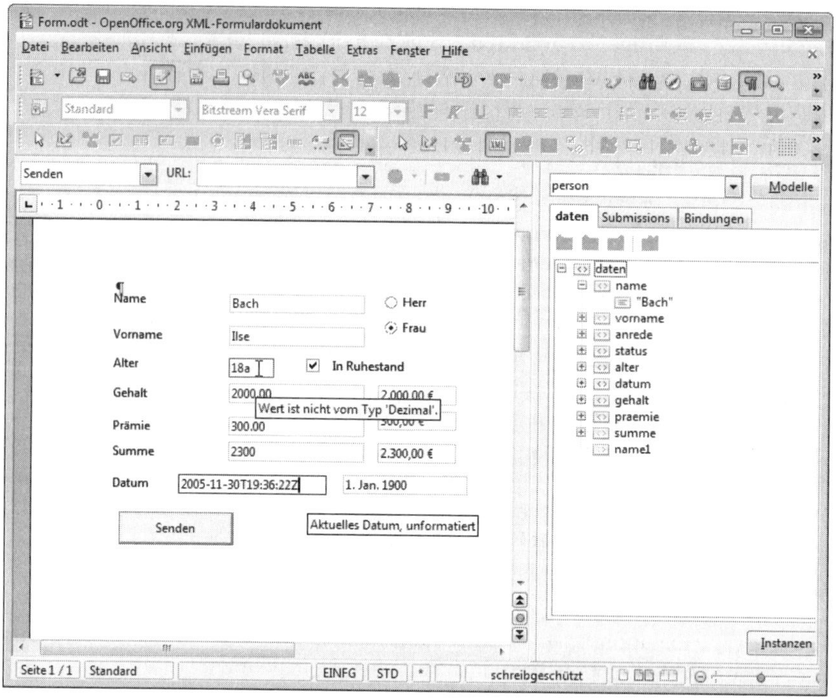

Abbildung 25.58: Formularbeispiel im Writer

INFO

Das Konzept der XSLT-Filter basiert auf der Tatsache, dass Office intern das XML-Format der Dokumentinformationen nutzt. Die XSLT-Filter zum Im- und Export müssen daher so ausgelegt werden, dass diese die internen XML-Strukturen auf das Format der externen Datei transformieren können. Zur Inspektion der XML-Inhalte können Sie die OpenOffice.org-Dokumentdateien mit einem ZIP-Programm öffnen und die gepackten XML-Dateien extrahieren. Die eigentlichen Dokumentdaten sind in der im Archiv enthaltenen Datei content.xml *gespeichert. In der Datei* styles.xml *werden Formatvorlagen definiert, während die restlichen XML-Dateien des Archivs Verwaltungsinformationen enthalten.*

So lassen sich XML-Filter registrieren

Vor der Verwendung eines XSLT-Filters muss dieser in Office registriert werden. Dazu gehen Sie wie folgt vor:

1. Laden Sie das Dokument in Office und wählen Sie dann im Menü *Extras* den Befehl *XML-Filtereinstellungen*. Office öffnet dann das gleichnamige Dialogfeld (Abbildung 25.59), in dem die bereits registrierten Filter aufgelistet sind.
2. Klicken Sie auf die Schaltfläche *Neu* des Dialogfelds, um das Dialogfeld *XML-Filter: xxx* (Abbildung 25.60) mit den beiden Registerkarten *Allgemein* und *Transformation* zu öffnen.
3. Wählen Sie die Registerkarte *Allgemein* und passen Sie die Werte in den Eingabefeldern an (Abbildung 25.60, oben links). Sie sollten den Wert *Filtername* mit einem Text versehen, der Rückschlüsse auf die Funktion des Filters liefert (z.B. »XML-Export-Bericht«). Unter *Anwendung* ist die Office-Anwendung einzustellen, auf deren Dokumente sich der Filter bezieht. Achten Sie darauf, das richtige

Dokumentformat der Office-Anwendung einzustellen, da sich die internen XML-Dateiformate für OpenOffice.org 1.x, 2.x und 3.x unterscheiden. Der im Feld *Name des Dateityps* eingetragene Text erscheint später in den Dialogfeldern zum Import/Export in der Liste der Dateiformate. Passen Sie auch die Dateinamenerweiterung im Feld *Dateiendung* entsprechend an.

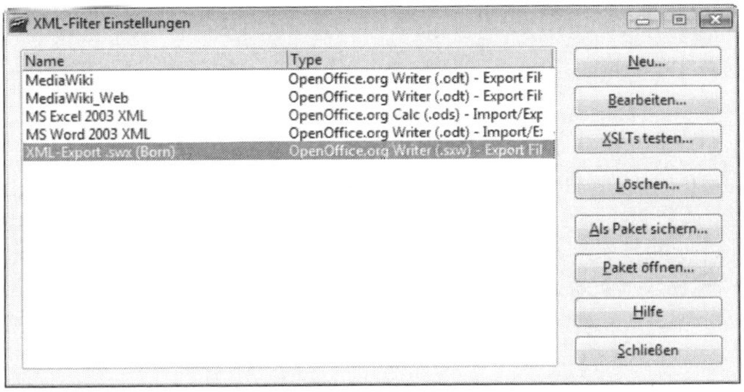

Abbildung 25.59: Dialog zum Registrieren eines XSLT-Filters

4. Wechseln Sie zur Registerkarte *Transformation* (Abbildung 25.60, rechts unten) und klicken Sie auf die Schaltfläche *Auswahl* eines Felds. Um einen Exportfilter zu registrieren, wählen Sie die Schaltfläche des Felds *Export-XSLT*, für den Importfilter wählen Sie die Schaltfläche des Felds *Import-XSLT*. Im eingeblendeten Dialogfeld *Öffnen* wählen Sie die gewünschte XSL-Datei und schließen das Dialogfeld. Existiert eine DTD für die XML-Instanz, können Sie optional deren Pfad in das Feld *DTD* eintragen. Zudem lässt sich optional ein DocType für den Dokumenttyp eintragen.

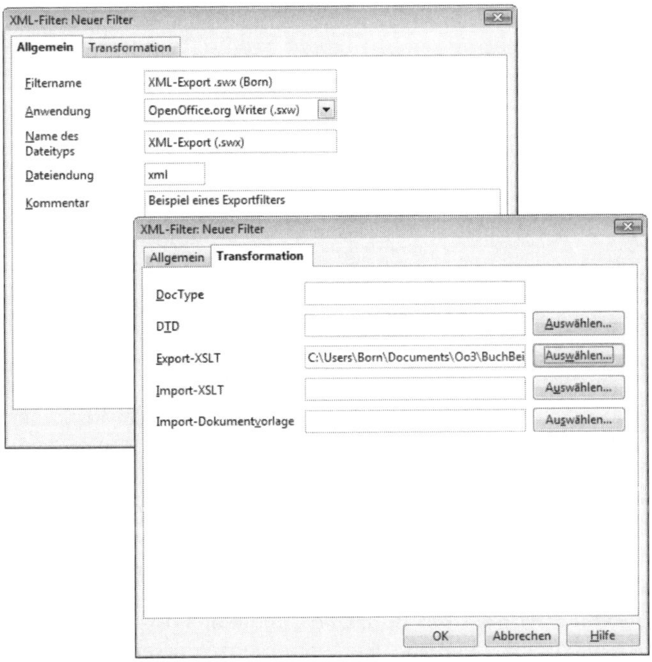

Abbildung 25.60: Registrieren eines XSLT-Filters

5. Anschließend klicken Sie im Dialogfeld XML-Filter auf die *OK*-Schaltfläche, um auch dieses Dialogfeld zu schließen.

Mit diesen Schritten ist der Filter registriert und steht Ihnen anschließend beim Exportieren (oder bei Importfiltern beim Öffnen) zur Verfügung. Die Einstellungen bereits registrierter Filter lassen sich anpassen, indem Sie den Filtereintrag markieren und dann die Schaltfläche *Bearbeiten* im Dialogfeld *XML-Filter Einstellungen* wählen. Nicht mehr benötigte Filter lassen sich im Dialogfeld *XML-Filter Einstellungen* markieren und über die Schaltfläche *Löschen* austragen.

INFO

Falls Sie selbst XSLT-Filter entwickeln, können Sie die Funktion des gerade registrierten Filters testen, indem Sie im Dialogfeld XML-Filter Einstellungen *den Filtereintrag markieren und dann auf die Schaltfläche* XSLT testen *klicken. Dann erscheint das Dialogfeld aus XXXXX. Je nach Filtertyp können Sie dann die Export- oder die Importfunktion über die betreffenden Schaltflächen aufrufen. Sobald Sie eine XML-Datei über die betreffende Schaltfläche selektiert haben, wird die XML-Ausgabe des Filters in einem Codefenster gezeigt.*

Abbildung 25.61: Testen eines XSLT-Filters

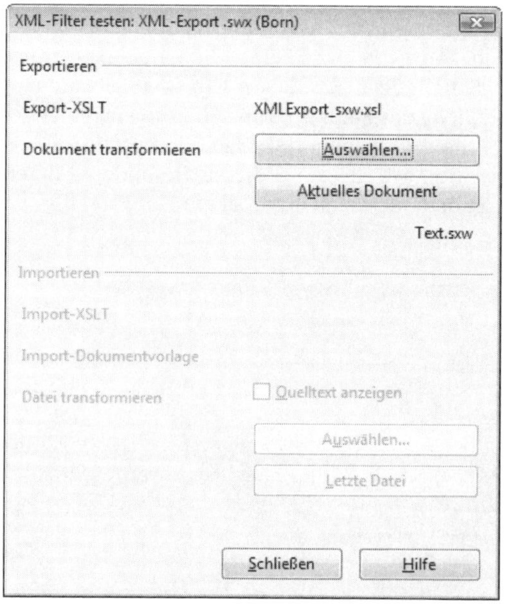

So lassen sich XML-Exportfilter einsetzen

Sobald Sie einen Filter registriert haben, lässt sich dieser beim Import bzw. Export nutzen. Ist das zu exportierende Dokument in der Office-Anwendung geladen, rufen Sie den Menübefehl *Datei/Exportieren* auf. Dann lässt sich im angezeigten Dialogfeld *Exportieren* das Dateiformat auf den gewünschten Wert setzen (Abbildung 25.62). Wenn Sie den Filter korrekt registriert haben, wird dessen Filtername und Dateityp im Feld *Dateiformat* des Dialogfelds auftauchen. Sie brauchen dann nur noch den Namen der Exportdatei einzugeben und auf die *Speichern*-Schaltfläche zu klicken. Die Office-Anwendung beginnt dann mit dem Export der in der XSL-Datei angegebenen Dokumentelemente. Sie können anschließend das Ausgangsdokument schließen und sich die Ausgabedatei ansehen.

Zum Importieren rufen Sie den Menübefehl *Datei/Öffnen* auf. Bei entsprechend registriertem Importfilter wird dessen Name im Dialogfeld *Öffnen* unter den Dateitypen enthalten sein. Wenn Sie das Format *Alle Dateien* und dann eine Dokumentdatei wählen, ermöglicht die Office-Anwendung in einem getrennten Dialogfeld die Auswahl des Filters. Nach dem Schließen der Dialoge importiert die Office-Anwendung die Inhalte der Fremddatei in das aktuelle Dokument.

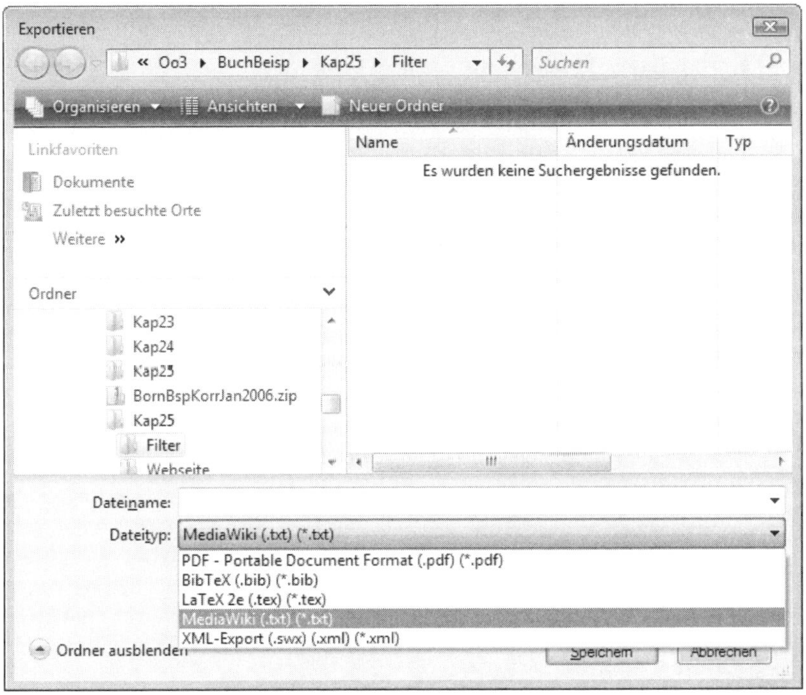

Abbildung 25.62: XSLT-Filter in den Exportformaten

INFO

Einige sehr einfache Im- und Exportfilter für das ältere OpenOffice.org 1.x .swx-Format finden Sie auf der Buch-CD im Ordner Kap25/Filter. *Beispiele für XSLT-Filter für die neuen Office-Formate finden Sie in den Office-Installationsordnern im Verzeichnis* /share/xslt.

25

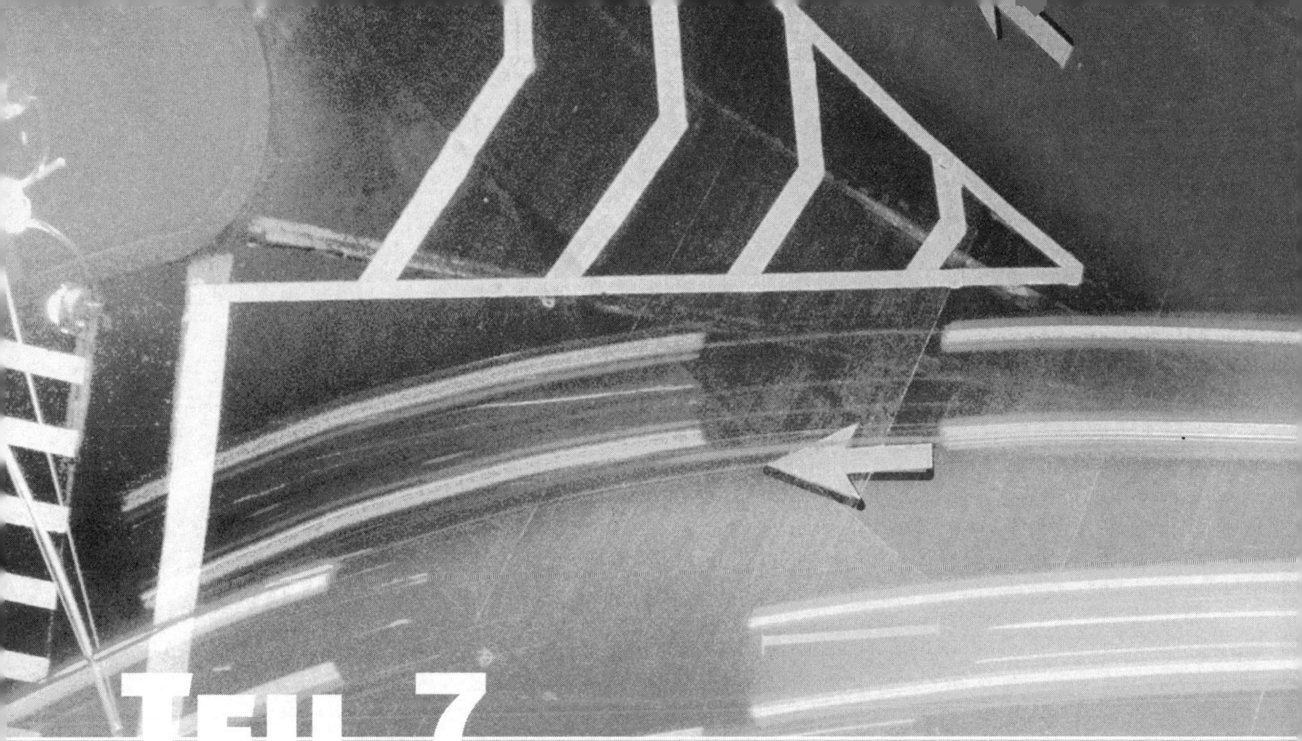

Teil 7
Anhänge

A Office installieren und anpassen

In diesem Kapitel geht es um die Installation von OpenOffice.org und StarOffice unter Linux, Mac OS X und Windows. Weiterhin erhalten Sie einen kurzen Überblick, wie sich Office und die Optionen verschiedener Module anpassen lassen.

A.1 OpenOffice.org oder StarOffice installieren

Der folgende Abschnitt beschreibt, wie sich OpenOffice.org 3.0 bzw. StarOffice unter Linux, Max OS X und Windows installieren lässt.

A.1.1 Installationsvarianten und -anforderungen

Um OpenOffice.org oder StarOffice zu installieren, muss Ihr Computer die folgenden Mindestanforderungen an Hard- und Software erfüllen:

StarOffice bzw. OpenOffice.org benötigt Microsoft Windows 2000, XP oder Vista. Bei Mac OS X wird die Version 10.4 oder höher unterstützt. Unter den gängigen Linux-Kernel-Versionen 2.4.x bzw. 2.6.x sollte sich StarOffice bzw. OpenOffice.org installieren lassen, sofern die folgenden Anforderungen erfüllt sind.

- Unter Linux ist ein XServer mit einer Bildschirmauflösung von mindestens 800 x 600 Pixel und 256 Farben sowie ein Fenster-Manager wie KDE oder Gnome erforderlich. Auch unter Windows muss die Bildschirmauflösung mindestens 800 x 600 Pixel betragen und mindestens 256 Farben unterstützen.
- Zudem sind mindestens 256 (besser 512) MByte RAM erforderlich und auf der Festplatte werden 650 MByte an freiem Speicherplatz zur Installation benötigt.

Zur Installation von CD ist ein entsprechendes Laufwerk erforderlich. Die Installationsarchive können aber auch per Internet heruntergeladen und dann direkt von der Festplatte installiert werden. Dabei unterscheiden sich die Installationspakete etwas zwischen Linux, Mac OS X und Windows.

INFO

Die verschiedenen Installationsvarianten können Sie unter `de.openoffice.org` *herunterladen. Dort finden sich auch Hinweise zur Installation unter den einzelnen Betriebssystemvarianten. Die Webseite* `wiki.services.openoffice.org/wiki/OOoRelease30_Readme` *enthält u. a. Informationen, was bei der Installation zu beachten ist.*

Installation unter Mac OS X

Um die Office-Installation unter Mac OS X durchzuführen, sind nur wenige Schritte erforderlich.

Abbildung A.1: OpenOffice.org-Installation unter Mac OS X

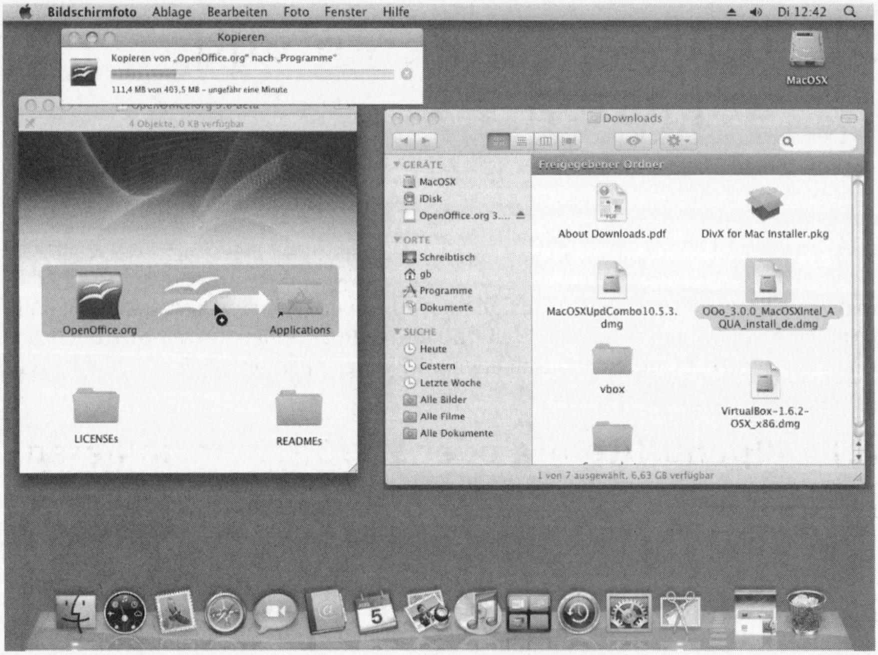

1. Suchen Sie den Ordner mit der Download-Datei und wählen Sie die *.dmg*-Datei per Doppelklick an (Abbildung A.1, rechtes Fenster).
2. Sobald der Installer startet, ziehen Sie das OpenOffice.org-Symbol per Maus zum Symbol *Applications* (Abbildung A.1, linkes Fenster).

Sobald Sie die Maustaste beim Ziehen loslassen, kopiert der Installer OpenOffice.org in den Programmordner.

INFO

Theoretisch können Sie unter Mac OS X sogar auf die Installation verzichten und die .dmg-*Datei in den Programmordner ziehen. Beim ersten Aufruf startet dann ein Assistent, der Sie durch die Registrierung führt.*

Installation unter Windows

Die Office-Installation unter Windows ist denkbar einfach. Sie müssen lediglich die ausführbare Setup-Datei mit Administratorberechtigungen per Doppelklick starten. Bei Windows Vista müssen Sie die Installation im Dialog der Benutzerkontensteuerung freigeben. Anschließend werden Sie von einem Installationsassistenten durch die Schritte der Installation geführt (Abbildung A.2).

Sie können in einem Startdialog den Pfad vorgeben, in dem die Installationsdateien entpackt werden, und dann auf die *Entpacken*-Schaltfläche klicken. Die so erzeugten Dateien lassen sich zu einem späteren Zeitpunkt löschen.

Sobald der eigentliche Assistent zum Installieren des Programms startet, müssen Sie in einem Dialog den Benutzernamen eingeben (Abbildung A.2, oben links) und können über die *Weiter*-Schaltfläche zum Folgedialog gehen. Dort lässt sich über Optionen wählen, ob eine angepasste oder eine Standardinstallation durchzuführen ist

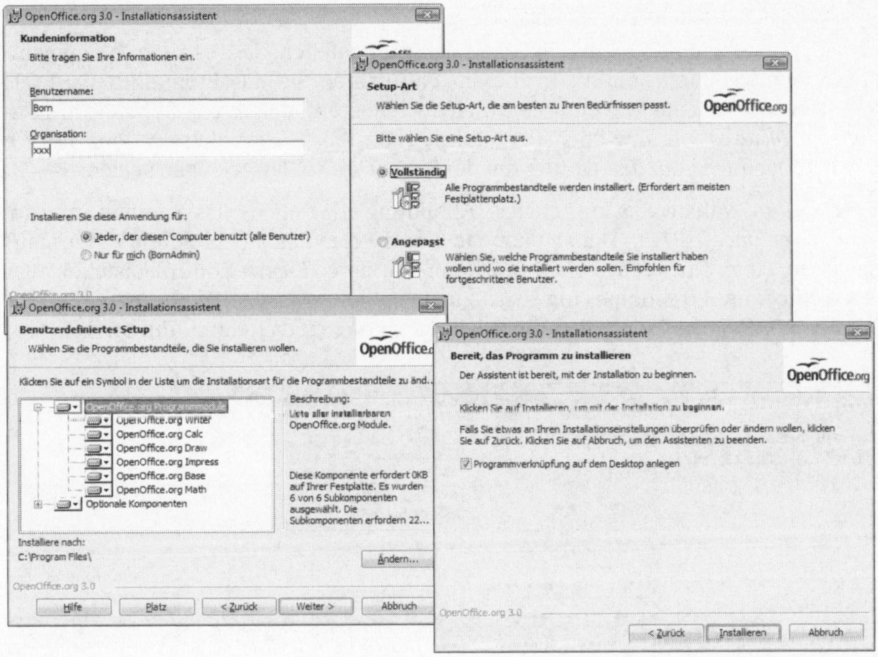

Abbildung A.2: OpenOffice.org-Installationsdialoge unter Windows

(Abbildung A.2, rechts oben). Bei einer angepassten Installation können Sie in einem weiteren Dialog (Abbildung A.2, links unten) die zu installierenden Office-Komponenten wählen. Der in Abbildung A.2, rechts unten, gezeigte Dialog bietet die Option, eine Verknüpfung auf dem Desktop anzulegen. Sobald Sie im letzten Dialogschritt die *Installieren*-Schaltfläche wählen, wird das Programmpaket eingerichtet.

INFO

Unter Windows können Sie in den Installationsdialogen wählen, ob das Paket für alle Benutzer oder für einen Benutzer installiert werden soll. Unter Windows Vista sollten Sie auf jeden Fall die Installation für alle Benutzer wählen, da zur Installation Administratorberechtigungen erforderlich sind. Führen Sie die Installation von einem Standardbenutzerkonto mithilfe der Benutzerkontensteuerung durch und wählen Sie die Variante für einen Benutzer, wird die Installation nur im Administratorkonto eingerichtet.

Installation unter Linux

Wegen der vielen verfügbaren Linux-Distributionen gibt es auch unterschiedliche Installationsvarianten. Sofern in Ihrem Linux keine OpenOffice.org 3.0-Installation enthalten ist, können Sie folgende Ansätze versuchen.

Bei RPM-basierenden Distributionen (z.B. Red Hat, Fedora) entpacken Sie das Installationsarchiv mit dem Befehl:

```
tar -xvzf Ooo_3.0<dateiname>.tar.gz
```

wobei *<dateiname>* für den Namen der *.gz*-Datei mit den Installationsdateien steht. Die Dateien werden in einen eigenen Ordner entpackt. Anschließend können Sie die Installation als Benutzer *root* mit dem Befehl:

```
rpm -Uvh <Pfad zum rpm-Ordner>open*
```

installieren lassen. Bei OpenSuSE ist mir dabei aufgefallen, dass es zu Problemen mit Paketabhängigkeiten kommt. In diesem Fall sollten Sie das Programm YaST als Benutzer *root* aufrufen. Wenn Sie im eingeblendeten Fenster das Symbol *Installationsquelle wechseln* anwählen (Abbildung A.3, oben), lässt sich der Pfad für die Installationsquelle auf den Ordner mit den entpackten RPM-Archiven setzen.

Anschließen wählen Sie im Fenster (Abbildung A.3, oben) das Symbol *Software installieren oder löschen*. Danach können Sie im Folgedialog (Abbildung A.3, unten) nach dem Paket OpenOffice.org 3.0 suchen. Markieren Sie die Kontrollkästchen aller OpenOffice.org 3.0-Module, um diese zur Installation vorzumerken. Anschließend können Sie die Installation über die Schaltfläche *Akzeptieren* durchführen.

Abbildung A.3: OpenOffice.org-Installationsdialoge in YaST

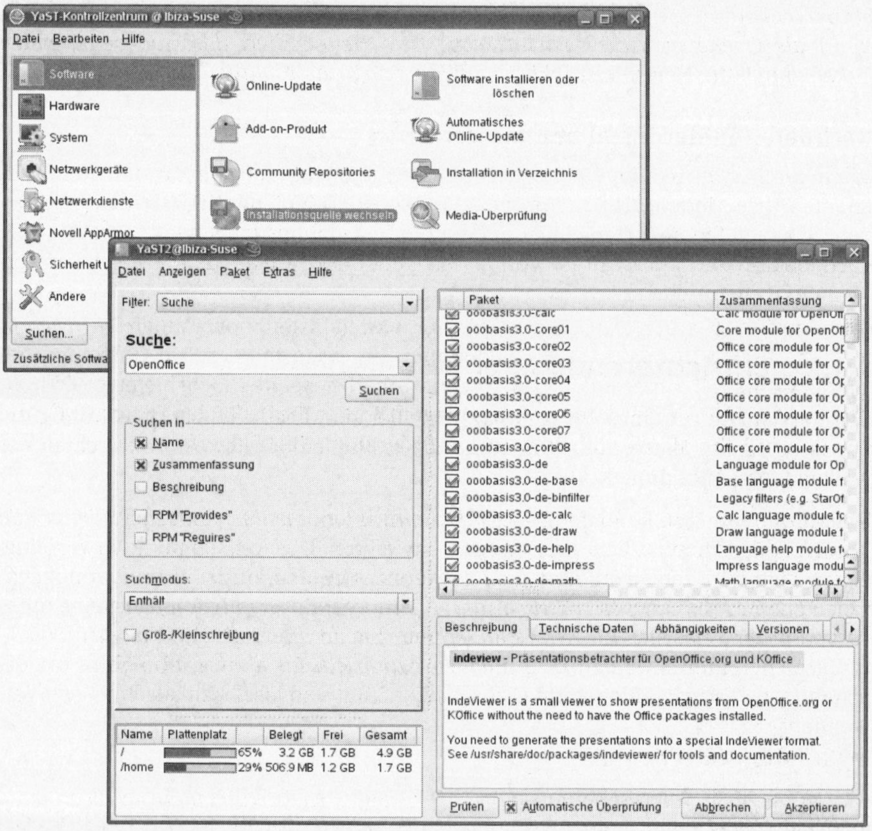

Bei Debian-basierenden Linux-Distributionen benötigen Sie *.deb*-Installationsdateien. Entpacken Sie das *.tar.gz*-Archiv wie oben beschrieben mit *tar –xvzf* < *name* > in einen lokalen Ordner. Anschließend öffnen Sie das Fenster der Konsole und verschaffen sich mit dem Befehl

```
sudo bash
```

root-Berechtigungen. Danach ist folgender Befehl einzugeben:

```
dpkg --install <pfad>open*
```

Wichtig ist, dass das Verzeichnis mit den Installationsdateien nicht das aktuelle Verzeichnis ist. < *pfad* > in obigem Befehl ist der Pfad zum entpackten Installationsordner.

INFO

Wegen der unterschiedlichen Anforderungen an die einzelnen Betriebssystemversionen wird an dieser Stelle auf die Diskussion weiterer Details verzichtet. Falls es Probleme mit der Installation gibt, schauen Sie auf den OpenOffice.org- bzw. Sun-Webseiten nach, ob es weitere Hinweise (ggf. im Installationshandbuch, welches auch in der ProOOo-Box enthalten ist) zur betreffenden Distribution gibt. Auch eine Suche im Internet wird in der Regel Hinweise auf die korrekten Befehle zur Installation liefern.

Bei OpenSUSE empfiehlt es sich u.U., das Repository von OpenSUSE (z.B. `http://download.opensuse.org/repositories/OpenOffice.org:/UNSTABLE/openSUSE_11.0`*) als Quelle in YaST2 einzutragen. Dies stellt sicher, dass die betreffenden Pakete durch die Novell-Entwickler bei Bedarf angepasst wurden.*

Nachbereiten der Installation unter Linux

Wenn Sie StarOffice oder OpenOffice.org nachträglich unter Linux installieren, sollten die Office-Module als Befehle in das *Application*-Menü der KDE eingetragen werden. Schauen Sie im Verzeichnis, in dem die Installationsdateien entpackt wurden, nach, ob dort Skriptprogramme vorhanden sind, um Office auf den diversen Fenster-Managern einzurichten.

A.1.2 Einrichten nach der Installation

Beim ersten Aufruf eines Office-Moduls meldet sich das Dialogfeld des Konfigurationsassistenten. Dieser führt Sie durch die restlichen Schritte zum Einrichten der Anwendung (Abbildung A.4).

Über die am unteren Rand der Dialogfelder eingeblendeten Schaltflächen *Weiter* und *Zurück* lässt sich zwischen den Schritten navigieren. Der Assistent fragt in verschiedenen Schritten den Benutzernamen sowie das Benutzerkürzel ab und ermöglicht Ihnen zudem, das Produkt (optional) zu registrieren. Zur Registrierung ist eine Internetverbindung erforderlich. Weiterhin können Sie im Schritt *Online Update* das Kontrollkästchen zum automatischen Suchen nach Updates aktivieren. Sobald Sie die Schaltfläche *Fertig* wählen, wird Office eingerichtet und lässt sich anschließend verwenden.

INFO

Die Benutzerkenndaten werden beim Bearbeiten von Dokumenten als Bearbeiterkennzeichnung hinzufügt. Falls Sie diesen Dialogschritt übergehen, lassen sich diese Daten später auch über den Menübefehl Extras/Optionen *nachtragen.*

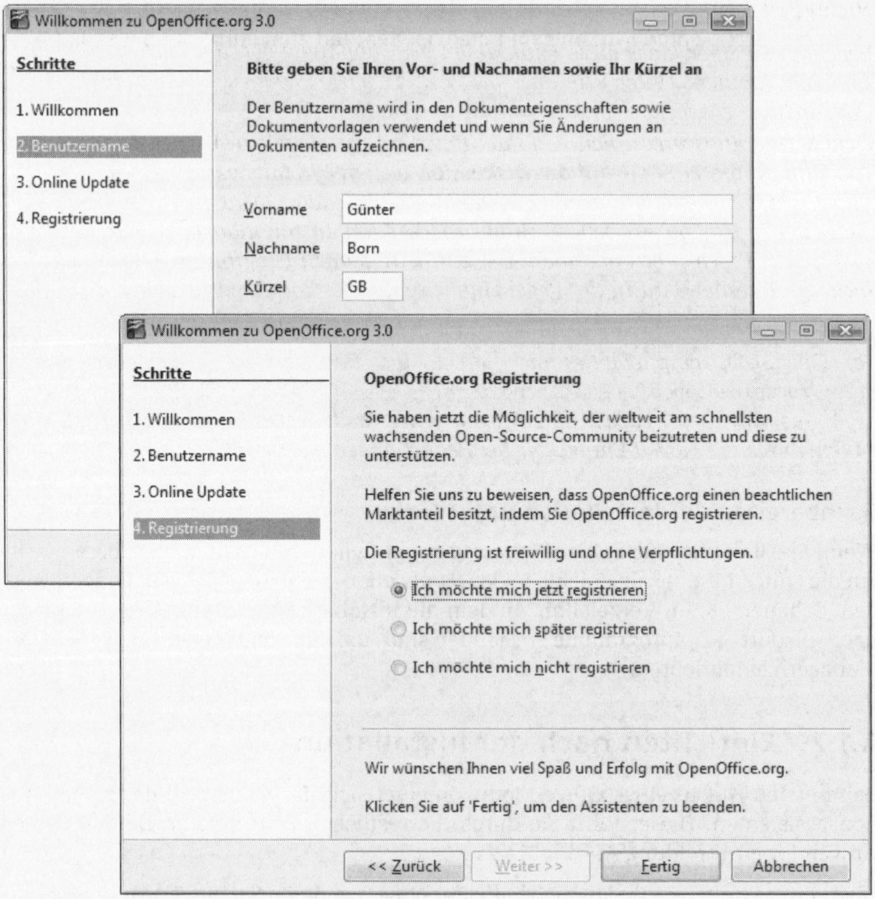

Abbildung A.4: Einrichten von OpenOffice.org (Windows)

A.1.3 Office reparieren, modifizieren oder deinstallieren

Das Setup-Programm von Office stellt Ihnen Funktionen bereit, mit denen sich beschädigte Installationen reparieren lassen. Zudem können Sie den Installationsumfang nachträglich modifizieren oder das Paket deinstallieren.

Um ein beschädigtes Paket lediglich reparieren zu lassen, gehen Sie wie bei der Installation eines Einzelplatzsystems vor und rufen das Setup-Programm aus dem Installationsverzeichnis auf. Der Installationsassistent erkennt eine bestehende Installation und zeigt dann in einem der Schritte den in Abbildung A.5 eingeblendeten Dialog. Markieren Sie die Option *Reparieren* und bestätigen Sie dies über die *Weiter*-Schaltfläche. Sie werden anschließend durch die Schritte zur Reparatur geführt. Das Setup-Programm benutzt dabei die Office-Voreinstellungen zur Konfigurierung des Programmpakets.

Möchten Sie Office im Funktionsumfang nachträglich anpassen oder deinstallieren, verwenden Sie die Optionen *Ändern* bzw. *Entfernen* des Assistenten.

INFO

Beachten Sie aber, dass diese Funktionen u.U. abhängig von der Betriebssystemversion sein können. Unter Windows müssen Sie z.B. zuerst die Dateien des Installationsarchivs entpacken lassen, damit der Installationsassistent startet. Weitere Details zum Wartungsmodus liefert die Office-Hilfe bzw. die auf den Download-Seiten von Office angebotene Dokumentation.

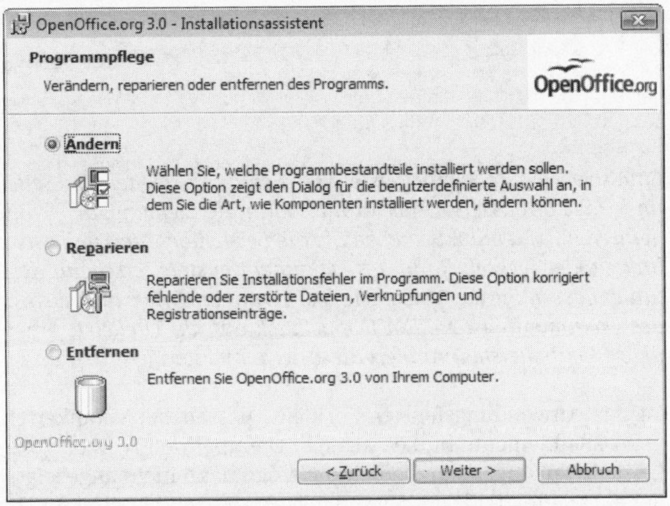

Abbildung A.5: Dialog zum Reparieren und Modifizieren der Office-Installation

A.2 Funktionen zum Anpassen der Symbolleisten

Office ermöglicht Ihnen, die Symbolleisten über den Befehl *Symbolleisten/Anpassen* des Menüs *Ansicht* oder über den Kontextmenübefehl *Symbolleiste anpassen* beliebig anzupassen.

A.2.1 Schaltflächen in Symbolleisten ein- oder ausblenden

Eine Symbolleiste kann eine ganze Reihe von Schaltflächen und weitere Elemente wie Listenfelder aufnehmen. Jede Symbolleiste besitzt zudem am linken und rechten Rand zwei spezielle Symbole.

Der sogenannte Anfasser am linken Symbolleistenrand (Abbildung A.8) ermöglicht es, die Symbolleiste bei gedrückter linker Maustaste aus dem verankerten Symbolleistenbereich in das Dokumentfenster zu ziehen. Solange Sie die Symbolleiste am Anfasser ziehen, stellt Office diese als stilisiertes Rechteck dar. Im Dokumentbereich wird der Umriss dabei durch eine gepunktete Linie dargestellt. Lassen Sie dann die Maustaste los, erscheint die Leiste als schwebende Symbolleiste mit allen Elementen und dem Symbolleistentitel im Vordergrund (Abbildung A.6, untere Symbolleiste).

Abbildung A.6: Symbolleiste schwebend auf dem Desktop anordnen

TIPP

Eine schwebende Symbolleiste lässt sich durch Ziehen der Seitenränder in der Breite und Höhe anpassen. Office ordnet dann die Elemente der Symbolleiste in einer oder mehreren Reihen an. Schieben Sie die Leiste über die Titelleiste zum oberen, unteren, linken oder rechten Rand des Dokumentfensters, erscheint deren Umriss als dunkle Linie. Lassen Sie die Maustaste los, verankert Office die Leiste am betreffenden Rand des Dokumentfensters. Ein Doppelklick auf die Titelleiste einer schwebend angeordneten Symbolleiste verankert diese an der vorherigen Position am Fensterrand.

Ist das Anwendungsfenster zu klein, passen bei verankerten Symbolleisten u.U. nicht alle Elemente in die Anzeige. Die über den rechten (bzw. unteren) Rand der Leiste hinausragenden Elemente werden dann nicht angezeigt. Sie erkennen dies an der am rechten Ende der Symbolleiste gezeigten Menüschaltfläche. Office blendet im oberen Teil ein Symbol mit zwei nach rechts zeigenden Pfeilen (> >) ein, wenn Schaltflächen nicht mehr angezeigt werden können (Abbildung A.6, oberste Leiste). Klicken Sie auf dieses Symbol, werden die verdeckten Schaltflächen als Menü eingeblendet (Abbildung A.7) und die gewünschte Funktion lässt sich über die betreffenden Menüeinträge abrufen.

INFO

Sofern Listenfelder (z.B. Schriftgrad in der Format*-Symbolleiste) ausgeblendet wird, können Sie diese Elemente nicht im Menü mit den ausgeblendeten Elementen abrufen. Dies ist wichtig, falls Sie selbst Symbolleisten mit Steuerelementen entwerfen. Listenfelder sollten dann immer am linken Rand der Leiste angeordnet werden, damit sie auch bei schmalem Fenster sichtbar bleiben.*

Abbildung A.7: Menü der verdeckten Schaltflächen einblenden

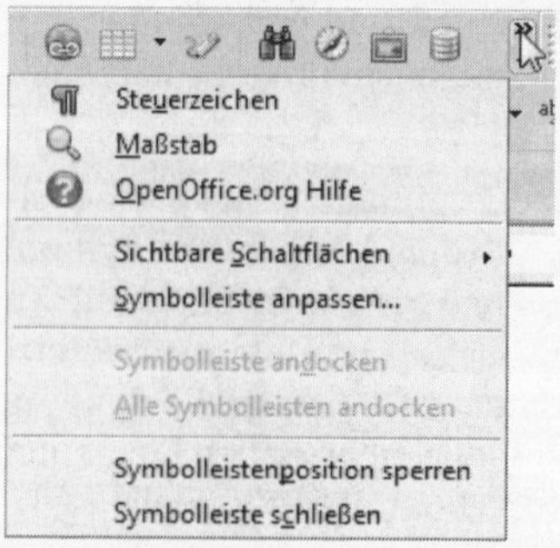

Eine Symbolleiste kann eine ganze Reihe von Schaltflächen aufnehmen, die (auch bei genügend großer Fensterbreite) sichtbar oder verdeckt sein dürfen. Office zeigt mit den Werkseinstellungen nur bestimmte Schaltflächen in den Symbolleisten an. Sie haben aber die Möglichkeit, die Zahl der sichtbaren Schaltflächen individuell festzulegen:

1. Klicken Sie mit der rechten Maustaste auf die Symbolleiste, um deren Kontextmenü zu öffnen.
2. Wählen Sie den Kontextmenübefehl *Sichtbare Schaltflächen* (Abbildung A.8). Office zeigt dann ein Untermenü mit den verfügbaren Schaltflächen der Symbolleiste an.
3. Klicken Sie in diesem Untermenü auf den Eintrag der gewünschten Schaltfläche, um diese ein- oder auszublenden.

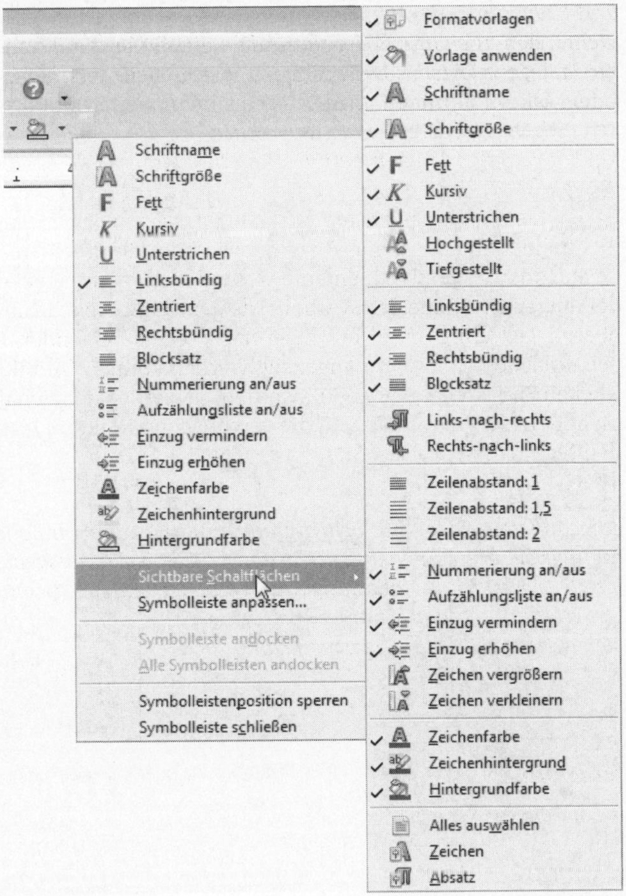

Abbildung A.8: Kontextmenü zum Anpassen einer Symbolleiste

Jede sichtbare Schaltfläche wird durch ein Häkchen markiert. Durch Anklicken des betreffenden Menüeintrags lässt sich dieses Häkchen entfernen. Die Schaltfläche wird dann ausgeblendet. Klicken Sie einen nicht markierten Eintrag an, setzt Office das Häkchen und blendet die Schaltfläche ein. Auf diese Weise können Sie nicht benötigte Schaltflächen aus der Symbolleiste ausblenden oder die Schaltflächen häufig benutzter Office-Funktionen zusätzlich einblenden.

TIPP

Möchten Sie verhindern, dass sich Symbolleisten durch Ziehen des Anfassers schwebend anordnen lassen? Dann wählen Sie im Kontextmenü den Befehl Symbolleistenposition sperren. *Office blendet den Anfasser am linken Rand der Leiste aus, die Symbolleiste bleibt dann zwangsweise an der aktuellen Position verankert.*

A.2.2 So legen Sie neue Symbolleisten an

Neben den von Office bereitgestellten Symbolleisten können Sie eigene Symbolleisten anlegen. Diesen Symbolleisten lassen sich neue Schaltflächen mit Funktionen oder Makros zuordnen. Das Anlegen einer neuen Symbolleiste ist mit wenigen Schritten möglich.

Abbildung A.9: Anlegen einer neuen Symbolleiste

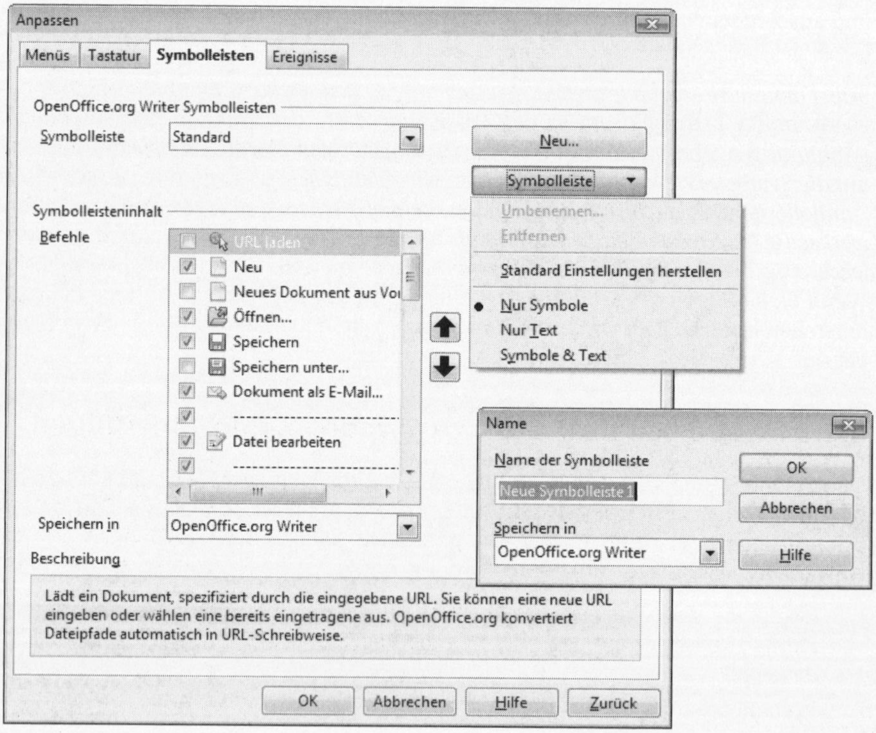

1. Rufen Sie über den Menübefehl *Extras/Anpassen* im Menü oder den Kontextmenübefehl *Symbolleiste anpassen* das Dialogfeld *Anpassen* auf (Abbildung A.8).
2. Holen Sie im Eigenschaftenfenster *Anpassen* bei Bedarf die Registerkarte *Symbolleisten* in den Vordergrund und klicken Sie dann auf die Schaltfläche *Neu* (Abbildung A.9, Hintergrund).
3. Passen Sie den als *Neue Symbolleiste 1* eingefügten Symbolleistennamen im Dialogfeld *Name* (Abbildung A.9, Vordergrund) an. Optional lässt sich im Listenfeld *Speichern in* wählen, ob die neue Symbolleiste der aktuellen Office-Anwendung oder nur dem aktuell geladenen Dokument zugewiesen werden soll. Schließen Sie das Dialogfeld über die *OK*-Schaltfläche.
4. Die neue Symbolleiste wird angelegt und im Listenfeld *Symbolleiste* unter dem angegebenen Namen aufgeführt. Klicken Sie ggf. auf die Schaltfläche *Symbolleiste* und wählen Sie im eingeblendeten Dropdown-Menü (Abbildung A.9, Hintergrund), ob die Elemente der Symbolleiste nur als Symbole, nur als Text oder gemischt, mit Symbol und Titel, anzuzeigen sind.

Bevor Sie das Dialogfeld über die *OK*-Schaltfläche schließen, sollten Sie der Symbolleiste noch Schaltflächen zuweisen (siehe folgender Abschnitt). Die Symbolleiste lässt sich über das Untermenü *Ansicht/Symbolleisten* des Anwendungsfensters ein- und ausblenden.

INFO

Selbst definierte Symbolleisten lassen sich auf der Registerkarte Symbolleiste *über das gleichnamige Listenfeld auswählen. Wenn Sie dann die Schaltfläche* Symbolleiste *(Abbildung A.9) anklicken, finden Sie im zugehörigen Menü den Befehl* Entfernen, *um die Symbolleiste komplett zu löschen. Über den Befehl* Umbenennen *lässt sich der Symbolleistentitel nachträglich anpassen. Beide Befehle stehen aber für die von Office werkseitig bereitgestellten Symbolleisten nicht zur Verfügung. Haben Sie eine dieser werkseitig bereitgestellten Symbolleisten angepasst (z.B. Schaltflächen verändert)? Wenn Sie im Menü der Schaltfläche* Symbolleiste *den Befehl* Standard Einstellungen herstellen *wählen, hebt Office die Anpassungen an den* Standard-*Symbolleisten wieder auf.*

A.2.3 Neue Schaltflächen zu Symbolleisten hinzufügen

Den Symbolleisten können Sie zusätzliche Schaltflächen zuweisen und mit Symbolen oder Texten versehen (Schaltflächen ohne Symbol erscheinen als Text). Diese Schaltflächen sind dabei mit Office-Funktionen oder Makros verbunden, die bei Anwahl der Schaltfläche aufgerufen werden.

1. Rufen Sie das Eigenschaftenfenster *Anpassen* (z.B. über den Menübefehl *Extras/Anpassen*) auf und holen Sie die Registerkarte *Symbolleisten* in den Vordergrund.
2. Wählen Sie über das Listenfeld *Symbolleiste* die gewünschte Symbolleiste aus. Es kann sich dabei um eine benutzerdefinierte Symbolleiste oder um eine der werksmäßig vorhandenen Office-Leisten handeln. Klicken Sie danach auf der Registerkarte *Symbolleisten* auf die Schaltfläche *Hinzufügen* (Abbildung A.10, Hintergrund).

3. Sobald das Dialogfeld *Befehle hinzufügen* (Abbildung A.10, unten links) erscheint, wählen Sie in der linken Spalte *Bereich* den gewünschten Eintrag aus. Zum Einfügen von Schaltflächen für Makros wählen Sie die Kategorie *OpenOffice.org Makros* und im dann eingeblendeten Zweig die Bibliothek und das Modul.
4. Office blendet dann in der rechten Spalte die für die Kategorie verfügbaren Funktionen (bzw. Makros) ein. Markieren Sie den gewünschten Eintrag und bestätigen Sie dies über die *Hinzufügen*-Schaltfläche.

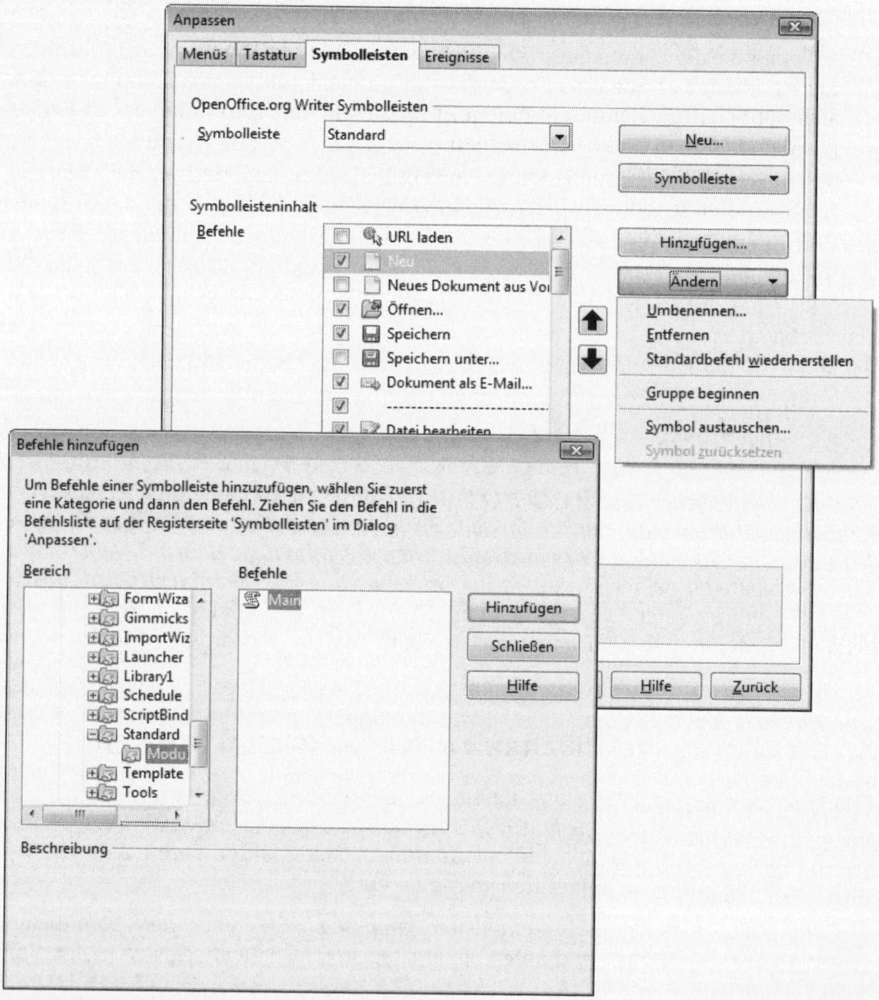

Abbildung A.10: Aufnahme einer Office-Funktion oder eines Makros als Schaltfläche

Sie können die beiden letzten Schritte mehrfach ausführen, um verschiedene Schaltflächen zur Symbolleiste hinzuzufügen. Sobald alle Schaltflächen eingefügt wurden, verlassen Sie das Dialogfeld über die *Schließen*-Schaltfläche. Anschließend haben Sie die Möglichkeit, die Einträge der Symbolleiste auf der Registerkarte *Symbolleisten* (Abbildung A.10, Hintergrund) anzupassen.

- Um neu zur Symbolleiste hinzugefügte Schaltflächen auszublenden, löschen Sie die Markierung des Kontrollkästchens des betreffenden Eintrags in der Liste *Symbolleisteninhalt*.
- Nicht benötigte Einträge für Schaltflächen markieren Sie in der Liste *Symbolleisteninhalt*. Danach öffnen Sie das Menü der Schaltfläche *Ändern* und wählen den Befehl *Entfernen*.
- Einen markierten Eintrag der Liste *Symbolleisteninhalt* können Sie über die beiden Pfeilschaltflächen rechts neben der Liste nach oben oder unten verschieben. Dies beeinflusst später die Reihenfolge, in der die Schaltflächen in der Symbolleiste angezeigt werden.
- Möchten Sie den Text eines markierten Symbolleisteneintrags anpassen, wählen Sie im Menü der Schaltfläche *Ändern* den Befehl *Umbenennen*. Danach lässt sich der Schaltflächentitel in einem Zusatzdialog korrigieren und durch Betätigen der *OK*-Schaltfläche übernehmen.
- Sollen Schaltflächengruppen über eine vertikale Linie separiert werden? Markieren Sie in der Liste *Symbolleisteninhalt* die Schaltfläche, hinter der die Gruppierungslinie erscheinen soll. Dann wählen Sie im Menü der Schaltfläche *Ändern* den Befehl *Gruppe beginnen*. Eine markierte Gruppierungslinie lässt sich wie eine Schaltfläche über den Befehl *Entfernen* im Menü der Schaltfläche *Ändern* löschen.

Schließen Sie die Registerkarte *Symbolleisten* über die *OK*-Schaltfläche, werden die Änderungen übernommen und die neu definierten Schaltflächen stehen in der gewählten Symbolleiste zur Verfügung.

INFO

Sind die Menübefehle der Schaltfläche Ändern *ausgegraut? Dann ist entweder kein Symbol gewählt oder die Befehle lassen sich nicht auf das gewählte Objekt anwenden (z.B. Umbenennen einer Gruppierungslinie macht keinen Sinn).*

Die Schaltflächen vieler Office-Funktionen besitzen automatisch ein Schaltflächensymbol, während bei eingefügten Makros kein Symbol vorhanden ist. Bei Bedarf können Sie neu definierten Schaltflächen aber ein Symbol zuweisen (siehe folgender Abschnitt). Möchten Sie die Anordnung der Schaltflächen einer Symbolleiste anpassen? Hierzu müssen Sie die Registerkarte Symbolleisten *aufrufen. Dann lässt sich ein Eintrag in der Liste* Symbolleisteninhalt *markieren und per Maus nach oben/unten ziehen. Oder Sie verwenden die rechts neben der Liste sichtbaren Schaltflächen* Nach oben *bzw.* Nach unten, *um die Position innerhalb der Liste zu korrigieren. Die vertikale Verschiebung in der Liste* Symbolleisteninhalt *entspricht bei den am oberen Rand des Anwendungsfensters angeordneten Leisten einer horizontalen Verschiebung.*

TIPP

Seien Sie bezüglich der Umkonfigurierung der Symbolleisten zurückhaltend. Zum einen ist der Platz zur Anzeige von Schaltflächen beschränkt. Zudem halten sich die meisten Anwendungen unter Linux und Windows an bestimmte Designregeln, um eine einheitliche Bedienung der wichtigsten Anwendungen zu gewährleisten. Entfernen oder verschieben Sie Schaltflächen, haben Dritte eventuell Probleme mit der Bedienung der Anwendung. Falls Sie die Übersicht über die Änderungen verloren haben, können Sie die werkseitige Einstellung abrufen, indem Sie auf der Registerkarte im Menü der Schaltfläche Symbolleiste *den Befehl* Standard Einstellungen herstellen *wählen.*

A.2.4 Symbole von Schaltflächen ändern

Makros oder Office-Funktionen ohne Schaltflächensymbol werden nur mit einem Texteintrag in der Liste *Befehle* auf der Registerkarte *Symbolleisten* bzw. in der Leiste angezeigt. Sie können solchen Einträgen Symbole zuweisen oder die Symbole bestehender Schaltflächen austauschen.

1. Um der Schaltfläche ein Symbol zuzuweisen, markieren Sie deren Eintrag auf der Registerkarte *Symbolleisten* (Abbildung A.10).
2. Danach öffnen Sie das Menü der Schaltfläche *Ändern* und wählen den Befehl *Symbol austauschen*.
3. Klicken Sie im dann angezeigten Dialogfeld *Symbole austauschen* (Abbildung A.11) auf eines der angezeigten Symbole und schließen Sie das Dialogfeld über die *OK*-Schaltfläche.

Dann weist Office das betreffende Symbol der Schaltfläche zu und zeigt es bereits auf der Registerkarte *Symbolleisten* an.

TIPP

Im Dialogfeld Symbole Austauschen *(Abbildung A.11) können Sie über die rechts neben den Symbolen sichtbaren Schaltflächen in der Symbolliste blättern. Zudem lassen sich über die Schaltfläche* Importieren *selbst entworfene Symbole im PNG-Format laden. Haben Sie das Symbol einer Schaltfläche verändert und möchten Sie zur Werkseinstellung zurückkehren? Markieren Sie den Eintrag in der Liste* Symbolleisteninhalt *der Registerkarte* Symbolleisten *und wählen Sie im Menü der Schaltfläche* Ändern *den Befehl* Symbol zurücksetzen.

Abbildung A.11: Zuweisen/Anpassen eines Symbols zu einer Schaltfläche

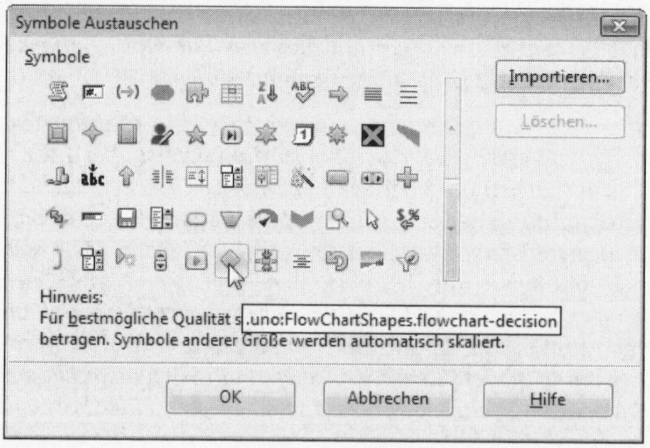

A.3 Anpassen der Menüs in Office

Erfahrene Anwender können die von Office bereitgestellten Menüs dokument- oder maschinenspezifisch anpassen. Nachfolgend werden die betreffenden Funktionen kurz vorgestellt.

INFO

Möchten Sie einen neuen Befehl oder gar ein Untermenü einfügen, überlegen Sie sich als Erstes, in welchem Hauptmenü dies erfolgen soll. Für Microsoft Windows gibt es Designvorgaben, in welchem Menü welche Funktionen vorzuhalten sind. Auch unter Linux/KDE und anderen Betriebssystemplattformen haben sich Konventionen zur Menübelegung durchgesetzt. Befehle zum Bearbeiten eines Dokuments wird man in der Regel in das Menü Bearbeiten *eintragen. Alles, was mit Formatierung zu tun hat, wandert ins Menü* Format, *und spezielle Befehle können Sie beispielsweise im Menü* Extras *unterbringen.*

A.3.1 Hauptmenüeinträge erzeugen und anpassen

Office bietet Ihnen die Möglichkeit, die vorhandenen Hauptmenüs um weitere Untermenüeinträge zu erweitern. Um einen neuen Eintrag im Hauptmenü anzulegen, gehen Sie in folgenden Schritten vor:

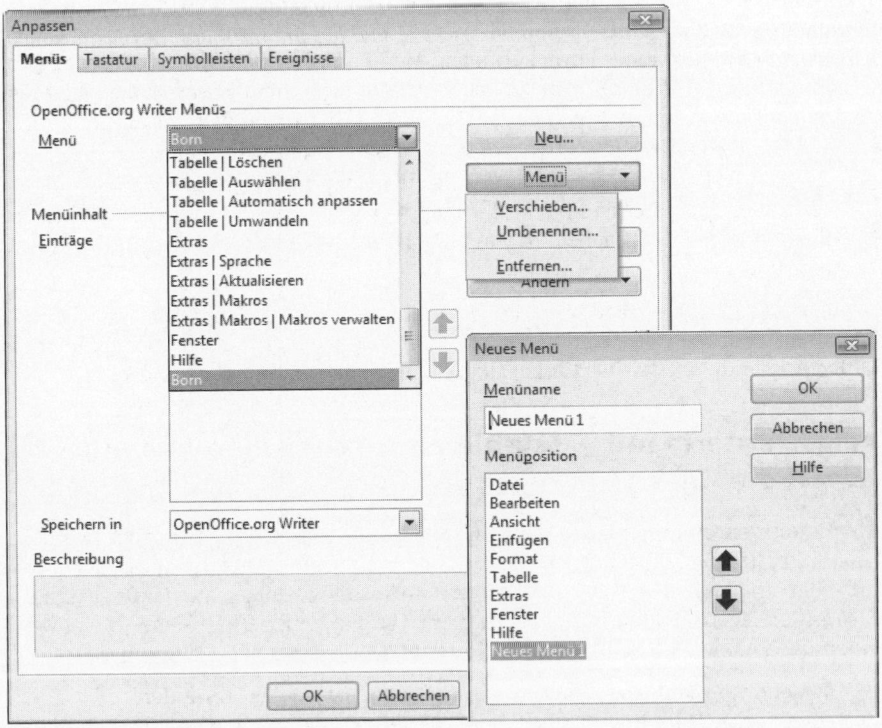

Abbildung A.12: Definieren eines neuen Hauptmenüeintrags auf der Registerkarte *Menüs*

1. Rufen Sie den Menübefehl *Extras/Anpassen* auf und klicken Sie auf der Registerkarte *Menüs* des Eigenschaftenfensters *Anpassen* auf die Schaltfläche *Neu* (Abbildung A.12, Hintergrund).
2. Passen Sie im dann eingeblendeten Dialogfeld (Abbildung A.12, Vordergrund) die Menübezeichnung im Textfeld *Menüname* an. Soll ein Menü per Tastenkürzel (z.B. [Alt] + [O]) zu öffnen sein, fügen Sie vor den betreffenden Buchstaben des Menünamens ein Tildezeichen (~) ein (z.B. »B ~ orn«).
3. Sie können anschließend den bereits markierten neuen Eintrag über die beiden rechts neben der Liste eingeblendeten Schaltflächen in der Liste der Menübefehle nach oben oder unten verschieben, um die horizontale Position des Eintrags in der Menüleiste anzupassen.

Sobald Sie das Dialogfeld über die *OK*-Schaltfläche verlassen, wird der Eintrag auf der Registerkarte *Menüs* in die Liste *Menü* eingefügt. Bei Bedarf können Sie die vorhandenen Einträge der Menüleiste nachträglich anpassen.

- Möchten Sie die Position des Hauptmenüeintrags nachträglich verschieben, wählen Sie im Menü der Schaltfläche *Menü* den Befehl *Verschieben* (Abbildung A.12, Hintergrund). Dann erscheint ein Dialogfeld *Menü verschieben* und Sie können die Anordnung der Einträge in der Menüliste über die rechts neben der Liste gezeigten Schaltflächen verändern (vergleiche Abbildung A.12, Vordergrund).
- Um einen (benutzerspezifischen) Eintrag nachträglich umzubenennen, wählen Sie diesen zuerst im Listenfeld *Menü* der Registerkarte *Menüs* an. Danach klicken Sie im Menü der Schaltfläche *Menü* auf den Befehl *Umbenennen* (Abbildung A.12, Hintergrund). Office gibt Ihnen in einem Zusatzdialog die Möglichkeit, den Menünamen anzupassen. Die Änderungen werden übernommen, sobald Sie den Dialog über die *OK*-Schaltfläche schließen.
- Zum Entfernen eines benutzerspezifischen Hauptmenüeintrags wählen Sie diesen zuerst im Listenfeld *Menü* der Registerkarte *Menüs* an. Danach klicken Sie im Menü der Schaltfläche *Menü* auf den Befehl *Entfernen* (Abbildung A.12, Hintergrund).

Bevor Sie die Registerkarte über die *OK*-Schaltfläche schließen, lässt sich über das Listenfeld *Speichern in* wählen, ob die Anpassungen global für die verwendete Office-Anwendung oder nur für das aktuell geladene Dokument gelten sollen.

A.3.2 Untermenüs, Befehle und Trennlinien in Menüs einfügen

Menüs können Untermenüs, Befehle und Separatoren zur Gruppierung der Menüeinträge enthalten. Befehlseinträge eines Menüs lösen bei der Anwahl eine Office-Funktion oder ein Makro aus. Die Anpassungen eines Menüs erfolgen auf der Registerkarte *Menüs* des Eigenschaftenfensters *Anpassen*. Um ein neues Untermenü in ein Menü einzufügen, gehen Sie in folgenden Schritten vor:

1. Wählen Sie auf der Registerkarte *Menüs* über das Listenfeld *Menü* das gewünschte Hauptmenü aus. Soll ein Untermenü angelegt werden, ist der übergeordnete Menüeintrag über das gleiche Listenfeld zu wählen. In Abbildung A.13 wurde ein solcher Eintrag *Born | MakroTest* gewählt.

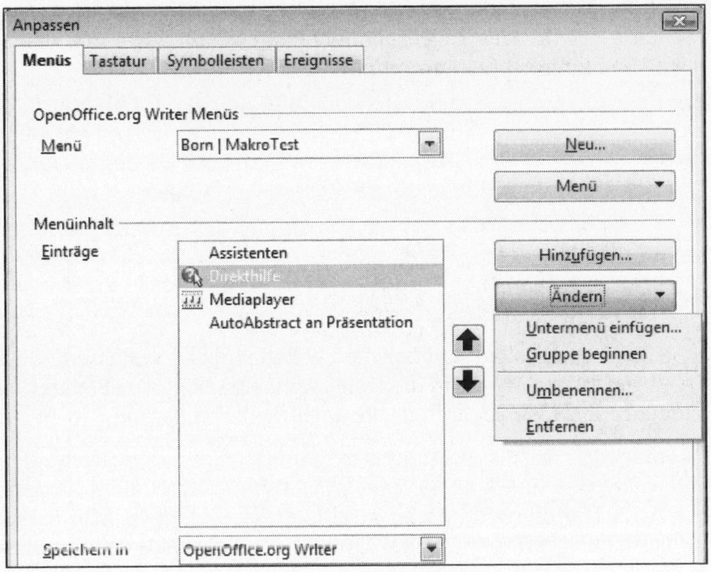

Abbildung A.13: Definieren von Menüeinträgen auf der Registerkarte *Menüs*

2. Sind bereits Befehle im Menü vorhanden, markieren Sie einen dieser Befehle in der Liste *Einträge*. Der neue Untermenüeintrag wird später im Menü unterhalb des Befehls eingefügt.
3. Nach Auswahl der Menüebene und der -position klicken Sie auf die Schaltfläche *Ändern* und wählen im Menü dieser Schaltfläche den Befehl *Untermenü einfügen* (Abbildung A.13).
4. Geben Sie den Menünamen in das Dialogfeld *Name* ein und schließen Sie das Fenster über die *OK*-Schaltfläche.

Danach sollte der neue Eintrag in der Liste der Menüeinträge auf der Registerkarte erscheinen. Untermenüs erkennen Sie übrigens an dem stilisierten Dreieck, welches am rechten Rand des Eintrags eingeblendet wird.

Möchten Sie eine Gruppe von Befehlen oder Untermenüeinträgen durch horizontale Linien gruppieren? Gehen Sie wie beim Einfügen eines neuen Untermenüeintrags vor, wählen aber im Menü der Schaltfläche *Ändern* den Befehl *Gruppe beginnen* (Abbildung A.13).

Die Reihenfolge der Menüeinträge lässt sich anpassen, indem Sie einen Eintrag in der Liste *Einträge* markieren und ihn dann mittels der rechts neben der Liste angezeigten Schaltflächen *Aufwärtspfeil* und *Abwärtspfeil* (Abbildung A.13) vertikal verschieben.

Um einen neuen Befehl in einen Menüzweig einzufügen, gehen Sie in folgenden Schritten vor:

1. Wählen Sie auf der Registerkarte *Menüs* (Abbildung A.13) den Menüzweig im Listenfeld *Menü*. Danach markieren Sie in der Liste *Einträge* den Befehl oder das Menü, unterhalb dessen Position der neue Befehl einzufügen ist.
2. Klicken Sie anschließend auf die Schaltfläche *Hinzufügen*. Office öffnet daraufhin das Dialogfeld *Befehle hinzufügen* (Abbildung A.14).

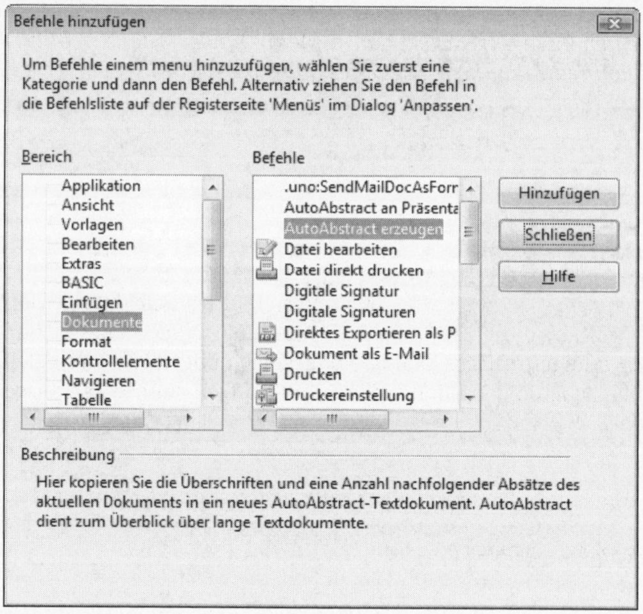

Abbildung A.14: Einfügen eines neuen Menübefehls

3. Wählen Sie im Feld *Bereich* die gewünschte Funktionskategorie aus. Bei Makros müssen Sie den Eintrag *OpenOffice.org Makros* expandieren und die Bibliothek sowie das Modul wählen.
4. Office listet die verfügbaren Einträge im Feld *Befehle* des Dialogs auf. Dies können, je nach gewähltem Bereich, Office-Funktionen oder Makros sein. Markieren Sie im Feld *Befehle* den Namen der gewünschten Office-Funktion oder das gewünschte Makro und bestätigen Sie dies über die Schaltfläche *Hinzufügen*.

Bei Bedarf können Sie so mehrere Befehle bzw. Makros in das Menü einfügen und danach das Dialogfeld *Befehle hinzufügen* über die *Schließen*-Schaltfläche verlassen. Office überträgt den neuen Befehl an die aktuelle Stelle in das Menü. Dabei wird der Befehl nach der gewählten Office-Funktion oder dem markierten Makro benannt.

Menüeinträge und -befehle löschen, umbenennen oder zurücksetzen

Sie können Einträge in den Office-Menüs entfernen, indem Sie im Menü *Extras* den Befehl *Anpassen* wählen. Auf der Registerkarte *Menüs* (Abbildung A.13) des Dialogfelds *Anpassen* wählen Sie dann das gewünschte Menü im Listenfeld *Menü* aus. Anschließend ist das zu entfernende Element (Menüeinträg oder Trennlinie) im Feld *Einträge* zu markieren. Danach lässt sich im Menü der Schaltfläche *Ändern* der Befehl *Entfernen* wählen (Abbildung A.13).

Um einen Menüeintrag umzubenennen, ist dieser ebenfalls im Feld *Einträge* der Registerkarte *Menüs* zu markieren. Danach wählen Sie im Menü der Schaltfläche *Ändern* den Befehl *Umbenennen*. Sobald der Name in einem Zusatzdialog angezeigt wird, können Sie diesen korrigieren und danach das Dialogfeld über die *OK*-Schaltfläche verlassen.

TIPP

Die in der unteren rechten Ecke der Registerkarte Menüs *angezeigte Schaltfläche* Zurück *stellt die Menükonfiguration für OpenOffice.org auf die Werkseinstellungen zurück. Bei den anderen Registerkarten können Sie z.B. Symbolleisten oder die Tastaturzuweisungen auf die Werkseinstellungen zurücksetzen. Dabei gehen alle benutzerspezifischen Anpassungen verloren.*

A.4 Anpassen allgemeiner Office-Optionen

Office selbst sowie die einzelnen Anwendungen lassen sich über verschiedene Optionen anpassen. Die Verwaltung dieser Optionen kann aus allen Office-Modulen über das Dialogfeld *Optionen* erfolgen. Dieses Dialogfeld lässt sich über den Menübefehl *Extras/Optionen* aufrufen. Nachfolgend finden Sie Erläuterungen zum Setzen ausgewählter Office-Optionen.

INFO

Die Optionen sind bei Mac OS X, Windows und Linux weitgehend identisch. Detaillierte Hinweise zu den jeweiligen Optionen der einzelnen Kategorien erhalten Sie, wenn Sie auf die Hilfe-Schaltfläche klicken.

A.4.1 Anpassen der Benutzerdaten

Die Benutzerdaten (Firma, Name, Anschrift etc.) werden bei der Office-Installation abgefragt. Um diese Daten nachträglich anzupassen, gehen Sie folgendermaßen vor.

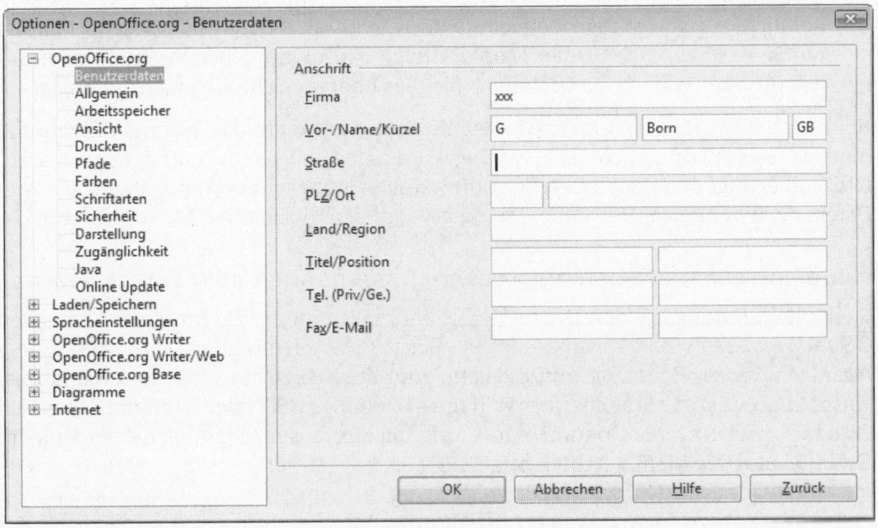

Abbildung A.15: Anpassen der Optionen

1. Rufen Sie im Fenster einer beliebigen Office-Anwendung den Menübefehl *Extras/Optionen* auf.
2. Im Dialogfeld *Optionen* (Abbildung A.15) wählen Sie in der linken Spalte die Kategorie *StarOffice/Benutzerdaten* bzw. *OpenOffice.org/Benutzerdaten* (über das Pluszeichen der Kategorie lassen sich die Unterkategorien einblenden).
3. Legen Sie die gewünschten Optionen im rechten Teil des Dialogfelds fest und bestätigen Sie Ihre Eingaben mit der *OK*-Schaltfläche.

Der Zweig mit der Unterkategorie *Benutzerdaten* wird abhängig von der Office-Version mit *OpenOffice.org* oder *StarOffice* benannt. Die Unterkategorie *Benutzerdaten* ermöglicht Ihnen, persönliche Daten wie Name und Vorname sowie Firma und Adressangaben zu hinterlegen. Diese Informationen werden z.B. bei Überarbeitungen von Dokumenten benutzt, um Informationen zum Bearbeiter zu hinterlegen.

A.4.2 Dialoge Öffnen/Speichern unter anpassen

Office kann die Dialoge des Betriebssystems oder eigene Dialoge zum Speichern oder Laden von Dokumenten verwenden (siehe *Kapitel 1*).

Abbildung A.16: Anpassen der allgemeinen Office-Einstellungen

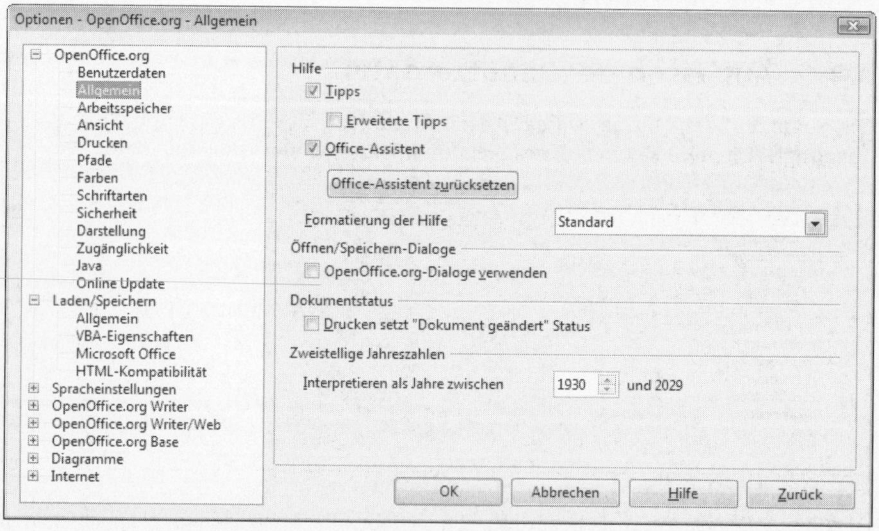

Aus Gründen des Benutzerkomforts kann es aber erwünscht sein, dass die Benutzer sowohl unter Linux als auch unter Windows bzw. Mac OS X den gleichen Dialog zum Öffnen/Speichern von Dokumenten vorfinden. In diesem Fall rufen Sie in einem Office-Modul den Menübefehl *Extras/Optionen* auf. Im *Optionen*-Dialogfeld lässt sich in der Kategorie *StarOffice* bzw. *OpenOffice.org/Allgemein* das Kontrollkästchen *StarOffice-Dialoge verwenden* bzw. *OpenOffice.org-Dialoge verwenden* innerhalb der Gruppe *Öffnen/Speichern-Dialoge* markieren (Abbildung A.16). Sobald Sie das Dialogfeld über die *OK*-Schaltfläche schließen, benutzt die Windows-Version von Office die internen Dialoge.

INFO

Im gleichen Zweig finden Sie auch die Einstellung zur Interpretation zweistelliger Jahreszahlen. Die Werksvorgaben bewirken, dass eine Jahreszahl der Art »97« als »1997« und die Jahreszahl »13« als »2013« interpretiert wird. Über das Listenfeld Formatierung der Hilfe *lässt sich das Aussehen der Office Hilfe anpassen, und das Kontrollkästchen* Office-Assistent *der Gruppe* Hilfe *ermöglicht es, den Hilfeassistenten von Office ein- oder auszuschalten. Die Option* Drucken setzt »Dokument geändert« Status *bewirkt, dass das Drucken eines Dokuments als Änderung zu betrachten ist. Sie werden dann z.B. beim Schließen eines gerade gedruckten Dokuments gefragt, ob die Änderungen zu speichern sind.*

A.4.3 Anpassen der Programmpfade in Office

Im Zweig *Pfade* der Kategorie *StarOffice* bzw. *OpenOffice.org* werden die von Office benutzten Programmpfade verwaltet (Abbildung A.17). Die Spalte *Typ* gibt an, welche Elemente im betreffenden Verzeichnis gespeichert werden.

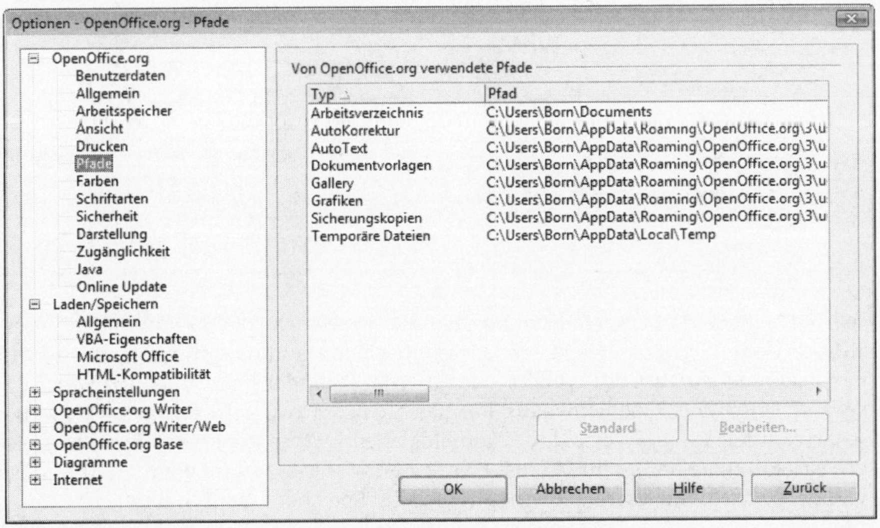

Abbildung A.17: Anpassen der Programmpfade

Der Typ *Arbeitsverzeichnis* bestimmt den Ordner für die zu ladenden/speichernden Dokumente, während Grafikdateien unter dem Typ *Grafiken* abgelegt werden. Diese Vorgaben sollten Sie spezifisch für Ihr System anpassen, um beim Laden und Speichern automatisch die gewünschten Ordner/Verzeichnisse vorzufinden.

Klicken Sie in der Spalte *Typ* auf den gewünschten Eintrag und wählen Sie anschließend die Schaltfläche *Bearbeiten*. In einem weiteren Dialogfeld lässt sich dann der gewünschte Ordner auswählen.

A.4.4 Anpassen der Laden/Speichern-Optionen

Der Zweig *Laden/Speichern/Allgemein* des Dialogfelds *Optionen* ermöglicht Ihnen verschiedene Vorgaben bezüglich des Speicherns und Ladens. Soll Office Änderungen in Zeitintervallen automatisch speichern, markieren Sie das Kontrollkästchen *Speichern von AutoWiederherstellungsinfo alle* und setzen das Speicherintervall (Abbildung A.18). Markieren Sie das Kontrollkästchen *Sicherungskopie immer erstellen*, um beim Speichern von Dokumenten eine Sicherungsdatei zu erzeugen.

Abbildung A.18: Anpassen der Optionen zum Laden/Speichern

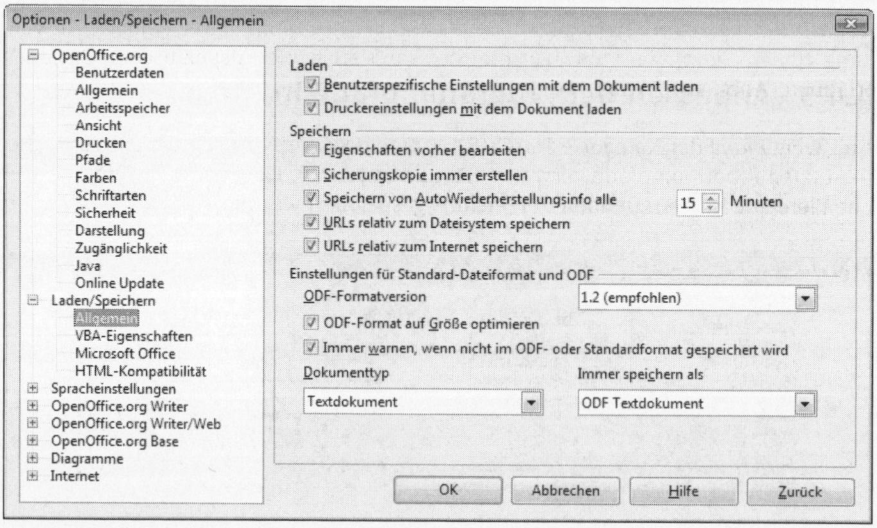

Über das Listenfeld *Dokumenttyp* können Sie die verschiedenen von Office unterstützten Dokumenttypen (Text, Tabelle etc.) wählen und dann über das Listenfeld *Immer speichern als* auf ein Dateiformat einstellen. Standardmäßig benutzt Office die eigenen StarOffice-/OpenOffice.org-Formate (Open Document Format, ODF). Bei Bedarf können Sie die Werte des Listenfelds aber auch so anpassen, dass beispielsweise Dokumente immer im Microsoft Office-Format gespeichert werden. Allerdings wird das Format von Microsoft Office 2007 beim Speichern nicht unterstützt.

Office speichert benutzerspezifische Einstellungen (z.B. den Benutzernamen) automatisch mit in den Dokumentdateien. Diese Einstellungen wirken sich beim Laden von Dokumenten aus. Über das Kontrollkästchen *Benutzerspezifische Einstellungen mit dem Dokument laden* können Sie dieses Verhalten kontrollieren.

INFO

Benutzerspezifische Einstellungen sind z.B. der Benutzername, die in Calc-Dokumenten zuletzt angewählte Tabelle, Einstellungen, die Sie im Dialogfeld Drucken *unter* Zusätze *finden, der Name des Faxdruckers, Abstandsoptionen für Absätze vor Texttabellen, Informationen über die automatische Aktualisierung für Verknüpfungen, Feldfunktionen und Diagramme, zum Umgang mit asiatischen Zeichenformatierungen etc. Die hier genannten Einstellungen werden übrigens immer mit geladen, egal wie die Option* Benutzerspezifische Einstellungen mit dem Dokument laden *gesetzt ist.*

A.4.5 Modulspezifische Optionen anpassen

Sollen spezielle Optionen für den Writer, für Calc, Impress, Draw oder die anderen Office-Module gesetzt werden? Dann öffnen Sie das Dialogfeld *Optionen* über den Menübefehl *Extras/Optionen*. Anschließend wählen Sie in der linken Spalte des Dialogfelds die Kategorie (z.B. *OpenOffice.org Writer*, *OpenOffice.org Calc* etc.) für das Office-Modul aus. Sobald der Zweig expandiert wurde, zeigt das Dialogfeld die für das betreffende Modul verfügbaren Unterkategorien an. Über den Zweig *Allgemein* lassen sich allgemeine Vorgaben (z.B. Kompatibilität, Wirkung von Tasteneingaben etc.) für das betreffende Modul anpassen. Der Zweig *Ansicht* gibt Optionen zum Anpassen der Darstellung im Anwendungsfenster des Moduls frei. Je nach Anwendung finden Sie weitere Zweige, die die Anpassung modulspezifischer Optionen erlauben (Abbildung A.19).

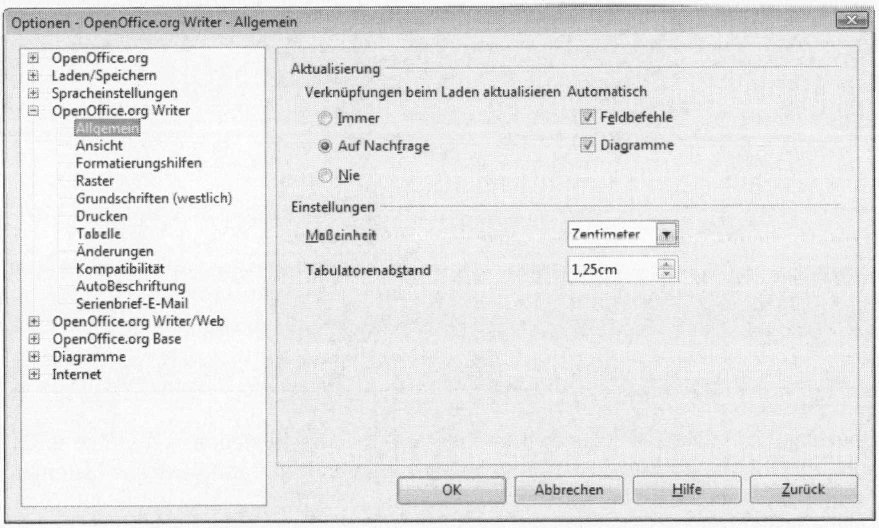

Abbildung A.19: Dialogfeld *Optionen* mit den Optionen der Kategorie *OpenOffice.org Writer/Allgemein*

INFO

Ein Teil der modulspezifisch verfügbaren Optionen wurde in den vorhergehenden Kapiteln dieses Buches erläutert. Benötigen Sie Informationen zu speziellen Optionen einer Unterkategorie, wählen Sie diese im Dialogfeld Optionen *an und klicken dann auf die angezeigte* Hilfe-*Schaltfläche. Office öffnet die Hilfeseite im Kontext des aktuellen Dialogfelds. Dort finden Sie eine Beschreibung der im Dialogfeld aktuell angezeigten Optionen.*

B Zusatzmaterial

Dieser Anhang enthält einige Informationen zum Begleitmedium mit den Beispielen zu diesem Buch, zu nützlichen Webseiten rund um OpenOffice.org sowie zu den OpenOffice.org-Extensions.

B.1 Der Datenträger zum Buch

Diesem Buch liegt ein Datenträger mit den Buchbeispielen und Zusatzmaterial bei. Die in den einzelnen Kapiteln aufgeführten Beispieldateien wurden in eine kapitelorientierte Verzeichnisstruktur im Ordner *andere/BuchBeisp* untergebracht. Hinweise zu den einzelnen Beispielen finden Sie im Buch. Weitere Details zum Inhalt des Datenträgers liefern die im Hauptverzeichnis enthaltenen Dateien *index.html* und *index2.html*, die Sie in einem Browser öffnen können.

B.2 Korrekturen zum Buch

Auch wenn dieses Buch von verschiedenen Personen sorgfältig geprüft wurde, lassen sich Fehler nicht ausschließen. Zudem können im Buch angegebene Links mit der Zeit ungültig werden. Eventuell erforderliche Korrekturen und Ergänzungen an den Beispielen werde ich zum Herunterladen auf meiner Website `www.borncity.de` anbieten. Unter dieser Adresse finden Sie im Bereich »Meine Bücher« auch einen Abschnitt zu diesem Buch, in dem dann auch der Download-Link untergebracht ist. Weiterhin plane ich, auf der betreffenden Seite auch einen Abschnitt mit Errata zum Buch aufzunehmen. Falls bestimmte, im Buch angegebene Links gebrochen sind oder Fehler im Buch gefunden wurden, ist die Chance, Hinweise im betreffenden Abschnitt zu finden, recht hoch. Leser, die mir eine Rückmeldung zukommen lassen möchten, können dies über die auf meiner Webpräsenz angegebene E-Mail-Adresse tun.

B.3 StarOffice/OpenOffice.org im Internet

Seit das Projekt OpenOffice.org gegründet wurde, befassen sich viele Webseiten mit OpenOffice.org und StarOffice. Nachfolgend finden Sie eine kleine Übersicht über interessante Webseiten, die sich mit diesen Produkten befassen.

Tabelle B.1: Nützliche Webseiten

Adresse	Inhalt
`www.sun.com/software/star/staroffice`	Auf dieser Webseite gelangen Sie zum StarOffice-Bereich der Firma Sun. Dort finden Sie nicht nur Hinweise zum Produkt, sondern gelangen auch in den Dokumentationsbereich mit diversen Handbüchern, die Sie kostenlos herunterladen können.
`de.openoffice.org`	Die Pflichtseite für jeden deutschsprachigen OpenOffice.org-Anwender. Auf der Webseite finden sich Links, um OpenOffice.org für die verschiedenen Plattformen, eine Rechtschreibprüfung, Beispiele, Vorlagen, Benutzerhandbücher, FAQ, HowTos und vieles mehr kostenlos herunterzuladen.
`de.openoffice.info`	Das deutschsprachige Forum zu OpenOffice.org, in dem bestimmte Fragestellungen, geordnet nach Themen, diskutiert werden. Ein Besuch ist auf jeden Fall zu empfehlen.
`www.prooo-box.org`	Die Seite zum Download der PrOOo-Box. Die PrOOo-Box kann in Form von CDs oder einer DVD kostenlos aus dem Internet heruntergeladen werden und enthält die aktuelle Fassung der jeweiligen OpenOffice.org-Versionen sowie hilfreiches Zusatzmaterial.
`www.ooowiki.de`	Dies ist die Seite des deutschsprachigen Wiki zu OpenOffice.org und StarOffice mit verschiedenen Zusatzinformationen.

Weitere Webseiten, Wikis (z.B. zu OpenOffice.org unter diversen Linux-Distributionen) und Blogs zu OpenOffice.org lassen sich über die einschlägigen Suchmaschinen finden.

B.4 StarOffice/OpenOffice.org-Extensions

Eines der genialen Features von StarOffice bzw. OpenOffice.org ist die Möglichkeit, den Funktionsumfang über sogenannte Extensions zu erweitern. Dadurch lassen sich gänzlich neue Funktionen, Spracherweiterungen oder Vorlagen nutzen. So werden Wörterbücher zur Rechtschreibprüfung künftig als Extensions bereitgestellt. Nachfolgend möchte ich kurz auf dieses Feature eingehen.

B.4.1 Extensions in OpenOffice.org installieren

Um Extensions in OpenOffice.org (bzw. StarOffice) verwenden zu können, müssen Sie diese aus der Repository herunterladen und dann installieren. Führen Sie folgende Schritte aus.

1. Starten Sie eine Anwendung oder das Start Center aus OpenOffice.org und wählen Sie den Befehl *Extension Manager* im Menü *Extras*.
2. Wählen Sie im Dialogfeld *Extension Manager* (Abbildung B.1) den Hyperlink *Hier erhalten Sie weitere Extensions*, um die Webseite mit dem Extension-Repository im Browser zu öffnen.
3. Laden Sie die gewünschten Extensions von der Webseite auf den Rechner herunter und schließen Sie das Browserfenster.

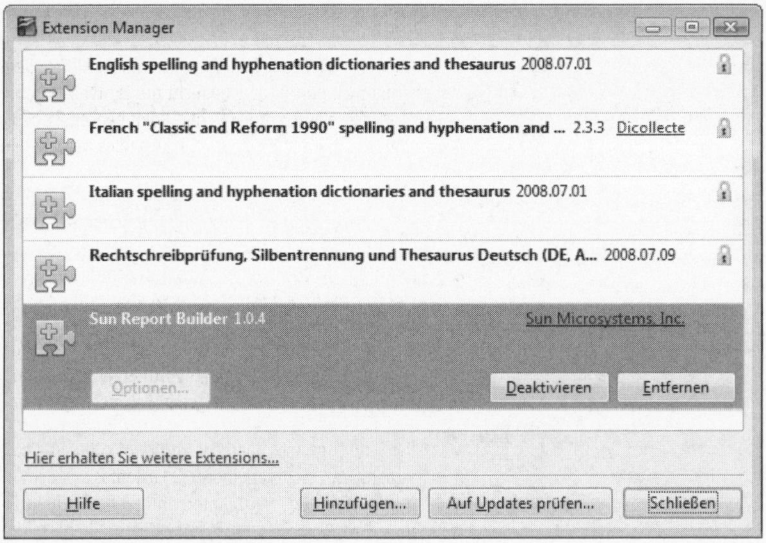

Abbildung B.1: Extension Manager

4. Wechseln Sie zum Dialogfeld *Extension Manager* (Abbildung B.1) und klicken Sie auf die Schaltfläche *Hinzufügen*.
5. Anschließend navigieren Sie im Dialogfeld *Extension(s) hinzufügen* (Abbildung B.2) zum Download-Ordner, wählen die Extensiondatei (*.oxt*) und klicken auf die *Öffnen*-Schaltfläche.

Falls die Anerkennung von Lizenzbedingungen erforderlich ist, wird ein entsprechender Dialog angezeigt. Anschließend installiert der Extension Manager die *.oxt*-Datei. Es sollte ein entsprechender Eintrag im Fenster des Extension Managers auftauchen. In Abbildung B.1 wurde z.B. der Sun Report Builder auf diese Weise installiert.

Um Extensions zu verwalten, reicht es, diese im Extension Manager anzuklicken. Dann können Sie über die im Eintrag sichtbaren Schaltflächen wie *Optionen*, *Deaktivieren* oder *Deinstallieren* Einstellungen anpassen, die Extension abschalten oder komplett deinstallieren. Über die Schaltfläche *Update* am unteren Rand des Dialogfelds lässt sich prüfen, ob Updates für installierte Extensions im Repository bereitstehen.

INFO

Alternativ können Sie auch eine heruntergeladene Extension im Datei-Manager per Mausklick (Linux) oder Doppelklick (Windows) anwählen. Dann startet automatisch der Extension Manager und Sie werden in einem Zusatzdialog gefragt, ob Sie die Extension starten möchten.

B.4.2 Extensions für alle Benutzer installieren

OpenOffice.org bzw. StarOffice kann die Extensions in zwei Varianten installieren.

- Für alle Benutzer: Die Extension wird als sogenannte Shared Extension installiert und allen Benutzern unter Office bereitgestellt. Die Dateien der Extension werden dabei im OpenOffice.org-Installationsordner gespeichert, d.h., Sie benötigen Schreibberechtigungen zum Installieren.

Abbildung B.2: Extension auswählen

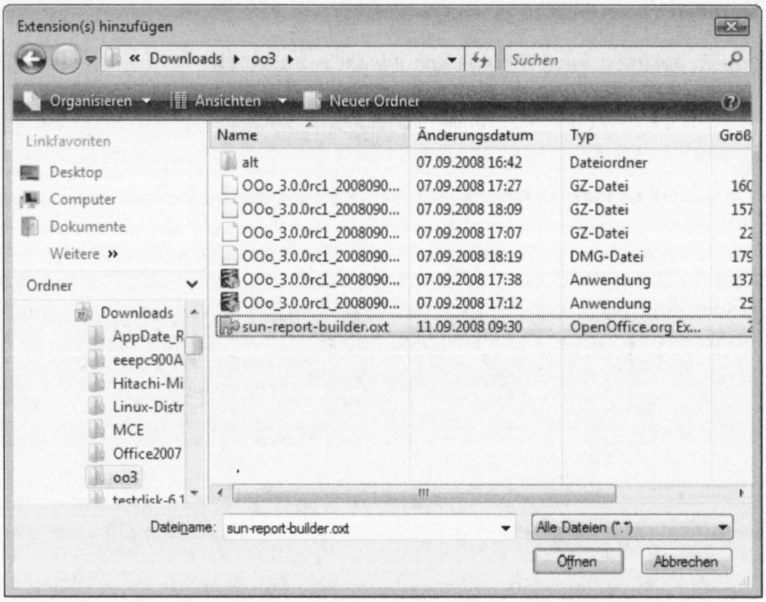

- Benutzer-Extensions: Die Extension wird nur für den jeweiligen Benutzer installiert und in dessen Benutzerprofil gespeichert. In diesem Fall besitzt der Benutzer automatisch die benötigten Schreibberechtigungen.

Die auf der vorhergehenden Seite beschriebene Vorgehensweise ermöglicht beide Installationsvarianten. Die Unterscheidung, ob eine Extension lokal für den Benutzer oder systemweit für alle Benutzer erfolgt, trifft der Extension Manager anhand der Benutzerberechtigungen. Ist der Benutzer unter einem normalen Benutzerkonto angemeldet, werden die obigen Schritte ausgeführt. Besitzt das Benutzerkonto, unter dem die Installation auszuführen ist, dagegen Administrator- bzw. root-Berechtigungen, erscheint bei der Installation der in Abbildung B.3 gezeigte Dialog.

Abbildung B.3: Installationsvariante der Extension auswählen

Über die beiden Schaltflächen *Nur für mich* bzw. *Für alle Benutzer* lässt sich die Installationsvariante vorgeben.

INFO

Bevor Sie eine Shared Extension installieren können, benötigen Sie Schreibberechtigungen auf das Office-Installationsverzeichnis. Weiterhin müssen alle laufenden OpenOffice.org-Instanzen beendet werden. Zur Installation rufen Sie die .oxt-Datei auf und warten, bis der in Abbildung B.3 gezeigte Dialog erscheint. Weitere Informationen zur Installation von Extensions finden Sie in der Hilfe, die sich über die betreffende Schaltfläche des Extension Managers aufrufen lässt.

B.4.3 Hinweise zu Extensions

Das Extension-Repository stellt Extensions für den internationalen Einsatz (z.B. Spracherweiterungen für verschiedene Länder) bereit. Der Umfang des Extension-Repository wird mit der Zeit zunehmen. Als dieses Buch verfasst wurde, standen bereits mehrere hundert Extensions zum Download bereit. Darunter waren auch deutsche Pakete (z.B. Vorlagen etc.).

Einen näheren Blick sind die von Sun im Rahmen des OpenOffice.org/StarOffice-Projekts entwickelten Extensions wert. Sie finden z.B. Extensions zum PDF-Import, zum Zugriff auf Blogs oder Wikis, zum Einbinden von Google-Angeboten. Besonders interessant ist der Sun Report Builder, mit dem sich Berichte aus Datenbanken interaktiv erstellen lassen.

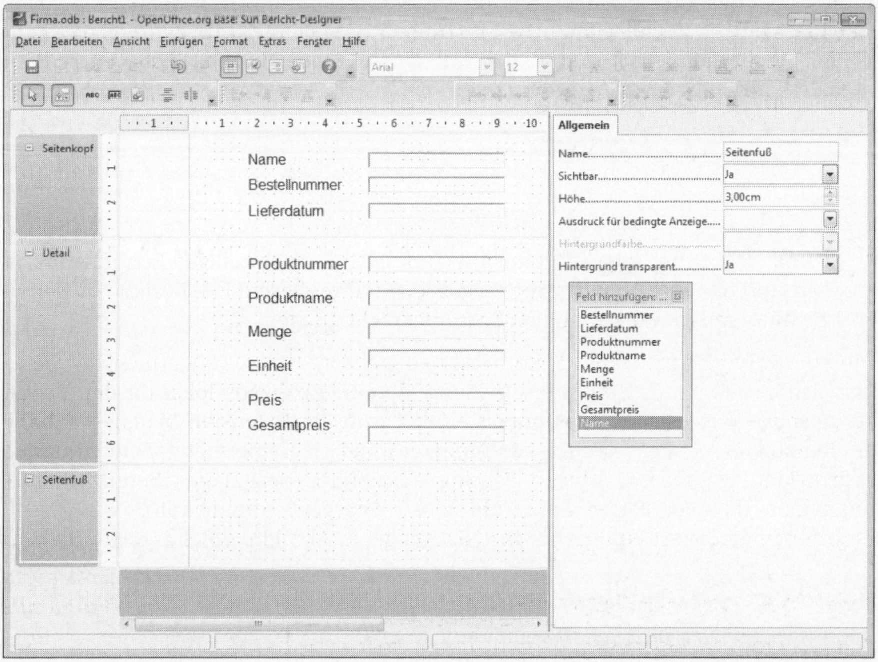

Abbildung B.4:
Sun Report Builder

Ist die Extension installiert, können Sie in Base eine Datenbank mit Tabellen und Abfragen laden. Wenn Sie anschließend das Menü *Einfügen* öffnen, steht dort der Befehl *Bericht* zum Aufruf des Report Builders bereit. Das Programm meldet sich mit einem Anwendungsfenster (Abbildung B.4), in dessen linker Spalte der Entwurfsbereich für das Berichtsformular zu sehen ist. In der rechten Spalte des Anwendungsfensters erscheinen beim Aufruf des Report Builders zwei Registerkarte, *Allgemein* und *Daten*. Auf der Registerkarte *Daten* können Sie über ein Feld *Art des Inhalts* vorgeben, ob Daten einer Tabelle, einer Abfrage oder eines SQL-Befehls in den Bericht einfließen sollen. In einem zweiten Feld *Inhalt* lässt sich dann die konkrete Tabelle oder Abfrage der geladenen Datenbank auswählen.

Sobald die Datenquelle für die Berichtsdaten festgelegt wurde, verschwindet die Registerkarte *Daten* und das Fenster mit den verfügbaren Feldern erscheint im Vordergrund. Sie können anschließend Felder aus diesem Fenster per Maus zum Entwurfsbereich des Berichts ziehen und so die betreffenden Platzhalter dort anordnen. Über die Menüleiste des Programmfensters stehen weitere Befehle bereit, um Seitennummern etc. in den Berichtsentwurf einzufügen. Die Berichtsseiten sind dabei in je einen Kopf-/Fußbereich und den eigentlichen Berichtsbereich unterteilt. Sie können die einzufügenden Daten also auf die einzelnen Bereiche aufteilen.

An dieser Stelle erspare ich mir die Beschreibung einzelner Funktionen des Report Builders oder weiterer Extensions. Konsultieren Sie die mit den Extensions mitgelieferte Dokumentation, um Details zu deren Handhabung zu erhalten. Der Umfang der im Extension-Repository angebotenen Erweiterungen wird mit der Zeit sicherlich zunehmen. Interessierten empfehle ich, gelegentlich einen Blick auf die Internetseite `http://extensions.services.openoffice.org` zu werfen und die Erläuterungen zu den angebotenen Extensions durchzulesen.

Zudem sieht das Projekt Mozilla Thunderbird und Lightning als E-Mail-Client sowie Kalender vor, um in Office ähnliche Funktionen wie bei Microsoft Outlook bereitzustellen. Da diese Extensions aber nicht originär zu OpenOffice.org gehören, entfällt auch deren Beschreibung in diesem Buch.

Abbildung B.5: Updates für Extensions

INFO

Liegen Updates für Extensions vor und besteht eine Onlineverbindung, blendet Office das in Abbildung B.5 sichtbare Symbol in der rechten oberen Fensterecke der Anwendungen ein. Klicken Sie auf das Symbol, öffnet sich ein Dialog, über den Sie die Updates auswählen und installieren können.

C Tastenkombinationen

Nachfolgend finden Sie eine Zusammenstellung der wichtigsten Tastenkombinationen für die Office-Module Writer, Calc und Impress/Draw. Beachten Sie aber, dass unter Linux verschiedene Tastenkombinationen durch den verwendeten Xwindow-Manager (z.B. KDE) belegt sein können. Unter Mac OS X müssen Sie die [MacBef]-Taste anstelle der [Strg]-Taste verwenden.

C.1 Allgemeine Tastenkombinationen

Tasten	Bedeutung
[F1]	Office-Hilfe aufrufen
[Strg] + [F]	Suchen und Ersetzen
[Strg] + [A]	Alles im Dokumentfenster auswählen
[Strg] + [Y]	Letzten Befehl wiederholen
[Strg] + [Z]	Letzten Befehl rückgängig machen
[↵]	Aktion ausführen
[Esc]	Aktion abbrechen
[Strg] + [X]	Markierten Dokumentbereich ausschneiden und in Zwischenablage übernehmen
[Strg] + [C]	Markierten Dokumentbereich in die Zwischenablage kopieren
[Strg] + [V]	Inhalt der Zwischenablage in das Dokument einfügen
[Strg] + [N]	Neues Dokument anlegen
[Strg] + [O]	Dokument öffnen
[Strg] + [S]	Dokument speichern
[Strg] + [⇧] + [S]	Dokument speichern unter
[Strg] + [P]	Dokument drucken
[Strg] + [Q]	Anwendung beenden
[Strg] + [W]	Fenster schließen

Tasten	Bedeutung
Strg + ⇧ + J	Darstellung auf ganzem Bildschirm
F5	Navigatorfenster ein/ausblenden
F7	Rechtschreibprüfung aufrufen
Strg + F7	Thesaurus aufrufen
F11	Fenster *Formatvorlagen* öffnen
⇧ + F11	Dokumentvorlage erzeugen
Strg + ⇧ + F11	Dokumentvorlage aktualisieren

C.2 Tastenkombinationen für Textdokumente

Tasten	Bedeutung
F2	Rechenleiste ein-/ausblenden
Strg + F2	Feldbefehl einfügen
F3	AutoText-Kürzel expandieren
Strg + F3	AutoText-Eintrag bearbeiten
F4	Datenquellenansicht öffnen/schließen
⇧ + F5	Nächsten Rahmen auswählen
F8	Erweiterungsmodus zwischen Standard und Erweitert umschalten. Im Modus »Erweitert« lässt sich die Markierung eines Textes durch Anklicken weiterer Textstellen erweitern.
Strg + F8	Blendet die Markierung bei Feldern ein/aus
⇧ + F8	Ergänzungsmodus für Markierungen
F9	Felder aktualisieren
Strg + F9	Feldbefehle anzeigen
⇧ + F9	Tabelle im Textdokument neu berechnen
Strg + ⇧ + F9	Eingabefelder aktualisieren
Strg + F10	Steuerzeichen ein-/ausblenden
F12	Nummerierung ein/aus
⇧ + F12	Aufzählung ein/aus
Strg + F12	Tabelle einfügen oder bearbeiten
Strg + ⇧ + F12	Nummerierung oder Aufzählung ausschalten

C.2.1 Textformatierung

Tasten	Bedeutung
Strg + B	Blocksatz ein/aus
Strg + D	Doppelt unterstreichen
Strg + E	Zentriert
Strg + H	Hochstellen
Strg + T	Tiefstellen
Strg + L	Linksbündig
Strg + R	Rechtsbündig
Strg + 1	Einfacher Zeilenabstand
Strg + 2	Doppelter Zeilenabstand
Strg + 5	1,5-facher Zeilenabstand
Strg + ⇧ + -	Geschützter Bindestrich (nicht zur Silbentrennung genutzt)
Strg + ⇧ + Leer	Geschützes Leerzeichen
↵	Absatzwechsel
⇧ + ↵	Zeilenumbruch ohne Absatzwechsel
Strg + ↵	Manueller Seitenwechsel
Strg + ⇧ + ↵	Spaltenumbruch bei Spaltenlayout
Alt + ↵	Neuer Absatz in Aufzählung ohne Aufzählungszeichen Fügt einen neuen Absatz ober- oder unterhalb eines Bereichs bzw. einer Tabelle ein

C.2.2 Positionieren und Markieren im Text

Tasten	Bedeutung
←	Ein Zeichen nach links
⇧ + ←	Nach links markieren
Strg + ←	An Wortanfang
Strg + ⇧ + ←	Wortweise nach links markieren
→	Ein Zeichen nach rechts
⇧ + →	Nach rechts markieren

Tasten	Bedeutung
Strg + →	An Wortende springen
Strg + ⇧ + →	Wortweises Markieren nach rechts
↑	Zeile nach oben
⇧ + ↑	Zeilen nach oben mit markieren
↓	Zeile nach unten
⇧ + ↓	Zeilen nach unten mit markieren
Pos1	Zum Zeilenanfang springen
⇧ + Pos1	Bis Zeilenanfang markieren
Strg + Pos1	Springe zum Dokumentanfang
Strg + ⇧ + Pos1	Bis Dokumentanfang markieren
Ende	Zum Zeilenende springen
⇧ + Ende	Bis Zeilenende markieren
Strg + Ende	Springe zum Dokumentende
Strg + ⇧ + Ende	Bis Dokumentende markieren
Bild↑	Seite hoch
Bild↓	Seite runter
Strg + Alt + ↑	Absatz oder Markierung einen Absatz nach oben schieben
Strg + Alt + ↓	Absatz oder Markierung einen Absatz nach unten schieben

C.3 Tastenkombinationen für Tabellendokumente

Tasten	Bedeutung
Strg + F1	Zeigt die zur aktuellen Zelle gehörende Notiz
F2	In den Bearbeitungsmodus schalten
Strg + F2	Funktions-Assistent öffnen
Strg + ⇧ + F2	Einfügemarke in Bearbeitungszeile setzen, um eine Formel für die aktuelle Zelle eingeben zu können
Strg + F3	Dialog zum Festlegen von Namen öffnen

Tasten	Bedeutung
F4	Datenbank-Explorer ein-/ausblenden
⇧ + F4	Relative/absolute Bezüge im Eingabefeld umordnen
⇧ + F5	Nachfolger einer Zelle ermitteln
Strg + ⇧ + F5	Cursor vom Eingabefeld zum Tabellenbereich verschieben
⇧ + F7	Vorgänger einer Zelle ermitteln
F8	Zusätzlicher Auswahlmodus ein/aus
Strg + F8	Zellen mit Werten hervorheben
F9	Formeln neu berechnen
Strg + F9	Ausgewähltes Diagramm aktualisieren
F12	Ausgewählten Datenbereich gruppieren
Strg + F12	Gruppierung des ausgewählten Datenbereichs auflösen
Alt + ↓	Vergrößert die Höhe der aktuellen Zeile
Alt + ↑	Verringert die Höhe der aktuellen Zeile
Alt + →	Vergrößert die Breite der aktuellen Spalte
Alt + ←	Verringert die Breite der aktuellen Spalte

C.3.1 Positionieren und Markieren in Tabellen

Tasten	Bedeutung
←	Eine Zelle nach links
⇧ + ←	Zelle nach links markieren
Strg + ← + Pos1	Zur Zelle in der ersten Spalte springen
Strg + ⇧ + ← ⇧ + Pos1	Bis zur ersten Zelle der Zeile markieren
→	Eine Zelle nach rechts
⇧ + →	Zelle nach rechts markieren
Strg + →	Zur Zelle in der letzten Spalte springen
Strg + ⇧ + →	Zellen bis zur letzten Spalte markieren
↑	Eine Zelle nach oben

Tasten	Bedeutung
⇧ + ↑	Eine Zelle nach oben mit markieren
↓	Eine Zelle nach unten
⇧ + ↓	Eine Zelle nach unten mit markieren
Strg + Pos1	Springe zur Zelle A1
Ende	Zur letzten Spalte mit Inhalt springen
⇧ + Ende	Zur letzten Spalte mit Inhalt springen
Strg + Ende	Springe zur letzten Zelle mit Inhalt
Strg + ⇧ + Ende	Bis zur letzten Zelle mit Inhalt markieren
Bild↑	Seite hoch
Bild↓	Seite runter

C.3.2 Zellen formatieren

Tasten	Bedeutung
Strg + ⇧ + 1	Zwei Nachkommastellen und Tausendertrennzeichen
Strg + ⇧ + 2	Standardexponentialformat
Strg + ⇧ + 3	Standarddatumsformat
Strg + ⇧ + 4	Standardwährungsformat
Strg + ⇧ + 5	Standardprozentformat
Strg + ⇧ + 6	Standardformat

C.4 Tastenkombinationen für Präsentationsdokumente

Tasten	Bedeutung
F9 Strg + F2	Bildschirmpräsentation
F2	Text bearbeiten
F3	Gruppierung betreten
Strg + F3	Gruppierung verlassen
⇧ + F3	Duplizieren
F4	Position und Größe anpassen
F5	Navigator
F8	Punkt bearbeiten
Strg + ⇧ + F8	Text an Rahmen anpassen
F12	Gliederungsansicht
Strg + F12	Zeichnungsansicht

Index

B

C

D

E

F

G

I

Index

L

M

N

O

P

T

U

V

W

X

Z

informit.de
Home
Deutsche Bücher
Englische Bücher
eBooks
Videotraining
Service
Newsletter
Kontakt
Mein Konto
My informIT
Suche:
Alle Produkte
GO
Home
Computer
Zertifizierungen
Studium & Wirtschaft
Sachbuch
Ratgeber
Video-Training & Software
Weitere Themen
Industrie+Behöden
Partnerprogramm
Seite empfehlen
Hallo und Herzlich Willkommen bei informit.de
Aktuelles Fachwissen rund um die Uhr - zum Probelesen, zum Downloaden oder auch auf Papier.
Stöbern Sie z.B. unter eBooks, Büchern, Video-Trainings oder lassen Sie sich bei MyInformIT punktgenau über das informieren, das Sie wirklich wissen wollen.
Für Anregungen, Wünsche und Kritik dankt Norbert Mondel, Ihr InformIT-Manager.
Aus unserem Computerlexikon
WLAN
Hier geht's zum Lexikon
Download des Tages
Dreamweaver CS3
Nur € 2.99!
Unsere aktuellen Empfehlungen für Sie
Codin' For The Web
TYPO3
Linux